Volker Herrkamp

Der Buddha sprach nicht nur für Mönche und Nonnen

Der Verfasser, Jahrgang 1923, begegnete 1945 in englischer Kriegsgefangenschaft einem der Pioniere des deutschen Buddhismus, dem jetzt über 95-jährigen Paul Debes. Schon während er nach Kriegsende sein Jurastudium zu Ende führte und promovierte, assistierte er bei ersten Vorträgen und Veröffentlichungen und bei dem 1948 von Paul Debes gegründeten, nach allen Seiten unabhängigen Buddhistischen Seminar. Bis heute ist er freiwilliger Mitarbeiter der dort im 48. Jahrgang erscheinenden buddhistischen Zweimonatsschrift *Wissen und Wandel*. Seine Berufstätigkeit als Partner in einer patent- und wirtschaftsrechtlich spezialisierten international tätigen Rechtsanwaltskanzlei gab er nach zwanzig Jahren auf, um mehr Zeit für die Lehre des Buddha zu haben. Über 35 Jahre lang vertiefte er sich in die Pālisprache, in der die zentralen Lehrtexte des Buddha überliefert sind.

Vierzehn Jahre hat er fast ausschließlich diesem Buch gewidmet, bis es 1995 in erster Auflage erschien. Dafür hat er erstmals alle diejenigen rund 360 Lehrtexte des Pālikanon übersetzt und ausgewertet, die nicht für Mönche oder Nonnen, sondern für Menschen in Familie und Beruf bestimmt waren. Zweihundert besonders wichtige davon sind abgedruckt und eingehend erläutert. Aus ihnen filtert der Verfasser den weitgehend unentdeckten, bis in die letzten Tiefen reichenden, gleichwohl krampflos gangbaren besonderen Lehr-Gang des Buddha für Menschen in der Häuslichkeit heraus. Damit widerlegt er das verbreitete Vorurteil, die Lehre des Buddha sei eine reine Mönchsreligion. Er unterbreitet nach inzwischen 56 Jahren des Strebens nach lehrgemäßer Praxis eine durch ihre Tiefe, Ruhe, Klarheit, Frische und Exaktheit überraschende Materialfülle in Form eines erdachten Dreiergesprächs, das viele Brücken zu den Denkweisen heutiger ernsthaft suchender Menschen schlägt und auf den Stand der heutigen Naturwissenschaft, die er seit Jahrzehnten verfolgt, ebenso eingeht wie auf geistige Strömungen unserer Zeit. Die zweite Auflage wurde vollständig durchgesehen und in wesentlichen Teilen (5. und 15. Gespräch) neu gefasst.

Als die erste Auflage begonnen wurde, ahnte noch niemand den »Buddhismus-Boom«. Ihm wird gegenüber gestellt das Zeitlose der Lehre des Buddha, der sich »der Erwachte« nannte – erwacht aus dem Daseins-Wahntraum. Er sagte von sich: »Eines nur lehre ich: das Leiden und seine Überwindung«, und von seiner Lehre: »Sie lädt ein: ›Komm und sieh selbst!‹«

Zum Selbersehen will dieses Buch einladen.

Fritz Schäfer

Der Buddha sprach nicht nur für Mönche und Nonnen

Die ganze Lehre erstmals nur nach seinen Reden für Nichtasketen

2., vollständig überarbeitete Auflage

Werner Kristkeitz Verlag

Fordern Sie unseren Gesamtkatalog an! Sie erhalten ihn gratis vom

Werner Kristkeitz Verlag
Löbingsgasse 17 • 69121 Heidelberg
verlag@kristkeitz.de • www.kristkeitz.de

Druck: Beltz, Hemsbach

ISBN 3 921508 80 0

Inhalt

Das einleitende Gespräch

Erste Reihe der Gespräche: Wie kommt ein selbstständig denkender Mensch an die Wahrheit?

Zweite Reihe der Gespräche: Wie kann man als Nicht-Asket nach der Wahrheit leben?

Dritte Reihe der Gespräche: Die Bedingungen allen Leidens und ihre Aufhebung

Vierte Reihe der Gespräche:
Der Weg zum Frieden

DAS EINLEITENDE GESPRÄCH

FRITZ: Guten Morgen Ruth, 'Morgen, Hans. Nur herein. Setzt euch.

HANS: Nanu, bei dir sieht es so verändert aus. Das Regal voll Bücher und Mappen stand doch letztes Mal noch nicht neben deinem Stuhl. Das riecht so nach Arbeit. Was hat denn das zu bedeuten?

FRITZ: Ich schreibe ein Buch. Da habe ich alles griffbereit.

HANS: Du schreibst ein Buch! Wie soll es denn heißen?

FRITZ: Es soll heißen:

DER BUDDHA SPRACH NICHT NUR FÜR MÖNCHE UND NONNEN –
DIE GANZE LEHRE ERSTMALS NUR NACH SEINEN REDEN FÜR NICHTASKETEN.

RUTH: Wieso? Ist der Buddhismus nicht eine Mönchsreligion?

FRITZ: Das kann ich nicht mit drei Worten sagen. Ich habe mehrere Seiten Vorwort gebraucht, um es zu erklären.

RUTH: Ja, ist denn das Vorwort schon fertig?

FRITZ: Ja.

HANS: Vorlesen! Vorlesen!

FRITZ: Gern. Sitzt ihr bequem? Dann können wir ja anfangen:

VORWORT

In unserer Zeit scheinen – bis auf wenige Inseln der Besonnenheit – alle Maßstäbe verloren gegangen. Als Hüter solcher Inseln haben sich seit jeher die christlichen Kirchen verstanden. Aber der Leiter der Evangelischen Zentralstelle für Weltanschauungsfragen muss bekennen: *»Im westlichen Christentum … sind die Quellen der Spiritualität weitgehend ausgetrocknet.«*[1] Der Marxismus-Leninismus, der das ganze Leben »diesseitig« umfassend ordnen wollte, ist nach über 70 Jahren selbst in seinem Stammland gescheitert; der letzte Generalsekretär der KPdSU hat eingeräumt: *»Die Schaffung eines sozialistischen Systems ist unreal.«*[2] An die Stelle prägender kultureller Grundmuster ist allgemeine Beliebigkeit getreten. Der französische Kulturphilosoph Alain Finkielkraut sagt: *»Wir leben in der Zeit der Feelings; es gibt keine Wahrheit und keine Lüge, keine Stereotypen und keine Einfälle, keine Schönheit und keine Hässlichkeit mehr, sondern nur noch eine unendliche Palette von verschiedenen und gleichen Vergnügungen. Die Demokratie, die den Zugang zur Kultur für alle bringen wollte, definiert sich nun durch das Recht eines jeden auf die Kultur seiner Wahl (oder auch das Recht, seinen augenblicklichen Trieb Kultur zu nennen). ›Lasst mich mit mir machen, was ich will.‹«*[3]

Die Naturwissenschaft, vor allem deren Speerspitze, die Physik, hat in den letzten Jahrzehnten ihre eigenen Grundlagen so massiv in Frage gestellt, dass sie als weltlicher »Religionsersatz« ausgeschieden ist. Der Direktor des Werner-Heisenberg-Instituts am Max-Planck-Institut für Physik in München, Hans Peter Dürr, stellt fest, eine widerspruchsfreie Erklärung der mit den modernsten Denkwerkzeugen der Physik erfassten Phänomene komme *»zu der überraschenden Schlussfolgerung, dass es eine objektivierbare Welt, also eine gegenständliche Realität, wie wir sie bei unserer objektiven Betrachtung als selbstverständlich voraussetzen, gar nicht wirklich gibt, sondern dass diese nur eine Konstruktion unseres Denkens ist.«*[4] Noch deutlicher hat Dürr bei der inter-

1 R. Hummel, *Hinduismus und Buddhismus. Christen begegnen den Religionen Asiens*, EZW Information, Heft 115, X/1991.
2 Michail Gorbatschow am 23.7.1993 im russischen Rundfunk, zitiert von Gabriele Krone-Schmalz in der Sendung *Aspekte* des ZDF am 25.7.1993.
3 Zitiert bei H. Glaser, Behagen in der Kultur, *Universitas* 9/1991, S. 837.
4 In PhysT, S. 12, (Hervorhebungen von mir), weitere Nachweise in WW, 27. Jg. (1981), S. 183-196

nationalen Tagung »Geist und Natur« 1988 in Hannover vor internationalen Spitzen-Wissenschaftlern, darunter mehreren Nobelpreisträgern, den heutigen Stand der Physik unwidersprochen wie folgt zusammengefasst:

»Unter dem starken Einfluss der Naturwissenschaft ... haben wir uns daran gewöhnt, unsere Wahrnehmung von der Wirklichkeit mit der Wirklichkeit gleichzusetzen und diese Wirklichkeit sogar im Sinne einer materiell fundierten, in Teile zerlegbaren Realität zu interpretieren. Die moderne Physik hat uns da jedoch eine interessante Lektion erteilt, die zu einer tief greifenden Korrektur dieser Vorstellung führte. Sie hat uns bedeutet, dass die Vorstellung einer objektiven Realität, einer materiell ausgeprägten Wirklichkeit wohl in einer gewissen Näherung angemessen, aber als absolutes Naturprinzip unzulässig und falsch ist, ja, dass diese Vorstellung uns sogar einen tieferen Einblick in das Wesen der eigentlichen Wirklichkeit versperrt.«[5]

Man muss das zwei Mal lesen: Kein Priester oder Philosoph, sondern Heisenbergs Nachfolger in einer der herausragenden Positionen der modernen Physik sagt hier nicht mehr und nicht weniger, als dass es diese vermeintliche »objektive Welt«, diese vermeintliche »materielle Realität«, die seit Descartes und Newton immer wieder gegen alles Immaterielle ins Feld geführt wurde, überhaupt nicht gibt. Und das sagt er nicht als private Glaubensäußerung, sondern als die Zusammenfassung des Standes der Spezialwissenschaft für das Physische: der Physik. Newtons Vorstellung von einer objektiven Welt als »an sich« bestehendem gewaltigem Uhrwerk hat damit den letzten Todesstoß erhalten. Damit ist zugleich auch die Vorstellung von der Spaltung in Subjekt und Objekt ins Wanken geraten.

Die Lehre des Buddha bedarf keiner modernen Bestätigung. Aber diese Entwicklungen mögen unsere verstärkte Aufmerksamkeit lenken auf den 2.500 Jahre alten ständigen, eingehend begründeten Hinweis des Buddha, die Wahrnehmung einer materiellen, unabhängig »an sich« bestehenden Welt, die die Menschen so bedrängt und ängstigt, sei ein Wahn. Je mehr wir uns das vor Augen halten, desto besser werden wir die Lehre des Buddha von der Wirklichkeit, der Entstehung und Aufhebung des aus diesem Wahn hervorgehenden Leidens und von dem Weg zu seiner Aufhebung verstehen. Und im gleichen Maße werden wir selber erfahren, warum der Buddha von seiner Lehre sagen konnte, dass sie nicht blinden Glauben fordert, sondern *»einlädt: ›Komm und sieh selbst.‹«*[6] und: *»Willkommen sei mir ein einsichtiger Mensch, offen, ehrlich, von gerader Natur. Ich unterweise ihn in der rechten Lebensführung. Ich zeige ihm die Wirklichkeit. Wenn er nach der Unterweisung sich einübt, dann wird er bald selber erfahren, selber sehen, dass er von der Binde befreit wird, und zwar von der Binde des Wahns.« (M 80)* — Wo haben wir je eine solche Sprache vernommen?

Der Zusammenbruch der beiden in der Neuzeit im Westen herrschenden »objektivierenden« philosophischen Weltbilder: des Idealismus mit seinem »Reich ewiger Ideen« ebenso wie des Materialismus, hat viele Menschen auf die lange Zeit verschüttete Spiritualität aufmerksam gemacht und zu einer »Meditationswelle« geführt, die manchen Suchenden zu einzelnen beglückenden Vorstößen in das Innere verholfen hat. Doch wo blieben die erhofften Dauerwirkungen auf die Probleme ihres täglichen Lebens? Und die verbreitete Hingabe an esoterische und magische Praktiken – hat sie das Sehnen nach Orientierung stillen können? Einzelne psychologische Schulen oder Gurus haben Lösungen in Lustgewinn oder Spontaneität und Kreativität vorgeschlagen. Aber hat das nicht neue Abhängigkeiten geschaffen? — Mit ihren inneren Drängen alleingelassene antiautoritär erzogene Kinder klagen:

und 34. Jg. (1988), S. 137 ff., ferner die Zitate in meinem Beitrag »Realität« in Beyerlein (Hrsg.), *Der Buddha und seine Lehre*, Stammbach (Beyerlein & Steinschulte) 2002.

5 Dürr in GuN, S. 28, Hervorhebungen von mir.

6 Vgl. unten im 1. Gespräch die Rede S 55,7 und viele andere.

»Wir müssen immer machen, was wir wollen.« Oder man denke an Abhängigkeiten von dem jeweiligen Guru. Wer die vielen Versuche am Dasein leidender Menschen mit Mitempfinden und Achtung betrachtet, muss erkennen: Die allgemeine Ratlosigkeit hat im letzten halben Jahrhundert trotz aller »Fortschritte« zugenommen.

Über alle »Wellen« und »Moden« hinweg sehnen sich viele Menschen nach klaren, erfahrungsbegründeten Anhalten, die gleichermaßen Gemüt und Verstand ansprechen und im praktischen Leben befriedend verwirklicht werden können. Heute finden solche Suchenden Zugang zu viel mehr Lehren als vor der »Informationsgesellschaft«. Darunter ist meist auch irgendwann die Lehre des einstigen Prinzen Siddhatto, der verkündete, er sei erwacht aus dem geistigen Schlaf und dem Daseinstraum, und daher »Buddha« – der Erwachte – genannt worden. Seit dem Erwachen könne er klar sehen und – nicht aus spekulativem Denken oder auf Grund unbegreiflicher Offenbarung, sondern aus leibhaftiger Erfahrung – als weltüberlegen Befriedeter den Mitwesen die Daseinsgesetze und den Weg zur Genesung zeigen. Diese Besonderheit spüren offene Geister, wie Carl Friedrich v. Weizsäcker:[7] *»Ich las die chinesischen Klassiker in Wilhelms Übersetzung, zumal die juwelengleichen kurzen Texte Dschuang Dsis, und die Reden Buddhas in K.E. Neumanns Übersetzung, die man so langsam lesen muss, dass der Atem dieser Lehre folgt, ›deren Anfang begütigt, deren Mitte begütigt, deren Ende begütigt‹. Ich habe mich seitdem, bei wacher Bewusstheit der tiefen kulturellen Differenzen, im spirituellen Asien selbstverständlicher zu Haus gefühlt als in Europa. Ich wusste: dort gibt es Menschen, die sehen und sind.«*

In den über 50 Jahren, seit ich selber, so gut ich kann, nach dieser Wegweisung lebe – immer glücklicher lebe –, erst im Beruf, dann im Ruhestand – nicht als alternativer Aussteiger, sondern unter recht normalen häuslichen Lebensumständen –, erfahre ich aber häufig: Gerade ernsthaften Suchern wird die Nachfolge erschwert durch den Irrtum, »eigentlich« sei die Lebensanleitung des Buddha nur von Asketen, Mönchen und Nonnen, zu verwirklichen. Wer sich dazu nicht durchringen könne, müsse scheitern. Die rund 360 für dieses Buch gesammelten Lehrtexte des Pālikanons für in der Welt lebende Nachfolger entziehen diesem Vorurteil die Grundlage. Dennoch wird es in der westlichen Sekundärliteratur von Wissenschaftlern, Theologen und vereinzelt sogar von Mönchen buddhistischer Länder gefördert. So nennt der Altmeister der Soziologie, Max Weber, der in seinem Werk über Religionssoziologie dem Buddhismus und Hinduismus einen eigenen Band gewidmet hat, den Buddhismus eine *elitäre Mönchsreligion*.[8] Der Buddhismusforscher Conze[9] behauptet über die Mönche: *»Nur sie sind wahre Buddhisten im eigentlichen Sinne«*; nach den Ordensregeln sei es verboten, *»den Wortlaut der Heiligen Schriften Nichtordinierten zu lehren«*[10], obwohl die Ordensregeln zur Zeit des Buddha schon deshalb nichts über *»heilige Schriften«* bestimmten, weil es keine gab; denn in den ersten 400 Jahren nach dem Buddha war die Lehre nur mündlich fixiert. Mehrere hundert Lehrtexte bezeugen: Der Erwachte hat auch Nichtmönchen die tiefsten Wahrheiten dargelegt.[11] Einer großen Versammlung von Hausvätern hat er z. B. einmal die *»tiefen, über die Welt hinausleitenden Lehrreden, die von der Leerheit handeln«*, ans Herz gelegt (S 55,23). Aber das ist heute weitgehend vergessen. Zwar ist die These von der vermeintlichen *»Mönchsreligion«*

7 WeizsGarten, S. 439.

8 Max Weber, *Gesammelte Aufsätze zur Religionssoziologie*, 3. Bd., Tübingen (J.C.B. Mohr/Paul Siebeck) 1920, II, S. 213; vgl. aber dazu Kantowski, *Südasien*, S. 66 und 80 und die Anmerkungen 13 und 28 im Anhang. Vgl. auch vom selben Verfasser: Die Fehlrezeption von Max Webers Studie über ›Hinduismus und Buddhismus in Indien‹: Ursachen und Folgen. In: *Zeitschrift für Soziologie*, Vol. 14 (1985), Heft 6, S. 466-474.

9 Vgl. ConzeSchule, S. 20 ff.

10 Vgl. ConzeGesch, S. 19, 32, 37 und 42.

11 Vgl. ausführlich S42,7, besprochen nachstehend unter VIII ff.

nicht allgemein anerkannt. Und doch legt sie sich wie ein Schatten über das Gemüt mancher ernsthaft strebender westlicher Buddhisten. Diese Bedrückung wird noch dadurch verstärkt, dass tatsächlich die meisten Lehrreden des Buddha an Mönche gerichtet sind. Auch hat der Buddha häuslich lebenden Anhängern immer wieder berichtet, wie die Mönche leben und üben. Das wird oft als Aufforderung zur Nachahmung missverstanden, obwohl die genaue Betrachtung der Lehrreden diese Deutung ausschließt.

Dieses unterschwellige Missverständnis führt leicht zu Schwierigkeiten: Manche versuchen aus Unkenntnis der Hunderte von Anleitungen des Buddha für Nicht-Asketen, in Familie und Beruf so viel wie möglich asketische Lebensregeln einzuhalten. Andere ziehen aus dem dutzendfach in den Texten enthaltenen Hinweis des Buddha, Asketentum sei im Hausstand nicht vollständig zu verwirklichen, heillose Konsequenzen: Entweder sie meinen, die Lehre sei für Nicht-Asketen überhaupt nicht zu verwirklichen. So hätten es Ideale eben an sich. Und deshalb konsumieren sie die Lehre wie ein Kunstwerk voll unverbindlicher Bewunderung: Dazu sagt ein Psychotherapeut:[12] *»Das religiöse Konsumententum, das von Seminar zu Seminar und von spiritueller Erfahrung zu spiritueller Erfahrung flattert, kommt der Religion und der Spiritualität nicht nahe.«* Wieder andere wenden sich jenen vom Buddha vorausgesagten, Jahrhunderte späteren Formen des Buddhismus zu, in denen der klare Kern der ursprünglichen Lehre mehr oder weniger dicht von Zutaten überdeckt ist, bis hin zu solchen, die – ähnlich einzelnen Strömungen der modernen Psychologie oder heutigen Gurus – lehren, die Triebe voll auszuleben, um Komplexen und Aggressionen vorzubeugen. Den Rest möchten viele »kosmischen Kräften« überlassen, die man nur in einer Gruppe »ganz entspannt im Hier und Jetzt« in sich einströmen zu lassen brauche. Wer hätte nicht schon – vielleicht gar in der eigenen nächsten Umgebung – manches Elend aus solchen Missverständnissen erlebt. Dabei gibt es in dem selben Pālikanon, aus dem aus unvollständiger Kenntnis alle diese Missverständnisse hergeleitet werden, etwa 360 Reden und Lehrgespräche des Buddha und tief erfahrener Nachfolger aus seiner Lebenszeit, die ausdrücklich für in der Häuslichkeit Lebende bestimmt sind. Sie nehmen klar und einfühlend auf die Lebensumstände von Menschen in Familie und Beruf und auf das Maß ihrer inneren Möglichkeiten und Kräfte genau so Rücksicht, wie die Anleitungen für Mönche und Nonnen speziell auf deren Lebensweise und innere Möglichkeiten zugeschnitten sind. Viele dieser Aussagen sind zwar heutigen Buddhisten isoliert bekannt. Aber kaum jemand achtet darauf, welche für Asketen und welche für häuslich Lebende bestimmt waren. Paul Debes, einer der Pioniere des deutschen Buddhismus, hat gerade auch diese niemanden überfordernde Seite der Wegweisung des Erwachten in den letzten Jahrzehnten immer deutlicher herausgearbeitet. Um durch eine zusammenfassende Darstellung zu ihrer weiteren Erschließung als Lebenshilfe beizutragen, wurde dieses Buch geschrieben. Es soll Menschen, die dazu bereit sind, helfen, die Grundlagen für ihre eigenen Beurteilungen und Entscheidungen bei einem freien Hineinwachsen in eine größere Vertrautheit mit der Wahrheitssicht des Buddha zu erweitern, der in der Rede S 22,94[m] erklärt hat: *»Wo in der Welt die Weisen übereinstimmen: ›Das gibt es nicht‹, davon sage auch ich: ›Das gibt es nicht‹. Wo in der Welt die Weisen übereinstimmen: ›Das gibt es‹, davon sage auch ich: ›Das gibt es‹.«*

Von Herzen Dank sage ich den Freunden, ohne die es dieses Buch nicht geben könnte: Paul Debes, dem Gründer des Buddhistischen Seminars, der mich vor bald einem halben Jahrhundert an das Wichtigste im Leben: die Lehre des Buddha, herangeführt und bis heute darin unschätzbar gefördert hat, Ingetraut Anders-Debes, ohne deren jahrzehntelange selbstlose Hilfe als Herausgeberin, Autorin, Gesprächspartnerin, Bewahrerin und Verwalterin seines Lebenswerks er seine Arbeit nicht hätte tun können, ferner – in alphabetischer Folge – Heinz

12 H. Hemminger, EZW, *Impulse*, Heft 31: »Der Markt des Übersinnlichen«, S. 25.

Fleck für freundschaftliche Förderung, Hellmuth und Uta Hecker für jahrelange konstruktive Anregungen[13], Kurt Onken, dem Gründer und Präsidenten seiner Stiftung »Haus der Besinnung«[14], das die heitere Stille für viele Arbeiten am Buch bot, für seine großzügige Förderung, Jürgen Tacke für die große Mühe seiner gründlichen Enddurchsicht[15] und hilfreiche Anregungen, und allen, die durch Austausch und Da-sein geholfen haben.

RUTH: Fritz, das könnte genau das Buch werden, das mir bisher gefehlt hat: Ich weiß nicht viel vom Buddhismus. Interessiert hat er mich schon lange. Ich habe verschiedenerlei darüber gelesen, auch ein paar Vorträge gehört. Nach all dem schien mir die Lehre des Buddha etwas Besonderes zu haben, das ich sonst nirgends gefunden habe, vor allem, dass sie keinen blinden Glauben verlangt. Aber ich meinte, richtig danach leben könne man nur im Orden. Nach manchem, was mir Freunde von ihrem Urlaub in buddhistischen Ländern erzählt haben, scheint aber auch der Orden mancherorts von der westlichen Veräußerlichung angekränkelt, und einen Nonnenorden soll es ja bis vor kurzem überhaupt nicht mehr gegeben haben. Da habe ich mir gesagt: Ich mag keine halben Sachen; wenn ich unter meinen jetzigen Lebensumständen doch nicht danach leben kann, dann fange ich gar nicht erst an. Bloß zum Darüberreden steht er mir zu hoch. Du wirst dich vielleicht gewundert haben, dass ich bei unseren vielen Gesprächen nie danach gefragt habe, und ich bin dankbar, dass du nie »mit gezückter Lehre« über Hans und mich hergefallen bist. Nun weißt du den Grund. Und als ob du es geahnt hättest: nun kommst du und schreibst ein Buch, dass man eben doch in der Häuslichkeit danach leben kann! Ich bin gespannt, wie es weitergeht.

HANS: Ich kann es auch kaum erwarten, bis das Buch fertig ist.

RUTH: Fritz, ich habe eine Idee: Wie wäre es, wenn wir regelmäßig zu dir kämen und dich über das Thema deines Buches ausfragen würden? Wir würden zulernen, du bekämst vielleicht Anregungen, und wir müssten nicht so lange warten!

FRITZ: Das ist eine wunderbare Idee, Ruth. Das Buch sollte ohnedies die Form eines Gesprächs erhalten. Jetzt weiß ich auch, wie die drei Gesprächspartner heißen sollen: Ruth, Hans und Fritz.

HANS: Hu, da geniere ich mich aber; wenn mich jemand wieder erkennt!

FRITZ: Keine Sorge: die drei Figuren sollen nur Träger von Fragen sein, keine dramaturgisch ausgearbeiteten Charaktere. Sonst müsste ich ja auch meine eigenen Fehler und Schwächen hineinschreiben; dann würde es noch dicker. Ich denke mir einfach das erdachte Gespräch als einen Gedankenaustausch zwischen einem, der schon lange mit der Lehre des Buddha lebt, und zwei geistig offenen, wahrheitsuchenden westlichen Menschen. Den, der die Lehre schon kennt, wollte ich sowieso Fritz nennen, weil ich selber so heiße. Und da wir drei ja ständig im Gespräch miteinander sind, läge es nahe, wenn ihr meinen beiden Buchfiguren eure Vornamen leihen würdet. Das wäre – im Ernst – sogar kostengünstig: Das Buch ist eigentlich nur für wenige geeignet. Und es wird so dick, dass es nur ernstlich Interessierte in die Hand nehmen. Es wird daher nur eine bescheidene Auflage gedruckt. Bei dem Umfang, den das Buch haben wird, spielt es schon eine Rolle, dass ich durch einsilbige Namen viele Seiten sparen kann. Das Wichtigste für mich ist aber: Die Gespräche mit euch werden mir eine große Hilfe sein. Denn wenn auch die drei Gesprächspartner im Buch erfunden sind: die Fragen sollen keine Erfindungen sein, sondern solche, wie ich sie in Jahrzehnten immer wieder höre. Seither haben sich die Zeiten, Menschen und Auffassungen geändert. Da wärt ihr mir wichtige Zeugen dafür, was Eure Altersgenossen heute so denken und fragen, und im Austausch mit euch würde ich sicher auch

13 Und für mehrfache konstruktiv kritische Durchsicht.
14 Näheres siehe Abkürzungsverzeichnis C unter HdB.
15 der ersten Auflage.

viele Richtigstellungen empfangen. Vielleicht ergibt sich aus dem Gang unserer Gespräche sogar ein organischer Aufbau für das ganze Buch. Ich muss nämlich gestehen: bei dieser Fülle des Stoffes habe ich noch keine klare Vorstellung über die Gliederung.

HANS: Das müsste doch bei der Lehre des Buddha leicht sein: In jedem Lexikon und in den Oberklassen der Schulen wird gesagt, dass sie aus den vier heiligen Wahrheiten besteht: vom Leiden, von der Leidensentstehung, von der Leidensaufhebung und von dem zur Leidensaufhebung führenden Weg. Da hast du doch deine Gliederung.

RUTH: Ich weiß nicht recht, Hans. Ich habe einmal in einem Radiovortrag gehört, die vier Wahrheiten seien der Gipfel der Lehre des Buddha. Von ihnen habe er erst gesprochen, nachdem er seine Zuhörer beruhigt und erhoben habe durch ein Gespräch über Geben, Tugend, Weiterleben jenseits des Todes mit oder ohne grob- oder feinstofflichen Körper je nach dem karmischen Wirken und über das Loslassen und das Elend des Begehrens. Dann erst seien die Zuhörer reif gewesen, die vier Wahrheiten zu verstehen. Danach scheint man diese vier Wahrheiten in ihrer Tiefe gar nicht richtig begreifen zu können, wenn man nur rein intellektuell darangeht. Wir könnten vielleicht mit diesen vier vorgeschalteten Lehren anfangen und dann erst die vier letzten Wahrheiten erklären, Fritz?

HANS: O je: Wenn Fritz erst seitenlang schreibt über Geben, Tugend und wie man »in den Himmel kommt«, dann sagen viele wie Gretchen im Faust: *»So ungefähr sagt's der Herr Pfarrer auch«*, legen das Buch weg und denken: »Da steht ja gar nichts vom ›eigentlichen Buddhismus‹ drin.« Oder sie fangen hinten an zu lesen, weil sie meinen, Tugend sei ein naives Ideal für die heile Welt. Ideale seien nun einmal unerfüllbar, erst recht heute, wo die Welt wahrlich nicht heil sei. Wenn dein Rundfunkvortrag Recht hat, Ruth, dann könnten diese Menschen die vier Wahrheiten gar nicht kennen und verstehen lernen. Schwierig, schwierig!

FRITZ: Da liegt das Problem: Das gab es zur Zeit des Buddha noch nicht. Da war die von Ruth genannte Art, wie der Buddha die Menschen einführte, die ideale, allerdings nicht die einzige. Denn in vielen Reden ist der Buddha gleich von den manchmal bis ans Letzte rührenden Fragen seiner Zuhörer ausgegangen.[16] Aber auch heute ist die Einführung über die vier »Vorschaltlehren« die geeignetste für Menschen, die in Bezug auf die Lehre noch ein unbeschriebenes Blatt sind. Das waren die meisten Zuhörer des Buddha: Entweder hatten sie überhaupt noch nichts über seine Lehre gehört oder nur den vielfach überlieferten Ruf, der ihm vorausging: *»Da ist doch jetzt der Asket Gotamo angekommen, der Sakyerprinz, der aus dem Fürstenhaus der Sakyer in die Hauslosigkeit gezogen ist. Diesem erhabenen Herrn Gotamo geht der wunderbare Ruf voraus: ›Er ist der Erhabene, Geheilte, vollkommen Erwachte, der im Wissen und Wandel Vollendete, zum Heil gekommen, der Kenner der Welt, der unübertreffliche Lenker des anzuleitenden Menschen, der Meister der Himmelswesen und Menschen, erwacht, erhaben. Diese Welt samt ihren Geistern, den weltlichen und den reinen, samt ihren Scharen von Asketen und brahmisch Lebenden, Himmelswesen und Menschen lehrt er so kennen, wie er sie selber in weltüberlegenem Bewusstsein erschaut und erfahren hat. Er verkündet eine Lehre, die nach Inhalt und Aussageweise schon von Anfang an hilft, in der Mitte hilft und zum Ende hilft; das vollkommen hilfreiche,[17] lückenlose, vollkommen lautere brahmische Leben zeigt er auf. Glücklich, wem es vergönnt ist, einen solchen Heilskünder zu erleben.‹«*[18] Aber *was* er lehrte, wussten sie in der Regel nicht. Damalige »neue« Zuhörer waren also in einer oft schon mehr oder weniger erhobenen Erwartungshaltung. Karma und Wiedergeburt waren für sie selbstverständliche Bestandteile der Religion, in die sie hineingeboren waren, ihre bisherige Unkenntnis schützte sie

16 Vgl. z. B. M 35, M 36; D 11 und andere.
17 *kalyāna* (von *kalla* = gesund).
18 Vgl. statt vieler z. B. M 95.

gegen Vorurteile, und wenn sie doch welche hatten, saßen sie nun an der besten Quelle für eine authentische Richtigstellung.

Heute haben wir eine völlig andere Situation: Der Buddhismus ist eine Weltreligion geworden, zu der sich mehrere hundert Millionen Menschen zählen.[19] Eine gewisse Kenntnis der Grundzüge der großen Weltreligionen gehört zur Allgemeinbildung und wird in Abschlussprüfungen abgefragt. Deshalb wird fast jeder Leser meinen, eine ungefähre Vorstellung vom »Buddhismus« zu haben. Aber die Nachschlagewerke belehren ihn, dass es heute, nach 2.500 Jahren, vielfältige Formen von Buddhismus gibt: Theravada, Mahāyāna, Zen, tibetischen, vietnamesischen, kambodschanischen Buddhismus, Tantra und viele andere mit je eigenen Sammlungen von Texten, die oft weit mehr als tausend Jahre nach dem Buddha entstanden sind. Die Nachschlagewerke, die ja nicht die Wahrheitsfrage beantworten, sondern über die heutigen Religionsformen informieren wollen, zählen diese Vielfalt neutral auf, und der Leser fragt sich: Welches ist denn nun der »richtige« Buddhismus?

Wer Näheres wissen will, kann zwar in der reichen wissenschaftlichen oder populärwissenschaftlichen Sekundärliteratur Rat suchen. Aber das Interesse internationaler indologischer und buddhologischer Forschung gilt heute – von Ausnahmen abgesehen – überwiegend der Geschichte der Verzweigungen der Überlieferung und Veränderung der Lehre des Buddha bis heute – wer wen worin auf welchen verschlungenen Wegen beeinflusst hat. Bei der heutigen Fortschrittsgläubigkeit meinen viele suchende Menschen: je neuer, desto besser. Aus diesem Grund und weil viele Asiaten aus buddhistischen Ländern im Westen Zuflucht gesucht haben, sind hier gerade Spätformen wie Zen oder der tibetische Buddhismus verbreitet. Die verschiedenen Schulen vertragen sich in freundschaftlicher, vielfach herzlicher Toleranz, halten in Dachorganisationen Verbindung und betonen das Gemeinsame, besonders auch Liebe und Gewaltlosigkeit im praktischen Leben.

Doch wem die religionsgeschichtlichen, religionssoziologischen, religionspsychologischen und vergleichend-religionswissenschaftlichen Arbeiten der Fachgelehrten und richtungsübergreifende Kontakte als Lebenshilfe nicht genügen und wer deshalb Rat bei praktizierenden Nachfolgern sucht, trifft auf eine große Richtungsvielfalt, darunter respektgebietende und liebenswerte Persönlichkeiten, die aber den neueren Richtungen oft weit näher stehen als den ursprünglichen Quellen. Der Fülle dieser ursprünglichen Quellen sind die allerwenigsten Menschen begegnet. Viele wissen nicht einmal, dass es sie gibt. Bei andern sind sie mehr Gegenstand literarischer Verehrung oder sie sind durch spätere Umarbeitungen ersetzt – oder der Gang zu den Quellen als aufnehmender, prüfender und danach lebender Zuhörer ist zugunsten wortloser, nur in das eigene Innere blickender Meditation verpönt. Selbst im Mönchsorden in Sri Lanka, Burma und Thailand, der das unschätzbare Verdienst hat, über die Jahrtausende hinweg den Pālikanon treu überliefert zu haben, wird heutzutage von dessen drei großen Teilen in erster Linie nicht etwa der »Korb der Lehrtexte« (Sutta-Piṭaka) mit den Lehrreden und Gesprächen des Buddha und der ihn zu Lebzeiten umgebenden großen Mönche und Nonnen gelesen, sondern der ein Jahrtausend später von Mönchsgelehrten verfasste »Abhidhamma-Piṭaka«, *»eine riesige Sammlung von systematisch angeordneten, tabellarisierten und klassifizierten Lehrinhalten«*.[20]

Wer heute versucht, Näheres über die Lehre des Buddha zu erfahren, hat sich meist aus dieser Vielfalt – schon bevor er mein künftiges Buch in die Hand nimmt –, ein »Vor«-Urteil

19 Dreihundert Millionen geben an: *Fischer Welt-Almanach* 1994 und *Das Große Buch des Allgemeinwissens*, Verlag Das Beste 1991, S. 352., Readers Digest Universallexikon in 18 Bänden nennt 334 Mio.

20 Vgl. Tipiṭaka, S. 127.

gebildet, je nachdem, an wen unter all den achtbaren, lieben, ernsthaft um die Wahrheit bemühten Buddhisten er sich um Aufklärung gewandt hat. Und in aller Regel hat zu diesem Vor-Urteil die älteste Quelle, der Pālikanon, den geringsten, oft sogar überhaupt keinen Beitrag geleistet. Das ist dann etwa so, wie wenn ein Mensch die Lehre Jesu kennen lernen will, und er liest dazu einiges aus dem Alten Testament und studiert die Lehren der Neupythagoräer, Luthers, der Quäker, Mennoniten, Neuapostoliker, Zeugen Jehovas, die Schriften von Kierkegaard, Albert Schweitzer, Rudolf Steiner, Karl Barth, Uta Ranke-Heinemann, Kardinal Ratzinger und Eugen Drewermann. Aber er hat noch nie das Neue Testament gelesen. Wer über die Lehre des Buddha bisher nur erfahren hat von Angehörigen viele Jahrhunderte späterer buddhistischer Schulen, westlichen Wissenschaftlern, christlichen Theologen, aus Nachschlagewerken oder von Meditationslehrern, die asiatische Meditationspraktiken variieren, kann keineswegs davon ausgehen, dass sein Buddhismusbild auch nur halbwegs getreu der ursprünglichen Lehre des Buddha entspricht. Dadurch werden viele auf diesen Wegen aufgekommene Fragen, die in den tiefsten und letzten Bereich der Lehre gehören, gleich zu Anfang gestellt und debattiert, ohne dass die inneren Voraussetzungen zum Verständnis vorliegen. Die im Vergleich zur Gesamtzahl der Buddhisten in Deutschland wenigen, die aus dem Pālikanon die Mittlere und die Längere Sammlung und die Sammlungen in Versen, vor allem in der genialen, hochpoetischen Übersetzung von Karl Eugen Neumann, gelesen haben, können zwar eine ferne Ahnung von der unnachahmlichen Atmosphäre der Lehre, vom »*Geschmack der Erlösung*« gewinnen. Aber auch hier stehen zahlenmäßig die Anleitungen für Mönche und Nonnen im Vordergrund. Auch die Leser der vorliegenden Übersetzungen mühen sich daher heute mit Fragen und vor allem mit Übungen, vor die sie der Buddha nicht gleich in ihrer gegenwärtigen Verfassung – und sofern es Asketenpraktiken waren, überhaupt nie – gestellt hätte. Da kann ich aber im Buch schwerlich immer nur sagen: »Wartet bis später; das könnt ihr jetzt noch nicht verstehen; versteht erst einmal richtig, was Geben und Tugend bedeutet.« Ich stelle mir deshalb den Lauf des erdachten Gesprächs so vor, dass wir in Spiralen durch die Texte aufwärts wandern. Wo es sich gerade ergibt, werden auch Fragen über das Letzte angesprochen, die erfahrungsgemäß viele Menschen heute auf Grund ihrer Vorinformationen gleich zu Anfang stellen. Die würden sie sonst als verständnishemmende Last weiterschleppen. Deshalb soll darauf zwar, wie in wirklichen Gesprächen, gleich eingegangen werden, aber nur so weit, dass die Betrachtung vorläufig in eine von Vorurteilen möglichst wenig getrübte Richtung gelenkt wird und eine einstweilige Grundlage für eine spätere Behandlung entsteht.

Ruth: Deine Leser werden sehr unterschiedliche Menschen sein. Da ist es kaum zu vermeiden, dass der eine Leser eine Stelle nicht versteht, die einer anderen Leserin gerade besonders einleuchtet und umgekehrt. Wie kannst du da helfen?

Fritz: Ich werde schreiben, dass es in solchen Fällen oft das Beste ist, sich nicht an einer unverstandenen Stelle »festzubeißen«, sondern erst ruhig weiterzulesen: Die Darstellung wird so breit angelegt, dass sich meist an einer anderen Stelle der Zweifel lösen wird. Ich möchte herausstellen, dass volles Verständnis nicht nur Information, sondern Transformation, innere Wandlung voraussetzt, so bescheiden sie auch sein mag. Es liegt mir viel daran, bei Aufbau und Darstellungsweise zwar auf die heute ganz andere Situation der Leser Rücksicht zu nehmen – aber ohne jemanden nach dem Munde zu reden oder danach zu schielen, »was zurzeit ankommt«. Ich möchte verständlich machen: Es geht um eine Lehre, die der Buddha selber bezeichnet hat als *»tiefe Lehre, nicht leicht zu verstehen, nicht leicht zu erkennen, still, erhaben, dem bloßen Denken allein nicht zugänglich, von feinster Genauigkeit, nur vom Weisen erfahrbar«*[21] – wobei unter einem Weisen nicht verstanden wird, wer über viele Informationen verfügt,

21 Vgl. statt vieler: M 95, besprochen im 2. Gespräch

sondern wer sein Inneres so gewandelt, geschlichtet und beruhigt hat, dass er klar sehen kann. Wer es überhaupt ernsthaft auf sich nimmt, zu meinem künftigen Wälzer zu greifen, wird in der Regel zu diesem Vorgehen in der Lage sein. Der herzlichen Achtung für alle, die dazu bereit sind, bin ich es schuldig, für die Begegnung mit der Lehre des Buddha die sicherste und verlässlichste Grundlage zu bieten, die man einem selbstständig denkenden Menschen bieten kann: indem ich mich in dem Wust von Schriften aus zwei Jahrtausenden an den Spruch von Angelus Silesius halte[22]:

Mensch, in dem Ursprung ist
das Wasser rein und klar.
Trinkst du nicht aus dem Quell,
dann bist du in Gefahr.

HANS: Dann willst du also von den Sanskrit-Texten ausgehen?

FRITZ: Nein, Hans; das sind nicht die ursprünglichen. Sanskrit war die altindische Gelehrtensprache, vergleichbar dem Kirchenlatein. Im Sanskrit sind die Lehr- und Dogmengebäude der Veden und Upanishaden überliefert, und die Jahrhunderte nach dem Buddha entstandenen abweichenden buddhistischen Schulen in Indien bedienten sich dieser Gelehrtensprache. Aber die ältesten Texte des Buddha und seiner Zeitgenossen sind in der Pālisprache überliefert.

HANS: Wird die heute noch gesprochen?

FRITZ: Nur noch im Orden. Aber zur Zeit des Buddha und lange danach diente sie in weiten Teilen Indiens als ein Zwischending zwischen Dialekt und Hochsprache, als eine »Verständigungssprache«, die jeder verstand. Die indischen Dialekte waren zur Zeit des Buddha noch nicht zu verschiedenen Sprachen auseinander getreten; jeder verstand jeden, und ein Wechseln von einem Dialekt in den andern wurde nicht als Übersetzung empfunden, so dass gar kein Bedürfnis für eine besondere Hochsprache bestand.[23]

RUTH: Dann war also Pāli und nicht Sanskrit die Ursprache des Buddhismus?

FRITZ: Auch nicht: Weil im Wandergebiet des Buddha jeder jeden verstand, konnte jeder mit jedem in der eigenen vertrauten Sprachform über die Lehre sprechen. Darüber sind sich heute auch die Fachgelehrten einig. Im Protokoll eines internationalen Kongresses 1976 über »Die Sprache des ältesten Buddhismus« heißt es darüber: *»Es scheint klar, dass es nicht nur eine einzige Sprache oder einen einzigen Dialekt gab, die vom Buddha für seine Reden verwendet wurden, und es ist deshalb unkorrekt, von einer ›Ursprache‹ des Buddhismus zu sprechen.«*[24] In den Ordensregeln[25] hat denn auch der Buddha ausdrücklich bestimmt, dass auch seine Mönche und Nonnen die Lehre nicht in der Gelehrtensprache Sanskrit lernen und lehren sollten, damit sie lebendig bleibt und nicht zu einem Dogmengebäude erstarrt.

HANS: Ja, kannst du denn Pāli sprechen?

FRITZ: Sprechen nicht, nur lesen, aber wegen der Genauigkeit mit Pāli-Englisch-Wörterbuch und Grammatik in Griffweite.

HANS: Dann hast du aber doch die Pālischrift lernen müssen?

FRITZ: Die hat es nie gegeben. Pālitexte wurden jeweils in der Schrift des Gebietes aufgezeichnet, für das sie bestimmt waren.[26]

22 Cherub, I,119.
23 Bechert: Introduction, in: SympSprache, S. 14; Collette Caillatte: La langue primitive du bouddhisme, *ebenda*, S. 49; vgl. auch K. R. Norman: The dialects in which the buddha preached, *ebenda*, S. 70.
24 Vgl. Bechert, in: SympSprache, S. 15 und 33.
25 CV V,33,1 (PTS Vinaya II 139,116).
26 Vgl. Mayrhofer, S. 32.

Hans: Dann musst du ja sogar mehrere von diesen asiatischen Kringelschriften entziffern!

Fritz: Nein. Die inzwischen über hundertjährige Pāli Text Society in London hat sämtliche Texte des Pālikanons in lateinische Schriftzeichen übertragen – ein kaum abzuschätzendes Verdienst!

Hans: Du hast also auch unter dem älteren buddhistischen Schriftgut keine chinesischen oder tibetischen oder Zen-Texte ausgewertet, nur den Pālikanon?

Fritz: Ja. Die fernöstlichen Schulen haben sich erst Jahrhunderte, teilweise mehr als tausend Jahre später aus der ursprünglichen Lehre des Buddha abgespalten, nachdem die 500 Jahre abgelaufen waren, auf welche der Erwachte den reinen Bestand seines Ordens in A VIII,5^{m} ziemlich auf das Jahr genau vorausgesagt hatte.[27]

Hans: Das ist aber eine Riesenarbeit, den ganzen Pālikanon auszuwerten.

Fritz: Nicht den ganzen. Nur einen seiner drei »Körbe«. Der Pālikanon wird nämlich auch »Dreikorb« (*Ti-Piṭaka*) genannt, weil seine drei Teile auf Palmblätter geschrieben waren, die in Körben von Kloster zu Kloster transportiert wurden. Von diesen dreien wird hier nur der »Korb der Lehrtexte«[28] (*Sutta-Piṭaka*) verwendet, nur selten der »Korb der Ordenszucht« (*Vinaya-Piṭaka* = wörtlich: »Korb der Zurechtführung«), der nur die Ordensregeln für Mönche und Nonnen betrifft, und überhaupt nicht der viele Jahrhunderte jüngere »Korb der Scholastik« (*Abhidhamma-Piṭaka*[29]), von dem ich gerade erzählt habe. (Der in manchen Kreisen bekannte scholastische Kommentar, den der Mönchsgelehrte Buddhagosa etwa ein Jahrtausend nach dem Buddha verfasst hat, gehört, wie andere Kommentare, gar nicht mehr zum Pālikanon, auch nicht zum *Abhidhamma-Piṭaka*[30]).

Die rund 360 Lehrtexte, die für in der Häuslichkeit lebende Menschen wie du und ich bestimmt waren, stammen alle aus den fünf Sammlungen (*nikāya*) des Korbs der Lehrtexte: der Längeren Sammlung (*Dīgha-Nikāya*), der Mittleren Sammlung (*Majjhima-Nikāya*), der Angereihten Sammlung (*Anguttara-Nikāya*), der Gruppierten Sammlung (*Samyutta-Nikāya*) und der Kürzeren Sammlung (*Kuddaka-Nikāya*), zu der u. a. die Sammlungen *Suttanipāta* (wörtlich: »Sammlung von geordneten Lehrtexten«), *Udāna* (wörtlich etwa: »Kernsprüche zum Aufatmen«) und *Itivuttaka* gehören, ferner die Strophen der Mönche und Nonnen (*Theragāthā* und *Therīgāthā*). Davon liegen alle in deutscher Übersetzung vor.[31]

Hans: Die Anhänger des tibetischen Buddhismus müssen Tibetisch lernen. Muss man eigentlich Pāli lernen, wenn man sich für den ursprünglichen Buddhismus interessiert?

Fritz: Nein. Ich hatte sogar anfangs vor, so wenig wie möglich Pāli zu zitieren. Im Interesse einiger seit Jahren in Asien abgeschieden lebender deutscher Mönche werde ich es aber doch tun. Bei der Ausdruckskraft und Präzision des Pāli ist das beim Erklären oft eine Hilfe, und manche Leser wird es auch freuen, Beispielen für Tiefe und Wohlklang dieser indogermanischen Sprache zu begegnen. Aber wer nicht selber übersetzen will, braucht nicht

27 Gruppenbildungen setzten zwar schon früher ein, waren aber weder dogmatisch fundiert, noch gingen sie von verschiedenen Rezensionen der Überlieferung aus. Das begann erst 500 Jahre nach dem Erwachten, so dass erst von nun an nach der Definition in A X,3^{m} von Spaltung und Zerfall des Ordens gesprochen werden kann; vgl. HHLebenBu S. 484 f.

28 Die Übersetzung mit »Korb der Lehrreden« wäre zu eng: *sutta* (wörtlich: Faden) ist jede Lehrdarlegung mit einem »roten Faden«, auch z. B. ein Gesprächsbeitrag oder ein Vers (vgl. NypSn S. 13 ff.).

29 Vgl. HHPālikanon, S. 37 f.

30 Vgl. z. B. HHM (Näheres Abkürzungsverzeichnis B).

31 Alle bei Beyerlein & Steinschulte, Stammbach-Herrnschrot, außer Angereihte Sammlung (Aurum Verlag Freiburg i. Br.); Mittlere Sammlung in der Übersetzung von Kurt Schmidt außerdem auch im Werner Kristkeitz Verlag.

zu fürchten, er müsse Pāli lernen. Fast alle Schriften des Sutta-Piṭaka liegen in deutschen Übersetzungen vor, und mein Buch wird ja alle darin behandelten Texte in Übersetzung anbieten.

HANS: Musst du aber nicht für das Zitieren von Pāliwörtern viele besondere Schriftzeichen verwenden mit Pünktchen oder Strichen darunter oder darüber?

FRITZ: Eigentlich schon. Ich werde es aber nur da tun, wo es für die Bedeutung eines Wortes eine Rolle spielen kann, um den Aufwand in Grenzen zu halten.

RUTH: Die Texte für häuslich Lebende sind wohl in erster Linie in den Sammlungen mit kürzeren Texten enthalten?

FRITZ: Zu meiner eigenen Überraschung ist es umgekehrt: Insgesamt fast ein Drittel aller Texte der Mittleren und der Längeren Sammlung sind für in der Welt lebende Menschen bestimmt: Von den 152 Texten der Mittleren Sammlung 42, von den 34 der Längeren 14. In den Sammlungen mit vielen, meist kurzen Texten, der Angereihten und der Gruppierten Sammlung, sind dagegen über 90 % für Mönche und Nonnen: Von den etwa[32] 1.600 Texten in der Angereihten Sammlung sind nur 126 für in der Häuslichkeit Lebende, von den rund 1.200 in der Gruppierten Sammlung nur 117. Allerdings sind die in diesen beiden Sammlungen enthaltenen 10 % Texte für Nicht-Asketen ganz besonders auf die Lebensverhältnisse in der Häuslichkeit spezialisiert. Hinzu kommen noch 25 Reden für in der Welt lebende Anhänger aus den Sammlungen in Versen, davon allein 11 aus dem großenteils sehr alten Suttanipāta. Überrascht hat mich auch: Unter den 152 Texten der Mittleren Sammlung sind 24 eingeordnet in Kapitel, die nach in der Welt lebenden Zuhörern des Buddha benannt sind, nämlich 15 ins »Buch der Hausväter«[33] und zehn ins »Buch der Brahmanen«.[34] Dennoch reichen von den Texten im Buch der Hausväter zwei Drittel bis in die Dimension der Spitzenlehre des Erwachten, von den neun im Buch der Brahmanen immerhin vier. Noch erstaunlicher verhält es sich in der Gruppierten Sammlung. In ihrer 35. Gruppe heißt das Kapitel III ebenfalls »Kapitel der Hausväter«. Es enthält aber keine »Rezepte für buddhistisches Hausleben«, sondern nur Gespräche mit häuslich Lebenden über die tiefsten Fragen.

HANS: Fritz, du bringst doch sicher auch einige von den schönen Versen aus dem Wahrheitspfad?

FRITZ: Kaum. Das »*Dhammapada*« (Wahrheitspfad), ebenfalls aus der Kürzeren Sammlung des Korbes der Lehrtexte, ist zwar alt[35] und bis heute beliebt und verbreitet. Aber außer bei Versen, die aus anderen Sammlungen übernommen sind, lässt sich kaum klären, ob sie zu Mönchen oder in der Welt Lebenden gesprochen waren. Ähnlich ist es meist bei den in Indien immer noch beliebten Jātaka, Erzählungen über frühere Wiedergeburten des Buddha. Aber beides kann man leicht verschmerzen: Es gibt 12 deutsche Übersetzungen des Dhammapada[36]; Nacherzählungen der schönsten Jātaka gibt es in der »Schatzkiste« des Buddhistischen Seminars.[37] Und es bleiben ja immer noch die rund 360 Texte für in der Häuslichkeit Lebende.

32 Nur Circa-Angabe, weil verschiedene Gelehrte verschiedener Länder die Texte verschieden auflisten.

33 *gahapativagga.*

34 Nicht mitgerechnet M 92, die zur Vorsicht ausgeschieden wurde, weil sie den wahrscheinlich halbasketischen Flechtenträger Selo betraf.

35 Es wird vielfach in die Zeit zwischen dem ersten und dem dritten Konzil, also zwischen etwa 477 und 247 v.Chr. datiert; auf jeden Fall wird es bereits in den um die Zeitwende entstandenen »Fragen des Königs Milinda« (*Milindapañha*) zitiert (vgl. Einleitung zu DhRadh).

36 Vgl. HHDh.

37 Näheres Abkürzungsverzeichnis B und C.

HANS: Diese Fülle ist schon beeindruckend. Aber in deinem Vorwort steht, der Pālikanon sei die ersten vierhundert Jahre nach dem Buddha nur mündlich überliefert worden. Seither sind über 2.000 Jahre vergangen. Kann man sich denn da auf diese Überlieferung überhaupt noch verlassen?

FRITZ: Natürlich gibt es in jeder alten Überlieferung Fehler. Aber bei den Texten des Pālikanons – jedenfalls im Korb der Lehrreden – sind es erstaunlich wenige. Sie betreffen entweder Nebensachen oder sind bei der Fülle der Texte durch Vergleich leicht richtig zu stellen. Nach Jahrzehnten kann ich nur sagen: In der Textfülle stimmt eines genau zum anderen, wie die Zellen eines Körpers sich aneinander fügen. Und oft genug geht erst nach Jahren bei Textstellen, hinter denen man zunächst Überlieferungsfehler vermutet hatte, eine ganz neue, ungewohnte Sicht auf.

HANS: Ja, aber zweieinhalbtausend Jahre alt und vierhundert Jahre nur mündliche Überlieferung! Das kann doch nicht gut gehen!

FRITZ: Die Veden und Upanishaden sind viel älter und ihre Textmassen noch größer. Sie waren im Westen schon Gegenstand wissenschaftlicher Forschung, als der Pālikanon noch unbekannt war. Dennoch sind sich die Indologen einig, dass sie wortwörtlich und sogar mit den Betonungszeichen zusammen durch die Jahrtausende auf uns herabgekommen sind.[38] Klaus Mylius, Professor für Sanskritistik und indische Altertumskunde an der Universität Leipzig, schreibt, dass *»die mündliche Überlieferung über viele Jahrhunderte hinweg das einzige Mittel der Textbewahrung darstellte. Sie war vorwiegend an brahmanische, priesterliche Schulen geknüpft, die geradezu einzigartige mnemotechnische Leistungen vollbrachten. Daraus erklärt es sich, dass besonders religiöse Texte mit größter, ja absoluter Genauigkeit überliefert wurden.«*[39] Solche Schulen gab es auch für die Texte des Buddha.[40]

HANS: – *›Mit absoluter Genauigkeit‹* – kaum zu fassen. So viel kann doch kein Mensch auswendig behalten!

RUTH: Ja nun, was müssen auch heute noch Schauspieler oder Sänger bei langen Rolle auswendig lernen. Oder Dirigenten, die ganze Opern mit 80-100 verschiedenen Orchesterstimmen, Sängern und Chören auswendig dirigieren!

FRITZ: Noch zur Zeit unserer Eltern und Großeltern konnten manche Menschen die Bibel auswendig. Und kürzlich las ich den Brief einer deutschen Buddhistin, die wenige Monate zuvor in Burma nicht weniger als fünf Mönche angetroffen hat, die als *»dhamma-dhāraka«*, Bewahrer der Lehre, gelten, weil sie den ganzen Sutta-Piṭaka auswendig können; ein Foto lag bei und zeigte beeindruckende Gestalten. Mit einem wesentlich verfeinerten methodischen Instrumentarium[41] wurden von der heutigen indologischen Sprachforschung und Quellenkritik die besonderen Gesetze der mündlichen Überlieferung entdeckt und geklärt. So sind inzwischen die meisten Fachwissenschaftler zu der Erkenntnis gekommen, dass keines der noch vor wenigen Jahren für Zweifel an der Treue der Überlieferung des Pālikanons angeführten sprachwissenschaftlichen oder quellenkritischen Argumente standhält.

HANS: Ich habe aber gehört, Pāli sei gar nicht die Sprache des Buddha. Er sei aus Magadhā gewesen. Dort habe man Māgadhī gesprochen. Daher müsse es einen Urkanon in Māgadhī

38 Vgl. dazu z. B. Helmut Hoffmann, *Die Literaturen der Welt*, hrsg. v. Wolfgang v. Einsiedel, Pawlak 1964, S. 979.

39 MyliusLit., S. 9.

40 Bechert, Allgemeine Bemerkungen zum Thema »Die Sprache der ältesten buddhistischen Überlieferung« in SympSprache, S. 28.

41 Bechert, SympSprache, S. 24.

gegeben haben. Von dem hätten wir nur noch die Übersetzungen ins Pāli. Das soll also gar nicht stimmen?

Fritz: Darüber hat 1976 ein internationales Symposium in Göttingen über »Die Sprache der ältesten buddhistischen Überlieferung« Klarheit geschaffen: Heinz Bechert, einer der führenden Indologen der Gegenwart, stellte in einleitenden »Allgemeinen Bemerkungen« zusammen, was man heute als *»gesicherten Wissensstand«* ansehen kann.[42] Dabei hielt er fest: Es besteht Einigkeit, früher sei *»bei manchen Untersuchungen zu schematisch vorgegangen worden.«*[43] Mit der nach dem heutigen Stand anzuwendenden Forschungsmethode – Berücksichtigung der *»grundsätzlich andersartigen Voraussetzungen bei mündlicher Überlieferung gegenüber schriftlicher Übersetzung und Fixierung*[44] *... lässt sich ... die Möglichkeit einer schriftlichen Übersetzung der älteren kanonischen Pāliwerke aus einem anderen Dialekt ins Pāli von vornherein ausschließen.«* — *Die Urkanon-Hypothese war aufgekommen, weil frühere Gelehrtengenerationen Māgadhī und Pāli für verschiedene Sprachen gehalten und gefolgert hatten, der Buddha habe – obwohl er als ehemaliger Kronprinz umfassend gebildet war und weit über sein heimatliches Sprachgebiet hinaus gelehrt hatte – nur Māgadhī gesprochen. Das war ungefähr so, wie wenn man Briefe des Alten Fritz in Hochdeutsch oder Französisch für unecht erklären wollte, weil er Berliner gewesen sei. In Wirklichkeit unterscheiden sich Māgadhī und Pāli kaum mehr als Alemannisch und Schwäbisch. Norman stellt in seiner Zusammenfassung des Symposions fest:*[45] *»Es scheint klar, dass es nicht nur eine einzige Sprache oder einen einzigen Dialekt gab, die vom Buddha für seine Reden verwendet wurden, und es ist deshalb unkorrekt, von einer ›Ursprache‹ des Buddhismus zu sprechen... Da die verschiedenen sinngleichen Versionen alle zu verschiedenen Zeiten vom Buddha ausgesprochen worden sein können, wenn die Umstände es erforderten, erscheint es nicht möglich, zu sagen, dass nur eine einzige Version eines Verses oder Satzes echt oder ›das Original‹ sei.«* Zum gleichen Ergebnis kommt auch Bechert.[46]

Auch der zweite Punkt gelehrter Zweifel ist auf dem Symposion geklärt worden: In den ceylonesischen Chroniken ist zwar überliefert, die bis dahin nur mündlich überlieferte Lehre des Buddha sei zum ersten Mal auf Ceylon im ersten vorchristlichen Jahrhundert auf Palmblättern niedergeschrieben worden.[47] Früher zweifelten die Gelehrten aber, ob dies nicht nur eine Legende zur Verherrlichung der Verdienste Ceylons um die Lehre sei und behandelten die ceylonesischen Niederschriften so, als habe es sich nur um das Zusammentragen und Abschreiben früherer Niederschriften gehandelt, nicht um die erstmalige Niederschrift *mündlicher* Überlieferungen. Deshalb behandelten sie die den ceylonesischen Schriften vorausgehende Überlieferung nach den Regeln für *schriftliche statt für mündliche* Überlieferungen. Das hatte schwerwiegende Folgen: In den ceylonesischen Palmblattmanuskripten und den davon abgeleiteten Handschriften finden sich oft in ein und demselben Text verschiedenartige Sprachformen. Bei schriftlicher Überlieferung könnte kein Schriftstück älter sein als die jüngste darin vorkommende Sprachform. Dann müssten die ceylonesischen Schriften nachträglich zusammengestückt oder verfälscht worden sein. Wenn dagegen zum ersten Mal alte mündlich überlieferte

42 Bechert, SympSprache, S. 25 unten.

43 Bechert, SympSprache, S. 33, Abs. 2, vgl. auch Collette Cailatte, *a.a.O.*, S. 47, die einen in der Forschung besonders bekannten Fall hinzufügte, dort habe *»man wahrscheinlich die Situation bis ins Extrem schematisiert...«*

44 SympSprache, S. 182; vgl. auch Zimmerli aus allgemein philosophischer Sicht: *»Mündliche Traditionen folgten anderen Regeln und waren anders strukturiert«*, *Universitas* 12/1991, S. 1055.

45 Norman, SympSprache, S. 75.

46 Bechert, in SympSprache, S. 14 und 33.

47 Pālitexte wurden jeweils in der Schrift des Gebietes aufgezeichnet, für das sie bestimmt waren. Eine eigene Pālischrift gab es nicht, vgl. Mayrhofer, S. 32.

Inhalte aufgeschrieben werden, dann ist es ganz normal, dass für den genau überlieferten alten *Inhalt* auch hie und da erst zur Zeit der Niederschrift geltende *Sprachformen* verwendet werden. Deshalb markierte es einen entscheidenden Durchbruch, dass Bechert in seinen allgemeinen Bemerkungen über den gesicherten Stand der Wissenschaft feststellen konnte, es stehe heute beim Pālikanon *»außer Zweifel, ... dass wir für die ältere Periode mit einer* mündlichen *Überlieferung zu tun haben«* und: »Was die Überlieferung über den Zeitpunkt der Niederschrift des Pāli-Kanons betrifft, so kann mit Rücksicht auf die neueren Forschungen über die Quellengeschichte der ceylonesischen Chroniken mit Sicherheit behauptet werden, dass es sich dabei um eine zuverlässige historische Nachricht handelt.«[48] Es besagt daher nichts, wenn darin ältere und jüngere sprachliche Formen nebeneinander vorkommen. So sagt auch der Leipziger Indologe Fahs in seiner 1985 erschienen Pāligrammatik: *»Alle Sprachperioden des Pāli weisen sowohl altertümliche als auch jüngere grammatische Bildungen auf.«*[49] Wir sehen: Das heute wesentlich verfeinerte methodische Instrumentarium der Sprachforschung und Quellenkritik, vor allem die genauere Erforschung der Gesetze der mündlichen Überlieferung[50], hat inzwischen auch die Fachwissenschaft überzeugt, dass keines der bis noch vor wenigen Jahren für Zweifel an der Treue der Überlieferung des Pālikanons angeführten sprachwissenschaftlichen oder quellenkritischen Argumente standhält.

Nur unter indologischen »Nichtfachleuten« wird noch die Zuverlässigkeit der schriftlichen Überlieferung im Verhältnis zur mündlichen überschätzt. Stellen wir uns vor, alle Reden des Buddha wären sofort aufgeschrieben worden: Wüssten wir dann sicher, ob alles, was im Protokoll steht, genau so vom Erwachten selber gesagt worden ist? Der Protokollant kann etwas missverstehen, ermüden oder sich verschreiben. Außerdem wohnt jedem Menschen ein meist unbewusstes »Korrektursystem« inne. Das verschlimmbessert bei gleich lautenden Begriffsreihen vom Redner ausnahmsweise gewollte Abweichungen unbemerkt im Sinn der Gewohnheit. Und wenn ein Schreiber, allein in stiller Klause, einen Abschreibfehler macht, merkt es niemand. Bei mündlicher Überlieferung, wenn ganze Rezitationsschulen gemeinsam einen Text laut lernen, wird jeder Fehler sofort gehört, wie wenn ein Chorsänger falsch singt.

Hans: Gut, von der Sprachwissenschaft her können also im Prinzip heute keine fachlichen Bedenken gegen die Treue der Überlieferung geltendgemacht werden. Aber du sagst ja selber, jede Überlieferung enthält Fehler. Wie kann man da die Echtheit der Überlieferung prüfen?

Fritz: Wenn es um die Überlieferung einer Lehre ginge, die schon von den Zeitgenossen nicht richtig verstanden worden wäre oder auf falschen Voraussetzungen beruhen würde oder in sich widersprüchlich oder sonstwie irrig wäre, dann wäre schwer zu unterscheiden, ob der Fehler an der Lehre oder an der Überlieferung liegt. Aber hier zeigen sich eben bei der Lehre des Buddha Besonderheiten.

Hans: Was für Besonderheiten?

Fritz: Drei Besonderheiten:

1.) Die erste Besonderheit zeigt ein Vergleich mit Jesus: Jesus war nur eine zweieinhalbjährige Lehrtätigkeit beschieden. Die Menschen – sogar seine engsten Jünger – verstanden ihn oft nicht.[51] Der Buddha hat 45 Jahre in vollkommener Klarheit gelehrt vor den Augen und Ohren von Abertausenden vielfach kongenialer, gedächtnisstarker Nachfolger. Nichts ist hinter esoterischen, nur »Eingeweihten« zugänglichen Symbolen und Mythen verhüllt. Jeder kann die Lehre im eigenen geduldigen schrittweisen Nachvollzug nachprüfen.

48 SympSprache, S. 28 unten.
49 FahsGramm, S. 6.
50 Vgl. Bechert in SympSprache, S. 28 ff. und 32.
51 Vgl. z. B. Matth. 13,13-15; Mark. 4,13; Luk. 9,45 und 18,34.

Ein häuslich lebender früherer Anhänger einer anderen Schule sagte zu Ānando, dem treuen mönchischen Helfer des Erwachten: »*Wunderbar, Herr, einmalig, Herr: Es ist also möglich, ohne die eigene Lehre in den Himmel zu heben und die Lehre der anderen herabzusetzen, sachlich auf dem Gebiet der Wahrheit zu bleiben: das Ziel wurde gezeigt, und man wurde selber hingeführt!*« *(A III,73)* Der Buddha ist also verstanden worden – so gut, dass, wie D 14^{m} zeigt, etwa 1.250 seiner Nachfolger nach seinen eigenen Angaben das höchste Ziel erreicht und viele Zehntausende – auch unter den im Haus Lebenden – in Geist und Herz derart unumkehrbare (»irreversible«) Prozesse in Gang gesetzt haben, dass sie schon lange vor dem höchsten Ziel endgültig die Sicherheit hatten, allem Leiden künftig ein Ende zu machen. Deshalb wurde die Lehre nicht nur vom Buddha selber, sondern auch von vielen seiner Mönche und Nonnen, ja sogar von häuslich lebenden tief erfahrenen Nachfolgern dargelegt. Oft bestätigte der Buddha hinterher solche Darlegungen. Auch hieraus ergeben sich weitere Vergleichsmöglichkeiten. So wurde damals die Lehre fast wie eine Lawine der Wahrheit weiterverbreitet. Als der Leib des Buddha starb, war eine Fülle einander ergänzender Reden und Gespräche in der Erinnerung von Tausenden gedächtnisstarker Ohrenzeugen lebendig, und im Orden galt als eine von zwölf unverzichtbaren Stufen der Wahrheitserkenntnis und -verwirklichung[52] der Grundsatz, dass die Lehre im Gedächtnis zu verankern ist.[53] Darauf konnte sich der Buddha so gut verlassen, dass er zu seinem künftigen »Nachfolger« in der Leitung des Ordens keinen Menschen bestimmte, sondern die Lehre (M 108). Das machte es geradezu zwingend, dass sich die fortgeschrittensten Mönche – die vom Wahn Geheilten – so bald wie möglich nach dem Ende des Erdenwandels des Buddha zu einem »ersten Konzil« versammelten. Es bestand aus einigen hundert erreichbaren Mönchen, die alle das letzte Ziel erreicht hatten und in totalem inneren Frieden weilten. Sie rezitierten Tag für Tag (nach der Überlieferung sieben Monate lang) aus ihrem durch keinerlei Leidenschaft und Leiden beeinflussten kristallklaren Gedächtnis alle ihnen bekannten Lehraussagen und stellten den Wortlaut gemeinsam fest. Damit waren die Texte dermaßen sicher bewahrt, dass nach einhelliger Überlieferung hundert Jahre lang überhaupt kein Bedürfnis für ein weiteres Konzil bestand. Auch das zweite Konzil brauchte sich nur mit Fragen der Ordensdisziplin zu befassen, nicht mit dem Wortlaut der Lehre. Der war also noch immer unumstritten. Das dritte Konzil fand 245 v. Chr. auf Veranlassung von Kaiser Asoka statt. Auf ihm wurden die Lehrtexte nochmals in peinlich genau vergleichendem Rezitieren festgestellt. Das ist – auch nach den Maßstäben unserer heutigen Geschichtswissenschaft – »historisch bezeugt«. Die Gelehrten sind heute auch einig, dass der Kanon in den rund 150 Jahren zwischen dem dritten Konzil und der ersten schriftlichen Fixierung auf Ceylon keine nennenswerten Veränderungen erfahren hat.[54] Natürlich erspart diese Treue der ersten Bewahrung der Texte nicht die Prüfung ihrer inneren *Widerspruchsfreiheit*. Aber für diese Prüfung liegt eine Materialfülle vor, von der die Erforscher anderer Überlieferungen nur träumen können. Wer sich jahrzehntelang an diese Prüfung auf innere Widerspruchsfreiheit macht, für Ungewohntes offen, pragmatisch und einfühlend, stets zur Korrektur eigener Standpunkte und zu Wandlungen innerer Eigenschaften bereit, der muss feststellen: Je länger man die Inhalte untereinander und mit dem eigenen Leben vergleicht, umso mehr findet man wechselseitige Bestätigungen, und aus dem scheinbaren »Wust« von Tausenden von Reden schält sich eine klare Struktur heraus – immer mehr erkennt man in der Lehre das eigene Leben wieder und findet im eigenen Leben die Lehre. Das ist die *erste* Besonderheit bei der Lehre des Erwachten.

52 Vgl. M 95, M 70^{m}.
53 Siehe auch A V,154^{m} und A V,155^{m}.
54 Vgl. MyliusWahrh, S. 20.

2.) Auch eine in sich widerspruchsfreie Lehre wäre aber falsch, wenn sie auf falschen Voraussetzungen aufgebaut wäre. Die Lehre des Buddha aber ist auf *keinerlei* ungeprüft hinzunehmenden oder gar unprüfbaren Voraussetzungen aufgebaut. Sie lädt ein: »*Komm und sieh selbst*«[55], und der Buddha bezeichnet sie wiederholt als »*die offensichtliche*« (*sandiṭṭhika*[56]). Diese zweite Besonderheit liegt aber tiefer als die erste: Das offensichtlichste Verkehrsschild nützt nichts für einen Blinden oder einen Menschen, der wegschaut. Der Mensch ist aber wahrheits- und wertblind, solange ihm nicht aus eigenem Erwachen oder durch die Belehrung eines Erwachten das »*Auge der Weisheit*« (*paññā-cakkhu*), das »*Auge der Wahrheit*« (*dhamma-cakkhu*): der klare Blick für die Wirklichkeit aufgegangen ist. Das geht nicht aus dem bloßen Intellekt auf, sondern nur aus einem durch Läuterung geklärten und beruhigten, einigen Herzen. Deshalb ist die Lehre des Erwachten dem bloßen intellektuellen Denken *allein* nicht zugänglich[57] – so unentbehrlich folgerichtiges Denken auch ist, um falsche Anschauung durch richtige zu ersetzen. Der »*offene, ehrliche, gerade Mensch*«, an den die Einladung des Erwachten gerichtet ist, kann und soll im geduldigen Nachvollzug selber prüfen, ob er die Aussagen des Buddha über die Gesetze des Daseins im eigenen Erleben bestätigt findet. Diese *inhaltliche* Prüfung im Lebensvollzug ist und bleibt das primäre Mittel, um die Stimmigkeit der Überlieferung einer Lehre zu prüfen. Das hat der Erwachte selber noch in seiner letzten Lebenszeit seinen Mönchen wie ein Vermächtnis mit auf den Weg gegeben (D 16 III).

HANS: Die Inhaltsprüfung einer so tiefen Lehre ist aber doch sicher sehr schwer. Was muss man da alles wissen und studieren! Woher die Zeit nehmen!

FRITZ: Es ist einfacher, als du denkst, und es kostet weniger Zeit, als sich die meisten Menschen für komplizierte heutige Hobbys nehmen. Für die Prüfung der Echtheit der Überlieferung hat der Buddha ein einzigartig treffsicheres und brauchbares Instrument zur Verfügung gestellt: die Probe, ob bei *mir* selber, wenn *ich* mich nach der Lehre richte, auf die Dauer heilsuntaugliche Eigenschaften zunehmen und heilstaugliche Eigenschaften abnehmen oder umgekehrt. Das ist ein ebenso eherner wie flexibler Maßstab.[58]

HANS: Dann sagt also der Buddha: Wenn ich prüfen will, ob die Überlieferung echt ist, soll ich einfach seiner Lehre, so wie sie überliefert ist, ein Stück weit auf Probe nachfolgen? An sich nicht schlecht, aber riskant, auf so viel zu verzichten.

FRITZ: Damit kommen wir

3.) zur dritten Besonderheit: Den Menschen in der Häuslichkeit hat der Erwachte den »Mittleren Weg« in einer ihrer Gangart angepassten Form gezeigt. Ein Risiko wäre »Nachfolge auf Probe« nur, wenn man dazu Asket oder Halbasket werden oder endgültige Veränderungen in der Lebensführung vornehmen müsste, die einem hinterher leid täten. Aber das Buch soll ja gerade zeigen, dass man das nicht muss:

So kann man in der Häuslichkeit
in hellem inn'rem Frieden leben,
in dieser Welt den andern lieb sein,
in jener frei von Kummer werden.[59]

»Jene Welt« (falls es sie gibt) ist aber in der Lehre des Erwachten nicht Endziel, sondern Werkplatz und Reifungsstätte für die hier und jetzt einzuleitende Entwicklung zur absoluten

55 So viele dutzend Mal in immer gleichem Wortlaut (z. B. in der später zu besprechenden A III,71).
56 Vgl. A III,54; S 42,11; A IV,195.
57 *a-takkāvacara*, s. M 95 u. a.
58 Vgl. M 114, behandelt im IV. Teil des 9. Gesprächs.
59 J 545, vgl. Schatzkiste, S. 572.

Freiheit. Das Risiko ist im Grund geringer, als wenn du einen Gebrauchtwagen kaufst: dass du einen Unfall erleidest, riskierst du schon bei der Probefahrt und hinterher erst recht. Bei einer »Probenachfolge« nach der Lehre auf dem ersten Abschnitt des achtfachen Heilsweges, dem Tugendabschnitt »riskierst« du allenfalls, dass du besser als vorher *»in dieser Welt den andern lieb sein«* kannst – das wäre ja nicht weiter schlimm, oder?

HANS: Schön und gut. Ich möchte aber wissen, *warum* ich etwas tue – etwa Tugend übe. Also müsste ich erst ein Stück weit die Lehre kennen. Aber nun sagst du, das kann ich nicht, ehe ich nicht ein Stück weit nachgefolgt bin. Da beißt sich die Schlange in den Schwanz.

FRITZ: So ist es nicht, Hans: Es gibt ganz Wichtiges in der Lehre, wovon der Buddha selber sagt, dass es *»offensichtlich«* ist. Wenn du damit anfängst und dich eine Zeit lang erst ein Mal probeweise danach richtest – immer gerade so weit, wie du es selber eingesehen hast – dann hast du den besten Einstieg in die einzige wirksame Art der Prüfung, ob die überlieferte Lehre des Buddha »stimmen kann«.

RUTH: Dann ist also das bloß intellektuelle fachliche Rüstzeug eines Indologen, Buddhologen oder Sprachwissenschaftlers zur Prüfung der Echtheit der Überlieferung weder ausreichend noch erforderlich.

FRITZ: So ist es, Ruth.

HANS: Was soll man aber davon halten, wenn Buddhismusforscher Textstellen als »nicht echt« aus dem Pālikanon ausscheiden wollen? Schon bei dem Wenigen, was ich bisher an Texten gelesen habe, ist mir das gelegentlich begegnet.

FRITZ: Geht man solchen Einwänden genauer nach, dann zeigt sich fast immer, dass das Urteil *»unecht«* gar nicht auf sprachwissenschaftliche oder quellenkritische Gründe gestützt wird, sondern dass der »Fachmann« meint, was in dem Text behauptet wird, das könne es aus heutiger Sicht gar nicht geben. Ein Beispiel: Beim Göttinger Symposion argumentierte ein Teilnehmer, der Anfang des Mahāvagga müsse »spät« sein, weil darin »*Wunder*« vorkämen.[60] Ein zweites Beispiel: Der namhafte Indogermanist Mayrhofer hat einmal geschrieben, es sei *»heute über jeden Zweifel erhaben, dass dasjenige, was in den Berichten über ihn* (den Buddha) *schlicht und menschlich ist, auch tatsächlich sein Leben widerspiegeln wird.«*[61] Auf den ersten Blick klingt das recht positiv. Immerhin ist damit bestätigt, dass keine *sprachwissenschaftlichen* oder *historischen* Gründe gegen solche Aussagen des Pālikanons über den Buddha angeführt werden können. Für diese Feststellung ist der Autor als Wissenschaftler kompetent. Aber durch seine Einschränkung auf das, was *»schlicht und menschlich ist«*, unterstellt er stillschweigend, ein Vollkommen Erwachter könne nur so gewesen sein und gelebt haben, wie es ein deutscher Professor des 20. Jahrhunderts normalerweise für *»schlicht und menschlich«* hält. Damit wird jede Aussage über den Buddha, die nicht zu dem heutigen Bild vom »normalen Durchschnittsmenschen« passt, abgetan als »unecht überliefert« – und das mit dem Anschein der Autorität der Sprachwissenschaft, obwohl keinerlei sprachwissenschaftliche Gründe vorliegen. Auch bei bekannten Übersetzern finden sich solche Schlussfolgerungen. So werden oft schon die *Quellen* der Lehre nachträglich zurückgestutzt auf den Horizont des welt- und naturwissenschaftsgläubigen heutigen Normalbürgers. Der Leser merkt das meist entweder gar nicht, oder er meint, für das Urteil »spätere Zutat« lägen sprachwissenschaftliche oder quellenkritische Gründe vor.

HANS: Aber das ist doch haarsträubend!

FRITZ: Freilich: Das hat mit Sprachwissenschaft und Quellenforschung nichts zu tun: Ein falscher Inhalt kann korrekt überliefert sein, ein heute für richtig gehaltener Inhalt kann dennoch falsch überliefert sein. Für die Inhaltsprüfung – »ob es in der Existenz so etwas geben

60 SympSprache, S. 188.
61 Mayrhofer, S. 17.

kann« – entfällt der »Fachleute-Bonus« für Indologen und Buddhologen. Dafür macht nicht Gelehrsamkeit kompetent, sondern nur Nachfolge; nicht Information, sondern *Transformation*. Auch Buddhismusforscher und Übersetzer sind eben mehr oder weniger unterbewusst geprägt durch Anschauungen einer überholten »klassischen« Naturwissenschaft, die nur die sinnliche Wahrnehmung als Erkenntnisquelle anerkannte.

HANS: Muss man denn als Buddhist alles Verwunderliche unbesehen glauben?

FRITZ: Davon kann keine Rede sein – entgegen der augenblicklichen »magisch-esoterischen Welle«, die hie und da auch in buddhistische Kreise überschwappt. Es geht vielmehr darum, sich nicht vorschnell durch den gewohnten *Glauben* an eine ausgerechnet von der Physik widerlegte *»objektiv-materielle Welt«* die vorurteilslose Offenheit dafür einengen zu lassen, dass es mehr Dinge zwischen Himmel und Erde gibt, als unsere Schulweisheit sich träumen lässt.

HANS: Durch derartige Äußerungen, die einem vorschreiben wollen, was man nach heutigen Durchschnittsmaßstäben als plausibel ansehen darf, wird man ja geradezu entmündigt: Was im Dasein möglich ist und was nicht, das kann und will ich selber entscheiden!

FRITZ: Eben! Wer spürt, dass durch den Nachvollzug der betreffenden Aussage bei ihm heillose Eigenschaften abnehmen und heilstaugliche zunehmen, Leiden sich mildert und ein klareres, helleres Lebensgefühl aufsteigt, der kann über die *Meinung* eines Übersetzers lächeln. Wenn er aber durch *diese* Art der Echtheitsprüfung (und nicht etwa aus einem anderen Grund!) von einer Textstelle den ehrlichen Eindruck gewinnt, durch ihre sofortige Befolgung würden bei ihm heilstaugliche Eigenschaften abnehmen und heilsuntaugliche zunehmen, dann wird er ebenso souverän die Textstelle vorerst beiseite lassen.

HANS: Also als unecht behandeln?

FRITZ: Nein, Hans: »Vorerst beiseite lassen« bedeutet nicht »für unecht erklären«. Denn seine Schwierigkeit mit der betreffenden Aussage kann auch darauf beruhen, dass ihm für gewisse Übungsschritte oder Ergebnisse jetzt noch bestimmte innere Voraussetzungen fehlen. Viele Menschen neigen dann zu einem vorschnellen: »Das kann nicht sein, das kann es nicht geben, das ist nicht die Lehre«; und manche fügen noch hinzu: »Das und das ist doch heute wissenschaftlich erwiesen.« Damit behindern sie nur den Gewinn der geistigen Offenheit für Daseins- und Entwicklungsmöglichkeiten. Sie wird in M 60 näher beschrieben. Wir werden diese Rede demnächst gründlich besprechen. Diese geistige und seelische Offenheit und Flexibilität ist unerlässlich, um klar zu sehen, was wirklich möglich und unmöglich ist. Unmöglich ist viel weniger, als wir denken. Darüber hat der Erwachte präzise Aussagen gemacht. Und er hat den Mönchen ans Herz gelegt, dass sie *»des Möglichen und des Unmöglichen kundig«* werden sollten.[62]

HANS: Klar, wo man noch keine eigenen Erfahrungen hat, muss man mit vorschnellen Urteilen vorsichtig sein. Ganz anders ist es, wenn jemand schon einige meditative Erfahrungen hat.

FRITZ: Da muss man differenzieren, Hans: Wer erst Teilerfahrungen hat, ist in seiner Begeisterung leicht geneigt, sie zu verallgemeinern. Dann merkt er gar nicht, dass er Urteile darüber, was es »gibt« und was es »nicht gibt«, noch nicht aus umfassender Erfahrung abgibt, sondern aus einem Gemisch aus Teilerfahrung mit bloßen gedanklichen Schlussfolgerungen aus alten Denkgewohnheiten und Vorurteilen. Trotzdem gibt er sie sozusagen mit »wissendem« Lächeln ab und ist Einwänden unzugänglich, weil er ja ehrlich glaubt, sein Urteil beruhe auf leibhaftiger Erfahrung.

HANS: Sag mal, Fritz, hast du denn alle diese Texte – 360 sagst du – selber direkt aus dem Pāli übersetzt?

62 Vgl. z. B. M115[m].

Fritz: Ja.

Hans: Warum hast du dir diese Riesenarbeit gemacht? Es gibt doch genug deutsche Übersetzungen oder doch wenigstens englische. Da müssen doch auch brauchbare dabei sein.

Fritz: Gewiss. Aber von den 60 Reden des 35. bis 55. Samyutta aus der Gruppierten Sammlung (*Saṃyutta-Nikāya*) waren die meisten zu der Zeit, als ich mit den Vorbereitungen anfing, noch nicht ins Deutsche übersetzt. Von den übrigen Texten liegen zwar Übertragungen vor. Aber seit vielen Jahren ist es mir ein Bedürfnis, im Pāli gelesene Reden für das innere Zwiegespräch mit mir selber in meiner eigenen »inneren Sprache« gewärtig zu haben.

Hans: Ich finde es aber gar nicht schön, dass so viele verschiedene Übersetzer für das selbe Wort andere Ausdrücke gebrauchen. Könnten die sich denn nicht zusammensetzen und eine einheitliche Übersetzung vereinbaren? In der Mathematik und in der Logik gibt es das doch schon längst. Da ist eins und eins zwei. Punktum.

Fritz: Vorsicht Hans: selbst die Mathematik ist prinzipiell voller Widersprüche und Mehrdeutigkeiten. Das wird dir jeder Mathematiker bestätigen.[63] Mehrdeutigkeit ist ein Grundzug aller natürlichen Sprachen.[64] Ohne sie könnte man sich nicht über Sachverhalte verständigen, die sich nicht in Formeln pressen lassen. Des Menschen Herz und das Leben, in dem es sich spiegelt, weist mehr Zwischentöne und Widersprüche auf als die formelhaft – und doch immer noch nicht völlig eindeutig – definierten Kunstsprachen der Mathematik, der Technik oder der formalen Logik. Darüber ist sich auch die moderne Linguistik klar geworden. Nun hat niemand die Sprache so vollendet gehandhabt wie jenes »wahnlose Wesen«, das »der Buddha« genannt wird. Wenn man über fünfunddreißig Jahre mit seiner Sprache umgegangen ist, dann wird einem zunehmend klar: Dem Buddha stand ein riesiger Wortschatz zur Verfügung, den er auch durch Neuschöpfungen bereicherte. Wenn er daraus für irgendeinen Sachverhalt, obwohl im Pāli ein ziemlich eindeutiger Ausdruck nahe lag, einen mehrdeutigen mit allerlei »Ober- und Untertönen« verwendete, so war das kein »Zufall« und erst recht kein Streben nach Abwechslung, die nur im Westen zum guten Stil gehört. Vielmehr wählte er unter mehreren Ausdrücken mit verschiedenen Akkorden von Ober- und Untertönen just den, der am besten den in die Sprache zu fassenden komplexen Lebenssachverhalt wiedergeben konnte – ähnlich wie ein Komponist seine Komposition instrumentiert: Ihre Klangfarbe erhält sie erst dadurch, dass zu den Grundtönen bei jedem Instrument andere, leicht abweichende Ober- und Untertöne hinzukommen. Das Feierabendgeläut auf einer Tonbandaufnahme würde zum kalten synthetischen Geräusch, wenn man die Ober- und Untertöne wegfiltern würde. Das tun aber viele Übersetzer und müssen es wohl auch, weil sie sonst nie fertig würden: Wenn keine der mehreren Bedeutungen mit Sicherheit ausgeschlossen werden kann, wird üblicherweise ein Oberbegriff als das »kleinste gemeinsame Vielfache« gewählt.

Als ich dahinter kam, verstärkte sich mein Bedürfnis, alle Texte, mit denen ich umging, selber direkt aus dem Pāli zu übersetzen. — Wenn ich kein einzelnes Wort mit dem ganzen »Bukett« von Nebenbedeutungen fand, die im Pāliwort mitklingen, dann habe ich es eben mit mehreren Wörtern umschrieben. Die Scheu vor Umschreibungen und den Grundsatz mancher Übersetzer: »ein Wort der einen Sprache = ein Wort der anderen Sprache« teile ich nicht. Hinzu kommt, dass oft die eine Sprache für etwas im Kulturraum einer anderen Sprache Geläufiges kein Wort hat, weil der betreffende Sachverhalt in ihrem Bereich nicht vorkommt oder nicht gesehen wird[65] und umgekehrt. Viele Sprachen aus den Tropen haben kein Wort für

63 Vgl. Hofstadter, *Gödel Escher Bach*, dtv/Klett-Cotta 1991, S. 26 f.

64 Vgl. Höke, S. 45.

65 Aufschlussreiche Beispiele bei Höke, S. 384.

»Schnee«, die Eskimos haben zwanzig.[66] Durch das Prinzip »ein Wort der einen Sprache = ein Wort der anderen Sprache« und durch das »Wegschneiden« der Ober- und Untertöne durch Oberbegriffe geht viel von der präzisen Leuchtkraft des Urtextes verloren. Dadurch kommen bei der gängigen Übersetzungspraxis manche feinen Zusammenhänge, die im Pāli deutlich beschrieben sind, dem deutschen Leser nur in einem verschwommenen Ungefähr zu Ohren. Das wiegt umso schwerer, als der Erwachte viele existenziale Zusammenhänge erst wieder entdeckt und neu in die Sprache gefasst hat. In solchen Fällen liegt der Sprachschöpfung eine ganz besonders genaue Wortwahl zugrunde. Eine Übersetzung soll sozusagen als Boot dienen, mit dem die Botschaft an das Ufer der anderen Sprache übersetzen kann. Deshalb sehe ich keinen inneren Grund gegen Umschreibung. Sicher hat sie, wie alles, ihre Risiken. Aber einer ihrer Vorteile ist: Ich muss dabei auf die »Ober- und Untertöne« in mir selber lauschen. Diese ständige lebendige Überprüfung der Übersetzung ist daher zugleich Arbeit an mir selber. Den Haupteinwand gegen Umschreibungen: der Übersetzer habe keine Übersetzung, sondern eine Interpretation geliefert, hört man übrigens – nicht ohne Grund – besonders häufig in Bezug auf den unvergleichlichen Erstübersetzer der Lehrreden, K.E. Neumann, obwohl gerade er das Prinzip vertrat: »ein Pāliwort – ein deutsches Wort«.[67]

Ruth: Dein Übersetzungsgrundsatz leuchtet mir ein.

Hans: Mir auch. Aber könnten sich die Übersetzer nicht wenigstens da, wo umschrieben werden muss, auf gleiche Umschreibungen einigen?

Fritz: Wie stellst du dir das bei verstorbenen Übersetzern vor? Aber auch vom Grundsatz her teile ich deine Sorge nicht, Hans: Wer sich mehr nach der Sache als nach den Worten richtet, dem mag eine lebendige Vielfalt von Übersetzern, die um den treffendsten Ausdruck ringen, sogar eher erweiterte Verständnismöglichkeiten eröffnen als eine vereinbarte »Sprachregelung«. Wie oft versteht man etwas, was man lange nicht begreifen konnte, fast mühelos, wenn es einem jemand in etwas anderen Worten sagt. Der deutsche Nachfolger des Erwachten vernimmt ja sowieso die Lehre in einem Gemisch von vielerlei Ausdrucksweisen: Mittlere und Längere Sammlung und die Sammlungen in Versen liest er z. B. meist in Neumanns Übersetzung, die Verse des Suttanipāto heute vielleicht öfter in der auf besondere Treue bedachten Übersetzung Nyāṇaponikas, die Angereihte Sammlung in der von Nyāṇaponika gründlich überarbeiteten Übersetzung von Nyāṇatiloka, die Gruppierte Sammlung (*Saṃyutta-Nikāya*) in ihren verschiedenen Teilen von verschiedenen Übersetzern. Und von vielen Reden aus allen diesen Sammlungen stehen in den Veröffentlichungen des Buddhistischen Seminars besonders einfühlende Neuübersetzungen zur Verfügung. Warum sollte es da nicht dem Verständnis dienen, wenn das Buch den vielen Übersetzungen nach dem verbreiteten »Oberbegriffs-Prinzip« eigene Übersetzungen nach dem seltener angewandten »Umschreibungsprinzip« zur Seite stellt?

Ruth: Ich meine auch, dass das die Flexibilität beim Verstehen eher fördert. Aber ich hätte eine andere Frage zu deinen Übersetzungen: Die buddhistischen Texte enthalten viele Wiederholungen. Die einen empfinden sie als ermüdend, die andern als unentbehrlich. Wie hältst du es damit?

Fritz: Die alten Inder legten mehr Wert auf richtiges Verstehen als auf Abwechslung des Ausdrucks. Das täte auch uns oft gut. So wiederholten zur Zeit des Buddha zu Beginn eines Dialogs beide Gesprächspartner ihre eigene These und die des Partners drei Mal wörtlich, um sicher zu gehen, einander richtig verstanden zu haben. Bei uns debattiert man oft mit Wucht aneinander vorbei. Oder wenn man einem anderen weitergab, was ein Dritter gesagt hatte, dann tat man das wortwörtlich und nicht in indirekter Rede mit eigenen Worten, damit nicht eigene

66 Gerhard Vollmer: Diesseits und jenseits des Mesokosmos, *Universitas* 12/1991, S. 1165.

67 Vgl. HHKEN, S. 394 ff.

Deutungen des Übermittlers die Botschaft verfälschten. Auch wird in den Texten ein wiederkehrender Zusammenhang, der für mehrere verschiedene Vorgänge, Dinge oder Eigenschaften gilt, nicht nur beim ersten Mal voll gebracht, danach aber nur noch abgekürzt – etwa mit Worten wie: »Und hierfür gilt das Gleiche«, sondern er wird jedes Mal im vollen Wortlaut wiederholt. Nicht nur, dass er sich dadurch klarer einprägt – heute weiß mancher Zuhörer beim vierten Fall schon nicht mehr richtig, was »das Gleiche« ist, das auch hier gelten soll. — Vor allem wird durch Wiederholung die Fehlsuggestion vermieden, der im vollen Wortlaut genannte Anwendungsfall sei wichtiger als die abgekürzten Fälle. Oft wird auch die volle Tragweite eines allgemeineren Zusammenhangs dem einen Menschen erst beim zweiten, dem andern vielleicht erst beim fünften Anwendungsfall vollends klar. Das geduldige Verfolgen der Wiederholungen beruhigt, und Ruhe fördert das Verständnis. Aus all diesen Gründen hätte ich am liebsten sämtliche Wiederholungen stehen gelassen und sogar manche Abkürzungen für stehende Redewendungen wieder rückgängig gemacht, die schon die Sammler in den Pālitexten durch das Wiederholungskürzel »*pe*« (für *peyyāla* = »Formel«) vorgenommen hatten. Ich habe aber eingesehen, dass das für die meisten heutigen Leser unzumutbar wäre und das Buch zu sehr anschwellen ließe. So habe ich schonlich dort zusammengezogen, wo es mir nicht verständniserschwerend erschien, so bei wörtlich wiederholten Botschaften oder Gesprächen oder der im Pāli üblichen ständigen Wiederholung der Anrede. Rahmenerzählungen fasse ich oft kurz zusammen. Um den Lesefluss nicht durch Pünktchen oder Anmerkungen zu stören, habe ich das nur da gekennzeichnet, wo es mir unumgänglich schien. Aber wer umgekehrt mit andern Übersetzungen vergleicht und dort manche Stellen nicht findet, die mein Buch enthält, möge nicht gleich an ein falsches Zitat denken: Manche Übersetzer – auch Neumann – haben gelegentlich ganze Absätze, die sie wegen ihres ihnen wunderlich vorkommenden Inhalts für »spätere Zutaten« hielten, einfach weggelassen. Und wer den Pālitext verfolgt, muss manche von mir vollständig wiedergegebene Absätze, die er in der PTS-Ausgabe nicht gleich findet, nach dem unscheinbaren Ergänzungskürzel »*pe*« aus Verweisungen auf andere Texte zusammenklauben. Dabei hilft manchmal, aber nicht immer, eine Verweisung in einer Fußnote der PTS-Ausgabe. Das habe ich nicht immer ausführlich erklärt. Das Buch soll ja kein wissenschaftliches Werk werden, sondern ein Lese- und Lebebuch.

Ruth: Wann wird es denn fertig?

Fritz: Eigentlich nie: Die Arbeit an diesem Buch ist zugleich Arbeit an mir selber und daher in dem, was mit meinen Eigenheiten zu tun hat, vorläufig und im ständigen Wandel begriffen. Wenn es gedruckt ist, werde ich sicher unentdeckte Fehler finden oder sehen, dass ich vieles rückblickend anders gemacht hätte, so wie ich jetzt schon manches anders sehe und sage als noch vor einem, zwei oder zehn oder vierzig Jahren. Auch wer selber auf einen Berg steigt, kann aus eigener Erfahrung nur die Seite des Berges beschreiben, auf der er selber hinaufwandert. Beim Aufstieg mögen sich jedem wieder andere Ausblicke bieten – auch solche, die einer, der auf einer anderen Seite aufsteigt, nicht oder noch nicht sehen kann. Aber dass es ein Berg ist und dass ein Weg hinaufführt, den man gehen kann, so dass sich die Aussicht allmählich weitet, das merkt, wer ihn geht – und immer wieder bieten sich außer dem ständigen Blick auf den Weg unter unseren Füßen schon von unterwegs Ausblicke zum Gipfel, zum Ziel der Wanderung.

Ruth: Was ist denn eigentlich das Ziel der Lehre? Ist es für Mönche und Nonnen anders als für häuslich Lebende?

I. DAS ZIEL DER LEHRE

Fritz: In den Hunderten von Reden an und für in der Welt Lebende ist das erklärte *Endziel* uneingeschränkt dasselbe wie für die Mönche: Nirvāna.

Hans: Das Nichts?

Fritz: Nein, nein, nein. Keineswegs »das Nichts«. Das hieße ja, es würde einem Menschen sofort, so wie er jetzt ist, ohne oder gar gegen seinen Willen alles weggenommen, was ihm zurzeit lieb ist, so dass »nichts« mehr von dem für ihn übrig bliebe, bei dem seine jetzt noch vorhandenen Triebe Wohl suchen. Die Nachfolge nach der Lehre des Buddha entlastet ihn nur von dem, was er selber als *Leiden* im Geist erkennt und schließlich auch im Gemüt empfindet. Selbst das wird ihm nie ohne oder gegen seinen Willen endgültig »weggenommen«. Weggenommen wird ihm überhaupt nichts: Nur was er selber aus geistiger Einsicht in seine Nichtigkeit und Leerheit *loslässt*, weil es für ihn über der Erfahrung höheren Wohls seinen Reiz verloren hat, schwindet. Das erklärt der Buddha ausdrücklich in M 14. Auf diesem Weg bildet sich der Geschmack des Herzens zu einem immer feineren Empfinden für ein Wohl, das nicht immer wieder im Daseinsbrand verglühen und durch unvorstellbar lange Leiden überdeckt werden muss. Es gibt freilich Menschen, die sich in innerer Weite und Güte eine Lebensform und eine Einstellung dazu erwirkt und gestaltet haben, dass sie während ihrer Dauer – so weit der Blick reicht – mit Rilke[68] sagen mögen: *»Hiersein ist herrlich.«* Aber wenn sie der Dimension der Wachheit näher kommen, gewinnt auch und gerade bei ihnen ein Geschmack die Oberhand, der alle übertrifft: der *»Geschmack der Erlösung«*: Nir-vāna – im Pāli *nibbāna* – heißt nicht »Nichts«, sondern wörtlich *»Nicht mehr Wehen«* – aber was da zu wehen aufhört, ist nicht ein sanftes Lüftchen, sondern ein Daseinsbrand, mit dem verglichen die Feuerstürme von Hiroshima und Nagasaki Kerzenflämmchen waren: Einzig und allein Nirvāna ist die Heilung von den Leiden des Daseins und damit die absolute, unzerstörbare Freiheit von Leiden und Abhängigkeit, die Unverletzbarkeit, das höchste Wohl, der höchste Heils-Stand, der unzerstörbare, ewige Friede. Was dann bleibt – ewig bleibt, frei von Leiden –, das kann nicht mehr in die Sprache gefasst werden. Das unsäglich befreite, unversehrbare Lächeln mancher Buddhastatuen mag eine ferne, ferne Ahnung davon vermitteln. Einzig und allein vom Weg dazu spricht der Buddha – der aus dem Daseinstraum Erwachte: *»Wegweiser nur ist der Vollendete.«*[69] Und er spricht darüber nicht nur zu Asketen, sondern auch zu uns in der Welt Lebenden – nicht ausnahmsweise, sondern immer wieder und dann nicht nur andeutungsweise, sondern klar und umfassend. Die Wirkung ist oft so stark, dass mehr als einmal ernsthafte, aktiv im Familien- und Berufsleben stehende Nachfolger hauslosen Pilgern anderer Schulen, ja sogar Mönchen des Buddha, über tiefe Lehrfragen Orientierung geben konnten.[70]

Aus vielen Aussagen geht hervor, dass die meisten Mönche und Nonnen die Lehre nicht erst im Orden kennen gelernt hatten, sondern noch im Hausleben. Der Erwachte sagt, dass er die gesamte Lehre, *»die am Anfang, in der Mitte und am Ende hilfreiche, sinn- und wortgetreu«*, also bis zu ihrem Gipfel, auch den im Haus Lebenden dargelegt hat. Nur so konnten zehntausende in der Welt lebende Nachfolger des Buddha den ersten der noch zu besprechenden Sicherheitsgrade auf dem Heilsweg, den »Eintritt in die Heilsströmung« erreichen, die *sotāpatti*, auch »Hörerschaft« genannt: eine zumindest blitzaugenblickliche volle geistige Grundanerkenntnis der Lehre – aus Einsicht oder innerer Nähe –, die den irreversiblen Prozess des allmählichen Erwachens aus dem Wahntraum einleitet. So kann man durchaus sagen: Wenn es nur die Lehrreden und Anleitungen für in der Häuslichkeit Lebende gäbe, aber keine einzige der Reden an Mönche und Nonnen überliefert wäre, so wäre das zwar ein ganz schmerzlicher Verlust. Aber es bliebe dennoch möglich, zu einem der inneren Sicherheitsgrade zu kommen, bei denen die Entwicklung zum höchsten Ziel unumkehrbar wird. Die Lehren über das Ziel sind also für Hauslose und für häuslich Lebende im Grund gleich.

68 7. Duineser Elegie.
69 M 107, s. im 14. Gespräch.
70 Vgl. A X,93, s. im 11. Gespräch. Ähnliches in A X,94 und S 41,8 und S 48,9 über andere Hausväter.

HANS: Verschieden ist also nur der Weg zur Erlösung?

II. DER WEG ZUR ERLÖSUNG

FRITZ: Nicht einmal das: Auch der Weg ist für Hauslose und in der Welt Lebende im Prinzip gleich, nämlich der bekannte achtfache Heilsweg: 1. rechte Anschauung, 2. rechte Gemütshaltung (»Gesinnung«), 3. rechte Rede, 4. rechtes Handeln, 5. rechte Lebensführung, 6. rechtes Mühen, 7. rechte Wahrheitsgegenwart, 8. rechte Einigung. — Dieser achtfache Heilsweg entspricht in seiner Struktur dem Weg, den jeder einschlagen muss, der irgendein Ziel – und sei es das Vordergründigste – erreichen will:

1. Er muss sich eine richtige *Anschauung* bilden, was er will und was dazu nötig ist.
2. Durch wiederholtes Überdenken und Betrachten muss er dieser Anschauung auch seine Geistes- und *Gemütshaltung* so anpassen dass er gern daran denkt.
3. Dem Ziel entsprechend muss er richtig *reden* und
4. richtig *handeln*.
5. Er muss, vor allem wenn es ein längerfristiges Ziel oder gar ein Ziel fürs ganze Leben – oder gar für die Ewigkeit – ist, seine *Lebensführung* und Lebensplanung danach einrichten.
6. Das geht oft seinen bisherigen Gewohnheiten und Neigungen zuwider, deshalb muss er sich *mühen* und kämpfen, kämpfen vor allem auch darum,
7. Dass er Ziel und Weg *gewärtig* behält.
8. Und er darf sich nicht verzetteln, sondern muss sich auf das Ziel *sammeln* .

HANS: Das leuchtet ein, und du sagst, im Prinzip gilt das auch für das letzte Ziel. Jetzt ist mir die Struktur des Weges schon etwas klarer.

FRITZ: Sie wird noch klarer, wenn wir die drei Abschnitte der Heilsentwicklung betrachten:

III. DIE DREI ABSCHNITTE DER HEILSENTWICKLUNG

Schon jedes gewöhnliche Wachstum hat seine gesetzmäßig festliegenden Stadien. Das Ziel der Lehre des Erwachten aber ist das höchste und kühnste, das es in der Existenz geben kann: die Überwindung des Leidens, absolute Freiheit und vollkommener Friede auf ewig. Er kann daher nur in gesetzmäßigen, weder austauschbaren noch übergehbaren Entwicklungsstadien gegangen werden.

HANS: Muss man also die Stufen des achtfachen Heilsweges wie eine Treppe hinaufgehen: erst die erste, dann die zweite usw.?

FRITZ: Nein. Nur die drei Abschnitte der Heilsentwicklung – Tugend, Herzenseinigung, Klarwissen – entwickeln sich nacheinander als Stufen, aber nicht der achtfache Heilsweg. Der ist pädagogisch-didaktisch zusammengestellt. Zu deiner Vorstellung, man müsse den achtfältigen Heilsweg wie eine Treppe eine Stufe um die andere hinaufgehen, verleitet das Wort »Stufen«. Der Erwachte spricht aber nicht vom *»achtstufigen«*, sondern vom von *»achtgliedrigen«* Weg (*aṭṭh'angika magga*). Denn es handelt sich um ein organisch zusammenarbeitendes System ineinander greifender *Glieder* einer »ganzheitlichen« Therapie für die wahnkranken, leidenden Wesen, nicht um nacheinander abzuarbeitende Stufen. Das ist wie beim Körper: Dessen Funktionen laufen über gesetzmäßig zusammenarbeitende Glieder und Organe. »Stufenweise« ginge das gar nicht: erst die Lunge ganz voll Luft saugen; danach erst die Herzpumpe anwerfen und so viel Blut in die Lunge pumpen, dass sie prall voll Sauerstoff wäre. Inzwischen bliebe die Atmung abgestellt. Dann erst würde der Sauerstoff mit dem Blut je einzeln zu den Organen transportiert. Die müssten danach »Schlange stehen«: Solange nicht das letzte Organ seine Blutration hätte, bekäme das erste keinen Nachschub. Erst wenn keinerlei Sauerstoff mehr im Körper wäre, würde die Atmung wieder angestellt! Das könnte kein Körper überstehen. So wäre es, wenn man die acht Glieder des Heilsweges stufenweise nacheinander abarbeiten wollte.

RUTH: Das ergibt sich ja schon aus dem ersten Glied, der rechten Anschauung. Du hast vorhin gesagt, die Lehre sei zwar nicht ohne Denken, aber nicht mit bloßem Denken allein zu verstehen, sondern Verstehen erfordere innere Wandlungen. Dann kann man ja eine vollendete rechte Anschauung gar nicht gewinnen, wenn man nicht ständig auch an dieser inneren Wandlung arbeitet – und darauf scheinen mir die andern Glieder des Weges hinauszulaufen. Aber das muss man erst wissen, sonst tut man es nicht. Ich sehe zwar noch nicht so recht, wie die acht Glieder des Vorgehens im Einzelnen zusammenhängen, aber ich habe das Gefühl, dass es so ähnlich wie bei einem Getreidehalm mit der Ähre an der Spitze ist: da ist eigentlich der ganze Halm von Anfang an vorhanden, und die Glieder wachsen nach und nach miteinander eins aus dem andern hervor, von einem bestimmten Wachstumsstadium auch von außen sichtbar.

FRITZ: Genau so ist es. Diese Gesetzmäßigkeiten zeigen sich an den drei großen Abschnitten der Heilsentwicklung. Das kann man im eigenen Leben nachprüfen. In M 44 ist ein Gespräch einer der großen, aus dem Fiebertraum des Daseins erwachten Nonnen, Dhammadinnā, mit ihrem im Haus verbliebenen einstigen Ehemann Visākho über die Struktur des Wegs zur Heilung vom Leiden überliefert: Visākho fragt erst, was der achtfache Heilsweg ist. Sie antwortet:

»Das ist der folgende achtfache Heilsweg, Freund Visākho: rechte Anschauung, rechte Gemütshaltung, rechte Rede, rechtes Handeln, rechte Lebensführung, rechtes Mühen, rechte Wahrheitsgegenwart, rechte Einigung.« — Visākho fragt weiter: *»Ist der achtfältige Heilsweg zusammengestellt – oder aus einem Guss, Ehrwürdige?«* — *»... zusammengestellt, Freund Visākho.«* — *»Sind denn die drei Wegabschnitte aus dem achtfachen Heilsweg zusammengestellt oder ist der achtfache Heilsweg aus den drei Wegabschnitten zusammengestellt, Ehrwürdige?«* — *»Die drei Wegabschnitte sind nicht aus dem achtfachen Heilsweg zusammengestellt, sondern der achtfache Heilsweg aus den drei Wegabschnitten, Freund Visākho: Was da rechte Rede (3), rechtes Handeln (4) und rechte Lebensführung (5) ist, das gehört zum Tugendabschnitt (I); was da rechtes Mühen (6), rechte Wahrheitsgegenwart (7) und rechte Einigung (8) ist, das gehört zum Abschnitt Herzenseinigung (II); was da rechte Ansicht (1) und rechte Gemütsverfassung (2) ist, das gehört zum Weisheitabschnitt (III).«*

RUTH: Klar: Wer tötet, stiehlt, unrechte Geschlechtsbeziehungen pflegt, lügt, Rauschmittel irgendwelcher Art nimmt – kurz: wer ohne Tugend lebt –, wie könnte der (außer in kurzen Zeiten der Verdrängung seiner Gewissenslasten) zu dem tiefen Frieden der inneren Einigung kommen? Und wie könnte ein Mensch ohne inneren Frieden, mit unruhigem, schweifendem, zerstreutem Herzen zum klaren Wissen und Sehen kommen, dem dritten Abschnitt?

FRITZ: Genau! Deshalb kann es gar nicht anders sein, als dass auch diese drei großen Etappen des achtfachen Heilsweges für häuslich und asketisch Lebende gleich sind.

HANS: Hm – Ziel gleich, Weg gleich, Wegabschnitte gleich für Asketen und häuslich Lebende – das kann ich mir eigentlich nur vorstellen, wenn ich davon ausgehe, dass beide Menschengruppen eine besondere Begabung mitbringen müssen, ohne die man weder als Mönch oder Nonne noch im Haus das Leiden auflösen kann.

FRITZ: Da hast du gar nicht so Unrecht, Hans. Man muss dazu tatsächlich

IV. FÜNF »EIGENSCHAFTEN« (*DHAMMĀ*) ZU HEILSSINNEN (*INDRIYA*) ENTWICKELN

HANS: Ich denke, der Mensch hat nur seine fünf Sinne?

FRITZ: Er hat mehr. Selbst auf dem Gebiet unserer alltäglichen »sinnlichen Wahrnehmung« benötigen und betätigen wir ständig nicht nur fünf, sondern sechs Sinne; denn – darüber sind sich heute auch die Sinnesphysiologen einig[71] – sinnliche Wahrnehmung wäre nicht möglich

71 Belege mit vielen Einzelheiten vgl. z. B. *Spektrum* 4/1986, S. 46 f.; 11/1986, S. 70; 1/1987, S. 72 ff.; 6/1987, S. 116 ff.; 8/1987, S. 133 ff.; 10/1988, S. 94 ff.; 11/1988, S. 118 ff.; 4/1989, S. 145 ff.

ohne den Geistsinn als sechsten Sinn, der die Daten aus den anderen fünf Sinnen und seine eigenen Daten speichert und auswertet und danach die anderen fünf Sinne und sich selber steuert – soweit die inneren Dränge ihn ans Steuer lassen. Darüber müssen wir später noch ausführlich sprechen. Fürs Erste nur so viel:

Vom sinnlichen Mangel getrieben, *muss* der Mensch mit den sechs triebmotivierten »Welt-Sinnen« (den fünf Sinnen des Körpers samt dem sie steuernden Geist als dem sechsten) so lange in der Welt der Sinne herumsuchen, das Unbefriedigende abstoßen, das Befriedigende aufgreifen, bis er Befriedigung gefunden hat. Endet die Befriedigung, so muss er weitersuchen. Schon für diese vordergründige Suche braucht er aber außer den fünf körperlichen Sinnen fünf andere innere »*Eigenschaften*« (*dhammā*), sozusagen fünf »innere Sinne«, sonst fängt er gar nicht erst an oder gibt auf, nämlich

1. *Vertrauen* (*saddhā*), dass es das, was er sucht, auch gibt, dass die eigenen Kräfte ausreichen und die Vorgehensweise Erfolg verspricht,
2. *Energie, Kampfkraft* (*viriya*),
3. *Gewärtigkeit*, »Achtsamkeit« (*sati*): Ziel, Weg und das für die Wahl der richtigen Gangart bestimmende Maß der eigenen Kräfte unterwegs im *Geist* gewärtig haben,
4. *Sammlung* des *Herzens* auf Ziel und Weg; Einigung (*samādhi*),
5. ein möglichst *klares Wissen* (*paññā*) um Ziel, Weg, Vorgehensweise, Maß der Kräfte und die dafür geeignete richtige Gangart.

Mit diesen fünf allgemein menschlichen Eigenschaften macht sich der Mensch von Kind an auf die Wohlsuche bei dem, was ihm die sinnliche Wahrnehmung bietet. Dabei bekommt er aber mehr oder weniger zu spüren, dass er mit »Brot allein« nie zu dauerhaftem Wohl kommt, sondern nur zu einem aufreibenden *Wechsel* von Mangel, kurzer Befriedigung und langer Öde. Es gehört aber zum Menschentum, dass man in dieses Leben auch eine andere, stillere Sehnsucht mitgebracht hat: die Sehnsucht nach *Frieden*. In Zeiten sinnlichen Mangels oder wenn ihn seine sinnlichen Verstrickungen gerade nicht hemmen, dann meldet sich diese feinere Sehnsucht, und dann *muss* der Mensch diese fünf allgemein menschlichen Eigenschaften (Vertrauen, Energie, Gewärtigkeit, Sammlung, klares Wissen) auch auf Ziele oberhalb des Materiellen ansetzen – *wenn* er solche kennt. Dann *muss* er mit diesen Eigenschaften so lange in der Welt des Geistes und der Seele suchen, das Geist und Seele Unbefriedigende abstoßen, das sie Befriedigende aufgreifen, bis er den Weg zum Frieden gefunden zu haben glaubt. Erweist sich dieser Glaube als Illusion, dann *muss* er *Leidensdruck* spüren und weitersuchen, solange die fünf über die Sinnenwelt hinausreichenden Eigenschaften Mangel melden. Wer sie überhaupt nicht besitzt, der lebt »nur *vom Brot allein*«, in einer im Grund nicht mehr menschlich zu nennenden Existenzweise. Wer aber unter innerem Leidensdruck jene fünf Eigenschaften bisweilen zur Suche nach *dem* einzusetzen begonnen hat, was nicht »*Brot allein*« ist, dem zeigt der Buddha, wie er sie zu regelrechten »*Sinnen*« für unzerstörbares Wohl, zu »*Sinnen*« für die *Erlösung*, zu *Ewigkeitssinnen, Heilssinnen* ausbilden kann, die schließlich als Lebenssteuerung die *Herrschaft* über die sechs »Weltsinne« übernehmen. Auch diese fünf »Ewigkeitssinne« sind im Hausleben wie in der Hauslosigkeit die gleichen. Deshalb hat sie der Erwachte wiederholt in der Welt Lebenden aufgezeigt[72] und auch als »*Mittel zum Erfolg*« in der Vielfalt bezeichnet.[73] Mit ihnen kann man allmählich von der Versklavung an die »äußeren Sinne« unabhängiger werden, das Dasein in den Griff bekommen und meistern. Der auf diesem Weg weit Fortgeschrittene entwickelt diese »Heils-Steuer- oder -Lenk*sinne«* (*indriya*) schließlich sogar zu Heils-»*Stärken*« (*bala*). So bekommen diese fünf ein ganz anderes Gesicht:

72 Vgl. z.B. M 85; A X,28.
73 A XI,12, AXI,14.

Erstens: »Vertrauen« (*saddhā*) wird zum »Vertrauens-*Sinn*«: (*saddh'-indriya*), also zu einem *Sinn*, einer Fähigkeit[74], einem Potenzial für den *heilstauglichen* Einsatz der allgemeinmenschlichen Eigenschaft »Vertrauen«. Das ist kein blinder Glaube mehr, sondern jene alle Heilslehren durchziehende Ahnung und Offenheit dafür, dass über dem mit den Sinnen Wahrnehmenbaren eine wie auch immer beschaffene Ordnung waltet, der man durch Übersteigen der äußeren Sinne näher kommen kann und muss. Dieser Vertrauenssinn bedeutet eine Lebensbewährung, die dem nur Leichtgläubigen, Unkritischen verschlossen ist – dem unkritisch »*Wissenschaftsgläubigen*« genau so wie dem *Esoterikgläubigen*. Darüber später mehr. Die Durchsetzung dieses Vertrauens gegen Gewohnheiten und Vorurteile kostet Überwindung. Dazu braucht man

zweitens: Energie (*viriya*). Energie hat jeder Mensch von den schwächsten bis zu den stärksten Graden. Aber nun hat man einen Sinn für ihren richtigen Einsatz: »Energie-*Sinn*« (*viriy-indriya*): Bereitschaft und Energie zu Aufbruch und Standhaftigkeit beim *inneren Kampf*. In dem Maß, wie dieser Kampf zum Sieg führt und wie man sich darauf einstellt, unterscheidet man immer öfter und klarer Richtiges und Falsches und verwandelt die »Allerweltsart« der Gewärtigkeit (*sati*), die auch der Geldschrankknacker braucht, zum

dritten Heils-›Sinn‹: zum *Wahrheitsgegenwarts-Sinn* (*sat'-indriya*). *Sati* heißt wörtlich: Erinnerung, oft auch übersetzt mit »Achtsamkeit«. Denn nun habe ich gemerkt, dass das, woran ich mich zu erinnern habe, nicht tausenderlei Beliebiges ist, sondern nur *eines*: die *Wahrheit*. Auch darüber später mehr. Im Maß der Entwicklung des Sinns für rechte Achtsamkeit wird aus der bloßen Allerweltseigenschaft »Sammlung« der

vierte Heilssinn: der *Sinn* für rechte *Herzenseinigung* (*samādh'-indriya*): Man lernt die Herzenseinigung (*samādhi*), die die meisten Mystiker aller Religionen für das Ewige halten, als ein herrliches, aber immer noch unbeständiges *Werkzeug* zur Erlösung kennen und einsetzen. Dazu gehört auch, dass man die Herzenseinigung (*samādhi*) nicht mit ihrer höchsten Stufe, der weltlosen Entrückung (»Schauung«, *jhāna*) – verwechselt. Vom geeinten, von Bedrängen freien Herzen sagt der Buddha in M 99, es führe »*zum Verständnis des Sinnes*«. So erwächst aus der rechten Einigung des Herzens, aus dem *samādhi*, der

fünfte und höchste Heilssinn: der *Klarwissens*-Sinn (*paññ'indriya*) für die vier Heilswahrheiten.

Dies alles gilt für Asketen wie für in der Welt Lebende genau in dem Maße, wie der Einzelne auf dem achtfachen Heilsweg die fünf allgemeinmenschlichen Eigenschaften zu Heil-Fähigkeiten, zu »Heils-*Sinnen*« entfaltet hat – zu den einzigen fünf »*Sinnen*«, die diesen Namen wirklich verdienen, weil sie zum einzigen Sinn führen: zur *Erlösung* von allem Leiden auf ewig.

HANS: Ziel, Weg, Wegabschnitte *und* Heilssinne gleich – wo ist denn dann, von der asketischen vollständigen Keuschheit abgesehen, bei der Anleitung des Buddha der Unterschied zwischen Leben in der Hauslosigkeit und Leben in der Welt?

FRITZ: Der Unterschied ist

V. DIE VERSCHIEDENE GANGART VON ASKETEN UND IN DER WELT LEBENDEN:

Die Gangart richtet sich nach Maß, Mischung und Ausbildung der fünf Heils-Sinne. Ein Mensch, der von der Wahrheit so gepackt ist, dass er dafür Haus, Familie und Beruf aufgibt, hat normalerweise stärkere Heilssinne, als wer in der Häuslichkeit bleibt. — Klar auch, dass in einem intakten Orden für Menschen mit diesen stärkeren Heilssinnen ganz andere innere Ausbildungsmöglichkeiten bestehen als im Hausleben. Dennoch werden wir sehen: Man kann

74 Meist wird *indriya* mit »Fähigkeit« übersetzt, doch wird dabei nicht deutlich, was einmal Paul Debes in einem Vortrag gesagt hat: »Unsere Fähigkeiten sind unsere Zwänge.«

bei richtiger Gangart auch unter häuslichen Lebensumständen die absolute Sicherheit erreichen, in einem unumkehrbaren Prozess unaufhaltsam dem höchsten Heilsziel entgegenzugehen. Man kann es vergleichen mit einem Gipfel im Hochgebirge: Den kann ein ausgebildeter, erfahrener und gestählter Bergsteiger auf der »Direttissima« erklettern. Ein Feriengast dagegen – wenn er überhaupt die Talgründe übersteigen will – wandert vernünftigerweise auf weniger steilen, mehr oder weniger gewundenen Serpentinen in einem Vielfachen der Zeit und mit vielen Pausen hinauf. In beiden Gruppen kann man sich freilich mehr zumuten, wenn man einen erstklassigen Bergführer dabei hat. Beide Gruppen erreichen ihr Ziel, wenn auch in grundsätzlich verschiedenen Gangarten. So erreichen – gleich ob im Haus oder im Orden – die nach der Lehre eines Erwachten angeleiteten Heilssucher das Heilsziel unweigerlich, wenn sie mit den fünf Heilssinnen ausgerüstet sind, und sie erreichen es umso eher und umso unbehinderter, je mehr sie die für sie richtige Gangart erkennen und einhalten.

HANS: Wenn beide das Heilsziel erreichen können, ist es dann wirklich so wichtig, dass jeder genau die für ihn richtige Gangart herausfindet?

FRITZ: Ja nun, man kann natürlich auch im ersten Gang auf der Autobahn fahren oder im vierten bergauf. Aber besser und mit weniger Verschleiß, weniger Treibstoff und weniger Abwürgen des Motors fährt es sich doch, wenn man in den richtigen Gang schaltet. Wie wichtig die richtige Gangart ist, hat der Buddha einmal erklärt in dem Text

A III,110 (PTS 106):

Der Erhabene sprach zu dem seitwärts sitzenden Hausvater Anāthapiṇḍiko: »Wenn das Herz eine falsche Gangart hat[75]*, dann läuft auch das Wirken mit dem Körper, mit der Sprache, mit dem Geist falsch. Wessen Wirken mit Körper, Sprache, Geist falsch läuft, der hat keinen guten Tod, kein gutes Sterben. — Das ist, Hausvater, wie bei einem schlecht gedeckten Giebelhaus: da wird der First schlecht, die Dachbalken werden schlecht und auch die Mauern werden schlecht. — Hat aber das Herz keine falsche Gangart, dann läuft auch das Wirken mit dem Körper, mit der Sprache, mit dem Geist nicht falsch. Wessen Wirken mit Körper, Sprache, Geist keine falsche Gangart hat, der hat einen guten Tod, ein leichtes Sterben. — Das ist wie bei einem gut gedeckten Giebelhaus: da wird der First nicht schlecht, die Dachbalken werden nicht schlecht und auch die Mauern werden nicht schlecht.«*

Unter »falsch und richtig laufen« soll hier zwar ersichtlich nicht nur etwas über die Gangart, sondern auch über Richtung und Gesamtorientierung ausgesagt werden, aber die Wortwahl deutet doch darauf hin, dass *auch* die Gangart mit einbegriffen ist. Bei einem Menschen, der noch nicht Heilsgänger und daher noch nicht endgültig gesichert ist, kann die Wahl einer falschen Gangart sogar dazu führen, dass er wieder ganz von der Lehre abkommt.

HANS: Du willst zwar nur über die Gangart für häuslich Lebende schreiben. Aber um den Unterschied besser zu verstehen, hätte ich doch gern gewusst: Welches war denn die spezielle Gangart für *Mönche* und *Nonnen*?

FRITZ: Deren Ausbildungsanleitung ist zwei Dutzend Mal in den Lehrreden in weitgehend ähnlichem Wortlaut beschrieben. Sie beginnt immer mit den Worten: *»Da erscheint der Vollendete in der Welt.«* In der deutschen buddhistischen Literatur[76] bezeichnet man sie gern als »*Tathāgata-Gang* (Gang des Vollendeten)«. Der Buddha hat diese Asketen-Gangart oft auch seinen in der Welt lebenden Anhängern zusammenfassend geschildert.[77] Auch wer nur wenig in

75 *citte vy-ā-panne* (von *vy* = »falsch« + *āpajjati* = »hin-gehen, sich unterziehen, an etwas herangehen«; abgeleitet von *pad* = »gehen«). Die häufigste, abgeleitete Bedeutung passt hier nicht: Der Körper hat keine »übel wollende Gesinnung«, wenn er »falsch läuft«.

76 seit Dahlke.

77 Vgl. z. B. M 36, M 51, M 53, M 100, M 107; D 2, D 3, D 4, D 5, D 11.

die Lehre des Buddha eingedrungen ist, wird dieser Schilderung schon begegnet sein, und wir werden sie später noch näher in den Blick fassen. Aber du hast Recht, Hans: in dem Buch geht es mir um die Gangart für häuslich lebende Menschen. Die Anleitung dazu lässt sich aus über 360 Reden ablesen. Sie reicht von den alltäglichen Pflichten und Anliegen bis zu inneren Vorbereitungen in Richtung auf das höchste Heilsziel und zum Gewinn endgültiger Sicherheit lange vor dem Endziel. Sie ist gleich weit entfernt von verquältem oder elitärem »Halbasketentum« wie von einem hemmungslosen Genießertum. Diese Gangart wird der Hauptgegenstand unserer kommenden Gespräche sein.

RUTH: Sag, Fritz: Was bedeutet im Titel deines Buches eigentlich Anleitungen »des *Buddha*« für Nicht-Asketen? Nur Anleitungen durch den Buddha selber?

VI. ANLEITUNGEN DES BUDDHA FÜR NICHT-ASKETEN

FRITZ: Überwiegend handelt es sich um überlieferte Anleitungen vom Buddha selber, aber nicht nur: Ich will auch Anleitungen für häuslich Lebende durch große Mönche oder Nonnen des Erwachten bringen. Sie konnten sich meist in den inneren Haushalt häuslich lebender Zuhörer einfühlen, und viele von ihnen hatten die Fähigkeit, ihrem Zuhörer unmittelbar »ins Herz zu sehen«. Manchmal gaben sogar erfahrene Hausväter oder Hausfrauen die Anleitung des Buddha weiter.[78] Deren Ausführungen will ich ebenfalls aufnehmen – selbst wenn sie zu Mönchen sprachen; denn das taten sie als in der Häuslichkeit Lebende. So bezeugten sie, ein wie tiefes und klares Verständnis der Lehre auch ohne Gang in die Hauslosigkeit gewonnen werden kann.

HANS: Habe ich das vorhin recht verstanden? Du sagst: die Anleitungen des Buddha für in der Welt lebende Menschen bestehen keineswegs überwiegend in Ratschlägen für weltliche Aufgaben und Probleme?

FRITZ: Ja, Hans, du hast recht verstanden: Eine Durchzählung hat zu meiner eigenen Überraschung ergeben: Über die Hälfte der Reden an in der Welt Lebende reicht zumindest in die Dimension der Gipfellehre des Erwachten hinein, behandelt sie sogar oft eingehend, nämlich die vier Heilswahrheiten vom Leiden (1), von der Bedingung für die Fortentwicklung des Leidens, den Durst (2), von der Aufhebung des Durstes (3) und von der Vorgehensweise dazu, dem achtfachen Heilsweg (4). Nur sind diese Anleitungen meist besonders aufbereitet für die im Weltleben tauglichen Gangarten. So hat sich der Plan des Buches in den Jahren der Vorbereitung sehr gewandelt: Gedacht war zuerst an eine Sammlung von Rezepten, wie man die Lehre des Buddha in das Hausleben umsetzen kann. Nun wird daraus eine Gesamtdarstellung der Lehre, aber – und das ist das Neue – ausschließlich aus Anleitungen für häuslich Lebende.

HANS: Bringst du die alle oder nur eine Auswahl?

FRITZ: Über drei Viertel werden behandelt, überwiegend ganz abgedruckt. Auch die nicht abgedruckten und nicht zitierten sind als Hintergrund berücksichtigt und werden in das Lehrtextverzeichnis in der Reihenfolge des Kanons mit aufgenommen, damit sie nachschlagen kann, wer das will. Inzwischen liegen ja von allen deutsche Übersetzungen vor, die im Buchhandel oder über Bibliotheken zugänglich sind. Natürlich gibt es außerdem ein alphabetisches Generalregister – am Schluss mit einem Gleichnisindex – und ein Abkürzungsverzeichnis.

RUTH: Willst du denn überhaupt keine Reden an Mönche oder Nonnen zur Erläuterung heranziehen?

FRITZ: Im Prinzip nein.

RUTH: Warum nicht?

FRITZ: Um nicht den Eindruck der besonderen Art zu verwischen, wie der Erwachte sich der

78 Vgl. z. B. Nachweise S 41,8, S 41,9.

in der Häuslichkeit lebenden Nachfolger annahm. Gebracht werden allerdings Reden an Mönche, die zur Weitergabe an häuslich lebende Nachfolger bestimmt waren, z. B. über Almosengeben[79] oder die Vorbildwirkung eines tugendreifen Familienoberhauptes[80] oder über die Gründe, warum ein klarblickender Hausvater sich einen Sohn wünscht.[81] Bei manchen dieser Reden hat der Buddha ausdrücklich gesagt, dass sie an häuslich Lebende Menschen weitergegeben werden sollen.[82] Gelegentlich hat er auch vor Ordensangehörigen speziell über die Abgrenzung von Askese und Nachfolge im Hausleben oder über Herzensart und Vorgehensweisen häuslich lebender Nachfolger gesprochen. Diese Texte bringe ich auch. Alle sonstigen für Mönche und Nonnen bestimmten Texte werden beim Zitieren durch ein hoch gestelltes »m« (*»Mönche und Nonnen«*) gekennzeichnet.[83]

RUTH: Was machst du denn mit Reden an Mönche, wenn Hausväter oder Hausfrauen zugehört haben?

FRITZ: Die werden gebracht; schon ein weltlicher Lehrer richtet sich bei verschiedenen Zuhörern nach dem schwächsten Glied in der Kette.

HANS: Wie ist es mit Reden an Brahmanen? Kann man Brahmanen überhaupt als häuslich Lebende sehen? Waren die nicht eine Art Priester?

FRITZ: Fast alle lebten mit Befriedigung von Sinneswünschen in Familie und Beruf. Ein brahmisches oder gar hausloses Leben wie ihre Altmeister führten sie längst nicht mehr.[84] Dass manche daneben noch traditionelle Riten vollzogen, ändert nichts an ihrer Einordnung als häuslich Lebende. Sie taten damit neben ihrem weltlichen Beruf auch nicht mehr als manche heutigen religiösen, häuslich lebenden Menschen, die ihre Freizeit ganz oder teilweise ihren inneren Anliegen widmen.

HANS: Warum sagst du eigentlich *»in der Häuslichkeit lebende Menschen«* und nicht einfach »Laien«? Thema deines Buches ist doch im Grunde der Laienbuddhismus?

VII. »LAIEN«-BUDDHISMUS?

FRITZ: Den Ausdruck »Laien« möchte ich nicht verwenden. Er ist immer noch vom Sprachgebrauch der katholischen Kirche geprägt. Schau mal im »Großen Wörterbuch der deutschen Sprache in sechs Bänden« aus dem Duden-Verlag nach. Es steht vor deiner Nase im Regal. Das Blaue.

HANS: Na, mal sehen: Band 4, *»Laib, Laich«*, ja, da steht es – *Laie*: *»Jemand, der auf einem Gebiet keine Fachkenntnisse hat, Nichtfachmann«* oder *»weltlicher Christ«*. Hmmm.

79 Vgl. z. B. A V,35, A V,36, A V,37.
80 Vgl. A III,49.
81 Vgl. A V,39.
82 Vgl. z. B. D 28, M 114.
83 Außer bei formalen Fundstellenangaben werden Ausnahmen nur selten gemacht, etwa bei besonders prägnanten Aussprüchen, die auch aus Reden an häuslich Lebende ableitbar sind. So findet sich z. B. das in M 19[m] den Mönchen besonders prägnant genannte Grundgesetz der Bildung von Trieben (*»Was der Mensch häufig bedenkt und sinnt, dahin neigt sich das Herz« – genauer: »Gemüt«* – vgl. MExi 2. Aufl. S. 211 ff.) der Sache nach auch in Gesprächen mit in der Welt Lebenden, z. B. in A IV,35, wonach man *»auf dem Weg des Denkens Herrschaft über das Gemüt erlangen«* kann, oder in A IX,41, wo der Buddha berichtet, wie er sich auf dem Weg zur Erwachung die bisher fehlende Neigung zu den verschiedenen Übungsstufen durch häufige Betrachtung des Elendes des zu Überwindenden erzeugte. Ähnlich ist die in A X,73[m] Mönchen kurz genannte Gesetzmäßigkeit, dass häufige Wiederholung die Verständniskraft stärkt, für die in der Häuslichkeit Lebenden ausführlich in M 95 beschrieben.
84 Vgl. z. B. Sn 284 ff. Wo Brahmanen ausnahmsweise den brahmischen Wandel führten, wurden solche Texte ausgesondert, wie z. B. M 92.

Fritz: Unter einem Menschen, der »Fachkenntnisse« über die Lehre des Buddha hat, versteht die Allgemeinheit heute nicht den Nachfolger – den würde man eher als »Gläubigen« oder »Jünger« (ab-)qualifizieren –, sondern jemanden, der Buddhologie oder Indologie studiert hat. Danach wäre ein junger Hilfsassistent an einem Buddhologischen Lehrstuhl, der über die Bedeutung der Ziegenzucht in den Jātakas forscht, Fachmann, viele Pioniere des deutschen Buddhismus dagegen wären »Laien« – ein absurdes Ergebnis. Schon seit Jahrhunderten haftet dem Wort »Laie« dieser negative Geruch an. So hieß es schon in einem Wörterbuch von 1571: *»ley, ein person, die kein ampt hat, ein schlächt, einfaltig und unwüssend mensch, idiota«*. Im Anschluss an dieses Zitat sagt Chargaff:[85] *»Aber von Anfang an schwingt noch etwas anderes mit, etwas Verächtliches: der Laie ist auch ein Stümper.«* — Ganz anders der Buddha: Mit aller Klarheit sagt er: Der einzig wahre Stand ist der höchste Heils-Stand.[86] Die Tauglichkeit zu seiner Eroberung hängt nicht von Askese oder Leben in der Häuslichkeit ab, sondern allein davon, ob der Mensch falsch oder richtig vorgeht – sei das nun im Haus oder in der Hauslosigkeit.[87] — Nur die Gangart ist verschieden. Das galt schon zu Lebzeiten des Buddha. Heute gilt es erst recht. Denn der Erwachte hat in A VIII,51[m] vorausgesagt, dass nach seinem Hinscheiden der Orden nur noch fünfhundert Jahre völlig intakt bleiben werde. Seitdem sind zweitausend Jahre vergangen! Noch gibt es zwar verehrungswürdige Gestalten im Orden wie den über neunzigjährigen Nyāṇaponika. Aber der vom Buddha vorausgesagte Verfall des Ordens hat schon vor 2.000 Jahren begonnen und lässt sich heute nicht mehr verleugnen. Ein führender westlicher Buddhologe hat schon vor einigen Jahren von einem der Kernländer des Buddhismus, Sri Lanka, festgestellt, *»dass der dortige Mönchsorden nicht mehr als eine Asketen- und Klostergemeinschaft im Sinne des alten Buddhismus anzusprechen sei, sondern eher als eine Art Weltgeistlichkeit oder Priesterschaft. Überhaupt habe man den Eindruck, dass bei den buddhistischen Laien heute derjenige sittlich-erzieherische Einfluss liegt, den die im Orden kaum mehr durchgeführten Disziplinarverfahren der alten Ordensregel bezweckten oder die Laienschaft darüber* (wacht), *dass die gröbsten Verfallserscheinungen eingedämmt werden.«*[88] Wer ist da »Laie«? Aber zeitlos bleibt es dabei: Ein Mensch mit den fünf Heilssinnen, der richtig vorgeht, ob hauslos oder in der Häuslichkeit, wird mit Sicherheit vom Blindwissen geheilt, wird sehend, vom Wahn befreit. Der Erwachte sagt in M 96 einem in der Welt lebenden Brahmanen: *»Ich aber, Brahmane, weise eine heilsmächtige, weltüberlegene Eigenschaft auf, die ein Wesensmerkmal des Menschen ist«* – also nicht nur des Mönchs. Ihre Entfaltung macht zum »wahren Menschen (*sappuriso*)«.

Hans: Ja, aber wozu dann überhaupt noch die Unterscheidung zwischen mönchischer und häuslicher Lebensweise? Wenn diese heilsmächtige Eigenschaft in jedem Menschen schlummert – warum soll man dann nicht auch im Haus in Reihenfolge und Gangart des Tathāgatagangs vorgehen können, nur etwas langsamer, mit mehr Pausen und in manchem sozusagen ein Stockwerk tiefer?

Fritz: Bei den meisten häuslich lebenden Menschen *»schlummert«* diese Eigenschaft buchstäblich, betäubt von dem Prasselhagel ständiger sinnlicher Angehungen. Die sind in der Askese unvergleichlich geringer als im häuslichen Leben. Deshalb kann der Asket viel eher so viel inneres Wohl gewinnen, dass er ganz anders als häuslich Lebende den Heilsgang auch durch

85 Erwin Chargaff: Lob des Laien, Essay, in: *Universitas* 5/1992, S. 410.
86 Vgl. M 96, besprochen in WW, 31. Jg. (1985), S. 189 ff.
87 M 99; A II,21 und andere.
88 Berichtet nach: *Buddhismus, Staat und Gesellschaft in den Ländern des Theravada-Buddhismus*, 1. Band: Bechert, *Allgemeines und Ceylon*, 1988 (Veröffentlichungen des Seminars für Indologie und Buddhismuskunde der Universität Göttingen, Bd. 5), wiedergegeben nach der Buchbesprechung von Hellmuth Hecker, in: *Buddhistische Monatsblätter*, Jg. 35 (1989), Heft 6, S. 184 ff.

kraftvolles Verzichten beschleunigen, ja beflügeln kann. Hier liegt die Antwort auf deine Frage, Hans. Zugegeben: Es ist letztlich nicht unbedingt heilsentscheidend, ob ein häuslich lebender Nachfolger die vom Buddha speziell für seine Lebensweise aufgezeigte optimale Gangart mit all den möglichen Hilfen benutzt, oder ob er es mit einer nur leicht modifizierten Version des asketischen Tathāgatagangs versucht. Er ist dann vergleichbar jenem hochtrainierten Mann aus meinem Bekanntenkreis, der gegen alle Ratschläge erfahrener Berggänger Bergtouren in Turnschuhen macht, und bisher ist es dank seiner besonderen Kondition auch gut gegangen. Früher haben viele Freunde und ich selber gemeint, auch für in der Welt Lebende sei »analoges Anwenden« des Tathāgatagangs mit so viel Askese wie nur möglich die richtige Gangart. Aber es ist unvergleichlich mühsamer, riskanter und mit größeren Reibungsverlusten im Inneren und gegenüber der Mitwelt verbunden, wenn man die vom Erwachten für das häusliche Leben empfohlenen Hilfen verschmäht. Dabei tritt bei vielen, die so vorgehen, weithin »heroisches Stahlgrau« an die Stelle jener emporziehenden stillen bis jubelnden geistigen Freude (*pīti*).[89] Ohne diesen inneren Jubel konnte – trotz vollkommener geistiger Durchschauung des Elends der Sinnendinge – nicht einmal der auf die Erwachung zugehende Asket Gotamo aus der Gefangenschaft in der Sinnensucht freikommen. Das hat er selber in M 14 dem Sakyerfürsten Mahānāmo berichtet. Es mag also zwar die Möglichkeit geben, dass einzelne Menschen mit besonders starken Heils-Sinnen auch ohne Beachtung der vom Erwachten für das häusliche Leben empfohlenen Hilfen auf mühsam-heroische Weise zum Ziel kommen. Aber für die meisten ist asketisches Gebaren nicht die richtige Gangart. Würde man dennoch alles, was nicht asketisch ist, mit dem abwertenden Begriff »Laie« belegen, dann könnte mancher Mensch mit Familie und Beruf, der es mit seinen inneren Anliegen sehr ernst nimmt, unterschwellig der Suggestion unterliegen: »*Gerade auf diesem wichtigsten Gebiet im Leben will ich doch kein Laie sein*«, und sich mit halbasketischen Praktiken überfordern. Aus allen diesen Gründen vermeide ich den Begriff »Laie«.

RUTH: Wie hat denn der Buddha diesen Menschenkreis genannt?

FRITZ: Da finden sich zwei Bezeichnungen: Die allgemeinere unterscheidet nicht, ob jemand Anhänger des Buddha ist oder nicht und lautet »*gahapati*« von *gaha* = »Haus« und *pati* = »Herr«, oft übersetzt mit »Hausvater«, und »*gahapatāni*« oder »*gahapatikā*« (»Hausfrau« oder »Hausmutter«), Mehrzahl oft »Hausleute«. Die andere Bezeichnung heißt »*upāsaka/upāsika*«, meist mit »Anhänger/Anhängerin« übersetzt. Sie umfasst nur Menschen, die sich der Lehre zugewendet haben, aber nicht in den Orden des Buddha eingetreten sind. Das können aber auch hauslose Wanderasketen anderer Schulen sein, die Zuflucht zum Buddha nehmen, aber weder in seinen Orden eintreten noch ins Hausleben zurückkehren.

HANS: Waren denn »*gahapati*« nur Hauseigentümer? Wenn du so übersetzen würdest, kämen sicher Beschwerden über »elitäre Strukturen«!

FRITZ: Ich übersetze aber nicht so: »*Gahapati*« hat weniger mit Hauseigentum zu tun. Ein Haus konnte man sich in Indien wegen des Klimas in den meisten Gebieten auch aus Blättern oder Hölzern bauen. Das Gewicht lag auf der Herrschaft über einen Hausstand. Das beschreibt der Buddha jedes Mal, wenn er berichtet, wie ein *gahapati* in die Hauslosigkeit zieht und »*einen großen oder kleinen Besitz und einen großen oder kleinen Verwandtenkreis zurücklässt*«. Den *gahapati*, die einen Hausstand beherrschten, standen die Asketen gegenüber, die – wie es oft in den Texten heißt – »*einzig sich selber beherrschen*«. Aber der Begriff »*gahapati*« schloss immerhin damals fast begriffsnotwendig auch eine gewisse Teilnahme am geistlichen Leben ein, – mindestens durch Spenden und Ehrerweisung gegenüber Asketen und Pilgern, bei den Brahmanen zudem durch allerlei Riten wie Opfer oder religiöse Waschungen oder Unterhalten

89 Dazu ausführlich Hecker in WW, 36. Jg. (1990), S. 254 ff.

des »heiligen Feuers«. »Hausleute« oder »Hausner« wäre daher keine besonders treffende Bezeichnung. Auch deshalb nicht, weil seit den Klostergründungen auch manche Mönche fast ständig in Klöstern – also in Häusern – lebten, vor allem um geistigen Lehrern nahe zu sein. In der Regenzeit war und ist den Mönchen ohnedies wegen der tropischen Verhältnisse das Wandern untersagt. Dann wohnen sie meist in den Häusern von Verwandten oder in den Klöstern. Bezeichnungen, die auf das Bewohnen eines Hauses abstellen, finde ich daher nicht glücklich.

HANS: Wie wäre es denn mit »Bürger«?

FRITZ: Kaum besser, auch wenn wir von der juristischen Bedeutung (»Bürger« einer Gemeinde oder eines Staates) absehen. In Indien waren die Bürger nur eine von vier Kasten. Im heutigen Sprachgebrauch hat sich die Bedeutung des Wortes Bürger verengt auf Angehörige *»einer durch Besitz ausgezeichneten, bestimmten Traditionen verhafteten, konservativen Gesellschaftsschicht: ein wohlhabender, behäbiger, satter Bürger.«*[90] Viele in der Welt lebende Menschen würden diesen Begriff daher nicht auf sich beziehen wollen. Manche würden ihn geradezu als Beleidigung empfinden.

HANS: Aber welche Bezeichnung wäre denn besser?

FRITZ: Es geht um die Anleitung zu einer Lebensform, die auch ohne Askese nicht in Sinnenbefriedigung *aufgeht*, sondern durch allmähliches freies Loslassen des jeweils Bedrängendsten immer mehr vom Leiden des Daseins *befreit*. Durch alle Heilslehren zieht sich die Unterscheidung zwischen weltlichem Leben und geistlichem Leben. Der Asket führt einzig und allein das geistliche Leben.

HANS: Ach so, dann willst du *gahapati* mit »weltlich Lebender« übersetzen?

FRITZ: Nein. Der Begriff des geistlichen Lebens ist weiter als der der Askese: Auch in der Häuslichkeit muss man nicht nur *»vom Brot allein«* leben; man kann *auch* etwas für den »geistlichen Menschen« in sich tun. Wo die vordergründige Zielvorstellung »Lustgewinn« noch nicht das Empfinden dafür verdrängt hat, was jenseits aller Richtungen, Schulen und Konfessionen »geistliches Leben« bedeutet, da besteht zwar weitgehend Einigkeit, dass die höchste Vollendung des geistlichen Lebens fast nie während eines häuslichen Lebens erreicht werden kann, denn sie erfordert alle Kraft des ganzen Menschen – eben jenes von weltlichen Anliegen ganz freie Leben, das man das asketische nennt. Aber darüber hat der Buddha nie sein »mittleres Feld« vernachlässigt: die nichtasketischen, in der Häuslichkeit – gleich ob Hütte oder Palast – lebenden Heilssucher, die *»gahapati«* und *»gahapatikā«*, die auch im Hausleben manchmal jene innere Stimme vernehmen, die Goethe in die Worte gefasst hat:

»Ach, ich bin des Treibens müde.
Was soll all der Schmerz und Lust!
Süßer Friede –
komm, ach komm in meine Brust.«

Diesen Menschenkreis soll das Buch ansprechen. Aber die ideale Übersetzung dafür habe ich noch nicht.

HANS: Dann nenne sie doch »Nicht-Asketen« wie im Untertitel.

FRITZ: Vielleicht tue ich das an einigen Stellen. Aber als alleinige Übersetzung für *gahapati* wäre mir das zu allgemein. Es wird mir wohl nichts übrig bleiben, als »in der Häuslichkeit Lebende« oder »häuslich Lebende« zu übersetzen, oder, wo auch das nicht passt – man denke an alternative Studenten, Singles oder nichtasketische »Aussteiger« –, »in der Welt Lebende«, was ja nicht gleichbedeutend ist mit »platt weltlich ohne jedes geistliche Leben«.

RUTH: Und wie willst du *upāsaka/upāsika* wiedergeben?

90 DudenGrW.

Fritz: Das bedeutet wörtlich: »Dabeisitzende«, also Menschen, denen an der Lehre des Buddha so viel liegt, dass sie sich dazusetzen, um zuzuhören. Aber – sagt der Buddha ausdrücklich in A VIII,25 und anderen Reden – nicht einfach so unverbindlich, wie man heute irgendeinen »interessanten« Vortrag besucht, sondern weil sie zu ihm *Zuflucht* genommen haben. Es schwingt also auch auf Erfahrung gestütztes Vertrauen und Verehrung mit. Die hergebrachte Übersetzung »Anhänger« gefällt mir zwar nicht ganz. Nach bitteren Erfahrungen mit allerlei Bewegungen kann sie manchmal einen Beigeschmack von »blinder Gefolgschaft« annehmen, während der Erwachte von seiner Lehre sagt, dass sie *»einlädt: ›komm und sieh selbst.‹«*

Hans: Wie wäre es denn mit »Jünger«.

Fritz: Das erinnert so an die Jünger Jesu – also doch an eine Art Hauslosigkeit.

Ruth: Dann sag doch »Nachfolger«.

Fritz: Ich war schon nahe daran. Aber das ist die wörtliche Übersetzung von *»anu-sāri«*. Damit bezeichnet der Erwachte nur solche Menschen, die in der Nachfolge bereits unumkehrbar auf dem *Weg* zum Eintritt in die Heilsströmung (*sota-patti*) sind. Dann hatte ich es mit der Übersetzung »Verehrer/Verehrerinnen« versucht.

Hans: Da denkt man an einen Galan oder an Fans.

Fritz: Erst habe ich gemeint, darüber könne man hinwegsehen, weil auch heute noch die tiefere Bedeutung (»Verehrer Schopenhauers« oder »Verehrerin Richard Wagners«) lebendig ist. Aber genau dein Bedenken hat mich doch dazu gebracht, mich mit dem Ausdruck *»Anhänger«* abzufinden, zumal das Wort *»upāsaka«* nichts über den Grad des Verständnisses aussagt. »Anhänger« des Erwachten kann man aus purer »Anhänglichkeit« und aus tiefer Einsicht sein. Wo aber Menschen bei der Zufluchtnahme bitten, der Buddha möge sie künftig als *»upāsaka/upāsika annehmen, die von heute an danach zu leben begonnen«* haben, werde ich auch gelegentlich mit *»Schüler/Schülerin«* übersetzen, weil es ihnen nach dem immer wiederkehrenden Wortlaut in den Texten weniger nach »Anhänglichkeit« zumute ist, als so, *»wie wenn man ein Licht in die Finsternis hielte: ›Wer Augen hat, kann die Gestalten sehen.‹«*

Ruth: Fritz, wenn die meisten Anhänger in der Häuslichkeit gelebt haben, warum hat dann der Buddha die meisten Reden an Mönche und Nonnen gehalten?

VIII. GRUNDSÄTZE DES BUDDHA, WEN ER ANLEITET

Fritz: Über die Grundsätze des Buddha, wen er anleitet, gibt am besten ein Gespräch Auskunft, das er nach

S 42,7

mit einem Amtmann[91] geführt hat. Der fragt den Buddha:

»Herr, hat der Erhabene immer mit allen lebenden Wesen Mitempfinden?« — *»So ist es, Amtmann.«* — *»Warum gibt sich der Erhabene dann bei den einen sehr damit ab, ihnen die Lehre darzulegen, bei anderen aber nicht in gleicher Weise?«* — *»Nun, Amtmann, ich will dir dazu Fragen stellen; wenn du magst, kannst du antworten. Was meinst du: Da hat ein Bauer drei Felder. Ein Feld ist vorzüglich, eines mittelmäßig, eines gering, dürr, salzhaltig, mit schlechter Erde. Was meinst du, Amtmann: wenn dieser Bauer einsäen will, welches wird er zuerst bestellen, das vorzügliche, das mittelmäßige oder das geringe, dürre, salzhaltige mit der schlechten Erde?«* — *»... zuerst das*

91 *gāmaṇi* = Amtsträger, oft mit »Obmann« übersetzt. Aus dem Zusammenhang ergibt sich, dass es sich bald um einen Ortsvorsteher, bald um einen Amtsrichter oder um einen sonstigen Träger exekutiver, manchmal auch richterlicher Gewalt handelt. Meist ergeben die Umstände nichts Genaueres. Dann scheint mir der Ausdruck »Amtmann« zu passen; denn im alten Deutschland übte der Amtmann als Vertreter eines weltlichen oder geistlichen Grundherrn Herrschaft über einen Bezirk aus, besorgte Rechnungswesen und Verwaltung und übte oft auch die [illegible] Gerichtsbarkeit aus.

vorzügliche Feld, danach das mittelmäßige und dann erst das geringe, dürre, salzhaltige mit der schlechten Erde – oder er wird es gar nicht bestellen. Und warum? Das gibt allenfalls Kuhfutter.«

»Dem vorzüglichen Feld sind meine Mönche und Nonnen zu vergleichen, Amtmann; sie unterweise ich sinn- und wortgetreu in der Lehre, die schon von Anfang an, auf der Wegmitte und am Ende hilfreich wirkt,[92] *ihnen zeige ich den einzig vollständigen, vollkommen reinen brahmischen Wandel auf. Und warum? Sie halten sich an mich als Leuchte, Rettung, Schutz, Zuflucht. — Dem mittelmäßigen Feld sind meine in der Welt lebenden Anhänger und Anhängerinnen zu vergleichen. Auch sie unterweise ich sinn- und wortgetreu in der Lehre; zeige ihnen den einzig vollständigen, vollkommen reinen brahmischen Wandel auf. Und warum? Sie halten sich an mich als Leuchte, Rettung, Schutz, Zuflucht. — Dem geringen, dürren, salzhaltigen Feld mit schlechter Erde sind die Asketen, brahmisch Lebenden und Pilger anderer Schulen zu vergleichen. Auch sie unterweise ich sinn- und wortgetreu in der Lehre; zeige ihnen den einzig vollständigen, vollkommen reinen brahmischen Wandel auf. Und warum? Wenn sie auch nur einen kleinen Teil verstehen, wird es ihnen lange zum Segen, zum Wohl gereichen.*

Das ist, wie wenn ein Mann drei Wasserkrüge hat, einen ohne Sprünge, der nicht leckt und nicht rinnt, einen ohne Sprünge, der leckt und rinnt und einen, der Sprünge hat, leckt und rinnt. Was meinst du, Amtmann: Wenn dieser Mann einen Wasservorrat anlegen will, wo wird er zuerst speichern: in dem Wasserkrug ohne Sprünge, der nicht leckt und nicht rinnt, in dem Wasserkrug ohne Sprünge, der leckt und rinnt oder in dem Wasserkrug, der Sprünge hat, leckt und rinnt?« — »... in dem Wasserkrug ohne Sprünge, der nicht leckt und nicht rinnt, wenn der voll ist, in dem Wasserkrug ohne Sprünge, der leckt und rinnt, erst wenn der voll ist, in dem Wasserkrug, der Sprünge hat, leckt und rinnt – oder er wird es ganz lassen. Und warum? Weil das allenfalls zum Geschirrspülen reicht.«

»Dem Wasserkrug ohne Sprünge, der nicht leckt und rinnt, sind meine Mönche und Nonnen zu vergleichen; sie unterweise ich sinn- und wortgetreu in der Lehre, zeige ihnen den einzig vollständigen, vollkommen reinen brahmischen Wandel auf. Und warum? — Sie halten sich an mich als Leuchte, Rettung, Schutz, Zuflucht. — Dem Wasserkrug ohne Sprünge, der leckt und rinnt, sind meine Anhänger und Anhängerinnen zu vergleichen. Auch sie unterweise ich sinn- und wortgetreu in der Lehre, zeige ihnen den einzig vollständigen, vollkommen reinen brahmischen Wandel auf. Und warum? Sie halten sich an mich als Leuchte, Rettung, Schutz, Zuflucht. — Dem Wasserkrug, der Sprünge hat, leckt und rinnt sind die Asketen, brahmisch Lebenden und Pilger anderer Schulen zu vergleichen. Auch sie unterweise ich sinn- und wortgetreu in der Lehre, zeige ihnen den einzig vollständigen, vollkommen reinen brahmischen Wandel auf. Und warum? Wenn sie auch nur einen kleinen Teil verstehen, wird es ihnen lange zum Segen und Wohl gereichen.«

RUTH: Hat der Buddha denn nie einen Menschen abgewiesen, der von ihm etwas wissen wollte?

FRITZ: Das ist nur vereinzelt bei Mönchen aus erzieherischen Gründen vorgekommen. Bei Nicht-Asketen hat er höchstens falsch gestellte Fragen abgewiesen, um das Gespräch mit dem Frager in fruchtbare Bahnen zu lenken, aber nicht den fragenden Menschen.

HANS: Dann hat er also jedem X-Beliebigen die ganze Lehre dargelegt?

FRITZ: Das nicht. Zwar hat er jedem Menschen seine Fragen beantwortet – oft auch unausgesprochene. Aber die gesamte Lehre bis zum Gipfel legte er unter den in der Häuslichkeit lebenden Menschen nur solchen dar, die ernstlich über dieses jetzige Leben hinaus-

92 *kalyāṇa* = »vorzüglich, ausgezeichnet«, hängt mit *kalla* = »schön, gesund« zusammen (vgl. das griechische *kalos*). Gemeint sind die drei großen Stadien des Heilswegs: Tugend, Herzenseinigung und Weisheit die oben genannt sind und später wiederholt besprochen werden.

blickten und durch ihre Haltung bewiesen oder zu beweisen versprachen, dass sie ihr Leben danach einrichten würden – meist nicht durch den Gang in die Hauslosigkeit, sondern durch Nachfolge in der Häuslichkeit. In der Häuslichkeit lebende Anhänger stufte der Buddha in der Belehrbarkeit aber sogar noch vor den hauslosen Asketen und Pilgern anderer Schulen ein – nicht nur vor den unechten und schlechten, sondern vor allen.

Hans: Warum das denn? Die hatten doch Haus und Familie aufgegeben, um das Heil zu finden und waren mehr oder weniger im Loslassen geübt – geübter wohl als die meisten neuen häuslichen Anhänger, die sich noch an Besitz und schönen Dingen freuten.

Fritz: Den Grund nennt der Erwachte seinen Mönchen z. B. in A I,31. Je intensiver ein Mensch einer irrigen Lehre nachgefolgt ist, umso schwerer kann er die geistige Unvoreingenommenheit und Offenheit aufbringen, die zu Verständnis und Nachfolge erforderlich ist. Deshalb mussten vor der Aufnahme in den Orden Asketen und Pilger anderer Schulen eine Probezeit bestehen[93], häuslich lebende Anhänger anderer Schulen dagegen nicht. Als das geringste Feld seiner Zuhörer sieht der Buddha also nicht die in der Welt Lebenden an, sondern die Asketen und Pilger anderer Schulen.[94]

Hans: Aber wenn er doch allen drei Menschengruppen die ganze Lehre samt Anleitung zum brahmischen Wandel voll darlegt – wo liegt denn dann der *inhaltliche* Unterschied? Und überhaupt: was ist der *brahmische Wandel*?

Fritz: Das Pāliwort heißt *»brahma-cariya«*, wörtlich: »Brahma-Wandel«. Es hat mehrere Bedeutungen: Die meisten Inder zur Zeit des Buddha sahen Brahma als das höchste Gut an. Deshalb ist der brahmische Wandel im tiefsten Sinn der Wandel, der zum höchsten Gut führt – was immer das sei –, der höchste Wandel. *Brahma* ist aber auch der Name für eine göttliche Wesenheit, die ihr Wohl nicht mehr aus sinnlich Wahrnehmbarem bezieht, sondern aus grenzenlosem, *»überall mit allem sich als eins empfindendem«* Strahlen in Liebe, Erbarmen, gönnender Freude und erhabenem Gleichmut. Deshalb bedeutet *»brahmacariya«* auch die Lebensweise, die zu Brahma führt. Das auffallendste äußere Kennzeichen dieser brahmischen Lebensweise war völlige Keuschheit. Deshalb ist die engste Bedeutung von *»brahmacariya«* Keuschheit. Beim Buddha gilt sie nur für Mönche und Nonnen als Dauertugend, nicht für häuslich Lebende, außer für den einen Besinnungsfeiertag in der Woche. Achtet einmal bei den künftigen Texten darauf, wie der Buddha den häuslich Lebenden über die Gangart der Mönche und Nonnen berichtet: ohne die *Einzelheiten* asketischer *Übungspraxis*, von denen die Reden an Mönche und Nonnen voll sind. Das gilt besonders auch für die Krone der Mönchsübungen: *»satipaṭṭhāna«*.

Hans: Ja, nun, vielleicht ist der Buddha grundsätzlich nicht auf Einzelheiten der Lebenspraxis eingegangen.

Fritz: O doch, Hans. In Details der Praxis geht der Buddha sehr wohl bei Anleitungen für das Hausleben, sogar bis hin zur Finanz-, Ehe- und Erziehungsberatung und Empfehlungen für die Berufsausübung.[95]

Hans: Praktische Übungsanleitung in *satipaṭṭhāna* nur für Mönche – ist das nicht doch esoterisch?

Fritz: Nein, nein! Esoterik hat der Buddha ausdrücklich abgelehnt: *»Drei Dinge leuchten offen, nicht im Geheimen: Welche drei: Der Mond, die Sonne und die vom Vollendeten ganz fassbar gemachte Heilswegweisung.«*[96]

93 M 57^{m}, M 73^{m}, M 75^{m}.
94 Vgl. auch PTS S 55,25 Abs. 13.
95 im Einzelnen siehe unten im 8. Gespräch.
96 A III,132^{m} (PTS = A III,129).

FRITZ: Warum dann diese Zurückhaltung bei Feinheiten der Übungspraxis der Mönche? Heute kennen doch viele Buddhisten – wenn überhaupt – nur zwei Lehrreden: die beiden *satipaṭṭhāna*-Sutten M 10 und D 22. Du siehst ja: sogar ich kenne diese Bezeichnungen. Die meisten Kurse, die angeboten werden, behandeln die darin beschriebene Übung. Das gibt's doch nicht, dass die der Buddha nie den häuslich Lebenden näher erklärt hat!

FRITZ: Er hat es nicht. Mönchen und Nonnen hat er sie oft als Hauptübung ans Herz gelegt. Häuslichen Nachfolgern nicht. Die ausführlichen Erklärungen, M 10 und D 22, sind allein an Mönche gerichtet. Wir kommen noch darauf. Der Grund ist: weil es nach seiner universalen Erfahrung unmöglich ist, die im Orden angebrachte »Gangart« auch in der Häuslichkeit richtig einzuschlagen und auf die Dauer durchzuhalten. Wann im Hausleben einzelne Vorstöße fruchtbar sein können, lässt sich nicht allgemein sagen: Das muss jeder selbst wissen; dazu muss er sich gut kennen. Deshalb hat der Erwachte häuslich Lebende dazu nie angeregt – wir kommen noch darauf.[97] Allgemein lässt sich nur sagen:

»Gar fern stehn sich in ihrer Lebensart, wer in der
Familie lebt, und wer besitzlos brahmisch:
Der blaugeschopfte Pfau, wenn er zum Flug ansetzt,
wird nimmermehr des Schwanes Schnelligkeit erreichen.« *(Sn 220ᵐ und 221ᵐ)*

HANS: Da ist allerdings die Gangart deutlich unterschieden. Heute gäbe es gleich ein Geschrei über »elitäre Strukturen« und »mangelnde Chancengleichheit«. Haben sich denn damals die im Haus Lebenden nicht zurückgesetzt gefühlt?

FRITZ: Nein. Wir leben eigentlich erst seit der Jahrhundertwende in einem Zeitalter platter Gleichmacherei auf unterstem Niveau. Zur Zeit des Buddha war der Unterschied zwischen häuslicher und hausloser Lebensweise auch den meisten in der Welt Lebenden klar. Da kam einmal der Hausvater Dhammiko mit 500 im Haus lebenden Anhängern zum Erwachten, der inmitten der Mönchsgemeinde saß, und begann ein Zwiegespräch, das die Anleitungsgrundsätze widerspiegelt, wie sie der Erwachte auch jenem Amtmann erklärt hatte. Dhammiko beginnt:

»Ich frag dich, Gotamo, den Weisheitsweiten: Was ist zu tun, um richtig nachzufolgen,
für die, die aus dem Hause hauslos zogen, und auch für solche, die im Haus nachfolgen?
Die ganze absolute Wahrheitskenntnis teilst du den Wesen mit aus Mitempfinden.
Du zogst den Schleier weg, allsehend Auge, strahlst rein und klar in alle Welten hin.
Denn diese tiefe Lehre, die so wohl tut, von dir so herrlich dargelegt, Erhab'ner,
die wollen wahrlich alle gerne hören. So sprich auf unsre Frage, wacher Meister!
Und alle Mönche, die sich hier versammelt mit häuslich Lebenden, um dir zu lauschen:
lass sie die Wahrheit hör'n, entdeckt vom Reinen, wie Götter ihres Königs Worte hören!«
(Sn 376 und 378, 383 und 384)

Dhammiko geht also davon aus, dass zwar die gesamte »*Wahrheitskenntnis*« im *Geist* – die vier Heilswahrheiten – für alle da ist. Er sieht es aber als selbstverständlich an, dass selbst in der gemeinsamen Versammlung auf die Frage, wie man richtig *nachfolgen* soll, für Hauslose und im Haus Lebende verschiedene Antworten gegeben werden müssen. Der Buddha erinnert denn auch zunächst die Mönche an die Grundsätze des Mönchslebens und sagt dann:

»Doch nun erklär ich euch, wie man im Hause so lebt, dass man ein rechter Jünger ist;
denn von Besitz umgeben ist's nicht möglich, der Mönche reine Regel zu erfüllen.« *(Sn 393)*

HANS: Sind dann die nichtasketischen Nachfolger nicht beim Verständnis der tiefen Daseinsgesetze benachteiligt?

FRITZ: Nein. Eher wären sie benachteiligt, wenn sie Asketenregeln einhalten sollten, mit denen sie in der Häuslichkeit überfordert wären. Gerade weil ihnen der Buddha ihre eigene

97 Umfassende Darstellung des BuSem vgl. WW, 40. Jg. (1994), Hefte 3 ff.

Gangart zeigt, konnte er schon kurz nach seiner Erwachung programmatisch aussprechen: *»Ich werde nicht in der vollkommenen Erlöschung aufgehen, solange nicht verständige häuslich lebende Anhänger und Anhängerinnen erwachsen sind, gut angeleitet, voll erfahrungsbegründeter Zuversicht, vielerfahren, Bewahrer der Lehre, die der Lehre entsprechend lehrgemäß nachgefolgt sind, in der richtigen Lebensweise vorangekommen sind, nach der Lehre leben, selber die Lehre weitergeben können, sie verkünden, aufzeigen, darlegen, darstellen, enthüllen, erklären und offenbarmachen können und einen von anderen vorgebrachten Einwand mit der Wahrheit richtig abwehren, die Wahrheit gut fassbar aufzeigen können« (D 16 III).*

RUTH: Dass der Buddha auch in der Häuslichkeit lebende Nachfolger dazu ausbilden wollte, die Lehre zu *erklären*, verdient Beachtung gegenüber späteren buddhistischen Schulen, bei denen das Erklären verpönt ist.

HANS: Aber wenn der Buddha häusliche Nachfolger haben wollte, die die Lehre weitergeben können, dann mussten sie doch auch die Asketengangart kennen.

FRITZ: *Kennen*, ja, als Teil der rechten Anschauung über den vor ihnen liegenden Heilsweg, aber nicht in der Übung nachmachen. Zu üben empfiehlt ihnen der Buddha, außer der Tugend den allwöchentlichen *Feiertag* zu nutzen, um an diesem einen Tag freudiges Verständnis für die Weite und Freiheit der Askese zu gewinnen, indem sie es in einzelnen Beziehungen den Geheilten gleichtun. Das sollte ihnen helfen, sich bewusst zu bleiben, dass sie mit ihrer treuen häuslichen Nachfolge auf Ziele hinarbeiten, die über ihre gewohnte Wahrnehmung weit hinausreichen, und den Segen schätzen zu lernen, den ihnen die damals oft tägliche Gelegenheit brachte, mit Angehörigen des Ordens zu sprechen. Darüber liegt eine Fülle von Aussagen vor, die wir noch besprechen werden. Worum es jetzt geht, ist Folgendes: Wenn der Buddha den häuslichen Anhängern schon derart detaillierte Anleitungen über etwas relativ Einfaches wie die Art gab, den Feiertag frei zu halten von alltäglichen Banalitäten und ihn dem inneren Wachstum zu widmen, dann hätte er ihnen erst recht detaillierte Anleitungen für die Vorgehensweise bei Mönchsübungen gegeben, wenn er sie ihnen hätte empfehlen wollen. Aber wenn er ihnen über sein eigenes früheres Ringen um Befreiung[98] und über den Übungsweg im Orden berichtet, dann sagt er nie, wie man die asketischen Übungsschritte praktisch ausführt.

Mönche und Nonnen dagegen erhielten darüber individuelle Anleitungen: Die Ordensregeln sahen für den Mönch zwei persönliche Mönchslehrer vor. Die konnte er sich selber aussuchen. Mindestens einen musste er wählen. Mit ihnen lebte er zusammen. Sie sollten ihm gleichsam geistiger Vater sein.[99] Überdies wurden Mönche und Nonnen immer wieder in kleinen, nach den Besonderheiten ihrer fünf Heils-Sinne zusammengesetzten seminarartigen Gruppen durch fortgeschrittene, lehrbegabte Mönche individuell betreut.[100] Eine Ahnung davon, in welche Tiefen und Feinheiten solche »Meditationskurse« für Mönche und Nonnen reichen konnten, vermitteln z. B. die subtilen Einzelerklärungen des Buddha über meditative Vorgänge in M 111^{m}, 118^{m}, 128^{m} und anderen Gesprächen mit Ordensleuten. Wie viel nötiger wären solche speziellen Unterweisungen für Nachfolger in der Häuslichkeit gewesen, wenn der Buddha gewollt hätte, dass auch sie Asketenübungen betrieben. Solche »Meditationskurse« sind aber für in der Häuslichkeit Lebende in keinem einzigen Fall überliefert. Wie sollten häuslich lebende Menschen auf Grund bloßer berichtender Gesamtüberblicke über den asketischen Weg ohne Einzelanleitung das üben können, wozu Mönche und Nonnen eingehende individuelle Einzelanleitungen benötigten! Deshalb können Berichte des Erwachten

98 z. B. in M 36, M 85, M 100 – in letzterer Rede bei KEN nicht mit abgedruckt, vgl. dessen Anmerkung 320 zu D 16.

99 Näheres HHLebenBu, S. 238 f.

100 Vgl. z. B. in M 118^{m}, S 14,15^{m}.

für häuslich Lebende über das Üben der Mönche nicht als verhüllte Aufforderung zur Nachahmung gedeutet werden.

HANS: Aber sag mal, Fritz: Selbst mir Anfänger sind Ausdrücke wie *»satipaṭṭhāna«* und *»vipassanā«* von Buchtiteln, Anzeigen, Prospekten und Plakaten her geläufig. Haben denn zur Zeit des Buddha die häuslich lebenden Nachfolger das überhaupt nicht geübt? Sind das nur Übungen für »halbe Heilige«?

FRITZ: So ist es auch wieder nicht. Es gibt im Korb der Lehrtexte an den Fingern einer Hand abzählbare Fälle, in denen im Haus lebende Nachfolger sagen, auch sie würden bisweilen solche Übungen machen. Geht man diesen Fällen genauer nach – wir kommen darauf noch zurück –, so sieht man freilich, dass es jedes Mal *»Nichtwiederkehrer«* waren.

HANS: Was sind Nichtwiederkehrer? Werden die nie wiedergeboren?

FRITZ: Nein. Das gilt nur von den Geheilten. Aber sie haben die Sinnensucht so weit überwunden, dass sie nie wieder in irgendeiner Sinnenwelt wiedergeboren werden – auch nicht in solchen »Himmeln«, in denen neben dem inneren Wohl noch ein gewisser Zug zu Sinnenwohl besteht. Nichtwiederkehrer können auch häuslich lebende Menschen werden. Sie gehörten dann zu einer *zweiten Art* von im Haus lebenden Nachfolgern, von der fast nichts berichtet wird, wenn auch der Erwachte in M 73[m] ihre Zahl zu seinen Lebzeiten immerhin mit mehr als 500 angegeben hat. Die hatten entweder schon in dieses Leben ungewöhnlich starke Heilssinne mitgebracht oder waren so lange geduldig und beharrlich auf den vom Erwachten gewiesenen Pfaden für häuslich lebende Nachfolger vorgegangen, dass sie reif waren, in der Häuslichkeit einen brahmischen Wandel zu führen, so dass sinnliche Befriedigung gegenüber ihrem inneren Wohl keinen Reiz mehr für sie hatte. Sie vermochten die vom Erwachten – etwa in M 114 – gegebene Grundanleitung, worauf man sich einlassen soll und worauf nicht, ohne Selbstüberschätzung und Überforderung *eigenständig* zu handhaben. Das besprechen wir später. Ihnen brauchte der Buddha über ihr Vorgehen nicht mehr viel zu sagen. Sie hatten ihre Grenzen und ihre Möglichkeiten in eigener Erfahrung schon gut kennen gelernt. Aber so weit waren selbst damals nur wenige. Das waren die »Stillen im Lande«, »Mystiker in der Häuslichkeit«.

HANS: Dann wäre *satipaṭṭhāna* nur etwas für Nichtwiederkehrer?

FRITZ: Als Dauerübung ja. Für einzelne Vorstöße kommt es ganz auf den Einzelfall an. Da lässt sich beim gegenwärtigen Stand unserer Gespräche einstweilen nur sagen, dass Vorstöße in *satipaṭṭhāna* für häuslich lebende Menschen zumindest voraussetzen, dass sie selbstgängig genug geworden sind, um ihre Reife oder Unreife dazu selber gut beurteilen zu können. Später darüber mehr.[101] Auf jeden Fall war zur Zeit des Erwachten die Gefahr, dass in der Welt lebende Anhänger seine Berichte über die Übungsweise der Mönche und Nonnen als versteckte Übungsaufforderung missverstehen könnten, viel geringer als heute. Entsprechend geringer war die Gefahr der Überforderung.

Heute sind die vielen Anleitungen des Buddha für die Gangart im Haus vergessen. Damals waren sie vielen bekannt, und die Menschen hatten noch den Blick für die durch alle Geburten gehende Durchgängigkeit des »Lebens«. Das gab ihnen ein Gespür für die große Unterschiedlichkeit der inneren Haushalte, die nach uralt-indischer Lehre in den Weiten vergangener Daseinsformen karmisch vorbereitet und in dieses Leben mitgebracht worden sind. Den meisten heutigen Menschen ist dieser Blick verstellt durch die materialistische Verengung auf dieses eine jetzige »Leben«. Daraus leiten sie die Ideologie ab, alle Menschen seien von Geburt an »chancengleich«, ihre Verschiedenheit komme nur von äußeren, gesellschaftlichen, wirtschaftlichen und erzieherischen Einflüssen. So vermessen wäre damals kein Anhänger und keine Anhängerin gewesen.

101 Für die Einzelheiten dieser Reife vgl. WW, 40. Jg. (1994), S. 82-198.

Hans: Aber warum gibt dann der Buddha überhaupt in der Welt lebenden Nachfolgern solche gerafften Einblicke in Asketenübungen, wenn sie sie gar nicht nachmachen sollen?

Fritz: Dafür sehe ich vor allem drei Gründe:

1. Die meisten Mönche und Nonnen kamen nicht aus anderen Asketenschulen, sondern hatten noch im Hausleben die Lehre kennen gelernt. Als Einleitung zu diesem typischen Verlauf des Tathāgatagangs wird immer im gleichen Wortlaut beschrieben: *»Da erscheint der Vollendete in der Welt, der Genesene, Vollkommen Erwachte, der im Wissen und Wandel Vollkommene, der zum Wohl Gekommene, der Kenner der Welt, der unvergleichliche Lenker der anzuleitenden Menschen, der Meister der Himmelswesen und Menschen, der Erwachte, der Erhabene. Diese Lehre hört ein Hausvater*[102] *oder der Sohn eines Hausvaters oder einer, der in einer andern Familie wiedergeboren wurde. Der fasst, weil er diese Lehre vernommen hat, Vertrauen zum Vollendeten. Auf Grund dieses Vertrauens sagt er sich: ›Eine peinliche Bedrängnis ist das Wohnen in der Häuslichkeit, ein Gehen im Schmutz; der freie Himmelsraum ist die Hauslosigkeit; es geht nicht, als in der Welt Lebender den brahmischen Wandel ganz vollkommen, ganz rein, ganz makellos zu führen. So will ich denn Haar und Bart scheren, gelbe Gewänder anlegen und aus dem Haus in die Hauslosigkeit hinausziehen.«*[103] Da sollten häuslich Lebende, die sich zur Askese reif fühlten, schon vorher erfahren, wie beim Buddha das Asketenleben geführt wurde.

2. Aber das kann nicht der einzige Grund gewesen sein: Der Erwachte hat solche Überblicke über das Mönchsleben auch Gesprächspartnern gegeben, die sicher nicht in den Orden gehen würden.[104] Für sie waren diese Überblicke aus einem anderen Grund wichtig: In Indien galt der Grundsatz, Wohl könne man nur durch Weh gewinnen.[105] Im Orden wurden beide Extreme vermieden: Hingabe an die Sinnensucht *und* selbstquälerische Kasteiung. Dadurch entstand das Gerede, der Buddha verwerfe jede Askese. Seine unzerquälten, heiteren Mönche und Nonnen seien als Asketen nicht ernst zu nehmen. Sie zu unterstützen, bringe kein karmisches Verdienst.[106] Eine Minderheit von Brahmanen dagegen meinte, zum Heil komme man nicht durch Askese, sondern nur in der Häuslichkeit.[107] Deshalb fragten sich viele Menschen: Hat es überhaupt Sinn, Asketen zu befragen und zu unterstützen? Wenn ja, welche? Auch diese kahlköpfigen Buddhamönche?[108] Oder sollte gar dieser Asket Gotamo der von den alten Sehern verheißene »*Vollkommen Erwachte*« sein, so dass Spenden an seinen Orden gerade die größte karmische Wirkung hätten? – Wir können heute kaum ermessen, wie dringende

102 »*gahapati*« (»Hausvater«) bezeichnete in diesem speziellen Zusammenhang einen *»in der Regel, wenn auch nicht immer, durch vornehme Geburt und Reichtum ausgezeichneten Grundbesitzer und Handelsherrn«* (Richard Fick, *»Die sociale Gliederung im nordöstlichen Indien zu Buddhas Zeit«*, 1897 – Unveränderter Nachdruck Graz [Akademische Druck- und Verlagsanstalt] 1974, S. 164 ff.). Deshalb ist hier ausdrücklich die Herkunft auch aus einer *»anderen Familie«* erwähnt: Die Lehre des Erwachten war eben für ale Menschen bestimmt, nicht wie die Lehre der Brahmanen nur für eine Priesterkaste. Neben dieser engeren Bedeutung der Bezeichnung *»gahapati«* war aber auch die ursprüngliche weitere Bedeutung erhalten geblieben, die alle nicht hauslos Lebenden, also nicht nur die aus vornehmem Haus Stammenden oder Wohlhabenden, einschloss. In dieser Bedeutung benutzte der Buddha das Wort *»gahapati«* in den anderen Lehrreden am meisten.

103 Fundstellen siehe oben, Fußnote 81.

104 z. B. lt. M 27 dem reichen Brahmanen Jānussoni, lt. M 60 den Hausvätern eines ganzen Dorfes; lt. M 107 einem brahmanischen Rechner und lt. D 2 einem König, der seinen Vater ermordet hatte, um auf den Thron zu kommen.

105 Vgl. die Gespräche des Erwachten mit König Mahānāmo in M 14 und Prinz Bodhi in M 85.

106 Vgl. M126; A X,94.

107 Vgl. M 99; M 126.

108 Vgl. M 150; Sn 83 ff.

Lebensfragen das waren. Wie die Asketen der *anderen* Schulen lebten, wusste die Bevölkerung recht gut: Bei den Selbstquälern gab es viel zu sehen an Absonderlichkeiten und Riten, bei dem innerlichen Läuterungskampf der stillen Mönche und Nonnen des Erwachten dagegen nicht. Das glich der Buddha dadurch aus, dass er den im Haus Lebenden in großen Zügen über Leben und Üben von Mönchen und Nonnen berichtete.

3. Ein weiterer Grund mochte sein, dass solche Berichte bei den in der Welt Lebenden auch jene *»Asketenfreude an den Asketen, Asketenliebe zu den Asketen«* erwecken, für die der Hausvater Potaliyo ein bekanntes Beispiel ist.[109]

HANS: Jetzt verstehe ich eher, dass Berichte des Buddha über Leben und Üben von Mönchen und Nonnen für in der Häuslichkeit lebende Anhänger keine Aufforderung zum Nachahmen waren. Eigentlich tröstlich. Ich bin gespannt, wie nun die besondere Gangart für in der Welt lebende Wahrheitsucher aussieht.

RUTH: Aus unserem bisherigen Gespräch sehe ich, dass da von Anfang an eine Fülle ungewohnter und neuer komplexer Gedanken auf deine Leser zukommt. Um die richtig zu verstehen, müssten sie eigentlich das Buch schon kennen!

FRITZ: Hinter all dieser Komplexität steht ein einziger Gedanke: Wir können endgültig vom Leiden frei werden! Den kann in allen seinen Konsequenzen ohne Anleitung nur durchschauen, wer aus dem Daseinstraum erwacht oder auf dem Weg dazu ist. Daraus ergibt sich das gleiche Dilemma, das Schopenhauer in der Einleitung zu seinem Hauptwerk *Die Welt als Wille und Vorstellung* beschreibt:

»Hingegen ein einziger Gedanke muss, so umfassend er auch sein mag, die vollkommene Einheit bewahren. Lässt er dennoch, zum Behuf seiner Mitteilung, sich in Teile zerlegen, so muss doch wieder der Zusammenhang dieser Teile ein organischer, d. h. ein solcher sein, wo jeder Teil ebenso sehr das Ganze enthält, als er vom Ganzen gehalten wird, keiner der erste und keiner der letzte ist, der ganze Gedanke durch jeden Teil an Deutlichkeit gewinnt und auch der kleinste Teil nicht völlig verstanden werden kann, ohne dass schon das Ganze vorher verstanden sei. — Es ergibt sich von selbst, dass unter solchen Umständen, zum Eindringen in den dargelegten Gedanken, kein anderer Rat ist, als das Buch zwei Mal zu lesen und zwar das erste Mal mit vieler Geduld, welche allein zu schöpfen ist aus dem freiwillig geschenkten Glauben, dass der Anfang das Ende beinahe so sehr voraussetze, als das Ende den Anfang, und ebenso jeder frühere Teil den späteren so sehr, als dieser jenen.«

Nun kommt hier noch ein weiteres Dilemma hinzu: Wer, wie ich, noch sehr an sich zu arbeiten hat, ist in ständiger Wandlung. Bis die Arbeit am Buch eingestellt wird, würde ich sicher vieles schon wieder anders ausdrücken, vielleicht gar am liebsten alles neu schreiben. Aber dann würde es nie fertig. So wird dieses Buch am Ende so unfertig sein wie sein Verfasser. Denn wer die zeitlosen, »stromentgegengehenden« Aussagen des Erwachten vernommen hat, der bewegt sie in seinem Herzen. Und in dieser beglückenden Entwicklung kann und soll es bis zum fernen Ziel keinen Stillstand geben. Aber gerade dazu mag es auch manche Leserinnen und Leser anregen: zu dieser inneren Bewegung: Heraus aus unserer gewohnten engen, wirren, dumpfen Wahrnehmung und hin zu mehr Weite und Klarheit, zu Helligkeit und heiterer Ge-Lassenheit – zum Frieden.

109 M 54, besprochen unten im 7. Gespräch

Erste Reihe der Gespräche:

Wie kommt ein selbstständig denkender Mensch an die Wahrheit?

1. Gespräch
Die offensichtliche Lehre?

HANS: Fritz, unser Gespräch hat mich neugierig gemacht. So wenig ich von der Lehre des Buddha schon weiß: sie hat etwas ganz Besonderes. Ich hatte immer gedacht: Was müsste man da noch alles studieren! Nun sagst du aber, der Buddha hätte seine Lehre »offensichtlich« genannt! Einiges hat mir eingeleuchtet, anderes aber noch nicht, und du sagst doch auch, man müsste sich erst wandeln, um sie überhaupt verstehen zu können. Wieso ist sie dann *»offensichtlich«*?

FRITZ: Das bezeichnet der Buddha gerade als eines ihrer Hauptmerkmale. Das Pāliwort heißt: *»san-diṭṭhika«*, Man könnte es auch mit *»gut sichtbar«* oder *»unmittelbar einleuchtend«* wiedergeben. Zugleich nennt sie der Buddha in M 95 aber auch *»eine tiefe Lehre, nicht leicht zu verstehen, nicht leicht zu erkennen, still, erhaben, dem bloßen Denken allein nicht zugänglich, von feinster Genauigkeit, nur Weisen erfahrbar.«*

HANS: Das ist doch das Gegenteil von offensichtlich!

FRITZ: Der Buddha sagt ja nicht, jedem sei alles sofort und auf einmal offensichtlich. Nur so weit man die fünf Heilssinne mehrt und pflegt, wird die Lehre bald in diesem, bald in jenem Punkt offensichtlich. Das vollzieht sich, wie der Erwachte in S 55,38 sagt, *»in fließenden Übergängen«* (*sandamānā pāram gantvā*) in dem mächtigen Dreischritt über Tugend zur Herzenseinigung und durch sie zu dem klaren Wissen, das man Weisheit (*paññā*) nennt. Du hast ja selbst gesagt: einiges hat dir schon jetzt eingeleuchtet. Freilich: was mir heute offensichtlich war, ist mir vielleicht morgen vorübergehend nicht zugänglich. Denn nicht immer bin ich in der dazu nötigen stillen Verfassung. Dann weiß ich aber: »Das war mir doch einmal klar!« Und dann bemühe ich mich, wieder in eine innere Verfassung zu kommen, in der ich klar sehen kann. Wenn ich überhitzt zum wiederholten Mal in einen Raum komme und meine Brille beschlägt, dann kann ich ihn auch nicht sehen, obwohl ich öfter darin gewesen war. Erst muss ich meine Brille putzen. So geht es auch mit der Lehre.[1] Aber es gibt auch Lehraussagen, die den meisten Menschen fast auf Anhieb offensichtlich erscheinen. Wir könnten doch einfach mit denen anfangen?

HANS: O ja.

RUTH: Das klingt anders, als was der Pfarrer sagte, der mich konfirmiert hat: der Glaube sei ein Sprung in den Abgrund, den müsse man eben wagen; Gott werde einen dann schon auffangen.

FRITZ: Allen Respekt vor Menschen, die so viel Fähigkeit zum Glauben haben. Nur: Das kann zweierlei Ausgang haben, sagt der Buddha in M 95: Wenn sie an eine richtige Lehre geraten, können sie sich hoch hinaufarbeiten in der Existenz. Aber alles Gewirkte ist unbeständig. Deshalb geht auch diese Ernte zu Ende, und sie stürzen wieder ab. Wenn sie an eine falsche Lehre geraten, können sie schon gleich durch ihr falsches Wirken tief stürzen. Wenn sie aber an die Lehre eines Vollkommen Erwachten kommen, dann können sie unter bestimmten Voraussetzungen schon bei nur mäßiger Weisheitskraft zumindest als *»aus Vertrauen Nachfolgende«* (*saddh-anusāri*) den Weg zum Eintritt in die Heilsströmung betreten

1 Vgl. z. B. S 46,56.

und als »*Vertrauenserlöste*« (*saddhavimutto*) unter Umständen in geradliniger, schlichter Nachfolge nicht später in die Heilsströmung eintreten, als mancher mit mehr Weisheitskraft ausgestattete Skeptiker. Mehr davon später.[2] Bei richtigem Vorgehen werden eben alle, die einem Vollkommen Erwachten nachfolgen – der vormalige Gläubige und der vormalige Skeptiker –, allmählich aus Erfahrung selber sehend und am Ende heil. Wenn wir hier mit dem anfangen, was den meisten schon ziemlich am Anfang offensichtlich erscheint, bekommen wir so oder so bald Boden unter die Füße, ohne auf »Glauben« angewiesen zu sein.

HANS: Was ist denn von vornherein offensichtlich?

FRITZ: Da wäre die kurze Rede, die sich gleich lautend findet in Ud V,1 und in

S 3,8 – MALLIKĀ:

So hab ich's vernommen: Einstmals weilte der Erhabene in Sāvatthī. Zu der Zeit war König Pasenadi von Kosalo mit Königin Mallikā hinaufgestiegen auf die Terrasse des königlichen Palastes. Dort sprach König Pasenadi zu Königin Mallikā: »Gibt es eigentlich für dich etwas, was dir lieber wäre als das eigene Selbst, Mallikā?« — »Für mich gibt es nichts, was mir lieber wäre als das eigene Selbst, großer König. Gibt es denn für dich etwas, was dir lieber wäre als das eigene Selbst?« — »Auch für mich gibt es nichts, was mir lieber wäre als das eigene Selbst, Mallikā.« Da erhob sich König Pasenadi und begab sich zum Erhabenen, begrüßte den Erhabenen ehrerbietig, setzte sich seitwärts und berichtete das ganze Gespräch. Der Erhabene sprach aus seiner Überschau drei Mal folgende Strophe:

»Mag einer auch im Geist die ganze Welt durchwandern –
er findet nichts, was er mehr als sein Selbst liebt.
Genauso lieben alle auch ihr Selbst.
Verletz' drum keinen – du liebst auch dein Selbst!«

HANS: Ich habe gemeint, im Buddhismus gibt es gar kein Selbst?

FRITZ: Du meinst die *anattā*-Lehre, die tiefste Lehre des Buddha. Die kann man nicht in die Begriffe »es gibt« oder »es gibt nicht« fassen. Solange wir nicht vom »Welt-« und »Ichwahn« geheilt sind, erscheint unser *Erleben* so strukturiert, *als ob* ihm ein Selbst zugrunde läge. Wegen dieses »Selbst« tun und lassen wir alles, was wir tun und lassen. Der Erwachte disputiert nicht mit dem König, sondern respektiert und schützt diese Weise des Erlebens, solange sie besteht und sagt ihm ein lebenspraktisches Mittel, wie er das Erlebnis gewinnen kann, es ginge diesem Erlebnis-»Selbst« in der Erlebnis-»Welt« gut. In dem Maß, wie es heller und leichter empfunden wird, sich und andere immer weniger bedrängend, wächst auch die befreiende Fähigkeit, es zu durchschauen und zu übersteigen. Darüber später. Solange der Mensch noch nicht geheilt ist von der dreifachen Daseinskrankheit »*rāga-dosa-moha*«, die meist – zu grob – mit »Gier«, »Hass« und »Verblendung« übersetzt wird: nämlich von der Krankheit »Hinneigung«, »Abneigung«, »Blendung«, so lange ist da nun einmal die Wahrnehmung, da sei ein Selbst und darumherum eine »Welt« mit anderen »Selbsten«. Und in dieser Wahrnehmung entnimmt der Mensch den Signalen seiner (erlebten) »Mitgefangenen in der Wahrnehmung« und empfindet bei »sich«, dass alle eines gemeinsam haben: zu fühlen, zu leiden und sich nach *Befreiung* von dem jeweiligen Leiden zu sehnen, was man »Wohl« nennt. Da ist ihm natürlicherweise das, was er als sein Selbst *empfindet*, am nächsten (was das auch sei und ob es das in Wirklichkeit »gibt« oder nicht). Diesen Erlebnisstand hilft der Erwachte hier zu verbessern.

RUTH: Großartig, wie ehrlich das Königspaar zu dieser wirklich offensichtlichen Tatsache steht. Bei uns finden es feinsinnige Moraltheoretiker unfein, Tugend zu dem Zweck zu üben, dass es einem selber in diesem Leben und danach besser geht: das sei doch egoistisch. Und so erheben sie die Tugend zu einem Ideal, verkünden, Ideale seien nicht erfüllbar, und fangen mit

2 Im 15. Gespräch

Tugend gar nicht erst an. Da ist es doch besser, ein Mensch fängt ehrlich mit der Tugend an, weil ihm sein Selbst lieb ist!

HANS: Da hast du Recht. Aber viele lieben doch ihr Selbst gar nicht! Ein Mensch mit Minderwertigkeitskomplexen und Schuldgefühlen oder gar Selbstbestrafungstendenzen hasst es sogar.

FRITZ: Wer hasst es?

HANS: Nun, sozusagen sein »besseres Selbst«. Das kommt sich durch die schlechten Eigenschaften wie beschmutzt vor.

FRITZ: Hasst er denn auch dieses »bessere Selbst«?

HANS: Natürlich nicht: Von dem hält er so viel, dass er sich vor ihm schuldig fühlt und sich reinigen oder gar bestrafen will.

RUTH: Aber Hans: dann liebt er es doch im Grund! Es gibt ja auch schmerzliche Liebschaften.

FRITZ: Das ist der springende Punkt.

HANS: Da habt ihr allerdings Recht.

RUTH: Aber Wohltäter wie Albert Schweitzer oder Mutter Theresa, die lieben doch nicht ihr Selbst; die denken doch nur an andere.

FRITZ: Sicher denken sie nicht an »sich«, wenn sie aus dem wunderbaren Drang ihres Herzens anderen helfen. Aber diese Eigenschaft halten sie doch für etwas Gutes.

RUTH: Das schon, aber sie betrachten sie nicht als Teil ihres »Ich«, sondern als Geschenk Gottes.

FRITZ: Na gut, dann lieben sie diesen himmlischen Zug des Herzens eben als ein Gottesgeschenk. Aber sie lieben und pflegen ihn. Er ist der Hauptzug ihres Herzens, und das wird nun einmal nach dem Sprachgebrauch das »Selbst« genannt, was immer das sei. Also lieben sie doch damit ihr Selbst.

RUTH: Soll das heißen, sie helfen aus Egoismus?

FRITZ: Aber nein. Wenn ein so selbstloser Mensch mehr als alles in der Welt die Selbstlosigkeit liebt, die sein ganzes Wesen prägt und die er demütig als Gottesgeschenk verwaltet, dann ist das nichts Egoistisches. Egoistisch wäre es, wenn er sich etwas darauf einbilden würde – *»das Herz aufblasen«* nennt das der Buddha.

RUTH: Das stimmt. So gesehen ist tatsächlich offensichtlich, was der Buddha sagt: *»Mag einer auch die ganze Welt durchwandern, er findet nichts, was er mehr als sein Selbst liebt.«* Stimmt das nicht auch mit der modernen Psychologie überein? Die sagt doch, wer liebesfähig sein will, muss erst einmal sich selber lieben?

FRITZ: Das hat der Erwachte nicht gesagt. Er stellt nur sachlich die Tatsache fest, dass nun einmal jeder am meisten sein Selbst liebt. Er sagt aber nicht, dass man es lieben *soll* oder *nicht* lieben soll und schon gar nicht, dass man es hassen soll. Er sagt, man soll deshalb niemanden verletzen.

HANS: Ich kann mir denken, warum der Buddha nicht sagt, man soll es lieben oder nicht lieben; beides wäre nicht richtig. Würde er sagen, man soll es nicht lieben, dann würden sich manche so in Selbsthass verbohren, dass sie für andere erst recht nichts übrig hätten.

RUTH: Und wenn er sagen würde: »Du musst dein Selbst lieben; sonst kannst du auch andere nicht lieben«, dann würden manche Menschen noch egoistischer, als sie so schon sind. Das ist wirklich etwas anderes als die moderne Psychologie. Dass wir westlichen Menschen immer alles so zuspitzen müssen!

FRITZ: Ja: Die Lehre des Erwachten besteht nicht in der Entwicklung von Theorien, ob es ein Selbst »gibt«, sondern in der Anleitung, wie man mit dem *Erlebnis*-»Selbst« – solange es erlebt wird – richtig umgeht, um vom Leiden frei zu werden. Ist das Leiden aufgehoben, dann ist damit das »Selbst«-Problem buchstäblich in »Wohlgefallen aufgelöst«. Der Buddha zieht deshalb aus der offensichtlichen Tatsache, dass jeder von allem Erlebbaren sein Selbst am meisten liebt, eine wunderbar lebenspraktische Konsequenz: »Akzeptiere, dass jedes Wesen – auch du – am meisten sein ›Selbst‹ liebt (was das auch sei). Akzeptiere dann aber auch, dass es jedem so geht, nicht nur dir, und verletz' drum keinen, er liebt auch sein Selbst.«

Ruth: Das ist eine erlösende Konsequenz. Danach kann man leben. Das ist offensichtlich.

Hans: Wird denn auch ebenso offensichtlich gesagt, wie man das in die Praxis umsetzt?

Fritz: Ja, in einer etwas längeren Rede mit dem Titel:

DIE LEUTE VON VELUDVĀRA – S 55,7.

So hab ich's vernommen: Einstmals kam der Erhabene auf der Wanderschaft durch das Land Kosalo mit einer großen Schar von Mönchen durch ein Brahmanendorf namens Veludvāra. Nun hörten die brahmanischen Hausleute von Veludvāra: »Da ist doch jetzt der Asket, Herr Gotamo, der Sakyerprinz, der aus dem Fürstenhaus der Sakyer in die Hauslosigkeit gezogen ist, mit einer großen Mönchsgemeinde auf der Wanderschaft durch das Kosaler Land in Veludvāra angekommen. Diesem erhabenen Herrn Gotamo geht der wunderbare Ruf voraus: ›Er ist der Erhabene, Geheilte, vollkommen Erwachte, der im Wissen und Wandel Vollendete, zum Heil gekommen, der Kenner der Welt, der unübertreffliche Lenker des anzuleitenden Menschen, der Meister der Himmelswesen und Menschen, erwacht, erhaben. Diese Welt samt ihren Geistern, den weltlichen und den reinen, samt ihren Scharen von Asketen und brahmisch Lebenden, Himmelswesen und Menschen lehrt er so kennen, wie er sie selber in weltüberlegenem Bewusstsein erschaut und erfahren hat. Er verkündet eine Lehre, die nach Inhalt und Aussageweise schon von Anfang an hilft, auf der mittleren Stufe hilft und zum Ende hilft; das vollkommen hilfreiche, lückenlose, vollkommen lautere brahmische Leben zeigt er auf. Glücklich, wem es vergönnt ist, einen solchen Heilskünder zu erleben!‹« — Da zogen die brahmanischen Hausväter von Veludvāra dorthin, wo der Erhabene weilte. Dort angekommen, begrüßten einige den Erhabenen höflich und setzten sich zur Seite; einige wechselten mit dem Erhabenen höfliche, freundliche Worte und setzten sich zur Seite; andere begrüßten ihn mit gefalteten Händen und setzten sich zur Seite, wieder andere stellten sich mit Namen und Stand vor und setzten sich zur Seite, und einige setzten sich still zur Seite. Seitwärts sitzend sprachen jene brahmanischen Hausväter von Veludvāra zum Erhabenen: »Herr Gotamo, wir haben den Wunsch, den Willen und das Bestreben, ein häusliches Familienleben zu führen, Sandelholz aus Benares, blumenduftende Körperpflegemittel zu benutzen, uns an Geld und Gut zu erfreuen, und nach dem Absterben des Körpers, jenseits des Todes möchten wir eine glückliche Lebensbahn gehen, in himmlischer Welt wieder erscheinen. Herr Gotamo: zeig' uns, die wir diesen Wunsch und Willen und dieses Bestreben haben, eine Lehre, wie wir so leben können.«

»Ich will euch eine Wegweisung geben, Hausväter, die euch so, wie ihr selber seid, weiterführt. Merkt auf und achtet gut auf meine Rede.« — »Ja, Herr«, antworteten die brahmanischen Hausväter von Veludvāra. Der Erhabene sprach: »Welches ist die Lehrdarlegung, die euch weiterführt, so wie ihr selber seid? Da überlegt der Heilsgänger: ›Mir ist mein Leben lieb, ich will nicht sterben, ich will Wohl und schrecke vor Schmerz zurück. Würde jemand mir das Leben rauben, so wäre mir das nicht lieb und nicht recht. Wenn aber nun ich einem andern, dem sein Leben lieb ist, der nicht sterben will, der Wohl will und zurückschreckt vor Schmerz, das Leben rauben würde – das wäre ihm doch nicht lieb und nicht recht. Denn wenn es mir nicht lieb und nicht recht ist, dann ist es doch wahrlich auch dem andern nicht lieb und nicht recht. Was mir nicht lieb und nicht recht ist – wie könnte ich das einem andern antun?‹ Wenn er sich das richtig überlegt, dann widerstrebt das Töten seinem Wesen; er hält auch andere vom Töten ab; er redet dem Abstehen vom Töten das Wort: ›So ist die richtige Lebensführung im Handeln‹ – darüber ist er sich endgültig und vollkommen klar geworden.

Und weiter, Hausväter, überlegt der Heilsgänger: ›Wenn mir etwas, ohne dass ich es gegeben habe, in diebischer Absicht weggenommen würde, so wäre mir das nicht lieb und nicht recht. Wenn aber nun ich einem andern in diebischer Absicht etwas nehmen würde, was er mir nicht gegeben hat, wäre ihm das doch nicht lieb und nicht recht. Denn wenn es mir nicht lieb und nicht recht ist – dann ist es doch wahrlich auch dem andern nicht lieb und nicht recht. Was mir nicht lieb und nicht recht ist – wie könnte ich das einem andern antun?‹ Wenn er sich das richtig überlegt, dann widerstrebt Nehmen von Nichtgegebenem seinem Wesen; er hält auch andere vom Nehmen von Nichtgegebenem ab; redet dem Abstehen vom Nehmen von Nichtgegebenem das Wort: ›So ist die richtige Lebensführung im Handeln‹ – darüber ist er sich endgültig und vollkommen klar geworden.

Und weiter, Hausväter, überlegt der Heilsgänger: ›Wenn einer mit meiner Frau Verkehr hätte, dann wäre mir das nicht lieb und nicht recht. Wenn aber nun ich mit der Frau eines andern Verkehr hätte – das wäre ihm doch nicht lieb und nicht recht. Denn wenn es mir nicht lieb und nicht recht ist, dann ist es doch wahrlich auch dem andern nicht lieb und nicht recht. Was mir nicht lieb und nicht recht ist – wie könnte ich das einem andern antun?‹ Wenn er sich das richtig überlegt, dann widerstreben falsche Geschlechtsbeziehungen seinem Wesen. Er hält auch andere von falschen Geschlechtsbeziehungen ab. Dem Abstehen von falschen Geschlechtsbeziehungen redet er das Wort: ›So ist die richtige Lebensführung im Handeln‹ – darüber ist er sich endgültig und vollkommen klar geworden.

Und weiter, Hausväter, überlegt der Heilsgänger: ›Wenn einer durch Lügen meine Interessen schädigen würde, dann wäre mir das nicht lieb und nicht recht. Wenn aber nun ich durch Lügen die Interessen eines anderen schädigen würde – das wäre ihm doch nicht lieb und nicht recht. Denn wenn es mir nicht lieb und nicht recht ist, dann ist es doch wahrlich auch dem anderen nicht lieb und nicht recht. Was mir nicht lieb und nicht recht ist, wie könnte ich das einem andern antun.‹ Wenn er sich das richtig überlegt, dann widerstrebt das Lügen seinem Wesen; er hält auch andere vom Lügen ab; er redet dem Abstehen vom Lügen das Wort: ›So ist die richtige Lebensführung im Reden‹ – darüber ist er sich endgültig und vollkommen klar geworden.

Und weiter, Hausväter, überlegt der Heilsgänger: ›Wenn einer durch Hintertragen mich mit meinen Freunden entzweien würde, dann wäre mir das nicht lieb und nicht recht. Wenn aber nun ich durch Hintertragen einen anderen mit seinen Freunden entzweien würde – das wäre ihm doch nicht lieb und nicht recht. Denn wenn es mir nicht lieb und nicht recht ist, dann ist es doch wahrlich auch dem andern nicht lieb und nicht recht. Was mir nicht lieb und nicht recht ist, wie könnte ich das einem andern antun?‹ Wenn er sich das richtig überlegt, dann widerstrebt das Hintertragen seinem Wesen; er hält auch andere vom Hintertragen ab; er redet dem Abstehen vom Hintertragen das Wort: ›So ist die richtige Lebensführung im Reden‹ – darüber ist er sich endgültig und vollkommen klar geworden.

Und weiter, Hausväter, überlegt der Heilsgänger: ›Wenn mich einer mit verletzender Rede anfahren würde, dann wäre mir das nicht lieb und nicht recht. Wenn aber nun ich einen anderen mit verletzender Rede anfahren würde, das wäre ihm doch nicht lieb und nicht recht. Denn wenn es mir nicht lieb und nicht recht ist, dann ist es doch wahrlich auch dem andern nicht lieb und nicht recht. Was mir nicht lieb und nicht recht ist, wie könnte ich das einem andern antun?‹ Wenn er sich das richtig überlegt, dann widerstrebt verletzende Rede seinem Wesen; er hält auch andere von verletzender Rede ab; er redet dem Abstehen von verletzender Rede das Wort: ›So ist die richtige Lebensführung im Reden‹ – darüber ist er sich endgültig und vollkommen klar geworden.

Und weiter, Hausväter, überlegt der Heilsgänger: ›Wenn einer mich mit leerem Geschwätz angehen würde, dann wäre mir das nicht lieb und nicht recht. Wenn aber nun ich einen anderen mit leerem Geschwätz angehen würde, das wäre ihm doch nicht lieb und nicht recht. Denn wenn es mir nicht lieb und nicht recht ist, dann ist es doch wahrlich auch dem andern nicht lieb und nicht recht. Was mir nicht lieb und nicht recht ist, wie könnte ich das einem anderen antun?‹ Wenn er sich das richtig überlegt, dann widerstrebt oberflächliches Gerede, leeres Geschwätz seinem Wesen; er hält auch andere von oberflächlichem Gerede und leerem Geschwätz ab; er redet dem Abstehen von oberflächlichem Gerede und leerem Geschwätz das Wort: ›So ist die richtige Lebensführung im Reden‹ – darüber ist er sich endgültig und vollkommen klar geworden.

Der ist beim Erwachten zu der endgültigen befriedenden Klarheit erwachsen: ›Das ist wahrhaftig der Erhabene, genesen, der Vollkommen Erwachte, vollendet in Wissen und Wandel, zum Heil gekommen, der Welt Kenner, der unübertreffliche Lenker des anzuleitenden Menschen, der Meister der Himmelswesen und Menschen, erwacht, erhaben.‹

Bei der Lehre ist er zu der endgültigen befriedenden Klarheit erwachsen: ›Wohlverkündet ist vom Erhabenen die Lehre, unmittelbar einleuchtend, zeitlos; sie lädt ein: 'Komm und sieh selbst'; sie führt hin, ist bei sich selber nachvollziehbar für den, der Augen hat, zu sehen.‹

Bei der Heilsgängergemeinde ist er zu der endgültigen befriedenden Klarheit erwachsen: ›Recht nachgefolgt ist beim Erhabenen die Gemeinde der Heilsgänger, offen und gerade, hat ihr Leben nach ihrer Erkenntnis eingerichtet, sie führt das wahre Leben, nämlich als die vier Paare von Menschen nach acht Graden von Menschen; das ist die Heilsgängergemeinde des Erhabenen, wert der Verehrung, wert, zu Gast zu sein, wert des ehrfurchtsvollen Grußes, das beste Feld in der Welt, um Verdienst zu erwerben.‹

Erwachsen ist er zu den Tugenden, wie sie den Heilsgängern wert sind, den unzerstückelten, unbeschnittenen, ungefleckten, ungesprenkelten, aus der Sklaverei befreienden, von Verständigen gepriesenen, an denen man nicht festhängt, so dass sie zur Herzenseinigung führen.

Sobald ein Heilsgänger zu diesen sieben rechten Eigenschaften und zu diesen vier über Zweifel erhabenen Zuständen erwachsen ist, so kann er, wenn er will, bei sich selber feststellen: ›Endgültig ausgelöscht ist für mich 'Hölle', endgültig ausgelöscht 'Tierschoß', endgültig ausgelöscht 'Gespensterreich', den Daseinsabgründen bin ich nicht mehr ausgesetzt: Ich bin in die Heilsströmung eingetreten und gehe unumkehrbar dem vollen Erwachen entgegen.‹«

Auf diese Rede sprachen die brahmanischen Hausväter von Veludvāra: »Wunderbar, Herr Gotamo, wunderbar, Herr Gotamo: Wie wenn einer Umgestürztes wieder aufrichtete, Verdecktes enthüllte, einem Verirrten den Weg zeigte, ein Licht in die Finsternis hielte: ›Wer Augen hat, kann die Formen sehen‹, so ist vom Herrn Gotamo die Wahrheit in vielfacher Weise gezeigt worden. Beim erhabenen Herrn Gotamo nehmen wir Zuflucht, bei der Lehre und bei der Mönchsgemeinde. Als seine Schüler möge uns Herr Gotamo betrachten, die von heute an mit dem Gang zur Zuflucht zu leben begonnen haben.«

RUTH: Demnach scheint den Hausvätern von Veludvāra die ganze Rede offensichtlich gewesen zu sein. Mit dem Hauptteil der Rede über die rechte Lebensführung geht es mir genauso. Aber was der Buddha dann über vier Paare von Menschen nach acht Arten von Menschen, vier Zustände, Tugenden, wie sie den Heilsgängern wert sind und Heilsströmung sagt, das verstehe ich nicht: Will denn der Buddha damit nicht mehr und nicht weniger sagen, als dass man in der Häuslichkeit mit ganz schlichten Mitteln bei sich derartige unumkehrbare innere Wandlungen bewirken kann, dass man die Garantie späterer Erlösung hat?

FRITZ: Ja, genau das will der Buddha sagen. Für uns ist das eigentlich das Wichtigste an der ganzen Lehre. Darüber werden wir später gründlich sprechen. Jetzt fehlen noch die Grundlagen. Aber tröste dich, Ruth: Die Veludvārer Hausväter werden diese Aussagen auch nicht gleich verstanden haben.

HANS: Warum sagt ihnen dann der Buddha solche Sachen?

FRITZ: Mir scheint, vor allem aus drei Gründen: Erstens, um sie auf die schier unglaubliche Tatsache hinzuweisen, dass es schon in ihrem jetzigen Hausleben die Möglichkeit absoluter Sicherheit gibt. Zweitens, um sie daran zu erinnern, dass sie bisher ihr Ziel – anständig leben, um auf Erden und danach im Himmel zu genießen – zu kurz gesteckt haben, weil auch himmlisches

Dasein vergeht und deshalb nicht vor dem Absinken in Abgründe schützt. Drittens, um sie zu weiteren Fragen anzuregen. — Die Begegnung mit einem solchen Heilslehrer war ein großer Tag im Dorfleben, der noch lange Gesprächsstoff gab. Deshalb war zu erwarten, dass die Hausväter über seine Worte noch öfter nachdenken und am Feierabend darüber sprechen würden. Nach der ersten Begeisterung über das, was ihnen sofort offensichtlich war, würden ihnen dann von selber auch die Dinge einfallen, die sie noch nicht verstanden hatten – vor allem jene »Vorschau« auf die Möglichkeit der endgültigen Sicherheit lange vor dem Endziel –, und dann konnten sie ja den Buddha oder seine Mönche fragen. Die standen oft mit der Almosenschale vor dem Haus.

HANS: Nach dem »Stromeintritt« werden wir dich ein andermal fragen.

RUTH: Ja, und auch nach Einzelheiten der Rede, die mir noch nicht klar sind.

FRITZ: Freilich. Über das alles müssen wir noch sprechen; das hat der Buddha erst einmal nur wie Keime in die Zuhörer hineingelegt. Wir kommen noch darauf; alles zu seiner Zeit.

HANS: Gehört diese Art, die Zuhörer mit ihren eigenen Fragen kommen zu lassen, zu der speziellen Lehrmethode gegenüber Nichtasketen?

FRITZ: Nein. So verfährt der Buddha manchmal auch bei Mönchen. Denn fast jeder Mensch nimmt besonders gut auf, wonach er selber gefragt hat. Der Buddha wartet aber auch bei häuslich lebenden Menschen nicht immer, bis sie fragen, sondern er spricht sie nicht selten auch von sich aus an.[3] Einen seiner treuesten Nachfolger, den Großkaufmann Anāthapiṇḍiko, hat der Buddha fast immer von sich aus angesprochen. Aber etwas anderes an der Rede an die Hausväter von Veludvāra ist typisch für die spezielle Methode des Erwachten, in der Welt Lebende anzuleiten: Die positive Ausdrucksweise, mit der er ihnen – ganz ohne sie abzuschrecken – beigebracht hat, dass es nicht allein damit getan ist, in einem anständig geführten Erdenleben maßvoll die Sinne zu befriedigen und dann »in den Himmel zu kommen«. Das hat der Buddha aber sehr behutsam, wie gesagt nur in Keimen, in sie hineingelegt. Die werden ihnen erst nachträglich allmählich aufgehen. Der Buddha geht hier ähnlich vor wie ein Bauer: der sät die Wintersaat so aus, dass sie bis zum Frühjahr so klein bleibt, dass sie nicht mehr erfrieren kann. Diese »indirekte« Methode hat der Buddha fast nur bei Nachfolgern verwendet, die in der Welt leben. Bei Mönchen, die kein anderes »Berufs-« und Lebensziel hatten, als auf dem kürzesten Weg zum Heil zu kommen, hat er solche Warnungen meist viel direkter ausgesprochen.

HANS: Kannst du noch näher erklären, was du mit diesen »Keimen« meinst?

FRITZ: Die Hausväter haben nur um eine Anleitung gebeten, wie sie jetzt die Sinne befriedigen und später »in den Himmel kommen« können. Aus der Art, wie sie fragen, erkennt man, dass sie als Menschen, die Sinnenwünsche befriedigen, dabei eine der übermenschlichen *sinnlichen* Daseinsweisen im Auge hatten. Schon vor dem Buddha gingen die meisten Inder davon aus, dass sinnliche »Himmel« nicht ewig waren. Für ewig hielten sie nur Brahma. Der Buddha aber hat geantwortet: *»Ich will euch eine Wegweisung geben, die euch so, wie ihr selber seid, weiterführt.«* Für den, der bereits Ohren hatte, zu hören, war damit klar gesagt: »Mit dem allein, was ihr jetzt von mir hören wollt, ist es nicht getan.« Die noch keine Ohren hatten zu hören, konnten das erst dann richtig merken, wenn sie dazu reif geworden waren, weil der Buddha zunächst einmal von ihrem jetzigen inneren Status ausging (*»so, wie ihr jetzt seid«*). Ich muss lächeln, wenn ich mir vorstelle, was mancher ernsthafte heutige Buddhist hier voll »heiligem« Eifer gesagt hätte: »Nun habt ihr den Vollkommen Erwachten vor euch und wisst ihn nichts Besseres zu fragen, als wie ihr hier und drüben genießen könnt! Ihr müsst nach der Ewigkeit fragen!« Aber wenn ich mir andererseits vorstelle, was viele heutige Psychologen und auch manche heutige buddhistisch-psychologische Zirkel gesagt hätten, dann vergeht mir eher das Lächeln; denn die hätten gesagt: »Ihr müsst die Sinnenbefriedigungtriebe ausleben, sonst

3 z. B. in M 60 und M 150.

bekommt ihr Komplexe und Aggressionen.« Der Buddha geht auch hier den »mittleren Weg«: Er geht bereitwillig auf ihre Bitte ein, ihnen den Weg zu einem angenehmen Leben auf Erden und feiner himmlischer Sinnenbefriedigung jenseits des Todes zu zeigen, aber er verspricht ihnen zusätzlich eine Anleitung, die sie über ihren derzeitigen beschränkten inneren Status hinaus *»weiterführt«*! Die meisten mögen – wie fast alle damaligen Inder – geahnt haben, dass es über sinnliches Dasein hinaus größere, hellere Entfaltungsmöglichkeiten gab. Aber sie glaubten wohl, die seien nur für Asketen. Und nun eröffnete der Buddha auch ihnen als Hausvätern Aussichten auf dieses Un-Erhörte, ohne sie aber gleich mit Einzelheiten darüber zu »belasten«. Je mehr wir auf solche »Keime« achten, umso mehr werden wir sie in den Anleitungen für die Nachfolge in der Welt entdecken.

RUTH: Das gefällt mir, dass es nirgends heißt »Du sollst…« oder »Du darfst nicht an dich selber denken, nur an die anderen!« Das wäre utopisch, weil jeder ja nichts mehr als sein Selbst liebt. Es stimmt: die Rede knüpft genau an das Gespräch des Königspaars von vorhin an.

FRITZ: Ja. Das führt wieder auf den Kern der Frage von Hans nach den »Keimen«. Da möchte ich noch etwas ergänzen. Ich muss dazu ein wenig ausholen: Wer versuchen wollte, immer nur an die anderen zu denken, der könnte das nur mit dem kühlen Verstand; denn die Gefühle der anderen fühlt er nicht, nur die eigenen. Deshalb sagt der Erwachte hier nicht negativ: »Denkt nicht an eure eigenen Interessen, sondern an die der anderen.« Denn wo nicht bereits innige emotionale Bindungen wie etwa zwischen Mutter und Kind bestehen, wäre mit dem Gedanken an »die anderen« kein warmes Gefühl verbunden, sondern nur der Pflichtgedanke im Geist. Der Geist würde aber in dieser Situation nun automatisch aus seinem Speicher auch die gewohnten Gedanken an das eigene Interesse an dem vorführen, worauf zugunsten der anderen verzichtet werden soll. Mit diesen Gedanken sind aber natürlicherweise spontane Gefühle der Abwehr verknüpft, und die heizen wiederum weitere Gedanken der Abwehr an: »Mir gibt auch keiner was«, »jeder ist sich selbst der Nächste«, »brauchen das die anderen auch so dringend wie ich?«, »warum gerade ich; sollen doch die anderen auch einmal etwas tun«, »andere verstehen davon viel mehr als ich«, und so fort. Die idealisierende westliche Ethik will zwar die »Goldene Regel« – »Was du nicht willst, dass man dir tu, das füg auch keinem andern zu« – moralisch geringer bewerten als Kants kategorischen Imperativ: *»Handle so, dass die Maxime deines Willens jederzeit zum allgemeinen Sittengesetz erhoben werden kann.«* Aber dabei wird meist die Triebwucht total unterschätzt: An der Oberfläche schweben zwar im Geist abstrakte altruistische *Gedanken*. Aber die sind von keinen oder nur schwachen Gefühlen getragen und werden in dem Maß schwächer, wie es ernst wird: *»Ja ja, eigentlich müsste man …«* — Aber unterirdisch strömt eine gegenläufige Strömung von Abwehr-Gefühlen und mehr oder weniger getarnten Gedanken an das eigene Interesse und hemmt den befreienden Fluss des loslassenden Gewährens.

Dem Buddha aber geht es nicht um einen Kampf ethischer Theorien im *Geist*, sondern darum, eine dauerhafte Wandlung des *Herzens* auf wirkungsvollste Weise in Gang zu setzen. Deshalb wendet der Erwachte hier einen feinen, realistisch-verständnisvollen, nur bei großer Aufmerksamkeit bemerkbaren Kunstgriff an: Er versucht nicht etwa, mit hehren Worten den Hausvätern von Veludvāra jeden Gedanken an das gefühlte eigene Interesse auszureden, sondern im Gegenteil: Er regt sie an, *zuerst an sich selber* zu denken: an all das, was ihnen lieb ist – an ihr Leben, ihren Besitz, ihre Ehe, ihr Verlangen nach ehrlicher Behandlung, ihre Freunde, den Wunsch, von leerem Geschwätz verschont zu bleiben, und an den eigenen Schmerz, wenn andere eines dieser ihrer Interessen verletzen würden. Dazu sagt jeder nicht nur mit dem Verstand Ja, sondern auch mit dem Herzen. Solche Bedrohungen dessen, was einem lieb ist, durch Mörder, Diebe, Ehebrecher, Lügner, Zuträger, Scharfzüngige und Schwätzer sind ja mit dem Leben und Erleben als »Ich in der Welt« täglich leidvoll genug verbunden. Schon bei der bloßen Erinnerung an diese eigene Bedrohtheit kommt in den Zuhörern aus ihrer natürlichen Selbstliebe ein Gefühl von Schrecken und Abwehr gegen die Untugenden auf. Nur bei *dieser* Blickrichtung von der Bedrohtheit der *eigenen Selbstliebe* aus erhält die Vorstellung, dass diese sieben Untugenden schlecht sind und unterbleiben mögen, spontan eine starke Gefühlsbesetzung: »Nein! Das soll man (mir) ja nicht antun!« — An diesen so erzeugten stark gefühlsbesetzten Abwehrgedanken knüpft nun der Erwachte den Gedanken an, dass es jedem anderen genauso geht. Das ist eine »Binsenwahrheit«, so offensichtlich, dass sie im *Geist* von den Zuhörern sofort akzeptiert wird, meist sogar ebenfalls mit Gefühlsbesetzung. Denn sie wollen ja selber so schonlich behandelt werden und verlangen aus *diesem* Grund, dass die darauf beruhenden ethischen und staatlichen Gesetze für *alle* gelten. Umso bereitwilliger liefert der Geist aus seinem Speicher die dazu passenden Gedanken: »Natürlich: gleiches Recht für alle ...«, »was recht ist, muss recht bleiben ...«, »wo kämen wir hin, wenn jeder ...«. Anders als bei all den idealistischen Versuchen, nur an die anderen zu denken, steht so – gerade durch diesen Ansatz bei der Selbstliebe – auf der Seite des Schonens und der Tugend die stark *gefühlsbesetzte* Erinnerung, wie schlimm generell Untugend ist, weil ich ja weiß, wie weh es mir tut, wenn Mitwesen sie mir antun. Damit verbindet sich noch der ebenfalls positiv gefühlsbesetzte, zumindest aber neutrale Gedanke, dass es allen genauso geht. Der Gedanke, die Untugend trotzdem zu begehen, wenn nicht ich der Betroffene bin, sondern andere, wird bei dieser geistig-seelischen Konstellation meist gar nicht erst aufkommen. Wo er aber doch »schlau« aufkommt, wird er sich gegenüber der stark gefühlsbesetzten Einsicht: *»Töten usw. tut aber weh und soll unterbleiben!«* nicht oder nur abgeschwächt durchsetzen können. Wenn dagegen für die Betrachtung der Sittengesetze, deren allgemeine Anwendung jeder im Hinblick auf sich selber erwartet und fordert, nicht bei der eigenen Selbstliebe angesetzt würde, sondern bei den Interessen der anderen und verlangt würde, aus purem Edelmut gar nicht an eigene Interessen zu denken, dann wäre die schlichte Urteilsklarheit: *»Getötetwerden usw. tut weh«*, schnell vernebelt: Bei den meisten Menschen ist der Verstand von den eigenen Interessen »bestochen«. Er würde dann mit kunstvollen Rechtfertigungen (»Ja, man kann aber doch nicht immer ...« oder »manchmal muss man aber doch auch ...« oder »wenn aber einer ...«) Ausnahmen für das Eigeninteresse herauszuschinden versuchen. Da kann auch ein um das Gute bemühter Mensch zeitweilig irre werden. All dieses Verstandesgeschwätz ist bei dem vom Erwachten gewählten Ansatz wie weggewischt – gerade weil er die Tatsache der Selbstliebe auf Rechnung hat: Er lehrt die Menschen, ihre Selbstliebe mit der Selbstliebe zu besiegen. Eben weil das nicht nur für die Augen des Verstandes, sondern auch für das *Herz* so selbstverständlich ist, kann der Erwachte seinen Zuhörern versprechen, wer sich das richtig überlege, der werde sich *»endgültig und vollkommen klar«*, dass dies die rechte Lebensführung sei: dieses Sich-Leitenlassen von dem inneren Widerstreben gegen die Untugenden als solche – gleich, ob andere sie mir antun oder ich sie anderen antue.

HANS: Was sind über die Ethik dicke Bücher geschrieben worden – und hier wird sie für Verstand *und* Herz so zwingend erklärt – wirklich *offensichtlich*. Ich kann mir vorstellen, wie begeistert die Leute von Veludvāra waren und dass sie noch häufig darüber nachgedacht haben.

FRITZ: Und *»was der Mensch häufig bedenkt und sinnt, dahin geneigt wird das Herz.«*[4] So ist hier – ohne dass ein Wort darüber erwähnt wurde – auch schon ein erster Keim zur Wandlung des Herzens zur nichtmessenden Liebe gelegt worden: Auch für die anderen nur Wohl wollen oder, wie der Buddha wörtlich sagt: die völlige Abwesenheit von Übelwollen[5] – das *ist* bereits der Beginn der nichtmessenden, grenzenlosen Liebe (*mettā*).

4 *Nati cetaso* (wörtlich: Neigung im Gemüt). Über Herz und Gemüt vgl. Mexi 2. Aufl. S. 211 ff.
5 z. B. in M 56.

Ruth: Ich versuche ja auch, mich in die Mitwesen einzufühlen und mich an ihre Stelle zu versetzen. Aber manchmal erschrecke ich über das Ergebnis: Dann kommt nämlich dabei heraus, dass ich meine, ich an der Stelle des anderen würde alles anders und natürlich viel besser machen.

Fritz: Da ist eine haarfeine Grenze zu beachten: Wirklich *»an die Stelle des anderen versetzt«* habe ich mich noch nicht, wenn ich mir nur vorstelle, ich wäre zwar in der äußeren Situation des anderen, aber mit *meinen* Anschauungen, meinen Eigenschaften, meinen Gewohnheiten, meinen Erfahrungen und meiner Lebensgeschichte. Wirklich an seine Stelle versetzt habe ich mich erst, wenn ich mir vorstelle, ich wäre in seiner äußeren Situation mit *seinen* Anschauungen, seinen Eigenschaften, seinen Gewohnheiten, seinen Erfahrungen und seiner Lebensgeschichte. Denn »*seine* Stelle«, in die ich mich versetzen will, ist ja nicht nur seine *äußere* Situation, sondern noch viel mehr auch seine *innere*. Wenn ich das versuche, ist das Ergebnis oft, dass ich finde, so gut wie der Mitmensch hätte ich in dieser Situation nicht abgeschnitten. Das war jahrelang eine meiner Hauptübungen – auch mitten am Tag, nicht nur in stillen Meditationsstunden.

Hans: Dafür, wie leicht man sich nur vermeintlich an die Stelle des anderen versetzt, fällt mir ein Beispiel ein: Ein Kettenraucher hat Besuch von einem Nichtraucher und pafft weiter. Dem Gast kommen vom Qualm die Tränen. Er verzieht unbewusst gequält das Gesicht, sagt aber aus Höflichkeit nichts. Da hätte sich der Raucher gewiss nicht wirklich an die Stelle seines Gastes versetzt, wenn er dächte: »Warum stellt er sich so an; mich an seiner Stelle würde das nicht stören.«

Fritz: Aber das ist ein anderer Fall als bei den Leuten von Veludvāra: Rauchen stört nur Nichtraucher. Die sieben offensichtlichen Untugenden (Umgebrachtwerden, Bestohlenwerden usw.) tun jedem weh. Um das nachzufühlen, brauche ich mich nicht – wie im Raucherfall – mit allen inneren und äußeren Feinheiten an die Stelle des anderen zu versetzen. Es genügt, dass ich mir einfach vorstelle, mir selber würde angetan, was ich anderen in Taten, Worten oder Gedanken angetan habe oder gerade antun will. Dabei spielt der Mitmensch nur die Rolle eines Spiegels, der mein Wirken auf mich zurückwirft. Die Auflösung der Untugenden tut allen wohl. Von ihr handelt ein Hauptteil der Anleitungen des Buddha für die Praxis der in der Welt lebenden Nachfolger. Wenn die Leute von Veludvāra sich an die Empfehlung des Buddha halten und keinen anderen verletzen, weil sie an sich selber spüren, wie weh das tut, dann mindert sich bei ihnen ohne »bitteres Verzichten« auch der Durst zumindest um den Teil, der sich sonst blind über den Schmerz der Mitwesen hinweggesetzt hätte. An dieser neu gewonnenen Gewissheit, nun endgültig die richtige Lebensweise gefunden zu haben, können sie große Freude gewinnen. Das ist dann keine sinnliche, sondern schon eine innere, gemüthafte Freude. Neben ihr verblasst fast unmerklich der Durst nach Sinnenfreuden ein wenig. — In anderen Reden hat der Buddha in der Welt lebenden Nachfolgern in »offensichtlicher« Weise auch ausdrücklich die zweite Heilswahrheit gezeigt: dass die Wurzel allen Leidens im Durst liegt. Da gibt es die beiden Reden A III,54 und 55, von denen die erste in der zweiten voll enthalten ist. Betrachten wir einmal

A III,55: – DIE OFFENSICHTLICHE LEHRE.

Ein Brahmane fragt den Erhabenen: *»Da wird von der ›offensichtlichen Lehre‹ gesprochen, Herr Gotamo. Wieso ist die Lehre offensichtlich, zeitlos, wieso lädt sie zum Selbersehen ein? Wieso führt sie zum Ziel und ist für einen Verständigen bei sich selber nachvollziehbar?«*

»Wer von Hinneigung gereizt ist, Brahmane, von Hinneigung überwältigt, im Herzen verzehrt ist, der brütet zu eigener Bedrängnis, zu anderer Bedrängnis, zu gemeinsamer Bedrängnis und empfindet Gemütsweh und Trübsinn. Ist die Hinneigung überwunden, dann brütet er weder zu eigener Bedrängnis noch zu anderer Bedrängnis, noch zu gemeinsamer Bedrängnis und empfindet kein Gemütsweh und keinen Trübsinn. Wer von Hinneigung gereizt ist, von Hinneigung überwältigt, im Herzen verzehrt ist, der führt einen schlechten Wandel in Werken, Worten und

Gedanken, und er erkennt nicht, was wirklich für ihn selber gut ist noch was für andere gut ist, noch was für beide gemeinsam gut ist. Wer aber die Hinneigung überwunden hat, der führt keinen schlechten Wandel in Werken, Worten und Gedanken, und er erkennt, was wirklich für ihn selber gut ist, was für andere gut ist und was für beide gemeinsam gut ist. Insofern ist die Lehre offensichtlich, zeitlos, zum Selbersehen einladend.

Wer von Abneigung gereizt ist, von Abneigung überwältigt, im Herzen verzehrt, der brütet zu eigener Bedrängnis, zu anderer Bedrängnis, zu gemeinsamer Bedrängnis und empfindet Gemütsweh und Trübsinn. Ist die Abneigung überwunden, dann brütet er weder zu eigener Bedrängnis noch zu anderer Bedrängnis noch zu gemeinsamer Bedrängnis und empfindet kein Gemütsweh und keinen Trübsinn. Wer von Abneigung gereizt ist, von Abneigung überwältigt, im Herzen verzehrt, der führt einen schlechten Wandel in Werken, Worten und Gedanken, und er erkennt nicht, was wirklich für ihn selber gut ist, was für andere gut ist und was für beide gemeinsam gut ist. Wer aber die Abneigung überwunden hat, der führt keinen schlechten Wandel in Werken, Worten und Gedanken, und er erkennt, was wirklich für ihn selber gut ist, was für andere gut ist und was für beide gemeinsam gut ist. Insofern ist die Lehre offensichtlich, zeitlos, zum Selbersehen einladend.

Wer von Blendung gereizt ist, von Blendung überwältigt, im Herzen verzehrt, der brütet zu eigener Bedrängnis, zu anderer Bedrängnis, zu gemeinsamer Bedrängnis und empfindet Gemütsweh und Trübsinn. Ist die Blendung überwunden, dann brütet er weder zu eigener Bedrängnis noch zu anderer Bedrängnis, noch zu gemeinsamer Bedrängnis und empfindet kein Gemütsweh und keinen Trübsinn. Wer von Blendung gereizt ist, von Blendung überwältigt, im Herzen verzehrt, der führt einen schlechten Wandel in Werken, Worten und Gedanken, und er erkennt nicht, was wirklich für ihn selber gut ist, für andere gut ist, für beide gemeinsam gut ist. Wer aber die Blendung überwunden hat, der führt keinen schlechten Wandel in Werken, Worten und Gedanken, und er erkennt, was wirklich für ihn selber, für andere und für beide gemeinsam gut ist. Insofern ist die Lehre offensichtlich, zeitlos, zum Selbersehen einladend.«

HANS: Das stimmt. Aber du sagtest, diese Rede zeigt, dass die Ursache allen Leidens der Durst ist. Das Wort »Durst« kommt hier doch gar nicht vor. Es ist nur vom guten Wandel die Rede; reicht der allein schon aus, um vom Leiden frei zu werden?

FRITZ: Um mit deiner zweiten Frage anzufangen: Mit Wandel ist hier nicht nur das Verhalten in Werken und Worten gemeint, sondern auch in Gedanken.

HANS: »Wandel« bedeutet doch sonst nur Reden und Handeln, die äußere Lebensführung. Was ist denn »Wandel in Gedanken«?

FRITZ: Das, was man ohne besondere Überlegung so vor sich hindenkt. Wie wichtig dieser Wandel in Gedanken ist, zeigt der Buddha besonders in M 56, die wir später besprechen.[6] Je mehr aus einem tieferen Nachdenken in ruhigen Stunden auch in dieses »alltägliche« Denken hinein die rechte Anschauung kommt, umso mehr führt der rechte Wandel im Geist allmählich zur Wandlung des Herzens und schließlich auf den drei Abschnitten der Heilsentwicklung über Tugend, Herzenseinigung und Klarwissen ganz aus dem Leiden heraus.

HANS: Und wie ist es nun mit dem Durst?

FRITZ: Durst ist das, was man von den Trieben merkt.

HANS: Die merkt man aber oft nicht oder erst, wenn es zu spät ist.

FRITZ: Ja. Aber sie treiben uns auch dann, wenn wir es nicht merken. Der Fisch merkt ja auch nicht das Wasser, weil er immer darin schwimmt. Wir sind Getriebene, auch wenn wir uns für »mündige Wesen« halten.

HANS: Das war mir gar nicht bewusst. Das ist ja unheimlich!

6 Im 9. Gespräch.

FRITZ: Ja. Das ist unheimlich. Aber was wir hier im Westen die »Triebe« nennen: Hinneigung und Abneigung (*rāga* und *dosa*), das hat außer diesen beiden unheimlich treibenden Seiten »Hinneigung« und »Abneigung« noch eine dritte Seite, und die ist eher noch unheimlicher. Von der ersten und zweiten Seite – der treibenden Wirkung aus Hinneigung und Abneigung – haben wir wenigstens eine vage allgemeine Kenntnis. Und manchmal spüren wir es sogar, wenn uns »der Teufel reitet«. Aber von der dritten, untrennbar damit verbundenen Seite der *Blendung* (*moha*) hat der westliche Mensch keine Ahnung. Blendung ist der mächtige, unsichtbare Schatten von Hinneigung und Abneigung.

RUTH: Was ist das: »*Blendung*«?

FRITZ: Die Verfälschung der sechsfachen Wahrnehmung durch Hinneigung und Abneigung

HANS: Wieso »der *sechsfachen*«? Wir nehmen doch durch die *fünf* Sinne wahr.

FRITZ: Aus dem, was die fünf körperlichen Sinne liefern, kann Wahrnehmung nur durch die Deutung durch den Denksinn, den zentralen, steuernden Sinn, werden. Der Buddha zählt ihn deshalb als sechsten Sinn mit. Und gerade dort wirkt sich ja die Blendung aus.

RUTH: Du sprichst immer von Blendung. Mir ist eigentlich öfter der Ausdruck »Verblendung« begegnet. Ist das dasselbe?

FRITZ: Ja, nur klingt »Verblendung« etwas grob. Das kommt wohl daher, dass der westliche Mensch von der Blendung allenfalls die äußersten Extreme kennt. Blendung sind aber auch die feineren Verzerrungen und Modulierungen der Wahrnehmung durch Hinneigung und Abneigung, Reiz und Abwehr (*rāga* und *dosa*). Das ist wie bei einem Fernsehbild: Das wird durch Elektronenstrahlen, also durch eine Spannung, erzeugt. Wenn man mit einem starken Magneten vor dem Bildschirm hin und her fährt, dann kann man dieses Bild modulieren – von der leichten Verbiegung und Verzerrung bis zur Verwandlung in ein ganz anderes Bild, das dem, was der Sender gesendet hat, gar nicht mehr ähnelt. So wird unsere gewöhnliche sechsfache Wahrnehmung durch die Triebspannungen des Herzens, durch Hinneigung und Abneigung, Reiz und Abwehr moduliert, verbogen, verzerrt, völlig verformt. Diese Verformung der Wahrnehmung durch Hinneigung und Abneigung heißt Blendung (*moha*). Und die so zustandegekommenen Bilder – Blitze der Spannung des Herzens auf Erlebnisse – halten wir für Abbilder einer dahinterstehenden »an sich« bestehenden Wirklichkeit!

HANS: Was ist denn der Sender?

FRITZ: Hab ich doch gesagt: Das Herz. Der Buddha nennt die Wahrnehmung »*Herzgestaltung*«.

RUTH: Und was ist wirklich »wirklich«?

FRITZ: Darüber müssen wir später noch gründlich sprechen. Jedenfalls nicht eine »objektive«, erlebensunabhängige »Welt« (ob man sie nun als »materielle« oder »geistige Welt« auffasst). Heute sagen ja sogar die Physiker als die »zuständigen Spezialisten für Materie«, dass eine objektiv-materiell geprägte Welt »*nur eine Konstruktion unseres Denkens ist*«.[7]

RUTH: Und woher kommt das Denken?

FRITZ: Aus der Wahrnehmung, sagt der Erwachte in M 78 einem Baumeister.

RUTH: Aber kommt die nicht zum Teil von der Außenwelt?

FRITZ: Das scheint nur so. Woher wissen wir denn von »Außenwelt«?

RUTH: Hmm – durch die Wahrnehmung.

FRITZ: Und die Wahrnehmung ist ja nichts Äußeres. Wir erleben sie doch als inneren Vorgang, als »*Aktivität des Herzens*« (*citta-sankhāra*), eine »*Herzensregung*«, einen »*psychischen Vorgang*«, sagt der Erwachte. Nur deckt uns die Blendung durch Hinneigung und Abneigung diese Tatsache mit täuschenden Bildern zu.

7 H. P. Dürr; vgl. zu Beginn des Vorworts.

HANS: Darüber muss ich nachdenken. Wenn das stimmt, dass es gar keine »objektive Außenwelt« gibt, sondern dass alles aus dem Inneren kommt – das wäre ja Wahnsinn!

FRITZ: Ist es auch: Wir sehen täuschende Bilder, die nur so aussehen, *als ob* sie von einer Außenwelt kämen. In Wirklichkeit kommen sie aus dem »Innern«. Bei solchen Symptomen stellt der Psychiater die Diagnose »Wahn«. Aber der Buddha deckt die Tatsache auf, dass auch der so genannte »normale«, durch Hinneigung und Abneigung *geblendete* Mensch statt der Wirklichkeit Wahnbilder sieht und mit seinem Blindwissen deutet, vervielfältigt (*papañceti*) und verstärkt. Tatsächlich berichtet in M 127 ein Brahmane, dass Pilger, die der Buddha über die Wirklichkeit aufgeklärt hatte, sagen: *»Wir müssen wahnsinnig gewesen sein …«* — Dass sie, bis auf wenige lichte Momente, im buchstäblichen Sinn *wahnsinnig* sind, davon wissen die westlichen Menschen überhaupt nichts. Wir haben im Westen keinen Begriff von der *Wahnsinn* erzeugenden Macht der Dreiheit von Hinneigung, Abneigung und Blendung (*rāga, dosa, moha*). Wir haben höchstens eine vage Ahnung von ihrer treibenden Wirkung, aber auch das erst seit Freud, und auch deren Wucht unterschätzen wir bei weitem. So trennen wir im Westen aus dieser in Wirklichkeit untrennbaren Dreiheit *»Hinneigung-Abneigung-Blendung«* die Hinneigung und Abneigung heraus, betrachten schon sie allein als »die ›Triebe‹« und meinen deshalb, der durchschnittliche Mensch sei zwar von diesen oder jenen Trieben getrieben, aber »ansonsten ›normal‹«. Der Erwachte dagegen nennt immer nur die volle Dreiheit Hinneigung-Abneigung-Blendung zusammen (außer vielleicht in seltenen Fällen, wenn er sich auf den Sprachgebrauch des Gesprächspartners einlässt, um Wortstreitigkeiten zu vermeiden). Damit werden wir uns noch gründlich befassen müssen. Es schadet aber nichts, jetzt schon zu wissen, dass ein nur zweigliedrig gesehener Begriff »Triebe«, beschränkt auf Hinneigung und Abneigung, der die *Blendung* nicht untrennbar und gleichrangig mit einschließt, ein rein westlicher Hilfsbegriff ist, der den Wahnsinn, in dem der so genannte »normale« Mensch lebt, nicht genügend erkennen lässt Aber davon später, wenn wir dafür mehr Grundlagen haben.

RUTH: Verstehe ich das richtig: Der Durst wäre nur das, was man von den Trieben merkt – sozusagen die Spitze eines Eisbergs. Der ganze »Eisberg« bestünde nicht nur aus einer *zwei*poligen seelischen Dynamik (Hinneigung/Abneigung), die wir im Westen »die Triebe« nennen, sondern er wäre das dynamische Wechselspiel von *drei* zwar unterscheidbaren, aber untrennbaren Komponenten: der (*»seelischen«*) Hinneigung und Abneigung und der Blendung (des *Geistes* durch diese Hinneigung und Abneigung)? Dann wären »Geist« und »Seele« – was immer sie sein mögen – viel enger miteinander verbunden, als es die einseitige Überschätzung des Geistes seit der Aufklärung glauben machen will?

FRITZ: So sehe ich es. »Herz« (Psyche, Seele) heißt im Pāli *»citta«*, wörtlich: das Zusammengedachte nach dem Gesetz: *»Was der Mensch häufig bedenkt und sinnt, dahin geneigt wird das Herz«* (M 19[m]). Am meisten denkt und sinnt der »normale« Mensch das, wohin das Herz sowieso schon neigt, und so hat das Denken – im Guten wie im Schlechten – meist eine Art »Zinseszinseffekt«. — Lediglich in den prägnanten, knappen Fassungen der vier Heilswahrheiten wird stellvertretend für den ganzen Eisberg aus Hinneigung, Abneigung, Blendung seine sichtbare Spitze, der Durst, genannt. Wo aber näher erklärt wird, da nennt der Buddha den ganzen Eisberg: *»Hinneigung, Abneigung, Blendung«*, also ein Feld von Spannungen, in welchem gleichsam wie in einer Gewitterwolke ständig blendende Entladungen blitzen. — Dies hier nur einmal als eine allererste Vorschau, die jetzt noch kaum verstanden werden kann. Sie soll unsere eingefahrenen westlichen Denkgewohnheiten und Vorurteile ein wenig auflockern, weil ihr nun schon einmal danach gefragt habt. Wir kommen später darauf zurück.

HANS: Hinneigung, Abneigung, Blendung: als Triebe treibend und als Blendung Wahn produzierend! Das soll »das Leben« sein? Ich muss noch einmal sagen: Wahnsinn! — In dem wenigen, was ich bisher über den Buddhismus gelesen habe, war zwar ab und zu vom Wahn die Rede. Aber ich merke jetzt, dass mir bisher noch nicht einmal eine Ahnung von seiner Bedeutung aufgegangen war. Das sind ja schöne Aussichten: Früher habe ich Trost in dem Gedanken gefunden, wenn ich mich hier redlich bemühe, werde ich jenseits des Todes irgendwie in einer geistigen, »göttlichen« Wesenheit Geborgenheit finden. Und bis dahin habe ich im tätigen Umgang mit guten, klugen Menschen und in Natur und Kunst einen Abglanz dieses Göttlichen zu spüren gesucht. Soll denn auch das alles Wahn sein?

Fritz: Es braucht wahrlich niemand, der in einem solchen Glauben Trost gefunden hat, besorgt zu sein, solange er noch Verlangen nach guten, hochziehenden Aktivitäten hat, könne er ins Leere fallen. Das ist daseinsgesetzlich unmöglich. Wo noch Wille ist, da ist zwar noch nicht der endgültige Friede. Aber wo überwiegend Wille nach Hohem, Reinem ist und das Herz entsprechend diesem Willen gereinigt und geläutert wird, da kommt das Erleben göttlicher Wesenheit zustande, wie Meister Ekkehart gesagt hat: *»In dem Maße, wie du die Welt aus dir heraustust, muss Gott in dich hineinkommen, ob er wolle oder nicht.«* Und: *»Es ist recht ein gleicher Kauf und Wiederkauf: So viel du aller Dinge ausgehst, so viel, weder weniger noch mehr, geht Gott hinein mit allem dem Seinigen, genau in dem Maß, wie du in allen Dingen des deinen ausgehst.«* Und Angelus Silesius sagt:

»Je mehr du dich aus dir
kannst austun und entgießen,
je mehr muss Gott in dich
mit seiner Gottheit fließen.« (Cherub, I,138)

Der Heilsweg des Buddha führt durch alle Höhen zur Freiheit und kann dabei Bereiche inneren Wohls durchmessen, von denen nur die tiefsten Mystiker künden. Wenn das nach dem Unvergänglichen dürstende Herz des von einem Erwachten Angeleiteten auch vom göttlichen Erleben gesättigt ist, weil auch dieses Erleben unbeständig ist, und sich nach nichts mehr sehnt als nach dem bedingungslosen ewigen Frieden, dann mündet es auch in den ewigen Frieden ein, in den Frieden, den auch die christlichen Geistlichen in jedem Gottesdienst anrufen – kaum ahnend, wie weit er hinaufreicht: den *»Frieden, der höher ist als alle Vernunft«*. Wer sich, belehrt durch den Erwachten, auf diesen Weg der Befreiung durch allmähliches, reifes Loslassen begibt, wird irgendwann aufhören, dem unzerstörbaren Frieden Namen zu geben. Darüber hat der Erwachte einem greisen, hochsinnigen Brahmanen gesagt:

»Den Heimgegangnen fassen keine Maße;
was man auch sagen mag: er ist es nimmer.
Sind alle Eigenschaften überstiegen,
sind überstiegen auch der Sprache Bahnen.« (Sn 1076m)

Hans: Haben das nicht auch abendländische Mystiker erfahren und ausgesprochen? Warum suchen wir eigentlich nicht bei ihnen, sondern im fernen Asien?

Fritz: Bei vielen Mystikern zeigen gewisse Äußerungen, dass sie zwar zeitweise weit über der Sinnenwelt göttliche Erlebensweisen erreicht hatten, aber noch nicht über die feinste Wahrnehmung – das feinste Vergängliche – hinausgelangt waren. Wohin sie später gelangt waren, als sie verstummten, das wissen wir nicht. Die meisten hüllten ihr Wissen in den Schleier der Symbole ihrer Kirche ein, um vor Verfolgung geschützt zu sein – und weil sie einfach den Frieden wollten. Bei einzelnen wie Meister Ekkehart kann unsereiner nicht ausschließen, dass sie entweder ohne Belehrung, ganz aus »eigener« *Ge-Lassenheit*, als *»Einzelerwachte«* den ewigen Frieden gefunden haben – auch der Erwachte berichtet von dem seltenen Phänomen der *»Einzelerwachten«* (*pacceka-buddha*), die geheilt verstummen und nicht lehren. — Oder sie mögen auf verschlungenen Wegen der Überlieferung an Anleitungen aus der Lehre des Erwachten gekommen sein. Die waren zur Blütezeit der christlichen Mystik in

Asien weit verbreitet. Mit dem Fernhandel mögen sie durchaus auch in den Westen gekommen sein. Und wissen wir, was in der 391 n.Chr. von christlichen Fundamentalisten verbrannten Bibliothek in Alexandria lagerte? — Aber wozu darüber spekulieren: Der Erwachte hat 45 Jahre lang, von seiner Erwachung an bis zum letzten Atemzug, vom Volk und vielen Herrschern verehrt, ohne Zwang zur Tarnung, vor aller Öffentlichkeit und vor den großen Geistern seiner Zeit sein Erfahrungswissen nachvollziehbar, offen, im Klartext, weitergegeben und einen Mönchs- und Nonnenorden von vielen Tausenden und eine in der Welt lebende Nachfolgergemeinde von vielen Zehntausenden begründen können. Bei ihm müssen wir nicht Symbolsprachen enträtseln und Fragmente zusammensuchen, sondern können uns selber durch Prüfung seiner präzisen, umfassenden Anleitung schon lange vor dem Erreichen des letzten Ziels in eigener Erfahrung überzeugen, ob der Ruf begründet ist, der über die Leute von Veludvāra vorhin auch zu uns dreien gekommen ist: *»Das ist der Erhabene, Genesene, vollkommen Erwachte, der im Wissen und Wandel Vollendete, zum Heil gekommen, der Kenner der Welt, der unübertreffliche Lenker des anzuleitenden Menschen, der Meister der Himmelswesen und Menschen, erwacht, erhaben. Er verkündet eine Lehre, die schon am Anfang hilfreich wirkt und in der Mitte hilfreich wirkt und bis zum Ende hilfreich wirkt, die nach Sinn und Wortlaut Hand und Fuß hat.«*

Ich wäre glücklich über jeden außerbuddhistischen Mystiker, der das höchste Ziel erreicht, das höchste Gut gewonnen hat. Aber wenn ich für mein eigenes Lernen dic Wahl zwischen verschlüsselten voneinander abweichenden Fragmenten ehrwürdiger Einzelgänger und einer vollständigen, in sich geschlossenen umfassenden und widerspruchsfreien »Gesamtausgabe« der Lehre eines klar bezeugten Heilslehrers und Begründers einer Heilsgängergemeinde habe, dann fällt die Wahl nicht schwer. Wir sind heute gewöhnt, uns sogar beim alltäglichen äußeren Bedarf das jeweils Beste weltweit zu beschaffen. Da sollten Herkunftsfragen keine Rolle mehr spielen. Der Apostel Paulus hat empfohlen: *»Prüfet alles, und das Gute behaltet«* (1. Thess. 5,21). Und der Buddha sagt: *»Wo in der Welt die Weisen übereinstimmen: ›das gibt es nicht‹, davon sage auch ich: ›das gibt es nicht‹. Wo in der Welt die Weisen übereinstimmen: ›das gibt es‹, davon sage auch ich: ›das gibt es‹.«* (S 22,94^{m}) Wo daher aus dem Erfahrungswissen anderer Mystiker einzelne Gipfel der Weisheit herüberblitzen, da beziehe ich sie mit Freuden ein. In der Lehre des Erwachten aber haben wir den *gesamten* Kontinent der Wahrheit in umfassenden Beschreibungen offen vor uns liegen. Deshalb würde ich es für mich persönlich als ein Lebensversäumnis empfinden, seine Aussage nicht wenigstens mit der gleichen Aufmerksamkeit zur Kenntnis zu nehmen, mit der man so vieles andere zur Kenntnis nimmt, um in einer Zeit der Orientierungslosigkeit im Leben besser orientiert zu sein. Dann wird man ja weitersehen.

HANS: Ja. Auch das ist offensichtlich. Deshalb sitzen wir beisammen, obwohl jeder von uns einen anderen geistigen Weg gegangen ist. Wie war das denn bei dir, Ruth?

RUTH: Vor meiner ersten Begegnung mit der Lehre des Buddha war mein ganzes Lebensgefühl von der Sehnsucht bestimmt, sozusagen die Fülle des Lebens zu erringen. Ich meine nicht plattes Die-Sinne-Befriedigen, sondern dem Gewöhnlichen, all dieser Enge, entfliehen in die Weite, viele schöne und edle Dinge erleben, gut sein und mit Guten zusammen sein und jenseits des Todes irgendwie ins Licht aufsteigen – das war alles so unbestimmt wie die hochziehenden Gefühle der meisten Dichter, Musiker und bildenden Künstler (mit wenigen beglückenden Ausnahmen), bei denen ich Erleichterung von der Erdenschwere suchte. Aber nun kommt eine leise Stimme auf, die sagt: in dieser alten Richtung, bei irgendeinem »Etwas«, und sei es das Schönste und Edelste, ist noch kein ewiger Friede zu finden.

FRITZ: Goethe empfand sich ja wahrlich als *»zum Sehen geboren, zum Schauen bestellt«*. Aber selbst dieser Augenmensch hat das gespürt, als er sagte:

»Ach, ich bin des Treibens müde –
was soll all der Schmerz und Lust –
süßer Friede –
komm, ach komm in meine Brust.«

HANS: Dann bedeutet »Nirvāna« vielleicht gar nicht ein »Reich«, in das man hineinkommt – wie in all die vielen »Reiche«, in denen man vielleicht schon x-mal gewesen ist, wenn die Lehre von der Wiedergeburt stimmt: – dann bedeutet »Nirvāna« vielleicht einfach, dass dieser Wahn, dieses Blindwissen aus Hinneigung und Abneigung, ganz aufgehoben ist – einfach die *»ewige Ruhe«*, die man seinen verstorbenen Lieben und in stillen Stunden sich selber so sehr wünscht? — Aber das wird wohl ewiges Geheimnis bleiben und nie »offensichtlich« werden.

FRITZ: So meint man im Westen. Aber hören wir doch einmal, was der Erwachte dazu dem Brahmanen Jānussoni erklärt hat in der Rede

A III,56 – DAS OFFENSICHTLICHE NIRVĀNA:

Jānussoni fragte: *»Da wird von der ›offensichtlichen Branderlöschung‹ (nibbāna) gesprochen, Herr Gotamo; wieso ist die Branderlöschung offensichtlich, zeitlos, zum Selbersehen einladend, wieso ist sie ein Leitbild und für den Verständigen bei sich selbst erfahrbar?«*

»Wer von Hinneigung, Abneigung, Blendung gereizt, überwältigt, im Herzen verzehrt ist, der brütet zu eigener Bedrängnis, zu anderer Bedrängnis, zu gemeinsamer Bedrängnis und empfindet auch im Gemüt Weh und Trübsinn. Ist Hinneigung, Abneigung, Blendung überwunden, dann brütet er weder zu eigener Bedrängnis noch zu anderer Bedrängnis, noch zu gemeinsamer Bedrängnis und empfindet auch im Gemüt kein Weh und keinen Trübsinn. Insofern ist die Branderlöschung offensichtlich, zeitlos, zum Selbersehen einladend, das Leitbild und für den Verständigen bei sich selber erfahrbar. Von da ausgehend, erlangt er ein Gespür (patisamvedeti) für die restlose Austilgung von Hinneigung, Abneigung, Blendung. So ist die Branderlöschung wahrhaft offensichtlich, zeitlos, zum Selbersehen einladend, das Leitbild und ist für den Verständigen bei sich selber erfahrbar.«

HANS: Es klingt vielleicht trivial, aber mir fällt dabei ein, wie ich mir vor vielen Jahren den Alkohol und vor drei Jahren das Rauchen abgewöhnt habe – was war schon die Aufhebung dieser beiden Triebe eine Erleichterung! Nie mehr die Unruhe, wenn der begehrte »Stoff« ausgegangen war und kein Lokal und kein Tabakladen und kein Automat in der Nähe, keine vorwurfsvollen – oder, was noch weher tat: keine traurigen – Gesichter bei den Nahestehenden; nie mehr die Geldprobleme, die damit zusammenhingen und und und. Wenn ich in Ruhe darüber nachdenke, kommt es mir manchmal schon wegen dieser zwei abgewöhnten Triebe von den zahllosen, die noch in mir wühlen, so vor, wie wenn ein ganzer wilder und gefahrvoller Kontinent sich spurlos in Wohlgefallen aufgelöst hätte.

RUTH: Wie muss das dann erst sein, wenn sich einer auch »nur« den Ozean seiner *sinnlichen* Triebe abgewöhnt hat – noch gar nicht zu reden von Machttrieb, Anerkennungsbedürfnis und feineren Trieben – überhaupt von allen Trieben! Welche *Freiheit*!

FRITZ: Und das Schöne ist: Das einzige Mittel, die sinnlichen Triebe ganz aufzulösen, besteht darin, zuerst so viel inneres *Wohl* dazuzugewinnen, dass das Sinnenwohl im Vergleich dazu reizlos wird, wie der Buddha in M 14 betont. Es ist also gar kein bitteres *»Entbehren sollst du, sollst entbehren«* nötig – ja es wäre gar nicht sinnvoll. Und wenn sich ein Mensch lange genug in dem neu hinzugewonnenen hellen sinnenfreien Frieden gebadet hat, dann merkt er eines Tages, dass selbst ein so helles, nur noch auf inneres Wohl gerichtetes »Wollen« immer noch ein »Wollenmüssen« ist – und er möchte dann nur noch *wunschlos glücklich* sein. Jegliches, auch das feinste Anstreben empfindet er im Vergleich zu dem neu gewonnenen Herzensfrieden als eine leise Unruhe. Geleitet von diesem »Geschmack der Erlösung« lässt er in seliger Freiheit nach und nach auch das Anstreben von innerem Wohl los und mündet damit in den endgültigen Frieden, die absolute Freiheit. — Aber bis dahin ist es noch weit.

Ruth: Richtig vorstellen kann ich mir das nicht, aber es kommt mich da so ein Empfinden an... Ich kann es nicht richtig ausdrücken. — Es ist schon merkwürdig: Du schreibst ein Buch über die Anleitung des Buddha zum Leben im Haus; wir reden darüber und fangen bei den »*offensichtlichen Lehren*« an – und finden uns gleich am Anfang in einem Gespräch vom ewigen Frieden!

Fritz: Es ist ja nur eine erste Annäherung. Wer heutzutage auf die Lehre des Buddha trifft, weiß schon aus Büchern oder Vorträgen, dass das letzte Ziel Nirvāna heißt, und darunter stellt er sich womöglich etwas ganz Falsches vor, eine Art klare, keimfreie Antarktis. Wenn er erfährt, dass aber der Weg dahin nur über die Helligkeiten von Tugend, Herzenseinigung und Klarwissen führt, dann denkt er leicht: »Wozu, wenn alles nachher doch im ›Nichts‹ endet.« Und das eben ist ganz anders: Leben, Erleben kann gar nicht zur Ruhe kommen, bevor nicht nach einem langen, ruhigen Weg der Erhellung und Erleichterung in zunehmender innerer Freiheit auch der leiseste Durst, die feinste Sehnsucht dadurch gestillt ist, dass der »*Geschmack der Erlösung*« als der feinste Geschmack nicht nur erkannt, sondern empfunden wird. Wir kommen später noch an die Rede D 9, in der der Buddha der Erklärung des Erlösungswegs hinzufügt: »*Vielleicht denkst du aber: ›Mag sein, die befleckenden Eigenschaften schwinden, die läuternden Eigenschaften wachsen, und man kann sich die Vollendung des Klarwissens in ihrer Fülle noch in diesem Leben selbst offenbarmachen und, wenn man sie verwirklicht hat, darin verweilen – aber das ist ein leidiger Zustand.‹ Doch so ist das nicht anzusehen: Die befleckenden Eigenschaften werden schwinden, die läuternden Eigenschaften werden wachsen, dass man sich die Vollendung des Klarwissens in ihrer Fülle noch in diesem Leben selbst offenbarmachen und, wenn man sie verwirklicht hat, darin verweilen kann – damit aber wird geistige* Freude *aufkommen, wird innerer* Jubel *aufkommen, werden Stille und Wahrheitsgegenwart und Klarbewusstsein aufgehen, und es wird ein bleibendes* Wohl *sein.«* So ist die Heilsanleitung des Buddha ein Weg von Wohl zu immer höherem Wohl. Mag auch die eine oder andere Wegstrecke mühsam sein – unser »normales« Leben in Familie und Beruf bis hin zum »Freizeitstress« ist viel mühsamer, führt aber nicht, wie der Heilsweg, durch immer feineres Wohl zum höchsten Wohl, sondern durch Höllen von Leiden. Der Buddha hat Nirvāna ausdrücklich »*das höchste Wohl*« genannt. Lassen wir das einstweilen als Vorbemerkung vor unseren kommenden Gesprächen stehen.

Hans: Fritz, warum sagst du statt »*Nirvāna*« auch »*Branderlöschung*«?

Fritz: Nirvāna ist der im Westen geläufigere Sanskrit-Ausdruck. Im Pāli heißt es *nibbāna*. Nirvāna klingt für westliche Ohren fast wie unser Wort »das Nichts«. Das empfinden die Menschen dann so, als würde ihnen, so wie sie *jetzt* sind, mit allen ihren derzeitigen Neigungen, den fragwürdigen wie den guten, *sofort* auf einen Schlag alles weggenommen, was ihnen lieb und wert ist. Das ist eine ganz falsche Vorstellung: In Wirklichkeit kann sich nur das – und all das – auflösen, was sie auf Grund einer bis dahin durch immer mehr Wohl vollzogenen Läuterung *dann* gar nicht mehr als Wohl, sondern als *Bedrängnis* empfinden. Darüber haben wir ja schon gesprochen.[8] Ganze philosophische Schulen wie die Existenzialisten haben sich dem vermeintlichen »Ende im Nichts« in typisch westlichem »tragischem Heroismus« zu stellen versucht. Und was ist dabei herausgekommen: am Ende mehr oder weniger extreme Aktionen und ein aschgraues Lebensgefühl – bestimmt nicht der »süße Friede«. — Die ganz andere Bedeutung des Pāliworts *nibbāna* haben wir ja schon angesprochen: »*nicht mehr Wehen*«, »*Erlöschen*« – Erlöschen des Daseinsbrandes, von dem der Erwachte in der »Feuerpredigt« (S 35,28m) gesagt hat: »*Alles brennt in den Feuern von Hinneigung, Abneigung und Blendung.*« Um das im deutschen Wort annähernd so wie im Pāli herüberzubringen, wurde die Übersetzung »*Branderlöschung*« (oder »*Löschung des Daseinsbrandes*«) gewählt.

8 Siehe oben Abschnitt I, »Das Ziel der Lehre«.

Ruth: Früher habe auch ich in glücklichen Lebensaugenblicken gern in Rilkes Ruf eingestimmt: *»Hiersein ist herrlich!«* Aber wenn ich mir vor Augen halte, dass die als herrlich empfundenen Seiten des Hierseins nur mehr oder weniger lange Unterbrechungen zwischen Perioden sind, in denen einen das Elend anspringt, und dann an ewigen Frieden und absolute Freiheit denke, dann legt sich dieser Überschwang. Dann kommt manchmal für Augenblicke mein inneres Gewühl etwas zur Ruhe, obwohl ich noch nichts von diesem Höchsten verstanden habe, und stattdessen zieht eine ruhige Klarheit ein. Aber wie selten ist man in dieser stillen Verfassung! Wie kann man sie nur wiedergewinnen?

Fritz: Dazu braucht es gar nichts Besonderes: Wenn man z. B. die einfachen offensichtlichen Lebenstatsachen still und klar so ansieht, wie sie wirklich sind, und sich ihnen *stellt*, dann kann diese helle, heilende Nüchternheit zu wachsen beginnen. Das hat der Erwachte für alle seine Nachfolger, auch die in der Welt lebenden, dargestellt in der Rede

A V,57 – FÜNF BETRACHTUNGEN FÜR JEDEN MENSCHEN:

»Fünf Lebenstatsachen, ihr Mönche, sollte sich jeder Mensch öfter vor Augen halten, ob Mann oder Frau, ob in der Welt Lebende oder Hauslose. Welche fünf? ›Dem Altern bin ich unterworfen, kann dem Altern nicht entgehen. Der Krankheit bin ich unterworfen, kann der Krankheit nicht entgehen. Dem Sterben bin ich unterworfen, kann dem Sterben nicht entgehen. Von allem, was mir lieb und teuer ist, muss ich scheiden, muss mich davon trennen. Eigentum meines Wirkens bin ich, meines Wirkens Erbe, meines Wirkens Kind, an mein Wirken gebunden, mein Wirken ist mein Anhalt: mein gutes und böses Wirken werde ich ernten.‹ — Das sollte jeder Mensch öfter bedenken, ob Mann oder Frau, ob in der Welt Lebender oder Hausloser.

Aus welchem Grund aber sollte man sich öfter vor Augen halten: ›Dem Altern *bin ich unterworfen, kann dem Altern nicht entgehen‹? In der Jugend sind die Wesen voll Jugendrausch; davon besessen führen sie mit Körper, Sprache und Geist einen falschen Wandel. Wer sich aber diese Lebenstatsache öfter vor Augen führt, dem vergeht der Jugendrausch, oder er wird schwächer. Deshalb sollte man sich öfter vor Augen halten, dass man dem Altern unterworfen ist, dem Altern nicht entgehen kann, ihr Mönche.*

Aus welchem Grund aber sollte man sich öfter vor Augen halten: ›Der Krankheit *bin ich unterworfen, kann der Krankheit nicht entgehen‹? Solange sie gesund sind, sind die Wesen voller Gesundheitsrausch; davon besessen führen sie mit Körper, Sprache und Geist einen falschen Wandel. Wer sich aber diese Lebenstatsache öfter vor Augen führt, dem vergeht der Gesundheitsrausch, oder er wird schwächer. Deshalb sollte man sich öfter vor Augen halten, dass man der Krankheit unterworfen ist, der Krankheit nicht entgehen kann.*

Aus welchem Grund aber sollte man sich öfter vor Augen halten: ›Dem Sterben *bin ich unterworfen, kann dem Sterben nicht entgehen‹? Solange sie leben, sind die Wesen voller Lebensrausch; davon besessen führen sie mit Körper, Sprache und Geist einen falschen Wandel. Wer sich aber diese Lebenstatsache öfter vor Augen führt, dem vergeht der Lebensrausch, oder er wird schwächer. Deshalb sollte man sich öfter vor Augen halten, dass man dem Sterben unterworfen ist, dem Sterben nicht entgehen kann.*

Aus welchem Grund aber sollte man sich öfter vor Augen halten: ›Von allem, was mir lieb und teuer ist, muss ich scheiden, *mich trennen?‹ Die Wesen brennen zu dem, was ihnen lieb und teuer ist, in begehrlichem Fieber, sind davon besessen. Davon besessen führen sie mit Körper, Sprache und Geist einen falschen Wandel. Wer sich aber diese Lebenstatsache öfter vor Augen führt, dem vergeht das begehrliche Fieber oder es wird schwächer. Deshalb sollte man sich öfter vor Augen halten, dass man von allem, was einem lieb und teuer ist, scheiden muss, sich trennen muss.*

Aus welchem Grund aber sollte man sich öfter vor Augen halten: ›Eigentum meines Wirkens *bin ich, meines Wirkens Erbe, meines Wirkens Kind, an mein Wirken gebunden, mein Wirken ist mein Anhalt: mein gutes und böses Wirken werde ich ernten‹? Die Wesen haben den falschen Wandel mit*

Körper, Sprache und Geist an sich. Wer sich aber diese Lebenstatsache öfter vor Augen führt, dem vergeht der falsche Wandel oder er wird schwächer. Deshalb sollte man sich öfter vor Augen halten: ›Eigentum meines Wirkens bin ich, meines Wirkens Erbe, meines Wirkens Kind, an mein Wirken gebunden, mein Wirken ist mein Anhalt: mein gutes und böses Wirken werde ich ernten.‹

Da hält sich nun der Heilsgänger *vor Augen: ›Ich bin ja wahrhaftig* nicht der einzige, *der dem Alter/ der Krankheit/ dem Sterben unterworfen ist, dem nicht entgehen kann/ der von allem, was ihm lieb und teuer ist, scheiden muss, sich trennen muss/der Eigentum seines Wirkens ist, seines Wirkens Erbe, seines Wirkens Kind, an sein Wirken gebunden, dessen Wirken sein Anhalt ist: der sein gutes und böses Wirken ernten wird, – sondern wo immer es Wesen gibt, die da kommen und gehen, geborenwerden und sterben: diese alle sind dem Alter/ der Krankheit/ dem Sterben unterworfen, können dem nicht entgehen/ müssen von allem, was ihnen lieb und teuer ist, scheiden, sich trennen/ sind Eigentum ihres Wirkens, ihres Wirkens Erben, ihres Wirkens Kind, an ihr Wirken gebunden, ihr Wirken ist ihr Anhalt: ihr gutes und böses Wirken werden sie ernten. — Indem er sich diese Lebenstatsache häufig vor Augen führt,* geht ihm der Heilsweg auf. *Und indem er diesen Weg hegt und pflegt, ihn beharrlich* geht, *lösen sich ihm die Verstrickungen, und die latenten Anlagen (anusaya) schwinden.*

Dem Gesetz von Krankheit, Alter, Tod sind alle unterworfen.
Das ist das Gesetz der Wesen. — Weltling mag davon nichts hören.
Schlöss' auch ich davor die Augen, dass die Wesen so beschaffen –
das wär' für mich das Verkehrte, bliebe ich bei solcher Haltung.
Immer denk ich drum: ›Ich weiß doch: Freiheit *von dem Angenomm'nen*
gibt es.‹ Was da bei Gesundheit, Jugend, Leben rauschhaft aufkommt –
allen Rausch kann ich bezwingen, sehe Suchtfreiheit als Frieden.
Darauf richte ich mein Streben, seh' von fern die Branderlöschung.
Jetzt schon bin ich nicht mehr fähig, ganz der Sinnlichkeit zu dienen;
werd' einst frei von Wiederkehr sein und des Heilswegs Ziel erreichen.«

Hans: Das hört sich im Ganzen so klar an. Einzelne Einwände regen sich wohl, aber die kommen mehr aus alten Denkgewohnheiten. Lass mich einmal Bilanz ziehen:

• dass wir alle altern, krank werden, sterben und von allem scheiden müssen, das ist klar. Davon vergeht jede Rauschhaftigkeit. Wie abstrus erscheint etwa daneben jener westliche Griechenkult, der gerade dieses Rauschhafte als das »Dionysische« anschwärmt. Einstigen Bildungsbürgergenerationen hat das als Rechtfertigung für »Wein, Weib und Gesang« gedient, und heute maskiert es sich als »Spontaneität und Kreativität« bis zu einzelnen extremen Erscheinungen des Hard-Rock und der Wiederbelebung von »Ritualen«. Wie anders dagegen, was Hölderlin »*heilige Nüchternheit*« nennt. Die erst lässt uns den Lebenstatsachen klar und fest ins Auge sehen.

• Mir fällt aber auf, dass der Buddha nicht nur von Menschen spricht, sondern allgemein vom Gesetz der »*Wesen*«. Ob das außer den Menschen nur die Tiere sind oder was für Wesen es darunter und darüber gibt, weiß ich nicht, aber ich habe schon immer eine Ahnung gehabt, dass es nicht nur das gibt, was man sehen und anfassen kann, und schon bisher habe ich in einer unbestimmten Weise an ein »Jenseits« geglaubt. Da muss und will ich einfach einmal als Möglichkeit so stehen lassen, dass diese Lebensgesetze für alle Wesen gelten, welche das auch seien.

• Die Wesen, die ich kenne, sind voll Sucht – gleich ob grobe oder feine –, das sehe ich auch. Wenn es noch andere Wesen gibt, die ich nicht sehen kann – warum sollte es bei ihnen anders sein?

• Sucht brennt. Das bekomme ich manchmal zu spüren. Der Friede, den wir suchen, muss daher Suchtfreiheit sein, die Löschung dieses Brandes. Dass der Brand so umfassend ist und dass man ihn ebenso umfassend löschen kann, das sind Möglichkeiten, von denen habe ich bisher noch nie gehört. Aber ich habe dem nichts entgegenzusetzen. Und das eröffnet – *»von fern«*, wie es in dem Vers heißt – eine ungeahnte Möglichkeit von Freiheit, von der ich bisher nichts geahnt hatte. In deiner Antwort auf meine Frage, Fritz, warum wir nicht »im Lande bleiben«, statt in Lehren Asiens zu suchen, klang einiges davon an.

• Dass ich die Folgen von dem zu spüren bekomme, was ich tue und unterlasse, und dass ich selber etwas tun muss, wenn ich es gut haben will, davon bin ich immer schon ausgegangen. So weit kann ich in einem gewissen Grad schon verstehen, dass ich meine eigenen Taten »erbe«. Aber dass wir nicht nur die Erben, sondern das Eigentum, die Kinder unseres Wirkens seien, das überrascht mich. Es ist mir zwar gefühlsmäßig einleuchtender als die Behauptung, wir seien Eigentum und Kinder unserer Gene oder der Evolution[9], aber so richtig klar ist mir das noch nicht.

FRITZ: Den alten Indern war der Gedanke des Karma in die Wiege gelegt, aber nicht allen. Das zeigen manche Gespräche mit Skeptikern, auf die wir noch kommen. Besonders auch für sie gilt die eigentliche Kernaussage dieser Rede: Wer sich die fünf Lebenstatsachen immer wieder vor Augen führt, dem vergeht die vernebelnde Rauschhaftigkeit. Er sieht dann immer klarer. Und wer die Tatsache des Karma nicht auf Anhieb in ihrer vollen Tragweite erfasst, für den besteht das Vor-Augen-Führen der Lebenstatsache »Saat und Ernte« darin, dass er nicht über Karma grübelt und spekuliert, sondern seine Aufmerksamkeit auf sein eigenes Wirken und dessen Motive richtet und es als mögliche Ursache des Erlebens einbegreift. Wer die Lehre gehört hat und sich diese Lebenstatsachen öfter vor Augen hält, dem *»geht eben dadurch der Heilsweg auf«*, sagt der Erwachte, und indem er ihn beharrlich *geht*, sieht er immer klarer. Und das Gehen fängt ja mit etwas an, was man sowieso anstrebt: mit der Tugend, durch die der Umgang mit den Mitwesen sichtbar befriedet wird – das ist schon eine erste »Illustration« des Karmagesetzes.

HANS: Das klingt solide; da muss man nicht irgendetwas unbesehen glauben. Mir hat es auch gefallen, dass der Buddha in dem Vers seinen Nachfolger sagen lässt:

»Jetzt schon bin ich nicht mehr fähig,
g a n z *der Sinnlichkeit zu dienen.«*

Zu Anfang unserer Gespräche habe ich noch gedacht: »Wenn man Familie und Beruf hat und soll alles lassen, wie soll das gehen?« Inzwischen ist mir klar geworden, dass es jetzt gar nicht darum geht, plötzlich »alles zu lassen«. Ich sitze ja mit euch zusammen, weil ich spüre: »Der Mensch lebt nicht vom Brot *allein*«, und mit unseren Gesprächen dienen wir sicher nicht der Sinnlichkeit. Da fühle ich mich der Anleitung des Buddha schon eher gewachsen.

FRITZ: Ja. Wenn etwas »lebenswichtig« ist, dann ist es diese Ernsthaftigkeit. Angelus Silesius sagt:

»Viel' wären zum Genuss der ew'gen Wollust kommen,
wenn sie mit zeitlicher sich hier nicht übernommen.« *(Cherub, V,374)*

HANS: Trotzdem – wenn ich ehrlich sein soll: meistens diene ich doch noch in irgendeiner, meist nicht allzu groben Weise der Sinnlichkeit – aber eben nicht *nur*. Und ich sehe: das Verhältnis beider »Dienste« kann sich noch sehr ändern, und das kann nur gut sein.

RUTH: Dabei könnten vielleicht eines Tages Grenzen gesprengt werden, von denen ich früher nicht einmal wusste, dass es sie gibt – Grenzen, die ich heute erst von weitem ahne, auch im Zusammenhang mit dem Gespräch vorhin über die Mystiker. »Was will ich eigentlich?«, habe ich mich früher manchmal gefragt. Ich glaube, ich muss erst einmal herausfinden, das *Richtige* zu wollen, das dann aber auch ernsthaft. Bei all der bisherigen Wirrnis und Unklarheit war das kaum möglich. Nun scheint sich bei mir eine ganz neue Willensrichtung anzubahnen.

9 Zur Evolution eingehend unten im 10. Gespräch.

FRITZ: Mit dem Willen sprichst du wieder einen der offensichtlichen Punkte der Lehre an. Den zeigt der Erwachte in der Rede

S 42,11 – BHADRA:

Da kam im Lande der Maller bei dem Marktflecken Uruvelakappa der Amtsrichter (*gāmaṇi*[10]) Bhadrako zum Erhabenen und bat: *»Herr, es wäre gut, wenn der Erhabene mir die Herkunft und die Beendigung des Leidens erklären würde.« — »Würde ich dir von der Vergangenheit her Herkunft und Beendigung des Leidens erklären: ›So ist es in der Vergangenheit gewesen‹, dann könnten bei dir darüber Zweifel und Verwirrung aufkommen. Würde ich dir von der Zukunft her Herkunft und Beendigung des Leidens erklären: ›So wird es in Zukunft kommen‹, dann könnten bei dir auch darüber Zweifel und Verwirrung aufkommen. Ich will dir aber so, wie ich da sitze und so wie du jetzt da sitzest, Herkunft und Beendigung des Leidens erklären. Darum höre gut zu und merke auf; ich will es dir sagen.« — »Gern, Herr«, antwortete der Amtsrichter.*

Der Erhabene sprach: »Was meinst du, Amtsrichter: gibt es für dich in Uruvelakappa Menschen, durch deren Hinrichtung, Verhaftung, Enteignung oder Anklage bei dir Kummer, Jammer, Schmerz, Gram und inneres Aufbegehren ausgelöst würden?« — »Es gibt für mich in Uruvelakappa solche Menschen.« — »Aber gibt es für dich in Uruvelakappa Menschen, durch deren Hinrichtung, Verhaftung, Enteignung oder Anklage bei dir kein Kummer, Jammer, Schmerz, Gram und kein inneres Aufbegehren ausgelöst würden?« — »Es gibt für mich in Uruvelakappa solche Menschen, Herr.« — »Was ist denn die Ursache, die Bedingung dafür, dass durch Hinrichtung, Verhaftung, Enteignung oder Anklage der einen Menschen bei dir Kummer, Jammer, Schmerz, Gram und inneres Aufbegehren ausgelöst würden, durch Hinrichtung oder Verhaftung oder Enteignung oder Anklage der anderen Menschen dagegen nicht?« — »Die Menschen, Herr, durch deren Hinrichtung, Verhaftung oder Enteignung oder Anklage bei mir Kummer, Jammer, Schmerz, Gram und inneres Aufbegehren ausgelöst würden, zu denen spüre ich einen Zug des Willens (wörtlich: Willensreiz = chandarāga). Die Menschen, durch deren Hinrichtung oder Verhaftung oder Enteignung oder Anklage bei mir kein Kummer, Jammer, Schmerz, Gram und kein inneres Aufbegehren ausgelöst würden, Herr, zu denen spüre ich keinen Zug des Willens.«

»›Zu den einen zieht mich ein Willensreiz hin, zu den anderen zieht mich kein Willensreiz hin‹: von dieser hier und jetzt sichtbaren, zeitlosen, so gewonnenen Gesetzmäßigkeit lass dich hinsichtlich Vergangenheit und Zukunft leiten: Was auch immer in der Vergangenheit an Leiden entstanden ist, alles das ist aus der Wurzel ›Wille‹ gekommen, war durch den Willen bedingt, denn der Wille ist die Wurzel des Leidens. *Was auch immer in Zukunft an Leiden entstehen wird, alles das wird aus der Wurzel ›Wille‹ kommen, wird durch den Willen bedingt sein, denn der Wille ist die Wurzel des Leidens.«*

»Herr, ich habe einen Sohn, Ciravāsī, der wohnt auswärts. Kaum bin ich aufgestanden, schicke ich einen Boten hin: ›Geh, mein Lieber, und schau nach meinem Sohn Ciravāsī!‹ Solange dieser Mann nicht zurück ist, bin ich ganz unruhig: ›Es wird doch meinem Sohn Ciravāsī nichts fehlen!« — »Was meinst du, Amtsrichter: wenn dein Sohn Ciravāsī hingerichtet, verhaftet, enteignet oder angeklagt würde – würden da bei dir Kummer, Jammer, Schmerz, Gram und inneres Aufbegehren ausgelöst werden?« — »Das würde mich so aufregen, dass es mich das Leben kosten könnte. Wie sollten da bei mir nicht Kummer, Jammer, Schmerz, Gram und inneres Aufbegehren ausgelöst werden!« — »Auch in diesem Sinn ist das zu verstehen: ›Was auch alles an Leiden entsteht, alles das wurzelt im Willen, ist durch den Willen bedingt, denn der Wille ist die Wurzel des Leidens.‹

Was meinst du, Amtsrichter: Wenn du Ciravāsīs Mutter nie gesehen hättest, nie etwas von ihr gehört hättest: hättest du dann einen Willen nach ihr, wäre sie von Reiz für dich, hättest du eine

10 Dass es sich hier um einen Richter handelt, zeigen die Beispiele, die der Buddha nennt: ausschließlich Justiz-, nicht Verwaltungsangelegenheiten: Verhaftung, Anklage, Strafvollstreckung.

Vorliebe für sie?« — »Nein, Herr.« — »Als dir aber ihr Anblick zuteil geworden war, du von ihr gehört hattest, – ist dir da zu Ciravāsīs Mutter der Wille aufgestiegen, war sie da von Reiz für dich, hast du da eine Vorliebe für sie bekommen?« — »Ja, Herr.« — »Wenn Ciravāsīs Mutter hingerichtet oder verhaftet oder enteignet oder angeklagt würde – würden da bei dir Kummer, Jammer, Schmerz, Gram und inneres Aufbegehren ausgelöst werden?« — »Das würde mich so aufregen, dass es mich das Leben kosten könnte. Wie sollten da bei mir nicht Kummer, Jammer, Schmerz, Gram und inneres Aufbegehren ausgelöst werden!« — »Auch in diesem Sinn ist das zu verstehen: ›Alles, was immer an Leiden entsteht, alles das wurzelt im Willen, ist durch den Willen bedingt, denn der Wille ist die Wurzel des Leidens.‹«

Hans: Ja, soll denn der Amtsrichter seine Frau und seinen Sohn nicht mehr lieb haben?

Fritz: Lieber Hans, wer hat denn das gesagt? Der Buddha hat nur ganz sachlich den Kausalzusammenhang zwischen Willensreiz und Leiden aufgezeigt! Aber die Darlegung dieses offensichtlichen Zusammenhangs ist schon zu Lebzeiten des Buddha manchmal missverstanden worden, einmal sogar so auffallend, dass sich das Königspaar damit befasst hat, wie berichtet wird in der Rede

M 87 – WAS AUS LIEBEM KOMMT:

So hab ich's vernommen: Einstmals weilte der Erhabene in Sāvatthī im Jetahain im Kloster Anāthapiṇḍikos. Damals war gerade einem Hausvater sein einziges, liebes, reizendes Bübchen gestorben. Wegen dessen Tod hatte er keinen Gedanken mehr für seine Arbeit übrig und brachte keinen Bissen hinunter. Immer wieder ging er zur Leichenstätte und klagte: »Wo ist mein einziges Bübchen, wo ist mein einziges Bübchen?« Schließlich ging der Hausvater zum Erhabenen, begrüßte ihn ehrerbietig und setzte sich seitwärts. Zu dem seitwärts sitzenden Hausvater sprach der Erhabene: »Wahrlich, Hausvater, du siehst nicht aus wie wenn dein Herz gefasst wäre; deine Züge sind verstört.« — »Wie sollten meine Züge nicht verstört sein, Herr! Mein einziges, liebes, reizendes Bübchen ist gestorben. Wegen seines Todes habe ich keinen Gedanken mehr für meine Arbeit übrig und bringe keinen Bissen hinunter. Immer wieder gehe ich zur Leichenstätte und klage: ›Wo ist mein einziges Bübchen, wo ist mein einziges Bübchen?‹«

»So ist es, Hausvater. Aus Liebem kommt Kummer, Jammer, Leiden, Trauer, Verzweiflung. Das geht aus Liebem hervor.« — »Was soll denn das heißen, Herr? Aus Liebem kommt doch Glück und Freude; das geht aus Liebem hervor!« Verstimmt über die Worte des Erhabenen stand der Hausvater nach dieser Kritik am Erhabenen auf und ging. Zu der Zeit war gerade eine große Gruppe von Spielern unweit des Erhabenen beim Würfeln. Der Hausvater kam bei den Spielern vorbei. Da ging er zu ihnen hin und erzählte ihnen den ganzen Vorgang. — »So ist es, Hausvater, so ist es, Hausvater: Aus Liebem kommt doch Befriedigung und Freude!« — Da sagte der Hausvater: »So bin ich doch einig mit den Würfelspielern!«

Die Kunde von diesem Gespräch drang bis zu den innersten Gemächern des Königspalastes. Da wandte sich König Pasenadi von Kosalo an Königin Mallikā: »Mallikā: der Asket Gotamo hat gesagt: ›Aus Liebem kommt Kummer, Jammer, Leiden, Trauer, Verzweiflung. Das geht aus Liebem hervor!‹« — »Wenn der Erhabene das gesagt hat, großer König, dann ist es so.« — »Diese Mallikā findet aber auch alles gut und schön, was der Asket Gotamo sagt: ›Wenn der Erhabene das gesagt hat, großer König, dann ist es so‹! Gerade wie wenn der Meister zu seinem Schüler spricht, und der Schüler findet alles gut und schön: ›So ist es, Meister, so ist es, Meister‹, so findest auch du alles gut und schön, Mallikā, was der Asket Gotamo gesagt hat: ›Wenn der Erhabene das gesagt hat, großer König, dann ist es so‹! Geh, Mallikā, bleib mir doch damit weg!«

Da sprach Königin Mallikā zu dem Brahmanen Nālijhangho: »Brahmane, geh zum Erhabenen, bring dem Erhabenen zu Füßen meinen Gruß dar … und frage: ›Herr, hat der Erhabene wirklich gesagt: 'Aus Liebem kommt Kummer, Jammer, Leiden, Trauer, Verzweiflung. Das geht aus Liebem hervor'?‹ Was der Erhabene antwortet, das merke dir genau und berichte es mir.« — »Jawohl,

Herrin«, sprach der Brahmane Nālijhangho, ging zum Erhabenen und richtete seine Botschaft aus. »Das ist so, Brahmane, das ist so, Brahmane: Aus Liebem kommt Kummer, Jammer, Leiden, Trauer, Verzweiflung. Das geht aus Liebem hervor. Das ist so zu verstehen: Da war einst hier in Sāvatthī, Brahmane, einer Frau die Mutter gestorben. Durch den Todesfall verlor sie den Verstand, das Herz brach ihr, und sie zog von Straße zu Straße, von Platz zu Platz und fragte: ›Habt ihr meine Mutter gesehen? Habt ihr meine Mutter gesehen?‹ So ist es zu verstehen, dass ich gesagt habe: ›Aus Liebem kommt Kummer, Jammer, Leiden, Trauer, Verzweiflung. Das geht aus Liebem hervor.‹

Da war einst hier in Sāvatthī, einer Frau der Vater/ der Bruder/ die Schwester/ der Sohn/ die Tochter/ der Mann gestorben. Durch den Todesfall verlor sie den Verstand, das Herz brach ihr und sie zog von Straße zu Straße, von Platz zu Platz und fragte: ›Habt ihr meinen Vater/ meinen Bruder/ meine Schwester/ meinen Sohn/ meine Tochter/ meinen Mann gesehen?‹ So ist es zu verstehen, Brahmane, dass ich gesagt habe: Aus Liebem kommt Kummer, Jammer, Leiden, Trauer, Verzweiflung. Das geht aus Liebem hervor. Da war einst hier in Sāvatthī einem Mann die Mutter/ der Vater/ der Bruder/ die Schwester/ der Sohn/ die Tochter/ die Frau gestorben. Durch den Todesfall verlor er den Verstand, das Herz brach ihm, und er zog von Straße zu Straße, von Platz zu Platz und fragte: ›Habt ihr meine Mutter/ meinen Vater/ meinen Bruder/ meine Schwester/ meinen Sohn/ meine Tochter/ meine Frau gesehen?‹ So ist es zu verstehen, dass ich gesagt habe: Aus Liebem kommt Kummer, Jammer, Leiden, Trauer, Verzweiflung. Das geht aus Liebem hervor.

Hier in Sāvatthī ist einst eine Frau zu ihren Verwandten gegangen. Die trennten sie von ihrem Mann und wollten sie mit einem anderen verheiraten. Das wollte sie nicht. Da sprach die Frau zu ihrem Mann: ›Mein Geliebter, die Verwandtschaft will mich von dir trennen und mich einem anderen zur Frau geben. Das will ich aber nicht.‹ Da brachte der Mann die Frau um und entleibte sich in dem Gedanken: ›Im Tod werden wir vereint sein.‹ So ist es zu verstehen, dass ich gesagt habe: Aus Liebem kommt Kummer, Jammer, Leiden, Trauer, Verzweiflung. Das geht aus Liebem hervor.«

Da stand der Brahmane Nālijhangho auf, befriedigt und erhoben von der Rede des Erhabenen, ging zu Königin Mallikā und berichtete ihr das ganze Gespräch. Königin Mallikā aber begab sich zu König Pasenadi von Kosalo und sprach: »Was meinst du, großer König: hast du deine Tochter Vajīrī lieb?« — »Freilich habe ich meine Tochter Vajīrī lieb, Mallikā.« — »Was meinst du, großer König, wenn deiner Tochter Vajīrī etwas zustieße, würden dich dann Kummer, Jammer, Schmerz und Verzweiflung erfassen?« — »Das ginge mir ans Leben. Wie sollten mich da nicht Kummer, Jammer, Schmerz und Verzweiflung erfassen?« — »Im Hinblick darauf, großer König, hat der Erhabene gesagt: Aus Liebem kommt Kummer, Jammer, Leiden, Trauer, Verzweiflung. Das geht aus Liebem hervor!«

»Was meinst du, großer König: hast du Prinzessin Vāsabhā[11] *und den Feldherrn Viḍūḍabho*[12] *lieb?« — »Freilich habe ich sie lieb, Mallikā.« — »Was meinst du, großer König, wenn ihnen etwas zustieße, würden dich dann Kummer, Jammer, Schmerz und Verzweiflung erfassen?« — »Das ginge mir ans Leben. Wie sollten mich da nicht Kummer, Jammer, Schmerz und Verzweiflung erfassen?« — »Im Hinblick darauf, großer König, hat der Erhabene gesagt: Aus Liebem kommt Kummer, Jammer, Leiden, Trauer, Verzweiflung. Das geht aus Liebem hervor!«*

»Was meinst du, großer König: liebst du mich?« — »Freilich, Mallikā, ich liebe dich.« — »Was meinst du, großer König, wenn mir etwas zustieße, würden dich dann Kummer, Jammer, Schmerz und Verzweiflung erfassen?« — »Das ginge mir ans Leben. Wie sollten mich da nicht Kummer, Jammer, Schmerz und Verzweiflung erfassen?« — »Im Hinblick darauf, großer König, hat der Erhabene gesagt: Aus Liebem kommt Kummer, Jammer, Leiden, Trauer, Verzweiflung. Das geht aus Liebem hervor!«

11 König Pasenadis Nebenfrau, uneheliche Tochter König Mahānamos und einer Sklavin.
12 Sohn König Pasenadis und Vāsabhās.

»Was meinst du, großer König: liebst du dein Reich Kosalo mit Benares?« — »Freilich liebe ich mein Reich, Mallikā. Durch die Größe des Reiches leben wir in Glanz und Pracht.« — »Was meinst du, großer König, wenn dem Reich etwas zustieße, würden dich dann Kummer, Jammer, Schmerz und Verzweiflung erfassen?« — »Das ginge mir ans Leben. Wie sollten mich da nicht Kummer, Jammer, Schmerz und Verzweiflung erfassen?« — »Im Hinblick darauf, großer König, hat der Erhabene gesagt: Aus Liebem kommt Kummer, Jammer, Leiden, Trauer, Verzweiflung. Das geht aus Liebem hervor!«

»Wunderbar, Mallikā, einmalig, Mallikā, mit welchem Klarwissen der Erhabene alles durchschaut und sieht. Rühme ihn nur weiter, Mallikā.« Und König Pasenadi von Kosalo erhob sich von seinem Sitz, ordnete das Gewand über einer Schulter, verneigte sich mit gefalteten Händen nach der Richtung, wo der Erhabene weilte und sprach drei Mal feierlich: »Verehrung dem Erhabenen, Heilen, Vollkommen Erwachten!«

RUTH: Gut, dass du diese Rede vorgelesen hast. Ich habe sie nämlich einmal in einer Tonart zitieren hören, dass man hätte meinen können, der Buddha habe zu dem unglücklichen Vater eiskalt gesagt: »So ist es eben, du Tor, was musst du auch dein Kind so lieb haben.« Dabei spricht schon aus der Wortfassung des Rahmenberichts großes Mitempfinden, und erst recht aus den Worten des Buddha: Der Buddha fragt ja zuerst teilnehmend, warum der Hausvater so verstört ist, und als der seinen Jammer schildert, sagt der Buddha nicht etwa: »Nimm dich zusammen. Jammern hilft nichts, du kannst doch deine Arbeit nicht liegen lassen, und essen musst du auch«, sondern er drückt ihm zuerst sein Verständnis aus: *»Ja, so ist es«*, und dann erst nennt er ihm voll Mitempfinden das Lebensgesetz aus der Rede von vorhin: dass er nicht der einzige ist, dem es so geht, sondern dass alle Menschen von dem scheiden müssen, was ihnen lieb ist. Die Konsequenz ist für mich nicht, dass man seine Angehörigen nicht mehr lieb haben soll, sondern im Gegenteil: dass man immer daran denkt, dass man einmal von ihnen scheiden muss.

HANS: Da hast du Recht: Wenn man daran denkt, dann hütet man sich in den wenigen Jahren, die man beisammen ist, ihnen wehzutun, und man will ihnen so viel Liebes tun, wie man nur kann, solange dazu noch Zeit ist. Meist tut man ja leider so, als ob man mit seinen Lieben ewig vereint wäre, und nachher bereut man.

Bewahret einander vor Herzeleid.
Kurz ist die Zeit, die ihr beisammen seid.
Und wenn euch auch viele Jahre vereinen:
Bald werden sie euch wie Minuten erscheinen.

FRITZ: Wenn ich mir immer wieder vor Augen halte, dass ich meine Lieben ja nicht festhalten kann, dann wird die Liebe, die ich ihnen entgegenbringe, eine ganz andere: nicht mehr fordernd, mit Anspruch und schon gar nicht rauschhaft, ganz unabhängig davon, was mir an ihnen passt oder nicht passt, sondern ich will, dass es ihnen so wohl geht, wie sie es ersehnen! – Die Pālisprache bringt den Unterschied klar zum Ausdruck: Das reine, selbstlose und unterschiedslose, grenzenlose Wohl-Wollen, das unabhängig davon ist, ob mich ein Willensreiz zu dem betreffenden Wesen hinzieht oder nicht, heißt *mettā*; von ihr werden wir noch ausführlich sprechen. Die Hinneigung, die aus Willensreiz kommt, heißt *pema*. Das kann man auch mit »*Vorliebe*« übersetzen, und das Wort *»lieb«* in M 87, *»piya«*, kommt aus derselben Sprachwurzel wie *pema*. Es bezeichnet das, was einem in der Weise angenehm ist, dass man es besitzen und festhalten möchte.

HANS: Dass aus Liebem Leiden kommt, ist gar nicht so unbekannt, wie es dem armen Vater und dem König vorgekommen ist. Mit Hinweis auf diese offensichtliche Lebenstatsache schließt auch eine so weltliche Dichtung wie das Nibelungenlied:

»als ie die liebe leide	*»wie stets die Liebe Leiden*
z'aller jungest gīt.«	*letzten Endes gibt.«*

Da kann man sehen, wie leicht gerade die offensichtlichsten Lebenstatsachen verdrängt werden! Aber du sagst, dass aus der Liebe Leiden kommt, gilt nur für die »mit Willensreiz verbundene, besitzergreifende Liebe«, die *pema*?

FRITZ: Ja. Den tieferen Grund dafür hat der Erwachte in S 42,11 dem Amtsrichter erklärt: Vorliebe erweckt Willensreiz. Nur wo ein Willensdrang gereizt wird, kann etwas zuwiderlaufen; und nur das tut weh, nur das wird als Leiden empfunden. Die nichtmessende Liebe (*mettā*) reicht zwar für sich allein noch nicht zum Nirvāna aus, weil auch ihr noch die Leidigkeit anhängt, dass sie nicht ewig hält. Denn auch sie ist durch Wirken – also durch etwas Unbeständiges – erzeugt worden. Aber sie ist mit keinem Willensdrang zu den Wesen verbunden, die sie durchstrahlt. Im Gegenteil: solange sie währt, strahlt sie die besitzenwollende Sinnensucht weg und ist dadurch eine wunderbare Hilfe auf dem Heilsweg. Nur für die besitzergreifende (Vor-)Liebe gilt: »Liebe macht blind« – Liebe im Sinne triebhafter Hinneigung. Denn Hinneigung zum Begehrten und Abneigung gegenüber dem Gegenteil *blenden*: »Hinneigung/Abneigung/Blendung«. Im Westen wird die ungeheure Wucht der sinnlichen und geistigen Triebe und die damit gegebene Dichte der Blendung meist unterschätzt. Bei einem Menschen, der nicht über die Wirklichkeit aufgeklärt worden ist, bestimmen sie vorwiegend den Willen. Deshalb sagt der Erwachte manchmal einfach statt Hinneigung (*rāga*): »Wille« (*chanda*), so zu dem jungen Siṇgālako in D 31, dessen Gespräch mit dem Erwachten wir noch betrachten werden. Je größer die Wucht von Hinneigung und Abneigung, desto greller die Blendung. Auf sie ist selbst der sonst klarblickende König Pasenadi hereingefallen, als er zuerst das Gesetz nicht wahrhaben wollte, dass aus anhänglichem Lieben – also aus Willensreiz – Leiden hervorgeht.

HANS: Ich bin ja vorhin selber auf die allgemeine Denkgewöhnung hereingefallen. Und dabei ist es wirklich offensichtlich, dass alles Leiden im Willen wurzelt; denn wie könnte einer leiden, der wirklich nichts, gar nichts mehr will! Nur: mir wird zwar immer klarer, dass man viele Wünsche abbauen und sich dadurch gewaltige Erleichterung verschaffen kann und auch sollte. Aber dass man *vollkommen* wunschlos werden kann und wie man das wird – und ob das überhaupt erstrebenswert ist –, das ist mir noch nicht offensichtlich. »Wunschlos glücklich sein« – das findet wohl jeder Mensch schön, aber er stellt sich darunter vor, seine Wünsche schweigen, weil sie *befriedigt* sind, nicht weil sie total *aufgegeben* sind. Wunschlos ist man nach der totalen Aufgabe aller Wünsche sicher. Aber ist man dann auch *glücklich*? Auf der anderen Seite steht für mich die offensichtliche Tatsache, dass der Wille die Ursache allen Leidens ist, und die Sehnsucht, die mich manchmal beschleicht, einfach Ruhe und Frieden zu haben auf ewig. Wenn es stimmt, dass wir schon unermesslich lange im Daseinskreislauf kreisen und mit »Willen« immer weiter kreisen werden durch alle Höhen und Tiefen – dann ist diese bleierne Existenzmüdigkeit Goethes zu verstehen: *»Ach, ich bin des Treibens müde.«* Dann wäre es für mich mehr als Müdigkeit, dann bekäme ich ein Grauen vor dieser Tretmühle »Dasein«.

Aber ist das auch gerechtfertigt? Das ist mir noch nicht offensichtlich. Die Befreiung aus dieser Mühle – die totale Befreiung von allem Willen – würde doch sicher ungeheure Mühe kosten. Dafür würde bei mir das jetzige Leben gar nicht ausreichen. Aber gibt es wirklich noch weitere Leben, in denen ich an mir weiterarbeiten kann? Wenn nicht – wäre es dann nicht doch gescheiter, die paar Jahre, die mir noch bleiben, anständig, wohlwollend und mit Befriedigung der Sinne durch schöne, rechtmäßig erlangte Dinge tätig hinzubringen? Allerdings kann ich mich nicht zufrieden geben mit der Einstellung mancher Bekannter, die die Lehre des Buddha auf dieses eine Leben beschränken wollen und sagen: »Verzichte und meditiere hier und jetzt, dann trifft dich das Leiden in der Welt bis zu deinem Tod nicht mehr so. Das ist die Hauptsache; denn eine individuelle Wiedergeburt kann es schwerlich geben, weil es ja kein Selbst gibt, das wiedergeboren werden könnte, allenfalls ein Aufgehen in irgendetwas

Allgemeinem.« Ich habe etwas ähnliches sogar in einem buddhistischen Buch gelesen. Aber würde dann die Mühe überhaupt lohnen? Ich bin nicht mehr der Jüngste; was könnte ich noch erreichen, wenn es nur dieses eine Leben gäbe? Das scheint auch manche Buddhisten zu bedrücken, nur geben es nicht alle zu. Vielleicht ist es auch nur unterbewusst. Nicht alle Buddhisten – vor allem nicht die rational oder emotional nur auf »Hier und Jetzt« Eingestellten – haben auf mich einen rundum glücklichen Eindruck gemacht, die glücklichen allerdings umso mehr. Ich muss deshalb Klarheit haben, wie es jenseits des Todes ist. Wissen habe ich darüber keines. Muss ich aber dann nicht doch glauben? Wie soll ich mit dem umgehen, was mir noch nicht offensichtlich ist? Es ist mir eine Menge offensichtlich geworden. Aber es reicht mir noch nicht aus. Nach wem kann man sich denn in diesem Meer des Irrtums wirklich richten?

Fritz: Darauf hat der Erwachte eine ganz klare, ebenfalls »offensichtliche« Antwort gegeben in der Rede

M 96 – ESUKĀRI:

Da spricht der Erwachte mit dem Brahmanen Esukāri und anderen Brahmanen über den Anspruch der Brahmanen, auf Grund ihrer Abstammung die oberste Kaste zu sein, nach der sich alle anderen zu richten hätten. Dazu sagt der Buddha:

»Ich sage nicht, Brahmanen, dass man sich nach jedem richten soll. Ich sage aber auch nicht, dass man sich nach keinem richten soll: Wer dadurch, dass er sich nach einem anderen richtet, schlechter wird, nicht besser, der soll sich nicht nach ihm richten. Aber wenn er dadurch, dass er sich nach einem anderen richtet, besser wird, nicht schlechter, dann soll er sich nach ihm richten, sage ich.

Ich sage nicht: hohe Geburt, außergewöhnliche Schönheit oder großer Reichtum machen besser. Ich sage auch nicht, hohe Geburt, außergewöhnliche Schönheit oder großer Reichtum machen schlechter. Denn auch unter den Hochgeborenen, den Schönen, den Reichen gibt es manchen Mörder, manchen Dieb, manchen, der falsche Geschlechtsbeziehungen pflegt, manchen Lügner, manchen Zuträger, manchen Scharfzüngigen, manchen leeren Schwätzer, manchen Habsüchtigen, manchen Übelwollenden, manchen mit falscher Ansicht. Deshalb sage ich nicht, dass hohe Geburt, außergewöhnliche Schönheit oder großer Reichtum besser machen. Aber unter den Hochgeborenen, Schönen, Reichen gibt es auch manchen, dessen Wesen es widerstrebt, Lebendiges umzubringen, Nichtgegebenes zu nehmen, falsche Geschlechtsbeziehungen zu pflegen, zu lügen, zu hintertragen, verletzend zu reden, leer zu schwatzen, und manchen, der frei ist von Habsucht, frei von Übelwollen und rechte Ansicht hat. Deshalb sage ich nicht, dass hohe Geburt, außergewöhnliche Schönheit oder großer Reichtum schlechter machen: Ich sage nicht, dass man sich nach jedem richten soll. Ich sage aber auch nicht, dass man sich nach keinem richten soll: Wenn sich einer nach einem anderen richtet, und es wachsen bei ihm dadurch Heilsvertrauen, Tugend, erfahrene Lehrkenntnis (suta), Loslassen, Klarwissen, dann soll er sich nach diesem anderen richten.«

Anhand einiger Gleichnisse weist der Buddha den Brahmanen noch die Haltlosigkeit ihrer Forderung nach, jeder müsse die äußeren Merkmale seiner Kaste lebenslang werthalten, und fügt einen programmatischen Kernsatz hinzu:

»Ich aber lehre den Menschen eine heilsmächtige, weltüberlegene Eigenschaft kennen, die sein Wesensmerkmal ist.

So wie ein Feuer nach der Bedingung bezeichnet wird, durch die es brennt – wenn es durch Holz brennt als Holzfeuer, durch Reisig als Reisigfeuer, durch Stroh als Strohfeuer, durch Mist, als Mistfeuer –, so lehre ich den Menschen eine heilsmächtige, eine weltüberlegene Fähigkeit kennen, die sein Wesensmerkmal ist. Ob nun einer aus einer Adelsfamilie in die Hauslosigkeit gezogen ist oder aus einer Brahmanenfamilie oder Bürgerfamilie oder Dienerfamilie – wenn er zu der vom Vollendeten gezeigten Heilszurechtführung gekommen ist und dadurch dem Töten, dem Nehmen von Nichtgegebenem, dem unkeuschen Wandel, dem Lügen, dem Hintertragen, der verletzenden Rede, dem leeren Geschwätz ganz abgeneigt geworden ist, im Herzen frei geworden von

Übelwollen, und rechte Anschauung erworben hat – dann ist ein solcher damit ein Eroberer des einzig wahren, des heilstauglichen Standes geworden.

Was meinst du: Kann hierzulande nur ein Brahmane ein von Feindschaft und Übelwollen freies, liebendes Herz entwickeln, aber kein Adeliger, kein Bürger, kein Diener?« — »Das nicht, Herr Gotamo, jeder aus den vier Kasten kann es.« — »Ganz ebenso kann auch, wer aus einer Adelsfamilie oder Brahmanenfamilie oder Bürgerfamilie oder Dienerfamilie aus dem Haus in die Hauslosigkeit gezogen ist – wenn er zu der vom Vollendeten gezeigten Heilszurechtführung gekommen ist und dadurch dem Töten, dem Nehmen von Nichtgegebenem, unkeuschem Wandel, Lügen, Hintertragen, harter Rede, leerem Geschwätz ganz abgeneigt geworden ist, im Herzen frei geworden von Übelwollen und rechte Anschauung erworben hat –, ein Eroberer des einzig wahren, des heilstauglichen Standes werden.«

Der Erwachte gab dafür noch weitere Gleichnisse, und der Brahmane Esukāri nahm Zuflucht zum Erhabenen.

Hans: Das ist allerdings eine offensichtliche Richtlinie dafür, nach wem man sich richten kann und nach wem nicht. Das sehe ich jetzt schon, wenn mir auch noch viel zu einem abgerundeten Bild fehlt.

Ruth: Zu einem abgerundeten Bild reicht es mir auch noch längst nicht; aber meine Friedenssehnsucht ist so groß geworden – ich habe genug von all den Weltverbesserungsideen: Wie käme ich dazu, an eine »objektive Welt« zu glauben, wenn nicht einmal mehr die Physiker daran glauben, sondern sich mit all ihren teuren Forschungsmitteln ihren eigenen Boden unter den Füßen weggezogen haben! Da tun sich viele Menschen, die an die Lehre des Buddha kommen, so schwer, weil sie meinen, sie müssten etwas glauben. Aber an eine objektive, materielle Welt, die es nach der Auskunft der Physik gar nicht geben kann, glauben sie verbissen und halten dieses Wahngebilde für den »Boden der Tatsachen«. Die Religionen haben diesen »Boden« nie ganz ernst und schon gar nicht absolut genommen. Und nun höre ich, dass ihn der Buddha schon vor 2.500 Jahren als *Wahn-Traum* durchschaut hat. — Was soll ich da noch an einer »objektiven Welt« herumdoktern, die es gar nicht geben kann? Der Welt-Wirrwarr, der sich immer hektischer dreht, erscheint auch meinem eigenen Empfinden immer mehr wie ein dunkler, wüster Traum. Dasselbe haben auch seit jeher alte, erfahrene Menschen gesagt, wenn sie zurückschauten, und auch immer mehr jüngere Menschen sagen es, die durch schwere Erfahrungen hindurchgegangen sind. Ich habe ja selber manchmal das Gefühl: »Du träumst.« Daraus möchte ich endlich aufwachen. Und nun höre ich den Buddha sagen, er sei schon aufgewacht! Das scheint mir der einzige, der »archimedische Punkt«, von dem aus der »Welt-Wirrwarr« aus den Angeln gehoben werden kann, wenn ich bei mir selber anfange. Aber ich sehe noch nicht klar, wie. Deshalb frage ich mich, wie ich mit dem umgehen soll, was mir bis jetzt noch *nicht* offensichtlich ist. Gibt der Buddha auch darauf eine Antwort?

Fritz: Ja. Er gibt sie. Sogar auch speziell den in der Welt Lebenden. Aber ihr scheint bewegt darüber, dass euch vieles noch nicht offensichtlich ist. Vergessen wir doch nicht: Wir haben bisher nur einiges von dem behandelt, was aus der Lehre des Buddha den meisten Menschen gleich am Anfang mehr oder weniger offensichtlich ist. Und das wurde ergänzt und vertieft durch das, was ihr auf Grund eures Nachdenkens und Nachempfindens ins Gespräch eingebracht habt. Wir sind bisher nur an den Rand des Ozeans der Lehre getreten. Jetzt können wir erst anfangen, das Material für ein Floß zu sammeln, mit dem wir, wenn es gebaut ist, zum sicheren Ufer aufbrechen, wie es der Erwachte in dem bekannten Gleichnis in M 22[m] ausdrückt. Seien wir unbesorgt: Für die einzige lohnende Expedition – die Reise ins Innere – rüstet der Erwachte auch uns in der Welt Lebende mit allen Streckenbeschreibungen für unsere spezielle Route, mit allen nötigen Ausrüstungsstücken und mit der besten Wegzehrung aus.

2. Gespräch
Annäherung an nicht offensichtliche Wahrheiten

Hans: Fritz, wolltest du uns nicht heute eine Rede des Buddha vorlesen, wie man mit dem umgehen kann, was einem noch nicht offensichtlich ist?

Fritz: Zwei Reden: M 60 und M 95. Fangen wir mit M 60 an. Das ist eine erstaunliche Rede: Ein heutiger westlicher Philosoph oder Soziologe würde sie zur »Wissenschaftstheorie« rechnen; denn sie behandelt die Methode, mit unbekannten Denksystemen umzugehen. Dabei ist sie ganz lebenspraktisch. Sie wurde in keiner der alten indischen Hochschulen gehalten, sondern vor den Hausvätern eines Dorfes. So »naiv« sie anzufangen scheint: sie setzt beim Zuhören große Klarheit und Vorurteilslosigkeit voraus. In den späteren Abschnitten steigt sie in Höhen auf, zu denen der westliche welt- und naturwissenschaftsgläubige Geist kaum Zugang findet. Aber dieser Aufstieg geschieht nicht mythologisch oder esoterisch, sondern mit geradezu mathematischer Präzision: Der Buddha – so heißt es einleitend – war auf der Wanderschaft durch das Land Kosalo mit einer großen Schar von Mönchen bei dem Brahmanendorf Sālā angekommen. Auch die dortigen brahmanischen Hausväter hatten von seinem außergewöhnlichen Ruf gehört. Deshalb zogen sie hinaus vor das Dorf, um den großen Weisen zu besuchen. Und nun beginnt die eigentliche Lehrrede:

M 60 – FREI VON DOGMEN[1].

Zu den brahmanischen Hausvätern von Sālā sprach der Erhabene: »Hausväter, habt ihr denn einen Meister, der euch zusagt und zu dem ihr ein im Leben bewährtes Vertrauen gewonnen habt?« — »Nein, Herr.« — »Für euch Hausväter, die ihr keinen Meister gefunden habt, der euch zusagt, ist als Richtschnur die dogmenfreie Lehrdarlegung geeignet. Denn wenn ihr sie vollständig befolgt und danach lebt, Hausväter, dann wird euch das lange Segen und Wohl bringen. Welches ist diese dogmenfreie Lehrdarlegung?

Es gibt einige Asketen und brahmisch Lebende, die sagen und meinen: ›Geben, Opfern und Spenden hat keinen Sinn; es gibt keine Saat und Ernte guter und schlechter Werke; es gibt nicht ebenso wie diese Welt auch eine jenseitige Welt – das gibt es nicht; es gibt nicht ebenso wie Vater und Mutter auch ein unmittelbares Erscheinen von Wesen; es gibt in der Welt keine Asketen und brahmisch Lebenden, die richtig vorgegangen, richtig vorgedrungen sind, so dass sie aus eigener weltüberlegener Schau diese Welt und jene Welt sich selber offenbar gemacht hätten und erklären könnten.‹

Diesen Asketen und brahmisch Lebenden widersprechen einige Asketen und brahmisch Lebende und sagen: ›Geben, Opfern und Spenden hat einen Sinn; es gibt eine Saat und Ernte guter und schlechter Werke; genauso gut wie diese Welt gibt es eine jenseitige Welt, das gibt es; genauso gut wie Vater und Mutter gibt es auch ein unmittelbares Erscheinen von Wesen; es gibt in der Welt Asketen und brahmisch Lebende, die richtig vorgegangen, richtig vorgedrungen sind, so dass sie aus eigener weltüberlegener Schau diese Welt und jene Welt sich selber offenbar gemacht haben und erklären können.‹«

Hans: Geben und Saat und Ernte – darunter kann ich mir zur Not etwas vorstellen. Dass es Welterklärer aus innerer universaler Erfahrung geben könnte, schon schwerer. Aber gar nichts anfangen kann ich mit der damaligen Streitfrage, ob es *»genau so wie Vater und Mutter auch ein unmittelbares Erscheinen von Wesen«* gibt. Was ist denn damit gemeint?

1 KEN übersetzt »Fraglosigkeit«. Das Pāliwort heißt aber *apaṇṇaka*: *a* = »nicht«, *paṇṇaka* = »Blatt«, übertragen: »Schriftblatt«. *Apaṇṇaka* ist also das, was nicht »festgeschrieben« ist. »Fraglosigkeit« passt nicht: Der Wahrheitssucher soll gerade lernen, die richtigen Fragen zu stellen. Fragen ist unentbehrlich auf dem achtfachen Heilsweg (vgl. M 33, besprochen in WW, 36. Jg. [1990], S. 318 ff., besonders S. 342 ff.).

FRITZ: Gemeint ist, ob es nicht nur Wesen gibt, die wie Menschen und viele Tiere durch Vermittlung von Eltern in dieses Leben treten, sondern auch Wesen, die nach dem Verlassen dieses Körpers unmittelbar (aus Geist oder aus gestaltfreier Wahrnehmung gebildet) in ihrer nächsten Existenzweise erscheinen.

HANS: Dass der Buddha mit Dörflern über so eine entlegene Streitfrage spricht!

FRITZ: Entlegen scheint sie nur den heutigen westlichen Menschen, die fast alle glauben, Leben könne es nur in Verbindung mit »Materie« geben. Noch Goethe hat gesagt: *»Das Höchste, das Vorzüglichste am Menschen aber ist gestaltlos.«*[2] Da hatten es die Hausväter von Sālā besser: Ein indischer Dörfler zur Zeit des Buddha – auch wenn er nicht darüber reden konnte – hatte ein feineres Gespür für das, was heute erst wieder die Spitzengruppe der Physiker zu entdecken beginnt: dass die Existenz weder *objektiv* (psychenunabhängig) noch *materiell* ist, sondern dass man nach den Daseinsgesetzen *»innen«*, bei der Psyche, statt »außen« bei der wahrgenommenen »Materie« suchen muss. So selbstverständlich, wie für die meisten unserer Zeitgenossen das vage Empfinden ist, mit dem Tod sei alles aus, so selbstverständlich war den alten Indern das starke Empfinden der Durchgängigkeit des Lebens. Deshalb reichten ihre praktischen Lebensplanungen über den Tod hinaus. Wohlgemerkt: auch das war bei den meisten – genau wie heute die westliche Wissenschaftsgläubigkeit – ein *Glaube*, kein Wissen. Aber sie zogen daraus nicht die heutige verfehlte Konsequenz: *»Solange ich es nicht wahrgenommen habe, gibt es so etwas nicht«*, sondern sie verfolgten mit Anteilnahme das Ringen der ernsthaften unter den Pilgern, die täglich durch ihr Dorf zogen und vielerlei Lehren verkündeten. Die vier zitierten Lehren waren die damals bekanntesten. Sie bewegten die Menschen. Die waren aber ratlos, nach wem sie sich nun richten sollten. In anderen Reden wie S 42,13 wird berichtet, wie deshalb Hausväter den Erwachten auf diese innere Not angesprochen haben. Es war wirklich eine innere Not. Manche der einander widersprechenden Asketen machten nach Auftreten und Aussage einen Achtung gebietenden Eindruck: Sie hatten immerhin Haus und Familie aufgegeben, um das Heil zu suchen. Aber sie konnten doch unmöglich alle Recht haben. Mit diesen umstrittenen Lehren rückte der Buddha den Hausvätern von Sālā im Grund nichts geringeres als die vier gemeinsamen Grundfragen von Religion und Mystik in den Blick, mit denen er oft seine Einführungsgespräche mit in der Häuslichkeit lebenden Heilssuchern begann, nämlich:

1. *Geben* vermindert den sinnlich wahrnehmbaren Besitz, ist aber mein Vorteil.

2. Denn aus allem üblen oder guten Wirken (im Denken, Reden und Handeln) reifen Folgen heran (*Karma*),

3. und zwar auch *jenseits des Todes* des Körpers. »Leben« = Erleben kann gar nicht von selber aufhören.

4. Sind aber die inneren Dränge, Kräfte, Fähigkeiten, Programme und Gewöhnungen, aus denen alles Leben/Erleben hervorgeht, keine bloßen Produkte eines »objektiven«, *»materiellen«* Körpers, dann fehlt dem Glauben jede Grundlage, sie könnten jenseits des Todes auf keine andere Weise weiterbestehen als nur wieder in einem als *materiell* erlebten Körper. Dann sind auch unter- und übermenschliche Daseinsformen ohne grobstofflich erlebten Körper *möglich*, so wie es spannungs-, ton- und bildtransportierende trägerlose Ladungen gibt. Wohlgemerkt: der Buddha hat bis hierher zu den Einwohnern von Sālā nur von *Möglichkeiten* gesprochen, nicht von dogmatisch festgeschriebenen Glaubenssätzen. — Für die weiter blickenden Zuhörer, die über den Tod hinausdachten, um auch für ein etwaiges Jenseits vorzusorgen, hatte das durchaus praktische Bedeutung. Viele meinten zu ahnen oder zu spüren, dass im Tod vorangegangene Verwandte als »Geister« um sie waren. Manche sonst ganz vertrauenswürdige

2 Wahlverwandtschaften, zitiert bei KEN, D, Anm. 1070.

Menschen gaben sogar an, sie hätten sie gesehen. Andere behaupteten, untermenschliche Schmerzenswelten oder helle »himmlische« Welten leibhaftig erlebt zu haben, und das waren vielfach Persönlichkeiten, denen nach ihrer gesamten Lebensführung niemand Scharlatanerie vorwerfen konnte. In den Texten wird oft darüber berichtet. Die Hausväter von Sāla waren überdies Brahmanen. Deren Ziel war die von Grobstofflichkeit freie Lichtwelt Brahmas, in der es nach den Aussagen ihrer alten Seher die mühselige und schmerzliche Art des Erscheinens durch körperliche Geburt gar nicht mehr geben sollte. Die Möglichkeit *»unmittelbaren Erscheinens«* war daher für sie ein Eckpfeiler ihres Weltverständnisses. Dass die Brahmanen von Sālā aber nicht blindgläubig waren, sieht man daran, dass sie sich nicht in die Geborgenheit ihres traditionellen Glaubens zurückzogen, sondern sich mit den damaligen Lehren auseinandersetzten und sich bisher keinem der widersprechenden Gurus angeschlossen hatten. Und daran, wie der Buddha gegen Ende der Rede mit ihnen spricht, sehen wir, dass etliche unter ihnen auch das Sehnen der geistigen Elite der alten Inder geteilt haben, es möge sich die alte Verheißung erfüllen, dass Asketen kämen, welche die gesamte Existenz *erklären* könnten – wohlgemerkt: »erklären«, nicht nur einen schönen, bergenden Glauben darüber verkünden! Dieser Punkt, universale Welterklärung aus leibhaftiger Erfahrung, ist nicht mehr gemeinsamer Bestand aller Religion und Mystik, sondern enthält einen ahnenden Vorblick auf die Dimension der Erwachung.

HANS: Die alten Inder in Ehren. Aber ist das denn heute noch unser Problem? Ist nicht einseitige Jenseitsorientierung gefährlich? Da werden doch leicht die Aufgaben im Diesseits vernachlässigt! Erst recht in einem so heißen Klima wie dem indischen. Das macht leicht passiv – vor allem Menschen, die glauben, sie hätten noch endlos viele Leben vor sich. Müsste man sie nicht aufrütteln, sich nicht auf das Jenseits vertrösten zu lassen, sondern *jetzt* etwas zu tun, dass es besser wird? Auf der Uni höre ich das oft.

FRITZ: Gerade der Erwachte hat am allermeisten zum Wirken und Kämpfen hier und jetzt aufgerüttelt, etwa in den Versen in M 31^{m} und M 134^{m}:

»Jetzt gilt's zu wirken voller Kraft. Wer weiß, ob morgen kommt der Tod.
Ist nicht in jedem Augenblick Kampf mit des Todes großem Heer?«

Gleich der erste der drei großen Abschnitte der Heilsentwicklung ist ja der Abschnitt der Tugend hier in diesem Leben in der Begegnung mit den Mitwesen. Auch der »Tathāgatagang« der Mönche z. B. in A VIII,12 beginnt mit den Tugenden – dort eben mit den Mönchstugenden. Die Herzensläuterung zur Vorbereitung des *samādhi* ist im Hier und Jetzt zu vollziehen. Und im Mettāsutta (Sn 143 ff.) heißt es im Vers 151 ausdrücklich, dass die vier Strahlungen (*brahmavihāra*) in nicht messender Liebe, Erbarmen, hoher innerer Freude und erhabenem Gleichmut einem Wesen nicht »im Himmel« zufallen, sondern *»in dieser Welt«* einzuüben sind. Der Erwachte bezeichnet sich deshalb wiederholt als einen *»Lehrer des Wirkens«*.[3] Im »Wahrheitpfad« heißt es:

»Das üble Wirken wirkt man selbst, befleckt wird man nur durch sich selbst.
Selbst lässt man ab vom üblen Tun, geläutert wird man durch sich selbst.
Reinheit, Unreinheit schafft man selbst, niemand wird heil durch andere.«(Dh 165)

Und in M 85 warnt der Buddha vor der *»Gefahr der Vertröstung auf jenseitige Welten«*. Diese Gefahr gibt es eher bei Lehren, die dem Menschen die Verantwortung für sein Heil absprechen und anderen Instanzen zuschreiben, wie etwa bei der lutherischen Lehre von der Vergebung der Sünden durch Gottes Gnade *»allein durch den Glauben«*.

HANS: Ja; Gnade kann es im Buddhismus nicht geben. Die wäre mit dem Karmagesetz unvereinbar.

3 Z.B. in A VIII,12.

FRITZ: Wieso? Es gibt doch Menschen, die behandeln die Mitwesen nicht bloß »streng gerecht«, sondern übersteigen die Gerechtigkeit durch nichtmessende *Liebe*, die mehr danach fragt, was ein Mitwesen jetzt leidet, wie man seinen Schmerz stillen, sein Leid mindern kann und was ihm guttäte, als danach, ob es sich das auch durch den uns bekannten Teil seines Wirkens *verdient* hat. Menschen, die in dieser Weise Milde walten lassen, sind eine Wohltat für die Mitwesen, und mit ihrem ganzen nichtmessenden Wirken lassen sie *»Gnade vor Recht ergehen«*. Gerade weil das Karmagesetz ehern gilt, müssen sie ernten, was sie gesät haben: dass sie nämlich auch in ihren eigenen Angelegenheiten auf Wesen treffen, die »ein Auge zudrücken«, ihnen Fehler nachsehen, Milde walten, »Gnade vor Recht ergehen lassen«. Wer nicht Gleiches mit Gleichem vergilt, wer nicht als »Gerechtigkeitsfanatiker« Mitwesen unbarmherzig aburteilt, sondern bei seinen Erwartungen, Anforderungen, Beurteilungen und Konsequenzen an seine eigenen Fehler denkt und deshalb andern ihre Fehler zumindest vor sich selber großzügig und mild nachsieht – und das heißt doch: wer anderen gegenüber *gnädig* ist, der *muss* nach dem Karmagesetz[4] mit eherner Notwendigkeit Gnade erfahren, auf Erden und im Jenseits (*wenn* es ein Jenseits gibt – um bei dem vorsichtigen Sprachgebrauch unserer Lehrrede M 60 zu bleiben –). Freilich: das Menschentum ist das Feld für gemischtes, teils dunkles, teils lichtes Wirken. Und so ist auch die Ernte gemischt. Nie bleibt gesätes Gutes – auch gesäte Gnade – ohne gute Folge, und nie hat gesätes Übles gute Folgen. Einst gesäte Gnade kann daher keine Übeltat total ungeschehen machen, aber sie kann ihre Folgen mildern, soweit Gnade das eben vermag: Wer z. B. nach Rechtskraft eines Urteils wegen einer Übeltat, die er begangen hat, begnadigt wird, muss nicht ins Gefängnis. Er hat aber doch erst das Leiden der Strafverfolgung über sich ergehen lassen müssen. Und wenn irgendeine weltübliche, nicht strafbare Untugendhaftigkeit einem Menschen widerstrebt, dann leidet er an dem Gewissensschmerz, auch wenn ihm auf Grund früher von ihm gesäter Gnade keine äußeren Nachteile entstehen. Es gibt also sehr wohl Gnade, nur keine ohne Ursache im eigenen Wirken. Nichts anderes sagt auch Jesus: *»Richtet nicht, auf dass ihr nicht gerichtet werdet. Denn mit welcherlei Gericht ihr richtet, werdet ihr gerichtet werden, und mit welchem Maß ihr messet, wird euch gemessen werden.«*[5] Das Zurückzucken vieler westlicher Buddhisten vor dem Begriff »Gnade« kommt von der Prägung unseres Kulturkreises durch die christliche, vor allem die protestantische Theologie, die behauptet, Gnade könne in keiner Weise durch das eigene Wirken beeinflusst werden, sondern werde dem einzelnen Menschen nach Gottes unerforschlichem Willen zugemessen: für die einen unabänderlich ewige Seligkeit, für die andern unabänderlich ewige Verdammnis. Von sich selber und von solchen Geheilten, die das »himmlische Auge« erworben haben, sagt dagegen der Buddha – z. B. in M 60 –: *»Je nach dem Wirken sieht er die Wesen dahinschwinden und wieder erscheinen.«* Deshalb ist in seiner Lehre kein Raum für willkürliche Gnadenvorstellungen etwa im Sinn von Luthers bekanntem Wort: *»Viel Sünd, viel Gnad; sündige kräftig, aber glaube noch kräftiger.«* Das wäre, wie wenn einer sagen würde: *»Säe kräftig Unkraut, dann wirst du trotzdem Weizen ernten, wenn du nur umso kräftiger glaubst, dass Gott es so einrichten wird.«*

HANS: Ich habe aber einmal gehört, nach den Ordensregeln würde jeder, der ein Vergehen begangen hat, das mit Ausschluss bestraft wird, ohne Wenn und Aber aus dem Orden ausgeschlossen. Da gibt es also keine Gnade.

FRITZ: Auch das sollten wir differenziert betrachten: dass der Orden des Erwachten nur durch eherne, keiner Diskussion zugängliche Regeln rein gehalten werden konnte, ändert nichts am Karmagesetz. Wer ein Ausschlussvergehen gesät hat, erntet Ausschluss. Aber das bedeutete ja keine »ewige Verdammnis«: Einen aus dem Orden Ausgeschlossenen, der vorher bereitwillig

4 Näheres unten im 9. Gespräch.
5 Matth. 7,1-2; Luk. 6,37; vgl. auch Mark. 4,24 und Luk. 6,38.

Gestrauchelten geholfen hat, werden z. B. seine bisherigen Mitmönche auch als häuslich Lebenden weiterhin eher fördern als einen, der kein Mitleid mit Ausgeschlossenen gekannt hat. Und durch gutes Wirken in diesem Leben – vielleicht gerade bestärkt durch das Erlebnis des Ausschlusses – kann sich ein solcher Ex-Mönch für eine spätere Geburt die Wiederbegegnung mit der Lehre und den Eintritt in den Orden erwirken – wenn es Saat und Ernte über den Tod hinaus gibt, was in M 60 ja zunächst nur hypothetisch angenommen wird. Ein Versinken in ein passives Starren auf das Jenseits kann es daher nach der Lehre des Buddha nicht geben. Schon der Hinblick auf die *Möglichkeit* eines Weiterlebens jenseits des Todes mit dem Weiterwirken von Saat und Ernte kann im Gegenteil die besten Kräfte aktivieren. Passiv macht nur die Ansicht, mit dem Tod sei alles aus, oder die Ansicht, man könne auch aus schlechter Saat Gutes oder aus guter Saat Schlechtes ernten. Das ist unmöglich. Wohl aber ist es möglich, dass ein Mensch, der bisher nicht die Kraft aufbrachte, dem Üblen zu widerstehen, sich allmählich so *wandelt*, dass er dazu fähig wird und den achtfältigen Weg zur Erlösung betreten und vollenden kann. So viel nur fürs Erste. Wir werden noch ausführlich über die vielen Aussagen des Buddha zum Karmagesetz sprechen.

HANS: Das leuchtet mir ein; nur: Setzt das alles nicht doch Glauben voraus? Gewiss: Vieles, was ich bisher von der Lehre des Buddha gehört habe, scheint mir einleuchtender als alles, was ich sonst gehört habe. Aber der Buddha wird doch jetzt sicher gleich diesen Hausvätern plausibel klingende Argumente für Karma und Wiedergeburt vortragen, damit sie daran glauben, und er wird vielleicht über seine eigenen Erfahrungen berichten, die man glauben kann oder nicht glauben kann – was sollte er ihnen auch sonst sagen!

FRITZ: Nichts von all dem, was du vermutest. Hören wir doch einfach seine eigenen Worte aus M 60 weiter: *»Was meint ihr, Hausväter: widersprechen diese Asketen und brahmisch Lebenden einander nicht vollständig?« — »Allerdings, Herr.«*

»Von den Asketen und brahmisch Lebenden, die sagen und meinen: ›Geben, Opfern und Spenden hat keinen Sinn; es gibt keine Saat und Ernte guter und schlechter Werke; es gibt nicht ebenso wie diese Welt eine jenseitige Welt; das gibt es nicht; es gibt nicht ebenso wie Vater und Mutter ein unmittelbares Erscheinen von Wesen; es gibt in der Welt keine Asketen und brahmisch Lebenden, die richtig vorgegangen, richtig vorgedrungen sind, so dass sie aus eigener weltüberlegener Schau diese Welt und jene Welt sich selber offenbar gemacht haben und erklären können‹ – von diesen ist zu erwarten, dass sie von einem tauglichen Wandel in Taten, mit der Sprache, im Geist, von diesen drei tauglichen Eigenschaften abkommen und einen heillosen Wandel in Taten, mit der Sprache und im Geist – diese drei heillosen Eigenschaften – annehmen und danach leben werden. Und warum? Diese lieben Asketen und brahmisch Lebenden sehen in den heillosen Eigenschaften nicht das Elend, nichts Herabziehendes, Beschmutzendes und in den heilstauglichen Eigenschaften nicht das aus dem Elend Herausführende, keinen Vorteil, keine heilstaugliche Wirkung: W*enn es ein Jenseits gibt, wenn es wirklich so ist, dann ist die Ansicht dessen, der meint, es gäbe kein Jenseits, falsche Ansicht; dann ist die Gemütshaltung dessen, der sich darauf einstellt, es gäbe kein Jenseits, eine falsche Gemütseinstellung, dann ist die Behauptung dessen, der sagt, es gäbe kein Jenseits, falsche Rede, dann kämpft einer, der das sagt, gegen Geheilte an, die eine jenseitige Welt sehen. Wenn es wirklich ein Jenseits gibt, und einer lehrt, es gäbe kein Jenseits, dann ist das eine wahrheitswidrige Lehre, und nach dieser wahrheitswidrigen Lehre bläst er sich noch auf und schätzt andere gering. So wird das, was ein solcher früher an tauglichem Verhalten besaß, zerstört, und übles Verhalten wird hochgezüchtet. Das ist falsche Ansicht, falsche Gemütseinstellung, falsche Rede, Abkehr von wahren Menschen, wahrheitswidriges Belehren, Überheblichkeit und Missachtung der anderen. So entwickeln sich diese verschiedenen untauglichen Eigenschaften bedingt durch falsche Ansicht.*

Da sagt sich ein vernünftiger Mensch: ›Wenn es keine jenseitige Welt gibt, wenn es wirklich so ist, dann ist dieser liebe Mensch noch einmal davongekommen. Wenn es aber eine jenseitige Welt gibt, dann kann dieser liebe Mensch nach dem Absterben des Körpers, jenseits des Todes auf dem Abweg, in unterer Welt, im Verderben, in höllischem Dasein wieder erscheinen. Mag es aber meinetwegen kein Jenseits geben – sollen meinetwegen jene lieben Asketen und brahmisch Lebenden Recht haben; aber dieser liebe Asket oder Brahmane wird ja schon in diesem Leben von verständigen Menschen getadelt: 'Ein untugendhafter Mensch ist das, von falscher Ansicht, ein Nihilist.' Wenn es aber doch ein Jenseits gibt, dann hat dieser liebe Mann auf beiden Seiten verspielt, weil er schon zu Lebzeiten von verständigen Menschen getadelt wird und nach dem Absterben des Körpers, jenseits des Todes auf dem Abweg, in unterer Welt, im Verderben, in höllischem Dasein wieder erscheint. Da es sich so verhält, so ist von ihm die dogmenfreie Wahrheit nicht zu Ende gedacht, nicht befolgt worden, nur auf eine Seite stellt er sich ein; die heilstaugliche Möglichkeit schließt er aus.«

Der Buddha lässt sich also überhaupt nicht auf eine Diskussion darüber ein, welche Asketen »Recht haben«. Und schon gar nicht legt er den Hausvätern nahe, sie müssten an ein Jenseits und an Karma *glauben*. Der Erwachte stellt vielmehr nur ganz sachlich fest:

1. dass sich die Standpunkte der Asketen klar *widersprechen*;

2. welche *Folgen* für die Lebenspraxis zu erwarten sind, wenn sich jemand der Meinung »es gibt nicht …« anschließt und sein Leben danach einrichtet – gleich wer »Recht« hat. Dann legt der Erwachte dar,

3. welche *Bilanz* ein vernünftiger Mensch aus dieser Folgenabschätzung für sein eigenes Verhalten zieht: wenn es ein Jenseits gibt, Absinken in untere Welt, wenn es keines gibt, Tadel durch Vernünftige schon in diesem Leben.

Hans: Aber wird heutzutage nicht eher von der Mehrheit »getadelt«, wer ernsthaft mit Jenseits und Karma rechnet?

Fritz: Der Erwachte stellt nicht auf jedermanns Tadel oder Lob ab. Dafür gilt zu allen Zeiten das Wort Laotses: *»Hört ein Hochsinniger von dem himmlischen Gesetz, so wird er ergriffen. Hört der Mittelmäßige davon, so schwankt und zweifelt er. Hört es der gewöhnliche Mensch, so lacht er darüber.«* Der Erwachte stellt allein auf den Tadel der »*Verständigen*« ab. Das sind nicht die Intellektuellen oder Gelehrten, sondern solche Menschen, wie er sie in M 80[m] einlädt: *»Willkommen sei mir ein verständiger Mensch, offen, ehrlich, von gerader Natur.«* Sie sind zu allen Zeiten den Menschen mit einer Sehnsucht zum Guten lieb. Von ihnen möchte man anerkannt werden; denn fast allen Menschen ist Anerkennung wichtiger als Geld und Gut. Abgelehntwerden tut weh, besonders durch die geraden, guten, verständigen Menschen. Das bedeutet auch Verlust weltlich hilfreicher Beziehungen und soziale Isolierung. So hat Tadel zu Lebzeiten mehr Gewicht, als es auf den ersten Blick scheinen mag.[6] *Wenn* es aber ein Jenseits gibt, hat das Ausschließen dieser Möglichkeit Nachteile, deren Reichweite das Fassungsvermögen der meisten heutigen Menschen übersteigt.

Hans: Das stimmt. Aber der Buddha will doch nicht im Ernst sagen, jeder Mensch, der Jenseits und Saat und Ernte für unmöglich hält, kommt allein deshalb gleich »in die Hölle« – *wenn* es ein Jenseits gibt?

Fritz: So ist seine Aussage auch nicht zu verstehen: Man schlittert nicht von heute auf morgen in immer übleres Denken, Reden und Handeln hinein. Das dauert seine Zeit. So lange besteht immer Gelegenheit zu Besinnung und Umkehr. Mancher Mensch liebäugelt nur zeitweilig mit einer der nicht zu Ende gedachten einseitigen Ansichten, aber wenn es hart auf hart geht, hört er auf eine innere Stimme, die ihm sagt: »Vielleicht hat das, was ich jetzt vorhabe, doch auch noch jenseits des Todes Folgen«, und dann handelt er doch nicht nach der oberflächlichen Ansicht. Der schlittert nicht abwärts. Nur wer stumpf oder zynisch gegen die Gewissensstimme Taten begeht, die anderen Schmerz und ihm selber weitere Gewissensqual

6 Dazu D 31, besprochen unten im 8. Gespräch.

bringen oder wer gar die Gewissensstimme zeitweilig ganz zum Verstummen gebracht hat, für den kann die Konsequenz, *wenn* es Jenseits und Karma gibt, auf die Dauer nur ein Abgleiten in qualvolle Erlebensbereiche sein.

RUTH: Fritz, nun plagen mich aber zwei Bedenken. Das erste: Ist denn diese Kette von Schlussfolgerungen wirklich so voraussetzungslos? Der Buddha sagt da nämlich: Wenn es ein Jenseits gäbe, dann würde einer, der es leugnet, gegen *Geheilte* ankämpfen, die eine jenseitige Welt sehen. Aber wenn es ein Jenseits gäbe, dann wäre doch damit nicht schon gesagt, ob es auch »Geheilte« gibt, die das Ganze durchschauen. Diese Möglichkeit wird einfach unterstellt. Ich meine das nicht als Tadel: Vielleicht war einem damaligen Inder die Vorstellung eines voraussetzungslosen Denkens ganz fremd, weil er mehr in Bildern und Mythen dachte, zu denen auch der Mythos eines Erwachten gehören mochte. Vielleicht haben die alten Inder alle diese »Wunderberichte« gar nicht als Tatsachenberichte verstanden, sondern als Mythen. Ich sage auch gar nicht, dass das eine schlechtere Sichtweise wäre als unsere. Nur bin ich skeptisch gegenüber dem Anspruch, diese Rede sei dogmenfrei und voraussetzungslos im heutigen Sinn.

FRITZ: Ehe du dein zweites Bedenken vorbringst, lass mich gleich auf das erste antworten: Ist dir in all den Texten bisher auch nur einer aufgefallen, dessen Sprache mythisch und symbolisch klang?

RUTH: Das nicht, aber du hast ja bisher nur die *»offensichtlichen«* ausgesucht. Ich gebe allerdings zu: eine so klare und frische Sprache hätte ich in zweieinhalbtausendjährigen Texten nicht erwartet.

FRITZ: Klar, dass du das weiter nachprüfen musst. Aber zu deiner Bemerkung über die klare, so gar nicht »esoterische« Sprache passt die vorhin zitierte Bemerkung jenes Brahmanen in A III,73, der überrascht war, wie der Erwachte, *»ohne die eigene Lehre in den Himmel zu heben und die Lehre der anderen herabzusetzen,* sachlich *auf dem Gebiet der Wahrheit geblieben«* war. Der Buddha hat seine Lehre immer wieder – so in A III,71 – ausdrücklich als *»offen sichtbar, zeitlos, zum Selbersehen einladend, hinführend, für den Verständigen bei sich selber einzeln nachvollziehbar«* bezeichnet.

RUTH: Allerdings: Das klingt nicht gerade nach Mythen. Aber ich nehme die Einladung an, weiterhin kritisch darauf zu achten, ob M 60 wirklich dogmenfrei ist. Und da bin ich eben darüber gestolpert, dass die Existenz von Genesenen, die aus eigener Erfahrung alles erklären können, einfach vorausgesetzt wird. Oder nicht?

FRITZ: Sie wird ebenso wenig vorausgesetzt, wie dass Geben einen Sinn hat usw.: dass ein Leugner *»gegen Geheilte ankämpft«*, steht sehr wohl unter der Bedingung *»wenn es überhaupt Geheilte gibt«*. Wir brauchen uns nur die Rede genau anzuschauen: Der Buddha beschreibt die Ansichten der vier bekanntesten Asketenrichtungen. Bisher haben wir nur die erste gehört. Alle vier Mal wird die Gesamtbeschreibung dessen, was jede Richtung lehrt, so oft wörtlich wiederholt, dass ich schon im bisher Vorgelesenen manche Wiederholungen gekürzt habe. Jedes Mal zeigt der Erwachte anschließend an die Zusammenfassung der betreffenden Gruppe von Anschauungen, welche praktischen Folgen sie für den Lebenswandel ihrer Anhänger hat. Bei dieser Folgenabschätzung wiederholt der Buddha nun nicht schon wieder wörtlich die komplette Inhaltsangabe der ganzen zitierten Ansichtengruppe, sondern er fasst jede Gruppe – *pars pro toto* – unter einem charakteristischen »Kennwort« zusammen: Bei der zuerst besprochenen Gruppe derer, die um die vier Fragen streiten, ob es Jenseits, Karma, geistunmittelbare Wiedergeburt und erwachte Daseinserklärer gibt, ist das der eine Begriff *»Jenseits«*, bei der zweiten Gruppe der Begriff *»Wirken, das Folgen hat«*, bei der dritten und vierten Gruppe sind die Ansichten so kurz darstellbar, dass keine Abkürzung nötig ist. In dem Text, der dir aufgefallen ist, steht also der *eine* Begriff »Jenseits« als *Kürzel* für die *Gesamtheit* von *vier* Auffassungen. Die Stelle bedeutet also: *»Wenn* (zu ergänzen: *Geben doch einen Sinn hat* *und) es doch ein Jenseits gibt* (zu ergänzen: und *eine Saat und Ernte guter und böser Werke* und *unmittelbar Erscheinende* und *Genesene, die eine jenseitige Welt sehen*) dann *kämpft einer, der sagt, das alles gäbe es nicht, gegen diese Genesenen an.«* Wenn du nachher die ganze Rede daraufhin durchsiehst, dann wirst du es bestätigt finden. Aber du hattest ja noch ein zweites Bedenken.

Ruth: Ja. Und ich fürchte, das ist nicht so leicht zu beheben: Wieso müssen Menschen zwangsläufig in einen üblen Wandel hineinschlittern, die nicht an Jenseits, Karma, Wiedergeburt, Leben ohne »materiellen« Körper und universal sehende Geheilte glauben können? Es gibt auch unter ihnen innerlich vornehme, hilfsbereite, bescheidene, wahre Humanisten. Die blasen sich doch nicht alle auf? Blasen sich nicht eher manche Jenseitsgläubigen auf, die den Anspruch erheben, sie hätten allein die Wahrheit gepachtet?

Fritz: Da ist dir beim Vorlesen entgangen, dass diese schlimmen Folgen nach den Worten des Buddha *nicht* schon eintreten, wenn jemand etwas nicht *glaubt*, sondern erst, wenn er es für *unmöglich* erklärt.

Ruth: Au, das stimmt. Das habe ich übersehen! Menschen, die alles, was sie nicht glauben, gleich für *unmöglich* erklären, kommen sich oft besonders »aufgeklärt« oder gar »wissenschaftlich« vor und merken gar nicht, dass gerade sie oft ganz enge »Gläubige« sind, die alles, was nicht in ihren gewohnten Horizont passt, mit Morgensterns Begründung ablehnen:

»Weil, so schließt er messerscharf:
Nicht sein kann, was nicht sein darf.«[7]

Hans: Viele, die etwas nicht glauben können, gehen aber gar nicht so weit, sondern sagen nur: Möglich ist alles, aber als wissenschaftlich denkender Mensch muss ich doch, solange etwas nicht wissenschaftlich bewiesen ist, davon ausgehen, dass es das nicht gibt.«

Fritz: Wer *Möglichkeiten* wie Luft behandelt, nur weil sie nicht in sein gewohntes persönliches Vorstellungsbild oder zu den Vorstellungen der Mehrheit passen, behandelt sie praktisch als *unmöglich*. Das entspricht aber nicht einmal der heutigen wissenschaftlichen Denkweise: Die rechnet mit der Möglichkeit einer hypothetisch unterstellten Tatsache so lange, wie sie nicht *widerlegt* oder durch eine bessere Erklärung überholt ist.

Ruth: Diese Richtigstellung scheint mir wichtig, Fritz: Denn es gibt unbestechliche Wahrheitsucher, die können nicht unbesehen an Jenseits und Saat und Ernte glauben. Aber sie sagen deshalb nicht gleich: »Das gibt es nicht«, sondern: »Wenn das so wäre, würde es mir zwar mit einem Schlag manche Probleme lösen. Aber solange mir keine verlässlichen Erfahrungen darüber vorliegen, kann ich es doch nicht einfach blind annehmen.« Trotzdem anerkennen sie die Frage als existenzwichtig, ob es jenseits des Todes weitergeht, ob ihr jetziges Denken, Reden und Handeln auch dann noch Folgen hat, und wenn ja, ob sich diese Folgen nur im gewohnten Rahmen halten oder noch darüber hinausgehen – bis zu unter- oder übermenschlichen Existenzmöglichkeiten ohne materiellen Leib mit einem Maß an Qualen oder Seligkeiten, wie wir es uns gar nicht vorstellen können.

Fritz: Was soll denn ein solcher Mensch machen, solange ihm keine Erfahrungen zugänglich sind?

Ruth: Wenn er wüsste, dass es mit dem Tod aus ist, könnte ihm das alles gleich sein. Aber gerade weil er es nicht weiß, sagt er nicht: »Was ich nicht weiß, macht mich nicht heiß«, sondern es treibt ihn um, und das heißt doch: er lässt sich bis zu einer etwaigen Klärung durch die Erfahrung praktisch in seinem Denken, Reden und Handeln auch von der *Möglichkeit* beeinflussen, dass es vielleicht doch ein über den Tod hinaus wirkendes Karmagesetz gibt.

Fritz: Genau das war ja auch der Rat des Buddha an die Brahmanen von Sālā: nicht dass sie glauben sollen, sondern dass sie gut tun, vorsichtshalber ganz ernsthaft und praktisch bei ihrem

7 »Die unmögliche Tatsache« aus *Palmström*.

Denken und ihren Entscheidungen *auch* mit der *Möglichkeit* von Wiedergeburt und Karma zu rechnen, weil sie sonst ihr Denken, Reden und Handeln einseitig nur auf den – ebenfalls unbewiesenen – Fall einstellen würden: mit dem Tod sei sowieso alles aus. — Was berechtigt uns überhaupt, einfach darüber hinwegzugehen, dass aus allen Zeiten und Kulturen eine Fülle von Berichten von Menschen vorliegt, die allen Ernstes behaupten – nehmen wir es zunächst einmal nur als bloße *Behauptung* –, sie hätten eigene *leibhaftige* Jenseitserfahrungen: ihnen seien sichtbar und hörbar Verstorbene erschienen, oder sie hätten leibhaftig Jenseitsbereiche besucht. Wer seine Augen und Ohren aufmacht, findet meist auch in seiner engsten persönlichen Umgebung solche Menschen. Ich könnte dir z. B. auf Anhieb allein aus den letzten paar Jahren aus meinem Freundes- und Bekanntenkreis mehrere Fälle erzählen, in denen mir als absolut vertrauenswürdig, »handfest« und realistisch bekannte Menschen nicht nur vage Anmutungen, sondern ganz konkrete sichtbare und hörbare und zum Teil sogar unabhängig von ihnen auch von anderen Personen wahrgenommene Begegnungen mit Verstorbenen berichtet haben. Vor allem gibt es viele solche Erlebnisberichte aus dem Mund von Großen der Menschheit wie des Buddha, Jesu oder großer Mystiker aller Kulturen und Zeiten. Achtet einmal bei den kommenden Lehrreden darauf, wie der Buddha die Asketen und Pilger anderer Schulen immer wieder fragt, ob das, was sie über Jenseitiges behaupten, von ihnen selber oder wenigstens von ihren Meistern und Altmeistern leibhaftig erlebt worden sei. Der Buddha ist sich also weit mehr als andere darüber klar, dass viele solcher Behauptungen keine Erfahrungsgrundlage haben. Ehrlicherweise antworten die Brahmanen durchweg mit Nein. Der Buddha betont dann immer wieder, dass aber er das, was er über Zeiten vor oder nach diesem jetzigen Leben berichtet, leibhaftig erlebt hat.

HANS: Ja nun – er behauptet. Versteh' mich nicht falsch: Ich will in keiner Weise seine überragende Größe und Lauterkeit in Zweifel ziehen. Aber das muss ich dann eben glauben.

FRITZ: Nein, Hans, nicht einfach glauben: Nur nicht allein deshalb, weil du selber es noch nicht erlebt hast, dem Buddha und all den Großen der Menschheit unterstellen, sie lügen oder spinnen, sondern die ganz ernsthafte *Möglichkeit* der Wahrheit ihrer Erlebnisberichte genau so verbindlich mit in die praktische Lebensplanung einbeziehen, wie andere ungewohnte Ereignisse, mit deren *Möglichkeit* man rechnen muss.

HANS: Ich habe aber gelesen, der Buddha selber hätte es stets abgelehnt, auf Jenseitsbehauptungen einzugehen. Er hätte nur deshalb nichts dagegen gesagt, weil er niemandem seinen Glauben nehmen wollte.

FRITZ: Dann haben die betreffenden Autoren die Quellen nicht genau gelesen. Hier als Beispiel nur eine von vielen Äußerungen des Erwachten, auf die wir noch kommen werden. Sie steht in der Rede M 100 und kommt in Neumanns Übersetzung nicht so klar wie im Pāli heraus. Da fragt ein Brahmane: *»Wie ist das denn, Herr Gotamo: Gibt es Himmelswesen?« — »Im Rahmen des Bedingten (ṭhānaso) ist das von mir gefunden worden, nämlich: ›Es gibt Himmelswesen.‹« — »Warum antwortest du auf die Frage, ob es Himmelswesen gibt: ›Im Rahmen des Bedingten ist das von mir gefunden worden, nämlich: es gibt Himmelswesen‹? Soll das heißen, dass das hohl und leer ist?« — »Ob einer auf die Frage, ob es Himmelswesen gibt, antwortet: ›Es gibt Himmelswesen‹, oder ob er antwortet: ›Im Rahmen des Bedingten ist das von mir gefunden worden, nämlich: es gibt Himmelswesen‹ – ein vernünftiger Mensch wird da zum selben Schluss kommen, nämlich: ›Es gibt Himmelswesen.‹« — »Aber warum hat mir der Herr Gotamo diese Antwort nicht gleich gegeben?« — »Beim Hochsinnigen ist das klar:* Innerweltlich *(lokasmim) gibt es Himmelswesen.«*

HANS: Was heißt »innerweltlich«?

FRITZ: Innerhalb des Welt-Wahns.

HANS: Und wer ist der Hochsinnige?

FRITZ: Wer nicht mehr ununterbrochen durch Hinneigung und Abneigung geblendet ist, sondern sich immer wieder von den Hemmungen durch Sinnenlustwollen, Übelwollen, Sichtreibenlassen, Geistesunruhe und Daseinszweifel freiringt und dann in diesen »lichten Momenten« klar sehen und – wenigstens zeitweilig – über unsere gewohnte naive Weltgläubigkeit hinaussteigen, alle Weltwahrnehmungen und Ich-Wahrnehmungen als Folgen des Wahns (*avijjā*) durchschauen kann und nach Auflösung des Wahns strebt. Von diesem höchsten Standpunkt aus ist auch die Aussage: *»Ruth, Hans und Fritz besprechen die Rede M 60«*, kein Bericht über eine »objektive« Realität, sondern eine Beschreibung der Realität, *dass* da jetzt ein *»Traum«* dieses Inhalts »geträumt« wird: *Wahrnehmung* als Aktivität des Herzens. Ob der Trauminhalt *»wir drei«* ist oder – bei lichterem Herzen – *»Himmelswesen«* (*»übermenschliche Geistwesen«*, *»Götter«* oder wie immer man es nennen mag): Beides ist für den Hochsinnigen »innerweltlich« *gleich* »real« – oder gleich »irreal«: Beides ist gröberer oder feinerer Wahn.

HANS: ????

FRITZ: Ja, Hans, ich sehe es deinem Gesicht an: Das ist nicht so leicht auf Anhieb zu verstehen. Wir werden immer wieder an diesen Punkt kommen, vor allem wenn wir später die bedingte Entstehung besprechen. Aber auch Ruth hat ja vorhin schon gesagt, dass ihr manchmal jetzt schon dieses gesamte »Welttheater« wie ein Traum vorkommt. Dieses Empfinden haben auch viele Menschen ohne leibhaftige Jenseitserfahrung, etwa Schopenhauer (*»Die Welt als Wille und Vorstellung«*) oder Berkeley (*»esse est percipi« = Sein ist Wahrnehmung*) oder Ernst Mach, von dem Carl Friedrich v. Weizsäcker sagt: *»Er verneinte die unabhängige Existenz sowohl der Geister als der Körper. Er ließ eine Art ›Elemente‹ zu und schlug vor, sie ›Empfindungen‹ zu nennen, als beste Annäherung an die übliche Sprache … Das ist eine überaus geniale Betrachtungsweise, und ich finde, es kommt darin verschwommen eine gewisse Art Wahrheit zum Ausdruck. Ihre Schwäche besteht darin, dass sie bis jetzt niemand folgerichtig nutzen konnte, nicht einmal ihr Autor.«*[8]

Der Buddha hat schon vor 2.500 Jahren diese Blickweise nicht nur verschwommen, sondern in Vollendung aufgezeigt und ihre *»folgerichtige Nutzung«* selber verwirklicht und – wie wir noch sehen werden – gelehrt, nämlich:

• die genaue Diagnose des Wahns,

• die Therapieanleitung: Durch eigene Transformation zunächst im Geist selber *sehen lernen*, dass das *ganze* Dasein (*»vom ›Himmel‹ durch die ›Welt‹ zur ›Hölle‹«*) ein einziger *Wahn*, ein *Delirium* aus dem Fieber von Hinneigung, Abneigung und Blendung ist. Die Blendung bewirkt, dass das Wissen des Geblendeten wie das Wissen eines Blinden über Farben ist – das Pāliwort *»a-vjjā«* könnte daher in vielen Zusammenhängen auch statt mit dem blassen Wort »Nichtwissen« und ebenso gut wie mit »Wahn« auch wiedergegeben werden mit »Blindwissen«.

Der Weg zur Genesung vom Wahn, vom Blindwissen zum Selberehen kann daher nicht in der Deutung oder Veränderung der Fiebertraumbilder bestehen, sondern

• im Aufspüren, Kennenlernen und Bekämpfen der *»Erreger«* des Wahnfiebers: Hinneigung, Abneigung, Blendung. Durch deren Bekämpfung weicht das Fieber allmählich.

• Das geschieht in einem *allmählichen* Selbstheilungsprozess, indem man als noch Wahnkranker, der aber manchmal in den zunehmenden »lichten Momenten« um seinen Wahn weiß, praktisch so lebt und vorgeht, dass man schon lange vor der Heilung die endgültige Sicherheit erlangt, geheilt zu werden.

HANS: Da dämmert mir etwas, vor dem ich fast erschrecke: Ich habe mich vorhin über zwei Dinge gewundert: einmal, dass der Buddha bei den Hausvätern von Sālā offen lässt, welche der widerstreitenden Meinungen wahr ist. Zweitens, dass der Buddha um die einfache Frage, ob es

8 WeizsTragweite, S. 266 ff.

Himmelswesen gibt, scheinbar herumredet: er hätte das als »im Rahmen des Bedingten« gefunden, »innerweltlich« gebe es Himmelswesen, und dem Hochsinnigen sei klar, dass beides dasselbe sei, wie wenn man sagt: *»Es gibt Himmelswesen.«* Aber nun scheint mir, der Buddha sieht es so an: Die umfassende Realität ist der *Wahn*, gröberer oder feinerer – gleich, ob es der Wahn *»Ruth, Hans und Fritz hier im Zimmer«* ist oder der Wahn *»Himmel«* oder der Wahn *»Hölle«*: Alle Aussagen *»Das gibt es«* sind Aussagen über gröberen oder feineren *Wahn*, über seine Bedingungen, über deren Aufhebung oder über die Therapieschritte dazu. Deshalb ist auch alles Denken und Sprechen über das, was religiöse Menschen als außerhalb und oberhalb von »Welt« ansehen – wie es auch genannt werden mag –, noch im Rahmen des Bedingten, *Wahnhaften*. Von keinen Bedingungen mehr abhängig, von Wahn frei ist allein die *Wachheit* nach dem Erwachen aus dem Existenz-Traum, und über die kann man keine Aussagen mehr machen.

FRITZ: Ja, Hans. Damit hast du den tiefsten Kern der Lehre angesprochen. Erschrick nicht, wenn du diese Sicht nicht lange halten kannst und bald wieder die alten Denkgewohnheiten hereinbrechen. Aber mit einem solchen Vorstoß haben wir die besten Bedingungen für unsere weiteren Gespräche und unser weiteres Vorgehen. Das ist wahrlich keine Sache für »Leichtgläubige«, aber auch keine Sache für Menschen, die alles als unmöglich oder »vernachlässigbar unwahrscheinlich« behandeln, was sie sich nicht vorstellen können. Wir werden das im Lauf unserer weiteren Gespräche immer besser verstehen. Bis dahin lasst uns im Auge behalten, was du gerade gesagt hast: dass aus der Sicht eines Erwachten »Wir drei« und »Himmelswesen« – und »Himmel« und »Höllen«, »Ich« und »Welt« – jegliches »Etwas«, jegliche Wahrnehmung im Grund nur Szenen in einem heilbaren Delirium aus Hinneigung, Abneigung und Blendung sind. Wer sich das klar vor Augen hält, dem fällt es auch viel leichter, Dinge als ernsthafte Möglichkeiten in seine Lebensplanung und Lebensführung einzubeziehen, die sich mit Materie- und Wissenschaftsgläubigkeit nicht erklären lassen. Zwar hat auch der Wahn seine genauen Bedingungen; selbst im Wahn ist nicht alles möglich, aber doch viel *mehr* als in der klassischen Newtonschen Physik mit ihrem engen Bild eines Welt-Uhrwerks, geschaffen von einem göttlichen Schöpfer. Für unser jetziges Gespräch über die Rede M 60 braucht man das aber noch längst nicht verstanden zu haben. Und es geht auch nicht darum, dass man Jenseitsberichten – Berichten über ungewohnte Wahnbereiche – »glauben muss«, sondern darum, dass man sie als *Möglichkeit* ernsthaft in sein Leben einbezieht.

HANS: Es ist doch verrückt: Die Umweltschützer werfen den Umweltverschmutzern vor, dass die sagen: *»Wir* glauben *nicht, dass der und der Stoff schadet. Solange die Schädlichkeit nicht bewiesen ist, gehen wir davon aus, dass das* unmöglich, *zumindest vernachlässigbar unwahrscheinlich ist«*, und ihn weiter in die Luft oder ins Wasser einleiten. Beim Umweltschutz gilt eine solche Denkweise mit Recht als leichtfertig. Dabei wirkt sie sich nur in diesem einen Leben aus. Wo es aber um Auswirkungen des Denkens, Redens und Handelns für möglicherweise über dieses eine Leben hinausgehende unermessliche Zeiträume geht, da ist am meisten verbreitet die leichtfertige Denkweise: *»Was ich nicht glaube, gibt es nicht«* oder: *»Möglich ist alles; aber zu rechnen braucht man nur mit bewiesenen Möglichkeiten.«*

RUTH: Wer das denkt, erhebt den Anspruch, er sei der Aufgeklärteste; keiner könne mehr wissen und erfahren haben als er. — Ach, jetzt wird mir auch klar, warum der Buddha sagt: Wer so denkt, bläst das Ich auf. Als wirklich weise wird ja bezeichnet, wer da, wo er keine Erfahrung hat, nicht sagt: *»Das gibt es nicht«*, sondern sich eingestehen kann: *»Ich weiß, dass ich nichts weiß.«* Solch ein Mensch hält sich offen und zieht keine einseitigen Schlüsse – eben weil er es nicht weiß. Bis zum Erwerb eigener Erfahrung geht es also um das *Offenhalten* in Theorie *und* Praxis, um ein Denken, Reden und Handeln, *als ob* es Fortexistenz und Karma gäbe.

FRITZ: Ja, Ruth. Deshalb ist es ganz unangebracht, die Frage, ob man sich darauf einrichten muss, dass es karmagesteuerte Wiedergeburt gibt, abzutun mit dem Protest, das sei rein private Glaubenssache; darüber könne man nichts wissen. Und bei Gebildeten kommt dann fast unvermeidlich gleich der fast überall unzulässig verallgemeinerte Satz von Wittgenstein: *»Wovon man nicht reden kann, darüber muss man schweigen.«*[9] Dieser Satz betrifft nur die formale Aussagelogik von Sätzen. Er sagt nicht, worüber man nicht reden kann. Er bedeutet erst recht nicht, man müsse über existenzwichtige Fragen, über die die Naturwissenschaft keine Auskunft gibt, auch dann schweigen, wenn darüber viele edle Gestalten der Menschheit – wie sie sagen, aus leibhaftiger Erfahrung – detailliert geredet *haben*. Und er bedeutet schon gar nicht, man müsse nicht nur darüber schweigen, sondern so denken, reden und handeln, als ob das, worüber sie geredet haben, *unmöglich* oder doch als unmöglich zu behandeln wäre, wenn man es noch nicht selber erlebt hat. Wer sich aber nicht an dieses Tabu hält, gilt als leichtgläubig, anmaßend, unwissenschaftlich oder als Scharlatan. Vor Tschernobyl war dieses Denkmuster auch die Haltung der Atomindustrie zu dem ach so »unwahrscheinlichen« GAU[10], der dann vielen Menschen das Leben gekostet hat.

HANS: Früher hätte ich eingewendet: *»Ja nun, beim GAU geht es um Lebensgefahr in diesem Leben, bei der Frage des Weiterlebens jenseits des Todes nur um persönliche Glaubenssachen, die in diesem Leben keine Rolle spielen. Für das rechte Verhalten in dieser Welt genügt Kants kategorischer Imperativ: ›Handle so, dass die Maxime deines Willens jederzeit zum allgemeinen Sittengesetz erhoben werden kann.‹«* Heute sehe ich das anders.

FRITZ: Muss man ja auch, wenn man klar sieht: Ob ein Mensch den kategorischen Imperativ in der Theorie für richtig, gut und edel hält oder ob er in einer Extremsituation auch wirklich praktisch danach handeln kann, ja, ob er das dann überhaupt wollen kann, das hängt entscheidend davon ab, ob er die Möglichkeit eines Lebens jenseits des Todes und des Karmagesetzes – wenn auch nicht glaubt, so doch ganz ernsthaft, plastisch und praktisch als *Möglichkeit* in sein tägliches Denken und Planen einbezieht, genau so, wie ein umsichtiger Mensch – auch wenn er nicht »glaubt«, der Blitz könne einschlagen – bei Gewitter den Stecker empfindlicher elektronischer Geräte herauszieht für den Fall, dass es doch einschlägt. (Übrigens: in meiner Straße *hat* er vor kurzem eingeschlagen und fünf Nachbarn die ausgeschalteten Fernseher zerstört.) Die Frage von Wiedergeburt und Saat und Ernte, die der Buddha im Folgenden in M 60 bespricht, scheint heute Menschen, die darüber noch keine eigene Erfahrung haben, eine unverbindliche Sache privaten Glaubens zu sein: Weil sie nicht wissen, ob und welche der ihnen unbekannten Möglichkeiten eintreten wird, schieben sie diese Frage als vermeintlich unentscheidbar beiseite und tun so, als ob nur eines sicher sei: dass ihre Einstellung dazu weder in diesem noch in einem etwaigen späteren Leben irgendwelche Folgen haben könnte. Die Abstempelung als »Glaubenssache« – mag einer in Wort und Schrift noch so Weihevolles dazu äußern – kommt heute dem Urteil gleich: *»ohne praktische Bedeutung; denn was jenseits des Todes ist, kann niemand wissen. Allenfalls geht man dann in irgendetwas Allgemeinem auf, so dass mein heutiges Denken, Reden und Tun keine Rolle mehr spielt. Etwas anderes als ›ganz aus‹ oder ewige Seligkeit kann es nicht geben; dann hat man schlimmstenfalls seine Ruhe. Die Gnade Gottes wird es schon richten — falls es einen gibt. Also denken wir nicht daran; was kommen muss, kommt.«* So ähnlich könnte man das »Glaubensbekenntnis« der meisten heutigen Menschen zusammenfassen. Der Buddha dagegen zeigt für den Fall, dass man kein Erfahrungswissen hat, eine ganz andere, wirklich praktische Alternative: Weder blinden Glauben noch Verdrängen, sondern das klare Eingeständnis: *»Ich weiß, dass ich nichts weiß«*, und gerade

9 *Tractatus logico-philosophicus*, Einl. und Satz 7. (Ein Freund, der ihn ausnahmsweise im Zusammenhang gelesen hat, machte mich darauf aufmerksam.)
10 GAU = größter anzunehmender Unfall (in Kernkraftwerken).

deshalb eine *vorläufige* Richtlinie in Form einer sachlichen hypothetischen *Folgenabschätzung* und auf ihrer Grundlage ein Verhalten, das für jeden der möglichen Fälle den sichersten Weg wählt. Wer so vorgeht, wird in einer moralischen Grenzsituation eher vom Äußersten zurückgehalten als mancher Lippenbekenner einer in seinem Kulturraum »üblichen« Religion.

HANS: Das Absurde am Wissenschaftsglauben ist, dass gerade das *Nichtwissen* um alle Möglichkeiten, die man sich nicht vorstellen kann, zum »beruhigenden« Anlass genommen wird, sie zu *ignorieren*.

FRITZ: Dabei steht jeder verantwortungsbewusste Mensch tagtäglich in Konfliktsituationen, in denen er sich schnell entscheiden muss, bevor intellektuell geklärt werden kann, »wer Recht hat« und ob das auch »bewiesen« ist. Für alle diese Fälle hat schon vor 2.500 Jahren der Erwachte in M 60 – vom Erleben und nichts sonst ausgehend – den Weg gezeigt.

RUTH: Damit ist mein Bedenken behoben, der Buddha würde allen, die nicht an Jenseits und Saat und Ernte *glauben*, ein Absinken in üble Verhaltensweisen prophezeien. Das gilt also nur für Menschen, die alles, was sie nicht glauben, gleich für *unmöglich* oder vernachlässigbar unwahrscheinlich erklären. Aber ganz zufrieden bin ich trotzdem noch nicht: Heute wird ja schon von der Schule an den »mündigen Bürgern« anerzogen zu denken: »Was ich mir nicht vorstellen kann (und was der Naturwissenschaft nicht zugänglich ist), das gibt es nicht.« Denken wir nur an den heutigen »Evolutionismus«: Physiker in herausragender Position bezeichnen zwar die Annahme einer *»objektiven, materiellen Welt«* als *»unzulässig und falsch«*. Dennoch wird immer noch im Schulunterricht als ganz selbstverständlich verkündet, Leben sei in der Evolution durch Selbstorganisation von *»Materie«* entstanden. Deshalb sei Leben nur in Verbindung mit einem materiellen Körper möglich. Daran wird trotz aller zunehmenden fundierten Kritik, die nach anfänglicher Verfemung »salonfähig« geworden ist,[11] hartnäckig festgehalten. Den Kritikern wird – meist zu unrecht – unterstellt, sie seien »Kreationisten«, d. h. sie glaubten immer noch an eine göttliche Schöpfung. Da scheint es mir doch allzu hart, dass Menschen, denen ein solches schon naturwissenschaftlich falsches Weltbild anerzogen worden ist, deshalb zwangsläufig in einen schlechten Wandel absinken sollen.

FRITZ: Ruth, wir sind uns gewiss einig: *»Die Wahrheit richtet sich nicht nach uns, wir müssen uns nach ihr richten.«* So kann unser gemeinsamer Maßstab für die Prüfung von Mitteilungen über Daseinsgesetze nicht sein, ob sie hart sind, sondern ob sie wahr sind. Wenn wir später Lehrreden über Fortexistenz und Saat und Ernte besprechen, werden wir näher auf die existenzielle Oberflächlichkeit und naturwissenschaftliche Abwegigkeit der Hypothese von der vermeintlichen »Entstehung des Geistes durch Selbstorganisation von Materie« eingehen und sehen, wie auch führende Naturwissenschaftler die Unhaltbarkeit dieser Hypothese schon mit den Mitteln ihres eigenen Fachgebiets durchschaut haben. So hat der international bekannte und für komplexe Großmoleküle wie DNS wissenschaftlich »zuständige« emeritierte Direktor des Polymer-Instituts an der Universität Karlsruhe, Prof. Bruno Vollmert, klipp und klar gesagt, dass diese *»Selbstorganisationshypothesen falsch«* sind.[12] Er ist nicht der einzige.

Abgesehen davon, was jemand für sein Examen auswendig lernen muss, wird heute niemand gezwungen, auch »privat« an die »Selbstorganisationshypothese« zu glauben. Die Möglichkeit, sich über die kritischen Stimmen zu unterrichten, war noch nie so groß wie heute in unserem Informationszeitalter. Wer im alten Indien auf die Dogmen der Brahmanen oder im 19. Jahrhundert auf den naiven Realismus mechanistisch-materialistischer Überspitzungen hereingefallen wäre, fällt heute auf den naiven Realismus evolutionistisch-materialistischer Hypothesen herein und wird damals wie heute für *unmöglich* erklären, was ihm *unglaublich*

11 Vgl. SympEvol; Näheres im 10. Gespräch.
12 Vgl. SympEvol, S. 138.

erscheint. Die Wahrheit zu suchen, geht fast immer gegen den »Zeitgeist«. Das Risiko dieser Haltung ist heute nicht größer als in anderen Epochen – eher im Gegenteil: Auf dem Scheiterhaufen landet deswegen heute niemand mehr. Gefährlicher ist die »*Beliebigkeit*«, von der Finkielkraut spricht[13]: Trotz ihrer Wissenschaftsgläubigkeit nehmen heute die meisten Menschen die Wissenschaft da nicht mehr ernst, wo sie nicht zu ihrem gewohnten, oft emotionalisierten oder ideologisierten Weltbild oder Glauben passt – etwa wenn Dürr sagt, eine objektive materielle Welt könne es physikalisch gar nicht geben. Ein Hochschullehrer hat mir vor einiger Zeit berichtet, die beteiligten Wissenschaftler seien bei der Vorbereitung eines wissenschaftlichen Kongresses gegen die Berücksichtigung des Buchs gewesen, in dem Heisenbergs Nachfolger diese Feststellung getroffen habe: »Das könne man doch nicht ernst nehmen.« Gleichzeitig aber nehmen solche Menschen, soweit sie sich noch zu einer Religionsgemeinschaft bekennen, auch ihren Glauben von da an nicht mehr so ernst, wo ihn die Wissenschaft in Frage stellt.

In welchem Zeitalter und auf welchem kulturellen oder religiösen Hintergrund auch immer ein Mensch die vielen Berichte über ein Weiterleben jenseits des Todes nach dem Gesetz von Saat und Ernte als *unmöglich* oder *vernachlässigbar* unwahrscheinlich behandelt, weil er darüber keine eigenen Erfahrungen hat: Wenn er auch deshalb nicht gleich zu morden oder zu stehlen anfängt, er kann in der Alltagspraxis auf die Dauer gar nicht das gleiche klare sittliche Durchhaltevermögen aufbringen, wie wer ernsthaft mit dieser *Möglichkeit* rechnet. Zumindest in ethischen Grenzsituationen kann er sich letztlich immer nur an diesem jetzigen – nach seiner Meinung einzigen – Leben orientieren. Selbst wenn er den guten Willen hat, auch – wo es geht – an das Wohl der Mitwesen zu denken, wird er zwangsläufig irgendwann merklich-unmerklich in Verhaltens-, Rede- und Denkweisen hineinschlittern, die ihm dann, *wenn* es Jenseits und Saat und Ernte geben sollte, Leiden bringen. Da hilft aller Edelmut nicht, vor allem wenn nicht nur das eigene Wohl, sondern vermeintliche übergeordnete Interessen auf dem Spiel stehen, die vor dem Hintergrund der Durchgängigkeit des »Lebens« über den Tod hinaus bedeutungslos wären.

Ruth: Ist das wirklich so sicher?

Fritz: Wer an Jenseits und an Saat und Ernte zwar nicht *glauben* kann, sie aber nicht als vernachlässigbar unwahrscheinlich oder gar unmöglich abtut, kann in Extremsituationen doch durch den Gedanken an die *Möglichkeit* jenseitiger Folgen von vermeintlichen »Sachzwängen« zu üblen Dingen zurückgehalten werden. Er gehört dann schon *nicht* mehr zu denen, die sagen: *»Es gibt kein Jenseits und keine Saat und Ernte.«* Vielleicht hast du im Grund mehr solche Menschen im Auge, Ruth. Immer wieder aber haben sich doch hochangesehene Politiker, Unternehmer oder Manager in krumme Sachen verstricken lassen, wenn sie – Christentum hin, Christentum her – letztlich doch nur dieses eine jetzige Leben im Auge hatten. Es waren kluge Menschen dabei, die z.T. das Herz auf dem rechten Fleck haben mochten und bis dahin ein untadeliges Leben geführt hatten. Die meisten sahen in ihrer Religion aber eine unverbindliche Sache privaten Glaubens ohne praktische Folgen gegenüber den »harten Realitäten« des vermeintlich einzigen diesseitigen Lebens. Aber lasst einmal für einen solchen Politiker oder Manager eine moralische Grenzsituation kommen. Beispiel: Der Umsatz ist bedenklich zurückgegangen. Ein »rettender« Großauftrag ist in Sicht. Der hängt von bestimmten Voraussetzungen ab, die beinahe, aber doch nicht ganz, vorliegen. Oder ein Geschäftsvorfall unterliegt einer hohen Steuer. Ein eilfertiger Fachkundiger weist darauf hin, mit einer der Wahrheit recht nahe kommenden, geschickt »frisierten Version« des Sachverhalts könne man den Auftrag retten oder die Steuerpflicht vermeiden. Der auf die Durchgängigkeit des Lebens über den Tod hinaus gründende Gedanke: *»Was hülfe es dem Menschen, wenn er die ganze Welt*

13 So zu Beginn des Vorworts.

gewänne und nähme doch Schaden an seiner Seele«,[14] ist in dem betreffenden Manager genau so blass und unverbindlich wie sein Umgang mit der Frage, ob sein jetziges Verhalten auch noch jenseits des Todes Folgen für ihn hat. Den möglichen »*Schaden an der Seele*« über den Tod hinaus rechnet er dem privaten Bereich unverbindlicher Glaubens- und *Meinungsfreiheit* zu und bewertet ihn kaum. Den »Gewinn« – längst nicht »der ganzen Welt«, sondern eines vorübergehenden Auftrags oder einer zeitweiligen Steuerersparnis – ordnet er dagegen den »übergeordneten Interessen« von Unternehmen, Arbeitsplätzen und Familie in der »Welt der harten Tatsachen« zu, in der er »nun einmal in diesem jetzigen, einzigen Leben seine Pflicht zu erfüllen habe«: Ein ausgeprägtes Pflichtgefühl scheint von ihm geradezu zu fordern, seine »privaten« Interessen zurückzustellen hinter denen des Unternehmens, womöglich einer ganzen Branche, der Arbeitsplätze und seiner vom Ausfall des rettenden Auftrags oder der hohen Steuerpflicht mitbetroffenen Familie. Und so macht der angesehene Manager – mit dem Brustton der Überzeugung, intern aber augenzwinkernd – die »kleine krumme Tour« im »höheren Interesse« mit. Der Eifer, mit dem solche Beteiligten manchmal hinterher, wenn die Sache gelaufen ist, im Privatgespräch ungefragt die krummen Maßnahmen verteidigen, zeigt, dass sie zuinnerst eben doch spüren, dass sie »*Schaden an der Seele*« genommen haben. Nun stellen wir uns vor, durch unerwartete Umstände droht das feine Gespinst der »Kavaliersdelikte« entdeckt zu werden. Nicht nur Auftrag oder Steuerersparnis stehen auf dem Spiel, sondern es drohen Prozesse, Strafen, Steuernachzahlungen, Ansehensverluste des Unternehmens in der Öffentlichkeit, Verlust von Stellung und Vermögen, Nachteile für die Familie – für einen praktisch auf dieses jetzige Leben Fixierten »die absolute Katastrophe«. Wer dann nicht wenigstens *auch* ganz ernst und praktisch mit der *Möglichkeit* rechnet, dass alles, was er in diesem Erdenleben noch an unangenehmen Folgen zu tragen hat, wenn er jetzt noch reinen Tisch macht, eine Kleinigkeit ist gegenüber dem Schmerz, den ihm der »*Schaden an der Seele*« jenseits des Todes bereiten könnte – *wenn* es ein Jenseits gibt –, der kann nicht mehr zurück, sondern *muss* das wankende Gebäude durch immer massivere Täuschungsmanöver bis hin zu Betrug, Bestechung, Fälschung zu stützen versuchen und fühlt sich dabei gar als Märtyrer.

HANS: Na, Fritz, ist das nicht doch etwas dick aufgetragen?

FRITZ: Solche Entwicklungen kennen wir doch allein aus den letzten Jahren in Fülle: Ein Präsident der USA hat bei der »gegnerischen« Partei Dokumente stehlen lassen. Sein Justizminister ist daraufhin ins Gefängnis gekommen. Ein deutscher Börsenpräsident aus altem Adel ist eingesperrt worden, weil er als Chef einer Bank verschleiert hat, dass er bei der Großkreditvergabe nicht vorsichtig genug gewesen war. Minister sind wegen Steuerhinterziehung bestraft worden und Würdenträger als Zeugen wegen des Verdachts der Falschaussage unvereidigt geblieben. Das waren aber immerhin noch Menschen, die die *Möglichkeit* eines Weiterlebens jenseits des Todes und des Gesetzes von Saat und Ernte nicht geleugnet, sondern nur in ihrer Lebenspraxis untergeordnet bewertet hatten. Doch schon dadurch mussten sie mit erschreckender Zwangsläufigkeit von ihrem bisher untadeligen »*Wandel in Taten, mit der Sprache, im Geist, abkommen und einen heillosen Wandel in Taten, mit der Sprache und im Geist annehmen und danach leben«*: eben weil sie nicht genug »*in heillosen Eigenschaften das Elend, das Herabziehende, Beschmutzende und in heilstauglichen Eigenschaften das aus dem Elend Herausführende, den Vorteil, die heilstaugliche Wirkung*« sahen. Wer aber gar – und davon allein spricht der Erwachte in M 60 – den Gedanken an diese Möglichkeiten nicht nur unterbewertet, sondern immer wieder bewusst *ausschließt* und damit in sich *ausradiert* – wie sollte der solche Konfliktlagen besser bestehen!

14 Matth. 16,26; Mark. 8,36.

HANS: Es gibt aber doch auch unter den Diesseitsgläubigen Idealisten, die nur um einer guten Sache willen gegen Gesetze verstoßen. Du hast hier nur Beispiele genannt, in denen es den Tätern um Ansehen, Besitz, Sinnenbefriedigung und Macht geht.

FRITZ: Das stimmt nicht ganz: Jener US-Präsident hatte aus der Überzeugung gehandelt: »wenn die Gegenpartei die Wahl gewinnt, leidet das Land unermesslichen Schaden«, und er hatte auch seine Mitarbeiter davon überzeugt. Ein noch deutlicheres Beispiel sind die unseligen deutschen Terroristen: Als ihre verzweifelte, weitgehend berechtigte Kritik an Missständen kein Gehör fand, meinten sie in ihrer moralischen Verzweiflung – gerade weil ihr Horizont auf dieses eine Leben beschränkt war –, sie müssten sich mit immer krasseren Mitteln Gehör verschaffen – erst mit Gewalt gegen Sachen, und als auch das nichts half, durch Mord. Ihr elitärer Hochmut und ihre ideologische Verachtung Andersdenkender als nicht lebenswerter »Charaktermasken« zeigt auch, wie eine solche Einstellung *»das Ich aufbläst«*. Das alles bestätigt das vom Buddha genannte Lebensgesetz: Wer allem, was er nicht glaubt – vor allem einem karmagesteuerten Weiterleben jenseits des Todes –, die ernsthafte *Möglichkeit* bestreitet, hält auf die Dauer in den Konfliktlagen des Lebens einen tugendlichen Wandel nicht durch, wenn er im jetzigen Leben Nachteile bringt, vor allem Nachteile für andere, denen er sich verpflichtet fühlt; denn auch das menschliche Bedürfnis, für vermeintliche höhere Interessen oder Ideologien Opfer zu bringen, kann groteske Blüten treiben. Früher oder später schlittern solche unglücklichen »tragischen Gestalten« in Untugenden hinein, die sie wie in unseren Beispielen schon im jetzigen Leben ins Elend stürzen. *Wenn* es aber ein Jenseits und Saat und Ernte gibt, bringen sie schlimme Leiden über dieses Leben hinaus. Krumme Sachen begehen Menschen oft auch aus purer Angst, weil sie meinen, sie müssten damit etwas abwenden, was ihnen – auf dieses eine Leben bezogen – schlimmer vorkommt als die Vergewaltigung ihres Gewissens.

RUTH: Dem habe ich nichts mehr entgegenzusetzen. Die armen Menschen – Opfer und Zeugen und Täter! – Möchten sie doch bald Frieden finden! Man macht sich all das viel zu wenig bewusst.

FRITZ: Ja, Ruth. Auch das sind lohnende Meditationsthemen!

HANS: Das ist folgerichtig. Aber was ist denn von denen zu erwarten, die mit Jenseits und Karma ernsthaft und praktisch rechnen?

FRITZ: Darüber sagt der Erwachte:

»Wenn Asketen und brahmisch Lebende sagen und meinen: ›Geben, Opfern und Spenden hat einen Sinn; es gibt eine Saat und Ernte guter und schlechter Werke; diese und jene Welt gibt es; genauso gut wie Vater und Mutter gibt es auch ein unmittelbares Erscheinen von Wesen; es gibt in der Welt Asketen und Brahmanen, die richtig vorgegangen, richtig vorgedrungen sind, so dass sie aus eigener weltüberlegener Schau diese Welt und jene Welt sich selber offenbar gemacht haben und sie erklären können‹ – dann ist von ihnen zu erwarten, dass sie von einem untauglichen Wandel in Taten, mit der Sprache und im Geist von diesen drei heillosen Eigenschaften abkommen und einen tauglichen Wandel in Taten, mit der Sprache und im Geist führen, diese drei tauglichen Eigenschaften annehmen und danach leben werden. Und warum? Diese lieben Asketen und brahmisch Lebenden sehen in heillosen Eigenschaften das Elende, Herabziehende, Beschmutzende und in heilstauglichen Eigenschaften das aus dem Elend Herausführendes, einen Vorteil, eine heilstaugliche Wirkung: Wenn es ein Jenseits gibt, ist die Ansicht dessen, der die Ansicht hat: ›es gibt ein Jenseits‹, die rechte Ansicht, ist die Gemütshaltung dessen, der sich darauf einstellt, dass es ein Jenseits gibt, die rechte Gemütseinstellung, dann ist die Aussage dessen, der sagt: ›es gibt ein Jenseits‹, eine rechte Rede, dann kämpft einer, der sagt: ›es gibt ein Jenseits‹, nicht gegen Genesene an, die eine jenseitige Welt sehen. Wenn es ein Jenseits gibt, und einer lehrt: ›es gibt ein Jenseits‹, dann ist das eine wahre Lehre, und nach einer solchen wahren Lehre bläst man sich nicht auf und schätzt nicht andere gering. So wird das, was ein solcher früher an üblem Verhalten an sich hatte,

abgetan, und eine gute Verhaltensweise erwächst ihm. Das ist rechte Ansicht, rechte Gemütseinstellung, rechte Rede, die Hinwendung zu den rechten Menschen, wahres Belehren, frei von Überheblichkeit und Missachtung der anderen: So entwickeln sich diese verschiedenen tauglichen Eigenschaften, bedingt durch rechte Ansicht.

Da sagt sich ein vernünftiger Mensch: ›Wenn es wirklich eine jenseitige Welt gibt, dann erscheint dieser liebe Mensch nach dem Absterben dieses Körpers jenseits des Todes auf guter Bahn wieder, in himmlischer Welt. Mag es aber meinetwegen auch kein Jenseits geben, sollen jene lieben Asketen und brahmisch Lebenden Recht haben, aber dieser liebe Asket oder brahmisch Lebende wird ja schon in diesem *Leben von vernünftigen Menschen gepriesen: 'Ein tugendhafter Mensch ist das, von rechter Ansicht, mit Wirklichkeitssinn.'*[15] *Wenn es aber doch ein Jenseits gibt, dann hat es dieser liebe Mann auf beiden Seiten gut getroffen: weil er schon zu Lebzeiten von vernünftigen Menschen gepriesen wird und nach dem Absterben dieses Körpers, jenseits des Todes auf guter Bahn, in himmlischer Welt wieder erscheint.‹ Da es sich so verhält, so ist von ihm diese dogmenfreie Wahrheit* zu Ende gedacht, *richtig befolgt worden, auf* beide *Fälle stellt er sich ein; die unheilvolle Möglichkeit schließt er aus.*

Hans: Das ist allerdings beeindruckend und für einen Religionsgründer in einer so alten Zeit überraschend: Der Buddha behandelt beide Meinungen im Prinzip als bloße Hypothesen und rät nur abzuwägen, mit welcher man *praktisch* auf die Dauer am besten fährt. Und da ist tatsächlich zwingend: Das *geringste Risiko* geht ein, wer in der Praxis ernsthaft *auch* mit der Möglichkeit von Jenseits und Karma rechnet.

Ruth: Fritz, du hast einmal gesagt, das Risiko einer solchen »Nachfolge auf Probe« ist nur, sich eine Zeit lang mehr als bisher in Tugend, Herzenseinigung und Klarblick geübt zu haben. Das gewinnt ein ganz anderes Gewicht, wenn man sieht: Dazu muss man nicht Mönch oder Nonne werden, sondern kann in der gewohnten Lebensform, in Familie und Beruf, bleiben, wenn man nicht den Zuschnitt, die Kraft, die Gelegenheit oder die richtige Gemeinschaft zur Askese hat. Ich muss gestehen: Anfangs hatte ich noch gedacht: »Na, so ganz ausgewogen scheint die Gegenüberstellung der beiden Ansichten über Jenseits und Karma in M 60 doch nicht: Von möglichen Nachteilen der Jenseits-Ansicht – etwa dass man über dem Hinblick auf das Jenseits die diesseitigen Aufgaben vernachlässigen könnte – ist keine Rede, und auch nicht davon, dass es auch Jenseitsgläubige gibt, die sich wegen ihres Glaubens aufblasen.« Aber beim weiteren Zuhören haben sich auch diese beiden letzten Bedenken von selber aufgelöst.

Hans: Wie denn?

Ruth: Beim zuletzt Vorgelesenen ist mir klar geworden, was ich nie für möglich gehalten hätte: *Unabhängig von ihrem Wahrheitsgehalt* sind die beiden gegensätzlichen Ansichten »es gibt ein Jenseits« und »es gibt keines« tatsächlich *nicht gleichwertig*. Bis dahin hatte ich immer gemeint, zwei gegenteilige Ansichten seien bis zum Beweis der Richtigkeit oder Unrichtigkeit als gleichberechtigt zu behandeln. Aber da habe ich zwei Dinge verwechselt: auf der einen Seite die berechtigte Forderung, *Menschen* gleich zu behandeln und wegen ihrer Ansichten nicht zu benachteiligen, und auf der anderen Seite die Frage, wie ich bei mir selber am besten mit widersprechenden *Ansichten* umgehe. Hier wird ja gezeigt, wie jeder vernünftige Mensch (ohne schon aus Erfahrung zu wissen, welche der beiden Ansichten über das Jenseits richtig oder falsch ist) exakt sagen kann, mit welcher er auf jeden Fall besser fährt – in diesem und in etwaigen späteren Leben.

Hans: Und was ist mit deinem Einwand, auch »Jenseitsgläubige« würden sich wegen ihrer Ansicht aufblasen?

15 *atthika-vāda*, wörtlich: einer, der anerkennt und sagt: »es gibt«.

Ruth: Dazu habe ich mir überlegt: Die Einstellung *»Was ich nicht glaube, gibt es nicht«* ist schon ein Sich-Aufblasen, weil sie allen anderen die Möglichkeit abspricht, mehr erfahren zu haben als ich. Dagegen ist gerade das beste Mittel gegen Überheblichkeit das Einbeziehen der Möglichkeit von Saat und Ernte und Jenseits. Denn wenn es das gibt, dann sind ja die »Fehler« des anderen, wegen deren ich auf ihn herabsehe, meine eigenen Fehler! Wie da ohne Sich-Einlassen auf einen Streit über Richtigkeit oder Unrichtigkeit aus bloßen Hypothesen durch exakte Risikoabwägung Handlungsanleitungen gewonnen werden, das ist schon einmalig.

Hans: Mich beeindruckt das auch. Und doch: Ganz wohl ist mir nicht. Bei dem Königspaar und den Leuten von Veludvāra hat es mir so gut getan, dass ich im Gemüt eine richtige Abwehr dagegen zu empfinden begann, Mitwesen wehzutun: *»Verletz' drum keinen, du liebst auch dein Selbst.«* Die geradezu versicherungsmathematische Risikoberechnung in M 60 kommt mir dagegen reichlich kühl vor. Will denn der Buddha wirklich, dass der Standpunkt *»Es gibt kein Jenseits«* gar nicht als *»falsche* Anschauung« betrachtet wird, sondern nur als eine von zwei gegensätzlichen Hypothesen, die beide richtig oder falsch sein können, nur dass die Hypothese: *»Es gibt nicht …«* weniger nützlich ist als die Hypothese *»Es gibt …«*?

Fritz: Keineswegs! Gut, dass du fragst. Die Aussage *»Es gibt ein Jenseits und eine Saat und Ernte«* bleibt auf die Dauer keine bloße Hypothese. Wer den präzisen Lebensanleitungen des Erwachten folgt, gelangt – oft lange, bevor sich das Auge für den »Blick nach drüben« öffnet – schon in diesem Leben manchmal zu Einblicken und Erfahrungen über das Entstehen und Vergehen seiner Eigenschaften, Fähigkeiten und Kräfte. Dadurch wird Saat und Ernte für ihn allmählich zur Erfahrungstatsache und damit auch die Art, wodurch allein seine Eigenschaften entstehen, geändert werden und vergehen. Angesichts dieser lebendigen Erfahrung, dass körperliche Veränderungen nichts an den Trieben ändern, sondern allein bewertendes Denken, wird ihm auch die Zwangsläufigkeit der Wiedergeburt zur Erfahrungstatsache. Dass das wirklich Erfahrungen sind, nicht etwas, was man sich mit der Zeit einredet, ist ohne diese Erfahrung kaum zu verstehen. Deshalb fordert der Erwachte keinen Glauben. Der Nachfolger lernt vielmehr in dieser Entwicklung immer mehr den *Wahncharakter* der ganzen Existenz sehen, den auch mancher »normale« Mensch in absurden Augenblicken vorübergehend empfindet. Dann wird ihm klar, was jetzt noch wie leeres Gerede klingen mag: Die Wahrnehmung »Ruth, Hans und Fritz jetzt im Gespräch« ist genauso ein Wahngebilde – eine »Halluzination« – aus dem inneren Fieberbrand von Hinneigung, Abneigung und Blendung wie die Wahrnehmung »Jenseits«: *»Wahn, Wahn, überall Wahn«*[16]– grober Wahn, feiner Wahn, dichter Wahn, durchscheinender Wahn, – und im Wahn ist viel mehr möglich als in der (ein-gebildeten) »realen Welt harter Tatsachen«. Dies, wie gesagt, nur als ein Vorblick, wieso Menschen wie du und ich zu Erfahrungen kommen können, die ihnen eine erfahrungsbegründete Stellungnahme zu Jenseits und Karma erlauben. Deshalb zitiert der Buddha die Anschauung, Wiedergeburt und Saat und Ernte gäbe es nicht, mehrfach als Beispiel für eine typische *falsche* Anschauung.[17] Nur für die Zwischenzeit, bis diese Erfahrung gewachsen ist, zeigt der Buddha – sozusagen als »einstweilige Regelung bis zur Entscheidung in der Hauptsache« –, mit welcher hypothetischen Anschauung man auf jeden Fall besser fährt und mit welcher auf jeden Fall schlechter. Die Einstellung, mit der man schon von Anfang an gut fährt, kann auch das Herz erwärmen, nämlich dass man bis zum Gewinn eigener Erfahrung von folgenden *Möglichkeiten* ausgeht:

1. Geben könnte meiner eigenen Wohlfahrt dienen.
2. Aus allen guten und üblen Taten könnten Früchte heranreifen.
3. Genauso wie diese Welt könnte es auch eine jenseitige Welt geben,

16 Richard Wagner, *Meistersinger*, dritter Aufzug, 1. Szene.

17 A X,176; S 42,2; S 42,3.

4. darin könnte es auch Existenzweisen geben, in welche die Wesen nicht durch körperliche Geburt gelangen, sondern geistunmittelbar.

5. Es könnte in der Welt immer wieder Asketen und brahmisch Lebende geben, die diese Welt und jene Welt aus eigener weltüberlegener Schau erklären können.

HANS: Nimm meine Hartnäckigkeit nicht krumm: Heißt das nicht doch, dass man zum Verständnis der Lehre an diese Grundsätze *glauben* muss?

FRITZ: Lass mich mit einem Beispiel antworten: Ein Autofahrer muss seit Jahren auf der Fahrt zur Arbeit an der Einmündung eines von rechts kommenden Fahrweges vorbeifahren. Der ist wegen Hecken nicht einsehbar. Aber es liegt kein Haus daran, nur von Menschen gemiedenes Ödland. Deshalb setzt er dort seine Geschwindigkeit nie herab. Wenn er dann eines Tages verzweifelt vor der Leiche eines Radfahrers steht, der ihm auf der Rückkehr vom Pilzesuchen aus dieser Einmündung heraus vors Auto gefahren und beim Zusammenstoß ums Leben gekommen ist, und er stammelt: »Ich hätte nie geglaubt, dass da je einer herauskommt!« – was würdest du ihm da antworten?

HANS: Jetzt verstehe ich: Ich müsste ihm antworten: »Zu *glauben* brauchten Sie das auch gar nicht. Was Sie glauben, drückt nur Ihre persönliche Gewichtung der Wahrscheinlichkeit aus. Aber wenn Sie nicht in diese Straße hineinsehen können, müssen Sie – egal was Sie glauben – Ihre Fahrweise auf die *Möglichkeit* einrichten, dass doch einmal einer herauskommt! Dass Sie und Ihre Bekannten das bisher noch nie erlebt haben, ist doch kein Grund, es für *unmöglich* zu halten.«

RUTH: Dabei kann sich der Autofahrer immerhin vielleicht noch darauf berufen, nicht nur er habe da noch nie einen herauskommen sehen, sondern niemand sonst. Aber dass aus der stillen Einmündung des Todes immer wieder Wesen ins Diesseits gekommen sind und umgekehrt, das behaupten zu allen Zeiten vertrauenswürdige, zum Teil sogar verehrungswürdige Menschen *leibhaftig* erfahren zu haben. Sicher: eigene Erfahrungen kann man keinem anderen nahe bringen, der sie nicht selbst gemacht hat. Aber die Behauptungen vernünftiger Persönlichkeiten, sie hätten solche Erfahrungen selber leibhaftig gemacht, sollten doch immerhin zur Vorsicht mahnen, Derartiges ohne weiteres für *unmöglich* zu erklären. Wenn in deinem Beispiel, Fritz, der Autofahrer vor dem Unglück von achtbarer Seite gewarnt worden wäre: *»Fahr dort vorsichtiger, ich bin einmal vorbeigekommen und habe ein Fahrzeug herauskommen sehen«*, würden wir es kaum für richtig halten, wenn er antworten würde: *»Das kann nicht sein. Du musst dich irren. Du bist erst einmal an jener Einmündung gewesen. Aber ich fahre dort seit Jahren jeden Tag zwei Mal vorbei und habe noch nie einen herauskommen sehen!«* Aber so gehen Millionen Menschen mit den Möglichkeiten »Jenseits« und »Saat und Ernte« um.

HANS: Dabei ist doch das einzige, was wirklich denkgesetzlich *unmöglich* ist, dass ein lebendes Wesen leibhaftig die Erfahrung machen könnte, es gebe *kein* Jenseits. Dazu müsste es erst sterben. Wenn es kein Jenseits gäbe, könnte es nichts feststellen; es wäre ja tot.

FRITZ: So ist es. Denkgesetzlich *möglich* ist dagegen die Erfahrung: »Es gibt ein Jenseits.« Schon angesichts der Fülle von Berichten aus allen Zeiten und Kulturen kann man die Wahrscheinlichkeit von Jenseits und Karma auf keinen Fall als vernachlässigbar klein abtun. Das hat nichts mit »Gläubigkeit« oder gar »Leichtgläubigkeit« zu tun. Auch kann der Erwachte die Ansicht, Jenseits und Saat und Ernte seien *unmöglich*, schon deshalb mit Recht als *»falsch«* bezeichnen, weil sie auf jeden Fall für die *Lebenspraxis* falsch ist im Sinne von *»untauglich*, um Leiden zu mindern, Wohl zu mehren, untauglich, um für alle vernünftigerweise denkbaren Fälle sicherzugehen«. Ist damit dein Einwand geklärt, Hans?

HANS: Ja, Fritz. Lies bitte weiter. Du hast ja gesagt, dass jetzt noch das Für und Wider von weiteren möglichen Anschauungen behandelt wird.

FRITZ: Ja, Hans. Auf die beiden ersten von ihnen wendet der Erwachte genau den gleichen

Gedankengang an wie auf die bisher besprochenen. Deshalb kann ich hier abkürzen. Der Buddha beschreibt sie im nächsten Abschnitt wie folgt: *»Es gibt einige Asketen und brahmisch Lebende, die sagen und meinen: ›Was einer auch tut oder tun lässt: das Böse hat keine Folgen; es gibt keine guten Folgen guten Wirkens.‹ Diesen Asketen und brahmisch Lebenden widersprechen einige Asketen und brahmisch Lebende, die sagen: ›Was einer auch tut oder tun lässt, das Böse hat Folgen: es gibt die guten Folgen guter Werke.‹«* Auch hier stellt der Erwachte zuerst den Widerspruch beider Ansichten fest. Dann legt er wie bei den schon besprochenen Ansichten dar, was von den Vertretern beider Ansichten zu erwarten ist und wie ein vernünftiger Mensch damit umgeht: *»Wenn es kein Wirken mit Folgen gibt (kiriyā), wenn es wirklich so ist, dann ist dieser liebe Mann noch einmal davongekommen. Wenn es aber ein Wirken mit Folgen gibt, dann kann dieser liebe Mensch nach dem Tod auf dem Abweg, in unterer Welt, im Verderben, in höllischem Dasein wieder erscheinen. Mag es aber meinetwegen auch kein Wirken mit Folgen geben; sollen jene lieben Asketen und brahmisch Lebenden meinethalben Recht haben; aber dieser liebe Asket oder brahmisch Lebende wird ja schon in diesem Leben von vernünftigen Menschen getadelt: ›Ein untugendhafter Mensch ist das, voll falscher Ansicht, einer der behauptet, es gebe kein Wirken mit Folgen.‹ Wenn es aber doch ein Wirken mit Folgen gibt, dann hat dieser liebe Mann auf beiden Seiten verspielt, weil er schon zu Lebzeiten von vernünftigen Menschen getadelt wird und nach dem Absterben dieses Körpers, jenseits des Todes auf dem Abweg wieder erscheint. Weil es sich so verhält, so ist von ihm diese dogmenfreie Wahrheit nicht zu Ende gedacht worden, nicht befolgt worden, nur auf eine Seite stellt er sich ein; die taugliche Möglichkeit schließt er aus.«*

Bei dem Menschen aber, der *auch* die *Möglichkeit* einrechnet, dass über den Tod hinaus gutes Wirken gute und schlechtes Wirken schlechte Folgen hat, kommt ein vernünftiger Mensch zu der sachlichen Folgenabschätzung: *»Wenn es ein Wirken mit Folgen gibt, wenn es wirklich so ist, dann erscheint dieser liebe Mensch nach dem Absterben des Körpers, jenseits des Todes auf guter Bahn wieder, in himmlischer Welt. Mag es aber meinetwegen auch kein Wirken geben, das Folgen hat; sollen jene lieben Asketen und brahmisch Lebenden Recht haben; aber dieser liebe Asket oder brahmisch Lebende wird ja schon in diesem Leben von vernünftigen Menschen gepriesen: ›Ein tugendhafter Mensch ist das, mit rechter Ansicht, einer der sagt: 'Es gibt ein Wirken, das Folgen hat.'‹ Wenn es aber ein Wirken mit Folgen gibt, dann hat es dieser liebe Mann auf beiden Seiten gut getroffen: weil er schon zu Lebzeiten von vernünftigen Menschen gepriesen wird und nach dem Absterben dieses Körpers, jenseits des Todes auf guter Bahn, in himmlischer Welt wieder erscheint. Weil es sich so verhält, so ist von ihm diese dogmenfreie Wahrheit zu Ende gedacht worden, richtig befolgt worden, auf beide Fälle stellt er sich ein; die unheilvolle Möglichkeit schließt er aus.«*

HANS: Das Gesetz von Saat und Ernte war doch schon bei den zuerst besprochenen Ansichten einbezogen. Warum bringt es der Buddha hier noch einmal?

FRITZ: Die erste Gruppe von Asketen leugnet das Gesetz von Saat und Ernte, weil sie die Wiedergeburt leugnet. Dann wäre allerdings dieses eine Leben zu kurz, als dass sich alle Folgen des Wirkens auswirken könnten. Die Folgen des Wirkens haben oft lange Reifezeiten. In den Versen 119, 120 der Spruchsammlung »Wahrheitpfad« heißt es darüber:

»Auch einem Bösen geht es gut, solang das Böse nicht gereift.
Doch ist das Böse erst gereift, dann geht's dem schlechten Menschen schlecht.
Auch einem Guten geht es schlecht, solang das Gute nicht gereift.
Doch ist das Gute erst gereift, dann geht's dem guten Menschen gut.«

Die zweite Gruppe von Asketen dagegen leugnet mit keinem Wort ein Weiterleben nach dem Tod. Aber sie bestreitet, dass wir durch Wirken schon jetzt das Schicksal beeinflussen könnten.

HANS: Das ist doch graue Theorie! Dass man sein Ergehen und seine Eigenschaften beeinflussen kann, ist doch schon in diesem Leben offensichtlich!

Fritz: Nicht für alle: Denk nur an die Millionen Menschen, die glauben, die von Gott Auserwählten, die am Jüngsten Tag in den Himmel kämen, stünden jetzt schon fest. Alle anderen seien in alle Ewigkeit verdammt. Oder denk an Muslime, die glauben, alles künftige Geschehen sei »im Buch des Lebens« ein für alle Mal verzeichnet. Auch die anschließend in der Rede zitierte dritte Gruppe von Anschauungen wird dir bekannt vorkommen: *»Es gibt einige Asketen und brahmisch Lebende, die sagen und meinen: ›Es gibt keine Ursache, keine Bedingung für die Befleckung der Wesen; ohne Ursache, ohne Bedingung werden die Wesen befleckt; es gibt keine Ursache, keine Bedingung für die Läuterung der Wesen, ohne Verursachung, ohne Bedingung werden die Wesen geläutert; es gibt keine Energie, keine Standhaftigkeit, kein Über-sich-Hinauswachsen; alle Wesen (sattā), alles was atmet (pānā), alles Organische (bhūtā), alles Leben (jīvā) wird ohnmächtig, machtlos, kraftlos von schicksalhaft zusammentreffenden Entwicklungen gelenkt und empfindet Wohl und Weh in sechs Arten der Abstammung.‹«*

Ruth: Das ist ja fast der biologische Evolutionismus! Der lehrt doch, Egoismus oder Altruismus, Hilfsbereitschaft oder Raffsucht seien nur genetisch festgelegte Ergebnisse der Anpassung im Lauf der Evolution.

Fritz: Auch das passt unter dieses Muster, wie andere Lehren. Auch auf diese Gruppe von Meinungen wendet der Erwachte wörtlich den gleichen Gedankengang an wie in den beiden ersten Fällen, nur dass hier die Verständigen den Leugner als *»Fatalisten«* tadeln. Und wieder weist der Erwachte nach, dass man mit der Meinung *»es gibt nicht«* auf jeden Fall den kürzeren zieht.

Dann aber kommt ein erstaunlicher Aufschwung in dieser Rede. Der Erwachte sagt: *»Einige Asketen und brahmisch Lebende gibt es, die meinen und sagen: ›Es gibt keine gänzlich* Formfreien *(arūpa).‹ Diesen Asketen und brahmisch Lebenden widersprechen andere, die sagen: ›Es gibt gänzlich Formfreie.‹«*

Hans: Was soll denn das heißen: *»gänzlich Formfreie«*? Ein Wesen muss doch eine Form haben, sonst könnte man es gar nicht sehen und nicht von anderen unterscheiden?

Fritz: Muss man das denn? Selbst im christlichen Kirchenlied heißt es: *»Ich will, anstatt an mich zu denken, ins Meer der Liebe mich versenken.«* Und das betrifft noch nicht einmal »gänzlich Formfreie«, wie wir später sehen werden. Da zeigt sich, wie wir uns durch unsere gewohnte abgrenzende, messende Erlebnisweise selber einengen: Die ist nur die Erlebnisweise des untersten der drei Daseinsbereiche, der Sinnenwelt. Dort finden die Wesen nicht genug Wohl bei den aus dem Herzen kommenden Gefühlen. Deshalb »wünschen« sie sich »anderes« und, um nicht allein zu sein, »andere«. Und so zerspalten sie durch Wunschdenken die Herzenseinheit (*samādhi*) in »Ich« und »andere/anderes«: *»Was der Mensch häufig denkt und sinnt …«* Wünschen heißt *»kāma«*. Das ist »unsere« *kāma*-Welt. — Aber schon die Veden und Upanishaden sprachen viele Jahrhunderte vor dem Buddha von der uralten Erfahrung, dass diese abgrenzende, messende »Wunsch-Welt« schmerzlich und durchaus nicht die einzige ist: Wo es anderes und andere gibt, da gibt es Differenzen und Konflikte. Es gebe aber – so sagten sie – eine Daseinsweise in *Einheit – »überall mit allem sich als eins empfindend«*. Der Erwachte sagt, dass er auch diese Erlebensweise – die mittlere der drei Erlebensweisen, das Ideal der Brahmanen – aus leibhaftiger Erfahrung kennt, und er zeigt den dazu Fähigen den Weg dorthin zur eigenen Nachprüfung. In ihr gibt es keinen Unterschied zwischen »Ich« und »Du«. Da ist alles *»ein Herz und eine Seele«*. Die christlichen Mystiker nannten das *»unio mystica«* – und die Brahmanen je nach ihrer Herzensbeschaffenheit und Blickweite *»Brahma«* oder *»das Brahman«*. Aber selbst dieses *»Meer der Liebe«* ist noch nicht gänzlich formfrei – wie ja auch der wolkenlose, einheitlich blaue Taghimmel noch nicht formfrei, sondern einheitlich »blau« ist, so dass man ihn im Erinnern von einem einheitlich grau bedeckten Himmel unterscheiden kann. Auch eine einheitliche Farbe ist noch eine Farbe. Man kann sich vorstellen, dass stark ins Weite und Freie gerichteten Menschen eine Erfahrensweise mit zwar einheitlichen, aber noch durch sichtbare Eigenschaften beschreibbaren und damit abgrenzbaren Gegen-Ständen immer noch zu eng ist. Sie sehnen sich, *»im Grenzenlosen zu verschwinden«*, wie es sich sogar der Sinnen- und Augenmensch Goethe bisweilen gewünscht hat. Das können auch wir manchmal in stillen Stunden nachvollziehen, nur hält das nicht lange. Der Erwachte hätte aber zu den Hausvätern nicht davon gesprochen, wenn es nicht einige hätten verstehen können.

HANS: »Moderne« Menschen würden sagen: »Das ist doch Phantasterei; wir sind nun einmal Menschen und haben zwei Beine, zwei Arme und einen Kopf. Daran ist nichts zu ändern, und damit müssen wir leben.«

FRITZ: Die alten Inder sahen das anders: Für die meisten von ihnen galt jede Erfahrensweise, die man sich als besser, feiner, höher, weiter, lichter, reiner, stiller vorstellen und ersehnen konnte, als durch Übung erreichbar, indem man das Herz dazu ausbildete. Nur wussten sie meist nicht, wie. Sie wussten oder ahnten aber noch, dass alles Erleben nicht von irgendetwas »Objektiv-Substantiellem« kam, sondern gewirkt war – *Karma*, *Māyā*, wörtlich: *»Mache«*. Was man machen und bilden kann, das muss man im Prinzip auch wieder entbilden können. Nur wussten sie auch da nicht wie, und vor allem wussten sie nicht, dass *»Mache«* hieß: *»Wahn«*. Deshalb konnten sie nicht wissen, dass man diesem Wahn und damit aller »Mache« total entrinnen kann, nicht indem man das Gemachte besser macht, sondern indem man den *Wahn* ***auflöst***. Aber immerhin konnte der Erwachte auf diesem Hintergrund zu einer Versammlung von Dorfleuten über die Erlebnisweise der völligen Gestaltfreiheit und ihr unbeschreibliches Freiheitsgefühl sprechen, während dessen Dauer die Wesen keiner Umgestaltung zugänglich sind und daher so lange auch von keiner Gestaltveränderung betroffen werden können. — Nur dass dieser Zustand irgendwann ein Ende hat.

HANS: Da haben wir westlichen Menschen uns ja mit unseren Vorstellungen von Gestalten, Formen, Grenzen in einen ganz engen Winkel der grenzenlosen Herzenslandschaft festgebannt!

FRITZ: So ist es auch. Der Buddha sagt weiter: *»Was meint ihr, Hausväter: Widersprechen diese Asketen und brahmisch Lebenden einander nicht vollständig?« — »Allerdings, Herr.« — »Da sagt sich ein vernünftiger Mensch: ›Was da diese Asketen und brahmisch Lebenden sagen und meinen: gänzlich Formfreie gäbe es nicht, darüber habe ich keine Kenntnis, aber auch darüber, was jene anderen Asketen und brahmisch Lebenden sagen und meinen: es gäbe gänzlich Formfreie, habe ich keine Erfahrung. Wenn ich da, obwohl ich keine Kenntnis und keine Erfahrung davon habe, einseitig Stellung nehmen würde: 'Dies nur ist wahr, alles andere ist Unsinn', so stünde mir das nicht zu. Wenn jene lieben Asketen und brahmisch Lebenden Recht haben, die sagen und meinen, gänzlich Formfreie gäbe es nicht, dann bleibt die Möglichkeit, dass mir ein Wiedererscheinen bei Himmelswesen gesichert wird, die formhaft aus Geist gebildet sind. Wenn aber jene lieben Asketen und brahmisch Lebenden Recht haben, die sagen und meinen, es gäbe gänzlich Formfreie, dann steht die Möglichkeit offen, dass ich bei Himmelswesen wieder erscheine, die formfrei, aus Wahrnehmung bestehen. Offensichtlich ist aber auf jeden Fall, dass es um Geformtes (rūpa) Konflikte gibt, Ergreifen von Waffen, Ergreifen von Schwertern, Wortgefecht und Auseinandersetzung, Streit, gegenseitige Beschimpfung und Lüge. Das alles gibt es bei gänzlich Formfreien nicht.‹ Wenn er sich das vor Augen führt, hat er einen Fortschritt dahin gemacht, dass er an Formen nichts mehr finden kann, einen Fortschritt auf die Reizbefreiung, auf die Auflösung hin.«*

HANS: Dass Dorfleute so etwas denken können! Heute hieße es: »Der spinnt, und wenn es das gäbe, wäre es trostlos langweilig!«

FRITZ: Das würden aber immer nur Menschen sagen, die noch nie Augenblicke erlebt haben, in denen sie sich nach Ruhe sehnten, Menschen, die noch nie ein geheimes Grausen vor der Tretmühle der Existenz empfunden haben und den Wunsch, daraus entrinnen zu können. In unseren Tagen empfinden das zuweilen selbst solche Menschen, die nur dieses jetzige Leben im Auge haben – manche sogar so stark, dass sie ihren Körper töten in dem irrigen Glauben, sie könnten damit diesem mühseligen und sinnlosen Treiben ein Ende machen. Umso stärker sehnt sich nach unzerstörbarem Frieden ein Mensch, der mit der *Möglichkeit* von Jenseits und Saat und Ernte ganz ernst und realistisch rechnet und in der Tiefe des Gemüts von ihr ergriffen ist.

HANS: Von einem Menschen, der nicht mit der Möglichkeit einer Existenz in gänzlicher Formfreiheit rechnet, sagt der Buddha aber nicht, wie bei den Leugnern von Jenseits und Karma, dass er deshalb zu einem schlechten Verhalten und in niedere Welt kommt.

FRITZ: Das ist auch nicht so: Leugner von Wiedergeburt und Karma machen sich keine bejahenden oder verneinenden Gedanken über die Möglichkeit formfreien Daseins, weil das in einem einzigen zugleich ersten und letzten Leben von einem Menschen gar nicht erreicht werden könnte. Mit der Möglichkeit formfreier Existenz rechnen kann nur, wer mit der Möglichkeit der Wiedergeburt rechnet, und wer mit ihr rechnet, der rechnet für den Fall, dass es keine gänzlich Formfreien gibt, erst recht mit der Möglichkeit, dass es doch wenigstens jenes *»Meer der Liebe«* gibt, die Daseinsweise reiner, durch kein Wünschen und Habenwollen mehr verzerrter Formen, welche die Brahmanen bisher für die höchste gehalten hatten. Ein solcher Mensch konnte nun nicht mehr so unbesehen und fraglos an die Ewigkeit Brahmas – des höchsten Gottes der Brahmanen – glauben wie vorher. Manchem unter den Hausvätern mag unter dem unsäglich beruhigenden und erhebenden Einfluss des Vortrags des Erwachten eine stille Ahnung aufgegangen sein, wie unermesslich tiefer als solch brahmisches Erleben der Friede einer von keiner Form mehr »unterbrochenen« *formfreien* Wahrnehmung sein müsste. Die Folge ist ganz von selber – ob es Formfreiheit »gibt« oder nicht –, dass ihn alle Form bis hinauf zu Brahma und zu den höchsten Formbereichen nicht mehr so stark reizte, weil er es ja nun für möglich hielt, dass auch dort die Ewigkeit nicht zu finden sei. In einem solchen Menschen, der eine Wahrnehmungsweise nach der anderen für möglicherweise unbeständig anzusehen lernte, konnte sich schließlich die Frage erheben, ob nicht *jede* Wahrnehmung – ob sinnlich oder in reiner Form oder formfrei – unbeständig sei und ewiges Wohlsein nur durch *Loslassen* aller Wahrnehmung gefunden werden könnte. Es muss unter den Zuhörern solche gegeben haben, die von der dogmenlosen, bis zur Spitze des Wahrnehmbaren führenden Darlegung des Erwachten so erhoben, geklärt und befriedet waren, dass der Erwachte ihnen nun auch den Blick für die *letzte* Wahrheit öffnete: für die Möglichkeit, die endlose Tretmühle der Existenz zwischen Höllen und gestaltfreien, grenzenlosen Wahrnehmungsweisen in Frieden ausgehen zu lassen. Hausväter, die das ahnend nachvollziehen konnten, gewannen damit die Gewissheit, dass das tiefste Sehnen, von dem seit alters Indiens Elite erfüllt war, nun gestillt werden konnte: *»Versunken bin ich in Geborenwerden, Altern und Sterben, in Kummer, Jammer, körperlichen Schmerz, in geistiges Weh und Aufbegehren, in Leiden versunken, von Leiden eingekreist; ach wenn man doch dieser ganzen Leidenszusammenhäufung ein Ende machen könnte.«*[18] Diese Zuhörer führte der Erwachte nun im Geist dogmenfrei bis zum Gipfel möglichen Fragens: *»Es gibt Asketen und brahmisch Lebende, die sagen und meinen: ›Eine völlige* Auflösung *des Weiterseins gibt es nicht.‹ Diesen Asketen und brahmisch Lebenden widersprechen einige Asketen und brahmisch Lebende, die sagen und meinen: ›Es gibt eine völlige Auflösung des Weiterseins.‹ Was meint ihr, Hausväter: Widersprechen diese Asketen und brahmisch Lebenden einander nicht vollständig?« — »Allerdings, Herr« — »Da sagt sich ein vernünftiger Mensch: ›Was da diese Asketen und brahmisch Lebenden sagen und meinen: eine völlige Auflösung des Weiterseins gäbe es nicht, darüber habe ich keine Kenntnis, aber auch was jene Asketen und brahmisch Lebenden sagen und meinen: es gäbe eine völlige Auflösung des Weiterwerdens, da habe*

18 Vgl. M 29^{m}, M 30, M 67^{m}, M 68^{m} u. a. m.

ich keine Erfahrung. Wenn ich da, obwohl ich keine Kenntnis und keine Erfahrung davon habe, einseitig Stellung nehmen würde: 'Dies nur ist wahr, alles andere ist Unsinn', so stünde mir das nicht zu. Wenn aber jene lieben Asketen und brahmisch Lebenden Recht haben, die sagen und meinen, es gebe keine völlige Auflösung des Weiterwerdens, dann bleibt die Möglichkeit, dass ich bei Himmelswesen wieder erscheine, die gestaltfrei aus Wahrnehmung bestehen. Wenn aber jene lieben Asketen und brahmisch Lebenden Recht haben, die sagen und meinen, dass es eine völlige Auflösung des Weiterwerdens gibt, dann besteht die Möglichkeit, *dass ich noch zu Lebzeiten zum* völligen Erlöschen des Daseinsbrandes auf ewig *komme. Was jene Asketen und brahmisch Lebenden behaupten, die lehren und meinen, es gebe keine völlige Auflösung des Weiterwerdens, deren Ansicht führt zu Reizung, Bindung, Befriedigungszwang, Anklammern, Aneignen. Was aber jene Asketen und brahmisch Lebenden sagen, die lehren, dass es eine völlige Auflösung des Weiterwerdens gibt, deren Ansicht führt zur* Reizbefreiung, *Entjochung,* Befreiung vom Befriedigungszwang, *zum Lösen der Umklammerung, zum* Nichtmehrergreifen.‹ *Wenn er sich das so vor Augen führt, dann hat er einen Fortschritt in die Richtung gemacht, dass er* am Weitersein nichts mehr finden *kann, einen Fortschritt auf die Befreiung von der Reizung hin, zur Auflösung.«*

Die innere Verfassung eines solchen Heilsuchenden lässt der Schluss des Spruchs am Ende der Lehrrede über die fünf Lebenstatsachen ahnen, der ja auf uns in der Welt Lebende gemünzt ist:

»Immer denk ich drum: ›Ich weiß doch: Freiheit *von dem Angenomm'nen*
gibt es‹ *… sehe Suchtfreiheit als Frieden. …*
Darauf richte ich mein Streben, seh' von fern die Branderlöschung.
Jetzt schon bin ich nicht mehr fähig, ganz *der Sinnlichkeit zu dienen,*
werd' einst frei von Wiederkehr sein und des Heilswegs Ziel erreichen.‹«[19]

RUTH: Mit diesem Gipfelblick ist jetzt wohl die Rede zu Ende?

FRITZ: Nein. Der Erwachte gibt einen Überblick, wie weit die verschiedenen Arten von Menschen dem Wohl nahe kommen oder nicht:

»Vier Arten von Menschen sind in der Welt zu finden, welche vier? Da ist ein Mensch ein Selbstquäler; der müht sich eifrig, sich selber Plage und Qual zu bereiten. Ein anderer Mensch aber ist ein Quäler der Mitwesen; der müht sich eifrig, andern Plage und Qual zu bereiten. Wieder ein anderer Mensch, ist ein Selbstquäler und Quäler der Mitwesen; der müht sich eifrig, sich selber und andern Plage und Qual zu bereiten. Ein anderer Mensch aber ist weder Selbstquäler noch Nächstenquäler; der müht sich weder eifrig, sich selber Plage und Qual zu bereiten noch anderen: Ohne Selbstqual, ohne Nächstenqual ist er schon in diesem Leben gestillt, hat die Glut gelöscht; kühl geworden, durch und durch Wohl empfindend, ist er innerlich genesen. Wann ist ein Mensch ein Selbstquäler, voll Eifer bemüht, sich selber Plage und Qual zu bereiten?« — Hier beschreibt der Erwachte ausführlich die qualvollen Praktiken damaliger Asketen, die meinten, nur durch Weh könne man zum Wohl kommen. Für die Hausväter von Sālā waren diese Elendsgestalten ein vertrauter Anblick. Als sie ihnen der Erwachte in Erinnerung rief, mochte manchem fast von selber klar werden, dass diese »Büßer« durch ihre Quälereien nicht zum inneren Frieden kommen konnten und darum Ersatzbefriedigung in einem Wettstreit um die härtesten Kasteiungen oder in Meinungsstreitereien suchten.

»Und wann ist einer ein Quäler der Mitwesen, eifrig bemüht, andern Plage und Qual zu bereiten? Da ist ein Mann Schafschlächter, Schweinemetzger, Vogelfänger, Jäger, Wildtöter, Fischer,

19 Der Vers findet sich außer in A V,57 auch in A III,39; darauf verweist die Übersetzung in ANyl, die aber die Schlusszeile mit »Heiligkeit hab ich verwirklicht« wiedergibt. Im Pāli steht dieses nicht im Perfekt, sondern im Futurum. — A V,57 enthält Betrachtungen für jedermann. Da ist »Heiligkeit« nur Fernziel.

Fischschlächter, Räuber oder Kerkermeister oder geht einer anderen grausamen Beschäftigung nach. Den nennt man einen Mann, der ein Quäler der Mitwesen ist, eifrig bemüht, andern Plage und Qual zu bereiten.

Wann aber ist einer ein Selbstquäler, eifrig bemüht, sich selber Plage und Qual zu bereiten, und ein Quäler der Mitwesen, eifrig bemüht, anderen Plage und Qual zu bereiten?« — Nun schildert der Erwachte ausführlich Fürsten oder reiche Brahmanen, die auf Grund ihrer Ideologie Tieropfer bringen, die für sie selber Aufwand und Mühe und für andere Wesen Qual und Tod bedeuten.

»Wann aber ist einer weder *Selbstquäler noch Quäler der Mitwesen, sondern ist ohne Selbstqual, ohne Nächstenqual schon in diesem Leben gestillt, hat die Glut gelöscht, kühl geworden, durch und durch Wohl empfindend, bei sich im höchsten Heils-Stand verweilend?«*[20] Hier beschreibt der Erwachte den »*Tathāgata-Gang*« der von ihm angeleiteten Mönche. Der ist nicht gleich auf Anhieb zu verstehen. Wir werden ihm aber im Lauf unserer Gespräche näher kommen. Ich lese ihn zunächst einfach kommentarlos vor, damit wir einen ersten Eindruck von der Weite der Lehre des Erwachten gewinnen:

»Da erscheint der Vollendete in der Welt, der Geheilte, Vollkommen Erwachte, im Wissen und Wandel Vollkommene, zum Wohl gekommen, der Kenner der Welt, der unvergleichliche Lenker der anzuleitenden Menschen, der Meister der Himmelswesen und Menschen, der Erwachte, der Erhabene. Dessen Lehre hört ein Hausvater oder Sohn eines Hausvaters oder einer, der in einer andern Familie wiedergeboren wurde. Der fasst, weil er diese Lehre vernommen hat, Vertrauen zum Vollendeten. Auf Grund dieses Vertrauens sagt er sich: ›Eine peinliche Bedrängnis ist das Wohnen in der Häuslichkeit, eine Lebensweise im Staub – der freie Himmelsraum ist die Hauslosigkeit. Es geht nicht, als häuslich Lebender den brahmischen Wandel ganz vollkommen, ganz rein, ganz makellos zu führen. Sollte ich nicht besser Haar und Bart scheren, gelbe Gewänder anlegen und aus dem Haus in die Hauslosigkeit hinausziehen?‹ So lässt er eines Tages ein kleines Vermögen oder ein großes Vermögen hinter sich, verlässt einen kleinen Verwandtenkreis oder einen großen Verwandtenkreis und zieht mit geschorenem Haar und Bart aus dem Haus hinaus in die Hauslosigkeit.

So hat er nun als Pilger das Tugendleben des Mönchs auf sich genommen: Lebewesen umbringen hat er verworfen; Lebewesen umbringen widerstrebt ihm; gewaltfrei, waffenlos, fühlsam, voll Teilnahme hegt er Mitempfinden mit allem, was lebt. — Nichtgegebenes nehmen hat er verworfen, Nichtgegebenes nehmen widerstrebt ihm: Gegebenes nur nimmt er, Gegebenes wartet er ab, nicht diebisch gesonnen, sanft geworden in sich selber. — Die Unkeuschheit hat er verworfen; er lebt in Reinheit, abgeschieden, der weltübliche Umgang der Geschlechter widerstrebt ihm. — Das Lügen hat er verworfen, Unwahrhaftigkeit widerstrebt ihm. Er pflegt die Wahrheit zu sagen, ist eins mit der Wahrheit; standhaft, vertrauenswürdig, hat nichts zu tun mit den üblichen weltlichen Ungeradheiten. — Das Hintertragen hat er verworfen, Hintertragen widerstrebt seinem Wesen; es ist nicht seine Art, was er hier gehört hat, den anderen zu erzählen, um sie mit diesen zu entzweien, und was er bei den anderen gehört hat, hier zu erzählen, um diese mit den andern zu entzweien; er ist ein Friedensstifter für Entzweite, ein Festiger für Verbundene, an Eintracht hat er Freude, Eintracht macht ihn glücklich, in der Eintracht findet er Befriedigung, eine Eintracht stiftende Sprache führt er. — Verletzende Worte zu sprechen hat er verworfen, verletzende Worte sprechen widerstrebt ihm. Worte, die nicht verletzen, dem Ohr wohl tun, liebevoll, zu Herzen gehen, höflich, viele erfreuen, viele erheben – solche Worte spricht er. — Leeres Geschwätz hat er verworfen, leeres Gerede widerstrebt ihm. Seine Art ist es, zur rechten Zeit zu sprechen, so wie es ist, der Lehre und Ordnung getreu. Seine Rede ist reich an Bewahrenswertem, kommt zur rechten Gelegenheit, ist

20 *sukha-paṭisaṃvedī brahmabhūtena attanā viharati*; das ist der Zustand des Geheilten.

wohlbegründet, klar abgegrenzt, umfassend, zum Ziel helfend. — Sich mit Sämereien und Pflanzungen abzugeben, widerstrebt ihm. — Zu einer Tageszeit nur nimmt er Nahrung zu sich, nachts ist er nüchtern. Essen zur Unzeit hat für ihn keinen Reiz.[21] *Zerstreuungen wie Tanz, Gesang, Spiel, Schaustellungen besuchen widerstrebt ihm. Duftstoffe, Schmuck, besondere Kleider und Blumen verwenden widerstrebt ihm. Hohe, üppige Lagerstätten benutzen, Geld und Gut, rohes Getreide, rohes Fleisch, Frauen und Mädchen, Diener und Dienerinnen annehmen widerstrebt ihm. Ziegen und Schafe, Hühner und Schweine, Elefanten, Rinder und Rosse, Haus und Feld annehmen, Botschaften, Sendungen und Aufträge übernehmen, Kauf und Verkauf widerstrebt ihm. Falsches Maß und Gewicht, die krummen Wege der Unaufrichtigkeit, Unehrlichkeit, der Täuschung und des Betruges widerstreben ihm. Zerstören, Töten, Gefangennehmen, Rauben, Plündern, jede Gewalt widerstrebt ihm. Er ist zufrieden mit dem Gewand, das seinen Leib deckt, mit der Almosenspeise, die seinen Körper ernährt. Wohin er auch wandert, nur damit versehen wandert er. Wie ein gefiederter Vogel, wohin er auch fliegt, nur mit der Last seiner Federn fliegt, so ist der Mönch zufrieden mit dem Gewand, das seinen Leib deckt, mit der Almosenspeise, die seinen Körper ernährt. Wohin er auch wandert, nur damit versehen wandert er. Wenn er zu dieser Entwicklung des tauglichen Verhaltens erwachsen ist, dann empfindet er das innere Wohl der Gewissensreinheit.*

Hat er mit dem Augsinn eine Gestalt erblickt, mit dem Ohrsinn einen Ton gehört, mit dem Nasensinn einen Duft gerochen, mit dem Zungensinn einen Geschmack geschmeckt, mit dem Körpersinn eine Tastung getastet, mit dem Geistsinn ein Ding erfahren, so geht er weder der Erscheinung nach noch dem, was ihm dabei einfällt. Da Gelüste und Missmut, üble, heillose Gedanken den überwältigen, der die Sinne nicht bewacht, tritt er in diese Bewachung ein, bewacht den Augsinn, den Ohr-, Nasen-, Zungen-, Körper- und Geistsinn, gelangt zu dieser Bewachung der Sinne. Wenn er in diese heilende Zügelung der Sinne hineingewachsen ist, dann erwächst ihm ein reines Wohl, das durch nichts zum Zerfließen gebracht werden kann (an-avajja-sukha).

Klarbewusst handelt er beim Kommen und Gehen, beim Hinblicken und Wegblicken, beim Strecken und Beugen, beim Tragen von Ordensgewand und Almosenschale, Essen und Trinken, Kauen und Schmecken, beim Ausscheiden von Kot und Urin; beim Gehen, Stehen, Sitzen, Einschlafen und Aufwachen, Reden und Schweigen handelt er klarbewusst.

Wenn er erwachsen ist zu der Gesamtheit dieser heilenden Tugenden, zu der Gesamtheit dieser heilenden Zügelung der Sinne, zu diesem heilenden Klarbewusstsein in Wahrheitsgegenwart, dann zieht er sich an einen abgelegenen Platz zurück: in einen Wald, unter einen Baum, auf einen Berg, in eine Höhle, in eine Gebirgsschlucht, auf einen Friedhof, in den Dschungel, auf ein Streulager im Freien. Dort setzt er sich nach dem Mahl, wenn er vom Almosengang zurückgekehrt ist, mit gekreuzten Beinen nieder, den Körper gerade aufgerichtet, und hält die Wahrheitsgegenwart bei sich.[22] *Er hat Weltlust verworfen, mit von Weltlust freiem Gemüt verweilend, läutert er sein Herz von Weltlust. Übelwollen hat er verworfen; voll Mitempfinden und Liebe zu allen Wesen, läutert er das Herz von Übelwollen. Träges Beharren im Gewohnten hat er verworfen. Frei von Trägheit verweilt er, Erhellung wahrnehmend (āloka-saññī), in Wahrheitsgegenwart, klarbewusst, läutert er das Herz vom Beharren im Gewohnten. Erregbarkeit, geistige Unruhe hat er verworfen, unerregt verweilt er, beruhigten Herzens läutert er das Herz von Erregbarkeit, geistiger Unruhe. Daseinszweifel und -sorgen*[23] *hat er verworfen; Daseinszweifel und -sorgen hat er überstiegen; ohne*

21 Hier heißt es nicht, wie bei den allgemeinen Untugenden oder schweren Mönchsvergehen: *»paṭi-virato«* = »es widerstrebt ihm 'durch und durch' (= *paṭi*)«, sondern nur *»vi-rato«* = »es hat keinen Reiz für ihn«.

22 *parimukhaṃ*, wörtlich zwar »um den Mund herum«, aber fast nur im übertragenem Sinne von »gegenüber« gebräuchlich, hier etwa: *»das, was ist, aus dem Abstand des ›Gegenüber‹ betrachtend«.*

23 Daseinszweifel sind Zweifel an den vier Heilswahrheiten, vgl. M 142 (*ni-k-kankhā; – als 4.*

Wenn und Aber über das, was zum Heil taugt, läutert er das Herz von Daseinszweifel und -sorgen. Nachdem er diese fünf Hemmungen aufgehoben[24] *und als schwächende (dubbalikaraṇe) Trübungen des Gemüts (cetaso uppakilese) kennen gelernt hat*[25]*, verweilt er, abgelöst von Sinnenwünschen, abgelöst von allen heillosen Gesinnungen und Gedanken, mit stillem Denken und Sinnen in seligem weltabgelöstem Hochgefühl (pīti), im ersten Grad der weltlosen Entrückung. Nach Verebben auch des Denkens und Sinnens weilt er in innerer Gelöstheit, in der Einigung des Gemütes, in dem von Sinnen und Denken freien, aus der Einigung geborenen seligen Hochgefühl, im zweiten Grad der weltlosen Entrückung. Wenn auch das Hochgefühl vom Reiz des Besonderen frei geworden ist, verweilt er in ausgeglichenem Frieden, klarbewusst, in einem solchen den ganzen Körper durchdringenden Wohlsein, dass die Heilsgänger sagen: ›Dem in ausgeglichenem Frieden (upekhāko) in Wahrheitsgegenwart Lebenden ist wohl‹, im dritten Grad der weltlosen Entrückung. Nachdem er über Wohl und Weh hinausgestiegen ist, alle einstige geistige Freudigkeit und Traurigkeit gestillt hat, verweilt er nun in der von allem Wohl und Weh befreiten reinen Erhabenheit, im vierten Grad der weltlosen Entrückung.*

Nachdem sein Herz solcherart geeint, geläutert, gereinigt, fleckenlos, trübungsfrei, sanft, fügsam und ohne Willkür, vollkommen still geworden ist, da richtet er es auf die erinnernde Erkenntnis früherer Daseinsformen. So kann er sich an manche frühere Daseinsform erinnern wie an eine Wiedergeburt, dann an zwei Wiedergeburten, dann an drei, vier, fünf Wiedergeburten, dann an zehn, zwanzig, dreißig, vierzig, fünfzig Wiedergeburten, dann an hundert, dann an tausend, dann an hunderttausend Wiedergeburten, dann an die Zeiten während mancher Weltausbreitungen, dann an die Zeiten während mancher Welteinswerdungen, dann an die Zyklen mancher Weltausbreitungen-Welteinswerdungen: ›Dort war ich, jenen Namen hatte ich, jener Familie gehörte ich an; das war mein Stand, so habe ich meinen Unterhalt bestritten, solches Wohl und Weh habe ich erfahren, so war mein Sterben; dort verschieden, trat ich anderswo wieder ins Dasein; dort war ich nun, jenen Namen hatte ich, jener Familie gehörte ich an; das war mein Stand, so habe ich meinen Unterhalt bestritten, solches Wohl und Weh habe ich erfahren, so war mein Sterben; dort verschieden, trat ich anderswo wieder ins Dasein.‹ So erinnert er sich mancher verschiedener früherer Daseinsform mit je den eigentümlichen Merkmalen, mit je den besonderen Beziehungen.

Nachdem sein Herz solcherart geeint, geläutert, gereinigt, fleckenlos, trübungsfrei, sanft, fügsam und ohne Willkür, vollkommen still geworden ist, da richtet er es auf die Erkenntnis des Dahinschwindens und Wiedererscheinens der Wesen. So kann er mit dem himmlischen Auge, dem geläuterten, über menschliche Grenzen hinausreichenden die Wesen dahinschwinden und wieder erscheinen sehen: gemein, edel, schön, unschön – je nach dem Wirken sieht er die Wesen dahinschwinden und wieder erscheinen: ›Diese lieben Wesen sind freilich in Taten, Worten, Gedanken dem Schlechten zugetan, sie missbilligen die Heilsgänger, hegen falsche Ansicht, kommen aus falscher Ansicht zu falschem Wandel; beim Absterben des Körpers, jenseits des Todes gelangen sie auf den Abweg, auf schlechte Bahn, zur Tiefe hinab in eine Schmerzenswelt. Jene lieben Wesen aber sind in Taten, Worten, Gedanken dem Guten zugetan. Sie missbilligen nicht die Heilsgänger, hegen rechte Ansicht, kommen aus rechter Ansicht zu rechtem Wandel; beim Absterben des Körpers, jenseits des Todes gelangen sie auf eine gute Bahn, in himmlische Welt.‹ So sieht er die Wesen je nach dem Wirken dahinschwinden und wieder erscheinen.

Nachdem sein Herz solcherart geeint, geläutert, gereinigt, fleckenlos, trübungsfrei, sanft, fügsam und ohne Willkür, vollkommen still geworden ist, da richtet er es auf die Erkenntnis des Versiegens

Hemmung = vicikicchā –) und (mit Gleichnis) D 11, siehe unten im 12. und 15. Gespräch.

24 *pahāya* = Gerundium von *pajahati* = »aufheben«.

25 *paññāya* ist Gerundium von *pajjānāti* = »kennen lernen, wissen« (vgl. KEN: »... kennen gelernt hat ...«).

der Beeinflussungen (Triebe): ›Das ist das Leiden‹, erkennt er der Wirklichkeit gemäß. ›Das ist die Leidensentwicklung‹, erkennt er der Wirklichkeit gemäß. ›Das ist die Leidensauflösung‹, erkennt er der Wirklichkeit gemäß. ›Das ist die zur Leidensauflösung führende Vorgehensweise‹, erkennt er der Wirklichkeit gemäß. ›Das sind die Beeinflussungen‹, erkennt er der Wirklichkeit gemäß. ›Das ist die Entwicklung der Beeinflussungen‹, erkennt er der Wirklichkeit gemäß. ›Das ist die Auflösung der Beeinflussungen‹, erkennt er der Wirklichkeit gemäß. ›Das ist die zur Auflösung der Beeinflussungen führende Vorgehensweise‹, erkennt er der Wirklichkeit gemäß. So erkennend, so sehend, wird das Herz erlöst von allen Beeinflussungen durch Sinneswünsche, erlöst von allen Beeinflussungen durch Werden, erlöst von allen Beeinflussungen durch Wahn. Wenn es erlöst ist, dann ist das Wissen: ›Es ist erlöst.‹ Zersprengt ist die Wiedergeburt, vollendet das brahmische Leben, die Aufgabe gelöst. ›Nicht mehr ist diese Welt‹, versteht er nun. Der wird ein Mensch genannt, der kein Selbstquäler ist, nicht eifrig bemüht, sich selber Plage und Qual zu bereiten, und kein Quäler der Mitwesen, nicht eifrig bemüht, anderen Plage und Qual zu bereiten, sondern ohne Selbstqual, ohne Nächstenqual schon in diesem Leben gestillt ist, die Glut gelöscht hat, kühl geworden, durch und durch Wohl empfindend, weil er aus sich selber zum Höchsten erwachsen ist.«

Auf diese Rede sprachen die brahmanischen Hausväter von Sālā: »Wunderbar, Herr Gotamo, wunderbar, Herr Gotamo: Wie wenn einer Umgestürztes wieder aufrichtete, Verdecktes enthüllte, einem Verirrten den Weg zeigte, ein Licht in die Finsternis hielte: ›Wer Augen hat, kann die Formen sehen‹, so ist vom Herrn Gotamo die Lehre in vielfacher Weise gezeigt worden. Beim Erhabenen nehmen wir Zuflucht, Herr Gotamo, bei der Lehre und beim Mönchsorden. Als seine Schüler möge uns der Herr Gotamo betrachten, die von heute an danach zu leben begonnen haben.«

Hans: Da hat der Buddha nun einfachen Hausvätern den ganzen Heilsweg seiner Mönche bis zum letzten Ziel gezeigt, und sie waren davon so erhoben, dass sie zu ihm Zuflucht genommen haben! Das berührt mich mehr als alles, was ich je gehört habe. Aber ich habe nicht viel davon verstanden. Haben das denn diese Hausväter wirklich fassen können?

Fritz: Kaum. Aber mit diesem Gesamtüberblick senkte der Erwachte in die Zuhörer wieder einen jener »Keime« der Anleitung, von denen wir schon gesprochen haben: Was sie jetzt noch nicht ganz verstehen, wird ihnen später aufgehen, wenn sie durch Tugend und Herzensläuterung ihre Verständniskraft weiter gestärkt haben, bestärkt durch den Blick auf die Möglichkeit des Weiterlebens jenseits des Todes nach dem Gesetz von Saat und Ernte – und manche von ihnen mit einem fernen Ahnen, dass man der ganzen Existenz mit ihren Leiden ein Ende in Frieden machen kann – in ewigem Frieden. Schon jetzt lassen diese Fernblicke eine Ahnung von der Wachheit des Vollendeten aufgehen. Der Erwachte hat diese Hausväter im *ersten* Hauptteil der Rede gelehrt, ernsthaft auch mit Daseins-*Möglichkeiten* zu rechnen, über die sie bisher weder Wissen noch Glauben noch Erfahrungen hatten. Im *zweiten* Hauptteil der Rede zeigte er ihnen mit dem Überblick über den Tathāgata-Gang seiner Mönche, dass es *über* allem Meinungsstreit der vielen anderen Asketen einen widerspruchsfreien *Heilsweg* gibt, der »Hand und Fuß« hat und auf dem man die Daseinsmöglichkeiten erproben und – von Wohl zu Wohl vorschreitend – den ewigen Frieden erreichen kann – in der Askese sogar schon in diesem jetzigen Leben. Aber, wie gesagt, in andern Reden zeigt der Erwachte, dass man auch in der Häuslichkeit die endgültige Sicherheit gewinnen kann, nach einer begrenzten Zahl von Wiedergeburten, nie unterhalb des Menschentums, dieses letzte Ziel zu erreichen.

Hans: Du hast ja gesagt, Fritz, die bloße Hypothesenabwägung und Folgenabschätzung ist für die Hausväter, die nicht schon in diesem Leben das letzte Ziel erreichen können, noch nicht das letzte Wort. Sie soll nur einen klaren Weg für die Zwischenzeit zeigen, in der sie noch keine eigenen Erfahrungen haben. Was muss man denn tun, um von bloßer Hypothesenbildung und Risikoabwägung zur *Wahrheitserkenntnis* zu kommen?

Fritz: Das erklärt der Erwachte umfassend in der Rede

M 95 – CANKI.

Sie ist in WW, 1981, S. 426 ff. so gründlich besprochen, dass ich mich hier auf den Hauptteil beschränken kann, den richtigen Umgang mit der *Wahrheit*: — Der Erwachte mit vielen Mönchen hielt sich bei einem Brahmanendorf im Land Kosalo auf. Dort tagte ein Kongress von an die fünfhundert Brahmanen. Die Einwohner hatten von dem wunderbaren Ruf des Buddha gehört und zogen hinaus, ihn zu besuchen. Das sah der angesehene Brahmane Caṇki von seiner Dachterrasse aus und wollte sich anschließen. Die Kongressteilnehmer hielten das für unter der Würde eines Brahmanen. Doch Caṇki überzeugte sie auf Grund der ihm noch gegenwärtigen uralten Maßstäbe von wahrer Größe in einer meisterlichen, zu Herzen gehenden Rede von dem einmaligen Rang dieses großen Asketen. An dieser Stelle nehmen wir den Faden des Berichtes auf:

»Und der Brahmane Caṇki, begleitet von der großen Schar der Brahmanen, begab sich zum Erhabenen, begrüßte den Erhabenen ehrerbietig, wechselte höfliche, freundliche Worte mit ihm und setzte sich seitwärts. Der Erhabene saß gerade mit alten, erfahrenen Brahmanen bei einem tiefen Gespräch zusammen. In der Versammlung saß auch ein junger Brahmane namens Kāpaṭhiko, 16 Jahre alt, mit geschorenem Haupt, schon ein Kenner der Drei Veden samt Erklärungen, Ritual, Lautlehre und Traditionen als fünftem, ein Kenner der Hymnen und der Grammatik, der die Merkmale des großen Mannes mit Weltwissenschaft erklärte.[26] *Der hatte während des Gesprächs immer wieder Einwürfe gemacht. Da mahnte ihn der Erhabene: ›Der ehrwürdige Bhāradvājo wolle während des Gesprächs der alten erfahrenen Brahmanen von Einwendungen absehen. Wolle der ehrwürdige Bhāradvājo*[27] *das Ende des Gesprächs abwarten.‹ Als das der Brahmane Caṇki hörte, sprach er zum Erhabenen: ›Der Herr Gotamo wolle den jungen Brahmanen Kāpaṭhiko nicht mahnen: ein edler Spross ist Kāpaṭhiko, hat viel gelernt; er ist gelehrt, weiß sich gut auszudrücken; Kāpaṭhiko ist durchaus in der Lage, bei einem Gespräch mit dem Herrn Gotamo Rede und Antwort zu stehen.‹ Dem Erhabenen aber war klar: ›Der junge Brahmane Kāpaṭhiko hat sich gewiss die Kenntnis des Wortlauts der Drei Veden erworben; deshalb schätzen ihn die Brahmanen so hoch.‹ Kāpaṭhiko aber nahm sich vor: ›Sobald der Asket Gotamo mich ansieht, werde ich ihm eine Frage stellen.‹ Der Erhabene erkannte durch das Gemüt den Gemütszustand und die Überlegung des jungen Brahmanen und sah ihn an. Da sprach Kāpaṭhiko zum Erhabenen:*

›Was die uralten Spruchlieder der Brahmanen angeht, Herr Gotamo, die vom Hörensagen nach alter Tradition weitergegeben werden und wobei die Brahmanen sich einig sind in dem Schluss: 'Dies nur ist Wahrheit, alles andere ist Täuschung' – was hält der Herr Gotamo davon?‹ — ›Wie ist das, Bhāradvajo: ist dir unter den Brahmanen schon einmal einer begegnet, der gesagt hat: 'Ich selber weiß das, ich selber sehe das; dies nur ist Wahrheit, alles andere ist Täuschung?'‹ — ›Nein, Herr Gotamo.‹ — ›Wie ist das, Bhāradvajo: Gibt es unter den Brahmanen auch nur einen Meister oder Altmeister bis zum siebten Großmeisterahnen hinauf, der gesagt hat: 'Ich selber weiß es, ich selber sehe es: dies nur ist Wahrheit, alles andere ist Täuschung'?‹ — ›Nein, Herr Gotamo.‹ — ›Wie ist das, Bhāradvajo, die da vormals der Brahmanen Seher waren, die Verfasser der Sprüche, Verkünder der Sprüche, deren uralte Spruchlieder, wie sie gesungen, ausgesprochen, gesammelt wurden, die Brahmanen hier und heute ihnen nachsingen und -sagen, das Gesagte weitersagen, das Gelernte weiterlehren, als da waren Aṭṭhako, Vāmako, Vāmadevo, Vesāmitto, Yamataggi, Aṇgirāso, Bhāradvajo, Vāseṭṭho, Kassapo, Bhagu: haben die etwa gesagt: 'Wir wissen es selber, wir sehen es selber: Dies nur ist Wahrheit, alles andere ist Täuschung'?‹ — ›Das wohl nicht, Herr Gotamo.‹ —

26 Näheres HHMerkmale, S. 13 f.

27 Name des alten Brahmanenstammes, dem Kāpaṭhiko angehörte.

›Es gibt also unter den Brahmanen, ihren Meistern oder Altmeistern bis zum siebten Großmeisterahnen hinauf und unter denen, die da vormals der Brahmanen Seher waren, unter den Verfassern und Verkündern der Sprüche … keinen einzigen, der gesagt hätte: 'Wir wissen es selber, wir sehen es selber: Dies nur ist Wahrheit, alles andere ist Täuschung'! — Das ist wie eine Reihe von Blinden, wo einer sich am anderen anklammert, und der Vorderste sieht nicht, der Mittlere sieht nicht und der Letzte sieht nicht. Ebenso, einer Reihe von Blinden gleich, kommt das Gerede der Brahmanen daher: Der Vorderste sieht nicht, der Mittlere sieht nicht und der Letzte sieht nicht. Was meinst du denn: Ist da nicht das Vertrauen der Brahmanen ohne Grundlage?‹ — ›Die Brahmanen üben ihren Kult ja nicht nur aus Vertrauen aus, Herr Gotamo, sondern auch aus alter Tradition.‹ — ›Erst bist du auf das Vertrauen gekommen, dann redest du von Tradition. — Fünf Haltungen gibt es, die schon in dieser Welt zweierlei Ausgang haben können:

(1) Vertrauen (saddhā), (2) Faszination[28], (3) Tradition (anussava), (4) über das Wesen von etwas rundum nachdenken[29], (5) sich durch Geltenlassen mit einer Ansicht befreunden. Diese fünf Haltungen können schon in dieser Welt zweierlei Ausgang haben:

Denn man kann zu etwas noch so viel Vertrauen haben – es kann doch leer und eingebildet und täuschend sein; aber auch wenn man etwas nicht traut, kann es doch wirklich und echt und wahr sein (1). Man kann von etwas noch so fasziniert sein, und es kann doch leer und eingebildet und täuschend sein; aber auch wenn etwas nicht fasziniert, kann es doch wirklich und echt und wahr sein (2). Es kann etwas noch so alte Überlieferung sein, und es kann doch leer und eingebildet und täuschend sein; aber auch wenn etwas nicht überliefert ist, kann es doch wirklich und echt und wahr sein (3). Man mag über das Wesen von etwas noch so viel selber nachgedacht haben, und es kann doch leer und eingebildet und täuschend sein; aber auch wenn man über das Wesen von etwas nicht nachgedacht hat, so kann es doch wirklich und echt und wahr sein (4). Man kann sich noch so sehr durch Geltenlassen mit einer Ansicht befreundet haben – es kann doch leer und eingebildet und täuschend sein; aber auch wenn man sich nicht durch Geltenlassen mit einer Ansicht über etwas befreundet hat, kann es doch wirklich und echt und wahr sein(5). Wer aber die Frage nach der Wahrheit nie aus dem Auge verliert, ein besonnener Mann, der zieht da nicht gleich den einseitigen Schluss: 'Dies nur ist Wahrheit, alles andere ist Täuschung.'‹« —

HANS: Das knüpft ja genau an die dogmenfreie Lehrdarlegung an: Wo man selber keine Erfahrung hat, keine einseitigen Schlüsse ziehen! Ich las kürzlich von einem Ordinarius für Mathematik an der Universität Bochum folgende Begriffsbestimmung der Ideologie: *»Ideologie ist der Versuch, Wahrheit in intellektuell verstehbaren Sätzen zu formulieren und die formulierte Wahrheit für absolut und verbindlich zu erklären.«*[30] Hier gibt also der Buddha nicht nur eine Methode zur hypothetischen Folgenabschätzung, sondern zum *ideologiefreien* Herankommen an die Wahrheit!

RUTH: Noch mehr: einen Überblick über alle Methoden der Wissenschaft aller Zeiten und Kulturen:

• Vertrauen, *Glaube* ist die Grundlage der Theologie und war im Christentum lange die einzige legitime Methode der Wissenschaft. Im Islam scheint es zum Teil noch bis heute so zu sein.

28 *ruci*, wörtlich »Licht«, »Glanz«.

29 *Ākāra-parivitakka*: *ākāra* = »Zustand, Verfassung, Eigentümlichkeit, Qualität, Merkmal, Anzeichen, Erscheinungsform, Form, Art und Weise, Ursache, Grund«. Für dieses verschwommene Wort bietet die deutsche Sprache ein ebenso verschwommenes Wort an: das »Wesen« von etwas; *pari* = »rundum«, *vitakka* = »denken« (von *takkati* = »um- und umdrehen«, auch »spinnen«).

30 Günter Ewald: Naturwissenschaftliche und religiöse Ideologien, EZW, *Impulse* Nr. 35 (III/1993).

• *Faszination* ist auch heute das Hauptmotiv bei der Auswahl der Forschungsgegenstände.

HANS: Das wird aber mehr für die Geisteswissenschaften gelten. Bei Mathematik und Naturwissenschaften geht es doch ganz nüchtern zu.

FRITZ: Dann hör mal, was ein Mathematikprofessor dazu sagt: *»Naturwissenschaftler und Mathematiker müssen die Tatsache ernster nehmen, dass das, was wir tun, immer auch bestimmt wird durch das, was uns gefällt, dass unsere wissenschaftliche Arbeit von Neigungen und Ablehnungen beeinflusst wird, die sich außerhalb wissenschaftlicher Kategorien entwickeln.«*[31]

RUTH: Genau, was der Erwachte vor 2.500 Jahren gesagt hat. Aber weiter in unserer Zusammenfassung:

• Die *Tradition* in der Wissenschaft verhindert zwar manchmal, dass gleich jede halbverdaute neue Beobachtung oder Hypothese zur Grundlage teurer Forschungen und weitreichender Entscheidungen gemacht wird. Andererseits werden altehrwürdige Dogmen oft erst nach sehr langer Zeit aufgegeben – wenn überhaupt.

• Aber mit dem Hinweis auf die Doppelgesichtigkeit des *Nachdenkens* über das Wesen von etwas hebt ja der Buddha die Methode der Philosophen aus den Angeln, die so lange glaubten, das bloße begriffliche Denken sei ein Weg, ja der einzige Weg, die Wahrheit zu finden.

• Und sich durch Geltenlassen mit einer Arbeitshypothese so anzufreunden, dass der Hypothesencharakter vergessen wird, kann ebenfalls zweierlei Ausgang haben.

Überraschend ist für mich, dass der Buddha nicht sagt, diese fünf Methoden der Wahrheitssuche könnten nur falsche Ergebnisse liefern, sondern er sagt, sie könnten richtige oder falsche Ergebnisse liefern, seien also ambivalent. Dann ist es ja gar nicht so verkehrt, dass Philosophie und Wissenschaftstheorie, die keine anderen Methoden kennen, längst ausdrücklich den Anspruch aufgegeben haben, die Wahrheit zu finden. Sie haben also nicht nur »die Wahrheit aus dem Auge verloren«, sondern sie bewusst aus dem Auge entfernt! Aber nun tut der Buddha ein gewaltiges Tor auf: Er erklärt es nicht nur im Hinblick auf die Ambivalenz dieser fünf Methoden für falsch, einseitige Schlüsse zu ziehen – das haben auch andere getan und dann mit Pilatus resigniert: *»Was ist Wahrheit?«* –, sondern er verspricht zu sagen, wie man die Wahrheit im Auge behält! Da bin ich aber gespannt, wie das geht.

FRITZ: Dass dieser Überblick auch alle heutigen Methoden der versuchten Annäherung an die Wahrheit umfasst, zeigt die *Zeitlosigkeit* der Lehre. Damals freilich war damit ein viel weiteres Feld der Bemühung um Wissen umrissen. Heute sucht man – trotz allen Redens über »Ganzheitlichkeit« – nur innerhalb dieses einen Körperlebens, und auch hier fast nur bei dem, was die fünf körperlichen Sinne unmittelbar wahrnehmen oder was Denken aus Veränderungen an sinnlich wahrnehmbaren Messinstrumenten an Zählbarem und Messbarem herausdeutet (oder hineindeutet). Zur Zeit des Buddha umfasste dagegen das Feld, auf dem versucht wurde, mit diesen fünf zweischneidigen Methoden zu Wissen zu kommen, vor allem auch den heute weitgehend unbekannten Kontinent des *»Inneren«*, weder Mess- noch Zählbaren. Nun sehen wir, welch großgearteter Mensch dieser gelehrte Sechzehnjährige mit seinem jugendfrischen, durch keine Routinen verbogenen Geist ist: Kāpaṭhiko lässt sich nicht verwirren von dem Vielheitswust, zu dem die bisher beschriebenen Methoden führen, sondern fragt pfeilgerade drei Mal – so wichtig ist es ihm –:

»Wie verliert man die Wahrheit nicht aus dem Auge, Herr Gotamo? Wie behält man sie im Auge? Wir fragen den Herrn Gotamo, was bedeutet: die Wahrheit im Auge behalten?«

»Wenn ein Mensch Vertrauen hat, dann soll er sich darüber klar sein und sagen: ›Jetzt habe ich Vertrauen.‹ — Wenn er sich mit etwas aus Faszination befasst, dann soll er sich darüber klar sein

31 H.O. Peitgen: Die Vollkommenheit naturwissenschaftlicher Erkenntnis ist eine Fiktion (Interview), *Universitas* 7/1994, S. 691 ff. (693).

und sagen: ›Damit befasse ich mich aus Faszination.‹ Wenn er der Tradition folgt, dann soll er sich darüber klar sein und sagen: ›Jetzt folge ich der Tradition.‹ — Wenn er über das ›Wesen‹ von etwas rundum nachdenkt, dann soll er sich darüber klar sein und sagen: ›Jetzt denke ich über das 'Wesen' von etwas nach.‹ — Wenn er sich durch Geltenlassen mit einer Anschauung befreundet hat, dann soll er sich darüber klar sein und sagen: ›Jetzt habe ich mich durch Geltenlassen mit einer Anschauung befreundet.‹ Damit behält er die Wahrheit im Auge, nicht aber, wenn er gleich den einseitigen Schluss zieht: ›Dies nur ist Wahrheit, alles andere ist Täuschung.‹ Das ist es, was ich nenne: ›die Frage der Wahrheit im Auge behalten‹ – aber das ist noch nicht die Wahrheitserkenntnis.«

HANS: Wie viel Leid wäre erspart worden, wenn man bei jenen fünf vom Buddha genannten ambivalenten Methoden »*die Wahrheit im Auge behalten*« hätte, statt einseitige Schlüsse zu ziehen: So aber rauchten auf Grund einseitiger Urteile aus missleitetem *Glauben* die Scheiterhaufen. Weil die *Faszination* des Forschungsgegenstandes blind machen kann oder weil Aussagen der wissenschaftlichen *Tradition* entsprechen, werden Menschen auf Grund einseitiger Gutachten von Kapazitäten verurteilt und ins Unglück gestürzt, »*weil nicht sein kann, was nicht sein darf*«, und werden Warnungen unterschätzt. — Aus spekulativem bloßem *Nachdenken* sind Ideologien wie Nationalsozialismus und Marxismus-Leninismus hervorgegangen. Und die Entwicklung bloßer Hypothesen zu Dogmen hat uns milliardenteure Atomruinen und dic Conterganinder gebracht – von unzulässig vereinfachten »Modellrechnungen« und »Computersimulationen« ganz zu schweigen, die folgenschweren politischen oder wirtschaftlichen Entscheidungen zugrunde gelegt werden. Beim Buddha dagegen: welche Klarheit über die Methoden und ihre Zweischneidigkeit. Da wird *nicht* die Landkarte für das Land gehalten, wie so oft in der heutigen Wissenschaft, wenn vereinfachte Erklärungsmodelle behandelt werden wie die Wirklichkeit selber. Und dann noch die Klarstellung des Buddha, dass das Bewusstsein der jeweiligen Methode und ihrer Zweischneidigkeit zwar hilft, die Wahrheit »*im Auge zu behalten*«, weil es zum Weiterfragen zwingt, aber nicht schon die Wahrheits-*Erkenntnis* ist! Die wird heute für unmöglich erklärt, und wer danach strebt, gilt als unwissenschaftlicher Utopist oder Phantast.

FRITZ: Viel schwerwiegender als alle äußeren Folgen sind die Auswirkungen auf den Kontinent des *Innern*, wenn wir uns der Zweischneidigkeit aller gängigen Methoden der Wissenssuche nicht stellen, sondern uns bei ihren Ergebnissen beruhigen, daraus einseitige Schlüsse ziehen und alle Möglichkeiten ausschließen, die nicht in unser »Modell« passen. Das hat der junge Brahmane begriffen: »*Das also, Herr Gotamo, heißt die Frage der Wahrheit im Auge behalten. So behält man die Wahrheit im Auge. Das ist es, was wir jetzt verstehen unter ›die Wahrheit im Auge behalten‹. Wie aber wird man zu einem, der die Wahrheit* erkennt, *Herr Gotamo? Wie erkennt man die Wahrheit? Wir fragen den Herrn Gotamo nach dem Erkennen der Wahrheit.«*

»Wenn da in der Nähe eines Dorfs oder einer Stadt ein Mönch weilt und seinen Unterhalt erhält, dann geht ein Hausvater oder Sohn eines Hausvaters zu ihm hin und erforscht ihn nach drei Eigenschaften: nach Eigenschaften, die mit Begehrlichkeit[32]*, Abneigung, Blendung zu tun haben: ›Finden sich bei diesem Ehrwürdigen etwa solche Eigenschaften der Begehrlichkeit, Abneigung, Blendung, dass er, im Herzen von ihnen beherrscht, wenn er nichts weiß, dennoch behaupten könnte, er wisse etwas und wenn er nichts sieht, er sehe etwas, oder dass er andere so anleiten könnte, dass sie dadurch für lange Zeit in Unheil und Leiden geraten könnten?‹ Nun merkt er bei dieser*

32 Hier: *lobha*, statt – wie sonst meist – *rāga*. *Rāga* ist umfassender und reicht über die Sinnenwelt hinaus. Deshalb kann sie von einem Heilsschüler, der einen Lehrer sucht, nicht so gut erkannt werden wie *lobha*, das sinnliche Begehren.

Erforschung: ›Bei diesem Ehrwürdigen finden sich keine solchen Eigenschaften, sondern das Betragen und die Sprache dieses Ehrwürdigen ist wie bei einem von Begehrlichkeit, Abneigung, Blendung Freien. Was aber dieser Ehrwürdige als Wahrheit aufzeigt, das ist eine tiefe Lehre, nicht leicht zu verstehen, nicht leicht zu erkennen, still, erhaben, dem bloßen Denken allein nicht zugänglich, von feinster Genauigkeit, nur vom Weisen (paṇḍitā) erfahrbar; eine solche Lehre kann nicht gut von einem begehrlich Gerissenen dargelegt werden.‹«

RUTH: Wie ist unsere heutige allgemeine Vorstellung von Wahrheit verkommen: wir haben sie der ausschließlichen Zuständigkeit der weltgläubigen »Wissenschaft des Äußeren« ausgeliefert. Als Hans und ich vorhin bei den fünf Punkten, in denen man die Wahrheit im Auge behalten muss, wie selbstverständlich nur Beispiele aus der Wissenschaft brachten, hast du gemahnt, Fritz, es ginge mehr um die »Innenseite«. Jetzt verstehe ich besser, warum: Hier wird nicht der »Gelehrte« angesprochen, nicht einmal in Gestalt des »Denkers«, des Philosophen – nichts, was mit Wissenschaft im heutigen Sinn zu tun hat. Dazu fällt mir ein Ausspruch eines bekannten Psychiaters ein, der gesagt hat: *»Gestern noch war das Universum eine gigantische Maschine, heute ist es ein Hologramm. Wer weiß, mit welcher intellektuellen Rassel wir morgen klappern werden.«*[33] Hier klappert keine intellektuelle Rassel. Man geht zu einem stillen Menschen, der Familie und Besitz hinter sich gelassen hat, um die Wahrheit zu finden. Selbst den prüft man erst, ob er noch durch Begehrlichkeit, Abneigung und Blendung beeinflussbar ist. Das ist eine ganz andere Dimension von Voraussetzungslosigkeit der Wissenschaft – hier endlich wieder verstanden als Suche nach der Wahrheit.

FRITZ: Ja, Ruth. Vom Ende der Hochblüte der abendländischen Mystik bis zur Aufklärung war es nicht darum gegangen, wie es wirklich mit der Existenz ist: Als die einzigen Wahrheiten galten die Inhalte des *Glaubens*. In dieser kirchlichen Dogmatik haben wir die erste der fünf vom Buddha genannten Sperren vor uns, die es unmöglich machen, Wahrheit auch nur im Auge zu behalten, geschweige denn zu erkennen. –

Dann kam Descartes mit einseitigen Schlüssen aus dem »*Nachdenken* über das Wesen«, und zwar über das vermeintlich fundamentalste Unterscheidungsmerkmal, die Spaltung der Erlebniswelt in »*Subjekt*« und »*Objekt*«: *»Ich denke, also bin ich.«* Damit wurde dem *Prozess* »Denken« das Etikett eines dahinterstehenden »Denkers« aufgeklebt, wie wenn man dem Knarren der Tür das Etikett eines dahinterstehenden »Knarrers« aufkleben würde. Solche Einseitigkeit ist das vierte Hindernis, die Wahrheit im Auge zu behalten.

Newton interpretierte ein Jahrhundert später die ganze Welt als einen gigantischen Mechanismus, weil er diese Anschauung gelten ließ. Solche Einseitigkeit ist das fünfte vom Buddha genannte Hindernis, die Wahrheit im Auge zu behalten.

In diesen einseitigen geistes- und naturwissenschaftlichen Systemen forschten Generationen von Wissenschaftlern bevorzugt über die Gegenstände ihrer *Faszination* (zweites Hindernis, die Wahrheit im Auge zu behalten) und bildeten bis heute fortwirkende *Traditionen* zur Bewahrung dieser Einseitigkeit (drittes Hindernis). —

So erklärt die zeitlose Wissenschaftskritik des Erwachten bereits vor 2.500 Jahren die Zwangsläufigkeit, mit der die Wissenschaft nicht nur die Zweischneidigkeit ihrer Methoden vergessen und die Wahrheit nicht nur aus dem Auge verloren, sondern aus dem Auge *entfernt* hat. Dem Wahrheitsucher aber ist Wahrheit nur *Heilswahrheit*. Sie findet man zu allen Zeiten nur bei Menschen, die mit ihrem ganzen Leben die Welt des Alltags, der Banalitäten, der Sinne

33 Ronald D. Laing in einem Gespräch mit Frithjof Capra, zitiert bei CapraDenken, S. 145. Ein Hologramm ist ein mit Laserlicht aufgezeichnetes Bild eines Gegenstands, das man projizieren und dann wie zum Greifen dreidimensional betrachten kann, weil jeder Bildteil die Infomation über das ganze Bild enthält (vgl. z. B. die silberglänzenden Symbole auf Bank- und Kreditkarten).

und der Vielfalt übersteigen und der Prüfung durch den Wahrheitsucher standhalten. Auch beim Buddha beginnt Wahrheitserkenntnis nicht mit Glauben, sondern mit prüfender Forschung – aber mit der Erforschung des Lehrers auf Begehrlichkeit, Abneigung und Blendung. Dazu ist ein allzu sehr und allzu oft Geblendeter gar nicht imstande.

Ist der Lehrer geprüft, dann muss auch seine *Lehre* auf den Prüfstand. Dazu gibt der Erwachte mit den Prüfmerkmalen *»eine tiefe Lehre, nicht leicht zu verstehen, nicht leicht zu erkennen, still, erhaben«* einen Maßstab an, der vor Enttäuschungen und Umwegen in *»diesem Meer des Irrtums«* bewahren kann, nämlich: *»dem bloßen Denken allein nicht zugänglich«*, dabei *»von feinster Genauigkeit, vom Weisen erfahrbar«*. Die Prüfung auf diese Merkmale bewahrt vor einseitig intellektuellen Lehren ebenso wie vor esoterischen Verschwommenheiten und erst recht vor Praktiken, die den Weg zum Heil gar durch sinnliche Befriedigung versprechen; denn der Weise, von dem hier die Rede ist (*paṇḍita*), ist nicht der Gelehrte, sondern der Heilssucher, der als Überwinder der Sinnensucht auf dem Weg über Tugend und Herzenseinigung klarer sehend geworden ist. Erst auf einen solchen geistigen Lehrer soll der Wahrheitsucher sich nach dem Rat des Erwachten einlassen in einem zwölfgliedrigen Gang der Selbsterziehung. Dann spricht aber auch das Gemüt dafür. Denn – so heißt es in unserem Text –:

»Hat er ihn nun bei dieser Erforschung geläutert von Eigenschaften der Blendung befunden, dann zieht Vertrauen bei ihm ein.
Aus Vertrauen kommt er aufmerksam zu ihm heran.
Aufmerksam herangekommen, schließt er sich ihm an.
Weil er sich ihm aufmerksam angeschlossen hat, hört er die Lehre.
Mit offenen Ohren nimmt er die Lehre auf.
Wie er sie gehört hat, so behält er die Lehre im Gedächtnis.
Die so bewahrten Lehren prüft er gründlich auf ihren Sinn.
Dem gründlich Prüfenden erschließen sich die Lehren.
Weil sich ihm die Wahrheit erschließt, wird ein neuer Wille geboren.
Ist ein neuer Wille geboren, so wird er entschlossen.
Mit Entschlossenheit wägt er sein Vorgehen ab.
Klar über sein Vorgehen, kämpft er sich vorwärts.
Gründlich und beharrlich arbeitend, erfährt er leibhaftig die höchste Wahrheit, und mit alles durchdringender Klarheit schaut er sie.
So gelangt man zur Erkenntnis der Wahrheit, das ist es, was ich als Wahrheitserkenntnis bezeichne. Aber das Einmünden *in die Wahrheit ist das noch nicht.«*

RUTH Fritz, ist das nicht eine ganz ähnliche Wachstumsreihe wie die Ausbildung der fünf Heils-Sinne, von der wir im Vorgespräch sprachen?

FRITZ: Ja: Dieses prüfende Heranwachsen an die Wahrheitserkenntnis ist im Grund eine Entfaltung der fünf Heil-Sinne: Mit dem ersten von ihnen, dem *Vertrauenssinn*, beginnt es. Der *Energie*-Sinn (Sinn für Kämpfen, für Einsatz der Tatkraft) muss gegen die Hemmung durch Beharren im Gewohnten aufgeboten werden, damit man herankommt, sich anschließt, dann immer wieder hört, aufnimmt, prüft, abwägt, endlich einen neuen »stromentgegengehenden« Willen fasst und sich entschließt; gegen Ende der Reihe wird dann auch das energische Kämpfen als solches genannt. — Die Lehren im Gedächtnis behalten ist eine Anwendung des dritten Heilsinns: des *Sinnes* für *Wahrheitsgegenwart*. — Die höchste Wahrheit »leibhaftig erfahren« kann man nur gesammelt, nicht zerstreut. Dazu braucht man den *Einigungssinn*, den vierten Heilsinn. — Und um die Wahrheit mit durchdringender Klarheit zu schauen, braucht man den fünften Heilsinn: den *Klarwissens-Sinn*.

HANS: Im Westen meint man immer, Erkennen käme in den Intellekt als »Geistesblitz«.

Aber hier sieht man: Damit es überhaupt im Geist »einschlagen kann«, muss der ganze Mensch zumindest vorübergehend zu der betreffenden Zeit von dem Gewühl seiner Gedanken und Dränge zurückgetreten sein, sonst kann die Wahrheit bei ihm gar nicht einschlagen. Aber wenn das Gewühl allzu stark ist, kann er gar nicht von ihm zurücktreten.

RUTH: Und die höchste Wahrheit schlägt nach dem, was du gerade vorgelesen hast, gar nicht im Intellekt ein, sondern *»leibhaftig erfährt er sie«*.

FRITZ: Ja, Ruth. Dies ist nur ein allererster Vorblick, den der Erwachte ja auch einem sechzehnjährigen Brahmanen, hunderten von Teilnehmern eines Brahmanenkongresses und einer ganzen Dorfbevölkerung zugetraut hat. Damit wird auf jeden Fall eines bestätigt: das Erfahren der Wahrheit ist nicht nur eine »intellektuelle« Angelegenheit, sondern das Ergebnis innerer Wandlungen, und als solche ist es eine *»leibhaftige Erfahrung«*; denn sie ist nicht nur ausgedacht und ausgesponnen, sondern ergreift den ganzen Menschen.

RUTH: Ich ahne wieder einmal mehr, als dass ich weiß, was gemeint ist. Aber ich habe doch das Gefühl, etwas verstanden zu haben und bin froh, dass unser Gespräch so weit gekommen ist. Denn in deinem Buch wirst du wohl kaum so in die Tiefe gehen können.

FRITZ: Dafür, dass wir noch im Frühstadium unserer Gespräche sind, gehen diese Gedanken allerdings schon sehr weit. Aber jeder von uns hat sich bis heute schon Gedanken über die Existenz gemacht und mancherlei – Richtiges und Falsches – über die Lehre des Buddha gehört. Als ich vor Jahrzehnten anfing, die Lehrreden zu lesen, habe ich auch das meiste nicht gleich verstanden – oft auch da, wo ich meinte, verstanden zu haben. Vielleicht hätte ich auch das, was ich eben gesagt habe, damals noch nicht recht verstanden, und vielleicht merke ich nach Monaten oder Jahren, dass manches, was in meinem Buch geschrieben werden soll, noch tiefer und genauer gesehen werden kann. Aber wenn nur »die Richtung stimmt«: Die Lehre ist bei aller feinsten Genauigkeit auch »fehlerfreundlich« und von solcher Klärungskraft, dass sie schon »unbearbeitet« in uns weiterwirkt, wenn man nur ihren Kern wirken lässt, nicht verdrängt und vergisst.

HANS: Was für einen Kern?

FRITZ: Um vorläufig nur einige Stichworte zu geben: Weniger Vielfalt, mehr Frieden; weniger Neues dazutun, alles jeweils mich oder andere Bedrängende auflösen; Sich-Stellen, still Zuschauen, Zurücktreten, Loslassen, Ge-Lassenheit; Geduld, Geduld. Der Erwachte bezeichnet es denn auch als ein Kennzeichen des Heilsgängers, dass er, wenn ihm irgendeine Einzelheit noch nicht klar ist, in Ruhe bei sich feststellt: *»Nicht Erkanntes werde ich erkennen.«*[34]

RUTH: Schreib das in dein Buch, damit es niemand an so schwierigen Stellen in die Ecke legt, weil er meint, es sei zu schwierig für ihn.

FRITZ: Das ist eine gute Idee, Ruth. Das werde ich tun. — Wir drei haben ja bisher schon dem Bild, das die Wahrnehmung als »Ich-Welt«-Struktur liefert, nicht mehr so ganz getraut: Uns ist die Ahnung aufgestiegen: Diese »Strukturen« (*»kāya«*) sind kein festes Gewebe aus einer »objektiven Welt« und einem ihr gegenüberstehenden »Subjekt«, sondern wahnhafte *Traumstrukturen*. Diese Ahnung wird sich noch verdichten. Mit ihr tritt man den Traumstrukturen mit mehr Abstand und Gelassenheit gegenüber. Auf jeden Fall können wir schon aus unserm jetzigen Gespräch mitnehmen, dass die Wahrheitserkenntnis auf diesem zwölfgliedrigen Weg organischer Wandlung dem Denken *allein* nicht zugänglich ist: Nötig ist *Transformation* des ganzen Menschen, nicht nur Information. Auch in diesem Sinn ist die Erkenntnis der Wahrheit *»leibhaftige«* Erfahrung. Der junge Kāpathiko hat das offenbar gut verstanden. Als ernster und gründlicher Frager fasst er auch jetzt wieder das Gelernte zusammen:

34 D 33 (III)^{m}.

»So also wird man zu einem, der die Wahrheit erkennt, Herr Gotamo. So erkennt man die Wahrheit. Das ist es, was ich jetzt als Wahrheitserkenntnis verstehe. Was aber heißt: in die Wahrheit einmünden, Herr Gotamo? Inwiefern mündet man in die Wahrheit ein? Wir fragen den Herrn Gotamo nach dem Einmünden *in die Wahrheit.«*

»Eben diese Dinge *pflegen, entwickeln und* immer wieder *ausbilden, das ist das Einmünden in die Wahrheit. Insofern gibt es ein Einmünden in die Wahrheit. So mündet man in die Wahrheit ein; das ist es, was ich das Einmünden in die Wahrheit nenne.«*

»So also wird man zu einem, der in die Wahrheit einmündet, Herr Gotamo. So mündet man in die Wahrheit ein. Das ist es, was ich jetzt als Einmünden in die Wahrheit verstehe. Aber welche Eigenschaft ist immer wieder einzuüben,[35] *Herr Gotamo, um in die Wahrheit einzumünden? Wir fragen den Herrn Gotamo nach der Eigenschaft, die immer wieder einzuüben ist, um in die Wahrheit einzumünden.« — »Um in die Wahrheit einzumünden, ist beharrliches Arbeiten immer wieder einzuüben. Wer sich da nicht durchringt, der kann nicht zur Wahrheit gelangen. Wer aber beharrlich arbeitet, gelangt zur Wahrheit. Deshalb ist, um zur Wahrheit zu gelangen, immer wieder beharrliches Arbeiten zu üben.«*

»Um aber beim beharrlichen Arbeiten zu bleiben, Herr Gotamo, welche Eigenschaft ist dazu immer wieder einzuüben?« — »Das Abwägen, *Bhāradvajo; wer nicht abwägt, arbeitet sich nicht vorwärts. Wer aber abwägt, arbeitet sich vorwärts. Deshalb ist immer wieder Abwägen zu üben, um beim beharrlichen Arbeiten zu bleiben.«*

»Um aber abzuwägen, Herr Gotamo, welche Eigenschaft ist dazu immer wieder einzuüben?« — »Immer wieder das Sich-Entschließen, *Bhāradvājo. Wer sich nicht entschließen kann, der kann nicht abwägen. Wer aber entschlossen ist, kann abwägen. Deshalb ist immer wieder das Sich-Entschließen zu üben, um abwägen zu können.«*

»Um aber entschlossen zu sein, Herr Gotamo, welche Eigenschaft ist dazu immer wieder einzuüben?« — »Um entschlossen zu sein, ist immer wieder der Wille neu *zu fassen. Wer nicht immer wieder den Willen neu fasst, der kann sich nicht entschließen. Wer aber immer wieder den Willen neu fasst, der kann sich entschließen. Deshalb ist für den Gewinn der Entschlossenheit der Wille immer wieder aufs Neue zu fassen.«*

»Um aber den Willen immer wieder neu zu fassen, Herr Gotamo, welche Eigenschaft ist dazu immer wieder einzuüben?« — »Immer wieder die Lehren dem Blick erschließen, *Bhāradvājo. Wer nicht die Lehren immer wieder dem Blick erschließt, der kann keinen neuen Willen fassen. Wer aber die Lehren immer wieder dem Blick erschließt, dem wird der Wille neugeboren. Deshalb sind für den neuen Willen immer wieder die Lehren dem Blick zu erschließen.«*

»Damit sich aber die Lehren dem Blick erschließen, Herr Gotamo, welche Eigenschaft ist dazu immer wieder einzuüben?« — »Immer wieder Sinn und Ziel prüfen, *Bhāradvājo. Wer nicht Sinn und Ziel prüft, dem erschließen sich die Lehren nicht. Wer aber Sinn und Ziel prüft, dem erschließen sich die Lehren. Deshalb muss man, um die Lehren dem Blick zu erschließen, immer wieder Sinn und Ziel prüfen.«*

»Um aber Sinn und Ziel zu prüfen, Herr Gotamo, welche Eigenschaft muss man dazu immer wieder einüben?« — »Sich immer wieder die Lehren einprägen, *Bhāradvājo. Denn wenn man die Lehren nicht behält, dann kann man nicht Sinn und Ziel prüfen. Wer aber die Lehren behält, der kann Sinn und Ziel prüfen. Deshalb muss man sich die Lehren immer wieder einprägen, damit man Sinn und Ziel prüfen kann.«*

»Um aber die Lehren behalten zu können, Herr Gotamo, welche Eigenschaft muss man dazu immer wieder einüben?« — »Immer wieder die Lehre hörend aufnehmen, *Bhāradvājo. Denn wenn man die Lehre nicht hörend aufnimmt, dann kann man sie nicht behalten. Wer aber die Lehre*

35 *bahukāra*, wörtlich: »viel« oder »oft« zu bewirken, also zu wiederholen.

hörend aufnimmt, der behält sie im Gedächtnis. Deshalb muss man immer wieder die Lehre hörend aufnehmen, damit man sie behalten kann.«

»Um aber die Lehre hörend aufnehmen zu können, Herr Gotamo, welche Eigenschaft muss man dazu immer wieder einüben?« — »Ihr immer wieder aufmerksam lauschen, *Bhāradvājo. Denn lauscht man der Lehre nicht aufmerksam, dann kann man sie nicht hörend aufnehmen. Wer aber der Lehre aufmerksam lauscht, der nimmt sie beim Hören auf. Deshalb muss man immer wieder der Lehre aufmerksam lauschen, damit man sie beim Hören aufnimmt.«*

HANS: Das hört sich aber anders an, als was mir manche buddhistische Freunde entgegenhalten, wenn ich erzähle, dass wir uns immer wieder gründlich mit den Lehraussagen des Buddha befassen. Dann heißt es immer: »Das haben wir doch schon hundert Mal gehört. Jetzt muss man endlich aufhören mit Texte-Betrachten und etwas *tun*: sich hinsetzen und meditieren.«

FRITZ: Hier zeigt ja der Buddha, dass gerade auch das gründliche Einprägen, Behalten und Prüfen seiner Aussagen eine wirkungsmächtige Meditation ist: »Was der Mensch häufig *denkt* und *sinnt*, dahin geneigt wird das *Herz*.« Wer das Wiederholen ihm vermeintlich bekannter Aussagen scheut, bringt sich gerade um das Lebendigmachen der Lehre, um ihr Erblühen zu jener unverwelklichen Frische, die auch die Fähigkeit stärkt, in Meditationen ohne Denken und Sinnen hineinzuwachsen wie etwa in die Entrückungen oberhalb der ersten, in der ja noch gedacht wird!

HANS: Als du vorhin sagtest, man müsse die Lehre immer wieder *hören*, da habe ich erst gedacht, das wird heute durch Lesen ersetzt. Dann hieß es aber weiter, dass man der Lehre, um sie *»hörend aufnehmen«* zu können, immer wieder »aufmerksam *lauschen* muss«. Kommt denn dem *Hören* ein höherer Rang zu als dem Lesen?

FRITZ: Ja, Hans. Aus vielen Gründen: Wenn ich nur lese, bin ich eher versucht, mich ablenken zu lassen. Denn nach der Ablenkung liegt das Buch ja immer noch da. Ein Redner aber hat inzwischen weitergesprochen; das Überhörte ist für mich verloren. Da bemühe ich mich mehr um hingegebene Aufmerksamkeit. Schon dadurch verstehe ich besser. Das Gesprochene höre ich in der Betonung des Sprechers, nicht in meiner, die vielleicht auf mangelhaftem Verstehen beruht. Vor allem nehme ich bei hingegebenem Zuhören das Gesagte viel reiner auf: Beim Lesen drängen sich fast ungehemmt meine eigenen inneren Kommentare dazwischen. Beim Hören werde ich dafür dadurch »bestraft«, dass der Redner inzwischen weitergeredet hat. Lese ich zerstreut und mit Unterbrechungen, dann kann es auch geschehen, dass ich hinterher gar nicht mehr unterscheiden kann, ob meine Erinnerung aus dem Gelesenen oder aus meinem kommentierenden Nebenherdenken kommt. Zum gesammelten Zuhören dagegen gehört das geduldige Zurückstellen des eigenwilligen inneren Aufmuckens: »Wann kommt denn endlich etwas Neues!«, und dieses Zurückstellen bringt beim Hören eines stillen, tiefen Themas schon ein wenig dem Herzensfrieden näher. Und weil Hören meinen halb unbewussten inneren »Kommentarfluss« besser bremst als Lesen, stärkt es auch besser meine Verständniskraft und schaltet eher meine Vorurteile und Denkgewöhnungen aus. Deshalb haben die großen Religionsgründer alle nicht geschrieben, auch wenn sie es – wie der einstige Kronprinz Siddhatta – sehr wohl gelernt hatten.

HANS: Das leuchtet mir zwar ein. Aber heute sind die Lehrtexte doch nur in Büchern zugänglich.

FRITZ: Wieso? Man kann sie ja, wie wir hier, einander vorlesen und darüber miteinander sprechen. Das ist eine gute Gegenkontrolle, ob man wirklich den Text in der Erinnerung hat oder die eigenen Vorurteile und »Nebenher-Kommentare«.

HANS: Ja, aber wenn man allein ist?

FRITZ: Dann kann man sich die Texte selber laut vorlesen oder jedenfalls so langsam lesen, wie wenn man sie sprechen würde. Auch dann bewahrt man sich davor, den Text »auf die Schnelle« nur diagonal aufzunehmen und vieles zu überlesen, was man schon zu kennen glaubt. Ich habe einige Mal viele Stunden allein im stillen Wald für Sehbehinderte Lehrtexte auf Kassette gesprochen. Du glaubst gar nicht, wie gut mir das getan hat. Auch das ist Meditation.

HANS: Das kann ich verstehen. Wie geht die Rede nun weiter?

FRITZ: Der junge Brahmane sagt: *»Um aber der Lehre aufmerksam lauschen zu können, Herr Gotamo, welche Eigenschaft muss man dazu immer wieder einüben?« — »Sich immer wieder dem* Lehrer anschließen, *Bhāradvājo. Denn wenn man sich dem Lehrer nicht anschließt, dann kann man ihr nicht aufmerksam lauschen. Wer sich aber dem Lehrer anschließt, der kann der Lehre aufmerksam lauschen. Deshalb muss man sich immer wieder dem Lehrer anschließen.«*

»Um sich aber dem Lehrer anzuschließen, Herr Gotamo, welche Eigenschaft muss man dazu immer wieder einüben?« — »Immer wieder hingehen, *Bhāradvājo. Denn wenn man gar nicht hingeht, dann kann man sich ihm nicht anschließen. Wer aber immer wieder hingeht, der schließt sich dem Lehrer an. Deshalb muss man immer wieder hingehen.«*

»Zum Hingehen, Herr Gotamo, welche Eigenschaft muss man dazu immer wieder einüben?« — »Immer wieder Vertrauen *fassen. Denn wenn man kein Vertrauen fasst, dann kann man nicht hingehen. Wer aber immer wieder Vertrauen fasst, der geht auch hin. Deshalb muss man immer wieder Vertrauen fassen, damit man hingeht.«*

»Wie man die Wahrheit im Auge behält, haben wir Herrn Gotamo gefragt, und wie man die Wahrheit im Auge behält, hat der Herr Gotamo erklärt, und es sagt uns zu und leuchtet uns ein, und wir sind glücklich darüber. Was Wahrheitserkenntnis ist, haben wir Herrn Gotamo gefragt, und der Herr Gotamo hat die Wahrheitserkenntnis erklärt, und es sagt uns zu und leuchtet uns ein, und wir sind glücklich darüber. Wie man in die Wahrheit einmündet, haben wir Herrn Gotamo gefragt, und der Herr Gotamo hat uns das Einmünden in die Wahrheit erklärt, und es sagt uns zu und leuchtet uns ein, und wir sind glücklich darüber. Was wir auch den Herrn Gotamo gefragt haben: der Herr Gotamo hat es uns erklärt, und es sagt uns zu und leuchtet uns ein, und wir sind glücklich darüber. — Früher, Herr Gotamo, da haben wir gedacht: ›Was sind denn das für kahlköpfige Asketen, ein dreistes Gesindel, einer dem andern auf den Fersen; was werden die von Wahrheit wissen!‹ Erzeugt hat mir wahrlich der Herr Gotamo Asketenliebe zu den Asketen, Asketenfreude an den Asketen, Asketenehrfurcht vor den Asketen. Wunderbar, Herr Gotamo, wunderbar, Herr Gotamo: Wie wenn einer Umgestürztes wieder aufrichtete, Verdecktes enthüllte, einem Verirrten den Weg zeigte, ein Licht in die Finsternis hielte: ›Wer Augen hat, kann die Bilder sehen‹, so ist vom Herrn Gotamo die Lehre in vielfacher Weise gezeigt worden. Beim Erhabenen nehme ich Zuflucht, Herr Gotamo, bei der Lehre und bei der Gemeinschaft der Nachfolger. Als seinen Schüler möge mich Herr Gotamo betrachten, der von heute an danach zu leben begonnen hat.«

RUTH: Wisst ihr, was mir an dieser Rede so gefällt?

HANS: Was denn?

RUTH: Die wunderbare Frische in dem vielgliedrigen Übungsgang, den der Buddha am Ende des Gesprächs aufzeigt. Da kann keinerlei Routine aufkommen: *immer wieder aufs Neue* gilt es zu arbeiten, abzuwägen, sich neu zu entschließen, den Willen zu fassen, die Lehren dem Blick zu erschließen, Sinn und Ziel zu prüfen, immer wieder neu zuzuhören, immer wieder aufs Neue sich dem Lehrer anzuschließen, hinzugehen, das bereits gewonnene Vertrauen zu erneuern: Da gibt es kein *»kenn' ich schon«*, kein *»wir wissen doch …«* Da ist ein ständiges Wachsen, ein quellfrisches Strömen und Erneuern – bis zum Ziel.

FRITZ: So erfahren wir es in unseren Freundeskreisen unabhängig voneinander Jahr um Jahr und Tag um Tag: Wer richtig mit der Lehre umgeht, der kann ein und den selben Satz immer wieder hören und bedenken, und er zeigt ihm unerschöpflich immer wieder neue Seiten – n Seiten seines Herzens, der Quelle seiner Existenz, neue Seiten des Wahns, der sich dabei ir mehr auflöst. — Es ist ja wirklich so: Ob ich mich treiben lasse oder ob ich an mir arbeite: dieses Bündel von Neigungen, Fähigkeiten und Kräften, das durch seine schnelle Bewegung den Eindruck »Ich« erweckt wie eine im Kreis geschwungene Fackel den Eindruck einer brennenden Scheibe – dieses dynamische System ist so oder so in dauernder Bewegung. Lasse ich mich treiben, dann läuft diese turbulente, wuchtige Bewegung meiner Sehnsucht nach dem wahrhaft Guten, Schönen und Wahren, nach dem *Frieden*, fast ständig zuwider, und ich werde immer verletzbarer, der Wahn immer dichter. Lasse ich mich aber von meiner tiefsten Friedenssehnsucht auf die hellen Wege leiten, die der Erwachte hier dem sechzehnjährigen Wahrheitsucher vor den Dorfbewohnern eröffnet, dann beginne ich mehr und mehr, die inneren Kräfte zu entdecken, sie zu bändigen, gesammelt in die richtige Richtung zu lenken in ständig neuem, frischem Prüfen und Arbeiten und Wachsenlassen. Dann arbeite nicht »ich« an der Lehre, sondern die Lehre behandelt »mich«. Dann kommt diese Frische auf, von der du sprichst. Sie klingt auch in einem Vers an, den vor Jahren ein einsamer winterlicher Besucher ins Gästebuch im »Haus der Besinnung« geschrieben hat:

»Und eine Frische strömt und weht,
die alles einfach macht:
Des Friedens freier Atem geht
durch Tag und helle Nacht.«

3. Gespräch

Erster Vorblick: Worauf läuft die Lehre des Buddha hinaus?

Hans: Der junge Brahmane Kāpathiko will also von nun an nach der Lehre des Buddha leben. Was heißt das? Was muss er dazu im Einzelnen tun?

Ruth: Das möchte ich später auch näher erfahren. Aber über Konsequenzen für das Leben haben wir fürs Erste doch schon manches gehört:

- *»Verletz' drum keinen, du liebst auch dein Selbst«;*[1]
- beim Umgang mit den Mitwesen sich richtig an ihre Stelle versetzen;
- sich öfter bewusst machen, dass Hinneigung, Abneigung und Blendung die Ursache allen schlechten Wandels in Werken, Worten und Gedanken sind, und
- nach dieser Einsicht handeln;[2]
- sich häufig die fünf unausweichlichen Lebenstatsachen[3] vor Augen führen: Krankheit, Alter, Sterben, alles verlassen müssen, was einem lieb ist, die Folgen seines Wirkens zu spüren bekommen, bedenken, dass alles Leiden im Willen wurzelt, wir also Verantwortung für unser Leben tragen;
- bedenken, dass aus Vorliebe für Liebes Leid kommt; dann berauscht man sich nicht so an angenehmen Erlebnissen und ist bei schmerzlichen gelassener.[4]

Sicher: dazu sind noch viele Fragen offen, und meine Aufzählung ist gewiss noch nicht vollständig. Aber schon damit kann ich im Leben etwas anfangen. Deshalb ist mir im Augenblick etwas anderes noch dringender: In den beiden letzten Reden war vom Inhalt der Lehre selber kaum die Rede. Es ging mehr um die Methode. Und in der Rede M 95 ging es darum, wie man überhaupt die Wahrheit im Auge behält, sie erkennt und in sie »einmündet.« Aber *was* ist denn nun der *Kerninhalt* der Wahrheit, die der Buddha verkündet? Ehe wir hören, wie man nach ihr lebt – sollten wir da nicht erst vorab wenigstens in großen Zügen wissen, worauf sie im Ganzen *hinausläuft* – soweit sich das erklären lässt?

Hans: Ich habe einige Zen-Buddhisten kennen gelernt, feine, stille Menschen. Die sagen aber, das Erklären müsse man sich abgewöhnen. Die Wahrheit könne man nur in sich selber entdecken, vor allem in ganz langem schweigendem, meditativem Sitzen und im nichtrationalen Auflösen von paradoxen Sätzen. Man müsse in dieser strengen Weise einfach warten, bis die Erleuchtung kommt. Durch Erklärungen würde man sie nur verhindern. Wer bei einem Zen-Kurs nach Erklärungen sucht, wird beim abendlichen Kontrollgespräch vom Rōshi getadelt und hinausgeschickt.

Ruth: Das scheint aber beim Buddha selber anders gewesen zu sein.

Fritz: Allerdings, Ruth. Der Buddha hat keinen Menschen fortgeschickt, der ernsthaft nach Erklärungen über das Dasein suchte. Über heilsame Dinge hat der Buddha so viel im Klartext erklärt, wie die Zuhörer nur fassen konnten. Abgewiesen hat er nur falsch gestellte Fragen. Dann hat er aber meist gleich gezeigt, wie sie richtig zu stellen und zu beantworten sind. Selbst gegenüber Mönchen, die ja bei ihrer Lebensweise am ehesten nach Art des Zen hätten vorgehen können, wenn der Buddha das für richtig gehalten hätte, hat er die Wichtigkeit des Erklärens betont:[5]

1 S 3,8.
2 A III,55 und A III,56.
3 A V,57.
4 M 87.
5 M 33[m], der Rinderhirt, ausführlich besprochen in WW, 36. Jg. (1990), S. 318 ff.

»Da sucht ein Mönch nicht zur rechten Zeit jene Mönche auf, die viel erfahrene Lehrkenntnis haben, die Lehre und die Regeln kennen und recht erklären können, fragt nicht, erkundigt sich nicht: ›Wie ist das, Herr, was ist der Sinn davon?‹ Und so eröffnen ihm jene Ehrwürdigen nicht das Uneröffnete, erklären ihm nicht Ungeklärtes, lösen nicht Zweifel über Zweifelhaftes.« Ein solcher Mönch sei *»nicht fähig, bei dieser Lehre und Hinführung Förderung, Wachstum und Wohl zu erfahren.«* Umgekehrt heißt es in der Rede D 33,V[m]: *»Je mehr und mehr nun der Mönch die Lehre, wie er sie gehört und verstanden hat, den anderen ausführlich darlegt, desto mehr und mehr gelangt er selber zum Verständnis des Zieles und der Lehre. Während ihm da Verständnis des Zieles und der Lehre aufgeht, gewinnt er innere Freude.«*

Erklärungen und ihr Verstehen, recht angefasst, können gerade einen Zugang zum *samādhi* bilden. Denn auch aus dem Verstehen der Wahrheit kommt »innere Freude« (*pāmojjā*), die den Menschen aus dem Banalen, Weltlichen herauszieht zum Überweltlichen. Vor allem aber: Das erste Glied des achtfachen Heilsweges ist rechte Anschauung. Dafür sind Fragen und Erklärungen unerlässlich. Dass das im Zen heute nicht mehr gesehen wird, ist aber sehr verständlich: Zen war eine Reformbewegung gegen eine Jahrhunderte nach dem Buddha entstandene Vertrocknung zu Mönchsgelehrsamkeit. Wahrheitsucher, die sich zuvor erst gründlich mit der ursprünglichen Lehre des Buddha vertraut gemacht haben und dann ihr inneres Bedürfnis nach meditativer Anwendung unter erfahrenen Zen-Meistern stillen möchten, können daraus inneren Gewinn haben. Heute identifizieren aber viele Menschen, auch Wissenschaftler wie Frithjof Capra[6], Zen geradezu mit Buddhismus oder halten doch (ohne Kenntnis des Pālikanons) Zen für den Gipfel des Buddhismus. Dadurch ist bei vielen ein einseitiges Bild von der ursprünglichen Lehre des Buddha entstanden oder die Fülle der ursprünglichen Texte ist sogar ganz aus dem Bewusstsein verschwunden. Mir geht es um die Erschließung und Anwendung der reichen Fülle der über ein Jahrtausend älteren Reden und Gespräche des Buddha und seiner großen Jünger, die uns in den präzisen alten Pālitexten vorliegen. Deshalb wusste ich kaum etwas über die späteren historischen Entwicklungen. Aber weil doch immer wieder danach gefragt wird, habe ich mir inzwischen ein wissenschaftlich zuverlässiges Werk darüber angeschafft und just in diesen Tagen darin einiges über Zen gelesen. — Wartet, ich habe mir ein Buchzeichen hineingelegt. Da steht zunächst[7] über die Wurzeln der japanischen Zen-Schule:

»Die Meditations-Schule (chin. chan, jap. zen) kam als organisierte Bewegung im 7. Jahrhundert[8] *auf, als einzigartige Mischung von chinesischen taoistischen Übungen und solchen des Mahāyāna. Sie lehrt, dass die ›universale Buddha-Natur‹ in uns selbst immanent sei und ›auf direktem Wege‹ in einer Von-Geist-zu-Geist-Verbindung zwischen Lehrmeister und Schüler verwirklicht werden müsse, ohne auf kanonische Texte zu bauen oder verstandesmäßige Theorien aufzustellen. Um dies zu bewirken, muss alles vernunftgemäße Folgern abgebrochen werden; daher der charakteristische Gebrauch von unkonventionellen Mitteln, um im Schüler die plötzliche und ›wortlose‹ Erfahrung der Erleuchtung hervorzurufen: verblüffende Meditationsthemen, widersprüchliche Behauptungen, verwirrende Antworten, sogar Schreien und Schlagen werden angewandt, um ›den Boden der Wanne herausfallen‹ zu lassen und den Praktikanten in einen Zustand von ›Nicht-Denken‹ unterzutauchen.«*

Hans: Der Buddha hat das aber ganz anders gesagt. Das war doch alles von einer ungewöhnlichen Klarheit!

Ruth: Der Buddha sagt zwar, seine Lehre sei »*dem bloßen Denken allein nicht zugänglich*«, aber eben auch: »*von feinster Genauigkeit*«. Und in M 95 hat er es doch als unverzichtbar

6 Vgl. CapraReigen, besonders S. 103.
7 Bechert-Gombrich, S. 203.
8 Nach unserer Zeitrechnung.

bezeichnet, dass man die Lehre mit offenen Ohren aufnimmt, sich einprägt, immer wieder gründlich auf ihren Sinn prüft, und dass sie sich erst dadurch erschließt.

HANS: Wie konnte es denn dann zu dieser Zen-Schule in Japan kommen?

FRITZ: Voraus ging ein erster Reformversuch in Japan gegen den dortigen volksfernen kaiserlichen Hofbuddhismus. Was aber dabei herauskam, *»war im Wesentlichen keine praktische Religion, sondern ein Buddhismus der gelehrten Priester …«*[9] Eine wirkliche Reform mit lebendigem Üben brachte erst die Zen-Schule, die (nach ersten Berührungen Japans mit Zen im 7. bis 9. Jahrhundert n.Chr.) erstmals im 12. Jahrhundert, 1.700 Jahre nach dem Buddha *»eine dauerhafte, auf die Zen-Praxis konzentrierte Tradition«* bildete.[10] Unter den Zen-Meistern waren Mystiker von hohem Rang und sind auch heute noch bedeutende Persönlichkeiten. Zumindest unter den früheren Meistern mögen auch solche gewesen sein, die in absolut rückhaltlosem Loslassen nicht nur tiefe Entrückungen, sondern wirklich die letzte Freiheit erreicht hatten, jedoch in einer nur schwer vermittelbaren und gegen Nicht- und Missverständnisse für heutige Menschen viel schwerer abgrenzbaren Weise als nach den ursprünglichen Anleitungen des Buddha im Pālikanon. Von Zen-Meistern entwickelte Übungen helfen bis heute Menschen. Nur kann man sich bei der erst lange *nach* dem Buddha entstanden Zen-Schule nicht unterrichten über die *originalen* Lehren des Buddha Gotamo und die darin enthaltenen Anleitungen zum klaren, folgerichtige Denken und Erklären, das er zwar als für sich allein nicht ausreichend, aber unentbehrlich für Weitergabe und Ausbildung der *rechten Anschauung,* des *ersten* Glieds des achtfältigen Heilsweges, bezeichnet hat. Wie oft bei Reformbewegungen wurde im Lauf der Zen-Geschichte vielfach das Kind mit dem Bad ausgeschüttet. So hat schon vor fast 300 Jahren der Zen-Meister Hakuin gewarnt vor *»den heutigen Zen-Leuten, die es zufrieden sind, still dazusitzen* und u. a. lehren: *»'haltet euch von* allem *Geschriebenen fern'«,* und er hat gewarnt, sich *»in die dunkle Höhle des Nichts-mehr Denkens«* zu begeben.[11] Zen bietet seine Hilfen erst für die höheren Stufen der Heilsentwicklung und auf der Basis der Kenntnis der ursprünglichen Grundlehren des Erwachten an, die seinen Altmeistern gegenwärtiger waren als späteren Zen-Lehrern, wie Hakuins Hinweis zeigt.

HANS: Aber versuchen heute nicht viele Menschen tatsächlich, allzu viel mit dem Verstand erklären zu wollen?

FRITZ: Der Fehler liegt nicht im Erklären als solchem: Die *Verständniskraft* dafür kann man nur durch *Herzensläuterung* gewinnen. Das ist im Westen vergessen. Wenn das Erklären freilich nur unser eigenes Denken, Reden und Handeln rechtfertigen soll, um unser Selbstbild hochzuhalten, statt unsere Fehler zu erkennen und zu beheben, dann ist es nicht förderlich. Darin haben die Zen-Meister recht. Ganz anders aber, wenn es darum geht, sich und andern die Gesetze des Daseins zur Anwendung im Leben zu erklären. Die 360 Lehrreden an in der Häuslichkeit lebende Nachfolger bestehen nicht aus Paradoxien mit verborgenem Sinn, sondern aus klaren Erklärungen der Daseinsgesetze und Anleitungen zu ihrer Befolgung. Es ist also durchaus im Sinn der Lehre des Erwachten, Ruth, wenn du fragst, worauf sie im Ganzen hinausläuft. Man kann die Antwort von zwei Seiten her geben: Sie läuft auf die Auflösung von Hinneigung, Abneigung und Blendung hinaus (*rāga, dosa, moha* – meist viel zu grob übersetzt mit »Gier, Hass, Verblendung«), mit anderen Worten auf das Versiegen des Durstes (*taṇhā*). Aus höchster Höhe kann man auch sagen: Sie läuft auf die Durchschauung der fünf unbeständigen Komponenten der Existenz hinaus, die das ganze Dasein »komponieren« (*upādāna-kkhandhā*): Form,

9 Bechert-Gombrich, S. 217.

10 Bechert-Gombrich, S. 223. Zum Nachfolgenden vgl. auch Meister Hakuin, *Authentisches Zen*, hrsg. v. Stephen Waddell, Deutsche Erstausgabe, Kāpaṭhiko1997, S. 57 ff.,66.

11 Meister Hakuin, *Authentisches Zen*, Hrsg. v. Norman Waddell, Frankfurt (Fischer) 1997, S. 57 f.

Gefühl, Wahrnehmung, Vorgänge, eingespielter (Wohl-)Erfahrungssuchlauf. Es ist ein Gespräch überliefert, in welchem ein junger Brahmane genau deine Frage stellt, Ruth. Der Buddha beantwortet sie ihm vor Hunderten von Dorfbewohnern und in der Häuslichkeit lebenden Besuchern eines Brahmanenkongresses, ohne zuvor jene häufigen »Vorschaltlehren« über Geben, Tugend, Jenseits, unmittelbares Erscheinen und Loslassen darzulegen, obwohl dem jungen Frager noch einiges an Herzensläuterung zu tun blieb. Diese Rede (M 35) behandelt den tiefsten Kern der Lehre. Wir können sie nachher miteinander besprechen. — Aber auch dein Verlangen, Hans, mehr über das praktische Vorgehen zu erfahren, ist nur allzu berechtigt. Deshalb lasst uns vor M 35 sechs kürzere Reden ansehen, die schon in gewisser Weise deine Frage, Ruth, beantworten, aber mit deutlicher Zielrichtung auf deine Frage, Hans, was zu tun ist. Es sind die Reden A II,35; A III,73; A III,67, S 3,18, A VI,53 und A VIII,54:

I. ERLÖSUNG VON HINNEIGUNG, ABNEIGUNG, BLENDUNG

Beginnen wir mit der Rede

A II,35.

Ein Brahmane fragte den Buddha: *»Was lehrt der Herr Gotamo, was verkündet er?« — »Ich lehre Tun und Nichttun, Brahmane.« — »Inwiefern lehrt der Herr Gotamo Tun und Nichttun?« — »Nichttun lehre ich, Brahmane: des schlechten Wandels in Werken, in Worten, im Geist, der verschiedenen üblen, nicht zum Heil tauglichen Dinge Nichttun lehre ich, und Tun lehre ich: des guten Wandels in Werken, in Worten, im Geist, der verschiedenen zum Heil tauglichen Dinge Tun lehre ich. So bin ich ein Lehrer des Tuns und des Nichttuns.«*

Da nahm der Brahmane als häuslicher Anhänger Zuflucht zum Buddha.

HANS: Das kann ich gut verstehen. Es löst mir einen Rest von Bedenken: Denn hier wird nochmals das Vorurteil widerlegt, die Lehre des Buddha sei passiv. Aber was sind denn guter Wandel und heilstaugliche Dinge, auf die sie hinausläuft?

FRITZ: Das hat Ānando beantwortet in der schon kurz erwähnten Rede

A III,73.

Ein im Haus lebender Anhänger der nackten Asketen besuchte ihn im Ghositakloster in Kosambi und fragte: *»Wessen Lehre ist denn für uns richtig dargelegt; wer in der Welt ist richtig vorgegangen; wer in der Welt ist zum Wohl gekommen?« — »Nun, Hausvater, ich will dir dazu Fragen stellen; wenn du magst, kannst du antworten: Was meinst du: Diejenigen, welche* lehren, *wie man von Gier, Hass, Blendung frei wird – ist deren Lehre richtig dargelegt, oder ist sie es nicht? Wie denkst du darüber?« — »Die das lehren, Herr, deren Lehre ist richtig dargelegt. So denke ich darüber.«*

»Was meinst du, Hausvater: Diejenigen, welche üben, *damit sie von Gier, Hass, Blendung frei werden – sind die richtig vorgegangen oder nicht? Wie denkst du darüber?« — »Die … sind richtig vorgegangen. So denke ich darüber.«*

»Was meinst du, Hausvater: Die so vorgegangen sind, *dass Gier, Hass, Blendung abgetan sind, mit der Wurzel abgeschnitten, einer gefällten Palme gleichgemacht, die nicht mehr keimen, nicht mehr sich weiterentwickeln kann – sind die in der Welt zum Wohl gekommen oder nicht? Wie denkst du darüber?« — »Die sind in der Welt zum Wohl gekommen. So denke ich darüber.«*

»Du sagst also selber: ›Diejenigen, welche lehren, wie man von Gier, Hass, Blendung frei wird, deren Lehre ist richtig dargelegt.‹ Du sagst selber: ›Die üben, um von Gier, Hass, Blendung frei zu werden, sind richtig vorgegangen.‹ Du sagst selber: ›Die so vorgegangen sind, dass Gier, Hass, Blendung abgetan sind, mit der Wurzel abgeschnitten, einer geköpften Palme gleichgemacht, die nicht mehr keimen, nicht mehr sich weiterentwickeln kann – die sind in der Welt zum Wohl gekommen.‹«

»Wunderbar, Herr, einmalig! Es ist also möglich, ohne die eigene Lehre in den Himmel zu heben und die Lehre des anderen herabzusetzen, sachlich auf dem Gebiet der Wahrheit zu bleiben: das Ziel wurde gezeigt, und man wurde selber hingeführt. Ihr, Herr Ānando, lehrt, wie man von

Gier, Hass, Blendung frei wird, Herr: Eure Lehre ist richtig dargelegt. Bei euch, Herr, wird geübt, um von Gier, Hass, Blendung frei zu werden: Bei euch wird richtig vorgegangen. Unter euch, Herr, sind solche, die so vorgegangen sind, dass Gier, Hass, Blendung abgetan sind, mit der Wurzel abgeschnitten, einer geköpften Palme gleichgemacht, die nicht mehr keimen, nicht mehr sich weiterentwickeln kann: Ihr seid in der Welt zum Wohl gekommen. Wunderbar, Herr Ānando einmalig!« Und er nahm Zuflucht.

Hans: Das ist ja auch offensichtlich, dass man ohne Gier, Hass und Blendung besser lebt als mit Gier, Hass und Blendung, den Wurzeln des Leidens.

Fritz: Das sagst du jetzt unter dem Eindruck unserer Gespräche. Aber das Wahnsinnige ist, dass trotzdem längst nicht alle Menschen diese drei Eigenschaften negativ bewerten. Die allerwenigsten Menschen kennen und anerkennen die allumfassende Geltung des Gesetzes, das der Erwachte einmal dem König Pasenadi von Kosalo bei zwei Gelegenheiten in dem Vers zusammengefasst hat:

»Reiz, Abwehr und die Blendung sind's, die den, der übel im Gemüt
– daraus gewachsen –, niederziehn wie einen Halm die eigne Frucht.« (S 3,2 = S 3,23)

Weithin herrscht heute das Lustprinzip, das selbst starke Gier *positiv* bewertet: Biedere Familienväter begründen ihre Freude auf das Vereinsfest ungeniert damit, dass sie da *»einmal richtig die Sau rauslassen können«*. Sexfilme und Pornohefte haben Hochkonjunktur, und wer Bedenken äußert, gilt als verklemmt. Gierfreiheit gilt heute weniger denn je als positiver Wert. Und was den »Hass« angeht: Natürlich: die als »normal« Anerkannten und die auf der »eigenen Seite« Stehenden soll man nicht hassen. Aber gegenüber denen, die aus irgendwelchen Gründen als nicht normal, fremd, lästig oder gar »böse« gelten, hört die negative Bewertung des Hasses schlagartig auf: *»Ausländer raus!«* — *»Was, Sie verteidigen die auch noch!«* — *»Die sollte man …«* Im zweiten Weltkrieg konnte wegen »Wehrkraftzersetzung« hingerichtet werden, wer auch nur bezweifelte, dass man die Kriegsgegner hassen müsse, und in der ehemaligen DDR wurde vom Kindergarten an Hass gegen den »Klassenfeind« als staatsbürgerliche Pflicht gepredigt. Aber jede Gier und jeder Hass blendet und lässt sozusagen die Sichtscheiben des Geistes beschlagen. Einen Autofahrer, der mit beschlagenen Scheiben trotz Blendung drauflosfährt, nennt jeder verantwortungslos. Aber dass die meisten Menschen, durch Gier und Hass geblendet, mitten durch das Gewimmel der Mitwesen dahinfahren, wird nicht beanstandet. Dabei waren das erst grobe Beispiele. Sie berücksichtigen noch nicht einmal, dass die übliche Übersetzung der Pāliausdrücke *rāga* (wörtlich: Reiz) und *dosa* (wörtlich: Abwehr) mit *»Gier«* und *»Hass«*, wie gesagt, viel zu eng und zu grob ist: Wenn ein Inder zur Zeit des Erwachten *»rāga, dosa, moha«* hörte und seinen Blick dafür erst einmal bei den gröberen Formen geschärft hatte, dann umfassten sie für ihn *alle* Formen von Reiz und Abwehr bis zu den zartesten Spielarten und damit auch alle Grade der Blendung. Dadurch war es für ihn leichter, auch hinter all den verschiedenen feineren Graden der Triebbefangenheit das *eine* Gesetz zu erkennen: dass es unabsehbar gefährlich ist, mit *»rāga-dosa-moha*-Antrieb«, durch Hinneigung und Abneigung geblendet, auf der Wirkensbahn herumzufahren, um die Existenz zu »er-fahren«. Bei A III,73 habe ich ausnahmsweise die übliche »gröbere« Übersetzung stehen lassen, weil bei diesem Brahmanen der erste Ansatzpunkt für das Verstehen tatsächlich die gröberen Grade von Hinneigung, Abneigung und Blendung gewesen sein mochten.

Ruth: Schön, dass Ānando betont, beim Buddha werde nicht nur *gelehrt*, dass Hinneigung, Abneigung und Blendung die Wurzeln des Unheilsamen sind, sondern nach dieser Einsicht werde auch *gelebt*, und es gebe Nachfolger, die damit zum Erfolg gekommen seien: ganz frei von Hinneigung, Abneigung, Blendung zu werden. Auch wer die Wahrheit noch gar nicht so weit begriffen hat, dass er schon den Wunsch verspürt, später *ganz* frei von Hinneigung, Abneigung und Blendung zu werden, der wird sich aber doch wünschen, dass Mitwesen ihm gegenüber nicht aus dieser Blendung denken, reden und handeln. Von da aus kann er selber auf den Spuren der Leute von Veludvāra von diesen drei Wurzeln des Übels allmählich loskommen. So trägt im Grund fast jeder Mensch eine Sehnsucht nach einer gewissen Befreiung von diesen drei Belastungen in sich, die sich weiterentwickeln lässt. Manchmal trifft man Mitmenschen, die diesem Wunschbild näher stehen als man selber, und das tut wohl. Wie muss es erst sein, einem *wahnlosen* Wesen, einem *total* Gierlosen, *total* Hasslosen, *total* Ungeblendeten, wirklich *Freien*, Befriedeten zu begegnen. Wenn ich mir das vorstelle, wird mir weit und wohl bei dem Gedanken, dass die Lehre darauf hinausläuft, *ganz* frei zu werden von Hinneigung, Abneigung und Blendung!

HANS: Das geht mir auch so. Auch wenn diesem kurzen Gipfelblick gleich wieder die Ernüchterung folgt, wenn ich denke, wie weit ich noch davon entfernt bin und wie ich das schaffen soll!

FRITZ: Rom ist nicht an einem Tag erbaut worden, und die gewaltigen Erlebnisspannungen und Wahngewitterwolken können nicht mit einem Schlag abgebaut werden. Aber jedes Volt Spannung aus Hinneigung und Abneigung, das ich abbaue, macht mir und meinen Mitwesen das Leben leichter und mindert die Blendung, so dass ich klarer sehe, was für mich und die anderen wirklich gut ist. Denkt an die Leute von Veludvāra. Der Gedanke an den langen Weg, der noch vor uns liegt, braucht die innere Freude nicht zu trüben: Der Erwachte hat den Weg so gezeigt, dass man ihn ganz allmählich, Schritt für Schritt gehen kann. Unabsehbare Zeiten sind wir ja im Dasein ziellos und sinnlos umhergeirrt »und leben immer noch«. Jetzt haben wir ein unvergleichliches Wanderziel, eine klare Wegweisung und ein unvergleichliches Trainingsprogramm für die richtige Gangart. Da haben wir allen Grund, bisweilen Vorfreude zu empfinden wie ein Bergwanderer, der am frischen Morgen zur großen Tour aufbricht. Zu diesem großen Aufbruch ermutigt besonders auch die nächste Rede. Sie zeigt den Hausvätern eines ganzen Dorfes, worauf die Lehre im Ganzen hinausläuft und lässt uns wie durch ein starkes Fernrohr einen Vorblick aufs ferne Ziel tun. Der Kerngedanke dieser Rede ist häuslich lebenden Menschen an nicht weniger als drei Stellen vorgetragen worden: vom Erwachten selber in der bekannten »Rede an die Kālāmer« (A III,66), dem Licchavischen Fürsten Bhaddiyo (A IV,193) und einmal in dem nun folgenden Text von Nandako, einem Mönch, der das Heilsziel erreicht hatte und den der Erwachte den besten Unterweiser der Nonnen nannte.[12] Er sprach zu zwei Sālhern, Enkeln bewährter Nachfolger des Erwachten, also offenbar jüngeren Männern. Es ist die Rede

A III,67.

Nandako weilte in Sāvatthī im Ostkloster auf Mutter Migāros Terrasse. Zwei Sālher, Migāros Enkel und Rohanos Enkel Pekhuniyo besuchten ihn dort. Er sprach zu ihnen:

»Sālher, geht nicht nach Traditionen, nicht danach, was einer dem andern nachspricht, nicht nach Hörensagen, nicht nach der Autorität von Schriften, nicht nach Spekulationen, nicht nach bloßen logischen Schlüssen, nicht danach, ob euch eine Meinung gefällt, nicht nach dem Anschein der Wahrscheinlichkeit, nicht nach einem Asketen oder Guru, sondern wovon ihr bei euch selber einsehen könnt: diese Eigenschaften sind heillos, tadelhaft, werden von den Verständigen missbilligt, diese Dinge führen, ausgeführt und unternommen zum Unheil, zum Leiden – das gebt auf, Sālher. Was meint ihr, Sālher: Gibt es sinnliches Begehren (lobha)?« — »Ja, Herr.« — »Zum übermäßigem Hinstarren (abhijjhā) führt das, sage ich: Sinnlich begehrend, aus Sucht bringt man Lebewesen um, nimmt Nichtgegebenes, nähert sich der Frau eines andern, sagt die Unwahrheit, stiftet andere dazu an, und das wird einem lange zum Unheil, zum Leiden gereichen.« — »So ist es, Herr.«

12 A I,24^m, »Die Spitzen der Jüngerschaft«.

Dazu eine Bemerkung zur Übersetzung: *Abhijjhā* wird meist übersetzt mit Habsucht. Wörtlich heißt es: »übermäßiges (*abhi-*) Hinstarren (*jhā*)«, also »Fixierung« auf etwas Begehrtes. Das ist nicht immer Besitz, Nandako nennt ja auch die Fixierung auf die Frau eines anderen. Deshalb übersetze ich da, wo nicht allein Habsucht gemeint ist, meist »Sucht« oder »Fixierung«. Nandako fragt weiter:

»Was meint ihr, Sālher: Gibt es Abneigung (dosa)?« — »Ja, Herr.« — »Zu Übelwollen (vyāpāda) führt das, sage ich. Aus Abneigung, übel wollenden Herzens bringt man Lebewesen um, nimmt Nichtgegebenes, nähert sich der Frau eines andern, sagt die Unwahrheit, stiftet andere dazu an, und das wird einem lange zum Unheil, zum Leiden gereichen.« — »So ist es, Herr.«

»Was meint ihr, Sālher: Gibt es Blendung (moha)?« — »Ja, Herr.« — »Zu Wahn (avijjā) führt das, sage ich. Geblendet, im Wahn bringt man Lebewesen um, nimmt Nichtgegebenes, nähert sich der Frau eines andern, sagt die Unwahrheit, stiftet andere dazu an, und das wird einem lange zum Unheil, zum Leiden gereichen.« — »So ist es, Herr.«

»Was meint ihr, Sālher: sind diese Dinge heillos oder heilstauglich?« — »Heillos, Herr.« — »Tadelhaft oder untadelig?« — »Tadelhaft, Herr.« — »Von Verständigen missbilligt oder gelobt?« — »Von Verständigen missbilligt, Herr.« — »Ausgeführt und unternommen: führen sie zu Unheil und Leiden oder nicht – wie denkt ihr darüber?« — »Zu Unheil und Leiden, Herr; so denken wir darüber.«

»Geht nicht nach Traditionen, nicht danach, was einer dem andern nachspricht, nicht nach Hörensagen, nicht nach der Autorität von Schriften, nicht nach Spekulationen, nicht nach bloßen logischen Schlüssen, nicht danach, ob euch eine Meinung gefällt, nicht nach dem Anschein der Wahrscheinlichkeit, nicht nach einem Asketen oder Guru, sondern: wovon ihr bei euch selber einsehen könnt: diese Eigenschaften sind heilstauglich, untadelig, werden von den Verständigen empfohlen, diese Dinge führen, ausgeführt und unternommen zum Heil, zum Wohl – wenn die aufsteigen, dann bleibt dabei.«

»Was meint ihr, Sālher: Gibt es Freiheit *von sinnlichem Begehren (a-lobha)?« — »Ja, Herr.« — »Zur Freiheit von Fixierung (an-abhijjhā) führt das, sag ich. Frei von Lustbegier (a-luddha), frei von Fixierung (an-abhijjhālu) bringt man keine Lebewesen um, nimmt nichts Nichtgegebenes, nähert sich nicht der Frau eines andern, sagt nicht die Unwahrheit, stiftet nicht andere dazu an, und das wird einem lange zum Heil, zum Wohl gereichen.« — »So ist es, Herr.«*

»Was meint ihr, Sālher: Gibt es Freiheit von Abneigung (a-dosa)?« — »Ja, Herr.« — »Zu Freiheit von Übelwollen (a-vyāpāda) führt das, sag ich. Frei von Abneigung (a-duttha), mit einem von Übelwollen freien Herzen (avyāpanna-citto) bringt man keine Lebewesen um, nimmt nichts Nichtgegebenes, nähert sich nicht der Frau eines andern, sagt nicht die Unwahrheit, stiftet nicht andere dazu an, und das wird einem lange zum Heil, zum Wohl gereichen.« — »So ist es, Herr.«

»Was meint ihr, Sālher: Gibt es Freiheit von Blendung (a-moha)?« — »Ja, Herr.« — »Zu Wissen (vijjā) führt das, sag ich. Ungeblendet, im Stande des Wissens bringt man keine Lebewesen um, nimmt nichts Nichtgegebenes, nähert sich nicht der Frau eines andern, sagt nicht die Unwahrheit, stiftet nicht andere dazu an, und das wird einem lange zum Heil, zum Wohl gereichen.« — »So ist es, Herr.«

»Was meint ihr, Sālher: sind diese Dinge heilstauglich oder heillos?« — »Heilstauglich, Herr.« — »Untadelig oder tadelhaft?« — »Untadelig, Herr.« — »Von Verständigen empfohlen oder missbilligt?« — »Von Verständigen empfohlen, Herr.« — »Ausgeführt und unternommen: führen sie zu Heil und Wohl oder nicht, wie denkt ihr darüber?« — »Ausgeführt und unternommen, führen sie zu Heil und Wohl, Herr; so denken wir darüber.«

»Aus diesem Grund haben wir euch gesagt: ›Geht nicht nach Traditionen, nicht danach, was einer dem andern nachspricht, nicht nach Hörensagen, nicht nach der Autorität von Schriften, nicht nach Spekulationen, nicht nach bloßen logischen Schlüssen, nicht danach, ob euch eine Meinung

gefällt, nicht nach dem Anschein der Wahrscheinlichkeit, nicht nach einem Asketen oder Guru, sondern: wovon ihr bei euch selber einsehen könnt: diese Eigenschaften sind heilstauglich, untadelig, werden von Verständigen empfohlen, diese Dinge führen, ausgeführt und unternommen zum Heil, zum Wohl: wenn die aufsteigen, dann bleibt dabei.‹ Wenn das gesagt worden ist, dann ist es deshalb gesagt worden.

Ein Heilsgänger, der so frei geworden ist von Fixierung (vigat'-abhijho), frei geworden von Übelwollen, ungeblendet, klarbewusst, durch und durch in Wahrheitsgegenwart, der durchstrahlt mit liebevollem/ erbarmendem/ freudevollem/ von erhabenem Gleichmut erfülltem Gemüt erst eine Himmelsrichtung, dann eine zweite, dann eine dritte, dann die vierte. So nach oben, unten, alles durchdringend, überallhin, ganz und gar durchstrahlt er die Welt mit einem Liebe/ Erbarmen/ Freude/ erhabenen Gleichmut verströmenden Gemüt, mit unbegrenztem, nicht messendem, von Abwehr freiem, von Bedrängen freiem. So strahlend verweilt er.

Der erkennt: ›Das gibt es: Es gibt Niedriges, es gibt Hohes, und es gibt ein höchstes Entrinnen aus dieser Gefangenschaft in der Wahrnehmung.*‹ Einem, der so erkennt und sieht, wird das Herz erlöst von Beeinflussung durch Sinneswünsche, durch Werden, durch Wahn. Ist es erlöst, dann geht das Wissen auf: ›Es ist erlöst. Vollendet ist der höchste Wandel, die Aufgabe erfüllt, nicht mehr ist diese Welt‹ – das weiß er nun. Der erkennt: ›Früher war Lustbegehren gewesen, das war schlecht; jetzt gibt es das nicht mehr; das ist gut. Früher war Abneigung gewesen, das war schlecht; jetzt gibt es das nicht mehr; das ist gut. Früher war Blendung gewesen, das war schlecht; jetzt gibt es das nicht mehr; das ist gut.‹ Ein solcher ist schon zu Lebzeiten befreit vom Hungern, branderloschen, stillgeworden, erfährt wahres Wohl und verweilt in sich genesen.«*

RUTH: Du hast nicht zu viel versprochen, Fritz. So weit wir auch noch vom vollen Verständnis entfernt sein mögen: Diese Rede macht den Zuhörer in erfrischender Weise mündig und verweist ihn auf sein eigenes Urteilsvermögen. Das tut gerade heute wohl, wo so viele westliche Menschen aus Hilflosigkeit gegenüber dem Wirrwarr der Konsumgesellschaft und dem Verlust der Werte ihre gerade gewonnene äußere Freiheit dazu verwenden, sich kritiklos irgendeinem Guru zu unterwerfen. Der Anfang der Rede erinnert auch an das Gespräch des Buddha in M 95 mit dem jungen Kāpathiko über die Dinge, die zweierlei Ausgang haben können.

FRITZ: Ja, Ruth. Wir werden immer mehr merken, wie die Reden des Erwachten und seiner großen Jünger sich untereinander ergänzen und verknüpfen zu einem Sicherheitsnetz der Daseinsdurchschauung und der Übungsanleitungen, das jeder Nachprüfung im eigenen Leben standhält. Aber gerade der gemeinsame Kern dieser und der beiden parallelen Reden, besonders der bekannten Rede an die Kālāmer, wird missverstanden wie wenige sonst: als hätte der Buddha nicht nur gesagt: *»Geht nur nach dem, was ihr selber als heilsuntaugliche oder heilstaugliche Eigenschaften erkennen könnt«*, sondern als hätte er gesagt: »Lehnt schlechthin alles endgültig ab, was ihr nicht jetzt sofort, so wie ihr jetzt seid, selber erkennen könnt« – etwa die Möglichkeit des Fortwirkens von Saat und Ernte über den Tod hinaus.

HANS: Au weh, die müssen aber ungenau gelesen haben! Da steht doch ausdrücklich, man soll nicht nur nach dem gehen, was einem passt oder nach bloßen logischen Schlüssen oder nach dem Anschein der Wahrscheinlichkeit! Aber genau das tut doch, wer gleich alles ein für alle Mal ablehnt, was er im Moment (noch) nicht einsehen kann. Vor dieser Einstellung: »*Was ich nicht erfahren habe, das gibt es nicht*« warnt der Buddha doch auch in M 60.

RUTH: Der Buddha hat doch den Geltungsbereich des Satzes, dass wir uns auf nichts einlassen sollen, was wir nicht selber einsehen können, ganz präzis *eingegrenzt* auf die Entscheidung, aus welchen unserer *Eigenschaften* wir denken, reden und handeln sollen und aus welchen nicht. Und der Maßstab für diese Entscheidung ist, ob die betreffenden Eigenschaften *heilstauglich* sind.

Fritz: Ganz genau. Diesen zugleich ehernen und doch höchst individuellen, flexiblen Maßstab hat der Erwachte in der Rede M 114 ausdrücklich als allgemein gültige Richtschnur für Hauslose und in der Häuslichkeit Lebende besprochen. Wir werden sie noch genauer kennen lernen.

Hans: Früher habe ich gemeint, nach dem Buddha dürfte man nie spontan aus dem Herzen heraus denken, reden oder handeln, sondern man müsse immer ganz bewusst vorgehen. Aber nach dieser Rede ist der Buddha gar nicht immer gegen spontanes Handeln – vorausgesetzt, man bleibt sich auf den Fersen und überprüft ständig die Herzenseigenschaften, aus denen man handeln will: Wenn sie heillos sind oder Verständige Bedenken hätten, dann soll man diese Eigenschaften aufgeben. Wenn aber eine Eigenschaft aufsteigt, von der man merkt, dass sie zum Guten führt, dann soll man dabei bleiben. Das ist eine Art »*gelenkte Spontaneität*«, bei der die guten Kräfte des Herzens eingesetzt werden[13]. Die üblen Eigenschaften kommen, wenn sie erst einmal erwischt worden sind, aufs Abstellgleis und werden dort nach und nach abgewrackt. Für den Einsatz im aktiven Betrieb bleiben die guten. Denen kann und soll man sich dann ruhig überlassen, ohne immer erst im Einzelfall lange hin und her zu überlegen und alles »auszudiskutieren« (was ja oft heißt: so lange diskutieren, bis alles aus ist). Ich finde, das ist eine gute Lebensmaxime.

Ruth: Das finde ich auch. Durch Nandakos Hinweis geht mir auf: Wir sind viel zu zweckorientiert. Wir sollten mehr fragen, ob die *Motive* unseres Handelns gut sind, als ob der *Zweck gut* ist: Man kann sich auch zu einem guten Zweck durch Hinneigung, Abneigung oder Blendung motivieren lassen – z. B. aus Geschäftigkeit, Geltungsdrang, oder um einem anderen, dem man die Anerkennung nicht gönnt, die gute Tat wegzuschnappen –, oder man kann vor dem »erschreckenden« Empfinden, an sich selber etwas bessern zu müssen, in Weltverbesserung ausweichen. Wenn ich also merke: »Der Zweck ist zwar gut, aber ich verfolge ihn gelüstig oder nächstenblind und rücksichtslos oder so geblendet, dass ich nicht klar sehe«, dann hieße nach Nandako doch wohl die Konsequenz: »Besser, ich halte jetzt inne, richte die Aufmerksamkeit auf meine Motive und rode meine schlechten Eigenschaften aus, als dass ich mit voller Fahrt aus schlechten Eigenschaften weitermache, weil es ja für einen guten Zweck ist.« Oder?

Fritz: Das gilt sicher für ausgesprochen schlechte Motive wie Übelwollen, Hass, Habsucht, tugendverletzende Absichten. Wir brauchen aber nicht schon dann Skrupel zu haben, mit einwandfreien Mitteln zu einem guten Zweck zu handeln, wenn dabei *auch* mitspielt, dass das Angestrebte unseren Sinnen wohl tut, etwa weil wir den Kuchen, den wir für das Freundestreffen backen, selbst auch gern essen. Da haben wir vorher noch ganz andere Probleme zu lösen. — Ja, ihr lacht, aber ich habe erlebt, wie sich gewissenhafte Nachfolger mit solchen »Problemen« herumgeplagt haben. Aber, Ruth: auf Motive wie Hass, Übelwollen, Habsucht trifft vollständig zu, was du sagst. Sie verderben alles, ob sie jemand merkt oder nicht: Aus ihnen wird gedacht, und was der Mensch häufig bedenkt und sinnt, dahin geneigt wird das *Herz*, und was wir fühlen und wahrnehmen – das ganze Leben – ist Aktivität des Herzens. Schlechte Motive verderben die Quelle des Lebens, verderben das Dasein. Alles, was ich heute an Leiden erlebe, kommt daher. Nandako deutet ja auch an, wie sich sinnliches Begehren zu Sucht aufschaukelt und aus Sucht unversehens schlechtes Handeln wird.

Hans: Was Nandako hier sagt: dass sinnliches Begehren auf die Dauer leicht zu Sucht anschwillt, Abneigung zu Übelwollen, Blendung zu Wahn, das erinnert mich wieder an dieses unmerkliche »Hineinschlittern«, wenn man den Anfängen nicht wehrt. Die Beispiele, die du dazu genannt hast, haben mich doch sehr beeindruckt.

13 Vgl. dazu: Denken ins Herz hinein und aus dem Herzen heraus, WW, 40. Jg. (1994), S. 44 ff.

Ruth: An unser Gespräch über M 60 hat mich Nandakos Rede auch noch in einem anderen Punkt erinnert: Auch er rät, unser Verhalten an dem Urteil der »Verständigen« auszurichten. Du hast damals gesagt, Fritz, damit seien nicht Intellektuelle mit erhobenem Zeigefinger gemeint, sondern die Art von Menschen, die der Buddha einlädt: *»Willkommen sei mir ein verständiger Mensch, offen, ehrlich, von gerader Natur.«*

Hans: Das hat mich auch gefreut. Denn erst habe ich gedacht: was richtig und falsch ist, will ich doch selbstständig entscheiden, und nicht immer darauf schauen, was andere dazu sagen. Aber solche geraden, offenen, ehrlichen Menschen möchte man ja gerade zu Freunden und Beratern haben.

Ruth: Ja. Wir sind fast immer durch irgendeine Art von Hinneigung oder Abneigung geblendet. Dann hilft es, wenn man hört, was wahrhaft Verständige dazu sagen. Das hat nichts zu tun mit dem üblichen Schielen darauf, »was die Leute sagen«. Souveräne Menschen zeichnen sich gerade durch ihre Bereitschaft aus, von anderen zu lernen, die im Augenblick weniger durch Hinneigung und Abneigung geblendet sind.

Fritz: Da sind wir wieder an einem zentralen Punkt angelangt – an einem Punkt, von dem man auch sagen kann, dass die Lehre im Ganzen auf ihn hinausläuft. Am besten lassen wir ihn uns vom Erwachten selber erklären mit der Rede

S 3,18:

Da begab sich König Pasenadi von Kosalo zum Erhabenen, der gerade in Sāvatthī im Jetāhain im Kloster Anāthapiṇḍikos weilte, und berichtete:

»Herr, als ich einsam und abgeschieden sann, bewegte ich den Gedanken im Gemüt: Wohlverkündet ist vom Erhabenen die Lehre, aber nur für den Freund des Guten, Echten, den Gefährten des Guten, Echten, den Vertrauten des Guten, Echten, nicht für den Freund des Schlechten, den Gefährten des Schlechten, den Vertrauten des Schlechten.«

»So ist es, großer König, so ist es, großer König: Wohldargelegt ist von mir die Lehre, aber nur für den Freund des Guten, Echten, den Gefährten des Guten, Echten, den Vertrauten des Guten, Echten, nicht für den Freund des Schlechten, den Gefährten des Schlechten, den Vertrauten des Schlechten. — Einst weilte ich im Land der Sakyer, in einem sakkischen Marktflecken. Da begab sich der Mönch Ānando zu mir und sprach: ›Herr, das halbe brahmische Leben besteht doch in der Freundschaft mit Guten, Echten, in der Kameradschaft mit Guten, Echten, in der Vertrautheit mit Guten, Echten?‹

Auf diese Worte sprach ich zu dem Mönch Ānando: ›Sage das nicht, Ānando, sage das nicht, Ānando: Das ganze brahmische Leben besteht in der Freundschaft mit Guten, Echten, in der Kameradschaft mit Guten, Echten, in der Vertrautheit mit Guten, Echten. Von einem Mönch, der ein Freund, ein Kamerad, ein Vertrauter des Guten, Echten ist, steht zu erwarten, dass er einem Freund, einem Kameraden, einem Vertrauten des Guten, Echten den achtfältigen Heilsweg erschließen und einüben wird. — Wie übt ein Mönch als Freund, Kamerad, Vertrauter eines Guten, Echten den achtfältigen Heilsweg ein, Ānando? Da erschließt ein Mönch die rechte Anschauung, welche Abgeschiedenheit voraussetzt, Verblassen des Reizes voraussetzt, Freiroden voraussetzt, zum Loslassen hingeneigt ist; erschließt die rechte Gemütshaltung, welche Abgeschiedenheit voraussetzt, Verblassen des Reizes voraussetzt, Freiroden voraussetzt, zum Loslassen hingeneigt ist, erschließt die rechte Rede …, das rechte Handeln …, die rechte Lebensführung …, das rechte Mühen …, die rechte Wahrheitsgegenwart …, die rechte Herzenseinigung, welche Abgeschiedenheit voraussetzen, Verblassen des Reizes, Freiroden voraussetzen, zum Loslassen hingeneigt sind. So erschließt ein Mönch, der ein Freund, ein Kamerad, ein Vertrauter des Guten, Echten ist, den achtfältigen Heilsweg, übt den achtfältigen Heilsweg ein, Ānando. So ist das zu verstehen, dass das ganze brahmische Leben in der Freundschaft, der Kameradschaft, der Vertrautheit mit Guten, Echten besteht. — Wenn sie zu mir als dem guten Freund, dem guten Kameraden, dem Vertrauten kommen, dann werden die der Geburt unterworfenen Wesen völlig erlöst von Geburt, werden die dem Alter unterworfenen Wesen völlig erlöst vom Alter, werden die dem Sterben unterworfenen Wesen völlig erlöst vom Sterben, werden die dem Kummer, Jammer, körperlichen Schmerz, geistigen Leiden und der Verzweiflung unterworfenen Wesen völlig befreit von Kummer, Jammer, körperlichem Schmerz, geistigem Leiden und Verzweiflung. Auch in diesem Sinn ist es zu verstehen, dass das ganze brahmische Leben in der Freundschaft, in der Kameradschaft, in der Vertrautheit mit Guten, Echten besteht. Deshalb, großer König, geht es für dich darum, einzuüben: Ein Freund, ein Kamerad, ein Vertrauter des Guten, Echten will ich sein. So hast du dich zu üben. Wenn du ein Freund, ein Kamerad, ein Vertrauter des Guten, Echten bist, dann wirst du in einer Eigenschaft fest bleiben: in unermüdlicher Ernsthaftigkeit. *Wenn du in unermüdlicher Ernsthaftigkeit bist und bleibst, dann werden deine Frauen, deine adligen Lehensleute, die Bewohner deiner Städte und Länder sich sagen: 'Der König ist und bleibt fest bei der unermüdlichen Ernsthaftigkeit. Da will auch ich bei der unermüdlichen Ernsthaftigkeit fest sein und bleiben.' Wenn du in unermüdlicher Ernsthaftigkeit bleibst, großer König, in unermüdlicher Ernsthaftigkeit fest bist und bleibst, dann bist du selber in guter Hut, dann sind deine Frauen in guter Hut, dann sind deine Güter in guter Hut.*

Wenn einer sich nach Fülle und nach dem Erhab'nen, Hohen sehnt,
so raten ihm die Weisen stets Ernsthaftigkeit bei gutem Tun.
Wer unermüdlich ernsthaft bleibt, erringt sich Segen beiderseits:
mit klarem Blick den Segen hier und Segen in der nächsten Welt. —
Versteht er voll mit festem Blick: ›klarwissend‹ *wird er dann genannt.‹«*[14]

Hans: Wie passt denn dieser Aufruf zum Ernst zu dem Lächeln, das bei so vielen Buddhafiguren über dem Antlitz des Buddha liegt? Die Antwort ahne ich zwar, aber ich möchte sie gern von dir hören, Fritz.

Fritz: Das Pāliwort, das die meisten Übersetzer mit »Ernst« übersetzen, heißt »*a-(p)-pamāda*«. Ich wüsste keine bessere Übersetzung. Aber »*Ernst*« erschöpft nicht die volle Bedeutung. Nur dadurch kann deine Frage aufkommen. Die Wurzel dieses erlösten Lächelns ist »*a-(p)-pamāda*«, wörtlich: »frei von Lässigkeit«, also frei von der Eigenschaft, welche die Menschen immer wieder ins Unglück bringt. Der Heilsgänger hat nach endlosen Zeiten der Wirrsal, in denen er immer wieder – oft aus Resignation, Verzweiflung oder Verdrängung – in Lässigkeit und Leichtsinn geflüchtet war, die klare Wegweisung gefunden. Ihr bleibt er unermüdlich treu, nimmt sein »Schicksal« selber in die Hand, sieht immer klarer das Ziel und beginnt, endlich, endlich »aus diesem Meer des Irrtums aufzutauchen.«[15] Er merkt, wie Gewissenslasten, Daseinszweifel und heillose Eigenschaften abnehmen, heilstaugliche wachsen. Das erfüllt ihn mit zunehmender Zuversicht, Gelassenheit und innerer Heiterkeit. Darauf beruht die Antwort, die der Erwachte in der Rede

A VI,53

einem Brahmanen gibt, der gefragt hatte: »*Herr Gotamo, gibt es denn eine einzige Eigenschaft, die – entfaltet und viel geübt – beiderseits Segen sichert: diesseitigen Segen und Segen jenseits des Todes?« — »Die* Ernsthaftigkeit, *Brahmane, ist die eine Eigenschaft, die – entfaltet und viel geübt – beiderseits Segen sichert: diesseitigen Segen und Segen jenseits des Todes. — Es ist wie bei den gehenden Wesen aller Art, die mit Füßen zur Welt kommen: Ihrer aller Spuren werden von der Elefantenspur umfasst; die Elefantenspur gilt als die erste unter ihnen. Ebenso ist die Ernsthaftigkeit eine einzige Eigenschaft, die – entfaltet und viel geübt – beiderseits Segen sichert: diesseitigen Segen und Segen jenseits des Todes. — Es ist wie bei den Dachsparren eines Giebelhauses: Sie alle laufen*

14 ähnlich S 3,17.

15 Goethe, Faust I: »O selig, wer noch hoffen kann, aus diesem Meer des Irrtums aufzutauchen! Was man nicht weiß, das eben brauchte man, und was man weiß, kann man nicht brauchen.«

auf den First zu, sind zum First hingeneigt, laufen am First zusammen; der First gilt als der höchste unter ihnen. — Es ist wie bei einem Mäher; der schneidet das Gras, packt es an der Spitze, schüttelt es hin und her und wirft es auseinander. — Es ist wie bei einem Bündel Mangofrüchte, die man mit dem Stängel abgeschnitten hat: alle Mangofrüchte sind mit dem Stängel verbunden und müssen ihm folgen. — Es ist wie bei den kleinen Fürsten; die sind alle dem Kaiser untertan; der Kaiser gilt als der Höchste unter ihnen. Genau so, Brahmane, ist die Ernsthaftigkeit die eine einzige Eigenschaft, die – entfaltet und viel geübt – beiderseits Segen sichert: diesseitigen Segen und Segen jenseits des Todes. — Wie das Sternenlicht nicht ein Sechzehntel des Mondlichts ausmacht und das Mondlicht als das hellste unter ihnen gilt, genauso, ist die Ernsthaftigkeit die eine einzige Eigenschaft, die – entfaltet und viel geübt – beiderseits Segen sichert: diesseitigen Segen und Segen jenseits des Todes.«

HANS: Vom Heilsgänger, der diese Ernsthaftigkeit besitzt, sagt Nandako: er *durchstrahlt* die ganze Welt. Auch wenn man noch gar nicht recht weiß, was genau dieser »strahlende Ernst« bedeutet, tut es einem wohl, schon wenn man es nur hört.

FRITZ: Ja, Hans: Ernsthaftigkeit lässt zum *Heilsgänger* werden: zu einem Wesen, das die vier Heilswahrheiten zumindest in einem lichten Moment so endgültig anerkannt hat, dass sein Lebensgang – trotz aller möglichen Aufenthalte und Umwege – in der Gesamtrichtung unumkehrbar auf den Frieden zugeht; und von einem solchen geht bei längerem Wachsen auf diesem Pfad ein Maß von Ausstrahlung in Liebe, Erbarmen, innerer Freudigkeit und unerschütterlichem Gleichmut aus, von dem wir uns kaum einen Begriff machen können. Darüber werden wir noch ausführlich sprechen. Diese endgültige Sicherheit ist schon lange vor dem Endziel des Heilungsprozesses zu erreichen und zur Zeit des Buddha auch von Zehntausenden in der Häuslichkeit erreicht worden. Die *vier Strahlungen* in nichtmessender Liebe (*mettā*), Erbarmen (*karunā*), überweltlicher gönnender Freude (*mudita*) und erhabenem Gleichmut (*upekhā*) sind zwar dafür keine Vorbedingung, aber sie sind die »natürliche« Art, wie ein gerade einmal von Hinneigung, Abneigung und Blendung durch Sinneswünsche freies ruhiges Herz eines fortgeschrittenen Heilsgängers – *»überall mit allem sich als eins empfindend«* – zu dem steht, was wir als Welt erleben. Im Strahlen – wir werden es noch sehen – ist kein Messen, kein Kritisieren, keine Erwartung, kein Anspruch, keine Fremdheit, kein Unterschied, sondern *»ein Herz und eine Seele«*: wie die Sonne ihre Strahlen unterschiedslos scheinen lässt über »Gerechte und Ungerechte«. Diese vier Strahlungen oder »brahmischen Weilungen« galten den Brahmanen als das höchste Ziel. Der Buddha durchschaute selbst diese strahlende Daseinsweise als noch unbeständig. Aber er zeigte den Weg dorthin als ein *Werkzeug* der Wandlung auf dem Weg zum Erwachen, zum ewigen Frieden. Der ist mit Worten nicht mehr zu beschreiben. Aber Nandako hat es vermocht, in schlichten Worten auch bei häuslichen Nachfolgern eine ferne Ahnung davon zu wecken

RUTH: Dass der Buddha die Freundschaft mit Guten, Echten als das *ganze* brahmische Leben auf dem Weg zu diesem fernen Ziel beschreibt, das ist unsagbar tröstlich. Wie oft habe ich sagen hören, der Buddhismus habe etwas Kaltes, Strenges; er biete keine Geborgenheit. Aber was will man denn mehr, als dass der Weg zur Wahrheit als ein einziger Weg der Freundschaft gezeigt wird!

FRITZ: Noch auf dem Sterbelager hat der Erwachte vor einer vieltausendköpfigen Menge die Mönche gefragt, ob einer noch irgendeinen ungelösten Zweifel hätte, und als sie schwiegen, hat er gesagt: *»Vielleicht mögt ihr aus Ehrfurcht vor dem Meister nicht fragen, ihr Mönche; dann sagt es von Freund zu Freund.«* Der Erhabene – der Vollendete – der Meister der Himmelswesen und Menschen – der Freund. Die Freundschaft leuchtet auch auf in der vierten der Reden, die zeigen, worauf die Lehre im Ganzen hinausläuft. Sie zeigt besonders Konsequenzen für das häusliche Leben. Es ist die Rede

A VIII,54:

Der Koliyer Dīghajānu besuchte den Erhabenen in der Koliyerstadt Kakkarapatta und fragte: *»Herr, wir als häuslich Lebende befriedigen die Sinne; wir leben Tag und Nacht im Gewimmel von Kindern, pflegen und schmücken uns und haben Freude an Geld und Gut. Uns, die wir so sind, möge der erhabene Herr die Lehre so darlegen, dass sie uns in diesem Leben* und *im nächsten Leben Segen (hita) und Wohl (sukha) bringt.«*

»Folgende vier Eigenschaften, Byagghapajjo, bringen einem Sohn aus einer Familie[16] *in diesem Leben Segen und Wohl. Welche vier? Bewährung in Strebsamkeit, Bewährung in Sorgsamkeit, edle Freundschaft, ausgeglichene Lebenshaltung.*

Was aber ist Bewährung in Strebsamkeit? *Da ist ein Sohn aus einer Familie gerade in dem Beruf, durch den er seinen Lebensunterhalt bestreitet – sei es als Ackerbauer, Händler oder Viehzüchter, Bogenschütze oder königlicher Beamter oder als Gewerbetreibender – anstellig und nicht bequem. Er hat einen Blick dafür erworben, das Geeignete zu tun und in die Wege zu leiten. Das nennt man Bewährung in Strebsamkeit.*

Und was ist Bewährung in Sorgsamkeit? *Da besitzt ein Sohn aus einer Familie Vermögenswerte, die mit Strebsamkeit erlangt worden sind, durch Leistung, im Schweiß des Angesichts, rechtmäßig und anständig. Darum kümmert er sich in wachsamer Sorgsamkeit: ›dass mir diese Güter nicht vom König beschlagnahmt werden, nicht von Räubern weggenommen, nicht vom Feuer verzehrt, nicht vom Wasser fortgeschwemmt, nicht von unguten Erben entzogen werden!‹ Das nennt man Bewährung in Sorgsamkeit.*

Und was ist edle Freundschaft? *Da pflegt ein Sohn aus einer Familie in dem Dorf oder der Stadt, wo er wohnt, mit solchen Bürgern oder Bürgersöhnen Zusammenhalt, die – ob jung oder alt – tugendreif sind, zu Heilsvertrauen erwachsen, zum Loslassen, zu Klarwissen. Mit ihnen redet er, mit ihnen führt er Gespräche. Der Entwicklung zu Heilsvertrauen bei denen, die so zu Heilsvertrauen erwachsen sind, eifert er nach. Der Entwicklung zur Ablösung bei denen, die so zur Ablösung erwachsen sind, eifert er nach. Der Entwicklung zu Klarwissen bei denen, die so zu Klarwissen erwachsen sind, eifert er nach. Das nennt man edle Freundschaft.*

Und was ist eine ausgeglichene Lebenshaltung? *Da pflegt ein Sohn aus einer Familie – die Einnahmen und die Ausgaben im Blick – eine ausgeglichene Lebenshaltung, weder zu aufwendig noch zu knapp, in der Überlegung: ›So werden meine Einnahmen die Ausgaben auf die Dauer übersteigen, und nicht die Ausgaben die Einnahmen‹. Das ist, wie wenn ein Waagemeister oder der Gehilfe eines Waagemeisters die Waage nimmt und sieht: ›um so viel hat sie sich geneigt; um so viel hat sie sich gehoben.‹ Wenn ein Sohn aus einer Familie bei geringem Einkommen auf großem Fuß lebt, dann kommt das Gerede auf: ›wie ein Feigenesser verzehrt dieser gute Mann sein Vermögen‹. Wenn aber ein Sohn aus einer Familie bei hohem Einkommen eine dürftige Lebenshaltung pflegt, dann kommt über ihn das Gerede auf: ›Dieser gute Mann wird noch hungers sterben‹. Deshalb pflegt ein Sohn aus einer Familie – die Einnahmen und Ausgaben im Blick – eine ausgeglichene Lebenshaltung, weder zu aufwendig noch zu knapp. — Für so gebildete Vermögen gibt es vier Abflüsse: Da ist einer ein Schürzenjäger, Trunkenbold, Spieler, hat schlechte Freunde, Gefährten und Genossen. Das ist, wie wenn bei einem großen See vier Zuflüsse und vier Abflüsse wären, und ein Mann verstopfte die Zuflüsse, die Abflüsse aber öffnete er, und die Gottheit spendete keinen Regen: so gibt es für das derart entstandene Vermögen vier Abflüsse. Für so gebildete Vermögen gibt es vier Zuflüsse: Er ist kein Schürzenjäger, kein Trinker, kein Spieler, hat edle Freunde, edle Genossen, edle Gefährten. Das ist, wie wenn ein großer See vier Zuflüsse hat und vier Abflüsse, und*

16 Wörtliche Übersetzung von »*kulaputto*«, oft auch übersetzt »Sohn aus gutem Haus« oder »edler Sohn«. In dieser Rede ist aber nicht Rang oder Besitz gemeint, sondern der Reichtum an guten Maßstäben, wie sie das Aufwachsen in einer Familie vermittelt.

ein Mann öffnete die Zuflüsse und verstopfte die Abflüsse, und die Gottheit spendete reichen Regen. Dann ist bei diesem großen See ein Ansteigen, keine Abnahme zu erwarten: Ebenso gibt es für ein so zustandegekommenes Vermögen vier Zuflüsse. Diese vier Eigenschaften eines edlen Menschen führen in diesem *Leben zu sichtbarem Wohl.*

Folgende vier Eigenschaften führen zu jenseitigem *Segen, zu jenseitigem Wohl,: welche vier? Entwicklung zu Heilsvertrauen, Tugend, Loslassen, Klarwissen.*

Was aber ist Entwicklung zu Heilsvertrauen? *Da ist ein Sohn aus einer Familie von Heilsvertrauen erfüllt; er ahnt die Wachheit des Vollendeten: ›Das ist ein Erhabener, Heilgewordener: der Vollkommen Erwachte, der im Wissen und Wandel Vollkommene, zum Wohl gekommen, der Allsehende, der unvergleichliche Lenker der anzuleitenden Menschen, der Meister der Himmelswesen und Menschen, der Erwachte, der Erhabene.‹ Das wird Entwicklung zu Heilsvertrauen genannt.*

Was aber ist die Entwicklung zu Tugend? *Da widerstrebt einem Sohn aus einer Familie Umbringen von Lebendigem, Nehmen von Nichtgegebenem, Pflege falscher Geschlechtsbeziehungen, Lügen, Alkohol oder andere die Selbstkontrolle und das klare Denken trübende Mittel zu nehmen. Das wird Entwicklung zur Tugend genannt.*

Und was ist die Entwicklung zum Loslassen? *Da lebt ein Sohn aus einer Familie im Haus mit einem Gemüt frei von Befleckung durch Engherzigkeit und Geiz, empfindet Loslassen als befreiend, mit offenen Händen, beglückt durch Zurücktreten, für Bitten offen, glücklich, wenn er teilen kann. Das wird Entwicklung zum Loslassen genannt.*

Was aber ist die Entwicklung zu Klarwissen? *Da ist ein Sohn aus einer Familie klarwissend, erwachsen zu jenem Klarwissen, das das Entstehen und Vergehen sieht, zu dem heilenden, durchdringenden, zur Überwindung allen Leidens führenden. Das wird Entwicklung zum Klarwissen genannt. -*

Diese vier Eigenschaften führen einen Sohn aus einer Familie zu jenseitigem Segen und Wohl:
Er setzt sich ein beim Tagewerk, nie lässig, handelt planvoll – klar,
lebt, wie's ihm sein Verdienst erlaubt, wacht über das Erworbene.
Aus Heilsvertrauen, tugendecht, großherzig, frei von Enge – Geiz,
legt er den Heilsweg läuternd frei, der auch zu Segen jenseits führt.
Das sind acht Lebensregeln für im Haus vertrauend Lebende,
vom Wahrheitkünder aufgezeigt. Sie führen beiderseits zum Glück:
diesseits zu Vorteil und Erfolg, im Jenseits dann zu sel'gem Wohl.
Wer so im Hause lebt, dem wächst Loslassen zu und gute Frucht.«

Ruth: Das ist wunderbar lebenspraktisch. Aber »diesseits Vorteil und Erfolg und Wohl im Jenseits« – das ist noch nicht der ewige Friede, den sehnsüchtig sucht, wer auf seine ernste Frage: »*Was soll all der Schmerz und Lust?*« immer wieder vergeblich Antwort gesucht und endlich gemerkt hat: Darauf kann es innerhalb der Gefangenschaft in der Wahrnehmung keine Antwort geben, weil dieses Auf und Ab ein sinnloser Kreislauf ist. Jedenfalls empfinde ich es so.

Fritz: Es ist auch so. Hier hat es der Buddha mit einem einzigen Wort – wieder so einem »Keim« – angedeutet: Wer so vorgeht, dem wächst nicht nur »*gute Frucht*« hier und drüben zu, sondern in dem Maß, wie er die Vergänglichkeit aller gewordenen »Früchte« verstanden hat, auch »*Loslassen*«. Aber auch Nachfolger, die in der Häuslichkeit so ernsthaft nach Wahrheit und Klarheit streben, dass ihnen der Gedanke an Lauterkeit, Herzensfrieden oder gar ewigen Frieden und absolute Freiheit bisweilen tiefe Gemütserhebung bereiten kann, haben ja immer noch ihre Triebe mit Hinneigung, Abneigung und Blendung durch Sinnenwünsche, die sie in der Häuslichkeit festhält – ob sie es sich selber zugeben oder nicht. Da ist es für sie bei der Frage, worauf die Lehre im Ganzen hinausläuft, wichtig, die richtige Methode, Reihenfolge und

Gangart für einen reifen, krampflosen Umgang mit diesen Triebwuchten zu erfahren. Darüber herrschen besonders im Westen gewaltige Missverständnisse, die mich ja zu meinem Buchvorhaben aufgerufen haben. Ein Beispiel dafür ist etwa jener Brief in *Wissen und Wandel*[17], in dem ein Leser bedrückt klagt, er sei immer noch nicht fähig, seine Frau zu lassen. Er wusste nicht, dass es für ihn – wie es in der Antwort hieß – keineswegs darum ging, *»die Frau zu lassen, sondern darum, der Frau und dem Kind ein verstehender Freund und Helfer zu sein. Aber auch das gelingt Ihnen besser, wenn Sie sich täglich die Wahrheit vor Augen halten.«* Mancher, der in der Häuslichkeit von den tiefsten Wahrheiten des Erwachten hört, mag sich, solange ihm diese Missverständnisse nicht aufgelöst werden, wie in eine Wüste gestoßen vorkommen, weil er meint, er müsse nun Familie, Beruf, Häuslichkeit, alles, was ihm bisher eine gewisse Befriedigung gebracht hat, schleunigst aufgeben.

RUTH: Ja, Fritz. Die wenigsten werden so realistisch und so ehrlich mit sich selber sein wie dieser Kolyer Dīghajānu, der sieht, dass er das noch gar nicht kann. Er will eine Gangart gezeigt haben, die für ihn und seinesgleichen, *»die wir so sind«*, ohne sofortige radikale Veränderungen in der äußeren Lebensweise auch schon im Diesseits Vorteil bringt, aber darüber hinaus auch im Jenseits. Ich bewundere diesen Mann wegen seiner Klarheit und Offenheit.

HANS: Ich muss zu meiner Schande gestehen: Als er anfing, dachte ich erst: ›Das wird ein schöner Buddhist werden, der im Angesicht des Vollkommen Erwachten noch reden kann über Kosmetik, Schmuck, Geld und Gut.‹ Aber dann habe ich ihm im Geist Abbitte geleistet, als er sagte, dass er aber so leben lernen will, dass es ihm auch im nächsten Leben nicht nur Wohl bringt, sondern auch »Segen«.

RUTH: Ein westlicher Mensch wäre vor der erhabenen Gegenwart des Buddha vielleicht in Ehrfurcht erstorben, hätte nur »ganz Heiliges« geredet und gemeint, diese innere Erhebung könne er auch in seinem Alltagsleben bewahren. Und bei dem im Westen üblichen verkopften »Entweder-oder«-Denken, das die Wucht der Triebe überhaupt nicht auf Rechnung hat, hätte er wahrscheinlich gedacht: »Dann muss ich aber auch konsequent sein und ab sofort meine ganze Lebenshaltung radikal ändern« (»die Frau lassen«).

FRITZ: Und gerade diese Radikalität – *»also muss ich ab sofort ...«* – wäre ein Beweis dafür gewesen, dass er im Grund doch nur dieses eine Leben im Auge hatte. Jener Kolyer dagegen hatte unausgesprochen die »Durchgängigkeit des Lebens« über den Tod hinaus ebenso selbstverständlich auf Rechnung wie seine jetzige Existenzform: Er hatte Zeit und fühlte sich auch im Angesicht des Erhabenen nicht zu einer unreifen Gangart gehetzt durch den Wahn, für heilsames Wirken nur auf dieses eine Leben angewiesen zu sein.

RUTH: Nach dem, was ich früher über den Buddhismus gehört habe, hätte ich erwartet, dass der Buddha dem Kolyer sagt: »Wie kann denn ein vernünftiger Mensch sich mit so etwas Äußerlichem wie Kosmetik und Schmuck abgeben! Geld – nun ja, das muss man im Hausleben rein sachlich gebrauchen. Aber sich darüber freuen – das muss man sich doch schleunigst abgewöhnen. Wenigstens diese äußerlichsten Dinge sollte man lassen, ein ganz einfaches Leben führen, mit dem Allernotwendigsten auskommen und sich völlig auf seine Läuterung konzentrieren.« dass ihm das der Buddha nicht vorgehalten hat, fand ich richtig erfrischend.

HANS: Läuft das angesichts der Masse des Leidens nicht auf eine »Vergemütlichung der Lehre« hinaus, wie es einmal ein besorgter Freund formuliert hat, dem ich von deinem Buchplan erzählt hatte? Wenn ich denke: der Buddha hat in M 60 eine ganze Dorfgemeinschaft schon einen fernen Vorblick auf die Möglichkeit der Auflösung allen Weiterwerdens tun lassen. Da weiß ich mir nicht recht zusammenzureimen, dass hier die *Freude* an Äußerlichkeiten wie Geld und Gut vom Buddha so »harmlos« ohne jede Warnung behandelt wird.

17 WW, 34. Jg. (1988), S. 307 ff.

Fritz: Wir müssen stets unterscheiden zwischen der grundsätzlichen *Bewertung* der Sinnendinge im Geist und der *Reihenfolge des Vorgehens* in der *Praxis*. Das ist ganz, ganz wichtig. An diesen Punkt werden wir immer wieder kommen. Wir werden noch Reden besprechen, in denen der Erwachte vom Grund her den Wahnsinn der Sinnensucht häuslich Lebenden in packenden Gleichnissen aufgezeigt hat – zur Bildung der rechten *Anschauung*, nicht zur unreifen sofortigen Umsetzung in die Praxis. Die unabdingbare Notwendigkeit der *Überwindung der Sinnensucht* ist ein Grundzug nicht nur der Lehre des Buddha, sondern jeder Heilslehre. Nur unsere starke Blendung bringt es fertig, dass wir erst dann, wenn uns die Leiden des Daseins in der Sinnensuchtwelt stark treffen, zu merken beginnen, dass Existenz mit Sinnensucht überhaupt kein Leben ist: *»Steig über die Sinne, hier lebet das Leben«*, jubelte Ruysbroeck, als er Entrückungen erfahren hatte. Eine ganz andere Frage ist aber die *Gangart*, in welcher wir »über die Sinne steigen«. Ein normaler, bis dahin die Sinne befriedigennder, in der Welt lebender Mensch kann nicht damit *beginnen*, dass er fast alles lässt, was ihm bisher Befriedigung verschafft hat, sondern nur damit, dass er erst all das *Üble* abtut, das sich aus der Sinnensucht ergibt.

Ein Gleichnis mag das verdeutlichen: Aus einem Walddickicht ragen im Hochgebirge zwei Gipfel nebeneinander auf. Ein Wanderer will zu seinen Freunden aufsteigen, die auf den einen der beiden Gipfel vorausgegangen sind. Auf dem anderen Gipfel – das weiß er – hausen wilde Tiere. Der Wanderer stößt im Dickicht auf einen Serpentinenweg, der in eine fast senkrechte Felswand eingeschnitten ist und meint, der führe auf den Gipfel mit seinen Freunden. Erst nach längerem Steigen stellt er oberhalb der Waldgrenze, 500 Höhenmeter über dem Tal, fest, dass er auf den falschen Berg geraten ist, auf dessen Gipfel die Raubtiere hausen. Da kann er auch nicht mit einem Sprung 500 m ins Tal hinunterspringen. Er muss vielmehr zunächst noch auf dem als falsch erkannten Berg weitergehen, nur von jetzt an in anderer Richtung. Wer in den Bergen wandert, weiß, dass auch ein Abstieg Abschnitte hat, auf denen der Weg eine Zeit lang ansteigt, wenn es das Gelände nicht anders zulässt, etwa wenn ein Bachbett nur oben herum umgangen werden kann. Entscheidend ist, dass es im Ganzen abwärts zum sicheren Grund geht.

Hans: Ich habe einmal gehört, der Buddha hätte gesagt: *»Nur nach Verdienst sollt ihr genießen.«* Heißt das, wir sollen uns unbedingt auf das beschränken, was wir bisher karmisch an Verdienst erwirkt haben und uns ja nicht um mehr bemühen?

Ruth: Da müssten aber die heute Armen arm bleiben, und nur die Reichen dürften ihren Reichtum genießen! Das kann doch der Buddha nicht gemeint haben!

Fritz: Das hat der Buddha auch nie gelehrt. Er hat nur in D 17^{m} und 26^{m} berichtet, dass dies ein Kaiser in einer fernen, »goldenen« Vorzeit als das Staats-Grundgesetz verkündet hat, als die Menschen noch viel mehr auf inneres als auf äußeres Wohl achteten und so viel gewährender handelten als heute, dass sie meist als Ernte erlebten, wonach sie verlangten. Da war es leicht und auch für jeden Menschen einsehbar, dass er gut tat, an diesem zufriedenen Lebensklima nicht durch Streben nach *noch* mehr etwas zu ändern. Schon zur Zeit des Buddha waren die Menschen anders. Deshalb hat der Erwachte für die in der Häuslichkeit verbliebenen Menschen die Grenzen für Sinnenbefriedigung erst bei deren Entartung zur Verletzung von Tugenden, zur Fixierung auf Sucht (*abhijjhā*) oder zu Sinnenbefriedigung im Jugend-, Lebens- oder Gesundheitsrausch gezogen, die die Erinnerung an das Entrinnen vergessen macht. Von diesem Grundsatz ist die ganze Anleitung des Erwachten durchzogen. Wir werden noch an einen ganzen Block von Reden über die rechte Besitzverwendung kommen.[18] Hat freilich der Erwachte ihrem inneren Haushalt nach sozusagen »Flügelwesen« vor sich – wie bei manchen Mönchen und Nonnen und jener seltenen zweiten Art von häuslich lebenden Mystikern, jener

18 Siehe unten im 5. Gespräch.

»Stillen im Lande« –, so ließ er sie ohne viel Worte sozusagen ihre Flügel entfalten und springen. Wer aber in der Sinnensucht wohnt, hat noch keine Flügel und muss daher vom »falschen Berg« zu Fuß hinuntergehen. Dabei mag allerdings mancher Mensch aus dem besseren Überblick des Hinuntersteigens manche Möglichkeiten zur Abkürzung finden – und manchen mögen dabei gar allmählich Flügel wachsen. Die Anleitung des Erwachten ist da in der geistigen *Grundrichtung* kompromisslos klar, in der *Gangart* aber dem inneren Haushalt der einzelnen Heilsucher einfühlsam angepasst. Das bedeutet für deine Frage nach dem Umgang mit Besitz, Hans, dass das Verlassen des gefährlichen Wegs – das »*Steigen über die Sinne*« – für den normalen, an das Leben in der Häuslichkeit gewohnten Menschen (auch den Heilsgänger) nicht damit anfangen kann, dass er den Besitz wegwirft, ehe er reichlich inneres Wohl hat, sondern damit, dass er sich erst von Hemmungslosigkeit und Rauschhaftigkeit, Habsucht, Geiz, Rücksichtslosigkeit und Nächstenblindheit frei macht, in lichten Momenten im Geist das Elend der Sinnensucht und ihre Gefahren immer wieder durchschaut und im Auge behält. So hat der Erwachte den König Pasenadi von Kosalo, der berichtete, wie er als Gerichtsherr immer wieder erleben müsse, dass Menschen um des Besitzes willen Übles tun, auf die Gefahren der Sinnensucht hingewiesen:

In weltlichen Besitz vernarrt, besessen von der Sinnengier,
beachten sie die Grenzen nicht, wie in die Reuse schwimmt der Fisch.
Da wird das nächste Leben hart, und hart wird ihres Wirkens Frucht. (*S 3,7*)

Auch in der Rede, die wir gerade besprechen, sind die Gefahren des *Hängens* an Besitz behandelt, aber nicht in Form einer Warnung, sondern in positiver Form: So bezeichnet der Erwachte die vier Eigenschaften, die bereits in diesem Leben Segen und Wohl bringen, als Eigenschaften eines geordneten Menschen. Wer will, kann darin einen feinen Hinweis darauf sehen, dass es Eigenschaften sind, die nicht nur zu äußerem Wohl, sondern auch zu »Segen« führen.

HANS: So ist es ja auch: Wer sich im Beruf an Strebsamkeit gewöhnt, dem steht sie auch zur Verfügung für das Streben nach Wahrheit und Herzensläuterung. Das Wissen, dass man Erworbenes sorgsam bewahren muss, und die Fähigkeit, danach zu handeln, hilft auch beim Bewahren erworbenen Wissens und erworbener guter Eigenschaften.

RUTH: Und die Freundschaft mit tugendreifen Menschen voll Heilsvertrauen, die weise und zum Loslassen erwachsen sind – das ist ja »*das Ganze des geistlichen Lebens*«. Fast scheint mir, auch das Einüben einer ausgeglichenen Lebenshaltung käme unausgesprochen irgendwie dem geistlichen Leben zugute, oder wie ist das?

FRITZ: Da hast du ganz Recht: Mancher Mensch lebt auch geistig-seelisch über seine Verhältnisse, gerade was die richtige Gangart angeht. Ich sehe heute noch vor mir, wie vor über vierzig Jahren ein von der Lehre ergriffener junger Mensch mit zornrotem Kopf die Leiter vom Dachboden herunterkam, wo er sich für intensive Meditationen einen Sitz eingerichtet hatte, und ein Kind, das ihm aus Neugier nachgeklettert war, anbrüllte: ›Wenn du mir noch einmal nachsteigst, dann hau' ich dich windelweich!‹ Zu dieser Entladung wäre es kaum gekommen, wenn er nicht mit halbasketischen Meditationsbemühungen seelisch über seine Verhältnisse gelebt hätte, statt in erster Linie um Verständnis und liebevollen Umgang bemüht zu sein. Andere wieder leben unter ihren inneren Verhältnissen, indem sie in dieses Leben mitgebrachte oder erworbene gute Eigenschaften aus Trägheit oder Verzagtheit oder Unkenntnis ihrer Entfaltungsfähigkeit ungenutzt lassen, etwa weil sie zu wenig beachten, dass die Eigenschaften zu weltlichem Vorteil, die der Erwachte nennt, zugleich auch der Vorbereitung von Fähigkeiten dienen, die für den Segen »jenseits« notwendig sind, so dass sie meinen, Mönchsmeditationen seien dringlicher. Mir hat übrigens im Hinblick auf manche Beobachtungen in den vergangenen Jahrzehnten auch ein unscheinbarer Wink des Erwachten zu denken gegeben: dass nämlich der

Nachfolger sich um Strebsamkeit und Überwindung der Bequemlichkeit »gerade in *dem* Beruf« bemühen soll, »*durch den er seinen Lebensunterhalt bestreitet*«. Gut: in jedem Beruf kann es Umstände geben, bei denen kaum ein Weg um einen Berufs- oder Ortswechsel herumführt. Den Maßstab hat der Buddha besonders in der schon zitierten Rede M 114 genau erklärt. Aber heute herrscht vielfach eine Neigung, sobald einem etwas nicht passt oder schwer fällt, gleich den Beruf oder den Ort zu wechseln oder gar nicht erst anzufangen – ohne zu bedenken, dass wir, wohin wir auch gehen, überallhin »uns« mitnehmen. Wer im äußeren Leben so vorgeht, wird es auch nicht leicht haben, sich inneren Schwierigkeiten zu stellen und mit ihnen fertigzuwerden. Insgesamt sehen wir: Der Erwerb von Eigenschaften, mit denen man schon in diesem Leben zu Vorteil und Erfolg kommt, ist nicht, wie manchmal eingewendet wird, sinnlos, weil man sie doch bald wieder abbauen müsse. Denn sie helfen auch, über dieses eine Leben *hinaus ins nächste Leben* zu führen (wenn es das gibt, um mit M 60 zu sprechen). Am deutlichsten ist es bei der Wahl der Freunde. Sie rät der Erwachte gerade nach *den vier* Eigenschaften auszusuchen und ihnen in *den vier* Eigenschaften nachzueifern, die sich als Heilssinne ausbauen lassen: in Heilsvertrauen, Tugend, *Loslassen* und Klarwissen.

Hans: Ich finde es gut, wie der Buddha jenem Koliyer das *Heilsvertrauen* erklärt hat. Da ist nicht von Glauben die Rede, sondern dass eine Ahnung von der Wachheit des Buddha aufkommt. Dazu werden lauter unvorstellbar hohe Eigenschaften des Buddha genannt. Das hört sich an wie eine feine Verehrungsformel. Hat das etwas mit jenen Feiern zu tun, von denen ich schon gehört habe, mit Gong und Rezitation und Räucherstäbchen, zu denen manche Buddhisten gern hingehen, weil da eine so erhebende Atmosphäre sei? »*Puja*« nennt man das, glaube ich.

Fritz: Für Menschen, denen das liegt, können solche Andachten etwas sehr Schönes und Förderliches sein, – wenn auch der Erwachte selber nie etwas über die äußere Form häuslicher Andachten gesagt hat, sondern immer nur *Inhalte* zur Besinnung nennt. Aber hier ist etwas ganz anderes als stimmungsvolle Andachten gemeint: Um von den Kennzeichen eines Erwachten eine Ahnung zu bekommen und das *Gemüt* dort hin zu wenden, muss man in einem gewissen Grad im *Geist* schon wissen, worum es sich dabei handelt: Der Gedanke: »*Das ist der Erhabene*« setzt voraus, dass ich mindestens ahne, worüber er erhaben ist: nämlich nicht nur über die Menschenwelt oder die Sinnenwelt, sondern über die ganze Existenz – auch über die höchsten »göttlichen« Existenzmöglichkeiten. Den Gedanken: »*Das ist der Erwachte*« kann nur denken, wer eine Ahnung hat, dass wir gar nicht wach sind, sondern einen Existenz-Wahntraum träumen. In diesem Gedanken an die Wachheit des Erwachten steckt dann schon eine gemütsmäßige Annäherung an den Kern der Lehre.

Ruth: Und die *Tugenden*, die als nächste Eigenschaft aufgezählt werden, sind auch hier – wie bei den Leuten von Veludvāra – nicht als Gebote genannt, sondern als Ausdruck einer gewachsenen Gemütshaltung und Herzensbeschaffenheit, so dass sie nicht als ein kompliziertes Regelwerk empfunden werden, sondern ein Verstoß einem im Herzen widerstrebt.

Hans: Und dann kommt etwas Wunderbares: die Entwicklung zum *Loslassen*. Da hätte ich nach dem, was ich früher über den Buddhismus gehört und gelesen hatte, eine aufrüttelnde Predigt über Verzichten und Weltüberwindung erwartet. Nach allem, was mir aus unseren bisherigen Gesprächen schon eingeleuchtet hat, wäre ich auch bereit gewesen, einiges auf mich zu nehmen – wenn auch nicht ohne Bänglichkeit, ob ich das auch durchhalten kann. Nun wird hier aber als Zielvorstellung für die Entwicklung zum Loslassen eine Gemütsart von solcher Weite und Wärme, Großherzigkeit und innerer Freudigkeit beschrieben, dass ich sagen muss: solche Freunde möchte ich haben und so möchte ich selber werden!

Fritz: Über all das werden wir noch viel hören. Und mit dem Hinweis auf die vierte der Eigenschaften, die zum Segen über dieses jetzige Leben hinaus führen – die *Weisheit*, den durchdringenden Klarblick für das Entstehen-Vergehen –, haben wir den Anschluss an jene Rede M 35 gefunden, in welcher einem jungen Intellektuellen gezeigt wird, worauf die Lehre zu allertiefst hinausläuft. Bis zu der Entwicklung da hin können uns die zusammenfassenden Verse am Ende der vorhin besprochenen Rede A VIII,54 begleiten. Dort ist vor allem in der letzten Zeile gesagt, was die Gangart der Nachfolge in der Häuslichkeit kennzeichnet: Bei dieser Art des Vorgehens wächst uns nicht nur *»gute Frucht«* zu, sondern das wichtigste für den Weg: *Loslassen.* Loslassen ist sozusagen der *»Kurswagen zur Erlösung«*: Damit fahren wir auf der Lebensbahn im Kleinen wie im Großen, im Alltag wie bei den tiefsten geistigen Dingen gut. — Zur Vorbereitung unserer Betrachtung der 35. Rede der Mittleren Sammlung haben wir nun schon von einigen Seiten her umschrieben, worauf die Lehre des Buddha im Ganzen hinausläuft. Nun können wir diese Rede selber angehen, in der ein an und für sich dafür noch recht unreifer, aber intelligenter junger Mensch sich direkt zu den tiefsten Gründen der Lehre durchfragt, auf welche die Lehre hinausläuft:

II. DIE KOMPONENTEN DER EXISTENZ: FÜNF ZUSAMMENHÄUFUNGEN[19] DURCHSCHAUEN

FRITZ: Ich lese die Rede erst einmal im Ganzen vor, und dann können wir darüber sprechen:

M 35 – DIE KURZE REDE AN SACCAKO:

So habe ich's vernommen: Einstmals weilte der Erhabene bei Vesālī im Großen Wald in der Halle des Giebelhauses. Zu der Zeit hielt sich Saccako, ein junger Nigaṇther[20] *in Vesālī auf, ein geschulter Dialektiker und geistvoller Debattenredner von allgemeinem Ansehen. Der kündigte in ganz Vesālī an: »Ich kenne keinen Asketen oder brahmisch Lebenden, kein Haupt einer Schule mit vielen Anhängern, auch nicht den, der sich für einen Heiligen, Vollkommen Erwachten hält, der, von mir zum Redekampf herausgefordert, nicht ins Zittern und Beben und Wanken gerät, dem nicht der Schweiß aus den Achselhöhlen rinnt; und wenn ich auch eine tote Säule zum Redekampf herausforderte, so würde selbst diese, von mir in einen Redekampf verwickelt, ins Zittern und Beben und Wanken geraten, geschweige denn ein Mensch.«*

Eines Morgens war der ehrwürdige Assaji in der Frühe aufgestanden und war mit Obergewand und Schale nach Vesālī um Almosenspeise gegangen. Saccako, der junge Nigaṇther, schlenderte gerade durch Vesālī und sah ihn von weitem kommen. Da ging er ihm entgegen, begrüßte ihn höflich, wechselte freundliche Worte mit ihm, stellte sich neben ihn und sprach: »Wie führt der Asket Gotamo seine Nachfolger zurecht, Herr Assaji; worauf läuft denn die Belehrung bei den Nachfolgern des Herrn Gotamo im Ganzen hinaus?« — »Der Erhabene führt die Nachfolger folgendermaßen zurecht, Aggivessano,[21] *auf Folgendes läuft die Belehrung der Nachfolger des Erhabenen im Ganzen hinaus: ›Form (rūpa)*[22] *ist unbeständig, ihr Mönche, Gefühl (vedanā)*[23] *ist unbeständig, Wahrnehmung (saññā*[24]*) ist unbeständig, Vorgänge (saṅkhāra)*[25] *sind unbeständig, der eingespielte (Wohl-)Erfahrungssuchlauf (viññāna)*[26] *ist unbeständig. Form ist ohne Selbst,*

19 So die Übersetzung von Paul Debes. KEN übersetzt »Stücke des Anhangens«, Nyāṇatiloka und Nyāṇaponika »Daseinsgruppen«, Dahlke »Greifegruppen«; wörtlich heißt *upādāna-(k)khandhā* »Aufgreif-Komponenten« oder »Faktoren des Ergreifens« (so Heckers Übersetzung).

20 *Nigaṇther* (KEN: »Freie Brüder«) heißen die Nachfolger *Nigantho Nāthaputtos*, des Gründers der Bewegung der Jainas - von seinen Anhängern *Mahāviro* (»Großer Mann«) genannt - eines Zeitgenossen und Hauptwidersachers des Erwachten, dem wir noch öfter begegnen werden.

21 Stammesname Saccakos.

22 Kann auch mit »Gestalt« übersetzt werden.

23 Auch: »Empfindung«.

24 Wörtlich: »zusammenwissen«.

25 Wörtlich »zusammenmachen« = zusammenwirken = zusammensetzen.

26 *viññāna* = »Auseinanderwissen« (i. S. der fortlaufenden, als Steuerung wirkenden Unters-

Gefühl ist ohne Selbst, Wahrnehmung ist ohne Selbst, Vorgänge sind ohne Selbst, der Erfahrungungssuchlauf ist ohne Selbst.«

HANS: Entschuldige, dass ich doch unterbreche, aber sonst kann ich nicht folgen: Was für Vorgänge und was für ein Erfahrungssuchlauf?

FRITZ: Das Pāliwort *saṅkhāra* kommt von *sankharoti*, gestalten, also *Gestaltung* im Sinn gestaltender *Vorgänge* und ihres Ergebnisses. Seine häufigste Bedeutung könnte man auch mit *Aktivität, Bewegtheit, Wirksamkeit, Prozess, Dynamik* wiedergeben. Was gemeint ist, hat die Nonne Dhammadinnā ihrem früheren Ehemann Visākho im Text M 44 erklärt: Der fragt: *»Was sind denn Vorgänge, Ehrwürdige?« — »Es gibt dreierlei Vorgänge, Freund Visākho: körperliche, sprachliche, psychische Vorgänge.« — »Was sind denn körperliche Vorgänge, sprachliche Vorgänge, psychische Vorgänge, Ehrwürdige?« — »Ein- und Ausatmung* (hier stellvertretend für alle vegetativen Vorgänge) *sind körperliche Vorgänge, Denken und Sinnen sind sprachliche Vorgänge; Wahrnehmung und Gefühl sind psychische Vorgänge (citta sankhāra, Aktivitäten des Herzens), Freund Visākho.« — »Wieso sind Ein- und Ausatmung körperliche Vorgänge, Denken und Sinnen sprachliche Vorgänge, Wahrnehmung und Gefühl psychische Vorgänge, Ehrwürdige?« — »Ein- und Ausatmung, Freund Visākho, sind körperlich, an einen Körper gebunden; deshalb sind Ein- und Ausatmung körperliche Vorgänge. Was man vorher gedacht und gesonnen hat, Freund Visākho, das äußert man hernach mit der Sprache; deshalb sind Denken und Sinnen sprachliche Vorgänge. Wahrnehmung und Gefühl sind gemüthaft, an das Herz gebunden; deshalb sind Wahrnehmung und Gefühl psychische Vorgänge.«*

HANS: Und wie ist es mit der eingespielten Wohlerfahrungssuche?

FRITZ: Das ist das lernfähige Programm zur Steuerung aller »körperlichen« und »geistigen« Vorgänge zur Suche nach wohl tuenden psychischen Vorgängen, also Wahrnehmungen und Gefühlen; es ist der eingespielte Erfahrungs-Suchlauf (*viññāna*). Weil danach jede Erfahrung gesteuert wird, könnte man auch einfach sagen: »Erfahrungslauf« oder »Erfahrungsablauf«. Da wir drei und der größte Teil der heutigen Schüler, Studenten, Lehrer und Berufstätigen mit Computern umgehen, könnten wir im Computerjargon sagen: *Viññāna* ist sozusagen das »*Betriebssystem*« des Menschen. Dabei programmieren die geistigen Vorgänge (*vaci-sankhāra*) letztlich die Steuerung für sich selber und für die körperlichen Vorgänge und entwickeln die Psyche, das Herz nach dem Gesetz: *»Was der Mensch häufig bedenkt und sinnt, dahin geneigt wird das Herz.«* Und die Aktivität des Herzens (*citta-sankhāra*) – nämlich Wahrnehmen und Fühlen – macht das gesamte Welterleben und Icherleben aus. Die Vorgänge dienen letztlich alle der Wohlerfahrungs-Suche. Dazu fährt *viññāna* fast ununterbrochen den Körper in der Landschaft des äußeren Erlebens und den Geist in der Landschaft des inneren Erlebens herum, um dort Wohl zu finden. Daher »*Er-fahrung*«. im Einzelnen kommen wir darauf, wenn wir den Bedingungszusammenhang – die zweite Heilswahrheit – besprechen.[27] Nun fasst Asajji zusammen:

»›Alle Vorgänge (sankhāra) sind unbeständig *(anicca), alle* Dinge *(dhamma) sind* ohne Selbst *(anattā)‹. So, Aggivessano, führt der Erhabene die Nachfolger zurecht; darauf läuft im Ganzen die Belehrung der Nachfolger des Erhabenen hinaus.« — »Mit dieser Behauptung des Herrn Gotamo haben wir aber nichts Gescheites gehört, Herr Assaji; es wäre gut, wenn wir einmal mit dem Herrn Gotamo zusammenkämen und mit ihm eine Diskussion hätten, um diese miese Theorie auseinander zu nehmen.« Zu dieser Zeit waren gerade 500 Licchavier in der Ratshalle zu einer Sitzung zusammengekommen. Zu denen ging Saccako hin und sprach: »Auf, ihr Herren Licchavier, kommt,*

»Wohl tut das«/»Weh tut das«/»Weder Wohl noch Weh tut das«): die programmierte Wohlerfahrungssuche, der eingespielte (Wohl-)Erfahrungssuchlauf oder -ablauf.

27 Siehe unten im 11. Gespräch.

ihr Herren Licchavier, zwischen mir und dem Asketen Gotamo wird es ein Streitgespräch geben. Wenn mir da der Asket Gotamo so kommt, wie mir einer seiner bekannten Jünger, ein Mönch namens Assaji gekommen ist, dann werde ich diesen Asketen Gotamo im Rededuell hin und her und ganz herumzerren, wie ein starker Mann einen langhaarigen Widder an den Haaren packen, hin und her und ganz herumzerren kann oder wie ein kräftiger Schnapsbrenner das große Schnapssiebtuch in einen tiefen Teich taucht, an einem Zipfel packt und hin und her und ganz herumschwenkt. Wie ein kräftiger Destilliergehilfe das Haarsieb am Griff packt und hin und her schüttelt und ausschüttelt, so werde ich den Asketen Gotamo im Rededuell hin und her schütteln und ausschütteln. Wie ein sechzigjähriger Elefant in einen tiefen Teich steigt und sich mit einem Spritzbad vergnügt, so werden wir uns mit dem Asketen Gotamo eine Art Badevergnügen machen. Auf, ihr Herren Licchavier, kommt, ihr Herren Licchavier: Zwischen mir und dem Asketen Gotamo gibt es ein Rededuell.« Einige Licchavier dachten: »Wie könnte dieser geborene Großsprecher Saccako die Rede des Erhabenen widerlegen! Eher wird der Erhabene die Rede des jungen Niganthers Saccako widerlegen.« Saccako aber begab sich mit den 500 Licchaviern zum Giebelhaus im Großen Wald. Zu der Zeit ging gerade eine große Schar Mönche im Freien auf und ab. Da trat Saccako auf die Mönche zu und fragte: »Wo ist der Herr Gotamo jetzt? Ich möchte den Herrn Gotamo sprechen.« — »Der Erhabene ist in den großen Wald gegangen, Aggivessano, und hat sich unter einen Baum gesetzt, um dort den Tag zu verbringen.« Da wanderte Saccako mit der großen Schar der Licchavier in den großen Wald zum Erhabenen, begrüßte den Erhabenen, wechselte mit ihm die üblichen Begrüßungsworte und setzte sich neben ihn. Seitwärts sitzend sprach Saccako zum Erhabenen: »Herr Gotamo, ich möchte dich etwas fragen, wenn mir der Herr Gotamo Gelegenheit zum Fragen geben will.« — »Frag, was du magst, Aggivessano.« — »Wie führt der Herr Gotamo seine Nachfolger zurecht, worauf läuft im Ganzen die Belehrung der Nachfolger des Herrn Gotamo hinaus?«

»Folgendermaßen führe ich meine Nachfolger zurecht, Aggivessano, auf Folgendes läuft im Ganzen meine Belehrung der Nachfolger hinaus: ›Form ist unbeständig, ihr Mönche, Gefühl ist unbeständig, Wahrnehmung ist unbeständig, Vorgänge sind unbeständig, Erfahrung ist unbeständig. — Form ist ohne Selbst, Gefühl ist ohne Selbst, Wahrnehmung ist ohne Selbst, Vorgänge sind ohne Selbst, Erfahrung ist ohne Selbst: Alle Vorgänge *sind* unbeständig, *alle* Dinge *sind ohne Selbst‹.* So *führe ich meine Nachfolger zurecht, Aggivessano; darauf läuft im Ganzen die Belehrung meiner Nachfolger hinaus.«*

»Da fällt mir ein Gleichnis ein, Herr Gotamo.« — »Lass es dir einfallen, Aggivessano.« — »Wie Samen und Pflanzen, die zum Keimen, zum Wachsen und zur Entfaltung gelangen, alle die Erde als Bedingung (nissāya), als Grundlage (pa-tiṭṭhāya) für Keimen, Wachsen und Entfaltung haben, Herr Gotamo, – oder wie alle Kraft erfordernden Arbeiten nur gestützt auf die Erde, mit der Erde als Grundlage ausgeführt werden können, ebenso, Herr Gotamo, ist die menschliche Persönlichkeit ein formartiges Wesen[28]*: mit der Form als Grundlage wirkt sie gute und böse Folgen. Ein gefühlsartiges Wesen ist die menschliche Persönlichkeit; mit dem Gefühl als Grundlage wirkt sie gute und böse Folgen. Ein wahrnehmungsartiges Wesen ist die menschliche Persönlichkeit: mit der Wahrnehmung als Grundlage wirkt sie gute und böse Folgen. Ein prozessartiges Wesen ist die menschliche Persönlichkeit. Mit den Vorgängen (sankhāra) als Grundlage wirkt sie gute und böse Folgen. Ein erfahrungsartiges Wesen ist die menschliche Persönlichkeit. Mit der Erfahrung (viññāna) als Grundlage wirkt sie gute und böse Folgen.«*

»Du willst also sagen, Aggivessano: ›Form habe ich als mein Selbst; Gefühl habe ich als mein Selbst, Wahrnehmung habe ich als mein Selbst, Vorgänge habe ich als mein Selbst, Erfahrung habe

28 *rūpatta* (= »formartig [ist]«), *yam* (= »dieser«), *purisa puggala* (*purisa* = »Mann, Mensch«, *puggala* = »Person«).

ich als mein Selbst‹?« — »Allerdings. Das sage ich, Herr Gotamo: ›Form habe ich als mein Selbst, Gefühl habe ich als mein Selbst, Wahrnehmung habe ich als mein Selbst, Vorgänge habe ich als mein Selbst, Erfahrung habe ich als mein Selbst‹ – und alle Welt sagt das.« — »Was soll dir ›alle Welt‹, Aggivessano: stelle klar, was du selber sagen willst.« — »Ich sage, Herr Gotamo: Form habe ich als mein Selbst, Gefühl habe ich als mein Selbst, Wahrnehmung habe ich als mein Selbst, Vorgänge habe ich als mein Selbst, Erfahrung habe ich als mein Selbst.«

»Nun, Aggivessano, dann will ich dir dazu eine weitere Frage stellen. Wenn du willst, kannst du antworten: Was meinst du, steht es in der Macht eines gesalbten Kriegerkönigs wie des Königs Pasenadi von Kosalo oder des Königs Ajatassattu Vedehiputto von Magadhā, in seinem eigenen Reich einen zum Tod Verurteilten hinrichten zu lassen oder einen zu Enteignenden enteignen zu lassen oder einen zu Verbannenden verbannen zu lassen?« — »Das steht in seiner Macht. Selbst in der Macht der Ratsversammlung der Vajjer oder Maller steht es, auf ihrem eigenen Gebiet einen zum Tode Verurteilten hinrichten zu lassen oder einen zu Enteignenden enteignen zu lassen oder einen zu Verbannenden verbannen zu lassen, geschweige in der Macht eines gesalbten Kriegerkönigs … Das steht in ihrer Macht, Herr Gotamo, und es steht ihnen zu.«

»Was meinst du, Aggivessano, der du behauptest: ›Form habe ich als mein Selbst‹, steht es in deiner Macht zu verfügen: ›So soll meine Form sein, so soll meine Form nicht sein‹?« Darauf blieb Saccako stumm. Ein zweites und ein drittes Mal stellte der Erhabene seine Frage. Und auch beim zweiten und dritten Mal blieb Saccako stumm. Da sprach der Erhabene zu Saccako: »Antworte jetzt, Aggivessano, es steht dir nicht zu, jetzt zu schweigen. Wer vom Vollendeten zum dritten Mal über eine Wahrheitsfrage befragt wird und nicht antwortet, dem zerspringt das Haupt in sieben Teile.« In diesem Augenblick aber schwebte ein Geist mit einem eisernen, brennenden, flammenden, sprühenden, glühenden Donnerkeil über Saccako in der Luft: »Wenn dieser Saccako, zum dritten Mal befragt, auf diese Wahrheitsfrage nicht antwortet, dann werde ich ihm das Haupt in sieben Teile zersprengen.« Aber diesen Geist mit dem Donnerkeil in der Hand sahen nur der Erhabene und Saccako. Da suchte Saccako entsetzt, bis zum Grund erschüttert, mit gesträubten Haaren Schutz beim Erhabenen, nahm Zuflucht zum Erhabenen und sprach zum Erhabenen: »Frage mich, Herr Gotamo, ich will antworten.« — »Was meinst du, Aggivessano, der du behauptest, du hättest Form als dein Selbst: Steht es in deiner Macht zu verfügen: so soll meine Form sein, so soll meine Form nicht sein?« — »Das nicht, Herr Gotamo.« — »Denk richtig nach, Aggivessano, und wenn du richtig nachgedacht hast, dann antworte; denn bei dir stimmt das erste nicht mit dem letzten zusammen und das letzte nicht mit dem ersten!

Was meinst du, Aggivessano, der du behauptest, du hättest Gefühl/ Wahrnehmung/ Vorgänge/ Erfahrung als Selbst: Steht es in deiner Macht zu verfügen: so sollen mein Gefühl/ meine Wahrnehmung/ meine Vorgänge/ meine Erfahrung sein, so sollen sie nicht sein‹?« — »Das nicht, Herr Gotamo.« — »Denk richtig nach, Aggivessano, und wenn du richtig nachgedacht hast, dann antworte; denn bei dir stimmt das erste nicht mit dem letzten zusammen und das letzte nicht mit dem ersten. Was meinst du, Aggivessano: Ist die Form beständig oder unbeständig?« — »Unbeständig, Herr Gotamo.« — »Was aber unbeständig ist – ist das leidvoll oder wohl?« — »Leidvoll, Herr Gotamo.« — »Was aber unbeständig ist, leidvoll, dem Vergehen unterworfen – ist es denn vernünftig, davon anzunehmen: ›Das gehört mir, das bin ich, das habe ich als mein Selbst‹?« — »Das nicht, Herr Gotamo.« — »Was meinst du, Aggivessano: Gefühl/ Wahrnehmung/ Vorgänge/ Erfahrung: – ist das beständig oder unbeständig?« — »Unbeständig, Herr Gotamo.« — »Was aber unbeständig ist – ist das leidvoll oder wohl?« — »Leidvoll, Herr Gotamo.« — »Was aber unbeständig ist, leidvoll, dem Vergehen unterworfen – ist es denn vernünftig, davon anzunehmen: ›Das gehört mir, das bin ich, das habe ich als mein Selbst‹?« — »Das nicht, Herr Gotamo.« — »Was meinst du, Aggivessano, wer da an Leidvollem hängt, Leidvollem nachgeht, sich an Leidvolles bindet, Leidvolles so ansieht, als gehöre es ihm, als sei er das, als habe er das als sein Selbst – kann denn der aus sich heraus das Leiden durchschauen oder gar ringsum auf die Dauer von sich abhalten?« — »Wie könnte das sein, Herr Gotamo! Das nicht, Herr Gotamo!«

»Es ist, wie wenn ein Mann, der Kernholz braucht, nach Kernholz Ausschau hält, auf die Suche nach Kernholz geht. Er nimmt eine scharfe Axt und geht in den Wald. Dort findet er einen großen, geraden, gut gewachsenen Bananenstamm[29] *von gewaltiger Größe. Den schneidet er an der Wurzel ab. Nachdem er ihn an der Wurzel abgeschnitten hat, schneidet er ihm den Wipfel ab; nachdem der Wipfel abgeschnitten ist, schält er die Blattscheiden ab: Der findet beim Abschälen der Blattscheiden kein Grünholz, erst recht kein Kernholz. Ebenso, bist du, von mir bei deiner eigenen These beim Wort genommen, obwohl du von mir Hilfestellung erhalten hast und bei der Sache gehalten worden bist – als hohl und leer gescheitert. Und dabei ist von dir in Vesālī öffentlich verbreitet worden: ›Ich kenne keinen Asketen oder brahmisch Lebenden, kein Haupt einer Schule mit vielen Anhängern, keinen Massenprediger – auch nicht den, der sich für einen Heiligen, Vollkommen Erwachten hält –, der, von mir zum Redekampf herausgefordert, nicht ins Zittern und Beben und Wanken geriete, dem nicht der Schweiß aus den Achselhöhlen rinnen würde; und wenn ich auch eine tote Säule zum Redekampf herausforderte, so würde selbst diese, von mir in einen Redekampf verwickelt, ins Zittern und Beben und Wanken geraten, geschweige denn ein Mensch.‹ Nun sind aber dir etliche Schweißtropfen von der Stirn geronnen, sind über das Obergewand gerollt und auf die Erde gefallen. Bei mir gibt es aber jetzt keine Schweißtropfen am Körper.« So bot der Erhabene der Versammlung den Anblick eines Körpers rein wie Gold. Nach diesen Worten saß Saccako stumm, verstört, in sich zusammengesunken, mit gesenktem Kopf da, niedergeschlagen, sprachlos. Als der Licchavierprinz Dummukho den jungen Nigaṇther Saccako so dasitzen sah, sprach er zum Erhabenen: »Ein Gleichnis fällt mir ein.« — »Lass es dir einfallen, Dummukho«, antwortete der Erhabene. — »Es ist, Herr, wie wenn bei einem Dorf oder einer Stadt ein Teich ist; darin lebt eine Krabbe. Da zieht eine Rotte Burschen oder Mädchen aus diesem Dorf oder dieser Stadt zu dem Teich, rennt ins Wasser, holt die Krabbe aus dem Wasser und wirft sie ans Ufer. Sobald nun die Krabbe eine Schere herausstreckt, zertrümmern sie diese Jungen oder Mädchen mit Hölzern oder Stöckchen oder brechen sie ab oder zerstoßen sie. Und so könnte diese Krabbe mit zerschlagenen oder abgebrochenen oder zerstoßenen Scheren nicht mehr wie vorher in den Teich hineinkommen. Ebenso, Herr, sind diesem jungen Nigaṇther Saccako seine Windungen, Kapriolen und Verbiegungen eine nach der andern vom Erhabenen zerschlagen, abgebrochen, zerstoßen worden, und nun, Herr, kann er sich beim Erhabenen nicht mehr zu einem Gespräch blicken lassen.« Auf diese Worte antwortete Saccako: »Ach geh, Dummukho: ich rede nicht mit dir; mit dem Herrn Gotamo rede ich. — Herr Gotamo, ich will Schluss machen mit der Dialektik der anderen, der oberflächlichen Brahmanen; die kommt mir wie leeres Geschwätz vor: – Wie geht denn ein Nachfolger des Herrn Gotamo nach der Anleitung vor; wie kommt er ganz der Unterweisung nach, wie entrinnt er dem Zweifel, wie wird er frei von Wenn und Aber, wie erlangt er bei sich selber Gewissheit, auf keinen andern gestützt in der Lehre des Meisters?« — »Da sieht mein Nachfolger alle Form, alles Gefühl, alle Wahrnehmung, alle Vorgänge, allen Erfahrungssuchlauf, vergangene, gegenwärtige, zukünftige, innere oder äußere,*[30] *grobe oder feine, gemeine oder edle, ferne oder nahe – alle Form, alles Gefühl, alle Wahrnehmung, alle Vorgänge, allen Erfahrungslauf sieht er, wie es ist, mit rechtem Klarwissen so an: ›Das gehört mir nicht, das bin ich nicht, das ist nicht mein Selbst.‹ — So geht mein Nachfolger nach der Anleitung vor, so kommt er ganz der Unterweisung nach, so entrinnt er dem Zweifel, wird frei von Wenn und Aber, erlangt bei sich selber Gewissheit, auf keinen andern gestützt in der Lehre des Meisters.«*

29 Der Bananenstamm besteht nur aus Blattscheiden.
30 *ajjhattaṃ vā bahiddhā*; KEN sagt: »eigene oder fremde«. Das müsste aber »*sakaṃ vā paraṃ*« heißen.

»Wie aber wird ein Mönch geheilt *von Beeinflussung, Herr Gotamo; wie wird er gestillt; wann hat er gewirkt, was zu wirken ist, wann ist er von der Last befreit, wann hat er das wahre Ziel erreicht; wann hat er die Werdensverstrickung aufgelöst; wann ist er in vollkommenem Wissen erlöst?«*

»Wenn ein Mönch alle Form/ alles Gefühl/ alle Wahrnehmung/ alle Vorgänge/ allen Erfahrungssuchlauf – vergangene, gegenwärtige, zukünftige, innere oder äußere, grobe oder feine, gemeine oder edle, ferne oder nahe –, alle Form/ alles Gefühl/ alle Wahrnehmung/ alle Vorgänge/ allen Erfahrungsuchlauf, wie es ist, mit rechtem Klarwissen so gesehen hat: *›Das gehört mir nicht, das bin ich nicht, das ist nicht mein Selbst‹: dann ist er hanglos* erlöst. *So ist ein Mönch geheilt, frei von Beeinflussung, gestillt, hat gewirkt, was zu wirken war, ist von der Last befreit, hat das wahre Ziel erreicht, die Werdensverstrickung aufgelöst – ist in vollkommenem Wissen erlöst. — Ein Mönch mit so erlöstem Herzen ist erwachsen zu* drei Unvergleichlichkeiten: *zu unvergleichlicher Sicht, zu unvergleichlichem Fortschritt, zu unvergleichlicher Erlösung. Ein so erlöster Mönch sieht im Vollendeten die verkörperte Wahrheit, nimmt ihn zutiefst ernst, betrachtet ihn als den Höchsten, verehrt ihn in dem Wissen: »Als Erwachter zeigt der Erhabene die Lehre zum Erwachen; als Gebändigter zeigt der Erhabene die Lehre zur Bändigung; als Gestillter zeigt der Erhabene die Lehre zur Stille; als Entronnener weist der Erhabene den Weg zum Entrinnen; als vollkommen von der Daseinsglut Erloschener zeigt der Erhabene die Lehre zur Löschung der Daseinsglut.« — Auf diese Rede sprach Saccako zum Erhabenen: »Herr Gotamo, ich war wahnsinnig, als ich mir einbildete, im Redekampf an den Herrn Gotamo heranreichen zu können. Ein Mensch mag es vielleicht mit einem wilden Elefanten, einem flammenden Feuer, einer mächtigen Giftschlange aufnehmen und mit heiler Haut davon kommen – nicht aber mit dem Herrn Gotamo. Wahnsinnig war ich, als ich mir einbildete, es mit dem Herrn Gotamo im Redekampf aufnehmen zu können. Möchte doch der Herr Gotamo morgen mit der Mönchsgemeinde bei mir das Mahl einnehmen.« Schweigend gewährte der Erhabene die Bitte. Als Saccako seine Einladung vom Erhabenen angenommen wusste,«* bat er die Licchavier um Unterstützung beim Bewirten. Sie stifteten ihm am anderen Morgen 500 Schüsseln Milchreis, er steuerte die Beilagen bei *»und bediente und versorgte den Erhabenen und die Mönchsgemeinde eigenhändig mit auserlesener fester und weicher Speise.«* Nach dem Mahl sprach Saccako zum Erhabenen: *»Herr Gotamo, was aus der Gabe an guten Folgen fließt, soll den Spendern zugutekommen.« — »Was bei dieser Spende für dich als noch nicht von Gier, Hass und Blendung Freiem bestimmt war, wird den Spendern zugutekommen. Was aber bei dieser Spende für mich, den von Gier, Hass und Blendung Freien bestimmt war, wird dir zugutekommen, Aggivessano.«*

Nun, Ruth und Hans, was sagt ihr dazu?

Hans: Es hat etwas bei mir eingeschlagen. Ich weiß noch gar nicht recht, was. Ich habe nichts dagegenzusetzen. Nur: es ist alles so ganz anders als mein bisheriges Denken. Was ich bisher als meine Persönlichkeit, mein Selbst, mein Innerstes, mein Eigenstes angesehen habe, das soll also aus lauter vorbeifließenden vergänglichen Bestandteilen bestehen? Was hält mich da noch zusammen? Muss ich nicht fürchten, seelisch plötzlich auseinander zu fallen? Wie kann es ein Jenseits geben und eine Saat und Ernte, wenn gar keiner da ist, der sät und erntet, sondern nur fünf unbeständige Komponenten.

Fritz: Da kannst du ganz beruhigt sein, Hans. Diese Angst beschleicht natürlicherweise fast jeden Menschen, dem die »Einheitlichkeit des Individuums« fragwürdig wird. Das erleben heute nicht nur von einem Erwachten Belehrte. Ich habe da gerade einen Bericht über einen Kongress in Heidelberg liegen; darüber schreibt der Reporter[31]: *»Die Einheitlichkeit des Individuums,*

31 Wilhelm J. Backhausen: Die Vielheit wird bejaht, RNZ, Nr. 146 vom 27. 6. 91, S. 28 (über einen Kongress von Familientherapeuten und Psychotherapeuten in Heidelberg).

dieser wahrhaft große Entwurf von ehedem, ist eben auch ›am Ende‹. Und dies macht Angst. Der Verlust der vermeintlich endgültigen Basis, die fraglos schien, das Fragwürdigwerden einer persönlichen unverwechselbaren und äußeres Beben überdauernden individuellen Identität lassen sich nur mit Schrecken erleben.« Dieser Schrecken beruht auf einem großen, aber verbreiteten Missverständnis. Ihm sind auch westliche Buddhismusforscher wie Conze zum Opfer gefallen, der meinte, die Meditation über die fünf in dem Gespräch mit Saccako erklärten Komponenten löse *»das eigene Selbst wie das anderer Menschen in einen Haufen unpersönlicher, momentaner Skandhas*[32] *auf. Sie reduziert unsere Menschlichkeit auf fünf Haufen oder Stücke und auf einen Namen. Wenn in der Welt nur Bündel von Skandhas bestünden, die, kalt und unpersönlich wie Atome, ohne Unterbrechung ständig zugrunde gingen, dann gäbe es nichts, worauf Freundlichkeit und Mitleiden sich beziehen können.«*[33]

HANS: Also das stimmt sicher nicht. Was mich seit Beginn unserer Gespräche an den Reden des Buddha so besonders angezogen hat, ist gerade das Mitempfinden: *»Verletz drum keinen, du liebst auch dein Selbst …«* Wieso soll das ein Widerspruch zu einer realistischen Analyse sein? Selbst die materialistischsten Materialisten haben ja ihre Kinder oder ihren Hund oder ihre Katze lieb, auch wenn sie noch so fest in die Ideologie verrannt sind, alles Leben sei nur eine Folge irgendwelcher chemischer und elektrischer Vorgänge der Materie. Wieso soll es dann beim Buddha ein Widerspruch sein? Nein, Fritz: Da habe ich keine Probleme. Man muss doch Analyse und Empfinden auseinander halten! Aus dem Conze-Zitat sehe ich, dass diese fünf Komponenten – Form, Gefühl, Wahrnehmung, Vorgänge und Erfahrung – einen Sammelnamen haben: *Skandhas*?

FRITZ: Das ist das Sanskrit-Wort. Da sieht man übrigens, dass nicht wenige Buddhismusforscher sich nicht einmal der Sprache der ursprünglichen Pālitexte bedienen, sondern die ihnen vertrautere künstliche Gelehrtensprache Sanskrit verwenden, in die der Buddha aber seine Aussagen gerade nicht übersetzt haben wollte. Im Pāli heißt es *»khandha«* (Ansammlung, Anhäufung, Masse, Komponente). Außer für den vom Fieberwahn aus Hinneigung, Abneigung und Blendung Geheilten wird dieses Wort aber nur in der Zusammensetzung *upādāna-(k)-khandha* verwendet. *Upā-dāna* heißt »herannehmen, annehmen, ergreifen, aufgreifen«. Annehmen, Aufgreifen ist genau das, was Saccako mit der Anhäufung von an ihn herantretenden Formen, Gefühlen, Wahrnehmungen, Vorgängen und Erfahrungen tut: Er sieht sie als »ich« oder »mein« an, als etwas, was ihn »angeht«. Nur deshalb wird er durch sie beeinflusst, hängt an ihnen, empfindet Wehgefühl, wenn sie sich seinen Wünschen zuwider entwickeln, und Wohlgefühl, wenn sie sich nach Wunsch entwickeln. Und durch das Aufgreifen macht er sie in einer unheimlichen Weise »lebendig«: Sie, die durch Aufgreifen ins »Leben« Gerufenen, greifen weiter auf und werden weiter aufgegriffen – alles, was greift oder aufgegriffen wird, besteht letztlich aus diesen fünf Zusammenhäufungen. Und das nennt man »Leben«! Erst beim Geheilten sind die wahnhaften, durch Blindwissen bedingten Zwangsbezüge zu diesen dahinrieselnden Daseinskomponenten gelöst, so dass es kein weiteres Aufgreifen und »Anhäufen« mehr gibt: Die früher gewirkten sind dann nur noch Häufungen (*khandhā*), aber keine *»Zusammenhäufungen«* (*upādānakkhandhā*) mehr, die weiter aufgreifen und zusammenhäufen. Das werden wir noch oft betrachten müssen, um zu einem wirklichen Verständnis zu kommen. Aber Saccako und sicher manche der 500 Adligen hatten es wohl auch noch nicht verstanden, und trotzdem hat der Buddha bis in alle Tiefe geantwortet.

HANS: Ich habe es erst recht nicht verstanden. Nochmals: Mein Problem ist: Wenn der Buddha lehrt, was ich bisher als mein »Ich«, als mein Innerstes und Eigenstes empfunden habe,

32 Sanskrit-Form von *khandha*.
33 ConzeSchule, S. 20 ff.

sei nur ein zusammengehäufter Haufen von immer weiter zusammenhäufenden Zusammenhäufungen – muss ich da nicht fürchten, plötzlich auseinander zu fallen, den Halt zu verlieren, ins Bodenlose zu sinken?

Fritz: Diese unbegründete Sorge wirst du dir bald selber lösen können, je weiter wir über die Lehre des Erwachten gesprochen haben. Lass mich fürs Erste mit einer Gegenfrage antworten: Wir sind ja sicher einig, dass an deinem Wollpullover da nichts Ewiges ist. Hast du denn deshalb Angst, er könnte jederzeit plötzlich in lauter winzige Krümel zerfallen?

Hans: Natürlich nicht. Er kann eine Laufmasche bekommen. Die kann man wieder auffangen und befestigen. Aber einfach plötzlich in Krümel auseinander fallen, – nein, das kann er nicht und das können auch seine einzelnen Wollfäden nicht. Jeder Wollfaden ist aus vielen Fäserchen zusammengesponnen. Die müsste man erst mühsam einzeln auseinander ziehen. Sie sind ja wiederum dicht und vielfältig miteinander verdreht.

Fritz: Nun bedenken wir einmal: Das, was wir als unser »Ich« empfinden, sind jene fünf Komponenten der Existenz: die Formen, Gefühle, Wahrnehmungen, körperlichen, geistigen und seelischen Vorgänge und der Erfahrungslauf. Die sind alle fünf viel dichter und fester zusammengesponnen, ineinander verstrickt und verfilzt als die Wollfäden zu deinem Pullover, aber nicht nur aus zarten Wollfäserchen, sondern aus zahllosen, unzählbare Male wiederholten, teilweise stahlharten Gedankenfasern zusammengedreht zu den Triebwuchten aus Hinneigung, Abneigung und Blendung. Dieser Wahnsinns-Komplex von Kräften und Fähigkeiten, dieser Kettenpanzer, den wir als »Ich« erleben, den wir nicht nur zusammengestrickt, sondern geradezu »zusammengeschmiedet« haben, bleibt zusammen, solange wir ihn nicht auflösen wollen und in geduldiger Arbeit auflösen – erlösen. Unsere Aufmerksamkeit ist meist nur auf einige wenige Knoten dieses »Ich«-Gestricken gebannt, bei denen es gerade kratzt oder sticht oder »piekt«. Wir leben nicht ununterbrochen bewusst aus allen – sich ständig ändernden – Maschen: Bald leben wir vorwiegend aus der Masche »Berufstätiger«, bald aus anderen Maschen wie »Vater«, »Mutter«, »Bruder«, »Schwester«, »Kind«, »Gatte«, »Freund«, »Nachbar«, »Schüler«, »Lehrer«, »Tierfreund«, »Kunstfreund«, »Konkurrent«, »Zuschauer«, »Mitwirkender«, »Mitgenießer«, »Leidensgefährte«, »Wahrheitsucher« – und aus tausend anderen mehr. Aber wenn sich dieses »Ich-Gewand« oder »Gewand-Ich« bewegt und regt, dann merken wir am Ziehen und Zwicken und Zwacken und auch wieder an gelegentlichen Entspannungen, wie sehr alle Fäden miteinander verstrickt sind. Dass in diesem selbstgesponnenen und -gestrickten Stranggewirre, das wir als »Ich« empfinden und benennen, nichts Beständiges zu finden ist, bedeutet aber keineswegs, dass es keine *Kontinuität* hätte: Weder dein Pullover noch die Strickwolle noch die Wollfäserchen, aus denen sie gesponnen ist, besteht aus losen, unstrukturierten sandkornartigen Krümelchen. Du hast vorhin selber geschildert, wie die Fäserchen zu Wollfäden zusammengesponnen und die dann zum Pullover zusammengestrickt werden. Wem sein Pullover zu eng oder zu weit ist, der zieht ihn ganz oder teilweise auf und strickt aus dem zurückgewonnenen Faden etwas Neues – manchmal gar nicht mehr einen Pullover, sondern eine Weste oder Strümpfe oder Handschuhe oder sonst etwas – und immer wieder etwas anderes. Genau so werden durch gerichtete Tätigkeit des Geistes (*manasi-kāra*) fast ständig Gedanken und geistige Vorstellungen durch Wiederholung zu Drängen, Sinnesfäden und Ideen verzwirnt. Die werden zu Mustern verstrickt, gestaltet, umgestaltet, verknotet, verwirrt, entwirrt, neu verknäuelt, zeitweise oder teilweise wieder aufgelöst – bis wir dieses Verwirrspiel durchschauen und die Verstrickungen und Knoten endgültig zu lösen beginnen. Es wäre zu schön, wenn dieses oft beengende würgende Gestricke sich von selber auflösen würde – aber das müssen wir schon selber machen in langer, langer geduldiger Arbeit. Ohne oder gar gegen unseren Willen geht das gar nicht.

Hans: Aber mein Selbst erlebe ich doch dauernd! Das ist doch das, was »Au« schreit, wenn es sich bedrängt fühlt und zufrieden schnurrt, wenn es angenehm berührt wird. Daran erlebe ich zwar immer wieder Veränderungen. Na gut: dann erlebe ich eben ein veränderliches Selbst! Wieso muss denn ein Selbst unbedingt unveränderlich sein?

FRITZ: Du meinst, dein Selbst *erlebst* du dauernd? Erleben ist kein Wirklichkeitsausweis! Längst nicht alles, was wir erleben, ist Wirklichkeit! Die Wahrnehmung *täuscht*! — Wie geht das denn, wenn du »dein Selbst erlebst«?

HANS: Na ja: manches tut mir wohl, manches tut mir weh, manches ist mir egal. Das ist doch mein Selbst, dem es wohl oder wehtut oder egal ist. Wem denn sonst?

FRITZ: Was von diesem »Selbst« hast du denn wirklich erlebt? Doch nur bei Wohlgefühl sozusagen ein inneres »wohliges Schnurren« wie bei einer Katze und bei Wehgefühl ein stummes »Au«-Schreien. Aber woher weißt du denn, dass hinter diesem *Gefühl* – außer diesem Gefühl – »noch einer« steht, ein »*Selbst*«, das schnurrt und schreit? Kannst du das denn sehen, hören, riechen, schmecken, tasten?

HANS: Nein. Aber das weiß ich doch.

FRITZ: Woher?

HANS: Na ja, das *denke* ich mir halt. Das ist doch selbstverständlich. Wo soll das Gefühl denn sonst herkommen!

RUTH: Hans: dann hast du ein »Selbst« ja gar nicht erlebt, sondern du hast es dir *gedacht*! Es ist nur eine *Deutung* deines Geistes für das, was bei Berührung abgelaufen ist: Gefühl, Wahrnehmung, Absicht, Denken, – ein Etikett, das dein Geist auf diesen Komplex von Vorgängen geklebt hat, ein bloßer *Name*.

FRITZ: Dazu nur im Vorgriff auf später eine Zwischenbemerkung: Just die fünf Vorgänge, die du zuletzt genannt hast, Ruth – Gefühl, Wahrnehmung, Absicht, Berührung, Denken –, nennt der Erwachte auch »*nāma*« – Benennung, Wertung.[34]

HANS: Ja, aber wer soll denn sonst berührt werden, wenn nicht das Selbst?

RUTH: »*Was der Mensch häufig bedenkt und sinnt, dahin geneigt wird das Herz.*« So entstehen Neigungen, Dränge, Triebe mit Hinneigung, Abneigung und Blendung. Und *die* werden berührt. »Selbst« ist nur ein Aufkleber, den der Geist auf dieses »Herz-Geist-Bündel« klebt, das wir »Psyche« nennen. Über dessen fünf Komponenten, die fünf Zusammenhäufungen, können wir gar nicht verfügen wie ein Eigentümer oder gar, wie wenn wir das selber wären. Das haben wir doch gerade in M 35 gesehen.

HANS: Ja, aber wo ist denn dann dieses »Herz« in den fünf Zusammenhäufungen? Da kommt es doch gar nicht vor!

RUTH: Dann lasst mich einmal laut denken:

• Zur ersten Zusammenhäufung – Form – gehört es bestimmt nicht. Formen sind Inhalte der Wahrnehmung, und die ist eine Bewegtheit des Herzens, also nicht das Herz selber.

• Die zweite und dritte Zusammenhäufung sind Gefühl und Wahrnehmung. Das sind die Bewegtheiten des Herzens, also nicht das Herz selber.

• Die vierte Zusammenhäufung sind die Prozesse; zwei Arten Prozesse sind körperlich und sprachlich, nur die dritte Art sind die Prozesse des Herzens, also auch nicht das Herz selber. Die sprachliche Bewegtheit – Denken und Sinnen – kann überdies schon deshalb nicht das Herz sein, weil sie es ja erst *macht*: »*Was der Mensch häufig bedenkt und sinnt, dahin geneigt wird das Herz.*«

• Die fünfte Zusammenhäufung, die *Erfahrung*, der eingespielte Suchlauf, der Erfahrungsablauf kann auch nicht das Herz sein. Denn er steuert ja nur das von den Herzensdrängen angetriebene Bündel »Mensch« zur Wohlsuche durch die wahrgenommene Welt der Gestalten und Erinnerungen, also durch die Bewegtheiten des Herzens. — Ja, kann denn das wahr sein:

34 Vgl. dazu später im 11. Gespräch.

Außerhalb der fünf Zusammenhäufungen gibt es nichts – und doch kann ich in ihnen dieses Zentrale, das Herz, nicht finden! Was habe ich denn bei der Suche falsch gemacht?

Fritz: Etwas, was du noch nicht wissen kannst: Der Erwachte spricht über ein und denselben Gegenstand nicht nur mit verschiedenen Wörtern, sondern in *zweierlei Sprachen*[35] – manchmal in einer Sprache, die einfach beschreibt, was erlebt wird (nennen wir sie einmal die *»Erlebnissprache«*) und manchmal in einer Sprache, die das Erlebte durchschaut, analysiert, auf seine meist verborgenen Ursachen und Wurzeln zurückführt (nennen wir sie einmal die *»Durchschauungssprache«*). Diese beiden Sprachen kennen und unterscheiden lernen, hilft sehr beim Verstehen. Viel Verwirrung kommt daher, dass Erlebnisreihen und Durchschauungsreihen, Erscheinungszusammenhänge und Ursachenzusammenhänge, Beschreibung und Analyse nicht auseinander gehalten, sondern so verglichen werden, als ob je ein bestimmter Ausdruck der einen Reihe je einem bestimmten Ausdruck der anderen Reihe entspreche. Das kann aber gar nicht so sein. Denn oft ist ein einziges komplexes Erlebnis in der durchschauenden Analyse auf das Zusammenwirken mehrerer Bedingungen zurückzuführen. Umgekehrt sieht der durchschauende Blick oft hinter vielerlei Erlebnissen ein und dieselbe Wurzel. Wird ein Chemiker gefragt, was »Wasser« ist, dann sagt er: zwei Teile Wasserstoff und ein Teil Sauerstoff = H_2O. Das ist die Sprache seiner chemischen *Analyse:* Durchschauungssprache. Die beschreibt aber überhaupt nicht, ob dieses H_2O als Tautropfen oder Springflut, als verbrühendes kochendes Wasser oder als kühlender Umschlag, als Trinkwasser oder Strahl eines Polizeiwasserwerfers erlebt wird.

Je nachdem, ob es um die *Beschreibung* von Erlebnissen und Übungen geht oder um ihre *Durchschauung*, müssen wir uns bald auf der einen, bald auf der anderen Sprachebene bewegen. Übungen werden durchweg in der Erlebnissprache beschrieben, die fünf Zusammenhäufungen mit ihrem Bedingungszusammenhang dagegen in der Durchschauungssprache. Das kann gar nicht anders sein. Denn in unserem Blindwissen *erleben* wir ja das Dasein nicht so, wie es wirklich *ist*: Wir erleben »Ärger über den Chef«, aber nicht die Analyse dieser Szene durch ihre Zurückführung auf die fünf Zusammenhäufungen. Die können wir in der Regel erst hinterher im stillen Kämmerlein im Geist vornehmen, wenn wir uns fragen: »Was war das eigentlich in Wirklichkeit, was mich so aufgeregt hat?« Aber wenn ich die Komponenten der Analyse in meinem Erleben wieder finden will, dann muss ich erst das Erleben in der Erlebnissprache beschreiben.

Ruth: Ach so: »Herz« ist ja ein Wort der *Erlebnissprache*! Dann war mein Versuch schon im Ansatz falsch, »Herz« in den Begriffen der Durchschauungssprache zu suchen! Dann können wir in den fünf Zusammenhäufungen das Herz gar nicht finden! Nur wenn wir es *analysieren* wollen wie eine Zwiebel – dann finden wir keine anderen Schalen als die fünf Zusammenhäufungen.

Hans: Ist »Herz« nur eine Übersetzung der fünf Zusammenhäufungen aus der Durchschauungssprache in die Erlebnissprache?

Fritz: Nein, Hans: Die fünf *Zusammenhäufungen* sind *»alles«*: Auf sie lassen sich ausnahmslos alle Phänomene der Existenz analysierend zurückführen. *»Herz«* dagegen ist zwar einer der umfassendsten Begriffe in der Lehre. Aber *»alles«* umfasst er nicht.

Hans: Was umfasst er denn?

Fritz: Die Summe restlos aller Neigungen, Triebe, Anlagen, Kräfte und Fähigkeiten im Guten wie im Üblen, die so erlebt werden, als wenn sie in körperlichen Sinnen und im Geist wohnten. José Ortega y Gasset hat es einmal so zusammengefasst:

35 Vgl. dazu auch Buddhadāsa: *Zwei Arten der Sprache. Eine Analyse von Begriffen der Wirklichkeit*, Zürich (Theseus) 1979.

»Bevor wir erblicken, was uns umgibt, sind wir bereits ein urständiges Bündel von Gelüsten, Trieben und Illusionen. Wir kommen zur Welt, von vornherein begabt mit einem System von Vorlieben und Abneigungen, die mit denen unseres Nächsten mehr oder weniger sich decken, und die jeder in sich trägt, gerüstet und schussfertig, um in jeder Sache unser Pro und Contra wie eine Batterie von Sympathien und Antipathien loszufeuern. Das Herz, diese rastlose Zuneigungs- und Abneigungsmaschine, ist der Grundpfeiler unserer Persönlichkeit.«

Alles unmittelbare Erleben – nicht nur das Gefühl, sondern alle Wahrnehmung – *ist* nicht das Herz, aber ganz herznah. Denn die Wahrnehmung kommt nicht von »außen«, wie die meisten Menschen meinen und empfinden – auch nicht, wenn sie die Bilder einer scheinbar »materiellen Welt« entwirft –, sondern die Wahrnehmung ist *Aktivität*, Wirksamkeit des *Herzens* (*citta-sankhāra*). Um diese für den Westen unerhörte Tatsache zu betonen, habe ich selber manchmal in Gesprächen absichtlich überspitzt gesagt: *»Die Welt ist nicht Materie, sondern Herz«* – so wie man in einem leicht gebauten Haus, wenn morgens die Lampe schwankt, weil der »Obermieter« Meyer seine Morgengymnastik macht, sagen kann: *»Das ist Herr Meyer«*, obwohl Herr Meyer keine schwankende Lampe ist. So *ist* – genau genommen – die Wahrnehmung nicht das Herz, sondern eine seiner beiden *Aktivitäten*. Deshalb ist auch die »Welt« (die Welt*wahrnehmung*) nicht *»Herz«*, sondern eine *Aktivität* des Herzens, ein psychischer Vorgang. Das Herz ist auch nichts »Primäres«: Im Pāli heißt »Herz« *citta*, und das kommt von *cinteti* = denken und heißt wörtlich *»das Zusammengedachte«*. Aber gedacht werden kann und muss beim nicht vom Wahn Geheilten nur, wo das Herz Mangel empfindet.

Hans: Ach ja: *»Was der Mensch häufig denkt und sinnt, dahin geneigt wird das Herz.«*

Fritz: Genau: Bewertendes Denken – eine Tätigkeit des (wahnbefangenen, von Blindwissen gespeisten) Geistes (*mano*) – *macht* das Herz, *ist* also nicht das Herz. Ohne Geist oder mit einem total triebhörigen Geist könnte das Herz nie »über sich hinauswachsen«, nie vom Wahn frei werden, nie Erlösung finden. Wenn auch der Geist zunächst als Sklave des Herzens entwickelt wird, um als *»lahmer Seher«* das Herz, den *»blinden Riesen«*, bei der Wohlsuche zu steuern, so kann der Geist doch als die Leit- und Sammelstelle aller sechs Sinne allmählich immer mehr Überblick und Abstand gewinnen und vom Sklaven zum Erzieher und Erlöser des Herzens werden – denn wir haben ja schon gesehen: Wenn das Herz einig ist (*samādhi*), dann kann der befriedete Geist unmittelbar klar sehen und im totalen Ein-Klang mit dem Herzen Klarwissen und dadurch Erlösung – die Früchte des achtfachen Heilswegs – gewinnen. Auch das wird uns im Lauf unserer Betrachtungen deutlicher werden. Andererseits *sind* die *fünf Zusammenhäufungen* nicht das Herz, sondern sie sind noch *mehr*: sie sind eine in der Durchschauungssprache ausgedrückte *Analyse* der *gesamten Existenz* durch wahnfreies Aufzeigen ihrer sämtlichen Komponenten – aller Komponenten dessen, was als »Herz« und »Geist«, »Welt« und »Ich« erlebt und in der Erlebnissprache beschrieben wird. Behalten wir das gut im Auge. Es wird uns allmählich zu einem ganz anderen »Lebensgefühl« verhelfen.

Hans: Das ist ja wahnsinnig: Was die meisten Menschen für das Tragende halten: das vermeintlich Äußere, die *»solide Materie«*, davon sagen die Physiker, das gibt es gar nicht objektiv, sondern es ist eine *Konstruktion unseres Denkens*.[36] Aber von dem, was viele – besonders auch religiöse – Menschen für das Innerste, das Empfindende, das Selbst halten, vom *Herzen*, sagt der Buddha *auch*: »das ist *zusammengedacht« – citta* –, also auch eine *Konstruktion unseres Denkens*. Und dieses »zusammengedachte« Herz bringt als seine Aktivitäten nicht nur alles *Fühlen* hervor, sondern auch alles Erleben, alles *Wahrnehmen* – »Ich« und »Welt«. Das ist ein Wahnsinn! Aber kein flüchtiges Hirngespinst, sondern wir erleben es ja ständig als das »pralle Leben« – vom tiefsten Schmerz bis zum höchsten uns jeweils bekannten Wohl. Ich

36 Siehe oben zu Beginn des Vorworts.

beginne zu ahnen, welch mächtiges Werkzeug die Durchschauung der fünf Zusammenhäufungen als Komponenten der Existenz ist, um endlich diesen ganzen Wahntraum zu entlarven und aufzulösen!

Fritz: Ja, Hans. Wenn wir erst einmal an die zweite Heilswahrheit, den Bedingungszusammenhang, kommen, dann wird sich dir diese Ahnung verdichten.[37] Aber jetzt schon können wir verstehen: Eine der zentralsten und mächtigsten *Durchschauungen* ist die Zusammenfassung der ersten Heilswahrheit, was Leiden ist, in dem Satz: »*kurz: die fünf Zusammenhäufungen*«.

Hans: Aber – wenn alle Phänomene nichts sind als diese unbeständigen fünf Zusammenhäufungen ohne ewigen Kern – dann gäbe es ja gar nichts Ewiges?

Fritz: Doch, Hans. Es gibt zwar keine ewigen *Phänomene*. Phänomen ist ein griechisches Wort und heißt »*Erscheinung*«, und »*alle Erscheinungen sind dem Verwehen unterworfen*«, lautete das letzte Wort des Buddha. Aber das Ewige, das Todlose ist keine »*Erscheinung*«, die man ja nur erlebend – also bewegt, unter Veränderung erfahren könnte. Es ist nichts Gewordenes und kann deshalb auch nie untergehen. Es ist das einzige, wovon man wirklich zutiefst sagen kann: es *ist*, unabhängig und unbeeinflussbar von allem Werden und Vergehen.

»*Von vielen ward sie schon erreicht: Todlosigkeit. Jetzt kann sie der gewinnen,*
der gründlich achtsam vorwärts geht, und keine Möglichkeit zu streben auslässt,«

hat einmal eine junge Prinzessin in Thīg 513 zu Eltern und Bräutigam gesagt. Und einem Brahmanen, der das Tor zum Nirvāna suchte, hat Ānando in M 52 gleich elf Zugänge gezeigt. Die Entdeckung und zentrale Aussage des Erwachten, die *anattā*-Lehre, besteht darin, dass die *Erlösung* vom Leiden nicht durch Suche nach einem ewigen Kern, einem ewigen »*attā*« oder »Selbst« in einem »Diesseits« oder »Jenseits« zu finden ist, sondern durch die *Befreiung* von allem Erleben, von allen fünf Zusammenhäufungen, durch die Befreiung aus der »*Gefangenschaft in der Wahrnehmung*«. In dieser wahrhaft absoluten *Freiheit* ist der unzerstörbare, ewige *Friede* zu finden. Was das in aller Tiefe heißt, wird uns erst noch aufgehen.

Hans: Dann wäre also auch das Selbst veränderlich? Diese Frage habe ich schon vorhin gestellt. Sie ist noch nicht beantwortet.

Fritz: Ein veränderliches Selbst wäre ein schwarzer Schimmel!

Hans: Wieso?

Fritz: Was meinst du, woher das Wort »*Selbst*« kommt?

Hans: Das sagt doch schon das Wort: Weil es das ist, woran man ein Lebewesen während seiner ganzen Existenz durch alle Charakterveränderungen hindurch doch immer als das »*selbe*« erkennen und von anderen unterscheiden kann.

Fritz: Du sagst ganz richtig: während seiner *ganzen* Existenz. Nach der dogmenfreien Darlegung in M 60 müssen wir dabei auch die ernsthafte *Möglichkeit* von Karma und Wiedergeburt in das praktische Denken einbeziehen. Dann müssen wir damit rechnen, dass »die *ganze* Existenz« nicht nur dieses jetzige Leben, sondern eine Unzahl von »Leben« umfasst.

Hans: Ach so, jetzt geht mir ein Licht auf: *Wenn* die Karmalehre richtig ist und über den Tod hinaus gilt, dann bleibt im Lauf des unermesslichen Daseinskreislaufs auf die Dauer kein Fäserchen an einem Wesen das gleiche. Es erlebt sich bald als Mensch, bald als Wesen der Unterwelt, Tier, Himmelswesen und wieder Mensch. Dann kann es auf die Dauer gar nicht »das *selbe*« – »Selbst« – sein. Das einzige, was immer gleich bleibt an diesem veränderlichen Komplex von fünf veränderlichen Zusammenhäufungen, den wir »ich« nennen, wäre gerade seine Unbeständigkeit

Ruth: Goethe spricht da von »*Wechseldauer*«.

37 Näheres darüber im 11. Gespräch.

HANS: Also doch Dauer? Zwar nicht des Bewegten oder des Bewegenden, aber der *Vorgänge*, der vierten Zusammenhäufung?

RUTH: Das würde ich nicht sagen: Auch die Bewegung, die Veränderung geht nie den gleichen Gang. Bald läuft sie langsam ab, bald schnell, bald schleichend, bald explosiv, bald rhythmisch, zyklisch, bald chaotisch: Auch der Ablauf des Veränderungsprozesses ändert sich immer wieder. Das sagt ja auch der Buddha zu Saccako: Die Prozesse, die *Vorgänge* sind die vierte Zusammenhäufung, und die ist genau so unbeständig wie die anderen vier.

HANS: Das stimmt, Ruth: die unaufhörliche, immer wieder anders verlaufende *Veränderung* kann ja nun zuallerletzt das Unveränderliche, »immer das selbe« – ein »Selbst« – sein, so poetisch auch Goethe mit dem Wort »*Wechseldauer*« darüber hinweggedichtet hat.

FRITZ: So ist es. Was wir ein »Wesen« nennen, ist vom höchsten, wahnfreien Standpunkt aus ein Komplex von fünf Komponenten, eben den fünf Zusammenhäufungen. *Jede* von den fünfen verändert sich ständig. Auch die Art der Veränderung ändert sich ständig, und auch die Art, wie sich die Art der Änderung ständig ändert, ändert sich ständig. Wenn es eine Saat und Ernte über den Tod hinaus gibt, dann kommen in der unabsehbaren Dauer des Daseinskreislaufs immer wieder Zeiten, von denen ab an diesem zusammengesponnenen und zusammengestrickten Kontinuum der fünf Zusammenhäufungen, das der Geist »Ich« nennt, keine Faser mehr von dem einst Gesponnenen und Gestrickten übrig ist, keine einzige von den Eigenschaften, Fähigkeiten und Kräften zu finden ist, die es lange Zeit als »charakteristisch« von anderen Wesen unterschieden hatten. Dieser sich ständig wandelnde Komplex von lauter vergänglichen Zusammenhäufungen ist dann an nichts mehr, aber auch an gar nichts mehr als der »*selbe*« wieder zu erkennen wie vor beispielsweise hundert oder tausend oder hunderttausend Wiedergeburten. Dann kann man auch im deutschen Wortsinn nicht mehr vom Selben – von einem »*Selbst*« – sprechen.

HANS: Aber hat denn der Buddha nicht gesagt, er und auch andere könnten sich an ungezählte frühere Leben zurückerinnern? Wie soll das möglich sein, wenn von dem »Wesen« nach langer Zeit keine einzige Zusammenhäufung mehr die selbe geblieben ist?

FRITZ: Wir werden wohl bald noch an weitere Berichte des Buddha darüber kommen. Auch eine so weitreichende Rückerinnerung setzt kein ewiges »Selbst« voraus. Die Begründung dafür hast du gerade selber gegeben: Die relative Kontinuität von jeweils einer Geburt zurück zu den unmittelbar davor liegenden Geburten ist das Leitseil, an dem sich vom jetzigen Leben ab die Rückerinnerung auch in fernste Tiefen der Vergangenheit zurückhangeln kann. Unterstellen wir jetzt einmal, es gäbe Wiedergeburt und dir stiege plötzlich eine isolierte Wahrnehmung auf, die in Wirklichkeit – ohne dass du es weißt – nichts anderes wäre als eine Erinnerung aus einer Daseinsform, die so weit zurückliegt, dass heute kein Fäserchen mehr von damals vorhanden wäre. Dann würdest du diese aufgestiegene seltsame Wahrnehmung überhaupt nicht als eine »Erinnerung an eine ›eigene‹ frühere Daseinsform« erkennen, sondern befremdet sein über diese »verrückte Vorstellung«, oder wenn es bei Nacht war, über den »verschrobenen Traum«. Und wehe, du würdest diesen »Traum« einem Psychotherapeuten erzählen: Der würde daraus auf *jetzt* immer noch vorhandene Eigenschaften schließen und dich wegen etwas behandeln, was nur noch als Bild-Fossil, aber nicht mehr als Drang in dir vorhanden ist. Nur wenn mit jenem isolierten fernen Wahrnehmungsbild zugleich auch die Rückerinnerung an Bilder so vieler zwischen »damals« und heute liegender Wiedergeburten aufgestiegen wäre, dass sich dein Geist an dem Leitseil dieser relativen Kontinuität zurückhangeln könnte, – nur dann würde ein von einem Erwachten belehrter Geist verwundert feststellen: »All dieses mir heute ganz Fremde, Widersprechende, Unvereinbare ist auch schon als ›Ich‹ und ›Mein‹ angesehen worden! Welch ein Wahn!« — Für den von einem Erwachten über die Existenz Aufgeklärten ist daher Rückerinnerung gerade *kein* Beleg für ein ewiges Selbst, sondern im Gegenteil: Er sieht nun erst richtig, welch ein Wahnsinn es war, immer wieder wechselnden einzelnen Wellen und Strudelmustern dieses rieselnden Stroms von widersprüchlichem Unbestand das Etikett »Selbst« aufzukleben. Zugleich versteht er aber auch angesichts jener relativen Kontinuität, die immer wieder ein »Selbst« vortäuscht, wie fest dieser Wahn zusammenhält und dass er nur ganz allmählich durch geduldiges Mühen aufgelöst werden kann – auch dann, wenn er im Geist bereits durchschaut ist.

HANS: Gut, dass du das sagst, Fritz. Ich muss also nicht fürchten, allen »persönlichen Halt« zu verlieren: Nur das Haltlose wird als haltlos entlarvt, und gerade dadurch tritt der einzige wahre Halt in den Blick: das Unvergängliche, Ewige, Todlose. — Aber sag, Fritz: Wenn alle Erscheinungen unbeständig sind – müsste dann nicht irgendwann sozusagen der Strickerin der Wollfaden ausgehen, und dann wäre Ruhe mit allem Spinnen, mit allen Verstrickungen und mit allem Leiden am Spinnen und an den Verstrickungen?

FRITZ: Letztlich ist es so. Alles verbraucht sich. Aber die nicht aufgeklärten Wesen spinnen und stricken als Ersatz für den Verschleiß immer wieder neu. Das Aufhören kommt nicht von selber und nicht von heute auf morgen und auf keinen Fall gegen oder auch nur ohne unseren Willen: Solange die Gewöhnung nicht endgültig aufgehoben ist, immer wieder neue Gedankenfäserchen zu Neigungssträngen zu verspinnen – so lange wird eben immer wieder neu gesponnen und verstrickt. Erst ein von einem Erwachten belehrtes Wesen lernt ganz allmählich, weniger neu zu spinnen und zu stricken, als sich verschleißt. — Dann geht allmählich die Wolle aus. Von einem solchen Heilskämpfer sagt der Buddha in A III,75: *»Der schafft kein neues Karma, und das frühere Karma lässt er dann auslaufen,*[38] *wenn es ihn gerade berührt. Das ist das offensichtliche Aufhören, zeitlos, zum Selbersehen einladend, das zum Ziel führt, das ein Verständiger bei sich selber erfahren kann.«*[39] Dann hat alles Spinnen und Stricken ein Ende, und es ist Frieden. Das befreiende *Aufhören* alles Schmerzlichen, Unbeständigen – darauf läuft die Lehre im Ganzen hinaus. Das ist ganz einfach. Da können wir alle die verwickelten und fein gesponnenen Gedankengebäude über den »Begriff des Nirvāna« vergessen. Ein zweiundzwanzigjähriger buddhistischer Kellner, mit dem Karl Eugen Neumann vor 100 Jahren in seinem Hotel in Colombo sprach, kann uns da Hilfestellung geben. Neumann berichtet, jener habe ihm bekannt, *»dass ... Nichtwiedergeborenwerden höchstes Ziel* sei ... *er hoffe zwar auf den Himmel ..., aber Nirvāna sei sein höchstes Streben ... Ich lächelte und schüttelte ungläubig den Kopf und fragte ihn, ob er nicht wiedergeboren werden wollte. ›O nein, sagte er, es ist nur Elend. Es gibt nur ein höchstes Ziel, Nirvāna, Aufhören, und das ist ... wie das Ausgehen einer Lampe.‹«*[40]

HANS: Das muss richtig sein, Fritz. Es leuchtet mir besser ein, als ich es einem anderen erklären könnte. Der Wust meines alten Weltbildes erscheint mir jetzt wie ein Trümmerfeld. Daraus wollen sich allerlei Wenn und Aber melden – aber ich merke jetzt schon: das sind unaufgeräumte Trümmer. Ich komme mir vor, als wäre ich bei meiner Zickzackfahrt durchs Leben auf meiner alten Karre voll erlernter Denkmuster mit der Wahrheit zusammengestoßen. Da steh ich nun mit meinem zerbeulten Vehikel auf der Lebensbahn und weiß erst einmal nur eines: Darüber muss ich noch viel nachdenken. Geht es dir nicht auch so, Ruth?

RUTH: Dass ich noch viel darüber nachdenken muss, ja. Nur habe ich diese Begegnung mit der Wahrheit weniger als »Zusammenstoß« empfunden. Ich habe schon früher manchmal das Gefühl gehabt: Die Existenz ist wie ein Fiebertraum, und ich sehne mich danach, dass das Fieber geheilt wird und dass ich einfach aufhören kann mit dem Träumen, mit dem Wahnsinn – einfach aufhören, damit Frieden ist für immer. All dem kommt das genau entgegen, worauf die Lehre

38 Wörtlich: »macht er zunichte« *(byantikaroti)*.
39 Besprochen unten im 11. Gespräch.
40 KEN, UniKonstFB 9, S. 14.

nach dieser Rede im Ganzen hinausläuft. Dadurch spüre ich nicht so sehr Wenn und Aber, sondern eher ein Bedürfnis, Fragen zu stellen. Aber im Wesentlichen geht es mir doch wie dir, Hans: ich spüre: hier haben wir es nicht nur mit edlen und weisen Thesen eines großen Denkers zu tun, sondern mit übermächtiger Wahrheit, gesehen von einem Wachen. Das wurde ja geradezu dramatisch offenbar an der Szene mit dem donnerkeilbewehrten Geist.

HANS: Die ist mir auch durch Mark und Bein gegangen. Trotzdem frage ich mich: muss man sie eigentlich wörtlich nehmen? Ist sie Wirklichkeit oder Legende?

FRITZ: Wirklichkeit ist: Saccako *erlebte* sich in einer Situation, in der sich ihm die Wahrheit blitzartig so enthüllte und sein ganzes Inneres für einen Moment so taghell ausleuchtete, dass er bis ins Mark spürte: »Wenn ich jetzt ausweiche vor dem, was mir zuinnerst klar geworden ist, dann verliere ich den Verstand!« — Je nach dem inneren Haushalt erlebt das der eine Mensch leibhaftig in diesen Formen, der andere in jenen Formen, und wer in das Gemüt des anderen hineinsehen kann wie der Erwachte, sieht das. Wörtlicher kann man diese Szene gar nicht nehmen. Diese Zuspitzung der seit langem herangewachsenen (früheren und jetzigen) Erfahrungen zeigte sich Saccako in dem leibhaftig erlebten *Bild* eines Geistes mit einem flammenden Donnerkeil. Dieses Wahrnehmungsbild ist genau so wirklich und genau so unwirklich, wie das Bild, in dem sich jedem von uns dreien in seiner Weise seine seit langem herangewachsenen (früheren und jetzigen) Erfahrungen im Augenblick darstellen: nämlich in dem Wahrnehmungsbild »Ruth, Hans und Fritz jetzt im Gespräch«. Der Erwachte hilft uns ja mit seiner Anleitung mehr und mehr, alle Bilder unseres Erlebens, unserer Wahrnehmung, nicht als »objektives Etwas« aufzufassen, das aus einem »an sich« bestehenden (materiellen oder ideellen) unbeeinflussbaren »Außen« käme, sondern als »Aktivität des *Herzens*«, als seelische Regungen, als »psychische *Prozesse*« (*citta-sankhāra*). Das mag uns jetzt noch abenteuerlich klingen, aber wir sind schon mehrfach an diesen Punkt gekommen und werden uns immer wieder darauf besinnen, und so wird es uns nach und nach klarer werden. Nehmen wir einstweilen die Szene mit dem donnerkeilbewehrten Geist als einen Aufruf, unserem weltgläubigen, traumbefangenen Geist überall mit der nötigen realistischen Skepsis zu begegnen, wenn unsere naive Weltgläubigkeit die *Bilder* der Wahrnehmung für *mehr* als vom »Maler Herz« gemalte *Bilder* nehmen möchte, nämlich für »Verkörperungen« einer vermeintlich dahinterstehenden »objektiven Welt«. Wir werden immer mehr sehen: *Es ist nichts dahinter*. Diese Wahrheit wird uns frei machen. Eine gesunde Skepsis gegenüber der Wahrnehmung eignete auch manchen westlichen Denkern. So sagt etwa Hermann Hesse: *»Die Dinge, die wir sehen, sind dieselben Dinge, die in uns sind. Es gibt keine Wirklichkeit als die, die wir in uns haben. Darum leben die meisten Menschen so unwirklich, weil sie die Bilder außerhalb für das Wirkliche halten und ihre eigene Welt in sich gar nicht zu Worte kommen lassen.«*

HANS: Ich ahne das mehr, als dass ich es verstehe. Aber die dogmenfreie Darlegung in M 60 hat mich gelehrt, Ungewohntes nicht gleich für unmöglich zu erklären. Und so lasse ich das erst einmal auf sich beruhen. Zunächst werde ich genug damit zu tun haben, über das nachzudenken, was aus dem Gespräch des Buddha mit Saccako bei mir »eingeschlagen« hat. Aus dem Gespräch mit dem jungen Kāpathiko in M 95 ist mir klar geworden: Das ist nicht einfach eine Sache des Intellekts, sondern ich muss mich erst immer wieder zur inneren Ruhe bringen. Das geht nicht durch Herumgrübeln, sondern nur durch Läuterung. Und die fängt mit der schlichten Tugend an. Das wird Arbeit kosten. Auch unser Saccako bittet jetzt, nachdem es bei ihm so sichtbar eingeschlagen hatte, den Buddha nicht um weitere Erläuterungen für den Verstand, sondern fragt, wie er nun als Nachfolger *vorzugehen* hat, um frei von Wenn und Aber zu werden. So ungefähr geht es mir auch: Das geht nicht von heute auf morgen. Dennoch, Fritz: über einiges möchte ich doch gern schon jetzt gleich sprechen:

FRITZ: Worüber denn?

HANS: In dem Gespräch mit Saccako gibt der Buddha ja mit den fünf Zusammenhäufungen eine Analyse des ganzen Menschen. Die ist aber ganz anders als unsere übliche Zweiteilung in Körper und Geist oder die ebenso übliche Dreiteilung in Körper, Seele und Geist. Diese Zwei- und Dreiteilungen scheinen mir mit der Fünfteilung in die Zusammenhäufungen nur das gemeinsam zu haben, was am Menschen an Form ist: den Körper.

FRITZ: Unsere gewohnten Zwei- und Dreiteilungen sind mit den fünf Zusammenhäufungen überhaupt nicht zu vergleichen: Unsere Zwei- und Dreiteilungen umfassen in der Tat nur den *Menschen*. Deshalb ist bei ihnen »Form« nur, was am *Menschen* Form ist: sein Körper. Die Welt ist nicht in diesen Zwei- und Dreiteilungen enthalten, sondern scheint dem Menschen als das große »Welträtsel« *gegenüberzustehen*. Das ist eine ganz verzerrte, verengte Sicht. Die rückt der Buddha mit dem Aufzeigen der fünf Zusammenhäufungen zurecht: Die sind nicht nur eine Analyse des Menschen, sondern zugleich eine Analyse der ganzen *Welt*, der *Existenz* schlechthin: Von dem Ganzen der bei entsprechendem Wirken erlebbaren Existenz als der Aktivität des »einen«, »einigen« Herzens – *»ein Herz und eine Seele; überall mit allem sich als Eins empfindend«* – gewahrt unser Blindwissen meist nur einen Teil als *»ich, der mit fünf Sinnen wahrnehmende Mensch«*. Die Spaltung in »Subjekt« und »Objekt«, die seit Descartes das westliche Denken beherrscht und die Weltgläubigkeit geradezu zementiert hat, durchschaut der Buddha als *Wahn*: Davon handelt ein Teil des vorhin aus M 44 zitierten Gesprächs der erlösten Nonne Dhammadinnā mit ihrem früheren Ehemann Visākho. Der fragt:

»›Seinsdarstellung, Seinsdarstellung‹ (sakkāya) heißt es, Ehrwürdige. Was wird denn vom Erhabenen als Seinsdarstellung bezeichnet?« Und die Erlöste antwortet: *»Die fünf Zusammenhäufungen werden vom Erhabenen als Seins-Darstellung bezeichnet, Freund Visākho.«* Das Pāliwort, unter dem hier die fünf Zusammenhäufungen zusammengefasst werden, *sakkāya*, wird meist mit »Persönlichkeit« übersetzt. Das ist aber zu eng. Es heißt ganz wörtlich: *»Seins-Körper«* (*sat-kāya*)[41].

HANS: Wie? Dann wäre der Körper das Sein?

FRITZ: Nein, nein, »Seins-Körper« oder »Seins-Verkörperung«, »Seins-Darstellung« ist ganz anders gemeint: Die fünf Zusammenhäufungen sind wie Schauspieler, die vom triebgeladenen, geblendeten, wahn-sinnigen Geist erdichtete Rollen »verkörpern« oder »darstellen«: die vom Blindwissen erdichtete Rolle »Welt« und die vom Blindwissen erdichtete Rolle »Ich«: Der Erwachte bezeichnet also die fünf Zusammenhäufungen nicht nur als die Darsteller eines scheinbar im Kern ewigen *»Selbst«*, sondern auch einer scheinbar an sich bestehenden *»Welt«*, die sie so faszinierend plastisch darstellen, dass wir unfreiwilligen »Theaterdichter« selber darauf hereinfallen. Die fünf Zusammenhäufungen »spielen« eine Doppelrolle: die Rolle »Ich« und die Rolle »Welt«. Sie spielen die ganze Existenz. Durch diese Entlarvung hebt der Buddha die gewohnte »Subjekt-Objekt-Spaltung« auf. Zwei weltgläubigen Brahmanen hat der Erwachte das einmal näher erklärt. Darüber berichtet die Rede

A IX,38[42]:

Die beiden fragten: *»Herr Gotamo: Pūraṇo Kassapo behauptet, allwissend und allerkennend zu sein und den unbegrenzten Erkenntnisblick zu besitzen. Ob er gehe oder stehe, schlafe oder wache: immer sei ihm ununterbrochen der Erkenntnisblick gegenwärtig. Der sagt, mit dem unbegrenzten Erkenntnisblick erkenne und erblicke er, dass die Welt begrenzt, also endlich sei. Aber, Herr Gotamo: auch der Nigaṇther Nāthaputto behauptet, allwissend und allerkennend zu*

41 Mexi 2. Auflage (S. 612) leitet *sakkāya* als *sa-kāya* = »Identifikation mit dem Körper« ab und versteht darunter alles Erleben und Erlebte, mit dem man sich identifiziert. Deshalb sehe ich der Sache nach keine Differenz.

42 In WW, 26. Jg. (1980), S. 311 ff. und S. 334 ff. ausführlich besprochen.

sein. Der sagt, die Welt sei unbegrenzt, also unendlich. Wer von diesen beiden Vertretern widersprechender Meinungen hat denn nun die Wahrheit gesagt und wer die Unwahrheit, Herr Gotamo?« — »Lasst es gut sein. Es bleibe dahingestellt, wer von diesen beiden Vertretern widersprechender Meinungen die Wahrheit gesagt hat und wer die Unwahrheit: Die Sache selbst will ich euch zeigen. Das hört und achtet gut auf meine Worte.« — »Ja, Herr«, antworteten die Brahmanen. Der Erhabene sprach:

»Angenommen, da stünden vier Männer, den vier Himmelsrichtungen zugewandt, die hätten den weitesten und schnellsten Gang und die gewaltigste Schrittweite. So schnell wäre ihr Riesenschritt, dass sie ebenso mühelos, wie ein guter, geübter, erfahrener Bogenschütze einen Pfeil über den Schatten einer Palme hinwegschießen kann, mit einem einzigen Schritt von der Küste des östlichen Weltmeeres zur Küste des westlichen Weltmeeres reichten. Da sagte sich jeder der vier: ›Ich will durch Gehen das Ende der Welt erreichen.‹ Und sie würden wandern und sich nirgendwo hinsetzen, nie trinken, nie essen, nie sich hinlegen, nirgendwo Kot und Urin ausscheiden, nie schlafen oder rasten, und sie hätten eine Lebenskraft und Lebensdauer von hundert Jahren und wanderten hundert Jahre – sie würden wegsterben, ohne ein Ende der Welt erreicht zu haben. Und warum? Weil durch solches *Wandern ein Ende der Welt nicht zu erreichen, nicht zu sehen und nicht zu erleben ist, sage ich. — Aber ich sage auch: Ohne der Welt Ende erreicht zu haben, kann man dem Leiden kein Ende machen.*

Folgende fünf Begehrensstränge *(kāmaguṇa) sind es, welche in der Heilswegweisung ›Welt‹ genannt werden. Welche fünf? Die augsinnerfahrbaren Formen, die ersehnten, begehrten, angenehmen, beliebten, dem sinnlichen Begehren entsprechenden, reizauslösenden*[43], *die ohrsinnerfahrbaren Töne, die ersehnten, begehrten, angenehmen, beliebten, dem sinnlichen Begehren entsprechenden, reizauslösenden, die nasensinnerfahrbaren Düfte/ zungensinnerfahrbaren Geschmäcke/ körpersinnerfahrbaren Tastungen, die ersehnten, begehrten, angenehmen, beliebten, dem sinnlichen Begehren entsprechenden, reizauslösenden. Diese fünf Begehrensstränge werden in der Heilswegweisung ›Welt‹ genannt.«*

Diese ausführliche Erklärung, was in Wahrheit *»die Welt«* ist, hat der Erwachte in dem ergänzenden Text A IV,45 über das gleiche Gespräch auf die kurze Formel gebracht: *»In eben diesem klaftergroßen Körper mit Wahrnehmung (saññā) und Geist (mano), da ist die Welt enthalten und der Welt Fortsetzung und der Welt Beendigung und die zur Beendigung von Welt führende Vorgehensweise.«* — Und dann erklärt der Erwachte in A IX,38 den Brahmanen, was wirklich der Welt Fortsetzung und Beendigung und die zur Beendigung von Welt führende Vorgehensweise ist:

»Da verweilt ein Mönch abgelöst von Sinnendingen, abgelöst von allen heillosen Gesinnungen und Gedanken, mit stillem Denken und Sinnen in seligem weltabgelöstem Hochgefühl, im ersten Grad der weltlosen Entrückung. Den nennt man einen Mönch, der das Ende der Welt erreicht hat, der am Ende der Welt weilt. Aber andere sagen: Selbst dieser gehört noch der Welt an, ist der Welt noch nicht entronnen. Das sage auch ich: Selbst dieser gehört noch der Welt an, ist der Welt noch nicht entronnen. — Weiter, Brahmanen: Nach Verebben auch des Denkens und Sinnens weilt der Mönch in innerer Gelöstheit, in der Einigung des Gemüts, in dem von Sinnen und Denken freien, aus der Einigung geborenen seligen Hochgefühl, im zweiten Grad der weltlosen Entrückung. Weiter, Brahmanen: Wenn auch das selige Hochgefühl vom Reiz des Besonderen frei geworden ist, verweilt der Mönch in ausgeglichenem Frieden, klarbewusst in einem solchen den ganzen Körper durchdringenden Wohlsein, dass die Heilsgänger sagen: ›Dem in ausgeglichenem Frieden in Wahrheitsgegenwart Lebenden ist wohl‹, im dritten Grad der weltlosen

43 *»rajaniya«*, meist mit »reizend« übersetzt. Das suggeriert aber mehr die engere deutsche Bedeutung »niedlich«, »goldig«.

Entrückung. — Weiter, Brahmanen: Nachdem der Mönch über Wohl und Weh hinausgestiegen ist, alle einstige geistige Freudigkeit und Traurigkeit gestillt hat, verweilt er nun in der von allem Wohl und Weh befreiten reinen Erhabenheit, im vierten Grad der weltlosen Entrückung. Den nennt man einen Mönch, der das Ende der Welt erreicht hat, der am Ende der Welt weilt. Aber andere sagen: Selbst dieser gehört noch der Welt an, ist der Welt noch nicht entronnen. Das sage auch ich: Selbst dieser gehört noch der Welt an, ist der Welt noch nicht entronnen. — Weiter, Brahmanen, ist einem Mönch, nachdem er über alle Formwahrnehmung hinausgestiegen ist, die Gegenstandswahrnehmungen gestillt hat, durch Nichtbeachten der Vielheitwahrnehmungen in der Vorstellung: ›Ohne Ende ist der Raum‹, das Erlebnisspannungsfeld (āyatana) ›unbegrenzter Raum‹ aufgegangen, und darin verweilt er. Den nennt man einen Mönch, der das Ende der Welt erreicht hat, der am Ende der Welt weilt. Aber andere sagen: Selbst dieser gehört noch der Welt an, ist der Welt noch nicht entronnen. Das sage auch ich: Selbst dieser gehört noch der Welt an, ist der Welt noch nicht entronnen. — Weiter, Brahmanen, geht einem Mönch nach Übersteigen des Spannungsfelds ›unbegrenzter Raum‹ in der Vorstellung: ›Unbegrenzt ist der Erfahrungslauf‹, das Spannungsfeld ›unbegrenzte Erfahrung‹/ nach Übersteigen des Spannungsfelds ›unbegrenzte Erfahrung‹ … das Spannungsfeld ›Nicht irgendetwas‹/ … das Spannungsfeld ›Nicht eigentlich Wahrnehmung, aber auch nicht keine Wahrnehmung‹[44] auf, und darin verweilt er. Den nennt man einen Mönch, der am Ende der Welt weilt. Aber andere sagen: Selbst dieser gehört noch der Welt an, ist der Welt noch nicht entronnen. Das sage auch ich: Selbst dieser gehört noch der Welt an, ist der Welt noch nicht entronnen. — Weiter, Brahmanen, erlangt ein Mönch nach völligem Übersteigen des Spannungsfelds ›Nicht eigentlich Wahrnehmung, aber auch nicht keine Wahrnehmung‹ die Auflösung von Wahrnehmungsempfindung *und verweilt so, und nachdem er dies hernach mit klarem Wissen festgestellt hat, sind alle Möglichkeiten der Beeinflussung (āsavā) endgültig aufgehoben. Den nennt man einen Mönch, der das Ende der Welt erreicht hat. Der weilt am Ende der Welt. Hinter sich gelassen hat er jeden Bezug zu allen drei Erscheinungen von ›Welt‹.«*

HANS: »Die Welt in diesem Körper mit Wahrnehmung und Geist enthalten«: läuft das nicht auf den längst überholten »Solipsismus« hinaus, der meint, es gibt nur das »Ich«, und das erzeugt die Welt als seine Wahrnehmung?

RUTH: Nein, Hans: Der Buddha hat doch Saccako gezeigt, dass auch die »Persönlichkeit« genau wie die »Welt« nichts anderes ist als ein vom Blindwissen erdichtetes Schauspiel, das die fünf unbeständigen Zusammenhäufungen als Schauspieler aufführen!

HANS: Ach so. Freilich. Das stimmt, Ruth. Aber Fritz: du sagtest doch vorhin, der Buddha hätte den weltgläubigen Brahmanen die Welt als die fünf Zusammenhäufungen erklärt. Von fünf Zusammenhäufungen steht in den beiden Reden aber gar nichts.

FRITZ: Das *Wort* »Zusammenhäufungen« nicht. Aber der Sache nach stecken sie dahinter. Wenn wir richtig suchen, werden wir sie alle fünf leicht finden.

HANS: Warum sagt das der Buddha nicht so, dass wir sie nicht erst suchen müssen?

FRITZ: Die beiden weltgläubigen Brahmanen hatten offenbar von den fünf Zusammenhäufungen noch nichts gehört. Sie glaubten, ihre Wahrnehmung käme von einer »objektiven Welt«, die psychenunabhängig »an sich« hinter ihrem Erleben stünde. Deshalb spricht der Buddha mit ihnen in der *Erlebnissprache*. In der kommt das *Wort* »Zusammenhäufungen« nicht vor. Das gehört der *Durchschauungssprache* an. Aber sieh mal zu, Hans, ob du in der Erklärung des Erwachten, was die »Welt« wirklich ist, nicht doch der Sache nach die fünf Zusammenhäufungen findest.

HANS: Ruth würde sagen: Dann lasst mich einmal laut denken:

44 KEN: »Grenzscheide möglicher Wahrnehmung«.

Der Buddha nennt da die fünf körperlichen Sinnesorgane, gesteuert von den mit Sinnesdrängen geladenen Erfahrungsprogrammen, und die Formen, nach denen sie ständig im »Suchlauf« sind. Alles, was von den Sinnesorganen direkt erfahren wird, sind

• *Formen* (sichtbare, hörbare, riechbare, schmeckbare, tastbare) – die *1.* Zusammenhäufung.

• Die reizen das sinnliche Begehren und werden als angenehm oder unangenehm empfunden: Das ist *Gefühl* – die *2.* Zusammenhäufung.

• Das Ergebnis der *Erfahrung* von Form samt Gefühl ist *Wahrnehmung* – die *3.* Zusammenhäufung.

• Wahrnehmung und Gefühl sind (psychische) *Vorgänge,* Prozesse, Bewegtheiten – die *4.* Zusammenhäufung. — Bei der sinnlichen Wahrnehmung spielen sich auch körperliche Prozesse ab, und um die sinnlichen Wahrnehmungen und die dabei empfundenen Gefühle denkt man herum – sprachliche Vorgänge.

• Außerdem sagt der Buddha den beiden Brahmanen, dass die Formen, Töne usw. jeweils mit den entsprechenden als körperlich erlebten Sinnesorganen »erfahrbar« sind. Und »*Erfahrung*« (Wohlerfahrungssuchlauf) ist die *5.* Zusammenhäufung.

Tatsächlich: Da haben wir alle fünf Zusammenhäufungen – nur eben in die Erlebnissprache gefasst.

FRITZ: Wir haben jetzt also aus zwei Lehrreden gesehen, dass die fünf Zusammenhäufungen nicht nur die Analyse dessen sind, was wir in der Erlebnissprache »*Mensch*«, »Person« oder »Ich« nennen, sondern auch die Analyse dessen, was wir in der Erlebnissprache »*Welt*« nennen. »Welt« und »Ich« sind also kein getrenntes »Außen« und »Innen«, sondern sind das Gleiche: wechselnde Konstellationen der *fünf Zusammenhäufungen.* — Jetzt, zweieinhalbtausend Jahre nach dem Buddha, beginnt ausgerechnet *die* Wissenschaft, die sich am meisten auf die »Außenwelt« spezialisiert hat, die Physik, in ihrem Spezialfach am radikalsten zu sehen, dass die »cartesianische Spaltung« in Innen und Außen, Ich und Welt, Subjekt und Objekt nicht aufrechtzuerhalten ist. Ihr erinnert euch sicher noch an die Feststellung von Heisenbergs Nachfolger Hans Peter Dürr aus dem Vorwort: dass schon aus rein physikalischen Gründen »*die Vorstellung einer* objektiven *Realität, einer* materiell *ausgeprägten Wirklichkeit unzulässig und falsch*« und eine »*Konstruktion unseres Geistes*« ist.[45] — Und gleich der erste Vers der bekanntesten und alten buddhistischen Spruchsammlung »Wahrheitpfad« (*dhammapada*) beginnt mit dem Satz: »*Vom Geist gehn die Gebilde aus.*«

RUTH: Das muss auch Rilke gespürt haben, als er vom »*Weltinnenraum*« sprach, und Goethe, als er schrieb:

»*Wär nicht das Auge sonnenhaft:*
Die Sonne könnt' es nie erblicken.«

Und Schopenhauer hat seinem Hauptwerk die Überschrift gegeben: »*Die Welt als Wille und Vorstellung*«.

HANS: In den letzten Jahren scheint sich die Blickweise aber nun doch zu erweitern: Man hört viel von »ganzheitlicher Betrachtungsweise« oder von einem »holistischen Weltbild«.

FRITZ: Diese »ganzheitlichen«, »kosmischen« Betrachtungsweisen sind keine echten Erweiterungen. Auch sie beruhen mehr oder weniger auf objektivistisch-materialistischer »Weltgläubigkeit«: Der *Erlebnischarakter* – der Wahn-Traum-Charakter – von Welt und Ich wird überhaupt nicht gesehen. Es wird nur angenommen, die Vielfalt der Sinnenwelt ginge in *objektiv existierenden* »übergeordneten Organisationsstufen« auf, wie etwa Zellen im Körper oder Planeten in einem Planetensystem, diese in Galaxienhaufen und alle Teile des Ganzen wären

45 Siehe oben zu Beginn des Vorworts.

miteinander »vernetzt« und würden aufeinander einwirken. Für die oberste Organisationsstufe wird »die Natur« oder »der »Kosmos« oder »das Universum« gehalten. »Natur« kommt von dem lateinischen Wort für »das Gewordene«. »Kosmos« und »Universum« sind die griechischen und lateinischen Wörter für »das Ganze«. Dieses ganze »kosmische« Denken kommt mir deshalb vor, wie *»die Armut mit der pauvreté*[46] *erklären«*. Der Erwachte aber sagt uns, *was* »alles Gewordene ist«: *(Wahn-)Wahrnehmung*, eine Bewegtheit des dranggeladenen *Herzens*, die für »objektiv« gehalten wird – also aufgestiegener oder sich vorbereitender *Wahn*.

RUTH: Ja, Fritz, ich muss lächeln, dass eine der heutigen großen naturwissenschaftlichen Auseinandersetzungen darum geht, ob »der Kosmos« ein »offenes System« sei, das sich endlos ausdehnt, oder ein »geschlossenes System«, das sich zyklisch ausdehnt und zusammenzieht. Das war schon die Frage der beiden weltgläubigen Brahmanen, die wissen wollten, ob die Welt unendlich oder endlich sei.

FRITZ: Und da hat ihnen der Erwachte dieses befreiende Wort gesagt: *»Lasst es gut sein. Es bleibe dahingestellt ... Die Sache selbst will ich euch zeigen.«* Das ist übrigens eine der vielen Aussagen, die belegen, dass er die Beantwortung solcher Fragen nicht etwa abgelehnt hat, weil er keine Antwort gewusst hätte (ein »Agnostiker« gewesen sei, wie manchmal in der Literatur behauptet wird), sondern weil er die Weltgläubigkeit der Brahmanen als Blindwissen durchschaute. Und dann hat er ihnen gezeigt, was wirklich *»die Sache selbst«* ist.

HANS: Was denn?

FRITZ: Wir haben es ja gerade gehört: Die von uns erlebte (Sinnen-)»Welt« mit allen ihren Leiden besteht aus den fünf Begehrenssträngen, und die sind wiederum – wie auch alles Über-Sinnliche und wie die *»Persönlichkeit«* – letztlich zurückzuführen auf die fünf *Zusammenhäufungen*. Erst damit, nicht mit all den noch so gut gemeinten Versuchen eines nur auf die sinnliche Vielfaltwelt eingeschränkten vermeintlich »ganzheitlichen« Bildes, wird die cartesianische Subjekt-Objekt-Spaltung wirklich aufgehoben.

RUTH: Das ist wohl auch der Grund dafür, dass der Buddha im Gespräch mit den Brahmanen für »Welt« einen Ausdruck verwendet, der »Innen« *und* »Außen« zu verbinden scheint, einen Ausdruck, den ich noch nie gehört habe: *»die fünf Begehrensstränge«*. Kannst du den noch etwas näher erklären?

FRITZ: Ja, Ruth. Du empfindest ganz richtig, dass dieser Ausdruck Innen und Außen verbindet. Deshalb wird er auch oft nach beiden Seiten hin missverstanden. Die einen meinen, die fünf Begehrensstränge (*kāmaguṇa*) seien dasselbe wie die fünf Sinnesdränge (*kāmarāga*), die anderen meinen, sie seien nur deren »Objekte«: Formen, Töne, Düfte, Gerüche, Geschmäcke und Tastbares. Beide Missverständnisse beruhen auf unserem westlichen *»Glauben an Seinsdarstellung«*: einem »Ich« als einem Subjekt stünde eine an sich, unabhängig vom »Ich«, »objektiv« bestehende »Welt« gegenüber. Aber wenn wir den Text selber mit der erforderlichen *»feinsten Genauigkeit«* ansehen, finden wir die fünf Sinnesstränge erklärt als *»augsinn-/ ohrsinn-/ nasensinn-/ zungensinn-/ körpersinn*-erfahrbare *Formen/ Töne/ Düfte / Geschmäcke/ Tastbarkeiten, die ersehnten, begehrten, dem* Begehren *entsprechenden, reizauslösenden«* – also gefühlsgetränkte Erlebnisse, spannungsgeladen, zwischen zwei Enden ausgespannt wie elastische Fäden. Zu dem einen Ende des Fadens, dem gefühlten durstigen Sehnen, sagt der Mensch ›Ich‹; zu dem anderen Ende der tausend früher ausgesponnenen Bilder und Vorstellungen, auf welche die sinnlichen Triebe aus sind, sagt er ›Welt‹.[47]

HANS: Eines verstehe ich nicht: Der Buddha sagt hier, die Begehrensstränge seien *»die aug*-sinn-*erfassbaren Formen«*. Die Sinne sind von dranggeladenen Erfahrungsabläufen

46 Das französische Wort für Armut.

47 Vgl. HHpīti, WW, 36. Jg. (1990), S. 258.

gesteuert. Formen erlebt aber auch der Geheilte. Der hat doch keine Sinnesdränge mehr. Wieso sind dann die Formen Begehrensstränge?

Fritz: Um das zu verstehen, sollten wir uns an den Zusammenhang des Gesprächs des Erwachten mit den beiden Brahmanen erinnern: Sie waren weltgläubig. Sie glaubten also, »die Welt« sei unabhängig vom Denken, Reden und Handeln, unabhängig von der Psyche und unabhängig von der Wahrnehmung *»objektiv da«*. Deshalb wollten sie wissen, ob »die Welt« endlich ist oder unendlich. Sie wussten – wie auch heute die meisten Menschen – nur von *einer* Art von Welt: der mit den menschlichen Sinnen wahrnehmbaren. Die gehört zu der Erlebensweise, in welcher die Wesen Wohl nur zu einem unzulänglichen Teil von dem erlangen, was sie als »ihr Inneres« bezeichnen. Deshalb *wünschen*[48] sie sich Wohl von etwas *»anderem«*, von etwas, was sie als »Äußeres« deuten, nämlich von etwas, was von ihrem Körper durch ihr Gefühl abgegrenzt erscheint – das nennen sie »Formen«. Nur diese unterste der drei Daseinsweisen erklärt ihnen der Erwachte im ersten Teil seiner Rede als die *»fünf Begehrensstränge«*, zusammengefasst *erscheinend* als dieser *»klaftergroße Körper mit Wahrnehmung und Gefühl«*.

Im zweiten Teil der Rede beschreibt er ihnen dann eine ganz andere, ihnen unbekannte »Welt«: die Erlebensweise der Entrückungen – des Gipfels des *samādhi*. Dort ist das innere Glück so groß, dass dem Erleber darüber buchstäblich jede sinnliche Wahrnehmung vergeht und ihm bei ihrem Wiederaufsteigen nach der Entrückung im Vergleich *schmerzlich* erscheint, auch wo sie ihm vorher mangels Besserem wie ein Wohl vorgekommen war. Von den Formen dieser sinnlichen Wahrnehmung erwartet er nun kein Wohl mehr. Erst dadurch können sie eben nur als bloße Formen wahrgenommen werden, deren Farb- und Gestaltsonderheiten das helle Herz so wenig reizen, dass es sie schließlich gar nicht mehr besonders registriert und dadurch erst seines eigenen Leuchtens gewahr werden kann – auch das ist noch »Form«; den Geistmächtige können ja bei den verschiedenen Wesen verschiedenes Leuchten unterscheiden, wie oft in den Reden berichtet wird. Deshalb heißt dieser Erlebensbereich *»Welt der (reinen) Formen (rūpaloka)«*. Wer diesen Erlebensbereich erreicht hat, der hat zwar das Ende der ihm bisher allein bekannten untersten der drei »Welten« – der Sinnenwelt – erreicht, aber noch nicht das Ende »der Welt« *schlechthin*.

Im dritten Teil der Rede zeigt der Erwachte nämlich eine uns noch fernere Daseinsweise: die gänzlich *»formlose«* oder »gestaltfreie«, von der er auch zu den Hausvätern in M 60 gesprochen hat. In ihr werden die reinen Formen, da sie sowieso nicht mehr reizen und von ihnen kein Wohl mehr erwartet wird, auf Grund starker Sammlung oder überwiegenden stillen Herzenswohls gar nicht mehr beachtet, sondern es wird nur noch ein von keiner Gestaltwahrnehmung getrübtes Gefühl – Grenzenlosigkeit, Unendlichkeit – erlebt. Selbst diese Unendlichkeiten gestaltfreier Wahrnehmung durchschaut der Erwachte immer noch als *»Welt«*, nämlich als eine bedingt entstandene *Erlebnisweise.* Ob sinnliche Vielfalt oder reine, mit keinem Begehren mehr verknüpfte Formen oder formfreie Unendlichkeit – jede dieser drei »Welten« ist *Erleben*. Und Erleben, Wahrnehmung ist unbeständig. Sie ist nicht, was es scheint, vor allem keine »an sich« psychenunabhängig bestehende »Welt«. Erleben von etwas, was es in Wirklichkeit gar nicht gibt, ist *Wahn*. Deshalb hat das »Ende der Welt« erst erreicht, wer in der *Auflösung* jeglicher *Wahrnehmungsempfindung* erlöst ist von allem Erleben und damit von allen Beeinflussungen. Erst der hat das Ende von Wahn, das Ende von »Welt« – von Welt-Wahn – erreicht; erst der hat erreicht, was Ruth immer sagt: *»endlich aufhören …«*.

48 »Wunsch« heißt *kāma*, meist übersetzt: »sinnliches Begehren« o.ä. Die »Sinnenwelt« (*kāma -loka*) ist also die Welt, in der das Wohl nicht schon »innen« vorhanden ist, sondern erst von »anderem« (als dem »Inneren«) gewünscht werden muss, also von als »Außen« Erlebtem: die »Wunschwelt«.

Ruth: Mir geht eine Ahnung auf, wie weit außen wir Menschen in dem leeren Wahn-Wirbelsturm von »Weltwahrnehmung« herumgeschleudert werden: Wir sind nicht in dem stillen »Auge« des Taifun, sondern ganz draußen an der Peripherie, wo der Wirbel eine trübe Fülle von herausgerissenen Bäumen, abgedeckten Dächern, fortgewehten Lebewesen, Wassermassen und Megatonnen von Dreck und Staub aufgreift und herumwirbelt – die fünf Begehrensstränge!

Hans: Wieso nennt der Buddha die »Welt des sinnlichen Begehrens nach Formen« eigentlich »Begehrens-*Stränge*«?

Fritz: Weil »Formen« nicht »an sich« bestehen, sondern als ein *Erleben*, das sich stranggleich ausspannt von dem *Ersehnen* von Form (das als »Innen« gedeutet wird) bis hin zu dem *Erleben* von »leibhaftiger« Form (das als »Außen« gedeutet wird). In Wirklichkeit hat gesehene, gehörte, gerochene, geschmeckte und getastete erlebte Form keine andere Weise der Existenz, als die von Wahnbildern, erdichtet aus Mangel an herzunmittelbarem Wohl und durch ständiges bewertendes *Darumherumdenken* verdichtet zu prallen Gestalten. Goethe hat wohl gar nicht gewusst, welche abgründige Wahrheit er aussprach, als er im Prolog zum Faust sagte: *»und was in schwankender* Erscheinung *schwebt,* befestiget *mit dauernden Gedanken«*. In dieser Weise ist Formerleben ein Strang, eine Sehne, eine Saite, die sich ausspannt zwischen dem Wunsch und dem leibhaftigen Erscheinen des Bildes des Gewünschten auf dem »Bildschirm« der Herzensaktivität »Wahrnehmung«. *Rūpa* – das Pāliwort, das meist mit Form oder Gestalt übersetzt wird – heißt im ursprünglichen Sinn *»Bild«*. Das kann ja auch ein Klangbild, eine Duftgestalt, ein Geschmacksbild oder eine Tastgestalt sein, denn auch mittels dieser Sinneserfahrungen machen wir uns ein Bild von »Welt-Raum« – ein *Wahn*-Bild.

Das ist auf Anhieb nicht leicht zu begreifen, weil es unseren Denkgewohnheiten sehr zuwider geht. Wir müssen uns immer und immer wieder darauf besinnen. Dafür ist sehr aufschlussreich das Pāliwort für »Begehrensstränge«, *»kāma-guṇa«*. *Kāma* bedeutet »Wunsch« oder »Begehren«. Und *»guṇa«* bedeutet »Saite« (eines Musikinstruments), Sehne (eines Bogens), aber auch ein aus Strängen zusammengedrehtes »Seil« oder die »Faser eines Seils als dessen Bestandteil« oder, davon abgeleitet, auch »Bestandteil, Komponente«, und im weitesten Sinn bedeutet es einfach »Qualität, Eigenschaft«. Alle diese Bedeutungen klingen hier zusammen. Wir können uns das richtig plastisch vorstellen: *»Was der Mensch häufig bedenkt und sinnt, dahin geneigt wird das Herz«*: Da werden kleine Gedankenfäserchen zu einzelnen Wunschsträngen zusammengesponnen. Ganze Komplexe solcher Begehrensstränge werden zu den Stricken unserer Verstrickungen, zu den Eigenschaften, den Qualitäten unseres Herzens zusammengedreht, die uns hierhin und dorthin ziehen. Die sind gespannt wie die Sehne eines Bogens oder eine Saite. Wenn sie berührt werden, geben sie als Resonanz Gefühle von sich wie die gezupften oder gestrichenen Saiten eines Musikinstruments Töne von sich geben. Davon bekommt unser Leben und Erleben seinen harmonischen oder schrillen, zarten oder brausenden »Klang«. Je stärker die Spannung der Saiten einerseits und die Stärke der Berührung andererseits und je stärker dadurch der Klang, umso deutlicher und fester wird das als erwünscht oder unerwünscht Empfundene als geistiges Bild ausgemalt – *»ein-gebildet«*. Nach und nach kann man es sich im Geist schon fast so deutlich vorstellen, wie wenn es leibhaftig, durch die fünf Körpersinne erlebt, vor einem stünde, und eines Tages *ist* das Gemälde des *»Malers Herz«* – das Erleben – so deutlich und dicht zusammengemalt, zusammengesponnen, dass es das Wahrnehmungsbild liefert: »Da steht der so oft vorgestellte Gegenstand leibhaftig.« — Ob er freilich erlebt wird als ein uns gewährter oder verweigerter oder entrissener, das hängt davon ab, ob wir im Denken, Reden und Handeln in unser Lebensmuster Gewähren, Verweigern oder Entreißen hineingewirkt haben – »*Karma*«.[49] — Nochmals: keine Sorge, wenn das nicht gleich auf Anhieb zu verstehen ist. Es erschließt sich erst allmählich beim weiteren Vorgehen nach der Lehre. Aber es erschließt sich!

Ruth: Wir beide folgen gern auch da, wo es einmal nicht ganz einfach ist. Aber ist das nicht für deine künftigen Leser zu schwierig?

Fritz: Nur auf kurze Strecken, an deren Ende wir für diesmal schon sind. Leser, die nicht gleich mitkommen, können sich an solchen unvermeidlichen »schwierigen« Stellen damit trösten, dass sie ja auch nicht erwarten, komplexe Dinge für ihre Freizeit wie Computer oder Schach ohne gründliches Studieren und Üben sofort auf Anhieb zu verstehen. Da lesen sie klaglos dicke Handbücher. Andere führen sich gern als »gehobene Unterhaltung« erdichtete Romane mit kunstvoll-verwickelter Handlung zu Gemüte. Wer wollte da im Ernst erwarten, dass eine Lehre zur Durchschauung und Meisterung der ganzen Existenz glatter und leichter zu verstehen sei als Alltags- und Freizeitdinge, denen die meisten Menschen viel Zeit widmen! Der Erwachte hat ja gesagt, seine Lehre sei »*eine tiefe Lehre, nicht leicht zu verstehen* ...«. Vielleicht sind die ernsthafteren unter den Lesern doch bereit, einen Bruchteil der Mühe, die sie oft auf berufliche oder Freizeitlektüre verwenden, auch für die Suche nach der Wahrheit und die Meisterung der Existenz zu verwenden. Und ich sage ja immer wieder: Wer etwas nicht gleich versteht, mag einfach weiterlesen. Irgendwann schlägt es ein. Mir ist es ja auch so gegangen. Auf jeden Fall sehen wir jetzt schon: Ob uns etwas Glück bringt oder Leiden, hängt davon ab, wie wir es empfinden und beurteilen (2.-5. Zusammenhäufung), nicht davon, wie es äußerlich nach seiner Form – der ersten Zusammenhäufung – erscheint. Das Bestimmende an den Begehrenssträngen ist nicht ihr »Bild-Ende«, sondern ihr »Begehrens-Ende«. Das Bild-Ende spielt nur die Rolle der richtungsbestimmenden Zielscheibe des Begehrens und seiner Auflösung. Besonders deutlich wird das aus der kurzen Rede

S 3,12 – FÜNF FÜRSTEN:

So hab ich's vernommen: Einstmals weilte der Erhabene in Sāvatthī im Ostkloster auf Mutter Migāros Terrasse. Zu jener Zeit vertrieben sich fünf Fürsten mit König Pasenadi von Kosalo an der Spitze die Zeit mit den fünf Sinnengenüssen, die ihnen reichlich zur Verfügung standen. Unter ihnen kam folgende Unterhaltung auf: »Was ist eigentlich der höchste unter den Sinnengenüssen?« — Da sagte der eine: »Formen sind der höchste unter den Sinnengenüssen«; ein anderer: »Töne«; ein anderer: »Düfte«; ein anderer: »Geschmäcke«; ein anderer: »Was man tasten kann, das ist der höchste unter den Sinnengenüssen.« Die Fürsten konnten einander nicht überzeugen. Da schlug König Pasenadi von Kosalo den Fürsten vor: »Euer Liebden, lasst uns zum Erhabenen gehen und ihn fragen. Wie es uns der Erhabene erklären wird, so wollen wir es bewahren.« — »So wollen wir es halten, Euer Liebden«, stimmten die Fürsten dem König Pasenadi zu. So begaben sich die fünf Fürsten mit König Pasenadi an der Spitze zum Erhabenen, begrüßten den Erhabenen ehrerbietig, wechselten höfliche, freundliche Worte mit ihm und setzten sich seitwärts. Seitwärts sitzend, berichtete König Pasenadi dem Erhabenen das Gespräch Wort für Wort und fragte: »Herr, was ist nun der höchste unter den Sinnengenüssen?« — »Das Äußerste des Angenehmen *bezeichne ich als den höchsten unter den fünf Sinnengenüssen, großer König. Formen/ Töne/ Düfte/ Geschmäcke/ Tastbarkeiten, die für den einen angenehm sind, sind für den andern unangenehm. Formen/ Töne/ Düfte/ Geschmäcke/ Tastbarkeiten, die für den einen unangenehm sind, sind für den andern angenehm.* Die *Formen/ Töne/ Düfte/ Geschmäcke/ Tastbarkeiten, von denen einer so befriedigt, so in seiner Gemütshaltung erfüllt ist (paripuṇṇa-sankappa), dass er immer wieder meint, das seien die vollkommensten, so dass er nach einer* anderen *oder höheren oder feineren Form* kein Verlangen *hat – diese Formen/ Töne/ Düfte/ Geschmäcke/ Tastungen sind für ihn die besten, sind für ihn die höchsten.«*

49 Näheres unten im 9. Gespräch.

Diese deutliche *Relativierung* der Sinnesgenüsse und der klare Hinweis auf die *Blendung* durch das sinnliche Begehren, das daran hindert, an höheres Wohl zu denken, überzeugte die Zuhörer so, dass ein häuslicher Anhänger, der zugehört hatte, den Erwachten in einem begeisterten Vers mit der strahlenden Sonne verglich. Die Fürsten schenkten dem Hausvater dafür ihre fünf Obergewänder, er aber spendete sie dem Erhabenen.

Hans: Endlich wieder etwas, was auf Anhieb zu verstehen ist. Unsere Betrachtung des Gesprächs des Buddha mit dem jungen Saccako war doch eine weite geistige Reise! Ich denke zwar, jetzt im direkten Nachvollzug bin ich einigermaßen mitgekommen. Aber ob mir das morgen noch genauso gegenwärtig ist?

Fritz: Kaum. Aber mach dir keine Sorge darüber. Wir sind bei den fünf Zusammenhäufungen im tiefsten Bereich der Lehre, und hier sollte zunächst nur ein erster ahnender Vorblick gegeben werden, worauf die Lehre im Ganzen hinausläuft. Aber der Erwachte hat ja davon auch zu dem Erz-Intellektuellen Saccako gesprochen, und ein ganzer vielköpfiger Familienverband von Adligen hat zugehört. Denen stand hinterher wohl auch nicht gleich wieder alles im Augenblick Eingesehene zur Verfügung. Manchmal müssen wir unseren Geist für kurze Zeit als Spähtrupp weit vorausschicken, in ein Gelände, wo das schwerfällige Gros unseres Herzens mit seinen Lasten und Drängen noch lange nicht folgen kann. Ein militärischer Spähtrupp kann ja auch nicht lange am äußersten Punkt seines Vorstoßes bleiben. Er muss bald zum Gros zurück, um zu berichten, Verpflegung zu fassen und auszuruhen. Aber wenn du so deinen Geist als Spähtrupp weit vorausgeschickt hast, und er ist längst zurück und du hast seinen Bericht fast wieder vergessen, dann weißt du doch immer noch: Da war doch noch etwas, und das hatte ich einmal gesehen. — Und wir wissen ja jetzt schon, wie man wieder hinkommen kann: nicht durch Grübeln und Spekulieren, sondern durch Wiederholen und einfache beständige Herzensläuterung, die den Nebel lichtet, den die Blendung aus Hinneigung und Abneigung immer wieder über unser geistiges Gelände legt. –

Ruth: Fritz, sind denn die fünf Zusammenhäufungen bereits vor dem Buddha bekannt gewesen? Denn Saccako erwähnt sie in dem Gespräch schon, bevor der Buddha etwas davon gesagt hat.

Fritz: Aber Saccako kennt sie nicht als *»Zusammenhäufungen«*. Er hält sie für »Wesensmerkmale«, die ein im Kern ewig unveränderliches vermeintliches Selbst »hat«. Das ist, wie wenn einer die Erscheinung »Überschallknall« – dieses komplexe System aus Luftdichte, Temperatur, Flug- und Schallgeschwindigkeit und der beim Durchschneiden der Luft entstehenden Wellenfront – einem dahinterstehenden ewigen »Knaller« zuschreiben würde, der erst noch aus diesem vielfältigen Bedingungskomplex den Überschallknall »machen« muss.

Hans: Eigentlich ein ziemlich einfältiger Denkfehler!

Fritz: Vorsicht, Hans: Dieser Denkfehler ist nur allzu verständlich. Er beruht auf der Struktur der menschlichen Sprache. Der Innsbrucker Ordinarius für theoretische Physik, A. March, hat einmal darüber gesagt:[50] *»Die Sprache stellt die Dinge als Besitzer ihrer Eigenschaften hin … Allgemein lässt sich sagen, dass jedes Ding aus dem – und nur aus dem – besteht, was wir an ihm* erleben. *Es ist die mehr oder minder konstante Verbindung gewisser sinnlicher Erlebnisse, die uns glauben lässt, dass hinter ihnen etwas sein müsse, was sie zusammenhält.«* Das ist geradezu eine Schilderung dessen, was der Erwachte vor 2.500 Jahren als *»Glauben an Seinsdarstellung«* (*sakkāyaditthi*) bezeichnet hat. Darauf kommen wir noch. Wer aber die Ursachen kennt – in unserm Gleichnis die Ursachen für den Überschallknall –, der durchschaut alle diese mythischen Personifizierungen letztlich als die gleiche Art von Illusion wie die Personifizierung der fünf Zusammenhäufungen als »Selbst«.

50 Zitiert nach Meschkowski, S. 124, Hervorhebung von mir.

Hans: Nun kommen mir ein paar »Wenn und Aber« hoch und trüben den Blick auf das, was da vorhin bei mir eingeschlagen hat. Ich frage nicht aus Opposition, sondern damit du mir diese Trübung zu beseitigen hilfst: Der Buddha fragt ja Saccako bei allen fünf Zusammenhäufungen, ob sie beständig oder unbeständig seien. Wenn der sagt, »unbeständig«, dann fragt er, ob Unbeständiges leidig oder wohl sei. Dann antwortet Saccako jedes Mal so selbstverständlich: »leidig«, als wäre das die klarste Sache der Welt. Aber wieso ist es eigentlich zwingend, dass alles leidig ist, was unbeständig ist? Bei vielem ist man doch froh, wenn es vorbei ist.

Fritz: Warum ist man froh?

Hans: Na, weil man es leid ist.

Fritz: Also ist man nur bei *Leid* froh, wenn es vorbei ist. Deshalb lehrt der Erwachte nichts als das Leiden, seine Ursachen, ihre Aufhebbarkeit und das Vorgehen dazu. Wenn dagegen Angenehmes vergeht, ist man nicht froh, sondern leidet. Jede Erscheinung wird also irgendwann aus einem von drei Gründen als leidig empfunden:

1. entweder sie tut schon gleich während ihrer Dauer weh,

2. oder im Vergleich mit vorher erfahrenem Herzensfrieden wird sie als leidiger »Abstieg« zu weniger Friedsamem, weil Bewegterem empfunden.

3. Wenn sie aber während ihrer ganzen Dauer einzig wohl zu empfinden war, dann ist der Jammer umso größer, wenn sie am Ende doch vergeht.

Schon deshalb ist Unbeständiges *immer* wegen mindestens einer dieser *»drei Leidhaftigkeiten«*[51] leidig. — Wenn man das bedenkt, verliert man allmählich die Lust am Stricken und Spinnen, hört auf damit und lässt alles Spinnen und Gespinst los. Dann ist das Herz unabhängig und erlöst.

Hans: Das hat wohl Hermann Hesse gemeint, als er sagte: *»Dann reicht dir des Geschehens Flut nicht mehr ans Herz, und deine Seele ruht.«* Aber wie kommt man so weit?

Fritz: Im Prinzip – auch wenn es oft nicht leicht fällt und nicht ohne Kampf abgeht – durch allmähliches Ablösen von den fünf fortrieselnden Zusammenhäufungen durch immer feineres, stilleres, höheres inneres *Wohl*. Um zu verstehen, wie das geht, ist es nötig, das *erlebte* Leiden immer wieder neu als das im Grund stets gleiche Spiel der fünf Zusammenhäufungen zu *durchschauen*. Dann bekommen wir immer mehr genug von dem endlosen Auf und Ab und werden motiviert zur Wandlung des Herzens durch *Übung* in dem Dreischritt: Tugend, Herzenseinigung, Klarwissen – *sīla*, *samādhi*, *paññā*. Das Erleben des normalen, von seinen »inneren Trieb-Werken« getriebenen Menschen ist ein so wuchtiger und rasender und donnernder Wirrwarr, dass die einzelnen Erlebnisse und die dahinter stehenden Eigenschaften, Fähigkeiten und Kräfte des Herzens ohne diese Wandlung unmöglich klar gesehen und beschrieben werden können. Das wäre, wie wenn ein Düsenjägerpilot nebenbei Konzertkritiken schreibt und beauftragt würde ein Streichquartett im Freien zu besprechen, das ausgerechnet zu einer Stunde stattfindet, zu der er Flugdienst hat, und er würde seine journalistische Aufgabe dadurch »lösen«, dass er mit Überschallgeschwindigkeit im Tiefflug über die Musik hinwegdonnert. Aber mit ihrem inneren Konzert verfahren die meisten Menschen so, und es ist ein langer Prozess, dahinter zu kommen und stiller zu werden.

Hans: Und vor dieser grundlegenden Wandlung kann man gar nichts erreichen?

Fritz: Doch, doch Hans: Vieles auf dem Heilsweg beginnt mit *Tugend* und schlichter *Herzensläuterung*. So kann vieles kraftvoll geklärt und gewandelt werden mitten im überwiegend noch wahnhaften Erleben. Dabei wird die *Verständniskraft* in einem im Westen unbekannten Maß gestärkt. Das werden wir bei unseren weiteren Gesprächen noch sehen. Wenn der Mensch so seine Wahnbefangenheit, seine Beeinflussung durch Blindwissen zu entdecken beginnt, dann

51 *dukkhatā* – D 33 (III).

sagt ihm der Erwachte vorwiegend in der *Erlebnissprache*, wo er beim Einüben der nötigen Herzenswandlung ansetzen und wie er dabei vorgehen kann. Wenn dadurch das Herz des Zuhörers zumindest vorübergehend so beruhigt ist, dass geistige Anblicke von höchster, wahnloser Warte gewonnen und der Klarwissens-Sinn (*paññ'indriya*) entfaltet werden kann, dann zeigt der Erwachte in der durchbohrend entlarvenden, alle Gewöhnung übersteigenden *Durchschauungssprache* immer wieder die tiefste, wahnauflösende Sicht auch häuslich lebenden Nachfolgern wie etwa unserem Saccako. Der war nun von seinem Irrtum kuriert, die fünf Zusammenhäufungen seien Eigenschaften, die ein ewiges Selbst – eine ewige Seele – »hat«: Über keine einzige der fünf Zusammenhäufungen kann er wie ein Eigentümer verfügen. Keine kann er nach Wunsch gestalten. Jede geht ihre gesetzmäßige Bahn zum Verfall. Dadurch war bei Saccako im tiefsten Grund eine erste Distanzierung von allen Formen, Gefühlen, Wahrnehmungen, Vorgängen und der programmierten Wohlerfahrungssuche eingeleitet, auch wenn man davon nicht gleich viel merken mochte. Aber eines konnte er nun im Ernst nicht mehr denken: dass die fünf Zusammenhäufungen das »Selbst« seien – das »immer selbe« – das Unvergängliche, Ewige, nach dem sich die Menschen immer wieder sehnen!

RUTH: Fritz, ist denn vielleicht gar das Nirvāna das »Selbst«?

FRITZ: Nein. Das Nirvāna ist unvergänglich, unerschütterlich, ewig – aber gerade deshalb, weil es ungeworden ist, kein »*Etwas*«, das irgendwelche Eigenschaften hat, durch die man es von »Anderem« – unterscheiden könnte, wie es ein »Selbst« voraussetzen würde.

HANS: Dann beruht es wohl auf diesem Missverständnis, dass das Nirvāna für das Selbst gehalten wird, dass es manchmal in Büchern über Buddhismus heißt, Nirvāna und Samsāra seien dasselbe.

FRITZ: Das sind intellektuelle Spitzfindigkeiten später Schulen. Man kann leicht erkennen, dass sie völlig *abwegig* sind: Richtig ist nur, dass das Nirvāna keine Eigenschaften hat, durch die man es von »anderem« – unterscheiden könnte. Aber der Daseinskreislauf – der Daseinsbrand – und all das »brennbare«, also vergängliche Brennmaterial, das diesen Brand ernährt – die fünf Zusammenhäufungen – *haben* Eigenschaften, vor allem die eine, grundlegende Eigenschaft: dass sie *unbeständig* und *Wahngebilde* sind. Das scheidet sie total von der absoluten Freiheit und dem unzerstörbaren Frieden der Erloschenheit des Daseinsbrandes, vom *Nirvāna*. Deshalb kann keine Bezeichnung dieses Ewige, Ungewordene, Nicht Zusammengesetzte, Unvergängliche, Unbeeinflussbare treffen. Nicht einmal – um auf Ruths Frage zurückzukommen – die Bezeichnung »Selbst«. Denn auch sie zielt noch auf Abgrenzung von einem vorgestellten »Nichtselbst«, sonst wäre sie sinnlos. Deshalb gehört sie noch dem Bereich des Unterscheidens an.

HANS: Dann gibt es gar kein Selbst?

FRITZ: So kann man auch nicht sagen. Man kann nur aus der Lehre des Erwachten sehen, dass die *Bezeichnung* »Selbst« auf das *Erlöschen* des Daseinsbrandes – Nirvāna – nicht zutrifft. Lasst uns darüber später nochmals sprechen, wenn wir mehr Grundlagen dafür haben. Über die Zeit bis dahin mag uns ein Vers des Erwachten hinweghelfen, auf den wir uns schon einmal ziemlich zu Anfang unserer Gespräche besonnen haben:

»Den Heimgegangnen fassen keine Maße;
was man auch sagen mag: er ist es nimmer.
Sind alle Eigenschaften überstiegen,
sind überstiegen auch der Sprache Bahnen. *(Sn 1076)*

RUTH: Dazu fällt mir ein Gleichnis ein: Ein Feuer ist ausgegangen. Jemand fragt tagelang jede Stunde, was das Feuer macht und erhält jedes Mal die Antwort: »Es ist ausgegangen.« Könnte er da mit Recht sagen: Seit ich frage, ist das Feuer gleich geblieben: Denn jedes Mal, wenn ich mich nach ihm erkundige, erhalte ich darüber die gleiche Auskunft?«

HANS: Das wäre Unsinn. Es brennt ja gar kein Feuer.

FRITZ: Genau das sagt der Erwachte zwei Strophen vorher:

»Gleichwie ein Feuer durch die Macht des Windes
ausgeht – nicht in Benennbarkeit mehr eingeht –,
geht der Gestillte – vom Wertnamens-Haufen[52]
befreit – zum Ziel aus, ist nicht mehr benennbar.«

Zu dieser Wahrheit findet man nicht immer hin, nur in besonders stillen Augenblicken. Seien wir einstweilen froh, dass das Gespräche des Buddha mit Saccako eine Grundlage für die Einsicht bieten, dass wir uns nicht ohne klares Denken diesem Gipfel der Lehre des Erwachten nähern können – aber nicht mit dem bloßen Denken *allein*:

52 *nāma-kāya* = *nāma* (Gefühl und Wahrnehmung und Absicht und Berührung und gerichtetes Wirken im Geist) + *kāya* (Haufen, Masse, Gruppe).

4. Gespräch

Zweiter Vorblick:
Kein Verstehen ohne Wandlung: Fünf Hemmungen überwinden

Hans: Die ganzen Tage ist mir das Gespräch mit Saccako im Kopf herumgegangen. Seine Situation bei der ersten Begegnung mit der Lehre ähnelt der unseren: An und für sich ist die Lehre dem bloßen Denken allein gar nicht zugänglich. Aber Saccako war ein Intellektueller und hat – ähnlich wie wir – die vorzeitige Konfrontation mit der Lehre durch sein intellektuelles Fragen provoziert. Wie wird es mit ihm weitergegangen sein?

Fritz: Das sagt schon die nächstfolgende Rede. Saccako hat selber gespürt, dass es mit einseitiger Ausbildung des Geistes nicht getan ist. Immerhin hatte er in jenem einen Gespräch, das er sich als ein Streitgespräch vorgestellt hatte, die wirkungsmächtigste aller Betrachtungen, die Betrachtung über die Unbeständigkeit, mit so durchschlagender Intensität anzustellen gelernt, dass sein scharfer Geist begriff, was über zwei Jahrtausende später Angelus Silesius in die Worte fasste:

»Freund, Streiten ist nicht g'nug,
du musst auch überwinden,
wo du willst ew'ge Ruh
und ew'gen Frieden finden.« (*Cherub, VI/75*)

Der *ganze* Mensch muss gewandelt werden – *Transformation*, *nicht nur Information*. Darauf hat Saccako bald danach den Erwachten angesprochen. Dieses zweite Gespräch ist überliefert als

M 36 – DIE GROSSE LEHRREDE AN SACCAKO.

Als der Erhabene gerade vom Großen Wald in der Halle des Giebelhauses nach Vesālī zum Almosengang aufbrechen wollte, sah sein treuer Helfer Ānando, der anscheinend beim ersten Gespräch nicht dabei war, von weitem Saccako kommen. Saccako hatte sich ja durch seinen versuchten Widerstand gegen die zuinnerst erkannte Wahrheit bis nahe an den Wahnsinn gebracht und hatte in dieser äußersten Not zwar im Stillen Zuflucht zum Erwachten genommen, aber noch nicht nach außen erkennbar. Und so sagte Ānando immer noch von ihm, er sei *»Anhänger der Niganṭher, ein geübter Debattenredner, ein wortgewaltiger Theoretiker, der beim Volk hoch angesehen ist. Der hat es darauf angelegt, dem Erwachten, der Lehre und der Nachfolgergemeinde am Zeug zu flicken.«* Deshalb bat Ānando den Erwachten zu warten, bis Saccako herangekommen sei. Der Erwachte entsprach der Bitte. Das Gespräch, das sich nun entspann, macht aber nicht den Eindruck, als habe es Saccako immer noch *»darauf angelegt, dem Erwachten, der Lehre und der Nachfolgergemeinde am Zeug zu flicken«*: Saccako hatte zwar anscheinend die Erschütterung aus seinem missglückten Rededuell ziemlich verdrängt und tat wohl auch nichts gegen den Anschein, immer noch Anhänger der *Niganṭher* zu sein. Aber in der Tiefe arbeitete es in ihm. Denn diesmal ging es ihm nicht um *»eine Art Badevergnügen«* mit dem Erwachten, sondern um ernsthafte Fragen, und nicht vor allem Volk, sondern er kam ganz allein. Zwar trat er selbstbewusst auf, aber ohne Überheblichkeit, und er gab zu erkennen, dass er Vertrauen zum Erwachten gefasst hatte. Er sprach:

»Herr Gotamo, es gibt einige Asketen und brahmisch Lebende, die geben sich ständig der Ausbildung des Körpers hin, nicht der Ausbildung des Herzens. Die werden nun von einem körperlichen Schmerzgefühl getroffen. Wenn einer von körperlichem Schmerzgefühl getroffen ist, dann kann es vorkommen, dass ihn der Schlag trifft, oder er erleidet einen Herzanfall, oder heißes Blut quillt ihm aus dem Mund, oder er wird geistesverwirrt und gemütskrank. Dessen Herz ist vom

Körper abhängig, ist in der Gewalt des Körpers. Und warum? Wegen mangelnder Ausbildung des Herzens.

Andere Asketen und brahmisch Lebende gibt es, Herr Gotamo, die geben sich ständig der Ausbildung des Herzens hin, nicht der Ausbildung des Körpers. Die werden nun im Gemüt von einem Wehgefühl getroffen. Wenn einer im Gemüt von einem Wehgefühl getroffen ist, dann kann es vorkommen, dass ihn der Schlag trifft, oder er erleidet einen Herzanfall, oder heißes Blut quillt ihm aus dem Mund, oder er wird geistesverwirrt und gemütskrank. Dessen Körper ist vom Herzen abhängig, ist in der Gewalt des Herzens Und warum? Wegen mangelnder Ausbildung des Körpers. Ich denke, Herr Gotamo, sicher geben sich die Nachfolger des Herrn Gotamo der Ausbildung des Herzens hin, nicht der Ausbildung des Körpers.«

»Was hast du denn über die Ausbildung des Körpers gehört?« — »Nehmen wir einmal Nando Vaccho, Kiso Sankicco, Makkhali Gosālo, Herr Gotamo: Die gehen nackt, halten sich an keine Umgangsregeln.« Und nun beschreibt Saccako ausführlich eine Fülle harter, zum Teil verzwickter Asketenregeln mit langen Fastenzeiten. Da fragt ihn der Buddha: *»Aber wie denn, leben sie immer so wie während dieser kurzen Zeit?« — »Das nicht, Herr Gotamo. Einige Zeit später genießen sie nach und nach feste und flüssige Speisen, lassen sich nach und nach das Feinste schmecken und trinken die feinsten Getränke. Damit stärken sie nämlich den Körper wieder, päppeln ihn wieder auf, mästen ihn wieder.« — »Was sie also zuerst abgebaut haben, das legen sie nachher wieder zu, so ist ihr Körper dauernd am Ab- und Zunehmen. — Aber was hast du von der Ausbildung des Herzens gehört?« Auf die Frage des Erhabenen nach der Ausbildung des Herzens wusste jedoch Saccako nichts zu sagen. Da sprach der Erhabene zu Saccako: »Was du zuerst ›Ausbildung des Körpers‹ genannt hast, das ist in der Heilswegweisung des Erwachten keine richtige Ausbildung des Körpers. Die Ausbildung des Körpers kennst du gar nicht. Wie könntest du da die Ausbildung des Herzens kennen! Wie man ohne Ausbildung des Körpers und des Herzens ist, und wie man den Körper und das Herz ausgebildet hat, das höre und merke es dir gut; ich will es dir erklären.« — »Gern, Herr«, stimmte Saccako zu. Der Erhabene sprach:*

»Wie hat man Körper und Herz nicht ausgebildet? Da steigt einem unerfahrenen Weltmenschen ein körperliches Wohlgefühl auf (sukhā vedanā). Von dem Wohlgefühl getroffen, verliebt er sich in das Wohlgefühl und identifiziert sich mit der Verliebtheit in das Wohlgefühl.[1] *Dem vergeht dieses Wohlgefühl wieder; wegen des Vergehens des Wohlgefühls steigt ein Wehgefühl auf. Von dem Wehgefühl getroffen, betrübt er sich, ist unglücklich, begehrt auf, lamentiert heftig, identifiziert sich mit der Verstörung.*[2] *Wenn einem solchen ein Wohlgefühl aufgestiegen ist, überwältigt es das Herz, weil der Körper nicht ausgebildet ist; ist ihm aber ein Wehgefühl aufgestiegen, überwältigt es das Herz, weil das Herz nicht ausgebildet ist. Bei wem so von beiden Seiten das Herz überwältigt wird: beim Aufsteigen eines Wohlgefühls wegen mangelnder Ausbildung des Körpers, beim Aufsteigen eines Wehgefühls wegen mangelnder Ausbildung des Herzens – bei dem ist der Körper nicht ausgebildet und ist das Herz nicht ausgebildet.*

Wie aber hat man Körper und *Herz ausgebildet? Da steigt einem erfahrenen Heilsgänger ein Wohlgefühl auf. Von dem Wohlgefühl getroffen, verliebt er sich nicht in das Wohlgefühl und identifiziert sich nicht mit der Verliebtheit in das Wohlgefühl. Dem vergeht dieses Wohlgefühl wieder; wegen des Vergehens des Wohlgefühls steigt ein Wehgefühl auf. Von dem Wehgefühl getroffen, betrübt er sich nicht, ist nicht unglücklich, begehrt nicht auf, lamentiert nicht heftig, identifiziert sich nicht mit der Verstörung. Wenn einem solchen ein Wohlgefühl aufgestiegen ist, überwältigt es nicht das Herz, weil der Körper ausgebildet ist; ist ihm aber ein Wehgefühl*

1 *sukha-sārāgī sukha-sārāgitam āpajjati* = »wohlgefühlgereizt, gerät er in Wohlgefühlgereiztheit hinein« (geht auf in Wohlgefühlgereiztheit).

2 *sammoham āpajjati* = »geht in der Verstörung auf, gerät in Verwirrung«.

aufgestiegen, überwältigt es das Herz nicht, weil das Herz ausgebildet ist. Bei wem so von beiden Seiten das Herz unüberwältigt bleibt: beim Aufsteigen eines Wohlgefühls wegen der Ausbildung des Körpers, beim Aufsteigen eines Wehgefühls wegen der Ausbildung des Herzens – bei dem sind Körper und Herz ausgebildet.«

»Das traue ich dir schon zu, Herr Gotamo, dass der Herr Gotamo Körper und Herz ausgebildet hat.« — »Gewiss hast du das gesagt, um auf den Busch zu klopfen. Aber ich will dir antworten: Seit ich mir Haar und Bart geschoren habe und aus dem Haus in die Hauslosigkeit gezogen bin, gibt es das nicht, dass bei mir ein aufgestiegenes Wohlgefühl oder Wehgefühl das Herz überwältigt.«

»Vielleicht ist dem Herrn Gotamo gar kein Wohlgefühl und Wehgefühl aufgestiegen, dessen Aufsteigen so überwältigend für das Herz gewesen wäre?« — »Wie hätte es ohne das abgehen können: Da war mir einst, vor der Erwachung, als ich noch kein Erwachter war, sondern noch der Erwachung entgegenging, die Erkenntnis gekommen: ›Ein Gedränge ist das Hausleben, ein Waten im Schmutz; die freie Luft ist die Pilgerschaft! Das geht nicht gut: im Haus wohnen und den vollkommenen, einzig reinen, wie eine Perle strahlenden brahmischen Wandel führen. Wie, wenn ich mir Haar und Bart schnitte, die gelben Gewänder anlegte und aus dem Haus fort in die Hauslosigkeit zöge.‹ Und so habe ich eines Tages, jung, mit glänzendem schwarzem Haar, in der Blüte der Jugend, im ersten Mannesalter, unerwünscht für meine Eltern, die darüber weinten und klagten, Haar und Bart abgeschnitten, gelbe Gewänder angelegt und bin aus dem Haus fort in die Hauslosigkeit gezogen.

Nun war ich Pilger. Auf der Suche, was zum Heil taugt, und im Streben nach dem höchsten Frieden kam ich zu Āḷāro Kālāmo und sprach zu ihm: ›Freund Kālāmo, ich will nach deiner Heilsanleitung das brahmische Leben führen.‹ Da sprach Āḷāro Kālāmo zu mir: ›Bleib, Freund. Diese Lehre ist so, dass einem verständigen Mann nach nicht langer eigener Nachfolge selber die weltüberlegene Schau aufgeht und er selber erfährt.‹ Nach kurzer Zeit kam ich blitzartig zum Verständnis dieser Lehre. Soweit es mit den Lippen zu meistern war, soweit die Sprache reicht, sprach ich über das Wissen und über die Lehre des Lehrers – ich selber und auch andere – und erkannte: ›Das habe ich verstanden; das sehe ich ein.‹ Da kam mir der Gedanke: ›Āḷāro Kālāmo legt diese Lehre nicht allein aus bloßem Vertrauen, sondern in dem Wissen dar, in weltüberlegener Schau habe er sie sich offenbar gemacht und verweile in ihrem Erfahrungsbesitz. Sicher kennt und sieht Āḷāro Kālāmo diese Wahrheit.‹ Da ging ich zu Āḷāro Kālāmo, und sprach zu ihm: ›Freund Kālāmo: Inwiefern verkündest du uns die Lehre als eine, die du dir in eigener weltüberlegener Schau selber offenbar gemacht hast?‹ Auf diese Frage gab Āḷāro Kālāmo eine Darstellung über das Erlebnisspannungsfeld ›Nicht-Etwas‹. Da dachte ich: ›Hat nicht wahrlich Āḷāro Kālāmo Heilsvertrauen! Ich aber habe auch Heilsvertrauen. Hat nicht wahrlich Āḷāro Kālāmo Energie, Wahrheitsgegenwart, Einigung, Klarwissen! Aber ich habe auch Energie, Wahrheitsgegenwart, Einigung, Klarwissen, diese Lehre, die Āḷāro Kālāmo darlegt als eine, die er sich in weltüberlegener Schau als Erfahrungsbesitz selber offenbar gemacht hat, mir selbst offenbar zu machen.‹ Nicht lange danach hatte ich mir blitzartig diese Lehre in weltüberlegener Schau offenbar gemacht und verweilte in ihrem Erfahrungsbesitz.

Da ging ich zu Āḷāro Kālāmo und sprach zu ihm: ›Freund Kālāmo, legst du uns die Lehre so weit dar, wie du sie dir selber in weltüberlegener Schau offenbar gemacht hast und in ihrem Erfahrungsbesitz verweilst?‹ — ›So weit, wie ich sie mir in überweltlicher Schau selber offenbar gemacht habe und in ihrem Erfahrungsbesitz verweile, Freund, lege ich die Lehre dar.‹ — ›Auch ich, Freund Kālāmo, habe mir diese Lehre so weit in weltüberlegener Schau selber offenbar gemacht und verweile in ihren Erfahrungsbesitz.‹ — ›Nun haben wir es erreicht, gut haben wir es getroffen, dass wir einen solchen Mitasketen erleben. So weit, wie ich mir die Lehre in weltüberlegener Schau selber offenbar gemacht habe und in ihrem Erfahrungsbesitz verweile, Freund, so weit hast auch du dir die Lehre in weltüberlegener Schau selber offenbar gemacht und verweilst in ihrem Erfahrungsbesitz; so weit, wie du dir die Lehre in weltüberlegener Schau selber offenbar gemacht hast und in ihrem Erfahrungsbesitz verweilst, so weit habe auch ich mir die Lehre in weltüberlegener Schau selber offenbar gemacht und verweile in ihrem Erfahrungsbesitz. So wie ich die Lehre kenne, kennst du die Lehre; so wie du die Lehre kennst, so kenne ich die Lehre. Du bist wie ich, ich bin wie du. Komm, Freund, wir wollen uns beide gemeinsam dieser Schar annehmen.‹ So stellte mich Āḷāro Kālāmo, obwohl er doch mein Lehrer war und ich sein Schüler, sich selber gleich und zeichnete mich mit großer Hochachtung aus. Ich sagte mir: ›Diese Lehre führt nicht zur Abkehr, nicht zur Befreiung vom Reiz, nicht zur Auflösung, nicht zur Stillung, nicht zu universalem Bewusstsein, nicht zum Erwachen, nicht zur Löschung des Daseinsbrandes, sondern gerade eben zum Aufsteigen des Feldes Nicht-Etwas.‹ Ich erkannte diese Lehre als nicht ausreichend; deshalb konnte ich an dieser Lehre nichts finden und ging.

Auf der Suche, was zum Heil taugt, und im Streben nach dem höchsten Frieden kam ich zu Uddako, Rāmos Sohn[3]*, und sprach zu ihm: ›Freund, ich will nach deiner Heilsanleitung das brahmische Leben führen.‹ Da sprach Uddako, Rāmos Sohn zu mir: ›Bleib, Freund. Diese Lehre ist so, dass einem verständigen Mann nach nicht langer eigener Nachfolge selber die weltüberlegene Schau aufgeht und er selber erfährt.‹ Nach kurzer Zeit kam ich blitzartig zum Verständnis dieser Lehre. Soweit es mit den Lippen zu meistern war, soweit die Sprache reicht, sprach ich über Wissen und Lehre des Lehrers – ich selber und auch andere – und erkannte: Das habe ich verstanden; das sehe ich ein. Da kam mir der Gedanke: ›Rāmo* (Uddakos verstorbener Vater) *hat diese Lehre nicht ganz und gar aus bloßem Vertrauen, sondern in dem Wissen dargelegt, 'in weltüberlegener Schau habe ich sie mir offenbar gemacht und verweile in ihrem Erfahrungsbesitz.' Sicher hat Rāmo diese Wahrheit gekannt und gesehen.‹ Da ging ich zu Uddako, Rāmos Sohn, und sprach zu ihm: ›Freund, inwiefern verkündest du uns die Wahrheit als eine, die sich Rāmo in eigener weltüberlegener Schau selber offenbar gemacht hat?‹ Auf diese Frage gab Uddako, Rāmos Sohn eine Darstellung über das Erlebnisspannungsfeld ›Weder eigentliche Wahrnehmung noch keine Wahrnehmung‹. Da dachte ich: ›Hat nicht wahrlich Rāmo Heilsvertrauen gehabt! Aber auch ich habe Heilsvertrauen. Hat nicht wahrlich Rāmo Energie, Wahrheitsgegenwart, Einigung, Klarwissen gehabt! Aber auch ich habe Energie, Wahrheitsgegenwart, Einigung, Klarwissen. Da könnte ich doch darum kämpfen, diese Lehre, die Rāmo darlegt hatte in dem Wissen: 'ich habe sie mir in überweltlicher Schau selber offenbar gemacht und verweile in ihrem Erfahrungsbesitz', mir selber offenbar zu machen?‹ Nicht lange danach hatte ich mir blitzartig diese Lehre in weltüberlegener Schau offenbar gemacht und verweilte in ihrem Erfahrungsbesitz. Da ging ich zu Uddako, Rāmos Sohn und sprach zu ihm: ›Freund, hast du uns wirklich diese Wahrheit so weit dargelegt, wie sie sich Rāmo selber in überweltlicher Schau offenbar gemacht hat? Auch ich, Freund Rāmo, habe mir diese Lehre so weit in weltüberlegener Schau selber offenbar gemacht und verweile in ihrem Erfahrungsbesitz.‹ — ›Nun haben wir es erreicht, gut haben wir es getroffen, dass wir einen solchen Mitasketen erleben. So weit, wie sich Rāmo die Lehre in weltüberlegener Schau selber offenbar gemacht hat und in ihrem Erfahrungsbesitz verweilte, Freund, so weit hast auch du dir die Lehre in weltüberlegener Schau selber offenbar gemacht und verweilst in ihrem Erfahrungsbesitz. So wie Rāmo die Lehre gekannt hat, so kennst du die Lehre; so wie du die Lehre kennst, so hat Rāmo die Lehre gekannt. Wie Rāmo war, so bist du; wie du bist, so war Rāmo. Komm, Freund, nimm du dich dieser Schar an.‹ So setzte Uddako Rāmaputto, obwohl er doch mein Ordensbruder war, mich an die Stelle des Meisters und zeichnete mich mit großer Ehrerbietung aus. Ich sagte mir: ›Diese Lehre führt nicht zur Abkehr, nicht zur Befreiung vom Reiz, nicht zur Auflösung, nicht zur Stillung, nicht zu universalem Bewusstsein, nicht zum Erwachen, nicht zur Löschung des Daseinsbrandes, sondern gerade eben zum Aufsteigen des Feldes 'Weder eigentliche Wahrnehmung noch keine*

3 *Uddako Rāmaputto.*

Wahrnehmung'.‹ Ich erkannte diese Lehre als nicht ausreichend; deshalb konnte ich an dieser Lehre nichts finden und ging.

Auf der Suche, was zum Heil taugt, und im Streben nach dem höchsten Frieden wanderte ich von Ort zu Ort durch das Land Magadhā und weilte bei dem Garnisonsstädtchen Uruvela. Dort sah ich einen reizenden Fleck Erde, einen heiteren Hain, einen strömenden Fluss, klar, mit lieblichen Ufern, und ringsum Gelegenheiten zum Almosengang.[4] Da sagte ich mir: ›Welch reizender Fleck Erde. Heiter ist der Hain, der Fluss strömt klar zwischen lieblichen Ufern, und ringsum ist Gelegenheit zum Almosengang: für einen edlen Sohn, der vorankommen will, gerade recht zum Vorwärtskommen.‹ So blieb ich dort, um den inneren Kampf zu kämpfen.

Da kamen mir drei Gleichnisse in den Sinn, ganz natürliche, noch nie gehörte: Es ist, wie wenn da ein nasses Holzscheit, leimig von Feuchtigkeit, im Wasser liegt; da kommt ein Mann mit einem Reibholz und denkt: ›Ich will Feuer machen, Glut erzeugen.‹ Was meinst du: Wenn dieser Mann das nasse, von Feuchtigkeit leimige Holzscheit aus dem Wasser nimmt und reibt – könnte der Feuer machen, Glut erzeugen?« — »Nein, Herr Gotamo, und warum nicht: Das Holzscheit ist ja nass, leimig von Feuchtigkeit, und es hat im Wasser gelegen; da hätte der Mann nur Erschöpfung und Plage.« — »Genauso ist es mit Asketen und brahmisch Lebenden, die im Körper weilen, ohne die Sinnensucht zur Ruhe gebracht zu haben: Wenn das, was bei ihnen bei den Sinnendingen an Sinnenlustwollen ist, Sich-Vollsaugen mit Sinnlichem, Sich-Versteifen auf Sinnliches, Lechzen nach Sinnlichem, Sinnenfieber – wenn das innen nicht richtig ausgetilgt, nicht richtig zur Ruhe gebracht ist –, ob da diese Asketen und brahmisch Lebenden krampfhaft scharfe, stechende körperliche Schmerzen empfinden oder nicht: unfähig sind sie zum Wahrwissen, zum Sehen, zur unvergleichlichen Erwachung. Dieses erste Gleichnis stieg mir auf, ganz natürlich, aber noch nie gehört.

Dann kam mir ein zweites Gleichnis in den Sinn, einst ganz natürlich, aber noch nie gehört: Es ist, wie wenn da ein nasses Holzscheit, leimig von Feuchtigkeit, aus dem Wasser herausgenommen und auf trockenen Grund gelegt wird; da kommt ein Mann mit einem Reibholz und denkt: ›Ich will Feuer machen; Glut erzeugen.‹ Was meinst du: Wenn dieser Mann mit dem Reibholz das nasse, von Feuchtigkeit leimige Holzscheit, das aus dem Wasser genommen und auf trockenen Grund gelegt worden ist, nimmt und reibt – könnte der Feuer machen, Glut erzeugen?« — »Nein, Herr Gotamo, und warum nicht: Das Holzscheit ist ja nass, leimig von Feuchtigkeit, wenn es auch aus dem Wasser genommen und auf trockenen Grund gelegt worden ist; da hätte der Mann nur Erschöpfung und Plackerei.« — »Genauso ist es mit den Asketen und brahmisch Lebenden, die im Körper weilen, ohne die Sinnensucht zur Ruhe gebracht zu haben: Wenn das, was bei ihnen bei den Sinnendingen an Sinnenlustwollen ist, Sich-Vollsaugen mit Sinnlichem, Sich-Versteifen auf Sinnliches, Lechzen nach Sinnlichem, Sinnenfieber – wenn das innen nicht richtig ausgetilgt, nicht richtig zur Ruhe gebracht ist – ob da diese lieben Asketen und brahmisch Lebenden krampfhaft scharfe, stechende körperliche Schmerzen empfinden oder nicht: unfähig sind sie zum Wahrwissen, zum Sehen, zur unvergleichlichen Erwachung. Dieses zweite Gleichnis stieg mir auf, einst ganz natürlich, aber noch nie gehört.

Dann kam mir ein drittes Gleichnis in den Sinn, Aggivessano, einst ganz natürlich, aber noch nie gehört: Es ist, wie wenn da ein trockenes, dürres Holzscheit fern vom Wasser auf trockenen Grund gelegt wird; da kommt ein Mann mit einem Reibholz und denkt: ›Ich will Feuer machen, Glut erzeugen.‹ Was meinst du: Wenn dieser Mann mit dem Reibholz das trockene, dürre Holzscheit, fern vom Wasser auf trockenem Grund, nimmt und reibt – könnte der Feuer machen, Glut erzeugen?« — »Freilich, Herr Gotamo, und warum: Das Holzscheit ist ja trocken, dürr und

4 *samanta* (= »vollkommen«) *ca* (»und«) *gocara-gāmo* (wörtlich: »Gang zur Weide«; also »Ernährungsgang«. (Von »zum Baden geeignet«, wie KEN übersetzt, steht im Pāli nichts).

liegt fern vom Wasser auf trockenem Grund.« — »Genauso ist es mit den Asketen und brahmisch Lebenden, die im Körper weilen und die Sinnensucht dauerhaft zur Ruhe gebracht haben: wenn das, was bei ihnen bei den Sinnendingen an Sinnenlustwollen war, Sich-Vollsaugen mit Sinnlichem, Sich-Versteifen auf Sinnliches, Lechzen nach Sinnlichem, Sinnenfieber – wenn das innen richtig ausgetilgt, richtig zur Ruhe gebracht ist –, selbst wenn da diese lieben Asketen und brahmisch Lebenden krampfhaft scharfe, stechende körperliche Schmerzen empfinden: fähig sind sie zum Wahrwissen, zum Sehen, zur unvergleichlichen Erwachung; und auch wenn diese lieben Asketen und brahmisch Lebenden nicht krampfhaft scharfe, stechende körperliche Schmerzen empfinden: fähig sind sie zum Wahrwissen, zum Sehen, zur unvergleichlichen Erwachung. Dieses dritte Gleichnis stieg mir auf, einst ganz natürlich, aber noch nie gehört.

Da dachte ich: ›Wie, wenn ich mit zusammengebissenen Zähnen und an den Gaumen gepresster Zunge mit dem Gemüt das Herz zwingen, niederringen, ausdörren würde!‹ Und so habe ich mit zusammengebissenen Zähnen und an den Gaumen gepresster Zunge mit dem Gemüt das Herz bezwungen, niedergerungen, ausgedörrt. Und während ich da mit zusammengebissenen Zähnen und an den Gaumen gepresster Zunge mit dem Gemüt das Herz zurückhielt, rann mir nur so der Schweiß aus den Achselhöhlen. Wie ein starker Mann einen schwächeren Mann am Kopf packt, an den Schultern packt und ihn niederzwingt, niederringt, niederquält, ebenso habe ich mit zusammengebissenen Zähnen und an den Gaumen gepresster Zunge mit dem Gemüt das Herz bezwungen, niedergerungen, ausgedörrt, dass mir der Schweiß aus den Achselhöhlen rann. Aber die Energie war bei mir unbeugsam, ohne Nachlassen; fest stand die Wahrheitsgegenwart, unbeirrt; mein Körper dagegen war in heftiger Erregung, überhaupt nicht beruhigt, als ich so mit Gewalt den Schmerzenskampf kämpfte. Selbst ein solches Schmerzempfinden, wie es mir da aufstieg, war nicht imstande, das Herz zu überwältigen.

In dieser Verfassung dachte ich mir: ›Wie, wenn ich nun in die atemfreie Entrückung (appāṇaka jhāna) einginge?‹ Und so hielt ich bei Mund und Nase die Ein- und Ausatmung an. Weil ich bei Mund und Nase die Ein- und Ausatmung anhielt, erhob sich von den die Ohren durchziehenden Luftströmungen ein mächtiges Geräusch. Wie die Blasebälge eines Schmiedes ein mächtiges Geräusch machen, wenn sie in Gang gesetzt werden, so erhob sich von den die Ohren durchziehenden Luftströmen ein starkes Geräusch, als ich bei Mund und Nase die Ein- und Ausatmung anhielt. Die Energie war bei mir unbeugsam, ohne Nachlassen; fest stand die Wahrheitsgegenwart, unbeirrt; mein Körper dagegen war in heftiger Erregung, überhaupt nicht beruhigt, als ich so mit Gewalt den Schmerzenskampf kämpfte. Selbst ein solches Schmerzempfinden, wie es mir da aufstieg, war nicht imstande, das Herz zu überwältigen.

In dieser Verfassung sagte ich mir: ›Ich will aber doch in die atemfreie Entrückung eingehen!‹ Und so hielt ich bei Mund und Nase die Ein- und Ausatmung an. Da stiegen starke Luftströme zum Schädel auf. Wie wenn ein starker Mann mit einer scharfen Schwertspitze über den Schädel kratzt, so stiegen starke Luftströme zum Schädel auf, als ich bei Mund und Nase die Ein- und Ausatmung anhielt. Selbst ein solches Schmerzempfinden, wie es mir da aufstieg, war nicht imstande, das Herz zu überwältigen.

Ich sagte mir: ›Ich will aber doch in die atemfreie Entrückung eingehen!‹ Und so hielt ich bei Mund und Nase die Ein- und Ausatmung an. Da entstanden ungeheure Kopfschmerzen. Wie wenn ein starker Mann mit einem Stück Lederriemen den Kopf turbanartig einschnüren würde, so entstanden ungeheure Kopfschmerzen. Selbst ein solches Schmerzempfinden, wie es mir da aufstieg, war nicht imstande, das Herz zu überwältigen.

Und wieder sagte ich mir: ›Ich will aber doch in die atemfreie Entrückung eingehen!‹ Und so hielt ich bei Mund und Nase die Ein- und Ausatmung an. Wie wenn ein geschickter Rinderschlächter oder Rinderschlächtergeselle mit einem scharfen Schlachtmesser den Bauch aufschneidet, so zogen starke Blähungen schneidend durch den Bauch, als ich bei Mund und Nase die Ein- und Ausatmung anhielt. Aber selbst ein solches Schmerzempfinden, wie es mir da aufstieg, war nicht imstande, das Herz zu überwältigen.

Und weiter sagte ich mir: ›Ich will aber doch in die atemfreie Entrückung eingehen!‹ Und so hielt ich bei Mund und Nase die Ein- und Ausatmung an. Weil ich bei Mund und Nase die Ein- und Ausatmung anhielt, war ein ungeheures Brennen im Körper. Wie wenn zwei starke Männer einen schwächeren Mann von beiden Seiten an den Armen packen und an einer glühenden Kohlengrube rösten und foltern, so war ein ungeheures Brennen im Körper, als ich bei Mund und Nase die Ein- und Ausatmung anhielt. Aber die Energie war bei mir unbeugsam, ohne Nachlassen; fest stand die Wahrheitsgegenwart, unbeirrt; mein Körper dagegen war in heftiger Erregung, überhaupt nicht beruhigt, als ich so mit Gewalt den Schmerzenskampf kämpfte. Selbst ein solches Schmerzempfinden, wie es mir da aufstieg, war nicht imstande, das Herz zu überwältigen. Da haben mich übermenschliche Geister gesehen und gedacht: ›Der Asket Gotamo ist gestorben.‹ Einige übermenschliche Geister dachten: ›Der Asket Gotamo ist nicht gestorben, aber er stirbt.‹ Andere übermenschliche Geister dachten: ›Der Asket Gotamo ist nicht gestorben und stirbt nicht. Ein Heiliger ist der Asket Gotamo. So ist die Lebensweise der Heiligen.‹

Da dachte ich: ›Wie, wenn ich auch noch jegliche Nahrungszufuhr einstellen würde?‹ Nun erschienen mir übermenschliche Geister und sprachen: ›Herr, stelle nicht auch noch jegliche Nahrungszufuhr ein. Wenn du auch noch jegliche Nahrungszufuhr einstellst, werden wir dir durch die Poren himmlische Nahrung einflößen, von der du dich am Leben erhältst.‹ Da sagte ich mir: ›Wenn ich weiter vollkommen faste, dann werden mir diese übermenschlichen Geister durch die Poren himmlische Nahrung einflößen, von der ich mich am Leben erhalte; dann wäre das ja unehrlich von mir.‹ Ich wies jene übermenschlichen Geister ab und sagte: ›Lasst es gut sein.‹

Nun überlegte ich: ›Ob ich Nahrung nur in ganz kleinen Portionen, handvollweise, einnehme, Bohnenbrühe oder Wickenbrühe oder eine Brühe aus dicken Bohnen oder kleinen Erbsen?‹ Und ich nahm in ganz kleinen Portionen, handvollweise, Nahrung ein. Da magerte mein Körper außerordentlich ab. Wie die Körperknoten eines Insekts oder eines Wesens der Finsternis wurden meine Gelenke durch die Unterernährung. Wie ein Kamelhuf wurde mein Gesäß. Wie eine Kugelkette standen die Rückenwirbel hervor. Wie die morschen Dachsparren eines verfallenden Hauses waren meine Rippen durch die Unterernährung. Wie aus einem tiefen Brunnen das Glitzern des Wasserspiegels nur aus ferner Tiefe heraufdringt, so drang der Schimmer meiner Augen nur wie aus weiter Ferne aus der Tiefe meiner Augenhöhlen. Wie ein roh aufgeschnittener Bitterkürbis von Wind und Hitze schrumpft und schrumpelt, so eingeschrumpft und verschrumpelt war meine Kopfhaut durch die Unterernährung. So stand es mit mir: Wenn ich mir an die Bauchdecke greifen wollte, griff ich zum Rückgrat durch, und wenn ich ans Rückgrat fassen wollte, griff ich zur Bauchdecke durch – eben durch die Unterernährung. So nahe waren Bauchdecke und Rückgrat einander durch die Unterernährung gekommen. So stand es mit mir: Wenn ich Kot und Urin ausscheiden wollte, fiel ich vornüber – durch die Unterernährung. Um den Körper zu stärken, massierte ich die Glieder mit der Hand. Da fielen mir beim Massieren die wurzelfaulen Körperhaare aus vor Unterernährung. Wenn mich Menschen sahen, dann sagten sie: ›Der Asket Gotamo ist schwarz.‹ Andere Menschen sagten: ›Schwarz ist der Asket Gotamo nicht, er ist braun.‹ Wieder andere Menschen sagten: ›Der Asket Gotamo ist nicht schwarz und nicht braun. Gelbbraun ist der Asket Gotamo.‹ So sehr war mir die reine, goldene Hautfarbe durch die Unterernährung abhanden gekommen.

Da sagte ich mir: Was da in vergangenen Zeiten Asketen und brahmisch Lebende krampfartige scharfe, stechende körperliche Schmerzen empfunden haben – was da in künftigen Zeiten Asketen und brahmisch Lebende krampfartige scharfe, stechende körperliche Schmerzen empfinden werden – was da in der Gegenwart Asketen und brahmisch Lebende krampfartige scharfe, stechende körperliche Schmerzen empfinden: Das hier ist das Äußerste; weiter geht es nicht mehr. Aber auf diesem harten Schmerzensweg komme ich nicht über das Menschentum hinaus zu dem für das Echte erforderlichen Ziel der Wissensklarheit. Es muss wahrhaftig einen anderen Weg zum Erwachen geben!‹ Da fiel mir ein: ›Ich kann mich doch erinnern, als mein königlicher Vater auf dem Feld zu tun hatte, da saß ich unter einem Rosenapfelbaum. Da verweilte ich, abgelöst von Sinnendingen, abgelöst von heillosen Gedanken und Gesinnungen, in stillem Denken und Sinnen in weltabgelöster jubelnder Seligkeit, im ersten Grad der weltlosen Entrückung.‹ Vielleicht ist das der Weg zur Erwachung. Als so mein Wohlerfahrungssuchlauf der Erinnerung nachging (sat-anusāri[5] *viññānam), war mir klar: ›Das ist der Weg zur Erwachung.‹ Mir ging auf: ›Was schrecke ich vor einem Wohl zurück, das abgelöst ist vom Begehren, abgelöst von heillosen Gedanken und Gesinnungen!‹ Mir ging auf: ›Ich brauche doch wahrhaftig nicht zurückzuschrecken vor einem Wohl, das abgelöst ist vom Begehren, abgelöst von heillosen Gedanken und Gesinnungen.‹ Da sagte ich mir: ›Ich kann nicht gut mit diesem abgemagerten Körper zu jenem Wohl kommen. Sollte ich nicht feste Nahrung – gekochten Reis mit Sauermilch – zu mir nehmen?‹ Da nahm ich als feste Nahrung gekochten Reis mit Sauermilch zu mir. Damals waren fünf Mönche meine Gefährten in dem Gedanken: ›Wenn der Asket Gotamo die Wahrheit gefunden hat, dann wird er sie uns verkünden.‹ Als ich feste Nahrung zu mir nahm, da fielen die fünf Mönche von mir ab, weil sie meinten: ›Ein Genießer ist der Asket Gotamo; er ist von der Askese abgefallen und der Völlerei verfallen.‹*

Nachdem ich feste Nahrung zu mir genommen hatte und zu Kräften gekommen war, verweilte ich abgelöst von sinnlichem Begehren, abgelöst von heillosen Gedanken und Gesinnungen, in stillem Denken und Sinnen in weltabgelöster jubelnder Seligkeit, im ersten Grad der weltlosen Entrückung. Selbst das Wohlgefühl, das mir dabei aufstieg, gewann nicht Gewalt über das Herz. Nach Verebben auch des Denkens und Sinnens verweilte ich in innerer Gelöstheit, in der Einigung des Gemüts, in der von Sinnen und Denken freien, in der Einigung geborenen jubelnden Seligkeit, in der zweiten Entrückung. Selbst das Wohlgefühl, das mir dabei aufstieg, überwältigte nicht das Herz. Nachdem die Seligkeit vom Reiz des Besonderen frei geworden war, verweilte ich in erhabenem Frieden, klarbewusst erfuhr ich ein solches den ganzen Körper durchdringendes Wohl, von dem die Heilsgänger sagen: ›Dem in erhabenem Frieden Lebenden ist wohl‹, in der dritten Entrückung. Selbst das Wohlgefühl, das mir dabei aufstieg, überwältigte nicht das Herz. Nachdem ich über Wohl und Weh hinausgestiegen war, alle frühere geistige Freudigkeit und Traurigkeit gestillt hatte, verweilte ich in der von allem Wohl und Weh befreiten vollkommenen Reine gewärtigen erhabenen Gleichmuts, in der vierten Entrückung. Selbst das Wohlgefühl, das mir dabei aufstieg, überwältigte nicht das Herz.

Als mein Herz solcherart geeint, geläutert, gereinigt war, fleckenlos, den Trübungen entwachsen, sanft, fügsam, zum stillen Stand gekommen, ohne Eigenwillen, da richtete ich das Herz auf das Erinnerungswissen früherer Daseinsstätten: Ich erinnerte mich an manche verschiedene früheren Daseinsstätten, erst an eine Geburt, dann an zwei, drei, vier, fünf, zehn, zwanzig, dreißig, vierzig, fünfzig Geburten, dann an hundert Geburten, dann an tausend Geburten, dann an hunderttausend Geburten, dann an mehrere Welteinswerdungsperioden, dann an mehrere Weltausbreitungsperioden, dann an mehrere Zyklen der Welteinswerdung und -wiederausbreitung. In jener Daseinsart war ich, so war meine Bezeichnung, zu jener Gattung gehörte ich, hatte solche Gestalt, ernährte mich so, erlebte solches Wohl und Weh; so ging die Lebenskraft zu Ende; von da abgeschieden erschien ich dort wieder, war in jener Daseinsart, so war meine Bezeichnung, zu jener Gattung gehörte ich, hatte solche Gestalt, ernährte mich so, erlebte solches Wohl und Weh; so ging meine Lebenskraft zu Ende; was ›dort‹ abgeschieden war, das ist nun ›hier‹ wieder erschienen; so erinnerte ich mich an manche verschiedene Daseinsstätten mit allen Besonderheiten, mit allen Einzelheiten.

5 Nicht zu verwechseln mit dem *saddh'anusāri*, dem aus Vertrauen Nachfolgenden.

Dieses erste Wissen war mir in der Nacht während der ersten Nachtwache aufgegangen, Wahn geschwunden, Wissen aufgestiegen, Finsternis geschwunden, Licht aufgegangen, als ich da unermüdlich, innig, entschlossen weilte. Selbst das Wohlgefühl, das mir dabei aufstieg, überwältigte nicht das Herz.

Als mein Herz solcherart geeint, geläutert, gereinigt war, fleckenlos, den Trübungen entwachsen, sanft, fügsam, zum stillen Stand gekommen, ohne Eigenwillen, da richtete ich das Herz auf das Wegschwinden und Wiedererscheinen der Wesen. Da sah ich mit dem himmlischen Auge, dem geläuterten, über menschliche Grenzen hinausreichenden, die Wesen wegschwinden und wieder erscheinen, gemeine und edle, schöne und unschöne, dem Glück und dem Unglück entgegengehende: ich sah, wie die Wesen je nach dem Wirken wieder erscheinen: ›Diese lieben Wesen sind in einen schlechten Wandel mit dem Leib, mit der Sprache, mit dem Geist hineingewachsen, sind schlecht zu sprechen auf Heilsgänger, in falscher Ansicht befangen, schaffen sich das Karma von falsch Sehenden; sie erscheinen nach dem Absterben des Körpers, jenseits des Todes, auf dem Abweg wieder, auf schlechter Bahn, auf dem Schmerzensweg, in einer Hölle; jene lieben Wesen dagegen sind in einen guten Wandel mit dem Leib, mit der Sprache, mit dem Geist hineingewachsen, sie sind nicht schlecht zu sprechen auf Heilsgänger; durchdrungen von richtiger Ansicht, schaffen sie sich das Karma der von richtiger Ansicht Durchdrungenen; sie erscheinen nach dem Absterben des Körpers, jenseits des Todes auf guter Bahn wieder, in seliger Welt.‹ So sah ich mit dem himmlischen Auge, dem geläuterten, über menschliche Grenzen hinausreichenden, die Wesen wegschwinden und wieder erscheinen, gemeine und edle, schöne und unschöne, dem Glück und dem Unglück entgegengehende: ich sah, wie die Wesen je nach dem Wirken wieder erscheinen. Dieses zweite Wissen war mir in der Nacht während der zweiten Nachtwache aufgegangen, Wahn geschwunden, Wissen aufgestiegen, Finsternis geschwunden, Licht aufgegangen, als ich da unermüdlich, innig, entschlossen weilte. Das Wohlgefühl, das mir dabei aufstieg, überwältigte nicht das Herz.

Als mein Herz solcherart geeint, geläutert, gereinigt war, fleckenlos, den Trübungen entwachsen, sanft, fügsam, zum stillen Stand gekommen, ohne Eigenwillen, da richtete ich das Herz auf das Wissen vom Versiegen aller Beeinflussungen (āsavā). Da erkannte ich in universalem Bewusstsein: ›Das ist das Leiden‹; erkannte in universalem Bewusstsein: ›Das ist die Leidensfortentwicklung‹; erkannte in universalem Bewusstsein: ›Das ist die Leidensauflösung‹; erkannte in universalem Bewusstsein: ›Das ist die zur Leidensauflösung führende Vorgehensweise‹. Ich erkannte in universalem Bewusstsein: ›Das sind die Beeinflussungen‹; erkannte in universalem Bewusstsein: ›Das ist die Fortentwicklung der Beeinflussungen‹; erkannte in universalem Bewusstsein: ›Das ist die Auflösung der Beeinflussungen‹; erkannte in universalem Bewusstsein: ›Das ist die zur Auflösung der Beeinflussungen führende Vorgehensweise‹. Indem ich so erkannte und sah, wurde das Herz erlöst von allen Beeinflussungen durch Wünschen (kām'-āsavā), erlöst von allen Beeinflussungen durch Werden, (bhav'-āsavā), erlöst von allen Beeinflussungen durch Wahn (avijj'āsavā). Als es erlöst war, da war das Wissen: ›Es ist erlöst. Zu Ende ist das Geborenwerden, vollendet das brahmische Leben, gelöst die Aufgabe; nicht mehr ist diese Welt‹, – das wusste ich nun aus universaler Erfahrung. Dieses dritte Wissen war mir in der Nacht während der dritten Nachtwache aufgegangen, Wahn geschwunden, Wissen aufgestiegen, Finsternis geschwunden, Licht aufgegangen, als ich da unermüdlich, innig, entschlossen weilte. Selbst das Wohlgefühl (sukhā vedanā), das mir dabei aufstieg, überwältigte nicht das Herz.

Und heute bemerke ich, wenn ich einer Schar von einigen Hunderten die Lehre darlege, dass der eine oder andere meint: ›Eigens für mich legt der Asket Gotamo die Lehre dar.‹ Aber es ist nicht so anzusehen, dass der Vollendete die Lehre zur bloßen Information[6] *der anderen darlegt. Sondern zum Ende einer Rede festige ich jedem, bei dem sich zuvor Anzeichen von Herzensfrieden gezeigt*

6 Wörtliche Übersetzung von *viññāpana*.

haben, von innen her das Herz, beruhige es, mache es still, verhelfe ihm zur Sammlung und einige es; so halte ich es eben immerdar und immerdar.«

»Das erweckt zum Herrn Gotamo das Vertrauen, dass er der Genesene, Vollkommen Erwachte ist. — Gibt der Herr Gotamo zu, dass er bei Tag geschlafen hat?« — »Ich gebe zu, dass ich im Sommer im letzten Monat nach dem Mahl, vom Almosengang zurückgekehrt, das Gewand vierfach zusammengefaltet habe und auf der rechten Seite klarbewusst eingeschlafen bin.« — »Das nennen aber einige Asketen und brahmisch Lebende ein Weilen in Blendung.« — »Das hat nichts mit ›geblendet‹ oder ›nicht geblendet‹ zu tun. Worum es bei ›geblendet‹ oder ›nicht geblendet‹ geht, das höre und merke gut auf; ich will es dir erklären.« — »Gern, Herr«, erwiderte Saccako dem Erhabenen. Der Erhabene sprach: »Bei wem auch immer die Beeinflussungen, die befleckenden, Weiterwerden verursachenden, Angst erzeugenden, Leidensfrucht bringenden, immer wieder Geborenwerden, Altern und Sterben machenden, nicht aufgehoben sind, den nenne ich geblendet. Denn dadurch, dass die Beeinflussungen nicht aufgehoben sind, ist man geblendet. Bei wem aber die Beeinflussungen, die befleckenden, Weiterwerden verursachenden, Angst erzeugenden, Leidensfrucht bringenden, immer wieder Geborenwerden, Altern und Sterben machenden, aufgehoben sind, den nenne ich ungeblendet. Denn mit dem Aufgehobensein der Beeinflussungen ist man ungeblendet. Beim Vollendeten sind die Beeinflussungen, die befleckenden, Weiterwerden verursachenden, Angst machenden, Leidensfrucht bringenden, immer wieder Geborenwerden, Altern und Sterben machenden, aufgehoben, mit der Wurzel abgeschnitten, einem Palmstumpf gleichgemacht, der nicht mehr weiterbestehen, nie mehr aufkeimen kann.«

Auf diese Rede sprach Saccako zum Erhabenen: »Wunderbar, Herr Gotamo, einmalig, Herr Gotamo, wie da beim Herrn Gotamo, wo er doch weiter und weiter in sicher hinleitender fließender Sprache geredet hat, die Hautfarbe so strahlend ist und die Gesichtszüge so friedvoll – wie es einem Heilen, Vollkommen Erwachten zukommt. Ich muss zugeben, Herr Gotamo: Ich habe mit Puraṇo Kassapo, Makkhali Gosālo, Ajito Kesakambalo, Pakudho Kaccayano, Sañjayo Belathaputto, dem Nigaṇther Nathaputto ein Gespräch angefangen; selbst die kamen, als ich mit ihnen zu sprechen anfing, vom Hundertsten ins Tausendste, lenkten auf Äußerlichkeiten ab, zeigten Ärger, Abneigung und Verdruss. Beim Herrn Gotamo dagegen, wo er doch weiter und weiter in sicher hinleitender fließender Sprache geredet hat, ist die Hautfarbe strahlend, und die Gesichtszüge sind friedvoll – wie es einem Heilen, Vollkommen Erwachten zukommt. Nun muss ich gehen, Herr Gotamo; ich habe noch viel zu tun und zu erledigen.« — »Wie es dir recht ist.« Da war Saccako von der Rede des Erhabenen befriedigt und erhoben, stand von seinem Sitz auf und ging.

RUTH: Befriedigt und erhoben – das bin ich auch von dieser Rede. Nun lasst uns wieder im Rückblick sehen, ob wir alles richtig behalten haben.

HANS: Ja: Saccako meinte, die einen Asketen würden einseitig nur den Körper ausbilden, aber nicht das Herz. Deshalb könnte ein körperliches Wehgefühl ihr Herz so überwältigen, dass sie einen Herzanfall oder Blutsturz bekämen oder geisteskrank werden. Andere Asketen würden nur das Herz ausbilden, aber nicht den Körper. Dann könnten seelische Erschütterungen beim unausgebildeten Körper gleiche Schäden auslösen – also ein frühes Verständnis für psychosomatische Erkrankungen. — Nun meinte Saccako aber, die Mönche des Buddha würden sich nur der Ausbildung des Herzens hingeben, nicht der Ausbildung des Körpers.

RUTH: Es kommt mir fast vor, als ob Saccako seit seiner Niederlage im Redekampf versucht hat, den dabei empfundenen Seelenschmerz aufzuarbeiten. Da hat er wohl gemerkt, dass die bei anderen Schulen übliche körperliche Kasteiung nichts hilft. Von der hatte er auch bei den Mönchen des Buddha nichts bemerkt, und der Buddha hatte sie im ersten Gespräch mit keinem Wort erwähnt. Daraus hat wohl Saccako geschlossen, im Orden des Buddha ginge es *nur* um die Ausbildung des Herzens, nicht um die Ausbildung des Körpers. Mir scheint, von einer Erklärung des Buddha erhofft er sich im Stillen ein Heilmittel für seinen inneren Schmerz.

FRITZ: Wir sind zwar nicht dabei gewesen, aber es könnte so gewesen sein. Ich empfinde es ähnlich. Aber sagt ruhig, was ihr weiter von der Rede behalten habt. Bis jetzt war alles richtig.

HANS: Der Buddha fragt Saccako, was er denn über die Ausbildung des Körpers gehört hat. Saccako verweist auf Kasteiungen. Der Buddha erwidert, das habe mit wirklicher Ausbildung des Körpers nichts zu tun. Die kenne Saccako gar nicht, geschweige denn die Ausbildung des Herzens. Und dann erklärt ihm der Erwachte: Bei wem Körper und Herz nicht ausgebildet sind, bei dem wird das Herz so oder so überwältigt: durch ein Wohlgefühl wegen mangelnder Ausbildung des Körpers und durch ein Wehgefühl wegen mangelnder Ausbildung des Herzens. Bei wem aber Körper *und* Herz ausgebildet sind, bei dem wird das Herz durch kein Wohlgefühl und kein Wehgefühl überwältigt. Nun klopft Saccako auf den Busch, ob denn beim Buddha selber Körper und Herz ausgebildet seien. Der Buddha bestätigt, seit dem Auszug in die Hauslosigkeit habe kein Wohl- oder Wehgefühl sein Herz überwältigt. Saccako wendet ein, vielleicht habe der Buddha noch gar kein richtig überwältigendes Wohl- oder Wehgefühl kennen gelernt. Da schildert ihm der Buddha, wie er auf seinem Weg zum Erwachen die äußersten Schmerzen der Kasteiung und die größten Wohlgefühle in den Entrückungen und dann das äußerste Wohlgefühl (*sukhā vedanā*) durch die drei Wissen erfahren habe, aber keines davon habe sein Herz überwältigen können. Dieser Bericht hat mich tief angerührt, aber verstanden habe ich das meiste nicht. Deshalb wundert es mich fast, dass der Buddha das alles Saccako so ausführlich geschildert hat. Aber ich weiß schon: da muss ich wieder an die »Keime« denken, von denen wir sprachen.

RUTH: Mich hat besonders berührt, dass der Buddha sagt, er lege die Lehre nicht nur zur Information dar, sondern richte immer das Herz jedes Zuhörers auf und befriede es. Das merkt man auch an Saccako, denn der anerkennt nun den Buddha als den Vollkommen Erwachten.

HANS: Deshalb befremdet es mich, dass er den Buddha ganz banal fragt, ob er gelegentlich einen Mittagsschlaf hält.

RUTH: Ach, ich weiß nicht: der Buddha rät doch, ein Wahrheitsucher soll seinen Lehrer prüfen. Nichts anderes tut Saccako. Bisher hatte er gehört, es sei »Blendung« wenn ein Guru noch einen Mittagsschlaf hält. Über dieses anscheinend letzte Bedenken hilft ihm der Buddha hinweg: Wer, wie der Erwachte, befreit sei von Beeinflussungen – das soll wohl heißen, dass ihn nichts mehr im leisesten zum Re-agieren veranlassen kann –, der sei nicht geblendet.

HANS: Wozu schläft er dann noch? Er kann doch alle Entrückungen haben!

FRITZ: In den Entrückungen kann er aber »so weit weg sein«, dass er nicht merken kann, wenn er von Hilfesuchenden angesprochen wird. Es kann manchmal sein, dass er in solchen Fällen erreichbar bleiben und doch den Körper ruhen lassen möchte. Dann kann er, wenn er will, den bloßen Körperschlaf wählen.

RUTH: Mich wundert eher etwas anderes: dass Saccako am Ende nicht – wie andere – nicht nur im Stillen, sondern auch ausdrücklich Zuflucht zum Buddha nimmt.

FRITZ: Das kann daran liegen, dass Saccako gespürt hatte, dass ihm der Buddha bei seiner stummen Zufluchtnahme beim Rededuell ins Herz gesehen hatte. Es könnte auch sein, dass ihm trotz starken Intellekts und rascher Auffassungsgabe das Eingesehene nicht lange zur Verfügung blieb, weil es ihm noch an Herzenswandlung fehlte. Wie wichtig die ist, zeigt der Buddha im ersten Teil der Rede M 125.

HANS: Vorher hätte ich noch drei Fragen zu der Rede M 36.

FRITZ: Dann wollen wir erst die besprechen.

HANS: Meine erste Frage ist: Der Buddha spricht nur von der Ausbildung von Körper und Herz, von Ausbildung des Geistes sagt er nichts.

FRITZ: Saccako hat nur nach der Ausbildung des Körpers und des Herzens gefragt – vielleicht weil er sah, dass ihm hier noch am meisten fehlte. Aber ich denke, es hat noch einen tieferen Grund: In M 95 stellt der Erwachte klar: seine Lehre ist dem bloßen Denken allein überhaupt nicht zugänglich (*atakkavācara*). Ein noch so gewandter Geist kann sie nicht fassen, wenn er nicht still ist. Wenn aber der Körper noch von den sechserlei Sinnesdrängen hin und her gejagt wird, dann ist der Geist nicht still, sondern als Steuerorgan voll beschäftigt. Nur beim »ausgebildeten« Körper, dem die Sinnensucht wie das Wasser im Holzscheit getrocknet ist, hat der Geist Ruhe und kann klar sehen. Und weiter gilt: Still ist der Geist nur bei stillem, von Bedrängen freiem Herzen. Und nur ein stiller Geist kann klar sehen.[7] Wenn aber das Herz erst einmal still *ist* und gerade darum der Geist klar *sieht*, dann spielt es kaum mehr eine Rolle, wie flink und durchentwickelt der Geist vorher im Umgang mit der Vielfaltwahrnehmung war, ehe er durch Beruhigung des Herzens unmittelbar klarsehend wurde.

HANS: Heißt das: Wenn das Herz richtig ausgebildet und die Sinnensucht im Körper getrocknet ist – was der Buddha Ausbildung des Körpers nennt –, dann kommt bei einem Menschen, der die Wahrheit vernommen hat, der Geist nach und nach von selber auf den rechten Weg?

FRITZ: Ja. So kann man sagen. Ein scharfer, schneller Intellekt kann ein hilfreiches Werkzeug sein. Er ist aber nicht so wichtig, wie die Ausbildung des Herzens und des Körpers. Denn die Ausbildung von Herz und Körper führt ganz von selber zwangsläufig zum *»hellen, blitzschnellen Klarwissen«*,[8] nicht umgekehrt.

HANS: Über die Erklärung des Buddha, was Ausbildung des Körpers ist, habe ich mich erst gewundert: Klar war mir zwar, dass Kasteiungen keine »Ausbildung des Körpers« sind. Aber ich hätte eher erwartet, dass Ausbildung des Körpers etwas zu tun hat mit »Körperarbeit«, von der man heute in der Psychologie viel spricht. Nicht nur im Sinn von Muskel- und Kreislauftraining, sondern man sieht die körperlichen Vorgänge und die Körpersprache als Ausdruck der Psyche an. Körperliche Verspannungen erkennt man als Anzeichen seelischer Verspannungen. Die versucht man auch von der körperlichen Seite her anzugehen. Das haben ja schon die alten Inder in manchen Formen des Yoga getan. Als der Buddha sagte, dass Saccako gar nicht weiß, was Ausbildung des Körpers ist, da habe ich deshalb gedacht, nun käme etwas über Yoga. Inzwischen dämmert mir zwar, dass das Trocknen der »Sinnensucht« im Körper letztlich die einzig lohnende Ausbildung des Körpers ist. Aber dann sagt der Buddha, dass bei Ausbildung des Körpers ein körperliches Wohlgefühl nicht das *Herz* überwältigt: dann wäre das doch eher Ausbildung des *Herzens* als des Körpers?

FRITZ: Ausbildung des *Körpers* durch seine allmähliche Befreiung aus der Sklaverei der Sinnensucht und Ausbildung des *Herzens* kann man zwar unterscheiden, aber nicht trennen: Die (erlebbaren) Sinnesdränge, die den (erlebbaren) Körper wie eine elektrische Ladung der Erfahrungsprogramme durchziehen, sind Dränge des *»Herzens«*, und was der Geist als Körper deutet, ist *Erleben*, Wahrnehmung, also Aktivität des *Herzens*. Davon weiß man im Westen nichts. Deshalb hat die Art von Körperausbildung, die wir hier im Westen kennen, nichts zu tun mit der Ausbildung des Körpers, von welcher der Erwachte mit Saccako spricht. Die hat nur ein einziges Ziel: für den Heilsweg tauglich zu machen. Bloße Behebung von Verspannungen hieße nur an den Symptomen kurieren. Die besten unter den Lehrern, die heute den Menschen durch Yoga oder andere geeignete Körperübungen helfen wollen, wissen das sehr wohl und lehren körperliche Übungen nur in Verbindung mit geistiger Nahrung, die auf das *Herz* einwirkt. Die einzige Ausbildung des Körpers, die für den achtfältigen Heilsweg auf die Dauer unumgänglich ist, das ist seine Befreiung von der Sinnensuchtspannung. Was es heißt, den Körper auf diese Weise zur Heilstauglichkeit ausbilden, das merken wir ja selber, wenn wir einmal still über die

7 S 46,55; M 99.
8 S 55,24, S 55,25, später besprochen im 15. Gespräch.

Wahrheit nachsinnen und meditieren wollen oder uns – der aufreibenden Vielfalt müde – einmal einfach einem aufgekommenen leisen inneren Frieden hingeben möchten.

RUTH: Das kenne ich: dann zwickt es hier und spannt es da, durchs Fenster sieht man die Nachbarin die Blumen gießen oder hört Schritte auf der Treppe und denkt, wer das wohl sein könnte, oder irgendein Duft zieht durchs Haus – und schon ist man abgelenkt und denkt an dies und das und an mancherlei, was einem sonst noch dabei einfällt.

HANS: Aber was hat das mit Ausbildung des Körpers zu tun? Das sind doch Gedanken, das ist doch nichts Körperliches. Muss ich da nicht eher den Geist ausbilden, dass er nicht abschweift?

FRITZ: Wären die fünf Körpersinne samt dem Geist nicht gelenkt von Erfahrungsprogrammen mit Drängen nach Formen oder Tönen oder Düften usw. – wäre also der Körper besser ausgebildet –, dann gäbe es keine Ablenkungen durch Formen, Geräusche oder Gerüche und der Geist müsste nicht arbeiten, um der Ablenkung zu entgehen (das Pāliwort für »Aufmerksamkeit« – *manasi-kāra* – heißt ja wörtlich: »*im Geist kontaktierend arbeiten*«). Gegen diese Zwangsabläufe hilft das Ausbilden und Anreichern des Intellekts nichts. Eher im Gegenteil: je vielfältiger der Intellekt ausgebildet ist, desto vielfältigere Assoziationen lösen sinnliche Wahrnehmungen aus. Wenn man sich dieser Ablenkung überlässt, statt sie schlicht festzustellen und gelassen beiseite zu tun, dann kommt man vom Hundertsten ins Tausendste und gerät immer weiter ab von dem Betrachtungsgegenstand oder von dem gerade aufgestiegenen inneren Frieden, dem man sich doch hingeben wollte. Ausbildung des Körpers heißt, ihn befreien von der Sinnensucht, nicht, ihm Kunststücke beizubringen. Es heißt, ihn in einem geduldigen, organischen Prozess allmählich von den Sinnessträngen abzuknüpfen, deren Marionette er bisher war, damit er frei wird zur Handhabung durch die fünf *Heils*-Sinne. In dem Maß, wie die Heilssinne den Körpersinnen die Steuerung des Körpers abnehmen, wird der Blick nicht mehr zu erregenden, den inneren Frieden brechenden, das innere Fieber erhöhenden Anblicken gewendet, sondern zu befriedenden, das innere Fieber senkenden Anblicken, und es wird dorthin gelauscht, wo nicht Grelles und Lautes zu hören ist, sondern Klärendes und Nährendes, und die Beine tragen den Körper nicht mehr an Stätten der Gewalt oder des Gemeinen, sondern an Stätten des Friedens, des Mitempfindens und der Wahrheit.

Die allmähliche Befreiung des Körpers aus der Versklavung an die Sinnensucht sollte beginnen bei den gröbsten Eigenschaften des Herzens, die auch die Mitwesen bedrängen. Die Ausbildung des Körpers auf das Heilsziel hin ist deshalb zugleich auch der Anfang der Ausbildung des Herzens. So klar also Körper und Herz zu unterscheiden sind, so besteht doch keine notwendige Dualität zwischen beiden. Nur liegt der *Ansatzpunkt* für die Ausbildung des Körpers nicht bei irgendeinem körperlichen Training, sondern im *Geist*: bei der rechten Anschauung über das Angenehme, das Elend und die Überwindung der Sinnensucht. Diese rechte Anschauung wiederum kann nur gewinnen und bewahren, wer ihr auch im Umgang mit der Mitwelt – in der Tugend – folgt. Aber Tugend nicht im Sinne eines abstrakt-theoretischen Rigorismus, sondern im Sinne der »heilenden Tugend« (*ariya sīla*) mit dem einzigen (Etappen-)Ziel: zur Herzenseinigung zu gelangen.

RUTH: Aber das heutige Missverständnis über die Ausbildung des Körpers scheint mir sehr verständlich. Ihm ist ja sogar der spätere Buddha auf seinem Übungsweg anfänglich erlegen: Durch die Entdeckung der drei Holzscheitgleichnisse war er sich zwar bereits klar geworden, dass es bei der Ausbildung des Körpers darum ging, in die »atemfreie Entrückung« einzugehen – damit scheint wohl die vierte weltlose Entrückung gemeint zu sein. Aber selbst der Bodhisatta hat sie damals auf rein körperlichem Weg durch Einstellen von Atem und Nahrung zu erreichen versucht.

FRITZ: Dass aber die Entrückung von einem bestimmten Blickpunkt aus *auch* eine körperliche Seite hat, das war kein Missverständnis: Das Wohl der Entrückungen besteht ja gerade darin, dass das Einstellen der sinnlichen Erfahrung bis zur dritten Entrückung dem Körper so wohl tut, dass er ganz unbewegt gestillt wird. Darüber empfindet das Gemüt ein solches Wohl, dass der Körper nicht nur der Aufmerksamkeit entgleitet oder »vergessen wird«, sondern sozusagen aus der Wahrnehmbarkeit gelöscht wird. Die immer völlig gleich lautenden zahlreichen Beschreibungen der Entrückungen sind so klar und exakt, dass man das aus ihnen auch dann ablesen kann, wenn man die betreffenden Entrückungen selber noch gar nicht erlebt hat. — Hans, meinst du nun immer noch, in der Rede sei von Ausbildung des Körpers überhaupt nicht die Rede?

HANS: Nein. Hier ist sogar das Äußerste an fehlgeleiteten Versuchen beschrieben, den Körper durch Ansetzen der Übung bei körperlichen Mitteln auszubilden. Aber der *Zugang* zur Ausbildung des *Körpers* liegt eben nicht direkt beim Körper, sondern bei der Ausbildung des Herzens.

RUTH: Mir scheint allerdings: Ähnlich wie der Zugang zur Ausbildung des Körpers nicht beim Körper liegt, so liegt der *Zugang* zur Ausbildung des Herzens nicht direkt beim Herzen: Ein noch ganz unausgebildetes Herz wird nicht allein durch schweigendes Dasitzen und Warten auf »Erleuchtung« zu einem ausgebildeten Herzen. Der allererste Ansatz zur Ausbildung liegt vielmehr auch hier im *Geist* – aber nicht in der Ausbildung des Intellekts, sondern im Gewinnen, Ausbilden und unermüdlichen Wiederholen der *rechten Anschauung*.

FRITZ: Allerdings; nur ist die rechte Anschauung nicht zu gewinnen, wenn gerade das Herz allzu unruhig ist, gerissen durch Hinneigung, Abneigung und Blendung, und schon gar nicht, wenn dadurch Untugenden im Reden und Handeln entstanden sind, die das Gewissen verdunkeln und beunruhigen. Tugend aber ist auf die Dauer nicht durch nur formales Erfüllen äußerer Verhaltensnormen durchzuhalten, sondern setzt jenes Mitfühlen und Einfühlen voraus, wie es der Erwachte den Leuten von Veludvāra gezeigt hat. Damit beginnt, wie gesagt, schon die Ausbildung des Herzens in Richtung »*mettā*«. So geht es bei der Heilsanleitung des Erwachten um eine Gesundung und Wandlung des *ganzen* Menschen in Geist, Herz und Körper:

• Aus dem *Herzen* ist alles mich und andere Bedrängende – Hass, Nächstenblindheit, Rücksichtslosigkeit, Übelwollen – zu entfernen. Das beginnt mit dem Hineinwachsen in die fünf *sīla*,

• aber nicht nur als äußerliches Regelwerk, sondern als allmähliche Entwicklung zum Verstehen der Mitwesen, zum Einfühlen und *Mitempfinden*. Das bedeutet bereits eine gewisse Läuterung von Herzenstrübungen.

• Unter den aufzulösenden Herzenstrübungen nennt der Buddha häuslich Lebenden nicht das sinnliche Begehren schlechthin, sondern nur seine gesteigerten Formen, Fixierung, Sucht, besonders Habsucht – *abhijjhā* – und »unmäßige Begehrsucht« – *visamalobha*[9]. Die sind (zugleich mit dem Übelwollen aus dem Herzen) zu allererst aus dem Körper herauszuziehen. So beginnt schon mit der recht verstandenen Ausbildung des *Körpers* auch die des *Herzens* zu keimen. Daraus entfaltet sich bei richtigem Vorgehen ein Wachstum zu zunehmendem innerem *Wohl*. Das ist zugleich eine zur Verständniskraft führende innere Wandlung.

• Diese innere Wandlung macht den Weg dazu frei, aus dem *Körper* allmählich auch die feineren Formen der Sinnensucht »oberhalb« der Habsucht und verderbten Sinnensucht auszuwaschen durch *inneres* Glück, das aus der Tugend, Gewissenslauterkeit, Orientierung, Mitempfinden und der damit verbundenen Läuterung von Herzenstrübungen kommt. Dieses innere Glück beruhigt. Bei ruhigem Herzen kann der *Geist* klarer sehen und eine immer deutlichere rechte Anschauung darüber gewinnen, was das Ziel ist, welches der Weg dazu ist, welche Gefahr unterwegs die Sinnensucht bedeutet und welchen Segen das Loslassen bringt.

9 In vielen Reden an häuslich Lebende genannt, z. B. M 41; M 114; A X,176.

Nur auf diesem Weg der umfassenden Wandlung ist – immer im Rahmen des Dreischritts »*Tugend-Herzenseinigung-Klarwissen*« – der *Wahn* zu überwinden, den wir meist weit eher bei den »Anderen« bemerken und kritisieren als in uns selber. Viele westliche Menschen, gerade auch denkgeübte, verstehen die Lehre des Erwachten nicht oder falsch, weil sie meinen, sie als wissenschaftlich Gebildete hätten keine Stärkung der Verständniskraft mehr nötig, – jedenfalls keine durch so etwas »Unwissenschaftliches« wie Tugend. Es ist aber eine eherne Gesetzmäßigkeit: »*kein Verstehen ohne Wandlung*«. Im ersten Teil der Rede M 125 zeigt der Erwachte einem strebenden, aber noch nicht sehr erfahrenen Mönch dazu ein Gleichnis für weltlich Lebende:[10]

M 125 – DER RANG DER GEBÄNDIGTEN.

Als der Erhabene einmal in Rājagaha im Bambushain am Futterplatz der Eichhörnchen weilte, lebte der Novize Aciravato in einer Mönchsgemeinschaft in der Waldhütte. Den traf der Königssohn Jayaseno auf einem Spaziergang und fragte: *»Herr, ich habe gehört: Ein Mönch, der innig strebend voll Entschlossenheit verweilt, kann zur Einigung des Herzens kommen.« — »So ist es, Königssohn; so ist es, Königssohn ...« — »Es wäre schön, wenn der Herr mir die Lehre darlegen würde, wie er sie vernommen und verstanden hat.«* — Der Novize meinte, das könne er noch nicht, und wenn er es versuchte, würde ihn der Prinz nicht verstehen. Auf erneute Bitte gab er aber nach: *»Nun, Königssohn, dann will ich dir die Lehre so darlegen, wie ich sie vernommen und verstanden habe. Wenn du verstehen könntest, was ich sage, wäre das heilsam. Wenn du es nicht verstehen kannst, dann bleibt jeder bei seiner Meinung, und du fragst mich nicht weiter.« — Der Königssohn Jayaseno stimmte zu. Da legte der Novize Aciravato dem Königssohn Jayaseno die Lehre so dar, wie er sie vernommen und verstanden hatte. Als er geendet hatte, sprach der Prinz Jayaseno zum Novizen Aciravato: »Das gibt es nicht, Herr, das ist unmöglich, dass ein Mönch, auch wenn er innig strebend voll Entschlossenheit verweilt, zur Einigung des Herzens kommen könnte.« Nachdem er die Ausführungen des Novizen Aciravato für unmöglich und undenkbar erklärt hatte, stand Prinz Jayaseno auf und ging. Kaum war der Königssohn gegangen, begab sich der Novize Aciravato zum Erhabenen und berichtete das ganze Gespräch. Auf diesen Bericht sprach der Erhabene zu dem Novizen Aciravato:*

»Wie wäre das zu erreichen: Was durch Weltabgeschiedenheit *dem Wissen zugänglich wird, durch Weltabgeschiedenheit sichtbar, durch Weltabgeschiedenheit erreichbar, durch Weltabgeschiedenheit leibhaftig erfahrbar wird: dass das der Königssohn Jayaseno wissen oder sehen oder erfahren oder verwirklichen könnte, der mitten in der Sinnlichkeit lebt, die Sinnenlüste genießt, von Wunschgedanken verzehrt wird, im Fieber der Sinne glüht, rundum mit aller Kraft hinter Sinnengenüssen herjagt, das ist ausgeschlossen. Das ist, wie wenn da zwei gut gebändigte junge Elefanten, Pferde oder Stiere wären und zwei ungebändigte junge Elefanten, Pferde oder Stiere. Was meinst du: Könnten die beiden gut gebändigten jungen Elefanten, Pferde oder Stiere als Gebändigte die Aufgaben von Gebändigten übernehmen, den Rang von Gebändigten erreichen?« — »So ist es, Herr.« — »Aber die zwei ungebändigten jungen Elefanten, Pferde oder Stiere – könnten die als ungebändigte das auch?« — »Nein, Herr.« — Ebenso ist es mit dem, was durch Weltabgeschiedenheit dem Wissen zugänglich, durch Weltabgeschiedenheit sichtbar, durch Weltabgeschiedenheit erreichbar, durch Weltabgeschiedenheit leibhaftig erfahrbar: dass das der Königssohn Jayaseno, der mitten in der Sinnlichkeit lebt, die Sinnenlüste genießt, von Wunschgedanken verzehrt wird, im Fieber der Sinne glüht, rundum mit aller Kraft hinter Sinnengenüssen herjagt, wissen oder sehen oder erfahren oder verwirklichen könnte, das ist ausgeschlossen.*

Das ist, wie wenn in der Nähe eines Dorfes oder einer Stadt ein großer Felsen ist. Da gehen zwei Freunde Arm in Arm aus dem Dorf oder der Stadt hinaus zu dem Felsen. Der eine Freund

10 Ausführliche Besprechung in WW, 37. Jg. (1991), S. 262 ff.

bleibt am Fuß des Felsens stehen. Der andre Freund steigt auf den Felsen hinauf. Da ruft der Freund, der unten vor dem Felsen stehen geblieben ist, dem Freund, der hinaufgestiegen ist, zu: »Mein Lieber, was siehst du denn jetzt, wo du auf den Felsen hinaufgestiegen bist?« Der antwortet: »Lieber, jetzt, nachdem ich hinaufgestiegen bin und oben stehe, sehe ich einen entzückenden Park, einen wunderschönen Wald, eine liebliche Landschaft und einen reizenden Lotosteich.« Da sagt der andere: »Das ist doch unmöglich, Lieber, das gibt es doch gar nicht, dass du von da oben einen entzückenden Park, einen wunderschönen Wald, eine liebliche Landschaft und einen reizenden Lotosteich sehen kannst.« Da steigt der Freund, der oben gestanden war, zum Fuß des Felsens hinunter, nimmt den Freund am Arm, führt ihn auf den Felsen hinauf, lässt ihn eine Weile ausruhen und sagt zu ihm: »Nun, Lieber, was siehst du jetzt, nachdem du oben stehst?« Da antwortet jener: »Jetzt, wo ich oben auf dem Felsen stehe, mein Lieber, sehe ich einen entzückenden Park, einen wunderschönen Wald, eine liebliche Landschaft und einen reizenden Lotosteich.« Der andere erwidert: »Ich weiß noch gut, mein Lieber, wie du zu mir gesagt hast: ›Das ist doch unmöglich, Lieber, das gibt es doch gar nicht, dass du von da oben einen entzückenden Park, einen wunderschönen Wald, eine liebliche Landschaft und einen reizenden Lotosteich sehen kannst.‹ Nun aber, mein Lieber, höre ich dich sagen: ›Jetzt, wo ich oben auf dem Felsen stehe, mein Lieber, sehe ich einen entzückenden Park, einen wunderschönen Wald, eine liebliche Landschaft und einen reizenden Lotosteich.‹« Da erwidert jener: »Aber mein Lieber, solange ich durch diesen großen Felsen gehindert war, habe ich das, was ich hätte sehen sollen, nicht gesehen.«

Der Königssohn Jayaseno indessen ist von einem noch viel mächtigeren Felsen von Blindwissen behindert, gehemmt, zugedeckt, verschüttet. Was durch Weltabgeschiedenheit dem Wissen zugänglich, durch Weltabgeschiedenheit sichtbar, durch Weltabgeschiedenheit erreichbar, durch Weltabgeschiedenheit leibhaftig erfahrbar wird, – dass das der Königssohn Jayaseno, der mitten in der Sinnlichkeit lebt, die Sinnenlüste genießt, von Wunschgedanken verzehrt wird, im Fieber der Sinne glüht, rundum mit aller Kraft hinter Sinnengenüssen herjagt, wissen oder sehen oder erfahren oder verwirklichen könnte, das ist ausgeschlossen. Wenn du dem Königssohn Jayaseno diese beiden Gleichnisse entgegengehalten hättest, dann wäre es nicht zu verwundern gewesen, wenn der Königssohn Jayaseno zufrieden gestellt gewesen wäre und dir befriedet seine Zufriedenheit zu erkennen gegeben hätte.« — »Wie hätte ich dem Königssohn Jayaseno diese beiden Gleichnisse, die ganz natürlichen, nie zuvor gehörten, so entgegenhalten können, wie der Erhabene!«

HANS: Aus dem Gleichnis von den gebändigten und den ungebändigten Tieren sieht man, wie wir unsere inneren Triebwuchten unterschätzen. Dass man die Triebe bändigen muss, habe ich zwar gewusst. Aber ich habe früher gemeint, das sei nur nötig, damit man nichts Böses tut und sich nicht durch rauschhaftes Übermaß selber schadet. Aber dass die *Erkenntnisfähigkeit* so unmittelbar von der Stärke der Getriebenheit durch sinnliche Hinneigung, Abneigung und Blendung abhängt, das ist mir erst durch die beiden Gleichnisse richtig klar geworden.

RUTH: Zu Anfang unserer Gespräche hatten wir einmal überlegt, wer ein Verständiger ist: Da konnte Hans nicht verstehen, dass die Lehre auf der einen Seite »*offensichtlich*« genannt wird, dann aber wieder »*nur vom Weisen erfahrbar*«. Du hast erwidert, Fritz, das sei nur ein scheinbarer Widerspruch: »Offensichtlich« hieße nicht, jedem sofort auf Anhieb offensichtlich, sondern nur allmählich im Maße der inneren Wandlung. Aber bei M 125 habe ich nun eine ähnliche Schwierigkeit wie damals Hans: Der Freund, der unten im Tal geblieben ist, sieht zuerst gar nichts, bis er selber auf den Felsen hinaufgestiegen ist und ausgeruht hat. Dann sieht er plötzlich alles. Und überdies heißt es hier, die Lehre könne man nur in der Abgeschiedenheit erkennen. Wie passt das zu den Aussagen, dass man die Lehre nur ganz allmählich und auch in der Häuslichkeit verstehen und nach ihr leben kann? In der Häuslichkeit gibt es doch keine Abgeschiedenheit? Wo habe ich da einen Denkfehler gemacht?

Fritz: Dass es beim Leben in der Häuslichkeit keine Möglichkeit zur Abgeschiedenheit gibt, ist zu viel gesagt. Natürlich leben Mönche und Nonnen äußerlich und innerlich abgeschiedener als Menschen mit Familie und Beruf. In der Rede M 99 hat der Erwachte aber einem jungen Brahmanen klargemacht, dass es nicht darauf ankommt, ob einer asketisch oder in der Häuslichkeit lebt, sondern ob er richtig oder falsch vorgeht. Aber auch seinen in der Häuslichkeit lebenden Nachfolgern rät der Erwachte, von Zeit zu Zeit sich am Segen der Abgeschiedenheit zu erfreuen – so etwa dem Klosterstifter Anāthapiṇḍiko in der Rede

A V,176:

»Hausvater: ihr versorgt den Mönchsorden mit Kleidung, Almosenspeise, Lagerstatt, Heilmitteln bei Krankheit und Bedarfsgegenständen. Meinen Mönchsorden damit zu versorgen, ist aber nicht alles, was zu tun ist. Deshalb ist es gut für euch, Folgendes zu üben: ›Wie wäre es, wenn wir von Zeit zu Zeit jenes geistige Hochgefühl (pīti) aufsteigen ließen, welches die Abgeschiedenheit gewährt, und darin verweilten?‹ Das zu üben ist gut für euch.«

Denn Abgeschiedenheit ist nicht so sehr eine örtliche Angelegenheit, sondern eine innere Verfassung. Ebenso wie die Entwicklung zur Abgeschiedenheit, so ist auch die Entwicklung zum umfassenden Erkenntnisblick kein »Alles oder Nichts«, sondern ein allmähliches Wachsen. Den Freund, der zuerst auf den Felsen hinaufgestiegen ist und über ihn hinausgeblickt hat, kann man als ein Gleichnis für den Vollendeten oder einen seiner genesenen lehrenden Nachfolger auffassen. Aber der andere, der zuerst keine Lust hatte, hinaufzusteigen und stattdessen den Bericht seines Freundes, der vor seinen Augen hinaufgestiegen war, für unmöglich erklärte, steht als Gleichnis für einen Menschen, der erstmals die schier unglaubliche Botschaft eines Erwachten vernommen hat: Gut war zwar, dass er nicht gleich alles unbesehen glauben mochte, ehe er selber sah. Nicht gut war, dass er bis dahin den Bericht seines vertrauten Freundes für unmöglich erklärte, statt sachlich festzustellen: »Ich kann davon nichts sehen. Führe mich hinauf, damit ich selber nachsehen kann.« Aber seine Voreingenommenheit kam wohl eher aus seiner Denkgewöhnung im *Geist*, weniger aus einem Hang des *Herzens*. Denn als der Freund herunterkam und ihn an der Hand nahm, um ihn hinaufzuführen, da hatte er Vertrauen genug, um die Mühe des Aufstiegs auf sich zu nehmen – Gleichnis für den Aufstieg durch Tugend – und sich nicht dem Rat des Freundes zu widersetzen, oben erst einmal auszuruhen. — Gleichnis für Herzenseinigung. Ein anderer hätte vielleicht – noch außer Atem und mit Herzklopfen – vorschnell verlangt, nun aber sofort die Aussicht zu sehen, dann wäre ihm alles vor den Augen verschwommen. Du hast dich vorhin gewundert, Ruth, dass der zuerst Untengebliebene oben »*plötzlich*« alles sieht.

Ruth: Das ist erledigt. Das war ein Denkfehler. Er ist ja nicht mit einem Satz hinaufgesprungen, sondern Schritt für Schritt an der Hand des Freundes hinaufgewandert und hat oben erst ausgeruht. Aber er kann noch nicht obenbleiben: Nachher steigt er wieder in das Tal hinunter. Von dort kann er die Aussicht nicht mehr sehen. Wenn er allzu lange nicht mehr hinaufgeht, vergisst er vielleicht gar über dem Trubel seines Wohnorts die Aussicht, oder er kann es kaum mehr glauben, dass er einen solchen Anblick gehabt hat. Das ist ein Gleichnis für unsere Situation: Fast nur in stillen Stunden der Betrachtung oder des Gesprächs – und auch dann nicht immer – sind uns die Wahrheiten, die wir einmal begriffen hatten, zugänglich. Klarwissen gibt es eben in verschiedenen Graden der Weite und der Verfügbarkeit.

Fritz: Ja, Ruth. So ist es. In der kleinen Rede

S 46,56

erklärt der Erwachte einem Prinzen gerade diese Zusammenhänge: Der Prinz war zum Erwachten auf einen Berg, den Geierkulm, hinaufgestiegen und hatte gefragt: *»Herr, Pūraṇo-Kassapo hat gesagt: ›Es gibt keine Ursache, keine Bedingung für Nichterkennen und Nichtsehen. Ohne Ursache, ohne Bedingung sind Nichterkennen und Nichtsehen. Es gibt keine*

Ursache, keine Bedingung für Erkennen und Sehen. Ohne Ursache, ohne Bedingung sind Erkennen und Sehen.‹ Was sagt der Erhabene dazu?« — »Es gibt eine Ursache, eine Bedingung für Nichterkennen und Nichtsehen, Königssohn. Verursacht, bedingt sind Nichterkennen und Nichtsehen. Es gibt eine Ursache, eine Bedingung für Erkennen und Sehen. Verursacht, bedingt sind Kennen und Sehen.«

»Welches ist aber die Ursache, die Bedingung für Nichterkennen und Nichtsehen, wie sind Nichterkennen und Nichtsehen verursacht und bedingt, Herr?« — »Zu einer Zeit, in der das Gemüt anhaltend[11] *von Sinnenlust, Übelwollen, trägem Sichtreibenlassen in der Weltgewöhnung, Aufgeregtheit und geistiger Unruhe, von Daseinszweifel und -sorgen besessen, vollgesogen ist, erkennt man nicht wirklichkeitsgemäß. Das ist die Ursache, die Bedingung für Nichterkennen und Nichtsehen, Königssohn; so sind Nichterkennen, Nichtsehen bedingt.« — »Wie heißt dieses Bündel von Eigenschaften, Herr?« — »Es heißt ›die Hemmungen‹, Königssohn (nivāraṇa).« — »Wahrhaftig, Erhabener: das sind Hemmungen! Ist man auch nur von einer einzigen dieser Hemmungen überwältigt, dann kann man nicht wirklichkeitsgemäß erkennen und sehen, – wie erst mit allen fünf!*

Aber was ist die Ursache, die Bedingung für Erkennen und Sehen, Herr? Wodurch sind Erkennen und Sehen verursacht und bedingt?« — »Da entfaltet der Mönch Wahrheitsgegenwart als Erwachungsglied, die in Abgeschiedenheit gründet, im Verblassen des Reizes gründet, einmündet in völlig ausgereiftes Loslassen, Königssohn. Durch das Entfalten der Wahrheitsgegenwart als Erwachungsglied *erkennt und sieht ein solcher mit Hilfe des Herzens (cittena) wirklichkeitsgemäß. Das ist eine Ursache, eine Bedingung für Erkennen und Sehen, Königssohn; so sind Erkennen und Sehen verursacht und bedingt. Da entfaltet der Mönch Lehrergründung/ Energie/ Jubel/ Stillwerden/ Herzenseinigung/ erhabenen Gleichmut* als Erwachungsglied, *die in Abgeschiedenheit gründen, im Verblassen des Reizes gründen, einmünden in völlig ausgereiftes Loslassen, Königssohn. Durch das Entfalten von Lehrergründung/ Energie/ Jubel/ Stillwerden/ erhabenem Gleichmut* als Erwachungsglied *erkennt und sieht ein solcher mit Hilfe des Herzens wirklichkeitsgemäß. Das ist die Ursache, die Bedingung für Erkennen und Sehen, Königssohn; und so sind Erkennen und Sehen verursacht und bedingt.« — »Wie heißt dieser Komplex von Eigenschaften, Herr?« — »Die Erwachungsglieder, Prinz (saṃbojjhaṅga).« — »Wahrhaftig, Erhabener, das sind die Erwachungsglieder. Ist man auch nur zu einem einzigen Erwachungsglied erwachsen, so kann man wirklichkeitsgemäß erkennen und sehen, wie erst mit allen sieben. Alle körperliche und geistige Erschöpfung vom Ersteigen des Geierkulmes ist mir verflogen! Die Wahrheit habe ich ganz verstanden!«*

HANS: Ich habe sie noch nicht ganz verstanden: Die erste Hälfte, wo fünf Hemmungen für das klare Erkennen und Sehen genannt werden, hat mir eingeleuchtet: Da spricht der Buddha beim wirklichkeitsgemäßen Erkennen und Sehen einfach allgemein vom *Erkennen* und nicht von den unzählbaren einzelnen »Erkenntnissen«, über die sich die Gelehrten den Kopf zerbrechen. Es ist ja auch wirklich offensichtlich, dass es für den wahrhaft »Verständigen« nicht darauf ankommt, ob er tausend weltliche Einzelheiten versteht, sondern darauf, ob er aus allem Leiden den einen *Ausweg* erkennt und sich dementsprechend wandelt. Ich kann zwar auch nach dem Anhören der beiden Gespräche des Buddha mit Saccako in M 35 und 36 noch nicht recht in Worte fassen, was genau dieser Ausweg ist. Aber eines scheint mir jetzt schon klar: Gipfelweisheit kann ich nicht verstehen, solange ich unten im Tal vor der Felsenwand des Blindwissens stehe und von den fünf Hemmungen gehemmt bin: hinter Sinnendingen herjage (1) oder übel wollend bin (2) oder mich in gewohnten Banalitäten treiben lasse (3) oder

11 *viharati* = »verweilen, beharren in etwas«, meist Hilfsverb, das Dauer ausdrückt (vgl. Warder, S. 239).

aufgeregt bin (4) oder während mich Daseinszweifel und -sorgen[12] quälen (5). — Was aber dann über *»sieben Erwachungsglieder«* gesagt wird, das ist mir noch nicht klar: Folgen denn diese Erwachungsglieder hintereinander wie die Glieder einer Kette?

Fritz: Nein, Hans, nicht wie die Glieder einer Kette, sondern eher etwa wie die Glieder des Körpers: einmal benutzt man die linke Hand, dann den rechten Fuß, dann den linken Arm, dann das rechte Bein, dann beide Arme, beide Füße, beide Hände – und dennoch haben sie ihren festen Platz am Körper. Deshalb widerspricht der Erwachte auch nicht, als der Prinz sagt: *»Ist man auch nur zu einem einzigen Erwachungsglied erwachsen, so kann man wirklichkeitsgemäß erkennen und sehen, wie erst mit allen sieben!«* Wenn wir später einmal über die Sicherheitsgrade der Heilsgänger sprechen, wird uns das noch deutlicher werden. — Noch eine weitere Rede zeigt, dass der Weg zum Erkennen und Sehen ein allmähliches Wachstum ist und dass kein Grund zur Beunruhigung besteht, wenn einem frühere Einsichten nicht immer zur Verfügung stehen. Sie zeigt auch die überragende Bedeutung der Herzensverfassung für die Verständniskraft. Es ist

A V,193 = S 46,55.

Da fragt ein Brahmane den Erwachten:

»Herr Gotamo, was ist der Grund, was ist die Ursache, dass einem das einemal die seit langem wiederholten Wahrheitsworte nicht in den Sinn kommen, geschweige die nicht wiederholten; und was ist der Grund, was ist die Ursache, dass einem ein andermal Wahrheitsworte in den Sinn kommen, die man gar nicht wiederholt hat, geschweige die wiederholten?«

Der Erwachte antwortet: *»Zu einer Zeit, Brahmane, in der das Gemüt von Sinnesreiz (kāmarāga)/ Übelwollen/ Sichtreibenlassen in der Weltgewöhnung/ Erregung und geistiger Unruhe/ Daseinszweifel und -sorgen besessen, vollgesogen bleibt, erkennt man – weil das Gemüt davon umgarnt ist – nicht wirklichkeitsgemäß den Ausweg. Zu einer solchen Zeit erkennt man auch nicht wirklichkeitsgemäß und sieht nicht, was für einen selber gut ist, für die anderen gut ist, dem gemeinsamen Wohl dient. Und selbst Wahrheitsworte, die man seit langem wiederholt hat, kommen einem nicht in den Sinn, geschweige denn die nicht wiederholten.«* Und ebenso umgekehrt.

Diese Rede enthält auch Gleichnisse für die fünf Hemmungen; die besprechen wir später.[13] Hier ging es nur darum, deutlich zu machen: In der Heilsentwicklung ist es lange Zeit die Regel, dass man nur manchmal in ungetrübter Herzensverfassung ist und klar sieht, meist aber nicht. Das ist also überhaupt kein Anlass zu Selbstvorwürfen. Wir werden auch noch wunderbare, selbst mitten im Alltag anwendbare Mittel zur Abhilfe kennen lernen.[14] Auf jeden Fall ist es gut, sich als Ansporn vor Augen zu halten, dass man ja schon einmal klarer gesehen hat und sich nur in eine stillere Verfassung zu bringen braucht, um diese klare Sicht wiederzugewinnen. Dass das eine allmähliche Entwicklung ist, hat der Erwachte ja auch dem jungen Brahmanen in M 95 gezeigt, als er ihm erklärte, wie er weiter vorgehen soll, wenn er einen vertrauenswürdigen Meister gefunden hat. Erinnert ihr euch: Er soll aufmerksam zu ihm herankommen, sich ihm anschließen, zuhören, mit offenen Ohren aufnehmen, das Vernommene im Gedächtnis behalten, gründlich prüfen, dass es sich im Geist erschließt, daraufhin einen neuen Willen fassen, sich konsequent zum weiteren Vorgehen entschließen, treu diesem Entschluss abwägen, sich zielklar vorwärtskämpfen und all das immer wieder frisch und aufs Neue wiederholen, bis er *»gründlich und beharrlich arbeitend ... weltüberlegene Wahrheit leibhaftig erfährt und mit durchdringender Klarheit schaut.«* Selbst wer also nicht nur die Wahrheit im Geist erkannt hat, sondern auch schon erste überweltliche Erfahrungen gewonnen hat, springt nicht mit einem

12 Vgl. M 142, besprochen im 12. Gespräch.

13 Gleichlautend in D 11, besprochen im 10. Gespräch.

14 Vor allem die »sechs unbertrefflichen Erinnerungen«, vgl. unten im 14. Gespräch.

Sprung in die Wahrheit, sondern mündet allmählich in sie ein. Das zeigt besonders die Rede

M 107 – RECHNER MOGGALLANO:

Der Rechner, ein Brahmane, besuchte den Erwachten in Sāvatthī im Ostkloster auf Mutter Migāros Terrasse und *sprach zum Erhabenen: »Herr Gotamo: So wie diese Terrasse Mutter Migāros eine geordnete Ausbildung, einen geordneten Aufbau, einen allmählichen Aufstieg erkennen lässt, nämlich die Folge der Stufen von der untersten an, so klar lässt sich auch bei den Brahmanen eine geordnete Ausbildung, ein geordneter Aufbau, ein allmählicher Aufstieg erkennen, nämlich beim Vedenstudium. Ebenso klar lässt sich auch bei unseren Bogenschützen eine geordnete Ausbildung, ein geordneter Aufbau, ein allmählicher Aufstieg erkennen, nämlich in der Kunst des Bogenschießens. Auch bei uns Rechnern, die vom Rechnen leben, lässt sich eine geordnete Ausbildung, ein geordneter Aufbau, ein allmählicher Aufstieg erkennen, nämlich beim Zählen. Wenn wir einen Schüler angenommen haben, dann lassen wir ihn zuerst zählen: eine Einheit, zwei Einheiten, drei Einheiten, vier Einheiten, fünf Einheiten, sechs Einheiten, sieben Einheiten, acht Einheiten, neun Einheiten, zehn Einheiten; so lassen wir bis hundert zählen. Kann man denn auch bei dieser Lehre und Anleitung eine geordnete Ausbildung, einen geordneten Aufbau, einen allmählichen Aufstieg nachweisen?«*

»Man kann auch bei dieser Lehre und Anleitung eine geordnete Ausbildung, einen geordneten Aufbau, einen allmählichen Aufstieg nachweisen, Brahmane. Das ist, wie wenn ein geschickter Rossebändiger ein edles Vollblutpferd erhält: dann lässt er es zuerst Übungen am Gebiss machen; dann geht er zu weiteren Übungen über; ebenso, Brahmane, der Vollendete, wenn er einen Menschen zur Bändigung gewonnen hat.

Den führt er zuerst so zurecht: ›Komm, Mönch, sei tugendhaft; bleib im Schutz der Ordenstugenden behütet auf dem Gebiet des Wandels; in den kleinsten Fehlern die Gefahr sehend, übe dich auf den Übungswegen!‹

Wenn der Mönch tugendhaft ist, im Schutz der Ordenstugenden behütet auf dem Gebiet des Wandels, in den kleinsten Fehlern die Gefahr sieht, sich übt auf den Übungswegen, dann leitet ihn der Vollendete weiter an: ›Komm, Mönch: sei bei den Toren der Sinne auf der Hut: Hast du mit dem Augsinn eine Form erfahren, so geh weder der Erscheinung nach noch dem, was dir dabei einfällt. Da Gelüste und Missmut, üble, heillose Gedanken den überwältigen, der die Sinne nicht bewacht, fange mit dieser Bewachung an, bewache den Augsinn. Hast du mit dem Ohrsinn einen Ton gehört/ mit dem Nasensinn einen Duft gerochen/ mit dem Zungensinn einen Geschmack geschmeckt/ mit dem Körpersinn eine Tastung getastet/ mit dem Geistsinn ein Ding erfahren, so gehe weder der Erscheinung noch dem nach, was dir dabei einfällt. Da Gelüste und Missmut, üble, heillose Gedanken den überwältigen, der die Sinne nicht bewacht, fange mit dieser Bewachung an, bewache Augsinn, Ohrsinn, Nasensinn, Zungensinn, Körpersinn, Geistsinn.‹

Wenn der Mönch bei den Sinnestoren auf der Hut ist, dann leitet ihn der Vollendete darüber hinaus an: ›Komm, Mönch, nimm die Nahrung nur als Nahrung ein, nicht aber zum Vergnügen, nicht um dich daran zu weiden, nicht aus Feinschmeckerei, nicht um gut auszusehen, sondern nur, soweit es eben zur Erhaltung dieses Körpers dient, zur Lebenserhaltung, um Schaden zu vermeiden, um das brahmische Leben führen zu können, in dem Wissen: 'So lasse ich das frühere Empfinden nicht aufkommen; die Lebensvorgänge halte ich in Gang und bewahre mir Untadeligkeit und Freiheit von Beschwerden.'‹

Wenn der Mönch beim Essen das Maß kennt, dann leitet ihn der Vollendete darüber hinaus an: ›Komm, Mönch, widme dich ständig der Wachsamkeit: Den ganzen Tag läutere im Auf- und Abgehen und im Sitzen das Herz von hemmenden Eigenschaften; im ersten Drittel der Nacht läutere im Auf- und Abgehen und im Sitzen das Herz von hemmenden Eigenschaften. Im mittleren Drittel der Nacht lege dich auf die rechte Seite, Fuß über Fuß nach Löwenart ausgestreckt, wahrheitsgegenwärtig, klar bewusst, im Geist mit der Vorstellung aufrechter Haltung. Im letzten

Drittel der Nacht steh auf und läutere, auf- und abgehend und sitzend, das Herz von hemmenden Eigenschaften.‹

Wenn der Mönch in die Wachsamkeit hineingewachsen ist, dann leitet ihn der Vollendete weiter an: ›Komm, Mönch, erwachse zu Wahrheitsgegenwart mit Klarbewusstsein: Beim Kommen und Gehen handle klar bewusst, beim Hinblicken und Wegblicken, Strecken und Beugen, beim Tragen von Ordensgewand und Almosenschale, beim Essen und Trinken, Kauen und Schmecken, beim Ausscheiden von Kot und Urin, beim Gehen, Stehen, Sitzen, Einschlafen und Aufwachen, Reden und Schweigen handle klar bewusst.‹

Wenn der Mönch zu Klarbewusstsein herangewachsen ist, dann leitet ihn der Vollendete weiter an: ›Komm, Mönch, zieh dich nun an einen abgelegenen Platz zurück: in einen Wald, unter einen Baum, auf einen Berg, in eine Höhle, in eine Gebirgsschlucht, auf einen Friedhof, in den Dschungel, auf ein Streulager im Freien.‹ Da zieht er sich an einen abgelegenen Platz zurück ... Dort setzt er sich nach dem Mahl, wenn er vom Almosengang zurückgekehrt ist, mit verschränkten Beinen nieder, den Körper gerade aufgerichtet, und richtet die Wahrheitsgegenwart auf die inneren Vorgänge. Er hat Weltlust verworfen, mit von Weltlust freiem Gemüt verweilend, läutert er sein Herz von Weltlust. Übelwollen hat er verworfen; im Gemüt ohne Ablehnung gegen Wesen verweilend, voll Mitempfinden und Liebe zu allen Wesen, läutert er das Herz von Übelwollen. Träges Beharren im Gewohnten hat er verworfen; frei von Trägheit verweilt er, Erhellung wahrnehmend; in Wahrheitsgegenwart, klarbewusst, läutert er das Herz vom Beharren in Weltgewöhnung. Erregbarkeit, geistige Unruhe hat er verworfen, unerregbar verweilt er; beruhigten Herzens läutert er das Herz von Erregtheit und geistiger Unruhe. Daseinszweifel und -sorgen hat er verworfen; über Daseinszweifel und -sorgen hinausgestiegen, ohne Wenn und Aber über das, was zum Heil taugt, läutert er das Herz von Daseinszweifel und -sorgen.

Nachdem er diese fünf Hemmungen aufgehoben und als schwächende Trübungen des Gemüts erkannt hat, verweilt er, abgelöst von sinnlichem Begehren, abgelöst von allen heillosen Gesinnungen und Gedanken, mit stillem Denken und Sinnen in seligem weltabgelöstem Hochgefühl, im ersten Grad der weltlosen Entrückung. Nach Verebben auch des Denkens und Sinnens weilt er in innerer Gelöstheit, in der Einigung des Gemütes, in dem von Sinnen und Denken freien, aus der Einigung geborenen seligen Hochgefühl, im zweiten Grad der weltlosen Entrückung. Wenn auch das selige Hochgefühl vom Reiz des Besonderen frei geworden ist, verweilt er in ausgeglichenem Frieden, klar bewusst, in einem solchen den ganzen Körper durchdringenden Wohlsein, dass die Heilsgänger sagen: ›Dem in ausgeglichenem Frieden in Wahrheitsgegenwart Lebenden ist wohl‹: im dritten Grad der weltlosen Entrückung. — Nachdem er über Wohl und Weh hinausgestiegen ist, alle einstige geistige Freudigkeit und Traurigkeit gestillt hat, verweilt er nun in der von allem Wohl und Weh befreiten reinen Erhabenheit, im vierten Grad der weltlosen Entrückung.

Für Mönche wahrlich, die als Heilskämpfer, in unermüdlicher Ernsthaftigkeit ausharrend, sich unablässig nach der höchsten Befreiung von allen Jochen sehnen: für sie sind bei mir solche Anleitungen bestimmt. Bei denjenigen Mönchen aber, die geheilt sind, das Herz erlöst haben von allen Beeinflussungen, Vollender, die vollbracht haben, was zu wirken war, die Last abgelegt, das höchste Gut erreicht, die Werdensverstrickung rundum gekappt haben, im höchsten Wissen erlöst sind – bei denen führen diese Dinge zu seligem Verweilen zu Lebzeiten und zu Wahrheitsgegenwart und Klarbewusstsein.«

Auf diese Rede sprach Rechner Moggallāno, der Brahmane, zum Erhabenen: »Wie ist das aber: Erreichen alle Nachfolger, die so vom Herrn Gotamo unterwiesen und angeleitet werden, das höchste Ziel der Löschung des Daseinsbrandes, oder erreichen es einige nicht?« — »Einige von meinen Nachfolgern, die so von mir unterwiesen und angeleitet werden, erreichen das höchste Ziel der Löschung des Daseinsbrandes, andere erreichen es nicht.« — »Woran liegt es denn, was ist die Ursache – wo es doch die Löschung des Daseinsbrandes gibt, wo es doch einen Weg zur Löschung des

Daseinsbrandes gibt, wo doch der Herr Gotamo ihn lehrt –, dass von den Nachfolgern, die so vom Herrn Gotamo unterwiesen und angeleitet werden, einige das höchste Ziel der Löschung des Daseinsbrandes erreichen, andere nicht?« — »Schau, Brahmane, dazu möchte ich dich befragen; wenn du willst, kannst du antworten. Was meinst du, Brahmane: Kennst du den Weg nach Rājagaha?« — »Freilich kenne ich den Weg nach Rājagaha.« — »Was meinst du, Brahmane: Da ist ein Mann, der will nach Rājagaha. Der kommt und bittet: ›Herr, ich will nach Rājagaha; weise mir den Weg nach Rājagaha!‹ — ‹Gern, lieber Mann: Dieser Weg hier führt nach Rājagaha; geh ihn eine Stunde, dann siehst du das Dorf soundso; von dort geh weiter, dann siehst du die und die Festung, von dort geh weiter, dann siehst du einen wunderschönen Klostergarten, einen herrlichen Wald, einen lieblichen See.‹ Obwohl er so von dir eingewiesen und angeleitet wurde, schlägt der aber einen Seitenweg ein und gerät in die entgegengesetzte Richtung. Da kommt ein zweiter Mann, der nach Rājagaha will und bittet: ›Herr, ich will nach Rājagaha; weise mir den Weg nach Rājagaha!‹ (und du zeigst ihm ganz genau so den Weg). So von dir eingewiesen und angeleitet, geht er geradewegs nach Rājagaha. Woran liegt es denn, was ist die Ursache – wo es doch Rājagaha gibt, wo es doch den Weg nach Rājagaha gibt, wo doch du ihn zeigst –, dass von den von dir Eingewiesenen und Angeleiteten der eine Mann einen Seitenweg einschlägt und in die entgegengesetzte Richtung gerät, der andere geradewegs nach Rājagaha kommt?« — »Was kann ich da machen? Ich bin nur der Wegweiser.« — »Genau so ist es auch hier, Brahmane: Es gibt die Löschung des Daseinsbrandes, es gibt den Weg zur Löschung des Daseinsbrandes, und ich zeige ihn. Aber von den Anhängern, die so von mir unterwiesen und angeleitet werden, erreichen einige das höchste Ziel der Löschung des Daseinsbrandes, andere erreichen es nicht. Wegweiser nur ist der Vollendete, Brahmane.«

Auf diese Worte sprach Rechner Moggallāno, der Brahmane, zum Erhabenen: »Herr Gotamo: Jene Männer, die nicht aus Heilsvertrauen, sondern aus Versorgungsgründen aus dem Haus in die Hauslosigkeit gezogen sind, Schlaumeier, Heuchler, Scheinheilige, aufgeblasene Windbeutel, Unstete, Redselige, lose Mäuler, ohne Sinnenzügelung, die kein Maß beim Essen kennen, sich nicht um Wachsamkeit kümmern, von Asketenschaft nichts wissen wollen, die nicht in heißem Ernst sich üben, üppig, in der Laschheit vorangehend, in der Abgeschiedenheit zurückgeblieben, ohne Energie, ohne Wahrheitsgegenwart, ohne klares Bewusstsein, ungesammelt, zerstreuten Herzens, dumm und stumpf – mit denen hat der Herr Gotamo nichts gemein. Die aber edle Söhne sind, die aus Heilsvertrauen aus dem Haus in die Hauslosigkeit gezogen sind, offen, ehrlich, wahrhaft Fromme, geordnet, frei von Einbildung, beständig, verschwiegen, die Worte wägend, die Sinnestore bewachend, ihr Maß beim Essen kennend, der Wachsamkeit ergeben, in heißem Ernst mit Eifer bei den asketischen Übungen, die nicht aus Trägheit die anfängliche Abgeschiedenheit aufgegeben haben, voll Energie, in Wahrheitsgegenwart, Klarbewusste, Gesammelte, geeinten Herzens, Klarwissende, der Dumpfheit Entwachsene: von solchen ist der Herr Gotamo umgeben. Wie unter den Wurzeldüften der dunkle Sandel als der erlesenste gilt, unter den Blütendüften der rote Sandel, unter den Blumendüften der des weißen Jasmin – ebenso ist wahrlich die Aussage des Herrn Gotamo die erlesenste unter den am höchsten beglückenden Lehren. Wunderbar, Herr Gotamo, wunderbar, Herr Gotamo: Wie wenn einer Umgestürztes wieder aufrichtete, Verdecktes enthüllte, einem Verirrten den Weg zeigte, ein Licht in die Finsternis hielte: ›Wer Augen hat, kann die Gestalten sehen‹, so ist vom Herrn Gotamo die Lehre in vielfacher Weise gezeigt worden. Beim Erhabenen nehme ich Zuflucht, bei der Lehre und der Gemeinschaft der Nachfolger. Als seinen Schüler möge mich Herr Gotamo betrachten, der von heute an danach zu leben begonnen hat.«

Hans: Von den Reden für in der Häuslichkeit lebende Nachfolger haben wir erst einen Bruchteil besprochen. Und doch beginnt sich schon der geschlossene, terrassenartige Aufbau der Lehre langsam vor unseren Augen herauszukristallisieren:

• Angefangen haben wir bei einigen Lehren, die offensichtlich waren wie: »*Verletz drum keinen, du liebst auch dein Selbst*« und »*Die Leute von Veludvāra*«.

• Dann haben wir anhand der Rede M 60 die vorurteilslose Offenheit für Möglichkeiten kennen gelernt, die uns noch nicht offensichtlich sind, und anhand der Rede M 95 uns an die Methode herangetastet, wie wir die Wahrheit im Auge behalten, erkennen und schließlich in sie einmünden können.

• Anschließend haben wir gesehen, worauf die Lehre im Ganzen hinausläuft, und zwar

— erst in der *Erlebnissprache*: dass sie hinausläuft auf die Aufhebung von *Hinneigung, Abneigung und Blendung*, auf gute Freundschaft und auf jene zwei Mal vier ebenso einfachen wie tiefen *Lebensregeln* für das häusliche Leben aus A VIII,54, von denen der Buddha am Ende sagt: *»Wer so im Hause lebt, dem wächst Loslassen zu und gute Frucht.«* — *kurz:* dass sie hinausläuft auf die unermüdliche *Ernsthaftigkeit* des Wahrheitsuchers, mit der wir uns durch Loslassen aus allem Wahn allmählich zu Klarwissenden wandeln können. Von diesem Fundament aus konnten wir mit der kurzen Rede an Saccako, M 35, einen ersten Blick tun auf die Darlegung der *fünf Zusammenhäufungen,* die Analyse der Existenz

— in der *Durchschauungssprache.* Die haben wir ergänzt durch die Betrachtung der fünf *Sinnesstränge,* von denen der Buddha sagt, dass sie das ausmachen, was wir »*Welt*« nennen. Dadurch hat sich unser Horizont – ohne dass wir es noch recht fassen und ausdrücken können – über die enge Sinnenwelt hinaus erweitert auf alle drei »Welten«. Eine erste Ahnung beginnt aufzusteigen, was es wirklich heißt, als Erlöster das Ende von allem Leiden, das *Ende von Welt* erreicht zu haben: die *Auflösung von Wahrnehmungsempfindung.*

• Die große Rede an Saccako (M 36) und die Gleichnisse vom Rang der Gebändigten und vom Fels des Blindwissens (M 125) haben uns erklärt, warum wir manchmal die Lehre des Buddha nicht so leicht verstehen und auch über bereits Eingesehenes nicht immer verfügen können: wegen der fünf *Hemmungen.* Und dabei haben wir auch schon einen fernen Vorblick getan auf die sieben *Erwachungsglieder*, die der Buddha jenem Königssohn genannt hat. umso deutlicher ist geworden, dass wir eben nicht wach sind, sondern träumen in dem Fieberwahn von Hinneigung, Abneigung, Blendung. Aber wir haben den Ruf aus der Wachheit gehört.

Vieles ist mir noch unklar. Aber alles zeigt jetzt schon einen solchen inneren Zusammenhang, dass ich zu spüren beginne: Hier stehen wir auf solidem Boden, wie ich es noch nirgends gefunden habe.

Ruth: Ja. Inzwischen haben wir eine solche Fülle von differenzierten und zugleich tiefen Erklärungen darüber gehört, worauf die Lehre des Buddha im Ganzen hinausläuft, dass wir Stoff zur Besinnung für Monate und Jahre haben. Die Durchschauung von Ich und Welt ist derart radikal, dass ich nun selber das Bedürfnis habe zu hören: Wie kann ein Nachfolger des Buddha damit in der Häuslichkeit und mitten in Familie und Beruf praktisch *leben* und vorwärts kommen? Ohne die Rede an die Leute von Veludvāra und die zwei mal vier Lebensregeln wäre das eine zweifelnde oder bange Frage. So aber freue ich mich auf eine Antwort.

Fritz: »*Eine*« Antwort? Es gibt darauf eine solche Fülle einander ergänzender Antworten, dass ich erst nachdenken muss, wo anfangen und wo aufhören.

Zweite Reihe der Gespräche: Wie kann man als Nicht-Asket nach der Wahrheit leben?

5. Gespräch Reifer Umgang mit Besitz und Wunschbefriedigung im täglichen Leben

Hans: Vor unseren Gesprächen habe ich mich beim Gedanken an den Buddhismus gefragt: Wenn man Familie und Beruf hat und soll auf alles verzichten – wie soll das gehen? Heute sehe ich: »Auf alles verzichten« können in der Häuslichkeit lebende Menschen gar nicht, auch wenn sie die Lehre kennen.

Ruth: Aber wenn man gehört hat, worauf die Lehre im Ganzen hinausläuft – kann man denn dann mit all diesem Wissen noch in Besitz und Sinnenbefriedigung leben, wie wenn nichts gewesen wäre?

Fritz: Ein Mensch, der im Haus die Lehre gut kennen gelernt hat, kann und will gar nicht mehr Sinnendinge genau so bewerten und zur Befriedigung verwenden, »wie wenn nichts gewesen wäre« – denn es *ist* etwas gewesen.

Hans: Was denn?

Fritz: Er hat die Daseinsgesetze kennen gelernt und anerkannt. Der Blick beginnt ihm aufzugehen für die Durchgängigkeit des »Lebens« über Tode und Geburten hinweg und für die unermesslichen Möglichkeiten des Erlebens – von ungeahnten Höhen bis zu unermesslichen Schmerzenstiefen. Auch nach diesen geistigen Einsichten bewegen sein Herz zwar im Groben wie im Feinen noch die gleichen Triebe. Denn nur der Geist kann in einem einzigen Augenblick eine Ansicht ändern. Die Triebe dagegen ändern sich erst durch das, was der Mensch häufig bedenkt und sinnt. Aber sobald der Mensch sein Blindwissen, seinen Wahn merkt und ihm eine Ahnung von der »Gefangenschaft in der Wahrnehmung« aufgeht, tönt in ihm eine neue Stimme. Die ist von einem bestimmten Stadium an nie mehr ganz zum Verstummen zu bringen: Hinter den Gittern des Gefängnisses der Wahn-Wahrnehmung ahnt er die absolute Freiheit. Damit ist er vom blinden Weltläufer in der Tretmühle des Daseinskreislaufs zum Heilsgänger geworden. »Das ist gewesen«, Hans.

Hans: Heilsgänger – davon war oft die Rede. Was ist das? Wie wird man das?

Fritz: Wir werden das gründlich besprechen, wenn wir mehr Grundlagen haben. Einstweilen nur so viel: Manche Naturvorgänge sind nie mehr umkehrbar. Man nennt sie »*irreversible Prozesse*«[1]. Asche kann nie wieder Feuerholz werden. Ebenso gibt es geistige und seelische Prozesse, die nie mehr umkehrbar sind. Der Punkt, von dem an ein denkendes Wesen wie von einer Strömung unumkehrbar der absoluten Freiheit, dem Ungewordenen, Unvergänglichen zugetragen wird, heißt »*Stromeintritt*« (*sotāpatti*). Wer das erreicht hat, ist »*sotāpanna*«, »*in die Heilsströmung eingetreten*« (oder auch: »*Hörer der Botschaft*«[2]). Als Motivation zur Auflösung allen Leidens braucht er nur noch den Leidensdruck von wenigen Wiedergeburten. Sein bis dahin erleichtertes »inneres spezifisches Gewicht« lässt ihn nie mehr unterhalb des Menschentums sinken. Endgültig gesicherter Heilsgänger ist aber auch schon, wen Leidenserfahrung unumkehrbar auf den *Weg* zum Stromeintritt gebracht hat: ein aus

1 Vgl. Stichwort »Irreversibilität« in Serres & Farouki, *Thesaurus der exakten Wissenschaften*, Frankfurt (Zweitausendeins) 2001.

2 *sota* hat eine Doppelbedeutung: »Strom« und »Gehör«.

Vertrauen oder Einsicht gesicherter Nachfolger (*saddh'*- oder *dhamm'-anusāri*). Heilsgänger wird, wer die Wahrheit anerkennt, im Auge behält und danach lebt. Wie das schon in diesem Leben mitten in Familie und Beruf – nicht ohne Bemühen, aber ohne Überforderung – geschieht, davon wird das ganze Buch handeln. Eine Überschau über die Methode, wie man an die Wahrheit kommt, bot schon die Rede M 95.

HANS: Gut, Fritz. Dann also zurück zu unserem Thema. Du sagst, für in der Häuslichkeit lebende Menschen gibt es eine genaue Anleitung mit gleichem Ziel, gleichen Wegetappen, dem gleichen achtfachen Heilsweg wie für Mönche und Nonnen, nur in einer anderen *Gangart*. Was für einer Gangart?

FRITZ: Wir werden unsere ganzen nächsten Treffen dazu brauchen, sie aus den vielen Aussagen des Buddha im Einzelnen herauszufiltern. Darum heute erst vorab ein kurzer Überblick: Die Verschiedenheit der Gangart ergibt sich vor allem aus *drei Grund-Gesetzen*:

1. Im *Geist* kann eine Einsicht in einem Augenblick geändert werden, die Triebe, Dränge, Neigungen des *Herzens* dagegen nur sehr allmählich. Mit dem geistigen Erkennen von Standort, Ziel und Weg fängt deshalb die Arbeit erst an.

2. In der Häuslichkeit hemmt dabei besonders *sinnliches Begehren*, die erste von *»fünf Hemmungen«*, die wir noch kennen lernen werden. Ihre Aufhebung kostet Kampf. Aber mit Kämpfen *allein* konnte nicht einmal der um Erwachung ringende Asket Gotamo die Sinnesdränge aufheben, sondern erst, nachdem er so viel *inneres* Wohl gewonnen hatte, dass daneben das Sinnenwohl verblasste.[3] Bei aller Bereitschaft zum Kampf: bei der Überwindung der Sinnensucht darf die Gangart nicht so »heroisch« gewählt werden, dass sie das zum Weiterkommen unentbehrliche innere Wohl hindert. Das ist in Askese und Häuslichkeit sehr verschieden.

3. Alle Menschen leben *»nicht vom Brot allein«*. Sie erleben sich vielmehr abwechselnd auf zwei verschiedenen Lebensebenen: Die eine, auf der sie vom »Brot« leben, könnten wir *»Sinnlichkeitsebene«* nennen, die andere, auf der sie nach dem *Guten, Schönen, Wahren, Ewigen* streben, könnten wir *»Wahrheitsebene«* nennen.

Das Verhältnis äußerer und innerer Bedürfnisse, Kräfte und Fähigkeiten ist bei den Menschen sehr verschieden. Ihm entspricht das Verhältnis ihres Verweilens auf der Sinnlichkeitsebene und auf der Wahrheitsebene. Auf diesem Verhältnis beruht in erster Linie die Unterschiedlichkeit der Gangarten. Von Menschen mit *Asketenformat* sagt der Buddha, dass sie nach Begegnung mit der Lehre die Häuslichkeit als ein *»Gefängnis, ein staubiges Verweilen«* und demgegenüber die Hauslosigkeit als den *»freien Himmelsraum«* empfanden und sich klar wurden, dass man das volle brahmische Leben nicht in der Häuslichkeit führen kann.[4] Deshalb ließen sie alles hinter sich, worin wir täglich leben, um *ganz* auf der Wahrheitsebene leben zu können.

• Wir *häuslich Lebenden* können zwar im *Geist* das Elend des sinnlichen Verlangens erkennen, das zu Sucht und Streit führt und unstillbar ist, wie Salzwasser nie den Durst stillen kann: *»Je mehr er hat, je mehr er will, nie schweigen seine Klagen still.«*[5] Dennoch *empfinden* wir unsere Häuslichkeit nicht ständig als ein Gefängnis wie die in die Hauslosigkeit Gezogenen, sondern richten uns darin ein. So steht im Vergleich zu Asketen beim häuslich Lebenden einem Mehr an sinnlichen Anliegen ein Mehr an Vielfalt, äußeren Pflichten und sinnlichen Ablenkungen gegenüber. Deshalb macht der Erwachte den Hauptunterschied zwischen der Anleitung der Mönche und Nonnen und der in der Welt Lebenden danach, wie weit sie auf die

3 Vgl. M 14.
4 Vgl. z. B. M 27, besprochen unten im 14. Gespräch.
5 Aus dem Gedicht »Zufriedenheit« von Joh. Mark. Miller (1776).

Dauer *direkt* gegen die erste Hemmung des brahmischen Lebens – die Hemmung durch Sinnenlustwollen – angehen können.

• Mönche und Nonnen sollen das *immer*, in jeder Lebenssekunde. Dazu sind sie ja aus dem Haus fortgezogen.

• Bei *»zum Heil gehenden im Haus lebenden Anhängern* (*upāsaka*) *und Anhängerinnen* (*upāsika*)« unterscheidet der Erwachte zwei Arten:

1. solche, die *»Sinnenwünsche befriedigen«* (*kāmabhogin*) und solche, die

2. *»den keuschen Wandel führen* (*brāhmacāri*)«[6]. Diese zweite Gruppe bildete schon zu Lebzeiten des Erwachten die Ausnahme. Sie sind »Mystiker im Haus« oder streben innig danach, es zu werden. Von ihnen wird im Kanon kaum mehr gesagt, als dass es sie gibt. In den zehn[7] Jahren Arbeit für das Buch habe ich nie gefunden, dass der Erwachte diese Lebenweise im Haus lebenden Anhängern *nahe gelegt* hätte. Stets hatten die betreffenden Menschen – alter indischer Überlieferung folgend – sich auf Grund ihres inneren Status für diesen vom Erwachten gepriesenen Reinheitswandel von sich aus entschlossen. Sie brauchten keine besonderen Verhaltensanleitungen mehr: Sie hatten bei ihrer Herzensbeschaffenheit mit Kenntnis der Lehre den *»ehern-flexiblen Maßstab«* dafür gewonnen, was für sie heilstauglich war und was nicht, und sie hatten vor allem die über »normales« Menschenmaß hinausgehende Kraft, sich trotz der größeren Ablenkungsmöglichkeiten des Hauslebens gleich Mönchen und Nonnen *ständig* von der Sinnlichkeitsebene – zumindest auf sexuellem Gebiet – fern zu halten. An solche verehrungswürdige Menschen sind daher die in diesem Buch aus den Reden des Erwachten herausgefilterten Anleitungen für das Hausleben nicht gerichtet.

Alle anderen *häuslichen* Anhänger, die nicht *brahmacāri* sind – auch die Heilsgänger unter ihnen – hat der Erwachte als *»Sinnenwünsche Befriedigende* (*kāmābhogin*[8])« bezeichnet. Schon zu seinen Lebzeiten bildeten sie das Gros der häuslichen Anhänger. Für sie schreibe ich das Buch, und für sie können wir aus den nachfolgenden Reden ablesen:

Solange die Sinnenwünsche befriedigenden Nachfolger frei von der Hemmung durch Sinnenlustwollen – also auf der *Wahrheitsebene – sind*, pflegen sie im *Geist* genau so wie Mönche und Nonnen ohne Wenn und Aber die realistische *negative* Bewertung der Sinnensucht als Gefahr und Elend und wehren alle sinnlichen Gedanken ab. Auch auf der *Sinnlichkeitsebene* können und sollen sie den auf der Wahrheitsebene im Geist gewonnenen Bewertungsmaßstab nicht vergessen und darüber hinaus gegen die Hemmung durch Sinnenlustwollen in *drei* Richtungen (nicht in allen Richtungen, wie die Asketen) auch ständig *direkt* ankämpfen:

1. um keinen Preis zur sinnlichen Befriedigung die *fünf Grundtugenden* (*sīla*) verletzen,
2. die Sinne nicht *rauschhaft* befriedigen und
3. nicht so auf Sinnenbefriedigung fixiert sein, dass das *Entrinnen* vergessen wird.

Auch für das Hausleben ist damit zwar *»Zügelung im Handeln, Zügelung in der Sprache, Zügelung im Geist«*[9] nötig, aber nicht die nur in der Askese mögliche *totale* Übung der jederzeitigen ausnahmslosen Sinnenzügelung, die jegliche sinnliche Befriedigung ausschließt und alle sinnlichen Gedanken und Anwandlungen in jedem Augenblick abwehrt. Außer in diesen für sie genannten *drei* Richtungen gehen also häuslich lebende Nachfolger in den Lebensaugenblicken, in denen sie gerade auf der *Sinnlichkeitsebene* sind, nicht *direkt* gegen die Sinnensucht vor, sind also insoweit im Gegensatz zu Asketen immer noch – wenn auch in Maßen – *»Sinnenwünsche Befriedigende«*.

6 Vgl. z. B. D 29^{m}.
7 Inzwischen habe ich aus Korrespondenzdaten gesehen, dass es 14 Jahre waren.
8 *bhogin* ist das Fürwort zu *bhuñjati*.
9 Vgl. A III,52, A III,53, besprochen im 9. Gespräch.

HANS: Aber ich kenne Buddhisten, die üben Selbstbeherrschung und suchen ihr Wohl mehr innen als außen. Die Sinne befriedigen ist nicht ihr Lebensziel und nicht ihr eigentliches Lebensglück. Auf dem Gebiet der Vielfalt überwiegt bei ihnen das Glück der freundlichen Begegnung, die Freude am Schonen, Freudemachen und herzlichen Zusammensein mit Menschen und Tieren. Dass ihnen nach wie vor die sinnliche Liebe Freude macht oder die Kuschelwärme ihrer Katze oder ein schöner Sonnenuntergang, das beziehen sie gern in ihr Leben ein; aber darüber steht ihnen die Sehnsucht nach dem Schönen, Guten, Wahren, Ewigen. Die würden sich dagegen verwahren, wenn man sie als *»Sinnenwünsche Befriedigende«* bezeichnen würde.

FRITZ: Diese Bezeichnung ist aber durchaus nicht diskriminierend. Sie sagt nichts aus über unsere geistigen Einsichten, Ziele und Bestrebungen und unseren bisherigen Läuterungsweg. Nicht nur pralle »Genussmenschen« mit wenig geistigen Interessen sind *»Sinnenwünsche Befriedigende«*, sondern *alle* häuslich lebenden Anhänger der Lehre, die sich, wenn sie ehrlich sind, selber zugeben müssen: »Ich lebe zwar schon jetzt nicht ›vom Brot allein‹. Aber wenn ich gerade nicht von den fünf Hemmungen frei bin, empfinden meine Triebe noch über manche sinnliche Befriedigung Freude und über manches den Sinnen Unangenehme Weh und Verstimmung.« Sie mögen Heilsgänger sein und, so oft sie auf der Wahrheitsebene sind, im *Geist* immer wieder das Elend der Sinnensucht durchschauen, keinerlei Zweifel an deren negativer Grundbewertung hegen und ernstlich ihre Überwindung als Fernziel haben. Nur haben sie sich die totale Befreiung von der Sinnensucht noch nicht für *sofort* vorgenommen, sondern sind erst auf dem Weg dazu. Das wird noch Zeit brauchen. Aber ein Lehrling im ersten Lehrjahr ist ja auch nicht bedrückt, dass er noch kein Meister ist, sondern ist froh, wenn er eine gute Lehrstelle gefunden hat. So brauchen Anhänger und Anhängerinnen des Erwachten nicht bedrückt zu sein, dass sie den Stand der *»Sinnenwünsche befriedigenden Nachfolger«* noch nicht überstiegen haben, sondern sie haben allen Grund zur Freude, bei einem so unübertrefflichen Meister in die Lehre gehen zu können.

HANS: Ich hätte eher gedacht, auf der Sinnlichkeitsebene seien wir erst dann, wenn wir leibhaftig Sinneswünsche befriedigen. Wenn wir aber schon beim lustvollen Denken an Sinnendinge auf der Sinnlichkeitsebene sind, dann sind wir ja viel öfter auf der Sinnlichkeitsebene, als manche Buddhisten wahrhaben wollen!

FRITZ: Ja, Hans. So ist es. Auch ernsthaften, in der Häuslichkeit lebenden Heilsgängern ist es doch lieber, Besitz zu haben als keinen zu haben, Sinnendinge gewährt zu erhalten als sie entrissen zu bekommen, von Sinnendingen angenehm berührt zu werden als unangenehm. Das mag ihnen nicht mehr so wichtig sein wie früher. Verluste mögen im Kampf um Wahrheitsgegenwart und Gelassenheit ganz anders ertragen werden als früher – aber es ist auch solchen Heilskämpfern doch meist lieber, wenn sie eine Gehaltserhöhung bekommen oder die Geschäfte gut gehen als wenn sie keine bekommen oder die Geschäfte schlecht gehen, wenn die Suppe gut schmeckt als wenn sie schlecht schmeckt, und in die eine Gegend fahren sie lieber in Urlaub als in eine andere.

HANS: Ich habe schon manchmal bei Treffen mit langjährigen Buddhisten gedacht: Nun kennen die schon so lange die Lehre, aber sie gehen nicht in Sack und Asche in völliger Gleichgültigkeit gegen ihr Äußeres. Sie sind adrett gekleidet, die Frauen tragen Schmuck, die Gastgeberin stellt nicht nur Vollkornbrot und Leitungswasser hin, was für den Körper genügen würde, sondern wohlschmeckende Getränke und Kuchen, und es sieht nicht so aus, als werde der in völliger Neutralität gegenüber Geschmack und Aussehen *allein* aus Mitempfinden mit der Hausfrau verzehrt.

FRITZ: Ich habe in Jahrzehnten der Nachfolge bei häuslich lebenden Menschen zwar wunderbare Wandlungen miterlebt, Aufbrüche zu Helligkeit und Klarheit – aber ich habe noch *nie* im Haus, in Familie und Beruf lebende Nachfolgerinnen oder Nachfolger kennen gelernt, die nicht *auch* aus Gründen, die nicht *nur* mit der Lehrnachfolge zu tun haben, das eine oder andere Kleidungsstück ein wenig lieber als das andere anziehen, die eine oder andere Speise etwas weniger gern essen als die andere, auf der einen oder anderen Sitzgelegenheit ein bisschen lieber sitzen. Dies alles, obwohl manche dieser Menschen die Sinnensucht in tiefen Meditationen im Geist – auf der *Wahrheitsebene* – immer wieder durchschauen und sich auf der *Sinnlichkeitsebene* eher einen Finger abbeißen würden, als eine Tugend zu missachten. — Das heißt doch: wenn sie gerade nicht frei von allen fünf Hemmungen sind, *mögen* sie die einen Menschen oder Sinnendinge mehr, und gegen andere haben sie mehr oder weniger Abneigung. Auf der *Wahrheitsebene* bleiben sie sich zwar klar über die Gefahr des sinnlichen Begehrens. Aber weil sie wissen, dass sie überfordert wären, wenn sie sich vornehmen wollten, auf der Sinnlichkeitsebene wie Mönche und Nonnen *alle* Befriedigung an Sinnendingen, zu denen sie Neigung haben, auch dann sofort radikal aufzugeben, wenn damit weder Untugend noch Rauschhaftigkeit verbunden sind, sehen sie die weitergehende asketische Sinnenzügelung als *Fernziel* an und machen es sich mit Sinnendingen in dem Umfang *»angenehm und befriedigend«*, in dem es der Erwachte für sie wie etwa in S 42,12 *»lobt«* – und das heißt nun einmal, dass sie Sinnendinge nicht nur innerlich unberührt als bloße sachliche Hilfsmittel gebrauchen, sondern zur Befriedigung.

HANS: Du liebe Zeit! Da sind wir ja außer in unseren wenigen Meditationszeiten den ganzen Tag auf der Sinnlichkeitsebene, fern von der Wahrheit! Wie können wir denn da nach der Wahrheit leben!

FRITZ: So schlimm ist es auch wieder nicht: Erstens hat der Erwachte in M 95 genau gezeigt, wie wir die Wahrheit im Auge behalten, sie erkennen und in sie einmünden. Zweitens sind wir auf der *Wahrheitsebene* nicht nur in längeren Meditationszeiten: Bin ich auch nur wenige Sekunden von den fünf Hemmungen – vor allem auch von Sinnenlustwollen – frei, dann kann ich *so lange* auf der *Wahrheitsebene* sein und mich der Wahrheit erinnern – wenn ich geübt bin, sie mir im Sinne von M 95 gegenwärtig zu halten. Dazu hat der Erwachte die sechs unübertrefflichen Erinnerungen genannt, die wir bald kennen lernen werden. Aber wir müssen uns der Tatsache stellen, dass wir zu *allen* anderen Zeiten auf der *Sinnlichkeitsebene* leben – was freilich nicht bedeutet, dass auf sie aus der Wahrheitsebene kein Licht herunterschimmert.

Ich kenne das von mir selber. Wenn man ernsthaft um Befreiung von der Sinnensucht ringt, auf der Wahrheitsebene ihr Elend durchschaut hat und sie deshalb negativ bewertet und so oft wie möglich auf die Wahrheitsebene zu kommen strebt, dann kann man zwar erst leicht meinen, man wäre schon so, wie man im *Geist* weiß, dass man sein *sollte* und wie man auch sein möchte. Aber das Wort »Genießen« in seiner richtig verstandenen, vom extremen Geruch des Schwelgens freien Bedeutung von bloßer »Sinnenbefriedigung« ist viel weiter und reicht in viel zartere Bereiche hinein, als manche denken. Auch im Westen rechnet man in Kreisen, die den Begriff *Eros* noch nicht auf das Sexuelle verengt haben, selbst feinste Formen des Reizes durch Sichtbares, Hörbares, Riechbares, Schmeckbares und Tastbares dem »Eros« zu. Auch noch den *»Eros der Dichter und Philosophen«* und überhaupt *»alles, was die Teile der lebenden Substanz erhält und zusammenfügt«*.[10] Und das sind in allen Bereichen der Existenz – von der Psyche bis zu den vier Grundkräften der Physik – in irgendeiner Form Kräfte von *Anziehung und Abstoßung* (*»Hinneigung und Abneigung«*) in Bezug auf unmittelbar oder mittelbar *sinnlich Wahrnehmbares*. In diesem weitesten Sinn von Erotik ist die Sexualität *eine* – wenn auch eine besonders mächtige – von vielen Formen des sinnlichen Begehrens. Auch der Erwachte fasst schon vor 2.500 Jahren *»Erotik«* in diesem weitesten Sinn auf. Das alte Pāliwort für Erotik heißt zwar *methuna* und kommt aus dem vedischen *mithuna* = »Paar«. Deshalb wird es meist nur mit

10 Vgl. LexPsych unter »Erotik«.

seiner engsten Bedeutung »Paarung, Geschlechtsverkehr« übersetzt. Es umfasst aber im weitesten Sinn jede – nicht nur sexuell bestimmte – Erlebensweise, bei der das Wohl nicht als innere Einigung entfaltet, sondern in Gestalt einer zwiespältigen Wahrnehmung von einem »Gegenüber« *gewünscht* wird: Man *ist* nicht wohl, sondern *»wünscht«* Wohl zu *»bekommen«*. Wünschen heißt *kāma* – nämlich Wünschen, dass Getrenntes (Wollen und Wahrnehmen) sich in der Befriedigung »paart« und Wohlgefühl gebiert. Das hat der Erwachte einmal dem Brahmanen Jānussoni erklärt in

A VII,47.

Der Brahmane fragte: *»Erklärt auch der Herr Gotamo von sich, dass er den brahmischen Wandel (brahmacariya) führt?« — »Wenn einer mit Recht von sich sagen kann, dass er den brahmischen Wandel unzerstückelt, unbeschnitten, unbefleckt, ungesprenkelt, vollkommen, völlig rein führt, so bin ich es.« — »Was ist denn eine Zerstückelung, Beschneidung, Befleckung, Sprenkelung des brahmischen Wandels, Herr Gotamo?« — »Da erklärt ein Asket oder Brahmane von sich, er führe den echten brahmischen Wandel, und er übt auch nicht gerade mit Frauen den Geschlechtsverkehr aus, aber das Salben, Massieren, Baden, Haarwaschen lässt er sich von Frauen gern gefallen. Das genießt er, verlangt danach, hat Freude daran. Auch das ist eine Zerstückelung, Beschneidung, Befleckung, Sprenkelung des brahmischen Wandels, Brahmane. Das heißt: der führt den brahmischen Wandel nicht vollkommen rein, sondern im Joch der Erotik (methuna); der wird nicht erlöst von Geborenwerden, Altern, Sterben, Kummer, Jammer, körperlichem Schmerz, geistigem Weh und Auflehnung; der wird nicht erlöst vom Leiden, sage ich. — Weiter, Brahmane: Da erklärt ein Asket oder Brahmane von sich, er führe den echten brahmischen Wandel, und er tut das alles nicht, aber er schäkert und tändelt gern mit Frauen und amüsiert sich mit ihnen. Oder er tut das alles nicht, aber wenn er mit dem Augsinn eine Frau erspäht hat, dann schaut er ihr nach, beobachtet sie. Oder er schaut ihr zwar nicht nach und beobachtet sie nicht, aber wenn er hinter der Mauer oder durch die Hecke eine Frau gehört hat, wie sie lacht oder plaudert oder singt oder weint, dann lauscht er ihr und achtet darauf. Oder er lauscht ihr zwar nicht und achtet nicht darauf, aber er denkt zurück, wie er früher mit Frauen geschäkert oder herumgetändelt und sich mit ihnen amüsiert hat. Oder er denkt zwar nicht daran zurück, aber er schaut einem Hausvater oder dem Sohn eines Hausvaters zu, wie der im Genuss der fünf Sinnesstränge sein Leben führt. Oder er schaut zwar nicht zu, aber er führt den brahmischen Wandel aus Verlangen nach irgendeiner Götterwelt*[11] *in der Absicht: ›Durch diese Riten, Regeln oder Bußen werde ich ein Himmelswesen werden oder himmelswesenartig.‹ Das genießt er, verlangt danach, hat Lust dabei. Auch das ist eine Zerstückelung, Beschneidung, Befleckung, Sprenkelung des brahmischen Wandels, Brahmane. Das heißt: der führt den brahmischen Wandel nicht vollkommen rein, sondern im Joch der Erotik. Der wird nicht erlöst von Geborenwerden, Altern, Sterben, Kummer, Jammer, körperlichem Schmerz, geistigem Weh und Auflehnung; der wird nicht erlöst vom Leiden, sage ich.*

Solange ich bei mir selber auch nur eine dieser sieben erotischen Verstrickungen noch nicht ganz aufgelöst sah, betrachtete ich mich noch nicht als aus dieser Welt mit ihren Weltgeistern und reinen Geistern, mit ihren Schulen von Asketen und brahmisch Lebenden, mit ihren Himmelswesen und Menschen in der vollkommenen Erwachung erwacht; sobald ich aber bei mir selber auch nicht mehr eine einzige unter diesen sieben erotischen Verstrickungen unaufgelöst sah, da wusste ich mich aus dieser Welt mit ihren Weltgeistern und reinen Geistern, mit ihren Schulen von Asketen und Brahmanen, mit ihren Himmelswesen und Menschen in der vollkommen Erwachung erwacht. Das Wissen ging auf, die Sicht ging auf: ›unversehrbar ist diese Gemüterlösung; dies war die letzte Wiedergeburt; es gibt kein Weiterwerden mehr.‹«

11 Gemeint ist eine »himmlische« Sinnenfreuden erlebende Götterwelt.

Der Eros reicht also auch noch in Lebensweisen hinein, bei denen es keinen Geschlechtsverkehr gibt, keine körperliche Berührung, keinen arglosen spielerischen Umgang, auch kein Nachblicken, Lauschen, nicht einmal mehr Zurückdenken, nur noch die Sehnsucht, nach dem Tod in einer himmlischen Erlebensweise sich feiner übermenschlicher Sinnenfreuden zu erfreuen. Damit zeigt der Erwachte den *umfassenden* Charakter des sinnlichen Begehrens 2.500 Jahre vor dem in vielem überholten, in vielem aber auch missverstandenen oder unerschlossenen Sigmund Freud. Von der Ausdrucksweise abgesehen, liegt dem die Wahrheit zugrunde: wo in einer gestalthaften Erlebnisweise kein sinnliches Verlangen (*kāma*) mehr ist, gibt es auch kein Erleben von »Substanz«, von »Stofflichkeit« mehr, sondern nur noch eine Existenz *»überall mit allem sich als eins empfindend«*[12]. — Ich sage das alles nur, damit wir klarer sehen, was erforderlich wäre, damit ein häuslicher Nachfolger zu Recht von sich sagen könnte, er sei in keiner Weise mehr ein »Sinnenwünsche befriedigender Nachfolger«!

HANS: Wann genau sind wir eigentlich auf der Sinnlichkeitsebene und wann auf der Wahrheitsebene?

FRITZ: Immer und nur dann, wenn wir von den fünf Hemmungen – Sinnenlustwollen, Übelwollen, Sichtreibenlassen, Erregtheit und Unruhe, Daseinszweifel und -sorgen – *frei* sind, sind wir auf der *Wahrheitsebene*, sonst immer auf der *Sinnlichkeitsebene*. Sogar die meisten bereits in die Heilsströmung Eingetretenen sind die überwiegende Zeit auf der Sinnlichkeitsebene. Die Anleitung des Erwachten für die häuslich Lebenden lautet für die Zeiten auf der Wahrheitsebene anders als für die Zeiten auf der Sinnlichkeitsebene. Wir werden das bei unseren nächsten Gesprächen im Einzelnen aus den Aussagen des Erwachten herausfiltern. Hier zunächst nur ein erster Vorblick:

Auf der *Wahrheitsebene* wird vom Erwachten kompromisslos das *Elend* der Sinnendinge entlarvt. Wenn wir uns auf der Wahrheitsebene vorfinden, geht es darum, diese Durchschauung auch wirklich vorzunehmen, *ohne* Rücksicht darauf, ob sie uns angenehm oder unangenehm ist und wie weit wir sie auf der Sinnlichkeitsebene schon gleich in die Lebenspraxis umsetzen könnten. Auf der Wahrheitsebene klären wir unseren geistigen Maßstab, wie es sein *sollte*. Solange wir auf ihr verweilen, wäre es ganz falsch, das Ergebnis der Durchschauung zu verharmlosen, damit es besser zu unseren Verwirklichungsmöglichkeiten auf der Sinnlichkeitsebene passt. *Solange* wir auf der *Wahrheitsebene* weilen, gleich ob kurz oder lang, können wir *vorübergehend* das tun, was die Asketen *immer* können und sollen: *jeden* Gedanken an Sinnenlust ruhig und krampflos mit der Kraft der Durchschauung *abweisen.* Mit dem stillen, rein *geistigen* Kampf der Ordnung unserer *Gedanken* auf der *Wahrheitsebene* sind wir zwar gefordert, aber wir überfordern uns nicht, sondern lösen unweigerlich und mit viel höherem Wirkungsgrad unsere Sinnesdränge als mit verbissenem Frontalangriff auf der *Sinnlichkeitsebene* durch *»Entbehren«*, solange die Befriedigung eines aufsteigenden sinnlichen Befriedigungsverlangens weder Tugenden verletzt noch rauschhaft geschieht noch die Erinnerung an das Entrinnen verdrängt. Bei diesem Vorgehen auf der *Wahrheitsebene* kann die zum Überwinden der Sinnensucht ganz *unentbehrliche* innere *Freude* aufkommen. Dafür ist es hilfreich, wenn man sich klar ist, ob man gerade auf der Sinnlichkeitsebene ist oder auf der Wahrheitsebene. Das heißt, man stellt sich der Tatsache: »In mir ist jetzt sinnliches Begehren oder Abneigung oder Verblendung«, und umgekehrt merkt man auch, wann man gerade nicht von Sinnenlustwollen gehemmt ist und diese Zeiten für die Wahrheitsebene nutzen kann.

Mit bitter-heroischem »Verzichten« auf der Sinnlichkeitsebene über die Schranken von Tugend, Rauschfreiheit und Nichtverdrängen der Erinnerung an das Entrinnen *hinaus* würden wir uns überfordern und den Gedanken an das Entrinnen eher ersticken. Wir würden nämlich

12 Näheres im 9. und 10. Gespräch.

die Aufmerksamkeit gerade gebannt auf die Sinnendinge und unser vermeintliches Versagen richten und wären leicht beim »Erbsenzählen«, ob wir auch ja nicht mehr als das gerade noch äußerst Notwendige an Befriedigung gehabt hätten. Die *Sinnlichkeitsebene* ist eben für den häuslich Lebenden – anders als für den Asketen – weniger ein direkter und betonter Kampfplatz *gegen* Sinnlichkeit, sondern Kampfplatz *für Tugend* als Rahmen für einen maßvollen Umgang mit einer solchen Art von Sinnenbefriedigung, dass die Erinnerung an das Entrinnen nicht untergeht. Je mehr man sich darüber klar wird, desto leichter, öfter und mit desto weniger »Versagergefühl« kann man sich immer wieder auf die *Wahrheitsebene* aufschwingen. Durch die dort immer wiederholte Grundbewertung im *Geist* und das damit verbundene Orientierungswohl verliert die sinnliche Befriedigung krampflos an Reiz, und die Sinnesdränge nehmen dauerhaft ab. Schon allein die Tatsache, dass man auf der Sinnlichkeitsebene die drei Filter (Tugend, Rauschfreiheit, Erinnerung an das Entrinnen) benutzt, also zwar nicht heroisch verzichtet, aber auch nicht blind den Trieben gefolgt ist, lässt allmählich auch Erfolgserlebnisse und innere Freude in die Sinnlichkeitsebene hineinwachsen. Damit schützt man sich zugleich fast unmerklich vor der verbreiteten »*Gier nach immer mehr*«. Wir werden das aus den folgenden Reden noch deutlicher sehen.

RUTH: Wenn ich recht verstehe, bestehen also die Unterschiede in der Gangart beim Umgang mit Sinnendingen zwischen Ordensmitgliedern und häuslich Lebenden im Wesentlichen nicht so sehr bei den seltenen Anhängern, die das brahmische Leben führen, sondern bei den »*Sinnenwünsche befriedigenden*« häuslichen Anhängern – dem Gros der Nichtasketen – und auch bei ihnen nicht auf der Wahrheitsebene, sondern nur auf der Sinnlichkeitsebene, und auch dort nur auf *dem* Teilgebiet, auf dem Sinnenbefriedigung keine der fünf Grundtugenden verletzt und nicht so fasziniert geschieht, dass darüber das Entrinnen vergessen würde?

FRITZ: So ist es, Ruth. Aus den Lehrtexten, die wir in den nächsten Tagen besprechen wollen, werden wir sehen:

- Mönche und *Nonnen* kämpfen *immer direkt* gegen jedes sinnliche Verlangen.
- Häuslich lebenden Nachfolgern zeigt der Erwachte den Segen der *Wahrheitsebene, vor allem* auch Betrachtungen, durch die sie sich »*auch während ihrer Arbeit und in einem Haus voller Kinder*« aus der Hemmung durch Sinnenlustwollen immer wieder kurz auf die *Wahrheitsebene* hochziehen können. Den *Feiertag* empfiehlt er ihnen sogar *ganz* auf der Wahrheitsebene zu verbringen.[13] Dort üben auch sie – nicht anders als Mönche und Nonnen – kompromisslos die *negative Grundbewertung* der Sinnensucht im *Geist* ein. Das noch so bescheidene innere Wohl, das daraus hervorgeht, reicht bei richtigem Vorgehen aus, dass sie während der Zeit auf der *Wahrheitsebene* ohne sinnliche Befriedigung auskommen und sinnliche Gedanken abweisen können, ohne sich zu überfordern.
- Auch auf der *Sinnlichkeitsebene* kämpfen häusliche Nachfolger jederzeit *direkt* gegen sinnliches Verlangen in *drei* Fällen: Wenn durch Befriedigung die fünf Grundtugenden verletzt würden oder die Befriedigung rauschhafte Formen annehmen würde oder über der Sinnenbefriedigung die Möglichkeit des Entrinnens aus dem Blick käme.
- Wenn aber alle diese drei Filter passiert sind, sagt der Erwachte den häuslichen Anhängern *nicht*, auch auf diesem »ruhigeren Teil« der *Sinnlichkeitsebene* müssten sie erst einmal »bis zum Umfallen« gegen jedes sinnliche Verlangen kämpfen; nur wenn ihre Kräfte gar nicht mehr reichten, hätten sie eben notgedrungen das knappste Maß an sinnlicher Befriedigung

13 Über die sechs »unübertrefflichen Erinnerungen« *(anuttara anussati)*. Näheres im 8. Gespräch, Teil V, besonders A III,71, und im 14. Gespräch, Teil II, ferner Schäfer, Die sechs unübertrefflichen Erinnerungen, BoBl. 36.

sozusagen »zu erdulden«, hätten sich aber sofort hinterher dieses »Versagens« zu schämen. Im *Gegenteil*: Der Erwachte sagt wiederholt: Ein Sinnenwünsche befriedigender Anhänger in der Häuslichkeit – auch wenn er schon in die Heilsströmung eingetreten ist – sei sogar zu *tadeln*, wenn er es sich mit den durch die drei Filter gegangenen Befriedigungsmöglichkeiten nicht »*selber angenehm und befriedigend*« macht, wie es in S 42,12 heißt. Und als in S 55,53[14] Hausleute dem Erwachten sagen, dass sie nicht gut seinen Rat befolgen können, die tiefen, von der Leerheit handelnden Lehrreden zu betrachten, weil sie sich in der Häuslichkeit an Geld und Gut freuen (*sādiyati*, wörtlich »genießen, billigen«), tadelt sie der Erwachte keineswegs, sondern bestätigt ihnen nach einem Wechselgespräch ausdrücklich, dass sie in die Heilsströmung eingetreten sind.

HANS: Das kann doch nicht wahr sein! An dem Punkt habe ich schon vorhin gestutzt. Es ist ja schön, dass der Buddha Verständnis dafür hat, wenn ein häuslich lebender Anhänger noch nicht ganz ohne sinnliche Befriedigung auskommt. Aber der Buddha kann doch nicht darüber hinaus – fast wie manche heutige Psychologen – sagen: »Genießt ruhig!« oder gar: »Ihr *müsst* genießen, damit ihr keine Komplexe und Aggressionen aufbaut!« oder gar *tadeln*, wenn sich Sinnenwünsche befriedigende Anhänger nicht ihre tägliche Ration an Lustgewinn abholen wie ein Hund seine Streicheleinheiten! Sind das nicht vielleicht nur besondere Einzelfälle gewesen?

FRITZ: Du hast mich missverstanden, Hans: Der Buddha rät nie: »*Genießt ruhig*« oder gar: »*Ihr müsst genießen*«. Was der Erwachte den häuslich Lebenden über Sinnenbefriedigung sagt, gilt ausschließlich für den Fall, dass gerade ein akutes drängendes sinnliches Verlangen aufgestiegen *ist*. Wer zufrieden ist oder sich im Moment so wenig sinnlich gedrängt fühlt, dass die Waage noch schwankt, der fährt am besten, wenn er der Waage nicht etwa einen leisen Stoß zur Sinnenbefriedigung hinüber gibt, sondern die eine oder andere der sechs unübertrefflichen Betrachtungen auf die Waagschale der *Wahrheitsebene* legt und dabei »*das Befreiende am Loslassen*« empfindet. Nur wenn das Gewicht der Sinnesdränge den *häuslichen* Nachfolger bereits auf die Sinnlichkeitsebene gezogen hat, dann zeigt ihm der Erwachte dort ein Notventil in einer solchen »ruhigeren Art von Befriedigung«, die alle drei Filter (Tugend, Rauschfreiheit und Fernzielerinnerung) passiert hat und tadelt nur den, der unrealistisch meint, er könne es sich leisten, an seinem erhitzten Triebdruckbehälter das Sicherheitsventil »dreifach gefilterte Befriedigung« auszubauen und stattdessen den Deckel zuzuschrauben. Ob es sich bei diesen Anleitungen nur um einzelne Sonderfälle handelt, das prüfen wir am besten miteinander anhand der Texte, besonders der umfassenden systematischen Übersicht in S 42,12. Ist euch das recht?

RUTH und HANS: Klar.

RUTH: Zuerst würde mich aber interessieren, wie der Buddha erklärt, dass er vor dem Erwachen das sinnliche Begehren trotz vollkommener Durchschauung des Elends nicht überwinden konnte, ehe er das Hochgefühl inneren Jubels gewann. Denn bei manchen ernsthaften westlichen Buddhisten habe ich die entgegengesetzte Meinung gehört: erst müsse man durch Kampf gegen sinnliche Befriedigung und Bitternis hindurch und die Sinnensucht überwunden haben. Dann erst könne der innere Jubel kommen.

FRITZ: Der Buddha beschreibt aus seiner eigenen Erfahrung die Reihenfolge genau umgekehrt als deine Gewährsleute: Dass man durch Kampf und notfalls vorübergehend »bewölkte Tage« hindurch muss, ehe man inneres Hochgefühl erwerben kann, stimmt für häuslich lebende Nachfolger zwar insofern, als es auf der *Wahrheitsebene* um absolute Abwehr sinnlicher Gedanken und Anwandlungen geht und auf der *Sinnlichkeitsebene* um das Anwenden der *drei Filter*. Da muss auch der häusliche Nachfolger gegen Befriedigungsverlangen kämpfen, wenn sonst Tugenden verletzt würden oder eine so starke Fixierung auf Sinnenbefriedigung

14 Besprochen unten im 15. Gespräch.

entstünde, dass die Entrinnung nachhaltig in Vergessenheit geriete. Durch diese Arbeit kommen auch ausgesprochene Kämpfernaturen auf ihre Kosten. Noch im Mittelhochdeutschen bedeutete ja das Wort *»arebeit«* auch Kampf und Abenteuer. Es stimmt dagegen nicht, in der Häuslichkeit nach der Lehre leben bedeute, auch auf der *Sinnlichkeitsebene* ständig als eine Art »Minimalist« selbst dann noch außer der negativen geistigen Bewertung auch direkt gegen ein sinnliches Verlangen zu kämpfen, wenn es die drei Filter passiert hat. Lassen wir uns das vom Buddha selber sagen in der Rede

M 14 – DIE KURZE REDE VON DER LEIDENSHÄUFUNG.

Der Sakyer Mahānāmo besuchte den Erwachten im Feigenbaumkloster in Kapilavatthu und fragte besorgt: *»Herr, seit langem habe ich die vom Erhabenen verkündete Lehre genau verstanden: ›Sinnliches Begehren (lobha) ist eine Herzensbefleckung; Abneigung ist eine Herzensbefleckung; Verblendung ist eine Herzensbefleckung.‹ Aber obwohl ich diese vom Erhabenen verkündete Lehre genau verstehe, überwältigen mir manchmal Vorstellungen des sinnlichen Begehrens, der Abneigung, der Verblendung das Herz und halten es besetzt. Da habe ich mich gefragt: Welche Eigenschaft in meinem Innern ist noch nicht überwunden, dass mir manchmal Vorstellungen des sinnlichen Begehrens, der Abneigung, der Verblendung das Herz überwältigen und besetzt halten?« — »Eben die Eigenschaft in deinem Innern ist noch nicht überwunden, Mahānāmo, dass dir manchmal Vorstellungen des sinnlichen Begehrens, der Abneigung, der Verblendung das Herz überwältigen und besetzt halten. Wenn diese Eigenschaft in dir überwunden wäre, dann könntest du gar nicht mehr in einer Häuslichkeit wohnen und Sinnenwünsche (kāma) befriedigen. Weil aber diese Eigenschaft in dir nicht überwunden ist, deshalb lebst du in der Häuslichkeit und befriedigst Sinnenwünsche.«*

HANS: Will denn der Buddha damit sagen, der König soll endlich mit Sinnenbefriedigung aufhören und in die Hauslosigkeit gehen?

FRITZ: Aber nein, Hans. Das wäre ja die typisch abendländische Blickweise, die nicht unterscheidet zwischen Wahrheitsebene und Sinnlichkeitsebene, sondern streng »logisch« meint: *»Also muss man ab sofort ...«* Der Erwachte will im Gegenteil den über sein Vorwärtskommen besorgten König trösten und ihm zeigen, dass er sich keine heilshindernden Sorgen zu machen braucht. Denn er sagt weiter:

»Auch wenn ein Heilsgänger der Wirklichkeit gemäß mit voller Weisheit klar gesehen hat: ›unbefriedigend sind die Sinnenwünsche, voller Leiden, voller Auflehnung, das Elend überwiegt‹ – solange er nicht außerhalb der Sinnenwünsche, außerhalb der heillosen Dinge zum Wohl inneren Jubels *(pīti)*[15] *kommt oder zu einem noch stilleren Wohl, so lange ist er* nicht imstande, *von Sinnenwünschen loszukommen*[16]. *Sobald aber ein Heilsgänger, der der Wirklichkeit gemäß mit voller Weisheit klar gesehen hat: ›Unbefriedigend sind die Sinnenwünsche, voller Leiden, voller Auflehnung, das Elend überwiegt‹, außerhalb der Sinnenwünsche, außerhalb der heillosen Dinge zum Wohl inneren Jubels gekommen ist oder zu einem noch stilleren Wohl, ist er imstande, von der Verlockung durch die Sinnenwünsche loszukommen.*

Auch ich hatte vor dem Erwachen, als ich, noch kein vollkommen Erwachter, auf die Erwachung zuging, der Wirklichkeit gemäß mit vollkommener Weisheit klar gesehen: ›Unbefriedigend sind die Sinnenwünsche, voller Leiden, voller Auflehnung, das Elend überwiegt.‹ Aber solange ich nicht außerhalb der Sinnenwünsche, außerhalb der heillosen Dinge zum Wohl inneren Jubels gekommen war oder zu einem noch stilleren Wohl, so lange musste ich mir eingestehen, dass ich nicht imstande *war, von der Verlockung durch Sinnenwünsche loszukommen. Sobald ich aber der Wirklichkeit gemäß mit vollkommener Weisheit klar eingesehen hatte:*

15 Vom BuSem umschrieben: »geistige Beglückung bis Verzückung«.

16 *Anāvattī kāmesu hoti.*

›Unbefriedigend ist das sinnliche Begehren, voller Leiden, voller Auflehnung, das Elend überwiegt‹ und außerdem außerhalb der Sinnenwünsche, außerhalb der heillosen Dinge zum Wohl inneren Jubels *gekommen war oder zu einem noch stilleren Wohl, da konnte ich bei mir feststellen, dass ich von der Verlockung durch Sinnenwünsche losgekommen war.*

Was ist denn das Befriedigende am sinnlichen Begehren? Fünf Sinnesstränge *(kāma-guṇa) gibt es: augsinnerfahrbare Formen/ ohrsinnerfahrbare Töne/ nasensinnerfahrbare Düfte/ zungensinnerfahrbare Geschmäcke/ körpersinnerfahrbare Tastungen, die erwünscht sind, begehrt, gefällig, den Vorlieben entsprechen, das sinnliche Begehren auf sich ziehen, reizen. Das sind die fünf Sinnesstränge. Was da durch diese fünf Sinnesstränge bedingt an Wohl und Frohsinn aufkommt, das ist das Befriedigende an den Sinnenwünschen. — Und was ist das Elend der Sinnenwünsche? Da verdient sich ein Sohn aus einer Familie*[17] *durch einen Beruf seinen Lebensunterhalt, etwa als Urkundsbeamter, Rechner, Buchhalter, Landwirt, Händler, Kuhhirt, Bogenschütze, königlicher Minister oder in irgendeinem andern Beruf. Da ist er Kälte und Hitze ausgesetzt, hat unter Bremsen, Moskitos und Kriechtieren zu leiden, kommt vor Hunger und Durst halb um. Das ist ein offen zutageliegendes diesseitiges Elend der Sinnenwünsche, eine Leidenshäufung, durch sinnliches Begehren bedingt, aus sinnlichem Begehren kommend, eine Folge sinnlichen Begehrens, verursacht eben durch sinnliches Begehren.*

Wenn dieser Sohn aus einer Familie trotz aller Tätigkeit, allen Strebens und aller Mühe nicht zu Vermögen kommt, dann klagt er, jammert, bäumt sich dagegen auf, schlägt sich an die Brust, gerät außer sich: ›Umsonst rackere ich mich ab, fruchtlos ist meine Mühe.‹ Das eben ist ein offen zutageliegendes diesseitiges Elend der Sinnenwünsche, eine Leidenshäufung, durch sinnliches Begehren bedingt, aus sinnlichem Begehren kommend, eine Folge sinnlichen Begehrens, verursacht eben durch sinnliches Begehren. — Wenn dieser Sohn aus einer Familie durch seine Tätigkeit, sein Streben und seine Mühe zu Vermögen kommt, dann macht ihm die Erhaltung des Vermögens Kummer und Sorgen: ›Wenn mir nur meine Habe nicht vom König beschlagnahmt, von Räubern geraubt, vom Feuer verzehrt, vom Wasser weggeschwemmt, von unlieben Erben entzogen wird.‹ Nun wird ihm aber trotz aller Bewahrung und Bewachung das Vermögen vom König beschlagnahmt, von Räubern geraubt, vom Feuer verzehrt, vom Wasser weggeschwemmt, von unlieben Erben entzogen. Da klagt er, jammert, bäumt sich dagegen auf, schlägt sich an die Brust, gerät außer sich: ›Was mir gehörte, ist dahin.‹ Auch das ist ein offen zutageliegendes diesseitiges Elend der Sinnenwünsche, eine Leidenshäufung, durch sinnliches Begehren bedingt, aus sinnlichem Begehren kommend, eine Folge sinnlichen Begehrens, verursacht eben durch sinnliches Begehren.

Und weiter: Durch sinnliches Begehren bedingt, durch sinnliches Begehren verursacht, als Folge sinnlichen Begehrens streiten Könige mit Königen, Adlige mit Adligen, Brahmanen mit Brahmanen, Hausväter mit Hausvätern, streitet die Mutter mit dem Kind, das Kind mit der Mutter, Bruder mit Bruder, Bruder mit Schwester, Schwester mit Bruder, Freund mit Freund. Darüber geraten sie in Zank, Zwietracht und Kampf und gehen mit Fäusten aufeinander los, mit Steinen, Stöcken, Messern und kommen dabei zu Tode oder in tödliches Leid. Auch das ist ein offen zutageliegendes diesseitiges Elend der Sinnenwünsche. — Und weiter: Durch sinnliches Begehren bedingt, bewaffnen sie sich mit Schwert und Schild, Pfeil und Bogen und stürmen in hellen Haufen in die offene Feldschlacht

17 *kulaputto* (vgl. auch Fußnote 16 zum 3. Gespräch) wird meist übersetzt: »edler *(kula)* Sohn *(putto)*«. »*Kula*« heißt aber nicht »edel«, sondern »Familie« und hat nur manchmal die übertragene Bedeutung »edler« Abkunft. Der Ausdruck dürfte hier einfach zur Abgrenzung gegenüber Menschen dienen, denen eine Erziehung in einer Familie versagt geblieben ist – z. B. Waisen, Findelkinder, Bettelkinder, Straßenkinder, uneheliche Kinder (unter den damaligen Verhältnissen), die es schwer hatten bestimmte Dinge zu erreichen, die im Normalfall als selbstverständlich vorausgesetzt werden. Wo das fehlte, bedurfte es zusätzlicher Sonderanleitungen.

oder auf die glitschigen Wälle, und die Pfeile schwirren, die Lanzen sausen, die Schwerter blitzen, und sie durchbohren einander mit Pfeilen, mit Lanzen, schlagen einander mit dem Schwert den Kopf ab und kommen zu Tode oder in tödliches Leid. Auch das ist ein offen zutageliegendes diesseitiges Elend der Sinnenwünsche. — Und weiter: Durch sinnliches Begehren bedingt, brechen sie Verträge, rauben und plündern, stehlen, lauern einander auf, rauben dem andern die Frau. Da nehmen die Könige sie fest und verhängen über sie mannigfache Strafen: Sie lassen sie auspeitschen, mit dem Rohrstock prügeln, mit nassen Ruten schlagen, lassen ihnen Hand, Fuß oder Hand und Fuß abhacken, ein Ohr, die Nase, Ohr und Nase abschneiden, lassen sie in einem Säurekessel auflösen, verhängen Strafen wie Feuerkranz, Fackelhand, Spießrutenlaufen, In-Scheiben-Schneiden, Verätzen mit Lauge, Aufspießen, lassen sie mit siedendem Öl übergießen, von Hunden zerfleischen, pfählen, mit dem Schwert köpfen.[18] *So kommen jene zu Tode oder zu tödlichem Leiden. Auch das ist ein offen zutageliegendes diesseitiges Elend der Sinnenwünsche.*

Und weiter: Durch sinnliches Begehren bedingt, durch sinnliches Begehren verursacht, als Folge sinnlichen Begehrens, bedingt eben durch sinnliches Begehren, führen sie in Werken, Worten, im Geist einen falschen Wandel. Weil sie in Werken, Worten, im Geist einen falschen Wandel geführt haben, erscheinen sie nach dem Absterben dieses Körpers, nach dem Tod auf dem Abweg wieder, in unterem Dasein, im Verderben, in einer Hölle. Das ist das jenseitige Elend der Sinnenwünsche, eine Leidenshäufung, durch sinnliches Begehren bedingt, aus sinnlichem Begehren kommend, eine Folge sinnlichen Begehrens, bedingt eben durch sinnliches Begehren.«

Nach dieser für Asketen wie häuslich Lebende gleichen entlarvenden Grundbewertung des sinnlichen Begehrens als Elend zeigt der Erwachte dem König, wie abwegig dennoch die in Indien und auch im christlichen Mittelalter verbreitete Auffassung ist, man könne durch Selbstqual, durch Kasteiung, zum Wohl kommen:

»Einstmals weilte ich bei Rājagaha am Geierkulm. Zu jener Zeit waren am Seherschlund beim Schwarzen Stein viele Freie Brüder, die standen ständig, setzten sich nie, bekamen Krampfanfälle und litten bohrende Schmerzen, empfanden qualvolle Gefühle. Da ging ich am Abend aus meiner Zurückgezogenheit zum Schwarzen Stein am Seherschlund, wo jene Freien Brüder weilten, und sprach: ›Ihr lieben Freien Brüder, warum steht ihr ständig, setzt euch nie, bekommt Krampfanfälle und leidet bohrende Schmerzen, empfindet qualvolle Gefühle?‹ – Auf diese Frage antworteten mir die Freien Brüder: ›Freund, der Freie Bruder Nāthaputto weiß alles, sieht alles. Der erklärt: 'Freie Brüder, ihr habt in früheren Wiedergeburten[19] *schlechte Taten getan. Die hebt durch diese harte Schmerzensaskese auf. Wenn ihr euch jetzt in Werken, Worten, Gedanken hütet, dann wirkt ihr nichts Schlechtes in die Zukunft hinein. So macht ihr durch inbrünstige Kasteiung die früheren Taten ungeschehen, und weil ihr keine neuen Taten tut, fließt nichts in die Zukunft hinein. Wenn nichts mehr in die Zukunft hineinfließt, so ist dies das Versiegen der Taten. Durch Versiegen der Taten versiegt das Leiden. Durch Versiegen des Leidens versiegen die Gefühle. Durch Versiegen der Gefühle kommt alles Leiden zu Ende.' — Das leuchtet uns ein, dem stimmen wir zu, das stellt uns zufrieden.‹ — Auf diese Worte habe ich zu den Freien Brüdern gesagt: ›Wie, ihr lieben Freien Brüder, wisst ihr denn: Ich habe schon vor diesem Leben existiert, bin nicht vor diesem Leben noch gar nicht gewesen, ich habe in früheren Leben Schlechtes getan, habe nicht etwa vor diesem Leben noch nichts getan?‹ — ›Das nicht, Freund.‹ — ›Wie denn, ihr lieben Freien Brüder, wisst ihr denn: Soundsoviel Leiden ist abgebüßt, soundsoviel Leiden muss noch abgebüßt werden; wenn soundsoviel Leiden abgebüßt ist, dann ist alles Leiden abgebüßt?‹ — ›Das nicht, Freund.‹ — ›Wie aber, liebe Freie Brüder: wisst ihr, wie in diesem jetzigen Leben die heilsuntauglichen Eigenschaften aufgehoben und die heilstauglichen Eigenschaften erworben werden?‹ — ›Das nicht, Freund.‹ —*

18 Hier sind noch weitere grausame Strafen genannt, deren Einzelerklärung zu weit führen würde.
19 *»pubbe«* = »früher, vorher«, oft auch »vor dem jetzigen Leben«.

›*Dann wisst ihr das alles also gar nicht, liebe Freie Brüder? Wenn es so wäre, ihr Freien Brüder, dann gingen gerade solche, die grausame und blutige Taten getan haben und unter Menschen wiedergeboren worden sind, zu den Freien Brüdern in deren Orden.*‹«

Hans: Wieso?

Fritz: Wenn Selbstqual die karmischen Folgen früheren schlechten Wirkens aufheben könnte, dann brauchte man nicht seine heilsuntauglichen *Eigenschaften* aufzuheben und heilstaugliche zu entwickeln. Selbst Übeltäter mit so schlechten Eigenschaften, dass sie kaum Chancen hätten, sie in diesem Leben aufzuheben, könnten den Heilsstand dadurch erringen, dass sie sich viel *Schmerz* zufügen. Die Freien Brüder verdrängen aber diesen schlagenden Einwand des Erwachten und wiederholen einfach die Behauptung ihres Guru: »›*Freund Gotamo, durch Wohl kann man nicht zum Wohl kommen; nur durch Weh kann man zum Wohl kommen. Wenn man durch Wohl zum Wohl kommen könnte, dann könnte der König von Māgadha, Seniyo Bimbisāro, zu Wohl kommen; der lebt in mehr Wohl als Freund Gotamo.*‹ — ›*Liebe Freie Brüder: Das habt ihr gewiss schnell und ohne besondere Überlegung hingesagt. Da muss ich euch doch fragen: Wer von den beiden Ehrwürdigen lebt denn in mehr Wohl, der König von Māgadha, Seniyo Bimbisāro oder der Asket Gotamo?*‹ — ›*Nun ja, Freund Gotamo, wir haben das so schnell und ohne besondere Überlegung hingesagt. Sei's drum, jetzt fragen wir aber den verehrten Gotamo: Wer von den beiden Ehrwürdigen lebt denn nun in mehr Wohl, der König von Māgadha, Seniyo Bimbisāro oder der Asket Gotamo?*‹ — ›*Nun, liebe Freie Brüder, dazu will ich euch Fragen stellen; wenn ihr mögt, könnt ihr antworten. Was meint ihr, liebe Freie Brüder: kann der König ohne körperliche Regung, ohne sprachliche Betätigung, sieben Tage und Nächte einzig und allein Wohl erfahren?*‹ — ›*Das nicht, Freund.*‹ — ›*Was meint ihr, liebe Freie Brüder: kann der König ohne körperliche Regung, ohne sprachliche Betätigung, sechs, fünf, vier, drei, zwei Tage und Nächte, einen Tag und eine Nacht einzig und allein Wohl erfahren?*‹ — ›*Das nicht, Freund.*‹ — ›*Aber ich, liebe Freie Brüder: ich kann ohne körperliche Regung, ohne sprachliche Betätigung*[20], *sieben Tage und Nächte einzig und allein Wohl erfahren. Was meint ihr, liebe Freie Brüder: Wenn es so ist, wer lebt dann in mehr Wohl?*‹ — ›*Wenn es so ist, dann lebt der Asket Gotamo in mehr Wohl als der König von Māgadha.*‹« *So sprach der Erhabene. Der Sakyer Mahānāmo war beglückt und erhoben von der Rede des Erhabenen.*

Hier lässt der Buddha also zwar für unsere Besinnung auf der *Wahrheitsebene* keinen Zweifel am Elend des sinnlichen Begehrens und stellt ihr das von allem Äußeren unabhängige Wohl gegenüber, aber er sagt gleichzeitig für den täglichen Gebrauch auf der *Sinnlichkeitsebene* klipp und klar:

1. Das sinnliche Begehren kann man *unmöglich* durch *Kasteiung* überwinden; selbst der heroischste Kampf mit den Riesenkräften eines um die Erwachung ringenden Asketen Gotamo hilft nichts,

2. auch *nicht* die vollkommenste *Durchschauung* des Elends der Sinnenwünsche im Geist *allein*, nicht einmal in der Askese und nicht einmal mit der gewaltigen Verständniskraft eines Asketen Gotamo.

3. Auch der ernsteste Wahrheitssucher ist *nicht imstande*, von sinnlichem Begehren nachhaltig loszukommen, solange er kein *besseres Wohl* erlangt hat.

4. Als »besseres Wohl« genügt aber auch das feinste Sinnenwohl nicht, sondern nur ein Wohl »*jenseits der Sinnenwünsche, jenseits der heillosen Dinge*«,

5. aber nicht schon die einfache überweltliche Freude (*pāmujjā*), sondern mindestens das gleichsam überfließende »*Wohl des inneren Jubels* (*pīti*[21])«.

20 *vaci-sankhāra* = alles begriffliche Denken, das ja Sprache voraussetzt.

21 Näheres vgl. HHpīti.

RUTH: Heißt das umgekehrt: *pīti genügt*? Ich habe nämlich schon behaupten hören, erforderlich sei voller *samādhi* oder gar dessen Gipfel, weltlose Entrückung (*jhāna*), um von der Verlockung durch Sinnenwünsche freizukommen.

FRITZ: *Pīti* genügt. Mit ihr ergibt sich für den Heilsgänger alles Weitere fast wie von selbst. Sie führt zur Entrückung. *Ohne pīti* hilft kein Knapsen und kein Entbehren, keine Achtsamkeit, keine Strenge, kein »Halbasketentum« im Haus und kein »Radikalbuddhismus«.

HANS: Aber was kann denn ein Mensch gegen die Sinnestriebe tun, wenn er zwar im Geist ihr Elend durchschaut, aber im Gemüt noch keine *pīti* hat? Geduldig auf die *pīti* warten und so lange ruhig weiter die Sinne befriedigen?

RUTH: Ruhig weiter die Sinne befriedigen, wie wenn nichts gewesen wäre, geht auch nicht: Wir haben ja gesehen: Es *ist* etwas gewesen: Vor der Begegnung mit der Lehre herrschte auf der *Wahrheitsebene* eine falsche – positive – Grundbewertung des sinnlichen Begehrens. Diese falsche Grundbewertung ersetzt der häusliche Nachfolger im *Geist*, auf der *Wahrheitsebene*, ohne Wenn und Aber durch eine *negative* Grundbewertung. Die praktische Frage ist nur, ob sie schon sofort auf der *Sinnlichkeitsebene* in die Praxis umgesetzt werden kann oder gar muss. Aber bis die *pīti* vom Himmel fällt, »ruhig weiter die Sinne befriedigen« – das hieße ja: *hemmungslos*. Mit einem solchen Freibrief würde ich mir den klaren Maßstab auf der *Wahrheitsebene* verbiegen, in rauschhaftes Genießen, Habsucht und Maßlosigkeit hineinschlittern und vergessen, dass es um Entrinnen geht.

HANS: Aber Knapsen und Darben bringt doch auch nichts!

RUTH: Nach dem, was der Buddha dem König gesagt hat, hilft doch da für Anhänger in der Häuslichkeit nur: statt sich noch weiteres Leiden zuzufügen durch bitteres Verzichten auch auf solche sinnliche Befriedigungsmöglichkeiten, die anstandslos die drei Filter passiert haben, lieber so bald wie möglich *innere Freude dazugewinnen* und so lange ansammeln, bis sie als innerer Jubel überfließt. Das muss ja nicht gleich ein brausender Niagarafall von Jubel sein. Es gibt auch zarten inneren Jubel.

HANS: Natürlich, Ruth. Das ist der Ausweg: Auf der *Wahrheitsebene* direkter Kampf. Auf der *Sinnlichkeitsebene* zwar noch kein asketisch-*totaler*, aber ein zu einer ruhigeren Sinnenbefriedigung führender *direkter* Kampf *für* Tugend, Rauschfreiheit und Erinnerung an das Ziel der *Befreiung*. Über diese drei Filter der sinnlichen Befriedigung hinaus aber *keine Problematisierung*! Dazu fällt mir ein Vergleich ein: Eine junge Künstlerin kann von ihrer Kunst allein noch nicht leben. Deshalb flicht sie zum Broterwerb Körbe. Die Kunst ist ein Gleichnis für das innere Wohl, Korbflechten für das Sinnenwohl. Sie bekommt viele Aufträge für Körbe, und das Geld fließt nur so. Da macht sie hemmungslos so viel Körbe, dass sie zwar gut verdient, aber keine Zeit und Kraft mehr für ihre Kunst hat. Deshalb versäumt sie Gelegenheiten, ihrer Kunst so zum Durchbruch zu verhelfen, dass sie künftig allein davon besser, freier und innerlich erfüllter leben könnte. Dann wird sie alt, die Aufträge für Körbe bleiben aus, zu ihrer Kunst hat sie den Bezug verloren. Dann müsste sie sich doch sagen: »Deine Kunst hast du vernachlässigt. Jetzt bist du alt und müde, kannst keine richtigen Körbe machen und deine Kunst nicht ausüben, jagst hinter Aufträgen für Körbe her und biegst mit zittrigen Händen Weidenruten, nur um vegetieren zu können.«

FRITZ: Ja, Hans. Und das andere Extrem würde der Künstlerin auch nichts helfen: wenn sie nämlich sagen würde: »Ich bin Künstlerin und verhungere lieber, ehe ich Körbe flechte.« Und sie verhungert. Das wäre dann ein Gleichnis für heroisches Sich-Verkneifen. Beide Extreme helfen nicht weiter. Wer an sich oder andere solche überzogenen Forderungen stellt, folgt *nicht* der Anleitung des Erwachten in den Reden und Gesprächen, die wir nach dieser ersten Vorschau miteinander lesen wollen, sondern geht »auf eigene Gefahr« vor und muss aufpassen, dass er nicht eines Tages umso stärker über die Stränge schlägt oder Ersatzbefriedigungen sucht, wie karitative Geschäftigkeit, Gelehrsamkeit, Missionieren, sich Vergleichen mit anderen oder Kritisieren. Ich habe im Lauf von Jahrzehnten erfahren, welche fast unermessliche Wohltat es ist, diesen Mangel bei sich selber zu entdecken und zu beginnen, sich davon freizumachen, vor allem indem man seine Achtsamkeit und Energie erst einmal darauf verwendet, das Bekritteln von Mitwesen oder gar bedrängende Gesinnungen, Worte und Taten *bei sich selber* zu bekämpfen, statt – auch da, wo die drei Filter passiert sind – bei sich selber und anderen wie gebannt darauf zu starren, ob einem vielleicht gar eine sinnliche Befriedigung »unterlaufen« sei und ob man sie auch sofort wieder durch Scham ausgetilgt hat. Man kann auf dem *Weg* zur Entwöhnung von der Sinnen-Sucht das Suchtmittel nicht von einem Tag auf den anderen absetzen, sondern nur behutsam und allmählich.

RUTH: Aber der Mensch ist doch auch zu außerordentlichen Verzichten fähig. Denken wir an die Ausgebombten im letzten Weltkrieg oder an die Flüchtlingsströme überall in der Welt. Da meistern es doch viele Menschen, dass sie Hab und Gut, Familie und Freunde von einem Augenblick auf den andern hinter sich lassen müssen. Würde da ein großer Verzicht nicht erst recht lohnen, wo es um den Ausweg aus dem Leidenskreislauf und um das Entrinnen zum ewigen Frieden geht?

FRITZ: Lohnen würde er, wenn er in der Häuslichkeit auch dem Normalfall von »*Sinnenwünsche befriedigenden Anhängern*« möglich wäre. Aber sogar der Asket Gotamo hat ja vor der Erwachung am eigenen Leib erfahren müssen, dass auch bloße geistige Durchschauung des Elends sinnlichen Begehrens »*mit vollkommener Weisheit*« das innere Hochgefühl der *pīti* als Lösungsmittel für die Sinnensucht so wenig ersetzen kann wie Stahlwolle ein Lösungsmittel zum Entfernen festgetrockneter Farbe von einer polierten Platte. Sicher: bei einem allgemein weltlichen Unglück müssten wir wohl oder übel ohne all das leben, was uns dabei genommen wird. Aber das wäre kein echter »Verzicht«: einmal, weil gar nichts mehr da wäre zum Verzichten und alle betroffen wären. Zweitens erstreben doch Katastrophenopfer nichts stärker, als das Verlorene bald wieder zu bekommen. In ihren Notquartieren schwärmen sie davon und bewerten das Verlorene im Geist *positiv*. Davon wird das sinnliche Begehren nicht weniger, sondern *mehr*. Von Verzichten, Loslassen kann man nur sprechen, wenn Sinnengenüsse aus Einsicht im Geist neu – nämlich *negativ* – bewertet werden und das Streben aufkommt, trotz der noch lange nicht der neuen Einsicht angepassten Triebe und Gewohnheiten wenigstens nach der besseren Einsicht zu *denken*.

Wenn wir inmitten der Häuslichkeit mit ihren Ablenkungen in vollem Umfang die Anleitungen des Erwachten befolgen:

• *während* des Aufenthalts auf der *Wahrheitsebene* im *Geist* direkter Kampf gegen sinnliches Begehren durch kompromisslose Durchschauung des Elends und Fernhalten aller sinnlichen Vorstellungen und Anwandlungen,

• auf der *Sinnlichkeitsebene* direkter Kampf durch ständige Anwendung der drei Filter, aber keine Problematisierung darüber hinaus, dann tun wir genug. Das *können* wir ohne Überforderung, und das bringt *Freude*.

RUTH: Das stimmt.

FRITZ: Ein Großteil unserer Gefühle kommt derzeit noch aus der Berührung mit sinnlich Wahrnehmbarem. Wir mögen das unter dem tiefen Eindruck der Lehre *während* unserer Gespräche und Besinnungen auf der *Wahrheitsebene* vergessen. Aber wenn es eine Art Geigerzähler für sinnliche Freuden und Leiden gäbe, würde er bei uns zwar auf der Wahrheitsebene meist schweigen. Aber auf der *Sinnlichkeitsebene* – wenn wir also nicht von den fünf Hemmungen frei sind – würde er meistens piepsen. Das entspricht nicht unseren Fernzielen, aber unserem Ist-Zustand. Dieser Tatsache sollten wir uns ruhig und sachlich *stellen*. Sonst meinen wir leicht, wir *seien* schon so, wie wir *wissen*, dass wir sein *sollten* oder wie wir sein *möchten*, oder wir bedrängen und lähmen uns und andere durch Überforderungen. Ich denke da gerade an einen prächtigen Menschen, der neben dem Beruf seine kranken Eltern jahrelang geduldig und liebevoll bis zu ihrem Tod gepflegt hatte und nun, nach Jahren, zum ersten Mal wieder bei einem buddhistischen Freundeskreis in stiller Gegend war. Der trübte sich die innere Freude über seinen Gewinn an Liebe, Geduld und Gewissenslauterkeit und das nun mögliche Aufatmen nach schweren Jahren durch ein ganz unnötiges Entsetzen darüber, dass er sich dabei »ertappte«, wie er »noch« in Schaufenster schaute, Gefallen an einem schicken Pullover fand – ihn gar kaufte – und dann, o Schreck, sich sogar daran freute! Eine langjährige Buddhistin, die schwere Leiden gerade überwunden hatte, fragte kürzlich, ob sie sich denn – »einfach so« – am Sonnenuntergang an einem stillen See freuen »dürfe« oder ob sie damit nicht das Haften an sinnlichen Eindrücken mehre – es gehe doch darum, nicht mehr anzuhaften. Aus den gleichen Bedenken fragte vor wenigen Monaten ein ernsthafter Nachfolger, ob er sich denn freuen dürfe, wenn ihm jemand irgendeine schöne Sache schenke, und ob er selber überhaupt anderen eine Sache schenken dürfe, die ihnen Freude mache; dadurch würde doch das Anhaften gefördert. Solch unangebrachte Skrupel, wie sie mir hier allein aus jüngster Zeit, völlig unabhängig voneinander und bei unterschiedlicher »buddhistischer Herkunft« der Beteiligten begegnet sind, können die innere Freude abwürgen, durch welche doch gerade die Verstrickung in Sinnensucht sich allmählich krampflos lösen würde. Vor solchen Ungeschicklichkeiten im Umgang mit uns selber bewahren uns die Anleitungen des Erwachten zum rechten Umgang mit Besitz und Wunscherfüllung in der Häuslichkeit. Nur für die Hauslosigkeit eignet sich der totale Verzicht zur Überbrückung von Durststrecken, während derer vorübergehend kein innerer Jubel aufkommt. Denn in der Askese kann viel eher der Vorrat an innerem Wohl wieder aufgefüllt werden, dem letztlich einzigen Lösungsmittel des Heilsgängers für sinnliches Begehren. Aber was erkläre ich noch viel. Am besten lesen wir zusammen gleich die umfassendste Lehrrede im Kanon über den richtigen Umgang mit Besitz und Sinnenbefriedigung und über das Problem der Selbstkasteiung. Sie erleichtert uns auch den Zugang zu mehreren anderen Reden über Besitz und Sinnenbefriedigung. Sie ist lang und fordert einiges an Geduld. Aber sie ist auch am besten geeignet, um deine Frage von vorhin zu prüfen, Hans, ob es nicht nur Sonderfälle sind, in denen der Buddha häuslich lebende Nachfolger tadelt, wenn sie es sich mit redlich erworbenen Sinnendingen nicht »*angenehm und befriedigend machen*«. Es ist die Rede

RĀSIYO, S 42,12:

Der Amtmann Rāsiyo begab sich zum Erhabenen, begrüßte den Erhabenen ehrerbietig und setzte sich zur Seite. Zur Seite sitzend sprach er zum Erhabenen: »Herr, ich habe gehört: ›Der Asket Gotamo tadelt jede Askese, und jeden Asketen, der sich kasteit, verurteilt er absolut und schilt ihn.‹ Die das behaupten, Herr: geben die die Worte des Erhabenen wieder?« — »Wer das behauptet, der unterstellt mir etwas Unzutreffendes: Zwei Extreme *sind von einem in die* Hauslosigkeit *Gezogenen nicht zu pflegen: Hingabe an das Kleben am Wohl der* Sinnenwünsche[22], *das niedere, grobe, den gewöhnlichen Menschen kennzeichnende, heilsuntaugliche, das nichts mit dem Heil zu tun hat, und Hingabe an* Selbstkasteiung[23], *die schmerzliche, heilsuntaugliche, die nichts mit dem Heil zu tun hat. Diese beiden Extreme hat der Vollendete vermieden und hat die* mittlere *Vorgehensweise entdeckt, die den Blick öffnet, Wissen schafft, zur Beruhigung, zum weltüberlegenen Wissen, zum Erwachen, zum Erlöschen der Glut führt. Und welches ist diese mittlere Vorgehensweise, Amtmann? Es ist dieser achtfältige Heilsweg, nämlich: rechte Anschauung, rechte Gemütseinstellung, rechte Rede, rechtes Handeln, rechte Lebensführung, rechtes Mühen, rechte Wahrheitsgegenwart, rechte Einigung.«*

22 *kāma -sukh'allikānuyoga.*

23 *attā-kilamathānuyoga.*

RUTH: Hier ist nur von hauslosen Asketen die Rede. Gilt denn Hingabe an sinnliches Begehren nicht auch für häuslich Lebende als nicht zu pflegendes Extrem?

FRITZ: Der Amtmann hatte den Buddha nur nach der *Askese* gefragt. Deshalb wird ihm zuerst erklärt, welche Extreme hauslose *Asketen* zu meiden haben. Aber nun setzt der Erwachte im zweiten Teil davon die Gründe ab, aus welchen *»Sinnenwünsche befriedigende«* – also häuslich lebende – Kenner des Entrinnens wegen ihres Umgangs mit Sinnendingen *»zu loben«* und »zu *tadeln«* sind. Bei ihnen ist keine Rede davon, dass schon bloße Sinnenbefriedigung *als solche* ein zu meidendes Extrem sei. Danach, im dritten Teil der Rede, zeigt der Buddha minutiös, aus welchen Gründen Asketen zu loben oder zu tadeln sind, die sich kasteien und dass sie – trotz, nicht wegen der Kasteiung – zum Ziel kommen können. Im abschließenden vierten Teil zieht der Erwachte eine für Hauslose wie für im Haus Lebende umfassende Schlussbilanz.

HANS: Ich habe einmal gelesen, in einer Spätform des Buddhismus – Tantra oder so ähnlich – gäbe es sogar Rituale, bei denen Geschlechtsverkehr zwischen Mönchen und Nonnen ausgeübt wird. Daran scheinen einzelne unter den heute umherreisenden Gurus anzuknüpfen. Das hat mich immer gewundert. Die können sich demnach gar nicht auf den Buddha berufen?

FRITZ: Gewiss nicht. Das sind vereinzelte Verfallserscheinungen mehr als tausend Jahre nach dem Buddha.[24] Sie sind nicht einmal für den Tantrismus repräsentativ. Mit der Lehre des Erwachten haben sie so wenig zu tun wie Hexenprozesse, Scheiterhaufen und Ablasshandel mit der Bergpredigt. Man sollte sie deshalb gar nicht Spätformen des *Buddhismus* nennen. Inder mit *askesefähigem* innerem Haushalt zur Zeit des Erwachten hielten es ja gerade deshalb nicht mehr in der Häuslichkeit aus, weil sie nicht nur im *Geist* verstanden hatten, sondern aus tiefstem *Herzen empfanden*, wie es in M 60 hieß: *»Eine peinliche Bedrängnis ist das Wohnen in der Häuslichkeit, es geht nicht, als häuslich Lebender den brahmischen Wandel ganz vollkommen, ganz rein, ganz makellos zu führen.«* Den wahren Asketen stärkt und erleichtert das totale Loslassen; der Gedanke an Häuslichkeit bedrückt ihn – deshalb hat er sie ja verlassen. Das andere Extrem – Kasteiung – *»schwächt«* ihn dagegen ebenso, wie schon der bloße Gedanke an hausgewohnte Sinnenbefriedigung. Darauf weist schon das Pāliwort für Kasteiung hin. Es heißt *»attā-kilamath-ānu-yoga«*, wörtlich: *»Entbehren zur Selbstabtötung«*, und das hier mit »Entbehren« (*kilamatha*) übersetzte Wort heißt wörtlich: *»schwächen, Mangel leiden«*. Das ist noch nicht die »aktive« Selbstqual vieler indischer Yogins, die sich selber foltern. Die heißt *attan-tāpo* und ist erst recht abwegig. Von ihr spricht der Buddha, wenn er die vier Arten von Menschen (Selbstquäler, Nächstenquäler usw.) beschreibt. In dem Gespräch mit dem Amtmann geht es nur um die mehr »passive« Kasteiung durch *Entbehren*, zum Beispiel durch ständige Unterernährung oder mangelnde Kleidung in der Meinung, dadurch die Triebe »abtöten« zu können. Auch sie ist, wie die Rede klarstellt, selbst für Asketen ein zu meidendes Übel.

Die Frage, wie mit Besitz und Sinnenbefriedigung umzugehen sei, gab es für echte Mönche und Nonnen überhaupt nicht. Nicht nur, weil sie außer dem Notwendigsten für Nahrung, Kleidung und Reinlichkeit nichts besaßen, sondern aus einem wunderbaren inneren Grund, den wir aus M 60 kennen – vielleicht erinnert ihr euch: *»Wie ein gefiederter Vogel, wohin er auch fliegt, nur mit der Last seiner Federn fliegt, so ist der Mönch* zufrieden *mit dem Gewand, das seinen Leib deckt, mit der Almosenspeise, die seinen Körper ernährt. Wohin er auch wandert, nur damit versehen wandert er.«* So ist das Asketenleben beim Buddha ein Leben, das sich *allein* auf der *Wahrheitsebene* abspielt, und seine unverzichtbare Lebensluft ist ein ausreichender Schatz an innerem Jubel, der über die Sinnlichkeit hinwegträgt.

24 Vgl. Bechert-Gombrich, a.a.O., S. 14 und 87.

Bei dem Gros der *häuslich* lebenden Nachfolger, den »Sinnenwünsche Befriedigenden« dagegen waren Endziel (Nirvāna) und tägliche, oft durch Familienbindungen und Traditionen vorgegebene Lebensweise (Familie und Beruf) weit voneinander entfernt. Deshalb spielt bei ihnen die Frage des rechten Umgangs mit Besitz und Sinnenbefriedigung eine zentrale Rolle. Ihnen wendet sich der Buddha nun mit einer umfassenden differenzierten Betrachtung zu. Unter den in der Häuslichkeit lebenden Menschen, zu denen auch wir drei gehören und zu denen selbst zur Zeit des Erwachten auch die meisten häuslich lebenden *Heilsgänger* gehörten, unterscheidet der Erwachte nun drei Arten:

»Drei Gruppen von Sinnenwünsche Befriedigenden sind in der Welt anzutreffen, Amtmann. Welche drei?[25]

1. Der eine Sinnenwünsche Befriedigende sucht Befriedigung[26] auf unrechte Weise und mit Gewalt. *Mit den auf unrechte Weise und mit Gewalt erlangten Befriedigungsmöglichkeiten macht er es* sich selbst nicht *angenehm und befriedigend,* teilt nicht *und tut damit* nichts Gutes.

Ein anderer Sinnenwünsche Befriedigender sucht Befriedigung auf unrechte Weise und mit Gewalt; *mit den so erlangten Befriedigungsmöglichkeiten macht er es* sich selbst *angenehm und befriedigend,* teilt *aber* nicht *und tut damit* nichts Gutes.

Ein anderer Sinnenwünsche Befriedigender sucht nach Befriedigung auf unrechte Weise und mit Gewalt; *mit den so erlangten Befriedigungsmöglichkeiten macht er es* sich selbst *angenehm und befriedigend,* teilt *und* tut *damit* Gutes.

2. Ein weiterer Sinnenwünsche Befriedigender sucht nach Befriedigung teils *auf rechte,* teils *auf unrechte Weise, teils mit, teils ohne Gewalt. Mit den erlangten Befriedigungsmöglichkeiten macht er es* sich selbst nicht *angenehm und befriedigend,* teilt nicht *und tut damit* nichts Gutes.

Ein anderer Sinnenwünsche Befriedigender sucht nach Befriedigung teils *auf rechte,* teils *auf unrechte Weise, teils mit, teils ohne Gewalt. Mit den so erlangten Befriedigungsmöglichkeiten macht er es* sich selbst *angenehm und befriedigend,* teilt *aber* nicht *und tut damit* nichts Gutes.

Ein anderer Sinnenwünsche Befriedigender sucht nach Befriedigung teils *auf rechte,* teils *auf unrechte Weise, teils mit, teils ohne Gewalt. Mit den so erlangten Befriedigungsmöglichkeiten macht er es* sich selbst *angenehm und befriedigend,* teilt *und tut damit* Gutes.

3. Ein weiterer Sinnenwünsche Befriedigender sucht nach Befriedigung rechtlich *und* ohne Gewalt. *Mit den so erlangten Befriedigungsmöglichkeiten macht er es* sich selbst nicht *angenehm und befriedigend,* teilt nicht *und tut* nichts Gutes.

Ein anderer Sinnenwünsche Befriedigender sucht nach Befriedigung rechtlich und ohne Gewalt. *Mit den so erlangten Befriedigungsmöglichkeiten macht er es* sich selbst *angenehm und befriedigend,* teilt *aber* nicht *und tut damit* nichts Gutes.

Ein anderer Sinnenwünsche Befriedigender sucht nach Befriedigung rechtlich und ohne Gewalt. *Mit den so erlangten Befriedigungsmöglichkeiten macht er es* sich selbst *angenehm und befriedigend,* teilt *und tut damit* Gutes. *Aber er geht mit diesen sinnlichen Befriedigungsmöglichkeiten* verstrickt um, *besessen, ist ihnen verfallen, sieht das Elend nicht, hat nicht den klaren Blick für das Entrinnen.*

Ein anderer Sinnenwünsche Befriedigender sucht nach Befriedigung rechtlich und ohne Gewalt. *Mit den so erlangten Befriedigungsmöglichkeiten macht er es* sich selbst *angenehm und befriedigend,* teilt *und tut damit* Gutes. *Und er geht mit diesen sinnlichen Befriedigungsmöglichkeiten* unverstrickt *um, ist nicht von ihnen besessen, ist ihnen nicht verfallen, sieht das Elend und behält den klaren Blick für das Entrinnen.*

25 Zur besseren Übersicht sind im Druck zu lobende Punkte durch ein lächelndes Gesicht: ☺, zu tadelnde durch einen nach unten zeigenden Daumen 👎 gekennzeichnet.

26 *bhoge pariyesati.*

*

Von diesen Sinnenwünsche Befriedigenden ist derjenige, welcher nach Befriedigung auf unrechte Weise und mit Gewalt sucht, mit den so erlangten Befriedigungsmöglichkeiten es sich selbst nicht angenehm und befriedigend macht, nicht teilt und damit nichts Gutes tut,

👎👎👎 wegen dreier Umstände zu tadeln, welcher drei?

Er sucht nach Befriedigung auf unrechte Weise und mit Gewalt. Das ist der erste Umstand, weswegen er zu tadeln ist. Er macht es sich selbst nicht angenehm und befriedigend. Das ist der zweite Umstand, weswegen er zu tadeln ist. Er teilt nicht und tut damit nichts Gutes. Das ist der dritte Umstand, weswegen er zu tadeln ist.

Dieser Sinnenwünsche Befriedigende ist wegen dreier Umstände zu tadeln.

*

Ein Sinnenwünsche Befriedigender, der bei der Suche nach Befriedigung auf unrechte Weise und mit Gewalt vorgeht, es mit den auf unrechte Weise und mit Gewalt erlangten Befriedigungsmöglichkeiten nur sich selbst angenehm und befriedigend macht, aber nicht teilt und damit nichts Gutes tut, ist

👎👎☺ *wegen zweier Umstände zu tadeln und wegen eines Umstandes zu loben.*

Wegen welcher beiden Umstände ist er zu tadeln? Er sucht nach Befriedigung auf unrechte Weise und mit Gewalt. Das ist der erste Umstand, weswegen er zu tadeln ist. Er teilt nicht und tut damit nichts Gutes. Das ist der zweite Umstand, weswegen er zu tadeln ist.

Wegen welches einen Umstandes ist er zu loben? Sich selbst macht er es angenehm und befriedigend. Aus diesem einen Grund ist er zu loben.

Das ist ein Sinnenwünsche Befriedigender, der wegen zweier Umstände zu tadeln und wegen eines Umstandes zu loben ist.

*

Ein Sinnenwünsche Befriedigender, der nach Befriedigung auf unrechte Weise und mit Gewalt sucht, mit den so erlangten Befriedigungsmöglichkeiten es sich angenehm und befriedigend macht, teilt und damit Gutes tut, ist

👎☺☺ *wegen eines Umstandes zu tadeln und wegen zweier Umstände zu loben.*

Wegen welches einen Umstandes ist er zu tadeln? Er sucht nach Befriedigung auf unrechte Weise und mit Gewalt .

Wegen welcher beiden Umstände ist er zu loben? Er macht es sich selbst angenehm und befriedigend. — Er teilt und tut damit Gutes.[27]

Das ist ein Sinnenwünsche Befriedigender, der wegen eines Umstande zu tadeln und wegen zweier Umstände zu loben ist.

*

Ein Sinnenwünsche Befriedigender, der nach Befriedigung teils auf rechte, teils auf unrechte Weise, teils mit, teils ohne Gewalt sucht, mit den so erlangten Befriedigungsmöglichkeiten es sich selbst nicht angenehm und befriedigend macht, nicht teilt und damit nichts Gutes tut, ist

☺👎👎👎 *wegen eines Umstandes zu loben, wegen dreier Umstände zu tadeln.*

Wegen welches einen Umstandes ist er zu loben? Soweit er Befriedigung auf rechte Weise und ohne Gewalt sucht.

Wegen welcher dreier Umstände ist er zu tadeln? — Soweit er nach Befriedigung auf unrechte Weise und mit Gewalt sucht; – weil er es sich selber nicht angenehm und befriedigend macht; – weil er nicht teilt und damit nichts Gutes tut.

27 Auch hier und weiterhin bestätigt der Erwachte nach jedem der zu lobenden und zu tadelnden Umstände am Ende nochmals: *»Dies ist der soundsovielte Grund, aus dem er zu loben/zu tadeln ist.«* Das lasse ich von hier ab zur Abkürzung fort, es zeigt aber, wie genau diese Aufzählung zu nehmen ist.

Das ist ein Sinnenwünsche Befriedigender, der wegen eines Umstandes zu loben und wegen dreier Umstände zu tadeln ist.

*

Ein Sinnenwünsche Befriedigender, der nach Befriedigung teils auf rechte Weise, teils auf unrechte Weise, teils mit, teils ohne Gewalt sucht, es mit den teils auf rechte Weise, teils auf unrechte Weise und teils mit, teils ohne Gewalt erlangten Befriedigungsmöglichkeiten nur sich selbst angenehm und befriedigend macht, aber nicht teilt und damit nichts Gutes tut, ist

☺☺👎👎 wegen zweier Umstände zu loben, wegen zweier Umstände zu tadeln.

Wegen welcher beiden Umstände ist er zu loben? — Soweit er nach Befriedigung auf rechte Weise und ohne Gewalt sucht ; – weil er es sich selbst angenehm und befriedigend macht.

Wegen welcher beiden Umstände ist er zu tadeln? — Soweit er nach Befriedigung auf unrechte Weise und mit Gewalt sucht; – weil er nicht teilt und damit nichts Gutes tut.

Dies ist ein Sinnenwünsche Befriedigender, der wegen zweier Umstände zu loben, wegen zweier Umstände zu tadeln ist.

*

Ein Sinnenwünsche Befriedigender, der bei der Suche nach Befriedigung teils auf rechte Weise, teils auf unrechte Weise, teils mit, teils ohne Gewalt sucht, mit den teils auf rechte, teils auf unrechte Weise und teils mit, teils ohne Gewalt erlangten Befriedigungsmöglichkeiten es sich selbst angenehm und befriedigend macht, teilt und damit Gutes tut, ist

☺☺☺👎 wegen dreier Umstände zu loben, wegen eines Umstandes zu tadeln.

Wegen welcher drei Umstände ist er zu loben? — Soweit er bei der Suche nach Befriedigung auf rechte Weise und ohne Gewalt vorgeht; – weil er es sich selbst angenehm und befriedigend macht, – weil er teilt und damit Gutes tut.

Wegen welches einzigen Umstandes ist er zu tadeln? – Soweit er nach Befriedigung auf unrechte Weise und mit Gewalt sucht.

Das ist ein Sinnenwünsche Befriedigender, der wegen dreier Umstände zu loben, wegen eines einzigen Umstandes zu tadeln ist.

*

Ein Sinnenwünsche Befriedigender, der bei der Suche nach Befriedigung auf rechte Weise und ohne Gewalt vorgeht, mit den auf rechte Weise und ohne Gewalt erlangten Befriedigungsmöglichkeiten es sich selbst nicht angenehm und befriedigend macht, nicht teilt und damit nichts Gutes tut, ist

☺👎👎 wegen eines Umstandes zu loben, wegen zweier Umstände zu tadeln.

Wegen welches einzigen Umstands ist er zu loben? Er sucht nach Befriedigung auf rechte Weise und ohne Gewalt.

Wegen welcher zweier Umstände ist er zu tadeln? — Er macht es sich selbst nicht angenehm und befriedigend; – er teilt nicht und tut damit nichts Gutes.

Das ist ein Sinnenwünsche Befriedigender, der wegen eines Umstandes zu loben, wegen zweier Umstände zu tadeln ist.

*

Ein Sinnenwünsche Befriedigender, der Befriedigung auf rechte Weise und ohne Gewalt sucht, mit den auf rechte Weise und ohne Gewalt erlangten Befriedigungsmöglichkeiten es nur sich selbst angenehm und befriedigend macht, aber nicht teilt und damit nichts Gutes tut, ist

☺☺👎 wegen zweier Umstände zu loben, wegen eines Umstandes zu tadeln.

Wegen welcher beiden Umstände ist er zu loben? — Weil er auf rechte Weise und ohne Gewalt Befriedigung sucht; – weil er es sich selbst angenehm und befriedigend macht.

Welches ist der einzige Umstand, weswegen er zu tadeln ist? Er teilt nicht und tut damit nichts Gutes. Das ist der einzige Umstand, weswegen er zu tadeln ist.

Das ist ein Sinnenwünsche Befriedigender, der wegen zweier Umstände zu loben, wegen eines Umstandes zu tadeln ist.

*

Ein Sinnenwünsche Befriedigender, der nach Befriedigung auf rechte Weise und ohne Gewalt sucht, mit den auf rechte Weise und ohne Gewalt erlangten Befriedigungsmöglichkeiten es sich selbst angenehm und befriedigend macht, teilt und damit Gutes tut, aber mit diesen sinnlichen Befriedigungsmöglichkeiten verstrickt umgeht, besessen, ihnen verfallen ist, das Elend nicht sieht, nicht den klaren Blick für das Entrinnen hat, ist

☺☺☺☹ *wegen dreier Umstände zu loben, wegen eines Umstandes zu tadeln.*

Wegen welcher drei Umstände ist er zu loben? — Weil er nach Befriedigung auf rechte Weise und ohne Gewalt sucht; – weil er es sich selbst angenehm und befriedigend macht; – weil er teilt und damit Gutes tut.

Wegen welches einen Umstandes ist er zu tadeln? — Weil er mit diesen sinnlichen Befriedigungsmöglichkeiten verstrickt umgeht, besessen, ihnen verfallen, das Elend nicht sieht, nicht den klaren Blick für das Entrinnen hat.

Das ist ein Sinnenwünsche Befriedigender, der wegen dreier Umstände zu loben, wegen eines Umstandes zu tadeln ist.

*

Ein Sinnenwünsche Befriedigender, nach Befriedigung auf rechte Weise und ohne Gewalt sucht, mit den auf rechte Weise und ohne Gewalt erlangten Befriedigungsmöglichkeiten es sich selbst angenehm und befriedigend macht, teilt und damit Gutes tut und mit diesen sinnlichen Befriedigungsmöglichkeiten unverstrickt umgeht, nicht von ihnen besessen, ihnen nicht verfallen, das Elend sieht und den klaren Blick für das Entrinnen behält, ist

☺☺☺☺ *wegen vierer Umstände zu loben. Wegen welcher vier? — Weil er nach Befriedigung auf rechte Weise und ohne Gewalt sucht; – weil er es sich selbst angenehm und befriedigend macht; – weil er teilt und damit Gutes tut; – weil er mit diesen sinnlichen Befriedigungsmöglichkeiten unverstrickt umgeht, nicht von ihnen besessen, ihnen nicht verfallen, das Elend sieht und den klaren Blick für das Entrinnen behält.*

Das ist ein Sinnenwünsche Befriedigender, der wegen vierer Umstände zu loben ist.«

In einem ähnlichen Gespräch mit Anāthapiṇḍiko, das in S 3,19 eine Parallele hat – es handelt sich also nicht nur um einen Spezialfall – nämlich in

A X,91,

fügt der Erwachte noch hinzu:

»Ein Sinnenwünsche Befriedigender, Hausvater, der Befriedigung auf rechte Weise und ohne Gewalt sucht, es mit den auf rechte Weise und ohne Gewalt erworbenen Befriedigungsmöglichkeiten sich selbst angenehm *und befriedigend macht, teilt und Gutes tut und mit diesen sinnlichen Befriedigungsmöglichkeiten umgeht,* ohne *sich in sie zu* verstricken, *ihnen nicht verfällt,* sich nicht vergeht, *einen Blick für das* Entrinnen *hat, – dieser Sinnenwünsche Befriedigende ist von diesen zehn Arten von Sinnenwünsche Befriedigenden die Spitze, der erste, der vorderste, der höchste und beste. Es ist, Hausvater, wie wenn aus der Kuh die Rohmilch, aus der Rohmilch der Rahm, aus dem Rahm die frische Butter, aus der frischen Butter die geschmolzene Butter, aus der geschmolzenen Butter der feine Schaum gewonnen wird, der dann das Spitzenerzeugnis genannt wird: so ist unter diesen zehn Arten von Sinnenwünsche Befriedigenden dieser die Spitze, der erste, der vorderste, der höchste und vorzüglichste.«*

HANS: Aber ist da nicht ein Widerspruch: Zu Beginn von S 42,12 nennt der Buddha bei dem Amtmann das Kleben an Sinnenwünschen *»nieder, grob, den gewöhnlichen Menschen kennzeichnend, heilsuntauglich, das nichts mit dem Heil zu tun hat«*, aber hier bei Anāthapiṇḍiko versieht er den, der nicht nur Sinnendinge rechtlich und ohne Gewalt erwirbt, teilt und Gutes tut, sondern es sich auch noch selber damit angenehm und befriedigend macht, mit den lobendsten Bezeichnungen. Ich hätte eher erwartet, dass als der Beste der rechtliche Erwerber bezeichnet wird, der nur teilt und Gutes tut, und auf eigene Sinnenbefriedigung *verzichtet*. Überhaupt fehlt in der Aufstellung ganz der Fall, dass jemand nur teilt und Gutes tut und für sich überhaupt nichts verwendet. Solche Menschen gibt es doch auch! Sind nicht gerade das die edelsten, die am meisten zu loben wären?

FRITZ: Auch zum Beispiel ein Mensch, der nur Saures mag und deshalb geschenkte Pralinen, gleich weiterschenkt?

HANS: Der natürlich nicht. Für den sind die Pralinen ja nichts, mit dem er es sich angenehm und befriedigend machen könnte. Klar, dass nur Menschen gemeint sind, die Neigung zu dem betreffenden Befriedigungsgegenstand haben. Aber manche Menschen haben so viel innere Freude am Schenken, dass sie die noch vorhandene Lust zu dem betreffenden Gegenstand völlig überstrahlt, so dass es ihnen beim Behalten nicht so wohl wäre, wie wenn sie schenken.

FRITZ: Das ist eben deren Art, es sich mit Sinnendingen *»angenehm und befriedigend«* zu machen.

HANS: Ach, Mann. Na gut, das stimmt natürlich. Aber es gibt doch auch Menschen, die einen redlich erworbenen Gegenstand ganz verteilen, nur Gutes damit tun und für sich selber gar nichts zurückbehalten, weil sie so voll Liebe und innerer Freude sind, dass sie ihn nicht brauchen. Das sind doch die Besten, und die benutzen ihn gerade nicht zur Sinnenbefriedigung. Die fehlen in der Aufstellung.

FRITZ: Die gehören auch gar nicht hinein. Denn die leben so stark von innerem Wohl, dass Besitz und Befriedigung an bestimmten Sinnendingen bei ihnen gar keinen Einfluss darauf hat, ob sie sich *»angenehm und befriedigend«* fühlen. Das sind in diesem Punkt keine »Sinnenwünsche Befriedigenden« mehr. Die Übersicht über die zehn Menschentypen in S 42,12 betrifft aber ausdrücklich nur *»Sinnenwünsche Befriedigende«*.

HANS: Das stimmt. Nun bleibt noch meine Frage: Bei dem Amtmann Rāsiyo hat der Buddha am Beginn des Gesprächs Sinnenwünsche *»nieder, grob, den gewöhnlichen Menschen kennzeichnend, heilsuntauglich«* genannt. Bei Anāthapiṇḍiko nennt er den, der dieses Niedere, Grobe unverstrickt zur Befriedigung verwendet, die Spitze, den ersten, vordersten, höchsten und besten. Wie reimt sich das zusammen?

FRITZ: Der Amtmann hatte zuerst nur nach *Asketen* gefragt. Nur im Zusammenhang mit den zwei Extremen, die von *Hauslosen* zu meiden sind, hat der Buddha von nieder, grob, gewöhnlich gesprochen. Sie sollten nur das Empfinden des wahren Asketen kennzeichnen, der ja gerade deshalb das Haus verlassen hat, weil er das Hausleben mit Sinnenbefriedigung als *»Waten im Schmutz«* empfunden hat. Die im Haus geblieben sind, empfinden es nicht so, sonst könnten sie es – wie der Buddha dem König Mahānāmo in M 14 gesagt hat – im Haus gar nicht mehr aushalten. Deshalb gibt ja der Buddha in dem mittleren Teil der Rede S 42,12, bei dem wir noch sind, gesondert an, wann häuslich Lebende zu loben und zu tadeln sind. Wenn ein Nachfolger in der *Häuslichkeit* unter all den ablenkenden Umständen dennoch so lebt, dass er zu *loben* ist, weil er es sich mit sinnlichen Befriedigungsmöglichkeiten zwar angenehm und befriedigend macht, aber *unverstrickt*, d. h.: nicht von ihnen besessen, keine Tugend verletzt, nicht ins Rauschhafte verfällt und die *Entrinnung* im Auge behält, dann hat er allerhand erreicht. Dazu muss er im Geist erkannt und im Gemüt ein Empfinden gewonnen haben, wo der wahre Reichtum liegt. Und dazu wiederum muss er auf der *Wahrheitsebene* immer wieder auch die Gefahren der Sinnensucht betrachten – so oft, dass ihn die Erinnerung daran auch auf die Sinnlichkeitsebene hinunter begleitet. Die Gefahren der Sinnensucht hat der Buddha in einem Gespräch mit König Pasenadi von Kosalo hervorgehoben, das zum *offensichtlichen* Teil der Lehre gehört. Wir finden es in

S 3,6 – NUR WENIGE:

Der König besuchte den Erwachten in Sāvatthī und fragte ihn: *»Herr, als ich in abgeschiedener Besinnung saß, zog mir folgender Gedanke durchs Gemüt: ›Nur wenige Wesen gibt es in der Welt, die – wenn sie zu immer mehr Vermögen kommen – nicht davon berauscht und leichtsinnig werden, und dann nicht, von Sinnengier gepackt, gegenüber den Wesen zu weit gehen. Viel mehr Wesen gibt es in der Welt, die … davon berauscht und leichtsinnig werden und, von Sinnengier gepackt, gegenüber den Wesen zu weit gehen.‹« — »So ist es, großer König, so ist es, großer König:*

In weltlichen Besitz vernarrt, besessen von der Sinnengier,
beachten sie die Grenzen nicht, gehn in die Falle wie ein Tier.
Da wird ihr nächstes Leben hart, und schlimm wird ihres Wirkens Frucht.«

Vom *wahren* Reichtum handelt demgegenüber

A VII,7.

Der königliche Minister Uggo berichtete dem Erwachten: *»Erstaunlich ist es, Herr, ungewöhnlich, wie reich Migāro Rohaneyyo ist.« — »Wie reich ist er denn?« — »Zehn Millionen in Gold, Herr, vom Silber ganz zu schweigen.« — »Ist das* wahrer *Reichtum, Uggo? Ich will nicht sagen, dass es kein* Reichtum *ist. Aber dieser Reichtum ist abhängig von Feuer, Wasser, Fürsten, Dieben, missliebigen Erben. — Folgende sieben Reichtümer aber, Uggo, sind unabhängig von Feuer, Wasser, Fürsten, Dieben, missliebigen Erben. Welche sieben: Der Reichtum an Heilsvertrauen, Tugend, Scham, Scheu …«*

HANS: Was für eine Scheu?

FRITZ: Die Scheu vor Missbilligung durch einsichtige, offene und gerade Menschen. — Dann zählt der Erwachte die weiteren wahren Reichtümer auf: *»Der Reichtum an Erfahrung, Loslassen, Weisheit. Diese sieben Reichtümer Uggo, sind nicht abhängig von Feuer, Wasser, Fürsten, Dieben, missliebigen Erben.*

Reichtum ist: Vertrauen, Tugend. Scham und Scheu sind wahrer Reichtum;
Reichtum ist Erfahrung, Lassen; Weisheit ist der siebte Reichtum.
Wem ein solcher Reichtum eigen, dieser Mann und diese Frau hat
in der Welt wahrhaftig Reichtum; den nimmt ihm kein Mensch, kein Gott weg.
Darum: an Vertrauen, Tugend, Zuversicht und Wahrheitsanblick –
dort sucht Halt, seid klug: am Kern der Lehre aller Auferwachten.«

Was wahrer Reichtum ist, zeigt der Erwachte auch in

A V,143:

Als er einmal bei Vesālī im großen Walde in der Halle des Giebelhauses weilte, saß eine große Schar von Licchaviern bei folgendem Gespräch zusammen: *»Fünf Juwelen trifft man selten an in der Welt. Welche fünf? Ein Juwel von einem Elefanten, einem Pferd, einem Edelstein, einer Frau, einem Hausvater.«* — Darauf stellten sie einen Posten auf mit dem Befehl, es ihnen zu melden, sobald er den Erwachten kommen sähe. Als die Meldung eintraf, luden sie den Erwachten zum Sārandada-Schrein ein. Der Erhabene kam, ließ sich auf dem angebotenen Sitz nieder und fragte, bei welchem Gespräch sie sich gerade unterbrochen hätten. Auf ihren Bericht erklärte der Erhabene: *»Da ist allerdings unter euch Licchaviern, weil ihr von den Sinnendingen angezogen seid, ein Gespräch über Sinnendinge aufgekommen! Dass folgende fünf Juwelen in der Welt erscheinen, das trifft man selten an: … dass ein Vollendeter, Genesener, Vollkommen Erwachter in der Welt erscheint/ dass ein Mensch die Lehre des Vollendeten darlegt;/ dass ein Mensch davon erfährt, wenn sie dargelegt wird,/ dass er dann auch sein Leben danach einrichtet/ sich daran erinnert, was für ihn getan wurde und es dankbar empfindet: – dass diese fünf Juwelen erscheinen,* das *trifft man selten an in der Welt, Licchavier.«*

Aber auch wenn die fünf Juwelen in der Welt erscheinen, braucht es bei den meisten Menschen, die ihnen begegnen, erst einen langen Prozess innerer Wandlungen, bis sie diese wahren Juwelen auch als *Freudenquell* zu nutzen gelernt haben. Bis dahin kann ein Mensch in der Häuslichkeit mit der Bedrängnis durch seine Sinnesdränge gar nicht ohne Freude leben. Überweltliche Freuden hat er noch nicht genügend. So sind ihm einstweilen kaum andere Wohlgefühle zugänglich als solche über die Befriedigung seiner sinnlichen Wünsche. Die gibt es auf den unterschiedlichsten Ebenen. Zu überwinden sind sie letztlich *alle*, um endgültig frei zu werden. Aber der Erwachte hat einmal gegenüber Mönchen in A V,7[m] die Sinneswünsche unterschieden in »*niedere, mittelmäßige und feine* (*paṇīta*)«. Da kann ein häuslich Lebender auf der Sinnlichkeitsebene auch darauf achten, dass er den niederen die mittelmäßigen und den mittelmäßigen die feineren vorzieht, solange er das alle Sinnendinge überstrahlende innere Wohl noch nicht ausreichend erlangt hat. Dadurch gewöhnt er sich daran, seinen Geschmack in einer sozusagen »nach oben offenen« Skala vom jeweils Gröberen zu befreien. Ohne die vier Heilswahrheiten würden dabei leicht anspruchsvolle Ästheten herangezüchtet. Aber wer die Lehre kennt und im *Geist* das Elend der Sinnensucht durchschaut, dem kann auch diese Sublimierung mithelfen, von der Reizung durch das jeweils Gröbste loszukommen und – sobald er innere Freude und Jubel gewinnt – mit seinem nun sensibleren Geschmack für Wohl auch das Belastende an *jeglicher* sinnlichen Befriedigung zu empfinden. So kann man die ganze Lehre des Erwachten als eine *Entziehungskur* von der fiebrigen Sucht von Hinneigung, Abneigung und Verblendung betrachten, beginnend mit der massivsten Sucht, der Sinnensucht, und bei ihr wieder beginnend mit den gröbsten Formen. Das Heilmittel ist nicht das Weh, das die Durchschauung begehrter Dinge als Elend vielen zunächst bereitet, sondern *Wohl* oberhalb der Sinne, mindestens im Grad des geistigen Hochgefühls (*pīti*), neben dem das Sinnen-»Wohl« seinen Reiz verliert. *Pīti* will aber erst erworben sein. Eine Zeit lang bedarf der Leidende deshalb auch dann noch der Zufuhr von Sinnenfreuden als Nahrung, wenn er schon im *Geist* die Suchtkrankheit durchschaut hat.

Die gewaltigen, das Elend der Sinnensucht bis auf den Grund entlarvenden Gleichnisse hat der Erwachte deshalb bei häuslich Lebenden auch für die Wahrheitsebene nicht unvorbereitet, sondern fast nur aus besonderen Anlässen gegeben.[28] Sonst hat er zuerst ganz praktisch gezeigt, wie man in der Häuslichkeit ohne Tugendverletzung, ohne Übelwollen, ohne rauschhaften Überschwang, und ohne die Entrinnung zu vergessen, Sinnenfreuden durch *solche* Mittel erwerben kann, die – fast nebenbei – zugleich auch das *Herz* läutern. Durch diesen ständigen direkten Kampf auch auf der Sinnlichkeitsebene übt und stärkt der häusliche Heilsucher zugleich die Heilssinne Vertrauen, Energie und Wahrheitsgegenwart. Überdies hat der Buddha seinen Anleitungen zur Anwendung der guten Mittel zum Gewinnen von *Sinnenfreuden* meist noch einen unaufdringlichen Hinweis auf das *noch* schönere *innere* Wohl hinzugefügt. Dann wusste der Nachfolger schon, *bevor* er auf der Wahrheitsebene der Erschütterung durch die entlarvenden Gleichnisse ausgesetzt war, wie er *bis* zum Erwerb inneren Wohls auf der *Sinnlichkeitsebene* mit Besitz und Sinnenbefriedigung in Frieden praktisch leben konnte, *ohne* Schaden an der Seele zu nehmen. Der Erwachte hat also den häuslichen Nachfolgern – außer Untugenden, Übelwollen und besessenem Übermaß – nichts »weggenommen«, sondern Feineres *hinzugegeben*. Diese Entwicklung zeigt ein weiteres Gespräch des Erwachten mit König Pasenadi von Kosalo in

S 3,19 – OHNE ERBEN I:

Der König besuchte den Buddha am hohen Mittag in Sāvatthī. Der Erhabene fragte ihn: *»Weshalb kommst du in der Mittagshitze, großer König?« — »Herr, da ist in Sāvatthī der Gildemeister der Kaufleute gestorben. Ich komme gerade von der Überführung seines Nachlasses in den Königspalast; denn er war ohne Erben. Es waren acht Millionen in Gold, vom Silber gar nicht zu*

28 Vgl. z. B. M 14, M 36, M 54, M 105.

reden. Aber die Mahlzeiten dieses Gildemeisters bestanden aus Bruchreis mit saurer Grütze, als Kleidung trug er ein Hanfgewand, aus drei Teilen zusammengeflickt, und als Fahrzeug diente ihm ein alter Karren mit einem Verdeck aus Blättern.« — »So ist das großer König, so ist das großer König: Wer kein wahrer Mensch ist (a-sappuriso) und kommt zu großem Vermögen, macht es damit sich selbst nicht angenehm und befriedigend,[29] *macht es Frau und Kind, Eltern, Freunden und Gefährten nicht angenehm und befriedigend und Pilgern und brahmisch Lebenden gibt er keine Spenden, die das geistige Wohl fördern, zum Himmel führen, Wohl heranreifen lassen, zum Segen führen. Dessen Besitz wird nicht richtig genutzt, und so beschlagnahmen ihn die Könige, oder Diebe stehlen ihn, oder Feuer verzehrt ihn, oder Wasser schwemmt ihn fort, oder ungeliebte Erben nehmen ihn an sich. Wenn es sich so verhält, großer König, werden die Reichtümer nicht richtig genutzt, sondern zugrunde gerichtet und dienen nicht als Mittel zur Befriedigung.*[30] *Das ist, großer König, wie wenn ein Teich mit klarem kühlem Wasser, lieblich anzuschauen, blank, herrlich gelegen, entzückend, in einer menschenleeren Gegend läge und kein Mensch wäre da, keiner tränke, keiner badete, keiner machte Gebrauch von ihm. Ganz ebenso ist es, wenn einer, der kein wahrer Mensch ist, zu großem Vermögen kommt: Dann macht er es damit sich selber nicht angenehm und befriedigend, macht es Frau und Kind, den Eltern, Freunden und Gefährten nicht angenehm und befriedigend, und den brahmisch Lebenden und Pilgern gibt er keine Spenden. Wenn es sich so verhält, großer König, werden die Reichtümer nicht richtig genutzt, sondern zugrunde gerichtet und dienen nicht als Mittel zur Befriedigung.*

Wenn aber ein wahrer Mensch (sappuriso) zu großem Vermögen kommt, dann macht er es damit sich selbst angenehm und befriedigend, macht es Frau und Kind, Eltern, Freunden und Gefährten angenehm und befriedigend, und den brahmisch Lebenden und Pilgern gibt er Spenden, die das geistige Wohl fördern, zum Himmel führen, Wohl heranreifen lassen, Segen bringen. Dessen Besitz wird richtig genutzt, statt dass ihn die Könige beschlagnahmen oder Diebe stehlen oder das Feuer verzehrt oder Wasser wegschwemmt oder ungeliebte Erben ihn an sich nehmen. Wenn es sich so verhält, großer König, werden die Reichtümer richtig genutzt als Mittel zur Befriedigung und werden nicht zugrunde gerichtet. Das ist, wie wenn bei einem Dorf oder einer Stadt ein Teich läge mit klarem kühlem Wasser, lieblich anzuschauen, blank, herrlich gelegen, entzückend, und die Menschen kämen und tränken daraus, badeten darin, machten Gebrauch von ihm. Ganz ebenso ist es, wenn einer, der ein wahrer Mensch ist, zu großem Vermögen kommt.

Wie wenn in menschenleerer Öde Wasser verdunstete, von niemandem getrunken,
so ist's, wenn einer von erlangter Habe sich selbst nichts gönnt und anderen nichts abgibt.
Wenn ein Verständ'ger, Kluger zu Besitz kommt, labt er sich dran[31]*, tut seine Schuldigkeit:*
Er unterstützt als Vorbild seine Nächsten, steigt tadelfrei zu Himmelswelten auf.«

RUTH: Erstaunlich, dass der Buddha es hier sogar als Kennzeichen eines *wahren Menschen* bezeichnet, dass er Besitz zur *Befriedigung* verwendet! Vor unseren Gesprächen hätte ich erwartet, der Buddha sagt, Nachfolger, die leider immer noch nicht ohne sinnliche Befriedigung auskämen, sollten diese Schwäche schnellstens überwinden. Bis dahin müssten sie sich wenigstens auf das für ihren inneren Haushalt unerlässliche Minimum beschränken und die Befriedigung durch Scham über ihr Versagen sofort wieder ausbrennen. Das Wort »Sinnenbefriedigung« in einem anderen als tadelnden Sinn hätte ich früher nicht in einer Rede des Buddha erwartet. Steht denn da wirklich »*Sinnenbefriedigung*« – nicht nur neutral »*Gebrauchen*«?

FRITZ: Ja. Nicht anders als in der schon zitierten Rede S 55,53, wo es der Erwachte nicht beanstandet, dass selbst Stromeingetretene sich an Geld und Gut »freuen« (*sādiyati*). Vorab aber

29 *sukheti, pīṇeti.*
30 *pari-bhoga: »material for enjoyment«* (PED).
31 *bhuñjati.*

eines, damit es ja kein Missverständnis gibt: Hier soll wahrlich kein Epikuräertum gepredigt werden, sondern es soll in der Häuslichkeit lebenden Menschen, die im *Geist* klar begriffen haben, dass es um allmähliche Befreiung von der Sinnensucht auf den für sie vom Erwachten gewiesenen gangbaren Wegen geht, eine praktische »Überbrückungshilfe« gegeben werden für die Zeiten, in denen ihr inneres Wohl noch nicht ausreicht, auf Sinnenbefriedigung schon wie Mönche und Nonnen ganz zu verzichten An der ständigen *geistigen Grundbewertung* der Sinnensucht als *Sucht* und *Elend* während aller kürzeren oder längeren Zeiten, zu denen wir von den fünf Hemmungen *frei* sind, ändert das nicht das Geringste. Aber auch wenn wir gerade *nicht* frei von der Hemmung durch Sinnenlustwollen sind, sie aber als Hemmung merken und damit ihre Begrenztheit nie ganz aus dem Auge verlieren, dann bleibt uns – auch wenn die Sinne noch nicht ohne Befriedigung auskommen können –, auch während der Befriedigung auf der Sinnlichkeitsebene im *Geist* die durchgängige *negative Grundbewertung* der Sinnensucht gegenwärtig – wie eine Art »Dämpfer«, gegen allzu aufdringliche sinnliche Gefühle. Dazu helfen besonders die sechs unübertrefflichen Erinnerungen, die wir noch besprechen. Die Sinnenbefriedigung bringt dann ein »ruhigeres Wohlgefühl«[32] hervor, das die Wahrheit zwar nicht so deutlich vernehmen lässt wie auf der Wahrheitsebene, sie aber nicht vollständig übertönen kann. —

Nun zu deiner Frage, Ruth: Wo ich »Sinnenbefriedigung« übersetzt habe, steht im Pāli *bhuñjati*. Ursprünglich bedeutet *bhuñjati »Nahrung einnehmen«* — Das ist also ein ungemein weiter und tiefer Ausdruck; denn, wie der Erwachte den Mönchen immer wieder gesagt hat: *»Alle Wesen bestehen durch Nahrung«*[33] (der Mensch freilich *»nicht vom Brot* allein…*«*). Im übertragenen Sinn kann unter *bhuñjati* jede Art der Einnahme körperlicher, geistiger oder seelischer Nahrung verstanden werden: unbeeinflussbar in erhabenem Gleichmut, wie die Geheilten mit dem Essen umgehen, sachlich neutral wie der Bauer seinen Spaten gebraucht, leidenschaftlich, wie der Genussmensch Sinnendinge zur Befriedigung ergreift, allgemein als Mittel zum Freuen an allem, worüber sich Menschen freuen,: vom Himmelsglück bis zur Verbrechensbeute, vom »Sich Laben« am Quell des Herzensfriedens bis zum Sich Weiden an der Qual von Mitwesen, vom »Genießen« der frischen Luft oder des Abendfriedens bis zum »Schwelgen« bei einem wilden Gelage, – als Himmelsleiter zur *unio mystica* oder als Leitersprosse zu *»dieser* ganzen *Masse von Finsternis restloser Auflösung«* – einschließlich der Auflösung der Leiter selber. Und außer diesen vielen Einzelbedeutungen kann *bhuñjati* außerdem als *Oberbegriff* für jegliche Nahrungseinnahme dienen. Die Verwendung ein und des selben Pāliwortes für diesen großen Bedeutungsbereich war wohl vom Erwachten beabsichtigt, weil dem Wahrheitsucher damit der Gedanken nahegebracht wird, dass jegliche Aufnahme von Nahrung mit irgendeiner Belastung verbunden ist – selbst ein Geheilter, der keinerlei geistige oder seelische Nahrung braucht, führt dem letzten Leib noch Nahrung zu, freilich nur noch als Losgelöster. Und solange er dies tut, ist es im Vergleich zur absoluten Freiheit des Ungewordenen noch eine Belästigung, wenn sie auch seinen unerschütterlichen Frieden in keiner Weise zu beeinflussen vermag.

Ich war daher froh, auch im Deutschen ein Wort zu finden, das wie *bhuñjati* die gesamte Bandbreite aller Arten von Nahrungsaufnahme im weitesten Sinn wiedergeben kann. Es ist das Wort »G e n i e ß e n«. Das reicht wie *bhuñjati* vom tierischen Genießen einer Orgie über Genießen der frischen Luft, der Ruhe, des Abendfriedens, des Ruhestandes, der Freiheit, den »Kunstgenuss bei Bach« bis zu Dahlkes Ausspruch: *»Glück des Entsagens: höchstes Genießen«*[34]. Der Vers von Angelus Silesius, den wir kürzlich gehört hatten, zeigt diesen weiten Bedeutungsumfang:

32 Vgl. WW, 37. Jg. (1991) S. 138.
33 Vgl. D 33^{m} und 34^{m}, A X,27^{m}
34 »Woran ich denke«, aus Brockensammlung 1939, S. 42.

Viel' wären zum Genuss der ew'gen Wollust 'kommen,
wenn sie mit zeitlicher sich hier nicht übernommen.

Ich hätte daher *bhuñjati* wie fast alle Übersetzer am liebsten mit »*Genießen*« übersetzt. Es wäre dann – genau wie beim entsprechenden Pāliwort *bhuñjati* – aus dem jeweiligen Zusammenhang zu entnehmen gewesen, ob an der betreffenden Stelle der Oberbegriff oder eine der vielen Einzelschattierungen gemeint ist. Bei den Textstellen, die wir hier betrachten, ist der Zusammenhang völlig klar: In dieser und anderen Reden über das häusliche Leben heißt es ja immer wieder, dass man es sich selber mit den Sinnendingen »*angenehm und befriedigend machen* (*sukheti, pīṇeti*)« solle; in A IV,62, die wir gleich besprechen, empfiehlt der Erwachte, sich gelegentlich »das Wohl (*sukha*) des Besitzens und der Besitzfülle« zugutekommen zu lassen (*bhuñjati*). Der Besitz gilt als falsch verwendet, wenn er nicht »*als Mittel zur Befriedigung* (*paribhoga*)« verwendet wird. Es geht hier also ausdrücklich *nicht* um ein neutral-gleichmütiges Gebrauchen, wie man ein Taschentuch benutzt, sondern um *Sinnenbefriedigung*. In A VIII,11 wirft z. B. ein Brahmane dem Erwachten vor, er sei »*genussunfähig*« (*ni-b-bhoga*, das ist die Verneinungsform eines aus *bhuñjati* abgeleiteten Adjektivs), und darauf antwortet der Erwachte, in einem gewissen Sinn – aber nicht so, wie es der Brahmane meine – könne man so sagen; denn beim Erwachten sei die Sinnenlust aufgelöst. Hier zeigt sich, dass auch der Erwachte von einem weiten Bedeutungsbereich von *bhuñjati* ausgeht. Denn wenn *bhuñjati* nur neutrales Gebrauchen bedeuten, würde, dann müsste man übersetzen, dass der Brahmane den Erwachten als »*gebrauchsunfähig*« bezeichnet hätte! *Bhuñjati* kann also in unserem Zusammenhang nur *Gebrauchen von Sinnendingen zur Befriedigung* bedeuten. Auf die Übersetzung mit »Genießen« habe ich trotzdem verzichtet, weil mir einzelne besonders ernsthafte Buddhisten begegnet sind, für die entgegen dem allgemeinen Sprachgebrauch das Wort »Genießen« derart verengt ist auf die eine Extrembedeutung »Schwelgen«, dass für sie der Ausdruck »Genießen« wie ein rotes Tuch ist und sie an der unbefangenen Aufnahme des Buches behindern würde. Ich nehme daher lieber die etwas umständlichere Übersetzung mit »Sinnenbefriedigung« oder »Wunschbefriedigung« in Kauf.

HANS: Eigentlich schade, aber ich kann es verstehen. —

RUTH: Richtig verwendet scheint der Besitz nach dieser Rede doch nur, wenn man es nicht nur sich selber damit angenehm und befriedigend macht, sondern auch *teilt und Gutes tut*. Dann wäre also Sinnenbefriedigung durch Besitz falsch, wenn man sich nur selber befriedigt?

FRITZ: Zur Befriedigung verwenden oder nichtverwenden und teilen/nichtteilen sind zwei verschiedene Fälle des Wirkens, die getrennt oder zusammen vorkommen können und von denen jeder seine besonderen Folgen hat: *Nicht teilen* ist immer falsch und zu tadeln – ob man sich an dem Geteilten selber befriedigt oder es sich versagt. Durch Nicht Teilen wird für den im Haus lebenden, *Sinnenwünsche befriedigenden* Anhänger aber nicht auch *die Sinnenbefriedigung als solche* falsch und tadelnswert. Wer nicht teilt, sondern den betreffenden Gegenstand allein zur eigenen Befriedigung verwendet, ist zwar zu tadeln, aber nicht wegen der Sinnenbefriedigung, sondern wegen des Nichtteilens. Genauer als der Erwachte in S 42,12 kann man ja gar nicht die einzelnen Gründe für Lob und Tadel strikt auseinander halten. Wer weder teilt noch das wie auch immer Erworbene selber zur eigenen Befriedigung verwendnet, den tadelt der Buddha nicht nur, weil er nicht teilt, sondern auch weil er es sich dann nicht wenigstens selbst angenehm und befriedigend macht. Denn davon haben die, mit denen er nicht teilt, auch nichts. Im Gegenteil: Wer sich selber nichts gönnt, lässt dann leicht seine trübe Laune an den anderen aus oder spielt sich als der »bessere Mensch« auf.[35] Wer sich bei sinnlicher Bedürftigkeit selber

35 Das gilt sogar für unrecht Erworbenes. Natürlich wäre Wiedergutmachung um Dimensionen besser; aber wer sich das nicht traut (zur Zeit des Buddha bis zum Anfang des 19. Jahrhunderts

nichts gönnt, ist anderen gegenüber erst recht knickerig, während ein Mensch, der sich selber etwas gönnt, in der Regel eher bereit ist, auch einmal anderen etwas abzugeben. Wir finden diesen Gedanken auch in Versen, mit denen der Buddha ein Gespräch mit König Pasenadi abschließt:

S 3,20:

»Korn und Schätze, Gold und Silber, was es sonst gibt an Vermögen,
die Verwandtschaft, Knecht und Diener und im Haushalt das Gesinde –
nichts kann er beim Gehn mitnehmen, alles lassend, zieht er weiter.
Nur was er gewirkt in Taten und in Worten und im Geiste,
das allein ist dann sein Eigen, das nimmt er beim Gehen mit sich,
das allein ist sein Geleite, weicht nicht von ihm wie ein Schatten.
Drum erschaffe man sich Gutes, Wegzehr für das nächste Leben.
Nur des guten Wirkens Folgen sind der Wesen Anhalt drüben.«

Dazu gehört auch das nach S 42,12 zu lobende Verhalten. Das bringt nicht nur gute »äußere« Ernte, sondern verbessert das *Herz* und damit die Fähigkeit zum Herzensfrieden und damit zum Klarwissen. Das Grundprinzip des Erwachten bei der Anleitung häuslich lebender Nachfolger ist: Soweit die durch die drei Filter gegebenen Grenzen eingehalten werden, nimmt er ihnen nichts weg, sondern zu dem, woraus sie bisher Glück beziehen, gibt er ihnen noch Besseres *hinzu* und nennt zur Erfüllung ihrer sinnlichen Wünsche Wege, die zu *Eigenschaften* führen, mit welchen im Stillen schon die notwendige *Herzenswandlung* eingeleitet wird. Die gleiche Methode wendet der Erwachte auch bei Anāthapiṇḍiko an in

A IV,62:

»Folgende vier Arten des Glücks (sukha), Hausvater, mögen sich Sinnenwünsche befriedigende Hausleute von Zeit zu Zeit bei richtiger Gelegenheit verschaffen; welche vier? Das Glück des Besitzens, das Glück der Fülle, das Glück der Schuldenfreiheit, das Glück der Makellosigkeit.

Was ist das Glück des Besitzens, *Hausvater? Da gehört einem Sohn aus einer Familie Vermögen, das unter Aufbietung von Kraft, durch Leistung, im Schweiß des Angesichts, rechtmäßig und auf anständige Weise erworben worden ist. Bei dem Gedanken: ›Dies Vermögen gehört mir; es ist unter Aufbietung von Kraft, durch Leistung, im Schweiß des Angesichts, rechtmäßig und auf anständige Weise erworben‹, wird ihm wohl,* geistige *Freude (somanassa) kommt auf. Das nennt man Glück des Besitzens, Hausvater.*

Was ist das Glück der Fülle, *Hausvater? Da befriedigt sich ein Sohn aus einer Familie an dem Vermögen, das unter Aufbietung von Kraft, durch Leistung, im Schweiß des Angesichts, rechtmäßig und auf anständige Weise erworben worden ist und tut Gutes. Bei dem Gedanken: ›An diesem Vermögen, das unter Aufbietung von Kraft, durch Leistung, im Schweiß des Angesichts, rechtmäßig und auf anständige Weise erworben worden ist, finde ich eine Befriedigung, und und tue Gutes‹, wird ihm wohl,* geistige *Freude kommt auf. Das nennt man Glück der Fülle, Hausvater.*

Was ist das Glück der Schuldenfreiheit, *Hausvater? Da schuldet ein Sohn aus einer Familie niemandem irgendetwas, weder wenig noch viel. Bei dem Gedanken: ›Ich schulde niemandem irgendetwas, weder wenig noch viel‹, wird ihm wohl,* geistige *Freude kommt auf. Das nennt man Glück der Schuldenfreiheit, Hausvater.*

wurde Diebstahl mit dem Tod bestraft!) und dann auch noch sich selber gegenüber engherzig ist und das Erworbene verkommen lässt, der steht in der Herzensbilanz *noch* schlechter da, als wer – nachdem das Kind für diesmal in den Brunnen gefallen ist – wenigstens sich selber etwas gönnt und damit vielleicht Mitmenschen, die auf ihn angewiesen sind, die Chance eröffnet, auf einen freundlicher Gesonnenen zu treffen. Es ist ähnlich wie mit einem Schüler, der lauter Ungenügend im Zeugnis hat außer Gut im Sport. Der ist doch auch nicht noch wegen seiner Leistungen im Sport zu tadeln, nur weil er in den *anderen* Fächern Ungenügend hat.

Was ist das Glück der Makellosigkeit, *Hausvater? Da ist ein Sohn aus einer Familie erwachsen zu untadeligem Wirken in Werken, Worten, Gedanken. Bei dem Gedanken: ›erwachsen bin ich zu makellosem Wirken in Werken, Worten, Gedanken‹, wird ihm wohl,* geistige *Freude kommt auf. Das nennt man Glück der Makellosigkeit, Hausvater.*

Diese vier Arten des Glücks, Hausvater, mögen sich Sinnenwünsche befriedigende Hausleute von Zeit zu Zeit bei richtiger Gelegenheit verschaffen.

Wer sich der Schuldenfreiheit Glück erwirkt, der Fülle Glück bedenkt
und der Besitzbefried'gung Glück – und *dabei klaren Blick bewahrt,*
der sieht mit diesem klaren Blick voll Weisheit beide *Seiten an:*
Das ist nur einen Bruchteil wert vom Glück der Makellosigkeit.«

HANS: Alle bisherigen Aussagen des Buddha über den Umgang häuslich lebender Anhänger mit Besitz und Sinnenbefriedigung finde ich überzeugend. Aber ich habe einmal gehört, der Buddha hätte das Sinnenwohl trotzdem »*kotiges Wohl*« genannt.

FRITZ: Das hat er nur zu *Mönchen* gesagt.[36] Sie haben ein ganz anderes Lebensgefühl: Die Häuslichkeit, in der wir uns einrichten, haben sie schon bei ihrem Auszug in die Hauslosigkeit als »Waten im Schmutz« empfunden. Ihnen steht bei richtigem Vorgehen überweltliches Wohl im Grad des geistigen Hochgefühls (*pīti*) viel leichter als den im Haus Verbliebenen zur Verfügung, und deshalb »stinkt« ihnen im Vergleich damit das menschliche Sinnenwohl buchstablich.[37]

RUTH: Schön, dass der Buddha mit dem Lob häuslicher Nachfolger, die es sich mit ihrem Besitz auch selber angenehm und befriedigend machen, den »Tip« verbindet, alles Sinnenwohl sei nur einen Bruchteil wert vom Glück der Makellosigkeit, das man ja in der Häuslichkeit im tugendfrohen, herzlichen Umgang mit den Mitwesen erlangen kann.

FRITZ: Ja, Ruth. Dabei macht uns der Erwachte in der zuletzt zwischengeschalteten Rede noch etwas Wichtiges bewusst: Die zusätzliche Freude über die Redlichkeit des Erwerbs nimmt zwar vom sinnlichen Bereich ihren Ausgang, aber sie ist schon keine Sinnenfreude mehr, sondern, wie der Erwachte ausdrücklich sagt, »*geistige Freude* (*somanassa*)«. Damit erweitert der Erwachte die Aufmerksamkeit fast unmerklich auf diese feinere Freude. Die schließt schon einen zarten Anteil des Glücks der *Vorwurfsfreiheit* (*avippaṭisāra*) ein, das auch für die Zeit nach dem Tod Gutes verheißt. So hat die zwangfreie Belehrungskunst des Erwachten nun zur Folge: Je mehr einer seinen Rat befolgt, auf der *Sinnlichkeitsebene* (und nur da) das Glück des Besitzens und der Fülle in *dieser* Weise unter Benutzung der drei Filter zur Befriedigung zu nutzen, desto mehr gedenkt er ganz von selber dabei (auch) der Redlichkeit des Erwerbs. Dadurch mischt sich von selber in die Sinnenfreude eine leise, aber mit der Wiederholung zunehmende Freude über die Redlichkeit. Sie zieht wegen ihrer durchdringenden Feinheit immer mehr die Aufmerksamkeit auf sich hin und von dem sinnlichen Anlass ab: Er denkt immer lieber daran, wie Redlichkeit die Mitwesen schont. Je lieber er daran denkt, desto häufiger denkt er daran. Und »*was der Mensch häufig bedenkt und sinnt, dahin geneigt wird das Herz*«. So »überzieht« innere Freude ganz unmerklich von selber die sinnliche Freude auch auf der *Sinnlichkeitsebene*. Diese innere Freude wird sozusagen die feinste Würze der sinnlichen Freude, ohne die eine bloß sinnliche Befriedigung schließlich gar nicht mehr schmecken will.

HANS: Da haben wir wieder einmal einen der »Keime« der Belehrung, wie sie der Buddha immer wieder in seine Anleitungen für häuslich Lebende einsenkt.

36 M 66^{m}, M 139^{m}; A V,196^{m}.
37 Vgl. D 23 über Menschen, die die heilenden Wirkensfährten gegangen sind und deshalb nach dem Tod in einem hohen übermenschlichen sinnlichen Erlebensbereich wieder erscheinen.

Ruth: Ich merke noch so einen unauffälligen Keim: Vom Teilen und Gutes-Tun spricht der Buddha zu Nachfolgern in der Häuslichkeit in den bisher behandelten Texten immer erst, *nachdem* er es lobenswert nennt, wenn sie es sich erst einmal selber mit ihrem Besitz angenehm und befriedigend machen. Wer, wie die Leute von Veludvāra in S 55,7, angeleitet ist, sich bei Schmerzlichem in die Mitmenschen zu versetzen, dem muss ja auch umgekehrt der Gedanke kommen, dass das, was ihm selber angenehm und befriedigend ist, auch den anderen gut tut. Und so bekommt er viel eher Lust zum Teilen und Gutes-Tun, als wenn er selber darben müsste.

Fritz: Freilich: Da sieht man, wie irrig die verbreitete undifferenzierte Ansicht ist, sinnliche Befriedigung sei immer schlecht, Entbehren immer gut. Dagegen wächst mit der empfohlenen Freude am Besitz und seiner Fülle und an der Redlichkeit des Erwerbs auch Freude am *Teilen*. Die hat zwar im sinnlichen Bereich ihren Anlass, aber sie ist ebenfalls eine *innere* Freude und eine Erweiterung des Herzens zu Großzügigkeit und Gemeinsinn. So wird das »Mischungsverhältnis« zwischen sinnlicher und geistiger Freude allmählich geändert. Und so kann leise eine Kettenreaktion des Guten und der geistigen Freude darüber ausgelöst werden. Dieses *geistige Wohl* ist zugleich auch das sicherste Mittel gegen ein *rauschhaftes* Genießen auf der *Sinnlichkeitsebene*, das die Entrinnung aus dem Blickfeld drängen könnte. Denn für den, der inneres Wohl kennt, ist sinnliche Befriedigung *»nicht gerade berauschend«*.

Hans: Wir haben nun schon so oft über den zu meidenden *Rausch* beim Genießen gesprochen. Was ist das eigentlich?

Fritz: Paul Debes hat dazu einmal geschrieben:

»Den gegenwärtigen triebhaften Zustand bejahen, ... Wellenreiten auf den Wogen der Tendenzen – ... das ist Rausch. Wie dieser Rausch zu überwinden ist, ergibt sich aus der Erkenntnis seiner Entstehung aus beschränkter Einsicht. Der Kenner der Existenz kann sich nicht mehr von dem Kraftgefühl berauschen lassen, welches durch Jugend, durch Gesundheit des Leibes und durch die dauernde Erfahrung der Gegenwärtigkeit des Lebens empfunden wird. Wer auch nur etwas aufmerksamer beobachtet, dem wird das Dahinscheiden und Hinwegsterben der Nachbarn, Freunde und Verwandten zu einem Anlass, auch an den unvermeidlichen eigenen Tod zu denken. Er wird durch solche Meditationen immer mehr auf die Nicht-Ichheit des Leibes hingewiesen, er distanziert sich innerlich vom Leibe und zieht dahin um, wo wahrer Friede, herzunmittelbares Glück zu finden ist.«[38]

Diesen Rat, die Lebenstatsachen zu bedenken, kennen wir schon aus der Rede A V,57. Nur kühlende, das Sinnenfieber senkende Betrachtungen auf der *Wahrheitsebene*, nicht Festschrauben des Deckels auf der *Sinnlichkeitsebene*, können unsern inneren Kochkessel, den triebgeladenen Körper, am »Pfeifen« oder gar Platzen hindern. Um diese Durchschauungen auch auf der *Sinnlichkeitsebene* so gewärtig zu haben, dass sie ein Berauschen an den Sinnendingen verhüten, muss man sie viele Male auf der *Wahrheitsebene* wiederholt haben. Dazu hilft sehr die Pflege der Erinnerung an die heilenden Tugenden – eine der sechs unübertrefflichen Erinnerungen, über die wir noch sprechen werden. Wir sehen: Nach Passieren der »drei Filter« (Tugend, Rauschfreiheit, Entrinnung im Auge behalten) verbleiben auf der *Sinnlichkeitsebene* nur noch ruhigere Befriedigungmöglichkeiten. Die Mittel, die uns der Erwachte zeigt, damit diese ruhigeren Befriedigungsmöglichkeiten uns nicht den Blick für die Entrinnung trüben, sind vorwiegend *nicht* im direkten Frontalangriff auf der *Sinnlichkeitsebene* einzuüben und anzuwenden, sondern auf der *Wahrheitsebene*. Das Ergebnis ist dann jene Herzensbeschaffenheit, von der es in dem Vers am Ende von A V,57 hieß:

»Jetzt schon bin ich nicht mehr fähig,
g a n z *der Sinnlichkeit zu dienen.«*

38 MExi, S. 902 f.

Wer – ohne die Reife eines der seltenen *»brahmacāri«* – als häuslich lebender Nachfolger für die *Sinnlichkeitsebene* weitergehende Forderungen an sich stellen zu müssen glaubt, geht »auf eigene Gefahr« über die Anleitung des Erwachten für häuslich Lebende hinaus. Denn der Erwachte zeigt, dass – mit Ausnahme von Tugendkampf und Kampf gegen Rauschhaftigkeit – alles zur Nachfolge in der *Häuslichkeit* Notwendige – besonders das Einüben der Erinnerung an die Entrinnung – wirksamer indirekt auf der *Wahrheitsebene* zu erkämpfen ist. Ein Arzt, der bei Unwetter einen Verletzten auf dem Bürgersteig findet, wird ihm dort nur die allererste Hilfe leisten. Er wird aber nicht die eigentliche Heilbehandlung auf dem nassen und zugigen Bürgersteig durchführen, sondern den Leidenden so schnell wie möglich unter Dach bringen. Ebenso findet die Heilung des wahnfieberkranken Menschen – bis auf die erste Nothilfe zur Verhütung des Schlimmsten (Tugendverstoß, rauschhaftes Genießen, Vergessen der Entrinnung) – nicht auf der Straße der Sinnlichkeitsebene statt, sondern unter dem Dach der *Wahrheitsebene*.

HANS: Das ist ein plastisches Gleichnis. Wenn wir es weiter fortsetzen wollen, dann wären Erwerb und Nutzung inneren Wohls wie eine Heilkur in ruhiger, gesunder Gegend nach dem Krankenhausaufenthalt. Ist das so richtig?

FRITZ: Ja, Hans. Das ist richtig. In einem Punkt muss ich mich sogar selber berichtigen: Ich habe eben die Durchschauung des Elends des sinnlichen Begehrens auf der *Wahrheitsebene* als indirekten Kampf bezeichnet. In Wahrheit ist das eigentlich ein *direkterer* Kampf als das mühsame Verzichten auf der Sinnlichkeitsebene bei Befriedigungsmöglichkeiten, die alle drei Filter passiert haben: Das wäre dem Festschrauben des Deckels eines kochenden Topfes zu vergleichen, nachdem man das Sicherheitsventil ausgebaut hat. Umbewerten auf der *Wahrheitsebene* dagegen senkt die Temperatur auf der Wahrheitsebene, und zwar nicht nur während längerer Besinnungszeiten, sondern bei jeder noch so kurzen Erinnerung im Rahmen der sechs unübertrefflichen Erinnerungen. Nur durch richtiges Bewerten der Sinnensucht auf der Wahrheitsebene im Vergleich zu erfahrenem innerem Wohl wird der Triebdruck wirklich gemindert und aufgehoben, nicht durch Darben und Verkneifen auch des durch die drei Filter Hindurchgegangenen. Wenn Mönche und Nonnen mit ihrer größeren Kraft und ihrem größeren Potenzial an innerem Wohl sinnliche Anwandlungen *immer* – notfalls mit zusammengebissenen Zähnen und unter Tränen – auch nach Passieren der drei Filter abweisen, dann nur, um desto schneller wieder den eigentlichen *direkten* asketischen Kampf um Ruhe und Klarsicht aufzunehmen: *»Was der Mensch häufig bedenkt und sinnt, dahin geneigt wird das Herz.«* Wir dürfen ja nicht übersehen: ohne Tugendverstoß, ohne Berauschung, ohne besessene Hingabe, die die Erinnerung an das Entrinnen verdrängt, ist die bloße Befriedigung eines vorhandenen Sinnenwunsches *als solche* für *im Haus* Lebende

1. keine Untugend,

2. keine der zehn vom Erwachten genannten unheilsamen Wirkensbahnen[39], sondern erst, wenn sie zu *»übermäßiger Fixierung«* (*abhijjhā*) entartet.

3. Sie ist auch keine der vom Erwachten in M 7^m genannten 16 Herzenstrübungen, solange sie nicht zur *»verderbten Selbstsucht«* (*»abhijjhā visamalobha«*) ausufert.

4. Sie ist keine der sieben in A VII,27 genannten zum Niedergang führenden Eigenschaften des häuslichen Nachfolgers. …

5. Auch zu den acht noch zu besprechenden Dingen in M 54, deren sofortige Bekämpfung *»zum Ablösen der Weltbezüge«*, nötig ist, gehört nicht schon jede einfache Befriedigung von Sinnenwünschen, sondern erst *»geierartig gierende Sucht«* (*giddhi-lobha*). Freilich würde jedes sinnliche Begehren mit der Zeit zu diesem groben Grad anwachsen, wenn man es auf der *Wahrheitsebene positiv* bewerten und auf der *Sinnlichkeitsebene* ohne die drei Filter »ausleben«

39 Siehe 12. Gespräch.

würde, was aber ein Anhänger der Lehre (zumindest ein Heilsgänger) auf die Dauer weder will noch kann.

6. Die sinnliche Befriedigung als solche ist auch kein Hindernis, das den *Stromeintritt* ausschließt: Erst vom Einmalwiederkehrer sagt der Erwachte, dass er nicht nur die ersten drei untenhaltenden Verstrickungen, sondern alle fünf – also auch sinnliches Begehren – verdünnt haben muss, und erst beim Nichtwiederkehrer ist sinnliches Begehren ganz aufgehoben.[40]

Das alles bedeutet zwar *nicht*, sinnliche Befriedigung und das Denken daran (das auf der *Wahrheitsebene* immer fehl am Platz ist) sei auf der *Sinnlichkeitsebene »harmlos«*, wenn es die drei Filter passiert hat. Auch Kohlendioxyd oder Schwefel in der Atemluft sind trotz vieler Katalysatoren in den Autos und Filter in den Fabrikschornsteinen keineswegs harmlos und machen viele Menschen krank. Dennoch können wir das Atmen weder einstellen noch bei jedem Atemzug nachdenken, ob nicht auch ein flacherer Atemzug genügt hätte. Aber es bedeutet: Nachfolger, die weder im Orden noch als »Mystiker im Haus« den brahmischen Wandel führen, können und sollen – von den »Sofortmaßnahmen« gegen Übermaß abgesehen – den Kampf gegen das sinnliche Verlangen *als solches* von der Wurzel her durch auflösende Betrachtungen während ihrer kürzeren oder längeren Aufenthalte auf der *Wahrheitsebene* führen, nicht im frontalen Angriff durch *»Entbehren zur Selbstabtötung«* auf der Sinnlichkeitsebene.

Hans: Aber läuft das nicht auf eine Art Sonntagsbuddhismus hinaus? Auf der Sinnlichkeitsebene sind wir praktisch die ganze Woche. Für die Wahrheitsebene haben wir meist nur am Wochenende länger Zeit.

Fritz: Selbst wenn es so wäre, liefe es nicht auf Sonntagsbuddhismus hinaus, weil auf der *Sinnlichkeitsebene* genug zu kämpfen bleibt: Sie ist der Hauptkampfplatz für das Ringen um Rechtlichkeit, Tugend, Nicht-Berauschen. Das ist ein so umfassender und schwerer *direkter* Kampf gegen Triebwuchten, dass heutzutage, wie gesagt, die meisten Menschen einen Sieg für ein unerreichbares Ideal halten: *nie* töten, *nie* Nichtgegebenes nehmen, *nie* lügen, *nie* falsche Geschlechtsbeziehungen pflegen und *nie* Mittel nehmen, die das klare Denken und die Selbstkontrolle beeinträchtigen. Wer sich dieser großen Aufgabe mitten in seinen Alltagspflichten tapfer stellt und so stark in ihre Bewältigung hineinwächst, dass ihm jeder eigene Tugendverstoß wehtut, deshalb immer seltener wird und schließlich auf dem Gebiet der fünf Grundtugenden praktisch kaum mehr vorkommt und dann wehtut, hat wahrlich nach seinem Läuterungskampf auf der *Wahrheitsebene* auch auf der *Sinnlichkeitsebene* viel geleistet – und ich kenne viele, die das erreicht haben.

Aber es ist gar nicht so, wie du meinst, Hans, dass man sich *nur* am Wochenende auf die Wahrheitsebene hinaufrecken kann. Ich habe ja gerade gesagt: Auf der *Wahrheitsebene* bin ich nicht nur während besonderer Meditationszeiten, sondern in jedem *»lichten Moment«*, in dem ich von den fünf Hemmungen frei oder doch so weit erleichtert bin, dass ich einigermaßen klar denken kann. Die Triebwogen haben ihre Rhythmen. Deshalb treten solche Augenblicke ungefähr so häufig auf wie Wellentäler zwischen Wellenbergen. Nur beachten wir die Wellentäler meist nicht. Wir können sie daran erkennen, dass wir dann auf der Sinnlichkeitsebene den Eindruck haben, im Augenblick sei »nichts los«. Der Erwachte nennt dies ein *»weder wohles noch wehes Gefühl«*. Je mehr ich lerne, auf solche »lichten Momente« zu achten (auch eine Art von Geistestraining durch Achtsamkeit!), umso weniger geschieht das, was den meisten Menschen unterläuft, wenn es gerade nichts »Interessantes« gibt: dass sie sich nämlich von dem mächtigen Strom der gewohnten banalen Gedanken treiben lassen und »zum Zeitvertreib« an dies und das denken. Mitten in der Arbeit, in jedem Augenblick, in dem ich nicht ausschließlich auf meine

40 Siehe 15. Gespräch.

Arbeit konzentriert bin, tun sich – wie die Löcher im Käse – momentan unbesetzte Stellen auf, durch die irgendwelche Gedanken huschen. Dann liegt es an mir, ob durch diese Löcher Unsinn huscht oder eine kurze Erinnerung an die Wachheit des Vollendeten, an das Glück der Nachvollziehbarkeit der Lehre, an die Heilsgängergemeinde, an das Loslassen, an die guten Freunde – eben eine jener sechs unübertrefflichen Erinnerungen (*anussati*). Das reicht zwar nicht zu weiträumigen Besinnungen und *neuen* Einsichten. Aber ich kann mir dann die heilstauglichen Richtlinien für die Praxis, die ich mir während längerer »neutraler Zeiten« – besonders am Feiertag – erarbeitet habe, kurz in Erinnerung rufen, so wie man im Krieg an der Front in kurzen Feuerpausen rasch das in der Etappe gekochte Essen verzehrt hat, um etwas im Magen zu haben.

RUTH: Und man kann sich »auf den Fersen bleiben«, wie die Mutter auch mitten in der Hausarbeit immer wieder einen prüfenden Blick auf ihr Kind wirft, ob alles in Ordnung ist.

FRITZ: Ganz richtig. Wir werden das alles noch besser verstehen, wenn wir hören, wie nun im folgenden dritten Teil unserer Rede S 42,12 der Erwachte dem Amtmann von der ganz anderen Gangart derjenigen Gruppe von *Mönchen und Nonnen* berichtet, für die jener sich besonders interessierte: nämlich der Asketen, die sich *kasteien*, also jenes Extrem pflegen, das der Buddha – im Gegensatz zu fast allen damaligen Gurus – auch bei Asketen *tadelt*. Trotz dieses Tadels: Da weht gleich ein ganz anderer Wind als auf der häuslichen Ebene, ein starker, reinigender, der uns schon beim bloßen Anhören ergreifen und verständlich machen kann, was *»Asketenehrfurcht vor den Asketen«* heißt:

»Drei Arten von Asketen, *die sich selbst* kasteien, *gibt es, Amtmann:*

Da ist ein Asket, der sich kasteit, in dem Vertrauen aus dem Haus in die Hauslosigkeit gezogen: ›Könnte ich nur ein wenig zu heilstauglichen Eigenschaften kommen; könnte ich nur durch ein wenig übermenschliche Eigenschaft mir den Segen eines ausreichenden heilenden Erkenntnisblicks offenbar machen!‹ Der kasteit sich, kasteit sich bis zum Äußersten. Heilstaugliche Eigenschaften erreicht er nicht. Er macht sich nicht durch übermenschliche Eigenschaft den ausreichenden, heilenden Erkenntnisblick offenbar.

Da ist ein anderer Asket, der sich kasteit, in dem gleichen Vertrauen aus dem Haus in die Hauslosigkeit gezogen. Der kasteit sich, kasteit sich bis zum Äußersten und erreicht heilstaugliche Eigenschaften, aber er macht sich nicht durch übermenschliche Eigenschaft den ausreichenden, heilenden Erkenntnisblick offenbar.

Da ist noch ein Asket, der sich kasteit, in dem gleichen Vertrauen aus dem Haus in die Hauslosigkeit gezogen. Der kasteit sich, kasteit sich bis zum Äußersten, aber er erreicht heilstaugliche Eigenschaften und macht sich durch übermenschliche Eigenschaft den ausreichenden, heilenden Erkenntnisblick offenbar.

Der eine Asket, der sich kasteit, bis zum Äußersten kasteit, aber keine heilstaugliche Eigenschaften erreicht und sich nicht durch übermenschliche Eigenschaft den ausreichenden, heilenden Erkenntnisblick offenbar macht, ist

👎👎👎 *wegen dreier Umstände zu* tadeln; *wegen welcher drei? Er kasteit sich, kasteit sich bis zum Äußersten. Das ist der* erste *Umstand, weswegen er zu tadeln ist. — Heilstaugliche Eigenschaften erreicht er nicht. Das ist der zweite Umstand, weswegen er zu tadeln ist. — Er macht sich nicht durch übermenschliche Eigenschaft den ausreichenden, heilenden Erkenntnisblick offenbar. Das ist der dritte Umstand, weswegen er zu tadeln ist.* [41]

Das ist ein sich kasteiender *Asket, der wegen dreier Umstände zu tadeln ist, Amtmann.*

Ein anderer Asket kasteit sich, kasteit sich bis zum Äußersten – und erreicht heilstaugliche Eigenschaften –, aber er macht sich nicht durch übermenschliche Eigenschaft den ausreichenden, heilenden Erkenntnisblick offenbar.

41 Ein Beispiel mit guten Ausgang zeigt S 41,9, s. unten im 14. Gespräch.

👎👎☺ *Dieser sich kasteiende Asket ist aus zwei Gründen zu tadeln, aus einem Grund zu loben.*

Aus welchen beiden Gründen ist er zu tadeln? — *Er kasteit sich, kasteit sich bis zum Äußersten; – den ausreichenden heilenden Erkenntnisblick macht er sich nicht offenbar.*

Aus welchem einen Grund ist er zu loben? — *Er erreicht heilstaugliche Eigenschaften. Das ist der einzige Grund, aus dem er zu loben ist.*

Das ist ein sich kasteiender Asket, der wegen zweier *Umstände zu tadeln, wegen eines Umstandes zu loben ist, Amtmann.*

Ein anderer Asket, kasteit sich, kasteit sich bis zum Äußersten, aber erreicht heilstaugliche Eigenschaften und macht sich durch übermenschliche Eigenschaft den ausreichenden, heilenden Erkenntnisblick offenbar.

👎☺☺ *Dieser sich kasteiende Asket ist aus einem Grund zu tadeln, aus zwei Gründen zu loben.*

Aus welchem einzigen Grund ist er zu tadeln? — *Er kasteit sich, kasteit sich bis zum Äußersten.*

Aus welchen zwei Gründen ist er zu loben? — *Er erreicht heilstaugliche Eigenschaften. — Er macht sich durch übermenschliche Eigenschaft den ausreichenden, heilenden Erkenntnisblick offenbar.*

Das ist ein sich kasteiender Asket, der wegen eines Umstandes zu tadeln, aus zwei Gründen zu loben ist, Amtmann.«

Hans: Und wo bleibt der Asket, der aus drei Gründen zu loben ist? Bei den Sinnenwünsche Befriedigenden war doch der letzte aus vier Gründen zu loben und aus keinem zu tadeln?

Fritz: Nach dem war nicht gefragt. Die Frage des Amtmanns lautete: *»Herr, ich habe gehört, der Erhabene tadelt jede Askese, und jeden Asketen,* der sich kasteit, *verurteilt er absolut.«* Deshalb hat ihm der Erwachte nur die Gründe für Lob und Tadel bei sich *kasteienden* Asketen gesagt. Wohl aber hat der Erwachte – und das ist bemerkenswert – diese Frage (ohne dass danach gefragt war) zum Anlass genommen, um zuerst jenen bisher besprochenen erschöpfenden, den Hauptteil der Rede ausmachenden Überblick zu geben, wann *häuslich* lebende Sinnenwünsche Befriedigende zu tadeln und zu loben sind und hier den Unterschied zwischen asketischer Lebensweise und Nachfolge in der Häuslichkeit beim Umgang mit Besitz und Sinnenbefriedigung ganz deutlich herauszuarbeiten. So wichtig war es dem Erwachten, über diesen Unterschied der Gangart Klarheit zu schaffen.

Blicken wir noch einmal auf die bisherige Rede zurück: Zuerst verneint der Erwachte die Frage des Amtmanns, ob er wirklich jede *Askese* tadelt. Er lehre nur, dass Asketen zwei *Extreme* zu meiden haben: Hingabe an sinnliches Begehren und Kasteiung (*»Entbehren zur Selbstabtötung«*). — Für in der Häuslichkeit Lebende wäre Kasteiung erst recht ein zu meidendes Extrem, denn sie werden ja schon dann *getadelt wenn sie es sich mit ihrem Besitz nicht selber angenehm und befriedigend machen, dagegen gelobt*, wenn sie es tun. Niemals hat der Erwachte auch nur in einer einzigen Rede über den rechten Umgang mit Besitz und Sinnenbefriedigung den *häuslich* Lebenden – einschließlich der Heilsgänger unter ihnen – nahe gelegt, sich auch auf der *Sinnlichkeitsebene* von der Befriedigung von Sinenwünschen radikal *fern zu halten*, es aber auf keinen Fall in Fülle mit Sinnendingen, *»sich selber angenehm und befriedigend zu machen«*, sondern nur kärglich, immer nahe der Schmerzgrenze. —

Hans: Aber ich habe einmal von einem Gleichnis gehört: wenn man wisse, wie gefährlich sinnliches Begehren sei, dann müsse man sich verhalten wie ein Mensch, der aus einem funkelnden Becher mit – wie er weiß – sofort tödlichem Gift trotz großem Verlangen nicht trinkt, oder wie ein Mensch, der einer furchtbaren Giftschlange nicht die Hand oder den Zeh hinstreckt. So müsse die Haltung des Heilsgängers bei jeder Sinnenbefriedigungsmöglichkeit sein.

Fritz: Dieses Gleichnis bringt der Buddha in M 105 im Gespräch mit einem Prinzen keineswegs als Meditationsobjekt für häuslich Lebende, sondern nur um zu zeigen, …

Hans: … wie *Mönche* oder *Nonnen* mit Sinnendingen umgehen?

Fritz: Nicht einmal das. Der Buddha bringt das Gleichnis nur dafür, dass ein *Mönch dann* gar keinen Willen nach Wunschbefriedigung mehr bilden kann, wenn er so weit fortgeschritten ist, dass er nicht nur von allen fünf untenhaltenden Verstrickungen, sondern schon von den ersten drei der fünf obenhaltenden Verstrickungen – also auch von jeglichem Dünken einschließlich »Ich-bin-Empfinden« – befreit und deshalb von der *Auflösung* von Wahrnehmung und Gefühl *angezogen* ist. Ein solcher Mönch ist ein *Nichtwiederkehrer*, der den Weg zum Heilsstand betreten hat. Wir kommen in anderem Zusammenhang noch darauf. Es ist also überhaupt kein Gleichnis dafür, wie ein Heilsgänger, der noch kein Nichtwiederkehrer ist, in der Häuslichkeit mit Besitz und Sinnenbefriedigung umgeht.

Hans: Dann sieht ein solcher Mönch an der Schwelle zur Heilung und ein Geheilter also ständig fauchende Giftschlangen um sich und in Speisen und Getränken Arsenik, aber in der beruhigenden Gewissheit, dass sie ihm nichts tun können?

Fritz: Nein, nein, Hans. Das Gleichnis schildert eine *Frucht* der Übungen eines solchen Nichtwiederkehrers, der von der Auflösung von Wahrnehmung und Gefühl angezogen ist. Es steht auch nicht für dessen »Lebensgefühl«. Er braucht gar nicht mehr darum zu kämpfen, dass sich kein Sinnenlustwollen bildet. Das ist bei ihm unmöglich. Sinnensucht ist von ihm überwunden, sie ist daher keine Gefahr mehr. Er ist der siegreiche Tugendmonarch. Da faucht nichts und giftet nichts: da ist so tiefer Friede, dass nichts Äußeres mehr beeinflussen kann. Wenn du dir die Rede einmal genau durchliest, wirst du es bestätigt finden.

Heilsgänger im *Haus* leitet der Erwachte *ganz anders* zum Umgang mit Sinnendingen an: Er pumpt ihnen nicht auf der Sinnlichkeitsebene, wo sie wie Fische in verschmutztem Gewässer nach Luft japsen, das Wasser vollends ab, sondern gibt ihnen als erste Sofort-Hilfe – als Not-Behelf – das *dreifache Filter*. Als Medizin zur Grundbehandlung der Sinnensucht auf *der* Ebene dagegen, wo echte Heilungsaussicht besteht – nämlich auf der *Wahrheitsebene* – bringt der Erwachte in den Reden über den rechten Umgang mit Besitz und Sinnenbefriedigung die *sechs unübertrefflichen Erinnerungen*, mit denen sich entlarvende, befreiende, erhellende und geistige Freude erzeugende Betrachtungen in Fülle verbinden lassen. Die bilden allmählich eine Strömung zum inneren Jubel hin, die als die beste Klär-Anlage das Abwasser reinigt und fortspült. Mit einer solchen allgemein gültigen, zeitlosen Betrachtung für die *Wahrheitsebene*, die »offensichtlich« ist und zugleich daran erinnert, worauf die Lehre im Ganzen hinausläuft, schließt der Erwachte das Gespräch mit dem Amtmann in S 42,12 ab:

»Dreierlei ist offensichtlich, veraltet nicht, ist zeitlos, lädt zum Selbersehen ein, führt zum Ziel, ist vom Verständigen bei sich selber nachvollziehbar. Welche drei Tatsachen?

Dass ein vom Reiz Gereizter *(ratto) infolge der* Reizung *zu eigener* Bedrängnis *sinnt (ceteti), zu anderer Bedrängnis sinnt, zu gemeinsamer Bedrängnis sinnt,* nach Überwindung *der Reizung dagegen weder zu eigener noch zu anderer noch zu gemeinsamer Bedrängnis sinnt, das ist offensichtlich, veraltet nicht, ist zeitlos, lädt zum Selbersehen ein, führt zum Ziel, ist vom Verständigen bei sich selber nachvollziehbar.*

Dass ein von Abneigung *Erfüllter infolge der Abneigung zu eigener Bedrängnis, zu anderer Bedrängnis, zu gemeinsamer Bedrängnis sinnt, nach Überwindung der Abneigung dagegen weder zu eigener noch zu anderer, noch zu gemeinsamer Bedrängnis sinnt, das ist offensichtlich, veraltet nicht, ist zeitlos, lädt zum Selbersehen ein, führt zum Ziel, ist vom Verständigen bei sich selber nachvollziehbar.*

Dass ein Verblendeter *infolge der Verblendung zu eigener, zu anderer, zu gemeinsamer Bedrängnis sinnt, nach Überwindung der Verblendung dagegen weder zu eigener noch zu anderer, noch zu gemeinsamer Bedrängnis sinnt, das ist offensichtlich, veraltet nicht, ist zeitlos, lädt zum Selbersehen ein, führt zum Ziel, ist vom Verständigen bei sich selber nachvollziehbar.«*

Diese Rede enthält den umfassendsten *Gesamtüberblick* über alle Anleitungen des Erwachten zum Umgang mit Besitz und Sinnenbefriedigung.

RUTH: Und die lauten ganz anders, als die meisten Buddhisten meinen, mit denen ich bisher gesprochen habe.

FRITZ: Ja. Und warum? *Nicht* weil der Buddha die Sinnensucht verharmlosen will, sondern im Gegenteil: um zu verhüten, dass das letztlich einzige wirkliche Heilmittel gegen Sinnensucht, das der Durchschauung des Elends unbedingt wie ein Katalysator »beigemischt« werden muss, nämlich *jubelnde überweltliche Freude*, zerquetscht wird zwischen den Mühlsteinen eines engen, bitteren, öden, von Skrupeln verdunkelten Gemütszustands. Der könnte leicht für lange Zeit über uns logische, kopfkonsequente westliche Menschen kommen, wenn wir die negative geistige *Grundbewertung*, die wir auf der *Wahrheitsebene* mit dem *Geist* schon fassen können und sollen, sofort *radikal* selbst da in die Praxis umzusetzen versuchen, wo bloße Befriedigung keine Tugend verletzt und »unverstrickt« geschieht, das heißt ohne eine solche Besessenheit, dass darüber der Gedanke an die Entrinnung vergessen wird, der deshalb immer wieder in stillen Besinnungen zu neutralen Zeiten und bei den sechs unübertrefflichen Erinnerungen auch während der Arbeit und inmitten der Familie aufrechterhalten werden kann und muss. Von der Verlockung durch Sinneswünsche freikommen konnte, wie M 14 zeigt, nicht einmal der auf die Erwachung zugehende, das Elend der Sinnensucht *mit vollkommener Weisheit* durchschauende Asket Gotamo, solange er nicht zu innerem Jubel gelangt war. Noch weniger können wir es. Wollten wir es dennoch ernsthaft versuchen, dann wären Darben, Bitterkeit und Öde noch die relativ harmlosere Folge. Schlimmer ist: Wer sich in der Häuslichkeit – »buddhistischer als der Buddha« – auferlegt, das auf der *Wahrheitsebene* im *Geist* als richtig Erkannte zu früh auf der *Sinnlichkeitsebene* radikal gegen *Herz* und *Gewöhnung* auch da durchzusetzen, wo weder Tugend verletzt noch rauschhaft genossen, noch das Fernziel der Entrinnung aus dem Auge verloren wird, der mag eines Tages resignieren und gar nicht mehr die Wahrheitsebene aufsuchen, weil er meint, *»nach dieser erhabenen Lehre«* könne man leider nicht in der Häuslichkeit leben. Wer länger mit der Lehre des Buddha umgeht, kennt solche Entwicklungen bei manchen Menschen.

Weil aber für den häuslich lebenden Nachfolger die auf der Wahrheitsebene gewonnene *geistige* Einsicht in das Elend der Sinnendinge so einleuchtend ist, mögen sich viele nicht eingestehen, dass sie nach den Maßstäben des Erwachten *»Sinnenwünsche befriedigende Anhänger«* sind – noch keine »brahmisch Lebenden« (*brahmacāri*) – und kaschieren diese Tatsache unbewusst – *»weil nicht sein kann, was nicht sein darf«* – durch umso mehr feinsinniges Denken und Reden über das, was sie wegen ihres Wissens, wie sie sein *sollen*, schon irrig zu *sein* meinen, oder durch moralischen Rigorismus gegen sich und andere oder gar durch Krittelei und intellektuellen Hochmut, verhüllt im Gewand beredsamer Bescheidenheit. Dadurch können auch ernsthaft Nachfolgende leicht Selbsttäuschungen erliegen. Bei Abwehrgefühlen gegen unsympathische sinnliche Wahrnehmungen reden sie sich manchmal »rein sachliche, lehrgemäße Gründe« für die Abneigung ein und sind geneigt, Hinneigung zu Sinnendingen, die sie noch mögen, in geistige Wahrnehmung umzudeuten (z. B. Sympathie in *mettā*), weil sie ja »Sinnen-Freuden« weit von sich weisen. Beim jahrelangen Betrachten all der vielen Aussagen des Buddha, die ich für unser Thema durchzuarbeiten hatte, ist mir mehr als je klar geworden, welche massiven *Verdrängungsmechanismen* in uns am Werk sind, um zu verhindern, dass unser »Buddhisten-Selbstbild« gekränkt wird durch die Erkenntnis, dass wir derzeit noch *»Sinnenwünsche Befriedigende«* sind. Ach, das ist alles so menschlich. Ich kenne es ja am besten von mir selber. Eine gute Hilfe ist da die Antwort, die ein neuernannter Bischof auf seine Klage, die Bürde seines Amtes lasse ihn nicht schlafen, von dem lieben alten Papst Johannes XXIII erhalten hat. Der erwiderte, ihm sei es nach der Wahl zum Papst genau so gegangen, aber da sei ihm in einem Wachtraum sein Schutzengel erschienen und habe ihm zugeflüstert: »*Giovanni, nimm dich nicht so wichtig!*« Da habe er wieder schlafen können. — Gegen solche allzu menschlichen Verdrängungserscheinungen immun ist nur jene zweite Art von im Haus lebenden Nachfolgern, welche die Sinnensucht bereits ganz oder fast ganz überwunden *haben* und die der Erwachte fast immer außer Betracht lässt, wenn er von »Hausleuten« spricht, weil sie schon zu seiner Zeit selten – und selbstgängig – waren. Ansonsten sind für den Erwachten »*in der Häuslichkeit Nachfolgende*« stets zugleich auch »*Sinnenwünsche Befriedigende*«. Deutlicher als das der Erwachte dem König Mahānāmo gesagt hat, kann man es ja gar nicht sagen: »*Eben die Eigenschaft in deinem Innern ist noch nicht überwunden, dass dir manchmal Vorstellungen des sinnlichen Begehrens, der Abneigung, der Verblendung das Herz überwältigen und besetzt halten. Wenn diese Eigenschaft in dir überwunden wäre, Mahānāmo, dann könntest du gar nicht mehr in einer Häuslichkeit wohnen und Sinnenfreuden genießen.*« Die Annahme, »*Sinnenwünsche befriedigende Hausleute*« seien nur zurückgebliebene Anhänger, die die Lehre noch nicht richtig begriffen hätten, trifft also nicht zu.

HANS: Der Buddha soll aber gesagt haben, den Hausleuten käme das Zurücktreten von den Sinnendingen wie ein *Abgrund* vor. Wie steht es damit?

FRITZ: Lesen wir einfach miteinander die Rede, an die du jetzt denkst. Hans. Es ist

A IX,41.

Als sich der Erhabene einmal bei einer Stadt der Maller namens Uruvelakappa in den Großen Wald zurückgezogen hatte, kam der Hausvater Tapusso zu Ānando und sprach:

»*Herr Ānando, wir führen ein häusliches Leben, wir leben mit Sinnenbefriedigung, Sinnenbefriedigung reizt uns, wir haben Freude an Sinnenbefriedigung. Uns, Herr, erscheint das* Ausbrechen aus dem Sinnlichen *(nekkhamma) wie ein Abgrund. Und doch habe ich gehört, Herr, in dieser Heilswegweisung fühle sich schon bei ganz, ganz jungen Mönchen das Herz stark zum Ausbrechen aus dem Sinnlichen hingezogen, werde darin klar, finde Frieden, werde erlöst, weil es spürt:* ›Das *ist der Friede*‹*; gerade das, Herr, unterscheide in dieser Heilswegweisung die Mönche von der breiten Masse: eben das Ausbrechen aus dem Sinnlichen.*« — »*Das ist wert, besprochen zu werden, Hausvater; lass uns gehen und den Erhabenen besuchen; wir wollen ihm das vortragen; wie der Erhabene es erklären wird, so wollen wir es bewahren.*« Sie gingen miteinander zum Erwachten, und Ānando trug Tapussos Frage vor.

Der Erwachte bestätigte: »*Das ist so, Ānando, das ist so, Ānando. Sogar ich habe vor der Erwachung, als ich noch kein Vollkommen Erwachter war, sondern noch auf die Erwachung zuging, zwar* gewusst*: ›Ausbrechen aus dem Sinnlichen ist richtig, Abgeschiedenheit ist gut.‹ Aber das* Herz *fühlte sich bei mir nicht zum Ausbrechen aus den Sinnenwünschen hingezogen, wurde nicht klar, fand keinen Frieden, empfand die Vorstellung,* dies sei der Friede, *nicht erlösend. Da dachte ich: ›Woran liegt das, was ist die Ursache, dass sich bei mir das Herz nicht zum Ausbrechen aus den Sinnenwünschen hingezogen fühlt, nicht klar wird, keinen Frieden findet, die Vorstellung, dies sei der Friede, nicht als erlösend empfindet?‹ Da kam mir der Gedanke: ›Ich habe bei den Sinnenwünschen noch nicht das Elend gesehen; das habe ich nicht oft genug geübt; deshalb habe ich zum* Segen *des Zurücktretens von den Sinnenwünschen keinen Zugang und habe ihn nicht gepflegt. Deshalb fühlt sich mein* Herz *nicht zum Zurücktreten von den Sinnenwünschen hingezogen, wird nicht klar, findet keinen Frieden, empfindet die Vorstellung, dies sei der Friede, nicht als erlösend.‹ Da sagte ich mir: ›Wenn ich bei den Sinnenwünschen das Elend gesehen habe, dann werde ich mir diesen Anblick immer wieder verschaffen; habe ich erst zum Segen des Zurücktretens von den Sinnenwünschen Zugang, dann werde ich ihn auch pflegen. Dann kann es sein, dass mein Her zum Zurücktreten von den Sinnenwünschen hingezogen fühlt, dabei klar wird, Frieden Vorstellung, dies sei der Friede, als erlösend empfindet.‹ Und so habe ich im Lau Sinnenwünschen das Elend betrachtet; diesen Anblick habe ich mir immer wieder v*

dem Segen des Zurücktretens von den Sinnenwünschen den Zugang gefunden und habe ihn gepflegt. Nun fühlte sich bei mir das Herz zum Zurücktreten von den Sinnenwünschen hingezogen, wurde klar, fand Frieden, empfand die Vorstellung, dies sei der Friede, als erlösend. Da verweilte ich dann im Lauf der Zeit, abgelöst von Sinnendingen, abgelöst von heilsuntauglichen Gedanken und Gesinnungen, bei stillem Denken und Sinnen in weltabgelöster jubelnder Seligkeit, im ersten Grad der weltlosen Entrückung. Wenn mir nun, als ich länger in diesem Zustand verweilen konnte, mit sinnlichen Wunschwahrnehmungen verbundene Geistestätigkeiten[42] *aufstiegen, dann empfand ich das als* Beschwer. *Wie es eben für einen Glücklichen eine Beschwer ist, wenn ein Schmerz aufsteigt, so empfand ich nun das Aufsteigen von mit Sinnenwünschen verbundenen Wahrnehmungen und Geistestätigkeiten als Beschwer.*

Nun sagte ich mir: ›Wie, wenn auch das Denken und Sinnen verebbte: würde ich da wohl in innerer Gelöstheit verweilen, in der Einigung des Gemüts, in von Sinnen und Denken freier, in der Einigung geborener jubelnder Seligkeit?‹ Aber das Herz fühlte sich bei mir nicht zur Denkstille hingezogen, wurde nicht klar, fand keinen Frieden, empfand die Vorstellung, dies sei der Friede, nicht als erlösend. Da dachte ich: ›Woran liegt das, was ist die Ursache?‹ Da kam mir der Gedanke: ›Ich habe beim Denken noch nicht das Elend gesehen. Das habe ich nicht oft genug geübt; deshalb habe ich zum Segen der Denkstille keinen Zugang und habe ihn nicht gepflegt. Darum fühlt sich mein Herz nicht zur Denkstille hingezogen, wird nicht klar, findet keinen Frieden, empfindet die Vorstellung, dies sei der Friede, nicht als erlösend.‹ Da sagte ich mir: ›Wenn ich bei den Gedanken das Elend gesehen habe, dann werde ich mir diesen Anblick immer wieder verschaffen; habe ich erst zum Segen der Denkstille Zugang, dann werde ich ihn auch pflegen. Dann kann es sein, dass mein Herz sich zur Denkstille hingezogen fühlt, dabei klar wird, Frieden findet, die Vorstellung, dies sei der Friede, als erlösend empfindet.‹ Und so habe ich im Lauf der Zeit das Elend des Denkens betrachtet, habe mir diesen Anblick immer wieder verschafft und habe zum Segen der Denkstille Zugang gefunden. Nun fühlte sich bei mir das Herz zur Denkstille hingezogen, wurde klar, fand Frieden, empfand die Vorstellung ›Das ist der Friede‹ als erlösend. So verweilte ich im Lauf der Zeit, nach Verebben auch des Denkens und Sinnens, in innerer Gelöstheit, in der Einigung des Gemüts, in der von Sinnen und Denken freien, in der Einigung geborenen jubelnden Seligkeit, in der zweiten weltlosen Entrückung. *Wenn mir nun, als ich länger in diesem Zustand verweilen konnte, mit* Denken *verbundene Wahrnehmungen und Geistestätigkeiten aufstiegen, dann empfand ich das als* Beschwer. *Wie es eben für einen Glücklichen eine Beschwer ist, wenn ein Schmerz aufsteigt, so empfand ich nun das Aufsteigen von mit Denken verbundenen Wahrnehmungen und Geistestätigkeiten als Beschwer.*

Nun sagte ich mir: ›Würde ich wohl, wenn auch der Jubel vom Reiz des Besonderen frei würde, klarbewusst in Gleichmut *verweilen, jenes den ganzen Körper durchdringende Wohl erfahren, von dem die Heilsgänger sagen: 'dem in Gleichmut Lebenden ist wohl' – in der dritten weltlosen Entrückung?‹ Aber das Herz fühlte sich bei mir nicht zur Freiheit von innerem Jubel hingezogen, wurde nicht klar, fand keinen Frieden, empfand die Vorstellung, dies sei der Friede, nicht als erlösend. Da dachte ich: ›Woran liegt das, was ist die Ursache?‹ Da kam mir der Gedanke: ›Ich habe beim Jubel noch nicht das Elend gesehen, das habe ich nicht oft genug geübt.‹ Da sagte ich mir: ›Wenn ich beim Jubel das Elend gesehen habe, dann werde ich mir diesen Anblick immer wieder verschaffen; habe ich erst zum Segen der Freiheit vom inneren Jubel Zugang gefunden, dann werde ich sie auch pflegen. Dann kann es sein, dass mein Herz sich zur Freiheit vom inneren Jubel hingezogen fühlt, dabei klar wird, Frieden findet, die Vorstellung, dies sei der Friede, als erlösend empfindet.‹ Da habe ich im Lauf der Zeit das Elend des Jubels betrachtet und habe mir diesen Anblick immer wieder verschafft. Nun fühlte sich bei mir das Herz zum Segen der Freiheit von*

42 *kāma-sahagatā-saññā-manasikārā*

Jubel hingezogen, wurde klar, fand Frieden, empfand die Vorstellung ›Das ist der Friede‹ als Erlösung. So verweilte ich im Lauf der Zeit durch Freiheit vom Jubel in Gleichmut; klarbewusst erfuhr ich jenes den ganzen Körper durchdringende Wohl, von dem die Heilsgänger sagen: ›dem in Gleichmut Lebenden ist wohl‹ – in der dritten weltlosen Entrückung. *Wenn mir nun, als ich länger in diesem Zustand verweilen konnte, mit innerem* Jubel *verbundene Wahrnehmungen oder geistige Regungen aufstiegen, dann empfand ich das als* Beschwer. *Wie es eben für einen Glücklichen eine Beschwer ist, wenn ein Schmerz aufsteigt, so empfand ich nun das Aufsteigen von Wahrnehmungen und Geistestätigkeiten, die mit Jubel verbunden waren, als Beschwer.*

Da kam mir der Gedanke: ›Wenn ich nun über das 'Wohl-und-Weh' hinaussteigen würde, alle frühere geistige Freudigkeit und Traurigkeit gestillt hätte, ob ich dann in der von allem 'Wohl-und-Weh' befreiten vollkommenen Reine gewärtigen Gleichmuts verweilen könnte, in der vierten Entrückung?‹ Aber das Herz fühlte sich bei mir nicht zur Freiheit von allem 'Wohl-und-Weh' hingezogen, wurde nicht klar, fand keinen Frieden, empfand die Vorstellung, das sei der Friede, nicht als erlösend. Da dachte ich: ›Woran liegt das, was ist die Ursache?‹ Da kam mir der Gedanke: ›Ich habe an dem Wohl beim Gleichmut nicht das Elend gesehen, das habe ich nicht oft genug geübt.‹ Nun sagte ich mir: ›Wenn ich an dem Wohl beim Gleichmut das Elend gesehen habe, dann werde ich mir diesen Anblick immer wieder verschaffen. Habe ich erst zu dem Segen der Freiheit von 'Wohl-und-Weh' Zugang gefunden, dann werde ich ihn auch pflegen. Dann kann es sein, dass mein Herz sich zur Freiheit von 'Wohl-und-Weh' hingezogen fühlt, dabei klar wird, Frieden findet, die Vorstellung, dies sei der Friede, als erlösend empfindet.‹ So war ich nach einiger Zeit hinausgestiegen über 'Wohl-und-Weh', hatte alle einstige Freudigkeit und Traurigkeit gestillt und verweilte in der von allem 'Wohl-und-Weh' befreiten *vollkommenen Reine gewärtigen Gleichmuts, in der* vierten weltlosen Entrückung. *Wenn mir dann, als ich länger in diesem Zustand verweilen konnte, Wahrnehmungen und Geistestätigkeiten aufstiegen, die mit* Gleichmut *verbunden waren, dann empfand ich das als* Beschwer. *Wie es eben für einen Glücklichen eine Beschwer ist, wenn ein Schmerz aufsteigt, so empfand ich nun das Aufsteigen von Wahrnehmungen und Geistestätigkeiten, die mit Gleichmut verbunden waren, als Beschwer.«*

Hier kann man richtig zuschauen, wie den um Befreiung kämpfenden Asketen Gotamo die grenzenlose Friedenssehnsucht und sein darauf eingestellter Erfahrungssuchlauf auf einen Gleichmut hinsteuerte, der nicht mehr mit dem Kommen und Gehen von Wahrnehmungen und Geistestätigkeit verbunden war. Da war es nur folgerichtig, dass er sich nun auch die gestaltfreien Erlebnisspannungsfelder vornahm, die er bei seinen beiden früheren Lehrern schon kennen gelernt hatte. So berichtet der Erwachte nun, wie er ebenso wie bei allen vorangegangenen Erlebnisweisen auch vorging bei den Erlebnisspannungsfeldern »*unbegrenzter Raum*«, »*unbegrenzte Erfahrung*«, »*Nicht Etwas*«. So gewann er sie der Reihe nach und empfand nun das jeweils vorherige gestaltfreie Erlebnisspannungsfeld bis zur äußersten Grenze des Wahrnehmbaren, dem Feld *Weder eigentliche Wahrnehmung noch keine Wahrnehmung*, »*als Beschwer, wie es eben für einen Glücklichen eine Beschwer ist, wenn ein Schmerz aufsteigt.*«

Da sagte ich mir, Ānando: ›Wie, wenn ich das Erlebnisspannungsfeld 'Weder eigentliche Wahrnehmung noch keine Wahrnehmung' ganz überstiege – (oder, in Karl Eugen Neumanns Ausdrucksweise: »die Grenzscheide möglicher Wahrnehmung überschritte …«) – *ob mir dann die* Auflösung *von Wahrnehmung und Gefühl aufgehen würde und ich so verweilen könnte?‹ Aber mein Herz fühlte sich nicht zur Auflösung von Wahrnehmung und Gefühl hingezogen, wurde nicht klar, fand keinen Frieden, empfand die Vorstellung, dies sei der Friede, nicht als erlösend. Da dachte ich: ›Woran liegt das, was ist die Ursache?‹ Da kam mir der Gedanke: ›Ich habe beim Feld 'Weder eigentliche Wahrnehmung noch keine Wahrnehmung' nicht das Elend gesehen, das habe ich nicht oft genug geübt; deshalb habe ich zu dem Segen der Auflösung von Wahrnehmung und Gefühl keinen Zugang und habe ihn nicht gepflegt.‹ Da sagte ich mir: ›Wenn ich bei dem Feld 'Weder eigentliche Wahrnehmung noch keine Wahrnehmung' das Elend gesehen habe, dann werde ich mir diesen Anblick immer wieder verschaffen. Habe ich erst zu dem Segen der Auflösung von Wahrnehmung und Gefühl Zugang, dann werde ich ihn auch pflegen. Dann kann es sein, dass mein Herz sich zu der Auflösung von Wahrnehmung und Gefühl hingezogen fühlt, dabei klar wird, Frieden findet, erlöst wird durch die Erfahrung 'Das ist der Friede'.‹ So habe ich im Lauf der Zeit das Elend bei dem Feld ›Weder eigentliche Wahrnehmung noch keine Wahrnehmung‹ gesehen, habe mir diesen Anblick immer wieder verschafft, habe zu dem Segen der Auflösung von Wahrnehmung und Gefühl Zugang gewonnen und habe ihn gepflegt. Nun fühlte sich mein Herz zur* Auflösung *von Wahrnehmung und Gefühl hingezogen, wurde klar, fand Frieden, erfuhr die* Erlösung *in der Erfahrung* ›Das ist der Friede‹. *So überstieg ich im Lauf der Zeit vollkommen das Erlebnisspannungsfeld ›Weder eigentliche Wahrnehmung noch keine Wahrnehmung‹, es ging mir die Auflösung von Wahrnehmung und Gefühl auf, und ich verweilte so. Und nachdem ich das klarwissend gesehen hatte, kamen die* Beeinflussungen *zum* Schwinden. *Solange ich nicht diese neun Zustände der Reihe nach in aufsteigender und in absteigender Reihenfolge durchlaufen und mich wieder daraus erhoben hatte, Ānando, besaß ich noch nicht das volle Wissen, dass ich aus der Welt samt ihren Geistern, den weltlichen und den reinen, samt ihren Scharen von Asketen und Brahmanen, Göttern und Menschen zur vollkommenen Wachheit erwacht war. Sobald ich aber diese neun Zustände der Reihe nach in aufsteigender und in absteigender Reihenfolge durchlaufen und mich wieder daraus erhoben hatte, Ānando, besaß ich das volle Wissen, dass ich aus der Welt samt ihren Geistern, den weltlichen und den reinen, samt ihren Scharen von Asketen und Brahmanen, Göttern und Menschen, zur vollkommenen Wachheit* erwacht *war. Nun aber ging mir das* Wissen *auf: ›Endgültig ist für mich die Gemüterlösung. Das ist die letzte Wiedergeburt. Nicht mehr ist diese Welt.‹«*

Ruth: Das ist erstaunlich! Obwohl der Hausvater Tapusso noch so viel Freude an Sinnenbefriedigung hat, dass ihm das Zurücktreten davon jetzt noch vorkommt wie ein Abgrund, erklärt ihm der Buddha ganz ausführlich seinen eigenen Erwachungsweg bis zum höchsten Ziel mit den feinsten Feinheiten!

Hans: Er erklärt ihn ja nicht dem Hausvater, sondern Ānando. Tapusso hört nur zu.

Ruth: Aber Tapusso war es doch gerade, der ein Problem hatte und damit zu Ānando kam. Ich kann mir nicht vorstellen, dass ihn der Buddha einfach stehenlässt und Ānando eine Belehrung gibt. Wenn es um Ānando und nicht um den Hausvater gegangen wäre, dann hätte der Buddha diese Anleitung auch ein andermal geben können. Ānando war ja ständig um ihn. Nein, Hans: es muss schon um den Hausvater gegangen sein.

Hans: Aber warum spricht der Buddha dann nur Ānando an?

Ruth: Vielleicht damit der Hausvater nicht meint, er solle die hohen asketischen Übungen, über die der Buddha berichtet, selber üben. Was meinst du, Fritz?

Fritz: Wir finden einige Male in den Reden, dass der Buddha mit einer Darlegung für häuslich Lebende nicht diese direkt anspricht, sondern anwesende Mönche.[43] Vielleicht hat der Erwachte verhüten wollen, dass Tapusso bedrückt ist, wenn er nicht alles auf Anhieb versteht. Er konnte sich dann ja sagen, dass das Darlegungen für Ānando waren und konnte zufrieden sein, dass ihm die Gesamtrichtung einleuchtete. Vielleicht hat der Buddha aber auch die Wichtigkeit unterstreichen wollen: Er macht die Frage des Hausvaters zum Gegenstand eines sozusagen »ordensinternen« Gesprächs zwischen dem Meister und seinem ständigen mönchischen Helfer, und der häusliche Nachfolger darf zuhören. Er dürfte das als besondere Auszeichnung empfunden haben und diese Aussage umso aufmerksamer aufgenommen und im

43 Vgl. D 16 (I); A VII,20; A V,179; auch A VII,49, wo sich Sāriputto zum Sprachrohr für die den Erwachten besuchenden Hausväter macht.

Gedächtnis bewahrt haben. Auf jeden Fall hast du Recht, Ruth: dass der Erwachte Ānando und nicht den Hausvater anspricht, bedeutet sicher nicht, dass seine Aussagen nur für Ānando und nicht auch und vor allem für Tapusso bestimmt sind.

Hans: Ja, aber wenn Tapusso so wenig fortgeschritten in der Lehre war, dass er das Ausbrechen aus sinnlichem Begehren noch wie einen Abgrund empfand, dann konnte er doch mit den Worten des Buddha gar nichts anfangen.

Fritz: Schau, Hans, das eben ist ein Missverständnis, das ich mit dieser Rede aufklären möchte: Zum einen müssen wir wieder einmal die *»feinste Genauigkeit«* bemühen: Tapusso hat mit keinem Wort gesagt, dass er *jegliches* Zurücktreten vom Weltlichen wie einen Abgrund empfindet, sondern nur das *mönchische* Zurücktreten, also das sofortige, radikale, *totale*, direkt auf die letzte Erlösung abzielende – das *»Ausbrechen aus dem Sinnlichen«*[44] –, weil er selber noch bei Sinnendingen Befriedigung empfindet. Du weißt ja selber und empfindest stark, dass der Mensch nicht vom Brot der Sinnlichkeit *allein* lebt. Du suchst unser Gespräch und förderst es durch deine Beiträge, weil du aus dem Vergänglichen, Zerbrechlichen und Abhängigen endgültig frei werden möchtest. Und doch, Hans: Stelle dir einmal vor, du müsstest *jetzt von heute auf morgen*, bei Fortbestehen aller deiner jetzigen Triebe Familie, Beruf und Besitz auf einen Schlag aufgeben und ab sofort völlig hauslos und besitzlos leben wie ein Mönch. Wenn du einmal ganz ehrlich mit dir selber bist: Wie würdest du das empfinden?

Hans: Ach so, ich verstehe: Ich würde es genau wie der Hausvater Tapusso empfinden: wie einen Abgrund. Im *Geist* habe ich zwar eingesehen, dass es letztlich um diese Unabhängigkeit geht, wenn ich zum Frieden kommen will. Und dieser Gedanke macht mich manchmal still und froh. Aber wenn man mir alles, wovon ich *gern* denke, dass ich *nach und nach* – im Austausch gegen noch besseres Wohl – das Herz ablösen und frei machen muss und will, *gleich jetzt auf einen Schlag* wegnehmen würde, ehe ich meine Triebe entsprechend gewandelt habe – das wäre auch für mich jetzt im Moment noch ein »Abgrund«. Es ist ja ein Unterschied, ob man etwas überhaupt nicht will, oder ob man es als Endziel will, sich aber klar ist, dass man jetzt noch nicht reif dafür ist und es daher erst für die Zeit will, wenn man reif dafür ist. Wenn ich etwas vom Buddha gelernt habe, dann dies, dass die Herzenswandlung zur Vorbereitung der Erlösung Zeit erfordert und viel Arbeit an mir selber.

Fritz: Genau so geht es mir auch.

Ruth: Und mir.

Fritz: Und diese Rede zeigt: Trotz unvergleichlicher Durchschauung des Elends der Sinnensucht hatte nicht einmal der auf die Erwachung zugehende Asket Gotamo gleich auf Anhieb die ausreichende Motivation zum *sofortigen totalen* Übersteigen der Sinnenwünsche, geschweige denn zum Erkämpfen solcher Stufen der inneren Entwicklung – Entrückungen –, an die er sich noch gar nicht erinnerte. Den Grad des Lehrverständnisses oder der Eigenschaft als Heilsgänger darf man daher *nicht* daran messen, ob ein noch nicht von Sinnensucht befreiter Mensch außer der geistigen Einsicht in die Notwendigkeit auch den innigen Herzenswunsch hat, das Nirvāna nicht nur auf einem allmählich ansteigenden Weg, sondern *jetzt sofort* zu erreichen. Andererseits war Hausvater Tapusso sichtlich stark berührt, anscheinend geradezu erschüttert von der Vorstellung, es *»fühle sich schon bei ganz, ganz jungen Mönchen das* Herz *stark zum Zurücktreten vom Weltlichen hingezogen, werde darin klar, finde Frieden, werde erlöst weil es spürt: ›*Das *ist der Friede.‹ Gerade das unterscheide in dieser Heilswegweisung die Mönche von der breiten Masse: eben das Zurücktreten vom Weltlichen.«* Wer genau liest, spürt schon an der Ausdrucksweise Tapussos diese Ergriffenheit, nicht etwa das Empfinden: *»Bloß das nicht!«*

44 *nekkhamma* kommt nicht von *kāma*, sondern. von *nikkhamati* = wörtlich »hinausgehen«, im übertragenen Sinn: »sich von der Welt zurückziehen, aus der Häuslichkeit hinausziehen«.

HANS: Aber wenn ihn doch noch »*Sinnenbefriedigung reizt*« und er »*Freude an Sinnenbefriedigung*« hat – kann er das denn wirklich schon verstanden haben?

FRITZ: Du hast es ja auch verstanden und bist noch recht neu in der Lehre und lebst ein häusliches Leben. Was Tapusso sagt, ist gerade *kein* Anzeichen dafür, dass er völlig in der Häuslichkeit versackt gewesen wäre. Im *Gegenteil*: die ihm hier von jungen Menschen mit intakten Sinnen vorgelebte Möglichkeit, im Orden ein Leben zu führen, das in jedem Augenblick darauf gerichtet ist, aus der Gefangenschaft in der sinnlichen Wahrnehmung *total* frei zu werden und sie gerade dadurch glücklich macht, ergreift ihn. Er will mehr darüber hören. Er will klarwerden, will zum Frieden. Er ist ehrlich mit sich selber: Er sieht – was westliche Menschen in ihrem intellektuellen Eifer meist übersehen – wie tief sein ganzes *Herz* noch von der Sinnensucht durchzogen ist, ja: dass dies die Normalbeschaffenheit häuslicher Nachfolger ist. Er hat schon längst geahnt oder im Geist begriffen, dass es letztlich um die Befreiung von diesen Verstrickungen geht. Sonst wären die Worte des Erwachten für ihn leeres Stroh gewesen, und der Erwachte hätte sie ihn gar nicht erst hören lassen. Auch Ānando, der feinfühlige ständige Helfer des Erwachten, mit seiner reichen Menschenkenntnis war sich offenbar klar, dass Tapusso kein schwacher Genussmensch, sondern eher ein überdurchschnittlich feiner Wahrheitsucher war. Sonst hätte er Tapussos Worte nicht als so wichtig betrachtet, dass er trotz seiner Aufgabe, dem Erwachten unnötige Begegnungen fern zu halten, nicht, wie in vielen anderen Fällen, selbst antwortete, sondern ihn unaufgefordert zum Erwachten brachte.

RUTH: Ich glaube, du hast Recht, Fritz: Diese Rede ist kein Anzeichen, dass Tapusso ein besonders verblendeter Sinnenmensch war. Sie zeigt vielmehr: Auch Menschen, die in stillen Stunden im *Geist* auf der *Wahrheitsebene* schon tief blicken und manchmal denken: »*Ach, ich bin des Treibens müde*«, müssen sich – wenn sie so ehrlich sind wie Tapusso – darüber klar werden, dass die Normalbeschaffenheit ihres *Herzens* doch noch in weitem Umfang von sinnlicher Bedürftigkeit beherrscht ist, die nur ganz allmählich in der richtigen Gangart aufgelöst werden kann.

FRITZ: So ist es, Ruth. Damit wir das selber aus der Rede herausfinden, habe ich bisher noch gar nicht verraten, dass Tapusso nicht irgendein vertrauender »Anfänger« war: Der Erwachte nennt ihn in A VI,119^{m} und A VI,120^{m} zusammen mit 22 anderen hervorragenden Hausvätern ale einen, der alle Merkmale des in die Heilsströmung Eingetretenen aufwies und »*das Todlose geschaut*« hatte, und in A I,25^{m} (III) ist er unter den Spitzen der Jüngerschaft genannt als einer der beiden Kaufleute, die einst als erste zu dem gerade wenige Wochen zuvor Erwachten Zuflucht genommen hatten. Er war Nachfolger der ersten Stunde und Heilsgänger.[45] Ich habe sogar den Verdacht, dass der Erwachte deshalb die feinsten Feinheiten seines eigenen Erwachungswegs in Tapussos Gegenwart berichtet, um den langjährigen Heilsgänger Tapusso von Bedrückungen durch den Gedanken zu befreien, »*Diese blutjungen Mönche finden Frieden im totalen Zurücktreten von den Sinnendingen, und mich als einen der beiden ersten Anhänger des Erwachten reizen sie immer noch!*«

HANS: Ja, allerdings, das erinnert mich etwas an die Geschichte mit dem Pullover.

FRITZ: Eben. Es geht hier darum, dass uns klar wird: Der Erwachte hat stets (von jener seltenen brahmisch lebenden zweiten Art von Nachfolgern im Haus wie Citto, Haṭṭhako abgesehen) seine häuslich lebenden Nachfolger mit Blick auf die *Sinnlichkeitsebene* realistisch als »*Sinnenwünsche Befriedigende*« bezeichnet, nicht nur die gröberen oder trägeren unter ihnen. Das schließt aber keineswegs aus, dass sie auf der *Wahrheitsebene* gern und zum Teil sehr tief an die Möglichkeit denken, dass man *nach* allmählicher Wandlung die Sinnendinge eines Tages ganz hinter sich lassen und jetzt schon an dieser Wandlung arbeiten kann. Wenn es anders wäre,

45 Vgl. HHLebenBu, S. 145 ff.; MV I,4.

hätte er den Leuten von Veludvāra, die den Wunsch äußerten, sich weiterhin an Sinnendingen zu befriedigen, nicht den Weg zum Stromeintritt gezeigt. Ebenso dem König Mahānāmo in A XI,12, der in S 55,21 geklagt hatte, nach seinen Besuchen beim Erwachten komme ihm schon beim Gewimmel am Stadttor die Wahrheitsgegenwart wieder abhanden. Der Erwachte hätte auch nicht jenen 500 häuslichen Nachfolgern, die erklärt hatten, sie würden sich an Geld und Gut freuen und könnten in ihrem häuslichen Gewimmel nicht gut die vom Buddha empfohlenen Reden über die Leerheit betrachten, am Ende des Gesprächs in S 55,53 dennoch bestätigen können, dass sie bereits die Frucht des Stromeintritts erreicht hatten. Sogar in der Anleitung in S 55,54, wie *»von einem häuslich lebenden Jünger, der Klarblick hat, ein kranker, leidender, häuslich lebender Anhänger, der Klarwissen hat (sa-pañña)«*, im Sterben getröstet werden soll, geht der Erwachte ganz selbstverständlich davon aus, dass ein solcher Heilsgänger selbst im Angesicht des Todes im Herzen noch Verlangen nach irdischen oder himmlischen Sinnenfreuden haben kann.[46]

All die berechtigten Warnungen vor den Gefahren des Moloch Sinnensucht und die Wegweisung, wie es sein *soll*, zielen *nicht* auf die *Sinnlichkeitsebene*, sondern auf die *Wahrheitsebene*. Man lässt ja auch einen Medizinstudenten die Operationstechnik erst aus Büchern, Schautafeln, Fotos und durch Zuschauen lernen. Kein Mensch käme auf die Idee, ihn schon vorher mit dem Skalpell auf lebende Menschen loszulassen, um das eben erst im *Geist* Verstandene sofort in die *Praxis* umzusetzen. Ein hausloser Asket, der fern von allen Ablenkungen dauernd auf der Wahrheitsebene weilt und einzig an seiner Läuterung und Befreiung arbeitet, kann mit kraftvollem Kämpfen auch längere Durststrecken durchstehen. Der in der Häuslichkeit Nachfolgende dagegen hat in der Vielfalt seiner täglichen Umgebung schon alle Hände voll zu tun, ständig um Rechtlichkeit beim Erwerb, heilende Tugend, Auflösung jeden Übelwollens und jeder Rauschhaftigkeit zu kämpfen. Schon dadurch muss er auf viele Sinnenbefriedigungmöglichkeiten verzichten, nach denen er meist stärkeres Verlangen hat als ein echter Mönch. Bei *noch* weiterem Entbehren und Knapsen auf der *Sinnlichkeitsebene* könnte er, wie gesagt, das zur Überwindung der Sinnensucht unabdingbare *innere Wohl* einfach nicht gewinnen. Ich habe da zur Ergänzung von S 42,12 zum Besprechen noch weitere Reden bereitgelegt, in denen der Erwachte auch *Heilsgängern* gesagt hat, sie sollten es sich auf der *Sinnlichkeitsebene* mit den Sinnendingen (unter Benutzung der drei Filter) auch selbst *»angenehm und befriedigend machen«*.

HANS: Auch Heilsgängern? Davon war in der großen Übersicht in S 42,12 keine Rede. Ich hätte eher gedacht, er rät das nur »Anfängern« oder Menschen die nur so weit angeleitet sein wollen, dass sie in diesem Leben auf anständige Weise ihr Leben genießen können und dann »in den Himmel kommen« oder nur vor vielen Zuhörern, wo er sich nach dem schwächsten Glied richten muss.

FRITZ: In S 42,12 ist sehr wohl von Heilsgängern die Rede, nur das *Wort* »Heilsgänger« kommt nicht vor: Der Buddha sagt dort, zu loben sei, wer *»den klaren Blick für das Entrinnen behält«*. Das kann nur ein Heilsgänger sein – also mindestens ein aus Vertrauen oder Einsicht Nachfolgender (*saddh'*- oder *dhamm'anusāri*). Ich war selber überrascht festzustellen: In fünf Lehrreden sagt der Erwachte, ein häuslich Lebender sei zu loben, wenn er es sich mit seinem Besitz selber *»angenehm und befriedigend«* macht, und zu tadeln, wenn er das nicht tut.[47] In *keiner* dieser fünf Reden haben die Zuhörer ausdrücklich den Wunsch nach Sinnenbefriedigung geäußert, aber *alle* waren *Heilsgänger*. In den vier Reden dagegen, in denen Hausleute den Wunsch nach Sinnenbefriedigung äußern[48], rät der Erwachte nicht, sie sollten es sich mit ihrem

46 Besprochen im 10. Gespräch.
47 A IV,61, A V,41, A X,91; S 3,19, S 42,12. Rāsiyo muss vom »Entrinnen« gewusst haben!

Besitz *»angenehm und befriedigend«* machen, aber auch *nicht*, sie sollten sich Sinnenbefriedigung versagen, sondern er zeigt ihnen im Gegenteil erst, wie sie durch rechtes Wirken rechtlich, anständig, ohne Tugenden zu verletzen und ohne Rauschhaftigkeit zu der gewünschten Sinnenbefriedigung kommen. Dann zeigt er ihnen – sozusagen in dieser »Verpackung« – *zusätzlich* noch schönere und höhere Ziele als das Sinnenwohl.

HANS: Bedeutet das, dass sich Heilsgänger Wunschbefriedigung leisten können, weil sie ja gesichert sind? Dann müssten Anhänger, solange sie noch keine Heilsgänger sind, auf sinnliche Befriedigung auch dann verzichten, wenn keine Tugend verletzt und nicht rauschhaft und die Entrinnungsmöglichkeit verdrängend befriedigt wird! Das wäre aber komisch: Wunschbefriedigung sozusagen als Belohnung für den Heilsgänger? Das kann doch nicht sein!

FRITZ: Ist es auch nicht, Hans. Aus dem vorhin erwähnten Gespräch des Buddha mit dem Licchavierprinzen Sunakkhatto in M 105 ergibt sich das ganz klar: Dieser Prinz war ein merkwürdiger Mensch: von beweglichem Geist, dennoch oft wie vernagelt; in der Jugend sehr vom Erwachten angezogen, wenige Jahre Mönch, dann wieder ins Hausleben zurückgekehrt und bis zum Tod von Schule zu Schule vergeblich umhersuchend. Vor seinem Gastspiel im Orden, zu einer Zeit, als viele Mönche dem Erwachten meldeten, sie hätten das höchste Heilsziel erreicht, fragte er den Erwachten skeptisch, ob denn diese Behauptung wirklich bei allen zuträfe. Der Buddha antwortete, bei manchen treffe sie zu, bei manchen nicht. Er versuchte Sunakhatto nahezubringen, wie verständlich solche Selbsttäuschungen gerade bei ernsten Mönchen seien. Diesen zeige er dann die Wahrheit. Der Reihe nach erläuterte der Erwachte dem Prinzen, wie es dazu kommen kann, dass ein Mönch durch sein Üben nach der Anleitung des Erwachten den Wahn bereits bis auf einen kleinen Rest aufgelöst hat, so dass er während seiner stillen Übungen bei Sinneswahrnehmungen, Wahrnehmungen der reinen Formwelt und gestaltfreier Wahrnehmung keinen Reiz mehr verspürt, sondern sich von der *Auflösung* aller Wahrnehmung angezogen fühlt und deshalb ehrlich die Überzeugung gewinnt, er sei nun bereits erlöst. Der Erwachte gibt dazu folgendes Gleichnis: Ein Mensch ist von einem Giftpfeil getroffen. Der Arzt zieht den Pfeil heraus, entfernt das Gift anscheinend vollständig, aber ein kleiner Überrest ist geblieben. Der erfahrene Arzt warnt vorsorglich den Patienten, vorsichtig zu sein, die Wunde zu pflegen, und nichts zu tun, was zu Komplikationen führen könnte. Der aber meint: *»›Durst ist der Pfeil‹, hat der Asket gesagt, ›Wahn ist der Giftaufstrich, durch Sinnenlustwollen und Hass verletzt er‹; dieser Durstpfeil ist* bei mir *herausgezogen, der Giftaufstrich ›Wahn‹ entfernt. Ein von der vollkommenen Löschung des Daseinsbrandes Angezogener* bin ich.*« In solchem* Ich-bin-*Dünken glaubt er* sich *»am Ziel«* und erlaubt sich deshalb, mit allen sechs Sinnen Unzuträgliches wahrzunehmen. So *»kann Gier das Herz aufblähen. Der kann durch das giergeblähte Herz den Tod erleiden oder tödliches Leid. ›Tod‹ nennt man es ja in der Heilsanleitung, wenn einer die Übung aufgibt und zum Niederen zurückkehrt; ein ›tödliches Leiden‹ ist es ja, Sunakkhatto, wenn einer ein befleckendes Vergehen verübt.«*

»Dünken« ist die dritte der fünf *obenhaltenden* Verstrickungen. Sie besteht auch bei einem bereits in die Heilsströmung Eingetretenen noch lange, nachdem im *Geist* bereits der Glaube an Seinsdarstellung, die erste *untenhaltende* Verstrickung, aufgelöst ist. Es laufen dann ja immer noch die alten Programme, die den Inhalt ankommender Wahrnehmungen zunächst spontan so behandeln wollen, als seien sie ins Geistarchiv einzutragen als *»ich in der Welt«*– ähnlich wie ein ehemaliger Kettenraucher, der sich das Rauchen abgewöhnt hat, noch längere Zeit mit der Hand in die nun leere Tasche greift, in der die Zigaretten waren. Das muss dann jedes Mal erst der Geist korrigieren, bis durch unablässige Wiederholung dieses Korrekturvorgangs schließlich die alte Gewöhnung total getilgt ist. Das ist vollkommen erst beim Geheilten erreicht, also noch

48 A VII,54; S 3,11, S 55,7, S 55,53.

nicht einmal beim Nichtwiederkehrer. Mit keinem Wort ist gesagt, dass diese Selbsttäuschung nicht auch einem Heilsgänger widerfahren könne, vor allem, wenn er in so tiefer Abgeschiedenheit übt, dass über Wohl und Tiefe seiner Meditationen noch in ihm verborgenes »Gift« eines feinen Dünkens unbemerkt bleibt. Gerade den Wahn des vermeintlichen Geheilten, nun könne er sich ungefährdet alles »leisten« – den wir ja besonders krass in manchen späten Verfallsformen des Buddhismus bei vermeintlichen »Erleuchteten« finden –, entlarvt aber der Erwachte als untrügliches Zeichen, dass der betreffende Arme eben noch *nicht* geheilt ist, sonst könnte er gar nicht den Willen bilden, sich Derartiges »leisten« zu wollen. Gerade der Geheilte »kann es sich nicht leisten«, aber nicht, weil es ihm schaden könnte, sondern weil sich ein solcher Wille gar nicht mehr bilden kann, weil in seiner total unbewölkbaren Helligkeit, unbelastbaren Leichtigkeit und unbeeinflussbaren absoluten Freiheit die Bedingungen dafür endgültig weggefallen sind.

HANS: Aber was könnte denn dann der Grund sein, dass der Buddha auch Heilsgängern rät, es sich mit dem Erworbenen auch selber angenehm und befriedigend zu machen, nicht nur Menschen, die nur angeleitet sein wollen, wie sie in diesem Leben auf anständige Weise ihre Sinne befriedigen und dann »in den Himmel kommen« können?

FRITZ: Ich denke, gerade besonders ernsthaften im Haus lebenden *Heilsgängern* kann im *Geist*, auf der *Wahrheitsebene*, das Elend der Sinnendinge und der Segen des Loslassens derart einleuchten, dass sie vor momentaner Ergriffenheit vergessen, dass auch mit den tiefsten Einsichten des *Geistes* die Triebwuchten des *Herzens* noch lange nicht geändert sind. Besonders westliche Menschen neigen, wie gesagt, leicht zu unreifer Radikalität, bevor sie für die Abnahme sinnlicher Wohlgefühle einen gewissen Ausgleich durch *inneres Wohl* bis zum Grad des inneren Jubels der *pīti* haben. Vor lauter Streben, aus der *ersten* Hemmung (Sinnenlustwollen) herauszukommen, verstärken sie auf diese Weise besonders die *vierte* Hemmung (Geistesunruhe) und bringen sich damit erst recht um das zur Überwindung des sinnlichen Begehrens unentbehrliche *innere* Wohl.

Bei solchen häuslich lebenden Menschen, die sich selber und dem Erwachten offen eingestehen, dass in ihnen noch Sinnenlustwollen ist, so dass sie in diesem Leben und im Jenseits nach dem Tod noch nicht gleich auf alle sinnliche Befriedigung ganz verzichten können und wollen, obwohl sie im Geist den Segen dieses Zurücktretens von den Sinnenwünschen klar sehen und gern daran denken, besteht die Gefahr der Überforderung durch Darben *nicht* (ob es nun Heilsgänger sind oder nicht). Das bedeutet ja nicht – wie es oft im Westen missverstanden wird – eine Entscheidung für Sinnenbefriedigung *gegen* die Löschung des Daseinsbrandes als letztes Ziel, sondern die weise Einsicht in ihren gegenwärtigen Status auf dem Weg zum Ziel. Deshalb nimmt der Erwachte ein solches »Eingeständnis« *nicht* als Zeichen des Unverständnisses für die Lehre, aber auch nicht als Anlass, ihnen zum asketischen *Verzichten* zu raten, sondern er zeigt ihnen erst zum *Erlangen* der gewünschten schwer zu erlangenden Sinnendinge Wirkensarten, die mit Tugendwohl verbunden sind und zugleich – fast »nebenbei« – das *Herz* heller machen, und er macht sie zusätzlich auf Quellen noch schöneren, sinnenunabhängigen Wohls als Etappen zum Entrinnen aufmerksam. Achtet einmal auf diese liebevolle »Taktik« bei den weiteren Texten! Nur Mönche und Nonnen leitet der Erwachte zur totalen Sinnenzügelung in jeder Lebenssekunde an, freilich erst, sobald sie in den Ordenstugenden gefestigt sind. Für ihre frei gewählte Lebensweise gibt es gar keine »Sinnlichkeitsebene«, denn dafür haben sie ja gerade Haus und Vermögen, Familie und Beruf verlassen.

Wohl aber rät der Erwachte den in der Häuslichkeit und damit einen Großteil ihrer Zeit auf der Sinnlichkeitsebene lebenden Nachfolgern, sich bestimmte Wahrheiten immer wieder *»vor Augen zu führen«* (*patisañcikkhati*), also auf der *Wahrheitsebene* im *Geist* zu bedenken, vor allem die sechs unübertrefflichen Erinnerungen mit ihrem Hinweis auf das Loslassen und die fünf Lebenstatsachen. Statt bedrückt zu sein, dass sie auf der *Sinnlichkeitsebene* immer noch Sinnenwünsche befriedigen, sollten sie sich freuen, auch schon »lichte Momente« bei sich festzustellen, in denen ihnen die Wahrheitsebene zugänglich ist – durch die sechs unüberttrefflichen Erinnerungen sogar mitten bei der Arbeit. Umso eher und umso lieber werden sie sich, wenn ihr sinnliches Verlangen unter Anwendung der drei Filter befriedigt oder nach seinem Rhythmus vorübergehend unter die Oberfläche getaucht ist, sich immer wieder – und sei es auch nur für Augenblicke – auf die *Wahrheitsebene* hochrecken. Dadurch erstarkt die *dort* erzeugte Neigung und Gewöhnung zu Orientierung, Befreiung und Herzensruhe nach und nach so, dass ihre Stimme schließlich bis in die *Sinnlichkeitsebene* hinuntertönt. Das wird umso eher geschehen, je redlicher auf der *Sinnlichkeitsebene* mit bester Kraft *das* vollbracht wird, was dort vollbracht werden kann: der Kampf für Tugend, gegen Hemmungslosigkeit und Rauschhaftigkeit. Auf diese Weise kann man auf der Sinnlichkeitsebene allmählich immer mehr – wie es in einem Gespräch in *Wissen und Wandel*[49] treffend heißt, *»bewusst den Geschmack der Begrenztheit an das Wohlgefühl binden. Das mindert nicht das Wohlgefühl, es ist nur eine ruhigere Art des Wohlgefühls.«* — Das ist ein weiterer Grund für den Rat des Erwachten, auf der Sinnlichkeitsebene spontan aufkommende Freude über den Besitz und dessen Fülle nicht von sich zu weisen oder zu verdrängen wie ein ertappter Sünder in dem Gefühl, »wieder einmal versagt zu haben«, sondern aus dieser »ruhigeren Art des Wohlgefühls« unbefangen kein Problem zu machen.

Hans: Aber wo ist da die Grenze? Ist sie für die Sinnlichkeitsebene wirklich vollständig damit gezogen, dass keine Tugend verletzt wird und nicht so rauschhaft genossen wird, dass das Entrinnen aus dem Blickfeld gerät?

Fritz: Im Prinzip ja. Für die individuelle »Feinsteuerung« hat der Erwachte in M 114 den ehern-flexiblen Maßstab gegeben, den wir noch genauer kennen lernen werden: mich auf nichts einlassen, bei dem ich merke, dass bei mir dadurch die heilsuntauglichen Eigenschaften zu- und die heilstauglichen abnehmen; mich auf alles einlassen, bei dem ich merke, dass bei mir dadurch die heilstauglichen Eigenschaften zu- und die heilsuntauglichen abnehmen. Wer so vorgeht, erlebt umso eher Zeiten, in denen die sinnlichen Triebe zurücktreten. Dann zieht ihn sein Sehnen nach Klarheit und Wahrheit auf die *Wahrheitsebene,* in die hinein der Erwachte zur Stärkung der rechten Anschauung packende Gleichnisse über die negative *Grundbewertung* des sinnlichen Begehrens gibt, die wir noch hören werden. Durch das häufige Besinnen darauf wachsen diese Grundbewertungen aus flüchtigen Datenketten allmählich zur Gesinnung, zur Grundeinstellung des *Gemüts* (*sankappa*). Und durch dieses *häufige* Denken und Sinnen, das zunehmend *gern* geschieht, wird der Triebehaushalt des *Herzens* verändert, – anfangs nur wenig, aber immer noch mehr, als es direkt in die *Sinnlichkeitsebene* hinein gegebene scharfe »Kommandos« des Geistes an das sich sträubende triebgeladene Herz vermöchten. Das löst weitere Entwicklungen zum Frieden aus.

Ruth: Welche weiteren Entwicklungen?

Fritz: Davon erhalten wir einen Eindruck aus der Rede

A V,43:

Zu dem seitwärts sitzenden Hausvater Anāthapiṇḍiko sprach der Erhabene: »Folgende fünf ersehnten, begehrten, angenehmen Dinge sind in der Welt schwer zu erlangen. Welche fünf? Lebenskraft/ Schönheit/ Wohlbefinden/ Ansehen/ himmlisches Dasein. — Diese fünf ersehnten, begehrten, angenehmen Dinge sind nicht durch Bitten und Beten oder Wunschdenken zu erlangen, sage ich, Hausvater. Wenn diese fünf ersehnten, begehrten, angenehmen Dinge, die in

49 WW, 37. Jg. (1991), S. 138.

der Welt schwer zu erlangen sind, durch Bitten und Beten oder durch Wunschdenken zu erlangen wären, – wer würde sie sich da entgehen lassen? – Für einen Heilsgänger, der sich Lebenskraft/ Schönheit/ Wohlbefinden/ Ansehen/ himmlisches Dasein wünscht, ist es wahrlich nicht angebracht, darum zu bitten und zu beten oder sein ganzes Glück darauf zu setzen. Wenn sich ein Heilsgänger Lebenskraft/ Schönheit/ Wohlbefinden/ Ansehen/ himmlisches Dasein wünscht, dann muss er den Weg gehen, *der zu Lebenskraft/ Schönheit/ Wohlbefinden/ Ansehen/ himmlischem Dasein führt. Denn diesen* Weg gehen: *das führt zum* Erlangen *von Lebenskraft/ Schönheit/ Wohlbefinden/ Ansehen/ himmlischem Dasein. So wird er zu einem, dessen* Art es ist zu erlangen (*lābhī*[50]).

Wer sich nach langem Leben und nach Schönheit, Anerkennung sehnt,
nach Himmelsdasein, hohem Stand, dass edles Glück auch weiter folgt:
Ernsthaftigkeit *beim guten Tun, die raten ihm die Weisen an.*
Wer unermüdlich ernsthaft bleibt, erringt sich Segen beiderseits:
mit klarem Blick den Segen hier und Segen in der nächsten Welt.
Selbstgängig, dringt er durch und wird ein Weiser künftighin genannt.«

HANS: Trotzdem: Ich bin immer noch nicht recht über die Frage hinweg: auf der einen Seite das Elend der Sinnendinge sehen und auf der anderen Seite sich damit befriedigen – ist das nicht doch ein *Widerspruch*?

FRITZ: Natürlich ist das ein Widerspruch, und es kann und darf auch nicht auf die Dauer dabei bleiben. Aber dieser Widerspruch ist der *strukturelle* innere Widerspruch des noch nicht von Sinnensucht geheilten Heilsgängers, der Widerspruch zwischen dem *Geist*, der sofort Elend und Gefahr der Sinnensucht einsehen kann, und dem *Herzen*, dessen sinnliches Verlangen nur in einem allmählichen Prozess durch häufiges Betrachten des Elends *und* geistiges Hochgefühl (*pīti*) aufgelöst werden kann. Es ist, wie das Buddhistische Seminar einmal geschrieben hat, *»der noch zwitterhafte, noch widerspruchsvolle Zustand des Heilsgängers, der den Weg der Heilsentwicklung endgültig betreten hat. Dieser Zustand währt so lange, als die Pfeilwunde*[51] *noch nicht geheilt, das sinnliche Begehren aus dem Körper noch nicht ausgetrieben ist. In seinem Geist aber hat er bereits Wahn und Durst erkannt als die Ursache all seiner Leiden und Irrfahrten. In seinem Geist kann er den Ich- und Weltwahn immer wieder überwinden, und die durstige Forderung nach sinnlicher Befriedigung kann er im Geist durchschauen als die Wirkung der nach Entfernung des Pfeils noch verbliebenen Wunden, auf deren möglichst baldige und gründliche Heilung jetzt alles ankommt.«*[52]

Die *Gangart* zur »möglichst baldigen gründlichen Heilung« ist im Hausleben und in der Hauslosigkeit verschieden: Im Haus kann man, wie gesagt, den strukturellen Widerspruch zwischen Geist und Herz nicht dadurch auflösen, dass man ihn ignoriert und auf Grund einer rein intellektuellen Vorstellung von »logischer« Konsequenz so tut, als müsse man *ab sofort* schon so sein und handeln, wie man sein und handeln soll und möchte. Es kommt auf die »*möglichst* baldige und gründliche« Heilung an, nicht auf die »*unmögliche* sofortige«: Niemand kann von der Verlockung durch Sinnensucht loskommen, solange er nicht die nötige bessere Nahrung in Gestalt des inneren Hochgefühls (*pīti*) gefunden hat. *Bis dahin* ist es nur in der Askese möglich, durch totale, ständige ununterbrochene Sinnenzügelung ohne sinnliche »Zwischenmahlzeiten« über die Runden zu kommen. Im Hausleben ist das nicht möglich. Dasselbe Wesen, das später als Schmetterling im freien Flug seine Nahrung aus dem Honig der Blüten saugt, musste sich als Raupe noch mühsam vom Abfressen von Blättern ernähren und

50 *lābhī* = »Erlangertyp«, vgl. auch A X,177, A IV,61.
51 Durch den Durstpfeil – M 105.
52 WW, 39. Jg. (1993), S. 299.

würde im Raupenstadium zugrunde gehen, wenn man ihm die Blätter vorenthalten und Honigblüten anbieten würde, für die es als Raupe gar keinen Saugrüssel hat. Deshalb finden sich in den Anleitungen des Erwachten über den rechten Umgang mit Besitz und Sinnenbefriedigung – etwa in S 3,19 – die besten, ja: die *einzig* wirksamen Mittel, um für die *Zwischenzeit* bis zum Erwerb genügender geistiger Beglückung (*pīti*) auch *Sinnendinge* als »*Mittel zur Befriedigung*« durch richtiges Wirken zu erwerben, zu besitzen und unter Anwendung der drei Filter *so weit* zur Befriedigung einzusetzen, wie es dem inneren Haushalt am *zuträglichsten* ist, um auf dem Heilungsweg voranzukommen. *Das* ist »gründliche« Heilung, nicht unreife radikale Vorstöße, bei denen der Rückfall vorprogrammiert ist.

Hans: Dass dazu Wunschdenken das falsche Mittel ist, klingt erfrischend angesichts mancher heutiger Gurus, die lehren, man brauche sich sein Wunschbild nur lange deutlich vorzustellen, und schon stünde es leibhaftig vor einem.

Fritz: Ja, Hans. Solche Lehren sind unvollständig und können daher irreführen. Richtig daran ist nur: Was ich mir immer wieder plastisch vorstelle, »visualisiere«, das wird eines Tages auch »leibhaftig« in der Wahrnehmung erscheinen – *aber* ob es dann als etwas erscheint, was mir liebevoll geschenkt oder verächtlich vor die Füße geworfen oder verweigert oder zerstört oder entrissen wird, das hängt davon ab, ob ich den Mitwesen Dinge, wonach sie sich sehnen, liebevoll geschenkt oder verächtlich vor die Füße geworfen oder verweigert oder zerstört oder entrissen habe. Das sehen wir noch genauer, wenn wir über das Karma sprechen. Übrigens sind unter den Lehrern des Wunschdenkens auch feine Menschen wie Robert Murphy, die zu ihrer unvollständigen Lehre offenbar dadurch gekommen sind, dass sie in Zeiten, an die sie sich jetzt nicht erinnern, andern viel gewährt haben, so dass sie selber heute erleben, dass sie fast alles erlangen, was sie sich deutlich als Wunschbild vorstellen. Wenn sie das Gesetz von Saat und Ernte nicht genug kennen, dann können sie den irrigen Eindruck erlangen, bloßes Wunschdenken und »Visualisieren« habe ihre Wünsche erfüllt. Diesen Irrtum klärt der Erwachte hier auf.

Ruth: Fritz, liegt hier vielleicht auch die Lösung für eine andere Frage: Vorhin hieß es, bloßes Bitten und Beten sei kein Mittel, um sich Wünsche zu erfüllen. Aber manche feinen und vertrauenswürdigen Menschen, auch Buddhisten, berichten glaubwürdig von erbetenen Hilfen durch Jenseitige bis in den alltäglichen Bereich hinein. Diese Möglichkeiten hat der Buddha doch mit seiner Kritik am Wunschdenken nicht ausschließen wollen?

Fritz: Nein, Ruth. Die Wahrnehmung »Hilfe durch Jenseitige«, oder wie immer man es nennen will, ist genauso »real« oder »irreal«, wie die Wahrnehmung, dass wir drei hier zusammensitzen. Auch wem es schwer fällt das zu akzeptieren, tut gut daran, sich einstweilen für diese Möglichkeit wenigstens im Sinne der dogmenlosen Lehre aus M 60 *offenzuhalten*. Auch für das Erleben von Hilfen durch Jenseitige gilt das Gesetz: Wie man sät, so wird man ernten.[53] Wer andern nicht hilft, sie gar behindert, der wird keine Hilfe durch Jenseitige erleben. Ebenso, wer solche Möglichkeit belächelt oder gar bespöttelt – es sei denn, er hat früher selber anderen in der Not geholfen, obwohl sie seine Hilfsangebote bespöttelt hatten. Nur wer gesät hat, kann ernten. Den Illusionen des Wunschdenkens stellt der Erwachte die richtigen und allein wirksamen Wirkensweisen gegenüber, um zu schwer zu erlangenden erwünschten Dingen zu gelangen. Und da stellt sich etwas Wunderbares heraus: Jene *eine* Eigenschaft, durch deren Entwicklung man diese erwünschten Dinge am sichersten erlangt, ist zugleich jene *eine* Eigenschaft, die der Erwachte – etwa in S 3,17 und S 3,18 – als Inbegriff aller heilstauglichen Eigenschaften bezeichnet und von der er in S 3,17 gesagt hatte:

53 Vgl.: Gibt es Hilfe und Schädigung durch Jenseitige, WW, 25. Jg. (1979), S. 435 ff. und: An wen wendet sich der Buddhist in der Not, WW, 31. Jg. (1985), S. 316 f.

»Wenn einer sich nach Fülle und nach dem Erhab'nen, Hohen sehnt,
so raten ihm die Weisen stets Ernsthaftigkeit bei gutem Tun.«

HANS: Das heißt doch: Statt »buddhistischer als der Buddha« sein zu wollen, statt sich Wünsche nach Wohlstand, Schönheit, Wohlbefinden und Ansehen zu verkneifen, sie ruhig und ehrlich bei sich feststellen, ohne sich deshalb gleich als Versager abzuwerten, wohl aber in aller Ruhe ihre Begrenztheit und die Unbeständigkeit ihrer Gegenstände sehen, und wenn man sie redlich und anständig *erlangen* will, dann dazu genau diejenigen Anleitungen des Erwachten befolgen, wie man dabei zugleich auch das Herz heller macht – etwa durch rücksichtsvolles, feinfühliges Vorgehen und Teilen – und wie man daran denkt, dass der Weg im Ganzen auf Befreiung, Befriedung, Auflösung alles Leidens gerichtet ist. Damit *beginne* ich schon – ob ich es weiß oder nicht – die zentrale Eigenschaft auszubilden, die am Ende auch zum letzten Ziel, zur Todlosigkeit, zum höchsten Heils-Stand führt: die *Ernsthaftigkeit*.

FRITZ: Ja, Hans. Wer das Ziel dabei im Auge behält, kann ohne Kasteiung und ohne Darben einfach durch diese Art seines Lebens und Wirkens nach und nach zu einem Menschen werden, *»dessen Art es ist, dass er erlangt«*, was er sich noch an Weltlichem wünscht, zu einem »Erlanger« (»*lābhī*«), den die Menschen dann einen »Glückspilz« nennen.

HANS: Was bedeutet eigentlich diese »Ernsthaftigkeit« genau?

FRITZ: Das hat der Erwachte Anāthapiṇḍiko erklärt in

A IV,61:

Zu dem seitwärts sitzenden Hausvater Anāthapiṇḍiko sprach der Erhabene: »Vier erwünschte, begehrte, angenehme Dinge sind in der Welt schwer zu erreichen, welche vier? ›Wenn ich doch nur auf anständige Weise zu Besitz *kommen könnte.‹ Das ist das erste erwünschte, begehrte Ding, das in der Welt schwer zu erlangen ist. — Wenn man dann auf anständige Weise zu Besitz gekommen ist, denkt man: ›Wenn ich doch nur bei meinen Verwandten und Bekannten* anerkannt *würde!‹ Das ist das zweite erwünschte, begehrte Ding, das in der Welt schwer zu erlangen ist. — Wenn man dann auf anständige Weise zu Besitz gekommen und bei seinen Verwandten und Bekannten anerkannt ist, dann denkt man: ›Wenn ich doch nur* lange leben *und* bei Kräften *bleiben könnte!‹ Das ist das dritte erwünschte, begehrte Ding, das in der Welt schwer zu erlangen ist. — Wenn man dann auf anständige Weise zu Besitz gekommen ist, bei seinen Verwandten und Bekannten anerkannt ist, lange lebt und bei Kräften bleibt, dann denkt man: ›Wenn ich doch nur nach dem Absterben des Körpers, jenseits des Todes, auf gute Fährte gelange, in* himmlische *Welt.‹ Das ist das vierte erwünschte, begehrte Ding, das in der Welt schwer zu erlangen ist.*

Zum Erlangen dieser vier erwünschten, begehrten, angenehmen Dinge, die in der Welt schwer zu erlangen sind, führen vier Eigenschaften*. Welche vier? – Bewährung in Vertrauen, Tugend, Loslassen, Klarwissen.*

Was ist Bewährung in Vertrauen*? Da ist ein Heilsgänger voll Heilsvertrauen. Er baut auf die Wachheit des Vollendeten: ›Das ist wahrhaftig der Erhabene, geheilt, der Vollkommen Erwachte, vollendet in Wissen und Wandel, zum Heil gekommen, der Welt Kenner, der höchste Lenker der anzuleitenden Menschen, der Meister der Götter und Menschen, erwacht, erhaben.‹ Das nennt man Bewährung in Vertrauen.*

Und was ist Bewährung in Tugend*? Da widerstrebt es dem Wesen eines Heilsgängers, Lebendiges umzubringen, Nichtgegebenes zu nehmen, falsche Geschlechtsbeziehungen zu pflegen, zu lügen, Alkohol oder andere die klare Vernunft und Selbstkontrolle beeinträchtigende Mittel zu nehmen. Das nennt man Bewährung in Tugend.*

Und was ist Bewährung im Loslassen*? Da lebt ein Heilsgänger in der Häuslichkeit mit einem Gemüt frei vom Makel des Geizes und der Engherzigkeit, als einer, der das Befreiende am Loslassen spürt, mit offenen Händen, voll Freude am Zurücktreten, glücklich am Gabenausteilen. Das nennt man Bewährung in Loslassen, Hausvater.*

Und was ist Bewährung in Klarwissen*? Wenn einer im Gemüt von Habsucht und übermäßiger Gier (abhijjhā-visamalobho) beherrscht ist, von Übelwollen, trägem Beharren in der Weltgewöhnung, Aufgeregtheit und Unruhe, von Daseinszweifeln und -sorgen, dann tut er, was er nicht tun sollte, und was zu tun ist, vernachlässigt er. Dadurch schwindet sein Ansehen und sein Wohlbefinden. Wer aber Heilsgänger ist, hat eingesehen: ›Habsucht und übermäßige Gier, Übelwollen, träges Beharren in der Weltgewöhnung, Aufgeregtheit und Geistesunruhe, Daseinszweifel und -sorgen sind Befleckungen des Herzens‹, und er* tilgt *diese Befleckungen des Herzens. Sobald er sie getilgt hat, wird er ein Heilsgänger genannt mit* großem, *ausgedehntem, weitreichendem Klarwissen, bewährt in Klarwissen. Das nennt man Bewährung in Klarwissen.«*

RUTH: Ist das ein fruchtbarer Begriff von Bewährung in Klarwissen! Nicht viel wissen und erklären können, sondern die fünf Hemmungen bei sich als Hemmungen erkennen und tilgen!

FRITZ: Allerdings, Ruth. Das ist sogar ein Grad von Klarwissen über dem Durchschnitt, nämlich »*großes*« Klarwissen. Informationsanhäufung bei »*Befleckung des Herzens*« durch die fünf Hemmungen kann unmöglich zu Klarwissen führen, sondern nur zu einer trüben Datenwolke – je mehr Daten, umso undurchdringlicher. Der Erwachte zeigt, dass nur die *Auflösung* der diese Datenwolke zusammenbrauenden fünf Hemmungen zum Klarwissen, zur Weisheit führt. Von einem solchen Weisen sagt er weiter: »*Ein solcher Heilsgänger hat es an sich, mit seinen durch Fleiß und Mühe, mit Anstrengung, im Schweiß des Angesichts auf anständige Weise erworbenen rechtmäßigen Mitteln viererlei* gute Werke *zu tun.*[54] *Welche vier?*

Da macht ein solcher Heilsgänger mit seinen durch Fleiß und Mühe, mit Anstrengung, im Schweiß des Angesichts auf anständige Weise erworbenen rechtmäßigen Mitteln es sich selbst angenehm und befriedigend und sichert mit Sorgfalt sein Wohlergehen; Vater und Mutter, Frau und Kind, Freunden und Gefährten und dem Gesinde macht er es angenehm und befriedigend und sichert mit Sorgfalt ihr Wohlergehen. Das ist für ihn der erste Zweck, den er erreicht hat: Er hat sie (die Mittel) auf ihrem Gebiet sinnvoll verwendet.

Ferner verschafft sich der Heilsgänger mit seinen auf anständige Weise erworbenen Mitteln Sicherheit gegen Schwierigkeiten, die ihm durch Feuer oder Wasser oder Könige oder Räuber oder unliebe Erben oder auf sonstige Weise entstehen könnten, soweit man sich mit Mitteln des Vermögens dagegen schützen kann. Das ist für ihn der zweite Zweck, den er erreicht hat: Er hat sie auf ihrem Gebiet sinnvoll verwendet.

Weiter bestreitet der Heilsgänger damit die fünferlei Abgaben: an die Familie, für Gäste, für die Dahingegangenen, für den König, für die Himmelswesen. Das ist für ihn der dritte Zweck, den er erreicht hat: Er hat sie auf ihrem Gebiet sinnvoll verwendet.

Endlich versorgt der Heilsgänger damit Asketen und brahmisch Lebende, denen Rauschhaftigkeit und Leichtsinn widerstrebt, die, in Geduld und Milde gefestigt, einzig sich selber zur Ruhe, zum Erlöschen des Daseinsbrandes bringen[55]*, mit Spenden, die das brahmische Leben fördern, aufwärts führen, Wohl als Frucht bringen, zum Himmel aufsteigen lassen. Das ist für ihn der vierte Zweck, den er erreicht hat: Er hat sie auf ihrem Gebiet sinnvoll verwendet.*

Wessen Mittel auf andere als diese vier sinnvollen Weisen abnehmen, davon sagt man, dass solche Mittel zwecklos, sinnlos, nicht bestimmungsgemäß verbraucht worden sind. Wessen Mittel auf diese zweckdienlichen Weisen abnehmen, davon sagt man, dass solche Mittel zweckdienlich, sinnvoll, bestimmungsgemäß verbraucht worden sind.« Mit einem den Inhalt wiederholenden Merkvers schließt der Erwachte das Gespräch.

54 Meist wird nur übersetzt, dass er gute Werke »tut«. Es heißt aber im Pāli, dass er »ein Täter guter Werke« ist *(katthā hoti) – also nicht nur in einer besonderen Situation eine ihm ansonsten persönlichkeitsfremde gute Tat tut, sondern im Herzen so geneigt ist.*

55 *ekam* = »einzig«, *attānam* = »sich selber«, *parinibbāpenti* = »rundum zur Erlöschung bringen«.

HANS: Da denkt man immer, wer vermögend, anerkannt, langlebig werden will, der müsse vielerlei spezielle weltliche Dinge unternehmen, dass ihm oft keine Zeit mehr bleibt, zu sich selber zu kommen vor lauter Geldverdienen, Engagement in Vereinen, Parteien, Bürgerinitiativen, Selbsthilfegruppen, Hobbygruppen – letztlich auch um anerkannt zu werden. Viel unternehmen die Menschen auch, um gesund zu bleiben: bereiten Vollwertkost, treiben Sport. Von all diesen scheinbar »direkten« Mitteln ist hier aber beim Buddha überhaupt keine Rede.

RUTH: Hier nicht, Hans. Aber in der Rede A VIII,54 hat doch der Buddha ausdrücklich gesagt, dass man in seinem Beruf fleißig und strebsam sein und sich mit Sorgfalt um die Erhaltung seiner Habe kümmern soll.

HANS: Das schon, Ruth. Aber nicht wegen vordergründiger Vorteile, sondern weil schon damit das Einüben der *Eigenschaften* anfängt, die man auch für das Gehen auf dem Heilsweg braucht. Manche strampeln sich ab mit vielen weltlichen Mitteln, aber alles schlägt fehl. Und andern fällt scheinbar alles im Schlaf zu. Die weltlichen Methoden und Spezialmittel können also letztlich nicht über Erfolg und Misserfolg beim Bemühen um erwünschte Dinge den Ausschlag geben, sondern es kommt darauf an, in sich selber die richtigen Eigenschaften zu entwickeln.

FRITZ: Ja, Hans, das ist das Entscheidende. Wir werden das noch genauer sehen, wenn wir über das Karmagesetz sprechen. Wer sich nicht durch entsprechendes rechtes Wirken und Austilgen der Befleckungen seines Herzens zu einem *»Erlangertyp«*, einem *lābhī* wandelt, der hat nur so weit und so lange Erfolg, wie er noch frühere Saat abzuernten hat. Wenn die abgeerntet ist, steht er mit leeren Händen da. Wer sich aber durch Gehen auf dem Heilsweg zum *lābhī* wandelt, dem fällt alles, was er sich noch wünscht an Vermögen, Beliebtheit, Gesundheit und guten jenseitigen Lebensumständen wie von selber zu. Den kann selbst eine vorübergehende früher gewirkte »Pechsträhne« nicht mehr aus der Fassung bringen, weil er weiß: »Ich bin – woran ich auch immer im Einzelfall arbeite – auf dem Weg, mir heilstaugliche *Eigenschaften* zu erwerben.« Und das schönste dabei ist – vor allem deshalb habe ich diese Rede ausgewählt –, dass hier ausdrücklich gesagt wird: Die selben Eigenschaften, die zum *»lābhī«*, zum Erlangertyp, machen, sind zugleich genau die Eigenschaften, die nötig sind, um Heilsgänger zu werden.

HANS: Wie oft habe ich sagen hören, mit der Lehre des Erwachten könne man nicht richtig praktisch in der Welt leben. Hier sieht man: Das genaue Gegenteil ist richtig.

FRITZ: Allerdings, Hans. Der Heilsgänger in der Häuslichkeit kann zwar so gut wie nie das, was die besten unter den Mönchen oder Nonnen schon in diesem *jetzigen* Leben können: den vollkommenen Heilsstand zu Lebzeiten erreichen. Aber er kann noch in diesem Leben unumkehrbare *geistige* Veränderungen herbeiführen, die unweigerlich nach und nach auch zum Einüben entsprechender Veränderungen seiner *Herzensstruktur* führen. Und so kann er die absolute Sicherheit gewinnen, dass er unwiderruflich in endlicher Zeit zu diesem höchsten Ziel kommen wird.

HANS: wisst ihr, was mich an dieser Rede noch erstaunt hat? Als erstes *»gutes Werk«*, das ein *Heilsgänger* mit seinem Besitz tut, nennt der Buddha, dass er es *sich selbst* damit angenehm und befriedigend macht. Wenn jener gute Mensch mit dem Pullover gewusst hätte, dass das, worüber er sich so gegrämt hatte, nicht nur »eine lässliche Sünde«, sondern sogar ein *»gutes Werk«* war!

FRITZ: Ja, Hans. Unbeschadet der negativen Grundbewertung der Sinnesdränge auf der *Wahrheitsebene* als Elend und Gefahr zeigt der Erwachte häuslich Lebenden, vor allem in S 42,12, dass mit dieser negativen Grundbewertung *unverstrickte* Befriedigung möglich ist, wie ein Teilnehmer an in einem in WW abgedruckten Gespräch[56] sagt: *»Manchmal freue ich mich auf*

56 WW 1991 S. 138.

eine Situation, aber ich binde bewusst den Geschmack der Begrenztheit an das Wohlgefühl. Ich weiß ja, die Situation vergeht wieder, und sehr oft wird es nicht so, wie man es sich vorgestellt hat. Das mindert nicht das Wohlgefühl, es ist nur eine ruhigere Art des Wohlgefühls. Auch das Wehgefühl wird ruhiger, man weiß, dass es auch vergeht.« — Das ist der genau der Lebensweise im Haus angemessene *mittlere Weg*. Dabei beengt sich der Nachfolger nicht durch den radikalen Gedanken: »Aber solange ich noch sinnliches Verlangen in mir spüre, bin ich gar nicht würdig, an all die hohen Ziele auch nur zu denken«, sondern er nimmt dann das noch so bescheidene *innere Wohl* froh und achtsam in sich auf. Es geht bei dieser Art der Anleitung nicht um eine »Legalisierung« von vordergründigem »Genießen«, sondern um den Erwerb einer *Gemütsart*, die ins Große und Weite geht (*mahaggata*). Mit einem ins *Weite und Große* gehenden Blick wird man allmählich auch auf der Sinnlichkeitsebene immer mehr die *Enge* des ganzen Sinnensuchtbereiches zu spüren beginnen und sich deshalb immer mehr zu der Weite und Größe der *Wahrheitsebene* hingezogen fühlen. In der dortigen Weite wird man dann viel umfassendere Anblicke gewinnen als der Kleinliche: Der Kleinliche hat auf der *Wahrheitsebene* Bedenken, ob er, solange er »noch« dies und das an sich hat, überhaupt »berechtigt ist«, auch nur an inneres Wohl zu denken. Er übersieht vor lauter Hinstarren auf sein vermeintliches Versagen Möglichkeiten inneren Wohls oder unterschätzt sie. Auf der *Sinnlichkeitsebene* kämpft er nicht nur jederzeit den unerlässlichen direkten Kampf gegen Untugend, Rausch und gegen eine solche Hingabe an das sinnliche Wohlgefühl, dass das Entrinnen vergessen wird, sondern richtet darüber hinaus seine ganze enge Achtsamkeit darauf, zu knapsen, zu rechnen und zu messen, ob und wie weit er Wünsche befriedigen »darf«. Oft kaschiert er sein Genießen – ohne das er ja im Moment doch noch nicht auskommen kann – vor sich selber und anderen. Wer so vorgeht, bannt seine Achtsamkeit geradezu auf die Sinnlichkeitsebene. Ohne Befreiung des Gemüts von dieser Kleinlichkeit und Enge können wir kaum die richtige Vorgehensweise für Sinnlichkeitsebene und Wahrheitsebene erarbeiten und sauber auseinander halten. Mit Enge und Knapsen kämen wir auf keiner der beiden Ebenen richtig vorwärts und würden die Herzensentfaltung durch »Verfaltung« behindern. Die Anleitungen des Erwachten zum rechten Umgang mit Besitz und Sinnenbefriedigung zeigen, dass dazu kraftvolle und einfühlende Arbeit im »*Garten des Menschlichen*« gehört, die das genaue Gegenteil der Haltung ist, die aus *Lässigkeit* »Fünfe gerade sein lässt«.

Ruth: Was sind diese einander ergänzenden Anleitungen über den rechten Umgang mit Besitz und Sinnenbefriedigung ein feines Geflecht! Das Ganze ist in sich so stimmig, wie ich sonst nichts kenne. Der ganze scheinbare Widerspruch zwischen »Bewährung in der Welt und Überwindung der Welt«, der manchen in der Häuslichkeit lebenden Wahrheitssuchern das Herz beschwert, löst sich da ja geradezu in Wohlgefallen auf.

Fritz: Ja. Das beruht auf dem »Wunder der Belehrung«: der unbeschreiblichen Kunst des Erwachten zu zeigen, dass die *besten* Mittel, um zu weltlichem Wohl zu kommen, *zugleich* Mittel sind, die auf lange Sicht den über die Gesetze der Existenz Aufgeklärten auch über die Sinnlichkeitsebene hinaus zu besserem Wohl und auf dieser Grundlage aus allem Leiden heraus zur Überwindung der ganzen Existenz führen.

Ruth: Manche scheinbare Widersprüche zu Einzelfragen über das Vorgehen auf der Sinnlichkeitsebene sind mir schon aufgelöst. Nun würde ich gern mehr über den Umgang mit Besitz und Wunschbefriedigung von höchster Warte aus hören.

Fritz: Gern, Ruth. Ich werde dazu einige Texte heraussuchen.

6. GESPRÄCH
DIE SINNLICHEN TRIEBE VON HÖCHSTER WARTE BETRACHTET

RUTH: Viele verherrlichen heute die Sinnlichkeit so einseitig, dass sie jeden Versuch, sie realistisch zu sehen, als Leib- und Lebensfeindlichkeit verteufeln. Andere verteufeln die Sinnlichkeit, lassen aber den Suchenden allein mit der Frage, wie er damit praktisch leben soll. Der Buddha unterscheidet klar Grundbewertung im Geist und stufenweise krampflose Verwirklichung in der häuslichen Praxis, lässt aber keinen Augenblick das letzte Ziel aus dem Auge. Hemmungslosigkeit im Sinnlichen widerstrebt auch fast jedem westlichen strebenden Menschen. Religiöse Menschen spüren darüber hinaus, dass von einem gewissen Stadium der inneren Entwicklung an nicht mehr durch Maßhalten allein, sondern nur durch Übersteigen der Sinne ein Weiterkommen möglich ist. Erst vom Buddha lerne ich jetzt aber, dass das – selbst in der Askese – ausnahmslos nicht allein mit der Hauptwaffe der Asketen, der Entsagung geht, sondern erst in dem Maß, wie höheres Wohl gewonnen wird. Demnach gibt es beim Buddha nicht jenes im Westen verbreitete abschreckende Bild vom »finsteren Asketen«, das geprägt ist von dem, was der Buddha sogar bei Mönchen und Nonnen missbilligt: »Entbehren zur Selbstabtötung«.

FRITZ: Allerdings. Schon für die Zeitgenossen des Buddha war das heitere, gelöste Aussehen der Mönche geradezu sprichwörtlich als wohl tuender Kontrast zu den selbstquälerischen Asketen anderer Schulen. Die beglückte Äußerung des achtzigjährigen Königs Pasenadi darüber werden wir später kennen lernen.[1] Solches Glück spricht oft auch aus den Zügen häuslicher Nachfolger, z. B. des Hausvaters Nakulapitā. Davon berichtet der Anfang des Textes

S 22,1 [2]:

Im Bhaggerland bei Sumsumāragīri im Bhesakala-Hain im Wildpark besuchte der Hausvater Nakulapitā den Erhabenen und sprach: *»Herr, ich bin nun gebrechlich, in die Jahre gekommen, ein Greis. Ich habe mein Leben gelebt, ein hohes Alter erreicht. Mein Körper ist hinfällig, ständig kränkle ich. Ich werde den Erhabenen und die geistmächtigen Mönche nicht mehr lange besuchen können. Möge mich der Erhabene beraten, möge mich der Erhabene anleiten, dass es mir lange Zeit zu Segen und Wohlfahrt dient.« — »So ist es, Hausvater, ja, so ist es, Hausvater: Gebrechlich ist dein Körper, empfindlich wie ein rohes Ei. Wahrhaftig, Hausvater: Wer einen solchen Körper herumschleppt und behaupten wollte, er sei auch nur einen Augenblick frei von Gebrechen – was wäre das anderes als Torheit! Darum, Hausvater, geht es für dich darum, einzuüben: ›Mag auch mein Körper krank sein – das Herz soll mir gesunden.‹ Darin kannst du dich üben.« Von diesem Wort des Erhabenen beglückt und erhoben, stand Vater Nakulā von seinem Sitz auf, grüßte den Erhabenen ehrerbietig, ging, ihm die rechte Seite zukehrend, fort und begab sich zum ehrwürdigen Sāriputto, begrüßte ihn ehrerbietig und setzte sich seitwärts. Als er zur Seite saß, sprach der ehrwürdige Sāriputto zu ihm: »Du siehst so strahlend aus, Hausvater, deine Züge sind hell und heiter. Du hast wohl vom Erhabenen eine Unterweisung in der Wahrheit gehört?« — »Wie sollte es anders sein, Herr: Gerade bin ich vom Erhabenen durch eine Unterweisung mit dem Trank der Unsterblichkeit erquickt worden.«*

Nun erklärt ihm Sāriputto im Einzelnen den kurzen Rat des Erwachten, der den alten Mann so glücklich gemacht hatte. Ein ähnliches nicht mehr sinnliches Glück spricht auch aus der Rede

1 M 89, besprochen unten im 15. Gespräch.
2 Ausführlich besprochen in WW, 31.Jg. (1985), S. 130 ff.

A V,38:

»Fünf segensreiche Eigenschaften sind bei einem Sohn aus einer Familie zu finden, wenn er Heilsvertrauen hat. Welche fünf? Wenn wahre Menschen in der Welt freundschaftlichen Umgang pflegen/ sich um jemanden annehmen/ von jemandem etwas entgegennehmen/ die Lehre darlegen, dann zuerst bei einem Vertrauensvollen, nicht so leicht bei einem Vertrauenslosen. Der Vertrauensvolle gelangt nach dem Absterben des Körpers, jenseits des Todes auf selige Bahn, in himmlisches Dasein. Diese fünf segensreichen Eigenschaften sind bei einem Sohn aus einer Familie zu finden, der Heilsvertrauen hat. — Es ist, wie wenn auf gutem Boden an der Einmündung vierer Straßen ein mächtiger Feigenbaum steht, der den Vögeln eine Zuflucht bietet: Ebenso ist ein Sohn aus einer Familie, der Heilsvertrauen hat, eine Zuflucht für viele Menschen, für Mönche und Nonnen, für häuslich lebende Anhänger und Anhängerinnen.

Mächt'ger Baum mit voller Krone, reichbelaubt, mit dichtem Astwerk,
tiefen Wurzeln, fruchtbehangen, bietet Vögeln eine Stätte.
Und in seinem heitern Raume weilen sie auf ihren Flügen;
Schatten finden Schattensucher, Früchte finden Früchtepflücker.
So ist's bei dem tugendreifen Menschen voller Heilsvertrauen,
ohne Wirbel, ohne Starrsinn, mild und freundlich, sanft: Da weilen
Gierbefreite, Hassbefreite und von Blendung Frei geword'ne,
der Beeinflussung Entwachs'ne, machen bestes Wirken möglich.
Denn sie zeigen ihm die Lehre, alles Leiden zu vertreiben,
die den, der sie ganz verstanden, völlig stillt, einflussentwachsen.«

HANS: Die Heiterkeit auf den Zügen echter Nachfolger ist also vereinbar damit, dass der Buddha auf der Wahrheitsebene die Sinnensucht als Suchtkrankheit zeigt!

RUTH: Oder gründet sie gar in dieser Klarheit?

FRITZ: Auch darauf geben die Texte Antwort. Denken wir an M 14.

HANS: Die fand ich ganz realistisch, besonders die packenden Bilder, wie jeder mit jedem streitet – bedingt durch sinnliches Begehren. Ich muss fast jeden Abend daran denken, wenn ich in den Nachrichten die Konflikte in aller Welt sehe. Da müsste doch jeder das Elend der Sinnensucht sehen und stiller werden!

FRITZ: Das Elend sehen viele, aber nicht, dass dahinter die Sinnensucht steht. Die Ursachen werden bei den »anderen« gesucht. Um sie in mir selber, in der Beschaffenheit meines Herzens zu sehen, dessen Aktivität ja die Wahrnehmung all dieser Elendsbilder ist, muss ich eine tiefere Blickweise erwerben. Ansätze dazu finden sich in allen Kulturen. Lange vor dem Buddha hieß es in der Bhagavadgita: *»Wer oft an sinnliche Genüsse denkt, der hängt sein Herz daran; aus solchem Hang entsteht Begierde; die Begierde wächst zur wilden Leidenschaft; die Leidenschaft verblendet ihn, löscht die Erinnerung an reines Glück, das er einst fühlte, aus. Wenn dieses innere Gefühl verstummt, hört der Wille auf, Gutes zu tun. Dann aber geht der ganze Mensch zugrund.«* Diese andere Blickweise – zu der Heilsgänger auf der Wahrheitsebene fähig sind – ist anfangs sehr ungewohnt, für manche gar schockierend, aber sie ist, wie du sagst, realistisch bis zum Grund. Sie führt daher, wie Ruth sagt, zu der sicheren Heiterkeit, die auch aus dem Gespräch mit Vater Nakulā spricht, und man findet sie heute noch in manchen buddhistischen Freundeskreisen über Jahre hinweg. Diese unerschütterliche Festigkeit und Heiterkeit hat mich schon vor Jahrzehnten ergriffen. Solche Ergriffenheit spürte nach A IX,41 auch Tapusso, als ihm klar wurde, dass junge Mönche Frieden und Befreiung gerade im Zurücktreten von den Sinnendingen fanden. Beispiele finden wir auch in den Strophen der Nonnen.[3]

3 Therīgāthā; KEN übersetzt »Lieder der Nonnen«, was aber dahingehend missverstanden werden könnte, es handle sich um gesungene Verse.

HANS: Der Nonnen? Ich denke, du willst zeigen, wie der Buddha den Nachfolgern in der Häuslichkeit das Elend der Sinnensucht gezeigt hat?

FRITZ: Darum geht es auch. Das eine junge Mädchen ist schon Nonne, spricht die Verse aber zu einem Mann, der in sie verliebt ist. Das andere Mädchen spricht am Hochzeitstag Eltern und Bräutigam mit Gleichnissen über die Sinnensucht in einer Kurzform an, die bei ihren Gesprächspartnern deren Kenntnis voraussetzt. So verbreitet waren diese »Bilder der Existenz« damals schon. Etliche werden wir noch in einem Gespräch des Buddha mit dem Hausvater Potaliyo in M 54 kennen lernen. Sie zeigen, dass allen Beteiligten die von selber nie endende Fortdauer des »Lebens« und die Existenz auch anderer als der mit gewöhnlichen menschlichen Sinnen wahrnehmbaren Daseinsbereiche eine sichere Lebenstatsache war. — Mit den nachstehenden, stellenweise schockierend klingenden Strophen greifen wir im Geist unserem Triebehaushalt weit voraus. Wer bereit ist, sich diesem Ungewohnten zu stellen, für den können die Strophen eine Ahnung von den tiefen Gründen für die völlig andere Blickweise der Hauslosen und den dadurch bedingten Unterschied der Gangart in Askese und Hausleben eröffnen. — In der ersten Versfolge tritt einer jungen Nonne ein glühend in sie Verliebter in den Weg und macht ihr einen Heiratsantrag: Daraus will ich hier nur fünf Kernverse vorlesen, die zeigen, wie sich dieser Körper aus der von Blendung durch Sinnensucht befreiten Blickweise ausnimmt:

SUBHĀ IN JIVAKAS MANGOHAIN (Thīg 366-399).

390 Hab sie gesehn, die bunte Marionette, gemacht aus einem Pflock von jungem Stabholz,
mit Schnüren vielfach an ein Führungsjoch geknüpft, dass man sie tanzen lassen kann.
391 An diesem hochgezognen Führungsholz, das, wenn man's loslässt, leer zusammenfällt,
ist nichts zu finden: ist gemacht aus Stücken. Wer könnte darauf seinen Geist denn gründen!
392 Mit derlei Gliedern hab ich nichts zu tun, da ich von dieser Art von Denken fern.
Und weil sie ohne Denken nichts bewegen – wer könnte darauf seinen Geist denn gründen!
393 Wie ein Gebilde, das aus gelben Flecken auf einer Wand erscheint, so sieh es an.
Vor diesem Blick für die Vergänglichkeit ist alle Menschenweisheit völlig nichtig.
394 Hältst du für echt die täuschende Erscheinung, wie Träumende den goldnen Trugbaum,
dann fällst du blind auf leeren Schein herein wie mit der Menge auf ein Gaukelspiel.

RUTH: So fremd und fern mir das ist: von welcher Größe muss diese junge Nonne gewesen sein!

FRITZ: Solchen entlarvenden Anblicken sind wir zurzeit nur gewachsen, solange wir gerade auf der Wahrheitsebene sind. Man muss sie sich von dort aus öfter vor Augen geführt haben, um ihnen besser gewappnet gegenüberzustehen.

HANS: Gut, dass solche Größe keine Bedingung für das Leben nach der Lehre in der Häuslichkeit ist, sonst müssten wir gleich aufgeben.

RUTH: Dann lass uns doch auch den anderen Bericht hören.

FRITZ: Gern.[4] Er heißt

SUMEDHĀ – Thīg 448-552.

448 Im Schlosse zu Mantāvati als Tochter König Koñcos und der ersten
Gemahlin wuchs Sumedhā auf, der Lehrnachfolge innig zugetan,
449 in Tugend reif, in Worten herzlich, hört' viel des Wachen Lehre, wohlgeübt.
Sie ging zu ihren Eltern, sprach zu ihnen: »Bitte hört mich beide an:
450 Nirvāna geht mir über alles. Dasein ist unbeständig, sei's auch himmlisch.
Was soll da eitle Sinnenlust, so arm an Labsal und so voll von Qual!

4 Ich gehe von der in Appendix II der PTS-Ausgabe abgedruckten Alsdorfschen Anordnung der Verse als sog. Ariya-Strophen aus.

451 Die Sinnensüchte beißen scharf wie eine Schlange und sie lähmen Toren,
die lang der Höllenwelt verfallen und vom Schmerz besessen sind.
452 Um böses Karma klagt im Absturz, wer sich leichthin von seiner üblen Denkart
beherrschen ließ in Taten und im Wort und auch im Geiste als ein Tor.
453 Die Toren ohne klaren Blick sind unbedacht im Leidensgrund gefangen.
Sie wissen von der Lehre nichts. Die Heilswahrheiten können sie nicht fassen.
454 Die aus der allerhöchsten Wachheit gewies'ne Wahrheit kennt die Mehrheit nicht.
Das Dasein, das genießen sie, erstreben Wiederkehr in Götterwelten.
455 Doch selbst die Wiederkehr bei Göttern hat nicht Bestand im dauerlosen Dasein.
Die Toren aber schaudert nicht vorm immer neu Geborenwerdenmüssen.
457 Lasst mich drum aus dem Hause ziehn, vom Wort des zehnfach Mächtigen geführt.
Will frei von aller Bindung ringen um Überwindung von Geburt und Tod.
458 Was hilft Befriedigung am Dasein, das Unglück eines wesenlosen Körpers!
Ich will den Daseinsdurst bezwingen. Erlaubt mir, dazu aus dem Haus zu gehn!
459 Der Wachen Zeichen leuchten auf, es weicht die Nacht, die Stunde ist gekommen:
die Tugenden, der Weg zum Heil – in diesem Leben darf ich's nicht versäumen!«
460 Und weiter sprach Sumedhā nun: »Ihr lieben Eltern: Nahrung nehme ich
nicht mehr zu mir, solange ich im Haus, in der Gewalt des Todes bin.«
461 Die Mutter weinte voller Schmerz. Schwer atmete der Vater. Tief getroffen,
versuchte er sie umzustimmen, die im Palaste ihm zu Füßen lag:
462 »Steh auf, mein Kind! Was soll das Klagen: Bist doch verlobt nach Vāranavati.
Dem Könige Anīkaratto, dem liebenswürdigen, bist du versprochen.
463 Du wirst die erste Königin, Anīkarattos Gattin, eines Königs! –
Die Tugenden, der Reinheitspfad, Hauslosigkeit – ach, das ist schwer, mein Kind!
464 Beim König, da ist Reichtum, Macht, Hoheit, Vermögen, Glück. Du bist noch jung.
Genieße Sinnenlust und Reichtum und halte Hochzeit, du mein liebes Kind!«
465 Sumedhā aber gab zur Antwort: »Nur das nicht! Was entsteht, ist ohne Kern!
Entweder zieh ich hauslos fort oder ich sterbe. Hochzeit halt ich nicht.
466 Was ist denn dieser faule Leib – unschön, nach Ausfluss riechend, grauses Aas –,
was ist er anders als ein Hautsack, der voller Abfall ist und ständig tröpfelt!
467 Was soll denn mir, die das durchschaut, dies widerliche Fleisch- und Blutbefleckte,
der Würmer, Geier, Vögel Fraß: Wem ist er denn versprochen, dieser Körper?
468 Zum Leichenplatz gebracht wird schnell der Körper, wenn Erfahrung ihn verlässt,
wird fortgeworfen wie ein Holzstück; selbst die Verwandten ekeln sich vor ihm.
472 Häufung, Gegebenheit und Feld[5]*: So nennt man dies geburtverwurzelt' Leiden.*
Ich hab's von Grund aus durchgeprüft: Wie könnte ich da Hochzeit halten wollen!
473 Und sausten Tag für Tag dreihundert Schwerthiebe nieder ein Jahrhundert lang
und schlügen diesem Körper Wunden: könnt' es das Leiden enden – mir wär's recht.
474 Verwundung, Tötung – die erträgt, wer klar versteht des Meisters Wort, das lautet:
›Lang dreht ihr euch schon in dem Rad der immer wieder Todesunterworf'nen
475 bei Göttern und im Menschenreich, im Tierschoß und im Kreise der Dämonen,
Gespensterreich und Höllenwelten – und ist kein Ende des Verfalls zu sehen!
476 In Höllen leidet Qualen, wer den Abweg dessen geht, der sich verfinstert;
doch auch bei Göttern ist kein Halt. — Erlöschen von all dem – nichts sonst ist Wohl!‹

5 Zu den *khandhā* (Häufungen) vgl. Abschnitt II des 2. Gesprächs. *Dhātu* (die ein-gebildeten – sozusagen als Axiome – angenommenen »Gegebenheiten«, die im Erleben vorgefunden werden) und *āyatanā* (Erlebensbereiche, Erlebnis-Spannungsfelder); werden im 11. Gespräch erklärt.

477 Zur Branderlöschung findet hin, wer nach dem Wort des zehnfach Mächt'gen geht,
gelassen strebt und nur noch lebt zur Überwindung von Geburt und Tod.
478 Noch heute, Vater, muss ich fort. Was soll ich denn mit Gütern ohne Kern?
Ich hab genug von Sinnensucht. Sie gleicht gefälltem Palmstamm, ganz entwurzelt.«
479 So sagte sie zu ihrem Vater. — Gleichzeitig brach mit glänzendem Gefolge
der Bräutigam voll Sehnsucht auf: Der festgelegte Hochzeitstag war da.
480 Da schnitt ihr Haar, schwarz, voll und weich, Sumedhā ab mit einem Schwerte.
Den Boden des Gemaches deckt' es. Sie sank in erste weltlose Entrückung.
481 Gerade als sie das erreicht, zog des Verlobten Heerbann in die Stadt.
Sumedhā aber fand im Schloss zur Wahrnehmung der Unbeständigkeit.
482 Nun aber merkte sie, wie da der Bräutigam mit seiner Garde kam
im Glanz von Gold und von Juwelen. Er hob die Hände, flehte zu Sumedhā:
483 »Beim König, da ist Reichtum, Macht, Hoheit, Vermögen, Glück. Du bist so jung.
Genieße Sinnenlust und Reichtum. Das Sinnenglück ist selten in der Welt.
484 Ein Königtum wird dir zuteil. Genieß' den Reichtum und gib Spenden.
Komm, mach dir doch das Herz nicht schwer. Der Vater und die Mutter sind betrübt.«
485 Sumedhā aber sprach zu ihm: »Das hilft mir nichts. Die Blendung ist gewichen:
Such nicht bei Lust Befriedigung! Der Sinne Elend – schau es dir doch an:
487 Und wenn es sieb'nerlei Juwelen von überallher dauernd regnete –
die Wünsche wären nicht gestillt; die Menschen würden ungesättigt sterben.
488 Dem Schlächtermesser gleicht die Lust. Die Lust ist wie ein Schlangenhaupt.
Wie Fackelbrand versengt sie uns, sie ist den kahlen Knochen gleich.
489 Vergänglich, dauerlos ist Lust und voller Leiden, schweres Gift,
wie einer Eisenkugel Glüh'n, Schmerzwurzel und bringt Leid als Frucht.
490 Baumfrüchten gleich ist Sinnenlust. Fleischfetzen gleich erzeugt sie Leid.
Sie narrt uns einem Traume gleich. Die Lust ist nur geborgtes Gut.
491 Die Lüste sind wie Spieße spitz, Krankheit, Geschwür, Schmerz, Zittern, sind
wie Gruben voller Kohlenglut, die Wurzel aller Angst, sind Mord.
492 Die Lust ist eine Masse Leid, so ist's erklärt: Sie ist ein Hindernis!
Geht! Was zu Dasein wieder führt, – ich selber habe damit nichts gemein!
493 Was hilft mir denn ein anderer, mir selber steht das Haupt in Flammen doch;
Alter und Tod verfolgen mich; muss gegen ihren Würgegriff mich wehren!
494 Das Tor dazu: jetzt ist es offen!« Sie sah die Eltern an, den Bräutigam.
Die aber saßen auf dem Boden und klagten vor sich hin; da sprach sie weiter:
495 »Lang ist der Toren Daseinslauf, und immer, ohne Anfang, ohne Ende,
beweinen sie den Tod des Vaters, den Mord am Bruder und ihr eig'nes Sterben.
496 Denkt an die endenlosen Ströme von Tränen und von Muttermilch und Blut[6]*!*
Denkt, wie beim Umlauf durch das Dasein die Wesen Berge von Gebeinen häufen.
497 Denkt, dass man mit vier Ozeanen die Tränen, Blut und Muttermilch vergleicht!
Bedenkt: in einem Weltzeitalter, da häuft man Knochen – hoch wie Berg Vepulla!
498 Im grenzenlosen Daseinslauf ward mächtig Erde aufgehäuft zu Indien;
teilt' man sie auch in beerenkleine Klümpchen: sie reichte nicht für unsrer Mütter Zahl.
499 Denkt nur an Holz und Reisig, einst gehäuft zu Scheiterhaufen uns'rer Väter:
In Stückchen eingeteilt vierfingerbreit, es reichte nicht für unsrer Väter Zahl.

6 Die ein einzelnes Wesen während seines Umlaufs durch den Daseinskreislauf schon allein in zahllosen Wiedergeburten als Mensch aussondert.

500 Denkt, wann die blinde Schildkröte[7] im Meer die Öffnung einer Reuse findet:
dass sie mit ihrem Kopf da landet, gleicht der Wahrscheinlichkeit, ein Mensch zu werden.
501 Die Form gleicht einem Ball von Schaum! O wehe, einen Leib herumzuschleppen!
Seht der Zusammenhäufung Rieseln. Denkt an die Unzahl all der Höllenqualen!
502 Denkt, wie der Leichenhaufen wächst von den hier immer wieder neu Gebor'nen.
Denkt an des Krokodils Gefahr[8]. –Und dann bedenket die vier Heilswahrheiten.
503 Hätt'st du Todlosigkeit geschaut – was wär für dich ein Trank, der fünffach[9] ätzt?
Wer Lüste liebt, der wird doch nur noch mehr verätzt durch fünffach scharfen Trank!
504 Hätt'st du Todlosigkeit geschaut – was wär für dich der Lüste Fieberbrand?
Wer Lüste liebt, der wird doch nur verbrannt, verbrüht, geschüttelt und verglüht!
505 Im Unumstritt'nen weilend – was läg dir noch an der Sinnendinge Schlachtfeld,
von Fürsten, Feuer, Dieb, Flut, Neidern, die ringsum lauern, ständig hart bedroht?
506 Wenn du die Freiheit kenntest – was läg dir an Lüsten, die an Tod dich binden!
Durch Sinnenlüste, ungewollt, erleidet man den Schmerz der Todesbande.
507 Wer einen Strohbund fasst, der brennt, fängt selber Feuer, lässt er ihn nicht los.
Strohfackel steht für Sinnenlust: Man steht in Flammen, wenn man sie nicht loslässt.
508 Gib nicht um karges Sinnenglück die Segensfülle echten Wohles hin!
Verschluck nicht wie ein kleiner Fisch den Angelhaken und verzweifle dann!
509 Die Sinnengier – sie muss gezähmt sein, so wie den Hund man an die Kette legt.
Mit dieser Lust, der hungrigen, heißt's umgehn wie ein Diener mit dem Hund.
510 Der Körperschmerz ist grenzenlos, unmessbar ist das Leid in Herz und Geist,
das du erfährst im Sinnenjoch. Lass los die unbeständ'gen Sinnendinge!
511 Kennst du Freisein vom Altern, was soll dir da Sinnenlust, die Alter, Tod bringt?
Rings ist von Krankheit und vom Tod alles ergriffen, was geboren ist.
512 Das, was nicht altert, stirbt: das ist der Ausweg, kummerfrei, aus Alter, Tod,
Freiheit von Feindschaft, von Bedrängnis, Freiheit von Lärm, Angst, ew'ger Wiederkehr!
513 Von vielen ward sie schon erreicht: Todlosigkeit – Jetzt kann sie der gewinnen,
der gründlich achtsam vorwärts geht, und keine Möglichkeit zu streben auslässt.«
514 So sprach Sumedhā, voller Glück, dass sie den Ausgang fand aus dem Geschaffnen.
Sie machte still den Bräutigam, Sumedhā sank zu Boden auf ihr Haar.
515 Doch nun erhob sich der Verlobte, er faltete die Hände, sprach zum Vater:
»Ja: gebt Sumedhā frei, sie soll hinausziehn, wenn sie wahre Freiheit spürt.«
516 Da gaben sie die Eltern frei, und sie zog fort von Kummer, Angst und Furcht,
verwirklichte sechsfachen Über-Blick, gewann, sich übend, allerhöchste Frucht. –
517 Wie herrlich und wie wunderbar, was sie, einst Königskind, vom Wahn erloschen,
ganz kurz vor ihrem Tode noch aus ihrer frühern Leben Lauf berichtet:
518 »Als Konāgamo Buddha war[10], da ward im Park ein Kloster neugebaut;
das gaben wir, drei Freundinnen, als Spende hin zur Unterkunft.
519 Zehn Mal und danach hundert Mal, und zehn Mal hundert aberhundert Mal
stiegen wir auf zur Götterwelt, wer wird von Menschendasein da noch reden wollen.

7 »unter Menschen« wird vom Buddha noch als günstige Wiedergeburt bezeichnet. Das Gleichnis bedeutet also nicht, wie manche annehmen, dass die Schildkröte in der Reuse gefangen wird, sondern dass sie mitten im weiten Meer an eine volle Fischreuse gelangt, aus der sie »mit dem Kopf« bequem Nahrung herausangeln kann. (Eine verbreitete Meeresschildkrötenart ernährt sich von Fischen und anderen Meerestieren.)

8 M 67^{m}: die Gefahr der Gefräßigkeit.

9 Die fünffachen sinnlichen Triebe.

10 Ein Erwachter der Vorzeit in diesem Weltzeitalter.

520 *Wir waren unter Göttern groß an Macht, wer wird von Menschenmacht da reden.*
Von sieben Kaiserkronjuwelen, da war ich das Juwel von einer Frau.
521 *Das war der Grund, das war der Quell, die Wurzel: dies Sich-der-Belehrung-Fügen,*
das war die erste Fügung, die als Drang nach Wahrheit zum Erlöschen führte.«

RUTH: Mich schaudert vor den Abgründen, denen Sumedhā entgangen ist. Und zugleich zieht mich etwas zu dem unbeschreiblichen Frieden hin, den sich diese junge Frau errungen hat. Vieles verstehe ich noch nicht. Aber ich spüre: das ist echt. Am liebsten möchte ich diese Verse jetzt unkommentiert so stehen lassen und sie später immer wieder nachlesen, wenn unser Gespräch weiter fortgeschritten ist.

HANS: So geht es mir auch. Ich würde jetzt gern erst einmal jenes Gespräch kennen lernen, in dem der Buddha einem Hausvater die Gleichnisse für die Sinnensucht erklärt. Ich habe mir gerade ein Taschenbuch mit einer Auswahl aus der Mittleren Sammlung gekauft[11], da kann ich Neumanns Übersetzung mitverfolgen, während du vorliest.

FRITZ: Nun, dann hört zu:

M 54 – Potaliyo.

Im Land der Anguttarāper bei dem Marktstädtchen Āpana zog sich der Erhabene nach dem Mahl in den Wald unter einen Baum zurück. Auch Potaliyo, ein Hausvater, kam, in ein weites Obergewand gehüllt, mit Schirm und Sandalen auf einem Spaziergang in den Wald und gelangte dorthin, wo der Erhabene weilte, begrüßte den Erhabenen ehrerbietig, wechselte höfliche, freundliche Worte mit ihm und stellte sich seitwärts. Der Erhabene sprach zu ihm: »Da sind Sitzgelegenheiten, Hausvater. Wenn du willst, setze dich.« — So angesprochen, dachte der Hausvater Potaliyo: »Mit ›Hausvater‹ redet mich der Asket Gotamo an!« Und verstimmt und missmutig schwieg er. Ein zweites und ein drittes Mal sprach der Erhabene seine Einladung aus. Und zum dritten Mal dachte Hausvater Potaliyo: »Mit ›Hausvater‹ redet mich der Asket Gotamo an!« Verstimmt und missmutig sagte er zum Erhabenen: »Das ist nicht recht, Herr Gotamo, das gehört sich nicht, dass du mich mit Hausvater anredest.« — »Aber du hast doch Miene, Haltung und Gebaren eines Hausvaters.« — »Tatsache ist aber, dass ich alle Arbeiten aufgegeben und alle Weltbezüge abgeschnitten habe, Herr Gotamo.« — »Wie hast du denn alle Arbeiten aufgegeben und alle Weltbezüge abgeschnitten?« — »Alles, was ich an Geld und Gut, an Gold und Silber besessen habe, das habe ich meinen Kindern als Erbe übertragen, rede ihnen nicht drein, kritisiere nicht und habe mir nur Kost und Kleidung ausbedungen, Herr Gotamo. So habe ich alle Arbeiten aufgegeben und alle Weltbezüge abgeschnitten.«

HANS: Warum regt er sich denn so auf, dass der Buddha ihn »Hausvater« nennt? Er ist zwar Altenteiler, Geschäftsmann im Ruhestand, aber er lebt doch immer noch im Haus – ohne Vermögen, aber mit gesicherter Versorgung, auch wenn er im Geschäft nichts mehr zu sagen hat und den Kindern nichts dreinredet.

FRITZ: Er meint, dadurch sei er zum hauslosen Asketen geworden.

HANS: Das ist aber naiv!

FRITZ: Ach, Hans, so würde ich das nicht sehen: Der weitere Gesprächsverlauf zeigt, dass er ein suchender Mensch ist, dem es bei seinem Rückzug aus Beruf und Familie darum gegangen ist, ein kontemplativeres Leben zu führen. Es ist ja keine Kleinigkeit, nicht nur das Geschäft den Kindern zu übergeben, sondern auch das ganze übrige Vermögen, sich nur freie Kost und Kleidung auszubedingen und sich als Vermögensloser ganz auf Gedeih und Verderb den Kindern auszuliefern. Und als der langjährige Familien- und Firmenchef den Kindern dann auch nichts mehr dreinzureden – ich kenne kaum Menschen, die das fertigbringen. Aus unserer gewohnten Sicht hat er doch so ziemlich alles aufgegeben, was ein Geschäftsmann als seine

11 HHM, siehe Abkürzungsverzeichnis B.

Weltbezüge betrachtet. Und sein Auftreten scheint immerhin stiller als das mancher Pilger, die lärmend über Weltdinge schwatzten.

Hans: Ja schon, aber da steht nun ein erhabenes Wesen vor ihm, und er merkt gar nicht seine Hoheit, sondern hat nur im Sinn, dass ihn der Buddha nicht als Asketen tituliert. Er muss doch ein maßlos verblendeter Mensch gewesen sein!

Fritz: So schnell urteilen wir, Hans. Aber eines jeden Herz, auch meines und deines, ist – wie es in M 78 heißt – eine »Vielheit von Verschiedenartigem, Mannigfaltigem«. In ein und desselben Menschen Herz geht vielerlei zugleich hinein. Je wichtiger es jemandem war, einen bestimmten Status zu erwerben – wie hier Potaliyo den des Asketen –, umso leichter ist er verletzt, wenn er darin nicht anerkannt wird. Und je stärker einer verletzt ist, umso stärker ist in diesem Augenblick seine Blendung. Im Lauf der Rede lernen wir Potaliyo von seinen besseren Seiten kennen. Wenn ich an den Unsinn denke, den ich geredet und gedacht habe in Augenblicken, wo ich mich selber gerade als »beleidigte Leberwurst« fühlte – ich wäre traurig, wenn man mich deshalb als einen »maßlos verblendeten Menschen« ansehen würde. Der Erwachte hat denn auch Potaliyos redliches Streben erkannt und ihn im Gespräch in tiefer, auf das Letzte zielender Weise aufgeklärt:

»Anders redest du, Hausvater, vom Ablösen der Weltbezüge, und anders werden nach der Heilswegweisung die Weltbezüge abgelöst.« — »Wie werden denn nach der Heilswegweisung die Weltbezüge abgelöst, Herr? Gut wäre es, wenn mir der Erhabene sagen würde, wie nach der Heilswegweisung die Weltbezüge abgelöst werden.« Der Erhabene sprach:

»Acht Dinge sind es, Hausvater, die nach der Heilswegweisung zum Ablösen der Weltbezüge führen. Welche acht? Unter dem Leitbild, nichts Lebendiges zu töten, kann man vom Töten loskommen. Unter dem Leitbild, nur Gegebenes zu nehmen, kann man vom Nehmen von Nichtgegebenem loskommen. Unter dem Leitbild der Wahrhaftigkeit kann man vom Lügen loskommen. Unter dem Leitbild nicht entzweiender Rede kann man vom Hintertragen loskommen. Unter dem Leitbild: ›keine Geiergier!‹ kann man von geierhafter Begierde loskommen. Unter dem Leitbild: ›Freiheit von Nörgeln und Schelten‹ kann man vom Nörgeln und Schelten loskommen. Unter dem Leitbild ›Freiheit von Zorn und Aufbegehren‹ kann man von Zorn und Aufbegehren loskommen. Unter dem Leitbild ›Freiheit von Überheblichkeit‹ kann man von Überheblichkeit loskommen. Diese acht Dinge sind es, Hausvater, kurz gesagt, noch nicht ausführlich erklärt, die nach der Heilswegweisung zum Ablösen der Weltbezüge führen.«

»Diese acht Dinge Herr, es wäre gut, wenn mir die der Erhabene aus Mitempfinden ausführlich erklären würde.« — »Gut, Hausvater, so höre gut zu und merke auf; ich werde es dir sagen.« — »Gern, Herr«, antwortete Potaliyo dem Erhabenen. Der Erhabene sprach:

»Unter dem Leitbild, nichts Lebendiges zu töten, kann man vom Töten von Lebendigem loskommen. Das ist gesagt worden. Und warum ist das gesagt worden? Da führt sich der Heilsgänger vor Augen: Solche Verstrickungen, durch die bedingt ich zum Mörder werden könnte, solche Verstrickungen aufzulösen und ganz auszutilgen: dabei bin ich. Denn wenn ich zum Mörder würde, dann müsste ich mich selber wegen des Tötens verachten und auch Verständige müssten mich tadeln wegen des Tötens, und nach dem Absterben des Körpers, jenseits des Todes stünde mir wegen des Tötens von Lebendigem der Abweg bevor. Das ist ja gerade eine Verstrickung und Hemmung, dieses Töten von Lebendigem, und was durch das Töten von Lebendigem an verstörenden und brennenden Beeinflussungen (āsavā) aufkommen würde, das gibt es für einen, dessen Wesen das Töten von Lebendigem widerstrebt, nicht mehr.‹ – Das ist der Sinn des Satzes: ›Unter dem Leitbild, nichts Lebendiges zu töten, kann man vom Töten von Lebendigem loskommen.‹«

Hans: Bei Neumann steht nichts von Leitbild, nur: »Kein Wesen töten, lässt vom Töten der Wesen abstehen.« Aber was soll ich mit so einer Binsenwahrheit anfangen: »Wer nicht töten will, soll es halt bleiben lassen«?

Fritz: Du hast ganz Recht. Neumanns Übersetzung schöpft den Text nicht aus. Eine wörtliche Übersetzung des Satzes[12] müsste etwa lauten: »durch Gestütztsein auf Nichttöten ist Töten zu überwinden.« Dieses »Gestütztsein« ist eine geistige Einstellung, nicht nur das körperliche Unterlassen. Wenn ein zu Lebenslänglich Verurteilter, dessen Gnadengesuch abgelehnt ist, in der Zelle seinen Rachegedanken gegen den Komplizen nachhängt, der ihn verpfiffen hat, und sich ausmalt, wie er ihm den Garaus macht, dann tötet er nicht körperlich, aber durch dieses »häufige Denken und Sinnen« mehrt er seinen Tötungsdrang unter Umständen so sehr, dass er – wenn er später doch noch freikommt – gar nicht widerstehen kann, ihn umzubringen. Nichttöten ist also hier nicht nur das bloße rein äußerliche Unterlassen, sondern dass er Nichttöten als geistiges Leitbild hat. Erst dann ist er auf Nichttöten »gestützt«. Deshalb habe ich hier für das Pāliwort *nissāya* = »gestützt« die Übersetzung des Buddhistischen Seminars – »unter dem Leitbild« – übernommen. Entsprechend sind auch alle anderen Mittel übersetzt, die zum »Ablösen der Weltbezüge führen«:

»›Unter dem Leitbild, nur Gegebenes zu nehmen, kann man vom Nehmen von Nichtgegebenem loskommen.‹ Das ist gesagt worden. Und warum ist das gesagt worden? Da führt sich der Heilsgänger vor Augen: Solche Verstrickungen, durch die bedingt ich zum Dieb werden könnte, solche Verstrickungen aufzulösen und ganz auszutilgen: dabei bin ich. Denn wenn ich zum Dieb würde, dann müsste ich mich selber wegen des Nehmens von Nichtgegebenem verachten und auch Verständige müssten mich tadeln wegen des Nehmens von Nichtgegebenem, und nach dem Absterben des Körpers, jenseits des Todes stünde mir wegen des Nehmens von Nichtgegebenem der Abweg bevor. Das ist ja gerade eine Verstrickung und Hemmung, dieses Nehmen von Nichtgegebenem, und was durch das Nehmen von Nichtgegebenem an verstörenden und brennenden Beeinflussungen aufkommen würde, das gibt es für einen, dessen Wesen das Nehmen von Nichtgegebenem widerstrebt, nicht mehr.‹ – Das ist der Sinn des Satzes: ›Unter dem Leitbild, nichts Nichtgegebenes zu nehmen, kann man vom Nehmen von Nichtgegebenem loskommen.‹

›Unter dem Leitbild der Wahrhaftigkeit kann man vom Lügen loskommen.‹ Das ist gesagt worden. Und warum ist das gesagt worden? Da führt sich der Heilsgänger vor Augen: ›Solche Verstrickungen, durch die bedingt ich zum Lügner werden könnte, solche Verstrickungen aufzulösen und ganz auszutilgen: dabei bin ich. Denn wenn ich zum Lügner würde, dann müsste ich mich selber wegen des Lügens verachten, und auch Verständige müssten mich tadeln wegen des Lügens, und nach dem Absterben des Körpers, jenseits des Todes stünde mir wegen des Lügens der Abweg bevor. Das ist ja gerade eine Verstrickung und Hemmung, dieses Lügen, und was durch das Lügen an verstörenden und brennenden Beeinflussungen aufkommen würde, das gibt es für einen, dessen Wesen das Lügen widerstrebt, nicht mehr.‹ – Das ist der Sinn des Satzes: ›Unter dem Leitbild der Wahrhaftigkeit kann man vom Lügen loskommen.‹

›Unter dem Leitbild der nicht entzweienden Rede kann man vom Hintertragen loskommen.‹ Das ist gesagt worden. Und warum ist das gesagt worden? Da führt sich der Heilsgänger vor Augen: ›Solche Verstrickungen, durch die bedingt ich zum Zwischenträger werden könnte, solche Verstrickungen aufzulösen und ganz auszutilgen: dabei bin ich. Denn wenn ich zum Zwischenträger würde, dann müsste ich mich selber wegen des Hintertragens verachten, und auch Verständige müssten mich tadeln wegen des Hintertragens, und nach dem Absterben des Körpers, jenseits des Todes stünde mir wegen des Hintertragens der Abweg bevor. Das ist ja gerade eine Verstrickung und Hemmung, dieses Hintertragen, und was durch das Hintertragen an verstörenden und brennenden Beeinflussungen aufkommen würde, das gibt es für einen, dessen

12 *a-pāṇātipātam nissāya* (= »auf Nichttöten gestützt«), *pāṇātipāto* (= »Töten«), *pahāta*
überwinden«).

Wesen das Hintertragen widerstrebt, nicht mehr.‹ – Das ist der Sinn des Satzes: ›Unter dem Leitbild der nicht entzweienden Rede kann man vom Hintertragen loskommen.‹

›Unter dem Leitbild 'kein geierhaftes sinnliches Begehren!'[13] *kann man von geierhaftem sinnlichem Begehren loskommen.‹ Das ist gesagt worden. Und warum ist das gesagt worden? Da führt sich der Heilsgänger vor Augen: ›Solche Verstrickungen, durch die bedingt ich zum Geiergierigen werden könnte, solche Verstrickungen aufzulösen und ganz auszutilgen: dabei bin ich. Denn wenn ich zum Geiergierigen würde, dann müsste ich mich selber wegen der Gier verachten, und auch Verständige müssten mich tadeln wegen der Geiergier, und nach dem Absterben des Körpers, jenseits des Todes stünde mir wegen dieser Sucht der Abweg bevor. Das ist ja gerade eine Verstrickung und Hemmung, diese Geiergier, und was durch Geiergier an Beeinflussungen aufkommen würde, das gibt es für einen, dessen Wesen Geiergier widerstrebt, nicht mehr.‹ – Das ist der Sinn des Satzes: ›Unter dem Leitbild der Mäßigung der Geiergier kann man von Geiergier loskommen.‹*

›Unter dem Leitbild der Freiheit von Nörgeln und Schelten kann man vom Nörgeln und Schelten loskommen.‹ Das ist gesagt worden. Und warum ist das gesagt worden? Da führt sich der Heilsgänger vor Augen: ›Solche Verstrickungen, durch die bedingt ich zum Nörgler und Zänker werden könnte, solche Verstrickungen aufzulösen und ganz auszutilgen: dabei bin ich. Denn wenn ich zum Nörgler und Zänker würde, dann müsste ich mich selber wegen des Nörgelns und Scheltens verachten, und auch Verständige müssten mich tadeln wegen des Nörgelns und Scheltens, und nach dem Absterben des Körpers, jenseits des Todes stünde mir wegen des Nörgelns und Scheltens der Abweg bevor. Das ist ja gerade eine Verstrickung und Hemmung, dieses Nörgeln und Schelten; und was durch Nörgeln und Schelten an verstörenden und brennenden Beeinflussungen aufkommen würde, das gibt es für einen, dessen Wesen das Nörgeln und Schelten widerstrebt, nicht mehr.‹ – Das ist der Sinn des Satzes: ›Unter dem Leitbild der Freiheit von Nörgeln und Schelten kann man vom Nörgeln und Schelten loskommen.‹

›Unter dem Leitbild 'Freiheit von Zorn und Aufbegehren' kann man von Zorn und Aufbegehren loskommen. Das ist gesagt worden. Und warum ist das gesagt worden? Da führt sich der Heilsgänger vor Augen: ›Solche Verstrickungen, durch die bedingt ich zu einem Zornigen und Aufbegehrenden werden könnte, solche Verstrickungen aufzulösen und ganz auszutilgen: dabei bin ich. Denn wenn ich zu einem Zornigen und Aufbegehrenden werden würde, dann müsste ich mich selber wegen des Zürnens und Aufbegehrens verachten, und auch Verständige müssten mich tadeln wegen des Zürnens und Aufbegehrens, und nach dem Absterben des Körpers, jenseits des Todes stünde mir wegen des Zürnens und Aufbegehrens der Abweg bevor. Das ist ja gerade eine Verstrickung und Hemmung, dieses Zürnen und Aufbegehren; und was durch Zürnen und Aufbegehren an verstörenden und brennenden Beeinflussungen aufkommen würde, das gibt es für einen, dessen Wesen das Zürnen und Aufbegehren widerstrebt, nicht mehr.‹ – Das ist der Sinn des Satzes: ›Unter dem Leitbild der Freiheit von Zorn und Aufbegehren kann man vom Zürnen und Aufbegehren loskommen.‹

›Unter dem Leitbild 'Freiheit von Überheblichkeit' kann man von Überheblichkeit loskommen. Das ist gesagt worden. Und warum ist das gesagt worden? Da führt sich der Heilsgänger vor Augen: ›Solche Verstrickungen, durch die bedingt ich überheblich werden könnte, solche Verstrickungen aufzulösen und ganz auszutilgen: dabei bin ich. Denn wenn ich überheblich würde, dann müsste ich mich selber wegen der Überheblichkeit verachten, und auch Verständige müssten mich tadeln wegen der Überheblichkeit, und nach dem Absterben des Körpers, jenseits des Todes stünde mir wegen der Überheblichkeit der Abweg bevor. Das ist ja gerade eine Verstrickung und Hemmung, diese

13 *a-giddhi-lobha*; *giddhi* = »Gieren« hängt mit *gijjhati* zusammen, davon ist *gijjha* = »Geier« abgeleitet. Diese Gier ist also so stark wie die des ganz auf das Aas fixierten Geiers.

Überheblichkeit. Was durch Überheblichkeit an verstörenden und brennenden Beeinflussungen aufkommen würde, das gibt es für einen, dessen Wesen Überheblichkeit widerstrebt, nicht mehr.‹ – Das ist der Sinn des Satzes: ›Unter dem Leitbild der Freiheit von Überheblichkeit kann man von Überheblichkeit loskommen.‹

Diese acht Dinge sind es, Hausvater, kurz gesagt und ausführlich erklärt, die nach der Heilswegweisung zum Ablösen der Weltbezüge führen.«

RUTH: Wenn ich diese achtgliedrige Anleitung zum Auflösen der Weltbezüge höre, spüre ich schon eine feine beruhigende Wirkung. Wie muss das erst sein, wenn man einige Zeit ernstlich danach lebt!

HANS: Mir geht es ähnlich. Nach dem, was man sonst so vom Buddhismus hört, hätte ich erwartet, als Mittel zum Ablösen der Weltbezüge würden Meditationen über Leerheit, vipassanā, satipaṭṭhāna oder ähnliches genannt. Als der Buddha dann von den Tugenden anfing, habe ich erst gedacht: »›So ungefähr sagt's der Herr Pfarrer auch‹ – was soll denn daran das Buddhistische sein?« Aber dann habe ich mir vorzustellen versucht, wie es in der Umgebung eines Menschen aussieht, der wirklich nach diesen acht einfachen, klaren, positiven Leitbildern lebt: Leben schonen, nur Gegebenes nehmen, wahrhaftig sein, einigend statt entzweiend reden, seine Begierden mäßigen, nicht kritteln und schelten, Zorn und Aufbegehren auflösen, und auch wenn das gelingt, nicht überheblich werden.

RUTH: Als es da immer hieß: »Solche Verstrickungen, durch die bedingt ich so und so werden könnte« – bis hin zum Mörder –, da musste ich an jene hoch geachteten Menschen denken, die ohne solche gelebten Leitbilder in allerlei schlimme Vergehen hineingeschlittert sind, und ich habe mich gefragt: hätte mir das unter besonderen Lebensumständen nicht auch widerfahren können? Da ist mir Goethe eingefallen, der gesagt hat, er kenne kein Verbrechen, dessen er sich nicht noch für fähig halten würde.

HANS: Früher habe ich das als dichterische Übertreibung angesehen. Mir selber könnten zwar noch allerlei Fehltritte unterlaufen, dachte ich, aber nicht mehr so schlimme Dinge. Aber als ich dann daran dachte, wie viele Menschen in Vergehen hineingeschlittert sind, zu denen kein Mensch sie für fähig gehalten hätte, da war ich doch nicht mehr so sicher. Hier bestätigt der Buddha: jeder muss sich sagen, wenn er diese Verstrickungen nicht zu lösen anfängt, dann können sie ihn zum Mörder, zum Dieb und zu all dem anderen Üblen machen. Dabei ist mir wieder König Mahānāmo eingefallen, dem der Buddha in M 14 gezeigt hat, was alles aus sinnlichem Begehren hervorgeht: Lug und Trug, Vertragsbruch, Zank und Streit bis hin zu Mord und Krieg. Da kann einen vor der ganzen, meist so harmlos erscheinenden allgemeinen Sinnensüchtigkeit ein Grauen durchzucken, wie man es sonst nur vor spezielleren Suchtformen – Drogensucht, Alkoholismus, Kleptomanie, Spielsucht – empfindet.

RUTH: Schön, wenn man sich dann sagen kann: Ich bin aber jetzt dabei, diese Verstrickungen zu lösen, …

HANS: … und dass man sich schon dann keine Sorge wegen der Beeinflussungen durch diese acht Verstrickungen zu machen braucht, weil sie einem zuinnerst widerstreben, auch wenn man im Lebensvollzug noch nicht perfekt ist.

RUTH: Ja, das schützt auch vor äußerlichem Perfektionismus und Werkgerechtigkeit. — Wenn ich mir vorstelle, wie das sein muss, wenn sie restlos aufgelöst sind: wie da ganze Komplexe von Beeinflussungen und Verwicklungen wegfallen! Da kommt mir wieder jener Brahmane in den Sinn, dem der Buddha durch diesen offensichtlichen Gedanken ein Gefühl dafür vermittelt hat, wie wohl tuend erst die vollständige Löschung des Daseinsbrandes sein muss – Nirvāna.[14]

14 A III,56.

HANS: Der ganze Daseinsbrand besteht aus lauter einzelnen Beeinflussungen. Das sind seine Flammen. Der Buddha sagt ja Potaliyo, dass die Beeinflussungen »brennen«. Das kann ich gut nachempfinden: Wenn ich unter Verstoß gegen eine Tugend den Beeinflussungen durch die Triebe nachgegeben habe und deshalb ein schlechtes Gewissen habe, kann ich nachts nicht schlafen und spüre ihr Brennen leibhaftig.

RUTH: Statt »schlechtes Gewissen« sollte man eigentlich besser sagen: »gutes« Gewissen; denn es ist ja die Stimme, die mich an meine Sehnsucht nach dem Guten erinnert.

HANS: Du, Ruth: hast du gemerkt, dass auch das in der Rede vorkommt?

RUTH: Ja: da, wo der Buddha sagt, dass ich »mich selbst verachten müsste«. Das ist ja die »brennende Scham«, die sich da meldet. Aber – erinnerst du dich – die hat der Buddha einem Brahmanen gegenüber ebenso wie die Scheu vor Missbilligung durch Verständige – als »wahren Reichtum«[15] bezeichnet.

FRITZ: Ja. Es bringt unvorstellbaren Gewinn, diese Verstrickungen zu lösen. Ihr habt ganz von selber immer mehr herausgearbeitet, worauf es wirklich ankommt: nicht darauf, wie sich unsere (wahrgenommene) »Umgebung« verändert, sondern wie sich das Herz verändert, das ja unser »Umgebungserleben« hervorbringt. In dem Maß, wie sich die acht Verstrickungen des Herzens zu lösen beginnen, werden auch die »Weltbezüge« allmählich leichter und feiner, unabhängig davon, was wir als »Weltgeschehen« wahrnehmen.

HANS: Was genau ist eigentlich mit diesen Weltbezügen gemeint?

FRITZ: Das Pāliwort *vohāra* umschreibt den üblichen weltlichen Umgang, die innerweltliche »Kommunikation« und »Konvention« im weitesten Sinne, geschäftlich, privat und öffentlich, und bedeutet von daher auch »Vereinbarung«. Das auf Übereinkunft beruhende ausdrucksreichste Mittel für die Kommunikation ist die Sprache. Daher die Übersetzung mit »Weltbezüge«. Das Merkmal des Asketen ist es, dass er, wie es etwa in M 60 heißt, dieses ganze Gewohnheitsleben in weltlicher Kommunikation als »eine peinliche Bedrängnis« empfindet. Deshalb meidet er um des abgeschiedenen Lebens willen schon rein äußerlich all den weltüblichen Umgang, wie es im »Tathāgatagang« beschrieben ist. Hier sehen wir den tieferen Sinn des Wortes muni, wörtlich: »Schweiger«, mit dem schon vor dem Buddha der Erlöste bezeichnet wurde. Gemeint ist das totale Unabhängigwerden von jeglicher Kommunikation (*vohāra*), nicht nur der sprachlichen. Beim Übenden ist diese Abgeschiedenheit aber kein Selbstzweck, sondern dient der in M 36 beschriebenen richtigen Ausbildung von Körper und Herz zum Freiwerden.

RUTH: »Ausbildung des Körpers« bedeutet doch, dass die Sinnensucht ganz aus der Steuerung des Körpers herausgezogen wird. In der Erklärung des Buddha für Potaliyo, wie man nach den acht Leitbildern leben kann, ist aber von voller Enthaltung von allen sinnlichen Wünschen keine Rede, sondern nur vom Freiwerden von ihren gröberen Graden, der »Geiergier«. Und als Weg dazu ist – außer den Schranken der Tugend – nicht Verzichten, Entsagen genannt, sondern die »Mäßigung der Begierden«. Das scheint mir nur ein anderer Ausdruck für ein nicht rauschhaftes Begehren. Demnach ist selbst das Leben nach den acht Leitbildern für Potaliyo, der ja Asket sein wollte, noch kein Asketenleben.

FRITZ: Genau so ist es, Ruth: Das werden wir gleich aus dem folgenden Hinweis des Erwachten an Potaliyo sehen.

RUTH: Vorher hätte ich noch eine Frage: Mir fällt auf, dass der Buddha bei allen bisherigen Betrachtungen über die »Auflösung der Weltbezüge« nur vom Heilsgänger spricht. Du hast doch einmal gesagt, Fritz, Heilsgänger sei nur, wer die vier Heilswahrheiten wenigstens blitzaugenblicklich aus innerer Nähe oder Einsicht bis zum Grund so anerkannt hat, dass er von

15 A VII,7.

da ab unumkehrbar auf das Heil zugeht. Bedeutet das, dass diese Leitbilder nicht bei allen Menschen, sondern nur bei Heilsgängern zur Auflösung der Weltbezüge führen?

Fritz: So ist es, Ruth. Auch die Nachfolger anderer Weisheitslehren und Religionen kennen die Erfahrung, dass bei den Sinnendingen kein beständiges, ewiges Wohl zu finden ist. Sie mögen daher zu dem unvergleichlich feineren inneren Wohl der Herzenseinigung, der »unio mystica« bis hin zu weltlosen Entrückungen kommen, aber sie wissen nicht, dass auch dieses Wohl vergänglich ist. Erst recht nicht, dass auch das Wohl der reinen gestaltfreien Wahrnehmung unbeständig ist, das selbst die meisten Mystiker gar nicht kennen. Nur die aus dem ganzen Daseinstraum Erwachten zeigen den Ausweg aus allem Vergänglichen: der Sinnenwelt, der »Welt« der reinen Formen und aus den Feldern des Gestaltlosen, Grenzenlosen. Deshalb führen die acht Betrachtungen nur solche Menschen zur Auflösung der Weltbezüge, die über den Wahncharakter der Existenz, ihre Fortführungs- und Aufhebungsbedingungen und die richtige Vorgehensweise aufgeklärt sind. Deshalb sagt nun der Erwachte über diese acht Betrachtungen:

»Aber nach der Heilswegweisung ist das noch nicht die vollständige Ablösung aller Weltbezüge.« — »Was ist denn dann nach der Heilswegweisung die vollständige Ablösung aller Weltbezüge, Herr? Es wäre gut, wenn mir der Erhabene die vollständige Ablösung aller Weltbezüge nach der Heilswegweisung aus Mitempfinden ausführlich erklären würde.« — »Gut, Hausvater, so höre genau zu und merke auf; ich werde es dir sagen.« — »Gern, Herr«, antwortete der Hausvater Potaliyo dem Erhabene. Der Erhabene sprach:

»Stelle dir vor, Hausvater, ein Hund stellt sich, von Hunger und Schwäche gepeinigt, vor die Bank eines Rinderschlächters, und der Schlächter wirft ihm einen Knochen zu, kahl, abgeschabt, ohne Fleisch, nur blutbefleckt. Was meinst du: könnte da dieser Hund, wenn er ringsum den kahlen, abgeschabten, fleischlosen, nur blutbefleckten Knochen benagt, Hunger und Schwäche vertreiben?« — »Gewiss nicht, Herr.« — »Und warum nicht?« — »Der Knochen ist ja kahl, abgeschabt, ohne Fleisch, nur blutbefleckt. Da müht sich der Hund vergeblich.« — »Ebenso hält sich der Heilsgänger vor Augen: ›Kahlen Knochen gleich sind die Sinneswünsche (kāma), hat der Erhabene gesagt, voller Leiden, voller Aufbegehren: das Elend überwiegt.‹ Und indem er es so, wie es ist, mit vollkommen klarem Blick ansieht, da meidet er die unterscheidende Betrachtungsweise, die von Vielfalt abhängig ist[16], und die einheitliche Betrachtungsweise, die bei allem das Eine sieht[17], bei welcher alles Aufgreifen von Weltlichem restlos aufhört, diese Betrachtungsweise entfaltet er bei sich.

Stelle dir vor, Hausvater, ein Geier, Adler oder Rabe packt einen Fleischfetzen und fliegt fort; da stürzen sich andere Geier, Adler oder Raben in Scharen auf ihn und raufen darum. Was meinst du wohl: Wenn dieser Vogel den Fleischfetzen nicht loslässt: wäre ihm da nicht der Tod oder ein Schmerz gewiss, dass er zu sterben meint?« — »Freilich, Herr.« — »Ebenso hält sich der Heilsgänger vor Augen: ›Fleischfetzen gleich sind die Sinneswünsche, hat der Erhabene gesagt, voller Leiden, voller Aufbegehren; das Elend überwiegt.‹ Und indem er das so, wie es ist, mit vollkommen klarem Blick sieht, da meidet er die unterscheidende Betrachtungsweise, die von Vielfalt abhängig ist, und die einheitliche Betrachtungsweise, die bei allem das Eine sieht, bei welcher alles Aufgreifen von Weltlichem restlos aufhört, diese Betrachtungsweise entfaltet er bei sich.

16 *upekhā nānattā nānattāsitā* = wörtlich: »der Gleichmut, der vielfältig ist, auf Vielfalt gründet«. *Upekhā* (von *upa-ikhhati*, »hinübersehen«: Dinge überblicken) ist hier nicht schon in seiner höchsten Form, dem »erhabenen Gleichmut« im *samādhi* gemeint, sondern ein Teilbereiche überblickender Blickpunkt des Geistes, mit dem man von relativ höherer Warte über die Dinge blickt.

17 *upekhā ekattā ekattasitā* = der einheitliche, auf Einheit gründende »Gleichmut«.

Stelle dir vor, Hausvater, ein Mann geht mit einem brennenden Strohwisch gegen den Wind. Was meinst du wohl: Wenn dieser Mann den brennenden Strohwisch nicht schnell wegwirft: verbrennt er dann nicht Hand, Arm oder andere Körperteile?« — »Allerdings, Herr.« — »Ebenso hält sich der Heilsgänger vor Augen: ›Brennenden Strohwischen gleich sind die Sinneswünsche, hat der Erhabene gesagt, voller Leiden, voller Aufbegehren: das Elend überwiegt.‹ Und indem er es so, wie es ist, mit vollkommen klarem Blick ansieht, meidet er die unterscheidende Betrachtungsweise, die von Vielfalt abhängig ist, und die einheitliche Betrachtungsweise, die bei allem das Eine sieht, bei welcher alles Aufgreifen von Weltlichem restlos aufhört, diese Betrachtungsweise entfaltet er bei sich.

Stelle dir vor, Hausvater, da wäre eine über mannstiefe Grube voller Kohlen von solcher Glut, dass sie nicht flammt und nicht raucht, und da kommt ein Mann, der leben, nicht sterben will, der Wohl wünscht und Weh scheut; aber zwei starke Männer packen ihn unter den Armen und zerren ihn zu der glühenden Kohlengrube hin. Was meinst du wohl: Würde da dieser Mann nicht auf jede nur mögliche Weise den Leib zurückziehen?« — »Gewiss, Herr.« — »Und warum?« — »Der Mann wüsste ja genau, Herr: ›Falle ich in diese glühenden Kohlen hinein, dann muss ich sterben oder einen Schmerz, erleiden, dass ich zu sterben meine.‹« — »Ebenso hält sich der Heilsgänger vor Augen: ›Glühenden Kohlen gleich sind die Sinneswünsche, hat der Erhabene gesagt, voller Leiden, voller Aufbegehren: das Elend überwiegt.‹ Und indem er es so, wie es ist, mit vollkommen klarem Blick ansieht, meidet er die unterscheidende Betrachtungsweise, die von Vielfalt abhängig ist, und die einheitliche Betrachtungsweise, die bei allem das Eine sieht, bei welcher alles Aufgreifen von Weltlichem restlos aufhört, diese Betrachtungsweise entfaltet er bei sich.

Stelle dir vor, Hausvater, ein Mann sieht ein Traumbild: einen schönen Garten, eine freundliche Landschaft, einen lichten See; da wacht er auf – und nichts mehr kann er sehen. Ebenso hält sich der Heilsgänger vor Augen: ›Traumbildern gleich sind die Sinneswünsche, hat der Erhabene gesagt, voller Leiden, voller Aufbegehren: das Elend überwiegt.‹ Und indem er es so, wie es ist, mit vollkommen klarem Blick ansieht, meidet er die unterscheidende Betrachtungsweise, die von Vielfalt abhängig ist, und die einheitliche Betrachtungsweise, die bei allem das Eine sieht, bei welcher alles Aufgreifen von Weltlichem restlos aufhört, diese Betrachtungsweise entfaltet er bei sich.

Stelle dir vor, Hausvater, ein Mann nimmt ein Darlehen auf und belädt von dem Geld einen Wagen mit kostbarem Schmuck und Edelsteinen; mit diesem geborgten Schatz fährt er über den Marktplatz, und die Leute sehen ihn und sagen: ›Dieser Mann ist wirklich reich; so können Reiche den Reichtum genießen!‹ Aber sowie ihn der Gläubiger irgendwo trifft, zieht er sein Eigentum wieder ein. Was meinst du wohl, reicht das aus, um diesen Mann außer sich zu bringen?« — »Allerdings, Herr.« — »Und weshalb?« — »Der Gläubiger zieht ja sein Eigentum wieder ein!« — »Ebenso hält sich der Heilsgänger vor Augen: ›Darlehen gleich sind die Sinneswünsche, hat der Erhabene gesagt, voller Leiden, voller Aufbegehren: das Elend überwiegt.‹ Und indem er es so, wie es ist, mit vollkommen klarem Blick ansieht, meidet er die unterscheidende Betrachtungsweise, die von Vielfalt abhängig ist, und die einheitliche Betrachtungsweise, die bei allem das Eine sieht, bei welcher alles Aufgreifen von Weltlichem restlos aufhört, diese Betrachtungsweise entfaltet er bei sich.

Stelle dir vor, Hausvater, bei einer Stadt oder einem Dorf ist ein Wald, darin steht ein Baum mit reifen Früchten, aber keine der Früchte ist herabgefallen. Da kommt ein Mann, der Früchte will, nach Früchten Ausschau hält, ins Innere des Waldes und gewahrt den Baum mit den reifen Früchten. Er denkt: ›Dieser Baum hängt voller reifer Früchte, keine ist heruntergefallen; aber ich kann ja auf Bäume klettern; da könnte ich doch hinaufklettern, mich sattessen und einen Rockschoß voll pflücken!‹ Und er klettert hinauf, isst sich satt und pflückt sich einen Rockschoß voll. Aber da kommt ein zweiter Mann, der will auch Früchte und hält nach Früchten Ausschau. Der hat ein scharfes Beil dabei. Er kommt ins Innere des Waldes und gewahrt den Baum mit den reifen Früchten. Da denkt er [ohne den Mann im Baum zu sehen]: ›Dieser Baum hängt voll reifer Früchte, keine ist heruntergefallen; ich kann aber nicht auf Bäume klettern; da könnte ich den Baum an der Wurzel fällen, mich sattessen und einen Rockschoß voll pflücken!‹ Und er fällt den Baum an der Wurzel. Was meinst du, Hausvater, wenn der Mann, der zuvor hinaufgeklettert war, nicht schleunigst herunterklettert, könnten ihm da nicht beim Fall des Baumes Hand oder Fuß oder andere Körperteile zerschmettert werden, so dass er Schmerzen oder gar den Tod erleiden würde?« — »Allerdings, Herr.« — »Ebenso hält sich der Heilsgänger vor Augen: ›Baumfrüchten gleich sind die Sinneswünsche, hat der Erhabene gesagt, voller Leiden, voller Aufbegehren: das Elend überwiegt.‹«

HANS: Deutlicher kann man das Elend eines auf Sinnenbefriedigung fixierten Lebens nicht beschreiben: Das Gleichnis vom Hund mit seinem Knochen zeigt die Vergeblichkeit des Versuchs der Befriedigung bei Unbeständigem. Das Gleichnis von den Fleischfetzen erinnert an die unvermeidlichen Streitigkeiten um Sinneswünsche. Beim Gleichnis vom brennenden Strohwisch und erst recht bei dem grausigen Gleichnis von der glühenden Kohlengrube wird erschreckend klar, wie buchstäblich richtig es ist, von »brennender Begierde« zu sprechen. Das Gleichnis von den Traumbildern hat mich an die Zueignung des alten Goethe zum Faust erinnert: »Was ich besitze, ist mir wie im Weiten.« So sagen ja auch immer wieder alte Menschen – und manchmal geht es mir schon selber so: das Leben – ein Traum. Dass wir spätestens im Tod von allem scheiden müssen, was uns lieb und teuer ist, wissen wir schon aus der Rede von den fünf Lebenstatsachen.[18] Wenn wir die Dränge nach den »Darlehen« nicht mindern, fällt die Rückzahlung bitter schwer. Unklar ist mir nur noch das Gleichnis mit den Baumfrüchten.

RUTH: Ich glaube zu ahnen, was gemeint ist.

HANS: Was denn?

RUTH: Die beiden Männer, die Früchte suchen, wollen einander nichts Böses. Sie wissen ja nicht einmal etwas voneinander. Dennoch verletzt oder tötet gar der eine den anderen aus purem Unwissen. Nach diesem schrecklichen Muster entstehen täglich schlimme Leiden – nur weil mehrere Menschen gleiche sinnliche Ziele verfolgen: Denk' nur an Autozusammenstöße!

HANS: Ja, Ruth: diese unvermeidliche Konkurrenz muss wohl gemeint sein. Da überläuft es mich aber eiskalt: Dann ist ja in diesem Gleichnis auch unsere ganze heutige »Umweltproblematik«[19] vorweggenommen: Der eine steigt noch selber auf den Baum und pflückt von Hand nur so viel, wie er tragen kann. Der andere kommt mit seinem Werkzeug und fällt den ganzen Baum, ohne zu sehen, dass damit nicht nur alle Früchte umkommen, sondern auch der Mann, der hinaufgeklettert ist! Das ist doch genau unsere heutige Art des Umgangs mit den Schätzen der Erde!

FRITZ: So ist es, Hans. Anschließend zeigt der Erwache Potaliyo die Frucht häufig wiederholter Meditationen über die sieben gewaltigen Gleichnisse vom Elend der Sinneswünsche: *»Und indem er es so, wie es ist, mit vollkommen klarem Blick sieht und es damit aufgibt, einen übergreifenden Blickpunkt in der Vielfalt, von Vielfalt ausgehend, zu finden, entfaltet er den einheitlichen Anblick, der bei allem das Eine sieht, wodurch alles Aufgreifen von Weltlichem restlos aufhört.«*

HANS: Was ist denn dieses »Eine«? Die Christen sagen: »Gott«, die Muslime: »Allah«, die Hindus: »das Brahman« oder »das Ātman«, die Biologen: »die Natur«, spirituelle und ökologische Bewegungen reden von »Weltgeist« oder »Kosmos«. — Das alles ist es nicht. Das weiß ich wohl. Was ist es denn wirklich?

RUTH: Das hat der Buddha Potaliyo gerade gesagt: Das »Eine« hinter der ganzen Vielfalt ist: Sie ist ›voller Leiden, voller Aufbegehren: das Elend überwiegt‹.

18 A V,57.
19 Vgl. Alfred Weil in WW, 36. Jg. (1990), S. 362 ff. und Kantowski Südas, S. 135-148.

HANS: Kann denn das »Eine« etwas Negatives sein! Das wäre ja zum Verzweifeln!

RUTH: Ich denke: ganz im Gegenteil, Hans. Ein Mensch, dem die sieben Gleichnisse dieses Eine tief in Geist und Gemüt eingegraben haben, wird frei von dem Wahn, er könne oder müsse die Welt verbessern oder zur »Selbstverwirklichung« alle auf Vielfalt gerichteten Triebe ausleben, »um wichtige neue Erfahrungen zu machen«, wie man es heute so oft hört. Ich sehe aber umso klarer, je weniger ich auf die Vielfalt starre. Umso ruhiger und einiger wird das Herz, und ich mache mich frei für »den einheitlichen Anblick, der bei allem das Eine sieht, wodurch alles Aufgreifen von Weltlichem restlos aufhört«.

HANS: Ja, gut; aber du hast ja selber bisher nur negativ gesagt, was dieses »Eine« nicht ist. Aber nun sag doch einmal positiv: Was ist es denn, dieses Eine, das er sieht und das so viel besser ist als alle Weltdinge, dass er sie nicht mehr aufgreifen mag?

RUTH: »Das Eine« ist für mich der Friede, das Unvergängliche, Todlose, an das man kommt, wenn man vom Unbeständigen zurücktritt – oder, Fritz?

FRITZ: Ja, Ruth. Viele meinen, das »Eine« müsse irgendein »heiliges Über-Ding« sein, das die ganze Vielfalt bergend aufnimmt. Aber so ist es nicht. Das hast du ganz richtig erkannt. Der Buddha hat es einmal seinen Mönchen in S 48,50^{m} erläutert: *»Dieser ganzen Masse von Finsternis restlose Aufhebung – das ist das ›Reich‹ des Friedens, die erhabene ›Stätte‹: das Zur-Ruhe-Kommen aller Gestaltungen, das Loslassen aller Bezüge, das Aufhören des Durstes, die Befreiung vom Reiz, die Entrodung, das Erlöschen des Daseinsbrandes.«* Genau das sagt der Erwachte – nur mit anderen Worten – im anschließenden Absatz zu Potaliyo, wenn er von dem Heilsgänger spricht, der diese befreiende Blickweise zur Vollendung bringt und so vom Heilsgänger zum Geheilten wird: *»Wenn nun der Heilsgänger diese höchste Reinheit des klaren, unbewegten Durchblicks in Wahrheitsgegenwart*[20] *erreicht hat, Hausvater, dann kann er sich an manche verschiedene früheren Daseinsstätten erinnern mit allen Besonderheiten, mit allen Einzelheiten.«* Die drei Weisheitsdurchbrüche beschreibt der Erwachte nun dem Hausvater genau wie den Hausvätern in M 60 oder dem jungen Kāpaṭhiko in M 95: erst die Rückerinnerung, dann wie er *»mit dem himmlischen Auge, dem geläuterten, über menschliche Grenzen hinausreichenden, die Wesen wegschwinden und wieder erscheinen sehen kann: er sieht, wie die Wesen je nach dem Wirken wieder erscheinen.«* Nach ausführlicher Beschreibung dieses zweiten Weisheitsdurchbruchs stellt der Erwachte dann den dritten und entscheidenden Weisheitsdurchbruch mit dem einen prägnanten Satz dar: *»Wenn nun der Heilsgänger diese höchste Reinheit des klaren, unbewegten Durchblicks in Wahrheitsgegenwart erreicht hat, so verwirklicht er noch zu Lebzeiten in eigener weltüberlegener Schau durch Auflösung der Beeinflussung* die von Beeinflussung freie *Gemüterlösung auf ewig. Das ist nach der Heilswegweisung die vollständige Ablösung aller Weltbezüge, Hausvater. Was meinst du wohl: Sind so auch bei dir alle Weltbezüge gelöst?«* — *»Was bin ich und was ist nach der Heilswegweisung die vollständige Ablösung aller Weltbezüge, Herr. Fern bin ich von der vollständigen Ablösung aller Weltbezüge nach der Heilswegweisung! Was haben wir doch früher die andern Büßer und Pilger, die so gewöhnlich sind, mit erlesener Speise gespeist und mit erlesener Ehre geehrt. Doch die Mönche des Erhabenen, die so erlesen sind, haben wir für gewöhnlich gehalten, mit gewöhnlicher Speise gespeist, mit gewöhnlicher Ehre geehrt! Nun aber wollen wir die andern Büßer und Pilger als gewöhnlich erkennen, mit gewöhnlicher Speise speisen und mit gewöhnlicher Ehre ehren. Aber die Mönche des Erhabene, die so erlesen sind, wollen wir als erlesen erkennen, mit erlesener Speise speisen und mit erlesener Ehre ehren! Wahrlich, Herr, der Erhabene hat mir Asketenliebe zu den Asketen erzeugt, Asketenvertrauen zu den Asketen, Asketenehrfurcht*

20 *upekhā-sati- pārisuddhi*: *upekhā* = »Blick von oben« + *sati* = »Wahrheitsgegenwart« + *pārisuddhi* = »volle Reinheit«.

vor den Asketen.« Und er nahm Zuflucht zum Erwachten *»als sein Schüler, der von heute an mit dem Gang zur Zuflucht zu leben begonnen hat.«*

HANS: Was da von Rückerinnerung und vom Anblick des Verschwindens/Erscheinens der Wesen gesagt wird, habe ich zwar schon in unseren bisherigen Gesprächen seit M 60 gehört, aber bisher noch gar nicht so richtig aufgenommen, weil es so ungewohnt ist. Jetzt wird es mir erst richtig bewusst. Hat der Buddha hier tatsächlich gesagt: Wer den Blick wegwendet von der Vielfalt der Sinnenwelt, kann sich an frühere Geburten erinnern, und das, für dessen Möglichkeit wir uns vorsichtshalber offen halten, nämlich dass die Wesen aus diesem Leben wegschwinden und je nach dem Wirken anderswo wieder erscheinen, das sieht er und bekommt durch diesen leibhaftigen Anblick so genug vom Daseinskreislauf, dass ihn dieser Wahn nicht mehr beeinflussen kann, so dass er vom Wahn frei wird? Aber die Mystiker aller Religionen lehren doch auch, dass man die Sinnlichkeit übersteigen muss, und viele scheinen das verwirklicht zu haben. Dann müssten die doch eigentlich auch die drei Weisheitsdurchbrüche erreicht haben?

FRITZ: Nein, Hans. Der Buddha hat zu Potaliyo nicht gesagt, schon wer nur den Blick von der Sinnenwelt wegwendet, wird heil, sondern er hat gesagt: *»Wenn nun der Heilsgänger die höchste Reinheit des klaren, unbewegten Durchblicks in Wahrheitsgegenwart erreicht hat, Hausvater, kann er«* sich an frühere Geburten erinnern, die Wesen erscheinen und wegschwinden sehen und durch diesen Anblick des in sich endlosen Daseinskreislaufs von aller Beeinflussung und damit vom Leiden frei werden. Um nicht nur die beiden ersten, sondern alle drei »Weisheitsdurchbrüche«[21] zu erreichen, genügt es also nicht, den Blick nur von der Sinnenwelt wegzuwenden. Es muss vielmehr bei einem Menschen Folgendes zusammenkommen:

- Er muss Heilsgänger sein, d. h. vor allem: aus innerer Nähe (Vertrauen) oder Einsicht die Lehre im Geist bis zum Grund anerkannt haben.[22]
- Das Herz muss vollkommen rein sein.
- Die Wahrheitsgegenwart (*sati*) muss auf die Erlösung – die Löschung des Daseinsbrandes gerichtet sein, nicht nur auf das Auskosten der Entrückungen oder das Staunen über Rückerinnerung und Anblick des Verschwindens und Wiedererscheinens der Wesen. Entrückungen, Rückerinnerung und Anblick des Verschwindens/Erscheinens der Wesen sind auch für Nichtbelehrte erreichbar, für den Heilsgänger sind es nur Werkzeuge zur Ausbildung des Herzens für das Endziel: die Auflösung von Wahrnehmung und Empfindung. Das sagt der Buddha ausdrücklich in M 99.

HANS: Davon habe ich bei anderen Lehren noch nie etwas gehört.

FRITZ: Potaliyo auch nicht. Das gehört zu den Aussagen, »mit denen die Erwachten alles übersteigen«. Und deshalb ist Potaliyo so begeistert. Und am Ende, als ihm aufging, wie weit entfernt er von einem Asketen war, da war er nicht etwa betrübt, sondern so glücklich über die Wegweisung zum höchsten Ziel, dass er Zuflucht nahm.

RUTH: Nun drängte er aber nicht danach, Mönch zu werden, sondern erkannte klug – ich möchte fast sagen: weise – seine Grenzen: Er gewann »Asketenliebe zu den Asketen, Asketenvertrauen zu den Asketen, Asketenehrfurcht vor den Asketen«, aber ohne die Illusion, zur Askese tauglich zu sein. Deshalb beschloss er der Lehre in der Häuslichkeit nachzufolgen.

HANS: Woher weißt du das? Darüber steht in der Rede nichts.

RUTH: Doch, Hans: Er will doch den Orden durch Spenden unterstützen. Das geht nur im Haus.

21 *tevijjā* = »drei Wissen«, »Entdeckungen« (*vijjā* kommt von *vindati* = »finden«).
22 Umfassende Darstellung unten im 15. Gespräch.

FRITZ: Schön, dass ihr Potaliyo mit solchem Respekt seht. Denn von manchen Menschen wird er etwas belächelt, wie er da mit Sonnenschirm und Sandalen im Garten spazieren geht. Recht betrachtet, kann er mit seinem Ernst, seiner Begeisterung für wahre Asketen und seiner Ehrlichkeit mit sich selber ein Vorbild sein.

7. Gespräch
Rat des Buddha für Beruf, öffentliches Leben und Familie

Ruth: Die kompromisslose Klarheit, mit der jene zwei großgearteten jungen Mädchen das Leiden der Sinnenwelt so bis auf den Grund durchschaut haben, dass es sie geradezu aus der Häuslichkeit hinaustrieb und die entlarvenden Gleichnisse, die der Buddha Potaliyo für die Sinnensucht nennt, wollen mir nicht aus dem Sinn: Wäre ich zu früh und unvorbereitet auf solche erschütternden Texte gestoßen – ich weiß nicht, welche Bahn mein Leben genommen hätte. Denn woher hätte ich wissen können, dass sie von unsereinem keine plötzlichen radikalen Konsequenzen auf der Sinnlichkeitsebene fordern, dafür umso mehr ein Umdenken auf der *Wahrheitsebene*? Wenn ich das nicht wüsste, könnte ich mir kaum vorstellen, wie man, diese Gleichnisse vor Augen, noch einen Beruf ausüben und eine Familie haben kann. Heute ist mir im Grundsatz klar, dass man auch mit einem *Beruf* der Wahrheit nachfolgen kann. Aber wie? Hat der Buddha auch darüber etwas gesagt?

Hans: Und gibt es auch praktische Anleitungen für das *Familienleben*?

Fritz: Beides. Und es gibt als drittes fragenübergreifende allgemeine Maßstäbe für das Leben in der Vielfalt. Fangen wir mit Ruths Frage nach Einzelanleitungen zum Berufsleben an.

I. Rat des Buddha für den Beruf

Hans: Nur wenige üben ihren »Traumberuf« aus. Normalerweise entfremdet der Beruf uns von dem, was uns zuinnerst bewegt. In der Familie kann man meist auch über seine inneren Anliegen sprechen, im Beruf fast nie. Und er bringt einen oft in Konflikt mit der Tugend. Da hätte ich früher gedacht, der Buddha riete, den Beruf mit der linken Hand zu erledigen. Aber so scheint es nicht zu sein,

Fritz: So ist es nicht: Der Buddha zeigt, wie man für den Beruf Eigenschaften entfalten kann, die auch für den Heilsweg nötig sind. Denken wir an A VIII,54, wo es heißt: *»Da ist ein Sohn aus einer Familie gerade in dem Beruf, durch den er seinen Lebensunterhalt bestreitet, anstellig und nicht bequem.«* Heute stehen Lustprinzip und »Selbstverwirklichung« so obenan, dass viele Menschen gleich fortlaufen oder »aussteigen« möchten, wenn ihnen etwas schwer fällt. Mit dieser Einstellung kommt man auch im Ringen um innere Läuterung nicht weiter.

Hans: Aber die Mühen des Berufs sind doch ein Elend des Begehrens?

Fritz: Das sagt der Erwachte in M 14. Aber das ist kein Widerspruch. Ich lese die Stelle einmal vor: — *»Da verdient sich ein Sohn aus einer Familie durch ein Amt seinen Lebensunterhalt – als Schreiber, Rechner, Verwalter, oder als Landwirt, Kaufmann, Viehzüchter, Bogenschütze oder Minister oder durch einen anderen Beruf. Da ist er Kälte und Hitze ausgesetzt, hat unter Bremsen, Moskitos und Kriechtieren zu leiden, kommt vor Hunger und Durst halb um. Das ist ein offen zutage liegendes diesseitiges Elend des Begehrens.«* Also nicht nur ein Elend des Berufs: Auch »Aussteiger« und Asketen sind zeitweise Witterungsunbilden, Insekten, Hunger und Durst ausgesetzt, und der rallyefahrende Playboy muss sich anstrengen.

Hans: Das stimmt. — Aber hier ist auch der »Bogenschütze« genannt. Der soll auch im Beruf strebsam sein. Heißt das, er soll eifrig Feinde totschießen?

Fritz: Nichts deutet darauf hin, dass zur Zeit der Rede M 14 gerade Krieg war. Im Frieden waren Berufssoldaten nicht mit Töten beschäftigt, sondern mit Wacheschieben, Begleitschutz, Teilnahme an festlichen Umzügen und Polizeiaufgaben. Außerdem ging es hier ja nicht um die *Wahl* des Berufs. Wer die Lehre des Erwachten kennen lernt, findet sich meist schon in irgendeinem Beruf vor.

Hans: Ja, aber der Soldat muss sich doch Gedanken machen, was wäre, *wenn* Krieg ausbräche.

Ruth: Aber noch ist ja Frieden. Wenn er die Lehre eben erst kennen gelernt und vielleicht trotz großer Ergriffenheit noch kaum richtig verstanden hat, dann hat er genug zu tun, durch Tugend zu mehr innerer Ruhe und damit zu klarerem Sehen heranzuwachsen. Würdest du ihm da im Frieden zumuten, seine ersten Schritte in der Lehre auf Grund theoretischer Erwägungen: »was wäre, *wenn* ...« damit zu belasten, dass er erst einmal arbeitslos wird und sich und seiner Familie alle damit verbundenen Sorgen und Wirren zumutet, bevor er diesen Belastungen als »Neuer« in der Lehre genug Kraft und Wissen zur Bewältigung entgegenzusetzen hat?

Fritz: Ich stimme dir zu, Ruth. Manche westlichen pazifistisch engagierten Buddhisten würden zwar fordern: »Man muss konsequent sein: *entweder* man ist Soldat – dann ist man ein potenzieller Mörder, weil man töten müsste, *wenn* Krieg wäre –, oder man ist Buddhist – beides zusammen geht nicht.« Der Erwachte aber zeigt allen, die die Lehre kennen lernen, während sie einen Beruf ausüben, die rechte Anschauung über Vergänglichkeit, Leidigkeit und Nicht-Ichheit der ganzen Existenz. Und er rät ihnen in A VIII,54 indirekt: fangt nicht um jeden Preis mit *äußeren Veränderungen* an, sondern seid unter anderem *»in dem Beruf«*, in dem ihr euch jetzt vorfindet, *»anstellig und nicht bequem«*. Erwerbt euch dort den Blick dafür, *»das Geeignete zu tun und in die Wege zu leiten.«* Wer so vorgeht, wandelt dadurch allmählich sein Herz: Es ist möglich, dass dieses Wirken am Herzen im »Werden« (*bhava*) befindliches Karma – rückkehrende Gestaltungen eben dieses Herzens – so abwandelt, dass das Wahrnehmungsbild »Krieg« nicht mehr oder nicht in Verbindung mit »Tötungszwang« aufsteigt (beispielsweise wegen Versetzung zur Sanitätstruppe oder Dienstuntauglichkeit). Wenn das Bild »Krieg mit Tötungszwang« doch in der Wahrnehmung aufsteigt, dann hat er bis dahin einen viel besseren Blick erworben, *»das Geeignete zu tun und in die Wege zu leiten«*, um dem Töten zu entgehen – und sei das zu allerletzt, wenn wirklich überhaupt kein anderer Ausweg bleibt, der Weg eines verehrungswürdigen schlichten Bauern und Familienvaters von tiefer katholischer Frömmigkeit, dessen ergreifender Lebensgang dokumentiert ist: Im zweiten Weltkrieg zum Kriegsdienst einberufen, ließ er sich lieber erschießen, als Dienst mit der Waffe zu leisten, und ließ sich auch nicht von dem tief ergriffenen Vorsitzenden des Reichskriegsgerichts beeinflussen, der ihm die Möglichkeit eines »Druckpostens« andeutete. — So erkläre ich mir die Erwähnung des Bogenschützen.

Hans: Darüber muss ich nachdenken. Aber heißt das, dass es gar keine Berufe gibt, die ein Nachfolger der Lehre zu meiden hat?

Fritz: Das heißt es nicht, Hans. Selbstverständlich gibt es zu meidende Berufe. Von *Berufswahl* war ja noch gar keine Rede.

Hans: Ich meine nicht die Berufswahl: Es gibt doch Berufe, die ein Mensch mit einem durch die Lehre des Buddha geschärften Gewissen unmöglich mehr weiter ausüben kann, auch wenn er sich in ihnen vorfindet.

Fritz: Freilich, Hans. Hören wir uns einmal ein Gespräch eines Offiziers mit dem Erwachten an, über das berichtet wird in

S 42,3.

Ein Feldhauptmann besuchte den Erhabenen in Rājagaha im Bambuspark am Futterplatz der Eichhörnchen und fragte: *»Herr, ich habe früher von den Meistern und Altmeistern der Kriegskunst sagen hören: ›Wer als Krieger in der Schlacht wagemutig kämpft, und diesen wagemutigen Kämpfer strecken die anderen nieder, machen ihm den Garaus, dann erscheint er nach dem Absterben des Leibes, jenseits des Todes bei den siegreichen Göttern wieder. Was sagt der Erhabene dazu?« — »Lass es gut sein, Feldhauptmann, frage mich das nicht.« Ein zweites Mal und ein drittes Mal stellte der Feldhauptmann seine Frage. — »Nun, da ich es bei dir nicht erreichen kann, dass du es gut sein lässest und mich das nicht fragst, so muss ich es dir sagen: Wer in der*

Schlacht wagemutig kämpft, dessen Herz *ist so schon im Niederen, auf dem falschen Weg, falsch gerichtet, wenn er dabei* denkt*: ›Diese Wesen gehören totgeschlagen, gefangen genommen, vernichtet, ausgelöscht, sie haben keine Existenzberechtigung.‹ Wenn die anderen diesen wagemutigen Kämpfer niederstrecken, ihm den Garaus machen, dann erscheint er nach dem Absterben des Leibes, jenseits des Todes in der Streithölle wieder. Wenn er dazu noch die* Anschauung *hat: ›Diese Wesen gehören totgeschlagen, gefangen genommen, vernichtet, ausgelöscht, sie haben keine Existenzberechtigung‹, so hat er eine falsche Anschauung. Einem Menschen mit falscher Anschauung aber steht eine von zwei Bahnen bevor, sage ich: zur Hölle oder zur Tierheit.« — Auf diese Worte schrie der Feldhauptmann auf und brach in Tränen aus. — »Ich habe dich ja vergebens gewarnt: ›Lass es gut sein, Feldhauptmann, frage mich das nicht.‹« — »Herr, ich weine nicht, weil der Erhabene mir das gesagt hat, sondern weil ich vormals so lange Zeit von den Meistern und Altmeistern der Kriegskunst betrogen, getäuscht und verführt worden bin mit der Behauptung: ›Wer als Krieger in der Schlacht wagemutig kämpft, und diesen wagemutigen Kämpfer strecken die anderen nieder, machen ihm den Garaus, dann erscheint er nach dem Absterben des Leibes, jenseits des Todes bei den siegreichen Göttern wieder.‹«* Und er nahm Zuflucht zum Buddha.

Ruth: Hat er dann den Dienst quittiert?

Hans: Warum fragst du das, Ruth? Es war doch Frieden.

Ruth: Diesen Fall sehe ich anders als den des einfachen Bogenschützen: Der Offizier war von »Meistern und Altmeistern der Kriegskunst« ausgebildet worden, war also sozusagen auf die Kriegsakademie gegangen. Demnach war er wohl ein Kommandeur. Er war religiös auf »Massenvernichtung« motiviert worden – wie denn ja auch auf den Koppelschlössern der Armeen verschiedener christlicher Völker stand: *»Gott mit uns.«* Er hatte diese Motivation an seine Truppe weiterzugeben – auch in Friedenszeiten, damit sie allzeit einsatzbereit war. Für ihn brach mit der Entlarvung der pseudoreligiösen Motivation des »Kriegshandwerks« sein ganzes Berufsbild zusammen. Daher seine Erschütterung. Deshalb meine Frage.

Fritz: In der Rede wird nicht berichtet, was der Offizier getan hat. Aber seine Erschütterung und seine Offenheit – ja, dass er überhaupt den Erwachten fragte – deutet auf einen im Kern geraden Menschen hin, der weiß, was er sagt, wenn er Zuflucht zum Erwachten nimmt als einer, *»der von heute an danach zu leben begonnen hat.«* [1]

Hans: Eines ist mir noch nicht klar: Die verschiedenen Äußerungen über Militärberufe – Bogenschütze und Kommandeur – sind differenziert. Andererseits habe ich aber gehört, es gäbe eine ganze Liste von Berufen, die für Buddhisten pauschal verboten sind.

Fritz: »Gebote« und »Verbote« gibt der Erwachte häuslich Lebenden nie. Er steht *außerhalb* der Welt als Überwinder und Wegweiser, nicht über ihr wie ein herrschender Gott. Nur den Ordensleuten, die sich seiner Leitung freiwillig unterstellt hatten und deshalb von ihm für Konfliktfälle konkrete Ordensregeln erwarteten oder erbaten, gibt er Gebote und Verbote, aber auch das erst, wenn dies aufgetretene Missstände erforderten. Sonst besteht seine Anleitung darin, dass er die Ursachen und die Folgen zeigt. Sich für einen Weg entscheiden und ihn *gehen* kann jeder nur selber. Und das Entscheidende dabei ist, wie Ruth einmal treffend gesagt hat: Es kommt nicht auf das äußere Handeln an, sondern auf die *Motive*. Das gilt auch für Wahl und Ausübung des Berufes. Mit der Berufswahl bewegt sich der Heilsgänger auf der fünften Stufe des Achtpfades, der rechten Lebensplanung und -führung. Allgemeine Richtlinien dafür werden wir bald kennen lernen. Immerhin hat der Buddha vor Mönchen einmal fünf Berufe genannt, die immer zu meiden sind, und zwar in

1 S 42,4 enthält ein gleiches Gespräch mit einem Offizier der Elefantentruppe und S 42,5 mit einem Kavallerieoffizier.

A V,177[m]:

Fünferlei Geschäfte sind von einem häuslich lebenden Nachfolger (*upāsaka*) nicht zu betreiben: Waffengeschäfte, Geschäfte mit Lebewesen[2], mit Fleisch, mit Rauschmitteln, mit Gift.

Ruth: Ich habe von dieser »schwarzen Liste« gehört, da hieß es aber nicht allgemein »*Geschäfte*«, wozu ja auch Produktion und Dienstleistung gehört, sondern immer nur »*Handel*«.

Fritz: Das Pāliwort *vaṇijja* wäre mit »*Handel*« zu eng übersetzt. Nyāṇaponika[3] weist darauf hin, dass zu den Geschäften (*vaṇijja*) mit Fleisch auch die Tierzucht zum Schlachten oder Verkauf gehört. Das selbe Pāliwort steht auch an weiteren Stellen, an denen eine Beschränkung auf bloße Handelsgeschäfte keinen Sinn gäbe[4]

Hans: Dass hier Viehhändler und -züchter genannt sind, ist klar. Aber ein Zoohändler, der Goldfische und Wellensittiche verkauft, oder der Züchter, von dem ich meinen Fifi habe, handeln doch auch mit Lebewesen. Müssten die ihren Beruf aufgeben, wenn sie Buddhist würden?

Fritz: Nein, Hans. Dackelzüchter oder Zoohändler verdienen besser, wenn ihre Tiere vergnügt und munter sind und es auch beim Kunden bleiben, als wenn sie traurig dahinkümmern. Menschenhändler und Viehhändler dagegen verdienen daran, dass ihre »Ware« in quälender Abhängigkeit gehalten oder gar getötet wird. Du brauchst dich nur im Sinn der »Leute von Veludvāra« in die Lebewesen hineinzuversetzen, mit denen gehandelt wird, dann hast du den klaren Maßstab.

Hans: Stimmt, Fritz. Damit erledigt sich auch meine Frage, ob nicht auch der Apotheker den Gifthandel aufgeben müsste: Er verkauft giftige Mittel ja nicht, um seine Kundschaft zu vergiften. Wir Abendländer nehmen alle diese Dinge so äußerlich-»juristisch«. Jetzt verstehe ich auch, warum hier im Frieden der »Bogenschütze« von vorhin nicht unter den pauschal zu meidenden Berufen genannt wird.

Ruth: Der Feldhauptmann, der schon im Frieden den Krieg vorzubereiten hat, fehlt aber in der Aufzählung!

Fritz: Die Aufzählung muss ja nicht abschließend sein. Der Erwachte nennt fünf Berufe, bei denen es besonders nahe liegt, dass durch sie Lebewesen bedrängt oder gar getötet werden. Jene quasi »juristische« Betrachtungsweise ist nicht fruchtbar. Ich bin ja selber gelernter Jurist und weiß von mir und manchen anderen aus vielen Gesprächen, wie leicht man immer wieder in diesen äußerlichen Hickhack gerät. Es geht darum, die Lehre richtig und fruchtbar anzupacken, und dazu gehört die Orientierung an der inneren Absicht. Deshalb hat der Buddha die Fragen des Berufs so differenziert angesehen, aber immer bei eherner Klarheit des Maßstabes. Ein Beispiel haben wir auch in der Rede

PUTO – S 42,2.

Da kam in Rājagaha im Bambuspark am Futterplatz der Eichhörnchen Tālapūṭo, ein Theaterdirektor, zum Erhabenen und sprach: *»Herr, ich habe früher von den Meistern und Altmeistern der Schauspielkunst sagen hören: ›Wer als Schauspieler auf der Bühne oder bei einer Schau durch seine Verdrehungskünste die Menge zum Lachen bringt und belustigt, der erscheint nach dem Absterben des Leibes, jenseits des Todes bei den Lachenden Göttern wieder.‹ Was sagt der*

2 *satta* = »Wesen«, also nicht nur »lebende Tiere«, wie meist übersetzt wird; auch »Menschenhandel« jeder Art wie z. B. Sklavenhandel, Mädchenhandel, Handel mit Soldaten, Zuhälterei, Vermittlung von Berufsverbrechern.

3 ANyl, Band III, S. 119 mit Anm. 193.

4 z. B. in Sn 404[m] und A IV,79 [m].

Erhabene dazu?« — »Lass es gut sein, Direktor, frage mich das nicht.« — Ein zweites und ein drittes Mal stellte der Theaterdirektor, seine Frage. »Nun, da ich es bei dir nicht erreichen kann, dass du es gut sein lässest und mich das nicht fragst, so muss ich es dir sagen: Die Wesen sind so schon nicht frei von Gier, Hass, Blendung, sind mit den Banden von Gier, Hass, Blendung gebunden. Wenn sie nun noch ein Schauspieler auf der Bühne oder bei einer Schau mit giererregenden, hasserregenden, blendungerregenden Dingen in seinen Bann zieht, dann werden sie umso mehr von Gier, Hass, Blendung erfüllt. Er selbst ist rauschhaft und leichten Sinns, und er hat andere rauschhaft und leichten Sinns gemacht. Deshalb erscheint er nach dem Absterben des Leibes, jenseits des Todes in der Gelächterhölle wieder. Wenn er aber nun auch noch die Anschauung hat: ›Wer als Schauspieler auf der Bühne oder bei einer Schau durch seine Verdrehungskünste die Menge zum Lachen bringt und belustigt, der erscheint nach dem Absterben des Leibes, jenseits des Todes, bei den Lachenden Göttern wieder‹, so hat er eine falsche Anschauung. Einem Menschen mit falscher Anschauung aber steht eine von zwei Bahnen bevor, sag ich: zur Hölle oder zur Tierheit.« — Auf diese Worte schrie Tālapūṭo, der Theaterdirektor, auf und brach in Tränen aus. — »Ich habe dich ja vergebens gewarnt: ›Lass es gut sein, Direktor, frage mich das nicht.‹« — »Herr, ich weine nicht, weil der Erhabene mir das gesagt hat, sondern weil ich so lange Zeit von den Meistern und Altmeistern der Schauspielkunst betrogen, getäuscht und verführt worden bin mit der Behauptung: ›Wer als Schauspieler auf der Bühne oder bei einer Schau durch seine Verdrehungskünste die Menge zum Lachen bringt und belustigt, der erscheint nach dem Absterben des Leibes, jenseits des Todes bei den Lachenden Göttern wieder.‹« — Und er nahm Zuflucht, wurde Mönch und erreichte nach kraftvollem Üben in nicht langer Zeit das höchste Heilsziel.

Hans: Das ist aber ein sonderbarer Zufall, dass die Dialoge darüber, warum sie weinen, bei Offizier und Theaterdirektor praktisch den gleichen Wortlaut haben.

Fritz: Das ist eine Eigenheit der Überlieferung: Wiederkehrende Situationen wurden oft in einem »standardisierten« Wortlaut wiedergegeben, etwa Zufluchtnahme, Bitte um Ordensaufnahme, Begrüßungsformalitäten.

Hans: Ach so. Aber noch eine Frage: Kann man denn die Bühnenkunst so verdammen? Es gibt doch auch ernsthafte Bühnenkünstler, die durch Rollenwahl und Art der Darstellung ethisch gute, echte Maßstäbe vermitteln! Und kann nicht auch ein humorvolles Stück gute Maßstäbe verbreiten? Was ist denn Schlimmes dabei, wenn die gestressten Menschen durch ein heiteres Stück zu einem versöhnlichen Lachen über allzumenschliche Schwächen gebracht werden und lernen, »die Welt« und sich selber nicht zu ernst zu nehmen und milder zu urteilen?[5]

Fritz: Hier ist ja nur von solchem Theater die Rede, bei dem der Schauspieler »*durch Verdrehungskünste*« Menschen, die »*so schon mit den Banden der Gier, des Hasses, der Blendung gebunden sind, mit gier-, hass- und blendungserregenden Dingen in Bann*« zieht, so dass sie »*umso mehr von Gier, Hass, Blendung erfüllt werden.*« Es gab damals auch ganz andere Theaterstücke, religiöse Spiele, die das Gesetz von Saat und Ernte veranschaulichten.[6] Das Wandertheater war fast das einzige Massenmedium und konnte einen hohen Grad von Faszination ausüben. Umso höher war seine Verantwortung, und umso schwerer wiegt, dass Tālapūṭos erlerntes und bewusst eingesetztes Kunstmittel gerade die »*Verdrehungskunst*« war – wörtlich: »*Gegenteil von Wahrheit*«. Diese »Verführungskunst« war auch noch von den Schauspiellehrern mit einem falschen religiösen Mäntelchen kaschiert worden, so dass sich Tālapūṭo nun von ihnen grausam betrogen fühlte. Der Erwachte wendet sich also nicht gegen den Schauspielerberuf, sondern nur gegen seine falsche Ausübung.

5 Vgl. HHHumor.
6 Vgl. dazu im Einzelnen MyliusLit, S. 229 ff., 233, 235, 237.

Wir haben ja aus A VIII,54 gesehen: dass ein häuslich lebender Nachfolger in seinem Beruf auf »*Vorteil und Wohl*« aus ist, lässt der Erwachte nicht nur unbeanstandet, sondern er rät dem Nachfolger sogar ausdrücklich zu »*Bewährung in Strebsamkeit*« in seinem Beruf. In mehreren Reden behandelt er das Streben nach dem »*Glück des Erfolgreichen*«[7] für häusliche Nachfolger als legitim, ebenso das Streben nach einer hohen Stellung.[8] Auch sein Vergleich eines Nachfolgers, der den Feiertag sinnvoll verwendet, mit einem Mann, der sich jeden Tag einen halben Taler verdient in A X,46 geht von einer positiven Bewertung beruflicher Tüchtigkeit aus. Andererseits zeigt Sāriputto in M 97 einem Minister, der intrigierte und das Volk unterdrückte, um reich zu werden[9], Grenzen des Wertes der Berufsarbeit:

M 97 – DHĀNAÑJĀNI

Sāriputto besucht einen Mitmönch und erkundigt sich nach einem Minister, von dessen unguter Rolle er anscheinend gehört hat:

»Wie ist es denn, Bruder: ist der Brahmane Dhānañjāni auch nicht nachlässig?« — »Ach, Bruder, und wie der Brahmane Dhānañjāni ›nicht nachlässig‹ ist: Der Brahmane Dhānañjāni zieht beim König über die brahmanischen Hausväter her, und bei den brahmanischen Hausvätern über den König. Seine Frau war voll Heilsvertrauen und stammte aus einer religiösen Familie. Die ist ihm gestorben. Jetzt hat er eine andere Frau, die hat kein Heilsvertrauen und stammt aus einer orientierungslosen Familie.« — »Da haben wir aber wirklich nichts Gutes über das Streben des Brahmanen Dhānañjāni erfahren, Bruder. Da wäre es wohl gut, wenn wir es einmal einrichten könnten, mit dem Brahmanen Dhānañjāni zusammenzukommen. Dann könnte sich vielleicht Gelegenheit zu einem Gespräch ergeben.« Diese Gelegenheit ergab sich bald: *Zu der Zeit ließ der Brahmane Dhānañjāni gerade seine Kühe bei einem Kuhstall außerhalb des Dorfes hüten. Nun begab sich der ehrwürdige Sāriputto nach dem Almosengang, nachdem er die Mahlzeit eingenommen hatte, zu dem Brahmanen Dhānañjāni hinaus. Der Brahmane sah den ehrwürdigen Sāriputto schon von weitem kommen, und sowie er ihn gesehen hatte, ging er ihm entgegen und rief: »Nur heran, Herr Sāriputto, du kommst gerade recht zum Essen.« — »Schon gut, Brahmane. Wie könnte ich jetzt noch an Essen denken! Ich will den Rest des Tages dort unter dem Baum verbringen; da kannst du mich besuchen.« — »Gut, Herr«, antwortete der Brahmane Dhānañjāni dem ehrwürdigen Sāriputto. — Nach dem Essen begab sich der Brahmane Dhānañjāni zum ehrwürdigen Sāriputto und setzte sich zur Seite. Der ehrwürdige Sāriputto fragte ihn: »Wie steht es, Dhānañjāni: bist du auch nicht nachlässig?« — »Wie könnte ich nachlässig sein, Herr Sāriputto; ich habe doch für meine Eltern zu sorgen, für Frau und Kinder, Gesinde und Arbeiter, ich habe meinen Freunden und Gefährten Freundschaftsdienste zu leisten, der Verwandtschaft gegenüber verwandtschaftliche Pflichten zu erfüllen, den Gästen gegenüber Gastgeberpflichten, den abgeschiedenen Ahnen habe ich die Totenopfer darzubringen, den Göttern Gottesdienst zu leisten, dem König Königsdienst, und schließlich muss ich ja auch für mein eigenes leibliches Wohl sorgen.«*

»Was meinst du, Dhānañjāni: Wenn da einer seinen Eltern oder Frau und Kind oder Freunden und Gefährten oder der Verwandtschaft oder seinen Gästen oder den Ahnen oder den Göttern oder dem König oder seinem leiblichen Unterhalt zuliebe einen falschen, üblen Lebenswandel führen würde und wegen dieses falschen, verkehrten Lebenswandels würden ihn die Höllenwächter in die Hölle hinunterzerren – würde der mit der Ausrede durchkommen: ›Ich habe den falschen, verkehrten Lebenswandel aber doch meinen Eltern, Frau und Kind, meinen Freunden und Gefährten oder der Verwandtschaft oder meinen Gästen oder den Ahnen oder den Göttern oder dem König oder meinem eigenen leiblichen Unterhalt zuliebe geführt, zerrt mich

7 *āradhako*, vgl. A XI,12-14.

8 Vgl. M 135; A IV,197.

9 Vgl. Proper Names, Bd. I, S. 1159.

nicht in die Hölle, ihr Höllenwächter‹, oder fänden seine Eltern, Frau und Kind, Freunde und Gefährten, Verwandtschaft, Gäste, Ahnen, Gottheiten oder der König Gehör mit dieser Ausrede?« — »Das nicht, Herr Sāriputto. So viel er auch jammern würde: sie würden ihn in die Hölle werfen.«

Hans: Uns westliche Menschen befremdet es, wenn hier so selbstverständlich von Hölle gesprochen wird. Die Höllenangst ordnet man heute doch eher dem »finsteren Mittelalter« zu.

Fritz: Die dogmenlose Darlegung in M 60 zeigt aber, dass wir fahrlässig handeln würden, wenn wir bis zum Gewinn eigener Erfahrungen das Weiterexistieren der Psyche über den Tod des Körpers hinaus – gesteuert durch das Kausalgesetz – nicht als ebenso ernsthafte Möglichkeit in unsere Lebensplanung einbeziehen würden wie alle möglichen unwahrscheinlichen Versicherungsfälle, für die wir bereit sind, Prämien zu zahlen. Wenn wir aber mit der Möglichkeit der Wiedergeburt ernsthaft rechnen – wie kommen wir dann dazu, nur damit zu rechnen, dass zwar ein Guter »drüben« aufwärts kommt, ein Übeltäter aber nicht abwärts? Wir werden auf diese Fragen von Karma und Fortexistenz bald näher zu sprechen kommen. Aber wir können sie doch nicht einfach abtun mit der Floskel: »Das gibt es nicht; denn ich habe so etwas nicht erlebt, und wissenschaftlich bewiesen ist es auch nicht.«

Hans: So habe ich es auch nicht gemeint. Es ist nur ungewohnt. Es kostet eben Gedankenarbeit, uns immer wieder über unsere Vorurteile zu erheben. Aber es stimmt: Was müssen manche Menschen schon hier auf Erden leiden. Das muss doch eine Ursache haben. Wenn man das bedenkt, dann kann man sich gut vorstellen, dass ein Mensch wie der Minister all das Weh, das er über Menschen gebracht hat, nach dem Tod leibhaftig zu spüren bekommt.

Fritz: Den meisten Indern zur Zeit des Erwachten war das eine selbstverständliche Tatsache. Auch der Erwachte berichtet wiederholt darüber – wie er ausdrücklich betont, aus leibhaftiger Erfahrung. — Sāriputto fragt nun den Minister:

»Was meinst du denn, Dhānañjāni: Wer ist der Bessere: wer all dem zuliebe einen falschen, üblen Lebenswandel führt oder wer all dem zuliebe einen rechten, guten Lebenswandel führt?« — »Wer dem zuliebe einen falschen, üblen Lebenswandel führt, Herr Sāriputto, ist nicht besser; aber wer dem zuliebe einen rechten, guten Lebenswandel führt, der ist besser. Besser als ein falscher, übler Lebenswandel ist ein rechter, guter Lebenswandel, Herr Sāriputto.« — »Es gibt doch wahrhaftig andere, solide, rechte Tätigkeiten, durch die man für Frau und Kind, Freunde, Gefährten und die Verwandtschaft sorgen, seine Pflichten gegenüber Gästen, Ahnen, Göttern und gegenüber dem König erfüllen und auch für das eigene leibliche Wohl sorgen kann, ohne dass man Übles tut, und indem man seinen Weg auf verdienstliche Weise geht.« — Der Brahmane Dhānañjāni war von den Worten des ehrwürdigen Sāriputto beglückt und erhoben. Der ehrwürdige Sāriputto stand von seinem Sitz auf und ging. Der Minister war durch diese Ermahnung so ergriffen, dass er später Sāriputto an sein Sterbebett bitten ließ. Der große Mönch zeigte ihm den Weg zu Brahma – obwohl – wie der Erwachte sanft tadelte – »*noch mehr zu tun war*«, weil auch die Brahmawelt »*hinfällig*« ist.

Hans: Mir gefällt, dass ihm Sāriputto nicht nahelegt, sich aus der Politik zurückzuziehen, sondern ihn ermahnt, seine Pflicht in einer soliden, rechten Weise zu erfüllen! Menschen, die unreif vor ihren Berufspflichten davonlaufen oder gar nicht erst mit geregelter Arbeit anfangen, um Zeit zur »Selbstverwirklichung« zu haben, scheitern oft, weil sie nie gelernt haben, auch etwas zu tun, wozu sie keine Lust haben. Gerade auf dem Weg nach innen will ja vieles den Trieben noch gar nicht passen. Da ist doch der Aufruf des Buddha zur Bewährung in beruflicher Strebsamkeit und Fürsorge viel hilfreicher.

Ruth: Die Antwort des Ministers auf Sāriputtos Frage, ob er nicht nachlässig sei, zeigt, dass es auch damals schon Stress gab. Aber damals wie heute war das mehr eine Frage der persönlichen Einstellung und der Arbeitsweise, als der Art des Berufes.

FRITZ: So ist es. Allerdings gab es auch damals Berufe, die ihrer Art nach Tag und Nacht kaum freie Zeit ließen, und auch viel sittliche Standfestigkeit forderten.

HANS: Von denen hat der Buddha wohl abgeraten?

FRITZ: Nun, dann betrachten wir doch einmal die Rede

S 55,6 – DIE KAMMERHERREN:

So hab ich's vernommen: Einstmals weilte der Erhabene in Sāvatthī im Jetahain im Kloster Anāthapiṇḍikos. Zu der Zeit richteten mehrere Mönche für den Erhabenen Gewänder her. Sie wussten: »Wenn sie fertig sind, in drei Monaten, wird der Erhabene auf Wanderschaft gehen.« Die Kammerherren Isidatto und Purāṇo, die sich gleichzeitig dienstlich in Sādhuka aufhielten, hörten das. Da stellten sie einen Posten an die Straße und befahlen ihm: »Lieber Mann, wenn du den Erhabenen kommen siehst, melde es uns!« — Nachdem er zwei, drei Tage Posten gestanden hatte, sah der Mann den Erhabenen von weitem kommen, ging zu den Kammerherren und machte Meldung. Da begaben sich die Kammerherren zum Erhabenen, begrüßten den Erhabenen ehrerbietig und gingen Schritt für Schritt hinter dem Erhabenen her. — Als der Erhabene unterwegs zum Fuß eines Baumes kam, wurde ihm dort ein Sitz zurechtgemacht, und er ließ sich darauf nieder. Die Kammerherren Isidatto und Purāṇo verbeugten sich vor dem Erhabenen und setzten sich zur Seite. Seitwärts sitzend, sprachen sie zum Erhabenen: »Herr, als wir hörten, der Erhabene wolle von Sāvatthī ins Land Kosala, ins Land der Maller, von dort ins Land der Vajjer, nach Kāsi, dann nach Magadhā ziehen, dann: er sei nach Magadhā gezogen, da waren wir jedes Mal aufs Neue bedrückt und traurig und dachten. ›Da wird der Erhabene aber weit weg von uns sein.‹ Als uns dann aber zu Ohren kam, der Erhabene werde von Magadhā wieder nach Kāsi wandern, dann: er sei unterwegs von Kāsi zu den Mallern, nach Kosala, nach Sāvatthī, da waren wir jedes Mal zufrieden und glücklich zu wissen: ›Der Erhabene kommt uns näher.‹ Und als wir gar erfuhren: ›der Erhabene ist in Sāvatthī im Siegerwald, im Kloster Anāthapiṇḍikos‹, da war unsere Befriedigung und unsere Freude nicht gering: ›Der Erhabene ist in unserer Nähe!‹« — »Da könnt ihr sehen, Kammerherren: Das Hausleben ist eine Bedrängnis, eine Last, eine Waten im Schmutz; der freie Raum ist die Pilgerschaft des Hauslosen. Aber lasst es gut sein, Kammerherren, ihr habt genug Ernsthaftigkeit!«

»Herr, wir haben noch eine andere Bedrängnis, und die bedrängt uns noch mehr, die verdient noch mehr den Namen Bedrängnis!« — »Was ist das denn für eine Bedrängnis?« — »Herr, wenn König Pasenadi von Kosala in den Park ausreiten will, und die Reitelefanten sind gesattelt, dann müssen wir die Hauptfrauen des Königs, die er besonders liebt, hinaufsetzen, eine hinter ihn, eine vor ihn. Die Körper dieser Schwestern, Herr, strömen einen Duft aus wie ein frisch geöffneter Flacon voll Parfum und fühlen sich an wie Baumwollflocken, so zart sind diese Prinzessinnen. Da müssen wir dann auf den Elefanten aufpassen, müssen auf die Schwestern aufpassen und müssen auf uns selber aufpassen. Zwar merken wir bei uns nicht, dass uns wegen dieser Schwestern üble Herzensregungen aufkämen. Aber für uns ist das eine Bedrängnis, die uns noch mehr bedrängt und den Namen Bedrängnis noch mehr verdient.« — »Da könnt ihr sehen, Kammerherren: Das Hausleben ist eine Bedrängnis, eine Last, ein Waten im Schmutz; der freie Raum ist die Pilgerschaft des Hauslosen. Aber lasst es gut sein, Kammerherren, ihr habt genug Ernsthaftigkeit! – Zu vier Eigenschaften erwachsen, Kammerherren, ist man als Heilsgänger in die Heilsströmung eingetreten, geht unumkehrbar dem vollen Erwachen entgegen. Zu welchen vier?

Da ist ein Heilsgänger beim Erwachten zu der endgültigen befriedenden Klarheit *erwachsen: ›Das ist wahrhaftig der Erhabene, genesen, der Vollkommen Erwachte, vollendet in Wissen und Wandel, zum Heil gekommen, der Welt Kenner, der höchste Lenker der anzuleitenden Menschen, der Meister der Götter und Menschen, erwacht, erhaben.‹*

Bei der Lehre ist er zu der endgültigen befriedenden Klarheit erwachsen: ›Wohlverkündet ist vom Erhabenen die Lehre, unmittelbar einleuchtend, zeitlos; sie lädt ein: 'Komm und sieh selbst!', sie führt hin, ist bei sich selber nachvollziehbar für den, der Augen hat, zu sehen.‹

Bei der Heilsgängergemeinde ist er zu der endgültigen befriedenden Klarheit erwachsen: ›Recht nachgefolgt ist beim Erhabenen die Gemeinde der Heilsgänger, offen und gerade, hat ihr Leben nach ihrer Erkenntnis eingerichtet, sie führt das wahre Leben, nämlich als die vier Paare von Menschen nach acht Graden von Menschen; das ist die Heilsgängergemeinde des Erhabenen, wert der Verehrung, wert, zu Gast zu sein, wert des ehrfurchtsvollen Grußes, das beste Feld in der Welt, um Verdienst zu erwerben.‹

Das Hausleben lebt er mit einem Gemüt, *das frei ist von den Befleckungen durch Engherzigkeit, Kleinlichkeit, Geiz.* Loslassen *empfindet er als befreiend, ist entgegenkommend, mit offenen Händen, gewinnt Freude am Zurücktreten, ist offen für Bitten und glücklich, wenn er teilen kann.*

Zu diesen vier Eigenschaften erwachsen, ist ein Heilsgänger in die Heilsströmung eingetreten, nicht mehr dem Abweg ausgeliefert, sondern geht unumkehrbar dem vollen Erwachen entgegen. — Ihr beiden Kammerherren seid beim Erwachten, bei der Lehre, bei der Heilsgängergemeinde zu der endgültigen befriedenden Klarheit erwachsen. Und alles, was in euren Familien an Spenden gegeben wird, das ist restlos für Tugendreife mit hohen Eigenschaften bestimmt. Was meint ihr, Kammerherren: Wie viele Menschen im Lande Kosala kommen euch wohl im Gabenausteilen gleich?« — »Wie gut haben wir es getroffen, wie glücklich sind wir daran, dass der Erhabene uns so sieht!«

Hans: Das ist ja erstaunlich: Der Buddha rät diesen beiden treuen Seelen trotz aller Erschwernisse nicht zu einem Berufswechsel, sondern bestätigt ihnen, dass sie schon weit gekommen sind!

Ruth: Bedeutet das nicht sogar, dass beide den Stromeintritt erreicht haben – was das auch sei?

Fritz: So ist es, Ruth. Die vier Eigenschaften sind die Kennzeichen des Eintritts in die Heilsströmung. Der Erwachte bestätigt hier ausdrücklich, dass ein Nachfolger mit der nötigen Ernsthaftigkeit auch unter solchen erschwerenden beruflichen Verhältnissen sich die endgültige Sicherheit künftiger Erlösung erarbeiten kann. Nach A VI,44[m] sind die beiden später Einmalwiederkehrer geworden.

Hans: Aber der Buddha sagt doch auch hier ganz klar, dass das Hausleben eine Bedrängnis ist!

Fritz: Daran lässt der Buddha bei allen häuslichen Nachfolgern, die das auch nur einigermaßen verstehen können, keinen Zweifel: Zwar verlockt er niemanden zum unreifen »Aussteigen« – selbst unter den dazu Reifen hat er nur seinen Halbbruder Nando und seinen Sohn Rāhulo ausdrücklich zum Ordenseintritt veranlasst – und er hilft den Menschen, die im Haus leben wollen, ohne Minderwertigkeitskomplexe und ohne permanent schlechtes Gewissen in Frieden im Kreis ihrer Familie, Freunde und Nachbarn zu leben und strebsam ihrem Beruf nachzugehen. Aber ebenso wenig lässt er sie vergessen, *»dass noch mehr zu tun ist«*, damit sie sich nicht in das andere Extrem einer »Stallwärme« und in pure häusliche Gemütlichkeit verlieren. Seiner unvergleichlichen Kunst der Anleitung ist es ja auch bei Potaliyo gelungen, ihn in der häuslichen Lebensweise zu befestigen, die seinem inneren Haushalt entsprach, zugleich aber bei ihm *»Asketenliebe zu den Asketen, Asketenfreude an den Asketen«* zu wecken. Über einen ähnlichen Vorgang, bei welchem der Erwachte einem reichen, sich in häuslicher »Stallwärme« geradezu aalenden Brahmanen zu klarer und freier Sicht verhalf, berichtet die Versfolge

Sn 18 ff. — DHANIYO, DER HERDENBESITZER:

18 Dhaniyo:
Gar gekocht der Reis, die Milch gemolken. Wohn' am Mahī-Ufer mit den Meinen.
Gut gedeckt das Haus, das Feuer brennt. Gottheit, wenn du willst, lass es nur regnen.
19 Der Erhabene:
In mir kocht kein Reiz, bin frei von Flecken, bleib' nur eine Nacht am Mahī-Ufer.

Haus ist aufgedeckt und Glut erloschen. Gottheit, wenn du willst, lass es nur regnen.
20 Dhaniyo:
Nichts von Bremsen und Moskitos merkt man. Meine Rinder weiden in dem Marschgras,
und der Regen schadet ihnen nichts. Gottheit, wenn du willst, lass es nur regnen.
21 Der Erhabene:
Hatt' ein Floß gebunden, wohlgefügt. Setzte über, hab die Flut bezwungen,
und das Floß: es hat nun ausgedient. Gottheit, wenn du willst, lass es nur regnen.
22 Dhaniyo:
Fügsam ist mein Weib und anspruchslos, ist mir lang schon als Gefährtin lieb;
niemals hört' ich Schlechtes über sie. Gottheit, wenn du willst, lass es nur regnen.
23 Der Erhabene:
Fügsam ist mein Herz, ist ganz erlöst. Längst ist's voll entfaltet und gezähmt.
Schlechtes aber gibt es bei mir nicht. Gottheit, wenn du willst, lass es nur regnen.
24 Dhaniyo:
Bei mir selber bin ich nur im Dienst. Alle meine Söhne sind gesund.
Niemals hört' ich Schlechtes über sie. Gottheit, wenn du willst, lass es nur regnen.
25 Der Erhabene:
Ich bin überhaupt nicht mehr im Dienst, übersteh' mit dem Gewonnenen die Welt,
zu verdienen brauche ich nichts mehr. Gottheit, wenn du willst, lass es nur regnen.
26 Dhaniyo:
Rinder hab ich, habe manches Milchkalb, junge Rassekühe für die Zucht,
einen Bullen als der Herde Leittier. Gottheit, wenn du willst, lass es nur regnen.
27 Der Erhabene:
Habe nichts zu tun mit Rindern, Milchkalb, nichts mit jungen Rassekühen für die Zucht,
nichts mit einem Stier, der Herde Leittier. Gottheit, wenn du willst, lass es nur regnen.
28 Dhaniyo:
Eingerammt sind Pfähle, unbeweglich, neues Seil aus Muñjagras dazwischen,
das die Kälber nicht zerreißen können. Gottheit, wenn du willst, lass es nur regnen.
29 Der Erhabene:
Wie der Stier sich von dem Stricke losriss und der Elefant das Schlinggewächs durchbrach,
werd' ich nie in einen Schoß mehr eingeh'n. Gottheit, wenn du willst, lass es nur regnen.« –
30 Und da kam der Regen: Berg und Tal überströmte ein gewalt'ger Wolkenbruch.
Als er Himmels Fluten rauschen hörte, da rief Dhaniyo ergriffen aus:
31 »O wie haben wir es gut getroffen, dass wir dem Erhabenen begegnet!
Zuflucht nehmen wir zu dir, Allauge! Unser Meister sei, gestillter Großer!
32 Meine Frau und ich, wir wollen treu beim Heilkünder reinen Wandel führen,
um Geburt und Tod zu überwinden und dem Leid ein Ende zu bereiten.«
33 Māro, der Böse[10]*:*
»Aber Kinder haben macht doch Freude! Rinder haben gibt Befriedigung!
Was er sich aneignet, freut den Menschen, freudlos ist, wer nichts erfasst und annimmt!«
34 Der Erhabene:
»Über Kinder grämt sich, wer sie hat, und wer Rinder hat, grämt sich um Rinder.
Was er annimmt, ist des Menschen Kummer. Frei von Gram, wer nichts ergreift und annimmt!«

RUTH: Wie klar der Buddha dem »Stallgeruch« der Häuslichkeit den Anblick der Freiheit gegenüberstellt. Hier hatte er es mit einem innerlich großgearteten Ehepaar zu tun. Aber erstaunlich, wie auch für den Wahrheitsanblick so empfängliche Menschen so in der

10 Die Verkörperung des Unbeständigen, Tödlichen, Bösen, der indische Satan.

Häuslichkeit versacken können. Je mehr solche Darlegungen ich kennen lerne, umso weniger Sorgen mache ich mir darüber, dass ich bei mir immer mehr Gewohnheitsbande und Verstrickungen feststelle, die an die Häuslichkeit binden: Das muss wohl nicht immer ein Zeichen von Zurückgebliebenheit sein.

HANS: Eher ein Zeichen, dass wir anfangen, uns so zu sehen, wie wir sind.

FRITZ: So ist es. Der Herdenbesitzer und seine Frau wollen sogar beim Erhabenen den brahmischen Wandel mit voller sexueller Enthaltsamkeit führen, also zu jener seltenen zweiten Art von häuslichen Nachfolgern gehören, was unter Brahmanen vom 48. Lebensjahr an, wenn der Fortbestand der Familie gesichert und die Kinder flügge waren, einer uralten Tradition entsprach. — Über das Verhältnis des Vorgehens in der Askese und in der Häuslichkeit hat der Erwachte einmal mit einem jungen Brahmanen ein grundlegendes Gespräch geführt, überliefert in

M 99 – SUBHO.

Der junge Subho, der Sohn des bekannten Brahmanen Todeyyo, hielt sich in Geschäften in Sāvatthī auf und fragte seinen Quartiergeber: *»Hausvater, ich habe gehört, Sāvatthī sei voller Heiliger. Welchen Asketen oder brahmisch Lebenden könnte ich denn heute besuchen?« — »Herr, der Erhabene hält sich in Sāvatthī auf, im Jetahain im Kloster Anāthapiṇḍikos. Diesen Erhabenen solltest du besuchen.« Der junge Subho stimmte zu, begab sich zum Erhabenen und sprach:*

»Herr, die Brahmanen sagen: ›Wer ein häusliches Leben führt, ist geeignet für den zum Ziel führenden Weg, für das Echte, für das, was zum Heil taugt. Wer in die Hauslosigkeit zieht, ist dazu nicht geeignet.‹ Was sagt der Herr Gotamo dazu?« — »Hier unterscheide ich, junger Freund. Dazu mache ich keine pauschale Aussage: Falsches Vorgehen heiße ich weder bei einem in der Häuslichkeit Lebenden gut noch bei einem Hauslosen. Denn ob jemand in der Häuslichkeit lebt oder hauslos: geht er falsch vor, dann ist er, bedingt durch das falsche Vorgehen, nicht geeignet für den zum Ziel führenden Weg, für das Echte, für das, was zum Heil taugt. Richtiges Vorgehen heiße ich bei einem in der Häuslichkeit Lebenden und bei einem Hauslosen gut. Denn ob einer in der Häuslichkeit lebt oder hauslos: geht er richtig vor, dann ist er, bedingt durch das richtige Vorgehen, geeignet für den zum Ziel führenden Weg, für das Echte, für das, was zum Heil taugt.«

»Herr, die Brahmanen, sagen: großen Segen bringt die mit viel Aufwand, viel Pflichten, viel Arbeit, viel Mühe verbundene Tätigkeit dessen, der im Hausleben bleibt; wenig Segen bringt die mit wenig Pflichten, wenig Tätigkeit, wenig Mühe verbundene Tätigkeit des Hauslosen.« — »Auch hier, junger Freund unterscheide ich in meiner Aussage; dazu mache ich keine pauschale Aussage: Es gibt eine Art von Tätigkeit, die ist mit viel Aufwand, viel Pflichten, viel Arbeit, viel Mühe verbunden, aber wenn sie fehlschlägt, bringt sie keinen Ertrag. Es gibt eine Art von Tätigkeit, die ist mit viel Aufwand, viel Pflichten, viel Arbeit, viel Mühe verbunden, aber wenn sie gut geht, bringt sie großen Ertrag. Es gibt eine Art von Tätigkeit, die ist mit wenig Aufwand, wenig Pflichten, wenig Tätigkeit, wenig Mühe verbunden, aber wenn sie fehlschlägt, bringt sie keinen Ertrag. Es gibt eine Art von Tätigkeit, die ist mit wenig Aufwand, wenig Pflichten, wenig Tätigkeit, wenig Mühe verbunden, aber wenn sie gut geht, bringt sie großen Ertrag.

Welches ist denn die Art von Tätigkeit, die mit viel Aufwand, viel Pflichten, viel Arbeit, viel Mühe verbunden ist, aber wenn sie fehlschlägt, keinen Ertrag bringt? Der Ackerbau, junger Brahmane. — Welches ist die Art von Tätigkeit, die mit viel Aufwand, viel Pflichten, viel Arbeit, viel Mühe verbunden ist, aber wenn sie gut geht, großen Ertrag bringt? Eben der Ackerbau. — Welches ist die Art von Tätigkeit, die mit wenig Aufwand, wenig Pflichten, wenig Arbeit, wenig Mühe verbunden ist, aber wenn sie fehlschlägt, keinen Ertrag bringt? Der Handel, junger Brahmane. — Welches ist die Art von Tätigkeit, die mit wenig Aufwand, wenig Pflichten, wenig Arbeit, wenig Mühe verbunden ist, aber wenn sie gut geht, großen Ertrag bringt? Eben der Handel, junger Brahmane.

So wie der Ackerbau eine Tätigkeit ist, die mit viel Aufwand, viel Pflichten, viel Arbeit, viel Mühe verbunden ist, aber wenn sie fehlschlägt, keinen Ertrag bringt, so auch die Tätigkeit des in der Häuslichkeit Lebenden. So wie der Ackerbau eine Tätigkeit ist, die mit viel Aufwand, viel Pflichten, viel Arbeit, viel Mühe verbunden ist, aber wenn sie gut geht, großen Ertrag bringt, so auch die Tätigkeit des in der Häuslichkeit Lebenden. So wie der Handel eine Tätigkeit ist, die mit wenig Aufwand, wenig Pflichten, wenig Arbeit, wenig Mühe verbunden ist, aber wenn sie fehlschlägt, keinen Ertrag bringt, so auch die Tätigkeit des Hauslosen. So wie der Handel eine Tätigkeit ist, die mit wenig Aufwand, wenig Pflichten, wenig Arbeit, wenig Mühe verbunden ist, aber wenn sie gut geht, großen Ertrag bringt, so auch die Tätigkeit des Hauslosen.«

»Herr Gotamo, die Brahmanen, geben fünf Eigenschaften, an, um Verdienst zu erwirken und Heilsames zu gewinnen.« — »Wenn es dir nichts ausmacht, junger Brahmane, dann wäre es gut, wenn du diese fünf Eigenschaften den hier Versammelten sagen würdest.« — »Das macht mir nichts aus, Herr Gotamo, wenn der Herr da ist und Herren seiner Art dabeisitzen.« — »Nun, dann sprich, junger Brahmane.« — »Wahrheit, Herr Gotamo, nennen die Brahmanen als erste Eigenschaft, um Verdienst zu erwirken und Heilsames zu gewinnen, inniges Streben als zweite, den brahmischen Wandel als dritte, das Wiederholen als vierte, Loslassen als fünfte Eigenschaft, um Verdienst zu erwirken und Heilsames zu gewinnen. Was sagt der Herr Gotamo dazu?«

»Wie ist es, junger Brahmane: Gibt es unter den Brahmanen auch nur einen einzigen, der sagt: ›Ich lehre die Frucht dieser fünf Eigenschaften, weil ich sie mir selber in weltüberlegener Schau offenbar gemacht habe‹?« — »Das nicht, Herr Gotamo.« — »Wie ist es denn: Die einstigen Seher der Brahmanen, die Verfasser der Sprüche, die Begründer der Spruchüberlieferung, denen heute die Brahmanen die alten Sprüche und Hymnen, die jene verbreitet und gesammelt haben, nachsingen und nachsprechen, denen sie, was jene gesagt und gelehrt haben, nachsagen und weiterlehren – haben wenigstens die gesagt: ›Wir lehren die Frucht dieser fünf Eigenschaften, nachdem wir sie uns selber in weltüberlegener Schau offenbar gemacht haben‹?« — »Das nicht, Herr Gotamo.« — »So gibt es wahrhaftig unter den Brahmanen und unter den Meistern und Altmeistern der Brahmanen bis zum siebten Großmeisterahnen zurück keinen einzigen, der sagt: ›Ich lehre die Frucht dieser fünf Eigenschaften, nachdem ich sie mir selber in weltüberlegener Schau offenbar gemacht habe.‹ Die einstigen Seher der Brahmanen, die Verfasser der Sprüche, die Begründer der Spruchüberlieferung, – auch von denen hat keiner gesagt: ›Wir lehren die Frucht dieser fünf Eigenschaften, nachdem wir sie uns selber in weltüberlegener Schau offenbar gemacht haben.‹ Das ist doch wie eine Reihe von Blinden, *wo einer sich an den andern anklammert, und der erste sieht nichts, und der mittlere sieht nichts, und der letzte sieht auch nichts.«*

Über diese Worte war der junge Subho verärgert, weil der Erhabene den Vergleich mit einer Reihe von Blinden gebracht hatte, und spitz und von oben herab – in dem Gedanken: ›Ob der Asket Gotamo überhaupt das Ziel erreicht hat?‹ – sprach er zum Erhabenen: »Der Brahmane Pokkharasāti sagt: ›Da verkünden aber gewisse Asketen und Brahmanen, sie verfügten in einer übermenschlichen Verfassung über volle Wissensklarheit. Wenn sie das sagen, kehrt es sich bei ihnen ins Lächerliche, erweist sich als bloßes Gerede, als leer und hohl: Wie könnte denn einer, der Mensch *geworden ist, in einer* übermenschlichen *Verfassung volle Wissensklarheit erkennen oder sehen oder verwirklichen; so etwas gibt es nicht!‹«*

»Wie ist es denn, junger Brahmane: kann der Brahmane Pokkharasāti aller Asketen und Brahmanen Gemüt mit dem Gemüt umfassend durchschauen?« — »Nicht einmal bei seiner eigenen Magd Puṇṇikā kann das der Brahmane Pokkharasāti, wie könnte er da aller Asketen und Brahmanen Gemüt mit dem Gemüt umfassend durchschauen?« — »Das ist wie bei einem Blindgeborenen. *Der kann keine schwarzen Formen sehen, keine weißen, keine blauen, gelben und grünen, kann nicht sehen, was gleich und ungleich ist, kann das Licht der Sterne nicht sehen, kann Sonne und Mond nicht sehen. Er würde aber sagen:* es gibt keine *schwarzen Formen;* es gibt

keinen, der schwarze Formen sehen kann; es gibt keine weißen, blauen, gelben und grünen Formen; es gibt keinen, der weiße, blaue, gelbe und grüne Formen sehen kann; gleich und ungleich gibt es nicht; es gibt keinen, der gleich und ungleich erkennen kann; Es gibt keine Sonne, keinen Mond und kein Sternenlicht; es gibt keinen, der Sonne, Mond und Sternenlicht sehen kann: Ich sehe das nicht, *ich kenne das nicht,* also gibt es das nicht. *Wenn er so spräche, würde er das zu Recht sagen?« — »Das nicht, Herr Gotamo.« — »Eben auf diese Art, junger Freund, ist der Brahmane Pokkharasāti blind und augenlos. Dass er in einer übermenschlichen Verfassung die voll ausreichende heilende Wissensklarheit kennen oder sehen oder verwirklichen könnte, das ist ausgeschlossen.« –*

Was meinst du, welche gelten bei den wohlhabenden und einflussreichen Brahmanen von Kosalo als besser: die eine anerkannt vernünftige Aussage machen oder eine in aller Augen unvernünftige?« — »Eine anerkannt vernünftige, Herr Gotamo.« — »Welche gelten für sie als besser: die sinnvoll reden oder sinnlos?« — »Sinnvoll, Herr Gotamo.« — »Welche gelten für sie als besser: die überlegt reden oder unüberlegt?« — »Überlegt, Herr Gotamo.« — »Welche gelten für sie als besser: die hilfreich reden oder nutzlos?« — »Hilfreich, Herr Gotamo.« — »Was meinst du, junger Brahmane: Wenn es so ist, redet dann der Brahmane Pokkharasāti vernünftig oder unvernünftig?« — »Unvernünftig, Herr Gotamo.« — »Sinnvoll oder sinnlos?« — »Sinnlos, Herr Gotamo.« — »Überlegt oder unüberlegt?« — »Unüberlegt, Herr Gotamo.« — »Hilfreich oder nutzlos?« — »Nutzlos, Herr Gotamo.«

»Folgende fünf Hemmungen *gibt es, junger Brahmane; welche fünf? – Die Hemmung durch Sinnenlustwollen/ Übelwollen/ Sichtreibenlassen im Gewohnten/ Unruhe und Aufgeregtheit/ Daseinszweifel und -sorgen. Von diesen fünf Hemmungen, ist der Brahmane Pokkharasāti eingehüllt, gehemmt, behindert, überwuchert. Dass er in einer übermenschlichen Verfassung die volle Wissensklarheit erkennen oder sehen oder verwirklichen könnte, ist ausgeschlossen.*

Folgende fünf Sinnesstränge *gibt es, junger Brahmane; welche fünf? – Die augsinnerfahrbaren Formen/ ohrsinnerfahrbaren Töne/ nasensinnerfahrbaren Düfte/ zungensinnerfahrbaren Geschmäcke/ körpersinnerfahrbaren Tastungen, die ersehnten, begehrten, angenehmen, beliebten, dem sinnlichen Begehren entsprechenden, reizvollen. Das sind die fünf Sinnesstränge. Von diesen fünf Sinnessträngen gefesselt, verstockt, festgehalten, kann der Brahmane Pokkharasāti das Elend nicht sehen, kann den Ausweg nicht sehen und genießt rundum. Dass er da in einer übermenschlichen Verfassung die volle Wissensklarheit erkennen oder sehen oder verwirklichen kann, ist ausgeschlossen.*

Was meinst du, junger Brahmane: Wenn jemand Feuer ebenso, wie man es anzünden kann, indem man Heu und Holz nimmt, auch dadurch anzünden könnte, dass er ihm Heu und Holz entzieht[11]*: wäre dann auch dessen Feuer flammend, leuchtend, strahlend?« — »Wenn es das gäbe, dass einer Feuer anzünden könnte, indem er ihm Heu und Holz entzieht, dann wäre auch dessen Feuer flammend, leuchtend, strahlend.« — »Dies aber, junger Brahmane: ein Feuer anzünden, indem man ihm Heu und Holz* entzieht *– ist auf keine andere Weise möglich als mit* Geistesmacht *(iddhimatā).*

Einem Feuer, das brennt, indem es Heu und Holz ergreift, *vergleiche ich jenes Hochgefühl (pīti), das durch die fünf Sinnesstränge ausgelöst ist. Einem Feuer, das durch den* Entzug *von Heu*

11 *nisaṭṭha-thiṇakaṭṭh-upādānam paṭicca aggim jāleyya* = wörtlich: »bedingt durch (*paṭicca*) das Aufgeben (*nisaṭ-ṭha*) des Brennholz-(*thiṇakaṭṭha*)-Ergreifens (*upādānam*), Feuer (*aggim*) anzünden (*jāleyya*)«. KENs Interpretation »durch regengetränktes Holz« ist keine Übersetzung, sondern eine aus dem Text nicht herleitbare und mit dem Sinn unvereinbare Analogie zu den Holzscheitgleichnissen (M 36). Näheres HHpīti, WW, 36. Jg. (1990), S. 279 ff. Möglicherweise hat dazu ein falscher Text in ausgerechnet derjenigen singhalesischen Ausgabe den Anlass gegeben, die KEN benutzt hat.

und Holz brennt, vergleiche ich das Hochgefühl (pīti) durch Ablösung *von sinnlichem Begehren, durch Ablösung von allen heilsuntauglichen Gesinnungen und Gedanken.*

Und was ist das für ein Hochgefühl, *das abgelöst ist von sinnlichem Begehren, abgelöst von allen heilsuntauglichen Gesinnungen und Gedanken, junger Brahmane? — Da verweilt ein Mönch, abgelöst von sinnlichem Begehren, abgelöst von allen heilsuntauglichen Gesinnungen und Gedanken, mit stillem Denken und Sinnen in dem Hochgefühl weltabgelöster Seligkeit, im ersten Grad der weltlosen* Entrückung. *Das ist wahrlich auch ein Hochgefühl,* abgelöst *zu sein von allen heilsuntauglichen Gesinnungen und Gedanken! Weiter, junger Brahmane: Nach Verebben auch des Denkens und Sinnens weilt er in innerer Gelöstheit, in der Einung des Gemütes, in der von Sinnen und Denken freien, in der Einigung geborenen Seligkeit, in der zweiten Entrückung. Das ist wahrlich auch ein Hochgefühl,* abgelöst *zu sein von allen heilsuntauglichen Gesinnungen und Gedanken! —*

Von jenen fünf Eigenschaften, welche die Brahmanen angeben, um Verdienst zu erwirken und um Heilsames zu gewinnen – welche nennen die Brahmanen denn die fruchtbarste?« — »Das Loslassen, *Herr Gotamo.« — »Was meinst du, junger Brahmane: Da ist von irgendeinem Brahmanen ein großes Opfer vorbereitet worden. Nun kommen zwei Brahmanen: ›Wir wollen bei dem großen Opfer des Brahmanen Soundso dabei sein.‹ Der eine denkt: ›Hoffentlich bekomme bei dem Mahl ich den besten Platz, das beste Wasser, die beste Speise, nicht der andere.‹ Nun kann es aber vorkommen, dass der andere Brahmane beim Mahl den besten Platz, das beste Wasser, die beste Speise erhält, nicht dieser Brahmane. Da denkt er ärgerlich und missmutig: ›Nun hat der andere beim Mahl den besten Platz, das beste Wasser, die beste Speise erhalten.‹ Was lehren die Brahmanen, welche Frucht das bringt, junger Brahmane?« — »Die Brahmanen geben ja nicht Gaben, damit der andere verärgert und missmutig wird, Herr Gotamo, sondern aus Mitempfinden.« — »Wenn es so ist, haben dann die Brahmanen nicht einen sechsten Grund für verdienstliches Wirken, nämlich Mitempfinden?« — »Wenn es so ist, Herr Gotamo, dann haben die Brahmanen einen sechsten Grund für verdienstliches Wirken, nämlich Mitempfinden.«*

»Jene fünf Eigenschaften, welche die Brahmanen angeben, um Verdienst zu erwirken und Heilsames zu gewinnen, bei wem hast du die öfter angetroffen: bei in der Häuslichkeit Lebenden oder bei Hauslosen?« — »Öfter bei Hauslosen, *selten bei in der Häuslichkeit Lebenden: Wer in der Häuslichkeit lebt, hat viel Aufwand, viele Pflichten, viel Arbeit, viel Mühe. Der bleibt nicht ständig gesammelt bei der Wahrheit, beim innigen Streben, brahmischen Wandel, Wiederholen, Loslassen. Der Hauslose aber, Herr Gotamo, hat wenig Aufwand, wenig Pflichten, wenig Arbeit, wenig Mühe. Der bleibt ständig gesammelt bei der Wahrheit, beim innigen Streben, brahmischen Wandel, Wiederholen, Loslassen. Jene fünf Eigenschaften, Herr Gotamo, welche die Brahmanen angeben, um Verdienst zu erwirken und Heilsames zu gewinnen, habe ich öfter bei Hauslosen angetroffen, selten bei häuslich Lebenden.«*

»Was die Brahmanen fünf Eigenschaften nennen, um Verdienst *zu erwirken und Heilsames zu gewinnen, das nenne ich* Werkzeuge *des* Herzens; *denn das Herz wird durch ihre Entfaltung von Abwehr und Bedrängen frei*[12]*: Da bleibt ein Mönch bei der* Wahrheit, *junger Brahmane. Sobald er merkt: ›ich bleibe bei der Wahrheit‹, gewinnt er einen Sinn für das Ziel, einen Sinn für die Wahrheit, mit der Wahrheit verbundene innere Freude. Diese mit der Heilstauglichkeit verbundene* innere Freude – die *nenne ich das* Werkzeug *des Herzens; denn das Herz wird durch ihre Entfaltung von Abwehr und Bedrängen frei. Da ist ein Mönch voll* innigen Strebens. *Sobald er merkt: ›ich bin beim innigen Streben‹, gewinnt er einen Sinn für das Ziel, einen Sinn für die Wahrheit, mit der Wahrheit verbundene innere Freude. Diese mit Heilstauglichkeit verbundene* innere Freude – die *nenne ich ein* Werkzeug *des Herzens: denn das Herz wird durch ihre Entfaltung von Abwehr und Bedrängen*

12 Ich lese »*tassa bhāvanāya*« als Dativ des Grundes oder Ablativ »ausgehend von …«

frei. Da führt ein Mönch den brahmischen *Wandel. Sobald er merkt: ›ich bin beim brahmischen Wandel‹, gewinnt er einen Sinn für das Ziel, einen Sinn für die Wahrheit, mit der Wahrheit verbundene innere Freude. Diese mit Heilstauglichkeit verbundene* innere Freude *nenne ich ein* Werkzeug *des Herzens: denn das Herz wird durch ihre Entfaltung von Abwehr und Bedrängen frei. Da* wiederholt *ein Mönch die Wahrheitsworte. Sobald er merkt: ›ich wiederhole die Wahrheitsworte‹, gewinnt er einen Sinn für das Ziel, einen Sinn für die Daseinsgesetze, mit der Wahrheit verbundene* innere Freude. *Diese mit Heilstauglichkeit verbundene* innere Freude *nenne ich ein Werkzeug des Herzens: denn das Herz wird durch ihre Entfaltung von Abwehr und Bedrängen frei. — Da* lässt *ein Mönch immer wieder* los. *Sobald er merkt: ›ich lasse immer wieder los‹, gewinnt er einen Sinn für das Ziel, einen Sinn für die Daseinsgesetze, mit der Wahrheit verbundene innere Freude. Diese mit Heilstauglichkeit verbundene* innere Freude *nenne ich ein* Werkzeug *des Herzens: denn das Herz wird durch ihre Entfaltung von Abwehr und Bedrängen frei. Was die Brahmanen fünf* Eigenschaften *nennen, um Verdienst zu erwirken und Heilsames zu gewinnen, das nenne ich* Werkzeug *des Herzens; denn das Herz wird durch ihre Entfaltung von Abwehr und Bedrängen frei.«*

Nun fragt der junge Subho den Erwachten nach dem Weg zu *Brahma*. Der Erwachte zeigt ihn: die bekannten vier »*brahmavihāra*«, die »*Strahlungen*« oder »*brahmischen Weilungen*« in nicht messender Liebe, Erbarmen, gönnender Freude und erhabenem Gleichmut. — Wir werden darauf noch kommen. Begeistert nahm Subho Zuflucht und ging. Auf dem Rückweg traf er den Brahmanen Jānussoni, der auf einem Pferdewagen mit weißem Verdeck aus Sāvatthī herausfuhr. Als er hörte, wo Subho herkam, fragte er nachdenklich: »*Was meinst du, Herr Bhāradvājo: es heißt, der Asket Gotamo besitze vollendete Weisheit?« — »Wer bin ich, Herr, dass ich die vollendete Weisheit des Asketen Gotamo ermessen könnte; der müsste ihm schon gleich sein, der die vollendete Weisheit des Asketen Gotamo ermessen könnte!« — »Ein gewaltiges Lob spricht da der Herr Bhāradvājo dem Asketen Gotamo!« — »Wer bin ich, Herr, dass es mir zustünde, dem Asketen Gotamo Lob zu spenden! Er ist der von den Gepriesenen Gepriesene, der Herr Gotamo, er ist der Meister der Götter und Menschen; und jene fünf Eigenschaften, welche die Brahmanen angeben, um Verdienst zu erwirken und Heilsames zu gewinnen, die nennt der Asket Gotamo Werkzeuge des Herzens; denn das Herz wird durch ihre Entfaltung von Abwehr und Bedrängen frei.« Auf diese Worte stieg der Brahmane Jānussoni vom Wagen ab, ordnete das Gewand über der einen Schulter, erhob grüßend die Hände nach der Richtung, in welcher der Erhabene weilte, und sprach feierlich: »Welches Glück für König Pasenadi von Kosalo, welch hohes Glück für König Pasenadi von Kosalo, dass der Vollendete in seinem Reich weilt, der Heile, Vollkommen Erwachte!«*

HANS: Merkwürdig: Sāriputto wurde vom Buddha getadelt, weil er dem Minister nur den Weg zu Brahma gezeigt hat, obwohl »*mehr zu tun war*«. Der Buddha selber hat aber dem jungen Subho auch nur den Weg zu Brahma gezeigt.

FRITZ: Bei Subho hatte die Darlegung des Erwachten schon zuvor das bewirkt, was »*noch mehr zu tun war*«: Subho hatte eine Ahnung davon bekommen, dass nicht das Erreichen brahmischen Daseins, sondern *Loslassen* der Königsweg zur vollkommenen Erlösung war – zuletzt Loslassen auch der fünf von den Brahmanen gepriesenen fünf hohen Herzenseigenschaften: da auch sie nur *Werkzeuge* des Herzens sind. Er war sich klar geworden, dass der Buddha deshalb »*der Meister der Götter und Menschen*« war – noch über Brahma. Davon kündet seine Ergriffenheit, mit der er den weitaus älteren Brahmanen Jānussoni so beeindruckte. Wie gut Subho verstanden hatte, zeigt sich auch an seinem späteren Gespräch mit dem Erwachten über das Karma in M 135 und an seiner Unterredung mit Ānando über die drei Abschnitte der Heilsentwicklung in D 10. Auf M 135 kommen wir noch. Am Ende dieser Gespräche bestätigte er jedes Mal die Zuflucht zum Erwachten, der Lehre und der Heilsgängergemeinde.

Ruth: Ist das nicht wunderbar: Die *Werkzeuge* des Herzens, um das Heil zu gewinnen, fasst der Buddha hier immer wieder zusammen unter dem *einen* Begriff, und der lautet nicht »Verzichten« oder »Entsagen«, sondern »*mit der Heilstauglichkeit verbundene innere Freude*«, genau so, wie er als die eine Eigenschaft, in der sich alle für die Heilstauglichkeit nötigen Eigenschaften zusammenfassen lassen, mehrfach die unermüdliche *Ernsthaftigkeit* bezeichnet hat. Freudigkeit und Ernsthaftigkeit vereint!

Hans: Wir sind ja noch beim Besprechen der Anleitungen des Buddha für das *Berufsleben*. Als der Buddha ausführlich auf die fünf Werkzeuge des Herzens einzugehen begann und von den fünf Hemmungen und den fünf Sinnessträngen und den Entrückungen sprach, da habe ich erst gedacht: Warum liest denn der Fritz immer noch weiter; das hat doch mit Beruf nichts mehr zu tun! Aber dann fiel mir ein, dass die in der Vielfalt mit Familie und allerlei Berufen lebenden brahmanischen Lehrer wegen ihrer Hemmung durch die Verstrickungen überhaupt nicht erkennen konnten, worauf es bei der Lebensführung ankommt. Als der Buddha dann Subho fragt, ob er jene fünf Herzenseigenschaften, die die Brahmanen zum Erreichen ihres Ziels für nötig halten, öfter bei Asketen oder bei häuslich Lebenden angetroffen hat und Ackerbau und Handel als Gleichnisse nennt, da ist mir der Zusammenhang aufgegangen: Darf ich einmal zu meiner Kontrolle zusammenfassen?

Fritz: Das ist das beste, was du tun kannst – auch für uns.

Hans: Dann will ich es versuchen: Subho wollte wissen, ob seine brahmanischen Lehrer recht hätten mit ihrer Behauptung: zum Heil könne man nur in der Häuslichkeit kommen, nicht in der Askese. Ich hätte erwartet, der Buddha sagt, nur die Askese bringe großen Ertrag. Der Buddha antwortet aber, das lasse sich nicht pauschal beantworten: Nicht auf die äußere Lebensform komme es an, sondern auf das richtige oder falsche Vorgehen: Im Haus wie in der Askese führe falsches Vorgehen zu keinem inneren Ertrag, richtiges Vorgehen zu »großem Ertrag.« Nur sei es im Hausleben mühsamer. — Aber jetzt muss ich zwischendurch etwas fragen, Fritz: Was ist das eigentlich für ein großer Ertrag, den man auch im Haus erreichen kann – das Nirvāna kann doch normalerweise nur von Mönchen und Nonnen schon in diesem jetzigen Leben erreicht werden?

Fritz: Aber die absolute Sicherheit, es in begrenzter Zeit zu erreichen und bis dahin nie mehr unter Menschentum abzusinken, die kann man im Haus erreichen. Zur Zeit des Erwachten haben das viele Tausende von häuslichen Anhängern erreicht, und es ist auch heute noch möglich. Das besprechen wir noch.

Hans: Das wäre allerdings ein großes Ergebnis. — Und dann lässt der Buddha den jungen Brahmanen in einem Dialog selber herausfinden, dass die Brahmanen überhaupt keine Erfahrung darüber haben, was heilstauglich ist und was nicht. Subho ist erst über das Gleichnis von den Blinden beleidigt und versucht es mit der Logik des Brahmanen Pokkharasāti: Ein *Mensch* könne doch logischerweise keine *übermenschliche* Wissensklarheit haben. Das ist aber genau der Fehler, den der Buddha schon in M 60 aufgedeckt hat: zu meinen, »was ich nicht erlebt habe, das gibt es nicht.« Anschließend zeigt der Erwachte, warum alle diese Brahmanen gar nicht anders können, als die sinnliche Wahrnehmungsweise für die einzige zu halten: weil sie gehemmt sind durch die fünf Hemmungen und rundum ganz im Genießen versunken. So können sie keinen Blick dafür bekommen, dass es außer der sinnlichen Wahrnehmung noch andere Wahrnehmungsweisen gibt. Was sie über Brahma predigen, ist blinder Glaube, aber keine Erfahrung.

Ruth: Dazu bringt der Buddha das merkwürdige Gleichnis vom Feuermachen. Erst konnte ich nichts damit anfangen. Aber nun dämmert es mir: Für den normalen Menschen ist »reale Welt« nur die mit menschlichen Sinnen wahrnehmbare Sinnenwelt. Die ist von Haus aus dunkel. Hell ist es dort – für Menschenaugen – nur, solange irgendetwas bedingt Entstandenes,

Vergängliches wie Holz, Kohle, Erdöl – oder ein »Atom« — »*brennt*«, das heißt infolge seiner Unbeständigkeit *zerfällt*. Dadurch wird die bisher für den Zusammenhalt benötigte »Energie« als Licht und Wärme abgestrahlt.[13] Der Buddha mutet nun dem jungen Subho nicht zu, einfach zu *glauben*, dass man auch auf *andere* Weise als durch Verbrennung von Sinnendingen Feuer und Licht machen könne. Er lässt ihn nur die hypothetische Frage beantworten: *wenn* es das gäbe, dass man nicht nur durch Zufuhr, sondern auch durch Entzug von Brennstoff Feuer machen könnte, ob dann auch dieses Feuer Flammen und Farbe und Strahlung hätte. Heute würde ein junger Mensch wohl antworten: »Blöde Frage. Das gibts doch gar nicht.« Subho aber antwortet ganz exakt: »*Wenn* es das gäbe, hätte natürlich auch das Feuer, das durch *Entzug* von Heu und Holz brennt, Flamme und Farbe und Strahlung.« Er hat wohl gespürt, dass der Buddha damit auf das »innere Licht«, den Reinheitsgrad des Herzens hinauswollte. Damit hatten ja alle fünf von den Brahmanen genannten Eigenschaften zu tun. Und das sagt dann auch der Buddha ausdrücklich: Das durch *Entzug* von Heu und Holz – also durch pure *Geistesmacht* entzündete Feuer sei ein Gleichnis für das reine, »lichte« Glück der *Entrückungen*. Das komme gerade *nicht* durch die *Zufuhr* vergänglicher Sinnendinge, sondern durch die *Ablösung* von ihnen zustande. Das sei doch *auch* ein Hochgefühl, *abgelöst* zu sein von allen heilsuntauglichen Gesinnungen und Gedanken. Damit weist der Buddha Subho auf jene ganz andere Dimension von Wohl hin, mit der man auf die schönste und einzig wirksame Weise das sinnliche Begehren nicht nur verdrängen, sondern lösen und »auswaschen« kann: auf das Wohl der *Auflösung*.

Hans: Wie behutsam sich der Erwachte hier ausdrückt: Er sagt dem Sinnenmenschen Subho nicht gleich, dieses ganz andere, Subho noch unbekannte Hochgefühl der Ablösung sei viel besser als sinnliche Befriedigung, sondern er sagt, es sei »*auch ein Hochgefühl*«, ähnlich wie Jesus gesagt hat: »der Mensch lebt nicht von Brot *allein*«.[14] — Davon hatten die meisten Brahmanen keine Ahnung. Sie glaubten, man könne »zu Brahma« kommen durch rituelle Opfer – vor allem von Essbarem, das dann von Festbesuchern verspeist wird. Der Buddha weist Subho darauf hin, dass dabei keine Vereinigung mit Brahma herauskommt, sondern oft bei den Gästen Neid, Rangstreitigkeit und Gekränktheit.

Ruth: Da zeigt sich Subhos gute Art: Er betrachtet die Opfermähler auch als Nahrungsspende aus *Mitempfinden*.

Hans: Hier knüpft der Buddha sofort an und fügt den fünf von den Brahmanen genannten Eigenschaften noch das *Mitempfinden* als sechstes Motiv für Wirken mit guten Folgen hinzu. Damit hat er Subhos Aufmerksamkeit noch stärker darauf gerichtet, dass es für Erfolg oder Misserfolg im Haus wie in der Askese nicht um Äußerlichkeiten geht, sondern um das richtige oder falsche Vorgehen zur Ausbildung eines nicht bedrängenden und daher drangfreien *Herzens*. Dafür sind die von den Brahmanen genannten fünf Eigenschaften und das Mitempfinden als sechstes nur »*Werkzeuge*«, nicht schon die Erfüllung selber – Werkzeuge immer aus dem *einen Grund*, weil aus ihnen die *innere Freude* erwächst, die das Herz frei macht von Feindschaft und Bedrängenwollen – den beiden auf die Dauer unvermeidlichen Begleitern des sinnlichen Begehrens. — dass diese innere Arbeit am Herzen in der Häuslichkeit zwar möglich ist, aber nicht so gesammelt und ununterbrochen wie in einem intakten Orden und deshalb mehr Mühe macht, sieht auch Subho ein. Er muss zugeben, dass er die Werkzeuge zum Erringen innerer Freude öfter bei Hauslosen als bei häuslich Lebenden beobachtet hat. Damit war die Behauptung seiner Brahmanenlehrer widerlegt, und er gewann begründetes Vertrauen zum Buddha. Ist damit der Inhalt der Rede im Großen und Ganzen richtig wiedergegeben, Fritz?

13 Vgl. DudenGrW, Stichwort »Verbrennung«, besonders unter a) und b).

14 Vgl. Matth. 4,4; übereinstimmend mit 5. Mos. 8,3.

FRITZ: Ja, Hans. Wir sehen: Der Buddha lässt keinen Zweifel, dass es für Menschen, die wirklich das Leiden der Existenz in seiner Tiefe ahnen oder sehen, nicht um weltlichen Erfolg oder Weltverbesserung, nicht um »heile Welt« gehen kann; denn was den Menschen die »Welt« zu sein scheint, das sind die fünf Sinnesstränge eines nicht heilen *kranken* Herzens, die aufgespannt sind zwischen den Sinnesdrängen des Herzens und dessen Gestaltungen (den als Formen erscheinenden Wahrnehmungsbildern). Worum es für den Hauslosen wie für den in der Welt Lebenden geht, das sind Schritte aus der Abhängigkeit von dieser Wahnwelt hinaus zu Frieden, Freiheit und Unabhängigkeit – Schritte der Befreiung aus der »*Gefangenschaft in der Wahrnehmung*«, von der Nandako in A III,67 spricht. Der Erwachte betont: Darüber, welches die *besser geeignete* Lebensweise ist – Hausleben oder Askese – kann keine pauschale Aussage gemacht werden: Allein das falsche oder richtige *Vorgehen* in der gewählten Lebensweise entscheidet. So klar Sāriputto jenem Minister das Verfehlte einer einseitig auf weltlichen Einfluss gerichteten Lebensweise gemacht hat, so eindeutig rät der Buddha den in der Vielfalt Lebenden zur Strebsamkeit in ihrem Beruf und nicht zum »Aussteigen« oder Anstreben einer Halbtagstätigkeit gleich von Anfang an und nicht zum bloßen »Jobben«, bei dem man nur von der Hand in den Mund lebt. Dazu kennt er die gewaltige Wucht der sinnlichen Triebe zu gut. An ihrer Übermacht muss über kurz oder lang scheitern, wer nicht das für die Askese erforderliche große Format oder doch eine intensive unmittelbare Anleitung durch einen Erwachten oder lehrbegabten Geheilten hat. Deshalb sind die Vorgehensweisen, die der Erwachte in mehreren Reden tadelt[15], ungeeignet für die Häuslichkeit im Sinn von M 99 und bringen *keinen Ertrag*. Das ist der Hintergrund für die verschiedenen einzelnen Äußerungen, die der Buddha zu Fragen des Berufs getan hat, insbesondere für den Rat, den jeweiligen Beruf zur Entfaltung von Eigenschaften zu nutzen, die man auch auf dem Heilsweg braucht.

HANS: Da habe ich ganz schön danebengegriffen, als ich meinte, der Buddha hätte wohl jede Berufstätigkeit negativ bewertet, weil seine Anleitung letztlich auf Weltüberwindung hinausläuft. Berufliche Tüchtigkeit kann also Werkzeuge für die Herzenswandlung zum Loslassen entwickeln. Bei dieser *Grundrichtung* auf *Weltüberwindung*, die immer wieder in den Anleitungen für das häusliche Vorgehen auf der *Wahrheitsebene* zutagetritt, kann ja wohl die Tendenz mancher heutiger Veröffentlichungen nicht richtig sein, den Buddha als Sozialreformer zu sehen. Der Buddha hat sich zwar auch um den praktischen Umgang seiner Nachfolger mit dem Beruf gekümmert, um ihnen zu zeigen, wie sie daraus durch Ausbildung heilstauglicher Eigenschaften das Beste für den Heilsweg machen können. Aber um alles, was darüber hinausgeht – Soziales, Politik, Wirtschaft, kurz: »das öffentliche Leben« – hat er sich doch wohl nie gekümmert?

II. RAT DES BUDDHA FÜR DAS ÖFFENTLICHE LEBEN

FRITZ: Man muss bei der Lehre des Buddha unterscheiden zwischen Zielrichtung und praktischer Wirkung. Von der *Zielrichtung* her kann ein Vollkommen Erwachter – überhaupt jeder zum höchsten Heilsstand Gelangte – niemals ein »Sozialreformer« sein: Der Buddha hat die Existenz – nicht nur die menschliche, sondern die *ganze* – aus vollkommener Wachheit so klar durchschaut, dass er jegliche Existenzform bis zur stillsten Grenze möglicher Wahrnehmung als *Gefangenschaft* in einem Wahntraum sieht. Sozialreformer dagegen glauben, durch Ändern des Verhaltens anderer Menschen und äußerer Verhältnisse eine bessere Welt zu schaffen. Aber – nochmals – »Welt« und »Ich« sind nicht, was sie scheinen: sind nicht »objektiv da«, sondern sind Wahrnehmungen, Gestaltungen des *Herzens* – Wahn. Deshalb kann man nicht »die Welt« verbessern, sondern man kann nur das *Herz* so weit verbessern, befrieden und erhellen, bis der »Maler Herz« aufhört, den dauernden klaren und erleichternden Anblick der

15 Vgl. S 42,12; A X,91; S 3,19.

Leidhaftigkeit, Unbeständigkeit und unpersönlichen Zusammengehäuftheit aller scheinbar so massiven Existenz weiterhin durch seine – groben oder mittleren oder feinen oder feinsten – Malereien zu übermalen. Hört beim Geheilten das Malen auf, dann wird die Existenz mit erhabenem Gleichmut ganz so gesehen, wie sie wirklich ist, nämlich als hinterlassene, verwehende Bilder des beseitigten Fieberdeliriums. Dieser Wahrheitsanblick, der mit einem ungeahnten Wohl der Freiheit verbunden ist, *erlöst* das Herz endgültig von jeder Beeinflussung durch Traumbilder und damit aus der Gefangenschaft im Wahrnehmenmüssen. Wenn wir später einmal über den Eintritt in die Heilsströmung sprechen, werden wir sehen: Als untenhaltende Verstrickung – »sittliches Verhalten überbewerten«[16] – gilt die sozialreformerische Grundanschauung, man könne durch äußere Verhaltensänderungen mehr erreichen als allenfalls eine – aufs Ganze der Existenz gesehen kurze – Phasenverschiebung im Leidenskreislauf. Diese weltgläubige Ansicht verhindert den Stromeintritt.

Von der *Wirkung* her führt dagegen die Umpolung der Aufmerksamkeit des Friedenssuchers auf die Arbeit am eigenen Herzen gerade *nicht* – wie oft behauptet wird – zu einem Verkriechen im Elfenbeinturm, sondern zu merklichen Verbesserungen auch im zwischenmenschlichen Umgang und in der Schonung der Mitwelt.[17] Deshalb sind die Auswirkungen trotz aller auch in Asien rapide einsetzenden Verfallserscheinungen[18] noch nach 2.500 Jahren so spürbar, dass auch die Soziologie als Fachwissenschaft vom Umgang der Menschen mit ihrer Mitwelt ihre Aufmerksamkeit den Nachwirkungen der Lehre des Buddha zuwendet.[19] So war zwar der Buddha alles andere als ein Sozialreformer, aber zu seiner *Wirkungsgeschichte* gehören nicht nur gewaltige soziale Veränderungen – man denke an das Durchbrechen der Kastenschranken in buddhistischen Ländern[20]–, sondern von innen her gewachsene Änderungen der Gemütshaltung, die nachhaltiger wirken als äußere Reformen, die – nach oft erfrischenden Ansätzen – in Ideologien, Dogmatik und psychischer, geistiger und körperlicher Gewalt zu enden pflegen. Auch zur Zeit des Erwachten fanden sich die meisten nach dem höchsten Heil strebenden Menschen eingebunden in Familie und Beruf vor, die wiederum Glieder übergeordneter Strukturen wie Staat, Gesellschaft, Wirtschaftssysteme waren. So hat der Buddha auch diese Seite der Wahrnehmungsstruktur der Menschen – das »öffentliche Leben« – mit im Blick gehabt und hat auch dafür Maßstäbe aus seiner universalen Erfahrung über die Ablaufsgesetze des Daseinstraums gegeben. Oft sind diese Maßstäbe mehr oder weniger zwischen den Zeilen verborgen. Ein auf den ersten Blick drolliges Beispiel: Heute geben Gesundheitsministerien viel Geld aus für Anzeigenkampagnen, Broschüren und Schulungen, damit die Menschen nicht durch falsche Ernährung zu dick werden. Der Erwachte half einmal der Gesundheitspolitik auf viel einfachere Weise: Er gab dem König als dem prominentesten weltlichen Vorbild des Landes eine Lektion in richtiger Ernährung in der Rede

16 *sīlabattaparamāsa* = wörtlich: »überbewerten (*para-māsa*) von Arten und Weisen (*vatta*) des Verhaltens«, (= *sīla*). Das BuSem übersetzt: »Bindung an die Begegnung«, oder »sittliches Verhalten für ausreichend halten«; KEN: »Hangen an Tugendwerk«; Nyāṇaponika: »Hängen an Riten und Regeln«. Diese fallen zwar auch darunter und hatten bei den Brahmanen besondere Bedeutung, doch ist mit »Hängen an Riten und Regeln« (oder Gelübden) nur ein Bruchteil des Bedeutungsbereichs abgedeckt; vgl. dazu: Die dritte Verstrickung, WW, 36. Jg. (1990) S. 248 f.

17 Vgl. Alfred Weil: Umweltprobleme – Probleme mit der Umwelt, WW, 36. Jg. (1990), S. 362 ff.

18 Vgl. Bhikkhu Bodhi: Weltanschaulicher Umbruch im buddhistischen Asien, WW, 36. Jg. 1990, S. 238 ff.

19 Vgl. das von Detlef Kantowski initiierte Forschungsprojekt »Buddhistischer Modernismus« des Arbeitsbereichs Entwicklungsländer/Interkultureller Vergleich der Universität Konstanz.

20 Der indische Subkontinent selber, wo das Kastenwesen noch heute eine große Rolle spielt, ist schon seit Jahrhunderten kein buddhistisches Land mehr.

DIE GROSSE SCHÜSSEL REIS – S 3,13.

So hab ich's vernommen: Einstmals weilte der Erhabene in Sāvatthī. Da hatte König Pasenadi von Kosalo gerade eine große Schüssel Reis verspeist. Danach begab er sich vollgegessen, schnaufend zum Erhabenen, begrüßte den Erhabenen ehrerbietig, wechselte höfliche, freundliche Worte mit ihm und setzte sich seitwärts. Als er den vollgegessenen, schnaufenden König Pasenadi sah, sprach der Erhabene aus seiner Überschau folgende Strophe:

»Ein Mensch, der immerzu besonnen bleibt,
sein Maß beim aufgetrag'nen Essen kennt,
der fühlt sich unbeschwert in seinem Leib,
er altert spät; lang hält die Lebenskraft.«

Unterdes stand der junge Brahmane Sudassano[21] *hinter König Pasenadi. Zu dem jungen Brahmanen Sudassano sprach König Pasenadi: »Komm, lieber Sudassano, lerne vom Erhabenen diese Strophe auswendig und sage sie mir jedes Mal vor, wenn das Mahl aufgetragen wird. Ich setze dir dafür eine lebenslange Rente von täglich hundert Schilling aus.« — »Sehr wohl, Majestät«, antwortete der junge Brahmane Sudassano dem König, lernte vom Erhabenen diese Strophe auswendig und trug sie dem König jedes Mal vor, wenn das Mahl aufgetragen wurde. Da begnügte sich König Pasenadi nach und nach mit höchstens einem kleinen Teller Reisbrei. Einige Zeit später, bei der Massage, strich König Pasenadi von Kosalo mit der Hand über seinen Leib und tat tief bewegt folgenden Ausspruch:*

»Zweifach hat der Erhabene sich meiner einfühlsam erbarmt:
zum einen schon für diese Welt, zum andern für das künft'ge Heil.«

HANS: Ist es nicht doch etwas hoch gegriffen, das gleich als einen Akt der Gesundheitspolitik anzusehen?

RUTH: Hans, erinnerst du dich an die Rede, in der der Buddha sagt, das *ganze* brahmische Leben besteht in der Freundschaft mit Echten? Eben diesem König hat er dort gesagt, wenn er in unermüdlicher Ernsthaftigkeit bleibt, dann würden diesem Vorbild auch seine Frauen, seine Lehensleute und sein Volk nacheifern.[22] Das *Vorbild* der Spitzen eines Staates hat doch – im Guten wie im Schlechten – die stärkste politische Wirkung. Woher kommt denn die heutige Politikverdrossenheit?

FRITZ: Diese Rede bestätigt freilich, dass der Buddha nicht der Zielsetzung nach Politiker oder weltlicher Reformer war, wohl aber, dass seine Anleitungen auch politische *Wirkungen* hatten. Der König selber hat sehr gut verstanden, dass dieses rechte Maß bei der Ernährung ihm auch über den Tod hinaus »für das künftige Heil« helfen wird, weil es hilft, in diesem Leben den Kopf klarer zu halten für das häufige Denken und Sinnen, das das Herz und dessen Gestaltungen, die Wahrnehmung, über den Tod hinaus verändern kann. Die Mahlzeiten eines Herrschers wie Pasenadi, der übrigens den Spitznamen »König Dickbauch« hatte[23], waren meist öffentlich. Wenn er sich bei jeder Mahlzeit einen Vers vortragen ließ und seine Essgewohnheiten änderte, dann sprach sich das herum, und dieses Vorbild wirkte sich auch im Sozialbereich aus – hier im Gesundheitswesen – und du hast Recht, Ruth: auch diese Nebenwirkung hatte der Erwachte sicher mit im Blick.

HANS: Das leuchtet mir ein. Gibt es noch mehr solche Beispiele?

FRITZ: Sicher viel mehr, als mir jetzt gerade gegenwärtig sind. In einem Land, in welchem die Brahmanen mit scheinreligiöser Begründung die Kastenunterschiede zu zementieren suchten, hat zum Beispiel der Erwachte bei den verschiedensten Gesprächen so viel über die Behandlung

21 Er war ein Neffe Pasenadis, vgl. Proper Names.
22 Vgl. seinen Lebenslauf von Hecker, WW, 15. Jg. (1969), S. 363 ff.
23 Vgl. seinen Lebenslauf von Hecker, WW, 15. Jg. (1969), S. 363 ff.

der Arbeiterschaft gesagt, dass es als Grundlegung einer überzeitlichen Sozialethik und Sozialpolitik dienen könnte. Einzelne dieser Aussprüche werden wir im Lauf unserer Gespräche noch näher kennen lernen. So sagt der Buddha z. B. in D 31[24] einem jungen Mann aus wohlhabendem Haus, er solle auch den Arbeitern entgegenkommen, ihnen die Leistung nach *ihren* Fähigkeiten zuteilen, für Kost und Lohn sorgen, bei Krankheit für die Pflege aufkommen, sie *»außergewöhnliche Annehmlichkeiten mitgenießen lassen«*, ihnen von Zeit zu Zeit *Urlaub* geben (was es noch nicht einmal zu Anfang unseres Jahrhunderts im kaiserlichen Deutschland gab). — Im alten Indien fiel die Arbeitgeberrolle für das Gesinde der Hausfrau zu. Deshalb legt der Erwachte jungen heiratsfähigen Mädchen und mehrfach auch den Ehefrauen[25] ans Herz, bei der Arbeitseinteilung auf den Gesundheitszustand der Beschäftigten und bei der Nahrungsverteilung auf ihre individuellen Bedürfnisse Rücksicht zu nehmen. In A V,58 wird dem, der sich durch Fleiß redlich Besitz erworben hat, geraten, damit auch *»Gesinde und Arbeiter auf ihre Kosten kommen«* zu lassen. Und in A VII,44 erklärt der Erwachte einem Brahmanen, der meinte, das »heilige Feuer« pflegen zu müssen, die vier Arten des Feuers des Hausvaters, die hochzuhalten, ernst zu nehmen und zu achten seien. Eines davon sind seine Arbeiter. Der Erwachte nennt sie in einem Atemzug mit der Familie. Und in der Rede D 5 – einer von mehreren Reden, in denen der Erwachte gegen Tieropfer eintritt – ist ein wesentlicher Gesichtspunkt: Die Arbeiter hatten oft mehr Mitempfinden mit den Opfertieren als die Brahmanen. Als einen der Vorteile gewaltloser Opfer, wie er sie anriet, bezeichnete es der Erwachte deshalb, dass dabei den Arbeitern die Mitwirkung freigestellt war.

HANS: Schade, dass diese Äußerungen alle so verstreut sind.

FRITZ: Es gibt auch zusammenfassende Darstellungen zur Politik einschließlich der Wirtschaftspolitik. Die zur Politik betreffen einen zur Zeit des Erwachten akuten Fall, die zur Wirtschaftspolitik sind eingebettet in einen Bericht aus ferner Vorzeit, an die sich der Erwachte erinnert.

HANS: Erzählst du uns etwas darüber?

FRITZ: Gern. Beginnen wir mit der umfangreichsten politischen Äußerung des Buddha. Die ist keine Theorie oder Moralpredigt, sondern die Aufzählung von sieben Eigenschaften, in denen der Erwachte die Ursachen dafür erkennt, dass der Staat der Vajjer damals noch ein besonders blühendes Gemeinwesen war. Wir sind ihm schon mehrfach begegnet. Er war eine Föderation von zwei Republiken: der Adelsrepublik der Licchavier mit der Hauptstadt Vesālī und der Republik der Videher mit der Hauptstadt Mithilā. In nicht weniger als drei Reden weist der Erwachte auf diese sieben Eigenschaften hin: in D 16,I, A VII,19 und 20. Lesen wir einmal A VII,20:

So hab ichs vernommen: Einstmals weilte der Erhabene in Rājagaha an der Geierspitze. Damals plante der König von Magadha, Ajātasattu, einen Feldzug gegen die Vajjer. Er sprach: »Diese Vajjer, die so mächtig sind und sich so gewaltig vorkommen, will ich vernichten; diesen Vajjern werde ich den Garaus machen. Ausrotten werde ich die Vajjer.« Daraufhin befahl er dem Brahmanen Vassakāro, dem Großkanzler von Magadha: »Brahmane, geh zum Erhabenen, bringe ihm zu Füßen meinen Gruß dar, frage ihn nach seinem Wohlergehen und sage: ›Der König von Magadha, Ajātasattu, plant einen Feldzug gegen die Vajjer; er sagt: 'Diese Vajjer, die so mächtig sind und sich so gewaltig vorkommen, will ich vernichten. Den Vajjern werde ich den Garaus machen. Ausrotten werde ich die Vajjer.'‹ Pass genau auf, was der Erhabene antwortet und melde es mir. Der Erhabene sagt nichts, was nicht so ist.« — »Jawohl, Majestät«, sprach der Brahmane Vassakāro zum König, begab sich zum Erhabenen und übermittelte die Botschaft des Königs. Unterdes stand der

24 Besprochen unten im 9. Gespräch, Abschnitt I.
25 Vgl. A V,33, A VIII,47 und A VIII,49.

ehrwürdige Ānando hinter dem Erhabenen und fächelte ihm Kühlung zu. Da sprach der Erhabene zum ehrwürdigen Ānando: »Wie ist es, Ānando: hast du gehört, ob die Vajjer sich regelmäßig und oft versammeln?« — »Herr, ich habe gehört, dass es so ist.« — »Solange die Vajjer sich regelmäßig und oft versammeln, ist ein Gedeihen der Vajjer zu erwarten, kein Niedergang, Ānando.

Wie ist es Ānando: hast du gehört, ob die Vajjer in Eintracht zusammenkommen, in Eintracht auseinander gehen und die Staatsangelegenheiten der Vajjer in Eintracht erledigen?« — »Herr, ich habe gehört, dass es so ist.« — »Solange das der Fall ist, ist ein Gedeihen der Vajjer zu erwarten, kein Niedergang.

Wie ist es, Ānando: hast du gehört, ob die Vajjer nichts dem Geist des Rechts Widersprechendes festsetzen, die geltenden Bestimmungen nicht umstürzen und ob sie nach den alten Vajjergesetzen leben?« — »Herr: ich habe gehört, es ist so.« — »Solange das der Fall ist, ist ein Gedeihen der Vajjer zu erwarten, kein Niedergang.

Wie ist es, Ānando: hast du gehört, ob die Vajjer die ehrwürdigen Alten unter ihnen zu ihrem Recht kommen lassen, ernst nehmen, hoch von ihnen denken, sie ehren und bei der Auffassung bleiben, dass sie auf sie hören sollten?« — »Herr, ich habe gehört, dass es so ist.« — »Solange das der Fall ist, ist ein Gedeihen der Vajjer zu erwarten, Ānando, kein Niedergang.

Wie ist es, Ānando: hast du gehört, ob bei den Vajjern nicht etwa der Brauch einreißt, Frauen und Mädchen aus ehrbaren Familien mit Gewalt zu entführen?« — »Herr, ich habe gehört, bei den Vajjern reißt dieser Brauch nicht ein.« — »Solange das bei den Vajjern nicht einreißt, ist ein Gedeihen der Vajjer zu erwarten, Ānando, kein Niedergang.

Wie ist es, Ānando: hast du gehört, ob die Vajjer die Vajjer-Gedenkstätten innerhalb und außerhalb der Ortschaften werthalten, ernst nehmen, hoch von ihnen denken, sie in Ehren halten, für sie die althergebrachten Spenden und Sachleistungen erbringen und die dafür eingeführten Abgaben nicht abschaffen?« — »Herr, ich habe gehört, es ist so.« — »Solange das der Fall ist, ist ein Gedeihen der Vajjer zu erwarten, Ānando, kein Niedergang.

Wie ist es, Ānando: hast du gehört, ob der Rechtsschutz, den die Vajjer den Heiligen gewähren, unangetastet bleibt aus dem Gedanken: ›Heilige, die noch nicht ins Land gekommen sind, sollen kommen; und Heilige, die ins Land gekommen sind, sollen dort gut und sicher weilen‹?« — »Herr, ich habe gehört, es ist so.« — »Solange dieser Rechtsschutz in dieser Weise unangetastet bleibt, ist ein Gedeihen der Vajjer zu erwarten, kein Niedergang, Ānando.«

Da sprach der Erhabene zu dem Brahmanen Vassakāro, dem Großkanzler von Magadha: »Ich weilte einmal in Vesālī beim Sārandada-Kuppelmal, Brahmane. Dort habe ich den Vajjern diese sieben dem Niedergang entgegenwirkenden Grundsätze aufgewiesen.[26] Solange diese sieben dem Niedergang entgegenwirkenden Grundsätze bei den Vajjern in Kraft bleiben, Brahmane, und solange die Vajjer nach ihnen leben, ist ein Gedeihen der Vajjer zu erwarten, kein Niedergang.« — Auf diese Worte sprach der Brahmane Vassakāro zum Erhabenen: »Wenn die Vajjer auch nur einen einzigen dieser dem Niedergang entgegenwirkenden Grundsätze aufrechterhalten, ist ein Gedeihen zu erwarten, kein Niedergang, geschweige alle sieben. Durch Krieg, Herr Gotamo, sind die Vajjer von König Ajātasattu von Magadha nicht zu besiegen. Etwas anderes ist es mit Diplomatie und Intrige. Nun muss ich gehen, Herr Gotamo. Ich habe noch viel zu tun und viel zu erledigen.« — »Wie es dir beliebt, Brahmane.« Da erhob sich Vassakāro und ging, erfreut und befriedigt von des Erhabenen Rede.

Hans: Warum sollen sie sich denn unbedingt regelmäßig und oft versammeln. Es genügt doch, zusammenzukommen, wenn es etwas zu besprechen gibt?

Fritz: In einer Gemeinschaft gibt es immer etwas zu besprechen. Müsste man jedes Mal eine außerordentliche Sitzung einberufen, dann dächte mancher, die Angelegenheit habe Zeit bis

26 Das ist in der vorhergehenden Rede A VII,19 berichtet.

zum nächsten turnusmäßigen Treffen, und wenn er später mehr Lust zu etwas anderem hat, dann meint er, nun habe die Sache so lange Zeit gehabt, da vertrage sie auch noch einen weiteren Aufschub. Am Ende entscheidet darüber, ob eine akute Angelegenheit besprochen wird, nicht das Gemeinschaftsinteresse, sondern Lust und Laune oder zeitliche Beanspruchung der Beteiligten.

RUTH: Bis dahin kann aus einem kleinen Missverständnis ein großes, aus einem kleinen Problem ein großes geworden sein – wenn nicht gar das Kind in den Brunnen gefallen ist.

FRITZ: Oder man hat bis zum nächsten Treffen die Angelegenheit vergessen oder unterschätzt ihre Bedeutung, weil sie zurzeit gerade nicht mehr so akut ist oder weil man sich inzwischen an sie gewöhnt hat, und so bleibt sie ungeklärt.

RUTH: Man braucht ja auch Übung, um Dinge von gemeinsamem Interesse konstruktiv zu besprechen und widerstreitende Interessen in Einklang zu bringen. Manches fällt einem erst ein oder erfährt man erst, wenn man den anderen Beteiligten gegenübersitzt.

FRITZ: Aus diesem Grund hatte ich in meiner früheren Praxis mit einigen Dauer-Beratungsklienten vereinbart, dass wir uns in bestimmten Abständen treffen, ob ein akuter Anlass vorliegt oder nicht. Es gab immer etwas Nützliches zu besprechen. Und gerade die grundsätzlichen, weiterführenden Dinge konnten am besten dann besprochen werden, wenn die Zeit nicht für akute Routinedinge gebraucht wurde. Deshalb ist es gut, wenn man sich regelmäßig und oft trifft.

HANS: Das leuchtet mir ein. Das gilt ja nicht nur für Staaten, sondern auch für private Gemeinschaften. Aber hat das wirklich nur dann einen Sinn, wenn es in Eintracht geschieht? Widerstreitende Interessen müssen doch kontrovers zur Sprache gebracht werden können; man kann sie nicht einfach der momentanen Harmonie zuliebe unter den Teppich kehren.

FRITZ: Wer sagt denn, dass kontroverse Punkte nicht auch kontrovers durchgesprochen werden sollen? Die Vajjer sollen in Eintracht *zusammenkommen*, in Eintracht *wieder auseinander* gehen und zwischen Zusammentreffen und Auseinandergehen bei den *Regelungen*, die sie treffen, einträchtig sein. Aber erst muss man strittige Angelegenheiten klar gegenüberstellen, ehe man einträchtig regeln kann.

HANS: Einstimmigkeit bei Abstimmungen? Das funktioniert doch nie! Dann kann doch einer alles blockieren. Siehe EU und Weltsicherheitsrat der UNO.

FRITZ: Dort kommen eben die Teilnehmer meist nicht *in Eintracht* zusammen, gehen nicht in *Eintracht* auseinander und sind bei der Regelung nicht in erster Linie um *Eintracht* bemüht, sondern um die Durchsetzung ihres Standpunktes. Den haben sie oft schon vorher in so starken Worten öffentlich verkündet, dass sie kaum mehr ohne Gesichtsverlust zurückkönnen. Im besten Fall erhebt man dann ein kleinstes gemeinsames Vielfaches der verschiedenen Interessen zum »Kompromiss«. Ruth hat ja kürzlich mit vollem Recht bedauert, dass wir westlichen Menschen viel zu sehr zweckorientiert sind: Wir achten in erster Linie auf die Nützlichkeit unseres *Zwecks* statt auf die *Motive*, aus denen wir ihn verfolgen. Die allein entscheiden über Saat und Ernte. Jeder sollte in die Versammlung hineingehen mit der Absicht, erst einmal alle Standpunkte anzuhören, verstehen zu lernen und zu der gemeinsamen Lösung beizutragen, die durch Abwägung aller Interessen für alle Beteiligten am besten ist. Und bei der *Regelung* der gemeinsamen Angelegenheiten darf er nicht mit geistigem oder seelischem Druck arbeiten, nicht überreden mit der »Gewalt der Rede«, nicht Tricks anwenden, Schwächen des anderen ausnutzen. Wenn er seinen Standpunkt durchgesetzt hat, sollte er die Zusammenkunft nicht triumphierend verlassen, und wenn er ihn nicht durchgesetzt hat, nicht grollend. Das alles gehört zur Eintracht. Alle sollten sich von Anfang bis Ende mit den anderen *»als Glied eines Ganzen«* fühlen. Weil den meisten »modernen Menschen« die Fähigkeit fehlt, diese Einheit zu *empfinden* (nicht nur intellektuell zu wissen und in wohltönenden Worten zu deklarieren), funktioniert im Westen das Einstimmigkeitsprinzip in größeren Gremien kaum mehr. Ein Soziologe hat jüngst diesen Trend herausgearbeitet[27]: *»Das Lebensverständnis des westlichen Menschen ist vom Gedanken der Selbstverwirklichung des einzelnen in dieser Welt geprägt. Demgegenüber leben fernöstliche Kulturen aus dem Gedanken der Einbettung des einzelnen in ein dichtes Gewebe naturhafter und menschlicher Beziehungen. In dieser Einbettung muss sich der Mensch nicht gegenüber anderen in seiner Unverwechselbarkeit ständig durchsetzen und behaupten. Es obliegt ihm vielmehr, sich seiner Einbettung würdig zu erweisen. Statt auf Selbstverwirklichung ist er auf Selbsterziehung im Rahmen seiner Lebenswelt verwiesen.«* — Solange dieser Wert der Eintracht in der Praxis des Zusammenlebens von der Zweckorientierung überdeckt wird, nützt alles Reden von »holistischem« (= ganzheitlichem) Weltbild und wechselseitiger »Vernetzung« wenig.

Ruth: Ja, zur Harmonie fehlt uns westlichen Menschen viel.

Fritz: Dieser positiven Bewertung der Harmonie möchte ich nur dann beitreten, wenn Harmonie im höchsten, aus der Musik stammenden Sinn des »Ein-Klangs« verstanden wird. Im landläufigen Sinn dagegen verbindet sich mit dem Ruf nach Harmonie oft der Anspruch, sachliche, einer Lösung bedürftige Kontroversen einer harmonischen Stimmung zuliebe zu verdrängen oder zu verharmlosen, statt sie aufzulösen. Darum kann es nicht gehen. Das Pāliwort *sam-agga*, das hier mit *Eintracht* wiedergegeben worden ist, reicht sehr hoch hinauf: »*Sam*« heißt »zusammen«, »*agga*« heißt »die Spitze, das Höchste«. Das bedeutet also nicht bloße Einigkeit in einer momentanen Einzelfrage oder Stimmung, sondern Einigkeit in einer Grundausrichtung, die nicht bei weltlichen Zwecken oder Gemeinsamkeiten Halt macht, sondern einmündet in das höchste Streben des Menschen: das Streben nach ewigem Frieden, nach absoluter Freiheit von Wahn und Abhängigkeit, nach *Erlösung*.

Hans: Aber man hat es doch nicht nur mit Menschen zu tun, die nach dem Höchsten streben.

Fritz: Gewiss. Aber es geht nicht so sehr darum, ein kleinstes gemeinsames Vielfaches der momentanen kontroversen Einzelpunkte zur Grundlage der Regelung zu machen, sondern das Gemeinsame ihrer relativ *höchsten* Bestrebungen. Dabei kann man natürlich nicht von den hehren Deklarationen für die Presse ausgehen, sondern von dem, was die Partner ehrlich und wahrhaftig als ihr relativ Höchstes ersehnen. Mit dem in der Häuslichkeit lebenden Nachfolger Haṭṭhako und seiner Begleitung hat der Erwachte die vier Grundlagen der Eintracht besprochen in

A VIII,24.

Einstmals weilte der Erhabene am Hauptschrein der Āḷaver. Da begab sich Haṭṭhako aus Āḷavi mit einem Kreis von 500 Anhängern zum Erhabenen, begrüßte ihn ehrerbietig und setzte sich seitwärts. Zu dem seitwärts sitzenden Haṭṭhako sprach der Erhabene: »Dein Kreis ist aber groß, Haṭṭhako. Wie hast du denn einen so großen Kreis gewonnen?«

»Es sind da die vom Erhabenen gewiesenen vier Grundlagen der Eintracht[28]*, Herr. Durch sie habe ich diesen großen Kreis vereint. Von wem ich nämlich weiß, Herr, dass er durch* Gaben *zu gewinnen ist, den gewinne ich durch Gaben. Von wem ich weiß, dass er durch* liebevolle Worte *zu gewinnen ist, den gewinne ich durch liebevolle Worte. Von wem ich weiß, dass er durch* hilfreiche

27 Joachim Matthes: Das Gesicht wahren, eine kulturelle Regel im interkulturellen Vergleich. Universitas, 46. Jg. (1991), Heft 5, S. 429 ff. und 438 ff.

28 *san-gaha-* (»Zusammen-Gehens-«) *vatthu* (»Grundlagen«), auch »Grundlagen der Gemeinschaft(sbildung)«. Aber hier ist kein nur gemütliches Miteinander (»Gesangverein Eintracht«) gemeint, sondern das Einende ist hier das Trachten nach dem Einen – Ein-Tracht im tiefsten Sinn.

Förderung *zu gewinnen ist, den gewinne ich durch hilfreiche Förderung. Von wem ich weiß, dass er dadurch zu gewinnen ist, dass ich ihn* als mir gleich *ansehe, den gewinne ich dadurch, dass ich ihn als mir gleich ansehe.«*

Wenn ein Mensch nach diesen Grundsätzen mit den Partnern umgeht, dann tun es ihm allmählich auch andere nach, und schließlich hören sie auch da auf ihn, wo es um tiefere Dinge geht. So kann aus Übereinkunft (*sam-gaha-vatthu*) allmählich sogar der Keim für Eintracht im Sinn von *sam-agga*, der Einigkeit im höchsten Streben, wachsen. — Dazu gehört gewachsene Weisheit. Wir laden heute in unsere Entscheidungsgremien gern Fachleute in weltlichen Dingen. Jede Gruppe findet für ihre Meinung immer auch einen Sachverständigen, der sie »wissenschaftlich untermauert«. Das soll gar keine negative Äußerung über die Experten sein; denn die als »Außenwelt« für wahr genommenen Inhalte der »Wahr-nehmung« sind so vielfältig und schillernd, und alle Methoden, um an die Wahrheit zu gelangen, können zweierlei Ausgang haben, so dass man fast über alles guten Glaubens verschiedener Meinung sein kann. Deshalb bedürfte es in unseren Ratsgremien viel eher der Weisen, in den Gesetzen der Existenz Erfahrenen als der Spezialisten. Das hat der Erwachte einmal einem Gemeinderat klargemacht in der Rede

KHOMADUSSA – S 7,22.

Der Erwachte suchte in einem Sakyerstädtchen namens Khomadussa vor einem Platzregen Schutz in der Ratshalle, in der gerade der Gemeinderat tagte. *Als die brahmanischen Hausväter von Khomadussa den Erhabenen kommen sahen, sagten sie: »Was sind denn das für kahlköpfige Asketen, und was wissen die schon von den Vorschriften, die für eine Ratsversammlung gelten?« — Da sprach der Erhabene zu den brahmanischen Hausvätern von Khomadussa folgende Strophe:*

»Das ist kein Rat, bei dem die Echten fehlen.
Die sind nicht echt, die nicht die Wahrheit künden.
Die Gier, Hass, Blendung überwunden haben,
die Wahrheit künden, das sind wahrlich Echte.«

Auf diese Worte sprachen die brahmanischen Hausleute von Khomadussa zum Erhabenen: »Wunderbar, Herr Gotamo, wunderbar, Herr Gotamo« und nahmen Zuflucht.

Stellen wir uns einmal vor: In einer Gemeinschaft, die auf den vier Grundlagen der Übereinkunft beruht und nach Eintracht strebt, gehen die Menschen in ihre Versammlungen zwar im Bewusstsein ihrer Unvollkommenheit im Vollbringen, aber schon von vornherein in allem Ernst mit dem Leitbild: »Ich will mich in dieser Versammlung um *Eintracht* mühen« – also nicht in dem Sinn, den ich einmal auf einem scherzhaften Auto-Aufkleber las: »*Jeder Mensch hat das Recht auf* meine *Meinung*«, sondern dass ich gegenüber den Mit-Teilnehmern bereit bin zu geben, insbesondere auch »*nachzugeben*«, auch bei verschiedenen Meinungen und bei aller notwendigen Offenheit, Festigkeit und Klarheit mit ihnen über die Besprechungspunkte »*liebevoll zu reden*«, Beratung und Mit-Teilnehmer »*hilfreich zu fördern*«, sie und alle Betroffenen als »*mir gleich anzusehen*«. — Sie lassen es aber nicht nur bei diesem guten Vorsatz bewenden, sondern sind mit allen Kräften bemüht, ihm auch bei der Beratung der gemeinsamen Angelegenheiten treu zu bleiben. Wenn sie das getan haben, so gut sie es vermochten, es ist aber dennoch nicht alles nach Wunsch gelaufen, dann hadern sie nicht, sondern sind redlich bemüht, auch in der neuen Situation nach diesen Leitbildern zu denken, zu reden und zu handeln. Meint ihr nicht, dass dann das Einstimmigkeitsprinzip funktionieren kann?

HANS: Ja, wenn. Aber das ist ein schöner Traum. Das funktioniert doch nie.

FRITZ: »Nie« möchte ich nicht sagen: In meinem früheren Beruf war es z. B. ein Erfahrungssatz, bei Unternehmen lieber eine zweiköpfige Spitze zu bilden als eine dreiköpfige, »weil sich dann die beiden über alles einigen müssen«. Auch wenn man es kaum für möglich hält: Aber wenn Wohl und Weh des Unternehmens oder der Körperschaft – und damit auch die

Position der beiden Spitzenleute – von diesem permanenten Sich-Einigen abhängen, dann – o Wunder – können sie sich auch tatsächlich einigen.

Hans: Aber das geht doch nur bei kleinen Körperschaften.

Fritz: Das will ich nicht sagen: Selbst vielköpfige Vorstände von Großkonzernen haben manchmal zwei Vorstandssprecher, nicht nur einen, die zum Wohl aller Beteiligten gut auskommen müssen.

Hans: Aber beim Bundestag oder auch nur bei einem Gemeinderat funktioniert das doch nie. Da bleibt nur das demokratische Mehrheitsprinzip.

Fritz: Versteht mich bitte nicht falsch: ich will nicht im mindesten etwas gegen die parlamentarische Demokratie als eine brauchbare Spielregel im Wahnspiel sagen. Und ich sage auch nicht, in Asien ginge alles einstimmig: Ob Einstimmigkeit oder das Mehrheitsprinzip funktioniert, hängt beides von den Umständen ab, vor allem auch vom Grad des Gemeinsinns und des ehrlichen Strebens nach Eintracht und von der Wichtigkeit einer Einigung. Man darf von der Lehre des Buddha – wie überall – auch in der abstrakten und daher ziemlich sinnlosen Frage nach der besten Staatsform kein »Rezept« erwarten. Das ist so unterschiedlich, wie Menschen und Wahn-Spiele unterschiedlich sind. Aber gerade deshalb sollten wir sehen: Für die in den letzten 200 bis 300 Jahren immer maßstabloser gewordenen westlichen Menschen ist zwar die parlamentarische Demokratie mit dem Mehrheitsprinzip wahrscheinlich noch am ehesten in der Lage, gröbste Unterdrückung und totale Unkontrolliertheit der öffentlichen Macht auch dann zu verhindern, wenn einzelne hervorragender Staatsmänner (oder -frauen) fehlen. Sie ist aber deshalb noch lange nicht der »allein selig machende« leuchtende Gipfel menschheitlicher Möglichkeiten, sondern ein hilfreiches »kleineres Übel« für Menschengruppen, deren Mehrzahl das innere Empfinden für wahren Gemeinsinn und Eintracht abhanden gekommen ist.

Hans: Wir spotten gern über lange Verhandlungen und nennen sie *Palaver*. Aber ich habe gehört, in anderen Erdteilen, vor allem in Afrika, sei man so von der Notwendigkeit durchdrungen, gemeinsame Angelegenheiten nur wirklich gemeinsam – nämlich einstimmig – zu regeln, dass man einfach so lang miteinander redet und redet – und sei es Tage und Nächte hindurch –, bis Einigkeit erzielt ist; andernfalls unterbleibt die besprochene Maßnahme.

Fritz: Sieh an: heute steht dazu gerade ein Hinweis aus der Unternehmenspraxis in der Zeitung: Zwei Mitarbeiter der Heidelberger Druckmaschinen AG berichten aus einer afrikanischen Niederlassung: »*... und für alle Entscheidungen gilt das Prinzip der Konsensfindung durch ›nemawashi‹ – endlose Diskussionen bis zum höchstmöglichen Grad der Harmonie. Was uns gelegentlich eher wie ›wischiwaschi‹ mit einem ungeheuren Maß an Zeitverlust vorkommt, zahlt sich aber aus; denn in der Umsetzungsphase geht alles viel schneller und reibungsloser. Niemand stellt mehr in Frage, bremst oder blockiert, nur weil es ›von oben‹ angeordnet wurde ...*«[29]

Hans: Wie wenig war mir bei Beginn unserer Gespräche das Gesetz bekannt: Erst »*was der Mensch häufig bedenkt und überlegt, dahin geneigt wird das Gemüt.*[30]« Wie sicher hatte ich gemeint, wenn man nur im Geist einmal etwas eingesehen hat, dann ist alles getan. Je mehr ich daran denke, umso verständlicher erscheint mir dieses lange und geduldige miteinander Reden, bei dem Standpunkte wiederholt werden. Auch da, wo am Ende die Mehrheit entscheidet, wird ja trotzdem vorher oft endlos »palavert« – nur eben meist zum Fenster hinaus und mit dem Gegenteil von Eintracht. Wo die Gesinnung der Eintracht fehlt, ist auch bei der

29 RNZ, Heidelberg, 31.7./1.8.1993.

30 *nati cetaso* (wörtlich: Neigung im Gemüt); meist wird – wie in der 1. Auflage des vorliegenden Buchs – »Herz« übersetzt; das ist nicht falsch, weil dem Zumutesein über Erinnerungen, Vorstellungen usw. die Neigung des Herzens folgt (vgl. Mexi, 2. Aufl., S. 211 ff.).

parlamentarischen Demokratie jener Sand im Getriebe, der zu »Staatsverdrossenheit« führen kann. — Aber sag mal, Fritz: Wie ist das eigentlich im Orden des Buddha: Einstimmigkeit oder Mehrheit?

FRITZ: Die Ordensregeln sehen Mehrheitsentscheidungen nur bei Meinungsverschiedenheiten über Lehre und Ordnung vor. Wo es dagegen um einen einzelnen Menschen und sein Verhalten geht – etwa bei Ordensaufnahme, Ausschluss oder Strafen –, bedarf es der Einstimmigkeit in der betreffenden Ordensversammlung.[31]

HANS: Das verblüfft mich. Eher kann man doch über Ordensaufnahme oder -ausschluss die Mehrheit entscheiden lassen als über die Wahrheit!

FRITZ: Eine Mehrheitsentscheidung im Orden war ja keine Volksabstimmung. Der Erwachte hatte für die Ordensverfassung nur die Zeit eines *intakten* Ordens im Auge, die er mit 500 Jahren ansetzte: Wie jede menschliche Einrichtung werde auch der Orden im Lauf der Zeit zerfallen, das heißt vor allem: nicht mehr genug jederzeit erreichbare Geheilte oder Nichtwiederkehrer aufweisen. Bis dahin aber gewährleistete eine hohe Anzahl von Geheilten, Nichtwiederkehrern und anderen Gesicherten und ihre Vorbildwirkung allemal bei der Mehrheit der Ordensmitglieder ein Maß an Eintracht über die Wahrheit, das Missbräuche bei Lehr- und Ordensentscheidungen ausschließt. Solange ein intakter Orden bestand, konnte das Mehrheitsprinzip in Fragen der Lehre und Ordnung also nur deren Bestand bewahren helfen und vor dem Einfluss Geblendeter schützen. Anders bei Ordensaufnahme und -ausschluss, wo sich bei Mehrheitsentscheidungen Sympathien und Antipathien Einzelner hätten auswirken können. Wenn sich keine Einstimmigkeit dafür fand, ob die detailliert geregelten Voraussetzungen für die Aufnahme in den Orden vorlagen, konnte der Bewerber eben nicht Mönch werden – aber im Haus als *brahmacāri* leben und es bei entsprechendem Vorgehen bis zum Nichtwiederkehrer bringen, und wenn sich keine Einstimmigkeit dafür fand, ob die meist genau geregelten Voraussetzungen für eine Disziplinarmaßnahme vorlagen, dann blieb der Beschuldigte eben davon verschont.

HANS: Aber wie wollte der Buddha denn Missbräuche für die Zeit nach Ablauf dieser 500 Jahre ausschließen?

FRITZ: Gar nicht; denn alles bedingt Entstandene – auch jegliche Gemeinschaft und deren Ordnung – unterliegt dem Verfall. Nur der ewige Friede, der unter allen bedingt entstandenen Wahngebilden unbeeinflussbar liegt wie die Stille unter allem Lärm, vergeht nicht. Die Lehre des Buddha ist eben keine philosophische oder soziale oder politische Utopie, die vorgaukelt, die (Wahn-)Welt oder die (wahnbefangenen, heilsblinden) Wesen oder der Wille oder die Vorstellung könnten durch einen anderen erlöst oder auch nur dauerhaft verbessert werden: »Welt« oder »Menschen« oder »Wille« oder »Vorstellung« — »die Welt als Wille und Vorstellung« –, das alles sind zu gewaltiger Wucht ein-gebildete, angenommene Wahrnehmungen, An-nahmen, Gestaltungen des dürstenden Herzens. Die Erlösung besteht nicht in der Verbesserung dieser Wahngebilde, sondern im gewirkten Loslassen und im Aufhören mit Wahnwirken, in der *Heilung* vom Wahn, der die Wahngebilde hervorgebracht hat, in der *Befreiung* aus der durch Blindwissen (*a-vijjā*) »*Gefangenschaft in der Wahrnehmung*«. Aber auf dem Weg zur Auflösung im Frieden wird die Wahrnehmung immer heller und leichter und verliert ihre geballte Bedrohlichkeit. Diese Beschreibung mag dann für den nicht von einem Erwachten Aufgeklärten so aussehen, als werde durch entsprechendes Wirken irgendeine »objektiv« vorhandene irdische oder himmlische oder sonstige »Welt« oder ein »Selbst« verbessert. Aber es wird nur

31 Hecker: Allgemeine Rechtsgrundsätze in der Buddhistischen Ordensverfassung (*vinaya*), in: *Verfassung und Recht in Übersee*, 10. Jg. (1977), Heft 1, S. 89 ff.; M 104, besprochen in BOrden, S. 151 ff.

durch Zurücktreten, Loslassen, Aufhören allmählich das Blindwissen gelichtet, der aus Blindwissen ein-gebildete Wahn *aufgelöst*. Und weil das so ist, braucht sich niemand, der noch nicht gleich alles sieht und versteht, Sorgen zu machen: Wenn er nur in dieser Weise, von rechter Ansicht geleitet, auf dem Weg von Tugend über Herzenseinigung zum auflösenden, er-lösenden Klarwissen, zum Selbersehen vorgeht, dann werden Blindwissen, Wahngebilde und Leiden immer weniger. Denn dann wird er irgendwann einmal – der eine früher, der andere später – das, was er noch nicht verstanden hatte, immer deutlicher *sehen*.

HANS: Wenn doch alles, was wir erleben, ein Wahntraum ist, dann wirst du wohl über so weltliche Dinge wie Fragen des öffentlichen Lebens gar nichts in deinem Buch schreiben, sondern nur über direkte Anleitungen zum individuellen praktischen Vorgehen auf die Erlösung zu?

FRITZ: Doch. Ich werde darüber schreiben. Der richtige Umgang mit allem, was uns in der Wahrnehmung begegnet, ist – soweit es uns noch berührt – ein Teil des praktischen Vorgehens auf die Erlösung zu. Wer den Fels des Blindwissens hinaufsteigen will, um oben auszuruhen und dann klar zu sehen wie die zwei Freunde in M 125, muss den Weg auf den Berg kennen. Für den Heilsgänger sind die Dinge, die er erlebt, die Steine auf dem steinigen Weg auf den Wahnfelsen, um den erlösenden Über-Blick zu gewinnen. Dazu gehört für häuslich lebende Menschen – für den einen mehr, für den anderen weniger – auch noch das, was als öffentliches Leben erlebt wird. Auf welchen Tritt des Felsensteigs wir beim Aufstieg treten können und welchen wir meiden sollten, um nicht abzustürzen, sagt uns der ehern-flexiblen Maßstab der Heilstauglichkeit in M 114, den wir bald kennen lernen. Es ist aber gut, wenn wir uns immer wieder – auch mitten in einem Thema wie »öffentliches Leben« – zwischendurch aus den gewohnten Denkschablonen frei machen und die Existenz als das betrachten, was sie ist: ein Wahnsinn. Umso eher verliert der Gedanke ihrer Traumhaftigkeit und Wahnhaftigkeit, den manche abendländische Denker angedacht, aber nie in einem »normalen« Leben durchgehalten haben, an Fremdheit.

HANS: Dein Hinweis auf »Denkschablonen« gibt mir zu denken. Ich glaube, meine nächste Frage beruht auf einer solchen Denkschablone: Ich wollte gerade Bedenken anmelden gegen den Rat des Buddha für die Vajjer, nicht an den alten Gesetzen zu rütteln. Das schien mir in einem archaischen, autoritären Denken verhaftet. Aber wenn ich mich umschaue und sehe, was »mündige Bürger« heute alles anstellen, dann verrät vielleicht eher meine Frage eine Denkschablone. Wie ist es also mit den hergebrachten alten Gesetzen, die man heute so verächtlich behandelt?

RUTH: Als zu Beginn unserer Gespräche die fünf *sīla* erwähnt wurden, da habe ich erst gedacht, das seien nur die *Minimalregeln äußeren* Verhaltens. Als ich aber dann sah, wie tief schon die volle Verwirklichung dieser fünf im Sinn der »heilenden Tugenden« hinabreichen kann, da kam mir der Gedanke, dass die fünf *sīla* schon viel mehr sind als Minimalregeln des äußeren Zusammenlebens. Als solche Minimalregeln sollten wir eher die *geltenden Gesetze* ansehen, und das scheint mir hinter dem Hinweis des Buddha zu stehen, dass es wichtig sei, dass die Vajjer die *»geltenden Bestimmungen nicht umstürzen«*, sondern *»nach den alten Vajjergesetzen leben«*. Heute setzen sich viele »mündige Bürger« unbedenklich über geltende Gesetze hinweg und machen sich ihre eigenen Gesetze. Aber die geltenden *Gesetze* sollten die äußerste *Mindestschranke* sein, ob sie uns gefallen oder nicht. Sie haben ja oft gar nichts mit Ethik zu tun, sondern sind einfach *»Spielregeln«* und verlangen deshalb von uns das Nichttun mancher Dinge, die an sich nicht untugendhaft sind, und das Tun mancher Dinge, deren Sinn nicht jedem einleuchtet. Da meinen heute auch manche Buddhisten: *»Diese Gesetze sind von weltgläubigen Menschen gemacht, die von den Gesetzen der Existenz keine Ahnung haben. Ich aber kenne die Gesetze des Daseins. Wenn ich mich an die fünf sīla halte, dann gehen mich diese sturen Weltgesetze nichts an.«* Von da her leuchtet mir das Gewicht ein, das der Buddha auf das Einhalten der alten

Vajjer-Gesetze legt, wenn ich auch weiß, dass ein Großteil unserer heutigen flüchtigen Gesetze wenig Ähnlichkeit mit jenen altbewährten Gesetzen hat.

Hans: Ja nun, heute verlangen aber manche Gesetze von den Menschen Handlungen, die sogar den Mindestbereich der fünf *sīla* verletzen: etwa zu töten, wie in den Ländern, die keine Verweigerung des Dienstes mit der Waffe kennen.

Ruth: Diese Fälle meine ich nicht, sondern *Spielregeln* für das Zusammenleben, die man so oder anders festlegen könnte, aber irgendeine einheitliche Regelung ist nötig, etwa eine Verkehrsregelung, die Erhebung einer Abgabe oder ein Verbot, bestimmte Örtlichkeiten zu betreten: Wenn einmal eine solche Spielregel eingeführt ist, dann muss sie für alle gelten, nicht nur für die, denen sie gefällt oder hundertprozentig einleuchtet. Viele Menschen sind heute nicht mehr bereit, das anzuerkennen. Deshalb werden die Gesetze dauernd geändert. Früher waren die Gesetze in Stein gemeißelt, heute erscheinen sie als Loseblattsammlungen, und man kommt kaum mehr mit dem Abheften nach.

Hans: Aber der Buddha sagt doch, dass ich nicht nach Traditionen gehen soll?

Fritz: Du meinst, was der Buddha den Kālāmern und sein großer Mönch Nandako den Sālhern in A III,66 und A III,67 gesagt haben. Diese Aussagen werden oft missverstanden. Sie beziehen sich auf die *Wahrheitsuche*. Da freilich helfen Traditionen nichts, sondern bringen jene »Reihe von Blinden« hervor. Dagegen hat die Warnung vor Traditionen nichts zu tun mit den Spielregeln für das Zusammenleben.[32] Hergebrachte, allgemein gewohnte Regeln machen mich meist weder schlechter noch besser, aber das Funktionieren der Abläufe in der Gemeinschaft helfen sie reibungsloser zu gestalten. Meist würde mir ohne diese Regeln das Herz nicht gleich »instinktiv« sagen, wie ich mich richtig verhalten soll, weil man oft den selben Fall so herum und auch anders herum lösen könnte. Wenn es keine hergebrachten »*Spielregeln*« gäbe, sondern wenn man in jedem Einzelfall erst in eine »Ethikdebatte« einsteigen oder – wie es heute üblich wird – die Verantwortung auf eine »Ethikkommission« aus »Fachleuten« abladen müsste, dann gäbe es dauernd Grundsatzstreitereien und am Ende ein Chaos. Da kann es das Funktionieren einer Gemeinschaft sehr erleichtern und entproblematisieren, wenn ich eine innere Bereitschaft einübe, soweit es zu keiner Verschlechterung meiner Eigenschaften führt, meine Lust und Laune, meine Sondergewöhnungen und Bequemlichkeiten, meine Besserwisserei und meinen Reformeifer hinter einer bewährten Spielregel zurückzustellen. Wo diese Bereitschaft fehlt, ist »Sand im Getriebe«.

Ruth: Das moderne »Hinterfragen« solcher Bräuche dient vielen nur dazu, sich an überhaupt keine Spielregeln zu halten und nach dem Lustprinzip zu leben, und das wird noch als »spontan und kreativ« verherrlicht. In solchen Fällen kann doch die Gewöhnung an die Erfahrung, wie »man es immer gemacht hat«, auch eine positive Rolle spielen!

Fritz: Allerdings! Das Pāliwort für Tugend, *sīla*, bedeutet wörtlich: gewohntes Verhalten, Sitte, *Brauch*. Fehlt die Bereitschaft, solche eingespielten Bräuche und Spielregeln hinzunehmen, auch wenn sie mir nicht passen oder ich ihren Sinn für meinen Sonderfall nicht einsehe, werden im Allgemeinen bei mir eher die heilsuntauglichen Eigenschaften zunehmen – vor allem der *Eigenwille*. Der heizt ja am allermeisten das Herdfeuer des Herzens an, das immer neue und vielfältigere Gestalten ausqualmt, statt dass der Qualm sich lichtet. Wer das verstanden hat und sich leicht, ohne Anspruch, ohne Aufbegehren Spielregeln fügt, die keine Tugend verletzen, gewinnt dadurch eine ungemeine Erleichterung: Das ganze Existenz-Schauspiel, in dem ihn seine (immer dünner werdenden) Gewohnheitsbande »zurzeit« noch auf der Wahnbühne als Mitspieler herumziehen, nimmt er immer weniger »tragisch« und wird – gerade durch zunehmende Ernsthaftigkeit – immer freier und heiterer. Anders ließe sich

32 Vgl. A VII,20.

auch schwer in einem Buch, wie ich es gerade schreibe, von »öffentlichem Leben« und »Wirtschaft« reden. Aber der Erwachte hat es gleichwohl hie und da getan bei Menschen wie uns, für die »öffentliches Leben und Wirtschaft« noch mehr oder weniger bedrängende Fassetten des ein-gebildeten Wahnspiels sind – um ihnen zu helfen, sich allmählich davon zu *befreien*.

HANS: Nun sag bloß, der Buddha hat auch etwas über die *Wirtschaft* gesagt!

III. RAT DES BUDDHA ZUR WIRTSCHAFT

FRITZ: Natürlich hat der Erwachte keine volks- oder betriebswirtschaftlichen Vorträge gehalten. Aber es gibt manche Einzeläußerungen, aus denen sich Richtmaße auch für die wirtschaftliche Betätigung entnehmen lassen. Etwas davon haben wir in anderem Zusammenhang schon gehört.

HANS: Ach so ja: die Äußerungen zur Berufswahl und Berufsausübung – der Rat, in *dem* Beruf, in dem man sich vorfindet, strebsam und geschickt zu sein: Das gehört ja auch zur Wirtschaft.

FRITZ: Dieselbe Rede A VIII,54 enthält noch weitere Hinweise zur Wirtschaft: Der Buddha rät häuslich Lebenden durchaus nicht, sich um wirtschaftliche Angelegenheiten nur »mit der linken Hand« zu kümmern und im Übrigen ihrem Karma oder »positiven kosmischen Kräften« oder »visualisiertem Wunschdenken« zu vertrauen, sondern sie sollen *»einen Blick dafür erworben«* haben, *»das Geeignete zu tun und in die Wege zu leiten«*. Dem Hausvater rät er: um die *»rechtmäßig und anständig erworbenen Vermögenswerte kümmert er sich in wachsamer Fürsorge«*, dass sie *»nicht beschlagnahmt, von Räubern weggenommen, vom Feuer verzehrt, vom Wasser fortgeschwemmt, von unguten Erben entzogen werden.«* Und in der heutigen Zeit, in der viele Menschen ihre Lebenshaltung nicht mehr nach ihrem Einkommen, sondern nach ihren Wünschen einrichten, ist der Rat aus A IV,61 wichtig: *»Da pflegt ein Mensch aus einer Familie, die Einnahmen und die Ausgaben im Blick, eine ausgeglichene Lebenshaltung, weder zu aufwendig noch zu knapp, in der Überlegung: ›So werden meine Einnahmen die Ausgaben auf die Dauer übersteigen, und nicht die Ausgaben die Einnahmen.‹«* Oder denkt an den Rat in derselben Rede, mit den durch Fleiß und Mühe, auf anständige Weise erworbenen Mitteln *viererlei gute Werke* zu tun. Damit sind ganz konkrete Ratschläge zur sinnvollen Verwendung der Mittel verbunden: Man möge mit ihnen *»mit Sorgfalt«* für sich selber, Familie und Freunde für das *»Wohlergehen«* sorgen – also nicht bloß für den notdürftigen Unterhalt. Man soll eine Sicherheitsreserve für Schäden durch höhere Gewalt (wie Naturkatastrophen) oder obrigkeitliche Eingriffe bilden – also ein Rat zum Sparverhalten; man soll *»die fünferlei Abgaben«*, darunter auch die an den König, entrichten – ein Appell an die Steuermoral. Der Erwachte sieht diese Anleitung zur weltlichen Mittelverwendung sogar in gewisser Weise als abschließend an; denn er sagt ausdrücklich, jede andere Mittelverwendung sei *»zwecklos, sinnlos, nicht bestimmungsgemäß«*.

HANS: Der Buddha hat doch auch davon abgeraten, Kredite aufzunehmen. Die haben bei der heutigen hohen privaten Verschuldung bei unvorhergesehenen Zinsentwicklungen, Arbeitslosigkeit oder Krankheit manchen einst gutverdienenden Häuslebauer in eine »neue Art von Armut« getrieben.

FRITZ: Ganz so radikal hat sich der Buddha nicht geäußert. Er hat in der Rede A IV,62, an die du denkst, nur gesagt, im Haus Nachfolgende sollten *»das Glück der Schuldenfreiheit genießen«*. Das ist doch etwas anderes als »nie einen Kredit aufnehmen«. Aber auf jeden Fall hilft das, die Verschuldung in weniger gefährlichen Grenzen zu halten, als man es heute vielfach antrifft. Maßgebend ist auch hier wieder nicht allein *»Weltklugheit«*, sondern der überweltliche Gesichtspunkt, dass die Überwindung der Sinnensucht ein starkes Maß überweltlicher *Freude* voraussetzt. Sie wird durch Schuldnersorgen verhindert. Und der Erwachte fügt wohlweislich noch hinzu, dass der Weise *»sieht: all das ist kein Bruchteil wert vom Glück der Makellosigkeit.«*

HANS: Aus diesen Einzeläußerungen kann man praktische Anhalte für den wirtschaftlichen

Bereich entnehmen. Aber gibt es auch eine ähnlich *zusammenfassende* Anleitung, wie sie für die Politik in der Rede über die Vajjer enthalten war?

Fritz: Da fallen mir gleich zwei ein. Die eine steht in einer der bekanntesten Reden des Buddha, die ich schon lange zum Besprechen vorgemerkt habe: Es ist das Gespräch des Erwachten mit dem jungen Siṅgālako in D 31. Darin sind unter anderem auch zusammenfassende Ratschläge über das Finanzgebaren enthalten. Dann gibt es noch Hinweise auf Grundsätze der Staatsfinanzierung. Ihre Durchführung setzt aber bei den Regierenden wie beim Volk Eigenschaften voraus, die schon zur Zeit des Erwachten kaum mehr gegeben waren. Deshalb nannte der Erwachte diese Grundsätze einem Brahmanen nicht in Form von Handlungsratschlägen, sondern in einem Bericht aus der eigenen Rückerinnerung über alte Zeiten, in denen er ein König namens Mahāvijjito war – übrigens auch wieder einer der Fälle, in denen der Buddha aus seiner eigenen leibhaftigen Rückerinnerung detailliert aus einer früheren Geburt erzählt. Der Bericht findet sich in der Rede

D 5 KŪṬADANTO.

Der Brahmane Kūṭadanto besuchte mit den Teilnehmern eines Brahmanentreffens – die ihn erst davon abbringen wollten – den Buddha und bat ihn um Rat über den dreifachen Erfolg und die sechzehn Erfordernisse eines von ihm geplanten großen Opfers. Der Erwachte antwortete: *»In alten Zeiten lebte ein König namens Mahāvijito, reich an Vermögen und Schätzen; er … besaß Geld und Gut in Überfluss, volle Schatzhäuser und Kornkammern. Da ließ er den brahmanischen Hofpriester zu sich bitten und sprach zu ihm: ›Brahmane: als ich einsam und abgeschieden weilte, stieg in meinem Gemüt die Überlegung auf: 'Die menschlichen Reichtümer sind mir in Fülle zuteil geworden; den ganzen Erdkreis habe ich mir untertan gemacht und gesichert. Wäre es da nicht an der Zeit, ein großes Opfer darzubringen, damit mir auf weitere Zeiten hinaus Segen und Wohl zuteil wird?' Ich will ein großes Opfer darbringen, Brahmane. Berate mich, damit mir auf weitere Zeiten hinaus Segen und Wohl zuteil wird!‹ Auf diese Aufforderung sprach der brahmanische Hofpriester zum König Mahāvijito: ›Des Herrn Königs Reich ist voll Not und Bedrängnis. Man sieht geplünderte Dörfer und Städte, ausgeraubte Marktflecken, geschleifte Festungen, und es gibt Wegelagerer. Würde aber der Herr König dem Not leidenden, bedrängten Land die Steuern erlassen, dann könnte der Herr König seine öffentlichen Aufgaben nicht erfüllen. Vielleicht denkt nun der Herr König: 'Diese Landplage werde ich niederschlagen mit Hinrichtung, Verhaftung, Beschlagnahme; ich werde Exempel statuieren, Verbannungen anordnen.' Aber so kann man dieser Landplage nicht von Grund auf Herr werden. Die Überlebenden werden später das Land unsicher machen. Wenn man aber zu folgender Lösung käme, dann würde dies der Landplage ein für alle Mal ein Ende setzen. Sieh, Herr König: Die im Reich des Herrn Königs Ackerbau und Viehzucht treiben, an die sollte der Herr König Saatgut und Futtermittel ausgeben. Die im Reich des Herrn Königs ein Gewerbe treiben, an die sollte der Herr König Geld ausgeben. Die im Reich des Herrn Königs Königsdienst leisten, denen sollte der Herr König Kost und Gehalt festsetzen. Dann sind diese Menschen mit ihrer Arbeit beschäftigt und machen nicht das Land des Herrn Königs unsicher: Groß wird das Einkommen des Herrn Königs, befriedet wird das Reich sein, frei von Not und Bedrängnis werden die Menschen sein, glücklich und zufrieden, und vor offenen Haustüren werden sie ihre Kinder an der Brust wiegen.‹ — ›So soll es geschehen, mein Lieber‹, stimmte der König dem brahmanischen Hofpriester zu. Die im Reich des Königs Ackerbau und Viehzucht trieben, an die ließ der König Saatgut und Futtermittel ausgeben. Die im Reich des Königs ein Gewerbe betrieben, an die ließ er Geld ausgeben. Die im Reich des Königs Königsdienst leisteten, denen ließ er Kost und Gehalt festsetzen. Da waren diese Menschen mit ihrer Arbeit beschäftigt und machten nicht das Land des Königs unsicher: Groß wurde das Einkommen des Königs, befriedet war das Reich, frei von Not und Bedrängnis waren die Menschen, glücklich und zufrieden, und vor offenen Haustüren wiegten sie ihre Kinder an der Brust.«*

Aber damit nicht genug: Obwohl nun alle Voraussetzungen für das Große Opfer vorlagen, riet der Hofpriester, die Zustimmung aller Stände einzuholen. Als sie erteilt war, half er dem König, das große Opfer als gewaltfreie, große Spendenaktion durchzuführen, über deren *Vorbildwirkung* der Erwachte berichtet: *»Bei diesem Opfer wurden keine Rinder, Schafe und Ziegen, keine Hühner und Schweine umgebracht, keine lebenden Wesen fielen dem Schlächter zum Opfer, keine Bäume wurden als Opferpfosten gefällt, keine Büschel von Kusagras als heiliges Gras geschnitten, und die Knechte und Diener und Arbeiter gingen nicht vor Strafe zitternd, von Angst eingeschüchtert, tränenüberströmt und klagend an die Zurüstungen, sondern wer wollte, machte mit, wer nicht wollte, machte nicht mit; was sie tun wollten, taten sie, und was sie nicht tun wollten, taten sie nicht. Mit Butterschmalz, Öl, frischer Butter, Dickmilch, Honig und Sirup wurde das Opfer vollbracht.*

Da nahmen der städtische Adel und der Landadel, die Vertrauten und Räte, die einflussreichen und wohlhabenden Bürger aus Stadt und Land Geld und Gut im Überfluss, gingen zum König und sprachen zu ihm: ›Da bringen wir dieses Geld und Gut hier; nimm es, Majestät!‹ — ›Lasst es gut sein, ihr Herren; ich habe durch rechtmäßige Steuererhebung genug Geld und Gut angesammelt. Was ihr habt, das behaltet lieber.‹ Nach dieser Ablehnung des Königs gingen sie beiseite und berieten: ›Es stünde uns nicht gut an, diese Güter nun wieder mit nach Haus zu nehmen. Der König feiert ein großes Opfer; da wollen wir nach seinem Vorbild auch opfern.‹ So haben im Osten des Opferplatzes der städtische Adel und der Landadel Spenden ausgeteilt, im Süden die Vertrauten und Räte, im Westen die einflussreichen Brahmanen und im Norden die wohlhabenden Bürger aus Stadt und Land.« Während die anderen dem Erwachten zuhörenden Brahmanen lauthals ihr Erstaunen über die gewaltigen Folgen jenes großen Opfers äußerten, *saß Kūṭadanto still versunken da.* Als ihn die Brahmanen fragten, ob er denn ihre Begeisterung nicht teile, erwiderte er: *»Ihr Herren: mir ist aufgefallen: Der Asket Gotamo hat nicht gesagt: ›Das habe ich gehört‹ oder ›So könnte es gewesen sein‹, sondern der Asket Gotamo hat einfach gesagt: ›So war es. In dieser Weise hat es sich zugetragen.‹ Da denke ich mir, ihr Herren: Sicher ist damals der Asket Gotamo entweder der König Mahāvijjito, der Gabenherr, gewesen oder er ist der Opferpriester gewesen, der das Opfer ausgeführt hat. Gibt denn der Herr Gotamo zu, dass er ein solches Opfer dargebracht hat oder hat darbringen lassen und dass er darauf nach dem Wegfall des Körpers, nach dem Tod, auf eine gute Bahn, in himmlische Welt aufgestiegen ist?« — »Ich gebe zu, Brahmane, dass ich ein solches Opfer dargebracht habe und habe darbringen lassen und dass ich darauf nach dem Absterben des Körpers, nach dem Tod, auf eine gute Bahn, in himmlische Welt aufgestiegen bin.«*

Hans: Überwindung eines Staatsnotstandes nicht durch Steuererlass, sondern durch Gewerbe- und Berufsförderung – das klingt ja immer noch fast aktuell. Aber offenbar keine wahllosen Subventionen nach dem Gießkannenprinzip mit Rechtsanspruch, sondern freiwillig genau zweckgebunden direkt an die, die auch die förderungswürdigen Leistungen erbringen. Und an die Landwirtschaft auf die unmittelbarste Art zweckgebunden: in Naturalien. Aber vor allem Großzügigkeit auf allen Seiten, statt immer von den andern fordern, selber aber nichts hergeben wollen. Noch heute erleben wir oft bei erschütternden Anlässen wie Naturkatastrophen, dass gute Vorbilder Wellen von Hilfsbereitschaft hervorrufen. Man sieht diese unmittelbarste Form der »Sozialhilfe« nach dem Vorbild des klug beratenen Königs fast plastisch vor sich, wenn man diesen Bericht hört. — Heute wird so viel verdorben dadurch, dass keiner mehr Hilfe und Gaben empfangen, sondern einen »Rechtsanspruch« haben will. Dann muss man verzwickte Gesetze mit Ausnahmen und Rückausnahmen und Härteklauseln ausdenken, um Missbräuche zu verhindern. Die werden aber gerade durch Gewährung eines Rechtsanspruchs eher gefördert. Denn wer einen Rechtsanspruch hat, dem ist ja die Entscheidung abgenommen, ob die Ausübung gut und recht ist. Und niemandem sagt sein Gewissen, er müsse sich dieser »Gabe« würdig und dankbar erweisen – er hat ja ein Recht darauf.

Da man aber bei den gesetzlichen Zuteilungsregeln unmöglich im Voraus an alle Möglichkeiten denken kann, gibt es immer Gesetzeslücken, in denen sinnwidrige Missbräuche legal sind. Und so entstehen – Wahnsinn im Wahn – Butterberge und Milchseen und werden Milliarden für ihre Einlagerung und Vernichtung ausgegeben, während Menschen verhungern. Wenn aber nach einem guten Vorbild freiwillig gegeben wird, dann herrscht ein ganz anderer Geist. Hier sieht man wieder einmal, dass es auf die Gesinnung mehr ankommt als auf die äußere Form.

RUTH: Ich bin überrascht, wie viele konkrete und auch übergreifende Maßstäbe der Buddha für den Beruf und sogar für das öffentliche Leben in Staat und Wirtschaft gesetzt hat, obwohl es doch allein um die Erlösung vom Leiden, um das Erwachen aus dem Wahntraum des Daseinskreislaufs geht.

FRITZ: Nicht *»obwohl«*, Ruth, sondern *weil* es um das endgültige Freiwerden aus Wahn und Leiden geht. Zwar ist alles, was wir erleben – »Du« und »Ich« und »Welt« und »Kosmos« und »Erde« und »Staat« und »Gemeinde« und »Subjekt« und »Objekt« –, nicht »aus Materie«, sondern »aus Wahrnehmung«. Und Wahrnehmung ist nicht Spiegelung von einem »Etwas«, was in irgendeinem »Draußen«, »an sich« bestünde, unabhängig von der Entwicklung der Triebkräfte und des Wirkens, sondern »Welt« (samt allen Mitwesen) und »Ich« sind beide *»aus Wahrnehmung«*, und Wahrnehmung ist die Aktivität eben dieser Triebkräfte, ist *»Aktivität des Herzens«*. — Ja, Hans, ich sehe deinem Gesicht an, dass du denkst: Jetzt kommt er schon wieder damit; er soll doch lieber etwas über die Praxis sagen. Aber wir materialistisch »dressierten« westlichen Menschen können uns das gar nicht oft genug vor Augen halten. Denn es ist uns so ungewohnt, dass manche es nicht einmal einem heutigen Top-Physiker wie Dürr so ganz abnehmen mögen, wenn er eindeutig sagt, eine objektive, materielle Welt könne es auch vom physikalischen Standpunkt aus gar nicht geben. Immerhin ist der Wahncharakter des »Als-Ob« heute selbst auf dem Gebiet der Wirtschaft so deutlich, dass in einer Broschüre der Deutschen Bank über Gold als Geldanlage[33] zu lesen ist, *»dass der hohe Wert des Goldes latent fiktiv ist. Er bleibt real, solange die Besitzer von Goldvorräten an diese Realität glauben und sich deshalb von ihrem Gold nicht trennen. Die Goldvorräte sind insgesamt unverkäuflich und behalten ihren Wert nur, wenn jedem Besitzer, der sich von seinem Gold trennt, andere gegenüberstehen, die in gleichem Maße ihre Reserven aufstocken. Eine Reserve für den Notfall (und als solche wird es weltweit gehalten) kann das Gold nur sein, solange im Schnitt von dieser Reserve kein Gebrauch gemacht wird. Aber latente* Unwirklichkeit *schließt* Funktionsfähigkeit *nicht aus.«*

RUTH: Klar: die *»Unwirklichkeit«* der Bilder unseres wuchtigen, hochspannungsreichen, dichten *Erlebens*, hinter dem keine »objektiv, an sich« bestehende Welt steht, *ist* ja eine *»Funktion«* der wuchtenden und hochspannungsreichen Triebkräfte des *Herzens*, die erst allem Erlebten seinen Wert oder Unwert geben. Und dieses *Erleben* hat bei der menschlichen Erlebnisweise die Struktur als »Erdenwelt« mit grobkörperlich in Erscheinung tretenden Menschen, Tieren und Pflanzen mit den Gestirnen darumherum. Die Grundtatsache, dass buchstäblich alles »ein *Herz und* eine *Seele*«, ist, von Höllenwesen über Eintagsfliegen, uns kurzlebige Menschen, langlebige in Strahlung Weilende bis zu den unvorstellbar lange bestehenden gestaltfreien Wesen an der »Grenzscheide möglicher Wahrnehmung«, wird in der »alltäglichen« Erlebnisweise überdeckt durch die als Rauigkeiten und Rohheiten und Starrheiten der »Welt« in Erscheinung tretenden einstigen und jetzigen Rauigkeiten und Rohheiten und Starrheiten des Hochspannungszentrums »Herz«. Deshalb ist bei uns Vielfalterleben kein himmlisches Farbenspiel, sondern gerinnt zum *Erleben* von Berufssorgen, politischen, wirtschaftlichen und ökologischen Problemen mit all den gewaltigen durch Berührung mit

33 Börsenbild und Anlagespiegel, 1/1992, S. 4, Hervorhebung von mir.

Erscheinungen aufgerührten Gefühlswogen, auf die unsere Triebkräfte reagieren, solange die *Beeinflussung* (*āsavā*) nicht aufgehoben ist.

Fritz: Das geht aber nicht von heute auf morgen. Deshalb ändert sich auch unsere Erlebnisstruktur nicht von heute auf morgen. Wem das nicht nur, wie den »Sinne befriedigenden Heilsgängern«, in »lichten Momenten aufgeht«, sondern als Grundton das Leben so stark und unwiderstehlich durchzieht, dass die Erlebnisweise der Sinnensucht mehr und mehr als *»glühende Kohlengrube«* empfunden wird, der kann es, wie der Erwachte dem König Mahānāmo in A XI,12 erklärt hat, gar nicht mehr im Haus aushalten, sondern *muss* in die Hauslosigkeit ziehen. Dort ist er dem Erleben der wahren Beschaffenheit von »Welt« und »Du« und »Ich« – »aus Wahrnehmung« – viel näher. Erst dort, im Orden, ist von innen her eine radikale *Beschränkung* der Lebensbedürfnisse auf das möglich, was zur Körpererhaltung nötig ist, weil dieser Verzicht unter den dortigen Lebensumständen in erträglicher Zeit so reiche Früchte in Gestalt inneren Wohls bringt, dass daneben das Sinnenwohl seinen Reiz verliert.

Hans: Dann braucht wohl in den Ordensregeln von den meisten äußerlichen Lebensdingen keine Rede zu sein?

Fritz: So könnte man meinen. Aber bis zum Ende seines Erdenwandels hat der Erwachte – jeweils aus konkretem Anlass – 227 Ordensregeln erlassen.

Hans: Wie kommt das?

Fritz: Weil auch viele gute, strebende Mönche – von den schlechten gar nicht zu reden – nicht gleich »14 Tage auf Zehenspitzen gehen« konnten. Die dem Herzen innewohnenden, Wahrnehmung erzeugenden Triebwuchten sind eben viel dichter und härter, als die meisten Menschen ahnen. — Wie erst bei uns in der *Häuslichkeit* Lebenden! Durch die *»stromentgegengehende«* Wirklichkeitslehre des Erwachten haben wir alle Hände voll zu tun, im *Geist* unser anerzogenes und angewöhntes wahnhaftes Welt-Bild in einer Umwertung aller Werte ständig zu berichtigen und in so häufigem *Wiederholen* in den Geist einzuprägen, dass auch Gemüt und *Herz* zum endgültig unzerstörbaren Frieden zu neigen beginnen. Vor allem aber geht es darum, in Form von Tugendwohl, nicht messender Liebe und Freude über die Orientierung jenes Maß an innerer *Freude* und überweltlichem Hochgefühl (*pīti*) zu gewinnen, ohne das auf die Dauer niemand die Sinnensucht überwinden kann. Das bedeutet auch im Haus schon auf der Sinnlichkeitsebene ständigen direkten Kampf gegen Untugend, Übelwollen und rauschhafte Unmäßigkeit. Da wäre es eine auf die Dauer unerträgliche Überforderung, derart stromentgegen Strebende zu früh auch noch mit Reibungen durch Berufswechsel zu belasten, wo keine der fünf Grundtugenden verletzt und nicht rauschhaft genossen wird. Aus diesem Grund kümmert sich der Erwachte auch um die Nöte seiner häuslichen Anhänger in Beruf und öffentlichem Leben.

Hans: Dann sind also die Empfehlungen des Buddha für Beruf und öffentliches Leben keine »ewig gültigen Gesetze«, aus denen man eine Art »buddhistische Wirtschafts- und Staatslehre« ableiten könnte?

Fritz: »*Zeitlos*« sind die *vier Heilswahrheiten*. Die »weltlichen« Ratschläge des Erwachten dienen nicht dazu, »die Welt zu verbessern«, weil das gar nicht möglich ist. Ich würde es mir zwar drei Mal überlegen, ehe ich von ihnen im Einzelfall abweichen würde. Aber ich würde sie nicht als zeitlose »Rezepte« ansehen: Zeitlos ist an ihnen die Zielrichtung, aber nicht in jeder Einzelheit ihr oft kulturell bedingter *Ausgangspunkt*: die Beziehungen des *damaligen* einzelnen Inders zu Beruf, Wirtschaft und Staat. Die Empfehlungen für Beruf, öffentliches Leben und Wirtschaft sollten nur von den häuslich lebenden Menschen Störeinflüsse beim Betreten und Gehen des Heilungswegs fern halten helfen. Nicht, damit sie es »schön gemütlich« haben, sondern damit sie zuerst auf *den* Gebieten Fortschritte machen, auf denen sie den *höchsten Wirkungsgrad* erreichen. Das sind nicht radikale äußere Veränderungen oder dauernde Skrupel, dass sie »immer noch« mit weltlichen Dingen umgehen, sondern das ist die Bildung und Einpflanzung der heilenden rechten *Anschauung* und das Ansammeln überweltlicher *Freude* durch eine allmähliche Herzensumbildung. Im Zug dieser *Herzensumbildung* verlieren dann allmählich auch von innen her die Berufs- und Weltprobleme ihren drängenden Charakter. Und nach Jahren der Nachfolge erleben manche Strebende sogar, dass auch ganz andere, ungeahnte neue berufliche, politische und wirtschaftliche Bilder in der Wahrnehmung auftauchen – wenn sie vom Herzen her ein »Erlangertyp« – ein *lābhī* – geworden sind. Wenn nicht, dann gewinnen sie durch ihr Vorgehen auf jeden Fall mehr Zufriedenheit, Gelassenheit und Geduld. Die lassen sie weit besser als die nur äußerlich Erfolgsorientierten mit allen Lebenssituationen fertigwerden. Und unter und hinter dieser Herzens- und Wahrnehmungswandlung mag sich mehr und mehr die Wende zum großen *Aufhören* anbahnen, von dem der alles durchdringende Geschmack der Erlösung ausgeht, der – ebenso wie Scheidewasser selbst Gold auflöst – in aller Stille unbeirrbar den Wahn löst und löst.

Ruth: Was wir da vom Buddha für Beruf und öffentliches Leben gehört haben, ist so ziemlich das Gegenteil von dem, was die meisten Menschen bisher über den Buddhismus gedacht haben: In der Häuslichkeit Nachfolgende brauchen also ihr bisheriges Leben in diesen beiden Bereichen äußerlich gar nicht besonders einzuschränken – soweit sie damit weder sich noch die Mitwelt bedrängen. Erst recht brauchen sie es nicht zu fliehen oder ein schlechtes Gewissen zu haben, sondern sie sollen es möglichst reibungslos und – wo es geht – erfolgreich weiterlaufen lassen, wobei freilich *Zufriedenheit* turmhoch über Besitz, Genuss und Macht geht. Es ist ja zugleich auch ein Übungsfeld zum Trainieren von Anschauungen, Gemütseinstellungen und Eigenschaften, die auch auf dem Heilsweg nötig sind. Wenn das so ist, dann ist die verbreitete Auffassung irrig, auch für den Nichtasketen erfordere die Lehre des Buddha ein zurückgezogenes Leben als Einzelgänger, einen möglichst weitgehenden Rückzug aus dem Familienverband.[34] Eher müsste doch ein herzliches *Familienleben*, eine gute Ehe oder Partnerschaft und die Erziehung von Kindern das nächstliegende Übungsfeld für die innere Wandlung sein!

IV. RAT DES BUDDHA FÜR DAS FAMILIENLEBEN

Fritz: So ist es auch, Ruth. Darüber gibt es viele Aussagen.

Hans: Das höre ich gern. Aber darf ich wieder einmal den *advocatus diaboli* spielen: Ist das wirklich konsequent? Lauert da nicht die Gefahr, in Familiengemütlichkeit hängenzubleiben? Haben es nicht manche große Künstler um ihres Werkes willen nicht in der Familie ausgehalten – wie erst, wenn jemand die größte Kunst lernen will: die absolute Freiheit zu gewinnen?

Fritz: Was die Künstler angeht: Das kommt auf die Persönlichkeit an. Johann Sebastian Bach komponierte manche seiner geradezu überweltlichen Werke im Gewimmel vieler Kinder – darunter eine geistig behindertes. Das Werk, das ein häuslich lebender Nachfolger des Erwachten zu schaffen hat, ist die Wandlung, Befreiung und Befriedung seines *Herzens*. Und die *beginnt* mit der heilenden *Tugend* in der *Begegnung*. Wer sich vorher schon unreif in äußere Vereinzelung zurückziehen wollte – wie soll der das üben? Er könnte sich in Tagträumen Begegnungsszenen ausdenken, in denen er auch zu schlimmen Wesen ganz edel und lieb ist – aber wenn es in diesen Tagträumen brenzlig wird, dann modelt er sie um oder bricht sie ab, und alle Probleme sind »gelöst«. Leibhaftige Mitwesen in der Begegnung verhalten sich anders als Phantasiegestalten in Tagträumen. Sie kommen, gehen oder bleiben um mich auch und gerade, wenn es mir nicht passt. Erträumter Edelmut hilft da nicht. Wohl aber hilft es, wenn die heilenden Tugenden in einer menschlichen Umgebung eingeübt werden können, in der es

34 Vgl. dazu den Briefwechsel »Die Frau lassen …?« in: WW, 34. Jg. (1988), S. 307 ff.

neben Menschlichem, Allzumenschlichem auch Vertrauen, Verständnis und Mitempfinden gibt, so dass auch getragen wird, wer einmal stürzt.

RUTH: Dann ist doch für häuslich Lebende die *Familie* eine gute Schule, um meditationshindernde Unebenheiten des Herzens wegzuläutern.

FRITZ: So ist es. Natürlich braucht der im Haus lebende Nachfolger immer wieder *auch* den »*Segen der Abgeschiedenheit*«.[35] Aber um unsere Mitwesen mit ihren Bedürfnissen überhaupt zu bemerken und zu beachten und so anzunehmen wie sie sind, nicht wie wir sie möchten, dafür ist in der Tat die Familie eine hohe Schule. Der Buddha hat daher auch von jenen den Stromeintritt fördernden sechs unübertrefflichen Betrachtungen in A VIII,54 gesagt, dass sie »*mitten im Gewimmel von Kindern*« angestellt werden können. Wir werden darauf noch zurückkommen. Aber Hans, lieber *advocatus diaboli*: um abschließend auf deine Frage zurückzukommen: Der Erwachte hat die Möglichkeiten, in Partnerschaft und Familie große innere Fortschritte zu machen und sogar die endgültige Sicherheit, den Eintritt in die Heilsströmung zu erwirken, klar positiv bewertet. Aber er hat auch ebenso klar das *Elend* des Familienlebens herausgestellt, um den Segen gelegentlicher gut genutzter Abgeschiedenheit umso heller leuchten zu lassen. Damit wir nachher den Segen eines guten Familienlebens auf dem richtigen Hintergrund sehen, fangen wir ruhig mit dem *Elend* an.

HANS: Da fällt mir gleich M 87, die Rede von dem armen Vater ein, dem sein Bübchen gestorben war. Darin weist der Buddha ja auf schreckliche Familientragödien hin, wie sie immer wieder geschehen.

RUTH: Auch die Rede von den fünf Lebenstatsachen, A V,57, erinnert daran, dass ich von allem, was mir lieb ist, scheiden muss.

HANS: Aber Ruth: Sterben, Scheidenmüssen, Vergänglichkeit – das ist doch kein spezifisches Elend des Familienlebens. Das betrifft doch auch die Hauslosen.

FRITZ: Das kann man differenzierter sehen: Alle Nöte der Vielfaltwelt lassen sich zwar letztlich auf Geborenwerden, Altern und Sterben im weitesten Sinn zurückführen. Wie hat der damals noch nicht heilgewordene Ānando geweint, als der Erwachte im Sterben lag, dass nun sein Heilslehrer dahingeht. Aber darauf, dass er selber erkrankt, altert, stirbt, war er bestens vorbereitet. Keinem Asketen wird durch Altern, Sterben, Krankheit eines anderen in dem Umfang die Stütze oder gar der leibliche Ernährer genommen, wie einem familiengebundenen Menschen. Stirbt einem Mönch sein geistiger Lehrer weg oder der Hausvater, der ihn bisher hauptsächlich unterstützt hat, dann zieht er als »Bürger der vier Weltgegenden« eben weiter und sucht einen neuen. Ein Kind dagegen kann sich nicht einfach einen neuen Vater, eine Mutter nicht einfach ein neues Kind suchen. Du verstehst?

HANS: Allerdings. Die Bindung an die Wechselfälle des Lebens ist für häuslich Lebende unvergleichlich stärker und vielfältiger.

FRITZ: Und die erste der drei großen Nöte der Vielfaltwelt, *Geburt* im leiblichen Sinn, tritt im Orden überhaupt nicht auf: Dort haben alle für dieses jetzige Leben die Geburt mit ihren Nöten für Mutter und Kind und alle Probleme der Erziehung hilfloser und total abhängiger Kinder hinter sich. In einem intakten Orden gibt es nur gleichstrebende Erwachsene. Der Erwachte hat einmal eine Prinzessin deutlich auf dieses nur in der Häuslichkeit vorkommende Elend der Geburt hingewiesen. Sie war sieben Jahre hintereinander immer mit dem selben Kind schwanger gewesen. Sechs Mal ging dieses unglückliche Wesen durch Fehlgeburt ab, inkarnierte aber immer wieder in ihrem Leib, bis dann beim siebten Mal die Geburt gelang.

HANS: Hmmm, du sagst das so sicher.

35 Vgl. z. B. S 3,18; M 125 und A V,176.

Fritz: Lasst uns ein Befremden, ob so etwas denn möglich sei, einfach einstweilen zurückstellen. Wir werden ja noch ausführlich über Karma und Wiedergeburt sprechen. Bis dahin haben wir in der dogmenlosen Darlegung von M 60 das Richtmaß für den angemessenen Umgang mit diesem »nicht offensichtlichen« Teil des Berichts: uns für diese Möglichkeit *offen* halten.

Hans: Ja, ich weiß schon: nicht gleich denken: »Das habe ich nicht wahrgenommen, also gibt es das nicht.« Du hast ja Recht, aber es ist eben so ungewöhnlich.

Fritz: Ist es wirklich ungewöhnlicher als vor 100 Jahren der Gedanke erschienen wäre, dass Menschen auf dem Mond Steine suchen gehen oder Raumfahrzeuge – über 2 Milliarden Kilometer punktgenau gesteuert und fernrepariert – von vor wenigen Jahrzehnten noch gar nicht bekannten Monden der fernsten Planeten genaue Fotos machen oder dass Astronauten über Monate hinweg schwerelos in Raumstationen mehrmals am Tag die Erde umrunden?

Hans: Nein, das nicht, Fritz. Da sieht man wieder die Macht der Denkgewohnheit. Lass uns den Bericht hören.

Fritz: Er steht in der Rede

Ud II,8:

So hab ich's vernommen: Einstmals weilte der Erhabene bei Kundiya im Kundadhānahain. Damals war die Koliyerin Suppavāsā[36] *in sieben Jahren hintereinander schwanger gewesen, und nun lag sie seit sieben Tagen in Wehen. Sie litt heftige, schwere, stechende Schmerzen und hielt sich mit drei Gedanken aufrecht: »Wahrlich: Vollkommen erwacht ist der Erhabene. Damit es solche Schmerzen nicht mehr gibt, zeigt er die Lehre; damit es solche Schmerzen nicht mehr gibt, folgt die Nachfolgergemeinde dem Erhabenen richtig nach. Das wahre Wohl ist das Nirvāna; da gibt es solche Schmerzen nicht.«* Schließlich bat die Koliyerin Suppavāsā ihren Gatten, zum Erhabenen zu gehen, ihre Lage zu schildern und ihm zu sagen, dass sie sich mit diesen drei Gedanken aufrechthält. — *»Sehr gern«, sprach der Koliyerprinz, begab sich zum Erhabenen und richtete seine Botschaft aus. (Der Erhabene sprach:) »Genesen sei die Koliyerin Suppavāsā, gesund, einen gesunden Sohn soll sie gebären!« — Noch während der Erhabene diese Worte sprach, genas die Koliyerin Suppavāsā, wurde gesund und gebar einen gesunden Sohn. — Der Koliyerprinz, beglückt und erhoben durch die Worte des Erhabenen, stand von seinem Sitz auf und kehrte zu seinem Haus zurück. Dort sah er, dass die Koliyerin Suppavāsā genesen war und einen gesunden Sohn geboren hatte. Bei diesem Anblick dachte er: »Wunderbar! Wie gewaltig ist wahrlich des Erhabenen Geistesmacht und Größe, dass bei seinen Worten die Koliyerin Suppavāsā genesen ist und einen gesunden Sohn geboren hat!« Und er war voller Glück, geistige Helle und Freude erfüllte ihn, und das Wohl des geistigen Jubels (pīti) stieg in ihm auf. — Da sprach die Koliyerin Suppavāsā zu ihrem Gatten: »Lieber Herr, geh zum Erhabenen und sag ihm: ›Sieben Jahre hintereinander war die Koliyerin Suppavāsā schwanger gewesen und lag nun seit sieben Tagen in Wehen. Und jetzt ist sie gesund und wohlauf und hat einen gesunden Jungen geboren! Sie lädt auf sieben Tage die Mönchsgemeinde zum Mahl ein. Möge der erhabene Herr doch mit der Mönchsgemeinde die Einladung zu sieben Mahlzeiten annehmen!‹«*

Nachdem der Buddha durch Mahāmoggallāno einen anderen Hausvater, der ihn schon für diese Woche eingeladen hatte, zum Zurücktreten für diese sieben Tage bewogen hatte, *versorgte die Koliyerin Suppavāsā den Erhabenen und die Mönchsgemeinde sieben Tage lang mit erlesener fester und flüssiger Nahrung und ließ den kleinen Sohn dem Erhabenen und der ganzen Mönchsgemeinde huldigen. Da sprach der ehrwürdige Sāriputto zu dem kleinen Söhnchen: »Kind, geht es dir gut? Geht es dir erträglich? Fehlt dir nichts?« — »Wie könnte es mir gut*

36 Tochter des Kolyerkönigs, verheiratet mit dem Licchavierprinzen Mahāli, vgl. Proper Names S. 1222.

gehen, Herr Sāriputto! Sieben Jahre hintereinander bin ich aus dieser Bluthöhle herausgekommen!« — Die Koliyerin Suppavāsā aber war stolz: »Mein Kind spricht mit dem Feldmarschall der Lehre«, geistige Helle und Freude erfüllte sie, und das Wohl geistigen Jubels stieg in ihr auf. — Da sprach der Erhabene zur Koliyerin Suppavāsā: »Möchtest du denn noch ein solches Kind haben, Suppavāsā?« — »Noch sieben solche Kinder möchte ich haben, Herr«, antwortete die Koliyerin Suppavāsā. Da tat der Erhabene aus seiner universalen Überschau folgenden Ausspruch:

»Widriges als Behaglichkeit, Unliebes in des Lieben Form,
das Leiden in Gestalt von Wohl kommt über den, der leichten Sinns.«

Ruth: Wenn man einmal die Richtigkeit des Berichts unterstellt, dann sieht man deutlich, wie stark die Blendung sein kann: Da hat nun diese Frau sieben Jahre hintereinander schwere Schwangerschaften erlitten, sechs Mal mit Fehlgeburten endend, und hat beim siebten Mal fürchterliche Schmerzen gehabt. An den drei Gedanken, mit denen sie sich aufrechterhalten hat, erkennt man ja, dass sie die Lehre begriffen hat. Und doch wünscht sie sich, geblendet vom Überschwang von Freude und Stolz, noch sieben solche Kinder! Aber dass der Buddha sie zwar deutlich, aber nur kurz und in schonend unpersönlicher Form vor solcher Unachtsamkeit warnt, zeigt doch wohl, dass sie gleich verstand, was gemeint war.

Fritz: So ist es. Wir sehen, wie Recht du mit deiner Bemerkung gehabt hast, Hans, dass das Leben in der Häuslichkeit viele Behinderungen bei der Nachfolge mit sich bringt, die der Hauslose nicht kennt. Aber der Erwachte spendet immer wieder auch in den schweren Wechselfällen des Familienlebens – etwa beim Tod eines lieben Angehörigen – den besten Trost: die Kenntnis der Daseinsgesetze. So in der Rede

Ud VIII,8.

So hab ich's vernommen: Einstmals weilte der Erhabene in Sāvatthī im Ostkloster in Mutter Migāros Halle. Damals war gerade Visākhā, der Mutter Migāros, eine Enkelin gestorben, die sie sehr lieb hatte. Da begab sie sich mitten am Tage mit nassem Gewand und nassen Haaren (dem Zeichen der Trauer) *zum Erhabenen, begrüßte den Erhabenen ehrerbietig und setzte sich zur Seite. Da sprach der Erhabene zu ihr: »Warum kommst du mitten am Tag mit nassem Gewand und nassen Haaren, Visākhā?« — »Herr, mir ist eine Enkelin gestorben, die ich sehr sehr lieb hatte.« — »Möchtest du gern so viele Kinder haben, wie Sāvatthī Einwohner hat, Visākhā?« — »Gern hätte ich so viele Kinder wie Sāvatthī Einwohner hat, Herr.« — »Wie viele Menschen sterben wohl täglich in Sāvatthī, Visākhā?« — »Manchmal zehn Menschen am Tag, Herr, manchmal auch neun oder acht oder sieben oder sechs oder einer – ohne sterbende Menschen ist Sāvatthī nie, Herr.« — »Was meinst du, Visākhā, wärst du da jemals ohne nasses Gewand und ohne nasse Haare?« — »Das nicht, Herr, allein die vielen Kinder und Enkel würden dazu genügen.« — »Wer Vorliebe (pema) für hundert hat, Visākhā, der hat hundert Leiden; wer Vorliebe für neunzig hat, der hat neunzig Leiden; wer Vorliebe für achtzig/ siebzig/ sechzig/ fünfzig/ vierzig/ dreißig/ zwanzig/ zehn hat, hat achtzig/ siebzig/ sechzig/ fünfzig/ vierzig/ dreißig/ zwanzig/ zehn Leiden; wer Vorliebe für fünf/ vier/ drei/ zwei hat, der hat fünf / vier/ drei/ zwei Leiden; wer Vorliebe für einen hat, hat ein Leiden; wer für niemanden Vorliebe hat, hat kein Leiden, ist frei von Kummer, Trauer, Auflehnung, sage ich:*

Was es an Kummer gibt und Aufbegehren, an Leiden aller Art auf dieser Welt
Vorliebe ist der Grund von alledem. Vorliebe – gäb's die nicht, so wär das nicht.
Wie selig sorgenfrei ist darum der, der nirgends in der Welt Vorlieben hat.
Wer frei von Kummer und Betrübnis sein will: Vorliebe heg' er nirgends in der Welt.«

Ruth: Das ist ja der gleiche Gedanke, wie ihn der Buddha dem Vater zu bedenken gegeben hatte, dem sein Bübchen gestorben war. Nur hat ihn Visākhā nach anfänglicher Blendung durch ihre Kinderliebe eingesehen.

Fritz: Dabei hatte sie schon, nachdem sie den Buddha zum ersten Mal gehört hatte, den Stromeintritt erlangt[37], und auch sie wird in A I,25^{m} vom Buddha unter den Spitzen der Jüngerschaft genannt. Wir brauchen uns also nicht zu beunruhigen, wenn wir unter den erschwerten Bedingungen des Hauslebens immer wieder vorübergehend von der Wahrheitsgegenwart abkommen. Wir können uns deshalb vorstellen, welche Ruhe und Klarheit durch den liebevollen Hinweis des Erwachten auf die Realität bei Visākhā eingekehrt ist. Solche klare Sicht lässt auf die Dauer beim Heilsgänger kein totales Untertauchen in häuslicher »Stallwärme« mehr bestehen.

Ähnlichen Trost empfing König Pasenadi bei zwei Trauerfällen. Über den einen berichtet die Rede

DIE GROSSMUTTER – S 3,22.

Auch er kam zur Tagesmitte zum Erwachten. Der Erwachte fragte: *»Warum kommst du mitten am Tag, großer König?« — »Meine Großmutter ist gestorben, Herr; alt, hochbetagt, greis. Sie hat ihre Tage vollendet. Nun ist sie dahin, heimgegangen im Alter von hundertzwanzig Jahren. Aber ich hatte meine Großmutter sehr, sehr lieb. Meinen besten Elefanten, mein bestes Pferd, mein bestes Dorf, meine liebste Provinz würde ich dafür geben, wenn ich damit erkaufen könnte, dass mir die Großmutter nicht weggestorben wäre.«*

»Alle Wesen, großer König, sind dem Gesetz des Sterbens unterworfen, treffen im Tod an eine Grenze, können dem Tod nicht entgehen.« — »Wunderbar, Herr, unvergleichlich, Herr, wie wahr der Erhabene das gesagt hat: Alle Wesen sind dem Gesetz des Sterbens unterworfen, treffen im Tod an eine Grenze, können dem Tod nicht entgehen.« — »So ist es, großer König. So ist es, großer König: Alle Wesen sind dem Gesetz des Sterbens unterworfen, treffen im Tod an eine Grenze, können dem Tod nicht entgehen. Wie alle Töpferware, gebrannt oder ungebrannt, mit gesetzmäßiger Zwangsläufigkeit zerbrechen muss, in Scherben endet, dem Zerbrechen nicht entgehen kann, genauso, großer König, sind alle Wesen dem Gesetz des Sterbens unterworfen, treffen im Tod an eine Grenze, können dem Tod nicht entgehen.

Alle Wesen müssen sterben. Auf den Tod zu läuft ihr Leben.
Sie gehn weiter, wie sie wirkten, ernten gute, böse Früchte:
Übeltäter gehn zur Hölle, himmelwärts, die Gutes taten.
Darum soll man Gutes wirken, dass man Vorrat hat im Jenseits:
Gute Taten sind da drüben Schutz und Zuflucht für die Wesen.« —

Der zweite Trauerfall erschütterte den König noch mehr:

A V,49[38]:

Einstmals weilte der Erhabene in Sāvatthī im Jetahain im Kloster Anāthapiṇḍikos. Da kam König Pasenadi von Kosalo zum Erhabenen, begrüßte den Erhabenen ehrerbietig und setzte sich zur Seite. Gerade in dem Augenblick starb Königin Mallikā. Ein Mann kam zu König Pasenadi und flüsterte ihm zu: »Königin Mallikā ist tot!« Auf diese Nachricht saß der König geistesabwesend da, niedergeschmettert, gebeugt, stumm vor Trauer. Als der Erhabene König Pasenadi in seinem Schmerz sitzen sah, geistesabwesend, niedergeschmettert, gebeugt, stumm vor Trauer, sprach er zu ihm: »Großer König, fünf Umstände gibt es, die unmöglich zu erreichen sind, von keinem Asketen, von keinem brahmisch Lebenden, von keinem Gott, keinem Dämon, keinem Brahma, von niemandem in der Welt; welche fünf: Wenn doch nur das, was gesetzmäßig altern muss, nicht altern würde/ was gesetzmäßig krank werden muss, nicht krank würde/ was gesetzmäßig sich erschöpfen muss, unerschöpflich wäre/ was gesetzmäßig sterben muss, nicht sterben würde/ was gesetzmäßig hinschwinden muss, nicht hinschwinden würde! – Das sind Umstände, die unmöglich zu erreichen

37 vgl. Proper Names, S. 900; Nyānaponika/Hecker, *Die Jünger Buddhas*, München (Barth) 2000.
38 Die gleiche Darlegung an Mönche ist in A V,48^{m} überliefert.

sind, von keinem Asketen, keinem brahmisch Lebenden, keinem Gott, keinem Dämon, keinem Brahma, von niemandem in der Welt.

Wenn bei einem unbelehrten *gewöhnlichen Menschen altert, was gesetzmäßig altern muss, krank wird, was gesetzmäßig krank werden muss, stirbt, was gesetzmäßig sterben muss, sich erschöpft, was gesetzmäßig sich erschöpfen muss, hinschwindet, was gesetzmäßig hinschwinden muss, dann führt er sich dabei* nicht *vor Augen: ›Ich bin ja wahrhaftig nicht der einzige, dem altert, was gesetzmäßig altern muss, krank wird, was gesetzmäßig krank werden muss, stirbt, was gesetzmäßig sterben muss, sich erschöpft, was gesetzmäßig sich erschöpfen muss, hinschwindet, was gesetzmäßig hinschwinden muss: So weit der Wesen Kommen und Gehen, Hinschwinden und Wiedererscheinen reicht, wird doch wahrhaftig bei jedem Wesen alt/ krank/ stirbt/ erschöpft sich/ schwindet hin, was gesetzmäßig altern/ krank werden/ sterben/ sich erschöpfen/ hinschwinden muss. Wenn ich darüber mich grämen, jammern und lamentieren würde, mir stöhnend an die Brust schlagen und den Kopf verlieren würde, dann würde mir die Nahrung nicht bekommen, der Körper würde geschwächt, und was getan werden muss, bliebe liegen. Das könnte nur meinen Gegnern recht sein. Meine Freunde wären niedergeschlagen.‹ Stattdessen grämt er sich, jammert und lamentiert, schlägt sich stöhnend an die Brust und verliert den Kopf. Den nennt man einen unbelehrten, gewöhnlichen Menschen. Vom Giftpfeil des Grams durchbohrt, fügt er sich selber brennenden Schmerz zu.*

Anders der erfahrene Heilsgänger*: Wenn bei dem altert, krank wird, stirbt, sich erschöpft, hinschwindet, was gesetzmäßig altern, krank werden, sterben, sich erschöpfen, hinschwinden muss, dann führt er sich dabei vor Augen: ›Ich bin ja wahrhaftig nicht der* Einzige*, dem das widerfährt: Soweit der Wesen Kommen und Gehen, Hinschwinden und Wiedererscheinen reicht, wird doch wahrhaftig bei allen Wesen alt, krank, stirbt, erschöpft sich, schwindet hin, was gesetzmäßig altern, krank werden, sterben, sich erschöpfen, hinschwinden muss. Wenn ich deshalb mich grämen, jammern und lamentieren würde, mir stöhnend an die Brust schlagen und den Kopf verlieren würde, dann würde mir die Nahrung nicht bekommen, der Körper würde geschwächt und das, was getan werden muss, bliebe liegen. Das könnte nur meinen Gegnern recht sein; meine Freunde wären niedergeschlagen. ›Wenn etwas altert, das gesetzmäßig altern muss, krank wird, was gesetzmäßig krank werden muss, stirbt, was gesetzmäßig sterben muss, sich erschöpft, was gesetzmäßig sich erschöpfen muss, hinschwindet, was gesetzmäßig hinschwinden muss, dann grämt er sich nicht, jammert und lamentiert nicht, schlägt sich nicht stöhnend an die Brust und verliert nicht den Kopf. Den nennt man einen erfahrenen Heilsgänger.* Herausgezogen *hat er den* Giftpfeil des Grams*, von dem durchbohrt der unbelehrte, gewöhnliche Mensch sich selber brennenden Schmerz zufügt. Frei vom Gram, pfeilbefreit bringt der Heilsgänger den Brand zum Erlöschen.*

Das sind die fünf Umstände, die unmöglich zu erreichen sind, von keinem Asketen, keinem brahmisch Lebenden, keinem Gott, keinem Dämon, keinem Brahma, von niemandem in der Welt:

Mit Trauern und mit Jammern wird im Leben auch nicht der allerkleinste Zweck erreicht.
Ihn klagen sehen voller Leid und Schmerz – das könnte seinen Gegnern nur so passen.
Doch wenn der Weise in den Wechselfällen nicht zittert, weil er auf sein Heil bedacht ist,
dann kommt das seinen Gegnern nicht gelegen, wenn sie ihn keine Miene sehn verziehen.
Ob leis' er Wahrheitsworte vor sich hinspricht, gute Gespräche führt und Spenden gibt:
Was ihm in dieser Lage helfen kann, das tu er, um sich drüberwegzuhelfen.
Wenn er erkennt: ›Da ist nichts mehr zu ändern, von mir nicht und von keinem andern‹,
da nimmt er's klaglos hin und denkt: ›Wo pack ich jetzt meine Arbeit an mit fester Kraft?‹«

HANS: Im ersten Augenblick habe ich beim Vorlesen gedacht »Schöner Trost, dass auch die andern krank werden, altern und sterben müssen!« Aber dann ist mir ein schwer behinderter älterer alleinstehender Freund in einem einsamen Dorf eingefallen. Der sagt und schreibt mir immer wieder, wie viel ihm seine regelmäßigen Besuche bei anderen Behinderten helfen. Nicht nur, dass er sieht, dass es anderen noch schlechter geht als ihm: Er wird auch befreit von dem

Gefühl, als einziger vom »Schicksal« ungerecht behandelt zu werden: Er sieht: dahinter steckt eine allgemeine Gesetzmäßigkeit. Die hat der Erwachte entdeckt, aufgezeigt und den Weg zur Befreiung gewiesen. Nun kann man sie zum Freiwerden aus diesem immer wieder Geborenwerden, Altern und Sterben anwenden.

RUTH: Und die Unbeständigkeit, die sich in der Sinnenwelt in den Wahrnehmungs-Bildern »Geborenwerden, Krankwerden, Altern und Sterben« darstellt, ist ja die Vergänglichkeit und Flüchtigkeit von *Fieberwahn-Traumbildern*. Immer wieder haben wir auch »lichte Momente«. Dann, unter dem Leidensdruck der Vergänglichkeit, kommt immer wieder die Erinnerung auf, dass es ja die Möglichkeit des Erwachens gibt und die Lehre, die das klar erklärt, und Menschen, die den Weg zur Leidbefreiung gehen und dabei immer sicherer und freier werden. Wäre es uns im Vergänglichen rundum wohl, dann würden wir jener Gesetzmäßigkeit zum Opfer fallen, die du einmal genannt hast, Fritz: *»Wer genießt, der vergisst«*[39], und wir blieben im Delirium. Ich habe mich auch erst, genau wie du, Hans, gefragt, wieso es ein Trost sein soll, dass Altern, Krankwerden, Sterben nicht mich allein betreffen, sondern Auswirkungen eines allgemeinen Gesetzes sind. Aber je öfter ich es betrachte, umso mehr sehe ich, welch tiefer und sicherer Trost dieser Gedanke ist, weil ja nicht Willkür herrscht, der ich ausgeliefert wäre, sondern das Gesetz von Ursache und Wirkung, Saat und Ernte, das ich, wenn ich die rechte Wirkensweise kenne, dazu nutzen kann, zur sicheren Befreiung zu kommen – denn wie ich ab jetzt säe, das liegt ja in meiner Hand.

HANS: Ach ja, die Menschen damals hatten es gut: Da lebte der Buddha als der Tröster.

FRITZ: Aber der Buddha hat in S 22,87[m] gesagt: *»Wer die* Lehre *sieht, der sieht mich.«* Deshalb kann auch heute noch die Lebenspartnerschaft und Freundschaft mit einem gleichstrebenden Wesen den Trost der Wahrheit gewähren. Wir sprechen ja über die Anleitungen für das Familienleben. Dafür haben wir ein schönes Beispiel an dem »buddhistischen Musterehepaar« Nakulamātā und Nakulapitā in der Rede

A VI,16:

Einstmals weilte der Erhabene im Lande der Bhagger bei Sumsumāragirī im Wildpark des Bhesakolawaldes. Damals war der Hausvater Nakulapitā krank, leidend, lag schwer darnieder. Da sprach Mutter Nakulamātā zum Hausvater Nakulapitā:

»Stirb nicht voll Bekümmern, Vater. Schwer stirbt es sich voll Bekümmern. Der Erhabene sagt, es ist nicht gut, voll Bekümmern zu sterben. Vielleicht denkst du: ›Mutter Nakulamātā wird nach meinem Tod die Kinder nicht ernähren können und den Lebensunterhalt nicht bestreiten können.‹ Aber so musst du das nicht sehen, Vater: Ich kann gut Baumwolle spinnen und Borten flechten; damit kann ich nach deinem Tod die Kinder durchbringen und den Lebensunterhalt bestreiten. Deshalb brauchst du wirklich nicht voll Bekümmern zu sterben. Schwer stirbt es sich voll Bekümmern, Vater. Der Erhabene sagt, es ist nicht gut, voll Bekümmern zu sterben. — Vielleicht denkst du, Vater: ›Mutter Nakulamātā wird sich nach meinem Tod mit einem andern Mann verheiraten.‹ Aber so musst du das nicht sehen: du weißt doch so gut wie ich, dass wir seit sechzehn Jahren im Hausleben den brahmischen Wandel führen. Deshalb brauchst du wirklich nicht voll Bekümmern zu sterben. Schwer stirbt es sich voll Bekümmern, Vater. Der Erhabene sagt, es ist nicht gut, voll Bekümmern zu sterben. — Vielleicht denkst du: ›Mutter Nakulamātā wird nach meinem Tod den Erhabenen und die Mönchsgemeinde nicht mehr besuchen wollen.‹ Aber so musst du das nicht sehen: Wenn du gestorben bist, Vater, dann werde ich noch viel mehr Verlangen danach haben, den Erhabenen und die Mönchsgemeinde zu besuchen. Deshalb brauchst du wirklich nicht [illegible] *Bekümmern zu sterben. Schwer stirbt es sich voll Bekümmern, Vater. Der Erhaben*[illegible] *gut, voll Bekümmern zu sterben. — Vielleicht denkst du: ›Mutter Nakulamātā* [illegible]

39 D 19[m].

Tod sich nicht in den Tugenden vervollkommnen.‹ Aber so musst du das nicht sehen: Wenn es Nachfolgerinnen des Erhabenen gibt, die weiß gekleidet im Haus sich in den Tugenden vervollkommnen, dann bin ich eine von ihnen. Wer darüber in Zweifel oder Unsicherheit ist: der Erhabene weilt jetzt im Land der Bhagger bei Sumsumāragirī im Wildpark des Bhesakolawaldes; da kann man hingehen und den Erhabenen fragen. Deshalb brauchst du wirklich nicht voll Bekümmern zu sterben. Schwer stirbt es sich voll Bekümmern, Vater. Der Erhabene sagt, es ist nicht gut, voll Bekümmern zu sterben. — Vielleicht denkst du: Mutter Nakulamātā hat noch nicht den inneren Frieden des Gemüts (ajjhatta cetosamatha) gefunden.‹ Aber so musst du das nicht sehen: Wenn es Nachfolgerinnen des Erhabenen gibt, die weiß gekleidet im Haus den inneren Frieden des Gemüts gefunden haben, dann bin ich eine von ihnen. Wer darüber in Zweifel oder Unsicherheit ist: der Erhabene weilt jetzt im Lande der Bhagger bei Sumsumāragirī im Wildpark des Bhesakolawaldes; da kann man hingehen und den Erhabenen fragen. Deshalb brauchst du wirklich nicht voll Bekümmern zu sterben. Schwer stirbt es sich voll Bekümmern, Vater. Der Erhabene sagt, es ist nicht gut, voll Bekümmern zu sterben. — Vielleicht denkst du: ›Noch ist Mutter Nakulamātā in dieser Heilswegweisung nicht auf festen Grund gelangt, noch nicht zu festem Stand, zum Aufatmen gekommen, noch nicht frei geworden von Daseinszweifeln und -sorgen, vom Wenn und Aber; weilt noch nicht gesichert, auf keinen andern gestützt in der Lehre des Meisters.‹ Aber so musst du das nicht sehen: Wenn es Nachfolgerinnen des Erhabenen gibt, die weiß gekleidet im Haus durch diese Heilswegweisung auf festen Grund gekommen sind, zu festem Stand, zum Aufatmen, von Daseinszweifel frei geworden, vom Wenn und Aber frei geworden, gesichert, auf keinen andern gestützt in der Lehre des Meisters‹, dann bin ich eine von ihnen. Wer darüber in Zweifel oder Unsicherheit ist: der Erhabene weilt jetzt im Lande der Bhagger bei Sumsumāragirī im Wildpark des Bhesakolawaldes; da kann man hingehen und den Erhabenen fragen. Deshalb brauchst du wirklich nicht voll Bekümmern zu sterben, Vater. Schwer stirbt es sich voll Bekümmern. Der Erhabene sagt, es ist nicht gut voll Bekümmern zu sterben.«

Als Mutter Nakulamātā Hausvater Nakulapitā mit diesem Zuspruch aufgerichtet hatte, schwand die Krankheit sofort, und Hausvater Nakulapitā erhob sich von seinem Krankenlager. So wurde die Krankheit des Hausvaters Nakulapitā geheilt. Hausvater Nakulapitā, von seiner Krankheit genesen, vom Krankenlager aufgestanden, ging am Stock zum Erhabenen, begrüßte den Erhabenen ehrerbietig und setzte sich seitwärts. Da sprach der Erhabene zum seitwärts sitzenden Hausvater Nakulapitā: »Welch ein Segen ist es für dich, Hausvater, dass du in Mutter Nakulamātā eine so mitempfindende, nach dem Heil strebende, Zuspruch gewährende Beraterin hast. Wo immer es unter meinen Nachfolgerinnen solche gibt, die weiß gekleidet im Haus sich in den Tugenden vervollkommnen, den inneren Frieden des Gemüts gefunden haben, durch die Heilswegweisung auf festen Grund, zu festem Stand gelangt, zum Aufatmen gekommen sind, von Daseinszweifel und -sorgen frei geworden, vom Wenn und Aber frei geworden, gesichert, auf keinen andern gestützt in der Lehre des Meisters, Hausvater: Mutter Nakulamātā ist eine von ihnen. Welch ein Segen ist es für dich, welch großer Segen, dass du in Mutter Nakulamātā eine so mitempfindende, nach dem Heil strebende, Zuspruch gewährende Beraterin hast.«

Ich kenne eine ganze Anzahl der Wahrheit ergebener Paare, die sich gegenseitig seit Jahren derart stützen und fördern, dass auch die heranwachsenden oder herangewachsenen Kinder oder die alten Eltern – ohne dass das Paar ständig »mit gezückter Lehre« hinter ihnen her ist – auf Grund ihres Vorbilds allmählich aufmerksam werden und sich der Wahrheit anzunähern beginnen.

Hans: In einer gewissen Weise stehen meine Frau und ich so zueinander. Auch wenn sie von der Lehre des Buddha noch weniger weiß als ich – sie ist auch eine Wahrheitsergebene. Da hat man dann allerdings auch den Wunsch, sich – wenn es denn ein Weiterleben nach dem Tod haben sollte – auch im nächsten Leben wieder zu sehen. Aber ich habe manche Buddhisten schon sagen hören, das sei Anhänglichkeit, die müsse sich ein richtiger Nachfolger aus dem Kopf schlagen.

FRITZ: Wieder so ein radikaler Kurzschluss wie in jenem Briefwechsel *»Die Frau lassen?«*[40] Unser Musterehepaar liefert das Gegenbeispiel. Das steht in der Rede

A IV,55:

In Sumsumāragiri im Bhesakolāhain im Wildpark erhob sich der Erhabene in der Morgenfrühe und begab sich zum Haus des Hausvaters Nakulapitā. Dort angekommen, setzte er sich auf einen bereitstehenden Sitz. Da begaben sich Vater Nakulapitā und Mutter Nakulamātā zum Erhabenen, begrüßten den Erhabenen und setzten sich zur Seite. Zur Seite sitzend sprach Vater Nakulapitā zum Erhabenen: »Seit mir in früher Jugend Mutter Nakulamātā als meine Frau zugeführt worden ist, wüsste ich nicht, dass sie auch nur in Gedanken zu weit gegangen wäre, geschweige denn in Taten. Wir wünschen uns, dass wir einander nicht nur in diesem Leben sehen, sondern auch im nächsten Leben.« — Auch Mutter Nakulamātā sprach zum Erhabenen: »Seit ich in früher Jugend Vater Nakulapitā als Gattin zugeführt worden bin, wüsste ich nicht, dass er auch nur in Gedanken zu weit gegangen wäre, geschweige in Taten. Wir wünschen uns, dass wir einander nicht nur in diesem Leben sehen, sondern auch im nächsten Leben.«

HANS: »Nicht zu weit gegangen« – heißt das denn, dass sie seit Beginn ihrer Ehe sexuell enthaltsam gelebt haben wie Mönche und Nonnen?

FRITZ: Nicht seit Beginn ihrer Ehe. Die Rede A VI,16 zeigt ja, dass sie Kinder hatten und erst in den letzten 16 Jahren den brahmischen Wandel gewählt hatten. »Zu weit gegangen« ist die wörtliche Übersetzung für *»aticarati«*: *ati-* (= zu weit, darüber hinaus) *carati* (gehen). Die üblichen Übersetzungen »Ausschweifung«, aber auch »Unkeuschheit« treffen den Sinn nicht. Die mit *ati-carati* bezeichnete Überschreitung der Grenzen der Ehe entspricht im engsten Sinn unserem bildhaften Ausdruck »Seitensprung«. Im Süddeutschen benutzt man für den untreuen Eheteil eine Wendung, die wie eine wörtliche Übersetzung aus dem Pāli klingt: »er/sie ist neben 'naus 'gangen«. Das Ehepaar will also nur ausdrücken, dass sie einander in ihrer langen Ehe nicht einmal in Gedanken untreu geworden wären. Die Frage des Ehepaares beantwortete der Buddha nun in beglückender Weise:

»Wenn sich zwei Eheleute wünschen, dass sie sich nicht nur in diesem Leben sehen, sondern auch im nächsten Leben, und sie sind einander gleich an Heilsvertrauen, gleich an Tugend, gleich an Loslassen, gleich an Weisheit, dann werden sie einander nicht nur in diesem Leben sehen, sondern auch im nächsten Leben:

Wenn zwei umgänglich, voll Vertrau'n, gemeinsam leben lehrgemäß:
als Ehegatten bleiben sie in liebendem Gespräch vereint.
Sie haben Wohl im Überfluss; häusliches Glück wächst ihnen zu.
Entwaffnet sind die Gegner selbst, weil sie so gleich an Tugend sind.
Sind beide recht gewandelt hier, in Tugend ganz einander gleich,
so freuen sie im Himmel noch sich liebend an der Liebe Glück.«

HANS: Ist das schön! Das will ich meiner Katharina sagen. Sie ist nämlich wegen all der Vorurteile, die man so über den Buddhismus hört, manchmal etwas bang, ich könnte mich ihr durch die Lehre entfremden. Sind die Verse wirklich echt? Steht da tatsächlich, dass sie sich auch jenseits *»liebend an der Liebe Glück«* freuen?

FRITZ: Die Verse sind sicher echt. Der Buddha hat sie nicht nur dem Ehepaar Nakula gesagt, sondern in A IV,53 einer großen Zahl von Hausfrauen und Hausvätern und in A IV,54 seinen Mönchen, offensichtlich zur Weitergabe an Hausleute. Die letzte Zeile habe ich sogar eher »vergeistigt« übersetzt; denn im Pāli steht: *nandino* (»sich befriedigend«) *devalokasmim*

40 WW, 34. Jg. (1988), S. 307-309.

(»in der Götterwelt«) modanti (»freuen sie sich«) *kāma-* (»Sinnenglück«) *kāmino* (»genießend«).

HANS: Man hört heute manchmal Menschen sagen, die Welt sei so voll Gefahren, dass man lieber keine Kinder in die Welt setzen solle. Nun gab es zwar damals kein Problem der Überbevölkerung. Aber dafür zeigte der Buddha doch umso deutlicher das Elend des sinnlichen Begehrens. Könnte man da nicht auf den Gedanken der Kinderlosigkeit kommen?

FRITZ: Das hat der Buddha nie angeraten. Wohl aber hat er seine wache Sicht von dem dargestellt, was man heute den »Generationenvertrag« nennt:

A V,39.

Fünf Gesichtspunkte sind zu erkennen, aus denen sich Eltern wünschen, dass ihnen ein Sohn geboren wird. Welche fünf? ›Von uns versorgt, wird er uns versorgen; er wird für uns arbeiten; unsere Familie wird lange Bestand haben; das Erbe wird er bewahren; dann kann er für die Verstorbenen, die Abgeschiedenen die Totenopfer darbringen.‹ Diese fünf Gesichtspunkte sind zu erkennen, aus denen sich Eltern wünschen, dass ihnen ein Sohn geboren wird:

Fünf Gründe sind gut zu verstehn, dass Weise wünschen einen Sohn:
›Von uns versorgt, sorgt er für uns. Bei unsrer Arbeit hilft er uns.
Und lang wird unser Stamm bestehn. Das Erbe wird von ihm bewahrt.
Für die Dahingegangenen bringt er die Totenopfer dar.‹
Die Gründe kann man gut verstehn, dass Weise wünschen einen Sohn.
Die rechten Menschen sorgen drum aus Dank und aus Erkenntlichkeit
für ihre Eltern, eingedenk, was diese einst für sie getan.
Nun tun die Arbeit sie für sie, wie jene sie zuvor umsorgt,
hör'n als Ernährer ihren Rat – einst selbst ernährt – familientreu,
vertrauensvoll und tugendhaft. Ein solcher Sohn ist lobenswert.«

RUTH: Eine Tochter nicht?

FRITZ: Dann hört einmal den Text

EIN MÄDCHEN – S 3,16.

Als König Pasenadi von Kosalo einmal den Erhabenen in Sāvatthī besuchte, trat ein Mann zum König und flüsterte ihm ins Ohr: »Majestät, Königin Mallikā hat ein Mädchen geboren.« Über diese Nachricht war König Pasenadi verstimmt. Als der Erwachte das sah, sprach er folgenden Spruch:

»Im Einzelfall kann eine Frau mehr taugen als ein Mann, o Fürst,
wenn sie Verstand und Tugend hat, treu ist, des Gatten Mutter ehrt.
Der Sohn, den sie gebiert, der kann ein königlicher Held einst sein.
Wer solche Frau zur Mutter hat, taugt sicher für das Herrscheramt.«

Zufrieden, Ruth?

RUTH: Ja. Aber die Frage, wie es zu Zeiten der Überbevölkerung mit Kindern steht, ist noch nicht beantwortet.

FRITZ: Weder der Erwachte noch die Menschen seiner Zeit haben je eine große Bevölkerungsdichte negativ beurteilt. Damals scheint sie geradezu als ein Kennzeichen eines »Goldenen Zeitalters« gegolten zu haben.

HANS: Ja nun, Überbevölkerung damals war wohl etwas ganz anderes als heute, wenn man sich Städte wie Kalkutta oder Mexiko City mit ihren Millionenslums vorstellt.

FRITZ: Nach heutiger allgemeiner Anschauung innerhalb unserer Wahnstruktur sind die innerweltlichen Ursachen aller äußeren Not Verteilungsprobleme: dass eine winzige Minderheit den überwiegenden Teil der Weltprodukte verbraucht und nicht genug zum Teilen geneigt ist. Der Erwachte aber berichtet aus seiner auf 91 Weltzeitalter zurückreichenden Rückerinnerung, dass bei hohem Gemeinsinn und bei Ausgewogenheit von Bedürfnissen und Erfüllungsmöglichkeiten solche Probleme gar nicht aufkommen: Zu solchen Blütezeiten ist das Teilen für jeden Menschen ein ebenso unverzichtbares Bedürfnis wie heute das Bedürfnis zu verdienen. In der Rede »Der Kaiser« in D 26m [41] berichtet der Erwachte, zu solchen Zeiten, die immer wieder im großen Pulsschlag des Wahrnehmungs-Rhythmus auftauchen, sei *»dieses indische Festland ohne kahle Stelle, sozusagen dicht voll Menschen, wie ein Dickicht von Schilf oder ein Dickicht von Rohr.«* Das hat der Erwachte auch einmal einem reichen Brahmanen erklärt in der Rede

A III,57.

Der hatte gefragt: *»Herr Gotamo, ich habe gehört, die früheren alten, ehrwürdigen Brahmanen, die Altmeister, hätten berichtet, einstmals sei diese Welt gleichsam dicht an dicht mit Menschen bevölkert gewesen, und die Dörfer, Städte und Hauptstädte seien gleichsam ohne Zwischenraum ineinander übergegangen. Was ist denn der Grund, Herr Gotamo, woran liegt es, dass heute die Zahl der Menschen schrumpft, dass ein Rückgang zu beobachten ist: Dörfer sind keine richtigen Dörfer mehr, Marktorte keine richtigen Marktorte, feste Städte keine richtigen festen Städte, Provinzen keine richtigen Provinzen?« — »Heutzutage, Brahmane, sind die Menschen begierig nach dem Reiz des Unrechten, von verderbter Lust überwältigt, in falsche Ideologien verrannt. Aus Gier nach dem Reiz des Unrechten, von verderbter Lust überwältigt, in falsche Ideologien verrannt, greifen sie zu scharfen Waffen und bringen einander um. Dadurch kommen viele Menschen ums Leben. Das ist ein Grund, eine Ursache dafür, dass heute die Zahl der Menschen schrumpft. Außerdem, Brahmane: Solchen Menschen, spendet die Gottheit keinen rechten Regen. Dadurch wird das Getreide ungenießbar, Hungersnot bricht aus, es muss rationiert werden, dadurch kommen viele Menschen ums Leben. Auch das ist ein Grund, Brahmane, eine Ursache dafür, dass heute die Zahl der Menschen schrumpft. — Und noch eines, Brahmane: Gegen solche Menschen lassen Dämonen wilde nichtmenschliche Wesenheiten los. Auch das ist ein Grund, eine Ursache dafür, dass heute die Zahl der Menschen schrumpft.«*

Das mag für die Ohren heutiger materiegläubiger Menschen befremdlich klingen, schon etwas weniger befremdlich, wenn man an die lange Reihe von Kriegen, Bürgerkriegen und Stammeskriegen denkt, die heute ständig toben. Unübersehbar ist hier der Zusammenhang zwischen dem Denken, Reden und Handeln der Menschen und der Befindlichkeit der wahrgenommenen Welt, der Zusammenhang zwischen dem »zusammengedachten« Herzen (*citta*) und seiner Aktivität, der Wahrnehmung. Wenn wir uns wieder einmal darauf besinnen, dass »Welt« samt allen Wesen mit allen Problemen genauso wie »Ich« aus »*Wahrnehmung*« – Gestaltung des Herzens – ist, dann klingt das gleich einleuchtender. Das macht verständlicher, dass der Erwachte nie Vorbehalte gegen den Wunsch von Paaren nach Kindern äußert.

HANS: Bedeutete denn die positive Bewertung des Wunsches nach Kindern, Sexualität sei nur gerechtfertigt als Mittel zur Erzielung von Nachkommenschaft, ähnlich wie im Katholizismus?

FRITZ: Davon hat der Erwachte nie ein Wort gesagt. Er unterscheidet ganz klar zwischen häuslich lebenden, *»Sinneswünsche befriedigenden«* und *»den brahmischen Wandel«* führenden Anhängern. Dieses Buch wendet sich nur an die erste, weitaus überwiegende Art von häuslich Lebenden. Im Haus den brahmischen Wandel, führen, d. h. fern von sinnlicher Wunschbefriedigung leben können nur solche Nachfolger, die schon sehr viel inneres Wohl und Herzensfrieden haben, so dass sie derart klar sehen können, dass sie von selber die für sie heilsamste Art des Lebenswandels erkennen.[42] Den *Wünsche genießenden* häuslichen Anhängern dagegen legt der Erwachte lediglich nahe, einmal in der Woche, am Feiertag, sexuell

41 Besprochen in WW, 22. Jg. (1976), S. 66 ff.

42 Sollte dieses Buch in die Hand eines dieser seltenen Menschen kommen, so braucht er sich von den noch folgenden Ausführungen über den rechten Umgang »Wünsche befriedigender« häuslicher Nachfolger mit Besitz und Sinneswünschen nicht angesprochen fühlen; denn darüber ist er hinaus.

enthaltsam zu leben. Über Intimangelegenheiten der einzelnen Menschen, durch die keine Partnerschaft und kein Obhutsverhältnis verletzt wird, hat der Erwachte für häusliche Nachfolger keinerlei Aussagen gemacht. In unserem einleitenden Gespräch haben wir gehört, wie der Hausvater Dhammiko mit 500 häuslichen Nachfolgern vor die Mönchsversammlung mit dem Erwachten an der Spitze hintritt und bittet, für alle Versammelten die rechte Lebensweise darzulegen. Da erklärt der Buddha in Sn 393 erst, wie die Mönche und Nonnen leben und sagt dann:

»Doch nun erklär ich euch, wie man im Hause so lebt, dass man ein rechter Jünger ist;
denn von Besitz umgeben ist's nicht möglich, der Mönche reine Regel zu erfüllen.«

Zur Sexualität sagt der Buddha in Sn 396 nur: *»Doch wer zum keuschen Wandel nicht imstande ist, der trete keines andern Frau zu nah.«*

HANS: Das ist aber anders als in der katholischen Moraltheologie: Dort ist Sexualität eine Sünde, außer wenn sie der Fortpflanzung dient.

FRITZ: Mit so weltgläubigen – wenn nicht gar materialistischen – Gesichtspunkten wie »Arterhaltung«[43] hat ein Erwachter nichts zu tun. Er hatte bei seinen Aussagen zur Sexualität ganz realistisch das Lustmoment der Sinnenwünsche befriedigenden Anhänger und Anhängerinnen im Auge. Auch für die Heilsgänger unter ihnen sind auf dem Gebiet der Sexualität die zu den Voraussetzungen des Eintritts in die Heilsströmung gehörenden heilenden Tugenden schon dann *»unzerstückelt, unbeschnitten, unbefleckt, ungesprenkelt«* eingehalten, wenn *falsche* Geschlechtsbeziehungen – Ehebruch, Verführung und Obhutsverletzung – ihrem Wesen *widerstreben.* Andererseits gilt für Mönche und Nonnen nicht nur die Sexualität als *»Zerstückelung, Beschneidung, Befleckung, Sprenkelung«* der heilenden Verhaltensweise, sondern jede Spielart der Erotik im weitesten Sinn. Der Eros in dieser umfassendsten Bedeutung, wie wir sie in A VII,47 gefunden haben, ist erst vom Nichtwiederkehrer an endgültig ganz oder bis auf praktisch nicht mehr ins Gewicht fallende Spuren überstiegen. Einem König, der eine ähnliche Frage stellte wie Hausvater Tapusso, hat einer der großen heilgewordenen Mönche des Erwachten einmal erklärt, wie *Mönche* vorgehen, um die Sinnensucht einschließlich der Sexualität total zu übersteigen. Wir finden das Gespräch in dem Text

BHĀRADVĀJO – S 35,127.

In Kosambi im Ghositakloster fragte König Udeno einmal den ehrwürdigen Piṇḍolabhāradvājo: *»Wie kommt es, Herr Bhāradvājo, woran liegt es, dass jene blutjungen Mönche, schwarzhaarig, in der Blüte der Jugend, im frühen Jünglingsalter, ohne mit der Sinnlichkeit lustvoll herumzuspielen, in die Hauslosigkeit gezogen sind und ihr Leben lang das vollkommen reine, lautere brahmische Leben führen?«*

»Vom Erhabenen, großer König, dem Wissenden, Sehenden, Geheilten, Vollkommen Erwachten ist verkündet worden: ›Mönche: nach dem Leitbild der Mütter bildet ein Muttergemüt aus; nach dem Leitbild der Schwestern bildet ein Schwestergemüt aus; nach dem Leitbild der Töchter bildet ein Tochtergemüt aus.‹ Das ist ein Grund, großer König, dass jene blutjungen Mönche schwarzhaarig, in der Blüte der Jugend, im frühen Jünglingsalter, ohne mit der Sinnlichkeit lustvoll herumzuspielen, in die Hauslosigkeit gezogen sind und ihr Leben lang das vollkommen reine, lautere brahmische Leben führen.«

»Aber das Herz ist schwankend; selbst in Bezug auf Mütter, Schwestern, Töchter können lüsterne Gedanken aufkommen. Gibt es denn noch einen anderen Grund dafür, dass jene blutjungen Mönche in der Blüte der Jugend, ohne mit der Sinnlichkeit lustvoll herumzuspielen, in

43 Arterhaltung als Selektionsprinzip wird heute von der Evolutionsbiologie seit Dawkins und Krebs massiv in Zweifel gezogen, vgl. Sommer: Zur Evolutionsbiologie der Lüge, *Universitas* 11/1993, S. 1074, besonders S. 1079: »Die Auffassung vom Primat des Artwohls ist grundfalsch.«

die Hauslosigkeit gezogen sind und ihr Leben lang das vollkommen reine, lautere brahmische Leben führen?«

»Vom Erhabenen, großer König, dem Wissenden, Sehenden, Geheilten, Vollkommen Erwachten ist verkündet worden: ›Mönche: betrachtet euch diesen Körper da von den Fußsohlen an aufwärts und vom Scheitel an abwärts, den hautüberzogenen, der von mancherlei Unrat angefüllt ist: ›Es gibt an diesem Körper einen Schopf, Haare, Nägel, Zähne, Haut, Fleisch, Sehnen, Knochen, Knochenmark, Nieren, Herz, Leber, Zwerchfell, Milz, Lunge, Magen, Eingeweide, Weichteile, Kot, Galle, Schleim, Eiter, Blut, Schweiß, Lymphe, Tränen, Serum, Speichel, Nasenschleim, Gelenköl, Urin.‹ Auch das ist ein Grund, großer König.«

»Das können solche Mönche gut üben, die den Körper, die Tugend, das Herz, den Klarblick ausgebildet haben. Für Mönche aber, die Körper, Tugend, Herz, Klarblick nicht ausgebildet haben, ist das schwerlich durchzuführen. Manchmal, wenn wir mit dem Geist etwas Unschönes bearbeiten wollen, landet er bei etwas Schönem. Gibt es nicht noch einen anderen Grund dafür, dass jene blutjungen Mönche in die Hauslosigkeit gezogen sind und ihr Leben lang das vollkommen reine, lautere brahmische Leben führen?«

»Vom Erhabenen, großer König, dem Wissenden, Sehenden, Geheilten, Vollkommen Erwachten ist verkündet worden: ›Mönche, haltet ständig die Tore der Sinne bewacht: Habt ihr mit dem Augsinn eine Form erblickt/ mit dem Ohrsinn einen Ton gehört/ mit dem Nasensinn einen Duft gerochen/ mit dem Zungensinn einen Geschmack geschmeckt/ mit dem Körpersinn eine Tastung getastet/ mit dem Geistsinn einen Geistesinhalt erfasst, so haltet euch nicht damit auf, der Erscheinung nachzugehen und dem nachzugehen, was euch dabei einfällt; denn wenn Augsinn/ Ohrsinn/ Nasensinn/ Zungensinn/ Körpersinn/ Geistsinn unbewacht bleibt, dann können Begehrlichkeit und Missmut, üble, heilsuntaugliche Eigenschaften Einfluss erlangen. Kümmert euch um die Bewachung der Sinne; hütet sie, sorgt bei den Sinnen für Bewachung!‹ Auch das ist ein Grund, großer König, dass jene blutjungen Mönche in die Hauslosigkeit gezogen sind und ihr Leben lang das vollkommen reine, lautere brahmische Leben führen.«

»Wunderbar, Herr Bhāradvājo, einmalig: Wie wahr ist das vom Erhabenen, dem Wissenden, Sehenden, Geheilten, Vollkommen Erwachten verkündet worden! Das ist der Grund, Herr Bhāradvājo, dass jene blutjungen Mönche schwarzhaarig, in der Blüte der Jugend, im frühen Jünglingsalter, ohne mit der Sinnlichkeit lustvoll herumzuspielen, in die Hauslosigkeit gezogen sind und ihr Leben lang das vollkommen reine, lautere brahmische Leben führen. — Ich selber, Herr Bhāradvājo, betrete manchmal die Frauengemächer mit unbewachtem Körper, unbewachter Rede und unbewachtem Herzen, ohne Wahrheitsgegenwart: mit unbewachten Sinnen. Zu einer solchen Zeit beherrschen mich die Eigenschaften der Lust bis zum Äußersten. Zu einer Zeit aber, in der ich mit bewachtem Körper, bewachter Rede und bewachtem Herzen, in Wahrheitsgegenwart, mit bewachten Sinnen die Frauengemächer betrete, zu einer solchen Zeit beherrschen mich dort nicht die Eigenschaften der Lust.« Er nahm Zuflucht.

Ruth: Der Rat, Männer sollten sich bemühen, nach fraulichen Leitbildern auch weibliche Gemütseigenschaften auszubilden und zu pflegen, ist wunderbar. Die hier genannten Körperbetrachtungen, die noch nicht einmal so tief gehen wie manche Meditationen, die heute in Kursen für häuslich Lebende angeboten werden, bezeichnet der König – unwidersprochen von dem geheilten Mönch – nicht einmal für alle Mönche als fruchtbar, sondern nur für *solche*, die bereits Körper und Herz gut ausgebildet haben. Und von der Sinnenzügelung, welche die Mönche ja als *Dauerübung* betreiben, bekennt er von sich selber, dass er zwar beobachtet, wie er bei bewachten Sinnen in Wahrheitsgegenwart sogar gegen die Reize seines Harems gefeit ist. Er erhebt aber nicht den Anspruch, dass er diese totale, ständige Sinnenzügelung übt, sondern dass er eben manchmal in dieser, manchmal in jener Verfassung ist. Etwas anderes erwartet auch Piṇḍolabhāradvājo nicht von ihm. Aber jene *Gemütsausbildung*, durch welche einseitige

Herzensart aufgebrochen wird, scheint mir auch im Haus möglich; und dafür ist die Familie eine besonders gute Ausbildungsstätte.

Hans: Aber wenn Ehen scheitern und Familien zerbrechen, dann ist doch der Streit und das Elend umso bitterer, je höher die gegenseitigen Erwartungen waren.

Fritz: Ehe, Familie und Partnerschaft sind nicht schon als bloße Institutionen ein Allheilmittel. Es kommt auch hier auf die *Gemütshaltung* an. Das hat der Erwachte ganz klar gemacht in der Rede

A IV,53.

Auf der Wanderschaft auf der Landstraße zwischen Madhura und Verañji traf der Buddha auf eine große Schar von Hausvätern mit ihren Frauen. Da bog der Erhabene von der Straße ab und setzte sich mit gekreuzten Beinen unter einen Baum. Als die Hausväter mit ihren Frauen den Erhabenen unter dem Baum sitzen sahen, gingen sie zum Erhabenen hin, begrüßten den Erhabenen ehrerbietig und setzten sich zur Seite. Zu den Hausvätern und ihren Frauen sprach der Erhabene:

»Vier Arten des ehelichen Zusammenlebens gibt es, Hausleute; welche vier? Ein Leichnam[44] *lebt mit einem Leichnam zusammen, – ein Leichnam lebt mit einem Engel*[45] *zusammen, – ein Engel lebt mit einem Leichnam zusammen, – ein Engel lebt mit einem Engel zusammen.*

Und wie lebt ein Leichnam mit einem Leichnam zusammen? Da haben es Mann und Frau an sich, Lebendiges umzubringen, Nichtgegebenes zu nehmen, falsche Geschlechtsbeziehungen zu pflegen, zu lügen, berauschende Getränke und andere die Vernunft und Selbstkontrolle beeinträchtigende Mittel zu nehmen, beide sind tugendlos, voll schlechter Eigenschaften. Mit einem ganz in Schäbigkeit und Engherzigkeit verstrickten Gemüt führen beide das häusliche Leben. Asketen und brahmisch Lebende pflegen sie knickrig und schimpflich zu behandeln. So lebt ein Leichnam mit einem Leichnam zusammen.

Und wie lebt ein Leichnam mit einem Engel zusammen? Da hat der Mann das alles an sich. Dem Wesen der Frau aber widerstrebt es. Sie ist tugendhaft, voll hoher Eigenschaften. Mit einem Gemüt ganz frei von Schäbigkeit und Engherzigkeit führt sie das häusliche Leben. Asketen und brahmische Lebende behandelt sie frei von Kleinlichkeit und Schimpf. So lebt ein Leichnam mit einem Engel zusammen.

Und wie lebt ein Engel mit einem Leichnam zusammen? Dem Wesen des Mannes widerstrebt es, Lebendiges umzubringen, Nichtgegebenes zu nehmen, falsche Geschlechtsbeziehungen zu pflegen, zu lügen, berauschende Getränke und andere die Vernunft und Selbstkontrolle beeinträchtigende Mittel zu nehmen; er ist tugendhaft, voll hoher Eigenschaften; mit einem ganz von Schäbigkeit und Engherzigkeit freien Gemüt führt er das häusliche Leben; Asketen und brahmisch Lebende behandelt er frei von Kleinlichkeit und Schimpf. Seine Frau dagegen hat das alles an sich, was dem Mann widerstrebt. So lebt ein Engel mit einem Leichnam zusammen.

Und wie lebt ein Engel mit einem Engel zusammen, Hausleute? Dem Wesen des Mannes und der Frau widerstrebt es, Lebendiges umzubringen, Nichtgegebenes zu nehmen, falsche Geschlechtsbeziehungen zu pflegen, zu lügen, berauschende Getränke und andere die Vernunft und Selbstkontrolle beeinträchtigende Mittel zu nehmen. Beide sind tugendhaft, voll hoher Eigenschaften; mit einem Gemüt ganz frei von Schäbigkeit und Engherzigkeit führen beide das

44 *chavo* = wörtlich »Leichnam«, davon abgeleitet »gemein, niedrig«. So die Übersetzung in NylA. Ich ziehe die direktere Übersetzung vor, weil in den Texten wiederholt ein Mensch, der von seinen Trieben dahingetrieben wird wie ein Stück Holz von der Flut, mit einer Leiche verglichen wird (vgl. Dh 21: »Die Leichten sind den Leichen gleich«: *yathā-matā* = »wie gestorben«, siehe auch den Vergleich des Körpers mit einer toten Marionette in Thīg 390).

45 *devī* = jedes hoch gestellte, insbesondere übermenschliche weibliche Wesen. Ich sehe keinen Anlass, bei der Übersetzung den plastischen Ausdruck »Engel« den christlichen Kirchen vorzubehalten.

häusliche Leben. Asketen und brahmisch Lebende behandeln sie frei von Kleinlichkeit und Schimpf. So lebt ein Engel mit einem Engel zusammen. Diese vier Arten des ehelichen Zusammenlebens gibt es, Hausleute.« Der Erwachte fasst abschließend seine Rede in Versen zusammen, die mit der gleichen Strophe enden wie seine Worte an das Ehepaar Nakula in A IV,55. — Aus einem besonderen Anlass entstand die folgende Rede:

A VII,59.

Der Erhabene besuchte eines Morgens in Sāvatthī vom Jetahain-Kloster aus Anāthapiṇḍiko in dessen Haus. Dort war Krach. Der Erwachte fragte den verlegen herbeieilenden Anāthapiṇḍiko: »Was ist denn in deinem Haus für ein Lärm, was für ein Geschrei, wie wenn Fischer vom Fang heimkämen?« — »Das ist meine Schwiegertochter Sujāta. Sie ist sehr reich, stammt aus einer wohlhabenden Familie. Sie achtet weder Schwiegermutter noch Schwiegervater noch ihren Mann. Nicht einmal den Erhabenen schätzt sie, achtet ihn nicht, denkt nicht hoch von ihm und ehrt ihn nicht.« — Da rief der Erhabene die Schwiegertochter Sujāta: »Sujāta, komm her!« — »Ja, Herr«, sprach die Schwiegertochter Sujāta, kam zum Erhabenen, begrüßte den Erhabenen und setzte sich seitwärts. Der Erhabene sprach zu ihr: »Folgende sieben Arten von Frauen eines Mannes gibt es; welche sieben? Eine gleicht einer Mörderin, eine einer Diebin, eine einer Tyrannin, eine einer Mutter, eine einer Schwester, eine einer Freundin, eine einer Dienenden. Diese sieben Arten von Frauen eines Mannes gibt es. Zu welcher von ihnen gehörst du, Sujāta?« — »Ich weiß nicht, Herr, was das bedeutet, was der Erhabene kurz gesagt hat. Es wäre gut Herr, wenn mir der Erhabene die Lehre so erklären würde, dass ich den Sinn verstehen könnte.« — »Dann pass gut auf; Sujāta, ich werde es dir sagen.« — »Ja, Herr«, antwortete Sujāta dem Erhabenen bereitwillig. Der Erhabene sprach:

»Wenn sie ein böses Herz hat ohne Mitgefühl, vernarrt in andere, den eignen Mann missachtet,
der Schätze für sie gab, ihn ruinieren will: wenn eines Mannes Frau derart veranlagt ist,
dann sagt man: diese Frau gleicht einer Mörderin.

Wenn für die Frau ein Mann das Geld verdient mit einem Handwerk, Handel oder Landwirtschaft,
und davon will sie – sei's auch wenig – unterschlagen: wenn eines Mannes Frau derart veranlagt ist,
dann sagt man: diese Frau ist einer Diebin gleich.

Wenn sie die Arbeit scheut, faul und gefräßig ist, mit Härte, Heftigkeit, als Lästerzunge spricht,
wenn eines Mannes Frau derart veranlagt ist,
dann sagt man: diese Frau ist der Tyrannin gleich.

Wenn sie sich um des Gatten Wohl genauso annimmt, wie eine Mutter ihren Sohn behütet hält,
und dafür sorgt, dass der Besitz erhalten bleibt: – wenn eines Mannes Frau derart veranlagt ist,
dann sagt man: diese Frau ist einer Mutter gleich.

Wenn sie die Achtung, welche eine jüng're Schwester der älteren erweist, dem Mann entgegenbringt,
und in Bescheidenheit des Mannes Willen achtet, wenn eines Mannes Frau derart veranlagt ist,
dann sagt man: diese Frau ist einer Schwester gleich.

Wenn sie sich freut, wenn sie den Gatten sieht, wie wenn sich Freunde sehn nach langer Trennung,
von feiner Art, in Tugend fest, dem Gatten treu: wenn eines Mannes Frau derart veranlagt ist,
dann sagt man: diese Frau ist einer Freundin gleich.

Wenn sie zornlos und still, selbst wenn er sie bedroht, mit unverdorbnem Herzen ihren Mann erträgt
und ohne Ärger seinen Willen respektiert, wenn eines Mannes Frau derart veranlagt ist,
dann sagt man: diese Frau gleicht einer Dienenden.

Die alle wahrlich, die man Mutter, Schwester, Freundin und Dienende als Frauen nennen kann,

in Tugend wohlgefestigt, lange selbstbezähmt, die gehen, wenn der Körper stirbt, zum Himmel ein.

Diese sieben Arten von Ehefrauen eines Mannes gibt es. Zu welcher gehörst du, Sujāta?« — »Von heute ab, Herr, möge mich der Erhabene als eine Frau ansehen, die einer Dienenden ihres Mannes gleicht.«

Hans: Kommen da nicht die Frauen zu schlecht weg: Es gibt doch auch Männer, die sich gegenüber ihren Frauen wie Mörder, Diebe oder Tyrannen aufführen. Und dass am Ende – offenbar als Krönung der Skala der Ehefrauen – die Dienerin genannt wird, das schreib ja nicht in dein Buch, sonst feuern es moderne Frauen in den Papiercontainer, und der Buddhismus ist bei ihnen abgemeldet.

Fritz: Da unterschätzest du aber die Fähigkeit vieler Frauen, die Dinge nicht nur emotional zu betrachten, sondern differenziert mit Sachlichkeit und Genauigkeit: Wir haben doch gerade vor dieser Rede eine Bestandsaufnahme möglicher ehelicher Konstellationen betrachtet, in welchen die Rollen »Leichnam« und »Engel« schön paritätisch zwischen Männern und Frauen verteilt waren. Hätte beim Besuch des Erwachten in Anāthapiṇḍikos Haus gerade ein Schwiegersohn herumgepoltert und nicht eine Schwiegertochter, dann hätte der etwas Entsprechendes zu hören bekommen. Von den genannten Frauentypen ist übrigens die Mehrzahl – vier von sieben – auch nach dem heutigen Selbstverständnis der emanzipierten Frau positiv. Zu dem Frauentyp der Dienenden bemerkt Hellmuth Hecker in der wohl einzigen wirklich vollständigen Übersicht über *»Mann und Frau in der Lehre des Buddha«*[46]: *»Die dienende Ehefrau dagegen hat ihren Eigenwillen aufgegeben, entweder weil sie es von Haus aus«* (nämlich unter den kulturellen Umständen des damaligen Indien) *»so gewöhnt ist oder weil sie glaubt, damit dem Gatten am besten helfen zu können, oder im positivsten Fall als Übung einer Heilsgängerin im Loslassen. Im letzteren Fall ist der Grund für das Loslassen ein viel tieferer als der Blick auf den Mann: nämlich die Ablösung von allen Fesseln, wodurch sie zu einer solchen Läuterung kommen kann, dass sie ganz von selber für alle Mitwesen, gerade auch für ihren Mann, wohl tuender, verstehender und gütiger im Umgang wird.*[47] *Es darf auch nicht übersehen werden, dass der Buddha nicht etwa sagt, wenn eine Frau eine gute Ehefrau sein wolle, dann müsse sie wie eine Dienerin sein, sondern er beschreibt hier unter den in seiner Zeit zu beobachtenden Frauentypen diejenigen, welche er alle uneingeschränkt als gute Ehefrauen bezeichnet. Die Frauen waren auch damals wie immer verschieden, und jede konnte unter diesen vier Arten von Frauengestalten das ihr gemäßeste Vorbild finden – auch die Frau, die ihre Beziehung zu ihrem Mann wie die von Freund zu Freund empfand.«*

Ausführlich beschreibt der Erwachte je vier Eigenschaften, mit denen eine Frau diese und jene Welt meistert in der Rede

A VIII,49:

Visākhā, die Mutter Migāros, besuchte einmal den Erhabenen in Sāvaṭṭhī im Ostkloster. Da sprach der Erhabene zu ihr: *»Wenn eine Frau zu vier Eigenschaften erwachsen ist, Visākhā, dann meistert sie* diese *Welt, ist dieser Welt gewachsen – zu welchen vier? Da beherrscht die Frau ihre Arbeit von Grund auf, kommt gut mit ihren Leuten aus, macht ihrem Mann mit ihrer Lebensweise Freude und hält das Erworbene zusammen. Wie beherrscht die Frau ihre Arbeit von Grund auf, Visākhā? In den Handarbeiten für den Gatten in Wolle oder in Baumwolle erwirbt sie sich*

46 WW 35. Jg. (1989), S. 66-170, hier S. 175

47 Vgl. dazu die Briefe von Christophine Reinwald an ihren Bruder Friedrich Schiller, abgedruckt in: WW, 34. Jg. (1988), S. 305.

Geschicklichkeit, ist nicht nachlässig, sondern findet die Arbeitsweise heraus, wie man richtig anpackt und anordnet. So beherrscht die Frau ihre Arbeit von Grund auf, Visākhā. — Und wie kommt die Frau mit ihren Leuten gut aus, Visākhā? Beim Gesinde des Gatten, den Knechten, Dienern, Arbeitern, weiß sie, welche Arbeit sie getan haben, und welche noch nicht. Bei Kränklichen berücksichtigt sie das Maß ihrer Kräfte. Und jedem teilt sie nach seinem Maß feste und flüssige Nahrung zu. So kommt die Frau mit ihren Leuten gut aus, Visākhā. — Und wie macht eine Frau ihrem Mann mit ihrer Lebensweise Freude? Eine Lebensweise, die ihrem Mann zuwider ist, führt sie um ihr Leben nicht. So macht eine Frau ihrem Mann mit ihrer Lebensweise Freude. — Und wie hält eine Frau das Erworbene zusammen? Was der Gatte an Vermögen erwirbt in Geld, Sachwerten, Gold oder Silber, das bewahrt sie mit Sorgfalt und Wachsamkeit und ist dabei nicht leichtsinnig, nicht diebisch, sie fängt nicht zu trinken an und trägt nicht zu seinem Ruin bei. So hält eine Frau das Erworbene zusammen, Visākhā. Wenn eine Frau zu diesen vier Eigenschaften erwachsen ist, dann meistert sie diese Welt, ist dieser Welt gewachsen.

Wenn aber eine Frau zu vier Eigenschaften erwachsen ist, dann meistert sie die andere *Welt, ist der anderen Welt gewachsen – zu welchen vier? Da ist eine Frau zu Heilsvertrauen erwachsen, zu Tugend, zum Loslassen, zur Weisheit. — Wie ist eine Frau zum Heilsvertrauen erwachsen, Visākhā? Sie ahnt die Wachheit des Vollendeten: ›Das ist der Erhabene, Heile, Vollkommen Erwachte, der im Wissen und Wandel Vollkommene, der zum Wohl gekommene, Allsehende, der unvergleichliche Leiter der anzuleitenden Menschen, der Meister der Götter und Menschen, der Erwachte, der Erhabene.‹ So ist eine Frau zum Heilsvertrauen erwachsen, Visākhā. — Und wie ist eine Frau zur Tugend erwachsen? Da widerstrebt es ihrem Wesen, zu töten, Nichtgegebenes zu nehmen, falsche Geschlechtsbeziehungen zu pflegen, zu lügen, berauschende oder die Vernunft und Selbstkontrolle hindernde Mittel zu nehmen. So ist eine Frau zur Tugend erwachsen, Visākhā. — Und wie ist eine Frau zum Loslassen erwachsen? Da lebt eine Frau im Haus mit einem Gemüt frei von den Flecken des Geizes und der Engherzigkeit, empfindet Loslassen als befreiend, mit offenen Händen, vom Zurücktreten beglückt, aufgeschlossen für Bitten, selig, wenn sie geben und teilen kann. So ist eine Frau zum Loslassen erwachsen, Visākhā. — Und wie ist eine Frau zur Weisheit erwachsen? Da ist eine Frau weise, erwachsen zu der auf das fließende Entstehen-Vergehen gerichteten Weisheit, der heilenden, durchbohrenden, zur Auflösung allen Leidens führenden. So ist eine Frau zur Weisheit erwachsen, Visākhā. Wenn eine Frau zu diesen vier Eigenschaften erwachsen ist, dann meistert sie die andere Welt, ist der andern Welt gewachsen. — Wenn eine Frau zu diesen acht Eigenschaften erwachsen ist, dann erscheint sie nach dem Absterben des Körpers, nach dem Tod bei den Anmutigen Himmelswesen wieder.«* Auch hier wird der Inhalt der Rede am Ende in einem Merkvers wiederholt.

Hans: Ich muss selber über mich lächeln: Wir sind heute so fixiert auf die »Parität der Geschlechter«, dass ich mich eben dabei erwischte, wie in mir die Frage aufsteigen wollte, ob es einen vergleichbaren Ausspruch nicht auch für den Ehemann gibt – wie wenn das Kleinkind sagt: »Will auch!«

Fritz: Aber du kannst die Frage ruhig stellen: Ein solches Gegenstück gibt es in einer Rede, die der Buddha den Mönchen hielt, die aber für sie nur einen Sinn hatte, wenn sie zur Weitergabe an häusliche Nachfolger bestimmt war:

A III,49.

»In der Umgebung des Himālaya, des Königs der Berge, ihr Mönche, wachsen die großen Bäume in drei Wachstumsbereichen. In welchen drei? In Blättern und Laubwerk, Rinde und Borke, in Grünholz und Kernholz. Ebenso wächst in der Umgebung eines Familienoberhauptes mit Heilsvertrauen die Familie in drei Wachstumsbereichen. In welchen drei? In Heilsvertrauen, Tugend, Klarwissen. In diesen drei Wachstumsrichtungen wächst in der Umgebung eines vertrauenerfüllten Familienoberhauptes die Familie.

Wenn eine mächtige Felsenwand in Waldestiefen sich erhebt,
dann wachsen rings in ihrem Schutz[48] *die Urwaldriesen höher auf.*
So ist's, wenn ein Familienhaupt voll Tugend und Vertrauen ist:
Auf ihn gestützt, gedeihen auch Frau, Kinder, Angehörige,
der Freunde und Gefährten Schar und auch das ganze Hausgesind':
Des Tugendhaften Tugend und Großherzigkeit und Gutes tun
das sehen sie und tun's ihm nach, sobald sie selber es bemerkt.
Und wenn sie so gewandelt sind auf rechtem Pfad zum Guten hin,
genießen sie im Himmel einst froh, was die Sinne sich gewünscht.«

Ein solcher guter Familienvater zu werden, das hat der Buddha schon Jungen in dem Alter, das früher das »Flegelalter« hieß, als diesseitiges Ziel vor Augen gerückt – etwa in der Rede

A V,58.

Vom Almosengang nach Vesālī zurückgekehrt, begab sich einmal der Erhabene in den Großen Wald und setzte sich unter einen Baum, um den Tag dort zu verbringen. Zu der Zeit streifte ein großer Schwarm junger Licchavierprinzen mit schussbereiten Bogen und einer Meute Hunde im Wald umher. Da sahen sie den Erhabenen unter dem Baum sitzen. Bei diesem Anblick legten sie die Bogen nieder, führten die Hunde beiseite, traten zum Erhabenen hin und entboten ihm ihren Gruß. Still, ganz still geworden brachten sie dem Erhabenen mit gefalteten Händen ihre Verehrung dar. Da kam gerade der Licchavier Mahānāmo[49] *auf einem Spaziergang durch den Großen Wald und sah die Licchavierprinzen, wie sie da still, ganz still geworden, dem Erhabenen mit gefalteten Händen ihre Verehrung darbrachten. Als er das sah, trat er zum Erhabenen hin, begrüßte den Erhabenen ehrerbietig, wechselte höfliche, freundliche Worte mit ihm und setzte sich zur Seite. Zur Seite sitzend, tat der Licchavier Mahānāmo tief aufatmend folgenden Ausspruch: »Es werden doch noch rechte Vajjer aus ihnen. Es werden doch noch rechte Vajjer aus ihnen.« — »Warum sagst du denn: ›Es werden doch noch rechte Vajjer aus ihnen‹, Mahānāmo?« — »Herr, diese jungen Licchavierprinzen sind wild und rau. Sie stecken nicht leicht zurück. Was man ihren Familien auch schickt, das lassen sie verschwinden: Kandiszucker oder Brustbeeren oder Kuchen oder Bonbons oder Gebäck, das plündern sie ratzekahl und essen es auf, und den Damen und Prinzessinnen ihrer Familie werfen sie es nach – und nun stehen sie da: mucksmäuschenstill, mit gefalteten Händen und bringen dem Erhabenen ihre Verehrung dar!«*

»Mahānāmo: Wenn bei einem jungen Menschen aus einer Familie – sei es die eines gesalbten Kriegerkönigs oder des Trägers eines erblichen Staatsamts oder eines Heerführers oder eines Amtmanns oder eines Zunftmeisters oder irgendjemandes, der bei den Familien etwas zu sagen hat, fünf Eigenschaften zu finden sind, dann ist ein Gedeihen zu erwarten, kein Verfall; welche fünf?

Wenn ein Sohn aus einer Familie durch Fleiß und Mühe, im Schweiß des Angesichts auf anständige Weise rechtmäßige Mittel erworben hat, dann lässt er damit die Eltern zu ihrem Recht kommen, nimmt sie ernst, denkt hoch von ihnen, bezeigt ihnen Achtung. Einen, der die Eltern zu ihrem Recht kommen lässt, sie ernst nimmt, hoch von ihnen denkt, ihnen Achtung bezeigt, schätzen die Eltern hoch und empfinden mit ihm: ›Lang sollst du leben, und gut soll es dir gehen!‹ Für den Sohn aus einer Familie, den die Eltern hoch schätzen und mit dem sie mitempfinden, ist ein Gedeihen zu erwarten, kein Verfall.

Weiter, Mahānāmo: Wenn ein Sohn aus einer Familie durch Fleiß und Mühe, im Schweiß des Angesichts auf anständige Weise rechtmäßige Mittel erworben hat, dann lässt er damit Frau und

48 PTS S. 152 Fußnote 5: Alle Pālimanuskripte haben zwar »*rukkham*« (»Baum«); das ist aber vermutlich ein Schreibfehler statt »*rakkham*« (»Schutz«).

49 Ein Licchavierfürst, nicht zu verwechseln mit dem Sakyerkönig Mahānāmo.

Kind, Diener und Arbeiter zu ihrem Recht kommen, nimmt sie ernst, denkt hoch von ihnen, bezeigt ihnen Achtung. Einen Solchen schätzen Frau und Kind, Knecht und Arbeiter hoch und empfinden mit ihm: ›Lang sollst du leben, und gut soll es dir gehen!‹ Für den Sohn aus einer Familie, den Frau und Kind, Knecht und Arbeiter hoch schätzen und mit dem sie mitempfinden, ist ein Gedeihen zu erwarten, kein Verfall, Mahānāmo.

Weiter, Mahānāmo: Wenn ein Sohn aus einer Familie durch Fleiß und Mühe, im Schweiß des Angesichts auf anständige Weise rechtmäßige Mittel erworben hat, dann lässt er damit die Nachbarn und die, mit denen er ständig zu tun hat, zu ihrem Recht kommen, nimmt sie ernst, denkt hoch von ihnen, bezeigt ihnen Achtung. Einen Solchen schätzen die Nachbarn und die, mit denen er ständig zu tun hat, hoch und empfinden mit ihm: ›Lang sollst du leben, und gut soll es dir gehen!‹ Für den Sohn aus einer Familie, den die Nachbarn und die, mit denen er ständig zu tun hat, hoch schätzen und mit dem sie mitempfinden, ist ein Gedeihen zu erwarten, kein Verfall, Mahānāmo.

Weiter, Mahānāmo: Wenn ein Sohn aus einer Familie durch Fleiß und Mühe, im Schweiß des Angesichts auf anständige Weise rechtmäßige Mittel erworben hat, dann lässt er damit die Hausgeister zu ihrem Recht kommen, nimmt sie ernst, denkt hoch von ihnen, bezeigt ihnen Achtung. Einen solchen schätzen die Hausgeister hoch und empfinden mit ihm: ›Lang sollst du leben, und gut soll es dir gehen!‹ Für den Sohn aus einer Familie, den die Hausgeister, die gewohnt sind, Spenden zu empfangen, hoch schätzen und mit dem sie mitempfinden, ist ein Gedeihen zu erwarten, kein Verfall, Mahānāmo.

Weiter, Mahānāmo: Wenn ein Sohn aus einer Familie durch Fleiß und Mühe, im Schweiß des Angesichts auf anständige Weise rechtmäßige Mittel erworben hat, dann lässt er damit Asketen und brahmisch Lebende zu ihrem Recht kommen, nimmt sie ernst, denkt hoch von ihnen, bezeigt ihnen Achtung. Einen, der Asketen und brahmisch Lebende zu ihrem Recht kommen lässt, sie ernst nimmt, hoch von ihnen denkt, ihnen Achtung bezeigt, schätzen Asketen und brahmisch Lebende hoch und empfinden mit ihm: ›Lang sollst du leben, und gut soll es dir gehen!‹ Für den Sohn einer Familie, den Asketen und brahmisch Lebende hoch schätzen und mit dem sie mitempfinden, ist ein Gedeihen zu erwarten, kein Verfall, Mahānāmo.

Wer den Eltern dankbar beisteht, Frau und Kindern lieb zur Seite
und für seine ganze Sippe wie für die, die von ihm leben,
stets in allen Fragen da ist, voller Großmut, Tugend, Wärme,
sich der vor ihm Hingeschied'nen während dieses Lebens annimmt,
brahmisch Lebenden, Asketen, Geistern spendet, ist ein Weiser,
ist der Schöpfer seines Glückes, führt sein häuslich' Leben richtig.
Wer so gut gewirkt hat, freudig Achtung zeigt und Anerkennung,
der ist hier schon gern gesehen und hat drüben Himmelsfreuden.«

Ruth: Wie schön, dass hier diese freudige Motivierung der stillgewordenen »Flegel« für die künftige Elternrolle schon so früh einsetzt. Für das hilflos in die Kälte und Fremdheit des Lebens hineingeborene Menschenbaby sind ja die Eltern wirklich das Ein und Alles.

Fritz: Die wichtige Rolle der Eltern für das Kleinkind hat der Erwachte wiederholt betont, etwa in der Rede

A III,31.

»Brahma, ihr Mönche, lebt in den Familien, von deren Kindern die Eltern zu Haus in Ehren gehalten werden; die geistigen Altmeister leben in den Familien, von deren Kindern die Eltern zu Haus in Ehren gehalten werden; die Verehrungswürdigen leben in den Familien, von deren Kindern die Eltern zu Haus in Ehren gehalten werden. ›Brahma‹, ›die geistigen Altmeister‹, ›die Verehrungswürdigen‹ – das ist eine Bezeichnung für die Eltern. Und warum? Viel tun die Eltern den Kindern als beschützende Erzieher, Ernährer, Erklärer dieser Welt.

Als ›Brahma‹ – so bezeichne ich die Eltern, als die geistigen
Altmeister, der Verehrung wert der Kinder: Sie erbarmen sich.
Drum ehre sie und denke hoch von ihnen, wer da weise ist;
mit Speis' und Trank versorg' er sie, mit Kleidung und mit Lagerstatt,
mit Körperpflege, Baden und bis hin zum Füßewaschen auch.
Wer seinen Eltern immerdar als Weiser solchen Dienst erweist,
der wird auf Erden schon gelobt und erntet drüben Himmelsglück.«

RUTH: Wie da die Situation des Kleinkindes genau gesehen wird: nicht – wie viele Jahrhunderte später im Westen – als »kleiner Erwachsener«, sondern in seiner totalen Abhängigkeit von den Eltern: Das kleine Kind meint ja wirklich: wie es die Eltern machen, das sei das Richtige in der Welt. Sie allein geben ihm in einer fremden Welt durch ihre unerschütterliche Liebe Geborgenheit. Deshalb sind sie in der Tat für das Kind wie Brahma. Und welches Maß an Zuwendung und eigenem Zurücktreten fordert das von richtigen Eltern!

FRITZ: Wenn ihr über Kindererziehung noch Genaueres lesen wollt: Das Buddhistische Seminar hat eine herzerfrischende Arbeit darüber herausgegeben.[50]

HANS: Da ist in unserem Gespräch doch eine reiche Fülle einzelner Hinweise zusammengekommen, wie man in der Häuslichkeit nach der Lehre des Buddha leben kann – nicht nur ohne seine weltlichen Angelegenheiten in Beruf, Politik, Wirtschaft und Familie zu kurz kommen zu lassen, sondern in einer Weise, die auch für die Mitwelt ein wahrer Segen ist und bei der das letzte Ziel nicht vergessen wird. Aber jetzt bin ich gespannt auf die allgemeinen Maßstäbe für die vielen praktischen Anleitungen zum Leben in der Vielfalt!

50 Erziehung als Lebenshilfe (von Wolfgang Brezinka), ausgewählt und kommentiert von Ingetraut Anders, WW, 38. Jg. (1992), in den Heften 5 bis 12

8. Gespräch
Wie können wir in der Vielfalt leben?

Fritz: Eine besonders gute Brücke zwischen den vielen einzelnen Ratschlägen zum Leben in der Vielfalt und den übergreifenden »ehern-flexiblen« Maßstäben bildet eine der längsten Reden, die der Buddha je einem häuslich lebenden Menschen gehalten hat. Sie ist noch heute nach 2.500 Jahren in den buddhistischen Ländern sehr bekannt. In Sri Lanka nennt man sie – in Anlehnung an den *Vinaya*-Piṭaka, den Korb der Ordensregeln – »*gihi-vinaya*« = die Zurechtführung der häuslich Lebenden.

I. DER ANHALT FÜR DIE WELT

Diese Rede bildet den soliden Anhalt für die Welt. Es ist

D 31 – DAS GESPRÄCH MIT SINGĀLAKO.[1]

So hab ich's vernommen: Einstmals weilte der Erhabene in Rājagaha im Bambushain am Futterplatz der Eichhörnchen. Da war Siṅgālako, der Sohn eines Hausvaters, in der Morgenfrühe aufgestanden und vor die Stadt hinausgegangen. Mit wasserbenetztem Gewand, mit wasserbenetztem Scheitel, mit erhobenen gefalteten Händen brachte er nach jeder Himmelsrichtung eine Verbeugung dar; nach Osten und nach Süden, nach Westen und nach Norden, nach unten und nach oben. — Der Erhabene hatte sich in der Morgenfrühe erhoben, Mantel und Almosenschale genommen und war zur Stadt hinausgegangen auf Almosengang. Da sah der Erhabene Siṅgālako, wie er jeder Himmelsrichtung eine Verbeugung darbrachte. Bei diesem Anblick sprach der Erhabene zu Siṅgālako: »Warum bist du so früh aus der Stadt hierher gekommen und bringst jeder Himmelsrichtung eine Verbeugung dar?« — »Herr, der Vater hat mir auf dem Sterbebett gesagt: ›Mein Lieber, verehre die Himmelsgegenden.‹ Nun halte ich mich an das Wort meines Vaters, Herr, ich nehme es ernst und halte es wert; deshalb verehre ich auf diese Weise die Himmelsgegenden.« — »Nicht auf solche Weise sind nach der Heilsordnung die sechs Himmelsgegenden zu verehren, Bürgerssohn.« — »Aber wie sind denn nach der Heilsordnung die sechs Himmelsgegenden zu verehren, Herr? Es wäre gut, wenn der Erhabene mich lehren würde, wie nach der Heilsordnung die sechs Himmelsgegenden zu verehren sind.«

Hans: Da sieht man wieder die Anleitungskunst des Buddha: Mancher heutige Buddhist hätte gesagt: »Aber lieber Junge, mit Verbeugungen vor den sechs Himmelsrichtungen ist nichts getan: du musst dein Herz wandeln!« Der Buddha aber kritisiert mit keinem Wort diesen wunderlichen Ritus, sondern macht Siṅgālako aufhorchen mit dem Hinweis, nach der Heilsordnung seien die Himmelsrichtungen *anders* zu verehren. Und prompt fragt Siṅgālako, wie!

Ruth: Ach, Hans, so wunderlich kommt mir der Ritus gar nicht vor. Dahinter scheint mir ein guter Sinn zu stecken, den Siṅgālako bloß nicht mehr kennt: Der normale, sinnlich wahrnehmende Mensch erlebt um sich herum »die große, weite Welt« wie eine Hohlkugel und »sich« als den zentralen Punkt darin: »Oben« nennt er, was über seinem Kopf ist, »unten« alles unter seinen Füßen, in der Quere erlebt er die vier Himmelsrichtungen, und ob etwas groß oder klein ist, misst er an seiner eigenen Körpergröße. Wer weiß schon, dass dieses Ganze aus *Wahrnehmung* ist und dass Wahrnehmung eine Gestaltung des Herzens ist! Deshalb fühlen sich fast alle Menschen diesem wahrgenommenen Riesenumkreis ausgeliefert, als dessen winziges »Mittelpünktchen« sie sich erleben. Da ist es doch ein großer Unterschied, ob einer allen diesen Erlebnisrichtungen rundum voll Angst und Bedrängnis gegenübertritt, voll Gier – auch Neu-Gier, Abwehr und Ablehnung – oder, wie Siṅgālako – voll *Verehrung*. Auch wenn nachher im Trubel des Alltags meist nicht viel von der Verehrung übrig bleibt: Sie gibt doch dem ganzen Leben eine etwas andere »Hintergrundfärbung«.

1 Besprochen in MExi, 2. Aufl. S. 421 ff.

Hans: Ach so, daran könnte etwas sein. Merkwürdig: Wenn wir westlichen Menschen von den Himmelsrichtungen sprechen, dann denken wir nur an die Horizontale: Osten, Westen, Norden, Süden, nicht an die Richtungen unter und über den Menschen – kennzeichnend für unsere flache Betrachtungsweise. Aber was hat denn der Buddha nun dem jungen Mann erklärt, wie er die sechs Himmelsgegenden verehren soll?

Fritz: Der Erwachte hat zuerst eine kurze Vorschau über seine Antwort gegeben, einen »*Stempel*«, wie es oft in den Reden genannt wird: *»Gut, Bürgersohn, so merke auf; ich will es dir erklären.« — »Ja, Herr«, antwortete Siṅgālako dem Erhabenen. Der Erhabene sprach: »Sobald ein Heilsgänger die Lust an vier Wirkensverderbtheiten aufgegeben hat, aus vier Herzenszuständen nichts Schlechtes wirkt, sich nicht auf sechs der Genüsse nach abwärts einlässt, dann ist er dadurch vierzehn Übeln entgangen, hat die sechs Himmelsgegenden als Schutz; ist zur Meisterung beider Welten durchgedrungen: Er hat diese und jene Welt im Griff. Und nach dem Absterben des Körpers, jenseits des Todes, gelangt er auf gute Bahn in selige Welt empor.«*

Ruth: Das ist ja geradezu eine Kurzzusammenfassung des richtigen Umgangs des häuslich lebenden Nachfolgers mit Besitz und Wunschbefriedigung: Der Buddha rät nicht, gleich im Frontalangriff das sinnliche Begehren total und direkt abzubauen, sondern nur vier »Wirkens-*Verderbtheiten*« und Befriedigung durch *schlechte* Handlung. Lust, einen schönen Pullover zu kaufen, ist sinnliches Begehren, aber *keine* »Wirkens-*Verderbtheit*«. Erst den Pullover wegen dieser Lust zu stehlen, wäre eine »*schlechte* Handlung«. Der Buddha sagt dem jungen Siṅgālako nicht, er soll auf Wunschbefriedigung »verzichten«, sondern er soll nur darin lauernde besondere »Mündungen nach *abwärts*« meiden. Die werden doch sicher noch im Einzelnen erklärt.

Hans: Oder ist vielleicht doch gemeint, Wunschbefriedigung sei schon an und für sich eine »*Mündung nach abwärts*«?

Fritz: Nein. Sonst hätte der Buddha nicht sagen können, wer als »*Wünsche befriedigender*« häuslicher Nachfolger seinen Besitz nicht als »*Mittel zur Befriedigung*« einsetze, habe ihn »*nicht richtig verwendet*«, sei deshalb zu »*tadeln*«, und es sei eines von vier »*guten Werken*«, wenn man es sich mit redlich erworbenem Besitz selbst »*angenehm und befriedigend*« macht. Häusliche Nachfolger sollten von Zeit zu Zeit auch das »*Glück des Besitzens und seiner Fülle*« genießen.[2] Wir werden gleich sehen, was mit den »*Mündungen nach abwärts*« gemeint ist.

Ruth: Besonders schön finde ich, dass der Buddha sagt, wer so vorgeht, gewinnt die sechs Himmelsrichtungen, also die »Umwelt«, die so viele Menschen als Bedrohung erleben, als *Schutz*. Und das auch noch über den Tod hinaus.

Fritz: Ja, das sind wunderbare Verheißungen für die Lebenspraxis. Und dieser kurze »Stempel« wird jetzt erklärt:

»Zu welchen vier *Wirkensverderbtheiten hat er die Lust aufgegeben?*
Lebendiges umbringen ist eine Wirkensverderbtheit,
Nichtgegebenes nehmen ist eine Wirkensverderbtheit,
falsche Geschlechtsbeziehungen sind eine Wirkensverderbtheit,
Lügen ist eine Wirkensverderbtheit, Bürgersohn. Zu diesen vier Wirkensverderbtheiten hat er die Lust aufgegeben.«

Hans: Warum fehlt die fünfte Grundtugend: keine Rauschmittel nehmen?

Fritz: Die wird nachher gleich als erste der sechs »*Mündungen nach abwärts*« genannt. — Und nun fasst der Erwachte das Gesagte in einem Merkvers zusammen: *So sprach der Erhabene. Nachdem der zum Wohl Gekommene dies erklärt hatte, setzte der Meister hinzu:*

»Lebend'ges töten, Fremdes nehmen und was man Lügenworte nennt,
Umgang mit Frauen anderer – das wahrlich heißt kein Weiser gut.«

2 Vgl. im 6. Gespräch S 3,19, S 42,12; A IV,61, A IV 62.

Nun erklärt der Buddha die Motive dieser schlechten Taten: *»Bei welchen* vier *Herzenszuständen bewirkt man eine schlechte Handlung? Der Bahn des* Willens *folgend, der Bahn des* Hasses, *der Bahn der* Blendung, *der Bahn der* Angst *folgend bewirkt man eine schlechte Handlung. Sobald aber der Heilsgänger eben* nicht *der Bahn des Willens, des Hasses, der Blendung, der Angst* folgt, *bewirkt er bei diesen vier Herzenszuständen kein schlechtes Wirken.« So sprach der Erhabene. Nachdem der zum Wohl Gekommene dies erklärt hatte, setzte der Meister hinzu:*

»Aus Willensdrang, Hass, Blendung, Angst – wer da das Rechte übertritt,
dem schwindet alle Macht dahin, gleichwie der Mond, wenn Neumond ist.
Trotz Willensdrang, Hass, Blendung, Angst: wer nicht das Rechte übertritt,
gewinnt an inn'rem Rang, so wie der Mond zunimmt zur Vollmondzeit.«

Ruth: Hier zeigt der Buddha den direkten häuslichen Kampf auf der Sinnlichkeitsebene: Die Motive – statt der Hinneigung sagt der Buddha hier »*Wille*« und setzt als viertes die *Angst* hinzu – sind noch da, aber man folgt ihnen nicht.

Fritz: Ja, Ruth. Auf den ersten Punkt – den Willen – waren wir schon zu Anfang unserer Gespräche bei dem Gespräch des Buddha mit dem Amtsrichter in S 42,11 gekommen.

Hans: Aber warum wird die Angst hier gesondert genannt? Angst kann es doch nur geben, wo man noch zu irgendwas oder irgendwem hingeneigt oder abgeneigt oder davon geblendet ist.

Ruth: Die heutige Zeit ist so voller Ängste, dass Psychiater, Psychologen und Therapeuten Hochkonjunktur haben. Da kann ich mir das besonders gut vorstellen: Ich denke, wenn man seine Hinneigung bis hin zur Gier und seine Abneigung bis hin zum Hass und die damit verbundene Blendung nicht erkennt, sich ihnen nicht stellt und sie nicht unter überzeugenden Leitbildern auflöst, dann verlarven sie sich als unbestimmte Ängste, aus denen mancher Mensch Dinge tut, zu denen ihn nichts hinzieht und von denen ihn nichts abstößt.

Fritz: So ist es, Ruth. Der Erwachte hat wiederholt über die Angst gesprochen, besonders M 4. Wir lernen sie noch kennen. Der Erwachte sagt weiter:

»Auf welche sechs Mündungen *der Genüsse nach* abwärts *lässt er sich nicht ein? Berauschende Getränke oder andere Vernunft und Selbstkontrolle hindernde Mittel nehmen, die Unsitte, sich zu unrechter Zeit auf der Straße herumzutreiben, übermäßig herumziehen von einer Veranstaltung zur anderen, der Spielsucht frönen, Umgang mit schlechten Freunden, Müßiggang, ist eine Mündung der Genüsse nach abwärts.*

Sechserlei Elend bringt der Gebrauch von berauschenden *Getränken oder anderen die Vernunft und Selbstkontrolle hindernden Mitteln mit sich: merklichen Vermögensverlust, zunehmende Zänkerei, Anfälligkeit für Krankheiten, üblen Ruf, Preisgabe von Scham und Intimem, und er entwickelt sich sechstens zu einem, der sich unfähig zum Klarwissen macht. Dieses sechsfache Elend bringt der Gebrauch von berauschenden Mitteln mit sich.*

Sechserlei Elend bringt das Herumtreiben zu unrechter Zeit auf der Straße mit sich: Auf sich selber, auf Frau und Kind, auf sein Eigentum passt man nicht auf und ist dafür nicht auf der Hut. Man kommt leicht bei üblen Dingen in Verdacht. Ein Gerücht kann sich verbreiten. Und man sieht sich vielen leidigen Situationen gegenübergestellt. Dieses sechsfache Elend bringt es mit sich, wenn man sich zu unrechter Zeit auf der Straße herumtreibt, Bürgersohn.

Sechserlei Elend bringt das übermäßige Herumziehen von einer Veranstaltung *zur anderen mit sich: Man fragt immer nur: ›Wo wird getanzt, wo wird gesungen, wo wird Musik gemacht, wo wird vorgetragen, wo wird gefiedelt, wo wird getrommelt?‹ Dieses sechsfache Elend bringt das übermäßige Herumziehen von einer Veranstaltung zur anderen mit sich, Bürgersohn.*

Sechserlei Elend bringt es mit sich, wenn man sich der Spielsucht *ergibt: Wer gewinnt, verfeindet sich. Wer verliert, trauert dem Gehabten nach. Das Vermögen ist schnell vertan. Was man in einer öffentlichen Versammlung sagt, hat kein Gewicht. Freunden und Genossen ist man verächtlich geworden. Bei Hochzeit und Heirat wird man übergangen: ›Ein Mensch‹, heißt es, ›der zum Spieler geworden ist, kann keine Frau ernähren.‹ Dieses sechsfache Elend bringt es mit sich, wenn man sich der Spielleidenschaft ergibt.*

Sechserlei Elend bringt der Umgang mit schlechten Freunden *mit sich: Zwielichtige Gestalten: Spieler, Trinker, Herumtreiber, Schwindler und Raufbolde hat man zu Freunden, zu Gefährten. Dieses sechsfache Elend bringt der Umgang mit schlechten Freunden mit sich, Bürgersohn.*

Sechserlei Elend bringt Müßiggang *mit sich: ›Es ist zu kalt‹, sagt man und unterlässt die Arbeit. ›Es ist zu heiß‹, sagt man und unterlässt die Arbeit. ›Es ist zu spät‹, ›es ist zu früh‹ sagt man und unterlässt die Arbeit. ›Ich bin zu hungrig‹, ›ich habe einen zu vollen Magen‹, sagt man und unterlässt die Arbeit. Indem man so allerlei Vorwände gegen seine Pflichten macht, kann man noch nicht Erworbenes nicht gewinnen, und was man erworben hat, wird aufgebraucht. Dieses sechsfache Elend bringt der Müßiggang mit sich.« So sprach der Erhabene. Nachdem der zum Wohl Gekommene dies erklärt hatte, setzte der Meister hinzu:*

»Der eine ist nur Trinkkumpan, der andre biedert sich gleich an.
Doch wer in Not zu einem steht, der Kamerad: der ist ein Freund.
Lang schlafen, andrer Frau'n nachgehn, gleich eingeschnappt, voll Übelwoll'n,
der Üblen Freund, Engherzigkeit, das richtet einen Mann zugrund.
Wer schlechtem Freund sich zugesellt, geht übel vor, grast Übles ab.
In diesem Dasein, jener Welt: in beiden geht er so zugrund.
Spiel, Weib, Wein, Sang und Tanz, bei Tag noch bummeln, zu unrechter Zeit,
Umgang mit schlechten Freunden, kleinlich, bringt sechsfach einen zum Ruin.
Mit Würfeln, Trunk sich amüsieren, wie Tiere Frauen andrer nachgehn:
Dem Niedern dienend, ohne Hochziel, geht man wie Neumond in die Dunkelheit.
Ein Trinker, bettelarm, hat nichts. Benebelt trinkt er weiter, geht zur Tränke,
stürzt sich in Schulden wie in eine Flut, ist schnell im eignen Netz gefangen.
Wer in den Tag zu schlafen pflegt und nachts umherzieht auf Genuss,
ein Bummler ohne Maß und Ziel, zu eignem Hausstand kommt er nie:
›Es ist zu kühl, es ist zu schwül, es ist zu spät‹ – wenn man so sagt,
statt das zu tun, was nötig ist, dann ist die Jugend schnell vertan.
Wer Kälte oder Hitze trägt so leicht wie einen Halm von Gras
und seine Menschenpflicht erfüllt, verfehlt sein eignes Wohlsein nicht.

Es sind viererlei Feinde *zu merken, die sich* wie Freunde *geben: Der Nur-immer-Nehmer, der Maulheld, der gefällige Jasager, der Gefährte nach abwärts ist als ein Feind zu merken, der sich wie ein Freund gibt.*

Vier Fälle sind es, in denen der Nur-immer-Nehmer *als ein Feind zu merken ist, der sich wie ein Freund gibt: Nur immer Nehmer ist er. Für wenig wünscht er viel. Angstmachen hält er für seine Pflicht. Er fängt gern Rechtshändel an. Das sind die vier Fälle, in denen der Nur-immer-Nehmer als Feind zu merken ist, der sich wie ein Freund gibt.*

Vier Fälle sind es, in denen der Maulheld *als Feind zu merken ist, der sich wie ein Freund gibt: Über Vergangenes verbreitet er sich gern, über Zukünftiges verbreitet er sich gern. Auf Nichtigkeiten legt er Gewicht. Wenn Not am Mann ist, warnt er vor Unglück. Das sind die vier Fälle, in denen der Maulheld als ein Feind zu merken ist, der sich wie ein Freund gibt.*

Vier Fälle sind es, in denen der gefällige Jasager *als Feind zu merken ist, der sich wie ein Freund gibt: Bei Schlechtem stimmt er zu, bei Gutem stimmt er auch zu. Ins Gesicht sagt er einem Lobhudeleien, hintenherum setzt er einen herab. Das sind die vier Fälle, in denen der gefällige Jasager als Feind zu merken ist, der sich wie ein Freund gibt.*

Vier Fälle sind es, in denen der Gefährte nach abwärts *als Feind zu merken ist, der sich wie ein Freund gibt: Berauschende Getränke oder andere die Vernunft und Selbstkontrolle hindernde Mittel genießen, da macht er mit. Müßig sich auf der Straße herumtreiben, da ist er dabei.*

Vergnügungen besuchen, da kommt er mit. Der Spielleidenschaft frönen, da schließt er sich an. Das sind die vier Fälle, in denen der Gefährte nach abwärts als Feind zu merken ist, der sich wie ein Freund gibt.« — So sprach der Erhabene. Nachdem der zum Wohl Gekommene dies erklärt hatte, setzte der Meister hinzu:

»Nur-immer-Nehmer als ein Freund, mit Worten immer schnell bereit,
jasagen, wie man's gerne hört, mitmachen, wo's nach abwärts geht:
Als Feinde gelten diese Vier dem klugen Manne, der klar sieht.
Von weitem soll er sie umgehn wie einen Hohlweg voll Gefahr.

Es gibt viererlei Freunde, die als wahre Freunde *zu merken sind, Bürgersohn: Der Wohltäter, der in Freud und Leid Gleiche, der Heilserklärer, der Mitempfinder ist ein Freund, der als wahrer Freund zu merken ist.*

Vier Fälle sind es, Bürgersohn, in denen der Wohltäter *als wahrer Freund zu merken ist: Den Leichtsinnigen hält er zurück. Des Leichtsinnigen Hab und Gut sucht er zu retten. Dem Gefährdeten bietet er Zuflucht. In der Not lässt er ihm verdoppelte Hilfe angedeihen. — Das sind die vier Fälle, in denen der Wohltäter als wahrer Freund zu merken ist.*

Vier Fälle sind es, in denen der in Freud und Leid Gleiche *als wahrer Freund zu merken ist: Vertrauliches teilt er mit. Er wahrt die Vertraulichkeit. Im Unglück verlässt er einen nicht. Sogar sein Leben gibt er für einen hin. — Das sind die vier Fälle, in denen der in Freud und Leid Gleiche als wahrer Freund zu merken ist.*

Vier Fälle sind es, in denen der Heilserklärer *als wahrer Freund zu merken ist: Vor Schlechtem hält er zurück. Zum Guten lenkt er hin. Unbekanntes erklärt er. Die himmlische Fährte zeigt er. — Das sind die vier Fälle, in denen der Heilserklärer als wahrer Freund zu merken ist.*

Vier Fälle sind es, in denen der Mitempfinder *als wahrer Freund zu merken ist: Misslingen freut ihn nicht. Gelingen freut ihn. Bei Tadel wehrt er ab. In Lob stimmt er ein. — Das sind die vier Fälle, in denen der Mitempfinder als wahrer Freund zu merken ist.«*

So sprach der Erhabene. Nachdem der zum Wohl Gekommene dies erklärt hatte, setzte der Meister hinzu:

»Wer Wohltat als ein Freund erweist, gleich bleibt in Freuden wie im Leid,
wer als ein Freund das Heil aufzeigt, als Freund ein Mitempfinder ist:
Die wahren Freunde sind die vier, dem klugen Manne wohl bekannt.
Er soll sie halten lieb und wert, so wie ihr Kind die Mutter hegt.
Der Kenner, in der Tugend reif, wie strahlend Feuer glänzt er hell.
Wer so Besitz zusammenträgt, so fleißig, wie die Biene fliegt,
dem sammelt sich Vermögen an, wie ein Termitenhaufen wächst.
Wer so sich ein Vermögen schuf, hat für den Hausstand bald genug.
Vierfach teil' er die Habe ein und knüpfe fest das Freundschaftsband:
Ein Teil der diene zum Verbrauch. Mit zweien treib er sein Geschäft.
Den vierten lege er beiseit als Rückhalt für den Fall der Not.«

HANS: Erst hatte ich gedacht: Obwohl der junge Siṅgālako durch das treue Befolgen des väterlichen Willens zeigt, dass er eine religiöse Ader hat, ist nur von weltlichen Dingen die Rede. Wo bleibt da die transzendente Dimension? Aber dann ist mir deutlich geworden: Der Buddha hat sogar den Mönchen gesagt, dass *gute Freundschaft* nicht nur das halbe, sondern das *ganze* brahmische Leben ist: Zurückhalten vom Schlechten, Hinlenken zum Guten, Erklären der Daseinsrätsel und der Dinge, die über die vordergründige Welt hinausreichen – das alles ist hier ganz auf die guten Freunde verlagert. Von ihnen nimmt ein junger Mensch Ungewohntes leichter an als von den Eltern. Siṅgālako kann sich hier ganz auf eigene Füße gestellt fühlen: Wo ihm selber Erfahrung fehlt, da wird er zum Austausch mit seinen guten Freunden eingeladen.

FRITZ: Ja, Hans. Ich kenne junge Menschen, die sich Freundeskreise solcher Art geschaffen haben. Dort besprechen sie alles, was sie in Leid und Freud bewegt. Es ist kaum zu sagen, was – mitten in unserer »schlechten Welt« – dadurch an Gutem, an Zuwendung, Mitempfinden, Verantwortungsgefühl, sauberen Maßstäben – ja geradezu an Weisheit von der Pflege so guter Freundschaften unter jungen Menschen ausgeht. — Jetzt, nach dieser Anleitung ist Siṅgālako reif für die Erklärung, wie er seine Lebenswelt – alle sechs Himmelsrichtungen – aus etwas Fremdem, Unheimlichen in einen *Schutz* verwandeln kann:

»Wie aber gewinnt ein Heilsgänger *die sechs* Himmelsgegenden als Schutz? *Sechs Himmelsgegenden gibt es, die man sich merken muss: Der Osten sind die Eltern. Der Süden sind die Lehrmeister. Der Westen sind Frau und Kind. Der Norden sind Freunde und Gefährten. Unten, das sind die Diener und Arbeiter. Oben, das sind Asketen und das brahmische Leben Führende.*

Auf fünf Arten soll ein Sohn der östlichen Gegend, den Eltern *entgegenkommen: ›Sie haben mich erhalten, nun werde ich sie erhalten. Ihre Arbeit werde ich ihnen abnehmen. Der häuslichen Überlieferung werde ich treubleiben. Ihr Erbe werde ich fortführen. Und wenn sie einst dahingegangen, verstorben sind, werde ich die Totenopfer darbringen.‹«*

HANS: Dass da so uneingeschränkt gesagt wird, er soll der häuslichen Überlieferung treubleiben, wundert mich etwas: muss er nicht erst prüfen, ob sie auch gut ist. Tradition kann doch zweierlei Ausgang haben. Und das mit den Totenopfern verstehe ich nicht.

FRITZ: Die sind heute für uns kein Problem. Die können wir beiseitelassen. Was dem Befolgen von Überlieferungen Grenzen setzt, hat der Erwachte schon umfassend gesagt: Er hat ja vorhin vor den vier Wirkensverderbtheiten und vor dem Begehen übler Taten aus Hinneigung, Abneigung, Blendung, Angst und vor den Mündungen nach abwärts bei Besitz und Befriedigung gewarnt. Häusliche Überlieferungen, die von diesen Warnungen betroffen sind, wären also nicht zu befolgen. Es geht wohl hier mehr um eingespielte Regeln für das Zusammenleben innerhalb der Familie. Dieser Lebensrat des Buddha betrifft besonders auch die Zeit, in der noch Eltern oder seit langem in der Hausgemeinschaft tätige Menschen – alte Verwandte oder Angestellte – in der Hausgemeinschaft leben. Warum sollen schon zu deren Lebzeiten erprobte Spielregeln geändert werden, nur damit der allgemeine jugendliche Reformeifer sich auf Kosten der Älteren durchsetzt? Die Jüngeren können aus ihrer kürzeren Lebenserfahrung oft den Vorteil der Eingespieltheit noch gar nicht beurteilen, die zwar von allen Rücksicht verlangt, aber dann auch reibungslose Abläufe erleichtert. Änderungen bringen oft nur neue Probleme. Jeder junge Mensch muss ja doch lernen, sich auch in solche Lebenskreise einzufügen, wo nicht alles nach seiner Pfeife tanzt – spätestens im Beruf. Wo sonst kann er das besser lernen als in der Familie?

HANS: Ja, das leuchtet mir ein. Du kannst weiterlesen.

FRITZ: Der Erwachte sagt nun: *»Ist der Sohn auf diese fünf Arten der östlichen Gegend, den Eltern entgegengekommen, so nehmen sie sich auf fünffache Weise des Sohnes an: Vor Schlechtem halten sie ihn zurück, zum Guten lenken sie ihn hin. Sie lassen ihn zu einem Beruf ausbilden. Mit einer geeigneten Frau, die zum ihm passt, bringen sie ihn zusammen. Beizeiten lassen sie ihm das Erbe zukommen. So hat er denn diese östliche Himmelsgegend gefahrlos gemacht, befriedet.«*

RUTH: Heute würde es doch eine junge Frau weit von sich weisen, »verheiratet zu werden«.

FRITZ: Freilich. Der eine wie der andere kulturelle Brauch ist für die einen ein Unglück, für die anderen ein Glück: Aber *wenn* damals und heute manche Ehen von den Eltern vermittelt werden, dann wirkt sich die Verbundenheit eines guten Sohnes mit guten Eltern dadurch aus, dass die Eltern mehr darauf achten, dass die Frau mit *ihm* harmoniert, als darauf, ob sie viel Mitgift bringt oder in ihre eigenen Pläne passt. Auch das ist ein zeitloser Zusammenhang. Kulturell bedingt ist immer nur, ob es mehr üblich ist, dass die Eltern die Ehen stiften oder dass die Kinder selber wählen. Doch sollte nicht übersehen werden, dass der Erwachte in Sn 290 lobend den vergessenen alten Brahmanengrundsatz erwähnt: *»Aus Zuneigung zur Ehe sich verbinden, das war ihnen lieb.«*

Der Erwachte erklärt nun weiter: *»Auf fünf Arten soll der Schüler der südlichen Gegend, den* Lehrmeistern, *entgegenkommen: Mit freudigem Einsatz, mit wacher Aufmerksamkeit. Er soll auf sie hören, bei der Zusammenarbeit voll mitmachen, sich ernsthaft in den Beruf einarbeiten. — Ist so der Schüler den Lehrmeistern auf fünffache Weise entgegengekommen, so nehmen sie sich auf fünffache Weise des Schülers an: Den Gelehrigen führen sie weiter in das Fach ein. Leicht fasslich vermitteln sie ihm die Kenntnisse. Alles mitteilbare Fachkönnen erklären sie ihm. Bei Freunden und Bekannten führen sie ihn ein. In allen Richtungen nehmen sie sich um ihn an. — Ist so der Schüler der südlichen Gegend, den Lehrmeistern auf fünffache Weise entgegengekommen, so nehmen sie sich auf diese fünffache Weise des Schülers an. So hat er denn diese südliche Himmelsgegend gefahrlos gemacht, befriedet.*

Fünffach ist die Art, wie ein Ehemann der westlichen Gegend, seiner Frau, *entgegenkommen soll*[3]*: Mit Hochachtung, nicht mit Geringschätzung. Nie soll er einen Seitensprung machen, soll vom Herrschaftsanspruch zurücktreten und ihr so viel Unterhalt geben, dass sie sich auch schön machen kann. Ist so auf fünffache Weise der Gatte der westlichen Gegend, seiner Frau, entgegengekommen, dann nimmt sie sich auf fünffache Weise des Gatten an: Wohlbestellt ist das Hauswesen, gut geleitet das Gesinde, nie macht sie einen Seitensprung. Den Besitz hält sie in treuer Hut. Sie ist geschickt und behände bei jeder Tätigkeit. — Ist der Gatte so der westlichen Gegend, seiner Frau, entgegengekommen, dann nimmt sie sich auf diese fünffache Weise des Gatten an. So hat er denn diese westliche Himmelsgegend gefahrlos gemacht, befriedet.*

Fünffach ist die Art, wie ein Sohn aus einer Familie der nördlichen Gegend, den Freunden und Gefährten, *entgegenkommen soll: mit Gaben, mit freundlichen Worten, des andern Wohl fördernd. Er wird sie wie sich selbst betrachten, sich nie Versprechen entziehen. — Ist so ein Sohn aus einer Familie der nördlichen Gegend, den Freunden und Gefährten, entgegenkommen, dann nehmen sie sich auf fünffache Weise seiner an: Den Leichtsinnigen halten sie zurück. Des Leichtsinnigen Hab und Gut suchen sie zu retten. Dem Gefährdeten bieten sie Zuflucht. Im Unglück verlassen sie ihn nicht. Noch in seinen Nachkommen bringen sie ihm ihre Wertschätzung dar. — Ist so ein Sohn aus einer Familie der nördlichen Gegend, den Freunden und Gefährten, entgegenkommen, dann nehmen sie sich auf diese fünffache Weise seiner an. So hat er denn diese nördliche Himmelsgegend gefahrlos gemacht, befriedet.*

Fünffach ist die Art, wie ein Herr der unteren Gegend, den Dienern und Arbeitern, *entgegenkommen soll: Je nach ihrer Leistungsfähigkeit soll er die Arbeit einteilen, Kost und Lohn geben, bei Krankheit für Pflege sorgen, außergewöhnliche Annehmlichkeiten soll er mitgenießen lassen, zeitweilig Urlaub gewähren. — Ist so der Herr auf fünffache Weise der unteren Gegend, den Dienern und Arbeitern, entgegengekommen, dann nehmen sie sich auf fünffache Weise des Herrn an: Vor ihm erheben sie sich, nach ihm legen sie sich nieder. — Nur Gegebenes nehmen sie. Sie verrichten tüchtig ihre Arbeit. Sie bringen ihn zu Ansehen. — Ist so der Herr auf fünffache Weise der unteren Gegend, den Dienern und Arbeitern, entgegengekommen, dann nehmen sie sich auf diese fünffache Weise des Herrn an. So hat er denn diese untere Himmelsgegend gefahrlos gemacht, befriedet.*

Fünffach ist die Art, wie ein Sohn aus einer Familie der oberen Gegend, den Asketen *und brahmisch Lebenden, entgegenkommen soll: mit liebreichen Werken, Worten, Gedanken, ohne ihnen das Tor zu verschließen, mit Spenden für den Lebensbedarf. Ist so ein Sohn aus einer Familie auf fünffache Weise der oberen Gegend, den Asketen und brahmisch Lebenden, entgegengekommen, so nehmen sie sich auf sechsfache Weise seiner an: Vor Schlechtem halten sie ihn zurück. Zum Guten*

3 Vgl. ausführlich Hecker, WW, 35. Jg. (1989) S. 155 ff.

lenken sie hin. Gütigen Sinnes erbarmen sie sich seiner. Sie lassen ihn hören, was er noch nie gehört hat. Sie klären seine Erfahrung. Sie zeigen ihm den himmlischen Weg.

HANS: Wieso klären sie seine Erfahrung? Erfahrungen kann man doch nur selber machen.

FRITZ: Es geht hier mehr um die »gehörte Erfahrung« (*suta*). Es heißt ja auch nicht, dass sie seine Erfahrungen *machen*, sondern dass sie sie »*klären, läutern, reinigen*«, wie das Pāliwort *pariyodapeti* wörtlich heißt. Das beginnt schon bei der Auswahl dessen, was wir von ihnen zu hören bekommen. Sie lenken unsere Aufmerksamkeit vom Banalen weg zum Heilstauglichen hin. Wichtig ist ihre Hilfe auch beim richtigen Hinschauen. Viele Erfahrungen deuten wir wegen unserer Blendung durch Hinneigung und Abneigung falsch, so dass sie für uns unfruchtbar bleiben, solange uns keine Erfahrenen darauf hinweisen, dass man den betreffenden Gegenstand lieber einfach anschauen soll, wie er ist, statt ihn nach Denkmustern zu deuten.

RUTH: Das merke ich bei den Lehrreden oft. Immer wieder sage ich mir: Erlebt hab ich das, was hier erklärt wird. Aber bisher habe ich nichts damit anfangen können oder habe diese Erfahrung kaum beachtet. Jetzt ist es mir erst klar geworden. Das sind manchmal richtige »Aha-Erlebnisse«, in denen sich Leben und Lehre verbinden.

FRITZ: Manche »Aha-Erlebnisse« werden erst ausgelöst durch den Erfahrungsaustausch mit Weisen und den Heilserklärern unter den Freunden, die uns aus unseren Hohlwegen herausholt. Der Erwachte fasst diesen Abschnitt zusammen mit den Worten:

»Ist so auf fünffache Weise der Sohn aus einer Familie der oberen Gegend, den Asketen und brahmisch Lebenden, entgegengekommen, so nehmen sie sich auf diese fünffache Weise seiner an. So hat er denn diese obere Himmelsgegend gefahrlos gemacht, befriedet.« So sprach der Erhabene. Nachdem der zum Wohl Gekommene dies erklärt hatte, setzte der Meister hinzu:

»Die Eltern sind der Osten hier. Den Süden stell'n die Meister dar.
Als Westen gelten Frau und Kind, als Norden der Gefährte, Freund.
Und ›unten‹ heißt: der Diener, Knecht, und oben: Reiner und Asket.
Verehrt man diese Gegenden, hat man's im Hause wirklich gut.
Der Weise, Tugendreife, der zur Milde sich gewandelt hat,
bescheiden auftritt[4]*, niemals stur, der ist darob hoch angesehn.*
Wer immer strebet, nie erschlafft, in Krisen selber nicht verzagt,
untadlig lebt und klar gesinnt: zu hohem Anseh'n kommt er so.
Eintracht und Freundschaft wirkt er rings, zugänglich und von Enge frei. –
Als Führer, Lehrer, Tröster ist ein solcher bald hoch angeseh'n.
Gern geben, stets ein freundlich Wort, und immer fördern aller Wohl,
gerecht in allen Dingen sein, nur wägen nach dem wahren Wert:
das hält die Welt zusammen, wie der Achsstift hält das Rad, das rollt.[5]
Und gäb es diesen Anhalt nicht: die Mutter sorgte nicht fürs Kind,
nicht Achtung, keine Ehrfurcht gäb's, nicht Vaters- und nicht Kindespflicht. —
Weil die Erfahr'nen diesen Halt im Blick behalten aufmerksam:
zu großen Männer werden sie, die man weithin gern anerkennt.« —

Da nahm Siṅgālako Zuflucht.

RUTH: Das ist die umfassendste überzeitliche Lebensanleitung für Sinnlichkeitsebene und Wahrheitsebene, die man sich denken kann. Besonders schön finde ich: Nach all den vielen

4 *nivāta-vuttī*: »einer, der keinen Wind macht«.
5 Alte Wagenräder waren auf hölzerne Achsen aufgesteckt; damit sie nicht nach außen herunterrutschen konnten, war auf ihrer Außenseite ein Stift (Splint) quer durch die Achse gesteckt.

Ratschlägen für die Lebenspraxis hält der Buddha dem jungen Mann für den Wandel auf der *Wahrheitsebene* keine große Predigt, sondern verweist ihn auf den häufigen Umgang mit den Heilserklärern unter seinen Freunden, mit Asketen und brahmisch Lebenden. — Dennoch, Fritz: Gibt es nicht auch Reden, in denen auf den Umgang mit der *Wahrheitsebene* beim Leben in der Vielfalt noch ausführlicher eingegangen wird? Daran ist mir eigentlich am meisten gelegen, mehr noch als an allen praktischen Lebensrezepten.

II. DIE FRAGE DES KÖNIGS: WIE SOLLEN WIR IN DER VIELFALT LEBEN?

FRITZ: Genau diese Frage haben auch König Mahānāmo und der Sakische Hausvater Nandiyo[6], dem Erwachten gestellt. Und beide haben darauf klare Antworten erhalten. Die Antwort an den König ist überliefert in A XI,12 und 13, die an Nandiyo in A XI,14. Beginnen wir mit den beiden ersten, die ich der Einfachheit halber hier zusammenziehe, weil sie kaum voneinander abweichen:

A XI,12 und 13.

Einstmals weilte der Erhabene bei den Sakyern in Kapilavatthu im Feigenbaumkloster. Kurz zuvor war der Sakyer Mahānāmo von einer Krankheit genesen.[7] *Etliche Mönche waren dabei, die Gewänder des Erhabenen herzurichten, weil der Erhabene nach dem Ende der drei Regenmonate, sobald die Gewänder fertig waren, auf Wanderschaft gehen wollte. Das erfuhr Mahānāmo, der Sakyer.*[8] *Da begab er sich zum Erhabenen, begrüßte den Erhabenen ehrerbietig und sprach zum Erhabenen: »Wir, die wir in der Vielfalt leben, Herr, wie sollen wir leben?« — »Recht so, recht so, Mahānāmo; es ist gut für euch edle Söhne, wenn ihr zum Vollendeten kommt und ihn fragt: ›Wir, die wir in Vielfalt leben, Herr, wie sollen wir leben?‹ Wer Heilsvertrauen hat, Mahānāmo, kommt zu Glück und Erfolg, nicht der Vertrauenslose. Wer Energie einsetzt, kommt zu Glück und Erfolg, nicht der Kleinmütige. Wer Wahrheitsgegenwart aufmacht, kommt zu Glück und Erfolg, nicht der Unbesonnene. Wer gesammelt ist, kommt zu Glück und Erfolg, nicht der Ungesammelte. Wer weise ist, kommt zu Glück und Erfolg, nicht der Unweise.*

Wenn du in diesen fünf Eigenschaften gefestigt bist, Mahānāmo, dann kannst du sechs höhere Dinge entfalten:

Da kannst du dich an den Vollendeten *in folgender Weise*[9] *erinnern: ...«*

HANS: Entschuldige, wenn ich unterbreche, Fritz: Für uns Heutige kann das ja kaum mehr in Betracht kommen: Der Buddha ist schon seit 2.500 Jahren heimgegangen. Wie können wir uns da an ihn erinnern? Wir können doch nur noch an seine Lehre denken.

FRITZ: Wieso, Hans? Die ganze Zeit, seit wir miteinander sprechen, reden wir doch nicht nur über die abstrakten Inhalte seiner Lehre, sondern auch über seinen Kampf um Befreiung, über seine Erwachung, und über all die Kräfte und Fähigkeiten, auf Grund deren er »*der Meister der Himmelswesen und Menschen*« genannt wird. Schon zu seinen Lebzeiten gab es viele Nachfolger – auch Mönche und Nonnen –, die ihm nie leibhaftig begegnet waren. Dennoch ging ihm – auch wo er noch nie gewesen war – »*der wunderbare Ruf voraus*«, der den Inhalt der »Erinnerung« an ihn bildet. In den bisher besprochenen Lehrreden haben wir schon so plastische Beschreibungen des Erwachten gefunden, dass es uns in manchen Augenblicken fast scheinen mochte, als stünde er leibhaftig vor uns. Wenn ich auch von all dem nur vom

6 Nicht zu verwechseln mit Nando, dem Vetter des Buddha; vgl. Proper Names, Bd. II, S. 27, Z. 1 ff.
7 Dieser Satz steht nur in A XI,13.
8 Zu der Zeit war er noch nicht König.
9 Was hier mit den Worten »in folgender Weise« ausgedrückt ist, steckt im Pāli in dem Wörtchen »*ti*« am Ende der zu erinnernden Gedankenreihe. Das sind sozusagen »gesprochene Gänsefüßchen«.

Hörensagen weiß, so kann ich mich doch an dieses Wissen *erinnern*! Es wäre ja schlimm, wenn wir uns nur an uns persönlich bekannte Vorbilder erinnern könnten! Der Buddha hätte dann auch nicht unter den sechs »*Erinnerungen*« die »*Erinnerung an die Himmelswesen*« empfehlen können. Die hatten die meisten Menschen nicht »persönlich kennen gelernt«. Andererseits nehmen sich auch heute noch viele Menschen längst verstorbene große Männer und Frauen zum Vorbild, etwa große Mystikerinnen und Mystiker vergangener Zeiten, auch wenn sie keine Zeile geschrieben, sondern nur durch ihr Leben Zeugnis von ihrer Herzensreinheit gegeben hatten. Deshalb hat ja Hellmuth Hecker mehrere Bände mit Lebensläufen von Mystikern geschrieben.[10] Leibhaftiges Kennen ist doch keine Voraussetzung für Erinnern! Im Pāli ist das eher noch deutlicher; denn da kann »*anussarati*« auch einfach heißen »*denken an* ...« Schon aus diesen allgemeinen Gründen sehe ich nicht, warum es wenig Sinn haben soll, heute noch die erste der sechs Erinnerungen, die Erinnerung an den Erwachten, zu pflegen. Nun kommt aber hinzu: Bei der Erinnerung an den Erwachten geht es nicht um stimmungsvolle »Andachten«. Der Erwachte empfiehlt nicht einfach, »irgendwie« verehrend an ihn zu denken. Da er aus seiner universalen Menschenkenntnis nur zu gut wusste, wie leicht »Personenkult« die echte Art der Erinnerung an seine überzeitlichen Merkmale, insbesondere die Wachheit, überwuchern könnte, hat er auch in unseren Reden A XI,12 und 13 dem Sakyer Mahānāmo klargemacht, dass es nicht um eine weihevolle »Buddha-Andacht« geht, sondern um das Überpersönliche, Zeitlose, das einen Vollkommen Erwachten auszeichnet: dass er ohne fremde Hilfe die vier Heilswahrheiten entdeckt hat samt dem Weg, um aus dem Wahnfiebertraum aus Hinneigung, Abneigung und Blendung zu *erwachen* und damit alles Leiden aufzuheben. Er sagt in A XI,12 und 13, dass diese Erinnerung »*in folgender Weise*«[11] anzustellen ist: »›*Das ist wahrhaftig der Erhabene, geheilt, der Vollkommen Erwachte, vollendet in Wissen und Wandel, zum Heil gekommen, der Welt Kenner, der beste Lenker der anzuleitenden Menschen, der Meister der Himmelswesen und Menschen, erwacht, erhaben.‹ Zu einer Zeit, Mahānāmo, zu der ein Heilsgänger sich des Vollendeten erinnert, ist sein Herz nicht von Hinneigung, Abneigung und Blendung besessen: aufrecht und klar ist sein Herz zu einer solchen Zeit. Zum* Erhabenen *hingereckt, geraden, klaren Herzens aber, Mahānāmo, erlangt der Heilsgänger ein Empfinden für das Heilsziel, ein Empfinden für die Wahrheit, innere Helle und Freude über die Orientierung. Dem innerlich Hellen und Freudigen kommt* innerer Jubel *auf. Dem innerlich Jubelnden wird der Körper still. Der körperlich Gestillte erfährt Wohl. Erfährt er Wohl, ist das* Herz einig. *Den nennt man einen Heilsgänger, der inmitten der fehlgehenden Masse die Ausgeglichenheit erreicht hat, in der drangvollen Masse drangfrei verweilt;* ergriffen vom Strom der Wahrheit, *entfaltet er die Erinnerung an den Erhabenen.*« — »*Diese Erinnerung an den Erwachten kannst du im Gehen, Stehen, Sitzen, Liegen erwecken, du kannst sie auch erwecken, während deiner Arbeit oder mitten im Gewimmel von Kindern.*«[12]

Eine Bestätigung für diesen Grundzug der sechs Erinnerungen enthält das Ende von

M 84 – MADHURA:

Einer der großen geheilten Mönche des Erwachten, Mahākaccāno, besuchte nach dem Hinscheiden des Buddha Madhurā, die Hauptstadt von Avanti in Mittelindien, außerhalb des

10 Hecker, *Asiatische Mystiker* (1982); *Indische Mystiker* (1986); *Nisargadatta, ein indischer Mystiker des 20. Jahrhunderts* (1987); *Buddhistische Mystiker* (1988), alle bei Octopus, Wien; vgl. auch seine zahlreichen in WW veröffentlichten Lebensläufe buddhistischer Mönche, Nonnen und in der Häuslichkeit lebender Nachfolgerinnen und Nachfolger. Außerdem liegt sein Manuskript eines sechsbändigen Werks über die christliche Mystik mit einer Fülle von Lebensläufen vor, welches m.E. das jüngst neu aufgelegte Standardwerk von Görres an Breite und Tiefe übertrifft, aber wegen seines Umfangs bisher keinen Verleger gefunden hat .

11 »In folgender Weise« ist auch hier mit den »gesprochenen Gänsefüßchen« ‘*ti*’ ausgedrückt.

12 Dieser Absatz steht hier und im Folgenden nur in A XI,13.

Wandergebiets des Erwachten.[13] Der dortige König kam zu ihm, wurde in einem Gespräch von der Gleichheit der Kasten überzeugt und nahm begeistert Zuflucht bei dem großen Mönch, der Lehre und der Gemeinschaft der Nachfolger. Doch der Mönch sprach:

»Nicht zu mir nimm Zuflucht, großer König. Zum Erhabenen nimm Zuflucht, zu dem ich Zuflucht genommen habe.« — »Wo weilt jetzt der Erhabene, Herr Kaccāno, der Heile, Vollkommen Erwachte?« — »Auf ewig vom Daseinsbrand erloschen ist jetzt der Erhabene, der Heile, Vollkommen Erwachte, großer König.« — »Wenn wir hören würden, der Erhabene sei zehn Meilen entfernt, dann würden wir zehn Meilen wandern, um den Erhabenen zu sehen, den Heilen, Vollkommen Erwachten. Wenn wir hören würden, der Erhabene sei zwanzig – dreißig – vierzig – fünfzig – hundert Meilen entfernt, dann würden wir so viele Meilen wandern, um den Erhabenen zu sehen, den Heilen, Vollkommen Erwachten. Da aber nun der Erhabene vom Daseinsbrand erloschen ist, so nehmen wir Zuflucht *zu dem vom Daseinsbrand* erloschenen *Erhabenen, zu der Lehre und zu der Gemeinschaft der Nachfolger.«*

Zu wem man Zuflucht nehmen kann, an den muss man sich »erinnern« können, wenn man in Not ist, sonst böte er ja keine Zuflucht. »*Erinnern*« heißt also hier ganz klar auch Erinnern an ein Wissen über ein Wesen vom Hörensagen, nicht aus persönlichem Kennenlernen.

HANS: Das ist etwas anderes: dass der Buddha erhaben ist, geheilt, vollkommen erwacht, vollendet in Wissen und Wandel – das könnten wir auch nicht sehen, wenn er leibhaftig vor uns stünde.

FRITZ: Ja. Andererseits haben ihn viele Inder, die ihm leibhaftig begegnet sind, gar nicht als den Vollendeten erkannt. Andere wiederum haben den Stromeintritt erreicht, ohne ihn zuvor gesehen zu haben.[14] Natürlich ist es ein Segen, einem Vollkommen Erwachten leibhaftig gegenüberzustehen. Aber eine *Voraussetzung* für die erste der sechs Erinnerungen war es schon zu Lebzeiten des Erwachten nicht. — Der Erwachte fügte hinzu:

»Weiter, Mahānāmo, kannst du dich an die Lehre *in folgender Weise erinnern: ›Wohlverkündet ist vom Erhabenen die Lehre, unmittelbar einleuchtend, zeitlos, einladend: 'Komm und sieh selbst!' Sie führt hin. Sie ist bei sich selber nachvollziehbar für den, der Augen hat, zu sehen.‹ – Zu einer Zeit, zu der ein Heilsgänger sich der Lehre erinnert, ist sein Herz nicht von Hinneigung, Abneigung und Blendung besessen: aufrecht und klar ist sein Herz zu einer solchen Zeit. Zur Lehre hingereckt, geraden, klaren Herzens aber, Mahānāmo, erlangt der Heilsgänger ein Empfinden für das Heilsziel, ein Empfinden für die Wahrheit, innere Helle und Freude über die Orientierung. Dem innerlich Hellen und Freudigen kommt innerer Jubel auf. Dem innerlich Jubelnden wird der Körper still; der körperlich Gestillte erfährt Wohl; erfährt er Wohl, ist das Herz einig. Den nennt man einen Heilsgänger, der inmitten der fehlgehenden Masse die Ausgeglichenheit erreicht hat, in der drangvollen Masse drangfrei verweilt; ergriffen vom Strom der Wahrheit, entfaltet er die Erinnerung an die Lehre. — Diese Erinnerung an die Lehre kannst du im Gehen, Stehen, Sitzen, Liegen erwecken, du kannst sie auch während deiner Arbeit oder mitten im Gewimmel von Kindern erwecken.*

Weiter, Mahānāmo, kannst du dich an die Heilsgängergemeinde *erinnern: ›Recht nachgefolgt ist beim Erhabenen die Gemeinde der Heilsgänger, offen und gerade. Sie hat ihr Leben nach ihrer Erkenntnis eingerichtet, führt das rechte Leben, nämlich als die vier Paare von Menschen nach acht Graden von Menschen; das ist die Heilsgängergemeinde des Erhabenen, wert der Verehrung, wert, zu Gast zu sein, wert des ehrfurchtsvollen Grußes, das beste Feld in der Welt, um Verdienst zu*

13 Wegen der Einzelheiten vgl. Proper Names, Stichwort Avanti.

14 So z. B. Sāriputto, MV I,23; vgl. dazu Nyāṇaponika: Das Leben des Sāriputta, WW, 14. Jg. (1967), S. 194 ff. und NypHHJünger S. 33 ff.; ebenso Anāthapiṇḍiko, CV VI,1-4; dazu Hecker: Anāthapiṇḍiko, der Wohltäter, WW, 14. Jg. (1967), S. 130 ff. und NypHHJünger S. 351 ff.

erwerben.‹ – Zu einer Zeit, zu der ein Heilsgänger sich der Heilsgängergemeinde erinnert, ist sein Herz nicht von Hinneigung, Abneigung und Blendung besessen: aufrecht und klar ist sein Herz zu einer solchen Zeit. Zur Heilsgängergemeinde hingereckt, geraden, klaren Herzens aber erlangt der Heilsgänger ein Empfinden für das Heilsziel, ein Empfinden für die Wahrheit, innere Helle und Freude über die Orientierung. Dem innerlich Hellen und Freudigen kommt innerer Jubel auf. Dem innerlich Jubelnden wird der Körper still; der körperlich Gestillte erfährt Wohl; erfährt er Wohl, ist das Herz einig. — Den nennt man einen Heilsgänger, der inmitten der fehlgehenden Masse die Ausgeglichenheit erreicht hat, in der drangvollen Masse drangfrei verweilt; ergriffen vom Strom der Wahrheit, entfaltet er die Erinnerung an die Heilsgängergemeinde. — Diese Erinnerung an die Heilsgängergemeinde, Mahānāmo, kannst du im Gehen, Stehen, Sitzen, Liegen erwecken, du kannst sie auch während deiner Arbeit oder mitten im Gewimmel von Kindern erwecken.

Weiter, Mahānāmo, kannst du dich in Bezug auf dich selber der Tugenden *erinnern: ›Unzerstückelt sind sie, unbeschnitten, unbefleckt, ungesprenkelt, sie befreien aus der Sklaverei, werden von Verständigen gepriesen; hängt man nicht daran fest, führen sie zur Einigung.‹ – Zu einer Zeit, zu der sich ein Heilsgänger der Tugenden erinnert, ist sein Herz nicht von Hinneigung, Abneigung und Blendung besessen: aufrecht und klar ist sein Herz zu einer solchen Zeit. Zur Tugend hingereckt, geraden, klaren Herzens aber, Mahānāmo, erlangt der Heilsgänger ein Empfinden für das Heilsziel, ein Empfinden für die Wahrheit, innere Helle und Freude über die Orientierung. Dem innerlich Hellen und Freudigen kommt innerer Jubel auf. Dem innerlich Jubelnden wird der Körper still; der körperlich Gestillte erfährt Wohl; erfährt er Wohl, ist das Herz einig. — Diese Erinnerung an die Tugend kannst du im Gehen, Stehen, Sitzen, Liegen erwecken, du kannst sie auch während deiner Arbeit oder mitten im Gewimmel von Kindern erwecken.*

Weiter, Mahānāmo, kannst du dich in Bezug auf dich selber des Loslassens *erinnern: ›Getroffen hab ich's, gut getroffen, dass ich unter der von der Trübung des Geizes besessenen Masse mit einem der Trübung des Geizes entgangenen Gemüt im Haus lebe, das Befreiende am Zurücktreten merke, mit offenen Händen, beim Loslassen Glück empfinde, für Bitten anderer offen bin, Freude daran habe, Gaben auszuteilen.‹ – Zu einer Zeit, zu der ein Heilsgänger sich des Loslassens erinnert, ist sein Herz nicht von Hinneigung, Abneigung und Blendung besessen: aufrecht und klar ist sein Herz zu einer solchen Zeit. Zum Loslassen hingereckt, geraden, klaren Herzens aber erlangt der Heilsgänger ein Empfinden für das Heilsziel, ein Empfinden für die Wahrheit, innere Helle und Freude über die Orientierung. Dem innerlich Hellen und Freudigen kommt innerer Jubel auf. Dem innerlich Jubelnden wird der Körper still; der körperlich Gestillte erfährt Wohl; erfährt er Wohl, ist das Herz einig. — Diese Erinnerung an das Loslassen kannst du im Gehen, Stehen, Sitzen, Liegen erwecken, du kannst sie auch während deiner Arbeit oder mitten im Gewimmel von Kindern erwecken.*

Weiter, Mahānāmo, kannst du dich der Himmelswesen *erinnern: ›Da sind die Himmelswesen der Vier Großen Könige, die Himmelswesen der Dreiunddreißig, die gezügelten Himmelswesen, die stillzufriedenen Himmelswesen, die schöpfungsfreudigen Himmelswesen, die sich an Schöpfungen anderer erfreuenden Himmelswesen; es gibt Himmelswesen brahmischer Bereiche; es gibt Himmelswesen darüber hinaus. Die Art von Heilsvertrauen, Tugend, erfahrener Lehrkenntnis (*suta*), Loslassen, Weisheit, durch welche jene Himmelswesen, hier abgeschieden, dort wieder erschienen sind, diese Art von Heilsvertrauen, Tugend, erfahrener Lehrkenntnis, Loslassen, Weisheit findet sich auch bei mir.‹ – Zu einer Zeit, zu welcher der Heilsgänger in Bezug auf sich selber sich des Heilsvertrauens, der Tugend, der erfahrenen Lehrkenntnis, des Loslassens und der Weisheit jener Himmelswesen erinnert, hat er kein von Hinneigung, Abneigung Blendung besessenes Herz: aufrecht und klar ist sein Herz zu einer solchen Zeit. Zu den Himmelswesen hingereckt, geraden, klaren Herzens aber, Mahānāmo, erlangt der Heilsgänger ein Empfinden für das Heilsziel, ein Empfinden für die Wahrheit, innere Helle und Freude über die Orientierung.*

Dem innerlich Hellen und Freudigen kommt innerer Jubel auf. Dem innerlich Jubelnden wird der Körper still; der körperlich Gestillte erfährt Wohl; erfährt er Wohl, ist das Herz einig. — Diese Erinnerung an die Himmelswesen kannst du im Gehen, Stehen, Sitzen, Liegen erwecken; du kannst sie auch während deiner Arbeit oder mitten im Gewimmel von Kindern erwecken.«

Und die Anleitung für den Sakyer Nandiyo aus Kapilavatthu beginnt ganz ähnlich:

A XI,14.

Er hatte erfahren, der Erhabene wolle die Regenzeit in Sāvatthī zubringen. Da beschloss er, das auch zu tun. Da könne er dort seinen Geschäften nachgehen und ab und zu den Erhabenen besuchen. Als er gegen Ende der Regenzeit hörte, der Erwachte würde bald weiterwandern, besuchte er ihn noch einmal und stellte die gleiche Frage wie der Sakyer Mahānāmo: *»Wir, die wir in Vielfalt leben, Herr, wie sollen wir leben?«* Auch seine Fragestellung lobt der Erwachte, nennt zuerst die fünf Heilssinne (*indriya*) als die Mittel zu Glück und Erfolg, fügt aber schon an dieser Stelle zwischen Heilsvertrauen (*saddhā*) und Energie (*viriya*) die Tugend als das Hauptwirkungsfeld für Energie im Haus hinzu. Dafür lässt er die Tugend bei den anschließenden »Erinnerungen« (*anussati*) weg, so dass es hier nicht sechs, sondern fünf Erinnerungen sind.

HANS: Warum?

FRITZ: Ich weiß nicht. Aber da in dem Gespräch mit Nandiyo bei der Erinnerung an die Himmelswesen, abweichend vom üblichen Wortlaut, nur Ausdrücke verwendet werden, die auf Himmelswesen oberhalb der Sinnenwelt passen, vermute ich, dass Nandiyo ein besonders feiner Mensch war, dessen Übungsschwerpunkt schon mehr bei der Erinnerung an das Loslassen lag.

HANS: Dann folgen also hier nach den fünf Heilssinnen – wie bei den Gesprächen mit Mahānāmo – die *Erinnerungen* an den Buddha, die Lehre, die Heilsgängergemeinde, das Loslassen und die Himmelswesen?

FRITZ: Ja. Mit drei Abweichungen:

1. An der Stelle, wo der Erwachte sonst die Erinnerung an die *Heilsgängergemeinde* nennt, sagt er: *»Weiter, Nandiyo, solltest du dich an die edlen* Freunde *erinnern: ›Getroffen hab ich's, wie gut ist es, dass ich so edle Freunde habe, die mitempfinden, die das Ziel kennen, geistige Berater, die mich anleiten.‹ So – hingereckt zu den edlen Freunden – solltest du die Achtsamkeit (sati) nach innen gerichtet halten.«* Von Nandiyos Freunden und Verwandten – er war ja ein Vetter des Buddha – waren so viele Heilsgänger geworden, dass er schon in Gestalt seiner Freunde ein Stück Heilsgängergemeinde um sich hatte.

2. Bei der Erinnerung an die Himmelswesen werden, wie gesagt, hier die sinnlichen Himmelswesen übersprungen: *»Weiter, Nandiyo, solltest du dich so der Himmelswesen erinnern: ›Die Himmelswesen, die über körperliche Nahrung hinausgewachsen, in Gemeinschaft von Himmelswesen mit geistgebildetem Leib wieder erschienen sind, sehen nichts, was sie noch tun oder verbessern müssten. Es ist wie bei einem Mönch, der die unvergleichliche Erlösung erreicht hat: der sieht nichts, was er noch tun oder verbessern müsste. Ebenso jene Himmelswesen, die – über körperliche Nahrung hinausgewachsen – in Gemeinschaft von Himmelswesen mit geistgebildetem Leib wieder erschienen sind.‹«*

HANS: Sind diese Himmelswesen denn heilig, wenn sie keine Nahrung brauchen und nichts mehr zu verbessern haben?

FRITZ: Nein. Der Buddha sagt nicht, dass sie nichts mehr zu verbessern *haben*, sondern nichts mehr zu verbessern *»sehen«*. In ihrem übermenschlichen Erlebensbereich, hinausgewachsen über körperliche Nahrung[15] und in geistgebildetem Leib erschienen – sind sie

15 *kabalimkāra* (»Körpernahrung«), *bhakkana* (»Essen«).

wunschlos glücklich. Gemeint sind – wie wir aus dem folgenden Gleichnis sehen werden – Nichtwiederkehrer, also *Heilsgänger*, die oberhalb der sinnlichen Erlebensweise[16] erschienen sind, »*um von dort aus den Daseinsbrand zu löschen*«, ohne darum noch irgendwie kämpfen zu müssen. Von ihnen sagt der Erwachte in D 14^{m}, *sie seien die einzigen, deren Erlebensweise er erträglich gefunden habe.* — Das *Gleichnis* für die Wirkung der unübertrefflichen Erinnerungen lautet: »*Mit diesen elf Eigenschaften ausgerüstet* (also mit den fünf Heilssinnen und der Tugend sowie den – hier nur fünf statt sechs – Erinnerungen), *verwirft der Heilsgänger die schlechten, heilsuntauglichen Dinge und greift sie nicht auf. Wie ein* umgestülpter Topf *das ausgegossene Wasser nicht wieder aufschluckt oder wie ein in trockener Steppe entzündetes Feuer vorwärtsbrennt und nicht zum Abgebrannten zurückkehrt, so, Nandiyo, verwirft ein mit diesen elf Eigenschaften ausgerüsteter Heilsgänger die schlechten, heilsuntauglichen Dinge und greift sie nicht auf.*«

3. Die dritte Abweichung des Gesprächs des Erwachten mit Nandiyo von den beiden Gesprächen mit König Mahānāmo hat mich auf die Spur einer überraschenden Feststellung gebracht: Nachdem der Erwachte Nandiyo erklärt hat, dass man mit den fünf *Heils-Sinnen* auch in der Vielfaltwelt zu Glück und Erfolg kommt, sagt er ihm: »*Wenn du in diesen fünf Eigenschaften feststehst (patiṭṭhāya), dann solltest du bei fünf Dingen* (nämlich den Erinnerungen an den Erwachten, die Lehre, die Heilsgängergemeinde, das Loslassen und die Himmelswesen) *innen (ajjhattam) die Wahrheitsgegenwart (sati) feststehend machen (u-paṭṭhapetabbā).*« — Dieser Ausdruck *sati u-paṭṭhapetabbā* klang ja fast wie *sati-paṭṭhāna*! Da ging mir auf: Hier rät der Erwachte einem häuslichen Anhänger in Bezug auf die sechs Erinnerungen (*anussati*) im *Geist* das gleiche, was er Mönchen und Nonnen in Bezug auf das unmittelbare Zuschauen bei Körper, Gefühlen, Herz und Erscheinungen rät, nämlich dafür zu sorgen, dass die Wahrheitsgegenwart (*sati*) ganz (*pa*) festen Stand (*ṭhāna*) im Innern (*ajjhattam*) erlangt. Sollten etwa diese sechs Erinnerungen eine Parallele zu *satipaṭṭhāna* sein, eine Dimension niedriger, für das Hausleben leichter zugänglich, aber zum gleichen Zweck: eine Art »Volksausgabe von *satipaṭṭhāna*«? Daraufhin habe ich die Texte weiter durchsucht. Das förderte noch mehr Parallelen zwischen *satipaṭṭhāna* und den (sechs) Erinnerungen (*anussati*) zutage:

- Beides sind – auf verschiedenen Ebenen – Übungen, um die *Wahrheitsgegenwart im Innern* zu befestigen: Bei den asketischen *satipaṭṭhāna*-Übungen ist die Wahrheitsgegenwart unmittelbar: Im neutralen, unreflektierten, achtsamen Zuschauen werden Körper, Gefühle, Herz und Erscheinungen *direkt* ohne Umweg über das Denken so *gesehen*, wie sie wirklich sind. Bei den *Erinnerungen* (*anussati*) ist die Wahrheitsgegenwart nur mittelbar, nämlich in Gedanken: Die Wahrnehmung täuscht beim Aufsteigen erst, aber die *Erinnerung* (*sati – anussati*) im *Geist* korrigiert sofort die Täuschung.
- Beides – *satipaṭṭhāna* und die sechs Erinnerungen (*anussati*) – sind Haltungen (»*ṭhāna*«), feste Standorte, Grundlagen[17], gleichsam »Pfeiler«[18], auf die gestützt der Mensch sich davor schützen kann, von den Erscheinungen mitgerissen zu werden. Bei den vier (mönchischen) »Haltungen der Wahrheitsgegenwart« – *satipa-(ṭ)-ṭhāna* – kommt das im Wort *ṭhāna* (Grundlage, Halt) selber zum Ausdruck. Aber auch die sechs Erinnerungen (*anu-(s)-sati*) werden mehrfach »Erinnerungs-Haltungen« oder »Erinnerungs-Anhalte« (*anussati-(ṭ)-ṭhāna*) genannt.[19] — Die mönchischen Haltungen sind gleichsam die vier »Pfeiler der *unmittelbaren*

16 Vgl. A V,166^{m}.
17 So Nyāṇaponika.
18 So KEN.
19 Vom Erwachten in AVI,25^{m}, von Sāriputto in D 33^{m},II, (XIX), (VI) (mit ausdrücklicher Bestätigung durch den Erwachten), als zu entfaltende Dinge in D 34,VI^{m}, ferner von Mahākaccāno in A VI,26^{m}.

Wahrheitsgegenwart« *(sati-pa-(ṭ)ṭhāna)*. — Die auch vielen häuslichen Nachfolgern empfohlenen sechs Erinnerungen sind gleichsam die sechs »Pfeiler der *mittelbaren* Wahrheitsgegenwart«: eben sechs »Pfeiler der Erinnerung *(anussati-(ṭ)-ṭhāna)*, welche die noch täuschend ankommende Wahrnehmung im *Geist* sofort korrigieren.

• *Mönche* und Nonnen pflegen ihr *ganzes* Asketenleben lang rundum eine Lebensführung wie die Geheilten, wie es ihnen der Buddha im Tathāgatagang gezeigt hat. Die *häuslichen* Nachfolger versuchen auf einigen Gebieten einen Tag in der Woche, es den Geheilten gleichzutun: am Feiertag, *Uposatha*, über den wir bald sprechen werden. Und wenn sie – und sei es auch noch so kurz und mitten im Familientrubel oder während der Arbeit – in den sechs Erinnerungen sind, dann haben auch sie zu einer solchen »*Zeit kein von Hinneigung, Abneigung, Blendung besessenes Herz: aufrecht und klar ist das Herz zu einer solchen Zeit*« – also für diesen Augenblick bezüglich der drei Wurzeln des Üblen dem Zustand vergleichbar, den der Mönch vor allem während der *satipaṭṭhāna*-Haltung hat und die ein heiles Herz dauernd hat. Zugespitzt könnte man fast sagen: Mönchstum ist eine ganze Lebensführung wie ein Geheilter, Uposatha ist in den vom Erwachten genannten einzelnen Beziehungen ein *Tag* wie ein Geheilter, und die sechs unübertrefflichen Erinnerungen sind ein Augenblick wie ein Geheilter – und, was die momentane Freiheit von Hinneigung, Abneigung und Blendung angeht, vergleichbar in gewisser Weise dem Zustand eines *satipaṭṭhāna* Übenden. Nur verhält sich das Weilen in den sechs unübertrefflichen Erinnerungen *(anussati-(t)-ṭhāna)* zum Weilen in *sati-pa-(ṭ)-ṭhāna* ungefähr wie Landkartenstudium zum Aufenthalt in dem Land.

• Beide Zustände *(ṭhāna)* der Achtsamkeit *(sati)* – *sati-pa(ṭ)-ṭhāna* und *anu-(s)-sati(-ṭhāna)* – nennt aber der Erwachte auf ihrem Gebiet »*unübertrefflich*« *(an-uttara)*: Die vier *satipaṭṭhāna* werden Mönchen und Nonnen im Kanon neun Mal als der »gerade« oder »direkte Weg« *(ekayano maggo)* zur Erlösung bezeichnet,[20] weil sie unmittelbar die sieben Erwachungsglieder herbeiführen.[21] Die sechs *Erinnerungen (anussati)* werden ausdrücklich als »Unübertrefflichkeiten der *Erinnerung*« *(anusat(t)t-ānuttariya)* bezeichnet.[22]

• Das *Ziel von satipaṭṭhāna* und den sechs Erinnerungen *(anussati)* wird mit genau den*selben* Worten gesagt: »*zur Läuterung der Wesen, zur Überwindung des Kummers, zum Zur-Ruhe-Kommen von Schmerz und Trübsinn, zur Hinführung zum Ausweg, zur Verwirklichung der Branderlöschung.*«[23]

• *Mönchen*, die bei der *satipaṭṭhāna*-Übung Schwierigkeiten durch körperliches Fiebern, Trägheit oder zerstreuende Gedanken haben, rät der Erwachte in S 47,10^m^, zur Vorbereitung auf *satipaṭṭhāna* »*eine erhebende Vorstellung*« zu pflegen. Als eine unter mehreren legt er ihnen in S 55,16^m^ und S 55,17^m^ die vier ersten der sechs Erinnerungen ans Herz, die zu den vier Gliedern des Stromeintritts erwachsen, sobald sich die ersten drei zu endgültiger, stillmachender Klarheit verdichten und die vierte so verwirklicht ist, dass jede Verletzung der fünf Grundtugenden dem Herzen widerstrebt. Und in A VI,122^m^ sagt der Erwachte den Mönchen: »*Zur weltüberlegenen Durchschauung (rāgassa abhiññāya) sind sechs Dinge zu entfalten. Welche sechs? Die sechs Erinnerungen.*«[24]

HANS: Da habe ich doch diese sechs Erinnerungen weit unterschätzt: Ich meinte, sie seien

20 M 10^m^; D 22^m^; S 47,19^m^ und sechs Mal in der Niddesa, der sehr alten und daher in den »Korb der Lehrreden« (Sutta-Piṭaka), nicht in den viel jüngeren »Korb der Scholastik« (Abhidhamma-Piṭaka) aufgenommenen frühesten Erläuterung zu den drei wohl ältesten Teilen des Suttanipāto.

21 Vgl. M 118^m^.

22 In A VI,30^m^ (8) sagt es der Erwachte, in D 33,VI^m^ Sāriputto, vom Buddha bestätigt.

23 Für *satipaṭṭhāna* z. B. M 10^m^, für die sechs Erinnerungen in A VI,26^m^(2) und A VI,30^m^ (8).

24 In der Übersetzung Nyāṇatilokas nicht erkennbar, weil dort A VI 119-140 zu einem Text zusammengezogen sind. Ausnahmsweise weicht A VI,122 jedoch ab, wie der Pālitext zeigt.

eine Art erbauliche Andacht für Gemütsmenschen, ähnlich wie Weihrauch, Kerzen und Heiligenbilder in katholischen Kirchen.

Fritz: Ja, Hans: sie sind ein verborgener Schatz:

• Kaum jemand ist sich der engen Verwandtschaft der sechs Erinnerungen mit den vier *satipaṭṭhāna* – der Spitze des siebten, zweitletzten Gliedes des achtfachen Heilsweges (rechte Wahrheitsgegenwart, *sammāsati*) bewusst.

• Eine solche enge Verbindung der sechs Erinnerungen besteht nicht nur zu diesem zweithöchsten Glied des Achtpfads, sondern auch zum höchsten, achten Glied, der *rechten Herzenseinigung* (*sammasamādhi*): Als die bei geklärtem Gemüt schon in diesem Leben eintretenden *»vier Zustände wahren Wohls«*[25] bezeichnet der Erwachte meist die vier weltlosen *Entrückungen* (*jhāna*), den Gipfel der Herzenseinigung. Als *»vier Zustände wahren Wohls«* für die häuslichen Nachfolger bezeichnet er aber in A V,179 auch die endgültige, unerschütterliche Gewissheit bei den ersten drei unübertrefflichen Erinnerungen (an den Erwachten, die Lehre, die Heilsgängergemeinde). Diese dreifache endgültige Gewissheit bildet zusammen mit dem Erwachsensein zu den Tugenden, wie sie den Heilsgängern wert sind, zugleich die vier Glieder des Stromeintritts.

• Kein Wunder also, dass der Buddha die sechs Erinnerungen nicht nur häuslichen Nachfolgern, sondern *auch* den *Mönchen* empfohlen hat, und zwar, wie gesagt, sogar als *»unübertreffliche (anuttara) Erinnerungen oder ›Pfeiler‹ (thāna)«*. Er nennt Mönchen auch weitere praktische Anwendungen, so in S 11,3^{m} die ersten drei der sechs Erinnerungen als Hilfen gegen Angst und Grauen in der Einsamkeit der tiefen Urwälder oder in A VI,122^{m} alle sechs zur *Durchschauung* (*abhiññāya*) des Sinnesreizes (*rāga*). Und in D 34 (VI)^{m} empfiehlt sie Sāriputto den Mönchen ganz allgemein als *»häufig zu betreibende, Zuflucht bietende Dinge (saraniyā dhammā bahukārā)«*. Als Sāriputto seine Sterbestunde nahen fühlte, setzte er eben diese sechs Erinnerungen als Mittel ein, um seine steinalte, gemütskalte, den Erwachten ablehnende Mutter noch zum Eintritt in die Heilsströmung zu bringen – mit Erfolg.[26]

Ruth: Dann sind die sechs Erinnerungen ja eine ungemein wichtige Art von *»Geistestraining durch Achtsamkeit* (*sati*)« und zugleich Hinführungen zu *samādhi* und *Heilsströmung*. Wirklich erstaunlich, dass sie in buddhistischen Kreisen fast total unbeachtet bleiben oder als bloße Anleitung für stimmungsvolle Hausandachten verkannt werden! Dabei sind die sechs *anussati* – etwas zugespitzt gesagt – doch wohl so etwas wie die *»die Stellvertreter von satipaṭṭhāna im Hausleben«*.

Hans: Das kann aber nicht stimmen, Ruth: *satipaṭṭhāna* ist doch der *einzige Weg* zur Erlösung. Das hört und liest man überall.

Fritz: Man hört und liest es zwar heute fast überall, aber das müssen wir uns sehr genau anschauen: In Pāli heißt es *»ekayano maggo«*. Das hat *mehrere* Bedeutungen. Der »einzige« Weg ist nur eine davon, und welche die treffendste ist, dafür gibt es wichtige Hinweise in den Äußerungen des Erwachten.

Hans: Au, Fritz; das wirst du aber genau begründen müssen. Denn nach dem, was ich vor unseren Gesprächen vom Buddhismus gehört hatte, scheint die Auffassung von *satipaṭṭhāna* als dem »einzigen« Weg geradezu ein Eckpfeiler des »modernen« Buddhismus zu sein. Als du immer wieder von dem gesetzmäßigen Aufbau der Heilsentwicklung – Tugend/ Herzenseinigung/ Klarwissen (*sīla/samādhi/paññā*) sprachst, habe ich manchmal gedacht, nach dem, was man heute in manchen Kursankündigungen hört und liest, könnte man meinen, der Aufbau der

25 *ābhicetasika diṭṭha-dhamma-sukha-vihāra.*

26 Nyāṇaponika: Das Leben des Sāriputto, in: WW, 14. Jg. (1968), S. 194 ff., besonders S. 222 f., ferner NypHHJünger S. 33 ff.

drei Abschnitte des Heilswegs sei nicht »*sīla*-samādhi-*paññā*«, sondern »*sīla*-satipaṭṭhāna-*paññā*«; denn in Kursen usw. wird, wie man mir erzählt hat, sogar geradezu vor *samādhi* als einer »Falle« gewarnt.

Fritz: Sicher aus bester Absicht. Aber »*die Wahrheit richtet sich nicht nach uns. Wir müssen uns nach ihr richten.*« Und was du gerade schilderst, ist eines der Motive, die mich ein Lebensjahrzehnt an das Buchprojekt wenden ließen. Lassen wir einfach wieder die Quellen sprechen: *Maggo* heißt »Weg«. »*Ekāyano*« ist zusammengezogen aus *eka* = »eins« und *ayano* = »Gang, Straße«: »das zu einem (einzigen) Ziel Gehende«. Man könnte geradezu wörtlich übersetzen: »*Einbahnstraße*«. An erster Stelle nennt das PTS-Wörterbuch: »*der* direkte *Weg*« (Neumann übersetzt: »der *gerade* Weg«). Es könnte auch heißen »*der einzigartige Weg*« (so übersetzt z. B. Dahlke in D 22^{m} [27]). Theoretisch könnte es zwar in einzelnen Fällen, in denen es der Zusammenhang erfordert, auch heißen »der einzige« Weg. Aber hier erfordert es der Zusammenhang nicht nur nicht, sondern er steht dem entgegen: Schon in der *Niddesa*[28] wird an zwei Stellen erklärt[29]: *»›Ekayano maggo‹ nennt man: die vier satipaṭṭhāna, die vier großen Kämpfe (sammapadhāna), die vier Grundlagen der Geistesmacht (iddhipada), die fünf (Heils-)Sinne (= »Fähigkeiten« = indriyā), die fünf (Heils-)Stärken (bala), die sieben Erwachungsglieder, den achtfältigen Heilsweg.«* Hier werden also *alle* sieben großen Übungsgruppen, darunter der *ganze achtfältige Heilsweg* als »*ekayano maggo*« bezeichnet. Da kann die Spitze seines siebten Gliedes, die *satipaṭṭhāna*-Übung, nicht gut der *einzige* Weg sein, sondern sie ist *einer* von sieben »geraden« oder »direkten«, »nur in eine einzige Richtung führenden« Wegen. Die haben alle sieben das *eine* gemeinsam: Sie sind »*Einbahnstraßen*« zum Löschen des Daseinsbrandes, haben nur *eine* Richtung: zum Nirvāna, sind *unumkehrbar*. Und so wäre eine umfassende Übersetzung von *ekayano maggo*: der *unumkehrbare Weg*.

• Der Sache nach bestätigt dies auch der Text A IV,194, der schon zur späteren Besprechung vorgesehen ist[30]: Zu wörtlich dem selben Ziel, zu welchem *Mönchen* in M 10^{m} und D 22^{m} *satipaṭṭhāna* als »*ekayano maggo*« genannt wird, nämlich »*zur Läuterung der Wesen, zur Überwindung von Kummer und Jammer, zur Auflösung von körperlichen und geistigen Schmerzen, zum Erlangen der inneren Führung, zum Offenbarmachen der Löschung des Daseinsbrandes*«, werden in A IV,194 den in der *Häuslichkeit* Lebenden vier *andere* Wege genannt, nämlich vier »*zur Läuterung aufzubietende Eigenschaften*«. *Satipaṭṭhāna* kann also auch deshalb nicht der »*einzige Weg zur Läuterung der Wesen, zum Offenbarmachen der Löschung des Daseinsbrandes*« sein. Als 1.000 Jahre nach dem Erwachten der Mönchsgelehrte Buddhagosa sein riesiges scholastisches Werk Visuddhimaggo verfasste, scheint noch niemand auf den Gedanke gekommen zu sein, *satipaṭṭhāna* für den »*einzigen*« Weg zu halten; denn nicht einmal in den sehr gründlichen Registern in Deutsch und Pāli zur deutschen Ausgabe[31] konnte ich auch nur das Stichwort *ekayano* allein oder in Verbindung mit *maggo* finden, obwohl dort sonst alles bis ins kleinste scholastisch erklärt ist. Das wäre bei der Penibilität dieses Kommentars undenkbar, wenn *satipaṭṭhāna* damals von irgendwem für den »*einzigen* Weg« gehalten worden wäre.

• *Sati*, Wahrheitsgegenwart, die siebte Stufe des Achtpfads, wird leider ständig verwechselt mit ihrem Gipfel *satipaṭṭhāna*, den vier »feststehenden Zuständen der Wahrheitsgegenwart«.

27 Vgl. dort seine Anmerkung zu D 22^{m}.
28 Zu Alter und Bedeutung der Niddesa vgl. NypSn, literar-histor. Einf., Abschnitt: »Die Kommentare«.
29 Nd1 S. 455, 456 zu Sn 956 und Nd2, S. 114.
30 Besprochen unten im 12. Gespräch.
31 Übers. v. Nyāṇatiloka, 3. Aufl. besorgt von Nyāṇaponika, Konstanz (Christiani) 1973.

Ohne Wahrheitsgegenwart (*sati*) geht überhaupt nichts, wie M 117^{m} zeigt. Aber *sati* ist keineswegs gleichbedeutend mit *satipaṭṭhāna*, der »Krone« der Wahrheitsgegenwart.

Hans: Ach so. Das ist etwas anderes. Jetzt verstehe ich auch, warum der Buddha in der Unterredung mit Mahānāmo[32] sagt, schon die sechs Erinnerungen setzten voraus, dass man ein in den fünf Heilssinnen *gefestigter Heilsgänger* sei. Die sechs Erinnerungen seien »sechs *noch* höhere Dinge«. Jetzt fällt mir auch wieder ein, Fritz, dass du vor einiger Zeit einmal dem Sinn nach gesagt hast: Um sich im Rahmen der sechs Erinnerungen an die überpersönlichen Merkmale des Buddha erinnern zu können und das Gemüt dorthin zu wenden, muss ich im Geist schon wissen, worum es sich dabei handelt. Ich muss also die Lehre schon im Kern zumindest ahnend anerkannt haben, auch wenn ich viele Einzelheiten noch nicht kenne: Damals hast du gesagt: Der Gedanke *»Das ist der Erhabene«* sagt nur dem etwas, der schon ungefähr weiß, *worüber* er erhaben ist: nicht nur über die Menschenwelt, nicht nur über die Sinnenwelt, sondern über die ganze Existenz – samt ihren höchsten – göttlichen und übergöttlichen – Möglichkeiten. Den Gedanken *»der Erwachte«* kann nur denken, wer wenigstens im Kern eine Ahnung davon hat, dass wir im Fieber von Hinneigung, Abneigung und Blendung den dichten, heißen, dumpfen, ausweglos erscheinenden Traum von »Welt« und »Ich« – *träumen*, ohne zu wissen, dass das Ganze nicht so ist, wie es scheint, und dass wir endlich aufwachen müssen, um klar zu sehen und den Wahn-Glauben an Seinsdarstellung zu beenden. Das hat mir sehr eingeleuchtet. Dann sind also die sechs Erinnerungen nur wirksam bei *Heilsgängern*!

Ruth: Das stimmt, Hans: schon an der ersten der sechs Erinnerungen, der Erinnerung an den Erwachten, lassen sich die vier Heilswahrheiten ablesen: Er ist geheilt und kennt die Diagnose des Leidens. Das ist die *erste* Heilswahrheit. In den Eigenschaften des Buddha ist auch die zweite Heilswahrheit von der *Ursache* des Leidens und die dritte, die Möglichkeit seiner Überwindung angedeutet: Der Buddha ist vom Leiden geheilt, weil er aus dem Delirium aus Hinneigung, Abneigung und Blendung vollkommen *erwacht* und dadurch von allem *Durst* frei geworden ist. Auch der *Weg* zum Erwachen – die *vierte* Heilswahrheit – klingt in den Erinnerungen an die Kennzeichen des Erwachten an: Er ist der *»im Wissen und Wandel Vollendete«*. Das Erwachen ist also weder durch blinden Glauben noch durch den Gnadenakt eines göttlichen Wesens noch durch äußere Verhaltensweisen noch durch Zufall oder Evolution oder intellektuelle Spekulation zu erreichen, sondern nur durch jene Art von *Wissen*, das aus inneren *Wandlungen* hervorgeht – aus *»Wissen und Wandel«*. Darin ist der Buddha vollendet.

Fritz: Ja, das zusammengezogene Pāliwort dafür – *vijja-carana-sampanno* – müsste man eigentlich in umgekehrter Reihenfolge übersetzen: *»der im* Wandel *und Wissen Vollkommene«*. Bei zusammengesetzten Wörtern steht nämlich im Pāli das wichtigere Wort an der zweiten Stelle. Und beim *Wandel* sind wir ja inzwischen!

Ruth: Die Kennzeichen des Buddha besagen zugleich, dass das Erlösungswissen nicht – wie nach anderen Heilslehren – einem »höchsten Wesen« vorbehalten und dem Rest der Welt nur durch dessen Gnadenentscheidung zugänglich ist, sondern dass die Vollendeten »Wegweiser« sind, die das Heilswissen zum *Selbergehen* lehren. Denn sonst hieße es ja nicht, der Buddha sei der *»beste Lenker der anzuleitenden Menschen«*. Damit ist zugleich gesagt, dass die Lehre *»wohldargelegt«* ist, eben weil sie von einem *»Kenner der Welt«* kommt, der aus Erfahrung spricht, weil er selber *»zum Heil gekommen«* ist.

Fritz: Ja, Ruth. Dass in der Erinnerung an die überpersönlichen Kennzeichen des Erwachten im Kern auch seine Lehre einbegriffen ist, hat der Buddha selber bestätigt: *»Wer die Lehre sieht, der sieht mich, und wer mich sieht, der sieht die Lehre«*, sagt er in S 22,87^{m}. Und: *»Was ich euch als Lehre und Ordnung aufgewiesen und angegeben habe, das ist nach meinem Verscheiden*

32 Oben A XI,12 + 13.

euer Meister«, hinterließ der Erwachte in D 16(VI)[m] der Ordensgemeinde. So erhielt z. B. der Großkanzler von Magadhā, als er nach dem Verlöschen des Erwachten erfahren hatte, der Erwachte habe keinen Nachfolger bestimmt, und auch Mönchs- und Nonnenorden hätten keinen gewählt, auf seinen Einwand: *»Dann seid ihr aber doch führungslos, Herr Ānando! Was hält euch denn dann noch zusammen?«* die Antwort: *»Wir sind nicht führungslos, Brahmane, wir haben eine Leitung, Brahmane: Wir werden von der Lehre geleitet.«* (M 108) Damit reicht die Wirkung der recht betriebenen sechs unübertrefflichen Erinnerungen als praktisches Konzentrat der Lehre in eine ganz andere Dimension als eine Andacht. Eine Andacht in erhobener, befriedeter Stimmung mag vielleicht den Willen zum Gutsein erzeugen, aber nicht auch die Klarheit des Wissens, dass man zu dieser Zeit: *»inmitten der fehlgehenden Masse die Ausgeglichenheit erreicht hat, in der drangvollen Masse drangfrei verweilt; ergriffen vom Strom der Wahrheit.«* Das ist nur möglich, wenn der Kerninhalt der Lehre unwiderruflich anerkannt ist – und eben dazu führen die häufig gepflegten sechs Erinnerungen: zum Betreten des Wegs zum Eintritt in die Heilsströmung und zum Eintritt in diese Strömung. Das sagt ja der Erwachte hier ausdrücklich. Wie sich also für Mönche und Nonnen an die satipaṭṭhāna-Übung in M 10[m] die Verheißung knüpft: *»Nirvāna zu Lebzeiten oder Nichtwiederkehr«*, so knüpft sich an die sechs *häufig* und *richtig* geübten sechs unübertrefflichen *Erinnerungen* die Verheißung *»Eintritt in die Heilsströmung zu Lebzeiten«*.

Ruth: Heißt das denn, dass ein *Heilsgänger* einen im wahrsten Sinn des Wortes »lichten Moment« hat, wenn er diese »Erinnerung« an die Eigenschaften des Erwachten anstellt, weil er dann für einen Augenblick ganz bewusst die Erfahrung machen kann, wie es ist, wenn man von Hinneigung, Abneigung und Blendung *geheilt* ist?

Fritz: Ja, Ruth. Augenblicke, in denen im Meer der Seele gerade einmal kein Drang zu etwas und keine Abneigung gegen etwas wogt und der Wasserspiegel gerade still und glatt – »ausgeglichen« – daliegt, mögen zwar auch manche Menschen erleben, die nichts von der erlösenden Wahrheit wissen, und sie mögen es zu dieser Zeit schön und friedvoll finden – Daraus allein kann aber noch kein *»Empfinden für die Wahrheit«* und den Ausweg erwachsen. Denn dazu muss man die Wahrheit – nämlich die vier Heilswahrheiten – erst im Geist in der rechten Anschauung im Kern kennen. Wer sich aber an das wesentliche Kennzeichen des Erwachten erinnert: die *Wachheit*, dem ist in diesem Augenblick, ohne dass er es groß zu reflektieren braucht, das Ziel klar: das *Entrinnen* aus dem Leiden, das *Erwachen* aus dem Daseins-Wahntraum, das *Aufhören* mit dem Wirken von immer wieder Neuem und dem Immer-wieder-Festhängen an diesem Geschaffenen. Neben dieser Einsicht verlieren die Tagesgeschäfte ihr scheinbar übermächtiges Gewicht – und werden gerade dadurch klarer, weil ge-lassener gesehen. Dazu ist auch der schwächste, erst noch auf dem Weg zum Stromeintritt befindliche Heilsgänger imstande, während selbst der geistesmächtigste unaufgeklärte Mystiker dazu *nicht* imstande ist. Die *sechs Erinnerungen* sind in erster Linie das, was sich bei dem aus Vertrauen oder Einsicht Nachfolgenden entfaltet und zum Stromeintritt und darüber hinaus führt: Sie sind – recht betrachtet und angewandt – ein *geballtes Meditationskompendium für häusliche Nachfolger*, in der Abgeschiedenheit wie im Alltag in jeweils verschiedener Weise anwendbar.

Hans: Wenn der Kerninhalt der Lehre schon in der Erinnerung an die Wachheit des Vollendeten liegt – warum nennt der Buddha dann die Erinnerung an die Lehre überhaupt noch gesondert?

Fritz: Beide Erinnerungen sind Ausblicke auf dieselbe Wahrheit aus zwei verschiedenen Blickwinkeln. In der Erinnerung an den *Erwachten*, Erhabenen ist untrennbar eine Vergegenwärtigung auch des Kern-Inhalts der Lehre enthalten, scheinbar paradoxerweise aber nicht in der zweiten Erinnerung, der Erinnerung an die *Lehre* selbst: Diese Erinnerung hat nur ihre *Qualitäten*, nicht ihre Inhalte zum Gegenstand: dass sie *»wohlverkündet, unmittelbar* *einleuchtend, zeitlos ist und einlädt: ›Komm und sieh selbst!‹; dass sie zum Ausweg führt, (nur) bei sich selber nachvollziehbar für den, der Augen hat, zu sehen.«*

RUTH: Das Kernstück der sechs Erinnerungen scheint also weniger die Erinnerung an Lehrinhalte, sondern die Erinnerung an die *Wachheit* des *Erwachten* zu sein. Ich glaube auch zu ahnen, warum sie an erster Stelle steht.

HANS: Warum denn?

RUTH: Um ausführlich über die Inhalte der Lehre meditieren zu können, braucht man Zeit – Feierabend, Feiertag. — Der Buddha will aber den häuslichen Nachfolgern auch einen *schnell* wirkenden Schutz gegen das Versinken in der banalen Alltagsvielfalt geben, den sie mitten im Beruf und in der Familie anwenden können. Das hat der Buddha zu Mahānāmo gesagt. Mich in dieser Weise kurz an etwas erinnern, was durch gründliche Betrachtung in ruhigeren Zeiten schon einigermaßen bei mir »sitzt«, das kann ich auch, wenn ich gerade nicht viel Zeit zum Meditieren habe. Und je besser es »sitzt«, umso mehr bewirkt auch die kurze Erinnerung mitten im Gedränge.

HANS: Manchem Frontsoldaten hat mitten im Granathagel, wo keine Zeit zu langem Nachdenken war, schon ein kurzes Aufblitzen der Erinnerung an seine Lieben daheim über Angst und Verzweiflung hinweggeholfen. Mit den sechs Erinnerungen scheint es ähnlich zu sein.

RUTH: Das ist ein guter Vergleich. Solche Kurz-Erinnerungen sind wie ein bestimmter Duft, der einem manchmal ganze Erlebniskomplexe, Menschen, Tiere, Wohnungen, Lebenssituationen, Landschaften, Szenen für einen Augenblick plastisch in die Erinnerung holen kann. Dafür wären abstrakte Lehrinhalte meist nicht geeignet. Ich denke mir, das könnte der Grund gewesen sein, dass der Buddha die Erinnerung an den Kerninhalt der Lehre nicht abstrakt ausgedrückt, sondern verknüpft hat mit der Erinnerung an das wahnlose Wesen, das auf Erden gelebt und seine Lehre selber verwirklicht hat. So wird die Erinnerung an die Lehre nicht mit Einzelinhalten belastet. Die würden uns im Drang der Geschäfte nicht so einfallen. Eher kann einem im Gedränge einfallen, dass man früher »Aha-Erlebnisse« gehabt hat, wie wir sie ja im Lauf dieser Gespräche beim Hören oder Betrachten der Lehre auch schon gehabt haben, obwohl wir erst Anfänger sind. Auch wenn man sich im Moment nicht an einzelne Inhalte der Lehre erinnern kann: – *dass* es solche Momente gegeben hat, dass man sie immer wieder bei sich selber nachvollziehen kann und wie wohl das tut – diese tröstliche Erinnerung steht auch im Gewühl zur Verfügung und regt an, sobald man Ruhe hat, auch wieder den einzelnen Inhalten der Lehre nachzugehen. Dann hat man bei sich selber *erfahren*, dass die Lehre einlädt: *»Komm und sieh selbst!«*

FRITZ: Ja, Ruth. Bei Erinnerungen, die man auch mitten in der Arbeit und im Getümmel der Familie anstellen kann, kann es gar nicht anders sein: Mahānāmo war ja schließlich kein Fließbandarbeiter, der immer nur den gleichen Handgriff zu tun brauchte und dabei die Gedanken frei bewegen konnte, sondern er war König. Sein Geist war *»mitten in seiner Arbeit«* wahrscheinlich weit mehr beansprucht als der seiner meisten Landeskinder. Da hätte ihm die *»Erinnerung an die Lehre«* mitten bei der Arbeit und mitten in der Familie wenig genutzt, wenn sie in der Vergegenwärtigung komplexer einzelner Lehrinhalte bestanden hätte.

HANS: Ja, aber immer nur so eben zwischendurch auf die Schnelle kann man doch die Lehre nicht verstehen.

FRITZ: Bestimmt nicht. Der Buddha hat ja auch nicht gesagt, dass man die sechs Erinnerungen *nur* im Vielfaltgewühl pflegen soll, sondern dass man sie *auch* dort pflegen kann. Besonders für den allwöchentlichen *Feiertag*, über den wir noch gründlich sprechen werden, empfiehlt er immer wieder ihre Pflege. Sie sind für die häuslich lebenden Nachfolger das Grundgerüst für den zweiten der drei Abschnitte der Heilsentwicklung: das Wachstum über die heilenden Tugenden hinaus zum *Herzensfrieden*, der klarsehend macht. Das hat der Buddha dem König Mahānāmo ja ausführlich erklärt.

RUTH: Da fällt mir dein Gleichnis mit dem Käse ein, Fritz, den wir die Woche über im Alltag produzieren und durch dessen Löcher statt Quatsch auch die sechs Erinnerungen durchflitzen können. Im Alltag denken wir ja sowieso ununterbrochen. Wir sind denksüchtig. Wir *müssen* denken. *»Es denkt.«* Meist ist es tausenderlei ablenkender Quatsch: In der Familie plagen wir uns mit Gedanken an den Beruf, im Beruf mit Gedanken an die Familie, in beiden Situationen mit Gedanken an Freizeit und Kurzweil und in der Freizeit an alle drei Lebensbereiche. Da sorgt nun der Buddha durch Umlenkung der Aufmerksamkeit vom »Quatsch« auf immer die selben, aber in sich doch reichhaltigen sechs Erinnerungen dafür, dass durch die Löcher im Käse mehr und mehr die Erinnerung an das Höchste, Beste und Wichtigste durchblitzt: die Erinnerung an den Erwachten, seine Lehre, die Heilsgängergemeinde, die heilenden Tugenden, das Loslassen und die übermenschlichen Wesen. Dann sind wir für diesen Moment dem »harten Alltag«, in dem wir »nun einmal leben«, nicht mehr so total ausgeliefert. Die Löcher im Alltagskäse sind zugleich Löcher im Panzer des Banalen; er drückt dann nicht mehr so.

HANS: Du redest ja gerade, Ruth, wie wenn du schon eine richtige Buddhistin geworden wärst.

RUTH: Will ich gar nicht werden. Ich will überhaupt keine »-istin« werden: Ich will *wissen*, wie es wirklich ist und danach *leben*. Mir scheint, der Buddha war kein »Buddhist« und Christus kein »Christ«. Der Buddha hat die Wirklichkeit entdeckt und die Wahrheit davon so mitgeteilt, dass man sie – unabhängig von allen »-ismen« und diesseitigen oder jenseitigen Gurus oder Glaubensakten – bei sich selber entdecken und selbstgängig nach und nach vom Leiden immer freier werden kann. Er hat doch gesagt: *»Wovon andere Weise sagen, ›das ist‹, davon sage auch ich, ›das ist‹, und wovon andere Weise sagen, ›das ist nicht‹, davon sage auch ich, ›das ist nicht‹.«*[33]

HANS: Im Grund denke ich ähnlich, Ruth. Wenn ich auf den Anfang unserer Gespräche zurückblicke: da gab es noch manches, was ich am Buddhismus (oder dem, was ich dafür hielt) ablehnte. Aber wenn ich heute Zwischenbilanz ziehe, muss ich sagen: Das, was ich ablehnte, war gar nicht die Lehre des Buddha, sondern es waren verbreitete Vorurteile und Missverständnisse aus zweiter Hand. Manches ist mir aus den Texten selber richtig aufgegangen – »Aha-Erlebnisse«, wie Ruth sagte. Anderes habe ich bis heute nicht verstanden. Aber wie ich damit umgehe, habe ich aus der dogmenlosen Darlegung in M 60 gelernt: unvoreingenommen, offen, innerlich flexibel. Und dass ich hier gerade zu dieser Unvoreingenommenheit und Offenheit zum *Selbersehen* angeregt werde, statt dass man von mir Glaubensakte verlangt, das gibt mir neben vielem anderem *Vertrauen*. So etwas habe ich noch nirgends in dieser Fülle und Dichte und so zusammenhängend und widerspruchsfrei gefunden. Wenn ich nach all den Jahren der Wirrnis daran denke, dann tut es in mir manchmal fast einen Luftsprung!

FRITZ: Seht ihr: da habt ihr nun beide nichts Geringeres getan, als zwischendurch die Erinnerung an den Erwachten und an die Lehre zu pflegen. Könntet ihr euch vorstellen, dass euch hie und da – auch und gerade dann, wenn es im Beruf und in der Familie einmal so schief läuft, dass ihr am liebsten den Bettel hinschmeißen würdet – in die halbe Verzweiflung und Unruhe hinein eine kurze Erinnerung aufblitzt: »Nun lass dich nicht verrückt machen: Da ist ja auch noch jenes ganz *andere*: der Vollkommen Erwachte, die Lehre.«

RUTH: Du hast uns ja erst vor kurzem ein Beispiel vorgelesen: von der Fürstin, die seit sieben Tagen in Wehen lag. Da hielt sie sich mit den Gedanken aufrecht: *»Vollkommen erwacht ist der Erhabene. — Damit es solche Schmerzen nicht mehr gibt, zeigt er die Lehre; – damit es solche Schmerzen nicht mehr gibt, folgt die Heilsgängergemeinde dem Erhabenen richtig nach.«*

33 S 22,94^{m}.

Hans: Ich finde, unser bisheriges Gespräch über die sechs Erinnerungen hat doch einiges gebracht.

Fritz: Dabei haben wir erst die beiden ersten Erinnerungen besprochen. Der Erwachte nennt aber Nandiyo noch drei weitere: Zunächst: der Nachfolger möge *»in Bezug auf sich selber der* Tugenden *gedenken: dass sie ›unzerstückelt, unbeschnitten, unbefleckt, ungesprenkelt sind, aus der Sklaverei befreien, von Verständigen gepriesen werden und – wenn man nicht daran festhängt – zur Einigung führen.‹«*

Hans: Müsste hier nicht als dritte erst die Erinnerung an die Gemeinde der Heilsgänger kommen?

Fritz: Eigentlich ja, aber hier ist sie mit der Erinnerung an die guten Freunde zusammengezogen.

Hans: Als ich von der Erinnerung an die Tugenden zum ersten Mal hörte, dachte ich: Die Erinnerung an mein bisschen Tugend ist für mich noch keine Hilfe. Aber dann hat es mich sehr beruhigt, als mir einfiel: Den Leuten von Veludvāra sind ja die Tugenden nicht als Gebote genannt worden, sondern als Ausdruck einer lernbaren, durch Übung gewachsenen Gemütshaltung und Herzensbeschaffenheit. Deshalb werden sie nicht als ein kompliziertes Regelwerk empfunden, ob »der Buddhist das und das darf«, sondern ein Verstoß *widerstrebt* dem Herzen. Und da kann ich immerhin von den fünf Grundtugenden sagen: Schon wenn ich bloß daran denke, dass mir ein Verstoß gegen die eine oder andere unterlaufen könnte – und erst recht, wenn mir einer unterläuft –, dann tut es mir scheußlich weh, und ich wälze mich im Bett und schlafe schlecht. Schon um wieder die innere Ruhe zu finden, sehe ich dann zu, meinen Fehler so bald wie möglich wieder auszubügeln, dass er der inneren Ausbildung nicht schadet.

Fritz: Damit hast du genau den Punkt genannt, durch den die Tugenden zu *»heilenden Tugenden«* (*ariya sīla*) werden: Wären sie ein äußeres Regelwerk, dann könnte man vor lauter Skrupeln, dass man sich immer wieder stolpern sieht, verzweifeln oder man könnte ins andere Extrem verfallen und stolz werden auf sozusagen »juristische« Detailkenntnis und punktgenaue rein äußerliche Erfüllung. In beiden Fällen *hängt* man an den Tugenden und *überschätzt* sie: – im ersten Fall, indem man an ihnen verzweifelt, im zweiten, indem man ihre bloß äußere Einhaltung als Stützkorsett für das uneingestandenermaßen innerlich unsichere »Ich« verwendet. Der Erwachte aber rät, an den Tugenden nicht festzuhängen, damit sie zum *inneren Frieden* führen, was ihr einziger Zweck ist: Weder *genügt* bloß äußere Einhaltung noch ist bloß äußerliche Perfektion erforderlich. Die wird nicht einmal von Mönchen und Nonnen erwartet: Es kommt auf die *Herzensart* an: Der Erwachte hat in S 55,3 dem König Mahānāmo gesagt: *»In die Tugend hineingewachsen«* sei – erst oder schon, wie man's nimmt –, wessen Wesen die Verletzung einer der fünf Grund-Tugenden *widerstrebt*, aber nicht nur ein bisschen leidtut, sondern eben richtig wehtut: *»ganz und gar widerstrebt (paṭi-virato)«*. Denn es gibt Menschen, die nehmen sich nie richtig zusammen, und wenn sie wieder einen Fehltritt gemacht haben, dann »trösten« sie sich damit: »Es hat mir ja leid getan; dann ist es nicht so schlimm.« Dieses innere Widerstreben ist aber nicht nur ein Zuckerl, mit dem man das Gewissen besänftigt, um unbehelligt weiter übel wirken zu können. Es ist freilich auch keine nutzlose Reue, sondern ist nach vorn gerichtet: als Ansporn, es von jetzt an besser zu machen und alte Fehler nicht mehr zu wiederholen. Das gilt, wie M 53 zeigt, auch und gerade für Heilsgänger auf dem Weg. Vollkommen in Tugend ist erst der Geheilte. Für alle anderen gilt als Maßstab, ob ein Zuwiderhandeln ihrem Wesen widerstrebt.[34] Immer wieder heißt es, ein solcher Heilsgänger oder ein Mönch sei *»auf dem Gebiet des täglichen Lebenswandels behütet und gelenkt durch das, was zur Befreiung verbindlich ist; in den kleinsten Fehltritten erkennt er die Gefahr. Voll Hingabe übt er sich auf den Übungswegen, ist zur Tugend*

34 D 2, D 6, D 11, D 12, D13[m].

erwachsen (sīlasampanno).«[35] Hieße *»zur Tugend erwachsen«* Vollkommenheit im äußerlichen Einhalten, so brauchte ein zur Tugend Erwachsener nicht mehr zu *üben*, und es könnten ihm auch keine kleinen *Fehltritte* unterlaufen, in denen er *Gefahr* sehen sollte.

HANS: Ja aber es heißt doch, die Tugenden müssten *»unzerstückelt, unbeschnitten, unbefleckt, ungesprenkelt«* sein. Jetzt sagst du, äußere Perfektion sei nicht erforderlich. Ist das nicht ein Widerspruch?

FRITZ: Nein, Hans: *»unzerstückelt, unbeschnitten, unbefleckt, ungesprenkelt«* muss der geistige *Maßstab* sein und bleiben, den ich an meine Tugend anlege, nicht die äußere Perfektion. Die Menschen neigen normalerweise dazu, den Maßstab zu verbiegen, wenn ihnen eine Tugend schwer fällt: *»Ja man kann doch nicht immer, – manchmal muss man aber doch …«* Und so gibt es viele theologische Abhandlungen, wann man einen Tyrannen ermorden *»darf«* oder wann die Notlüge *»zulässig«* ist. Aus dem Karmagesetz ergibt sich zwar, dass die Ernte einer Notlüge bei dem, der eine wirkliche Not für sich oder erst recht für andere sah, zwar nie eine gute, aber doch eine glimpflichere ist, als wenn einer lügt, um einen anderen zu betrügen. Aber der Maßstab bleibt unverbogen, dass »Tyrannenmord« oder »Notlüge« niemals etwas sind, was man »sich erlauben« kann. Der Nachfolger weiß: Wenn er dem von ihm als richtig anerkannten Maßstab der Herzensläuterung noch nicht entsprechen kann, geht es nicht darum, den Maßstab zu verbiegen, sondern noch mehr das Herz zu wandeln, künftig besser aufzupassen und – wo es geht – den Schaden wieder gutzumachen. Und niemals darf er zum Aburteilen anderer dienen, sondern nur zur Selbstprüfung. Nur wenn diese Sicht der Erinnerung an die Tugenden zugrunde liegt, können sie *»aus der Sklaverei befreien«*.

HANS: Aus was für einer Sklaverei? Aus der Sklaverei der Triebe?

FRITZ: Letztlich ja. Aber das Gleichnis von der Sklaverei zielt vor allem auf den Aspekt der Versklavung durch die vierte der fünf Hemmungen: *Geistesunruhe*, für die der Erwachte das Gleichnis von er Sklaverei gibt.[36] Bei den Wünsche befriedigenden Menschen (also auch dem Gros der häuslichen Nachfolger) ist der Geist ja seltener aus Ehrgeiz oder wegen zu starker Anspannung im Heilsstreben unruhig, sondern großenteils deshalb, weil das *Gewissen* unruhig ist, also wegen Untugend. Als Frucht der heilenden Tugend wird demgegenüber immer das innere Wohl der *Untadeligkeit* vor dem eigenen Gewissen genannt. Das ist vor allem mit der *»Befreiung aus der Sklaverei«* gemeint.

RUTH: Mir scheint, die Erinnerung an die heilenden Tugenden führt eher zu Erfolgserlebnissen, als wenn sich der häusliche Nachfolger – von besonders stillen Stunden abgesehen – dauernd die totale Befreiung von den Trieben vor Augen hält. Denn dann müsste er sich ja ehrlicherweise dauernd sagen: »O weh, wie weit bin ich davon noch entfernt«, wenn auch das dadurch erzeugte Klima ständigen Minderwertigkeitsgefühls nicht an das des Kirchenchristen heranreicht, der gehalten ist, alles was er in seinem Leben auf Grund der ihm auferlegten »Erbsünde« getan hat, zu »bereuen«. Aber fast alle häuslichen Nachfolger des Buddha, die sich nicht wegen dieser christlichen Prägung und der Missverständnisse über die für sie richtige Gangart überfordern, haben die *zeitweilige* Aufhebung der Hemmung durch Geistesunruhe aus Gewissensdruck schon erlebt und ihren Segen als Aufatmen, als bescheidene innere Freude und inneren Frieden empfunden. Diese Erinnerung ist – auch wenn es oft nur ein kurzer Gedankenblitz sein kann – sozusagen »erste Hilfe«, um schon lange vor der Heilung der Wahnkrankheit zu bescheidenem innerem Wohl zu kommen.

HANS: Dann ist also Herzenseinigung, *samādhi*, keine unerreichbare Dimension, nur für Mystiker und halbe Heilige: Zur Einigung *führen* die heilenden Tugenden. Dabei bin ich ja. —

35 M 53; D 2; auch M 39^{m}.
36 Vgl. A V,193 = S 46,55; Gleichnis vgl. D 11.

Und dann kommt etwas, das hab' ich mir aus dem bisherigen Gespräch des Buddha mit dem König besonders gemerkt: die Entwicklung zum *Loslassen.* Früher hätte ich hier eine aufrüttelnde Predigt über Verzichten und Weltüberwindung erwartet. Ich wäre nach allem, was mir bisher schon eingeleuchtet hat, sogar bereit gewesen, einige harte Konsequenzen auf mich zu nehmen – nicht ohne Bänglichkeit, ob ich sie auch durchhalten kann. Nun wird hier aber als Zielvorstellung für die Entwicklung zum Loslassen eine Gemütsart von solcher Weite und Wärme, Großherzigkeit und Freudigkeit beschrieben, dass ich sagen muss: Freunde mit diesen Eigenschaften möchte ich haben, und so möchte ich gern selber werden! Kannst du uns die Beschreibung dieser Gemütsart noch einmal vorlesen, Fritz?

Fritz: Gern, Hans. Der Erwachte hat dem König gesagt: *»Weiter, Mahānāmo, kannst du dich in Bezug auf dich selber des Loslassens erinnern: ›Getroffen hab ich's, gut getroffen, dass ich unter der von der Trübung von Engherzigkeit und Geiz besessenen Masse mit einem der Trübung des Geizes entgangenen Gemüt im Haus lebe, das Befreiende am Zurücktreten merke, mit offenen Händen, beim Loslassen Glück empfinde, für Bitten anderer offen bin, Freude daran habe, Gaben auszuteilen.‹«*

Ruth: Diese Erinnerung hilft aber nur dem, der sein Herz schon in dieser Richtung ausgebildet hat.

Fritz: Ach, Ruth, ich meine: Auch wenn er *»in Bezug auf sich selber«* sagen muss: »Zu dieser Gemütsart fehlt mir noch einiges« – wahrscheinlich kennt er doch den einen oder anderen Menschen, womöglich sogar unter seinen Freunden, der etwas von dieser Art an sich hat. Dann sieht er ein lohnendes – und erreichbares – Ziel vor sich. In einer orientierungslosen Welt ist es schon ein Glück, endlich eine klare *Orientierung* zu haben. Dieses Glück ist besonders groß, wenn schon Leitbilder und Zwischenziele so erleichternd sind, wie Hans es gerade beschrieben hat. Aber, wie gesagt, sich in Tagträumen davon wie von einer schönen Musik berieseln lassen, würde wenig nützen. Deshalb hat der Erwachte geraten, diese Erinnerung *»in Bezug auf sich selber«* anzustellen, sie also als einen orientierenden Leuchtturm zu nutzen: Entweder man stellt diese Eigenschaften schon bei sich fest, oder man sieht nun klar, was man zu tun hat. Man versteht auch besser, warum man Menschen mit dieser Herzensart schon immer so gemocht hat. Und wenn man sie gar unter seinen Freunden hat, dann kann man darüber noch glücklicher sein. — Mit dem Hinweis auf das *Loslassen* führt der Erwachte die Reihe der Erinnerungen bis zur Spitze seiner Lehre. Denn richtiges Loslassen ist auf der heilstauglichen Lebensbahn geradezu der *»Kurswagen zur Erlösung«*: Damit fahren wir im Kleinen wie im Großen, im Alltag wie bei den tiefsten geistigen Dingen, auf der Lebensbahn in Richtung auf die Befreiung. In diesen Kurswagen können wir besonders günstig auch an einer Station einsteigen, die der Erwachte dafür den in der Häuslichkeit Nachfolgenden gezeigt hat: an der Station *»mettā«*, indem wir bei der Begegnung mit Mitwesen das Gemüt zu Großherzigkeit, Offenheit für Bitten, Freude am Teilen – nichtmessender Liebe ausbilden, bis wir Loslassen als *befreiend* empfinden. Dann haben wir nichts zu tun mit *»entbehren sollst du, sollst entbehren«*, sondern Loslassen *»wächst uns zu«*, wie wir einmal in einem Vers in A VIII,54 gelesen haben.

Hans: Mit der nun folgenden sechsten Erinnerung kann ich zurzeit noch nicht viel anfangen: Dass man sich »der Himmelswesen« – in einer anscheinend aufsteigenden Reihe – erinnern soll.

Ruth: Damit habe ich eigentlich wenig Schwierigkeiten. Denn inzwischen ist mir aufgegangen, dass aus der Blickweise eines Erwachten nicht nur Himmelswesen, sondern auch die uns gewohnten irdischen Wesen – wie überhaupt »Ich« und »Welt« – *keine »objektive Realität«* haben, sondern *beide* nur existieren als – durch bewertendes Denken geschaffene – *Dränge* des Herzens oder aus dem Herzen heranreifende oder aufsteigende einst gewirkte Gestaltungen des Herzens: latente oder gegenwärtige Herzengestaltungen (*bhava oder*

Wahrnehmung, beides Karma). In unserer menschlichen Existenzweise sind das allerdings keine hauchzarten Traumgespinste, sondern schwere Stahlgeflechte eines unheimlich dichten, zähen, massereichen Traumes, den ich nicht einfach wie Spinnweb wegwischen kann. Die meisten westlichen Intellektuellen haben bisher noch nicht einmal die Entlarvung der »objektiven Welt« als »*Konstruktion unseres Denkens*« durch die *Physik*[37] zur Kenntnis genommen. In ihrer »Weltgläubigkeit« deuten sie deshalb das Wahrnehmungsbild »Menschen« als Abbildung einer »objektiven Realität ›Mensch‹«, dem vermeintlichen Spitzenprodukt der Selbstorganisation von Materie zu Leben im Weg einer äußerlichen Evolution, und dichten ihm im Geist einen *höheren* »Realitätsgrad« an als den Wahrnehmungsbildern »*Wesen ohne grobstofflichen Körper*«. Nur diese letzteren Wahrnehmungsbilder sieht er als Traumgebilde an und tut sie deshalb als fromme Legenden für Gläubige oder Schwindel oder Halluzination oder Hypnose ab. Dabei ist der Unterschied zwischen diesen beiden Arten von Wahrnehmungsbildern nur, dass wir die erste Art von Wahrnehmung gewöhnt sind, die zweite in unserer derzeitigen Bewusstseinsweise nicht. Ob dagegen der Erwachte über (wahrgenommene) Menschen, Tiere oder Pflanzen spricht – wie sie gewohnterweise in *unserer* menschlichen Wahrnehmungsstruktur auftauchen – oder über (von ihm und anderen wahrgenommene) »andere Wesen«, die in unserer derzeitigen Wahrnehmungsstruktur bisher noch nicht aufgetaucht sind – in *beiden* Fällen betont er, er berichte nicht aus Spekulation, sondern allein aus eigener *leibhaftiger Erfahrung*, nämlich aus dem wachen unmittelbaren Blick auf dichte, als »real existierend« erscheinende Inhalte der (*Wahn*-)Wahrnehmung – auf die Realität »Erleben«. Das sehe ich doch richtig?

Fritz: Allerdings. Der Erwachte hat ja laut Sn 837 zu jenem Brahmanen, der ihm seine Tochter anbieten wollte, ausdrücklich gesagt: »*Ich sehe, übernehme keine Ansicht.*«

Hans: Es fällt mir zwar nicht leicht, das zu begreifen. Aber wenn ich aus einem schweren Traum *erwacht* bin, dann denke ich ja auch nicht mehr über seine Inhalte so, wie wenn seine Bilder »objektive Realitäten« gewesen wären. Ich gerate dann nicht mehr aus dem Häuschen über einen – wie ich nun weiß, nur *geträumten* – Lotteriegewinn und gräme mich nicht über einen – wie ich nun weiß – *geträumten* weltlichen Verlust. Dass man dann nichts mehr so tragisch nimmt, kann ich schon in einem gewissen Grad verstehen. Auf jeden Fall weiß ich aus M 60, dass es oberflächlich und vorschnell wäre, über Jenseits und außermenschliche Wesen zu denken: »*Das habe ich noch nicht erfahren, also gibt es das nicht.*« Ich will nicht der Blindgeborene im Gleichnis sein.

Fritz: Wenn man ernsthaft mit bisher nicht erfahrenen Möglichkeiten *rechnet*, genau so ernst, wie auch ein besonnener junger Mensch mit der Möglichkeit rechnet, alt oder krank zu werden, obwohl man es im Voraus nicht weiß, dann kann das viel bewirken, zumindest uns vor vielem bewahren. Vor allem, wenn man sich dabei klar ist: Auch da, wo wir bereits Erfahrungen gemacht haben, besteht die Realität nicht in den *Bildern* des Wahrnehmungsfilms, sondern in der Tatsache, *dass* da im »Herzkino« ein Film aus dem Verleih »Herz«, ein psychischer *Prozess*, *abläuft* (Wahrnehmung ist ja ein psychischer Prozess, *citta-saṅkhāra*), der so fasziniert (Blendung!), dass darauf mit weiteren körperlichen, sprachlichen und seelischen Prozessen reagiert wird. Realität ist auch der *Bedingungszusammenhang*, nach dem dieser Wahnsinn zustandekommt und wieder aufgelöst werden kann: die Beziehung zwischen Herzensbeschaffenheit und Bildinhalten und der *Weg*, auf dem das alles sich entwickelt, bildet und ändert und auflöst. Diese Sicht macht es auch Menschen, die von außermenschlichen Geistwesen keine eigene Erfahrung haben, viel leichter, mit ihnen ebenso zu rechnen wie mit »anderen Menschen«, »Tieren«, »Pflanzen«, »Außenwelt«, wenn er weiß: Das alles, auch das Gewohnte – »Menschen«, »Tiere«,

37 H.P. Dürr; vgl. oben Einführendes Gespräch Vorwort mit Fußnoten 4 und 5; ferner die Zitate von 10 Top-Physikern, darunter 7 Nobelpreisträgern in Schäfers Beitrag »Realität« in Beyerlein (Hrsg.), *Der Buddha und seine Lehre*, Stammbach-Herrnschrot 2002.

»Pflanzen«, »Außenwelt« –, sind Bilder aus dem Delirium des Fiebers »Hinneigung/Abneigung/Blendung«. Es wird also niemandem zugemutet zu *glauben*, seinen Sinnen unzugängliche Wesen seien etwas anderes als *Ein-Bildungen*. Nur: »Ich« und »Welt« sind *genauso* »Einbildungen«. Wer das mit »heiliger Nüchternheit« akzeptiert, löst schon vieles von der Starre seines Weltbezugs und nimmt die Bilder des Lebensfilms nicht mehr so bedrängend ernst.

HANS: Solange ich die Existenz jenseitiger Wesen nicht selber erfahren habe, wäre dann wohl der fruchtbarste vorurteilslose Umgang mit der *»Erinnerung an die Himmelswesen«*, dass ich mich prüfe, ob sich bei mir *»jene Art von Heilsvertrauen, Tugend, erfahrener Lehrkenntnis, Loslassen und Weisheit«* findet, *»durch welche jene Himmelswesen«* zu ihrer Wahrnehmungsweise gekommen sind – wenn sie überhaupt im »Herzfilm« vorkommen. Solche *Eigenschaften* können ja auf jeden Fall nur etwas Gutes sein, also will ich sie pflegen und verstärken, und dann wird man weiter sehen?

FRITZ: Ja, Hans. Mit einer solchen Einstellung verbaut man sich nichts und bleibt nach jeder Richtung frei von Vorurteilen, bis sich der eigene Klarblick weiter entwickelt und gefestigt hat. Eine solche Erinnerung wäre doch schon dann etwas zum Freuen, wenn man mitten in dem Weltwahnsinn Keime der einen oder anderen dieser »göttlichen« Eigenschaften bei sich feststellen könnte. Und solange man noch nicht bei sich »fündig geworden« ist, wäre es ein Ansporn, sich um sie zu bemühen. Außerdem: Übersehen wir doch nicht – es stehen ja *sechs* Erinnerungen zur *Auswahl*. Grundlegend sind die beiden ersten – an die Wachheit des Vollendeten und an die Nachvollziehbarkeit seiner Lehre im eigenen Leben. Alle anderen gehen nach und nach aus ihnen hervor; und da mag jeder wählen, welche ihm gerade am meisten helfen. Sie geben einen starken Halt beim Leben in der Vielfalt. Denn der häuslich lebende Nachfolger hat ja – je mehr er seine inneren Triebwuchten und die »Macht der Gewohnheit« entdeckt und sich ihnen ehrlich stellt – oft zunächst den niederdrückenden Eindruck, er sei ununterbrochen durch Hinneigung oder Abneigung geblendet. Das stimmt aber erstens meist gar nicht, wenn er die Lehre wenigstens näherungsweise verstanden hat, sonst hätte er sie nicht verstehen oder sich darauf besinnen können. Zweitens und vor allem gibt ihm der Erwachte mit diesen sechs Erinnerungen Mittel zur Auswahl, bei denen er sicher sein kann: *während* dieser Erinnerungen – und seien sie auch noch so kurz – ist *»die Achtsamkeit im Innern gewärtig, ... ist sein Herz nicht von Hinneigung, Abneigung und Blendung besessen, ... erlangt der Heilsgänger ein Empfinden für das Heilsziel, ein Empfinden für die Wahrheit, innere Helle und Freude über die Wahrheitslehre.«* Und wenn er diesen Prozess oft genug in Gang setzt, dann geht *»dem innerlich Hellen und Freudigen innerer Jubel auf«* – das erste wirksame Lösungsmittel des Heilsgängers für Sinnensuchtflecken.

RUTH: Ach, deshalb hat der Buddha bei dem jungen Subho in M 99 so betont: *»Das ist wahrlich* auch *ein Hochgefühl, junger Brahmane,* abgelöst *zu sein von allen heilsuntauglichen Gesinnungen und Gedanken!«* Wie wirksam diese auch im Alltag mögliche häufige Kurzwiederholung der unübertrefflichen Erinnerungen ist, geht mir auf, wenn ich denke: Der Umsatz von Waren steigt schon, wenn im Fernsehen Werbung so kurz eingeblendet wird, dass die Zuschauer sie nur unterschwellig aufnehmen: Die sechs Erinnerungen stellt der Nachfolger aber sogar *bewusst* an. Wenn er ihre Wirkung weiß, dann kann der Geist das innere Hochgefühl besser nutzen, auch wenn es zunächst nur auf leisen Sohlen daherkommt.

HANS: So die Wahrheit darlegen wie der Buddha kann eben nur, wer aus dem Daseins-Traumwust *aufgewacht* ist! Ist das schön!

FRITZ: Siehst du, Hans: Eben hast du schon wieder eine Kurzerinnerung an die Wachheit des Vollendeten angestellt und hast darüber eine geistige Freude empfunden, die nichts mit Weltlichem zu tun hat! Es ist gut, das immer wieder bewusst registrieren zu lernen. Mir hat das schon viel geholfen. Sich so etwas klarmachen heißt: die Lehre im Leben und das Leben in der Lehre wieder erkennen. Wenn solche kurzen Erinnerungen sich immer öfter wiederholen und zusätzlich in stillen Stunden – besonders am Feiertag – gepflegt werden, dann *muss* das zerstreute Herz – und sei es anfangs auch nur für kurze Augenblicke und noch lange nicht in der zur Entrückung erforderlichen Stärke – nach und nach *einig* werden. Denn es ist nun einmal ein psychisches *Gesetz*, das der Erwachte hier im Zusammenhang mit diesen Erinnerungen genannt hat: *»Dem geistig Beglückten bis Entzückten* wird *der Körper still; der körperlich Gestillte erfährt Wohl;* erfährt *er Wohl, ist das Herz einig.«* Viele Menschen meinen, Herzenseinigung, *samādhi*, sei ein sternenweit von uns entfernter Einbruch von Jenseitigem, dann aber gleich in der Stärke der Entrückung. Es gebe ihn sozusagen nur in »großen Scheinen«, nicht in »kleiner Münze«. Aber auch hier gilt: »Wer den Pfennig nicht ehrt, ist des Talers nicht wert.« Wer am Weltspartag in einer Sparkassen die Kinder ihre Sparschweine ausleeren sieht mit viel »kleiner Münze«, die sie ein Jahr lang hineingesteckt haben, mag sich wundern, was da manchmal aufs Sparbuch eingezahlt werden kann. Schade um jeden aus Unkenntnis oder Unachtsamkeit weggeworfenen *samādhi*-Pfennig!

HANS: Der Quatsch, der beim unbelehrten Menschen »pfennigweise« – aber alle paar Sekunden – durch die »Löcher« im »Alltagskäse« quillt, sammelt sich zu Zentnerlasten von Bedrängnissen. In dem Maß aber, wie durch die Löcher die *sechs Erinnerungen* fließen, sammelt sich auch die »kleine Münze des *samādhi*« zu großen Summen.

RUTH: Dazu kommt: Die »Quatschpfennige« sind nicht in einer einheitlichen Währung. Letztlich sind es sogar lauter gefälschte Münzen – denn *»dies Ganze gilt nicht wirklich«*.[38] Die sechs Erinnerungen dagegen kommen einheitlich in *echten* guten Münzen – seien sie nun groß oder klein –, so dass der Sammeleffekt unvergleichlich größer ist.

HANS: Jetzt bin ich kuriert von meiner Ansicht, die sechs Erinnerungen seien erbauliche Andachten für Menschen, die gern Räucherstäbchen riechen.

RUTH: Mir scheinen sie in Wahrheit fast wie eine lebendige Datenbank für die ganze Lehre.

FRITZ: Wir werden noch sehen, wie sehr du Recht hast, Ruth. Wie wichtig die sechs Erinnerungen noch 1.000 Jahre nach dem Buddha unter den Mönchen genommen wurden, sieht man auch daran, dass ihnen in dem – nicht mehr zum Pālikanon gehörenden – gelehrten scholastischen Erklärungswerk Buddhagosas (*Visuddhimaggo*) sechsunddreißig zusammenhängende Seiten gewidmet sind.[39] — Was manche nachdenkliche Menschen an der Lehre des Buddha zunächst vermissen mögen – ein systematisches theoretisches *Lehrgebäude* –, das kann es zwar bei einer dogmenlosen, ganz auf *»komm und sieh selbst«* aufbauenden Lehre im üblichen scholastischen Sinn nicht geben. Doch bieten sich gerade für häuslich lebende Nachfolger die *sechs Erinnerungen* als eine flexible organische *Struktur* für Ordnung, Gliederung, Speicherung und Handhabung der *ganzen Lehre* an. Aber darüber ein andermal. Zunächst lasst uns noch zwei Reden betrachten, die uns helfen, ganz in Richtung deines Gedankens, Ruth, einen tieferen Überblick über die praktische Vielseitigkeit des schützenden Anhalts für die Welt aus D 31 zu gewinnen:

• Das Gespräch mit *Siṅgālako* bietet Anhalt und Schutz *»für die Welt«*, soweit sie Siṅgālako überblickt haben mochte: die *sinnlich* wahrnehmbare »Welt« – schon mit Ausblicken auch zu ihren außermenschlichen Bereichen.

• Die gerade besprochenen Anleitungen für den König und den Prinzen Nandiyo, wie man in der Vielfalt leben kann, erweitern diesen Schutz und Anhalt für den häuslichen Nachfolger auf die *gesamte* Existenz.

• Die *erste* der beiden Reden, die ich zum Besprechen herausgesucht habe, ist M 41. Sie ermöglicht uns, die Fülle der lebenspraktischen Ratschläge für Siṅgālako einzuordnen in einen

38 Sn 9[m].
39 In der von Nyāṇatiloka übersetzten, von Nyāṇaponika besorgten Ausgabe, S. 230-266.

umfassenden Überblick über alle *zehn* heilstauglichen und zehn heilsuntauglichen *Wirkensbahnen*. Dabei kann zusätzlich auch die wichtigste Art des Lebenswandels: der Lebenswandel im *Denken*, der in D 31 nur mittelbar angesprochen ist, unmittelbar in unser gesamtes Wirken eingeordnet werden. Den Wandel in Gedanken haben die meisten Menschen – wie M 56 zeigt – gar nicht auf Rechnung, weil sie meinen, das eigentlich Wirksame in der Welt sei »*die Tat*«, in zweiter Linie das Wort; Gedanken seien nur etwas Flüchtiges, Privates, Blasses ohne hohen Wirkungsgrad. Nicht viele blicken so tief wie etwa Simone Weil[40] die gesagt hat: »*Man glaubt, das Denken sei unverbindlich. Aber nichts als das Denken schlägt uns in Bande.*«

• In der *zweiten* der beiden Reden, die wir besprechen wollen, M 114, zeigt der Erwachte, dass der Lebenswandel nur *einer* von fünf großen in der Rede genannten Bereichen des Prozesses ist, den wir »*Leben*« nennen (die anderen vier sind der Umgang mit dem, was spontan aus dem Herzen aufsteigt, die Wahrnehmungsbildung, die Ansichtsbildung und die Persönlichkeitsentwicklung). Dort gibt der Erwachte für die gesamte Existenz den universalen, *ehern-flexiblen Maßstab*, worauf man sich einlassen soll und worauf nicht. Beginnen wir mit den zehn Wirkensbahnen:

III. DIE ZEHN HEILSUNTAUGLICHEN UND HEILSTAUGLICHEN WIRKENSBAHNEN

»*Wirkensbahnen*« heißt in Pāli »*kamma-patha*«. Man könnte auch »*Wirkensfährten*«, »*Wirkenswege*« oder »*Wirkensweisen*« übersetzen. Meist wird übersetzt: »*Wirkensfährten*«. Das bringt plastisch zum Ausdruck, wie wir uns mit unserem ständigen Wirken in Gedanken, Worten und Werken unsere »Trampelpfade« zu unserem künftigen *Karma* treten. Aber »*Wirkens*bahnen« sagt mir besser zu, weil darin zum Ausdruck kommt, dass es nicht beliebig wählbare und von heute auf morgen änderbare Pfädchen bleiben, sondern im Guten wie im Schlechten zu eingefahrenen Gleisen der Gewöhnung werden, von denen wir so schwer abweichen können, wie ein Zug von den Schienen. Für uns geht es darum zu erkunden, ob wir wirklich festgefahren wie »Schienenfahrzeuge« sind, oder ob wir die freie Wahl der Wege wiedererlangen können. Eines wissen wir heute schon: Von heute auf morgen geht das nicht, sondern es erfordert erhebliche Umbauten und Neuordnungen. Wir können für *kamma-pathā* auch ganz wörtlich sagen: »*Karma-Bahnen*«. Das erinnert mich daran, dass ich ständig mit jedem Tun oder Unterlassen, jedem Wort, jedem Gedanken »*Karma*« schaffe, ändere, aufbrauche oder auflöse. Von den Wirkensbahnen/Karmabahnen handeln mehrere Reden, vor allem die gleich lautenden Reden M 41 und 42. Beide wurden brahmanischen Bürgern gehalten, die von dem wunderbaren Ruf des Erwachten gehört hatten, und ihn besuchen kamen, die erste den Hausvätern von Sālā bei ihrem Heimatdorf, die zweite Bürgern aus Verañjam, die in Sāvatthī zu tun hatten.

Hans: Ach, die, denen der Buddha sagt: »*Geht nicht nach Traditionen …*«?

Fritz: Du meinst A III,67. Das war aber in *Sālha*. Unser *Sālā* hier schreibt sich ohne »*h*« und mit zwei langen »*ā*«. — Die Besuchergruppen aus Sālā und aus Verañjam stellten dem Erwachten die gleiche Frage – für die meisten damaligen Inder eine der dringendsten. In beiden Fällen gab der Erwachte die gleiche Antwort. Wir lesen sie hier aus der Rede

M 41 – DIE BRAHMANEN VON SĀLĀ:

Seitwärts sitzend, sprachen die brahmanischen Hausväter von Sālā zum Erhabenen: »Herr Gotamo, aus welchem Grund, wodurch bedingt erscheinen manche Wesen nach dem Absterben des Körpers, jenseits des Todes, auf dem Abweg, auf einer schlechten Bahn wieder, stürzen ab in eine Hölle? Aus welchem Grund aber, wodurch bedingt, erscheinen andere Wesen nach dem Absterben des Körpers, jenseits des Todes, auf guter Bahn, in himmlischer Welt wieder?«

40 Französische Wahrheitsucherin zwischen Politik und Mystik, 1909-1943.

»Wegen ihres nicht auf Wahrheit und Stille *gerichteten Lebenswandels*[41], *ihr Hausväter, erscheinen manche Wesen nach dem Absterben des Körpers, jenseits des Todes, auf dem Abweg, auf einer schlechten Bahn wieder, stürzen ab, in eine Hölle. Wegen ihres auf Wahrheit und Stille gerichteten Lebenswandels*[42] *erscheinen andere Wesen nach dem Absterben des Körpers, jenseits des Todes, auf guter Bahn wieder, in himmlischer Welt.« — »Den vollen Sinn dessen, was der Herr Gotamo kurz gesagt, nicht ausführlich erklärt hat, verstehen wir nicht. Es wäre gut, wenn der Herr Gotamo uns das ausführlich erklären würde, damit wir den Sinn verstehen.« — »Gut, ihr Hausväter. Hört zu und merkt gut auf. Ich will es euch sagen.« — »Gern, Herr«.* Der Erhabene *sprach:*

»In dreifacher Weise ist ein Lebenswandel mit dem Körper der Wahrheit und Stille entgegengerichtet; in vierfacher Weise ein Lebenswandel mit der Sprache; in dreifacher Weise ein Lebenswandel im Geist.

Wie ist in dreifacher Weise ein Lebenswandel mit dem Körper *der Wahrheit und Stille entgegengerichtet, ihr Hausväter?*

• *Da ist einer mörderisch, grausam, blutgierig, auf Töten und Gewalttaten aus, ohne Mitempfinden mit lebenden Wesen.*

• *Ein Nehmer von Nichtgegebenem ist er: Es ist seine Art, was einem anderen in der Dorfgemarkung oder im Wald zu Gebrauch oder Verbrauch gehört, sich ungegeben, diebisch, zu nehmen.*

• *Er pflegt falsche Geschlechtsbeziehungen: Mit einer Frau, die unter der Obhut von Vater, Mutter, Bruder oder Schwester oder Verwandten steht oder durch religiöse Regeln gebunden oder verheiratet oder schon vor der Geburt oder öffentlich oder auch nur durch Umhängen eines Blumenkranzes versprochen ist – mit solchen Frauen sich einlassen – das gehört zu seinem Lebenswandel. So ist in dreifacher Weise ein Lebenswandel mit dem Körper der Wahrheit und Stille entgegengerichtet, ihr Hausväter.*

Wie aber ist in vierfacher Weise ein Lebenswandel mit der Sprache der Wahrheit und Stille entgegengerichtet?

• *Da ist einer ein Lügner: Bei einer Versammlung oder in Gesellschaft oder in der Familie oder im Berufsverband oder als Zeuge vor Gericht geladen und befragt: ›Nun, lieber Mann, sag, was du weißt‹, da sagt er, obwohl er nichts weiß: ›ich weiß es‹, oder obwohl er etwas weiß: ›ich weiß von nichts‹, oder obwohl er nichts gesehen hat: ›ich habe es gesehen‹, oder obwohl er etwas gesehen hat: ›ich habe nichts gesehen‹. Er hat es an sich, um des eigenen oder eines anderen Vorteils willen oder zu irgendeinem weltlichen Zweck klarbewusst die Unwahrheit zu sagen.*

• *Er ist ein Zwischenträger: Was er hier gehört hat, erzählt er dort, um jene zu entzweien, was er dort gehört hat, erzählt er hier, um diese zu entzweien; es ist seine Art, Geeinte zu entzweien und Uneinige aufeinander zu hetzen; Spaltung macht ihm Vergnügen; an Parteiung weidet er sich, Entzweiung befriedigt ihn; er führt eine Spaltung fördernde Sprache.*

• *Er ist scharfzüngig: Eine bissige, verletzende, für den andern schmerzliche, stichelnde, zornbesessene Sprache, welche die Herzenseinigung verhindert – eine solche Sprache pflegt er zu führen.*

• *Er ist ein Schwätzer: Er redet gern im falschen Augenblick, an den Tatsachen vorbei, Sinnloses, der Lehre und höchsten Ordnung zuwider, nichts was der Rede wert wäre, bei der falschen Gelegenheit, ohne Zusammenhang, ohne klare Abgrenzung, ohne Sinn und Verstand. —*

41 *a-dhamma-cāriya* (wörtlich: »nicht« = *a*, »daseinsgesetzmäßig« = *dhamma*, »Wandel« = *cāriya*), *vi-sama-cāriya* (wörtlich: *vi* = »abgesondert von, getrennt von« + *sama* = »gleich, ruhig, still, eben, aufrecht«).

42 *dhamma-cāriya sama-cāriya.*

So ist in vierfacher Weise ein Lebenswandel mit der Sprache der Wahrheit und Stille entgegengerichtet, ihr Hausväter.

Und wie ist in dreifacher Weise ein Lebenswandel im Geist der Wahrheit und Stille entgegengerichtet?

• Da ist einer habgierig: Was einem andern zum Gebrauch oder Verbrauch gehört, darauf stiert er begehrlich in dem Gedanken: ›Wenn doch nur das, was der andere hat, mein wäre!‹

• Übelwollend im Herzen, hegt er im Geist die perverse Gesinnung: ›Diese Wesen gehören totgeschlagen, ausgerottet, vernichtet; sie sollen untergehen; sie haben keine Daseinsberechtigung!‹

• Er hegt falsche Ansicht, hat eine verdrehte Sichtweise: Er meint nämlich, Geben, Schenken, Opfern sei sinnlos; es gebe keine Saat und Ernte guten und schlechten Wirkens. ›Diese und jene Welt‹ – das gebe es nicht; es gebe nicht ebenso wie Vater, Mutter auch ›unmittelbar geborene Wesen‹ – das gebe es nicht; es gebe in der Welt keine Asketen und brahmisch Lebenden, die ans Ziel gelangt, richtig vorgegangen wären, so dass sie diese und jene Welt sich in überweltlicher Schau offenbar gemacht hätten und sie erklären könnten. — So ist in dreifacher Weise ein Lebenswandel im Geist der Wahrheit und Stille entgegengerichtet. So erscheinen da, bedingt durch ihren der Wahrheit und Stille entgegengerichteten Lebenswandel, manche Wesen nach dem Absterben des Körpers, jenseits des Todes, auf dem Abweg, auf einer schlechten Bahn wieder, stürzen ab, in eine Hölle.

Auf dreifache Weise aber, Hausväter, ist ein Lebenswandel mit dem Körper auf Wahrheit und Stille gerichtet, auf vierfache Weise ein Lebenswandel mit der Sprache, auf dreifache Weise ein Lebenswandel im Geist.

Und wie ist auf dreifache Weise ein Lebenswandel mit dem Körper auf Wahrheit und Stille gerichtet, ihr Hausväter?

• Da hat einer das Umbringen von Lebendigem verworfen, Lebendiges umzubringen widerstrebt seinem Wesen; gewaltfrei, waffenlos ist er, einfühlend, voll Mitempfinden, allen Wesen in Freundschaft zugewandt.

• Nichtgegebenes zu nehmen hat er verworfen; Nichtgegebenes zu nehmen widerstrebt seinem Wesen: Was einem andern in der Dorfgemarkung oder im Wald zu Gebrauch oder Verbrauch gehört, in Aneignungsabsicht ungegeben zu nehmen, ist nicht seine Art.

• Falsche Geschlechtsbeziehungen hat er verworfen. Falsche Geschlechtsbeziehungen widerstreben seinem Wesen. Umgang mit einer unter Obhut Stehenden ist nicht seine Art. — So ist in dreifacher Weise ein Lebenswandel mit dem Körper auf Wahrheit und Stille gerichtet, ihr Hausväter.

Und wie ist in vierfacher Weise ein Lebenswandel mit der Sprache auf Wahrheit und Stille gerichtet, Hausväter?

• Da hat einer die Lüge verworfen. Lügen widerstrebt seinem Wesen. Bei einer Versammlung, in Gesellschaft, in der Familie, im Berufsverband oder als Zeuge vor Gericht geladen und befragt: ›Nun, lieber Mann, sag, was du weißt‹, da sagt er, wo er nichts weiß: ›ich weiß nichts‹, und wo er etwas weiß: ›ich weiß etwas‹, und wo er nichts gesehen hat: ›ich habe nichts gesehen‹, und wo er etwas gesehen hat: ›ich habe es gesehen‹. Es ist nicht seine Art, im eigenen oder in eines anderen Interesse oder um irgendeines weltlichen Zweckes willen bewusst die Unwahrheit zu sagen.

• Hintertragen hat er verworfen. Hintertragen widerstrebt seinem Wesen. Es ist nicht seine Art, was er hier gehört hat, dort wiederzuerzählen, um jene zu entzweien, oder was er dort gehört hat, hier zu erzählen, um diese zu entzweien. Seine Art ist es, Entzweite zu einigen und Einträchtige nicht gegeneinander auszuspielen. Eintracht freut ihn, Eintracht macht ihn glücklich, Eintracht macht ihn zufrieden. Es ist seine Art, Eintracht fördernde Worte zu sprechen.

• Verletzende Rede hat er verworfen, verletzende Rede widerstrebt seinem Wesen; er hat es an sich, freundliche Worte zu gebrauchen, dem Ohr wohl tuend, liebenswürdig, zu Herzen gehend, höflich, für alle erfreulich und angenehm; eine solche Sprache führt er.

• *Leeres Geschwätz hat er verworfen, leeres Geschwätz widerstrebt seinem Wesen: er hat es an sich, zur rechten Zeit zu sprechen; der Wirklichkeit gemäß, auf das Ziel gerichtet, der Lehre und höchsten Ordnung entsprechend. Seine Sprache ist reich an Inhalt, den Umständen angemessen, klar umrissen, mit Sinn und Verstand. — So ist in vierfacher Weise ein Lebenswandel mit der Sprache auf Wahrheit und Stille gerichtet, ihr Hausväter.*

Und wie ist in dreifacher Weise ein Lebenswandel im Geist auf Wahrheit und Stille gerichtet?

• *Da ist einer frei von Habsucht: Was einem andern zum Gebrauch oder Verbrauch dient, darauf stiert er nicht begehrlich in dem Gedanken: ›Wenn doch nur das, was der andere hat, mein wäre!‹*

• *Weil er im Herzen frei ist von Übelwollen, hegt er im Geist die unverdorbene Gesinnung: ›Möchten doch diese Wesen frei sein von Gegnerschaft und Bedrängnis, frei von Furcht. Sie sollen es gut haben.‹*

• *Er hegt die richtige, unverfälschte Ansicht: ›Geben hat einen Sinn; Schenken, Opfern hat einen Sinn; es gibt eine Saat und Ernte guten und schlechten Wirkens. Genauso wie diese Welt gibt es auch jene Welt. Genauso wie Vater und Mutter gibt es unmittelbar ins Dasein tretende Wesen. Es gibt in der Welt Asketen und brahmisch Lebende, die durch richtiges Vorgehen ans Ziel gelangt sind, so dass sie sich diese Welt und die jenseitige Welt in überweltlicher Schau offenbar gemacht haben und sie erklären können.‹ – So ist in dreifacher Weise ein Lebenswandel im Geist auf Wahrheit und Stille gerichtet, ihr Hausväter.*

So, Hausväter, erscheinen da, bedingt durch ihren auf Wahrheit und Stille gerichteten Lebenswandel, andere Wesen nach dem Absterben des Körpers, jenseits des Todes, auf guter Bahn wieder, in himmlischer Welt.

Wenn jemand mit auf Wahrheit und Stille *gerichtetem Lebenswandel sich* wünscht: *›Wenn ich doch nur nach dem Absterben des Körpers, jenseits des Todes in der Gemeinschaft reicher Adliger/ reicher Brahmanen/ in der Gemeinschaft der Himmelswesen der Vier Großen Könige/ der Himmelswesen der Dreiunddreißig/ der Gezügelten Himmelswesen/ der stillzufriedenen Himmelswesen/ der an eigenen Schöpfungen erfreuten Himmelswesen / der sich an den Schöpfungen anderer erfreuenden Himmelswesen wieder erscheinen könnte‹, so kann es sein, dass er nach dem Absterben des Körpers, jenseits des Todes, in dieser Gemeinschaft wieder erscheint, und aus welchem Grund? Eben nur, weil er einen auf Wahrheit und Stille gerichteten Lebenswandel geführt hat.*

Wenn jemand mit auf Wahrheit und Stille gerichtetem Lebenswandel sich wünscht: ›Wenn ich doch nur nach dem Absterben des Körpers, jenseits des Todes in der Gemeinschaft der Himmelswesen des Brahmischen Bereiches/ bei Leuchtenden Himmelswesen/ bei Himmelswesen zarten Leuchtens/ bei Himmelswesen unermesslichen Leuchtens/ bei strahlenden Himmelswesen/ bei in Schönheit strahlenden Himmelswesen/ bei in zarter Schönheit strahlenden Himmelswesen/ bei in unermesslicher Schönheit strahlenden Himmelswesen/ bei von strahlender Schönheit überfließenden Himmelswesen/ bei in der Fülle der Segensfrucht lebenden Himmelswesen/ bei Hochhimmlischen Himmelswesen/ bei von Seligkeit gesättigten Himmelswesen/ bei reines Wohl empfindenden Himmelswesen/ bei aus reinem Wohl bestehenden Himmelswesen/ bei den Uralt-Großen Himmelswesen wieder erscheinen könnte‹, so kann es sein, dass er nach dem Absterben des Körpers, jenseits des Todes, bei diesen Himmelswesen wieder erscheint, und aus welchem Grund? Eben nur, weil er einen auf Wahrheit und Stille gerichteten Lebenswandel geführt hat.

Wenn jemand mit auf Wahrheit und Stille gerichtetem Lebenswandel sich wünscht: ›Wenn ich doch nur nach dem Absterben des Körpers, jenseits des Todes bei den das Erlebnisfeld der Raumunendlichkeit/ Erfahrungs-Unendlichkeit/ des 'Nicht-Etwas'/ das Feld 'Weder-Wahrnehmung-noch-Nichtwahrnehmung' erfahrenden Himmelswesen wieder erscheinen könnte‹, so kann es sein, dass er nach dem Absterben des Körpers, jenseits des Todes, bei den diese Felder erfahrenden Himmelswesen wieder erscheint, und aus welchem Grund? Eben nur, weil er einen auf Wahrheit und Stille gerichteten Lebenswandel geführt hat.

Wenn jemand mit auf Wahrheit und Stille gerichtetem Lebenswandel sich wünscht: ›Könnte ich doch nur die Beeinflussungen (āsavā) auflösen, noch in diesem Leben die Gemüterlösung, Weisheiterlösung mir selber in weltübersteigender Erfahrung offenbarmachen und auf ewig gewinnen‹, so kann es sein, dass er die Beeinflussung auflöst, noch in diesem Leben die von Beeinflussung freie Gemüterlösung, Weisheiterlösung in weltübersteigender Erfahrung sich selber offenbar macht und auf ewig gewinnt, und aus welchem Grund? Eben nur, weil er einen auf Wahrheit und Stille gerichteten Lebenswandel geführt hat.«

Da nahmen die Hausväter von Sālā Zuflucht als Schüler des Buddha, die nach der Lehre leben wollen.

RUTH: Besonders schön finde ich, dass es bei allem darauf ankommt, ob der Lebenswandel auf *Wahrheit und Stille* und gerichtet ist.

FRITZ: In den Pāliausdrücken kommt dieser tiefere Sinn deutlich zum Ausdruck, wenn man genau hinsieht. Die Pāliwörter, die ich hier mit *»der Wahrheit und Stille entgegengerichteter Wandel«* übersetzt habe, lauten *»a-dhamma-cariya vi-sama-cariya«*, und wo ich übersetze: *»auf Wahrheit und Stille gerichtet«*, steht im Pāli *»sa-dhamma-cariya sama-cariya«*. Meist wird freilich *adhamma* einfach mit »falsch«, *vi-sama* mit »verkehrt« übersetzt und *sa-dhamma* mit »recht« oder »richtig« und *sama* mit »gerade«. Das ist so allgemein, dass es nicht zu beanstanden ist. Was darunter genau verstanden wird, erklärt der Erwachte ja auch, und das wird von dieser weiten Übersetzung *mit* umfasst. Aber der Erwachte selber hat oft gezeigt, wie der plastische ursprüngliche Sinn von Wörtern vergessen worden war, und hat ihnen dann gewissermaßen durch Abwischen des verallgemeinernden Firnis ihren alten tiefen Glanz wiedergegeben: *Dhamma* heißt als Hauptwort *»Gesetz«*, als Eigenschaftswort *»recht«*. *Sama* heißt *»eben, gleich, ruhig, still, aufrecht«*; das zugehörige Hauptwort bedeutet *»Geistesruhe, innerer Friede«*, womit das Wort *»samatha«* = »Herzensfriede« zusammenhängt. Wenn der Vollkommen Erwachte von dem über Heil und Unheil entscheidenden grundlegenden Wandel (*cariya*) der Menschen spricht, dann geht es nicht nur um Weltgesetze oder Tugendgesetze, sondern um die Gesetze der Existenz, die er entdeckt und in den vier Heils-Wahrheiten verkündet hat. Wenn er in einem solchen Zusammenhang von *»sama«* spricht, dann zielt er auf die letzte, unzerstörbare Stille hinter den Erscheinungen. Man könnte daher auch durchaus wörtlich *»dhammacariya«* mit »Wahrheits-Wandel« und *»samacariya«* mit »Stille-Wandel« übersetzen. Deshalb habe ich versucht, auch diese tiefere Sicht beim Übersetzen mit anklingen zu lassen.

RUTH: Das leuchtet mir ein. Es wird gut sein, wenn ich mich immer darauf prüfe, ob Ziele, Denken, Reden und Handeln der Wahrheit und Stille dienen.

FRITZ: Da will ich gleich in die Mappe für unser künftiges Gespräch über die Eigenschaften der Heilsgänger eine Rede legen, in der der Erwachte einen Gesamtüberblick über *die Ziele der Menschen* gibt. Die könnte dir bei dieser Besinnung eine gute Hilfe sein.

HANS: Sag mal, Fritz: Mir fällt auf, dass es bei den zehn Wirkensbahnen nicht nur um die Mit-*Menschen* geht, sondern, dass schlechthin von *Wesen* die Rede ist, vor allem beim Mitempfinden. Bei vielen Weltanschauungen sind *Tiere* ganz ausgeschlossen. Dort werden unter den *»Nächsten«* nur Menschen verstanden, und dann werden Osterlämmchen geschlachtet oder Tiere geopfert wie bei den Brahmanen. Aber der Buddha sagt, man möge *allen* Wesen in Freundschaft zugewandt sein. Dazu gäbe es viel nach Einzelheiten zu fragen.

FRITZ: Da hast du Recht. Am besten nehmen wir uns das ganze Feld der Tugenden später noch einmal geschlossen vor. Wir haben dafür eine bessere Grundlage, wenn wir zuvor über

Karma und Wiedergeburt gesprochen haben, und verlieren jetzt nicht den roten Faden der Wirkensbahnen.

HANS: Stimmt: Die umfassen ja nicht nur die Tugenden, sondern auch den Lebenswandel im *Geist*. Erst hatte ich gedacht, unter dem Titel *»Lebenswandel im Geist«* würde der Buddha den Brahmanen von Sālā jetzt tiefe Meditationen und Inhalte der Lehre erklären. Stattdessen kommen Anleitungen, nicht *was*, sondern *wie* man denken soll, um zu den Mitwesen eine Gemütshaltung des Schonens und des Wohlwollens aufzubauen: *»Sie sollen es gut haben!«* Und zum Erwerb der richtigen Denkweise werden keine »Glaubensakte« gefordert oder Dogmen aufgestellt, sondern es wird im Grunde nur in Kürze wiederholt, was in der dogmenlosen Anleitung in M 60 herausgearbeitet worden ist.

FRITZ: Ja, Hans: Danach sind *untauglich* zum Heil (*a-kusala*) – also zur Diagnose und Therapie der Wahnkrankheit – alle Anschauungen, die zum Unbekannten und Ungewohnten einfach sagen: *»Ich habe das nicht wahrgenommen, also gibt es das nicht«*: also

– zu Karma, Jenseits, Wiedergeburt als Möglichkeit,

– zu der Möglichkeit des Erlebens auch ohne durch Eltern geborenen Körper,

– zu der Möglichkeit, dass unsere ganze so fest scheinende »reale Welt« eine Art Traum sein könnte, aus dem einzelne große Wesen erwachen und die Wahrheit in eigener Erfahrung entdecken und mitteilen können.

Dagegen ist zum Heil *tauglich* eine Auffassung, die bei der Lebensplanung und Lebensführung *auch* diese Möglichkeiten ernstlich einbezieht und keinen Deut weniger ernst nimmt als die von manchen der besten Köpfe und Herzen als absurd empfundene materialistisch-evolutionistische Vorstellung, »Leben« sei durch Selbstorganisation von »Materie« entstanden, und mit dem Wegfall des Körpers seien auch alle die unsichtbaren Kräfte vernichtet, die bis dahin das Körperwerkzeug aufgebaut, betrieben und gelenkt haben. Wir werden ja demnächst darüber noch näher sprechen.

RUTH: Wenn ich auf unser bisheriges Gespräch über die großen Überblicke und Maßstäbe für das Leben in der Vielfalt zurückschaue, dann kommt mir das Gespräch mit Siṅgālako vor wie eine Wanderkartensammlung mit Übersichtskarten, Spezialkarten und Stadtplänen. Die zehn Wirkensbahnen kommen mir vor wie ein Satz Generalkarten 1:200.000. Aber du hast vorhin von einer Rede gesprochen, die noch globaler ist und einen »ehern-flexiblen Maßstab« für die ganze Existenz bietet. Wäre es nicht jetzt an der Zeit, die zu besprechen?

FRITZ: Da hast du Recht, Ruth. Sie ist zwar vor Mönchen gehalten, aber der Erwachte sagt am Ende: *»Wenn alle Adligen, Brahmanen, Bürger, Arbeiter, Straßenkehrer, den Sinn dessen, was ich in Kürze gesagt, aber nicht im Einzelnen erklärt habe, im Einzelnen so verstehen würden, so würde es ihnen lange zum Segen und Wohl gereichen.«* Damit zeigt der Erwachte, wie wichtig diese Rede ist, und regt die Mönche an, sie bei passender Gelegenheit auch häuslich lebenden Nachfolgern vorzutragen:

IV. DIE EHERN-FLEXIBLE GRUNDREGEL: WORAUF SICH EINLASSEN, WORAUF NICHT? (M 114)

In Sāvatthī im Jetahain im Kloster Anāthapiṇḍikos sprach der Erhabene zu den Mönchen: *»Worauf man sich einlassen soll und worauf nicht, darüber will ich euch die Wahrheit zeigen. Das hört und achtet gut auf das, was ich sage.« — »Ja, Herr«, antworteten die Mönche. Der Erhabene sprach:*

• *»Der tägliche Lebenswandel in Werken, Worten, Gedanken ist von zweierlei Art, sage ich: teils soll man sich darauf einlassen, teils nicht. So hat der tägliche Lebenswandel in Werken, Worten, Gedanken zwei Seiten.*

• *Was aus dem Herzen aufsteigt, ist von zweierlei Art, sage ich: teils soll man sich darauf einlassen, teils nicht. So hat, was aus dem Herzen aufsteigt, zwei Seiten.*

• *Wahrnehmung Erlangen ist von zweierlei Art, sage ich: teils soll man sich darauf einlassen, teils nicht. So hat Wahrnehmung Erlangen zwei Seiten.*

• *Ansichtsbildung ist von zweierlei Art, sage ich: teils soll man sich darauf einlassen, teils nicht. So hat Ansichtsbildung zwei Seiten.*

• *Persönlichkeitsentwicklung ist von zweierlei Art, sage ich: teils soll man sich darauf einlassen, teils nicht. So hat ›Persönlichkeitsentwicklung‹ zwei Seiten.«*

RUTH: Das ist ja das ganze Leben: Dauernd *handle, rede* und *denke* ich. Das ist mein täglicher Lebenswandel. Dauernd steigen mir *Impulse* aus dem *Herzen* auf: aus Hinneigung oder Abneigung – die blenden mich – oder aus dem Drang nach Wahrheit – die lüften den Vorhang der Blendung für kurze Zeit. Dauernd steigen Bilder der *Wahrnehmung* auf – reizerregende, abstoßende, beide blendend –, und dazwischen blitzen kleine Lichter von Wahrheitswahrnehmung auf, vor allem auch durch die sechs unübertrefflichen Erinnerungen. Aus der erinnerten Wahrnehmung – meiner Lebenserfahrung – bilde ich meine mehr oder weniger klare oder verschwommene, einheitliche oder wirre *Anschauung* – meist triebhörig, in lichten Momenten gelenkt von rechter Anschauung und Wahrheitsgegenwart. — Und durch das fast ununterbrochene bewertende Denken wird ständig das »*Zusammengedachte*« umgebildet: *citta*, das Herz, aus dem wiederum ständig einerseits die Impulse aufsteigen, die meinen täglichen Lebenswandel bestimmen, und andererseits die *Wahrnehmung*, aus der sich wiederum die *Anschauung* bildet. Und so fort. Dieser ganze Prozess – Umwälzung der beiden Seiten des »*Vielfältigen-Mannigfaltigen*«[43] des Herzens und seiner Gestaltungen, die »Wahrnehmung« – das ist ja wohl das, was wir »*Persönlichkeitsbildung*« nennen.

HANS: Tatsächlich: Da ist das ganze vielfältige, bunte Leben auf eine so knappe Formel gebracht. Im Ganzen leuchtet sie mir sofort ein. Aber im Einzelnen ist mir vieles noch nicht klar.

FRITZ: Den Mönchen, denen der Erwachte die Rede gehalten hat, auch nicht. Der »Feldmarschall der Lehre«, Sāriputto, erläuterte deshalb: *»Den Sinn dessen, was der Erhabene in Kürze gesagt, nicht ausführlich erklärt hat, sehe ich im Einzelnen so:*

Der tägliche Lebenswandel in Werken *ist von zweierlei Art, sage ich: teils soll man sich darauf einlassen, teils nicht. So hat der tägliche Lebenswandel in Werken zwei Seiten.‹ Das ist vom Erhabenen gesagt worden, und warum ist das gesagt worden? Auf einen täglichen Lebenswandel in Werken, durch welchen bei dem, der sich darauf einlässt, die heilsuntauglichen Eigenschaften zunehmen und die heilstauglichen Eigenschaften abnehmen – auf einen solchen täglichen Lebenswandel in Werken soll man sich* nicht *einlassen. Auf einen täglichen Lebenswandel in Werken aber, durch welchen bei dem, der sich darauf einlässt, die heilsuntauglichen Eigenschaften abnehmen und die heilstauglichen Eigenschaften wachsen – auf einen solchen täglichen Lebenswandel in Werken soll man sich einlassen. Welcher Art aber ist ein täglicher Lebenswandel in Werken, Herr, durch welchen bei dem, der sich darauf einlässt, die heilsuntauglichen Eigenschaften zunehmen und die heilstauglichen Eigenschaften abnehmen?«* — Nun nennt Sāriputto die drei ersten heilsuntauglichen Wirkensbahnen mit den zugrunde liegenden Gesinnungen: Töten aus Mangel an Mitempfinden, diebische Art und falsche Geschlechtsbeziehungen: *»Wer sich auf einen solchen täglichen Lebenswandel in Werken einlässt, Herr, bei dem nehmen die heilsuntauglichen Eigenschaften zu und die heilstauglichen ab.*

Welcher Art ist ein täglicher Lebenswandel in Werken, *durch welchen bei dem, der sich darauf einlässt, die heilsuntauglichen Eigenschaften abnehmen und die heilstauglichen wachsen, Herr?«* — Hier nennt Sāriputto die drei heilsamen Wirkensbahnen in Werken: Töten im Geist verworfen haben, in Herz und Gemüt »gewaltfrei, waffenlos, zartfühlend, voll Mitempfinden mit allem,

43 Vgl. M 78.

was lebt«; inneres Widerstreben dagegen, Nichtgegebenes zu nehmen und falsche Geschlechtsbeziehungen zu pflegen. *»Das, Herr, ist ein täglicher Lebenswandel in Werken, durch welchen bei dem, der sich darauf einlässt, die heilsuntauglichen Eigenschaften abnehmen und die heilstauglichen Eigenschaften wachsen.*

›Der tägliche Lebenswandel in Worten *ist von zweierlei Art, sage ich: teils soll man sich darauf einlassen, teils nicht.‹ Das ist vom Erhabenen gesagt worden. Und warum ist das gesagt worden? Auf einen täglichen Lebenswandel in Worten, durch welchen bei dem, der sich darauf einlässt, die heilsuntauglichen Eigenschaften zunehmen und die heilstauglichen Eigenschaften abnehmen – auf einen solchen täglichen Lebenswandel in Worten soll man sich nicht einlassen. Auf einen täglichen Lebenswandel in Worten aber, Herr, durch welchen bei dem, der sich darauf einlässt, die heilsuntauglichen Eigenschaften abnehmen und die heilstauglichen Eigenschaften wachsen – auf einen solchen täglichen Lebenswandel in Worten soll man sich einlassen. Welcher Art aber ist ein täglicher Lebenswandel in Worten, durch welchen bei dem, der sich darauf einlässt, die heilsuntauglichen Eigenschaften zunehmen und die heilstauglichen Eigenschaften abnehmen?«* Hier nennt Sāriputto die vier heilsuntauglichen Wirkensbahnen in Worten, wie wir sie schon aus M 41 kennen: ein Lügner, Zwischenträger, Scharfzüngiger oder Schwätzer zu sein. *»Wer sich auf einen solchen täglichen Lebenswandel in Worten einlässt, bei dem nehmen die heilsuntauglichen Eigenschaften zu, und die heilstauglichen Eigenschaften nehmen ab.*

Welcher Art ist ein täglicher Lebenswandel in Worten, durch welchen bei dem, der sich darauf einlässt, die heilsuntauglichen Eigenschaften abnehmen und die heilstauglichen Eigenschaften wachsen?« Hier nennt Sāriputto die vier heilstauglichen Wirkensbahnen in Worten, nämlich eine Herzensbeschaffenheit, der Lügen, Zwischentragen, verletzende Rede und sinnloses Geschwätz widerstrebt. *»Wer sich auf einen solchen täglichen Lebenswandel in Worten einlässt, bei dem nehmen die heilsuntauglichen Eigenschaften ab, und die heilstauglichen Eigenschaften wachsen.«*

HANS: Hier wird wieder klar, wie unbegründet Vorurteile sind, die man über den Buddhismus hört: Da meinen die einen, er sei passiv; in der Häuslichkeit könne man danach gar nicht praktisch leben. Andere meinen, danach leben könne man schon, aber dann dürfe man sich *»auf nichts einlassen«* und *»nirgends eingreifen«*: Was dem andern geschehe, sei *»sein Karma und nicht meines«*. Der Buddha dagegen – und das gefällt mir so – unterscheidet ganz klar zwischen solchen Werken und Worten, auf die ich mich nicht einlassen soll und solchen, auf die ich mich gerade *»einlassen soll«*, je nachdem ob bei mir dadurch die heilstauglichen oder die heilsuntauglichen Eigenschaften zu- oder abnehmen.

RUTH: Das erinnert mich an eine kleine Rede, die wir ziemlich zu Anfang besprochen haben. Da sagt der Buddha, Nichttun lehre er nur beim Schlechten, beim Guten dagegen lehre er das Tun.[44]

HANS: Was heißt eigentlich in unserer Rede »sich einlassen«?

FRITZ: Das Pāliwort heißt *»sevati«*. Es bedeutet *»pflegen, dienen, folgen«*, im Extrem auch *»sich hingeben, frönen«*. Neumann übersetzt *»betreiben«*.

HANS: Heißt das: richtig auf etwas eingelassen habe ich mich erst dann, wenn es mir zur Gewohnheit geworden ist?

FRITZ: Nein. Das hieße: *»Einmal ist keinmal.«* Aber einmal ist eben *nicht* keinmal: Beim zweiten Mal geht alles, wozu der Geist beim ersten Mal »ja« gesagt hat, etwas leichter, beim dritten Mal noch leichter – und schließlich kann ich gar nicht mehr anders. Denk' an unser Gespräch über das »Hineinschlittern«.

HANS: *»Was der Mensch häufig bedenkt und sinnt, dahin geneigt wird das Herz!«*

FRITZ: Ja. Das ist das Gesetz der Bildung der Triebe, der Tendenzen des Herzens im Guten wie im Schlechten.

44 A II,35.

HANS: Und was ist gut und schlecht?

RUTH: Durch deine Frage, Hans, geht mir ein Licht auf, warum Fritz immer von dem *»ehern-flexiblen Maßstab«* gesprochen hat: Wenn ich vor der Entscheidung stehe, ob ich mich auf etwas einlasse, dann ist *schlecht*, wodurch bei *mir* die heilstauglichen Eigenschaften ab- und die heilsuntauglichen zunehmen.

FRITZ: Ja, Ruth: Es kommt nur darauf an, ob sie *bei mir* zu- oder abnehmen, nicht ob sie in einem theoretischen Fall bei einem gedachten »Durchschnittsmenschen« oder einer gedachten Idealfigur oder »in der Gesellschaft« ab- oder zunehmen würden, wenn die sich darauf einlassen würden. — *Gut* ist, wodurch bei *mir* die heilsuntauglichen Eigenschaften ab- und die heilstauglichen zunehmen. Das *Eherne* an diesem Maßstab ist die Tauglichkeit zum *Heil* als alleinige Zielrichtung auf den höchsten Heilsstand – *»auf Wahrheit und Stille«*, wie es in M 41 heißt –, nicht auf noch so löbliche weltliche Interessen oder Vorgehensweisen oder Weltverbesserungsideen oder »Selbstverwirklichung«. Das *Flexible* daran ist, dass es allein darauf ankommt, ob *bei mir selber* die betreffenden Eigenschaften zunehmen oder abnehmen: Was für den einen Menschen ein Fortschritt ist, könnte für einen andern ein Rückschritt sein und umgekehrt. Entscheidend ist also nicht der momentane Standort, auf den ich gelange, wenn ich mich auf etwas einlasse, sondern die Richtung, in der ich mich durch mein Einlassen bewege: auf das Heil zu oder weg von ihm. Der häufige Einwand, dieses oder jenes Wirken bringe nur etwas, wenn alle so denken, reden oder handeln würden, ist daher verfehlt.

HANS: Das leuchtet mir ein: Wenn ein kleiner Fußballklub in die Landesliga »aufsteigt«, wird der Trainer gefeiert. Wenn ein Bundesligaverein in die selbe Landesliga »absteigt«, wird der Trainer gefeuert.

FRITZ: Das ist ein modernes Beispiel. Ein zeitloses Beispiel hat der Erwachte einmal dem König Pasenadi von Kosala gegeben. Blenden wir dieses Gespräch hier kurz in unsere Betrachtung von M 114 ein: Es ist enthalten in

S 3,21 – DER MENSCH.

»Vier Arten von Menschen sind in der Welt zu finden, großer König. Welche vier? Einer, der auf dem Übergang von Finsternis zu Finsternis ist, einer, der auf dem Übergang von Finsternis zum Licht ist, einer, der auf dem Übergang vom Licht zur Finsternis ist, einer, der auf dem Übergang von Licht zu Licht ist.

Wann ist ein Mensch auf dem Übergang von Finsternis zu Finsternis? Da ist ein Mensch in niederem Stand wiedergeboren worden, in einer Familie von Unberührbaren, in einer Korbflechter-, Jäger-, Wagner- oder Müllarbeiterfamilie, die arm ist, wenig zu essen und zu trinken hat, in armseligen Verhältnissen lebt, in denen man nur dürftigen Lebensunterhalt findet. Und er ist hässlich, sieht schlecht aus, ist verwachsen, gebrechlich, einäugig, verkrüppelt, ganz oder halbseitig gelähmt. Er ist keiner, dem Speis und Trank, Kleidung, Fuhrwerk, Körperpflegemittel, Stuhl und Bett und Licht zufallen. Und er führt mit Körper/ Sprache/ Geist einen schlechten Wandel. Weil er mit Körper, Sprache und Geist einen schlechten Wandel geführt hat, erscheint er nach dem Absterben des Körpers, jenseits des Todes, auf übler Bahn wieder, auf dem Abweg. Das ist, großer König, wie wenn ein Mann aus Dunkelheit in Dunkelheit geht, aus Finsternis in Finsternis, aus einer Blutlache in die andere tritt. Einem solchen vergleichbar nenne ich diesen Menschen, großer König. So ist ein Mensch auf dem Übergang von Finsternis zu Finsternis.

Und wann ist ein Mensch auf dem Übergang von Finsternis zum Licht, großer König? Da ist ein Mensch in niederem Stand wiedergeboren worden, in armseligen Verhältnissen. Und er ist genauso hässlich und gebrechlich. Er gehört auch nicht zu denen, denen Speis und Trank, Kleidung, Fuhrwerk, Körperpflegemittel, Stuhl und Bett und Licht zufällt. Der führt mit Körper, Sprache und Geist einen guten Wandel. Weil er einen guten Wandel geführt hat, erscheint er nach dem Absterben des Körpers, jenseits des Todes, auf guter Bahn wieder, in himmlischer Welt. Das ist, großer König, wie wenn ein Mann von der Erde auf ein Ruhebett steigt, von dem Ruhebett auf einen Pferderücken, vom Pferderücken auf eine Elefantenrücken und vom Elefantenrücken tritt er in einen Palast ein. So ist ein Mensch auf dem Übergang von der Finsternis zum Licht, großer König.

Und wann ist ein Mensch auf dem Übergang vom Licht zur Finsternis, großer König? Da ist ein Mensch in einer hoch gestellten Familie wiedergeboren worden, in einer vornehmen Adels-, Brahmanen- oder Bürgerfamilie, wohlhabend, reich, vermögend, mit Gold und Silber, ausgestattet mit allem Luxus, reich an Geld und Geldeswert. Und er ist von schöner Gestalt, sieht gut aus, ist liebenswürdig, von größter Anmut. Speise und Trank, Kleidung, Fuhrwerk, Körperpflegemittel, Stuhl, Bett und Licht fallen ihm zu. Der führt mit Körper, Sprache und Geist einen schlechten Wandel. Weil er einen schlechten Wandel geführt hat, erscheint er nach dem Absterben des Körpers, jenseits des Todes, auf übler Bahn wieder, auf dem Abweg. Das ist, wie wenn ein Mann aus einem Palast auf einen Elefantenrücken hinuntersteigt, vom Elefantenrücken auf einen Pferderücken, vom Pferderücken auf ein Bett, vom Bett auf die Erde und von der Erde in die Finsternis. Einem solchen vergleichbar nenne ich diesen Menschen, großer König. So ist ein Mensch auf dem Übergang vom Licht in die Finsternis.

Und wann ist ein Mensch auf dem Übergang von Licht zu Licht, großer König? Da ist ein Mensch in einer ebenso hoch gestellten Familie wiedergeboren worden. Und er ist von schöner Gestalt, liebenswürdig, von höchster Anmut. Speise und Trank, Kleidung, Fuhrwerk, Körperpflegemittel, Stuhl, Bett und Licht fallen ihm zu. Und er führt mit Körper, Sprache und Geist einen guten Wandel. Weil er einen guten Wandel geführt hat, erscheint er nach dem Absterben des Körpers, jenseits des Todes, auf guter Bahn wieder, in himmlischer Welt. Das ist, wie wenn ein Mann von einem Ruhebett auf ein anderes steigt, von einem Pferderücken auf einen anderen, von einem Elefantenrücken auf einen anderen, von einem Palast in einen anderen schreitet. So ist ein Mensch auf dem Übergang von Licht zu Licht. Diese vier Arten von Menschen sind in der Welt zu finden.« Der Erwachte wiederholte das noch in einigen Merkversen.

Hans: Dann sind also die Menschen immer im *Übergang*. Erst denkt man: »Palast ist gut; Ruhebett ist gering. Der im Palast hat's geschafft.« — Aber wenn er ganz oben ist und kennt den Ausweg nicht, dann gilt von ihm: *»Wer genießt, der vergisst.«*[45] Wenn er durch die Zahl von »Palästen« durch ist, die er sich durch seinen Lebenswandel gebaut hat, dann ist er unaufhaltsam wieder im Abstieg vom Licht zur Finsternis. Bei einem andern denkt man: »Ach der: der hat es ja nur zu einem Ruhebett gebracht, was ist das schon.« — Aber es könnte ja einer sein, der sich gerade aus einer Blutlache auf der dunklen Erde auf das Ruhebett hinaufgearbeitet hat und weiter im Aufsteigen in Richtung auf den Palast ist. So kann Palast und Ruhebett genauso gut mit Aufsteigen wie mit Stagnation oder Abstieg verbunden sein. — Wenn ich mir das so vorstelle: Alle Menschen auf vielen verschiedenen Entwicklungsstufen – aber auf ein und der selben Stufe steigen die einen auf, andere bleiben stehen, und wieder andere sind im Abstieg. Das ist ja wohl eine Übersicht über die ganze Menschheit.

Fritz: Über *fast* die ganze Menschheit, nämlich über alle, die keinen der vier noch zu besprechenden Sicherheitsgrade erreicht haben. Ein Mensch aber, der in die Heilsströmung eingetreten ist, der ist zwar bis zur vollkommenen Erlösung aus dem Existenz-Wahnfiebertraum immer noch in einiger Hinsicht im Steigen und Sinken. Denn nur im *Geist* hat er solche unumkehrbaren Programmierungen vollzogen, dass er sich letztlich nur noch auf das Erwachen hin entwickeln kann. Aber sein *Herz* ist noch nicht losgelöst von aller Wandelbarkeit. Deshalb kann auch er noch steigen und sinken – aber nie mehr in Abgründe *unterhalb* der Menschenart, wie wir noch sehen werden. Und nach einer begrenzten Höchstzahl von Wiedergeburten im sinnlichen Bereich erreicht er unweigerlich den höchsten Heils-Stand. Die aber

45 D 19m.

den höchsten Heilsstand – Nirvāna – erreicht haben, die aus dem Daseinsfiebertraum Genesenen, sind in dieser Aufzählung nicht mehr enthalten. Sie sind am Ziel. Sie steigen und sinken nie mehr.

Hans: Darüber, ob ich mich auf etwas einlassen soll oder nicht, entscheidet also nicht der Standort an sich, den ich erreiche, sondern die *Richtung*, in der ich mich bewege, wenn ich mich auf etwas einlasse?

Fritz: Ja, Hans. Das gilt auch für Übungen: Ein und dieselbe Übung würde den einen überfordern. Für den anderen wird es höchste Zeit, damit anzufangen. Was für den einen schon eine Dauerübung sein kann, ist für den anderen allenfalls ein Gegenstand gelegentlicher Vorstöße unter besonders günstigen Bedingungen oder erst noch Gegenstand der Bildung der Anschauung im Geist, dass es auch das gibt, wozu es für Menschen mit entsprechend gewachsenem innerem Haushalt gut ist und welches die Voraussetzungen sind, die man für die Übung erworben haben muss. Die einen werden bei dieser Selbstprüfung erkennen, dass sie nur immer unruhiger und unleidlicher werden, wenn sie sich irgendetwas, was weder Tugenden verletzt noch rauschhafte Formen annimmt, noch das Entrinnen vergessen macht, jetzt schon verkneifen. Andere merken, dass es sie umgekehrt im Endergebnis ruhiger macht, wenn sie etwas, wozu sie zwar noch Neigung haben, zugunsten von etwas lassen, wovon sie manchmal schon erfahren haben, dass sie es ohne Überforderung erreichen können und dass es sie auf die Dauer stiller und klarer macht. Selbstüberschätzung ist bei dieser ständigen ruhigen Selbstkontrolle ebenso schädlich wie Selbstunterschätzung. Vielmehr geht es darum, dass ich mich selber mit Klarheit, Genauigkeit und wohl wollender Kritik auch mir selbst gegenüber so sehen lerne, wie ich wirklich bin, und meinen täglichen Lebenswandel im Denken, Reden und Handeln nach meinem *Können*, nicht nach meinen *Wunschträumen* einrichte. Wenn ein Mensch – um bei unserem Gleichnis zu bleiben – schon lange, lange von »Elefantenrücken zu Elefantenrücken« umgestiegen ist, so dass Elefantenrücken für ihn eine gewohnte Selbstverständlichkeit sind, und es würde ihm einer, der gerade aus dem Dunkel auf ein Ruhebett und von dort auf einen Pferderücken aufgestiegen ist, vorschwärmen: »Das höchste Glück der Erde liegt auf dem Rücken der Pferde« — und der Elefantenreiter würde nun unter dem »Reiz des Neuen« den »Pferderücken« anstreben, dann wäre von seinem Elefantenrücken aus ein Abstieg, was für seinen Berater ein Aufstieg war.

Ruth: Sieh an: Das veranschaulicht, was der Buddha dem Amtmann in S 42,12 erklärt hat: Vieles, was bei einem Mönch zu tadeln wäre, ist in der Häuslichkeit zu loben und umgekehrt: In den Ordenstugenden gefestigte Ordensmitglieder hat der Buddha im Tathāgatagang zur ständigen Sinnenzügelung angeleitet: Bei keinem einzigen der sechserlei Sinneseindrücke sollten sie sich auf die betreffende Erscheinung oder auf das einlassen, was ihnen dabei einfällt. In unserer Rede M 114 dagegen, die auch für häusliche Nachfolger bestimmt ist, sagt der Buddha mit keinem Wort, sie sollten sich auf keines der sechs Sinnendinge einlassen. Er sagt nur, sie sollten sich nicht auf einen *solchen* Lebenswandel einlassen, bei dem bei ihnen selber die heilsuntauglichen Eigenschaften zu- und die heilstauglichen abnehmen. Dazu nennt Sāriputto hier nur solche einzelne Gesinnungen, Handlungen und Redeweisen, durch welche Mitwesen in Worten oder Taten bedrängt oder verletzt werden. Eine abschließende Aufzählung scheint das aber nicht zu sein.

Fritz: Stimmt, Ruth. Es sind nur die wichtigsten Beispiele solcher Handlungs- und Redeweisen, auf die man sich auf keinen Fall einlassen soll, ohne dass man erst zu prüfen braucht, ob nicht doch irgendwelche heilstaugliche Eigenschaften gefördert würden. Dass die Aufzählung nicht abschließend ist, sieht man schon daraus, dass die fünfte der fünf Grundtugenden (*sīla*) hier nicht ausdrücklich genannt ist: Alkohol oder andere das klare Denken oder die Selbstbeherrschung schwächende Mittel zu meiden. Die heilstauglichen

Eigenschaften nehmen ja ab und die heilsuntauglichen zu, wenn man sich auf Alkohol oder Drogen einlässt.

HANS: Mir haben schon manche gesagt, in all diesem Auf und Ab sei es am besten, täglich *satipaṭṭhāna* zu üben, abgeschieden zu beobachten, wie die körperlichen Vorgänge ablaufen, um die Körpermaschine kennen zu lernen, wie die Gefühle auf- und absteigen, um das Gefühlsgewühl kennen zu lernen, zu betrachten, was im Herzen auf- und absteigt, um das eigene Herz kennen zu lernen, und wie die erscheinenden Dinge überhaupt entstehen und vergehen. Anfangen müsse man dabei mit der Körperbetrachtung. Es ist mir zwar durch unser kürzliches Gespräch klar geworden, dass das nicht der *einzige* Weg ist. Aber diese Meditation achtsamer Selbstbeobachtung scheint nach allem, was man so hört, doch sozusagen die »*Hauptstraße*« des Buddhismus zu sein.

FRITZ: Wir müssen Achtsamkeit (*sati*) und *sati-paṭṭhāna* unterscheiden: *Sati* (oder Achtsamkeit, Gewärtigkeit) braucht der Mensch bei allem – Gutem und Schlechtem –, was er tut. Für den Heilsgänger ist sie das *siebte* der acht Glieder des Achtpfades. — Aber auch diese *sati* mit Heilsvorzeichen (*sammasati*) ist noch nicht *sati-paṭṭhāna*. *Sati-paṭṭhāna* ist die Spitze der *samma-sati*. Bis die Wahrheitsgegenwart (*sati*) ganz (*pa-*) festen Stand (*ṭhāna*) gewonnen hat, ganz (*pa-*) zu meinem inneren Standort (*ṭhāna*) geworden ist, bis also aus häufiger Übung in sati die Reife zur fruchtbaren *sati-paṭṭhāna*-Übung gewonnen ist, bedarf es weitgehender geistig-seelischer Vorbereitungen und Wandlungen. Für häusliche Nachfolger gilt, wie für alles, auch für die Frage, ob sie sich auf *sati-paṭṭhāna* einlassen sollen, der ehern flexible Maßstab von M 114. *Sati-paṭṭhāna* ist innerhalb des zweitletzten, siebten Gliedes des achtfachen Heilswegs die Krone der Übungen der Mönche und Nonnen und mit den höchsten Verheißungen verbunden. Selbst zu Lebzeiten des Buddha, bei den bestmöglichen Anleitungsmöglichkeiten, war es keine Seltenheit, dass manche unter ihnen – solange sie die Voraussetzungen für diese Übung noch nicht erfüllt hatten –, *Schwierigkeiten* damit hatten. Wir haben ja vorhin gelesen, dass der Buddha solchen Mönchen in diesem Fall rät, erst eine erhebende Vorstellung wie etwa die sechs unübertrefflichen Erinnerungen[46] zu pflegen. — Diese Erinnerungen sind auch sozusagen »*das satipaṭṭhāna des Nachfolgers im Haus*«. Auch sein Wachen, ob bei ihm die heilstauglichen Eigenschaften ab- und die heilsuntauglichen zunehmen, wenn er sich auf etwas einlässt und umgekehrt, ist eine Übung der Achtsamkeit, der Wahrheitsgegenwart, der *sati*. Nur verlangt sie nicht, wie *satipaṭṭhāna*, dass dem Übenden in keiner Sekunde auch nur eine einzige Regung entgeht. Wer schon mit diesem täglichen Sich-auf-den-Fersen-Bleiben schwer zurechtkommt, wird mit *satipaṭṭhāna* erst recht noch nicht auf die *Dauer* zurechtkommen.

HANS: Aber schaden kann sie doch auf keinen Fall?

FRITZ: Überschätzung der eigenen Fähigkeiten, permanentes Misslingen einer unreif begonnenen Übung oder Illusionen darüber, ob das Übungsziel erreicht sei, schwächen zumindest heilstaugliche Eigenschaften und ziehen die Aufmerksamkeit ab von solchen Übungen, die für in der Häuslichkeit Lebende vordringlicher sind. Eine meditationserfahrene Australierin, die in den fünfziger Jahren wiederholt intensiv in buddhistischen Meditationszentren in Burma geübt hat, schreibt dazu[47]: »*Es gibt* acht *Stufen im achtfachen Weg des Buddha, und Meditation ist nur eine. Weil viele Meditierende die anderen sieben nicht beschreiten, ist es möglich, Leute zu treffen, die offensichtlich bewandert in Meditation sind, aber nichtsdestoweniger überlaufen vor Egoismus, und die ärgerlich werden, besitzergreifend, ängstlich, eifersüchtig und aufgeregt bei Kleinigkeiten.*« — Ehe ein strebender, in der Häuslichkeit lebender Mensch überhaupt richtig *entscheiden* kann, ob er sich auf die höchsten Mönchsübungen wie

46 Vgl. S 47,10^{m}, S 55,16^{m} und S 55,17^{m}.
47 BurmesStille S. 23.

satipaṭṭhāna einlassen soll[48], obwohl der Erwachte kein einziges Mal ausdrücklich häuslich Lebenden dazu geraten hat, gibt ihm der ehern-flexible Maßstab in M 114 Gelegenheit, »auf breiter Front« erst einmal bei dem, was er jetzt schon tut oder unterlässt, redet und denkt, Erfahrungen zu gewinnen, worauf er sich weiterhin einlassen soll und worauf nicht. Diese innere Umstimmung gibt dann eine viel sicherere Basis für eine fundierte Entscheidung, ob man sich in der Häuslichkeit auf *satipaṭṭhāna* einlassen soll. Bisher haben wir dieses achtsame Wachen darüber, worauf man sich einlassen soll und worauf nicht, erst beim täglichen Lebenswandel in *Werken* und *Worten* besprochen. Schon diese Achtsamkeit (*sati*) ist in der Häuslichkeit ein »volles Programm«, das viele neue Erfahrungen bringen und, richtig durchgeführt, vor allem jenen Grundstock von Gewissensruhe schaffen kann, ohne den stillere Übungen auf die Dauer gar nicht fruchtbar möglich sind. Noch tiefer – wenn auch noch lange nicht so stark wie *satipaṭṭhāna* darauf angewiesen, dass dem Übenden auch keine Sekunde lang die kleinste Regung entgeht – ist die anschließend in M 114 genannte Übung: das Wachen darüber, auf welche Arten von *Denken* ich mich einlassen soll und auf welche nicht. Da vom Denken die Dinge ausgehen – das Herz und damit auch dessen Gestaltungen Wahrnehmung und Gefühl –, ist diese Übung fundamental, auch für mein Karma, und sie kann – siehe die sechs Erinnerungen – auch in der Häuslichkeit, in Familie und Beruf geübt werden. Über sie sagt Sāriputto:

»›Der tägliche Lebenswandel in Gedanken *ist von zweierlei Art, sage ich: teils soll man sich darauf einlassen, teils nicht. So hat der tägliche Lebenswandel in Gedanken zwei Seiten.‹ Das ist vom Erhabenen gesagt worden. Und warum ist das gesagt worden? Auf einen täglichen Lebenswandel in Gedanken, durch welchen bei dem, der sich darauf einlässt, die heilsuntauglichen Eigenschaften zunehmen und die heilstauglichen Eigenschaften abnehmen – auf einen solchen täglichen Lebenswandel in Gedanken soll man sich nicht einlassen. Auf einen täglichen Lebenswandel in Gedanken aber, durch welchen bei dem, der sich darauf einlässt, die heilsuntauglichen Eigenschaften ab- und die heilstauglichen Eigenschaften zunehmen – auf einen solchen täglichen Lebenswandel in Gedanken soll man sich einlassen. Welcher Art aber, Herr, ist ein täglicher Lebenswandel in Gedanken, durch welchen bei dem, der sich darauf einlässt, die heilsuntauglichen Eigenschaften zunehmen und die heilstauglichen Eigenschaften abnehmen?«* Nun nennt Sāriputto die dritte und vierte der heilsuntauglichen Wirkensbahnen im Geist: *abhijjhā*, übermäßiges Hinstarren = Fixierung auf Sinnendinge, und Übelwollen (die Ansichtsbildung wird erst hernach in einem besonderen Absatz behandelt). Anschließend erklärt Sāriputto die entsprechenden heilstauglichen Eigenschaften und schließt: *›Der tägliche Lebenswandel in Gedanken, ist von zweierlei Art, sage ich: teils soll man sich darauf einlassen, teils nicht. So hat der tägliche Lebenswandel in Gedanken zwei Seiten.‹ — Ist das vom Erhabenen gesagt worden, so ist es aus diesem Grunde gesagt worden.«*

HANS: Für Menschen, die darauf brennen, ans Meditieren zu kommen, bildet diese ständige Durchforstung und Überwachung des gesamten täglichen Lebenswandels, diese permanente Lebensinventur, dieses ständige Sich-auf-den-Fersen-Bleiben doch wahrlich *auch* eine tiefe und vor allem für uns Nichtasketen besonders fruchtbare Meditation, die in die Herzensgründe hineinleuchtet. Schade, dass sie kaum von den vielen Meditationskursen angeboten wird. Dort handelt es sich heute – oft mit viel gutem Willen und Einsatz – meist entweder um Vorstöße in Mönchsmeditationen oder von den Lehrern oder deren Meditationsmeistern selbst entwickelte, manchmal mit heutiger Psychologie vermischte Techniken, die man im Haus allenfalls für begrenzte Zeit durchhalten kann. Die Meditationen dagegen, die sich aus M 114 in Fülle ergeben, kann man ebenso wie die sechs unübertrefflichen Erinnerungen auf breiter Basis

48 Vgl.: Die vier Pfeiler der Selbstbeobachtung – *satipaṭṭhāna*, WW, 40. Jg. (1994), ab Heft 3/4, S. 66 ff.

durchs ganze Leben hindurch betreiben, und nicht nur in stillen Stunden, sondern auch mitten in der Familie und bei der Arbeit. Und das ist so dringend nötig: Wie könnte ich über feinste innere Vorgänge kontinuierlich wachen, wenn ich noch von Fixierung auf Sinnendinge und von Blindheit oder gar bewusster Rücksichtslosigkeit gegenüber meinen Mitwesen besessen bin! Darüber muss ich doch zu allererst wachen! Was mich dabei so anrührt, Fritz: Bei diesen Selbstkontrollen nach M 114 geht es nicht nur um kalte Achtsamkeit, sondern jedes Mal wird auch die Gemütshaltung des Übenden angesprochen: Was Mitwesen verletzt, »*widerstrebt seinem Wesen*«, er ist »*zartfühlend*«, »*voll Mitempfinden*«, »*Eintracht freut ihn*«, er redet »*liebevoll*«, spricht »*zum Ziel helfend*«, wünscht den Wesen: »*Sie sollen es gut haben!*«

FRITZ: Ja, Hans. Das erwärmt das Gemüt. Aber nicht dass du denkst, die *satipaṭṭhāna*-Übung der Mönche und Nonnen sei im Gegensatz dazu etwas Kaltes: Reif geübtes *satipaṭṭhāna* ist nichts Kaltes, sondern etwas ganz Stilles, Klares, unerschütterlich Sanftes, das gerade deshalb nur gedeihen kann auf dem Boden eines Herzens, das nicht durch Fixierung auf Sinnendinge, Übelwollen und Wahn gehemmt ist.

HANS: Da muss man wohl fast ein Heiliger sein, ehe man für *satipaṭṭhāna* reif ist?

FRITZ: Das wäre übertrieben. Aber ein *satipaṭṭhāna*-reifer Mensch muss sich dem Leitbild des »*sanften Gemüts*« schon erheblich über Menschendurchschnitt angenähert haben. Diese Voraussetzung von *satipaṭṭhāna* ist im Westen weitgehend unbekannt. Demgegenüber betont Nyāṇaponika im Schlusswort der 2. Auflage seines Buches *Geistestraining durch Achtsamkeit – Die buddhistische Satipaṭṭhāna-Methode*[49], dass es sich bei dieser Übung keineswegs »*um eine sehr verstandeskühle, nüchterne und dem Sittlichen gegenüber indifferente Lehre handelt, welche die* Kultur des Herzens[50]*vernachlässigt.*« Wie ein solches Missverständnis entstehen konnte, erklärt Nyāṇaponika anschließend. Er schreibt, »*dass der Buddha bei anderen Gelegenheiten, und zwar sehr häufig und eindringlich, von der Sittlichkeit als dem Anfang und der unerlässlichen Grundlage jeder höheren geistigen Entwicklung gesprochen hat. Diese Tatsache war allen Anhängern der Buddha-Lehre bekannt und bedurfte daher in dieser, einem besonderen Gegenstand gewidmeten Lehrrede*[51] *keiner ausdrücklichen Erwähnung. Sittlichkeit, welche die Beziehungen des Einzelnen zum Mitmenschen regelt, kann wohl durch Gebote, Regeln und Gesetze gestützt und geschützt und durch die Vernunft begründet werden, doch ihre einzig sicheren Wurzeln liegen in einer wahren* Kultur des Herzens[52]. *Diese findet in der Buddha-Lehre den denkbar vollkommensten Ausdruck in den vier ›Erhabenen Weilungen‹ oder ›göttergleichen Zuständen‹ (brahma-vihāra), nämlich: Liebe, Mitleid, Mitfreude und Gleichmut. Darüber gibt die buddhistische Literatur genügend Auskunft. Nur dieses sei noch hierzu bemerkt: Es ist ein tiefes Wohlwollen für alles Lebendige oder (in Nyāṇatilokas schöner Prägung) die All-Güte (mettā), welche die Grundlage für die anderen drei Eigenschaften bildet, ebenso wie für jedes Veredlungsstreben. Der Jünger der hier gelehrten Achtsamkeits-Schulung wird daher*[53] *seine* Achtsamkeit zunächst darauf *zu lenken haben, dass sein* Denken, Sprechen und Handeln nie der uneingeschränkten Güte ermangelt. *In diesem Sinne heißt es in dem klassischen buddhistischen Text, dem ›Lied von der Güte‹ (Mettā-Sutta):*

›Voll Güte zu der ganzen Welt entfalte ohne Schranken man den Geist …
Auf diese Achtsamkeit[54] *soll man sich gründen.‹«*

49 5. Aufl., Verlag Beyerlein und Steinschulte. Hervorhebung im Original.
50 Hervorhebung im Original.
51 Gemeint ist D 22^{m}.
52 Hervorhebung im Original.
53 Nachstehende Hervorhebungen von mir.
54 Hervorhebung im Original.

Dieser eindringliche Hinweis des Mahāthera, gegeben nach einem weit mehr als halbhundertjährigen Mönchsleben, auf die ständige uneingeschränkte Güte im Denken, Reden und Handeln als notwendige Voraussetzung des »*Geistestrainings durch Achtsamkeit*« wird viel zu wenig beachtet. Der ihm zugrunde liegende Gedanke könnte die Ursache für die folgende erstaunliche Tatsache sein:

Eine flüchtige Durchzählung im *Korb der Lehrreden* (ohne die kürzere Sammlung, *Khuddaka-Nikāya*) hat 84 Erwähnungen der Einübung von *satipaṭṭhāna* ergeben. Davon sind *achtzig* Übungsanweisungen an *Mönche und Nonnen*. Bleiben ganze vier: Unter ihnen wie überhaupt unter den rund 360 Texten für *häuslich* lebende Nachfolger habe ich *keinen einzigen* gefunden, in welchem der Erwachte häuslich Lebenden die Pflege von *satipaṭṭhāna* direkt oder indirekt empfohlen hätte. Die manchmal in diesem Zusammenhang zitierte Aufforderung des Buddha in S 47,48^{m}: »*Mönche: Die, mit denen ihr Mitempfinden habt und von denen ihr meint, dass sie zuhören würden, eure Freunde und Genossen, Angehörigen und Blutsverwandten sollen von euch zur Entfaltung von satipaṭṭhāna angeregt und darin befestigt werden*«, ist ausdrücklich an Mönche gerichtet und ließe, für sich allein betrachtet, keine Rückschlüsse zu, ob nicht nur solche Verwandte und Freunde der Angesprochenen gemeint waren, die schon dem Orden angehören. Damals waren aus manchen Familien wie den Sakyern fast mehr Menschen im Orden als im Haus, und der Hauptumgang der Mönche waren ihre Ordensbrüder, nicht häuslich Lebende. Es ist ein Grundzug der Lehre des Erwachten, dass sie kein Missionsgebot kennt. Nur den Geheilten hat der Erwachte nahe gelegt, nicht zu zweit einen Weg zu gehen. Damit wäre unvereinbar, eine Art Mission gegenüber häuslich lebenden Menschen durch die Mönche mit einer der stillsten Mönchsübungen, *satipaṭṭhāna*, in Gang zu setzen, die doch der Erwachte selber in keinem einzigen Fall häuslich Lebenden auch nur nahe gelegt hat, auch wo Gelegenheit dazu gewesen wäre. Prüfen wir also, ob die vier einzigen Texte, in denen vor häuslich Lebenden die Erwähnung des Wortes *satipaṭṭhāna* bezeugt ist, Anhalte dafür geben, dass in S 47,48^{m} auch die Anleitung häuslich lebender Freunde und Verwandten zu *satipaṭṭhāna* gemeint sein konnte. Bei nur zweien dieser Reden sprach der Erwachte selber. Die eine ist

S 47,25.

Dort fragte ein Brahmane den Buddha nach der »*Bedingung, dafür, dass nach dem endgültigen Verlöschen eines Vollendeten die echte Lehre nicht lange bestehen bleibt, und dass sie lange bestehen bleibt*«. Darauf antwortet der Erwachte: »*Wenn die vier Zustände der Wahrheitsgegenwart (satipaṭṭhāna) nicht entfaltet und häufig geübt werden, Brahmane, dann bleibt nach dem endgültigen Verlöschen eines Vollendeten die echte Lehre nicht lange bestehen. Wenn die vier Zustände der Wahrheitsgegenwart entfaltet und häufig geübt werden, Brahmane, dann bleibt sie lange bestehen. Welcher vier? Beim Körper verharrt der* Mönch *dabei, dem Körper nur zuzuschauen, in glühendem Streben, klarsehend, in Wahrheitsgegenwart, nachdem er von der ›Welt‹ Weltlust und Weltschmerz abgezogen hat. — Bei den Gefühlen, beim Herzen, bei den Gedanken und Vorstellungen (dhamma) verharrt der* Mönch *dabei, ihnen nur zuzuschauen.*« Hätte der Erwachte *satipaṭṭhāna* auch für häusliche Anhänger für geeignet gehalten, so hätte er hier – wo überhaupt keine Mönche zugegen waren – wohl kaum nur geantwortet, die Bedingung für langen Bestand der Lehre nach dem Hinscheiden eines Buddha sei, dass die *Mönche* sich in *satipaṭṭhāna* üben, sondern er hätte – da doch der Fortbestand der Lehre daran hing – die Gelegenheit dieser Frage des Brahmanen nicht vorübergehen lassen, ohne ihn zu dieser Übung zu ermuntern, wie er häuslich Lebende ja viele Male zu anderen Übungen, insbesondere auch zu den sechs unübertrefflichen Erinnerungen ermuntert hat.

Eher noch näher hätte eine solche Übungseinladung in dem einzigen weiteren Gespräch mit einem häuslichen Anhänger gelegen, in welchem in Gegenwart des Erwachten von *satipaṭṭhāna* die Rede war. Es ist M 51. Da kamen der Pilger Kandarāko und Pesso, der Sohn eines

Elefantenbändigers, zum Erwachten, der von Mönchen umgeben war. Der hauslose Kandarāko blickte über die schweigenden Mönche hin und fragte, ob auch bei den früheren und künftigen Vollkommen Erwachten der Mönchsorden so gut angeleitet sei wie jetzt beim Erwachten. Der Erwachte bejahte: Unter seinen *Mönchen* seien solche, die bereits geheilt seien und solche, die um das Heil kämpften und *»ständig tugendhaft (santatasīlā), ständig beim Üben (santatavuttino), geschickt (nipakā) sind, sich geschickt auf das Üben verstehen (nipakavuttīno); die weilen* ständig *(viharanti) mit wohlgefestigtem Herzen (supatiṭṭhacitta) in den vier Zuständen der Wahrheitsgegenwart (satipaṭṭhāna).* Pesso warf ein: *»Auch wir weiß gekleideten Hausleute weilen* gelegentlich *(kalena kalaṃ) bei wohlgefestigtem Herzen in satipaṭṭhāna«* – also nicht dauernd, wie die Mönche. — Er rühmt, wie gut der Erwachte erkennt, was ein Segen für die Menschen ist, die doch normalerweise so *verhohlen* wie Höhlen seien im Gegensatz zu den Tieren, die *»offen wie die Ebene«* seien. Hätte der Erwachte *satipaṭṭhāna*, das er als Mönchshaltung soeben bei dem hauslosen Pilger so gepriesen hatte, auch als für häusliche Anhänger *allgemein* geeignet angesehen, so hätte er dazu wohl ein Wort der Zustimmung zu Pesso gesagt, wo er doch *»Recht so, recht so«* – etwa in A XI,12, A XI,13 und A XI,14 – schon dann gesagt hatte, wenn ihn häusliche Anhänger auch nur gefragt hatten, wie sie in der Vielfalt leben sollten. Der Erwachte geht aber auf Pessos Mitteilung mit keinem Wort ein – weder zustimmend noch ablehnend –, sondern fragt ihn, welche der vier Arten von Menschen – Selbstquäler, Nächstenquäler, weder Selbst- noch Nächstenquäler – ihm zusagt. Erst als Pesso antwortet: *»der Geheilte, Erloschene«* und dessen heilen Stand innig beschreibt, lobt der Erwachte Pesso nach dessen Weggang gegenüber den Mönchen als nicht nur weise, sondern sogar als *»von großer Weisheit«* *(mahāpañño)*. Aber er bezieht sich dabei mit keinem Wort darauf, dass Pesso gelegentlich *satipaṭṭhāna* übt, sondern knüpft nur an das Gespräch über die vier Arten von Menschen an.

HANS: Merkwürdig. Warum nimmt der Buddha mit keinem Wort dazu Stellung, ob auch im Haus gelegentlich *satipaṭṭhāna* geübt werden kann? Es sieht doch fast so aus, als hätte Pesso auf eine Bemerkung dazu gewartet, weil dazu anscheinend bisher noch keine Stellungnahme des Buddha vorlag.

FRITZ: Ich denke, weil *satipaṭṭhāna* als *Dauerübung* nur in der Hauslosigkeit möglich ist – Pesso sprach ja selber nur von gelegentlicher Übung –, und weil über die Reife für fruchtbare *gelegentliche* Vorstöße in *satipaṭṭhāna* im Hausleben keine allgemeinen Aussagen möglich sind; da muss jeder sich selber gut kennen. Darin bestärkt mich eine umfassende Arbeit des Buddhistischen Seminars.[55]

An beiden restlichen von den vier mit häuslich lebenden Menschen geführten Lehrgesprächen, in denen *satipaṭṭhāna* vorkommt[56], ist der Buddha überhaupt nicht beteiligt, sondern Ānando spricht jeweils allein mit einem Hausvater, der *satipaṭṭhāna* übt. Beide sind aber, wie ihnen gegen Ende beider Reden Ānando ausdrücklich bestätigt, Nichtwiederkehrer, also keine »*Wünsche befriedigenden*« Nachfolger im Haus mehr. Dem Gros der häuslichen Nachfolger, den »*Wünsche befriedigenden*« haben also weder der Erwachte noch seine zeitgenössischen Mönche jemals die *satipaṭṭhāna*-Übung nahe gelegt. Ein Musterbeispiel ist Anāthapiṇḍiko. Er war doch gewiss ein langjähriger treuer Nachfolger des Erwachten. Schon anlässlich seiner ersten Begegnung mit dem Erwachten war er in die Heilsströmung eingetreten.[57] Aber nicht einmal in der Sterbestunde hat ihm Sāriputto in M 143 *satipaṭṭhāna* angeraten, sondern »nur« das *Nichtaufgreifen* aller in der Sterbestunde ankommenden Wahrnehmungen. Das war noch nicht *satipaṭṭhāna*, sondern die vollständige Übung der sechsfachen asketischen *Sinnenzügelung*: –

55 WW, 40. Jg. (1994), hier besonders S 194-209.
56 S 47,29 und S 47,30.
57 Vgl. seinen Lebenslauf in WW, 13. Jg. (1967), S. 130 ff., CV VI,4 und 9; NypHHJünger S. 351 ff.

»keine Neigung, keine Absicht fassen«. Als der Todkranke weinend klagt, so lange besuche er nun schon den Erwachten, und habe noch nie eine solche Übung gezeigt bekommen, sagt Sāriputto schon von dieser Übung, über die *satipaṭṭhāna* noch hinausgeht: *»Weiß gekleideten Hausvätern wird eine Lehrdarlegung solcher Art* nicht *gegeben, Hausvater. Für die* Hauslosen *wird eine Lehrdarlegung solcher Art gegeben, Hausvater«.*[58] Wie kann man es denn noch deutlicher sagen! Der Erwachte hat den häuslich Lebenden stattdessen eine reiche Fülle von für sie dauerhaft durchführbaren Übungen gezeigt – besonders auch die sechs unübertrefflichen *Erinnerungen* (*anussati*), die jene *»Kultur des Herzens«* hervorbringen, auf welche sich die Einübung in Achtsamkeit (*sati*) zu richten hat. Gerade in unserer Rede M 114, zu der wir jetzt wieder zurückkehren, wird in dem nun folgenden Teil die Kultur des Herzens behandelt, wenn man *»Kultur«* in dem alten, guten Sinn von *Wachstumspflege* versteht:

»›Was aus dem Herzen aufsteigt, ist von zweierlei Art, sage ich: teils soll man sich darauf einlassen, teils nicht. So hat, was aus dem Herzen aufsteigt, zwei Seiten.‹ Das ist vom Erhabenen gesagt worden. Und warum ist das gesagt worden? Steigt ein Herzensimpuls *auf, wodurch bei dem, der sich darauf einlässt, die heilsuntauglichen Eigenschaften zunehmen und die heilstauglichen abnehmen, so soll man sich auf einen solchen Herzensimpuls* nicht *einlassen. Steigt aber ein Herzensimpuls auf, durch welchen bei dem, der sich darauf einlässt, die heilsuntauglichen Eigenschaften abnehmen und die heistauglichen Eigenschaften wachsen – auf einen solchen Herzensimpuls* soll *man sich* einlassen.

Welcher Art, Herr, ist ein Herzensimpuls, durch welchen bei dem, der sich darauf einlässt, die heilsuntauglichen Eigenschaften zunehmen und die heilstauglichen abnehmen?

- *Da ist einer* habgierig, *der ist durchweg in einer von Habgier bestimmten Gemütsverfassung.*
- *Da ist einer* übel wollend, *der ist durchweg in einer von Übelwollen bestimmten Gemütsverfassung.*
- *Da ist einer* aggressiv *(vihesavā) der ist durchweg in einer von Aggressivität geleiteten Gemütsverfassung. Wenn einer sich auf einen daher kommenden Herzensimpuls einlässt, Herr, dann nehmen bei ihm die heilsuntauglichen Eigenschaften zu und die heilstauglichen Eigenschaften nehmen ab.*

Welcher Art, Herr, ist ein Herzensimpuls, durch welchen bei dem, der sich darauf einlässt, die heilsuntauglichen Eigenschaften abnehmen und die heilstauglichen wachsen?

- *Da ist einer* frei von Habgier. *Der ist durchweg in einer von Habgierfreiheit bestimmten Gemütsverfassung.*
- *Da ist einer* frei von Übelwollen, *der ist durchweg in einer durch Freiheit von Übelwollen bestimmten Gemütsverfassung.*
- *Da ist einer* frei von Aggressivität; *der ist durchweg in einer durch Freiheit von Aggressivität bestimmten Gemütsverfassung. Wenn einer sich auf einen daher kommenden Herzensimpuls einlässt, dann nehmen bei ihm die heilsuntauglichen Eigenschaften ab und die heilstauglichen Eigenschaften wachsen. ›Was aus dem Herzen aufsteigt, ist von zweierlei Art, sage ich: teils soll man sich darauf einlassen, teils nicht. So hat, was aus dem Herzen aufsteigt, zwei Seiten.‹ — Ist das vom Erhabenen gesagt worden, so ist es aus diesem Grund gesagt worden.«*

RUTH: Das scheint mir auch eine wichtige Richtigstellung für einzelne Richtungen der modernen Psychologie zu sein, die – als verständliche Reaktion auf frühere Unterdrückungen der Entfaltung der Psyche – für eine fast schrankenlose »Spontaneität« eintreten und jede Empfehlung von Selbstdisziplin gleich als »autoritär« verdammen. Hans, bei einem unserer früheren Gespräche hast du einmal ganz richtig gesagt, der Buddha lehre eine Art *»gelenkte Spontaneität«*: Die üblen Eigenschaften kämen aufs Abstellgleis und würden dort nach und nach

58 M 143 wird besprochen im 11. Gespräch.

abgewrackt. Den als gut erkannten Herzenseigenschaften könne und solle man sich dann ruhig überlassen, ohne immer erst im Einzelfall lange überlegen und alles »ausdiskutieren« zu müssen. Das wird hier bestätigt.

Fritz: Ja. Das habe ich mir auch gemerkt. Auch das gehört zur »Kultur des Herzens«. Sie ist umso wichtiger, als die Aktivität des Herzens von heute zugleich die »Kultur der Wahrnehmung« von morgen ist; denn Wahrnehmung ist eine Gestaltung des Herzens.

Hans: Unser Gespräch über das, was aus dem Herzen aufsteigt, erinnert mich an eine Frage, die ich schon länger mit mir herumtrage: In der Wahrnehmung, der Gestaltung des Herzens, tauchen ja oft schreckliche Untaten und Schlechtigkeiten aller Art auf. Da sagen manche, wer so etwas noch wahrnehmen könne, müsse also auch heute verborgene üble Triebe im Herzen haben, die geeignet seien, eine solche Wahrnehmung zu erzeugen. Aber das kann doch kaum stimmen: Wie viele edle Menschen sind ermordet oder gequält worden. Dass das die feinsten unter ihnen wie Gandhi seelisch unverletzt in Frieden erduldet haben, steht auf einem anderen Blatt, aber sie haben es doch wahrgenommen.

Fritz: Du hast Recht – man kann dafür ein Gleichnis geben: Die Aktivitäten des Herzens erscheinen als Wahrnehmungsbilder wie Fernsehwellen als sichtbare Bilder auf dem Fernsehbildschirm erscheinen. Aber wie lange es zwischen Aussendung und Empfang dauert, hängt beim Fernsehen von der Entfernung zwischen Sender und Empfänger und davon ab, ob die Fernsehwellen durch Hindernisse in der Ausbreitung gehemmt sind. Deshalb bauen die Fernsehanstalten die hohen Fernsehtürme oder lassen Satelliten kreisen, weil die Bilder sonst nicht »über den Berg kämen«. Wenn der Sender auf der Erde und der Empfänger auf einem fernen Stern stünde, dann könnte es Milliarden Jahre dauern, bis die Bilder beim Empfänger ankämen. Da könnte der Sender oder sogar die ganze sendende Galaxie längst zerfallen sein. Mit unseren Teleskopen und den Geräten der Radioastronomie sehen wir ja von fernsten Sternhaufen oder Gaswolken heute den Zustand, den sie vor Milliarden Jahren gehabt haben. So ungefähr ist es auch mit der Verzögerung zwischen der jeweiligen Änderung der »Wellenlänge« des Herzens und ihrem Erscheinen als Wahrnehmung im Menschenbereich: Je höher und gröber der »Berg des Wahns« ist, je weiter unser Geist und Gemüt von der Erkenntnis der eigenen Fehler entfernt ist und von der Bereitschaft, sich ihnen zu stellen, desto länger kann die Verzögerung zwischen »Sendung« des Wirkens und »Empfang« der Wahrnehmung dauern. Bis zum Empfang kann das Herz längst völlig geändert sein. Es lässt sich also kein Gesetz aufstellen: »Wer etwas Schlimmes wahrnimmt, hat noch entsprechend schlimme Triebe im Herzen.« Ein Gegenbeispiel haben wir in der Rede A VII,50: Da berichtet Nandamātā, die als Hausfrau Nichtwiederkehrerin geworden war, also keinerlei Trieb zum Verletzen mehr haben konnte, mit ihrer fast schon erhabenen Bescheidenheit, sie müsse sich selber wundern: ihr Herz sei nicht im mindesten verstört worden, als man vor ihren Augen ihren einzigen Sohn ermordet habe und als ihr verstorbener Mann ihr als leidendes Gespenst erschienen sei. Sāriputto antwortet ihr, es sei wunderbar, wie sie das, *»was aus ihrem Herzen aufsteigt* (*cittuppāda*)«, rein halten könne. — Er gebraucht hier also denselben Ausdruck (*cittuppāda*), dem wir eben in M 114 begegnet sind. Heutige schreckliche wahrnehmbare Formen sind also zwar mit Sicherheit irgendwann durch entsprechend schreckliches Wirken verursacht worden, lassen aber keinerlei Rückschluss auf die *heutige* Herzensbeschaffenheit zu. Auf die kann man nur aus der Art und Weise schließen, wie der betreffende Mensch das früher Gewirkte jetzt *aufnimmt*. Ebenso wie lange Phasenverschiebungen zwischen Saat und Ernte in der Menschenwelt gibt es ja auch den umgekehrten Fall, dass ein Mensch sehr bald die Quittung für sein Wirken erhält. Aber das ist in der Menschenwelt eher die Ausnahme. Bei den meisten Wahrnehmungen – vor allem auch bei der Wahrnehmung, mit was für einem Körper ich in dieses Leben eingetreten bin – habe ich die Bilder *früherer* Herzensbeschaffenheit vor mir. Nur in Daseinsbereichen ohne grobstofflich-empfundenen Leib erscheint die momentane Herzensbeschaffenheit sofort auf dem Bildschirm der Wahrnehmung.

HANS: Das hat doch mit *Karma* zu tun. Es scheint mir immer dringender, dass wir darüber sprechen.

FRITZ: Mir auch. Am besten gleich, nachdem wir unser augenblickliches Thema, die übergreifenden Maßstäbe für das Leben in der Vielfalt, zu Ende besprochen haben. So viel sehen wir von den Gesetzmäßigkeiten des Karma jetzt schon: dass wir wegen der oft langen Dauer der »*Reife des Karma*« (*kammavipāka*) die Frucht unseres Wirkens meist erst mit Verzögerung erleben. Wenn wir immer unser Herzensbeschaffenheit sofort auch als Wahrnehmungsbild sehen könnten, dann brauchte Sāriputto den Umgang mit den aufsteigenden *Wahrnehmungen* nicht hier in M 114 getrennt von den aus dem *Herzen* aufsteigenden *Impulsen* zu behandeln; denn dann wären Herzensbeschaffenheit und Wahrnehmungen synchronisiert. So aber werden wir dauernd von Wahrnehmungsbildern aus dem Wirken vergangener Herzensbeschaffenheiten überflutet, von denen die meisten Menschen nicht einmal wissen, dass es *Wahrnehmungen* und keine »Spiegelbilder« von »objektiv« existierenden Gegen-Ständen sind. Wem aber dieses Wissen gegenwärtig ist, der weiß damit in aller Regel immer noch nicht, ob ein Wahrnehmungsbild der Herzensbeschaffenheit von vor fünf Minuten oder von vor einem Weltzeitalter entspricht. In aller Regel treffen Wahrnehmungen als Bilder *früherer* Herzensgestaltungen mit einer – oft in langer Zwischenzeit sehr geänderten – jetzigen Herzensbeschaffenheit zusammen, wie wenn in einem heutigen Teleskop die vor Milliarden Jahren ausgesandten Lichtstrahlen einer inzwischen vielleicht längst untergegangenen Galaxie eintreffen. Deshalb leitet Sāriputto zum Umgang mit diesen Wahrnehmungsbildern gesondert vom Umgang mit Impulsen an. Denn einem Herzensimpuls, dies oder jenes zu tun, zu sagen oder zu denken, kann ich mit mehr oder weniger Anstrengung in der Regel widerstehen. Das Aufsteigen einer *Wahrnehmung* aber kann ich meist nicht verhindern. Dann kommt es darauf an, ob ich mich auf sie einlasse oder nicht. Was da jeweils richtig ist – auch darüber kann man keine pauschale Aussage machen, sondern es bedarf einer differenzierten Betrachtung. Die stellt jetzt Sāriputto an:

»›Von zweierlei Art ist Wahrnehmung erlangen, sage ich: teils soll man sich darauf einlassen, teils nicht. So hat Wahrnehmung erlangen zwei Seiten.‹ Das ist vom Erhabenen gesagt worden. Und warum ist das gesagt worden? – Erlangt man eine Wahrnehmung, wodurch bei dem, der sich darauf einlässt, die heilsuntauglichen Eigenschaften zunehmen und die heilstauglichen Eigenschaften abnehmen, so soll man sich auf eine solche Wahrnehmung nicht einlassen. Erlangt man aber eine Wahrnehmung, durch welche bei dem, der sich darauf einlässt, die heilsuntauglichen Eigenschaften abnehmen und die heilstauglichen wachsen – auf eine solche Wahrnehmung soll man sich einlassen.

Welcher Art aber ist das Erlangen einer Wahrnehmung durch die bei dem, der sich darauf einlässt, die heilsuntauglichen Eigenschaften zunehmen und die heilstauglichen Eigenschaften abnehmen?

• *Da ist einer* habgierig, *Herr. Der ist durchweg in einer von Habgier beherrschten* Wahrnehmung.

• *Da ist einer* übel wollend. *Der ist durchweg in einer von Übelwollen beherrschten* Wahrnehmung.

• *Da ist einer* aggressiv. *Der ist durchweg in einer von Aggressivität beherrschten* Wahrnehmung.

Wenn einer sich auf eine daher kommende Wahrnehmung einlässt, dann nehmen bei ihm die heilsuntauglichen Eigenschaften zu und die heilstauglichen ab.

Welcherart ist eine Wahrnehmung, durch welche bei dem, der sich darauf einlässt, die heilsuntauglichen Eigenschaften abnehmen und die heilstauglichen *Eigenschaften wachsen?*

• *Da ist einer* frei von Habgier. *Der ist durchweg in einer von der Freiheit von Habgier beherrschten Wahrnehmung.*

• *Da ist einer frei von Übelwollen. Der ist durchweg in einer durch Freiheit von Übelwollen beherrschten Wahrnehmung.*

• *Da ist einer frei von Aggressivität. Der ist durchweg in einer von der Freiheit von Aggressivität beherrschten Wahrnehmung.*

Wenn einer sich auf eine daher kommende Wahrnehmung, einlässt, dann nehmen bei ihm die heilsuntauglichen Eigenschaften ab und die heilstauglichen Eigenschaften wachsen. ›Wahrnehmung erlangen, ist von zweierlei Art, sage ich: teils soll man sich darauf einlassen, teils nicht. So hat Wahrnehmung erlangen zwei Seiten.‹ — Ist das vom Erhabenen gesagt worden, so ist es aus diesem Grund gesagt worden.

Hans: Hier heißt es aber doch, wer *jetzt* habgierig, übel wollend, feindselig ist, hat *jetzt* auch eine von Habgier, Übelwollen, Aggressivität beherrschte Wahrnehmung. Wie reimt sich das damit zusammen, dass meine jetzige *Wahrnehmung* nicht immer ein Zeichen dafür sein soll, dass *jetzt* in mir noch *Tendenzen* zu all dem sein müssen, was ich andere tun sehe?

Fritz: Das ist kein Widerspruch: Die jetzige Wahrnehmung ist das Bild teils jetziger, teils (und zwar überwiegend) früherer Gestaltungen des Herzens. Aber wie ich *jetzt* an dieses Bild herantrete und damit umgehe – habgierig, übel wollend, feindselig, mit Vorurteilen oder frei davon –, das kommt aus meiner *jetzigen* Herzensbeschaffenheit und moduliert die aus dem *bhava* herankommende Wahrnehmung. Die heutige Herzensverfassung ist wie eine gefärbte Brille: – Der Habgierige hat sozusagen eine »*Habgierbrille*« auf: Er sieht in allen Dingen einen ihm bisher vorenthaltenen Besitz. Wer dagegen »*unter der von der Trübung des Geizes besessenen Masse mit einem der Trübung des Geizes entgangenen Gemüt im Haus*« lebt, »*das Befreiende am Zurücktreten merkt, mit offenen Händen, beim Loslassen Glück empfindet, für Bitten anderer offen, Freude daran hat, zu teilen*«[59], der sieht in dem selben Wahrnehmungsbild lauter Gelegenheiten zum helfenden Teilen und zum befreienden Loslassen. — Der Übelwollende hat eine »*Ego-Brille*« auf: Er sieht in Menschen und Dingen Konkurrenten. Der davon Freie sieht und berücksichtigt die Belange der Mitwesen ebenso gut wie die eigenen. — Der Aggressive hat eine »*Aggressionsbrille*« auf: Er sieht in einer Menschenmenge lauter potenzielle Feinde, der von Aggressivität Freie lauter potenzielle Freunde, Glieder ein und der selben Bruderschaft, die nach Wohl strebt: »ein Herz und eine Seele«. — Jeder sieht die Bilder seiner *früher* geschaffenen Herzengestaltungen durch die Brille seiner *jetzigen* Herzensbeschaffenheit und verfärbt und verfälscht sie dadurch noch weiter, als sie so schon verfälscht sind. Aus den in der Regel mehrfach verfälschten Wahrnehmungen bilden wir uns aber nun wiederum, wie die später zu besprechende Rede M 78 zeigt – unsere *Anschauung*. Da gilt es, wie es in M 114 weiter heißt, achtsam zu sein und zu unterscheiden:

»*›Von zweierlei Art ist* Ansichtsbildung, *sage ich: teils soll man sich darauf einlassen, teils nicht. So hat Ansichtsbildung zwei Seiten.‹ Das ist vom Erhabenen gesagt worden. Und warum ist das gesagt worden? – Kommt man zu einer Ansicht, wodurch bei dem, der sich darauf einlässt, die heilsuntauglichen Eigenschaften zunehmen und die heilstauglichen abnehmen – so soll man sich auf eine solche Ansichtsbildung nicht einlassen. Kommt aber eine Ansichtsbildung auf, durch welche bei dem, der sich darauf einlässt, die heilsuntauglichen Eigenschaften abnehmen und die heilstauglichen Eigenschaften wachsen – so soll man sich auf eine solche Ansichtsbildung einlassen. Welcher Art aber ist eine Ansichtsbildung, durch welche bei dem, der sich darauf einlässt, die heilsuntauglichen Eigenschaften zunehmen und die heilstauglichen Eigenschaften abnehmen?*

Da hegt einer die Ansicht: ›Geben, Opfern und Spenden hat keinen Sinn; es gibt keine Saat und Ernte guter und schlechter Werke; 'diese und jene Welt' – das gibt es nicht, es gibt nicht so wie

59 A XI,12 + 13.

Vater und Mutter ein unmittelbares Erscheinen von Wesen; es gibt in der Welt keine Asketen und brahmisch Lebenden, die in der Einigung so weit gekommen sind, dass sie sich diese Welt und jene Welt in weltüberlegener Schau offenbar gemacht haben und sie erklären können.‹ Wenn einer sich auf eine solche Ansichtsbildung einlässt, dann nehmen bei ihm die heilsuntauglichen Eigenschaften zu, und die heilstauglichen nehmen ab.

Welcher Art aber ist eine Ansichtsbildung, durch welche bei dem, der sich darauf einlässt, die heilsuntauglichen Eigenschaften abnehmen und die heilstauglichen Eigenschaften wachsen? Da hegt einer die Ansicht: ›Geben, Opfern und Spenden hat einen Sinn; es gibt eine Saat und Ernte guter und schlechter Werke; 'diese und jene Welt' – das gibt es; es gibt wie Vater und Mutter auch ein unmittelbares Erscheinen von Wesen; es gibt in der Welt Asketen und Brahmane, die in der Einigung soweit gekommen sind, dass sie sich diese Welt und jene Welt in weltüberlegener Schau offenbar gemacht haben und erklären können.‹ – Wenn einer sich auf eine solche Ansichtsbildung einlässt, dann nehmen bei ihm die heilsuntauglichen Eigenschaften ab, und die heilstauglichen Eigenschaften wachsen. ›Ansichtsbildung ist von zweierlei Art, sage ich: teils soll man sich darauf einlassen, teils nicht. So hat Ansichtsbildung zwei Seiten.‹ – Ist das vom Erhabenen gesagt worden, so ist es aus diesem Grund gesagt worden.«

RUTH: Das kennen wir ja schon aus der dogmenlosen Darlegung M 60: Da hat der Buddha ganz genau ausgeführt, warum man sich – unabhängig von Richtigkeit oder Unrichtigkeit – auf die Ansicht: »*Es gibt nicht Saat und Ernte, Wiedergeburt* usw.« nicht einlassen soll und warum man sich auf die Ansicht, dass es beides gibt, als eine ernst zu nehmenden Möglichkeit *einlassen* soll, solange man noch keine eigene Erfahrung darüber hat. Dass »*Möglichkeit*« nicht das Gegenteil von »*Realität*« ist, sondern das Gegenteil von »*Unmöglichkeit*«, will einfach nicht in die Köpfe der westlichen Menschen hinein. »*Mögliches*« heißt doch mögliche *Realität*.

FRITZ: Deshalb hat der Erwachte in M 115^{m} Ānando eingeschärft, ein Mönch sei erst dann weise, wenn er »*des Möglichen und des Unmöglichen kundig*« sei.

RUTH: Die richtige Ansichtsbildung scheint mir im Grund das allererste und allerwichtigste: »*Was der Mensch häufig denkt und sinnt, dahin geneigt wird das Herz.*« Mit der Bildung meiner Ansichten bilde ich also im Grund meine ganze Persönlichkeit.

FRITZ: Genau davon spricht der Erwachte im folgenden Absatz von M 114:

»›Von zweierlei Art ist Persönlichkeitsentwicklung *(attā-bhāva-paṭilabha), sage ich: teils soll man sich darauf einlassen, teils nicht. So hat 'Persönlichkeitsentwicklung' zwei Seiten.‹ Das ist vom Erhabenen gesagt worden. Und warum ist das gesagt worden? Kommt man in eine ›Persönlichkeitsentwicklung‹, wodurch bei dem, der sich darauf einlässt, die heilsuntauglichen Eigenschaften zunehmen und die heilstauglichen Eigenschaften abnehmen – so soll man sich auf eine solche ›Persönlichkeitsentwicklung‹ nicht einlassen. Kommt man aber zu einer ›Persönlichkeitsentwicklung‹, durch welche bei dem, der sich darauf einlässt, die heilsuntauglichen Eigenschaften abnehmen und die heilstauglichen Eigenschaften wachsen – so soll man sich auf eine solche ›Persönlichkeitsentwicklung‹ einlassen. Welcher Art aber ist eine ›Persönlichkeitsentwicklung‹, durch welche bei dem, der sich darauf einlässt, die heilsuntauglichen Eigenschaften zu- und die heilstauglichen Eigenschaften abnehmen?*

Wer ›Persönlichkeitsentwicklung‹ falsch und bedrängend betreibt, nicht *um den vollkommenen Heilsstand zu erreichen – bei dem nehmen die heilsuntauglichen Eigenschaften zu, und die heilstauglichen Eigenschaften nehmen ab.*

Welcher Art aber ist eine ›Persönlichkeitsentwicklung‹, durch welche bei dem, der sich darauf einlässt, die heilsuntauglichen Eigenschaften abnehmen und die heilstauglichen Eigenschaften wachsen?

Wer ›Persönlichkeitsentwicklung‹ zur Befreiung von Bedrängnis betreibt, um den vollkommenen Heilsstand zu erreichen, bei dem nehmen die heilsuntauglichen Eigenschaften ab, und die heilstauglichen Eigenschaften wachsen. — ›'Persönlichkeitsentwicklung' ist von zweierlei Art, sage ich: teils soll man sich darauf einlassen, teils nicht. So hat Persönlichkeitsentwicklung zwei Seiten.‹ – Ist das vom Erhabenen gesagt worden, so ist es aus diesem Grund gesagt worden. So, Herr, sehe ich im Einzelnen den Sinn dessen, was der Erhabene in Kürze gesagt, nicht ausführlich erklärt hat.«

RUTH: Welch ein Unterschied zu heutigen Zielen der Persönlichkeitsentwicklung! Die sind meist nur »Selbstverwirklichung« im Sinn von: alle Eigenschaften ausleben. Was kann dabei herauskommen? Eher eine »Vergrößerung« als eine Entwicklung des Selbstbildes. Wie anders beim Buddha: Fernziel für die »*Persönlichkeitsentwicklung*« ist einzig und allein der höchste Heilsstand: »*Was soll all der Schmerz und Lust: Süßer Friede, komm, ach komm in meine Brust.*« Und bis dahin nicht bedrängen – mich nicht und andere nicht –, sondern Bedrängnis mindern, »Ent-Wicklung« im buchstäblichen Sinn: das Verwickelte, Verworrene, Bedrängende aufwickeln, auflösen – auch hier das gleiche Programm wie in M 41: Ausrichtung auf *Wahrheit und Stille*.

FRITZ: Ja, Ruth. Der Erwachte bestätigt denn auch: »*Gut, gut, Sāriputto! Gut hast du den Sinn dessen erkannt, was ich in Kürze gesagt, nicht ausführlich erklärt habe.*« (Und der Erhabene wiederholte Wort für Wort die Erklärungen Sāriputtos und sprach:) »*So, Sāriputto, ist der Sinn dessen zu verstehen, was ich in Kürze gesagt, aber nicht im Einzelnen erklärt habe.*« Und dann weitet der Erwachte diese Methode der untrüglichen Unterscheidung, worauf man sich einlassen soll und worauf nicht, unermesslich aus auf alle denkbaren Kreuz- und Querschnitte durch die gesamte Existenz, zuerst in der »*Durchschauungssprache*« und dann in der »*Erlebnissprache*«:

»Eine augsinnerfahrbare Form/ ein ohrsinnerfahrbarer Ton/ ein nasensinnerfahrbarer Duft/ ein zungensinnerfahrbarer Geschmack/ eine körpersinnerfahrbare Tastung/ ein geistsinnerfahrbares Ding, Sāriputto, ist von zweierlei Art: teils soll man sich darauf einlassen, teils nicht.« – Auf diese Worte sprach der ehrwürdige Sāriputto zum Erhabenen: »Den Sinn dessen, was der Erhabene in Kürze gesagt, nicht ausführlich erklärt hat, sehe ich im Einzelnen so: Eine augsinnerfahrbare Form/ ein ohrsinnerfahrbarer Ton/ ein nasensinnerfahrbarer Duft/ ein zungensinnerfahrbarer Geschmack/ eine körpersinnerfahrbare Tastung/ ein geistsinnerfahrbares Ding, bei welchem bei einem, der sich darauf einlässt, die heilsuntauglichen Eigenschaften zunehmen und die heilstauglichen Eigenschaften abnehmen – darauf soll man sich nicht einlassen. Aber eine augsinnerfahrbare Form/ ein ohrsinnerfahrbarer Ton/ ein nasensinnerfahrbarer Duft/ ein zungensinnerfahrbarer Geschmack/ eine körpersinnerfahrbare Tastung/ ein geistsinnerfahrbares Ding, bei dem bei einem, der sich darauf einlässt, die heilsuntauglichen Eigenschaften abnehmen und die heilstauglichen Eigenschaften wachsen – darauf soll man sich einlassen. — ›Eine augsinnerfahrbare Form/ ein ohrsinnerfahrbarer Ton/ ein nasensinnerfahrbarer Duft/ ein zungensinnerfahrbarer Geschmack/ eine körpersinnerfahrbare Tastung/ ein geistsinnerfahrbares Ding ist von zweierlei Art: teils soll man sich darauf einlassen, teils nicht.‹ – Ist das vom Erhabenen gesagt worden, so ist es aus diesem Grund gesagt worden. So, Herr, sehe ich den Sinn dessen, was der Erhabene in Kürze gesagt, nicht ausführlich erklärt hat.«

»Gut, gut, Sāriputto! Gut hast du den Sinn dessen erkannt, was ich in Kürze gesagt, nicht ausführlich erklärt habe. (Und der Erhabene wiederholte Wort für Wort die Erklärungen des ehrwürdigen Sāriputto und sprach:) *So, Sāriputto, ist der Sinn dessen, was ich in Kürze gesagt, aber nicht im Einzelnen erklärt habe, zu verstehen: Kleidung, Nahrung, Wohnung, Dorf, Stadt, Land, ein Mensch ist von zweierlei Art, teils soll man sich darauf einlassen, teils nicht.« Auf diese Worte sprach der ehrwürdige Sāriputto zum Erhabenen: »Den Sinn dessen, was der Erhabene in Kürze gesagt, nicht ausführlich erklärt hat, sehe ich im Einzelnen so: Auf eine Kleidung, eine Nahrung, eine Wohnung, ein Dorf, eine Stadt, ein Land, einen Menschen, bei welchen bei einem, der sich darauf*

einlässt, die heilsuntauglichen Eigenschaften zunehmen und die heilstauglichen abnehmen – darauf soll man sich nicht einlassen. Auf Kleidung, Nahrung, Wohnung, ein Dorf, eine Stadt, ein Land, einen Menschen, bei welchen bei einem, der sich darauf einlässt, die heilsuntauglichen Eigenschaften abnehmen und die heilstauglichen Eigenschaften wachsen – darauf soll man sich einlassen.«

»Gut, gut, Sāriputto! Gut hast du den Sinn dessen erkannt, was ich in Kürze gesagt, nicht ausführlich erklärt habe. So ist der Sinn dessen, was ich in Kürze gesagt, aber nicht im Einzelnen erklärt habe, zu verstehen. — Wenn alle Adligen, alle Brahmanen, alle Bürger, alle Arbeiter, alle Straßenkehrer, den Sinn dessen, was ich in Kürze gesagt, aber nicht im Einzelnen erklärt habe, im Einzelnen so verstehen würden, so würde es ihnen lange zum Segen und Wohl gereichen. Wenn diese Welt, Sāriputto, mit ihren reinen Geistern und ihren Weltgeistern, mit ihren Schulen von Asketen und brahmisch Lebenden, mit ihren Himmelswesen und Menschen den Sinn dessen, was ich in Kürze gesagt, aber nicht im Einzelnen erklärt habe, im Einzelnen so verstehen würden, so würde es ihnen lange zum Segen und Wohl gereichen.« So sprach der Erhabene. Der ehrwürdige Sāriputto war beglückt von der Rede des Erhabenen.

Hans: Das ist wahrhaftig der universale, ehern-flexible Maßstab. Mich freuen besonders auch die praktischen Anwendungen: Um mit etwas ganz Vordergründigem anzufangen: mit der *Kleidung*: Ein »richtiger Buddhist« würde da vielleicht sagen: *»Die soll man, abgesehen vom Waschen und Flicken, gar nicht beachten, sonst hängt man daran und wird eitel.«* Das wäre ein gleicher Einheitsmaßstab für alle. Aber nach dem ehern-flexible Maßstab gibt es den nicht. Wenn jemand bei einer Bank, in der Gastronomie, als Verkäuferin oder im Modegeschäft arbeitet, kann die Wahl der Kleidung zu der vom Erwachten empfohlenen Strebsamkeit gerade in dem Beruf gehören, den er ausübt.

Mit *Nahrung* ist es ähnlich. Darüber werden neben Gesundem und Vernünftigem manche einander total widersprechende »Dogmen« leidenschaftlich verfochten. Ich denke da gern an eine Freundin, die so lange darauf achtete, ihrem Idealgewicht nahezubleiben, bis sie immer aufgeregter und unruhiger wurde. Da entschied sie: Lieber ein paar Pfunde mehr und ausgeglichen als zappelig mit Idealgewicht. Einem anderen Menschen sagen Wohlmeinende, er sei viel zu dünn; er müsse mehr essen. Er fühlt sich aber dabei wohl und frisch. Für den gilt: Lieber als »schmales Handtuch« gesund und frisch sein als auf das Normalgewicht hinaufgemästet und träge.

Auch ob man sich auf eine *Wohnung*, einen *Wohnort* oder ein *Aufenthaltsland* einlassen soll oder nicht, darüber soll einzig und allein die Entwicklung der heilstauglichen und heilsuntauglichen Eigenschaften entscheiden. Wie wichtig kann das für manche Menschen sein, die sich von einem Wohnungswechsel oder gar von Auswanderung das Heil erwarten. Gerade las ich im Tages-Spruchkalender des Buddhistischen Seminars einen Ausspruch des britischen Arztes Dr. Jan Pearce: *»Viele Leute neigen dazu zu glauben, dass sie, ›wenn sie bloß von dem allem wegkommen könnten‹ – an einen Ort, wo die Sonne immer schiene, wo es keinen Lärm und keinen Verkehr gäbe, wo das Telefon nicht klingeln und der Steuerbeamte nicht schreiben würde –, sie von dem Dämon Stress frei sein würden. Diese Denkweise der Flucht vor der Wirklichkeit ist eine totale Illusion. Denn Stress ist ein Gemütszustand.«* — Also kann es nur darum gehen, ob und wie eine Ortsveränderung auf den Bestand meiner heilsuntauglichen und meiner heilstauglichen Eigenschaften wirkt. Der Buddha rät demnach weder: »Bei Schwierigkeiten schnellstens Ortswechsel!« noch: »Unter allen Umständen ausharren: Wohnung ist nur äußerlich.« Unter ein und denselben Wohnverhältnissen wird der eine schlechter, der andere besser. Ich muss mich eben immer genauer kennen lernen – und das heißt: die Achtsamkeit (*sati*) nach innen lenken und danach realistisch meine Entscheidungen treffen, je nach meinen Eigenschaften.

Besonders wichtig scheint mir dieser »ehern-flexible Maßstab« beim Umgang mit *Menschen*. Das gilt besonders von der Auswahl meiner Freunde; denn Freundschaft ist *»das ganze* *brahmische Leben*«, nicht nur das halbe, sagt der Erwachte in S 3,18. Soweit ich mir den Umgang mit anderen Menschen nicht aussuchen kann, steht immer noch auf einem anderen Blatt, wie weit ich mich mit ihnen *einlasse*. Der eine lässt sich – vielleicht sogar im Gedanken an die Lehre – zu viel, der andere zu wenig auf andere ein. Wie oft führt das zu Fehlentwicklungen in den heilsuntauglichen und heilstauglichen Eigenschaften eines Menschen: Für den einen wäre es heilsam gewesen, sich – etwa im Urlaub – auf einen bestimmten Menschen mehr einzulassen, statt eine »Einsamkeit« vorzuziehen, in der er dann ab der dritten Woche doch anfängt fernzusehen. Der andere wäre in gleicher Lage durch Sicheinlassen auf Menschen von seinen besten Möglichkeiten abgehalten worden, die er erst in der Stille hatte entfalten können.

Ruth: Dieser Gedankengang gibt auch den ehern-flexiblen Maßstab für Begründung und Auflösung von Ehen und Partnerschaften.

Fritz: Ja, man kann diesen ehern-flexiblen Maßstab gar nicht oft genug betrachten. Er ist so wichtig, dass er noch in mehreren anderen Reden anklingt. Gerade für den besonders wichtigen Fall, auf welche Menschen man sich einlassen soll und auf welche nicht, hat der Erwachte differenziert gesagt, nach wem man sich richten soll und nach wem nicht, nämlich in der schon besprochenen Rede M 96 Esukāri.

Hans: Heilstaugliche Eigenschaften – das sind doch die vorhin genannten Eigenschaften, in denen sich der häusliche Nachfolger bewähren muss, wenn er außen und innen zu Glück und Erfolg kommen will?

Fritz: Ja, Hans. Wir haben sie in A IV,61 gelesen. Im Grund sind es die fünf Heilssinne in einer dort der häuslichen Nachfolge angepassten Ausdrucksweise. Ich schreibe sie einmal auf einen Zettel: links untereinander die fünf Heilssinne, rechts daneben sozusagen die »Volksausgabe« für Nachfolger in der Häuslichkeit:

Fünf Heilssinne			*A IV,61*
Heilsvertrauen	*saddhā*		Heilsvertrauen
Energie	*viriya*	*sīla*	Tugend
Wahrheitsgegenwart	*sati*	*suta*	erfahrene Lehrkenntnis
Herzenseinigung	*samādhi*	*cāga*	Loslassen
Klarwissen	*paññā*		Klarwissen

Hans: Weißt du, was ich da vermisse: die Liebe.

Fritz: Die schrankenlose, nichtmessende Liebe, die »Allgüte« (*mettā*) fehlt keineswegs. Sie ist eine besonders hilfreiche Art der *Herzenseinigung*, gehört also zum vierten der fünf Heilssinne, und ihr Hauptmerkmal ist das heitere Loslassen, das Zurücktreten vom Eigenwillen. Wir werden noch gesondert darüber sprechen. Ihre Anwendungsgebiete bei den Eigenschaften für Glück und Erfolg im Haus finden wir im Keim schon in den in M 60 beschriebenen Gesinnungen, von denen die heilenden Tugenden getragen sind: *»Gewaltfrei, waffenlos, fühlsam, voll Teilnahme hegt er Mitempfinden mit allem, was lebt.«*

Hans: Ach so, ja. Es heißt zwar immer: »Liebe macht blind.« Aber die *nichtmessende* Liebe hilft im Gegenteil den belehrten Heilsgänger *sehend* machen! Nur die Vorliebe ist besitzergreifend; aber wie du eben gesagt hast: in deiner Tabelle ist der Herzenseinigung in der Reihe der fünf Heilssinne in A IV,61 das *Loslassen* an die Seite gestellt, das ein Grundzug der nichtmessenden Liebe ist. Der ehern-flexible Maßstab in M 114 ist also sozusagen an den fünf Heilssinnen »geeicht«. Da zeigt sich wieder, welch ein geschlossener Zusammenhang in dieser Lehre ist. Mir ist, als hätte ich mit M 114 einen Kompass für alle Entscheidungen bekommen.

Ruth: So geht es mir auch. Es wird nicht leicht sein, bei allem, was ich tun, reden und denken will, immer zu prüfen, ob ich mich darauf einlassen soll oder nicht. Aber es gibt auch ein Gefühl von Freiheit, Unabhängigkeit und Sicherheit, wenn man einen so klaren Maßstab hat.

Hans: Stimmt. Nur ist es im Alltag nicht immer leicht, sich darauf zu besinnen.

FRITZ: Das hat der Erwachte berücksichtigt. Zu seiner Zeit war dieses Problem eher schwerwiegender für in der Welt Lebende: Es gab keine Höchstarbeitszeiten, keinen Urlaubsanspruch, keinen freien Samstag. In vielen Berufen musste man Tag und Nacht zur Verfügung stehen – wie die beiden Kammerherren in S 55,6.

Heute im Zeichen der vielen verbrieften Freizeiten kann ein Nachfolger der Lehre auch unter der Woche viel für sein Fortschreiten in der Lehre tun: meditieren, lesen, Vorträge und Gespräche besuchen, kontemplative Feierabendspaziergänge machen, an Wochenenden zu Freundestreffen fahren. Die meisten Zeitgenossen des Erwachten konnten das nicht. Wenn um etwa 18 Uhr übergangslos die Tropennacht hereinbrach und das Nötigste in Haus und Familie geregelt war, sanken viele müde ins Bett, besonders die Bauern, die ja einen großen Teil der Bevölkerung – auch der Brahmanen – ausmachten. Der bei den meisten einzige Tag, der für die Besinnung auf die Lehre freiblieb, war der allwöchentliche Feiertag, mit der Einschränkung freilich, dass die Kühe und Ziegen auch an diesem Tag gefüttert, gemolken und getränkt werden wollten. Für die Pflege der übergeordneten Maßstäbe und die Reinigung des Herzens hat der Erwachte diesen Feiertag ins Auge gefasst und den Nachfolgern dafür eine Fülle von Ratschlägen gegeben. Einiges davon ist schon in unseren Gesprächen angeklungen. Wenn es euch recht ist, könnten wir bei unserem nächsten Treffen auch einmal darüber sprechen.

RUTH, Hans: Au ja!

V. DER FEIERTAG DES NACHFOLGERS (*UPOSATHA*)

HANS: Ich habe mich in der Zwischenzeit bei einigen Buddhisten wegen des Uposatha-Tags umgehört. Da wurde meist erst begeistert von der Heiterkeit und Andacht erzählt, mit der dieser Tag heute noch in buddhistischen Ländern begangen wird. Viele waren im Urlaub in Thailand oder Sri Lanka gewesen und zeigten schöne Fotos von rezitierenden Mönchen und anmutigen Menschen, die in reichgezierten Tempeln Blumen vor Buddhastatuen darbrachten. Wenn ich dann fragte, wie sie es denn selber halten, da waren die Antworten recht verschieden, oft verlegen: Die einen sagten, bei uns könne man diesen Tag gar nicht richtig feiern, weil er sich nicht nach unserem Kalender, sondern nach dem Mondkalender richtet. In buddhistischen Kalendern sei er zwar angegeben, aber meistens fiele er auf Werktage. Da müsse man tagsüber arbeiten, und abends sei man müde. — Hat es denn irgendeine besondere Bedeutung, dass es genau die Tage der Mondphasen sind?

FRITZ: Darüber ist in den Texten nichts gesagt. Dass zumindest Vollmond und Neumond Menschen beeinflussen, ist zwar eine uralte Erfahrung. Bei Vollmond und Neumond tut man gut daran, sich besonders zusammenzunehmen. Aber die Ursache für die Festsetzung des Feiertags war das nicht: Was bei uns Sonntage sind, waren im alten Indien die Tage des Mondphasenwechsels: Vollmond, Viertelmond, Halbmond, Viertelmond, Neumond. Der ganze Lebensrhythmus im privaten, öffentlichen, wirtschaftlichen und religiösen Leben richtete sich danach. So hat es der Erwachte vorgefunden und beibehalten.

HANS: Was folgt daraus für westliche Buddhisten? Uposatha an den Mondtagen begehen, auch wenn sie auf Werktage fallen, oder lieber am Wochenende, Samstag oder Sonntag oder – bei Schichtarbeit – am freien Tag?

FRITZ: Je genauer wir die Anleitungen des Erwachten über Uposatha betrachten, umso mehr sehen wir auf jeden Fall eines: Der Feiertag im Sinne des Erwachten sollte an einem freien Tag sein, nicht an einem Arbeitstag.

RUTH: Das hieße also: Wer am Wochenende arbeiten muss, befolgt die Ratschläge des Buddha für den Feiertag am besten an seinem freien Tag. Das Gros der Menschen wählt am besten den Sonntag oder nach Belieben auch den freien Samstag. Andererseits könnten Menschen mit freier Zeiteinteilung – Arbeitslose oder Rentner oder manche Freiberufler – sich einen beliebigen freien Tag in der Woche wählen?

FRITZ: »Beliebig« würde ich nicht sagen: Am Sonntag liegt eine etwas stillere Atmosphäre über dem Land: Hausreparaturen usw. werden meist am Samstag erledigt. Die Geschäfte sind geschlossen, es ist kein Berufsverkehr, es fahren keine Lastwagen; die Morgenstunden sind ruhiger, weil viele Menschen lange schlafen, und trotz allem »Freizeitstress« sind die Menschen doch weniger gehetzt als unter der Woche. Am Sonntag ist es auch leichter, sich mit Freunden zu Gespräch und Erfahrungsaustausch nicht erst in abendlicher Müdigkeit zu treffen, sondern ausgeruht bei Tag und vielleicht auch für etwas länger.

HANS: Dann wäre also das Vorgehen von einzelnen Buddhisten, die ich gefragt habe, nicht optimal: Die meinen, es müsse der Mondphasentag sein. Wenn der auf einen Arbeitstag fällt, stehen sie besonders früh auf, um vor der Arbeit ein wenig zu meditieren, und erst am Abend, nachdem sie müde und hungrig heimgekommen sind, werden als Ersatz für das Abendessen ein paar Kerzen angezündet und einige schöne Verse oder eine Lehrrede gelesen oder eine Mettāübung oder ähnliches Gutes gemacht. Aber dann denken sie manchmal: »Schade, dass wir den Uposatha nicht feiern können wie die Menschen in den buddhistischen Ländern.« Aber manche fügen hinzu: »Schade auch, dass ich heute nicht zu Abend essen darf; ich habe eigentlich einen Bärenhunger.« — Andere sagen: »An einem Tag, an dem ich hart gearbeitet und mittags im Geschäft nur eine kleine Mahlzeit zwischendurch eingenommen habe, muss ich einfach am Abend etwas essen.« — Und mir scheint, da haben sie gar nicht so Unrecht.

FRITZ: Deshalb habe ich vorhin gesagt: Wenn wir genauer hören, was der Erwachte als den eigentlichen Sinn des Feiertags beschreibt, wird uns klarwerden, dass Uposatha ein Feier-*Tag*, nicht nur ein Feier-*Abend* sein sollte.

HANS: Was heißt eigentlich »*uposatha*«?

FRITZ: Der Ausdruck stammt aus vorbuddhistischer, brahmanischer Zeit. Da bedeutete er »*der Vorbereitung dienender Vorabend der Feiertage*«, die meist mit Ritualen ausgefüllt waren. Der Erwachte hat den Feiertag mit einem ganz anderen Inhalt erfüllt, den er den häuslich Lebenden in vielen Reden erklärt hat. Dennoch herrscht über seine Bedeutung ein fast allgemeines Missverständnis: Fast überall liest man, er bedeute »*Fasten*«. Aber das trifft nicht den Sinn: »*Uposatha*« ist zusammengezogen aus *upa* = »*heran*« mit *vasa* = »*wohnen, leben*« und der Nachsilbe -*ṭhā* von *tiṭṭhati* = »*stehend, beständig*«, *ṭhāna* = »*Stand, Grundlage*«. Im Sinne der Lehre könnte man *uposatha* daher wortgetreu übersetzen mit »*(Tag zum) Sich-Einleben in die beständige Grundlage*«.

HANS: In was für eine beständige Grundlage?

FRITZ: In die Reinigung des Herzens so weit, dass sich der Nachfolger wenigstens in einzelnen Richtungen sagen kann: »*In dieser Beziehung werde ich es heute, diesen einen Tag und diese eine Nacht, den Genesenen gleichtun, und der Uposatha-Tag wird von mir gelebt sein.*« Die Rede, in der das steht, werden wir gleich kennen lernen. Der Feiertag dient dem häuslich lebenden Nachfolger dazu, in einem festen Rhythmus, einmal in der Woche, am arbeitsfreien Tag, sich in die *höchste* Art des auf absolute Befreiung zielenden höchsten Wandels einzufühlen, wie ihn Mönche und Nonnen und die wenigen *brahmacārī* im Haus täglich führen, und so ein wenig von dem feinen »*Geschmack der Erlösung*« zu spüren, der die Lebensweise der von der Wahnkrankheit Genesenen vollkommen durchzieht. Auf das Essen bezieht sich von den Regeln für den Feiertag nur ein Sechzehntel. Dabei handelt es sich nicht um den Ausfall einer Mahlzeit nach einem Arbeitstag, sondern nach einem an geistiger Nahrung reichen, still zugebrachten Ruhetag. Es geht auch gar nicht um weniger Essen, sondern nur um eine andere Einteilung der Essenszeiten am Uposatha. Ich werde daher den Uposathatag meist als »Reinigungstag« oder einfach als »Feiertag« bezeichnen. Mit den Uposatharegeln hat der Erwachte keinen neuen Feiertag eingeführt, sondern den im Haus Lebenden gesagt, wie sie ihren freien Tag in jeder Woche am heilsamsten verbringen.

HANS: Einzelne unter den Buddhisten, die ich ansprach, erhoben Einwände: Wann sollten sie denn ihre Korrespondenz erledigen, wann mit der Familie schön essen – wo doch unter der

Woche kaum Zeit sei richtig zu kochen, und nur an diesem einen Tag alle Kinder zuhause seien? Wann sollten sie wandern, schwimmen gehen, ihr Hobby betreiben, den Rasen mähen? Andere machen aus dem Reinigungsfeiertag mehr ein »gemütliches Beisammensein« bei Plätzchen und Tee mit Suttanipātoversen, wieder andere legten den Schwerpunkt auf eine erbauliche »Stimmungs-Andacht« mit Kerzen, Räucherstäbchen und exotischem Zimmerschmuck. Was würde wohl der Buddha dazu sagen?

Fritz: Das können wir besser beurteilen, wenn wir seine Aussagen zum Feiertag kennen gelernt haben. Nichts gegen freundschaftliches Beisammensein und eine feine, verehrende Stimmung, um aus der Banalität des Alltags herauszukommen, ähnlich wie es in meiner Kindheit manchen Menschen zumute war, wenn sie am Sonntag, feiertäglich gekleidet, beim Klang der Glocken, vom Brausen der Orgel empfangen, in die Kirche gingen und empfanden: *»Der Mensch lebt nicht vom Brot allein.«* Aber natürlich ist das, was du da beschrieben hast, nicht der Kern von Uposatha. Schade ist es, wenn Buddhisten – wie ich es bisweilen zu hören bekomme – entgegen ihren oft begeisterten und sehnsuchtsvollen Erzählungen von der Heiterkeit der Asiaten am Feiertag im Grund ihrer Seele den Uposatha mit halb schlechtem Gewissen als den Tag empfinden, an dem man »eigentlich das meiste nicht darf«.

Hans: Aber vieles von dem, was einem da entgegengehalten wird, ist so gut zu verstehen. Was soll man dazu sagen?

Fritz: Ich persönlich würde heute keinesfalls mehr »moralische« Vorhaltungen machen wie: »Ja willst du denn lieber im Samsāra untergehen, als auf ein paar Sonntagsvergnügen zu verzichten?« So hat es nicht einmal der Erwachte gemacht. Die Einstellung zum Feiertag ist eine Sache der Tiefe der eigenen Einsicht in das Elend des Daseinskreislaufs und in die Herrlichkeit der Möglichkeiten, die man vertut, wenn man seiner gewohnten Vorstellung vom »Sonntag« verhaftet bleibt. Wenn mich Freunde nach dem Feiertag fragen, antworte ich gern: Hören wir uns doch erst einmal – ohne uns gleich zu irgendeiner sofortigen Konsequenz aufgerufen zu fühlen – in aller Gemütsruhe an, wozu denn dieser Feiertag gut sein soll und welche Gemütshaltung ihm entspricht. Denn darüber hat der Erwachte viel Schönes gesagt. Wenn auch wir das schön und gut und richtig oder gar notwendig finden, dann lasst uns nicht gleich »heroische Konsequenzen« ziehen, sondern öfter – gerade am *Feiertag* – an dieses Schöne und Gute und Richtige mit positiver Bewertung *denken* und es nicht aus den Auge verlieren. Dann wird man ja sehen, was sich daraus entwickelt. —

Hans: Du sagst, der Buddha hätte die häuslichen Nachfolger nie unter Druck gesetzt, den Feiertag einzuhalten. Aber wie hat er sie denn dazu angeregt?

Fritz: So viele Darlegungen des Erwachten es über den Feiertag gibt – ich habe bis auf eine einzige Ausnahme keine gefunden, in welcher er seine Verehrer auch nur »kontrollierend« gefragt hat, ob sie den Uposatha-Tag einhalten, obwohl das zu seiner Zeit viel verständlicher gewesen wäre als heute, weil Uposatha schon lange vor dem Erwachten vorwiegend dem brahmischen Leben gewidmet war. Wir können das z. B. entnehmen aus der Rede

A X,119:

An einem Feiertag stand der Brahmane Jānussoni mit gewaschenem Kopf, in ein Paar frische Leinentücher gekleidet, mit feuchtem Kusagras in der Hand in der Nähe des Erhabenen am Wegesrand. Als der Erhabene ihn so stehen sah, sprach er zu ihm: *»Was stehst du denn hier am Feiertag mit gewaschenem Kopf, in ein Paar frische Leinentücher gekleidet, mit feuchtem Kusagras in der Hand am Wegrand, Brahmane? Was ist denn heute bei den Brahmanen?«* — *»Bei den Brahmanen ist heute der Reinigungstag*[60]*, Herr Gotamo.«* — *»Wie spielt sich denn bei den Brahmanen der Reinigungstag ab?«* — *»Da bestreichen heute, am Reinigungstag, die Brahmanen,*

60 Vgl. ANyl, Anm. 133 zu dieser Rede in seiner Übersetzung.

mit gewaschenem Kopf, in ein Paar frische Leinentücher gekleidet, den Boden mit feuchtem Kuhmist, streuen grünes Kusagras darüber und schlafen zwischen dem Ufer und der Feuerhütte, Herr. Drei Mal in der Nacht stehen sie auf und bringen dem Feuer mit gefalteten Händen ihre Verehrung dar mit den Worten: ›Wir reinigen dich, o Herrlichkeit. Wir reinigen dich, o Herrlichkeit.‹ Mit reichlich zerlassener und frischer Butter nähren sie das Feuer, und nach Ablauf der Nacht bewirten sie die Brahmanen mit feiner fester und weicher Speise. So spielt sich der Reinigungstag der Brahmanen ab, Herr Gotamo.« — »Das ist aber ein Unterschied, wie bei den Brahmanen der Reinigungstag begangen wird und wie er nach der Heilsanleitung begangen wird, Brahmane.« — »Wie wird er denn nach der Heilsanleitung begangen, Herr Gotamo? Es wäre gut, wenn der Herr Gotamo mir die Lehre darüber darlegen würde.« — »Gern, Brahmane, hör gut zu, ich will es dir sagen.« — »Ja, Herr«, stimmte der Brahmane Jānussoni zu. Der Erhabene sprach: »Da hält sich der Heilsgänger Folgendes gründlich vor Augen:

• *›Aus falscher* Ansicht *geht schlechte Ernte hervor, schon in diesem Leben und im Jenseits.‹ Indem man sich das gründlich vor Augen hält, tilgt man falsche Ansicht aus, reinigt sich von falscher Ansicht.*

• *›Aus falscher* Gemütseinstellung *geht schlechte Ernte hervor, schon in diesem Leben und im Jenseits.‹ Indem man sich das gründlich vor Augen hält, tilgt man falsche Gemütseinstellung, reinigt sich von falscher Gemütseinstellung.*

• *›Aus falscher* Rede *geht schlechte Ernte hervor, schon in diesem Leben und im Jenseits.‹ Indem man sich das gründlich vor Augen hält, tilgt man falsche Rede, reinigt sich von falscher Rede.*

• *›Aus falschem* Handeln *geht schlechte Ernte hervor, schon in diesem Leben und im Jenseits.‹ Indem man sich das gründlich vor Augen hält, tilgt man falsches Handeln, reinigt sich von falschem Handeln.*

• *›Aus falscher* Lebensführung *geht schlechte Ernte hervor, schon in diesem Leben und im Jenseits.‹ Indem man sich das gründlich vor Augen hält, tilgt man falsche Lebensführung, reinigt sich von falscher Lebensführung.*

• *›Aus falschem* Gewärtigsein *(sati) geht schlechte Ernte hervor, schon in diesem Leben und im Jenseits.‹ Indem man sich das gründlich vor Augen hält, tilgt man falsches Gewärtigsein, reinigt sich von falschem Gewärtigsein.*

• *›Aus falscher* Sammlung *(samādhi) geht schlechte Ernte hervor, schon in diesem Leben und im Jenseits.‹ Indem man sich das gründlich vor Augen hält, tilgt man falsche Einigung, reinigt sich von falscher Einigung.*

• *›Aus falschem* Erkennen *(ñānā) geht schlechte Ernte hervor, schon in diesem Leben und im Jenseits.‹ Indem man sich das gründlich vor Augen hält, tilgt man falsches Erkennen, reinigt sich von falschem Erkennen.*

• *›Aus falscher* Erlösung *(vimutti) geht schlechte Ernte hervor, schon in diesem Leben und im Jenseits.‹ Indem man sich das gründlich vor Augen hält, tilgt man falsche Erlösung, reinigt sich von falscher Erlösung.*

So wird der Reinigungstag nach der Heilsanleitung begangen, Brahmane.« — »Das ist freilich zweierlei, Herr Gotamo: der Reinigungstag der Brahmanen und der Reinigungstag nach der Heilsanleitung. Gegenüber der Reinigung nach der Heilsanleitung, Herr Gotamo, ist der Reinigungstag der Brahmanen keinen Deut wert. Wunderbar, Herr Gotamo, wunderbar, Herr Gotamo«, und der Brahmane nahm beim Erhabenen Zuflucht.

Ruth: Da ist überhaupt nicht von Regeln die Rede, sondern dass es um die Loslösung vom achtfältig *falschen* Weg mit seinen zwei falschen Früchten im Gedenken an die diesseitige und jenseitige Ernte geht – an das Karmagesetz!

Hans: Heißt das, die Feiertagsregeln sind beim Buddha nicht so wichtig?

Fritz: Wichtig sind sie, sogar sehr wichtig, aber kein Selbstzweck wie die Riten der Brahmanen, die glaubten, sich schon mit diesen Riten zu läutern. Das äußere Einhalten von Regeln macht niemanden rein, sondern nur das *Gehen* auf dem *richtigen* achtfältigen *Heilsweg*, nicht auf dem *falschen*.

Hans: Aber das muss man doch nicht nur am Feiertag.

Fritz: Natürlich. Aber unter der Woche kann der durch Arbeit und Familie gebundene Mensch fast nur das ausführen, was er in freien Stunden nachgesonnen, durchdacht und geplant hat. Freie Stunden hatten die meisten alten Inder nur am Feiertag. Unsere heutige Situation ist günstiger, weil wir unvergleichlich mehr Freizeit haben, auch unter der Woche.

Hans: Willst du damit sagen, dass der Feiertag damit an Bedeutung verloren hat?

Fritz: Nein. Bei der Hektik heute eher im Gegenteil. Es ist heute nur leichter, durch tägliche Freistunden, vor allem am Morgen oder Abend, die man ganz der Lehre widmet, die Wirkung des Feiertags zu verstärken und das, was man an einzelnen Sonntagen verpasst hat, nachzuholen. Aber im positiven Sinn reicht die Wirkung der rechten Nutzung des ganzen, geschlossenen, unzerstückelten Feiertags ein Mal in jeder Woche unvergleichlich viel weiter, als sich die meisten träumen lassen.

Ruth: Als du vorhin sagtest, der Buddha habe nie moralischen Druck ausgeübt, dass die Nachfolger den Feiertag einhalten, da hast du hinzugesetzt, er habe sie nicht einmal kontrollierend danach gefragt – mit einer Ausnahme. Welches war denn diese Ausnahme?

Fritz: Die betraf bezeichnenderweise nicht die Menschen, die unter der Woche schwer arbeiten mussten, sondern Verwandte des Buddha, die Sakyerfürsten, die ein Herrenleben führen konnten. Aber auch ihnen machte er keine moralischen Vorwürfe, sondern er sprach eher wie ein Vermögensberater, der einem Kunden, der seine Anlageempfehlung nicht befolgt hat, vorrechnet, wie die empfohlenen Papiere inzwischen gestiegen sind. Es ist die Rede

A X,46.

An einem Feiertag begab sich eine große Schar sakischer Anhänger in Kapilavatthu im Feigenbaumkloster zum Erhabenen und setzte sich nach höflicher Begrüßung seitwärts. Der Erhabene fragte: »*Wie ist es, Sakyer: haltet ihr den Feiertag mit seinen acht Merkmalen ein?*« — »*Manchmal halten wir ihn ein bisschen ein, manchmal halten wir ihn ein bisschen nicht ein.*« — »*Das ist schade um euch, ihr Sakyer, das ist nicht gut für euch, dass ihr in diesem von Sorge bedrohten Leben, in diesem vom Tod bedrohten Leben den Feiertag manchmal ein bisschen einhaltet, manchmal ein bisschen nicht. Denn was meint ihr, Sakyer: wenn da ein Mann durch ein Geschäft, ohne Unrecht zu tun, Tag für Tag einen halben Taler verdiente – würde man da nicht mit Recht von ihm sagen: ›Ein tüchtiger Mann ist das, voll Fleiß und Strebsamkeit‹?*« — »*Ja, Herr.*« — »*Wenn aber nun dieser Mann mit seinem Geschäft, ohne in irgendetwas Unrechtes zu geraten, jeden Tag einen ganzen Taler, zwei, drei, vier, fünf, zehn, zwanzig, dreißig, fünfzig Taler verdiente – würde man da nicht mit Recht von ihm sagen: ›Ein tüchtiger Mann ist das, voll Fleiß und Strebsamkeit‹?*« — »*Allerdings, Herr.*« — »*Was meint ihr, Sakyer: Wenn aber nun der Mann Tag für Tag hundert Taler, tausend Taler verdiente und lange lebte, hundert Jahre alt würde – würde da dieser Mann nicht ein ungeheures Vermögen erwerben?*« — »*Allerdings, Herr.*« — »*Was meint ihr, Sakyer: könnte dieser Mann als Ertrag dieses Vermögens, bedingt durch dieses Vermögen, auch nur einen Tag und eine Nacht oder auch nur einen halben Tag und eine halbe Nacht einzig und allein Seligkeit empfinden?*« — »*Nein, Herr.*« — »*Warum nicht?*« — »*Zerrieselnd, Herr, sind die Sinnendinge, schemenhaft, trügerisch.*« — »*Wenn aber einer, der mir nachfolgt, ihr Sakyer, zehn Jahre lang unermüdlich, in innigem Streben an sich arbeitend durchhält, der kann in dem Maße, wie er so nach meiner Anleitung vorgeht, hundert Jahre, tausend Jahre, hunderttausend Jahre lang einzig und allein Seligkeit empfinden. Und er kann ein Einmalwiederkehrer werden oder ein Nichtwiederkehrer oder er kann endgültig gesichert werden durch Eintritt in die Heilsströmung.* —

Aber was heißt zehn Jahre, ihr Sakyer: Wenn einer, der mir nachfolgt, neun Jahre, acht Jahre, sieben, sechs, fünf, vier, drei, zwei Jahre lang – ein Jahr lang unermüdlich, in innigem Streben an sich arbeitend durchhält –, sei's um das Jahr: wenn er zehn Monate, neun, acht, sieben, sechs, fünf Monate, vier, drei, zwei Monate – einen Monat, einen halben Monat unermüdlich, in innigem Streben an sich arbeitend durchhält –, ja wenn er zehn Tage lang Tag und Nacht – neun, acht, sieben, sechs, fünf, vier, drei, zwei Tage lang Tag und Nacht –, einen Tag und eine Nacht unermüdlich, in innigem Streben an sich arbeitend durchhält, dann kann er in dem Maße, wie er so nach meiner Anleitung vorgeht, hundert Jahre, tausend Jahre, hunderttausend Jahre einzig und allein Seligkeit empfinden. Und er kann ein Einmalwiederkehrer werden oder ein Nichtwiederkehrer oder er kann endgültig gesichert werden durch Eintritt in die Heilsströmung. Es ist schade um euch, Sakyer, es ist nicht gut für euch, dass ihr in diesem von Sorge bedrohten Leben, in diesem vom Tod bedrohten Leben den Feiertag manchmal ein bisschen einhaltet, manchmal ein bisschen nicht.« — »Herr, von jetzt an wollen wir den Feiertag mit seinen acht Merkmalen einhalten.«

Hans: Wozu einen wöchentlichen Feiertag einhalten, wenn man bei genügender Anstrengung in einem Tag und einer Nacht gleich Nichtwiederkehrer werden kann! Wenn man mir sagen würde, wie das geht, würde ich sofort anfangen.

Ruth: Hans, ein innerer Haushalt, mit dem man in nur einem Tag und einer Nacht »*unermüdlich, in innigem Streben an sich arbeitend*« Nichtwiederkehrer oder Einmalwiederkehrer werden oder wenigstens in die Heilsströmung eintreten kann, ist sozusagen erst das »*Sparziel*«. Wie viele Feiertage man dazu »sparen« muss, das hängt – um beim Gleichnis zu bleiben – davon ab, ob man sich jeden Tag nur einen Taler oder zehn oder hundert oder tausend verdient. Eine Herzensverfassung, in der man Nichtwiederkehr in einer einzigen Nacht und einem einzigen Tag erreichen kann, ist jenes »ungeheure Vermögen«, das nur erwirbt, wer täglich tausend Taler verdient. Das können die wenigsten. Aber auch wenn es nur ein Taler ist, bleibt es eine garantiert sichere Anlage.

Hans: Ach Ruth, wenn wir dich nicht hätten. Du hast natürlich wieder einmal Recht. Aber eines ist mir noch nicht klar: Ich habe bis jetzt begriffen, dass weniger die besonderen Uposatharegeln im Vordergrund stehen, sondern das *Ziel* des Hauslebens: der Eintritt in die *Heilsströmung* oder doch das unumkehrbare Betreten des Wegs zum Stromeintritt. Aber was hat das mit all dem zu tun, was mir die Buddhisten über die Uposatharegeln erzählt haben: Meiden von Abendessen, Kosmetik, Schmuck und hohen Betten?

Fritz: Die Empfehlungen des Buddha für den Feiertag kann man nicht verstehen, wenn man den Feiertag nur von außen sieht als den Tag, an welchem man eine Art »buddhistische Leistung« vollbringt, indem man eine Reihe »altehrwürdiger Unbequemlichkeiten« auf sich nimmt, die man vielleicht wettmacht durch weihevolle Stimmung. Das wäre zwar immer noch etwas mehr als nichts, aber nicht sehr viel. Besser, man fängt damit an, zunächst einmal in das *Verständnis* dieser Anleitungen hineinzuwachsen. Am besten führen wir uns das anhand der ausführlichsten Darstellung des Feiertags vor Augen, die der Erwachte gegeben hat in der Rede

A III,71.

Einstmals weilte der Erhabene in Sāvatthī im Ostkloster auf Mutter Migāros Terrasse. Da kam an einem Uposatha-Tag Visākhā, die Mutter Migāros, zum Erhabenen, begrüßte den Erhabenen ehrerbietig, wechselte höfliche, freundliche Worte mit ihm und setzte sich seitwärts. Der Erhabene sprach: »Nun, Visākhā, weshalb kommst du in der Mittagszeit?« — »Den Uposatha-Tag begehe ich heute Herr.« — »Es gibt drei Arten von Uposatha-Tagen, Visākhā; welche drei? Den Uposatha-Tag der Hirten, den Uposatha-Tag der Freien Brüder und den heilenden Uposatha-Tag der wahren Menschen.

Was ist der Uposatha-Tag der Hirten, *Visākhā? Das ist, wie wenn ein Hirte am Abend die Kühe dem Herdenbesitzer heimgetrieben hat und dann denkt: ›Heute haben die Kühe an der und der Stelle geweidet; an der und der Stelle sind sie zur Tränke gegangen. Morgen werden sie an der und der Stelle weiden, an der und der Stelle zur Tränke gehen.‹ So, denkt mancher, der den Uposatha-Tag begehen will: ›Heute habe ich die und die festen Speisen und die und die weichen Speisen gegessen; morgen will ich dann die und die festen und die und die weichen Speisen essen.‹*

Und was ist der Uposatha-Tag der Freien Brüder, *Visākhā? Es gibt eine Art Pilger, die nennen sich Freie Brüder. Die leiten ihre Jünger so an: ›Komm, lieber Mann: Gegenüber allen Wesen bis hundert Meilen im Westen, Osten, Norden, Süden lass ab von Gewalt.‹«*

Hans: Das ist doch etwas Gutes.

Fritz: Und was ist mit den Wesen jenseits der Hundertmeilengrenze? Gewalt gegen die »Fremden«, die Grenzvölker, die »Ausländer« bliebe möglich. Darauf weist der Erwachte hin: *»So leiten sie gegenüber den einen Wesen zu Schonung und Mitempfinden an, gegenüber den andern nicht. — Am Uposatha-Tag leiten sie ihre Jünger so an: ›Komm, lieber Mann, leg alle Kleider ab und sprich: 'Nicht bin ich irgendwo irgendwem zugehörig, und nicht hab ich irgendwo mit irgendwas irgendwie zu tun.'‹ Seine Eltern wissen aber doch, dass er ihr Sohn ist, und er weiß doch auch, dass das seine Eltern sind. Seine Frau und seine Kinder wissen, dass er ihr Ernährer ist, und er weiß doch auch, dass das seine Frau und seine Kinder sind. Sein Gesinde und seine Arbeiter wissen, dass er ihr Herr ist, und er weiß doch auch: ›Das sind meine Diener und Arbeiter.‹ Unter diesen Umständen leiten die, die zur Wahrheit anleiten sollten, zur Unwahrheit an; in Bezug auf ihn ist das eine Lüge: Am andern Morgen nimmt er jenen Besitz wieder an sich, obwohl er ihm nicht zurückgegeben worden ist. Das ist bei ihm Nehmen von Nichtgegebenem. Das ist der Uposatha-Tag der Freien Brüder. Wird der Uposatha-Tag so zugebracht, dann bringt er nicht seine große Frucht und seinen großen Segen, hat nicht seinen mächtigen Glanz und seine große durchdringende Kraft.*

Was aber ist der Uposatha-Tag der wahren Menschen, *Visākhā? Er ist die* Reinigung *des verschmutzten* Herzens *durch richtiges Vorgehen.«*

Hans: Der Buddha fängt also auch hier – ähnlich wie in der anderen Rede vorhin – nicht gleich damit an, dass er Uposatharegeln nennt, sondern er zeigt erst, dass es beim Feiertag um die *Reinigung des Herzens* geht.

Ruth: Dazu fällt mir ein Vergleich ein: Wer seine Wohnung sauber halten will, bestimmt einen Tag in der Woche zum Putztag. Unvergleichlich wichtiger als die Reinigung der Wohnung ist aber die Reinigung des Herzens. Und so ist der Uposathatag der wahren Menschen der *Herzputztag*.

Fritz: Wunderbar, Ruth. So nenne ich den Feiertag schon seit einigen Jahren, und zu meiner Freude fand ich unabhängig davon im Tagesspruchkalender des Buddhistischen Seminars eine Parallele in einem Wort von Phil Bosmans: *»Tu etwas für dein Gesicht von innen: Fröhlichkeit in deine Augen legen und ein Leuchten. Den Mund entspannen und lächeln. Ein freundliches Gesicht machen. Das geht, wenn du Hausputz hältst,* Hausputz des Herzens*: ausfegen, was da wurmt und grämt; ausräumen, was da gemeckert und gemäkelt wird.«* Das ist die richtige Haltung für Uposatha. Wenn wir das nicht aus dem Auge verlieren, werden wir richtig vorgehen. Der Erwachte erklärt in dem nun folgenden Abschnitt vorab, wie der Nachfolger sich zuerst durch die sechs *unübertrefflichen Erinnerungen* ein inneres Fundament aufbaut, auf dem die einzelnen Uposatharegeln überhaupt erst ihren Sinn erhalten: *»Wieso ist er denn die Reinigung des verschmutzten Herzens durch richtiges Vorgehen, Visākhā?*

Da erinnert sich der Heilsgänger so an den Vollendeten*: ›Das ist wahrhaftig der Erhabene, genesen, der Vollkommen Erwachte, vollendet in Wissen und Wandel, zum Heil gekommen, der Welt Kenner, der beste Lenker der erziehbaren Menschen, der Meister der Himmelswesen und Menschen, erwacht, erhaben.‹ Während ein Heilsgänger sich so an den Vollendeten erinnert, wird* *das Herz gestillt, und was an Herzensflecken da ist, das verschwindet, wie wenn ein verschmutzter Kopf durch richtiges Vorgehen gereinigt wird. Und wie wird ein verschmutzter Kopf durch richtiges Vorgehen gereinigt? Mit Reinigungspaste, Reinigungserde, Wasser und durch rechtes Mühen des Menschen – so kommt die Reinigung eines schmutzigen Kopfes durch richtiges Vorgehen zustande. Genauso kommt die Reinigung eines verschmutzten Herzens durch richtiges Vorgehen zustande. Und wie, Visākhā? Da erinnert sich der Heilsgänger so an den Vollendeten: … Während er sich so an den Vollendeten erinnert, wird das Herz gestillt, und was an Flecken des Herzens da ist, verschwindet. Den nennt man einen Heilsgänger, der den Uposatha-Tag brahmisch begeht,* bei Brahma *weilt; und sein zu Brahma hingerecktes Herz wird gestillt, innere* Freude *geht auf, und was an Herzensflecken da ist, das verschwindet. So kommt die Reinigung eines verschmutzten Herzens durch richtiges Vorgehen zustande.«*

Ruth: Wie gut, dass wir schon so gründlich über die sechs unübertrefflichen Erinnerungen gesprochen haben. Ich hätte sonst nicht so deutlich gemerkt, welche machtvollen Meditationen das sind: *»sechs höhere Dinge«*, die schon voraussetzen, dass man in den fünf Heilssinnen – den Sinnen für Vertrauen, Energie, Wahrheitsgegenwart, Herzenseinigung und Klarwissen – *»gefestigt«* ist.[61] Gleich bei dem ersten dieser »höheren Dinge« wird gezeigt, wie sie zwangsläufig zu »innerer *Freude*« führen – ohne die ja niemand über die Sinnensucht hinwegkommen kann.

Hans: Dass dabei das *»Herz gestillt wird«*, kann ich nachempfinden. Der Buddha hat ja dem König Mahānāmo gesagt, während einer solchen Erinnerung sei der Nachfolger nicht von Hinneigung, Abneigung und Blendung besessen und inmitten der fehlgehenden, drangvollen Masse recht gerichtet und drangfrei. Aber verschwinden denn wirklich schon davon die *Herzensflecken*? So schnell gehen die doch nicht weg?

Fritz: Der Erwachte sagt ja nicht, dass sie mit dieser Erinnerung für *immer* weg sind. Aber *während* dieser Erinnerung an den Erwachten verschwinden sie vorübergehend. Eben *dadurch* entsteht innere Freude und geistige Beglückung. Deshalb denkt man gern und öfter an solche Augenblicke. Schließlich kommen die sechs Erinnerungen – statt banalem Quatsch – auch unter der Woche immer wieder durch die »Löcher im Käse«. Man denkt immer häufiger an sie – und *»was der Mensch* häufig *bedenkt und sinnt, dahin neigt sich das Herz.«*

Hans: Ich finde es so ermutigend, dass man Herzenszustände, die man dauerhaft erst nach einer langen Entwicklung erreicht – hier nichts geringeres als die Freiheit von Hinneigung, Abneigung und Blendung –, bei richtigem Vorgehen vorübergehend schon jetzt gewinnen kann. So kann man einen Geschmack dafür und eine Sehnsucht danach bekommen, die nach aufwärts ziehen.

Fritz: Ja. So ist es. — Nun werden auch die anderen Erinnerungen als Quellen innerer Freude genannt. *»Die Reinigung des verschmutzten Herzens geschieht durch richtiges Vorgehen. Wie …? Da erinnert sich der Heilsgänger so an die* Lehre*: ›Wohlverkündet ist vom Erhabenen die Lehre, unmittelbar einleuchtend, zeitlos, sie lädt ein: 'Komm und sieh selbst!', sie führt hinaus, ist bei sich selber nachvollziehbar für den, der Augen hat, zu sehen.‹ Während ein Heilsgänger sich so an die Lehre erinnert, wird das Herz gestillt, und was an Herzensflecken da ist, verschwindet, wie wenn ein verschmutzter Körper durch richtiges Vorgehen gereinigt wird. Und wie wird ein verschmutzter Körper durch richtiges Vorgehen gereinigt, Visākhā? Mit einem Bimsstein und Badepulver, mit Wasser und durch rechtes Mühen des Menschen, Visākā. Genauso kommt die Reinigung eines verschmutzten Herzens durch richtiges Vorgehen zustande. Und wie? Da erinnert sich der Heilsgänger so an die Lehre: … Während ein Heilsgänger sich so an die Lehre erinnert, wird das Herz gestillt, und was an Herzensflecken da ist, das verschwindet. Den nennt man einen Heilsgänger, der den Feiertag der Lehre begeht, bei der Lehre weilt. Dessen zur Lehre hingerecktes*

61 Vgl. A XI,12 + 13.

Herz wird gestillt, innere Freude geht auf, und was an Herzensflecken da ist, das verschwindet. So kommt die Reinigung eines verschmutzten Herzens durch richtiges Vorgehen zustande.«

Ruth: wisst ihr, was mir auffällt? Der Buddha sagt nicht etwa: »Als eines unter vielen möglichen ›Herzputzmitteln‹ kann der Nachfolger am ›Herzputztag‹ zwischendurch auch einmal die Erinnerung an die Wachheit des Vollendeten und an die Lehre verwenden, wenn es ihm Freude macht. Aber natürlich müssen an diesem einzigen freien Tag in der Woche jene großen Übungen voranstehen, wie sie Mönche und Nonnen jeden Tag üben, besonders *satipaṭṭhāna*.« Wenn *satipaṭṭhāna* auch im Haus zu üben oder gar der einzige Weg wäre, dann hätte der Buddha doch wenigstens bei der so detaillierten Anleitung zu dem einzigen Tag, wo Zeit und Ruhe dafür ist, darauf hingewiesen. Denn Uposatha soll doch dazu dienen, dass der Nachfolger es in einigen Beziehungen an diesem einen Tag den Geheilten gleichtut. Aber in seiner allgemeinen Vorbemerkung, dass der Feiertag der rechten Menschen in der Reinigung des verschmutzten Herzens durch *richtiges Vorgehen* besteht, sagt er kein Wort von *satipaṭṭhāna*! Oder kommt das noch?

Fritz: Nein.

Hans: Dann setzt der Buddha also *»richtiges Vorgehen«* am Feiertag, mit dem allein die Reinigung des verschmutzten Herzens möglich sei, schlechthin *gleich* mit den sechs unübertrefflichen *Erinnerungen*. Oder sehe ich das falsch? Empfiehlt er vielleicht andere Übungen wie die Mettā-Strahlung als Alternative?

Fritz: Natürlich ist *Mettā* auch und gerade am Uposathatag eine wunderbare Übung. Sie hilft immer und überall, und der Feiertag sollte durchtränkt sein von Liebe, Güte und Wohlwollen für alle Mitwesen. Aber für den Uposathatag setzt der Erwachte bei den häuslich Lebenden nicht unbedingt schon Mettā in ihrer höchsten Form, der *»Strahlung«*, voraus, bei der das Herz geradezu von nichtmessender Liebe *überfließt* und deren Tiefe und Macht meist unterschätzt wird, sondern sein Rat ist mehr aufs Praktische gerichtet.

Hans: Wie ist das zu verstehen?

Fritz: Gegenüber häuslich lebenden Nachfolgern spricht der Erwachte ausnahmslos vom *»acht-*fältigen« Feiertag – *»mit den acht Gliedern«*, den einzelnen Regeln, die er erst im zweiten Teil des Gesprächs mit Visākhā bespricht. Darin ist aber die *Mettāübung* nicht genannt. Den *Mönchen* dagegen nennt der Erwachte in A IX,18[m] für den Feiertag nicht nur acht, sondern *neun* Glieder, und das neunte sind die vier Strahlungen. Mettā ist eben viel mehr als nur freundlich sein und den anderen – besonders denen, die weit weg sind – nur Gutes wünschen: Richtig in *mettā »brahmisch* weilen« kann nur, wer sein Herz schon so weit gereinigt hat, dass es von der über Sympathie und Antipathie erhabenen »brahmischen« Liebe überfließt. Wir werden noch an Reden kommen, in denen der Erwachte zeigt, dass auch aus häuslich Lebenden durch inniges Üben bestimmter Betrachtungen diese Strahlen der Liebe ausbrechen können. Aber als Aufgabe für den Feiertag hat der Erwachte die Mettā-Übung den häuslich Lebenden nicht gestellt. Erst muss das Herz schön *geputzt* werden, ehe *mettā* in Fülle dort einziehen kann. Und geputzt wird es durch die Erinnerungen, von denen wir hier bisher nur die ersten gehört haben. Aber die anderen kommen noch. Unter den rund 360 Reden für in der Welt Lebende ist keine, in der der Erwachte für den Feiertag als spezielle einzelne Regeln mehr empfiehlt als die nachher zu besprechenden *acht* Glieder und als einzuübende *Voraussetzung* für deren Entfaltung mehr als die *sechs* unübertrefflichen *Erinnerungen*. Aber diese Erinnerungen sind ja alle durchzogen von der *Gesinnung* der Liebe und des Wohlwollens, auch wenn diese Gesinnung nicht gleich wie eine Supernova-Explosion in Strahlen der Überfülle ausbricht: Es kann gar nicht ausbleiben, dass die Erinnerungen an den Erwachten, die Heilsgängergemeinde und die Himmelswesen das Herz weit machen in einer nichts begehrenden, nicht messenden Liebe zu allen Wesen. Auch die Erinnerung an die heilenden Tugenden und an das Loslassen weckt unbegrenzte, nicht messende Liebe und Wohlwollen; denn alle sechs Erinnerungen führen dazu, dass das Herz durch ihre Pflege für den Augenblick auch *frei* wird von *Abneigung*. Und von einem Menschen mit solchem Herzen sagt ja der Erwachte in M 41 ausdrücklich für die Zeit dieser Erinnerungen: *»Weil er im Herzen frei ist von Übelwollen, hegt er im Geist die unverdorbene Gesinnung: ›Möchten doch diese Wesen frei sein von Gegnerschaft und Bedrängnis, frei von Furcht; sie sollen es gut haben.‹«* Das habe ich im Auge gehabt, als ich vorhin sagte, dass der Erwachte die Herzensausbildung zu Mettā am Feiertag mehr indirekt, von der praktischen Seite her angeht. Wohl dem, der schon so viel Liebe angesammelt hat, dass sie von ihm überströmen kann nach allen Richtungen, in denen Wesen sind. Bei wem das schon der Fall ist, bei dem wird sie am Feiertag besonders überströmen und strahlen. Bei wem es noch nicht der Fall ist, bei dem füllt sich das Reservoir gerade *durch* die sechs unübertrefflichen Erinnerungen.

RUTH: Das leuchtet mir sehr ein: Andernfalls könnte es leicht dazu kommen, dass manche zwar am Feiertag *»die ganze Welt«* abstrakt mit Liebe durchstrahlen, *»Fernstenliebe«* üben, es aber darüber versäumen, den Groll oder auch nur die stumme Kritik über den »oberflächlichen Nachbarn« oder über ein Familienmitglied, wirklich *aufzulösen*.

FRITZ: Ja, Ruth. Dem mögen sich viele Menschen nicht stellen in dem unbewussten Empfinden, an der Trübung der »Harmonie« durch den Nächsten sei leider nichts mehr zu ändern. Dann nehmen sie sich in einer Art »Ausweichreaktion« für die Liebestrahlung lieber die »Fernsten« vor, die so schön weit weg sind, dass keiner unter ihnen ist, der ihnen »nicht passt«. Aber dass der Erwachte die eigentlichen brahmischen Weilungen nicht wie bei den Ordensangehörigen ausdrücklich unter den *»Gliedern«* des Uposathatages nennt, bedeutet keineswegs, dass sie nicht üben soll, wer dazu reif ist. Das höchste Vorbild dafür ist ja der Erwachte, an den sich der Heilsgänger am Feiertag vor allem erinnern kann. Schon vor seinem Erwachen hat er nach M 4 als Heilskämpfer bei seiner Selbstprüfung feststellen können: *»›Wenn es Edle gibt, die* liebevollen *Herzens sich Wäldern und Dschungeln und abgelegenen Behausungen aussetzen, dann bin ich einer von ihnen.‹ Als ich in mir diese Herzensgüte erkannte, gewann ich mehr Sicherheit beim Waldleben.«* Mir scheint aber ganz wesentlich, dass am Feiertag immer mit gesehen wird, dass alle Besinnungen und Übungen – auch *mettā* – auf das *letzte Ziel*, die Befreiung, gerichtet sind. Hätte der Erwachte für den Feiertag vor allem die vier brahmischen Weilungen empfohlen, dann hätten manche über der Herrlichkeit dieser Strahlungen das letzte Ziel vielleicht gar nicht mehr in den Blick bekommen oder wieder aus dem Auge verloren, *»obwohl noch mehr zu tun gewesen wäre.«* Weil sich aber alle sechs Erinnerungen wie ein Strahlenkranz um die Erinnerung an die *Wachheit* des Vollendeten legen, bleibt auch die nichtmessende Liebe stets verbunden mit dem letzten Ziel: aus der Vielfalt zur Einigung und mit der Einigung als Werkzeug zum erlösenden Klarwissen zu kommen. —

Nach der Erinnerung an die Lehre nennt der Erwachte nun die Erinnerung an die Heilsgängergemeinde: *»Die Reinigung des verschmutzten Herzens geschieht durch richtiges Vorgehen. Wie kommt die Reinigung des verschmutzten Herzens durch richtiges Vorgehen zustande, Visākhā? Da erinnert sich der Heilsgänger so an die* Heilsgängergemeinde*: ›Richtig nachgefolgt ist beim Erhabenen die Gemeinde der Heilsgänger, offen und gerade, hat ihr* Leben *nach ihrer Einsicht ausgerichtet, führt das wahre Leben, nämlich als die vier Paare von Menschen nach acht Arten von Menschen; das ist die Heilsgängergemeinde des Erhabenen, wert der Verehrung, wert, zu Gast zu sein, wert des ehrfurchtsvollen Grußes, das beste Feld in der Welt, um Verdienst zu erwerben.‹ Während ein Heilsgänger sich so an die Heilsgängergemeinde erinnert, wird das Herz gestillt, und was an Herzensflecken da ist, das verschwindet, wie wenn ein verschmutztes Gewand durch richtiges Vorgehen gereinigt wird. Und wie wird ein verschmutztes Gewand durch richtiges Vorgehen gereinigt? Mit Lauge, Pottasche, Kuhdung, mit Wasser und durch rechtes Mühen des Menschen – so kommt die Reinigung eines schmutzigen Gewandes durch richtiges Vorgehen* *zustande. Genauso kommt die Reinigung eines verschmutzten Herzens durch richtiges Vorgehen zustande. Und wie? Da erinnert sich der Heilsgänger so an die Heilsgängergemeinde: ... Den nennt man einen Heilsgänger, der den Uposatha-Tag der Heilsgängergemeinde begeht, bei der Heilsgängergemeinde weilt. Dessen zur Heilsgängergemeinde hingerecktes Herz wird gestillt, innere Freude geht auf, und was an Herzensflecken da ist, verschwindet. So kommt die Reinigung eines verschmutzten Herzens durch richtiges Vorgehen zustande.«*

Ruth: Diese Erinnerung setzt etwas voraus, was wir bisher erst in großen Zügen kennen, aber im Einzelnen noch besprechen sollten: das Bewusstsein, dass es bei der gegenseitigen Förderung der Heilsgängergemeinde, der Freundschaft der rechten Menschen nicht um »Gemeinschaftsseligkeit mit Stallgeruch« geht, sondern um eine Gemeinde derer, die, auf keinen anderen gestützt, selbstgängig, im allmählichen Wachwerden aus dem Existenz-Wahntraum sind. Sie erst haben den Achtpfad wirklich betreten. Der Gewinn dieser endgültigen Sicherheit durch das bloße Betreten des achtfachen Heilswegs ist etwas so Ungeheuerliches, dass es sich die meisten Menschen gar nicht denken können. Er beginnt vorab mit der rechten Anschauung, die durch Wiederholen zur Gemütshaltung, zur Gesinnung wird, doch die wirkt sich sofort in der Begegnung aus.

Fritz: Ja, der erste der drei gesetzmäßigen Abschnitte, aus denen der achtfache Heilsweg zusammengestellt ist, besteht ja in den heilenden Tugenden. Deshalb kommt jetzt die Erinnerung an die heilenden Tugenden:

»Die Reinigung des verschmutzten Herzens geschieht durch richtiges Vorgehen. Wie kommt die Reinigung des verschmutzten Herzens durch richtiges Vorgehen zustande? Da erinnert sich der Heilsgänger in Bezug auf sich selber an die Tugenden, *wie sie den Heilsgängern wert sind: unzerstückelt, unbeschnitten, unbefleckt, ungesprenkelt, aus der Sklaverei befreiend, von Verständigen gepriesen; wenn man nicht daran festhängt, führen sie zur Einigung. Während er sich so an die Tugend erinnert, wird das Herz gestillt, und was an Herzensflecken da ist, verschwindet, wie wenn ein verschmutzter Spiegel durch richtiges Vorgehen gereinigt wird. Und wie wird ein verschmutzter Spiegel durch richtiges Vorgehen gereinigt? Mit Öl, Kreide, einem Pinsel und durch rechtes Mühen des Menschen – so kommt die Reinigung eines verschmutzten Spiegels durch richtiges Vorgehen zustande. Genauso kommt auch die Reinigung eines verschmutzten Herzens durch richtiges Vorgehen zustande. Und wie? Da erinnert sich der Heilsgänger in Bezug auf sich selber so an die Tugenden, wie sie den Heilsgängern wert sind ... Während er sich so an die Tugend erinnert, wird das Herz gestillt, und was an Herzensflecken da ist, verschwindet. Den nennt man einen Heilsgänger, der den Uposatha-Tag der Tugend begeht, in der Tugend weilt; und sein zur Tugend hingerecktes Herz wird gestillt, innere Freude geht auf, und was an Herzensflecken da ist, das verschwindet. So, kommt die Reinigung eines verschmutzten Herzens durch richtiges Vorgehen zustande.«*

Ruth: Ein plastisches Gleichnis: die Tugend als mein Spiegel! Jetzt merke ich die sinnvolle Reihenfolge der Gleichnisse: Die Erinnerung an die *Wachheit* des Vollendeten wird mit der Reinigung des *Kopfes* verglichen, die Erinnerung an die *Lehre* mit der Reinigung des *Körpers*, die Erinnerung an die Heilsgängergemeinde mit der Reinigung des *Gewandes*. Hier sind die Gleichnisse »hautnah« auf den sich reinigenden Menschen bezogen: Kopf, Leib, Gewand. Und in der Tugend spiegelt sich die Wirkung der drei im Verhalten; deshalb wird sie mit einem Spiegel verglichen.

Hans: Haben nicht auch die *Reinigungsmittel* eine ähnliche Reihenfolge? Gleich war bisher bei allen Reinigungsmitteln, dass zu ihrer Anwendung rechtes Mühen gehört. Bei der Herzensreinigung durch die Erinnerung an den Buddha, die Lehre und die Heilsgängergemeinde werden die Reinigungsmittel mit Wasser zusammen verwendet – Wasser ist doch meist das Gleichnis für das Herz. Erst der Spiegel als Gleichnis für die Tugend wird mit einem

Pinsel eingeölt. Bei den drei Nassreinigungen werden die Putzmittel, die man mit Wasser anwendet, zur Spitze hin immer zarter: Bei der Reinigung durch Erinnerung an die Wachheit des *Vollendeten* nimmt man Reinigungspaste, also etwas Weiches, Wohltuendes. Bei der Herzensreinigung durch die Erinnerung an die *Lehre* kommt zu dem erfrischenden Wasser noch Bimsstein und Badepulver hinzu, also auch härteres Material zum Rubbeln und Schrubben; denn unter den Wahrheiten, zu denen mir die Lehre verhilft, sind auch harte und unbequeme Tatsachen, denen ich mich stellen muss. Bei der Herzensreinigung durch die Erinnerung an die *Heilsgängergemeinde* – die wie ein Gewand die einzelnen Heilsgänger schützend einhüllt – kommen zum Wasser Kleiderwaschmittel hinzu, die man für Gesicht und Körper nicht verwenden würde: Lauge, Pottasche und Kuhdung – das scheint zusammen eine Art Schmierseife zu geben. Auch in der Heilsgängergemeinde kann es Reibereien geben, und die geistigen Lehrer müssen ihre Schüler manchmal auch mit Strenge erziehen. — Mit den *Tugenden* fängt eine etwas andersartige Reihe des zu Reinigenden an: Die Tugenden sind nicht das Herz selber, sondern seine Spiegelung. Der Spiegel trügt mich nicht über meine Pickel und Falten, wenn ich ihn nur klar halte, nämlich ehrlich mit mir selber bin. Da haben wir wieder eine Bestätigung dafür, dass die heilenden Tugenden kein bloßes äußerliches Verhaltensregelwerk sind, denn das würde nicht die dahinterstehende Herzensverfassung spiegeln. Es kann einer lebenslang das Töten äußerlich vermeiden, aber nur »mit der geballten Faust in der Tasche: *»Wehe euch, wenn ich könnte, wie ich wollte!«* Oder lasse ich da etwa meiner Phantasie zu sehr die Zügel schießen?

Fritz: Nein, nein, Hans. Dass jedes dieser Gleichnisse seinen ganz präzisen Sinn hat, sehen wir auch bei der nun folgenden Erinnerung: *»Die Reinigung des verschmutzten Herzens geschieht durch richtiges Vorgehen. Wie kommt die Reinigung des verschmutzten Herzens durch richtiges Vorgehen zustande? Da erinnert sich der Heilsgänger an die* Himmelswesen*: ›Da sind die Himmelswesen der Vier Großen Könige, der Dreiunddreißig, die gezügelten Himmelswesen, die stillzufriedenen, die schöpfungsfreudigen Himmelswesen, die sich an den Schöpfungen anderer erfreuenden Himmelswesen. Es gibt Himmelswesen brahmischer Bereiche; es gibt noch Himmelswesen darüber hinaus. Die Art von Heilsvertrauen, Tugend, erfahrener Lehrkenntnis, Loslassen, Klarwissen, durch welche jene Himmelswesen, hier abgeschieden, dort wieder erschienen sind, findet sich auch bei mir.‹ Während er sich so in Bezug auf sich selber an Heilsvertrauen, Tugend, erfahrene Lehrkenntnis, Loslassen, Klarwissen erinnert, durch welche jene Himmelswesen, hier abgeschieden, dort wieder erschienen sind, wird das Herz gestillt, und was an Herzensunreinheiten da ist, das verschwindet, so wie die Unreinheiten des Goldes durch richtiges Vorgehen herausgeläutert werden. Wie aber kommt die Läuterung ungeläuterten Goldes durch richtiges Vorgehen zustande? Mit Feuer, Salz und Ockererde, einem Blasrohr und einer Zange und durch das rechte Mühen des Menschen – so kommt die Läuterung ungeläuterten Goldes zustande. Genauso kommt die Läuterung des ungeläuterten Herzens durch richtiges Vorgehen zustande. Und wie? Da erinnert sich der Heilsgänger so an die Himmelswesen … Während er sich so in Bezug auf sich selber an Heilsvertrauen, Tugend, Loslassen, Klarwissen erinnert, durch welche jene Himmelswesen, hier abgeschieden, dort wieder erschienen sind, wird das Herz gestillt, und was an Herzensunreinheiten da ist, verschwindet. Den nennt man einen Heilsgänger, der den Uposatha-Tag der Himmelswesen begeht, bei den Himmelswesen weilt; und sein zu den Himmelswesen hingerecktes Herz wird gestillt, innere Freude geht auf, und was an Herzenunreinheiten da ist, verschwindet. So kommt die Läuterung eines verschmutzten Herzens durch richtiges Vorgehen zustande.«*

Ruth: Voraussetzung für diese Erinnerung ist also, dass der Nachfolger zu jenen gehört, von denen der Buddha in M 100 sagt: *»Beim Hochsinnigen ist das klar: innerweltlich ›gibt es‹ Himmelswesen.«* Das heißt wohl:

• er darf kein Weltgläubiger jener Art sein, der meint, was er nicht erfahren oder nicht gezählt und gemessen hat, gibt es nicht,

• aber auch keiner jener anderen Weltgläubigen, die meinen, Himmelswesen gehörten zu einer »eigentlichen«, an sich bestehenden »*geistigen Welt*«.

• Er muss vielmehr »Ich«, »Welt«, »Materie« und »Geist« als *Wahngebilde* durchschaut haben, von denen gilt: *»Dies* Ganze *hier gilt so nicht«*, und deshalb Geistwesen als genau so *real* oder *irreal* betrachten wie sich selbst und seine Erlebenswelt.

FRITZ: Ja, Ruth. Wer das nicht weiß oder ahnt, kann den *»mächtigen Glanz und die große durchdringende Kraft«* des Feiertags gar nicht richtig ausschöpfen. Der Buddha sagt ja ausdrücklich, es gehe um den Feiertag der *wahren Menschen* (*sappurisa*) – und das sind immer nur die *Heilsgänger*. Sie sind »*Hochsinnige*«, für die – ohne alle »Glaubensakte« – Geister und Himmelswesen keinen geringeren und keinen höheren Realitätsgrad haben als »Ich« und »Du« und »Umwelt« und »Universum« und »Erde« und »Land« und »Stadt« – was es auch sei: Erscheinungen in der (Wahn-)Welt – Erleben aus Wirken.

RUTH: Deshalb soll sich der Heilsgänger der Himmelswesen als der Verkörperung von *Herzenseigenschaften* erinnern, die er der »Art« nach – wenn auch vielleicht noch nicht in der gleichen Stärke – bei sich selber entdeckt. Heilsvertrauen, Tugend, erfahrene Lehrkenntnis, Loslassen und Weisheit – ein Mensch, bei dem sie sich finden, ist damit weit hinausgewachsen über durchschnittliches Menschenmaß.

FRITZ: Die hier genannten Eigenschaften, zeichnen aber nur solche Himmelswesen aus, die die Heilsanleitung des Erwachten aus Einsicht oder Vertrauen anerkannt haben. Bei unbelehrten Himmelswesen steht dagegen ganz und gar das Genießen ihrer äußeren oder inneren Himmelswesensherrlichkeit im Vordergrund. Und *»wer genießt, der vergisst.«* Bei belehrten Himmelswesen aber gipfeln die Eigenschaften in *Loslassen* und *Weisheit*. Da sehen wir wieder die Belehrungskunst des Erwachten: Loslassen – der Kurswagen zum Nirvāna – wird zwar oft und nicht einmal falsch mit »*Verzichten*« übersetzt. In mancher Ohren bekommt es dadurch ganz zu Unrecht den Geruch von bitterem »*Entbehren*«. Aber der Erwachte hatte hier ja keine Asketin vor sich, die noch in diesem jetzigen Leben den Heilsstand erreichen will, sondern die Hausfrau Visākhā, eine treue Anhängerin mit vielen Kindern, die nicht zu jener seltenen zweiten Art brahmisch lebender häuslicher Anhänger gehörte. Für sie verbindet der Erwachte »*Loslassen*« hier mit der beseligenden Möglichkeit eines Heilsgängers, nach dem Tod nicht unbedingt wieder Mensch werden zu müssen, sondern bis zur völligen Genesung von der Wahnkrankheit die noch bevorstehenden Wiedergeburten, dank des durch die »göttlichen« Eigenschaften leichteren »spezifischen Gewichts« ihres Herzens, in übermenschlicher Wahrnehmungsweise durchleben zu können.

Bei diesen Erinnerungen geht es wahrhaftig nicht um einen Notbehelf für Anfänger oder Verständnisschwache, die etwas fürs Gemüt brauchen, sondern auch um eine besonders wichtige Einübung von *sati*: der Wahrheitsgegenwart in einem Grad, der bereits voraussetzt, dass die fünf Heilssinne gefestigt sind.[62] Nur bei solchen Heilsgängern können die acht einzelnen *Uposatharegeln* fruchtbar werden. Das betont der Erwachte im nun folgenden Abschnitt der Rede ausdrücklich: Nicht irgendein Mensch oder irgendein Heilsgänger, sondern der so vorbereitete, nämlich

»dieser *Heilsgänger, wahrlich, führt sich nun vor Augen*[63]*: Zeitlebens haben die Geheilten das Umbringen von Lebendigem aufgegeben, Lebendiges umzubringen ist mit ihrem Wesen unvereinbar: gewaltfrei, waffenlos, sanftmütig, freundlich, mit allem Lebendigen mitempfindend*

62 A XI, 12 + 13 + 14.
63 *sa kho so ariyasāvako iti patisañcikkhati.*

weilen sie. Da will auch ich heute, *diese* eine *Nacht und diesen* einen *Tag das Umbringen von Lebendigem aufgeben, das innere Widerstreben gegen jedes Umbringen von Lebendigem spürend, gewaltfrei, waffenlos, sanftmütig, freundlich, mitempfindend mit allem Lebendigen verweilen. In dieser Beziehung werde ich es* den Geheilten gleichtun, *und der Uposatha-Tag wird von mir gelebt sein.«*

HANS: Gerade wollte ich fragen: Nichttöten gilt doch nicht nur für *»diese eine Nacht und diesen einen Tag«* – und schon gibt der weitere Text die Antwort: *»das innere* Widerstreben *gegen jedes Umbringen von Lebendigem* spürend, *gewaltfrei, waffenlos, sanftmütig, freundlich, mitempfindend mit allem Lebendigen verweilen.«* Unter der Woche, während der Arbeitszeit töte ich zwar kein Wesen. Auch die Wespe, die sich aufs Buch setzt, entferne ich ohne Gewalt. Aber manchmal, im Getümmel, verjage ich sie noch leicht ärgerlich: *»Muss das dumme Vieh mich ausgerechnet jetzt aufhalten!«* Totschlagen könnte ich sie jetzt nicht mehr. Aber ich *spüre* dieses innere Widerstreben gegen das Totschlagen im Stress nicht so stark, dass es ausreicht, gegenüber der Wespe auch noch *»sanftmütig, freundlich, mitempfindend«* zu bleiben.

FRITZ: Das ist auch nicht leicht. Nicht jeder kann *»mit allem Lebendigen verweilen«* wie meine Mutter, die auch einen heiklen Kochvorgang unterbrach, wenn ein winziges Mückchen in gefährdende Nähe ihrer Töpfe kam. Dann ließ sie alles liegen und stehen und brachte das Tierchen in Sicherheit, und ich höre sie heute noch von der Küche her zu ihm sagen: *»winzig, winzig!«* Diese Herzensart kann ein berufstätiger Mensch sich im Allgemeinen nicht so leicht nur während der Arbeitszeit einüben und bewusst machen. Dazu braucht er herzenswandelnde Besinnungen auch in der Freizeit. Dann kann er sich auch sein bereits gewachsenes Widerstreben gegen das Töten richtig klarmachen – etwa sich aus einer Verstimmung darüber, dass er wegen der Wespe »noch« ärgerlich war, dadurch lösen, dass er sich sagt: »Ich habe sie ja nicht getötet – und ich hätte es gar nicht können: Töten widerstrebt mir. Mein Gebrummel war Theaterdonner.« Über dieses Erfolgserlebnis kann er sich *freuen*˙ und nun bewusst sein Mitempfinden mit allen Lebewesen *spüren* – und schon ist er mitten in der Erinnerung an die heilenden Tugenden und in gewisser Weise auch schon beim Vorbereiten der Mettā-Übung. — Ähnlich verfährt der Erwachte auch bei seiner weiteren Anleitung über die *sīla* am Feiertag:

»Zeitlebens haben die Geheilten das Nehmen von Nichtgegebenem *aufgegeben; das Nehmen von Nichtgegebenem ist mit ihrem Wesen unvereinbar: sie nehmen nur Gegebenes, warten Gegebenes ab, unverstohlen, lautergeworden; da will auch ich heute, diese Nacht und diesen Tag, das Nehmen von Nichtgegebenem aufgeben, das innere Widerstreben gegen jedes Nehmen von Nichtgegebenem spürend, nur Gegebenes nehmen, Gegebenes abwarten, unverstohlen, lauter verweilen. In dieser Beziehung werde ich es den Geheilten gleichtun, und der Uposatha-Tag wird von mir gelebt sein.«*

Und nun folgt das einzige unter den fünf *sīla*, das für die häuslichen Nachfolger nicht auch die Woche über, sondern nur an diesem einen Feiertag ausnahmsweise in der selben asketischen Fassung wie für Mönche und Nonnen gilt: *»Zeitlebens haben die Geheilten die* Unkeuschheit *aufgegeben, führen den reinen Wandel lauterer Abgeschiedenheit, sind von der Reizung durch Erotik, den gewöhnlichen Brauch, befreit; da will auch ich heute, für diese* eine *Nacht und diesen einen Tag die Unkeuschheit aufgeben, den reinen Wandel lauterer Abgeschiedenheit führen, für* heute *frei vom Reiz durch die Erotik bleiben, den gewöhnlichen Brauch. In dieser Beziehung werde ich es den Geheilten gleichtun, und der Uposatha-Tag wird von mir gelebt sein.«*

HANS: Mir fällt auf, dass du hier einfach sachlich übersetzest *»den gewöhnlichen Brauch«*. Bei anderen Übersetzern steht *»gemeines Gesetz«* oder *»niederer Brauch«*.

FRITZ: Im Pāli steht *»gāma-dhamma«*, wörtlich: *»Dorf-Angelegenheit«*, *»Dorf-Brauch«*. Das Wort *»gemein«* hatte früher wie heute nicht immer den Beiklang von *»bösartig«*, *»schlecht«*, sondern bedeutete oft einfach *»allgemein«*, wie man heute noch an Ausdrücken wie

»Gemeinwohl«, *»gemeinnützig«*, *»zum gemeinen Besten«* sehen kann. *Mönch* und *Nonne* allerdings haben ihr *»Dorf«* verlassen, um unbehindert vom dortigen »Brauch« möglichst noch in diesem jetzigen Leben den höchsten Heils-Stand zu erreichen. Für sie wäre es ein Abstieg, wenn sie wieder dazu zurückkehren würden. Die *häuslichen* Nachfolger dagegen haben ihr *»Dorf«* nicht verlassen. Die Woche über ist der Dorfbrauch ihr Brauch, begrenzt nur durch die Tugenden, die alle Menschen guten Willens als notwendig anerkennen, weil man durch ihre Verletzung den Mitwesen etwas antäte, was einem selber wehtäte, wenn es einem angetan würde. Dazu zählen »im Dorf« auf dem Gebiet der Erotik nur die *»falschen* Geschlechtsbeziehungen«. Die Feiertagsregel diskriminiert also nicht die intimen Begegnungen der sich sinnlich befriedigenden Anhänger als »gemein« und »niedrig«, sondern will die Anhänger für diesen *einen* Tag über ihren normalen Lebensvollzug *erheben*, damit sie *einmal* in der Woche auch eine Ahnung von der *höchsten* Lebensweise – der der Geheilten – spüren.

RUTH: Für diesen *einen* Tag in der Woche kann ich das gut verstehen. Es gibt ja manche angenehme Dinge im Menschenleben, zu denen man in besonderen guten Augenblicken lächelnd sagt: »Jetzt nicht.« Das ist wie bei einem begeisterten Berggänger, der eine schöne Arbeit hat, die ihm die Woche über Freude macht. Aber am Sonntag zieht es ihn hinauf in seine Berge. Wer die absolute Freiheit, das Erwachen aus dem Wahn von Hinneigung, Abneigung und Blendung als letztes Fernziel hat – wie sollte der auf den »Geschmack der Erlösung« kommen, wenn er sogar an dem einen, stillen Feier-Tag den vielleicht gerade sich vorbereitenden feinen Geschmack *überweltlichen* Wohls gleich wieder überdecken würde mit dem, was die ganze Woche über in einer herzlichen Liebesbeziehung seinen Sinnen Befriedigung verschaffen mag.

FRITZ: Damit kommst du auf den entscheidenden Punkt bei den Uposatha-Regeln: Wir wollen nicht vergessen, wie sie der Erwachte eingeleitet hat: »Dieser Heilsgänger ...« – also ein Heilsgänger, der durch die Pflege der sechs Erinnerungen am Feiertag sich immer wieder zu seinen besten Möglichkeiten hochgereckt und dadurch auch *geistige* Freude gewonnen hat – *»führt sich nun vor Augen: ›Zeitlebens haben die Geheilten das Umbringen von Lebendigem/ das Nehmen von Nichtgegebenem/ die Unkeuschheit‹«* und alles aufgegeben, was der häusliche Nachfolger für diesen *einen* Feiertag übersteigen will. Und dann nennt der Erwachte positive Eigenschaften, die sich aus der Freiheit von Hinneigung, Abneigung und Blendung ergeben, der die Anhänger einmal in der Woche, am Feiertag, näher kommen wollen: *»gewaltfrei, waffenlos, sanftmütig, freundlich, mitempfindend mit allem Lebendigen, unverhohlen, lauter geworden; führen den höchsten Wandel lauterer Abgeschiedenheit, sind von der Reizung durch Erotik, den gewöhnlichen Brauch, befreit.«* Die Besinnung darauf lässt in dem Heilsgänger, der sich vorab die Feiertagsempfehlungen des Buddha vor Augen führt, von selber den Wunsch aufkommen: *»Da* will *auch ich* heute, *diese* eine *Nacht und diesen* einen *Tag so verweilen. In dieser Beziehung werde ich es den Geheilten gleichtun, und der Uposatha-Tag wird von mir* gelebt *sein.«*

HANS: Dieser Wunsch geht im Grund aus von der Erinnerung an die *Heilsgängergemeinde*. Denn deren Spitze sind ja die Geheilten. Weil das Vorbild immer die beste Belehrung ist, geht es dem ernsthaften Nachfolger wie einem Kind, das »die Großen« etwas besonders Schönes tun sieht. Dann sagt es mit leuchtenden Augen: *»Will auch ...«*

RUTH: Das ist freilich eine andere Art des Herangehens an den Uposatha-Tag, als wenn sich ein westlicher Mensch die Uposatha-Regeln unvorbereitet überstülpt, so dass es zu »Uposatha-Schreckensrufen« kommen kann wie: »Ach, zu blöd: nun habe ich Max und Helga zum 15. zum Abendessen eingeladen, aber da ist ja *leider* Uposatha!«

FRITZ: Ja, Ruth. Wenn ein Nachfolger den Feiertag so, wie der Erwachte Visākha zeigt, *zuerst* dazu benutzt, vielleicht noch ganz ohne einen Gedanken an die acht Feiertagsregeln die unübertrefflichen *Erinnerungen* zu pflegen, dann werden sie ihm lieb und fallen ihm immer öfter auch unter der Woche ein. Dadurch geht ihm mehr und mehr der Segen der vollen

Einhaltung des Feiertags und seine gewaltige Chance auf. In dem Maß beginnt eine dreifache Entwicklung:

• Die Empfindungsfähigkeit für den Geschmack der Erlösung wächst.

• Ein Verlangen keimt auf, so weit, wie es der Erwachte rät, es für diesen einen Feier-Tag einmal den Geheilten gleichzutun.

• In dem Maß, wie die sechs Erinnerungen das Gemüt durchziehen, treten die praktischen Schwierigkeiten, die manche unvorbereitete Nachfolger mit dem Einhalten der acht Uposatha-Regeln haben, zurück, und an die Stelle des Empfindens: *»heute darf ich nicht …«* tritt das freudige Sich-Hinaufrecken zum *»Geschmack der Erlösung«*: »Heute kann ich endlich …«

HANS: Dann lernt man doch am besten den Wortlaut der sechs unübertrefflichen Erinnerungen auswendig: Sie bilden dann sechserlei vorgebahnte Fahrbahnen zu innerer Freude und zeitweiliger Befreiung von Hinneigung, Abneigung und Blendung, auf denen man gut und sicher gehen kann, gerade auch, wenn man noch nicht recht weiß: *»Was soll ich denn nun meditieren?«* Wenn die eine Erinnerung heute nicht so laufen will – es sind ja *sechs*, und jede ist schon fast ein Kontinent für sich. Sehe ich das richtig?

FRITZ: Ja, Hans. Sie sind kurz genug zum Behalten, aber so reich an Inhalt, dass einem, je öfter man sie pflegt, immer mehr Heilendes einfällt, was man anhand dieser Leitlinien in ruhigen Stunden schon bedacht und empfunden hat. Nun setzt der Erwachte die Erklärung der Erinnerungen an die heilenden Tugenden fort:

»Zeitlebens haben die Geheilten das Lügen *aufgegeben; Lügen ist mit ihrem Wesen unvereinbar: Die Wahrheit nur können sie sagen, sind eins mit der Wahrheit, verlässlich, vertrauenswürdig, machen die üblichen weltlichen Ungeradheiten nicht mit; da will auch ich heute, diese Nacht und diesen Tag, das Lügen aufgeben, das innere Widerstreben gegen die Lüge spürend, nur die Wahrheit sagen, bei der Wahrheit bleiben, verlässlich, vertrauenswürdig, die üblichen weltlichen Ungeradheiten nicht mitmachen. In dieser Beziehung werde ich es den Geheilten gleichtun, und der Uposatha-Tag wird von mir gelebt sein.*

Zeitlebens haben die Geheilten Wein und Branntwein und andere die Selbstkontrolle und Vernunft hindernde Mittel *verworfen; solche Mittel einzunehmen, ist mit ihrem Wesen unvereinbar. Heute, diese Nacht und diesen Tag will auch ich … die Selbstkontrolle und Vernunft hindernde Mittel verwerfen, das innere Widerstreben vor diesen Mitteln spüren. In dieser Beziehung werde ich es den Geheilten gleichtun, und der Uposatha-Tag wird von mir gelebt sein.«*

Nun erst, nach dieser läuternden Vorbereitung durch die ersten fünf Glieder des achtfältigen Feiertags, die nur bei der Erotik über die vom Nachfolger ja längst anerkannten fünf Grundtugenden hinausgehen, fügt der Erwachte noch die drei weiteren Glieder des Feiertagslebens hinzu:

»Zeitlebens nehmen die Geheilten nur zu einer Tageszeit Nahrung *ein, bleiben nachts nüchtern; zur Unzeit essen reizt sie nicht. Da will auch ich heute, diesen einen Tag und diese eine Nacht, nur zu einer Tageszeit Nahrung einnehmen, über Nacht nüchtern bleiben, am Essen zur falschen Zeit nichts finden.*[64] *In dieser Beziehung werde ich es den Geheilten gleichtun, und der Uposatha-Tag wird von mir gelebt sein.«*

HANS: Das ist doch sehr vernünftig. Fasten ist gesund. Was tun manche Menschen nicht für ihre schlanke Linie. Da kann es doch nur gut sein, einmal an einem Tag wie Mönche und Nonnen »Maßhalten beim Essen« zu üben.

FRITZ: Ab Mittag nicht mehr essen reicht nicht entfernt heran an die asketische Übung *»sein Maß kennen beim Essen«*. Mönch und Nonne sind überwiegend abgeschieden von Weltlichem –

64 Hier heißt es nur *»virata«*, nicht, wie für das Widerstreben gegen Tugendverletzungen *»paṭi-virata«* = »ganz und gar widerstreben«.

auch von umgebenden Menschen, die über das Essen sprechen, »guten Appetit« wünschen, zureden, noch zu nehmen. Da können sie sich anstelle der totalen asketischen Sinnenzügelung gegenwärtig halten, dass es beim Essen nicht um Sinnengenuss geht, sondern um schlichte Körpererhaltung. So ausführlich der Erwachte die empfohlenen Gemütshaltungen der häuslich lebenden Nachfolger beim Einhalten der Feiertagsregeln erklärt, – von dieser asketischen Sinnenzügelung beim Essen, durch welche Mönche und Nonnen auf die Dauer genau ihr rechtes Maß finden, sagt er den im Haus den Uposatha Feiernden kein Wort. Essen ist ein so elementarer Trieb, dass selbst Mönch und Nonne zu der Übung »Maßhalten beim Essen« im Tathāgatagang erst eingeladen werden, *nachdem* sie im Tugendabschnitt und in der ständigen asketischen Sinnenzügelung schon recht firm sind. Den häuslich Lebenden wird das Nichtessen nach Mittag am Feiertag deshalb empfohlen, damit sie vom Mittag an nicht mehr durch Gedanken, Gefühle, Verrichtungen und körperliche Vorgänge abgelenkt werden, die sich ums Essen drehen, und die kostbare Feiertagszeit zusammenhängend voll nutzen können. Dann ist auch am Abend der Leib leicht, der Kopf frei und der Nachtschlaf ungestört durch Verdauungsvorgänge. Und wer den Feiertag richtig begeht, dem kann es gehen, wie es mir gegangen ist: dass der eigentliche Inhalt des Reinigungsfeiertags ihm so gut tut, dass er erst hinterher merkt, dass er über dem inneren feiertäglichen Wohl das Abendessen einfach vergessen hat. Durch die vorangehende Pflege der sechs Erinnerungen ist die Gewöhnung daran überraschend leicht, und für die Hausfrau ist es auch eine Entlastung, dass sie ab Mittag mit der Küche nichts mehr zu tun hat. Wem das alles noch zu schwer fällt – und damit rechnet der Erwachte ja bei dieser Art seiner Erklärung des Feiertags –, der tut das Seine, wenn er, genau wie vom Erwachten empfohlen, so lange weiterhin ohne Bedrückung wegen der Uposatharegeln die sechs unübertrefflichen *Erinnerungen* übt. Dann entwickelt er sich krampflos zu einem Heilsgänger, der von der Lebensweise der Geheilten eine so erhebende Vorstellung gewonnen hat, dass ein Verlangen aufkommt, es ihnen wenigstens an dem einen Feiertag in der Woche in einigen Beziehungen gleichzutun. Zu einem noch weiteren Einfühlen in die heile Lebensweise am Feiertag führen die folgenden Empfehlungen:

»Zeitlebens ist Tanzen, Singen, Musizieren, Schaustellungen besuchen, Blumen, Parfum, Salben, Schmuck und Kosmetik gebrauchen, mit dem Wesen der Geheilten unvereinbar. Da will auch ich heute, diesen einen Tag und diese eine Nacht, mich in keiner Weise von Tanz, Gesang, Musik, Schaustellungen oder von dem Gebrauch von Blumen, Parfum, Salben, Schmuck und Kosmetika reizen lassen. In dieser Beziehung werde ich es den Geheilten gleichtun, und der Uposatha-Tag wird von mir gelebt sein.«

RUTH: Wenn ich denke, dass einmal in der Woche alle die Tiegelchen, Töpfchen, Tuben, Pinsel, Sprays unangetastet bleiben – wie viel Zeit da schon am Morgen frei wird, und wie die Wartezeit verkürzt wird, bis man ins Bad kann – und noch manches andere an Gedanken und Wahrnehmungen, die da einmal in der Woche unübertüncht und unüberduftet bleiben –, ich ahne mehr als ich es sagen könnte, wie viel Tieferes noch hinter diesem Feiertagsrat steckt. Das kann man am besten selber entdecken.

HANS: Das mit dem Eintagsurlaub von der Kosmetik kann ich ja gut verstehen. Aber ich habe schon feine Menschen, die es mit der Lehre sehr ernst nahmen, fragen hören, warum sie sich denn am Feiertag nicht durch erhebende Musik wie Bach, gregorianische Choräle, Monteverdi, Palestrina, in eine feinere Stimmung versetzen sollen. Hat vielleicht der Buddha nur »fetzige« Musik gemeint, die in sinnlich rauschhafte Bewegtheit mitreißt?

FRITZ: Ich höre selber gern Bach. Aber durch die sechs Erinnerungen kann man in eine Verfassung von so klarer Stille kommen, dass man nichts anderes mehr hören will, als eben diese klare Stille, in welcher sich das erinnernde Herz hinreckt zu dem Kostbarsten in der Welt: der Wachheit des Vollendeten, der Lehre und der Gemeinde der Heilsgänger. Wen nach feiner

Musik als »Stimmungshelfer« verlangt, um über die Banalität der Alltagswahrnehmung hinauszukommen, der kann sich selber nach dem »ehern-flexiblen Maßstab« aus M 114 prüfen, ob sich da nur eine besondere Neigung zur Musik in ihm meldet, die ihn von der Besinnung abziehen will, oder ob er im Augenblick noch so voll Geistesunruhe ist und aus den sechs Erinnerungen allein noch nicht genug Wohl als Fundament für die Feiertagsregeln gewinnen kann, dass er erst lösende, stillende Musik zu brauchen glaubt. Im letzteren Fall kann er ganz klar bei sich feststellen, dass er noch auf dem *ersten* Abschnitt der Feiertagsvorbereitung – der Pflege der sechs unübertrefflichen *Erinnerungen* – arbeiten sollte (wenn er überhaupt schon in den fünf *Heilssinnen »gefestigt«* ist, was ja schon für die Pflege der sechs Erinnerungen Voraussetzung ist). Vorher kann er noch kaum den Wunsch verspüren, es den Geheilten wenigstens für einen Tag gleichzutun, weil er noch gar keine rechte Ahnung hat, was das heißt: »erwacht, geheilt«. Dann kann es reifer sein, sich der Tatsache zu stellen, dass man zuerst durch weitere Festigung in den fünf Heilssinnen und Pflege der sechs Erinnerungen am *Fundament* für eine künftige freudige Übernahme der Uposatharegeln bauen sollte, als mit mehr oder weniger verdrängter Unlust die über die fünf *sīla* hinausgehenden Uposatha-Regeln auf sich zu nehmen, ohne ihren Sinn nachempfinden zu können oder gar es ganz zu lassen mit der »Begründung«: »Das kann ich nicht.« Auf jeden Fall kann er ja schon einmal am Feiertag sich diejenigen Tugenden »vergolden«, die für alle Tage gelten, indem er »innerliche Wochenbilanz« macht und dabei gegen Tugendverletzungen das inzwischen in ihm gewachsene *Widerstreben* deutlicher spürt als in der Hektik des Alltags und sich den Segen dieses Widerstrebens vor Augen hält: dass er damit hineingewachsen ist in Tugend. Dadurch kann statt des Eindrucks, er käme nicht vorwärts, eine bescheidene innere Freude über diese in der Feiertagsruhe mögliche Feststellung aufkommen, mit der er dem Sinn des Feiertags als »Herzputztag« näher kommt. Und wenn er »erst« bei den sechs Erinnerungen ist, dann kann er sich klarmachen, dass er damit längst nicht mehr im »Kindergarten der Lehre« ist, sondern bei Meditationen, die der Buddha auch Mönchen als »unübertrefflich« empfohlen hat. Das mag ihn dann umso eher zum Einhalten auch der zusätzlichen Feiertagsregeln »weiterlocken«. Denn dabei bleibt es: Die eigentliche ›Musik‹ des Feiertags ist die *Stille*. Wer es für den einen Feiertag in mancher Beziehung *»den Geheilten gleichtun«* will, muss sich klar sein, dass sie über allem Getön – auch himmlischer Musik – stehen, eingetaucht in das totale Loslassen – Aufhören. Auch bei besonderen Sternstunden der Musik geschieht es manchmal, dass das Publikum nach dem Verklingen des letzten Tons ergriffen schweigt, weil es empfindet, dass es danach nur eine Steigerung gibt: die Stille. Wie bei allem Feinsten, muss man erst »auf den Geschmack kommen«. Schau: kürzlich hat mir eine betagte, hochmusikalische Freundin erzählt, nach dem Tod ihres Mannes habe sie sich eine gute Stereoanlage gekauft, um in klassischer Musik Trost zu finden. Nun mache sie kaum Gebrauch davon; denn meist tue ihr die Stille noch wohler. Sie kennt die Lehre nicht. Warum sollten ihr Kenner der Lehre in der Offenheit für die höchste Musik des Herzens – die Stille – nachstehen?

RUTH: Was du da sagst, Fritz, wird manche erleichtern, die sich mit dem Feiertag schwer tun. Sie wissen nun, dass sie in Gestalt der sechs Erinnerungen am Feiertag auf jeden Fall etwas Sinnvolles und Wichtiges tun können, bis sie fähig und willig geworden sind, es einmal in der Woche in acht Beziehungen den Geheilten gleichzutun. Hier bei uns wird diese Art, den Feiertag zu verbringen, ja nicht wie in den buddhistischen Ländern Asiens von einer Welle jahrtausendealter gewachsener breiter Akzeptanz getragen, die das Einhalten erleichtert. Mir scheint: So heilsam, ja notwendig das Einhalten der acht Uposatharegeln ist, um im Menschenleben die große Chance des Feiertags zu nutzen: auf jeden Fall ist es besser, am Feiertag »nur« die sechs unübertrefflichen *Erinnerungen* gründlich und freudig zu pflegen, als aus mangelndem Verständnis für die Uposatharegeln den westlichen Sonntag als bloßen »Tag des Sinnengenusses« zu begehen. Ein wahrer Schüler des Erwachten hätte dabei ja doch kein rundum gutes Gefühl.

FRITZ: So ist es, Ruth. Nun folgt noch die letzte Uposatha-Regel:

»Zeitlebens haben die Geheilten hohe, üppige Betten verworfen, hohe, üppige Betten sind mit ihrem Wesen unvereinbar; einfach und bodennah legen sie sich auf eine Bettstatt oder ein Strohlager. Da will auch ich heute, für diese eine Nacht und diesen einen Tag, hohe, üppige Betten verwerfen, mich in keiner Weise von hohen, üppigen Betten reizen lassen, sondern mich einfach und bodennah auf ein Bett oder ein Strohlager legen. In dieser Beziehung werde ich es den Geheilten gleichtun, und der Uposatha-Tag wird von mir gelebt sein.«

HANS: Ja, nun: Ein Geheilter hat, gleich wo er liegt, auf einem Bett oder auf einem Steinhaufen, die Ruhe und Freiheit des Abgelösten. Aber manchem, der am Sonntag von der Mühe der Arbeitswoche ruhebedürftig ist, tun doch die Knochen weh, wenn er an dem einzigen Tag, wo er ausschlafen könnte, auf dem harten Boden liegt. Am Montag ist er dann unausgeschlafen.

FRITZ: Niemand muss auf dem Fußboden schlafen. Den Hintergrund dieser Empfehlung bildet der auch in den Augen unserer »Wohlstandsgesellschaft« ungeheure Bettenluxus bei wohlhabenden Indern. »*Hohe, üppige Lagerstätten*« werden in D 4 und an anderen Stellen etwa so beschrieben: »*Liegen mit langgefransten weißen, blumenbestickten Wolldecken mit Überdecken aus Antilopen- und Gazellenfell, auf beiden Seiten mit purpurnen Kissen.*« In den Mönchsregeln war die Höhe der Füße einer Bettstelle auf immerhin acht Fingerbreit über dem Fußboden begrenzt.[65] Viele handelsübliche heutige Betten sind kaum höher. In den abschließenden Versen unserer Rede wird nur von »schlicht und bodennah« gesprochen. Viele Inder schliefen und schlafen bis zum heutigen Tag sowieso auf Matten auf dem Fußboden, so wie viele junge Paare heute die Matratzen auf dem Boden liegen haben. Worum es geht, das ist, dass in der Nacht zum Feiertag Heilsgänger, die einmal nachempfinden möchten, wie schön es sein kann, so leicht und schlicht wie Geheilte zu leben, nicht in schwellenden Pfühlen versinken und durch die dumpfe Wärme und Weichheit störende Träume haben. Wer – in den fünf Heilssinnen gefestigt – die sechs unübertrefflichen Erinnerungen an den Feiertagen so gepflegt hat, dass ihn danach verlangt, wenigstens ein Mal in der Woche es in einigen Beziehungen »*den Geheilten gleichzutun*«, der erkennt in den Uposatharegeln ein Fahrzeug zur Einfühlung in jene ganz andere, klare, leichte, schlichte, lichte, heitere, heile Lebensweise, in der die Geheilten ihr ganzes Leben verbringen. Das hilft auch, den eigenen Stand realistisch – trotz vielleicht mancher zeitweiliger Meditationen und Retreats – als den eines »*Sinnenwünsche befriedigenden häuslich lebenden Nachfolgers*« anzuerkennen. Dann gewinnt man »*Asketenfreude an den Asketen, Asketenliebe zu den Asketen*«, überfordert sich nicht, lernt aber desto besser die vielen Hilfen zu nutzen, die der Erwachte den Nachfolgern in der Häuslichkeit anbietet. Auf diesem Hintergrund ist die »Hebelwirkung« eines über Jahre und Jahrzehnte hinweg treulich eingehaltenen »Herzputztages« gewaltig: – 52 Tage im Jahr, 520 Tage in einem Jahrzehnt, über tausend in zwanzig Jahren. Ein Fünfundsiebzigjähriger, der mit 25 Jahren damit angefangen hat, sammelt bis zu seinem Lebensende volle sieben Lebensjahre dieser allwöchentlich angewandten heilenden Lebensgewohnheit an – schon nach dem Volumen mehr, als gelegentliche Retreats bringen können. Das macht der Erwachte im abschließenden Teil seiner Anleitung für den Uposatha klar:

»In welchem Grad bringt er große Frucht, hohen Segen, in welchem Grad ist er von mächtiger Ausstrahlung[66] *und* gewaltiger *Durchschlagskraft.*[67] *Die Oberherrschaft über diese 16 mächtigen*

65 *Pācittiya*, Regel 87, zitiert in Pātimokkha, S. 48 und 72.

66 *mahā-jutika* (von *juti* = »Glanz, Strahlung, Licht«).

67 *mahā-vipphara.*

Länder hier mit ihren siebenerlei kostbaren Bodenschätzen ist nicht einen Bruchteil des achtgliedrigen Uposathatages wert. Und warum? Ein Bettel ist ein menschliches Königreich gegenüber himmlischem Wohl: 50 Menschenjahre sind bei den Himmelswesen der Vier Großen Könige ein Tag und eine Nacht.[68] *30 solche Tage machen einen Monat* [1.500 Menschenjahre][69], *12 solche Monate ein Jahr* [18.000 Menschenjahre], *auf 500 solche Jahre* [9.000.000 Menschenjahre] *ist die Lebenskraft der Himmelswesen der Vier Großen Könige bemessen. Es liegt aber im Bereich des Möglichen, dass eine Frau oder ein Mann durch Einhalten des achtgliedrigen Uposatha-Tages nach dem Absterben des Körpers, jenseits des Todes, in der Gemeinschaft der Himmelswesen der Vier Großen Könige wieder erscheint. Deshalb habe ich gesagt: Ein Bettel ist ein menschliches Königreich gegenüber himmlischem Wohl.*

100 Menschenjahre sind bei den Himmelswesen der Dreiunddreißig ein Tag und eine Nacht. 300 solche Tage machen einen Monat [3.000 Menschenjahre], *12 solche Monate ein Jahr, auf 1.000 solche Jahre ist die Lebenskraft der Himmelswesen der Dreiunddreißig bemessen* [36.000.000 Menschenjahre]. *Es liegt aber im Bereich des Möglichen, Visākhā, dass eine Frau oder ein Mann durch Einhalten des achtgliedrigen Uposatha-Tages nach dem Absterben des Körpers, jenseits des Todes, in der Gemeinschaft der Himmelswesen der Dreiunddreißig wieder erscheint. Deshalb habe ich gesagt: Ein Bettel ist ein menschliches Königreich gegenüber himmlischem Wohl.*

200 Menschenjahre sind bei den Gezügelten Himmelswesen ein Tag und eine Nacht. 30 solche Tage machen einen Monat [6.000 Menschenjahre], *12 solche Monate ein Jahr* [72.000 Menschenjahre], *auf 2.000 Jahre ist die Lebenskraft der Gezügelten Himmelswesen bemessen. Es liegt aber im Bereich des Möglichen, dass eine Frau oder ein Mann durch Einhalten des achtgliedrigen Uposatha-Tages nach dem Absterben des Körpers, jenseits des Todes, in der Gemeinschaft Gezügelter Himmelswesen wieder erscheint. Deshalb habe ich gesagt: Ein Bettel ist ein menschliches Königreich gegenüber himmlischem Wohl.*

400 Menschenjahre sind bei den Stillzufriedenen Himmelswesen ein Tag und eine Nacht. 30 solche Tage machen einen Monat [12.000 Menschenjahre], *12 solche Monate ein Jahr* [144.000 Menschenjahre], *auf 4.000 solche Jahre ist die Lebenskraft der Stillzufriedenen Himmelswesen bemessen* [576 Millionen Menschenjahre]. *Es liegt aber im Bereich des Möglichen, dass eine Frau oder ein Mann durch Einhalten des achtgliedrigen Uposatha-Tages nach dem Absterben des Körpers, jenseits des Todes, in der Gemeinschaft der Stillzufriedenen Himmelswesen wieder erscheint. Deshalb habe ich gesagt: Ein Bettel ist ein menschliches Königreich gegenüber himmlischem Wohl.*

800 Menschenjahre sind bei den Schöpfungsfreudigen Himmelswesen ein Tag und eine Nacht. 30 solche Tage machen einen Monat [24.000 Menschenjahre], *12 solche Monate machen ein Jahr, auf 8.000 solche Jahre ist die Lebenskraft der Schöpfungsfreudigen Himmelswesen bemessen. Es liegt aber im Bereich des Möglichen, dass eine Frau oder ein Mann durch Einhalten des achtgliedrigen Uposatha-Tages nach dem Absterben des Körpers, jenseits des Todes, in der Gemeinschaft der Schöpfungsfreudigen Himmelswesen wieder erscheint. Deshalb habe ich gesagt: Ein Bettel ist ein menschliches Königreich gegenüber himmlischem Wohl.*

1.600 Menschenjahre sind bei den sich an den Schöpfungen anderer erfreuenden Himmelswesen ein Tag und eine Nacht. 30 solche Tage machen einen Monat [48.000 Menschenjahre], *12 solche Monate machen ein Jahr* [576.000 Menschenjahre], *auf 16.000 solche Jahre ist die Lebenskraft der sich an den Schöpfungen anderer erfreuenden Himmelswesen bemessen. Es liegt aber im Bereich des Möglichen, dass eine Frau oder ein Mann durch Einhalten des achtgliedrigen Uposatha-Tages nach dem Absterben des Körpers, jenseits des Todes, in der Gemeinschaft der sich an den Schöpfungen*

68 Die gleiche Berechnung hat der Erwachte auch den Mönchen aufgezeigt in A VIII,52[m].
69 Einfügungen in eckiger Klammer von mir.

anderer erfreuenden Himmelswesen wieder erscheint. Deshalb habe ich gesagt: Ein Bettel ist ein menschliches Königreich gegenüber himmlischem Wohl.«

HANS: »Das ist doch alles Spinnerei«, hätte ich dazu gesagt, ehe ich in den langen Gesprächen bis heute gelernt hatte, dass nicht nur »das«, sondern »Ich« und »Welt« Wahn-Gebilde sind, und ehe ich ein gewisses Gefühl dafür bekommen hatte, wie ungeheuer lähmend, verlangsamend und zäh sich die zu einem »Über-Druck« zusammengedichtete Erlebnisdichte – Wahndichte – im menschlichen Erlebensbereich aus-wirkt. Die Kosmologen schätzen das bisherige Alter unseres derzeitigen »Kosmos« auf vielleicht 15 bis 20 Milliarden Jahre, während hier schon die Lebensdauer der höchsten Geistwesen der *sinnlichen* Wunschwelt als weitaus länger angegeben wird, so dass sie, wenn sie Heilsgänger sind, die Vergänglichkeit in einem ganz anderen Maß beobachten können als wir. Schon was in unserer heutigen alltäglichen grobsinnlichen Wahrnehmung auftaucht, ist oft so abenteuerlich, dass das bereits ein Grund für mich wäre, vorsichtig zu sein mit der Behauptung: *»Das gibt es nicht.«* Wesentlich scheint mir aber: Das sind ja doch alles Aussagen über Blindwissens-Wahn, und im Wahn ist fast alles möglich. Ich bin deshalb für Unbekanntes offener geworden. Wenn bei einem Wesen, das als Mensch entsprechend gewirkt hat, der Wahnsinnsdruck dieses grobstofflichen Körpers nach dem Tod weg ist, dann mögen bisher verdichtete Zeiträume und Raumzeiten und Kräfte frei werden, die zu unseren gewohnten Vorstellungen in einem Verhältnis stehen wie die Kraft einer Kinderhand zu den Riesenkräften, die aus einem knapp einen Meter langen Uranbrennstab freigesetzt werden können. Dennoch, über eines bin ich gestolpert: Die Königstochter Sumedhā hat doch als alte Nonne, nachdem sie den höchsten Heilsstand erreicht hatte, aus der Rückerinnerung berichtet, weil sie einem Buddha der Vorzeit ein Kloster gestiftet hätte, sei sie *»zehn Mal und danach hundert Mal und zehn Mal aberhundertmal«* zur Himmelswesenwelt aufgestiegen.[70] Wenn aber schon die unteren sinnlichen Himmelswesen so lange leben, dann wäre sie seither ja noch gar nicht heruntergekommen, und ihre Lebensdauer dort wäre erst abgelaufen, wenn unser ganzes Sonnensystem gar nicht mehr existiert.

FRITZ: In unserer Rede sind die *höchstmöglichen* Lebensdauern in jenen Himmelsbereichen angegeben. Die werden nur solche Wesen voll ausschöpfen, die es sich dort richtig wohlsein lassen, weil sie »kein ander Verlangen« treibt. Bei Menschen aber, die von der Lehre eines Erwachten ins Mark getroffen sind, kann man schon auf Erden eine eigenartige Beobachtung machen: Lest einmal den Lebenslauf von Nyāṇatiloka[71] oder die Lebensläufe anderer buddhistischer Pioniere.[72] Viele hat es nie lange an einem Wohnort, ja in einem Land oder Kontinent gehalten. Immer wie auf der Suche nach etwas (*»Wir sehnen uns nach Hause und wissen nicht wohin«*) zogen sie – schon in Zeiten vor dem modernen Luftverkehr – mühselig über Länder und Meere, »der Lehre nach«. Da kann man sich gut vorstellen, dass es Wesen von solcher Strebenskraft wie Sumedhā selbst in den Bereichen von *»Himmelswesen groß an Macht«* nicht lange gehalten hat, sondern dass sie nach *»Gastspielen«* von nur einem Bruchteil der dort möglichen Lebensdauer weiterstrebten – denn was sollten sie mit himmlischem Glanz! Durch die geringere Erlebnisdichte ist dort ein Bereichswechsel viel leichter möglich als in unserer groben Wahrnehmungsweise. Außerdem leben jene Wesen ebenso wie wir je in ihrem Bereich in ihrer »Eigenzeit«. Die wird ihnen zwar das Gefühl längerer Lebensdauer vermitteln als uns unser Erlebnisbereich. Aber ob man das Zeiterleben verschiedener Bereiche so glatt umrechnen kann wie der Pilot mit seiner Pilotenuhr die Zeiten auf seiner

70 Thīg 519 + 520.

71 1878-1957, vgl. seine Autobiografie, maschinenschriftlich in wenigen Exemplaren vervielfältigt von Hellmuth und Uta Hecker, Hamburg.

72 Vgl. HHLebensbilder.

interkontinentalen Strecke (die aber doch immer vom menschlichen Lebensrhythmus getaktet ist), das scheint mir fraglich.

Hans: Das hört sich einleuchtend an. Nur: was haben jene Himmelswesen – wenn es sie gibt – von den Riesenzeiträumen, die du vorgerechnet hast? Es ist ja doch alles vergänglich, und wenn ihre Himmelswesenzeit auch viel länger ist als unsere Menschenzeit: auch nach ihrem Lebensgefühl geht dieses Dasein doch irgendwann zu Ende, und wenn sie keine Vergleichsmöglichkeiten haben, dann kommt es ihnen vielleicht auch nicht länger vor als uns rückblickend das Menschenleben oder der an unserem Morgen geschlüpften Eintagsfliege, die wir an unserem Abend sterben sehen, der Tag, der für sie das ganze Leben gewesen, ist; und von uns und unserer Zeit wissen sie so wenig wie wir von Zeit und Leben übermenschlicher Wesen. Was soll also das Ganze?

Fritz: Solange jene Wesen keine Vergleichsmöglichkeiten haben, mag das, was du sagst, zutreffen. Aber ein Unterschied dürfte doch sein: Bei weitaus überwiegendem Wohl in übermenschlichen Feldern – es ist hier ja erst der Erlebensbereich sinnlicher Himmelswesen genannt – fehlt die *Hektik* des krassen irdischen Wechsels von Wohl und Weh, die als irrer Taktgeber unsere menschliche Erlebniszeit so kurzatmig macht. Ob ein Wesen nur eine Lebensdauer von 70-80 Jahren bei sich und anderen erlebt oder eine Lebensdauer von Hunderten oder Tausenden Jahren, das ist doch auch dann ein Unterschied, wenn es sein Leben nicht mit anderen Erlebensbereichen vergleichen kann; denn es gibt ja in sinnlichem und formhaftem Erleben regelmäßig wiederkehrende Erlebnisse, und von denen erlebt ein langlebiges Geistwesen eben mehr als wir kurzlebigen Menschen. Ein banales Beispiel: In den menschennächsten übermenschlichen Geisterbereichen wäre es denkbar, dass der »Geburtstag« – der Ankunftstag – gefeiert wird. Da ist es doch im Negativen wie im Positiven ein Unterschied, ob ein Wesen nur 80 solche Fest- oder Besinnungstage feiert oder Abertausende. — Aber das Entscheidende ist für mich – und vielleicht spricht der Erwachte deshalb hier nur von *sinnlichen* Himmelswesen: Viele dieser Wesen können ja, wie manche Berichte in den Lehrreden zeigen, uns Menschen, unserem Ergehen und Vergehen von der Geburt durch Krankheit und Alter bis zum Tod und damit unserer Vergänglichkeit unmittelbar *zusehen*. Die *Betrachtung der Unbeständigkeit* ist aber die mächtigste aller Meditationen. Wer sich schon in der Menschenwelt als Heilsgänger angewöhnt hat, die Unbeständigkeit im Blick zu behalten und an den Lebenserscheinungen abzulesen – am Fallen der Blätter, am Wechsel der Jahreszeiten, am Haarausfall, am ständigen Stoffwechsel, am Altern derer, die einst mit einem jung waren, am Strom der um einen herum Wegsterbenden und der bei der Enkelgeneration neu Ankommenden –, wer sich an solche Betrachtungen gewöhnt, der hätte im Fall einer Wiedergeburt bei jenen längerlebigen Wesen die Chance, die Unbeständigkeit noch viel beeindruckender leibhaftig zu erfahren, indem er einfach der Lebensbahn der auf Erden zurückgebliebenen Menschen oder niedrigerer Himmelswesen zuschaut, wie wir Eintagsfliegenschwärmen oder Ameisenzügen zuschauen.

Wenn ein vom Erwachten belehrter Mensch auch nur im menschennächsten »Himmelsbereich« wiedergeboren würde, den die Inder den der »Vier Großen Könige« nannten, dann braucht er nur ein einziges Himmelswesenstündchen einem bestimmten Menschen auf Erden zuzuschauen – schon sind vor seinen Augen zwei Lebensjahre jenes Menschen wie im Zeitraffer abgelaufen. Tut ein Wesen aus dem Bereich der *»Dreiunddreißig«* nur eine seiner Morgenstunden lang das Gleiche, so sieht es vier Lebensjahre des beobachteten Menschen abrattern – und vor einem Wesen im Bereich der Stillzufriedenen Himmelswesen, in dem Anāthapiṇḍiko wieder erschienen ist, schnurren in dieser einen achtsamen göttlichen »Zuschau-Stunde« sechzehn Lebensjahre eines Menschen – von seiner Geburt bis zur Beendigung einer Lehre – ab. Wenn dieses Himmelswesen etwas mehr als drei seiner Stunden später nachschaut, was aus dem Beobachteten geworden ist, dann ist aus dem Lehrling ein Rentner geworden, dessen Sterben er nach wenigen Minuten zusehen kann. Vor einem Geistwesen aus dem Bereich der sich an den Schöpfungen anderer erfreuenden Himmelswesen läuft gar in einer Himmelswesenstunde das ganze Leben eines mit 80 Jahren sterbenden Menschen ab. Er kann sich bei diesem Zeitrafferanblick sagen: »Was da jetzt vor meinem Auge wie ein Blitz vorüberzog – über dieses blitzartig Erscheinende und sofort wieder Verschwindende habe ich mich damals so jubelnd gefreut oder so abgrundtief gegrämt.« Das kann eine gewaltige Hilfe beim Loslassen sein. Seit mir das eingefallen ist, denke ich gern öfter daran, damit ich diese Chance auch wirklich nutzen kann, wenn sie sich »meiner« künftigen Wahrnehmung bieten sollte. Denn in all der Pracht und Herrlichkeit dieser übermenschlichen geistigen Bereiche kann einen sonst leicht zeitweise das Blenden der Erscheinung überwältigen. Da ist dann gut dran, wer hier schon mit dem Sinnenwohl den Geschmack der Unbeständigkeit verbunden hat. Er erschließt sich schon in den menschennächsten Himmelswesenbereichen große Gelegenheiten für die gewaltigste und durchschlagkräftigste Meditation, von der der Erwachte in Reden, die wir noch kennen lernen werden, sagt, nur ein Augenblick davon wiege unvergleichlich mehr als *mettā*, von der ein Augenblick herrlichere Frucht bringt, als dem Orden mit dem Erwachten an der Spitze ein ganzes Kloster zu stiften. Auf all das kann der Feiertag vorbereiten. So ist seine rechte Nutzung im Osten ein in den süßen Wassern feiner Traditionen langsam versinkender, hier im Westen dagegen noch ungehobener Schatz. In diesem Sinn schließt der Erwachte die Rede mit den Merkversen:

»Kein Wesen töten und nichts ungegeben nehmen,
nicht lügen und nichts nehmen, was berauschen könnte;
und heute einmal von Erotik Abstand nehmen,
zur Unzeit nach dem Mittagessen auch kein Mahl mehr.
Heut keinen Schmuck anlegen, keinen Duftstoff brauchen,
das Lager sei heut erdnah, Matte oder Decke:
Das rat' ich für den Feiertag mit den acht Gliedern,
wie er von dem erwachten Leidenslöser aufgezeigt.
Die Sonne und der Mond, so herrlich anzuschau'n,
ziehn ihre Bahn in vollem Glanze, doch soweit sie,
die Finsternis vertreibend, übers Firmament geh'n,
am Himmel leuchten und durch alle Räume strahlen –
was es darin auch geben mag an Kostbarkeiten,
an Perlen, Edelsteinen, Lapislazuli,
goldschimmerndem Geschmeide oder purem Golde,
und was man aus der Minen Gold auch fert'gen mag –,
verglichen mit dem achtfach ausgezeichneten Uposatha
wiegt all das nur verschwindend wenig,
wie vor dem Glanz des Mond's der Sterne Heer verblasst.
Drum: wer als Mann, als Frau erwachsen ist zur Tugend
und stets achtfältig den Besinnungstag begeht,
wirkt segensreiche Saaten, deren Ernte Wohl ist,
und steigt untadelig zu Himmelsstätten auf.

Hans: Das hat Hand und Fuß. Wenn durch ein solches Wirken mehr Ordnung und Klarheit in unser Denken, Reden und Handeln kommt, dann muss es doch besser mit uns werden.

Fritz: Damit gibst du das Stichwort für unser nächstes Thema: Karma.

Dritte Reihe der Gespräche:
Die Bedingungen allen Leidens und ihre Aufhebung

9. Gespräch
Karma, Wiedergeburt

Hans: Karma ist doch das, was wir *hinnehmen* müssen, weil wir es im früheren Leben gewirkt haben – sozusagen unser *Schicksal*?

Fritz: Das ist nur die *passive* Seite des Karma. Viel wichtiger ist aber die *aktive* Seite: dass wir in jedem Augenblick mit jedem absichtlichen Wirken das zuvor Gewirkte *weiter* gestalten, umformen, verstärken, abschwächen, aufheben, Neues wirken – ob wir es wissen oder nicht, ob wir es wollen oder nicht. Durch bloßes *Wunschdenken* kann ich freilich nicht *aufheben*, was ich *vorher* schon gewirkt habe. Aber das bedeutet durchaus nicht, dass daran durch die richtige Wirkensart nichts mehr zu ändern wäre. Das sehen wir vor allem an drei kurzen Reden. Die erste heißt

DER MANN AUS DEM WESTEN oder DER TOTE – S 42,6.

In Nālanda im Mangohain der Stadt Pāvā besuchte der Amtmann Asibandhakaputto den Erhabenen und fragte: *»Herr, die Brahmanen aus dem Westen – die mit dem langschnäbligen Wassertopf, die Mooskränze machen, ins Wasser steigen und das Feuer umschreiten, die bringen einen Verstorbenen hinaus, rufen ihn beim Namen, schicken ihn zum Himmel. Der Erhabene aber ist ein Heiliger, der Vollkommen Erwachte. Kann er es bewirken, dass die ganze Welt nach dem Absterben des Körpers, jenseits des Todes in himmlische Welt aufsteigt?« — »Nun, Amtmann, ich will dir dazu Fragen stellen; wenn du magst, kannst du antworten: – Was meinst du, Amtmann: Da ist einer ein Mörder, ein Nehmer von Nichtgegebenem, einer, der falsche Geschlechtsbeziehungen pflegt, ein Lügner, Zwischenträger, Scharfzüngiger, ein leerer Schwätzer, ist habsüchtig, übel wollenden Herzens, voll falscher Ansicht. Um jenen versammelt sich eine große Menschenmenge, beschwört ihn, bespricht ihn und umschreitet ihn mit gefalteten Händen mit dem Spruch: ›Jener Mann soll nach dem Absterben des Körpers, jenseits des Todes auf gute Bahn kommen, in himmlische Welt aufsteigen!‹ Was meinst du, Amtmann: würde jener Mann nur deshalb wirklich nach dem Absterben des Körpers, jenseits des Todes auf gute Bahn kommen, in himmlische Welt aufsteigen?« — »Gewiss nicht, Herr.« — »Das ist, Amtmann, wie wenn ein Mann einen großen Felsbrocken in einen tiefen See wirft. Um diesen versammelt sich eine große Menschenmenge, beschwört ihn, bespricht ihn, umschreitet ihn mit gefalteten Händen und dem Spruch: ›Tauche auf, lieber Felsbrocken, steige auf, lieber Felsbrocken, komm herauf ans Land lieber Felsbrocken!‹ Was meinst du, Amtmann: würde dieser Felsbrocken nur deshalb wirklich auftauchen, aufsteigen, ans Land kommen?« — »Gewiss nicht, Herr.« — »So ist es bei einem Mann, der ein Mörder ist, ein Nehmer von Nichtgegebenem, einer, der falsche Geschlechtsbeziehungen pflegt, ein Lügner, Zwischenträger, Scharfzüngiger, leerer Schwätzer, habsüchtig, übel wollenden Herzens, voll falscher Ansicht. Wenn sich um jenen auch eine große Menschenmenge, versammelt, ihn beschwört und bespricht und umschreitet mit gefalteten Händen: ›Jener Mann soll nach dem Absterben des Körpers, jenseits des Todes auf gute Bahn kommen, in himmlische Welt aufsteigen!‹ – nach dem Absterben des Körpers, jenseits des Todes wird dieser Mann doch abwärts geraten, auf üble Bahn, in die Unterwelt, zur Hölle hinab.*

Was meinst du, Amtmann: Da ist ein Mann, dessen Wesen widerstrebt es, Lebendiges umzubringen, Nichtgegebenes zu nehmen, falsche Geschlechtsbeziehungen zu pflegen, zu lügen, zu hintertragen, verletzend zu reden, sinnlos zu schwatzen; er ist frei von Habsucht, frei von Übelwollen im Herzen, hegt rechte Ansicht. Um jenen versammelt sich eine große Menschenmenge, verflucht ihn, bespricht ihn, umschreitet ihn mit gefalteten Händen und dem Spruch: ›Jener Mann soll nach dem Absterben des Körpers, jenseits des Todes auf schlechte Bahn kommen, auf üble Bahn, in die Unterwelt, zur Höl-

le hinab!‹ – Was meinst du, Amtmann: würde jener Mann nur deshalb wirklich nach dem Absterben des Körpers, jenseits des Todes auf schlechte Bahn kommen, in die Unterwelt, zur Hölle hinab?« — »Gewiss nicht, Herr.« — »Das ist, Amtmann, wie wenn ein Mann einen Krug voll zerlassener Butter oder Öl in einen tiefen See wirft; dieser geht unter und zerschellt; da würden Irdenes und Ton nach unten sinken, Butter und Öl aber nach oben steigen. Um diesen versammelt sich eine große Menschenmenge, beschwört ihn bespricht ihn, umschreitet ihn mit gefalteten Händen und dem Spruch: ›Sinke unter, liebe Butter, liebes Öl, tauche hinab, liebe Butter, liebes Öl, geh hinunter auf den Grund, liebe Butter, liebes Öl!‹ – Was meinst du, Amtmann: würden da Butter und Öl nur deshalb wirklich untersinken, untertauchen, zum Grund hinuntergehen?« — »Gewiss nicht, Herr.« — »So, Amtmann, ist es mit einem Mann, dessen Wesen es widerstrebt, Lebendiges umzubringen, Nichtgegebenes zu nehmen, falsche Geschlechtsbeziehungen zu pflegen, zu lügen, zu hintertragen, verletzend zu reden, sinnlos zu schwatzen, der frei ist von Habsucht, frei von Übelwollen im Herzen, rechte Ansicht hegt. Wenn sich um jenen auch eine große Menschenmenge versammelt, ihn verflucht und bespricht und ihn umschreitet mit gefalteten Händen und dem Spruch: ›Jener Mann soll nach dem Absterben des Körpers, jenseits des Todes auf schlechte Bahn kommen, auf üble Bahn, in die Unterwelt, zur Hölle hinab!‹ – nach dem Absterben des Körpers, jenseits des Todes wird jener Mann doch auf gute Bahn gelangen, in himmlische Welt.« — Da war der Amtmann so überzeugt, dass er Zuflucht nahm.

Hans: So habe ich mir bisher das Karma vorgestellt: Was ich im *früheren* Leben gewirkt habe, kommt im *jetzigen* Leben im Guten und Schlechten zurück. Und was ich in diesem Leben wirke, erlebe ich im nächsten Leben. Was sagen die beiden anderen Reden?

Fritz: Die eine findet sich in den Versen der Nonnen und berichtet von einem Gespräch zwischen der geheilten Nonne Puṇṇikā, einer früheren Dienstmagd, und einem Brahmanen:

Thīg – 236 PUNNIKĀ.

236 Als ich bei solcher Kälte noch zum Wasserholen ging, tat ich's
aus Angst, dass mich die Herrin straft und weil mir Schelte wehetat.
237 Wovor hast du nur solche Angst, Brahmane, dass du immer neu
ins Wasser steigst, dass Glied um Glied vor Kälte dir der Leib erbebt?
Brahmane:
238 Du kennst gut, Herrin Puṇṇikā, den Gegenstand der Frage da:
den, der die guten Werke tut, den, der sein schlechtes Tun beklagt.
239 Doch ob im Alter, ob als Kind: wer üble Tat begangen hat,
der wird durch einen Wasserguss von seinem üblen Wirken rein.
Punnikā:
240 Wer hat dir das nur weisgemacht, nichtwissend dem Nichtwissenden:
dass man durch einen Wasserguss erlöst wird von der üblen Tat?
241 Dann kämen in den Himmel auch die jungen Frösche allesamt
und Wasserschlange, Krokodil und was noch sonst im Wasser lebt.
242 Schafschlächter, Schweinemetzger und die Fischer, Fallensteller auch.
Die Räuber, Kälbermetzger und wer da auch sonst noch Übles tut,
die kämen durch den Wasserguss von ihrem üblen Wirken frei.
243 Könnten die Wassergüsse dir abspülen einst'ge schlechte Tat,
dann spülten sie die gute weg dazu, und kahl stünd'st du dann da.
244 Brahmane, das, wovor aus Angst du in das kalte Wasser steigst:
das muss du einfach nicht mehr tun, Brahmane, und erkält' dich nicht.
Brahmane:
245 Dem falschen Weg war ich gefolgt. Doch jetzt geht mir der Heilsweg auf.
Den Wasserguss hier schenk ich dir und, Herrin, diesen Mantel da.
Punnikā:

246 Behalte deinen Mantel nur. Ich brauche keinen Mantel mehr.
Wenn Leid dich ängstigt und du nicht an weiter'm Leiden leiden willst,
247 dann tue keine schlechte Tat, ganz gleich, ob offen ob geheim.
Doch wenn du eine üble Tat begehn willst oder sie gar tust,
248 dann führt kein Weg am Leid vorbei, läufst du auch noch so flink davon.
Wenn du dich fürchtest vor dem Leid und wenn du nicht gern leiden willst,
249 nimm Zuflucht zum erwachten Herrn, zur Lehre und zur Jüngerschaft
und nimm die Tugenden auf dich. Das wird für dich ein Segen sein.
Brahmane:
250 Zum Buddha nehm ich Zuflucht und zur Lehre und zur Jüngerschaft.
Die Tugenden nehm ich auf mich. Sie sollen mir ein Segen sein.
251 Brahmane war ich nur vom Stamm; will echt jetzt ein »Brahmane« sein:
Drei Wissen kennend wissensreif, in Sicherheit gebadet sein.[1]

Auch die nächste Rede behandelt den gleichen Gedanken:

SANGĀRAVO – S 7,21.

Ānando traf beim Almosengang in Sāvatthī am frühen Morgen den Brahmanen Sangāravo, wie er das rituelle Bad zelebrierte. Das berichtete er dem Erwachten und bat: *»Es wäre gut, wenn der Erhabene den Brahmanen aus Mitempfinden aufsuchen würde.«* Da besuchte der Erwachte am anderen Morgen den Brahmanen und fragte ihn: *»Ist es wahr, dass du den Wasserkult betreibst, die Reinheit durch Wasser anstrebst, jeden Morgen und jeden Abend das rituelle Bad im Wasser vollziehst?« — »So ist es, Herr Gotamo.« — »Welchen Zweck verfolgst du damit?« — »Wenn ich am Tag etwas Übles getan habe, dann wasche ich es durch das abendliche Bad aus, Herr Gotamo, und wenn ich bei Nacht etwas Übles getan habe, dann wasche ich es durch das Morgenbad aus.«* Da *antwortete der Erwachte:*

»Die Wahrheit ist ein See mit Tugendufern, ganz klar und rein, empfohlen mit Bedacht:
Die darin so gebadet, dass sie sehen, *im Leibe hanglos, langten drüben an.«*

Ergriffen nahm der Brahmane Zuflucht.

Hans: So klare Worte tun wohl in einer Zeit, in der aus Mangel an Richtmaßen wieder auf allerlei »Rituale« gebaut wird. Da umschreiten manche in wallenden Gewändern steinzeitliche Heiligtümer, gebärden sich als Druiden und Schamanen und nehmen dafür allerlei Reisen und Umstände auf sich. Und dabei ist es so einfach: Wenn ich will, dass morgen Gutes auf mich zukommt, dann muss ich selber heute etwas Gutes tun.

Fritz: Und das sollte man rechtzeitig bedenken, damit es nicht geht wie bei jenen alten Brahmanen, von denen zwei Texte berichten, die ich wegen ihrer Übereinstimmung zu einem zusammenziehe:

A III,52 und 53.

Sie schleppten sich zum Erhabenen und klagten:

»Wir sind greise Brahmanen, Herr Gotamo, hoch in den Jahren. Wir haben unser Leben gelebt; sind gebrechlich, hundertzwanzig Jahre alt. Aber wir haben nichts Gutes getan, nichts für unser Heil. Wir haben keine Zuflucht gegen die Schrecken geschaffen. Herr Gotamo: bitte belehre uns, unterweise uns, damit es uns lange zu Segen und Wohl gereicht.« — »Wahrhaftig, greise Brahmanen seid ihr, hoch in den Jahren; ihr habt euer Leben gelebt, nun seid ihr gebrechlich, hundertzwanzig Jahre alt, aber Gutes habt ihr nicht gewirkt, für euer Heil habt ihr nichts getan, habt euch keine

1 KEN hat nicht berücksichtigt, dass *»amhi«* hier 1. Person Singular Futurum ist (vgl. FahsGramm, S. 251); das Futurum kann auch Entschluss oder Möglichkeit bedeuten (Warder, S. 55). Der Brahmane will also keineswegs behaupten, er habe bereits die drei Wissen und sei damit geheilt, wie es sich bei KEN anhört.

Zuflucht gegen die Schrecken geschaffen. Diese Welt, Brahmanen, wird fortgerissen in Geborenwerden, Altern und Sterben; in dieser in Geborenwerden, Altern und Sterben fortgerissenen Welt ist Zügelung im Handeln, in der Sprache, im Geist für den Weitergegangenen Zuflucht, Schutz, rettende Insel, Fürsorger und trägt hinüber. — Es brennt diese Welt, Brahmanen, im Geborenwerden, Altern und Sterben; in dieser so in Geborenwerden, Altern und Sterben brennenden Welt ist Zügelung im Handeln, in der Sprache, im Geist für den Weitergegangenen Zuflucht, Schutz, rettende Insel, Fürsorger und trägt hinüber.[2]

Das Leben flieht, schwach ist die Lebenskraft. Wen Alter fortreißt, findet kein Versteck.
Mit dieser Todesdrohung Aug in Auge, erwirkt Verdienst euch, das zum Wohl euch führt:
Aus einem Haus, das ringsum brennt, kann einem nur noch nützlich sein
das, was man schnell ins Freie bringt, nicht aber das, was drin verbrennt.
Ganz ebenso brennt diese Welt im Brande von Geburt und Tod.
Da bietet uns das Geben Schutz; denn was man weggibt, bleibt bewahrt.
Wer auch gezügelt ist im Tun, im Reden, Denken sich bewacht,
der findet drüben Wohl und Glück, weil er im Leben recht gewirkt.«[3]

Das hat der Erwachte dem König Pasenadi von Kosalo klargemacht in der Rede

DAS BERGGLEICHNIS – S 3,25.

Der König kam einmal in Sāvaṭṭhī zum Erhabenen: *»Was führt dich zu mir, großer König?« — »Zur Zeit gehe ich ganz auf in jenen königlichen Pflichten, wie sie den Kriegerfürsten und hohen Machthabern erwachsen, die, im Hochgefühl ihrer Macht und von Weltlust ergriffen, Sicherheit für das Reich geschaffen und weite Gebiete erobert und besetzt haben.« — »Was meinst du, großer König: Wenn da von Osten/ Westen/ Norden/ Süden je ein vertrauenswürdiger, verlässlicher Mann zu dir käme und spräche: ›Großer König, ich melde dir: Ich komme von Osten/ Westen/ Norden/ Süden. Dort habe ich einen gewaltigen Berg gesehen, groß wie eine Wolke, der wälzt sich heran und zermalmt alles Leben. Tu, was zu tun ist, großer König.‹ – Was wäre in einer solchen äußersten Gefahr, bei so entsetzlichen Menschenverlusten zu tun, wo doch Menschenleben so schwer zu erlangen ist?« — »In einer solchen äußersten Gefahr, bei so entsetzlichen Menschenverlusten, Herr – wo Menschenleben so schwer zu erlangen ist –, was könnte da anderes zu tun bleiben als einen* rechten Wandel *zu führen, einen geraden heilstauglichen Wandel, einen Wandel, der gute Folgen hat!«*

»Ich zeige dir an, ich verkündige dir, großer König: Es wälzen sich gegen dich Alter und Tod heran. Was ist da wohl zu tun?« — »Herr, was könnte da anderes zu tun bleiben als einen rechten Wandel zu führen, einen geraden, heilstauglichen Wandel, einen Wandel, der gute Folgen hat! Was da Kriegerfürsten und hohen Machthabern, die, im Hochgefühl ihrer Macht und von Weltlust ergriffen, Sicherheit für das Reich geschaffen und weite Gebiete erobert und besetzt haben, zu Gebote steht an Elefantentruppen, Kavallerie, Kampfwagen, Fußvolk – das bietet keinen Ausweg, keine Möglichkeit, wenn sich Alter und Tod heranwälzen. — Es gibt zwar in meinem Hofstaat wortgewandte Minister, welche Widersacher, die sich herangemacht haben, durch ihre Redekunst zu entzweien verstehen. Auch dieser diplomatische Kampf der Worte bietet keinen Ausweg, keine Möglichkeit, wenn sich Alter und Tod heranwälzen. — Mein Königshaus verfügt über viel Gold unter und über der Erde, mit dessen Hilfe wir Widersacher, die sich herangemacht haben, durch Zuwendungen gewinnen können. Auch dieser Kampf der Finanzmacht bietet keinen Ausweg, keine Möglichkeit, wenn sich Alter und Tod heranwälzen: Wenn sich gegen mich Alter und Tod heranwälzen, Herr – was könnte da anderes zu tun bleiben als einen rechten Wandel zu führen, einen geraden Wandel, einen heilstauglichen Wandel, einen Wandel, der gute Folgen hat!« — »So ist es, großer König. So ist es, großer König. Wenn sich Alter und Tod heranwälzen – was könnte da

2 Der letzte Absatz ist nur in A III,53 enthalten.
3 Zeilen 3-6 stammen aus A III,53; Zeilen 7-8 ist in beiden Reden ähnlich, hier nach A III,53 zitiert.

anderes zu tun bleiben, als einen rechten Wandel zu führen, einen geraden Wandel, einen heilstauglichen Wandel, einen Wandel, der gute Folgen hat:

Wie wenn Riesenfelsenmassen himmelhoher Berge rundum
näherrollten, allzermalmend: rings aus jeder Himmelsrichtung
wälzen Alter sich und Sterben rundum zu auf alle Wesen.
Adlige, Brahmanen, Bürger, Diener, Feger, Müllarbeiter –
niemand kann dem je entgehen. Alles wird davon zermahlen.
Wär die Erd' voll Elefanten, Kampfeswagen oder Fußvolk –
nichts hilfts; nicht die Kunst, mit Worten oder Gaben zu erobern.
Darum gründe sich der Weise, der sein eigen Heil im Blick hat,
auf den Wachen und die Lehre und die Jünger voll Vertrauen.
Wer in Werken nach der Lehre lebt, in Worten, in Gedanken,
erntet hier schon Anerkennung, nach dem Tode Himmelsfreude.«

HANS: Auch hier der gleiche Gedanke: *Wenn* es ein »Drüben« gibt, kann »drüben« nur das auf mich zukommen, was ich *vorher* gewirkt habe. In den bisherigen Texten war das rückblickend gesehen, hier im Vorblick.

FRITZ: Ja. Das ist aber nur *ein* Grundgedanke der Karmalehre. Darum wäre zu der landläufigen, einseitigen Ansicht über Karma, von der du vorhin ausgegangen bist, noch vieles zu sagen.

HANS: Was denn?

FRITZ: Um nur einmal vorweg einige Punkte zu nennen:

• Karma (Pāli: *kamma*) ist nicht nur das, was als »Schicksal« auf uns zukommt. Diese »passive« Seite des Karma nennt der Erwachte meist *»Wirkens-Frucht«* (*kamma-vipāka*). *»Kamma«* allein bedeutet entweder *beide* Seiten des Karma oder das *aktive* willentliche Wirken.

• Und zwar nicht nur in Werken und Worten, sondern vor allem in *Gedanken*

• und nicht nur in *früheren* Wiedergeburten, sondern auch in der *jetzigen* bis zum Eintritt der Wirkung – *einschließlich* unserer *Reaktion* darauf.

Das alles ist unser Karma. Es ist nicht einfach ein Sack, in den wir Selbstgemachtes hineinstecken, das eines Tages unverändert herauskollert. Eher ist es ein *Garten* mit vielfältigen Beeten – jedes mit anderen Saat- und anderen Bearbeitungs-, Reife- und Erntezeiten und anderen Arbeitszeiten (oder Bummelzeiten) des Gärtners. Wir arbeiten ständig darin, säen auf dem einen Beet, jäten oder schleppen im anderen Unkraut ein oder versäumen das Jäten, hacken auf einem dritten, gießen ein viertes, lassen ein fünftes verkommen, mehren oder mindern, fördern oder hemmen ständig hier und dort das Reifen der einzelnen Wachstumskeime. Deren Keimen nennt der Buddha *»bhava«*, wörtlich *»Werden«*. Man kann ebenso gut »Dasein« übersetzen, weil es schon am Wirken, also »da« ist, nur können wir es mit unseren grobstofflich erlebten Sinnen so wenig wahrnehmen wie ohne Fernsehempfänger die ständig als Fernsehwellen unsere Wände durchziehenden Fernsehbilder. Wir können auch sagen: Karma ist wie ein wogendes Gewässer – die Psyche oder Seele, das *Herz*, wird ja immer wieder mit Wasser verglichen –, und das kann in den verschiedensten Zuständen sein, von der tosenden Brandung bis zum stillen, klaren Alpensee. Wasser ist von Haus aus rein. Aber immer wieder leiten wir als *»Innenweltverschmutzer«* selbst gebraute Giftbrühe hinein. Wenn wir merken, dass wir an der Vergiftung einzugehen drohen, planen, bauen, betreiben und warten wir immer wieder »innere Kläranlagen«, die wir mehr oder weniger geschickt steuern – oder zu steuern oder gar einzuschalten versäumen. Immer wieder entnehmen wir etwas von der Flüssigkeit und gießen wieder nach. Immer wieder rühren wir dieses *»Meer der Seele«* auf, dass sich Strudel und Wirbel bilden oder wir *»gießen Öl auf die Wogen«*, dass sie sich eine Zeit lang glätten. Das sind alles nur Andeutungen, um die viel zu enge gewohnte Sicht von »Karma« aufzuweiten.

HANS: Ich habe bisher gemeint, Karma sei etwas Abgeschlossenes. Wir hätten es zwar selbst gewirkt, aber dann könnten wir in diesem Leben daran nichts mehr ändern. Ich habe mir das ungefähr so vorgestellt, wie wenn einer einen Bumerang nach dem andern wirft: Wenn sie erst einmal abgeworfen sind, dann bekommt er sie unweigerlich einen nach dem anderen wieder an den Kopf. Wenn er sich bis dahin geändert hat, dann hätte das nur darauf Einfluss, wie er den Aufprall hinnimmt: in Panik, wütend, aufbegehrend, wehleidig, oder gefasst und geduldig oder gar heiter, so dass es ihm nicht mehr ganz so wehtut. Das ist also nicht so?

FRITZ: Nein, Hans, das ist nicht so. Das wäre übrigens nicht einmal bei deinem Bumerang-Gleichnis so: Der Werfer bekommt seinen Bumerang nur dann wieder an den Kopf, wenn er nach dem Wurf stur stehen bleibt. Aber er kann sich doch auch bücken oder seinen Standort ändern. Dann wird nicht mehr er selber getroffen, sondern ein anderes Wesen oder ein Busch oder Stein.

HANS: Aber die Folgen meines üblen Wirkens können doch nicht einen Unschuldigen treffen?

FRITZ: Natürlich nicht: Getroffen wird nur, wer sich selber genau an die gefährliche Stelle hingestellt hat, von wo ich gerade aus Einsicht oder Vorsicht zur Seite gegangen bin, oder – wenn er schon stehen bleibt – wer nicht aufpasst und sich auch nicht wegduckt, wenn der Bumerang kommt.

HANS: Aber woher kann er wissen, dass da gleich mein Bumerang geflogen kommt?

FRITZ: Wer sich mit Umsicht richtig umsieht, sieht ihn fliegen.

HANS: Aber wenn er durch eine Bodenwelle verdeckt ist?

FRITZ: Dann hat er es sich eben früher erwirkt, dass er sich in einem nicht klar übersichtlichen Gelände just an die Stelle stellt, zu der mein Bumerang geflogen kommt. Niemand steht an einer Stelle, an die er sich nicht karmisch hinmanövriert hat. — Je nachdem, wie ich gewirkt habe, sehe ich auch manchen Bumerang zwar zurückkommen, aber für mich und andere Wesen unschädlich in ein Gewässer oder gar in ein Feuer fallen, das ihn verbrennt – und je nach meiner Art empfinde ich darüber Freude und Erleichterung –, oder ich bekomme törichterweise von der Vorstellung, was alles *hätte* passieren können, einen tödlichen Schreck wie der Reiter über dem Bodensee – oder aber ich werde still und klar und frage mich: muss ich denn so viele Bumerangs werfen? Müssen es so dicke und harte und schwere sein? – muss ich überhaupt Bumerangs werfen? – Ich denke, diese wenigen Andeutungen zeigen schon: Das Karmagesetz ist viel komplexer, als die meisten westlichen Menschen ahnen. In jeder Sekunde wirke ich, schaffe neues Karma, wandle altes, gestalte ständig das, was unterwegs zu mir oder schon im Aufsteigen oder Absteigen ist *und* gestalte zugleich meinen »Resonanzboden«. — Auch das ist *kamma* = Wirken = Karma: ehern und flexibel.

RUTH: Ehern *und* flexibel – das haben wir doch schon einmal gehört: bei den Anleitungen, worauf man sich einlassen soll und worauf nicht, in M 114.

FRITZ: Ja, Ruth. Dieses Sich-Einlassen oder -nicht-Einlassen auf die »Bumerangs« im Denken, Reden und Tun, das ist ja mein Wirken, mein *kamma*, mein *Karma*.

HANS: Aber ich sitze doch nicht nur da und warte, ob etwas kommt, auf das ich mich einlassen soll oder nicht: Ich gehe doch auch aktiv auf die Dinge zu!

FRITZ: Dem geht immer ein *Willensimpuls*, eine Absicht voraus, mich auf etwas einzulassen oder nicht – auf einen Gedanken, eine Tat, ein Wort, einen Herzensimpuls, eine Wahrnehmung, eine Art von Persönlichkeitsbildung.

HANS: Ach so, das stimmt. Dann war also tatsächlich M 114 eine umfassende und grundlegende Anleitung über den Umgang mit *Karma*, auch wenn das Wort »*kamma*« gar nicht vorkommt. Da gehen ja ganz neue Perspektiven auf!

FRITZ: Ja, Hans. Das Thema ist so umfassend, dass ich wieder einmal kaum weiß, wo anfangen.

Ruth: Fang doch einfach bei der landläufigen Auffassung über Karma an.

Fritz: Da hast du wieder einmal Recht Ruth. Hans, sagst du uns noch einmal, wie du bisher über das Karmagesetz gedacht hast?

Hans: Ich habe mich früher oft gefragt, wo das Schicksal herkommt. Die christlichen Theologen sagen: aus dem unerforschlichen Willen Gottes, ohne den *»kein Sperling vom Himmel fällt«*. Das hat mich noch nie befriedigt. Aber noch weniger hat mir eingeleuchtet, dass alles *Zufall* sein soll: Man erlebt doch immer wieder, wie Wirkungen nur eintreten, weil in einer bestimmten Weise gestrebt, gehandelt geübt oder gedacht worden ist. Deshalb kann ich mich auch nicht mit der fatalistischen Ansicht befreunden, alles sei bis ins Kleinste *vorherbestimmt.* Die meisten Menschen meinen heute, alle Lebenserscheinungen kämen von der *Evolution*, und die hätte mit Selbstorganisation von Materie angefangen. Aber wie kann man von Selbstorganisation von Materie zu Leben reden, wenn es – wie die Physiker sagen – Materie objektiv gar nicht gibt, weil *»die Vorstellung einer objektiven Realität, einer materiell ausgeprägten Wirklichkeit unzulässig und falsch ist«*[4]? Nach unseren bisherigen Gesprächen scheint mir bis jetzt die nahe liegendste und natürlichste Erklärung das Gesetz von Saat und Ernte – *Karma* – zu sein. Ich habe gedacht, unter Karma verstünden die Buddhisten nur das im *früheren* Leben Gewirkte. Das käme, wenn es erst einmal gewirkt ist, unweigerlich genau so auf uns zu, wie wir es damals gewirkt haben.

Ruth: Und wie gehst du damit um, dass aus dem Karmagesetz zwingend folgen würde, dass die Psyche schon vor der Geburt existiert habe und nach dem Tod weiterbestehen müsste?

Hans: Da sage ich mir: Kein Mensch bestreitet, dass es an ihm außer dem sichtbaren Körper auch mit den körperlichen Sinnen *nicht* Wahrnehmbares gibt: Gefühle, Wahrnehmungen, Absichten, der eingefahrene Erfahrungssuchlauf – also alle Zusammenhäufungen außer der ersten, der Form. Ob dieses Unsichtbare erst mit meinem jetzigen Körper entstanden ist oder schon vorher da war, und ob es mit dem Absterben des Körpers vernichtet ist oder weiterbesteht, darüber habe ich keine leibhaftigen Erfahrungen. Was mache ich da? Doch genau das gleiche, wie wenn mir auf irgendeinem anderen Gebiet Erfahrungen fehlen: Ich sehe mich um, ob Vertrauenswürdige darüber Erfahrungen haben, die ich nachprüfen kann. Die *Leugner* von Karma und Wiedergeburt zu fragen, hätte keinen Sinn. Sie sagen ja nur: »Eine Psyche ohne Körper haben wir noch nie gesehen – eine mit Körper zwar auch nicht, aber da haben wir auf ihr Vorhandensein geschlossen, weil sich der Körper bewegt. Mehr wissen wir nicht, und mehr kann man auch nicht wissen.« Genau das Argument der Blindgeborenen.

Ruth: Da hast du Recht, Hans. Manche Biologen und Mediziner tun zwar so, als sei es eine *Erfahrungstatsache*, dass *keine* Psyche *außerhalb* eines mit menschlichen Sinnen wahrnehmbaren Körpers existieren kann, weil sie »lebende« Körper immer nur *zusammen* mit Anzeichen einer *Psyche* wahrgenommen haben. Gewiss: sind an einem Körper keinerlei Anzeichen von Gefühlen, Wahrnehmungen, Bewegtheiten, Erfahrungssuchlauf ablesbar, dann nennen wir ihn *tot*. Aber eine Erfahrung ist das doch nur über den *Körper*: ob »Leben in ihm ist« oder nicht, aber *keine* Erfahrung über die *Psyche* außer der, dass sie in einer Leiche *nicht* mehr ist. Aber die Psyche war ja schon in Verbindung mit dem Körper für menschliche Sinne nicht wahrnehmbar – unsichtbar und ungegenständlich. Wie kann man da den Schluss ziehen, sie sei vernichtet, nur weil sie nach dem Tod des Körpers genau so unsichtbar und ungegenständlich ist wie vorher! Das hieße denken wie ein Kleinkind, das in Panik gerät, wenn die Eltern abends ausgehen, weil es meint, wenn sie weg seien, gäbe es sie nicht mehr und sie kämen nie wieder!

Hans: So ist es, Ruth. Biologen, die unterstellen, es könne keine Psyche *außerhalb* eines Körpers geben, weil sie so etwas noch nie beobachtet hätten, können nicht einmal hinzufügen,

4 H.P. Dürr, vgl. oben S. 9 f.

es gäbe auch sonst niemanden, der behaupte, er hätte so etwas beobachtet, sondern den vielen, die Derartiges berichten, maßen sie sich an zu unterstellen, sie seien Scharlatane oder hätten es halluziniert oder nur »symbolisch« als Ausdruck bloßer Glaubensinhalte gemeint. Es ist schon so: Von den Leugnern kann man keine Antwort erwarten.

Fritz: Ganz anders sieht es da bei denjenigen *Bejahern* der Möglichkeit der Wiedergeburt aus, die nicht nur aus Glauben oder vom Hörensagen urteilen: Die behaupten klipp und klar, sie hätten Leben außerhalb des menschlichen Körpers und vor und nach der Geburt selber *leibhaftig erfahren*. Unter ihnen sind edelste Gestalten der Menschheit wie Christus oder der Buddha. Von ihnen liegen Berge von Berichten vor. Gerade der Buddha gibt sich nie mit Glaubensäußerungen seiner Gesprächspartner, etwa der Brahmanen, zufrieden, auch wenn sie mit ihm übereinstimmen, es gäbe Karma und Wiedergeburt. Statt sie als »Gesinnungsgenossen« zu begrüßen, fragt er sie, ob sie oder ihre Meister und Altmeister das denn leibhaftig erfahren hätten. Achtet darauf: Wir werden immer wieder auf solche unmissverständlichen Äußerungen des Buddha stoßen. Notiert euch die Quellen; lest sie im Zusammenhang, vergleicht sie, prüft sie auf ihre Widerspruchsfreiheit. Und dann bildet euch ein eigenes Urteil, ob sie den Eindruck von bloßen Mythen und Symbolen oder von Fremdbeimischungen textsammelnder späterer Mönche machen! Prüft selber, ob es zutrifft, wenn ich sage: die Gesamtheit dieser detaillierten Berichte lässt nur entweder den Schluss zu, dass die Berichtenden Lügner oder Spinner sind – oder, wenn sie das nicht sind, dass ihre Berichte *wahr* sind. Dass sie Spinner oder Betrüger seien, scheidet zumindest bei den Großen der Menschheitsgeschichte unter ihnen aus. Seit ich mehr darauf achte, bin ich außerdem auf eine erstaunliche Fülle allgemein zugänglicher seriöser Berichte namentlich bekannter Menschen der Gegenwart wie die Tausende von Fallbeispielen des amerikanischen Arztes Dr. Moody[5] oder des Parapsychologen Ian Stevenson[6] gestoßen. Zu meiner Überraschung traf ich auf solche erstaunlichen Berichte auch bei mir persönlich seit langem gut bekannten vertrauenswürdigen Menschen in meinem nächsten Umkreis, von denen ich aus eigener Kenntnis weiß, dass sie sonst wahrhaftig nicht zu »Halluzinationen« neigen. Freunden ist es ebenso gegangen.[7] Dabei handelt es sich bei den meisten Berichten nicht nur um »Reanimierte«, sondern um zum Teil sogar auch von Dritten unabhängig davon bezeugte Begegnungen mit Verstorbenen, vereinzelt auch um Erinnerungen an frühere Geburten – und zwar außerhalb von bezahlten »Rückführungen« durch Therapeuten.

Wir stehen also vor folgender Situation: Gefühlsmäßig meinen zwar die meisten Menschen, die *Leugner* von Wiedergeburt und Fortexistenz hätten die *Erfahrung* für sich, die *Bejaher* dagegen nur ihren subjektiven *Glauben*. In Wirklichkeit ist es genau *umgekehrt*: Die Leugner können sich schon prinzipiell nicht auf leibhaftige Erfahrungen stützen, sondern »begründen« ihr Urteil wie die *Blindgeborenen* in M 99, die die Existenz von Farben, Sonne, Mond und Menschen bestreiten, die das sehen können, weil sie selber keine wahrnehmen können. — Die Einwände der *Leugner* sind keine wissenschaftlichen Argumente, sondern pure *Glaubensstandpunkte* über etwas, wovon sie selber sagen, sie hätten darüber *keine* Erfahrung. Nur unter den

5 Vgl. Moody, *Life after Life*, dt.: *Leben nach dem Tod*, Hamburg 1977, und *Nachgedanken über Leben nach dem Tod*, Hamburg 1978. Meschkowski (S. 257), als Verfasser von Standardwerken zur Mathematik sicher rationalen Denkens fähig, sagt: »Wenn es einen Nobelpreis für Klarheit und Objektivität der Darstellung gäbe, so sollte er R. A. Moody zugesprochen werden.« Vgl. auch den Bericht des reanimierten Arztes George Ritchie, der Moody zu seinen Forschungen anregte: George Ritchie & Elisabeth Sherrill: *Rückkehr von Morgen*, Vorw. v. Moody, Marburg (Francke) 1978.

6 Vgl. sein neuestes Buch: Stevenson Kinder; darin ein Verzeichnis auch der übrigen Schriften.

7 Vgl. WW, 26. Jg. (1980), S. 134 ff.; 31. Jg. (1985), S. 379 f.; 32. Jg. (1986), S. 258 ff., 36. Jg. (1990), S. 310: und 380.

Bejahern finden sich Tausende, die klar behaupten, ein Leben der Psyche außerhalb des menschlichen Körpers leibhaftig erlebt zu haben, darunter Große der Menschheit. Dazu kommen heute noch die Stimmen der Reanimierten, die z. B. auf der Intensivstation oder im Operationssaal in klinisch totem Zustand (Hirnstromkurve = 0, EKG gerade Linie) sich an der Decke schwebend erlebten und hinterher trotz apparativ gemessener Nichtversorgung des Hirns zutreffend berichteten, was »unter ihnen« im Operationssaal getan und geredet wurde. — Ich habe selber einen ergrauten Chefarzt einer Nervenklinik in einer Reportage Derartiges von seiner eigenen Operation berichten hören. — Bei ihnen zieht übrigens auch der häufige Einwand nicht, sie seien noch nicht »richtig tot« gewesen; denn es geht ja hier darum, ob eine Psyche prinzipiell – auch schon vor dem körperlichen Tod – *außerhalb eines Körpers* bei »ausgeschaltetem« Hirn bestehen kann. Die Psyche der Reanimierten konnte es. Wenn sie das schon in diesem Leben während ihrer »Gefangenschaft im Körper« zeitweilig kann – warum sollte sie es dann nicht nach der Befreiung aus diesem Käfig können, und warum soll es dann nicht auch die vom Buddha immer wieder betonte Möglichkeit *»unmittelbaren Erscheinens«* genauso gut geben wie die der Geburt durch Eltern? Angesichts der Fülle der Fälle aus jüngster Gegenwart kann auch niemand mehr sagen, Berichte über die Existenz der Psyche *außerhalb* eines Körpers seien Mythen aus ferner Vergangenheit archaischen Denkens, die man nicht wörtlich nehmen dürfe.

Hans: Die nachdrücklichen detaillierten Aussagen so vieler Menschen, besonders auch des Buddha, sie hätten vorgeburtliches und nachtodliches Leben selber *leibhaftig erfahren*, sollten doch zumindest dazu führen, ihre Berichte zwar nicht gleich blind zu »glauben«, aber sie doch auch nicht in ein »geistiges Kuriositätenkabinett« zu verdrängen, sondern als genau so ernste Möglichkeit in der Lebenspraxis zu berücksichtigen wie manches andere, was man nicht weiß. Der Buddha sagt, und das beeindruckt mich: wer nach seiner Anleitung *vorgeht*, wird im Lauf der Zeit *selber sehen*. Und diese Anleitung zum Selbersehen, soweit ich sie bisher kennen gelernt und ausprobiert habe, enthält überhaupt nichts »Exotisches«, sondern lauter Dinge, die mir und den anderen sowieso gut tun: Tugend, Herzenseinigung, Klarwissen. Dann kann ich ja ruhig erst einmal so vorgehen und gelassen abwarten, wann sich zu den Nachrichten aus so vielen überaus vertrauenswürdigen Quellen auch eigene leibhaftige Erfahrungen darüber gesellen. Habe ich damit deine Frage beantwortet, Ruth, wie ich damit umgehe, dass die Geltung des Karmagesetzes nicht vom Gedanken der Wiedergeburt zu trennen ist?

Ruth: Ja, Hans: kein Verstehen ohne Wandlung. Das wird mir seit unserem Gespräch über das Gleichnis vom Wahnfelsen immer deutlicher. Da hatten es die alten Inder gut. Für sie waren Karma und Wiedergeburt eine Selbstverständlichkeit.

Fritz: Meistens schon. Aber nicht immer. Denk' an die in M 60 erwähnten Schulengründer, die Karma und Wiedergeburt leugneten. Und einer der großen Mönche des Erwachten, der mit sieben Jahren in den Orden eingetreten war, sehr jung schon den Daseinsbrand gelöscht hatte und vom Erwachten unter die Spitzen der Jüngerschaft gezählt wurde[8], hatte in einem Gespräch mit einem materialistischen Fürsten alle Mühe, ihn von seinem Irrtum zu heilen. Wollt ihr sie hören? Aber sie ist sehr lang.

Hans: Nur zu. Ich hätte mir nicht träumen lassen, dass es so eine Rede gibt.

Fritz: Nun gut. Es ist die Rede

D 23 – PĀYĀSI.

Der ehrwürdige Kumāra-Kassapo war auf der Wanderschaft durch das Land Kosalo mit ungefähr 500 Mönchen bei der Stadt Setavya angekommen und hielt sich im Simsapāwald auf. In Setavya wohnte Fürst Pāyāsi. Der glaubte, es gebe kein Jenseits, keine geistunmittelbar erscheinenden Wesen, keine Saat und Ernte guten und schlechten Wirkens. Von der Terrasse

8 Sein Lebenslauf von Hecker, WW, 14. Jg. (1968), S. 358-363.

seines Schlosses aus sah er die brahmanischen Hausvätern von Setavya, die von dem Ruf Kumāra-Kassapos gehört hatten, in Scharen zum Simsapāwald wandern. Er fragte seinen Verwalter nach dem Grund. Der berichtete. Da ließ ihn der Fürst die Kolonne anhalten: er wolle sich anschließen. Dem Verwalter sagte er: »*Sonst redet der Asket Kassapo den blöden, einfältigen brahmanischen Hausvätern von Setavya noch ein, es gäbe ein Jenseits, geistunmittelbar erscheinende Wesen und eine Saat und Ernte guten und schlechten Wirkens. Das gibt es aber gar nicht.*« — »*Jawohl, Herr*«, *antwortete der Verwalter dem Fürsten und richtete den Hausvätern die Botschaft aus. Nun zog Pāyāsi mit den brahmanischen Hausväter von Setavya zum Simsapāwald. Dort sprach er zum ehrwürdigen Kumāra-Kassapo:* »*Herr Kassapo, ich behaupte und bin der Ansicht: Es gibt kein Jenseits, keine geistunmittelbar erscheinenden Wesen, keine Saat und Ernte guten und schlechten Wirkens.*«

»*Noch nie habe ich einen gesehen oder gehört, Fürst, der das behauptet hätte und der Ansicht gewesen wäre, es gebe kein Jenseits, keine geistunmittelbar erscheinenden Wesen, keine Saat und Ernte guten und schlechten Wirkens. Wie kann man denn so etwas behaupten! Nun, Fürst, ich will dir dazu Fragen stellen: Was meinst du: Sonne und Mond – sind die in dieser Welt oder außerhalb; sind das himmlisch Leuchtende oder von Menschenart?*« — »*Sonne und Mond, Herr Kassapo, sind außerhalb der hiesigen Welt; sie sind himmlisch Leuchtende, nicht von Menschenart.*« — »*Aus diesem Grund müsstest du dir doch sagen: es gibt eine Jenseitswelt; es gibt geistunmittelbar Erscheinende; es gibt eine Saat und Ernte guten und schlechten Wirkens.*«

Hans: Das Argument mit Sonne und Mond verstehe ich nicht. Beide sind doch materiell und von »dieser« Welt. Unter *jenseitig* und himmlisch verstehe ich etwas Immaterielles, *rein Geistiges*. Auf dem Mond sind doch schon Menschen gelandet.

Fritz: Wieso muss »Himmel« immer etwas »Immaterielles« sein? Der Erwachte und andere berichten von leibhaftigen Erfahrungen auch in menschennahen Jenseitswelten, in denen noch Stofflichkeit *erlebt* wird, nur eben weniger dicht, durchlässiger, so dass man durch sie hindurchgehen kann, wie wir durch Nebel oder Luft. In *Wissen und Wandel* waren schon Erlebnisberichte von Lesern, die selber solche Erscheinungen hatten.[9] Andererseits sind alle Sterne, die Sonne, die ihre Strahlen »*gleichermaßen aussendet über Gerechte und Ungerechte*«, ebenso wie Jupiter und Saturn keine Festkörper, sondern Gaskugel, die Astronomen bezeichnen sie als glühende Plasmabälle aus elektrisch geladenen Gasteilchen.[10] Darauf könnten Menschen nicht leben. Auch auf dem Mond nicht. Dort müssen sie sich ein Stück Erde mit Erdatmosphäre mitbringen und sich hermetisch darin einkapseln – ihr Raumschiff oder ihren Raumanzug –, und sie können nicht gehen, sondern nur schwebend hüpfen, weil die Schwerkraft zu gering ist. Das alles sind keine menschlich-*irdischen* Verhältnisse. Aber die Eingangsfrage des Mönchs an den materialistischen Fürsten scheint mir viel einfacher: Der Fürst – das werden wir noch genauer an seinen folgenden Experimentalberichten sehen – meinte ja, nur das existiert, was er *sehen, anfassen, wiegen und messen* kann, nichts dem Menschen Unzugängliches und in diesem Sinn »Übermenschliches«. Sonne und Mond sind nicht von dieser Erde und sind für Menschen als Lebensraum ungeeignet. Trotzdem existieren sie sichtbar und üben Wirkungen auf uns aus. Sie sind oben, stehen am Himmel, sind also im unmittelbarsten Sinn »himmlisch und übermenschlich«. Die erste Frage sollte Pāyāsi nur nachdenklich machen durch den Hinweis, dass es doch offensichtlich Dinge außerhalb der Erde gibt, die man sehen kann, die aber mit normalen menschlichen Mitteln nicht zugänglich sind, so dass der Fürst mit dem Leugnen von anderen nicht sinnlich wahrnehmbaren Dingen und Zusammenhängen vorsichtiger sein sollte.

9 Vgl. WW, 31. Jg. (1985), S. 245 ff. und 41. Jg. (1995) Hefte 1-4.

10 Vgl. MeyerTL, Stichwort »Sonne«, und *Reader's Digest Weltatlas*, Stuttgart 1993, S. 13 unter »Saturn«, Thesaurus unter »Planet«, »Sonne« und »Stern«.

Das ist er aber nicht. Er sagt: *»Der Herr Kassapo kann sagen, was er will. Ich bleibe dabei: Es gibt kein Jenseits; keine geistunmittelbar erscheinenden Wesen; keine Saat und Ernte guten und schlechten Wirkens.« — »Aber hast du denn einen Grund dafür, Fürst, dass du das meinst?« — »Ich habe einen Grund dafür.« — »Und der wäre?« — »Ich hatte Freunde und Blutsverwandte, Herr Kassapo, die waren Totschläger, Diebe, Verführer und Ehebrecher, Lügner, Zwischenträger, Lästermäuler, Schwätzer, Habgierige, übel wollenden Herzens und voll falscher Ansicht. Die wurden eines Tages krank, leidend und hatten starke Schmerzen. Als ich sah: ›diese Krankheit überstehen sie nicht‹, bin ich zu ihnen gegangen und habe gesagt: ›Da gibt es doch einige Asketen und brahmisch Lebende, ihr Lieben, die behaupten und sind der Ansicht: 'Die da Totschläger sind, Diebe, Verführer und Ehebrecher, Lügner, Zwischenträger, Lästermäuler, Schwätzer, Habgierige, übel wollenden Herzens und voll falscher Ansicht, die erscheinen nach dem Absterben des Körpers, jenseits des Todes auf dem Abweg wieder, auf übler Bahn, in einer Stätte der Schmerzen, in höllischem Dasein.' Ihr Lieben seid so. Wenn die Behauptung jener Herren Asketen und brahmisch Lebenden wahr ist, dann müsstet ihr Lieben nach dem Absterben des Körpers, jenseits des Todes auf dem Abweg wieder erscheinen, auf übler Bahn, in einer Stätte der Schmerzen, in höllischem Dasein. Wenn ihr Lieben nach dem Absterben des Körpers, jenseits des Todes auf dem Abweg wieder erscheinen solltet, dann kommt doch zu mir und berichtet mir. Ihr Lieben seid mir vertrauenswürdig und zuverlässig. Was ihr Lieben gesehen, selber erlebt habt, das wird so sein.‹ Die haben mir versprochen: ›Ja, es ist recht‹, aber sie sind nicht gekommen und haben nichts berichtet, und sie haben auch keinen Abgesandten geschickt. Das ist doch wohl ein Grund, Herr Kassapo, dass ich der Ansicht bin: ›Ein Jenseits, geistunmittelbar erscheinende Wesen, Saat und Ernte guten und schlechten Wirkens – das gibt es nicht.‹« — »Nun, Fürst, ich will dir dazu Fragen stellen: Was meinst du, Fürst: Da haben deine Leute einen Räuber, einen Verbrecher gefangen und führen ihn dir vor: ›Verhänge nach deinem Ermessen eine Strafe.‹ Du würdest sagen: ›Auf, ihr Männer, bindet ihm mit einem starken Strick die Arme hinter den Rücken, schert ihn kahl, führt ihn mit schrillem Trommelklang von Straße zu Straße, von Platz zu Platz zum südlichen Stadttor hinaus auf den Richtplatz, lasst ihn niederknien und schlagt ihm den Kopf ab.‹ ›Jawohl, Herr‹, sagen deine Leute, führen ihn auf den Richtplatz und lassen ihn niederknien. Würde da dieser Räuber bei den Henkersknechten etwas erreichen, wenn er bäte: ›Ihr Herren Henkersknechte, wartet noch, bis ich in meinem Dorf oder in meiner Stadt den Freunden und Verwandten Bescheid gesagt habe‹, oder würden ihm die Henkersknechte, noch während er so herumstottert, den Kopf abschlagen?« — »Damit hätte er keinen Erfolg bei Henkersknechten. Sie würden ihm, noch während er so herumstottert, den Kopf abschlagen.« — »Fürst: Wenn schon ein Mensch als Räuber bei menschlichen Henkersknechten nichts erreichen würde mit der Bitte, zu warten, bis er in seinem Dorf oder in seiner Stadt seinen Freunden und Verwandten Bescheid gesagt hätte – wie könnten da deine Freunde und Verwandten bei Höllenknechten Gehör finden, wenn sie bäten: ›Ihr Herren Höllenknechte, wartet noch, bis wir zum Fürsten Pāyāsi gegangen sind und Bescheid gesagt haben, dass es doch ein Jenseits gibt!‹«*

»Der Herr Kassapo kann sagen, was er will. Ich bleibe dabei: Es gibt kein Jenseits; keine geistunmittelbar erscheinenden Wesen, keine Saat und Ernte guten und schlechten Wirkens.« — »Aber hast du denn einen Grund dafür?« — »Ich habe einen Grund dafür.« — »Und der wäre?« — »Ich hatte Freunde und Blutsverwandte, deren Wesen widerstrebte das Umbringen von Lebendigem, das Nehmen von Nichtgegebenem, das Verführen und Ehebrechen, das Lügen, das Hintertragen, harte Rede, leeres Geschwätz, und sie waren frei von Habsucht, Übelwollen und falscher Anschauung. Die wurden eines Tages krank, leidend und hatten starke Schmerzen. Als ich sah: ›diese Krankheit überstehen sie nicht‹, bin ich zu ihnen gegangen und habe gesagt: ›Da gibt es doch einige Asketen und brahmisch Lebende, ihr Lieben, die behaupten und sind der Ansicht: 'Wesen, denen Umbringen von Lebendigem, Nehmen von Nichtgegebenem, Verführe

Ehebrechen, Lügen, Hintertragen, harte Rede, leeres Geschwätz widerstrebt und die frei sind von Habsucht, Übelwollen und falscher Anschauung, erscheinen nach dem Absterben des Körpers, jenseits des Todes, auf guter Bahn, in himmlischem Dasein wieder.' Eurem Wesen, ihr Lieben, widerstrebt das alles, und ihr seid frei von Habsucht, Übelwollen und falscher Anschauung. Wenn die Behauptung jener Herren Asketen und brahmisch Lebenden wahr ist, dann müsstet ihr Lieben nach dem Absterben des Körpers, jenseits des Todes auf guter Bahn, in himmlischem Dasein wieder erscheinen. Solltet ihr jenseits des Todes auf guter Bahn, in himmlischem Dasein wieder erscheinen, dann kommt doch zu mir und berichtet mir: Ihr Lieben seid mir vertrauenswürdig und zuverlässig. Was ihr Lieben gesehen, selber erlebt habt, das wird so sein.‹ Die haben mir versprochen: ›Ja, es ist recht‹, aber sie sind nicht gekommen, haben nichts berichtet und auch keinen Abgesandten geschickt. Das ist doch wohl ein Grund, Herr Kassapo, dass ich der Ansicht bin: ›Es gibt keine jenseitige Welt, keine geistunmittelbar erscheinenden Wesen, keine Saat und Ernte guten und schlechten Wirkens.‹« — »Nun, Fürst, ich will dir dazu Fragen stellen. Was meinst du, Fürst: Da ist ein Mann kopfüber in eine Jauchegrube gefallen. Nun lässt du deine Leute kommen: ›Auf, Leute, zieht diesen Mann aus der Jauchegrube heraus.‹ Die sagen: ›Jawohl‹ und ziehen den Mann aus der Jauchegrube heraus. Dann befiehlst du ihnen: ›Auf Leute, wischt mit Bambusbast die Jauche fein sauber vom Körper dieses Mannes ab; dann reinigt seinen Körper drei Mal mit gelber Tonerde; salbt ihn mit Öl, pudert ihn drei Mal mit feinstem Puder, bis er ganz gereinigt ist, frisiert und rasiert ihn.‹ ›Jawohl‹, sagen deine Leute und tun das. Dann sagst du deinen Leuten: ›Auf, Leute, bringt diesem Mann köstliche Blumen, feine Gewänder, führt ihn auf die Terrasse und umsorgt ihn mit den fünf Sinnengenüssen.‹ Und deine Leute tun das. Was meinst du, Fürst: Dieser Mann, frisch gebadet, köstlich gesalbt, wohlfrisiert, im Schmuck von Blumenkränzen, schneeweiß gekleidet, auf der herrlichen Terrasse mit den fünf Sinnengenüssen umhegt und bedient, sein Glück genießend – hätte der Lust, noch einmal in die Jauchegrube hinabzutauchen?« — »Das nicht, Herr Kassapo.« — »Und warum nicht?« — »Eine Jauchegrube ist eklig, Herr Kassapo, das ist doch allen klar, dass eine Jauchegrube ekelhaft ist, stinkig; das weiß doch jeder, wie die stinkt, wie widerlich die ist.« — »Genau so, Fürst, sind die Menschen für Himmelswesen unrein und werden als eine unreine Art bezeichnet, sind stinkig und werden als eine stinkige Art bezeichnet, sind eklig und werden als eine eklige Art bezeichnet, sind widerlich und werden als eine widerlich Art bezeichnet. Auf hundert Meilen vertreibt der Menschengestank die Himmelswesen. Wie sollten da deine Freunde und Verwandten, deren Wesen Umbringen von Lebendigem, Nehmen von Nichtgegebenem, Verführen und Ehebrechen, Lügen, Hintertragen, harte Rede, leeres Geschwätz widerstrebt und die frei sind von Habsucht, Übelwollen und falscher Anschauung, wenn sie nach dem Absterben des Körpers, jenseits des Todes, auf guter Bahn, in himmlischem Dasein wieder erschienen sind, herkommen und berichten: ›Es gibt wirklich ein Jenseits; geistunmittelbar Erscheinende, eine Saat und Ernte guten und schlechten Wirkens.‹ Auch aus diesem Grund müsstest du dir doch sagen: es gibt ein Jenseits; es gibt geistunmittelbar Erscheinende; es gibt eine Saat und Ernte guten und schlechten Wirkens.«

HANS: Ja, aber – mag es nun Legende sein oder Realität: es wird doch in allen Kulturen berichtet, wie jenseitige Schutzgeister, »Schutzengel« oder wie man sie nennen will, den Menschen helfen und oft lange Zeit um sie herum sind. Die könnten es doch vor Gestank nicht aushalten, wenn Kassapo Recht hätte!

FRITZ: Die »Schutzgeister«, von denen du jetzt sprichst, sind nach ihrer Art den Menschen näher als die Geistwesen, von denen bisher die Rede war. Pāyāsi berichtet ja von ihnen, dass ihrem Wesen, als sie noch Menschen waren, nicht nur eine Verletzung der fünf Grundtugenden widerstrebte, sondern alle *zehn* heilsuntauglichen Wirkensfährten, einschließlich jeder Form von »übermäßigem Hinstarren« auf Sinnendinge (*abhijjhā*) oder von Übelwollen und sogar von falscher *Anschauung*. Solche Wesen empfinden die Grobheit der Menschenatmosphäre stärker als menschennahe Geister. Gleich im folgenden Absatz ist von zwar guten, aber nicht so reinen

Menschen die Rede; von denen Pāyāsi nur berichtet, dass ihrem Wesen eine Verletzung der *fünf sīla* widerstrebte, nicht aber alle *zehn* heilsuntauglichen Wirkensfährten.

Hans: Ach so, dann – immer vorausgesetzt, es gibt sie – »stinken« denen die Menschen nicht so.

Ruth: Da kann einem eine Ahnung aufgehen, wie weit unten in der Skala der Daseinsmöglichkeiten das Reich der Menschen, der angeblichen »Krone der Schöpfung«, angesiedelt ist und wie unzulänglich die Maßstäbe derer sind, die die Lehre des Erwachten nur auf das Menschentum einzuschränken und einen modernen Diesseitsbuddhismus zu kreieren versuchen.

Fritz: Ja, Ruth. Pāyāsi beharrt auch jetzt:

»Der Herr Kassapo kann sagen, was er will. Ich bleibe dabei: Es gibt kein Jenseits; keine geistunmittelbar erscheinenden Wesen; keine Saat und Ernte guten und schlechten Wirkens.« — »Aber hast du denn einen Grund dafür?« — »Ich habe einen Grund dafür, Herr Kassapo.« — »Und der wäre, Fürst?« Nun berichtet der Fürst von jenen Freunden, die zwar noch nicht von der fünften bis zehnten unheilsamen Wirkensart[11] frei und daher noch nicht für die feinsten sinnlichen Himmel reif waren, aber immerhin in das Einhalten der fünf Grundtugenden so weit hineingewachsen waren, dass ihnen ein Verstoß widerstrebte. Das bedeutete nach den damals allgemein anerkannten Maßstäben, dass sie höchstens in einem noch verhältnismäßig menschennahen übermenschlichen Daseinsbereich wiedergeboren würden, den die Inder *»Himmel der Dreiunddreißig«* nannten. Auch die bat der Fürst, ihm nach dem Tod zu berichten. *»Die haben mir versprochen: ›Ja, es ist recht‹, aber sie sind nicht gekommen, haben nichts berichtet und haben auch keinen Abgesandten geschickt. Das ist doch wohl ein Grund, Herr Kassapo, dass ich der Ansicht bin: ›Es gibt keine jenseitige Welt, keine geistunmittelbar erscheinenden Wesen; keine Saat und Ernte guten und schlechten Wirkens.‹« — »Nun, Fürst, ich will dir dazu Fragen stellen: Was bei den Menschen hundert Jahre sind, das ist bei den Dreiunddreißig ein einziger Tag mit einer einzigen Nacht. Dreißig solche Tage sind ein Monat, zwölf solche Monate ein Jahr, auf tausend solche Himmelsjahre ist die Lebenskraft der Dreiunddreißig bemessen. Wenn deine Freunde und Verwandten, nach dem Absterben des Körpers, jenseits des Todes, auf guter Bahn, in himmlischem Dasein bei den Himmelswesen der Dreiunddreißig erschienen sind und sich vornehmen: ›Sobald wir zwei, drei Tage umhegt und bedient mit den fünf himmlischen Sinnengenüssen zugebracht haben, wollen wir zum Fürsten Pāyāsi gehen und ihm berichten: ‘Es gibt wirklich ein Jenseits; es gibt geistunmittelbar Erscheinende; es gibt eine Saat und Ernte guten und schlechten Wirkens’ – könnten die noch rechtzeitig ankommen, um dir zu berichten?‹« — »Das nicht, Herr Kassapo. Bis dahin wäre ich längst gestorben. — Aber, Herr Kassapo, wer sagt denn, dass es Himmelswesen der Dreiunddreißig gibt und dass sie so lange leben? Das glaube ich dem Herrn Kassapo nicht, dass es Himmelswesen der Dreiunddreißig gibt und dass sie so lange leben.«*

»Stelle dir vor, Fürst, da ist ein Blinder. Der kann keine schwarzen und weißen Formen sehen, keine blauen und gelben, keine tiefroten und hellroten, der kann nicht sehen, was gleich und ungleich ist, kann Sternenlicht und Sonne und Mond nicht sehen. Der würde behaupten: ›Es gibt *keine schwarzen, weißen, blauen und gelben, keine tiefroten und hellroten Formen, und es gibt keinen, der so etwas sehen kann; gleich und ungleich gibt es nicht, und es gibt keinen, der gleich und ungleich sehen kann; Sternenlicht, Sonne und Mond gibt es nicht, und es gibt keinen, der Sternenlicht, Sonne und Mond sehen kann. So etwas kenne* ich *nicht, und ich sehe nichts Derartiges, also gibt es das nicht.‹ Hätte dieser Mann Recht mit seiner Behauptung?« — »Das nicht, Herr Kassapo. Es gibt das alles, und es gibt solche, die es sehen können. Wenn einer behaupten wollte: ›So etwas kenne ich nicht, und ich sehe nichts Derartiges, also gibt es das nicht‹, so wäre eine solche Behauptung nicht*

11 Hintertragen, verletzendes Reden, leeres Geschwätz, übermäßiges Hinstarren auf Sinnendinge (»Hab-sucht«), falsche Anschauung.

richtig.« — »Aber du, Fürst, redest genau wie der Blinde, wenn du zu mir sagst: ›Aber, Herr Kassapo, wer sagt denn, dass es Himmelswesen der Dreiunddreißig gibt und dass sie so lange leben? Das glaube ich dem Herr Kassapo nicht, dass es Himmelswesen der Dreiunddreißig gibt und dass sie so lange leben.‹ – Die jenseitige Welt, Fürst, ist nicht, wie du meinst, für dieses fleischliche Auge sichtbar. Aber jene Asketen und brahmisch Lebenden, Fürst, die in Wäldern und Dschungeln in stillen, lärmentrückten Einsiedeleien hausen, die klären dort durch unermüdliches, inniges Streben das himmlische Auge. Mit diesem himmlischen Auge, dem reinen, über die menschliche Beschränktheit hinausreichenden, sehen sie jene Welt und die jenseitigen, geistunmittelbar erscheinenden Wesen. So, Fürst, ist die jenseitige Welt sichtbar, nicht, wie du meinst, für dieses fleischliche Auge.«

Ruth: Das ist ein Wort! Da sagt dieser Mönch in seiner nüchternen Ausdrucksweise, man könne schon als Mensch Jenseitige sehen, wenn man sich wandelt! Nicht, wie die heutigen Menschen meinen, es seien Halluzinationen minderen Realitätsgrades als unsere Alltagswahrnehmung oder es seien Dinge, die »nur Gott zugänglich« seien. Jesus hat doch auch gesagt: »Selig sind, die reinen Herzens sind, denn sie werden Gott *schauen*.«[12]

Fritz: Ja, aber unser Fürst sperrt sich auch gegen diese Aussage: *»Der Herr Kassapo kann sagen, was er will. Ich bleibe dabei: Es gibt kein Jenseits; keine geistunmittelbar erscheinenden Wesen, keine Saat und Ernte guten und schlechten Wirkens.« — »Aber hast du denn einen Grund dafür?« — »Ich habe einen Grund dafür.« — »Und der wäre?« — »Da sehe ich Asketen und brahmisch Lebende, Herr Kassapo, tugendhaft, mit vorzüglichen Eigenschaften; die wollen leben und nicht sterben, wollen Wohl und schrecken vor Weh zurück. Da sage ich mir, Herr Kassapo: Wenn die wüssten: ›Nach dem Tod habe ich es besser‹, dann würden sie sich vergiften oder erstechen oder erhängen oder sich in die Tiefe stürzen. Weil sie aber trotz all ihrer Tugend und ihrer vorzüglichen Eigenschaften nicht wissen, ob sie es nach dem Tod besser haben, wollen sie am Leben bleiben und nicht sterben und sehnen sich nach Wohl und schrecken vor Weh zurück. Das ist doch wohl ein Grund, Herr Kassapo, dass ich der Ansicht bin: ›Es gibt kein Jenseits, keine geistunmittelbar erscheinenden Wesen, keine Saat und Ernte guten und schlechten Wirkens.‹« — »Nun, Fürst, ich will dir dazu ein Gleichnis geben …: Es war einmal ein Brahmane, der hatte zwei Frauen. Die eine hatte einen Sohn von zehn, zwölf Jahren, die andere war hochschwanger. Da starb der Brahmane. Nun sagte der Brahmahnenjunge zu dieser anderen Frau: ›Was an Geld und Geldeswert, an Gold und Silber da ist, das gehört alles mir. Dir gehört davon nichts. Ich habe es vom Vater geerbt; gib es heraus.‹ Die Frau erwiderte: ›Warte ab, mein Lieber, bis ich geboren habe. Wenn es ein Junge wird, gehört ihm ein Teil. Wenn es ein Mädchen wird, fällt auch der dir zu.‹ Aber der Brahmanenjunge stellte ein zweites und ein drittes Mal seine Forderung. Da nahm die Brahmanenfrau ein Messer, zog sich in das innere Gemach zurück und schlitzte sich den Bauch auf: ›Ich will doch einmal nachsehen, ob es ein Junge oder ein Mädchen ist.‹ So brachte sie sich selbst und ihre Leibesfrucht um Leben und Gut, weil diese Törin ein Unglück herbeiführte, das noch gar nicht eingetreten war, um voreilig den Erbgang zu erfahren. Ebenso würdest du, Fürst, töricht ein gar nicht eingetretenes Unglück herbeiführen, um voreilig die jenseitige Welt kennen zu lernen: Tugendhafte Asketen und brahmisch Lebende mit vorzüglichen Eigenschaften, Fürst, zerren nicht das noch nicht Herangereifte ans Licht, sondern Weise lassen an sich herankommen, was reif ist. Denn für tugendhafte Asketen und brahmisch Lebende mit vorzüglichen Eigenschaften ist es* sinnvoll zu leben*: Je längere Zeit sie ihr Leben führen, umso mehr gute Folgen* wirken *sie, umso mehr wandeln sie zum Segen vieler, zum Wohl vieler, zum Segen und Wohl von Himmelswesen und Menschen. Auch aus diesem Grund müsstest du dir doch sagen: es gibt ein Jenseits; es gibt geistunmittelbar Erscheinende; es gibt eine Saat und Ernte guten und schlechten Wirkens.«*

12 Matth. 5,8.

»Der Herr Kassapo kann sagen, was er will. Ich bleibe dabei: Es gibt kein Jenseits, keine geistunmittelbar erscheinenden Wesen, keine Saat und Ernte guten und schlechten Wirkens.« — »Aber hast du denn einen Grund dafür, Fürst?« — »Ich habe einen.« — »Und der wäre, Fürst?« — »Da hatten meine Leute einen Verbrecher gefangen und mir vorgeführt, Herr Kassapo. Ich habe ihnen befohlen: ›Auf, ihr Männer, steckt diesen Mann lebend in ein Fass, dichtet den Deckel ab, umhüllt es mit nassem Leder, schmiert es mit feuchtem Ton zu, steckt es in einen Ofen und zündet Feuer an.‹ ›Jawohl, Herr‹, sprachen meine Leute und taten wie befohlen. Als ich merkte: der Mann ist tot, ließ ich das Fass herausholen, die Verkleidung abmachen, den Deckel vorsichtig öffnen und beobachtete scharf, weil ich mir sagte: ›Vielleicht sehe ich sein Leben entweichen.‹ Aber ich habe sein Leben nicht entweichen sehen. Das ist doch wohl ein Grund, Herr Kassapo, dass ich der Ansicht bin: ›Es gibt kein Jenseits, keine geistunmittelbar erscheinenden Wesen, keine Saat und Ernte guten und schlechten Wirkens.‹« — »Nun, Fürst, ich will dir dazu Fragen stellen: du hast dir vielleicht schon beim Mittagsschlaf im Traum einen schönen Garten angesehen, einen lieblichen Hain, einen entzückenden Fleck Erde, einen erquickenden See?« — »Ja, Herr Kassapo, das habe ich.« — »Bewachen dich auch zu dieser Zeit deine Hofnarren, Hofzwerge und Hoffräulein?« — »Ja, Herr Kassapo.« — »Sehen die zu der Zeit das Leben (jīvita) hineingehen und herauskommen?« — »Das nicht, Herr Kassapo.« — »Wenn man schon bei dir als Lebendem dein Leben nicht hineingehen und hinausgehen sieht – wie könntest du da bei einem Verstorbenen das Leben kommen und gehen sehen! Auch aus diesem Grund müsstest du dir doch sagen: es gibt ein Jenseits; es gibt geistunmittelbar Erscheinende; es gibt eine Saat und Ernte guten und schlechten Wirkens.«

Hans: Versteh ich nicht. Das hat er doch bloß geträumt! Das Leben geht doch nicht im Traum aus dem Körper heraus. Dann wäre man ja beim Träumen tot!

Ruth: Hans, ich denke, hier ist nicht von gewöhnlichen Träumen die Rede, wo die Phantasie im Geist ein Ragout zusammenkocht aus Verlangen, Abwehrempfindungen, Ängsten, latenten Anlagen und früher gespeicherten Tages- und Nachtgedanken, die der Traum »illustriert«. Gemeint sind wohl Träume, bei denen die Psyche des Träumenden vorübergehend aus dem Körper aussteigt und auf Reisen geht. Das erlebt jeder Mensch, z. B. bei den recht häufigen »Flugträumen«, an deren Ende man meist den Plumps spürt, wenn der »feinstoffliche Leib« wieder in den grobstofflichen hineinfällt. Ich hab es selber schon erlebt, und es gibt zahlreiche seriöse Veröffentlichungen darüber.[13] Den Indern war das, wie man sieht, eine ganz normale Erfahrungstatsache, selbst wenn sie Skeptiker wie der Fürst waren.

Hans: Ach so, das ist gemeint. Davon habe ich auch schon gehört. Charles Lindbergh hat berichtet, dass er ein solches Ausstiegserlebnis während seines Atlantikfluges hatte, ebenso Ernest Hemingway im 1. Weltkrieg bei seiner Verwundung.

Fritz: Aber Pāyāsi behält seinen Dickkopf und nennt als weiteren Grund: *»Da hatten meine Leute einen Räuber gefangen und mir zur Aburteilung vorgeführt. Da habe ich ihnen befohlen: ›Auf, ihr Männer, wiegt diesen Mann lebend auf einer Waage, erwürgt ihn mit einem Strick, und wenn er tot ist, wiegt ihn noch einmal.‹ Die Männer sagten: ›Jawohl‹, wogen diesen Mann lebend auf einer Waage, erwürgten ihn mit einem Strick, und als er tot war, wogen sie ihn noch einmal. Als er lebte, war er leichter, weicher und verformbarer. Als er tot war, da war er schwerer, härter und fester. Das ist doch wohl ein Grund, Herr Kassapo, dass ich der Ansicht bin: ›Es gibt kein Jenseits, keine geistunmittelbar erscheinenden Wesen, keine Saat und Ernte guten und schlechten Wirkens.‹« — »Nun, Fürst, ich will dir dazu ein Gleichnis geben. Stelle dir vor, ein Mann wiegt eine zum Glühen erhitzte, Funken sprühende, flammende Eisenkugel auf einer Waage. Dann wiegt er sie zu einer Zeit, wo sie abgekühlt, vom Glühen erloschen ist. Wann ist diese Eisenkugel leichter und weicher*

13 Vgl. *Faszination des Unfassbaren*, Stuttgart (Verlag Das Beste) 1983, S. 171-182; S.J. Muldoon, *Die Aussendung des Astralkörpers*, Freiburg 1964.

und verformbarer: wenn sie glüht, Funken sprüht und flammt, oder wenn sie kühl geworden, vom Glühen erloschen ist?« — »Solange sie mit Feuer und Luft verbunden ist, ist sie leichter, weicher, verformbarer; wenn sie nicht mehr mit Feuer und Luft verbunden ist, ist sie schwerer, härter, starrer.« — »Genauso, Fürst, ist dieser Körper, solange er mit Energie, Wärme und Erfahrungssuchlauf (viññāna) verbunden ist, leichter, weicher und verformbarer. Sobald er aber nicht mehr mit Energie, Wärme und Erfahrungssuchlauf verbunden ist, ist er schwerer, härter und starrer. Auch aus diesem Grund müsstest du dir doch sagen: es gibt ein Jenseits; es gibt geistunmittelbar Erscheinende; es gibt eine Saat und Ernte guten und schlechten Wirkens.«

Hans: Ist ein glühender Körper wirklich leichter?

Ruth: Du, das weiß ich noch aus der Physikstunde: Das ist der *Auftrieb.*

Fritz: Ganz recht. Aber der Fürst bleibt stur und bringt folgende Begründung vor: *»Da hatten meine Leute einen Räuber gefangen und mir zur Aburteilung vorgeführt. Ich habe ihnen befohlen: ›Auf, ihr Männer, tötet diesen Mann, ohne ihm Oberhaut, Unterhaut. Fleisch, Knochen und Mark zu beschädigen.‹ Die Männer taten das. Als er soweit war, sagte ich zu ihnen: ›Nun legt ihn flach auf den Rücken; vielleicht sehen wir Leben aus ihm entweichen.‹ Sie legten ihn flach auf den Rücken, aber wir sahen kein Leben entweichen. Da befahl ich ihnen: ›Legt den Mann auf den Bauch‹/ ›auf die eine Seite‹/ ›auf die andere Seite‹/ ›Stellt ihn aufrecht‹/ ›Stellt ihn auf den Kopf‹/ ›Werft ihn mit Erdklumpen‹/ ›schlagt ihn mit dem Stock‹/ ›mit dem Schwert‹/ ›schüttelt ihn‹/ ›rüttelt ihn hin und her, vielleicht sehen wir dann Leben aus ihm entweichen!‹ Sie taten das alles. Aber wir sahen kein Leben aus ihm entweichen! Er hatte Augen, und es waren Formen da; aber auf diesem Feld empfand er nichts. Er hatte Ohren, und es waren Töne da; aber auf diesem Feld empfand er nichts. Er hatte eine Nase, und es waren Gerüche da; aber auf diesem Feld empfand er nichts. Er hatte eine Zunge, und es war Schmeckbares da; aber auf diesem Feld empfand er nichts. Er hatte einen Körper, und es war Tastbares da; aber auf diesem Feld empfand er nichts. Das ist doch wohl ein Grund, Herr Kassapo, dass ich der Ansicht bin: ›Es gibt kein Jenseits, keine geistunmittelbar erscheinenden Wesen, keine Saat und Ernte guten und schlechten Wirkens.‹« — »Nun, Fürst, ich will dir dazu ein Gleichnis geben Da war einmal ein Muschelbläser, der nahm seine Muschel und zog aufs Land hinaus. Da kam er in ein Dorf, stellte sich in die Ortsmitte, blies drei Mal auf der Muschel, legte sie auf den Boden und setzte sich. Da dachten die Leute in der Nachbarschaft: ›Woher kommt dieser wunderbare Klang?‹ Sie liefen zusammen und fragten den Muschelbläser: ›Lieber, woher kommt dieser wunderbare Klang, so anrührend, so wohl tuend, so berückend, so bestrickend, so schwellend?‹ ›Das ist eine Muschel, ihr Leute; aus der kommt dieser wunderbare Klang.‹ Da legten sie die Muschel auf den Rücken: ›Sing, liebe Muschel, sing!‹ Aber die Muschel gab keinen Ton von sich. Da legten sie die Muschel auf die Oberseite, drehten sie auf die eine und auf die andere Schmalseite, stellten sie aufrecht, stellten sie verkehrt herum – aber die Muschel gab keinen Ton von sich. Dann beklopften sie sie mit der Hand, warfen Erdklumpen darauf, schlugen sie mit einem Stock, klopften mit einem Schwert dagegen, schüttelten und rüttelten sie hin und her. — Aber die Muschel gab keinen Ton von sich. Da dachte der Muschelbläser: ›Wie oberflächlich suchen sie nach dem Muschelklang!‹ Vor ihren Augen setzte er die Muschel an, ließ sie drei Mal erschallen, nahm die Muschel und ging fort. Da dämmerte den Landleuten: ›Solange diese Muschel mit dem Mann verbunden ist, mit Anspannung (vāyāma), mit einem Luftstrom verbunden ist, so lange bringt diese Muschel einen Klang hervor. Ohne Mann, ohne Anspannung, ohne Luftstrom bringt diese Muschel keinen Klang hervor.‹ Genau so, Fürst, ist es mit diesem Körper: Solange er mit Energie und Wärme und Erfahrung verbunden ist, so lange kommt und geht er, steht, sitzt, liegt, sieht mittels des Auges die Form, hört mittels des Ohres den Ton, riecht mittels der Nase den Geruch, schmeckt mittels der Zunge den Geschmack, tastet mittels des Körpers Tastbares, erkennt mittels des Geistes ein Ding. Wenn aber der Körper nicht mehr mit Energie, Wärme und Erfahrungssuchlauf verbunden ist, kommt und geht er nicht mehr, steht, sitzt, liegt* *nicht mehr, sieht mittels des Auges keine Form, hört mittels des Ohres keinen Ton, riecht mittels der Nase keinen Geruch, schmeckt mittels der Zunge keinen Geschmack, tastet mittels des Körpers nichts Tastbares, erkennt mittels des Geistes kein Ding. Auch aus diesem Grund müsstest du dir doch sagen: es gibt ein Jenseits; es gibt geistunmittelbar Erscheinende; es gibt eine Saat und Ernte guten und schlechten Wirkens.«*

Aber Pāyāsi blieb bei seiner Meinung und nannte als weiteren Grund: *»Meine Leute hatten einen Räuber gefangen und mir zur Aburteilung vorgeführt. Da habe ich ihnen befohlen: ›Auf, ihr Männer, schält diesem Mann die Oberhaut und die Unterhaut ab, schneidet ihm das Fleisch herunter, seziert ihm die Muskeln, die Knochen, präpariert ihm das Knochenmark heraus; vielleicht sehen wir sein Leben.‹ Da sezierten sie diesen Mann bis aufs Knochenmark – aber sein Leben haben wir nicht gesehen. Das ist doch wohl ein Grund, Herr Kassapo, dass ich der Ansicht bin: ›Es gibt kein Jenseits, keine geistunmittelbar erscheinenden Wesen, keine Saat und Ernte guten und schlechten Wirkens.‹« — »Nun, Fürst, ich will dir dazu ein Gleichnis geben: Einstmals lebte ein haarflechtentragender Feuerbrahmane in einem Waldwinkel in einer Laubhütte. Eine Karawane hatte eine Nacht bei der Einsiedelei zugebracht und war weitergezogen. Da ging er zu dem Lagerplatz. Dort fand er einen kleinen Jungen, einen hilflosen Säugling, verlassen auf dem Rücken liegen … Und so nahm er das Kind mit, versorgte es und zog es auf. Als nun das Kind 10, 12 Jahre alt war, hatte der Feuerbrahmane über Land zu tun. Da sprach er zu dem Kind: ›Lieber, ich will über Land gehen. Unterhalte du das Feuer, dass es dir nicht ausgeht. Wenn es dir aber doch ausgeht: Da ist die Axt, da ist Feuerholz, da ist Reibholz zum Feuermachen; wenn du das Feuer wieder angezündet hast, dann halte es in Gang.‹ Dem Kind ging, als es im Spiel vertieft war, das Feuer aus. Da hieb der Junge mit der Axt auf das Reibholz ein: ›Vielleicht bekomme ich so Feuer.‹ Aber so bekam er kein Feuer. Da spaltete er es mit der Axt in zwei, drei, vier fünf, zehn, hundert Stücke. Aber so bekam er kein Feuer. Dann spaltete er es in einen Span nach dem anderen; zerstampfte er es in einem Mörser zu Pulver, streute es in den starken Wind: ›Vielleicht bekomme ich so Feuer.‹«*

Hans: Das entspricht genau der Methode der klassischen Naturwissenschaft seit Descartes: Wenn sie mit einem Problem nicht fertig wird, dann zerlegt sie es in lauter kleinere Unterprobleme.[14] Aber über die letzten Dinge ist ihr dadurch so wenig ein Funke aufgegangen wie dem Kind ein Feuerfunke.

Fritz: Ja, Hans. Der Feuerpriester kam heim, sah die Bescherung und sprach zu dem Jungen: *»›Ist dir denn das Feuer ausgegangen, mein Lieber?‹* Der Kleine beichtete. *Da dachte der Feuerpriester: ›Wie töricht und unerfahren ist dieses Kind! Wie kann man nur so oberflächlich Feuer zu machen versuchen!‹ Dann nahm er vor den Augen des Jungen das Reibholz, machte Feuer und sprach zu dem Jungen: ›So kommt man zu Feuer, mein Lieber, nicht auf die oberflächliche Art, wie du in deiner Kindlichkeit und Unerfahrenheit Feuer zu machen versucht hast.‹ Genau so töricht und unerfahren, Fürst, hast du an das Jenseits heranzukommen versucht. Gib diese üble Auffassung auf, Fürst, gib diese üble Grundauffassung auf, lass dich nicht für lange Zeit in Unheil und Leiden fallen!«*

»Auch wenn der Herr Kassapo das sagt: Ich kann nun einmal von dieser üblen Grundauffassung nicht mehr abgehen. Der König Pasenadi von Kosalo und auch ausländische Fürsten wissen: Fürst Pāyāsi behauptet und ist der Ansicht: ›Es gibt kein Jenseits, keine geistunmittelbar erscheinenden Wesen, keine Saat und Ernte guten und schlechten Wirkens.‹ Wenn ich von dieser üblen Grundauffassung abgehen würde, Herr Kassapo, dann gäbe es überall Gerede über mich: ›Was für ein Tor ist der Fürst Pāyāsi, wie unerfahren: er hat sich verrannt.‹ Weil es mir gegen den Strich geht, wegen meines Ansehens, um die Oberhand zu behalten muss ich dabeibleiben; ich könnte es sonst nicht ertragen.«

14 Descartes, vgl. Fußnote 51 im 9. Gespräch und zu Beginn des 10. Gesprächs.

Ruth: Eines muss man ihm lassen: er ist ehrlich und sagt geradeheraus, dass er nun nur noch wegen seines Prestiges stur bleibt! Was sagt denn der Mönch dazu?

Fritz: Er gibt ihm noch ein Gleichnis. Es ist sehr lang und betrifft nun keinen existenziellen Sachverhalt mehr, sondern soll ihn nur warnen, eine eingesehene Wahrheit aus Prestigegründen beiseitezuschieben. Wir können es übergehen. Aber noch bleibt er starrköpfig, obwohl er zugibt, dass seine Grundauffassung übel ist, und antwortet wie auf das vorherige Gleichnis. Der Mönch gibt ihm noch ein Gleichnis: *»Einstmals ging ein Schweinezüchter von seinem Dorf zu einem anderen Dorf. Dort sah er eine Menge weggeworfenen trockenen Mist. Da dachte er: ›Den kann ich als Schweinefutter brauchen.‹ Er breitete sein Obergewand aus, lud den trockenen Mist darauf, machte ein Bündel daraus, lud es sich auf den Kopf und ging. Unterwegs wurde er von einem Wolkenbruch überrascht. Von Kopf bis Fuß von stinkender Brühe überströmt, hielt er seine Ladung Mist fest und ging weiter. Als ihn die Leute sahen, riefen sie ihm zu: ›Du spinnst wohl; du bist nicht bei Trost: was hältst du denn von Kopf bis Fuß von stinkender Brühe triefend deine Ladung Mist fest?‹ ›Ihr spinnt, ihr seid wohl nicht bei Trost: das gibt doch Futter für meine Schweine!‹ Wie in dem Gleichnis vom Mistträger redest wahrlich auch du.«*

Ruth: Das Gleichnis ist köstlich: Die Wahrheit hat ihn überströmt wie ein Platzregen und hat ihm den ganzen trockenen Mist seiner materialistischen, oberflächlichen Meinung zermatscht. Wenn er diesen Mist weiterschleppt, füttert er damit nur sein »inneres Schwein«. Hat er nun nachgegeben?

Fritz: Nein, immer noch nicht. Der Mönch gibt ihm noch ein Gleichnis von zwei Würfelspielern. Einer davon war ein Falschspieler und fing immer den zum Spielverlust führenden Würfel beim Herunterfallen mit dem Mund auf. Der andere merkte es aber, schlug vor, mit einem andern Satz Würfel weiterzuspielen, bestrich den Verlustwürfel mit Gift, vertauschte heimlich die Würfel und triumphierte, als der Falschspieler den vergifteten Würfel in den Mund steckte: *»›Ja, steck ihn nur in deinen Mund, du Schuft, nachher wird es dir sterbensübel werden!‹ So wie der Würfelspieler im Gleichnis kommst du mir vor, Fürst. Gib diese üble Auffassung auf, Fürst, gib sie auf, lass dich nicht für lange Zeit in Unheil und Leiden fallen!«*

Als der Fürst uneinsichtig blieb, gab ihm der Mönch noch ein Gleichnis von zwei Freunden, die nach dem Fortzug eines Nomadenstamms den Lagerplatz nach Brauchbarem absuchten. *»Da sagte der eine Freund zum andern: ›Mein Lieber, da liegt ein Haufen weggeworfener Hanf; komm, mach du dir eine Traglast Hanf, und ich mache mir eine.‹«* Das taten sie, fanden aber beim Weiterziehen immer wertvollere Dinge, erst fertiges Hanfgarn, dann Baumwollgarn, Baumwolltuch, Kupfer, Zinn, Blei, Silber und am Ende Gold. *»Jedes Mal sagte der eine Freund zum andern: ›Wozu wir die bisherige Traglast mitgenommen hatten: – da liegt es haufenweise weggeworfen herum. Komm, wirf du deine Traglast Hanf weg, und ich werfe meine Traglast weg; nehmen wir uns jeder eine Traglast und gehen weiter.‹ Aber jedes Mal antwortete der Hanfträger: ›An dieser Traglast Hanf habe ich schwer geschleppt, und sie ist gut zusammengebunden. Lass mich nur, und mach', was du für richtig hältst.‹«* Und jedes Mal warf der andere Freund seine alte Traglast – zuletzt seine Traglast Silber – weg und nahm die neuentdeckte, zuletzt eine Traglast Gold. — *»Dann kehrten sie in ihr Dorf zurück. Als der Freund mit dem Hanfbündel ankam, hatten seine Eltern, Frau und Kinder, Freunde und Gefährten keine Freude, und auch er selber hatte davon kein körperliches und kein geistiges Wohl. Als aber der Freund mit der Traglast Gold kam, freuten sich Eltern, Frau und Kind, Freunde und Gefährten, und er selber erlangte körperliches und geistiges Wohl. — Genau wie in dem Gleichnis mit dem Hanfbündel verhältst du dich, Fürst. Gib diese üble Grundauffassung auf, gib diese üble Grundauffassung auf, lass dich nicht für lange Zeit in Unheil und Leiden fallen!«* — *»Schon mit dem ersten Gleichnis war ich vom Herrn Kassapo begeistert und beglückt, aber ich konnte von diesen farbigen Gleichnissen als Antwort auf meine Fragen gar nicht genug bekommen, so glaubte* *ich dem Herrn Kassapo weiter widersprechen zu dürfen. Wunderbar, Herr Kassapo.«* Und er nahm Zuflucht.[15]

HANS: Sag bloß, Pāyāsi hätte *pīti* gehabt!

FRITZ: Das wohl nicht gerade. Aber er sagt selber, er sei von den Gleichnissen begeistert (*attamano*) und hingerissen (*abhi-raddho*) gewesen. Er war bei allen Mängeln eben doch ein ernster Wahrheitsucher. So empfand er große innere Freude, als seine materialistischen Argumente dahinschmolzen und den Blick auf die Wirklichkeit freigaben.

RUTH: Wie doch die Lehre selbst für Menschen, die sich mit Jenseits und Karma schwer tun, nachvollziehbare methodische Stützen ohne »Glaubensakt« anbietet:

• einmal mit dem exakten Nachweis in M 60, dass – unabhängig davon, wer Recht hat – als Arbeitshypothese allein die Annahme von Wiedergeburt und Karma praktisch brauchbar ist,

• zweitens mit der Anleitung in M 95, wie man beim Umgang mit dieser Arbeitshypothese die Wahrheit im Auge behält: dass man sich nämlich stets im Klaren ist, ob man jeweils nur eine der fünf zweischneidigen Methoden aus M 95 anwendet oder ob man schon Wahrheitserkenntnis im Sinn leibhaftiger Erfahrung hat. Dann zieht man aus nichts, was theoretisch noch zweierlei Ausgang haben könnte, den voreiligen Schluss: *»Dies nur ist Wahrheit, alles andere ist Täuschung.«*

• Drittens mit der Prüfung des *Lehrers* auf Hinneigung, Abneigung, Blendung, und

• viertens bei positivem Ergebnis die auf Vertrauen gegründete zwölfstufige intensive *Läuterung*, die über die Einigung des Herzens zur echten Wahrheitserkenntnis führt, aus der allein man der *leibhaftigen* Erfahrung nach und nach näher kommt. — Mir scheint, viele westliche Buddhisten kennen diese exakten methodischen Stützen für den Umgang mit Karma und Wiedergeburt gar nicht und sind deshalb peinlich berührt von dem (*irrigen*) Gedanken, dass man an Karma und Wiedergeburt »eben *glauben* müsse«. Manche versuchen deshalb, die »zeitlose« Lehre des Buddha auf einen reinen *»Diesseitsbuddhismus«* zu reduzieren. Andere verfallen ins Gegenteil und tun auf Grund angelesener plastischer Berichte, Jenseitsromane und eigener farbiger Phantasievorstellungen schon so, als seien die erdichteten Inhalte leibhaftige eigene Jenseitserfahrungen. Wieder andere plagen sich mit kunstvollen intellektuellen Argumenten für und wider. Einige laufen gar allem möglichen Spiritistischen nach und glauben andächtig, was auf »Esoterikmessen« für teures Geld angeboten wird, statt ehrlich und klar nach der Arbeitsanleitung des Buddha *vorzugehen*. Nur durch richtiges *Vorgehen* auf dem Heilsweg wird aus der anfänglichen *Arbeitshypothese* »Karma und Wiedergeburt« eine durch immer mehr Erfahrung untermauerte *»gesicherte Theorie«*, die sich aber von weltlichen »gesicherten Theorien« dadurch unterscheidet, dass sie nicht abstrakte Strukturen hinter einer als »außen« gedeuteten, vermeintlich objektiven »Welt« erdenkt, sondern unter Beteiligung des Gemüts den *ganzen Menschen* nachvollziehbar stützt, leitet und *wandelt*.

HANS: Ich habe zwar vieles von der Lehre des Buddha noch nicht recht verstanden. Aber ich habe noch nie einen Widerspruch gefunden. Und durch alle immer wieder einmal auftretenden kleinen Wenn und Aber hindurch fange ich allmählich an zu merken, dass irgendetwas ganz Klares, vor nichts Halt machendes, alles Durchdringendes die Lehre durchzieht. Aus jedem Wort des Buddha spürt man: Hier spricht ein Wesen, das überhaupt nichts für sich will, ein Wesen, dessen Blick den Nebel unserer Blendung durchdringt und einzig wahnlos, liebevoll und einfühlend mit den Suchenden umgeht. Ich kenne keinen geistigen Lehrer, dem ich so traue wie dem Buddha. Gerade weil er keinen blinden Glauben verlangt, sondern einlädt: *»Komm und sieh selbst.«* Die zwölf Stufen, die er in M 95 zur Wahrheitserkenntnis gezeigt hat, erscheinen mir so natürlich und zwingend, dass ich – auch was Karma und Wiedergeburt angeht – zuversichtlich

15 Der Text berichtet, wie er ein karges Dankopfer brachte, das nur bescheidene Frucht zeitigte.

bin: »*Nichterkanntes werd' ich erkennen.*« Ich empfinde mich in diesem Punkt bestimmt noch nicht als einen Wissenden, aber durchaus auch nicht als einen, der »einen *Glauben* angenommen hat«, eher als einen langsam ein wenig Vorwärtskommenden auf einem guten, immer deutlicher erkennbaren Weg aus einem düsteren, vernebelten Schlachtfeld ins Helle. Wie auch immer: dass wir – von Einzelheiten abgesehen – im Großen und Ganzen in irgendeiner Weise ernten, was wir säen, das kann doch wohl kein vernünftiger Mensch bezweifeln – Meinungsverschiedenheiten gibt es nur über Reichweite und Einzelheiten dieser Gesetzmäßigkeit.

Fritz: Eine deutsche Tibeter-Nonne hat das einmal wunderbar schlicht ausgesprochen. Sie berichtet in einem Interview, nachdem sie zu buddhistischer Literatur Zugang gefunden habe, da habe sie »*viel gelesen; auf einmal hatte ich das Gefühl, auf alle Fragen, die ich hatte, eine sehr plausible Antwort finden zu können, wenn ich bereit war, die Lehren von Karma und Wiedergeburt zu akzeptieren. Diese standen nicht im Widerspruch zu dem, was ich bisher angenommen hatte.*«[16]

Ruth: Was das Diesseits allein angeht, verhalten sich fast alle Menschen so, als ob unser Denken, Reden und Handeln entscheidenden Einfluss auf unser Erleben hätte – von den paar Fatalisten abgesehen, die meinen, alles sei sowieso bis ins Kleinste vorherbestimmt.

Hans: Ach, dieser Fatalistenstandpunkt ist doch graue Theorie! Geht denn ein Fatalist mit geschlossenen Augen über die Autobahn in dem Gedanken: »Was soll ich beiseitegehen: Ob ich überfahren werde oder nicht, ist ja doch längst vorbestimmt«? Also rechnet doch auch er in der Praxis mit Saat und Ernte – aber eben nur für das Diesseits.

Fritz: Das sagt auch der Erwachte in

A VI,38.

Da sprach ein Brahmane zum Erhabenen: »*Ich sage und meine: ›Es gibt kein eigenes Wirken und kein Wirken anderer.‹« — »Von einem, der das sagt und meint, will ich nichts sehen und hören, Brahmane: Wie kann denn einer, obwohl er selber hier hingeht und dort weggeht, sagen: ›Es gibt kein eigenes Wirken und kein Wirken anderer‹? Was meinst du, Brahmane: Gibt es die Gegebenheit (dhātu) ›Sich Aufraffen‹?« — »Ja, Herr.« — »Wenn es die Gegebenheit ›Sich Aufraffen‹ gibt: kann man dann auch Wesen erkennen, die sich aufraffen? – »Ja, Herr.« — »Dann gibt es doch eigenes Wirken und das Wirken anderer. — Was meinst du, Brahmane: Gibt es die Gegebenheit ›Sich Anstrengen‹?« — »Ja, Herr.«. »Wenn es die Gegebenheit ›Sich Anstrengen gibt: kann man dann auch Wesen erkennen, die sich anstrengen? — »Ja, Herr.« — »Wenn es aber doch die Gegebenheit ›Sich Anstrengen‹ gibt und man Wesen erkennen kann, die sich anstrengen, dann gibt es doch eigenes Wirken und Wirken anderer. — Was meinst du, Brahmane: Gibt es die Gegebenheit ›Streben‹?« — »Ja, Herr.« — »Wenn es die Gegebenheit ›Streben‹ gibt, kann man dann auch strebende Wesen erkennen?« — »Ja, Herr.« — »Dann gibt es doch eigenes Wirken und das Wirken anderer. — Was meinst du, Brahmane: Gibt es die Gegebenheit ›Standhaftigkeit‹?« — »Ja, Herr.« — »Wenn es die Gegebenheit ›Standhaftigkeit‹ gibt: – kann man dann auch standhafte Wesen erkennen?« — »Ja, Herr.« — »Dann gibt es doch eigenes Wirken, und das Wirken anderer. — Was meinst du, Brahmane: Gibt es die Gegebenheit ›Ausdauer‹?« — »Ja, Herr.« — »Wenn es die Gegebenheit ›Ausdauer‹ gibt, kann man dann auch ausdauernde Wesen erkennen?« — »Ja, Herr.« — »Dann gibt es doch eigenes Wirken und das Wirken anderer. — Was meinst du, Brahmane: Gibt es die Gegebenheit ›Erreichen‹?« — »Ja, Herr.« — »Wenn es die Gegebenheit ›Erreichen‹ gibt, – kann man dann auch Wesen erkennen, die etwas erreichen?« — »Ja, Herr.« — »Dann gibt es doch eigenes Wirken und Wirken anderer! – Von einem, der sagt und meint, es gebe kein eigenes Wirken und kein Wirken anderer, will ich nichts sehen und hören, Brahmane: Wie kann denn einer, während er selber wo hingeht und woanders weggeht, sagen: ›Es gibt kein eigenes Wirken und kein Wirken anderer‹?«* Der Brahmane nahm Zuflucht. — Es ist also, wie du sagst, Hans: Das Gesetz von Saat

16 Jampa Tsedroen in KantowskyWegz, S. 192 ff.

und Ernte als solches wird im Grund weltweit für die Lebenspraxis in unserem *jetzigen* Dasein akzeptiert und weitgehend befolgt. Alle verhalten sich danach – auch wenn sie sich gegenteilige Theorien ausgedacht haben. Sonst lägen alle Menschen abwartend in den Betten.

HANS: Nein, auf dem Fußboden; denn wenn sie im Ernst überhaupt nicht mit Saat und Ernte wenigstens im jetzigen Leben rechnen würden, dann würden sie sich doch sagen: »Was soll ich mir ein Bett kaufen! Ob ich gut oder schlecht schlafe, kann ich ja doch nicht ändern.«

FRITZ: Stimmt. Das Gesetz von Saat und Ernte ist für das *Diesseits* die Grundlage des Denkens fast aller Menschen. Nur rechnen sie damit allein für ihr jetziges Leben. Aber die wenigsten Menschen kennen heute noch die richtige Art, mit *Möglichkeiten* umzugehen, die ihnen noch nicht offensichtlich erscheinen. Statt sie bis zum Beweis des Gegenteils *als Möglichkeiten* in ihre Planungen einzubeziehen, behandeln sie sie so lange als *unmöglich*, bis sie »wider Erwarten« *eingetreten* sind. Ich habe z. B. in einem Buch ein anderes Buch zitiert gefunden[17], dessen mit der Lehre des Buddha durchaus sympathisierender Autor zwar rein theoretisch die Möglichkeit anerkannte, dass die Wiedergeburtslehre *»einen zutreffenden Sachverhalt schildert«*, aber trotzdem einen Mönch, der in weit über halbhundertjähriger Askese seinen Blick nach innen geschärft hat, nachsichtig als *»kirchentreu«* belächelt, nur weil jener zu bedenken gegeben hatte, *»wer gewillt sei nachzudenken«*, möge *auch* überlegen, dass ebenso verbreitet wie der Glaube an nur ein einziges Leben nach dem Tod der Wiedergeburtsglaube sei, den selbst im frühen Christentum Origines vertreten habe, und Voltaire habe einmal gesagt, *»es sei nicht weniger mysteriös, ein Mal geboren zu werden, als mehrmals.«* Die Denkweise jenes Autors entspringt einem Trauma, welches den westlichen Menschen in den letzten Jahrhunderten teils durch Theologen, teils durch die mechanistisch-klassischen Naturwissenschaften zugefügt worden ist: Es wurde und wird ihnen von beiden Seiten Unzumutbares an Dogmengläubigkeit abverlangt – und das auch noch zum Teil mit psychischem und physischem Zwang. Aber das macht solche Meinungen nicht richtiger und nicht hilfreicher. Die Menschen heute im Westen rechnen mit Saat und Ernte allenfalls für ihr *jetziges* Leben, aber nicht mehr wirklich *praktisch* und *plastisch* mit einem Jenseits, mögen sie es auch als blasse theoretische Möglichkeit auf Befragen bejahen wie die meisten Kirchengläubigen: Die denken und tun in der Praxis dann doch so, als werde nicht nur der Körper, sondern auch die Seele bei der Zeugung aus Materie erschaffen und löse sich mit dem Tod in irgendeiner gestaltlosen »ewigen Ruhe« auf, wie sich die Wärme heißen Wassers im Winter im Freien in der Frostluft verflüchtigt. Der indische Philosoph und zeitweilige Staatspräsident Radhakrishnan nennt dafür ein köstliches Beispiel: *»Ein orthodoxer Christ wurde gefragt, was nach seiner Ansicht mit ihm geschehen würde, wenn er stürbe, und er antwortete. ›Ich glaube, ich werde in einen Zustand ewiger Wonne eintreten; aber ich wünschte, Sie würden nicht über solche niederdrückenden Dinge sprechen.‹«*[18] Die Schwierigkeiten der westlichen Menschen mit dem Karmagesetz beginnen in der Regel da, wo es konkret um die Zeit *vor* und *nach* unserem jetzigen Menschenleben geht: beim Gedanken der *Wiedergeburt*.

HANS: Ich hatte ja selber sogar gemeint, Karma betreffe *nur* die Zeit vor und nach dem jetzigen Leben.

FRITZ: Dieses Missverständnis kommt zu einem guten Teil wohl daher, dass Anlass für Äußerungen des Erwachten über das Karma besonders oft die in M 135 gestellte Frage war, warum die einen Menschen schön, gesund, in einer wohlhabenden, einflussreichen Familie hier auf Erden ankommen, die anderen dagegen hässlich, kränklich, bei armen Eltern, die nichts zu

17 Zit. in KantowskiNyp, S. 157.

18 Aus seinem Vortrag bei der Entgegennahme des Friedenspreises des deutschen Buchhandels in Frankfurt 1961, zit. nach WW, 31. Jg. (1985) S. 196.

sagen haben, oder warum die einen Wesen nach dem Tod auf dem Abweg, die anderen in einer übermenschlichen Daseinsweise wieder erscheinen.[19] Damit ist aber keineswegs gesagt, dass alles Karma, das unserem jetzigen Erleben zugrunde liegt, nur in *früheren* Geburten gewirkt worden ist und dass sich unser *jetziges* Wirken nur in *späteren* Geburten auswirkt, nicht schon in diesem Dasein. *Karma* ist jegliches willentliche Wirken und jegliche damit bewirkte Folge – wann auch immer sie sich abspielen –, *auch* in diesem *jetzigen* Dasein. Aber nicht *jedes* willentliche Wirken wirkt sich in vollem Umfang schon in diesem jetzigen Dasein aus. Vieles *reift* erst in späterer Geburt.

HANS: Hat das Buddha irgendwo näher erklärt?

FRITZ: Lass mich einmal nachdenken – ja, an mehreren Stellen wie etwa in

PĀTALI oder DER ANGENEHME: S 42,13.

Im Land der Koliyer bei einem Marktflecken namens Uttaro kam der Amtmann Pāṭaliyo besorgt zum Erhabenen; denn er hatte sagen hören: *»Der Asket Gotamo kennt sich mit der Täuschung aus«* und hatte das missverstanden, als ob der Erwachte andere *täuscht*. Das konnte er nicht glauben. Der Erwachte hilft ihm mit einem Dialog über seinen Denkfehler weg: Der Amtmann kenne zwar die sittenlosen Söldner der Koliyer; aber deshalb sei er doch nicht selber sittenlos. Dass der Erwachte die Täuschung kenne, bedeute also nicht, dass er selber täusche. Daran knüpft der Erwachte nun eine Darlegung über das Karmagesetz: *»Ich kenne genau die Täuschung, Amtmann, und die Frucht der Täuschung. Und die Art von Vorgehen, durch die einer, der täuscht, nach dem Absterben des Körpers, jenseits des Todes, auf den Abweg gerät, auf üble Bahn, in die Unterwelt und in einer Hölle wieder erscheint – auch die kenne ich genau. Und ich kenne genau das Töten von Lebendigem/ das Nehmen von Nichtgegebenem/ die falschen Geschlechtsbeziehungen/ das Lügen/ das Hintertragen/ die verletzenden Reden/ das leere Geschwätz/ Habsucht/ Übelwollen/ falsche Anschauung, Amtmann, und ich kenne genau die Frucht davon und diejenige Art von Vorgehen, durch die, wer so vorgeht, nach dem Absterben des Körpers, jenseits des Todes, auf den Abweg gerät, auf üble Bahn, in die Unterwelt und in einer Hölle wieder erscheint – auch die kenne ich genau.«*

HANS: Heißt das, *jeder*, der tötet, stiehlt usw., ja sogar *jeder*, der eine falsche Ansicht hat, kommt in die Hölle? Oder hab ich das falsch verstanden?

FRITZ: Das hast du falsch verstanden: Der Erwachte sagt ja gerade, dass er das Wirken der Menschen auf den zehn untauglichen Wirkensbahnen und dessen Frucht »genau kennt« (*pa-jānāti*) und auch *diejenige* besondere *»Art von Vorgehen«*, die zum Absinken in eine Existenzweise voll ununterbrochener leibhaftiger Schmerzen führt– was man eben »Hölle« nennt. Diese schlimmste Folge tritt also nicht bei jedem ein, der auf der falschen Wirkensbahn wandelt, sondern nur bei einer *besonderen* Art von Vorgehen.

HANS: Welche *besondere* Art von Vorgehen ist da gemeint?

FRITZ: Die extremen Erscheinungsformen des Nächstenquälers oder Selbstquälers.

HANS: Ach ja, davon sind ja gegen Ende der dogmenlosen Darlegung in M 60 plastische Beispiele genannt. Aber auch wenn wir spüren, dass es zwischen Himmel und Erde Dinge gibt, von denen unsere Schulweisheit sich nichts träumen lässt, haben wir »aufgeklärten« westlichen Menschen doch unsere Schwierigkeiten damit. Könnten wir nicht auch einmal ausführlicher über die verschiedenen Daseinsformen und Erlebnisweisen sprechen, die der Buddha immer wieder nennt – »*Himmel*«, »*Gespensterwelten*«, »*Höllen*«?

FRITZ: Das ist schon eingeplant, Hans. Aber lass uns zunächst noch bei unserer Rede bleiben. Jetzt kommt nämlich eine ganz ähnliche Frage wie die deine:

19 Vgl. die grundlegende Rede über die zehn Wirkensfährten (*kammapatha*), M 41, ferner in A II,6; A II,17, A II,41.

*»Es gibt manche Asketen und brahmisch Lebende, die verkünden und meinen: ›*Jeder, *der ein Wesen tötet, Nichtgegebenes nimmt, falsche Geschlechtsbeziehungen pflegt, lügt –* alle *die erleiden schon zu Lebzeiten körperliches und geistiges Weh.*[20] *— Aber manchen sieht man doch bekränzt, beringt, wohlgebadet, fein parfümiert, wohlfrisiert, als Frauenheld in königlichem Luxus leben, dass die Leute fragen: ›Was hat dieser gute Mann getan, dass er bekränzt, beringt, wohlgebadet, fein parfümiert, wohlfrisiert, als Frauenheld in königlichem Luxus lebt?‹ Und dann heißt es: ›Dieser gute Mann hat einen Gegner des Königs gewaltsam ums Leben gebracht. Da hat ihn der König zum Dank beschenkt. Deshalb lebt dieser gute Mann in königlichem Luxus.‹ – Einen anderen Mann aber sieht man, die Hände mit einem starken Strick auf den Rücken geschnürt, mit festen Banden gebunden, kahl geschoren, unter dem schrillen Lärm der kleinen Trommeln von Straße zu Straße, von Platz zu Platz zum Südtor hinausgeführt werden, und im Süden der Stadt wird ihm der Kopf abgeschlagen. Wenn dann die Leute fragen: ›Was hat dieser gute Mann getan, dass ihm der Kopf abgeschlagen wird?‹ dann heißt es: ›Dieser gute Mann war ein Gegner des Königs. Er hat eine Frau oder einen Mann ums Leben gebracht. Da hat ihn der König festnehmen lassen, und nun verfahren sie so mit ihm.‹ – Was meinst du, hast du so etwas schon gesehen oder gehört?« — »So etwas habe ich schon gesehen und gehört, Herr, und das wird man immer wieder hören.« — »Nun, Amtmann, sagen dann jene Asketen und brahmisch Lebenden, die verkünden und meinen: ›jeder, der ein Wesen tötet, erleidet schon zu Lebzeiten körperliches und geistiges Weh‹, die Wahrheit oder die Unwahrheit?« — »Die Unwahrheit, Herr.« — »Die aber hohl und unwahr daherreden, sind die heilstauglich oder heilsuntauglich?« — »Heilsuntauglich, Herr.« — »Die aber heilsuntauglich und übel geartet sind, sind die falsch oder recht vorgegangen?« — »Falsch, Herr.« — »Die aber falsch vorgegangen sind, haben die falsche oder rechte Anschauung?«– »Falsche Anschauung, Herr.« — »Die aber falsche Anschauung haben – kann man bei denen zu Frieden und Klarheit kommen?« — »Nein, Herr.«*

»Da sieht man manchen bekränzt, beringt, wohlgebadet, fein parfümiert, wohlfrisiert, als Frauenheld in königlichem Luxus leben, dass die Leute fragen: ›Was hat dieser gute Mann getan, dass er so in königlichem Luxus lebt?‹ Und dann heißt es: ›Dieser gute Mann hat einem Gegner des Königs mit Gewalt die Juwelen weggenommen.‹ – Andererseits sieht man aber einen anderen Mann, mit festen Banden gebunden, zum Südtor hinausgeführt werden, und im Süden der Stadt wird ihm der Kopf abgeschlagen. Wenn dann die Leute fragen: ›Was hat dieser gute Mann getan?‹, dann heißt es: ›Dieser gute Mann hat im Dorf oder im Wald Nichtgegebenes durch Diebstahl weggenommen. Da hat ihn der König verhaften lassen, und darum verfahren sie so mit ihm.‹ – Was meinst du, hast du so etwas schon gesehen oder gehört?« — »So etwas habe ich schon gesehen und gehört, und das wird man immer wieder hören.«

»Da sieht man manchen in königlichem Luxus leben, Amtmann, dass die Leute fragen: ›Was hat dieser gute Mann getan, dass er so in königlichem Luxus lebt?‹ Und dann heißt es: ›Dieser gute Mann hat mit den Frauen eines Gegners des Königs falsche Geschlechtsbeziehungen gepflegt. Da hat sich der König gefreut und hat ihn zum Dank beschenkt.‹ – Andererseits sieht man aber einen anderen Mann, dem wird der Kopf abgeschlagen. Wenn dann die Leute fragen: ›Was hat dieser gute Mann getan?‹, dann heißt es: ›Dieser gute Mann hat mit unter der Obhut der Familie Stehenden falsche Geschlechtsbeziehungen gepflegt. Da hat ihn der König verhaften lassen, und darum verfahren sie so mit ihm.‹ Was meinst du, hast du so etwas schon gesehen oder gehört?« — »So etwas habe ich schon gesehen und gehört, und das wird man immer wieder hören.«

Da sieht man manchen in königlichem Luxus leben, Amtmann, dass die Leute fragen: ›Was hat dieser gute Mann getan?‹ Und dann heißt es: ›Dieser gute Mann hat den König durch eine Unwahrheit zum Lachen gebracht. Da hat ihn der König zum Dank beschenkt.‹ – Andererseits sieht

20 Vgl. S 42,8.

man aber einen anderen Mann, dem wird der Kopf abgeschlagen. Wenn dann die Leute fragen: ›Was hat dieser gute Mann getan?‹, dann heißt es: ›Er hat durch Lügen einen Hausvater oder den Sohn eines Hausvaters um seine Habe gebracht.‹ – Nun: sagen dann jene Asketen und brahmisch Lebenden die Wahrheit oder die Unwahrheit, die verkünden und meinen: ›jeder, der Nichtgegebenes nimmt/ falsche Geschlechtsbeziehungen pflegt/ lügt, erleidet schon zu Lebzeiten körperliches und geistiges Weh‹?« — »Die Unwahrheit, Herr.« — »Die aber hohl und unwahr daherreden, sind die heilstauglich oder heilsuntauglich?« — »Heilsuntauglich, Herr.« — »Die aber heilsuntauglich und übel geartet sind, sind die falsch oder recht vorgegangen?« — »Falsch, Herr.« — »Die aber falsch vorgegangen sind, haben die falsche oder rechte Anschauung?« — »Falsche Anschauung, Herr.« — »Die aber falsche Anschauung haben – kann man bei denen zu Frieden und Klarheit kommen?« — »Nein, Herr.« — Nun jubelt der Amtmann: »Wunderbar, Herr.«

HANS: Mir leuchtet diese Klarheit und differenzierte Betrachtung ein. Aber bei Gesprächen über die Lehre des Buddha bekomme ich immer wieder im Grund das Gleiche entgegengehalten. Ich fasse diese Einwände einmal alle zusammen:

»Na gut, es leuchtet uns ja schon ein:

• Karma und Wiedergeburt ist wohl die geschlossenste, widerspruchsfreieste Erklärung für das, was man ›Schicksal‹ nennt.

• Wir meinen auch nicht, dass es mit dem Tod aus ist. Wir sind ja keine Materialisten.

• Es klingt auch plausibel, dass Triebe nur durch bewertendes Denken geschaffen, verändert und aufgehoben werden können.

• Daraus mag logisch folgen, dass die Triebe eigentlich nicht erst durch die Zeugung oder Geburt des Körpers geschaffen noch durch den Tod des Körpers vernichtet werden. Aber weiß man das?

• Es stimmt schon: Spitzenvertreter der physikalischen Grundlagenforschung haben gesagt, in der Materie sei keine Spur von Leben zu finden, ›Materie‹ bestünde gar nicht ›objektiv‹. Aber das ist mir zu abstrakt. Das würde doch den gesunden Menschenverstand auf den Kopf stellen: Ich kann die Materie doch anfassen.

• Es steht außer Zweifel, dass es der Buddha und andere Große der Menschheit ehrlich meinen, wenn sie sagen, sie sähen leibhaftig, dass das Karmagesetz schon vor der Geburt und nach dem Tod gelte. Aber das ist doch subjektiv. Vorstellen kann ich mir es nicht.

• Ich will auch die Redlichkeit der Berichte über eigene leibhaftige Jenseits-Erfahrungen von heute lebenden vernünftigen, sachlichen Menschen gar nicht anzweifeln. Ich höre auch manchmal in meinem eigenen nächsten Umkreis solche verwunderlichen Berichte über eigenes Erleben von sonst recht zuverlässigen, kritischen Menschen. Aber das kann man doch nicht ernst nehmen. Vielleicht haben die nur halluziniert.

• Ich kann doch nicht von so völlig ungewohnten Vorstellungen ausgehen, solange ich selber Derartiges nicht erlebt habe. Gut: als abstrakte Gesetzmäßigkeit mögen die Aussagen über Karma und Wiedergeburt sogar richtig sein. Bessere Erklärungen weiß ich auch nicht – nicht einmal ebenso einleuchtende. Aber wenn ich dann in den Reden des Buddha so viele ins einzelne gehende konkrete Anwendungsfälle höre – sozusagen *›mit Namen und Adresse‹* –, dann muss ich doch lächeln. Das klingt mir zu naiv. Schließlich leben wir nicht mehr im Mittelalter. Um mit Karma und Wiedergeburt ernsthaft zu rechnen, müsste ich einen Glaubensakt vollziehen. Dazu bin ich – bei allem Respekt vor denen, die es können – heute, in unserem wissenschaftlich aufgeklärten Zeitalter nicht bereit.

• Aber irgendeine höhere Macht, einen Gott, muss es wohl geben. Ihm sollten wir diese Probleme überlassen. Das ist subjektive Glaubenssache, über die man nicht sprechen kann.« — So sagen manche – nur nicht in einer solchen dichten Zusammenfassung, bei der das Wirre und Widersprüchliche so deutlich hervortritt. Dann würde vielleicht das überlegene Lächeln des

»aufgeklärten modernen Menschen« doch aus den Zügen mancher weichen. — Ich selber bin mir inzwischen einig geworden, wie ich mit der Vorstellung von Karma und Wiedergeburt für mich selber umgehe. Aber dann kommen diese lieben »Weltklugen«. Es sind so feine Menschen darunter, und sie ziehen mich ins Gespräch!

Was soll ich nur mit denen machen?

Fritz: Ehe ich *»mit denen«* etwas mache, versuche ich erst einmal, mit *mir selber* etwas zu machen: Ich versuche, ihnen erst einmal mit Achtung zuzuhören, sie aus ihrer Lebensgeschichte heraus zu verstehen, bei ihnen nicht den Eindruck des »überlegen Wissenden« entstehen zu lassen. Das ist allerdings oft schwer. Denn oft tun sie alles, was nicht zu ihren in der Tiefe wankenden oder noch nie fest gewesenen Denkmustern passt, mit einer solchen sofortige Zustimmung beanspruchenden Wucht ab, dass sie auch schon den Versuch, nicht bedingungslos vor ihrem »gesunden Menschenverstand« zu kapitulieren, sondern ein freundliches Gesicht dazu zu machen, als beleidigend »überlegenes Lächeln« empfinden, wenn sie nicht zu der Menschengruppe gehören, der eigene Erfahrungen oder die von Nahestehenden über Jenseitserlebnisse zur Verfügung stehen, die sie nicht als Schwindel oder Halluzination abtun können.

Hans: Gehörst du denn zu dieser Menschengruppe?

Fritz: Wenn du so direkt fragst, muss ich antworten: Ja. Das ist gar nichts so besonderes. Dazu gehören viele. Gegenüber Menschen, denen solche Erfahrungen oder Erlebnisse nicht zugänglich sind oder die sie verdrängt haben, geht es um die richtige Weise, geduldig zu bleiben und die Wahrheit nicht aus dem Auge zu verlieren. Man kann dem Gesprächspartner z. B. einfach erzählen von den Gründen, aus denen man selber Vertrauen zu den vielen, vielen Aussagen des Buddha über Karma und Wiedergeburt gewonnen hat – freilich ohne ihn dazu zu drängen, auch zu vertrauen.

Hans: Dann wird der Gesprächspartner aber doch sagen: »Na also, dann bist du doch auch auf einen Glaubensakt angewiesen.«

Fritz: Darauf kann man zweierlei antworten:

Zum einen: Ein Glaubensakt liegt, genau genommen, nur vor, wenn keine Möglichkeit gesehen wird, auf Grund eigenen Bemühens selber sehend zu werden, so dass man darauf angewiesen bliebe, ohne Prüfmöglichkeit etwas für wahr zu halten, nur weil es ein anderer gesagt hat. Wo dagegen die Möglichkeit eigener *Nachprüfung* verkündet wird, da bedeutet »Glauben« nur ein Vertrauen auf eine *Anleitung* zum Vorgehen in Richtung auf *Selbersehen*. Dann ist das Vertrauen auf die Möglichkeit, dass das Vorgehen Erfolg hat, nur eine vorübergehende *Überbrückung*, bis sich herausgestellt hat, ob auf diesem Weg Selbersehen zu wachsen beginnt – letztlich also ein Vertrauen zu dem Sinn von Aufbruch und Anstrengung zum *Selbersehen*. Es nützt daher nichts, nur an die Anleitung zu *glauben*: man muss ihr auch *folgen*, muss den Weg *gehen*, dann wird man ja sehen. Das ist so wenig ein *»Glaubensakt«*, wie wenn ein Wissenschaftler Arbeit und Forschungsmittel für ein Experiment einsetzt, dessen Ausgang er zwar noch nicht kennt, bei dem er aber auf Grund ernst zu nehmender Beobachtungen oder Hinweise anderer Forscher das Vertrauen hat, zu einem positiven Ergebnis zu kommen. Der Buddha lädt ja ein: *»Komm und sieh selbst!«*, und er lehrt auch, wie man das macht. Er sagt damit, dass die Forschungsreise in das eigene Innere mit allen präzis beschriebenen Stadien von jedem verständigen Menschen, der richtig vorgeht, wiederholbar ist. Die Reden enthalten zahlreiche Berichte, dass viele Mönche und Nonnen schon zu Lebzeiten das höchste Ziel erreicht haben, und es werden davon genaue Beschreibungen gegeben. In Nādika etwa, einem für den Erwachten besonders aufgeschlossenen Ort[21] sagt der Erwachte

21 Vgl. Proper Names, unter Ñātika.

gegen Ende seiner 45-jährigen Lehrtätigkeit Ānando auf dessen Frage, wo in letzter Zeit dort einige Verstorbene wieder erschienen seien, allein aus diesem einen Ort seien sogar über fünfzig häusliche Anhänger als Nichtwiederkehrer oberhalb der Sinnenwelt erschienen; etwa 90 weitere seien Einmalwiederkehrer geworden, und in die Heilsströmung eingetreten seien *»mehr als 500«*.[22] Da bestand sehr wohl die Möglichkeit zur Überprüfung der Wiederholbarkeit durch Erfahrungsaustausch.

Hans: Und was ist das *zweite*, das man einem solchen »Weltklugen« sagen kann?

Fritz: Das, was Carl Friedrich von Weizsäcker einmal gesagt hat[23]: *»Viele Bewunderer der Wissenschaft meinen, sie unterscheide sich gerade darin von der Religion, dass sie Glauben durch Vernunft ersetzt. Eben diese Meinung ist nach meiner Ansicht eine Äußerung ihres Glaubens. Das führende Element des Glaubens ist nicht das Fürwahrhalten, sondern das Vertrauen. Fürwahrhalten ist eine intellektuelle Haltung; es ist Zustimmung zu einer Meinung auch ohne die Basis des Wissens. Unter Vertrauen hingegen verstehe ich eine Beschaffenheit der ganzen Person, die nicht auf das bewusste Denken beschränkt ist. Wenn wir wirklich vertrauen, dann leben und handeln wir so, wie wir leben und handeln müssen, wenn das, worauf wir vertrauen, wirklich und wahr ist.«*

Hans: Dann vollziehen also meine gelehrten Freunde gerade dann, wenn sie als »Aufgeklärte« ihre naturwissenschaftlichen Grundannahmen auf Grund bloßen Denkens für wahr halten, ständig »*Glaubensakte*«!

Fritz: Eben darauf wollte ich hinaus: Jeder Mensch braucht Richtlinien zum Leben. Als »Gebildete« kennen deine Gesprächspartner aber sicher den längst unumstrittenen Grundsatz der Wissenschaftstheorie, dass *»Theorien* eine *Eigenschaft* nicht *haben, die man ihnen früher zuschrieb: die* Beweisbarkeit.« Man kann sie nur widerlegen (*falsifizieren*), nie positiv beweisen (*verifizieren*).[24] Immer wieder sind im Laufe der Wissenschaftsgeschichte Dogmen gestürzt, an denen keiner gezweifelt hatte, in den wenigen letzten Jahren mehr als je zuvor. Darum lebt auch der »exakte Naturwissenschaftler« jetzt schon ständig von seinem *Glauben* an die moderne Naturwissenschaft und bezeugt sein Vertrauen darauf eben dadurch, dass er so handelt, *als ob* das, was vielleicht nächstes Jahr widerlegt ist, richtig wäre. Es wäre also für ihn gar keine prinzipielle Umstellung, wenn er dem Rat des Erwachten folgen würde: doch einfach einmal eine Zeit lang so zu *leben*, *als ob* die Aussagen des Erwachten richtig wären. Dann wird er ja sehen. Solange man freilich die Lehre des Buddha für eine Mönchsreligion hält und meint, man müsse dazu Mönch oder Nonne werden, wäre das unzumutbar. Ich denke immer noch an einen achtzigjährigen, glücklich verheirateten ernsten Wahrheitsucher, der mir nach einem tiefen Eindruck, den er von der Lehre des Buddha gewonnen hatte, tief bewegt sagte: *»Aber ich kann doch meine Klara nicht allein lassen!«* Wegen der Häufigkeit solcher schmerzlicher Missverständnisse will ich mit meinem Buch ja gerade zeigen: *»Der Buddha sprach nicht nur für Mönche und Nonnen.«* Nicht Asketentum ist nötig, um bereits in diesem Leben auf ewig die Sicherheit zu erringen, in absehbarer Zeit zur Erlösung zu kommen, sondern Verhaltensweisen, von denen jeder sich wünschen würde, dass die Mitwesen ihm damit begegnen würden, und man kann mit diesen Vorgehensweisen sein Leben in Familie und Beruf nicht nur ungestört, sondern sogar mit mehr Erfolg und Freude und weniger Risiko weiterführen.

Ruth: Ich glaube noch einen weiteren Grund zu ahnen für die Schwierigkeiten mancher westlicher Buddhisten mit Karma und Wiedergeburt: Sie beobachten zwar in Retreats oder Meditationsstunden mit großem Ernst und oft beruhigender, entspannender und die Achtsamkeit schärfender Wirkung den *Körper* beim Atmen oder Gehen. Aber im *Geist* haben

22 D 16 II, s.u. im 15. Gespräch.
23 WeizsTragweite, S. 4.
24 Vgl. dazu G. Vollmer in: *Universitas* 2/1992, S. 160 ff.

sie noch nicht die überholten alten westlichen Denkmuster einer »objektiven, materiellen Welt« ausgemistet – oft in der Vorstellung, man müsse das Denken ganz abstellen. Dann wirken aber diese Denkmuster unterschwellig weiter.

FRITZ: ... und verstopfen die Denkkanäle, wie tote Fische nach einem Fischsterben die Schleusen verstopfen. Ich nenne deshalb solche überholten, aber noch nicht aus den Wohlerfahrungsprogrammen getilgten Denkmuster gern »*Wasserleichen*«: Man hat zwar vielleicht sogar schon einmal ihre Unrichtigkeit eingesehen und hält sie für tot. Aber wenn man diese »Wasserleichen« nicht aus der Strömung der programmierten Wohlerfahrungssuche im Denken (*manoviññāna*) herausholt, dann verstopfen sie die Denkbahnen und stinken zum Himmel.

RUTH: Genau! Deshalb sagen solche Menschen dann oft: »Ja, die Lehre des Buddha ist ganz erhaben. Aber wir leben nun einmal in dieser Welt der harten Tatsachen« (als ob das eine »objektiv materielle Wirklichkeit« wäre!). Damit bleiben sie weltgläubig, bleiben sogar hinter den Spitzen der westlichen Naturwissenschaft zurück und ignorieren oder verdrängen, dass »*Welt*« und »*Materie*« (und »*Ich*« und »*Du*«) weder aus »an sich« bestehender Materie noch aus »an sich« bestehenden Ideen geformt sind, sondern aus Wahrnehmung – aus *psychischen Vorgängen*, also so oder so *ohne Substanz*. Wer sich den Erkenntnismöglichkeiten für ein Überschreiten der Grenzen der Alltagswahrnehmung versperrt, weil sie seine unbewusste wahnhafte »Weltsicherheit« gefährden, den bringen auch hingebende Übungen in Mönchs-Meditationen bei vorübergehenden »Retreats« in seinem täglichen Leben nicht ernstlich über die Grenzen der menschlichen sinnlichen Wahrnehmung hinaus, von *Erfahrungen* oberhalb der Sinnenwelt gar nicht zu reden. Wenn die wohl tuende Meditationswoche oder der Meditationsmonat um ist, dann ist der Teilnehmer oder die Teilnehmerin zwar um manchmal beseligende Erfahrungen reicher, taucht aber meist doch wieder mit Haut und Haar, Herz und Gemüt, Geist und Denkgewöhnung ein in die vermeintliche »*Welt der harten Tatsachen, in der wir nun einmal leben*« und macht immer wieder den untauglichen Versuch, »die Welt« zu verbessern, statt die Gefangenschaft in der Wahrnehmung aufzulösen.

FRITZ: Ja, Ruth. Wer erkennt schon wie Gustav Meyrink: »*Hätte ich mich doch nie verleiten lassen zu glauben, dass irgendeine Macht außer mir selbst mein Schicksal zu gestalten vermag. Ich dachte, weil ich es durch Taten nicht zu ändern vermochte, dass ich ihm wehrlos gegenüberstünde. Wie oft ist es mir nicht durch den Sinn gefahren, dass Herr über seine Gedanken zu sein, auch bedeuten müsse, der allmächtige Lenker seines Schicksals zu sein! Aber ich habe es jedes Mal verworfen, weil die Folgen solcher halben Versuche nicht sofort eintraten. Ich unterschätzte die magische Gewalt der Gedanken und verfiel immer wieder in den Erbfehler der Menschheit, die Tat für einen Riesen zu halten und den Gedanken für ein Hirngespinst. — Nur wer das Licht bewegen lernt, kann den Schatten gebieten und mit ihnen: dem Schicksal; wer es mit Taten zu vollbringen versucht, ist selbst nur ein Schatten, der mit Schatten vergeblich kämpft.*«[25]

Zu diesem tiefsten Grundbestand der Lehre des Erwachten (der Meyrink begegnet war) haben nur die wenigsten westlichen Buddhisten Zugang. Der dringliche Hinweis des Erwachten auf die Traumhaftigkeit, ja Wahnhaftigkeit der Existenz erschließt sich ihnen meist nur bis zu der richtigen Einsicht, dass sie sich der Motive ihres Denkens, Redens und Handelns selten klar bewusst sind, weil sie das eine tun, gleichzeitig aber etwas anderes reden und mit den Gedanken wieder woanders sind. Das einsehen und sich mit Achtsamkeit darum zu bemühen, sich in *diesem* Leben »auf den Fersen zu bleiben«, ist gut und heilsnotwendig und erschließt ganz neue Erfahrungen, dass die Welt insoweit »ganz anders« ist, als man zu denken gewohnt war. Aber es erschließt noch nicht den tiefsten Grund, warum sie so anders ist: dass nämlich »Welt« und

25 Zitiert nach HHKEN, S. 232.

»Ich« nicht etwa nur anders aussehen, als sie wirklich sind, aber eben doch »wirklich *sind*«, sondern dass »Welt« und »Ich« *Wahn* sind, die *ganze* Existenz *Wahn* ist. So bleibt auch die Grundanschauung solcher strebenden Menschen unbewusst noch dem cartesianisch-newtonschen Schattenreich verhaftet.

RUTH: Ja, Fritz. Das bewahrt zwar manche davor, auf jede esoterische Schwärmerei kritiklos hereinzufallen. Aber dem steht gegenüber – und darauf wollte ich hinaus –: Bei guten Meditationen werden sie oft ganz aus der gewohnten Verstrickung in die »Bindung an die Begegnung«[26] herausgehoben und empfinden dadurch ein echtes vorübergehendes Wohl – für die meisten das höchste Erleben, das sie kennen. Deshalb neigen sie verständlicherweise leicht dazu, die so deutlichen und konkreten Berichte des Erwachten oder anderer Großer über *leibhaftiges* Erleben *anderer Existenzweisen* als der menschlichen oder gar als der sinnlichen insgesamt – auch aus der Zeit vor oder nach der gegenwärtigen Wiedergeburt – *umzudeuten* in bloße Schilderungen von vorübergehenden Unterbrechungen des *jetzigen* Menschenlebens durch meditative Erlebnisse ähnlich den ihren, die nur eben in »mythischer« Sprache beschrieben seien. Und so tun sie alle Aussagen über Wiedergeburten in – von hier aus gesehen – »jenseitigen« Existenzweisen nachsichtig lächelnd als »Naivitäten« ab in der Meinung, darüber durch ihre leibhaftige – begrenzte und überschätzte – Meditationserfahrung erhaben zu sein. Das scheint mir aber im Grund nur eine feine Spielart des in M 60 entlarvten Fehlschlusses zu sein: *»Ich habe es nicht erfahren, also kann es das nicht geben.«*

FRITZ: An deinem Hinweis ist etwas, Ruth. Zu mir hat ein solcher ernsthaft Meditierender einmal sinngemäß genau das gesagt, wovon du gesprochen hast: Jenseitsbereiche, Himmel, Geistwesen – darüber nachzudenken, sei *»nur schädlich«*. *»Götter«* – das seien doch nur Umschreibungen von Inhalten der in *diesem* Leben geübten Meditationen. — (dass der Erwachte gerade die Betrachtung über die Himmelswesen u. a. als Bestandteil der sechs unübertrefflichen Betrachtungen oft *empfohlen* hat, war ihm unbekannt.) In dieser Richtung bestehen in der Tat bei westlichen Buddhisten erhebliche Defizite an *»rechter Anschauung«*. Im *»modernen«* Buddhismus wird unter Nachfolge auf dem Achtpfad fast nur noch das rechte Mühen (sechstes Glied) um die Pflege des *siebten* Glieds des Achtpfades (»rechte Achtsamkeit« = *sammā sati*) verstanden. Die breite Basis für dieses zweithöchste »Obergeschoss« der Nachfolge – nämlich die ständige Pflege der rechten Anschauung, der rechten Gemütshaltung und der heilenden Tugend – kommt darüber oft zu kurz. Es gibt Anhänger später Schulen des Buddhismus, die kaum wissen, dass es einen reichen Schatz von Lehrreden des Buddha gibt, da bei ihnen Textstudium verpönt ist. Selbst im heutigen Theravāda-Orden hat das Studium des tausend Jahre jüngeren gelehrten Abhidhamma, dieser *»riesigen Sammlung von systematisch angeordneten, tabellarisierten und klassifizierten Lehrinhalten«*[27] das Verinnerlichen des Korbes der Lehrtexte (*Sutta-Piṭaka*) in asiatischen Ländern weitgehend verdrängt. Wir erleben eben die Erlebensweise zweitausend Jahre nach dem »Verfalldatum« des Ordens und können umso dankbarer sein, dass der Theravāda-Orden dennoch stets die Texte rein bewahrt hat.

Wir haben inzwischen schon viele Beschreibungen des Erwachten über bereits in diesem Menschenleben erreichbare meditative Zustände wie Entrückungen oder Strahlungen kennen gelernt. Da werden wir nichts von »mythischer Sprache« bemerkt haben, sondern eine durch den immer gleichen Wortlaut unterstrichene kristallene Klarheit des Ausdrucks – feinfühlige, gleichwohl völlig sachliche Beschreibungen innerer Entwicklungen, Übungserfahrungen und Empfindungen. In der gleichen sachlich klaren Sprache liegen aber auch viele Äußerungen des Erwachten vor über, wie er ausdrücklich sagt, *leibhaftig* von ihm erfahrene *außermenschliche* –

26 *sīlabatta-paramāsa* = »Überschätzen von sittlichem Verhalten«.
27 Vgl. Tipiṭaka, S. 127.

auch außersinnliche oder gar gestaltfreie – Existenzweisen jenseits des Menschentums *vor* oder *nach* einem jeweiligen Menschenleben. Auch davon sind wir manchen begegnet, besonders in den Beschreibungen der beiden ersten Weisheitsdurchbrüche: Rückerinnerung und unmittelbares, übersinnliches Sehen des Hinschwindens und Wiedererscheinens der Wesen je nach ihrem Wirken. Ich habe noch einen ganzen Stapel weiterer solcher Berichte bereitgelegt. Da könnt ihr euch ja selber ein Bild machen.

Hans: Oft sind heute Suchende so übersättigt mit Kopfwissen über alle möglichen Meinungen von Kommentaren, Sekundärliteratur und über verschiedenartige Meditationstechniken von heutigen Gurus und Kursen (darunter sicher auch guten), dass sie sich sehr schwer tun mit der Frage, woran sie sich nun halten sollen.

Fritz: Das *ist* aber auch schwer, und der Erwachte erwartet von einem ernsthaft Suchenden durchaus nicht, was manche andere Heilslehrer oder Glaubensgemeinschaften oder an der *ratio* verzweifelte Esoteriker empfehlen: dass er einen »Glaubensakt wagt« und sich so verhält, wie der Schriftsteller Ray Bradbury meint: *»Man muss immerzu von steilen Abhängen springen und zusehen, dass einem unterwegs Flügel wachsen.«*[28] Der Erwachte empfiehlt durchaus nicht: *»Augen zu und springen«*, sondern im Gegenteil: *»Augen weit* auf, *Lehrer und Lehre prüfen und, wenn sie die Prüfung bestehen, ruhig, solide und beharrlich arbeiten und dabei die Wahrheit im Auge behalten.«* Diese Maßstäbe hat der Buddha ja in M 95 dem jungen gelehrten Kāpathiko genannt. Gerade in der Lehrrede S 42,13, bei der wir noch sind, hatte sich unser Amtmann Pāṭaliyo bisher auch in dem Wust von religiösen Standpunkten nicht mehr zurechtgefunden. In den Antworten des Buddha fand er dagegen eine Klarheit und Eindeutigkeit wie bei keinem anderen Heilslehrer. Darüber berichtet er jetzt dem Erwachten mit ganz ähnlichen Worten wie die Hausväter von Sālā in M 60:

»Wunderbar, einmalig, Herr! Ich habe ein Rasthaus. Dort gibt es Betten, Stühle, einen Wasserbottich und eine Öllampe. Dorthin kommen Asketen und brahmisch Lebende. Die bewirte ich nach Kräften. — Einmal hielten sich dort vier Gurus auf, die hatten verschiedene Ansichten, verschiedenen Glauben und unterschiedliches Streben: – Der eine Guru verkündete und meinte: ›Geben, Opfern und Spenden hat keinen Sinn; es gibt keine Saat und Ernte guten und schlechten Wirkens; diese und jene Welt‹ – das gibt es nicht, es gibt nicht so, wie es Vater und Mutter gibt, ein unmittelbares Erscheinen von Wesen; es gibt in der Welt keine Asketen und brahmisch Lebende, die in der Einigung so weit gekommen sind, dass sie sich diese Welt und jene Welt in weltüberlegener Schau offenbar gemacht haben und erklären können.‹

Der andere Guru verkündete und meinte das Gegenteil. — Der dritte Guru verkündete und meinte: ›Ob da einer handelt oder andere handeln lässt, zerstört oder zerstören lässt, quält oder quälen lässt, selber jammert oder andere jammern macht, klagt oder andere zum Klagen bringt, zittert oder andere zittern lässt, Leben vernichtet, Nichtgegebenes nimmt, einbricht, raubt, ein Räuberleben führt, Wegelagerer ist, sich mit den Frauen anderer einlässt, lügt – durch sein Handeln wird nichts Schlechtes erzeugt; – es gibt keine Wiederkehr des Schlechten. Und wenn einer auch am Nordufer des Ganges spendend, schenkend und opfernd dahinzöge – er hätte kein Verdienst davon. — Aus Geben, Selbstbeherrschung, Opfern, Wahrhaftigkeit hat man kein Verdienst; es gibt keine Wiederkehr guter Folgen.‹ – Der vierte Guru verkündete und meinte: ›Es gibt eine Wiederkehr schlechter und guter Folgen.‹ – Da bin ich nun im Zweifel, Herr, und bin unsicher: Welcher von diesen Herren Asketen und brahmisch Lebenden spricht die Wahrheit, und welcher spricht die Unwahrheit?« — »Da kannst du aber auch wirklich im Zweifel sein und unsicher werden. Über wahrhaft umstrittene Standpunkte bist du unsicher!« — »Sicher bin ich, dass mir der Erhabene die Wahrheit so zeigen kann, dass ich diese Zweifelgedanken lösen kann.«

28 Zitiert nach: Das Beste aus Reader's Digest, Januar 1993, S. 113.

»Es gibt eine Einigung in Wahrheitsgedanken, *Amtmann, wenn du dabei* Herzenseinigung *erlangen kannst, dann kannst du diese Zweifelgedanken lösen. Was ist das für eine Einigung in Wahrheitsgedanken? – Der* Heilsgänger *hat Umbringen von Lebendigem/ Nehmen von Nichtgegebenem/ falsche Geschlechtsbeziehungen/ Lügen/ Hintertragen/ verletzende Rede/ leeres Geschwätz verworfen, es widerstrebt seinem Wesen; Habsucht hat er verworfen; er ist frei von Habsucht; Übelwollen hat er verworfen; er ist im Herzen frei von Übelwollen; falsche Anschauung hat er verworfen. Er hegt rechte Anschauung. Wahrlich: ein* Heilsgänger, *der frei geworden ist von Habsucht, frei von Übelwollen, wenn der* ungeblendet, *klarbewusst, in voller Wahrheitsgegenwart ist, verweilt er mit liebevollem Gemüt,* durchstrahlt *eine Richtung und verweilt so, dann eine zweite, dann eine dritte, dann eine vierte. So nach oben und unten und mittendurch, überallhin, sich mit allem als eins empfindend, durchstrahlt er ganz und gar die Welt mit liebevollem Gemüt, mit überströmendem, weitem, von Messen freiem, von Abwehr freiem, von Bedrängen freiem Gemüt und verweilt so.*

Dem geht auf: *›Der eine liebe Guru verkündet und meint: Saat und Ernte guter und schlechter Werke, diese wie jene Welt, unmittelbares Erscheinen von Wesen, Asketen und brahmisch Lebende, die sich diese Welt und jene Welt in weltüberlegener Schau offenbar gemacht haben und sie erklären können – das alles gibt es nicht. — Der andere liebe Guru verkündet und meint: Das gibt es. — Ein anderer lieber Guru verkündet und meint: Es gibt keine Wiederkehr des Schlechten, keine Wiederkehr guter Folgen. — Wieder ein anderer lieber Guru verkündet und meint: Es gibt eine Wiederkehr des Schlechten und eine Wiederkehr guter Folgen. Ob nun der eine oder der andere von diesen lieben Gurus Recht hat: ich – der ich jetzt schon nichts bedränge, weder Bewegliches noch Ortsfestes – habe die* absolute Gewissheit *(a-pannakatā), dass ich es für das Diesseits und für das Jenseits auf jeden Fall gut getroffen habe, weil ich ja körperlich, geistig und sprachlich gezügelt bin, so dass ich nach dem Absterben des Körpers, jenseits des Todes auf gute Bahn, in himmlische Welt aufsteigen müsste.‹ In einem solchen erhebt sich* innere Freude; *dem innerlich Freudigen steigt innerer* Jubel *auf. Dem innerlich Jubelnden wird der* Körper still. *Bei gestilltem Körper empfindet er* Wohl. *Wer Wohl empfindet, dem wird das* Herz einig. — *Das ist jene* Einigung *in Wahrheits*gedanken*: Wenn du* dabei *Herzenseinigung (citta-samādhi) erlangen kannst, dann kannst du diese Zweifelgedanken lösen.«*

Da nahm Pāṭaliyo Zuflucht. Der Erwachte sagt also keineswegs, was heute manche moderne buddhistische Richtungen sagen: Stelle das Denken still, tu die Texte weg, meide die Worte, übe *satipaṭṭhāna* und verscheuche störenden *samādhi*!

Hans: Ja, der Buddha nennt eine Vorgehensweise, bei der man *auf jeden Fall* gut fährt, ob es Saat und Ernte und Jenseits gibt oder nicht: indem man nämlich jetzt schon *nichts* und niemanden *bedrängt*.

Ruth: Das erinnert mich an eines unserer ersten Gespräche über die dogmenlose Darlegung in M 60. Weißt du noch, Hans, da hast du zuerst gesagt, es sei dir nicht ganz wohl bei dieser kühlen, »versicherungsmathematischen« Risikoabwägung. Dein Bedenken hat sich erst aufgelöst, als Fritz gezeigt hat, wie sehr auch das Gemüt befriedet wird. Mir scheint, hier bei Pāṭaliyo haben wir die vollständige exakte Darstellung davon: Zum Lösen der intellektuellen Zweifel über Karma und Jenseits rät der Buddha dem Amtmann, sich gar nicht erst auf Meinungen einzulassen, was es gibt und was nicht – das eine wie das andere *»gibt«* es ja nicht *»an sich«*, sondern es tritt, durch Wirken (*kamma*) bedingt, ins Dasein (*bhava*) und tritt, wenn es reif ist, als Wahrnehmung (*Aktivität des Herzens*) in Erscheinung. Pāṭaliyo soll sich einfach im Geist auf einen Gedanken sammeln, der offensichtlich ist: Wer bei sich selber Bedrängen ausrodet, schickt zwangsläufig immer weniger Bedrängendes ins Dasein und wird daher immer weniger Bedrängnis erleben – auch schon in diesem Leben. Wenn es aber noch weitere Wiedergeburten geben sollte, dann muss diese ständige Verminderung von Bedrängendem auf lange Sicht dazu führen, dass er schließlich überhaupt nichts Bedrängendes mehr erlebt. — Eines ist mir allerdings neu: du hast auch hier, wo es nur um Auflösung von zweifelnden *Gedanken* durch

Wahrheitsgedanken geht, »*Einigung*« übersetzt. Damit übersetztest du sonst nur das Pāliwort für *Herzens*-Einigung: »*samādhi*«, aber hier geht es doch um eine Einigung in Gedanken. Steht denn auch da *samādhi*?

FRITZ: Ja: In dieser Rede steht »*dhamma-samādhi*«. Wo *Herzenseinigung* gemeint ist, heißt es ausdrücklich »*citta-samādhi*«. Den Ausdruck »*dhamma-samādhi*« habe ich übrigens bisher im Kanon nur an dieser einen Stelle gefunden. »*Dhamma*« hat dabei die Doppelbedeutung »Gedanke« und »Wahrheit« oder »Lehre«. Deshalb habe ich nicht einfach »Gedankeneinigung« übersetzt, sondern »Einigung in Wahrheitsgedanken«; denn die nur sind gemeint.

RUTH: Diese »Einigung in Wahrheitsgedanken« müsste für uns eigentlich eher zu erreichen sein als *Herzenseinigung*. Bis zur Einigung des *Herzens* ist ein recht weiter Weg. In *Gedanken* kann man schneller mit sich einig werden. Ist dann vielleicht die Einigung in *Gedanken* eine Art *Vorstufe* des eigentlichen *samādhi*, der Einigung des *Herzens*?

FRITZ: So kann man sagen, Ruth: Denn was vor allem hindert denn das Herz an Einheit und Frieden? Wenn wir uns auf die vielerlei Meinungen in der Welt einlassen! Deshalb hat der Erwachte dem Hausvater Potaliyo in M 54 geraten, nach einem »*übergreifenden Blickpunkt*« nicht in der Vielfalt herumzusuchen, sondern in dem »*einheitlichen Anblick, der bei allem das Eine sieht, wodurch alles Aufgreifen von Weltdingen restlos aufhört.*« — Das Wort »*Einigung in Gedanken*« kommt zwar nur in S 42,13 vor. Aber der Sache nach ist dieser »einheitliche Anblick« in M 54 genau die »Einigung in Gedanken«, durch die das beunruhigende Gewühl im Geist zur Ruhe kommt, so dass das Herz ruhig und einig werden kann. Über diese Einigung in Gedanken sagt der Erwachte zweierlei:

• *Zum einen*, wie man sie erreicht: nämlich obwohl es um eine Einigung in Gedanken geht, nicht allein durch eine rasche Einsicht im Geist, sondern als Frucht einer mehrgliedrigen Entwicklung, die freilich mit einer geistigen Umstellung beginnt – weg von der gewohnten oberflächlichen Vielfalt-Betrachtungsweise, hin zu der einigenden Sichtweise, die der Erwachte dem Hausvater Potaliyo zeigt.

• Zum anderen zeigt der Erwachte, auf welche Weise sich auf der Grundlage dieser Einigung in Gedanken die Zweifel lösen: nämlich als Frucht eines bei Einigung in Gedanken auch in der Häuslichkeit erreichbaren Grades von *Herzensfrieden*.

HANS: Du sagst, Einigung in Gedanken erreicht man nicht nur durch eine rasche Einsicht im Geist, sondern durch eine mehrgliedrige Entwicklung. Was für eine Entwicklung?

FRITZ: Das lässt sich aus S 42,13 selber ablesen: Man muss

• *Heilsgänger* geworden sein,

• die *zehn heilsuntauglichen* Wirkensfährten (also auch die falsche Anschauung!) so oft negativ bewertet haben, dass sie einem *widerstreben*.

• Man muss die vielen »Wenn und Aber«, die *Zweifelgedanken*, *aufgelöst* haben,

• und zwar so gründlich, dass über diese Entwicklung innerer *Jubel (pīti)* aufkommt.

HANS: »*Heilsgänger geworden*«: sagst du nochmals, was da bedeutet? Ich weiß es nicht mehr genau.

FRITZ: Das bedeutet: Man muss entweder aus einer unbeirrbaren Ahnung – aus Heilsvertrauen – oder aus Einsicht wenigstens im Geist den Kern der Lehre blitzartig endgültig *anerkannt* haben, auch wenn die Triebe dadurch praktisch noch nicht verändert worden sind. Zumindest in Augenblicken ruhiger Besinnung kann man von da an nicht mehr im alten Ernst hingegeben denken: »*Hiersein ist herrlich.*« Zwar kann das *Herz* danach noch vieles den Sinnen Zusagendes stark begehren, aber auf die Dauer kann der *Geist* doch zu allem, was in dieser »haltlosen« Existenz die Triebe des Herzens reizt – und seien es auch die feinsten Formen und Dinge –nie mehr vorbehaltlos »Ja« sagen wie zuvor. Die Verszeile aus A V,57:

»*Jetzt schon bin ich nicht mehr fähig*, ganz *der Sinnlichkeit zu dienen*«

ist eine exakte Beschreibung der Auflösung der *Fixierung* auf Sinnendinge: *abhijjhā* = »*übermäßiges* Hinstarren« auf Sinnendinge. Das ist noch keine vollständige Befreiung von jedem Sinnenreiz, aber eben vom Übermaß, von der »Fixierung«, der »Besessenheit«. Dadurch wird das Herz allmählich ruhiger, unabhängiger, und am Ende erlöst. Der Weg dazu ist der achtfache Heilsweg mit den drei Etappen Tugend – Herzenseinigung – Klarwissen. Denn das Herz eines Tugendlosen kann auf die Dauer nicht ruhig bleiben, und kein unruhiges Herz kann klar sehen.

HANS: Das sind ja wirklich einfache Gedanken. Wenn man diesen Kern der Lehre in einem »lichten Moment« endgültig als zwingend *anerkennt* – ist man dann in den Strom eingetreten?

FRITZ: Damit allein nicht. Dazu gehört noch mehr. Aber damit ist der *Weg* zum Stromeintritt unumkehrbar betreten. Und schon damit ist man Heilsgänger.

HANS: Du hast uns ja schon lange versprochen, dass wir darüber noch sprechen.

FRITZ: Ich behalte es im Auge. Es gibt darüber viele Lehrreden. — Heilsgänger werden: das ist also die *erste* Voraussetzung für die »Einigung in Wahrheitsgedanken«. Heilsgänger zu werden ist zwar ein rein geistiger Vorgang, hat aber psychische Voraussetzungen: nämlich die fünf Heilssinne. Darüber später mehr. Die *zweite* ist, dass ich im *Geist* die *negative* Bewertung der zehn *heilsuntauglichen* Wirkensbahnen/Karmabahnen (»*akusala kamma-patha*«) so *häufig* vollzogen habe, dass »das Herz sich den *heilstauglichen* zuneigt«.

HANS: Ist das nicht das gleiche wie die heilenden Tugenden?

FRITZ: Mehr: Die heilstauglichen Wirkensbahnen umfassen nicht nur wie die Tugenden das Reden und Handeln, sondern auch die *geistigen* und *gemütsmäßigen* Grundlagen allen Wirkens: rechte Anschauung, Freiheit von übermäßigem Hinstarren auf Sinnendinge und von Übelwollen. Aber wer den Kern der Lehre anerkennt und im Herzen ein Widerstreben gegen Verletzungen der fünf Grundtugenden erzeugt, der wächst damit allmählich auch in alle zehn heilenden Wirkensbahnen hinein. Er mindert die Fixierung auf Sinnendinge, löst Übelwollen auf, und wenn zu Zeiten der Blendung aus alter Gewohnheit falsche Anschauungen über ihn kommen wollen, dann ist ihm zumindest nicht recht wohl dabei, und er sucht nach Korrekturen aus der Lehre.

RUTH: Jetzt geht mir erst richtig auf, dass es sich bei den heilstauglichen und heilsuntauglichen *Wirkensbahnen* ganz unmittelbar um die zentrale Anleitung für *Karma* handelt. Sie heißen ja auch »*kamma-patha*«.

FRITZ: Ja, Ruth. Man kann sie geradezu mit »*Karmabahnen*« übersetzen. Und damit kommen wir zu einem weiteren Glied der Entwicklung der Einigung in Wahrheitsgedanken: Stellen wir uns einmal die Herzensverfassung eines Heilsgängers vor, wie sie der Erwachte dem Amtmann beschreibt: »*frei von Habsucht, frei von Übelwollen*« – Der mag noch weit entfernt von einem Heiligen sein und mag noch allerlei Mucken haben. Er mag noch oft von Hinneigung und Abneigung geblendet sein, nur dass sie eben nicht mehr den Grad der »Fixierung«, der »Besessenheit«, des übermäßigen Hinstarrens (*abhijjhā*) und des *Übelwollens* (*byāpāda*) erreichen. — Solche Menschen strahlen zwar durchaus noch nicht dauernd *pure* Heiterkeit und Liebe aus. Sie mögen zeitweise noch flügellahm, betrübt, empfindlich, gereizt oder für unseren Geschmack reichlich massiv oder impulsiv sein. — Aber sie sind im Verhältnis zu ihrem früheren Herzenszustand milder geworden, auch wenn man es von außen nicht immer merkt. Solche Heilsgänger erleben hin und wieder auch Zeiten, in denen die fünf Hemmungen vorübergehend aufgehoben sind. Vielleicht haben bei diesen Menschen besonders bedrängende, beunruhigende Triebe gerade nicht ihren Rhythmus, oder diese Heilsgänger befolgen den Rat des Erwachten, von Zeit zu Zeit den Segen der Abgeschiedenheit und immer wieder die sechs unübertrefflichen Erinnerungen zu pflegen.[29] *Während* solcher kürzeren oder längeren Zeiten

29 Vgl. A V,176; A III,71 u. a.

besteht schließlich ihr ganzer »Weltbezug« nur noch aus liebender Strahlung (*mettā*): *»Dann verweilt er mit liebevollem Gemüt. So nach oben und unten und mittendurch, überallhin, sich mit allem als eins empfindend, durchstrahlt er ganz und gar die Welt mit liebevollem Gemüt, mit überströmendem, weitem, vom Messen freiem, von Abwehr freiem, von Bedrängen freiem Gemüt und verweilt so.«* Das bedeutet nicht nur, dass er zu dieser Zeit gut Mettā üben kann oder soll, sondern dass zu der Zeit sowieso seine ganze Herzensverfassung und Gemütseinstellung und damit auch sein *Wirken* – sein *Karma* – im Denken, Reden und Tun gegenüber den Mitwesen durch alle Irritationen hindurch mehr und mehr von *Liebe* getragen ist. Wer in die heilenden Tugenden hineingewachsen ist, *»an denen man nicht festhängt, sondern die zur Einigung führen«*, hat bereits damit sein Gemüt so ausgebildet, dass ihm das Verletzen von Mitwesen weh, das Schonen wohl tut – und das ist schon der allererste Anfang eines liebenden Gemütes. Wie zart oder wie mächtig, wie oft oder wie selten und wie gemischt oder wie rein er dann in solcher Verfassung schon schrankenlose, nicht messende Liebe und Güte zu allen Wesen in alle Richtungen »trompeten« kann, das ist eine Frage des Wachstums. Aber auch die noch verschleierte, matte Februarsonne ist die Sonne und wärmt schon ein bisschen. Mit dem gelegentlichen Durchbruch dieses liebestrahlenden Gemüts durch die Weltwolken ist er ganz von selber bereits an die Schwelle des zweiten Abschnitts des Achtpfades herangewachsen: an die Herzenseinigung. Denn wenn das Gemüt die Wesen nicht mehr unterscheidet, sondern ihnen gleichermaßen wohlwill, *»als wär's ein Stück von mir«*, ist während dieser Zeit das Herz einig. Dann hat er *»durch die Einigung in Wahrheitsgedanken Herzenseinigung erreicht«*.

HANS: Ist für häuslich Lebende die Einigung in Wahrheitsgedanken der einzige Weg zur Herzenseinigung, und ist die Strahlung in liebender Güte die einzige für ihn zugängliche Form der Herzenseinigung?

FRITZ: Nein, Hans. Die Einigung in Wahrheits*gedanken* ist einer von mehreren Wegen zur Einigung des *Herzens* – ein Weg vor allem auch für Menschen, deren *Geist* gerade unruhig ist wie der des zweifelgeplagten Amtmanns. Die Einigung in Wahrheitsgedanken ist sozusagen eine Spezialmedizin gegen die vierte Hemmung: *Geistesunruhe*. Die Geistesunruhe ist aber nur *einer* von vielen Gründen für ein unruhiges *Herz*. Ein gedankenarmer, aber triebstarker Mensch kann ganz ohne geistige Probleme allein schon durch das animalische Lungern und Lechzen seiner Sinnesdränge friedlos im Herzen sein. Aber unser Amtmann hatte ja einen Drang nach *geistiger Klärung* (*dhamma-rāga*). Deshalb setzte er sich mit den Meinungen der Pilger in seinem Rasthaus auseinander, und von ihren Widersprüchen rauchte ihm der Kopf. Ohne diese *Geistesunruhe* zu stillen, hätte er sein *Herz* nicht befrieden können. Deshalb zeigte ihm der Erwachte *diesen* Zugang über die Einigung in Wahrheits*gedanken*. Für uns westliche Menschen ist er besonders hilfreich; denn wir sind im Allgemeinen viel »verkopfter« und unruhiger im Geist als die alten Inder.

Der Amtmann dürfte Heilsgänger gewesen sein, mindestens als aus Vertrauen Nachfolgender (*saddh'anusāri*), sonst hätte ihm der Erwachte diesen vierstufigen Weg, der ein zumindest ahnendes Verständnis der Eigenschaften des Heilsgängers voraussetzt, nicht aufgewiesen und hätte ihn nicht mit den nach dem Zusammenhang ausdrücklich auf Heilsgänger bezogenen Worten: »*Wenn* du dabei *Herzenseinigung erlangen kannst*«, so persönlich angesprochen.

HANS: Da bringt ihn also der Buddha in diese *liebende* Verfassung nicht durch »*mettā-Übung*«, sondern in Verbindung mit dem doch ganz rationalen Gedankengang: »Gleich, welcher dieser vier Gurus Recht hat: wenn ich nichts bedränge, bin ich unangreifbar durch Bedrängnis.« Ich hatte immer gemeint, zu den Strahlungen in Liebe, Erbarmen, usw. käme man nur »aus vollem Herzen«, das der eine eben hat, der andere nicht.

FRITZ: So ist es nicht. Die Begabungen der Menschen zum Strahlen in Liebe sind zwar verschieden. Aber man kann die Strahlungen einüben. Der Erwachte hat viele klar abgegrenzte

Übungswege für rechtes Wirken (*kamma*) zur Herzenseinigung gezeigt: das Einüben der heilenden Tugend, »*an der man nicht festhängt, so dass sie zur Einigung führt*«, oder die Läuterung des Herzens von Trübungen, oder der Gewinn geistiger Beglückung durch die sechs unübertrefflichen Erinnerungen oder durch Orientierung in der Wahrheit oder durch die Entdeckung des Befreienden am Loslassen, oder der Segen der Aufhebung der fünf Hemmungen in stiller Abgeschiedenheit, oder die Liebestrahlung. Das und manches andere sind verschiedene Wege zu *ein und demselben* hohen Etappenziel: zur *Herzenseinigung*, zum *samādhi*. Auch der *samādhi* ist aber nicht Selbstzweck, bei dem man sich niederlassen könnte mit dem verfrühten Jubelruf christlicher Mystik: »*Ich habe die selige Ewigkeit 'funden*«, sondern ist ein *Werkzeug*, um den Wahn endgültig zu zerteilen und das erlösende *Klarwissen* zu gewinnen. — Alle diese Wege rechten Wirkens (*kamma*) beginnen im Grund – wie der Erwachte in M 36 gezeigt hat – mit dem gleichen: mit einer mit Heilstauglichkeit verbundenen inneren *Freude*. Und sie münden am Ende auch im gleichen: im »*erhabenen Gleichmut*«. Ihm merkt man nicht mehr an, auf welchem dieser klar unterscheidbaren Wege er erreicht worden ist. Deswegen sind auch die verschiedenen Wege und ihre Früchte nahe benachbart. Was etwa die nicht messende Liebe angeht: Viele Menschen (wohl auch wir drei) kennen Augenblicke, in denen wir, weit entfernt von rauschhaftem »Gemeinschaftserlebnis« oder »stallwarmer« Gemütlichkeit, aus stiller, inniger Herzenstiefe, aber manchmal auch aus einem ganz anderen Anlass als einer gezielten *mettā*-Übung, uns auf Grund irgendeines Anblicks oder Gedankens oder einer Erinnerung für einen unmessbaren Augenblick mit allen Wesen eins fühlten – »*überall mit allem sich als Eins empfindend*«. Das geht natürlich nur, wenn unser Herz schon ein Stück weit in diese Verfassung hineingewachsen war. Das wiederum ist nur möglich, wenn wir immer mehr das Herumkritteln an den Mitwesen aufgegeben und oft in einem verstehenden, wohl wollenden, liebenden Sinn an sie gedacht haben, und es geschieht umso besser, je öfter wir *mettā*-Liebe auch regelmäßig und planmäßig üben. Aber diese gesetzmäßige Entwicklung des Herzens spielt sich dann nicht *nur* während der gezielten, direkten Übung ab. Mit einem solchen Fall haben wir es hier zu tun: Auf den ersten Blick scheint zwar das Vorgehen, das der Erwachte dem Amtmann zur Auflösung der Zweifel über Karma und Wiedergeburt empfiehlt, gar nichts mit *mettā* zu tun zu haben. Aber wer nichts mehr bedrängt, der entwickelt damit ganz von selber ein liebendes Gemüt. Wenn der Amtmann nun nicht mehr auf die Inhalte der Streitereien der Pilger hört, sondern sie einfach als wohlsuchende Wesen vor sich sieht, die Haus und Heim hinter sich gelassen haben und unter Entbehrungen durch die Lande ziehen, aber dennoch nicht über Theorienstreit hinausgekommen sind, dann öffnet sich fast von selber sein *Herz* diesen Pilgern und all den Pilgern auf der weiten Erde Indiens und allen suchenden und allen leidenden Wesen in Liebe und Güte (*mettā*) und in Erbarmen (*karunā*). Dann quillt daraus die hohe, stille Freude des sanften Gemüts (*muditā*), die bisweilen – auch bei in der Häuslichkeit Lebenden – einen Herzschlag lang oder länger in einen über alles Weltgewühl erhabenen, stillen, unerschütterlichen Gleichmut (*upekhā*) münden mag. Hier ist nicht schon von starken, anhaltende Strahlungen die Rede. Wenn sie nur dazu ausreichen, dass der Amtmann sich nun, in dieser von herzlichem Verstehen und nicht messender Liebe getragenen Verfassung in Gedanken über sein »*Karma*« klar wird: dass er nämlich sieht, dass er jetzt schon unangreifbar durch alles Weltliche geworden ist, wenn er *nichts mehr bedrängt*. Wenn er so weit gewachsen ist, dann ist es ein psychisches Gesetz, dass ihm darüber geistige Freude (*pāmujjā*) aufsteigen *muss*. Die sammelt sich mit der Zeit an, bis sie als der stille Jubel der *pīti* überquillt. Der ist so unvergleichlich seliger als alles Sinnen-»Wohl«, dass der Körper, der sonst immer im Dienst der hungerleidenden Sinne herumrasen muss, einfach »stehen bleibt«. Und mit dieser Körperstille (*kāya-passaddhi*) beginnt überhaupt erst das wahre Wohl (*sukha*), in welchem das Herz für diesen Augenblick *Einigung* erlangt. In der Einigung des Herzens sieht nun der *Heilsgänger* klar, wo er steht. So geht bei einigem Herzen nun auch die dritte Stufe der Heilsentwicklung nach Tugend und Herzenseinigung auf – *Klarwissen*, *Weisheit*: Von dem dahin gewachsenen Heilsgänger sagt der Erwachte ja ausdrücklich: *»Dem geht auf ...«*

HANS: Was geht ihm auf?

FRITZ: Das, was wir gerade gehört haben: eine Erkenntnis über seinen inneren Stand, die ihn tief aufatmen lässt: die Erkenntnis, dass er dem Karmagesetz nun für alle denkbaren Fälle vollkommen gerecht wird – weil er nichts mehr bedrängt, ist er gefeit gegen alle Bedrängnis.

HANS: Aber *aufgelöst* sind seine Triebe zu Taten, Worten und Gedanken, die andere bedrängen könnten, doch damit noch nicht?

FRITZ: Aufgelöst nicht, aber – wie der Buddha sagt – *»gezügelt«*, und zwar nicht nur durch Tugend, nicht nur für den Augenblick und nicht nur aus blinder Hingabe an irgendein höheres Wesen, nicht aus Angst oder Ehrgeiz oder auf Grund irgendeiner Ideologie, sondern weil er nun als Heilsgänger Triebe *aller* Art – also alle Arten von Hinneigung, Abneigung, Blendung – auf der Wahrheitsebene buchstäblich als seine *Tod-Feinde* und einzigen Leidbringer endgültig zu durchschauen begonnen hat und immer wieder durchschaut. Deshalb steht damit bei einem solchen nichtbedrängenden Heilsgänger fest – auch wenn er noch vielerlei Triebe hat –: Auf die Dauer kann er Triebe und ihre Ziele bei ruhigem Überlegen nicht mehr im Ernst positiv bewerten, nur noch negativ. Negative Bewertung im *Geist* aber mindert die Triebe und löst sie schließlich auf. Denn was der Mensch *häufig* bedenkt und sinnt, dahin *geneigt* wird das Herz, so dass auch noch Freude am Auflösen von Trieben und damit auch am *Loslassen* hinzukommt. Damit wird sich ein Heilsgänger, der zur Zweifelauflösung nach dieser Anleitung des Erwachten vorgeht, allmählich selber darüber klar, dass bei ihm ein *unumkehrbarer* Prozess im Gang ist. Deshalb hat er nun – wie es ausdrücklich heißt – die *»absolute Gewissheit«*, dass ihm zutiefst nichts, nichts mehr geschehen kann – es kann nur noch besser und friedsamer werden.

HANS: Erstaunlich, dass ihm dieses dem bloßen Verstand geradezu Unfassbare einfach so *»aufgeht«*.

FRITZ: Das ist gar nicht so erstaunlich: Eben weil er dazu keinerlei intellektuelle Anstrengungen braucht, sondern es ganz einfach an seiner eigenen gewandelten Herzensverfassung abliest. Er braucht das nicht auszudenken, sondern er *»sieht«* es.

HANS: Was heißt *»er sieht es«*? Wo und wie »sieht« er es?

FRITZ: In der *Erinnerung* (*sati*) kann er es ablesen: Er hat ja über mehr oder weniger lange Zeiten erfahren, dass seine Herzensverfassung auf diesem Weg allmählich immer heller geworden ist bis hin zu den ersten Anfängen immer wieder aufbrechender Strahlungen. Und dieses Strahlen macht sein Herz so durchlässig für die Wahrheit, dass ihm umso besser das *»Auge der Weisheit«* aufgehen kann. Das Resultat ist die *»absolute Gewissheit«*, es auf jeden Fall richtig getroffen zu haben, gleich wer Recht hat. *»Das ist jene Einigung in Gedanken«*, sagt der Erwachte. Deshalb hält er sich nun immer mehr zurück vom Herumargumentieren mit Mitwesen, die noch nicht zu dieser ihm ja auch erst neu aufgegangenen einheitlichen Betrachtungsweise hingefunden haben. Damit ist noch nicht unbedingt jeder letzte »Zweifel« über irgendwelche Einzelheiten der Heilsentwicklung behoben. Denn unsere Denkgewohnheiten – im Westen vor allem der eingewurzelte Wahn, alles mit dem bloßen Denken allein klären zu können – sitzen tief. Kaum ist ein »Aha«-Erlebnis vergangen, fangen oft gewohnte alte Zweifel wieder zu nagen an wie die Maus unter dem Bodenbrett. Obwohl damals die meisten Inder noch nicht so stark intellektuell verbogen waren wie wir heute, waren schon damals nicht wenige Menschen davon angekränkelt.

Deshalb nennt der Erwachte dem Amtmann nun noch die *vierte* und letzte Voraussetzung für die Auflösung aller Zweifel an Karma und Wiedergeburt: Sie liegt vor, wenn zu der »absoluten Gewissheit« im *Geist*, dass im Grunde nichts mehr passieren kann, im Gemüt die eben besprochene innere Freude hinzukommt, die sich steigern kann bis zum inneren *Jubel* (*pīti*). Der kann den Körper stillwerden lassen und dadurch zum ersten Mal echtes Wohl (*sukha*) einleiten. Es ist hier noch keine Rede davon, dass dieses innere Wohl schon so stark sein müsste, dass ihm darüber buchstäblich »Hören und Sehen vergeht«, also Entrückung eintritt. Aber auch wenn noch keine Entrückung eintritt, weil er während dieses noch durchaus bescheidenen inneren Wohls immer noch Form-, Ton-, Duft-, Geschmacks-, Tast- und Gedankenwahrnehmungen klar und sachlich registriert – er ist damit bereits in einem leisen (an die Entrückung) *»angrenzenden samādhi«*. Den haben viele Nachfolger schon in der oder jener Form erlebt und erleben ihn immer wieder bei einer stillmachenden, klärenden Einsicht oder in der Ergriffenheit über ein Wahrheitserlebnis oder im Ausbreiten von Liebe und Erbarmen über die Mitwesen, vor allem, wenn sie dem Rat in A V,176 folgen, dass sich auch häuslich Lebende ab und zu den Segen der Abgeschiedenheit verschaffen sollen. Im inneren Wohl ist Zweifel nicht mehr möglich: Zweifel sind immer nur Zeichen eines Befriedigungsmangels im Geist. Der »Geist-Erfahrungs-Suchlauf« (*mano-viññāna*), der das Denken in Gang hält, ist nur eine Wohlsuch-Steuerung für den Fall des *Wohlmangels*. Im Wohl des *samādhi* ist sie »arbeitslos« – wie ein feuchtigkeitsgetränkter Schwamm nicht mehr saugfähig ist. *Das* ist die vom Erwachten empfohlene Methode, mit Zweifeln über Karma und Fortexistenz bei sich und anderen richtig umzugehen, nicht »Glauben«, nicht Argumentieren, erst recht nicht der Versuch, Karma und Wiedergeburt »wissenschaftlich zu beweisen«; denn das wäre, wie wenn man einen Sonnenstrahl mit der Kneifzange festhalten wollte: Der Buddha ruft zu einer Herzenswandlung auf, die *sehend* macht.

Hans: Unser Gespräch hat mir doch schon geholfen, vieles von der landläufigen Vorstellung über Karma zu korrigieren:

- Karma ist also nicht nur das, was wir passiv als »Schicksal« hinzunehmen haben, sondern gerade *auch* unser fast ununterbrochenes aktives *Wirken*.
- Karma betrifft nicht nur das Jenseits, sondern auch Wirken und Folgen schon hier in *diesem* Leben.
- Karma wirkt sich längst nicht immer in dem selben Leben aus, in welchem es gewirkt worden ist. Es muss erst *reif* werden. Diese Reife tritt oft erst in späteren Wiedergeburten ein. Da sieht man: Karma wäre ohne Wiedergeburt überhaupt nicht zu verstehen.
- Karma verstehen: dazu bietet der Buddha den Menschen, die mit dem Gedanken der Fortexistenz Schwierigkeiten haben, den fruchtbaren und streitlosen Weg an, auf den zehn heilstauglichen Wirkensbahnen vorzugehen, um auf die Dauer zu eigener Erfahrung, mindestens aber zu einem Ahnen auf Grund von Tatsachen zu kommen.
- Karma – das hast du schon zu Beginn unseres Karmagesprächs klargestellt – ist nicht nur unser Wirken in Werken, sondern vor allem das Wirken in *Gedanken*. Diese Vorstellung liegt uns aktivistischen westlichen Menschen besonders fern. Ich denke noch daran, wie wir in der Schule den Faust lasen. Da will Faust am Beginn der biblischen Schöpfungsgeschichte erst übersetzen: *»Am Anfang war der Geist.«* Aber das erscheint ihm zu »fein«, und er korrigiert: *»Am Anfang war das Wort.«* Auch damit ist er nicht zufrieden und schmettert in sein Studierzimmer: *»Am Anfang war die Tat.«* Das hat uns damals begeistert: Da war *»action«*, würden heutige Jugendliche sagen. Aber es war falsch. Kannst du darüber noch etwas sagen?

Fritz: Das ist ja eine ganz entscheidende – geradezu *die* entscheidende Frage zum Karma, was die wirksamste Wirkensweise ist. Sie bewegte schon zur Zeit des Erwachten die Gemüter. Davon handelt die Rede

UPĀLI – M 56.

Dīghatapassi, einer der Freien Brüder, die sich damals mit ihrem Oberhaupt Nāthaputto bei Nālanda aufhielten, besuchte nach dem Almosengang den Erhabenen. Der Erhabene fragte ihn:

»Tapassi[30]*: wie viele Arten von Wirken (kamma), durch die man übel wirkt und schlechtes Karma erzeugt, lehrt denn der Freie Bruder Nāthaputto?« — »Dem Freien Bruder Nāthaputto genügt es nicht, Freund Gotamo, die ausgeführte Tat einfach nur als Wirken zu bezeichnen. Als Gewaltakt*[31] *bezeichnet er die ausgeführte Tat.« — »Wie viele Arten von ›Gewaltakten‹ lehrt denn der Freie Bruder Nāthaputto, durch die man übel wirkt und schlechtes Karma erzeugt, Tapassi?« — »Drei Arten, nämlich körperliche, sprachliche und geistige Gewaltakte.« — »Wie ist das, Tapassi: ist ein körperlicher Gewaltakt etwas anderes als ein sprachlicher Gewaltakt und ein geistiger Gewaltakt wieder etwas anderes?« — »Ein körperlicher Gewaltakt ist etwas anderes als ein sprachlicher Gewaltakt und ein geistiger Gewaltakt wieder etwas anderes, Freund Gotamo.« — »Welchen von diesen drei so eingeteilten und unterschiedenen Gewaltakten bezeichnet der Freie Bruder Nāthaputto als den schlimmsten, durch den man übel wirkt und schlechtes Karma erzeugt: den körperlichen oder den sprachlichen oder den geistigen Gewaltakt?« — »Den körperlichen Gewaltakt, nicht so sehr den sprachlichen und nicht so sehr den geistigen Gewaltakt.«*

Da ließ der Erhabene den Freien Bruder Dīghatapassi diese These drei Mal bestätigen. Daraufhin fragte der Freie Bruder Dīghatapassi den Erhabenen: *»Und du, Freund Gotamo: Wie viele Arten von Gewaltakten lehrst du denn, durch die man übel wirkt und schlechtes Karma erzeugt?« — »Dem Vollendeten genügt es nicht, die ausgeführte Tat einfach nur als Gewaltakt zu bezeichnen. Als* Wirken *bezeichnet der Vollendete die ausgeführte Tat.« — »Wie viele Arten von Wirken lehrst du denn, Freund Gotamo, durch die man übel wirkt und schlechtes Karma erzeugt?« — »Drei Arten des Wirkens lehre ich, Tapassi, durch die man übel wirkt und schlechtes Karma erzeugt, nämlich körperliches Wirken, sprachliches Wirken und geistiges Wirken.«*

Hans: Steht da für das Wirken *und* seine karmischen Folgen das selbe Wort *kamma/Karma*?

Fritz: Ja, Hans. Ich hätte eigentlich für Wirken und Karma einen einheitlichen Ausdruck verwenden müssen. Es klänge nur zunächst etwas befremdend: *»drei Arten Karma, durch das man schlechtes Karma erzeugt.«* Aber so ist die Wirklichkeit. Karma ist *»gewirkt wirkendes Wirken«*. Lass uns einmal beim folgenden Absatz so übersetzen. Dīghatapassi fragt:

»Wie ist das, Freund Gotamo: ist körperliches Karma etwas anderes als sprachliches Karma und geistiges Karma wieder etwas anderes?« — »Körperliches Karma ist etwas anderes als sprachliches Karma und geistiges Karma wieder etwas anderes, Tapassi.« — »Welche von diesen drei so eingeteilten und unterschiedenen Arten von Karma bezeichnest du als die schlimmste, durch die man übel wirkt und schlechtes Karma erzeugt, Freund Gotamo: das körperliche oder das sprachliche oder das geistige Karma?« — »Von diesen drei Karma-Arten bezeichne ich als die schlimmste das geistige *Karma, Tapassi, nicht so sehr das körperliche und nicht so sehr das sprachliche Karma.«* — Der Freie Bruder Dīghatapassi ließ den Erhabenen diese These drei Mal bestätigen, erhob sich von seinem Sitz und ging zum Freien Bruder Nāthaputto.

Der saß gerade bei einer großen Schar von Hausvätern mit Upāli an der Spitze, darunter viele naive Leute.[32] *Als der Freie Bruder Nāthaputto den Freien Bruder Dīghatapassi von weitem kommen sah, rief er ihm zu: »Nanu, Tapassi, wo kommst du denn her mitten am Tag?« — »Von dort komme ich, vom Asketen Gotamo.« — »Hast du denn mit dem Asketen Gotamo ein Gespräch gehabt, Tapassi?« — »Und ob ich mit dem Asketen Gotamo ein Gespräch gehabt habe, Herr!« — »Was war das denn für ein Gespräch?« — Da berichtete der Freie Bruder Dīghatapassi das ganze Gespräch. Darauf sprach Nāthaputto zu Dīghatapassi: »Gut, gut, Tapassi, wie da von dem würdigen*

30 Von *tapas* = »Inbrunst, glühender Eifer«; Anrede für sich anstrengende Pilger.
31 *daṇḍa*, eigentlich »Stock«, »Waffe«, von daher »gewaltsame Behandlung«, auch »Strafe«. Dem scheint bei den Freien Brüdern (Niganthern) die Auffassung zugrunde zuliegen, dass Aktivität ein mehr oder weniger gewaltsamer Eingriff in den Frieden ist.
32 *bāla*, meist übersetzt mit »Toren«, bedeutet aber auch »Kind, Jugendlicher, Unreifer«.

Tapassi als einem erfahrenen Jünger, der die Lehre seines Meisters genau kennt, dem Asketen Gotamo Bescheid gesagt worden ist: Was wiegt ein kümmerlicher Gewaltakt in Gedanken gegenüber dem massiven Gewaltakt mit dem Körper; da ist doch der massive Gewaltakt mit dem Körper bei weitem schlimmer, durch den man übel wirkt und schlechtes Karma erzeugt, nicht so sehr der sprachliche Gewaltakt und nicht so sehr der geistige Gewaltakt.« — Auf diese Worte sprach der Hausvater Upāli zum Freien Bruder Nāthaputto: »Herr, ich möchte auch zu dem Asketen Gotamo gehen und ihn im Redekampf über dieses Thema widerlegen. Ähnlich wie der junge Saccako meinte Upāli, er könne sich dabei mit dem Erwachten eine Art *»Badevergnügen«* machen. Sein Meister stimmte zu. *Der Freie Bruder Dīghatapassi wendete ein: »Herr, das will mir nicht recht gefallen, dass der Hausvater Upāli den Asketen Gotamo im Gespräch widerlegen will. Der Asket Gotamo ist ein Zauberer. Er versteht sich auf einen Lockzauber, mit dem lockt er den anderen Schulen die Anhänger weg.« — »Das gibt es nicht, das ist ganz unmöglich, Tapassi, dass der Hausvater Upāli zu den Anhängern des Asketen Gotamo überläuft. Eher wäre es möglich, dass der Asket Gotamo zu den Anhängern des Hausvaters Upāli überläuft. Geh nur, Hausvater, und widerlege den Asketen Gotamo im Redekampf über dieses Thema.«*

Ein zweites und drittes Mal erhob der Freie Bruder Dīghatapassi sein Bedenken. Vergebens. Nāthaputto ließ Upāli ziehen. Der ging zum Erhabenen und fragte: *»Herr, ist der Freie Bruder Dīghatapassi hier gewesen?« — »Der Freie Bruder Dīghatapassi ist hier gewesen, Hausvater.« — »Hat ein Gespräch zwischen dir und dem Freien Bruder Dīghatapassi stattgefunden, Herr?« — »Ein Gespräch zwischen mir und dem Freien Bruder Dīghatapassi hat stattgefunden, Hausvater.« — »Was war das für ein Gespräch, Herr?« Da berichtete der Erhabene dem Hausvater Upāli das ganze Gespräch. Darauf sprach der Hausvater Upāli zum Erhabenen: »Gut, gut ist Tapassi: wie da von diesem erfahrenen Jünger, der die Lehre seines Meisters genau kennt, von dem ehrwürdigen Freien Bruder Dīghatapassi, dem Erhabenen Bescheid gesagt worden ist: Was wiegt ein kümmerlicher Gewaltakt in Gedanken gegenüber dem massiven Gewaltakt mit dem Körper; da ist doch der massive Gewaltakt mit dem Körper bei weitem schlimmer, durch den wirkt man übel und erzeugt schlechtes Karma, nicht so sehr durch den sprachlichen Gewaltakt und nicht so sehr durch den geistigen Gewaltakt.« — »Wenn du dich beim Sprechen an die Wahrheit halten willst, Hausvater, dann können wir miteinander darüber ein Gespräch führen.« — »Ich will mich beim Sprechen an die Wahrheit halten, Herr; auf dieser Grundlage können wir miteinander ein Gespräch führen.« — »Was meinst du, Hausvater: Da ist ein Freier Bruder krank, leidend, schwer krank, aber frisches Wasser weist er strikt ab, verwendet nur warmes Wasser, und weil er kein frisches Wasser bekommt, stirbt er.«*

HANS: Was hat denn das mit dem Frischwasser zu bedeuten?

FRITZ: Die Freien Brüder tranken allenfalls fließendes Wasser, kein Brunnenwasser – wie die Überlieferung sagt, um das Einschlürfen kleiner Tierchen zu vermeiden.[33] Der Erwachte fragte: *»Was sagt der Freie Bruder Nāthaputto, wo der wieder erscheint?« — »Es gibt Gottheiten, die heißen ›Geistwesen‹, Herr; dort erscheint er wieder, und warum? Er ist ja aus Ergebenheit zu seiner geistigen Einstellung gestorben.« — »Hausvater, Hausvater, gebrauche erst deinen Verstand und dann antworte; denn bei dir passt das Vorherige nicht mit dem Nachfolgenden zusammen und das Nachfolgende nicht mit dem Vorherigen: du hast doch gesagt: ›Ich will mich beim Sprechen an die Wahrheit halten, auf dieser Grundlage können wir miteinander ein Gespräch führen.‹« — »Wenn auch der Erhabene das sagt, Herr: der massive Gewaltakt mit dem Körper, durch den man übel wirkt und schlechtes Karma erzeugt, ist doch bei weitem schlimmer, nicht so sehr das sprachliche Wirken und nicht so sehr das geistige Wirken.« — »Was meinst du, Hausvater: Da ist ein Freier Bruder in der vierfachen Zucht gezügelt und beherrscht, hat sich bei jeder Wasserstelle in der Hand,*

33 Vgl. KEN, Anm. 57 zu M.

bleibt bei jeder Wasserstelle fest, schreckt vor jedem Frischwasser zurück, voll Grauen vor jedem Frischwasser. Der tritt beim Kommen und Gehen viele kleine Lebewesen tot. Was sagt da der Freie Bruder Nāthaputto, was die Frucht davon ist?« — »Was unabsichtlich geschieht, hat keine schlimmen karmischen Folgen, sagt der Freie Bruder Nāthaputto, Herr.« — »Wenn er es aber mit Absicht tut?« — »Dann hat es schlimme karmische Folgen, Herr.« — »Hausvater, Hausvater, gebrauche erst deinen Verstand, und dann antworte; denn bei dir passt das Vorherige nicht mit dem Nachfolgenden zusammen und das Nachfolgende nicht mit dem Vorherigen: du hast doch gesagt: ›Ich will mich beim Sprechen an die Wahrheit halten, Herr; auf dieser Grundlage können wir miteinander ein Gespräch führen.‹« — »Wenn auch der Erhabene das sagt, Herr: der massive Gewaltakt mit dem Körper ist doch bei weitem schlimmer, nicht so sehr der sprachliche und nicht so sehr der geistige.« — »Was meinst du, Hausvater: ist dieses Nālanda eine reiche, blühende, volkreiche Stadt, die von Menschen wimmelt?« — »Ja, Herr.« — »Was meinst du, Hausvater: Wenn ein Mann käme mit gezogenem Schwert und spräche: ›Alles, was es an Lebewesen in Nālanda gibt, das werde ich in einem einzigen Augenblick, im Handumdrehen zu einer einzigen Fleischmasse, zu einem einzigen Fleischbrei machen!‹ – Was meinst du, Hausvater: Wäre dieser Mann dazu imstande?« — »Auch zehn, zwanzig, dreißig, vierzig, fünfzig Männer wären dazu nicht imstande – wie erst ein einziger kümmerlicher Mann!« — »Was meinst du, Hausvater: Nun käme ein geistmächtiger Asket oder brahmisch Lebender, der Meisterschaft über seine Gemütskräfte hat (ceto-vasipatta). Der spräche: ›Ich werde dieses Nālanda mit einem einzigen Fluchgedanken zu Asche machen!‹ – Was meinst du, Hausvater: Wäre dieser Asket oder brahmisch Lebende, der Meisterschaft über seine Gemütskräfte hat, imstande, dieses Nālanda mit einem einzigen Fluchgedanken zu Asche zu machen?« — »Zehn, zwanzig, dreißig, vierzig, fünfzig Nālanda könnte dieser geistmächtige Asket oder brahmisch Lebende, der Meisterschaft über seine Gemütskräfte hat, mit einem einzigen Fluchgedanken zu Asche machen, wie erst dieses kleine Nālanda!«

HANS: Aber diese geistige Atombombe ist doch wohl eine Legende?

FRITZ: Für den »normalen« (das heißt wahnbefallenen) Menschen scheinen solche Fälle von Geistesmacht Legenden – soweit er nicht selber Augenzeuge solcher Kräfte war. Aber selbst dann wird es bald vergessen und verdrängt, weil es nicht in unser gewohntes Weltbild passt. Wir können nur einfach zur Kenntnis nehmen, dass solche Fälle von Gemütsenergie für die damaligen Inder derart selbstverständlich waren, dass der Erwachte gerade den Hinweis darauf als ebenso überzeugendes Argument ins Gespräch einbringen konnte, wie wir heute eine »physikalisch erwiesene Tatsache«. Aber halten wir uns doch einmal die Realität vor Augen: Alles Erscheinende, Wahrnehmbare, irgend Denkbare ist nicht aus »Materie«, sondern »aus *Wahrnehmung*«. Wahrnehmung ist ein »*psychischer* Vorgang«, »Gestaltung des Herzens« (*cittasankhāra*). Das Herz, die Psyche ist ein Bündel aus Hinneigung und Abneigung mit Blendung. Das kommt einzig und allein aus wiederholtem Bedenken und Sinnen zustande: *citta*, das *Gedachte*. Wenn wir das öfter bedenken, dann kann uns eine Ahnung aufgehen: Wenn unser äonenlanger Denkwirrwarr diese ganze »knallig« erlebte Riesen-Wahnwelt samt den vielfältigen Drängen und Wuchten des Herzens produzieren und projizieren kann – was mag da erst an Ballung und Manipulation von Gedankenkräften und Wahrnehmungen dem möglich sein, der diesen gewaltigen »Denk-Dynamo« kennt und zu benutzen versteht, indem er seine ganzen Gedankenkräfte – die bei uns ständig billionenfach gestreut und abgelenkt und umgelenkt werden – wie in einem riesigen Brennspiegel auf einen einzigen Punkt sammelt und sie dort gerichtet einsetzt. Schon wenn man Sonnenstrahlen mit einem kleinen Brennglas auf ein Stück Papier oder Holz richtet, brennt es, und daraus kann halb Kalifornien abbrennen! Uns fehlt eben die erlebte Erfahrung der Inder mit geistmächtigen Yogins, die damals zu Hunderten auf den Straßen dahinzogen. Deshalb sagt uns dieser Hinweis nicht so viel wie dem Hausvater Upāli. Lassen wir diese Beispiele zunächst ruhig dahingestellt in jener Haltung der Offenheit auch für Möglichkeiten jenseits unserer groben Sinne und unserer verengten Denkgewohnheiten. Für uns mögen die beiden vorherigen Beispiele von den Freien Brüdern genügen, an denen der Buddha aufzeigt: Das *Denken* – das wir meist weit unterschätzen, wenn wir meinen: »Ach, das habe ich bloß gedacht; tun würde ich das nie« — ist nicht nur »auch« eine Art des Wirkens, des Karma, sondern es ist gerade die *mächtigste* und entscheidende Art zu wirken. Unser *Karma* brodelt im *Denken*. Bei Upāli hatte gerade das Beispiel mit der Geistesmacht am stärksten eingeschlagen. Der Buddha bemerkte seine Verlegenheit. Er warnte ihn und wies ihn noch auf eine weitere gleichartige damals bekannte Erfahrungstatsache hin, an der Upāli ebenfalls keinen Zweifel hatte. Aber der Hausvater blieb zunächst bei seinem Standpunkt. Der Erhabene fragte weiter:

»Was meinst du, Hausvater: Hast du davon gehört, dass der Daṇḍakaforst, der Kālingaforst, der Mejjhaforst und der Mastangaforst zu Ödland geworden sind?« — »Ja, Herr.« — »Hast du gehört, wodurch?« — »Gehört habe ich, Herr, dass diese Forste durch Fluchgedanken der Seher zu Ödland geworden sind.« — »Hausvater, Hausvater, gebrauche erst deinen Verstand, und dann antworte; denn bei dir passt das vorherige nicht mit dem Nachfolgenden zusammen und das Nachfolgende nicht mit dem vorherigen: du hast doch gesagt: ›Ich will mich beim Sprechen an die Wahrheit halten; auf dieser Grundlage können wir miteinander ein Gespräch führen.‹« — »Herr: schon durch das erste Gleichnis des Erhabenen bin ich begeistert und hoch beglückt worden; aber ich wollte vom Erhabenen die ganze Fülle von Antworten auf die Fragen hören, und so meinte ich dem Erhabenen noch weiter widersprechen zu dürfen. Wunderbar, Herr, wunderbar, Herr: … Beim Erhabenen nehme ich Zuflucht, Herr, bei der Lehre und bei der Gemeinde der Nachfolger.« — »Überlege dir das gut, Hausvater, bei so bekannten Menschen wie dir ist sorgfältige Überlegung angebracht.« — »Damit hat mich der Erhabene noch viel mehr begeistert und beglückt, dass er sagt: ›Überlege dir das gut.‹ Als mich die von der andern Schule als Anhänger gewannen, da haben sie in ganz Nālanda wie eine Fahne die Neuigkeit herumgetragen: ›Der Hausvater Upāli hat sich zu unserm Jüngertum bekehrt.‹ Der Erhabene aber sagt nun zu mir: ›Überlege dir das gut, Hausvater.‹ So nehme ich denn zum zweiten Mal Zuflucht beim Erhabenen bei der Lehre und bei der Gemeinde der Nachfolger.« — »Lange Zeit bist du für die Freien Brüder eine Quelle der Unterstützung gewesen. Wenn sie zu dir wegen Almosenspenden kommen, dann denke an sie.« — »Damit hat mich der Erhabene noch viel mehr begeistert und beglückt, dass er das sagt. Ich hatte gehört, Herr: ›Der Asket Gotamo sagt: 'Mir, nicht den anderen; meinen Jüngern, nicht den Jüngern anderer ist zu spenden; was man mir spendet, meinen Jüngern spendet, das bringt große Frucht, nicht was man andern und den Jüngern anderer spendet.'‹ Nun aber hält mich der Erhabene dazu an, auch den Freien Brüdern etwas zu geben! Auch dazu werde ich Gelegenheiten zu finden wissen, Herr. Und so nehme ich denn zum dritten Mal Zuflucht beim Erhabenen bei der Lehre und bei der Gemeinde der Nachfolger. Als seinen Schüler möge mich der Erhabene betrachten, der von heute an danach zu leben begonnen hat.«

Nun führte der Erhabene den Hausvater Upāli in einem allmählich ansteigenden Lehrgespräch ein: Er sprach mit ihm über das Geben, über die Tugend, über himmlische Welt; er zeigte Elend, Sinnlosigkeit, Beflecktheit der Sinnendinge und den Segen des Übersteigens der Sinnensucht auf.[34] *Als der Erhabene sah, dass der Hausvater Upāli im Herzen bereit war, sanft, von Hemmungen frei, zu seinen höchsten Möglichkeiten erhoben, befriedet, da gab er die Lehrdarlegung, mit welcher die Erwachten aus allem hinausführen: das Leiden, die Entwicklung, die Auflösung, den Weg. Wie ein reines fleckenloses Gewand sofort Farbe annimmt; so ging dem Hausvater Upāli, noch während er da auf seinem Sitz saß, das staubfreie, fleckenlose Auge für die Wahrheit auf: »Was immer auch entstanden ist, muss alles wieder untergehen.« Die Wahrheit sehend, bei der Wahrheit angelangt, mit*

34 *nekkhamma* = wörtlich »Hinausgehen über *kāma*« = »Transzendieren«.

einem Empfinden für die Wahrheit, in die Wahrheit eingemündet[35], *den Daseinszweifeln und -sorgen entronnen, fragenfrei geworden, selbstständig, auf keinen andern gestützt in der Anleitung des Meisters, sprach der Hausvater Upāli zum Erhabenen: »Nun muss ich gehen, Herr; ich habe noch viel zu tun, viel zu erledigen.« — »Tu, was dir richtig scheint, Hausvater.« Da erhob sich der Hausvater Upāli, beglückt und erhoben durch die Worte des Erhabenen, von seinem Sitz, grüßte den Erhabenen ehrerbietig mit gefalteten Händen und ging nach Haus.*

Dort wies er seinen Pförtner an, nur noch Mönche und Nonnen des Buddha einzulassen, Freien Brüdern aber das Almosen hinauszubringen. Dīghatapassi hörte davon und berichtete Nāthaputto. Der wollte es nicht glauben. Da überzeugte sich Dīghatapassi selbst und meldete es seinem Meister. Nāthaputto konnte es immer noch nicht glauben und ging selber mit einer großen Schar Freier Brüder zu Upālis Haus und ließ sich auch vom Torwart nicht abweisen. *Da ließ Upāli in der mittleren Torhalle Sitze bereitmachen und hieß die Freien Brüder eintreten. Upāli aber, der früher, wenn er den Freien Bruder Nāthaputto auch nur von weitem hatte kommen sehen, den höchsten, vordersten, vornehmsten, feinsten Sitz mit dem Obergewand abgewischt und dem Freien Bruder Nāthaputto angeboten hatte, setzte sich nun selber auf den höchsten Sitz und sprach zum Freien Bruder Nāthaputto: »Hier sind Sitze bereit; wenn du magst, setze dich.« Auf diese Worte erwiderte der Freie Bruder Nāthaputto: »Du bist wohl wahnsinnig geworden, Hausvater Upāli! Du hast doch gesagt: ›Herr, ich will auch zu dem Asketen Gotamo gehen und ihn im Redekampf widerlegen.‹ Und dann gehst du hin und kommst mit einer totalen Niederlage zurück. Verlockt worden bist du durch den Lockzauber des Asketen Gotamo.« — »Beglückend ist dieser ›Lockzauber‹, beseligend ist dieser ›Lockzauber‹. Wenn doch nur alle meine lieben Verwandten und Angehörigen, alle Adligen, alle brahmisch Lebenden, alle Bürger, alle Arbeiter, wenn doch nur die ganze Welt samt ihren Geistern, den weltlichen und den reinen, samt ihren Scharen von Asketen und brahmisch Lebenden, Göttern und Menschen durch diesen ›Lockzauber‹ verzaubert würde; das würde ihr lange zum Heil und Wohl gereichen.« Und er gab ihm ein Gleichnis: Wie man einen Affen zwar färben, aber nicht bügeln und mangeln könne, so nehme* »das Gerede der törichten Freien Brüder zwar für Toren Farbe an – nicht für die Weisen – aber um danach praktisch zu leben und sanft zu werden, ist es ungeeignet.« *Wie aber eine neue Garnitur Tuch das Färben und Mangeln und Bügeln, »genauso nehmen die Worte des Erhabenen, des Heilen, vollkommen Erwachten für die Weisen Farbe an, nicht für Toren, und man kann danach praktisch leben und sanft werden.«* — Nāthaputto fragte: *»Hausvater, der ganze Hofstaat weiß von dir: Upāli ist ein Anhänger des Freien Bruders Nāthaputto‹; für wessen Anhänger sollen wir dich denn halten?« Auf diese Frage erhob sich der Hausvater Upāli von seinem Sitz, ordnete das Gewand über der einen Schulter, verneigte sich ehrerbietig nach der Richtung, in der der Erhabene weilte, und sprach zum Freien Bruder Nāthaputto: »Nun, so höre wessen Nachfolger ich jetzt bin:*

Dem Wissensfesten, frei von Blendung, der Herzensstarre aufbrach, Sieg gewonnen,
dem Unverstörten, im Gemüt so sanft, dem Tugendreifen, höchster Weisheit Hort,
dem Makellosen unter allen Wesen: diesem Erhabenen folg ich jetzt nach …
Dem Durstbezwinger, dem Erwachten, der aus dem Qualm emportaucht unbefleckt,
dem Würdigsten, dem Hochgewaltigen, dem Höchsten aller Wesen unermesslich,
dem Großen, der das Höchste hat erreicht – diesem Erhabenen folg ich jetzt nach.«

Und er pries den Erhabenen in einer langen Reihe begeisterter und begeisternder Verse als den *»besten Menschenlenker, den Wegbereiter, den klar Erklärenden«*, der *»gesichert führt zur Sicherheit«*. Damit zeigte er, dass er das Karmagesetz in seinem *vollen* Umfang, den nur die Erwachten zeigen, begriffen hatte und sich klar war, dass es darum ging, den Weg selber zu

35 Vgl. M 95.

gehen.[36] *»Wann hast du dir denn dieses Loblied auf den Asketen Gotamo zusammengestoppelt, Hausvater?«* — *»Das ist, wie wenn da eine gewaltige Fülle der verschiedensten Blumen wäre, und ein geschickter Blumenbinder oder Blumenbindergeselle wände daraus einen vielfarbigen Blütenkranz, so ist der Erhabene ein einziger Lobpreis, ein hundertfacher Lobpreis. Wer wollte einen, der Preis verdient, nicht preisen, Herr!« Dem Freien Bruder Nāthaputto aber, der diesen Ausdruck der Verehrung nicht ertragen konnte, quoll heißes Blut aus dem Mund.*

Hans: Wie treffend hat Upāli die wunderbare Art ausgedrückt, wie der Buddha alles Streiten über Karma und Wiedergeburt dadurch beendet, dass er jenen gangbaren Weg zeigt, wie man ohne Herumargumentieren und ohne alle Esoterik Zweifel über die vielerlei Meinungen zu Karma und Wiedergeburt auflösen kann.

Fritz: Ja. Hans. Die wichtigste Wirkung unseres Wirkens, der entscheidende Teil des Karma, tritt zwar nur sehr allmählich, aber im Gegensatz zu den gewirkten Bildern der Wahrnehmung ohne Zeitverzögerung genau im Maß unseres jeweiligen Wirkens ein: nämlich die Minderung und Aufhebung der Triebe des Herzens: Gedanken sind das Mächtigste in der Existenz, weil sie die Triebkräfte für alles Denken, Reden und Handeln, den Antrieb für alles Karma, schaffen und damit das Herz und damit dessen dynamische Vorgänge: Gefühl und Wahrnehmung, und damit das Erleben von Ich und Du und Welt – und damit die ganze Existenz mit allen Himmeln und Höllen.

Ruth: Karma ist demnach nicht nur der *Rauch* des Feuers von Hinneigung, Abneigung und Blendung, das im unerlösten Herzen brennt, sondern Karma unterhält und reguliert auch das *Herdfeuer*, dem die *Wahrnehmung* als Qualm entquillt – aus dem der Erwachte *»emportaucht unbefleckt«*: das *Herz*.

Fritz: Ja. So kommen wir dem wahren Verständnis von Karma und Wiedergeburt näher. Wenn wir uns klarmachen, dass der Erwachte als die wichtigste Art des Wirkens das Wirken in *Gedanken* zeigt, dann übersteigen wir sogar die landläufige Art des Karmaverständnisses des damaligen Durchschnitts-Inders: Der hatte zwar die Karmavorstellung in der Regel schon mit der Muttermilch eingesogen und nahm auch intuitiv die »Außenwelt« nicht so »zementartig« ernst wie fast alle westlichen Menschen. Aber aus vielen Gesprächen des Erwachten mit seinen Zeitgenossen gewinnt man den Eindruck, dass auch damals vielen die Funktionsweise des Karma recht unklar war, vor allem, weil sie die Doppelseitigkeit des Karma nicht kannten: dass es eben nicht nur die *Erscheinungen*, Wahrnehmung samt ihren Mustern, schafft, sondern in seiner Hauptfunktion, dem Wirken in Gedanken, ständig die Triebe des Herzens gestaltet und umgestaltet, aus welchen erst die Wahrnehmung – unser gesamtes Erleben – hervorgeht. Das hat in solcher Klarheit erst der Erwachte gezeigt. Wir können es z. B. ablesen aus seiner Rede

M 135 – FRÜCHTE UNTERSCHIEDLICHEN WIRKENS.

Bei Sāvatthī im Jetahain im Kloster Anāthapiṇḍikos besuchte der junge Brahmane Subho, der Sohn des bekannten Brahmanen Todeyyo, den Erhabenen und fragte: *»Was ist denn wohl die Ursache, woher kommt es, dass man auch unter den menschlichen Wesen, den als Mensch Geborenen, Elend und Wohlfahrt findet? Denn, Herr Gotamo, man sieht ja unter den Menschen Kurzlebige und Langlebige, Gebrechliche und Gesunde, Unschöne und Schöne, dürftige und große Gemüter, Arme und Reiche, Niedriggestellte und Hochgestellte, Stumpfsinnige und klare Geister. Was ist denn wohl die Ursache, woher kommt das?«* — *»Eigentum des Wirkens (kamma) sind die Wesen, Subho, des Wirkens Erben, Kinder des Wirkens, an das Wirken gebunden. Das Wirken ist ihre Ausrichtung.*[37] *Das Wirken ist es, das die Wesen unterschiedlich werden lässt zwischen elend*

36 Vollständige Neuübersetzung in WW, 18. Jg. (1972), S. 232 f.

37 *patisaraṇa*, wörtl. »das, worauf sie zurückgehen, zurückgreifen, woran sie ausgerichtet werden« (in anderem Zusammenhang auch »Zuflucht« = worauf man bei Schwierigkeiten zurückgreifen kann).

und gut Lebenden.« — »Diese kurze Erklärung kann ich noch nicht verstehen, Herr Gotamo. Gut wäre es, wenn mir das der Herr Gotamo ausführlich erklären würde.« — »Gut, Subho, so höre genau zu, ich werde es dir sagen.« — »Ja, Herr«, antwortete Subho aufmerksam. Der Erhabene sprach:

»Da ist eine Frau oder ein Mann mörderisch, grausam, blutdürstig, an Totschlagen gewöhnt, ohne Mitempfinden mit lebenden Wesen. Da lässt solches Wirken, derart angewöhnt und zu Eigen gemacht, nach dem Absterben des Körpers, jenseits des Todes, abwärts geraten, auf üble Bahn, zur Tiefe hinab, in höllisches Dasein. Oder aber, wenn man nicht dahin gelangt, sondern wieder Menschentum erreicht, wird man da, wo man wiedergeboren wird, kurzlebig sein. Das ist also die Vorgehensweise, Subho, die zu Kurzlebigkeit führt: dass man mörderisch, grausam, blutdürstig, an Totschlagen gewöhnt ist, ohne Mitempfinden mit lebenden Wesen.

Da hat eine Frau oder ein Mann das Umbringen von Lebendigem verworfen, Lebendiges umzubringen widerstrebt ihrem Wesen; gewaltfrei, waffenlos, einfühlend, voll Mitempfinden, ist sie allen Wesen in Freundschaft zugewandt. Da lässt solches Wirken, derart angewöhnt und zu Eigen gemacht, nach dem Absterben des Körpers, jenseits des Todes, auf gute Bahn gelangen, in himmlisches Dasein. Oder aber, wenn man nicht dahin gelangt, sondern wieder Menschentum erreicht, wird man da, wo man wiedergeboren wird, langlebig sein. Das ist also die Vorgehensweise, Subho, die zu Langlebigkeit führt.

Da behandelt eine Frau oder ein Mann die Wesen heftig und qualvoll, Subho, geht mit Fäusten, Steinen, Stöcken und Waffen gegen sie vor. Da lässt solches Wirken, derart angewöhnt und zu Eigen gemacht, nach dem Absterben des Körpers, jenseits des Todes, abwärts geraten, auf üble Bahn, zur Tiefe hinab, in höllisches Dasein. Oder aber, wenn man nicht dahin gelangt, sondern wieder Menschentum erreicht, wird man da, wo man wiedergeboren wird, gebrechlich sein. Das ist also die Vorgehensweise, Subho, die zu Gebrechlichkeit führt: dass man die Wesen heftig und qualvoll behandelt, mit Fäusten, mit Steinen, mit Stöcken und Waffen gegen sie vorgeht.

Da behandelt irgendeine Frau oder ein Mann die Wesen nicht heftig und qualvoll, Subho, geht nicht mit Fäusten, mit Steinen, mit Stöcken und Waffen gegen sie vor. Da lässt solches Wirken, derart angewöhnt und zu Eigen gemacht, nach dem Absterben des Körpers, jenseits des Todes auf gute Bahn gelangen, in himmlische Welt. Oder aber, wenn man nicht dahin gelangt, sondern wieder Menschentum erreicht, wird man da, wo man wiedergeboren wird, gesund und rüstig sein. Das ist also die Vorgehensweise, Subho, die zu Gesundheit führt: dass man die Wesen nicht heftig und qualvoll behandelt, nicht mit Fäusten, mit Steinen, mit Stöcken und Waffen gegen sie vorgeht.

Da ist eine Frau oder ein Mann zornig und aufbrausend. Wenn auch nur wenig gesagt wird, regt sie sich gleich auf, gerät bebend aus der Fassung, begehrt auf, legt Unwillen, Hass und Verdrossenheit an den Tag. Da lässt solches Wirken, derart angewöhnt und zu Eigen gemacht, nach dem Absterben des Körpers, jenseits des Todes, abwärts geraten, auf üble Bahn, zur Tiefe hinab, in höllisches Dasein. Oder aber, wenn man nicht dahin gelangt, sondern wieder Menschentum erreicht, wird man da, wo man wiedergeboren wird, hässlich sein. Das ist also die Vorgehensweise, die zu Hässlichkeit führt, dass man zornig und aufbrausend ist.

Da ist eine Frau oder ein Mann nicht zornig und aufbrausend. Wenn auch viel gesagt wird, regt man sich nicht gleich auf, gerät nicht bebend aus der Fassung, begehrt nicht auf, legt nicht Unwillen, Hass und Verdrossenheit an den Tag. Da lässt solches Wirken, derart angewöhnt und zu Eigen gemacht, nach dem Absterben des Körpers, jenseits des Todes auf gute Bahn gelangen, in himmlisches Dasein. Oder aber, wenn man nicht dahin gelangt, sondern wieder Menschentum erreicht, wird man da, wo man wiedergeboren wird, schön sein. Das ist also die Vorgehensweise, die zu Schönheit führt, dass man nicht zornig und aufbrausend ist.

Da ist eine Frau oder ein Mann neidisch. Wenn andere etwas erreichen, anerkannt werden, ernst genommen werden, zu hohem Ansehen gelangen, bewundert, verehrt werden, so ist m neidisch, missgünstig, an den Neid gebunden. Da lässt solches Wirken, derart angewöhnt und zu Eigen gemacht, nach dem Absterben des Körpers, jenseits des Todes, abwärts geraten, auf üble Bahn, zur Tiefe hinab, in höllisches Dasein. Oder aber, wenn man nicht dahin gelangt, sondern wieder Menschentum erreicht, wird man da, wo man wiedergeboren wird, kümmerliche Fähigkeiten haben, dürftig, unbeliebt sein. Das also ist die Vorgehensweise, die zu kümmerlichen Fähigkeiten führt, dass man, wenn andere etwas erreichen, anerkannt werden, neidisch ist, missgünstig, an den Neid gebunden.

Da ist eine Frau oder ein Mann nicht neidisch. Wenn andere etwas erreichen, anerkannt werden, ernst genommen werden, zu hohem Ansehen gelangen, bewundert, verehrt werden, so ist man nicht neidisch, missgünstig, nicht an den Neid gebunden. Da lässt solches Wirken, derart angewöhnt und zu Eigen gemacht, nach dem Absterben des Körpers, jenseits des Todes auf gute Bahn gelangen, in himmlisches Dasein. Oder aber, wenn man nicht dahin gelangt, sondern wieder Menschentum erreicht, wird man da, wo man wiedergeboren wird, reich befähigt sein. Das also ist die Vorgehensweise, die zu reicher Befähigung führt, dass man, wenn andere etwas erreichen, nicht neidisch ist, nicht missgünstig, nicht an den Neid gebunden.

Da wendet eine Frau oder ein Mann Asketen und den Höchsten Wandel Führenden keine Gaben zu: Speis und Trank und Kleidung, Fahrgelegenheit, Blumen, Duftstoffe, Körperpflegemittel, Lager, Obdach und Licht. Da lässt solches Wirken, derart angewöhnt und zu Eigen gemacht, nach dem Absterben des Körpers, jenseits des Todes, abwärts geraten, auf üble Bahn, zur Tiefe hinab, in höllisches Dasein. Oder aber, wenn man nicht dahin gelangt, sondern wieder Menschentum erreicht, wird man da, wo man wiedergeboren wird, arm sein. Das ist also die Vorgehensweise, die zu Armut führt.

Da wendet eine Frau oder ein Mann Asketen und den Höchsten Wandel Führenden Gaben zu. Da lässt solches Wirken, derart angewöhnt und zu Eigen gemacht, nach dem Absterben des Körpers, jenseits des Todes auf gute Bahn gelangen, in himmlisches Dasein. Oder aber, wenn man nicht dahin gelangt, sondern wieder Menschentum erreicht, wird man da, wo man wiedergeboren wird, reich sein. Das ist also die Vorgehensweise, die zu Reichtum führt, dass man Asketen und den Höchsten Wandel Führenden Gaben zuwendet.

Da ist eine Frau oder ein Mann hochfahrend und eingebildet, grüßt keinen, der Gruß verdient, erhebt sich vor keinem, vor dem man sich erheben sollte, bietet keinen Sitz an, wem ein Sitz gebührt, weicht auf dem Weg nicht aus, wem auszuweichen ist, ehrt keinen, der zu ehren ist, nimmt keinen ernst, der ernst zu nehmen ist, achtet nicht hoch, wer hoch zu achten ist, schätzt nicht, wer zu schätzen ist, verehrt nicht, wer zu verehren ist. Da lässt solches Wirken, derart angewöhnt und zu Eigen gemacht, nach dem Absterben des Körpers, jenseits des Todes, abwärts geraten, auf üble Bahn, zur Tiefe hinab, in höllisches Dasein. Oder aber, wenn man nicht dahin gelangt, sondern wieder Menschentum erreicht, wird man da, wo man wiedergeboren wird, niedrig gestellt sein. Das also ist die Vorgehensweise, die zu niedriger Stellung führt: dass man hochfahrend und eingebildet ist.

Da ist eine Frau oder ein Mann nicht hochfahrend und eingebildet. Da lässt solches Wirken, derart angewöhnt und zu Eigen gemacht, nach dem Absterben des Körpers, jenseits des Todes auf gute Bahn gelangen, in himmlisches Dasein. Oder aber, wenn man nicht dahin gelangt, sondern wieder Menschentum erreicht, wird man da, wo man wiedergeboren wird, hoch gestellt sein. Das also ist die Vorgehensweise, die zu hoher Stellung führt: dass man nicht hochfahrend und eingebildet ist.

Da ist eine Frau oder ein Mann einem Asketen oder brahmisch Lebenden begegnet und fragt nicht: ›Was ist heilsam, was ist unheilsam? Was ist zu tadeln und was ist untadelig? Worauf soll man sich einlassen und worauf nicht? Was kann mir, wenn ich es tue, lange zum Unheil und Leiden gereichen und was kann mir, wenn ich es tue, lange zum Heil und Segen gereichen?‹ Da lässt solches Wirken, derart angewöhnt und zu Eigen gemacht, nach dem Absterben des Körpers, jenseits des Todes, abwärts geraten, auf üble Bahn, zur Tiefe hinab, in höllisches Dasein. Oder aber, wenn man *nicht dahin gelangt, sondern wieder Menschentum erreicht, wird man da, wo man wiedergeboren wird,* dumm *sein. Das ist also die Vorgehensweise, die zu Dummheit führt.*

Da ist eine Frau oder ein Mann einem Asketen oder brahmisch Lebenden begegnet und fragt: *›Was ist heilsam, was ist unheilsam? Was ist zu tadeln und was ist untadelig? Worauf soll man sich einlassen und worauf nicht? Was kann mir, wenn ich es tue, lange zum Unheil und Leiden gereichen, und was kann mir, wenn ich es tue, lange zum Heil und Segen gereichen?‹ Da lässt solches Wirken, derart angewöhnt und zu Eigen gemacht, nach dem Absterben des Körpers, jenseits des Todes auf gute Bahn gelangen, in himmlisches Dasein. Oder aber, wenn man nicht dahin gelangt, sondern wieder Menschentum erreicht, wird man da, wo man wiedergeboren wird,* klarblickend *sein. Das ist also die Vorgehensweise, die zu Klarblick führt, dass man, wo man einem Asketen oder brahmisch Lebenden begegnet, fragt.*

— So lässt denn das Vorgehen, das zu Kurzlebigkeit führt, kurzlebig werden, das Vorgehen, das zu Langlebigkeit führt, langlebig, das Vorgehen, das zu Gebrechen führt, gebrechlich, das Vorgehen, das zu Gesundheit führt, gesund, das Vorgehen, das zu Hässlichkeit führt, hässlich, das Vorgehen, das zu Schönheit führen, schön, das Vorgehen, das zu kümmerlichen Fähigkeiten führt, kümmerlich befähigt, das Vorgehen, das zu reichen Fähigkeiten führt, reich befähigt, das Vorgehen, das zu Armut führt, arm, das Vorgehen, das zu Reichtum führt, reich, das Vorgehen, das zu niederer Stellung führt, niedriggestellt, das Vorgehen, das zu hoher Stellung führt, hoch gestellt, das Vorgehen, das zu Dummheit führt, dumm, das Vorgehen, das zu Klarblick führt, klarblickend werden: Eigentum des Wirkens *sind die Wesen, Subho, des Wirkens* Erben, Kinder *des Wirkens, an das Wirken gebunden. Das Wirken ist ihre Ausrichtung. Das Wirken ist es, das die Wesen unterschiedlich werden lässt zwischen elend und gut Lebenden.«* Auf diese Rede nahm Subho, der Sohn des Todeyyo Zuflucht.

Ruth: Anhand dieser Rede kann man oft schon in diesem Leben die beiden Seiten des Karma ablesen.

Fritz: Ja, etwa bei Hässlichkeit/Schönheit: Auch das Gesicht einer Miss World wirkt hässlich, solange sie es zu einer wütenden Grimasse verzerrt. Verzerrt sie es oft so, dann kann keine Kosmetik verhindern, dass die einstige Schönheit dem in die Züge hineingewirkten Zerr-Bild weicht. Wie schön kann dagegen ein gütiges Greisengesicht sein. — Ähnlich ist es mit Gesundheit/Krankheit: Auch die heutige psychosomatische Medizin führt viele körperliche Krankheiten auf innere Verspannungen, Verhärtungen und verdrängte Lasten von Menschen zurück, die mit Mitwesen oder mit sich selber als Selbst- oder Nächstenquäler bedrängend umgegangen sind. — Kleinliche sind oft schon in diesem Leben in Gesellschaft nicht geschätzt im Gegensatz zu Großzügigen. Das schadet auf die Dauer auch den geschäftlichen, sozialen und beruflichen Beziehungen. Oder lass mal einen Politiker in einer Demokratie hochfahrend und eingebildet werden: Dann wird er gestürzt.

Ruth: Aber ob die Grausamkeit des Tötens irgendwann zu Kurzlebigkeit führt oder Quälen anderer zur Gebrechlichkeit, das lässt sich nicht schon in diesem Leben erkennen: Manche »Geißel der Menschheit« wird in diesem Leben recht alt. Mancher, der die Wesen schont, stirbt diesmal noch früh. Über die meist verzögerte Reife des Karma hat ja der Buddha den Amtmann aufgeklärt.

Fritz: Das allein ist schon komplex genug, trägt jedoch nur zu einem Teil zur Komplexität des Karma bei: In M 135 sind nur einzelne »chemisch reine« Typen von Wirkensweisen und Folgen genannt. Wir Menschen denken, reden und handeln aber bald so, bald so. Deshalb überlagern und überkreuzen sich die Ströme unseres Wirkens – hauptsächlich unseres wichtigsten Wirkens, des fast ununterbrochenen Denkens. So einfach das Karmagesetz auch im Prinzip ist, so komplex sind seine Einzelauswirkungen. Sogar seinen Mönchen hat deshalb der Buddha in A IV,77[m] abgeraten, spekulativ über Einzelheiten des Karma nachzudenken: man könne darüber verrückt werden. Aber mit den im sinnlich wahrnehmbaren Bereich wirkenden »einfachen« Naturgesetzen ist das auch nicht anders. *»Das Berechenbare kann unberechenbar werden, auch in deterministischen Systemen«*, sagt Hans Peter Dürr.[38] Und der Physiker Manfred R. Schroeder erklärt: *»Die vielen, theoretisch leicht fassbaren Lehrbuch-Beispiele mit ihrem einfachen, voraussagbaren Verhalten sind Ausnahmen, deren Bedeutung für die Wirklichkeit beschränkt bleibt.«*[39] In diesem Sinn sind auch die in M 135 und anderen Reden genannten Fälle bestimmter karmischer Zusammenhänge »einfache Lehrbuchbeispiele«, um einen groben Einblick in die Wirkungen des Karma zu erlangen. Etwas komplexere, aber immer noch relativ einfache Anwendungsfälle mit der Überschneidung von immerhin dreien von den unzählbaren Wirkenslinien betrachtet die Königin Mallikā, die erste Gemahlin des Königs Pasenadi von Kosalo, an ihrem eigenen Karma in der Rede

A IV,197.

Sie besuchte den Erhabenen in Sāvatthī im Jetahain im Kloster Anāthapiṇḍikos und wollte wissen: *»Herr, was ist der Grund, was ist die Ursache, dass manche Frau hässlich ist, von unschöner Gestalt, unansehnlich, und dazu ärmlich, besitzlos, vermögenslos und einflusslos? Was aber ist der Grund, was ist die Ursache, dass manche andere hässliche, missgestaltete, unansehnliche Frau reich ist, großes Vermögen und Einkommen und hohen gesellschaftlichen Rang hat? Was ist der Grund, was ist die Ursache, dass manche Frau schön, wohlgestaltet ist, ansehnlich, anmutig, mit einer Haut wie die schönsten Lotosblüten, aber ärmlich, besitzlos, vermögenslos und einflusslos? Was ist der Grund, was ist die Ursache, dass manche Frau schön, wohlgestaltet ist, ansehnlich, anmutig, mit einer Haut wie die schönsten Lotosblüten und dazu reich mit großem Vermögen und Einkommen und hohem Rang?«*

»Da ist die eine Frau zornig und aufbrausend; wenn auch nur wenig gesagt wird, regt sie sich gleich auf, gerät bebend aus der Fassung, begehrt auf, legt Unwillen, Hass und Verdrossenheit an den Tag. Sie gibt Asketen und den Höchsten Wandel Führenden keine Spenden. Und sie ist missgünstig: Wenn andere etwas erreichen, geehrt, ernstgenommen, hoch angesehen, bewundert, verehrt werden, dann neidet sie es ihnen, missgönnt es ihnen, verbeißt sich in ihren Neid. Wenn die stirbt und hier wieder erscheint, dann wird sie, gleich wo sie dann geboren wird, hässlich, von unschöner Gestalt, unansehnlich, und dazu ärmlich, besitzlos, vermögenslos und einflusslos.

Da ist eine andere Frau, Mallikā, die ist auch zornig, gerät oft außer sich; wenn auch nur wenig gesagt wird, regt sie sich gleich auf, gerät bebend aus der Fassung, begehrt auf, legt Unwillen, Hass und Verdrossenheit an den Tag. Die gibt aber Asketen und den Höchsten Wandel Führenden Spenden und ist nicht missgünstig: Wenn andere etwas erreichen, geehrt, ernst genommen werden, hoch angesehen, bewundert, verehrt werden, dann neidet sie es ihnen nicht, missgönnt es ihnen nicht, verbeißt sich nicht in Neid. Wenn die stirbt und hier wieder erscheint, dann wird sie, gleich wo sie geboren wird, hässlich, von unschöner Gestalt, unansehnlich, aber sie ist reich, hat großes Vermögen und Einkommen und hohen Rang.

Eine andere Frau, Mallikā, ist nicht zornig, gerät nicht oft außer sich; wenn auch viel gesagt wird, regt sie sich nicht auf, gerät nicht aus der Fassung, begehrt nicht auf, legt nicht Unwillen, Hass und Verdrossenheit an den Tag. Die gibt aber Asketen und den Höchsten Wandel Führenden keine Spenden; und sie ist missgünstig: Wenn andere etwas erreichen, geehrt, ernst genommen, hoch angesehen, bewundert, verehrt werden, dann neidet sie es ihnen, missgönnt es ihnen, verbeißt sich in ihren Neid. Wenn die stirbt und hier wieder erscheint, dann wird sie, gleich wo sie geboren wird, schön, wohlgestaltet, ansehnlich, anmutig, mit einer Haut wie die schönsten Lotosblüten – aber ärmlich, besitzlos, vermögenslos und einflusslos.«

38 GuN, S. 44.

39 Vgl. Schroeder: Chaos, Fraktale und Selbstähnlichkeit, *Universitas* 8/1991, S. 722 ff., hier: S. 734.

Hans: Aber wenn sie schön ist, kann sie doch einen reichen Mann bekommen.

Fritz: Das ist nur eine andere Art, Verfügung über Reichtum zu erlangen, und die erreicht man nur und nur, wenn irgendwann – und sei es in einem weit zurückliegenden Leben – die Wirkensart geübt wurde, die zu Reichtum führt. Es gibt ja auch genug schöne Frauen, bei denen eine Partnerschaft mit einem reichen Mann nie zustandekommt oder bald wieder zerbricht.

Ruth: Eine Frau, die die Enge von Neid und Geiz ausgebildet hat, kann aber auch bei noch so hübschen, ebenmäßigen Zügen nicht die Ausstrahlung haben, wie sie innere Weite, Großzügigkeit und Anerkennungsbereitschaft verleihen.

Hans: Da hast du Recht, Ruth: zwischen einem »hübschen Lärvchen« und einer wahren Schönheit ist ein großer Unterschied.

Fritz: Bei den Griechen war »*kalos*« und »*agathos*« – *Schön* und *Gut* –, äußere und innere Schönheit überhaupt nicht zu trennen. Nun geht es in unserer Rede weiter:

»Wieder eine andere Frau ist nicht zornig, gerät nicht oft außer sich; wenn auch viel gesagt wird, regt sie sich nicht auf, gerät nicht aus der Fassung, begehrt nicht auf, legt nicht Unwillen, Hass und Verdrossenheit an den Tag. Sie gibt Asketen und den Höchsten Wandel Führenden Spenden und ist nicht missgünstig: Wenn andere etwas erreichen, geehrt werden, ernst genommen werden, hoch angesehen, bewundert, verehrt werden, dann neidet sie es ihnen nicht, missgönnt es ihnen nicht, verbeißt sich nicht in Neid. Wenn die stirbt und hier wieder erscheint, dann wird sie, gleich wo sie geboren wird, schön, wohlgestaltet ansehnlich, anmutig, mit einer Haut wie die schönsten Lotosblüten und reich, hat großes Vermögen und Einkommen und hohen Rang. Das ist der Grund, Mallikā, das ist die Ursache, warum die eine Frau hässlich und arm; eine andere Frau hässlich und reich, wieder eine andere Frau schön und arm und eine andere Frau schön und reich ist.«

Auf diese Worte sprach die Königin Mallikā zum Erhabenen: »Dann muss ich wohl in früherer Geburt zornig gewesen sein, Herr, muss oft außer mir gewesen sein; wenn auch nur wenig gesagt wurde, mich gleich aufgeregt haben, bebend aus der Fassung geraten sein, aufbegehrt, Unwillen, Hass und Verdrossenheit an den Tag gelegt haben, und so bin ich heute hässlich, von unschöner Gestalt, unansehnlich. Ich muss aber wohl in früherer Geburt Asketen und den Höchsten Wandel Führenden Spenden gegeben haben, und so bin ich jetzt reich, habe großes Vermögen und Einkommen. Ich muss wohl in früherer Geburt nicht missgünstig gewesen sein: Wenn andere etwas erreicht hatten, geehrt wurden, ernst genommen, hoch angesehen, bewundert, verehrt wurden, dann habe ich es ihnen wohl nicht geneidet, nicht missgönnt, habe mich nicht in Neid verbissen, und so habe ich heute hohen Rang.« Und die Königin nahm Zuflucht zum Erwachten. — Ein ähnliches Beispiel sich überlagernder Wirkensströme haben wir bei jenem Gildemeister in S 3,19, der ohne Erben gestorben ist – erinnert ihr euch? Über die Vorgeschichte dieses unseligen Gildemeisters berichtet der Erwachte dem König im zweiten Teil der anschließenden Rede,

OHNE ERBEN II – S 3,20.

Vor langen Zeiten einmal hat dieser Gildemeister einen Einzelerwachten namens Tagarasikkhi mit Speise versorgt. Später reute ihn die Spende: »Richtig wäre es gewesen, wenn das meine Dienstleute und Arbeiter gegessen hätten.« Den einzigen Sohn seines Bruders aber hat er um des Besitzes willen umgebracht. — Weil der Gildemeister den Einzelerwachten mit Speise versorgt hatte, stieg er als Ernte dieses Wirkens sieben Mal auf guter Bahn zum Himmel auf. Auf Grund der restlichen Ernte dieses Wirkens übte er hier in Sāvaṭṭhī sieben Mal das Amt des Gildemeisters der Kaufleute aus. Weil den Gildemeister hinterher die Spende reute und weil er dachte: »Richtig wäre es gewesen, wenn das meine Dienstleute und Arbeiter gegessen hätten«, konnte sich als Ernte dieses Wirkens sein Herz nicht freuen an seinen riesigen Beständen an Nahrung, Kleidung, an seinem großen Wagenpark, an seiner Fülle von Sinnengenüssen. — Weil der Gildemeister den einzigen Sohn seines Bruders um des Besitzes willen umgebracht hatte, litt er als Ernte dieses Wirkens viele Jahre, viele Jahrhunderte, viele Jahrtausende, viele Jahrhunderttausende in der Hölle brennende

Qualen. Und als restliche Ernte dieses Wirkens ist er jetzt zum siebten Mal ohne Erben geblieben, so dass sein Nachlass in die königlichen Schatzkammern gebracht wird. Das frühere verdienstliche Wirken dieses Gildemeisters ist damit aufgebraucht. Neue gute Ernte hat er nicht gesät. Jetzt ist dieser Gildemeister in der Mahāroruvahölle erschienen. — »Herr, ist dieser Gildemeister wirklich in der Mahāroruvahölle erschienen?« — »So ist es, großer König, so ist es, großer König: Der Gildemeister ist in der Mahāroruvahölle erschienen.« Der Erwachte fasst seine Worte abschließend mit dem schon früher zitierten Vers zusammen, der rät, durch gutes Wirken sich *»Wegzehr für das nächste Leben«* zu schaffen.

Hans: Dann hat also jedes einzelne Wirken seine gesonderte Folge, und das, was wir »Schicksal« nennen, ist ein Gemenge aus unabsehbar vielen einzelnen Wirkungen, wie ein tonnenschweres Gemenge zahlloser verschiedener Körner, wo man immer noch Erbsen und Bohnen und Roggen und Gerste unterscheiden kann? Ich hätte eher gedacht, Karma sei eine Art Durchschnittsgemisch wie ein Gemisch von verschiedenen Flüssigkeiten?

Fritz: Beides spielt eine Rolle. Der Erwachte behandelt diese Frage in der Rede

S 42,8 – DIE TROMPETE:

Der Amtmann Asibandhakaputto, ein Anhänger der Freien Brüder, besuchte den Erhabenen in Nālanda im Mangohain. Der Erhabene sprach zu ihm: *»Wie legt denn der Freie Bruder Nāthaputto seinen Anhängern die Lehre dar?« — »Der Freie Bruder Nāthaputto legt seinen Anhängern die Lehre folgendermaßen dar, Herr: ›Jeder, der ein Wesen umbringt, Nichtgegebenes nimmt, falsche Geschlechtsbeziehungen pflegt oder lügt, ist dem Abweg, der Hölle verfallen. So wie man* meistens lebt, *dementsprechend wird man wiedergeboren.‹«*

»Wenn es so wäre, Amtmann, dann wäre nach der Lehre des Freien Bruders Nāthaputto niemand dem Abweg, der Hölle verfallen. Was meinst du: Bei einem Mann, der Tag und Nacht bei jeder sich bietenden Gelegenheit Wesen tötet/ Nichtgegebenes nimmt/ falsche Geschlechtsbeziehungen pflegt/ lügt – welche Zeit ist da länger: die, in der er Wesen tötet/ Nichtgegebenes nimmt/ falsche Geschlechtsbeziehungen pflegt/ lügt oder die, in der er das nicht tut?« — »Die Zeit, in der er das nicht *tut.« — »Wenn es so wäre, dass man je nachdem wiedergeboren würde, wie man* meistens *lebt, dann wäre nach der Lehre des Freien Bruders Nāthaputto* niemand *dem Abweg, der Hölle verfallen. Irgendein geistiger Lehrer sagt nun und ist der Ansicht: ›*Jeder, *der ein Wesen umbringt/ Nichtgegebenes nimmt/ falsche Geschlechtsbeziehungen pflegt/ lügt, ist dem Abweg, der Hölle verfallen. So wie man* meistens *lebt, dementsprechend wird man wiedergeboren.‹ Auf einen solchen geistigen Lehrer verlässt sich nun ein Anhänger. Dem wird so zumute: ›Mein geistiger Lehrer sagt und ist der Ansicht: '*Jeder, *der Wesen umbringt, Nichtgegebenes nimmt, falsche Geschlechtsbeziehungen pflegt, lügt, ist dem Abweg, der Hölle verfallen. So wie man meistens lebt, dementsprechend wird man wiedergeboren.'‹ Aber bei mir ist auch Töten von Lebewesen/ Nehmen von Nichtgegebenem/ falsche Geschlechtsbeziehungen/ Lügen vorgekommen.‹ Dann kommt er zu der Ansicht: ›Da bin ja auch ich dem Abweg, der Hölle verfallen!‹ Wenn er diese Lehre nicht verwirft, wenn er von dieser Herzensverfassung nicht loskommt, dann ist er in der Hölle versunken, die er sich selber bereitet hat.«*

Hans: Wieso kann denn einer »in die Hölle« kommen (falls es eine gibt), nur weil er einer Irrlehre glaubt? Ein Irrtum ist doch kein Verbrechen.

Fritz: Der Erwachte drückt sich hier anders aus als sonst, wenn er vom Absinken in höllisches Dasein spricht. Sonst sagt der Erwachte, Menschen, die nachhaltig Übles wirken, *»erscheinen nach dem Absterben des Körpers, jenseits des Todes auf dem Abweg wieder, auf übler Bahn, in einer Stätte der Schmerzen, in höllischem Dasein.«* Hier dagegen sagt der Erwachte zwar, dass der Anhänger jener Irrlehre in *diesem* Leben zu der bedrückenden *Ansicht* kommt, auch er sei *»dem Abweg, der Hölle verfallen«*. Er sagt aber nicht, dass diese Ansicht *richtig* sei, sondern nur: *»dann* ist er *in* der *Hölle versunken, die er sich* selber bereitet *hat.«* — Kein Wort von »nach *dem Absterben des Körpers, jenseits des Todes«* und kein Wort von *»Abweg«*. Diese Formulierung habe ich im Kanon bisher nur hier gefunden: Hier könnte durchaus auch ein Versinken in den Höllenqualen der Depression in *diesem* Leben gemeint sein. Die Tiefe solcher Qual habe ich bei mir selber nie kennen gelernt. Es sagt mir aber genug, dass ein Freund, der jahrelang Depressionen durchlitten hat, einmal bei einem Beisammensein mit Freunden plötzlich laut loslachte und auf die Frage nach dem Grund erwiderte, gerade sei ihm ein Nervenschmerz durch seinen schadhaften Zahn gefahren, und da habe er lachen müssen bei dem Gedanken, welche Winzigkeit das sei gegenüber dem Schmerz einer Depression. Aber natürlich kann diese »Höllenangst«, die einen solchen Irregeleiteten jetzt schon quält, ihn auch noch quälen, wenn er im Tod aus dem Körper ausgestiegen ist.

Hans: Ja, so könnte es auch sein.

Fritz: Ich sehe auch noch eine andere Möglichkeit: Manche Menschen, die nicht von der falschen Anschauung loskommen, *jeder* sei unweigerlich der Hölle verfallen, der tugendlos gehandelt habe, also auch er, könnten aus Verzweiflung auch die letzten Hemmungen preisgeben in dem Gedanken: »In die Hölle komme ich sowieso; *nun ist mir alles gleich.«* Und wenn er dann ein Mal seine Verzweiflung durch eine Untat abreagiert und dabei eine momentane grimmige Entlastung empfindet, dann bewertet er sie wegen der momentanen Entlastung in der selbsterzeugten Dunkelheit seiner Tage immer wieder positiv. Was aber *»der Mensch häufig bedenkt und sinnt, dahin geneigt wird das Herz.«* Und so kann aus dem Verzweiflungstäter am Ende ein Sadist werden. Aus all diesen Daseinsfallen hilft aber der Erwachte den Menschen, sich zu *befreien: »Da erscheint nun aber der Vollendete in der Welt, der Geheilte, Vollkommen Erwachte. Er zeigt in vielfacher Weise Umbringen von Lebendigem, Nehmen von Nichtgegebenem, falsche Geschlechtsbeziehungen, Lügen als übel, verwirft es ganz und gar und sagt: ›Steht ab davon!‹ Auf ihn als seinen Meister verlässt sich nun ein Nachfolger ganz und gar. Der sagt sich: ›Der Erhabene hat in vielfacher Weise Umbringen von Lebendigem, Nehmen von Nichtgegebenem, falsche Geschlechtsbeziehungen, Lügen als übel gezeigt, verwirft es ganz und gar und sagt: 'Steht ab davon!' Aber auch bei mir ist es in diesem oder jenem Fall zum Töten, zum Nehmen von Nichtgegebenem, zu falschen Geschlechtsbeziehungen, zum Lügen gekommen. Das ist nicht gut; das bringt nichts Gutes. Aber wenn ich mir deswegen Vorwürfe machen würde, so könnte ich damit das schlechte Wirken nicht ungeschehen machen.‹ Indem er sich das vor Augen führt,* verwirft *er Umbringen von Lebendigem, Nehmen von Nichtgegebenem, falsche Geschlechtsbeziehungen, Lügen, und für die Zukunft* widerstrebt *es seinem Wesen. Das ist das* Hinauswachsen *über dieses üble Wirken.*

Wenn er Umbringen von Lebendigem, Nehmen von Nichtgegebenem, falsche Geschlechtsbeziehungen, Lügen, Hintertragen, verletzende Rede, leeres Geschwätz verworfen hat, *dann* widerstrebt *all das seinem Wesen. Wenn er Fixierung auf Sinnendinge (abhijjhā) verworfen hat, dann ist er von Fixierung auf Sinnendinge* frei. *Wenn er die Befleckung durch Übelwollen (vyāpādapadosa) verworfen hat, dann ist er im* Herzen *von Übelwollen* frei. *Wenn er falsche Ansicht verworfen hat, dann ist er ein Mensch mit* richtiger Ansicht *(sammadiṭṭhiko). Der ist ein* Heilsgänger*: der Habsucht entgangen, dem Übelwollen entgangen, ungeblendet, klar bewusst, der Wahrheit gewärtig,* strahlt *er mit liebevollem/ erbarmendem/ freudvollem/ erhaben gleichmütigem Gemüt in eine Richtung und verweilt so, dann in die zweite, dritte, vierte. So nach oben und unten und mittendurch, überallhin, sich mit allem als eins empfindend, durchstrahlt er ganz und gar die Welt mit liebevollem/ erbarmendem/ freudvollem Gemüt/ mit einem Gemüt voll erhabenen Gleichmutes. So nach oben und unten und mittendurch, überallhin, sich mit allem als eins empfindend, durchstrahlt er ganz und gar die Welt und verweilt so. Wie sich ein kräftiger Trompeter mühelos nach allen vier Himmelsrichtungen vernehmen lassen kann, so kann in dem Maß, wie liebevolle/ erbarmende/ freudvolle/ gleichmütige Gemüterlösung entfaltet und häufig geübt* *worden ist, alles durch Messen und Urteilen Gewirkt-Wirkende (Karma) keinen Bestand mehr haben, kann nicht mehr fortdauern.«* Auf diese Rede nahm der Amtmann Asibandhakaputto Zuflucht.

HANS: Da kommt ja eine ganz neue Dimension in die Betrachtung von Karma und Wiedergeburt!

RUTH: Ja, Hans. Um mir das zu verdeutlichen, lasst mich noch einmal auf das ganze Gespräch des Buddha mit dem Amtmann zurückschauen: Es hat zwei Teile. Im *ersten Teil* werden falsche und einander widersprechende Ansichten über Karma behandelt. Die eine sagt, wie man die *meiste Zeit* lebt, danach wird man wiedergeboren. Die meiste Lebenszeit Untaten begehen, das können auch die ärgsten Verbrecher nicht: Jahrelang sind sie »unschuldige Kinder«, »wer schläft, sündigt nicht«, und auch im Wachen haben sie einen großen Teil der Zeit neutrale Verrichtungen zu erledigen. Danach könnte niemand nach dem Tod in untere Welt kommen. Die andere Ansicht lautet, *jeder*, der tötet, stiehlt, falsche Geschlechtsbeziehungen pflegt oder lügt, käme nach dem Tod in untere Welt. Wer das ernst nimmt, muss verzweifeln; denn wer ist schon ganz frei von irgendeinem dieser Tugendverstöße. Entweder macht die Verzweiflung darüber schon gleich depressiv, oder sie führt zu Verzweiflungstaten, die auf den Abweg führen. Der Freie Bruder Nāthaputto hat es sogar fertig gebracht, diese beiden widersprechenden Ansichten über das Karma, nach denen keiner und jeder in die Hölle käme, in seiner Ideologie zu vereinen.

HANS: Und er hat noch eins draufgesetzt, mit seiner Lehre, man könne sich aber aus dem Höllenzwang befreien, indem man sich selber Schmerz zufügt. Die Widersprüchlichkeit der Ansichten, was nach dem Tod wird, besteht bis heute, bloß nimmt man das alles nicht mehr so ernst wie noch vor 40-50 Jahren.

RUTH: Ja, Hans. Im ersten Teil des Gesprächs widerlegt der Buddha die Irrlehren Nāthaputtos und befreit damit den Amtmann von dessen Einfluss.

HANS: Und dann zeigt der Buddha im *zweiten Teil* des Gesprächs den richtigen Umgang mit dem Karmagesetz.

RUTH: Dieser zweite Teil hat wieder zwei Unterabschnitte.

HANS: Das ist mir auch aufgefallen: im ersten Unterabschnitt zeigt der Buddha, wie man *für die Zukunft* über bereits *gewirktes* schlechtes Karma hinauswachsen kann – nicht durch Buße und Reue, durch die man ja nur die Aufmerksamkeit auf das Üble fixiert und den Schmerz der Selbstvorwürfe erlebt, sondern in einer ganz souveränen Weise: Man stellt sich ehrlich seiner eigenen Vergangenheit, soweit sie einem bewusst wird, beschönigt nichts, verteidigt sich nicht vor sich selber, macht sich aber auch klar: Selbstvorwürfe schaden nur; verloren ist gar nichts; denn zu der universalen Wirkung des Karmagesetzes gehört eben auch, dass wegen der Unbeständigkeit alles Gewirkten keine »ewige Verdammnis« möglich ist, wohl aber im Menschentum jederzeitige Umkehr der Wirkensrichtung: falsches Wirken einstellen und richtiges Wirken einüben: *»Blick vorwärts, blick nicht zurück«*, wie Shakespeare sagt. Durch negative Beurteilung des falschen Wirkens und positive des richtigen entsteht Neigung zum rechten Wirken und Widerstreben gegen übles Wirken, und so kann in absehbarer Zeit – so langsam auch die Herzenswandlung gehen mag – das *Wirken*, geführt von der neugewonnenen rechten Anschauung, eine ganz neue *Richtung* erhalten. Dann kann es nur besser werden. Ich höre ernsthafte Buddhisten manchmal sagen: *»Jetzt versuche ich zwar, besser zu wirken. Aber ich weiß ja nicht, was aus üblem Wirken in früheren Geburten noch über mich hereinbrechen muss!«* — Es muss also gar nicht?

FRITZ: Es muss nicht. Über diese Sorge hilft der Buddha auch dem Amtmann im 2. Unterabschnitt des Gesprächs hinweg. Da kommt das, was du vorhin die andere Dimension genannt hast, Hans.

HANS: Ja, jetzt wo der Anhänger des Buddha im Geist über die ausweglose Abhängigkeit von seinem alten Karma hinausgewachsen ist, heißt es plötzlich, dass er nicht nur Töten, Nichtgegebenes Nehmen, falsche Geschlechtsbeziehungen und Lügen verworfen hat, sondern auch Hintertragen, verletzendes Reden, leeres Geschwätz. Es ist bei ihm also offenbar nun ein feineres Empfinden für das Ziel der Tugend, die Herzenseineigung, und für deren Sinn: die endgültige *Befreiung* gewachsen. Das macht ihn sensibler gegen Verletzungen auch der über die fünf *sīla* hinausgehenden Teile der zehn heilsuntauglichen Karmabahnen. Jetzt wird mir klar, was du früher schon gesagt hast, Fritz: Wer die fünf *sīla* als *heilende* Tugenden verstanden hat, unüberschätzt, nur Werkzeuge, um zur Herzenseinigung und dadurch zu Klarwissen zu kommen, der wächst damit von selber auch in die weiteren, bei den fünf heilstauglichen Wirkensbahnen genannten Tugenden hinein.

RUTH: Ja, Hans: Hier haben wir zwischen den Zeilen die Bestätigung. Wenn ihm nun auch die Verletzung dieser weiteren drei Tugenden der Rede *widerstrebt*, über die wir früher gerätselt hatten, warum sie nicht gleich in die Grundtugenden einbezogen worden sind, dann wird sein Wirken noch heller als bisher und schafft für die Zukunft noch helleres Karma. Aber mehr noch: Schon bei den Leuten von Veludvāra in S 55,7 hat sich ja gezeigt, dass mit zunehmendem Sich-Versetzen in die Mitwesen das Mitempfinden im Herzen wächst.

HANS: Es klingt fast wie eine Zusammenfassung dieser Herzenswandlung in Richtung auf *mettā*, wenn der Buddha hier dem Amtmann über einen Anhänger, der so vorgegangen ist, sagt, dass dem nun die Fixierung auf Sinnendinge widerstrebt und Übelwollen schwindet.

RUTH: *Freiheit* von der Fixierung auf Sinnendinge und *Freiheit* von Übelwollen sind bereits Änderungen der *Herzensbeschaffenheiten*, die früher zu Tugendverstößen hingerissen hatten.

FRITZ: Richtig, aber das Wichtigste kommt erst noch: Von einem Anhänger, der so weit nachgefolgt ist, also Tugend nicht nur übt, um andern wohl zu tun und das Wohl der Gewissenslauterkeit zu genießen, sondern in erster Linie, um zur *Herzenseinigung* zu kommen und Herzenseinigung nicht nur ersehnt und anstrebt, weil sie so wohl tut, sondern vor allem als Werkzeug zu jenem Klarwissen, das aus der Gefangenschaft in der Wahrnehmung *erlöst* – von einem solchen Anhänger sagt der Erwachte nun dreierlei: dass er falsche Anschauung verworfen hat, dass er von richtiger Anschauung erfüllt ist und dass er nun ein *Heilsgänger* ist.

HANS: Dabei hat er doch über das in S 42,8 beschriebene schlichte Vorgehen hinaus noch gar nichts Zusätzliches getan! Wieso kann es da so plötzlich heißen, er sei von richtiger Ansicht erfüllt? Er ist doch nur in die fünf heilenden Tugenden hineingewachsen, hat sich von übermäßiger Fixierung auf Sinnendinge und Übelwollen freigemacht und ist dadurch auch hineingewachsen in die drei weiteren Tugenden der Rede – nicht hintertragen, nicht verletzend reden und nicht leer daherschwätzen. Wo hat er denn da so schnell die rechte Anschauung her? müsste er dazu nicht mehr wissen?

RUTH: Der Buddha sagt von seinen Beziehungen zum Heilslehrer: *»Auf ihn als seinen Meister verlässt sich nun ein Nachfolger ganz und gar.«* Demnach wird hier nicht ein aus Einsicht Nachfolgender beschrieben, sondern ein aus *Heilsvertrauen* Nachfolgender.

HANS: Aber der Buddha sagt doch, er sei »von rechter *Anschauung* erfüllt«.

FRITZ: *Heilsvertrauen* (*saddhā*) und heilende rechte Anschauung (*ariyā sammadiṭṭhi*) sind kein »Entweder-oder« und erst recht kein Widerspruch: Mag ein Mensch an noch so vielen vergänglichen Dingen hängen, die er nicht sofort aufgeben kann oder mag – wenn er anerkennt, dass dabei nie wahres und beständiges Wohl zu finden ist, sondern immer nur der Kreislauf der Leiden des Daseinsbrandes, wenn er es sich daher ernsthaft als *Fernziel gesetzt* hat, den Daseinsbrand allmählich im Maß seiner Kräfte zu mindern bis zum Erlöschen, dann *hat* er die heilende rechte Anschauung, *wenn* er außerdem weiß, wie er dazu *vorgehen* muss. Dieses Wissen über das richtige Vorgehen ist die vierte Heilswahrheit. Die ist die Kenntnis des achtfachen

Heilswegs, und der beginnt mit der rechten Anschauung, deren Kern ich eben genannt habe. Die kann er auf zwei Weisen erlangt haben: Die eine ist: Er vertraut der Wachheit des Vollendeten, aber nicht blind, sondern erfahrungsbegründet: weil er ihn geprüft und dabei bisher aus seinen Aussagen als absolut verlässlich kennen gelernt hat und durch weitere Nachfolge ständig besser kennen lernt. Deshalb nimmt er da, wo er noch keine eigene Erfahrung hat, als »Zwischenlösung« die Anleitungen des Buddha zur Richtlinie seines Vorgehens. Das Vorgehen nach der Lehre des Buddha ist aber ein Vorgehen zum *Selbersehen*. Deshalb bleibt er nicht abhängig von diesem Vertrauen. Die andere Möglichkeit, zur richtigen Anschauung zu kommen, ist, dass ein wohlsuchender Mensch die allgemein menschliche Befähigung zum Klarwissen (*paññā*) auf Grund früheren Wirkens schon so stark in dieses Leben mitgebracht hat, dass sie sich – in manchen Fällen der Herzensläuterung weit vorauseilend – gleich beim Anhören der Lehre zum Heilssinn (*paññindriya*) entfaltet, mit dem er selber die Richtigkeit der Lehraussagen mit dem Verstand nachvollziehen und damit – zumindest für sich selber – reproduzieren kann. Wer das aber nicht kann, muss eben fragen. Zur Zeit des Erwachten scheint in Indien die intellektuelle Fähigkeit eher weniger ausgebildet gewesen zu sein als heute im Westen; mehr ausgebildet schien dagegen die Anlage zur Geradheit und Herzenslauterkeit, die das direkte, weiterführende Fragen sehr erleichtert. Das erklärt die häufigen Hinweise des Erwachten auf die Wichtigkeit des *Fragens*, wofür ja seine Mönche und Nonnen damals leicht erreichbar waren. Beide Einstiege in die Lehre des Erwachten – Vertrauen und Einsicht – gründen letztlich in Weisheit als dem Gipfel der fünf Heilssinne – und sei es die Weisheit: »ich weiß, dass *ich* nichts weiß« und die anschließende Weisheit, die Lehre und ihre Nachfolger zu fragen (»gewusst, wo«). Beide Bahnen des Vorgehens – die mehr weisheitliche und die mehr vertrauend-gemütsmäßige – führen zum einzig Rettenden: zur *Nachfolge*. Durststrecken sind immer wieder durch erfahrungsbegründetes Vertrauen, den ersten Heilssinn, zu überbrücken. Und beide Bahnen des Vorgehens münden in allmählich immer tiefer und weiter werdendes *Selbersehen*. Wir dürfen auch nicht vergessen, dass der Lehre eines Vollkommen Erwachten – gleich ob aus Vertrauen oder aus Einsicht – nur nachfolgen kann, wer die *fünf Heilssinne* entfaltet. Das haben wir ja schon zu Beginn unserer Gespräche besprochen. Die sagen auch einem aus Vertrauen nachfolgenden Menschen, ob eine Ansicht falsch ist, auch wenn er längst noch nicht erklären kann, warum. Deshalb kann der Erwachte – so wie zu dem Amtmann in S 42,13 – auch von einem solchen vertrauenden Menschen sagen, er habe falsche Anschauung verworfen und sei Träger richtiger Anschauung. Der Buddha hat in S 55,24 zu einem Verwandten gesagt, wenn die umstehenden Salbäume klar *unterscheiden* könnten, was recht und was falsch ist, dann wären auch sie Heilsgänger.

HANS: Wenn es so ist, dann kann ich mir auch gut vorstellen, dass ein solcher schlichter, ehrlicher, gerader Mensch, wenn er gerade ungeblendet, klar bewusst in Wahrheitsgegenwart ist – z. B. während der sechs unübertrefflichen Erinnerungen – rundum *mettā* strahlt. Das ist das, was ich vorhin mit der »anderen Dimension« meinte.

RUTH: Was der Buddha hier zeigt, geht sogar noch über diese Dimension hinaus: Der Buddha nennt diesen Menschen ja ausdrücklich einen *Heilsgänger* und sagt von ihm, dass ihm die *Wahrheit* so weit *»aufgeht«*, dass sie ihm alle Zweifel löst.[40]

FRITZ: Hinzu kommt – und damit kommen wir wieder zum *Karma*: Ein solcher Mensch muss nicht alles früher Gewirkte schäufelchenweise abtragen, auch wenn er sein Herz noch nicht zu einer derart starken »Strahlungsquelle« gewandelt hat. Dafür hat der Buddha einmal seinen Mönchen in A III,98[m] [41] ein plastisches Gleichnis gegeben, das bei einem in allen

40 Vgl. S 42,13.
41 Besprochen in WW, 16. Jg. (1970), S. 2 ff.

Kulturen bekannten Bild ansetzt, das auch Goethe einmal ausgesprochen hat: *»Des Menschen Seele gleicht dem Wasser.«* Hier sagt nun der Erwachte: Ein dicker Salzklumpen macht das Wasser in einer Tasse ungenießbar; in einen Bodensee von Süßwasser geworfen beeinträchtigt er in keiner Weise die Trinkbarkeit, obwohl das Salz ja darin ist und man es heute sogar messen könnte.[42] So kann ein und dieselbe schlechte Tat (Salz) einen engherzigen, starren Menschen, der kaum gutes Wirken angesammelt hat (Tasse Wasser) in die Hölle bringen, während sie in dem weiten Herzen eines großzügigen Menschen, der Fluten von guten Taten gewirkt hat (Bodensee) unmerklich bleibt.

HANS: Das ist aber eine Nachricht! Wie manche Menschen machen sich Sorgen, weil sie meinen: »Gut und schön: Von jetzt ab wirke ich Gutes. Aber weiß ich, was an einst gewirktem Üblem unausweichlich auf mich lauert? Bewirkt vielleicht das jetzige gute Wirken nur, dass es in Zukunft zwischen dem früher gewirkten Steinschlag von schweren alten Salzklumpen, der mir auf den Kopf donnert, zwischendurch manchmal auch ein paar Blüten regnet?« Aber hier sagt der Buddha, dass man das früher gewirkte »Salz« bis zur praktischen Unmerklichkeit mit neu gewirktem *Süßwasser verdünnen kann*! Ist das wirklich so?

FRITZ: Ja, Hans. Das ist so. Du kannst ja die Rede gelegentlich in *Wissen und Wandel* nachlesen. Ich bringe sie nicht im Buch, weil sie ja an Mönche gerichtet ist.

HANS: Warum sagt der Buddha so etwas Wichtiges nur Mönchen?

FRITZ: Er hat diese Möglichkeit der »Verdünnung« des Karma an vielen Einzelfällen häuslich Lebenden gezeigt, nur ist es in jener Mönchsrede besonders prägnant formuliert. Aber gerade das Spitzen-Beispiel der Karmaverdünnung haben wir eben in unserer Rede S 42,8 an häuslich Lebende: das *»Zerstrahlen«* von früherem Karma durch Liebe. Darin gewinnen die vier Strahlungen in zweifacher Hinsicht ein ganz anderes Fundament und eine ganz andere Bedeutung als nach der Lehre der Brahmanen, die sie für die ewige *»unio mystica«* mit Brahma hielten. Der Buddha sagt, wer im Vorgehen nach seiner Anleitung – also im Wissen, dass alles Entstandene wieder vergeht – Liebe, Erbarmen, hohe Freude und erhabenen Gleichmut ausstrahlt, ist nicht nur der Habsucht und dem Übelwollen entgangen, sondern *»ungeblendet, klar bewusst, der Wahrheit gegenwärtig«*. Hier sind also die brahmischen Weilungen zu Werkzeugen zum *Erwachen* geworden. Das ist das eine. Das andere ist etwas, was es noch nie bisher geheißen hat: dass bei ihm *»alles messend und urteilend gewirkte Karma (pamāna-katam) keinen Bestand mehr hat, nicht fortdauern kann.«*

RUTH: Das kommt mir vor wie ein Phasenübergang.

HANS: Was meinst du damit?

RUTH: Wenn Eis taut, weil die Temperatur über den Gefrierpunkt gestiegen ist, dann sagt man in der Physik: Das Wasser geht aus der festen in die flüssige Phase über. Ich habe dem oft im Winter zugesehen. Eben noch waren am Straßenrand, wo der Schneepflug den Schnee aufgehäuft hatte, Myriaden von winzigen Schneekristallhöhlen mit glitzernden Säulchen und vielfältigen wunderlichen Strukturen. Dann schien die Sonne, und die Temperatur stieg um einen halben Grad – schon floss die ganze gefrorene Vielfalt als einheitliches Rinnsal davon, das die Sonne auftrocknete. So scheint es mir mit dem Karma zu gehen, wenn das Herz aus der *»festen«*, messenden, urteilenden, abgrenzenden, Vielfalt einbildenden Phase in die nichtmessende, Grenzen einschmelzende »flüssige« Phase eintritt und die Sonne der Heilswahrheiten, vor allem mit dem Blick für die Unbeständigkeit, daraufscheint. Früher war lauter Vielfalt gewirkt worden, weil wir gemessen und geurteilt haben: *»Das da ist angenehm, jenes unangenehm; dies ist schön, jenes hässlich; dies teuer, jenes billig, dies selten, jenes gewöhnlich,*

42 Renneberg, Molekulare Erkennung mittels Immuno- und Rezeptorsensoren, *Spektrum* 9/1992, S. 103 ff.

dies alt, jenes neu, und und und.« Da haben wir in Gedanken das eine herangeholt, das andere weggeschoben. Damit haben wir Grenzen gezogen, Unterschiede gemacht, jeweils die beiden Gegenteile »aufgegriffen«, weil wir meinten, sie gingen uns was an. Und so ist diese ganze Vielfaltwelt aufgehäuft worden. Wenn aber unser Herz in Wohlwollen, Güte und Liebe strahlt, und wir den Anblick pflegen, der bei allem das Eine sieht: den Unbestand, an dem alle Wesen leiden, dann schmelzen wir gleichsam alle diese Unterschiede wieder ein, und wenn das gar noch in Wahrheitsgegenwart, frei von Blendung geschieht, dann ist die Folge nicht nur eine vorübergehende Seligkeit, sondern dann wird das alte Karma im Licht der Lehre in dieser Strahlung – wie der Physiker sagen würde – von der festen, starren Phase in die flüssige Phase überführt und spurlos verdampft. Deshalb kann ein so geschmolzenes und aufgetrocknetes Vielfaltkarma nie mehr wiederkommen. Sicher hinkt das Beispiel irgendwo; aber verstehe ich das im Großen und Ganzen so richtig?

Fritz: Im Großen und Ganzen ja, Ruth. Der Erwachte hat hier den Karma-Begriff über alle Phasen hinaus auf die Auflösung aller Dimensionen erweitert: auf das Loslassen, das endgültige Auflösen des Karma.

Hans: Aber dem Krankwerden, Altern, Sterben, sich von allem trennen müssen, kann doch niemand entgehen. Wie ist das damit vereinbar?

Fritz: Diese Unentrinnbarkeit gilt für den strahlenden Heilsgänger nur noch für diesen jetzigen Körper, in den er sich für die Dauer dieses Menschenlebens hineingewirkt hat. Auch bei einem in Liebe strahlenden Menschen altert und stirbt der Körper; auch er muss seinen Besitz verlassen und bleibt ein »Kind des Wirkens«. Aber nun – nach diesem »Phasenübergang« – vollzieht sich das in einer geradezu schmerzlosen Weise. Ich kenne sehr wohl wollend und liebevoll gewordene Menschen. Die leben wegen ihres hellen Grundgefühls schon hier wie in einer neuen Welt: Ganze Gebirge von Problemen, die den nach den Maßstäben von Besitz, Genuss und Macht Messenden, Urteilenden und Verurteilenden durchs Leben jagen, nehmen sie überhaupt nicht wahr. Bei Krankheit sind sie geduldige, gelassene, »pflegeleichte« Patienten. Von psychosomatischen Krankheiten bleiben sie verschont. Ihr Immunsystem bewahrt sie vor vielen Infektionen, ihre körperlichen Regulationsvorgänge arbeiten harmonisch. Sie altern in innerer Heiterkeit. Und sie haben einen guten Tod. Einst aus Hinneigung oder Abneigung mit Blendung gewirkte Sinnendinge können sich ja nur an einem aus entsprechender Sinnengier aufgebauten *Körper* auswirken, wie ein Kurzwellenprogramm nur auf einem Kurzwellenempfänger empfangen werden kann, nicht auf einem reinen Mittel- oder Langwellenempfänger. Je nachdem, wie weit ein Mensch durch sein Wirken in die liebende, erbarmende, in hoher Freude oder in erhabenem Gleichmut strahlende »Phase« hineingewachsen ist, kann es sein, dass er nach dem Absterben dieses Körpers nur noch so wenig Bezug zu Sinnendingen hat, dass gar kein als »Sinnenwelt-Empfänger« geeigneter Fleischkörper mehr aufgebaut wird, sondern dass er *»in geistunmittelbar geformter Gestalt«* erscheint. So führt richtiges Wirken (*Karma*) weit über den Bereich hinaus, an den fast alle Menschen – auch die alten Inder – nur dachten und denken: *heraus* aus dem dichten, groben, engen Bereich des »Ich/Du-Gegensatzes«; *heraus* aus der zähen und groben Vielfalt von Formen und Gestalten, Dingen und Wesen, in welcher schlechte Folgen oder unbeständiges »Verdienst« gewirkt werden, die nur wahrgenommen werden können durch die kraftzehrenden Anstrengungen eines komplizierten, störungsanfälligen, dem Verschleiß ausgesetzten Körperwerkzeugs. Liebe-Strahlung ist eine Art, *Karma* zu wirken, die aus der Sinnenwelt hinaus in die Erlebensweise reiner Formen trägt.

Doch auch diese Erlebensweise ist unbeständig. Deshalb zeigt der Erwachte darüber hinaus die höchste und letzte Anwendung des Karmagesetzes: als Mittel, *alles* Unbeständige, Gewordene – auch reine Form oder gestaltfreie Grenzenlosigkeit – total zu übersteigen. Er erweitert unseren Blick für das Karma *über* die einzelnen Wirkensweisen in Gedanken, Worten und Werken hinaus auf die *Quelle*, aus der alles Wirken hervorgeht: auf das unerlöste *Herz*. Denn jede Willenshandlung setzt voraus, dass das Herz nicht *wunschlos glücklich* ist, und das heißt, dass es in irgendeiner Weise *Mangel* leidet, »Durst« hat – Durst nach Sinnendingen oder nach dem inneren Wohl des Daseinsbereichs der nicht mehr begehrten und daher reinen Formen oder Durst nach der Grenzenlosigkeit gestaltfreier Wahrnehmung. Auf diese *Wurzel* allen auf irgendein »Etwas« gerichteten Wirkens verweist der Erwachte immer wieder, und auch das gehört zu seiner *Karmalehre*, etwa in der Rede

A X,47:

Der Licchavier Mahāli besuchte den Erhabenen in Vesālī in der Halle des Giebelhauses und fragte: *»Herr, was ist die Ursache, was ist die Bedingung dafür, dass schlechtes Karma gewirkt und fortgesetzt wird?« — »Sinnliches Begehren (lobha), Abneigung, Blendung, oberflächliche Geistestätigkeit (ayoniso manasikāro), ein falsch gerichtetes Herz*[43] *ist eine Ursache, eine Bedingung dafür, dass schlechtes Karma gewirkt und fortgesetzt wird …«*

»Was aber ist die Ursache, Herr, was ist die Bedingung dafür, dass vorzügliches Karma gewirkt und fortgesetzt wird?« — »Freiheit von sinnlichem Begehren, von Abneigung, von Blendung, gründlich gerichtete Geistestätigkeit – ein recht gerichtetes Herz ist die Ursache, die Bedingung dafür, dass vorzügliches Karma gewirkt und fortgesetzt wird …

Wären diese zehn Eigenschaften nicht in der Welt anzutreffen, so würde man hienieden keinen unrechten, verderbten Lebenswandel kennen und keinen rechten, ausgeglichenen Lebenswandel. Weil aber diese zehn Eigenschaften in der Welt anzutreffen sind, Mahāli, so kennt man hienieden einen unrechten, verderbten Lebenswandel und einen rechten, ausgeglichenen Lebenswandel.« Dazu gibt der Erwachte einmal Anāthapiṇḍiko ein Gleichnis in

A III,110:

»Wenn das Herz unbewacht *ist, Hausvater, ist auch das* Wirken *mit Körper/ Sprache/ Geist* unbewacht. *Bei einem, der mit unbewachtem Körper/ unbewachter Sprache/ unbewachtem Geist wirkt, ist das Wirken mit Körper/ Sprache/ Geist undicht. — Bei einem, der mit Körper/ Sprache/ Geist undicht wirkt, wird das mit Körper, Sprache Geist undicht Gewirkte faul. Einer, dessen Wirken mit Körper/ Sprache/ Geist faul ist, hat keinen guten Tod, kein gutes Sterben. — Das ist, Hausvater, wie bei einem schlecht gedeckten Giebelhaus: Da sind Firstbalken, Dachbalken und Mauern schlecht geschützt. Da regnet es beim Firstbalken und zu den Dachbalken und zu den Mauern durch. Dann werden Firstbalken, Dachstuhl und Mauern faul. Ebenso ist es bei einem, bei dem das Herz unbewacht ist.*

Ist aber das Herz bewacht, *Hausvater, dann ist auch das Wirken mit Körper/ Sprache/ Geist bewacht. Bei einem, der mit bewachtem Körper, bewachter Sprache, bewachtem Geist wirkt, ist das Wirken mit Körper/ Sprache/ Geist abgedichtet. Bei einem, der mit Körper/ Sprache/ Geist abgedichtet wirkt, ist das mit Körper/ Sprache/ Geist abgedichtet Gewirkte von Fäulnis frei. Einer, dessen Wirken mit Körper/ Sprache/ Geist von Fäulnis frei ist, hat einen guten Tod, ein leichtes Sterben. — Das ist, Hausvater, wie bei einem gut gedeckten Giebelhaus: Da sind First, Dachbalken und Mauern gut geschützt. Dann regnet es beim First, zu den Dachbalken und Mauern nicht durch; dann sind First, Dachbalken und Mauern von Fäulnis frei. Ebenso ist es bei einem, bei dem das Herz bewacht ist, Hausvater: Einer, dessen Wirken mit Körper/ Sprache/ Geist von Fäulnis frei ist, hat einen guten Tod, hat ein leichtes Sterben.«*

Hans: Dann muss man ja doch Sinnenzügelung üben! Du hast aber doch gesagt, das ginge nur in der Hauslosigkeit!

Fritz: Was hier beschrieben wurde, ist nicht Sinnenzügelung, sondern erst die Zügelung des *Wirkens* mit Körper, Sprache und Geist. Im Haus Lebende merken den Zug, sich auf einen

43 *micchā-pa-nihita*: *miccha* = »falsch«, *pa* = »ganz«, *nihita* = »geneigt, gerichtet«.

Sinneseindruck *einzulassen*, in aller Regel erst durch Gedanken, mit denen sie sich bereits darauf eingelassen *haben* und daran, dass es sie daraufhin »juckt«, den Körper in Bewegung zu setzen, um etwas zu tun, die Sprache einzusetzen, um etwas zu sagen und den Geist einzusetzen, um Körper und Sprache zu dem Gewünschten hin und von dem Unerwünschten wegzusteuern. Und dann unterscheiden sie, ob es sich um einen Sinnenwunsch handelt, der durch die drei Filter des Wünsche befriedigenden häuslichen Anhängers hindurchgeht – keine Tugend verletzt, nicht rauschhaft geschieht und die Erinnerung an das Entrinnen nicht tilgt. Die asketische Sinnenzügelung des Tathāgatagangs dagegen macht diese für das Hausleben in der Vielfalt notwendige Unterscheidung nicht, sondern besteht in der völlig reinen Anwendung der vierten Wirkensweise: sich auf *keine* Erscheinung gleich welcher Art irgendwie einzulassen: Die mönchische Sinnenzügelung ist also ist kein Filter mehr, sondern ein dicht schließender »Deckel«. Deshalb sagt ja Sāriputto in M 143 zu Anāthapiṇḍiko, dem er ausnahmsweise auf dem Sterbebett die asketische Übung der Sinnenzügelung gezeigt hat: *»Weiß gekleideten Hausvätern wird eine Lehrdarlegung solcher Art nicht gegeben, Hausvater. Für die* Hauslosen *wird eine Lehrdarlegung solcher Art gegeben, Hausvater.«* Häuslich Lebende haben schon viel geleistet, wenn sie sich noch rechtzeitig erwischen, bevor sie ungeschützt durch die drei Filter einer spontanen tugendverletzenden oder rauschhaften, die befreiende Entrinnung vergessen machenden Befriedigungsabsicht auch noch Arme, Beine, Sprechwerkzeuge und den ausführenden Geist, leihen, um die Absicht – die der Sinnenzügelung übende Asket gar nicht erst aufkommen lässt – ins praktische *Wirken* umzusetzen. Deshalb spricht der Erwachte in seinem Gespräch mit Anāthapiṇḍiko in A III,110 nicht von ständiger Bewachung der *»Tore* der *Sinne«*, sondern von der »Bewachung des *Wirkens«*, also gewissermaßen nicht von der Bewachung der Eingänge, sondern der Ausgänge. Wir kommen noch öfter darauf. Auf dem Gedanken der Bewachung der Ausgänge zum *Wirken*, die im Gegensatz zu der totalen Sinnenzügelung auch in der Häuslichkeit möglich und nötig ist, beruht auch der wunderbare Trost, den der Erwachte dem König Mahānāmo spendete, als er klagte, wie ihn selbst nach seinen Besuchen beim Buddha gleich am Stadttor die Vielfalt überfällt:

S 55,21-22 – MAHĀNĀMO.

Der König besuchte den Buddha im Sakyerland bei Kapilavatthu im Feigenbaumkloster und sprach: *»Herr, dieses Kapilavatthu ist blühend, reich, dicht bevölkert, wimmelnd von Menschen, ein Ballungszentrum. Wenn ich da den Erhabenen besucht habe oder die Mönche, die ihren Geist ausbilden, und ich komme abends wieder nach Kapilavatthu zurück und treffe dort auf Ströme von Elefanten, Pferden, Wagen, Kutschen und Menschen, dann ist meine Wahrheitsgegenwart, die eben noch auf den Erhabenen, die Lehre und die Gemeinde bezogen war, einfach vergessen. Da denke ich nun, Herr: Wenn ich zu einer solchen Zeit sterben würde, auf welche Bahn käme ich da? Wie ginge es mit mir weiter?«*

»Fürchte dich nicht, Mahānāmo, fürchte dich nicht, Mahānāmo. Dein Sterben wird frei sein von Üblem; du wirst kein schlimmes Ende haben: Wessen Herz lange Zeit hindurch in Vertrauen ausgebildet worden ist, in Tugend, im Vernehmen der Wahrheit, im Loslassen, in Klarwissen, dessen Leib – den formhaften, aus den vier ausgedehnten Gewordenheiten[44] *bestehenden, von Vater und Mutter erzeugten, aus Reisbrei und Quark zusammengehäuften, dem Unbestand, der Aufreibung,*

44 *mahā-bhūta*: *mahā* heißt nicht nur »groß«, »großartig« – die unbeständige Formzusammenhäufung hat im tiefsten Sinn nichts Großartiges –, sondern es heißt auch »räumlich ausgedehnt«: Die Form (*rūpa*) ist die einzige der fünf Zusammenhäufungen, die als räumlich ausgedehnt erlebt wird. Sie ist die »res extensa« (»das ausgedehnte Ding«), das, was als »Natur« erlebt und als »Substanz«, »Materie« gedeutet wird und wovon Naturwissenschaftler, die hinter der neuesten Entwicklung zurückgeblieben sind, meinen, es existiere auch noch »an sich«, »hinter« der erlebten Erscheinung (vgl. WeizsTragweite, S. 446 f.).

dem völligen Verschleiß, dem Absterben, dem Zerfall unterworfenen – den mögen die Krähen oder Geier oder Habichte oder Hunde oder Schakale oder die vielerlei Insekten fressen. Ein Herz aber, das lange Zeit hindurch in Vertrauen, Tugend, Vernehmen der Wahrheit, Loslassen, Klarwissen ausgebildet worden ist, das steigt aufwärts, hebt sich empor. — Das ist, wie wenn einer einen Krug geschmolzene Butter oder Öl in einen tiefen See wirft, dass er zerbricht. Was da irden oder aus Ton ist, sinkt unter. Was aber geläuterte Butter oder Öl ist, steigt aufwärts, hebt sich empor. Ebenso ist es mit einem, dessen Herz lange Zeit hindurch in Vertrauen, Tugend, erfahrener Lehrkenntnis, Loslassen, Klarwissen ausgebildet worden ist: Das steigt aufwärts, hebt sich empor. Bei dir, Mahānāmo ist das Herz lange Zeit hindurch in Vertrauen, Tugend, Vernehmen der Wahrheit, Loslassen, Klarwissen ausgebildet worden. Fürchte dich nicht, Mahānāmo. Dein Sterben wird frei sein von Üblem; du wirst kein schlimmes Ende haben.[45]

Wenn ein Heilsgänger zu vier Eigenschaften erwachsen ist, Mahānāmo, dann ist er zum Löschen des Daseinsbrandes hin abgesenkt, hat ein Gefälle zum Erlöschen. Zum Erlöschen des Daseinsbrandes trägt es ihn hin. Zu welchen vier?

• Da ist ein Heilsgänger beim Erwachten *zu der endgültigen befriedenden Klarheit erwachsen: ›Das ist wahrhaftig der Erhabene, genesen, der Vollkommen Erwachte, vollendet in Wissen und Wandel, zum Heil gekommen, der Welt Kenner, der höchste Lenker der auszubildenden Menschen, der Meister der Himmelswesen und Menschen, erwacht, erhaben.‹*

• *Bei der* Lehre *ist er zu der endgültigen befriedenden Klarheit erwachsen: ›Wohlverkündet ist vom Erhabenen die Lehre, unmittelbar einleuchtend, zeitlos; sie lädt ein: 'Komm und sieh selbst!', sie führt hin, ist bei sich selber nachvollziehbar für den, der Augen hat, zu sehen.‹*

• *Bei der* Heilsgängergemeinde *ist er zu der endgültigen befriedenden Klarheit erwachsen: ›Recht nachgefolgt ist beim Erhabenen die Gemeinde der Heilsgänger, offen und gerade, hat ihr Leben nach ihrer Erkenntnis eingerichtet, sie führt das wahre Leben, nämlich als die vier Paare von Menschen nach acht Graden von Menschen; das ist die Heilsgängergemeinde des Erhabenen, wert der Verehrung, wert, zu Gast zu sein, wert des ehrfurchtsvollen Grußes, das beste Feld in der Welt, um Verdienst zu erwerben.‹*

• *Erwachsen ist er zu den* Tugenden, *wie sie den Heilsgängern wert sind, den unzerstückelten, unbeschnittenen, ungefleckten, ungesprenkelten, aus der Sklaverei befreienden, von Verständigen gepriesenen, an denen man nicht festhängt, so dass sie zur Einigung führen. — Das ist, wie wenn ein Baum nach Sonnenaufgang hingeneigt, hingesenkt, hingebeugt ist. Wenn der gefällt wird, wohin kann er nur fallen, Mahānāmo?« — »Wohin er geneigt war, wo er hingesenkt war, wo er hingebeugt war, Herr.« — »Genau so ist ein Heilsgänger, wenn er zu diesen vier Eigenschaften erwachsen ist, zum Löschen des Daseinsbrandes hin abgesenkt, hat ein Gefälle zum Erlöschen. Zum Erlöschen des Daseinsbrandes trägt es ihn hin.«*

RUTH: Seltsam und wunderbar zugleich: Da zeigt der Buddha das *Wirken*, das zum *Aufhören* des Wirkens führt – zu dem, wonach man sich manchmal sehnt: einfach *Aufhören*.

HANS: Wirken zum Aufhören des Wirkens: Das fällt mir immer noch etwas schwer zu denken: Ist das nicht doch ein Widerspruch in sich?

FRITZ: Das hat vor 2.500 Jahren der Brahmane Unnābho auch gemeint. Der hat darüber mit Ānando in Kosambi im Park des Ghositaklosters gesprochen. Wir finden das Gespräch in der Rede

DER BRAHMANE – S 51,15:

Zur Seite sitzend sprach der Brahmane Unnābho zum ehrwürdigen Ānando: »Zu welchem Ziel wird beim Asketen Gotamo der brahmische Wandel geführt, Herr Ānando?« — »Zur Überwindung *des* Willens *(chanda), Brahmane.« — »Gibt es denn einen Weg und eine Vorgehensweise, den*

45 Vgl. S 55,22 (4).

Willen zu überwinden, Herr Ānando?« — »Allerdings, Brahmane, es gibt einen Weg und eine Vorgehensweise.« — »Welches ist dieser Weg, und welches ist diese Vorgehensweise?« — »Da entwickelt der Mönch in beharrlichem Vordringen durch die mit dem Willen/ mit Energie (viriya)/ mit der Herzensart (citta)/ mit einfühlendem Prüfen (vimamsa) erworbene Herzenseinigung das Fundament der Geistesmacht. Das ist der Weg, den Willen zu überwinden, Brahmane.« — »Wenn es so wäre, Herr Ānando, dann würde man sich im Kreis drehen, nie zu einem Ende kommen: Den Willen durch den Willen überwinden, das geht nicht.« — »Nun, Brahmane, ich will dir dazu Fragen stellen. Wenn du magst, kannst du antworten: Was meinst du: – Hattest du vorhin den Willen, *in den Park zu gehen, und war dir dieser Wille vergangen, als du im Park angekommen warst?« — »So ist es, Herr.« — »Hattest du vorhin die Energie, in den Park zu gehen, und war dir diese Energie vergangen, als du im Park angekommen warst?« — »So ist es, Herr.« — »Lag es dir vorhin am Herzen, in den Park zu gehen, und war dir diese Herzenssache vergangen, als du im Park angekommen warst?« — »So ist es, Herr.« — »Hattest du vorhin das einfühlende Prüfen auf den Gang in den Park gerichtet, und war dieses einfühlende Prüfen erledigt, als du im Park angekommen warst?« — »So ist es, Herr.« — »Genauso, Brahmane, ist es bei einem geheilten Mönch, der die Beeinflussungen ganz zum Schwinden gebracht, das Endziel erreicht, alles getan hat, was zu tun war, die Last abgelegt, das höchste Gut gewonnen, die Daseinsfessel zersprengt hat, im höchsten Wissen erlöst ist: Der frühere Wille, die frühere Energie, die frühere Herzensneigung, das frühere einfühlende Prüfen, um den vollkommen heilen Stand zu erreichen, ist durch das* Erreichen *des vollkommen heilen Standes* gestillt. *Was meinst du, Brahmane: Wenn es so ist, dreht man sich dann im Kreis, oder kommt man zum Ende?« — »Freilich, Herr Ānando: Wenn es so ist, dann kommt man zum Ende und dreht sich nicht im Kreis. Wunderbar, Herr Ānando.«* Und er nahm Zuflucht.

Hans: Ja, aber es geht doch darum, ob man *Wirken – Karma* – durch *Wirken* überwinden kann, nicht nur um den *Willen*: Was will man nicht alles. Aber »*Wollen hab ich wohl, aber Vollbringen das Gute find ich nicht*«, sagt schon Paulus.[46]

Fritz: Zwar kann das Pāliwort *chanda, Wille*, ebenso wie unser Wort »Wollen« auch die Färbung von bloßem, unverbindlichem *Wünschen* annehmen. Bei Ānando ist aber nicht bloßes Wünschen gemeint, sondern das ernsthafte Umsetzenwollen in die Tat. Bloßem Wünschen fehlt das Zwischenglied zwischen Wunschtraum und Umsetzen in die Wirklichkeit: die ernsthafte *Absicht* (*cetanā*). Die ist schon der erste Anfang des Vollbringens; denn sie beeinflusst uns merklich in der Richtung des Vollbringens. Deshalb erklärt der Erwachte ja oft die vierte Zusammenhäufung, die dynamischen Vorgänge, Wirksamkeiten, Gestaltungen, Aktivitäten (*sankhāra*) als »*cetanā*« = Beabsichtigen. Beim »*Vollbringen*« des Willens bin ich also schon dann, wenn ich ernsthaft die Umsetzung des Willens in die Tat im *Geist* positiv bewerte und mich damit auf den Herzensimpuls »einlasse«, um mit M 114 zu sprechen. Denn damit verlasse ich die Neutralität gegenüber dem Vorgestellten und stelle sozusagen – um das Gleichnis des Erwachten aus seinem Gespräch mit Mahānāmo zu benutzen – »*den Baum schief*«. Das fängt schon bei schwachen Absichten an, bei bloßen »Planspielen«: Wir denken immer wieder um den betreffenden Gegenstand herum. Dadurch wird aber gerade die massivste Wirkensart in Gang gesetzt: Denken. Wie leicht die Grenzen zwischen »bloßem« Denken und Vollbringen verschwimmen können, macht sich Wallenstein in Schillers Drama[47] klar:

»Wär's möglich? Könnt' ich nicht mehr, wie ich wollte?
Nicht mehr zurück, wie mir's beliebt? Ich müsste
die Tat vollbringen, weil ich sie gedacht,

46 Röm. 7,18.
47 *Wallensteins Tod*, 1. Aufzug, vierter Auftritt.

nicht die Versuchung von mir wies ... Es war nicht
mein Ernst, beschloss'ne Sache war es nie,
in dem Gedanken bloß gefiel ich mir; ...
Wohin denn seh' ich plötzlich mich geführt?
Bahnlos liegt's hinter mir, und eine Mauer
aus meinen eignen Werken baut sich auf,
die mir die Umkehr türmend hemmt.«

Wenn also, wie hier, in S 51,15 – von der Aufhebung des Willens durch den *Willen* gesprochen wird, dann handelt es sich dabei um die vierte der vier Arten des Wirkens, die das Wirken aufhebt und deshalb zur Erlösung führt. Darauf kommen wir noch.

Hans: Jetzt ist es mir klar: Durch den richtig gerichteten Willen kann man vom ständigen Diktat des Willens frei werden! Denn das ist ja unser Elend, dass wir dauernd etwas *wollen müssen*. Beim Wunschlosen ist gar kein »Landeplatz« mehr für Ankommendes. Darauf läuft die Lehre am Ende hinaus: auf dieses Allereinfachste – fast möchte ich sagen *»Keinfachste«*: die absolute *Freiheit*. Deshalb tut es so wohl, wenn man das dauernde Existenzgedränge satt hat. Das drängt nur, aber es bleibt nicht. Was soll das? Aber der Friede – schon wenn man ihn in guten Augenblicken nur einmal ein wenig ahnt –, der drängt nicht, der befreit nur – und der bleibt. Das ist überhaupt erst *»Willensfreiheit«*: Freiheit vom Willen! Ein lieber Freund quält sich sehr mit der Frage der Willensfreiheit herum. Er meint, wenn alles durch das Karma »festgelegt« sei, dann gäbe es ja keine Willensfreiheit; auch der Wille sei determiniert. Ihn wird der Gedanke erleichtern, über den wir gerade sprechen.

Fritz: Dazu gibt es noch weitere erleichternde Gedanken: Es stimmt zwar, dass alles – »meine« Eigenschaften und »meine« Wahrnehmung (samt den Vorstellungen »ich« und »mein«) – durch das frühere Wirken bedingt ist, aber *»bedingt«* heißt *nicht* »in allen Einzelheiten unveränderlich *festgelegt*.« Wir haben ja schon kurz erwähnt: Das gilt nicht einmal im Bereich der Physik.

Hans: Physik ist mir zu hoch. Meinst du vielleicht die berühmte *»Heisenbergsche Unbestimmtheitsrelation«*? Die lernt man ja heute schon in der Schule. Als Heisenberg die gerade entdeckt hatte, soll er gesagt haben: *»Ich glaube, ich habe das Kausalitätsgesetz widerlegt.«* Aber das kann er doch nicht ernst gemeint haben. Dann könnte ja auch das Karmagesetz nicht gelten.

Fritz: Er hat es aber gesagt. Carl Friedrich v. Weizsäcker berichtet es.[48] Das war freilich schon 1927. Seither hat sich, besonders im letzten Jahrzehnt, viel getan. Wir wollen hier nicht Wissenschaftsgeschichte – eine Geschichte menschlicher Irrtümer – betreiben. Aber man wird ja doch öfter darauf angesprochen – von Interessierten, die die Lehre des Erwachten kennen lernen wollen, von Buddhisten, die sich als Lehrer, Schüler oder Studenten oder auf Einwände ihrer Kinder damit auseinander zu setzen haben. Und außerdem geht es auch noch anderen Menschen wie deinem Freund: Sie leiden unter dem Missverständnis, Karma bedeute, es sei ja doch alles vorherbestimmt. Die schlichte, vom Erleben ausgehende Richtigstellung, die der Erwachte jenem Brahmanen in A VI,38 dazu gegeben hat, ist unübertrefflich. Aber dein Freund wäre davon allein vielleicht doch nicht ganz befriedigt; je nachdem, wie alt und stark seine westlichen Denkgewöhnungen sind. Wenn einem Menschen die Vorstellung im Kopf herumspukt, vielleicht sei doch alles »Bestimmung«, dann kann ihn das sehr in seinem Streben lähmen. Ich habe gerade einiges über die neuesten einschlägigen Entwicklungen in der Physik gelesen.[49] Manchen Menschen mit Problemen wie dein Freund könnte einiges aus dieser Lektüre für ihren Umgang mit dem Willensproblem doch hilfreich sein.

48 C.F. v. Weizsäcker in GuN, S. 21.
49 Überblicke siehe Schwerpunktheft *Universitas* 8/1991; GerokChaos; vgl. auch GuN, S. 1 ff.

Hans: Dann lass einmal hören, aber mach es nicht kompliziert.

Fritz: Ich werd's versuchen: Wenn es ein Gebiet gibt, auf dem der Determinismus – das Prinzip von Ursache und Wirkung – so streng herrscht, dass man auf den ersten Blick meinen könnte, alle Vorgänge seien durch strenge Gesetze ein für allemal vorherbestimmt und berechenbar wie bei einem Uhrwerk, dann ist das wohl die Physik. Aber gerade da ist es heute ganz anders als noch in den siebziger Jahren: Nicht nur nach der Meinung einzelner, sondern allgemein steht heute außer Zweifel, dass trotz strenger Gesetze selbst in der klassischen Physik durchaus nicht alles bis ins kleinste von vornherein festgelegt ist. Lasst es mich ganz kurz umreißen: Die moderne Physik hat zwar in diesem Jahrhundert große Erfolge gehabt. Die beruhten aber auf zwei Theorien, die mit der Größenordnung, in der wir erleben und mit unseren Sinnen wahrnehmen, nichts zu tun haben. Die eine Theorie heißt *Quantenmechanik*. Sie gilt nur im atomaren Bereich. Die andere heißt *Relativitätstheorie* und betrifft nur die ganz großen Strukturen des »Kosmos«. Vernachlässigt blieb aber die mittlere Größenordnung unserer täglichen Erfahrung. Für sie glaubte man ja die gute alte Newtonsche Mechanik zu haben: die Welt als Uhrwerk, in der alles fein vorhersagbar ist. Vorhersagen treffen aber die Naturwissenschaftler nicht aus dem unmittelbaren Erleben, sondern auf Grund von *Deutungen* »äußerer« Vorgänge, ausgedrückt in der Sprache mathematischer Berechnungen. Deshalb verstehen sie unter »Voraussagbarkeit« immer »*Vorausberechenbarkeit*«. Exakt vorausberechnen kann man aber immer nur, wenn man von irgendwelchen *festen* Größen ausgehen kann. Wenn die Rechengrößen sich schon ändern, während der Rechner noch rechnet, hängt die ganze Vorausberechnung in der Luft. Sie müssen sich aber ständig, auch schon während der Berechnung, ändern, weil kein »Etwas« auch nur ein winziges Quäntchen Zeit beständig ist, sondern dauernd fließt, vergeht, sich erschöpft: Alle Zusammenhäufungen sind nicht nur »vergänglich«, sondern *unbeständig* (der Erwachte sagt dazu *anicca*), d. h. *keine* materiell geprägten »*Objekte*« (sagt Dürr), die »gegenüber stehen« (so die wörtliche Bedeutung von Ob-jekt), sondern »*Prozesse*« (der Erwachte nennt das *sankhāra*).

»Man schätzte die Erkenntnissituation in diesem Gebiet lange Zeit falsch ein«[50]*: »Man wusste zwar, dass die Vorgänge in unserer Alltagswelt viel komplexer waren als jene vorhin erwähnten theoretisch leicht fassbaren Beispiele aus unseren Physik-Schulbüchern.«*[51] Aber da hielt man sich eben an Descartes, den du vorhin zitiert hast, Hans. Der hatte vor 300 Jahren gesagt: »*Wenn ein Problem so komplex ist, dass du es nicht auf einmal lösen kannst, so zerlege es in so viele Unterprobleme, die dann entsprechend klein sind, dass du jedes dieser Unterprobleme für sich lösen kannst.*«[52] Gemacht hat das allerdings keiner. Es wäre zu umständlich gewesen und – ehe es Computer gab – meist gar nicht durchführbar. Man hielt es auch nicht für so wichtig. Und so glaubte man weiter an die *theoretisch* grenzenlose Vorausberechenbarkeit auf dem Gebiet unserer Alltagsgrößenordnungen. Das bedeutete: Man ließ nicht nur den Grundsatz gelten: »gleiche Ursachen haben *gleiche* Wirkungen« – der ist auch heute noch unangefochten –, sondern man leitete daraus ab, ähnliche Ursachen hätten auch *ähnliche* Wirkungen. Denn man meinte, die in der Praxis unvermeidlichen winzigen Änderungen in den Bedingungen hätten nur kaum merkliche Auswirkungen, die könne man vernachlässigen. Diese Annahme erwies sich aber in den letzten paar Jahren als so verfehlt, dass 1988 auf jener Tagung »Geist und Natur« der Physik-Nobelpreisträger Prigogine den bekannten britischen Mathematiker Lighthill mit den Worten zitierte: *»Ich muss mich im Namen der weltumfassenden Bruderschaft der*

50 So der Innsbrucker Ordinarius für Philosophie der Naturwissenschaften, B. Kanitschneider, in: *Universitas* 8/1991, S. 753.

51 Chaos, Fraktale und Selbstähnlichkeit, *Universitas* 8/1991, S. 722 ff., hier: S. 734.

52 Zitiert nach GerokChaos, S. 22.

Naturwissenschaftler kollektiv dafür entschuldigen, dass wir die gebildeten Laien durch Verbreitung all dieser Ideen vom Determinismus der Systeme in die Irre geführt haben.« Prigogine fügt hinzu: *»Man könnte diese Äußerung von Lighthill auch so formulieren: ›Die gesamte Erklärung der klassischen Mechanik, bisher* Grundlage *der naturwissenschaftlichen Anschauungen von Männern wie Kant, Bergson und anderen – sie war falsch.‹«*[53] Es bleibt zwar dabei: *Gleiche* Ursachen haben gleiche Wirkungen. Aber der Glaube, *ähnliche* Ursachen hätten demzufolge auch ähnliche Wirkungen, gilt nur für *»lineare* Systeme«, das sind grob gesagt solche, bei denen Ursachen, die auf sie einwirken, *gleichmäßige* Veränderungen hervorrufen wie in jenen einfachen Lehrbuchbeispielen. Nun sind aber die meisten Abläufe in unserer Alltagswelt nicht einfach, sondern komplex. Viele verschiedene Vorgänge wirken zusammen, wirken aufeinander ein, können sich dabei gegenseitig verstärken und abschwächen – im Grenzfall sogar einander aufheben. Alle diese Einwirkungen und dadurch bewirkten Veränderungen verlaufen großenteils ungleichmäßig, *»nichtlinear«*. Als die Naturwissenschaftler vor wenigen Jahren anfingen, das zu untersuchen, gingen ihnen die Augen über vor Überraschung über das, was sie dabei fanden:

• Kaum merkliche Veränderungen in den Anfangsbedingungen nichtlinearer Systeme können sich zu »dramatischen« Veränderungen im Systemverlauf aufschaukeln – obwohl die einzelnen Details der Veränderungen der jeweiligen Anfangszustände streng nach den mathematisch beschreibbaren deterministischen Bewegungsgesetzen ablaufen. Einer der Pioniere dieses neuen Forschungszweiges, Hermann Haken, zitiert dazu den amerikanischen Meteorologen E.N. Lorenz[54], mit dessen Ausspruch, *»dass der Schlag eines Schmetterlingsflügels in Peking nach einigen Tagen das Wetter an der Westküste der USA verändern kann.«*[55] Das ist keine Phantasie eines grün-alternativen Politikers, sondern die ernsthafte Äußerung eines angesehenen Wissenschaftlers an dem bekannten Massachusetts Institute of Technology auf seinem Fachgebiet, die dazu beigetragen hat, dass die Wissenschaft auf die Tragweite der Entdeckung aufmerksam wurde, dass in nichtlinearen Systemen ähnliche Ursachen keineswegs ähnliche Wirkungen haben.[56]

• Dadurch ist das Verhalten von nichtlinearen Systemen – also Systemen, die sich ungleichmäßig verändern – trotz ihrer strengen gesetzmäßigen Bedingtheit allenfalls auf kurze Zeit, aber prinzipiell nicht auf längere Zeit vorhersagbar und berechenbar. *»Selbst ein allwissender Dämon hätte nicht das mathematische Handwerkszeug dazu.«*[57] Das nennen die Physiker heute *»deterministisches Chaos«*. Manfred R. Schroeder[58] sagt dazu: *»Damit soll gesagt sein, dass, obwohl alles nach festen, völlig determinierten Gesetzen abläuft, das Ergebnis nach einer endlichen Zahl von Schritten* unvorhersagbar *wird.«* — *»Der Determinismus bleibt nach wie vor bewahrt, aber es gilt* nicht *mehr die Kausalität in dem weiteren Sinne: Ähnliche Ursachen haben ähnliche Wirkungen.«*[59]

• Man ist sich heute einig, dass zu aller Überraschung *nichtlineare* Systeme nicht nur, wie man noch in den siebziger Jahren glaubte, im atomaren und kosmischen Bereich, sondern auch im Bereich unserer alltäglichen mittleren Größenordnungen, dem Bereich der »klassischen

53 GuN, S. 49 ff.

54 Nicht zu verwechseln mit Konrad Lorenz.

55 GerokChaos S. 69.

56 Vaas, *Universitas* 8/1991, S. 738.

57 Vaas, *a.a.O.*, S. 737.

58 Ordinarius für Physik und Leiter des Dritten physikalischen Instituts an der Universität Göttingen, in: *Universitas* 8/1991, S. 731; Hervorhebung von mir.

59 So Werner Martienssen, Direktor des Physikalisches Institut der Universität Frankfurt, bei GerokChaos, S. 80; Hervorhebung von mir.

Physik«, überhaupt in der ganzen Natur, eher *die Regel* sind[60]: *»Das zukünftige Geschehen ist also nicht mehr... festgelegt, sondern es bleibt in gewisser Weise offen. Das Naturgeschehen läuft demnach nicht wie ein mechanisches Uhrwerk ab, sondern besitzt den Charakter fortwährender Entfaltung«*[61], sagte Hans Peter Dürr in seinem Vortrag bei der Tagung »Geist und Natur«. Für Newton galt das Sonnensystem mit den Planetenbahnen als der unveränderliche, feste Anhalt für seine Bewegungsmechanik. Heute sind sich die Astronomen einig: nicht einmal die Planetenbahnen sind in diesem Sinne »stabil« – wie könnte das auch sein angesichts der vom Erwachten schon vor zweieinhalbtausend Jahren leibhaftig gesehenen prinzipiellen »Unbeständigkeit« (*anicca*). Auch das Sonnensystem mit den Planetenbahnen ist im Sinne eines »deterministischen Chaos« chaotisch.[62] Denn schon bei nur drei aufeinander einwirkenden Körpern wird die »Vielfaltausbreitung« so groß, dass Vorausberechnungen über ihr künftiges Schicksal nur in Ausnahmefällen möglich sind (man spricht vom *»Dreikörperproblem«*). Der große französische Mathematiker Poincaré, der das als einer der ersten bemerkt und zu durchdenken versucht hat, sagte schon 1903: *»Diese Dinge sind so bizarr, dass ich es nicht aushalte, weiter darüber nachzudenken.«*[63] Da versteht man, warum der Erwachte vor dem Grübeln über Einzelheiten des Karma warnt.

• Wenn diese Unberechenbarkeit trotz strenger Gesetzmäßigkeit schon auf dem Gebiet der klassischen Physik gilt und auch auf der Ebene der (gedachten) Quanten, Atome und Elementarteilchen[64] – wie erst für Psyche und Geist des Menschen: Der entscheidende Teil unseres Wirkens – *»Karma«* – ist das Wirken in *Gedanken*. Das ist immer in irgendeiner Weise das innere Aussprechen der Stellungnahme des Herzens zu seiner eigenen Aktivität, der Wahrnehmung auf einer der sechs Wahrnehmungsbahnen von der Gestaltwahrnehmung bis zur Wahrnehmung eines Geistesinhalts – und sei es der Gedanke, nicht Stellung zu nehmen. Vom Herzen und von dessen dynamischem Vorgang »Wahrnehmung« sagt der Erwachte in M 78 gleich lautend: beide seien *»eine Menge von Verschiedenartigem, Mannigfaltigem«*. Das Zusammenspiel von zwei solchen Mengen von Verschiedenartigem, Mannigfaltigem ist ja nun ganz bestimmt ein *»nichtlineares, rückgekoppeltes System«*. Das Herz und seine Aktivität »Wahrnehmung« ändert sich nur nach dem strikten Gesetz: *»Was der Mensch häufig bedenkt und sinnt, dahin geneigt wird das Herz.«* Das ist der Kernpunkt, auf den sich das Karmagesetz zurückführen lässt. Insofern ist das Denken und Erleben des Menschen *»determiniert«*. Aber es ist – im Sinne des »deterministischen Chaos« – *nicht berechenbar*. Denn wenn der Mensch im Sinn des Karmagesetzes wirken will, um das Herz und auch die Wahrnehmung zu ändern, dann muss er ja die betreffenden Bewertungen wiederholt bedenken und sinnen. Aber damit ändert er sich. Kein Mensch, der einen Gedanken wiederholt, ist jedes Mal in genau der gleichen körperlichen, geistigen und seelischen Verfassung und in den gleichen äußeren Umständen. Heraklit sagt: *»Man kann nicht zwei Mal in den selben Fluss steigen«*[65], und der große Physiker Maxwell hat über zweitausend Jahre später erklärt: *»denn es ist klar, dass kein Ereignis je mehr als ein Mal stattfindet, so dass die Ursachen und Wirkungen nicht in allen Beziehungen gleich sein können ...«*[66] Darum ist es gesetzmäßig *unmöglich*, dass Entwicklung und Verhalten des Menschen für mehr als eine kurze Zeit »festgelegt« ist, wie dein Freund befürchtet, sondern es

60 Vgl. Schroeder: *Universitas* 8/1991, S. 734.
61 GuN, S. 35.
62 Schroeder: *Universitas* 8/1991, S. 734, mit Hinweis auf Vaas, *a.a.O.*, S. 737.
63 Zit. bei Vaas, *Universitas* 8/1991, S. 737.
64 Vgl. Gutzwiller, Quantenchaos in: *Spektrum* 3/1992, S. 56 ff.
65 Fragment 58 a, zitiert nach Nestle: *Die Vorsokratiker*, Wiesbaden (VMA) 1956, S. 108.
66 Matter and Motion, London 1876 [3], zit. nach Martienssen in: GerokChaos, S. 80.

ist offen für die »*Entfaltung*« – wie wir dies vorhin sogar für physikalische Systeme gehört haben. Doch diese Entfaltung ist wiederum nicht zufällig, sondern vollzieht sich nach genauen Gesetzen.

Aber es hat noch einen anderen Grund, warum ich euch diesen Ausflug in die Chaostheorie zumute: Es hat sich bei den Entdeckungen, von denen wir hier sprechen, noch eine zweite Überraschung ergeben: Seht ihr die drei Bilder dort über dem kleinen Tischchen?

HANS: O, das sind schöne Fotos: Eine Hochgebirgslandschaft und ein Durchblick durch Fichten zum gegenüberliegenden Berghang – wohl im Schwarzwald?

RUTH: Mir gefällt das dritte Foto am besten: der aus dem Schatten hervortretende sonnenbeschienene Zweig eines blühenden Fliederbusches. Aber was haben diese Fotos mit dem deterministischen Chaos und dem Karma zu tun?

FRITZ: Sehr viel. Es sind nämlich gar keine Fotos. Die zweite Überraschung war für die Chaos-Forscher: Wenn nichtlineare Systeme in das deterministisch-chaotische Verhalten übergehen, dann ordnen sich ihre scheinbar ungeordnet durcheinander wuselnden Teilvorgänge ohne Zutun von außen zu ungemein vielfältigen Mustern. Besonders dann, wenn sie aus dem anfänglichen Zustand eines nichtlinearen Systems dadurch entstehen, dass immer die gleiche Änderungsvorschrift angewendet wird, auf den so geänderten neuen Zustand wieder die gleiche Vorschrift und so fort. In der Mathematik heißt das »*Iteration*« (= Wiederholung). Man kann das sehr schön mit einem Computer verdeutlichen. Man lässt ihn z. B. ein gleichseitiges Dreieck zeichnen. Dann befiehlt man ihm: Teile jede Dreiecksseite in drei gleichgroße Streckenabschnitte. Auf den mittleren Teil jeder Dreiecksseite als Grundlinie zeichne wieder ein gleichseitiges Dreieck. Schon haben wir einen Stern mit zwölf Seiten. Dann nochmal und nochmal und nochmal: Nach ganz wenigen Wiederholungsschritten dieser einfachen Wiederholungsvorschrift wird das Gebilde einer feingliedrigen Schneeflocke immer ähnlicher. Wenn wir nun aber dem Computer sagen, er solle bei jeder Änderung die Änderungsvorschrift um ein winziges, kaum merkliches Bisschen abwandeln, dann kommen solche Gebilde heraus, wie ihr sie auf diesen Bildern seht. Sie heißen *Fraktale* und gleichen ganz und gar natürlichen Blättern, Bäumen, Gesteinen, Meereswellen usw. usw. Und die drei verblüffend echt aussehenden vielgestaltigen Bilder hier[67] sind auf keinem anderen als diesem Weg nach gar nicht so vielen Wiederholungen relativ einfacher abstrakter Konstruktionsgedanken mit kaum merklichen Abwandlungen nach jeder Wiederholung entstanden, wie sie sowieso unvermeidlich sind, wenn wir in der komplexen Welt der Erscheinungen irgendetwas zu wiederholen glauben – weil ja niemand zwei Mal in den selben Fluss steigen kann.

RUTH: Das ist ja geradezu ein Gleichnis für das Karma!

HANS: Wieso?

RUTH: Nun: Wirken in Gedanken – die »aktive« Seite des Karma – verändert ja das Herz nach dem ganz einfachen Gesetz: »*Was der Mensch häufig bedenkt und sinnt, dahin geneigt wird das Herz.*« Damit verändert das Wirken in Gedanken – Karma – aber notwendigerweise zugleich auch die Aktivität des Herzens, die Wahrnehmung. Und so entstehen nach diesen ganz einfachen Gesetzen durch Wiederholung von zunächst relativ einfachen Gedanken und Vorstellungen unter ständigen kleinen Veränderungen nicht nur die unübersehbar vielfältigen Triebe, Fähigkeiten und Kräfte des Herzens, deren Gesamtheit wir »Ich« nennen, sondern auch all die Wahrnehmungsbilder mit ihrer ungeheuren Formenvielfalt, die wir »Welt« nennen, bis wir diese wiederholt vom »Maler Herz«[68] im Geist ausgemalten Bilder nicht nur in der Vorstellung, sondern schließlich auch »leibhaftig« mit den fünf anderen der sechs Sinne

67 Bilder abgedruckt und erklärt als Abb. 10-12 bei Schroeder in: *Universitas* 8/1991, S. 729 f.
68 S 22,100^{m}.

wahrnehmbar erleben, und die deuten wir wiederum mit der Anschauung, die nach M 78 ebenfalls aus dieser Wahrnehmung kommt!

FRITZ: Ja, Ruth. Ich möchte sogar sagen, dass dies nicht nur ein Gleichnis, sondern eine *Funktionsbeschreibung* der Entstehung der Wahrnehmungsbilder durch »Karma« ist. Aber das ist nur eine Sache der Ausdrucksweise. Wer bedenkt, dass jegliche Wahrnehmung »Aktivität des Herzens« ist, der versteht, was Goethes Aussage am Schluss des Faust wirklich bedeutet: *»Alles Vergängliche ist nur ein Gleichnis.«* Selbst die Begriffe *»Teilchen«* und *»Welle«*, in denen heutige naturwissenschaftlich Interessierte die »Realität« zu beschreiben meinen, bezeichnet Niels Bohr als *»Bilder und Gleichnisse«*.[69] Und Einstein sagt über die *»Begriffe und Grundgesetze«* im System der Physik: *»Im Übrigen sind Letztere freie Erfindungen des menschlichen Geistes, die sich weder durch die Natur des menschlichen Geistes noch sonst in irgendeiner Weise a priori rechtfertigen lassen.«*[70] Buchstäblich *alles*, was wir als »Ich« oder als »Welt« erleben, ist nichts »an sich, draußen« Bestehendes, sondern ist ein *Gleichnis* für Triebe und Kräfte des *Herzens*, der Psyche, der »Seele« – dieser sich ständig wandelnden *»Menge von Verschiedenartigem, Mannigfaltigem«* (M 78). Wen wundert es da, dass ein so bekannter Wissenschaftler wie Gerhard Vollmer allen Ernstes gegen Ende eines Aufsatzes fragt: *»Wäre es auch denkbar, dass alle Strukturen letztlich dem Subjekt zu verdanken und in diesem Sinn subjektiv sind?«*[71] Der Erwachte übersteigt freilich auch die Dimension dieser Frage und zeigt: Auch das »Subjekt« ist aus dem brodelnden Herd der gleichen *»Menge von Verschiedenartigem, Mannigfaltigem«* zusammengewirkt – zusammengedacht: *citta* = das Zusammengedachte. — Von diesem Hintergrund wissen unsere westlichen Wissenschaftler meist nichts. Deshalb sind sie so verwundert, dass ihnen »deterministisches Chaos« und »fraktale Geometrie« die gleichen Strukturmuster in den verschiedensten Lebenserscheinungen zeigen – von den Wirbeln in einem Bach, den Wachstumsprozessen und der Gestaltwerdung bei den Körpern von Lebewesen, chemischen Vorgängen in komplexen Molekülen bis hin zu Börsenbewegungen, gesellschaftlichen Veränderungen und Galaxien. Wer sich klar ist, dass das alles Strukturen aus ein und demselben: dem *Fieberwahn* aus *Hinneigung, Abneigung und Blendung* sind, Feuerwirbel im Daseinsbrand, der wundert sich darüber nicht, sondern verwendet diese Entdeckungen als eine weitere Hilfe, um dem Rat des Erwachten an Potaliyo in M 54 zu folgen: *»... indem er es so, wie es ist, mit vollkommen klarem Blick ansieht, da meidet er die unterscheidende Betrachtungsweise, die die Vielfalt pflegt, und die einheitliche Betrachtungsweise, die bei allem das Eine sieht, bei welcher alles Aufgreifen von Weltdingen restlos aufhört, diese Betrachtungsweise entfaltet er bei sich.«*

RUTH: Dieser Ausflug in die Chaostheorie hilft, Sperren abzubauen, die wir westlichen, aus zäher Gewohnheit welt- und materiegläubigen Menschen gegen die Vorstellung haben, dass Wirken, Karma, außer unserem Inneren buchstäblich auch »die Welt« schafft, verändert und aufheben kann – die Welt, die nichts ist als die Gesamtheit der sich ständig ändernden gewirkten Muster unserer Wahrnehmung – eines psychischen Vorgangs (*citta-sankhāra*).

HANS: Erst habe ich einen Augenblick gedacht, ob das nicht auf den überholten »*Solipsismus*« hinausläuft. Aber das ist nicht so; denn »Welt« ist ja nicht ein Produkt eines »Ich«, sondern »Welt« *und* »Ich« sind *beide* zusammen Muster des determiniert-chaotisch verlaufenden Spiels psychischer Kräfte. Aber läuft das dann nicht auf eine Art »*Nur-Bewusstseinslehre*« hinaus?

69 Nach Heisenberg, zitiert bei Dürr, PhyT, S. 313.

70 Zit. nach Prigogine/Stengers, *Dialog mit der Natur. Neue Wege naturwissenschaftlichen Denkens*, München (Piper) 1981, S. 280.

71 Gerhard Vollmer: *Ordnung ins Chaos? Zur Weltbildfunktion wissenschaftlicher Erkenntnis*, hier zitiert nach *Universitas* 8/1991, S. 771.

Fritz: Auch nicht, Hans: Bewusst sind ja nur die Wahrnehmungen und die Gefühle, diese beiden *Aktivitäten* des Herzens, aber nicht die meisten *Eigenschaften* des Herzens: Bewusst ist sozusagen nur der bewegte Rauch, der aus dem Brand des Herzens quillt, nicht der Brand (des Fieberwahns) selber. Den lehrt uns erst der Erwachte kennen und löschen.

Hans: Ja, das leuchtet mir ein. Überhaupt haben wir uns wegen der westlichen Denkgewöhnungen das Vorgehen nach der Lehre viel zu »linear« vorgestellt: Deshalb habe ich, als ich zum ersten Mal vom Stromeintritt hörte, gedacht: »Der arme in den Strom Eingetretene! Äonenlang hat er belastendes Karma angehäuft wie einen riesigen Sandhaufen. Und nun muss er in höchstens sieben restlichen Leben mit seinem kleinen Schäufelchen Sandkorn um Sandkorn einzeln wieder wegschaufeln! Wie soll er das schaffen?« Aber was mir beim heutigen Gespräch so eingeleuchtet hat, ist der Blick auf die *»Phasenübergänge«*: Wer durch nicht messende Liebe sein Herz eben aus der harten, festen Phase allmählich umbildet über die fließende zu der *strahlenden* Phase, die alle belastenden Unterscheidungen einfach einschmilzt, der muss ja erleben, wie ihm ganze »gefrorene« starre Problemkomplexe wegschmelzen, die dann die helle Sonne auftrocknet. Das kommt nicht von selber. Aber es ist eine ganz andere Art von Tätigkeit, nicht nur immer mühselige innere Grobarbeit, bei der man nur einzelne Sandkörner sieht – die muss manchmal auch sein –, sondern Ändern der *»Temperatur«*.

Fritz: Ja, Hans. Aber die Herzenstemperatur geändert und Vielfalt in der *unio mystica* eingeschmolzen haben auch große Mystiker in allen Kulturen. Damit haben sie ihr Karma für lange Zeiten auf die helle Seite gedreht, aber nicht für alle Ewigkeit aufgelöst – erlöst. Erst die Erwachten überhöhen den Karmabegriff aufs Äußerste: Sie zeigen, wie man durch Wirken die endlose Tretmühle des Immer-wieder-wirken-Müssens überwindet, damit man endlich, endlich *»wirkensledig«* wird.

Ruth: Den Willen durch den Willen überwinden?

Fritz: Ja, Ruth. Diese – die eigentliche erlösende – Anleitung ist immer wieder als »Passivität« missverstanden worden, auch schon zu Lebzeiten des Erwachten. Darüber hat der Erwachte einmal mit einem Brahmanen gesprochen und hat ihm die nur von den Erwachten entdeckte vierte, wirkensauflösende Art des Wirkens beschrieben. Das ist berichtet in der Rede A IV,233:

Der Brahmane Sikho Moggallāno – nicht zu verwechseln mit dem Mönch Mahāmoggallāno – sprach zum Erhabenen: *»Vor einigen Tagen, kam der junge Sonakāyo zu mir, Herr Gotamo, und behauptete: ›Der Asket Gotamo lehrt das Unterlassen jeglichen Tuns. Indem er das Unterlassen jeglichen Tuns lehrt, lehrt er die Vernichtung der Welt; denn die Realität der Welt besteht im Tun, die Welt ist die Aktivität des Tuns.‹« — »Ich kenne den jungen Sonakāyo nicht einmal vom Sehen, Brahmane; wie kommt er zu einer solchen Behauptung? – Folgende* vier Arten des Wirkens *(kamma) habe ich mir selbst in universalem Bewusstsein offenbar gemacht und erfahren. Welche vier? Es gibt ein Wirken, das dunkel ist und dunkle Früchte bringt, ein Wirken, das licht ist und lichte Früchte bringt, ein Wirken, das teils dunkel, teils licht ist und teils dunkle, teils lichte Früchte bringt, und ein Wirken, das weder dunkel noch licht ist und weder dunkle noch lichte Früchte bringt, sondern zum Versiegen des Wirkens führt.*

Welches ist das Wirken (kamma), das dunkel ist und dunkle Früchte bringt? Da wirkt einer (abhisankharoti) bedrängendes körperliches Karma (kāya-sankhāra), bedrängendes sprachliches Karma (vaci-sankhāra), bedrängendes geistiges Karma (mano-sankhāra). Der gelangt – weil er bedrängendes körperliches, sprachliches, geistiges Karma gewirkt hat – in bedrängender Welt zu Dasein. Diesen in bedrängender Welt zu Dasein Gelangten berühren bedrängende Berührungen. Von bedrängenden Berührungen berührt, empfindet er bedrängende Empfindung, einzig schmerzhaft, wie die Höllenwesen. Das wird das Wirken genannt, das dunkel ist und dunkle Früchte bringt.

Was aber ist das Wirken, das licht ist und lichte Früchte bringt? Da wirkt einer drangfreies körperliches Karma, drangfreies sprachliches Karma, drangfreies geistiges Karma. Der gelangt – weil er drangfreies körperliches, sprachliches, geistiges Karma gewirkt hat – in drangfreier Welt zu Dasein. Diesen in drangfreier Welt zu Dasein Gelangten berühren drangfreie Berührungen. Von drangfreien Berührungen berührt, empfindet er drangfreie Empfindung, einzig wohl, wie die strahlenden Himmelswesen. Das wird das Wirken genannt, das licht ist und lichte Früchte bringt.

Was aber ist das Wirken, das teils dunkel, teils licht ist und teils dunkle, teils lichte Früchte bringt? Da wirkt einer teils bedrängendes, teils drangfreies körperliches, sprachliches, geistiges Karma. Der gelangt – weil er teils bedrängendes, teils drangfreies körperliches, sprachliches und geistiges Karma gewirkt hat – in teils bedrängender, teils drangfreier Welt zu Dasein. Diesen in teils bedrängender, teils drangfreier Welt zu Dasein Gelangten berühren teils bedrängende, teils drangfreie Berührungen. Davon berührt, empfindet er teils bedrängende, teils drangfreie Empfindung, gemischte, unreine, wohl und weh, wie die Menschen und etliche Himmelswesen und einige untermenschliche Wesen. Das, Brahmane, wird das Wirken genannt, das teils dunkel, teils licht ist und teils dunkle, teils lichte Früchte bringt.

Welches aber ist das Wirken, das weder dunkel noch licht ist und weder dunkle noch lichte Früchte bringt, sondern zum Aufhören *des Wirkens führt? Bei jeglichem Wirken, das dunkel ist und dunkle Früchte bringt, bei jeglichem Wirken, das licht ist und lichte Früchte bringt, bei jeglichem Wirken, das teils dunkel, teils licht ist und teils dunkle, teils lichte Früchte bringt, die* Absicht *(cetanā), es* aufzugeben *– das wird das Wirken genannt, das weder dunkel noch licht ist und weder dunkle noch lichte Früchte bringt, sondern zum Aufhören des Wirkens führt. Diese vier Arten des Wirkens habe ich mir selbst in universalem Bewusstsein offenbar gemacht und erfahren.«*

Die Grundstruktur dieser vierten Wirkensart beschreibt Ānando den Licchavierfürsten Abhāyo und Paṇḍitakumārako in der Rede

A III,75:

Sie besuchten Ānando in Vesālī im großen Wald in der Halle des Giebelhauses, und Abhāyo fragte: *»Der Niganther Nāthaputto behauptet, als Allwissender, Allsehender habe er unbegrenzte Wissensklarheit: Er lehrt, die früheren Taten durch Buße aufzuheben und durch Nichttun neuer Taten die Brücken abzubrechen. So werde durch Versiegen der Taten das Leiden aufgehoben, durch Aufhebung des Leidens Gefühl aufgehoben, durch Aufhebung des Gefühls alles Leiden zum Versiegen gebracht. In diesem Abbauen zur Läuterung bestehe die Überwindung. Was sagt der Erhabene Herr dazu?«*

»Folgende drei Arten zum Abschichten führender Läuterungen[72]*, Abhāyo, sind vom Erhabenen, dem Kenner, dem Sehenden, dem Heilen, Vollkommen Erwachten genau erklärt worden, zur Läuterung der Wesen, zur Überwindung von Sorge und Aufbegehren, zur Beendigung der körperlichen und geistigen Schmerzen, um zum Ziel zu führen, um das Erlöschen des Daseinsbrandes zu verwirklichen. Welche drei?*

Da ist es die Art eines Mönchs *geworden, im* Verhalten[73] *auf der Hut zu sein; im kleinsten Fehltritt sieht er die Gefahr; in den Übungsweisen, die er auf sich genommen hat, übt er sich: Der schafft kein neues Karma, und das frühere Karma lässt er dann auslaufen*[74]*, wenn es ihn gerade berührt. Das ist das offensichtliche Abschichten, zeitlos, zum Selbersehen einladend, das zum Ziel führt, das ein Verständiger bei sich selber erfahren kann.*

72 *nijjāra* von *nis-jāra* = »Hinschwinden (Altern) Bewirkendes« + *visuddhiyo* = Mehrzahl von *visuddhi* = »Läuterung, Reinigung«.

73 *sīla* bedeutet nicht nur die guten Sitten (Tugend), sondern auch allgemein und neutral alle Verhaltensweisen.

74 Wörtlich: »macht er zunichte« (*byantikaroti*).

Ist dieser Mönch so zur Tugend erwachsen, Abhāyo, dann verweilt er, abgelöst von sinnlichem Begehren, abgelöst von allen heillosen Dingen mit stillem Bedenken und Sinnen in seligem weltabgelöstem Hochgefühl (pīti), im ersten Grad der weltlosen Entrückung. *Nach Verebben auch des Bedenkens und Sinnens, weilt er in innerer Gelöstheit, in der Einung des Gemütes, in dem von Sinnen und Bedenken freien, aus der Einung geborenen seligen Hochgefühl, im zweiten Grad der weltlosen Entrückung. Wenn auch das selige Hochgefühl vom Reiz des Besonderen frei geworden ist, verweilt er in ausgeglichenem Frieden, klarbewusst in einem solchen den ganzen Körper durchdringenden Wohlsein, dass die Heilsgänger sagen: ›dem in ausgeglichenem Frieden in Wahrheitsgegenwart Lebenden ist wohl‹, im dritten Grad der weltlosen Entrückung. Nachdem er über Wohl und Weh hinausgestiegen ist, alle einstige geistige Freudigkeit und Traurigkeit gestillt hat, verweilt er nun in der von allem Wohl und Weh befreiten reinen Erhabenheit, im vierten Grad der weltlosen Entrückung. Der schafft kein neues Karma, und das frühere Karma lässt er auslaufen, wenn es ihn gerade berührt. Das ist das offensichtliche* Abschichten, *zeitlos, zum Selbersehen einladend, das zum Ziel führt, das ein Verständiger bei sich selber erfahren kann.*

Dieser zur Tugend erwachsene Mönch durchschaut *der Wirklichkeit gemäß: Das ist das Leiden/ das ist die Leidensentwicklung/ das ist die Leidensaufhebung/ das ist die zur Leidensaufhebung führende Vorgehensweise. Der macht sich noch zu Lebzeiten durch* Versiegung der Beeinflussung *die unbeeinflussbare Gemüterlösung und Weisheiterlösung in weltüberlegener Schau offenbar, und wenn sie ihm aufgestiegen ist, dann bleibt es dabei. Der schafft kein neues Karma, und das frühere Karma lässt er auslaufen, wenn es ihn gerade berührt. Das ist das offensichtliche Abschichten, zeitlos, zum Selbersehen einladend, das zum Ziel führt, das ein Verständiger bei sich selber erfahren kann.*

Diese drei Arten der zum Abschichten führenden Läuterung, Abhāyo, sind vom Erhabenen, dem Kenner, dem Sehenden, dem Heilen, Vollkommen Erwachten genau erklärt worden, zur Läuterung der Wesen, zur Überwindung von Sorge und Aufbegehren, zur Beendigung der körperlichen und geistigen Schmerzen, um zum Ziel zu führen, um das Erlöschen des Daseinsbrandes zu verwirklichen.«

Auf diese Rede sprach der Licchavier Paṇḍitakumārako zu dem Licchavier Abhāyo: »Freust du dich nicht, lieber Abhāyo, über das, was der ehrwürdige Ānando so wunderbar gesagt hat?« — »Wie sollte ich mich nicht freuen über das, was der ehrwürdige Ānando so wunderbar gesagt hat! Wer das nicht zu schätzen wüsste, dem müsste das Haupt in Stücke zerspringen!«

RUTH: *»Blick vorwärts, blick nicht zurück«* – das ist hier die Anleitung des Nachfolgers, ganz fern von allen »Buß«-Ideen: Hier gibt es keine Zerknirschung über die Vergangenheit und kein rückwärts gewandtes psychoanalytisches Hinabsteigen in die einst gebildeten Höhlen des Unterbewusstseins: Der Nachfolger – auch der Mönch – arbeitet an sich zuerst auf dem Gebiet der Tugend. Dabei wird dem Mönch, der die Erlösungsarbeit an sich selber als seine einzige Lebensaufgabe betreibt und daher alle 227 Ordenstugenden einübt, bei der ihm möglichen Intensität das Herz immer einiger, und so findet er nach kürzerer oder längerer Zeit intensiver asketischer Sinnenzügelung den Übergang zur Einung, nach welcher er die vier Heilswahrheiten klar sieht. Um das frühere Karma kümmert er sich überhaupt nicht, sondern wenn es ankommt, lässt er es einfach mit der inzwischen eingeübten Methode dieser Sinnenzügelung – keine Absicht fassen – still ablaufen. Der häuslich Lebende fängt das Wirken mit den fünf *sīla* an und erwächst daraus, von rechter Anschauung geleitet, in die zehn heilenden Wirkensfährten und damit auch in Herzenseinigung als Werkzeug zum erlösenden Klarwissen.

HANS: Mir fällt bei dem, was über den Mönch gesagt wird, auf: dass er *»kein neues Karma mehr wirkt«*, heißt es hier nicht erst von einem Mönch, der Entrückung gewinnt, sondern schon von dem Mönch, der noch die (Ordens-)Tugenden üben muss. Tugend Üben ist aber doch ein Kampf, und Kampf ist Wirken, also Karma. Das ist doch mehr als bloßes Ablaufenlassen von Früherem? Tugendüben führt doch zu himmlischer Welt, nicht zum Aufhören! Liegt da nicht ein Widerspruch?

Fritz: Nein: Der kämpfende Mönch übt die Tugenden *nicht* in der Absicht, dadurch irgendeine höhere Daseinsform zu gewinnen, sondern er übt sie nur noch als *heilende* Tugenden, *»an denen man nicht festhängt, damit sie zur* Einigung *führen«*, wie wir in vielen Reden gehört haben. Und auch die Einigung strebt er als Werkzeug zum erlösenden Klarwissen an. Er wirkt also bei allem, was er tut, *»mit der Absicht, es aufzugeben«*, also in der vierten Art des Wirkens, die zum *Abschichten* des Wirkens führt. Wenn er danach in »drangfreier« Daseinsweise wieder erscheint, ist das die zwangsläufige *Folge*, nicht das *Endziel* seines Wirkens.

Hans: Ach ja, richtig. Ānando spricht ja von den »drei Arten der zum *Abschichten* führenden Läuterung«. Das ist das genaue Gegenteil des Wirkens von neuem Karma. Ruth spricht gern vom »Aufhören«. Aber was ist das eine herrliche Art, aufzuhören: kein plötzlicher »Abbruch«, sondern ein Weg, der durch Entrückungen zum absoluten Frieden führt! Aber, Fritz: Auch ein Mönch, der auf diese Weise die Erlösung erreicht, hat doch äonenlang vorher Karma geschaffen. Was wird denn damit?

Fritz: Über eine ähnliche Frage hat einmal der Erwachte mit einem Sakyer ein Gespräch geführt. Es steht in dem Text

A IV,195[75]:

Im Sakyerland bei Kapilavatthu im Feigenbaumkloster besuchte der Sakyer Vappo, ein Anhänger des Freien Bruders Nathāputto, den ehrwürdigen Mahāmoggallāno. Der fragte ihn: *»Wenn ein Mensch im Körper stillgeworden ist, in Worten stillgeworden ist, im Geist stillgeworden ist, Vappo, wenn der Wahn ausgebleicht und das Klarwissen aufgegangen ist – siehst du dann noch eine Möglichkeit, auf Grund welcher diesen Menschen in einer weiteren Geburt noch schmerzlich zu empfindende Beeinflussungen treffen könnten?« — »Ich sehe eine solche Möglichkeit, Herr: In einem früheren Leben könnte übles Karma geschaffen worden sein, dessen Früchte noch nicht reifgeworden sind, so dass den Menschen dadurch bedingt in einer nächsten Geburt schmerzlich zu empfindende Beeinflussungen treffen.« Hier wurde das Gespräch unterbrochen: Der Erhabene, der sich gegen Abend aus seiner Zurückgezogenheit erhoben hatte, betrat die Empfangshalle, setzte sich auf einen bereitstehenden Sitz und sprach zum ehrwürdigen Mahāmoggallāno: »Bei welchem Gespräch sitzt ihr zusammen, Moggallāno, und wobei habt ihr es unterbrochen?« Der ehrwürdige Mahāmoggallāno berichtete dem Erhabenen das ganze Gespräch. Da sprach der Erhabene zu dem Sakyer Vappo, dem Anhänger der Freien Brüder: »Wenn du mir zustimmen willst, wo zuzustimmen ist, mir widersprechen willst, wo zu widersprechen ist, und wenn du von etwas, was ich sage, den Sinn nicht verstehst, nachfragen willst: ›was bedeutet das, was der Herr da gesagt hat?‹ – dann könnten wir darüber ein Gespräch führen.« Vappo stimmte zu.*

»Nun, was meinst du, Vappo: Jene quälenden, brennenden Beeinflussungen, die bedingt durch körperliche *Drangbetätigung*[76] *aufsteigen – solche quälenden, brennenden Beeinflussungen kann es bei einem von körperlicher Drangbetätigung völlig Befreiten nicht geben. Neues Karma wirkt er nicht mehr, und das frühere Karma, wann immer empfunden, lässt er auslaufen: Das ist die klar sichtbare Auflösung, zeitlos, zum Nachvollzug einladend, zur Leidensauflösung hinführend, dem Verständigen bei sich selber verständlich. Siehst du da immer noch eine Möglichkeit, auf Grund welcher diesen Menschen in einer nächsten Geburt schmerzlich zu empfindende Beeinflussungen treffen könnten?« — »Das nicht, Herr.«*

75 Vgl. auch WW, 32. Jg. (1986), S. 28 ff.
76 *kāya-sam-ārambha* = »Körper« + »Aufbruch, Anstrengung«.

»Was meinst du, Vappo: Jene quälenden, brennenden Beeinflussungen, die bedingt durch sprachliche *Drangbetätigung*[77] *aufsteigen – solche quälenden, brennenden Beeinflussungen kann es bei einem von sprachlicher Drangbetätigung völlig Befreiten nicht geben. Neues Karma wirkt er nicht mehr, und das frühere Karma, wann immer empfunden, lässt er auslaufen: Das ist die klar sichtbare Auflösung, zeitlos, zum Nachvollzug einladend, zur Leidensauflösung hinführend, dem Verständigen bei sich selber verständlich. Siehst du da immer noch eine Möglichkeit, auf Grund welcher diesen Menschen in einer weiteren Geburt schmerzlich zu empfindende Beeinflussungen treffen könnten?« — »Das nicht, Herr.«*

»Was meinst du, Vappo: Jene quälenden, brennenden Beeinflussungen, die bedingt durch geistige Drangbetätigung[78] *aufsteigen – solche quälenden, brennenden Beeinflussungen kann es bei einem von geistiger Drangbetätigung völlig Befreiten nicht geben. Neues Karma wirkt er nicht mehr, und das frühere Karma, wann immer empfunden, lässt er auslaufen: Das ist die klar sichtbare Auflösung, zeitlos, zum Nachvollzug einladend, zur Leidensauflösung hinführend, dem Verständigen bei sich selber verständlich. Siehst du da immer noch eine Möglichkeit, auf Grund welcher diesen Menschen in einer weiteren Geburt schmerzlich zu empfindende Beeinflussungen treffen könnten?« — »Das nicht, Herr.«*

»Was meinst du, Vappo: Jene quälenden, brennenden Beeinflussungen, die bedingt durch Blindwissenswahn *(avijjā) aufsteigen – solche quälenden, brennenden Beeinflussungen kann es nach dem Ausbleichen des* Blindwissenswahn, *wenn Klarwissen aufgestiegen ist, nicht geben. Neues Karma wirkt er nicht mehr, und das frühere Karma, wann immer empfunden, lässt er auslaufen: Das ist die klar sichtbare Auflösung, zeitlos, zum Nachvollzug einladend, zur Leidensauflösung hinführend, dem Verständigen bei sich selber verständlich. Siehst du da immer noch eine Möglichkeit, auf Grund welcher diesen Menschen in einer weiteren Geburt schmerzlich zu empfindende Beeinflussungen treffen könnten?« — »Das nicht, Herr.«*[79]

»Ein Mönch, dessen Herz so in rechter Erlösung befreit ist, hat sechs unwandelbare Zustände erreicht: Hat er mit dem Augsinn eine Form, mit dem Ohrsinn einen Ton, mit dem Nasensinn einen Duft, mit dem Zungensinn einen Geschmack, mit dem Körpersinn eine Tastung, mit dem Geistsinn einen Geistesinhalt erfasst, so ist er weder angenehm noch unangenehm geistig bewegt (su-mano/du-mano): in erhabenem Gleichmut verweilt er, wahrheitsgewärtig und klar bewusst. Empfindet er das Gefühl, dass es mit dem Körper zu Ende geht, so weiß er: ›Ich empfinde das Gefühl: es geht mit dem Körper zu Ende.‹ Empfindet er das Gefühl, dass es mit der körperlichen Antriebskraft zu Ende geht, so weiß er: ›Ich empfinde das Gefühl, es geht mit der körperlichen Antriebskraft zu Ende.‹ Und er weiß: Mit dem Absterben des Körpers, wenn die körperliche Antriebskraft aufgebraucht ist, werden alle Empfindungsmöglichkeiten, die unbefriedigenden, erloschen sein. — Es ist, Vappo, wie wenn, durch einen Baumstamm bedingt, ein Schatten zu erkennen ist. Da käme nun ein Mann mit Axt und Korb, der würde den Stamm an der Wurzel fällen. Nachdem er ihn an der Wurzel gefällt hat, gräbt er die Wurzeln aus und zieht selbst die feinsten Wurzelfasern heraus. Darauf sägt er den Baumstamm in Stücke, spaltet diese und macht lauter Späne daraus. Die Späne aber lässt er von Wind und Sonne austrocknen, mit den trockenen Spänen macht er ein Feuer und verbrennt sie zu Asche. Die Asche aber streut er in alle Winde oder lässt sie von der reißenden Strömung des Flusses fortspülen. Dann wäre jener durch den Baumstamm bedingte Schatten von Grund aus getilgt, wie eine Fächerpalme dem Boden entrissen und keinem Neuentstehen ausgesetzt. Ebenso, Vappo, hat ein Mönch, dessen Herz so in rechter Erlösung befreit ist, sechs unwandelbare Zustände erreicht.«

77 *vaci-samārambha.*
78 *mano-samārambha.*
79 *satata-vihāra.*

Auf diese Worte sprach der Sakyer Vappo, der Anhänger der Freien Brüder: »Es ist, Herr, wie wenn ein Mann, um Gewinn zu erzielen, ein Pferd aufzieht, und dann bringt es ihm nicht nur keinen Nutzen, sondern noch Plage und Quälerei dazu. Genauso habe ich auf der Suche nach einem Gewinn die törichten Nigaṇṭher verehrt, und es hat mir nicht nur keinen Nutzen gebracht, sondern noch Plage und Quälerei dazu. Von heute an, Herr, will ich, was ich an Glauben an die törichten Nigaṇṭher hatte, gleichsam in alle Winde streuen, gleichsam im Fluss von der reißenden Flut fortspülen lassen.« Und er nahm Zuflucht.

HANS: Ja. So wird Karma besiegt! Das ist »Weltfriede« und »Seelenfriede«: die *Befreiung* von all den Vorgängen, die wir als »Welt« und »Seele« empfinden und so verbissen bearbeiten und beackern – und treiben es doch immer nur um und um.

RUTH: Endlich aufhören. Einfach aufhören. Und, bis wir dazu ganz fähig sind, heiter und gelassen, als liebende Helfer und Förderer der Mitwesen, durch Frieden und Helligkeit hindurch in Richtung auf die unzerstörbare absolute Freiheit gehen! Und dabei auch das gute Wort jenes barocken Dichters nicht vergessen: *»Es ist erlaubt, sein eigner Freund zu sein.«* Aufhören mit dem Wahnsinn: das ist die schönste und höchste Art von Karma: Das Wirken, das keine Folgen hat, sondern zur Versiegung des Wirkens, des Karma, führt. So grenzenlos entwicklungsfähig hätte ich mir Karma nicht vorgestellt!

HANS: Das ist wie ein Wunder. Aber ein Wunder zum Anfassen! Viele sagen zwar: »Wunder interessieren mich nicht. Wir leben nun einmal in dieser Welt der harten Tatsachen. In der gibt es keine Wunder. Ob es sie anderswo gibt – was nützt mir das? Ich lebe ja nicht ›dort‹, sondern hier.« Aber aus dem, was wir bisher über das Karmagesetz erfahren haben, folgt ja zwangsläufig der Gedanke der Wiedergeburt. Das klang schon dem Fürsten Pāyāsi nach »Wunder« und den heutigen Menschen erst recht. Aber nachdem so viele Menschen – darunter die Größten der Menschheit – sagen, dass sie »Wiedergeburt« nicht nur aus dem Karmagesetz gefolgert, sondern leibhaftig erlebt haben, kann man doch dieses Thema nicht einfach ignorieren oder ins Kuriositätenkabinett verweisen!

FRITZ: Dann lasst uns doch nächstes Mal über »Wunder« sprechen.

10. Gespräch
Wunder? Jenseitswelten?

Hans: Wir wollten ja diesmal über »Wunder« sprechen. Die meisten Menschen, auch Buddhisten, meinen, Wunder gibt's nicht, oder es seien nur Mythen und Symbole; man dürfe die Lehrreden nicht so »buchstabengetreu« nehmen. Heute sehe ich das doch anders. Vor allem sehe ich die ungeheure Verengung des »Welt«-Bildes der meisten westlichen Menschen auf den unseren Sinnen zugänglichen Teil des Wahrnehmbaren. Den allein halten sie für »real« und meinen, diese verengte Sichtweise sei durch die »moderne Wissenschaft« abgestützt.

Fritz: Aber gerade die für den Umfang des »Universums« heute als zuständig geltenden Wissenschaftler – Physiker und Astrophysiker – sind sich einig, *»dass das heute von uns wahrnehmbare Universum nur ein winziger Teil eines viel größeren Raum-Zeitgebildes ist«*[1] und *»dass der größte Teil der Masse im Weltall nicht in Form leuchtender Sterne oder schimmernder Gaswolken vorliegt, sondern als unsichtbare, so genannte dunkle Materie.«*[2] — Es »gibt« also selbst vom Standpunkt der modernen Welt-Wissenschaft aus sehr viel mehr, als wir wahrnehmen und messen können. Mehr noch: das nicht Wahrnehmbare, Unsichtbare, Ungegenständliche überwiegt sogar bei Weitem. Wenn etwas »wissenschaftlich erwiesen ist«, dann dies. — Und dass alle – sichtbare oder unsichtbare – »Materie« und alle »Raum-Zeitgebilde keine »objektiven Gebilde« sind, sondern eine »Konstruktion unseres Denkens«, Prozesse, keine Substanz, nichts, bei dem etwas »dahintersteht«, sondern Seins-Darstellung – darüber hat uns ausgerechnet *»die moderne Physik … eine … Lektion erteilt … Sie hat uns bedeutet, dass die Vorstellung einer objektiven Realität, einer materiell ausgeprägten Wirklichkeit … falsch ist, ja dass diese Vorstellung uns sogar einen tieferen Einblick in das Wesen der eigentlichen Wirklichkeit versperrt.«*[3] Damit sagt uns zwar die Naturwissenschaft nicht, wie die Wirklichkeit ist, wohl aber, wie sie nicht ist. Nämlich *nicht*, wie sie sich der »geistige Normalverbraucher« vorstellt: objektiv, psychenunabhängig, materiell, aus Substanz. Das heißt: auch physikalisch wäre das »Universum« (was immer das sei) zum größten Teil *unsichtbar* und *ungegenständlich*! Die meisten Menschen verweisen aber alles Immaterielle, Unsichtbare und Ungegenständliche in das Reich der Wunder. Nach diesem Denkmuster des vermeintlich gesunden Menschenverstandes wäre also auch der größte Teil des »physikalischen« Universums nicht weniger ein »Wunder« als Jenseitswelten. Deshalb verdrängt man ihn.

Ruth: Es scheint eine allgemeinmenschliche Schwäche zu sein, konkrete Auswirkungen anerkannter Gesetzmäßigkeiten zu leugnen oder zu verdrängen, wenn sie nicht zu unseren gewohnten Denkmustern passen. Du hast kürzlich erzählt, Fritz, welche Erfahrungen du gemacht hast, wenn manche heutige Buddhisten, die *in abstracto* sagen, das Karmagesetz stehe für sie außer Zweifel, sich Berichten des Buddha oder großer Mönche über einzelne Auswirkungen des Karma »mit Namen und Adresse« gegenübersahen und wie fordernd und emotional man angegangen werden kann, wenn man es auch nur wagt, für Offenheit gegenüber solchen Phänomenen zu plädieren. Mit den Einzelauswirkungen der Ergebnisse der heutigen Physik, die nach zweieinhalbtausend Jahren endlich da aufhört, wovon der Buddha vor zweieinhalbtausend Jahren ausgegangen ist, geht es ähnlich.

Fritz: Ja, Ruth. Ein westlicher »Gebildeter« hat, um nicht als »unwissenschaftlich« – und das heißt: »unseriös« – zu gelten, die konkreten Konsequenzen der Ergebnisse der Physik zu

1 Uwe Reichert: Strukturen im frühen Universum entdeckt, *Spektrum* 6/1992, S. 18.
2 Vgl. David N. Sperge und Neil G. Turok (beide Professoren an der Universität Princeton): Texturen — Ursachen der kosmischen Grobstruktur, *Spektrum* 5/1992, S. 74.
3 H.P. Dürr in: GuN, S. 28 und Zitate bei Schäfer, Realität, in BeyerleinElfBeitr S. 178 ff.

ignorieren oder auf ihre Anwendung in der Technik oder bei kosmologischen Spekulationen zu beschränken oder am besten ganz zu verdrängen und »den Fachleuten zu überlassen«. Privat »darf« er zwar »glauben«, was er will, aber in der Schule, im Beruf und in öffentlichen Äußerungen hat er klarzustellen, dass er dort voll auf dem Boden des gewohnten »wissenschaftlichen« Weltbildes steht, das die Lehrer seiner Lehrer – aufbauend auf mehrhundertjährigen Annahmen von Descartes und Newton – vor Jahrzehnten weitergegeben hatten und aus dessen Gewohnheitsbanden sich viele Fachwissenschaftler bis heute noch nicht gelöst haben. Dass das längst überholt ist, wird zwar *in abstracto* im Einzelfall vage zugegeben, aber die Konsequenzen sind tabu. So gehen heute nicht nur Wissenschaftsgläubige, sondern selbst Kirchengläubige unbewusst oder halbbewusst von dem Empfinden aus, »das Leben« sei – im Widerspruch zu der nur noch psychologisch-symbolisch verstandenen Kirchenlehre – auf der Erde in der Evolution durch Selbstorganisation von »Materie« entstanden, nur dass der Kirchengläubige auch das von einem Schöpfergott ableitet. Viele Kirchengläubige schließen sich dem katholischen Priester und Naturwissenschaftler Teilhard de Chardin an, der meint, die Schöpfung durch Gott sei immer noch im Gang, und das sei eben die Evolution.

Hans: Der größte Teil des Universums unsichtbar und ungegenständlich! Das ganze Universum – auch der uns sichtbare Teil – nicht objektiv und nicht materiell! Da bleibt doch Raum genug für das, was die Menschen »Wunder« nennen. Trotzdem: Ohne unser vorangehendes Gespräch hätte ich aus einem ganz anderen Grund gedacht, so richtig »buddhistisch« sei der Wunsch nach Wiedergeburt in übermenschlichen, »himmlischen« Daseinsformen nicht. Du hast ja jenen viel meditierenden Freund zitiert, Fritz, der gesagt hat: »An Himmelswelten denken – das ist nur schädlich: Die sind vergänglich. Daran Denken führt zum Hängen an himmlischen Erlebnisweisen!« Allerdings kann man verstehen, wenn gesagt wird: »Ich will doch in keinen Himmel, ich will ins Nirvāna!«

Fritz: »*Ich*« kann gar nicht »ins« Nirvāna kommen. Nirvāna ist ***Auflösung*** des Wahns »Ich«, kein »Ort«, »in« den »ich« hineinkommen könnte, so wenig wie der Ausdruck, ein Feuer sei »ausgegangen«, besagt, es sei »irgendwo hingegangen«. Manche Buddhisten wollen so schleunig »ins Nirvāna«, dass sie ab sofort im Denken mit allem, was zwischen ihrem jetzigen Menschen-(Wahn-)Stand und dem Nirvāna liegt, nichts mehr zu tun haben wollen, wie wenn ein Lehrling, weil er einmal Meister werden will, mit Lehrzeit, Gewerbeschule und Gesellenprüfung nichts mehr zu tun haben wollte. Aber diese selben ernst strebenden Menschen tun doch eine Menge für ihr berufliches Fortkommen, ihr Ansehen, ihre Freizeit und ihr Wohlbefinden in diesem jetzigen kurzen Leben. Sie denken nicht den ganzen Tag nur ans Nirvāna. Das könnten sie auch gar nicht durchhalten. Meist sind sie sich auch klar, dass sie am Ende des jetzigen Lebens noch weit vom Erlöschen des Daseinsbrandes entfernt sein werden. Was ist mit ihnen in der Zwischenzeit? Manche verdrängen das. Manchen graut davor, weil sie von ihrer verengten Sicht aus als »reale« Lebewesen nur die von der Naturwissenschaft unterschiedenen »Reiche« irdischer Lebewesen anerkennen. Sie ignorieren dann zwar die Möglichkeiten der Wiederkehr in untermenschlichen nichtirdischen Daseinsformen, meinen aber, bis zur Erlösung müssten sie immer und immer wieder *Mensch* werden mit all den Abhängigkeiten und Hilflosigkeiten, mit Kleinkindstadium, Schule, Ausbildung, Existenzkampf, Familien- und Berufsproblemen, Krankheiten, Unfällen, Kriegen, Katastrophen, Verlusten von lieben Menschen, Stress und Zeitmangel für die Wahrheitsuche, weil die weitaus überwiegende Zeit benötigt wird, um den Körper zu füttern, zu kleiden, zu reinigen, zu kühlen, zu wärmen und zu lagern. Nun gibt es aber Nachfolger, die sich eine *über* Menschendurchschnitt hinausgehende Herzensart und die Eigenschaft eines Erlangertyps (*lābhī*) gewirkt haben und auf der Wahrheitsebene das Elend des Menschentums so stark empfinden, dass sie ihm nicht wieder ausgesetzt sein möchten. Wieso sollen sie – »wenn es ein Jenseits gibt« – dann durch das Absterben des Körpers entgegen ihrer inneren Art wieder zum Menschen zurückgestuft werden? Warum sollen sie dann nicht in der Wahrnehmung, der Aktivität ihres über Menschendurchschnitt hinausgewachsenen Herzens, Bilder *übermenschlicher* Daseinsweise erleben können? Wer sich freilich darauf fixiert, er wolle das nicht, weil es »nur schädlich« sei, der erschwert sich das Erlangen der Erleichterungen solcher von Menschkörperleid ungetrübten Daseinsweisen.

Ruth: Ich wundere mich, dass so viele Menschen eine derartige Abwehr gegen das Erstreben übermenschlicher Daseinsformen haben. Mir macht dieser Gedanke keine Schwierigkeiten.

Fritz: Bei dieser Abwehr mögen auch zwei Missverständnisse eine Rolle spielen:

Das erste Missverständnis ist eine Fehldeutung der Warnung des Erwachten in M 85 vor der »*Gefahr der Vertröstung auf Jenseitswelten (paraloka-vajja-bhaya)*«. Das ist mit anderen Worten das Gleiche, was der Erwachte in A V,43 auch Anāthapiṇḍiko gesagt hat: dass kein Gott dem Menschen abnehmen kann, den *Weg* zu einer künftigen guten Bahn selber zu gehen. Gerade um den Weg in der Häuslichkeit ohne die mönchische Zielsetzung: ›Nirvāna oder Nichtwiederkehr zu Lebzeiten‹ so effektiv und mit so geringen Reibungsverlusten wie möglich *gehen* zu können, hat ihnen der Erwachte das Denken an die Himmelswesen und deren Eigenschaften sogar ausdrücklich als Teil der immer wieder empfohlenen sechs unübertrefflichen Erinnerungen ans Herz gelegt und als Ansporn für unterwegs oft Himmelswelten als heilstaugliche Etappenziele und Wirkensfolge gezeigt, so dass Paul Debes geradezu von der »Himmelsleiter zur Erwachung« sprechen konnte.[4]

Ein *zweites Missverständnis* wäre die Meinung, die Empfehlung des Erwachten, sich an übermenschliche Geistwesen und ihre hellen Herzenseigenschaften zu erinnern, habe etwas mit »Spiritismus« zu tun. Damit hat die Erinnerung an die hellen Eigenschaften von Himmelswesen, das Entdecken von Spuren davon bei sich selber nichts zu tun. Spiritismus – die Suche nach Kontaktaufnahme mit Jenseitigen – hat der Buddha nie empfohlen. Davon ist schon deshalb abzuraten, weil die meisten Kundgaben medialer Menschen zeigen, dass der normale Mensch damit weniger übermenschlichem Niveau als banalen Eigenschaften mit dem Nimbus der Jenseitigkeit begegnet.[5] Das bringt nichts. —

Ruth: Frieden – nichts als Frieden –, einfach *aufhören* können: das ist wohl die tiefste Sehnsucht, wenn man gemerkt hat, dass alles, alles ja doch wieder vergeht. Ich weiß gut, dass ich das nicht so bald erreichen werde. Bis dahin werde ich noch manche »Zwischenwohnungen« in anderen Daseinsformen brauchen. Dennoch kann ich verstehen, dass manche Menschen meinen: »Was sollte sich der Buddha mit Jenseitswelten abgeben? Das werden wohl Zutaten späterer Mönche sein. Es geht doch nur darum, aus allem herauszukommen. Das kann man nur durch Wirken. Und Wirken kann ich nur im Hier und Jetzt als Mensch. Alles andere interessiert mich nicht. Über das Mittelalter mit seinem Wunderglauben sind wir doch längst hinaus.«

Fritz: Nun, denken wir an C.F. v. Weizsäckers Feststellung, dass die Überzeugung des heutigen Wissenschaftlers, Glaube sei auf seinem Fachgebiet durch Vernunft ersetzt, auch nur ein Glaube ist, und dass auch für die heutige Naturwissenschaft gilt: *»Wahre Wissenschaft muss über das hinausgehen, was uns die Sinne lehren«*, und: *»Die großen Fortschritte der Wissenschaft geschehen nicht, indem man ängstlich am Beweisbaren klebt.«*[6] Die Meinung, »was ich mir nicht vorstellen kann, das gibt es nicht«, wäre genau jene Primitivansicht, deren Unzulänglichkeit wir aus den Reden M 60 und D 23 kennen. Und überhaupt: was heißt »Wunderglaube«? Was sind denn »Wunder«?

4 WW, 2. Jg. (1978), S. 70-138 und 143-211.
5 Vgl.: Belästigung durch Geister, WW, 36. Jg. (1990), S. 310 ff.
6 WeizsTragweite, S. 4 und 114.

HANS: Nun ja: Etwas, worüber man sich wundert, weil es nicht mit rechten Dingen zugeht.

FRITZ: Mit welchen rechten Dingen?

HANS: Mit den bekannten Naturgesetzen.

RUTH: Danach wäre noch vor 200 Jahren das meiste, was uns heute täglich umgibt, ein »Wunder« gewesen: Wagen ohne Zugtiere, Elektrische Geräte, Radio, Fernsehen, Flugverkehr, Raumfahrt, Nachrichtenübermittlung, Computer – die Gesetze dafür waren damals nicht bekannt.

FRITZ: Seit vielen Jahren verfolge ich die Entwicklung der Naturwissenschaften anhand der Berichte führender Naturwissenschaftler. Dabei habe ich festgestellt: Nach den deren heutigen Entdeckungen und Hypothesen wäre keines der in den Lehrreden berichteten *»Wunder«* prinzipiell unmöglich – einmal abgesehen davon, ob Sinnenmenschen heute damit richtig umgehen könnten. Das im Einzelnen zu erläutern, würde zu weit führen. Aber denken wir nur einmal daran, dass die Physiker sagen, in jeder Sekunde sausen gewisse »Teilchen« – Neutronen und Neutrinos – aus dem Weltraum in einem Nu praktisch ungebremst durch die ganze Erdkugel und durch unsere Körper hindurch, ohne dass wir etwas davon merken.[7]

HANS: Da brauchst du keine Neutrinos zu bemühen: Täglich bringen Radio- und Fernsehwellen Musik und Bilder durch unsere Hauswände hindurch. In den Warenhäusern spielen Kinder an Flugsimulatoren herum, inzwischen kann man sogar durch »Computersimulation« einen Menschen so täuschend in eine »virtuelle Realität« – eine Kunstwelt – versetzen, dass neuerdings Fluggesellschaften Piloten an das Steuer neuer Flugzeugtypen setzen, die nur im Flugsimulator vorbereitet worden sind. Es geht aber auch billiger: Man setzt der Versuchsperson eine abgeschirmte Brille mit zwei kleinen Farbbildschirmen statt der beiden Brillengläser auf. Auf den Mini-Monitoren der Bildschirmbrille erscheint in Stereo ein Raum in scheinbar natürlicher Bewegung. Über den Ohren trägt die Versuchsperson mit dem Bildprogramm gekoppelte Kopfhörer und an Händen und Füßen »Datenhandschuhe« und »Datenschuhe«. Die übertragen seine Muskelbewegungen in den Computer. Dadurch wird das Bild in der Computerbrille und der Ton in den Kopfhörern so bewegt, wie wenn die Versuchsperson sich körperlich in dem vorgetäuschten Raum bewegen würde. (Der Grad der Illusion ist heute nur noch eine Frage des Software-Aufwands.) Auf dieser Basis werden schon Robotersteuerungen gebaut, mit denen der Steuermann Roboter in einem gesunkenen Schiff vom Land aus so steuern kann, als bewege er sich selber durch die Schiffsräume; in Kaiserslautern steht eine solche Einrichtung zum Spielen, in der sich Menschen durch ein Wildwestszenario bewegen.[8] Die wirtschaftliche Bedeutung solcher Spielanlagen für »Virtual Reality« als Ersatz für einen Abenteuerurlaub ist schon so groß, dass die Deutsche Bank sie in ihrer Zeitschrift »Anlage-Management« in einem Bericht über die Tourismusbranche behandelt.[9] Nach dem, was du uns berichtest, habe ich manchmal den Eindruck, unsere scheinbar so »reale« Welt sei nichts als eine solche »Simulation« unseres Geistes, die nach den Programmen abläuft, die wir ständig durch unser Wirken im Geist auf Grund unserer Triebe programmieren und umprogrammieren.

FRITZ: Ja. Das ist so. Unsere wahnsinnige Wahrnehmung liefert uns heute schon das Erleben, dass sinnliche »Realitäts«-Wahrnehmung weitgehend künstlich erzeugt wird – Wahn im Wahn, Traum im Traum, wie wenn ich in gegenüberliegende Spiegel schaue und sehe den Spiegel im Spiegel im Spiegel... Das sollte auch die Skeptiker offener machen für das

7 Vgl. dazu Wolschin, in: *Spektrum* 12/1988, S. 22.

8 Vgl. RNZ 15./16.2.1992, S. 12; in den USA sind solche Anlagen, in denen die Besucher selber Filmszenen nachspielen können, »der Renner«, vgl. *Highscreen Highlights* 9/1992, S. 39.

9 Nr. 7/8/1993, S. 16.

Verständnis der sinnlichen Wahrnehmung als »Mache« (*māyā*). Grundlegend ist die heute völlig unumstrittene Erkenntnis, dass *»Kraftfelder nicht an Körper gebunden (sind), sie existieren unabhängig.«*[10]

Hans: Um die Jahrhundertwende wollten doch viele Theologen unter dem Stichwort »Entmythologisierung« alle »Wunder« erklären. Läuft das nicht darauf hinaus?

Fritz: Nein, Hans: Den Theologen ging es darum, alles als »natürliche Vorgänge« in einer an sich bestehenden, objektiv materiellen *Welt* zu erklären. Sie erkannten nicht, dass das alles kein »Etwas« und auch kein Phänomen eines objektiv bestehenden materiellen Gehirns ist, sondern ein komplexer *psychischer* Vorgang, und nichts dahinter, *sakkāya*: Seins-Darstellung!

Hans: Auch das Gehirn selber?

Fritz: Auch das Gehirn selber! »Welt« und »Ich« und »Du« und »Körper« – samt allen Organen einschließlich Gehirn –, überhaupt alles Erlebte ist nicht aus »Materie«, sondern »aus *Wahrnehmung*«: eine Gestaltung des Herzens, ein »seelischer Vorgang« (*citta-sankhāra*). Ebenso ist alles, was die Naturgesetze beschreiben (auch das Gehirn, auf welches die Neurophysiologen Fühlen, Wahrnehmen und Denken zurückführen möchten), nicht »Materie« – sondern *Wahrnehmung*, erfahren und aufgegriffen als seelischer Vorgang, Malerei des »Malers Herz«. Ganze Kulturen haben daher den Begriff » Materie« überhaupt nicht gekannt.[11] Die Gesetze, die wir »Naturgesetze« nennen, sind in Wahrheit Gesetze, nach denen *Erfahrungen* entstehen. Genau das sehen und sagen auch führende Vertreter der heutigen westlichen Wissenschaft, wie C.F. v. Weizsäcker: *»Ich versuche ... diejenigen Bedingungen herauszuarbeiten, ohne die wir uns schlechterdings keine Erfahrung vorstellen ... können, und aus ihnen die Gesetze der Physik inhaltlich zu bestimmen.«*[12] Und: *»Die alte metaphysische Formel, die Natur sei der Geist in einer Gestalt, in der er sich selbst nicht als Geist kennt, bezeichnet einen Horizont, innerhalb dessen alles, was die Naturwissenschaft bisher hat erkennen können, Platz hat, den sie freilich mit ihren positiven Erkenntnissen bisher nirgends erreicht.«*[13]

Hans: Was soll das bedeuten?

Fritz: Nun, schon Laotse hat gesagt: *»Die Welt ist ein geistiges Ding.«* Das ist mit andern Worten das gleiche wie Dürrs Aussage, dass es gar keine »objektive, materielle« Welt geben kann.[14] Dennoch werden »Welt« und »Ich« so erlebt, *als ob* da außerhalb unseres *Erlebens* von »Ich« und »Welt« *noch einmal* eine (materielle) Welt und ein »Ich« wäre, die uns unsere sechs Sinne als Wahrnehmungsbilder reproduzieren – während sie sie in Wahrheit produzieren. In Wirklichkeit – sagt die Quantenphysik – gibt es eine solche »dahinterstehende zweite« materielle Welt überhaupt nicht. Nun sagt selber: Ein Geist, der »Gebilde« ein-bildet und sie so deutet, als bestünden sie »an sich« – kann man den einen gesunden Geist nennen?

Ruth: Nein. Normalerweise würde man dazu sagen: der leidet an einem *Wahn*.

Fritz: Ja, Ruth. Und hier liegt auch die Bedeutung der *»alten metaphysischen Formel, die Natur sei der Geist, in einer Gestalt, in der er sich nicht als Geist kennt.«* Man hört heute oft, der Mensch sei ein Teil der Natur. Ein großer Teil der Biologen will ihn sogar auf das Körperliche reduzieren. Die Menschen kennen sich nicht als »Geist«. Einen Bettler, der sich nicht als Bettler kennt, sondern für den Kaiser von China hält, bezeichnen wir mit Recht als wahnsinnig. Mit genau dem selben Recht muss man einen Geist, der sich nicht als Geist kennt, sondern für ein Produkt einer Evolution aus »Materie« hält (die es gar nicht geben kann), *wahnsinnig* nennen.

10 WeizsTragweite, S. 221.
11 So etwa Altes und Neues Testament; vgl. WeizsTragweite, S. 47.
12 WeizsGarten, S. 144.
13 WeizsGarten, S. 146.
14 H.P. Dürr; vgl. Das Einleitende Gespräch, Vorwort.

Der Wahn – *a-vijjā* – aus dem Fieber von Hinneigung, Abneigung und Blendung ist der universale Simulator jener »virtuellen Realität«, die wir Existenz nennen – diesseitige, jenseitige, »reale«, »natürliche«, »geistige«, »höllische«, »gespenstische«, »tierische«, »menschliche«, »göttliche«, »gestalthafte«, »gestaltfreie«. Der Erwachte aber ruft uns über zweieinhalb Jahrtausende hinweg zu: *»Dies Ganze hier ist unecht«* (*vi-tatham* = nicht die So-heit, nicht die Wirklichkeit)![15] Wir leben im umfassendsten Sinn so schon – auch ohne »Simulator« – in einer »Kunstwelt«, einer »virtuellen Realität«, in der keine Wirklichkeit zu »finden« ist - wie sollte auch ein Blinder, dessen Geist durch Blindwissen (ein-)gebildet ist, finden, was nur ein Sehender finden kann! – : *A-vijjā* – Wahn – kommt von *a* = »nicht« + *vindati* = »finden«. In unserer aus Blindwissen ein-gebildeten Weltsimulation ist Wahrheit und Frieden »nicht zu finden«. In seinem Vortrag vor dem Kongress »Geist und Natur« (1988) hat Carl Friedrich v. Weizsäcker diesen Gedanken, dass das, was wir als Natur erleben, »*Geist*« ist, bis zum Gehirn weitergedacht: *»Die Introspektion [Innenschau] bedarf keines Umwegs über physische Beobachtungen am Gehirn. Ist vielleicht mein Gehirn einfach meine Psyche, so wie sie sich einem Beobachter darstellt, der nicht vernünftig mit mir redet und affektiv mit mir kommuniziert, sondern vorzieht, mich von außen als physikalisches Objekt zu betrachten? Ist die Natur, so auch das physisch wahrnehmbare Gehirn, vielleicht nur der Geist, der sich noch nicht als Geist kennt?«* – (Und, so können wir hinzufügen: auch dieser Weizsäckersche »Beobachter«, dem sich »meine Psyche« als »Gehirn« darstellt, ist ein Bild aus Wahrnehmung, ein psychischer Vorgang. Die Etiketten »Ich« und »Beobachter« klebt das Blindwissen (*avijjā*) auf die Bilder der Wahrnehmung.) Was hier einer der tiefsten westlichen Denker der Gegenwart und vielleicht der einzige, der Philosophie und Physik überblickt und überdies Zugang zu asiatischer Denkweise hat, den Kongressteilnehmern nur als provozierende Frage anbieten konnte, das ist für den, der die Lehre des Erwachten kennen gelernt und einige Zeit nach ihr gelebt hat, keine Frage mehr.

Ruth: Das kann man gar nicht auf ein Mal fassen: Schock und aufkeimende Freude mischen sich bei mir. Darüber muss ich noch öfter nachdenken. Da gewinnen ja Gedanken an »Wunder« eine ganz andere Bedeutung: Hans hat vorhin ganz richtig gesagt, Wunder seien das, worüber man sich wundert, weil es nicht mit rechten Dingen zugeht. Dann wären aber die »rechten Dinge«, nach denen es zugehen sollte, letztlich nicht Gesetze für die Gesamtheit der einzelnen Bilder, die uns die fünf körperlichen Sinne liefern und der sechste Sinn, der Geistsinn, als »Natur« deutet. Es wären vielmehr die Gesetze, nach denen überhaupt Wahrnehmungen – die Vorgänge des Herzens entstehen, vergehen und erfahren werden!

Fritz: Ja. Das hat ja sinngemäß auch Niels Bohr gesagt.

Ruth: Dann würden also nicht irgendwelche aus sinnlicher Forschung hergeleitete »Naturgesetze« das ausdrücken, was »mit rechten Dingen« zugeht, sondern das Karmagesetz. Und aus dem folgt ja zwingend Saat und Ernte und Wiedergeburt.

Hans: Dann gäbe es im Grund gar keine »Wunder«. Auch das, worüber sich Weltgläubige wundern, ginge mit den wirklich rechten Dingen zu: nämlich nach dem universal geltenden Karmagesetz. Die Menschen nennen es nur deshalb Wunder, weil sie dieses Gesetz der Bedingtheit nicht gut genug kennen.

Fritz: Ja. Der Erwachte hat darum Wiedergeburt und Karma und alle die damit verbundenen erstaunlichen Konsequenzen nie als »Wunder« bezeichnet. Es sind ja gesetzmäßige Abläufe des Leidens. Von der ausnahmslosen Geltung dieser Gesetze kann sich selbst überzeugen, wer nach der Anleitung des Erwachten vorgeht. Der Erwachte sagt, durch sein Erwachen aus dem Wahntraum aus Hinneigung, Abneigung und Blendung habe er diese nachprüfbaren Gesetze in leibhaftiger Erfahrung entdeckt. Die umfassendste Darstellung über »Wunder« gibt er in der Rede

15 Sn, 1. Kapitel, »Die Schlange«, besprochen von Nyāṇaponika in WW, 23. Jg. (1977), S. 329 ff.

D 11 – KEVADDHO:

Kevaddho, der Sohn eines Hausvaters, kam in Nālandā im Mangohain Pāvārikos zum Erhabenen mit einem Vorschlag: *»Herr, dieses reiche, blühende, dicht bevölkerte, von Menschen wimmelnde Nālandā ist dem Erhabenen zugetan. Da wäre es gut, wenn der Erhabenen einen Mönch beauftragen würde, mit Geistesmacht ein übermenschliches Wunder zu tun. Dann wäre dieses Nālandā dem Erhabenen noch mehr zugetan.« Auf diesen Vorschlag antwortete der Erhabene: »Meine Lehre besteht doch nicht darin, dass ich den Mönchen sage: ›Ihr Mönche, führt den weiß gekleideten Hausvätern mit Geistesmacht ein übermenschliches Wunder vor.‹« — Ein zweites und ein drittes Mal machte Kevaddho seinen Vorschlag. Der Erwachte erwiderte: »Die drei Arten von Wundern, Kevaddho, habe ich mir wahrlich in eigenem universalem Bewusstsein offenbar gemacht und erfahren. Welche drei? Das Wunder der Geistesmacht, das Wunder der Seelenkunde, das Wunder der Unterweisung.*

Was ist das Wunder der Geistesmacht, Kevaddho? Da kann ein Mönch auf vielfältige Weise Geistesmacht entfalten: etwa als nur einer vielfach werden und vielfach geworden wieder einer sein, oder unsichtbar werden oder in der Ferne erscheinen, oder durch Mauern, Wälle und Felsen hindurchgleiten wie durch leeren Raum, auch in die Erde unter- und wieder auftauchen wie in Wasser, auf dem Wasser wandeln, ohne unterzusinken wie auf der Erde, auch sitzend durch den Raum fahren wie der Vogel mit seinen Fittichen, ja Sonne und Mond, die so mächtigen, so gewaltigen, berühren, sogar bis zur Brahmawelt den Körper in der Gewalt haben. Ein anderer, der ihm traut und ihm zugetan ist, sieht einen Mönch diese Wunder tun und erzählt es, weil er ihm traut und ihm zugetan ist, einem anderen, der ihm nicht so traut und nicht so zugetan ist: ›Es ist wirklich wunderbar, noch nie da gewesen, welch große Geistesmacht dieser Asket hat, was er alles kann! Ich habe selber diesen Mönch auf vielfältige Weise Geistesmacht entfalten sehen.‹« (Und nun beschreibt er die ›Wunder‹, die er selber gesehen hat.) »Da könnte der, der ihm nicht so traut und nicht so zugetan ist, sagen: ›Mein Guter, es gibt doch die so genannte Gandhāra-Zauberkunst. Damit kann ein Mönch verschiedene Arten von Geistesmacht vormachen.‹« — »Was meinst du, Kevaddho: könnte einer, der ihm nicht so traut und nicht so zugetan ist, das sagen?« — »Das könnte er sagen, Herr.« — »Weil ich diesen Übelstand bei den Wundern durch Geistesmacht sehe, lege ich keinen Wert darauf, sehe sie als Peinlichkeiten an, halte nichts davon.

Und was ist das Wunder der Seelenkunde? Da gibt ein Mönch die Herzensverfassung anderer Wesen an, ihren Gemütszustand, ihre Gedanken und Pläne: ›So ist bei dir der Geist, und auch so ist dein Geist, und so ist bei dir das Herz.‹ Das erzählt einer, der ihm traut und ihm zugetan ist, einem anderen, der ihm nicht so traut und nicht so zugetan ist … Da könnte der, der ihm nicht so traut und nicht so zugetan ist, sagen: ›Mein Guter, es gibt doch den Edelsteinzauber. Damit kann man die seelische Verfassung anderer Wesen angeben, ihren Gemütszustand, ihre Gedanken und Pläne.‹«

Hans: Was ist Edelsteinzauber und Gandhāra-Zauberkunst?

Fritz: Weiß ich nicht. Der Erwachte nimmt auch gar nicht Stellung dazu, ob es das gibt, sondern dass dies nach den damals geltenden Auffassungen einem hätte entgegengehalten werden können. Der Erwachte will Kevaddho nur zeigen, dass bei einem, der nicht sowieso schon Vertrauen hatte, solche Wunder kein echtes Vertrauen zur Lehre begründen können: *»Was meinst du, Kevaddho: könnte einer, der ihm nicht so traut und nicht so zugetan ist, das sagen?« — »Das könnte er sagen, Herr.« — »Weil ich diesen Übelstand bei den Wundern durch Seelenkunde sehe, lege ich keinen Wert darauf, sehe sie als Peinlichkeiten an, halte nichts davon.*

Was aber ist das Wunder der Unterweisung, *Kevaddho? Da gibt ein Mönch folgende Unterweisung: ›Denkt so, nicht so! Beachtet dies, jenes beachtet nicht! Dies gebt auf! Wenn jenes bei euch aufgestiegen ist, dann bleibt dabei!‹ Das nennt man Wunder der Unterweisung, Kevaddho. — Und weiter, Kevaddho: Da erscheint der Vollendete in der Welt, der Genesene, Vollkommen Erwachte, der in Wissen und Wandel Vollkommene, der zum Wohl Gekommene, der Kenner der*

Welt, der unvergleichliche Lenker der anzuleitenden Menschen, der Meister der Himmelswesen und Menschen, der Erwachte, der Erhabene.« Und nun folgt die Beschreibung des mönchischen Wegs der Transformation durch Übung – der Tathāgatagang, über den wir schon gesprochen haben.[16] Seine ersten Stufen – die Ordenstugenden, die Sinnenzügelung, das heilende Klarbewusstsein, klingen noch nicht nach »Wunder«. Sie sind erst die Vorbereitung für das eigentliche Wunder der Belehrung: *»Durch diesen Wegabschnitt der heilenden Tugenden gereift, erwachsen zu der Gesamtheit dieser heilenden Zügelung der Sinneslenkkräfte, im Vollbesitz dieses heilenden Klarbewusstseins«*, zieht sich der Mönch nun zur planmäßigen Aufhebung der fünf Hemmungen an einen abgeschiedenen Platz zurück. Und nun bringt der Erwachte eindrucksvolle Gleichnisse für die Hemmungen und ihre Aufhebung[17]:

»Er hat übermäßiges Weltinteresse[18] verworfen; mit von übermäßigem Weltinteresse freiem Gemüt läutert er sein Herz von übermäßigem Weltinteresse. Die Befleckung durch Übelwollen[19] hat er verworfen; im Gemüt frei von Übelwollen, voll Mitempfinden und Liebe zu allen Wesen, läutert er das Herz von Übelwollen. Träges Beharren im Gewohnten hat er verworfen; entgangen der Trägheit verweilt er, in erhellter Wahrnehmung (āloka saññī), in Wahrheitsgegenwart; klar bewusst, läutert er das Herz vom Beharren im Gewohnten. Erregbarkeit und geistige Unruhe hat er verworfen; unerregt, im innersten Herzen beruhigt, läutert er das Herz von Erregbarkeit und geistiger Unruhe. Daseinszweifel und -sorgen hat er verworfen; Daseinszweifel und -sorgen hat er überstiegen; ohne Wenn und Aber über das, was zum Heil taugt, läutert er das Herz von Daseinszweifel und -sorgen. —

Es ist, wie wenn ein Mann ein Darlehen aufnimmt und damit Geschäfte betreibt. Die Geschäfte bringen Gewinn, die alten Darlehensschulden kann er tilgen und es bleibt ihm so viel Überschuss, dass er den Unterhalt für eine Frau aufbringen kann. Der kann denken: ›Früher habe ich ein Darlehen aufgenommen und damit Geschäfte betrieben. Die Geschäfte haben mir Gewinn gebracht, so dass ich die alten Darlehensschulden tilgen konnte, und es ist mir so viel Überschuss geblieben, dass ich den Unterhalt für eine Frau aufbringen kann.‹ Darüber kann er froh und wohlgemut sein.«

HANS: Das ist wohl ein Gleichnis für die erste Hemmung, Sinnenlustwollen?

FRITZ: Ja.

HANS: Sinnenlust als Darlehen – dieses Gleichnis kennen wir doch schon?

RUTH: Freilich: aus dem Gespräch mit Potaliyo in M 54.

HANS: Ach ja! Aber wieso macht der Mönch auf dem Tathāgatagang mit dem Darlehen »Sinnenlustwollen« Geschäfte? Er übt doch gerade Sinnenzügelung. Heißt das nicht, dass er die einst aus Unwissen geliehenen Sinnendinge nun überhaupt nicht mehr anrührt?

FRITZ: Das Geschäft des Mönchs ist ein Tauschgeschäft: überweltliches Wohl gegen Sinnenwohl. Das kann nur »Zug um Zug« abgewickelt werden: Selbst der Asket Gotamo kam vom Begehren nach Sinnenwohl erst Zug um Zug gegen innern Jubel los, wie er in M 14 berichtet. Dieser Tausch erweist sich aber als ein so gutes »Geschäft«, dass der Übende damit nicht nur die Darlehensschuld – die ständige Abhängigkeit von Sinnendingen – zurückzahlen kann, sondern dass er sich aus dem Überschuss eine Frau leisten kann.

16 Vgl. M 60.

17 Von KEN hier nicht mitübersetzt, im Pālitext durch die Verweisung auf die wörtlich übereinstimmenden Absätze (40)-(74) von D 2 abgekürzt (PTS, D I, S. 214, Fußnote 2).

18 *abhijjhā loke* (= »übermäßig Hinschauen bei der Welt«). Die sonst für *abhijjhā* übliche Übersetzung mit »Habsucht«, aber auch die mildere mit »Fixierung auf Sinnendinge« wäre nicht die treffendste: Entrückung — um die es ja hier geht — wird durch jede Art von sinnlichem Verlangen ausgeschlossen. Auch das leiseste Verlangen ist für die Entrückung »übermäßig«.

19 *vyāpāda-padosa.*

Hans: Wofür ist die Frau ein Gleichnis?

Ruth: Ich denke, für das innere Wohl.

Fritz: So sehe ich es auch. — Und nun kommen die Gleichnisse für die zweite und dritte Hemmung: *»Und es ist, wie wenn ein Mann krank ist, … und die Nahrung bekommt ihm nicht, und er hat keine Kraft im Körper. Der wird eines Tages von dieser Krankheit geheilt, die Nahrung bekommt ihm, und er kommt im Körper wieder zu Kräften. Der kann denken: ›Früher war ich krank … Jetzt bin ich von dieser Krankheit genesen, die Nahrung bekommt mir, und ich habe wieder Kraft im Körper.‹ Darüber kann er froh und wohlgemut sein.*

Und es ist, wie wenn ein Mann gebunden im Gefängnis sitzt. Eines Tages wird er von seinen Banden befreit, hat nichts zu befürchten, hat keinen Verlust an seinem Vermögen erlitten. Der kann denken: ›Früher habe ich gebunden im Gefängnis gesessen. Jetzt bin ich von diesen Banden befreit, habe nichts zu befürchten, habe keinen Verlust an meinem Vermögen erlitten.‹ Darüber kann er froh und wohlgemut sein.«

Ruth: Sich nicht aufraffen können, im Trott der Gewohnheit bleiben – das ist wirklich wie eine Gefangenschaft. Aber wieso hat der »Haftentlassene« nichts zu befürchten und hat keinen Vermögensverlust erlitten?

Fritz: Wer aus dem Gefängnis kommt, ist normalerweise verfemt. Seine Arbeitsstelle ist besetzt oder sein Geschäft ruiniert. Aber hier ist es anders: Wenn ein Mensch sich aus der Hemmung durch innere Trägheit aufrafft, hat aber bis dahin über das bloße Gefangensein im Sichtreibenlassen hinaus nichts zusätzliches Heilsuntaugliches getan, geredet und vor allem gedacht – seine Triebe also nur ohne Tugendverletzung und rauschfrei befriedigt, aber nicht durch den »geiergierigen« Wunsch nach *mehr* weiter verstärkt, dann hat er an seinem inneren Vermögen nichts eingebüßt und kann da weitermachen, wo er vorher aufgehört hat. Und das heißt vor allem auch: In der inneren relativen Ruhe, die nun bei zeitweiser Begehrensfreiheit und Freiheit von Übelwollen einkehrt, entdeckt er als Teil seines »Vermögens« bei sich immer mehr die Fähigkeit, die Wahrheit klar zu sehen: »Einigung in Gedanken« zu erlangen und dabei Herzensfrieden.

Und nun kommt das Gleichnis für die vierte Hemmung, Aufgeregtheit und geistige Unruhe: *»Und es ist, … wie wenn ein Mann Sklave ist, nicht über sich selbst bestimmen kann, von anderen abhängig, nicht gehen kann, wohin er will. Der wird eines Tages aus der Sklaverei befreit, kann über sich selbst bestimmen, ist unabhängig von andern, kann als freier Mann gehen, wohin er will. Der kann denken: ›Früher war ich Sklave, konnte nicht über mich selbst bestimmen, war von andern abhängig, konnte nicht gehen, wohin ich wollte. Jetzt bin ich aus der Sklaverei befreit, kann über mich selbst bestimmen, unabhängig von andern, kann als freier Mann gehen, wohin ich will.‹ Darüber kann er froh und wohlgemut sein.«*

Hans: Ein Gleichnis mit Freiheitsentzug hatten wir doch gerade eben. Da wurde das träge Sichtreibenlassen mit Gefängnishaft verglichen. Wie ist das zu erklären?

Fritz: Sklaverei ist schlimmer als Gefängnis. Aus dem Gefängnis wird man normalerweise irgendwann entlassen. In der Sklaverei ist man ohne Zeitgrenze rechtlos. Darin unterscheidet sich die vierte Hemmung (Geistesunruhe) von der dritten (Sichtreibenlassen im Gewohnten): Im Gewohnten treiben lässt sich kaum jemand fast ununterbrochen sein ganzes Leben lang; immer wieder zwingt Leidensdruck dazu, sich aufzurütteln. Nur rüttelt sich der eine Mensch erst bei schwerem Leidensdruck, der andere schon bei leiser Bedrängnis auf. Aber der Aufgeregtheit und Geistesunruhe kann ich mit Aufraffen allein schlecht entkommen. Das kann eher noch unruhiger machen. Ein »unruhiger Geist« hat es überall schwer. Denn zu allem, was ihn weiterbringen könnte – besonders auch zum klaren Denken und Sehen –, braucht er ja gerade innere Ruhe. Wir westlichen Menschen sind im Allgemeinen mehr als Asiaten von Geistesunruhe geplagt. Wie oft sieht man heute Menschen, die müssen, wo sie gehen, stehen, sitzen oder liegen, zwanghaft zu irgendwelchen »heißen Rhythmen« aus dem Kopfhörer oder aus ihrer Vorstellung mit Händen und Füßen und dem ganzen Körper zucken. Das gibt ein deutliches Bild von dieser »Leib-eigenschaft« durch Geistesunruhe.

Je mehr die Geistesunruhe aber aufgelöst wird, desto eher einigt sich das Herz. Je einiger das Herz, umso klarer der Wahrheitsblick, in dem sich alle Daseinszweifel lösen. Die tiefe Geborgenheit dessen, dem Daseinszweifel und -sorgen gelöst sind, bringt das Gleichnis für diese fünfte Hemmung zum Ausdruck: *»Und es ist, wie wenn ein Mann mit Hab und Gut auf einem gefährlichen Weg durch die Wildnis unter Entbehrungen und Gefahren unterwegs ist. Eines Tages hat er diesen schweren Weg hinter sich, kommt in die Geborgenheit seines Heimatorts, entgangen der Gefahr. Der kann denken: ›Früher war ich mit Hab und Gut auf einem gefährlichen Weg durch die Wildnis unter Entbehrungen und Gefahren. Nun habe ich diesen schweren Weg hinter mir; bin in der Geborgenheit meines Heimatortes, entgangen der Gefahr.‹ Darüber kann er froh und wohlgemut sein. So sieht der Mönch es wie Schuldenlast, Krankheit, Gefangenschaft, Sklaverei, wie einen gefährlichen Weg durch die Wildnis an, wenn er diese fünf Hemmungen bei sich als nicht aufgehoben erkennt. Aber wie Schuldenfreiheit, Gesundheit, Entlassung aus dem Gefängnis, Befreiung aus der Sklaverei, wie die Geborgenheit auf der Heimaterde sieht es der Mönch an, wenn er diese fünf Hemmungen bei sich aufgehoben sieht. Das nennt man das Wunder der Unterweisung, Kevaddho.*

Weil er diese fünf Hemmungen in sich aufgehoben erkennt, erhebt sich in seinem Inneren Freude. Dem innerlich Freudigen entsteht innerer Jubel. Dem innerlich Jubelnden wird der Körper still. Bei gestilltem Körper empfindet er Wohl. Wer Wohl empfindet, dem wird das Herz einig. Er verweilt, abgelöst von sinnlichem Begehren, abgelöst von allen heillosen Gesinnungen und Gedanken, mit stillem Bedenken und Sinnen in weltabgelöster jubelnder Seligkeit, im ersten Grad der weltlosen Entrückung. Das ist, wie wenn ein geschickter Barbier oder Barbiergeselle auf ein bronzenes Becken Seifenpulver streut und es wieder und wieder mit Wasser vermischt, dass sein Seifenschaumball feucht wird, von Feuchtigkeit durchdrungen, innen wie außen von Feuchtigkeit durchsättigt, ohne zu tropfen. Ebenso lässt der Mönch diesen Körper sich ganz durchfluten und durchströmen, durchsättigen und durchdringen von dem aus der Abgeschiedenheit geborenen Wohl des inneren Jubels, dass auch nicht der kleinste Teil des Körpers von dem aus der Abgeschiedenheit geborenen Wohl des inneren Jubels ungesättigt bleibt. Auch das nennt man ein Wunder der Unterweisung, Kevaddho.

Weiter, Kevaddho: Nach Verebben auch des Denkens und Sinnens weilt er in innerer Gelöstheit, in der Einung des Gemütes, in dem von Denken und Sinnen freien, aus der Einung geborenen inneren Jubel, im zweiten Grad der weltlosen Entrückung. Er lässt diesen Körper sich ganz durchfluten und durchströmen, durchsättigen und durchdringen von dem aus der Abgeschiedenheit geborenen Wohl des inneren Jubels, dass auch nicht der kleinste Teil des Körpers von dem aus der Abgeschiedenheit geborenen Wohl des inneren Jubels ungesättigt bleibt. Das ist, wie wenn da ein tiefer See mit emporwallender Quelle ist, der hat weder von Osten noch von Westen, weder von Norden noch von Süden einen Wasserzufluss, und die Gottheit lässt nicht von Zeit zu Zeit einen starken Regenguss hineinströmen. Da wird dieser tiefe See durch die frische Strömung, die vom Grund emporwellt, von einem kühlenden Strom überwellt, umflossen, erfüllt und durchsättigt, dass auch nicht der kleinste Teil des tiefen Sees von dem kühlenden Strom ungesättigt ist. Ebenso lässt der Mönch diesen Körper sich ganz durchfluten und durchströmen, durchsättigen und durchdringen von dem aus der Abgeschiedenheit geborenen Wohl des inneren Jubels, dass auch nicht der kleinste Teil des Körpers von dem aus der Abgeschiedenheit geborenen Wohl des inneren Jubels ungesättigt bleibt. Auch das nennt man ein Wunder der Unterweisung, Kevaddho.

Weiter, Kevaddho: wenn auch der innere Jubel vom Reiz des Besonderen frei ist, verweilt er in ausgeglichenem Frieden, klar bewusst, in einem solchen den ganzen Körper durchdringenden Wohlsein, dass die Heilsgänger sagen: ›Dem in ausgeglichenem Frieden in Wahrheitsgegenwart

Lebenden ist wohl‹, im dritten Grad der weltlosen Entrückung. Das ist, wie wenn in einem Lotosteich voll blauer oder roter oder weißer Lotosblumen einige blaue oder rote oder weiße Lotosblumen im Wasser entstanden, im Wasser aufgewachsen, im Wasser bleiben, völlig untergetaucht vom Wasser sich ernähren und von der Wurzel bis zum Blütenhaupt von dem vom Grunde aufwallenden kühlenden Strom überwellt, umflossen, erfüllt und durchsättigt sind, dass auch nicht die letzte blaue oder rote oder weiße Lotosblüte von dem kühlenden Strom ungesättigt bleibt. Ebenso lässt der Mönch diesen Körper mit dem über allen inneren Jubel erhabenen Wohl durchfluten und durchströmen, durchsättigen und durchdringen, dass auch nicht der kleinste Teil des Körpers von dem über allen inneren Jubel erhabenen Wohl ungesättigt bleibt. Auch das nennt man ein Wunder der Unterweisung, Kevaddho.

Weiter, Kevaddho: Nachdem er über Wohl und Weh hinausgestiegen ist, alle einstige geistige Freudigkeit und Traurigkeit gestillt hat, verweilt er nun in der von allem Wohl und Weh befreiten reinen Erhabenheit, im vierten Grad der weltlosen Entrückung. Er sitzt da, diesen Körper von dem völlig reinen, völlig geklärten Gemüt erfüllt, dass auch nicht der kleinste Teil dieses Körpers von dem völlig reinen, völlig geklärten Gemüt unerfüllt bleibt. Das ist, wie wenn ein Mann dasitzt, … von einem rein weißen Gewand bis über das Haupt vollständig eingehüllt, dass auch nicht der kleinste Teil dieses Körpers von dem rein weißen Gewand uneingehüllt bleibt; so sitzt er da, diesen Körper von dem völlig reinen, völlig geklärten Gemüt erfüllt, dass auch nicht der kleinste Teil dieses Körpers von dem völlig reinen, völlig geklärten Gemüt unerfüllt bleibt. Auch das nennt man ein Wunder der Unterweisung, Kevaddho.

Nachdem sein Herz solcherart geeint, geläutert, gereinigt, fleckenlos, trübungsfrei, sanft, fügsam, frei von Willkür, vollkommen still geworden ist, richtet er das Herz auf den Erkenntnisblick (ñāna-dassana), stellt es darauf ein. Er erkennt: ›Das ist mein Körper, gestalthaft, aus den vier ausgedehnten Gewordenheiten bestehend, von Vater und Mutter zustandegebracht, mit Reis und Sauermilch aufgezogen, dem Vergehen, der Abnützung, Aufreibung, dem Zusammenbruch, der Zerstörung unterworfen; jenes aber ist mein eingespielter Erfahrungssuchlauf, daran geheftet, ganz daran gebunden. Das ist, wie wenn an ein Juwel, einen Edelstein, schön, kostbar, achteckig, fein geschliffen, von reinem Feuer, fehlerfrei, mit allen Reinheitsmerkmalen, ein Faden gebunden ist, ein blauer oder gelber oder roter oder weißerFaden. Den hat ein scharfsehender Mann in die Hand genommen und betrachtet ihn: ›Das ist ein Juwel, ein Edelstein, schön, kostbar, achteckig, fein geschliffen, von reinem Feuer, fehlerfrei, mit allen Reinheitsmerkmalen; daran ist ein Faden gebunden, ein roter oder gelber oder weißer oder blauer Faden.‹ So richtet der Mönch das Herz auf den Erkenntnisblick, stellt es darauf ein. Auch das nennt man ein Wunder der Unterweisung, Kevaddho« (Neumann hat das nicht mitübersetzt).

HANS: Das Gleichnis mit dem Faden und dem Juwel verstehe ich nicht.

FRITZ: Das ist hier auch noch nicht nötig. Lass uns darüber später sprechen, um den Gang unserer Rede jetzt nicht zu unterbrechen. Der Erwachte sagt weiter: *»Nachdem das Herz solcherart geeint, geläutert, gereinigt, fleckenlos, trübungsfrei, sanft, fügsam, frei von Willkür, vollkommen still geworden ist, da richtet er das Herz darauf, einen Leib aus Geist zu gestalten, stellt es darauf ein. Der kann aus diesem Körper einen anderen Körper herausziehen, formhaft, aus Geist gebildet, mit allen Gliedern versehen, mit übermenschlichen Fähigkeiten. — Das ist, wie wenn ein Mann aus einem Schilfrohr ein Stängelglied … oder das Schwert aus der Scheide … oder eine Schlange aus ihrer alten Haut zieht. Auch das nennt man ein Wunder der Unterweisung.*

Nachdem das Herz solcherart geeint, geläutert, gereinigt, fleckenlos, trübungsfrei, sanft, fügsam, frei von Willkür, vollkommen still geworden ist, da richtet er das Herz auf die vielfältigen Wirkungen der Geistesmacht; darauf stellt er es ein. Er kann durch geistige Macht vielfältige Wirkungen bewirken: etwa als nur einer vielfach werden und, vielfach geworden, wieder einer sein oder unsichtbar werden oder in der Ferne erscheinen oder durch Mauern, Wälle und Felsen hindurchgleiten wie durch leeren Raum, in die Erde ein- und wieder auftauchen wie bei Wasser, auf dem Wasser wandeln, ohne unterzusinken wie auf der Erde, sitzend durch den Raum fahren wie der Vogel mit seinen Fittichen, gar Sonne und Mond, die so mächtigen, so gewaltigen, berühren, bis zur Brahmawelt den Körper in der Gewalt haben.« Dafür gibt der Erwachte das Gleichnis eines Töpfers oder Elfenbeinschnitzers oder Goldschmieds, der aus gut vorbereitetem Werkstoff gestalten kann, was er will. *»Auch das nennt man ein Wunder der Unterweisung, Kevaddho.«*

Hans: Aber hier werden nun doch die gleichen Künste, von denen der Buddha vorhin gesagt hat, dass er nichts davon hält, als Wunder herausgestellt!

Ruth: Hier scheint es mir aber um etwas anderes zu gehen, Hans: Kevaddho wollte, dass Mönche anderen Menschen sozusagen als »Werbespot« »Wunder« vorführen, um Anhänger zu gewinnen. Damit kann man niemandem mehr Vertrauen vermitteln, als er so schon hat. Aber auf Grund treuer Übung immer wieder *sich selber* unter souveräner Durchbrechung der einst gewähnten Schranken der vermeintlich festen Welt »spielend« den Wahncharakter des Welt-Theaters leibhaftig vor Augen zu führen – das kann Mönchen von solcher Reife sehr dabei helfen, »Welt« nicht mehr ernst zu nehmen. Darum geht es hier.

Fritz: Längst nicht alle so nahe vor der Heilung des Wahnfiebers Stehenden haben oder nutzen zwar diese Möglichkeit, aber denen, die sie nutzen, hilft sie so, wie du sagst, Ruth.

Ruth: Vielleicht ist das der Grund, dass es zur Ausbildung tibetischer Mönche gehört, sich durch gesammelte Projektion in der Meditation einen »geistgebildeten« Begleiter zu erschaffen, der nachher so dicht wird, dass ihn auch andere sehen. Aber nicht das ist das Ziel der Übung, sondern diesen Popanz dann wieder zum Verschwinden zu bringen, um einen Begriff für die »Mache« zu bekommen.

Fritz: Mag sein. Auf solche Weise entstehen und vergehen ja im Prinzip – ob wir es wissen oder nicht, ob wir es glauben oder nicht, ob wir es wollen oder nicht – alle erlebten »Welten« und »Wesen« – einschließlich des »Wesens«, das als »Ich« erlebt wird. Das eigentliche Wunder besteht für den Erwachten darin, dass es die Belehrung vermag, einen bisher seinen Fieberwahnbildern ausgelieferten Menschen so anzuleiten, dass er in einem geordneten Lehr-Gang von dieser Wahnkrankheit frei wird, wie wenn ein Patient mit Verfolgungswahn in der Therapie zuerst mit seinen Wahnbildern umzugehen lernt, sich immer weniger von ihnen verfolgt fühlt und sie immer mehr verschwinden. So kann der bisher geistesohnmächtige Leidende, wenn er der Selbstheilungsanleitung des Erwachten folgt, allmählich eine Geistesmacht erlangen, die nicht bei den geschilderten »Wundern« stehen bleibt. Die Krone der Geistesmacht ist vielmehr ihr Einsatz zur direkten totalen Aufhebung des Wahns. Das zeigt der Erwachte nun weiter stufenweise auf:

»Nachdem das Herz solcherart geeint, geläutert, gereinigt, fleckenlos, trübungsfrei, sanft, fügsam, frei von Willkür, vollkommen still geworden ist, da richtet er das Herz auf den Zustand ›himmlisches Ohr‹,[20] *stellt es darauf ein. Er kann in dem Zustand ›himmlisches Ohr‹, dem geläuterten, übermenschlichen, beide Arten von Tönen hören, himmlische und menschliche, ferne und nahe. Das ist, wie wenn ein Mann auf einer Landstraße unterwegs ist und den Schall einer Kesselpauke hört oder den Schall von Trompeten, Pauken und Trommeln. Der weiß: ›Das ist der Schall einer Kesselpauke, das ist Trompetenschall, das ist Paukenhall und Trommelklang.‹ Ebenso richtet ein Mönch das Herz auf den himmlischen Ohrzustand, stellt es darauf ein. Auch das nennt man ein Wunder der Unterweisung.«*

Hans: Wäre das schön: Wenn man krank oder alt oder weit entfernt von erfahrenen Kennern der Lehre ist, könnte man mit diesem »himmlischen Ohr« über alle Fernen hinweg Wahrheitsworten zuhören!

20 *dibba sota-dhātu* = Gegebenheit »himmlisches Ohr«.

Fritz: Das ist noch nicht alles: *»Nachdem das Herz so geeint, geläutert, gereinigt, fleckenlos, trübungsfrei, sanft, fügsam, frei von Willkür, vollkommen still geworden ist, da richtet er das Herz auf das umfassend ergründende Gemütserkennen, darauf stellt er es ein. Er erkennt anderer Wesen, anderer Menschen Gemüt, indem er es mit dem Gemüt umfasst: – Ein Herz mit Hinneigung erkennt er als Herz mit Hinneigung; – ein von Hinneigung freies Herz als von Hinneigung freies Herz; – ein Herz mit Abneigung erkennt er als Herz mit Abneigung; – ein von Abneigung freies Herz als von Abneigung freies Herz; – ein geblendetes Herz erkennt er als geblendetes Herz; – ein von Blendung freies Herz als von Blendung freies Herz; – ein gesammeltes Herz erkennt er als gesammeltes Herz; – ein zerstreutes Herz als zerstreutes Herz; – ein zum Hohen strebendes Herz erkennt er als zum Hohen strebendes Herz; – ein nicht zum Hohen strebendes Herz als nicht zum Hohen strebendes Herz; – ein nach dem Letzten strebendes Herz erkennt er als nach dem Letzten strebendes Herz, – ein nicht nach dem Letzten strebendes Herz als nicht nach dem Letzten strebendes Herz; ein einiges Herz erkennt er als geeint; ein nicht geeintes Herz als nicht geeint, – ein erlöstes Herz erkennt er als erlöst, – ein unerlöstes Herz als unerlöst. Das ist, wie wenn eine Frau oder ein Mann, jung, auf Schönheit bedacht, in einem durchscheinenden, reinen, klaren Wasserspiegel das eigene Gesicht betrachtet, und wenn es ein Muttermal hat, erkennt: ›es hat ein Muttermal‹, und wenn es keines hat: ›es hat kein Muttermal‹. Ebenso erkennt der Mönch anderer Wesen, anderer Menschen Gemüt, indem er es mit dem Gemüt umfasst. Auch das nennt man Wunder der Unterweisung, Kevaddho.«*

Hans: Das ist gut: Gleichnis für das unmittelbare Erkennen des Gemüts *anderer* Wesen ist das *eigene* Spiegelbild einer auf ihre Schönheit bedachten jungen Frau; denn niemand kann ja wahrnehmen, was er nicht gewirkt hat. Verrückt – aber ein Heilsgänger, der so weit ist, dass er andern ins Herz schauen kann, ist sich über diese Verrücktheit klar.

Fritz: Ja, Hans. Deshalb nennt der Erwachte nun die Krone der Geistesmacht, das Wunder aller Wunder der Belehrung: die *Erlösung* von allem Wirken und Werden, Kommen und Gehen durch die drei Weisheitsdurchbrüche:

»Nachdem das Herz solcherart geeint, geläutert, gereinigt, fleckenlos, trübungsfrei, sanft, fügsam, frei von Willkür, vollkommen still geworden ist, da richtet er das Herz auf die erinnernde Erkenntnis früherer Daseinsformen.[21] *So kann er sich an manche frühere Daseinsform erinnern: wie an eine Wiedergeburt, dann an zwei, dann an drei/ vier/ fünf/ zehn Wiedergeburten, dann an zwanzig/ dreißig/ vierzig/ fünfzig Wiedergeburten, dann an hundert/ tausend/ hunderttausend Wiedergeburten, dann an die Zeiten während mancher Weltausbreitungen, dann an die Zeiten während mancher Welteinswerdungen, dann an die Zyklen mancher Weltausbreitungen und Welteinswerdungen: ›Dort war ich, jenen Namen hatte ich, jener Familie gehörte ich an; das war mein Stand, so habe ich meinen Unterhalt bestritten, solches Wohl und Weh habe ich erfahren, so war mein Lebensende; dort verschieden, trat ich anderswo wieder ins Dasein; dort war ich nun, jenen Namen hatte ich, jener Gattung gehörte ich an; das war mein Stand, so habe ich meinen Unterhalt bestritten, solches Wohl und Weh habe ich erfahren, so war mein Lebensende; dort verschieden, trat ich anderswo wieder ins Dasein.‹ So erinnert er sich mancher verschiedener früherer Daseinsform mit je den eigentümlichen Merkmalen, mit je den besonderen Beziehungen. Das ist, wie wenn ein Mann von seinem eigenen Dorf in ein anderes Dorf geht, von jenem Dorf wieder in ein anderes Dorf und von jenem Dorf wieder in sein eigenes Dorf zurückkehrt. Der weiß: ›Ich bin aus meinem eigenen Dorf fortgegangen in jenes Dorf; dort bin ich so gestanden, habe mich so hingesetzt, so habe ich geredet, so geschwiegen; von jenem Dorf bin ich in ein weiteres Dorf gegangen, dort bin ich so gestanden, habe mich so hingesetzt, so hab ich geredet, so geschwiegen; von jenem Dorf bin ich in mein eigenes Dorf zurückgekehrt.‹ Ebenso richtet der Mönch das Herz auf die*

21 Vgl. auch M 36, M 4, M 60.

erinnernde Erkenntnis früherer Daseinsformen. Auch das nennt man ein Wunder der Unterweisung, Kevaddho.

Nachdem sein Herz solcherart geeint, geläutert, gereinigt, fleckenlos, trübungsfrei, sanft, fügsam, frei von Willkür, vollkommen still geworden ist, da richtet er das Herz auf die Erkenntnis des Hinschwindens und Wiedererscheinens der Wesen. So kann er mit dem himmlischen Auge, dem geläuterten, über menschliche Grenzen hinausreichenden, die Wesen dahinschwinden und wiedererscheinen sehen: gemein, edel, schön, unschön – je nach dem Wirken sieht er die Wesen: ›Diese lieben Wesen sind freilich in Taten, Worten, Gedanken dem Schlechten zugetan, sie missbilligen Heilsgänger, hegen falsche Ansicht, kommen aus falscher Ansicht zu falschem Wirken; beim Wegfall des Körpers, nach dem Tod gelangen sie auf den Abweg, auf schlechte Bahn, zur Tiefe hinab in eine Schmerzenswelt. Jene lieben Wesen aber sind in Taten, Worten, Gedanken dem Guten zugetan. Sie missbilligen nicht Heilsgänger, hegen rechte Ansicht, kommen aus rechter Ansicht zu rechtem Wirken; beim Wegfall des Körpers, nach dem Tod gelangen sie auf eine gute Bahn, in himmlische Welt.‹ – Das ist, wie wenn mitten auf einem Platz, auf dem sich vier Straßen kreuzen, ein Turm steht. Darauf steht ein scharfsehender Mann. Der sieht die Menschen, wie sie in ein Haus gehen oder ein Haus verlassen oder wie sie auf der Straße gehen oder sich mitten auf dem Platz hinsetzen. Der weiß: ›Diese Menschen gehen ins Haus, jene verlassen das Haus; die dort gehen auf der Straße, und jene haben sich mitten auf dem Platz hingesetzt.‹ Ebenso richtet der Mönch das Herz auf die Erkenntnis des Dahinschwindens und Wiedererscheinens der Wesen. Auch das nennt man ein Wunder der Unterweisung, Kevaddho.

Nachdem sein Herz solcherart geeint, geläutert, gereinigt, fleckenlos, trübungsfrei, sanft, fügsam, frei von Willkür, vollkommen still geworden ist, da richtet er es auf die Erkenntnis des Versiegens der Beeinflussungen: ›Das ist das Leiden‹, erkennt er der Wirklichkeit gemäß. ›Das ist die Leidensentwicklung‹, erkennt er der Wirklichkeit gemäß. ›Das ist die Leidensauflösung‹, erkennt er der Wirklichkeit gemäß. ›Das ist die zur Leidensauflösung führende Vorgehensweise‹, erkennt er der Wirklichkeit gemäß. ›Das sind die Beeinflussungen‹, erkennt er der Wirklichkeit gemäß. ›Das ist der Beeinflussungen Entwicklung‹, erkennt er der Wirklichkeit gemäß. ›Das ist der Beeinflussungen Auflösung‹, erkennt er der Wirklichkeit gemäß. ›Das ist die zur Auflösung der Beeinflussungen führende Vorgehensweise‹, erkennt er der Wirklichkeit gemäß. So erkennend, so sehend, wird das Herz erlöst von allen Beeinflussungen durch Wünschen (kāma), von allen Beeinflussungen durch Werden (bhava), von allen Beeinflussungen durch Wahn (avijjā). Wenn es erlöst ist, dann ist das Wissen: ›Es ist erlöst. Zersprengt ist Geburt, vollendet der höchste Wandel, die Aufgabe gelöst – nicht mehr ist diese Welt‹, das versteht er nun. Das ist, wie wenn auf einem Gipfel ein Bergsee ist, kristallklar, still, ohne Regung. Dort steht am Ufer ein scharfsehender Mann; der sieht Perlmuscheln, Schnecken, Kies und Geröll und den Schwarm der Fische, wie sie dahinziehen und stillstehen. Der weiß: ›Da ist ein Bergsee, kristallklar, still, ohne Regung. Darin sind Perlmuscheln, Schnecken, Kies und Geröll, und der Schwarm der Fische zieht dahin und steht still.‹ Ebenso richtet der Mönch das solcherart geeinte, geläuterte, gereinigte, fleckenlose, trübungsfreie Herz, das sanfte, fügsame, von Willkür freie, vollkommen still gewordene, auf die Erkenntnis des Versiegens der Beeinflussungen: ›Das ist das Leiden‹, erkennt er der Wirklichkeit gemäß. ›Das ist die Leidensentwicklung‹, erkennt er der Wirklichkeit gemäß. ›Das ist die Leidensauflösung‹, erkennt er der Wirklichkeit gemäß. ›Das ist die zur Leidensauflösung führende Vorgehensweise‹, erkennt er der Wirklichkeit gemäß. ›Das sind die Beeinflussungen‹, erkennt er der Wirklichkeit gemäß. ›Das ist der Beeinflussungen Entwicklung‹, erkennt er der Wirklichkeit gemäß. ›Das ist der Beeinflussungen Auflösung‹, erkennt er der Wirklichkeit gemäß. ›Das ist die zur Auflösung der Beeinflussungen führende Vorgehensweise‹, erkennt er der Wirklichkeit gemäß. So erkennend, so sehend, wird das Herz erlöst von allen Beeinflussungen durch Wünschen, von allen Beeinflussungen durch Werden, von allen Beeinflussungen durch Wahn. Wenn es erlöst ist, dann ist das Wissen: ›Es ist erlöst.‹ ›Zersprengt ist

Geburt, vollendet der höchste Wandel, die Aufgabe gelöst – nicht mehr ist diese Welt‹, versteht er nun. Das nennt man das Wunder der Unterweisung, Kevaddho.

Diese drei Arten von Wundern habe ich mir wahrlich in eigenem universalem Bewusstsein offenbar gemacht und erfahren.«

HANS: Da haben wir schon wieder eine der vielen ausdrücklichen Bestätigungen des Buddha, dass er alle diese Auswirkungen der Geistesmacht bis zu ihrem Gipfel, der Erlösung, nicht irgendwo gehört oder als Überlieferung aufgenommen oder ausgedacht oder von irgendeiner Gottheit geoffenbart bekommen hat, sondern dass er sie sich *»in eigenem universalem Bewusstsein offenbar gemacht und erfahren«* hat. Steht da wirklich *»universales Bewusstsein«*?

FRITZ: Das ist die Übersetzung von *abhiññā*, zusammengesetzt aus *abhi-* und *ñā*. Das heißt wörtlich: »Über-Erkennen«. Das ist keine intellektuelle »Erkenntnis«: *»ñā«* hängt mit *jānāti* (= »kennen«) zusammen, so wie ein Einheimischer den Weg zu seinem Dorf ohne Überlegen kennt. Aus dieser universalen Erfahrung konnte der Erwachte, wie er abschließend Kevaddho berichtet, früher einmal einem geistmächtigen Mönch dessen tiefste Frage beantworten, die dieser vorher den verschiedensten übermenschlichen Wesen bis hinauf zu Brahma vergeblich gestellt hatte.

In einer weiteren kleinen Rede lässt der Erwachte einen Brahmanen durch die Art seiner Fragestellung die richtige Bewertung von Wundern selber finden. Es ist

A III,61:

Da besucht der Brahmane Sangāravo den Erwachten und meint, was die Brahmanen mit ihren rituellen Opfern bewirkten, das sei *»etwas, was nicht nur für einen Einzelnen leibhaftigen Vorteil bringt. Aber, Herr Gotamo: wer aus dem Haus in die Hauslosigkeit gezogen ist, der bezähmt einzig und allein sich selber, beschäftigt sich nur mit sich selber, bringt nur sich selber zur Ruhe.« — »Nun, Brahmane; dazu möchte ich dich etwas fragen; wenn du magst, kannst du antworten. Was meinst du: Da erscheint der Vollendete in der Welt, der sagt: ›Das ist der Weg, das ist die Vorgehensweise, nach der vorgehend ich die unvergleichliche Mündung des höchsten Wandels in weltüberlegener Schau mir selbst offenbar gemacht habe und aufzeige. Den geht auch ihr; seid ihr ihn gegangen, dann werdet auch ihr euch die unvergleichliche Mündung des höchsten Wandels in weltüberlegener Schau selbst offenbar machen und, wenn sie euch aufgegangen ist, so verweilen.‹ So lehrt der Meister diese Lehre, und andere dringen zur Wahrheit durch. Solche aber gibt es mehrere hundert, mehrere tausend, mehrere hunderttausend. Wenn es so ist: gereicht dann der Gang in die Hauslosigkeit nur dem Einzelnen zum leibhaftigen Vorteil oder vielen?« — »Wenn es so ist, Herr Gotamo, dann gereicht der Gang in die Hauslosigkeit nicht nur dem Einzelnen zum leibhaftigen Vorteil, sondern vielen.« Auf diese Worte fragte der ehrwürdige Ānando den Brahmanen: »Welcher von diesen beiden Wegen erfordert weniger Aufwand, ist schonender und bringt größere Frucht, größeren Segen, Brahmane?« Der Brahmane Sangāravo antwortete: »Solche wie der Herr Gotamo und der Herr Ānando sind mir der Verehrung und des Lobes wert.« Ein zweites Mal und ein drittes Mal sprach der ehrwürdige Ānando zu dem Brahmanen Sangāravo: »Ich habe dich nicht gefragt, wer dir der Verehrung und des Lobes wert ist, sondern ich frage dich: Welcher von diesen beiden Wegen erfordert weniger Aufwand, ist schonender und bringt größere Frucht, größeren Segen?« Und zum zweiten Mal und dritten Mal gab der Brahmane Sangāravo die gleiche Antwort.*

Da dachte der Erhabene: »Selbst zum dritten Mal windet sich der Brahmane Sangāravo vor Verlegenheit, nachdem ihn Ānando nach der Wahrheit gefragt hat. Ich will es ihm erleichtern.« Nun sprach der Erhabene zum Brahmanen Sangāravo: »Was wurde denn heute bei Hof besprochen, als der königliche Hofstaat unter sich beisammensaß?« — »Da war folgendes Gespräch aufgekommen: ›Früher gab es weniger Mönche; aber es gab mehr Wunder durch übermenschliche Geistesmacht zu sehen. Heute dagegen gibt es mehr Mönche, aber man sieht weniger Wunder durch übermenschliche Geistesmacht.‹« — »Folgende drei Arten von Wundern gibt es, Brahmane.« Nun beschreibt der

Erwachte wie in D 11 *»das Wunder der Geistesmacht, das Wunder der Vorhersage, das Wunder der Belehrung. Das sind die drei Arten von Wundern. Welche von diesen drei Arten von Wundern scheint dir wunderbarer und feiner?«*

»Jenes Wunder, Herr Gotamo, dass da einer mancherlei Geistesmacht entfaltet, das ist ein Wunder, das nur empfindet, wer es selber wirkt; das sieht dann so aus, als sei es mit trügerischen Dingen verbunden. Jenes Wunder, bei dem einer aus Anzeichen oder Stimmen oder Schwingungen beim Denken und Sinnen vorhersagt oder bei andern das Gemüt gemüthaft umfassend erkennt – auch das ist ein Wunder, das nur empfindet, wer es wirkt; wer es wirkt, dessen Sache ist es. Auch dieses Wunder kann aussehen, als wäre es mit täuschenden Dingen verbunden. Jenes Wunder aber, bei dem einer die Anleitung gibt: ›Denkt so; so denkt nicht! Wirkt mit dem Geist so, nicht so! Dies tilgt aus; wenn jenes aufsteigt, dann bleibt dabei!‹ – das scheint mir von diesen drei Arten von Wundern das wunderbarste und feinste. Wunderbar, Herr Gotamo, einmalig, Herr Gotamo, wie treffend der Herr Gotamo das gesagt hat. Wir sehen den Herrn Gotamo als dieser drei Arten von Wundern mächtig. Denn der Herr Gotamo entfaltet mancherlei Geistesmacht; bis in die Brahmawelt hat er den Körper in der Gewalt. Mit dem Gemüt des in eine Herzenseinigung ohne Denken und Sinnen Eingetretenen erkennt der Herr Gotamo gemüthaft umfassend: ›So wie dieses Lieben geistige Aktivitäten eingestellt sind, wird er nachher das und das denken und sinnen.‹ Der Herr Gotamo lehrt: ›Denkt so; nicht so! Wirkt mit dem Geist so, nicht so! Dies tilgt aus; wenn jenes aufsteigt, dann bleibt dabei!‹«

»Allerdings, Brahmane: Da hast du treffende und dem Verständnis nahe kommende Worte gesprochen, deshalb will ich dir bestätigen: Ich kann auf vielfältige Weise Geistesmacht entfalten: als nur einer vielfach werden und vielfach geworden wieder einer sein, unsichtbar werden oder in der Ferne erscheinen, durch Mauern, Wälle und Felsen hindurchgleiten, in die Erde unter- und wieder auftauchen, auf dem Wasser wandeln, ohne unterzusinken, sitzend durch den Raum fahren, Sonne und Mond berühren, bis zur Brahmawelt den Körper in der Gewalt haben. Mit dem Gemüt des in eine Herzenseinigung ohne Denken und Sinnen Eingetretenen erkenne ich gemüthaft umfassend: ›So wie dieses Lieben geistige Vorgänge eingestellt sind, wird er nachher das und das denken und sinnen.‹ Ich lehre: ›Denkt so; nicht so! Wirkt mit dem Geist so, nicht so! Dies tilgt aus; wenn jenes aufsteigt, dann bleibt dabei!‹«

»Gibt es denn noch einen Mönch außer dem Herrn Gotamo, der dieser drei Arten von Wundern mächtig ist, Herr Gotamo?« — »Nicht nur ein-, zwei-, drei-, vier-, fünfhundert, sondern noch mehr Mönche gibt es, Brahmane, die dieser drei Arten von Wundern mächtig sind.« — »Wo sind diese Mönche jetzt, Herr Gotamo?« — »Hier in eben dieser Mönchsgemeinde, Brahmane.« — »Wunderbar, Herr Gotamo, einmalig, Herr Gotamo …« Und der Brahmane nahm Zuflucht.

Hans: Noch eine detaillierte Bestätigung des Buddha, dass er alle diese für den normalen Menschen phantastisch klingenden »Wunder« selber leibhaftig erfahren hat – nicht eingebettet in eine mythisch klingende Legende, sondern in einem ganz sachlichen Gespräch über die Frage, wer den größeren sozialen Nutzen bringt: häuslich lebende, Riten vollziehende Brahmanen oder Hauslose. Und dieses Gespräch wird geführt mit einem Brahmanen, der durchaus kritisch auftritt. Das ist nicht die Sprache einer mythisch geprägten Kultur, sondern die Sprache einer Zeit, in der auch Skeptiker wie Fürst Pāyāsi auftraten und in der auch ein kleiner Amtmann wie vorhin unser Freund mit dem Rasthaus sich damit auseinandersetzte, dass ganze Denkschulen lehrten, »es gäbe kein Jenseits, keine Saat und Ernte, kein geistunmittelbares Erscheinen von Wesen.«

Fritz: Ja. Das wird viel zu wenig beachtet. Das waren noch Nachwirkungen einer Art »indischer Renaissance« mit einer sehr auf das sinnlich Wahrnehmbare gerichteten Naturwissenschaft, die Indien Jahrtausende vor der europäischen Renaissance schon hinter sich hatte. Darüber berichtet Medard Boss in seinem Buch *Indienfahrt eines Psychiaters.*[22] Allerdings kann man den Begriff »Mythos« auch in einem tieferen Sinn auffassen. Darüber sagt C.F. v. Weizsäcker, »dass der Mythos die Geschichte der Natur im selben Atemzug erzählt wie die Geschichte der Seele[23] ... *Das mythische Denken trennt nicht Materie, Bewusstsein und Leib«,* sondern es deckt auf, *»wie die großen Mächte der Seele zugleich als die großen Mächte der Welt erfahren werden können.«*[24] So gesehen ist die Lehre des Erwachten im tiefsten Sinn »mythisch«. Denn sie überwindet die von dem Fieberwahn »Hinneigung, Abneigung, Blendung« entworfenen Spaltungen (Subjekt/Objekt, Geist/Materie, Leib/Leben, Ich/Du) und zeigt die wahren Bedingungen des Leidens, der Leidensfortentwicklung, der Leidensaufhebung und die Vorgehensweise zur Leidensaufhebung als bedingte Entwicklung und Erlösung des *Herzens.* Damit deckt sie den tiefsten Mythos auf: dass alles Erleben von »Diesseits« und »Jenseits«, »Welt« und »Ich« Wahrnehmung ist: Aktivität des *Herzens*, kein Sein, sondern, zwanghafte Seins-Darstellung, also *Wahn.* Das ist das Einmalige an der Lehre des Erwachten, und dieses Ungeheuerliche, aber Erlösende drückt sie in einer Sprache aus, die auch uns heutigen »Verstandes«-Menschen im Hausleben voll zugänglich ist – auch dies ein »Wunder der Belehrung«.

Die heutige »Sichtbehinderung«, die diesen zutiefst mythischen Gegebenheiten einen geringeren Realitätsgrad zuweisen will als den Vorstellungsbildern der von Weltgläubigen gedeuteten »historischen Fakten«, gibt es aber auch in manchen buddhistischen Kreisen. Ein Freund hat mir einmal gesagt, mit Jenseitswelten seien doch wohl nur Zustände gemeint, die man in diesem Leben während einer Meditation erlebe. Aussagen über Jenseitswelten fänden sich eher in den weniger zentralen Sammlungen des Pālikanon, in denen sich die Phantasie späterer Mönche ausgetobt hätte. Im Hinblick auf solche Stimmen habe ich einmal die rund 360 Texte des Pālikanon für häuslich lebende Nachfolger durchgesehen. Ergebnis: Allein in 26 von den 42 »Reden der Mittleren Sammlung an häuslich Lebende« werden Jenseitsdinge behandelt; ebenso in allen (!) fünfzehn für häuslich Lebende bestimmten Reden der Längeren Sammlung. Und sogar von den vierzehn Versfolgen des Suttanipāto, einer besonders alten Quelle[25] behandeln zehn – zumindest auch – Jenseitsdinge. Gerade an so zentralen Stellen wie der fast im selben Wortlaut 24 Mal wiederkehrenden präzisen Beschreibung des Tathāgatagangs, der fünfzehn Mal auch häuslichen Nachfolgern referiert wird, bezeichnet der Buddha sich stets als den »Meister der *Himmelswesen* und Menschen«, und allein in den beiden besonders zentralen Sammlungen von Lehrtexten, der Mittleren und der Längeren, sind neun Reden enthalten[26] in denen der Erwachte vor häuslich lebenden Nachfolgern seine Lehrtätigkeit mit den uns inzwischen wohl bekannten Worten beschreibt: *»Er zeigt diese Welt mit ihren Himmelsgeistern und ihren bösen Geistern, mit Brahma, mit ihrer Schar von Pilgern und brahmische Lebenden, mit Himmelswesen und Menschen, nachdem er sie selber sich in universalem Bewusstsein offenbar gemacht hat.«* Drei Mal berichtet der Erwachte häuslichen Nachfolgern seinen eigenen Weg zur Erwachung und schildert dabei jedes Mal im selben Wortlaut auch seine leibhaftige Erfahrung des Verschwindens und Wiedererscheinens der Wesen in allen Existenzbereichen von den Höllen bis zu den Himmeln. Und vierzehn Mal zeigt er häuslichen Nachfolgern, dass diese übersinnliche Fähigkeit zum leibhaftigen Erleben unter- und übermenschlicher Jenseitswelten nicht nur ihm zugänglich ist, sondern ein Teil der höchsten Frucht des Heilsweges, der drei

22 Bern (Huber) ^{3}1976, S. 204 f.
23 WeizsTragweite, S. 36.
24 WeizsTragweite, S. 20.
25 Zu Alter und Stellung im Kanon vgl. NypSn, S. 7, 13, 19 (zit. nach der 2. Aufl. 1977).
26 M 27, M 51, M 60; D 2, D 3, D 4, D 5, D 6, D 12.

Weisheitsdurchbrüche ist,[27] der Hunderten seiner Mönche zur Verfügung stand. Die besondere Wichtigkeit mancher Reden wie etwa M 114 und D 28 pflegt er mit den Worten zu umschreiben: *»Wenn diese Welt mit ihren reinen Geistern und ihren Weltgeistern, mit ihren Schulen von Asketen und Geistlichen, mit ihren Himmelswesen und Menschen den Sinn dessen, was ich in Kürze gesagt, aber nicht im einzelnen erklärt habe, im einzelnen so verstehen würden, so würde es ihnen lange zum Segen und Wohl gereichen.«*

HANS: Aber wer das alles auf Grund westlicher Denkgewöhnungen eben doch für bloße Legenden hält, den werden diese Zahlen wenig beeindrucken.

FRITZ: Klar. Aber es geht mir ja darum zu zeigen, dass die Ansicht nicht zutrifft, die Wiedergeburtslehre sei nur ein zeit- und kulturbedingtes *Beiwerk* der Lehre; Jenseitsberichte kämen nicht in den zentralen Texten, sondern nur in peripheren Teilen des Kanon von zweifelhafter Echtheit vor. Daher könne man Wiedergeburt und Jenseitsaussagen übergehen und einen »modernen, nur auf das Diesseits beschränkten Buddhismus« kreieren. Das hieße die Diagnose des Erwachten übersehen, dass das Leiden der nicht Erwachten darin gründet, dass »Diesseits« genau so wie »Jenseits« *Wahnwahrnehmung* sind. Wo aber die Diagnose nicht erkannt wird – wie könnte da die Therapie verstanden werden und wirken!

HANS: Ein sorgfältig und wirklich wissenschaftlich denkender Mensch müsste sich doch für die Möglichkeit der Wiedergeburt offen halten.

FRITZ: Müsste, ja. Aber die Wissenschaftsgläubigen[28], die überall, wo etwas sich nicht in ihr westliches Denkmuster einfügt, auch die bloße Möglichkeit ausschließen, andere könnten solche Erfahrungen haben, bezeichnen dennoch sogar die ausdrücklich als Erfahrungsberichte gekennzeichneten Aussagen des Erwachten über »jenseitige« Vorgänge als »metaphysische Spekulationen« wie jener Autor, von dem ich kürzlich erzählte.

HANS: Aber du hast ja schon gesagt: man kann dessen Denkweise aus dem Trauma heraus verstehen, das Kirche und Schulwissenschaft mit ihren Dogmen den Menschen zugefügt haben – wenn man allein an den früheren Missbrauch der Kirche mit der Höllenangst denkt oder an Ablasshandel und Erbschleicherei. Bei dieser Vorbelastung darf man sich nicht wundern, dass mancher Mitmensch, der die Lehre nicht sehr gut kennt, erst einmal protestiert, wenn er auf eine der vielen Aussagen des Buddha stößt: *»Wer so und so handelt, der gerät nach dem Absterben des Körpers, jenseits des Todes auf den Abweg, zur Tiefe hinab, in höllische Welt.«* Mir fällt gerade ein Freund ein, der jahrelang über die Lehre des Buddha gelesen, viel verstanden und die Fortgeltung des Karmagesetzes über den Tod hinaus als abstraktes Prinzip nie angezweifelt hatte. Als er aber an eine Rede mit erschreckenden konkreten Beschreibungen höllischer Erlebensbereiche – also der finstersten Wahnmuster – geriet, da wurde er fast böse und fragte, ob da nicht doch »das Geschäft mit der Angst« gemacht würde.

FRITZ: Bei Möglichkeit und Arten von Jenseitsbereichen haben wir westlichen Menschen ein gewaltiges Wissens- und Empfindungsdefizit. Vor allem nimmt man unter dem Einfluss der kirchlichen Doktrin an, Hölle sei »ewige« Verdammnis. Aber nach dem Karmagesetz ist keine Erlebensweise ewig. Nichts bleibt so. Es ist niemals zu spät. Wir sollten diese Fragen besser nachher gesondert anhand von Aussagen des Erwachten in einem tieferen Zusammenhang besprechen. Daraus werden wir dann auch bessere Möglichkeiten gewinnen, mit Sorgen wie denen deines Freundes umzugehen. Fürs erste mag der Hinweis genügen: Es gibt schaurige Quäler unter den Menschen. Von daher kann man Jean Paul Sartres schreckliches Wort verstehen: *»Die Hölle, das sind die anderen«*[29] – schrecklich deswegen, weil damit andere zu

27 M 27, M 51, M 53, M 60, M 108; D 2, D 3, D 4, D 5, D 6, D 11, D 12; A III,59.

28 Vgl. WeizsTragweite, S. 3 ff., 203 ff. u. a.

29 Aus *Geschlossene Gesellschaft* (*huis clos*), zitiert nach *Universitas* 12/1991, S. 1170.

Sündenböcken für schlimmes Karma gemacht werden. Und auf der »passiven« Seite des Karma erleben wir, wie manche Wesen schon in diesem Leben überwiegend genau das Gegenteil von dem erleben, was sie nötig hätten und wonach es sie verlangt: in Krankenhäusern, in psychiatrischen Anstalten, in Folterkammern und Konzentrationslagern, in Tierversuchsanstalten, Massentierhaltungen und Tiertötungsmaschinerien – und auch in manchen »braven« Familien. Das Leben in den wenigen Jahren seit der Geburt kann oft – denken wir an gequälte Kleinkinder in den KZs oder die quälenden elfjährigen Mörder aus England – unmöglich ausgereicht haben, einen solchen Abgrund von erlittenen oder ausgeübten Qualen zu erwirken. Wenn nicht blinde Willkür gilt, sondern das Gesetz der Bedingtheit, dann müssen die meisten Quäler nicht erst in diesem Leben, sondern schon in früheren Daseinsformen gequält haben, um eine solche Quälsucht aufzubauen. Viele von diesen Quälern sind in diesem jetzigen Leben nicht milder geworden, werden also im nachfolgenden Dasein – wo immer sie Gelegenheit haben – weiterquälen. Wenn das Kausalitätsgesetz gilt, dann ist die unausweichliche Folge, dass es über das schon grausige Maß von Qualen in diesem Menschenleben hinaus noch unvorstellbare Summierungen von Grausamkeit und Qual geben muss. Der Name für solche »selbstgewirkten« – freilich vergänglichen – Schmerzensbereiche ist nun einmal »*Hölle*«. Wenn man diese Vorstellung abkoppelt von dem Wahngedanken, Quäler und Qualen seien die wohlgeplante Schöpfung Gottes, dann wird der Weg frei zu einer sachlicheren Betrachtung dieses unvermeidlichen Teils des Daseinskreislaufs.

HANS: Manche Menschen meinen aber dann, es sei furchtbar, wenn es überhaupt keine Gnade mehr auf der Welt gäbe, sondern jeder nach dem Karmagesetz ausweglos seinem früheren Wirken ausgeliefert sei.

RUTH: Das ist doch gar nicht so, Hans: Wer gnädig ist, schafft sich im Rahmen des Karmagesetzes Gnade. Unmöglich ist nur, dass Gnade das Karmagesetz außer Kraft setzt. Darüber haben wir doch schon gesprochen.

FRITZ: Ganz recht. Die Reichweite des Karmagesetzes schließt die Vorstellung »Gnade« nicht minder ein als die Vorstellung »Hölle«. Aber wir haben bisher nur die eine Seite der mit der Vorstellung »Hölle« verbundenen Problematik betrachtet: dass grausame Quäler den von ihnen absichtlich ausgesandten Bildern grausamer Quäler im Daseinskreislauf so lange wieder begegnen müssen, bis sie sie durch richtiges Wirken getilgt haben. Dieser Gedanke allein hätte bei kaum einem suchenden Menschen, der der Lehre des Erwachten begegnet, ein Trauma hinterlassen, sondern hätte dazu angespornt, *»jene Beeinflussungen ... zu lösen, die mich zum Mörder machen könnten«* (M 54). Aber da ist eben auch noch die andere Seite. Bei ihr wollen wir einmal ganz absehen von den Missbräuchen, die du erwähntest, Hans. Die meisten Theologen der Kirchen aber muteten den Menschen im Namen Jesu jahrhundertelang zu, nicht nur den Worten ihres Meisters, sondern auch ihren eigenen dogmatischen »metaphysischen Spekulationen« zu glauben, ein allwissender, allgütiger, und allmächtiger Gott habe den Menschen zwar mit einem freien Willen geschaffen, stark genug, die göttlichen Gesetze zu missachten und Böses zu tun, aber nicht stark genug, um durch Wendung dieses »freien« Willens und durch gutes Denken, Reden und Handeln seinen Frevel so nachhaltig wieder gutzumachen, dass er sich vor dem Höllensturz bewahren könne. Nach besonders im Protestantismus vertretenen Theologenmeinungen soll das weitere Denken, Reden und Tun eines einmal von Gott Verdammten keine Bedeutung haben, sondern »allein der Glaube« – aber ein Glaube an Dinge, die der Gläubige nie selber sehen und nachprüfen darf, ein Glaube, den der römische Kirchenschriftsteller Tertullian sogar in den Satz gefasst hat: »*credo quia absurdum*« (»ich glaube es, gerade weil es absurd ist«). Und dann soll die Entscheidung »Seligkeit oder Höllenqual« auch noch gnadenlos unabänderlich gelten für alle Ewigkeit. Jedenfalls behaupten das die Amtskirchen, seit die ursprünglich auch in der Lehre Jesu als selbstverständlich vorausgesetzte[30], später von Origines vertretene Wiedergeburtslehre vom 5. ökumenischen Konzil von Konstantinopel 553 mit einer Mehrheit von einer einzigen Stimme niedergestimmt worden ist (die übrigens unstreitig kirchenrechtlich ungültig war). Als Gegenreaktion gegen diese absurde Entwicklung hat schon Kant in seiner Kritik der praktischen Vernunft ein Jenseits ohne *»ewige* Verdammnis« gezeichnet, und heutige christliche Theologen »schütten die Hölle mit der ewigen Verdammnis aus«.[31] In der Tat kann es nach dem Gesetz von Karma und Wiedergeburt eine »ewige Verdammnis« nicht geben: *»Was irgend auch entstanden ist, muss alles wieder untergehn.«* — Wohl aber gibt es den ewigen Frieden, die absolute Freiheit, die endgültige Erlösung, aber nicht in einem »ewigen« Himmel, sondern im Erwachen aus dem leidausqualmenden Wahntraum durch die in A IV,233 beschriebene vierte Art des Wirkens (*»bei allem Wirken die Absicht, es aufzugeben«*).

Eine große Hilfe, all diesem Ungewohnten näher zu kommen, ist es, wenn wir uns wieder und wieder vor Augen führen: Unser gesamtes Ich- und Du- und Welterleben ist kein »Sein«, sondern ist Seins-*Darstellung* (*sakkāya*). Es kommt nicht von einem an sich bestehenden »Außen«, sondern ist Wahrnehmung, *»citta-sankhāra«*: psychischer Vorgang, dynamische Bewegtheit des Herzens. Und das unerlöste Herz ist beherrscht von Hinneigung, Abneigung und Blendung – von den gröbsten bis zu den feinsten Graden. Nicht ohne Grund bezeichnet der Erwachte – wenn er in der Erlebnissprache spricht – diese »unheilige Dreifaltigkeit« immer wieder als *»Feuer«*.

Hans: Ach ja: in der berühmten Feuerpredigt von Benares.[32]

Ruth: Und die Prinzessin Sumedhā zitiert den Vergleich der Sinnensucht mit brennenden Strohfackeln, die einen selber versengen, wenn man sie nicht loslässt.[33]

Hans: Dieses Gleichnis gibt der Buddha ja auch Potaliyo in M 54.

Fritz: Ja. Und in A VII,44 sagt der Erwachte einem brahmanischen Feuerpriester: *»Drei Feuer sind zu verwerfen, fernzuhalten, nicht zu unterhalten. Welche drei: Die Feuer Hinneigung, Abneigung, Blendung. Warum? Wer von Hinneigung gereizt, durch Abneigung verderbt, geblendet ist, der führt, von Hinneigung, Abneigung, Blendung überwältigt, besessenen Herzens in Taten, Worten und im Geist einen schlechten Wandel. Hat er in Taten, in Worten, im Geist einen schlechten Wandel geführt, so erscheint er nach dem Absterben des Körpers, nach dem Tod auf übler Bahn, auf dem Abweg, in der Hölle wieder. Deshalb ist das Feuer Hinneigung, das Feuer Abneigung, das Feuer Blendung zu verwerfen, fernzuhalten, nicht zu unterhalten.«* – In A XI,14 wird das Aufgreifen schlimmer, heilloser Dinge mit einem Steppenbrand verglichen, und in Thīg 398 heißt es von dem Verliebten, der im Wald einer Nonne ohne Achtung vor ihrem Asketenstand zu nahe getreten war, als er seinen Frevel erkannte: *»Zutiefst getroffen war da dieser Mensch, fühlt' sich, als hätte er umarmt ein flammend Feuer.«* Wenn man von etwas sagen kann, dass es im Feuer von Hinneigung, Abneigung und Blendung brennt, dann gilt dies von der Gewissensqual aus üblem Wirken. Wir spüren dieses »Brennen« manchmal ja schon in diesem Leben als »brennende Gewissensnot«, »brennende Scham« und »brennende Verzweiflung«. Mag einer auch noch so tief verdrängen: Auf die Dauer lässt sich das Gewissen nicht betrügen. Im *Wahrheitpfad* heißt es:

»Nicht in der Luft, nicht auf der hohen See,
nicht durch Verkriechen in der Berge Klüfte –

30 Matth. 11,14; vgl. auch Luk. 9,18 und 19.

31 Vgl. dazu den Paderborner Professor für Altes Testament und Religionswissenschaft, Bernhard Lang: Der Himmel, ein Blick in die Kulturgeschichte des ewigen Lebens, *Universitas* 12/1991, S. 1199 ff. (besonders S. 1204 und 1207).

32 S 35,38^{m}.

33 Thīg 507.

nicht einen Fleck gibt's in der Wandelwelt,
wo seinem üblen Wirken man entginge.«
(*Dh 127*)

Der Schatten einst gewirkter, noch nicht wieder gut gemachter Qualen ist schon »da«, im »Werden«, im »*bhava*«, auch solange ihre Wiederkehr noch nicht in Erscheinung getreten ist. Dieser Schatten legt sich als dunkle Vorahnung über das Gemüt. Je mehr man ihn »wegdrückt«, desto mehr macht er sich bedrängend bemerkbar – Vorgefühl drangvollen Daseins. Auch ein hartnäckiger Übeltäter, der sich dessen nicht bewusst ist, spürt diese Bedrängnis – und bisweilen das unterirdische Feuer von »Gier, Hass und Blendung« –, »Feuer«, »Brennen« ist ja die hauptsächliche Vorstellung, die sich mit »Hölle« verbindet. Die Geheilten erleben die gesamte Existenz – nicht nur ihre besonderen Schreckenskammern –, schon wegen ihrer Vergänglichkeit und Bedingtheit als »Daseinsbrand«, der sie aber nicht mehr im mindesten beeinflussen kann. — Was Wunder aber, dass über dem geblendeten Quäler irgendwann in leibhaftigem Erleben die Flammen seiner Schreckenstaten zusammenschlagen – Wahnflammen zwar über einem Wahn-Ich, aber dass dies als unsägliches, nicht endenwollendes Brennen *empfunden* wird, das ist härteste Realität: *»Wahn tut weh.« »Alles Vergängliche ist nur ein Gleichnis«*: So wie unsere jetzige Existenzform nur ein Gleichnis vieler wechselnder, nicht aufgelöster Beschaffenheiten des Herzens ist, genau so »irreal« oder »real« wie jegliches Erleben ist auch »*höllisches* Erleben«. Wer viel Salz und kaum Süßwasser gewirkt hat, so dass aus dem Werdestrom – hier oder drüben – Schlimmes auf ihn zukommt, der hat davon oft ein unbestimmtes Ahnen. Deshalb ist er häufig Unrast, Genusshektik ausgesetzt, flieht in Rauschhaftigkeit und lebt in Angst und Aggressionen. Das hat der Erwachte einmal dem großen Unterstützer des Ordens, Anāthapiṇḍiko, als negatives Kontrastbild zu dessen eigener Herzenslauterkeit erklärt in dem Gespräch

A V,174.

»Hausvater: wer fünf Ängste, fünf Abwehrhaltungen nicht aufgelöst hat, wird untugendhaft genannt und erscheint in der Hölle wieder. Welche fünf? Lebendiges umbringen, Nichtgegebenes nehmen, falsche Geschlechtsbeziehungen, Lügen, Wein, Branntwein und Mittel nehmen, die die Selbstkontrolle beeinträchtigen. Wer diese fünf Ängste, fünf Abwehrhaltungen nicht aufgelöst hat, wird untugendhaft genannt und erscheint in der Hölle wieder.«

Wie das im Einzelnen erlebt wird, hängt von dem höchst komplexen, sich ständig ändernden Verhältnis des Wirkens von »Salzklumpen und Süßwasser« ab. So kann ein und dieselbe schlechte Tat einen engherzigen Menschen, der kaum gutes Wirken angesammelt hat, in die Hölle bringen. In dem Strom von überwiegend guten Taten eines großherzigen Menschen dagegen bleibt sie praktisch unmerklich. Vor allem aber zeigt der Erwachte, dass wir schon lange vor der Auflösung aller üblen Tendenzen durch den rein geistigen Akt des Stromeintritts – und schon mit dem Betreten des Wegs dorthin als »Nachfolger« (*anusāri*) – nie mehr in Daseinsabgründe unterhalb des Menschentums absinken. All das und vielleicht noch mehr ist es wohl, Hans, was du meintest, als du vorhin sagtest, du spürst, dass es ganz verschiedene Dimensionen sind, wenn Theologen von »Höllen« sprechen oder wenn der Erwachte davon spricht: Der Erwachte spricht von »guter Bahn« – nämlich in »himmlische Welt« oder zu innerlich und äußerlich gut gestellten Menschen – und von »schlechter Bahn«,vom Abweg, von der Tiefe, von »Höllen« – und zwar von beidem unter Zuweisung des *gleichen »Realitätsgrades«* und nicht auf ewig. Der Erwachte schildert sachlich die verschiedenen Folgen der verschiedenen Wirkensweisen. Das ist keine »Drohung«. Wir sagen ja auch nicht, die Straßenmeistereien an Gebirgsstraßen mit Steinschlag »drohen«, wenn sie an gefährdeten Stellen Warnschilder aufstellen. In der ersten Strophe der Verse am Ende von

A V,179

stuft der Erwachte die Höllenangst als Schutz vor schlechtem Wirken recht gering ein – wenn es auch besser ist, einen Mord aus Höllenangst zu unterlassen, als ihn als »aufgeklärter, mündiger Bürger« zu begehen:

»Aus Höllenangst kann man sich zwar fern halten von der Schlechtigkeit.
Doch hält der Weise sich zurück, weil er der Wahrheit sich ergab.«

HANS: Ja, da zieht allerdings der Einwand nicht, bei den Aussagen des Erwachten über höllische Erlebensweisen werde »das Geschäft mit der Angst« gemacht.

FRITZ: Besonders deutlich wird das auch in dem Text

A IV,111:

Kesī, der Rossebändiger, begab sich zum Erhabenen. Der Erhabene sprach zu ihm: *»Du bist ein bekannter Rossebändiger, Kesī. Wie erziehst du denn ein auszubildendes Pferd?« — »Herr, das erziehe ich entweder mit Milde oder mit Strenge oder teils mit Milde und teils mit Strenge.« — »Wenn sich aber ein Pferd von dir keine Lenkung mit Milde, Strenge oder teils Milde, teils Strenge gefallen lässt, Kesī – was machst du dann?« — »Dann töte ich es. Und warum? Damit meine Meistergilde nicht ihren Ruf verliert. Der Erhabene aber ist der höchste Bändiger der auszubildenden Menschen, Herr. Wie erzieht denn der Erhabene einen auszubildenden Menschen?« — »Einen auszubildenden Menschen, Kesī, erziehe ich entweder mit Milde oder mit Strenge oder teils mit Milde, teils mit Strenge. Dabei bedeutet ›mit Milde‹, dass ich lehre: ›Dies ist der gute Wandel in Werken, Worten und Gedanken, und dies ist die Ernte des guten Wandels in Werken, Worten und Gedanken. So ist himmlische Art, so ist menschliche Art.‹ ›Mit Strenge‹, Kesī, bedeutet, dass ich lehre: ›Dies ist der üble Wandel in Werken, Worten und Gedanken; dies ist die Ernte des üblen Wandels in Werken, Worten und Gedanken. So ist die Hölle, so ist der Tierschoß, so ist die gespenstische Sphäre.‹«*

»Wenn sich aber ein Mensch von dir keine Lenkung mit Milde, mit Strenge oder teils Milde, teils Strenge gefallen lässt, Herr – was machst du dann mit ihm?« — »Dann töte ich ihn.« — »Unser erhabener Herr ist doch nicht fähig, ein Wesen zu töten, und dennoch sagt der Erhabene: ›dann töte ich ihn‹!« — »Es ist wahr: Der Vollendete ist nicht fähig, ein Wesen zu töten. Doch wenn sich ein Mensch von mir keine Lenkung mit Milde, keine Lenkung mit Strenge und auch keine Lenkung teils mit Milde, teils mit Strenge gefallen lässt, dann sieht ihn der Vollendete als einen an, der nicht mehr ansprechbar und belehrbar ist, und auch die Verständigen unter seinen Gefährten im brahmischen Leben sehen ihn so an.« — »Allerdings, Herr: für den Gang zum wahren Wohl ist tot, wen der Vollendete als nicht mehr ansprechbar und unbelehrbar ansieht, und auch die Verständigen unter seinen Gefährten im brahmischen Leben sehen ihn so an.« Da nahm Kesī Zuflucht.

HANS: Wenn ich das meinem Freund berichte, wird er nicht mehr vom »Geschäft mit der Angst« reden. Aber nun bin ich gespannt auf den tieferen Zusammenhang, in dem du die Aussagen über jenseitiges Erleben besprechen wolltest.

FRITZ: Ich will's versuchen: Ob Tierwelt, Menschentum oder Jenseitsbereiche – stets handelt es sich um Erlebnisweisen, in denen sich die Dränge, Triebe, Fähigkeiten und Kräfte des Herzens als Wahrnehmung ausdrücken, also um Wollen und Wahrnehmen: »*die Welt als Wille und Vorstellung*«, wie Schopenhauer sein Hauptwerk betitelt hat. Von diesen Erlebnisweisen interessiert uns in erster Linie das Menschentum, weil wir uns jetzt als Menschen erleben. Für das, was man »Jenseitswelten« nennt, interessieren wir uns nicht etwa, um eine »interessante« Märchensammlung anzulegen, sondern weil wir in allem Ernst für unsere Lebenspraxis auch mit der Möglichkeit rechnen müssen, dass wir uns nach dem Tod – also in relativ wenigen Jahren – außerhalb dieses jetzigen Körpers in irgendeiner Erlebnisweise vorfinden, die nicht wieder die gewohnte menschliche zu sein braucht. Deshalb gehen uns Jenseitswelten etwas an; denn sie gehören auch schon in diesem Leben als *Möglichkeiten* zu unserer Welt. Wie zentral die Wiedergeburtslehre ist, mögen wir daran erkennen, dass der Erwachte seinen Mönchen in A X,76[m] erklärt hat, wenn drei Dinge nicht in der Welt anzutreffen wären, so würde kein

Vollendeter, Geheilter, Vollkommen Erwachter in der Welt erscheinen: Geborenwerden, Alter und Sterben. Mit Geborenwerden kann hier nur die *Wiedergeburt* gemeint sein; denn die Geburt seines jetzigen Körpers hat ja jeder Mensch, der die Lehre hört, schon hinter sich. Aber die geistige Elite der damaligen Inder hatte jenes tiefere Ahnen, von dem der Erwachte in M 30 zu einem Brahmanen spricht und das Tausende als Pilger von Familie und Besitz hinwegtrieb in dem Bewusstsein: *»Versunken bin ich in Geborenwerden, Altern und Sterben ...«* Dieser Blick nach »drüben« gehört zum Menschen und unterscheidet ihn wesentlich vom Tier. Die Zeiten der »Säkularisierung«[34], in denen diese Stimme unter dem Dröhnen des Fortschritts verstummt war, mögen vorübergehende äußere Erfolge gebracht haben. Blütezeiten der Menschheit waren sie nie. Das »Wissen«, zu dem wir in Schulen und Hochschulen erzogen worden sind und mit dem wir täglich aus den Medien und im Beruf berieselt werden, ist ein von Wissenschaftsgläubigkeit dominierter Wust von Informationen über Sichtbares, Hörbares, Riechbares, Schmeckbares, Tastbares und mit dem messenden, zählenden und daraus folgernden Geist Deutbares. Das ist zwar ein riesiger geistiger Supermarkt, aber über das, was uns für unsere jetzige Erlebnisweise am allernächsten angeht – über den Menschen, seine Anliegen, seine Gefühle und Wahrnehmungen, seine Freuden und Leiden und seine Ängste finden wir darin *nichts*.

Hans: Darf ich wieder einmal den *advocatus diaboli* spielen: Da gibt es doch das große Gebiet der Biologie, welche die Erbinformation für den Körper entschlüsselt hat, da gibt es eine reich ausgearbeitete Psychologie und eine Medizin, deren Erfolgen der Mensch eine Verdoppelung seiner Lebenserwartung verdankt.

Fritz: Lass uns dazu eine in Natur- und Geisteswissenschaften kompetente Stimme der Wissenschaft hören: die Stimme des schon mehrfach zitierten Carl Friedrich v. Weizsäcker. Über ihn hat Heisenberg einmal gesagt: *»Ich kenne keinen Philosophen, der in ähnlicher Weise über gründliche Kenntnisse in beiden Gebieten, Philosophie und Physik, verfügt, wie von Weizsäcker.«*[35] Carl Friedrich v. Weizsäcker sagt, er sei *»überhaupt nicht zufrieden mit dem, was die wissenschaftliche Durchschnittsmeinung unseres Jahrhunderts vom Menschen hält; ich denke, das meiste von diesem Zeug ist von einer gefährlichen Oberflächlichkeit ... Ich vermute, dass diejenigen, die wissenschaftliche Ausdrücke benutzen, um oberflächlich über den Menschen zu reden – und ich wiederhole es, oberflächlich auf eine gefährliche Art und Weise –, die Wissenschaft nicht gut genug verstehen.«*[36]

Ruth: Aber in Gesprächen wird mir immer wieder die Evolution entgegengehalten mit den Schlagwörtern: »Entstehung des Lebens durch Selbstorganisation der Materie«, »Leben nur in Verbindung mit einem materiellen Körper«. Das sei heute eine wissenschaftlich bewiesene und allgemein anerkannte Tatsache. Man könne doch nicht im Ernst die Forschungsergebnisse Darwins leugnen und zum »Kreationismus« zurückkehren: dem Glauben an eine einmalige, vollkommene Schöpfung Gottes!

Hans: Ach hör auf mit Evolution. Evolution ist eine materialistische Erfindung. Es gibt keine Evolution. Nur ein Auf und Ab im Daseinskreislauf!

Fritz: Vorsicht, Hans: Da ist ein Meer von Missverständnissen! Gut, dass ich meine Zitatenmappe »Evolution« hier griffbereit habe. Da kann ich zur Aufklärung Äußerungen von Kapazitäten beisteuern:

Das *erste Missverständnis* ist: Deiner Äußerung, Hans, Evolution gäbe es gar nicht, liegt die populäre Vorstellung zugrunde, Evolution bedeute automatische Höherentwicklung, und die

34 Zum Begriff der Säkularisierung vgl. WeizsTragweite, S. 173 f.
35 Vgl. Pfeifer in WeizsTragweite, S. XVIII-XXI.
36 WeizsTragweite, S. 207.

gibt es in der Tat nicht. In der Evolutionsbiologie besteht aber darüber längst Einigkeit. Zu allen Lehren, die – wie etwa der katholische Priester Teilhard de Chardin – *»sich auf eine naturgegebene Tendenz oder einen Drang zur Vollkommenheit, einen zielgerichteten Fortschritt beriefen und eine kosmische Teleologie der Zweckmäßigkeit postulierten«*, hat der »Erzvater« der Evolutionslehre, Ernst Mayr, schon vor Jahren unwidersprochen festgestellt: *»Inzwischen hat die Mikrobiologie auch die letzte Wahrscheinlichkeit ausgeräumt, dass es irgendeinen derartigen Mechanismus geben könnte.«*[37] Ervin Laszlo[38] sagt in den Informationen des Club of Rome: *»Die Evolution ist nicht teleologisch; sie strebt nicht einem bestimmten Ziel ... zu.«*

HANS: Dann passt aber das Wort Evolution nicht mehr. Das kommt doch von »e-volvere«, »*vorwärts* rollen«.

FRITZ: Nicht »vorwärts, sondern *»heraus*-rollen« (*ex* = »aus, heraus«, *volvere* = »rollen«). Schon das Wort Evolution hat nicht den Beigeschmack von Höherentwickeln[39], sondern bedeutet nur *allmähliche* Entwicklung im Gegensatz zu einer *einmaligen* abgeschlossenen Schöpfung. Welches die Bedingungen der Entwicklung sind und ob sie aufwärts oder abwärts oder im Zickzack geht, darüber sagt der Begriff »Evolution« nichts und ist offen für Forschung und Erfahrung. Das gilt besonders in jüngster Zeit, seit sich der Gedanke der Evolution als bedingter Entwicklung von seiner früheren Einengung auf die Biologie befreit hat und erkannt wird, *»dass dem Weg der Evolution, wie chaotisch er auch wirken mag, eine allgemeine Gesetzmäßigkeit zugrunde liegt, die auch für physikalische, biologische, ökologische und soziale Systeme gilt ... Ervin Laszlo verallgemeinert diese und ähnliche Wege in Richtung auf eine universale Theorie der Evolutionssysteme«* – so Alexander King, der Präsident des Club of Rome, in der Einleitung zu Laszlos Buch.[40] In diesem Sinn ist die universale Evolutionslehre die *Karmalehre*. Denn alle Eigenschaften, Kräfte, Dynamiken und Erscheinungen »rollen« ständig heraus aus unserem Wirken, in erster Linie aus unserem Wirken in Gedanken. Das Auf und Ab im Kreisgang der ziel- und sinnlosen Wogen des Samsāra – das ist im letzten Sinn »Evolution«. Erinnert ihr euch an das Gespräch des Buddha mit den beiden jungen Brahmanen, ob man durch Geburt oder durch Wirken Brahmane wird? Dort ist der Gedanke des »Herausrollens« (*e-volvere*) besonders deutlich ausgesprochen:

»Durch Wirken rollt die Welt dahin, durch Wirken rollt der Mensch dahin,
Wesen sind eins mit ihrem Tun: Achssplint, vom Wagen mitbewegt.«[41]

Aber der Erwachte zeigt nicht nur, wie diese »Evolution« – diese Endlosschleife von bedingtem Entstehen-Vergehen – selbststeuernd funktioniert, sondern er zeigt den *Ausweg* aus dieser Tretmühle durch Auflösung des Wahns, durch den alle Dynamik, alle Unruhe, alles Bedrängen bedingt ist. Deshalb wäre es heute nicht mehr angebracht zu sagen, »es gibt keine Evolution, nur ein Auf und Ab«: eben dieses sinnlose chaotisch determinierte Auf und Ab *ist* die Evolution. — So viel zum ersten Missverständnis.

HANS: Ja, gut. Von dem erweiterten Evolutionsbegriff habe ich auch schon gelesen. Aber im engeren Sinn wird doch unter Evolution nach Darwin verstanden, das Leben hätte sich aus Materie entwickelt.

37 Hier zitiert aus seiner Einführung zu dem *Spektrum*-Sonderband Evolution, Verständliche Forschung, Heidelberg 1982, S. 13.

38 Direktor des »United Nations Institute for Training and Research«, Gründer und Leiter der »General Evolution Research Group«, hier zitiert aus *Evolution, Die Neue Synthese, Wege in die Zukunft*, The Club of Rome Information Series Nr. 3, Wien/Zürich (Europaverlag) 1987.

39 DudenGrW gibt als den geltenden Gegenwartssprachgebrauch von Evolution/evolvieren an: »entwickeln, entfalten, entwickelnd, entfaltend darstellen«.

40 Alexander King, *a.a.O.*, S. 9.

41 Sn 654, im Einzelnen vgl. Sn 594 ff. = M 98.

Fritz: Damit kommen wir zum *zweiten Missverständnis*: Die Idee, Leben sei durch Selbstorganisation von Materie entstanden, hat nichts mit Darwin zu tun. Darwin ging es um etwas ganz anderes: Bis dahin hatte im Westen – auch bei Naturwissenschaftlern wie Newton – der Glaube geherrscht, die »Schöpfung« sei so vollkommen wie der vermeintliche Schöpfer, daher einmalig und abgeschlossen, weil Vollkommenes nicht verbessert werden könne. Also könnten auch neue Arten von Lebewesen nicht mehr entstehen. Darwin hat das widerlegt. Er hat nie gedacht, Leben könne aus Materie entstanden sein. Er hat nur gezeigt, dass sich die Arten der Lebewesen nach Körperbau und Funktion allmählich im Auf und Ab eines Wechselspiels von Bedingungen entwickeln. Die einen Arten sterben aus, andere bilden sich neu, und die körperlichen Merkmale sind vererblich. Auch der Buddha sagt ja, dass Wesen, die in einem »grobstofflich« erlebten Leib durch Eltern wiedererscheinen, die körperlichen Merkmale von den Eltern »erben«.[42] Mehr sagt auch Darwin nicht. Wer darüber hinaus auch die genetische Festlegung und Vererblichkeit geistig-seelischer Eigenschaften und gar die Entstehung des Lebens durch Selbstorganisation von »Materie« und die Abhängigkeit »des Lebens« von »Materie« behauptet, wie deine Bekannten, Ruth, will darwinistischer sein als Darwin.

Als Träger der Information für die – unbestrittene – Vererblichkeit des Körperaufbaus bei Menschen, Tieren und Pflanzen erscheint in der Wahrnehmung der Evolutionsbiologen das Bild hochkomplexer organischer Säuren. Die lernt heute jedes Schulkind unter dem Namen DNS und RNS.[43] Ähnlich wie in der Reihenfolge der zu einem Wort zusammengestellten Buchstaben des Alphabets die Information über seine Bedeutung verschlüsselt ist, so sind in der Reihenfolge der chemischen Bausteine von DNS und RNS die Baupläne verschlüsselt, nach denen der Körper aus den von der Mutter aufgegessenen Nahrungsstoffen aufgebaut und einreguliert wird. Die »Wörter«, aus den Bausteinen von RNS und DNS, heißen Gene. Keines der vielen bisher »entschlüsselten« Gene enthält etwas anderes als Informationen über Körperbau und -funktionen. Kein Biologe hat je ein »Güte-Gen«, ein »Hass-Gen«, ein »Faulheits-Gen«, ein »Fleiß-Gen«, ein »Tugend-Gen« oder ein »Samādhi-Gen« – kurz: bestimmte Gene für bestimmte Charaktereigenschaften gefunden. *Spektrum der Wissenschaft*, die deutsche Ausgabe der seit 120 Jahren erscheinenden führenden Wissenschaftszeitschrift *Scientific American*, ließ durch ihr Redaktionsmitglied John Horgan 1993 eine ausführliche neutrale Übersicht über Trends in der Genetik zusammenstellen.[44] Sie zeigt (unter der Überschrift *»Verhaltensgenetik – Mangel an Fortschritten«*), dass die mit viel Medienpublizität verbreiteten (z. T. auf Zwillingsforschungen beruhenden) Studien über vermeintliche genetische Grundlagen z. B. von Kriminalität, affektiven Psychosen, Schizophrenie, Intelligenz und Alkoholismus teils nachträglich von den Verfassern wieder zurückgezogen, teils nicht bestätigt werden konnten. Aus dem gerade erschienenen Bericht über die Abschiedsvorlesung des international angesehenen Heidelberger Ordinarius für Anthropologie und Humangenetik, Friedrich Vogel[45], ist zu entnehmen: *»Doch der Humangenetiker, der auf eine über 40 Jahre währende wissenschaftliche Laufbahn zurückblicken kann, warnt eindrücklich vor der Gefahr, das umfassende Ziel aus den Augen zu verlieren – das heißt, mehr davon zu erfahren, wie … sich die biologischen Grundlagen des menschlichen Wesens mit den geistig-seelischen und sozialen*

42 Im Einzelnen vgl. Sn 594 ff. = M 98.

43 »Nukleinsäuren«; DNS = Desoxyribonukleinsäure; RNS = Ribonukleinsäure; in wissenschaftlichen Veröffentlichungen steht meist statt der Abkürzung »S« (= »Säure«) »A« für das englische Wort »acid«.

44 John Horgan: Gene und Verhalten, *Spektrum* 8/1993, S. 76 ff.

45 Ingeborg Tzschaschel, RNZ, Heidelberg, vom 12.7.1994.

Grundlagen verflechten ..., denn der Mensch habe mehr Dimensionen als diejenigen seines Genoms. ›Wir Menschen sind eben nicht Sklaven unserer Gene‹, macht Vogel deutlich. Das geistige Schicksal sei nicht festgelegt ... ›Wir können sehr viel durch unser eigenes Zutun verändern.‹«. Und am 2. November 2001 berichtet Georg Sposny in der Rhein Neckar Zeitung, der Präsident der Max-Planck-Gesellschaft, Prof. Hubert Markl, habe in einem Vortrag vor dem Heidelberger Forum Biowissenschaft und Gesellschaft festgestellt: *»Das Verhalten des Menschen sei nicht von der Natur vorgegeben und nicht in den Genen festgehalten, sondern das Verhalten liegt in den verschiedenen Kulturen des Menschen, in deren Wertvorstellungen und Moral begründet.«* Auch insoweit besteht also zwischen dem Stand der Genforschung und den Aussagen des Erwachten kein Widerspruch. Der Widerspruch beginnt erst da, wo Naturwissenschaftler heute noch im Ernst behaupten wollen, auch die geistig-seelischen Eigenschaften seien genetisch festgelegt, und Entstehung »des Lebens« sei gleich Entstehung der die Erbinformation verschlüsselnden Nukleinsäuren durch Selbstorganisation von »Materie«.

HANS: Ja, aber das wird doch heute sogar in der Schule als der heutige Stand der Wissenschaft gelehrt.

FRITZ: Das ist das *dritte Missverständnis*: 1991 ließ *Scientific American* denselben John Horgan einen Überblick über den Stand der Evolutionsforschung geben.[46] Darin wird über die Evolutionshypothese festgestellt: *»Zwar wird dieser Ablauf heute bereits in den Schulen gelehrt, doch stellen neuere Befunde ihn wieder ernsthaft in Frage.«* Der Züricher Zoologe und Paläontologe Olivier Rieppel betont – wie es in einer Besprechung eines seiner Bücher[47] heißt, *»Evolution kann kein Faktum sein, so wenig wie ein ›Ding an sich‹ logisch begründbar ist«* und: *»dass Evolution nicht naiv als Faktum unterstellt und dass der Prozess der Umbildung nicht unmittelbar wahrgenommen werden kann.«* – Der Marburger Biologe Dietrich Werner[48] betont: *»Während die Evolution der Makromoleküle noch teilweise Experimenten und Versuchsanordnungen zugänglich ist, bleiben die späteren Phasen der zellulären und der organischen Evolution im Bereich von Annahmen und Wahrscheinlichkeiten.«*[49] Und selbst der derzeit wohl modernsten Weiterbildung der Evolutionshypothese, der Evolutionären Erkenntnistheorie von Gerd Vollmer[50] und anderen wird entgegengehalten: *»Die Welt, die die Evolutionären Erkenntnistheoretiker ... beschreiben, ist die eines naiven Realisten.«*[51] Nur eine Zeit lang hat es einmal vor 30-40 Jahren in Wissenschaftlerkreisen so ausgesehen, als sei »Evolution« vielleicht gleichbedeutend mit »Entstehung des Lebens durch Selbstorganisation der Materie«. Damals, 1953, hatte ein 23-jähriger Chemiestudent, Stanley Miller, sein berühmtes »Ursuppen-Experiment« gemacht: Er hatte im Labor die Bedingungen zu simulieren versucht, die man auf der neuentstandenen Erde vermutete – bestimmte chemische Substanzen, Temperaturen, elektrische Ladungen. Zu seiner Überraschung waren daraus Aminosäuren entstanden, also organische Verbindungen, die man auch in den Körpern von Lebewesen vorfindet.

HANS: Was ist aus Miller geworden? Ein Nobelpreisträger?

FRITZ: Nein. Ein Chemieprofessor an der Universität in San Diego, dem erfreulicherweise sein früher Ruhm nicht zu Kopf gestiegen ist.

46 Horgan: Schritte ins Leben, *Spektrum* 4/1991, S. 78 ff.

47 *Spektrum* 3/1991, S. 130.

48 Professor für Allgemeine Biologie und Pflanzenphysiologie an der Universität Marburg, Mitglied internationaler Fachgremien.

49 *Universitas* 1-2/1988, S. 37 ff., besonders S. 41.

50 Nicht zu verwechseln mit Bruno Vollmert, s.u. Anm. 69.

51 Erlach in der Buchbesprechung von Gerd Vollmer: Evolutionäre Erkenntnistheorie, *Universitas* 4/1988, S. 511.

HANS: Und was sagt er heute?

FRITZ: Er sagt: *»Den Ursprung des Lebens zu ergründen ist doch wesentlich komplizierter, als ich – und nicht nur ich – damals dachte.«*[52] Und der Wissenschaftler, der nach seinen Experimenten die Hypothese von der angeblichen Entstehung von Leben durch Selbstorganisation der Materie am weitesten getrieben hatte, Manfred Eigen, hat zwanzig Jahre nach diesen Experimenten geschrieben: *»Die Frage nach dem historischen Wie der Entstehung des Lebens hat eine kurze und klare Antwort: ›Wir können es nicht wissen.‹«*[53]

RUTH: Aber das ist ja unglaublich: Auf einer solchen »Grundlage« wird das Dogma von der Entstehung des Lebens durch Selbstorganisation von Materie heute noch durchgeschleppt, wie wenn es eine »wissenschaftlich gesicherte« Theorie wäre! Wenn man heute im Lexikon nach dem Stichwort »Leben« schaut, dann kann man das Grauen bekommen – ach, da hast du ja *Meyers großes Taschenlexikon in 24 Bänden* von 1981 im Regal stehen. Darf ich mal die Probe aufs Exempel machen? ... Brrrr: hört mal, was da steht: *»Leben, stationärer ›Zustand‹ eines materiellen Systems komplizierter chemischer Zusammenhänge, der aus einem Zusammenwirken aller Einzelbestandteile auf Grund physikal. und chem. Wechselwirkungen resultiert. Allen Lebewesen gemeinsam sind folgende Merkmale: Stoffwechsel, Fortpflanzung, Veränderung der genet. Information, Aufbau von einer oder mehreren Zellen, Ablauf bestimmter biochem. Reaktionen.«*

Kein Wort von Fühlen und Denken, Wollen und Wahrnehmen! Und diese Spekulationen, von denen der Veranstalter des ersten Experiments sagt, er hätte sich das damals zu einfach vorgestellt, und der Schöpfer der darauf aufbauenden Theorie, wir könnten es prinzipiell nicht wissen, bekommen die Kinder in der Schule als gesicherten Stand der Wissenschaft eingetrichtert! Wer so erzogen wird und keinen starken religiösen Sinn hat, der sucht »Leben« nur in einem »materiellen System komplizierter chemischer Zusammenhänge«. Dann kann er natürlich keines außerhalb eines Körpers finden. Und wenn es ihm doch im eigenen Erleben oder in Berichten begegnet, dann wird das verdrängt, »weil nicht sein kann, was nicht sein darf.« – Und ich muss mir diese Denkgespinste von jungen Universitätsleuten als Stand der Wissenschaft um die Ohren schlagen lassen!

FRITZ: Ja, Ruth. Wir werden später auch noch von einer viel tieferen Basis aus über das (Schein-) Problem Leib/»Seele« und die Stellungnahme des Buddha dazu sprechen. Jedenfalls sind wir jetzt schon auch hinter das dritte Missverständnis gekommen, die Entstehung von Leben durch Selbstorganisation von Materie sei gesicherter oder wenigstens allgemein anerkannter Stand der Wissenschaft. Aber es kommt noch viel schöner – und damit kommen wir zum *vierten Missverständnis*, dass die Selbstorganisationshypothese wenigstens chemisch abgesichert sei: Der Karlsruher Chemieprofessor Bruno Vollmert schreibt als Fazit seines Buch über Evolution: *»Darwinismus ist daher eine Weltanschauung, eine Ideologie und nicht eine wissenschaftlich bewiesene Theorie.«*[54]

HANS: Na ja, wissen wir, ob Vollmert nicht ein Außenseiter ist?

FRITZ: Von wegen, Hans: DNS und RNS sind Nukleinsäuren, und die sind Makromoleküle (hochkomplexe »Riesenmoleküle«), sogenannte Polymere. Ob und unter welchen Bedingungen sie sich durch Selbstorganisation überhaupt bilden können, dafür ist die Makromolekular- oder Polymerchemie zuständig. Prof. Vollmert ist emeritierter Ordinarius für chemische Technik der makromolekularen Stoffe und ehemaliger Direktor des Polymer-Instituts an der Universität

52 Zitiert von Horgan: Schritte ins Leben, *Spektrum* 4/1991, S. 78; zu den Bedenken gegen das Millersche »Ursuppen-Experiment«-s. auch dort S. 82 Sp.3.

53 *Natur* 3/1983, S. 68-78, hier zitiert nach Vollmert S. 9.

54 Vollmert, *Das Molekül und das Leben*, Reinbek (Rowohlt) 1985, S. 190.

Karlsruhe. Er hat den international bekannten, in viele Sprachen – sogar ins Chinesische – übersetzten *Grundriss der Makromolekularen Chemie* verfasst. Wenn jemand weiß, ob und unter welchen Bedingungen Polymere entstehen können, dann ist er es; zumal er früher in der Industrie welche synthetisiert hat und Inhaber vieler Patente auf diesem Gebiet ist.[55] Er schreibt: *»Ich weiß genauso wenig wie sonst jemand, wie das Leben entstanden ist ... Was ich aber weiß, ist, dass die modernen Hypothesen über die Entstehung des Lebens durch Selbstorganisation und die Entstehung der Arten durch Mutation-Selektion sich auf exakt-wissenschaftlich überprüfbare Aussagen berufen und dass diese es sind, die mit den experimentell gesicherten Erkenntnissen der Makromolekularen Chemie ... in Widerspruch stehen und so als widerlegt gelten müssen.«*[56]

HANS: Verstehe ich nicht. Wenn sie widerlegt sind, dann sind sie doch nicht exakt!

FRITZ: Vollmert schreibt ja nicht, dass sie exakt *sind*, sondern dass sie sich auf Aussagen *berufen*, die exakt wissenschaftlich *überprüfbar* sind. Diese exakte Überprüfung hat ergeben, dass sie durch die experimentell gesicherten Erkenntnisse der Makromolekular-Chemie *widerlegt* sind.

HANS: Ach so.

FRITZ: Das polymerchemische Fachwissen Vollmerts können die Hypothesenverfasser, Biologen oder Theoretiker der physikalischen Chemie, gar nicht haben. Deshalb hat Vollmert vor einem internationalen Kongress[57] mit der schmerzlichen Ironie des unter wissenschaftlichen Fehlentwicklungen Leidenden ausgeführt: *»Die von verschiedenen Forschern auf Darwins Spuren mit viel Phantasie und hohem fachlichem Können ausgearbeiteten und mit großem Aufwand publizierten Selbstorganisationshypothesen mögen präzise, eindeutig, wissenschaftlich korrekt, verständlich, logisch konsistent und wegen ihres hohen wissenschaftlichen Niveaus im höchsten Grade bewundernswert sein, sie sind außerdem auch noch* falsch ... *Dies ist eine negative Aussage, deren Besonderheit darin besteht, dass sie keine Alternative zulässt.«*[58]

HANS: Wie selten benutzen Wissenschaftler mit solcher Eindeutigkeit das Wort »falsch«. Und nun hören wir es in unseren Gesprächen schon zum zweiten Mal – beide Male von Kapazitäten zu Grundfragen ihres Fachgebiets. Denn auch Heisenbergs Nachfolger Dürr hat ja die Annahme einer objektiven, materiellen Wirklichkeit mit gleicher Klarheit *»falsch«* genannt.

FRITZ: Ja, Hans. Damit wären wir beim *fünften Missverständnis*: Deine Gesprächspartner, Ruth, die an der Entstehung von »Leben« aus »Materie« festhalten wollen, haben von Materie eine Vorstellung, die weit hinter der heutigen Physik herhinkt. Was kann man ihnen denn naturwissenschaftlich Kompetenteres bieten, als dass der Direktor des Max-Planck-Instituts für Theoretische Physik sagt, dass die Existenz *»einer objektiven Realität, einer materiell ausgeprägten Wirklichkeit als absolutes Naturprinzip unzulässig und falsch ist ...«*[59] — Aber halt – vielleicht gibt es für sie doch noch eine weitere Hilfe: Materialistischer als Lenin, der Begründer des »philosophischen Materialismus«, werden sie kaum sein wollen. Lenin hat – wohl unter dem Eindruck Einsteins – in seiner Arbeit *Materialismus und Empiriokritizismus*[60] seinen grundlegenden Materiebegriff neu formuliert: *»... es verschwindet jene Grenze, bis zu welcher wir bis dahin die Materie kannten, heißt: unsere Kenntnis reicht tiefer; es verschwinden solche*

55 Vollmert, vierte Umschlagseite.

56 Vollmert, S. 22.

57 SympEvol mit 350 Teilnehmern und gut zwei Dutzend Referenten aus sechs Ländern — fast ausschließlich Universitätsprofessoren, darunter weltbekannte Gelehrte.

58 SympEvol, S. 138; Hervorhebung von mir.

59 H.P. Dürr, zitiert oben zu Beginn des Einleitenden Gesprächs.

60 Werke, XIII, Wien/Berlin 1927, S. 261; zit. bei Meschkowski, S.171; Hervorhebungen von mir.

Eigenschaften der Materie, die früher als absolut, unveränderlich, ursprünglich gegolten haben (die Undurchdringlichkeit, die Trägheit, die Masse usw.) und die sich nunmehr als relativ, nur einigen Zuständen der Materie eigen entpuppen. Denn die einzige *»Eigenschaft« der Materie, an deren Anerkennung der philosophische Materialismus geknüpft ist, ist die Eigenschaft,* objektive *Realität zu sein, außerhalb unseres Bewusstseins zu existieren.«* — Nun ist also auch noch die Annahme dieses einzigen übrig gebliebenen vermeintlichen Merkmals von »Materie« – ihre objektive Realität – durch die Physik selber als »unzulässig und falsch« entlarvt. Wenn es eine objektive Materie schon physikalisch nicht geben kann, dann kann auch »das Leben« nicht aus daraus entstanden sein.

HANS: Verrückt: nicht nur dass die Leugner der Möglichkeit von Karma und Wiedergeburt unter den Naturwissenschaftlern keine eigene psychische Erfahrung haben: sie setzen sich sogar in Widerspruch zu ihrer eigenen Wissenschaft! Die Leugner darf man also nicht fragen, wenn man wissen will, ob die Psyche auch ohne Körper und vor der Geburt und nach dem Tod existieren kann.

FRITZ: Ja, Hans. Von den neodarwinistisch-evolutionistischen Einwänden gegen Karma und Wiedergeburt bleibt – schon bevor man sie am Maß der Lehre misst, nichts übrig als folgende Feststellungen führender Naturwissenschaftler:

- dass eine *»materiell ausgeprägte Wirklichkeit als absolutes Naturprinzip unzulässig und falsch«* und *»nur eine Konstruktion unseres Denkens ist«*;
- dass damit auch dem Dogma: »kein Leben ohne Leib, kein Wahrnehmen ohne Hirn« jede Grundlage fehlt, weil auch »Hirn« eine Wahrnehmung ist, ein psychischer Prozess;
- dass in molekularen und atomaren Strukturen nichts von »Leben« gefunden werden kann[61];
- dass Makromoleküle wie DNS und RNS unter den Bedingungen der jungen Erde chemisch gar nicht durch Selbstorganisation hätten entstehen können[62];
- dass der bekannte Biochemiker Ernest Kahane die Situation der heutigen Neodarwinisten so umschreibt: *»Es ist absurd und absolut unsinnig zu glauben, dass eine lebende Zelle von selbst entsteht, aber dennoch glaube ich es, denn ich kann es mir nicht anders vorstellen«*[63];
- dass der Neodarwinismus eine Ideologie und keine wissenschaftliche Hypothese oder gar Theorie ist[64];
- und dass der Altmeister der Atomphysik und Nobelpreisträger Niels Bohr, Schöpfer der international herrschenden Kopenhagener Deutung der Quantentheorie und des Komplementaritätsprinzip[65] auf die Frage nach den Bedingungen des Lebens antwortet: *»Wir müssen uns einem der Atomphysik so fernen Zweige der Naturwissenschaften wie z.B. der Psychologie zuwenden oder gar auf jene erkenntnistheoretischen Probleme zurückgreifen, welchen große Denker wie Buddha und Laotse gegenüberstanden …«*[66]

RUTH: Da werden wir also nach einer großen Rundreise durch die Naturwissenschaft von dem Grandseigneur der modernen Physik auf den *Buddha* zurückverwiesen! Die Physik kommt nach ihrer langen Reise da hin, von wo der Buddha nach seinem Erwachen vor zweieinhalb-

61 BohrAtomphys, S. 10, 93, 103.
62 Vollmert, vgl. oben Fußnote 55 bis 58.
63 Aus einem Vortrag Kahanes bei CERN in Genf am 17.11.1964, zitiert bei Vollmert, S. 138.
64 Vollmert, S. 190.
65 Das Komplementaritätsprinzip besagt, vereinfacht gesprochen, dass die scheinbar gegensätzlichen Beschreibungen der (vermeintlichen) kleinsten physikalischen Einheiten als Wellen (unendlich ausgedehnt) und Teilchen (punktförmig) nur zwei Seiten der Beschreibung ein und desselben komplexen Sachverhaltes seien.
66 BohrAtomphys, Band I, S. 19.

tausend Jahren angefangen hat. Ich frage mich, wie trotz dieser Fakten die Wissenschaft immer noch an dem Selbstorganisationsdogma festhalten kann.

FRITZ: Damit kommen wir zum *sechsten Missverständnis*: Die Selbstorganisationsidee erhielt vor allem deshalb Zulauf, weil sie die einzige Alternative zum Kreationismus schien. Das zeigte sich auch auf dem vorhin erwähnten Kongress. Da hatte der Tagungsleiter, Prof. Schmidt, erst Vollmert Beifall gezollt, sich dann aber distanziert – nicht etwa wegen sachlicher Einwände gegen dessen Ausführungen, sondern mit der »Begründung«, wenn man Vollmert konsequent folge, dann *»wäre die logische Konsequenz der Kreationismus.«*[67] Wer die wissenschaftliche Literatur verfolgt, kann leicht feststellen, dass auch mancher andere Naturwissenschaftler ernst zu nehmende Einwände gegen das Dogma einer biologischen Evolution und einer Vererbung auch der geistig-seelischen Eigenschaften zwar sieht, aber gar nicht erst sachlich prüft, weil ihm die vermeintlich einzige andere Alternative – der Kreationismus – noch unerträglicher erscheint. Dann hält man lieber noch am neodarwinistischen Dogma fest, wie wenn ein Mensch vor einer dringenden Autoreise auf die Nachricht, sein Sohn habe ihm sein Auto zu Schrott gefahren, erwidern würde, dieser Behauptung könne er sich nicht anschließen; denn wenn man ihr folge, wäre ja die einzige Alternative, mit Bahn oder Taxi zu fahren. Das ist also schon methodisch kein schlüssiger Einwand. Aber der Kreationismus ist gar nicht die einzige Alternative. Für die *dritte Alternative*: das *Karmagesetz* – war nur die westliche Wissenschaft bisher blind. Sie weiß nichts von der vom Erwachten aus leibhaftiger Erfahrung aufgezeigten, in Asien seit Jahrtausenden heimischen Erkenntnis: »wenn *drei* sich vereinen, bildet sich eine Leibesfrucht.« – Drei: Vater, Mutter und das zur Wiederverkörperung drängende *Lebewesen*. Das alles spielt sich nicht in einer »objektiven *materiellen*« Welt, aber auch nicht in einer »objektiven ›*geistigen*‹« Welt der Ideen[68] ab, sondern im *Wahn*: Mit dem Gesetz der bedingten Entstehung, deren Ausgangspunkt und einzige Dimension der Wahn ist, löst der Buddha die unfruchtbaren »wahninternen« Dualitäten »Geist/Materie« oder »Leib/Leben« auf und öffnet uns die Augen dafür, dass beides Spielarten des selben Wahntraums aus dem Fieber von Hinneigung, Abneigung und Blendung sind: Die Entwicklung des »Wahns« ist die eigentliche »Evolution«, die der Erwachte in der zweiten Heilswahrheit zeigt: dem Zusammenhang der bedingten Entstehung – *paticca-samuppāda*. Dieser Bedingungszusammenhang ist der Schlüssel zur Heilung der leidenden Wesen.

HANS: Also mir ist das ganz klar: Leib und Leben sind natürlich nicht dasselbe.

FRITZ: Vorsicht, Hans. Auch das hat der Erwachte nie gesagt.

HANS: Aber er kann doch unmöglich gesagt haben, sie seien dasselbe.

FRITZ: Hat er auch nicht.

HANS: Ja, aber was hat er denn über das »Leib-Seele-Problem« gesagt?

FRITZ: Das finden wir in der Rede

D 6 – MAHĀLI:

Als der Erwachte einmal in Vesālī im großen Park in der Halle des Giebelhauses weilte, wollten zwei Gruppen von Besuchern zu ihm: viele Delegierte der Brahmanen, die zu einem Kongress dort zusammengekommen waren, und eine große Schar von Licchaviern mit dem Fürsten Oṭṭhaddho an der Spitze. Der damalige Helfer des Erwachten, der Mönch Nāgito, war der Lage nicht gewachsen. Er wies beide Gruppen ab: *»Das geht jetzt nicht. Der Erhabene weilt abgeschieden.«* Da setzten sich beide Gruppen hin: *»Wir gehen nicht eher, als bis wir den Erhabenen gesehen haben, den Genesenen, Vollkommen Erwachten.«* Sīho, ein erfahrener Novize,

67 Vgl. SympEvol, S. 141.

68 Dazu vgl. H. Hecker und F. Schäfer: Das Höhlengleichnis im Griechischen Denken und in der Lehre des Erwachten, WW, 37. Jg. (1991), S. 2-120.

der schon mit sieben Jahren in den Orden eingetreten war[69], nahm die Sache in die Hand und gab Nāgito zu bedenken: *»Es wäre gut, Herr Kassapo[70], wenn diese große Menschenmenge vorgelassen würde.« — »Nun gut, Sīho, dann geh du und frage den Erhabenen.«* Da holte Sīho vom Erhabenen die Erlaubnis ein, beide Besuchergruppen vorzulassen. Der Erwachte ließ durch Sīho auf der Schattenseite des Hauses einen Sitz zurechtmachen. *Nun trat der Erhabene aus dem Haus heraus und setzte sich auf den Sitz auf der Schattenseite des Hauses. Da kamen die Abgesandten der Brahmanen aus Kosalo und Magadhā und auch der Licchavier Oṭṭhaddho mit der großen Gruppe von Licchaviern zum Erhabenen ... und setzten sich seitwärts. Seitwärts sitzend sprach der Licchavier Oṭṭhaddho zum Erhabenen: »Herr, vor ein paar Tagen ist der Licchavierprinz Sunakkhatto zu mir gekommen und hat gesagt: ›Seit ich beim Erhabenen bin, Mahāli[71] – noch nicht lange, drei Jahre –, sehe ich himmlische Gestalten, aber ich höre keine lieblichen, die Sinne erfreuenden, reizenden himmlischen Stimmen.‹ Hat denn nun der Licchavierprinz Sunakkhatto keine himmlischen Stimmen gehört, obwohl es sie gibt, Herr, oder weil es gar keine gibt?« — »Obwohl es sie gibt, Mahāli, hat der Licchavierprinz Sunakkhatto keine himmlischen Stimmen gehört, nicht weil es keine gibt.«*

RUTH: Schon wieder ein Beleg für die Unrichtigkeit der Behauptung, der Buddha habe Aussagen über jenseitige Dinge verweigert oder sie seien nur als mythisch verschleierte Aussagen über menschliche Dinge zu verstehen oder fänden sich nur in peripheren Teilen des Kanons!

FRITZ: Ja, Ruth. In einem mythischen Zeitalter wäre Oṭṭhaddho gar nicht auf den Gedanken gekommen zu hinterfragen, ob Sunakkhatto jenseitige Töne vielleicht deshalb nicht gehört hat, weil es gar keine gibt. Oṭṭhaddho bohrt nun weiter:

»Was ist denn der Grund, die Ursache dafür, dass der Licchavierprinz Sunakkhatto keine himmlischen Stimmen gehört hat, obwohl es sie gibt?« — »Da hat ein Mönch nach Osten/ Süden/ Westen/ Norden/ nach oben/ unten oder quer hindurch eine einseitig auf das Merken der lieblichen, die Sinne erfreuenden, reizenden himmlischen Formen gerichtete Einigung entfaltet, Mahāli; dann hört er, eben weil er die Einigung einseitig auf das Sehen lieblicher himmlischer Formen gerichtet hat, keine himmlischen Stimmen. — Da hat ein Mönch nach Osten/ Süden/ Westen/ Norden/ nach oben/ unten oder quer hindurch eine einseitig auf das Hören der lieblichen, die Sinne erfreuenden, reizenden himmlischen Töne gerichtete Einigung entfaltet, Mahāli; dann sieht er, eben weil er die Einigung einseitig auf das Hören gerichtet hat, keine himmlischen Formen. — Da hat ein Mönch nach Osten/ Süden/ Westen/ Norden/ nach oben/ unten oder quer hindurch eine auf beides gerichtete Einigung entfaltet, Mahāli: auf das Sehen der himmlischen Formen und das Hören der himmlischen Töne. Dann sieht er, eben weil er eine auf beides gerichtete Einigung entfaltet hat, himmlische Formen und hört himmlische Töne. Das ist der Grund, Mahāli, das ist die Ursache, warum Sunakkhatto, der Licchavierprinz, keine himmlischen Stimmen gehört hat, obwohl es sie gibt, nicht etwa, weil es keine gibt.«

HANS: Dann ist es also nur von der Tiefe des *samādhi* und von der im *samādhi* eingestellten Richtung und Reichweite abhängig, wie weit ein geübter Mönch jenseitige Erscheinungen wahrnehmen kann? Dann hätte aber doch dein Freund gar nicht so ganz Unrecht mit seiner Meinung, »jenseitige Wesen« seien nur Erlebnisse, die ein Mensch in diesem Leben in der Meditation hat?

FRITZ: Bei Sunakkhatto ging es um zwei Fragen: ob es *jenseitige* Formen und Töne gibt und zweitens, ob man sie schon in *diesem* Leben wahrnehmen kann. Beides bejaht der Erwachte.

69 Proper Names, Bd. II, S. 1166; Novize war er immer noch, weil die Ordination ein Lebensalter von 20 Jahren voraussetzt.

70 Familienname Nāgitos, vgl. Proper Names, Bd. II, S. 47.

71 Familienname Oṭṭhaddhos, vgl. Proper Names, Bd. I, S. 464.

Mein Freund dagegen hatte gemeint, »jenseitige Wesen« seien nichts Jenseitiges, sondern *nur* Meditationsinhalte im Diesseits.

HANS: Ach so. Da sind wohl seine westlichen Denkgewöhnungen mit ihm durchgegangen. — Dass sich Sunakkhatto als Prinz aber so intensiv mit Jenseitsdingen abgegeben hat!

FRITZ: Sunakkhatto war ein eigenartiger Mensch. Er war zu jener Zeit Mönch, ist aber später für immer aus dem Orden ausgetreten. Oṭṭhaddho nennt ihn schon jetzt nicht den »ehrwürdigen« Sunakkhattho, sondern den »Prinzen«. Anscheinend wurde er von seiner eigenen Verwandtschaft als Mönch nicht für voll genommen. Oṭṭhaddho fragt denn auch den Erwachten: *»Herr: Führen denn die Mönche beim Erhabenen den brahmischen Wandel, um solche Arten von Einigung entfalten zu können?« — »Freilich nicht. Da gibt es wahrhaftig andere Dinge, höhere und erlesenere, Mahāli, um deretwillen die Mönche bei mir den brahmischen Wandel führen.« — »Was sind das denn für andere, höhere und erlesenere Dinge?«*

»Da ist ein Mönch nach Aufhebung von drei Verstrickungen in die Heilsströmung eingetreten, Mahāli. Nie mehr dem Abweg ausgeliefert, geht er mit gesetzmäßiger Sicherheit dem vollen Erwachen entgegen. Das ist ein Ding, höher und erlesener, das zu verwirklichen die Mönche bei mir den brahmischen Wandel führen. — Weiter, Mahāli: Da ist ein Mönch nach Aufhebung von drei Verstrickungen und Verringerung von Hinneigung, Abneigung und Blendung ein Einmalwiederkehrer: ein Mal nur noch kehrt er zu dieser Welt wieder und macht dem Leiden ein Ende. Auch das ist ein Ding, höher und erlesener, das zu verwirklichen die Mönche bei mir den brahmischen Wandel führen. — Weiter, Mahāli: Da ist ein Mönch durch Aufhebung der fünf untenhaltenden Verstrickungen von solcher Art, dass er geistunmittelbar wieder erscheint, um von dort aus den Daseinsbrand zu löschen, nie mehr der Wiederkehr zu dieser Welt ausgeliefert. Auch das ist ein Ding, höher und erlesener, das zu verwirklichen die Mönche bei mir den brahmischen Wandel führen. — Weiter, Mahāli: Da hat ein Mönch durch Versiegen der Beeinflussungen die von Beeinflussungen freie Gemüterlösung, die Erlösung in Klarwissen zu Lebzeiten in weltüberlegener Schau sich offenbar gemacht und endgültig erreicht. Auch das ist ein Ding, höher und erlesener, das zu verwirklichen die Mönche bei mir den brahmischen Wandel führen. Diese Dinge, Mahāli, sind wahrlich höher und erlesener, und um sie zu verwirklichen, führen die Mönche bei mir den brahmischen Wandel.« — »Aber Herr: gibt es denn einen Weg, gibt es eine Vorgehensweise, um diese Dinge zu verwirklichen?« — »Es gibt einen Weg, eine Vorgehensweise.« — »Und welches ist dieser Weg, Herr?« — »Es ist dieser achtfältige Heilsweg, nämlich rechte Anschauung, rechte Gemütseinstellung, rechte Rede, rechtes Handeln, rechte Lebensführung, rechtes Mühen, rechte Wahrheitsgegenwart, rechte Einigung. Das ist der Weg, das ist die Vorgehensweise, um diese Dinge zu verwirklichen.

Ich bin einmal in Kosambi im Ghositakloster gewesen. Da kamen zwei Asketen, der Pilger Maṇḍisso und der Asketenschüler Jāliyo, mit der hölzernen Almosenschale zu mir und sprachen: ›Wie ist das denn, guter Freund Gotamo: Sind Leben und Leib ein und dasselbe, oder ist der Leib etwas anderes als das Leben?‹ – ›Nun, Freunde, hört zu und merkt gut auf; ich werde es sagen.‹ – ›Gern, Freund‹, antworteten mir die beiden Pilger.« — Nun erläutert der Erwachte Oṭṭhaddho und den Brahmanen, wie er den beiden Pilgern zunächst den Übungsweg der Mönche, den Tathāgatagang beschrieben hat: Einübung in die Ordenstugenden, Sinnenzügelung, Klarbewusstheit, sein Maß herausfinden beim Essen, Zufriedenheit, wie wir es aus M 60 und D 11 kennen. Dabei nennt der Erwachte hier noch ein schönes Gleichnis für die Kraft, die ein Mönch allein schon aus dem Tugendabschnitt gewinnt: *»Ein Mönch, Freunde, der zu solcher Tugend erwachsen ist, sieht von nirgends mehr eine Gefahr, weil er eben von der Tugend beschützt ist: Wie ein Monarch, der nach Unterwerfung aller Gegner gekrönt worden ist, von nirgendwo mehr Gefahr von einem Gegner sehen kann, ebenso, Freunde, kann ein Mönch, der zu solcher Tugend erwachsen ist, von nirgends mehr eine Gefahr sehen, weil er eben von der Tugend beschützt ist.*

Durch diesen Wegabschnitt der heilenden Tugenden gereift, erwachsen zu der Gesamtheit dieser heilenden Zügelung der Sinnesmächte, im Vollbesitz dieses heilenden Klarbewusstseins, zieht er sich nun an einen abgelegenen Platz zurück ...« Nun berichtet der Erwachte dem Fürsten Oṭṭhaddho mit denselben Gleichnissen wie in D 11, wie er den Pilgern die Mönchsübung in der Herzensläuterung von den fünf Hemmungen erklärt hat.

»Wer diese fünf Hemmungen in sich aufgehoben erkennt, in dem erhebt sich innere Freude; im innerlich Freudigen erhebt sich innerer Jubel. Dem innerlich Jubelnden wird der Körper still. Bei gestilltem Körper empfindet er Wohl. Wer Wohl empfindet, dem wird das Herz einig. Der verweilt abgelöst von sinnlichem Begehren, abgelöst von allen heillosen Gesinnungen und Gedanken, mit stillem Denken und Sinnen in seligem weltabgelöstem Jubel, im ersten Grad der weltlosen Entrückung. Diesen Körper lässt er sich ganz durchfluten und durchströmen, durchsättigen und durchdringen von dem aus der Abgeschiedenheit geborenen Wohl des inneren Jubels, dass auch nicht der kleinste Teil des Körpers von dem aus der Abgeschiedenheit geborenen Wohl des inneren Jubels ungesättigt bleibt. — Wenn ein Mönch so schaut und erkennt, Freunde: wäre es für den angebracht zu sagen: ›Leben und Leib sind ein und dasselbe‹ oder ›der Leib ist etwas anderes als das Leben‹? — »Für einen so schauenden und erkennenden Mönch – wie könnte es für den angebracht sein zu sagen: ›Leben und Leib sind ein und dasselbe‹ oder ›der Leib ist etwas anderes als das Leben‹!« — »Ich sehe das auch so, Freunde, und da sage ich weder: ›Leben und Leib sind ein und dasselbe‹ noch ›der Leib ist etwas anderes als das Leben‹!«

HANS: Wieso kann ein Mönch mit dieser Schau und Kenntnis weder sagen, Leib und Leben seien dasselbe noch sie seien etwas Verschiedenes. Eins von beiden kann doch logischerweise nur stimmen!

RUTH: Das sagt nur die für die Sinnenwelt entwickelte Entweder-oder-Logik. Die reicht heute ja nicht einmal mehr in der Quantenphysik aus, wo das Komplementaritätsprinzip gilt. Vielleicht hilft uns Ruysbroeks Ausruf weiter: *»Steig über die Sinne, hier lebet das Leben!«* Für den Mystiker fängt das »Leben« erst oberhalb des sinnlichen Erlebens an; er würde also nie sagen, Leben und Leib seien dasselbe.

HANS: Ach so, jetzt verstehe ich: Weil aber der Mönch den ganzen Leib von der Entrückung durchsättigen lässt, könnte man auch nicht gut sagen, beides seien zwei völlig getrennte Dinge.

FRITZ: Ja. Ganz deutlich wird das bei den folgenden Entrückungen:

»Weiter, Freunde: Nach Verebben des Denkens und Sinnens weilt er in innerer Gelöstheit, in der Einung des Gemüts, in dem von Sinnen und Denken freien, aus der Einung geborenen inneren Jubel, im zweiten Grad der weltlosen Entrückung. Er lässt diesen Körper sich ganz durchfluten und durchströmen, durchsättigen und durchdringen von dem aus der Abgeschiedenheit geborenen Wohl des inneren Jubels, dass auch nicht der kleinste Teil des Körpers von dem aus der Abgeschiedenheit geborenen Wohl des inneren Jubels ungesättigt bleibt. Ein so schauender und erkennender Mönch, Freunde: wäre es für den angebracht zu sagen: ›Leben und Leib sind ein und dasselbe‹ oder ›der Leib ist etwas anderes als das Leben‹?« — »Wie könnte es für den angebracht sein zu sagen: ›Leben und Leib sind ein und dasselbe‹ oder ›der Leib ist etwas anderes als das Leben‹!« — »Ich sehe das auch so, Freunde, und da sage ich weder: ›Leben und Leib sind ein und dasselbe‹ noch: ›der Leib ist etwas anderes als das Leben‹!

Weiter, Freunde: wenn auch der innere Jubel vom Reiz des Besonderen frei geworden ist, verweilt er in ausgeglichenem Frieden, klarbewusst, in einem solchen den ganzen Körper durchdringenden Wohlsein, dass die Heilsgänger sagen: ›Dem in ausgeglichenem Frieden in Wahrheitsgegenwart Lebenden ist wohl‹, im dritten Grad der weltlosen Entrückung. Wenn ein Mönch so schaut und erkennt, Freunde: wäre es für den angebracht zu sagen: ›Leben und Leib sind ein und dasselbe‹ oder ›der Leib ist etwas anderes als das Leben‹?« — »Wie könnte es für den angebracht sein zu sagen: ›Leben und Leib sind ein und dasselbe‹ oder ›der Leib ist etwas anderes als das Leben‹!« — »Ich sehe das auch so, Freunde, und da sage ich weder ›Leben und Leib sind ein und dasselbe‹ noch ›der Leib ist etwas anderes als das Leben‹!

Weiter, Freunde: Nachdem er über Wohl und Weh hinausgestiegen ist, alle einstige geistige Freudigkeit und Traurigkeit gestillt hat, verweilt er nun in der von allem Wohl und Weh befreiten reinen Erhabenheit, im vierten Grad der weltlosen Entrückung. Er sitzt da, diesen Körper von dem völlig reinen, völlig geklärten Gemüt erfüllt, dass auch nicht der kleinste Teil dieses Körpers von dem völlig reinen, völlig geklärten Gemüt unerfüllt bleibt.«

Hans: Der grobstoffliche Körperapparat vollständig vom reinen Gemüt erfüllt! Ich habe gehört, diese Stille sei so tief, dass sogar Atem und Kreislauf stillstehen!

Fritz: Ja. Seinen Mitmönchen hat Sāriputto, zwei Mal – in D 33^{m} und D 34^{m} – gesagt: *»Bei dem vollkommen in die vierte Entrückung Hineingewachsenen sind Ein- und Ausatmung aufgelöst.«* In D 33^{m} hat ihm der Erwachte seine Aussagen ausdrücklich bestätigt. »Ein- und Ausatmung« steht beim Buddha stets auch für Kreislauf und Stoffwechsel, die ja alle der Atmung, der Grundernährung von Körpern, dienen.

Ruth: Das ist allerdings eine überraschende Wendung des Leib-Seele-Problems! Mir scheint, alle westlichen Schwierigkeiten damit rühren her von der Einengung des Begriffs »Leben« auf das grob sinnliche Funktionieren. In früheren Jahrhunderten sprach man außer vom körperlichen Leben auch von einem »geistlichen Leben«.

Fritz: So ist es, Ruth. Aber bis jetzt haben wir nur eine erste Vorbereitung gehört, wie der Erwachte die beiden Extremstandpunkte – Leben und Leib seien ein und dasselbe, und Leben und Leib seien verschiedene Dinge – aus leibhaftiger innerer Erfahrung *ad absurdum* führt: Nun fängt es erst richtig an: *»Nachdem sein Herz so geeint, geläutert, gereinigt, fleckenlos, trübungsfrei, sanft, fügsam, frei von Willkür, vollkommen still geworden ist, da richtet er das Herz auf den Erkenntnisblick, stellt es darauf ein. Er erkennt: ›Das ist mein Körper, gestalthaft, aus den vier ausgedehnten Gewordenheiten*[72] *bestehend, von Vater und Mutter zustandegebracht, mit Reis und Sauermilch aufgezogen, dem Vergehen, der Abnützung, Aufreibung, dem Zusammenbruch, der Zerstörung unterworfen; jenes aber ist mein Erfahrungssuchlauf (viññāna), daran geheftet, ganz daran gebunden.‹ Das ist wie ein Juwel, ein Edelstein, schön, kostbar, achteckig, fein geschliffen, von reinem Feuer, fehlerfrei, mit allen Reinheitsmerkmalen; daran ist ein Faden gebunden, ein blauer oder gelber oder weißer oder roter Faden. Den hat ein scharfsehender Mann in die Hand genommen und betrachtet ihn: ›Das ist ein Juwel, ein Edelstein, schön, kostbar, achteckig, fein geschliffen, von reinem Feuer, fehlerfrei, mit allen Reinheitsmerkmalen; daran ist ein Faden gebunden, ein blauer oder gelber oder weißer oder roter Faden.‹ Ebenso richtet der Mönch das Herz auf den Erkenntnisblick, stellt es darauf ein.«*

Hans: Hier wird aber nun doch zwischen dem Leib und Lebensäußerungen unterschieden!

Fritz: Unterschieden, aber nicht getrennt: Vieles kann man klar unterscheiden, aber nicht trennen, etwa Kopf und Rumpf. Außerdem: hier wird ja nicht »Leib und *Leben*« unterschieden, sondern »Leib und *(Wohl-)Erfahrungssuchlauf (viññāna)*«. Wenn auch der Mensch ein »Gewohnheitstier« ist: »Leben« erschöpft sich doch nicht nur in Gewöhnung. Und vor allem: hier geht es ja nicht um die gängige Unterscheidung »Fleischleib/Leben« aus der Sicht eines Sinnenmenschen, sondern um einen fortgeschrittenen Mönch. Bei dem ist durch die vierte Entrückung das *»Herz solcherart geeint, geläutert, gereinigt, fleckenlos, trübungsfrei, sanft, fügsam, frei von Willkür, vollkommen still geworden«*, dass er es nun auf den Erkenntnisblick richten kann. Bei ihm ist die Erlebnis-Struktur »Leib« durch das häufige Baden in der vierten Entrückung zu einer gleichsam reinen, kristallinen Struktur wie ein Juwel geworden. Der Bezug des

72 Zu *mahā-bhūta* vgl. oben, 9. Gespräch, Fußnote 44.

Geistes dazu ist nur noch ein farbiger Faden: *der Erfahrungssuchlauf* (*viññāna*). Dieser »Faden« hat zwar bei jedem noch nicht vom Daseinsfieber Geheilten eine gewisse Färbung (»*rāga*« heißt auch Farbe!), aber hier eben nicht mehr die trüben Farben vorwiegenden sinnlichen Begehrens, sondern nur noch die Farbe der feinen Sehnsüchte nach einem Dasein in nicht mehr merklich von sinnlichem Begehren verfärbter, sondern reiner Gestalt (*rūparāga*) oder nach Gestaltfreiheit (*arūparāga*), allenfalls ein wenig getrübt durch kleine Reste eines sinnlichen Reizes. Das hat mit dem landläufigen Gegensatzpaar »Leben« und »Leib« nichts mehr zu tun: Der Leib ist kein von Sinnensucht verklebtes leimiges Holzscheit wie in den Gleichnissen nach M 36 mehr, sondern vom reinen inneren Wohl durchsättigt und dadurch von seiner Aufgabe als Wohlbeschaffer entlastet. Dadurch verbindet sich mit dem inneren Herzenswohl auch ein starkes Wohl der Entlastung im »beurlaubten« Körper. Das Erfahrungsprogramm dient nur noch als Faden zum Aufsuchen und Festhalten dieses inneren Wohls. So ist der Leib durch geistiges Wirken »*ausgebildet*« und völlig umgebildet worden, wie es der Erwachte dem jungen Saccako in M 36 gezeigt hat, und das ist nun ein ganz anderes Leben! Deshalb kann man nicht sagen, »Leib« und »Leben« seien dasselbe. Aber wenn man bedenkt, wie dieses übersinnliche innere Wohl den ganzen Körper durchsättigt, dann kann man auch nicht sagen, Leib und Leben seien völlig verschiedene Dinge. Bei einer gesättigten Zuckerlösung kann man ja auch weder sagen, Zucker und Wasser seien dasselbe noch sie seien etwas ganz Verschiedenes. Es hängt vom Grad der Ausbildung des Körpers und des Herzens – also vom Wirken, vom Karma – ab, ob überhaupt »Leben« als »leiblich« erlebt wird: es gibt ja auch die gestaltlose Erlebensweise.

RUTH: Da fällt mir ein: Kant sagt doch, Raum und Zeit seien Formen unserer Anschauung, Menschen können Anschauungen und Vorstellungen gar nicht anders bilden als strukturiert nach »Raum« und »Zeit«. Könnte man nicht vielleicht ähnlich sagen: Wesen mit unserer Art der Ausbildung von Körper und Herz können Anschauungen und Vorstellungen nur bilden ausgehend von der Vorstellung eines »Leibes«? Nur nach ihm bestimmen wir doch, was oben und unten, hinten und vorn, links und rechts, groß und klein, leicht und schwer ist, und der Atem und der Herzschlag und die Wahrnehmung von Tag und Nacht sind die Zeittaktgeber, die »Unruh« unserer »Lebensuhr«.

FRITZ: So ist es, Ruth. Und nun lasst uns in D 6 weiterlesen.

»Nachdem das Herz solcherart geeint, geläutert, gereinigt, fleckenlos, trübungsfrei, sanft, fügsam, frei von Willkür, vollkommen still geworden ist, da richtet er das Herz darauf, einen Leib aus Geist zu gestalten, stellt es darauf ein. Der kann aus diesem Körper heraus einen anderen Körper gestalten, formhaft, aus Geist gebildet, mit allen Gliedern versehen, mit übermenschlichen Fähigkeiten. Das ist, … wie wenn ein Mann aus einem Schilfrohr ein Stängelglied herauszieht. Der weiß: ›Dies ist das Schilfrohr, jenes ist das Stängelglied. Das Schilfrohr ist etwas anderes als das Stängelglied. Aus dem Schilfrohr ist auf solche Weise das Stängelglied herausgezogen worden.‹ Es ist auch, … wie wenn ein Mann das Schwert aus der Scheide zieht. Der weiß: ›Dies ist das Schwert, jenes ist die Scheide. Das Schwert ist etwas anderes als die Scheide. Aus der Scheide ist auf solche Weise das Schwert herausgezogen worden.‹ Oder es ist, … wie wenn ein Mann eine Schlange aus ihrer alten Haut zieht. Der weiß dann: ›Dies ist die Schlange, jenes ist ihre alte Haut. Die Schlange ist etwas anderes als die alte Haut. Aus der alten Haut ist die Schlange herausgezogen worden.‹«

HANS: Wenn du das in deinem Buch bringst, denken manche: »Der spinnt. So was kann es doch gar nicht geben!«

RUTH: — und bestaunen dann im Fernsehen einen Bericht über die Raumfahrt, wozu ihre Großeltern auch gesagt hätten: »Der spinnt.«

HANS: Ich war ja auch noch nicht mit meinem Satz fertig, Ruth. Ich wollte auf etwas anderes hinaus: dass die Erzeugung eines zweiten, geistgebildeten Leibes bis heute zum Ausbildungsgang tibetischer Mönche gehört. Hier ist ja diese Übung!

RUTH: Jetzt verstehe ich, Fritz, warum du damals noch nicht weiter darauf eingegangen bist: Hier wird ja nun genau gezeigt, wie mit Geistesmacht »*aus Geist gebildet*« ein zweiter Leib mit allen Gliedern und mit mehr als nur den menschlichen Sinnen »*aus diesem Körper*« gebildet wird. Und »*aus diesem Körper*« kann ja hier nicht wie beim werdenden Menschen heißen: aus dem Material des Fleischleibs. Der ist ja noch da, spielt aber anscheinend für den zweiten, geistgebildeten Leib nur noch die Rolle der »Gussform«. Wer sich jetzt immer noch in die Fragestellung verbeißen wollte, ob Leben und Leib ein und dasselbe oder etwas Verschiedenes seien, der müsste sich fragen: »Welcher von den beiden Leibern ist gemeint?« Man kann einen Leib aus Geist erzeugen. Dann kann man von ihm nicht sagen, er sei dasselbe wie der Geist, so wenig wie man sagen kann, ein Tisch und das Holz, aus dem er gemacht ist, seien dasselbe. Aber man kann auch nicht sagen, der geistgebildete »Zweitleib« sei etwas anderes als Leben. Denn Geist ist eine *Lebens*erscheinung. Aber der *Fleischleib* ist bei einem Mönch, der einen Zweitleib aus Geist erzeugt, ja auch noch da. Und die Auflösung des geistgebildeten Leibs ist nicht gleichbedeutend mit dem Tod des Fleischleibs. Und vor allem wird von Beispiel zu Beispiel deutlicher: Der Leib ist nicht der »Macher«, sondern ist »Mache« — »*māyā*«, »Gewirktes« und bloßes Werkzeug zum Wirken in Werken (*kāya-kamma*). — Wenn man »Leben« als Tätigkeit, Bewegung, Regung, »Wirken« ansieht, als Karma, dann kann man weder sagen, das Gewirkte sei dasselbe wie das Wirken noch es sei etwas völlig anderes; denn *Karma* umfasst beides: »*Gewirkt-Wirkendes*«. So gesehen heißt es wieder: »*Wesen sind eins mit ihrem Tun.*« Und wenn man Leben als Erleben – Wahrnehmung (*saññā*) ansehen will, dann gilt das Gleiche. Denn die Bilder und der Prozess der Wahrnehmung sind nicht das Gleiche, aber auch nichts Verschiedenes, sondern zwei Seiten der selben Medaille – wie in der Physik Welle und Teilchen zwei »komplementäre« Seiten der selben Medaille sind. —

FRITZ: So ist es, Ruth. Nun lass uns weiterlesen: »*Nachdem das Herz solcherart geeint, geläutert, gereinigt, fleckenlos, trübungsfrei, sanft, fügsam, frei von Willkür, vollkommen still geworden ist, da richtet er das Herz auf die vielfältigen Wirkungen der Geistesmacht; darauf stellt er es ein. Er kann durch geistige Macht vielfältige Wirkungen bewirken: etwa als nur einer vielfach werden und vielfach geworden wieder einer sein, oder unsichtbar werden oder in der Ferne erscheinen, oder durch Mauern, Wälle und Felsen hindurchgleiten wie durch leeren Raum, auch in die Erde unter- und wieder auftauchen wie bei Wasser, auf dem Wasser wandeln, ohne unterzusinken, wie auf der Erde, auch sitzend durch den Raum fahren wie der Vogel mit seinen Fittichen, ja Sonne und Mond, die so mächtigen, so gewaltigen, berühren, sogar bis zur Brahmawelt den Körper in der Gewalt haben. Das ist, Freunde, wie wenn ein geschickter Töpfer aus gut aufbereitetem Ton oder ein geschickter Elfenbeinschnitzer aus gut aufbereitetem Elfenbein oder ein geschickter Goldschmied aus gut aufbereitetem Gold alles, was er an Waren machen will, herstellen und gestalten kann. Ebenso kann der Mönch durch geistige Macht vielfältige Wirkungen bewirken …*«

RUTH: Für einen solchen geistmächtigen Mönch ist es also nun kein verborgener Zusammenhang mehr, dass alle Gebilde – das Herz (das Zusammengedachte = *citta*), und die Wahrnehmung (die Aktivität des Herzens) vom Geist ausgehen: Das so ausgebildete einige Herz bringt unter der Lenkmacht des Geistes das hervor, worauf es gerichtet wird. So kommt auch der Körper zustande: als Wahrnehmung aus dem Herzen (M 78) durch geistprogrammiertes Wirken (*kamma*). Auch der Körper ist »Mache« (*māyā*), Ein-Gebildetes.

FRITZ: Sāriputto hat einmal in M 28^{m} den Körper bezeichnet als »*durch Durst Aufgegriffenes* (*tanh'-upādinna*)«.

RUTH: Eben: der Körper ist *citta-sankhāra*, ein Vorgang des Herzens, nicht etwa ist umgekehrt »Leben – Erleben« eine Funktion des Körpers, wie heute viele meinen. — Jetzt verstehe ich auch besser, wieso der Buddha zu den beiden weltgläubigen Brahmanen sagen konnte: *»In diesem Leib mit Wahrnehmung und Geist ist die Welt, der Welt Entstehung, der Welt Auflösung und die zur Weltauflösung führende Vorgehensweise enthalten.«*[73] Wir können uns, so wie wir jetzt sind, unser derzeitiges Leben gar nicht anders als in den Formen und Begrenzungen eines Körpers vorstellen. Gegenwärtig ist also »Leib« noch eine Form, Struktur, Kategorie unserer *Anschauung*, ähnlich wie für Kant Raum und Zeit.

FRITZ: Das ist richtig, Ruth. Dazu kann man noch zwei Dinge ergänzen:

Einmal: Für den in Geistesmacht geübten Mönch ist »Leib« nicht mehr die einzige, sondern eine beliebig auswechselbare Kategorie seiner Anschauung: Die Ansicht, Leib und Leben seien dasselbe, wäre für ihn deshalb geradezu lächerlich. Ebenso aber auch die Ansicht, Leben und Leib seien etwas Verschiedenes; denn ob er einen einzigen Leib oder viele Leiber oder keinen Leib erleben will – die Kategorien seiner Anschauung, die Gestalten oder die Gestaltfreiheit seines »Lebens« (seiner Wahrnehmung) bestimmt er mit Geistesmacht. Er kann mit diesen Lebens/Erlebensformen fast beliebig umgehen wie wir mit einem Gedanken, den man in einem Augenblick fassen, verändern und aufgeben kann. Wir dagegen haben zwar nun in Gedanken die Wahrheit über das Erleben »Leib« kennen gelernt, aber wir können noch nicht mit dem Erleben »Leib« durch Geistesmacht so umgehen wie mit einem bloßen Gedanken darüber. Deshalb empfinden wir »Leib« nicht nur als eine Form unserer geistigen *Anschauung*, sondern geradezu als die zentrale *Wahrnehmung*, die zentrale Aktivität des Herzens, den zentralen »psychischen Vorgang«. Der ist beim Menschen vom drangvollen Herzen unter hohem Triebdruck zu solcher Dichte zusammengedichtet, dass wir ihn im Fühlen und Wahrnehmen auch dann noch lange Zeit ertragen müssen in Geborenwerden, Krankheit, Alter und Sterben, wenn wir ihn im Geist längst als »Mache«, als Māyā durchschaut haben. Auch die westliche Sinnesphysiologie kennt ja Sinnestäuschungen, auf die man sehenden Auges auch dann hereinfällt, wenn man sich während des Wahrnehmungsaktes sagt: *»Das ist aber doch eine Sinnestäuschung.«*[74] Und so geht es dem nicht geistesmächtigen Menschen mit diesem Leib und allem, was dem Geist als dem sechsten, zentralen Sinn des Sinnen-Netzwerks auf den fünf »Bildschirmen« der übrigen fünf Sinne erscheint. Auch aus diesem Grund wäre es – wenn wir »Leben« als »Erleben« verstehen – ganz abwegig zu sagen, Leben und Leib sei etwas ganz Verschiedenes: »Leib« ist unsere gewohnte Art zu erleben – zu leben –, eine Erlebnisstruktur, ein Grundmuster in dem deterministischen Chaos des psychischen Prozesses »Wahrnehmung«.

Aber – und das ist das *zweite*: Deshalb ist »Leben« keineswegs das selbe wie der Körper. In M 60 hat der Erwachte von Daseinsweisen gesprochen, die ganz frei von Gestalt sind, so dass in jener Lebensweise die Erlebnisstruktur »Leib« überhaupt nicht existieren kann. Aber wenn irgendwo, dann gilt dort der Ausruf Ruysbroeks: *»Steig über die Sinne, hier lebet das Leben!«*

HANS: Das ist so ganz anders als alles Gewohnte. Ich muss mich sehr, sehr umgewöhnen.

FRITZ: Wir alle müssen uns umgewöhnen. Wir sind ja, sagt der Erwachte, äonenlang im Wahn gegangen. Wir waren früher keine Heilsgänger, sondern »Wahngänger«, »Traumwandler« im Delirium. Erst diese ungeheure Erweiterung des Blicks auf die Gesamtheit der Wahrnehmungs- und Lebensmöglichkeiten, die nur die Erwachten entdecken, macht verständlich, warum alle Versuche westlicher Denker, die wie Berkeley und Mach bei der Wahrnehmung angesetzt haben, dennoch zu keinem rechten Abschluss kamen, wie es C.F. v. Weizsäcker bedauert, wenn er über Mach sagt: *»Das ist eine überaus geniale Betrachtungsweise, und ich finde, es kommt darin verschwommen eine gewisse Art Wahrheit zum Ausdruck. Ihre Schwäche besteht nur darin, dass sie bis jetzt niemand folgerichtig nutzen konnte, nicht einmal ihr Autor.«*[75] Der Erwachte hat diese einzig vom *Erleben* ausgehende Betrachtungsweise in den

73 A IX,38.
74 Vgl. z. B. *Spektrum* 6/1986, S. 104 ff.; 8/1987, S. 132 ff.

Weisheitsdurchbrüchen mit letzter Konsequenz genutzt zur Selbstheilung des Herzens vom Wahnfieber von Hinneigung, Abneigung und Blendung und damit zur endgültigen, absoluten Erlösung. Und so bringt der Erwachte nun in D 6 noch weitere Erfahrungsbelege für die Enge und Ohnmacht beider gängiger untauglicher Lösungsversuche des Scheinproblems, ob Leib und Leben ein und dasselbe oder etwas Verschiedenes seien. Er hat sie alle selbst erfahren, und wer seiner Anleitung folgt, kann sie nachvollziehen. Über alle Fähigkeiten der Geistesmacht hinaus, wie er sie im selben Wortlaut und mit den selben Gleichnissen auch Kevaddho beschrieben hat, führt der Erwachte nun seinen Überblick über die erfolgreichen »Selbstversuche« noch fort auf weitere Grade überweltlicher Kennerschaft[76] wie *»den Zustand*[77] *himmlisches Auge, himmlisches Ohr‹, das umfassend ergründende Gemütserkennen«* bis zu den drei Weisheitsdurchbrüchen mit der Erlösung von allen Beeinflussungen durch Wünschen, durch Daseinwollen und durch Wahn. Daraus zieht nun der Erwachte die Folgerung für die Frage nach dem Verhältnis von Leib und Leben:

»Ein so schauender und erkennender Mönch … – wäre es für den angebracht zu sagen: ›Leben und Leib sind ein und dasselbe‹ oder ›der Leib ist etwas anderes als das Leben‹?« — »Wie könnte es für den angebracht sein zu sagen: ›Leben und Leib sind ein und dasselbe‹ oder ›der Leib ist etwas anderes als das Leben‹?« — »Ich sehe das auch so, und da sage ich weder ›Leben und Leib sind ein und dasselbe‹ noch ›der Leib ist etwas anderes als das Leben‹! So sprach der Erhabene. Oṭṭhaddho war erhoben und beglückt von der Rede des Erhabenen.«

So löst sich die wahnhafte Identifizierung von Leben und Leib, die es so schwer macht, die Möglichkeit von »Jenseitswelten« als notwendige, praktische Folge von Karma und Wiedergeburt ernsthaft zu akzeptieren. Ebenso führt der Buddha aber auch alle »leibfeindlichen« Haltungen der Selbstquäler im Osten und der Geißler und Flaggellaten im Westen *ad absurdum* und zeigt den Hauslosen wie den im Haus Lebenden die jeweils für sie richtige Art, mit dem Erlebnis »Leib« umzugehen: In S 42,12 missbilligt er es selbst bei Asketen, wenn sie den Leib *»abtöten«* wollen. Er lehrt, dass der Leib nicht abzutöten, sondern – wie er in M 36 dem jungen Saccako sagt – *»auszubilden«* ist. Nur eines sagt er nicht: dass Leib und Leben ein und dasselbe oder etwas Verschiedenes seien (weil die Frage falsch, von der auf die Sinnewlt verengten Weltgläubigkeit her, gestellt ist). Was der Erwachte aber ganz klar sagt, das ist: *»Wesen sind eins mit ihrem Tun«*, ihrem Wirken, ihrem Karma. Wir sehen: Das grundlegende Gesetz, nach dem alle Existenz – auch die Wahrnehmung »Leben« und »Leib« – entsteht und vergeht, ist das *Karmagesetz*, wahrlich nicht die Gesetze der Physik. Von denen sagen Physiker und Kosmologen heute einhellig, dass sie beim Beginn der Ausdehnung unserer gegenwärtigen Weltausbreitungsperiode überhaupt nicht gegolten haben und dass sie nicht wissen, was da gegolten hat.[78]

RUTH: »Weltausbreitungs- und -einswerdungsperioden« sind also ebenso wie »Leben und Leib« Aktivitäten des Herzens. Für beide gilt das Karmagesetz, und ich weiß wohl: der Buddha hat wegen der Komplexität der Wahnmuster, die sich nach diesem einfachen Gesetz bilden, gewarnt, über Einzelheiten nachzugrübeln. Aber dennoch möchte man doch gern noch mehr Konkretes wissen. Ist das schlimm?

FRITZ: Aber nein – solange wir nicht in nutzloses Grübeln verfallen, sondern es uns darum geht, dass wir innerhalb unserer gegenwärtigen Erlebnisstruktur orientiert sein müssen, obwohl

75 WeizsTragweite, S. 264 f.

76 *abhiññā*.

77 *dibba* (= »himmlisch«), *cakkhu* (= »Auge«), *-dhātu* (= »Gegebenheit«).

78 Vgl. John Boslough, *Jenseits des Ereignishorizonts. Stephen Hawkings Universum*, Reinbek 1985, S. 92 f.

wir wissen, dass es Wahn ist. Wer auf einer Wanderung vom richtigen Weg abgekommen und in einen Sumpf geraten ist, kann nicht sagen: »Ich will nichts hören vom Sumpf. Ich will doch auf festen Boden.« Gerade weil er aus dem Sumpf herauswill, muss er sich über das Sumpfgelände orientieren.

Ruth: Dann stimmt es also nicht, was man oft liest, über solche Dinge habe er nichts ausgesagt. Hat denn dann der Buddha vielleicht gar auch die Strukturen erklärt, nach denen sich »innerweltlich« Jenseitswelten bilden?

Fritz: Ja, besonders in zwei Gesprächen in der Rede D 9. Die ist nicht im Ganzen für das Buch vorgesehen. Denn das erste der beiden Gespräche führt der Erwachte mit einem hauslosen Pilger. Am zweiten beteiligt sich dessen Freund, der damals häuslich lebende Elefantenbändigersohn Citto.[79] Der war aber vorher schon sechs Mal Mönch gewesen und jedes Mal wieder in die Häuslichkeit zurückgekehrt, trat aber unter dem Eindruck dieses Gesprächs wieder ein und wurde bald vom Wahn geheilt. Es ist also nicht gerade eine typische »Hausleuterede«. Aber sie behandelt in so umfassender und klarer Weise Entstehen und Auflösung der Wahrnehmung und das Problem der »Realität« von Jenseitswelten, dass ich einen Auszug im Buch zitieren will. Citto war eben ein Grenzfall, und es kann nichts schaden, wenn auch einmal die Grenzen der Thematik berührt werden.

Der Pilger Poṭṭhapādo suchte beim ersten Gespräch eine Klärung der Frage: *»Wie geht denn die vollständige Auflösung der Wahrnehmung vor sich?«* Der Erwachte erklärte: *»Durch Übung gehen die einen Wahrnehmungen auf, durch Übung gehen die anderen unter. Und was ist ›Übung‹?«* Und nun beschreibt der Erwachte als diese Übung den Tathāgatagang der Mönche, den wir gerade in D 11 und D 6 betrachtet haben. Der Buddha zeigt, wie nach Festigung in den Ordenstugenden, in Sinnenzügelung, Klarbewusstsein, Zufriedenheit die fünf Hemmungen aufgehoben werden, so dass die Entrückungen entfaltet werden können. Schon von der ersten Entrückung sagt der Erwachte ausdrücklich: *»Für den geht die vorherige sinnliche Wahrnehmung unter (nirujjhati). Innerer Jubel über das aus der Abgeschiedenheit geborene Wohl ist zu dieser Zeit als zarte Wahrheitswahrnehmung.«* Der Reihe nach schildert er dann, wie beim Aufsteigen noch stillerer Entrückungen jeweils die vorherige untergeht, bis zur Erlösung, die der Erwachte hier mit folgenden Worten beschreibt: *»Sobald der Mönch hierbei zu einem geworden ist, dessen Wahrnehmung sich selber wahrnimmt*[80]*, stößt er nach und nach immer mehr an die Spitze der Wahrnehmung vor. Von dieser Spitze her ist ihm so zumute: ›Denken*[81] *ist für mich schlechter. Nicht Denken ist für mich besser. Denn wenn ich denken würde, so würde ich gestalten*[82]*; dann würden mir die jetzigen Wahrnehmungen untergehen (nirujjhati) und andere, grobe Wahrnehmungen würden aufgehen. Wie, wenn ich nicht denke und nicht gestalte?‹ Und so denkt er nicht und gestaltet nicht. Weil er nicht denkt und nicht gestaltet, gehen die jetzigen Wahrnehmungen unter (nirujjhati) und andere, grobe steigen nicht auf. So erreicht er die Auflösung. Das ist das stufenweise klarbewusste Erreichen der Auflösung der Wahrnehmung.«*

79 Nicht zu verwechseln mit dem unter den Spitzen der Jüngerschaft genannten Hausvater Citto aus Macchikāsaṇḍa, einem Nichtwiederkehrer. Näheres s. Proper Names.

80 *saka-saññī hoti*: »selbst-wahrnehmig ist er«. *Saka* lese ich als auf *saññā* rückbezügliches Fürwort. Es ist nun Teil seiner Wahrnehmung, dass ihre Inhalte Wahrnehmung sind, nicht Spiegelungen von irgendeinem »Etwas« wie »Welt« oder »Ich« — nicht »Seinsdarstellung«.

81 *cetayamānassa me pāpiyo* = wörtlich: »als Denkendem (wäre es) für mich schlechter« (*pāpiyo* ist hier Adverb, vgl. Warder S. 124); *cetayati* von *cinteti* = »denken«, woraus auch *citta* (»Herz«, »Psyche« als das »Zusammen-gedachte«), *ceto* = »Gemüt« und *cetanā* = »Absicht, Bestreben« hergeleitet sind, welch Letzteres den tiefsten Aspekt von »Wirken« (*sankhāra*) repräsentiert.

82 *abhi-sankhāreyyam*.

RUTH: Was tut sich da zwischen unserem Stand und dem unzerstörbaren Frieden ein riesiger Kontinent feinerer, nichtsinnlicher Wahrnehmungen auf: Wir kennen gerade eben die grobe sinnliche Wahrnehmung. Schon die sinnliche Wahrnehmung möglicher feinkörperlicher Wesen ist uns ein Buch mit sieben Siegeln. — Aber der Weg, den der Buddha hier zeigt, um durch Übung stufenweise und klarbewusst die Wahrnehmung *aufzulösen*, fängt überhaupt erst oberhalb aller – auch der feinsten – sinnlichen Wahrnehmung an: Von der hier geschilderten reichen Skala übersinnlicher Wahrnehmungsmöglichkeiten weiß der westliche Mensch nichts.

FRITZ: Ja, Ruth. Ähnlich wie ein Schwerhöriger in einem Konzert alle Takte zwischen *mezzoforte* und *pianissimo* pauschal »Schweigen« nennt, so nennen viele westliche Meditierende diese verschiedenen Dichtegrade stillerer Wahrnehmung in der Meditation schon pauschal »Leerheit«. Zwischen sinnlicher Wahrnehmung und Leerheit (*suññata*), wie sie der Buddha beschreibt, klafft auch für die meisten Buddhisten eine Wissenslücke, als wäre es von unserer grobsinnlichen Erlebensweise bis dorthin nur ein einziger Sprung.

HANS: Ja nun: Die Übung der Leerheit ist nicht für häuslich Lebende gedacht.

FRITZ: Aber immerhin hat der Erwachte in S 55,53 einer Gruppe von schon in die Heilsströmung eingetretenen häuslichen Nachfolgern zwar nicht empfohlen, sie zu üben, wohl aber *»die Lehrreden zu betrachten«*, die von ihr handeln, um ihre rechte Anschauung zu erweitern. Wir betrachten ja auch Lehrreden, die von Übungen und Meditationszuständen handeln, zu deren Übung wir noch nicht reif sind. Zu dem selben Zweck der Orientierung nennt der Buddha hier in dem Gespräch mit Poṭṭhapādo, der derartige Zustände noch gar nicht kennt, im Zwischenbereich zwischen sinnlicher Wahrnehmung und eigentlicher Leerheit noch acht immer feinere Wahrnehmungsfelder. Aber das Entscheidende ist, dass der Erwachte hier in knappster Form dem Streit die Grundlage entzieht, der die Philosophie immer wieder beschäftigt hat: was denn das *erkennende Subjekt* sei: Der Erwachte zeigt ganz einfach: Alles Erleben ist Wahrnehmung – die dritte Zusammenhäufung –, »Wahrnehmen nimmt wahr«, nichts weiter, niemand, der die Wahrnehmung »hat«, wie der Buddha in M 35 dem jungen Saccako unumstößlich zeigt. Wahrnehmung ist ein psychischer Prozess (*citta-sankhāra*), keine Wechselwirkung zwischen einem Subjekt und einem Objekt: »Subjekt und Objekt« sind von diesem Prozess hervorgebrachte Bilder oder Dränge, Funken, die der Dauermangel – die Erlebnisspannung – schlägt. Dieser wahnhafte Prozess ist nicht Wahrnehmung »von etwas«; denn auch dieses »Etwas« ist ein Produkt der Wahrnehmung. Bis zu diesem ganz unspekulativen unmittelbaren Zustand, dass der Mönch zu einem wird, dessen *»Wahrnehmung sich selber wahrnimmt (saka-saññī)«*, führt den Mönch die Übung zum Auflösen der Wahrnehmung, die, je näher sie ihrer Auflösung kommt, immer lichter, friedsamer und freier von Bedrängnis – leichter – wird.

RUTH: Schon der Einstieg in diese kühnste Expedition zum Ersteigen und Übersteigen des eigenen »Innern« (»und des Äußeren«) – sozusagen das »Basislager« – liegt auf solcher Höhe, dass man, verglichen mit den Gipfelvorstellungen der Schöpfergott-Religionen, meinen könnte, das sei schon der Gipfel aller Religion. Hören wir einmal, wie etwa ein Paderborner Professor für Religionswissenschaft Jenseitsvorstellungen heutiger Christen beschreibt[83]: *»Ob katholisch oder evangelisch, ... der Himmel könne nicht nur die Begegnung mit Gott oder Christus bedeuten; es müsse ein echtes menschliches Leben und wirkliche menschliche Gemeinschaft geben. Das ewige Leben könne sich nicht im ewigen Lobgesang erschöpfen; es müsse eine der menschlichen Natur angepasste Tätigkeit geben. Nur so bleibe das Gespenst der Langeweile aus dem Himmel verbannt. Wiedersehen, Gemeinschaft und produktive Tätigkeit in einem ewigen Leben: Das ist die Hoffnung,*

83 B. Lang: Der Himmel, ein Blick in die Kulturgeschichte des ewigen Lebens, *Universitas* 12/1991, S. 1199 f.

die heute zwar keine große Unterstützung mehr von theologischer Seite findet; geteilt von Millionen von Christen, ist sie aber zweifellos die verbreitetste Hoffnung.«

Hans: Wie primitiv: »produktive Tätigkeit auf ewig«!

Fritz: Diese Sammlung von ins Menschenmaß gebannten Wunschvorstellungen – allenfalls entsprechend den Vorstellungen der Inder vom niedrigsten sinnlichen Himmel – ist ein weiterer Beleg dafür, in welchem Ausmaß der Westen, in dem einst die Mystik blühte, heute religiöses Entwicklungsland geworden ist. Wessen Herz zu nichts weiter geneigt ist als zu »produktiver Tätigkeit auf ewig«, der wird nach dem Gesetz von Saat und Ernte bei einigem gutem Wirken auch eine Zeit lang nach dem Tod eine solche menschenähnliche »himmlische Beschäftigungstherapie« erleben – aber nicht auf ewig; kein Erleben ist ewig; eine Wahrnehmung löst die andere ab – je nach der Übung. Erst die Erwachten zeigen, wie man die Übung durch Auflösung der Wahrnehmung vollenden kann.

Ruth: Die Übungsreihe zur Auflösung der Wahrnehmung kommt mir vor wie ein mit feinster Präzision arbeitender Reißverschluss zum Öffnen der Zwangsjacke der Wahrnehmung.

Hans: Wie kannst du das so sicher sagen, Ruth; das haben wir doch noch gar nicht erfahren? Manche buddhistische Bekannten warnen: Man könne über solche Dinge erst denken und reden, wenn man sie in der Meditation erfahren hat.

Ruth: Warum hat es dann der Buddha Poṭṭhapādo und Citto beschrieben? Die hatten es doch auch noch nicht erfahren. Das tut der Erwachte doch, damit wir den Geist als Spähtrupp dem Herzen vorausschicken können, um uns vorbereitend zu orientieren. Die richtige Anschauung im Geist muss vorangehen. Ein Australier, der mit einem Mietwagen seine erste Deutschlandreise machen will, tut doch auch gut, sich vorher anhand eines Autoatlas vorzuorientieren. Natürlich sieht alles anders aus, wenn er im Land ist. Zwei gleiche farbige Kreise auf der Karte sind dann so verschiedene Orte wie Castrop-Rauxel und Berchtesgaden, aber er weiß schon vorher, dass es keine Flüsse und keine Berge, sondern Städte sind und wird daher nicht bei der Routeneinteilung versehentlich eine Hotelübernachtung auf einem unbewohnten Alpengipfel einplanen. Die farbigen Linien der Karte entpuppen sich als enge oder breite, holprige oder glatte Straßen oder Autobahnen und als tiefe oder flache, reißende oder träge Ströme, Flüsse und Bäche. Aber dass er mit dem Auto nicht »auf dem blauen Strich« fahren kann, weil das der Rhein ist, sondern sich an die roten oder gelben Linien halten muss, die Straßen bezeichnen, ob er von Frankfurt zuerst nach Köln und dann nach Düsseldorf kommt oder umgekehrt, ob die Loreley an der Elbe oder am Rhein am Ost- oder Westufer liegt, ob sie ein Brunnen oder ein Denkmal oder ein Felsen ist, das sagt ihm schon vorher die Karte mit Zeichenerklärung, und darauf kann er sich einstellen.

Hans: Aber Ruth, das mit dem »Reißverschluss«, mit dem man die beengende Wahrnehmung aufbekommt, musst du mir noch näher erklären.

Ruth: Das war so gemeint: Unterhalb der Übungen zum Auflösen der Gefangenschaft in der Wahrnehmung liegt unser Normalzustand, die sinnliche Wahrnehmung. Da ist unsere Wahrnehmung noch wie eine Zwangsjacke mit hochgeschlossenem Reißverschluss. Die beengt, macht heiß, hemmt den freien Atem. Wenn dann einmal die Sinnensucht schweigt, weil sie gerade nicht ihren Rhythmus hat oder weil wir in Wahrheitsgedanken sind und das Sinnengewühl ist zurückgetreten, dann kann diese Abgeschiedenheit vom Sinnengewühl wunderbar wohl tun. Wir atmen auf. Solche Anfänge des Segens der Abgeschiedenheit haben wir ja schon selber manchmal erlebt und dann – im Geist vorgreifend – schon oft die immer gleiche Beschreibung der aus dem inneren Hochgefühl dieser Abgeschiedenheit erwachsenden Entrückungen gehört. Die hab ich mir immer wieder vorgesagt, weil mir schon dieser aus tiefstem Frieden kommende Wortlaut so wohl tut. Deshalb kann ich mir vorstellen: Wenn sich immer mehr von diesem stillen Glück angesammelt hat, dann kann es eines Tages einfach überquellen. Und vor einem solchen überquellenden Jubel könnte einem dann buchstäblich Hören und Sehen vergehen. Das wäre dann die erste Entrückung. Damit ist der erste Zahn des Reißverschlusses der Zwangsjacke »Wahrnehmung« aufgegangen. Und von da an löst sich nun ein Zahn des Reißverschlusses nach dem anderen: Über dem tiefen Wohl der Abgeschiedenheit von sinnlichem Drängen und Wahrnehmen verstummt dann auch das Denken und Sinnen. So wie es vorhin dem Körper wohl getan hatte, dass ihm vor Jubel über die Abgeschiedenheit von den Sinnesdrängen Hören und Sehen verging, so tut es jetzt dem Gemüt wohl, dass auch das Denken schweigt. Dann bleibt im Herzen nur noch inneres Wohl – und das heißt ja: dann ist es einig – *samādhi*. Wie das Herz in der ersten Entrückung einen Jubelsprung über das neue Glück der Abgeschiedenheit von den Sinnendingen gemacht hatte, so macht es nun einen Jubelsprung über das neue Glück der Denkstille in Herzenseinigung. In dieser noch feineren Wahrnehmung löst sich ganz von selber die vorherige auf. Mit dieser zweiten Entrückung ist der zweite Zahn des Reißverschlusses aufgegangen – eine noch größere Befreiung. Wer dieses Wohl immer öfter erleben kann, schließlich sogar jederzeit nach Wunsch und Willen, dessen Herz macht darüber keinen Jubelsprung mehr nach oben; denn es ist ja oben, »gleichen Mutes« und spürt: Dieser unerschütterliche, erhabene Gleich-Mut ist überhaupt erst wahres Wohl. — Nun ist dieser Gleichmut seine einzige leibhaftige zarte Wahrheitswahrnehmung. In ihr – in der dritten Entrückung – ist die zarte Wahrheitswahrnehmung der zweiten Entrückung aufgelöst. — Damit ist der dritte Zahn des Reißverschlusses an der Zwangsjacke der Wahrnehmung aufgegangen.

Fritz: Ja, Ruth. So kann man diese Entfaltung der Entrückungen und der gestaltfreien Wahrnehmungen aus den Beschreibung des Erwachten ablesen. Die Entrückungen haben dabei mehr mit dem zu tun, was der Erwachte »Gemüterlösung« nennt (*cetovimutti*), die gestaltlosen Felder mehr mit dem, was er »Weisheiterlösung« nennt (*paññāvimutti*).

Ruth: Das bringt mich einer Antwort auf eine Frage näher, die mich schon einige Zeit beschäftigt: So wie die vierte Entrückung beschrieben wird, ist ja auch sie ohne Formwahrnehmung. Da habe ich mich gefragt, was der Unterschied zwischen den Entrückungen und den »formlosen« Erlebnisweisen ist. Könnte er vielleicht in Folgendem liegen: Die Entrückungen sind zwar frei von Formwahrnehmung, aber das nimmt der Geist vor innerem Glücksgefühl gar nicht wahr. Auf den drei gestaltlosen Erlebnisspannungsfeldern dagegen wird gerade unter bewusst durch Übung im Geist erzeugten Leitbildern von Unbegrenztheit und Nicht-Etwas die Gestaltlosigkeit und Leerheit wahrgenommen. Das tut auf seine Weise wohl.

Fritz: So könnte es im Prinzip sein. Auch ein seit vielen Jahren zurückgezogen in Asien lebender Mönch hat mich darauf aufmerksam gemacht, dass die formlosen Erlebnisweisen ganz *andere* Erlebnisweisen seien als die Entrückungen. Wie es auch sei, wesentlich ist: bis zur Spitze der Wahrnehmung ist in keiner gestalthaften und gestaltfreien Wahrnehmung beständiges Wohl zu finden. Erst die *Auflösung* der Wahrnehmung mündet in absoluten, unzerstörbaren Frieden.

Hans: »Spitze der Wahrnehmung« – ist das ein anderer Ausdruck für »Grenzscheide möglicher Wahrnehmung«?

Fritz: Ja und nein. Als Antwort können wir hier einfach den Teil einer Rede an einen Bürger hier einblenden, die fast wortgleich an zwei Stellen überliefert ist: in A XI,17 und in

M 52 – DER BÜRGER VON AṬṬHAKA.

Dasamo, ein Bürger von Aṭṭhaka, war zu Besorgungen in Pāṭaliputta, fragte sich zu Ānando durch und fragte ihn: *»Herr, gibt es eine einzelne Lehre, von der der Erhabene erklärt hat, dass bei einem Mönch, der unermüdlich, in heißem Mühen, beständig danach vorgeht, das unerlöste Herz erlöst wird, die noch nicht aufgelösten Beeinflussungen aufgelöst werden, die unerreichte höchste Freiheit von allem Mühen erreicht wird?« — »Es gibt eine solche Lehre.« — »Welches ist aber diese Lehre, Herr Ānando?«*

Nun zeigt ihm Ānando nacheinander die vier Entrückungen, dann die vier Strahlungen, danach die gestaltfreien Erlebnisspannungsfelder Raumunendlichkeit, Erfahrungsunendlichkeit und »Nicht Etwas«. Und alle elf Mal sagt er am Schluss über den Mönch, der darin verweilen kann: *»Da hält er sich vor Augen: Auch das ist zusammengewirkt, zusammengedacht*[84]*; was aber durch Wirken (Karma) zusammengewirkt, zusammengedacht ist, davon gilt: ›Unbeständig ist das, der Auflösung unterworfen.‹ Wenn er darin gefestigt ist, gelangt er zum Versiegen der Beeinflussung. Wenn er aber nicht zum Versiegen der Beeinflussung gelangt, dann steigt er durch eben diesen Drang nach Wahrheit (dhammarāga), durch diese Befriedigung über die Wahrheit (dhammanandi) nach Ablösung der fünf untenhaltenden Verstrickungen geistunmittelbar empor, um von drüben aus zu erlöschen, nie mehr der Rückkehr zu dieser Welt unterworfen. Auch das, Hausvater, ist eine einzelne Lehre, von welcher der Erhabene, der Seher, der Genesene, der Vollkommen Erwachte erklärt hat, dass bei einem Mönch, der unermüdlich, in heißem Mühen beständig danach vorgeht, das unerlöste Herz erlöst wird, die noch nicht aufgelösten Beeinflussungen aufgelöst werden, die unerreichte höchste Freiheit von allem Mühen erreicht wird.«*

Auf diese Rede sprach Dasamo zum ehrwürdigen Ānando: »Es ist, Herr Ānando, wie wenn ein Mann einen herrlichen Schatz sucht und elf herrliche Schätze auf einmal erhielte: So habe ich auf der Suche nach einem Tor zum Todlosen elf Tore zum Todlosen auf einmal zu hören bekommen. Es ist, wie wenn das Haus eines Mannes elf Tore hat: Wenn das Haus brennt, dann kann er sich durch jedes der elf Tore in Sicherheit bringen. So, Herr Ānando, werde ich mich durch eines dieser elf Tore in Sicherheit bringen können.« Und er spendete jedem der Mönche einen Satz Gewänder, dem ehrwürdigen Ānando schenkte er noch ein drittes Gewand dazu und ließ ihm ein Kloster mit fünfhundert Plätzen bauen.

HANS: Jetzt geht mir überhaupt erst richtig auf, dass das, wovon wir die ganze Zeit sprechen: die *Auflösung der Wahrnehmungsempfindung* – gleichbedeutend ist mit dem absoluten Frieden, dem *Nirvāna*.

FRITZ: Ja, Hans. Die wahre Freiheit ist nicht irgendeine Wahrnehmung von Freiheit, sondern die Freiheit von Wahrnehmung. Nur meinen viele, die nichts anderes kennen als unsere wilde, zerspaltene Vielfaltwahrnehmung: »Was habe ich vom Nirvāna, wenn ich nichts mehr wahrnehme?« In derselben Minute aber zerstören Hunderte von Verzweifelten auf der Welt ihren Körper in der vergeblichen Hoffnung, sich dadurch »das Leben zu nehmen« – also der Wahrnehmung ein Ende zu machen, weil sie ihnen so viel Leiden liefert, dass sie »nichts mehr hören und sehen wollen«, sondern nur noch eines ersehnen: Ruhe und Frieden.

HANS: Dazu hat doch in D 23 jener heilige Mönch dem Fürsten Pāyāsi eine so schöne Antwort auf die Frage gegeben, warum die Asketen nicht den Freitod wählen, wenn sie wüssten, dass sie es nach dem Tod besser haben. Wie war das noch?

FRITZ: Er hat gesagt: *»Für tugendhafte Asketen und brahmisch Lebende mit feinen Eigenschaften ist es sinnvoll zu leben: Je länger, umso mehr gute Folgen erwirken sie.«*

HANS: Heißt das umgekehrt, dass es für Tugendlose mit schlechten Eigenschaften sinnlos ist?

FRITZ: Im Gegenteil: Pāyāsi hat nach dem Freitod von tugendhaften Asketen mit guten Eigenschaften ja nur deshalb gefragt, weil Kumārakassapo gesagt hatte, sie hätten es nach dem Tod besser. Tugendlose mit schlechten Eigenschaften haben es nach dem Tod, wenn ihre schlechte Saat reif ist, schlechter. Deshalb haben sie noch viel mehr Anlass als die Tugendhaften, ihr jetziges Leben nicht wegzuwerfen, damit sie noch viel Süßwasser über die Salzklumpen ihres üblen Wirkens gießen können – und sei es »nur« durch Geduld, die auch ein Schwerkranker aufbringen kann.

84 *abhi-sankhatam, abhisañcetayitam.*

Hans: Ja, Das stimmt! Da haben wir nun doch eine Fülle klarer Aussagen gehört, wie die Wahrnehmung erst immer lichter und leichter gemacht und schließlich aufgelöst werden kann. Aber du hast vorhin gesagt, der Grund, dass du D 9 in deinem Buch zitieren willst, sei eine wichtige Aussage über den Realitätsgrad von Jenseitswelten, über die wir ja heute sprechen.

Fritz: Diese Aussage fiel in einem zweiten Gespräch einige Tage später. Da sprachen der Pilger und Citto – diesmal ohne die anderen Pilger – noch einmal mit dem Erwachten. Poṭṭhapādo hatte nämlich beim ersten Gespräch wegen der umfassenden Bedeutung der Wahrnehmung gefragt, ob sie vielleicht gar das Selbst sei. Der Buddha hatte ihm aber gezeigt: wie auch immer man sich das »Selbst« – das immer Selbe – vorstellen mag: die Wahrnehmungen können es nicht sein, denn dauernd gehen ja die einen unter, und andere kommen auf, um auch wieder unterzugehen. Nun zeigte der Erwachte seinen beiden Besuchern, dass das, was die Wesen im Lauf ihres wirkensgesteuerten Umlaufs im Dasein für ihr Selbst halten, nicht das selbe, sondern immer wieder etwas anderes ist. Und diese Darlegung ist es, wegen der ich die Rede im Buch zitieren will:

»Folgende drei Arten von Selbsterfahrung gibt es: grobe Selbsterfahrung, geistgebildete Selbsterfahrung, gestaltlose Selbsterfahrung. — Was ist grobe Selbsterfahrung? Gestalthaft, aus den vier ausgedehnten Gewordenheiten – [Festem, Flüssigem, Feurigem und Luftartigem], von körperlicher Nahrung ernährt: das ist grobe Selbsterfahrung. — Was ist geistgebildete Selbsterfahrung? Gestalthaft, aus Geist gebildet, mit allen Gliedern versehen, zu übermenschlicher Wahrnehmung fähig: das ist geistgebildete Selbsterfahrung. — Und was ist gestaltlose Selbsterfahrung? Gestaltlos, aus Wahrnehmung gebildet: das ist gestaltlose Selbsterfahrung.

Um die grobe und *die geistgebildete* und *die gestaltlose Selbsterfahrung aufzulösen, zeige ich die Lehre, damit euch, wenn ihr sie befolgt, die befleckenden Eigenschaften schwinden, die läuternden Eigenschaften wachsen, dass ihr euch die Vollendung des Klarwissens in ihrer Fülle noch in diesem Leben selbst offenbar machen und, wenn ihr sie verwirklicht habt, in ihr verweilen könnt. Vielleicht meinst du aber, Poṭṭhapādo: ›Mag ja sein, dass die befleckenden Eigenschaften schwinden, die läuternden Eigenschaften wachsen, und man sich die Vollendung des Klarwissens in ihrer Fülle noch in diesem Leben selbst offenbar machen, und wenn man sie verwirklicht hat, darin verweilen kann. Aber das ist ein leidiger Zustand.‹ Doch so ist das nicht anzusehen: Die befleckenden Eigenschaften werden schwinden, die läuternden Eigenschaften werden wachsen, so dass man sich die Vollendung des Klarwissens in ihrer Fülle noch in diesem Leben selbst offenbar machen und, wenn man sie verwirklicht hat, darin verweilen kann. Damit aber wird geistige Freude aufkommen, inneres Hochgefühl, werden Stille, Wahrheitsgegenwart, Klarbewusstsein und* Wohl *aufgehen, und wenn das aufgestiegen ist – das wird bleiben.«*

Ruth: Dieses Auflösen durch Übung, das der Buddha hier beschreibt, das ist doch die vierte, die heilende Wirkensart: Aufhören?

Fritz: Ja, Ruth. Diesen Grundzug seiner Anleitung bestätigt der Erwachte auch in dem folgenden Absatz, mit dem er anscheinend eine unausgesprochenen Frage Poṭṭhapādos beantwortet:

»Sollten andere mich fragen: ›Aber Freund, was ist das denn für eine grobe, für eine geistgebildete, für eine gestaltlose Selbsterfahrung, zu deren Auflösung du die Lehre zeigst?‹, dann werde ich ihnen antworten: ›Eben zur Auflösung der *Selbsterfahrung zeige ich die Lehre, aus der euch, wenn ihr nachfolgt, die befleckenden Eigenschaften schwinden, die läuternden Eigenschaften wachsen, dass ihr euch die Vollendung des Klarwissens in ihrer Fülle noch in diesem Leben selbst offenbar machen und, wenn ihr sie verwirklicht habt, in ihr verweilen könnt.‹«*

Hans: Beantwortet der Buddha hier nicht einfach seine rhetorische Frage mit dem, wonach gefragt war?

FRITZ: Das scheint nur so. Wer mit »sich« – mit seiner Selbsterfahrung – nicht rundum zufrieden ist und spürt, dass er von diesem Leiden nur frei wird, wenn er es auflöst, dem zeigt der Buddha genau die Auflösung seiner speziellen Selbsterfahrung, gleich welcher Art sie sein mag. An dieser Stelle des Gesprächs stellt nun Citto genau die Frage nach dem Realitätsgrad der Selbsterfahrung:

»Herr, zu einer Zeit grober Selbsterfahrung – ist zu dieser Zeit geistgebildete und gestaltlose Selbsterfahrung irreal?[85] *Ist dann grobe Selbsterfahrung die Realität (sacca)? Zu einer Zeit geistgebildeter Selbsterfahrung – ist zu dieser Zeit grobe und gestaltlose Selbsterfahrung irreal? Ist dann geistgebildete Selbsterfahrung die Realität? Zu einer Zeit gestaltloser Selbsterfahrung – ist zu dieser Zeit grobe und geistgebildete Selbsterfahrung irreal? Ist dann gestaltlose Selbsterfahrung die Realität?«*

»Zu einer Zeit grober Selbsterfahrung ist er nicht gleichzeitig beschreibbar [86] *in geistgebildeter oder gestaltloser Selbsterfahrung; zu der Zeit kann nur von grober Selbsterfahrung die Rede sein. — Zu einer Zeit geistgebildeter Selbsterfahrung kann nicht gleichzeitig von grober oder gestaltloser Selbsterfahrung die Rede sein; zu der Zeit kann nur von geistgebildeter Selbsterfahrung die Rede sein. — Zu einer Zeit gestaltloser Selbsterfahrung kann nicht gleichzeitig von grober oder geistgebildeter Selbsterfahrung die Rede sein; zu der Zeit kann nur von gestaltloser Selbsterfahrung die Rede sein. — Wenn man dich fragen würde, Citto: ›Bist du in der Vergangenheit gewesen; bist du nicht etwa in der Vergangenheit gar nicht gewesen? Wirst du auch künftig sein, wirst du nicht etwa in Zukunft nicht mehr sein? Bist du in der Gegenwart da; bist du nicht etwa in der Gegenwart gar nicht da?‹ – was würdest du auf eine solche Frage antworten?« — »Wenn man mich so fragen würde, Herr, dann würde ich antworten: ›In der Vergangenheit bin ich gewesen, nicht etwa nicht gewesen. Auch in Zukunft werde ich sein, nicht etwa nicht mehr sein. Gegenwärtig bin ich da, ich bin nicht etwa in der Gegenwart gar nicht da.‹ – So würde ich auf eine solche Frage antworten, Herr.«*

HANS: Einen Augenblick bitte: Woher weiß Citto so sicher, ohne die Gabe der Rückerinnerung und der Prophetie, dass er in der Vergangenheit schon gewesen ist und in der Zukunft weiter sein wird? Er kann doch nur über die Gegenwart aus Erfahrung aussagen. Sind nicht alles andere Glaubenssätze?

FRITZ: Hast du mich eben etwas gefragt? Erinnerst du dich daran?

HANS: Klar, wieso?

FRITZ: Dann hast du doch eben aus erinnerter Erfahrung eine Aussage über deine Selbsterfahrung in der Vergangenheit gemacht. Und erwartest du, dass du von mir eine Antwort bekommst?

HANS: Natürlich, sonst hätte ich nicht gefragt.

FRITZ: Dann hast du doch eben eine Aussage über deine künftige Selbsterfahrung gemacht.

HANS: Ja, gut; aber beides reicht doch nicht über das jetzige Leben hinaus.

FRITZ: Der Buddha hat ja hier nicht nach »früheren Geburten (*pubba nivāsa*)« oder nach künftigen gefragt, sondern schlicht nach Vergangenheit, Gegenwart und Zukunft. Alle drei Kategorien der Wahrnehmung sind ja keine abgegrenzten »Zeit-Räume«, sondern werden von der jeweiligen *Selbsterfahrung* aus gemessen: In dem Augenblick, in dem du sie bedenkst, ist sie aber schon nicht mehr gegenwärtig und nicht mehr dieselbe. Und die Art, wie du sie bedenkst – das ist Teil deines *Wirkens* (*Karma*), mit dem du ständig an der Selbsterfahrung bildest. So ist das, was scheinbar aus der Zukunft in die Gegenwart und von dort – als Teil des Stromes

85 *mogha* = »falsch, irrig, ausgeschlossen« (Warder), »leer, vergeblich, nutzlos, dumm, närrisch« (PTS).

86 *na sankham gacchati* = »geht er nicht ein in die Definition«.

des Werdens (*bhava-sota*) – scheinbar in die Vergangenheit rann, in Wirklichkeit deine Zu-Kunft, das, was wieder und wieder auf dich zukommt. Wie weit die Erinnerungsfähigkeit in die »Vergangenheit« und in die »Zukunft« reicht, ist allein eine Frage deiner Übung und deiner jeweiligen größeren oder geringeren Blendung durch Identifikation mit deinem jeweiligen Leib. Ich wollte mit dieser Überlegung nur zeigen, dass es falsch wäre, alles, was keine Aussage über die gegenwärtige Selbsterfahrung im landläufigen Sinn ist, als »bloßen Glaubenssatz« abzutun. Im tiefsten Sinn allerdings sind alle Gedanken und Worte über »Selbsterfahrung« pure Glaubenssätze, nämlich Ausdruck des (Wahn-)Glaubens an Seinsdarstellung (*sakkāya-diṭṭhi*). Wo er aufgehoben ist – vom in die Heilsströmung eingetretenen Heilsgänger an –, wird allem Grübeln über »Selbsterfahrung« der Boden entzogen. Zu dieser Relativierung führt nun der Erwachte Citto im weiteren Dialog: *»Wenn man dich aber fragen würde, Citto: ›Deine frühere Selbsterfahrung – war das deine wirkliche Selbsterfahrung, und ist deine künftige und gegenwärtige Selbsterfahrung gar nicht die wirkliche? Oder ist deine künftige Selbsterfahrung die wirkliche, nicht die vergangene und gegenwärtige? Oder ist deine gegenwärtige Selbsterfahrung die wirkliche, nicht die vergangene und künftige Selbsterfahrung?‹ – was würdest du auf eine solche Frage antworten?« — »Wenn man mich so fragen würde, Herr, dann würde ich antworten: ›Meine vergangene Selbsterfahrung war zu jener Zeit die wirkliche, nicht die künftige und die heutige. Meine künftige Selbsterfahrung wird zu jener Zeit die wirkliche sein; nicht die vergangene und die jetzige. Was mir jetzt als Selbsterfahrung aufgestiegen ist, das ist jetzt meine wirkliche Selbsterfahrung; nicht die vergangene und die zukünftige.‹ – So würde ich auf eine solche Frage antworten.«*

»Ebenso, Citto, kann für die Zeit grober Selbsterfahrung nicht von ›geistgebildeter‹ oder ›gestaltloser Selbsterfahrung‹ die Rede sein: Für die Zeit kann nur von ›grober Selbsterfahrung‹ die Rede sein. Für die Zeit geistgebildeter Selbsterfahrung kann nicht von ›grober‹ oder ›gestaltloser Selbsterfahrung‹ die Rede sein: Für die Zeit kann nur von ›geistgebildeter Selbsterfahrung‹ die Rede sein. Für die Zeit gestaltloser Selbsterfahrung kann nicht von grober oder geistgebildeter Selbsterfahrung die Rede sein; für die Zeit kann nur von ›gestaltloser Selbsterfahrung‹ die Rede sein.

Das ist, wie von der Kuh die Milch kommt, von der Milch der Rahm, vom Rahm die Butter, von der Butter das geläuterte Butterfett, vom geläuterten Butterfett der Schaum: Während Milch ist, kann nicht die Rede sein von ›Rahm‹, ›Butter‹, ›geläutertem Butterfett‹, ›Schaum‹. Von ›Milch‹ kann zu der Zeit nur die Rede sein. — Während Rahm ist, kann von ›Milch‹, ›Butter‹, ›geläutertem Butterfett‹, ›Schaum‹ nicht die Rede sein. Von ›Rahm‹ kann zu der Zeit nur die Rede sein. — Während Butter ist; kann von ›Milch‹, ›Rahm‹, ›geläutertem Butterfett‹, ›Schaum‹ nicht die Rede sein. Von ›Butter‹ kann zu der Zeit nur die Rede sein. — Während geläutertes Butterfett ist, kann von ›Milch‹, ›Rahm‹, ›Schaum‹ keine Rede sein. Von ›geläutertem Butterfett‹ kann zu der Zeit nur die Rede sein. Während Schaum ist; kann von ›Milch‹, ›Rahm‹, ›Butter‹, ›geläutertem Butterfett‹ keine Rede sein. Von ›Schaum‹ kann zu der Zeit nur die Rede sein. — Ebenso kann während grober Selbsterfahrung nicht von ›geistgebildeter‹ oder ›gestaltloser Selbsterfahrung‹ die Rede sein; für die Zeit kann nur von ›grober Selbsterfahrung‹ die Rede sein. Während geistgebildeter Selbsterfahrung kann nicht von ›grober‹ oder ›gestaltloser Selbsterfahrung‹ die Rede sein; für die Zeit kann nur von ›geistgebildeter Selbsterfahrung‹ die Rede sein. Während gestaltlose Selbsterfahrung ist, kann nicht von ›grober‹ oder ›geistgebildeter Selbsterfahrung‹ die Rede sein; für die Zeit kann nur von ›gestaltloser Selbsterfahrung‹ die Rede sein. Das sind bloße weltliche Namen, Citto, weltliche Bezeichnungen, weltübliche Ausdrucksweisen, Weltaussagen, deren sich der Vollendete umgangssprachlich bedient, ohne sich darauf einzulassen.«[87]

87 *aparamāsam*; vgl. dazu DFranke, S. 160, Fußnote 160 und S. 24, Fußnote 6.

RUTH: Wie einfach hier das Problem des Realitätsgrades von »Diesseits« und »Jenseits« gelöst wird – ähnlich wie Heidegger einmal gesagt hat: *»Bewusstsein ist das Jeweilige«.* Unsere westlichen Menschen sagen dagegen, nur was jetzt in diesem Leben mit den fünf Sinnen erlebt wird, ist und bleibt Realität, und wenn der Mensch gestorben ist, dann bleibt es als vergangene Realität eine »historische Tatsache«. Was er dagegen aus anderen Bereichen mit anderen als den grobkörperlichen Sinnen früher erlebt hat oder jetzt oder künftig erlebt, das sind und waren und bleiben für ihn nach üblichem westlichem Vorurteil »Halluzinationen«. Du hast dazu ja schon immer gesagt, dass beides »Wahrnehmung« – psychischer Prozess, Aktivität des (zusammengedachten) Herzens (*cittasankhāra*) – und deshalb Blindwissen - letztlich »Wahn« ist, worin man den Frieden *nicht finden* (*a-vijjā*) kann – wie könnte man auch in Aktivität Frieden finden, in Bewegung Ruhe! Das wird nun hier bestätigt: Realität ist für jeden, dass gerade jeweils das und das Erleben abrollt, nicht der Inhalt des Erlebens.

FRITZ: Ja. Der Erwachte geht unmittelbar vom *Erleben* aus. Das ist gewirkt und wirkt. Insofern ist es »Wirk«-lichkeit.

HANS: Wieso? Die wahre Wirklichkeit ist doch das Nirvāna!

FRITZ: Das Nirvāna ist nicht gewirkt, sondern ist das *Ungewordene.*[88] Und es wirkt nicht, sondern ist der ewige, absolute Friede. Genau genommen, ist es daher keine Wirk-lichkeit, sondern steht außerhalb von allem Wirken, allen Eigenschaften und Bezeichnungen und ist daher in keine Sprache zu fassen:

»Sind alle Eigenschaften überstiegen, sind überstiegen auch der Sprache Bahnen.«

Sn 1076[m]

HANS: Mir ist, wie wenn vor meinem geistigen Auge für einen Augenblick der Vorhang von der Bühne des Existenztheaters weggezogen worden wäre. Seit unserer Betrachtung der dogmenlosen Lehre in M 60 war bei mir schon die Bereitschaft gefestigt, ganz ernst auch die Möglichkeit von Karma und Wiedergeburt in meine Lebensplanung einzubeziehen. Diese Bereitschaft hat durch die Erklärungen des Buddha über die drei Arten von Wundern und über die dreierlei Selbsterfahrung einen viel plastischeren Hintergrund bekommen, zumal der Buddha hier über konkrete Jenseitserscheinungen mehr sagt als: *»Innerweltlich gibt es Himmelswesen.«*[89]

FRITZ: Hans, der Buddha sagt auch über Einzelheiten viel mehr Konkretes, als du denkst. Zwar reicht das bisher besprochene Grundsätzliche aus, um sich klarzumachen: So verschieden Herzensart und Wirken der einzelnen Wesen sind, so verschieden gestalten sich nach dem Karmagesetz ihre »diesseitigen« und »jenseitigen« Daseinsformen. Aber schon zur Zeit des Erwachten ist es vielen Menschen gegangen wie dir und Ruth: Sie hätten gern mehr Konkretes darüber gehört. Für andere dagegen waren eigene jenseitige Erfahrungen, »Himmel« und »Höllen« etwas so Selbstverständliches, dass sie darüber so unbefangen und sachlich sprechen konnten wie wir über eine Reise. Die Mystiker aller Religionen haben die Auswirkungen des Gesetzes von Saat und Ernte auf jenseitige Bereiche einschließlich der »höllischen« besser gekannt. Angelus Silesius z.B. hat seinen bekannten Vers:

Der Tod bewegt mich nicht,
ich komme nur durch ihn,
wo ich schon nach dem Geist
mit dem Gemüte bin.

ergänzt durch die weitere Strophe:

Ich sag, es stirbet nichts,

88 Ud VIII,3[m] = It 43.
89 M 100.

nur dass ein ander Leben,
auch selbst das peinliche,
wird durch den Tod gegeben.[90]

Aber ich habe selber kürzlich Eugen Drewermann, katholischer Priester und Psychotherapeut und einer der meistgelesenen christlichen Autoren, sagen hören, er glaube an den Himmel, aber nicht an die Hölle; denn ewige Verdammnis sei mit Gottes Güte nicht vereinbar.

RUTH: Sein Problem ist, dass er Himmel und Menschenwelt als »reale«, gottgeschaffene »Welten«, »Hölle« dagegen nur als ein tiefenpsychologisches Phänomen ansieht, während in Wahrheit *alle* Erscheinungen – »vom Himmel durch die Welt zur Hölle« nur als werdende oder erscheinende *Wahrnehmung* existent sind.

FRITZ: Ja, Ruth. So kommt es aber, dass in 48 Seiten Register der modernen Übersetzung des Neuen Testaments *Die Gute Nachricht*, gemeinsam herausgegeben von den deutschsprachigen evangelischen und katholischen Bibelgesellschaften, nicht einmal das Wort »Hölle« oder ein gleichbedeutender Ausdruck vorkommt. Gesehen werden nur die diesseitigen »Kurzzeit-Höllen«, die die Menschen sich und den Mitwesen bereiten und von denen Sartre seine verdrängend-verengende Meinung ableitet, »die Hölle sind immer die anderen«. So wird das noch von Jesus genannte eherne Daseinsgesetz von Saat und Ernte verharmlost. Doch *»die Wahrheit richtet sich nicht nach uns; wir müssen uns nach ihr richten«*, sagt Matthias Claudius.[91] Und so spricht der Erwachte, der in M 91 von sich sagt, dass er *»die Himmel und die Höllen sieht«*, auch von diesem Teil des Leidens an der Existenz nicht nur zu Mönchen und Nonnen: In 35 der für häusliche Nachfolger bestimmten Reden ist ausdrücklich von »Höllen« die Rede[92] – elf davon sind in den beiden zentralsten Sammlungen des Kanon, der Mittleren und der Längeren Sammlung, enthalten. Hinzu kommen weitere Berichte in Reden für Mönche, vor allem eine besonders ausführliche Höllenschilderung in M 129[m], die der Erwachte damit einleitet, dass er mit dem »himmlischen Auge« die Wesen dahinschwinden und wiedererscheinen sieht. Mindestens weitere fünf Mal ist gegenüber im Haus lebenden Anhängern ausdrücklich von anderen untermenschlichen Geistwesen – Dämonen oder Gespenstern[93] – die Rede. Konkreten Aussagen über Höllen sind wir ja schon mehrfach begegnet. Denkt z.B. an den Feldhauptmann und den Schauspieldirektor, denen der Erwachte genau sagt, wohin es führt, wenn sie den Irrlehren ihrer Lehrmeister weiter folgen[94], oder an den scharfzüngigen Minister in M 97, bei dem Sāriputto auch recht konkret wird, oder an den Großkaufmann ohne Erben in S 3,20, der seinen Neffen umgebracht hatte. — Auch von gespenstischen Bereichen wird ganz konkret gesprochen. Darunter finden sich so sachlich-nüchterne Äußerungen wie in

A X,177:

Ein Brahmane fragte den Erwachten, ob die Spenden von Speise für verstorbene Angehörige diesen auch wirklich zugute kämen. Der Buddha antwortete: *»In einem Daseinsbereich, der die Möglichkeit dazu bietet, kommt sie ihnen zugute, in einem Daseinsbereich, der nicht die Möglichkeit dazu bietet, nicht.« — »Welcher Daseinsbereich bietet denn die Möglichkeit, und welcher nicht?«* —

90 Cherub, IV,81 und I,36.

91 »An meinen Sohn Johannes«, zit. nach: *Großes Handbuch der Zitate und Redensarten*, Naumann & Goebel 1983.

92 M 14, M 41, M 42, M 97, M 135; D 2, D 5, D 9, D 10, D 11, D 23, D28; A II,16, A II,17, A IV,233; vgl. ferner A V,174, A V,179, A X,119, A X,176, A X,177, A X,209, A XI,12; S 3,3, S 3,19, S 3,20, S 7,12, S 7,13, S 12,46, S 42,2, S 42,3, S 42,6, S 42,8, S 42,13, S 55,24, S 55,26; Thag 705; Thīg 448.

93 Vgl. z.B. A III,57, A IV,36, A VII,50.

94 Vgl. S 42,2 + 3.

Nach der Aufzählung von Daseinsbereichen, in denen diese Möglichkeit nicht besteht, da sagt der Erwachte von einem Menschen, der auf allen zehn schlechten Wirkensbahnen gewandelt ist: *»Der erscheint nach dem Absterben des Körpers, jenseits des Todes in gespenstischer Welt wieder. Von der Nahrung, von der sich gespenstische Wesen ernähren, davon ernährt er sich dort; davon lebt er, aber auch von dem, was ihm seine Freunde und Bekannten, Angehörigen und Blutsverwandten spenden. Das ist der Daseinsbereich, Brahmane, in welchem einem, der dort weilt, die Spende zugute kommt.«*

Auch in anderen Reden zu häuslichen Nachfolgern wie A V,41 erwähnt der Erwachte die gespenstische Existenzweise im Zusammenhang mit Gaben an Verstorbene oder (in A V,58) mit *»Hausgeistern, die Spenden gewohnt sind«*. Und die Hausfrau Nandamātā berichtet in A VII,50 Sāriputto in aller Bescheidenheit, sie hätte da noch eine Eigenschaft, über die sie sich selber wundern müsse: *»Mein Mann ist gestorben und ist in einer Gespensterwelt wiedergeboren worden; der hat sich mir in seiner früheren Gestalt gezeigt. Aber Herr: in aller Klarheit habe ich keinerlei Veränderung in meinem Herzen gemerkt.«* Wir haben den Erwachten auch schon konkret von Dämonen und wilden untermenschlichen Wesen berichten hören. Und vielleicht erinnert ihr euch an den Brahmanen, der in A III,57 fragte, warum Indien jetzt so dünn besiedelt sei und dem der Buddha antwortet, Dämonen ließen gegen die Menschen wilde untermenschliche Wesen los, weil die Menschen begierig nach dem Reiz des Unrechten seien, von verderbter Lust überwältigt, in falsche Ideologien verrannt.

Hinzufügen könnte ich auch viele heutige »Jenseitsberichte« aus dem leibhaftigen Erleben verlässlicher Menschen in meinem eigenen nahen Umkreis.[95] Darunter sind allein zwei über Wahrnehmungen, die unabhängig voneinander mehrere von verschiedenen Orten aus hatten oder z. B. auch ein Fall, wo der Verstorbene seiner Witwe den von allen Hinterbliebenen verzweifelt gesuchten geradezu absurden Verwahrort seines Testaments mitteilte, wo es dann tatsächlich lag. Ich sage das alles nicht, um zum »Glauben« an solche Phänomene aufzurufen, sondern nur, um zu zeigen: Wer Augen und Ohren offen hält, kann solche Erlebnisberichte in seiner engsten Umgebung hören. Das sollte zu mehr Vorurteilslosigkeit bei solchen Berichten anregen. Alle diese detaillierten Jenseitsberichte sind – *genau so* wie Berichte über unser gegenwärtiges Menschenleben – Berichte über die Aktivitäten des blinden Riesen, des Herzens – über *Wahn*. Aber solange wir nicht erlöst sind, leben wir in diesem Wahn.

Ruth: Wenn es in den zentralen Schriften des Pālikanons so viele konkrete Aussagen über »Jenseitiges« gibt – gibt es da nicht auch Aussagen des Buddha über das Stadium zwischen Zeugung und Geburt des Menschen? Das könnte für manche Frauen eine Hilfe sein beim selbstverantwortlichen Abwägen in der heute so quälend aktuellen Frage des Schwangerschaftsabbruchs. Denn mit dieser Entscheidung ist jede Frau ganz allein.

Hans: Da werden aber manche sagen: »Typisch: der Buddha war doch ein Mann, nun soll wieder ein Mann den Frauen sagen, wo es entlang geht?« Diesen Teil unseres Gesprächs wirst du wohl kaum für dein Buch verwerten können.

Fritz: Warum nicht? *»Die Wahrheit richtet sich nicht nach uns, ... wir müssen uns nach ihr richten.«* Frauen können wie Männer den höchsten Heilsstand erreichen, erst recht der Wahrheit ins Auge sehen. Das schließt auch die Erkenntnis ein, dass ein Vollkommen Erwachter mit dem Übersteigen aller untermenschlichen, menschlichen und übermenschlichen Art alle Beschränktheiten männlicher oder weiblicher Art und alle geschlechtsspezifischen Beeinflussungen überstiegen hat.

Hans: Da muss ich dir recht geben. Aber wie ist es nun: Gibt es im Kanon auch Äußerungen über das Stadium zwischen Zeugung und Geburt?

95 Vgl. auch die Erlebnisbericht in WW, 31. Jg. (1985), S. 60 und 240 ff. und 41. Jg. (1995) Hefte 1-4.

Fritz: Ja. Die gibt es. Da möchte ich aber vorab eines sagen: Das ganze Problem des Schwangerschaftsabbruchs kann man nur behandeln mit sehr viel Stille, Sachlichkeit, Mitempfinden, Liebe und Verstehen gegenüber *allen* Beteiligten – den betroffenen Frauen und Männern, den Feministinnen, den Angehörigen, den Regierungsstellen, den Ärztinnen und Ärzten, Beraterinnen und Beratern, den streitenden Richtungen in den Religionsgemeinschaften, Parteien und Parlamenten – und der Leibesfrucht, was sie auch sei. Im Westen meint man, eine menschliche Leibesfrucht bilde sich, wenn *zwei* Bedingungen zusammenkommen: Samenzelle und Eizelle. Der Erwachte sagt: *»Wenn drei zusammenkommen, bildet sich eine Leibesfrucht (gabbha): Da sind Vater und Mutter zusammen, die Mutter hat ihre Empfängniszeit, der Jenseitige (gandhabba) ist dazugekommen.«*[96] Das hat der Erwachte in M 93 vor einer Gruppe von Brahmanen als damals schon uraltes Erfahrungswissen behandelt, über das schon Seher der Vorzeit verfügt hatten. Der *»gandhabba«*, das Lebewesen, das hinzutreten muss, damit sich eine Leibesfrucht (*gabbha*) bilden kann, ist sozusagen ein Mensch noch ohne Fleischkörper – der sich ja erst nach der Zeugung aus der von Vater und Mutter bereitgestellten Nahrung mit einer unglaublichen zielgerichteten Geschwindigkeit aufbaut. *Gandhabba* ist auch die Bezeichnung menschennaher Geistwesen. Im Gespräch mit Ānando nach D 15^{m} erklärt der Erwachte in der Durchschauungssprache dieses hinzutretende Wesen als *»viññāna«*, den eingespielten Wohlerfahrungs-Suchlauf, und in A VIII,56^{m} nennt er die Leibesfrucht (inkarnierten) »Sinnenwunsch« (*kāma*). Wenn wir den Bedingungszusammenhang der Existenz besprechen, werden wir sehen, dass mit diesen Äußerungen ausgesprochen ist, dass es sich bei dem unsichtbaren, jenseitigen hinzutretenden Dritten, das zu Vater und Mutter hinzukommen muss, um ein vollständiges Lebewesen handelt, ein Geistwesen, das eine neue Wohnung bezieht. Wir sind alle Geister, die derzeit einen grobstofflich zu erlebenden Leib bewohnen. In einem der Texte, von denen der Erwachte am Ende ausdrücklich sagt, dass sie auch an häuslich Lebende weitergegeben werden sollen – D 28 –, nennt Sāriputto dieses bei der Zeugung hinzutretende dritte Wesen daher einfach *»jemand«* (*ekacco*) und macht über die Art des Hinzutretens noch genauere Angaben, die der Erwachte ausdrücklich bestätigt:

»Weiter, Herr, ist es unübertrefflich, wie der Erhabene die Lehre von der Ankunft des Lebewesens darlegt: Vier Arten des Erscheinens einer Leibesfrucht (gabbha) gibt es, Herr:

- *Da kommt jemand ohne klares Bewusstsein im Mutterleib an, verweilt ohne klares Bewusstsein darin und kommt ohne klares Bewusstsein heraus. Das ist die erste Art des Erscheinens einer Leibesfrucht.*
- *Und weiter kommt jemand mit klarem Bewusstsein im Mutterleib an, weilt ohne klares Bewusstsein darin und kommt ohne klares Bewusstsein heraus. Das ist die zweite Art des Erscheinens einer Leibesfrucht.*
- *Und weiter Herr, kommt jemand mit klarem Bewusstsein im Mutterleib an, verweilt mit klarem Bewusstsein darin und kommt ohne klares Bewusstsein heraus. Das ist die dritte Art des Erscheinens einer Leibesfrucht.*
- *Und weiter Herr, kommt jemand mit klarem Bewusstsein im Mutterleib an, verweilt mit klarem Bewusstsein darin und kommt mit klarem Bewusstsein heraus. Das ist die vierte Art des Erscheinens einer Leibesfrucht.«*

Ruth: Die meisten heutigen Menschen unterstellen als angeblich »wissenschaftlich erwiesen«, dass es nur die erste Weise des Erscheinens einer Leibesfrucht gibt und dass bis zum dritten Monat kein »Kind« im Mutterleib sei, kein von der Mutter unabhängiges selbständiges menschliches Leben, sondern nur ein »Foetus« ohne oder mit nicht mehr Bewusstsein als etwa ein Virus, ein Bakterium, Wurm oder Insekt mit nicht mehr Empfindungsfähigkeit als etwa

96 Vgl. M 38^{m}, M 93; D 15^{m}.

eine Wucherung am Körper der Mutter, die ja auch von Nerven durchzogen ist und deshalb fühlt, aber nur als Körperteil der Mutter ohne »Eigenleben«. Wenn das richtig wäre, dann wäre sogar ein bei aller nachträglichen Umstrittenheit so um Abgewogenheit bemühtes Urteil wie das des Bundesverfassungsgerichts von 1993 zur Abtreibung ein schreiendes Unrecht gegen tausendfaches Frauenelend. Und so kann ich die Frauen, die so denken und verzweifeln und sich empören, bei dem gegenwärtigen von den Medien vermittelten Informations- (oder eher Emotions-)Stand nur allzu gut verstehen. Da können Männer kaum mitreden. Man darf aber auch der engagiertesten Kämpferin für die Rechte der Frau nicht unterstellen, sie würde den Standpunkt »mein Bauch gehört mir« auch dann aufrechterhalten, wenn sie ernsthaft mit der Möglichkeit rechnen würde oder gar wüsste, dass das, was sich da im Mutterleib regt, kein bloßes »Bauchgeschwür« der Schwangeren ohne menschliches Eigenleben wäre, sondern eine eigene menschliche Psyche mit ebenso viel menschlichem Empfindungsvermögen wie das spätere Neugeborene. Denn wenn sie das wüsste, dann wäre es nur logisch, dass auch die Forderung käme, es müsse auch zulässig sein, wegen schwerer finanzieller oder sozialer Probleme oder zur Selbstverwirklichung ein Neugeborenes zu töten, da es kaum mehr empfinden, geschweige denken könne wie ein Affe oder ein Hund oder eine Katze im Versuchstierlabor. Mir sind aber solche Extremforderungen nie zu Ohren gekommen. Im Gegenteil setzen sich solche engagierten Frauen oft auch warmherzig für die Rettung von Versuchstieren ein und helfen Kröten, denen eher geringere Empfindungsfähigkeit zugesprochen wird als einem Foetus oder gar Neugeborenen, in der Laichzeit beim Überqueren von Straßen, damit sie nicht überfahren werden. Ich bin sicher, sie würden Extremistinnen, die auch ein Recht der Frau fordern würden, wegen persönlicher Probleme ihr *Neugeborenes* zu töten, empört aus ihren Reihen ausschließen – auch und gerade, wenn es ein behindertes Kind wäre. Denn der Schrecken über die »Ausmerzung lebensunwerten Lebens« im dritten Reich sitzt noch tief, und das natürliche Empfinden fast aller Menschen sträubt sich trotz aller Verfallserscheinungen entschieden gegen Tötung als ein Mittel zur Behebung sozialer oder finanzieller Probleme oder gar als Mittel zur Selbstverwirklichung. Eine Mutter, die das Recht beanspruchen würde, ihr Neugeborenes zu töten, würde von der *Bild*-Zeitung unter dem Beifall der Menge als Monster verteufelt. Ebenso würden die Massenmedien über eine Mutter herfallen, deren unerwünschtes Neugeborenes durch Vernachlässigung verlassen stirbt, weil sie schwache Lebenszeichen ignoriert und sich damit beruhigt hat, es sei ja wohl doch (»Gott sei Dank«) nicht lebensfähig.

Alle gegenwärtigen Tendenzen zur Erleichterung der Schwangerschaftsunterbrechung beruhen also auf der ehrlichen Überzeugung der Befürworterinnen und Befürworter, dass es in den ersten zwölf Wochen wirklich kein menschenartiges eigenständiges Leben im Mutterleib gäbe, sondern nur einen »himbeerähnlichen Zellhaufen« (wie einmal ein Bundesverfassungsrichter privat gemeint hat). Wenn diese Überzeugung richtig wäre, dann allerdings hätten die Frauen, die für die total freie, möglichst von der Krankenkasse bezahlte Abtreibung in den ersten zwölf Wochen eintreten, recht, und man dürfte, um Emotionalisierungen zu vermeiden, überhaupt nicht von »Kind im Mutterleib« sprechen, sondern nur von »Foetus«.

Hans: — was aber in umgekehrter Richtung emotionalisiert: Foetus klingt so eklig-glitschig wie »Kröte« oder »Gewürm«.

Ruth: Vor allem: es klingt wissenschaftlich, und damit ist es ein Thema für Experten. Und die – so beruhigt man sich verständlicherweise – würden es ja laut und deutlich sagen, wenn die ehrliche Überzeugung falsch wäre, dass ein Schwangerschaftsabbruch bis zur 12. Woche keine Tötung selbständigen menschlich empfindenden Lebens bedeuten würde. Denn wenn der »Foetus« nicht minder Eigenleben und menschliches Empfinden hätte wie ein Neugeborenes, dann wäre Abtreibung – von der geringeren Körpergröße abgesehen – nicht anders zu beurteilen, wie wenn eine Mutter ihr neugeborenes Kind töten lassen dürfte, um persönliche Schwierigkeiten zu vermeiden.

Die Frage, wie es sich damit wirklich verhält, ist daher die entscheidende Frage für die gesamte Problematik des Schwangerschaftsabbruchs: Ist der Foetus nur ein bloßer Zellhaufen, oder birgt er eine Psyche mit nicht geringerer Empfindungsfähigkeit als ein Neugeborenes? Aber diese Frage stellt praktisch niemand mehr. Man behandelt sie als bereits eindeutig entschieden – die kirchlichen Diskussionsteilnehmer durch das Dogma, dass der Schöpfergott auf geheimnisvolle Weise jeder Leibesfrucht einzeln Leben einhaucht, die nicht kirchlich Gebundenen durch die Naturwissenschaft, die – recht betrachtet – nichts genaues weiß, so dass alle bis zum Beweis des Gegenteils davon ausgehen, der Foetus werde schon keine vollständige menschliche Psyche enthalten. Etwa verbleibende untergründige Zweifel werden unter engagierten, emotionalen Diskussionen über Strafbarkeit – dieses gröbste Mittel, von dem niemand Hilfe erwarten kann –, Beratungspflicht oder nicht, Hilfsprogramme und Finanzierungsfragen begraben.

Mir lässt das keine Ruhe: Wenn die Zellhaufenhypothese nun nicht stimmt und in der Frucht vom ersten Tag an eine voll ausgebildete menschliche Psyche nicht minderen Ranges wie ein Neugeborenes wohnt – ein »*Kind*« –, wenn nur der Körper, nicht die Psyche »kleiner« wäre als die eines Neugeborenen oder einer Leibesfrucht *nach* der 12. Schwangerschaftswoche, die auch von Befürworterinnen und Befürwortern der Freigabe des Schwangerschaftsabbruchs als Grenze akzeptiert wird? Wer denkt angesichts mehrerer hunderttausend jährlicher Abtreibungen allein in Deutschland überhaupt an eine solche grauenhafte Möglichkeit? Wer fragt ernsthaft danach – Abertausende von Ärzten nehmen täglich Schwangerschaftsabbrüche, auch aus sozialen Gründen, vor. »Die müssen es doch wissen.« So scheint die Frage von der »modernen Wissenschaft« eindeutig geklärt. Da kann ich gut nachfühlen, dass bei den meisten Frauen ihre Nöte die *Grundfrage* völlig übertönen, ob denn da nicht doch einer menschlichen Psyche der von ihr bewohnte kleine Körper unter Bedingungen und Qualen getötet wird, die dieselben Frauen Versuchstieren durch Aufrufe und Aktionen ersparen wollen. Und so halten die meisten der darüber streitenden Menschen auch weiterhin »unruhig-gutgläubig« an der Unterstellung fest, durch eine Abtreibung – zumindest in den ersten drei Monaten – würde kein »Kind im Mutterleib«, kein von der Mutter verschiedenes menschliches Leben getötet, sondern eine Art lästiges Geschwür wie eine Warze »weggemacht«, und darüber müsse man doch wahrlich ganz allein der Frau die freie Entscheidung überlassen, die allein betroffen sei.

Hans: Mir ist eines unheimlich: Schon wenn der ernsthafte Verdacht besteht, dass Chemikalien Biotope, Pflanzen, Insekten, Kröten, geschweige denn die Gesundheit von Menschen gefährden, begrüßen heute – nicht zuletzt unter dem Eindruck des Contergan-Falles – alle die kürzliche Entscheidung des Bundesgerichtshofes, dass Hersteller nicht warten dürfen, bis ein »einwandfreier wissenschaftlicher Beweis« für den Schaden vorliegt, sondern schon beim Anschein einer Schädigung einschreiten müssen. Wie könnte man weniger umsichtig als bei Kröten und Biotopen bei der Frage sein, ob der Anschein besteht, dass in einer Leibesfrucht auch schon vor der zwölften Schwangerschaftswoche eine von der Mutter unabhängige menschliche Psyche gleich der eines Neugeborenen wohnt, die durch Schwangerschaftsabbruch getötet wird!

Ruth: Deshalb meine ich ja: Wir müssen allen Befürworterinnen des Schwangerschaftsabbruchs und vor allem den Frauen, die diesen Eingriff machen lassen, die ehrliche und feste Überzeugung unterstellen, dass damit kein menschliches Leben nach Art eines Neugeborenen getötet, sondern ein körpereigenes Gewächs nach Art eines Geschwürs vom Körper der Frau wegoperiert wird.

Fritz: Aber worauf beruht diese Überzeugung? Das wird unterstellt. Und niemand mag an dieser Unterstellung rühren. In einem Beitrag zu der Fernsehsendung *Monitor* über die Frage der Beratungspflicht vor Schwangerschaftsabbrüchen berichtete eine freundliche junge Mutter, der Gynäkologe habe ihr bei der Beratung die Ultraschallaufnahme ihrer Leibesfrucht auf dem Bildschirm gezeigt. Sie fügte wörtlich hinzu: *»Als ich das kleine Würmchen sah, da hab ich es behalten.«* Der vorwurfsvoll blickende Moderator sah darin eine unerhörte Beeinflussung der Mutter, der nun eine Ausbildung als Bürokauffrau entgangen und Wohnungsschwierigkeiten entstanden seien, weil sie »das Würmchen behalten« hatte. Er forderte, man müsse der Schwangeren vor ihrer Entscheidung selbst den kommentarlosen Anblick des Bildes ihrer Leibesfrucht vorenthalten, damit sie ja nicht bei ihrer »freien Entscheidung« außer durch soziale Umstände auch durch das beeinflusst wird, um dessen Leben und Tod es geht.

Wie sicher sind denn die Erkenntnisse der Wissenschaft darüber, ob und ab wann in einer Leibesfrucht eine menschenartige Psyche wohnt? Wer es wirklich wissen will, kann sich, ohne auf Glauben angewiesen zu sein, medizinisch genau unterrichten. Wie es in dem Stadium ist, in welchem die meisten legalen Schwangerschaftsabbrüche vorgenommen werden, dafür gibt es einen wahrhaft unverdächtigen fachkundigen Kronzeugen. Ich habe ihn selber vor Jahren in einem Fernsehinterview erlebt. Es ist der New Yorker Gynäkologe Dr. Bernhard Nathanson, lange der vielleicht prominenteste Abtreibungsarzt der USA. Nach seinen eigenen Angaben hatte er als Chefarzt 27.500 Schwangerschaftsabbrüche zu verantworten. Als die Ultraschallfotografie Filmaufnahmen im Mutterleib ermöglichte, ließ er einen Schwangerschaftsabbruch filmen. Der Film läuft seit vielen Jahren unter dem Titel *The Silent Scream* (»Der stumme Schrei«). Diesen Film hat schon meine vor über 20 Jahren verstorbene Mutter im Fernsehen gesehen und hat mir tief aufgewühlt darüber genau dasselbe berichtet, was Franz Alt, der viele Jahre später darüber schrieb, auch gesehen hat, so dass ich hier unbedenklich nach ihm zitieren kann:[97] *»Noch bevor der Arzt mit seinen Instrumenten das Opfer berührt, schlägt es wild um sich und versucht, den Daumen in den Mund zu nehmen – immer ein Hilferuf, auch vom geborenen Kind.«* Alt zitiert dazu auch die eigene Schilderung von Dr. Nathanson: *»Das Baby weicht vor dem Abtreibungsinstrument zurück, strampelt und schlägt mit den Ärmchen um sich. Es öffnet den Mund mit einem stummen Schrei, während es angegriffen und zerstört wird.«* Für eine spezielle Methode der Abtreibung fügt Alt hinzu: *»Ein Chefarzt sagte mir, dass sich ein Kind, das durch eine über Wehen eingeleitete Frühgeburt abgetrieben wird, [sich] bis zu einer Stunde auf dem Operationstisch windet und dabei qualvoll stirbt.«* Inzwischen reist Dr. Nathanson als Redner zum Schutz Ungeborener durch die Welt. In einer einschlägigen Sendung, die ich 1993 gesehen habe, erklärten die Moderatoren, sie hätten lange beraten, ob sie Nathansons Film bringen sollten, meinten aber, man könne den Film den Zuschauern nicht zumuten (denen aber fast täglich in den Nachrichten zerfetzte Leiber von Kriegs- und Katastrophenopfern gezeigt werden). Man könnte fast den Eindruck haben, es herrsche eine *unbewusste* Abwehr gegen die Kenntnis, um nicht »den guten Glauben« zu verlieren. Denn wer sich wirklich unterrichten möchte, ist nicht auf »Glaubenssätze« oder abstrakte weltanschauliche oder politische Debatten angewiesen.

Ruth: Jede Hebamme und jede einigermaßen erfahrene Schwester auf der gynäkologischen Station einer Klinik erkennt doch vom ersten Tag an, dass jedes Neugeborene schon einen eigenen Charakter, sein eigenes Temperament *mitbringt*; das kann doch in dieser Prägung und Fülle und Komplexität nicht erst nach dem dritten Schwangerschaftsmonat entstanden sein! Durch die Ultraschalltechnik kann man beobachten, wie das Kind schon im Mutterleib auf die Stimme der Mutter reagiert, Musik erkennt, seine Lieblingsmelodien hat, spielt, Purzelbäume

97 Franz Alt, *Liebe ist möglich. Die Bergpredigt im Atomzeitalter.* München (Piper) 1987, S. 70 ff.

schlägt, Däumchen dreht. Durch alle diese Überlegungen hat für mich Sāriputtos Bericht, nach dem ein Teil der von hier oder anderswo abgeschiedenen Wesen gleich klar bewusst in den Mutterleib eintritt und während der Schwangerschaft *klarbewusst* bleibt, ein ganz neues Gewicht gewonnen. Der Bericht über die Kolyerin Suppavāsa, die sieben Mal hintereinander mit dem selben Kind schwanger war, bis es endlich aus der »Bluthöhle« geboren werden konnte[98], zeigt einen solchen Fall: Das Neugeborene erinnerte sich sofort an seine früheren Aufenthalten in Suppavāsas Leib. Und aus japanischen Amtsakten habe ich einen vergleichbaren Fall aus dem vorigen Jahrhundert zitiert gefunden[99]: Dort hat sich ein Kind erinnert an die Zeit vor seinem Eintritt in den Mutterleib, an den Aufenthalt darin und an die Geburt. Ich muss schon sagen: Es wird doch sonst bei operativen Eingriffen – mit Recht – größter Wert darauf gelegt, dass die Ärzte genau über mögliche Folgen des Eingriffs aufklären. Da sollte es doch selbstverständlich sein, die Beteiligten sachlich aufzuklären, wie weit ernsthaft mit der Möglichkeit zu rechnen ist, dass hier nicht nur eine Art Geschwür »weggemacht«, sondern ein mit Bewusstsein ausgestattetes eigenständiges empfindendes Lebewesen unter Schmerzen und Schrecken getötet wird.

Fritz: In dem Film von Nathanson ist das genau zu sehen. Meine Mutter hat es gesehen. Auch bei größtem Mitempfinden mit den vielen werdenden Müttern, die in echter Not sind, sollten doch Informationsmöglichkeiten wie Nathansons Film nicht übergangen oder gar als »Psychoterror« gegen die Frau gewertet werden. Wer allein schon die nüchtern aneinander gereihten Jenseitsberichte zur Kenntnis nimmt, wie sie etwa Stevenson penibel recherchiert hat[100], kann die Möglichkeit grausamer Tötung bei der Abtreibung nicht mehr ernsthaft in die »private religiöse Ecke« abtun. — Und wer das Entstehen und Vergehen der Eigenschaften des Herzens bei sich über Jahre und Jahrzehnte hinweg beobachtet und dann noch etwa den Bericht Sāriputtos in D 28 über die Ankunft des Lebewesens betrachtet, dem wird es zur unumstößlichen Gewissheit, dass in unserer gegenwärtigen Struktur der Wahnwelt täglich Abertausende winzige Körper menschlicher Lebewesen unter der Bezeichnung »Schwangerschaftsabbruch« getötet, zerstückelt, abgesaugt, zerquetscht werden. Dem gilt es sich zu stellen. Die Wahrheit richtet sich nicht nach uns – wir müssen uns nach ihr richten. — Umso größer sollte unser Mitempfinden mit ausnahmslos allen sein, die unter diesen Wahnformen leiden: mit geängstigten und gequälten Frauen, mit unter der Problematik leidenden Vätern, mit sich auf beiden Seiten Engagierenden, mit denen, die ihr Gewissen umtreibt und mit denen, die es nicht umtreibt, mit denen, die klar sehen und denen, die nicht klar sehen – und mit den Opfern, die – wie z.B. Nathansons Film zeigt – unter Bedingungen sterben, gegen die sich in der tierliebenden Öffentlichkeit ein Schrei der Empörung erheben würde, wenn es sich um Schlacht- oder Versuchstiere handeln würde. Aber Empörung hilft nicht, sondern schürt Hass. Helfen kann nur nicht messende Liebe zu allen Beteiligten und Nichtbeteiligten. Im Mettāsutta, dem Hohelied der Liebe[101], heißt es ausdrücklich:

»die da sichtbar oder unsichtbar, in der Ferne weilen oder nahe sind,
die Gebor'nen und die Keimenden: *mögen alle Wesen in sich glücklich sein!«*

Wenn sich die Wesen dieser Frage offen stellen, sich vorurteilslos vollständig unterrichten und dann diese nicht messende Liebe aufmachen würden, wäre viel gewonnen. Angesichts

98 Ud II,8.
99 Schatzkiste, Der Fall Katsugoro, S. 828 ff., erwähnt auch bei StevensonKinder, S. 141.
100 Ian Stevenson: *Reinkarnation. Der Mensch im Wandel von Tod und Wiedergeburt. 20 überzeugende und wissenschaftlich bewiesene Fälle*. Freiburg (Aurum) 1979, oder StevensonKinder.
101 Sn 143 ff., hier 147, besprochen am Ende des 13. Gesprächs.

dessen, was täglich vor sich geht, kann man nur sagen: Wahn, Wahn, überall Wahn. Der Erwachte aber zeigt immer wieder die gesamte, lückenlose Skala aller Daseinsmöglichkeiten – Wahnmöglichkeiten –, in welche sich diese Einzelfälle einfügen, und er zeigt das Gesetz, nach dem sie ablaufen und nach dem man allem Wahn entrinnen kann: das Karmagesetz.

RUTH: Seine Geltung löst ja auch alle Streitigkeiten über die Frage der Vererbung von Charaktereigenschaften. Das Gesetz der bedingten Entstehung erklärt deren Entstehen, Veränderung und Vergehen lückenlos, während schon vor Jahren kein geringerer als der damalige Präsident der Deutschen Forschungsgemeinschaft, Hubert Markl schrieb: *»Die genetischen Grenzen und Zwänge für menschliches Verhalten engen unser Verhalten weniger ein als die kulturellen normativen Regulative.«*[102]

FRITZ: Dazu kann ich aus meiner Mappe ein neues Zitat aus *Spektrum der Wissenschaft* beisteuern. Da heißt es im Juniheft 1994 auf S. 72 unter der Überschrift *»Soziobiologie des Menschen – Wissenschaft oder Ideologie«*: *»Ein neuerer Zweig der Anthropologie postuliert genetische Programme für komplexe menschliche Verhaltensentscheidungen. Sie sollen im Dienste der Fitness-Maximierung entstanden sein. Dies lässt sich jedoch mit der Evolutionstheorie nicht unbedingt vereinbaren.«* — Vererbt wird nur der *Körper*, in den das Wesen bei der Zeugung einzieht. Das sagt ja auch der Buddha.

HANS: Aber wenn man den Körper erbt, wo bleibt da das Karma?

RUTH: Das ist doch ganz klar: Das Karma – »mein« Wirken – bestimmt, bei welchen Eltern mit welcher Gen-Ausstattung ich bei der Wiedergeburt als Mensch »lande«, bei solchen, die mir einen gebrechlichen Körper vererben oder einen gesunden!

HANS: Ach so, ja. Das haben wir in M 135 gesehen. Aber sagt mal: Wir haben doch alle in der Schule als etwas ungeheuer Wichtiges das *»biogenetische Grundgesetz«* lernen müssen, wonach alle Wirbeltiere und die Menschen im embryonalen Stadium eine zeitgeraffte Wiederholung der gesamten Stammesentwicklung der Wirbeltiere durchmachen müssten. Wie verträgt sich das denn mit dem Karma?

FRITZ: Selbst wenn es so wäre: warum soll ein Wesen früher nicht so gewirkt haben können, dass sein Körper neun Monate lang nach bestimmten Regeln und keinen anderen aufgebaut werden muss? Aber es ist nicht so: nachdem dieses angebliche Grundgesetz immer mehr umstritten war, ist es inzwischen »durch die DNS-Forschung widerlegt«.[103] Inzwischen sind sogar experimentell mehr als unbedeutende Abweichungen von der ersten Mendelschen Regel festgestellt worden.[104]

RUTH: Wir ja haben ja schon im Zusammenhang mit der Evolution besprochen, dass es um die Behauptungen mancher Biologen, auch die psychischen Eigenschaften seien erblich, inzwischen wieder recht still geworden ist. Aber der Buddha hat zu so vielen Fragen, die die Menschen bewegen, auch im Einzelnen Stellung genommen, dass ich doch fragen möchte: Gibt es vielleicht gar hierzu spezielle Aussagen?

FRITZ: Ja, Ruth. Besonders in einer Darstellung hat er ausführlich auseinandergesetzt, dass vererblich nur die körperlichen Merkmale sind, nicht aber die geistig-seelischen Eigenschaften, die zu dem oder jenem Tun befähigen. Ausgangspunkt dafür war der Anspruch der Brahmanen, Brahmane – im ursprünglichen Sinne ein Mensch mit so reinem Herzen, dass er nach dem Tod in der Brahmawelt wiedergeboren wird – sei man durch *Geburt*. Das Gespräch ist im selben Wortlaut in zwei zentralen Quellen überliefert[105]:

102 *Spektrum* 12/1986, S. 176.
103 Vollmert, S. 176.
104 Vgl. Carmen Sapienza, Väterliche und mütterliche Prägung von Genen, *Spektrum* 12/1990, S. 82 ff.
105 Die Verse Sn 625-647 finden sich außerdem im *Wahrheitspfad* als Dh 401 ff.

Sn 594 ff. und M 98.

Als der Erhabene in den Wäldern um Icchānangala weilte, waren dort viele bekannte, reiche Brahmanen versammelt. An dem Treffen nahmen auch zwei junge Brahmanen, Vāsettho und Bhāradvājo, teil. Bei einem Gespräch auf einem Spaziergang hatten sie eine grundlegende Meinungsverschiedenheit. Da einigten sie sich, den Buddha entscheiden zu lassen. Sie suchten ihn auf, und Vāsettho trug den Sachverhalt vor:

594 »Als eingeweihte Kenner der Drei Veden sind wir anerkannt –
Pokkharasātis Schüler ich, und er ist Schüler Tārukkhos.
595 Was in den Veden aufgezeigt in Versen und Erklärungen
beherrschen, rezitieren wir; sind darin unserm Meister gleich.
596 Um die Bedeutung der Geburt sind wir im Zwiespalt, Gotamo:
›Brahmane ist man durch Geburt‹, behauptet Bhāradvājo hier.
Ich aber sage: ›durch das Tun‹. Entscheide du, denn du siehst klar.
597 Da wir einander beide nicht umstimmen können, wollen wir
den Herrn befragen, der weithin berühmt als der Erwachte ist.
598 Wie nach Mondfinsternis das Volk die Hände faltet und erhebt,
den Mond verehrend, grüßend, so grüßt in der Welt man Gotamo.
599 Das Auge, das der Welt aufging als Gotamo, das fragen wir:
Ist man Brahmane durch Geburt, oder wird man es durch das Tun?
Wir wissen's nicht; erkläre uns, woran man den Brahmanen kennt.«
Der Erhabene:
600 Ich will euch zeigen, Vāsettho, der Reihe nach, so wie es ist,
worin die Unterschiedlichkeit der Wesen von Geburt besteht.
601 Die Gräser und die Bäume seht: Zwar ist es ihnen unbewusst,
die Gattung ist geburtsbedingt, verschied'ne Arten gibts davon.
602 Von den Insekten, Käfern bis zu den Termitenstämmen hin:
Die Gattung ist geburtsbedingt, verschied'ne Arten gibts davon.
603 Da: Seht euch die Vierfüßer an, die kleinen, die gewaltigen:
die Gattung ist geburtsbedingt, verschied'ne Arten gibts davon.
604 Denkt ferner an die Kriechtiere, an Schlangen, an Langwirblige:
die Gattung ist geburtsbedingt, verschied'ne Arten gibts davon.
605 Auch was ihr da an Fischen kennt, die in dem Wasser lebenden:
die Gattung ist geburtsbedingt, verschied'ne Arten gibts davon.
606 Die Vögel kennt ihr ebenso, mit Flügeln durch die Luft bewegt:
die Gattung ist geburtsbedingt, verschied'ne Arten gibts davon.
607 Gattungsmerkmale von Geburt, geburtsbedingte Artvielfalt,
das gibt es bei den Menschen nicht: Gattungsvielfalt nur von Geburt
608 bei Haar, Kopf, Ohren, ebenso auch, was die Augen anbelangt,
bei Nase, Mund und Lippen nicht und ebenso bei Brauen nicht,
609 bei Nacken, Schultern, Bauch und bei dem Rücken gibt es all das nicht,
nicht bei Gesäß, Brust, ferner auch nicht bei den Genitalien,
610 nach Händen und nach Füßen nicht, nach Fingern und nach Nägeln nicht,
nach Beinen, Schenkeln, Körperbau, dazu auch nach der Stimme nicht
gibts Gattungstrennung nach Geburt, wie bei den andern Wesen all.
611 Der Körper Andersartigkeit, die gibt es unter Menschen nicht.
Die Menschen unterscheidet man doch lediglich dem Namen nach.
612 Wer sich den Unterhalt verdient, indem er Herdentiere hält,
das musst du wissen, Vāsettho – ist Bauer, doch Brahmane nicht.

613 Wer lebt, indem er irgendwie Handfertigkeiten hier ausübt,
das musst du wissen, Vāsettho – ist Handwerker, Brahmane nicht.
614 Wer unter Menschenwesen hier von irgendeinem Handel lebt,
das musst du wissen, Vāsettho – ist Händler, ist Brahmane nicht.
615 Wer unter Menschen sich sein Brot im Dienste anderer erwirbt,
das musst du wissen, Vāsettho – ist Diener, doch Brahmane nicht.
616 Wer lebt von dem, was niemand ihm freiwillig hingegeben hat,
das musst du wissen, Vāsettho – der ist ein Dieb, Brahmane nicht.
617 Wer sich sein Brot damit verdient, dass er ein Bogenschütze ist,
das musst du wissen, Vāsettho – der ist Soldat, Brahmane nicht.
618 Wer immer unter Menschen hier als Opferpriester lebt bei Hof,
das musst du wissen, Vāsettho – ist Opferer, Brahmane nicht.
619 Wer lebt von Dörfern und dazu von Staatseinkünften aller Art,
das musst du wissen, Vāsettho – ist König, doch Brahmane nicht.
620 ›Brahmane‹ nenn ich keinen nur ob seiner leiblichen Geburt;
er tritt nur überheblich auf, wenn er was hat und was besitzt.
Wer nichts besitzt, wer nichts annimmt, der ist Brahmane, sage ich.
621 Wer alle Joche abgetan, nicht mehr erschüttert werden kann,
vom Kommen, Gehen abgelöst, der ist Brahmane, sage ich.
622 Wer abgetan Gurt, Seil und Zaum, die Zügel völlig abgetan,
Stallriegel aufhob, auferwacht: der ist Brahmane, sage ich.
623 Wer Schimpf, Misshandlung Kerkerhaft, in Milde zu ertragen weiß,
wer Duldenskraft als Heerbann hat: der ist Brahmane, sage ich.
624 Wer frei von Zorn, ein Frommer ist, voll Tugend, ohne Anmaßung,
bezähmt den letzten Leib abträgt: der ist Brahmane, sage ich.
625 An wem von Sinnenlust nichts hängt, wie Wasser nicht am Lotosblatt,
wie Senfkorn nicht am spitzen Pfriem: der ist Brahmane, sage ich.
626 Wer allen Leides Aufhebung in diesem Leben schon erfuhr,
die Last ablegt, entledigt ganz: der ist Brahmane, sage ich.
627 Der Weisheitstiefe, Wissende, des Wegs und Abwegs Kundige,
der angelangt am höchsten Ziel: der ist Brahmane, sage ich.
628 Wer frei ist von Geselligkeit mit Häuslichen und Hauslosen,
kein ›Haus durchgeistert‹, wunschlos ist: der ist Brahmane, sage ich.
629 Wer die Gewalt an Lebendem – Bewegtem, Festgewachsenem –
ablegt, nicht tötet, nicht verletzt: der ist Brahmane, sage ich.
630 Wer wehrfrei unter Wehrenden, gestillt unter Gewaltsamen,
nicht aufgreift unter Greifenden: der ist Brahmane, sage ich.
631 Gier, Hass, Stolz, Anerkennungssucht: von wem das abfiel wie ein Korn
Senfsaat von spitzem Pfriem abfällt: der ist Brahmane, sage ich.
632 Wer milde, tiefen Inhalts voll, die Wahrheit so zu sagen weiß,
dass es niemand verletzen kann: der ist Brahmane, sage ich.
633 Wer in der Welt kurz oder lang, fein oder grob, schön oder nicht,
nichts Nichtgegebenes annimmt: der ist Brahmane, sage ich.
634 Bei wem es kein Verlangen gibt nach dieser oder jener Welt,
wer wunschlos, frei von jedem Joch: der ist Brahmane, sage ich.
635 Wer in sich keine Nester hat, wer aus Erfahrung zweifelfrei,
getaucht in die Todlosigkeit: der ist Brahmane, sage ich.
636 Zum Schlechten, zum Verdienstlichen, wer Hang zu beidem überstieg,

von Sorgen frei, vom Reiz frei, rein: der ist Brahmane, sage ich.
637 Wer wie der unumwölkte Mond so rein in heit'rer Ruhe strahlt,
weil er Befriedigung versiegt: der ist Brahmane, sage ich.
638 Wer diesen schweren Leidensweg, den Blendungskreislauf, überstieg,
zum andern Ufer kam, entrückt, wunschlos von Wenn und Aber frei, der ist Brahmane, sage ich.
639 Wer hier schon Sinnensucht abtat, hauslos auf seiner Pilgerschaft,
wer Sinnendasein ausgelöscht: der ist Brahmane, sage ich.
640 Wer hier den Durst schon überwand, hauslos auf seiner Pilgerschaft,
wer Durstentwicklung ausgelöscht: der ist Brahmane, sage ich.
641 Wer abgetan das Menschenjoch, das Himmelsjoch noch überstieg,
der aller Joche Ledige: der ist Brahmane, sage ich.
642 Wer Lust und Unlust abgetan, kühl ward, vom Angenomm'nen frei,
wer ›Welt‹ ganz überwunden hat: der ist Brahmane, sage ich.
643 Wer ringsumher das Schwinden und Erscheinen aller Wesen schaut,
haftlos zum Wohl ging, auferwacht: der ist Brahmane, sage ich.
644 Bei wem kein Gott, kein Geist, kein Mensch mehr eine Bahn erkennen kann,
wer ganz geheilt, untreffbar ist: der ist Brahmane, sage ich.
645 Für wen es als Vergangenheit, als Zukunft und als Gegenwart
nicht irgend›etwas‹ gibt, wer frei vom ›Etwas‹, vom ›Ergriff'nen‹ ist, der ist Brahmane, sage ich.
646 Der mächt'ge, große, weise Mann, der Sieger, wunschlos, abgeklärt
im innern Bad und auferwacht: der ist Brahmane, sage ich.
647 Wer seine frühern Leben kennt, die Himmel und die Höllen sieht,
Wiedergeburt versiegen ließ: der ist Brahmane, sage ich.
648 Der Name nur in dieser Welt wird durch die Abstammung bestimmt,
durch Übereinkunft festgelegt und überall dann angewandt.
649 Weil sie schon lange an der Bahn der Ansicht hängen, kenntnislos,
verkünden Nichterkennende, Brahmane sei man durch Geburt.
650 Geburt macht den Brahmanen nicht, und macht zum Nichtbrahmanen nicht:
Brahmane wird man durch das Tun, zum Nichtbrahmanen macht das Tun.
651 Ein Bauer wird man durch das Tun, Handwerker wird man durch das Tun,
ein Kaufmann wird man durch das Tun, ein Diener wird man durch das Tun.
652 Ein Räuber wird man durch das Tun, Soldat wird man nur durch das Tun,
Hofpriester wird man durch das Tun, auch König wird man durch das Tun.
653 So sehen, wie es wirklich ist, die Weisen hier das Wirken an;
bedingt' Entstehen sehen sie; sie wissen, wie das Wirken reift.
654 Durch Wirken rollt die Welt dahin, durch Wirken rollt der Mensch dahin,
Wesen sind eins mit ihrem Tun: Achssplint, vom Wagen mitgedreht.
655 Durch heißes Mühen, Läuterung, durch Selbstbeherrschung, Bändigung:
dadurch wird man Brahmane nur, das macht zuhöchst Brahmanen aus.
656 Erst wer drei Wissen sich gewann, gestillt, das Weitersein versiegt,
Vāsettho, wisse: Kenner seh'n als Brahma ihn, als Götterherrn.«[106]

106 »Götterherr«: *Sakko* = »der Fähige, Mächtige«, Titel des Königs der noch der Sinnenwelt angehörigen Himmelswesen der Dreiunddreißig. Da viele Menschen über ihn hinaus kaum Genaueres über noch höhere Wesen wussten, wird diese Bezeichnung ähnlich wie »Brahma« auch als *pars pro toto* für das höchste Gut, das *summum bonum* verwendet. »Kenner« bezeichnet hier erst den »Dreiwissensmächtigen«, aus dem Kreislauf der Geburten Entronnenen, Genesenen, Heiligen. Auf diese sprachliche Übereinkunft hat sich der Erwachte oft eingelassen und sich selber bisweilen als »Brahma« in diesem höchsten Sinne bezeichnet. Dass er über alle diese Namen

Auf diese Rede nahmen Vāsettho und Bhāradvājo Zuflucht zum Erhabenen.

Ruth: Da haben wir vom Buddha die Bestätigung, dass durch Vererbung nur das Körperliche bestimmt ist. Das könnte doch unvoreingenommene Menschen auch beim Umgang mit den ungewohnten, aber präzisen Berichten des Buddha über außermenschliche und außersinnliche Existenzformen nachdenklicher machen.

Fritz: Wie ernst all diese Wahrnehmungs- und Existenzmöglichkeiten zu nehmen sind – als nicht mehr und nicht weniger wahrscheinliche Wahnmöglichkeiten als das Menschentum –, zeigen zwei Reden, die berichten, wie häuslich lebenden Nachfolgern in schwerer Krankheit oder in der Sterbestunde die weite Skala der nach dem Tod des Körpers offenstehenden Daseinsformen aufgezeigt wird – also in Situationen, in denen absolute Wahrhaftigkeit besonders angebracht ist.

Der erste Fall findet sich in der Rede M 97. Ihren ersten Teil haben wir schon kennen gelernt. Sie handelt von dem brahmanischen Minister, den Sāriputto zur Besinnung gebracht hat. Der schickte auf dem Sterbebett zwei Boten, einen zum Erwachten, um ihn grüßen zu lassen, den andern an Sāriputto, um ihn zu sich zu bitten. Sāriputto kam. Der Sterbende berichtete über eine Verschlimmerung der Beschwerden. Da fragt Sāriputto den Sterbenden: *»Was meinst du, Dhānañjāni: Was ist besser: Hölle oder Tierreich?« — »Im Vergleich zur Hölle ist das Tierreich besser.« — »Was meinst du, Dhānañjāni: Was ist besser: Tierreich oder Gespensterreich?« — »Im Vergleich zum Tierreich ist das Gespensterreich besser.« — »Was meinst du, Dhānañjāni: Was ist besser: Gespensterreich oder Menschentum?« — »Im Vergleich zum Gespensterreich ist das Menschentum besser.« — »Was meinst du, Dhānañjāni: Was ist besser: Menschentum oder die Vier Großen Könige?« — »Besser als das Menschentum ist der Bereich der Vier Großen Könige.« — »Was meinst du, Dhānañjāni: Was ist besser: die Vier Großen Könige oder die Himmelswesen der Dreiunddreißig?« — »Besser als die Vier Großen Könige sind die Himmelswesen der Dreiunddreißig.« — »Was meinst du, Dhānañjāni: Was ist besser: die Himmelswesen der Dreiunddreißig oder die Gezügelten Himmelswesen?« — »Besser als die Himmelswesen der Dreiunddreißig sind die Gezügelten Himmelswesen.« — »Was meinst du, Dhānañjāni: Was ist besser: die Gezügelten Himmelswesen oder die Stillzufriedenen Himmelswesen?« — »Besser als die Gezügelten Himmelswesen sind die Stillzufriedenen Himmelswesen.« — »Was meinst du, Dhānañjāni: Was ist besser: die Stillzufriedenen Himmelswesen oder die Schöpfungsfreudigen Himmelswesen?« — »Besser als die Stillzufriedenen Himmelswesen sind die Schöpfungsfreudigen Himmelswesen.« — »Was meinst du, Dhānañjāni: Was ist besser: die Schöpfungsfreudigen Himmelswesen oder die von den Schöpfungen anderer beglückten Himmelswesen?« — »Besser als die Schöpfungsfreudigen Himmelswesen sind die von den Schöpfungen anderer beglückten Himmelswesen.« — »Was meinst du, Dhānañjāni: Was ist besser: die von den Schöpfungen anderer beglückten Himmelswesen oder die Brahmawelt?« — »›Brahmawelt‹ hat der ehrwürdige Sāriputto gesagt! ›Brahmawelt‹ hat der ehrwürdige Sāriputto gesagt!« Da sagte sich der ehrwürdige Sāriputto: »Diese Brahmanen fühlen sich zur Brahmawelt hingezogen«, und er wies dem Sterbenden den Weg zur Brahmawelt, die vier Strahlungen in Liebe, Erbarmen, gönnender Freude und erhabenem Gleichmut, erhob sich und ging. Bald nachdem der ehrwürdige Sāriputto gegangen war, starb der Brahmane Dhānañjāni und erschien in der Brahmawelt wieder. — Da sprach der Erhabene zu den Mönchen: »Da hat nun Sāriputto, obwohl noch mehr zu tun gewesen wäre, den Brahmanen Dhānañjāni zur hinfälligen Brahmawelt hingelenkt, ist aufgestanden und gegangen.« Nun kam der ehrwürdige Sāriputto zum Erhabenen und berichtete. Der Erwachte fragte: »Warum hast du, obwohl noch mehr zu tun gewesen wäre, den*

hinausgewachsen ist, hat er in A IV, 36 dem Brahmanen Doṇo ausdrücklich erklärt (vgl. unten im 11. Gespräch).

Brahmanen Dhānañjāni zur hinfälligen Brahmawelt hingelenkt, bist aufgestanden und fortgegangen, Sāriputto?« — »Ich habe mir gesagt, Herr: Diese Brahmanen fühlen sich zur Brahmawelt hingezogen.« — »Gestorben ist der Brahmane Dhānañjāni, Sāriputto, und in der Brahmawelt wiedererschienen.«

HANS: Wie kann denn so ein Intrigant in die Brahmawelt kommen?

FRITZ: Ach Hans, in ein und demselben Menschen können vielerlei Eigenschaften zugleich wohnen, und wir mit unserem beschränkten Blick können nie wissen, ob nicht die Eigenschaften, die bei ihm gerade zutage treten, nur einen Bruchteil ganz andersartiger Eigenschaften ausmachen, die nur unter irgendwelchen besonderen Einflüssen bisher noch nicht an die Oberfläche gekommen sind. Der Minister zeigte sich erst nach dem Tod seiner guten ersten Frau unter dem Einfluss seiner zweiten Frau so verändert, von der es hieß, sie hat »kein Heilsvertrauen und stammt aus einer orientierungslosen Familie«. Sāriputto hätte sich wohl kaum so angelegentlich nach ihm erkundigt, wenn er nicht gewusst hätte, dass in diesem Mann auch gute Eigenschaften schlummerten wie Einschlüsse im Bernstein. Die sind durch seine eindringliche Belehrung wieder ans Licht gehoben worden, so dass der Brahmane unter den besonderen Umständen der Todesstunde – freilich wohl nur unter dem Einfluss eines Beraters vom Range Sāriputtos – aus seinem alten und in wer weiß wie vielen früheren Leben schon betätigten Sehnen nach brahmischem Dasein leben konnte.

HANS: Dann muss also der Brahmane von den hier genannten übermenschlichen Daseinsmöglichkeiten schon gewusst haben.

FRITZ: Freilich. Das war damals bei den Brahmanen fast Allgemeingut. Da hatte es für einen Sterbenden großes Gewicht, wenn ihm nun, wo die jetzige »Episode des Herzens« zu Ende ging, das »Jenseits«, das bald für ihn »Diesseits« sein würde, plastisch vor Augen geführt wurde. — Bei der zweiten Rede handelt es sich um

S 55,54 – DER KRANKENBESUCH.

Der Sakyer Mahānāmo hatte gegen Ende der Regenzeit gehört, der Erwachte werde bald aus dem Feigenbaumkloster bei Kapilavatthu auf Wanderschaft ziehen. Da besuchte er den Erwachten und sprach: *»Aus dem Mund des Erhabenen habe ich noch nie etwas darüber gehört, wie von einem klarblickenden häuslich lebenden Jünger ein kranker, leidender, von Krankheit geschwächter häuslich lebender Jünger, der Klarblick hat, ermahnt und unterwiesen werden soll.« — »Von einem klarblickenden häuslich lebenden Jünger, Mahānāmo, ist ein kranker, leidender, von Krankheit geschwächter häuslich lebender Jünger, der Klarblick hat, mit folgenden vier tröstlichen Gedanken zu trösten:*

Sei getrost, Verehrter, Lieber: Du Verehrter, Lieber, bist ja beim Erwachten zu der endgültigen befriedenden Klarheit erwachsen: ›Das ist wahrhaftig der Erhabene, genesen, der Vollkommen Erwachte, vollendet in Wissen und Wandel, zum Heil gekommen, der Welt Kenner, der höchste Lenker der anzuleitenden Menschen, der Meister der Himmelswesen und Menschen, erwacht, erhaben.‹

Sei getrost, Verehrter, Lieber: Du Verehrter, Lieber, bist ja bei der Lehre zu der endgültigen befriedenden Klarheit erwachsen: ›Wohlverkündet ist vom Erhabenen die Lehre, unmittelbar einleuchtend, zeitlos, einladend: 'Komm und sieh selbst!', hinführend, bei sich selber nachvollziehbar für den, der Augen hat zu sehen.‹

Sei getrost, Verehrter, Lieber: Du Verehrter, Lieber, bist ja bei der Heilsgängergemeinde zu der endgültigen befriedenden Klarheit erwachsen: ›Recht nachgefolgt ist beim Erhabenen die Gemeinde der Heilsgänger, offen und gerade, hat ihr Leben nach ihrer Erkenntnis ausgerichtet, führt das wahre Leben: nämlich als die vier Paare von Menschen nach acht Graden von Menschen; das ist die Heilsgängergemeinde des Erhabenen, wert der Verehrung, wert, zu Gast zu sein, wert des ehrfurchtsvollen Grußes, das beste Feld in der Welt, um Verdienst zu erwerben.‹

Sei getrost, Verehrter, Lieber: Du Verehrter, Lieber, bist ja erwachsen zu den Tugenden, wie sie den Heilsgängern wert sind, den ungebrochenen, unbeschnittenen, ungefleckten, ungesprenkelten, aus der Sklaverei befreienden, von den Verständigen gepriesenen, an denen man nicht festhängt, so dass sie zur Einigung führen.«

Ruth: Wie schön: Der Fürst will wissen, wie er einen Kranken »ermahnen und unterweisen« soll, aber der Erwachte sagt ihm, er soll ihn mit tröstlichen Gedanken trösten und ihn nicht wie einen zu Unterweisenden anreden, sondern mit »*Verehrter, Lieber*«.

Fritz: Ja. Das hat mich auch angerührt. Besonders als ich sah, dass das Pāliwort für *trösten, assādeti*, wörtlich bedeutet: »aufatmen lassen«. Und ich durfte es selber vor zwanzig Jahren erleben, wie dieser Trost einen lebensgefährlich kranken Freund wirklich so zum Aufatmen brachte, dass er sich zeitlebens gern still daran erinnert. Da hat es mich besonders gefreut, in der Rede A VIII,12 zu finden, dass der Erwachte dies geradezu als einen Grundzug seiner Lehre angesehen hat. Denn dort sagt er dem General Sīho: »*Welches aber ist die Betrachtungsweise, nach der man richtigerweise von mir sagen muss: ›Ein Tröster ist der Asket Gotamo; damit man aufatmen kann, zeigt er die Lehre; dazu leitet er seine Jünger an‹? Ich tröste mit dem höchsten Trost: Damit man aufatmen kann, zeige ich die Lehre; dazu leite ich meine Jünger an.«*

Die Anrede »Verehrter, Lieber« (*āyasmā*) ist sonst nur die Anrede für Mitmönche. Auch der schwer kranke Heilsgänger im Haus ist zu der Zeit vorübergehend in einer Art »Hauslosigkeit«: der häuslichen Gewohnheit entrückt, im »eigenen« Körper nicht recht zuhause, dem Anblick der Werkzeughaftigkeit und des Elends der Körperlichkeit, der Gefühle und überhaupt der fünf Zusammenhäufungen näher als sonst. In dieser Verfassung erinnert ihn der Tröster an die vier ersten der sechs Erinnerungen, die, sobald sie unerschütterlich geworden sind, zugleich die Kennzeichen des in die Heilsströmung Eingetretenen sind. Und nun geht es weiter:

»Wenn von einem häuslich lebenden Jünger, der Klarblick hat, ein kranker, leidender, von Krankheit geschwächter häuslich lebender Jünger, der Klarblick hat, mit diesen vier tröstlichen Gedanken getröstet worden ist, Mahānāmo, dann soll man zu ihm sagen: ›Verehrter, Lieber, machst du dir Gedanken wegen Vater und Mutter?‹ Wenn er antwortet: ›Ja, ich mache mir Gedanken wegen Vater und Mutter‹, dann soll man zu ihm sagen: ›Auch du, Verehrter, Lieber, bist sterblich, dem Tod unterworfen. Ob du dir Gedanken wegen Vater und Mutter machst oder nicht, Verehrter, Lieber: du wirst einmal sterben müssen. Es wäre gut, Verehrter, Lieber, wenn du die Gedanken, die du dir wegen Vater und Mutter machst, auflösen könntest.‹

Wenn er antwortet: ›Die Gedanken, die ich mir wegen Vater und Mutter gemacht habe, sind aufgelöst‹, dann soll man zu ihm sagen: ›Verehrter, Lieber, machst du dir Gedanken wegen Frau und Kind?‹ Wenn er antwortet: ›Ja‹, dann soll man sagen: ›Auch du, Verehrter, Lieber, bist sterblich, dem Tod unterworfen. Ob du dir Gedanken wegen Frau und Kind machst oder nicht, Verehrter, Lieber: du wirst einmal sterben müssen. Es wäre gut, Verehrter, Lieber, wenn du die Gedanken, die du dir wegen Frau und Kind machst, auflösen könntest.‹

Wenn er antwortet: ›Die Gedanken, die ich mir wegen Frau und Kind gemacht habe, sind aufgelöst‹, dann soll man zu ihm sagen: ›Verehrter, Lieber, hast du Verlangen nach den fünf menschlichen Sinnessträngen (kāmagūṇa)?‹ Wenn er antwortet: ›Ja‹, dann soll man zu ihm sagen: ›Bruder (avuso), viel schöner, viel feiner als die menschlichen sind die himmlischen Sinnenfreuden.[107] *Es wäre gut, wenn du das Herz über die menschlichen Sinnenfreuden erheben und den Himmelsgeistern der Vier Großen Könige zuwenden würdest.‹«*

Ruth: Manche Buddhisten würden hier sagen: Was ist dieser Sterbende doch ein zurückgebliebener Mensch, dass ihm in der Sterbestunde nicht nur noch Gedanken an die Vergänglichkeit kommen. Stattdessen macht er sich noch Gedanken über die Familie – gut, das

107 *kāma.*

mag ja noch gehen. Aber nun, nachdem er unter dem Beistand des Trösters die Gedanken an die Familie abgetan hat, da hat er – kaum zu glauben – immer noch Verlangen nach den irdischen Sinnessträngen! Mindestens in der Sterbestunde müsste er doch imstande sein, die Sinnendinge voller Entsetzen als vergiftet zu sehen. Dabei spricht der Buddha hier – genau entsprechend der Frage des Königs – nicht einmal von einem unbelehrten, gewöhnlichen Menschen, sondern von einem Schwerkranken, der »Klarwissen hat« (*sa-pañña*), also Heilsgänger ist. Ich sehe es aber gerade als ein Zeichen der Weisheit an, dass er sich nun, in der Sterbestunde, nachdem er alle konkreten Sorgen um die Familie aufgelöst hat, über seinen Triebehaushalt klar wird. Er sagt ja nicht: »Ich möchte aber gern genießen«, sondern er macht eine »Schlussbilanz« über seinen Triebehaushalt, stellt sich ihm, verdrängt ihn nicht hinter einem »*Wir wissen doch* ...«, sondern gibt ehrlich zu, dass er auch jetzt noch, in der Sterbestunde, in sich menschliche Sinnensucht spürt. Gerade damit ist er eher einer, der »*die Wahrheit im Auge behält*«, als wer schon deshalb, weil er das Elend der Sinnendinge im Geist durchschaut hat, meint, er sei auch im Herzen schon, wie er im Kopf weiß, dass er sein sollte!

Fritz: Dein Hinweis ist sehr richtig und wichtig. Wie wichtig, werden wir gleich bei der Fortsetzung der Rede sehen. Am Ende wird sich auch noch deutlicher zeigen, dass der Sterbende ein Heilsgänger ist, sonst hätte er keinen Sinn für das, was ihm der Tröster am Ende der Tröstung mit auf den Weg geben soll. Umso mehr mag mancher Buddhist sich wundern, dass auch jetzt der Buddha dem Tröster nicht rät, die Situation der lebensgefährlichen Krankheit zu nutzen, um dem Leidenden zu predigen: »*Gut, dass du ehrlich zugibst, dass du immer noch sinnliches Begehren in dir hast. Nutze jetzt die Gelegenheit dieser Krankheit, um dir besonders deutlich das Elend des Begehrens zu vergegenwärtigen und zu sehen, dass die Sinnendinge nur aussehen wie eine wohlschmeckende Speise, aber in Wirklichkeit vergiftet sind! Sieh zu, dass du jetzt davor nur noch Schrecken und Abwehr empfindest.*« Gerade in dieser Phase des Gesprächs erhebt sich der Tröster nicht mit Ermahnungen über den Sterbenden, sondern redet ihn von jetzt ab als Bruder (*avuso*) an. Das ist die Anrede, mit der sich sonst nur noch Asketen untereinander anreden. Denn damit, dass der Sterbende sich mit all seinem restlichen sinnlichen Verlangen nun auch noch von allen Bindungen an die Familie freigemacht hat, bleibt nur das Verlangen nach jenen fünf menschlichen Sinnessträngen aufzulösen, die auch jeder noch nicht innerlich zum Brahma gewordene Asket aufweist. Ein echter *Asket* zwar kann und soll als Kranker und überhaupt immer ein etwa noch aufsteigendes sinnliches Verlangen als ein Verlangen nach tödlichem Gift sofort austreiben; ihn hat ja das Empfinden der Bedrängnis durch die Sinnendinge aus dem Haus getrieben. Der häuslich Lebende – auch ein Heilsgänger – wäre damit meist überfordert, wie Sāriputto am Ende von M 143 dem sterbenden Anāthapiṇḍiko gesagt hat. Deshalb rät der Erwachte dem König, der Tröster soll die realistische Feststellung des Kranken, er habe *nach* Ablösung von der Familie noch (allgemeines) Verlangen nach menschlichen Sinnenfreuden, nicht einfach beiseiteschieben mit einem nachdrücklichen Hinweis auf das Elend der Sinnendinge, sondern er soll ihn behutsam über die Vorstellung, dass es aber noch feinere übermenschliche sinnliche Daseinsmöglichkeiten gibt, aufwärts zu seinen besseren Herzensanmutungen führen:

»Wenn er antwortet: ›Das Herz hat sich mir über die menschlichen Sinnenfreuden erhoben und den Himmelsgeistern der Vier Großen Könige zugewendet‹, dann soll man zu ihm sagen: ›Bruder, viel höher und feiner als die Himmelsgeister der Vier großen Könige sind aber die Himmelswesen der Dreiunddreißig. Es wäre gut, Verehrter, Lieber, wenn du das Herz über die Himmelsgeister der Vier Großen Könige erheben und den Himmelswesen der Dreiunddreißig zuwenden würdest.‹

Wenn er antwortet: ›Das Herz hat sich mir über die Himmelsgeister der Vier Großen Könige erhoben und den Himmelswesen der Dreiunddreißig zugewendet‹, dann soll man zu ihm sagen: ›Viel höher und feiner als die Himmelswesen der Dreiunddreißig sind aber die Gezügelten

Himmelswesen/ die Stillzufriedenen Himmelswesen/ die sich an ihren eigenen Schöpfungen erfreuenden Himmelswesen/ die Himmelswesen mit Macht über die Schöpfungen anderer. Es wäre gut, Bruder, wenn du das Herz über die Himmelswesen der Dreiunddreißig erheben und den Gezügelten Himmelswesen/ den Stillzufriedenen Himmelswesen/ den sich an ihren eigenen Schöpfungen erfreuenden Himmelswesen/ den Himmelswesen mit Macht über die Schöpfungen anderer zuwenden würdest. — Aber, Bruder: Noch viel herrlicher und viel erhabener als die Himmelswesen mit Macht über die Schöpfungen anderer ist die Brahmawelt. Es wäre gut, Verehrter, Lieber, wenn du das Herz über die Himmelswesen mit Macht über die Schöpfungen anderer erheben und der Brahmawelt zuwenden würdest.‹

Wenn er antwortet: ›Das Herz hat sich mir über die Himmelswesen mit Macht über die Schöpfungen anderer erhoben und der Brahmawelt zugewendet‹, dann soll man zu ihm sprechen: ›Bruder, auch die Brahmawelt ist unbeständig, hat keine Dauer, ist ganz gefangen in Seinsdarstellung (sakkāya). Gut wäre es, Verehrter, Lieber, wenn du das Herz über die Brahmawelt erheben und in der Auflösung von Seinsdarstellung sammeln würdest.‹

Wenn er dann erklärt: ›Das Herz hat sich mir über die Brahmawelt erhoben und in der Auflösung von Seinsdarstellung gesammelt‹, dann ist zwischen einem häuslich lebenden Jünger, während er das sagt, und einem Mönch mit von Beeinflussbarkeit befreitem Herzen kein Unterschied, was die Erlösung angeht.«

RUTH: Wunderbar, wie da wirklich »reiner Tisch« gemacht und das Herz behutsam von dem Theater der Seinsdarstellung ab- und auf das tiefste »Gefälle« des Heilsgängerherzens eingestellt wird: Aufhören! Auflösen! Ewigkeit!

HANS: Glaube an Seinsdarstellung und Auflösung von Seinsdarstellung – das ist zwar schon kurz erklärt worden, aber noch nicht ausführlich besprochen. Könntest du das noch näher erklären? Ich denke, wenn wir hier schon über Jenseitswelten sprechen, sollten auch wir den »Not-Ausgang« genauer kennen!

FRITZ: Für »Seins-Darstellung« steht im Pāli das Wort *sakkāya*. Es wird üblicherweise mit »Persönlichkeit« übersetzt.

HANS: Ach so, das kenne ich aus meiner Neumann-Ausgabe der Lehrreden: Der Glaube an Persönlichkeit – also an dieses *sakkāya* – ist die erste der untenhaltenden Verstrickungen. Wer von diesem Glauben frei ist, der ist Heilsgänger. Warum hast du das anders übersetzt?

FRITZ: Weil ich hier »Persönlichkeit« für zu eng halte.[108]

HANS: Warum?

FRITZ: Nun, Hans, was verstehst du denn unter »Persönlichkeit«?

HANS: Den besonderen Charakter, die Individualität, wodurch sich ein Mensch von anderen unterscheidet. Oder?

FRITZ: So erklärt es auch der *Duden in sechs Bänden*. Warte, ich schlage einmal nach. Ja: *»Gesamtheit der charakteristischen, individuellen Eigenschaften eines Menschen.«* Glaubst du, dass solche charakteristischen Unterschiede der Menschen eine Realität sind?

HANS: Natürlich. Kaum etwas ist so verschieden wie die Herzen der Menschen! Der Buddha zählt es ja unter die Wunder, die verschiedenen Herzens- und Gemütsart von Mitwesen erkennen zu können.

RUTH: Dann kann allerdings *sakkāya* nicht gut »Persönlichkeit« in diesem allgemeinen Sinn bedeuten. Denn *sakkāya-diṭṭhi* ist ja der Inbegriff der falschen Ansicht. Die Ansicht dagegen, die

108 Nyāṇatiloka und Nyāṇaponika übersetzen zwar mit »Persönlichkeit« bemerken dazu aber, dass dies »nicht ganz einwandfrei« sei; sie hätten es nur beibehalten, weil es sich eingebürgert habe, besonders »*sakkāya-diṭṭhi*« wiederzugeben mit »Persönlichkeitsansicht« oder »Glaube an Persönlichkeit«.

Menschen hätten unterschiedliche Eigenschaften, ist nicht falsch. Die kann also der Buddha nicht gemeint haben.

Fritz: Hat er auch nicht. Wenn der Erwachte »Persönlichkeit« meint, dann spricht er von *»puggalo«* (»der und der Mensch solchen und solchen Namens«) oder *»citta«* (»Herz, Psyche, Charakter«) oder von *»puriso«* (»Mann«, auch allgemein: »Mensch«) oder *»naro«* (»Mensch«). *Sakkāya* bedeutet also nicht »Persönlichkeit« im deutschen Sinn des Wortes. So haben es auch die kundigen Übersetzer nicht gemeint.

Hans: Was haben sie denn gemeint?

Fritz: Eine »ewige«, zumindest im Kern unveränderliche Persönlichkeit, an die viele nicht von einem Erwachten belehrte Menschen glauben.

Hans: Aber diese Bedeutung ist doch in unserem Wort »Persönlichkeit« gar nicht enthalten – heute nicht einmal mehr in dem Wort »Seele«. Warum übersetzt man dann nicht einfach *»sakkāya«* mit »ewige Seele« und *»sakkāya-diṭṭhi«* mit »Glaube an eine ewige Seele« (oder »ewige Persönlichkeit«)?

Ruth: Dann wären ja Marx, Lenin und Stalin von der ersten Verstrickung »Glaube an ›Persönlichkeit‹« frei gewesen. Die hatten nicht die geringste Neigung, an eine ewige Seele oder Persönlichkeit zu glauben und verfolgten jeden solchen Glauben als »Opium für das Volk«. Wenn sie etwas für ewig hielten, dann war es die Materie in Lenins grenzenlos auf alles »Objektive« aufgeblähter Bedeutung.

Hans: Ja natürlich, Ruth. Da hast du recht.

Ruth: Da kommt mir noch ein Gedanke von einer ganz anderen Seite: Manche tief religiöse Menschen wie jene niederländische Mystikerin[109] sagen: *»Der Welt Gedränge ward mir zu enge.«* Sie sehnen sich danach, auf ewig alle Individualität und Unterscheidbarkeit abzulegen und *»im Grenzenlosen zu verschwinden«*, wie es Goethe einmal formuliert hat. — Wenn *sakkāya-diṭṭhi* mit »Glaube an Persönlichkeit« zu übersetzen wäre, dann wären solche nach einem überindividuellen Bewusstsein Strebende ebenfalls von der ersten Verstrickung frei. Der Buddha bezeichnet aber ausdrücklich auch die von Ich/Du-Unterschied oder gar Ich/Du-Vorstellung freien Existenzbereiche über Brahma hinauf bis zur »Grenzscheide möglicher Wahrnehmung« als *»sakkāya«* und gegenüber den weltgläubigen Brahmanen in A IX,38 als »Welt«. Da passt ja »Persönlichkeit« überhaupt nicht mehr.

Fritz: Ja. Und Übersetzer, die sonst immer *sakkāya* mit »Persönlichkeit« übersetzen, stoßen an Grenzen, z.B. bei dem bekannten Satz, den Neumann übersetzt: *»So weit Dasein reicht, ist ewige Art jene hanglose Herzensneigung.«* Wo Neumann »Dasein« sagt, steht *»sakkāya«*. Auch die von Nyāṇaponika herausgegebene Übersetzung von Nyāṇatiloka hat an einer ähnlichen Stelle statt »Persönlichkeit« »Dasein«.[110] Das scheint mir aber für *sakkāya* nicht zu passen; denn es handelt sich ja um kein wirkliches Da-Sein (was *bhava* heißen müsste), sondern um Seins-*Darstellung* mit *nichts dahinter*. So suggeriert die Übersetzung mit Dasein etwas, was es im Unbestand des Wahns gerade nicht gibt: Beständigkeit.

Ruth: Es geht ja bei der Lehre, soweit ich sie verstanden habe, nicht nur darum, den Glauben an eine ewige *Persönlichkeit* aufzulösen, sondern überhaupt den Glauben an irgendein *ewiges überpersönliches »Etwas«* in irgendeiner der fünf Zusammenhäufungen schlechthin – etwa eine »ewige Welt« oder »ewige Natur« oder einen »ewigen Kosmos«, Weltgeist, Urgeist, Gottesgrund, Ātman und was auch immer.

109 Hadewijch (ca. 1200-1260), Gedicht *»unio mystica«*, aus dem Holländischen übersetzt von Jérôme Decroos, zit. n. Hecker, *Leben und Lehren christl. Mystiker* (unveröff. Mskr.), Hamburg 1982, S. 90-97, hier: S. 97.

110 A IV,33^{m}, 1. Zeile; dazu seine Anm. 83.

HANS: Könnte man dann nicht *sakkāya* einfach mit »ewiges Dasein« oder so ähnlich wiedergeben?

FRITZ: Dann könnte man *sakkāya* auch gleich interpretierend »mit »Zusammenhäufungen« und *sakkāya-diṭṭhi* mit »Glaube an ewige Zusammenhäufungen« übersetzen; denn in zwei Reden gegenüber häuslich lebenden Nachfolgern – M 44 und S 41,6 – wird *sakkāya* als »die fünf Zusammenhäufungen« erklärt.

HANS: Warum übersetzt du dann nicht so?

FRITZ: Das wäre ähnlich, wie wenn man auf die Frage: »Was ist ein Gebirgssee?« antworten würde: »H_2O«. Das wäre zwar nicht falsch, aber dabei käme die Besonderheit von *sakkāya* nicht zum Ausdruck.

HANS: Welche Besonderheit?

FRITZ: *Sakkāya* ist zusammengezogen aus *»sat-kāya«*.[111] *»Sat«* kommt von *»as«* = »Sein« und heißt »seiend, ein Sein habend«, also nicht nur eine flüchtige Erscheinung, sondern etwas, was Bestand hat. Und *»kāya«* kennen wir ja schon.

HANS: Körper?

FRITZ: Das ist nur die engste Bedeutung. Das Wort *»kāya«* schließt aber auch jede Art von Struktur oder Organismus oder System ein. *Sakkāya* kann daher fast wörtlich übersetzt werden mit »Seins-Verkörperung«. Glaube an *sakkāya* (*sakkāya-diṭṭhi*) ist dann der Glaube, die fünf durch Aufgreifen und Ein-Bilden zusammengehäuften Zusammenhäufungen seien nicht nur Zusammenhäufungen, sondern verkörperten ein dahinterstehendes Sein, wie ein Schauspieler einen König »verkörpert« oder »darstellt«, obwohl er gar keiner ist und es einen solchen König auch nicht gibt oder gegeben hat. Deshalb übersetze ich *sakkāya* mit »Seins-Darstellung«.

HANS: Warum nicht mit »Seins-Verkörperung«? Das wäre doch noch wörtlicher.

FRITZ: Das schon. Aber »Darstellung« bezeichnet noch deutlicher »die Schauspielerei, das Trügerische«.

RUTH: *Sakkāya* wäre also die Tatsache, dass die fünf Zusammenhäufungen so tun, als würde sich ihre Existenz nicht darin erschöpfen, Zusammenhäufungen – ein unbeständiger psychischer Vorgang – zu sein, sondern als würden sie irgendetwas wirklich objektiv Dahinterstehendes, Anderes, Beständiges »verkörpern« oder »darstellen«. Wer die Ansicht hat, der Inhalt der Darstellung dieser fünf Existenz-Darsteller sei nicht nur eine bloße *Darstellung* von erdichteter Realität, sondern sei Realität, der hat *»sakkāya-diṭṭhi«*. Und die ist falsch: Der Buddha sagt ja: *»Dies Ganze gilt nicht wirklich*[112]. — Aber eines fällt mir auf: Der Ansatzpunkt für die Besinnung, dass das, was die fünf Zusammenhäufungen darstellen, Schauspielerei, Trug, Wahn ist, scheint doch mehr bei »mir« als bei »Welt« zu liegen. Denn mit der Übung, den Glauben an Seinsdarstellung aufzulösen, setzt der Buddha doch immer bei der »Persönlichkeit« an: *»Das gehört mir nicht, das bin ich nicht, das ist nicht mein Selbst.«*

FRITZ: Ja, Ruth. Wo aber der Wahnglaube an Seinsdarstellung (*sakkāya-diṭṭhi*) ausführlich beschrieben wird, wie etwa in dem ersten Gespräch mit Saccako in M 35 oder von der Nonne Dhammadinna in dem Gespräch mit ihrem früheren Ehemann Visākho in M 44, da werden als *sakkāya-diṭṭhi* auch andere Ansichten als der Glaube an eine ewige Persönlichkeit genannt, zum Beispiel die Ansicht: *»das Selbst ist in der Form«*, also im Festen, Flüssigen, Feurigen, Luftartigen.

111 PED; zur Art der Zusammenziehung von *sat-* in zusammengesetzten Wörtern allgemein vgl. Warder, S. 169 unten; zu *sakkāya* als *sat-kāya* vgl. ANyp, Viererbuch Anm. 83, Fünferbuch Anm. 245, Sechserbuch Anm. 127. Auch Franke leitet *»sa«* in *»sakkāya«* von *»sat-«* ab, übersetzt aber den Wortbestandteil *»kāya«* zu eng mit »Körper« (DFranke, S. 44 f. in Anm. 2).

112 Sn 9[m].

HANS: Das ist ja die Ansicht der Materialisten. Die glauben, Geist und Seele seien nur die Wirkungen von Chemisch-Physikalischem. Mit dem Tod sei es deshalb aus mit Geist und Seele, aber die Materie – die »Form« – stünde der »ewigen Natur« zu Selbstorganisation und Evolution zu neuen anorganischen oder organischen Formen zur Verfügung. Mit *sakkāya-diṭṭhi* erfasst der Buddha also nicht nur die Ichgläubigkeit, sondern auch eine solche Weltgläubigkeit.

FRITZ: Und beides – Ichgläubigkeit und Weltgläubigkeit – ist *Wahn*. Wesentlich ist: Hinter der Seinsdarstellung ist »nichts dahinter«! Unsere westlichen Begriffe »Persönlichkeit« und »Welt« entstammen der spaltenden Denkweise: »Hier bin ich, und draußen ist eine ›an sich‹ bestehende Welt.« Dem Wissen oder wenigstens Ahnen von der Wahnhaftigkeit dieser Idee ist das indische Denken und Fühlen seit jeher näher als der Westen. Diese Grundhaltung hat der Erwachte zur Vollendung geführt. Auf die Frage, was die Welt ist, sagt er nicht: »Das sind die fünf Zusammenhäufungen.«

HANS: Warum nicht? Das stimmt doch.

FRITZ: Auf der allertiefsten Ebene ist einer solchen Aussage die Grundlage entzogen. Es stimmt lediglich, dass alles, was wir Welt nennen, auf die fünf Zusammenhäufungen zurückführbar ist, auf nichts sonst. Aber die fünf Zusammenhäufungen *sind* keine Welt, sondern *stellen* nur eine ein-gebildete Welt *dar*. Deshalb verwendet der Erwachte bei der Antwort auf die Frage, was »die Welt« sei, Ausdrücke, die bewusst machen, dass »die Welt« nicht etwas objektiv Bestehendes oder auch nur Statisches ist, sondern ein wahnhafter *Prozess*, ein Erlebnisvorgang, der ständig entsteht und vergeht, und zwar durch Zusammen-wirken der fünf teils als »innen«, teils als »außen« erlebten Komponenten, der Zusammenhäufungen, bedingt durch die *Dränge* des Herzens (Hinneigung, Abneigung und Blendung) und erscheinend als *Vorgänge* des Herzens: Gefühl und Wahrnehmung (*citta-sankhāra*). Wird der Erwachte nach »dieser Welt« gefragt – also nach der *Sinnenwelt* –, so antwortet er, das seien die fünf Sinnesstränge (*kāmagūṇa*). Wird er nach der »Welt« schlechthin gefragt, so antwortet er, das sei dieses »Immer Herantreten, Aufgreifen (*upādāna*)«. Die fünf Zusammenhäufungen *sind* keine »Welt«, sondern sind *sakkāya*: bloße Seins-*Darstellung*. Sie für eine Welt zu halten, ist eine Ausgeburt des Wahns. Das kann ein offener, ehrlicher, gerader Mensch einsehen, wenn es ihm gut erklärt wird. Deshalb ist dies der Ausgangspunkt, von dem aus das ganze Wahn-Gespinst aufgelöst werden kann.

HANS: Dann gehört zur Aufhebung von *sakkāya-diṭṭhi* also nicht unbedingt, dass man voll versteht, dass die Außenwelt »nur Wahrnehmung« ist, sondern man muss nur verstanden haben, dass sie – ebenso wie alle Gefühle, Wahrnehmungen, Aktivitäten und Gewohnheiten – *unbeständig* ist?

FRITZ: Ja. Entscheidend ist, den rieselnden Unbestand von allem als Innen oder Außen Erlebten zu sehen. Das lässt alle Unterschiede, die ja nur unser eingespielter Erfahrungssuchlauf macht, zurücktreten. Denn was dahinrieselt, hat *keine Sub-stanz:* nichts, was »darunter (sub-) steht« (lateinisch »stans«). Wenn man weiß, dass wirklich »nichts dahintersteht«, dann nimmt man es nicht mehr so ganz ernst und sucht haltbareres Wohl. Das findet man zunächst eher bei dem, was als »innen« erlebt wird. Denn das kann wenigstens den Tod überdauern, während man von allen sinnlich wahrnehmbaren Gütern, die einem lieb sind, spätestens im Tod scheiden muss. Wer das verstanden hat, tritt von äußerer Wohlsuche immer mehr zurück. Bei diesem Loslassen empfindet er allmählich im Gemüt »das Befreiende am Loslassen«. So beschreibt ja der Erwachte in A VIII,54 die Entwicklung zum *Loslassen*. Neben diesem feineren Wohl verliert allmählich die äußere Befriedigung ihren Reiz, und so wird der Heilsgänger immer wählerischer – so lange, bis er alle Wahrnehmung, die immer nur wie ein Schauspieler Beständigkeit *vorspielt*, überwunden und damit das höchste Heil auf ewig erreicht hat, wie wir es in mehreren Reden verfolgen konnten.[113] Danach strebte die Elite des alten Indien. Sie wusste nur die Gesetze der Existenz und die Vorgehensweise nicht. Aber auch wer nicht so tief blickte, strebte doch nicht nur nach Erklärung des Welt- und Ich-Wirrwarrs, oder nach Zementierung des Gedränges und Unbestandes der Herzensvielfalt durch »Selbstverwirklichung«, sondern nach dem *Ewigen*. Die meisten wussten oder ahnten, dass das Ewige nicht »außen« zu finden war. Daher suchten sie »innen« jenes höchste Gut, das immer das selbe war: *Attā*. *Attā* (Sanskrit: *Ātman*) bezeichnete im alten Indien – auch schon lange vor dem Erwachten – in seiner tiefen, eigentlichen Bedeutung nicht unser »Ich« (Ego), nicht die wandelbare Persönlichkeit, sondern das, was unberührt von allen Daseinswandlungen, von keiner Bedingung abhängig, ewig beständig bleibt, was wir das »Selbst« nennen. Die *an-attā*-Lehre des Erwachten sagt, ein solches Ewiges, Un-Bedingtes, Un-Abhängiges sei in keinem »Etwas« zu finden, das man abgrenzen und benennen könnte – sei es nun Welt, Ich, Herz, Wahrnehmung, Gott, Natur oder Kosmos oder was auch immer an Erleben. Der Erwachte hat nie gesagt, dass es ein solches ewig Selbe nicht gibt. Aber der Erwachte hat dieses Ewige, immer »Selbe« nicht mehr, wie die alten Inder, *»attā«* (Selbst) genannt, damit es nicht mehr mit irgendetwas Bedingtem – was es auch sei – gleichgesetzt wird. Er hat es vielmehr ganz sachlich bezeichnet als *Nirvāna* = »Nicht mehr Wehen« (Pāli: *nibbāna*): Erloschenheit (des Daseinsbrandes aus Hinneigung, Abneigung, Blendung) oder als Tilgung aller Beeinflussung (*khīn-āsavā*): Wahn-Erlöschung.

In der Rede S 55,54, von der wir ausgegangen waren und zu der wir nun wieder zurückkehren, zeigt der Erwachte einem tröstenden Heilsgänger, wie er einen schwer kranken Heilsgänger bis auf diese Höhe begleiten kann. Darin wirst du auch deine Äußerung bestätigt finden, Hans, dass das Entscheidende zur Befreiung vom Glauben an Seinsdarstellung und damit von der ersten untenhaltenden Verstrickung das Wissen von der *Unbeständigkeit* alles Gewordenen ist. Kurz gesagt: Wer meint, eine oder mehrere der fünf Zusammenhäufungen würden irgendein hinter ihnen stehendes beständiges »Sein« verkörpern, der ist befangen in *»sakkāya-diṭṭhi«* – dem Glauben an Seinsdarstellung. Wer diesen Wahn zunächst im *Geist* als Wahn durchschaut hat, der hat die erste Verstrickung aufgelöst und tritt damit in die Heilsströmung ein. Wir kommen noch darauf zurück.

Ruth: Wunderbar, dass sich in der Lehre des Buddha ein Gespräch über das Letzte und Tiefste in die praktische Frage einbetten lässt, wie ein klarblickender Heilsgänger einen todkranken anderen Klarblickenden trösten kann. Wenn ich da an die heutigen »Tröstungen« denke: »Kopf hoch!« — »Wird schon wieder werden!« – Und wenn der Schwerkranke vom Sterben spricht: »So etwas darfst du nie wieder sagen! Du darfst doch den Mut nicht sinken lassen! Du wirst bestimmt wieder gesund werden!« Hier aber wird der Kranke am Rand des Todes an Freundeshand schrittweise durch die vielfältige reale Landschaft seines Herzens geführt – beginnend mit den menschlichen Sinnessträngen über die insgesamt feineren »Wünsche« (*kāma*) der sinnlichen Himmelswelten, über Brahma zu den von Sinnensucht freien Arten der »Selbsterfahrung« bis zum Einstellen aller Seinsdarstellung aus der Erkenntnis ihrer Unbeständigkeit und zum Erwachen.

Fritz: Ja, Ruth. Beim Besinnen auf diese aufsteigende Reihe treten dem Kranken die einzelnen Sinnendinge zunächst immer mehr hinter dem Gedanken an das viel größere innere Wohl aus Tugendreinheit und Herzensläuterung zurück, das ihn »drüben« erwartet. Dadurch quillt in ihm die von der Banalität des Alltags oft verschüttete Sehnsucht auf nach der von nicht messender Liebe, Erbarmen, und hoher innerer Freude erfüllten »Brahmawelt«. Dahinter treten selbst die Wünsche nach dem Erleben sinnlicher Himmelsbereiche als gering zurück. Es kann nicht so leicht jemand den inneren Status des Heilsgängers erreicht haben, der sich auf dem Weg

113 Vgl. z.B. D 6, D 11; A IX,41.

dahin nicht wenigstens gelegentlich zutiefst gesehnt hat, jenseits des Todes – gleich in welcher Form – in einem Bereich wieder zu erscheinen, wo er, entlastet von Sinnensucht – dem Ziel freier entgegengehen kann. Der nächste derartige Bereich oberhalb der noch von sublimem sinnlichem Begehren durchzogenen, an sinnlicher Erfüllung reichen übermenschlichen Existenzbereiche ist die Brahmawelt, die Existenzweise der Strahlungsreifen, deren Nahrung inneres Wohl ist. Die Sehnsucht nach diesem Bereich des reinen Herzens ruft der Tröster nun wach. Der so in der Zielgewissheit beruhigte, in der Lehre geborgene, behutsam durch die Schichten seiner restlichen Daseinssehnsüchte bis in seine reinste Herzkammer geführte Kranke, der während dieses Weges die fünf Hemmungen eine nach der andern zeitweise losgelassen hat, wird am Schluss angeleitet, sein Herz in dem Wissen, dass auch Brahmawelten unbeständig sind, auf die »Auflösung von Seinsdarstellung« (*sakkāya-nirodha*) zu sammeln. Damit ist der kranke Heilsgänger für diesen Augenblick nicht mehr zu unterscheiden von einem Mönch, dessen Herz frei ist von Beeinflussbarkeit durch irgendetwas Bedingtes, Unbeständiges.

HANS: In einem so ernsten Rahmen scheint es mir ganz ausgeschlossen, dass die Himmelswesen nur erwähnt werden, um nicht dem Kranken oder Sterbenden etwas zu nehmen, was es zwar »nicht gibt«, woran er aber hängt: Er hatte ja gar nicht danach gefragt. Da sieht man wieder, dass der Erwachte – vom Erlebnisstandpunkt fast aller Menschen aus gesehen – diese jenseitigen Erlebensweisen keineswegs als nur »diesseits« erscheinende Symbole für gegenwärtig vorhandenes Unbewusstes gesehen hat, sondern als während ihrer Dauer genau so »real« oder irreal zu erlebende Daseinsweisen wie unsere momentane menschliche Erlebensweise – wie es in D 9 geradezu wissenschaftlich exakt beschrieben ist. Leben ist Erleben, Herzensgestaltung.

FRITZ: Klar. Wenn Jenseits-»Welten« nicht auch während der »künftigen« Zeit jenseits des Todes, in der sie erlebt werden, (relativ) genau so »real« wären wie unser momentanes Menschenleben während der Zeit, in der es erlebt wird, dann hätte der Erwachte nicht auch die Besinnung auf die Himmelswesen zu einem Bestandteil der »sechs unübertrefflichen Erinnerungen« gemacht.[114] In vielen solchen Reden macht der Erwachte dabei konkrete Angaben über Zeitempfinden und erlebte Lebensdauer bei diesen übermenschlichen Geistwesen[115].Wiederholt berichten auch der Erwachte, große Mönche oder tief erfahrene häusliche Nachfolger vor in der Welt lebenden Nachfolgern, dass auch ihnen selber übermenschliche jenseitige Wesen erschienen sind und mit ihnen gesprochen haben: Die Hausfrau Nandamāta sprach mit einem der vier Großkönige aus dem menschennächsten sinnlichen Jenseitsbereich, und Sāriputto bestätigte es ihr in der Rede A VII,50, auf die wir vielleicht noch zurückkommen. Anuruddho gibt in M 127 einem Brahmanen einen detaillierten Bericht über die Verhältnisse in bestimmten Himmelsbereichen und bestätigt auf ausdrückliche Frage, dass er das alles selber leibhaftig erlebt hat. Als der Erwachte in A VIII,21 seinen Mönchen als Vorbild den wegen seiner Bescheidenheit gerühmten Hausvater Uggo aus Vesālī nannte, erwähnte er auch, dass dieser mit Himmelswesen Zwiesprache pflege. Einem gleichnamigen Uggo aus Elefantendorf zeigten Geistwesen an, welchen der vier Sicherheitsgrade bestimmte Verstorbene erreicht hätten (A VIII,22). Über Zwiesprache mit Jenseitigen berichtete auf dem Sterbebett der bekannte Hausvater Citto seinen um ihn versammelten Verwandten in der Rede

DER KRANKHEITSANBLICK – S 41,10:

Einmal war der Hausvater Citto schwer krank geworden. *Da strömten viele Himmelswesen, die in Hainen, Wäldern, Bäumen, Heilkräutern, Gräsern, Baumriesen im Forst wohnen, zusammen, versammelten sich um den Hausvater Citto und sprachen: »Hausvater: wolle dich*

114 Z.B. in A VI,10, A XI,12, A XI,13, A XI,14; S 41,10, S 55,27.

115 A III,71, A VIII,43, A VIII,45, A VI,10, A X,46, A XI,12, A XI,13, A XI,14.

entschließen, für lange Zeit der künftige König und Weltkaiser zu werden!« So angesprochen, antwortete der Hausvater Citto jenen Himmelswesen: »Auch das zerrieselt, ist ohne Bestand, auch das muss man verlassen und gehen.« Auf diese Worte sprachen die Freunde, Gefährten und Verwandten des Hausvaters Citto zu ihm: »Lieber, sei besonnen, führe keine wirren Reden!« — »Was hab ich denn gesagt, dass ihr zu mir sagt, ich soll besonnen sein und keine wirren Reden führen?« — »Lieber, du hast gesagt: ›Auch das zerrieselt, ist ohne Bestand, auch das muss man verlassen und gehen.‹« — »Es haben doch Himmelswesen, die in Hainen, Wäldern, Bäumen, Heilkräutern, Gräsern, Baumriesen im Forst wohnen, zu mir gesagt: ›Hausvater: wolle dich entschließen, für lange Zeit der künftige König und Weltkaiser zu werden!‹ Denen habe ich erwidert: ›Auch das zerrieselt, ist ohne Bestand, auch das muss man verlassen und gehen.‹« — »Was haben denn jene Himmelswesen im Auge gehabt, Lieber, als sie das zu dir sagten?« — »Jene Himmelswesen haben gedacht: ›Dieser Hausvater Citto ist tugendhaft und hochsinnig. Wenn er anstreben würde, für lange Zeit der künftige König und Weltkaiser zu werden, so würde dieser Entschluss in seiner Lauterkeit – da er von einem Tugendreinen ausgeht – Erfolg haben. Ein gerechter, wahrer Herrscher würde wahren Segen bringen.‹ Aus dieser Überlegung haben das jene Himmelswesen gesagt. Ich habe ihnen geantwortet: ›Auch das zerrieselt, ist ohne Bestand, auch das muss man verlassen und gehen.‹« — »Bitte, du Lieber, leite uns an!« — »So solltet ihr euch üben: ›Über den Erhabenen, die Lehre, die Heilsgängergemeinde wollen wir zu der endgültigen Gewissheit gelangen … Was es auch in unserer Familie gibt, das zum Spenden geeignet ist, soll alles restlos den Tugendechten, Hochsinnigen zukommen.‹ So solltet ihr euch üben.« — Nachdem der Hausvater Citto seine Freunde, Gefährten und Verwandten zur Gewissheit über den Erwachten und die Lehre und die Heilsgängergemeinde geführt und zur Freigebigkeit ermuntert hatte, starb er.

Selbst in der großen Rede »Vom Vollkommenen Erlöschen« (D 16), in welcher die letzten Monate des Erdenwandels des Erwachten so genau wie nur möglich dokumentiert sind, wird im I. Teil ganz natürlich und fast beiläufig Zeugnis für die (relative, innerweltliche – »innerwahnliche«) Realität von übermenschlichen Jenseitsbereichen gegeben:

»Zu jener Zeit aber ließen Vassakāro und Sunīdho, die beiden Ersten Minister von Magadhā, bei dem Dorf Pāṭali eine Festung gegen die Vajjer bauen. Gleichzeitig hatte eine große Schar von Tausenden von Himmelsgeistern das Gelände um das Dorf Pāṭali besetzt. Dort, wo Himmelsgeister von großer Macht das Gelände besetzt hatten, da zeigten sich die Verwaltungsleiter der Fürsten von großer Macht geneigt zu bauen; wo Himmelsgeister von mittlerer Macht das Gelände besetzt hatten, die Verwaltungsleiter der Fürsten von mittlerer Macht; wo Himmelsgeister von geringerer Macht das Gelände besetzt hatten, die Verwaltungsleiter der Fürsten von geringerer Macht. Der Erhabene aber sah mit dem himmlischen Auge, dem geklärten, über menschliche Beschränktheiten hinausreichenden, diese Tausende von Himmelsgeistern das Gelände um das Dorf Pāṭali besetzt halten. Da sprach der Erhabene im Morgengrauen, als der Tag anbrach, zum ehrwürdigen Ānando: »Ānando, wer lässt da bei dem Dorf Pāṭali eine Festung bauen?« — »Vassakāro und Sunīdho, Herr, die Ersten Minister von Magadhā.« — »Als hätten sie es mit den Himmelswesen der Dreiunddreißig abgesprochen, Ānando, so lassen Vassakāro und Sunīdho, die beiden Ersten Minister von Magadhā, bei dem Dorf Pāṭali die Festung gegen die Vajjer bauen: Ich habe mit dem himmlischen Auge, dem geklärten, über menschliche Beschränktheiten hinausreichenden, eine Schar von Tausenden von Himmelsgeistern das Gelände um das Dorf Pāṭali besetzt halten sehen. Dort, wo Himmelsgeister von großer Macht das Gelände besetzt halten, zeigten sich die Verwaltungsleiter der Fürsten von großer Macht geneigt zu bauen, wo Himmelsgeister von mittlerer Macht das Gelände besetzt hatten, die Verwaltungsleiter der Fürsten von mittlerer Macht, wo Himmelsgeister von geringerer Macht das Gelände besetzt hatten, die Verwaltungsleiter der Fürsten von geringerer Macht. Soweit das Gebiet der Arier reicht, Ānando,

soweit der Handel reicht, wird dies die bedeutendste Stadt werden: Pāṭaliputta, wo sich die Wasserläufe teilen. Pāṭaliputta stehen drei Gefahren bevor, Ānando: vom Wasser, vom Feuer und von der Zwietracht.« — Das traf genau ein: *»Pataliputra, das heutige Patna, war vom 4. Jh. v. Chr. bis zum 6. Jh. n. Chr. wichtigste Hptst. Nordindiens; unter der Maura-Dynastie eine der größten Städte der Welt«.* Zur Zeit Karl Eugen Neumanns war es zur Kreisstadt abgesunken, heute ist es die Hauptstadt des Bundesstaates Bihar.[116]

Auch noch in weiteren für häusliche Nachfolger bestimmten Reden wird oft genauso natürlich und sachlich wie über menschliche Verhältnisse über allerlei jenseitige Einzelheiten berichtet, etwa in S 11,11 über die Eigenschaften, durch die der Herrscher des Himmelsbereichs, der in Indien die »Dreiunddreißig Götter« genannt wird, zu seinem Rang gekommen ist. Oder denkt an jene Rede über die Eigenschaften, durch die eine Frau bei anmutig gestalteten Himmelswesen wiedergeboren wird[117], oder an D 23, wo der heilige Mönch dem Fürsten sagt, dass für manche übermenschliche Geistwesen die Menschen »hundert Meilen gegen den Wind stinken«. Wenn wir später tiefer über die vom Erwachten empfohlene Übung im Geben sprechen, werden wir auch an die Versfolge Sn 487 ff. kommen, in der der Erwachte einem spendenfreudigen jungen Bürger genau zeigt, wie man in Brahmische Welt kommt, und an die Rede A VII,49, wieso – je nach der Motivation – ein und dieselbe Gabe beim einen nur zur Wiedergeburt in dem menschennächsten Bereich der »Vier Großen Könige« führt, beim anderen zur Wiedergeburt bei den Reinhausigen – den Nichtwiederkehrern. Mehrfach wird auch berichtet, wie nach ihrem Tod in hohen Jenseitswelten wiedererschienene klarsehende Nachfolger des Buddha wie die vormaligen Hausväter Anāthapiṇḍiko (M 143), Haṭṭhako (A III,128) und Uggo (A V,44) sich gleich nach ihrem Abscheiden, dem Zug ihres Herzens folgend, beim Erwachten in hoher Geistgestalt meldeten. Besonders plastisch ist der Bericht über Haṭṭhako:

A III,128.

Einstmals weilte der Erhabene in Sāvatthī im Jetahain im Kloster Anāthapiṇḍikos. Da begab sich in tiefer Nacht Haṭṭhako als junges Himmelswesen, den ganzen Jetahain mit seinem herrlichen Glanz erleuchtend, zum Erhabenen. Vor dem Erhabenen wollte er sich aufstellen, sank aber ein und konnte sich nicht halten. Es war, wie wenn geschmolzene Butter oder Öl, auf Sand geschüttet, versickert und verrinnt und sich nicht halten kann. Da sprach der Erhabene zu Haṭṭhako, dem jungen Himmelswesen: »Erzeuge dir eine dichtere Erscheinungsform, Haṭṭhako.« — »Ja, Herr«, antwortete Haṭṭhako, das junge Himmelswesen, dem Erhabenen und erzeugte sich eine dichtere Erscheinungsform, begrüßte den Erhabenen ehrerbietig und stellte sich seitwärts. Zu dem seitwärts stehenden Haṭṭhako, dem jungen Himmelswesen, sprach der Erhabene: »Jene Eigenschaften, die du früher als menschliches Wesen hattest – hast du die auch jetzt noch?« — »Jene Eigenschaften, die ich früher als menschliches Wesen hatte, die habe ich auch jetzt noch, und ich habe jetzt auch Eigenschaften, die ich als menschliches Wesen nicht hatte: So wie ich früher umgeben war von Mönchen und Nonnen, Anhängern und Anhängerinnen, Königen und königlichen Ministern, Anhängern anderer Gemeinschaften und deren Jüngern, so bin ich jetzt umgeben von jungen Himmelswesen; von weither kommen junge Himmelswesen, um beim Göttersohn Haṭṭhako die Lehre zu hören. — In drei Dingen unersättlich, in völliger Hingabe bin ich gestorben, Herr, in welchen dreien? Unersättlich darin, in völliger Hingabe den Erhabenen aufzusuchen, die Wahrheitslehre zu hören, der Gemeinde der Nachfolger zu dienen. In diesen drei Dingen unersättlich in völliger Hingabe bin ich gestorben, Herr.«

»Bei dem Erhabenen zu sein – unstillbar war ich stets darin,

116 *Readers Digest Universallexikon* in 18 Bänden 2001, ferner GA, D, Anm. 378.
117 *manāpa-kāyika*, A VIII,47.

zu dienen seiner Jüngerschaft, die Lehre hören oft und oft
und hohe Tugend üben treu: Die Lehre leben war mein Glück.
In den drei Dingen ungestillt, stieg Hatthako ins reine Reich.«

HANS: Was ist das »reine Reich«?

FRITZ: Der Bereich der »Reinhausigen«, in welchem die Nichtwiederkehrer nach dem Abscheiden aus dem Menschentum bis zur vollständigen Erlösung verweilen: Er ist gestalthaft, aber frei von Sinnensucht, gehört also dem Bereich reiner Formen (*rūpaloka*) an. Seine Bewohner tragen die ebenso zarte wie sachliche Bezeichnung: *suddhavasa*, »die in Reinheit Wohnenden«. Neumann übersetzt: »die Reinhausigen«.

HANS: Über einen so hohen Bereich wird der Buddha wohl häuslich Lebenden nichts gesagt haben?

FRITZ: Doch, unter anderem im zweiten Teil der Rede

M 90 – Am Zwieselstein:

Da geht es um ein Gespräch des Buddha mit König Pasenadi von Kosalo, an dem auch Ānando und ein Sohn des Königs, der General Viḍūḍabho teilnahmen. Der König fragt: *»Wie ist es aber damit, Herr: bestehen Himmelswesen?« — »Warum fragst du: ›Bestehen Himmelswesen‹, Großer König?« — »Ich meine, Herr, ob Himmelswesen zu dieser Welt wiederkehren oder nicht.« — »Himmelswesen, die nicht frei von Bedrängen*[118] *sind, kehren zu dieser Welt wieder, Himmelswesen, die frei sind von Bedrängen, kehren nicht zu dieser Welt wieder.« — Auf diese Worte sprach der Feldherr Viḍūḍabho zum Erhabenen: »Herr, können die Himmelswesen, die nicht frei von Bedrängen sind und zu dieser Welt wiederkehren, jene Himmelswesen, die frei von Bedrängen sind und nicht zu dieser Welt wiederkehren, aus ihrem Bereich verdrängen und verbannen?« Da dachte der ehrwürdige Ānando: »Dieser Feldherr Viḍūḍabho ist der Sohn des Königs Pasenadi von Kosalo; ich bin ein Sohn des Erhabenen.*[119] *Da ist es angebracht, dass der Sohn den Sohn aufklärt.« Und der ehrwürdige Ānando sprach zum Feldherrn Viḍūḍabho: »Nun, Feldherr, ich möchte dich dazu befragen. Wenn du magst, kannst du antworten. Was meinst du: Soweit das Gebiet des Königs Pasenadi von Kosalo reicht, in dem er die königliche Oberherrschaft ausübt, kann dort König Pasenadi von Kosalo einen Asketen oder Brahmanen, der ein verdienstliches oder nicht verdienstliches Leben, einen brahmischen oder unbrahmischen Wandel führt, aus diesem Bereich ausweisen oder verbannen?« — »Das kann er.« — »Was meinst du, Feldherr: Wo das Machtgebiet des Königs Pasenadi von Kosalo nicht hinreicht, kann der König Pasenadi von Kosalo ihn aus diesem Bereich ausweisen oder verbannen?« — »Von da kann er ihn nicht ausweisen oder verbannen« — »Was meinst du, Feldherr: hast du von den Himmelswesen der Dreiunddreißig gehört?« — »Ja, Herr.« — »Was meinst du, Feldherr: kann König Pasenadi von Kosalo die Himmelswesen der Dreiunddreißig aus ihrem Bereich ausweisen oder verbannen?« — »König Pasenadi von Kosalo kann sie nicht einmal sehen; wie könnte er sie da aus ihrem Bereich ausweisen oder verbannen!« — »Ebenso, Feldherr, können Himmelswesen, die nicht frei von Bedrängen sind und zu dieser Welt wiederkehren, jene Himmelswesen, die frei von Bedrängen sind und nicht zu dieser Welt wiederkehren, nicht einmal sehen. Wie könnten sie sie da aus ihrem Bereich verdrängen oder verbannen?« Da sprach König Pasenadi von Kosalo zum Erhabenen: »Herr, wie heißt dieser Mönch?« — »Er heißt Ānando, großer König.« — »Der ehrwürdige Ānando ist wirklich ein ānando (= Segen); wie ein Segen sieht er aus. Wohlbegründet hat der ehrwürdige Ānando gesprochen, Herr. — Wie ist das aber, Herr: besteht Brahma?« — »Warum fragst du: ›Besteht Brahma‹, Großer König?« — »Ich meine, ob Brahma zu dieser Welt wiederkehrt oder nicht.« — »Wer als Brahma nicht frei von Bedrängen ist, kehrt zu dieser Welt wieder; wer als Brahma frei ist*

118 *sa-vyāpajjha* = »mit Bedrängen«.
119 Die Mönche des Erwachten wurden oft als seine »aus dem Munde geborenen« Söhne bezeichnet.

von Bedrängen, kehrt nicht zu dieser Welt wieder.« Da sprach König Pasenadi von Kosalo zum Erhabenen: »Herr, wir haben den Erhabenen über die Himmelswesen und über Brahma befragt, und der Erhabene hat die Himmelswesen und Brahma erklärt, und das sagt uns zu und leuchtet uns ein und macht uns zufrieden. Was auch immer wir den Erhabenen gefragt haben, das hat uns der Erhabenen erklärt, und es sagt uns zu, leuchtet uns ein und macht uns zufrieden. Nun müssen wir aufbrechen, Herr. Wir haben viel zu tun.« — »Wie es dir beliebt.« Da stand König Pasenadi von Kosalo, beglückt und erhoben von den Worten des Erhabenen, von seinem Sitz auf, grüßte den Erhabenen mit gefalteten Händen und ging.

RUTH: Ich habe diese Rede einmal in Neumanns Übersetzung gelesen. Da klang es aber so, als hätte Viḍūḍabho gefragt, ob es überhaupt Himmelswesen »gibt« und König Pasenadi, ob es überhaupt Brahma »gibt«, nicht nur ob sie Bestand haben.

FRITZ: Im Pāli steht »*atthi* devā« und »*atthi* Brahma«. — Da kann »*atthi*« zwar auch mit »es gibt« übersetzt werden. Vor den Vorarbeiten zu dem Buch habe ich auch so übersetzt. Die Erklärung des Königs, er habe nur darauf hinausgewollt, ob Brahma zu dieser Welt wiederkehrt, hatte ich als eine Verlegenheitsausrede aufgefasst, weil es ihm vielleicht peinlich war, die Existenz Brahmas – des für die damaligen Inder höchsten Wesens – in Frage gestellt zu haben. Das hatte mich allerdings leise verwundert. Denn aus dem Lebenslauf des Königs[120] ergab sich, dass ihm Karma und Wiedergeburt schon von seinem ersten geistigen Lehrer, dem tief erfahrenen Brahmanen Bāvari vertraut waren. Da habe ich die Übersetzung noch einmal nachgeprüft und gefunden: »*atthi*« (von *as* = »sein«) bedeutet nicht nur einfach »es gibt« dies und das, sondern es bedeutet vor allem auch »sein« in dem nachdrücklichen, betonten Sinn von »Bestand haben«. Will man nur eine vorübergehende, flüchtige Erscheinung ohne dauerhaften Bestand bezeichnen, so verwendet man das Verbum »*hū*«, nicht »*as*«.[121] Pasenadis Erklärung seiner Frage war wohl doch keine bloße Verlegenheitsausrede, sondern der König wollte wissen, ob die Himmelswesen und besonders Brahma in ihrem Bereich bestehen bleiben oder ob sie wieder *absinken* müssen. Und der Erwachte antwortet, dass dies davon abhänge, ob der betreffende Brahma »frei ist von Bedrängen«.

HANS: Ich dachte, Brahma sei der Inbegriff der Liebe. Kann denn ein solches Wesen noch mit Bedrängen zu tun haben?

FRITZ: Die Pāliwörter, die hier mit »frei von Bedrängen« (*a-byāpajjha*) und »nicht frei von Bedrängen« (*sa-byāpajjha*) übersetzt wurden, erscheinen zwar bedeutungsverwandt mit dem Wort für »Übelwollen« (*byāpāda*). Aber *byāpajjha* hat hier einen viel feineren Gebrauchswert, nämlich »Störung« oder »Belästigung« – das Gegenteil ist »Erleichterung«, »Wohltat«, »Entlastung«.[122]Den brahmischen Existenzbereich hielten zwar die Brahmanen für die höchste und ewige Existenzweise. Der Erwachte berichtet aber, wie er sagt aus leibhaftiger geistiger Erfahrung, dass dieser Daseinsbereich erst der unterste von 15 Erlebnisweisen der reinen Formen ist. In der Rede M 41 zählt der Erwachte den Brahmanen von Sālā alle diese 15 Bereiche reiner Form auf. — Erst wenn der Sinnensuchtbereich überstiegen ist, kann sich das durch die Sinnensucht so lange bedrängte, wundenübersäte Herz wieder seinem leuchtenden, reinen »Grundzustand« nähern, ihn für lange Zeiten erreichen – und wieder verlieren – und wieder erreichen – und wieder verlieren –, bis ein Wesen unter diesem Leidensdruck den Weg zum Löschen des Daseinsbrandes findet und geht. So vielfältig wie die unzähligen Reinheitsgrade eines aus der Folter der Sinnensucht entkommenen Herzens, so vielfältig sind die feinen Daseinsformen in der Welt der reinen Formen. Die »Himmel« sind ja keine Schöpfungen einer

120 Hecker, WW, 15. Jg. (1969), S. 336 ff.
121 Vgl. Warder, S. 30 f.
122 Englisch »relief«, vgl. PED, S. 492.

spielenden Gottheit, wie viele Inder meinten, sondern erscheinen nach dem Karmagesetz in der Wahrnehmung auf Grund des Willens und Wirkens nach der zur Zeit des Wirkens gerade vorhandenen Herzensbeschaffenheit. Deshalb gibt es auch Wesen, die zwar noch nicht völlig rein von gelegentlichen zarten sinnlichen Regungen sind, bei denen aber Strahlen die Durchschnittsverfassung ihres Herzens bildet und Strahlungszeiten ihr Lebensklima bestimmen. Während dieser Zeiten sind sie frei von Bedrängen und Störbarkeit und kehren nicht zur Sinnenwelt wieder. Von den Strahlungen heißt es in der Rede A III,67 ja: *»mit einem von Bedrängen freien Gemüt.«* Solche Wesen werden nach dem Karmagesetz nach dem Absterben des Leibes normalerweise oberhalb der Sinnensuchtwelt wiedererscheinen, über die sie ja ihr bis auf unbedeutende Reste sinnensuchtfreies Gemüt wegen seines verringerten »spezifischen Gewichts« hinaufträgt. Wenn sie aber nicht durch einen Erwachten aufgeklärt sind, dann kommen viele von ihnen zu ihrer feinen Herzensverfassung in Verbindung mit dem verehrenden Hinblick auf »Gott« oder »Brahma« und seine Eigenschaften. Dann ist es eine nahe liegende Folge, dass sie sich nach dem Tod in einem Bereich wieder finden, in welchem sie sich dem von ihnen verehrten Großen Wesen nahe fühlen. Andererseits ist klar: Wenn es über diesem brahmischen Herzensbereich 14 noch höhere innerhalb der reinen Formenwelt gibt, dann ist auch der Oberste in dem untersten Bereich dieser von Sinnensucht reinen Welt – Brahma – noch nicht der vollkommenste. Und in der Tat finden sich in mehreren Reden an Mönche Berichte, dass selbst ein Brahma nicht immer in Strahlung weilt. Deshalb können er und sein Gefolge – solange sie nicht über die Wahrheit aufgeklärt sind – Augenblicke majestätischer Irritationen haben, vor allem wenn in einen solchen Bereich die Botschaft eines Erwachten dringt, dass auch dieses helle Reich nicht ewig währt.[123]

HANS: Ja gibt es denn auch Berichte für häusliche Anhänger über Bereiche der reinen Formen oberhalb von Brahma?

FRITZ: Freilich. Von dem nächsthöheren Erlebensbereich über der Brahmawelt, den »Leuchtenden Himmelswesen« etwa, berichtet einer der geistmächtigsten Mönche des Erwachten, Anuruddho, dem Baumeister Pañcakango in der Rede

M 127 – ANURUDDHO.

Der Baumeister Pañcakango ließ Anuruddho durch einen Boten für den nächsten Tag mit drei Mitmönchen zum Mahl einladen, er möge aber etwas früher kommen; er habe im Dienst des Königs viel zu tun. Anuruddho nahm die Einladung an. Einer der begleitenden Mönche war Abhiyo Kaccāno. Nach dem Mahl fragte der Baumeister: *»Herr, da sind ordensältere Mönche gekommen und haben gesagt: ›Hausvater, entfalte die vom Abgrenzen freie Gemüterlösung‹; andere ordensältere Mönche haben gesagt: ›Hausvater, entfalte die weite Gemüterlösung!‹ Die vom Abgrenzen freie und die weite Gemüterlösung, Herr: sind das verschiedene Dinge mit verschiedener Bezeichnung oder dasselbe, nur unter verschiedener Bezeichnung?« — »Nun, Hausvater, sag, was dir dabei in den Sinn kommt, dann wird es dir klar werden.« — »Ich denke, Herr, vom Abgrenzen freie Gemüterlösung und weite Gemüterlösung ist dasselbe, nur die Bezeichnung ist verschieden.« — »Die vom Abgrenzen freie Gemüterlösung und die weite Gemüterlösung ist zweierlei unter zweierlei Bezeichnungen. Das ist auf folgende Weise zu verstehen:*

Was ist die vom Abgrenzen freie[124] *Gemüterlösung, Hausvater? Da durchstrahlt ein Mönch mit liebevollem/ erbarmendem/ freudvollem Gemüt/ mit einem Gemüt voll erhabenen Gleichmuts eine Richtung und verweilt so, dann eine zweite, dritte, vierte. So nach oben und unten und mittendurch, überallhin, sich mit allem als eins empfindend, durchstrahlt er ganz und gar die Welt mit überströmendem, weitem, vom Abgrenzen freiem, von Abwehr freiem, von Bedrängen freiem*

123 Vgl. z.B. die Rede M 49[m]: »Der Besuch bei Brahma«.
124 *appamāna.*

Gemüt. Das nennt man ›vom Abgrenzen freie Gemüterlösung‹.

Was ist die weite[125] *Gemüterlösung, Hausvater? – Da durchstrahlt ein Mönch den Bereich eines einzelnen Baumes/ den Bereich von zwei oder drei Bäumen/ einer Dorfgemarkung/ zweier oder dreier Dorfgemarkungen/ den Bereich eines Königreiches/ zweier oder dreier Königreiche/ den Bereich der meerumschlossenen Erde als ›weit‹, empfindet dabei Befreiung und verweilt darin. Das nennt man ›weite Gemüterlösung‹. In dieser Weise ist es zu verstehen, inwiefern diese Dinge verschieden sind und verschiedene Bezeichnungen haben.«*

Ruth: Das sind aber zwei sehr verschiedene Übergänge aus Kleinlichkeit und Enge ins Weite und Großzügige: Bei der von Abgrenzen freien Gemüterlösung – den vier Strahlungen – heißt es: *»überall mit allem sich als Eins empfindend«*. Da wird das Ego gleichsam eingeschmolzen zu dem Empfinden: »ein Herz und eine Seele«. — Bei der weiten Gemüterlösung wird in der Vorstellung die Wahrnehmung des beengenden Raumes immer mehr erweitert. Auch das ist schön: Wenn ich denke, wie wohl es tut, an einem Baumriesen hochzuschauen oder im Hochwald still zu werden oder von einem Berggipfel in die Weite zu blicken oder auf die offene See – wie dann aller Kleinkram des Tages abfällt und das Herz ins Große geht, dann kann ich mich auch in diese Übung einfühlen. Aber so strahlend und stark wie die vier »brahmischen Weilungen« scheint mir dieser Austausch der Vorstellung engerer Formen durch die Vorstellung weiterer Formen nicht. Einschmelzen ist mehr als Erweitern.

Fritz: Du hast die beiden Übungen fein gekennzeichnet. Beides sind Wege zu übermenschlichen Bereichen mit »unmittelbarem Erscheinen von Wesen«.[126] Der geheilte Mönch Nandiyo nennt die dort erschienene Wesen »Himmelswesen, die über körperliche Nahrung hinausgewachsen, in Gemeinschaft von Himmelswesen mit geistgebildetem Leib wiedererschienen sind«.[127] Fast kein westlicher Mensch ahnt auch nur, dass es einen solchen Daseinsbereich relativ genau so »gibt«, wie es Menschentum und Tierwelt gibt. Wie das Wiedererscheinen dort im Einzelnen ist, hängt davon ab, auf welchem der genannten beiden Wege und in welcher Intensität ein Mensch das Herz ausgebildet hat. Das erklärt nun Anuruddho dem Baumeister:

»Vier Arten des Wiedererscheinens dieser Wesen gibt es: Da strahlt jemand ein begrenztes Leuchten aus, empfindet dabei Befreiung und verweilt darin; der erscheint nach dem Absterben des Körpers, jenseits des Todes in Gemeinschaft begrenzt leuchtender Himmelswesen wieder. Da strahlt jemand ein unbegrenztes Leuchten aus, empfindet dabei Befreiung und verweilt darin; der erscheint nach dem Absterben des Körpers, jenseits des Todes in Gemeinschaft unbegrenzt leuchtender Himmelswesen wieder. Da strahlt jemand ein unreines Leuchten aus, empfindet dabei Befreiung und verweilt darin; der erscheint nach dem Absterben des Körpers, jenseits des Todes in Gemeinschaft unrein leuchtender Himmelswesen wieder. Da strahlt jemand ein völlig reines Leuchten aus, empfindet dabei Befreiung und verweilt darin; der erscheint nach dem Absterben des Körpers, jenseits des Todes in Gemeinschaft völlig rein leuchtender Himmelswesen wieder.«

Ruth: Da werden also beim Leuchten des Herzens zweierlei Unterscheidungen gemacht: einmal danach, ob es begrenzt oder unbegrenzt ist und zum anderen danach, ob es unrein oder rein ist. Mir scheint, die Wesen mit begrenztem Leuchten sind solche, die vor dem Abscheiden aus der Menschenwelt »nur« geübt haben, ihren »Geschmack« an Formvorstellungen dadurch zu verfeinern, dass sie ihn an immer großartigere, weitere Formvorstellungen gewöhnen. Aber

125 *mahaggata* = »ins Große gehend«.

126 Vgl. M 60; S 42,13.

127 Vgl. A XI,14. Das sind nicht die einzigen geistunmittelbar erschienenen Wesen: Das Pāliwort *opāpatika* umfasst alle über- und untermenschlichen Wesen, die nicht aus Mutterleib, Ei oder durch Zellteilung geboren, sondern unmittelbar erschienen sind.

selbst der Erdball ist ja noch begrenzt. Wenn dagegen ein Wesen »überall mit allem sich als Eins empfindend die ganze Welt mit nicht messender Liebe, Erbarmen, hoher Freude und erhabenem Gleichmut durchstrahlt«, – das ist räumlich unbegrenzt. Aber in allen Fällen ist von »Leuchten« die Rede. Es geht also offenbar nicht um die Fähigkeit, in der Meditation »Lichterscheinungen« wahrzunehmen, sondern *selbstleuchtend* und dadurch einigen Herzens und dadurch klar sehend zu sein?

Fritz: Ja. So sehe ich das auch. Wir sagen ja von manchem Menschen, dass er eine besondere »Ausstrahlung« hat, obwohl wir mit dem körperlichen Auge kein Licht bei ihm sehen. Wenn nun gar bei einem Heilsgänger unter seiner Körperhülle ein selbstleuchtendes Gemüt wohnt, und im Sterben fällt die »sterbliche Hülle« ab, dann ist es das natürlichste von der Welt, dass seine dortigen Mitwesen dieses innere Leuchten, dank dessen er mit dem »himmlischen Auge« klar sehen kann, direkt schauen können. Anuruddho erklärt nun über diese leuchtenden Geistwesen weiter: *»Es kommt vor, dass solche Himmelswesen an einem Ort zusammenkommen; dann kann man zwar bei diesen an einem Ort zusammengekommenen Himmelswesen verschiedenes Aussehen (vaṇṇa) erkennen, aber keine Getrenntheit des Lichts (ābhā). Es ist wie wenn ein Mann viele Öllampen in ein einziges Haus brächte; dann könnte man zwar die verschiedenen Flammen dieser ins Haus gebrachten Öllampen erkennen, aber keine Verschiedenheit des Lichts; ebenso kann man zu einer Zeit, zu welcher diese Himmelswesen an einem Ort zusammenkommen, zwar bei diesen an einem Ort zusammengekommenen Himmelswesen verschiedenes Aussehen erkennen, aber keine Verschiedenheit des Lichts.*

Es kommt vor, dass diese Himmelswesen sich von dort wieder trennen; dann kann man bei ihnen Verschiedenheit des Aussehens und Getrenntheit des Lichts erkennen. Es ist, wie wenn der Mann jene Öllampen wieder aus dem Haus hinausbrächte. Bei diesen auseinander getragenen Öllampen kann man dann Verschiedenheit der Flammen und Verschiedenheit des Lichts erkennen. Ebenso kommt es vor, dass diese Himmelswesen von dort wieder sich trennen; bei diesen Himmelswesen kann man dann, wenn sie sich getrennt haben, Verschiedenheit des Aussehens und Verschiedenheit des Lichts erkennen.

Aber diese Himmelswesen denken nicht: ›Das ist beständig so bei uns‹ oder ›das ist immer so‹ oder ›das ist ewig‹, sondern wohin diese Himmelswesen gerade treiben, eben dort sind diese Himmelswesen glücklich. Genauso wie Fliegen, die in einem Behälter oder in einem Korb fortgetragen werden, nicht denken: ›das ist beständig so bei uns‹ oder ›das ist immer so‹ oder ›das ist ewig‹, sondern wohin diese Fliegen gerade hinschwärmen, da sind eben diese Fliegen vergnügt. Ebenso denken diese Himmelswesen nicht: ›Das ist beständig so bei uns‹ oder ›das ist immer so‹ oder ›das ist ewig‹, sondern wohin diese Himmelswesen gerade treiben, eben dort sind diese Himmelswesen glücklich.«

Hans: Als ich zuerst von Daseinsmöglichkeiten oberhalb der Sinnenwelt hörte, habe ich das für Phantasien gehalten. Als ich dann mehr hinter die Möglichkeiten des Herzens kam, wurde mir der Gedanke daran zwar vertrauter, aber dass sich auch in diesem Bereich oberhalb der Sinnenwelt solche Unterschiede auftun, ist mir neu. Ich habe gemeint, oberhalb der Sinnenwelt sei ein ganz einheitlicher Bereich der »*unio mystica*«; dort seien die Wesen immer nur eins. Aber nach dem, was da Anuruddho schildert, gibt es auch dort Unterschiede und Wechsel zwischen Zusammenkommen und Trennung. Das Gleichnis von den Öllampen ist da sehr deutlich: Bei mehreren Lampen in einem Zimmer sieht man tatsächlich die verschiedenen einzelnen Flammen – eine brennt mehr bläulich, eine andere gelblicher, eine heller, eine matter –, nur die Gesamthelligkeit im Zimmer ist völlig einheitlich.

Fritz: Anuruddho berichtet hier nur über denjenigen Teil der reinen Formwelt, der durch die Erweiterung der Formvorstellung oder durch die vier Strahlungen erreicht wird. Nur danach war er gefragt. Er war nicht gefragt worden über Jenseitsbereiche, zu denen Mönche nach dem

Tod wiederkehren, wenn sie auf dem Tathāgatagang die vier Entrückungen nach Wunsch und Willen erreichen können. Anuruddho sagt von keinem der beiden von ihm behandelten Übungswege, er sei mit totaler Befreiung von Form- oder Tonwahrnehmung und Denken wie ab der zweiten Entrückung verbunden. Auch Glanz und Licht sind ja Form, nur eben mehr oder weniger einheitliche, ähnlich wie eine einfarbige Fläche immer noch »farbig« ist – eben »einfarbig«. Der Daseinsbereich der »Leuchtenden Himmelswesen«, den allein die Frage des Baumeisters betraf, ist nur ein kleiner Ausschnitt aus den je nach Art und Grad der Herzensausbildung erreichbaren Jenseitsbereichen oberhalb der Sinnenwelt. Das zeigt die Übersicht in M 41. Dort machen die leuchtenden Himmelswesen von 15 unterschiedlichen Sphären allein der Welt der reinen Formen nur drei im unteren Viertel aus.

RUTH: Was sind wir westlichen Menschen arm daran, dass uns dieser unermessliche Kontinent der Daseinsmöglichkeiten so gänzlich unbekannt ist. Wie gut hatten es da die alten Inder.

FRITZ: Sie waren viel offener für solche Existenzmöglichkeiten, und wenn sie davon hörten, kamen sie mit weniger Widerstand mindestens zu einem ahnenden Vorverständnis. Aber es musste erst ein so universal Erfahrener wie der Erwachte den ganzen Wall von Ritualen und zusammengedachten Vorstellungen der Brahmanen durchbrechen, um den besten unter ihnen zu einem so umfassenden Überblick zu verhelfen. Selbst einer der Anuruddho begleitenden Mönche hatte noch Fragen:

Auf diese Worte sprach der ehrwürdige Abhiyo Kaccāno[128] *zum ehrwürdigen Anuruddho: »Gut, Herr Anuruddho; aber ich habe noch eine Frage: Haben alle leuchtenden Himmelswesen begrenztes Leuchten, oder sind auch einige dabei mit unbegrenztem Leuchten?« — »Teils, teils, Bruder Kaccāno: Es gibt Himmelswesen mit begrenztem Leuchten; es gibt aber auch Himmelswesen mit unbegrenztem Leuchten.« — »Was ist denn der Grund, Herr Anuruddho, was ist die Bedingung dafür?« — »Dazu möchte ich dir Fragen stellen, Bruder Kaccāno. Wenn du willst, kannst du antworten: Was meinst du: Der eine Mönch durchstrahlt den Bereich eines einzelnen Baumes als ›weit‹, empfindet dabei Befreiung und verweilt darin; ein anderer Mönch durchstrahlt den Bereich von zwei oder drei Bäumen als ›weit‹, empfindet dabei Befreiung und verweilt darin. Welche von diesen beiden Herzensausbildungen ist die weitere?« — »Die jenes Mönches, der den Bereich von zwei oder drei Bäumen als ›weit‹ durchstrahlt, dabei Befreiung empfindet und darin verweilt.« — »Was meinst du, Bruder Kaccāno: Der eine Mönch durchstrahlt den Bereich von zwei oder drei Bäumen als ›weit‹, empfindet dabei Befreiung und verweilt darin; ein anderer Mönch durchstrahlt den Bereich einer Dorfgemarkung/ zweier oder dreier Dorfgemarkungen/ den Bereich eines Königreichs/ zweier oder dreier Königreiche/ den Bereich der meerumschlossenen Erde als ›weit‹, empfindet dabei Befreiung und verweilt darin. Welche von diesen Herzensausbildungen ist die weitere?« — »Die weitere ist die jenes Mönches, der den Bereich der meerumschlossenen Erde als ›weit‹ durchstrahlt, dabei Befreiung empfindet und darin verweilt.« — »Das ist der Grund, das ist die Bedingung dafür, dass unter diesen Himmelswesen, die im selben Himmelsbereich erschienen sind, manche ein begrenztes, manche anderen Himmelswesen ein unbegrenztes Leuchten haben.«*

»Gut, Herr Anuruddho; aber ich habe noch eine Frage: Haben alle Himmelswesen, die leuchten, ein unreines Leuchten, oder sind unter ihnen auch solche mit völlig reinem Leuchten?« — »Teils, teils, Bruder Kaccāno: Es gibt manche Himmelswesen mit unreinem Leuchten; es gibt aber auch Himmelswesen mit völlig reinem Leuchten.« — »Was ist denn der Grund, Herr Anuruddho, was ist die Bedingung dafür?« — »Dafür will ich dir ein Gleichnis geben, Bruder Kaccāno …: Es ist, wie wenn bei einer brennenden Öllampe das Öl verunreinigt ist und auch der Docht: Wegen der

128 KEN schreibt »Abhāyakaccāno«, PTS und Dahlke wie hier.

Unreinheit von Öl und Docht brennt sie immer nur trübe. Ebenso, Bruder Kaccāno, ist es mit einem Mönch, der ein unreines Leuchten ausstrahlt, dabei Befreiung empfindet und darin verweilt: Weil dessen grobe körperliche Regung nicht ganz gestillt ist, Sich-treiben-Lassen in der Weltgewöhnung nicht ganz entwurzelt ist, Geistesunruhe und Erregtheit nicht ganz durch Übung beseitigt sind, gibt er gleichsam immer nur ein trübes Leuchten. Der erscheint nach dem Absterben des Körpers, jenseits des Todes, in Gemeinschaft von Himmelswesen unreinen Leuchtens wieder. — Wie wenn bei einer brennenden Öllampe das Öl und der Docht völlig rein sind, so dass sie wegen der völligen Reinheit von Öl und Docht nicht trübe brennt, ebenso ist es mit einem Mönch, der ein völlig reines Leuchten ausstrahlt, dabei Befreiung empfindet und darin verweilt: Bei dem ist grobe körperliche Regung ganz gestillt, Sich-treiben-Lassen in der Weltgewöhnung ganz entwurzelt, Geistesunruhe und Erregtheit ganz durch Übung beseitigt. Wegen der Gestilltheit der groben körperlichen Regung, der Entwurzelung des Sich-treiben-Lassens im Gewohnten, der Beseitigung von Geistesunruhe und Erregtheit durch Übung brennt er nicht gleichsam trübe. Der erscheint nach dem Absterben des Körpers, jenseits des Todes, in Gemeinschaft von Himmelswesen mit völlig reinem Leuchten wieder. Das ist der Grund, Bruder Kaccāno, das ist die Bedingung dafür, dass unter diesen Himmelswesen, die im selben Himmelswesenbereich erschienen sind, manche ein unreines Leuchten haben, manche anderen aber ein völlig reines Leuchten.«

HANS: Das Gleichnis vom reinen und unreinen Öl und Docht erinnert mich an das Holzscheitgleichnis: So wie dort das Holzscheit, der Körper, vollgesogen ist mit der leimigen Brühe der Sinnensucht, so ist hier der Docht mit dem fettigen Öl vollgesogen. Bedeutet also der Docht den Körper und das Öl die Sinnensucht?

RUTH: Ich meine zwar auch, dass der Docht der Körper ist: Der reine Docht scheint mir der »ausgebildete Körper«[129] und der unreine Docht der unausgebildete. Aber das Öl scheint mir nicht nur ein Gleichnis für die Sinnensucht zu sein, sondern für das Herz schlechthin: Das unreine Öl ist das ungeläuterte, »mangelhaft ausgebildete« Herz, das reine Öl das reine, »ausgebildete« Herz. Die Verunreinigungen sind *alle* Verstrickungen, die das Herz bei der Entfaltung zum Herzensfrieden hemmen, nicht nur die erste Hemmung durch Sinnensuchtwollen.

HANS: O ja. So könnte es sein: Begrenztheit oder Unbegrenztheit des Leuchtens hängen also von der Weite der Raumvorstellung ab, Reinheit oder Unreinheit des Leuchtens von den Hemmungen. Aber Anuruddho hat ja nur drei der fünf Hemmungen genannt: Übelwollen und Daseinszweifel und -sorgen fehlen.

FRITZ: Das hat seinen guten Grund: Die Rede handelt von *Mönchen*, die durch die weite oder die unbegrenzte Gemüterlösung ein selbstleuchtendes Herz erworben haben und deshalb nach dem Tod bei leuchtenden Himmelswesen wiedererscheinen. Da kann es kein Übelwollen mehr geben. Bei so weit in der Übung gediehenen Mönchen des Erwachten muss man auch davon ausgehen, dass sie mindestens in die Heilsströmung eingetreten waren. Dann war die Verstrickung in Daseinszweifel und -sorgen bei ihnen aufgehoben.

HANS: Ah, ja. War der Mönch nun zufrieden?

FRITZ: Ja. Aber über der Präzision der Antworten Anuruddhos war ihm ein beglückender »Verdacht« gekommen: *Auf diese Worte sprach der ehrwürdige Abhiyo Kaccāno zum ehrwürdigen Anuruddho: »Gut, Herr Anuruddho; der ehrwürdige Anuruddho hat nicht gesagt: ›so hab ich es vernommen‹ oder ›so könnte es sich entwickelt haben‹, sondern der ehrwürdige Herr Anuruddho sagt einfach: ›So sind diese Himmelswesen; so verhält es sich mit jenen Himmelswesen.‹ Da denke ich mir, Herr, der ehrwürdige Anuruddho muss tatsächlich schon mit diesen Himmelswesen zusammen gewesen sein, muss mit ihnen Gespräch und Gedankenaustausch gepflegt und sich mit*

129 Vgl. M 36.

ihnen abgegeben haben.« — »Offenbar hast du das gesagt, Bruder Kaccāno, um auf den Busch zu klopfen; aber ich will dir antworten: Schon seit langem, Bruder Kaccāno, bin ich mit diesen Himmelswesen zusammen gewesen, habe mit ihnen Gespräch und Austausch gepflegt und habe mit ihnen Umgang gehabt.« Auf diese Worte sprach der ehrwürdige Kaccāno zum Baumeister Pañcakango: »Wie gut für dich, welch ein Glück hast du, Hausvater, dass dir deine Zweifelsfrage geklärt worden ist und dass wir diese Lehrdarlegung hören durften.«

HANS: Noch eine sehr konkrete Bestätigung, dass es sich nicht um Mythen, Legenden oder Zutaten späterer Mönche in peripheren Teilen des Kanons handelte! Wenn man das so hört, weiß aber nicht, dass unser gegenwärtiges Leben-Erleben genau so ein Wahn-Traum aus dem Fieber von Hinneigung, Abneigung und Blendung ist wie alle diese riesigen Daseinsweiten, dann wird man das kaum für möglich halten wollen. Aber wenn man das weiß, dann nimmt man das ganze Daseins-Theater mit seinen Tragödien und Komödien, seinen Schwänken und Trauerspielen nicht mehr ganz so endgültig ernst. Und dann kann auch unsereiner zu diesen gewaltigen Horizonten, die da diesem Architekten vor zweieinhalb Jahrtausenden aufgerissen worden sind, sagen: »Welch ein Glück, dass wir diese Lehrdarlegung hören durften.«

RUTH: Ja, diese Bereiche der Wahrnehmung sind, mit unserer verglichen, gewaltig. Aber wie muss erst der vollkommene Heilsstand sein, in dem sich der ganze Daseinskreislauf in höchstem Wohl auflöst – einfach aufhören – und danach kein »Nichts« in dem Sinn, als ob etwas fehlt, sondern absoluter ewiger Friede!

HANS: Das leuchtet mir ein! Und wie mir das einleuchtet! Von nichts angezogen – von nichts abgestoßen – wo wären da Grenzen! Wo keine Grenzen sind – wo wäre da ein »Etwas«: »Etwas« ist ja immer Abgegrenztes, Unterscheidbares. Ohne Grenzen und ohne Etwas – wo wären dann »Gegen-Stände«! Natürlich wäre dann, solange der Körper besteht, nach Aufhebung der Sammlung immer noch das erlebte Bild: »Wir drei in der Stube«. — Aber daran würde nichts mehr Sorgen machen, nichts anziehen, nichts abstoßen, nichts bedrängen: »Das gehört mir nicht, das bin ich nicht, das ist nicht mein Selbst!« Das würde für alles gelten, was erlebt wird als »Körper« und »Seele« und »Geist«, »Ich« und »Welt« oder »Ich« und »Du«: Jetzt geht mir noch deutlicher auf, warum der Buddha gesagt hat: *»In diesem Körper mit Wahrnehmung und Geist ist die Welt, der Welt Entstehung, der Welt Auflösung und die zur Weltauflösung führende Vorgehensweise enthalten.«* Vorhin habe ich das auch schon ein wenig verstanden. Ich verstehe es auch jetzt noch genauso. Aber zugleich auch noch anders. Ich weiß gar nicht, wie ich das ausdrücken soll.

FRITZ: Du brauchst es nicht auszudrücken. Lass einfach. Es ist gut so. Mir geht es auch manchmal so. Es ist wie auf einer Bergwanderung: Man steigt eine Serpentine höher – sieht dieselbe Gegend – aber doch anders.

HANS: Gerade weil mir eben wieder ein Licht aufgegangen ist, kommt gleich eine Frage mit hoch. Ich ahne schon, dass sie falsch gestellt ist. Im Grund ist mir die Sache klar. Ich frage trotzdem: Wenn nur Hinneigung, Abneigung und Blendung, diese dauernd wechselnden Irrlichter, die Grenzen und damit jegliches Etwas, jeden Gegenstand bilden – wer erfährt denn dann die Folgen seines Karma? — Sag bloß, darüber gibt es auch eine Rede!

FRITZ: Ja, es gibt sie:

IRGENDEINER – S 12,46.

Da kommt in Sāvatthī im Jetahain im Kloster Anāthapiṇḍikos ein Brahmane zum Erhabenen und stellt ihm genau deine Frage:

»Wie ist es, Herr Gotamo: Bekommt der Handelnde selber die Folgen zu spüren?« — »Der Gedanke, der Handelnde bekomme die Folgen zu spüren, ist das eine Extrem, Brahmane.« — »Wie denn, Herr Gotamo: Bekommt denn ein anderer als der Handelnde die Folgen zu spüren?« — »Der Gedanke, ein anderer als der Handelnde bekomme die Folgen zu spüren, ist das andere Extrem,

Brahmane. Von diesen beiden Extremen, Brahmane, hält sich der Vollendete fern und zeigt die Lehre aus der Mitte heraus:

- *Durch Wahn (a-vijjā) bedingt sind die Gestaltungen (sankhāra);*
- *durch Gestaltungen bedingt ist der eingespielte Erfahrungssuchlauf (viññāna),*
- *durch den eingespielten Erfahrungssuchlauf bedingt ist wertendes Nennen und Form (»Name und Form«, nāma-rūpa),*
- *durch wertendes Nennen und Form bedingt ist das sechsfache Erlebnisspannungsfeld (salāyatana),*
- *durch das sechsfache Erlebnisspannungsfeld bedingt ist Berührung (phassa),*
- *durch Berührung bedingt ist Gefühl (»Empfindung« = vedanā),*
- *durch Gefühl bedingt ist Durst (tanhā),*
- *durch Durst bedingt ist Aufgreifen (»Aneignen, Ergreifen, Annehmen« = upādāna),*
- *durch Aufgreifen bedingt ist Werden (»Dasein« = bhava),*
- *durch Werden bedingt ist Geburt (jāti),*
- *durch Geburt bedingt ist Altern und Sterben (jarāmaraṇa), Kummer, Jammer, körperliches und geistiges Weh und Auflehnung. — Das ist die vollständige Bedingtheit dieser ganzen Leidensmasse.*

Eben durch des Wahns restloses Verblassen und Aufheben bedingt ist die Aufhebung der Gestaltungen; durch die Aufhebung der Gestaltungen bedingt ist die Aufhebung des eingespielten Erfahrungssuchlaufs; durch die Aufhebung des eingespielten Erfahrungssuchlaufs bedingt ist die Aufhebung von wertendem Nennen und Form ; durch die Aufhebung von wertendem Nennen und Form bedingt ist die Aufhebung des sechsfachen Erlebnisspannungsfeldes; durch die Aufhebung des sechsfachen Erlebnisspannungsfeldes bedingt ist die Aufhebung von Berührung; durch die Aufhebung von Berührung bedingt ist die Aufhebung von Gefühl; durch die Aufhebung von Gefühl bedingt ist die Aufhebung von Durst; durch die Aufhebung von Durst bedingt ist die Aufhebung von Aufgreifen; durch die Aufhebung von Aufgreifen bedingt ist die Aufhebung von Werden; durch die Aufhebung von Werden bedingt ist die Aufhebung von Geburt; durch die Aufhebung von Geburt bedingt ist die Aufhebung von Altern und Sterben, Kummer, Jammer, körperlichem und geistigem Weh und Auflehnung. — Das ist dieser ganzen Leidensmasse Aufhebung.« Da nahm der Brahmane zum Erhabenen Zuflucht.

HANS: Dass alles durch Wahn bedingt ist, das ist mir klar. Es kommt mir vor, wie wenn das, was wir gerade zuvor in der Erlebnissprache gehört haben, hier in die Durchschauungssprache übersetzt worden wäre: dass nämlich Hinneigung, Abneigung und Blendung »Grenzen setzt«, »Etwas« und »Gegen-stände schafft«. — Aber wie diese Bedingungen im Einzelnen ablaufen und ineinander greifen, das verstehe ich noch nicht. Was muss der Brahmane schon weise gewesen sein, dass er das gleich verstanden hat.

FRITZ: Es ist nicht gesagt, dass er es gleich voll verstanden hat. Er hat vielleicht nur Aug in Auge mit dem Erhabenen gespürt, was wir in M 95 als Ergebnis der Prüfung eines Heilslehrers gehört haben: *»Was aber dieser Ehrwürdige als Wahrheit aufzeigt, das ist eine tiefe Lehre, nicht leicht zu verstehen, nicht leicht zu erkennen, still, erhaben, dem bloßen Denken nicht zugänglich, von feinster Genauigkeit, nur vom Weisen erfahrbar; eine solche Lehre kann nicht gut von einem begehrlich Gerissenen dargelegt werden.«* Dieser Zusammenhang der bedingten Entstehung – die zweite der vier Heilswahrheiten – gehört zum tiefsten Gehalt der Gipfellehre des Erwachten. Sie erschließt sich nur sehr allmählich dem geduldigen Blick. Aber der Erwachte hat sie immer wieder auch häuslich lebenden Nachfolgern einfach aufgezählt und zum Bedenken ans Herz gelegt, damit sie nach und nach ihrem Verstehen nahe kommen und sie bei sich in ihrem Leben wieder entdecken.

HANS: So viel entnehme ich jetzt schon daraus, dass meine Frage damit beantwortet ist: Die

Folgen des Karma werden nicht von einem zumindest im Kern beständigen »Selbst« erfahren, sondern von einem Komplex von bedingten, unbeständigen Vorgängen. Da haben nun Einstein und Heisenberg nach der einheitlichen »Weltformel« gesucht. Ich habe den Verdacht: Hier – in dieser ganz anderen Dimension – ist sie. Las uns doch darüber ausführlich sprechen.

FRITZ: Gern. Ich hatte es ohnedies vor. Fangen wir gleich beim nächsten Mal an.

11. Gespräch
Der Daseinskreislauf und seine Bedingtheit

Hans: Nach unserem letzten Gespräch habe ich noch lange über den zwölfgliedrigen Bedingungszusammenhang nachgedacht. Der Buddha hat gesagt, das sei »die vollständige Bedingtheit der ganzen Leidensmasse« und »dieser ganzen Leidensmasse Aufhebung«. Das wäre ja die gesuchte »Weltformel« – aber in einem unvergleichlich umfassenderen Sinn als bei allen, die danach suchen: Große Physiker wie Einstein und Heisenberg suchten sie in der bis heute nicht gefundenen »Großen vereinheitlichten Theorie der Elementarteilchen«, Biologen in der »Erweiterten Evolutionstheorie«, Esoteriker im I-Ging. Heute, im Zeitalter der äußerlichen Wissenschaftsgläubigkeit meinen viele Menschen, die Physik sei wohl am ehesten zuständig, die Weltformel zu finden. Aus kleinsten Bausteinen – »Elementarteilchen« – sei durch Evolution alles hervorgegangen. Auch die meisten Kirchenchristen meinen das. Sie beruhigen sich aber damit, das alles hätte Gott geschaffen – und den verlagern sie ja auch irgendwie nach »außen«. Aber für die aufmerksamsten und genauesten unter den Physikern hat sich die »Welt der Physik« als etwas ganz anderes denn eine »objektive materielle Welt« entpuppt.[1] Sie wissen nur nicht, als was. Die zweieinhalbtausend Jahre alte »Weltformel« des Buddha dagegen betrifft von vornherein alles, was als Innenwelt und Außenwelt erlebt wird samt den Ursachen für ihr Entstehen und Vergehen.

Ruth: Aber die »Welt« der »Weltformel« des Buddha ist eine ganz andere »Welt«, als was landläufig unter »Welt« verstanden wird. Sie ist das, was er den weltgläubigen Brahmanen in A IX,38 in der Erlebnissprache gesagt hat: *»In diesem Körper mit Wahrnehmung und Geist ist die Welt, der Welt Entstehung, der Welt Auflösung und die zur Weltauflösung führende Vorgehensweise enthalten.«* Die gewaltige, fremde »Welt«, vor der so vielen Menschen graut, weil sie sich darin nur für ein ohnmächtiges Stäubchen halten, ist dann also im Grunde das Nächstliegende: die fünf Sinnesstränge oder – allgemeiner – das *»immer wieder Herantreten und Aufgreifen«*. Dann wäre die Weltangst der Menschen ähnlich, wie wenn ein Hund in Panik sein eigenes Spiegelbild anbellt. Das ist doch Wahnsinn!

Fritz: Ja, das ist Wahnsinn! Und der Bedingungszusammenhang zeigt, wie dieser Wahnsinn funktioniert. Er wird im westlichen Buddhismus oft nach dem Titel der Rede, die ihn am ausführlichsten behandelt, dem *mahā-nidāna-sutta* in D 5, »Nidāna-Reihe« genannt. *Nidāna* heißt »Abkunft«, »Herkunft«. Im Kanon heißt diese Reihe meist *paticca samuppāda*: »bedingtes Miteinander-Aufsteigen«. Sie ist in einem viel praktischeren Sinn universal als alles Reden über »Ganzheit«, »Kosmos« und »Universum«. Das löst keine Probleme, sondern verlagert sie nur auf ein angstvolles, weltgläubiges Hinstarren auf die Gefahr, die Menschen könnten die Energien dieser Welt zerstören. Aus dieser weltgläubigen, unfruchtbaren Grundhaltung werden auf immer mehr Fragen immer mehr Antworten gegeben, die immer mehr neue Fragen aufwerfen. Da sagen die meisten Menschen irgendwann in ihrem Leben, freilich ohne dem ernsthaft nachzugehen: *»Das ist doch Wahnsinn.«* Die wahrhafte Universalität der »Weltformel« des Erwachten kann man schon daran erkennen, dass er diese Feststellung des schlichten Menschenverstandes nicht wegargumentiert, sondern im Gegenteil bestätigt: *»Ja. Das ist Wahnsinn«:*

I. Wahn, das erste Glied des Bedingungszusammenhangs

Hans: Das kann doch nicht wahr sein! Wenn alles Wahn wäre, dann wären doch auch Tugend, Herzenseinigung und Wissen Wahn! Dann gäbe es ja gar nichts.

Fritz: Doch, Hans: *»Es gibt ein Ungeborenes, Ungewordenes, Ungeschaffenes«*[2]: den ewigen

1 H.P. Dürr; vgl. oben Einleitung, Vorwort.
2 Ud VIII,3^m = It 43^m.

Frieden, die absolute Freiheit. Die können wir durch Wandlung nach der »Weltformel des Erwachten« allmähliche Lichtung des Blindwissens, Heilung vom Wahn gewinnen und damit von dem allein durch »Blindwissens-Wahn« bedingten Leiden frei werden. Eine tröstlichere Botschaft kann es gar nicht geben, als dass alles, worunter wir leiden, kein unentrinnbares Schicksal, keine göttliche Prüfung, keine Laune einer unbarmherzigen Natur und kein Produkt der Selbstorganisation von Materie ist, sondern eine heilbare Wahnkrankheit. Auch das ist kein Wahn, sondern eine sichtbare Tatsache für das sich von Hinneigung, Abneigung und Blendung klärende Auge des Klarwissens (*paññā-cakkhu*), das Wahrheitsauge (*dhamma-cakkhu*). Ebenso ist es kein Wahn, sondern eine dem Wahrheits-Auge sichtbare Tatsache, dass der Weg zur (Selbst-)Heilung zugänglich und gangbar ist: der achtfache Heilsweg mit den Abschnitten Tugend, Herzenseinigung, Klarwissen. Die sind zwar alle in unserer Wahnsprache ausgedrückt und führen durch lauter Wahn hindurch – aber die Richtung stimmt: aus dem Wahn *heraus*.

HANS: Das Wichtigste hast du vergessen: Die Lehre ist nicht durch Wahn bedingt!

FRITZ: Doch, Hans. So verwunderlich es klingt: Auch die Lehre, die vier Heilswahrheiten vom Leiden, seinen Bedingungen, seiner Aufhebung und der Vorgehensweise sind durch Wahn bedingt wie die Heilung durch die Krankheit. Ohne Krankheit gäbe es nichts zu heilen. Das ist die tiefste, klarste, schonungsloseste Diagnose. Diese »Weltformel« ist nicht nur Existenzerklärung, sondern Diagnose mit Anleitung zur Selbstheilung. Deshalb enthält sie auch die Antwort auf alle Grundfragen. Kürzlich in S 12,46 war der Bedingungszusammenhang als Antwort auf die Frage genannt worden, wer die Folgen des Wirkens erfährt. Auf zwei ganz andere Grundfragen, die die Philosophen für »tiefste Menschheitsfragen« halten, nennt der Erwachte einem Brahmanen genau den gleichen Bedingungszusammenhang, seine »Welt-Formel«, in der Rede

DER WELTGLÄUBIGE – S 12,48:

Da fragt ein »weltgläubiger Brahmane« den Erhabenen:: »Wie ist es, Herr Gotamo: Existiert das Universum (sabbam)[3]*?« — »Der Gedanke, ein Universum existiere, ist die erste weltgläubige Spitzfindigkeit*[4]*, Brahmane.« — »Wie denn, Herr Gotamo: das Universum existiert nicht?« — »Der Gedanke, das Universum existiere nicht, ist die zweite weltgläubige Spitzfindigkeit.« — »Wie, Herr Gotamo, ist das Universum eine Einheit?« — »Der Gedanke, das Universum sei eine Einheit, ist die dritte weltgläubige Spitzfindigkeit.« — »Aber wie ist es dann, Herr Gotamo: ist das Universum eine Vielheit?« — »Der Gedanke, das Universum sei eine Vielheit, ist die vierte weltgläubige Spitzfindigkeit. Von diesen beiden weltgläubigen Spitzfindigkeiten*[5]*, hält sich der Vollendete fern und zeigt die Wahrheit aus der Mitte.*[6]

Durch Wahn (avijjā) bedingt sind die Gestaltungen (sankhāra); durch die Gestaltungen bedingt ist der (Wohl-Erfahrungssuchlauf (viññāna); durch den Erfahrungssuchlauf bedingt ist wertendes Nennen und Form (nāma-rūpa); durch wertendes Nennen und Form bedingt ist das sechsfache Erlebnisspannungsfeld (saḷāyatana); durch das sechsfache Erlebnisspannungsfeld bedingt ist Berührung (phassa); durch Berührung bedingt ist Empfindung (vedanā = Gefühl); durch

3 *sabbam* = »alles«, auch »das All, das Universum, der Kosmos«. Diese Frage hat auch der Brahmane Jānussoni dem Erwachten lt. S 12,47 gestellt und die gleiche Antwort erhalten.

4 *lokāyata*: vorbuddhistische Populärphilosophenschule; vgl. Heinrich Zimmer, *Philosophie und Religion Indiens*, S. 544, Anm. 1; Geiger, Vorbem. zu S 12,48; DFranke, S. 19, Anm. 3; KEN GA, D, Anm. 352 und 736; PED *lokāyata* und *lokāyatika*.

5 Gemeint sind die Kontroversen, ob ein Universum existiere und ob als Einheit oder Vielheit.

6 *majjhena dhammam deseti* = wörtlich: »auf die mittlere Weise (vgl. Warder, S. 45) zeigt er die Lehre«, also nicht von der einen oder anderen Ansicht beeinflusst, sondern unbeeinflusst (*anāsavā*), aus der Erlebensmitte, so wie es wirklich geworden ist (*yathābhūtam*).

Empfindung bedingt ist Durst (tanhā); durch Durst bedingt ist Aufgreifen (upādāna); durch Aufgreifen bedingt ist Dasein (bhava = Werden); durch Dasein bedingt ist Geburt (jāti) ; durch Geburt bedingt ist Altern und Sterben (jarāmaraṇa), Kummer, Jammer, körperliches und geistiges Weh und Auflehnung. Das ist die vollständige Bedingtheit dieser ganzen Leidensmasse.

Eben durch des Wahns restloses Verblassen und Aufheben bedingt ist die Aufhebung der Gestaltungen/ dadurch die Aufhebung des Erfahrungssuchlaufs/ dadurch die Aufhebung von bewertendem Nennen und Form/ dadurch die Aufhebung des sechsfachen Erlebnisspannungsfeldes/ dadurch die Aufhebung von Berührung/ dadurch die Aufhebung von Gefühl/ dadurch die Aufhebung von Durst/ dadurch die Aufhebung von Aufgreifen/ dadurch die Aufhebung von Werden/ dadurch die Aufhebung von Geburt, Altern und Sterben, Kummer, Jammer, körperlichem und geistigem Weh und Auflehnung. Das ist dieser ganzen Leidensmasse Aufhebung.«

RUTH: Der ganzen Leidensmasse – auch, ganz vordergründig, all der schrecklichen Streitigkeiten und Kriege. Was wäre das eine Hilfe, wenn alle ehrlich um Frieden Bemühten – Friedensforscher, Pazifisten, Ostermarschierer, Rechte, Linke, Verdrossene, Aussteiger und Einsteiger – sich klar wären: Alle die tausend vordergründigen Ursachen – von »mangelnder Verteilungsgerechtigkeit« bis zu »Ausbeutung der Umwelt«, die sie als die Wurzeln von Kriegen und Bürgerkriegen ansehen, sind nur Wellengekräusel an der Oberfläche der eigentlichen Ursache allen Streits: des Wahns. Ohne seine Heilung kann es keinen »Weltfrieden« geben. Und vom Wahn heilen kann sich jeder nur selber einzeln, nicht in irgendeinem »Gruppenerlebnis«. Aber diese Selbstheilung wäre zugleich für alle der größte Segen.

HANS: Ich durchschaue diesen Bedingungszusammenhang noch nicht richtig. Aber das beruhigt mich eher. Denn ich sehe daran: *»Das ist eine tiefe Lehre, nicht leicht zu verstehen, nicht leicht zu erkennen, still, erhaben, dem bloßen Denken nicht zugänglich, von feinster Genauigkeit, nur vom Weisen[7] erfahrbar; eine solche Lehre kann nicht gut von einem begehrlich Gerissenen dargelegt werden.«* Mir ist inzwischen klar geworden: Die Wahrheit kann nie durch bloße Kopfwissenschaft gefunden werden, für die es gleich ist, wie der Wissenschaftler privat lebt, denkt, mit den Mitwesen umgeht, wofür er sich »interessiert« und vor allem: wie sein Charakter ist. Daran denken heute nur wenige. Die meisten sind »wissenschaftsgläubig« und verlagern sogar die Verantwortung für Gut und Böse auf »Ethikkommissionen« von Spezialisten.

FRITZ: Es gibt Ausnahmen: Der weltbekannte Wissenschaftstheoretiker Sir Charles Popper ist sich klar: *»Unsere Wissenschaft ist kein Wissen – im platonischen Sinne«*[8] Denk' auch an das Zitat von Dürr zu Beginn unseres einleitenden Gesprächs!

HANS: Das stimmt. Da habe ich zu sehr verallgemeinert. Aber das liegt an meiner abgründigen Überraschung über den Zusammenhang der bedingten Entstehung. Der war für mich fast ein Schock.

RUTH: Wieso?

HANS: Wir sprechen nun schon recht lange und gründlich über die Lehre des Buddha. Ich habe begriffen, dass er nur eines lehrt: das Leiden und seine Aufhebung. Ich denke, ich habe auch die erste Heilswahrheit begriffen: dass das Leiden ein anfangsloses und endloses Spiel von fünf Zusammenhäufungen ist. Immer wieder mache ich mir klar, dass keine davon beständig ist oder etwas mit einer – materiellen oder ideellen – »objektiven Welt« oder einem beständigen »Selbst« zu tun hat. So etwas kann es gar nicht geben. Es wirkt allein das Gewirkt-Wirkende

7 *paṇḍitā.*
8 Zitiert nach U. Hoyer: Philosophie naturwissenschaftlicher Prognosen, *Universitas* 9/1992, S. 902. Im platonischen Sinn ist Wissen nicht nur eine ungeordnete Datensammlung, sondern geordnetes Wissen – auch der Ursachen.

(Karma), und was das bewirkt, ist wiederum unbeständig. Da habe ich gedacht, damit hätte ich auch die zweite und die dritte Heilswahrheit, die Bedingung für das Entstehen und Vergehen der fünf Zusammenhäufungen, begriffen: das Karmagesetz mit seinen vier Arten des Wirkens. Nach ihm entsteht und vergeht ja auch der Durst, der oft als die Grundursache des Leidens genannt wird. Ich habe auch keine Schwierigkeiten, die vierte Heilswahrheit zu begreifen: dass die Vorgehensweise zur Auflösung des Leidens der Achtpfad ist, zusammengestellt aus den drei Abschnitten: Tugend – Herzenseinigung – Klarwissen. Deshalb hatte ich bis zu unserem letzten Gespräch gemeint, im Kern hätte ich die Lehre verstanden. Aber nun kommt da diese abgründige, dichte »Weltformel«, die ich noch nicht verstehe. Dann wäre also das Karmagesetz noch gar nicht die Ordnung hinter allem?

RUTH: Das habe ich mich auch gefragt: Das Karmagesetz war den Indern doch schon seit uralten Zeiten bekannt als das Gesetz, nach dem die Wesen im Daseinskreislaufs umlaufen durch Geburten und Tode. Immer wieder. Und der Buddha hat im Karmagesetz auch die vierte, aus dieser Tretmühle des »Immer-Wieder« erlösenden Wirkensweise entdeckt: *»Bei allem Wirken die Absicht, es aufzugeben.«*[9] Wie verhält sich denn die Nidānareihe zum Karmagesetz?

FRITZ: Dieses »Immer-Wieder«, von dem du sprichst, bietet einen Ansatz für einen tieferen Blick auf das Karmagesetz für einen Menschen, der sich – wie du richtig sagst – nicht damit begnügt, das Karmagesetz nur dazu zu benutzen, um sich im Samsāra für eine gewisse Zeit aus den Abgründen auf die lichten Höhen hinaufzuarbeiten – um doch immer wieder abzusinken. Die Elite der alten Inder hat vor diesem »Immer-Wieder« ein Grauen verspürt.

RUTH: *»Versunken bin ich in Geborenwerden, Altern und Sterben, immer wieder Geborenwerden, Altern und Sterben.«*

FRITZ: Ja, Ruth. Im Westen wurde diese Art von Grauen nicht gespürt oder doch verdrängt. Aber unter Leidensdruck drängt sich diese Beunruhigung aus der Tiefe immer wieder bis in unsere Tage hie und da ans Tageslicht. So las ich kürzlich bei dem Münsteraner Ordinarius für Fundamentaltheologie, Johann Baptist Metz: *»Mag sein, dass der archaische Mensch immer geängstigt war vom Gefühl des nahen Endes seines Lebens. Etwas von dieser mythischen Angst schlägt auch in den gegenwärtigen Katastrophenängsten durch. Doch für den modernen Menschen gibt es eine radikaler gewordene Angst, nicht nur eine Angst davor, dass alles zu Ende gehen und etwa der Planet dem Untergang geweiht sein könnte, sondern – tiefer sitzend – eine Angst davor, dass überhaupt nichts mehr zu Ende geht, dass es überhaupt kein Ende gibt, dass vielmehr alles und alle hineingerissen sind in das Gewoge einer gnadenlosen Zeit, die schließlich jeden von uns von hinten überrollt wie das Sandkorn am Meer und die alles gleich-gültig macht wie der Tod.«*[10]

HANS: Erstaunlich, dass eine solche Stimme aus dem christlichen Raum kommt, wo doch Geborgenheit in der Gnade eines ewigen, zugleich allgütigen und allwissenden Schöpfergottes gepredigt wird.

FRITZ: Bei Tieferblickenden, die das dumpfe Gefühl nicht loswurden, doch noch nicht den endgültigen Ausweg zu kennen, brach sich diese tiefste Grundangst auch im christlichen Bereich schon früher Bahn. Etwa bei Angelus Silesius. Er konnte die nur den Erwachten bekannte totale Erlösung aus der »Gefangenschaft in der Wahrnehmung« nicht kennen. Deshalb konnte er »Ewigkeit« nur denken als einen Zustand innerhalb der Wahrnehmung. Da bot sich seinem Blick die vermeintliche »Ewigkeit« als etwas so völlig anderes dar als jene Populärvorstellungen von einer jubelnden Dauergeschäftigkeit lobsingender Engel, die einen immer aktiv fürsorgenden, lohnenden und strafenden Gottvater umwimmeln, der das alles geschaffen hat:

9 A IV,233.
10 *Universitas* 6/1992, S. 597.

»Die Ewigkeit ist wie ein Kreis,
der in sich selber gehet;
wie eine Schlange, die mit Fleiß
auf sich gewunden stehet:
Ist wie ein Rad, das fort und fort
um seine Well sich schwinget;
und doch nicht einen Ruck zum Port,
so lang sie währet, bringet;
ach, ach, was ist die Ewigkeit!
Sie ist ein Feuer, dessen Brunst
von seinem eignen zehret;
ein Brand, der sich durch sonder Kunst
von seinem Dampf ernähret;
sie ist ein Rachen und ein Schlund,
der sich stets selbst verschlucket;
sie ist ein Abgrund sonder Grund,
der immer tiefer zucket.
Ach, ach, was ist die Ewigkeit!«[11]

RUTH: Das ist ja eine Beschreibung des endlosen Daseinskreislaufs im Daseinsbrand!

FRITZ: Ja. Hier erreicht unser westlicher cherubinischer Wandersmann die Höhe der geistigen Elite des alten Indien: *»Versunken bin ich …«* Da ist »Ewigkeit« nur noch eine leere Worthülse für den Daseinskreislauf. Diesem Alpdruck vom Immer-wieder-kreisen-Müssen gesellt sich sogar noch die Erkenntnis zu:

»Nichts ist, was dich bewegt,
Du selber bist das Rad,
das aus dir selber läuft
und nimmer Ruhe hat.«[12]

Aber auch er kannte den endgültigen Ausweg nicht, sondern nannte nur ein vorübergehend helfendes Mittel mit seinem Vers:

»Du selber machst die Zeit:
das Uhrwerk sind die Sinnen.
Hemmst du die Unruh nur,
so ist die Zeit von hinnen.«[13]

Erst die Erwachten entdecken, dass auch das Übersteigen der Sinne zum *samādhi* hin nur eine vorübergehende Zuflucht vor den Schrecken des Samsāra gewährt, weil auch alle Erfahrungsbereiche oberhalb der Sinnenwelt noch innerhalb des »Wahn-Eies« – schwimmen. Nur die aus dem Wahn Erwachten, Sehenden haben den endgültig rettenden Ausweg aus dieser tiefsten Not gefunden: die vierte Wirkensweise, die keine Folgen hat, sondern zur Wirkensversiegung führt: das Zurücktreten, Loslassen, das Aufgeben nicht nur des sinnlichen Begehrens, sondern alles Unbeständigen, und das heißt alles Gewirkten und Weiterwirkenden – auch der reinen Formen und der Formfreiheit. Dieser Hinweis, der indirekt auch das Verhältnis Nidānareihe/Karmagesetz klären hilft, findet sich in der Rede

S 7,12 – UDAYO:

Drei Mal hintereinander war der Erhabene in Sāvatthī vom Jetahain im Kloster

11 Cherub, V,200. Cherub, I,16.
12 Cherub, I,16.
13 Cherub, I,189.

Anāthapiṇḍikos zum Haus des Brahmanen Udayo um Almosenspeise gegangen. Der Brahmane füllte ihm zwar jedes Mal die Schüssel mit gekochtem Reis. Aber beim dritten Mal sprach er zum Erhabenen: »Aufdringlich ist dieser Herr Gotamo, immer wieder kommt er.« — (Der Erhabene sprach:)

»Immer wieder säen sie den Samen aus.
Immer wieder lässt die Gottheit Regen fallen.
Immer wieder pflügen Bauern ihre Felder.
Immer wieder trägt der Boden andre Ernte.
Immer wieder gehen Bettler um Almosen.
Immer wieder geben edle Gabenspender.
Immer wieder steigt der edle Gabenspender
immer wieder, weil er Gaben ausgeteilt
immer wieder aufwärts zu den Himmelswelten.
Immer wieder lassen sich die Kühe melken.
Immer wieder läuft das Kalb zur Mutter hin.
Immer wieder wird man müde und wird zittrig.
Immer wieder keimt man stumpf und dumpf im Schoße.
Immer wieder wird man neu geboren – stirbt,
immer wieder auf den Leichenplatz getragen.
Wer den Ausweg aus dem Weiterwerden fand -
nie mehr wird geboren, wer so weise ist.«

HANS: Aber da zeigt doch der Buddha als dritte Heilswahrheit, dass man das Karmagesetz dazu benutzen kann, *»den Ausweg aus dem Weiterwerden«* zu finden. Wozu dann außerdem noch dieser schwer zugängliche vielgliedrige Bedingungszusammenhang?

RUTH: Haben wir es vielleicht auch hier mit den zweierlei Sprachen zu tun: mit der Erlebnissprache und der Durchschauungssprache? Die ganze Lehre des Buddha gipfelt ja in den vier Heilswahrheiten: der ersten und zweiten vom Leiden und seiner bedingten Entwicklung und der dritten und vierten, dass es heilbar ist, und zwar auf dem achtfachen Weg. Mir scheint, diese vier Wahrheiten drückt der Buddha in der Erlebnissprache durch das um die vierte Wirkensweise erweiterte Karmagesetz und in der analysierenden Durchschauungssprache als die Nidānareihe aus.

FRITZ: Ja, Ruth. Den Eindruck habe ich auch. Es geht darum, anzuerkennen:

- Die unbeständigen fünf Zusammenhäufungen sind das Leiden (erste Heilswahrheit) und:
- Leiden entwickelt sich – durstgetrieben – auf den zehn heilsuntauglichen Wirkensbahnen (»Karmafährten«) immer wieder fort (zweite Heilswahrheit).
- Auf den zehn heilstauglichen Karmafährten dagegen nimmt es immer mehr ab, bis es durch völliges Versiegen des Durstes ganz aufgehoben ist (dritte Heilswahrheit), und
- die richtige Vorgehensweise dazu ist der achtgliedrige Weg (vierte Heilswahrheit).

Wer diese vier Heilswahrheiten begriffen hat, der hat im Kern die hier in der Erlebnissprache des Karmagesetzes ausgesprochene Lehre begriffen. Wer das alles so tief endgültig anerkannt hat, dass sich ihm in lichten Momenten der Blick für die Leidhaftigkeit, Nicht-Ichheit und Unbeständigkeit der gesamten Existenz, auch ihrer erhabensten Erfahrungsbereiche, auftut, der ist Heilsgänger, auch wenn er die Analyse der wechselseitigen Abhängigkeit der fünf Zusammenhäufungen durch die Nidānareihe in der Durchschauungssprache weder hersagen kann noch in allen Einzelheiten durchschaut hat. Aber er ist dann in einer Lage wie die meisten Autofahrer: Die wissen oft nicht, wie Motor, Bremse, Steuerung funktionieren, können aber Auto fahren. So wie man Auto fahren kann ohne die Kenntnisse eines Automechanikers, so kann auch zum Ziel kommen, wer beharrlich so vorgeht, wie die Erwachten lehren, auch wenn das noch lange Zeit weniger aus analytischem Wissen geschieht, als aus einer inneren Gewissheit, dass dabei die Grundbefindlichkeit immer heller, freier und weniger bedrängend wird. Je länger ein Nachfolger so auflösend vorgeht, umso mehr bestätigt sich diese innere Gewissheit in innerer Erfahrung. Sein Bewusstseinserfahrungssuchlauf spielt sich darauf ein, und weil er öfter daran denkt, neigt sich auch sein Herz dort hin. Das lässt den Heilsgänger immer gelöster, ge-lassener werden, leichter, lichter, fühlsamer, glücklicher und unabhängiger – bis er selber unmittelbar sieht.

Der Achtpfad beginnt freilich mit der rechten Anschauung. Man muss einfach wissen, was Leiden ist, wodurch es entsteht und vergeht, was Befreiung vom Leiden, was heilstauglich und was heilsuntauglich ist und wie man richtig vorgeht: Das ist aber kein gelehrtes Vielfaltwissen, sondern »Wertwissen« und »Wegwissen«. Der Erwachte kennzeichnet deshalb in D 11 das »Wunder der Belehrung« nicht nach irgendeinem Katalog von Kopfwissen, das man in einer Prüfung abfragen könnte, sondern mit dem Befolgen von reinen Vorgehens- und Übungsanleitungen. Der Erwachte hat einmal Sāriputto berichtet[14], dass einige frühere Erwachte tatsächlich ohne nähere Erklärungen, ausschließlich in folgender Weise gelehrt hätten: Sie durchschauten ständig das Gemüt der um sie versammelten Mönche und leiteten sie ohne weitere Begründungen individuell an: *»Denkt so, nicht so! Beachtet dies, jenes beachtet nicht! Dies gebt auf! Wenn jenes bei euch aufgestiegen ist, dann bleibt dabei!«* In dieser Weise lehrten sie einfach so lange, bis ein Mönch nach dem anderen durch pures Befolgen dieser Anleitung den höchsten Heilsstand erreicht hatte. Aber mit dem Verlöschen jener Erwachten war auch die Lehre verschwunden, die zu jener Zeit ohne Erklärungen, fast wie nach Art des Zen dargelegt worden war (freilich ohne dessen Paradoxien, verblüffende Meditationsthemen, widersprüchliche Behauptungen, verwirrende Antworten, Schreien und Schlagen). Wir Heutigen verdanken die Lehre allein dem Umstand, dass wir uns erwirkt haben, zwar nicht zu Lebzeiten eines Vollkommen Erwachten unter Menschen wiedergeboren worden zu sein, aber in einer Zeit, in der Begründungen und Erklärungen des Buddha Gotamo noch getreu überliefert sind. Diese Lehre hat er, wie wir aus M 108 wissen, den nach ihm Kommenden als ihren »Meister« und »Lenker« bestimmt. Es gibt auch in unserem »verkopften« Zeitalter offene, gerade, schlichte Menschen mit starker Wahrheitssehnsucht und hoher Strebenskraft, die so lange beharrlich aus erfahrungsgestütztem Vertrauen nachfolgen, bis sie »selber sehend« werden. Manchmal werden sie sogar eher sehend als »Gebildete«, die sich erst aus dem ganzen Wust des abendländischen »Bildungsgutes« samt den weltgläubigen Teilströmungen der Naturwissenschaft herauswühlen müssen, um ihr Verlangen nach Wahrheit zu stillen. Für Menschen mit starkem geistigem Orientierungsbedürfnis freilich ist die Betrachtung des Bedingungszusammenhangs der Nidānareihe, sein Wiederentdecken im eigenen Leben und des eigenen Lebens im Bedingungszusammenhang über Jahre und Jahrzehnte hinweg eine unvergleichliche Entdeckungsreise ins Innere und eine ungemeine Stärkung und Ordnung bei der Durchschauung der Unbeständigkeit und Wahnhaftigkeit der ganzen Existenz. Denn darauf läuft der Bedingungszusammenhang hinaus: auf die Entlarvung der Wahnhaftigkeit aller Existenz: dass sein erstes Glied ja der Wahn ist. — Das macht die Lehre eines Erwachten unvergleichlich. Und weil du vorhin gesagt hast, Ruth, ohne Heilung vom Wahn könne es gar keinen »Weltfrieden« geben: Die genauere Betrachtung des ersten Gliedes des Bedingungszusammenhangs, des Wahns, rundet auch unsere Kenntnis von allen Streitursachen ab.

HANS: Aber der Buddha hat doch einmal einem König erklärt, aller Streit kommt aus Begehren. Von Wahn war da keine Rede.

14 P I,3 =Vin. PTS III, S. 7 ff., besonders S. 8.; in der engl. Übersetzung von Mrs. Horner siehe Part I, S. 14 ff., besonders S. 15.

Fritz: Das war M 14. Da handelte es sich aber nur um den Streit von häuslich lebenden Menschen in Familie, Gesellschaft, Wirtschaft und Staat, also im Bereich der Begegnung, der sinnlichen Anliegen. Da könnte man freilich leicht denken, dass es unter Hauslosen, fern von den Sinnendingen, keinen Streit mehr geben könne.

Hans: Was soll es da noch für Streit geben?

Fritz: Das beantwortet – ohne dass das Wort »Wahn« erwähnt wird – die Rede

A II,38:

Bei Varaṇā am Ufer eines sumpfigen Sees besuchte der Brahmane Ārāmadaṇḍa den großen Mönch Mahākaccāno und fragte ihn: »Herr Kaccāno: Was ist der Grund, was ist die Ursache, dass Adlige mit Adligen, Brahmanen mit Brahmanen, Bürger mit Bürgern streiten?« — »Weil sie in der Sinnengier *wohnen, Herr Kaccāno: Was ist der Grund, was ist die Ursache, dass Adlige mit Adligen, Brahmanen mit Brahmanen, Bürger mit Bürgern streiten?« — »Weil sie in der Sinnengier wohnen, Brahmane, daran gebunden sind, daraus eigensüchtiges Verlangen haben, sich daran besessen und voreingenommen klammern, streiten Adlige mit Adligen, Brahmanen mit Brahmanen, Bürger mit Bürgern.« — »Was ist denn aber dann der Grund, was ist die Ursache, Herr Kaccāno, dass Asketen mit Asketen streiten?« — »Weil sie in der Gier nach Ansichten wohnen, daran gebunden sind, daraus eigensüchtiges Verlangen haben, sich daran besessen und voreingenommen klammern.« »Aber gibt es denn in der Welt jemanden, Herr Kaccāno, der dieses Wohnen in Sinnengier und in der Gier nach Ansichten ganz überwunden hat?« — Ja, sagt der Mönch: der Erwachte. Da nimmt der Brahmane Zuflucht.*

Hans: Allerdings: viele der furchtbarsten Streitigkeiten bis hin zu Scheiterhaufen und Völkermord gehen ursprünglich gar nicht auf das Streben nach Besitz, *Befriedigung* und Macht zurück, sondern auf religiöse, soziale, nationale oder globale Weltbeglückungs-ideologien, deren Anhänger oft Entbehrungen auf sich nehmen, ja ihr Leben aufs Spiel setzen, um die Wesen mit psychischer oder gar körperlicher Gewalt zu ihrem Glück zu zwingen. Zwar mischen sich in solche Streitigkeiten über kurz oder lang meist auch Machttrieb und Besitz- und Befriedigungsstreben; aber die grausamsten Inquisitoren der Kirche und manche menschenverachtenden Weltbeglücker waren oft fanatische »Asketengestalten«, die auch gegen sich selber mit äußerster Härte vorgingen – weil sie von ihrer Ansicht besessen waren.

Fritz: Ja, Hans. In einem Buch, das ich gerade lese, steht einiges Treffende über dieses Phänomen. Da wird unterschieden zwischen der »existenziellen Realität« (wie es wirklich ist) und dem, was die Menschen sich weltgläubig als »das ›reale‹ Universum« einbilden: »Je stärker wir der Hypnose des ›realen‹ Universums erliegen, umso mehr existenzielle Erfahrung löschen wir aus bzw. passen uns dem ›realen‹ Universum an – Das ›reale‹ Universum – das Modell, das wir als ›reales‹ Universum erfahren, ist – kompakt und solide, da es durch das Verdrängen aller unbequemen Teile der existenziellen Erfahrung entstanden ist.«[15]

Hans: Ja, das macht die Grausamkeiten verständlich, die den Wesen durch Fanatiker angetan wurden und werden. Und leider haftet von daher einer der edelsten Möglichkeiten des Menschentums – der Askese – ganz zu Unrecht bis heute der Geruch von Finsternis und Fanatismus an.

Fritz: So ist es. Aber der Wahn-Sinn der Streitverursachung ist nur eine der vielen schillernden Seiten des Wahns, der abgrundtief hinabreicht. Das wird besonders deutlich aus der folgenden Rede:

15 R. A. Wilson, *Die Neue Inquisition. Irrationaler Rationalismus und die Zitadelle der Wissenschaft.* Aus dem Amerikanischen von pociao (Schreibweise von ›pociao‹ so im Originaltitel), Frankfurt (Zweitausendeins) 1992, S. 291 f.

A VIII,11.

Ein Brahmane aus Verañjā besuchte den Erhabenen und protestierte:

»Herr Gotamo, ich habe gehört, der Herr Gotamo grüßt nicht die alten, ergrauten, ehrwürdigen Brahmanen, die ihren Lebensweg gegangen, hoch in die Jahre gekommen sind. Er steht nicht vor ihnen auf, bietet ihnen nicht seinen Platz an. So ist es tatsächlich. Das ist aber ein Fehler, Herr Gotamo.« — »Brahmane, in der Welt mit ihren Himmelswesen, Weltgeistern und reinen Geistern, mit ihren Schulen von Asketen und Brahmanen, ihren Himmelswesen und Menschen sehe ich niemanden, den ich grüßen könnte oder vor dem ich aufstehen oder dem ich meinen Platz anbieten könnte. Wenn ich jemanden grüßen oder vor ihm aufstehen oder ihm meinen Platz anbieten würde, dann würde ihm das Haupt in Stücke springen.«

Hans: Eigenartig: die gleichen Worte wie bei Saccako in M 35, als er ihn warnte, auf seine Wahrheitsfrage die Aussage zu verweigern. Was hat das zu bedeuten?

Fritz: Wohl das gleiche wie bei Saccako: Ein Mensch, der unbewusst spürt, dass er es mit einem wahnlosen Wesen zu tun hat, kann gewisse Widersprüche einfach nicht aushalten, ohne den Verstand zu verlieren. Alle Unerlösten sind im Wahn befangen. Auf Wahn beruht all ihre vermeintliche Stütze und Kraft und Sicherheit, all ihr Wirken. Der Vollkommen Erwachte aber hat aus eigener Riesenkraft – angesammelt in einem äonenlangen, von gewaltiger Wahrheitssehnsucht motivierten Lebensweg – das Blindwissen, den Wahn, durchbrochen und dadurch eine unfassliche Macht gewonnen über das, was für uns noch »harte Tatsachen« und »feste Gegen-Stände« scheinen, für ihn aber überwundene ehemalige Wahnfetzen sind, leichter als Spinnweb. Die Rede A VIII,11 – vor allem was der Erwachte gegen Ende sagt – kann uns eine schwache Ahnung davon vermitteln und uns die Ohnmacht dessen zeigen, der im Blindwissen, im Bann des Wahns lebt. Aber dieser Bann wird nicht erst im höchsten Heilsstand endgültig gebrochen, sondern schon – o Wunder der Belehrung! – gleich mit dem Eintritt in die Heilsströmung in einem »lichten Augenblick«. Unser Brahmane ahnt das alles aber noch nicht, sondern muss erst einmal seine Beschwerden loswerden:

»Geschmacklos ist der Herr Gotamo!« — »Von einem gewissen Standpunkt aus, Brahmane, kann man tatsächlich sagen: ›Geschmacklos ist der Herr Gotamo‹: Aller Geschmack an Formen, Tönen, Düften, Geschmäcken, Tastempfindungen ist bei einem Vollendeten aufgelöst, mit der Wurzel herausgeschnitten, gleicht einem Palmstrunk, der nicht mehr weiterbestehen, nie wieder aufkeimen kann. Das ist der Standpunkt, von dem aus man tatsächlich so sagen kann, aber nicht in dem Sinn, wie du meinst.« — »Genussunfähig[16] *ist der Herr Gotamo.« — »Von einem gewissen Standpunkt aus kann man das tatsächlich sagen: Alle Lust an Formen, Tönen, Düften, Geschmäcken, Tastempfindungen ist bei einem Vollendeten aufgelöst, mit der Wurzel herausgeschnitten, gleich einem Palmstrunk, der nicht mehr weiterbestehen, nie wieder aufkeimen kann. Das ist der Standpunkt, von dem aus man tatsächlich so sagen kann, aber nicht in dem Sinn, wie du meinst.« — »Ein Prediger des Nichtstuns ist der Herr Gotamo.« — »Von einem gewissen Standpunkt aus kann man das tatsächlich sagen: Ich lehre allerdings das Nichttun eines üblen Wandels in Taten, Worten und Gedanken, Brahmane, das Nichtbewirken der vielerlei üblen, heillosen Eigenschaften.« — »Ein Prediger der Vernichtung ist der Herr Gotamo.« — »Von einem gewissen Standpunkt aus kann man das tatsächlich sagen: Ich lehre die Vernichtung von Hinneigung, Abneigung und Blendung, Brahmane, die Vernichtung der vielerlei üblen, heillosen Eigenschaften.«*

»Ein Überdrüssiger ist der Herr Gotamo.« — »Von einem gewissen Standpunkt aus kann man das tatsächlich sagen: Ich bin nämlich der Hinneigung, der Abneigung und Blendung überdrüssig, habe die vielen üblen, heillosen Eigenschaften satt.« — »Ein Verneiner ist der Herr Gotamo.« —

16 *nibbhoga.*

»Von einem gewissen Standpunkt aus kann man das tatsächlich sagen: Zur Verneinung und Hinwegführung von Hinneigung, Abneigung und Blendung zeige ich die Lehre.« — »Ein Eiferer ist der Herr Gotamo.« — »Von einem gewissen Standpunkt aus kann man das tatsächlich sagen: Um die üblen, heillosen Eigenschaften eifrig auszuglühen, zeige ich die Lehre. Bei wem die üblen, heillosen Eigenschaften, die mit Eifer auszuglühen sind, aufgelöst, mit der Wurzel herausgeschnitten sind gleich einem Palmstrunk, der nicht mehr weiterbestehen, nie wieder aufkeimen kann, von dem sage ich, dass er ein Eifriger war. Bei einem Vollendeten, Brahmane, sind sie aufgelöst, mit der Wurzel herausgeschnitten.« — »Von unmöglicher Geburt[17] *ist der Herr Gotamo.« — »Von einem gewissen Standpunkt aus kann man das tatsächlich sagen: Bei wem alle künftige Geburt, dieses Immer-wieder-erscheinen-Müssen, aufgelöst ist, mit der Wurzel herausgeschnitten, von dem sage ich, Brahmane, dass er von unmöglicher Geburt ist. Bei einem Vollendeten ist alle künftige Geburt aufgelöst. Das ist der Standpunkt, von dem aus man mit Recht sagen kann: ›Von unmöglicher Geburt ist der Herr Gotamo‹, aber nicht in dem Sinn, wie du meinst.« — »Es ist, Brahmane, wie wenn eine Henne acht oder zehn oder zwölf Eier hat, sich gut daraufsetzt, sie richtig durchwärmt, gut bebrütet, und eines von ihren Küken würde nun als erstes von allen mit seinen spitzen Krallen oder mit dem Schnabel die Eierschale durchbrechen und wohlbehalten ausschlüpfen. Wie müsste man es nennen: das Erstgeborene oder ein Nachgeborenes?« — »Das Erstgeborene müsste man es nennen; denn es ist ja als erstes von allen ausgeschlüpft.« — »Ebenso, Brahmane, habe ich aus der von Wahn umschlossenen, im Ei gewordenen, vom Ei umschlossenen Wesenheit den Wahn durchbrochen und bin aus mir selbst in der höchsten echten Erwachung aus ›Welt‹ erwacht: Einsatzbereit war da aber meine Energie, unbeugsam, standfest die Wahrheitsgegenwart, ohne nachzulassen, gestillt der Körper, reizbefreit; einig das Herz, in der Einung gesammelt.«*

Nun beschreibt der Erwachte die letzten Stufen seines Durchbruchs zum Erwachen, die wir aus seinen Gesprächen mit Saccako in M 36 und mit dem Hausvater Tapusso in A IX,41 kennen, von den vier Entrückungen zu den drei Weisheitsdurchbrüchen. Da jubelt der Brahmane: *»Der Erstgeborene ist der Herr Gotamo, der Überragende ist der Herr Gotamo«*, und er nimmt Zuflucht.

Hans: Gut, dass du das erste Glied des Bedingungszusammenhangs, den Wahn, so umfassend angehst. Ich habe ihn bisher weit unterschätzt. Meist wird ja *avijjā* mit »Nichtwissen« oder »Unwissen« übersetzt. Da denkt man dann beim Besprechen, damit sei man schnell fertig: Nichtwissen heiße ja wohl, dass man die vier Heilswahrheiten nicht weiß, also müsse man sie eben schnell »nachlernen« – so wie mancher Schüler seine Hausaufgaben noch schnell in der Straßenbahn lernt. Manche, die diese Missverständnismöglichkeit sehen, sprechen daher von »Falschwissen«. Aber auch ein bloßes falsches Wissen, das z. B. auf einem Rechenfehler beruht, kann ich schnell im Geist ausmerzen. In gründlicheren Kreisen wird eingesehen, dass man mit Untugend und einem zerstreuten Herzen nicht die Heilswahrheiten begreifen kann, und so bemüht man sich um Tugend und sucht Wege zum *samādhi*. Aber obwohl das alles soweit richtig ist, geht dabei nur den wenigsten wirklich ein Empfinden dafür auf, dass *avijjā* nicht nur ein Verweilen in irrigen Meinungen und Fehldeutungen ist, sondern ein Wahn von solcher Festigkeit, dass ihn der Buddha in M 125 mit einem hohen, massiven Felsen vergleicht. Du hast zwar gelegentlich die Wiedergabe mit »Blindwissen« dazugesetzt. Die macht den Wahncharakter klarer; aber diese Sicht ist noch sehr ungewohnt.

Ruth: Fritz, worin siehst du denn den Unterschied zwischen »Verweilen in Irrtümern, falschen Meinungen und Fehldeutungen« und Wahn?

17 *apa* = »wenig«, »nicht« + *gabbha* = »Un-Geburt = »geringe Geburt«; vgl.: »Er ist zur Unperson geworden«.

Fritz: Fragen wir einmal einen neutralen Fachmann für Wahn, den großen Psychiater Kurt Schneider, der die wohl klarste Übersicht der psychischen Krankheiten gegeben hat. Er spricht *»von Wahnwahrnehmung, wenn wirklichen Wahrnehmungen ohne verstandesmäßig (rational) oder gefühlsmäßig (emotional) verständlichen Anlass eine abnorme Bedeutung, meist in der Richtung der Eigenbeziehung beigelegt wird.«*[18] Genau das ist die Situation aller nicht von der Wachheit her aufgeklärten Menschen, die sich auf Grund ihrer sinnlichen und geistigen Wahrnehmung als »Ich« in einer »objektiven Welt« ansehen. Das entspricht dem, was Kurt Schneider *»Trugwahrnehmungen oder Sinnestäuschungen«* nennt: *»es wird etwas sinnlich, empfindungsmäßig, nicht nur gedanklich erlebt, was nicht da ist.«*[19] Obwohl man es erlebt, kann man es suchen, so viel man will: Weil es in Wirklichkeit nicht da ist, kann man es nie finden. Das ist der sprachliche Ursprung von *»avijjā«*. Das kommt von *»a«* = »nicht« und *»vindati«* = »finden«: Etwas erleben, was man in Wirklichkeit nicht finden kann – dafür gibt es in unserer Sprache nur eine umfassende Bezeichnung: Wahn. Davon sagt Kurt Schneider: *»Wenn jemand etwas sinnlich wahrgenommen hat, kann er dies nicht korrigieren wie einen falschen Gedankengang, ein falsches Urteil, eine falsche Meinung. Er kann sich lediglich auf Grund von Überlegungen oder ihm glaubhaften Angaben anderer davon überzeugen, dass das, was er wahrgenommen hat, nicht wirklich gewesen sein kann.«*[20] Hier haben wir die exakte Unterscheidung zwischen bloßem Verweilen in irrigen Meinungen oder Fehldeutungen und einem echten Wahn.

Ruth: Da muss ich an das erste Gespräch des Buddha mit Saccako in M 35 denken. Das zeigt geradezu erschütternd, wie total der so genannte »normale Mensch« im Wahn lebt: Er nimmt ja sinnlich Formen, Töne, Düfte, Geschmäcke und Tastbares wahr, und das kann er nicht einfach wie einen falschen Gedanken im Geist korrigieren. Gestützt auf das sechste Erlebnisspannungsfeld, den »Geist«, misst er diesen sinnlichen Wahrnehmungen eine für den Aufgeklärten *»abnorme«* Bedeutung bei, nämlich eben die *»Eigenbeziehung«*: *»Das bin ich, das gehört mir, das ist mein Selbst« oder »ich bin in der Form« oder »Form ist in mir« oder »ich bin formartig«* – was ja nichts anderes aussagt als den Eindruck des wahnbefangenen Menschen, da sei er als ein »Ich« und um ihn herum sei eine objektive, gestaltete sinnliche Vielfaltwelt (*»Glaube an Seinsdarstellung«*). Aber Saccako musste selber zugeben, dass – um mit Kurt Schneider zu sprechen – eine solche »Eigenbeziehung« nicht »vernünftig« ist.[21] Und dass es auch eine »objektive Welt« nicht geben kann, haben inzwischen selbst die Weitblickenden unter den Physikern gesehen.[22] Seinen Glauben an Seinsdarstellung hat aber Saccako gar nicht aus sich selber korrigieren können, sondern erst – genau wie Kurt Schneider über den wahnkranken Patienten sagt, *»auf Grund von Überlegungen oder ihm glaubhaften Angaben anderer«* – nämlich des Buddha, *»dass das, was er wahrgenommen hat, nicht wirklich gewesen sein kann«* – nämlich der Eindruck, er »habe« die fünf Zusammenhäufungen als sein »Ich«; könne also darüber verfügen, ja sie seien sogar sein Selbst. Genau diese Unmöglichkeit hat Saccako ja auch dem Buddha ausdrücklich zugeben müssen – wie hieß es da noch?

Fritz *»Wer aber Leidvolles so ansieht, als gehöre es ihm, als sei er das, als sei das für ihn ein Selbst – kann denn der aus sich heraus das Leiden durchschauen oder gar ringsum auf die Dauer von sich abhalten?« — »Wie könnte das sein, Herr Gotamo! Das nicht, Herr Gotamo!«*

Hans: Aber ist denn dieser Eindruck wirklich ein Wahn im vollen psychiatrischen Sinn? Er ist doch – um mit Kurt Schneider zu sprechen – nicht *»ohne verstandesmäßig (rational) oder*

18 Schneider, S. 51, Hervorhebungen wie im Original.
19 Schneider, S. 47.
20 Schneider, S. 51.
21 Schneider, S. 51.
22 H.P. Dürr; vgl. oben S. 9 f. und »Realität« in BeyerleinElfBeitr S. 148 ff.

gefühlsmäßig (emotional) verständlichen Anlass«? Dieser Mensch sieht, hört, riecht, schmeckt und tastet doch seinen Körper und die Welt! Ist das nicht verständlicher Anlass genug?

FRITZ: Eben nicht! Nur wegen unserer Gewöhnung merken wir die Absurdität dieser Vorstellung nicht: Der wahnbefangene, unerlöste Mensch sieht so und so gestaltete und gefärbte Formen, hört solche und solche Töne, riecht die und die Düfte, schmeckt die und die Geschmäcke, tastet Hartes und Weiches, Nasses und Trockenes, Elastisches und Starres – aber die Vorstellung: »Dies ist mein Körper, und alles darumherum ist die an sich bestehende Welt« geben ihm ja nicht seine fünf Sinne ein, sondern das ist eine Deutung, die sein kranker Geist vollzieht ohne jeden vernünftigen Anlass in der Wirklichkeit – dem Spiel der fünf Zusammenhäufungen. — Freilich sehen erst die aus dem blinden Daseins-Wahn, aus der »*Gefangenschaft in der Wahrnehmung*« Wachgewordenen die Absurdität dieser Vorstellungen »Ich« und »Welt«. Aber ein Wahn hört ja nicht deshalb auf, Wahn zu sein, weil er in sich selber eine gewisse Geschlossenheit aufweist und weil in der Wahrnehmung neben dem »Selbstbild« die Bilder noch anderer Leidender mit ähnlichen Wahnvorstellungen auftauchen. Wenn sich ein Kranker im Wahn für den Kaiser von China hält, ist es zwar aus seinem Wahn heraus verständlich, wenn er den höflichen Gruß des Nachbarn als Huldigung gegenüber dem Herrscher wahrnimmt, den Kellner im Restaurant für seinen kaiserlichen Truchsess hält und das Gebrüll der Menge im Fußballstadion für ihm geltende Ovationen. Aber wer nicht am gleichen Wahn leidet, sieht das als absurd an. »*Verständlich*« heißt hier nur: verstehbar von »außerhalb des Wahns« aus, von außerhalb der »*Gefangenschaft in der Wahrnehmung*«[23] aus, unabhängig davon, ob der Wahn auch das Wahrnehmungsbild liefert, eine Vielzahl von Menschen habe ungefähr die gleiche Wahnvorstellung.

Nur wenige Menschen beginnen heute, diesen Wahnsinn zu ahnen und sich freizumachen von dem Klischee einer »objektiv bestehenden Materie«, auf das sich fast alle Menschen stützen, um eine gewisse Schein-Sicherheit aufrechtzuerhalten. Vorreiter sind hierbei ausgerechnet die Großen unter den Physikern, den Spezialisten für Materie, die durch exakten Weitblick aus der Masse ihrer Fachkollegen herausragen. Von den anderen schreibt John Horgan[24]: *»Die meisten Physiker sind sehr naiv; sie glauben immer noch an wirkliche Wellen oder Teilchen.«* Dass die Annahme der Existenz einer objektiven, materiell geprägten Wirklichkeit schon mit der derzeit grundlegendsten physikalischen Theorie, der Quantenmechanik, unvereinbar und daher *»unzulässig und falsch«* ist, stellt dagegen der Nachfolger Heisenbergs ohne Wenn und Aber fest. Daniel Greenberger, ein Theoretiker am City College von New York, konstatiert daher: *»Einstein sagte, dass die Welt, wenn die Quantenmechanik Recht habe, verrückt sein müsse. Nun, Einstein hatte Recht: Die Welt – i s t verrückt.«*[25] Wörtlicher kann man den Wahn als Grundzustand des Menschen gar nicht beschreiben. — Nicht nur irren wir uns hie und da. Nicht nur sind wir Wesen, die zwar prinzipiell nicht alles wissen können, aber im Lauf der Menschheitsgeschichte schon noch näher an die Wahrheit herankommen werden. Nein: Wir leben mit allen unseren Ansichten und Meinungen, Hypothesen und Theorien und mit dem riesigen Wust von jederzeit stillschweigend als selbstverständlich vorausgesetztem Hintergrund-»Wissen«[26] in einem massiven Wahn im geradezu klinischen Sinne. Das hat der Erwachte seinen Mönchen in A IV,157[m] auch ausdrücklich gesagt: *»Schwerlich sind Wesen in der Welt anzutreffen, die sich von geistiger Krankheit auch nur einen Augenblick frei halten können, ausgenommen die von*

23 A III,67. Quanten-Philosophie, *Spektrum* 9/1992, S. 82 ff.
24 Quanten-Philosophie, *Spektrum* 9/1992, S. 82 ff.
25 Zitiert nach Horgan, *Spektrum* 9/1992, S. 82 ff.
26 Vgl. zu dieser Problematik Polanyi, *Implizites Wissen*, Frankfurt (Suhrkamp TB) 1985.

Beeinflussung Geheilten.« Es sind auch immer wieder tiefe Denker des Westens zu dieser Einsicht gekommen. Etwa Metastasio:

»Es ist das All ein Täuschungstraum,
ein Fieberwahn ist unser Leben.«[27]

Kant nennt *»jedes Gefühl überhaupt pathologisch.«*[28]

HANS: Aber die heilende rechte Anschauung ist doch kein Wahn!

FRITZ: Der Richtung nach ist sie zwar die Wegweisung zur Wahnfreiheit, gewiesen von einem aus dem Blindwissen befreiten Sehenden. Aber selbst sie ist eine Wegweisung in der nur durch Konvention verständlichen Sprache des »Wahnlandes« zum Gehen durch das Gebiet des Wahnlandes hindurch in die namenlose, keiner Sprache mehr zugängliche absolute Freiheit: Wo sie erreicht ist, da gibt es keine »Lehre«, keine »Anschauung« mehr:

»Sind alle Eigenschaften überstiegen, sind überstiegen auch der Sprache Bahnen.« — *(Sn 1075^{m})*

Wir haben ja vorhin schon gesehen, dass die heilende rechte Anschauung zwar inhaltlich wahnfrei ist – dass »die Richtung stimmt« –, dass aber auch sie durch Wahn bedingt ist, wie jede Heilung durch Krankheit bedingt ist: Ohne Krankheit gäbe es nichts zu heilen.

HANS: Das ist wie ein Schock, obwohl ich im Kopf längst darauf vorbereitet bin. Natürlich weiß ich: es ist nicht so, wie es scheint. Wo mir die Wahrnehmung vorgaukelt, sie spiegle ein dahinter stehendes »Etwas« mit dauerhaftem Kern wider, ein »Ich«, eine »Welt«, ein »Außen« oder »Innen« – da ist nichts als Wirken und Gestaltung des Herzens, entweder im Erscheinen (dann nennt man es »Wahrnehmung«) oder im Werden (dann nennt man es *bhava* = »Werden«, »Dasein«). Dies Ganze ist keine »Selbstorganisation von Materie«, sondern »Selbstorganisation des Wahns«. Wie ein Schauspieler, der nicht eine wirkliche lebende Person imitiert, sondern eine bloß erdichtete Rolle darstellt, erweckt dieses Wahn-Spiel nur die Illusion eines beständigen »Seins«, ist nur »Seins-*Darstellung*«. Das hat mir damals sehr eingeleuchtet, als wir es besprochen haben – *sakkāya* heißt es ja wohl auf Pāli. — Aber das ist so tief, dass es mir nicht immer gegenwärtig ist – sogar meistens nicht. Und dann ist es mir fremd und fast unheimlich: Ich weiß: Es ist die Wahrheit, die befreiende Wahrheit. Aber ich empfinde es längst nicht immer so. Das Verrückte dabei ist: Eher sagen wir zu uns selber – wie der junge Saccako : *»Ich muss wahnsinnig gewesen sein«*, als dass wir die »objektive Realität der ›materiellen Welt‹« infrage stellen lassen – obwohl uns ja heute, wie gesagt, schon Spitzenphysiker von ihrem Fachgebiet aus sagen, *»dass die Vorstellung einer objektiven Realität, einer materiell ausgeprägten Wirklichkeit – falsch«* ist. — Ich kann mir das gar nicht oft genug wiederholen. — Ich muss zugeben: So gesehen, leben wir alle auch und gerade in Bezug auf unsere fundamentalsten Wahrnehmungen und Deutungen in einem echten Wahn im psychiatrischen Sinn. Ich habe nur vor lauter einzelnen Wahnbäumen den riesigen Urwald des Wahns nicht gesehen! – Das ist allerdings eine ganz andere existenzielle Situation als die eines Menschen, der nur im Geist irrige, meinetwegen auch verschrobene Meinungen und Ansichten hat. Der kann das schnell korrigieren. Aber gegen die Macht der Gewohnheit, das als Wahn zu durchschauen, was »ich« durch die fünf Sinne wahrnehmen und der wahnsinnige Geist als »Welt« deuten will, – das braucht Arbeit! Ja: Ich bin wahnkrank und habe nur dann lichte Momente, wenn ich das gerade einmal für kürzere oder längere Zeit sehe – auf der Wahrheitsebene! Das ist ja – ich hätte fast gesagt: zum Wahnsinnigwerden – aber wahn-sinnig bin ich ja schon.

27 Übersetzung: Hecker, Leiden am Dasein und Auswege, BuSem 1963, S. 166, (Neuauflage 1999 unter dem Titel *Das zeitlose Wort vom Dasein* bei Beyerlein & Steinschulte, Herrnschrot), auch zitiert bei KEN GA, D, Anm. 808 in anderer Übersetzung.

28 *Kritik der praktischen Vernunft*, I,3, zitiert nach KEN GA, D, Anm. 808.

FRITZ: Die Kenntnis von dieser Diagnose verursacht bei den meisten Menschen, die sie zum ersten Mal verstanden haben, zuerst einen Schock. Denn bis dahin war ihr Lebensgefühl bestimmt durch das Bewusstsein, zwar vieles – das meiste – nicht zu wissen und oft zu irren, aber doch geistig-seelisch gesund zu sein. Gegen die Diagnose, an einem Wahn zu leiden, haben viele Menschen geradezu eine Sperre. Ihnen dürfte es helfen, wenn sie erfahren, dass die alten Inder – zumindest zur Zeit des Erwachten – eine Schwierigkeit nicht hatten, die die deutsche Sprache hat: Das Wort »*avijjā*«, das wir aus seiner Verharmlosung als bloßes »Nichtwissen« befreien mussten, um klar zu sehen, hatte damals nicht den Beigeschmack »nicht normal«, die den Betroffenen in eine Minderheit der »Verrückten« unter lauter Gesunden ausgrenzt. Dafür benutzten die alten Inder andere Ausdrücke wie *ummādo* (»Wahnsinn«), *upahat'indriya*[29] (»übergeschnappte Sinne«), *momuha*. *Avijjā* im Sinn von Blindwissen galt damals als eine allgemeinmenschliche Krankheit.

HANS: Wenn es so ist, dann bin ich ja in guter Gesellschaft. Und ich weiß: mit der Selbstdiagnose fängt die Selbstheilung von diesem Wahn an. Ich merke auch ein bescheidenes Wachsen der Selbstheilungskräfte – der fünf Heils-Sinne: Heilsvertrauen, Energie, Wahrheitsgegenwart, Einigung, Klarwissen.

RUTH: Während du das sagst, Hans, wird mir richtig plastisch, was ich im Kopf längst weiß, weil wir es uns seit Beginn unserer Gespräche klargemacht haben: Dieser umfassende Wahn ist das Fieberdelirium aus Hinneigung, Abneigung und Blendung. Die Gestaltungen (*sankhāra*) des in Hinneigung, Abneigung und Blendung brennenden Herzens (*citta*) gaukeln uns fast immer Wahnbilder vor. Das nennen wir »Wahr-nehmung«, weil wir sie für »wahr« nehmen. Sie sollten besser »Wahn-nehmung« heißen. Nur dadurch sind wir treffbar, verstörbar, abhängig, beeinflussbar.

FRITZ: Damit sprichst du etwas ganz Wichtiges aus: dass der Erwachte in zwei Lehrreden den Wahn in den Bedingungszusammenhang einbaut – zwar nicht wie ein Kettenglied, sondern mit den Worten: *»Durch Wahn bedingt sind die Beeinflussungen (āsavā), durch Beeinflussungen bedingt ist der Wahn«,*[30] also als eine *Qualität* oder, – dynamisch gesehen, – als eine *Funktion* des Wahns.

RUTH: Was genau bedeutet hier »Beeinflussungen«? Davon war ja schon in mehreren Texten die Rede[31], und zwar immer mit erheblichem Gewicht. Intuitiv kann ich mir ungefähr vorstellen, welche unbeschreibliche Souveränität es sein muss, keiner Beeinflussung mehr zu unterliegen, durch nichts und niemanden. Ist mit »Beeinflussungen« die Empfindlichkeit gemeint, die beeinflussbar macht oder sind es die Erlebnisse, gegen die man empfindlich ist, so dass sie zu »Einflüssen« für unser Denken, Reden und Handeln werden?

FRITZ: Beides. Das Pāliwort *āsavā*, das ich meist mit »Beeinflussung« übersetze, beschreibt, wie du richtig sagst, die wichtigste Qualität oder Funktion des Wahns (*avijjā*): Die einzigen drei Arten der Beeinflussung bestehen darin, dass man zu etwas hingeneigt (*rāga*) ist oder von etwas abgeneigt (*dosa*) ist oder dass man etwas nicht richtig sieht (Blendung, *moha*). Wo keins von den dreien ist, da ist absolute Neutralität und Klarsicht: ein solches Wesen *sieht die Erscheinungen und der Erscheinungen Wandlungen und der Wandlungen Bedingungsgesetz*; es ist unbeeinflusst und unbeeinflussbar, untreffbar – an-*āsavā*. So ist Beeinflussung (*āsavā*) ein Oberbegriff für Hinneigung, Abneigung, Blendung (*rāga*, *dosa*, *moha*). Alle drei – und nichts sonst – beeinflussen und verursachen dadurch immer wieder Schmerzen. Deshalb sagt der

29 Vgl. M 75[m].
30 M 9 und A X, 61 (wo statt des Wahns dessen Nahrung, die fünf Hemmungen, genannt werden).
31 Vgl. z. B. M 35, besprochen im 3. Gespräch; M 36 im 4. Gespräch; S 42,13 im 10. Gespräch; S 51,15 im 9. Gespräch.

Erwachte sowohl von der Beeinflussung wie von Hinneigung, Abneigung, Blendung, dass sie ein Brennen sind – von *āsavā* sagt er es in M 54 und A IV,195, von Hinneigung, Abneigung, Blendung in S 35,27^{m}, MV I,21 und It 93. Hier haben wir die Stelle, an der wir die Triebe (Hinneigung, Abneigung, Blendung) im Bedingungszusammenhang der Nidānareihe finden.

HANS: Warum übersetzt du dann nicht einfach *āsavā* mit »Triebe«?

FRITZ: Das würde nicht recht auf die tiefste und verborgenste Art der Beeinflussung passen: die Beeinflussungen durch Wahn (*avijj'āsavā*). Ein klinisch wahnkranker Mensch braucht deshalb nicht besonders triebstark zu sein. Wahn (*avijjā*) und Trieb sind zwei verschiedene Gesichtspunkte. Die mögliche Übersetzung von *avijjā* mit Blindwissen macht das besonders deutlich. Auch kommt in der Übersetzung von *āsavā* mit Beeinflussung die wörtliche Bedeutung von *āsavā* – »Fluss, Fließen« – mit zum Ausdruck.

Wesen ohne Wachheitswissen leben, geblendet durch Hinneigung und Abneigung, in dem Wahn, Leidfreiheit sei, was den beeinflussenden Trieben im Moment angenehm ist, und Leiden, was ihnen unangenehm ist. Aus diesem Wahn bewerten sie das, was den Trieben im Moment Befriedigung verschafft, positiv, beachten und erstreben es, und ihr Erfahrungssuchlauf stellt sich darauf ein. Was aber dem von den Trieben besetzten Geist nicht passt, bewerten sie negativ und fliehen es. Ihr ganzes Leben, Denken, Reden und Handeln – ihr Karma, ihr Wirken – hat zwar letztlich nur das Ziel, vom Leiden zum Wohl zu kommen. Aber seine entscheidende Beeinflussung erfährt es ausgerechnet durch das, was daran hindert zu sehen, was zu eigener oder anderer oder beider Bedrängnis ist, was blind und augenlos macht und die Weisheit ausrodet, nämlich Hinneigung, Abneigung, Blendung. Nicht nur »wie die Wahnsinnigen«, sondern als Wahnsinnige suchen wir in diesem ununterbrochenen Fließen Beständigkeit, Ruhe, Frieden, Sicherheit zu finden – und können sie da nie finden. Nichtfinden – das ist die wörtlichste Übersetzung von *avijjā*: »Alles fließt« hat schon Heraklit gesagt. Dieses unaufhaltsame Fließen – so die wörtlichste Übersetzung von *āsavā* – erleben wir als drei Ströme: als die aus der Vergangenheit heranfließende Daseinsströmung des früheren Wirkens (*bhava-sota*), als die (scheinbar) »von innen«, aus einem (vermeintlichen) »Ich« heranbrandende Strömung des Durstes (*taṇhā-sota*) und als den Strom des eingespielten (Wohl-)Erfahrungssuchlaufs (*viññāna-sota*). Diese Ströme sind es letztlich, die jenes Bündel von Trieben, Drängen, Kräften, Fähigkeiten des Herzens, das wir »Ich« nennen, beeinflussen, dass sie immer wieder auf das, was als Erleben herankommt, wie vom Fluss getriebene Wasserräder dadurch re-agieren, dass sie weiter im Wirken (»Karma«) rotieren. Dieses gesamte, in ständigem, wechselseitig bedingtem Fließen befindliche Flusssystem beschreibt der eine einzige Ausdruck *āsavā* = Beeinflussung. Er sagt in der Durchschauungssprache, was in der Erlebnissprache der Ausdruck Karma – gewirkt wirkendes Wirken, sagt. Die Geheilten dagegen sind »wunschlos glücklich«, gestillt und daher unbeeinflussbar (*an-āsavā*). Sie kann nichts mehr zum Wirken beeinflussen. Für sie ist »*all der Schmerz und Lust*« zu Ende, ist »*süßer Friede*« für ewig. Für diese existenzielle Grundsituation eine angemessene Übersetzung zu finden, ist schwer. Würde man *āsavā* mit »Einflüsse« übersetzen, dann stünde zu einseitig im Vordergrund, was als scheinbar von »außen« Kommendes erlebt wird, aber die Treffbarkeit der Triebspannungen, die wir als »innen« erleben – wenn wir sie überhaupt merken – käme zu kurz. Übersetzt man mit »Empfindlichkeit, Treffbarkeit«, wird man zwar meist eher den Sinn treffen. Aber in manchen Zusammenhängen kann das wiederum zu »passiv« klingen wie etwa in M 54, wo es zwar letztlich nicht falsch, aber etwas befremdlich wäre zu übersetzen: »*und was durch das Töten … an Empfindlichkeiten aufkommen könnte*«. Der drängende, antreibende Charakter der »Triebe« oder der Aspekt, dass dieser Unheilsfluss den Anschein von außen kommender Einflüsse erweckt, käme da zu kurz. Hier in unserer Rede muss aber beides zum Ausdruck kommen.

Deshalb versuche ich es mit der Übersetzung von *āsavā* mit »Beeinflussungen«, um beide Seiten zum Ausdruck zu bringen. Darin bestärkt werde ich dadurch, dass ich nach der Wahl dieser Übersetzung auf einen Brief Neumanns an Georg Grimm stieß; darin nennt er aus dessen Werk Die Lehre des Buddha als die eine von zwei Erklärungen, *»die mir als ganz ausgezeichnet aufgefallen sind, āsavā als Beeinflussung.«*

RUTH: Dann wäre also alles edle und unedle, grobe und feine karmische Wirken nur durch dieses empfindlich, treffbar, beeinflussbar machende und zugleich drängende, treibende Fließen (*āsavā*) des unbeständigen, sich ständig wandelnden Wahns (*avijjā*) zurückzuführen auf Beeinflussung (*āsavā*) durch Hinneigung, Abneigung, Blendung – (*rāga*, *dosa*, *moha*) : die Triebe?

FRITZ: Für alle Wesen ohne Erwachungswissen ist das so, Ruth: Der Wahn (*avijjā*) beeinflusst (*āsavā*) zum Wirken (*kamma* = Karma), d. h. er setzt in Gang Aktivitäten, Vorgänge, Bewegtheiten, Dynamik, Gestaltungen, zusammengefasst in dem einen Wort »*sankhāra*«. Wahnbeeinflusste Wesen kennen von den vier Arten des Wirkens nur die drei ersten Arten: dunkles Wirken, das dunkle Folgen hat, helles Wirken, das helle Folgen hat, und dunkel-licht gemischtes Wirken, das dunkel-licht gemischte Folgen hat – immer wieder Folgen, Folgen, Folgen. Nur die Erwachten entdecken und lehren die immer wieder vergessene einzig erlösende vierte Art des Wirkens: bei allen diesen drei Wirkensarten *»das Bestreben, es aufzugeben – das wird das Wirken genannt, das weder dunkel noch licht ist und weder dunkle noch lichte Frucht bringt, sondern zum Versiegen des Wirkens führt.«*

RUTH: Über den Mönch, dessen Haupttätigkeit diese vierte, erlösende Wirkensart ist, hat der Buddha in einer Rede[32] so etwas Schönes, von allen »Buß- und Qual-Lehren« Abgrenzendes gesagt. Das habe ich mir gemerkt: *»Der schafft kein neues Karma, und das frühere Karma lässt er auslaufen, wenn es ihn gerade berührt. Das ist der offensichtliche Abbau, zeitlos, zum Selbersehen einladend, der zum Ziel führt, den ein Verständiger bei sich selber erfahren kann.«*

HANS: Dass man immer wieder auf diese Beeinflussungen hereinfällt! Beeinflussung kommt aus Wahn und schafft weiteren Wahn. Könnte man da nicht *»āsavā«* einfach auch mit *»Wahn«* übersetzen?

FRITZ: Nein. Beeinflussung (*āsavā*) ist eine Qualität, eine Funktion des Wahns (*avijjā*): Wahn, Blindwissen, hat mehrere Funktionen. Er verstrickt als Wahnverstrickung (*avijjā-samyojanā*), er hemmt als Hemmung des Wahns (*avijjā-nivaranā*): bildet in dieses Leben mitgebrachte Anlagen (*avijj'anusaya*), treibt (»Triebe«). Kurz: er bedingt alle Vorgänge (*sankhāra*), das nächste Glied des Bedingungszusammenhangs, das wir nachher betrachten. »Beinflussung« (aktiv und passiv) ist also die weiteste Bezeichnung für alle diese Wahn-funktionen und kann sehr verschiedene Gesichter haben: von feinster, eher »passiver« Empfindsamkeit, zartester Verletzlichkeit oder kaum merklicher Irritierbarkeit bis zu einem so unwiderstehlichen, zur Übeltat hinreißenden Affektsturm, dass der Geist nicht als Steuerinstrument wirken und keine von den Trieben unabhängige An-sicht bilden und durchsetzen kann; wie wenn bei einem Fahrzeug die Lenkung blockiert ist. Diese Seite der Beeinflussung als Qualität des Wahns können wir gar nicht ernst genug nehmen.

HANS: Klar: falsche Anschauung ist ja die erste Stufe des falschen achtfältigen Wegs, und rechte Anschauung die erste Stufe des achtfältigen Heilsweges.

RUTH: Und je nach der Anschauung denke ich. — Und »was der Mensch häufig denkt und sinnt, dahin geneigt wird das Herz.«

HANS: Und alle Wahrnehmungen und Gefühle, die unsere Lebensqualität ausmachen, sind Vorgänge des Herzens (*citta sankhāra*).

32 A III,75.

Fritz: Ja. So bestimmen Grad und Richtung der Beeinflussung, also einer Qualität des Wahns, – buchstäblich über Inhalt und Qualität der gesamten als »innen« oder »außen« erlebten Existenz. Ohne dass der Ausdruck »Beeinflussung« verwendet wird, hat das einmal der Hausvater Anāthapiṇḍiko Pilgern erklärt:

A X,93:

Anāthapiṇḍiko wollte den Erwachten im Siegerwaldkloster besuchen. Aber es war noch zu früh. Da ging er zum Ashram der Pilger anderer Schulen. Die unterhielten sich lärmend über allerlei Weltliches. Aber als sie Anāthapiṇḍiko kommen sahen, schwiegen sie, um ihn zum Näherkommen zu veranlassen. Anāthapiṇḍiko kam und setzte sich zu ihnen. Die Pilger sprachen zu ihm: *»Sag, Hausvater, was für eine Ansicht vertritt denn der Asket Gotamo?« — »Ihr Herren, ich kenne die Ansicht des Erhabenen nicht ganz.« — »Dann sag: welche Ansicht haben die Mönche?« — »Ich kenne auch die Ansicht der Mönche nicht ganz, ihr Herren.« — »Nun, Hausvater, dann sag uns: welche Ansicht hast denn du selber?« — »Ihr Herren, es macht mir zwar keine Schwierigkeiten, das zu erklären, aber bitte, ihr Herren, erklärt mir doch eure eigenen Ansichten. Danach wird es mir nicht schwer fallen, euch meine Ansicht darzulegen.« Auf diese Worte sprach einer der Pilger: »Die Welt ist ewig. Das ist die Wahrheit, alles andere ist Unsinn. Das ist meine Ansicht.« Andere sagten: »Die Welt ist nicht ewig; das ist die Wahrheit.« — »Die Welt ist endlich« — »Nein, unendlich.« — »›Leben‹: das ist der Leib.« — »Leben ist etwas anderes als der Leib.« — Ein Vollendeter besteht nach dem Tod weiter.« — »Nein, er besteht nicht weiter.« — »Er besteht nach dem Tod weiter und auch nicht weiter.« — »Weder noch: das ist die Wahrheit; alles andere ist Unsinn.« — Auf diese Worte sprach der Hausvater Anāthapiṇḍiko zu den Pilgern: »Ihr Herren: Jedem der Verehrten ist seine Ansicht entweder auf Grund nicht gründlicher eigener Geistestätigkeit (a-yoniso manasi-kāro) aufgestiegen oder auf Grund der Stimme eines anderen. Diese Ansicht ist aber etwas Gewordenes, Zusammengewirktes, Beabsichtigtes, bedingt Entstandenes. Was auch immer geworden, zusammengewirkt, beabsichtigt, bedingt entstanden ist, das ist unbeständig; was unbeständig ist, das ist leidvoll. An etwas Leidvollem hängt der Verehrte, dem ist er verfallen.« — Auf diese Rede sprachen jene Pilger zum Hausvater Anāthapiṇḍiko: »Nun haben wir alle unsere Ansichten dargelegt. Jetzt sag, Hausvater, welcher Ansicht du bist.« — »Was auch immer geworden, zusammengewirkt, beabsichtigt, bedingt entstanden ist, das ist unbeständig; was aber unbeständig ist, das ist leidvoll; was leidvoll ist, davon gilt: ›Das gehört mir nicht, das bin ich nicht, für mich ist das kein 'Selbst'.‹ Das ist meine Ansicht, ihr Herren.«*

Nun halten die Pilger Anāthapiṇḍiko entgegen: »An diesem Gedanken hängst du, Hausvater, dem bist du verfallen.« — »Dieser Gedanke ist nicht mein, das bin ich nicht, für mich ist das kein ›Selbst‹: Das ist so, wie es ist, mit voller Weisheit richtig gesehen worden, und ich kenne das höchste Entrinnen daraus nach der wirklichen Beschaffenheit.« Auf diese Rede saßen die Pilger verstummt, betroffen, mit hängenden Schultern und gesenkten Köpfen, nachdenklich und sprachlos da. Als der Hausvater Anāthapiṇḍiko sie so dasitzen sah, stand er auf, begab sich zum Erhabenen und berichtete das ganze Gespräch.

»Gut, gut, Hausvater. So kannst du bei Gelegenheit diesen geblendeten Menschen im Sinn der Lehre eine Richtigstellung geben und ihnen ihre Grenzen aufzeigen.« Nun unterwies der Erhabene den Hausvater Anāthapiṇḍiko in einem Lehrgespräch, befriedete ihn, erhob ihn und beglückte ihn. Vom Erhabenen in einem Lehrgespräch unterwiesen, befriedet, erhoben und beglückt, erhob sich der Hausvater Anāthapiṇḍiko, verabschiedete sich vom Erhabenen und ging. Kurz darauf sprach der Erhabene zu den Mönchen: »Auch wenn ein Mönch hundert Jahre in diesem Heilslehrgang erzogen worden wäre, so würde auch er Pilgern anderer Schulen so im Sinne der Lehre eine Richtigstellung geben und ihnen ihre Grenzen aufzeigen, wie es der Hausvater Anāthapiṇḍiko getan hat.«

Ruth: Auch da sieht man ganz deutlich, dass Wahn einer ganz anderen Dimension angehört als bloßes Nichtwissen: Anāthapiṇḍiko zeigt, dass jede in der Welt aufkommende Ansicht durch Beeinflussung – also durch eine Qualität von Wahn – entstanden ist. Wahn (*a-vijjā*) ist eben nicht »kein Wissen«, sondern *Blindwissen*, das (vermeintliche) Wissen eines wirklichkeitsblinden Geistes. Davon kann man nicht, wie vom Nicht-Wissen sagen: *»Was ich nicht weiß, macht mich nicht heiß.«* Das Blindwissen macht uns heiß!

HANS: Aber der Buddha hat doch auch gesagt: »Wovon andere Weise sagen: ›Das ist‹, davon sage auch ich: ›Das ist‹. Wovon andere Weise sagen: ›Das ist nicht‹, davon sage auch ich: ›Das ist nicht‹.«[33]

FRITZ: Freilich. Andere Weise, die weder erwacht sind noch den Weg zum Erwachen betreten haben, z. B. christliche oder sufische oder Hindu-Mystiker oder sonstige große Menschen, welche über die Sinnenwelt hinausgeblickt haben, kennen zwar nicht die vierte Wirkensweise, die folgenfrei ist und zur Wirkensversiegung führt. Was sie aber aus ihrer geistigen Erfahrung über Wirkensweisen sagen, die innerhalb des Daseinskreislaufs zeitweilig aus den Untiefen in die lichten Höhen führen, kann »unterwegs« – vor allem zur Überwindung der Sinnensucht und zur Stärkung der Verständniskraft – hilfreich sein, wenn sie auch noch nicht völlig frei von »Seinsdarstellung« (*sakkāya*) sind. Da freilich, beim Glauben an Seinsdarstellung, liegt die Grenze zwischen Weiterkreisen im Wahnkreislauf und Betreten des Wegs zum Aufhören. Denn selbst ein so tiefer Mystiker wie Ruysbroek hat ja schon nach der bloßen Entrückung aus der sinnlichen Wahrnehmung – zu früh – gejubelt: »Ich habe die selige Ewigkeit 'funden.« Dieser feinen Täuschung zu entgehen, ist nur von der Blickweise der Wachheit her möglich. Darauf hat einmal der Hausvater Citto einige Mönche aufmerksam gemacht in dem Text

ISIDATTO II – S 41,3.

Citto hatte sie bewirtet und fragte danach einen von ihnen: »Ehrwürdiger Herr, da treten in der Welt jene mannigfaltigen Ansichten auf: die Welt sei ewig/ nicht ewig/ endlich/ unendlich, Leben und Leib seien ein und dasselbe/ Leben sei etwas anderes als der Leib, nach dem Tod bestehe ein Vollendeter weiter/ bestehe nicht weiter/ bestehe weiter und auch nicht/ bestehe weder, noch bestehe er. — Diese 62 Arten von Ansichten, die im Brahmanennetz genannt werden, Herr: wenn was vorhanden ist, kommen diese Ansichten auf, und wenn was nicht vorhanden ist, kommen sie nicht auf?«

HANS: Was ist das denn, das Brahmanennetz?

FRITZ: So heißt die erste Rede der Längeren Sammlung.[34] Darin hat der Erwachte Mönchen alle nur denkbaren philosophischen und religiösen Ansichten, in denen die Brahmanen wie in einem Netz gefangen sind, in 62 Gruppen mit Untergruppen zusammengefasst – wir würden heute sagen, er hat damit ein vollständiges System der Philosophie geliefert. Hausvater Citto fragt deshalb nach den Bedingungen für diese Ansichten.

»Auf diese Frage blieb der Ordensältere stumm. Ein zweites Mal und ein drittes Mal stellte der Hausvater Citto seine Frage. Ein zweites Mal und ein drittes Mal blieb der ehrwürdige Ordensältere stumm. — Damals war in jener Ordensgemeinschaft der ehrwürdige Isidatto von allen der jüngste. Er sprach zu jenem Ordensälteren: »Ehrwürdiger Herr, darf ich die Frage des Hausvaters Citto beantworten?« — »Beantworte du die Frage des Hausvaters Citto.« — »Diese 62 Arten von Ansichten, die im Brahmanennetz genannt werden, gibt es nur, wo im ›Glauben an Seinsdarstellung‹ gegründete Ansichten sind. Wo keine im Glauben an Seinsdarstellung gegründete Ansichten sind, da gibt es sie nicht.«

»Was ist ›Glaube an Seinsdarstellung‹, Herr?« — »Da ist einer ein unbelehrter, gewöhnlicher Mensch, Hausvater, der hat keinen Blick für den Heilsstand; er kennt gar nicht das Wesen des Heils

33 S 22,94^{m}.
34 KEN: »Das Priesternetz«.

und ist unerfahren in den Eigenschaften des Heils. Er hat keinen Blick für die rechten Menschen und ist unerfahren in den Eigenschaften des rechten Menschen. — Der sieht Form/ Gefühl/ Wahrnehmung/ Vorgänge/ Bewusstseinserfahrungssuchlauf als Selbst an oder das Selbst als formartig/ gefühlsartig/ wahrnehmungsartig/ als eine Art Vorgänge/ als eine Art Suchlauf oder Form/ Gefühl/ Wahrnehmung/ Vorgänge/ Bewusstseinserfahrungssuchlauf als im Selbst enthalten oder das Selbst als in Form/ Gefühl/ Wahrnehmung/ Vorgängen/ Bewusstseinserfahrungssuchlauf enthalten. Das ist ›Glaube an Seinsdarstellung‹.«

»Wann aber ist ›Glaube an Seinsdarstellung‹ nicht vorhanden, Herr?« — »Da ist einer ein erfahrener Heilsgänger, Hausvater. Der hat den Heilsstand im Sinn, kennt das Wesen des Heils und ist erfahren in den Eigenschaften des Heils. Er hat einen Blick für die wahren Menschen und ist erfahren in den Eigenschaften des wahren Menschen. Der sieht nicht Form/ Gefühl/ Wahrnehmung/ Vorgänge/ Bewusstseinserfahrungssuchlauf als Selbst an, sieht nicht das Selbst als formartig/ gefühlsartig/ wahrnehmungsartig/ als eine Art Vorgänge/als bewutseinssuchlaufartig an, sieht nicht Form/ Gefühl/ Wahrnehmung/ Vorgänge/ Bewusstseinserfahrungssuchlauf als im Selbst enthalten oder das Selbst – darin enthalten an. — So, Hausvater, ist ›Glaube an Seinsdarstellung‹ nicht vorhanden.«

HANS: Hier haben wir ja eine der wichtigsten Auswirkungen dieses Glaubens: Den Glauben an ein »Selbst« in Beziehung zu den fünf Zusammenhäufungen. Aber das geht ja gar nicht: »Selbst« ist doch nur, was immer das selbe ist.

FRITZ: Ja, Hans, das immer selbe, Unveränderliche. Es bedeutet im Grund das gleiche wie das »Sein«. In diesem tieferen Sinne haben es die Inder – denk nur an Shri Ramana Mahārshi – seit jeher verstanden, gesucht und scharf unterschieden vom abgegrenzten »Ego«, vom »Ich«, von der »individuellen Persönlichkeit«. Wer die Ansicht hat, hinter den fünf Zusammenhäufungen würde irgendein »Sein« stecken, das sie verkörpern (*sakkāya*), der hat nicht nur dann eine falsche Ansicht – nämlich den Glauben an Seinsdarstellung (*sakkāya-diṭṭhī*) –, wenn er sich dieses vermeintliche Sein als ein individuelles, persönliches vorstellt, sondern auch, wenn er es sich als »überindividuell« vorstellt – z. B. als »Gott« oder »Gottesgrund«, »Weltgeist«, »Brahman« oder »Ātman«, »Natur«, »Kosmos« oder was immer. Selbst die gestaltlose Existenzweise »Weder eigentliche Wahrnehmung noch keine Wahrnehmung« hat der Buddha in A IV,45 bei jenen weltgläubigen Brahmanen als »*sakkāya*« bezeichnet. In keiner – ob als individuell oder überindividuell vorgestellten – Seinsdarstellung ist der ewige Friede zu »finden« (*vindati*), so wenig wie der Wanderer in Wüsten voll Treibsand Halt für seinen Schritt findet, sondern elend untersinkt. Herumsuchen auf einem Gebiet, wo man das Gesuchte nicht finden kann, – das ist Wahn (*a-vijjā* von »*a*« = »nicht« und »*vindati*« = »finden«). Übrigens hat in M 44 die geheilte Nonne Dhammadinna dem Hausvater Visākho auf seine Frage nach Seinsdarstellung und nach dem Glauben an Seinsdarstellung die gleiche Antwort gegeben. Hier sehen wir wieder: Die gängige Übersetzung für *sakkāya-diṭṭhi* mit »Glaube an Persönlichkeit« ist zwar durchaus nicht falsch, begreift aber alle die Fälle nicht ein, in denen der Glaube, es »sei etwas dahinter« hinter den flüchtigen Erscheinungen von »Ich« und »Welt«, auf nichts Individuelles, sondern auf etwas Überindividuelles bezogen wird.

RUTH: Da fällt mir auf: Eine der zu *sakkāya-diṭṭhi* gehörenden Wahn-Ansichten lautet ja, »das Selbst« sei im Erfahrungssuchlauf (*viññāna*) enthalten. Eine seiner sechs Arten ist die auf geistige Erfahrung gerichtete Geistestätigkeit, die Domäne der Philosophen. Auf Wahn beruhen also auch alle Philosophien, die behaupten, hinter dem Geist stecke irgendetwas Beständiges! Da haben wir die Begründung dafür, dass fast die ganze Philosophie auf Wahn beruht!

HANS: Das sollte man einmal den Philosophen sagen!

FRITZ: Ich habe genug damit zu tun, das immer und immer wieder mir selber zu sagen: Ich bin wahnkrank und in einem ständigen Delirium aus Hinneigung, Abneigung und Blendung –

aber seit ich die Lehre des Erwachten kenne, nehmen die lichten Momente zu, und der Wahn wird immer dünner. Das zu merken gibt Gelassenheit. Den Gipfel dieser Entwicklung zeigt der Erwachte in einem kurzen Zwiegespräch mit einem edelgearteten Brahmanen in dem Text

A IV,36:

Einstmals war der Erhabene auf der Landstraße zwischen Ukkaṭṭhta und Setavya auf der Wanderschaft. Zur gleichen Zeit war auch der Brahmane Dono unterwegs auf derselben Landstraße. Da sah der Brahmane Dono die Fußspuren des Erhabenen mit dem deutlich ausgeprägten Radzeichen mit tausend Speichen, Felge und Nabe und dachte: »Wunderbar ist das, so etwas habe ich noch nie gesehen; diese Fußspuren können wahrlich nicht von einem menschlichen Wesen stammen!« Da bog der Erhabene von der Straße ab und setzte sich unter einen Baum mit gekreuzten Beinen, den Körper aufrecht, die Wahrheitsgegenwart bei sich haltend. Der Brahmane Dono, der den Fußspuren nachgegangen war, sah nun den Erhabenen unter dem Baum sitzen, mit gekreuzten Beinen, den Körper aufrecht, die Wahrheitsgegenwart nach innen gerichtet, freundlich, Vertrauen erweckend, mit gestillten Sinnen, mit gestilltem Geist, der Gipfel der Beherrschtheit und Ruhe, bezähmt, behütet, ein gewaltiges Wesen, vom Frieden gelenkt.[35] *Da ging er zum Erhabenen hin und fragte: »Ist der Herr etwa ein Himmelswesen (deva)?« — »Ein Himmelswesen kann ich nicht werden, Brahmane.« — »Ist der Herr etwa ein guter Geist (gandhabba)?« — »Ein guter Geist kann ich nicht werden, Brahmane.« — »Ist dann der Herr vielleicht ein Dämon (asūra)?« — »Ein Dämon kann ich nicht werden, Brahmane.« — »Ist der Herr ein menschliches Wesen?« — »Ein Mensch kann ich nicht werden, Brahmane.« — »Was mag der Herr denn dann sein?« — »Die Beeinflussungen (āsavā), durch die ich ein Himmelswesen oder guter Geist oder Dämon oder Mensch werden könnte – diese Beeinflussungen sind von mir überwunden, an der Wurzel abgeschnitten, einer entwurzelten Palme gleichgemacht, endgültig getilgt, dass sie künftig nicht mehr aufkeimen können. Gleich einer Wasserlilie oder einem weißen Lotos, der – im Wasser entstanden, im Wasser aufgewachsen – über die Wasseroberfläche hinausgewachsen ist und nun dasteht unbenetzt vom Wasser, so, Brahmane, bin ich in der Welt geboren, in der Welt aufgewachsen, habe die Welt überwunden und bleibe nun für immer unbefleckt von ›Welt‹. Sieh in mir den Vollkommen Erwachten.*

Das, wodurch ich eine Gottheit werden könnte, Luftgeist, Dämon
oder Menschentum erreichen – alle diese Möglichkeiten,
so beeinflusst noch zu werden, sind bei mir total entwurzelt.
Wie der reine weiße Lotos von dem Wasser unbenetzt bleibt,
kann mich ›Welt‹ nicht mehr berühren: – Bin aus ihr erwacht, Brahmane.«

RUTH: Da spürt man vom Ausgang zur Freiheit her die Totalität der Wahnbeeinflussung, die den Weltgänger gefangen hält.

FRITZ: Ja. Diese weit über bloßes »Nichtwissen« hinausgehende, den ganzen Menschen umfassende Totalität des Wahns kommt der Sache nach auch in Reden zum Ausdruck, in denen das Wort »Wahn« überhaupt nicht vorkommt. Etwa

S 22,60 MAHĀLI:

Der Licchavier Mahāli besuchte den Erwachten im Park von Vesālī und fragte: *»Herr, Pūraṇo Kassapo sagt: Es gibt keinen Grund, es gibt keine Bedingung für Beschmutzung und Lauterkeit der Wesen. Ohne Grund, durch nichts bedingt werden die Wesen verschmutzt und geläutert. Was sagt der Erhabene dazu?« – »Es gibt einen Grund, Mahāli, es gibt eine Bedingung*

35 *Sant indriyam* kommt in diesem Satz zwei Mal vor, demnach in zwei verschiedenen Bedeutungen: einmal in der üblichen Bedeutung »mit gestillten Sinnen«, das zweite Mal »mit zur Stille lenkender Lenkkraft« (*sant' = santam + indriyam*): Es heißt ja von einem Geheilten, dass er nur noch ein einziges Gefälle hat: zum ewigen Frieden.

für Verschmutzung und Lauterkeit der Wesen. Mit Grund, auf Grund von Bedingungen werden die Wesen verschmutzt und geläutert.« — »Was aber ist der Grund, was ist die Bedingung für die Verschmutzung der Wesen; inwiefern werden die Wesen mit Grund, auf Grund von Bedingungen verschmutzt?« — »Wenn Form, Gefühl, Wahrnehmung, Vorgänge, (Bewusstseins-) Erfahrungssuchlauf einzig und allein wehtäten, mit Weh einhergingen, schmerzlich ankämen, nie wohl tuend, dann hätten sie für die Wesen keinen Reiz. Durch eben das aber, wodurch Form, Gefühl, Wahrnehmung, Vorgänge, (Bewusstseins-)Erfahrungssuchlauf wohl tuend sind, mit Wohl einhergehen, wohl tuend ankommen, nicht nur schmerzlich – eben dadurch haben sie für die Wesen einen Reiz. Durch eben das aber, wodurch Form, Gefühl, Wahrnehmung, Vorgänge, Erfahrungssuchlauf wohl tuend sind, mit Wohl einhergehen, wohl tuend ankommen, nicht nur schmerzlich – eben dadurch haben sie für die Wesen einen Reiz. Durch den Reiz werden die Wesen angejocht, durch die Verjochung werden sie verschmutzt. Das ist der Grund, das ist die Bedingung für die Verschmutzung der Wesen; insofern werden die Wesen mit Grund, auf Grund von Bedingungen verschmutzt, Mahāli.«

»Was aber ist der Grund, was ist die Bedingung für die Läuterung der Wesen; inwiefern werden die Wesen mit Grund, auf Grund von Bedingungen lauter?« — »Wenn Form, Gefühl, Wahrnehmung, Vorgänge, (Bewusstseins-)Erfahrungssuchlauf einzig und allein wohltäten, mit Wohl einhergingen, wohl tuend ankämen, nie schmerzlich, dann würde sich niemand von ihnen abkehren. Durch das aber, wodurch Form, Gefühl, Wahrnehmung, Vorgänge, (Bewusstseins-) Erfahrungssuchlauf wehtun, mit Weh einhergehen, schmerzlich ankommen, nicht nur wohl tuend – eben dadurch kehren sich die Wesen von ihnen ab. Wenn sie sich von Form, Gefühl, Wahrnehmung, Vorgängen, (Bewusstseins-)Erfahrungssuchlauf abkehren, werden sie entreizt, durch die Reizbefreiung werden sie lauter. Das, Mahāli, ist der Grund, das ist die Bedingung für die Lauterkeit der Wesen. So werden die Wesen mit Grund, auf Grund von Bedingungen lauter.«

Wenn gerade die Formzusammenhäufung angenehm zu empfinden ist, versetzt also die Beeinflussung durch Sinneseindrücke (*kām'-āsavā*) die Wesen in den Wahn, es könne erreicht werden, dass das angenehme Empfinden andauert oder wenigstens auf die Dauer überwiegt. Deshalb werden die Wesen immer wieder durch das am schnellsten vergängliche und am wenigsten befriedigende Wohl – das Sinnenwohl – »verschmutzt« und erleiden so immer wieder »*diese ältesten Schmerzen*«.[36] Dieser Hauptaspekt des Wahns ist keine bloße intellektuelle »Unkenntnis«, sondern eine gefühlsüberschwemmte Blindheit für den Charakter von »Welt« als Wahn.

Ruth: Auch jener Mönch, der nach D 23 mit dem Fürsten Payāsi sprach, hat das Gleichnis von den Blinden gebracht, die bestreiten, dass es Farben und Sterne gibt.

Fritz: Und besonders deutlich hat der Erwachte in der vorhin besprochenen Rede A VIII,11 gezeigt, dass der Wahn nicht nur den Verstand, sondern den ganzen Menschen als »*Wahn-Ei*« umfasst, in dem die Nicht-Erwachten bis zu ihrer geistigen Geburt gefangen sind. Der Erwachte sieht also mit seinem von grenzenlosem Mitempfinden gelenkten universalen Bewusstsein die wahnbefangenen Menschen nicht nur als sich im Geist irrende Erwachsene, sondern als noch nicht einmal dem Ei entschlüpfte Existenz-Embryonen: Umschlossensein vom Wahn-Ei als ihrer Nahrung – nicht bloßes Nichtwissen – ist ihr Grundzustand: Das ist der Wahn. Alle Bilder, die er projiziert, können auf die Dauer nicht befriedigen. Deshalb sind die Wesen dauernd »aktiv« auf der Suche nach Befreiung vom jeweils empfundenen Mangel. Dieses wahnbedingte Mangelempfinden – der Durst – ist, wie es der Buddha in Sn 654 in der Erlebnissprache sagt, die einzige Ursache aller Aktivitäten, allen Wirkens:

36 *Erste Duineser Elegie*, Rilke-SW, Bd. 1, S. 686.

»Durch Wirken rollt die Welt dahin, durch Wirken rollt der Mensch dahin,
Wesen sind eins mit ihrem Tun: Achssplint, vom Wagen mitgedreht.«

Das ist die Verknüpfung zwischen dem ersten und dem zweiten Glied des Bedingungszusammenhangs, über die wir das nächste Mal sprechen wollen.

II. DURCH WAHN BEDINGT SIND GESTALTUNGEN (*SANKHĀRA*)

HANS: Erst habe ich gedacht, es sei ganz einfach zu verstehen, dass durch den Wahn die Gestaltungen bedingt sind. Aber nun bin ich mir nicht mehr so sicher, weil ich bei der Vorbereitung auf unser heutiges Gespräch auf sehr verschiedene Übersetzungen gestoßen bin. Ich habe die Rede über den Bedingungszusammenhang, mit der wir unser voriges Gespräch abgeschlossen hatten, noch einmal in der Übersetzung von Geiger nachgelesen. Er übersetzt *sankhāra*, ebenso wie Nyāṇaponika und Hecker in ihrer Samyutta-Übersetzung, mit »Gestaltungen«.

RUTH: Und Neumann mit »Unterscheidungen«.

FRITZ: Und Nyāṇatiloka mit »Geistesformationen«, »Willensakt«, »Willenshandlung«, »Geistesfunktionen«, »karmische Bildekräfte«[37], »Gebilde«, »Daseinsform«.[38] Das Buddhistische Seminar übersetzt mit »Aktivitäten«, »Wirksamkeiten«, »Bewegtheiten«, »Anstreben«, »Vorgänge«, und wir haben in unserem Gespräch manchmal auch den Ausdruck »Dynamik« verwendet.

HANS: Mir scheint, alle diese unterschiedlichen Übersetzungen sind in ihrer Art richtig und ergänzen sich. Ich glaube, ich verstehe auch, warum: Der Wahn, von dem alle Bedingtheit ausgeht, ist umfassend und vielschichtig. Wenn die nicht erwachten Wesen auf allen Feldern ihres Lebens körperlich, seelisch und geistig durch Wahn beeinflusst agieren und re-agieren, dann können ja alle diese Vorgänge kaum weniger vielschichtig sein als der Wahn selber. Kein Wunder, dass dann diese Umsetzung des Wahns in Gedanken, Worte und Taten – die Aktivität – die ganze Spannweite umfasst von der Gestaltung oder Missgestaltung des Körpers bis zum Geistestraining und zur Gestaltung der Seelenhaltung zwischen Genießertum und Askese.

RUTH: Was ist eigentlich der Unterschied zwischen *sankhāra* und Karma (*kamma*)?

FRITZ: Karma sind nur Aktivitäten, die mit Absicht geschehen. Die körperlichen Vorgänge – vor allem ihr Inbegriff, die Atmung, und die Aktivitäten des Herzens, Wahrnehmungen und Gefühle, laufen großenteils unwillkürlich ab, sind also insoweit ohne Karma-Wirkung.

HANS: Aber die vierte Wirkensweise, die weder dunkle noch lichte Folgen hat, geschieht doch absichtlich und schafft trotzdem kein Karma?

FRITZ: Sie schafft kein Karma, aber sie löst Karma auf. Insofern wirkt sie auf das bisherige Karma ein, aber nicht mehrend, sondern auflösend. Wer durch diese vierte Wirkensart von dem Wahn genesen ist, bei den fünf Zusammenhäufungen sei auf die Dauer Wohl zu finden, muss seinen Willen auf nichts Ersehntes mehr richten, muss nichts mehr wirken, weil das höchste Ziel auf ewig erreicht ist. — Auch manche Tieferblickenden unter den häuslich lebenden Zeitgenossen des Buddha haben das gesehen und ersehnt, wovor sich der oberflächliche, abwechslungssüchtige, bewegungssüchtige, aktivitätsdurstige Mensch meist fürchtet – das Aufhören all des Treibens zwischen Schmerz und Lust, den Frieden als das Ende aller Vorgänge und Regungen, das Zur-Ruhe-Kommen des Schwalls von Gefühlen, des Wirbels von Wahrnehmungen.

Über diese tiefste Bedeutung der Bedingtheit aller Vorgänge durch Wahn hat einmal in Macchikāsaṇḍa im Mangohain der Hausvater Citto mit dem erfahrenen Mönch Kāmabhu ein Gespräch geführt. Es fängt sehr einfach an, reicht aber sehr tief hinab, und es muss einen lange

37 Vgl. ANyl, A I,28, ferner Anm. 25 und 88 zum Dreierbuch.
38 Vgl. DhNyl, Verse 255, 277, 278.

begleiten, bis man ahnungsweise das darin beschriebene vorübergehende totale Zur-Ruhe-Bringen aller Aktivitäten schon zu Lebzeiten von ferne nachempfinden kann – das Zur-Ruhe-Bringen also nicht nur der körperlichen und sprachlichen, sondern auch der am schwersten unmittelbar zu handhabenden Aktivitäten: der psychischen Vorgänge: Wahrnehmung und Gefühl. Diese Auflösung von Wahrnehmung und Gefühl schon zu Lebzeiten vermögen nur manche Geheilte und einzelne besonders geistesmächtige Nichtwiederkehrer zu erreichen. Die Schilderung des völligen »Ausschaltens« aller, aller Vorgänge kann Menschen mit starker Friedenssehnsucht wunderbar beruhigen und ihren »Sinn für das Ziel« (*atthaveda*) stärken. Deshalb will ich sie im Buch zitieren – aber mit dem Hinweis, dass sich kein Leser Sorge zu machen braucht, wenn er es noch nicht gleich versteht. Es ist die Rede

KĀMABHU II – S 41,6:

Der Hausvater Citto fragte Kāmabhu: »Was sind Gestaltungen (sankhāra), Herr?« — »Es gibt drei Gestaltungen, Hausvater: körperliche, sprachliche und seelische Vorgänge.« — »Gut, Herr«, sprach Hausvater Citto befriedigt und erfreut von der Antwort des ehrwürdigen Kāmabhu und stellte eine weitere Frage.

HANS: Ein heutiger Mensch wäre von dieser Antwort nicht »erfreut und befriedigt« gewesen, sondern hätte gefragt: »Und wo bleiben die physikalischen und chemischen Vorgänge?« Offenbar war es damals beiden Gesprächspartnern selbstverständlich, was erst heute nach 2.500 Jahren den Physikern aufgeht: dass »die Welt« nicht »objektiv-materiell« ist; dass alle Vorgänge entweder in der Erlebnisstruktur Leib oder im Denken und Reden ablaufen oder psychische Vorgänge sind – Gefühl und Wahrnehmung, die auch alle Bilder liefern, die der Geist als »physikalische und chemische Vorgänge« deutet. Was fragt Citto nun weiter?

FRITZ: *Er fragt: »Was sind aber die körperlichen Vorgänge, die sprachlichen Vorgänge, die seelischen Vorgänge?« — »Einatmen und Ausatmen sind körperliche Vorgänge, Hausvater, Denken und Sinnen sind sprachliche Vorgänge, Wahrnehmung und Gefühl sind seelische Vorgänge.« — »Gut, Herr«, sprach Hausvater Citto und stellte dem ehrwürdigen Kāmabhu eine weitere Frage: Inwiefern sind Ein- und Ausatmen körperliche Vorgänge, Denken und Sinnen sprachliche Vorgänge, Wahrnehmung und Gefühl seelische Vorgänge, Herr?« — »Ein- und Ausatmen sind körperlich, an einen Körper gebunden; deshalb sind Ein- und Ausatmen körperliche Vorgänge. Wenn man erst gedacht und gesonnen hat, dann bricht man danach in die Sprache aus. Deshalb sind Denken und Sinnen sprachliche Vorgänge. Wahrnehmung und Gefühl sind seelisch (cetasika); diese Dinge hängen mit dem Herzen (citta) zusammen.«*

RUTH: Was heißt: *»dann bricht man danach in die Sprache aus«*?

FRITZ: Die Pālistelle *»pubbe vittaketvā vicāretvā pacchā vācam bhindati«* wird meist etwa so übersetzt: *»Was man vorher gedacht und gesonnen hat, das spricht man nachher aus.«* Wenn nur das gemeint gewesen wäre, so hätte es sich viel einfacher ausdrücken lassen, etwa: *»pubbe vitakkam vicāram pacchā vadati«* (= »das vorher Gedachte, Gesonnene spricht man hinterher aus«). Eine solche Übersetzung würde aber die Tiefe der Aussage nicht ausschöpfen. Sie besagt nämlich nicht, ein bestimmtes Wort sei sozusagen nur die Vertonung eines vorangegangenen bestimmten Gedankens. Hier wird vielmehr das Gesetz genannt: Sowie man – gleich ob gegenüber anderen oder zu sich selber – »spricht« (*vācam*[39]), also Gedanken in Begriffe fasst, Erlebnisse wertend benennt (*nāma*!), bricht man den Frieden der inneren schweigenden Neutralität. Aus wertendem Benennen und Form (*nāma-rūpa*) wird ja ständig neu der »Welt-Ich-Spannteppich« gewoben und aufgespannt: das sechsfache Erlebnisspannungsfeld. *Bhindati* heißt nach dem PTS-Wörterbuch spalten, zerbrechen, abkommen von, ausbrechen aus etwas, zerstören, ruinieren. Neumann übersetzt daher

39 Adverbialer Akkusativ, vgl. Warder, S. 116. M 3, PTS S. 207, vgl. auch PED unter *vācam bhindati*.

treffend *»das Schweigen brechen«*.[40] Diese Bedeutung war gerade für den Hausvater Citto wichtig; denn ihm ging es, wie es seine anschließende Frage zeigt, um den schweigenden Frieden, um dessentwillen in Indien von Alters her – auch als die wahre Bedeutung längst vergessen war – der Geheilte als »Schweiger« (*muni*) bezeichnet wurde. Deshalb fragt Citto nun nach der Auflösung von Wahrnehmung und Gefühl: *»Gut, Herr«, sprach Hausvater Citto und stellte dem ehrwürdigen Kāmabhu eine weitere Frage: »Auf welche Weise wird denn die Auflösung von Wahrnehmungsempfindung erreicht, Herr?«*

Ruth: Lass uns hier einen Augenblick innehalten! Diese Frage Cittos zeigt, dass es ihm nicht um Information und theoretische Erklärung geht. Ich glaube über die Jahrtausende hinweg zu spüren, dass auch Citto von der Sehnsucht ergriffen war, die mir immer wieder und immer wieder in den Sinn kommt wie das Leitmotiv unserer Gespräche:

Ach, ich bin des Treibens müde,
was soll all der Schmerz und Lust
süßer Friede,
komm, ach komm in meine Brust!

Aber die bloße Sehnsucht nach der Befreiung aus der Gefangenschaft in der Wahrnehmung bringt noch nicht die Auflösung. Dazu muss man erst die vier Heilswahrheiten kennen, muss wissen, was Freiheit von diesem gewaltigen Getriebe von Vorgängen ist, das uns nicht zu Ruhe und Frieden kommen lässt: das dauernde Pumpen von Blut und Luft und alles, was dem dient, der dauernde Strom von flüchtigen Gedanken, das ständige Auf und Ab der Gefühle, das Geblitze von Wahrnehmungen, von denen eine die andere beiseite stößt, und der Strom des Erfahrungssuchlaufs. Citto war sich offenbar klar, dass wir »in der Gefangenschaft in der Wahrnehmung« eingesperrt sind, vom Wahn-Ei umschlossen. Deshalb, nicht aus irgendeinem intellektuellen Interesse, fragt er, wie Wahrnehmung und Empfindung aufgelöst werden können. Eine kühnere Frage kann es gar nicht geben!

Hans: Fritz, Fritz: wer von deinen künftigen Lesern wird diese Frage wirklich verstehen? Vor einem Jahr hätte ich selber dazu gesagt: »Hör auf, wie kann man denn so etwas fragen: Auflösung von Wahrnehmung und Gefühl – das wäre ja der Tod! Was habe ich von Erlösung, wenn ich in Bewusstlosigkeit versinke! Das ist ja der pure Quietismus! Damit können wir doch die drängenden Probleme der Welt nicht lösen! Wenn alle so denken würden, käme alles zum Erliegen! Wer würde die Dinge herstellen und die Dienste leisten, die du ständig brauchst?« — So tief steckte ich damals im Wahn, dass mir gar nicht klar wurde, dass Abhängigsein von Dingen und Dienstleistungen, von einem Körper, von geistiger und körperlicher Nahrung Kennzeichen der »Gefangenschaft in der Wahrnehmung« ist. Heute ist mir klarer, was der Buddha jenen weltgläubigen Brahmanen gesagt hat: »In diesem Körper mit Wahrnehmung und Geist ist die Welt enthalten, der Welt Entstehung, der Welt Ende und die zum Ende von ›Welt‹ führende Vorgehensweise.« Aber wer von deinen Lesern wird das schon verstehen?

Fritz: Nur wenige. Das war immer so.[41] Deshalb wird das Buch nur für wenige sein. Es ist auch nur eine kleine Auflage vorgesehen. Aber du hast es ja auch verstanden, und Ruth hat es verstanden, und ich hab es auch verstanden. Das ist das eine. Und das andere ist: Unseren schmerzlichen Leidensstand empfinden auch sehr viele von denen, die noch keine Ahnung davon haben, dass wir nicht wach sind, sondern bis auf lichte Momente in einem abgrundtiefen Wahntraum leben. Wer sich auf die Anleitung zum Erwachen einlässt, wird sehen, dass für den Weg vom Leidensstand zum Heilsstand so viel kraftvolle, helle, strahlende Aktivität und Energie nötig ist, dass auch der Aktivste auf seine Kosten kommt. Schon unterwegs kann man

40 M 3, PTS S. 207, vgl. auch PED unter *vācam bhindati*.
41 Vgl. dazu A X,117.

begreifen: Ein Bergsteiger, den es an hellen Tagen hinaufzieht auf die Gipfel, sagt ja auch nicht: »Freude macht nur das Steigen. Oben auf dem Gipfel sitzt man nur herum.« Wen das Gipfelziel gepackt hat, der sucht gerade das »Gipfelerlebnis« und sagt dem verständnislos dreinschauenden Talbewohner, dafür müsse man sich eben einen Blick erwerben; er sei heute noch den älteren Bergkameraden dankbar, die ihn einst am Sonntagmorgen in aller Frühe aus dem Bett gescheucht hätten, sonst hätte er das Beste verschlafen. So geht es mit dem »Geschmack der Erlösung«. Den haben wir während unserer Gespräche schon manchmal ein wenig geschmeckt. Deshalb stellen wir drei uns der unerhörten Frage, wie Wahrnehmung wirklich aufgelöst wird. Und genau das ist Cittos Frage.

HANS: Ja, das ist wahr. Frei werden aus der Gefangenschaft in der Wahrnehmung! Aber selbst die Geheilten nehmen doch lebenslang ununterbrochen wahr, solange der Körper besteht, nur dass es in keiner Weise mehr ihren Frieden beeinflusst, weil sie damit nichts mehr zu tun haben?

FRITZ: Bei den meisten Genesenen ist es so. Aber manche Geheilte und sogar einzelne Nichtwiederkehrer mit besonders starken Heilssinnen können schon während ihres letzten »Lebens« in einem Menschenleib für eine »zeitlose Zeit« den »absoluten« Frieden – die totale Auflösung von Wahrnehmungsempfindung – so lange erreichen, bis der ja noch nicht abgestorbene Körper sich wieder meldet – das ist längstens eine Woche. Darauf bezieht sich, was der Erwachte nach M 14 zu Freien Brüdern gesagt hat – erinnert ihr euch?: *»Ich, liebe Freie Brüder, kann ohne körperliche Regung, ohne sprachliche Betätigung, sieben Tage und Nächte einzig und allein Wohl erfahren.«* Zugleich haben wir hier von dem kompetentesten Verwirklicher dieser zeitweiligen totalen Befreiung – die nach dem Absterben des Körpers endgültig ist – die Bestätigung, dass dieser stillste Stand »einzig und allein *Wohl*« ist.

HANS: Das ist ja fast unglaublich: »Jenseitsberichten« wird oft entgegengehalten: »Das kann ich nicht glauben; von den Toten ist noch keiner wiedergekommen« – aber dass die Auflösung von Wahrnehmung und Gefühl vorübergehend von manchen Geheilten und einzelnen Nichtwiederkehrern in diesen Leben erreicht werden kann, das bedeutet ja, dass es sogar Wesen gibt, die nicht nur »von den Toten«, sondern – etwas überspitzt gesagt – sozusagen »vom Nirvāna wiedergekommen« sind. Und die berichten, dass sie selbst die hinterher wieder einsetzenden feinsten übersinnlichen Wahrnehmungen nach jenem in keine Sprache mehr zu fassenden »Schweigen« aller Bewegtheiten als minder empfunden haben, wie einen Schmerz.

FRITZ: Ja, so ist es. Citto wollte es ganz genau wissen. Er hatte ja gefragt: *»Wie wird denn die Auflösung von Wahrnehmungsempfindung erreicht, Herr?« — »Ein Mönch, der die Auflösung von Wahrnehmungsempfindung erreicht, denkt nicht etwa: ›Ich werde die Auflösung von Wahrnehmungsempfindung erreichen‹ oder ›ich erreiche die Auflösung von Wahrnehmungsempfindung‹ oder ›ich habe die Auflösung von Wahrnehmungsempfindung erreicht‹, sondern weil vorher das Herz so ausgebildet worden ist, führt es zu diesem Stand.«*

HANS: Was heißt »so« ausgebildet?

FRITZ: So, dass das Herz beim Aufsteigen gleich welcher Erscheinungen keinerlei Neigung mehr hat, »das Schweigen zu durchbrechen« – und sei es auch bei den feinsten Früchten des *samādhi* durch innere Kommentare wie: »so ist es gut« oder »das ist der Friede«. Bei einem so ausgebildeten Herzen kann dieser unsagbare Stillstand eintreten.

»Gut, Herr«, sprach Hausvater Citto und stellte dem ehrwürdigen Kāmabhu eine weitere Frage: »Bei einem Mönch, der die Auflösung von Wahrnehmungsempfindung erreicht, Herr: welche Erscheinungen lösen sich zuerst auf: die körperlichen oder die sprachlichen oder die seelischen Vorgänge?« — »Bei einem Mönch, der die Auflösung von Wahrnehmungsempfindung erreicht, Hausvater, lösen sich zuerst die sprachlichen Vorgänge auf, dann die körperlichen Vorgänge, dann die seelischen Vorgänge.«

RUTH: Kaum zu fassen! Eine gewisse Denkstille können wir uns vorstellen und in einer guten Meditation vorübergehend auch erreichen und so einen Sinn für ihr Befreiendes, im tiefsten Sinn Erfrischendes entwickeln. Aber dass dann auch noch die körperlichen Vorgänge tagelang total aussetzen – Atemstillstand, Kreislaufstillstand, ohne dass das ein lebensbedrohender Zustand ist, sondern im Gegenteil höchste Gesundheit – unvorstellbar! Welche Tiefe der Ruhe muss das sein, wenn der sonst dauernd tätige Körper in völligem Frieden ist – »Körpersonntag«! Und der Erfahrer erlebt ja noch diese völlig unberührte Stille: Wahrnehmung und Gefühl setzen erst nach ihrem Beginn aus. Aber noch nicht einmal diese absolute Körperstille bei schweigendem Geist, sondern erst das Schweigen auch von Empfindung und Wahrnehmung bezeichnet der Buddha als vollkommenes Wohl.

FRITZ: Ja, Ruth. Das können wir noch nicht nachvollziehen. Wir können nur auf Grund unserer bisherigen Erfahrungen mit dem Wirbel der Wahrnehmungen und Gefühle einen Geschmack dafür bekommen: Je weniger Denken und Wahrnehmen, umso befreiender – ohne Grenze. Aber solche Geheilte und Nichtwiederkehrer, bei denen zeitweise die Wahrnehmungsempfindung wirklich aufgelöst war, haben die leibhaftige Vergleichsmöglichkeit.

HANS: Was ist da zu vergleichen? Wesen ohne Wahrnehmung sind doch wie tot?

FRITZ: In diese Richtung zielt die nächste Frage Cittos: *»Gut, Herr«, sprach Hausvater Citto und stellte dem ehrwürdigen Kāmabhu eine weitere Frage: »Zwischen einem Toten, Verstorbenen, und einem Mönch, der die Auflösung von Wahrnehmungsempfindung erreicht, hat – was ist da der Unterschied, Herr?« — »Bei einem Toten, Verstorbenen sind die körperlichen, sprachlichen und seelischen Vorgänge (citta-sankhāra) eingestellt, zum Stillstand gekommen, die Lebensenergie (āyu) ist aufgezehrt, die Wärme (usma) erloschen, die Sinne (indriya) sind vollständig zerstört (vi-pari-bhinna). Bei einem Mönch dagegen, der die Auflösung von Wahrnehmungsempfindung erreicht hat, sind die körperlichen, sprachlichen und seelischen Vorgänge eingestellt, zum Stillstand gekommen, aber die Lebensenergie ist nicht aufgezehrt, die Wärme ist nicht erloschen, die Sinne sind vollkommen gestillt. Das ist der Unterschied zwischen einem Toten, Verstorbenen, und einem Mönch, der die Auflösung von Wahrnehmungsempfindung erreicht hat.«*

RUTH: Wer die Auflösung der Wahrnehmungsempfindung erreicht hat, fühlt sich demnach trotz totaler Reglosigkeit, trotz Atemstillstand und Kreislaufstillstand nicht so kalt an wie eine Leiche. Und die Lenkkräfte, die seine Sinne sonst bewegen, sind still, aber nicht endgültig aus den Sinnesorganen ausgezogen wie bei einem Toten, bei dem die Sinnesorgane verwesen. Aber was mag das für eine »Lebensenergie« sein, die bei ihm – im Gegensatz zur Leiche – noch nicht »aufgezehrt« ist?

FRITZ: Das habe ich mich auch gefragt: Was kann das sein, was ein Wesen während seiner Gefangenschaft in der Wahrnehmung »aufzehrt«? Was meinst du, Ruth: Was hat denn ein Wesen zum Aufzehren?

RUTH: Letztlich nur, was vorher gewirkt worden ist. Ach ja, natürlich: Sein Karma zehrt es auf, sein Wirken.

FRITZ: Das habe ich mir auch gesagt. Dazu ist mir die Rede M 135 eingefallen. Dort wird ja genau gezeigt, wie sich verschiedene Wirkensweisen auf die Lebenskraft auswirken: *»So lässt denn das Vorgehen (paṭipadā), das zu Kurzlebigkeit führt (Töten), kurzlebig werden, das Vorgehen, das zu Langlebigkeit führt (Leben erhalten), langlebig, das Vorgehen, das zu Gebresten führt (gewaltsam verletzen), gebrechlich werden, das Vorgehen, das zu Gesundheit führt (Schonen), gesund werden, – Eigentum des Wirkens (kamma, Karma) sind die Wesen.«* Hier haben wir genau die Energie, die aufgezehrt wird und deren Menge und Qualität Dauer und Gesundheit des Körpers bestimmt: die Kraft unseres Wirkens im Verletzen oder Schonen. Und vom Heilskämpfer in der vierten Wirkensart heißt es ja, dass er kein neues Karma mehr schafft und das alte »auslaufen« lässt, – also »aufzehrt«.[42] Diese Lebensenergie – kurz und arm durch Verletzen, reich und stark durch Schonen – läuft noch aus, auch noch am Leib des Geheilten, der sie aber nicht mehr als »sein« empfindet, also als nichts mehr, was seinen Frieden beeinflussen könnte.

HANS: Das kann ich verstehen. Damit bin ich zufrieden.

FRITZ: Citto war es auch und stellte dem ehrwürdigen Kāmabhu eine weitere Frage: *»Auf welche Weise geschieht denn das Heraustreten aus der erreichten Auflösung von Wahrnehmungsempfindung, Herr?« — »Ein Mönch, der aus der erreichten Auflösung von Wahrnehmungsempfindung heraustritt, denkt nicht etwa: ›Ich werde aus der erreichten Auflösung von Wahrnehmungsempfindung heraustreten‹ oder ›ich trete aus der erreichten Auflösung von Wahrnehmungsempfindung heraus‹ oder ›ich bin aus der erreichten Auflösung von Wahrnehmungsempfindung herausgetreten‹, sondern weil vorher das Herz so ausgebildet worden ist, führt es zu diesem Zustand.«*

HANS: Da muss ich wieder fragen: Wie ausgebildet?

FRITZ: So ausgebildet, dass die noch nicht aufgelösten körperlichen, sprachlichen und seelischen Vorgänge sich wieder melden müssen. Da gibt zwischen Nichtwiederkehrern und Genesenen, die zu dieser tiefsten Auflösung fähig sind, einen Unterschied: Beim Nichtwiederkehrer sind zwar die fünf untenhaltenden Verstrickungen aufgelöst, aber noch nicht die fünf »obenhaltenden« – also in Daseinsweisen oberhalb der Sinnenwelt festhaltenden – Verstrickungen.

HANS: Welche sind das?

FRITZ: Dass reine Formen noch einen Reiz haben (*rūpa-rāga*), dass Gestaltfreiheit noch Reiz hat (*arūpa-rāga*), ferner das auch nach Tilgung des geistigen Glaubens an Seinsdarstellung noch eine Zeit lang »nachhallende« Empfinden, es wäre hinter dem, was die sechs Sinne an Seinsdarstellung vorspielen, wirklich etwas »dahinter« (»Dünken«, *māno*, das aber der belehrte Geist immer wieder schnell korrigiert). Die vierte obenhaltende Verstrickung ist Geistesunruhe – etwa darüber, warum man immer noch nicht das letzte Ziel erreicht hat. Dann bleiben als fünfte und letzte Verstrickung des Nichtwiederkehrers noch die letzten Reste von Wahn. Dementsprechend müssen bei ihm Wahrnehmung und die Vorgänge nach einiger Zeit wieder einsetzen, auch wenn der Nichtwiederkehrer das gar nicht mehr möchte. Und nach dem Tod dieses Körpers erscheint ein Nichtwiederkehrer in reiner Gestalt oberhalb der Sinnensuchtwelt wieder. — Bei einem schon zu Lebzeiten zur Auflösung von Wahrnehmungsempfindung fähigen Geheilten dagegen läuft nur noch die einst gewirkte Lebensenergie für diesen Körper ab. Die einst gewirkten »Haufen« heißen nun nicht mehr »Zusammen-Häufungen« (*upādānakkhandhā*), sondern einfach »Haufen« (*khandhā*) weil sie zwar früher zusammengehäuftes Wirken sind, aber nichts mehr weiter zusammenhäufen und den Geheilten in keiner Weise mehr in seiner Freiheit beeinflussen können. Dabei liegt es in seiner Macht, diese »Haufen« so einzustellen, dass sie sich zu einer gewissen Zeit wieder melden – z. B. weil er seinen nun wirklich freien Willen, den in seiner einst gewirkten Wahrnehmung noch auftauchenden anderen Wesen zu helfen, während der gesamten verfügbaren Restliquidationsdauer des Lebens widerstandslos auslaufen lassen will. Nach dem Versagen des Körpers bleibt die Wahrnehmungsempfindung unwiderruflich auf ewig total aufgelöst.

»Gut, Herr«, sprach Hausvater Citto und stellte dem ehrwürdigen Kāmabhu eine weitere Frage: »Bei einem Mönch, der aus der erreichten Auflösung von Wahrnehmungsempfindung heraustritt – welche Erscheinungen tauchen da zuerst wieder auf: die körperlichen oder die sprachlichen oder die

42 Vgl. A IV,233.

seelischen Vorgänge?« — »Zuerst die seelischen Vorgänge, dann die körperlichen Vorgänge, dann die sprachlichen Vorgänge.«

HANS: Das muss man sich einmal vorzustellen versuchen: Wie wohl fühlt man sich schon nach einem erquickenden Schlaf, während dessen nur die körperlichen Vorgänge ein wenig beruhigt und das Denken und Wahrnehmen etwas befriedet waren. Hier aber haben alle körperlichen Vorgänge total geruht und ruhen beim Wiederauftauchen immer noch, wenn die ersten seelischen Vorgänge – Fühlen und Wahrnehmen, zuerst noch ungestört durch Denken, wieder einsetzen. Was mag das für eine stille, stille Wahrnehmung sein!

FRITZ: Genau das fragt Citto nun: *»Gut, Herr«, sprach Hausvater Citto – und stellte dem ehrwürdigen Kāmabhu eine weitere Frage: »Einen Mönch, der aus der erreichten Auflösung von Wahrnehmungsempfindung herausgetreten ist: wie viele Arten von Berührungen berühren den, Herr?« — »Einen Mönch, der aus der erreichten Auflösung von Wahrnehmungsempfindung herausgetreten ist berühren drei Arten von Berührungen: die Berührung ›Leerheit‹ (suññatā), die Berührung ›Vorstellungsfreiheit‹ (a-nimitta), die Berührung ›Wunschlosigkeit‹ (ap-(p)paṇihita).«*

HANS: Wunschlos glücklich – ich beginne zu ahnen, was das bedeutet!

FRITZ: Ja, Hans. Ein Mönch, der danach die stillsten, stillsten Wahrnehmungen gewinnt, kann diese dann beim Wiederauftauchen nach diesem Unbeschreiblichen mit der Auflösung von Wahrnehmung »vergleichen« – Und immer noch ist Cittos Sehnsucht, mehr über die Spitze des Friedens zu erfahren, nicht gestillt: *»Gut, Herr«, sprach Hausvater Citto und stellte dem ehrwürdigen Kāmabhu eine weitere Frage: »Bei einem Mönch, der aus der erreichten Auflösung von Wahrnehmungsempfindung heraustritt, wohin ist da das Herz geneigt, wohin abgesenkt, wohin hat es sein Gefälle?« — »Bei einem Mönch, der aus der erreichten Auflösung von Wahrnehmungsempfindung heraustritt, ist das Herz zur Abgeschiedenheit geneigt, zur Abgeschiedenheit abgesenkt, zur Abgeschiedenheit hat es sein Gefälle.«*

RUTH: Zur Abgeschiedenheit wovon? Meist bedeutet ja Abgeschiedenheit nur Abgeschiedenheit von der sinnlichen Wahrnehmung.

FRITZ: Die Abgeschiedenheit, nach der ein aus der Auflösung von Wahrnehmung und Empfindung herausgetretener Mönch geneigt ist, das ist die Abgeschiedenheit von allem: von allen Berührungen, von allen Wahrnehmungen und Gefühlen – auch von den Berührungen der Leerheit. Jetzt erst hat ein solcher Mensch die richtige und volle Herzensneigung zum Nirvāna als die einzige Geneigtheit des einiggewordenen Herzens. Citto fragt weiter:

»Gut, Herr«, sprach Hausvater Citto und stellte dem ehrwürdigen Kāmabhu eine weitere Frage: »Welche Eigenschaften sind besonders hilfreich zum Erreichen der Auflösung von Wahrnehmungsempfindung?« — »Wahrhaftig, Hausvater: was zuerst zu fragen gewesen wäre, das fragst du hinterher; aber ich will es dir erklären: Besonders hilfreich zum Erreichen der Auflösung von Wahrnehmungsempfindung sind zwei Eigenschaften: Ruhe und Klarsicht (samatha und vipassanā).«

Nun ist der Bereich der *sankhāra*, Vorgänge, Strebungen, Regungen, Bewegungen, Aktivitäten, Gestaltungen bis zur Spitze und ihre Überwindung im Geist abgeschritten. Citto wollte ja wissen, was dieses gigantische Getriebe von seelischen Vorgängen (Wahrnehmung und Gefühl), von den groben bis zu den zartesten, ausmacht, das zwischen unserer Friedenssehnsucht und dem Frieden läuft, und wie man es in Frieden auflöst. Wir sehen: »*Sankhāra*« gehört zu den ganz umfassenden Begriffen der Lehre des Erwachten. Deshalb hat der Erwachte noch auf dem Sterbelager die Lehre für die umstehenden Mönche in den Worten zusammengefasst:

»*vayadhammā sankhārā*,verwehen müssen alle Gestaltungen:
appamadena sampadetha kämpft unermüdlich!«

Hier in seinem letzten Wort bezeichnet der Erwachte gegenüber seinen kundigen Mönchen alle Gestaltungen der ganzen Existenz: alle »Wahngestalten«, gleich ob »Ich« oder »Welt«,

»Oberwelt« oder »Unterwelt« – als das, was sie in Wahrheit sind: nicht irgendein »Etwas«, nicht irgendeine »Substanz (*sakkāya*)«, nichts, was auch nur eine Millisekunde Bestand hätte, sondern als verwehende Vorgänge gleichsam wie ziehende, ständig verwehende Wolkenwirbel: Gestaltungen – *sankhāra*. Alles, worauf sich der Mensch zu stützen pflegt, die vermeintlich feste Erde, seine vermeintlich einigermaßen abschätzbaren Gefühle, seine gesamte Wahrnehmung und seine gesamte Erfahrung, das »All« – alles sind Vorgänge aus Wahn, weil man es immer auf »etwas« abgesehen hat: Ab-sicht (*cetanā*) bezeichnet der Erwachte ja im Grund als das, was *sankhāra* ausmacht: Absicht zu etwas, was in Wirklichkeit gar nicht so ist, wie es scheint – und dennoch, trotz dieses Trugbildcharakters, für den darin Gefangenen von einer geballten Energie ist, gegen die die Energie einer Wasserstoffbombe ein Zündplättchen wäre.

HANS: Unheimlich!

FRITZ: Noch unheimlicher ist: Ob man es weiß oder nicht, ob man es will oder nicht: Die Ab-sicht, mit der man es auf irgendetwas Körperliches oder Geistiges oder Seelisches – Niederes oder Mittleres oder Hohes – »abgesehen« hat (*cetanā*), dieser Keim der Gestaltungen, Vorgänge, Regungen, Aktivitäten, Dynamiken: *sankhāra* – programmiert sich von selber ein als programmierter, eingespielter, automatischer (Wohl-)Erfahrungssuchlauf:

III. DURCH VORGÄNGE BEDINGT IST DER (BEWUSSTSEINS-)ERFAHRUNGSABLAUF (*VIÑÑĀNA*)

Ist ein solches »Programm« erst einmal »geladen«, dann arbeitet es so lange und steuert auf allen Ebenen des Körperlichen, Seelischen und Geistigen unsere Aktivitäten, verwaltet unsere Dynamik, lenkt unsere Gestaltung von »Ich« und »Welt«, steuert unser »Schick-sal«, unser »Karma«, unser Denken, Reden, Handeln, Erleben und Erleiden, bis es durch negativ bewertendes Denken gelöscht wird: »Selbstorganisation des Wahns«, determiniertes Chaos. Das klingt kompliziert, ist aber im Grund so einfach, dass der Volksmund sagt: »Der Mensch ist ein Gewohnheitstier.« Wir sehen ja oft bei uns und anderen die Ausprägungen von Gewöhnungen in Körperbau, Mienenspiel und Bewegungsablauf. In ihrem Reden und der Art, wie sie denken, erkennen wir ihre Routinen, sagen vielleicht zu einem Mitwesen, das uns auf die Nerven fällt: »Nun hör doch endlich auf mit deiner alten Platte.« Vielleicht sagen wir es auch manchmal zu uns selber, wenn wir uns auf den »Wecker« gefallen sind – und das kann dann für einen vom Erwachten Belehrten im besten Sinn zu einem »Wecker« werden, der uns zum Lächeln bringt. Wir können ständig erleben, wie jedes Wesen, auch das, dem wir das Etikett »Ich« aufkleben – seine besondere eingespielte Art hat, Erfahrungen einzusammeln. Und wir merken bei uns selber, wie schwer es sein kann, den eingefahrenen Schwung solcher Routinen abzubremsen, umzulenken oder gar aufzuheben, auch wenn der Kopf längst begriffen hat, dass diese Gewohnheit uns schadet, – etwa die Routine, auf das, was uns begegnet, so zu re-agieren, als gäbe es das, was wir wahrgenommen haben, noch einmal in einer »an sich bestehenden Welt«, und was wir nicht wahrgenommen hätten, das könne es gar nicht geben. Solche alten Routinen bei uns selber zu merken und abzubauen, das sind wahrhaftig »lichte Momente«.

HANS: Wären wir doch nur erst die Gewöhnungen los!

FRITZ: Ja, Hans. Aber dennoch können wir Triebgeladenen nicht schlechthin sagen: (Bewusstseins-) Erfahrungssuchlauf/ Gewöhnung ist immer schlecht; frei von Erfahrungssuchlauf/ von Gewöhnung ist immer gut. Wie übel wären wir ohne automatische Programme daran: Denken wir nur, wir müssten ständig wie ein Kleinkind, das laufen lernt, alle diese Abläufe mit »Absicht« Einzelschritt für Einzelschritt bewusst steuern! Wir können uns an Heilsuntaugliches gewöhnen, dann ist ein solches Programm schlecht. Wir können uns aber auch an heilstaugliche Abläufe gewöhnen – dann ist eine solche Gewöhnung gut, und wir sollen uns darauf einlassen, wie in M 114 gezeigt wird. Vom Geheilten, der von allen Trieben frei ist, heißt es, sein Herz habe nur noch *ein* Gefälle: zum Nirvāna. Dementsprechend ist seine Er-fahrung ausgebildet: keine mitreißende oder hemmende Strömung mehr, kein *Such*-Lauf, nur noch ein stiller, freier *Ab*-lauf der Wahrheitserfahrung. Er hat ja den Frieden *gefunden*. Für ihn ist *viññāna* eine frei zuschaltbare, frei handhabbare und frei abschaltbare Steuerungshilfe. Der Erwachte vergleicht in D 2 im Gespräch mit einem hoch begabten, vatermörderischen König einen Geheilten mit einem klarsehenden Mann, der frei am Ufer eines kristallklaren, reglosen Gebirgssees steht. Der hat jederzeit den vollkommenen Einblick, um entsprechend seiner jeweils frei gefassten Absicht dem Zustand zuzusteuern, den er als den für den Augenblick geeignetsten sieht.

Wir dagegen müssen arbeiten, üben, um dem Frieden näher zu kommen. Unser Suchlauf macht dabei Umwege oder verfehlt Etappenziele. Wir tun uns manchmal schwer, wenn wir eine Zeit lang ohne Unterstützung des Herzens etwas einüben, was der Geist als wichtig und heilsam erkannt hat. Dann sind wir oft bedrückt, dass wir an so etwas Gutem immer noch keine rechte Freude gewinnen können und meinen gar, unser ganzes Üben sei umsonst gewesen. Mitnichten: Durch beharrliches Wiederholen im Geist spielt sich allemal, auch wo wir noch keine rechte Freude gewonnen haben, der Erfahrungssuchlauf (*viññāna*) in die erlösende Richtung ein, der heimwärts – heilwärts steuert. Schon wenn wir uns das klarmachen, löst sich etwas von unserer Bedrückung und Sorge, und irgendwann folgt dann auch die geistige Freude wie der volle Sonnenschein dem ersten tastenden Sonnenstrahl, der durch den Nebel dringt. Dies umso eher, je öfter wir uns das vor Augen führen.

RUTH: Dann ist also jegliches Lernen im Grund Bildung und Gestaltung von eingespielten geistgesteuerten Suchläufen durch Wiederholung der auf das Ziel gerichteten Vorgänge einschließlich der Anpassungen der körperlichen und seelischen Vorgänge; denn im Lernvorgang ändern sich ja auch unsere Gemütseinstellungen, Gefühle und Wahrnehmungen. Das gilt für das Lernen von Falschem wie Richtigem. — Dann muss ja das Feld des eingespielten Erfahrungssuchlaufs ebenso weit und vielschichtig und umfassend sein wie das Feld der Vorgänge, durch deren Wiederholung es bedingt ist – und das ist ja ebenso weit und vielschichtig wie der totale, alle Vorgänge bedingende allumfassende Wahn – das Wahn-»Ei«, von dem der Unaufgeklärte ganz umschlossen ist. Hat denn der Buddha alle diese Weiten und Tiefen des Erfahrungssuchlaufs, des *viññāna*, auch häuslich Lebenden aufgezeigt?

FRITZ: Bisweilen ja, einem Brahmanen sogar einmal aus einem ganz eigenartigen Anlass. Diese Versfolge ist schon zu Lebzeiten des Erwachten so bekannt geworden, dass der weise Hausvater Hāliddakāni sich von dem geheilten Mönch Mahākaccāno eine Erläuterung dazu erbat:

MĀGANDIYO – Sn 835-847.[43]

Der Brahmane Māgandiyo traf den Erwachten im Wald. Er kannte ihn nicht, war aber von seiner Erhabenheit so beeindruckt, dass er ihm sein Kostbarstes geben wollte: er bot ihm seine anmutige Tochter als Frau an. Der Erwachte antwortet in Vers 835, selbst die über alle Maße berückenden Töchter Māros, die Verkörperungen von Hinneigung, Abneigung und Blendung, die ihm einst gegen Ende seines Befreiungskampfes erschienen seien, hätten bei ihm *»keinen Willen nach Erotik«*[44] wecken können. Betroffen über die Ablehnung seiner Tochter fragt der Brahmane:

836 Ein solch' Juwel von Frau begehrst du nicht, ein Mädchen, das von Fürsten oft begehrt?
So sag: Zu welcher Weltanschauung, Regel bekennst du dich, wo suchst du Wiederkehr?«
Der Erwachte:
837 »Das gibts bei mir nicht, dass ich mich bekenne zu einer von mir ausgewählten Lehre.
Ich sehe, übernehme keine Ansicht. Den innern Frieden fand ich und erfuhr ihn.«

43 Nicht zu verwechseln mit dem gleichnamigen Pilger in M 75[m].

44 *chando* (»Wille«) *methunasmim* (»zur Paarung«).

Māgandiyo:
838 »Wofür du dich entschieden hast, ›gestillt‹ dich nennst und nichts mehr greifen willst, der ›inn're Friede‹, den als Ziel du nennst, wie lässt der sich erklären von dem Weisen?«
Der Erwachte:
839 »Um Ansicht, um Gehörtes, Kenntnis, Verhaltensregeln spricht man nicht von Reinheit, doch auch nicht ohne Ansicht, Hören, Kenntnis und auch nicht ohne Tugend, Lebensregeln: Wer all das losgelassen hat, nichts annimmt, entledigt, still, der hungert nicht nach Dasein.«
Māgandiyo:
840 »›Um Ansicht, um Gehörtes, Kenntnis, Verhaltensregeln spricht man nicht von Reinheit, doch auch nicht ohne Ansicht, Hören, Kenntnis und auch nicht ohne Tugend, Lebensregeln,‹ – solch eine Lehre scheint mir aber reichlich dunkel: durch Ansicht finden manche doch zur Reinheit!«
Der Erwachte:
841 »Gestützt auf Ansicht stellst du deine Fragen. — Von vorgefassten Meinungen geblendet, kannst du die feine Wahrnehmung nicht fassen, und darum siehst du es als dunkel an:
842 Wer ›sich‹ für gleich hält, besser oder minder, der setzt sich damit eben auseinander.
Wen die drei Dünkensarten nicht bewegen, für den gibt es kein Gleich- und Bessersein.
843 Wozu sollt' solch ein Reiner sagen: ›richtig‹, wozu sollt er mit: ›falsch!‹ darüber streiten:
Für wen es weder ›gleich‹ noch ›ungleich‹ gibt – was sollte der auf Diskussionen eingehn?
844 Der Stille zog vom Haus. Nicht geistert er umher gesellig, pflegt nicht Dorfvertrautheit.
Von Sinnlichkeit befreit, malt er nichts aus, spricht nicht mit Menschen, um zu disputieren.
845 Wovon geschieden durch die Welt er zieht – der Große greift's nicht auf, bewertet's nicht.
Wie Lotos, raugestielt, gebor'n im Wasser, von Wasser und Morast nicht mehr benetzt wird,
bleibt der Gestillte, der nur ›Frieden‹ kündet, von Sinnlichkeit und Welt ganz unbenetzt.
846 Wer sieht, kommt nicht durch Ansicht, Hören, zu Dünken; das ist nicht mehr seine Art.
Durch Handeln nicht und Hören nicht beirrbar, wird er in keine Nester mehr gezogen.
847 Wahrnehmung reizt nicht, los die Knoten! Weisheiterlöst, ist er nun ungeblendet.
Wer Wahrnehmungen, Ansicht aufgreift, nimmt Anstoß, wandert weiter durch die Welt.«

HANS: Konnte denn ein Brahmane, der eben noch einer Asketengestalt wie dem Erwachten eine Frau anbieten wollte, solche Aussagen überhaupt verstehen?

FRITZ: Im Augenblick vielleicht noch nicht. Aber wenn er »ein offener, ehrlicher, gerader Mensch« war, dann ist es durchaus möglich, dass er bei dem damals allgemein besseren Gedächtnis die Verse auswendig behalten hat und dass sie ihn nach und nach zu seinen eigenen Tiefen geführt haben.

HANS: Dieses Gefühl habe ich auch gehabt, während du vorlasest, Fritz. Gibst du mir einmal das Textblatt herüber, damit ich die Einzelheiten nachsehen kann? – Ich sehe in der Versfolge die Begegnung von zwei Arten, der Existenz gegenüberzustehen: – Die Art Māgandiyos ist, vom Erfahrungssuchlauf gesteuert, die Erscheinungen der Wahrnehmung aufzugreifen und zu deuten. Die andere ist die Haltung des Wachen, der aus der »Gefangenschaft in der Wahrnehmung« für immer befreit ist und, frei von Wahnbeeinflussung, auf die Wahrnehmung in keiner Weise mehr re-agiert, weder zustimmend noch abweisend noch kommentierend. Er »bricht das Schweigen nicht mehr«. Māgandiyo unterstellt, der Buddha habe sich aus den in der Wahrnehmung erscheinenden »Welt-Anschauungen« eine »ausgewählt« und »aufgegriffen«, die ihm ein angenehmes, friedvolles Gefühl verursachen und dem Geist die Hoffnung geben würde, nach dem Tod zu einer erwünschten Wiedergeburt zu kommen. Und unter »Weltanschauung« versteht Māgandiyo offenbar, wie fast alle Menschen, ein System von auf feine Wahrnehmung und deren Deutung gestützten Ansichten. Das wird wohl auch mit dem Pāliausdruck übereinstimmen?

Fritz: Allerdings: dieser Ausdruck heißt *diṭṭhi-gata*: der »Gang« oder »Verlauf« der Ansicht (*diṭṭhi*) – also genau die gewohnte Art des nicht von einem Erwachten belehrten Menschen, seine Erlebniswelt im eingespielten Suchlauf als Unerwachter – also wirklich »im Schlaf« so zu »er-fahren«, wie er schon immer auf der Wohlgefühljagd seinen gewohnten Trampelpfad gegangen ist.

Hans: Was für einen Trampelpfad?

Fritz: Die Bilder der Wahrnehmung für wahr zu nehmen und zumindest durch wertendes Nennen darauf zu reagieren. So baut sich der Weltgänger im eingespielten Suchlauf mit lauter Wahnwissen eine Scheinwelt zusammen – *sa-(ñ)-ñā* – mit vielen sichtbaren, hör-, riech-, schmeck- und tastbaren Gestalten (*rūpa*). Die klebt er im Geist mit dem Universalkleber »wertendes Nennen«, »Bewertung« (*nāma*) zusammen zu einem »Welt-Theater«, auf dem täglich Seins-Darstellung gespielt wird, ohne dass etwas dahinter ist. Das ist sein Wertsystem (*nāmakāya*). An diese Scheinwelt glaubt er aber und bildet sich aus dem Blick auf dieses ganze Theater seine Anschauung – *sakkāya-diṭṭhi*, nach der er denkt, redet und handelt: »Glaube an Substanz«.

Ruth: Genau darauf beziehen sich die Worte des Buddha an Māgandiyo: *»Gestützt auf Ansicht stellst du deine Fragen. Von vorgefassten Meinungen geblendet, kannst du die feine Wahrnehmung nicht fassen.«*

Hans: Dass der Brahmane voll gewohnter Vorurteile ist, leuchtet mir ein. Aber was ist die »feine Wahrnehmung«, die er nicht fassen kann?

Fritz: Das ist die »zarte Wahrheitswahrnehmung«, über die wir kürzlich gesprochen haben: die Wahrnehmung des über die Allvergänglichkeit unterrichteten Heilsgängers, dass Abgeschiedenheit wohl tut und als Werkzeug auf dem Weg zum völligen Freiwerden aus der Gefangenschaft in der Wahrnehmung nötig ist.

Hans: Ach, jetzt verstehe ich auch besser, wieso die Auflösung von Wahrnehmungsempfindung, das Nirvāna, nicht »geschaffen« wird: *»Weil er nicht denkt und nicht gestaltet, gehen die jetzigen Wahrnehmungen unter und andere, grobe, steigen nicht auf.«* Was dann bleibt, ist ja das »Ungestaltete, Ungeschaffene«!

Fritz: Ja, Hans. Und was du, Ruth, eben beschrieben hast, dieses Nicht-mehr-Herantreten, das ist der völlige Stillstand des (Wohl-)Erfahrungsablaufs. Während dieses Zustandes – oder besser: während dieses »Standes« (es gibt ja kein »Zu«, wohin er noch schiefsteht), da ist der Wahn völlig aufgehoben, beim Geheilten für immer, bei den Nichtwiederkehrern, die schon zu diesem Stand gelangen können, während seiner Erreichung. Wo kein Wahn ist, da gibt es keine Vorgänge, »kein Kommen und Gehen«, und wo keine Vorgänge sind, gibt es nichts zu suchen. Auch hier sehen wir wieder: Wahn ist kein bloßer »Kenntnismangel« und erschöpft sich nicht in den falschen Ansichten, die sich aus ihm ergeben: Die sind nur seine Folgen. »Wissen« – *vijjā* – ist eben nicht »Information«, sondern kommt aus der Wortwurzel »vind« = »finden« – und das kann man nur durch Aufhebung des Wahns.

Hans: Was finden?

Fritz: Das, was alle Wesen auf ihre Weise suchen und was der Anhalt für die Erinnerung (*sati*) ist, wenn sie bei der Wohlsuche zu Hilfe gerufen wird: Erlösung (*vimutti*) vom Leiden, das ewige Wohl, das Heil, den ewigen Frieden.

Hans: Die Aussage gegenüber Māgandiyo ist doch sehr dicht: Ich muss mich auf meine inneren Zehenspitzen stellen, um immer folgen zu können. Und den anscheinend zentralen Vers von dem Stillen, der aus dem Haus zog, verstehe ich einfach nicht.

Fritz: Da bist du wieder einmal in bester Gesellschaft, Hans: Selbst der weise Hausvater Hāliddakāni, der Nichtwiederkehrer geworden ist, erbat sich zu Vers 844 Erläuterungen von dem großen Mönch Mahākaccāno, der gerade im Land Avanti nahe einer Ortschaft Adlershorst weilte. Da sieht man, wie bekannt damals schon der Achterabschnitt der Verssammlung Suttanipāto durch seine mündliche Weitergabe war. Das Gespräch finden wir in dem Text

HĀLIDDAKĀNI I – S 22,3:

Hāliddakāni besucht den großen Mönch und fragt: *»Herr, der Erhabene hat im ›Achterabschnitt‹ zu den Fragen Māgandiyos gesagt:*

›Der Stille zog vom Haus. Nicht geistert er
umher gesellig, pflegt nicht Dorfvertrautheit;
Von Sinnlichkeit befreit, malt er sich nichts aus,
spricht nicht mit Menschen, um zu diskutieren.‹

Wie ist der Sinn dieser dichten Aussage des Erhabenen im Einzelnen zu verstehen?«

»Die Gegebenheit (dhātu) ›Form‹, Hausvater, ist ein Haus für den Erfahrungssuchlauf. Von einem Erfahrungssuchlauf, der an die Hinneigung nach der Gegebenheit ›Form‹ gebunden ist, sagt man: ›er geistert im Haus umher‹. Die Gegebenheit ›Gefühl‹ ist ein Haus für den Erfahrungssuchlauf. Von einem Erfahrungssuchlauf, der an die Hinneigung nach der Gegebenheit ›Gefühl‹ gebunden ist, sagt man: ›er geistert im Haus umher‹. Die Gegebenheit ›Wahrnehmung‹ ist ein Haus für den Erfahrungssuchlauf. Von einem Erfahrungssuchlauf, der an die Hinneigung nach der Gegebenheit ›Wahrnehmung‹ gebunden ist, sagt man: ›er geistert im Haus umher‹. Die Gegebenheit ›Gestaltung‹ ist ein Haus für den Erfahrungssuchlauf. Von einem Erfahrungssuchlauf, der an die Hinneigung nach der Gegebenheit ›Gestaltungen‹ gebunden ist, sagt man: ›er geistert im Haus umher‹.Die Gegebenheit ›Erfahrungssuchlauf‹ ist ein Haus für den Erfahrungssuchlauf. Von einem Erfahrungssuchlauf, der an die Hinneigung nach der Gegebenheit ›Erfahrungssuchlauf‹ gebunden ist, sagt man: ›er geistert im Haus umher‹. So ist man einer, der im Haus umhergeistert.

Wie aber ist man einer, der nicht ›im Haus umhergeistert‹? Was da bei der Gegebenheit ›Form‹ Wille, Reiz, Befriedigung, Durst ist, dieses Immer-Herantreten, Aufgreifen, die Gemütsanlage, eine Vorliebe dafür zu entwickeln und sich darin einzurichten – das ist vom Vollendeten überwunden, an der Wurzel abgeschnitten, einem Palmstumpf gleichgemacht, endgültig getilgt, dass es künftig nicht mehr aufkommen kann. Deshalb sagt man vom Vollendeten: er geistert in keinem Haus mehr umher. So ist man einer, der in keinem Haus mehr umhergeistert. Was da bei den Gegebenheiten ›Gefühl‹/ ›Wahrnehmung‹/ ›Gestaltungen‹/ ›Erfahrungssuchlauf‹ an Wille, Reiz, Befriedigung, Durst ist, dieses Immer-Herantreten, Aufgreifen, die Gemütsanlage, eine Vorliebe dafür zu entwickeln und sich darin einzurichten – das ist vom Vollendeten überwunden, an der Wurzel abgeschnitten, einem Palmstumpf gleichgemacht, endgültig getilgt, dass es künftig nicht mehr aufkeimen kann. Deshalb sagt man vom Vollendeten: ›er geistert in keinem Haus mehr umher‹. So ist man einer, der in keinem Haus mehr umhergeistert.

Und wie ist man einer, der ›gesellig umhergeistert‹? – Die Gebundenheit daran, in Begleitung von Form/ Ton-/ Duft-/ Geschmacks-/ Tast- und Gedanken-Vorstellungen (nimitta) umherzugeistern, nennt man ›gesellig umhergeistern‹. — Wie aber wird man einer genannt, der nicht gesellig umhergeistert? Die Gebundenheit daran, in Begleitung von Form-/ Ton-/ Duft-/ Geschmacks-/ Tast-/ Gedankenvorstellungen umherzugeistern, ist vom Vollendeten überwunden, an der Wurzel abgeschnitten, einem Palmstumpf gleichgemacht, endgültig getilgt, dass sie künftig nicht mehr aufkeimen kann. Deshalb sagt man vom Vollendeten: ›er geistert nicht gesellig umher‹. So, Hausvater, ist man einer, der nicht ›gesellig umhergeistert‹.«

Hans: Was bedeutet eigentlich »Gegebenheit«?

Fritz: Die »Gegebenheiten« (*dhātu*) sind das, was wir in der inneren und äußeren Welt »als gegeben vorfinden« und als selbstverständlich hinnehmen als »etwas, was es gibt«. Sie sind aber in Wirklichkeit nichts von irgendeiner Instanz außerhalb von Herz und Geist – von außerhalb des Wahns – »Gegebenes«, sondern wir haben sie einst durch Wirken (*sankhāra*) zusammengehäuft, ein-gebildet: zusammengesetzt (*san-khata*).[45] Sie sind im Leben das, was man in der Mathematik die »Axiome« nennt – die Grund-Annahmen, die man als vermeintlich nicht weiter begründbar an-nimmt. Diese Grund-Annahmen, dieses Eingebildete-Angenommene für »objektive Gegebenheiten« halten: – das ist der Wahn, in dem wir ständig leben, außer während der lichten Momente eines Heilsgängers. Nur aus Wahn halten wir alle Vorgänge in Gang und nehmen ihren Schein als *Grund-Annahmen* an, nehmen sie für wahr (*Wahr-nehmung*) und schauen durch ihre Brille die Wahrnehmung an, d. h. bilden daraus unsere *Anschauungen*, wie es der Erwachte dem Baumeister in M 78 erklärt hat. Die schleifen sich zum Erfahrungsablauf ein – programmieren sich – und werden dadurch zu den Gleisen, auf denen unsere Lebens-Bahn dahinfährt.

Hans: Alle fünf Zusammenhäufungen sind also das Haus, in dem die Neigungen zum Suchlauf wohnen – daher der Name Ge-wohn-heit. Dass der *(Bewusstseins-) Erfahrungsablauf* selber einer der Bausteine des Hauses ist, in dem er wohnt, hat mich erst verblüfft – aber auch das kann ich mir vorstellen: Das Kind, das gestern noch beim Laufenlernen mit zusammengepressten Lippen wackelnd und purzelnd angestrengt und bewusst seine Schrittchen gesetzt hat und nun laufen kann, oder der Fahrschüler, der plötzlich nicht mehr nach dem Gaspedal suchen muss, freuen sich, dass es von selber geht. Man hat es ja gern, wenn etwas »wie geschmiert von der Hand geht« – das ist »Hinneigung zum Erfahrungsablauf«. Und so geistern sie in einem Haus herum, das sich selber aus sich selber baut. Das Erfahrungssuchprogramm, besetzt mit Hinneigung, Abneigung, Blendung, ist Bauherr, Bauplan, Baumaterial, Bauleitung und Bau zugleich – ein wahres »Luft-Schloss« – Selbstorganisation von Wahn.

Fritz: Und der Geheilte ist von jeder Beeinflussung durch dieses Irrenhaus frei. Er *»kann gehen, wohin er will«*: Solange der Körper noch vorhanden ist, stehen ihm noch Erfahrungssuchläufe mit ihren Programmen für die Leibsteuerung zur Verfügung – umprogrammiert auf Frieden. Und wenn der Körper gestorben ist, dann ist mit ihm auch diese frei verfügbare Automatik als gegenstandslos aufgelöst. Das ist die Lösung des »Leib-Seele-(Schein)-Problems«.

Ruth: Und was bedeutet »vertrauter Umgang im Dorf«?

Fritz: Das erklärt jetzt der Mönch: *»Und wie ist man einer, der ›im Dorf vertrauten Umgang pflegt‹, Hausvater? Da geht einer ständig in der Gemeinschaft weltlich Lebender auf: in der Gruppe vergnügt er sich, in der Gruppe betrübt er sich, unter Fröhlichen ist er fröhlich, unter Traurigen traurig, und wenn Pflichten an ihn herantreten, dann macht er sie zu seiner eigenen Sache. So, Hausvater, ist man einer, der ›im Dorf vertrauten Umgang pflegt‹. — Wie aber ist man einer, der nicht ›im Dorf vertrauten Umgang pflegt‹, Hausvater? Da geht einer nicht in der Gemeinschaft weltlich Lebender auf: Er vergnügt sich nicht in der Gruppe, betrübt sich nicht in der Gruppe, ist nicht fröhlich unter Fröhlichen und nicht traurig unter Traurigen, und wenn Pflichten an ihn herantreten, dann übernimmt er sie, ohne sie zu seiner eigenen Angelegenheit zu machen.«*

Ruth: Eine klare Absage an den Kollektivismus. Heute will man ja alles in Gruppen verlagern, und wer etwas allein tun will, gilt schon fast als Außenseiter.

Hans: Aber der Buddha hat doch gesagt, gute Freundschaft sei nicht nur der halbe, sondern der ganze brahmische Wandel?

Fritz: Dieser Kernsatz aus S 3,18 ist kein Widerspruch: Unter Heilssuchern und Heilsgängern verhütet gute Freundschaft zwar, dass sich ein Mensch verlassen fühlt und immer tiefer in den Hohlweg seines programmierten Bewusstseinserfahrungssuchlaufs einsinkt. Sie führt aber gerade nicht zu Geselligkeit, Gemütlichkeit und Gruppenbetrieb oder gar Gruppenzwang, sondern spricht von Freund zu Freund von Aufbruch und Wegweisung zum

45 Das BuSem übersetzt *dhātu* mit »eingebildete Gegebenheit«.

Ziel und regt an zum Glück der Abgeschiedenheit, das der Erwachte, wie etwa in A V,176, auch häuslich Lebenden empfohlen hat.

HANS: Das stimmt. Aber zurück zu dem Gespräch zwischen Mahākaccāno und dem Hausvater Halidakkāni: Wie erklärt denn der Mönch die Befangenheit in Sinnlichkeit und die Freiheit davon?

FRITZ: Er sagt: *»Und wie ist man ›nicht frei von Sinnlichkeit‹? Da ist man bei den Sinnendingen dem Reiz, dem Wollen, der Vorliebe, dem Lechzen, dem Fiebern nicht entgangen. So ist man nicht frei von Sinnlichkeit, Hausvater. — Wie aber ist man ›frei von Sinnlichkeit‹, Hausvater? Da ist man bei den Sinnendingen dem Reiz, dem Wollen, der Vorliebe, dem Lechzen, dem Fiebern entgangen. So ist man frei von Sinnlichkeit, Hausvater.«*

RUTH: Und dann kommt im Vers das »Ausmalen«. Da muss ich an den »Maler Herz« denken. Aber hier geht es doch nicht um das Herz, sondern um den Erfahrungssuchlauf (*viññāna*)?

FRITZ: Schon, aber um den Suchlauf des Unerlösten, der an die Hinneigung des Herzens zu den fünf Zusammenhäufungen gebunden ist! Ohne Bindung an diese Hinneigung würde sich kein Suchlauf einspielen, bei Zusammenhäufungen Wohl zu suchen. — Das zeigt die nun folgende Darlegung: *»Und wie ist man einer, der sich ›allerlei ausmalt‹? Da stellt man sich vor: ›Eine solche Gestalt möchte ich künftig haben, solches Gefühl, solche Wahrnehmung, solche Vorgänge, solchen Erfahrungssuchlauf‹. So ist man einer, der sich ›allerlei ausmalt‹. Wie aber ist man einer, der sich ›nichts mehr ausmalt‹? Da stellt man sich nicht mehr vor, ›eine solche Gestalt möchte ich künftig haben, solches Gefühl, solche Wahrnehmung, solche Vorgänge, solchen Erfahrungssuchlauf‹. So ist man einer, Hausvater, der sich ›nichts mehr ausmalt‹.«*

HANS: Dazu fällt mir die Rede ein, in der der Buddha Anāthapiṇḍiko sagt, durch Wunschdenken könne man nicht die erwünschten, schwer zu erlangenden Dinge erlangen, sondern man müsse die richtigen Mittel anwenden: den Weg mit der nötigen Ernsthaftigkeit gehen.

FRITZ: Ja, das war die Rede A V,43. Nun zum Schluss unseres Textes:
»Und wie ist man einer, der ›mit Menschen spricht, um zu disputieren‹. Da hat es einer an sich, Reden zu führen wie: ›Du verstehst diese Lehre und Heilsordnung nicht, aber ich verstehe sie. Wie könntest auch du diese Lehre und Heilsordnung verstehen! Falsch bist du vorgegangen, aber ich bin richtig vorgegangen. Was vorher zu sagen gewesen wäre, hast du nachher gesagt, und was nachher zu sagen gewesen wäre, vorher. Meine Darstellung ist in sich widerspruchsfrei, deine ist widersprüchlich, nicht zu Ende gedacht, verkehrt. Deine These ist bloßgestellt. Geh erst einmal und suche eine Lösung der Streitfrage! Du bist widerlegt. Winde dich heraus, wenn du kannst!‹

HANS: Ach ja, wie oft hab ich so reden hören.

FRITZ: Und wie oft hab ich mich selber so reden hören! Brrrrr! Gerade das halte ich mir oft vor Augen, um künftig besser aufzupassen und mich nicht über die Mitwesen zu erheben. — Mit diesem Absatz ist die Rede zu Ende, und der Mönch sagt zusammenfassend: *»Das ist es, Hausvater, was der Erhabene mit dem Vers im Achterabschnitt zu den Fragen Māgandiyos ausgedrückt hat – So ist der Sinn dieser dichten Aussage des Erhabenen im Einzelnen zu verstehen.«*

HANS: Ich konnte gerade noch mit Mühe folgen. Die analytische Betrachtung der Bedingtheit von Leiden und Leidensaufhebung in der Durchschauungssprache scheint mir doch viel schwerer zugänglich als ihre Betrachtung in der Erlebnissprache, wo sie als das auf alle vier Wirkensarten erweitere Karmagesetz dargestellt wird. Ist die Nidānareihe nicht doch mehr etwas für Mönche?

FRITZ: Die Kenntnis des bedingten Entstehens und Vergehens ist auch für häuslich Lebende unerlässlich zum Betreten und Beschreiten des Heilswegs, aber nicht unbedingt im Wortlaut der Nidānareihe in der Durchschauungssprache. Auch die Beschreibung des bedingten Entstehens und Vergehens in der Erlebnissprache durch das Karmagesetz samt der vierten, wirkensauflösenden Wirkensweise enthält alles zum Vorgehen Nötige. Aber in der Nidānareihe ist eben über das Karmagesetz hinaus noch ganz klar gesagt, wodurch alles Wirken (Karma) bedingt ist: »*Durch Wahn bedingt sind die Gestaltungen.*« Das zu wissen, ist eine unvergleichliche zusätzliche Hilfe, die den Heilsgänger noch durch das Sterben begleiten kann. Das können wir an dem Bericht vom Sterben Anāthapiṇḍikos sehen:

M 143, ANĀTHAPINDIKO:

Dieser großzügige Spender und tief ergriffene Nachfolger lag auf den Tod krank. Das ließ er dem Erwachten melden. Sāriputto aber ließ er um einen Besuch bitten. Der Feldmarschall der Lehre machte sich unverzüglich auf und nahm Ānando mit. Auf seine Frage nach dem Befinden antwortete Anāthapiṇḍiko: »*Es ist gerade, Herr, wie wenn zwei stärkere Männer einen schwächeren Mann an beiden Armen packen, zu einer Kohlengrube schleppen und daran rösten, so brennenden Schmerz habe ich im Leib. — Nein, Herr, mir geht es gar nicht gut: Die Schmerzen nehmen sehr zu, nicht ab.*« Sāriputto sieht sofort, dass Anāthapiṇḍiko im Sterben liegt. Unter diesen besonderen Umständen zeigt er dem Todkranken, wie er auf dem Sterbebett den Suchlauf (viññāna) entscheidend beruhigen kann:

»Unter solchen Umständen ist für dich die folgende Übung gut: ›Den Augsinn will ich nicht aufgreifen, dann kann der Erfahrungssuchlauf sich mir nicht beim Augsinn niederlassen‹, so kannst du dich üben, Hausvater. ›Den Ohrsinn/ Nasensinn/ Zungensinn/ Körpersinn/ Geistsinn will ich nicht aufgreifen, dann kann kein Erfahrungssuchlauf sich mir beim Augsinn/ Ohrsinn/ Nasensinn/ Zungensinn/ Körpersinn/ Geistsinn niederlassen‹, so kannst du dich üben, Hausvater. — ›Keine Form will ich aufgreifen, dann kann kein Erfahrungssuchlauf sich mir bei Form niederlassen‹, so kannst du dich üben, Hausvater. ›Keinen Ton/ Duft/ Geschmack/ kein Tastbares/ keinen Geistesinhalt will ich aufgreifen, dann kann kein Erfahrungssuchlauf sich mir bei Ton/ Duft/ Geschmack/ Tastung/ Geistesinhalt niederlassen‹, so kannst du dich üben, Hausvater.

›Keinen Augsinnerfahrungssuchlauf (cakkhu-viññāna) will ich aufgreifen, dann kann kein Erfahrungssuchlauf sich mir beim Augsinnerfahrungssuchlauf niederlassen‹, so kannst du dich üben, Hausvater. ›Keinen Ohrsinnsuchlauf/ Nasensinnsuchlauf/ Zungensinnsuchlauf/ Körpersinnsuchlauf/ Geistsinnsuchlauf will ich aufgreifen, dann kann kein Erfahrungssuchlauf sich mir beim Ohr-/ Nasen-/ Zungen-/ Körper-/ Geistsinnsuchlauf niederlassen‹, so kannst du dich üben, Hausvater.

Unter solchen Umständen ist folgende Übung gut für dich: ›Keine Augsinn-/ Ohrsinn-/ Nasensinn-/ Zungensinn-/ Körpersinn-/ Geistsinnberührung will ich aufgreifen, dann kann kein Erfahrungssuchlauf sich mir bei Berührung niederlassen‹, so kannst du dich üben, Hausvater.

›Kein durch Augsinn/ Ohrsinn-/ Nasensinn-/ Zungensinn-/ Körpersinn-/ Geistsinnberührung ausgelöstes Gefühl will ich aufgreifen, dann kann kein Erfahrungssuchlauf sich mir bei einem durch Augsinn-/ Ohrsinn-/ Nasensinn-/ Zungensinn-/ Körpersinn-/ Geistsinnberührung ausgelösten Gefühl niederlassen‹, so kannst du dich üben, Hausvater.

›Feste/ wasserartige/ feuerartige/ luftartige Gegebenheit/ Raumgegebenheit/ die Gegebenheit 'Suchlauf' will ich nicht aufgreifen, dann kann kein Erfahrungssuchlauf sich mir bei einer dieser Gegebenheiten niederlassen‹, so kannst du dich üben, Hausvater.

›Keine Form/ kein Gefühl/ keine Wahrnehmung/ keine Gestaltung/ keinen Erfahrungssuchlauf will ich aufgreifen, dann kann sich mir kein Erfahrungssuchlauf bei Form/ Gefühl/ Wahrnehmung/ Gestaltung/ Erfahrungssuchlauf niederlassen‹, so kannst du dich üben, Hausvater.

›Das Erlebnisspannungsfeld 'Raumunendlichkeit'/ 'Erfahrungsunendlichkeit'/ 'Nicht Etwas'/ 'Weder-Wahrnehmung-noch-Nichtwahrnehmung' will ich nicht aufgreifen, dann kann kein Erfahrungssuchlauf sich mir bei einem solchen Erlebnisspannungsfeld niederlassen‹, so kannst du dich üben, Hausvater.

›Weder diese Welt noch jene Welt will ich aufgreifen, dann kann kein Erfahrungssuchlauf sich mir bei dieser Welt oder jener Welt niederlassen‹, so kannst du dich üben, Hausvater.

›Was da je gesehen, gehört, sonst erfahren, bedacht und im Geist umkreist worden ist, das will ich nicht aufgreifen, dann kann kein Erfahrungssuchlauf sich mir dabei niederlassen‹, so kannst du dich üben, Hausvater.«

Auf diese Rede begann der Hausvater Anāthapiṇḍiko zu weinen und zu schluchzen. Da sprach der ehrwürdige Ānando zum Hausvater Anāthapiṇḍiko: »Hängst du denn noch fest, Hausvater, verlierst du denn die Fassung?« — »Herr Ānando, ich hänge nicht fest, ich verliere auch nicht die Fassung. Aber solange ich den Meister besuche und die geistesmächtigen Mönche, habe ich noch nie eine Lehrdarlegung solcher Art gehört.« — »Weiß gekleideten Hausvätern wird eine Lehrdarlegung solcher Art nicht gegeben, Hausvater. Für Hauslose wird eine Lehrdarlegung solcher Art gegeben.«

»Herr, auch weiß gekleideten Hausvätern sollte eine Lehrdarlegung solcher Art gegeben werden. Es gibt edle Söhne, deren Augen nur mit wenig Staub bedeckt sind; wenn sie die Wahrheit nicht hören, gehen sie unter; sie werden die Wahrheit verstehen.« Da erhoben sich die Ehrwürdigen Sāriputto und Ānando von ihren Sitzen und gingen. Kurz nach ihrem Weggang starb Hausvater Anāthapiṇḍiko und stieg nach dem Absterben dieses Körpers, nach dem Tod zu der Gemeinschaft der stillzufriedenen Himmelswesen auf.[46] *In herrlichem Licht, in herrlichem Strahlen erschien nun das junge Himmelswesen*[47] *Anāthapiṇḍiko, den ganzen Jetahain erleuchtend, vor dem Erhabenen und stand seitwärts. Seitwärts stehend, sprach das junge Himmelswesen Anāthapiṇḍiko den Erhabenen mit folgenden Strophen an:*

»Das ist der liebe Siegerwald, vom Seherorden gern genutzt,
da wo der Wahrheit König wohnt. Mit hohem Glück erfüllt mich das.
Durch Wirken, Wissen, Wahrheit und durch Tugend, höchste Lebensart:
nur dadurch werden Menschen rein, nicht durch Geburt und Spendenwerk.
Drum prüfe, wer ein weiser Mensch, der auf sein eigen Heil bedacht,
die Lehre ganz vom Grunde auf; dann wird er eben dadurch rein,
wie Sāriputto, weisheitsklar, durch Tugend und durch Herzensruh'
als Mönch ans andre Ufer kam und erster unter allen ist.«

So sprach das junge Himmelswesen Anāthapiṇḍiko. Der Meister hatte ihn sofort erkannt. Als das junge Himmelswesen Anāthapiṇḍiko merkte, dass ihn der Meister erkannt hatte, grüßte er den Erhabenen ehrerbietig mit zusammengelegten Händen und entschwand. Am Morgen berichtete der Erhabene den Mönchen von der Erscheinung. Auf diesen Bericht sprach der ehrwürdige Ānando zum Erhabenen: »Das wird wohl Anāthapiṇḍiko als junges Himmelswesen gewesen sein, Herr; als Hausvater war Anāthapiṇḍiko beim ehrwürdigen Sāriputto zur Unerschütterlichkeit erwachsen.«[48]
»Gut, gut, Ānando. Soweit man es durch Nachdenken herausfinden kann, hast du es getroffen: Dieses junge Himmelswesen war Anāthapiṇḍiko, kein anderer, Ānando.« So sprach der Erhabene. Der ehrwürdige Ānando war beglückt und erhoben von den Worten des Erhabenen.

HANS: *»Der liebe Siegerwald«* – ein bisschen ist es doch, als wäre man dabei. Aber sag, Fritz: Anāthapiṇḍiko weint, weil er vom Buddha noch nie eine Rede von solcher Tiefe gehört hat – aber er war doch ein besonders erfahrener und langjähriger Nachfolger. Pilgern anderer Schulen konnte er so gut erwidern, dass der Buddha zu den Mönchen gesagt hat, ein Mönch, der hundert Jahre lang im Orden lebt, hätte es nicht besser gekonnt.[49] Sollte denn Anāthapiṇḍiko trotzdem die Nidānareihe nicht gekannt haben?

46 Von hier ab von KEN nicht mit übersetzt.
47 *deva* = »Gott«, nach PTS aber auch *putto* = »Sohn«, ferner auch »jung«.
48 *avecca-sampanno.*
49 A X,93.

Fritz: Wer sagt denn, dass er sie nicht gekannt hat? Weisheit und Lauterkeit waren bei ihm so stark ausgebildet, dass er die »Frucht des Stromeintritts« schon längst erreicht hatte.[50] Und dass er die zweite und dritte Heilswahrheit vom Entstehen und Vergehen des Leidens auch in der Durchschauungssprache der Nidānareihe gehört hat, geht aus zwei Reden hervor, einmal aus

A X,92:

Zu dem seitwärts sitzenden Anāthapiṇḍiko sprach der Erhabene: »Hausvater: Sobald für einen Heilsgänger fünf Ängste, fünf Gefahren zur Ruhe gekommen sind, er zu den vier Gliedern des Stromeintritts erwachsen ist und die höchste Führung (ariya ñāya) mit Weisheit ganz verstanden und durchdrungen ist, dann kann er, wenn er will, selber von sich feststellen: ›Entgangen bin ich der Hölle, entgangen dem Tierschoß, entgangen gespenstischem Dasein, entgangen dem Absturz, der Bahn des Elends, den Daseinsabgründen: in die Heilsströmung bin ich eingetreten, nie mehr den Daseinsabgründen ausgesetzt, endgültig selbstgängig auf der Bahn, die zur Erwachung führt.‹«

Nun erläutert das der Erwachte im Einzelnen. Für uns geht es jetzt nur darum, dass der Erwachte dabei auch erklärt: »Wie aber ist bei ihm die höchste Führung mit Weisheit ganz verstanden und durchdrungen worden? Da führt sich der Heilsgänger vor Augen: ›Wenn dies hier ist, ist jenes; durch das Aufsteigen von diesem steigt jenes auf; wenn dies nicht ist, dann ist jenes nicht, wenn dieses ausgerodet wird, schwindet jenes – nämlich: Durch Wahn bedingt sind die Gestaltungen, durch die Gestaltungen bedingt ist Erfahrungssuchlauf, durch Erfahrungssuchlauf bedingt wertendes Nennen und Form, durch wertendes Nennen und Form bedingt das sechsfache Erlebnisspannungsfeld, durch das sechsfachen Erlebnisspannungsfeld bedingt Berührung, durch Berührung bedingt Gefühl, durch Gefühl bedingt Durst, durch Durst bedingt Aufgreifen, durch Aufgreifen bedingt Werden, durch Werden bedingt Geburt, durch Geburt bedingt ist Altern und Sterben, kommen Kummer, Jammer, körperliches und geistig-seelisches Leid (domanassa) und Auflehnung zustande. Das ist die Entstehung dieser ganzen Leidenshäufung.

So werden durch Auflösung des Wahns die Gestaltungen aufgelöst, durch Auflösung der Gestaltungen der Erfahrungssuchlauf, durch Auflösung des Erfahrungssuchlaufs wertendes Nennen und Form, durch Auflösung von wertendem Nennen und Form das sechsfache Erlebnisspannungsfeld, durch Auflösung des sechsfachen Erlebnisspannungsfelds die Berührung, durch Auflösung von Berührung Gefühl, durch Auflösung von Gefühl Durst, durch Auflösung des Durstes wird das Aufgreifen aufgelöst, durch Auflösung des Aufgreifens das Werden, durch Auflösung von Werden Geburt, durch Auflösung von Geburt schwinden Altern und Sterben, Kummer, Jammer, körperliches und geistig-seelisches Leid und Auflehnung. Das ist die Auflösung dieser ganzen Leidenshäufung‹: Das bedeutet, dass bei jemandem die höchste Führung mit Weisheit ganz verstanden und durchdrungen ist.«

Auch in S 55,28 weist der Erwachte Anāthapiṇḍiko auf den Zusammenhang der bedingten Entstehung hin.

Hans: Wie kann da Anāthapiṇḍiko sagen, so eine tiefe Belehrung hätte er noch nie gehört? Hat er das denn alles über seinen vielen Geschäften vergessen?

Fritz: Nein, Hans. Wir sehen hier wieder den Unterschied zwischen der Anleitung der Mönche und der Anleitung der in der Welt lebenden Nachfolger: Verstandesstarken häuslich lebenden Nachfolgern hat der Erwachte die zweite und dritte Heilswahrheit durchaus auch in der Durchschauungssprache der Nidānareihe vorgetragen – aber nicht zum Üben, sondern zur Stärkung ihrer heilenden rechten Anschauung. In Anāthapiṇḍikos Sterbestunde aber hat Sāriputto die ganz besondere Situation genutzt, um den hinscheidenden Hausvater zu den gewaltigen Übungen hinzuleiten, welche sonst nur Mönche als Konsequenz aus der Nidānareihe

50 C VI 4 in BOrden S. 87 f., ferner S 10,8; S 55,27.

üben: Es ist im Grunde die umfassende mönchische Übung der totalen Sinnenzügelung, die alle sechs Sinne umfasst und in jeder Sekunde bei jeder Wahrnehmung keinerlei Absicht und Neigung aufkommen lässt. Im Westen wird diese Übung oft verwechselt mit bloßer Selbstbeherrschung, die gerade auch im Hausleben zum Kampf für Tugend, gegen rauschhaftes Genießen und für die Bewahrung der Erinnerung an das Entrinnen nötig ist. Sāriputto sagt vor jeder der Übungen für Anāthapiṇḍiko – ich hab es eben beim Vorlesen oft abgekürzt: *»unter solchen Umständen ist diese Übung gut für dich«* – also angesichts des Todes. — Unter normalen häuslichen Lebensumständen hätte auch ein Anāthapiṇḍiko es nicht lange durchhalten können, ununterbrochen dem Erfahrungssuchlauf jeden kleinsten Baustein zu seinem »Haus« zu verweigern – denn darum geht es bei dieser mönchischen Übung. Der sterbende Anāthapiṇḍiko aber war nun in einer Situation ähnlich der Hauslosigkeit: Er war sich klar, dass er beim Auszug aus dem Körperhaus war, das seine Baufälligkeit offenbarte. In der Abgeschiedenheit dieser Sterbestunde, in der alles Weltliche zurücktrat, führt ihn der Feldmarschall der Lehre diesen hohen Übungsweg hinauf. Gehen musste er allerdings selber. Das hat er getan; denn er ist nicht nur – wie es zu einem so reichen und großzügigen Unternehmer gut gepasst hätte – Wohltaten verströmend in Glanz und Pracht der Himmelswesen der Dreiunddreißig wieder erschien, sondern in dem ungestörter Besinnung wohl förderlichsten aller noch der Sinnenwelt angehörigen Bereiche: im Bereich der stillzufriedenen Himmelswesen. Die Übung der vollen mönchischen Sinnenzügelung war eine Meditation, die – länger durchgehalten, wie das nur in der Hauslosigkeit möglich ist – die Sinnenwelt völlig überwindet. So lange konnte sie Anāthapiṇḍiko noch nicht durchhalten, sonst hätte er jegliche Sinneswünsche aufgelöst und wäre als Nichtwiederkehrer im Bereich der »Reinhausigen« wieder erschienen. Aber immerhin trug ihn diese Übung zu den höchsten Möglichkeiten seines seelischen Haushalts empor: mit einem geistgebildeten Körper im friedsamsten Bereich der Sinnenwelt wiederzuerscheinen mit dem ersten Gedanken »drüben«, den Erwachten zu besuchen. Sāriputto hat ihm mit der Anleitung dazu eine gewaltige Förderung zuteil werden lassen – die höchste Gegengabe für den großzügigsten Geber.

Hans: Bei dieser Übung hat Anāthapiṇḍiko gerade den Teil der Nidānareihe, den wir bisher besprochen haben, richtig in Aktion gesehen: Wie, durch Wahn-Erscheinungen beeinflusst, mit Gestaltungen reagiert wird, die sich zum Erfahrungssuchlauf einschleifen, und wie man in der Abgeschiedenheit dieses rasende Triebwerk stillstellen kann. Wenn das den häuslich Lebenden auch nicht als Übung gezeigt worden ist – hat ihnen denn der Buddha die Nidānareihe wenigstens zur Anschauungsbildung ausführlich erklärt?

Fritz: Nein; auch Mönchen hat er meist ihre Glieder einfach aufgezählt. An ausführlichen Erklärungen aller Glieder im ganzen Zusammenhang fällt mir nur das Gespräch mit Ānando in D 15[m] ein, kein einziges mit häuslichen Nachfolgern. Denn der Bedingungszusammenhang ist etwas, was man nur im eigenen Leben beobachtend nachvollziehen kann. Aber die Erklärung einzelner Zusammenhänge der Nidānareihe durchzieht – oft unausgesprochen – auch große Teile der Anleitung für Nachfolger im Haus. Denn überall, wo von Entstehen/Vergehen die Rede ist, von der zweiten und dritten Heilswahrheit, geht es um die Nidānareihe.

Ruth: Bis zum programmierten (Bewusstseins-)Erfahrungssuchlauf haben wir sie ja bisher besprochen. Das nächste Glied: »Durch den programmierten Erfahrungssuchlauf bedingt ist wertendes Nennen und Form (*nāma-rūpa*)« ist mir noch gar nicht klar.

IV. DURCH DEN EINGESPIELTEN (BEWUSSTSEINS-) ERFAHRUNGSSUCHLAUF BEDINGT IST WERTENDES NENNEN UND FORM (*NĀMA-RŪPA*)

Hans: Was ist das eigentlich: *»nāma-rūpa«*? Du übersetzest »wertendes Nennen und Form oder Gestalt«. Neumann übersetzt »Bild und Begriff«.

Fritz: Es gibt auch noch andere Übersetzungen.[51] Wörtlich heißt *nāma* »Name, Bezeichnung, Benennung« und *rūpa* heißt »Form, Gestalt«. Die konkrete wörtliche Wiedergabe »Name und Form« würde mir ebenso wie »Bild und Begriff« etwas formal klingen, als wäre *nāma* in *nāma-rūpa* nur ein Verzeichnis passender Wörter für die Vielfalt der Formen. »*Nāma*« ist aber viel, viel mehr: nicht nur bloße Etikettierung und Registrierung und auch nicht nur in Bezug auf Formen, sondern auf alle fünf Zusammenhäufungen; *nāma* in erster Linie Wertung und Zusammenfassung von Herzwertung und Geistwertung in der wertenden Nennung (gleich ob ausgesprochen oder nur in Gedanken). *Nāma* ist eines jener grundlegenden indogermanischen Wörter, die im Deutschen wie im Indischen das gleiche bedeuten: Ein Name ist nach der umgangssprachlichen Bedeutung zunächst eine Bezeichnung, die der Unterscheidung dient. So steht es im Dudenschen Großen Wörterbuch der Deutschen Sprache, und genau so sagt es der Erwachte in Sn 611 den beiden jungen Brahmanen: *»Die Menschen unterscheidet man doch lediglich dem Namen nach.«* Unterscheiden ist immer mit Werten verbunden: bewerten, beurteilen, was mir gleich und ungleich scheint. Darin drückt sich mein Gesamtbezug (Hinneigung, Abneigung, Blendung) zu dem Bewerteten – Wesen, Sachen und Geistesinhalten – aus und verfestigt sich: wertendes Nennen. Im Grunde ist »wertendes Nennen« – von bloß körperlich-mechanischen »Reflexen« abgesehen – die einzige Weise des Menschen, auf innere und äußere Erlebnisse zu reagieren – jedenfalls die einzige, durch die etwas verändert werden kann. Das ist der alte und tiefe Sinn von Name/*nāma*. Eine ideale Übersetzung ist noch nicht gefunden. Meine ist bestimmt auch nicht ideal. Aber sie versucht, das Wertende, Urteilende in *nāma* in den Vordergrund zu stellen, bei dem Herz und Geist in der Welt der Formen (*rūpa*) höchst folgenschwer zusammenarbeiten.

Nāma-rūpa ist in der Durchschauungssprache gehalten. Man kann es deshalb eher erklären als übersetzen. Der Erwachte hat aber in A IV,45 jenen weltgläubigen Brahmanen auch in der Erlebnissprache erklärt, was *nāma-rūpa* ist: *»In eben diesem klaftergroßen Körper mit Wahrnehmung und Geist ist die Welt, der Welt Entstehung, der Welt Auflösung und die zur Weltauflösung führende Vorgehensweise enthalten.«* Wir haben damals schon darüber gesprochen, dass das nur eine Kurzfassung dafür ist, wie die fünf Zusammenhäufungen in ihrem bedingten Zusammenspiel dem Weltgläubigen »Körper« und »Welt« sozusagen »vorspielen« — »Seins-Darstellung«.

Ruth: Körper und Welt – das ist ja beides Form, Gestalt: Ist das mit »*rūpa*« in *nāma-rūpa* gemeint?

Fritz: Ja, Ruth. Alle Form, gleich ob sie der wahnbeeinflusste Geist als »innen« oder »außen« deutet. *Rūpa* ist also die ganze »Welt« der sichtbaren, hörbaren, riechbaren, schmeckbaren, tastbaren Formen (einschließlich des Körpers) – direkt erlebt oder vorgestellt.

Hans: Und die wird bewertet und dementsprechend benannt, und das wäre dann *nāma*?

Ruth: Das scheint mir zu eng: Wir werten und nennen doch nicht nur, was man sehen, hören, riechen, schmecken oder tasten kann! *Nāma-rūpa* heißt ja nicht »wertendes Nennen von Gestalt«, sondern »wertendes Nennen *und* Gestalt.« Ich habe das Gefühl, einem so umfassenden Begriff wie *rūpa* – der den ganzen sinnlichen und übersinnlichen gestalthaften Teil der »Welt« umfasst, müsste in *nāma* ein ähnlich umfassendes Gegenstück gegenüberstehen.

Hans: Auf der einen Seite haben wir in *nāma-rūpa* also *rūpa* – die ganze Welt der formhaften Erscheinungen einschließlich der Gestalt, die wir als »unseren Körper« erleben. —

51 Das BuSem übersetzt *nāma-rūpa*: »das Psychophysische«, um das Zusammenwirken von Herz und Geist auszudrücken, das der Mensch meist als gebunden an einen grobstofflichen Körper erlebt.

Steht all dem – der »Außenwelt« – dann vielleicht als *nāma* unser »Innenleben« in seiner Zusammenarbeit von Geist und Seele gegenüber?

FRITZ: Sagen wir besser: das ganze wahnbeeinflusste geistig-seelische Leben; denn *nāma* (wertendes Nennen) und *rūpa* (Form, Gestalt) sind ja bedingt durch den Erfahrungssuchlauf (*viññāna*), und der ist bedingt durch *sankhāra*, die Aktivitäten, und die sind bedingt durch den Wahn (*avijjā*). So haben wir in der Tat in *nāma-rūpa* das gesamte wahnbeeinflusste Zusammenwirken von Geist und Herz, das erlebt wird in einer formhaften Erscheinungswelt. *Nāma-rūpa* ist also eine Kurzanalyse unserer ganzen Existenz in der Durchschauungssprache – genau das, was der Erwachte den weltgläubigen Brahmanen in der Erlebnissprache gesagt hat: *»In eben diesem klaftergroßen Körper mit Wahrnehmung und Geist ist die Welt, der Welt Entstehung, der Welt Auflösung und die zur Weltauflösung führende Vorgehensweise enthalten.«* Um zu verdeutlichen, wie umfassend, aktiv und »produktiv« der Begriff *»nāma«* ist, noch ein »Seitenblick«: Wir haben doch schon besprochen, dass der Erwachte da, wo er Wirken (*kamma*) genauer erklärt, einfach von Absicht (*cetanā*) spricht. Jedes Beabsichtigen enthält aber ein Werten aus dem Herzen in Gedanken – mindestens nämlich die Wertung, ob mir das Beabsichtigte den Aufwand einer Aktivität wert ist. Auch dem Wirken, dessen Kinder und Eigentum wir sind, liegt also ein wertendes Nennen zugrunde: *nāma*!

HANS: Aber wenn Otto Normalverbraucher am Strand mit offenen Augen vor sich hindöst: was hat das mit *nāma* zu tun? Trotzdem hat er zu der Zeit ein Innenleben. Der denkt aber doch gar nichts und wertet und benennt doch nicht.

FRITZ: Und wie der im Wohlerfahrungssuchlauf dauernd wertend benennt! Sticht ihn eine Mücke, schlägt er danach (»verdammtes Biest!«); kommt die grelle Sonne hinterm Sonnenschirm vor, dreht er sich ab (»zu blöd«), geht eine Badenixe vorbei, glotzt er hinterher (»Hmmm«). Wenn wir nicht ohnmächtig oder entrückt sind, müssen wir dauernd wertend nennen, weil wir ja von Hinneigung, Abneigung, Blendung besessen sind. Jeder Gedanke ist ein wertendes Nennen.

HANS: Aber doch nicht, wenn ich ganz neutral eine Rechenaufgabe löse?

FRITZ: Doch, Hans: ohne irgendein Interesse gehst du gar nicht an eine Rechenaufgabe; schon das ist eine Wertung: »Lieber rechnen, als was anderes tun.« Und jede Zahl ist ein Wert – die eine ist größer, die andere kleiner. So ist auch Rechnen ein dauerndes Werten.

HANS: Wenn ich aber bei irgendwas nur denke: »Das ist mir ganz egal«?

FRITZ: Auch dann wertest du. Denn dann hast du blitzschnell die verschiedenen Alternativen in Zusammenarbeit von Herz und Geist bewertet, die Werte verglichen und ihr Wertverhältnis (»egal«) benannt. Jedes Denken ist ein Werten. Das Dudensche Große Wörterbuch der Deutschen Sprache nennt als umgangssprachliche Bedeutung von »Denken« an erster Stelle: *»die menschliche Fähigkeit des Erkennens und Urteilens anwenden«*. Urteilen ist Werten! Werten, Urteilen, Entscheiden, Wirken, mit allem, was dazugehört: all das finden wir in *nāma* wieder. Auf dem Hintergrund des Friedens ist das ein Begriff wie Dynamit.

HANS: Aber wenn ich mir bloß in der Phantasie was Schönes ausdenke?

FRITZ: »Was Schönes« enthält schon eine Wertung. *»Vom Geist gehn die Gebilde aus«*, beginnt der Wahrheitspfad, und wie oft haben wir uns daran erinnert: *»Was der Mensch häufig denkt und sinnt, dahin geneigt wird das Herz.«* Und die gesamte Wahrnehmung, unser gesamtes Erleben ist eine Aktivität eben dieses auf diese Weise – durch wertendes Nennen, *»zusammengedachten«* Herzens (*citta*). So hat *nāma*, das wertende Nennen, ein ungeheures existenzielles Potenzial: Durch wertendes Nennen (Denken) (*nāma*) bildet sich, programmiert im eingespielten (Wohl-)Erfahrungsuchlauf (*viññāna*), aus der Zusammenarbeit von Herz und Geist und unter Auswertung auch der formhaften Erscheinungswelt (*rūpa*) das Herz, bildet sich das Erleben (Wahrnehmen) von Leben und Welt mit allen ihren (ein-gebildeten) Formen (*rūpa*), unser gesamtes Welt-Bild, unsere gesamte Bild-Welt und unsere gesamte Wertordnung (»*nāma-kāya*«), von der erst der Geheilte befreit ist. In dem Zusammenhang *viññāna-nāma-rūpa* haben wir sozusagen den »Reaktorkern« der Existenz vor uns. Das alles ist nur ein kurzer Aufriss der eigentlichen Bedeutung des auf den ersten Blick dürr klingenden untrennbaren Bedingungszusammenhangs *viññāna-»nāma-rūpa«*. Der wird sich – wie der ganze Bedingungszusammenhang – nur sehr, sehr allmählich erschließen.

RUTH: Dann wüssten wir ja ohne das durch wertendes Nennen gebildete und ständig umgebildete Wertsystem gar nicht, wie wir die sechsfältigen Sinneseindrücke nach Wert und Gestalt einordnen, wieder finden (oder meiden) und handhaben sollten. Unsere Erfahrung wäre wie eine Riesenbibliothek mit viel Betrieb, aber ohne Katalog und Inventarliste, bei der nicht nur Bücher hinein- und hinausgingen, sondern auch vielerlei anderes: Menschen, Mäuse, Schaben, Akten, Pläne, Möbel, Installationen, Geräte, Computer, Datenträger, Materialien, Garderobe, Kantinenvorräte usw. Aber es bestünde nicht der geringste Überblick, was vorhanden ist, wo es hergekommen ist, was man damit machen kann, was in den Büchern steht, wie man an die Gegenstände herankommt, welche verderblich sind und welche haltbar, wie man sie finden, ordnen, warten, benutzen und »entsorgen« kann.

FRITZ: Ganz richtig, Ruth. Das ganze als im Körper geschehend erlebte »wertende Nennen«, *nāma*, läuft nur ab im Dienst des (Wohl-)Erfahrungssuchlaufs (*viññāna*). Dessen »Hauptauftraggeber« sind beim Weltgänger Hinneigung, Abneigung und Blendung: die Triebe des Herzens, eine Hauptart der Beeinflussung (*āsavā*), die eine Qualität des Wahns (*avijjā*) ist. Wenn wir das öfter betrachten, dann kann uns immer deutlicher aufgehen, was das bedeutet: *»Durch Erfahrungssuchlauf bedingt ist wertendes Nennen und Form«*! Wie wichtig dabei das richtige Verständnis von *nāma* als wertendes Nennen im Zusammenwirken von Herz und Geist ist, finden wir bestätigt in der Rede

A X,28:

Eine große Gruppe der Lehre ergebener im Haus lebender Nachfolger besuchte eine weise Nonne im Bambushain bei Kajangalā, wo zu der Zeit auch der Erwachte weilte. Sie hatten von zehn »*Großen Fragen*« des Erwachten gehört. Davon war die zweite *»eine zweiteilige Frage mit einer zweiteiligen Antwort und einer zweiteiligen Erklärung«*. Die Nachfolger wollten auch wissen, was damit gemeint war. Die Nonne antwortete: *»Freunde, das habe ich aus dem eigenen Munde des Erhabenen noch nicht gehört und nicht von ihm selber übernommen; auch nicht von geistesmächtigen Mönchen. Ich will euch aber sagen, wie es mir zu sein scheint: Wenn ein Mönch im Hinblick auf zwei Tatsachen wahrhaft nichts mehr anziehend finden kann, Freunde, vollkommen reizfrei wird, sich vollkommen davon löst, vollkommen ein Ende sieht, dann hat er das Ziel ganz verstanden und macht noch in diesem Leben dem Leiden ein Ende. Im Hinblick auf welche zwei? Wertendes Nennen und Form (nāma-rūpa).«*

RUTH: Zum Heilwerden genügt es also nicht nur, dass man keine Form (*rūpa*) mehr als angenehm bewertet, sondern dass man überhaupt nicht mehr bewertet – und das heißt: dass wertendes Nennen (*nāma*) insgesamt keinen Reiz mehr hat!

FRITZ: So ist es. Das wird uns noch klarer, wenn wir eine der mehreren Reden betrachten, in denen der Erwachte den in der Durchschauungssprache als *nāma-rūpa* behandelten Zusammenhang häuslichen Nachfolgern in der Erlebnissprache beschreibt:

GHOSITO – S 35,129:

In Kosambi lebte Ghosito, ein reicher Bankier und Gildemeister, der dort dem Erwachten das Ghosito-Kloster gestiftet hatte.[52] *Der besuchte Ānando und fragte: »›Vielfalt der Gegebenheiten‹ (dhātu) heißt es, Herr Ānando. Inwiefern wird vom Erhabenen von Vielfalt der Gegebenheiten*

52 Vgl. HHLebenBu, S. 281 f. und Proper Names, Bd. I, S. 828 unter *Ghosaka*.

gesprochen?« — »Hausvater, da finden[53] *dem Geist passende*[54] *augsinn-gegebene Formen*[55] *und der Augsinn-Erfahrungssuchlauf*[56] *zusammen. Dann steigt, durch diese wohlig zu empfindende Berührung bedingt, ein wohliges Gefühl auf. Ferner finden dem Geist nicht passende*[57] *augsinn-gegebene Formen und Augsinn-Erfahrungssuchlauf zusammen. Dann steigt, durch diese weh zu empfindende Berührung bedingt, ein wehes Gefühl auf. Außerdem finden nicht interessierende*[58] *augsinngegebene Formen und Augsinn-Erfahrungssuchlauf zusammen. Dann steigt, durch diese weder weh noch wohlig zu empfindende Berührung bedingt, ein weder wehes noch wohliges Gefühl auf. Ebenso finden ohrsinngegebene Töne/ nasensinngegebene Düfte/ zungensinngegebene Geschmäcke/ körpersinngegebene Tastungen/ geistsinngegebene Dinge, die dem Geist passen/ nicht passend/ uninteressant sind, mit dem Ohrsinn-Erfahrungssuchlauf/ mit dem Nasensinn-Erfahrungssuchlauf/ mit dem Zungensinn-Erfahrungssuchlauf/ mit dem Körpersinn-Erfahrungssuchlauf/ mit dem Geistsinn-Erfahrungssuchlauf zusammen. Dann steigt, durch diese wohlig/ weh/ weder weh noch wohlig zu empfindende Berührung bedingt ein wohlig/ weh/ weder weh noch wohlig zu empfindendes Gefühl auf. — In diesem Sinn, Hausvater, wird vom Erhabenen von Vielfalt der Gegebenheiten (dhātu) gesprochen.«*

Hans: Aber »wertendes Nennen«, »*nāma-rūpa*« kommt in dem Text doch gar nicht vor!

Fritz: Auch hier geht der Erwachte vom Erleben aus: Durch früheres Wirken bedingt, finde ich in diesem Leben als Gegebenheit (*dhātu*) folgende Erlebnisstruktur vor: Da wird erlebt mit den sechs dranggeladenen Sinnen: den fünf Körpersinnen und dem Geistsinn als Sechstem. Und es wird folgende Konstellation als Gegebenheit vorgefunden: Die fünf körperlichen Sinne sind nicht nur neutrale Fotoapparate, Mikrofone, Gas- und Flüssigkeitsanalysegeräte, Tastsensoren, und der Geist ist nicht nur ein Computer, sondern die Augen werden – wenn sie ein formdrang-geladener Augsinnerfahrungssuchlauf lenkt – zu »Stielaugen« nach dem, was beim formbewertenden Geist gut »ankommt« (*man-āpa*); für anderes »haben wir kein Auge«. Bei den einen Dingen bin ich »ganz Ohr«, anderen leihe ich kein Gehör; für manches »habe ich eine Nase«, anderes »stinkt mir«; dies ist »nach meinem Geschmack«, jenes »kotzt mich an« usw. Beim Geistsinn kommt aber etwas Entscheidendes hinzu: Ob etwas dem Geist passt, ist auch, aber nicht nur eine Sache der blinden Gefühlsresonanz derjenigen Triebe, die den Erfahrungablauf der betreffenden Körpersinne »laden«. Der Geistsinn ist nicht dazu verurteilt, immer nur deren willenloses Werkzeug zu sein und sich ihrem Geschmack zu beugen, sondern er übt bei der Wahrnehmung mit den fünf Körpersinnen »Mitbestimmung« aus. Denn er ist der einzige Sinn, der auf der Weide aller sechs Sinne grasen und die Eindrücke und ihre Bewertung speichern, verbinden und nennen kann (*nāma-rūpa*). Und er selber »will auch etwas«: Die Schule empfinden viele Schüler »geist-tötend«, von anderem ist man »be-geistert«. Je nach dem gibt der Geist durch wertendes Nennen über Formen, die die anderen fünf Sinne im Suchlauf

53 *sam-vijjati*, meist übersetzt »es findet sich, es gibt, es kommt vor«. Wörtlich: »Es findet zusammen«.

54 *man-āpa*, meist mit »angenehm« übersetzt; von *mano* + *pāpunāti* = »den Geist erreichen« (»ankommen«).

55 *cakkhu-dhātu-rūpā* = wörtlich »Augsinngegebenheitsformen« – also nicht, wie meist übersetzt wird, »Augsinngegebenheit und Formen«, was heißen müsste: »*cakkhūdhātu ca rūpāni ca*«. Durch »und« (*ca*) verbunden sind nur »*cakkhūdhāturūpā manāpā*« (dem Geist passende Augsinngegebenheitsformen) und »*cakkhūviññāna*« (»Augsinnerfahrung«). In der üblichen Übersetzung kommt die Mitwirkung des gestaltbewertenden Geistes nicht so zum Ausdruck wie im Pālitext.

56 *cakkhu-viññāna-dhātu*.

57 *a-man-āpā*.

58 *upekhāṭṭhāniya* = wörtlich: »in Gleichmütigkeit bestehend«.

aufgegabelt haben und über Daten aus seinem Speicher, ein Gesamturteil ab. Formen oder geistige Vorstellungen, die wir in keiner Weise vor uns selber in unserem ständigen »inneren Gespräch« (*vaci-sankhāra*), in Gedanken, wertend zu nennen wüssten (*nāma*), könnten wir nicht von anderen unterscheiden, und das heißt: wir würden zwar nicht zuordenbare Wohl- oder Wehgefühle empfinden, aber wir könnten die Erscheinungen, durch die sie ausgelöst werden, gar nicht erkennen, nicht von anderen absondern, nicht erfahren und wahrnehmen und daher auch nicht suchen, finden oder meiden.

HANS: Versteh ich nicht.

FRITZ: Der bekannte Wissenschaftstheoretiker Gerhard Vollmer nennt ein deutliches Beispiel: *»Eskimos unterscheiden und nennen 20 verschiedene Sorten Schnee; die Farbwahrnehmung und somit auch die Farbunterscheidung wird durch die zur Verfügung stehenden Farbwörter beeinflusst.«*[59] *Nāma* – wertendes Nennen – hat also eine ganz zentrale Bedeutung für die sprachlichen Gestaltungen (*vaci-sankhāra*), das Denken. Das Denken ist das gewichtigste Wirken, wie der Erwachte dem Hausvater Upāli erläutert hat. Und das häufige Denken bildet die Eigenschaften des Herzens, und damit auf mittlere und lange Sicht auch die Gestaltungen des Herzens, Gefühl und Wahrnehmung: unser Erleben, das »Leben«.

HANS: Ich glaube, ich habe verstanden. Darüber muss ich noch viel nachdenken. Auf jeden Fall stimmt, was du gesagt hast, Fritz: Ānandos Gespräch mit Ghosito enthält der Sache nach auch *nāma-rūpa*, wertendes Nennen und Form, Wertweelt und Formwelt.

FRITZ: Ja, Hans. Man kann die Bedeutung der Zweiheit *nāma-rūpa*, wertendes Nennen und Form, gar nicht umfassend genug sehen. Eine Analyse aller Weltbilder, Wertsysteme und Selbstbilder zeigt, dass sie alle ohne Ausnahme die Struktur *nāma-rūpa*, wertendes Nennen und Form, haben.

RUTH: Das stimmt, Fritz. Aber es ist nicht leicht zu verstehen, weil *nāma-rūpa* doch ein recht abstrakter Begriff ist.

FRITZ: Ja, Ruth: typische Durchschauungssprache. Deshalb hat der Erwachte die Struktur allen Erlebens und damit aller Weltbilder und Selbstbilder in den meisten Darstellungen des Bedingungszusammenhangs zum besseren Verständnis auch noch zusätzlich in die Erlebnissprache »übersetzt« mit dem Satz:

V. DURCH WERTENDES NENNEN (*NĀMA*) UND FORM (*RŪPA*) BEDINGT IST DAS SECHSFACHE ERLEBNISSPANNUNGSFELD (*SALĀYATANA*).

HANS: Was ist denn das: das sechsfache Erlebnisspannungsfeld?

FRITZ: Das ist das Feld, auf dem der Erfahrungssuchlauf (*viññāna*) weidend umherläuft, um dem hungernden Herzen Wohlfutter zu suchen. Das sechsfache Erlebnisspannungsfeld besteht aus den fünf Sinnessträngen und dem sechsten Erlebnisspannungsfeld: dem Geistsinn samt seinen Gegen-Ständen und Vor-Stellungen – den »Dingen« (*dhamma*), nach denen sich der Geistsinn ausspannt. Der Erwachte hat dieses sechsfache – aus den fünf Sinnessträngen und dem Geistsinn gesponnene – »Sechsreich« als »das All« (*sabbam*) bezeichnet.[60] Aber selbst bei vielen Heilsgängern, die das zwar im Geist schon als Wahn durchschaut haben, läuft der Geistsuchlauf (*mano-viññāna*) noch meist auf den alten Gleisen des Denkens in »Innen« und »Außen«. Deshalb ist der Erwachte, wie es Sāriputto in D 28 als unübertrefflich rühmt, dieser noch vom Wahn ausgebildeten Erlebnisstruktur seiner Schüler bei der Anleitung entgegengekommen und hat das »Sechsreich« noch weiter aufgegliedert in »sechs Innen-Außen-Erlebnisspannungsfelder«, weil die Menschen ja das eine als »innen« und anderes

59 Gerhard Vollmer: Diesseits und jenseits des Mesokosmos, *Universitas* 12/1991, S. 1165.
60 Vgl. S 35,23^{m}.

als »außen« zu erleben gewohnt sind, obwohl es ein und derselbe »Spannteppich« ist, zu dessen Muster sowohl das Bild »Innen« als das Bild »Außen« gehört. Damit baut er den Nachfolgern eine Brücke zwischen ihrem Erleben und den Gliedern des Bedingungszusammenhangs.

HANS: Mir scheint, besonders wichtig ist das sechste Erlebnisspannungsfeld: das Geistfeld.

FRITZ: Ja. Die Berührungen auf diesem Feld berühren die meisten Menschen am tiefsten – denken wir an die Verzweiflung mancher Menschen, die keinen Sinn im Leben finden oder an jenen Freund, der über seinen plötzlichen heftigen Zahnschmerz lachen musste, weil er so viel geringer sei als der geistige Schmerz der Depression. Vor allem aber kann sich der Geistsinn auf seinem Feld allmählich aus einem leibeigenen Feldhüter im Dienst der fünf ersten Erlebnisspannungsfelder zum (Erlebnisspannungs)-Feldherrn – und endlich zum König und Befreier entwickeln. Das hat der Erwachte gemeint, als er deshalb über ihn in M 96 sagte: *»Eine heilsmächtige, weltüberlegene Eigenschaft, die ein Kennzeichen des Menschen ist, lehre ich ihn nutzen.«* Diese Ausbildung des Geistes aus Heilsvertrauen zur »heilsmächtigen Eigenschaft« zeigt uns die Rede

S 48,42 – DER BRAHMANE UNNĀBHO.

Der Brahmane Unnābho besuchte den Erwachten in Sāvatthī im Jetahain im Kloster Anāthapiṇḍikos und fragte: *»Herr Gotamo: die folgenden fünf Sinne (indriya) haben verschiedene Erfahrungsbereiche (visaya), verschiedenen Weidegrund*[61]*, und keiner kann auf dem Weidegrund eines anderen Erfahrungen machen*[62]*; welche fünf? Augsinn, Ohrsinn, Nasensinn, Zungensinn, Körpersinn. Was ist denn nun für diese fünf Sinne mit ihren verschiedenen Erfahrungsbereichen, ihrem verschiedenen Weidegrund, von denen keiner auf dem Weidegrund eines anderen Erfahrungen machen kann, der Anhalt*[63] *und was macht die Erfahrungen aus ihren Weidegründen?« — »Für diese fünf Sinne mit ihren verschiedenen Erfahrungsbereichen, ihrem verschiedenen Weidegrund, von denen keiner auf dem Weidegrund eines anderen Erfahrungen machen kann, ist der Geistsinn (mano) der Anhalt; der Geistsinn macht die Erfahrungen aus ihren Weidegründen.« — »Aber was ist für den Geistsinn der Anhalt, Herr Gotamo?« — »Der Anhalt für den Geistsinn ist das Gedächtnis (sati), Brahmane« — »Und was ist für das Gedächtnis der Anhalt?« — »Für das Gedächtnis ist der Anhalt die Erlösung (vimutti).« — »Aber was ist für die Erlösung der Anhalt?« — »Für die Erlösung ist der Anhalt das Nirvāna, Brahmane.« — »Und was ist der Anhalt für das Nirvāna?« — »Damit hast du die Grenzen des Fragens überschritten. Über die Grenzen des Fragens kannst du nicht hinausgehen: Um ins Nirvāna einzumünden, wird der brahmische Wandel so geführt, dass er auf das Nirvāna hinzielt, im Nirvāna seine Vollendung findet.«*

Da stand der Brahmane Unnābho beglückt und erhoben von des Erhabenen Worten auf, verabschiedete sich vom Erhabenen und ging, ihm die rechte Seite zukehrend. Gleich nachdem der Brahmane Unnābho gegangen war, sprach der Erhabene zu den Mönchen: »Wenn bei einem Giebelhaus oder einer Giebelhalle die Sonne vor dem Ostfenster aufgeht und ein Strahl durchs Fenster fällt – wo findet er einen Halt?« — »An der westlichen Wand, Herr.« — »So hat das Vertrauen des Brahmanen Unnābho am Vollendeten seinen Anhalt gefunden, hat Wurzel gefasst, ist

61 Vgl. S 35,23^{m}.

62 *pacc-anu-bhoti* von *pati* = »ganz«, *anu* = »entlang«, *bhu* = »werden«; also: »sich ganz anpassen«, »sich bilden«: der Geist bildet sich nach dem Erfahren.

63 *paṭisaraṇa* von *sarati* – = »sich stützen«: wörtlich: »Zuflucht, Stütze«, auch »Haus«, doch steht in Sn 844, wo vom Haus der Erfassungsgewöhnung gesprochen wird, das alltagssprachliche Pāliwort für »Haus« (*oka*). *Paṭisaraṇa* wird in S 42,48 im übertragenen Sinne verwendet: das, wo die fünf Körpersinne und das Gedächtnis und das Erlösungsstreben »Halt, Zuflucht« finden, wenn unklar ist, was ihnen das Richtmaß gibt – also das »Maß-Gebende«. Paul Debes übersetzt »Hirte«, »Fürsorger« oder »Verwalter«.

stetig geworden, unbezwinglich durch Asketen oder brahmisch Lebende, Gott oder Teufel oder Brahma oder wen auch immer in der Welt. Bis der Brahmane Unnābho sterben wird, wird es bei ihm keine Verstrickung mehr geben, durch die verstrickt er weiterhin in diese Welt gelangen könnte.«

RUTH: Heißt das, dass er Nichtwiederkehrer werden wird?

FRITZ: Ja.

RUTH: So tief also ist diese Darlegung: Weil der Brahmane sie verstanden hat, ist er nun auch in dem, was er noch nicht richtig verstanden hat, zu einem so starken Vertrauen erwachsen, dass er zielstrebig und entschlossen genug vorgehen kann, um noch zu Lebzeiten die Sinnenwelt für immer zu übersteigen! Die Rede ist aber auch erstaunlich, so kurz sie ist: Darf ich einmal versuchen, sie in meinen Worten zusammenzufassen, um zu prüfen, ob ich richtig verstanden habe: Die fünf von triebgeladenen Bewusstseinserfahrungsprogrammen gesteuerten körperlichen Sinne bilden das eine Ende der fünf Sinnestränge. Wenn sie mich herumjagen und dem »Guten, das ich tun will«, Widerstand entgegensetzen, dann kann ich ja wahrhaftig spüren, dass es nicht nur mehr oder weniger passive »Messfühler« sind, sondern dass ihnen eine (Ab-)Lenkung in eine Richtung innewohnt – wie es ja das Wort »Sinne« ausdrückt.

FRITZ: Ja, Ruth. Das kommt auch in dem Ausdruck »*indriya*« zum Ausdruck. Der leitet sich von dem Namen des machtvollen indischen Gottes »Indra« her und bedeutet, dass ihm »Herrschenwollen, Lenkenwollen« innewohnt.

RUTH: Das passt genau. Und auch das stimmt, dass jeder dieser fünf Sinne nur sein eigenes Feld als Weide hat. Das ginge alles blindlings unkoordiniert nebeneinander her, wenn nicht der Geistsinn wäre: Der speichert die Erfahrungsdaten aus den fünf Körpersinnen neben seinen eigenen, koordiniert sie zu Gestaltungensmustern und benennt wertend die gespeicherten Daten und Programme in Zusammenarbeit mit dem Herzen. Dadurch bilden sich auch im Geist Tendenzen – vom Drang nach Unterhaltung und platten Gedankenspielen bis zum Drang nach Wahrheit (*dhammarāga*) und von weltlicher Schläue bis zur lächelnden, blitzschnellen Weisheit. — Dieser Geist-Erfahrungssuchlauf (*mano-viññāna*), dieses Speichern, Programmieren und Koordinieren macht Weltbild, Selbstbild, Lebenserfahrung und die Programme zu ihrer Umsetzung ins Denken, Reden und Handeln aus. Wenn man das alles analysiert – was kommt am Ende wieder heraus? Das Zusammenspiel von *viññāna* und *nāma-rūpa*. Ich habe einmal in einer Reportage über eine Spezialklinik für schwerste Hirnverletzungen gesehen: Da waren Patienten, bei denen durch Unfall diese Koordinationsfähigkeit gestört war. Die spürten zwar körperliche Gefühle (meist Schmerzen). Aber nicht nur, dass sie nicht darüber nachdenken konnten: sie waren nicht einmal darüber orientiert, woher die Schmerzmeldungen kamen, ob aus dem Bein oder aus einem hohlen Zahn, und von wo Wohltuendes zu erwarten war. Deshalb konnten sie nicht gezielt blicken und keinen einzigen Muskel bewusst handhaben; die Glieder waren wie in Panik verkrampft, teils rotierten sie in blindem, angstgetriebenem Suchlauf dauernd so stark, dass z. B. in einem Fall sich wegen der Unmöglichkeit der Schmerz-Ortung der Oberschenkelknochenkopf halb aus der Gelenkschale herausgedreht hatte. Das versteht man auch noch als westlicher Mensch. Ebenso, dass der Anhalt für den Geist das Gedächtnis ist: Wenn der Geist nicht weiter weiß, dann schaut er im Gedächtnis nach, ob dort passende Erfahrungen gespeichert sind. Aber der nächste Zusammenhang ist für uns nicht so leicht zu begreifen: dass der Anhalt für das Gedächtnis die Erlösung sein soll.

HANS: Das habe ich gerade auch gedacht: Die meisten Menschen wissen doch gar nichts von Daseinskreislauf, Gefangenschaft in der Wahrnehmung und Nirvāna. Sie richten sich in den fünf Zusammenhäufungen häuslich ein und »geistern im Haus umher«. Viele Menschen – gerade solche, die aus früherem gutem Wirken gute Ernte erleben, ein helles Gemüt, maßvolle Ansprüche und gute Freunde haben, erheben sich aus aller Trübsal in der Vorstellung: »Hiersein ist herrlich!« Sie wollen gar nicht von diesem »Hiersein« erlöst werden. Wie kann da die Erlösung in der absoluten wahrnehmungsfreien ewigen Ruhe, von deren Möglichkeit sie gar nichts wissen, der Anhalt für ihr Gedächtnis sein – von den Oberflächlichen, die sich mit kurzfristigen Vergnügungen zufrieden geben, gar nicht zu reden!

Fritz: Das ist zwar richtig, Hans, aber als »Erlösung« empfinden die Wesen nicht nur die absolute Befreiung aus dem Daseinskreislauf, sondern jede zeitweilige Befreiung aus einem vorherigen Leiden. Sobald ein Mensch etwas relativ Besseres erlebt, dann richtet sich sein *(Bewusstseins)-Erfahrungssuchlauf* darauf ein, je öfter er daran denkt und danach vorgeht. Dadurch wächst nicht nur die Neigung zu diesem relativ Wohltuenderen, sondern auch die Geläufigkeit des Erfahrungssuchlaufs, es herbeizuführen. Mit wachsender Neigung zu dem relativ »Besseren« wird das einstige Beste, aber jetzt nur noch Zweit- oder Drittbeste als Leiden empfunden, von dem er nun »Erlösung« sucht.

Ruth: Das stimmt. Bei Licht betrachtet ist eigentlich das, was die Wesen als »Wohl« bezeichnen, immer nur die relative Erlösung von irgendeinem Leiden.

Hans: Aber man hört doch viele sagen, ohne Leiden wollten sie gar nicht leben; das sei langweilig wie eine Suppe ohne Salz.

Fritz: Das sagen sie nur, weil sie mit ihrem momentanen Zustand so wenig zufrieden sind, dass sie nach Abwechslung verlangen. Deshalb schiene ihnen ein Zustand ohne Abwechslung das größte Leiden. Manchem vereinsamten Menschen ist eine unangenehme Begegnung lieber als gar keine. Von der Einsamkeit oder was gerade für ihr gegenwärtiges Empfinden das größte Leiden scheint, suchen sie relative Erlösung in der Abwechslung zwischen Leid und Freud. Die Weiterblickenden freilich – auch ein so sinnenfreudiger Mensch wie Goethe – kommen irgendwann zu dem Empfinden: »Ach, ich bin des Treibens müde; was soll all der Schmerz und Lust«, und beginnen sich nach einem beständigen, unzerstörbaren Frieden zu sehnen. Aber solange sie nicht die Möglichkeit des total wunschlosen Glücks der Befreiung von jeglicher Beeinflussbarkeit gefunden haben, treibt sie der Leidensdruck auf die Suche von einer Scheinerlösung zur andern – immer wieder. Das dauert so lange, bis sie endlich zum *»dhamma«* kommen: zur Wahrheit über die Existenz. — *»Dhamma«* kommt von *dharati*, »tragen«, und heißt wörtlich: »das, was trägt«. Nach diesem Grundmuster wird der Suchlauf jedes Geistes auf Wohlsuche und Wehflucht, auf Erlösung hin programmiert und strukturiert, zuerst auf relative Erlösungen und endlich – nach Begegnung mit der wachen Sichtweise – auf die absolute Erlösung hin. Je gründlicher Heilsgänger die Lehre kennen lernen, desto klarer sehen sie hinter aller Vielfalt als das Grundmuster, in der Durchschauungssprache ausgedrückt, die fünf Zusammenhäufungen in ihrem bedingten Umlauf nach dem Bedingungszusammenhang oder – in der Erlebnissprache ausgedrückt – die sechs Erlebnisspannungsfelder, auf denen die sechs Sinne in ihrem Suchlauf grasen und das erntereif gewordene Karma wertend unterscheiden, ob es ihnen für ihre körperliche und geistige Nahrung tauglich erscheint oder nicht. Aber nicht ihr Wunsch bestimmt den Erfolg, sondern das Karma mit den vier vom Erwachten gezeigten Wirkensarten. Vom Lustmörder, der sich durch seine Wahnsinnstat von seinem Triebdruck befreien will, bis zum Heilsgänger, der sich aus der Bedrängnis des Daseinskreislaufs, aus der Gefangenschaft in der Wahrnehmung befreien will – immer ist der Maßstab, nach welcher das den Geist »beratende« Gedächtnis verwaltet wird, das, was jeweils (zu Recht oder Unrecht) für Erlösung gehalten und empfunden wird – gipfelnd im achtfältigen Weg zum Nirvāna, der *»am Anfang fördert, in der Mitte fördert und am Ende fördert«.*

Hans: Ja, so kann ich das einigermaßen verstehen. Wenn ein Wesen lange genug – und sei es Äonen! – durch den Daseinskreislauf gekreist und gekreist ist, von Verzweiflung zu Scheinerlösung und zurück, dann kann es ja irgendwann entweder selber merken oder durch die Stimme eines Wachen vernehmen und im eigenen Leben nachprüfen, dass in diesem

Daseinsbrand aus lauter vergänglichen Flammen kein ewiger Friede zu finden ist, sondern nur in der Löschung des Fieberbrandes aus Hinneigung, Abneigung, Blendung.

Ruth: Was mich bei diesen Gedanken besonders erleichtert, ist das Übersteigen des westlichen Spaltungsdenkens in »Subjekt/Objekt«, »Innen/Außen«, »Materie/Geist«: Alles, was die absolute Freiheit verdeckt – Unterwelt, Menschenwelt, Götterwelt, formhafte und formfreie Existenz – ist Wahn. Wahnfrei ist nur die Richtung des von den Erwachten immer wieder entdeckten Heilswegs durch Wahn hindurch zum unzerstörbaren Heil.

Fritz: Wenn du das so siehst, Ruth, dann wirst du Freude haben an der Rede

S 41,1 VERJOCHUNG (*samyojana*)

Eine große Schar von ordensälteren Mönchen führte in Macchikāsaṇḍa im Mangohain im Pavillon folgendes Gespräch: »Verstrickung und verstrickende Dinge, Freunde – ist das der Sache nach und nach der Bezeichnung etwas Verschiedenes oder dasselbe unter verschiedener Bezeichnung?« Einige der ordensälteren Mönche meinten: »Verstrickung und verstrickende Dinge sind der Sache nach und nach der Bezeichnung etwas Verschiedenes.« Andere meinten: »Das ist der Sache nach dasselbe, nur die Bezeichnung ist verschieden.« Davon erfuhr Hausvater Citto, der gerade zu Besorgungen im Nachbardorf Migapathaka angekommen war. Er ging zu den ordensälteren Mönchen und wurde auf seine Frage über das Gespräch unterrichtet. Da erklärte er ihnen: »Ihr Herren, Verstrickung und verstrickende Dinge: das ist der Sache nach und der Bezeichnung nach etwas Verschiedenes. Darf ich den Herren ein Gleichnis geben: Es ist, wie wenn ein schwarzer und ein weißer Stier mit einem Geschirr oder Joch zusammengejocht wären. Wer da sagen würde, der schwarze Stier sei die Verjochung des weißen oder der weiße Stier die Verjochung des schwarzen: würde der recht reden?« — »Das nicht, Hausvater. Der schwarze Stier ist nicht die Verjochung des weißen und der weiße Stier ist nicht die Verjochung des schwarzen. Das Geschirr oder Joch, mit dem die beiden zusammengejocht sind, das ist die Verjochung.« — »Ebenso, ihr Herren, ist weder der Augsinn die Verjochung der Formen noch sind die Formen die Verjochung des Augsinns, sondern was, durch beide bedingt, an Willensreiz aufsteigt, das ist die Verjochung. Weder ist der Ohrsinn die Verjochung der Töne noch sind die Töne die Verjochung des Ohrsinns, weder der Nasensinn die Verjochung der Düfte noch die Düfte die Verjochung des Nasensinns, weder der Zungensinn die Verjochung der Geschmäcke noch die Geschmäcke die Verjochung des Zungensinns, weder der Körpersinn die Verjochung der Tastbarkeiten noch die Tastbarkeiten die Verjochung des Körpersinns, weder ist der Geistsinn die Verjochung der geistigen Dinge noch sind die geistigen Dinge die Verjochung des Geistsinnes, sondern was, durch beide bedingt, an Willensreiz aufsteigt, das ist die Verjochung.« — »Wie gut, Hausvater, wie gut ist es für dich, dass bei dir das Auge der Weisheit eine so tiefe Lehre des Erwachten durchdringt.«

Hans: Die ersten fünf der sechs Verjochungen an die Erlebnisspannungsfelder erinnern daran, dass die so genannte »Welt« aus »Sinnessträngen« besteht – nicht aus irgendeiner »materiellen« oder »geistigen« Substanz. Viele Menschen denken sich das eine Extrem: Wohl und Weh kämen von außen, die anderen denken sich das andere Extrem, alles käme nur »aus dem Geist« oder »aus den Trieben«, und das bedeute von innen. Dabei übersehen sie die Realität, dass »innen« und »außen« – das »sechsfache Innen-Außen-Erlebnispannungsfeld« – durch wahnbedingtes (*avijjā*) Wirken (*sankhāra*, *kamma*) nach den selbstprogrammierten (Wohl-)Erfahrungsprogrammen (*viññāna*) durch wertendes Nennen der aus Sinnessträngen (*kāmaguṇa*) gesponnenen Formen (*nāma-rūpa*) und der im Geist zusammengesponnenen Dinge (*dhamma*) zu den sechs Erlebnisspannungsfeldern verwoben werden. Dieses Gewirkte, das alle Weltmuster und Ichmuster des sich dauernd wandelnden Erlebnis-Spannteppichs bilden, ist genau so zäh und fest oder leicht und zart, wie wir es durch wertendes Nennen der in der Wahrnehmung erscheinenden Gestalten (*nāma-rūpa*) zusammengesponnen haben – im Gespräch mit andern oder in unserem dauernden »inneren Gespräch«, dem Denken. So halten wir jedes Mal, wenn wir wertend »ein Ding beim Namen nennen«, diesen Prozess in Gang, der die Neigungen des Herzens und dessen Aktivitäten – Wahrnehmung und Gefühl – schafft und umschafft: *»Was der Mensch häufig denkt und sinnt, dahin geneigt wird das Herz.«* Und je nach der Herzensneigung entstehen angenehm oder unangenehm zu empfindende Berührungen.

RUTH: Das ist schon der nächste Zusammenhang, Hans:

VI. DURCH DAS SECHSFACHE ERLEBNISSPANNUNGSFELD BEDINGT IST BERÜHRUNG (*PHASSA*).

HANS: Und der Klang, den die vorgespannten Saiten der Erlebnisspannungen des Herzens bei der Berührung ertönen lassen, wenn als außen oder innen erlebte Erscheinungen daran zupfen oder darüberstreichen – das ist das Gefühl.

FRITZ: Ja, Hans:

VII. DURCH BERÜHRUNG BEDINGT IST GEFÜHL (*VEDANĀ*)

und:

VIII. DURCH GEFÜHL BEDINGT IST DURST (*TANHĀ*).

HANS: Ach ja, du hattest ja gleich zu Anfang unserer Gespräche gesagt: »Durst ist das, was man von den Trieben merkt.« Und woran sonst könnte man Triebe merken als am Gefühl! Es ist also ganz klar: Durch Gefühl bedingt ist Durst.

FRITZ: Der Teilzusammenhang: sechsfaches Erlebnisspannungsfeld-Berührung-Gefühl-Durst rasselt herunter wie ein Fallbeil. Aber nun, beim nächsten Glied, ist eine entscheidende Stelle zum Eingreifen:

IX. DURCH DURST BEDINGT IST AUFGREIFEN (*UPĀDĀNĀ*).

Wegen dieses Zusammenhangs hat der Erwachte die Weltgänger von den Heilsgängern nach ihrer Einstellung zum Durst unterschieden in dem Gespräch in

A X,117.

Da fragt der Brahmane Sangāravo den Erwachten: *»Herr: was ist das diesseitige Ufer, und was ist das jenseitige Ufer?« — »Falsche Ansicht, Brahmane, ist das diesseitige Ufer; rechte Ansicht ist das jenseitige Ufer. Falsche Gemütseinstellung ist das diesseitige Ufer; rechte Gemütseinstellung das jenseitige. Falsche Rede ist das diesseitige Ufer; rechte Rede das jenseitige. Falsches Handeln ist das diesseitige Ufer; rechtes Handeln das jenseitige. Falsche Lebensführung ist das diesseitige Ufer; rechte Lebensführung das jenseitige. Falsches Mühen ist das diesseitige Ufer; rechtes Mühen das jenseitige. Falsche Achtsamkeit ist das diesseitige Ufer; rechte Achtsamkeit (Wahrheitsgegenwart) das jenseitige. Falsche Einigung ist das diesseitige Ufer; echte Einigung das jenseitige. Falscherkennen ist das diesseitige Ufer; rechtes Erkennen das jenseitige. Scheinerlösung ist das diesseitige Ufer; echte Erlösung das jenseitige. Das, Brahmane, ist das diesseitige Ufer und das jenseitige Ufer.*

Kaum trifft man solche Menschen an, die zu dem andern Ufer gehn.
Die große Masse hetzt nur hier an diesem Ufer hin und her.
Doch die das klar verkündete Daseinsgesetz verwirklichen:
zum andern Ufer streben sie, das ganz dem Tod entgangen ist.
Um dunkle Art zu löschen, kann der Weise bilden reine Art.
Zieht er vom Haus ins Hauslose, einsam, wo leichtes Glück nicht ist,
kann er dem Wohl zustreben ganz, hat nichts mit Sinnenlust zu tun.
Das eigne Herz von Flecken rein kann läutern, wer da weise ist.
Wer in den sieben Gliedern des Erwachens gut das Herz geübt,
wer aufzugreifen aufhört und des Nichtaufgreifens Glück erfährt,
Beeinflussung austilgt, der strahlt schon hier als Branderloschener.«

Und nach dem Text

S 35,124 – VESĀLĪ

hat Hausvater Uggo aus Vesālī im großen Wald in der Halle des Giebelhauses den Erwachten gefragt: *»Herr, was ist denn der Grund, was ist die Bedingung dafür, dass manche Wesen in diesem Leben nicht die vollkommene Branderlöschung erreichen, und manche sie erreichen?«* Da hat der Erwachte geantwortet: *»Es gibt augsinnerfahrbare Formen, ohrsinnerfahrbare Töne, nasensinnerfahrbare Düfte, zungensinnerfahrbare Geschmäcke, körpersinnerfahrbare Tastbarkeiten, geistsinnerfahrbare Dinge, erwünschte, begehrte, dem Geist passende, gefällig gestaltete, lustweckende, reizauslösende. Wenn sich ein Mönch bei ihnen befriedigt, sie begrüßt und anerkennt, dann lässt sich dessen Bewusstseinserfahrungssuchlauf (viññāna), weil er sich bei ihnen befriedigt, sie begrüßt und anerkennt, bei ihnen nieder und greift sie auf. Mit Aufgreifen gelangt ein Mönch nicht zur Branderlöschung. Das ist der Grund, das ist die Bedingung dafür, dass manche Wesen in diesem Leben nicht die vollkommene Branderlöschung erreichen.*

Aber da sind augsinnerfahrbare Formen, ohrsinnerfahrbare Töne, nasensinnerfahrbare Düfte, zungensinnerfahrbare Geschmäcke, körpersinnerfahrbare Tastbarkeiten, geistsinnerfahrbare Dinge, erwünschte, begehrte, dem Geist passende, gefällig gestaltete, lustweckende, reizauslösende. Wenn sich ein Mönch bei ihnen nicht befriedigt, sie nicht begrüßt und anerkennt, dann lässt sich dessen Bewusstseinserfahrungssuchlauf, weil er sich nicht bei ihnen befriedigt, sie nicht begrüßt und anerkennt, nicht bei ihnen nieder und greift sie nicht auf. Durch Nichtaufgreifen, Hausvater, gelangt ein Mönch zur Branderlöschung. Das ist der Grund, das ist die Bedingung dafür, dass manche Wesen in diesem Leben die vollkommene Branderlöschung erlangen.«[64]

RUTH: Dann entscheidet also Aufgreifen oder Nichtaufgreifen über das Heil? Aber was genau ist »Aufgreifen«?

FRITZ: Das beschreibt einer der großen Mönche des Erwachten, Mahākaccāno, in der Rede

HĀLIDDAKĀNI II – S 22,4.

Im Land Avanti an einem Berghang in der Nähe von Adlershorst besuchte der Hausvater Hāliddakāni Mahākaccāno und fragte ihn:

»Herr, der Erhabene hat auf Sakkos Fragen[65] *gesagt: ›Die als Asketen und brahmisch Lebende durch Versiegen des Durstes erlöst sind, die sind zum absoluten Heilsstand (acc-antā*[66] *niṭṭhā) gelangt, absolut geborgen vor aller Mühsal, absolut rein, absolut vollkommen, überragen alle Himmelswesen und Menschen.‹ Wie ist der Sinn dieser dichten Aussage des Erhabenen im Einzelnen zu verstehen?« — »Was da bei den Gegebenheiten ›Form‹ (rūpa-dhātu), ›Gefühl‹/ ›Wahrnehmung‹/ ›Vorgänge‹/ ›Bewusstseinserfahrungssuchlauf‹ an Wille, Reiz, Befriedigung, Durst ist, dieses Immer-Herantreten, Aufgreifen, die Gemütsanlage, eine Vorliebe dafür zu entwickeln und sich darin einzurichten – wenn das überwunden ist, entfärbt, ausgerodet, losgelassen, wenn davon zurückgetreten worden ist, das wird das recht erlöste Herz genannt.«*

HANS: Wie der große Mönch da das Aufgreifen umschreibt: *»Wille, Reiz, Befriedigung, Durst, dieses Immer-Herantreten, Aufgreifen, die Gemütsanlage, eine Vorliebe dafür zu entwickeln und sich darin einzurichten«* – ist das nicht letztlich eine Beschreibung des Wirkens (Karma), das mit der Absicht (*cetanā*) beginnt? Ist damit nicht eigentlich schon alles über das nächste Glied des Bedingungszusammenhangs gesagt:

X. DURCH AUFGREIFEN BEDINGT IST WERDEN *(BHAVA)*?

FRITZ: Im Grunde ja, Hans: Durch Aufgreifen bedingt ist Werden und Dasein.

64 Vgl. auch in S 35,125 (dem gleichnamigen Hausvater Uggo aus Elefantendorf), in S 35,126 (dem Hausvater Upāli), in S 35,128 (Soṇo, dem Sohn eines Hausvaters), S 35,131 (Nakulapitā).

65 Das Gespräch dieses Herrschers des himmlischen Erlebensbereich der »Dreiunddreißig« mit dem Erwachten ist in D 21 überliefert und in WW, 38. Jg. (1992), S. 66 ff. besprochen.

66 *accanta* = *ati-anta* = wörtlich: »Über-Ende« + *niṭṭhā*. = »Abschluss, Vollkommenheit«.

Hans: Warum sagst du ... »und Dasein«? Alles fließt doch!

Fritz: Freilich. Alles fließt. Insofern kann man »*bhava*« mit »Werden« übersetzen. Aber das Gewirkt-Wirkende ist ja schon zuvor gewirkt worden, also auch schon da, im Heranrollen wie die Riesenfelsenmassen im Gleichnis in S 3,25. So gesehen, kann man *bhava* mit Dasein übersetzen. Wir mit unseren beschränkten Sinnen sehen es nur noch nicht. Manche Hellsichtige oder tief Geläuterte können schon jetzt den Daseinsstrom (*»bhavasota«*) des Wirkens (Karma) heranrollen sehen. Auch in unser Bewusstsein dringt manchmal ein Blitz oder ein Ahnen von Kommendem, von Unheil oder von heraufziehendem Glück. Deshalb kann man für das eine Wort *bhava* die beiden Ausdrücke »Werden« und »Dasein« benutzen.

Ruth: Aber von allem, was wird, von jeglichem Dasein wissen wir und können ständig in unserem Leben ablesen: Es »ist« nicht, es wird immer nur kontinuierlich neu als (Wahn-)Wahrnehmung aus dem Werden geboren und stirbt in den Abgrund des Werdens zu neuem künftigem Auftauchen und Abtauchen und Wiederauftauchen.

Fritz: Ja, Ruth. Damit nennst du das nächste Bedingungsglied:

XI. DURCH WERDEN BEDINGT IST GEBURT (JĀTI).

Geburt ist immer nur Geburt zum Zerfall. Denn:

XII. DURCH GEBURT BEDINGT IST ALTERN UND STERBEN.

Am Ende läuft doch alles immer wieder – immer wieder – hinaus auf *»Kummer, Jammer, Schmerz, Gram und Aufbegehren; Vereintsein mit Unliebem, Getrenntsein von Liebem; was man wünscht (ersehnt, begehrt) nicht erlangen – Kurz gesagt: die fünf Zusammenhäufungen«*. Das ist die erste Heilswahrheit. Wir sehen: Bei aller abgründigen Tiefe der »Weltformel« des Bedingungszusammenhangs kann man doch einen ersten Überblick gewinnen als Grundlage für lebenslanges Betrachten und Wiederfinden im eigenen Leben. Die wörtliche Kenntnis dieser »Weltformel« ist, wie gesagt, keine notwendige Bedingung für den Stromeintritt, aber eine unvergleichliche Hilfe. Wer den Bedingungszusammenhang immer wieder betrachtet und dabei Ruhe findet, der hat auf jeden Fall die Merkmale eines endgültig gesicherten Nachfolgers des Erwachten im Sinne der Antwort, die der Erwachte dem Sakyer Mahānāmo gegeben hat in

S 55,37 – Mahānāmo.

Der Sakyer fragte den Erwachten bei Kapilavatthu im Land der Sakyer im Feigenbaumkloster: *»Herr, wann ist einer ein Jünger (upāsaka)?« — »Wenn er zum Erwachten, zur Lehre und zur Heilsgängergemeinde Zuflucht genommen hat, Mahānāmo.«*

»Und wann ist ein Jünger zur Tugend erwachsen, Herr?« — »Wenn es seinem Wesen widerstrebt, Lebendiges umzubringen, Nichtgegebenes zu nehmen, unrechte Geschlechtsbeziehungen zu pflegen, zu lügen und Rauschmittel oder andere die Vernunft und Selbstkontrolle hindernde Mittel zu nehmen, dann ist ein Jünger zur Tugend erwachsen.«

»Wann aber ist ein Jünger zu Vertrauen erwachsen, Herr?« — »Da ist ein Jünger voll Vertrauen und baut auf die Wachheit des Vollendeten in dem Gedanken: ›Das ist wahrhaftig der Erhabene, genesen, der Vollkommen Erwachte, vollendet in Wissen und Wandel, zum Heil gekommen, der Welt Kenner, der höchste Lenker der anzuleitenden Menschen, der Meister der Himmelswesen und Menschen, erwacht, erhaben‹. Ein solcher Jünger ist zu Vertrauen erwachsen, Mahānāmo.«

»Und wann ist ein Jünger zum Loslassen erwachsen, Herr?«

Hans: Zum Loslassen erwachsen – Das ist doch dasselbe wie Nichtaufgreifen?

Fritz: Nichtaufgreifen ist mehr als Loslassen: Loszulassen brauche ich nur, was ich aufgegriffen habe. Wer aber schon zum Nichtaufgreifen erwachsen, hingeneigt und »programmiert« ist, greift gar nicht mehr auf, hält gar nichts mehr fest und braucht deshalb auch nichts mehr loszulassen. In Bezug auf die Sinnendinge ist das in vollem Umfang erst beim Nichtwiederkehrer der Fall und gar in Bezug auf alles bedingt Entstandene erst beim Geheilten. Wir greifen noch vieles auf, aber in dem einen oder anderen Fall machen auch wir schon die

Erfahrung, welches Glück es bedeuten kann, Dinge, die wir früher mit Wucht und Eifer aufgegriffen hätten, einfach nicht aufzugreifen, ihnen frei und still, kommentarlos und souverän gegenüberzustehen, so dass sie uns nicht mehr beeinflussen können. Bei uns ist das noch die Ausnahme. Auf die Dauer ist der ununterbrochenen Übung des Nichtaufgreifens nur der Asket gewachsen, wie es Sāriputto dem sterbenden Anāthapiṇḍiko ausdrücklich gesagt hat. Aber es gibt auch für die im Haus Lebenden schon ganze Programmgruppen – beginnend mit den fünf heilenden Tugenden im Reden und Handeln und mit dem Austilgen der verschiedenen Formen von Hass und Übelwollen bei den Herzenstrübungen, bei denen wir in der Entwicklung zu solchen hilfreichen Neigungen und Suchläufen zum Loslassen sind, so dass wir dessen unsäglich erfrischende, erleichternde und beruhigende Wirkung zu schmecken beginnen. Je stärker wir in Neigungen und Gewöhnungen zum Aufgreifen verstrickt sind, umso mehr aktives Wirken benötigen wir, um davon loskommen zu können. So wirkt auch der Asket noch, wirkt Entrückung, erkämpft heilstaugliche Eigenschaften, tilgt heilsuntaugliche. Der Wille kann eben nur durch den Willen überwunden werden im Rahmen der vierten Wirkensart: in der Absicht, loszulassen. Die grundlegende Übung für in der Welt lebende Nachfolger, die der existenzfortsetzenden Gefahr des Aufgreifens zu entwachsen streben, ist das Loslassen, zu dem der Erwachte dem König nun auf seine Frage einen wunderbaren Zugang zeigt:

»Wenn ein Jünger in der Häuslichkeit mit einem Gemüt lebt, das frei ist vom Makel des Geizes und der Engherzigkeit, als einer, dem das Loslassen lieb und leicht ist, mit offenen Händen für das Geben, voll Freude am Zurücktreten, glücklich, wenn er teilen kann: das ist ein Jünger, der zum Loslassen erwachsen ist, Mahānāmo.«

Und nun stellt der Sakyer eine Frage, wegen der ich hauptsächlich diese Rede zum Abschluss unseres Gesprächs über den Bedingungszusammenhang vorlese. Denn nun geht es um das, was allein den Wahn – die zentrale Bedingung des Daseinskreislaufes aufhebt:

»Und wann ist ein Jünger zum Klarwissen (paññā) erwachsen, Herr?« — »Wenn ein Jünger klarwissend ist, Mahānāmo, erwachsen zu jenem auf das Entstehen und Vergehen gerichteten Klarwissen, dem heilenden, durchdringenden, das zur Aufhebung allen Leidens führt. Das ist ein Jünger, der zum Klarwissen erwachsen ist.«

HANS: Das für die Heilung vom Wahn, für die Befreiung aus dem ehernen Bedingungszusammenhang entscheidende Klarwissen ist also allein das *»auf das Entstehen/Vergehen gerichtete Klarwissen«*. Das liegt in der Erlebnissprache im Karmagesetz mit den vier Wirkensarten und in der Durchschauungssprache im Bedingungszusammenhang vor. Das will ich mir merken, damit ich nicht vor lauter Bäumen den Wald nicht sehe! Ich denke, diesem Klarwissen sind wir wieder ein Stück näher gekommen.

RUTH: Das denke ich auch.

FRITZ: Und wir können nichts Besseres tun, als diese Betrachtungen immer wieder zu wiederholen, wie es der Erwachte in M 95 als notwendige Bedingung zum Erkennen der Wahrheit gezeigt hat. Nur wenn wir nicht sagen: »Kenn ich schon, nun hör doch endlich mit dem Zuhören und Lesen und Betrachten der Lehren auf und tu etwas, meditiere, experimentiere«, sondern gerade auch das längst »Gewusste« wiederholen und wiederholen, dann erleben wir, wie hundert Mal Gehörtem und Gelesenem und Bedachtem eine Frische entströmt, die uns das Weitergehen leicht und lieb macht. Denn auch das ist Meditation im innersten, ja sogar im eigentlichen, heute unter der Meditationswelle fast vergessenen Sinn, den ein Meditationserfahrener aus dem christlichen Bereich so beschreibt: *»Wie dieses meditative ›Üben‹ beschaffen ist, sagen die Meister der Meditation – die es wissen können, die antiken und modernen – mit bestimmten Worten aus, die eine überaus deutliche Selbstcharakteristik darbieten. Meditieren ist ihnen ein ›Verdauen‹ der überdachten Inhalte; ein*

›Wiederkäuen‹, ›Zerkauen‹, ›Draufbeißen‹; ein nicht nur gefärbt, sondern getränkt werden mit ihrer Farbe gleich der Wolle.«[67]

Das erinnert an das häufig gebrauchte Gleichnis dafür, wie ein Wahrheitsucher – oft auch ein häuslich Lebender – beim meditativen Hören der Worte des Erwachten in die Heilsströmung eintritt, etwa in M 56: *»Wie ein reines fleckenloses Gewand sofort Farbe annimmt; so ging dem Hausvater Upāli, noch während er da auf seinem Sitz saß, das staubfreie, fleckenlose Auge für die Wahrheit auf.«* Gerade dem Bedingungszusammenhang können wir uns in seiner Tiefe nur nähern durch ein solches wiederholtes verwandelndes Nachdenken; nicht nur, indem wir uns – wenn überhaupt – wie viele Buddhisten einen Überblick über die Lehre und gewisse Textkenntnis verschaffen, aber statt die Wolle unserer Verstrickungen damit zu färben, nach Erwerb einer ungefähren Zitiergeläufigkeit das Wiederholen der Lehren gering schätzen und meinen, wir wüssten nun genug und hätten auch genug wiederholt, nun müsse es endlich ans Meditieren gehen. *Wiederholung* der tiefen Lehren des Erwachten ist *eine der wichtigsten Arten des Meditierens:*

»Meditieren ist ein Nachdenken, in dem andere und tiefere Schichten der Seele angerufen werden als beim gewöhnlichen Denken. Meditieren heißt – das sagen uns die Wissenden, die es erlebt und geübt haben : einen Inhalt so in sich aufnehmen, dass er, als Leben, in den organischen, unbewussten Lebensprozess der Seele eingeht; dass er, als farbgebender, in die tiefste Tiefe der Seele dringt und sie durchdringt; dass er nicht mehr ›Gegen‹-stand ist, ›über‹ den man nachdenkt, sondern selbst als ein unmittelbar Wirkliches in uns eingehend ein Stück Seele wird; dass er nicht gedacht und gewusst, sondern gehabt wird.«[68]

67 Paul Rabbow, *Seelenführung. Methodik der Seelenführung in der Antike.* München 1954, S. 23 f.
68 *Ebenda*, S. 24; Hervorhebung von mir.

Vierte Reihe der Gespräche:

Der Weg zum Frieden

12. Gespräch
Durch taugliches Verhalten (*sīla*) zum Herzens-Frieden (*samādhi*)

Hans: Durch unsere Gespräche über Karma und den Bedingungszusammenhang ist mir noch klarer geworden, wie irrig die Behauptung ist, die Lehre des Buddha mache passiv: Um zur Ruhe zu kommen, braucht es viel energische Aktivität, ja Kampf. Jetzt kann ich unterscheiden, was nur Kämpfe gegen die Windmühlenflügel des Wahns sind und was mich aus dem Wahnkreislauf zu befreien hilft.

Ruth: Ich merke auch bis in die täglichen Verrichtungen und Begegnungen hinein, dass ich mehr auf die allein wesentliche Unterscheidung achte: darauf, ob das, was ich gerade denke, rede oder tue, zum Frieden, zur Heilung von der Wahnkrankheit taugt oder nicht.

Fritz: »Taugen« zum Guten, zum Frieden, zum Heil, zur Erlösung – daher kommt unser Wort »Tugend«. In diesem Sinn ist das Pāliwort »*sīla*« gemeint, wenn sich nicht aus dem Zusammenhang ergibt, dass ausnahmsweise neutrales oder untaugliches Verhalten (*du-s-sīla*) gemeint ist.

Ruth: Dann wäre das Wort »*sīla*« neutraler als unser Wort »Tugend«, mehr wie unser deutsches Wort »Sitte«? Es gibt ja keine schlechte Tugend, aber gute und schlechte Sitten.

Fritz: So ist es. Nyāṇaponika übersetzt *sīla* mit »Sitte« oder »Sittlichkeit«.

Hans: Warum machst du es anders?

Fritz: Nach dem guten alten Sinn von »Sitte« ist Nyāṇaponikas Übersetzung genauer und umfasst auch noch die Bedeutung »Brauch, Üblichkeit«, die »*sīla*« in bestimmten Zusammenhängen haben kann. Aber heutzutage ist Sitte und Sittlichkeit unterschwellig allzu stark auf das Sexuelle festgelegt, besonders die Negativform »unsittlich« oder Wörter wie Sittlichkeitsverbrechen. Andererseits hat schon vor Jahren der damalige Bundespräsident Walter Scheel mit Recht beklagt, dass sich heute kaum mehr jemand traut, das gute alte Wort »Tugend« in den Mund zu nehmen. Mit »Tugend« hat Karl Eugen Neumann übersetzt, in dessen Übersetzung die meisten deutschsprachigen Menschen der Lehre begegnet sind. Deshalb bleibe ich bei der Übersetzung »Tugend«.

Ruth: Daran gefällt mir, dass »Tugend« deutlich auch die tiefste Bedeutung von *sīla* widerspiegelt: Tauglichkeit (zum Heil).

Hans: Wie auch immer man übersetzt: Ich bin froh, dass beim Buddha die Tugend nicht nach »Geboten« schmeckt: Ich lerne die Folgen meines Wirkens kennen und wähle danach die taugliche Verhaltensweise, um von meinem jetzigen Standort aus dem Frieden näher zu kommen. Dann kommt gar nicht erst jene wenig hilfreiche Frage auf: »Darf der Buddhist …?«, die leicht ausartet in Debatten, Regelwerk, Kritisieren anderer, Selbstgerechtigkeit oder Versagergefühle.

Fritz: Ja, Hans: Hineingewachsen in die »heilenden Tugenden«[1] ist nicht schon – und nicht erst – wer sie äußerlich nach dem Buchstaben einhält, sondern erst und schon, wem es wehtut, sie zu verletzen. Damit verlieren die Tugenden auch den Geruch als »unerfüllbare Ideale«. Aber es zeigt sich auch: Die Arbeit an den *sīla* ist für den Kenner der Lehre nicht »ABC-

1 *ariya sīla*: »die edlen Tugenden« – diese übliche Übersetzung ist aber zu eng: Als *ariya* galt nur, wer im spirituellen Sinne der Religion der eingewanderten Indo-Arier nach absoluter Freiheit von der Daseins-Krankheit strebte.

Schützen-Arbeit«, sondern leitet bereits die zum *samādhi* führende Herzensläuterung ein, aus der das Klarwissen (*paññā*) erwächst, dessen Frucht die Erlösung (*vimutti*) ist. Das kommt besonders deutlich zum Ausdruck in einer Rede, die einmal Ānando einer großen Schar von Koliyern aus dem Dorf Sāpūga gehalten hat:

A IV,194.

»Bürger von Vyagghapajja[2]! Vier zur völligen Reinheit aufzubietende Kampfglieder (parisuddhi-padhāni-y-angāni) sind vom Erhabenen, dem Kenner, dem Sehenden, dem Heilen, Vollkommen Erwachten vollständig dargelegt zur Läuterung der Wesen, zur Überwindung von Kummer und Jammer, zur Auflösung von körperlichen und geistigen Schmerzen, zum Erlangen der inneren Führung, zum Offenbarmachen der Löschung des Daseinsbrandes.«

Ruth: Ach, über diesen Text *»zur Läuterung der Wesen«* haben wir schon einmal gesprochen. Den verwendet der Buddha doch auch für *satipaṭṭhāna*.

Hans: Ja, das war eines der Beispiele dafür, dass *satipaṭṭhāna* nicht »der einzige Weg« dazu ist.

Fritz: Ganz recht. Nun erklärt der Erwachte im Einzelnen die vier zur völligen Reinheit aufzubietende Kampfesglieder: *»Welche vier? Das zur Tugendreinheit/ zur Herzensreinheit/ zur Ansichtsreinheit/ zur reinen Erlösung aufzubietende Kampfglied.*

Was ist das zur Tugendreinheit aufzubietende Kampfglied? – Da ist ein Mönch tugendhaft, im Schutz der Ordenstugenden behütet auf dem Gebiet des Wandels; in den kleinsten Fehlern die Gefahr sehend, übt er sich auf den Übungswegen. Das nennt man das zur Tugendreinheit aufzubietende Kampfglied: das Wissen: ›So ist die Tugend vollkommen; was noch unvollkommen ist, das will ich vervollkommnen; was vollkommen ist, das will ich hier und da durch Weisheit stützen. Was hierauf gerichtet ist als Wille, Kampf, Energie, Ausdauer, Sich-nicht-entmutigen-Lassen, Wahrheitsgegenwart und Klarbewusstsein, das wird das zur Tugendreinheit aufzubietende Kampfglied genannt.‹«

Ruth: Das finde ich gut: Auch ein Mönch, der noch unterwegs, aber auf einem Einzelgebiet der Tugend im Vollbringen vollkommen ist, soll sich nicht auf seinen Lorbeeren ausruhen, sondern das Erreichte immer aufs Neue mit Weisheit stützen, damit man die Tugend nicht überschätzt, sondern auch im Auge behält, warum man sich das erarbeitet hat: nicht nur, damit es schön gemütlich unter den Menschen wird oder um die Welt zu verbessern, sondern um zum inneren Frieden zu kommen, der klarwissend macht.

Fritz: So ist es, Ruth. Er setzt Herzenslauterkeit voraus. Deshalb behandelt nun Ānando *»das zur Herzensreinheit aufzubietende Kampfglied«*. Als Inbegriff der Herzensreinheit nennt er die vier weltlosen Entrückungen (*jhāna*) und als das zu ihrem Erwerb aufzubietende Kampfglied wieder den mit der Willensbildung beginnenden Kampf um ihren Erwerb mit Wahrheitsgegenwart und Klarbewusstsein.

Genau entsprechend behandelt Ānando auch das zur Läuterung der Anschauung aufzubietende Kampfglied. Wieder erklärt er vorab, was Anschauungsreinheit ist, nämlich das Wissen von den vier Heilswahrheiten *»so wie es ist: Das ist das Leiden; das ist die Leidensentwicklung, das ist die Leidensauflösung; das ist die zur Leidensauflösung führende Vorgehensweise.«* Das zum Erwerb dieser Anschauungsreinheit aufzubietende Kampfglied ist wieder, wie bei den vorhergehenden und nachfolgenden Eigenschaften, der mit der Willensbildung beginnende Kampf darum samt Wahrheitsgegenwart und Klarbewusstsein.

Ebenso erklärt Ānando bei dem *»zur Reinheit der Erlösung aufzubietenden Kampfglied«* zuerst, was *»Reinheit der Erlösung«* ist: *»Da macht der Heilsgänger, nachdem er zu dieser zur Tugendläuterung, zur Herzensläuterung und zu dieser zur Läuterung der Anschauung*

2 Hauptstadt der Kolyer, zu deren Gebiet das Dorf Sāpūga gehörte.

aufzubietenden Eigenschaft erwachsen ist, bei reizerregenden Dingen das Herz frei vom Reiz und bei zur Erlösung führenden Dingen lässt er es sich ablösen. Dann reicht es an die vollkommene Erlösung heran.« Das zum Erwerb dieser Reinheit der Erlösung aufzubietende Kampfglied ist der mit Willensbildung beginnende Kampf zur Vervollkommnung des noch Unvollkommenen samt Wahrheitsgegenwart und Klarbewusstsein.

HANS: Gleich zu Anfang der Rede habe ich aufgehorcht: Da hieß es, dass es um die »Erlangung der inneren Führung« geht. Bedeutet das, dass die Läuterung, wie sie Ānando beschreibt, nach und nach eine Art inneren Kompass bildet, der ohne viel Nachdenken immer in Richtung der Heilsentwicklung zeigt – eine Art »Heilsinstinkt«, der Nachfolger und Nachfolgerinnen sicher ans Ziel lotst, wie das Blindfluggerät den Piloten?

FRITZ: Ja. So kann man sagen. Gemeint ist die Entwicklung zum Eintritt in die Heilsströmung (*sotāpatti*). Darüber sprechen wir ja bald.

HANS: Noch eine Frage, Fritz. Ānando sagt: *»Da ist ein Mönch tugendhaft; er übt sich gemäß den Übungswegen.«* Wenn er schon tugendhaft ist – wozu muss er dann noch Tugend üben? Das klingt wie ein Widerspruch.

FRITZ: Wieso? Luciano Pavarotti kann singen, und Steffi Graf kann Tennis spielen. Trotzdem üben sie fleißig. Das ist doch kein Widerspruch. Außerdem folgt auf dein Zitat unmittelbar der Satz: *»Das nennt man Tugendlauterkeit – das Wissen: ›So ist die Tugend vollkommen; was noch unvollkommen ist, das will ich vervollkommnen; was vollkommen ist, das will ich hier und da durch Weisheit stützen.‹«*

HANS: Ach so: Der Buddha anerkennt also als »lauter« nicht erst eine äußerlich perfektionistisch und buchstäblich eingehaltene Tugend, sondern schon – und erst – eine Tugend, die zweifach ausgezeichnet ist: erstens durch das Wissen, wie die vollkommenen, heilenden Tugenden zu sein haben: *»dass man nicht an ihnen festhängt, so dass sie zur Herzenseinigung führen.«* Außerdem darf es nicht beim bloßen Wissen bleiben, sondern hinzukommen muss, dass diese Tugend getragen ist von dem kampfbereiten Willen, sie nach diesem Leitbild zu vervollkommnen und – soweit sie schon vollkommen ist – hier und da durch Weisheit zu stützen.

RUTH: Da haben wir ja eine ausführliche Erklärung für das, was der Buddha dem König Mahānāmo erklärt hat, der wissen wollte, wann man »zur Tugend erwachsen« ist. Dazu fällt mir Schillers Ausspruch ein:

»Und die Tugend, sie ist kein leerer Wahn.
Man kann sie üben im Leben.«

Wenn man das weiß, dann kann man sich endlich ohne jene Dauerzerknirschung, die den westlichen Menschen anerzogen ist, aber auch ohne Selbstgerechtigkeit in voller Kenntnis der eigenen Fehler, an Fortschritten in der Tugend richtig freuen. Einem Kranken hilft es bei seiner Heilung doch auch, wenn er sich über jeden Fortschritt freut. Das ist eine fruchtbarere Sicht der Tugend als die Frage: »Darf der Buddhist?«

FRITZ: Der Erwachte nennt den häuslich lebenden Anhängern die fünf *sīla* nie nur als äußere Verhaltensanleitung. Als solche wären sie nur das Minimum der Spielregeln, ohne die unter den Menschen Chaos und Kampf aller gegen alle herrschen würde. Der Erwachte nennt die fünf Grundtugenden nur zusammen mit der Herzensmotivation.

HANS: Wenn ich mir dagegen all jene Forderungen ansehe, mit denen sonst in der Welt versucht wird, die Ethik zu begründen: »Gottes Gebot«, »Recht und Ordnung«, »Humanität«, »Naturrecht«, »Arterhaltung«, »unseren Planeten Erde schonen«, uns mit ihm identifizieren »als Teil seines Organismus« oder »Solidarität« – das alles läuft meist nach einiger Zeit darauf hinaus, dass man statt sich selber die »Abweichler« kritisch betrachtet – erst noch »nachsichtig« und voll Eifer, sie für die gute Sache zu gewinnen, allmählich als Gegner des Guten und am Ende als

»Sündenböcke«, gegen die man zur Beruhigung des eigenen Gewissens schön solidarisch protestieren kann. Was für ein Fortschritt ist die Tugendlehre des Buddha gegenüber Ethiken, die nur dieses eine Leben im Blick haben!

RUTH: Ich würde eher sagen: Welch ein Rückschritt in der Begründung der Ethik in den zweieinhalb Jahrtausenden, seit der Buddha in der Welt erschienen ist!

HANS: Da hast du wieder einmal Recht, Ruth. — Für mich ist und bleibt der beste Schlüssel zu den Tugenden die Rede an die Leute von Veludvāra: *»Was mir nicht lieb und nicht recht ist – wie könnte ich das einem andern antun!«* Das hat mir von Anfang unserer Gespräche an gut getan.

RUTH: Der Einstieg in die Tugend scheint mir beim Buddha sogar noch positiver ausgestaltet: Gewiss: der Gedanke ist herzerwärmend, dass es mir widerstrebt, einem Mitwesen anzutun, was mir selber wehtäte. Aber er ist doch immer noch ein »Nein-Gedanke«: nein zu einem Verhalten, auf das meine Dränge an und für sich aus sind. In dem Gespräch aber, in dem der Buddha Wahrheitsucher wie den Hausvater Upāli in M 56 in die Lehre einführt, spricht er erst über das Geben und danach erst über die Tugend. Ob Geben nicht eine besonders gute Vorstufe zur Tugend ist? Der Entschluss zum Geben ist ja ganz und gar positiv: Er sagt zu einem Verhalten gegenüber Mitwesen, mit denen mein Herz – wie bei den Leuten von Veludvāra – mitempfindet, ein deutliches »Ja«.

HANS: Aber Ruth, ist das nicht nur liebevolle Belehrungstaktik des Buddha für den Einzelfall: lieber mit etwas Erfreulicherem anfangen als gleich mit allerlei, was der Angesprochene nicht tun soll. Muss nicht doch zuerst über die Tugend gesprochen werden? Noch wichtiger als dass einer gibt, scheint mir doch, dass er nicht tötet, stiehlt, falsche Geschlechtsbeziehungen pflegt, lügt, Rauschmittel nimmt. Wer diese Übel noch tut, sollte sich über seine Schlechtigkeit eigentlich nicht dadurch hinwegmogeln können, dass er sich als Geber aufspielt. Oder?

FRITZ: »Aufspielen« sollte er sich natürlich nicht. Aber es gibt gute Gründe für Ruths Sicht des Gebens als Einstieg in die heilenden Tugenden. Ohne jene Herzensausbildung, die besonders gut durch Geben zu verwirklichen ist, können sich in der Tat heilende Tugenden nicht recht entwickeln: Wer geizig, engherzig und kleinlich ist, kann vielleicht äußerlich ein formal perfekter Tugendbold werden, aber nicht die Tugenden so ausbilden, »dass man nicht an ihnen festhängt, so dass sie zur Herzenseinigung führen« – erst dann sind es ja »heilende Tugenden«.

HANS: Dann lass uns doch darüber sprechen: Welches sind denn die guten Gründe, aus denen man Geben als Vorstufe der heilenden Tugenden ansehen kann?

I. GEBEN: EIN POSITIVER EINSTIEG IN DIE HEILENDEN TUGENDEN

FRITZ: Ich arbeite gerade an dem Buchkapitel über das Geben. Hier liegt ein Stapel Texte, die ich dazu gesammelt habe. Aus ihnen sind mir hauptsächlich folgende Gründe aufgefallen:

1.) Wer vom Leiden frei werden will, muss zuerst in den ersten der drei Abschnitte der Heilsentwicklung hineinwachsen: die Tugend. Dazu muss er zu allererst Übelwollen abbauen. Geben ist ausgeübtes Wohlwollen und lässt auf die Dauer Übelwollen nicht bestehen. Damit senkt es auch schon erste Keime der nichtmessenden Liebe – *mettā* – ins Herz; denn *mettā* ist völlige Freiheit von Übelwollen.

2.) Ein Großteil der Untugenden geht hervor aus *abhi-jhā*: »übermäßigem Hinstarren« auf Sinnendinge. Eine Haupterscheinungsform davon ist Habsucht. In M 14 haben wir gesehen, wie es dadurch Streit, Lug, Trug und Ausbeutung in der Welt gibt. Gewöhnung an Geben heißt, statt übermäßig auf Sinnendinge hinzustarren, auch daran denken und nachempfinden, dass andere genau so sehnsüchtig darauf schauen. Daraus entsteht dann eine ähnliche Herzensregung wie bei den Leuten von Veludvāra: »Wie könnte ich etwas allein verbrauchen, nach dem sich andere ebenso oder noch mehr sehnen als ich – lass uns teilen!«

3.) Beim Heilsgänger, der auch das Entrinnen aus dem Daseinskreislauf im Auge hat, führt das nicht nur zu innerweltlicher Solidarität oder mitmenschlicher Herzlichkeit, sondern sein Gemüt wird weit und großzügig und entdeckt das Befreiende am Loslassen: Loslassen ist der »Kurswagen zur Brandlöschung«.

4.) Auch wer noch lange damit zu tun haben wird, seine Untugenden und Herzenstrübungen zu verdünnen und aufzulösen, kann durch Geben heilende Folgen der Läuterung – besonders Läuterung vom Geiz – lange vor dem Ende des Tugendkampfes kennen und lieben lernen. Geben wird damit sozusagen zur »Schnupperlehre der Tugendläuterung«, bei der man eher als auf anderen Wegen die Chance hat, ein besseres, über Sinnenbefriedigung hinausgehendes Wohl zu schmecken, noch lange ehe es schon dem Durchschnittsstand des inneren Haushalts entspricht. Das ist eine gewaltige Hilfe, von Untugenden und überhaupt von Sinnensucht freier zu werden. Freilich käme man durch Geben allein so wenig zur Tugend wie durch eine »Schnupperlehre« allein zur Meisterschaft: Geben erspart nicht den Tugendkampf, aber es ist ein mächtiger Bundesgenosse dabei. Das ist gut zu wissen.

5.) Wer noch viele Untugenden hat, kann durch Geben – schon lange, ehe er sich von ihnen freigekämpft hat – reichlich »Süßwasser« über die Salzklumpen von üblem Karma gießen, das er geschaffen hat und vielleicht wegen der Stärke seiner Sinnesdränge noch einige Zeit schaffen wird. So kann er sich für diese und spätere Existenzen günstigere Lebensumstände zum Vorankommen erwirken, von denen ihn sonst die Folgen seines üblen Wirkens vielleicht noch lange Zeit ausgeschlossen hätten. Deshalb rät ja der Erwachte auch jenen hundertzwanzigjährigen Brahmanen in A III,52-53, die in Torschlusspanik klagen, sie hätten es versäumt, Gutes zu tun, für die ihnen verbleibende kurze Lebensspanne in erster Linie zum Geben.

6.) Mit der Gewöhnung an Geben stellt sich von selber als feine Nebenfrucht Mitfreude mit den Empfängern ein. Auch das ist eine Art Mitempfinden. Dadurch wird unterschwellig das Herz auch dazu ausgebildet, dass ihm im Sinn der Rede an die Leute von Veludvāra eine Verletzung der Tugend – besonders das Nehmen von Nichtgegebenem – immer mehr widerstrebt. — Hier zeichnet sich schon ab, was wir anhand mehrerer Lehrreden aus dem Papierstapel dort drüben noch sehen werden: Die Früchte des Gebens sind ein komplexes Geflecht verschiedener Ursachen: der Herzensart des Gebers, der Herzensart des Empfängers, der Motive zum Geben, der Art und Weise des Gebens, und bei Gleichheit aller dieser Umstände mag für die Wirkungen auch Art und Menge des Gespendeten eine Rolle spielen. — Es gibt eine Menge Reden, aus denen wir ein gewisses Gespür dafür gewinnen können, warum der Erwachte das Geben als ein so außerordentlich wirkungsvolles Mittel auf dem Weg zur Heilung von der Wahnkrankheit ansieht – unvergleichlich weit über unsere westlichen Denkgewohnheiten hinaus.

HANS: Könnten wir einige davon miteinander betrachten?

FRITZ: Gern. Nehmen wir etwa das Gespräch des Buddha mit General Siho in

A V,34[3]:

General Sīho besuchte den Erwachten und fragte: »Herr, kann man die Frucht, die das Geben im jetzigen Leben bringt, kurz aufzeigen?« — »Das kann man, Sīho«, sprach der Erhabene: »Wer gibt, wer ein Meister im Geben ist, der ist bei vielen Menschen beliebt und gern gesehen. Das ist eine Frucht des Gebens im jetzigen Leben. Ferner suchen einen, der gibt, der ein Meister im Geben ist, wahre, rechte Menschen auf. Das ist eine Frucht des Gebens im jetzigen Leben. — Weiter verbreitet

3 Vgl. auch A V,35 und A VII,54.

sich über einen, der gibt, der ein Meister im Geben ist, ein heller, guter Ruf; auch das ist eine Frucht des Gebens im jetzigen Leben. Weiter tritt ein solcher – in welche Gesellschaft er sich auch begibt: in eine Gesellschaft von Adligen oder brahmisch Lebenden oder Bürgern oder Pilgern – mit innerer Sicherheit und Unbefangenheit auf; auch das ist eine Frucht des Gebens im jetzigen Leben. — Endlich erscheint einer, der gibt, der ein Meister im Geben ist, nach dem Absterben des Körpers, jenseits des Todes auf guter Bahn wieder, in himmlischer Welt; das ist eine Frucht des Gebens in jenseitiger Welt.« — Auf diese Worte sprach General Sīho zum Erhabenen: »Was die vier Früchte angeht, die das Geben schon im jetzigen Leben hat, da gehe ich nicht nach meinem Vertrauen zum Erhabenen: das habe ich selber erfahren, Herr. — Wenn nun aber der Erhabene gesagt hat: ›Schließlich erscheint einer, der gibt, der ein Meister im Geben ist, nach dem Absterben des Körpers, jenseits des Todes auf guter Bahn wieder, in himmlischer Welt‹, das habe ich nicht erfahren, aber da gehe ich nach meinem Vertrauen zum Erhabenen.« — »Es ist so, Sīho. Es ist so, Sīho: Wer gibt, wer ein Meister im Geben ist, der erscheint nach dem Absterben des Körpers, jenseits des Todes auf guter Bahn wieder, in himmlischer Welt.«

Der Erwachte fasst seine Aussage in einem Merkvers zusammen, der aber einen weiterführenden Keim birgt, nämlich den Hinweis, dass es dem Weisen beim Geben nicht nur auf »Verdienst« ankommt, sondern – wie besonders die dritte Strophe zeigt, darauf, das Herz zu verbessern:

»Drum geben Gaben gern die Weisen, lösten sich
vom Staub der Kleinlichkeit aus Sehnsucht nach dem Wohl.«

HANS: Wieso fangen rechte Menschen bei den Spendern an, wenn sie jemanden anleiten wollen? Haben es nicht die andern nötiger?

RUTH: Du, Hans, ich glaube, diese Frage wird schon in jener Rede beantwortet, die wir beim Vorgespräch kennen gelernt haben.

HANS: Ach so: meinst du S 42,7, die Rede von den dreierlei Feldern und den dreierlei Wasserkrügen? Stimmt: Die Geheilten achten darauf, dass sie die Lehre mit dem größten Wirkungsgrad darlegen und leiten deshalb in erster Linie Menschen an, die die Wahrheit am besten verstehen und durch Vorbild oder Belehrung weitergeben können. Das leuchtet mir ein: Ein Gebemeister hat kraft seiner Herzensausbildung bessere Voraussetzungen zum Verstehen als der Kleinliche. Ein schöner Ausdruck übrigens: Gebemeister. Da kann man sehen, alles will gelernt sein, auch das Geben. — Wenn man das alles so hört, könnte man meinen, man sollte am besten gleich alles wegschenken. Aber dabei muss man doch auch Maß halten, damit man sich nicht zu sehr verausgabt und vor lauter Spenden nicht seine Familie zugrunde richtet.

FRITZ: Das muss man differenziert betrachten. Wer nur kalt berechnend geben würde in dem Gedanken: Hauptsache, ich werde erlöst, was kümmern mich die anderen, der würde sich eher von der Erlösung entfernen. Der Erwachte sagt aber vom richtigen Spender, er sei *»glücklich, wenn er für andere sorgen kann«*. Wegen dieser Fürsorglichkeit ist eine der fünf Folgen des Gebens: *»Die häuslichen Angelegenheiten vernachlässigt man nicht.«* (A V,35). Je weiter das Herz, umso weiter auch der Blick. Der richtige Geber verengt auch nicht vor lauter »Mitleid« seinen Blick nur auf den einen Empfänger und vernachlässigt darüber alle anderen an der Situation Beteiligten, sondern hat umsichtig alle im Auge, damit jeder zu seinem Recht kommt. In den Reden über die rechte Besitzverwendung heißt es ja auch immer: Mit dem redlich Erworbenen macht er es »Frau und Kind, den Eltern, seinen Freunden und Gefährten angenehm und befriedigend, und den Brahmanen und Pilgern gibt er Spenden.« Oder denkt an die Rede A V,58 mit den wilden, jungen Licchavierprinzen, wo der Buddha von einem Menschen, der mit redlich Erworbenem auch seine Umgebung »zu ihrem Recht kommen lässt«, sagt, dass er

»gern für seine ganze Sippe wie für die, die von ihm leben,
stets in allen Fragen da ist, voller Großmut, Tugend, Wärme.«

Einem Brahmanen hat der Buddha sogar deine Frage, Hans, beantwortet in dem Text

DIE FAMILIE – S 42,9.

Einstmals wanderte der Erhabene mit einer großen Mönchsgemeinde auf Nālandā zu. Dort herrschte Hungersnot; die Lebensmittel waren rationiert. Gleichzeitig hielt sich dort auch der Freie Bruder Nāthaputto mit einer großen Schar von Freien Brüdern auf. Den besuchte einer seiner Anhänger, der Amtmann Asibandhakaputto. Nāthaputto stiftete ihn an, den Erwachten im Redekampf zu besiegen und zerstreute seine Bedenken mit folgender trickreicher Regieanweisung: »Sag zu ihm: ›Hat nicht der erhabene Herr auf mancherlei Weise die Fürsorge für die Familie, ihre Erhaltung, das Mitempfinden mit ihr gepriesen?‹ Wenn nun der Asket Gotamo auf diese Frage antwortet: ›So ist es, Amtmann‹, dann musst du sagen: ›Warum zieht dann der erhabene Herr mit einer großen Mönchsschar hier herum, wo doch kaum Almosenspeise zu erhalten ist, Knappheit und Hungersnot herrscht und die Lebensmittel rationiert sind? Zum Untergang der Familien ist der erhabene Herr gekommen, zum Verderben der Familien, zum Schaden der Familien!‹ Diese zweischneidige Frage kann der Asket Gotamo weder ausspucken noch hinunterschlucken.«

Der Amtmann ging zum Erhabenen, sagte sein Sprüchlein und erhielt zur Antwort: *»Aus 91 Weltzeitaltern, an die ich mich erinnere, Amtmann, weiß ich keine Familie, die durch Spenden von Almosenspeise zugrunde gerichtet worden wäre. Jene wohlhabenden, sehr reichen, hoch vermögenden, an Gold und Silber, Grundbesitz und Einrichtung, Geld und Geldeswert schwerreichen Familien aber sind es alle geworden durch Spenden, Rechtschaffenheit und Selbstbeherrschung.*

Aus acht Gründen, Amtmann, werden Familien zugrunde gerichtet: Durch einen König, durch Räuber, durch Feuer, durch Wasser, dadurch, dass sie Verluste nicht ausgleichen, dass sie, Schlechtem ergeben, dem Müßiggang verfallen, oder durch ein schwarzes Schaf, das in der Familie auftaucht und das Vermögen verjubelt, verschwendet, durchbringt oder durch die Unbeständigkeit als achtes. Diese acht Ursachen, diese acht Bedingungen für den Niedergang von Familien gibt es, Amtmann. Da es diese acht Ursachen, diese acht Bedingungen für den Niedergang von Familien gibt und man sie feststellen kann – wie kannst du da zu mir sagen: ›Zum Untergang der Familien ist der erhabene Herr gekommen, zum Verderben der Familien, zum Schaden der Familien!‹ Wenn dieses Gerede nicht eingestellt, diese Herzensart nicht überwunden, diese Ansicht nicht aufgegeben wird, gerät man auf Grund solchen Wirkens zur Hölle!« Da nahm der Amtmann Zuflucht.

Der Erwachte hat es in der schon früher besprochenen Rede S 3,2 als schlimm bezeichnet, wenn man jemanden vom Geben abhält. Dem entspricht auch die Antwort, die der reisende Kaufmann Ankura nach Pv II,9 einem ihm wohlgesonnenen Weltklugen gab, der ihm riet, nicht zu viel zu geben[4]:

»Ach, mein Bester, ich will schenken. Noch gibt's Gute. Denen gönn' ich's.
Wie die Wolke Regen spendet, will die Armen ich erquicken.
Wenn das Antlitz bei dem Anblick Bittender vor Freude leuchtet
und das Herz vom Geben weit wird, das ist Glück für uns im Hause.
Vor dem Geben wohlgesinnt sein, gebend froh das Herz erhellen,
nach dem Geben heitern Sinnes: das heißt gutes Werk vollenden!«

HANS: Wunderschön! Aber sag mal, Fritz: wenn einer nur gibt, um großzutun oder um zu bestechen – das ist doch dann kein »Geben«?

FRITZ: Wenn Großtun oder Bestechung sein alleiniges Motiv ist, hast du Recht. Wo aber zumindest auch das Motiv mitspielt, auf etwas wirklich zu verzichten, damit es andere bekommen, da liegt Geben vor.

HANS: Auch wenn er »mit der Wurst nach dem Schinken wirft«?

4 Zit. nach »Ankuras Reiseerlebnisse«, Pv II,9; hier zitiert aus Schatzkiste, S. 71 ff.

FRITZ: Auch dann. Erinnert ihr euch an die Rede A V,39, in welcher der Erwachte es als verständlich bezeichnet, dass sich Verständige einen Sohn wünschen? Da anerkennt der Erwachte den Gedanken als legitim: *»Von uns versorgt, wird er uns versorgen.«* Oder denkt an das Gespräch des Erwachten mit dem jungen Siṅgālako in D 31. Da soll der Sohn seine Gaben an die Eltern aus der Überlegung geben: *»Sie haben mich erhalten, nun werde ich sie erhalten.«*

HANS: Aber das ist doch nur die Erfüllung der Unterhaltspflicht und keine Gabe!

FRITZ: Das kann man so nicht sagen. Damals hatte man noch nicht auf alles einen Rechtsanspruch. Das zeigt der Fall eines einst reichen alten Vaters, in S 7,14. Der wandte sich um Hilfe an den Erwachten, weil ihn Frau und Kinder aus dem Haus gejagt hatten. Er musste betteln gehen. Der sagt kein Sterbenswörtchen von Unterhaltspflicht. Er klagt nur über die Hartherzigkeit. Der Erwachte nennt denn auch in A IV,61 Gaben für die Familie in einem Atemzug mit den Gaben für Gäste, Verstorbene und Himmelswesen. Und in D 31 rät er dem jungen Siṅgālako, seinen Freunden und den Asketen mit Gaben entgegenzukommen, damit sie sich auch seiner annehmen.

HANS: Aber eigennütziges Geben ist doch unedel. Edel ist eine Gabe doch nur, wenn sie ganz uneigennützig gegeben wird, nur im Gedanken an den Empfänger. Ich denke, allein das Motiv macht den Wert der Gabe aus?

FRITZ: Macht es auch. Aber das heißt doch nicht, dass eine Gabe, die immerhin auch in der Absicht gegeben wird, den Empfänger zu fördern oder zu erfreuen, nur dadurch jede gute Wirkung verliert, weil der Geber an die Förderung beider – Geber und Empfänger – gedacht hat. Die gegenteilige westliche Sichtweise ist so abstrus, aber auch so eingewurzelt, dass ich noch einmal fragen möchte: Wenn die Gabe nicht nur dem Empfänger Freude macht und Vorteil bringt (was etwas Gutes ist), sondern auch dem Geber (was auch etwas Gutes ist) – warum soll dann zwei Mal Gutes plötzlich zusammen etwas Ungutes geben? Ein halbwegs anständiger Gabenempfänger ist nun einmal dem Geber dankbar und kommt ihm lieber entgegen und hilft ihm, als ohne die Gabe. Soll der Geber diese sowieso eintretende Folge denn beim Geben künstlich verdrängen? Was kann der Empfänger dafür, wenn ein Geber, der sich schwer von der Gabe trennen kann, auf die Waagschale seiner Motive für oder gegen das Geben erst noch den Hinblick an seinen eigenen Vorteil legen muss, damit sich die Waage zum Geben neigt? Ein moralisches Naserümpfen darüber hätte doch nur zur Folge, dass ein im Sinne der Kantschen Pflichtenethik vorschriftsmäßig »edler« Mensch die Gabe lieber ganz zu lassen hätte, wenn er solche Nebengedanken bei sich entdeckt. Dann dürfte er sich sehr edel vorkommen. — Aber der Empfänger ginge leer aus, für dessen Interessen du doch vorhin so schön plädiert hast, Hans! Die westlichen Menschen hängen – ich muss es immer wieder sagen – vor lauter theoretischem Edelmut ihre Ideale so hoch, dass sie gar nicht erst mit der praktischen Verwirklichung anzufangen brauchen. Wie unbefangen behandelt der Erwachte diese Frage, die damals gar kein Problem war, etwa in einer Rede, in welcher er die karmischen Früchte des Gebens ins Verhältnis zu Wert und Menge der Gaben, zum inneren Rang des Empfängers und zu anderen Vorgehensweisen setzt:

A IX,20.

Da fragt der Erhabene den Hausvater Anāthapiṇḍiko, der ihn wieder einmal im Siegerwaldkloster in Sāvatthī besuchte: *»Werden in deinem Haushalt Almosen gegeben?«* — *»Ja, Herr, in meinem Haushalt werden Almosen gegeben: Ein einfacher Reisbrei und zweitens Reissuppe.«*

HANS: Nanu, ich denke, Anāthapiṇḍiko sei ein besonders großzügiger Spender gewesen. Erst stiftet er ein ganzes Kloster, und nun gibt er nur so dürftiges Essen; wie kommt denn das?

FRITZ: Anāthapiṇḍiko war einmal durch einen Wasserschaden und durch Zahlungsverzug von Kunden regelrecht verarmt, bevor sich später wieder alles zum Guten wendete. Das hier berichtete Gespräch war offenbar in dieser Krisenzeit. Erst dadurch wird verständlich, warum der Erwachte überhaupt fragt, ob Anāthapiṇḍiko auch jetzt noch spendet. Der Buddha will ersichtlich den großen Gebemeister trösten, dass er derzeit nur Einfaches spenden kann: *»Ob einer etwas Einfaches oder etwas Erlesenes als Almosen gibt: wenn er respektlos gibt, nicht von Herzen, nicht mit eigener Hand, wegwerfend, ohne Wissen um die Wiederkehr, – wo immer ihm auch die Frucht einer solchen Gabe wiederbegegnet, sein Herz kann sich nicht freuen an der Fülle der Speisen, Kleider, Wagen, dem Überfluss der fünf Sinnengenüsse; seine Kinder, Frauen, Knechte, Diener und Arbeiter aber gehorchen ihm nicht, hören gar nicht auf ihn, sorgen nicht verständnisvollen Herzens für ihn. Wie kommt das? Das ist eben die Frucht respektlosen Wirkens, Hausvater. — Ob einer etwas Einfaches oder etwas Erlesenes als Almosen gibt: wenn er achtungsvoll, von Herzen gibt, mit eigener Hand, nicht wegwerfend, im Wissen um die Wiederkehr – wo immer ihm auch die Frucht einer solchen Gabe wiederbegegnet: sein Herz kann sich freuen an der Fülle der Speisen, Kleider, Wagen, dem Überfluss an den fünf Sinnengenüssen; seine Kinder, Frauen, Knechte, Diener und Arbeiter aber gehorchen ihm gern, hören auf ihn, sorgen verständnisvollen Herzens für ihn. Wie kommt das? Das ist eben die Frucht achtungsvollen Wirkens, Hausvater.*

Vor Zeiten lebte einmal ein Brahmane namens Velāmo. Der gab eine große, große Spende in folgender Weise: Er spendete eine gewaltige Anzahl von goldenen Schüsseln voll Silber, silbernen Schüsseln voll Gold, Bronzeschüsseln voll Goldmünzen, goldgeschmückten Elefanten, goldgeziert und mit goldenem Netzwerk, von Wagen, mit Fellen von Löwen, Tigern, Leoparden gepolstert, mit leuchtendroten Decken, goldgeschmückt, goldgeziert, mit goldenem Netzwerk behangen, von Milchkühen, seidengeschmückt mit bronzenen Melkkübeln, von Mädchen mit goldenen Ohrringen, von Liegen mit langgefransten weißen, blumenbestickten Wolldecken mit Überdecken aus Antilopen- und Gazellenfell, auf beiden Seiten mit purpurnen Kissen, von Garnituren von Kleidern aus feinstem Leinen, feinster Seide, bestem Wollstoff, feiner Baumwolle; gar nicht zu reden von Speise und Trank, Esswaren, Knabbereien, Leckereien und Getränken, die in Strömen flossen. Nun meinst du vielleicht, Hausvater, der Brahmane Velāmo, der damals diese gewaltige Spende gegeben hat, sei ein Fremder gewesen. So musst du das aber nicht auffassen, Hausvater: Ich war damals der Brahmane Velāmo, ich habe damals diese riesige Spende gegeben. Bei jener Spende aber, Hausvater, war niemand zugegen, welcher der Gaben würdig war und sie läuterte.

Viel größere Frucht als diese Riesenspende, die der Brahmane Velāmo gegeben hat, bringt es, einen einzigen zur heilenden rechten Anschauung Gelangten zu speisen. Im Vergleich zur Speisung von hundert zur heilenden Ansicht Erwachsenen bringt es viel größere Frucht, einen einzigen Einmalwiederkehrer zu speisen. Viel größere Frucht aber, als hundert Einmalwiederkehrer zu speisen, bringt es, einen einzigen Nichtwiederkehrer zu speisen. Viel größere Frucht als hundert Nichtwiederkehrer zu speisen, bringt es, einen einzigen Geheilten zu speisen. Viel größere Frucht aber, als hundert Geheilte zu speisen, bringt es, einen einzigen Einzelerwachten zu speisen. Viel größere Frucht aber, als hundert Einzelerwachte zu speisen, bringt es, den Vollendeten, Heilen, Vollkommen Erwachten zu speisen. Viel größere Frucht aber, als den Vollkommen Erwachten zu speisen, bringt es, die Mönchsgemeinde mit dem Erwachten an der Spitze zu speisen. Viel größere Frucht aber bringt es, der Mönchsgemeinde aller vier Himmelsrichtungen ein Kloster zu erbauen.

Noch viel größere Frucht bringt es, wenn jemand aus der Gesichertheit des Herzens zum Erwachten, zur Lehre und zur Heilsgängergemeinde Zuflucht nimmt. Noch größere Frucht bringt es, wenn jemand aus der Gesichertheit des Herzens die fünf Übungspfade auf sich nimmt: absteht vom Umbringen von Lebendigem, vom Nehmen von Nichtgegebenem, von falschen Geschlechtsbeziehungen, vom Lügen, von Vernunft oder Selbstkontrolle hindernden Getränken oder sonstigen Mitteln.

Noch viel größere Frucht bringt es, wenn jemand auch nur einen Hauch Liebe im Herzen entfaltet. Noch viel größere Frucht aber, Hausvater, als eine Gabe, als die Riesenspende des

Brahmanen Velāmo, als die Speisung von hundert zur heilenden rechten Ansicht Erwachsenen, hundert Nichtwiederkehrern, hundert Geheilten, hundert Einzelerwachten, als die Speisung des Vollendeten, Heilen, Vollkommen Erwachten, als die Speisung der Mönchsgemeinde mit dem Erwachten an der Spitze, als der Bau eines Klosters für die Mönchsgemeinde aller vier Himmelsgegenden, als der Gang zur Zuflucht beim Erwachten, bei der Lehre und bei der Heilsgängergemeinde, als die Übungspfade auf sich zu nehmen, als einen Hauch von Liebe im Herzen zu entfalten, bringt es, wenn jemand auch nur für einen Augenblick die Wahrnehmung der Unbeständigkeit (anicca saññā) entfaltet: das bringt noch viel größere Frucht.«

HANS: Mich wundert diese Rede: Der Buddha sagt doch immer, beim Wirken komme es auf das Motiv an. Auch in dieser Rede macht er einen Unterschied, ob einer achtungsvoll oder respektlos gibt. Aber hier soll nun auf einmal über die karmischen Folgen entscheiden, wem und in welcher Weise gegeben wird?

RUTH: Ich meine, diese Rede behandelt verschiedene Umstände des Gebens, von denen sich jeder in anderer Richtung auswirkt.

HANS: Ach so. — Ob sich der Geber später über die guten Folgen freuen kann, darüber sollen also Art und Weise des Gebens – besonders seine Gemütshaltung beim Geben – entscheiden, aber nicht über die Größe der Frucht. Für die soll es eine Rolle spielen, wen sich der Geber als Empfänger herausgesucht hat. Habe ich das richtig verstanden?

FRITZ: Ja. In D 23 hat ja gegen Ende der geheilte Mönch dem skeptischen Fürsten Pāyāsi gesagt: *»Ein Opfer, bei dem die Empfänger falsche Anschauung, falsche Gemütshaltung, falsche Rede, falsches Handeln, falsche Lebensführung, falsches Mühen, falsche Gewärtigkeit und falsche Einigung an sich haben, hat nicht den großen Glanz, die große, durchdringende Wirkung. Ein Opfer aber, bei dem die Empfänger rechte Anschauung, rechte Gemütshaltung, rechte Rede, rechtes Handeln, rechte Lebensführung, rechtes Mühen, rechte Gewärtigkeit und rechte Einigung an sich haben – ein solches Opfer bringt große Frucht, großen Segen, hat großen Glanz, große, durchdringende Wirkung.«* Die Spende an einen zehnfach falsch vorgehenden Menschen vergleicht der Buddha dabei mit der Aussaat von schlechtem Samen auf dürrem, ausgetrocknetem Boden und die Spende an einen recht vorgehenden Menschen mit der Aussaat von gutem Samen auf gutem, richtig bewässertem Boden.

HANS: Aber wie ist es, wenn der Geber gar keine Ahnung hat, wen er da als Empfänger vor sich hat? Oft sieht man großen Menschen ihr Format nicht an. Wieso soll der Geber bessere Folgen von ein und derselben Gabe haben, wenn ihm zufällig ein Heiliger über den Weg läuft, ohne dass er es weiß? Wo bleibt da das Karma?

FRITZ: Vielleicht hilft hier ein Vergleich: Wenn du nach einer anstrengenden Wanderung, zum Umfallen müde, unbesehen in irgendein Bett in einer Berghütte sinkst und sofort einschläfst, dann gilt dennoch der Grundsatz, dass du umso besser schläfst, je besser das Bett ist. Und in was für ein Bett du fällst, wenn du es dir nicht aussuchen kannst oder willst, ist kein Zufall, sondern früher gewirktes Karma. Auch der Gabenempfänger läuft dir nicht durch Zufall über den Weg.

HANS: Daran ist etwas. Menschen, die schon lange nach der Lehre leben, sind zwar auch gegenüber x-beliebigen Menschen hilfsbereit. Aber die Auswahl ihrer Freunde treffen sie immer mehr aus den guten, klaren Menschen: Ganz unabhängig voneinander erzählen mir solche Bekannte, dass ihr früheres Erleben, als ob »die Welt voll Teufeln wär'«, abgelöst worden sei durch das Erleben einer Welt voller Freunde. Dann ist also durch mein früheres Wirken gewirkt, welchem Empfänger meiner Gabe ich begegne und damit auch, wie die Frucht meiner Gabe gedeiht?

FRITZ: Wenn du den Empfänger nicht auswählen kannst oder willst, sondern es darauf ankommen lässt, ja. Aber Karma ist nicht nur mein früheres Wirken, sondern das gesamte Wirken bis zum jetzigen Augenblick. Das, was aus früherem Wirken jetzt auf mich zukommt, kann ich ja immer noch durch mein jetziges Wirken in gewissen Grenzen beeinflussen und ändern – besonders auch dadurch, dass ich einst gewirkte gute Gelegenheiten nutze oder verpasse.

Hans: Ach so, ja: Süßwasser über den Salzklumpen gießen oder Salz ins Süßwasser streuen. Aber was heißt das praktisch? Wem soll man denn nun geben?

Fritz: Das war die einzige Frage, die der große Spender Anāthapiṇḍiko, der sonst immer abwartete, dass der Erwachte ihn anredete, dem Erwachten von sich aus gestellt hat. Das ist überliefert in

A II,36:

Anāthapiṇḍiko fragt: »Herr, wie viele Arten von Gabenwürdigen gibt es auf der Welt, und wohin soll man geben?« — »Zwei Arten von der Spende Würdigen gibt es auf der Welt: den Heilskämpfer und den Kampfbefreiten, und dorthin soll man geben.« So sprach der Erhabene, und nachdem der Willkommene dies gesagt hatte, schloss der Meister:

»Heilskämpfer, Kampfbefreite sind in dieser Welt der Gaben würdig:
Die aufrecht-grad geworden sind in Werken, Worten, im Gemüt,
sind Saatfeld für die Spender; dort zu geben, das bringt große Frucht.«

Hans: Ja soll man denn nur an Heilsgänger geben?

Fritz: Nein. Der Erwachte will damit nicht sagen, dass man anderen als Heilsgängern nichts geben soll, sondern er beantwortet nur die Frage nach Gabenwürdigen, bei denen Geben besonders große Wirkung hat: Heilsgänger sind »das beste Feld auf der Welt, um Verdienst (*puññā*) zu erwerben.« Als »Verdienst« bezeichnet der Erwachte immer nur gute, mit irdischen oder übermenschlichen Sinnen wahrnehmbare Folgen wie Reichtum, Gesundheit, Anerkennung, Schönheit, nicht aber innere Eigenschaften. Vielleicht stellte Anāthapiṇḍiko seine Frage gerade in seiner wirtschaftlichen Krise, als er mit seinen gering gewordenen Mitteln haushalten musste. Da war das Beste an Gabenempfängern als Krisenhilfe gerade gut genug. Anāthapiṇḍiko hatte auf Grund seiner Herzensart, Weisheit und Erfahrung in besonders starkem Maß den »Blick für die wahren Menschen«, so dass er zur Behebung seiner Finanznot besonders gezielt geben konnte. Menschen, bei denen diese Voraussetzungen nicht in so hohem Maß gegeben waren, hat der Erwachte mehr auf sie zugeschnittene andere Antworten gegeben. Etwa in

A VI,59.

Ein Holzhändler besuchte den Erhabenen. Der Erhabene erkannte – wie das Ende der Rede zeigt – unausgesprochen dessen Problem und fragte ihn: *»Wird in deiner Familie Almosen gegeben?« — »In meiner Familie wird Almosen gegeben, und zwar an Mönche, die Waldeinsiedler sind, nur vom Almosengang leben, ein Fetzengewand tragen, Heilige sind oder auf dem Weg zur Heilung Fortgeschrittene. An solche Mönche wird Almosen gegeben.«*

»Für dich als Familienvater, der sich an Sinnendingen befriedigt, im Gewimmel von Kindern lebt, mit Geld und Gut umgeht, ist das schwer zu erkennen, ob einer ein Geheilter ist oder ein Fortgeschrittener auf dem Weg zum höchsten Heil. Gleich, ob ein Mönch Waldeinsiedler ist oder im Dorf lebt: ist er unruhig, aufgeblasen, zappelig, geräuschvoll, ein loser Schwätzer, ohne Wahrheitsgegenwart, ohne klares Bewusstsein, ungesammelt, zerstreuten Herzens, mit ungezügelten Sinnen, so ist er wegen dieser Eigenheit zu tadeln. Wenn er aber frei von all dem ist, dann ist er wegen dieser Eigenschaft zu loben. Komm, Hausvater, gib du die Spende an die Ordensgemeinschaft. Wenn du die Spende an den Orden gibst, dann wird dein Herz befriedet; ruhigen Herzens wirst du beim Absterben des Körpers, nach dem Tod, zu himmlischer Welt aufsteigen.« — »Ja Herr, von heute an will ich die Spende der Ordensgemeinschaft geben.«

Hans: Ich war schon erschrocken bei dem Gedanken, ich müsste künftig vor einer Gabe erst eine »Würdigkeitsprüfung« anstellen. Dann wäre es ja aus mit dem spontanen Schenken. Im

Orden waren ja damals überwiegend Würdige. Aber widerspricht dieser Rat zum anonymen Geben nicht dem Rat, dass man mit eigener Hand geben soll?

RUTH: Wieso anonym? Man konnte doch seine Spende für den Orden eigenhändig in ein Kloster bringen oder einem Mönch mitgeben, der um Almosen vor der Haustür stand.

HANS: Das schon. Aber sind wir da heute nicht übel daran mit unseren Daueraufträgen oder Einziehungsermächtigungen fürs Buddhistische Seminar oder fürs Kinderdorf oder für Menschen oder Einrichtungen, die wir unterstützen?

FRITZ: Was hindert uns, die Spende dem einzelnen Sammler persönlich in die Hand zu drücken oder mit einem Brief oder guten Gedanken zu begleiten? In den meisten Fällen, in denen wir heute mit Dauerauftrag spenden, wäre zur Zeit des Erwachten eine Gabe wegen der Entfernung gar nicht möglich gewesen. Und was hindert uns denn, auch noch beim Prüfen unseres Kontoauszugs bei dem betreffenden Buchungsposten liebevoll an die Empfänger zu denken? Mich jedenfalls kann dabei eine kleine innere Freude durchziehen.

HANS: Vielleicht war ja auch die Empfehlung, dem Orden zu spenden, nur für Menschen wie diesen biederen Holzhändler gedacht, die nicht so unterscheiden konnten?

FRITZ: Das kann man nicht sagen. Wir sehen das aus der Rede

M 142 – DIE ARTEN ZU SPENDEN:

Die Gotamidin Mahāpajāpati, die Schwester der Mutter des Buddha, kam mit einer Garnitur neuer Gewänder ins Feigenbaumkloster bei Kapilavatthu zum Erhabenen und sprach: *»Diese Garnitur neue Gewänder habe ich eigens für den Erhabenen selbst gemacht, selbst gewoben. Der Erhabene möge sie aus Mitempfinden mit mir annehmen.« Auf diese Bitte sprach der Erhabene: »Spende sie dem Orden, Gotamī. Wenn du sie dem Orden gespendet hast, dann hast du mir deine Verehrung erwiesen und dem Orden.« Ein zweites und ein drittes Mal wiederholte die Gotamidin Mahāpajāpati ihre Bitte, doch der Erhabene gab die gleiche Antwort. Hierauf sprach der ehrwürdige Ānando zum Erhabenen: »Der Erhabene wolle von der Gotamidin Mahāpajāpati die Garnitur Gewänder annehmen. Viel hat die Gotamidin Mahāpajāpati für den Erhabenen getan, hat ihn als Schwester seiner Mutter an Mutterstatt großgezogen, hat ihm wie eine Amme Milch gespendet, als des Erhabenen Mutter gestorben war. Auch der Erhabene hat viel für die Gotamidin Mahāpajāpati getan: Zum Erhabenen ist die Gotamidin Mahāpajāpati gekommen und hat zu ihm als dem Erhabenen Zuflucht genommen, zur Lehre und zur Gemeinde. Weil sie zum Erhabenen gekommen ist, widerstrebt es ihrem Wesen zu töten, Nichtgegebenes zu nehmen, falsche Geschlechtsbeziehungen zu pflegen, zu lügen und berauschende Mittel zu nehmen. Durch den Erhabenen ist die Gotamidin Mahāpajāpati beim Erwachten, bei der Lehre, bei der Heilsgängergemeinde zur endgültigen Sicherheit erwachsen; erwachsen ist sie zu den Tugenden, wie sie den Heilsgängern wert sind. Weil sie zum Erhabenen gekommen ist, ist die Gotamidin Mahāpajāpati frei von Zweifel (ni-k-kankhā) über das Leiden, die Fortentwicklung des Leidens, die Auflösung des Leidens, die Vorgehensweise zur Auflösung des Leidens. Auch der Erhabene hat viel getan für die Gotamidin Mahāpajāpatī.«*

»So ist es, Ānando; so ist es, Ānando. Durch die Begegnung mit wem ein Mensch dazu gebracht worden ist, dem kann er es gar nicht genug vergelten, sage ich, durch Ehrerbietung, vor ihm Aufstehen, Begrüßen mit gefalteten Händen, durch Wohltaten an Kleider-, Nahrungs-, Obdach- und Heilmittelspenden.

Folgende vierzehn Arten von personenbezogenen (pātipuggalika) Spenden aber gibt es, Ānando: Dem Vollendeten, Geheilten, Vollkommen Erwachten gibt man eine Spende. Das ist die erste Art personenbezogener Spende. Einem Einzelerwachten gibt man eine Spende. Das ist die zweite Art personenbezogener Spende. Einem zum vollkommenen Heil gelangten Jünger des Erwachten gibt man eine Spende. Das ist die dritte Art. Einem, der auf dem Weg ist, die Frucht des Vollkommenen Heils zu verwirklichen, gibt man eine Spende. Das ist die vierte Art. Einem Nichtwiederkehrer gibt man eine Spende. Das ist die fünfte Art. Einem, der auf dem Weg ist, die Frucht der Nichtwiederkehr zu verwirklichen, gibt man eine Spende. Das ist die sechste Art. Einem Einmalwiederkehrer gibt man eine Spende. Das ist die siebte Art. Einem, der auf dem Weg ist, die Frucht der Einmalwiederkehr zu verwirklichen, gibt man eine Spende. Das ist die achte Art. Einem in die Heilsströmung Eingetretenen gibt man eine Spende. Das ist die neunte Art. Einem, der auf dem Weg ist, die Frucht des Stromeintritts zu verwirklichen, gibt man eine Spende. Das ist die zehnte Art. Einem außerhalb der Lehre stehenden, von Sinnensucht Freien gibt man eine Spende. Das ist die elfte Art. Einem tugendhaften weltlichen Menschen gibt man eine Spende. Das ist die zwölfte Art. Einem untugendhaften weltlichen Menschen gibt man eine Spende Das ist die dreizehnte Art. Einem Tier gibt man eine Spende. Das ist die vierzehnte Art personenbezogener Spende.

Wer einem Tier gespendet hat, kann das Hundertfache der Spende erwarten, Ānando[5]*; wer einem untugendhaften Weltmenschen gespendet hat, das Tausendfache; wer einem tugendhaften Weltmenschen gespendet hat, das Hunderttausendfache, wer einem außerhalb der Lehre stehenden, von Sinneswunsch Freien gespendet hat, das Vielhunderttausendfache; wer einem gespendet hat, der unterwegs ist, die Frucht des Stromeintritts zu verwirklichen, kann ein nicht abzählbares Vielfaches der Spende erwarten; wie erst, wer einem in den Strom Eingetretenen gespendet hat oder einem, der unterwegs ist, die Frucht der Einmalwiederkehr zu verwirklichen oder einem Einmalwiederkehrer oder einem, der unterwegs ist, die Frucht der Nichtwiederkehr zu verwirklichen oder einem Nichtwiederkehrer oder einem, der auf dem Weg ist, die Frucht des Vollkommenen Heiles zu verwirklichen oder einem heilen Jünger des Erwachten oder einem Einzelerwachten oder dem Vollendeten, Geheilten, Vollkommen Erwachten.*

Folgende sieben Arten von Spenden an die Ordensgemeinschaft aber gibt es, Ānando:

Man gibt eine Spende an beide Orden[6] *mit dem Erhabenen an der Spitze. Das ist die erste Art von Spenden an die Ordensgemeinschaft. Man gibt nach dem restlosen Erlöschen des Vollendeten eine Spende an beide Orden. Das ist die zweite Art. Man gibt eine Spende an den Mönchsorden. Das ist die dritte Art. Man gibt eine Spende an den Nonnenorden. Das ist die vierte Art. Man gibt eine Spende für die Gesamtheit einiger Mönche und Nonnen. Das ist die fünfte Art. Man gibt eine Spende für die Gesamtheit einiger Mönche. Das ist die sechste Art. Man gibt eine Spende für die Gesamtheit einiger Nonnen. Das ist die siebte Art von Spenden an die Ordensgemeinschaft. Es wird aber in künftigen Zeiten auch sich zur Lehre bekennende Gelbgewandete geben, die tugendlos, voll übler Eigenschaften sind; und man mag, durch diese veranlasst, dem Orden Spenden geben. Auch dann, sage ich, Ānando, ist eine solche für die Ordensgemeinschaft bestimmte Spende nicht in Zahlen zu fassen, unermesslich. Unter keinen Umständen, sage ich, bringt eine personenbezogene Spende größere Frucht als eine Spende für die Ordensgemeinschaft.*

Folgende vier Grade von Spendenlauterkeit gibt es, Ānando:[7]

Wer tugendhaft an Tugendlose spendet, zu Recht Erworbenes, mit heiterm Herzen
und im Vertrauen auf des Wirkens gute Frucht – die Spende wird geläutert durch den Spender.[8]
Wer tugendlos an Tugendhafte spendet, unrecht Erworbenes, mit trübem Herzen,

5 Von hier ab von KEN ohne Angabe von Gründen nicht mitübersetzt.

6 D. h. Mönchs- und Nonnenorden. Letzteres gab es zar zu der Zeit noch nicht, dass es ihn aber – wie auch unter früheren Buddhas – auf Flehen Mahāpajāpatis bald geben würde, sah der Erwachte.

7 Der Buddha schickt den Versen eine gekürzte Aufzählung in Prosa voraus, die ich weglasse.

8 Meist wird in diesem und in den folgenden Versen übersetzt, der Spender bzw. der Empfänger werde durch die Spende geläutert. Dann müssten im Pāli die Wörter »Spender« (*dāyaka*) und »Empfänger« (*paṭiggāhaka*) im Nominativ, das Wort »Spende« (*dakkhiṇā*) im Ablativ des Grundes stehen. Es ist aber umgekehrt: *»sā dakkhiṇā dāyakato/ paṭiggāhakato visujjhati«*. Was geläutert wird – in Bezug auf das Maß des Verdienstes, das sie dem Geber bringt – ist die Spende. Niemals aber kann der Empfänger einfach dadurch geläutert werden, dass ihm lauteren Herzens gespendet wird (außer dies ergreift ihn so, dass er sich selber läutert, wovon aber hier keine Rede ist).

nicht trauend, ob das Wirken gute Frucht bringt – die Spende wird durch den Empfänger lauter.
Wer tugendlos an Tugendlose spendet, was widerrechtlich er erlangt, im Herzen trübe,
der guten Frucht des Wirkens dabei nicht vertrauend – von beiden wird nicht lauter diese Spende.
Wer tugendhaft an Tugendhafte spendet, was er zu Recht erworben hat, mit hellem Herzen
und im Vertrauen auf des Wirkens gute Frucht – die Spende, sag ich, bringt in Fülle Früchte.
Wer frei von Gier an Gierbefreite spendet, was er zu Recht erwarb, mit hellem Herzen
und im Vertrauen auf die gute Frucht: Das ist die reichste Art, dinglich[9] zu spenden, sag ich.«

HANS: Kann also der Empfänger durch eine Spende nicht geläutert werden?

FRITZ: Das wird er nur, wenn er gute Eigenschaften hat: dann ist er dankbar und nimmt sich die Großherzigkeit zum Vorbild. Nicht die empfangene Spende läutert ihn, aber sie setzt eine Bedingung, dass er seine guten Eigenschaften entfaltet.

HANS: Ach so. Das ist schön. Da bleibt also überhaupt keine Gabe ohne gute Frucht? Aber dieser Früchtetarif, gestaffelt je nach den Empfängern – ist das nicht doch eine spätere volkstümliche Zutat?

FRITZ: Karl Eugen Neumann, der Erstübersetzer, als »Gebildeter« stark geprägt durch das Aufklärerische unseres Jahrhundertbeginns, meinte das wohl auch; denn er hat bei seiner Übersetzung diesen Teil der Rede weggelassen. Ich wäre da aber vorsichtiger: Zunächst einmal geben die Zahlen nur Größenordnungen an, keinen »Tarif«. Zweitens bindet Klammern an Besitz in unserer durch Bedrängen verdichteten zähen menschlichen Wahnwelt so starke Kräfte, dass wir gar nicht recht einschätzen, welche gewaltigen Kräfte durch Geben freigesetzt werden. Das ist sozusagen wie eine Kernfusion des Guten. Wenn wir die vielen Jenseitsberichte in den Reden einmal auf Anzeichen in dieser Richtung durchsehen, begegnet uns öfter dieser »Vergrößerungsfaktor«. Hinzu könnte kommen, dass der Vergrößerungsfaktor in M 142 auch die Zeit einbegreift: In einer übermenschlichen Jenseitswelt erlebt man ja einen erwünschten Gegenstand länger, weil die Wesen dort eine weit weniger kurzatmig getaktete, viel länger erscheinende Lebensdauer erleben. Es ist doch ein Unterschied, ob mir ein erwünschter Gegenstand nur 10 Jahre oder 1.000 Jahre verbleibt. Einig sind wir uns auf jeden Fall, dass aus den Aussagen des Erwachten hervorgeht, dass der »Boden«, auf den wir unsere Gaben säen, der Empfänger, sich auf Art und Ausmaß der Ernte auswirkt. Und vom Geben an Heilsgänger ab sagt ja der Erwachte, dass sich da die Frucht des Gebens gar nicht mehr in Zahlen erfassen lässt. Wir müssen uns auch immer wieder vor Augen führen, weil es so ungeheuerlich und ungewohnt ist: Das Ganze ist Wahn; auch der Wahn hat seine Gesetze, aber im Wahn ist fast alles möglich und sind Grenzen fließend verschieblich, wie im Traum, mit dem der Erwachte ja das Erleben vergleicht. Da sollten wir uns hüten, etwas für unmöglich zu erklären, nur weil es in unserer gegenwärtigen ganz verengten Wahn-Ecke zurzeit nicht auftritt und deshalb nicht zu unserem Blindwissen gehört.

HANS: Du hast wirklich Recht, Fritz, man muss sich das immer wieder vor Augen führen. Es ist zu ungewohnt.

RUTH: Wir haben nun schon viel über den Einfluss der Art und Weise des Gebens und des Empfängers auf die Frucht der Gabe gehört. Aber was wird denn über die Wirkung des Motivs gesagt?

HANS: Das frage ich mich auch. Die bisherigen Reden haben bei aller erstaunlichen Erweiterung der Horizonte doch auch Grenzen des Gebens gezeigt. Wenn ich denke, dass schon die Zuflucht zum Buddha, zur Lehre und zur Gemeinde mehr wiegt, als dem Orden mit

9 *āmisa* = »fleischlich«; im engsten Sinn »Nahrung, Lebensbedarf«, im weiteren Sinn »weltlich«, »sinnlich wahrnehmbar«.

dem Erwachten ein Kloster zu spenden; noch mehr, wenn man die fünf *sīla* verbindlich auf sich nimmt; noch mehr, wenn man einen Augenblick nichtmessende Liebe, mettā, entfaltet und noch mehr, wenn man auch nur einen Augenblick über die Unbeständigkeit nachdenkt, dann wird mir doch der enge Wirkungsbereich des bloßen Gebens deutlicher.

FRITZ: Einen Augenblick, Hans: nicht nur über die Unbeständigkeit »nachdenkt«, sondern »*anicca-saññā*« pflegt, also das Rieseln aller Erscheinungen unmittelbar wahrnimmt. Das geht nur zu einer Zeit der Freiheit von den fünf Hemmungen. Dann kann es der achtsame Blick überall bemerken: bei der Form im Wegrieseln des Sandes, im Fortfließen der Wellen, im Abbrennen des Feuers, im Verwehen des Windes, in den Regungen im Körper, beim Prasselhagel der Berührungsgefühle, im rasenden Wechsel der Wahrnehmungen und im ständigen veränderlichen Ablauf des eingespielten Erfahrungssuchlaufs.

RUTH: Klar. Aber worum es mir geht, das ist, den engen, begrenzten Wirkungsbereich des Gebens zu sehen.

FRITZ: Begrenzt ja. Aber »eng« möchte ich nicht sagen: Der Erwachte zeigt gerade das Geben als eine Art Umwandler von begrenztem Wirken zu Wirkungsweisen mit geradezu unermesslichen Folgen: wenn etwa schon Gaben an Heilsgänger nicht mehr abzählbare Wirkungen haben. Betrachten wir einmal eine Rede, die der Buddha über das Spenden durch häuslich Lebende Mönchen gehalten hat, die ja oft von Spendern darüber gefragt wurden. Es ist A VI,37.

Einstmals weilte der Erhabene in Sāvatthī im Jetahain im Kloster Anāthapiṇḍikos. Damals gab gerade die Anhängerin Nandamātā aus Velukanda dem Mönchsorden mit Sāriputto und Mogallāno an der Spitze eine sechsfach ausgezeichnete Spende. Als der Erhabene mit dem himmlischen Auge, dem reinen, übermenschlichen das sah, sprach er zu den Mönchen: »Mönche, Nandamātā aus Velukanda gibt dem Mönchsorden mit Sāriputto und Mogallāno an der Spitze eine sechsfach ausgezeichnete Spende. Wie aber ist eine Spende sechsfach ausgezeichnet? Da hat der Spender drei hohe Eigenschaften, und die Empfänger haben drei hohe Eigenschaften. Welches sind die drei hohen Eigenschaften des Spenders? Da ist der Spender vor dem Geben heiteren Geistes (su-mano), während des Gebens wird sein Herz friedvoll, nach dem Geben erhebt sich sein Geist (attamano). Das sind die drei hohen Eigenschaften des Gebers. Welches sind die drei hohen Eigenschaften der Empfängers? Da sind die Empfänger frei von Hinneigung, Abneigung, Blendung, sind in der Befreiung von Hinneigung, Abneigung, Blendung fortgeschritten. Das sind die drei hohen Eigenschaften der Empfänger. So hat der Spender drei hohe Eigenschaften, und die Empfänger haben drei hohe Eigenschaften. In dieser Weise, Mönche, ist eine Spende sechsfach ausgezeichnet.«

HANS: Erst heißt es, sie seien frei von Hinneigung, Abneigung und Blendung, dann heißt es, sie seien in Richtung darauf nur fortgeschritten? Wenn sie frei davon sind, dann brauchen sie doch keine Fortschritte mehr zu machen?

RUTH: Könnte das vielleicht so gemeint sein: dass sie nur im Augenblick frei sind von diesen drei Wurzeln allen Leidens und diese Verfassung nutzen, durch Übung Fortschritte in Richtung auf die endgültige Befreiung von Hinneigung, Abneigung und Blendung zu machen?

FRITZ: So ist es gemeint. Der Erwachte setzt nun seine Rede fort: *»Das Verdienst einer derart sechsfach ausgezeichneten Spende ist schwerlich zu ermessen mit Worten wie: ›Soundsogroß ist der Strom an Verdienst, der Strom an Heilsamem, die Ernährung von himmlischem Wohl, die Frucht an Wohl, das zu himmlischem Dasein, zum Erwünschten, Begehrten, Angenehmen, zu Segen und Wohl führt.‹ Als unermesslich, unmessbar nur kann diese Fülle der guten Folgen bezeichnet werden. Es ist, Mönche, wie beim Ozean: Da kann man die ungeheure Wassermasse schwerlich in Begriffe fassen wie: ›Soundsoviel Maß Wasser‹ oder ›Soundsoviel hundert Maß Wasser‹ oder ›Soundsoviel tausend oder hunderttausend Maß Wasser‹. Als unermesslich, unmessbar nur kann die ungeheure Wassermasse bezeichnet werden. Genauso ist das Verdienst einer derart sechsfach ausgezeichneten*

Spende schwerlich zu ermessen mit Worten. Als unermesslich, unbegrenzbar nur kann diese Fülle der guten Folgen bezeichnet werden.«

Der Erwachte schloss mit einem Merkvers ähnlich Ankuras Strophe.

Schon die schlichte Nahrungsspende kann bei entsprechender Motivation bei einem besonders herausragenden Empfänger ungeahnt hohe Folgen haben. Das sagt der Erwachte auch seinen Mönchen – offensichtlich wieder zur Weitergabe an Nahrungsspender – in

A V,37:

»Durch Nahrungsspende gibt der Geber dem Empfänger fünf Arten von Hilfe, Mönche. Welche fünf? Er spendet Lebenskraft, gutes Aussehen, Wohlbefinden, Stärke, Geistesschnelle. Weil er Lebenskraft gespendet hat, wird ihm himmlische oder menschliche Lebenskraft zuteil; weil er gutes Aussehen gespendet hat, himmlisches oder menschliches gutes Aussehen; weil er Wohlbefinden gespendet hat, himmlisches oder menschliches Wohlbefinden; weil er Stärke gespendet hat, himmlische oder menschliche Stärke. Weil er Geistesschnelle gespendet hat, wird ihm himmlische oder menschliche Geistesschnelle zuteil.«[10]

Bemerkenswert ist dazu der Text

A IV,57:

Der Erhabene kam einmal auf dem Almosengang zu der Kolyerin Suppavāsa, die wir ja schon aus Ud II,8 kennen, wo über die Geburt ihres Sohnes und ihre Heilung durch den Erwachten berichtet wurde. Sie bewirtete den Erhabenen »*mit ausgezeichnet gekochter Speise*«. Da sprach der Erwachte zu ihr folgenden Vers:

»Wer Speise, bestens zubereitet, spendet, ganz reine, feine, voller Wohlgeschmack,
der sammelt sich durch solche Spendengabe an Schlichtgewordene, in Hoheit Wandelnde,
Verdienste um Verdienste, mächt'ge Folgen, die auch der Weltenkenner anerkennt.
An solche Spendengabe denken auch, die mit dem höchsten Blick die Welt durchwandern.
So kann man Geizbefleckung samt der Wurzel entroden, tadelfrei zum Himmel eingeh'n.«

HANS: Dass der Buddha so betont auf Suppavāsas Kochkunst eingeht, wundert mich. Ich dachte, ein Vollendeter nimmt so etwas überhaupt nicht mehr zur Kenntnis.

RUTH: Hans, ich glaube, es ging dem Buddha nicht um die gute Küche, sondern darum, dass Suppavāsa ihre ganze Verehrung und Liebe zum Erwachten in die Zubereitung gelegt hatte. Überfließende Liebe und Verehrung als Motiv kann sich ja auch nichtsprachlich, in einer Geste aussprechen – warum nicht auch in der inneren Haltung beim Kochen?

FRITZ: Aber nun kommt eine ganz ungewöhnliche Rede zum Geben:

A V,44.

Einstmals ging der Erhabene von der Halle des Giebelhauses im Großen Wald bei Vesālī zum Haus des Hausvater Uggo aus Vesālī und setzte sich auf einen bereitstehenden Sitz. *Der Hausvater Uggo begrüßte den Erhabenen ehrerbietig, setzte sich seitwärts und sprach zum Erhabenen: »Aus dem eigenen Mund des Erhabenen habe ich es vernommen, von Angesicht zu Angesicht mit ihm habe ich begriffen: ›Wer herschenkt, was er gern mag, erlangt, was er gern mag.‹ Mein Salbaumblütenkonfekt mag ich gern; bitte, Herr, nimm es von mir aus Mitempfinden an.« Der Erhabene nahm es aus Mitempfinden an. — »Aus dem eigenen Mund des Erhabenen habe ich es vernommen, von Angesicht zu Angesicht mit ihm habe ich begriffen: ›Wer herschenkt, was er gern mag, erlangt, was er gern mag.‹ Mein gekochtes Schweinefleisch mit Brustbeeren mag ich gern; bitte, Herr, nimm es von mir aus Mitempfinden an.« Der Erhabene nahm es aus Mitempfinden an. — »Aus dem eigenen Mund des Erhabenen habe ich es vernommen, von Angesicht zu Angesicht mit ihm habe ich begriffen: ›Wer herschenkt, was er gern mag, erlangt, was er gern mag.‹ Mein gedünstetes Stielgemüse mag ich gern; bitte, Herr, nimm es von mir aus Mitempfinden an.« Der*

10 Es folgt noch ein Merkvers, der den Inhalt wiederholt.

Erhabene nahm es aus Mitempfinden an. — »Aus dem eigenen Mund des Erhabenen habe ich es vernommen, von Angesicht zu Angesicht mit ihm habe ich begriffen: ›Wer herschenkt, was er gern mag, erlangt, was er gern mag.‹ Meinen feinen Reis, ganz ohne schwarze Körner, mit verschiedenen Gewürzen und Zutaten mag ich gern; bitte, Herr, nimm ihn von mir aus Mitempfinden an.« Der Erhabene nahm ihn aus Mitempfinden an. — »Aus dem eigenen Mund des Erhabenen habe ich es vernommen, von Angesicht zu Angesicht mit ihm habe ich begriffen: ›Wer herschenkt, was er gern mag, erlangt, was er gern mag.‹ Meine Gewänder aus Benares mag ich gern; bitte, Herr, nimm sie von mir aus Mitempfinden an.« Der Erhabene nahm sie aus Mitempfinden an. — »Aus dem eigenen Mund des Erhabenen habe ich es vernommen, von Angesicht zu Angesicht mit ihm habe ich begriffen: ›Wer herschenkt, was er gern mag, erlangt, was er gern mag.‹ Mein Bett mit einer Ziegenhaardecke, einer weißen Wolldecke, einer Decke aus feinstem Antilopenfell, mit einem Überzug und purpurnen Kissen an beiden Enden mag ich gern. Es ist mir klar, dass der Erhabene das nicht von mir annehmen kann; aber da habe ich einen Sandelholzblock, der ist über hunderttausend wert; den nimm bitte von mir aus Mitempfinden an, Herr.« Der Erhabene nahm ihn aus Mitempfinden an. Hierauf erhob der Erhabene das Gemüt des Hausvater Uggo aus Vesālī mit folgenden beseligenden Worten:

»Wer Liebes[11] herschenkt, erntet, was ihm lieb ist. Wer den Geschlichteten aus innerm Willen,
was sie an Kleidung, Lager, Nahrung brauchen und mancherlei, was dem Bedarf dient, gibt
und dabei loslässt, frei wird, mitempfindet, als bestes Saatfeld die Geheilten hat erkannt,
als wahrer Mensch loslässt, was schwer zu lassen, das Liebe gibt: der erntet, was ihm lieb ist.«

Nachdem der Erhabene den Hausvater Uggo aus Vesālī mit diesen beseligenden Worten beglückt hatte, erhob er sich von seinem Sitz und ging. Bald darauf starb Hausvater Uggo und erschien in einem aus Geist gebildeten Leib wieder. Zu der Zeit weilte der Erhabene in Sāvaṭṭhī im Kloster Anāthapiṇḍikos. Da erschien in vorgerückter Nacht das junge Himmelswesen Uggo, mit seinem herrlichen Glanz den ganzen Jetahain in strahlendes Licht tauchend, vor dem Erhabenen, begrüßte den Erhabenen ehrerbietig und stellte sich seitwärts. Der Erhabene sprach zu dem seitwärts stehenden jungen Himmelswesen Uggo: »Nun, Uggo, ist es so, wie du es dir gewünscht hast?« — »Ja, Herr, es ist so, wie ich es mir gewünscht habe«. Da sprach der Erhabene zu Uggo, dem jungen Himmelswesen, folgende Strophe:

»Wer Liebes herschenkt, erntet, was ihm lieb ist, sein Bestes herschenkt, der erlangt das Beste,
Erles'nes gibt, erlangt Erlesenes. Der höchste Spender kommt zum höchsten Ort.
Wer da als Mensch das Beste und Erlesenste und Höchste gibt,
lebt lange und in hohem Glanz, wo immer er zu Dasein kommt.«

HANS: Ein lieber, drolliger Kauz! Dem Vollkommen Erwachten Konfekt, Schweinefleisch – man denke nur! – und allerlei Schnickschnack zu schenken! Was ist das für eine Art zu geben! Man muss doch schenken, was dem Empfänger lieb ist, nicht, was man selber mag! So ein toller Buddhist kann das ja kaum gewesen sein!

FRITZ: Du wirst dich wundern, Hans: Nach A I,24 gehörte Uggo zu den Spitzen der Heilsgänger.

HANS: Da muss er sich aber seit seiner ulkigen Spendenaktion noch ganz durchgreifend gewandelt haben.

FRITZ: Dazu hätte er keine Gelegenheit mehr gehabt: Er starb ja bald darauf – aber schon zu seinen Lebzeiten hatte ihn der Erwachte Mönchen als Vorbild genannt in dem Text

A VIII,21:

In Vesālī im Großen Wald in der Halle des Giebelhauses sprach der Erhabene zu den Mönchen: *»Merkt euch, Mönche, dass der Hausvater Uggo aus Vesālī zu acht wunderbaren,*

11 *manāpa.*

ungewöhnlichen Eigenschaften erwachsen ist.« Nachdem der Erhabene dies gesagt hatte, erhob sich der Wohlgegangene von seinem Sitz und ging. Da begab sich einer der Mönche zu Uggo und fragte ihn: »Welches sind diese acht wunderbaren, ungewöhnlichen Eigenschaften?« — »Herr, ich weiß nicht, von welchen acht wunderbaren, ungewöhnlichen Eigenschaften der Erhabene das gesagt hat; aber welche acht Eigenschaften bei mir festzustellen sind, über die ich mich selber nur wundern kann, über die ich selber staunen muss, das kann ich dir sagen, Herr, höre zu und merke gut auf.« — »Gern, Hausvater«, antwortete jener Mönch. Da sprach der Hausvater Uggo aus Vesālī: »Herr, als ich zum ersten Mal den Erhabenen von weitem sah, da fand schon vom bloßen Anblick mein Herz beim Erhabenen Frieden. Befriedeten Herzens erwies ich dem Erhabenen meine Verehrung. Da gab mir der Erhabene eine stufenweise Einführung, nämlich über das Geben, die Tugend, über himmlische Daseinsweise, und dann sprach er über das Elend, die Entartung, die Sinnlosigkeit der Sinnendinge und den Segen, über sie hinauszuwachsen. Sobald der Erhabene sah, dass ich im Herzen bereit, sanft, von Hemmungen frei, zu meinen höchsten Möglichkeiten erhoben, befriedet war, da gab er die Lehrdarlegung, mit welcher die Erwachten alles übersteigen: das Leiden, die Entwicklung, die Auflösung, den Weg. Wie ein reines fleckenloses Gewand sofort Farbe annimmt; so ging mir, noch während ich da auf meinem Sitz saß, das staubfreie, fleckenlose Auge für die Wahrheit auf: ›Was immer auch entstanden ist, muss alles wieder untergehen.‹ Die Wahrheit sehend, bei der Wahrheit angelangt, Wahrheit empfindend, in die Wahrheit eingetaucht, den Daseinsfragen und -sorgen entronnen, vom Wenn und Aber frei geworden, selbstständig, auf keinen andern gestützt in der Anleitung des Meisters, nahm ich beim Erwachten, bei der Lehre und bei der Nachfolgergemeinde Zuflucht und nahm außerdem die fünf Übungsstufen des höchsten Wandels auf mich.«

Hans: Was für Übungsstufen?

Fritz: Die Übungsstufen für die seltene zweite Art der häuslich lebenden Anhänger, an die sich dieses Buch gar nicht wendet: Anhänger, die *»weiß gekleidet, im Haus lebend, den höchsten Wandel führen«*. Das sind immer noch die fünf *sīla* – nicht etwa die 227 Mönchstugenden, aber das dritte *sīla* nehmen jene »häuslichen Mystiker« freiwillig in der Form der vollen sexuellen Enthaltsamkeit auf sich, nicht nur in Form des für alle häuslichen Nachfolger geltenden Abstehens von *falschen* Geschlechtsbeziehungen wie insbesondere Verführung und Verletzung der Partnerschaft eines anderen Menschen und der Enthaltung am wöchentlichen Feiertag. Uggo erklärt dazu dem wissbegierigen Mönch:

»Ich hatte vier junge Frauen, Herr. Da ging ich zu diesen Frauen und sprach: ›Schwestern, ich habe die fünf Übungsstufen des höchsten Wandels auf mich genommen. Wie ihr mögt, genießt den Reichtum und tut Gutes, oder geht zu eurer Familie; und wer Verlangen nach einem Mann hat – wem darf ich sie zuführen?‹ Auf diesen Vorschlag sprach die erste unter meinen Frauen: ›Lieber, gib mich dem Soundso zur Frau.‹ Da lud ich diesen Mann ein, fasste mit der Rechten meine Frau an der Hand, nahm den goldenen Weihwasserkrug in die Linke und schenkte sie diesem Mann. Und wahrhaftig, Herr: ich wüsste von keiner Veränderung in meinem Herzen, während ich meine junge Frau weggab. Diese dritte Eigenschaft, Herr, über die ich mich nur wundern kann, über die ich selber staunen muss, ist bei mir festzustellen. — Ich treffe Verfügungen über ein großes Familienvermögen – aber das kann ich gar nicht, ohne mit Tugendhaften, zu hohen Eigenschaften Gereiften zu teilen. — Wenn ich einen Mönch versorge, dann nur voll Hochachtung, nie ohne Hochachtung. — Wenn mir ein Ehrwürdiger die Lehre vorträgt, höre ich voll Hochachtung zu, nie ohne Hochachtung. Wenn mir aber der Ehrwürdige die Lehre nicht vorträgt, dann lege ich ihm die Lehre dar. — Es ist nicht ungewöhnlich, dass Himmelswesen vor mir erscheinen und ausrufen: ›Wie herrlich ist die Lehre vom Erhabenen dargelegt!‹ Darauf pflege ich einem solchen Himmelswesen zu antworten: ›Ob du das sagst, Himmelswesen, oder ob du es nicht sagst: herrlich dargelegt ist die Lehre vom Erhabenen.‹ Aber ich weiß nichts davon, dass sich mir deswegen das

Herz erhebt in dem Gedanken: ›Zu mir kommen Himmelswesen‹ oder ›ich führe Gespräche mit Himmelswesen‹. — Von jenen fünf untenhaltenden Verstrickungen, Herr, die vom Erhabenen aufgezeigt worden sind, sehe ich bei mir keine, die nicht aufgelöst wäre. Diese acht Eigenschaften, Herr, über die ich mich nur wundern kann, über die ich selber staunen muss, sind bei mir zu finden. Ich weiß aber nicht, Herr, von welchen acht wunderbaren, ungewöhnlichen Eigenschaften der Erhabene gesagt hat, ich sei zu ihnen erwachsen.« Da nahm jener Mönch im Haus des Hausvaters Uggo aus Vesālī die Almosenspeise ein, erhob sich und ging. Am Nachmittag, nach dem Mahl, begab sich der Mönch zum Erhabenen und berichtete alles. — »Gut, gut, Mönch, was dir da der Hausvater Uggo aus Vesālī so richtig gesagt hat: Als zu eben diesen acht wunderbaren, ungewöhnlichen Eigenschaften erwachsen habe ich den Hausvater Uggo aus Vesālī geschildert; nun anerkennt aber auch den Hausvater Uggo aus Vesālī als zu diesen acht wunderbaren, ungewöhnlichen Eigenschaften erwachsen, Mönch.«

HANS: ???

FRITZ: Ja, nun bist du sprachlos. Uggo war also Nichtwiederkehrer. Er lebte auf dem Gebiet der Erotik wie ein Asket. Er verkehrte mit übermenschlichen Geistwesen. Dennoch hatte er in dem so reinen Spiegel seines Nichtwiederkehrerherzens kurz vor seinem Tod noch ein paar winzige »beschlagene Stellen« entdeckt: Einige Leckereien, sein Bett und seine Seidenkleider übten noch einen kleinen Reiz auf ihn aus – einen Reiz, der auch nach der Bestätigung des Erwachten nichts daran ändern konnte, dass nach dem Absterben des Körpers nichts mehr ihn in Wunschbereiche – auch nicht mehr bei den höchsten sinnlichen Himmelswesen – hinabziehen konnte. Als Hauslosem hätte ihm das schwerlich geschehen können; denn dann hätte es keinen Hausstand gegeben, in dem solcher Krimskrams noch aufbewahrt war, und dann hätten sich die Erinnerung und der leise daran haftende Reiz verflüchtigt. Nachdem der weise Hausvater aber diese kleinen »beschlagenen« Stellen auf seinem Herzensspiegel gemerkt hatte, da setzte er als das sicherste Werkzeug zur Reinigung das Spenden dieser noch leise »reizenden« Dinge an das höchste wahnlose Wesen ein.

HANS: Ach, jetzt verstehe ich erst das fast flehentliche Drängen Uggos, der Erwachte möge doch »aus Mitempfinden« diese Dinge von ihm annehmen. Da muss ich aber diesem großen Hausvater Abbitte leisten. Das hätte ich nicht gedacht, dass das Geben sogar als Werkzeug zur Endreinigung des Herzens eines Nichtwiederkehrers eingesetzt werden kann.

FRITZ: Es gibt noch eine Rede, in der der Erwachte die Reichweite des Gebens bis zur Nichtwiederkehr gezeigt hat:

A VII,49.

Als der Erhabene einmal bei Campā am Ufer des Gaggarāsees weilte, trugen viele Anhänger aus Campā Sāriputto ihr Anliegen vor, nach langer Zeit wieder einmal vom Erhabenen eine Lehrdarlegung zu hören. Da lud sie Sāriputto zum nächsten Uposathatag ein, ging mit ihnen zum Erhabenen und fragte – offenbar die unausgesprochene Frage der Besucher erkennend: *»Kann das sein, Herr, dass die gleiche Gabe, von dem einen gegeben, keine große Frucht, keinen großen Segen bringt, aber von einem andern gegeben, große Frucht, großen Segen bringt?« — »Das kann sein, Sāriputto.« — »Was ist der Grund, Herr, was ist die Bedingung dafür?«*

»Da gibt der eine die Gabe aus Erwartung, gefesselten Herzens, um sich etwas für später aufzusparen, in dem Gedanken: Das werde ich jenseits des Todes genießen. Der gibt dann als Spende einem Asketen oder Priester Speise und Trank, Kleidung, Fuhrwerk, Blumen oder Körperpflegemittel, Lagerstatt, Unterkunft oder Beleuchtung. Was meinst du, Sāriputto, kann man auf diese Art Gaben spenden?« — »Allerdings, Herr.« — »Wenn einer eine Gabe aus dieser Erwartung, gefesselten Herzens gibt, Sāriputto, erscheint er nach dem Absterben des Körpers, jenseits des Todes, bei den Himmelswesen der Vier Großen Könige wieder. Sobald er aber dieses Wirken verbraucht hat, diese Macht, diese Hoheit, diese Herrlichkeit, kehrt er wieder, gelangt wieder in diese Welt.«

HANS: Wie: Wenn einer nur gibt, um sich etwas fürs Jenseits aufzusparen – ist das nicht genau so ein Kuhhandel, wie wenn einer andere nur bestechen will? Wie kann der mit Macht, Hoheit und Herrlichkeit bei Himmelswesen wieder erscheinen?

RUTH: Hans, da sehe ich einen Unterschied: Wer nur bestechen will, erwartet schon in diesem Leben eine Gegenleistung. Anders aber, wer das Geben als »himmlisches Gewinnsparen« ansieht: Für dieses Leben ist die Gabe für die fünf Sinne erst einmal ohne Gegenleistung weg. Was er dafür in späteren Wiedergeburten erntet, kann er noch nicht wissen. Auf ein solches »himmlisches Sparkonto« wird er sich nur einlassen, wenn er Vertrauen in die Geltung des Karmagesetzes hat – und dazu muss er es zuerst einmal kennen. Das Entscheidende scheint mir – wie der Buddha in einem Vers in A V,31 gesagt hat, ob der Geber durch die Gabe zeigt, »dass er loslassen kann«. Das fehlt bei der puren Bestechung. Wenn der bestechende Baulöwe seine Baugenehmigung nicht erhält, gibt er den Leuten auf der Baubehörde nichts mehr.

HANS: Das leuchtet mir ein.

FRITZ: Bei der folgenden Spendenart ist keine Rede mehr davon, dass »gefesselten Herzens« gegeben wird:

»Wieder einer, Sāriputto, gibt die Gabe nicht aus dieser Erwartung, nicht gefesselten Herzens, sondern in dem Gedanken: ›Geben ist etwas Gutes‹ oder ›Damit, wie früher meine Eltern und Voreltern gegeben und Wohltätigkeit erwiesen haben, will ich nicht aufhören, um nicht dem alten Brauch untreu zu werden‹ oder – weil er denkt: ›Ich koche, jene kochen nicht. Da will ich es als einer, der kocht, nicht versäumen, denen etwas zu geben, die nicht kochen.‹[12] *Oder er spendet in dem Gedanken: ›So segensreich wie die großen Opfer jener Seher der Vorzeit, so segensreich soll das Austeilen meiner Spenden sein.‹ Oder er spendet in dem Gedanken: ›Wenn ich Gaben spende, dann wird mir das Herz gestillt, innere Erhebung und geistiges Glück steigen auf.‹ Diese erscheinen, weil sie diese Gabe gegeben haben, nach dem Absterben des Körpers, jenseits des Todes, bei den Himmelswesen der Vier Großen Könige wieder. Sobald aber dieses Wirken verbraucht ist, diese Macht, diese Hoheit, diese Herrlichkeit, kehren sie wieder, gelangen wieder in diese Welt.*

Oder aber einer spendet die Gabe aus keinem dieser Gründe, sondern um das Herz bereitzumachen (citt-ālam-kāra), um das Herz mit dem erforderlichen Werkzeug auszurüsten (citta-parikhāratta). Der gibt dann als Spende einem Asketen oder brahmisch Lebenden Speise und Trank, Kleidung, Fuhrwerk, Blumen oder Körperpflegemittel, Lagerstatt, Unterkunft oder Beleuchtung. Was meinst du, Sāriputto, kann man auf diese Art Gaben spenden?« — »Allerdings, Herr.« — »Wenn einer die Gabe nicht aus Erwartung, gefesselten Herzens gibt, Sāriputto, nicht um sich etwas für später zu sparen in dem Gedanken: ›Das werde ich jenseits des Todes genießen‹; auch nicht, weil er denkt ›Geben ist etwas Gutes‹ oder: ›Dem alten Brauch will ich nicht untreu werden‹, oder ›Ich koche, jene kochen nicht; da will ich denen etwas geben, die nicht kochen‹; auch nicht, weil er denkt: ›So segensreich wie bei den großen Opfern jener Seher der Vorzeit soll das Austeilen meiner Spenden sein‹ oder: ›Wenn ich Gaben spende, dann wird mir das Herz gestillt, innere Erhebung und geistiges Glück steigen auf‹; – sondern wenn einer Gaben nur spendet, um das Herz bereitzumachen, um das Herz mit dem erforderlichen Werkzeug auszurüsten, der erscheint, weil er auf solche Weise Gabe gespendet hat, nach dem Absterben des Körpers, jenseits des Todes in der Gemeinschaft brahmischer Himmelswesen wieder. Wenn er aber dieses Wirken verbraucht hat, diese Macht, diese Hoheit, diese Herrlichkeit, ist er ein Nichtwiederkehrer, kehrt nicht mehr zu dieser Welt zurück. Das, Sāriputto, ist der Grund, das ist die Bedingung dafür, dass eine Gabe der gleichen Art, von dem einen gegeben, keine große Frucht, keinen großen Segen bringt, aber von einem andern gegeben, große Frucht, großen Segen.«

HANS: Das ist genau der Fall Uggos. Aber einiges wundert mich an dieser Rede.

12 Gemeint sind die hauslosen Asketen, die vom Volk mit Spenden verpflegt werden.

Fritz: Was denn?

Hans: Zunächst einmal die Gleichmacherei: Ob sie nun das Geben nur als »himmlische Sparkasse« für spätere Sinnenbefriedigung betrachten oder als Weg zum *samādhi* – alle Spender unterhalb der Ebene Uggos kommen durch ihr Geben nur zu den doch ziemlich erdnahen Himmelswesen der Vier Großen Könige.

Fritz: Gleichmacherei ist das keine: Auch in diesen erdnäheren übermenschlichen Erlebensbereichen gibt es große Unterschiede an Rang, Fülle des Sinnenwohls, Einfluss, Lebensdauer, Schönheit und Anerkennung. Und hier ist nur von dem bloßen Anteil der Gabe an der Wiederkehr die Rede; jedes andere Wirken hat ja auch seine Folgen. Dabei spielt allerdings das Geben oder Nichtgeben die Rolle eines wichtigen Regulativs. Darüber heißt es in dem schon besprochenen Text A X,177, bei einem Menschen, der so untugendhaft war, dass er unter Tieren wieder erscheint, wie bei einem Menschen, der wegen seiner Tugenden bei Menschen oder (sinnlichen) Himmelswesen wieder erscheint, entscheidet darüber, ob er seinen Lebensbedarf und die fünf Sinnengenüsse erlangt, ob er früher als Mensch ein Gabenspender war. Ganz deutlich wird dies aus der Rede

A V,31:

Die Prinzessin Sumanā besuchte einmal mit fünfhundert Wagen und einem Gefolge von fünfhundert Mädchen den Erhabenen in Sāvatthī im Jetahain im Klostergarten Anāthapiṇḍikos und fragte:

»Herr: wenn da zwei Anhänger (upāsaka) sind von gleichem Heilsvertrauen, gleicher Tugend, gleicher Weisheit, aber der eine ist ein Spender, der andere nicht, und beide erscheinen nach dem Absterben des Körpers, nach dem Tod auf guter Bahn wieder, in himmlischer Welt – gibt es da, wenn sie nun Himmelswesen geworden sind, Merkmale, an denen man sie unterscheiden kann?« — »Ja, Sumanā, die gibt es«, antwortete der Erhabene: »Der Spender überragt das Himmelswesen, das kein Spender war, in fünffacher Hinsicht: in himmlischer Lebenskraft, himmlischer Schönheit, himmlischem Glück, himmlischem Ansehen, himmlischer Macht.« — »Wenn aber die beiden, von dort abgeschieden, wieder hierher gelangen, wieder Menschen werden, Herr – gibt es da Merkmale, an denen man die beiden unterscheiden kann?« — »Ja, Sumanā, die gibt es«, antwortete der Erhabene: »Der Spender überragt den Menschen, der kein Spender war, in fünffacher Hinsicht: in menschlicher Lebenskraft, menschlicher Schönheit, menschlichem Glück, menschlichem Ansehen, menschlicher Macht.«

»Wenn aber beide aus dem Haus in die Hauslosigkeit ziehen, wenn sie nun Pilger geworden sind, Herr – gibt es dann Merkmale, an denen man sie unterscheiden kann?« — »Ja, Sumanā, die gibt es«, antwortete der Erhabene: »Der Spender überragt den Pilger, der kein Spender war, in fünffacher Hinsicht: Nur auf Bitten macht er von dem reichlichen Angebot von Gewändern, Almosenspeise, Unterkunft, Medizin und Heilmitteln im Fall einer Krankheit Gebrauch, nicht ungebeten. Wenn er mit Gefährten zusammenlebt, die auch den den höchsten Wandel führen, dann tun sie ihm in Taten, Worten und Gedanken Gutes, nichts Ungutes; sie kommen ihm stets entgegen, sind ihm gegenüber nicht abweisend.« — »Wenn aber beide das vollkommene Heil erreichen, Herr, gibt es dann unter diesen zum Heil Gekommenen noch Unterscheidungsmerkmale, Herr?« — »Dann ist keinerlei Unterschied mehr, Sumanā, zwischen Erlösung und Erlösung.«

»Wunderbar, Herr, herrlich, wie gut es doch ist, Gaben zu geben, wie gut es doch ist, gute Werke zu tun.« — »So ist es, Sumanā; so ist es, Sumanā: Gut ist es, Gaben zu geben; gut ist es, gute Werke zu tun: Auch, wenn man ein Himmelswesen oder Mensch oder Pilger geworden ist, sind die guten Taten ein Segen.« So sprach der Erhabene; und nachdem der Wohlgegangene diese Worte gesprochen hatte, fügte der Meister hinzu:

»So wie der klare Mond hinzieht durch das Gefild des weiten Raums,
die Sternenheere in der Welt mit seinem Glanze überstrahlt,

so überstrahlt ein Mensch, der reif in Tugend und in Heilsvertrau'n,
die ganze eigensücht'ge Welt dadurch, dass er loslassen kann.
Und wie die Donnerwolke, die, umkränzt von Blitzen, schwer geballt,
das Hochland und das Tiefland tränkt, wenn sie zur Erde sich verströmt,
so überragt der Kenner, der ein Jünger des Erwachten ist,
den Engen, Eigensüchtigen als Weiser in fünf Dingen hoch:
in Lebenskraft, in hohem Ruf, in Schönheit und in wahrem Wohl.
In Fülle lebt er; nach dem Tod erfreut ihn drüben Himmelsglück.«

HANS: Ich hätte gar nicht gedacht, wie komplex das Geben ist.

FRITZ: Es ist aber auch wieder – richtig verstanden – für einen Nachfolger, der auf dem Weg der Ausbildung des Körpers und des Herzens ist, wunderbar einfach, wenn man sich dabei nicht so sehr kümmert um die Einzelheiten des Zusammenspiels der Eigenschaften von Geber und Empfänger, der Motive, der Art des Gebens und der Gemütsverfassung, sondern um die Herzensausbildung zur Auflösung, die durch Geben zu erreichen ist. Das hat der Erwachte einmal dem König Pasenadi gezeigt in dem Text

DIE KUNST DES BOGENSCHIESSENS – S 3,24:

Der König kam einmal zum Erhabenen und fragte: *»Wann soll man Gaben geben?« — »Wann es einem danach ums Herz ist, großer König.« — »Aber, Herr, wann bringt das Geben große Frucht?« — »Das ist etwas anderes, großer König: wann man geben soll und wann die Gabe große Frucht bringt. Eine Gabe an einen Tugendhaften bringt reiche Frucht, an einen Untugendhaften nicht im gleichen Maß. Ich will dir eine Frage dazu stellen, großer König. Wenn du willst, kannst du sie beantworten. Was meinst du, großer König: Da ist Krieg ausgebrochen, es kommt zur Schlacht, ein Nahkampf entbrennt. Da kommt ein junger Adliger, Brahmanensohn, Bürgersohn oder Dienersohn, der ist unausgebildet, hat noch nie mit Elefanten oder Kampfwagen zu tun gehabt, hat keine Übung im Bogenschießen, ist voll Furcht, gelähmt von Angst, feige, auf dem Sprung, davonzulaufen. Möchtest du einen solchen Mann behalten; wäre der ein Gewinn für dich?« — »Herr, einen solchen Mann würde ich nicht behalten; der wäre kein Gewinn für mich.« — »Was meinst du, großer König, da kommt aber ein ausgebildeter Kriegersohn, Brahmanensohn, Bürgersohn, Dienersohn, erfahren im Umgang mit Elefanten, geübt im Lenken von Kampfwagen, geübt im Bogenschießen, furchtlos, angstfrei, tapfer, der kein Davonlaufen kennt. Möchtest du einen solchen Mann behalten, wäre der ein Gewinn für dich?« — »Herr, einen solchen Mann würde ich behalten; der wäre ein Gewinn für mich.«*

»So verhält es sich mit einem, großer König, der, gleich aus welcher Familie, aus dem Haus in die Hauslosigkeit gezogen, von fünf Eigenschaften ganz befreit und zu fünf Eigenschaften erwachsen ist, die Glieder des Heilswegs sind. Was man dem gibt, trägt reiche Frucht. Welche fünf Eigenschaften sind aufgehoben? Sinnenlustwollen, Übelwollen, träges Sich-treiben-Lassen im Gewohnten, Unruhe und Aufgeregtheit, Daseinszweifel und -sorge. Diese fünf Eigenschaften sind aufgehoben. Zu welchen fünf Eigenschaften, die Abschnitte des Heilswegs sind, ist er erwachsen? Er ist erwachsen zu dem Wegabschnitt der ohne Kampf verfügbaren[13] *Tugend, der ohne Kampf verfügbaren Herzenseinigung, des ohne Kampf verfügbaren Klarwissens, der ohne Kampf verfügbaren Erlöstheit, des ohne Kampf verfügbaren Erkenntnisblicks der Erlösung. Zu diesen fünf Eigenschaften, die Abschnitte des Heilswegs sind, ist er erwachsen.*

Was man einem gibt, der von jenen fünf Eigenschaften ganz befreit ist, großer König, und erwachsen ist zu diesen fünf Eigenschaften, die Abschnitte des Heilswegs sind, das trägt reiche Frucht.« So sprach der Meister. Der Erhabene schloss mit folgenden Worten:

»Einen jungen Bogenschützen voller Stärke und voll Tatkraft

13 *asekha*, vgl. auch M 78.

kann der Fürst im Kriege brauchen, keinen hochgebor'nen Feigling.
In wem Festigkeit und Sanftmut als des Herzens Zug gefestigt,
dessen edle Lebenshaltung ehre klug, auch bei Geringen.«[14]

RUTH: Wie wunderbar der Buddha hier die zwar legitime, aber doch noch leise »messende« Frage des Königs nach den Folgen des Gebens in das gleiche Strombett leitet, in das er schon auf die Frage nach dem rechten Zeitpunkt verwiesen hatte: zu dem Impuls des überfließenden Herzens.

HANS: Das ist schön: Das tiefste und hilfreichste Motiv zum Geben ist und bleibt das Loslassen. Aber wenn ich hier so sehe, wie sich das zugleich verbinden kann mit der Herzensausbildung zu überströmender Fülle und Weite des Herzens, dann bricht schon beim Gedanken an das Geben eine ungekannte Lichtfülle aus. Damit gewinnt auch der Rat des Buddha eine ganz neue Dimension, der in der Welt Lebende solle sich von Zeit zu Zeit außer am Glück des Besitzens, der Schuldenfreiheit und der Untadeligkeit auch am »Glück der Fülle« erfreuen, aber dabei wissen, dass das Glück der Untadeligkeit das bei weitem beste der drei ist. Es heißt dort ja auch, dass einer, der so vorgeht, dann aus dieser Fülle heraus Gutes tut.

RUTH: Das ist die Ausbildung jener Gemütsart, von der es heißt: *»Das Hausleben lebt er mit einem Gemüt, das frei ist von den Befleckungen durch Engherzigkeit, Kleinlichkeit, Geiz. Loslassen empfindet er als befreiend, ist entgegenkommend mit offenen Händen, gewinnt Freude am Zurücktreten, ist offen für Bitten und glücklich, wenn er teilen kann.«*[15]

HANS: Ja, wenn man in diese Dimension hineinwächst, wird alles einfach!

FRITZ: So ist es. Der Erwachte hat das einmal – offensichtlich zur Weitergabe an ihre in der Häuslichkeit lebenden Versorger – Mönchen indirekt gezeigt in

A V,36:

»Folgende fünf rechte Gelegenheiten zum Geben gibt es, Mönche: welche fünf? Man gibt einem, wenn er ankommt. Man gibt einem, wenn er fortgeht. Man gibt einem, wenn er krank ist. Man gibt bei Nahrungsmangel. Mit der neuen Ernte, den ersten Früchten versorgt man die Tugendhaften. Diese fünf rechten Gelegenheiten zum Geben gibt es, Mönche.

Weise geben gern beizeiten, mild und frei von Herzensenge,
zeit'ge Gabe an Heilsgänger, solche, die ganz grad geworden.
Läuternd wirkt ein solches Geben, es bringt reiche Segensfülle.
Auch für die, die voller Freude dabei ihre Hilfe leisten,
ist die Gabe nicht vergeblich: Auch sie nehmen am Verdienst teil.
Darum gebt aus vollem Herzen, wo das Geben große Frucht bringt.
Die Verdienste sind im Jenseits eine Zuflucht für die Wesen.«

RUTH: Das sind ja schon praktisch fast alle Gelegenheiten, bei denen die Versorger den Angehörigen des Ordens spenden können: Wenn sie ans Haus kommen, gibt man ihnen ihr Mittagessen. Wenn sie fortgehen, gibt man ihnen etwas für die anderen mit. Wenn sie wegen Krankheit nicht kommen können, bringt man ihnen, was sie brauchen. Bei Knappheit denkt man an sie, und lässt sie umgekehrt auch an außergewöhnlicher Fülle teilhaben. Da der Buddha dazu ermuntert, bei allen diesen Gelegenheiten »aus vollem Herzen« zu geben, ist damit im Grunde das gleiche gesagt wie auf die Frage des Königs Pasenadi, wann man geben soll: *»Wann's einem danach ums Herz ist.«* Und welch ein Trost muss es für die der Lehre ergebenen einfachen Menschen, Mägde, Diener, Arbeiter, Bauernknechte, Hirten gewesen sein, die manchmal traurig gewesen sein könnten, dass sie nicht die Mittel zum Spenden hatten wie ihre Arbeitgeber: Der Buddha versichert ihnen, dass sie am karmischen Verdienst der Spende ihrer Herrschaft voll

14 Es folgen noch einige Strophen zum Geben allgemein ähnlich denen in A V,31.
15 Vgl. z. B. S 55,6.

teilnehmen, wenn sie dabei freudigen Herzens mithelfen. So wurden spendenfreudige Arbeitgeber für ihre Helfer zugleich noch zur Quelle reicher Spenden, zu denen ihre Leute niemals die Mittel gehabt hätten.

HANS: Also wirklich: Wenn man immer und immer wieder sieht, wie in der Lehre des Buddha eines sich nahtlos ins andere fügt, da möchte man manchmal jubeln!

FRITZ: Da, Hans: Wieder ist in dir die Erinnerung *»Wohldargelegt ist die Lehre beim Erhabenen«* von selber so aufgestiegen, dass ein Anfang von innerem Jubel hochgeschossen ist. Ist das nicht schön? Da wollen wir dieses Gespräch über das Geben mit einem Dialog beenden, den ein junger begeisterter Geber – getragen von diesem Jubel – einmal mit dem Erwachten geführt hat, nämlich mit einem Auszug aus der Versfolge

MĀGHO – Sn 487-509.

Der junge Māgho stieg hinauf zum Erhabenen auf den Geierkulm bei Rājagaha und fragte den Erhabenen: *»Herr Gotamo, ich bin freigebig, Spenden macht mir Freude. Ich bin großzügig, offen für Bitten. Auf rechtschaffene Weise strebe ich nach Besitz, und wenn ich durch rechtschaffenes Besitzstreben ehrlich und anständig zu Besitz gekommen bin, dann gebe ich dem ersten und gebe auch dem zweiten, dritten, vierten, fünften, sechsten, zehnten, auch dem hundertsten gebe ich und gebe noch mehr. Wie ist es, Herr Gotamo: Wenn ich so gebe, so spende – schaffe ich mir da viel Verdienst?«*

»Aber sicher, junger Freund: Wenn du so gibst, so spendest, dann schaffst du dir viel Verdienst; denn wer freigebig, spendenfreudig, großzügig, offen für Bitten ist, auf rechtschaffene Weise nach Besitz strebt und, wenn er im rechtschaffenen Besitzstreben ehrlich und anständig zu Besitz gekommen ist, dem ersten und auch dem zweiten, dritten, vierten, fünften, sechsten, zehnten und auch noch dem hundertsten gibt und noch mehr, dann sammelt er viel Verdienst an.« Da sprach der junge Māgho den Erhabenen mit folgenden Versen an:

487 »Ich frag den gütigen Herrn Gotamo, der gelbgewandet hausentwöhnt dahinzieht:
Wer, Bitten offen, spendenfroh im Haus lebt und gibt, weil er Verdienst wünscht und erhofft,
die Fremden labt mit Speise und mit Trank, Wie kann der seine Spende noch mehr läutern?«
488 Der Erhabene:
»Wer Bitten offen, spendenfroh im Haus lebt und gibt, weil er Verdienst wünscht und erhofft,
die Fremden labt mit Speise und mit Trank, erreicht sein Ziel mit Hilfe Gabenwürd'ger.«
489 Māgho:
»Wer Bitten offen, spendenfroh im Haus lebt und gibt, weil er Verdienst wünscht und erhofft,
die Fremden labt mit Speise und mit Trank – Erhab'ner: wer ist dessen Gaben würdig?«
490 Der Erhabene:
»Die hangbefreit dahinziehn durch die Welt, in Ledigkeit vollendet und in Zähmung
es spende ihnen, wo es irgend geht, wer als Brahmane gern verdienstvoll opfert.[16]
491 Die alle Fesselbande ganz zertrennt, bezähmt, erlöst, unstörbar, wunschlos glücklich,
492 Die losgelöst von jeglicher Verstrickung, bezähmt, erlöst, unstörbar, wunschlos glücklich,
493 Die Gier, Hass, Blendung überwanden, untreffbar sind, den Reinheitsgang vollendet,
494 In denen Täuschung, Dünken, Lust und Mein nicht ist, die frei und lustentbunden sind,
495 Die keine Art von Durst mehr überwältigt, die Fluten kreuzten, frei von ›Mein‹ dahinziehn,
496 Für die es in der Welt nach nichts mehr Durst gibt, sei's Sein, sei's Nichtsein, diesseits, jenseits,
497 Die sinnenlustbefreit hauslos die Bahn ziehn, so still und grade wie ein Weberschiff,
498 Die reizbefreit mit ganz gestillten Sinnen, frei wie der Mond aus Finsternis hervortritt,

16 Diese Zeile wird in allen Versen bis 501 wiederholt.

499 Die selbstgestillt reizfrei, unregbar sind, nie wieder weitergeh'n, dem ›Hier‹ entronnen,
500 Die da Geburt und Tod restlos bezwungen, die alles Wenn und Aber überstiegen,
501 Die – selber sich zur Leuchte – durch die Welt ziehn, von allem ledig, losgelöst von allem,
502 Die hier schon seh'n: es ist verwirklicht: Das war das letzte Mal! Nichts weiter mehr,
es spende ihnen, wo es irgend geht, wer als Brahmane gern verdienstvoll opfert.
503 Der weise, schauend, wahrheitsgegenwärtig die ganze Wahrheit fand, für viele Zuflucht,
es spende ihm, wo es nur irgend geht, wer als Brahmane gern verdienstvoll opfert.«
504 Māgho:
»Mein Fragen – es war wahrlich nicht vergebens. Die Gabenwürd'gen wies mir der Erhab'ne.
Du eben siehst, wie es in Wahrheit ist; die Wahrheit hast du selber hier entdeckt.
505 Der ich für Bitten offen, spendenfroh im Haus Verdienste wünschend, hoffend spende,
die Fremden gern mit Speis' und Trank erquicke, lehr mich, Erhabener, vollendet *geben!«*
506 Der Erhabene:
»So gib nur, Māgho! Spendend sei dein Herz« – sprach der Erhabene – »ganz still und froh:
Ein Anlass sei dem Spendenden die Spende, darauf gestützt, Abneigung auszutilgen.
507 Gierfrei tu er die Abneigung beiseite, das Herz in Liebe weitend ohne Maßen;
bei Tag und Nacht beständig, unermüdlich durchstrahl' er jede Richtung unermesslich.«
508 Māgho:
»O, wer wird rein, wer frei, wer bleibt gefangen, durch welche Art erreicht man Brahmawelt?
Ich weiß es nicht. Klär, Stiller, mir die Frage. In dem Erhab'nen seh ich Brahma heut;
denn Brahma, Brahma bist du ja für uns: Wie steigt man auf zu Brahma, sag, du Lichter?«
509 Der Erhabene:
»Wer dreifach[17] *Spende in Vollendung gibt, erreicht sein Ziel mit Hilfe Gabenwürd'ger:*
Wer derart überströmend offen gibt, hebt sich zur Brahmawelt, verkünd' ich dir.«
Da nahm Māgho Zuflucht zum Erhabenen, zur Lehre und zur Heilsgängergemeinde.

RUTH: Ein zusammenfassender Gipfelblick auf das, was wir bisher über das Geben besprochen haben! Dieser hochsinnige junge Māgho ist ein Spender, der aus vollem Herzen und aus der Fülle in Fülle gibt. Es geht ihm zunächst um Verdienst, vor allem auch nach dem Tod. Und so hat er bisher »die Fremden« mit Speis und Trank versorgt, offenbar aus weitem Herzen jeden, der kam, ob Bettler oder reisender Kaufmann, Gaukler oder Hausierer, Viehtreiber oder durch die Lande ziehender Künstler. Denn er sagte ja, er gebe auch noch dem Hundertsten und mehr. Aber nun empfindet er da oben auf dem Gipfel des Geierkulms in der Stille und Klarheit, die für fein empfindende Menschen vom Vollendeten ausgeht, die Sehnsucht, sein herzliches, aber noch etwas wahlloses Spenden weiter zu läutern, um noch mehr Verdienst zu erlangen. Auf seine Frage sagt ihm der Erwachte nicht etwa: um des Verdienstes willen geben sei nicht »edel«, wie da mancher liebe westliche Buddhist gesagt hätte, sondern er geht vielmehr voll auf das Anliegen Māghos ein und sagt ihm: sein Ziel – Verdienst – könne er dadurch erreichen, dass er »Gabenwürdigen« spendet. Und dann beschreibt ihm der Erwachte in vielen Strophen die höchsten aller Gabenwürdigen: die vom Existenzwahn Genesenen so, dass Māghos ganze Aufmerksamkeit darauf gelenkt wird, was die Wahrheitfinder sind, denen er spenden soll, »wo es irgend geht«. Das erhebt Māgho über seinen Wunsch, um des Verdienstes willen zu spenden, und er bittet um Anleitung zum Geben *»in Vollendung«*. Nun erst führt ihn der Erwachte zu jenem höchsten Motiv des Gebens, das vorhin in der Rede A VII,49 genannt war: nur das Herz mit dem zur Erlösung erforderlichen Werkzeug auszurüsten. Und hier wird nun ganz klar gesagt, was das bedeutet: Weil Māgho Brahmane war, zeigte ihm der Buddha dazu als Werkzeug die *»vier brahmischen Weilungen«*.

17 »Dreifach in Vollendung«: vor, während und nach dem Spenden hellen Herzens; vgl. Pv II,9.

HANS: Aber tut jetzt nicht der Buddha das gleiche, wofür er Sāriputto getadelt hatte: Er zeigt nur den Weg zu Brahma; vom Nirvāna sagt er nichts.

RUTH: Indirekt doch, Hans: Māgho hat nun begriffen, dass das Höchste nicht ist, Verdienst oder einen hohen Herzenszustand zu erreichen, sondern dass es um die Wahrheit geht: »Wer wird frei?« fragt er. Und der Erwachte hat ihm mit seiner Schilderung der Gabenwürdigen darauf die letzte Antwort gegeben: *»Die reizbefreit mit ganz gestillten Sinnen, frei wie der Mond aus Finsternis hervortritt, – selbstgestillt reizfrei, unregbar sind, nie wieder weitergeh'n, vom ›Hier‹ entronnen.«* Das versteht Māgho jetzt unter »Brahma«; er sagt ja, dass er Brahma jetzt im Erwachten sieht und rühmt ihn: *»die Wahrheit hast du selber hier entdeckt«*. Mit der Schilderung der vom Wahn Befreiten als der Gabenwürdigen hat der Buddha dem Gebemeister den Blick für die rechten Menschen und für das Wesen des Heils geöffnet, hat ihn zum Heilsgänger gemacht, der wie Uggo gibt, um frei zu werden.

HANS: Wunderbar, wunderbar! Da führt das Geben ja in einer Hinsicht sogar fast weiter als die Tugend.

RUTH: Wie meinst du das?

HANS: Von den heilenden Tugenden wird gesagt, dass sie »zum *samādhi* führen«. Aber vom Geben wird gesagt, dass es zum *Loslassen* führt. Und Loslassen reicht weiter als der *samādhi*, den es am Ende auch loszulassen gilt. Das haben wir ja an der Rede mit den 11 Toren zum Nirvāna gesehen.

FRITZ: Aber von den heilenden Tugenden heißt es, dass sie gerade dadurch zum *samādhi* führen, dass man auch an ihnen *»nicht festhängt«* – und das heißt ja, dass man sie nicht als Selbstzweck sieht, sondern als Werkzeug, das man nach getaner Arbeit *»loslässt«*. So haben beide Werkzeuge auf dem Achtpfad, Geben und heilende Tugend, die Zielrichtung zum Loslassen gemeinsam. Alles Gewordene nach und nach loslassen – das ist eigentlich der ganze Heilsweg.

RUTH: Da wundert es mich nicht mehr, dass es in verschiedenen der besprochenen Reden so klingt, als seien nicht nur die Spender, sondern noch mehr die Gabenwürdigen die eigentlichen »Geber«, wenn sie Gelegenheit zum verdienstvollen Spenden geben.

FRITZ: Das ist auch so und wird in manchen buddhistischen Ländern noch heute so empfunden. Denken wir an die fast flehentlichen Bitten Uggos und der Gotamidin Mahāpajāpati, der Erwachte möge aus Mitempfinden die Gabe annehmen. Ein besonders schönes Beispiel haben wir bei der Hausfrau Nandamātā, der Nichtwiederkehrerin in

A VII,50:

Während Sāriputto und Mahāmoggallāno mit einer großen Mönchsgemeinde auf dem Wege nach Dakkhināgiri waren, sprach *»bei weichender Nacht, in der Morgendämmerung die Jüngerin Nandamātā voll Andacht auswendig die Strophen vom Weg zum anderen Ufer. Währenddessen zog der Große König Vessavano bei weichender Nacht wegen irgendeiner Angelegenheit von Norden nach Süden. Als er die Hausfrau Nandamātā bemerkte, wie sie voll Andacht auswendig die Strophen vom Weg zum anderen Ufer sprach, blieb er stehen, um das Ende der Rezitation abzuwarten. Die Jüngerin Nandamātā beendete ihre Rezitation und schwieg. Als der Große König Vessavano merkte, dass die Jüngerin Nandamātā ihren Vortrag beendet hatte, spendete er ihr Beifall: »Gut, Schwester, gut Schwester!« — »Wer ist der edle Herr?« — »Ich bin dein Bruder, der Großkönig Vessavano.« — »Schön, edler Herr; dann sei der Vortrag dieser Lehrrede mein Gastgeschenk für dich.« — »Gut, Schwester; dann sei mein Gastgeschenk für dich eine Neuigkeit: Eine Mönchsgemeinde mit Sāriputto und Mahāmoggallāno an der Spitze kommt morgen früh ohne Morgenmahl in Velukaṇṭaka an. Die Versorgung dieser Mönchsgemeinde kannst du als meine Gabe darbringen; das sei mein Gastgeschenk.«* Hier wird das Verschaffen der Möglichkeit, der Mönchsgemeinde mit den beiden Hauptjüngern ein Mahl zu spenden, als ein Geschenk bezeichnet – und das von keinem Geringeren als einem der Herrscher im Reich der guten Geister.

RUTH: Das ist für uns gut zu wissen. Wir sind ja manchmal auch in der Empfängerrolle. Und da wäre es schade, wenn wir einem Mitwesen, das uns etwas geben will, die Freude daran und die guten Folgen nehmen würden.

HANS: Wenn aber die Absicht über das Karma entscheidet, dann bleiben dem Geber doch die guten Folgen, auch wenn die Gabe nicht angenommen wird.

FRITZ: Nicht ganz. Wir haben gerade ja den schönen Vers gehört:

Vor dem Geben wohlgesinnt sein, gebend froh das Herz erhellen,
nach der Gabe heitern Sinnes, das heißt gutes Werk vollenden!

Wessen Gabe nicht angenommen wird, dem bleibt nur die Freude vor dem Geben. Die beiden anderen nehme ich ihm, wenn ich nicht annehme. Ein Freund hat darum einmal einer zögernden Beschenkten geschrieben:

»denn man kann in diesem Leben
auch durch Nehmenkönnen geben.«

HANS: Ich hätte nie gedacht, welch ein blühender Kontinent das Geben ist. Jetzt freue ich mich richtig darauf, auch über die Tugenden im gleichen, vom Herzen ausgehenden Sinn zu sprechen.

FRITZ: Es geht mir selber so. Im Vorfeld der Buchvorbereitungen hatte ich noch Freunden gesagt, natürlich könne ich unmöglich viele Reden über das Geben hintereinander besprechen. Ihr habt mir aber gezeigt, wie lebendig das werden kann. Das Buch wird nun doch einen besonderen Abschnitt über das Geben als Einstieg in die Tugend erhalten. Eigentlich waren wir ja bereits beim Thema Tugend selber gewesen. Da hatte Ruth den Hinweis gegeben, der Einstieg in die Tugend sei vom Erwachten sogar noch positiver ausgestaltet als in der Rede über die Leute von Veludvāra, nämlich durch seine Anleitungen zum Geben. Diesem Hinweis verdanken wir, dass wir nun unsere Betrachtung der heilenden Tugend so schön vorbereitet durch dieses Gespräch über das Geben als Vorstufe beginnen können:

II. HEILENDE TUGEND – DIE VORSTUFE ZUM FRIEDEN (*SAMĀDHI*)

1.) DIE TRAGWEITE DER FÜNF KERNTUGENDEN (*SĪLA*)

Am besten beginnen wir mit der Frage, die ein Sakyer dem Erwachten gestellt hat: wann man zur Tugend erwachsen ist. Wir finden sie in

A VIII,25.

Da fragt im Sakyerland in Kapilavatthu im Feigenbaumkloster der Sakyer Mahānāmo den Erhabenen: *»Herr, wann ist einer ein Anhänger (upāsaka)?« — »Wenn er zum Erwachten, zur Lehre, zur Gemeinde der Heilsgänger als seiner Zuflucht gegangen ist, dann ist er ein Anhänger, Mahānāmo.«*

»Wann ist ein Anhänger zur Tugend erwachsen (sīla-sampanna), Herr?« — »Wenn es dem Wesen eines Anhängers widerstrebt, Lebendiges umzubringen, Nichtgegebenes zu nehmen, falsche Geschlechtsbeziehungen zu pflegen, zu lügen, Alkohol oder andere die klare Vernunft oder Selbstkontrolle hindernde Mittel zu nehmen, dann ist er zur Tugend erwachsen.«

»Wann ist ein Anhänger zum eigenen Segen vorgegangen, aber nicht zum Segen der andern?« — »Wenn ein Anhänger selber zu Heilsvertrauen, Tugend, Loslassen erwachsen ist, selber bestrebt ist, Mönche zu besuchen, die Lehre zu hören, sich selber die Lehren einprägt, die er gehört hat, selber den Sinn der Lehre, die er sich eingeprägt hat, ergründet, selber zum Verständnis der Lehre gekommen ist und in dem Maß, wie er sie verstanden hat, danach lebt, aber die andern nicht zu all dem anregt – dann ist das ein Anhänger, der zum eigenen Segen, aber nicht zum Segen der andern vorgegangen ist.«

»Wann aber ist ein Anhänger zum eigenen Segen und zum Segen der andern vorgegangen, Herr?« — »Wenn ein Anhänger selber zu Heilsvertrauen, Tugend und Loslassen erwachsen ist,

selber bestrebt ist, Mönche zu besuchen, die Lehre zu hören, sich selber die Lehre einprägt, die er gehört hat, selber zum Verständnis der Lehre gekommen ist, in dem Maß, wie er sie verstanden hat, danach lebt und die andern zu all dem anregt – dann ist das ein Anhänger, der zum eigenen Segen und zum Segen der andern vorgegangen ist, Mahānāmo.«[18]

Aus dem Widerstreben gegen die Verletzung zunächst einmal der fünf Grundtugenden wachsen uns allmählich zwei sehr hilfreiche Eigenschaften zu, die nachher auch über die fünf Grundtugenden hinaus, ja sogar mit der Zeit über das Tugendgebiet hinaus feinfühlige Warner vor Heilsuntauglichem sind: Scham (*hīri*) und Scheu (*otappa*). Wie sie ihr ursprüngliches Saatbeet aber auf dem Gebiet der fünf Grundtugenden haben, können wir ablesen aus der Schilderung, die Ānando in M 53 bei der Einweihung der neuen Versammlungshalle der Sakyer in Gegenwart des Erwachten und vieler Mönche den versammelten Fürsten vom »fortgeschrittenen Heilskämpfer« gibt. Da sagt er zuerst: *»Wie aber ist ein Heilsgänger zur Tugend erwachsen, Mahānāmo? Da ist der Heilsgänger tugendhaft, auf dem Gebiet des täglichen Lebenswandels behütet und gelenkt durch das, was zur Befreiung verbindlich ist; in den kleinsten Fehltritten erkennt er die Gefahr; voll Hingabe übt er sich auf den Übungswegen (sikkhāpada).«*[19] Das sind für die Angehörigen des Ordens die zahlreichen Ordenstugenden. Aber als den Übungspfad, um diese Frucht im Haus zu erlangen, den *»gihī-samicikāni sikkhāpada«*, *»den für im Haus Lebende richtigen Übungspfad«* bezeichnet der Erwachte ausdrücklich immer nur die fünf *sīla*, von denen das dritte, das die Sexualität betrifft, an den sechs Wochentagen nur das Meiden *falscher* Geschlechtsbeziehungen betrifft. Von dem so zu den Tugenden erwachsenen *»fortgeschrittenen Heilskämpfer«* sagt nun Ānando in M 53 weiter, er sei zu sieben rechten Eigenschaften erwachsen, von denen wir zwei beschützende Eigenschaften schon aus der Rede Potaliyo, M 54 kennen. Dort erklärt sie der Erwachte (ohne die Wörter Scham und Scheu) mit folgender Überlegung des strebenden Menschen: *»Denn wenn ich zu einem Mörder/ Dieb/ Lügner/ Zwischenträger/ Geiergierigen/ Nörgler und Scharfzüngigen/ Zornigen und Aufbegehrenden/ Aufgeblasenen und Überheblichen würde, dann müsste ich mich selber deswegen verachten, und auch Verständige müssten mich tadeln.«* Die erste Art des Widerstrebens ist Scham, die zweite Scheu.

HANS: Warum fehlt hier das Pflegen falscher Geschlechtsbeziehungen?

RUTH: Potaliyo war doch für die damalige Zeit ein alter Mann; der hatte damit wohl nichts mehr zu tun.

HANS: Ach so, natürlich. Aber hier nennt ja der Buddha nun doch die drei bei den fünf *sīla* fehlenden weiteren Redeweisen: verletzende Worte, Hintertragen und leeres Geschwätz!

FRITZ: In M 54 geht es nicht nur um die allgemein *»für im Hause lebende Anhänger richtigen Übungsschritte«*. Potaliyo wollte – anders als ein »normaler« häuslicher Nachfolger – im Ruhestand als vermeintlicher Asket alle Weltbezüge abschneiden. Deshalb zeigt ihm der Erwachte, dass dazu acht Eigenschaften erforderlich wären, damit er selber sieht, dass er noch nicht so weit ist. Als den Normalfall der häuslichen Nachfolger – einschließlich der Heilsgänger unter ihnen – nennt der Erwachte *»die Sinneswünsche befriedigenden Anhänger«*. Ihnen nennt er die Gesamtheit der zehn heilstauglichen Wirkensbahnen zur Bildung ihrer rechten *Anschauung*. Als *Übungspfade* dagegen nennt er ihnen immer nur die fünf *sīla*. Wem deren Verletzung widerstrebt, bereits der ist *»zur Tugend erwachsen«*, nicht erst, wem alle sieben die Tugend betreffenden heillosen Wirkensweisen widerstreben.

HANS: Aber soll denn wirklich ein Mensch auch dann schon zur Tugend »erwachsen« sein, wenn es ihm noch nicht einmal widerstrebt, mit Worten zu verletzen oder zu hintertragen oder

18 Im gleichen Sinn erklärt es der Erwachte auch dem Hofarzt Jīvako in A VIII,26.
19 Vgl. auch A IX,20.

leer daherzuschwätzen? Das scheint mir doch in Sachen Tugend noch kein »Erwachsener« zu sein, sondern eher ein »Kind«.

Fritz: Sachte, Hans. Dazu ist mehreres zu bedenken: Die drei weiteren heilsuntauglichen Redeweisen, die du noch nennst, sind für den Anhänger der Lehre bereits durch die fünf *sīla* stark eingeschränkt: Wer zu den fünf *sīla* erwachsen ist, kann nicht mehr ohne inneres Widerstreben solche harten oder hintertragenden oder leeren Reden führen, deren Wirkung zugleich eine Verletzung der fünf wäre: Es würde ihm also widerstreben, so verletzend zu sprechen oder zu schreiben, dass er in Kauf nehmen würde, dass der andere vor Aufregung einen Herzschlag bekommt oder als Autofahrer einen tödlichen Fahrfehler machen könnte – denn Leben verletzen widerstrebt ihm (1. *sīla*). Ebenso würde es ihm widerstreben, beim Aufbruch zu einer schwierigen Klettertour einem Mitglied seiner Seilschaft aus Wahrheitsfanatismus oder Wichtigtuerei die – wahre – Tatsache zu hinterbringen, ein anderes Mitglied der Seilschaft hätte ihn mit seiner Frau betrogen – denn Leben gefährden widerstrebt ihm. — Das gleiche gilt für geschäftliche oder politische Intrigen (selbst wenn die hinterbrachten Tatsachen wahr sind), die ihm auf Kosten des anderen materielle Vorteile bringen würden – denn das Nehmen von Nichtgegebenem widerstrebt ihm (2. *sīla*). Oder das Hintertragen einer wahren Tatsache, durch das er bewusst dem Geschädigten Frau oder Freundin »ausspannen« würde, widerstrebt ihm, weil ihm das Pflegen falscher Geschlechtsbeziehungen widerstrebt (3. *sīla*). Und weil ihm das Lügen widerstrebt (4. *sīla*), würde ihm auch jedes verletzende Wort, jedes Hintertragen und leere Daherreden widerstreben, bei dem nicht die reine Wahrheit gesagt wird – und bei welcher Schimpferei, welchem Hintertragen und welchem leeren Geschwätz wird nicht übertrieben oder etwas »hingedreht«! Und alles, was ein zu den fünf *sīla* erwachsener Mensch unter Alkoholeinfluss einem andern an harter Rede, Hintertragen und trunkenem Geschwätz antun könnte, widerstrebt ihm schon deshalb, weil ihm berauschende Mittel widerstreben, die ihn in eine solche Lage bringen könnten (5. *sīla*).

So bringt es allein das Hineinwachsen in die fünf Haupttugenden mit sich, dass dem betreffenden Menschen auch ein großer Teil der Verletzungen der drei weiteren Tugenden des Redens widerstrebt, wenn gleichzeitig auch die fünf *sīla* dadurch verletzt würden. Das Hineinwachsen in die fünf heilenden Tugenden auf dem Weg des mitempfindenden Sichversetzens in die Mitwesen, wie es der Erwachte den Leuten von Veludvāra gezeigt hat, bringt überdies mit der Zeit eine Milderung und Sensibilisierung des Herzens für die Anliegen der Mitwesen mit sich, ein Grundbestreben nach Schonung und Auflösung alles mich und andere Bedrängenden, so dass jegliches Weh, das ich einem Mitwesen zufüge, immer mehr mir selber wehtut – im Lauf der Zeit sogar auch dann, wenn es nicht einmal unmittelbar gegen die fünf *sīla* verstößt.

Die fünf *sīla* sind wirklich das kleinste gemeinsame Vielfache der Tugenden, dessen Verletzung in der Gesamtbilanz für jeden Menschen in irgendeiner Weise einen »Schaden an der Seele« bedeutet. Ein auf Mitempfinden beruhender Zweck mildert zwar die Folgen, aber selbst eine Verletzung der fünf *sīla* aus Mitempfinden wird letztlich stets auf Weltgläubigkeit beruhen: auf dem Wahn, »die (Wahn-)Welt« statt durch Herzenswandlung durch Verändern ihrer Erscheinungen ändern zu können. Jene drei zusätzlichen Rede-Tugenden dagegen gehören nicht mehr zum kleinsten gemeinsamen Vielfachen der Tugenden, deren Verletzung stets in der Gesamtbilanz einen »Schaden an der Seele« bedeutet. Auch die Verletzung der drei zusätzlichen Tugenden der Rede ist zwar stets unheilsam und hat ihre Folgen. Aber sie können im Sinn des ehern-flexiblen Maßstabs (M 114) für den allein ausschlaggebenden »Schaden an der Seele« im Einzelfall auch einmal schon vom geistigen Maßstab her ein kleineres Übel sein. Für einen Menschen, den es drängt, einen anderen aus Rache umzubringen, kann es das kleinere Übel sein, ihm stattdessen die eigene Verletztheit ins Gesicht zu schreien oder einem ihm Nahestehenden etwas zu enthüllen. Die Ernte daraus kann zwar niemals etwas Gutes sein, aber doch statt der karmischen Folgen und Gewissensqualen eines Mordes nur die Folgen und Gewissensbisse verletzender Worte oder des Hintertragens. Für einen Menschen, den es drängt, sich aus Einsamkeit zu betrinken, kann es das kleinere Übel sein, einen, der ihm gerade über den Weg läuft, mit leerem Gerede anzuöden. Er erntet daraus zwar niemals etwas Gutes, aber doch statt der karmischen Folgen und Gewissensbisse wegen der Trunkenheit oder gar wegen eines Trunkenheitsdelikts nur die Folgen leeren Geschwätzes.

Und stell dir einmal einen »nur« in die fünf heilenden Tugenden hineingewachsenen Menschen vor, dem es zuinnerst widerstrebt, Leben zu verletzen, Nichtgegebenes zu nehmen, falsche Geschlechtsbeziehungen zu pflegen, zu lügen und sich durch Alkohol oder andere Mittel das klare Denken und die Selbstkontrolle zu beeinträchtigen. — Das ist doch etwas, auch wenn er manchmal noch poltert und schimpft oder ironisch wird, und auch wenn er gelegentlich als »Wahrheitsfanatiker« glaubt, die einen vor den anderen warnen zu müssen, und auch wenn er manchmal noch sinnloses Zeug redet. Zum kleinsten gemeinsamen Vielfachen der von Anfang an unverzichtbaren Tugenden, deren Einübung keinen Aufschub duldet, gehören also die drei zusätzlichen Tugenden der Rede nicht.

Entscheidend scheint mir dabei etwas zu sein, von dem wir bisher noch gar nicht gesprochen haben: Von vier Merkmalen (»Gliedern«) des Eintritts in die Heilsströmung, über den wir bald sprechen werden, betrifft das vierte den Grad, wie weit das Herz zur Tugend erwachsen ist. Hier ist es nun einmal eine psychische Gesetzmäßigkeit, dass bei Vorliegen der drei übrigen Voraussetzungen die Grenze zum Eintritt in die Heilsströmung dann unumkehrbar überschritten ist, wenn jede Übertretung eines der fünf *sīla* den Nachfolger nicht kalt lässt oder gar freut, sondern ihm im Herzen widerstrebt, nicht erst, wenn ihm außerdem auch verletzende Rede, Hintertragen und leeres Gerede widerstreben. Fehlendes inneres Widerstreben gegen die fünf *sīla* schließt den Stromeintritt aus, fehlendes inneres Widerstreben gegen die drei weiteren *sīla* der Rede schließt ihn nicht aus, so wie ein Temperaturanstieg von -0,5° C um 1° das Schmelzen des Wassers bewirkt, ein Temperaturanstieg von -10° um 1° auf -9° dagegen nicht. Der Übertritt aus dem in sich endlosen, determiniert-chaotischen Umlauf im Samsāra in die unumkehrbare Sicherheit des Eintritts in die Heilsströmung ist das Allerdringlichste und Wichtigste und zugleich am ehesten zu erreichende endgültig hilfreiche Zwischenziel in der Existenz. Deshalb legt der Erwachte die Anleitung seiner häuslichen Nachfolger im Tugendbereich so an, dass sie sich vor allem auf das Erwachsen zu den fünf heilenden *sīla* konzentrieren. Selbst für den Feiertag einmal in der Woche (*uposatha*), an welchem der Nachfolger es in einigen Beziehungen den Geheilten gleichtun und deshalb acht, nicht nur fünf Tugenden einhalten soll, sind unter den zusätzlichen drei Tugenden nicht die drei weiteren Tugenden der Rede, sondern drei ganz andere Regeln. Auch in D 31 bei der umfassendsten Anleitung an häuslich Lebende spricht der Erwachte nur von den fünf *sīla*[20], nicht von den drei zusätzlichen Tugenden der Rede. Und in der Rede D 25[m] erzählt der Erwachte, dass auch in ferner Vorzeit, zu Zeiten der Menschheitsblüte, die großen gewaltlosen Weltkaiser, denen sich die Völker der Erde freiwillig unterstellten, in ihrem Reich als das »himmlische Gesetz« die fünf *sīla* als geltende Rechtsordnung des Reiches verkündeten.[21] Die Erweiterung der fünf *sīla* um das Meiden von drei weiteren unheilsamen Redeweisen – verletzende Rede, Hintertragen und Geschwätz – findet sich nicht einmal unter den zehn Tugendregeln der Novizen (*samanera*)[22],

20 Abstehen von den »viererlei Wirkensverderbtheiten«: Töten, Nichtgegebenes Nehmen, falsche Geschlechtsbeziehungen, Lügen; Abstehen von Rauschmitteln wird in D 31 gesondert behandelt.

21 Besprochen in WW, 22. Jg. (1976), S. 66 ff., vgl. besonders S. 86 und 94.

22 Vgl. Nyānapoṇika in Anm. 17 zu Teil I seiner Übersetzung des Visuddhi-Magga, Konstanz

sondern erst in den Regeln für voll ordinierte Mönche. — Das Hineinwachsen in die fünf Grundtugenden führt eben von selber zu einer Entwicklung, in der sich nach und nach das gesamte Verhalten vom Herzen her umbildet.

HANS: Das leuchtet mir ein, Fritz. Sonst wären ja die Tugendregeln für den Alltag in der Häuslichkeit im Redebereich relativ schärfer als für Mönche und Nonnen: Mönche und Nonnen leben, solange der Orden intakt ist, unter Gleichgesinnten, meist abgeschirmt vom größten Teil der Anlässe für verletzende Worte, Intrigen oder Geschwätz. In der Häuslichkeit dagegen ist man überwiegend von anders Strebenden umgeben und wird dauernd wegen weltlicher Aufgaben und Ablenkungen angesprochen und gefordert. Unter solchen Umständen alle fünf *sīla* wirklich »unzerstückelt, unbeschnitten, ungefleckt, ungesprenkelt« als Maßstab gelten zu lassen, ohne ihn im Geist durch Ausnahmen zu verbiegen, sondern das Herz so auszubilden, dass ihm jede Abweichung zuinnerst widerstrebt, mag manche häuslich lebenden Nachfolger nicht weniger Kraft und Kampf kosten als Mönchen und Nonnen das Einhalten der Ordensregeln.

FRITZ: Allerdings, Hans. Der Erwachte vergleicht deshalb das Hausleben mit dem mühsamen Ackerbau und den Wandel im Orden mit dem wenig Mühe machenden Handel. Alle Achtung, wer es im Haus wirklich schafft, in die fünf *sīla* hineinzuwachsen. Viele westliche Ethiker, Psychologen oder Moraltheologen würden das als unerfüllbares Ideal ansehen. Ich habe dieses »Ideal« aber inzwischen bei gar nicht wenigen praktizierenden Buddhisten krampflos über Jahre hinweg verwirklicht gesehen. Das zählt umso mehr, wenn man bedenkt: Das innere Widerstreben gegen Töten betrifft bei den fünf *sīla* ja nicht nur Menschen, sondern alle Wesen. Die Lehre gibt auch keine »Rechtfertigung« für Notwehr und »Notlügen« – bei denen als »Not« ja oft Bequemlichkeit oder Prestige vorgeschützt werden. Falsche Geschlechtsbeziehungen sind kein »Kavaliersdelikt«, und auch das »Schlückchen in Ehren« wird in seinem vollen Gefährdungspotenzial gesehen – eben weil die fünf *sīla* nicht nur als soziale äußerliche Mindest-Spielregeln gesehen und empfunden werden, sondern als innerliche Heilmittel gegen den Wahn des Fiebers von Hinneigung, Abneigung und Blendung und als Mittel zur Ausbildung von Körper und Herz zu Werkzeugen zum *samādhi*, die der Heilsgänger um keinen Preis stumpf werden lassen will.

RUTH: Wenn auch noch das Meiden von verletzender Rede, Hintertragen und leerem Geschwätz in das vordringlichste Übungsprogramm der häuslichen Nachfolger aufgenommen wäre, dann würden fünf Achtel davon das Reden betreffen. Ein so starkes Übergewicht hat das Reden nun doch nicht.

HANS: Das stimmt: Durch die Konzentration auf das Einüben eines inneren Widerstrebens gegen die Verletzung der fünf *sīla* werden ohnedies schon die Gefahren verletzender, hintertragender oder leerer Worte indirekt beschränkt. Vor allem wird dabei im Lauf der Zeit eine allgemeine Milderung und Besänftigung der Herzenstriebe erzielt, die sich auf allen Gebieten auswirkt. Das wäre durch das Bemühen, in die *sīla* möglichst alle untauglichen Wirkensweisen hineinzustopfen, nie zu erreichen. Dann hieße es bald: »Wenn man schon die Regeln für die Rede erweitert, dann muss man im Tatbereich auch eine Vorschrift über Körperverletzung hinzufügen.« Andere würden verlangen, dann aber auch das *sīla* über das Nehmen von Nichtgegebenem durch Vorschriften über Unterschlagung, Betrug und Untreue usw. zu ergänzen. Dann würde aus Übungsregeln zur Umbildung des eigenen Herzens zum *samādhi* hin ein weltlicher Vergehenskatalog, der mehr mit Blick auf die »bösen anderen«, gesehen würde, die man von Umgehungen abhalten müsse. Gerade dadurch würde zum Umgehen, Kritisieren anderer und Disputieren eingeladen. Das wäre, wie wenn eine

(Christiani) [3]1975, S. 862.

Stadtverwaltung den unübersichtlichen Verkehr mit einer Vergrößerung des Schilderwaldes flüssiger machen wollte: Entweder würden die zu vielen Schilder nicht beachtet, oder sie würden die Aufmerksamkeit von den lebendigen Verkehrsteilnehmern abziehen. Mir fängt an aufzugehen, was für ein Juwel wir in diesen fünf ältesten Grundtugenden der Menschheit haben. Das gilt schon, wenn wir sie nur als das zu sehen beginnen, als was sie seit Jahrtausenden galten: als das »himmlische Gesetz« – erst recht aber, wenn wir sie so sehen, wie sie der Buddha den häuslich Lebenden zeigt: mit der Herzensmotivation zusammen als die heilenden, zum *samādhi* führenden Tugenden. Das bedeutet ja nicht, dass der Buddha damit verletzende Rede, Hintertragen und leeres Gerede »erlauben« und verharmlosen wollte.

FRITZ: Ganz bestimmt nicht. Das sehen wir schon daran, dass sie in M 41 und 42 unter den zehn heillosen Wirkensfährten aufgeführt sind. Wenn sie der Anhänger im Geist schon als Teil der zehn heillosen Wirkensbahnen bewertet, dann ist die Loslösung von ihnen nur noch ein Nachhutgefecht: Wenn wir die fünf *sīla* als die zentralen Haupttugenden erkennen, setzt auch das Wachstum zu allen übrigen ein – ja noch viel mehr: das Wachstum zum *samādhi*; denn das – nicht äußere Perfektion im Verhalten – ist ja der Zweck der Tugenden. Vor dieser Sicht verstummen auf die Dauer alle die kasuistischen Debatten über theoretisch ersonnene Fälle – »ja, wenn aber nun einer – ?« Dann sagt einem mit der Zeit das Herz, was das richtige Verhalten ist.

HANS: Also brauchen wir einfach nur spontan aus dem Herzen zu handeln; alles andere kommt dann von selber?

FRITZ: Nein, nein, nein, so ist das nicht gemeint: Vom ersten Wissen im Geist um diese Herzensausbildung bis zum Hineinwachsen des Herzens in sie ist es ein jahre- oder jahrzehntelanger Weg. Der erfordert gründliches Wissen über den Weg, Selbstbeherrschung und beharrlichen Kampf. Aber von einem von uns nicht vorhersagbaren Wachstumsstadium an bringt er ungeahnte innere Freude.

RUTH: Da hat ja der Erwachte mit dieser Sicht der Tugend einen richtigen Schatz gehoben!

FRITZ: Freilich. Aber man muss dazu auch eine ganze Menge Hintergrundwissen haben, um richtig damit umgehen zu können.

HANS: Was denn alles?

FRITZ: Das hat der Erwachte dem Baumeister Pañcakango ausführlich erklärt:

2.) HINTERGRUNDWISSEN FÜR DIE ÜBUNG DER HEILENDEN TUGENDEN (M 78)

In jenem Gespräch ging es allerdings nicht um die Nachfolge in der Häuslichkeit, sondern um die Eigenschaften eines »unüberwindlichen Asketen«, der tauglich ist »zum höchsten Gut heranzugelangen«. Aber gerade deshalb tritt der Blickpunkt besonders deutlich hervor, unter dem wir hier die Tugend betrachten: als unentbehrlichen Zubringer zum inneren Frieden (*samādhi*):

M 78 – DER SOHN DER PILGERIN MUNDIKĀ (*SAMANAMUNDIKĀ*).

Der Baumeister Pañcakango wollte den Buddha besuchen, war aber zu früh gekommen. Da machte er sich auf zum Pilger Uggāhamāno in die ebenholzgetäfelte Versammlungshalle im Klostergarten der Mallikā. Der Pilger saß gerade mit einer großen, geräuschvollen Schar von Pilgern beisammen, *die redeten plattes Zeug wie über Könige und Räuber, über Minister, über das Militär, über Krisen und Krieg, Essen und Trinken, Kleidung und Bett, Blumen und Düfte, über Verwandte, über Wagen, Dörfer, Städte, Festungen und Länder, über Wein und Weib, über Straßen- und Gassentratsch, über Verstorbene, über die veränderten Zeiten, über Volkssagen, über Seeabenteuer und über dies und das.* Als er den Baumeister sah, bat er um Ruhe: *»Wenn er eine schweigende Versammlung sieht, bewegt es ihn vielleicht zum Kommen.«* Sie verstummten also, und Baumeister Pañcakango kam und setzte sich dazu. Der Pilger *Uggāhamāno* sprach zu ihm: *»Wenn ein Mensch vier Eigenschaften erworben hat, Baumeister, dann nenne ich ihn tauglich zum*

Heil, zum höchsten Gut, an das Höchste heranzugelangen, einen unüberwindlichen Asketen. Welche vier? Er tut mit dem Körper nichts Schlechtes, tut mit der Sprache nichts Schlechtes, hegt keine schlechte Gesinnung, führt keinen schlechten Lebenswandel.«

HANS: Das lässt sich hören. So einem Menschen möchte ich begegnen!

FRITZ: Der Architekt war da vorsichtiger: *Der Baumeister Pañcakango stimmte den Worten des Pilgers Uggāhamāno nicht zu und widersprach nicht. Er erhob sich von seinem Sitz und dachte: »Beim Erhabenen werde ich den Sinn dieser Worte verstehen.« Nun begab sich der Baumeister Pañcakango zum Erhabenen und berichtete das Gespräch Wort für Wort. Auf diesen Bericht sprach der Erhabene:*

»Wenn es so wäre, Baumeister, dann wäre nach den Worten des Pilgers Uggāhamāno ein Säugling, ein Knäblein, ein unvernünftiges Wickelkind zum Heil tauglich, zum höchsten Gut, zum Höchsten gelangt, ein unüberwindlicher Asket: Ein Säugling weiß noch nichts von Körper; wie könnte er mit dem Körper Schlechtes tun? – er kann kaum mehr als strampeln! Er kann ja noch gar nicht sprechen: wie könnte er mit Worten Schlechtes tun? – er kann kaum mehr als schreien! Er weiß noch nichts von Gesinnung; wie könnte er da schlechte Gesinnung hegen? – er kann kaum mehr als zornig sein! Ein unvernünftiges Wickelkind weiß noch nichts von Lebensführung; wie könnte es einen schlechten Lebenswandel führen? – es kann kaum mehr als bei der Mutter saugen! Von einem Menschen mit diesen vier Eigenschaften sage ich nicht, er sei tauglich zum Heil, tauglich, an das höchste Gut, an das Höchste heranzugelangen, ein unüberwindlicher Asket, sondern er ist noch im Zustand eines Säuglings, eines unvernünftigen Wickelkindes. Einen Menschen, der zu zehn Eigenschaften erwachsen ist, Baumeister, den nenne ich tauglich zum Heil, zum höchsten Gut, an das Höchste heranzugelangen, einen unüberwindlichen Asketen.«

»Was die heilsuntauglichen Verhaltensweisen sind, wo sie herkommen, wo sie sich vollständig auflösen, wie man vorgeht, damit sie sich restlos auflösen – das muss man erst wissen, sag ich. Was die heilstauglichen Verhaltensweisen sind, wo sie herkommen, wo sie sich vollständig auflösen, wie man vorgeht, damit sie sich restlos auflösen – das muss man erst wissen, Baumeister, sag ich.

Was die heilsuntauglichen Gemütseinstellungen (›Gesinnungen‹) sind, wo sie herkommen, wo sie sich vollständig auflösen, wie man vorgeht, damit sie sich restlos auflösen – das muss man erst wissen, Baumeister, sag ich. Was die heilstauglichen Gemütseinstellungen (›Gesinnungen‹) sind, wo sie herkommen, wo sie sich vollständig auflösen, wie man vorgeht, damit sie sich restlos auflösen – das muss man erst wissen, Baumeister, sag ich.

Was sind die heilsuntauglichen Verhaltensweisen, Baumeister? Heilsuntaugliches Wirken mit dem Körper, mit der Sprache und auch falsche Lebensführung zähle ich zum Verhalten; das nennt man die heilsuntauglichen Verhaltensweisen. Und wo kommen diese heilsuntauglichen Verhaltensweisen her? Auch wo sie herkommen, ist gesagt worden: ›Aus dem Herzen kommen sie her‹, wäre da zu sagen. Was ist das Herz? Das Herz ist wahrlich eine Menge von Verschiedenartigem, Mannigfaltigem. Ein Herz mit Hinneigung, Abneigung, Blendung: da kommen die heilsuntauglichen Verhaltensweisen her.«

HANS: Ich dachte, die Verhaltensweisen kämen aus unserer Gesinnung, der Gemütseinstellung, die unsere Denkweise bestimmt. Der Geist ist doch die Steuerzentrale aller Sinne, und »vom Geiste gehn die Dinge aus«, sagt der Wahrheitspfad.

FRITZ: Schon. Aber der Mensch ist voller Widersprüche: Nehmen wir an, ich habe mir durch wiederholtes Denken eine positive Gemütseinstellung (*sankappa*) zu dem gebildet, was auf einem bestimmten Gebiet gut und richtig ist. Ich denke auch gern daran. Aber wenn es darum geht, es in die Tat umzusetzen, dann wollen oft die Triebe meines Herzens etwas ganz anderes, und dann entsteht jener Konflikt, den der Apostel Paulus geschildert hat: »Denn das Gute, das ich will, das tue ich nicht; sondern das Böse, das ich nicht will, das tue ich.« (Röm. 7,19) Gegen das Herz können wir auf die Dauer überhaupt nicht handeln. Und auch im Augenblick können wir eine bessere Einsicht, ja sogar eine bessere Gemütseinstellung doch nur so weit gegen starke Triebe des Herzens durchsetzen, wie es die momentane Herzensverfassung erlaubt.

Hans: Dann gingen die Dinge also nicht vom Geist aus, sondern vom Herzen?

Fritz: Doch, sie gehen vom Geist aus, aber nicht sofort und nicht direkt[23]: *»Was der Mensch häufig bedenkt und sinnt, dahin geneigt wird das Gemüt«* (M 19^{m}): Wir können erst durch wiederholtes Bedenken und Sinnen im *Geist* die *Gemüts*einstellung so ändern, dass wir wenigstens gern an das *denken*, was wir als das Rechte anerkennen, was aber die Triebe noch nicht in Werke und Worte umzusetzen erlauben. Je lieber wir daran denken, desto häufiger denken wir daran. Durch diese Meditation im ursprünglichen Sinn[24] wird nach und nach das *Herz* anders geneigt und erlaubt uns, – ja treibt uns schließlich dazu, unsere Einsicht und Gesinnung auch in Wort und Tat umzusetzen. Nicht einmal alle Buddhisten sehen, was in M 78 ganz deutlich gesagt ist: Die Wirkensweisen (*kammapatha*, Karmabahnen) kommen nicht aus dem Geist oder aus der Gesinnung, sondern aus dem Herzen. Deshalb sind sie auf die Dauer nicht so schnell zu ändern wie falsches Denken, sondern nur so langsam wie das Herz. Aber das Herz wiederum »kommt« aus dem geordneten oder ungeordneten, voll oder halb bewussten oder unterbewussten häufigen Denken und Sinnen im Geist: es ist »*citta*«, das Zusammengedachte.

»Und wo lösen sich diese heilsuntauglichen Verhaltensweisen restlos auf, Baumeister? Auch wo sie sich restlos auflösen, ist gesagt worden: Da hat ein Mönch falschen Wandel in Werken, in Worten, im Geist verworfen; rechten Wandel in Werken, in Worten, im Geist bildet er aus; falsche Lebensführung hat er verworfen; auf rechte Weise führt er sein Leben. Dadurch lösen sich diese heilsuntauglichen Verhaltensweisen restlos auf.

Wie aber geht er vor, Baumeister, um zur restlosen Auflösung der heilsuntauglichen Verhaltensweisen zu gelangen? Da weckt der Mönch den Willen, nicht aufgestiegene heilsuntaugliche Dinge nicht aufsteigen zu lassen, kämpft, setzt Energie ein, reckt das Herz, strengt sich an. Er weckt den Willen, aufgestiegene heilsuntaugliche Dinge zu überwinden, kämpft, setzt Energie ein, reckt das Herz, strengt sich an. Er weckt den Willen, nicht aufgestiegene heilstaugliche Dinge aufsteigen zu lassen, kämpft, setzt Energie ein, reckt das Herz, strengt sich an. Er weckt den Willen, aufgestiegene heilstaugliche Dinge zu bewahren, nicht daran irre zu werden, sie zu mehren, zur Fülle, zur Entfaltung, zur Vollendung zu bringen, er kämpft, setzt Energie ein, reckt das Herz, strengt sich an. So geht er vor, Baumeister, um zur restlosen Auflösung der heilsuntauglichen Verhaltensweisen zu gelangen.«

Hans: Das ist ja eine deutliche Antwort auf meine frühere Frage, ob man einfach alles spontan dem Herzen überlassen kann: Nein, man muss den Willen wecken, das Herz recken, sich anstrengen, kämpfen. — Und was sind die heilstauglichen Verhaltensweisen?

Fritz: Genau diese Frage beantwortet nun der Buddha:

»Und was sind die heilstauglichen Verhaltensweisen? Heilstaugliches Wirken mit dem Körper, mit der Sprache und auch eine vollkommen lautere Lebensführung zähle ich zum Verhalten; das nennt man heilstaugliche Verhaltensweisen. Und wo kommen diese heilstauglichen Verhaltensweisen her? Auch wo sie herkommen, ist gesagt worden: ›Aus dem Herzen kommen sie her‹, wäre da zu sagen. Was ist das Herz? Das Herz ist wahrlich eine Menge von Verschiedenartigem, Mannigfaltigem. Ein Herz frei von Hinneigung, Abneigung, Blendung: da kommen die heilstauglichen Verhaltensweisen her. — Und wo lösen sich diese heilstauglichen Verhaltensweisen restlos auf, Baumeister? Auch wo sie sich restlos auflösen, ist gesagt worden: Da hat der Mönch Tugend, Baumeister, geht aber nicht in der Tugend auf, sondern jene Gemüterlösung

23 Vgl. dazu Mexi 2. Aufl. S. 211 ff.
24 Vgl. Medi, S. 1 ff.

und Weisheiterlösung, in der die heilstauglichen Verhaltensweisen sich restlos auflösen, kennt er, wie sie wirklich ist.«

RUTH: Eine plastische Umschreibung dafür, dass man an den heilenden Tugenden *»nicht festhängt, so dass sie zum Herzensfrieden führen!«*

FRITZ: Ja. Wörtlich heißt es: Er ist *»sīlavā«*. Die Nachsilbe *-vā* (*-vant*) bedeutet, dass die *sīla*, die Tugenden, nicht nur aufgesetzte Tünche, sondern eine Herzenseigenschaft sind. Aber er ist nicht »*sīla*maya«: nicht »aus Tugend gemacht«, er besteht nicht ganz und gar aus Tugend, sie ist nicht sein Ein und Alles. Er ist also frei von der dritten Verstrickung: *»Überschätzen von Tugend«* oder *»sittliches Verhalten für ausreichend halten«*. Das ist eines der notwendigen vier Glieder des in die Heilsströmung Eingetretenen. Wir kommen noch darauf. — Erst dadurch, dass Tugend nur als Werkzeug zum Entfalten des *samādhi* angesehen und genutzt wird, also durch ihre Motivation, gewinnt die Tugend ihre Tiefe und Weite. Das ist genau so wie beim Geben, wo ja auch nach A VII,49 die Früchte je nach der Motivation ganz verschieden sind.

HANS: Ehrlich gesagt: beim ersten Hören war ich darüber gestolpert, dass sich auch die heilstauglichen Verhaltensweisen auflösen sollen. Aber dank der folgenden Sätze ist es mir gedämmert: Der unüberwindliche Asket bleibt nicht im Tugendeifer hängen, denn *»jene Gemüterlösung und Weisheiterlösung, in der die heilstauglichen Verhaltensweisen sich restlos auflösen, kennt er, wie sie wirklich ist.«* Aber was sind das für Erlösungen? Erst der vollkommene Heilsstand oder schon die Entrückungen? Und was heißt *»kennt er«*? Muss er die betreffenden Erlösungen schon selber erlebt haben oder gar jederzeit nach Wunsch erreichen können, oder genügt ein klares Wissen, was sie sind und wie man sie erreicht?

FRITZ: Zu deiner ersten Frage, Hans: Gemüterlösung (*ceto-vimutti*) ist jeder Zustand, bei dem das Gemüt (*ceto*) wenigstens zeitweise von Hinneigung, Abneigung und Blendung frei ist. Wir haben eine ganze Reihe von Beispielen solcher relativer Gemüterlösungen kennen gelernt: die *»weite Gemüterlösung«* in M 127, bei der der Geist sich aus der Enge und Kleinlichkeit des Hinstarrens auf Vielfalteinzelheiten weitet und Ruhe findet in einer größeren Raumvorstellung vom Baumriesen bis zum Erdball. Drei andere Beispiele enthält S 41,7, wo der Erwachte Hinneigung, Abneigung und Blendung als die Abgrenzer, das Etwas, die Gegenstandsmacher bezeichnet, weil sie bewirken, dass im Geist die Vorstellung »Grenzen« oder »Gegen-Stand« aufsteigt. Dadurch sind sie das eigentliche »Etwas«. Die Befreiung davon nennt der Buddha dort – je nachdem, wo der Schwerpunkt liegt – die von »Abgrenzen« oder von »Etwas« freie oder die *»gegenstandsfreie«* Gemüterlösung.[25] Ferner haben wir eine für uns besonders hilfreiche Art von Gemüterlösung in der *»liebevollen Gemüterlösung«* in S 42,8 kennen gelernt: Da ist das Herz total frei auch von den feinsten Resten von abgrenzendem, messendem Übelwollen, so dass im Geist in keiner Weise die Vorstellung »Gegner« oder »Konkurrent« – ja nicht einmal die Vorstellung »andere« entstehen kann. Denn alle Weltwahrnehmung geschieht zu der Zeit *»überall mit allem sich als Eins erkennend«*: »Das bist du selber« (*tat tvam asi*). Die absolute Gemüterlösung im vollkommenen Heilsstand ist erst der Gipfel aller Gemüterlösungen. Das Tor zu den relativen, zeitlichen Gemüterlösungen tut sich bereits mit der schlichten *»geistigen Freude«* (*pāmujjā*) über relative Befreiungen auf. Sie kann sich steigern bis zur *pīti*, dem jubelnden Hochgefühl der *»geistigen Beglückung bis Entzückung«*. Dieser innere Jubel erhebt das Gemüt zeitweise über alles Sinnenfieber, schließlich sogar aus aller sinnlichen Wahrnehmung[26] und allem Denken auf die Spitze des *samādhi*: in die weltlosen, ab ihrem zweiten Grad auch gedankenfreien Entrückungen. Das alles ist mit »Gemüterlösung« gemeint. *»Weisheiterlösung«* ist der stille, klare geistige Anblick der Wahrheit während der Aufhebung der fünf Hemmungen,

25 Vgl. z. B. D 6 und M 60.
26 Vgl. M 14 und HHpīti.

besonders beim Anblick der Unbeständigkeit alles Gewordenen, der so unsäglich die Bedrängnis durch »Welt« erleichtern kann. In diesen Gemüterlösungen lösen sich auch die heilstauglichen Verhaltensweisen auf: Sie dienen ja nur der Herzenseinigung, und die ist zu solchen Zeiten erreicht. Dann ist kein »Verhalten« nötig, weil es nichts »anderes« gibt als das einige Herz. Diese beiden Arten von zeitweiliger relativer Erlösung muss man wissen. Das ist ein Teil der Wahrheitserkenntnis, zu der M 95 den präzisen Weg weist.

HANS: Jetzt geht mir erst die volle Bedeutung von etwas auf, was du schon oft gesagt hast, Fritz: dass Entrückung bedeutet: Dem Übenden vergeht durch den Jubel über das Wohl der Abgeschiedenheit von allen Sinnendingen buchstäblich Hören und Sehen. Ich habe das bisher nur als deine bildliche Ausdrucksweise für ein tiefes inneres Wohl angesehen, hinter dem die sinnliche Wahrnehmung gar nicht mehr weiter beachtet wird. Jetzt wird mir aber klar, dass das ganz wörtlich zu nehmen ist: Der Buddha sagt ja ausdrücklich, dass schon in der ersten Entrückung Sehen, Hören, Riechen, Schmecken und Tasten total untergegangen sind: Die ganze Wahrnehmung ist dann allein vom inneren Jubel und von entsprechendem stillem, von jeder sinnlichen Wahrnehmung freiem Denken ausgefüllt. Und in der zweiten Entrückung steht über diesem Wohl dann auch noch buchstäblich »der Verstand still«: auch Denken hört auf! Nur noch das innere Wohl erfüllt die Wahrnehmung! Deshalb also hast du immer so betont, dass Entrückung (*jhāna*) nicht das gleiche ist wie *samādhi*, sondern der Gipfel des *samādhi*. Besucher heutiger Meditationskurse haben mir noch nie erzählt, dass ihnen bei ihren Übungen die sinnliche Wahrnehmung total untergegangen sei. Sie bezeichneten als *»jhāna«* Zustände, bei denen die immer noch am Rande registrierten Sinnendinge ganz unwichtig werden und dabei eine tiefe Beruhigung und ein großes Glücksgefühl aufkommt. Dazu könne man bei entsprechender Übung bald kommen, meinten sie. Manche sahen solche beglückenden Zustände aber eher als eine Störung ihrer *satipaṭṭhāna*-Übung an, als eine »*samādhi*-Falle« die sie meiden müssten, um nicht an dem Glücksgefühl anzuhaften. Solche Berichte passen aber gar nicht zu dem, was der Buddha rät: Einerseits empfiehlt er, wie du gesagt hast, häuslichen Nachfolgern nie *satipaṭṭhāna*. Andererseits zeigt er den Gipfel dieser angebliche »Falle«, die Entrückungen, seinen Mönchen im Tathāgatagang gerade als den Hauptweg zu den Weisheitsdurchbrüchen. Und auch häuslichen Nachfolgern nennt er die Entrückungen immer wieder ohne ein Wort der Warnung als erstrebenswert und auch im Haus nicht unerreichbar.[27]

FRITZ: Ja, Hans. Heute wird eben meist zweierlei übersehen:

1.wollen viele Menschen, auch Buddhisten, im Hausleben gleich mit dem anfangen, was heute – entgegen dem ursprünglichen Sinn – allein »Meditation« genannt wird, nämlich mit den abgeschiedenen Asketenübungen des siebten bis achten Glieds des achtfachen Wegs. Sie meinen, dadurch erst würden sich dann auch die Früchte der vorangehenden fünf Glieder des achtfachen Heilswegs – rechte Anschauung, rechte Gemütseinstellung (Gesinnung), rechtes Reden, rechtes Handeln und rechte Lebensführung – einstellen. Dass in Wahrheit ein Mühen um die siebte und achte Stufe des Heilswegs (Achtsamkeit und Herzenseinigung) ein breites und sicheres Fundament dieser fünf vermeintlichen »Selbstverständlichkeiten« voraussetzt, haben wir ja schon daraus gesehen, dass selbst die Mönche und Nonnen vom Erwachten erst dann an das Aufheben der fünf Hemmungen und Entfalten der Herzenseinigung herangeführt wurden, wenn sie zuvor schon *»durch diesen Wegabschnitt der heilenden Tugenden gereift, erwachsen zu der Gesamtheit der heilenden Zügelung der Sinneslenkkräfte, im Vollbesitz dieses heilenden Klarbewusstseins«*[28] sind. Heute kommen die meisten Meditationskursteilnehmer mit der Erwartung, sofort in die »Meditationsmethoden« des siebten und achten Glieds des

27 Vgl. M 36, M 60, M 99, M 107; A IX,41, A IX,38; Thīg 480.
28 Siehe oben im 5. Gespräch mit A V,193 = S 46,55.

achtfachen Heilswegs eingewiesen zu werden. Nicht wenige Meditationslehrer bieten die Erfüllung dieses Wunsches an, ohne die vorhergehenden Glieder des Achtpfades auch nur – wenn überhaupt – anders zu erwähnen denn als kurzes Stück der Einführung in die »Meditationsmethode«. Nur selten erfahren die Teilnehmer, was Nyāṇaponika denen, die »Geistestraining durch Achtsamkeit« betreiben wollen, ans Herz legt[29]: *»Der Jünger der hier gelehrten Achtsamkeits-Schulung wird daher seine Achtsamkeit zunächst darauf zu lenken haben, dass sein Denken, Sprechen und Handeln nie der uneingeschränkten Güte ermangelt.«* Wer prüft sich schon vor der Teilnahme gründlich, ob sein Denken, Sprechen und Handeln nie der uneingeschränkten Güte ermangelt? Wie es damit selbst bei Meditationserfahrenen stehen kann, hat uns jene Australierin aus ihrer Praxis in Burma berichtet. Was hier Nyāṇaponika als Voraussetzung der angestrebten Meditation nennt, erwarten sich viele von der Meditation. Die für sie vorauszusetzende rechte Anschauung darüber, über die wir nun schon so viele Stunden intensiv gesprochen haben, wird mancherorts durch Fragmente moderner Psychologie überdeckt bis ersetzt. Dadurch kommen längst nicht alle Meditationswilligen in Berührung mit dem, worüber wir hier ausschließlich sprechen: dem *»samma-samādhi«* eines vom Erwachten bereits Belehrten. Stattdessen stößt man nicht selten auf die Meinung, die Belehrung werde durch den *samādhi* geliefert. Aber der *samādhi* des nicht von rechter Anschauung (*sammadiṭṭhi*) und erfahrener Lehrkenntnis (*suta*) Erfüllten kann das gar nicht leisten. Bei einem solchen *samādhi* ohne solides Fundament heilender rechter Anschauung und heilender Tugend, der durch starke Konzentration vorübergehend erreicht werden mag, besteht freilich die Gefahr, dass er zur *samādhi*-Falle wird. Der Heilsgänger dagegen weiß im Geist um die Unbeständigkeit aller Erscheinungen und sieht den *samādhi* daher nicht als »Selbstverwirklichung«, sondern als Werkzeug zum Hinarbeiten auf die absolute Befreiung aus der Gefangenschaft in der Wahrnehmung, wie es der Nandako in A III, 67 beschrieben hat.

2. Infolge dieser Entwicklung im modernen Buddhismus wird weithin *samādhi* gleichgesetzt mit seinem Gipfel, der Entrückung (*jhāna*), und es bleibt unbekannt, dass *samādhi* erst dann zur Entrückung (*jhāna*) wird, wenn sein Wohl derart stark ist, dass die sinnliche Wahrnehmung nicht nur zurücktritt, sondern total untergeht. Dass dies verkannt wird, liegt allerdings auch an Neumanns Übersetzung in D 9: Dort heißt es im Pāli: *»kāmasaññā sā nirujjhati«*, wörtlich »die sinnliche Wahrnehmung, die *geht unter.*« Neumann übersetzt: *»Was er früher als Lust wahrgenommen, geht unter.«* Das kann so klingen, als werde zwar auch während der Entrückung gesehen, gehört, gerochen, geschmeckt und getastet, nur ohne sinnliche Lust. Ginge es aber nur um die Entreizung der sinnlichen Wahrnehmung, so müsste es heißen: *»kāmasaññā sā virajjati«* (»die sinnliche Wahrnehmung wird *entreizt*«). Der Buddha sagt aber: *»nirujjhati«*, und das hat nur die *eine* Bedeutung: Untergehen, Aufhören, ohne Nebenbedeutungen.

So halten guten Glaubens manche Meditierende, denen beim inneren Glück der Meditation der Körper stillgeworden ist, schon diese Körperstille (*kāya-passaddhi*) für Entrückung (*jhāna*). Bloße Körperstille (*kāya passaddhi*) ist aber erst eine Vorstufe des *samādhi*. Das kann man genau ablesen an der stufenweisen Beschreibung des Eintritts in den *samādhi*, die der Buddha oft auch im Haus lebenden Anhängern gibt, beispielsweise in D 6: *»Dem innerlich Freudigen (1) entsteht innerer Jubel (2). Dem innerlich Jubelnden wird der Körper still (3). Bei gestilltem Körper empfindet er Wohl (4). Wer Wohl empfindet, dem wird das Herz einig (5).«* Das ist Herzenseinigung, *samādhi*, noch nicht Entrückung (*jhāna*). Es gibt auch eine ganze Reihe anderer Übungen, die im *samādhi* stattfinden und nicht mit Entrückung verbunden sind.

Viele erleben während einer guten Meditation Körperstille (*kāya-passaddhi*), etwa indem sie sichtbare Vorgänge oder die Telefonklingel oder das Gewicht des Körpers oder die Härte des

29 *Geistestraining durch Achtsamkeit*, Herrnschrot (Beyerlein & Steinschulte) 1997, S. 156 f.

Sitzes nicht merken. Diese Körperstille ist wunderbar wohl tuend, aber noch kein *samādhi* und erst recht keine Entrückung. Die Berichte heutiger Erfahrer von Entrückungen stimmen nicht nur mit den immer inhaltsgleichen Schilderungen der Entrückungen durch den Erwachten überein, sondern auch mit den Berichten von Erfahrern aus der christlichen Mystik: Meister Ekkehart sagt vom Entrückten, er *»verwendet die Kräfte der Seele in dem äußeren Menschen nur so weit, als die fünf Sinne es unumgänglich nötig haben, aber den Überschuss an Kräften wendet die Seele ganz dem inneren Menschen zu; ja, wenn diese etwas ganz Hohes und Edles zum Gegenstand hat, so zieht sie auch noch die Kräfte, die sie den fünf Sinnen geliehen hat, an sich, und dann heißt der Mensch sinnenlos und entrückt.«* In A XI,11^{m} sagt der Erwachte den Mönchen über einen Entrückten: *»Bei Erdigem geht ihm die Erdwahrnehmung unter (vibhūtā hoti), bei Wässrigem die Wasserwahrnehmung, bei Feurigem die Feuerwahrnehmung, bei Luftigem geht ihm die Luftwahrnehmung unter.«* Aber heute kann sich kaum jemand eine solche Tiefe des *samādhi* vorstellen, dass darüber alle sinnlichen Wahrnehmungen zugleich *untergehen* – also keinerlei Sehen, Hören, Riechen, Schmecken und Tasten bemerkt oder auch nur vermisst wird. Deshalb wird üblicherweise *»vibhūta«* nicht mit seiner im PTS-Wörterbuch angegebenen Erstbedeutung *»destroyed, annihilated«* (»vernichtet, zunichte gemacht«) übersetzt, sondern mit der Drittbedeutung »klar werden«. Bei *nirujjhati* in D 9 ist ein solches Missverständnis nicht möglich. Das hat nur die eine Bedeutung: »untergehen«, »aufhören«.

Wir sehen, dass der Erwachte allen Grund hat, dem Baumeister in M 78 zu sagen, die verschiedenen Arten von Erlösung müsse man »so wie sie wirklich sind« (*yathā-bhūta* = »wie geworden«) richtig (*»pa-«*) kennen (*»jānāti«*).

Damit kommen wir zu deiner zweiten Frage, was der Buddha in M 78 mit *»Kennen«* der Gemüts- und Weisheitserlösung meint, in der sich auch die heilstauglichen Verhaltensweisen restlos auflösen: Diese – typisch abendländische – Frage löst sich von selber, wenn wir einfach weiterlesen. Nachdem nämlich der Erwachte gezeigt hat, dass sich die heilstauglichen Verhaltensweisen in Gemüt- und Weisheiterlösungen auflösen, die man kennen muss, erklärt er nicht lange, was das für Erlösungen sind, sondern wie man vorgeht, damit sich die heilstauglichen Verhaltensweisen auflösen. Was bei diesem Vorgehen herauskommt, das sind dann jene Gemüt- und Weisheiterlösungen:

»Wie aber geht er vor, Baumeister, um zur restlosen Auflösung der heilstauglichen Verhaltensweisen zu gelangen? Da weckt der Mönch den Willen, nicht aufgestiegene schlechte, heilsuntaugliche Dinge nicht aufsteigen zu lassen, kämpft, setzt Energie ein, reckt das Herz, strengt sich an. Er weckt den Willen, aufgestiegene schlechte, heilsuntaugliche Dinge zu überwinden, kämpft, setzt Energie ein, reckt das Herz, strengt sich an. Er weckt den Willen, nicht aufgestiegene heilstaugliche Dinge aufsteigen zu lassen, kämpft, setzt Energie ein, reckt das Herz, strengt sich an. Er weckt den Willen, aufgestiegene heilstaugliche Dinge zu bewahren, nicht daran irre zu werden, sie zu mehren, zur Fülle, zur Entfaltung, zur Vollendung zu bringen, er kämpft, setzt Energie ein, reckt das Herz, strengt sich an. So geht er vor, Baumeister, um zur restlosen Auflösung der heilstauglichen Verhaltensweisen zu gelangen.«

HANS: Das sind doch keine Gemüterlösungen! Das sind doch Kämpfe! Ich habe gemeint, da kämen jetzt irgendwelche stillen Meditationen!

FRITZ: Das habe ich erst auch gedacht. Aber diese »Befreiungskämpfe« mit der dazu nötigen Gemütshaltung und Weisheit sind die Gemüterlösungen und Weisheiterlösungen, in denen sich die heilstauglichen Verhaltensweisen – die Tugenden – restlos auflösen. Hier haben wir nämlich genau die Nahtstelle zwischen Tugend (tauglichen Verhaltensweisen, *sīla*) und Herzenseinigung (*samādhi*): Die heilenden Tugenden dienen nur dazu, zur Herzenseinigung zu führen. Mir in dieser Weise ständig auf den Fersen bleiben, den Willen wecken und gegen die heilsuntauglichen und für die heilstauglichen Dinge kämpfen – damit erlöse ich das Herz mit Gemüts- und

Weisheitskraft von allem äußeren Verhalten. Insofern ist dieser unspektakuläre Dauerkampf in der Häuslichkeit auch schon eine relative Gemüt- und Weisheit-Erlösung. Buddhisten, die in diesem Wissen hier ihren Schwerpunkt setzen, können also nicht mit der manchmal zu hörenden Klassifikation versehen werden: *»Die meditieren ja nicht.«* Denn sie üben die Gemüterlösungen und Weisheiterlösungen, in denen sich die heilstauglichen Verhaltensweisen – die Tugenden – restlos auflösen.

HANS: Aber ist das nicht paradox: Die heilstauglichen Verhaltensweisen sind ja gewiss eines der heilstauglichen Dinge. Aber damit sie sich auflösen, soll man gerade die aufgestiegenen heilstauglichen Dinge mehren? Man müsste sie doch eher mindern, um sie aufzulösen! Aber das wäre auch ein Unding! Ist das nicht fast ein Kōan?

FRITZ: Kein Kōan! Ganz einfach: Dem kämpfenden Heilsgänger lösen sich ja nicht alle äußeren Verhaltensweisen auf einmal. Auf vielen Gebieten wollen ihn die Triebe immer noch vom inneren Kampf abziehen und zu Verhaltensweisen, zum Agieren nach außen drängen, auch zu heilsuntauglichem. So lange besteht die »erste Hilfe« darin, im Tugendkampf der geistigen Einsicht und den besseren Herzenseigenschaften, denen Verstöße widerstreben, im Verhalten zum Durchbruch zu verhelfen. Es ist gut, das bei jeder Gelegenheit zu bedenken. Durch dieses häufige Bedenken neigt sich auch das *Herz* (mit allen Trieben) zu dieser Einstellung des *Gemüts* (dem Zumutesein nur der geistigen Triebe[30]). Dadurch wird der Kampf immer leichter.

Die heilsuntauglichen Dinge sind vielfältig, zersplittert. Den heilstauglichen dagegen liegt jener einheitliche Anblick zugrunde, der in allem nur das Eine sieht, das der Erwachte in M 54 Potaliyo ans Herz gelegt hat: Befreiung, Loslassen. Dadurch wird bei dem vierfachen Kampf – dem sechsten Glied des achtfachen Heilswegs – das Herz relativ immer einiger. Nach und nach wird bald auf diesem, bald auf jenem Gebiet, wo wir früher in die Vielfalt von Tugend-Nahkämpfen verwickelt waren, mehr und mehr mit den Mittelstreckenwaffen der Gemütseinstellung gekämpft, und schließlich schwindet an einer Front nach der anderen dadurch sogar der Konflikt zwischen Herz einerseits und Gemütseinstellung und Verhalten ganz, so dass heilstaugliche Verhaltensweisen gar nicht mehr eingesetzt zu werden brauchen, weil auf dem betreffenden »Kriegsschauplatz« schon der Feind (heilsuntaugliche Herzenseigenschaften) abgezogen ist. Man braucht nur immer diese hier in M 78 als Universalmittel geschilderten vier Kämpfe beharrlich durchzuhalten – nicht aufgestiegene heillose Dinge gar nicht mehr erst aufsteigen lassen, dennoch aufgestiegene vertreiben, nicht aufgestiegene heilstaugliche Dinge aufsteigen lassen (sozusagen frische Kampftruppen ausheben) und aufgestiegene bewahren (die frischen Truppen auf einen immer höheren Ausbildungsstand bringen). Wenn diese vier Kämpfe durchgehalten werden, dann zieht immer mehr der Feind ab, und das immer einigere Herz zieht unbeirrbar – nicht mehr in Vielfaltgefechte verwickelt – seine machtvolle Bahn: Verhaltensweisen – auch heilstaugliche – (»Tugenden«!) sind insoweit kein Sonderthema mehr, weil das Herz ja jetzt keine heilsuntauglichen mehr hervorbringt, denen Spezialeinheiten (heilstaugliche Verhaltensweisen) entgegengesetzt werden müssten. Ich habe ja vorhin gesagt, dass wir hier an der Nahtstelle zwischen *sīla* und *samādhi* sind: Durch den in M 78 beschriebenen Einsatz der vier großen Kämpfe werden *sīla* zu *samādhi* »umgewandelt«. Wer das öfter bedenkt, dem wird klar, was sich ein Mensch an *samādhi*-Potenzial entgehen lässt, der sein Bemühen um *samādhi* nicht mit diesen in M 78 genannten beständigen unspektakulären vier Kämpfen im Hausleben gegen heilsuntaugliche und für heilstaugliche Verhaltensweisen (Tugenden) ansetzt, sondern meint, *samādhi* und die damit verbundene Verständniskraft im Hausleben nur durch regelmäßige schwerpunktmäßige Pflege asketischer Meditationen auf die Dauer schneller und

30 dazu vgl. Mexi 2. Aufl. S. 211 ff.

»buddhistischer« zu gewinnen. (Von vereinzelten Vorstößen bei entsprechendem Reifegrad spreche ich hier nicht, weil sich darüber nichts Allgemeines sagen lässt!)

Während dieses Prozesses der Herzenswandlung durch die vier großen Kämpfe geht die neue Gemütseinstellung voran: Der Geist kann ja viel eher Triebrichtungen als unheilsam einsehen, als die Triebe selber geändert werden können. Die können nur durch häufiges bewertendes Bedenken und Sinnen geändert werden (wertendes Nennen!). Das bewirkt aber, richtig angefangen, dass schon lange, bevor eine merkliche Wandlung von Hinneigung, Abneigung und Blendung zu bemerken ist, eine Neigung zu diesem wandelnden Denken – Meditieren! – wächst, so dass man an diese Wandlung gern denkt. Dann werden die altgewohnten heilsuntauglichen Gesinnungen, Gemütseinstellungen neu eingestellt, so dass schon einmal vorab eine neue Gemütseinstellung (*sankappa*) dem schwerfälligen Herzen voran- und mehr und mehr auch kontrollierend und korrigierend zur Seite geht. Deshalb bespricht der Erwachte nun die Gemütseinstellungen:

»Und was sind die heilsuntauglichen Gemütseinstellungen (›Gesinnungen‹)? Die Gemütshaltung des sinnlichen Begehrens (kāma-sankappa), des Übelwollens (byāpāda-sankappa), der Gewaltsamkeit (vihimsa-sankappa), Baumeister: das werden die heilsuntauglichen Gemütseinstellungen genannt.

HANS: Wir haben aber doch bei unseren Gesprächen über den rechten Umgang mit Besitz und Sinnesbefriedigung gesagt, bloßes Befriedigen von Sinneswünschen – vorausgesetzt, dass es

- keine *Tugend* verletzt,
- nicht rauschhaft geschieht und
- mit dem Gedanken an die Vergänglichkeit verbunden ist und damit mit dem Gedanken an das *Entrinnen*, –

sei für sich allein in der Menschenwelt noch keine unheilsame Wirkensbahn. Eine unheilsame Wirkensbahn sei erst übermäßiges, rauschhaftes Genießen, die »Fixierung« auf Sinnenbefriedigung, die jeden Gedanken an die Entrinnung übertönt. Nun heißt es hier aber ganz allgemein, die Gemütshaltung des sinnlichen Begehrens sei eine heilsuntaugliche Gemütseinstellung.

FRITZ: Dazu kann man zweierlei sagen:

Erstens geht es in dem Gespräch des Buddha mit dem Baumeister in M 78 nur um das, wonach der Baumeister gefragt hatte: um die Eigenschaften des unüberwindlichen *Asketen*, der schon fähig ist, »an das Höchste heranzugelangen«. *Dafür* ist *jede* Gemütshaltung mit sinnlichen Wünschen (*kāma-sankappa*) unheilsam.

Zweitens fällt hier eine wichtige Abweichung der Behandlung der heilsuntauglichen *Gemütseinstellung* von der Behandlung der heilsuntauglichen *Verhaltensweisen* auf: Als heilsuntaugliche Verhaltensweise wird »falsches« Verhalten mit dem Körper, in Worten und eine falsche Lebensführung bezeichnet. Das sind für die Ordensmitglieder Verletzungen der Ordenstugenden[31], für die häuslichen Nachfolger Verletzungen der fünf Grundtugenden (*sīla*). Sinnenwünsche nur befriedigen, ohne auch nur gegen eine der fünf Grundtugenden zu verstoßen, ist daher für Nachfolger im Haus für sich allein kein »heilsuntaugliches *Verhalten*«. Anders bei der *Gesinnung*: Da nennt der Erwachte in M 78 ganz allgemein heilsuntauglich die »*Gemütshaltung des sinnlichen Begehrens*« (*kāma-sankappa*). Eine Gemütshaltung, die die Befriedigung von Sinnenwünschen ohne weitere Schranken als nur die fünf Grundtugenden bejahen würde, die also nicht auch anstreben würde, rauschhafte Befriedigung, Fixierung auf Wunschbefriedigung (»übermäßiges Hinstarren« – *abhijjha*) zu meiden und das Beste und Wichtigste in der Existenz: die *Entrinnung* aus dem Leiden auf den vom Erwachten gezeigten

31 Darüber Schäfer/Beyerlein, *Der Buddha und sein Orden*, Stammbach-Herrnschrot 2001.

gangbaren Wegen darüber im Auge zu behalten, wäre deshalb eine heilsuntaugliche Gemüts-Gesinnung, eine heilshinderliche Gemütshaltung. Andererseits kann eine Haltung nicht heilsuntauglich sein, die der Erwachte sogar noch an Heilsgängern lobt: dass es sich der Mensch mit dem Erworbenen selber angenehm und befriedigend macht, und die er tadelt, wenn sich das jemand verkneift. Darüber haben wir in unserem fünften Gespräch eingehend gesprochen.[32] Häusliche Nachfolger, die sich daran halten, verbinden ja – wie auch die Leute von Veludvāra in S 55,7 – mit dem Verlangen nach Wunschbefriedigung die Bitte um Belehrung; sie wollen also nicht »vom Brot allein« leben. Das können wir etwa an dem gerade in die Heilsströmung eingetretenen Hausvater Tapusso in A IX,41 sehen, der ehrlicherweise von sich sagte: *»wir leben mit Sinnenbefriedigung, Sinnenbefriedigung reizt uns, wir haben Freude an Sinnenbefriedigung«* und dennoch zu den Spitzen der Jüngerschaft gehörte. Mit der *heilsuntauglichen »Gemütshaltung des sinnlichen Begehrens«* kann daher hier nur die in S 41, 12 getadelte Gemütseinstellung gemeint sein, besonders wenn sie zur »Fixierung« (*abhijjhā*) auf Sinnenbefriedigung entartet.

Hans: Ach so. Also es ist wunderbar: Man kann machen, was man will: Jeder vermeintliche Widerspruch in der Lehre lässt sich exakt auflösen! Ich gehe nun erst einige Monate damit um und bin davon schon begeistert, und du sagst ja, Fritz, dass dir das nun schon seit über 50 Jahren so geht! Ach ja, und jetzt merke ich, dass ich da wieder spontan eine der sechs unübertrefflichen Erinnerungen – die Erinnerung an die Lehre – angestellt habe! – Sagt der Buddha nun von den heilsuntauglichen Gemütseinstellungen auch, wo sie herkommen?

Fritz: Ja, das folgt jetzt: *»Und wo kommen diese heilsuntauglichen Gemütseinstellungen (›Gesinnungen‹) her, Baumeister? Auch wo sie herkommen, ist gesagt worden: ›Aus der Wahrnehmung kommen sie her‹, wäre da zu sagen. Was ist die Wahrnehmung? Die Wahrnehmung ist wahrlich eine Menge von Verschiedenartigem, Mannigfaltigem. Die sinnlich begehrende Wahrnehmung, die Wahrnehmung mit Übelwollen, die Wahrnehmung mit Gewaltsamkeit, Baumeister: da kommen die heilsuntauglichen Gemütseinstellungen her.«*

Hans: Ich habe gemeint, sie kämen aus dem Denken.

Fritz: Nicht nur: Die Wahrnehmung ist sechsfach. Die »Ding-Wahrnehmung« (*dhamma-saññā*), also die Wahrnehmung von Geistesinhalten, ist nur die sechste Art der Wahrnehmungen, die an unserer Gemütseinstellung (*sankappa*) beteiligt sind: Ein erheblicher Teil kommt nicht aus der Wahrnehmung von Daten unseres Gedächtnisspeichers, sondern aus den sichtbaren, hörbaren, riechbaren, schmeckbaren oder tastbaren Signalen der fünf körperlichen Sinnesorgane. Diese ganze, bei Weltgängern sogar überwiegende Quelle für die Gesinnungsbildung dürfen wir nicht übersehen, sonst gaukeln wir uns jene Illusion von »geistiger Selbstständigkeit« vor, die in den letzten Jahrhunderten der »Aufklärung« entscheidend zur Überschätzung des Geistes und zur Unterschätzung der Triebe beigetragen hat. Auch hier bespricht nun der Erwachte die Frage nach der Auflösung:

»Und wo lösen sich diese heilsuntauglichen Gemütseinstellungen restlos auf? Auch wo sie sich restlos auflösen, ist gesagt worden: Da verweilt ein Mönch abgelöst von sinnlichem Begehren, abgelöst von allen heillosen Gesinnungen und Gedanken, mit stillem Denken und Sinnen in weltabgelöster jubelnder Seligkeit, im ersten Grad der weltlosen Entrückung. Dort lösen sich diese heilsuntauglichen Gemütseinstellungen restlos auf.«

Ruth: Das überrascht mich: Nicht schon während der Betrachtung des Elends sinnlichen Begehrens, oder bei geistiger Freude, noch nicht bei *pīti*, nicht einmal im »angrenzenden« *samādhi* lösen sich die heilsuntauglichen Gemütseinstellungen auf, sondern erst am Ansatz des Gipfels des *samādhi*, in der ersten Entrückung.

32 Vgl. A IV,61, A V,41, A VII,54, A X,91; S 3,11, S 3,19, S 42,12, S 55,7, S 55,53.

FRITZ: Ja: Außerhalb der Entrückungen – anders gesagt: wo noch sinnliche Wahrnehmung ist – können sich auch bei einem schon weit Geläuterten doch immer wieder, solange die sinnlichen Triebe nicht total aufgelöst sind, aus deren Resten mehr oder weniger kurze heilsuntaugliche Gedanken, Gedankenblitze oder Vorstellungen dazwischendrängen – auch zwischen geistige Freude oder zwischen Wellen der *pīti* oder angrenzender Sammlung. Wir brauchen nur an den Nichtwiederkehrer Uggo aus Vesālī mit seinem Eingemachten zu denken.[33] — Auch hier ist das Vorgehen, um davon frei zu werden und zur Entrückung zu gelangen, das sechste Glied des achtfachen Heilswegs: die vier großen Kämpfe:

»Wie aber geht er vor, Baumeister, um zur restlosen Auflösung der heilsuntauglichen Gemütseinstellungen zu kommen? Da weckt ein Mönch den Willen, nicht aufgestiegene heilsuntaugliche Dinge nicht aufsteigen zu lassen, kämpft, setzt Energie ein, reckt das Herz, strengt sich an. Er weckt den Willen, aufgestiegene heilsuntaugliche Dinge zu überwinden, kämpft, setzt Energie ein, reckt das Herz, strengt sich an. Er weckt den Willen, nicht aufgestiegene heilstaugliche Dinge aufsteigen zu lassen, kämpft, setzt Energie ein, reckt das Herz, strengt sich an. Er weckt den Willen, aufgestiegene heilstaugliche Dinge zu bewahren, nicht daran irre zu werden, sie zu mehren, zur Fülle, zur Entfaltung, zur Vollendung zu bringen, er kämpft, setzt Energie ein, reckt das Herz, strengt sich an. So geht er vor, Baumeister, um zur restlosen Auflösung der heilsuntauglichen Gemütseinstellungen (›Gesinnungen‹) zu gelangen.

Und was sind die heilstauglichen Gemütseinstellungen (›Gesinnungen‹)? Die auf das Übersteigen der Sinne (nekkhamma) gerichtete Gemütseinstellung, die Gemütseinstellung der Freiheit von Übelwollen, die Gemütseinstellung der Gewaltfreiheit, das, Baumeister, nennt man die heilstauglichen Gemütseinstellungen (›Gesinnungen‹). — Und wo kommen diese heilstauglichen Gemütseinstellungen her, Baumeister? Auch wo sie herkommen, ist gesagt worden: ›Aus der Wahrnehmung kommen sie her‹, wäre da zu sagen. Was ist die Wahrnehmung? Die Wahrnehmung ist wahrlich eine Menge von Verschiedenartigem, Mannigfaltigem. Die Wahrnehmung des Übersteigens der Sinne, der Freiheit von Übelwollen, der Gewaltfreiheit, da kommen die heilstauglichen Gemütseinstellungen her.«

HANS: Übersteigen des sinnlichen Begehrens, *nekkhamma* – ist das die Verneinungsform des Worts »*kāma*«, oder kommt es von »*kamma*/Karma«?

FRITZ: Weder – noch, sondern von *kamati*, »fortgehen, herausgehen, wegziehen«, nämlich aus dem sinnlichen Begehren. Auch da wird die Auflösung erklärt:

»Und wo lösen sich diese heilstauglichen Gemütseinstellungen restlos auf? Auch wo sie sich restlos auflösen, ist gesagt worden: ›Da verweilt ein Mönch nach Verebbung auch des Denkens und Sinnens in innerer Gelöstheit des Gemüts, in der von Sinnen und Denken freien, in der Einung geborenen Seligkeit, in der zweiten Entrückung.‹ Dort lösen sich diese heilstauglichen Gemütseinstellungen restlos auf.«

HANS: Also, dass die heilsuntauglichen Verhaltensweisen und Gemütseinstellungen aufzulösen sind, ist ja klar. Selbst die heilstauglichen Verhaltensweisen braucht man nicht mehr, wenn das Herz von selber in die richtige Richtung geht. Aber auch die tauglichen Gemütseinstellungen? Das verstehe ich nicht. Ich will doch kein Mensch ohne heilstaugliche Gemütseinstellungen werden.

FRITZ: Man soll sie ja gar nicht auflösen, sondern sie gehen während der Dauer der zweiten oder einer noch höheren Entrückung unter. Da ist gar keine Gemütseinstellung möglich, weil das Denken, das von der Gemütseinstellung beherrscht, von der Gesinnung erfüllt ist, ja während dieser Entrückung schweigt. Wie man dazu vorgeht, erklärt der Erwachte anschließend:

33 A V,44 und A VIII,21.

»Wie aber geht er vor, Baumeister, um zur restlosen Auflösung der heilstauglichen Gemütseinstellungen zu gelangen? Da weckt ein Mönch den Willen, nicht aufgestiegene heilsuntaugliche Dinge nicht aufsteigen zu lassen, ... nicht aufgestiegene heilstaugliche Dinge aufsteigen zu lassen, ... aufgestiegene heilstaugliche Dinge zu bewahren, nicht daran irre zu werden, sie zu mehren, zur Fülle, zur Entfaltung, zur Vollendung zu bringen, er kämpft, setzt Energie ein, reckt das Herz, strengt sich an.

So geht er vor, Baumeister, um zur restlosen Auflösung der heilstauglichen Gemütseinstellungen zu gelangen.

Einen Menschen, der zu welchen zehn Dingen erwachsen ist, Baumeister, nenne ich tauglich, zum Heil, zum höchsten Gut, an das Höchste heranzugelangen, einen unüberwindlichen Asketen? Da ist der Mönch herangewachsen an ohne Üben verfügbare (asekho) rechte Anschauung, ohne Üben verfügbare rechte Gemütseinstellung, ohne Üben verfügbare rechte Rede, ohne Üben verfügbares rechtes Handeln, ohne Üben verfügbare rechte Lebensführung, ohne Üben verfügbares rechtes Mühen, ohne Üben verfügbare rechte Wahrheitsgegenwart, ohne Üben verfügbare rechte Herzenseinigung, ohne Üben verfügbares rechtes Wissen, ohne Üben verfügbare rechte Erlösung.[34]

Einen Menschen, der zu diesen zehn Dingen erwachsen ist, nenne ich tauglich zum Heil, tauglich zum höchsten Gut, tauglich, an das Höchste heranzugelangen, einen unüberwindlichen Asketen.« So sprach der Erhabene. Der Baumeister Pañcakango war beglückt und erhoben von den Worten des Erhabenen.

Hans: Ist der zu diesen zehn Dingen erwachsene Mensch heilig?

Fritz: Nein, aber mit der Tauglichkeit ausgerüstet (*kusalasampanna*), nun an das Höchste »heranzugelangen«. Er muss sich noch um die letzte Befreiung mühen, ist also noch nicht im absoluten Sinn »kampfesledig« (*asekho*). Das heißt es erst vom Geheilten. Aber bei diesem Mühen hindert ihn kein Widerstand von Sinneswünschen mehr: Er sieht, wann er etwas tun muss, und das geht dann mühelos. Es ist eigentlich nur noch ein bloßer Steuervorgang, dem das Steuer gehorcht, wie der Erwachte bei jedem der acht Glieder des Achtpfades und bei seinen beiden Früchten sagt. Auch bei der sechsten Stufe, dem rechten Mühen, sagt er ausdrücklich, ein solcher Asket sei *»asekhena sammā-vāyāmena sammanagato«*: zu dem ohne Üben verfügbaren rechten Mühen herangewachsen.

Hans: Das könnte hier wieder wie ein Paradox aussehen: Üben ist doch Mühen. Mühen ohne Mühen?

Fritz: Vielleicht zuerst ein Gleichnis: Wenn der große Pianist Walter Gieseking in späten Jahren ein Konzert vor sich hatte, brauchte er vorher nicht zu üben; er spielte nur noch im Geist. Nur im Konzert musste er noch spielen. So ähnlich verhält es sich mit einem Asketen, der zwar noch nicht am Ziel, aber unmittelbar vor dem Ziel ist: Solange er noch nicht im Ziel ist, muss er sich zum Ziel hinrecken. *Vāyāmo* kommt von *vi-āyamati* = »sich auseinander ziehen, sich recken«. Aber das braucht er nicht mehr zu üben; er kann es, weil er es so intensiv geübt hat. Von dem geistesmächtigen Asketen heißt es ja in D 11, dass er mit seinem Gemüt umgehen kann wie ein Töpfermeister oder Goldschmiedemeister mit seinem Material, der daraus machen kann, was er will, und wenn er von einem Erwachten belehrt ist, dann braucht er es nur auf die drei Weisheitsdurchbrüchen zu »richten«, und er wird frei. Ein solcher Asket ist unüberwindlich auf seinem kurzen restlichen Weg zum Heil.

Ruth: Diese Erklärung des unüberwindlichen Asketen führt so weit über unseren häuslichen Bereich hinaus. Aber sie ist einem viel beschäftigten Architekten gegeben worden. Was da über die Einbettung der Tugenden in die Ausbildung des Herzens zum *samādhi* gesagt worden ist, müssen auch wir zur Vorbereitung auf unser Vorgehen wissen, nicht nur die

34 Vgl. S 3,24.

Asketen. Und was mich so besonders berührt: Zum Übersteigen heilsuntauglicher und heilstauglicher Verhaltensweisen und Gemütseinstellungen ist durchgängig die gleiche Vorgehensweise genannt: das Herz recken, streben, kämpfen, damit wir dahin kommen, dass uns das Kämpfen immer leichter wird. Das ist wahrlich kein Quietismus.

FRITZ: Ja, da haben wir eine der umfassendsten Beschreibungen des sechsten Glieds des Achtpfads, der vier großen Kämpfe vor uns, die ja immer nur Kämpfe um den Herzensfrieden sind.

RUTH: Die Entwicklungsreihe zum unüberwindlichen Asketen in M 78 umfasst den ganzen achtfachen Heilsweg: man muss eine Menge wissen – rechte Anschauung. Die heilsuntauglichen Gemütseinstellungen muss man ablegen – rechte Gesinnung. Um die Umwandlung heilsuntauglicher in heilstaugliche Verhaltensweisen im Reden, Handeln und in der Lebensführung muss man sich mit Energie mühen. Dabei entwickelt man Wahrheitsgegenwart. Durch rechtes Mühen in Wahrheitsgegenwart kommt man zur Herzenseinigung.

3.) EINZELFRAGEN

HANS: Nun haben wir zwei wichtige, hier unbekannte Dinge über die Tugenden gehört: erstens, dass die fünf *sīla* ihr innerster Keim sind, zweitens, welches Hintergrundwissen man braucht, um in sie hineinzuwachsen Mit diesem Hintergrundwissen ist man immer weniger versucht, die Tugend als einen Katalog von äußeren Geboten und Verboten aufzufassen. Das habe ich verstanden. Deshalb erwarte ich nicht, dass wir alle Tugenden systematisch durchsprechen und »Verbote« und »Gebote« auflisten und kommentieren à la »Darf der Buddhist ?« Aber ich hätte gern noch über einige Einzelfragen gesprochen.

FRITZ: Was hast du denn noch auf dem Herzen?

HANS: Fragen habe ich gleich

zum ersten sīla: nichts Lebendiges umbringen.

FRITZ: Nichts Lebendes umbringen, weil ich selber auch leben möchte: Das verstehen schon Kinder mit einem Gespür für den karmischen Hintergrund. Das zeigt

UDĀNA V,4:

Da kam der Erhabene auf dem Almosengang zwischen Sāvatthī und dem Jetahain an einer Horde Kinder vorbei, die Fische fingen. Der Erhabene ging zu ihnen hin und sprach zu ihnen: *»Kinder, habt ihr Angst vor Schmerzen? Mögt ihr keine Schmerzen?« — »Ja, Herr, vor Schmerzen haben wir Angst. Schmerzen mögen wir keine.« — Da tat der Erhabene aus seiner Überschau folgenden Ausspruch:*

»Wenn ihr Angst vor Schmerzen habt und nicht gerne Schmerzen mögt,
seht, ob ihr nichts Böses tatet, jetzt nicht tut und auch nicht künftig:
könnt sonst nicht dem Schmerz entkommen, nicht forthüpfen, nicht fortspringen!«

HANS: So einfach ist es aber nicht immer.

RUTH: Das haben wir an dem erschütternden Thema des Schwangerschaftsabbruchs gesehen. Darüber haben wir eingehend gesprochen. Da sehe ich klar.

HANS: Aber wie ist es denn mit Fleischessen? Die einen sagen, alle Buddhisten müssen Vegetarier sein, aber in Thailand ist der Buddhismus Staatsreligion, und fast alle essen Fleisch!

FRITZ: Beim ersten *sīla* geht es nicht um Essen, sondern um Nichtverletzen aus Mitempfinden mit den Wesen. Wer ein Huhn schlachtet oder als Angler einen lebenden Regenwurm auf den Angelhaken spießt oder einem Fisch die Kiemen mit dem Angelhaken durchbohrt, der tötet, ob er die Beute isst oder nicht. Wer von der Leiche eines Tieres isst, das weder von ihm selber noch auf seine Anstiftung noch auf Grund seiner Zustimmung getötet worden ist, der hat die Leiche eines weitergewanderten Mitwesens gegessen, aber nicht getötet.

HANS: Ja, aber wer beim Metzger Fleisch kauft oder im Restaurant ein Steak bestellt, bekundet doch damit seine Zustimmung zum Schlachten. Wenn alle fleischlos essen würden, dann würden alle Gaststätten vegetarisch kochen, und das Schlachten würde aufhören.

Fritz: Das ist abendländisch-»weltgläubig« gedacht. Innerhalb des Wahnbereichs bin ich nur für einen Menschen verantwortlich: für mich selber, dass ich nicht töte, nicht zu einer konkreten Tötungshandlung anstifte oder durch meine Zustimmung den Hang dazu bestärke. Das Argument »Wenn aber alle« ist graue Theorie, solange die Menschen in diesem Punkt verschieden sind. Ich stimme längst nicht allem zu, wogegen ich nicht gegenüber anderen protestiere. Protesthaltung führt leicht zu Auftritten, wie dem, den ich einmal bei einem Buddhistentreffen erlebt habe. Da verkündete ein betagter, lieber, langjähriger Zuhörer erregt: »Wer noch Fleisch isst, hat keine Existenzberechtigung.« — Ob das Mitempfinden mit den Tieren so groß und mir so allgegenwärtig ist, dass mir jeder Bissen Fleisch im Hals stecken bleibt, auch wenn ich mit dem Töten dieses Tieres nichts zu tun habe – das kann jeder nur mit sich selber ausmachen.

Hans: Dann gibt es also gar kein Verbot für die Buddhisten, Fleisch zu essen?

Fritz: Verbote gegenüber häuslich Lebenden kennt der Erwachte überhaupt nicht. Er zeigt ihnen nur die Folgen. Aber es gibt eben die Tugend, nichts Lebendiges zu verletzen oder gar zu töten, wurzelnd im Mitempfinden. Das ist eine Sache der Herzensausbildung. Was ich meine, wird am deutlichsten aus drei Lehrtexten. Der erste berichtet über jenen unseligen Tag in ferner Vorzeit, als die Menschen anfingen, Tiere zum Essen zu töten. Der Erwachte zeigt dieses grauenvolle Ereignis als Teil der Geschichte des Verfalls der Brahmanenkaste in

Sn 284-315 – DAS BRAHMANENGESETZ:

Eine große Schar von steinalten Brahmanen kam in Sāvatthī zum Kloster Anāthapiṇḍikos im Jetahain zum Erwachten mit der besorgten Frage:

»Herr Gotamo: leben heutzutage die Brahmanen nach dem alten Brahmanengesetz?« — »Nein, Brahmanen, heute nicht mehr.« — »Es wäre gut, wenn uns der Herr Gotamo das alte Brahmanengesetz sagen würde, wenn es dem Herrn Gotamo nichts ausmacht.« — »Nun, Brahmanen, so hört gut zu und merkt auf, ich will es euch sagen.« — »Ja, Herr«, stimmten die Brahmanen zu. Der Erhabene sprach:

284 »Die alten Seher waren einst voll Inbrunst bei der Zügelung.
Von den fünf Sinnessträngen fern, lebten sie ganz dem eignen Heil.
285 Brahmanen eignete kein Vieh, kein Geld, kein weltlicher Besitz:
Ihr Reichtum war die Spruchweisheit, das höchste Gut, verborgner Schatz.
286 Was man als Spende ihnen gab, am Tor als Speise dargereicht:
als Gabe aus Vertrauen und aus Heilssehnsucht sah'n sie es an.
287 Durch Kleidung, so und so gefärbt, durch Lagerstatt und Unterkunft
blühende Länder brachten so Verehrung den Brahmanen dar.
288 Brahmanen war'n unantastbar, von Haft, Bewachung freigestellt,
und niemand hielt sie jemals fern vom Tore der Familie.
289 Durch 48 Jahre hin als Brahmaschüler lebten sie,
nach Wissen, Wandel strebend nur, so lebten die Brahmanen einst.
290 Brahmanentöchter nahmen sie zur Ehe, kauften keine Frau.
Aus Zuneigung zur Ehe sich verbinden, das war ihnen lieb.
291 Wenn es die rechte Zeit nicht war, die Zeit der Regel, hielt sich fern
von dem Verkehr mit seiner Frau, wer damals ein Brahmane war.
292 Geistliches Leben, Tugendart, Geradheit, Milde, Innigkeit,
Sanftmut und Freisein von Gewalt und die Geduld, das priesen sie.
293 Der beste unter ihnen rang um Brahma mit so großer Kraft,
dass nicht einmal im Schlaf er sich mehr hingab der Geschlechtlichkeit.

294 Nach seinem Vorbild strebten dann noch einige Klarsehende.
Brahmisches Leben, Tugendart, Geduld, das priesen nun auch sie.
295 Reis, Lagerstatt und das Gewand und Butter, Öl erbaten sie.
Vom redlich so Empfangenen, da brachten sie ihr Opfer dar.
Bei einem Opfer solcher Art da schlug man niemals Rinder tot:
296 Den Eltern und dem Bruder gleich, wie Glieder der Familie sind
die Rinder, unser bester Freund: Von ihnen kommt die Medizin.[35]
297 Sie spenden Nahrung, Leibeskraft und Schönheit, körperliches Wohl.
So sah'n sie den Zusammenhang; sie schlugen niemals Rinder tot.
298 Voll Anmut, hoch gewachsen, schön, in hohem Anseh'n lebten so
Brahmanen nach dem alten Brauch und taten kraftvoll ihre Pflicht.
Als sie auf Erden wandelten, da war der Menschheit Blütezeit.
299 Dann aber fing der Abstieg an: Allmählich sah'n sie immer mehr
des Königs Glanz und Herrlichkeit, die Frau'n in Putz und Schmuck und Zier
300 und Wagen, edelroßbespannt und feine Decken, reich bestickt,
Paläste, an Gemächern reich, nach wohlbemess'nem Plan gebaut,
301 umgeben rings von Weideland, und drin bewohnt von schönen Frau'n.
Auf diesen Menschenreichtum sah'n voll Habsucht die Brahmanen hin.
302 Da dachten sie sich Sprüche aus, schritten zu Fürst Okkāko hin:
Du hast so viel an Geld und Gut. Bring Opfer, groß ist dein Besitz,
bring Opfer, riesig ist dein Schatz!‹
303 Der König, Wagenlenkerherr, gab der Brahmanen Einfluss nach,
schenkt' Pferde, Menschen opfernd her und führte alle Opfer ein.[36]
Und nach den Opfern gab er dann an die Brahmanen Geld und Gut.
306 Doch diese, zu Besitz gelangt – am Horten fanden sie Geschmack.
Besessen von Begehrlichkeit, schwoll Durst in ihnen nur noch mehr.
So dachten sie sich Sprüche aus, besuchten nochmals Okkāko:
307 ›Wie Wasser, Erde und wie Gold, wie Geld und Gut und wie das Korn,
so ist das Rind dem Menschen wert. Zum Leben braucht man alles das:
Bring Opfer! Groß ist dein Besitz! Bring Opfer! Riesig ist dein Schatz!‹
308 Der König, Wagenlenkerherr, gab der Brahmanen Einfluss nach:
Viel hunderttausend Rinder ließ er schlachten bei dem Opferfest.
309 Die nicht mit Huf und nicht mit Horn jemand etwas zuleidgetan,
die Kühe wie die Ziegen sanft, die Milch uns geben eimerweis',
die ließ der König an dem Horn hinschleifen unters Schlächterbeil.
310 Die Götter, Ahnen, Indra selbst, Titanen und Dämonen schrie'n
laut auf: ›welch Frevel!‹ – als das Beil herabfuhr auf die Rinder all.
311 Zuvor gab's drei Gebrechen nur: Begehren, Hunger, Greisentum.
Doch nach dem Morden an dem Tier entstanden achtundneunzig neu.
312 So kam das Unrecht der Gewalt in lang vergangnen Zeiten auf:
Unschuld'ge Wesen töten sie. So schänden Opferer das Recht.
313 Solch niedrig alten Brauch verwirft ein Mensch, wenn er vernünftig ist,
und wo das Volk so etwas sieht, missbilligt es den Opferer.
314 Seit so das Recht im Niedergang, zerfielen Bürger-, Dienerstand,
der Kriegerstand ward uneins auch, der Mann missachtet seine Frau.

35 »*Fauler Rinderurin*« – wohl natürliche Antibiotika enthaltend – wird immer wieder genannt.
36 Das bedeutet nicht Töten von Menschen als Opfer, sondern Verschenken von Leibeigenen.

315 Adel und Priester von Geburt und wem der Stamm sonst Halt noch gab,
vergaßen ihre Standespflicht und gaben sich den Lüsten hin.«

Hans: Da steht aber nichts von Fleischessen, nur von Opfertieren!

Fritz: Aber die Opfergaben wurden hinterher zum Essen an die Besucher verteilt. So sind die Menschen durch Priestereigennutz »auf den Geschmack« am Fleischessen gekommen. Ohne das religiöse Mäntelchen wäre es unter den damaligen Lebensumständen zu dem Frevel des Tötens unserer Tier-Geschwister vielleicht überhaupt nicht gekommen.

Hans: Ich habe aber in der Schule gelernt, schon die frühesten Menschen seien Jäger und Fleischesser gewesen. Dann kann die Geschichte von dem Priesterfrevel doch gar nicht stimmen.

Fritz: Das ist auch eines dieser Wissenschaftsdogmen, die ins Wanken geraten sind, seit amerikanische Wissenschaftler auf Grund neuester Befunde feststellen, dass die frühesten Menschen eher Vegetarier waren – wie heute noch die Menschenaffen – und nur ergänzend Knochenmark und Fleisch von bereits durch Raubtiere getöteten Beutetieren zu sich nahmen.[37] Die Wissenschaftler bemerken dazu: *»Die Argumente für das Modell vom ursprünglichen Menschen als Jäger – beruhen mehr auf zweifelhaften Annahmen über die Verteilung der Geschlechterrollen und anderen Vorurteilen als auf dem Fossilbefund und den ökologischen Voraussetzungen für Nahrungsbeschaffung.«* Die weltliche Wissenschaft beginnt sich also heute, nach 2.500 Jahren, auch auf diesem Gebiet den Erinnerungsberichten des Erwachten zu nähern. Auf jeden Fall hat unsere derzeitige Vielfalt-Wahnwahrnehmung die Struktur, dass darin das Bild erscheint, dass seit Jahrtausenden Menschen Mitwesen töten, um ihre Körper zu essen. Und diese (Wahn-) Struktur können wir nur durch Mitempfinden ändern, nicht durch rigorosen »Vegetarismus« oder sonst irgendeinen »-ismus«. Nochmals: Es geht um Nichtverletzen, Nichttöten, Mitempfinden, nicht vordergründig ums Essen. Das wird besonders deutlich aus dem Ende des Gesprächs, durch das der General Sīho Heilsgänger geworden war, überliefert in:

A VIII,12:

Der Erwachte hatte gerade dem General jene stufenweise Einführung in die Lehre gegeben, die wir schon aus dem Gespräch mit Upāli in M 56 kennen: Wie ein reines fleckenloses Gewand sofort Farbe annimmt; so ging dem Feldherrn Sīho noch während er da auf seinem Sitz saß, das staubfreie, fleckenlose Auge für die Wahrheit auf: *»Was immer auch entstanden ist, muss alles wieder untergehen.« Sīho, der Feldherr, die Wahrheit sehend, bei der Wahrheit angelangt, Wahrheit empfindend, in die Wahrheit eingetaucht, dem Daseinszweifel entronnen, fragenfrei geworden, selbstständig, auf keinen andern gestützt in der Anleitung des Meisters lud den Erhabenen mit der Mönchsgemeinde zum Mahl ein; der Erhabenen nahm die Einladung an. Nun gab der Feldherr Sīho einem Mann den Auftrag: »Geh, lieber Mann, sieh zu, ob Fleisch angefallen ist.« Nach Ablauf der Nacht ließ der Feldherr Sīho in seinem Haus feine feste und weiche Speise anrichten und ließ es dem Erhabenen melden. Der Erwachte kam mit der Mönchsgemeinde. Unterdessen erhoben viele Niganther von Straße zu Straße und Platz zu Platz in Vesālī, mit den Fingern zeigend, ein großes Geschrei: »Gerade ist vom Feldherrn Sīho ein großes Tier als Essen für den Asketen Gotamo geschlachtet und zubereitet worden. Der Asket Gotamo hat das wissentlich zugelassen und hat das Fleisch gegessen; er ist an der Tat beteiligt.« Einer seiner Leute ging zum Feldherrn Sīho und flüsterte ihm die Nachricht davon ins Ohr – »Kümmre dich nicht darum, mein Lieber; seit langem wollen diese guten Leute den Erwachten in Verruf bringen; sie können sich nicht genug daran tun, den Erhabenen wahrheitswidrig, grundlos, lügenhaft, den Tatsachen zuwider schlecht zu machen. Ich könnte auch nicht um den Preis meines Lebens einem Wesen das Leben nehmen.«*

37 R. J. Blumenschine und J. A. Cavallo: Frühe Hominiden – Aasfresser, *Spektrum* 12/1992, S. 88 ff.

HANS: Der General ließ also gar nicht schlachten? Hat er denn seine Leute zum Metzger geschickt?

FRITZ: Dann hätte er wohl nicht gesagt, der Soldat solle *»nachschauen, ob Fleisch angefallen ist«*. Eher hat er nachschauen lassen, ob bei der Kavallerie gerade ein Pferd umgekommen war, wie es bei einer Armee an der Tagesordnung ist. Am Beispiel der Niganther können wir aber sehen, dass schon damals viele Inder die Frage des Fleischessens äußerlich angingen statt von der Gesinnung her wie der Erwachte. Die wohl bekannteste Rede über das Fleischessen ist

M 55 – JĪVAKO:

Der Hofarzt Jīvako in Rājagaha besuchte in dem von ihm gestifteten Mangohain den Erwachten und fragte: *»Herr, ich habe sagen hören: ›Für den Asketen Gotamo töten sie Wesen. Dieses Fleisch isst der Asket Gotamo, obwohl er weiß, dass es eigens für ihn geschlachtet ist.‹ Die das behaupten, haben die über den Erhabenen die Wahrheit gesagt?« — »Die das behaupten, sagen über mich nicht die Wahrheit, sondern bezichtigen mich zu Unrecht ohne tatsächliche Grundlage. In drei Fällen, Jīvako, ist Fleisch kein Nahrungsmittel (a-paribhogam): gesehen oder gehört oder vermutet. In drei Fällen ist Fleisch ein Nahrungsmittel (paribhogam[38]), sage ich: nicht gesehen, nicht gehört, nicht vermutet. — Da lebt bei einem Dorf oder einer Stadt ein Mönch. Mit liebevollem/ erbarmendem/ freudvollem Gemüt/ mit einem Gemüt voll erhabenen Gleichmuts durchstrahlt er eine Richtung, dann eine zweite, dritte, vierte. So nach oben und unten und mittendurch, überallhin, sich mit allem als eins empfindend, durchstrahlt er ganz und gar die Welt mit liebevollem Gemüt, mit überströmendem, weitem, von Messen, Abwehr, Bedrängen freiem. Da kommt ein Hausvater oder Sohn eines Hausvaters und lädt ihn für den andern Tag zum Mahl ein. Wenn er will, stimmt der Mönch zu. Am andern Morgen begibt er sich zum Haus dieses Hausvaters oder Sohnes eines Hausvaters. Dort setzt er sich auf den bereitstehenden Sitz, und der Hausvater oder Sohn eines Hausvaters versorgt ihn mit feiner fester und flüssiger Nahrung. Der denkt nicht: ›Das ist aber gut von dem Hausvater, dass er mich mit feiner fester und flüssiger Nahrung versorgt; wenn er mich nur auch weiterhin so versorgen würde!‹ – Danach ist ihm nicht zumute. Er nimmt die Almosenspeise ungefesselt ein, unbetört, ohne sich daran zu klammern, das Elend sehend, die Entrinnung klar kennend. Was meinst du, Jīvako: sinnt dieser Mönch zu der Zeit auf eigene oder anderer Bedrängnis oder gemeinsame Bedrängnis?« — »Das gewiss nicht, Herr.« — »Nimmt dann nicht dieser Mönch zu der Zeit untadlig Nahrung ein, Jīvako?« — »So ist es, Herr. Ich habe sagen hören, Herr: Brahma weilt in All-Liebe (mettā)/ Allerbarmen (karunā)/ gönnender innerer Freude (muditā)/ erhabenem Gleichmut (upekhā). Dafür, Herr, ist mir der Erhabene ein lebendiger Zeuge: Der Erhabene weilt in All-Liebe/ in Allerbarmen/ in gönnender innerer Freude/ in erhabenem Gleichmut.«*

»Die Hinneigung, Abneigung, Blendung, Jīvako, durch welche man übel wollend (byāpādavā)/ aggressiv (vihesavā)/ voll Unlust (arati)/ widerstrebend (patighāvā) wird[39], ist beim Vollendeten an der Wurzel abgeschnitten, einem Palmstumpf gleichgemacht, der sich nicht mehr weiterentfalten, nicht mehr weiterentwickeln kann. Wenn du das mit deinen Worten hast sagen wollen, dann stimme ich dir zu, Jīvako. — Wer eigens für den Vollendeten oder für einen Jünger des Vollendeten ein

38 *(pari)-bhogam* ist das Substantiv für »Nahrung«, nicht etwa ein passives Partizip des Futurum des Verbs *»bhuñjati«*, »zu essend«; denn dieses hieße *»bhojaniyam«* oder *»bhojjitabbam«*. Eine Verb-Form *»bhogam«* gibt es gar nicht, siehe die Tabelle bei FahsGramm, Tz 429 auf S. 320, nur das Substantiv *bhoga* (Besitz, Reichtum).

39 Diese Gegenüberstellung kommt schon im PTS-Text durch starke Zusammenziehung (Verweisung durch *»pe«* auf die stehende Wendung der Gegenüberstellung der zweiten und dritten Strahlung mit ihren Gegenteilen) nicht deutlich genug zum Ausdruck (KEN ist dem gefolgt). Die stehenden Wendungen, auf die PTS-mit *»pe«* verweist, finden sich in M 62, D 16,XVI,6 und A VI,13.

Wesen tötet, der schafft sich in fünferlei Hinsicht schlimme Folgen: Wenn er sagt: ›Geht und bringt mir ein Lebewesen her‹, so ist dies ein erster Grund, aus dem er sich schlimme Folgen schafft. Weil dieses Wesen, wenn es beigezerrt wird, Schmerz und Entsetzen empfindet, so ist dies ein zweiter Grund. Wenn er sagt: ›Geht und tötet dieses Wesen‹, so ist dies ein dritter Grund. Weil dieses Wesen, wenn es getötet wird, Schmerz und Entsetzen empfindet, so ist dies ein vierter Grund. Weil er den Vollendeten oder einen Jünger des Vollendeten mit Ungeeignetem (akappiya) versieht, so ist dies ein fünfter Grund, aus dem er sich schlimme Folgen schafft. Wer eigens für den Vollendeten oder für einen Jünger des Vollendeten ein Wesen tötet, Jīvako, der schafft sich in dieser fünffachen Hinsicht schlimme Folgen.« — Auf diese Rede sprach der Hofarzt Jīvako zum Erhabenen: »Wunderbar, Herr, einmalig, Herr: Einwandfrei nehmen wahrlich die Mönche die Nahrung ein, Herr, untadelig nehmen wahrlich die Mönche die Nahrung ein.« Und er nahm Zuflucht.

HANS: Als Beispiel nennt der Buddha aber nur den in den vier Strahlungen weilenden Mönch. Gilt das, was der Buddha hier über das Fleischessen sagt, denn nur für Mönche?

FRITZ: Das wird oft angenommen, weil der Mönch sich gar nicht um das kümmern soll, was in die Almosenschale fällt. Der Mönch wählt nicht. Wir in der Häuslichkeit dagegen wählen als »Selbstversorger«.

HANS: Dann gibt uns also diese Rede gar keinen Fingerzeig?

FRITZ: Ich meine, doch. Ich sehe es so: Der Erwachte sagt nicht, unter den und den Umständen »dürfe« der und der Personenkreis Fleisch essen, unter anderen Umständen nicht, sondern er sagt ganz allgemein, wann Fleisch ein »Nahrungsmittel« (*paribhoga*) ist und wann nicht. Dies bringt die übliche Übersetzung »Fleisch ist zu nehmen/nicht zu nehmen« nicht zum Ausdruck. Nicht was man essen kann, ist schon deshalb ein Nahrungsmittel. Das kann viele Gründe haben. Bei uns käme niemand auf die schaurige Idee, das Fleisch eines eben an einem Unfall verstorbenen gesunden jungen Menschen, auch wenn man dessen Tod in keiner Weise verursacht hat, als »Nahrungsmittel« Not leidenden Menschen zur Verwertung zu überlassen, nur weil man es essen könnte. Menschenfleisch ist kein Nahrungsmittel, sondern der »sterbliche Überrest« eines Mitmenschen. Würde diese Schranke eingerissen, läge in Extremsituationen die Gefahr nahe, dass hungernde Menschen Mitmenschen zum Verzehr abschlachten. Deshalb ist der Körper eines Mitmenschen in den meisten Kulturen unantastbar. Die Rechtswissenschaft betrachtet ihn nicht als »Sache«, sondern als »Rückstand der Persönlichkeit«. Aber den Tieren gegenüber ist in den Jahrtausenden seit dem großen Frevel, von dem vorhin die Verse berichteten, dieses Empfinden geschwisterlicher Nähe verloren gegangen. Der Erwachte knüpft an jenes frühere gesündere Empfinden in dem Maß wieder an, wie es bei seinen Zeitgenossen möglich war: Er bezeichnet Tierfleisch nur in drei Fällen als »Nahrungsmittel«: »ungesehen, ungehört, unvermutet«.

HANS: Was muss denn gesehen, gehört, vermutet sein, damit Fleisch seinen Charakter als Nahrungsmittel verliert?

FRITZ: Das sagt der Erwachte ja ganz präzis: Wer als Heilsgänger des Erwachten (*Tathāgatassa sāvaka*) sieht oder hört oder vermutet, dass es sich um ein *»eigens für ihn«* (*udissa* = »abzielend auf ihn«) getötetes oder zu tötendes Tier handelt, für den ist dessen Fleisch *»kein Nahrungsmittel«* – wie Menschenfleisch für uns kein Nahrungsmittel wäre. Dass ein wahrer Mönch alle Wesen durchstrahlt, *»überall mit allem sich als Eins erkennend«*, das war den meisten Zeitgenossen des Erwachten bewusst. Damit musste ihnen auch klar sein, was sie einem Mönch zumuteten, wenn sie ihm Fleisch eines Mitwesens vorsetzten. Für den Fall aber, dass der Mönch weder gesehen hat noch weiß noch vermutet, dass das betreffende Tier eigens für ihn geschlachtet worden ist, müssen wir uns an einen Grundzug der Lehre erinnern: dass der Erwachte immer vom Erleben ausgeht. Der ahnungslose Mönch, dem Fleisch in die Schüssel getan wird, hat nicht erlebt, dass das Stück lebloser Körper einst einem Tier weggenommen worden ist. Von seinem Erleben aus ist es *jetzt* ein Brocken in der Schüssel wie Reis und Gemüse. Aber zum »*Nahrungsmittel*« für ihn gemacht hat es der Spender durch Verletzung der ersten Grundtugend: Töten – ähnlich wie wenn er einem ahnungslosen Mönch gestohlenen Reis vorgesetzt hätte, nur dass das Vergehen des Spenders schlimmer ist, wenn ein Wesen dabei unter Angst und Schmerzen umgebracht wird. Aber dafür ist allein der *Spender* verantwortlich. Es ist nicht Sache des Mönchs, nachträglich gegen die Tugendverletzung des Spenders durch Verweigerung zu protestieren. Viele westliche Vegetarier sind beeinflusst von der westlichen Erziehung zur Weltverbesserung und meinen daher, wo immer Fleisch als Nahrung angeboten werde, müsse man dagegen in irgendeiner Weise seine Stimme erheben, sonst billige man das Töten. Wer aber die Wahnhaftigkeit der Existenz und das Karmagesetz kennt, weiß sich letztlich nur verantwortlich für *einen* Menschen: sich selber. Und weiß: Nur durch Wandlung von Geist und Herz kann er erreichen, dass das Töten aus der Existenz verschwindet und – mehr noch – dass der ganze Existenzwahn, die Seinsdarstellung, aufhört. Für den Fleischspender dagegen bleibt es dabei, dass er dem Empfänger unrechtes Gut untergeschoben hat, das der Empfänger nicht genommen hätte, wenn er gewusst hätte, dass das Tier *eigens für ihn* getötet worden war und nicht zu dem sowieso vorhandenen Nahrungsmittelbestand des Spenders gehörte. Das ist nicht nur wegen des Tieres unrecht, sondern verletzt auch die Rücksicht gegenüber dem Empfänger, der dadurch bei andern in ein schiefes Licht geraten kann. Wie leicht das geschehen kann und worauf es wirklich ankommt, mag abschließend eine Versfolge zeigen, die den Titel trägt:

ANRÜCHIG – Sn 239-252.

Ein Brahmane sprach zu Kassapo, einem Buddha der Vorzeit:

239 Die Hirse, Körner, Bohnen zu sich nehmen und Blätter, Wurzeln oder Kletterpflanzen,
zu Recht erlangt und achtsam eingenommen, die sagen nicht aus Sinnengier Verkehrtes.
240 Doch wer verzehrt, was, feinstens zubereitet, ihm andre gaben, die's zusammenstellten:
wenn feine Reisgerichte er verzehrt – Anrüchiges verzehrt dann Kassapo!
241 Anrüchiges hätt' nichts mit dir zu tun, so sagst du zwar, du Scheinbrahmane, du
und nimmst zu dir ein feines Reisgericht, das zubereitet ist mit Vogelfleisch.
Da muss ich dich doch fragen, Kassapo: ›anrüchig‹ – was bedeutet das bei dir?«
Buddha Kassapo:
242 »Das Töten, Schlagen, das Entführen, Fesseln, das Stehlen, Lügen, Trügen, Hintergeh'n,
gelehrte Schiefheit, Umgang mit des andern Frau: das ist anrüchig, nicht ein Fleischgericht.
243 Die Wesen, zügellos bei Sinnenlust, nur auf Genuss aus, voller Unreinheit,
voll Nihilismus, schlecht und unbelehrbar: das ist anrüchig, nicht ein Fleischgericht.
244 Die aggressiv, grausam, verschlagen sind, eiskalt den Freund betrügen, überheblich,
als Spendengegner keinem etwas geben: das ist anrüchig, nicht ein Fleischgericht.
245 Zorn, Rausch, Rechthaben, Trotz und Heuchelei, Feindseligkeit und Wichtigtuerei,
Dünkel und Arroganz, Umgang mit Schlechten: das ist anrüchig, nicht ein Fleischgericht.
246 Die Sittenlose, faule Schuldner, Spitzel und Rechtsverdreher, Bauernfänger sind,
verdorb'ne Menschen, die da schlechte Dinge tun: das ist anrüchig, nicht ein Fleischgericht.
247 Die bei den Wesen keine Hemmung kennen, andre ausplündern, über Leichen gehn,
die tugendlos, roh, grob sind, ohne Achtung: das ist anrüchig, nicht ein Fleischgericht.
248 Die geiergierig andre ruinieren und nach dem Tod hinab ins Dunkel treiben,
kopfüber niederstürzen in den Höllenschlund: das ist anrüchig, nicht ein Fleischgericht.
249 Nicht Fisch- und Fleischvermeiden oder Fasten, nicht Nacktgehn, kahl, Haarflechten, Dreck und Fell,
nicht Wachen bei dem Opferdienst macht rein den Sterblichen, der noch nicht fraglos ward.
250 Stromdämmend, sinngezügelt lebe man, wahrheitgestützt, an Gradheit, Sanftmut froh.

Wer Haften überstieg, hat Leid bezwungen: nichts was geseh'n, gehört, befleckt den Weisen.«
251 So legte der Erhabene das Ziel noch weiter dar, und es verstand der Vedenpriester.
In vielen Strophen unterwies ihn der Gestillte, voll Heilsduft, unabhängig, schwer erfindlich.
252 Als er des Wachen klare Wegweisung gehört, die voller Heilsduft Leiden überwältigt,
da fiel er dem Vollendeten zu Füßen, bat auf der Stelle um die Ordensweihe.

HANS: Aber da ist immer nur von Asketen die Rede.

FRITZ: Für Heilsgänger, die lange genug richtig vorgehen, ob im Orden oder häuslich, wird nichtmessende Liebe allmählich zum normalen Weltbezug.[40] Deshalb meine ich, ohne alles »du sollst dieses, jenes darfst du nicht«, dass auch für Heilsgänger in der Häuslichkeit – zumindest für in der Ausbildung des Herzens fortgeschrittene – der Körper eigens für sie getöteter Tiere, von denen sie dies wissen oder vermuten, kein Nahrungsmittel ist wie jedes andere. Er hat zwar nicht getötet, wenn er zum Schlachten nicht angestiftet oder seine Zustimmung speziell zum Ausdruck gebracht hat – etwa durch Aussuchen der »lebendfrischen Forelle« aus dem Bassin des Restaurants oder als Gast durch ungefragtes Lob von Geschmack oder Qualität speziell des Fleisches. Wenn er aber weder weiß noch vermutet, dass Fleisch, das ihm ohne seine Initiative vorgelegt wird, von einem eigens für ihn getöteten Tier stammt, dann wird es ihm auch meist nicht anstehen zu protestieren oder die Nichtvegetarier mit Wort oder Miene oder auch nur in Gedanken bei sich selber zu kritisieren, sondern es ist seine Sache, darüber zu wachen, wie er selber sich verhält. Es steht dann auf einem anderen Blatt – jedenfalls nicht auf dem Blatt der fünf *sīla*, ob manchem Heilsgänger beim Gedenken an die Leiden des Tiers wirklich der Bissen im Hals stecken bleibt. Das mag im Einzelfall verschieden sein. Da gilt es für jeden, die seiner Herzensbeschaffenheit angemessene Haltung selber zu finden. Es steht auch Nachfolgerinnen und Nachfolgern des Buddha, die als Hausfrau oder Hausmann für andere kochen, nicht zu, ihren Tischgenossen durch die Art des Kochens vorzuschreiben, was sie zu essen haben. Meine Mutter, die voll in der Lehre stand, hat meinem Vater, der durchtränkt war von Herzensgüte und Rechtschaffenheit, aber die Lehre nicht kannte, völlig krampflos sein gewohntes Fleisch gekocht, selber aber zu Haus fleischlos gegessen.

HANS: Das sind Anhalte. Da kann jeder seinen eigenen Weg finden. Aber nun habe ich noch eine Frage

zum zweiten *sīla*: Nichtgegebenes nicht nehmen.

Begriffen habe ich, dass die häufige Übersetzung mit »Diebstahl« zu eng wäre: Aneignen von allem, was mir nicht ein anderer freiwillig gegeben hat, umfasst auch die Unterschlagung von Sachen, die mir zwar gegeben worden sind, aber nicht zum Behalten, oder Betrug, durch den ich einen anderen durch Täuschung veranlasse, mir etwas zu geben. Aber wie ist es mit dem Geldstück, das auf der Straße liegt oder mit Pilzen und Beeren im Wald? Die hat mir doch auch keiner gegeben. Muss ich die liegen lassen?

RUTH: Ach, hör auf mit diesen juristischen Spitzfindigkeiten: »Nichtgegebenes Nehmen« betrifft doch nur etwas, was du dir – wenn es rechtmäßig zuginge – von einem Berechtigten geben lassen müsstest. Geringwertige Fundsachen behalten und Wildfrüchte Pflücken hat ja sogar der Gesetzgeber erlaubt.

HANS: Du hast Recht. Das war so ein perfektionistischer Ausrutscher von mir. Aber ich hatte in einem älteren Buch tatsächlich einmal gelesen, dass jemand mit feinsinnigen Begründungen meinte, jeder wahre Buddhist – nicht nur der Mönch – müsse etwas, was auf der Straße liegt und sich keinem Eigentümer zuordnen lässt, liegen lassen und die Waldhimbeeren am Strauch den Vögeln überlassen. Ich muss selber lächeln, dass ich das ernst genommen haben. — Aber eine ernsthaftere Frage habe ich

40 So Nandako in A III,67 zu häuslichen Nachfolgern, vgl. auch S 42,8.

zum dritten sīla: keine falschen Geschlechtsbeziehungen.

In anderen Übersetzungen heißt es da immer »Ausschweifung«. Du sagst: »falsche Geschlechtsbeziehungen«. Das gefällt mir besser; denn bei Ausschweifung denkt man gleich an Orgien. So weit draußen liegt wohl die Grenze doch nicht. Wie ist das?

FRITZ: Der Pāliausdruck *»kāmesu micchacāra«* heißt wörtlich: »bei Sinnendingen falsch wandeln«.

HANS: Daraus kann man alles und nichts entnehmen; das ist doch viel zu weit!

FRITZ: Das geht aber nicht anders, weil es der Oberbegriff für alles ist, was auf dem Gebiet der Sexualität falsch ist. Das ist für den Asketen jede Unkeuschheit (*abrāmacariya*), für mit Sinnenbefriedigung lebende Nachfolger in der Häuslichkeit aber – wie immer wieder bei den fünf *sīla* erklärt wird – nur die Verletzung von Partnerschaft und sexuelle Handlungen mit unter Obhut Stehenden. Wahren Asketen, die, auf inneres Wohl gestützt, sich ganz auf die Läuterung und Befreiung sammeln, dürfte Sexualität so erscheinen, wie wenn ein Adler, statt in der freien Morgenluft über den Gipfeln zu schweben, unter die Oberfläche eines Brackwassers tauchen sollte. Ihre Lebensweise wird ja, sobald sie in den Ordenstugenden sattelfest sind, die sekündliche totale Sinnenzügelung. Mit Sinnenbefriedigung häuslich lebenden Nachfolgern dagegen kann das, was für den Asketen der ›Abbruch der Brücke zum *samādhi*‹ wäre, eine Herzensbeziehung vergolden. Sexualität ist für ihn – vom Feiertag abgesehen – nur falsch, wenn Partnerschaften oder Obhutsverhältnisse verletzt werden. Ganz schlicht und klar hat das der Erwachte dem Hausvater Dhammiko und dessen Freunden in jenen zwei schon zu Anfang unserer Gespräche erwähnten Versen gesagt, die ebenso frei sind von sinnlichem Begehren wie von »Leibfeindlichkeit«:

»Doch nun erklär ich euch, wie man im Hause so lebt, dass man ein rechter Jünger ist;
denn von Besitz umgeben ist's nicht möglich, der Mönche reine Regel zu erfüllen.« (*Sn 393*)

Dort sagt der Erwachte zur Sexualität:

»Unkeuschen Wandel meiden kann ein Weiser, der ihn wie glühn'der Kohlen Glut ansieht.
Doch wer zum keuschen Wandel nicht imstande ist, der trete keines andern Frau zu nah.«
(*Sn 396*)

Nur für den einen wöchentlichen »Herzputztag« (*uposatha*) gilt für in der Häuslichkeit Nachfolgende: *»Bleib heute einmal fern von dem Geschlechtlichen.«* Der Erwachte weiß und versteht besser als jeder andere: Es gibt zwar auch jene seltenen »Stillen im Lande«, jene »Mystiker im Haus«, die den den höchsten Wandel führen und dadurch so von innerem Wohl gesättigt sind, dass es ihnen bei Gedanken an Sexualität so geht, wie es der Erwachte von einem bestimmten Punkt seines Ringens um das Erwachen an von sich berichtet: *»Wie es eben für einen Glücklichen eine Beschwer ist, wenn ein Schmerz aufsteigt, so empfand ich nun das Aufsteigen von mit Sinnenbefriedigung verbundenen Wahrnehmungen und Geistestätigkeiten als Beschwer.«* Soweit aber in der Welt lebende Menschen nicht diesen Entwicklungsstand erreicht haben, empfinden sie die Geschlechtsbeziehungen zu dem geliebten Menschen natürlicherweise als etwas so Liebes und Schützenswertes, dass der Erwachte den Leuten von Veludvāra dieses Empfinden als Motivation aufzeigt, auch ihren Mitwesen den gleichen Schutz des Intimbereichs zu gewähren, den sie für sich und ihre Geschlechtspartner ersehnen. Und da, wo der Erwachte das dritte *sīla* im Rahmen der zehn Wirkensbahnen genauer erklärt, bezieht er in diesen Schutz, wie gesagt, auch die nicht auf Sexualpartnerschaft beruhenden in dem jeweiligen Kulturkreis anerkannten Obhutsverhältnisse ein. Wir haben das ja schon in M 41 gehört. Vor allem geht es um die Respektierung des Schutzes Schutzbefohlener gegen Verführung, solange die Verantwortung dafür noch nicht dem betreffenden Jugendlichen, sondern andern Verantwortlichen – insbesondere den Eltern – anvertraut ist, ein Thema, das heute angesichts der steigenden Zahl des sexuellen Missbrauchs von Kindern durch Nahestehende akut ist.

Hans: Aber habe ich das recht verstanden: Am Feiertag gilt auch für häusliche Nachfolger das volle asketische Keuschheitsgebot?

Fritz: Das ist eine abkürzende Ausdrucksweise. Sie ist aber nicht genau: Der Buddha hat das Einhalten der fünf Feiertagsregeln nicht in die fünf *sīla* aufgenommen, sondern nur als Regeln, um einmal in der Woche es auf einigen Gebieten den Geheilten gleichzutun, damit auch in der Zeit des Hauslebens der Geschmack der Erlösung von ferne gespürt werden kann. Wer sich nicht daran hält, hat den Feiertag nicht richtig genutzt, aber er hat gegen kein *sīla* verstoßen. Wir haben ja in A X,46 gehört, dass der Erwachte den Sakyern, die den *Uposatha* manchmal nicht einhalten, dazu nicht sagt, sie hätten damit übel gewirkt und schlimme Ernte zu erwarten, sondern es sei *schade*, weil sie damit sehr gute Möglichkeiten für inneren Gewinn ungenutzt gelassen hätten.

Hans: Nun habe ich noch eine Frage

zum vierten* sīla*: nicht lügen.

Mir selber ist klar: Den Maßstab der Tugenden muss ich auch auf dem Gebiet der Lüge »*unzerstückelt, unbeschnitten, ungefleckt, ungesprenkelt*« im Geist geltenlassen und in keiner Weise durch »Ausnahmen« durchlöchern – insbesondere nicht durch die beliebte »Notlüge«. Da bestimmen ja doch meist meine Wünsche, meine Bequemlichkeit, mein Prestige – kurz: meine Triebe, was »Not« ist. Aber wenn im Gespräch mit Bekannten die Rede darauf kommt und ich sage, wie ich darüber denke, dann werde ich fast als eine Art »asozialer Egoist« hingestellt, und es kommen regelmäßig zwei Beispiele: Das eine: »Aber was machst du, wenn einer Krebs hat, du erfährst die Diagnose, und er fragt dich. Wenn du dem die Wahrheit sagst, könnte ihn ja der Schreck töten, und du würdest ihm allen Lebensmut nehmen! Da wäre doch die Wahrheit eine grobe Rücksichtslosigkeit.« Und das andere Beispiel heißt: »Aber wenn du in Krisenzeiten Verfolgte versteckst, die sonst ins KZ kommen oder erschossen werden, und die Verfolger fragen, ob du jemanden versteckt hältst, dann kannst du doch nicht ja sagen.« Was antworte ich da bloß diesen Beispielerfindern?

Fritz: Gut, dass du das fragst. Denn vorab kann man feststellen: wer sich unter keinen Umständen den Maßstab verbiegen lässt und es sich unter keinen Umständen »erlaubt« zu lügen, der wird viel eher einen Ausweg zwischen den beiden Extremen: »Lüge« und »wahres schädliches Reden« finden. Rezepte dafür gibt es nicht. Was man in der konkreten Situation tun kann, um dem unverbiegbaren Maßstab treu zu bleiben, lässt sich selten vorher theoretisch voraussagen. Es wäre auch kein Ausweg, sich schon von vornherein das Hintertürchen offen zu halten: »Wenn es ganz schlimm kommt, dann lüge ich eben doch, aber in dem Wissen, dass es ein unheilsames Verhalten war, und nehme in Kauf, dass mir die Verletzung wehtut.« Womöglich würde ich mich dann noch als Märtyrer fühlen, der seine Tugend auf dem Altar der Nächstenliebe geopfert hat und daher »besser« ist als einer, der in einer ähnlichen Situation nicht lügt. Was ich im Einzelfall mache, ist eine Frage der Standfestigkeit, der Geistesgegenwart und auch des Geschicks. Wer es sich erlaubt, sich aus jeder Klemme mit einer so genannten »Notlüge« herauszumogeln, kann gar keine Übung darin gewinnen, eine geschickte Antwort zu geben, die weder eine Lüge ist noch andere gefährdet. Der erwirbt nur eine immer größere Geläufigkeit im Lügen mit immer weniger Hemmungen – weil es ja so leicht geht. Wegen seines aus der Lehre kommenden moralischen Anliegens verbiegt er den Sachverhalt allmählich auch vor sich selber, um sein Selbstbild nicht zu beschädigen, so dass er gerade da, wo er kristallklar sehen sollte – bei der Selbstbeobachtung, dem Sich-auf-den-Fersen-Bleiben, sein inneres Gelände vernebelt. Und er stärkt unterschwellig seine Weltgläubigkeit: Als ob man mit Lügen den Lauf des Karma ändern könnte, das aus dem Herzen und der Anschauung kommt – die ihrerseits aus der Wahrnehmung kommt, die wiederum nicht aus einer »objektiven« Welt kommt, sondern die Aktivität des Herzens ist.

Lass mich einmal – bevor ich auf die beiden standardmäßig immer wieder entgegengehaltenen erfundenen Beispiele eingehe, ein Beispiel berichten, wie der Erwachte mit einer heiklen Situation umgegangen ist: Es ist überliefert im Kommentar zum Wahrheitspfad (DhA III,119 ff.), in welchem die Begebenheiten genannt sind, »bei denen der Buddha diese Verse gesprochen haben soll, wohl auch wirklich gesprochen hat«[41]: Erinnert ihr euch an den Besuch des Königs Pasenadi beim Erwachten, bei dem ihm die Nachricht vom Tod seiner ersten Gemahlin Mallikā überbracht wurde? Da hat ihn doch der Erwachte mit einem schönen Vers getröstet. Bald darauf erschien der König wieder beim Erwachten und wollte wissen, wo Mallikā wiedergeboren worden sei. Der Erwachte wusste, dass sie wegen eines unwürdigen, gar nicht zu ihrer Art passenden Fehltritts, bevor sie in himmlisches Dasein aufstieg, für eine Woche in einer höllischen Schmerzenswelt wieder erschienen war. Da gab der Erwachte, ohne auf Pasenadis Frage einzugehen, eine Lehrdarlegung, die den Fürsten so befriedete und erhob, dass er seine Frage vergaß. Da kam er am nächsten Tag wieder – und der gleiche Vorgang wiederholte sich eine ganze Woche lang, bis Mallikā in einer Himmelswelt wieder erschienen war. Nun beantwortete der Erwachte die Frage des Königs – wahrheitsgemäß nach dem neuesten Stand, ohne das schaurige Intermezzo der vorangegangenen Tage zu erwähnen. Zwischen Verschweigen und Lügen liegt ein weites Feld. Wem es mit der Wahrhaftigkeit ernst ist und wer deshalb nicht aus »Bequemlichkeit« lügt, dem kann da vieles einfallen, und er gewinnt dadurch Übung. Ein Beispiel: Ein befreundetes Ehepaar hatte einen betagten gemeinsamen Freund besucht. Das Ehepaar hatte ein Zimmer im gewohnten Hotel reserviert, das sich aber seit dem letzten Mal drastisch verschlechtert zeigte. Als der gemeinsame Freund davon hörte, trat er so entsetzt und nachdrücklich für einen Quartierwechsel ein, dass es die Freunde nicht hätten über sich bringen können, dieses Drängen zu übergehen. Die Freundin wollte deshalb im Hotel sagen, sie seien überraschend telefonisch abgerufen worden. Sie sah dann aber schnell ein, dass sie gar nicht im »Begründungszwang« war, sondern dass es genügte zu sagen: »Wir können nicht bleiben.« Das war wahr, denn die beiden hätten das dem teilnehmenden Freund aus inneren Gründen nicht antun können.

Hans: Na, na, astrein war das nicht: die hätten schon bleiben können, sie wollten nur nicht.

Fritz: Das ist auch so eine undifferenzierte Standard-Antwort. Die hätte ich zur Not gelten lassen, wenn die Freunde unter keinen Umständen in dem Hotel geblieben wären und durch ihre Ausrede die Reservierungskosten hätten sparen wollen. Aber humorvoll und anspruchslos, wie sie waren, hätten sie sonst die zwei Nächte über sich ergehen lassen. Nur die Sorge des älteren Herrn hinderte sie. — Solche Unmöglichkeiten aus inneren Gründen kann man doch nicht einfach leugnen und als »Nichtkönnen« nur materielle Hindernisse geltenlassen, bloß um moralisch immer bis ins Extrem schön rigoros zu sein in der Meinung, nur das wäre »buddhistisch«! — Jeder Einzelfall liegt anders. Ich erzähle hier nur ein Beispiel und gebe kein Rezept. Der Auszug verlief übrigens völlig problemlos. — Allein dadurch, dass man dann, wenn etwas nicht geht, darauf verzichtet, sich durch eine Begründungslüge ein besseres Ansehen bei dem anderen zu verschaffen, sind schon eine Menge von Lügenanlässen beseitigt.

Man muss sich auch nicht immer auf die durch eine »Ja-oder-Nein«-Frage vorgegebenen Alternativen einlassen. Zum Beispiel kann die unerwartete höfliche Einladung: »Bitte kommen Sie herein, und schauen Sie selbst nach«, den nach versteckten Flüchtlingen Suchenden eher von gründlicher Suche abhalten als ein schon halb erwartetes gelogenes »Nein«. Und was den Krebsfall angeht: Meist wissen doch alle einschließlich des Patienten Bescheid und spielen einander eine schmerzliche Verdrängungskomödie vor, durch die der Kranke mit seiner Not alleingelassen wird. Die an der Krebsfront stehenden Ärzte sehen das meist anders an als die

41 DhNyl, S. 12.

Erfinder jener erdichteten Beispiele. Ich will dazu in meinem Buch einen Chefarzt[42] zitieren. Der hat aus seiner Erfahrung gesagt: *»Auch die bewusste Einsicht, dass sich buchstäblich nichts ›machen‹ lässt, hat eine mittelbar entlastende Wirkung. Solche bewusste Akzeptanz unterscheidet sich grundsätzlich und qualitativ von ›schonendem‹ Betrügen.«* Selbst für chronisch kranke Kinder gilt das gleiche, wie eine interdisziplinäre Studie ergeben hat[43]: *»Es ist wichtig, dass sie (die Eltern) den Diagnoseschock gut verarbeiten und sich über die Krankheit offen austauschen können, und zwar untereinander wie mit dem Kind. Nur eine offene Kommunikation durchbricht die Isolationsgefühle, die sowohl bei dem Kind als auch bei den Eltern entstehen können. Es ist daher maßgeblich wichtig, das Vertrauen des Kindes zu gewinnen, damit es sich in kritischen Situationen nicht alleingelassen fühlt.«* Wie wahr das ist, habe ich in einem ergreifenden schweizer Dokumentarfilm gesehen: Ein Elternpaar hatte sein Söhnchen, das mit fünf Jahren einen tödlichen Rückenmarkskrebs bekam und mit sieben daran starb, offen über die Lage – auch über die Todesgefahr – aufgeklärt und als Hilfe für Eltern in ähnlicher Lage den Leidensweg des Kindes ungeschminkt mit einer Videokamera dokumentiert. Das Kind verlangte immer wieder, gerade auch die Filmbilder zu sehen, die seine schmerzhaften Behandlungen zeigten. Es stellte sich seiner Krankheit, und wenn es eben noch über die nahende schmerzhafte Spritze geklagt hatte, so sagte es kurz darauf: *»Aber wenn es halt sein muss, dann gebt mir die Spritze.«* Es kämpfte gerade wegen seiner Kenntnis der Situation um die geringe Überlebenschance. Wenige Tage vor seinem Sterben und im vollen Bewusstsein der Lage sah es sich, auf dem Schoß der Mutter sitzend, noch einmal die Filme an, dabei auch Bilder aus kurzen guten Phasen scheinbarer Besserung. Als die Mutter dazu sagte: *»Wir haben doch auch schöne Stunden gehabt«*, antwortete dieser liebe, tapfere Junge: *»Gehabt? Haben wir doch auch jetzt noch«*, und auf die Frage der Mutter: *»Wieso?«* antwortete er: *»Ja, das eben hier.«* Davor sollten selbst die Erfinder theoretischer Beispiele und die Vertreter der abstrakten Behauptung verstummen, ein Kind könne »so etwas« ja noch gar nicht verstehen.

HANS: Das scheint mir wichtig. Denn ich habe von Buddhisten gehört, die Lüge hätte verheerende Wirkung: wer bewusst lüge, sei noch zu allem Bösen fähig.

FRITZ: So hat das der Buddha nie gesagt. Sehen wir uns die Quelle an: M 61[m]. Der Erwachte war allein mit seinem Sohn, dem Mönch Rāhulo und sagte ihm der Reihe nach: Wer noch als Mönch auch bei ruhiger Überlegung (*sampajañña*) ohne die leiseste Gewissensregung (*lajja*) bewusst einem anderen ins Gesicht lügen könne, dessen *»Asketentum (sāmañña von samana = ›der sich Mühende‹)« sei ebenso gering wie der geringe Wasserrest in dem vor ihnen stehenden Fußwaschbecken.* Dann kehrte er das Becken um und erklärte: so hohl und leer wie das Wasserbecken sei das Asketentum eines Mönchs, der noch bei ruhiger Überlegung ohne die leiseste Gewissensregung bewusst lügt. Ein Mönch gebe damit sein Asketenleben preis, werde unbrauchbar dafür, wie ein Kriegselefant für die Schlacht unbrauchbar sei, wenn er trotz vorheriger Erziehung zum besonnenen Kämpfen in der Schlacht so in Rage gerate, dass er beim Kampf nicht auf seinen verletzlichsten Körperteil, den Rüssel, Acht gibt (*rakkhati*) und damit (statt die Feinde zu besiegen) sein Leben preisgibt. Erst als Schlusszusammenfassung dieser Gleichnisreihe über das Asketentum sagt dann der Erwachte, dass ein Asket, der bei ruhiger Besinnung sozusagen »kalt lächelnd« bewusst lügen kann, alles, was schlecht ist, tun kann. Der ganze Zusammenhang zeigt, dass es dabei ausschließlich um das geht, was für das *Asketentum* schlecht ist, nämlich Handlungen, die der Erwachte z. B. in A IV,111 für Ordensangehörige mit dem Tod oder tödlichem Schmerz verglichen hat: Vergehen, die den Ausschluss aus dem Orden nach sich ziehen oder ein »beschmutzendes Vergehen« gegen die Ordensregeln. Dieser

42 M. Wirsching, *Universitas* 1/1989, S. 76.
43 Vgl. Petermann: Psychologische Hilfe für chronisch kranke Kinder, *Spektrum* 1/1988, S. 39 ff.

Ausspruch ist also keine Richtlinie für häusliche Nachfolger, obwohl er oft so missverstanden wird. Gerade ernsthafte Nachfolger, die sich dabei erwischt haben, wie sie sich gerade am Telefon haben »verleugnen lassen«, sind dann auf Grund dieses Missverständnisses fast verzweifelt und meinen, sie seien also noch zu jedem Verbrechen fähig, könnten noch nicht einmal den Weg zum Stromeintritt betreten haben und müssten fürchten, nach dem Tod die Lehre wieder zu verlieren und auf unermessliche Zeiten im Leidenskreislauf weiterzukreisen. Solche lähmenden Sorgen sind ganz unbegründet. Auch hier sehen wir, wie wichtig es ist, zwischen Anleitungen für Mönche und Anleitungen für häuslich Lebende sauber zu unterscheiden.

RUTH: Bezieht sich bei den häuslich Lebenden das vierte *sīla* nicht überhaupt nur auf solche trügerische Reden, durch die man andere bewusst schädigt? Ich meine mich zu erinnern, dass der Buddha dort, wo er Nichtasketen erklärt, was Lügen im Sinn der fünf *sīla* bedeutet, nur solche Beispiele bringt.

FRITZ: Du meinst M 41 und M 42? Da ist als Beispiel für die Lüge die bewusste Falschaussage bei einer Versammlung, in der Gesellschaft, in der Familie, im Berufsverband oder als Zeuge vor Gericht genannt – gewichtige Situationen, in denen man seine Worte zu überlegen pflegt, weil man sonst andern schaden kann. Außerdem ist noch ein weiterer gewichtiger Fall genannt: dass einer nicht nur gerade einmal lügt, sondern sich zu einem Lügnertyp entwickelt hat (*musāvādin*), der *»um des eigenen oder eines anderen Vorteils willen oder zu irgendeinem weltlichen Zweck klarbewusst die Unwahrheit zu sagen pflegt«*. Die üblichen weltlichen Ungeradheiten, Untertreibungen, Übertreibungen oder Lügen, mit denen man wahnhafterweise uneigennützig einen anderen vor einem Nachteil retten zu können oder gar zu müssen meint, sind unter den Beispielen in M 41,42 nicht genannt.

HANS: Da war aber doch irgendwo die Rede davon, dass man frei sein soll von den üblichen weltlichen Ungeradheiten?

FRITZ: Das schon, aber das war in der Anleitung für den Uposathatag in A III,71 – warte, ich lese die Stelle vor. Ja, da steht es: *»da will auch ich heute, diese Nacht und diesen Tag, das Lügen aufgeben, das innere Widerstreben gegen die Lüge spürend, nur die Wahrheit sagen, bei der Wahrheit bleiben, verlässlich, vertrauenswürdig, die üblichen weltlichen Ungeradheiten nicht mitmachen. In dieser Beziehung werde ich es den Geheilten gleichtun.«* Auch hier geht es also um die asketischen Tugenden, von denen der häusliche Nachfolger am Feiertag einen kleinen Teil auf sich nimmt. Ebenso in einer anderen Rede an häuslich Lebende (D 4), wo diesen der mönchische Tathāgatagang beschrieben wird.

HANS: Ja, aber wie denn: darf man denn im Haus lügen, wenn man dadurch nicht gerade Meineid oder Betrug begeht? Sind denn alle die üblichen Un-geradheiten (»Sagen Sie, ich bin nicht da«) erlaubt?

RUTH: Hans, darum geht es hier doch gar nicht. Es geht doch allein darum, für wen die Aussage gilt, wer noch bewusst lüge, sei noch zu allem Schlechten fähig. Die gilt überhaupt nicht für häuslich Lebende und auch für Asketen nur, wenn sie es bei ruhiger Überlegung klarbewusst tun und dabei auch nicht im leisesten irgendeine Gewissensregung verspüren. Und auch für sie bedeutet es nicht, dass sie zu allen weltlichen Verbrechen fähig sind, sondern zu allen Ordensvergehen, die ihr Asketentum gefährden.

HANS: Ach so, dann steht bei häuslichen Nachfolgern gar nicht die Wahrhaftigkeit im Vordergrund, sondern Schädigen anderer? Dann dürfte man aber bei ihnen für das vierte *sīla* gar nicht den Ausdruck »Lüge« verwenden, sondern müsste »Betrug« oder so ähnlich sagen.

FRITZ: So weit würde ich nicht gehen: Der Erwachte verwendet für die unwahre Rede der Asketen und der Hausleute dasselbe Wort – *musāvāda*, das wir mit Lüge übersetzen. Es umfasst auch die »üblichen weltlichen Ungeradheiten«. Du hast zwar darin recht, Hans, dass

»*musa-vāda*« auch heißen kann »trügerische Rede«. Es kann aber auch heißen: »vergebliche Rede« (keine Lüge bringt dem Heil näher), »nachlässige Rede« (nämlich in Bezug auf die Wahrheitsgegenwart). Mir scheint, das Problem löst sich, wenn wir, ähnlich wie beim rechten Umgang mit Besitz und Befriedigung, den Unterschied zwischen Wahrheitsebene und Sinnlichkeitsebene beachten: Für Asketen gibt es diesen Unterschied überhaupt nicht. Für häuslich Lebende gilt auf der Wahrheitsebene genau so wie für den Mönch der unverbiegbare Maßstab der absoluten Wahrhaftigkeit. Der Mönch aber setzt durch den geringsten Fehler auf dem Gebiet der Wahrhaftigkeit sein Asketentum aufs Spiel, das ihm die Möglichkeit bietet, noch in diesem Leben den höchsten Heilsstand zu erringen. Wenn ihm, dem häuslich Lebenden, gehemmt durch eine der fünf Hemmungen, eine bewusste Lüge unterläuft, ist das zwar nicht gut und hat seine Folgen, aber es macht nicht sein Hineinwachsen in die heilenden Tugenden unmöglich, wenn ihm der Verstoß gegen sie widerstrebt.

Lasst uns bei all dem nie vergessen: Alles, was wir erleben: als vermeintliche Realität oder als erfundene Beispiele (»ja, wenn aber einer«), sind Szenen eines durch Wirken zu seiner jeweiligen Erfahrungsdichte zusammen-gedichteten Wahnfiebertraums. Der ist durch Manipulieren an den Traumbildern nicht zu verbessern, und Lügen ist nur eine Art solcher untauglicher Manipulationen, die die Bereitschaft mindern, die Dinge so zu sehen, wie sie sind und sich ihnen zu stellen.

Sonderfälle: Nicht Hintertragen, kein leeres Geschwätz

HANS: Das ist mir jetzt klar. Nun habe ich aber noch Fragen zu den drei weiteren *sīla* über das Reden: Freilich nicht zur verletzenden Rede. Was das ist, sagen einem Herz und Verstand. Aber was Hintertragen und leeres Geschwätz angeht, bin ich bei manchen ernsthaften Buddhisten auf Probleme gestoßen:

Fangen wir mit dem Hintertragen an: Ich habe es erlebt, dass im Gespräch mit guten buddhistischen Freunden beiläufig die Rede von einem Dritten war, von dem sie wussten, dass ich bald mit ihm zu tun haben würde. Da haben sie mir Mitteilungen über den Dritten vorenthalten, ohne deren Kenntnis man kaum richtig mit ihm umgehen konnte. Nachher hatte ich viel Mühe, das durch meine Unkenntnis zerbrochene Porzellan zu kitten – ganz ist es mir bis heute nicht gelungen. Als ich meine Freunde fragte, warum sie mich sozusagen ins offene Messer laufen ließen, ohne mir etwas zu sagen, guckten sie mich nachsichtig mit liebevoll verborgenem Vorwurf an und flöteten sanft, die betreffende Tatsache sei ja nicht gerade schmeichelhaft für den Dritten gewesen. So etwas dürfe ein Buddhist doch nicht weitersagen; das wäre Hintertragen; denn hinterher hätte ich dann nicht mehr dieselbe – wenn auch irrige – zu hohe Meinung von dem Dritten gehabt. Liegen diese Guten denn wirklich richtig mit ihrem Verhalten?

FRITZ: Das Hintertragen erklärt der Erwachte immer so: *»Das Hintertragen hat er verworfen, Hintertragen widerstrebt seinem Wesen; es ist nicht seine Art, was er hier gehört hat, den anderen zu erzählen,* um sie mit diesen zu entzweien, *und was er bei den anderen gehört hat, hier zu erzählen,* um diese mit den andern zu entzweien; *er ist ein Friedensstifter für Entzweite, ein Festiger für Verbundene, an Eintracht hat er seine Freude, Eintracht macht ihn glücklich, in der Eintracht findet er Befriedigung, eine Eintracht stiftende Sprache führt er.«*[44]

HANS: Dann ist es also ohne Entzweiungsabsicht gar kein Hintertragen?

FRITZ: Drücken wir es lieber positiv aus: mit der ehrlichen Absicht, Eintracht zu bewahren und zu fördern, sind Mitteilungen über Dritte nie Hintertragen. Damit haben wir dann auch den Fall ausgeschlossen, dass der Sprecher sich selber vormacht, er müsse den anderen zum allgemeinen Besten über den Dritten »aufklären«, während er in Wirklichkeit wichtigtun oder

44 Vgl. M 41, M 54, M 60; S 55,7.

sich bei dem Empfänger der Nachricht beliebt machen will. Außerdem macht auch hier der Ton die Musik, und der richtigste Ton wird durch die Ausbildung des Herzens in Liebe und Wohlwollen gebildet. In deinem erlebten Beispielsfall, Hans, hätte es wahrscheinlich der Eintracht mehr gedient, wenn man dich schonend und voll Verständnis für den Dritten auf dessen problematische Seiten hingewiesen hätte, damit du besser hättest auf sie eingehen können. Aber du wirst es wohl auch schon gemerkt haben: Gerade wer die Lehre ernst nimmt, kann am Anfang leicht – wie deine Freunde – in allerlei Verkrampfungen im Verhalten verfallen. Mir ist es selber so gegangen. Das gibt sich, je besser man die Lehre so wirken lässt, dass sich nach den heilsuntauglichen auch die heilstauglichen Verhaltensweisen auflösen, weil das Herz von selber den richtigen Kurs steuert.

HANS: Nun vermute ich fast, dass auch der zweite Fall, von dem ich dir berichten wollte, ein ähnlicher Krampf ist: Ein guter Bekannter, der seit einiger Zeit eifrig Lehrreden liest, behauptete, ein Buddhist solle nur entweder Lehrgespräche – über Bescheidenheit, Zufriedenheit, Abgeschiedenheit, Tugend, Herzenseinigung – führen oder schweigen; denn alles andere wäre Plappern und Plaudern, leeres Geschwätz, und das verstoße gegen die *sīla*.

FRITZ: Lass uns auch da die »feinste Genauigkeit« aufbieten: Nur zu Mönchen hat der Erwachte in M 25m gesagt: *»Trefft ihr euch, meine Mönche, so geziemt euch zweierlei: ein Gespräch über die Lehre (dhammī-kathā) oder heilendes Schweigen (ariyo tunhībhāvo).«* Nur Mönchen hat der Erwachte dort jenen »Positivkatalog« von Lehrgesprächsthemen als Alternative zum Schweigen genannt, die er ausdrücklich bezeichnet als *»stark zur Ablösung führende (abhi-sallekhika*; Neumann übersetzt daher frei, aber sinntreu sogar: ›urasketentümliche‹), *die Erschließung des Gemüts fördernde Gespräche, wie Gespräche über Bescheidenheit, Zufriedenheit (santutthi), Abgeschiedenheit (paviveka), Einsamkeit (a-samsagga* = wörtlich: Un-Geselligkeit), *Einsatz der Energie (viriyārambha), Tugend, Herzenseinigung (samādhi), Klarwissen (paññā), Erlösung (vimutti).«* Und der Erwachte fügt in A IX,3m hinzu: *»Solche Gespräche erlangt der Mönch nach Wunsch (nikkāmalabhī), ohne Mühe (a-kiccha* = wörtlich: ›ohne Wirken‹, also ohne Zutun), *ohne Schwierigkeit (a-kasīra).«*

Als Gegenstück gibt der Erwachte den Mönchen außerdem noch einen »Negativ-Katalog« von für sie unheilsamen Gesprächsthemen. Durch ihn grenzt er oft auch ihre Haltung ab von dem Gesprächsverhalten hausloser Pilger anderer Schulen, die zwar zur Heilssuche Haus und Familie verlassen haben – aber bei ihren Treffen unter »lautem Lärm« über Dinge der »Welt« schwatzen, die sie doch gerade verlassen haben. Wir sind diesem Negativkatalog in M 78 schon begegnet, und er kommt auch in anderen Reden vor, in denen er häuslich Lebenden entweder als Kritik am unasketischen Verhaltens anderer Pilgerschulen oder zur Kennzeichnung der Haltung der Mönche des Erwachten vorgetragen wird.[45] Der Katalog zählt als für Hauslose ungeeignet auf: Gespräche *»über plattes Zeug wie über Könige und Räuber, über Minister, über das Militär, über Krisen und Krieg, Essen und Trinken, Kleidung und Bett, Blumen und Düfte, über Verwandte, über Wagen, Dörfer, Städte, Festungen und Länder, über Wein und Weib, über Straßen- und Gassentratsch, über Verstorbene, über die veränderten Zeiten, über Volkssagen, über Seeabenteuer und über dies und das«.*

Der Erwachte hat aber nie gesagt, auch häuslich lebende Nachfolger hätten sich bei ihren eigenen Gesprächen an diese beiden Themenkataloge zu halten. Das wäre absurd. Denn dann würden für sie im Ergebnis strengere Tugenden des Redens gelten als für die Mönche. Der

45 Besonders ausführlich etwa in D 2, D 4, D 6, D 11. PTS druckt an allen diesen Stellen den »Katalog« nicht mit ab, sondern verweist jeweils auf den Wortlaut von D 2, Absatz (52), und zwar in D 4 in Zeile 7 von Absatz (23), in D 6 in Abs. (16) Fußnote 3 und in D 11 Abs. (9) in Fußnote 2; KENs Übersetzung macht die Verweisungen nicht kenntlich.

Positiv-Katalog enthält praktisch alle Themen des Asketenalltags – sozusagen die Asketen-»Fachgespräche«. Solche Gespräche sind dagegen im Haus entweder nur ausnahmsweise zu erlangen oder nicht verständlich genug. Andererseits enthält der Positivkatalog der Mönche über das tägliche Leben im Haus überhaupt nichts, obwohl wir viele ganz konkrete Ratschläge für den Umgang mit Besitz und *Befriedigung*, für Beruf, Familie, Politik und Wirtschaft kennen gelernt haben, die der Erwachte für das Leben im Haus gegeben hat. Die würden großenteils unter die Negativliste fallen, wenn die auch für das Hausleben gedacht wäre: Ob etwa ein anderer König oder Minister an die Macht kommt, bei dem man höhere Abgaben einkalkulieren muss, ob sich an der Straße zur Marktstadt gerade eine Räuberbande herumtreibt, über Kleidung und Bett und über all die Dinge, über die der Erwachte den im Haus Lebenden reichen Rat gegeben hat, wie sie sie erlangen, behandeln, verwalten, pflegen und es sich damit angenehm und befriedigend machen sollen, darüber muss, ganz anders als im Orden, für das Hausleben gesprochen werden. Würden die Themenkataloge auch für das Hausleben gelten, dann dürften die Anhänger im Haus nicht einmal über die praktische Umsetzung der Ratschläge miteinander sprechen, die ihnen der Erwachte für das Haus gegeben hat, und schon gar nicht darüber, wie sie es sich mit dem Besitz *»angenehm und befriedigend«* machen können – obwohl sie nach S 42,12 vom Erwachten getadelt werden, wenn sie das nicht tun und gelobt werden, wenn sie es tun. Die Kataloge sind daher schon damals von den häuslichen Nachfolgern nicht auf sich bezogen worden. Das zeigt ein Bericht im Korb der Ordenssatzung (*vinaya-piṭaka*, Pācittiya LXXXV). Da beschwerten sich im Haus Lebende über einige Mönche: *»Wie können diese Mönche als Sakyersöhne in der Halle sitzen bei allerlei weltlichem Geschwätz wie über Könige, Räuber usw.? Das ist ja wie bei Hausleuten, die Sinnenwünsche befriedigen.«* Für Sinnenwünsche befriedigende Hausleute galten also solche Gespräche als »normal«.

Hans: Klar. Das ist nur eine Ausschlussliste für Asketen. Aber wie können häusliche Nachfolgern denn sonst unterscheiden, was für sie »leere« und »sinnvolle« Reden sind?

Fritz: Im Prinzip nicht anders als Asketen, nur ohne thematische Abgrenzung:

»Leer« und »sinnlos« ist für Asketen wie für häusliche Nachfolger, was nicht ihrem von der Lehre bestimmten Lebensziel dient. Nur hat eben der echte Asket nur noch das eine Ziel: möglichst noch in diesem Leben frei von der Häuslichkeit aus dem Unbeständigen zum Ewigen zu kommen. Deshalb hat er ja gerade sein geistliches Leben damit begonnen, dass er unsere Lebensform, das Hausleben total verlassen hat. Also ist alles, was noch diesem freiwillig aufgegebenen Leben in der sinnlichen Vielfalt dienen würde, für Asketen leer und sinnlos; sonst hätten sie auch zuhause bleiben können.

Der im Haus lebende Nachfolger dagegen lebt zwar nicht »vom Brot allein«. Aber wenn er nicht zu jener seltenen Art der *brahmacārī* im Haus gehört, dann ist er außer der Lehrnachfolge ein *»Sinnendinge zur Befriedigung benutzender Nachfolger«*, der aber darauf achtet, dies nicht hemmungslos zu tun, sich vom Genussrausch fern zu halten, die Entrinnung im Auge zu behalten. Der Erwachte berücksichtigt daher beide Anliegen der häuslich Lebenden: Er gibt ihnen für die Wahrheitsebene eine Fülle von Betrachtungen über die tiefsten Dinge. Er zeigt ihnen aber auch, etwa in A IV,61, die Wege, wie sie *»auf anständige Weise zu Besitz kommen«*, oder (in A V,43) *»körperliche Lebenskraft/ Schönheit/ Wohlbefinden/ Ansehen«* erlangen, darunter viele Dinge aus der Negativliste. Dazu nennt er ihnen außer dem Universalmittel – der unermüdlichen Ernsthaftigkeit – auch innerweltliche Mittel, nämlich etwa in A VIII,54 Bewährung in Strebsamkeit im Beruf, einen Blick, das Geeignete zu tun und in die Wege zu leiten, Bewährung in Sorgsamkeit um den Besitz, ausgeglichene Lebenshaltung, weder zu aufwendig noch zu knapp und vieles andere mehr. Darüber müssen sie doch auch miteinander sprechen und ihre Erfahrungen austauschen können. Sogar auf das Gesprächsthema jener fünf

Fürsten hat sich der Erwachte eingelassen, ob Formen, Töne, Düfte, Geschmäcke oder Tastungen den höchsten Sinnengenuss böten. Er hat ihnen nicht etwa vorgehalten, das sei doch leeres Geschwätz; sie sollten lieber schweigen. Leer und sinnlos sind also – nach der Anleitungspraxis des Erwachten – bei häuslich Lebenden nur solche Gespräche, die weder zum Heil noch zum anständigen Erlangen der *»schwer zu erlangenden, erwünschten Dinge«* der Sinnenwelt bestimmt und geeignet sind.

Ruth: Ah, ja. Dann bliebe als leeres Geschwätz nur ein Gerede, das überhaupt keine echte Mitteilung an den anderen enthält, sondern nur betrieben wird, um überhaupt irgendetwas zu sagen – etwa das Partygeschwätz, wo nur assoziativ auf das Bla-Bla der anderen reagiert wird.

Fritz: Ja, Ruth. Damit übt man auf eine ganz unsinnige Art Macht über deren Denken aus[46]: *»Die Macht allen Geschwätzes beruht darauf, dass es zur Konstitution unseres Geistes, zum Menschsein schlechthin gehört, jedem geäußerten Wort zunächst einmal Sinn zu unterstellen – selbst wider besseres Wissen. Wie Goethes Mephisto sagt:*

Gewöhnlich glaubt der Mensch, wenn er nur Worte hört,
es müsse sich dabei doch auch was denken lassen.«

Man »beschlagnahmt« also mit der Vorspiegelung einer Botschaft das kostbare Instrument des Mitmenschen, das dessen Herzensneigungen und Wahrnehmungen schafft: seinen Geist, für Unsinn. — Man kann auch sagen: leeres Geschwätz ist jede Rede, die die zehn falschen Wirkensweisen fördert:

• Zum Beispiel Gespräche, in denen die Missachtung der fünf *sīla* positiv bewertet wird oder zumindest nicht negativer als ihre Verletzung – etwa wenn man zu Kriegen, Aufständen oder Einsätzen bewaffneter Kräfte im Strom alter Gewöhnungen sagt: »Es ist ja schrecklich, aber was bleibt da anderes übrig, als gegen ›die‹ zu schießen? So ist es leider auf der Welt. Man kann eben nicht immer – und manchmal muss man eben.«

• Leeres Geschwätz sind auch Gespräche, die zu verletzender, grober oder lautstarker oder spitzer oder ironischer Rede geneigter machen; Klatsch und Tratsch, bei dem zugunsten des »Neuigkeitswertes« Entzweiung bewusst in Kauf genommen wird; Gerede, das nur dazu dient, »die Zeit totzuschlagen«, statt sie wenigstens zum anständigen Erlangen von erwünschten Sinnendingen wie Besitz, Ansehen, Schönheit, körperliche Lebenskraft durch die vom Erwachten genannten anständigen Mittel einzusetzen, die immerhin den »Sinnenwünsche Befriedigenden« in gewissem Maß vorübergehend über jene Zeit der Öde und Verdrossenheit hinwegbringen können, die man mit dem Geschwätz glaubt, »totschlagen« zu können.

• Sinnloses Geschwätz sind auch Gespräche, die Habsucht, Übelwollen und falsche Anschauung fördern – kurz: alle Gespräche, auf die ich mich nach dem ehern-flexiblen Maßstab aus M 114 nicht einlassen soll, weil sonst bei mir oder bei Gesprächspartnern heilsuntaugliche Eigenschaften zu- und heilstaugliche abnehmen. Das ist bei der Vielfalt des Hauslebens nicht nach Themen abzugrenzen. Es gibt eine Rede, in der der Erwachte diesen ehern-flexiblen Maßstab speziell auf das Wirken mit der Sprache anwendet:

A IV,183.

Da kam in Rājagaha im Bambushain am Futterplatz der Eichhörnchen Vassakāro, der Erste Minister von Magadha, zum Erhabenen und sprach: *»Herr Gotamo, ich sage und meine: Wer etwas sagt, was er gesehen, gehört oder sonst mit den Sinnen erfahren hat in dem Gedanken: ›das hab ich ja erfahren‹, der tut damit auf keinen Fall etwas Schlechtes. Wer etwas sagt, was er gedacht hat in dem Gedanken: ›das hab ich ja gedacht‹, der tut damit auf keinen Fall etwas Schlechtes.«* — *»Brahmane, ich sage nicht, man soll alles sagen, was man gesehen, gehört oder sonst mit den Sinnen erfahren oder gedacht hat. Ich sage aber auch nicht, man soll alles, was man gesehen, gehört oder*

46 K. v. Welser, *Universitas* 2/1993, S. 178.

sonst mit den Sinnen erfahren oder gedacht hat, nicht sagen. Wenn dadurch, dass man sagt, was man gesehen oder gehört oder sonst mit den Sinnen erfahren oder gedacht hat, die heillosen Gegebenheiten (dhātu) zu- und die heilstauglichen abnehmen, dann soll man das nicht sagen, so lehre ich. Wenn aber dadurch, dass man sagt, was man gedacht hat, die heilsuntauglichen Gegebenheiten ab- und die heilstauglichen zunehmen, dann soll man das, was man gesehen, gehört oder sonst mit den Sinnen erfahren oder gedacht hat, sagen, so lehre ich.« Beglückt und erhoben von dieser Rede, stand der Brahmane Vassakāro, der Erste Minister von Magadha, auf und ging.«

Auch hier kein »Themenkatalog«. Stattdessen finden wir eine – nicht themenbezogene – Hilfe zur »Feinsteuerung« des Redens in dem Vorbild, das der Erwachte mit einer Beschreibung seiner eigenen Redeweise einem Prinzen gibt in der Rede

M 58 – ABHAYO, DER KÖNIGSSOHN:

Als der Erhabene wieder einmal in Rājagaha im Bambushain am Futterplatz der Eichhörnchen weilte, stachelte der Freie Bruder Nāthaputto den Königssohn zum Redekampf gegen den Erwachten auf. Der Prinz entgegnete: *»Aber Herr, wie soll denn ich den Asketen Gotamo im Redekampf besiegen?« — »Geh zum Asketen Gotamo hin, Prinz, und frage ihn: ›Kann es vorkommen, Herr, dass der Vollendete Dinge sagt, die anderen unlieb und unangenehm sind?‹ Wenn dir der Asket Gotamo auf deine Frage antwortet: ›Ja‹, dann kannst du sagen: ›Was ist denn dann der Unterschied zwischen dir und einem gewöhnlichen Menschen; auch ein gewöhnlicher Mensch sagt ja Dinge, die anderen unlieb und unangenehm sind.‹ Wenn dir aber der Asket Gotamo antwortet: ›Nein‹, dann kannst du sagen: ›Wie kommt es dann, Herr, dass du über Devadatto*[47] *gesagt hast: 'Den Abweg geht Devadatto, der Hölle entgegen geht Devadatto für ein Weltzeitalter, unheilbar ist Devadatto'; über diese deine Aussage war doch Devadatto wütend und verdrossen.‹ Wenn du dem Asketen Gotamo diese zweischneidige Frage stellst, Prinz, die kann er nicht schlucken und nicht ausspucken, wie ein Mann, dem ein eiserner Türknauf in der Kehle steckt, ihn nicht schlucken und nicht ausspucken kann.« Prinz Ohnefurcht* (das bedeutet sein Name) *ging zum Erwachten. Als er aber bei ihm saß, schaute er nach dem Sonnenstand und dachte, es sei nicht die rechte Zeit für ein Rededuell. Stattdessen lud er den Erwachten für den nächsten Tag zum Mahl ein. Nach dem Mahl sprach Abhayo, der Königssohn zum Erhabenen: »Kann es vorkommen, Herr, dass der Vollendete Dinge sagt, die anderen unlieb und unangenehm sind?« — »Darauf gibt es keine allgemein gültige Antwort, Prinz.« — »Das habe ich von den Freien Brüdern gehört.« — »Warum sagst du: ›Das habe ich von den Freien Brüdern gehört, Prinz.« Da berichtete der Prinz dem Erhabenen das ganze Gespräch vom Vortag mit dem Freien Bruder Nāthaputto. Dabei hielt Abhayo, der Königssohn, einen winzigen Knaben, einen unvernünftigen Säugling auf dem Schoß.*

Da sprach der Erhabene zu Abhayo: »Was meinst du, Königssohn, wenn dein Kind da, weil du nicht aufgepasst hast oder seine Amme, ein Hölzchen oder Steinchen in den Mund steckt, was machst du dann?« — »Ich nehme es ihm weg, Herr. Wenn ich es ihm aber nicht gleich wegnehmen kann, dann packe ich das Kind mit der linken Hand am Kopf, und mit der rechten Hand hole ich es ihm mit dem gekrümmten Finger heraus, auch wenn es blutet; und warum? Weil mich das Kind dauert, Herr.« — »Ebenso, Königssohn, erkennt der Vollendete eine Redeweise, die nicht der Wirklichkeit entspricht (a-bhūta), nicht wahr ist (a-taccha), nicht zum Heil führt und den anderen unlieb und unangenehm ist. Eine solche Rede führt der Vollendete nicht. — Ferner erkennt der Vollendete auch eine Redeweise, die der Wirklichkeit entspricht, wahr ist, aber nicht zum Heil führt und den anderen unlieb und unangenehm ist. Auch eine solche Rede führt der Vollendete nicht. — Weiter erkennt der Vollendete auch eine Redeweise, die der Wirklichkeit entspricht, wahr ist, zum Heil führt, den anderen aber unlieb und unangenehm ist. Dann weiß der Vollendete die rechte Gelegenheit zu erkennen, eine solche Aussage zu machen. — Außerdem erkennt der Vollendete auch eine

47 Mönch und Vetter des Buddha, der gegen ihn intrigierte und zu Mordanschlägen anstiftete.

Redeweise, die der Wirklichkeit nicht entspricht, unwahr ist, nicht zum Heil führt, aber den anderen lieb und angenehm ist. Eine solche Rede führt der Vollendete nicht. — Weiter erkennt der Vollendete auch eine Redeweise, die der Wirklichkeit entspricht, wahr ist, aber nicht zum Heil führt, jedoch den anderen lieb und angenehm ist. — Eine solche Rede führt der Vollendete nicht. — Schließlich erkennt der Vollendete auch eine Redeweise, die der Wirklichkeit entspricht, wahr ist, zum Heil führt und den anderen lieb und angenehm ist. Dann weiß der Vollendete die rechte Gelegenheit für eine solche Aussage zu erkennen, und warum? Weil der Vollendete Erbarmen mit den Wesen hat.«

»Herr, wenn da adlige oder brahmanische oder bürgerliche Gelehrte oder gelehrte Asketen eine Frage zusammengestellt haben und kommen zum Vollendeten und fragen – ist da vorher vom Erhabenen im Gemüt durchdacht worden: ›Wenn sie kommen und fragen mich das, dann werde ich so antworten‹, oder kann der Vollendete aus dem Stegreif antworten?« — »Nun, Königssohn, ich will dir dazu Fragen stellen; wenn du magst, kannst du antworten. Was meinst du: kennst du Stück für Stück die Einzelteile eines Wagens?« — »Ja, Herr.« — »Was meinst du, Königssohn: Wenn sie zu dir kommen und dich fragen: ›Welches sind die Einzelteile eines Wagens?‹ – ist da vorher von dir im Gemüt durchdacht worden: ›Wenn sie kommen und fragen mich das, dann werde ich so antworten‹, oder kannst du aus dem Stegreif antworten?« — »Ich bin ja ein erfahrener Wagenlenker, Herr, und kenne die Einzelteile eines Wagens genau; alle Einzelteile des Wagens sind mir aus Erfahrung gut bekannt; da kann ich aus dem Stegreif antworten.« — »So ist es auch, Königssohn, wenn Gelehrte eine Frage zusammengestellt haben und kommen zum Vollendeten und fragen. Dann antwortet der Vollendete aus dem Stegreif, und warum? Die Grundgegebenheit ›Wahrheit‹ (dhamma-dhātu) hat der Vollendete in der Erfahrung vollkommen entdeckt; deshalb kann der Vollendete aus dem Stegreif antworten.« Da nahm Abhayo Zuflucht zum Erhabenen.

Aus dem Hauptteil des Gesprächs sehen wir: »Leer« ist für den häuslich Lebenden eine Rede, die in keiner Weise – also auch nicht indirekt – Tugend, Herzenseinigung oder Klarwissen fördert.

Hans: Aber man kann doch im Hausleben nicht nur Religions- oder Ethikgespräche führen. Das hast du doch gerade selber gesagt.

Fritz: Natürlich. Deshalb sage ich ja, dass für im Haus Nachfolgende leer nur Gespräche sind, die auch nicht indirekt Tugend, Einigung oder Klarwissen fördern. Indirekt fördert den Heilsweg auch alles, was die Bedingungen für ein friedsameres, gewaltloses inneres und äußeres Leben schafft, erhält oder verbessert oder Hindernisse dafür abbaut. Sonst hätte der Erwachte doch nicht den heiratsfähigen Töchtern jenes Anhängers Anregungen zu Handarbeiten gegeben und dem jungen Siṅgālako keine Ratschläge für die Vermögens- und Einkommensverwaltung; anderen Hausleuten hätte er nicht nahe gelegt, sich im Beruf und in der Sorgsamkeit bei der Pflege ihres Besitzes zu bewähren. Und er hätte den Mönchen keine Anleitungen für Arznei bei Krankheit, keine Hinweise über die Wichtigkeit der Zahnpflege und die fünf Vorteile der Reissuppe gegeben.[48] Das sind alles Dinge, die nur sehr indirekt Tugend, Herzenseinigung und Klarwissen fördern – hauptsächlich durch Beseitigen von Hindernissen für diese nützlichen Dinge.

Ruth: Ob also eine wahre, wirklichkeitsgemäße Aussage in einem Gespräch direkt oder indirekt heilsfördernd wirkt, ist themenunabhängig: Wenn erreicht wird, dass dadurch, dass ich mich auf gleich welches Thema einlasse, weder beim anderen noch bei mir heilsuntaugliche Eigenschaften zunehmen und heilstaugliche abnehmen, sondern im Gegenteil heilsuntaugliche abnehmen und heilstaugliche zunehmen – etwa Geduld, Verständnis, Mitempfinden mit dem »bösen« Personenkreis, über den mein Gesprächspartner gerade eine Schimpfkanonade loslassen will, dann soll ich mich sogar auf das Gespräch einlassen?

48 A V,207m.

Fritz: Nur dann, wenn es auch die geeignete Gelegenheit ist – dann aber unabhängig davon, ob es dem anderen lieb oder unlieb ist. Es ist also keineswegs so, wie manche Buddhisten meinen: auch in der Häuslichkeit habe man entweder ganz zu schweigen oder nur Lehrgespräche zu führen; über den gesamten übrigen Bereich des Hauslebens – Beruf, Familie, Besitz, Freizeit, Urlaub und darüber, wie man sich auf anständigen Wegen Besitz und Mittel zur Befriedigung von keine Tugenden verletzenden sinnlichen Bedürfnisse verschaffen kann, hätten sie den Mund zu halten. — Natürlich tun Nachfolger der Lehre gut, Gesprächstreffen mit Gleichgesinnten nicht durch rein weltliche Gespräche zu belasten. Aber auch dann ist ein »strafender Blick« unangebracht, wenn ein Freund auf einem bestimmten weltlichen Gebiet einen anderen, der darin Erfahrung hat, wegen eines akuten Alltagsproblems in der Pause um Rat fragt. Und wie oft fördern Gespräche über Probleme der Lebenspraxis den Einklang zwischen Lehre und Leben, der gerade im Hausleben ein so wichtiges Ziel ist.

Die Konzentration auf die missverstandenen rein mönchischen Gesprächsthemenkataloge kann seltsame Blüten treiben: Dieselben lieben Wesen, die sich mit einigem Zeitaufwand schöne und angenehme Dinge kaufen gehen oder selbst herstellen, es sich zuhause und im Garten gemütlich einrichten oder irgendein Hobby treiben und darüber, wenn ihnen selber gerade der Sinn danach steht, auch mit Ehegatten, Verwandten oder Freunden sprechen, klagen oft: »In der Pause am Arbeitsplatz reden sie dauernd nur über banale Dinge, die mich überhaupt nicht interessieren.« — Hier wird »leeres Gerede« verwechselt mit »Rede, die mich im Augenblick nicht interessiert« – gleich, ob sie den anderen interessiert und gleich, ob ich die Gründe dafür weiß. Dann erregen solche Eifrigen durch elitäres oder misslauniges Schweigen Aufsehen oder beteiligen sich so widerwillig am Gespräch, dass die anderen fragen: »Was hast du denn?« — Ein solcher Mensch merkt gar nicht, dass er damit oft vor lauter »Nicht plappern und plaudern« am Arbeitsplatz ein paar Grade »heiliger« tut, als seinem Lebensdurchschnitt entspricht, und dass er stillschweigend den Anspruch an die anderen erhebt, sie dürften nicht über die Dinge reden, die ihn selber nicht interessieren, und auch ja nicht über die banalen Dinge, über die er selber, wenn er gerade Lust hat, mit der Familie oder mit Bekannten gelegentlich spricht, sondern nur über das, was ihn als Buddhisten dann interessiert, wenn er gerade Zeit und Lust hat, über die Lehre nachzudenken. Auch das ist nur allzu menschlich bei »neuen Besen«. Aber einst ist es eine allgemeine Regel der Höflichkeit gewesen, herauszufinden, was den anderen interessiert und mit ihm darüber ein Gespräch anzuknüpfen. Wenn dann nicht das äußere Thema als solches, sondern der Mitmensch mit seinen Anliegen ins Auge gefasst wird – etwa indem man ihm Anteilnahme daran bezeigt, was er an dem einen Interessengebiet gut und am anderen nicht so gut findet, dann kann man von fast jedem Thema aus bald Zugang zu den Freuden und Leiden, Sorgen und Nöten des Mitmenschen und zu seinem Herzen finden. Manchmal kann ich dann auch von dem Mitwesen etwas lernen, wenn ich mir nicht dank meiner Lehrkenntnis einbilde, ich sei immer der Größte und die armen andern die Toren. Es geht nicht darum, mich für das momentane Thema des Mitmenschen zu interessieren, sondern sich dem Mitmenschen mit Verständnis und Achtung zuzuwenden.

Es ist meist nicht das Hilfreichste, ihm mit »weltüberlegenem Lächeln« zu sagen: »Solche weltlichen, banalen Dinge interessieren mich nicht.« Man kann – um ein häufig zu erlebendes Beispiel zu nennen, wenn das Bündel der Lasten und Bedrückungen des Gesprächspartners sich in einer Schimpfkanonade über »die Politiker« oder »die Kapitalisten« oder »die Sozialisten« oder »die Soundso« entlädt, ihm sachlich da zustimmen, wo seine Klagen berechtigt sind, ohne mitzuschimpfen. Aber man kann dabei durch beiläufige Hinweise auf Unglücke, die den »Sündenböcken« widerfahren sind, oder auf diese oder jene gute Seite an ihnen »abwiegeln«, ohne gleich mit der »gezückten Lehre« über den anderen herzufallen. Entscheidend ist hier die wohl wollende, liebende und auch achtungsvolle Einstellung zu allen Mitwesen, bei der ich nicht das Ziel verfolge, dass ich im Gespräch auf meine Kosten komme oder gar selber »unterhalten werde«, sondern dass möglichst alle Teilnehmer aus dem Gespräch mit etwas friedsamerem oder ausgeglichenerem Gemüt herausgehen, als sie hineingegangen sind – dies aber ohne Zunahme an heillosen Eigenschaften bei mir oder den anderen. Wenn eine solche kleine Befriedung und Erhellung aller erreicht wird, dann ist das Gespräch – völlig unabhängig vom Thema – nicht »leeres Geschwätz« gewesen.

RUTH: Allein mit dem, wobei wir jetzt gerade sind, könnte man schon ein ganzes Buch füllen: nämlich mit dem Streben, uns von der gewohnten Sicht der Tugenden als Ge- und Verbotskataloge freizumachen und sie von innen her als »heilende Tugenden« herauszuarbeiten, die nur dem einen Zweck dienen: zu befrieden, dem Herzensfrieden näher zu kommen.

FRITZ: Es wäre noch viel mehr an hilfreichen Einzelheiten zu sagen. Aber das Buch wird so schon sehr dick werden. Glücklicherweise gibt es gerade auch über die Tugenden sehr schöne und gründliche Besinnungen in dem beim Buddhistischen Seminar erschienenen Buch Meditation nach dem Buddha – warum und was. Darauf werde ich die Leser wegen weiterer Einzelheiten verweisen.

HANS: Fritz, ich habe noch eine Frage zum fünften *sīla*,

keine berauschenden Mittel.

Es ist ja eigentlich unheimlich: Jeder Kulturkreis wettert nur gegen die Drogen der anderen. Der Westen ist entsetzt über das Heroin, Kokain und Opium aus Asien und Südamerika, warnt mit Recht davor und sucht den Umgang damit zu unterbinden. Aber wie oft werden die erforderlichen Maßnahmen bei einem »Gläschen in Ehren« diskutiert. Genau so, wie sich der Westen mit Recht durch den asiatischen und südamerikanischen Drogenhandel bedroht fühlt, so fühlt sich die islamische Welt mit Recht durch den internationalen Alkoholhandel der westlichen Brennereien und Brauereien bedroht[49], und manche besorgten Muslime mögen in ebenso tiefem Ernst über Gegenmaßnahmen sprechen und dabei die dort übliche Droge Betel kauen. Der internationale Drogenhandel ist in seinen Ursprungsländern zwar nicht so übel angesehen wie bei uns, aber doch immerhin im Prinzip illegal. Alkoholherstellung und -genuss dagegen ist bei uns im Westen derart »hoffähig« und als ergiebige Steuerquelle legalisiert, dass nicht viel fehlt, und sein Gebrauch würde noch als Grundrecht in die Verfassungen geschrieben. Und so richtet er durch seine viel weitere und reibungslosere Verbreitung weitaus größere Schäden an als die gesamte Drogenszene.

FRITZ: So ist es, Hans. Alljährlich über 2.000 Drogentote in Deutschland – das ist wahrlich eine erschreckende Zahl, die jeder kennt. Aber dem stehen nach Feststellungen der Deutschen Hauptstelle gegen Suchtgefahren in der gleichen Zeit in Deutschland 40.000 – ja, ihr habt recht gehört: vierzigtausend – Alkoholtote im Jahr gegenüber, und allein 1993 sind bei Verkehrsunfällen unter Alkoholeinfluss 2.048 Männer, Frauen und Kinder umgekommen, 34.100 wurden leicht, weitere 20.900 schwer verletzt, wovon die alkoholisierten Fahrer nur einen Teil ausmachen; die Mehrzahl sind Unbeteiligte.[50] Von den 80 Millionen Einwohnern Deutschlands gelten 2,5 Millionen als alkoholkrank, und weitere fünf Millionen leiden als Angehörige von Alkoholopfern.[51] Solche Zahlen werden verdrängt. — Mir wird immer mehr bewusst, dass ich in jedem Lebensaugenblick dringend auf geistige Klarheit angewiesen bin. So schlimm Trunkenheit am Steuer eines Autos ist – noch viel schlimmer sind auch die kleinsten künstlich durch Alkohol hervorgerufenen Trübungen der Sicht und der Selbstbeherrschung am Steuer des Lebensfahrzeugs in unserem dichten Vielfalt-Verkehr, denn da wird ja nicht nur, wie

49 Vgl. Kreuzer: Mythen in der Drogenpolitik, *Universitas* 6/1992, S. 532, Sp. 1.
50 RNZ, Heidelberg, 7.7.1994 (ap-Meldung).
51 RNZ, Heidelberg, 16.12.1992 (ap-Meldung); vgl. auch Kreuzer, *a.a.O.*, S. 535, Sp. 2.

beim Auto, transportiert, sondern da werden Triebe und Wahrnehmungen produziert mit Wirkung über den Tod hinaus. Zur gesellschaftlichen Akzeptanz des Alkohols in unserer Kultur habe ich hier noch einen Ausschnitt aus der Rhein-Neckar-Zeitung vom 3.12.1986. Deren Korrespondent berichtete dort aus Australien: *»Als der Papst an dem gewaltigen Picknick in Adelaide teilnahm, das von einer australischen Brauerei gesponsert wurde, entgegnete der hochwürdige Monsignore Kain auf Einwendungen und Kritik: ›Wir glauben, dass auch der Alkohol eine Gabe Gottes ist.‹ Derweil schunkelte der Papst zu Rockklängen.«* Zu diesem Glauben zwingt kein Glaubenssatz der katholischen Kirche. Seine Heiligkeit war dennoch sicher besten Willens und Gewissens, weil er der Sache nach eine Auffassung hatte, welche auch viele westliche Buddhisten zum Thema Alkohol haben: Gestützt auf die zu grobe deutsche Übersetzung von »*majja-pamāda-(t)ṭhāna*« mit »berauschend«, glauben westliche Buddhisten oft, solange sie sich nicht betrunken fühlten, sei für sie Alkohol kein »berauschendes« Getränk. In Wirklichkeit betrifft die fünfte Grundtugend aber nicht erst den künstlichen Rausch (*majja*), sondern – nach dem klaren Wortlaut – alles, was »Anlass (*thāna*) für Rausch und Nachlässigkeit (*pamāda*)« sein kann. Das beginnt schon da, wo der Konsument durch die Wirkung des Genussmittels vor sich selber und in den Augen seiner Umgebung leistungsfähiger erscheint, als er es wirklich ist. Dann überschätzt er seine Fähigkeiten und Kräfte, unterschätzt die Risiken und beachtet manche unscheinbaren Umstände, die bei nüchterner Betrachtung mit zu beachten wären, entweder überhaupt nicht oder tut sie als vernachlässigbar ab. Für niemanden ist »Geistestraining durch Achtsamkeit« so wichtig wie für den Kenner der Lehre. Dafür ist das Abstehen von Alkohol noch viel wichtiger als etwa für das Training eines Spitzensportlers vor einem großen Wettkampf – denn er weiß sich, wie in S 3,25 gezeigt wird, in dauerndem Kampf gegen die sich von allen Seiten wie Riesenfelsenmassen auf ihn zu wälzenden Gefahren von Alter und Sterben.

Viele Menschen trinken ein Leben lang nicht um der Berauschung willen und nicht in spürbar betrunken machenden Mengen, sondern mehr aus Geschmäckigkeit oder wegen der Gemütlichkeit oder »um kein Spielverderber zu sein«. Ich könnte aus meiner »Weinkenner-Zeit« von mir nicht sagen, dass ich besondere Sorgen zu betäuben gehabt hätte. »Die Mäßigen sind die Gefährlichsten«, sagte mir einmal ein weiser Freund, der, einst in notvoller Jugend Alkoholiker, später davon frei geworden und lange Jahre in der Hilfe für Alkoholiker tätig gewesen war. Denn, so sagte er, die Mäßigen schafften vor sich und den anderen – solange es gut geht – die auch von der Kirche verbreitete Illusion, Alkohol an sich sei eine Gabe Gottes; wer süchtig werde, sei selber schuld. Aber alle in der Suchthilfe Tätigen sagen (in Abwandlung eines Börsenspruchs): »An der Grenze wird nicht geklingelt.« Ich weiß aus eigener Erfahrung, dass auch die winzigste Menge Alkohol jene kristallene Klarheit, die in manchen Lebenssituationen nötig ist, ausschließt.

RUTH: Es ist schon merkwürdig, wie manchmal Menschen, die als Patienten in der Homöopathie große Stücke auf die Wirkung von Kleinstmengen halten, das viel massiver wirkende »Gläschen in Ehren« als wirkungslos ansehen.

FRITZ: Allerdings, Ruth. Wer lange die Lehre kennt, leidet besonders, wenn er Alkohol trinkt: Man verdrängt, verniedlicht, beschönigt den eigenen Alkoholkonsum und hat doch letztlich kein gutes Gefühl dabei – umso quälender, wenn man schon lange in die anderen vier *sīla* hineingewachsen ist, von ihnen her fast schon jene innere Leichtigkeit des durch die Tugend Beschützten kennt, aber gerade in dieser gewissen Klarheit wie einen Klotz am Bein die Erkenntnis spürt: Aber du trinkst noch Alkohol und minderst dadurch zeitweilig das klare Denken. Ich erinnere mich noch gut, wie ich vor langen Jahren einmal am Abend bei einem »guten Glas Wein« und durchaus nicht »angetrunken« von einem lieben langjährigen Nachfolger der Lehre angerufen wurde, der ein Lehrgespräch begann. Puh, das möchte ich nicht wieder erleben. Wenn man genau spürt, dass man sich jetzt um jene kristallklare Verfassung gebracht hat, die ein Lehrgespräch fruchtbar macht, dann brennt es innen. Wenn man damit seit vielen Jahren endgültig Schluss gemacht hat und deshalb nun jederzeit abwehrbereit ist gegen Gefahren, jederzeit ansprechbar für Nöte, jederzeit zugänglich für gute Gedanken und Empfindungen und auch jederzeit bereit für den in jeder Sekunde möglichen Tod – das tut wohl und gibt einen ganz, ganz leisen Vorgeschmack der totalen Brand-Löschung. Ach, über dieses Kapitel ließen sich noch Bände sprechen. Da weiß ich, wovon ich rede.[52]

HANS: Zu Beginn unseres Gesprächs über die Tugend hat es in meinem Kopf vor lauter Einzelproblemen gesummt wie in einem Bienenschwarm, und es hat mich dauernd gejuckt, mit diesen oder jenen Einzelfällen zu kommen – »Ja, wenn aber einer«. Durch die vereinheitlichende Betrachtung der Tugenden als Mittel zum Herzensfrieden hat sich bei mir diese innere Unruhe ziemlich gelegt. Das ist ja schon ein kleines Wegstück aus Vielfalt und Unruhe zu größerer innerer Ruhe.

FRITZ: Das ist schön. Da sind wir ja mit unserm Gespräch über die heilende Tugend als Vorstufe zum Herzensfrieden (*samādhi*) ganz gut vorangekommen: Wir haben die Tragweite der fünf Kerntugenden betrachtet, das Hintergrundwissen für die Übung der heilenden Tugend kennen gelernt und Einzelfragen erörtert.

HANS: Da sollten wir doch jetzt zum Kern unseres Teilthemas kommen: Wie geht das vor sich, dass Tugend zum Herzensfrieden führt?

FRITZ: Genau damit wollte ich jetzt anfangen:

4.) WIE FÜHRT TUGEND ZUM HERZENSFRIEDEN?

Als wir über die fünf Hemmungen sprachen, hatten wir schon einmal erwähnt, dass bei die Sinne befriedigenden, nicht zur Tugend erwachsenen Menschen das Gewissen in der Tiefe fast ständig unruhig ist wie ein scheinbar untätiger Vulkan, der nur ein kleines Rauchwölkchen in den blauen Himmel schickt, aber in der Tiefe glüht und grollt die Lava. Das kommt aus Untugendhaftigkeit. Eine erste innere Frucht der heilenden Tugend in Richtung auf den Herzensfrieden ist es, dass dieses unterirdische Grollen zu verstummen beginnt. Vom Gewissen her kommt kein bewusster oder unbewusster Vorwurf mehr, mit dem meist ja auch die dumpfe Ahnung der Bedrohung verbunden war: »das bringt nichts Gutes«. Die Freiheit davon heißt *a-vippaṭisāro*, wörtlich: »frei vom Zurückerinnern«, jener Art von Erinnerung, die einen »nicht loslässt«, die einen »verfolgt«, die »einem auf der Seele liegt«. Man kann auch übersetzen: »Reulosigkeit« oder deutlicher: *»Befreiung vom Gewissensdruck«*, zumal dieser Ausdruck frei ist von der christlichen Prägung, wonach der Mensch wegen der »Erbsünde« ständig sein ganzes Leben zu bereuen hat und davon nur durch die Gnade Gottes frei werden kann. Wo der Gewissensdruck von einem Kenner der Lehre gewichen ist, da ist der schwere erste Riegel vom Tor zum Herzensfrieden zurückgeschoben.[53] — Dem vom Gewissensdruck Befreiten geht es wie einem Menschen, von dem ein Verfolger abgelassen hat: Sein Aufatmen, dass der Verfolger abgeschüttelt ist, das ist *a-vipattisāra.*

Dann setzt eine weitere Entwicklung zur Herzenseinigung ein. In mehreren Reden, in welchen der Erwachte häuslichen Nachfolgern den Weg der Mönche und Nonnen beschreibt, wie M 94 oder D 2, umreißt er die Freiheit vom Gewissensdruck als Frucht für die besonders tief zu allen heilenden Tugenden erwachsenen Ordensangehörigen, die dann »im kleinsten Fehltritt die Gefahr« sehen. Sie erlangen noch über das Wohl der Freiheit vom Gewissensdruck hinaus *»das innere Wohl der Untadeligkeit«* (*anavajja-sukha*), von dem der Buddha Anāthapiṇḍiko aber auch in A IV,62 gesagt hat, das Glück des Besitzes und der Fülle sei nur einen Bruchteil davon wert. Das ist die gemütsmäßige Nahtstelle zwischen heilender Tugend

52 Vgl. Schäfer: Die Party, Alkohol bei Einladungen, WW, 29. Jg. (1983), S. 94 ff.

53 Vgl. den Vers über die gute Besitzverwendung in A IV,61, vgl. auch A V,41.

und *samādhi*. Und da das »Auge der Weisheit« nichts mit dem Intellekt zu tun hat, sondern bei befriedetem, einigem Herzen aufgeht, wirkt die Tugendläuterung – ob wir es wissen oder nicht – mittelbar auch in den dritten Abschnitt des Heilswegs hinein: in den Abschnitt des Klarwissens, der Weisheit: *»Die Wahrheit ist ein See mit Tugendufern«*, sagt der Erwachte in S 7,21. Besonders deutlich zeigt das die Rede

D 4 – SONADANDO:

Der Erhabene war auf der Wanderschaft durch das Land der Anger mit einer großen Schar von Mönchen bei Campā angekommen, einem jener reichen Brahmanendörfer, die als Königsgut mit königlichen Privilegien den Brahmanen gestiftet worden waren. Als die Hausväter von Campā hörten, welcher berühmte Gast auf ihrer Gemarkung weilte, strömten sie in Scharen zum See. Der angesehene Brahmane Soṇadaṇḍo sah den Zug von der Dachterrasse aus und wollte sich anschließen. Aber die etwa 500 Teilnehmer eines Brahmanenkongresses, der gerade in dem Dorf tagte, hielten das für unter seiner Würde und versuchten ihn davon abzubringen. Aber Soṇadaṇḍo erwiderte ihnen in wohlgesetzter Rede ähnlich wie der Brahmane Cankī in M 95 und überzeugte sie schließlich mit dem Hinweis auf das Gastrecht:

»Auch der Asket Gotamo ist unser Gast, und wir müssen ihn werthalten, hoch schätzen, achten und ehren. — Auch deshalb ist es an uns, den Asketen Gotamo zu besuchen, und nicht Sache des Asketen Gotamo, uns zu besuchen. So viel weiß ich, ihr Herren, vom Rang des Herrn Gotamo. Doch nicht nur darauf beruht der Rang des Herrn Gotamo; denn von unermesslichem Rang ist der Herr Gotamo.« Da sprachen die Brahmanen zum Brahmanen Soṇadaṇḍo: »Wenn der Herr Soṇadaṇḍo die großen Eigenschaften des Asketen Gotamo so sehr preist, dann sollte ihn ja ein Mann, der etwas auf sich hält, selbst dann aufsuchen, wenn er hundert Meilen entfernt wäre und er mit einem Sack Wegzehrung hinwandern müsste. Gut, Herr, dann wollen wir alle zusammen den Asketen Gotamo besuchen gehen.« Da begab sich der Brahmane Soṇadaṇḍo mit der großen Schar von Brahmanen zum Gaggarāsee.

Als nun der Brahmane Soṇadaṇḍo durch den dichten Dschungel wanderte, legte sich ihm der Gedanke auf das Gemüt: »Wenn ich aber nun dem Asketen Gotamo eine Frage stelle und der Asket Gotamo sagt: ›Brahmane, diese Frage kann man so nicht stellen; sie ist folgendermaßen zu stellen‹ oder der Asket Gotamo stellt mir eine Frage und ich kann ihn mit meiner Antwort nicht zuinnerst zufrieden stellen; wenn dann der Asket Gotamo zu mir sagen würde: ›So kann man diese Frage nicht beantworten; sie ist folgendermaßen zu beantworten‹, dann könnte diese große Schar abfällig von mir denken Wenn ich aber – nachdem ich nun schon so weit gegangen bin, umkehren würde, ohne den Asketen Gotamo besucht zu haben, dann könnte diese große Schar abfällig von mir denken: ›Töricht ist der Brahmane Soṇadaṇḍo und ungeschickt, starr in seinem Stolz und feige: er traut sich anscheinend nicht, den Asketen Gotamo zu besuchen.‹ Von wem aber diese große Schar abfällig denkt, der verliert sein Gesicht; wer sein Gesicht verliert, der verliert seinen Wohlstand; durch unser Ansehen haben wir ja unseren Wohlstand erlangt.« Unterdessen war der Brahmane Soṇadaṇḍo beim Erhabenen angelangt, begrüßte den Erhabenen ehrerbietig, wechselte höfliche, freundliche Worte mit ihm und setzte sich seitwärts.

Da gingen ihm alle seine Bedenken von unterwegs durch den Kopf, und er dachte: »Ach, wenn mir doch der Asket Gotamo eine Frage aus meinem Fachgebiet, den Drei Veden, stellen würde! Da könnte ich ihn mit meiner Antwort von Grund auf zufrieden stellen.« Der Erhabene aber umfasste mit seinem Gemüt das Gemüt des Brahmanen Soṇadaṇḍo und wusste: »Der Brahmane Soṇadaṇḍo ist im tiefsten Herzen niedergeschlagen. Da will ich ihm eine Frage aus seinem Fachgebiet, den Drei Veden, stellen.« Und der Erhabene fragte Soṇadaṇḍo: »Wie viele Merkmale sind erforderlich, damit die Brahmanen jemanden als Brahmanen anerkennen, so dass er mit vollem Recht sagen kann: ›Ich bin ein Brahmane‹, ohne sich damit einer falschen Aussage schuldig zu machen?« Da schoß es dem Brahmanen Soṇadaṇḍo durchs Gemüt: »Wahrhaftig: was wir begehrt, gewünscht, innerlich herbeigefleht hatten: der Asket Gotamo stellt mir eine Frage aus meinem Fachgebiet, den Drei Veden. Da will ich ihn mit meiner Antwort von Grund auf zufrieden stellen.« Der Brahmane Soṇadaṇḍo richtete sich hoch auf, blickte über die Versammlung hin und sprach zum Erhabenen: »Fünf Merkmale sind erforderlich, Herr Gotamo, damit die Brahmanen jemanden als Brahmanen anerkennen, welche fünf?

- *Ein Brahmane ist beiderseits wohlgeboren, von der Vater- und Mutterseite, sieben Generationen zurück ohne Unterbrechung von reiner Abstammung, makellos, von zweifelsfreier Herkunft,*
- *gelehrt, ein Bewahrer der Sprüche, ein Kenner der Drei Veden samt Erklärungen und Ritual, der Lautlehre und der Geschichte als fünftem, ein Kenner der Verse und der Grammatik, der die Merkmale des großen Mannes mit Weltwissenschaft erklärt.*[54]
- *Er ist stattlich, schön, liebenswürdig, von höchster Anmut, von brahmischer Würde und Macht, eine außergewöhnliche Erscheinung.*
- *Tugendhaft ist er, von gewachsener Tugend, zur Fülle der Tugend herangereift.*
- *Und er ist weise, klug und damit der erste oder zweite unter denen, die den Opferlöffel führen. Wer diese fünf Merkmale aufweist, Herr Gotamo, den anerkennen die Brahmanen als Brahmanen.«*

»Kann man denn von einem dieser fünf Merkmale absehen, Brahmane, und einen, der vier Merkmale aufweist, als Brahmanen anerkennen?« — »Das kann man, Herr Gotamo: Unter diesen fünf Merkmalen kann man von der Schönheit absehen. Was kann schon die Schönheit ausmachen?«

»Kann man denn von einem dieser vier Merkmale absehen, Brahmane, und einen, der drei Merkmale aufweist, als Brahmanen anerkennen?« — »Das kann man, Herr Gotamo: Unter diesen vier Merkmalen kann man von den Sprüchen absehen. Was können schon die Sprüche ausmachen?«

»Kann man denn von einem dieser drei Merkmale absehen, Brahmane, und einen, der zwei Merkmale aufweist, als Brahmanen anerkennen?« — »Das kann man, Herr Gotamo: Unter diesen drei Merkmalen kann man von der Abstammung absehen. Was kann schon die Abstammung ausmachen? Wenn nur ein Brahmane von gewachsener Tugend ist, zur Fülle der Tugend herangereift, und wenn er weise ist – wer diese beiden Merkmale aufweist, Herr Gotamo, den anerkennen die Brahmanen als Brahmanen.«

Auf diese Worte riefen die Brahmanen dem Brahmanen Soṇadaṇḍo zu: »Das darf der Herr Soṇadaṇḍo nicht sagen! Der Herr Soṇadaṇḍo unterschätzt ja die Schönheit, die Sprüche, die Abstammung und schließt sich ganz einseitig dem Herrn Gotamo an!« Da sprach der Erhabene zu den Brahmanen: »Wenn ihr meint, Brahmanen: ›Der Brahmane Soṇadaṇḍo ist unerfahren, kein guter Redner und dumm dazu; der Brahmane Soṇadaṇḍo ist nicht fähig, mit dem Asketen Gotamo ein Gespräch zu führen‹, dann soll der Brahmane Soṇadaṇḍo zurücktreten, und ihr führt mit mir das Gespräch. Wenn ihr aber der Meinung seid: ›Der Brahmane Soṇadaṇḍo ist erfahren, ein guter Redner und weise; der Brahmane Soṇadaṇḍo ist fähig, mit dem Asketen Gotamo ein Gespräch zu führen‹, dann haltet ihr euch heraus, und der Brahmane Soṇadaṇḍo soll das Gespräch mit mir führen.« Auf diese Worte sprach der Brahmane Soṇadaṇḍo zum Erhabenen: »Der Asket Gotamo braucht nicht einzugreifen. Ich werde mich mit diesen so auseinandersetzen, wie es sich gehört.« Hierauf sprach der Brahmane Soṇadaṇḍo zu den Brahmanen: »Die Herren sollten das nicht sagen; die Herren sollten nicht sagen: ›Der Herr Soṇadaṇḍo unterschätzt ja die Schönheit, die Sprüche, die Abstammung und schließt sich ganz einseitig dem Herrn Gotamo an!‹ Ich unterschätze nicht Schönheit, Sprüche, Abstammung und schließe mich nicht einseitig dem Asketen Gotamo an!«

Die ganze Zeit saß in der Menge der junge Sohn der Schwester des Brahmanen Soṇadaṇḍo namens Angako. Der Brahmane Soṇadaṇḍo sprach zu den Brahmanen: »Die Herren kennen doch

54 Näheres vgl. HHMerkmale, S. 13 f.

den jungen Angako hier, den Sohn meiner Schwester?« — »Ja, Herr.« — »Der junge Angako ist doch wirklich stattlich, schön, liebenswürdig, von höchster Anmut, von brahmischer Würde und Macht, eine außergewöhnliche Erscheinung. In dieser Versammlung ist keiner, der ihm an Schönheit gleicht, außer dem Asketen Gotamo. Der junge Angako, ihr Herren, ist beiderseits wohlgeboren, von der Vater- und Mutterseite, sieben Generationen zurück ohne Unterbrechung von reiner Abstammung, makellos, von zweifelsfreier Herkunft, gelehrt, ein Bewahrer der Sprüche, ein Kenner der Drei Veden samt Erklärungen und Ritual, der Lautlehre und der Geschichte als fünftem, ein Kenner der Verse und der Grammatik, welcher die Merkmale des großen Mannes mit Weltwissenschaft erklären kann. Ich war sein Lehrer in der Spruchweisheit. — Der junge Angako ist beiderseits wohlgeboren. Ich kenne seine Eltern. Wenn aber dieser junge Angako ein Wesen töten, Nichtgegebenes nehmen, mit der Frau eines anderen verkehren, eine Lüge sprechen oder Rauschmittel trinken würde – was würden ihm dann die Schönheit, die Sprüche, die Abstammung helfen? Sobald ein Brahmane tugendhaft ist, ihr Herren, und sobald er weise ist: wenn er diese beiden Merkmale hat, dann anerkennen ihn die Brahmanen als Brahmanen.«

»Aber kann man von einem dieser beiden Merkmale absehen, Brahmane, und einen, der ein einziges Merkmal aufweist, als Brahmanen anerkennen?« — »Nein, Herr Gotamo, das nicht: Denn durch Tugend wird die Weisheit rundum klargespült und durch Weisheit die Tugend: wo Tugend ist, da ist Weisheit, wo Weisheit ist, da ist Tugend; vom Tugendreinen geht Weisheit aus, vom Weisen geht Tugend aus, durch Tugend ausgewiesene Weisheit ist als das Höchste in der Welt anerkannt. — Es ist, Herr Gotamo, wie wenn eine Hand die andere wäscht oder ein Fuß den anderen. Genauso wird durch Tugend die Weisheit rundum klargespült und durch Weisheit die Tugend.« — »So ist es, Brahmane, so ist es, Brahmane: durch Tugend wird die Weisheit rundum klargespült, und durch Weisheit die Tugend: wo Tugend ist, da ist Weisheit, wo Weisheit ist, da ist Tugend; vom Tugendreinen geht Weisheit aus, vom Weisen geht Tugend aus, durch Tugend ausgewiesene Weisheit ist als das Höchste in der Welt anerkannt.

Aber was ist diese Tugend, Brahmane, was ist diese Weisheit?« — »Das ist alles, was ich über diesen Gegenstand weiß, Herr Gotamo. Es wäre gut, wenn der Herr Gotamo den Sinn dieser Worte erläutern würde.« — »Gut, Brahmane, hör zu und merke gut auf; ich werde es sagen.« — »Gern, Herr«, antwortete der Brahmane Soṇadaṇḍo. Der Erhabene sprach: »Da erscheint der Vollendete in der Welt.« — Und nun schildert der Erwachte ausführlich den Tathāgatagang des Mönchs, beginnend mit den Mönchstugenden, und schließt deren Schilderung ab mit den Worten: *»Ein Mönch, Brahmane, der zu solcher Tugend erwachsen ist, sieht von nirgends mehr eine Gefahr, weil er eben von der Tugend beschützt ist: Wie ein Monarch, der nach Unterwerfung aller Gegner gekrönt worden ist, von nirgendwo mehr eine Gefahr von einem Gegner sehen kann – ebenso, Brahmane, kann ein Mönch, der zu solcher Tugend erwachsen ist, von nirgends mehr eine Gefahr sehen, weil er eben von der Tugend beschützt ist. Wenn er diese Entwicklung der heilenden Begegnungsweise vollendet hat, dann erwächst bei ihm ein inneres Wohl der Untadeligkeit. So, Brahmane, ist der Mönch zur Tugend erwachsen. Das, Brahmane, ist diese Tugend. Durch diesen Wegabschnitt der heilenden Tugenden gereift, erwachsen zu der Gesamtheit der heilenden Zügelung der Sinne, im Vollbesitz des heilenden Klarbewusstseins, zieht er sich nun an einen abgelegenen Platz zurück.«* Und nun beschreibt der Erwachte, wie der Mönch die fünf Hemmungen aufhebt, die Entrückungen gewinnt, und auf deren Spitze sodann die drei Weisheitsdurchbrüche bis zum Erwachen aus dem Wahntraum. Die tragende Kraft, die einen solchen Mönch auf diesen letzten Weg bringt, ist jener durch die »Vollendung« der Entwicklung der Tugendlauterkeit gewonnene höchste Grad des *»Wohles der Untadeligkeit« (anavajja-sukha).*

HANS: Dieser »Tugendmonarch« ist also in Tugend vollkommen?

FRITZ: Nein. Vollkommen ist erst ein Geheilter (*arahat*): total unbeeinflussbar, unverletzlich, weil er erwacht ist, Hinneigung, Abneigung und Blendung aufgehoben, den Wahn versiegt hat. Deshalb braucht er den Schutz durch die ihm eigene Tugend gar nicht mehr. Darin erst besteht seine Vollkommenheit in Tugend. Der mit einem siegreichen Monarchen verglichene Mönch dagegen hat »erst« den Tugendabschnitt des achtfachen Weges vollendet, nicht, wie der Geheilte, auch die Abschnitte der Herzenseinigung und der Weisheit, so dass er die Tugend noch als Schutz braucht. Vollkommen ist er noch nicht, aber es gibt auf dem Gebiet der Tugend für ihn keine Gefahr mehr.

HANS: Dann gibt es also verschiedene Grade der Tugendlauterkeit und verschiedene Grade des dadurch bedingten Wohls der Untadeligkeit?

FRITZ: Ja, Hans. Das kann man an den Aussagen des Erwachten ablesen:

Der einfachste Grad der Tugendreife ist das Erwachsensein zur Tugend (*sīlasampanno*). Das ist aber bei häuslich Lebenden und Mönchen verschieden

• Wer im Haus lebt, ist *zur Tugend erwachsen*, wenn es *»seinem Wesen widerstrebt, Lebendiges umzubringen, Nichtgegebenes zu nehmen, unrechte Geschlechtsbeziehungen zu pflegen, zu lügen und Rauschmittel oder andere die Vernunft und Selbstkontrolle hindernde Mittel zu nehmen.«*[55] Tugendverletzungen kommen also bei ihm noch vor.

• Einen Asketen dagegen, für den nicht nur die fünf *sīla*, sondern alle 227 Asketentugenden gelten, nennt der Erwachte in dem eben gelesenen Text D 4 erst dann *»zur Tugend erwachsen«*, wenn er *»diese Entwicklung der heilenden Begegnungsweise vollendet hat«*, so dass *»bei ihm ein inneres Wohl der Untadeligkeit«* aufkommt oder – wie es in A III,75 umschrieben ist – wenn es seine Art geworden ist, *»im Verhalten auf der Hut zu sein; im kleinsten Fehltritt sieht er die Gefahr; in den Übungsweisen, die er auf sich genommen hat, übt er sich: Der schafft kein neues Karma, und das frühere Karma lässt er dann auslaufen, wenn es ihn gerade berührt.«* Wenn dieser Mönch so zur Tugend erwachsen ist, hat er ein starkes Fundament für die Entrückungen als die Tore zu den Weisheitsdurchbrüchen.

RUTH: Ach, hast du das gemeint, als du bei unserem Gespräch über den rechten Umgang mit Besitz und *Befriedigung* gesagt hast, dass der Buddha dem Mönch viel eher »Durststrecken« zumuten kann, die bei der ihm aufgegebenen totalen sekündlichen Sinnenzügelung vorkommen können, weil Mönche viel eher zu innerem Wohl kommen, während er auch den Heilsgängern unter den Anhängern im Haus Sinnenzügelung als Dauerübung noch nicht zumuten kann?

FRITZ: Ja, Ruth, genau das habe ich gemeint. Bei der Frage des Erwachsenseins zur Tugend geht es bei Mönch und Nonne um die Tauglichkeit zum Gipfelweg. Daher sind sie erst dann zur Tugend erwachsen, wenn sie den Rang des Tugendmonarchen erreicht haben und nicht schon, wie die häuslichen Nachfolger, wenn ihnen jede Verletzung der fünf Grundtugenden widerstrebt und sie das Wohl der Freiheit von Gewissensdruck erlangt haben.

Mit der Entwicklung der verschiedenen Grade der Tugend nimmt alles Leiden aus Untugendhaftigkeit ab und wächst die Möglichkeit, stattdessen das Wohl zunehmender Herzenseinigung zu erleben. Dabei wird die Grundbefindlichkeit, die Grundgestimmtheit des Herzens immer besser und heller. Ob sie aber »durchkommt«, hängt weitgehend auch davon ab, ob der Heilskämpfer sich selber tadeln muss oder von anderen getadelt wird. Deshalb ist das »*Wohl der Untadeligkeit*« (*anavajja sukha*) weder an der Grundbefindlichkeit noch am äußeren Verhalten allein abzulesen, sondern es hängt auch von den Maßstäben ab, denen sich der Strebende selber unterstellt hat. Und da sind nicht nur die Maßstäbe (für Asketen die 227 Ordenstugenden, für häusliche Nachfolger die fünf *sīla*) verschieden: Verschieden ist auch bei jedem Menschen, wie streng oder mild – auch ob zu streng oder zu mild – er mit sich selber umgeht. Deshalb gibt es auch das Wohl der Untadeligkeit in verschiedenen Graden, und Übereifer kann hier zu vielen Umwegen und Aufenthalten führen. So viel fürs Erste.

55 Vgl. D 6; A III,75; S 55,37.

Nun zurück zu unserer Rede: Der Erwachte schildert jetzt den gesamten Weg des Mönchs, der den Tugendabschnitt des Tathāgatagangs schon vollendet hat, über die Läuterung von den fünf Hemmungen und die vier weltlosen Entrückungen bis zu den drei Weisheitsdurchbrüchen mit der Aufhebung jeglicher Beeinflussung als höchstem. Er schließt die Rede mit den Worten:

»Nachdem sein Herz solcherart geeint, geläutert, gereinigt, fleckenlos, trübungsfrei, sanft, fügsam, frei von Willkür, vollkommen still geworden ist, da richtet er es auf die Erkenntnis des Versiegens der Beeinflussung: ›Das ist das Leiden‹, erkennt er der Wirklichkeit gemäß. ›Das ist die Leidensentwicklung‹, erkennt er der Wirklichkeit gemäß. ›Das ist die Leidensauflösung‹, erkennt er der Wirklichkeit gemäß. ›Das ist die zur Leidensauflösung führende Vorgehensweise‹, erkennt er der Wirklichkeit gemäß. ›Das ist die Beeinflussung‹, erkennt er der Wirklichkeit gemäß. ›Das ist der Beeinflussung Entwicklung‹, erkennt er der Wirklichkeit gemäß. ›Das ist der Beeinflussung Auflösung‹, erkennt er der Wirklichkeit gemäß. ›Das ist die zur Auflösung der Beeinflussung führende Vorgehensweise‹; erkennt er der Wirklichkeit gemäß. So erkennend, so sehend, wird das Herz erlöst von allen Beeinflussungen durch Sinnenwunsch, wird das Herz erlöst von allen Beeinflussungen durch Werden, wird das Herz erlöst von allen Beeinflussungen durch Wahn. Wenn es erlöst ist, dann ist das Wissen: ›Es ist erlöst! Zersprengt ist die Geburt, vollendet das brahmische Leben, die Aufgabe gelöst – nicht mehr ist diese Welt‹ – das versteht er nun. Auch das gehört für ihn zur Weisheit. Das, Brahmane, ist diese Weisheit.« Da nahm der Brahmane Soṇadaṇḍo zum Erhabenen Zuflucht.

HANS: Das Gleichnis mit dem gekrönten Monarchen, der alle Feinde besiegt hat, hatte mir erst Sorgen gemacht. Ich dachte: wie himmelweit ich noch davon entfernt bin. Was bin ich froh, dass ich mir diese Sorge nicht zu machen brauche, weil das Gleichnis gar nicht den häuslichen Nachfolger betrifft, sondern erst den fortgeschrittenen Mönch als hohes Vorbild beschreibt, der den Tugendabschnitt des Tathāgatagangs vollendet hat. — Da habe ich dich doch recht verstanden?

FRITZ: Ja, Hans. »Untadelig« heißt bei einem Mönch etwas ganz anderes als bei einem häuslichen Nachfolger. Vieles, was bei einem in der Welt lebenden Nachfolger ganz selbstverständlich zu einem untadeligen Hausleben gehört, wäre bei einem Mönch zu tadeln.

HANS: Klar. Wir haben ja in S 42,12 gesehen: Der Sinnenwünsche befriedigende häusliche Nachfolger ist zu loben, wenn er es sich mit Sinnendingen ohne Genussrausch und »übermäßiges Hinstarren« – die Entrinnung im Auge behaltend – angenehm und befriedigend macht. Der Mönch, der in jeder Lebenssekunde die Sinnestore zu bewachen hat, sobald er zu den Asketentugenden gereift ist, wäre deshalb zu tadeln.

FRITZ: Auch das in A IV,194 besprochene »*Kampfglied der vollkommen reinen Tugend*« – das noch nicht die Tugendreinheit selber ist – hat beim Mönch einen viel weitergehenden Hintergrund als beim häuslichen Nachfolger: Das in jener Rede genannte Wissen darüber, was vollkommen und was noch unvollkommen ist, orientiert sich beim Mönch an den 227 Ordenstugenden, die ausschließlich einer Lebensführung »*gar fern von Sinnenwünschen*« dienen. Beim häuslichen Nachfolger dagegen orientiert es sich »nur« an den fünf *sīla* und den Anleitungen des Erwachten zum rechten und krampflosen »tugendneutralen« Umgang mit Besitz und Sinnenbefriedigung, die zu seinem Leben ja noch so sehr gehören, dass er nach S 42,12 zu tadeln wäre, wenn er sich davon nichts gönnen würde.

Hinzu kommt: Anders als der häusliche Nachfolger ist der Mönch erst dann »untadelig«, wenn sein Erwachsensein zu den Tugenden bereits eine »*starke Macht der Untadeligkeit*« (*ana-vajja-bala*) geworden ist, wie es der Erwachte den Mönchen in A IX,5[m] beschreibt. »Bala« (Stärke, Macht) bedeutet mehr als eine bloße Fähigkeit (hier: zum Einhalten der Ordenstugenden). Wir haben manche Lenkkräfte (*indriya*), die wir aber oft nicht einsetzen können, weil ihnen die nötige Stärke (*bala*) fehlt, sie gegen anderslaufende Dränge durchzusetzen. Ganz anders der Mönch. In M 78 beschreibt der Erwachte dem Hofarchitekten den »unüberwindlichen Asketen«. Die dritte bis fünfte seiner zehn Eigenschaften sind die Eigenschaften des »Tugendmonarchen«, nur mit anderen Worten beschrieben: *»Da ist der Mönch so herangewachsen an rechte Anschauung, rechte Gemütseinstellung, rechte Rede, rechtes Handeln, rechte Lebensführung, dass er nicht mehr darum zu kämpfen braucht.«* — *»Erwachsen zu dem Wegabschnitt der kampflos bereitstehenden Tugend«* nennt der Erwachte auch in S 3,24 einen Mönch, den er vergleicht mit einem Bogenschützen, den der König im Krieg in sein Heer aufnehmen würde. Nicht mehr um die Tugend kämpfen müssen, den Tugendkampf bestanden haben, der Gefahr entwachsen sein, noch etwas zu tun, was dem in die Tugend Hineingewachsenen weh täte, das erst ist ja die Situation des gekrönten Tugendmonarchen. Wann der Rang des gekrönten Monarchen erreicht ist, ergibt sich auch aus dem Zusammenhang, in welchem das Gleichnis in unserer Rede D 4 steht. Es geht hier nur um die zur höchsten Weisheit ausreichende Asketentugend, einen ganz anderen inneren Status als bei *»Anhängern (upāsaka) weiß gekleidet, im Hause lebend, sich mit Sinnendingen befriedigend.«* Die »Sinnendinge zur Befriedigung gebrauchenden« Nachfolger können gar nicht *»in Werken und Worten – g a n z von der Tauglichkeit zum – H e i l geleitet sein.«* Für sie ist es bereits, wie ihnen der Erwachte sagt, ein Fortschritt, wenn sie nach A V,57 von sich sagen können:

»Jetzt schon bin ich nicht mehr fähig, g a n z der – S i n n l i c h k e i t – zu dienen.«

Von dem *»g a n z von der Tauglichkeit zum H e i l«* geleiteten Mönch dagegen sagt der Erwachte nun in D 4, in welchem viel höheren Grad er zur Tugend erwachsen ist als der nicht zu tadelnde häusliche Nachfolger:

• Nicht nur, dass diesem Asketen das Verletzen aller fünf *sīla* widerstrebt, und

• nicht nur, dass »erwachsen zum dritten *sīla*« bei ihm bedeutet: *»Die Unkeuschheit hat er verworfen; er lebt in Reinheit, abgeschieden, der weltübliche Umgang der Geschlechter widerstrebt seinem Wesen«*:

• Ein solcher Mönch ist so ausschließlich auf sein einziges Ziel – das Heil – konzentriert, dass für ihn fast alle unsere Berufs- und Freizeitzeitbeschäftigungen nach D 4 und anderen Reden zu tadeln wären: *»Sich mit Sämereien und Pflanzungen abgeben, Essen zur Unzeit, Zerstreuungen wie Tanz, Gesang, Spiel, Schaustellungen, Duftstoffe, Schmuck, besondere Kleider und Blumen, hohe, prächtige Lagerstätten, Geld, rohes Getreide, Diener und Dienerinnen, Haustiere, Haus und Feld, Botschaften, Sendungen und Aufträge übernehmen, Kauf und Verkauf ist mit seinem Wesen unvereinbar.«* Seinem Wesen widersprechen noch viele andere, nun vom Erwachten genannte Dinge, an denen schon zur Zeit des Erwachten *»manche Herren Asketen und brahmisch Lebende, ernährt von den aus Vertrauen gespendeten Speisen«* und die Angehörigen anderer geistlicher Orden keinerlei Anstoß nahmen, gar nicht zu reden davon, dass es für häusliche Nachfolger normale, zum Teil sogar hoch qualifizierte weltliche Tätigkeiten sind wie, um nur einige aus der langen Aufzählung in D 4 zu nennen, der Beruf des Astronomen, Metereologen, Arztes, Verwaltungsbeamten, Dichters, weltlichen Wissenschaftlers. Allen diesen für häuslich Lebende durchaus ehrenwerten Gewerben, Künsten und Wissenschaften, die für den Asketen aber *»niedere Künste, falscher Lebenswandel«* sind, *»widerstrebt sein Wesen. Auch das gehört für ihn zur Tugend.«* So klar und eindeutig ist ein Mönch des Erwachten Tag und Nacht einzig und allein auf die Arbeit am Heilsziel gesammelt. Das ist für häusliche Nachfolger gar nicht möglich. Wer aber die Kraft hat, dieses Mönchsleben zur Erwachung zu führen, der ist dadurch in einer für uns kaum vorstellbaren Weise vor allen weltlichen Ablenkungen, weltlichen Vorurteilen und Denkgewohnheiten, vor den aus der Vielfalt kommenden Wahrnehmungsmustern, Irrungen und Wirrungen durch die Ordenstugenden geschützt. Von ihm nur sagt der Erwachte nun in D 4:

»Ein Mönch, der zu solcher Tugend erwachsen ist, sieht von nirgends mehr Gefahr, weil er eben von der Tugend beschützt ist: Wie ein Monarch, der nach Unterwerfung aller Gegner gekrönt worden ist, von nirgendwo mehr eine Gefahr von einem Gegner sehen kann – ebenso, Brahmane, kann ein Mönch, der zu solcher Tugend erwachsen ist, von nirgends mehr eine Gefahr sehen, weil er eben von der Tugend beschützt ist.«

Du brauchst dir also wirklich keine Sorgen darüber zu machen, Hans, dass du dir so wenig wie ich heute schon wie ein Tugendmonarch vorkommst, der alle Feinde besiegt hat.

HANS: Mir ist richtig leichter geworden. Dann ist also dieses Wohl der Untadeligkeit nur etwas für Mönche und Nonnen?

FRITZ: Das wäre zu viel gesagt. Erinnern wir uns an A IV,62. Da rät der Erwachte dem Großkaufmann Anāthapiṇḍiko, auch häuslich Lebende sollten *»von Zeit zu Zeit«* sich an vier Arten des Glücks erfreuen[56]: am Glück des Besitzens, am Glück der Fülle, am Glück der Schuldenfreiheit und als viertes eben an diesem Glück der Untadeligkeit (*ana-vajja-sukha*). Das Glück der Untadeligkeit erklärt der Erwachte aber hier für häusliche Nachfolger ganz anders, als wir es vorhin für Mönche und Nonnen gehört haben: *»Da ist ein Sohn aus einer Familie erwachsen zu untadligem Wirken in Werken, Worten und Gedanken. Bei dem Gedanken: ›Erwachsen bin ich zu untadligem Wirken in Werken, Worten und Gedanken‹ wird ihm wohl, geistige Freude kommt auf. Das nennt man Glück der Untadeligkeit, Hausvater. Diese vier Arten des Glücks mögen sich Sinnenwünsche befriedigende Hausleute von Zeit zu Zeit bei richtiger Gelegenheit verschaffen.«*

Vorboten dieses Wohls der Untadeligkeit, das man bei der auch im Positiven gebotenen inneren »Bilanzwahrheit und Bilanzklarheit« nicht vor sich selber verschweigen sollte, erscheinen in Gestalt einer erst gelegentlich, dann – bei Vergleichen mit früher – öfter aufkommenden leisen Freude darüber, dass ein Weh abzunehmen beginnt, das die meisten zur Tugend Erwachsenen (*sīlasampanna*) bisher am auffallendsten gequält hatte: dass sie nämlich durch zunehmendes Achten und Einfühlen in Bezug auf die Anliegen der Mitwesen und durch zunehmende Sensibilität für Tugendverstöße ihre eigenen Fehler immer genauer kennen lernten und dass sie ihnen immer deutlicher wehtaten und den Schlaf raubten. Und bei wem aus früheren Zeiten noch nicht durch »Süßwasser« aufgelöstes schweres Karma als ungreifbare dumpfe Bedrückung aus dem Werdesein (*bhava*) heraufgrollte, der merkt allmählich, dass er durch die Zunahme des Anteils des nicht bedrängenden Wirkens über das alte Salz schlechten Karmas Fluten von Süßwasser guten Wirkens gegossen hat und weiter gießt. — Das beruhigt. *»Die Wahrheit ist ein See mit Tugendufern.«* Damit haben wir den Anschluss an das Gespräch über die nächste Etappe des Heilsweges: die Entwicklung vom Herzensfrieden zum Klarwissen.

56 Abs. 2 *upādāti*, Abs. 4 und Vers am Ende *bhuñjati*.

13. Gespräch
Durch inneren Frieden (*samādhi*) zum Klarwissen (*paññā*)

Ruth: Was ist *samādhi* wirklich? Wir haben ihn oft erwähnt. Man hört so unterschiedliche Bezeichnungen: »Meditation«, »Bewusstseinserweiterung«, »Ekstase«, »Trance«, »Sammlung«, »Konzentration«. In unseren Gesprächen ist mir aufgegangen, dass das nur unzulängliche, wenn nicht falsche Beschreibungen sind. Er ist wohl etwas anderes.

Hans: Was denn?

Ruth: Um einmal ganz unsystematisch den Eindruck zusammenzufassen, den ich aus unseren Gesprächen gewonnen habe:

• Samādhi scheint mir eine Herzensverfassung zu sein, die entsteht, wenn man dem Daseinsbrand das Sinnenholz entzieht. Damit geht der Brand noch nicht aus, aber er brennt reiner.

• Samādhi scheint mir nicht auf Meditationszeiten beschränkt, sondern kann als Haltung das ganze Leben durchziehen.

• Samādhi ist nicht dasselbe wie die weltlosen Entrückungen. Die sind sein Gipfel.

• Samādhi ist nicht ewig, weil er durch Wirken entstanden ist.

• Aber für Heilsgänger öffnet er als Werkzeug die Tore zum erlösenden Klarwissen und damit zur Ewigkeit.

• Samādhi ist kein nur von Ausnahmemenschen erreichbarer sternenferner Zustand, sondern ein ganzer Innenwelt-Teil, der sich durch die bescheidenste geistige Freude ankündigt, durch den inneren Jubel in die Herzenshöhen aufschießt und bis in unermesslich lange Daseinsweisen reicht. Es gibt ihn aber auch in kleiner Münze.

• Samādhi ist kein geistiges Naturereignis, das unbeherrschbar kommt und geht. Er ist samt seinen Gesetzmäßigkeiten von solchen, die ihn erlebt und durchschaut haben, so exakt beschrieben, dass man ihn einüben kann.

Damit ist sicher nur ein Bruchteil gesagt. Die fühlbare Qualität des *samādhi* als Wohl ist nicht in Worten auszudrücken. Aber vielleicht gibt es eine kurze Aussage, die das alles für häuslich Lebende zusammenfasst?

Fritz: Ja, Ruth, die gibt es. Es freut dich vielleicht, dass eine besonders gute von einer der zahlreichen großen Frauen im Orden, einer der Genesenen, stammt. Erinnert ihr euch aus unserem einleitenden Gespräch an M 44, wo die Nonne Dhammadinnā ihrem im Haus verbliebenen einstigen Ehemann Visākho die Frage beantwortet, was der heilende achtfache Heilsweg sei?

Ruth: Wo sie zeigt, dass er aus drei Abschnitten zusammengestellt ist?

Fritz: Ja. In dieser Rede erklärt sie auf die Frage Visākhos, was *samādhi* sei: *»Des Herzens Einkehr einzig auf seinem Gipfel, Freund Visākho, das ist die Herzenseinigung.«* Das Pāliwort heißt: *citt'ekaggata*[1], und wird von Neumann schlicht mit »Einheit« übersetzt.[2] Die meisten Übersetzer folgen der erst viele Jahrhunderte nach dem Erwachten entstandenen Kommentarliteratur und sagen: *»Einspitzigkeit«* (*ek'-agga-tā*).[3] Ich habe aber den Eindruck, dass der Erwachte bewusst einen Ausdruck gewählt hat, der mehreres anklingen lässt: einmal, dass das Herz nicht mehr hierhin und dorthin schweift, sondern nur noch in eine einzige Richtung geht (*cittassa eka-(g)-gatā*) und zugleich, dass dies aber keine falsche Sammlung

1 *citt'* ist nach allg. Auffassung hier die Abkürzung von *»cittassa«* = Genitiv von *citta* = »Herz«.

2 »Eins-Gegangenheit«: »einheitlich, zum Einen« = *eka* + *ga-tā* = »Gegangensein« (Abstr. von *gahati* – = »gehen«).

3 *ek'* = »eins« + *agga* = »Spitze« + *tā* (Endung entsprechend unserem »-heit« oder »-keit«).

(*micchā-samādhi*) ist wie die Konzentration des Attentäters auf sein Opfer im Fadenkreuz des Zielfernrohrs, sondern rechte Sammlung auf den jeweils höchsten ersehnten Herzensfrieden – und das kann immer nur ein Friede sein, dessen Möglichkeit man entweder schon kennt oder ahnt, sonst kann man sich nicht darauf sammeln. Deshalb ist die vorherige Stärkung der rechten Anschauung darüber so wichtig. Durch die Vorstellung der Ein-spitzig-keit ist ein mehr meditations-technischer Eindruck vom *samādhi* im Sinne scharfer Konzentration auf eine geistige Vorstellung suggeriert worden. Damit kommt der eigentliche Charakter der Herzenseinigung als »zeitliche Erlösung« zu kurz, so, wenn der berühmte Kommentarverfasser und Mönchsgelehrte Buddhagosa tausend Jahre nach dem Erwachten schreibt: »Was ist Sammlung (*samādhi*)? Sammlung ist vielartig und mannigfaltig. Eine Antwort zu versuchen, um dies alles darzustellen, möchte nicht den beabsichtigten Sinn klarmachen und überdies zu Verwirrung führen. Daher erklären wir bloß mit Rücksicht auf die hier gemeinte Sammlung: Sammlung ist die ›Einspitzigkeit‹ (*ekaggatā*) des Geistes, d. h. Einobjektigkeit oder Gerichtetsein auf ein einziges Objekt des heilsamen Bewusstseins.«[4]

RUTH: Das kann nicht gut stimmen. Der Buddha hat doch in mehr als einer Rede auch von »*gegenstandsfreien Gemüterlösungen*« gesprochen.[5] Wo soll denn bei von Abgrenzen freien oder weiten oder gestaltfreien Gemüterlösungen oder der Gemüterlösung in Leerheit ein Objekt sein? Ist »*citt' ekkaggatā*« nicht eher die zeitliche *Erlösung von Objekten* als die Konzentration »auf ein einziges Objekt«? Unter »Spitzigkeit« stellt man sich eher ein angestrengtes Bohren des Geistes vor als einen auf innerem Loslassen beruhenden unermesslichen, gelösten Frieden des Herzens.

FRITZ: Der Eindruck der angestrengten Ein-Spitzigkeit ist vermeidbar, auch wenn man nicht von einem gewollten Doppelsinn ausgeht, sondern mit der Mehrzahl der Übersetzer ekaggatā von »*agga*« ableitet. Denn *agga* bedeutet nicht nur »Spitze« – etwa einer Nadel oder eines Spießes –, sondern auch »Gipfel« und – in übertragenem Sinn – »das Höchste«. Man könnte daher auch vom Standpunkt der Mehrheit der Übersetzer wörtlich sagen: »des Herzens (*citassa*) alleiniger (*eka* =) Gipfelzustand«. Ich habe mich daher um eine Wiedergabe bemüht, bei der eine gelehrte Auseinandersetzung um »*agga*« oder »*ga-tā*« überflüssig ist, nämlich: *»des Herzens Einkehr einzig auf seinem Gipfel«*.

HANS: Was ist das für ein Gipfel?

FRITZ: Der jeweils höchste erstrebte Herzensfriede. Erinnert ihr euch an das Gespräch des Erwachten mit Ānando in Gegenwart des Hausvaters Tapusso aus A IX,41?

HANS: Dem das sofortige Zurücktreten von der Sinnlichkeit wie ein Abgrund vorkam, obwohl er zu den Spitzen der Jünger gehörte?

FRITZ: Eben der. Da hat der Erwachte ausführlich gezeigt, wie er selber sich einst als um Erwachung Ringender einen Friedenszustand nach dem anderen erschlossen hat. Immer, wenn der um Erwachung ringende Asket Gotamo einen bisherigen Gipfel seiner zarten Wahrheitswahrnehmung überstiegen hatte, empfand er ihn als Bedrängnis, *»wie es eben für einen Glücklichen eine Bedrängnis ist, wenn ein Schmerz aufsteigt«*, bis er nach dem Auftauchen aus der Auflösung von Wahrnehmungsempfindung sogar die Grenzscheide möglicher Wahrnehmung wie einen Schmerz empfand, deshalb als Glücklicher die ganze Gefangenschaft in der Wahrnehmung hinter sich ließ und damit die absolute Freiheit, das Todlose, den auf ewig unzerstörbaren Heils-Stand gewann.

HANS: *»Des Herzens Einkehr einzig auf seinem Gipfel«* – wie weit sind wir davon entfernt. Wir erleben eher das Gegenteil: Statt dass das Herz einzig auf seinem Gipfel einkehrt, sind wir

4 Buddhagosa, *Visuddhi Magga*, deutsch v. Nyāṇatiloka, Konstanz (Christiani) 1975, S. 101 f.
5 Vgl. D 6 und S 41,7.

»außer uns« vor Begehren oder vor Ablehnung oder vor Zorn. Leider habe ich ziemlich viel mit Zorn zu tun und weiß kaum, was ich dagegen machen kann. Ich muss wohl damit leben, dass ich vom Herzensfrieden so lange ausgeschlossen bin, bis der Zorn besiegt ist.

I. SIEG ÜBER DEN ZORN UND HERZENSFRIEDE (*SAMĀDHI*)

FRITZ: Nein, Hans. So lange musst du nicht warten! Wie oft hast du während unserer Gespräche schon innere Freude und Anflüge von leisem Jubel empfunden! Gewiss: die stillsten Zustände des Herzensfriedens wird nicht leicht erreichen, wen zu anderer Zeit noch starker Jähzorn packen kann. Aber *»das Herz ist wahrlich eine Menge von Verschiedenartigem, Mannigfaltigem«*, wie es in M 78 heißt. In ein und demselben Herzen kann neben Jähzorn auch eine tiefe Friedenssehnsucht wohnen, die sich zu anderen Zeiten Bahn bricht. So kann eine Wechselwirkung zwischen dem Kampf gegen den Zorn und dem Herzensfrieden entstehen, und eines fördert das andere schon während des Kampfs. Aber ähnlich wie man auch für die rechte Übung der heilenden Tugenden einiges wissen muss, so muss man auch über den Zorn zuerst einiges wissen.

HANS: Was denn?

FRITZ: Du hast doch inzwischen das Buch des Buddhistischen Seminars Meditation nach dem Buddha. Dort ist als Einleitung zu hilfreichen Meditationen gegen den Zorn auf S. 223 diese Frage im Kern beantwortet[6]:

»Zorn ist eine seelische Haltung, eine Gemütslage, die der Erwachte einer prall gefüllten Eiterblase vergleicht. Sticht man hinein, dann zischt und spritzt der Eiter heraus. Ich sage ja auch, wenn ich ärgerlich bin: ›Ich bin geladen!‹ Und fühle mich so, wenn ich etwas erlebt habe, was mir ›nicht passt‹, was den Erwartungen und Wünschen ›zuwider‹ ist. Ich bin von Widrigem überrascht worden. So kommen Ärger oder Zorn oder Wut auf. Ein indisches Wort dagegen sagt: ›Nur der Unwissende wird böse, der Weise versteht.‹ Ich bin zwar noch kein Weiser, aber ich kann mir klarmachen: Je mehr ich weiß, umso weniger gibt es Überraschungen, denn Überraschungen können nur dem Unwissenden begegnen. Bin ich zornig, so beweise ich damit mein Überraschtsein, meine Unwissenheit. Zur Weisheit gehört auch, dass ich das Wesen des Menschen kenne: zuerst das ›eigene‹ Wesen und dadurch auch das Wesen der ›anderen‹ Menschen.«

Ich habe selber jahrzehntelang – auch noch nach langer Kenntnis der Lehre – schwer gegen einen maßlosen Jähzorn zu kämpfen gehabt. Auch Nahestehende wollen mir das heute noch nicht glauben, weil es nicht zu meiner sonstigen Art zu passen scheint. Seit wenigen Jahren erst bin ich ihn los. Was noch an Resten in mir stecken mag, kommt nicht mehr an die Oberfläche durch. Sollte es doch noch einmal geschehen, so will ich vorbereitet sein und nicht denken, alles sei umsonst gewesen. Ich will dann – wie so oft – über mich groteske Pflanze lachen und froh sein, dass nun auch dieser Schmutzrest sichtbar wird, so dass er vollends beseitigt werden kann. Dennoch hat es, schon in der langen Zeit, als mich der Zorn immer wieder überwältigte, auch manchmal bescheidene Erlebnisse geistiger Freude und inneren Friedens gegeben – wie es bei langjähriger Lehrnachfolge gar nicht ausbleiben kann. Also, Hans: Keine Angst vor dem Zorn, und vor allem auch: keinen Zorn über den Zorn! Verstehen ist der Anfang. Dann nimmt man Wahn-»Ich« und Wahn-»Welt« nicht mehr so bedrängend wichtig. Der Zorn mag dann zwar noch jahrelang wiederkommen und nicht einmal seltener, aber weniger ausweglos, weniger heftig, weniger lang lastend.

Vielen hat auch der Gedanke geholfen: »Ich bin ja nicht der einzige, der an diesem Übel leidet.« Man erkennt: Zorn ist eine zentrale, allgemein menschliche Eigenschaft – vom leisen Ärger bis zur rasenden Wut. — Er kommt auch noch in Menschen auf, die ihre ganze Kraft aufwenden, um wenigstens außerhalb ihres allerengsten Kreises Haltung zu bewahren. So

6 Medi, S. 223.

können die anderen nicht sehen, wie manche lieben Wesen, wie früher der Fritz, die bei den Treffen Gleichgesinnter immer »buddhistisch-sanft« reden, im allerengsten Kreis, wo sich die meisten Menschen mehr gehen lassen, manchmal ganz schön zornig sein können. Außerhalb ihrer Familie würde keiner sie für zornfähig halten, wenn nicht hie und da auch einmal mitten durch die »sanfte Seide« ihrer Rede eine messerscharfe Bemerkung blitzen würde. Wenn man aber den Zorn nicht als einen Teil der »Selbstverwirklichung« ansieht – »Ich bin, wie ich bin«, dann steht am Ende von jahrelangen Kämpfen doch der Sieg, den man in den Jahren des Leidens unter dem Zorn kaum mehr für möglich gehalten hätte. Bis dahin ist es in unserer Zeit, in der es manche Psychologen für »unehrlich« erklären, wenn ein innerlich zorniger Mensch nicht auch noch sein Gegenüber anbrüllt, schon eine beachtliche Leistung, den Zorn nicht nach außen durchbrechen zu lassen, auch wenn es innen kocht.

HANS: Ja, aber man muss es doch seine Partner merken lassen, wenn sie einen verletzt haben. Wenn man alles herunterschluckt, haben sie ja gar keine Chance, sich zu ändern.

FRITZ: Natürlich muss man ihnen signalisieren, wenn man verletzt ist. Aber nicht mit Brüllen: Ich will doch, dass mein Notsignal ankommt. Wenn ich brülle oder spitz reagiere, dann lässt der andere den eisernen Vorhang herunter, und beide brüllen.

HANS: Ja, was wäre denn ein vernünftiges Rezept gegen den Zorn?

FRITZ: Ein Rezept gibt es gegen den Zorn noch weniger als gegen vieles andere – eben weil er eine zentrale Eigenschaft ist: das schrille Pfeifen des Druckventils der Triebe, wenn ihnen etwas zu stark zuwiderläuft. Deshalb finden wir eine Anleitung zum direkten Vorgehen gegen den Zorn nur für einen Mönch in M 20^{m} (Das Gleichnis von der Säge). Ich denke mit schmunzelnder Hochachtung an einen sehr um seine Läuterung ringenden Menschen, der diese Mönchsanleitung für ein unfehlbares Rezept zum direkten Kampf gegen den Zorn auch im Haus hielt und bei einer ihm zugekommenen ärgerlichen Nachricht mit hochrotem Kopf, zornfunkelnden Augen und einer Stimme wie Gewittergrollen den bekannten Meditationstext aus dieser Rede hervorstieß: »Nicht soll mein Gemüt verstört werden.« Es sollte nicht, aber es war schon! Häuslich lebende Nachfolger können dem Zorn als solchem fast nur auf indirektem Weg beikommen und bis dahin nur zusehen, dass sie durch Tugendübung seine schlimmsten *äußeren* Folgen wie Beleidigung, Sachbeschädigung und gar Tätlichkeiten begrenzen durch Betrachten der Nichtigkeit seiner Ursachen, der Lächerlichkeit, der sich der Zornige aussetzt, und des Elends seiner Folgen und durch Mitempfinden mit dem, von dem man meint, er habe einen geärgert – obwohl man ja unbewusst richtig sagt: *»ich habe mich geärgert«*, notfalls auch mit allerlei Ablenkungstricks – einmal ums Quadrat laufen, Holzhacken – und mit einer Portion jenes echten Humors, der nichts mit Witzemachen zu tun hat, sondern verstehend und wohl wollend die eigenen Schwächen und die der Mitwesen nicht so tragisch nimmt.[7] Das schöne Paulus-Wort »Einer trage des andern Last«[8] bedeutet nicht nur, dass ich mich mühen soll, dem Mitmenschen seine Lasten tragen zu helfen, sondern auch zu sehen, dass ich durch mein Anderssein oft für den Mitmenschen oder der Mitmensch oft durch sein Anderssein für mich eine Last ist, die wir am besten gemeinsam tragen. Im Zug solcher und anderer Bemühungen um Tugend, Loslassen und Verstehen löst sich dann auch der Zorn indirekt allmählich – aber meist erst als eine der letzten unter den heilsuntauglichen Eigenschaften – auf. Dann ist aber auch viel, viel mehr erreicht, als dass man sich nicht mehr bei der Nachbarschaft durch Gebrüll lächerlich macht und Wesen, die man lieb hat, wehtut und gegen sich selbst wütet. Dann ist das ein Anzeichen für eine beachtliche Herzenswandlung.

7 Vgl. dazu HHHumor, Bodhi-Blatt Nr. 28.
8 Gal. 6,2.

HANS: Ja, aber gibt es denn außer dieser Meditation für den Mönch, dem der Kragen geplatzt war, wirklich keine Anleitungen zum Umgang mit Zorn in den Texten für häusliche Nachfolger?

FRITZ: Doch, doch, Hans. Aber durchweg für das indirekte Vorgehen. Ich denke da an einige Texte im Brahmanensamyutta der Gruppierten Sammlung. Gleich drei davon zeigen, wie durchaus auch in Menschen mit hohen Heilsfähigkeiten noch lange Zeit Zorn hochschießen kann, z. B.:

S 7,1 – DHANAÑJANĪ.

Die Brahmanin Dhanañjanī in Rājagaha, verheiratet mit einem Brahmanen aus dem alten Bhāradvāja-Stamm, war dem Erwachten, der Lehre und der Gemeinde der Heilsgänger so zugetan, dass sie jedes Mal, wenn sie ihrem Mann das Mahl aufzutragen begann, drei Mal den feierlichen Ausspruch tat: *»Verehrung dem Erhabenen, dem Geheilten, Vollkommen Erwachten!«* Da platzte schließlich ihr Mann heraus: *»Bei jeder Gelegenheit beweihräuchert dieses elende Weibsstück diesen kahlköpfigen Asketen. Nun will ich aber dem Meister dieser Elenden einen Denkzettel geben!« — »Niemanden kenne ich in der Welt mit ihren bösen und reinen Geistern, mit ihren Schulen von Asketen und Brahmanen, Geistern und Menschen, der diesem Erhabenen, dem Geheilten, Vollkommen Erwachten einen Denkzettel geben könnte. Geh nur hin. Wenn du hingehst, wirst du schon sehen!« Da begab sich der Brahmane zum Erhabenen, setzte sich seitwärts und sprach den Erhabenen mit folgender Strophe an:*

»Wovon gelöst schläft einer gut? Wer was abtut, ist kummerfrei?
Und welcher einen Eigenschaft Vernichtung lobst du, Gotamo?«
Der Erwachte antwortete:
»Wer Zorn auflöst, schläft immer wohl. Wer Zorn auflöst, der grämt sich nicht.
Des Zorns, des wurzelgiftigen, Brahmane, des hinreißenden
Austilgung spenden Edle Lob. Wer den auflöst, lebt sorgenfrei.«

Da nahm der Brahmane Zuflucht zum Erhabenen, bat – man höre und staune – um Aufnahme in den Orden und wurde bald vom Wahn geheilt.

HANS: So ein Choleriker?

FRITZ: Ja. Schon seine Frage an den Erwachten verrät, dass sein Zorn – so wuchtig er war – nicht tief saß, sondern ihm Kummer machte und ihn oft um den Schlaf brachte. — Überhaupt schienen – nach dem Gesetz der Wahlverwandtschaft – im Bhāradvājo-Stamm noch mehr Choleriker mit großen Heilsfähigkeiten wiedergeboren worden zu sein. Das sehen wir an dem Text

S 7,2 – SCHIMPFEN:

Ein Brahmane mit dem Spitznamen »Schimpf-Bhāradvājo« hörte von dem in der vorigen Rede berichteten Vorfall. Wütend und verdrossen begab er sich zum Erhabenen, fuhr ihn grob an, beschimpfte ihn und machte ihm Vorwürfe. Als er ausgeredet hatte, sprach der Erhabene: »Wie ist das: Kommen zu dir manchmal Freunde, Bekannte und Verwandte zu Gast?« Schimpf-Bhāradvājo bejahte. — »Wie ist das: gibst du ihnen auch etwas zu essen?« — »Manchmal gebe ich ihnen auch etwas zu essen.« — »Wenn sie es aber nicht annehmen, an wem bleibt es dann hängen?« — »Dann bleibt es an mir hängen, Herr Gotamo.« — »Genau so ist es, wenn du uns, die wir nicht schimpfen, beschimpfst, uns, die wir nicht schelten, schiltst, mit uns, die wir nicht zanken, zankst. Wir nehmen das nicht von dir an. So bleibt es an dir hängen, an dir bleibt es hängen. Wer einen, der schimpft, wieder beschimpft, einen, der schilt, wieder schilt, mit einem, der zankt, wieder zankt, den nennt man einen, der mitisst, der mit einem verkehrt. Wir aber essen nicht mit dir, verkehren nicht mit dir. So bleibt es an dir hängen, an dir bleibt es hängen.« — »Der Hofstaat hält den Herrn Gotamo für einen Heiligen, jetzt ist aber der Herr Gotamo verärgert.« Der Erwachte erwiderte:

»Wie käm' in Zorn, wer zornbefreit, gebändigt und gelassen lebt,
in höchstem Wissen ganz erlöst, ein solcher ganz Befriedeter!

Es macht die Sache schlimmer nur, wer einem Zorn'gen wieder zürnt.
Wer einem Zornigen nicht zürnt, der ist ganz unschlagbar im Kampf.
Zu beider Segen wandelt er: zum eig'nen Heil, des andern Heil.
Wer merkt: ›der andre ist erregt‹ und dann besonnen ruhig bleibt,
behandelt beide wie ein Arzt: sich selber und den anderen.
Die Masse meint, das sei ein Tor, weil ihr der Blick für Wahrheit fehlt.«

Da nahm auch Schimpf-Bhāradvājo Zuflucht zum Erhabenen, bat um Aufnahme in den Orden und wurde bald ein Geheilter.

Dass gleich zwei Angehörige einer der ältesten Brahmanenfamilien bei diesem kahlköpfigen Asketen Mönche wurden, muss für die »betroffene« Brahmanenfamilie etwa so gewesen sein wie für Stalin, wenn sein Sohn Priester geworden wäre. Es kam, wie es kommen musste: Einem anderen Verwandten, dem Brahmanen Asurinda-Bhāradvājo, erging es genauso. Das ist berichtet in

S 7,3:

Wütend und verdrossen begab er sich zum Erhabenen, fuhr ihn grob an, beschimpfte ihn und überschüttete ihn mit Vorwürfen. — Als er ausgeredet hatte, blieb der Erhabene still. Da sprach der Brahmane Asurinda-Bhāradvājo zum Erhabenen: *»Besiegt bist du, Asket, besiegt bist du, Asket.« Der Erwachte erwiderte:*

Der Tor hält es für einen Sieg, wenn er mit groben Worten spricht.
Doch hat in Wahrheit der gesiegt, der sich auf die Geduld versteht.«[9]

Auch Asurindo wurde auf der Stelle Mönch und erreichte bald den höchsten Heilsstand. Das hörte nun wiederum ein anderer Verwandter, der Brahmane Bilangiko. Ihm ging es auch nicht anders. Hier gab den Ausschlag ein anderer Vers des Erwachten, enthalten in

S 7,4:

»Wer einem Menschen, der von Zorn frei, zürnt,
dem reinen Manne ohne Leidenschaft:
dies Böse fällt zurück auf solchen Toren,
als würf' er feinen Staub dem Sturm entgegen.«

HANS: Wenn ich die Lebensläufe dieser vier Brahmanen höre – da habe ich ja noch Chancen. Die Zornbereitschaft scheint bei ihnen auch auf eine große Kraft hinzudeuten. Wird diese Kraft erst in die richtige Richtung gelenkt, dann kann sie anscheinend – statt sich wie vorher in sinnlosem Zorn zu verzehren – auch das Steuer des Lebensschiffs mächtig herumwerfen und Kurs halten bis zur Befreiung.

FRITZ: Ja, Hans. Und die Entwicklung von der verheerenden Gewalt des Zornes zum sanften Gemüt (*mudu citta*) fängt mit dem Verstehen an, und das beginnt damit, dass man erst einmal sich selber versteht. Auf dieser Schwelle stand ein anderer Zorniger, von dem wir erfahren aus

S 42,1 – HITZKOPF:

Bei Sāvatthī im Jetahain im Kloster Anāthapiṇḍikos besuchte ein hitzköpfiger Dorfbürgermeister den Erhabenen und fragte: *»Herr, aus welchem Grund, aus welchem Anlass wird denn einer als Hitzkopf bezeichnet, und aus welchem Grund, aus welchem Anlass wird einer sanft genannt?« — »Da ist bei dem einen Hinneigung nicht überwunden, Bürgermeister, und weil Hinneigung nicht überwunden ist, ärgert er sich über andere. Weil er sich über andere ärgert, tritt sein Ärger zutage. Deshalb nennt man ihn einen Hitzkopf. Da ist bei einem andern Abneigung nicht überwunden, und weil Abneigung nicht überwunden ist, ärgert er sich über andere. Weil er sich über andere ärgert, tritt sein Ärger zutage. Deshalb nennt man ihn einen Hitzkopf. Da ist wieder bei einem Blendung nicht überwunden, und weil Blendung nicht überwunden ist, ärgert er*

9 Die noch folgenden Verszeilen lauten wie die vier letzten Zeilen von S 7,2.

sich über andere. Weil er sich über andere ärgert, tritt sein Ärger zutage. Deshalb nennt man ihn einen Hitzkopf. Aus diesem Grund, aus diesem Anlass, Bürgermeister, wird einer ein Hitzkopf genannt.

Da ist hingegen bei einem anderen Hinneigung/ Abneigung/ Blendung überwunden, und weil sie überwunden sind, ärgert er sich nicht über andere. Weil er sich nicht über andere ärgert, tritt kein Ärger zutage. Aus diesem Grund, aus diesem Anlass wird einer sanft genannt.« Da nahm »Hitzkopf« Zuflucht zum Erwachten.

RUTH: Hier finden wir bestätigt, Fritz, was du vorhin gesagt hast: Zorn ist keine gesonderte Eigenschaft, sondern das Manometer für den Druck von Hinneigung, Abneigung und Blendung. Der kluge Ortsvorsteher hat das gemerkt, und so kann er fragen und braucht nicht einen für häuslich Lebende fast aussichtslosen Direktkampf gegen den Zorn zu kämpfen, wie es Mönchen und Nonnen möglich ist. Denn der Erwachte zeigt ihm die Aufhebung des Zorns als eine feine Nebenfrucht des im Haus lebenslangen Kampfes gegen Hinneigung, Abneigung und Blendung.

FRITZ: Ja, Ruth. Die Aufhebung des Zorns führt zum sanften Gemüt. Und das ist eine königliche, ja eine göttliche Eigenschaft.

HANS: Nun bin ich beruhigt. Ich war insgeheim schon ganz hoffnungslos wegen meines Jähzorns, und von da beschlich mich manchmal eine untergründige Angst, wie es mit mir weitergehen würde: Wie sollte ich zum erlösenden Klarwissen kommen, zu dem der Weg nur über den *samādhi* führt! Wie nahe beim Zorn doch die Hoffnungslosigkeit wohnen kann. Beide könnten Geschwister sein. Angst – das ist doch auch eine große Sperre für den Herzensfrieden?

II. SIEG ÜBER DIE ANGST UND HERZENSFRIEDE

FRITZ: Wie Recht du hast, kannst du daran sehen, dass ich gerade etliche Reden zum Thema Angst zusammengestellt habe, die ich im Buch im Zusammenhang mit dem Herzensfrieden behandeln will. Denn dort gehören sie hin, weil es so viele Menschen gibt, die wegen ihrer Ängste keinen Frieden finden können. Angst war geradezu ein Grundmotiv der 68er-Bewegung. Ein Lied der Beatles, das manche für das verbreitetste Gedicht des 20. Jahrhunderts halten, sprach diese Grundangst aus

I, a stranger and afraid	Ich, ein Fremdling voller Angst
in a world I never made.	in einer Welt, die ich nie schuf.

Damals gab es auch noch viele Menschen, deren Grundangst darin bestand, mit dem Tod vernichtet zu sein.

RUTH: Da möchte man fast sagen: »Das waren noch Zeiten.« Denn heute sind die Ängste der Menschen überwiegend vordergründiger, diesseitiger Natur, auf das gegenwärtige Leben beschränkt: Umweltangst, Kriegsangst, Katastrophenangst, Angst vor Arbeitslosigkeit, Krebs, Aids, Angst um die Sicherheit.

FRITZ: Was diese Angstursachen hervorbringt, ist meist wiederum Angst. Dadurch ist die Welt so wenig einladend geworden, dass heute die wenigsten noch Vernichtungsangst empfinden – zumindest ist sie in die untersten Tiefen des Bewusstseins verdrängt.

HANS: Das stimmt. Ich habe kürzlich das Ergebnis einer Umfrage unter Jugendlichen gelesen, von denen man ja meint, dass sie besonders am gegenwärtigen Leben hängen. Die meisten hatten aber gar keine Angst vor Tod und Nicht-mehr-Existieren, sondern nur vor Schmerzen beim Sterben.[10] Da kann man ermessen, welche unterschwelligen Ängste ihnen das Leben vergällen. Solange sie nicht behoben sind, ist doch an innere Freude und Herzensfriede, die man zum Unabhängigerwerden von der Sinnensucht braucht, überhaupt nicht zu denken!

10 Ergebnis zweier Diplomarbeiten (im Fachbereich Psychologie Univ. Marburg) nach Befragung von 180 Schülern.

FRITZ: Mit dem Verhältnis von Angst und Herzensfrieden ist es ähnlich wie mit dem von Zorn und Herzensfrieden: Akute Ängste sind zwar ein schweres Hindernis für den Herzensfrieden. Aber in ein und demselben Menschen können zur einen Zeit Ängste an die Oberfläche kommen, in anderen Zeiten mögen sie wie vergessen sein, und zwischendurch kann er sich auch einmal bei richtigem Vorgehen zu innerer Freude und Herzensfrieden aufschwingen. Bei den in die Heilsströmung Eingetretenen ist die tiefste Angst – die zweite Verstrickung: Daseinszweifel und -sorgen – für immer völlig versiegt, und die verbleibenden »sekundären« Ängste um das, was noch den Herzensneigungen lieb ist, gehen nicht mehr bis ins Mark – darauf kommen wir bald.

HANS: Die heute so weit verbreitete Hoffnungslosigkeit hat wohl die gleichen Folgen wie die Angst. Ist sie nicht eine Schwester der Angst?

FRITZ: Beide werden zwar manchmal in einem Atemzug genannt. Aber sie sind doch recht verschieden. Die Hoffnung ist im Grund nur eine Erwartungshaltung, Hoffnungslosigkeit also das Fehlen einer Erwartung. In manchen Denkschulen wird Hoffnung zwar mit einem Nimbus umgeben: »Hoff, o du arme Seele.« Aber der Erwachte äußert sich über sie realistisch und mit Humor in der Rede

M 126 – BHŪMIJO:

Während der Erhabene bei Rājagaha im Bambuspark am Futterplatz der Eichhörnchen weilte, besuchte der ehrwürdige Bhūmijo in der Morgenfrühe auf dem Almosengang den königlichen Prinzen Jayaseno in dessen Haus. Der Prinz setzte sich zu ihm und fragte:

»Es gibt Asketen und brahmisch Lebende, die meinen und lehren: Auch wenn man voll Hoffnung das brahmische Leben führt – man kann damit zu keinem Erfolg kommen. Und auch wenn man es ohne Hoffnung oder bald mit Hoffnung, bald ohne Hoffnung oder weder mit noch ohne Hoffnung führt – man kann damit zu keinem Erfolg kommen. Was sagt denn der Meister des Herrn Bhūmijo dazu?« — »Aus dem eigenen Mund des Erhabenen habe ich darüber nichts gehört, Prinz; es könnte aber sein, dass der Erhabene so antwortet: ›Wenn man das brahmische Leben voll Hoffnung oder ohne Hoffnung oder teils mit, teils ohne Hoffnung oder weder mit Hoffnung noch ohne Hoffnung führt, aber man führt es oberflächlich (ayoniso), dann kann man zu keinem Erfolg kommen. Wenn man das brahmische Leben voll Hoffnung oder ohne Hoffnung oder bald mit, bald ohne Hoffnung oder weder mit noch ohne Hoffnung führt, aber man führt es gründlich (yoniso), dann kann man zum Erfolg kommen.‹« — »Wenn der Meister des Herrn Bhūmijo so denkt und lehrt, dann hat er aber allen Häuptern der verbreiteten Asketen und Brahmanen ganz schön die Spitze geboten!« Der Prinz bewirtete Bhūmijo eigenhändig. Der Mönch begab sich zum Erhabenen, berichtete das ganze Gespräch und fragte: »Herr, habe ich im Einklang mit der Lehre gesprochen?« — »Gewiss, Bhūmijo – Asketen und brahmisch Lebende, die falsche Ansicht, falsche Gemütseinstellung, falsche Rede, falsches Handeln, falsche Lebensführung, falsches Mühen, falsches Gewärtigsein und falsche Einigung pflegen – ob die voll Hoffnung das brahmische Leben führen oder ohne Hoffnung oder bald mit, bald ohne Hoffnung oder weder mit noch ohne Hoffnung: sie sind nicht imstande, zu einem Erfolg zu kommen. Und warum? Das ist eben keine Basis[11] *für einen Erfolg, Bhūmijo!*

Es ist, wie wenn ein Mann, der Sesamöl gewinnen will, hingeht und Sand in einen Trog schüttet, mit Wasser besprengt und besprengt und auspresst. Ob der voll Hoffnung oder ohne Hoffnung oder bald mit, bald ohne Hoffnung oder weder mit noch ohne Hoffnung presst – er ist nicht imstande, Sesamöl zu gewinnen. Und warum? Das ist eben keine Basis für die Ölgewinnung!

Es ist, wie wenn ein Mann, um Milch zu gewinnen, hingeht und eine Kuh, die frisch gekalbt hat, am Horn melkt. Ob der voller Hoffnung oder ohne Hoffnung oder bald mit, bald ohne Hoffnung

11 *a-yoni* = wörtlich »der Nicht-Schoß«.

oder weder mit Hoffnung noch ohne Hoffnung am Horn melkt – er ist nicht imstande, Milch zu bekommen. Und warum? Das ist eben keine Basis für die Milchgewinnung!

Es ist, wie wenn ein Mann, der Butter machen will, hingeht und Wasser in das Butterfass schüttet und es von oben her stampft – ob der mit Hoffnung oder ohne Hoffnung oder bald mit Hoffnung, bald ohne Hoffnung oder weder mit Hoffnung noch ohne Hoffnung stampft – er ist nicht imstande, Butter zu machen. Und warum? Das ist eben keine Basis fürs Buttern!

Es ist, wie wenn ein Mann, der Feuer machen will, hingeht, ein nasses, leimiges Holzscheit aus dem Wasser nimmt und es reibt: Ob der mit Hoffnung oder ohne Hoffnung oder bald mit Hoffnung, bald ohne Hoffnung oder weder mit Hoffnung noch ohne Hoffnung reibt – er ist nicht imstande, Feuer zu machen. Und warum nicht? Das ist eben keine Basis für das Feuermachen, Bhūmijo.

Genauso ist es mit Asketen und brahmisch Lebenden, Bhūmijo, die falsche Ansicht, falsche Gemütseinstellung, falsche Rede, falsches Handeln, falsche Lebensführung, falsches Mühen, falsches Gewärtigsein und falsche Einigung pflegen – ob die das brahmische Leben voll Hoffnung oder ohne Hoffnung oder bald mit Hoffnung, bald ohne Hoffnung oder weder mit noch ohne Hoffnung führen: sie sind nicht imstande, zu einem Erfolg zu kommen. Und warum? Das ist eben keine Basis für Erfolg, Bhūmijo!

Asketen und brahmisch Lebende aber, die rechte Anschauung, rechte Gemütseinstellung, rechte Rede, rechtes Handeln, rechte Lebensführung, rechtes Mühen, rechte Wahrheitsgegenwart und rechte Herzenseinigung pflegen – ob die mit oder ohne Hoffnung oder bald mit, bald ohne Hoffnung oder weder mit noch ohne Hoffnung das brahmische Leben führen: sie kommen zum Erfolg. Und warum? Das ist eben die Basis für Erfolg, Bhūmijo.

Es ist, wie wenn ein Mann, der Sesamöl gewinnen will, hingeht, Sesamkörner in einen Trog schüttet, mit Wasser besprengt und auspresst/ wie wenn ein Mann, der Milch will, hingeht, und eine Kuh, die frisch gekalbt hat, am Euter melkt/ wie wenn ein Mann, der Butter machen will, hingeht, Rahm ins Butterfass schüttet und von oben her stampft/ wie wenn ein Mann, der Feuer machen will, ein trockenes, ausgedörrtes Holzscheit nimmt und reibt: Ob der mit Hoffnung oder ohne Hoffnung oder bald mit Hoffnung, bald ohne Hoffnung oder weder mit noch ohne Hoffnung ans Werk geht: er ist imstande, Sesamöl zu gewinnen/ Milch zu bekommen/ Butter zu machen/ Feuer anzuzünden. Und warum? Das ist eben die Basis zur Sesamölgewinnung/ Milchgewinnung/ Buttererzeugung/ zum Feuermachen, Bhūmijo.

Genauso ist es mit Asketen und brahmisch Lebenden, Bhūmijo, die rechte Anschauung, rechte Gemütseinstellung, rechte Rede, rechtes Handeln, rechte Lebensführung, rechtes Mühen, rechtes Gewärtigsein und rechte Einigung pflegen – ob die voller Hoffnung brahmisch leben oder ohne Hoffnung oder bald mit, bald ohne Hoffnung oder weder mit noch ohne Hoffnung: sie sind imstande, zum Erfolg zu kommen. Und warum? Das ist eben die Erfolgsbasis, Bhūmijo. Wenn du dem Prinzen Jayaseno diese vier Gleichnisse genannt hättest, dann wäre es kein Wunder gewesen, wenn er von dir ganz zufrieden gestellt gewesen wäre und dir auch seine Zufriedenheit ausgedrückt hätte.«

»Herr, wie hätte ich dem Prinzen diese vier ganz natürlichen, nie zuvor gehörten Gleichnisse darstellen können wie der Erhabene!« Der ehrwürdige Bhūmijo war beglückt und erhoben von der Rede des Erhabenen.

Ruth: Nicht die Erwartungshaltung entscheidet also, sondern das richtige Vorgehen. Ist nicht sogar zu viel Erwartungshaltung eher hinderlich?

Fritz: Auf Hoffnung oder keine Hoffnung kommt es überhaupt nicht an. Der eine Mensch neigt mehr zum Optimismus, der andere mehr zum Pessimismus bei der Einschätzung seiner Erfolgsaussichten. Beides hat seine Vor- und Nachteile. Ein Dritter sieht realistisch von solchen Einschätzungen ganz ab und achtet nur darauf, dass er richtig vorgeht. Das allein entscheidet.

HANS: Ach so. Jetzt wird mir auch das Verhältnis von Angst und Hoffnungslosigkeit klar: Wenn ich richtig vorgehe, ist es gleich, ob mit oder ohne Hoffnung. Richtig vorgehen kann ich auch ohne Hoffnung, solange mich keine Ängste lähmen. Aber es ist nicht gleich, ob ich angstfrei vorgehe oder von Ängsten geschüttelt. Ängste können lähmen. Mit einem angstbefallenen Herzen kann man nicht richtig vorgehen und daher auch nicht zum Erfolg kommen.

FRITZ: Da hast du Recht. Deshalb nennt der Erwachte dem jungen Siṅgālako als vierte Bahn, auf der man schlechte Handlungen begeht, zusätzlich zu den Bahnen des Willens, des Hasses, der Blendung noch die Bahn der Angst. Denn selbst einen Menschen, der gar nicht so begierig auf sein Tatziel ist und dem betroffenen anderen Wesen gar nichts Böses will, es nicht hasst und auch durchaus nicht so geblendet ist, um nicht zu sehen, was er da tut, kann die Angst hindern, die Tugenden einzuhalten. Das reicht bis zu schlechten Handlungen von Mitläufern in totalitären Systemen. Das erzeugt wiederum Gewissensbisse und Angst vor bösen Folgen – ein wahrer Teufelskreis, dem die Menschen zu fast allen Zeiten immer wieder in Rituale auszuweichen versucht haben, wie etwa jener im kalten Wasser schlotternde Brahmane, dem die heilige Nonne Punnikā in Thīg 236 ff. sagte:

»Aus Angst wovor, Brahmane, du da immerzu ins Wasser steigst:
das muss du einfach nicht mehr tun, Brahmane, und erkält' dich nicht.«

»Angst« kommt von »Enge«. Letztlich beengen alle Beeinflussungen (*āsavā*). Deshalb nennt sie der Erwachte bei Saccako in M 36 »mit Angst verbunden« (sa-dhāra). Im Grund ist jeder Mensch beengt, der nicht – wie der Geheilte – »gehen kann, wohin er will«, sondern durch Beeinflussung in eine andere Richtung gedrängt wird. Davon völlig frei sind erst die Geheilten. Mit dem Eintritt in die Heilsströmung löst sich die Angst aus dem Wahn, hinter all dem Beengenden, Bedrängenden sei etwas (Glaube an Seinsdarstellung, *sakkāya-diṭṭhi*), die Angst also aus Daseinszweifel und -sorgen. Das ist dann eine gewaltige Hilfe, um mit den sekundären Ängsten um all das, woran man noch hängt, fertigzuwerden. Die kann auch der in die Heilsströmung Eingetretene noch haben, aber sie kann ihn nicht mehr total verstören. Ansonsten ist die Angst ein allgemeinmenschliches Grundleiden.

RUTH: Das Gewicht, das der Buddha der Angst beimisst, überrascht mich etwas. Buddhisten, die ich auf das Thema Angst angesprochen hatte, meinten, für einen richtigen Kenner der Lehre sei Angst kein Thema: Der Buddha habe gesagt, Angst ginge einzig vom Toren aus, nicht vom Weisen. Ein Tor sei, wer die Lehre nicht kennt. »Wir wissen doch, dass wir keinen Grund für Angst haben.« Und so schlossen sie »messerscharf: Nicht sein kann, was nicht sein darf«.

FRITZ: Dazu bedarf es einiger Klarstellungen: Kein ernsthafter Nachfolger in der Häuslichkeit ist ein vom Weg in die Heilsströmung ausgesperrter Tor, weil er noch manche Angst spürt. Noch einmal: nicht jede Angst, sondern nur die zweite untenhaltende Verstrickung in Daseinszweifel und -sorgen (vicikicchā) verhindert den Eintritt in die Heilsströmung. Selbst diese Verstrickung hindert aber – wie wir bald sehen werden – nicht das unumkehrbare Betreten des Wegs zum Stromeintritt, das bereits zum Heilsgänger werden lässt. Wir sollten auch wissen: »Tor« ist eine etwas grobe deutsche Übersetzung des Pāliausdrucks »*bāla*«. Dieser vermittelte dem damaligen Inder nicht, wie das deutsche Wort »Tor« die Vorstellung von einem unrettbar dummen Menschen, sondern es bedeutete mehr »jung«, »unerfahren«, »unreif« – also keinen unheilbaren Mangel, sondern dass man ein Entwicklungsstadium noch nicht erreicht hat, aber noch erreichen kann. Ohne dass das Wort *bāla* vorkommt, erkennen wir die Bedeutung »noch unreif« besonders deutlich in M 78, wo der Erwachte klarstellt: Selbst der nach Meinung der Brahmanen »zum Heil taugliche, zum Höchsten herangelangte unüberwindliche Asket« ist vom Standpunkt der Wachheit gesehen

»ein Säugling, ein Knäblein, ein unvernünftiges Wickelkind«. Schon der einfachste Heilsgänger, der »Nachfolger« (*anusāri*), der noch auf dem Weg zum Eintritt in die Heilsströmung ist, hat – wenn auch noch in den Tiefen seines Gedächtnisses vergraben und oft nicht ohne Hilfe zugänglich – die einmal anerkannte Wahrheit doch unverlierbar gespeichert. Deshalb rumort es irgendwie in ihm, wenn falsche Gedanken aufkommen, ohne dass er schon zu wissen braucht, warum. Damit aber entspricht das Denken falscher Gedanken schon in gewisser Weise nicht mehr voll seinem Wesen: er denkt sie auf die Dauer nicht mehr ganz so gern, sie verlieren ihren Reiz für ihn.

Wir sind zwar zu allen Zeiten, in denen wir nicht gerade alle fünf Hemmungen aufgehoben haben, mehr oder weniger in unserer Wahnfieberkrankheit versackte Wahnsinnige. Aber in unseren lichten Momenten, wenn gerade die fünf Hemmungen aufgehoben sind, erheben wir uns über das gewohnte Gewölk unserer wahnbedingten Unreife – und haben Hafturlaub aus der Gefangenschaft in der Wahrnehmung. Dann werden wir uns über unsere nur durch lichte Momente unterbrochene Unreife klar. Damit sind wir keine ganzen Toren, mehr noch:

»Ein Tor, der seine Torheit merkt
Wahrhaftig: weise nennt man ihn«,

heißt es im Wahrheitspfad (Dh 63). Der Erwachte schildert meistens nur die beiden Extreme des total Unreifen »Toren« (*bāla*) und des »Weisen« (*paṇḍito*). Wer auf dem Weg zum Eintritt in die Heilsströmung oder bereits in sie eingetreten ist, bewegt sich auf dem Übergang zwischen beiden Extremen. Er ist aber schon endgültig dem Torentum entgangen. Denn solange er gerade frei von den fünf Hemmungen ist – und nur dann, vermag er als Weiser zu denken. Das gilt nicht nur für die häuslichen Nachfolger. Auch Mönche sind »Unreife«, während sie von den fünf Hemmungen gehemmt sind, außer sie merken ihren Zustand und kämpfen um Befreiung. Deshalb zeigt ihnen der Erwachte immer wieder Wege, um das, was in ihnen zu Zeiten der Hemmungen noch an törichten Gedanken aus alter Gewohnheit aufsteigen kann, aufzulösen.[12] Selbst ein bereits satipaṭṭhāna übender Mönch wird in S 47,7^{m} insoweit als unreif (*bāla*) bezeichnet, als er noch nicht geschickt genug ist, jeweils herauszufinden, welche Übung ihm jetzt gerade »schmecken« würde – wie ein Hofkoch, der den Geschmack des Königs nicht erkennt.

Auch ein ums Aufwachen aus tiefem Alptraum Kämpfender, der schon die Stimme des Erwachten vernommen hat, kann trotzdem immer wieder in seinen Traum zurücksinken, wo ihn Traumgestalten ängstigen oder erfreuen, fährt wieder hoch, sinkt wieder zurück, reckt sich wieder – bis sich der Traum in der Klarheit des Morgens löst. So geht es derzeit auch noch uns: Weil wir – den Ruf aus der Wachheit im Ohr – doch immer wieder vorübergehend in unseren Wahntraum zurücksinken, gibt es noch Raum für allerlei weltliche Ängste. In den Reden können wir verschiedene Gruppen von Ängsten erkennen:

Besonders verbreitet ist die – heute meist unterschwellige – Angst vor der Wiederkehr des ins Dasein geschickten schlechten Wirkens, das Ahnen der Wiederkunft des jetzt schon im Dasein befindlichen bedrängenden, beengenden früheren Wirkens. Diese Angst vor Ausbrüchen früheren schlechten Wirkens aus der Tiefe des latenten Werdens in die Gegenwart der Wahrnehmung ähnelt der bekannten Erscheinung, dass in Erdbebenzonen oder Vulkangebieten viele Stunden vor der Katastrophe Tiere in Panik geraten, weil sie die Bedrängnis aus der Tiefe schon vorher spüren. — Von dieser Art Angst handeln mehrere der an die 20 Texte des Erwachten für häuslich Lebende über die Angst. Selbst ein hartnäckiger Übeltäter spürt diese Schatten doch manchmal, auch wenn er noch so sehr verdrängt. Der Erwachte hat sie einmal in A IV,184 Anāthapiṇḍiko beschrieben. Auch seine Mönche macht er

12 z. B. in A II,1-2^{m} + 6-7^{m}.

in A V,171^{m} und 172^{m} darauf aufmerksam, dass wegen der Neigung zur Verletzung der fünf *sīla* auch mancher häuslich lebender Anhänger in innerer Unsicherheit im Haus lebt, vor allem wenn er altert und dem Tod näher kommt. Denken wir an das Gleichnis vom Heranrücken der Riesenfelsenmassen in S 3,25 oder an die 120-jährigen Brahmanen inA III,52, die klagten, sie hätten »nichts Gutes getan, nichts für das Heil, keine Zuflucht gegen die Schrecken geschaffen.«

Hans: Da haben wir die Ursache für alle Todesangst.

Fritz: Nicht für alle. Todesangst kann auch ein Mensch ohne Gewissenslasten empfinden. Das zeigt die Rede

A IV,184:

Der Brahmane Jānussoni sprach zum Erwachten: *»Herr, ich vertrete folgende Ansicht: Niemanden gibt es, der nicht Angst hat, weil er sterben muss und nicht in Todesangst geriete.« Der Erwachte antwortete: »Es gibt Menschen, die Angst haben, weil sie sterben müssen und in Todesangst geraten. Es gibt aber auch Menschen, die haben keine Angst, weil sie sterben müssen und geraten nicht in Todesangst. — Wie ist einer beschaffen, der Angst hat, weil er sterben muss, und in Todesangst gerät? Da ist einer nicht befreit von der Reizung durch die Sinnendinge, dem Wollen, der Vorliebe nicht entgangen, vom Lechzen nicht frei geworden, dem Fiebern, dem Durst nicht entgangen; den befällt eine schwere Krankheit. Von dieser schweren Krankheit befallen, denkt er: ›Die geliebten Sinnendinge verlassen mich, und ich muss die geliebten Sinnendinge verlassen!‹ Er klagt, jammert, lehnt sich dagegen auf, wird ganz verstört. Das ist einer, der Angst hat, weil er sterben muss; der gerät in Todesangst. — Da ist ferner einer nicht befreit von der Reizung durch den Körper, dem Wollen, der Vorliebe nicht entgangen, vom Lechzen nicht frei geworden, dem Fiebern, dem Durst nicht entgangen; den befällt eine schwere Krankheit. Von ihr befallen, denkt er: ›Der geliebte Körper verlässt mich, und ich muss meinen geliebten Körper verlassen!‹ Er klagt, jammert, lehnt sich dagegen auf, wird ganz verstört. Auch das, ist einer, der Angst hat, weil er sterben muss; auch der gerät in Todesangst. — Weiter: Da hat einer nichts Gutes getan, hat nichts für sein Heil getan, nichts, was in Ängsten Zuflucht bietet; Schlechtes hat er getan, Grausamkeiten begangen, hat voller Falschheit gehandelt. Den befällt eine schwere Krankheit. Davon befallen, denkt er: ›Ich habe nichts Gutes getan, nichts für mein Heil, nichts, was in Ängsten Zuflucht bietet; Schlechtes hab ich getan, war grausam im Handeln, voller Falschheit. Den Weg derer, die nichts Gutes getan haben, die nichts für ihr Heil getan haben, nichts, was in Ängsten Zuflucht bietet, den Weg der Übeltäter, der Grausamen, der Falschen werde ich nach dem Tod gehen.‹ Er klagt, jammert, lehnt sich dagegen auf, wird ganz verstört. Auch das ist einer, der Angst hat, weil er sterben muss; auch der gerät in Todesangst. — Weiter: Da ist einer voller Daseinszweifel und -sorgen, ist nicht zu endgültiger Gewissheit in der Heilslehre gelangt; den befällt eine schwere Krankheit. Von ihr befallen, denkt er: ›Voller Daseinszweifel und -sorgen bin ich; bin in der Wahrheitslehre nicht zur endgültigen Gewissheit gelangt.‹ Er klagt, jammert, lehnt sich dagegen auf, wird ganz verstört. Auch das ist einer, der Angst hat, weil er sterben muss; auch der gerät in Todesangst. — Diese vier haben Angst, weil sie sterben müssen und geraten in Todesangst.*

Wie aber ist einer beschaffen, der keine Angst hat, weil er sterben muss und nicht in Todesangst gerät? – Da ist einer befreit von der Reizung durch die Sinnendinge, durch den Körper, dem Wollen entgangen, der Vorliebe entgangen, vom Lechzen frei geworden, dem Fiebern entgangen, dem Durst entgangen; den befällt eine schwere Krankheit. Von dieser schweren Krankheit befallen, denkt er nicht: ›Die geliebten Sinnendinge verlassen mich, und ich muss die geliebten Sinnendinge verlassen!‹/ ›Der geliebte Körper verlässt mich, und ich muss meinen geliebten Körper verlassen!‹ — Er klagt nicht darüber, jammert nicht, lehnt sich nicht dagegen auf, wird nicht verstört. Das, ist einer, der keine Angst hat, weil er sterben muss; der gerät nicht in Todesangst. — Weiter: Da war einer kein Übeltäter, war nicht grausam im Handeln, nicht falsch; Gutes hat er getan, zu seinem

Heil gewirkt, hat sich erwirkt, was in Ängsten Zuflucht bietet. Den befällt eine schwere Krankheit. Von ihr befallen, denkt er: ›Ich habe wahrlich nichts Böses getan, war nicht grausam im Handeln, nicht falsch. Gutes habe ich getan, zum Heil habe ich gewirkt.‹ Darum klagt er nicht, jammert nicht, lehnt sich nicht auf, wird nicht verstört. Auch das ist einer, der keine Angst hat, weil er sterben muss; auch der gerät nicht in Todesangst. — Weiter: Da ist einer nicht voller Daseinszweifel und -sorgen; zur endgültigen Gewissheit ist er gelangt in der Wahrheitslehre. Den befällt eine schwere Krankheit. Von ihr befallen denkt er: ›Von Daseinszweifel und -sorgen bin ich wahrlich frei, endgültige Gewissheit habe ich erlangt in der Heilslehre.‹ Darum klagt er nicht, jammert nicht, lehnt sich nicht auf, wird nicht verstört. Auch das ist einer, der keine Angst hat, weil er sterben muss; auch der gerät nicht in Todesangst. Diese vier haben keine Angst, weil sie sterben müssen und geraten nicht in Todesangst.« Darauf nahm der Brahmane Jānussoni Zuflucht zum Erwachten.

Hier ist Gewissensbelastung nur der dritte von vier möglichen Gründen für Todesangst. Die beiden ersten Ängste sind Verlustängste um die sinnlichen *Befriedigungs*möglichkeiten und um den ihnen dienenden Körper. Hier wirkt es sich aus, wenn jemand nicht, wie in M 60 empfohlen, ernsthaft mit der Möglichkeit rechnet, als »Kind seines Wirkens« auch ohne diesen Fleischkörper existieren zu können (und zu müssen). Und der vierte Fall ist die Angst der Ungewissheit dessen, der die Gesetze der Existenz nicht kennt. Der muss sich ja in Todesnähe vorkommen wie ein Kind, das in der Einöde ausgesetzt worden ist. Wie viele Menschen sagen: »Das schlimmste ist die Ungewissheit. Lieber ein Ende mit Schrecken als ein Schrecken ohne Ende.« — Bedrängnis, Enge: Angst. Damit ist die Grundlage aller Ängste umschrieben – und zugleich die Grundlage der Existenz. Deshalb hat der Erwachte auch in so vielen Reden von der Bedrängnis gesprochen, manchmal in solchen, bei denen man es erst auf den zweiten Blick entdeckt. Nehmen wir

M 88 – DER UMHANG:

Während der Erhabene in Sāvatthī im Jetahain im Kloster Anāthapiṇḍikos weilte, war eines Morgens der ehrwürdige Ānando nach dem Almosengang zum Ostkloster, zu Mutter Migāros Terrasse unterwegs, um dort den Tag zu verbringen. Zur selben Zeit ritt König Pasenadi von Kosalo auf seinem Staatselefanten aus Sāvatthī hinaus. Als er den ehrwürdigen Ānando von weitem sah, ließ er sich durch seinen Ersten Minister anmelden, und es kam zu folgendem Gespräch: Der König fragte: *»Wie ist das, Herr Ānando: Würde der Erhabene in Werken/ Worten/ Gedanken einen Lebenswandel führen, der bei klarsehenden Asketen und brahmisch Lebenden Anstoß erregt?« — »Nein, großer König, der Erhabene kann gar nicht in Werken/ Worten/ in Gedanken einen Lebenswandel führen, der bei klarsehenden Asketen und brahmisch Lebenden Anstoß erregen könnte.«*

HANS: Dass der König nach so einer Selbstverständlichkeit fragt!

FRITZ: Anfangs war auch mir das fast etwas banal vorgekommen. Aber der König hatte jenen Blick, mit dem er in den schlichten Worten Ānandos die umfassende Bedeutung sah; denn er sprach: *»Wunderbar, Herr, einmalig, wie das, was ich mit meiner Frage nicht richtig umschreiben konnte, in der Antwort des Herrn Ānando umfassend geklärt ist. Jene Unreifen (bāla), Herr, die ohne Erfahrung, unbeholfen, ohne umfassenden Durchblick über anderer Wert oder Unwert reden, auf die verlassen wir uns nicht. Die aber weise sind, auf Erfahrung gegründet, auf Grund eigener Entdeckung, klug, mit umfassendem Durchblick über anderer Wert und Unwert sprechen, auf die verlassen wir uns. — Wann ist aber ein Lebenswandel in Werken/ Worten/ Gedanken anstößig für klarsehende Asketen und Brahmanen?«*

»Wenn er nicht heilstauglich (a-kusala) ist, großer König.«

»Aber wann ist er nicht heilstauglich, Herr?«

»Wenn er zu tadeln ist (sāvajja), großer König.«

»Wann aber ist er zu tadeln, Herr?«

»Wenn er schädlich ist (savyāpajjha), großer König.«

»Wann ist er schädlich, Herr?«

»Wenn er Leiden als Ernte bringt, großer König.«

»Wann bringt er Leiden als Ernte, Herr?«

»Ein Lebenswandel in Werken/ Worten/ Gedanken, großer König, der zur eigenen Bedrängnis oder zur Bedrängnis anderer oder zu beiderseitiger Bedrängnis führt, durch den die heilsuntauglichen Eigenschaften zunehmen und die heilstauglichen Eigenschaften abnehmen – ein solcher Lebenswandel ist für klarsehende Asketen und Brahmanen anstößig.«

HANS: Aber eigentlich ist doch mit der Antwort auf die erste Frage des Königs schon alles gesagt: Ein heilsuntauglicher Wandel kann natürlich die Bedrängnis, wegen der die Wesen gegenseitig Anstoß nehmen, nicht heilen. Alles weitere kommt mir vor, wie wenn Ānando, innerlich lächelnd über die etwas naiven Fragen, dem König noch einige Brocken hingeworfen hätte, damit er zufrieden ist.

FRITZ: So war es mir anfangs auch ergangen, Hans. Aber mir scheint, Pasenadi fühlte sich bei seinen Wahrheitsfragen auch für die ihm anvertrauten Menschen verantwortlich. Und so wollte er wissen, wie nicht nur er, sondern auch sie genau erkennen können, was wirklich heilsuntauglich und heilstauglich ist. In M 95 haben wir ja gesehen: Wo man eine Wahrheit nicht selber weiß, da muss man sich einen Lehrer suchen. Und so lautet konsequenterweise die erste und nächstliegende Antwort auf die Frage, was für klarsehende Asketen und Brahmanen als heilsuntauglich gilt: Das, wovor sie sich als Lehrer wahrheitsuchender Menschen die Mühe machen, zu warnen. Wer darauf hört, betätigt damit die Eigenschaft der Scheu (*otappa*) vor dem Tadel Verständiger und handelt nicht wie jene Touristen, die die Warnungen der Einheimischen vor den Gefahren einer Hochtour in den Wind schlagen – und dann von der Bergwacht aus der Wand geholt werden müssen. Nun will aber der König wissen, nach welchen Maßstäben Klarsehende warnen. Auch die Antwort darauf ist keineswegs banal: Die weniger Klarsehenden warnen nach Maßstäben aus jenen fünf in M 95 genannten zwiespältigen Urteilsweisen, nach denen die Menschen an die Wahrheit zu kommen versuchen: nach Glauben oder Traditionen, nach Interessen oder spekulativ erdachten Theorien, nach Deutungen auf Grund von Hypothesen, mit denen man sich durch Geltenlassen angefreundet haben. Klarsehende aber warnen einzig und allein, wenn der Wandel schädlich ist: Das Pāliwort *sa-vy-āpajjha* ist zusammengesetzt aus der Vorsilbe *sa* = »mit« und *vy-ā-pajjha* = »falsch gehend«. Da alles Gehen, Vor-Gehen im Leben Folgen hat, bedeutet dies – und das ist der übertragene Sinn – *»schädigend, verletzend, bedrängend, störend«*.

HANS: Was störend?

FRITZ: Letztlich die Entfaltung zum Ziel aller Wesen, zur Leidminderung, Auflösung. Der König will nun aber auch genau wissen, was schädigend ist. Auch darüber gehen ja die Meinungen auseinander: Die einen meinen, schädlich sei, was sinnlichem Lustgewinn im Weg steht, andere meinen, schädlich sei jeder Mangel an einem der fünf Dinge, durch die die Menschen nach M 95 an die Wahrheit zu kommen versuchen: Mangel an Glauben, an Traditionen, an Interesse, an spekulativem Denken, an geliebten Hypothesen. Wieder andere meinen, der eigentliche Schaden sei der Mangel an Recht und Ordnung oder an Umweltbewusstsein oder die ungerechte Verteilung der irdischen Güter oder die Chancenungleichheit oder Überfremdung oder Inzucht oder zu viel oder zu wenig Freiheit oder falsche Ernährung oder falsche Erziehung oder der Mangel an Information. Und oft führt der Versuch, den einen Mangel zu beheben, andere Mängel herbei. Deshalb lag dem König an einer Klärung der Frage, was den ihm anvertrauten Landeskindern wirklich schädlich sei. Da entspricht nun die Antwort Ānandos genau dem Lehrprogramm des Erwachten, das er in M 2[m] in die Worte gefasst hat: *»Nur eines, ihr Mönche, verkündige ich, heute wie früher: das Leiden* *und des Leidens Ausrodung.«* Ein Wandel ist nur dann wirklich schädlich, *»wenn er Leiden als Ernte bringt«*. Auch das ist keine Selbstverständlichkeit: Die Asketen des alten Indien hielten Leiden gerade nicht für schädlich, sondern für das einzige Mittel, um Wohl zu finden. Selbst der Asket Gotamo meinte das, bis ihm nach Jahren äußerster Selbstqual die Erinnerung an sein Entrückungserlebnis aus der Kindheit aufging.

HANS: Da brauchen wir nicht die alten Inder: Wie oft wird mir entgegengehalten: »Was, der Buddha will das Leiden abschaffen? Ohne Leiden kann man doch nicht reifen. Nur Leiden läutert«. Wenn ich dann anhand von Beispielen entgegne, dass das gleiche Leiden – je nach der Herzensart – für den einen ein Anstoß zur eigenen Läuterung, für den anderen aber zur Verzweiflung oder gar zur Rache bis zum Morden als Terrorist ist, dann sagen manche: »Ganz ohne Leiden wäre es aber langweilig; dann würde man gar nicht merken, wie schön das Wohl ist.« Das kommt mir vor, wie wenn sich einer eine Lungenentzündung wünschen würde, damit er merkt, wie schön Gesundheit ist.

RUTH: Der christliche Glaubensgrund, vor allem im Protestantismus, ist ja: Kein Läuterungsstreben hilft, sondern allein der Glaube, durch das Leiden Christi seien den Menschen ihre Sünden vergeben. Gegenüber diesem weltweiten Leidenskult ist der schlichte Maßstab des Erwachten geradezu revolutionär: dass schädlich alles das und nur das ist, was Leiden bringt.

FRITZ: Jetzt möchte der König aber noch wissen, wann ein Wandel in Werken oder in Worten oder in Gedanken Leiden bringt. Viele Menschen meinen, Leiden bringen bedeute nur, dass bestimmte Vielfalterscheinungen den Trieben unangenehm sind. Und hier nennt nun Ānando das, worauf du schon vorhin losgesteuert bist, Ruth: Leiden als Ernte eines Lebenswandels bedeutet, dass der Lebenswandel *»zur eigenen Bedrängnis oder zur Bedrängnis anderer oder zu beiderseitiger Bedrängnis führt«*. Ānando sagt gleich, wann das der Fall ist, nämlich nur wenn durch den betreffenden Wandel die Quelle vergiftet wird, aus der nach M 78 alle Verhaltensweisen und alle Gemütseinstellungen hervorgehen, welche wiederum das Herz und dessen Aktivitäten, Gefühl und Wahrnehmung und damit unser ganzes Leben hervorbringen: Leiden bringt ein Wandel dann, wenn *»die heilsuntauglichen Eigenschaften zunehmen und die heilstauglichen Eigenschaften abnehmen«*. Auch das ist alles andere als selbstverständlich. Denn die meisten Menschen betrachten einen Lebenswandel nur dann als leidbringend, wenn er die sinnlichen Triebe unbefriedigt lässt oder die Umwelt schädigt oder dazu beiträgt, dass die Welt die falschen Regierungen oder falschen Rechts-, Wirtschafts-, oder Gesellschaftsordnungen erhält. Dass jeder und nur der Wandel Leiden bringt, durch den heilsuntaugliche Eigenschaften zu- und heilstaugliche abnehmen, bedeutet für alle lieben Wesen, die die Welt verbessern wollen, weil sie sie nicht als Wahnwelt erkennen, eine Umwertung aller Werte. Nun fragt der König: *»Wie ist das aber, Herr Ānando: beschreibt und empfiehlt*[13] *der Erhabene die Aufhebung aller heilsuntauglichen Eigenschaften?« — »Der Vollendete, großer König, hat alle heilsuntauglichen Eigenschaften* aufgehoben *und hat alle heilstauglichen Eigenschaften erworben.«*

HANS: Warum fragt das der König noch extra. Das ergibt sich doch von selber aus dem, was Ānando vorher gesagt hat!

FRITZ: Auch das ist keine Selbstverständlichkeit. Dem König war wohl eine Ahnung aufgegangen, was da alles aufzuheben ist, und er hat sich vielleicht gefragt, ob es überhaupt möglich sei, alle heilsuntauglichen Eigenschaften aufzuheben. Heute halten das die meisten Menschen für ein unerfüllbares Ideal, und andere meinen, ein paar schlechte Eigenschaften

13 *vaṇṇeti* (wörtlich: »leuchtend, glänzend machen«) hat beide Schattierungen: »beschreiben, erklären, kommentieren«, »einleuchtend machen« und »preisen«.

seien als »Salz in der Suppe« nötig. Es gab wohl schon damals derart resignative Auffassungen. Deshalb antwortete Ānando, dass der Erwachte dies nicht nur erklärt und lobt, sondern bei sich selber verwirklicht hat. Das gibt der weiteren Frage des Königs einen ganz anderen Hintergrund:

»Was aber, Herr Ānando, ist das für ein Lebenswandel in Werken/ Worten/ Gedanken, der für klarsehende Asketen und Brahmanen nicht anstößig ist?« — »Ein Lebenswandel in Werken/ Worten/ Gedanken, der heilstauglich (kusala) ist, großer König.« — »Wann aber ist ein Lebenswandel in Werken/ in Worten/ in Gedanken heilstauglich, Herr Ānando?« — »Wenn vor ihm nicht zu warnen ist, großer König.« — »Wann ist vor einem Lebenswandel nicht zu warnen?« — »Wenn er unschädlich ist, großer König.« — »Wann aber ist ein Lebenswandel unschädlich?« — »Wenn er Wohl als Ernte bringt, großer König.« — »Aber wann bringt ein Lebenswandel Wohl als Ernte, Herr?« — »Ein Lebenswandel in Werken/ in Worten/ in Gedanken, großer König, der nicht zur eigenen Bedrängnis oder zur Bedrängnis anderer oder zu beiderseitiger Bedrängnis führt, durch den die heilstauglichen Eigenschaften zunehmen und die heilsuntauglichen Eigenschaften abnehmen – ein solcher Lebenswandel ist für klarsehende Asketen und Brahmanen nicht anstößig, großer König.«

»Wunderbar, Herr, einmalig, Herr, wie der ehrwürdige Herr Ānando das so gut gesagt hat. Ich bin ganz glücklich über die guten Worte des ehrwürdigen Ānando. So glücklich bin ich über die guten Worte des ehrwürdigen Ānando, dass ich dem ehrwürdigen Ānando mein Juwel von einem Staatselefanten geben würde, wenn er ihn haben wollte, mein Juwel von einem Pferd, mein bestes Dorf. Aber ich weiß, Herr: so etwas will der ehrwürdige Ānando nicht haben. Ich habe vom König Ajātasattu von Māghada in einer Truhe einen Umhang geschickt bekommen, 16 Ellen lang, acht Ellen breit. Den möge der ehrwürdige Ānando aus Mitempfinden annehmen.« — »Lass es gut sein, großer König. Ich habe meine drei Gewänder beisammen.« — »Herr, der ehrwürdige Ānando und ich sehen diesen Fluss Aciravatī hier. Wenn es oben im Gebirge in Strömen geregnet hat, dann tritt die Aciravatī über beide Ufer. Ebenso, Herr, kann der ehrwürdige Ānando aus diesem Umhang für sich selber ein dreifaches Ordensgewand machen und sein altes seinen Ordensbrüdern schenken. So strömt unsere Gabe gleichsam über. Bitte, Herr: möge doch der ehrwürdige Ānando den Umhang annehmen.« Da nahm der ehrwürdige Ānando den Umhang an. Der König verabschiedete sich. Ānando berichtete dem Buddha die ganze Unterredung und übergab ihm den Umhang. Da sprach der Erhabene zu den Mönchen: *»Gut getroffen hat es König Pasenadi von Kosalo, sehr gut getroffen, dass er Ānando sehen und ihm seine Verehrung bezeigen konnte.«* So sprach der Erhabene; die Mönche waren beglückt und erhoben von den Worten des Erhabenen.

Hans: Das ist ja geradezu eine Welle des Überfließens: beim König überfließende geistige Freude, mündend in seine Gabe, und dann das Lob des Erwachten für Ānando vor den Mönchen, womit er auch sie und Ānando glücklich macht. Ist das schön: Das schlägt für einen Augenblick gleichsam eine Bresche in die Welt-Bedrängnis.

Fritz: Da haben wir wieder einen solchen Moment, in dem aus einer der sechs Erinnerungen – hier an den Erwachten, die Lehre und die Gemeinde – Anfänge von *pīti* aufkommen. Die Rede hilft auch, dass wir das Bedrängen, aus dem alle Enge und Angst hervorgeht, als ein Grundphänomen der ganzen Existenz erkennen und daraus den Maßstab für unser gesamtes Denken, Reden und Handeln gewinnen: »nicht bedrängen – sich nicht und andere nicht!« Der Erwachte hat diesen Maßstab wiederholt dargestellt:

- bei der grundlegenden Aufgliederung der Arten des Wirkens in A IV,233;
- in A III,54 und 55 in Gestalt der offensichtlichen Lehre, dass der von Hinneigung, Abneigung und Blendung Befallene zu eigener, anderer und beider Bedrängnis brütet, der davon Freie aber nicht;

• am Ende von S 42,12 sagt der Erwachte von der Bedrängnisfreiheit: *»Das ist offensichtlich, veraltet nicht, ist zeitlos, lädt zum Selbersehen ein, führt zum Ziel, ist vom Verständigen bei sich selber nachvollziehbar.«*

• Bedrängnisfreiheit will auch die Königstochter Sumedhā (Thīg 512):

Das, was nicht altert, stirbt: das ist
der Ausweg, kummerfrei, aus Alter, Tod,
Freiheit von Feindschaft, von Bedrängnis,
Freiheit von Lärm, Angst, ew'ger Wiederkehr!

• Und in M 99 sagt der Erwachte über die zur Befreiung notwendigen Werkzeuge des Herzens: *»Diese mit der Heilstauglichkeit verbundene innere Freude – die nenne ich ein Werkzeug des Herzens: denn ein von Abwehr und Bedrängen freies Herz – das bringt sie hervor.«* Den beengenden, Angst und Grauen erzeugenden Grundzug der Existenz hatte der Erwachte schon während seines Asketenkampfes vor der Erwachung entdeckt. Er hat ihn nach der Überlieferung zwei zum Krieg um eine Wasserstelle gegeneinander aufmarschierten Heeren mit friedenstiftendem Erfolg gezeigt in der Versfolge

Sn 935 – GEWALT:

935 Von Gewalt wird Angst geboren. Seht die Menge, wie sie streitet.
Die Erschütt'rung will ich schildern, die mich selber einst ergriffen:
936 Sah die Wesenheit sich winden wie die Fische auf dem Trock'nen,
gegenseitig sich bedrängend. Als ich das sah, fasst mich Grauen:
937 Ohne festen Kern das Weltall. Ringsum alles in Bewegung.
Sehnte mich nach eigner Heimstatt. Sah nichts, was noch nicht besetzt war.
938 Alles endet in Bedrängnis. Als ich das sah, war ich's über.
Da erblickte ich den Pfeil nun, schwer zu seh'n – im Herzen steckend.
939 Ist man von dem Pfeil getroffen, rast man hin in alle Winde.
Ist der Pfeil herausgezogen, rast man nicht und sinkt man nicht mehr.

In den folgenden Strophen beschreibt der Erwachte, wie man den Pfeil des Durstes herauszieht, indem man Hinneigung, Abneigung und Verblendung, welche Bedrängnis und Angst schaffen, allmählich aufhebt – letztlich die einzig sichere Therapie gegen die Angst:

940 Übungsregeln nennen manche, die noch in die Welt verstrickt sind:
Darauf sollte man nicht hören. Hat man Sinnensucht durchbrochen,
wirke man sich selbst Erlöschung:
941 Wahrhaft sei man, unaufdringlich, frei von Falsch und Hintertragen,
zornfrei. Aller Lüste Übel und den Geiz besieg' der Weise,
942 Schlaf und Schwachheit, inn're Lahmheit: damit lebe nicht aus Leichtsinn
und im Hochmut nicht verharre, wer im Geist Erlöschung anstrebt.
943 Lasst euch nicht zu Trug verführen. Und kein Kleben an den Formen!
Ganz durchschaue man das Dünken, frei von Heftigkeit im Wandel.
944 Am Vergang'nen hänge man nicht, gebe keinen Raum mehr Neuem,
traure nicht um Aufgegeb'nes, stütze sich auf keine Neigung.
945 »Große Flut« nenn' ich die Habgier, und ich nenne »Sog« das Lechzen.
Ansatzpunkt sind Wunschgedanken. Sumpf der Sinne ist das Ende.

Und zum Abschluss weist der Erwachte die eben noch zur Gewalt Bereiten auf das sichtbar vor ihnen stehende Vorbild des Genesenen hin:

946 Wahrheit – die erreicht der Weise. Fest steht auf dem Grund der Heile.
Alles hat er losgelassen. Wahrlich, den nennt man befriedet.
947 Der ist Finder, der ist Seher, weiß die Wahrheit unabhängig,
zieht vollkommen durch die Welt hin – mag niemanden mehr beneiden.

948 *Wer die Sinne überstiegen, Hang nach Welt, der schwer zu lassen,*
hat nicht Kummer oder Sorge, frei vom Strom und los von Banden.
949 *Was einst war, das lass vertrocknen. Künftig sei nicht irgendetwas.*
Wer inmitten auch nicht zugreift, kann den Weg in Frieden gehen.
950 *Wer beim Werten und bei Formen nichts mehr hat, was ihm ein »Mein« wär,*
sich nicht sorgt um das, was nicht ist, dem kann Welt nichts mehr anhaben.
951 *Wer bei nichts mehr denkt, sein sei es oder eines andern Eigen,*
weil er nirgends »Eignes« findet, klagt nicht: »Ach, ich habe das nicht.«
952 *»Frei von Härte, nicht begehrlich, wunschlos, rundum ausgeglichen« –*
das nenn' ich, befragt, den Segen dessen, der nicht mehr erzittert.
953 *Wer, von Wünschen frei, nun klar sieht, baut nichts weiter mehr zusammen.*
Der ist frei von allem Mühen: sieht sich absolut geborgen.
954 *Nicht vom Standpunkt Gleicher, Mind'rer, Höherer spricht der Gestillte:*
ist befriedet, frei von Enge, greift nichts, braucht nichts zu verwerfen.

Eine Ahnung von dem Wohl des von der Wahnkrankheit und damit von aller bedrängenden Enge und Angst Frei gewordenen hat der Erwachte einmal dem damals noch jungen Hausvater Haṭṭhako aus Āḷavi gegeben in

A III,35:

Haṭṭhako sah auf einem Spaziergang den Erhabenen nach einer kalten Winternacht bei der Rindertrift in der Nähe von Āḷavi auf einem Laublager sitzen und fragte teilnehmend: *»Hoffentlich hat der Erhabene gut geschlafen!« — »Ja, junger Freund, ich habe gut geschlafen.« — »Kalt ist die Winternacht, Herr, es ist eine Frostwoche, rau ist die Erde, von den Rinderhufen aufgewühlt; das Laublager ist dünn; spärlich ist das Laub der Bäume; die gelben Gewänder geben nicht warm, kalt bläst der Verambawind.« — Der Erhabene sprach: »Ich habe gut geschlafen, junger Freund. Wenn jemand in der Welt gut schläft, dann bin ich es. Schau, junger Freund, ich werde dir dazu Fragen stellen, und wenn du willst, kannst du antworten. Was meinst du: Stell dir vor, ein Hausvater oder Sohn eines Hausvaters hätte ein Giebelhaus, rings verputzt, winddicht, die Türen gut versperrt, die Fenster geschlossen; darin stünde ein Bett, mit wollenem Bezug ganz bezogen, mit blumenbestickter Decke, darübergebreitet ein kostbares Antilopenfell, mit einem Baldachin und roten Kissen an beiden Enden; eine Öllampe brennt, und seine vier Frauen bereiten ihm eine Annehmlichkeit nach der andern. Was meinst du, junger Freund: kann der gut schlafen – oder wie denkst du darüber?« — »Der kann gut schlafen. Wenn jemand in der Welt gut schläft, dann ist das einer davon.« — »Was meinst du, junger Freund: könnten nun diesem Hausvater oder Sohn eines Hausvaters aus Hinneigung/ Abneigung/ Blendung im Körper oder im Gemüt brennende, fiebernde Leidenschaften aufsteigen, so dass er schlecht schliefe?« — »Allerdings, Herr.« — »Jene der Hinneigung, Abneigung, Blendung entsprossenen brennenden, fiebernden Leidenschaften, durch die gequält der Hausvater oder Sohn eines Hausvaters schlecht schlafen würde – diese Hinneigung, Abneigung, Blendung ist vom Vollendeten überwunden, an der Wurzel abgeschnitten, einem Palmstumpf gleichgemacht, so dass sie nicht mehr keimen, nie wieder aufsprießen können. Deshalb schlafe ich gut.*

Wahrhaft wohl kann immer ruhen, wer da rein und branderloschen,
nicht von Sinnensucht verklebt ist, still ward, der Bezüge ledig,
alles Hängen abgeschnitten, aller Herzensangst enthoben:
Sanft ruht und in tiefem Wohle, wer zur Stille im Gemüt fand.«

Hans: Ach ja, aber bis man so weit ist!

Fritz: So lange braucht kein Nachfolger auf die Befreiung von aller Tiefenangst zu warten: Der Heilsgänger – spätestens der in die Heilsströmung Eingetretene – ist im tiefsten Grund angstfrei, mag ihm auch an der Oberfläche noch vorübergehend bang sein vor Aufgaben,

Situationen oder Verlusten. Es ist nie mehr jene ausweglose Existenzangst. Das zeigte einmal Ānando dem Hausvater Anāthapiṇḍiko in

S 55,27 – TUGENDLOSIGKEIT ODER ANĀTHAPINYIKO (2).

Anāthapiṇḍiko lag wieder einmal schwer krank darnieder. Auf seine Bitte kam Ānando und erhielt auf seine Frage, ob es besser gehe, zur Antwort: »Herr, mir geht es gar nicht gut: Die Schmerzen nehmen sehr zu, nicht ab; es ist eine Zunahme der Beschwerden zu beobachten, keine Abnahme.« — »Weil er mit vier Eigenschaften behaftet ist, Hausvater, ist der unerfahrene Weltgänger voll Schrecken, hat lähmendes Entsetzen, hat Angst vor dem, was nach dem Tod kommt. Mit welchen vier? – Da ist ein unerfahrener Weltgänger voller Widerwillen gegen den Erwachten oder die Lehre oder die Heilsgängergemeinde. Weil er aber bei sich alles von diesem Widerwillen gegen den Erwachten oder die Lehre oder die Heilsgängergemeinde aus betrachtet, ist er voll Schrecken, hat lähmendes Entsetzen, hat Angst vor dem, was nach dem Tod kommt. — Und weiter, Hausvater: Da ist ein unerfahrener Weltgänger untugendhaft. Weil er aber bei sich alles von dieser Untugendhaftigkeit aus betrachtet, ist er voll Schrecken, hat lähmendes Entsetzen, hat Angst vor dem, was nach dem Tod kommt. Weil er mit diesen vier Eigenschaften behaftet ist, Hausvater, ist ein unerfahrener Weltgänger voll Schrecken, hat lähmendes Entsetzen, hat Angst vor dem, was nach dem Tod kommt.

Weil er mit vier Eigenschaften behaftet ist, Hausvater, ist der erfahrene Heilsgänger frei von Schrecken, hat kein lähmendes Entsetzen, keine Angst vor dem, was nach dem Tod kommt. Mit welchen vier? Da ist der Heilsgänger beim Erwachten, bei der Lehre, bei der Heilsgängergemeinde zur endgültigen befriedenden Klarheit erwachsen.[14] *Weil er bei sich alles von dieser endgültigen befriedenden Klarheit beim Erwachten, der Lehre und der Heilsgängergemeinde her sieht, ist er frei von Schrecken, hat kein lähmendes Entsetzen, hat keine Angst vor dem, was nach dem Tod kommt. — Weiter, Hausvater, ist er erwachsen zu den Tugenden, wie sie den Heilsgängern wert sind: den unzerstückelten, unbeschnittenen, unbefleckten, ungesprenkelten, aus der Sklaverei befreienden, von Verständigen gepriesenen, an denen man nicht festhängt, so dass sie zur Einigung führen. Weil er bei sich alles von diesen Tugenden her sieht, wie sie den Heilsgängern wert sind, ist er frei von Schrecken, hat kein lähmendes Entsetzen, hat keine Angst vor dem, was nach dem Tod kommt. Zu diesen vier Eigenschaften erwachsen, Hausvater, ist der erfahrene Heilsgänger frei von Schrecken, hat kein lähmendes Entsetzen, hat keine Angst vor dem, was nach dem Tod kommt.«*

»Ich habe keine Angst, Herr Ānando. Wovor sollte ich denn Angst haben? Ich bin ja beim Erwachten, bei der Lehre, bei der Heilsgängergemeinde zu der endgültigen befriedenden Klarheit erwachsen. Und keine von jenen Übungsanleitungen, die vom Erhabenen für häuslich lebende Nachfolger aufgezeigt worden sind, sehe ich bei mir gebrochen.« — »Dann hast du es erreicht, Hausvater; gut hast du es getroffen: Man darf von dir sagen: du hast die Frucht des Stromeintritts erreicht.«

HANS: Wie oft hast du uns nun schon versprochen, dass wir noch über den Stromeintritt sprechen.

FRITZ: Ja, Hans, wir sprechen bald darüber. Hier lernen wir schon einmal seine angstlösende Wirkung kennen. Die hat der Erwachte auch noch in weiteren Reden aufgezeigt, etwa den beiden Kammerherren in S 55,6. Dort kehrt wie in vielen anderen Reden an der Stelle, an der sonst meist die heilenden Tugenden genannt werden, auch jene Beschreibung des Gemüts des in die Heilsströmung Eingetretenen wieder, *»das frei ist von den Befleckungen durch Engherzigkeit, Kleinlichkeit«*. Ein so in die Weite gehendes Gemüt ist kein Boden mehr für das Empfinden von bedrängender Enge – von Angst. Angstauflösung – jedenfalls was die tiefe Grundangst aus Daseinszweifeln und -sorgen angeht – und Stromeintritt gehen Hand in Hand: In den Reden

14 Diese Klarheit wird auch hier in dem immer wiederkehrenden Wortlaut beschrieben.

A IX,27 und A X,92 beschreibt der Erwachte die Auflösung von fünf Ängsten und Schrecken als eine der Begleiterscheinungen des Eintritts in die Heilsströmung. Diese beiden Texte habe ich schon bereitgelegt für unser kommendes Gespräch über den Stromeintritt. — Oder denken wir an den Trost, den der Erwachte dem König Mahānāmo in S 55,21-22 mit dem Gleichnis vom Ölkrug spendete: *»Fürchte dich nicht.«* Auch der Gebemeister Anāthapiṇḍiko wurde immer wieder an die Befreiung von aller Existenzangst durch den Eintritt in die Heilsströmung erinnert[15], besonders ausführlich in der Rede

S 55,26 – TUGENDLOSIGKEIT ODER ANĀTHAPINḌIKO (1)

Wieder war Anāthapiṇḍiko schwer krank und ließ Sāriputto zu sich bitten. Sāriputto entsprach der Bitte, und Ānando kam mit ihm. Anāthapiṇḍikos Schmerzen hatten sich verschlimmert. Sāriputto sprach:

»Hausvater, jene Art von Beunruhigung und Ablehnung gegenüber dem Erwachten, der Lehre, der Heilsgängergemeinde und jene Art von Tugendlosigkeit, auf Grund deren ein unerfahrener Weltgänger nach dem Absterben des Körpers, jenseits des Todes auf den Abweg gerät, auf schlechte Bahn, in den Daseinsabgrund, in eine Hölle, gibt es bei dir nicht, sondern bei dir herrscht jene endgültige befriedende Klarheit und finden sich jene Tugenden, wie sie den Heilsgängern wert sind. Wenn du dir aber deine endgültige befriedende Klarheit und deine heilenden Tugenden vor Augen führst, dann wird sich dein Empfinden sofort ganz beruhigen.

Hausvater, eine solche Art von falscher Anschauung, falscher Gemütseinstellung, falscher Rede, falschem Handeln, falscher Lebensführung, falschem Mühen, falschem Gewärtigsein, falscher Einigung, falscher Kenntnis, falscher Erlösung, auf Grund deren ein unerfahrener Weltgänger nach dem Absterben des Körpers, jenseits des Todes auf den Abweg gerät, auf schlechte Bahn, in den Daseinsabgrund, in eine Hölle – jene Art von falscher Anschauung, falscher Gemütseinstellung, falscher Rede, falschem Handeln, falscher Lebensführung, falschem Mühen, falschem Gewärtigsein, falscher Einigung, falscher Kenntnis, falscher Erlösung, gibt es bei dir nicht, sondern bei dir herrscht rechte Anschauung, rechte Gemütseinstellung, rechte Rede, rechtes Handeln, rechte Lebensführung, rechtes Mühen, rechte Wahrheitsgegenwart, rechte Einigung, rechte Kenntnis, rechte Erlösung. Wenn du dir aber deine rechte Anschauung, deine rechte Gemütseinstellung, deine rechte Rede, dein rechtes Handeln, deine rechte Lebensführung, dein rechtes Mühen, deine rechte Wahrheitsgegenwart, deine rechte Einigung, deine rechte Kenntnis, deine rechte Erlösung vor Augen führst, dann wird sich dein Empfinden ganz beruhigen.« Da waren die Empfindungen des Hausvaters Anāthapiṇḍiko sofort wieder ganz gestillt.

Der Hausvater Anāthapiṇḍiko bewirtete hierauf die ehrwürdigen Sāriputto und Ānando eigenhändig mit einer Schüssel gekochtem Reis. Als der ehrwürdige Sāriputto das Mahl beendet und die Schüssel abgestellt hatte, ging der Hausvater Anāthapiṇḍiko zu ihm, nahm einen niederen Sitz und setzte sich seitwärts. Da sprach der ehrwürdige Sāriputto zu dem an seiner Seite sitzenden Anāthapiṇḍiko:

»Wer dem Vollendeten vertraut in unwankbarer Festigkeit
und wessen Sitten trefflich sind, Heilsgängern lieb und lobenswert,
wer Zuversicht zur Jüngerschaft gewann und einen graden Blick,
der streunt nicht heimatlos umher, der lebt sein Leben nicht umsonst.
Drum: an Vertrauen, Tugendart, Klarheit, die still macht, Wahrheitsblick:
seid klug und haltet euch daran, an der Erwachten Lehre Kern.«

Ānando berichtete dem Erwachten. Der Erwachte sprach: »Weise ist Sāriputto, Ānando, von mächtiger Weisheit, wie er da die vier Glieder des Stromeintritts mit zehn Merkmalen erklärt hat.«

15 A IV,184, auch A V,174.

HANS: Diese zehn Merkmale der vier Glieder des Stromeintritts sind offenbar die acht Glieder des achtfältigen Heilswegs mit seinen beiden Früchten Klarwissen und Erlösung? Demnach gibt es die beiden Früchte des Heilswegs – Kenntnis und Erlösung – nicht erst in Vollendung beim Geheilten, sondern schon der in die Heilsströmung Eingetretene scheint manches endgültig zu kennen und von manchem endgültig erlöst zu sein? du machst mich immer gespannter auf unser Gespräch über den Eintritt in die Heilsströmung! Aber eines fällt mir auch bei diesem Gespräch wieder auf: Immer wieder wird Anāthapiṇḍiko darauf hingewiesen, dass jene Abwehr und jener Widerwille gegen den Buddha, die Lehre und die Heilsgängergemeinde bei ihm nicht zu finden sind. Sie werden immer im Zusammenhang mit auf den Abweg führenden anderen Dingen – sozusagen mit den großen Angstmachern – genannt. Da muss ich auch an den Hausvater Tapusso in A IX,41 denken, dem der Gedanke an das Zurücktreten von den Sinnendingen zwar »wie ein Abgrund« vorkam, der aber dennoch davon, dass ganz junge Mönche dabei Frieden finden, so ergriffen war, dass ihn der Buddha den Bericht über seinen eigenen Weg vom Hinaussteigen über die Sinnensucht bis zur Auflösung von Wahrnehmungsempfindung mithören ließ. Sind die Ängste, von denen Sāriputto spricht, nicht vielleicht diesem »Abgrund« verwandte Ängste – Ängste nicht vor den Bedrängnissen der Existenz, sondern Angst vor »Ichverlust« und »Existenzverlust«, Angst, ins Bodenlose zu fallen?

FRITZ: Kann sein, Hans. Wenn ein im Haus Lebender zu merken beginnt, worauf die Lehre des Erwachten wirklich hinausläuft – nämlich auf die Auflösung von allem, aus dem er sich bisher sein Nest gebaut hat, dann wehren sich meist seine gesamten Triebe dagegen, wenn er nicht sehr starke Heilssinne hat. Wer die Lehre überhaupt nicht versteht oder sich nur rein intellektuell »mit dem interessanten Buddhismus befasst«, lernt diese Angst gar nicht kennen; aber nicht, weil er tapfer ist, sondern weil er die Wahrheit gar nicht verbindlich in seinen Geist einlässt oder ihren Eindruck gleich wieder löscht. Wer aber seinen Geist und sein Empfinden für Wahrheit und Klarheit nicht beeinflussen lässt von dem Aufstand seiner Triebe gegen das unbequeme Auftreten eines Erwachten und seiner »wahnbedrohenden« Lehre, sondern die Riesenwahrheit gegen den Protest seiner Neigungen anerkennt, bei dem ist der Aufruhr der Triebe gerade ein Zeichen des ersten Verstehens: Der zunächst schmerzende Wechsel von der bisherigen Scheingeborgenheit in der gewohnten Sinnensuchtwelt zur Klarheit mag bei manchen Wesen noch zu langen Verdrängungsprozessen führen. Sie stecken dann den Kopf in den vermeintlich sicheren Treibsand der Existenz. Oft verlarven sich Verlustängste in allerlei geistigen, seelischen und körperlichen Krankheiten – manchmal über mehrere Geburten hinweg, bis der im wahrsten Sinn des Wortes »betroffene« Wahnkranke sich endlich doch der unwiderstehlichen Einsicht in seine Wahnkrankheit stellt und mit den vom Erwachten gezeigten Therapieschritten beginnt. Dann ist er ein Heilsgänger: ein Nachfolger (*anusāri*), der sich auf den Weg zum Eintritt in die Heilsströmung gemacht hat. Darauf kommen wir bald.

HANS: Aber was ist mit einem Menschen, der sich der Wahrheit nicht stellen will?

FRITZ: Das ist einer der Ärmsten der Armen: Er hat ein so schwaches Heilsvertrauen, dass er den Hauch der Freiheit, der ihn schon fast angerührt hat und der ihm im Vergleich zur gewohnten Stallwärme wie Eiseshauch vorkommen mag, wieder erstickt, so wie es Kranke gibt, die nicht gesund werden wollen, weil sie unbewusst die Krankheit für einen Schutz halten. Das ist dann keine eigentliche Existenzangst im Sinne einer Angst vor der Existenz, sondern Angst vor der Wahrheit. Sie macht, solange sie besteht, unfähig zum Klarwissen.

HANS: Das ist dann wohl die tiefste aller Ängste überhaupt?

FRITZ: Es gibt eine noch tiefere Angst, sozusagen die Krone der Ängste.

HANS: Wie kannst du »Krone der Angst« sagen! Angst ist doch etwas Negatives!

FRITZ: Nicht immer. Angst kann auch ein natürliches Frühwarnsystem sein, das uns vor manchem Schlechten zurückhält. Das gilt sogar für die heute so verteufelte Höllenangst: Wir haben ja schon gesagt: Lieber aus Höllenangst einen Mord unterlassen, als ihn als »mündiger Bürger« begehen! Nur haben wir meist vor den falschen Dingen Angst, und da, wo uns Angst auf den guten Weg helfen könnte, haben wir meist keine: Die meisten Menschen haben vor einem Prestigeverlust, vor der Niederlage bei einem Wettkampf, dem Durchfallen bei einer Prüfung, vor einer Krankheit oder vor dem Zahnarzt mehr Angst als vor der Zunahme von heilsuntauglichen Eigenschaften und der Abnahme von heilstauglichen. Wäre es umgekehrt, würden sie – von diesem Frühwarnsystem gesteuert – das Herz so ausbilden, dass die Herzensaktivität Wahrnehmung ihnen auf die Dauer gar nicht mehr jene Situationen vorspielen würde, vor denen sie jetzt Angst haben. Es gibt aber über allen diesseitigen und jenseitigen Ängsten eine aller-realistischste Angst, ein unmittelbares Wahn- und Existenz-Warnsystem, das nur die Erwachungswesen auf ihrem langen, langen Entwicklungsgang ausbilden. Darüber berichtet der Erwachte in der Rede »Angst und Schrecken«.

RUTH: Ist das die, die Neumann mit »Furcht und Angst« betitelt? Mir ist aufgefallen, dass bei unserem ganzen Gespräch bisher zwischen Furcht und Angst überhaupt nicht unterschieden worden ist. Ich denke, Furcht ist nur eine Beklemmung durch etwas Bestimmtes, Angst durch etwas Unbestimmtes. Macht der Buddha diese Unterscheidung nicht?

FRITZ: Nein. Sie wurde erst von Freud eingeführt. Aber die heutige Wissenschaft ist von ihr wieder abgerückt. Das Lexikon der Psychologie[16] bezeichnet sie als »verwirrend«, und der schon zitierte Altmeister der Psychiatrie, Kurt Schneider, schreibt: *»Es gibt mancherlei Arten von Angst. In neuerer Zeit ist es oft üblich, nur die motivlose Angst so zu heißen, die motivierte aber ›Furcht‹. Wir folgen jedoch der Sprache, von deren Brauch man nie ohne Not abweichen soll, und diese kennt ja auch eine Angst ›vor‹. Angst gibt es also motiviert und motivlos, dagegen ist Furcht stets motiviert, reaktiv. Motivlose Angst kann ein Leibgefühl sein, in der Brust, in der Herzgegend, auch diffus im Leib lokalisiert. Es gibt aber auch eine seelische unmotivierte Angst, wie es ja überhaupt auch nicht reaktive seelische Gefühle gibt: eine unbestimmte, inhaltlose Unheimlichkeit. Das wäre also keine Erlebnisreaktion[17] dass es Angst gibt, die sich ihr Motiv nicht eingesteht oder es nicht weiß, ist sicher. Vor allem die Angstzustände von Kindern und Jugendlichen hängen oft mit zwar nicht unbewusst gewordenen, aber dunkelbewussten Erlebnissen zusammen – Andere motivlose Ängste sind sicher anders zu deuten, nicht als eine Angst, die ihr Motiv verloren hat, sondern als ein mit dem Menschsein gegebenes Urgefühl. Bedenkt man das menschliche Dasein, so ist es viel erklärungsbedürftiger, dass der Mensch meist keine Angst hat, als dass er manchmal Angst hat.«*[18]

Diese tiefste Angst hindert im Gegensatz zur vordergründigeren Angst nicht den Erwerb von Klarwissen, sondern lässt im Gegenteil den von ihr Ergriffenen nicht ruhen, bis er die Wahrheit gefunden hat, die ihn frei macht. Diese tiefste Angst hat wohl Hermann Hesse gemeint, als er sagte, die Lehre des Buddha sei nur etwas für Menschen, denen das Wasser bis zum Hals steht. Um diese zur Wahrheitsuche zwingende Angst als eine Grundverfassung der Existenz geht es vor allem in der Rede

ANGST UND SCHRECKEN – M 4.

Wieder einmal kam der Brahmane Jānussoni zum Erhabenen nach Sāvatthī in den Jetahain ins Kloster Anāthapiṇḍikos. Er fragte:

»Für jene Söhne aus einer Familie, die zum Herrn Gotamo aus Heilsvertrauen aus dem Haus in die Hauslosigkeit gezogen sind, ist der Herr Gotamo das Vorbild, viel tut der Herr Gotamo für sie; der Herr Gotamo spornt sie an. Dem Herrn Gotamo eifert diese Gemeinschaft nach.« — »So ist es, Brahmane, so ist es, Brahmane.« — »Schwer auszuhalten ist wahrlich das Leben in Wäldern und

16 LexPsych unter »Angst«, Bd. 1, Sp. 103.
17 *Ebenda.*
18 *Ebenda.*

Dschungeln, in abgelegenen Behausungen, Herr Gotamo; schwer zu verwirklichen ist die Abgeschiedenheit; schwer ist es, an der Einsamkeit Freude zu gewinnen. Die Urwälder müssen doch einen Mönch, der keine Herzenseinigung erlangt, um den Verstand bringen.« — »So ist es, Brahmane – Die Urwälder bringen einen Mönch, der keine Herzenseinigung erlangt, um den Verstand.«

HANS: Da haben wir sie ja, die Angst. Wenn uns die Wogen der Vielfalt über dem Kopf zusammenschlagen wollen, dann machen wir uns manchmal so idyllische Vorstellungen, wie da ein Mönch heiter und still in der Ruhe des Waldes sitzt. Aber allein im Dschungel sitzen und merken, dass der Verstand verloren zu gehen droht – steht da wirklich so drastisch: *»den Verstand verlieren«*?

FRITZ: Ja, Hans. Wörtlich heißt es sogar: *»Die Urwälder ›haranti mano‹, das heißt: ›töten den Geist‹.«*

HANS: Ist das nun jene tiefste Angst, von der du vorhin sprachst?

FRITZ: Immer noch nicht. Wir sehen das am besten, wenn wir die Rede weiterlesen. Zunächst berichtet der Erwachte von seinem eigenen Befreiungskampf:

»Auch ich habe früher, als ich noch nicht in der vollkommenen Erwachung auferwacht war, noch der Erwachung entgegenging, gedacht: ›Schwer auszuhalten ist das Leben in Wäldern und Dschungeln, in abgelegenen Behausungen; schwer zu verwirklichen ist die Abgeschiedenheit; schwer ist es, an der Einsamkeit Freude zu gewinnen. Die Urwälder müssen doch einen Mönch, der keine Herzenseinigung erlangt, um den Verstand bringen.‹ – Da habe ich mir gesagt: ›Jene Asketen oder brahmisch Lebenden, die sich Wäldern und Dschungeln oder abgelegenen Behausungen aussetzen, ohne vollständig geläutert zu sein im Wirken in Werken, mit der Sprache, mit dem Geist, in der Lebensführung – diese lieben Asketen oder brahmisch Lebenden ziehen gewiss mit dieser Befleckung … heilsuntaugliche Angst und Schrecken (akusala bhayabhavera) auf sich. Ich aber setze mich wahrlich nicht ungeläutert im Wirken in Werken, mit der Sprache, mit dem Geist, in der Lebensführung den Wäldern und Dschungeln und abgelegenen Behausungen aus. Im Wirken in Werken, mit der Sprache, mit dem Geist, in der Lebensführung bin ich völlig geläutert. Wenn es Edle gibt, die völlig geläutert sich Wäldern und Dschungeln und abgelegenen Behausungen aussetzen, dann bin ich einer von ihnen.‹ Als ich diese vollkommene Lauterkeit im Wirken in Werken, mit der Sprache, mit dem Geist, in der Lebensführung in mir erkannte, gewann ich mehr Sicherheit beim Waldleben.

Dann habe ich mir gesagt: ›Jene Asketen oder brahmisch Lebenden, die sich, fixiert auf Sinnensucht, voll heftiger Gier nach Sinnendingen, Wäldern und Dschungeln oder abgelegenen Behausungen aussetzen, die ziehen gewiss mit dieser Befleckung … heilsuntaugliche Angst und Schrecken auf sich. Ich aber setze mich wahrlich nicht fixiert auf Sinnensucht und voll heftiger Gier nach Sinnendingen, den Wäldern und Dschungeln und abgelegenen Behausungen aus. Frei bin ich davon. Wenn es Edle gibt, die sich frei davon Wäldern und Dschungeln und abgelegenen Behausungen aussetzen, dann bin ich einer von ihnen.‹ Als ich in mir diese Nichtfixierung auf Sinnensucht erkannte, gewann ich mehr Sicherheit beim Waldleben. — Da kam mir der Gedanke: ›Jene Asketen oder brahmisch Lebenden, die sich mit Übelwollen und verderbter geistiger Einstellung Wäldern und Dschungeln oder abgelegenen Behausungen aussetzen, ziehen gewiss mit dieser Befleckung … heilsuntaugliche Angst und Schrecken auf sich. Ich aber wahrlich nicht. Liebevollen Herzens bin ich. Als ich in mir diese Herzensgüte erkannte, gewann ich mehr Sicherheit beim Waldleben.‹ – Nun kam mir der Gedanke: ›Jene Asketen oder brahmisch Lebenden, die sich, gehemmt durch Sichtreibenlassen im Gewohnten, Wäldern und Dschungeln oder abgelegenen Behausungen aussetzen, ziehen gewiss mit dieser Befleckung … heilsuntaugliche Angst und Schrecken auf sich. Ich aber wahrlich nicht.‹ Als ich in mir diese Freiheit vom Sichtreibenlassen erkannte, gewann ich mehr Sicherheit beim Waldleben. — Dann kam mir der Gedanke: ›Jene Asketen oder brahmisch Lebenden, die sich aufgeregt und unruhigen Herzens Wäldern und Dschungeln oder abgelegenen Behausungen aussetzen, ziehen gewiss mit dieser Befleckung …

heilsuntaugliche Angst und Schrecken auf sich. Ich aber wahrlich nicht. Ruhigen Herzens (vupasantacitto) bin ich.‹ Als ich in mir das Herz beruhigt erkannte, gewann ich mehr Sicherheit beim Waldleben. — Nun kam mir der Gedanke: ›Jene Asketen oder brahmisch Lebenden, die sich voll Daseinszweifel und -sorgen Wäldern und Dschungeln oder abgelegenen Behausungen aussetzen, ziehen gewiss mit dieser Befleckung … heilsuntaugliche Angst und Schrecken auf sich. Ich aber wahrlich nicht. Abgetan habe ich Daseinszweifel und -sorgen.‹ Als ich in mir diese Zweifels- und Sorgenfreiheit erkannte, gewann ich mehr Sicherheit beim Waldleben.

Nun kam mir der Gedanke: ›Jene Asketen oder brahmisch Lebenden, die sich voll Eigenlob und Geringschätzung anderer Wäldern und Dschungeln oder abgelegenen Behausungen aussetzen, ziehen gewiss mit dieser Befleckung … heilsuntaugliche Angst und Schrecken auf sich. Ich aber wahrlich nicht.‹ Als ich in mir diese Freiheit von Eigenlob und Geringschätzung anderer als überwunden erkannte, gewann ich mehr Sicherheit beim Waldleben. — Da habe ich mir gesagt: ›Jene Asketen oder brahmisch Lebenden, die sich gelähmt von Grauen, verzagt, Wäldern und Dschungeln oder abgelegenen Behausungen aussetzen, ziehen gewiss mit dieser Befleckung … heilsuntaugliche Angst und Schrecken auf sich. Ich aber wahrlich nicht. Über das Haarsträuben bin ich hinaus.‹ Als ich in mir dieses Haarsträuben als überwunden erkannte, gewann ich mehr Sicherheit beim Waldleben. — Da habe ich mir gesagt: ›Jene Asketen oder brahmisch Lebenden, die in dem Streben nach Erfolg, Ansehen und Anerkennung sich Wäldern und Dschungeln oder abgelegenen Behausungen aussetzen, ziehen gewiss mit dieser Befleckung … heilsuntaugliche Angst und Schrecken auf sich. Ich aber wahrlich nicht. Ich bin frei von Anspruchshaltung.‹ Als ich in mir diese Freiheit von Anspruchshaltung erkannte, gewann ich mehr Sicherheit beim Waldleben. — Da kam mir der Gedanke: ›Jene Asketen oder brahmisch Lebenden, die passiv und kleinmütig sich Wäldern und Dschungeln oder abgelegenen Behausungen aussetzen, ziehen gewiss mit dieser Befleckung … heilsuntaugliche Angst und Schrecken auf sich. Ich aber wahrlich nicht. Ich bin voll entschlossener Energie.‹ Als ich in mir diese Entschlossenheit und Energie erkannte, gewann ich mehr Sicherheit beim Waldleben. — Da kam mir der Gedanke: ›Jene Asketen oder brahmisch Lebenden, die ohne Wahrheitsgegenwart und Bewusstseinsklarheit sich Wäldern und Dschungeln oder abgelegenen Behausungen aussetzen, ziehen gewiss mit dieser Befleckung … heilsuntaugliche Angst und Schrecken auf sich. Ich aber wahrlich nicht. Ich bin in Wahrheitsgegenwart.‹ Als ich in mir diese einsatzbereite Wahrheitsgegenwart erkannte, gewann ich mehr Sicherheit beim Waldleben. — Da habe ich mir gesagt: ›Jene Asketen oder brahmisch Lebenden, die ungesammelt, mit schweifendem Herzen sich Wäldern und Dschungeln und abgelegenen Behausungen aussetzen, ziehen gewiss mit dieser Befleckung … heilsuntaugliche Angst und Schrecken auf sich. Ich aber wahrlich nicht. Erwachsen bin ich zur Einigung des Herzens.‹ Als ich in mir diesen Schatz an Herzenseinigung erkannte, gewann ich mehr Sicherheit beim Waldleben. — Da habe ich mir gesagt: ›Jene Asketen oder brahmisch Lebenden, die ohne Klarwissen, innerlich taub sich Wäldern und Dschungeln und abgelegenen Behausungen aussetzen, ziehen gewiss mit dieser Befleckung … heilsuntaugliche Angst und Schrecken auf sich. Ich aber wahrlich nicht. Erwachsen bin ich zu Klarwissen. Als ich in mir diesen Schatz an Klarwissen erkannte, gewann ich mehr Sicherheit beim Waldleben.

In dieser Lage kam mir der Gedanke: ›Wie wäre es, wenn ich die bekannten verrufenen Nächte am 14., 15. und 8. Tag des Halbmonats[19] *bei Monumenten in Parks, bei Leichenstätten im Dickicht, bei Grabmälern unter Bäumen, an schaurigen Orten des Grauens verbringen würde, damit ich Angst und Schrecken kennen lerne?‹ Da verbrachte ich dort die bekannten verrufenen Nächte. Da war ich nun, und es kam eine Antilope, ein Pfau knickte einen Zweig oder der Wind*

19 Das sind die Tage der Mondphasen (*Uposatha*): Vollmond ist am 15. Tag des zunehmenden und Neumond am 14. Tag des abnehmenden Mondes. In der Mitte dieser jeweils zwei Wochen ist Halbmond.

fuhr in einen Haufen dürrer Blätter. Und ich dachte, ›Ob sie jetzt wohl kommen, diese Angst und dieser Schrecken?‹ – Schließlich sagte ich mir: ›Was bleibe ich hier sitzen und warte auf Angst und Schrecken! Sollte ich nicht besser Angst und Schrecken – genau so wie sie kommen und just in der Verfassung, in der ich dann gerade bin – ganz wegbringen? – Wie ich nun auf- und abgehe, da kommen Angst und Schrecken über mich. Da bleibe ich so lange nicht stehen, setze mich so lange nicht hin, lege mich so lange nicht nieder, bis ich im Auf- und Abgehen diese Angst und diesen Schrecken vertrieben habe. Dann kommen Angst und Schrecken über mich, wie ich stehen bleibe. Da gehe ich so lange nicht auf und ab, setze mich so lange nicht hin, lege mich so lange nicht nieder, bis ich im Stehen diese Angst und diesen Schrecken vertrieben habe. Dann kommen Angst und Schrecken beim Sitzen über mich. Da lege ich mich so lange nicht hin, stehe so lange nicht auf, gehe so lange nicht auf und ab, bis ich diese Angst und diesen Schrecken im Sitzen vertrieben habe. Dann kommen Angst und Schrecken beim Liegen über mich. Da setze ich mich so lange nicht hin, stehe so lange nicht auf, gehe so lange nicht auf und ab, bis ich diese Angst und diesen Schrecken im Liegen vertrieben habe.‹«

RUTH: Fritz, mir fällt auf: Nach dieser langen Skala von Ursachen für die Ängste anderer Asketen, von denen er frei war, sagt der Buddha bei dieser letzten Angst, der er sich stellte, nicht mehr, sie sei »heilsuntauglich«. Ist diese letzte Angst nun das, was du vorhin als die Krone der Angst, das Wahn- und Existenz-Warnsystem bezeichnet hast, das Erwachungswesen ausbilden?

FRITZ: Ja. du bist auf der richtigen Spur.

HANS: Aber ein Wesen von der Macht dieses Asketen Gotamo, im Verhalten vollkommen geläutert, frei von Fixierung auf Sinnensucht, von Übelwollen, von allen fünf Hemmungen, von Eigenlob und Geringschätzung anderer, von Haarsträuben und Verzagtheit, von jeder Anspruchshaltung, vom Schielen nach Erfolg und Anerkennung, voll Entschlossenheit und Energie, in Wahrheitsgegenwart, mit einem Schatz an Herzenseinigung, erwachsen zu Klarwissen – wie kann denn ein solches Erwachungswesen überhaupt noch irgendeine Angst bekommen?

FRITZ: Heilsuntaugliche Angst und Schrecken freilich nicht mehr. Aber ein solches Wesen – noch nicht erwacht, aber auf der Schwelle dazu – sieht nun unmittelbar und empfindet, was ihm hernach die heranreifenden Weisheitsdurchbrüche in einem klaren »inneren Film« buchstäblich vor Augen führen: die Schrecken der gesamten Existenz einschließlich der höchsten Bereiche der Wahrnehmung. Es empfindet »Welt« und »Ich« – die gesamte Wahrnehmung – als unmittelbare Bedrängnis, als Enge, als Angst und wendet sich aus dieser Enge mit dem Geist endgültig ab. Hadewijch, eine niederländische Mystikerin des 13. Jahrhunderts, hatte – allerdings nur vor der Sinnenwelt – eine solche ablösende, heilsförderliche Angst verspürt und darüber gesagt:

»Der Welt Gedränge
ward mir zu enge; ich bin so weit
wisst, dass im Weiten
sich die Befreiten
stets hoffend freun,
angstfrei für immer
vor dem Gewimmer
in ewiger Pein.«

Der Erwachte aber hatte entdeckt, dass das Sprengen des Gefängnisses der Sinnenwelt nicht für immer von Pein befreit. »Welt« ist für ihn nicht nur die Sinnenwelt, sondern jegliches Erleben, samt der Erlebensweise der reinen Formen und der Gestaltfreiheit. Er empfand nun leibhaftig, was wir uns nur denken: »die Gefangenschaft in der Wahrnehmung«. Dieses

Enge-Empfinden, *diese Angst, war eine Wahrheitswahrnehmung*. Denn Wahrnehmung ist Gefangenschaft. Der Erwachte grenzt sie daher nun anhand eines Beispiels ausdrücklich ab von jener Art von halluzinierender Wahnwahrnehmung, die auch vom weltlichen Standpunkt aus als abnorm gilt:

»Nun gibt es zwar Asketen und brahmisch Lebende, die bilden sich bei Nacht ein, es sei Tag und bilden sich bei Tag ein, es sei Nacht. Ich nenne das eine Wahnvorstellung dieser Asketen und brahmisch Lebenden. Ich aber nehme bei Nacht wahr: ›Es ist Nacht‹, und wenn es Tag ist: ›Es ist Tag‹. Wenn man mit Recht sagen kann: ›Ein Wesen, das nicht der Verblendung unterworfen ist, ist in der Welt erschienen, vielen zum Segen, zum Wohle vieler, um mitzuempfinden mit der Welt, zum Heil, zum Segen, zum Wohl von Himmelswesen und Menschen‹ – dann kann man von mir sagen: ›Ein Wesen, das nicht der Verblendung unterliegt, ist in der Welt erschienen, vielen zum Segen, zum Wohle vieler, um mitzuempfinden mit der Welt, zum Heil, zum Segen, zum Wohl von Himmelswesen und Menschen.‹«

HANS: War der Asket Gotamo schon mit dieser »Krone der Angst« heilig?

FRITZ: Nein. Diese höchste stille Angst in Herzenseinigung war die unmittelbare Wahrnehmung *aller* Wahrnehmung als bedrängender Gefangenschaft und nahm *aller* Wahrnehmung jeden Reiz. Der Geist des Asketen Gotamo war damit endgültig entreizt. Aber die welt-alte wahn-alte anfangslose Erinnerung an die bisher in den Geist geschriebene vielfältige Verblendung konnte jetzt erst vollends aufgelöst werden in den drei Weisheitsdurchbrüchen. Der Erwachte berichtet davon im Rest der Rede, wie diese höchste Angst, die der Erwachende ohne Änderung seines Bewegungszustandes erlebte, in diesem So-Sein überging in die Erlösung:

»Einsatzbereit war nun meine Energie, unbeugsam, standfest die Wahrheitsgegenwart, ohne nachzulassen, der Körper still, ungereizt, geeint das Herz, in der Einigung gesammelt. Da verweilte ich, abgelöst vom sinnlichen Begehren, abgelöst von heillosen Gedanken und Gesinnungen, in stillem Bedenken und Sinnen in weltabgelöster jubelnder Seligkeit, im ersten Grad der weltlosen Entrückung. Nach Verebben auch des Bedenkens und Sinnens verweilte ich in innerer Gelöstheit, in der Einung des Gemüts, in der von Sinnen und Bedenken freien, in der Einigung geborenen jubelnden Seligkeit, in der zweiten Entrückung. Sobald die Seligkeit vom Reiz der Besonderheit befreit war, verweilte ich in erhabenem Frieden, klarbewusst erfuhr ich ein solches den ganzen Körper durchdringendes Wohl, von dem die Heilsgänger sagen: ›dem in erhabenem Frieden Lebenden ist wohl‹: in der dritten Entrückung. — Nachdem ich über Wohl und Weh hinausgestiegen war, alle frühere geistige Freudigkeit und Traurigkeit gestillt hatte, verweilte ich in der von allem Wohl und Weh befreiten vollkommenen Reine gewärtiger Erhabenheit, in der vierten Entrückung. — Als mein Herz solcherart geeint, geläutert, gereinigt war, fleckenlos, den Trübungen entwachsen, sanft, fügsam, zum stillen Stand gekommen, ohne Willkür, da richtete ich das Herz auf das Erinnerungswissen früherer Daseinsstätten: Ich erinnerte mich an manche verschiedenen früheren Daseinsstätten, – an manche Zyklen der Weltballung/ Weltausbreitung. — Dann richtete ich das Herz auf das Wegschwinden und Wiedererscheinen der Wesen. Da sah ich mit dem himmlischen Auge, ... wie die Wesen je nach dem Wirken wieder erscheinen. Als mein Herz solcherart geeint, geläutert, gereinigt war, fleckenlos, den Trübungen entwachsen, sanft, fügsam, zum stillen Stand gekommen, ohne Willkür, da richtete ich das Herz auf das Wissen vom Versiegen aller Beeinflussung. Da erkannte ich in unmittelbarer Erfahrung: ›Das ist Leiden‹, ›Das ist die Leidensentwicklung‹, ›Das ist die Leidensauflösung‹, ›Das ist die zur Leidensauflösung führende Vorgehensweise‹. Ich erkannte in unmittelbarer Erfahrung wie es ist: ›Das sind Beeinflussungen‹, ›Das ist die Fortentwicklung der Beeinflussungen‹, ›Das ist die Auflösung der Beeinflussungen‹; erkannte in unmittelbarer Erfahrung wie es ist: ›Das ist die zur Auflösung der Beeinflussungen führende Vorgehensweise‹.

HANS: Was »*das*«?

FRITZ: Das, was er da in der Rückerinnerung und in der universalen gegenwärtigen Umschau ablief und alles Erleben, die Gefangenschaft in der Wahrnehmung, die ganze Existenz als Wahn zeigte. — Ich habe es beim Vorlesen etwas gekürzt, den vollen Text haben wir ja schon mehrmals gehört.[20]

»Indem ich so erkannte und sah, wurde das Herz erlöst von allen Beeinflussungen durch Sinneswünsche (kāma), erlöst von allen Beeinflussungen durch Werden, erlöst von allen Beeinflussungen durch Wahn. Als es erlöst war, da wusste ich in universalem Bewusstsein: ›Es ist erlöst. Zu Ende ist das Geborenwerden, vollendet der höchste Wandel, vollbracht ist, was zu wirken war, nichts weiter mehr über dies hinaus‹ – das wusste ich nun in universalem Bewusstsein. Dieses dritte Wissen war mir in der Nacht während der dritten Nachtwache aufgegangen, Wahn geschwunden, Wissen aufgestiegen, Finsternis geschwunden, Licht aufgegangen, als ich da unermüdlich, innig, entschlossen weilte.

Es kann sein, du denkst nun: ›Vielleicht ist der Asket Gotamo doch nicht frei von Hinneigung, Abneigung, Verblendung und nimmt deshalb Wälder und Dschungel und abgelegene Behausungen auf sich.‹ Aber so ist das nicht zu verstehen: Aus zwei Gründen suche ich Wälder und Dschungel und abgelegene Behausungen auf: Weil ich für mich selber für einen wohl tuenden Aufenthalt in dieser Existenz sorge und schließlich aus Mitempfinden mit den einfachen Menschen.«

»Mitempfinden ist vom Herrn Gotamo den einfachen Menschen geschenkt worden, wie es von einem Heilen, Vollkommen Erwachten ausgeht. Wunderbar, Herr Gotamo, einmalig, Herr Gotamo.« Und Jānussoni nahm Zuflucht.

HANS: Aber sonst berichtet der Buddha doch seinen Werdegang – oder besser: Ent-werdegang – anders: Seine Schmerzensaskese habe ihn an den Rand des Todes, aber nicht in die atemfreie Entrückung gebracht.[21] Dann sei ihm die Erinnerung an die Entrückung in seiner Kindheit aufgegangen. Da sei er sich klar geworden, das sei der Weg zur Erlösung. Er habe die Entrückungen gewonnen und von ihrem Gipfel aus die drei Weisheitsheitsdurchbrüche verwirklicht. Hier aber heißt es, durch die Überwindung jener tiefsten Angst sei er zu den Entrückungen gekommen. Wie stimmt das zusammen?

FRITZ: Das eine muss das andere nicht ausschließen: Nachdem der Bodhisatta sich am äußersten Rande der Schmerzensaskese an die Entrückung in seiner Kindheit erinnerte und sich klar wurde, das müsse der richtige Weg sein, begann er ja, durch ausreichende Ernährung den Körper so weit zu stärken, dass er beim Erwerb der Entrückungen nicht störte. Warum sollte die Schilderung in M 4 nicht eine Ausschnittvergrößerung des Endstadiums von der Behebung der Unterernährung bis zum Gewinn der Entrückungen sein? Er war sich klar geworden, dass der Weg zur Befreiung über die Entrückungen führen müsse. Aber bei seinem Titanenkampf bisher hatte er jeglichen körperlichen Schmerz erfahren – nur den Seelenschmerz »Angst« noch nicht, von der er wusste, dass sie eine existenzielle Grunderfahrung der Askese war und über viele wie aus heiterem Himmel kam. Da war es doch nur natürlich, dass er vorbeugen wollte, damit ihm nicht eine ihm noch unbekannte Angst den Weg zu den Entrückungen behinderte. Die Überwindung der Angst war kein Monate währendes Stadium. Die einzige Angabe, die zeitliche Rückschlüsse zulässt, ist, dass der Asket Gotamo nicht nur in einer, sondern in mehreren »verrufenen Nächten«[22] Schreckensorte aufsuchte. Was verrufene Nächte waren, sagt er selber: jede Woche eine. So könnte dieser ganze Abschnitt der Gewinnung der Krone der Angst und ihrer Überwindung,

20 Vgl. M 60, D 6, D 11.
21 Vgl. z. B. M 36.
22 Siehe hier in diesem 13. Gespräch, Fußnote 19.

sich auf wenige Feiertage – vielleicht sogar nur zwei oder drei – innerhalb von 2-3 Wochen beschränkt haben.

Übrigens könnte es noch ein feines Anzeichen dafür geben, dass es sich bei dieser Krone der Angst um eine grundlegende Erscheinung bei den Bodhisattas handelt: Dieser Teil des Berichts ist nicht, wie alle anderen Berichte, in der Vergangenheit, der sprachlichen Form der Erzählung, gehalten, auch nicht in einer der Formen, in denen Absichten ausgesprochen werden[23], sondern in der Gegenwart. Die Gegenwart ist die sprachliche Zeitform, in der im Pāli »immer gültige Wahrheiten« ausgedrückt werden.[24]

HANS: Dennoch ist es auffallend, dass in keinem der anderen Berichte diese wichtige Episode mit der Angst erscheint.

FRITZ: Das wundert mich nicht: Alles andere in diesen Berichten des Erwachten über seinen Erwachungsweg kann für Nachfolger auf dem Weg zum Erwachen irgendwann Bedeutung haben, für die damaligen Inder besonders auch seine Erfahrungen über die Vergeblichkeit der Schmerzensaskese. Jene »Krone der Angst« scheint mir aber etwas zu sein, was nur die ohne Anleitung Erwachenden erleben. Wenn Jānussoni nicht direkt danach gefragt hätte, wäre vielleicht diese Einzelheit nie zur Sprache gekommen.

RUTH: Ähnlich wie der Wille durch den Willen überwunden werden kann, hätten wir hier die Überwindung der Angst durch die Angst.

FRITZ: So könnte man sagen. Wie es auch sei: eines der Kennzeichen eines jeden Geheilten – auch der unter der Anleitung eines Erwachten vom Wahn Geheilten – ist auch die totale Angstfreiheit. Dafür gibt es ein ergreifendes Zeugnis in einem Dialog zwischen dem geheilten Mönch Adhimutto und einem Räuberhauptmann:

ADHIMUTTO – Thag 705-725.

Räuberhauptmann
705 »Um ihre Opfer und ihr Geld – an den zuerst Erschlagenen
war nichts als nur die Angst darum, ein Zittern und ein Lamentier'n.
706 Bei dir da merkt man keine Angst. du strahlst sogar noch Ruhe aus.
Warum beklagst denn du dich nicht in solcher äußersten Gefahr?«
Adhimutto:
707 »Es gibt kein innres Leiden mehr, Hauptmann, für den, der nichts mehr will.
Über die Angst ist ganz hinaus, wer von Verstrickung wirklich frei.
708 Wer abtat, was zu Dasein führt, wer hier schon in der Wahrheit lebt,
für den gibts keine Angst vorm Tod: ist nur Ablegen einer Last.
709 Den höchsten Wandel führt' ich ganz. Vollendet ist der Übungsweg.
Ich habe keine Angst vorm Tod: Er endet die Gebrechen nur.
710 Den höchsten Wandel führt ich ganz. Vollendet ist der Übungsweg.
Dasein, das labt nicht: giftig ist's. Dies Gift – mein Trank einst – spie ich aus.
711 Wer drübersteht, nach nichts mehr greift, vollendet, unbeeinflussbar,
ist still beim Schwund der Leibeskraft, ist frei bei seiner Hinrichtung.
712 Wer höchste Artung sich gewann, auf nichts in aller Welt mehr setzt,
gerettet aus des Hauses Brand, bekümmert ihn das Sterben nicht.
713 Was es auch gibt an Wesenheit, wo Wiederdasein wird erlangt:
das alles ist ganz ausweglos. Der mächt'ge Seher hat's gesagt.
714 Wer das genau so selber sieht, wie's der Erwachte aufgezeigt,
greift nach dem Dasein nicht: Er sieht's wie eine Eisenkugel glühn.

23 Optativ oder Futurum.
24 Vgl. Warder, S. 12.

715 ›Ich bin gewesen‹, denk' ich nicht. ›Ich werde sein‹, das denk' ich nicht.
Wirkungen wirken: das hört auf. Was sollte da zu klagen sein?
716 Nichts als Erscheinung steigt da auf, Gestaltetes, das rollt noch ab.
Für den, der sieht, so wie es ist, gibt's, Hauptmann, nicht Gefahr noch Angst.
717 Wie Brennholz ist die ganze ›Welt‹. Wer das mit Weisheit so erkennt,
der findet gar nichts ›Eigenes‹ und klagt drum nicht: ›Ich hab's nicht mehr.‹
718 Vom Fleischleib habe ich genug. Im Weiterwerden ist kein Sinn.
Der Körper wird zerbrechen, doch es wird kein neuer mehr entstehn.
719 Was ihr mit diesem Fleischleib da vorhabt: Macht damit, was ihr wollt.
Bei mir wird dadurch Ablehnung und Vorliebe nicht ausgelöst.«
720 Als seine Worte sie gehört, erstaunlich, überwältigend,
da warfen sie die Waffen weg, die jungen Burschen, riefen aus:
721 »O Herr, was hast du nur gemacht, von wem hast du das nur gelernt?
In wessen Anleitung kamst du zu solcher Grundgelassenheit?«
722 »Der alles weiß, der alles sieht, der Sieger, der hat mich belehrt,
der Meister, der erbarmende, der Arzt ist für die ganze Welt.
723 Die Lehre lernte ich bei ihm, die endgültig zum Ausweg führt.
Mit seiner Anleitung kam ich zu solcher Grundgelassenheit.«
724 Die Räuber nach des Mächt'gen Wahrheitsworten, sie warfen alle ihre Waffen weg.
Die einen gaben ganz ihr Treiben auf. Doch einige zog es zum mönch'schen Leben.
725 Hauslos unter des Wohlgegang'nen Lenkung, weise entfaltend die Erwachungsglieder,
erhobnen Herzens, geistbeglückt, bezähmt, so fanden sie zum ungeschaffenen Nirvāna.

RUTH: Wunderbar: junge Räuber als Vorbilder! Für mich das Wichtigste ist, dass bereits der von der Heilsströmung ergriffene Mensch sich zwar noch vor mancherlei Einzelheiten fürchten mag, aber was die »letzten Dinge« betrifft, von Fragen und Sorgen absolut frei geworden ist.

FRITZ: Das mögen zur Abrundung unseres Gesprächs über die Auflösung der Angst als Wegabschnitt zum *samādhi* noch zwei Aussagen des Erwachten bestätigen. Von der einen haben wir bei unserem Gespräch über das Fleischessen schon den zweiten Teil kennen gelernt: Es ist die Rede

A VIII,12

über den General und Gebemeister Sīho. Lesen wir nun auch den ersten Teil:

Einstmals weilte der Erhabene bei Vesālī im Großen Wald in der Halle des Giebelhauses. Zu der Zeit tagte eine große Versammlung hochangesehener Licchavier in der Ratshalle. Die priesen den Erhabenen, die Lehre und die Gemeinde der Nachfolger. In dieser Versammlung saß gerade der General Sīho, ein Anhänger der Freien Brüder. Der dachte: »Zweifellos muss dieser Erhabene ein Vollkommen Erwachter sein, wenn diese große Versammlung hochangesehener Licchavier den Erhabenen, die Lehre und die Gemeinde der Nachfolger so preist. Wie wäre es, wenn ich den Erhabenen besuchen würde, den Geheilten, vollkommen Erwachten?« Da begab er sich zu dem Freien Bruder Nāthaputto und sprach: »Ich möchte den Asketen Gotamo besuchen.« — »Wozu willst du, Sīho, als ein Mann der Tat den Lehrer des Nichttuns, den Asketen Gotamo besuchen? Denn der Asket Gotamo ist ein Lehrer des Nichttuns; die Lehre vom Nichttun verkündet er; dazu leitet er seine Jünger an.« Da verging dem General Sīho das Interesse, den Erhabenen zu besuchen.

Bei einer zweiten Versammlung hörte er wieder die Licchavier begeistert vom Erwachten sprechen, aber wieder brachte ihn sein damaliger Guru davon ab, den Erwachten zu besuchen. Als Sīho aber bei einer dritten Versammlung das Gleiche erlebte, dachte er: *»Was kümmert es mich, ob es den Freien Brüdern passt oder nicht; ich werde den Freien Brüdern gar nicht Bescheid sagen und den Erhabenen besuchen gehen, den Geheilten, vollkommen Erwachten.« Da fuhr*

General Sīho am Nachmittag mit fünfhundert Wagen nach Vesālī, um den Erhabenen zu besuchen. Er fuhr bis zum Ende der Fahrstraße; stieg ab und ging zu Fuß zum Kloster. Dort begab er sich zum Erhabenen und sprach: »Herr, ich habe sagen hören: ›der Asket Gotamo ist ein Lehrer des Nichttuns; die Lehre vom Nichttun verkündet er; dazu leitet er seine Jünger an.‹ Die das behaupten, Herr: geben die die Worte des Erhabenen wieder; haben sie den Erhabenen nicht etwa falsch angeführt; sprechen sie im Einklang mit der Lehre und setzt sich jemand, der das weitersagt, auch keiner Beanstandung aus? Ich möchte wahrlich nicht den Erhabenen falsch zitieren!«

»Es gibt eine Betrachtungsweise, Sīho, nach der könnte man von mir mit Recht sagen: ›Der Asket Gotamo ist ein Lehrer des Nichttuns; die Lehre vom Nichttun verkündet er; dazu leitet er seine Jünger an.‹ – Und es gibt eine Betrachtungsweise, Sīho, nach der muss man von mir richtigerweise sagen: ›Ein Lehrer der Tat ist der Asket Gotamo; eine Lehre der Tat verkündet er; dazu leitet er seine Jünger an.‹ – Es gibt eine Betrachtungsweise, nach der könnte man von mir mit Recht sagen: ›Der Asket Gotamo ist ein Lehrer der Vernichtung‹, ein Verächter, Verneiner, Eiferer, von unmöglicher Geburt.‹ Eine Betrachtungsweise aber gibt es, nach der muss man von mir richtigerweise sagen: ›Ein Tröster ist der Asket Gotamo; damit man aufatmen kann, zeigt er die Lehre; dazu leitet er seine Jünger an.‹«

Und dann erläutert der Erwachte diese verschiedenen Betrachtungsweisen so, wie wir es schon aus der Rede A VIII,11 kennen und schließt mit folgendem Hinweis:

»Welches aber ist die Betrachtungweise, Sīho, nach der man richtigerweise von mir sagen muss: ›Ein Tröster ist der Asket Gotamo; damit man aufatmen kann, zeigt er die Lehre; dazu leitet er seine Jünger an‹? Ich tröste mit dem höchsten Trost; damit man aufatmen kann, zeige ich die Lehre; dazu leite ich meine Jünger an. Das ist die Betrachtungweise, Sīho, nach der man richtigerweise von mir sagen muss: ›Ein Tröster ist der Asket Gotamo; damit man aufatmen kann, zeigt er die Lehre; dazu leitet er seine Jünger an.‹«

Da nahm Sīho Zuflucht zum Erhabenen, der Lehre und der Heilsgängergemeinde. Der Buddha aber sprach: »Überleg es dir gut, Sīho; für Persönlichkeiten in deiner hohen Stellung ist es gut, mit Überlegung zu handeln.« — »Damit hat mich der Erhabene Herr nur noch mehr glücklich und froh gemacht, dass er das zu mir sagt. Denn wenn mich andere Schulen als Anhänger gewonnen hätten – die hätten mich in ganz Vesālī wie eine Flagge herausgehängt: ›Der General Sīho ist unser Anhänger geworden!‹ Der Erhabene aber sagt: ›Überleg es dir gut!‹ Und so nehme ich noch ein zweites Mal beim Erhabenen Zuflucht, bei der Lehre und bei der Gemeinschaft der Heilsgänger.« — »Lange Zeit ist deine Familie in Vesālī eine Versorgungsquelle für die Freien Brüder gewesen, Sīho. Denke deshalb daran, denen, die um Almosenspeise kommen, etwas zu geben.« — »Damit hat mich der Erhabene Herr nur noch mehr glücklich und froh gemacht, dass er das zu mir sagt. Ich habe sagen hören: ›Der Asket Gotamo verkündet: 'Mir und meinen Jüngern ist zu spenden, nicht anderen. Gaben, die man mir und meinen Jüngern gibt, bringen große Frucht, großen Segen, nicht Gaben, die man andern gibt.'‹ Nun aber ermuntert mich der Erhabene, auch den Freien Brüdern zu spenden. Ich werde auch dafür Gelegenheit finden. Und so nehme ich zum dritten Mal beim Erhabenen Zuflucht.« — Nun gab der Erhabene dem General Sīho eine stufenweise Einführung in die Lehre: Er sprach mit ihm über Geben, Tugend, himmlische Welt; er zeigte Elend, Sinnlosigkeit, Beflecktheit der Sinnensüchte und den Segen des Loslassens. Als der Erhabene sah, dass der General Sīho im Herzen bereit, sanft, von Hemmungen frei, zu seinen höchsten Möglichkeiten erhoben, befriedet war, da gab er die Lehrdarlegung, mit welcher die Erwachten über alles hinausgehen: das Leiden, die Entwicklung, die Auflösung, den Weg. Wie ein reines fleckenloses Gewand sofort Farbe annimmt; so ging dem General Sīho, noch während er da auf seinem Sitz saß, das staubfreie, fleckenlose Auge für die Wahrheit auf: »Was immer auch entstanden ist, muss alles wieder untergehen.« Sīho, die Wahrheit sehend, bei der Wahrheit angelangt, Wahrheit empfindend, in die Wahrheit eingetaucht, den Daseinszweifeln und -sorgen entronnen, fragenfrei geworden, selbstständig, auf keinen andern gestützt in der Anleitung des Meisters, lud den Erwachten mit der Mönchsgemeinde zum Mahl ein und verabschiedete sich.

RUTH: Der Mensch verdrängt ja meist, dass er von der Sorge erfüllt ist, von unbekannten Mächten abhängig zu sein. Er erkennt sie nicht als die Mächte seines eigenen Innern. Das macht jene ungreifbare Angst, die manchmal den Atem nimmt – und da zeigt der Buddha die Lehre, damit die atemberaubende Enge, die Angst, aufhört und man »aufatmen kann«.

FRITZ: Das kommt auch zum Ausdruck am Ende der bekannten Rede des Erwachten an die Kālāmer. Eine ganz ähnliche Rede des geheilten Mönchs Nandako an die Sālher haben wir ziemlich zu Anfang unserer Gespräche kennen gelernt.

HANS: Die mit der »Gefangenschaft in der Wahrnehmung«?

FRITZ: Genau die: A III,67. Die andere Rede – an die Kālāmer – ist die nun folgende:

A III,66.

Da besuchen die Hausväter von Kesaputta den Erwachten und klagen:

»Herr, da kommen manche Asketen und brahmisch Lebenden nach Kesaputta. Die lassen ihre eigene Lehre in hellem Licht erscheinen; die Lehren der andern aber verdammen sie, machen sie schlecht, behandeln sie mit Verachtung, lassen keinen guten Faden an ihnen. Es kommen aber auch andere Asketen und brahmisch Lebende, Herr. Auch die lassen ihre eigenen Lehren in hellem Licht erscheinen; verdammen aber die Lehren der andern. Darüber sind wir nun in Zweifel und Ungewissheit, Herr: Wer von diesen Herren Asketen sagt denn nun die Wahrheit und wer sagt die Unwahrheit?« — »Da kann man allerdings zweifeln und unsicher werden. Über zweifelhafte Standpunkte ist euch da Unsicherheit aufgekommen. Geht nicht nach Traditionen, Kālāmer, nicht danach, was einer dem andern nachspricht, nicht nach Hörensagen, nicht nach der Autorität von Schriften, nicht nach Klügeleien, nicht nach bloßen Vernunftschlüssen, nicht danach, ob euch eine Meinung gefällt, nicht nach dem Anschein der Wahrscheinlichkeit, nicht nach einem Asketen oder Guru, sondern wovon ihr bei euch selber einsehen könnt: ›diese Eigenschaften sind untauglich zum Heil, sind tadelhaft, werden von den Verständigen missbilligt, diese Dinge führen, ausgeführt und unternommen zum Unheil, zum Leiden‹, die gebt auf, Kālāmer.«

Im Gespräch mit den Kālāmern begründet das der Erwachte hier fast mit den selben Worten wie Nandako, der vielleicht diese Rede gekannt hat, als er zu den Sālhern sprach. Auch der Erwachte zeigt: *»Ein Heilsgänger, Kālāmer, der so frei geworden ist von Habsucht, von Übelwollen, ungeblendet, klarbewusst, durch und durch in Wahrheitsgegenwart, durchstrahlt mit liebevollem/ erbarmendem/ freudvollem/ von erhabenem Gleichmut erfülltem Gemüt erst eine Himmelsrichtung, dann eine zweite, dritte, vierte. So nach oben, unten, alles durchdringend, überallhin, ganz und gar durchstrahlt er die Welt mit einem Liebe/ Erbarmen/ wohlwollende Freude/ erhabenen Gleichmut verströmenden Gemüt, mit unbegrenztem, nicht messendem, von Abwehr und Aggression freiem (a-vera), von Bedrängen freiem (a-vyāpajjha); so strahlend verweilt er.«*

Dann aber schließt der Erwachte ähnlich wie in M 60: *»Ein Heilsgänger, Kālāmer, der im Herzen so frei ist von Abwehr und Aggression, so frei von Übelwollen, so unbefleckten, reinen Herzens, der hat schon in diesem Leben vier Gründe zum Aufatmen: ›Wenn es eine jenseitige Welt, eine Frucht und Reife guten und schlechten Wirkens gibt, dann steht es für mich fest, dass ich nach dem Absterben des Körpers, nach dem Tod auf guter Bahn, in himmlischer Welt wieder erscheinen werde‹ – das ist der erste Grund zum Aufatmen, den er hat. ›Wenn es aber keine jenseitige Welt, keine Frucht und Reife guten und schlechten Wirkens gibt, dann bewahre ich in mir selber die Freiheit von Abwehr und Aggression, von Übelwollen, von Wirbel als Wohl‹ – das ist der zweite Grund zum Aufatmen, den er hat. ›Wenn sich der Übeltäter Schlechtes erwirkt, ich aber niemandem Schlechtes will, also kein schlechtes Karma wirke – wie könnte mich da Leiden treffen!‹ – das ist der dritte Grund zum Aufatmen, den er hat. ›Wenn sich der Übeltäter aber nichts Schlechtes erwirkt,* *dann sehe ich mich doppelt unverletzlich*[25]*!‹ – das ist der vierte Grund zum Aufatmen, den er hat. Ein Heilsgänger, Kālāmer, der im Herzen so frei ist von Abwehr und Aggression, so frei von Übelwollen, so unbefleckten, so reinen Herzens, der hat schon in diesem Leben diese vier Gründe zum Aufatmen.«* — »So ist es, Erhabener, so ist es, Wohlfinder (*su-gato*)«, jubeln die Kālāmer, wiederholen wörtlich die Worte des Erwachten und nehmen Zuflucht.

RUTH: Da spürt man richtig, wie schon die Zuflucht zu einem solchen Lehrer, der einen auf die eigenen Füße stellt, Ängste aufzulösen beginnt.

HANS: Dazu fällt mir das Gespräch mit jenem Dorfvorsteher ein, dem der Buddha zeigt, wie er über solche offensichtlichen Wahrheiten, wie sie den Kālāmern gezeigt werden, zu einer *»Einigung in Wahrheitsgedanken«* und von dort aus zur *»Herzenseinigung«* kommen kann[26]: Der Strom der Lehre löst also in vielfältiger Weise die Ängste auf. Jetzt verstehe ich auch besser die Wechselwirkung zwischen *samādhi* und Angstlösung. Ich hatte ja früher gemeint, erst müsse alle Angst aufgelöst sein, ehe man *samādhi* erreichen könne. Aber richtig ist nur, dass man während der Angst keinen *samādhi* haben kann. Umgekehrt kann man aber ohne zumindest angrenzenden *samādhi* nicht einmal zeitweilig frei von den tiefen unterirdischen Ängsten werden. Auf die Dauer in den unbewussten Tiefen wird man frei von Ängsten erst und schon durch den Eintritt in die Heilsströmung. Schon dass man diese Möglichkeit kennt, wirkt angstlösend und hilft das Tor zum Klarwissen öffnen.

FRITZ: Ja, Hans. Nun haben wir eine solide Grundlage, um uns vor Augen zu führen:

III. HERZENSFRIEDE FÜHRT ZUM KLARWISSEN

Seit Anfang unserer Gespräche haben wir uns dieses Grundgesetz klargemacht: Nur bei ruhigem Herzen kann man klar sehen, und ruhig ist erst das einige Herz. Deshalb hatte Nandako den Sālhern am Ende der Rede A III,67 in einem Atemzug gesagt: *»Ein Heilsgänger, der so frei geworden ist von Fixierung auf Sucht und Übelwollen, ungeblendet, klarbewusst, durch und durch in Wahrheitsgegenwart, der durchstrahlt die Welt mit einem Liebe, Erbarmen, innere Freude, erhabenen Gleichmut verströmenden Gemüt. — Der erkennt: ›Das gibt es: Es gibt Niedriges, es gibt Hohes, und es gibt ein höchstes Entrinnen aus dieser Gefangenschaft in der Wahrnehmung.‹«* Der selbe Zusammenhang zwischen Herzensfrieden und Erkennen wird auch am Ende von A XI,12-13 gezeigt. Da heißt es über den häuslich lebenden Nachfolger, der die unübertrefflichen Erinnerungen anstellt, er habe zu dieser Zeit: *»kein von Hinneigung, Abneigung, Blendung besessenes Herz: aufrecht und klar ist sein Herz zu einer solchen Zeit. Zum Erhabenen, zur Lehre, zur Heilsgängergemeinde hingereckt, geraden, klaren Herzens aber erlangt der Heilsgänger ein Empfinden für das Heilsziel, ein Empfinden für die Wahrheit, innere Helle und Freude über die Orientierung. Dem innerlich Hellen und Freudigen kommt innerer Jubel auf. Dem innerlich Jubelnden wird der Körper still. Der körperlich Gestillte erfährt Wohl. Erfährt er Wohl, ist das Herz einig. Den, Mahānāmo, nennt man einen Heilsgänger, der inmitten der fehlgehenden Masse die Ausgeglichenheit erreicht hat, in der drangvollen Masse drangfrei verweilt; ergriffen vom Strom der Wahrheit.«*

Wie tief dieses auf dem Wege der Herzenseinigung erlangte Klarwissen auch bei häuslich lebenden Heilsgängern sein kann, haben uns große Vorbilder unter ihnen gezeigt, z. B. der Hausvater Citto aus Macchikasanda, der aus seinem Erfahrungswissen sogar über meditative Zustände Auskünfte geben konnte, etwa in der Rede

DER FREIE BRUDER – S 41,8:

Eines Tages war der Freie Bruder Nāthaputto in Macchikasaṇḍa mit einer großen Schar von Freien Brüdern angekommen. Als der Hausvater Citto davon erfuhr, begab er sich mit vielen

25 *visuddha* heißt eigentlich »rein«, im übertragenen Sinn lt. PED auch »unverletzlich« (sanctified).
26 S 42,13.

häuslich lebenden Anhängern zu ihm. Nāthaputto fragte ihn: *»Traust du der Behauptung des Asketen Gotama, es gäbe eine Einigung ohne Denken und Sinnen und es gäbe eine Aufhebung von Denken und Sinnen?«*

»Herr, ich stimme nicht aus Vertrauen mit der Aussage des Erhabenen überein, es gebe eine Einigung ohne Denken und Sinnen und es gebe eine Aufhebung von Denken und Sinnen.« Auf diese Worte blickte der Freie Bruder Nāthaputto über seine Anhängerschaft hin und sprach: »Da können die Herren sehen, wie gerade dieser Hausvater Citto ist, wie offen und ehrlich. Wer meint, Denken und Sinnen könne man auflösen, der glaubt, man könne den Wind in einem Netz fangen oder den Ganges mit der bloßen Faust aufhalten!« — Citto aber erwidert: »Was meinst du, Herr, was steht höher: Wissen oder Vertrauen?« — »Höher als Vertrauen steht Wissen, Hausvater.« — »Ich, Herr, weile tatsächlich, wann ich will, abgelöst vom sinnlichen Begehren, abgelöst von heillosen Gedanken und Gemütseinstellungen, in stillem Denken und Sinnen in weltabgelöster jubelnder Seligkeit, im ersten Grad der weltlosen Entrückung. Nach Verebben auch des Denkens und Sinnens weile ich in innerer Gelöstheit, in der Einung des Gemüts, in der von Sinnen und Denken freien, in der Einigung geborenen jubelnden Seligkeit, in der zweiten Entrückung. Wenn die Seligkeit vom Reiz des Besonderen frei ist, weile ich, wann ich will, in erhabenem Frieden; klarbewusst erfahre ich ein solches den ganzen Körper durchdringendes Wohl, dass die Heilsgänger davon sagen: ›Dem in erhabenem Frieden Lebenden ist wohl‹, in der dritten Entrückung. Nachdem ich über Wohl und Weh hinausgestiegen bin, alle frühere geistige Freudigkeit und Traurigkeit gestillt habe, weile ich, wann ich will, in der von allem Wohl und Weh befreiten vollkommenen Reine gewärtiger Erhabenheit, in der vierten Entrückung. Da ich das weiß und erfahre, was brauche ich da aus Vertrauen auf einen anderen Asketen oder brahmisch Lebenden zu dem Schluss zu kommen: ›Es gibt eine Einigung ohne Denken und Sinnen, es gibt eine Aufhebung von Denken und Sinnen!‹«

Da schaute der Freie Bruder Nāthaputto seine Anhänger an und rief: »Da können die Herren sehen, wie krumm dieser Hausvater Citto ist, wie verlogen und unehrlich!« — »Herr, gerade haben wir deinen Ausspruch vernommen: ›Da können die Herren sehen, wie gerade dieser Hausvater Citto ist, wie offen und ehrlich!‹ Und ebenso, Herr, haben wir deinen Ausspruch vernommen: ›Da können die Herren sehen, wie krumm dieser Hausvater Citto ist, wie verlogen und unehrlich‹! Wenn das erste wahr ist, dann ist das zweite unwahr. Wenn aber das zweite wahr ist, dann ist das erste unwahr. Da erheben sich aber zehn Wahrheitsfragen. Wenn du ihre Bedeutung erkennst, dann kannst du mit mir mithalten mit deinen Anhängern der Freien Brüder.« Der Hausvater Citto sah davon ab, dem Freien Bruder Nāthaputto die zehn Wahrheitsfragen zu stellen, erhob sich und ging.

So konnte Hausvater Citto nur antworten, weil er nicht nur im Geist rechte Anschauung hatte, sondern weil er jederzeit auf die eigene leibhaftige Erfahrung der Entrückungen zurückgreifen konnte.

Hans: Wir haben noch lange keine Entrückungen. Und doch kann mich schon die Freude über die Orientierung in der Existenz, über die Auflösung von Ängsten und Unsicherheiten, über die Bereinigung des Lebens mit den Mitwesen und über vieles, vieles manchmal fast vom Stuhl reißen.

Fritz: Ja, Hans. Wieder ein Stück innerer Jubel! Spitzen der Jüngerschaft wie Citto sind selten. Aber schon wer im Haus sich an den vier Arten von häuslichem Glück erfreut, wie es der Erwachte in der bereits besprochenen Rede A IV,62 empfiehlt – am Glück des Besitzens, der Fülle, der Schuldenfreiheit und der Untadeligkeit – und diese Erfahrungen miteinander vergleicht, dem hüpft das Herz, wenn er dabei erkennt, welch ein Schatz die Untadeligkeit ist – und die ist schon ein Anfang von Herzenseinigung, die zum Klarwissen befähigt, denn, wie es im Schlussvers von A X,91 heißt:

»der sieht mit diesem klaren Blick voll Weisheit beide Seiten an,
sieht: all das ist kein Bruchteil wert vom Glück der Makellosigkeit.«

Ein mit Sinnenbefriedigung lebender Heilsgänger, der bei der Suche nach Wunscherfüllung tadelfrei vorgeht und die Sinne befriedigt, ohne sich zu verstricken, der Befriedigung haltlos zu verfallen, das Elend zu vergessen – *»es bleibt nicht so«* – und der Entrinnung eingedenk zu bleiben, der gewinnt den Blick für das Entrinnen. Der lässt aufatmen. Vor der Erleichterung dieses Aufatmens verblasst der Reiz des Sinnengenusses ganz von selber in dem Maß, wie der Heilsgänger bereits inneres Glück besitzt – und das beginnt schon mit dem Glück der Untadeligkeit. Das reicht zwar noch nicht aus, die Sinnenlust ganz zu überstrahlen, aber doch so weit, dass der Blick für das Elend und das Entrinnen bewahrt bleibt. Und der behütet ihn wiederum vor der *Fixierung auf die Sinnensucht: »Jetzt schon bin ich nicht mehr fähig,* ganz *der Sinnlichkeit zu dienen«*, wie es in A V,57 heißt. Ein Beispiel haben wir in Hausvater Anāthapiṇḍiko, der nach A X,93 jene Pilger anderer Schulen zum Verstummen brachte mit den Worten: *»Der Gedanke: ›Was auch immer geworden, zusammengewirkt, beabsichtigt, bedingt entstanden ist, das ist unbeständig; was aber unbeständig ist, das ist leidvoll; was leidvoll ist, davon gilt: 'das ist nicht mein, das bin ich nicht, das ist nicht mein Selbst'‹: das ist so, wie es ist, mit voller Weisheit richtig gesehen worden, und ich kenne das höchste Entrinnen daraus nach der wirklichen Beschaffenheit.«*

Aber bei dem Glück der heilenden Tugend hat es nicht sein Bewenden. Der Erwachte empfiehlt ja ausdrücklich auch den häuslichen Nachfolgern, das Glück der Abgeschiedenheit zu pflegen. *»Das ist wahrlich auch ein Hochgefühl, abgelöst zu sein von allen heillosen Gesinnungen und Gedanken«*, sagt er in M 99. Aber diese zeitweilige Abgeschiedenheit von der Sinnenvielfalt als Vorbereitung auf das Hineinwachsen in den *samādhi* hat ganz von selber eine gewaltige weitere Wirkung: Sie erst öffnet dem bisher Sinnensuchtversunkenen die Tore zum Klarwissen. Jenem Mönch in M 125 war es nicht gelungen, den Prinzen Jayaseno, der auf eine Lehrdarlegung gedrungen hatte, zum Verständnis zu bringen. Da hatte der Erwachte gesagt: *»Was durch Weltabgeschiedenheit dem Wissen zugänglich wird, durch Weltabgeschiedenheit sichtbar, durch Weltabgeschiedenheit erreichbar, durch Weltabgeschiedenheit leibhaftig erfahrbar – dass das der Königssohn Jayaseno, der mitten in der Sinnlichkeit lebt, die Sinnenlüste genießt, von Wunschgedanken verzehrt wird, im Fieber der Sinne glüht, rundum mit aller Kraft hinter Sinnengenüssen herjagt, wissen oder sehen oder erfahren oder verwirklichen könnte, ist ausgeschlossen.«*

Hans: Aber das ist eben die Schwierigkeit beim Hausleben: Sinnenbefriedigung ist immer noch unser »Fischwasser«.

Ruth: Ich habe nicht den Eindruck, dass wir uns da zu große Sorgen über unser Vorwärtskommen machen sollten: Das Leben der mit Sinnenbefriedigung lebenden Anhänger des Buddha ist doch sehr anders als die Lebensweise des Prinzen.

Fritz: Allerdings. Von den in der Häuslichkeit lebenden Nachfolgern kann man nicht mehr, wie von dem Prinzen, sagen, dass sie *»von Wunschgedanken verzehrt, im Fieber der Sinne glühen, rundum mit aller Kraft hinter Sinnengenüssen herjagen«*. Denn sie machen es sich zwar mit dem, was sie sich redlich erworben haben, angenehm und befriedigend, aber sie achten darauf, dass sie sich daran »nicht berauschen und nicht die Entrinnung vergessen«. Wie gesagt: *»Jetzt schon sind sie nicht mehr fähig, ganz der Sinnlichkeit zu dienen.«* Und im gleichen Maße wächst auch die Verständniskraft, die wiederum das Elend der Sinnensucht, ja des ganzen Samsāra durchschauen lässt. Diese Entwicklung ist das genaue Gegenteil eines Teufelskreises: es ist ein Heilskreis.

Hans: Hat der Buddha nicht auch einem anderen Königssohn den Zusammenhang zwischen Herzensfrieden und Klarwissen erklärt? Wie war das noch?

Fritz: Du meinst wohl die Rede S 46,56: Da hatte der Prinz gefragt, ob Nichterkennen und Nichtsehen und Erkennen und Sehen ihre Bedingungen hätten. Der Erwachte hat darauf als Bedingungen für Nichterkennen und Nichtsehen die fünf Hemmungen bezeichnet und als Bedingungen für Erkennen und Sehen die sieben Erwachungsglieder: *»Wahrheitsgegenwart,*

Lehrergründung, Energie, innerer Jubel, Stillwerden, Herzenseinigung, erhabenen Gleichmut als Erwachungsglied, die in Abgeschiedenheit, im Verblassen des Reizes gründen, einmünden in völlig ausgereiftes Loslassen. Durch deren Entfalten erkennt und sieht ein solcher mit Hilfe des Herzens (cittena) wirklichkeitsgemäß.«

Hans: Es heißt doch sonst immer, Klarwissen kommt erst aus der Herzenseinigung. Aber die sieben Erwachungsglieder fangen mit Wahrheitsgegenwart an, und die Herzenseinigung kommt erst als sechstes. Zu Beginn unserer Gespräche hätte ich das noch für einen Widerspruch gehalten. Aber seither habe ich immer nur erlebt, dass scheinbare Widersprüche so erhellend aufgeklärt werden konnten, dass ich manchmal hätte jubeln mögen und manchmal ganz still geworden bin. Deshalb will ich lieber fragen: Wie hängt das zusammen?

Fritz: Das hängt genau so zusammen wie der Modellfall, den du eben geliefert hast, wie aus den sechs unübertrefflichen Erinnerungen – hier an die Lehre – die ersten Keime für die sieben Stadien des Erwachens erwachsen:

– Die Wahrheit, die dir gegenwärtig war, als du eben deine Frage stelltest, war zunächst die vom Buddha gehörte Wahrheit. Wir drei haben sie in Zeiten der Abgeschiedenheit in Gedanken wiederholt, immer wieder betrachtet und geprüft, bis wir sie immer öfter in unserem Leben und unser Leben in der Lehre wieder fanden – etwa durch die ganz einfachen Betrachtungen für jedermann, die Betrachtung der fünf offensichtlichen Lebenstatsachen in A V,57. Dadurch ist uns schon an manchem, was uns früher leidenschaftlich hinreißen mochte, der Reiz verblasst, und es sind auch der ganzen Existenz gegenüber erste Impulse zum Loslassen aufgekommen – »einfach aufhören«, wie Ruth mehrmals in unseren Gesprächen gesagt hat. Damit bereitet sich schon ein erster Keim für das künftige Erwachsen des ersten Erwachungsgliedes »Wahrheitsgegenwart« vor. Der Erwachte sagt ja in A V,57: *»Indem er sich diese Lebenstatsache häufig vor Augen führt,* geht ihm der Heilsweg auf. *Und indem er diesen Weg hegt und pflegt, ihn beharrlich* geht, *lösen sich ihm die Verstrickungen, und die latenten Anlagen (anusaya) schwinden.*

• Schon dieser erste Keim der Wahrheitsgegenwart hilft dir, die vielerlei Aussagen der Lehre, die du behalten hast, zu verbinden, prüfend mit deinem Leben zu vergleichen und, wo sie dir noch keinen Durchblick gewähren, »auseinander zu häufen«. Das ist ein erster Keim, aus dem einmal das zweite Erwachungsglied »Lehrergründung« (wörtlich Lehr-Auseinanderhäufung) erwachsen wird. Schon mehrfach hat bei dir dieser Keim bewirkt, dass du da, wo du etwas aus dem scheinbaren Wust von Lehrtexten noch nicht in Einklang bringen konntest, nicht gleich gesagt hast: »Da ist aber ein Widerspruch«, sondern die Ordnung hinter diesem Punkt der Lehre zu ergründen gesucht hast. Unser Gespräch findet ja äußerlich und innerlich fern der Vielfalt statt, in einer gewissen Abgeschiedenheit. Auch dieses Kennzeichen der Erwachungsglieder ist in bescheidener Form gegeben. Und es führt zu einem merklichen Verblassen des Reizes. Das ist zwar noch fern von jenem völlig ausgereiften Loslassen, das die vollendeten sieben Erwachungsglieder auszeichnet. Aber immerhin: hier haben wir einen ersten Keim für das künftige Erwachsen des Erwachungsglieds Lehrergründung.

• Weil dir deine bisherigen Erfahrungen mit der Auflösung scheinbarer Widersprüche auf Grund eines gewissen Maßes von Wahrheitsgegenwart gegenwärtig waren, hast du gegen den voreiligen Gedanken angekämpft, überall, wo du etwas noch nicht verstanden hättest, sei ein Widerspruch. Du hast also nicht in der Lehre nach »Schwachstellen zu suchen« begonnen, wie es in A VII,27 als eine der zum Niedergang führenden Eigenschaften heißt. Und du mühst dich um die fünf Grundtugenden, um rechte Lebensführung und um Beruhigung. Da haben wir schon einen ersten Keim, aus dem das dritte Erwachungsglied: Energie, Kampfkraft, wachsen kann.

• Du sagst, manchmal hättest du jubeln mögen, wenn sich wieder aus einem scheinbaren Widerspruch ein Zusammenhang erschloss. Das ist ein erster Keim, aus dem einmal das vierte Erwachungsglied »innerer Jubel« (*pīti*) wachsen kann.

• Wenn du über dieses beglückende Wahrheitserleben nachdachtest, wurde es in dir manchmal ganz still. Da haben wir eine erste keimhafte Vorankündigung des fünften Erwachungsglieds: Stillwerden. Daraus wird einmal

- Herzenseinigung (*samādhi*) als das sechste Erwachungsglied hervorgehen, das
- im erhabenen Gleichmut (*upekha*) gipfelt, dem siebten Erwachungsglied.

Alle diese sieben Glieder erhalten ihren wahren Wert dadurch, dass sie bei solchem Vorgehen mehr sind als bloße Herzenseigenschaften, nämlich »Erwachungsglieder«; denn nun »erkennt und sieht ein solcher mit Hilfe des Herzens wirklichkeitsgemäß«.

Die Antwort auf deine Frage, wieso bei den sieben Erwachungsgliedern die Wahrheitsgegenwart am Anfang und die Herzenseinigung erst an sechster Stelle steht, obwohl doch Weisheit aus der Herzenseinigung hervorgeht, können wir also einfach an dem ablesen, was sich anlässlich deiner Frage bei dir selber abgespielt hat. Das ist eine ganz wichtige methodische Besonderheit des »Wunders der Belehrung«.

HANS: Jetzt verstehe ich: Die Wahrheitsgegenwart als erstes Erwachungsglied wird eingeleitet durch die Gegenwart der gehörten Wahrheit. Aber dann lebt man kraftvoll nach ihr. Dadurch wird sie zur Gegenwart durch eigene geistige Erfahrung erlebter Wahrheit, die von Vielfalt und Bewegtheit, von allem Unbestand freier und unbeeinflussbarer und damit immer einiger macht. Daraus erwächst erhabener Gleichmut, das siebte und höchste Glied des Erwachens, das in der Spitze bis zu den drei Weisheitsdurchbrüchen führt.

FRITZ: Und das Wunderbare ist, dass eine Art von Herzenseinigung, die bis hinauf zum erhabenen Gleichmut führt, für uns, die wir weit mehr als Asketen mitten zwischen Menschen und Tieren leben, wie geschaffen ist und schon unser augenblickliches Leben in einer kaum zu beschreibenden Weise erwärmt und erhellt: die unbeschränkte, nichtmessende Liebe (mettā).

IV. NICHTMESSENDE LIEBE ALS WEG ZUM KLARWISSEN:

HANS: Wie, dann hätte auch jener intrigante Minister Klarwissen erlangt, bei dem der Buddha nach M 97 beanstandet hat, dass ihm Sāriputto nur den Weg der Strahlungen zu Brahma gezeigt hat, nicht die ganze Lehre?

FRITZ: Nein, der nicht, Hans. Das konnten wir aus der Rede S 42,8 sehen. Dort nennt der Erwachte einen Anhänger nicht schon dann Heilsgänger, wenn er die Untugenden so im Geist verworfen hat, dass sie ihm widerstreben, auch nicht schon, wenn er frei ist von Fixierung auf Sinnendinge (*abhijjhā*) und von der Befleckung durch Übelwollen (*vyāpādapadosa*). Erst wenn er außerdem auch noch *»falsche Ansicht verworfen«* hat, dann ist er ein Mensch mit richtiger Ansicht (*sammadiṭṭhiko*). Nur von ihm heißt es dort: *»Der ist ein Heilsgänger, der Fixierung auf Sucht entgangen, dem Übelwollen entgangen, ungeblendet, klar bewusst, in Wahrheitsgegenwart, strahlt er.«* Nur von diesem in Wahrheitsgegenwart Strahlenden gilt die Aussage: *»Alles durch Messen und Urteilen Gewirkt-Wirkende kann keinen Bestand mehr haben, kann nicht mehr fortdauern.«* So weit war jener Minister noch nicht, obwohl er kraft seiner Liebestrahlung in (»hinfälliger«) brahmischer Welt wieder erschienen war.

Die vier Strahlungen führen also einen nicht über die vier Heilswahrheiten Aufgeklärten höchstens vorübergehend ins »Meer der Liebe«. Für den Heilsgänger dagegen sind sie ein Werkzeug auf dem Weg zum auf ewig erlösenden Klarwissen. Auch solche bisweilen Liebe strahlende Heilsgänger mögen noch allerlei Mucken haben und mehr oder weniger oft von Hinneigung und Abneigung geblendet sein, nur eben nicht mehr im Grad der Fixierung auf die Sucht (der »Besessenheit«, des übermäßigen Hinstarrens, *abhijjhā*), und des Übelwollens (*byāpāda*). Sie mögen zeitweise noch flügellahm, betrübt, empfindlich, gereizt oder für eines manchen Geschmack massiv oder impulsiv sein. Aber im Verhältnis zu ihrem früheren Herzenszustand sind sie milder geworden. Wenn bei einem solchen Heilsgänger die fünf Hemmungen gerade einmal vorübergehend aufgehoben sind, z. B. weil er auch in der

Häuslichkeit von Zeit zu Zeit den Segen der Abgeschiedenheit oder wenigstens die auch mitten im Alltag möglichen sechs unübertrefflichen Erinnerungen pflegt, dann ist während dieser kürzeren oder längeren Zeit sein ganzer Weltbezug nur noch liebende Strahlung (*mettā*). Das bedeutet nicht nur, dass er zu dieser Zeit gut *mettā* üben kann oder soll, sondern dass auch außerhalb gezielter Übungen seine Gemütseinstellung und Herzensverfassung und damit auch sein Wirken im Denken, Reden und Tun – sein Karma – durch alle Irritationen hindurch mehr und mehr von Liebe durchtränkt und gelenkt ist. Wer in die heilenden Tugenden hineingewachsen ist, hat damit sein Gemüt so ausgebildet, dass ihm das Verletzen von Mitwesen weh, das Schonen wohl tut. Wie zart oder wie mächtig, wie oft oder wie selten und wie gemischt oder wie rein er dann in solcher Verfassung schon Liebe und Güte zu allen Wesen in alle Richtungen »trompeten« kann, das ist eine Frage des Wachstums. Auf jeden Fall ist diese vorübergehende Herzensverfassung so schön, dass er sie – auch wenn sie noch selten ist – im Geist als die eigentlich »von Haus aus Normale« ansieht. Und er erkennt, dass er unter dem Einfluss der fünf Hemmungen in einer abartigen Herzensverfassung lebt. Bei einigermaßen ruhiger Erinnerung sehnt er sich nun immer wieder danach, dass nichtmessende Liebe, Erbarmen, Freude, das sanfte Gemüt, die helle Unerschütterlichkeit erhabenen Gleichmuts sein normaler Weltbezug werden möge. Diese Herzensverfassung strebt er jetzt an. Und allmählich kann Liebe seine überwiegende Herzensverfassung werden.

Ruth: Das beeindruckt mich, dass so die nichtmessende Liebe auch bei einem häuslich lebenden Heilsgänger allmählich zum normalen Weltbezug werden kann. Nandako hat doch von ihm gesagt, wenn er sich von Habsucht und Übelwollen frei macht: »Der strahlt.« Und von dem, der strahlt, hieß es: »Dem geht auf« – nämlich die Heilswahrheiten über die Existenz: Da haben wir tatsächlich Liebe als einen Weg zur Weisheit!

Hans: Im Tathāgatagang der Mönche hat aber der Buddha als Weg zu den Weisheitsdurchbrüchen immer nur die weltlosen Entrückungen genannt. Stehen die demnach höher als die vier Strahlungen?

Fritz: Beide, Strahlungen wie Entrückungen, gipfeln im erhabenen Gleichmut (*upekha*). In der Spitze ist also kein Unterschied unter ihnen, nur beim Weg. Die Entrückungen nehmen während ihrer Dauer die gesamte Weltwahrnehmung total hinweg. Die vier Strahlungen – die brahmischen Weilungen (*brahmavihāra*) – nehmen die Weltwahrnehmung nicht hinweg, sondern schmelzen sie samt ihrer Vielfalt und ihrer Trennung in »Ich« und »Du« in eine völlig andere Art von Weltwahrnehmung um, bei der sich der Strahlende nicht nur im Geist mit allen Wesen eins weiß, sondern auch im Gemüt so empfindet – »überall mit allem sich als Eins erkennend«. Damit sieht und erlebt er unmittelbar, wovon wir hier so oft sprechen: dass »Welt« und »Ich« eins sind – nämlich Aktivität des Herzens: »ein Herz und eine Seele«.

Wer Strahlung und Entrückung erlebt, ohne von einem Erwachten darüber aufgeklärt zu sein, dass beide noch nicht die »selige Ewigkeit« sind, sondern Werkzeuge zum Erwachen, lebt im Wahn. Aus der Sicht des Erwachens kann man daher nicht gut sagen, einer dieser beiden Herzenszustände stünde für ihn höher. Der von einem Erwachten Belehrte dagegen kann jeden der beiden Zustände – Strahlung oder Entrückung – als Werkzeug zum wahnauflösenden Klarsehen benutzen.

Hans: Was hat denn der Buddha den Hauslosen einerseits und den im Haus Nachfolgenden mehr angeraten, Entrückungen oder Strahlungen?

Fritz: Beides sind Werkzeuge. An Werkzeugen setzt man ein, was man gerade hat, und wenn man wählen kann, die für den augenblicklichen Bearbeitungsgang geeignetsten. Es läuft auf die praktische Frage hinaus, welche von beiden Herzensverfassungen bei den beiden Menschengruppen – den Hauslosen und den in der Häuslichkeit Lebenden – eher auf die Dauer nach Wunsch und Willen zu erreichen ist und welche an welcher Stelle die nachhaltigste

Wirkung erzielt. Für die Mönche und Nonnen waren die weltlosen Entrückungen im Allgemeinen die am häufigsten benutzten Universalwerkzeuge. Nur sie sind in dem immer wiederkehrenden Tathāgatagang genannt, Den häuslich im Gewimmel von Menschen und Tieren lebenden Nachfolgern hat sie der Buddha zwar auch manchmal ans Herz gelegt, damit die dazu Reifen zeitweise auch einmal völlig aus dem Vielfalt-Wirrwarr herauskamen. Die Entrückung führt von Anfang an weiter weg von »Welt«. Denn für ihre Dauer wird die Welt nicht durchstrahlt, sondern existiert nicht. Aber viel öfter hat der Erwachte im Haus Lebende auf die vierfachen Strahlungen hingewiesen. Mit ihnen konnten sie das, was sie tagtäglich umgab und aus dem die meisten von ihnen nicht so leicht Entrückung erlangen konnten, für kurze Zeiten wie Sonnen erhellen und in »ein Herz und eine Seele« einschmelzen. Für mitten zwischen Mitwesen lebende, auf den fünf Übungspfaden übende häusliche Nachfolger mochten von hier mehr Brücken zur Liebestrahlung führen als zu den weltlosen Entrückungen. Denn schon bei der Dauerübung auf den fünf Übungspfaden nach Art der Leute von Veludvāra übten sie ja ständig das Einfühlen in die Anliegen der Mitwesen und das Empfinden dafür, dass es ihnen selber auch wehtäte, wenn ihnen Leben, Besitz, Partnerschaft, Wahrheitsbedürfnis und klares Denken beeinträchtigt würden. Diese Blickweise ist schon ein Anfang davon, *»überall mit allem sich als eins zu empfinden«*. Das macht heller und freudiger. Darüber mag dem einen die Sonne der nichtmessenden, gleichermaßen über Gerechte und Ungerechte strahlenden Liebe aufgehen. Bei einem anderen mag diese innere Helle und Freude sich ansammeln und zu innerem Jubel (*pīti*) aufschießen, der ihn eines Tages gar in die Entrückung aus der Weltwahrnehmung hinwegträgt. Beides mündet in erhabenen Gleichmut. Aber auch der erhaben gleichmütig weilende Heilsgänger sieht sich dann nicht schon am Ziel, sondern sieht in gelassener, heller Stille klar die Unbeständigkeit von allem, was ihn früher an Weltlichem reizen, aufregen, bedrängen oder beglücken mochte, und auch die Unbeständigkeit aller Strahlungen und Entrückungen. Dadurch empfindet er immer stärker den »Geschmack der Erlösung«, tritt zurück von dem Unbeständigen, lässt los.

Wenn das – auf welchem der beiden Wege auch immer – zum Lebensinhalt wird, kann bei einer solchen realistischen Betrachtungsweise schließlich jede Verrichtung – auch etwas so Einfaches wie das Geben, wie es der Erwachte in A VII,49 gezeigt hat – als willkommener Anlass genutzt werden, *»um das Herz aufzubereiten, mit dem Ziel, es mit dem Erforderlichen auszurüsten«* oder, wie es der Erwachte dem spendenfreudigen Māgho in Sn 506-507 gezeigt hat:

»Ein Anlass sei dem Spendenden das Spenden,
darauf gestützt, Abneigung auszutilgen.
Gierfrei tu er die Abneigung beiseite,
das Herz in Liebe weitend ohne Maßen;
bei Tag und Nacht beständig, unermüdlich
durchstrahl' er jede Richtung unermesslich.«

Und in der schon kurz zitierten Rede

S 42,8

zeigt der Erwachte, wie dank dieser Unbefangenheit sogar ein Nachfolger, der noch Tugenden verletzt hat, sich in durchaus absehbarer Zeit zu den vierfachen Strahlungen wandeln kann, beginnend damit, dass er sich vor Augen führt: *»Das Umbringen von Lebendigem/ das Nehmen von Nichtgegebenem/ falsche Geschlechtsbeziehungen/ Lügen hat der Vollendete auf mancherlei Weise getadelt, missbilligt und spricht: ›Steht ab davon.‹ Aber ich habe doch Lebendiges umgebracht, Nichtgegebenes genommen, falsche Geschlechtsbeziehungen gehabt, gelogen. Das ist nicht gut; das bringt nichts Gutes. Aber wenn ich mir deswegen Vorwürfe machen würde, so könnte ich damit das schlechte Wirken nicht ungeschehen machen.‹ Indem er sich das vor Augen führt, verwirft er eben das Umbringen von Lebendigem/ das Nehmen von Nichtgegebenem/ die falschen Geschlechtsbeziehungen/*

das Lügen. Dadurch widerstrebt das alles seinem Wesen. Durch Verwerfen der Fixierung auf Sucht ist er von der Fixierung auf Sucht frei geworden. Durch Verwerfen von Übelwollen ist er im Herzen von Übelwollen frei geworden. Durch Verwerfen von falscher Ansicht hat er richtige Ansicht erlangt. Der ist ein Heilsgänger, der Fixierung auf Sucht, dem Übelwollen entgangen, ungeblendet, klar bewusst. Der Wahrheit gewärtig, durchstrahlt er mit liebevollem Gemüt, sich mit allem als eins empfindend, ganz und gar die Welt und verweilt so. Wie sich ein kräftiger Trompeter mühelos nach allen vier Himmelsrichtungen vernehmen lassen kann, so kann in dem Maß, wie liebevolle Gemüterlösung entfaltet und häufig geübt worden ist, alles durch Messen und Urteilen Gewirkte-Wirkende (Karma) keinen Bestand mehr haben, kann nicht mehr fortdauern.«

Das Hohelied der grenzenlosen Liebe, das bis heute in buddhistischen Ländern nicht nur Mönche und Nonnen, sondern auch viele häusliche Nachfolger auswendig können, ist das Mettā-Sutta: die Rede von der nichtmessend-unermesslichen Liebe. Nach all unseren Gesprächen erklärt es sich nun fast von selbst.[27]

So wollen wir mit ihm unser Gespräch über den Herzensfrieden als Werkzeug zum Erwerb des erlösenden Klarwissen beschließen:

METTĀ – Sn 143-152.

143 Wer zum Heil taugt, soll verwirklichen, was als Friedensfundament erkannt ist.
Fähig dazu ist, wer offen, grade, ansprechbar und sanft ist, und ohne Stolz,
144 still zufrieden, zu versorgen leicht, ungeschäftig, in der Lebensweise schlicht,
wohlgestillt die Sinne, klar bezähmt, unaufdringlich bei den Menschen, gierig nicht.
145 Auch im Kleinsten mag er nicht so wandeln, dass Verständige ihn darum tadelten.
»Wohl sei allen und Geborgenheit! Mögen alle Wesen in sich glücklich sein!
146 Alles, was da atmet, was da lebt – ob beweglich, festgewachsen, ausnahmslos,
gleich ob lang, ob von gewalt'gem Wuchs, mittel, klein, zart-winzig oder stark gebaut,
147 die da sichtbar oder unsichtbar, in der Ferne weilen oder nahe sind,
die Gebor'nen und die Keimenden: Mögen alle Wesen in sich glücklich sein!«
148 Achtet keinen anderen gering, und erhebt euch über keinen, gleich weshalb.
Aus Verdrossenheit und Widerwillen wünsche keiner etwas, was den andern schmerzt.
149 Wie die Mutter ihren eig'nen Sohn lebenslang nur immer als ihr Kind umhegt,
ebenso bei allem, was da lebt, öffne sich der Geist entfaltend, messe nicht.
150 Denn die Liebe zu der ganzen Welt, die kann nur ein Geist entfalten, der nicht misst:
aufwärts, abwärts, in die Breite hin – frei von Enge, Gegnerschaft und Widerstreit.
151 Sei's im Gehen, Stehen, Sitzen, Liegen – immer wenn man sich nicht treiben lässt,
gründe darauf man die Achtsamkeit. Brahmisch weilen nennt man das in dieser Welt.
152 Und wer daraus keine Meinung macht, in der Tugend rein, den klaren Blick bewahrt
und die Gier herauszieht aus den Sinnen, der muss nie in einen Mutterschoß mehr eingeh'n.

27 Vom Verfasser besprochen in WW, 23. Jg. (1977), S. 265 ff.; oben stehende Übersetzung ist überarbeitet.

14. Gespräch
Erlösendes Klarwissen

I. KLARWISSEN LÖSCHT DEN DASEINSBRAND

Ruth: Wie ist das schön: Wir suchen in unserem Gespräch den Weg zum Klarwissen und landen bei der unumschränkten Liebe. Ein Mensch, der *»daraus keine Meinung macht«*, der nicht gleich mit dem Intellekt in die Strahlen der Liebe die ewige Seligkeit hineindeuten will, sondern mit dem klaren Blick der Liebe zu leben versucht, bescheiden und praktisch, der beginnt mit der Tugend und merkt nach und nach, wie sich auf diese Weise ganz allmählich, fast unmerklich *»die Gier herauszieht aus den Sinnen«*. Ein solcher Mensch wird klar, und deshalb sieht er klar.

Hans: Manche Buddhisten habe ich allerdings schon sagen hören, nichtmessende Liebe sei zwar schön, aber sie begründe die Gefahr, Bindungen zu mehren.

Ruth: Wird da nicht die nichtmessende Liebe mit einem Schwall von Sympathie verwechselt: »Seid umschlungen, Millionen«? Recht verstandene strahlende nichtmessende Liebe, *mettā*, die Allgüte, das grenzenlose Wohlwollen scheint mir etwas ganz anderes, Größeres zu sein, nichts Bequemes und Gemütliches, sondern etwas, was die Bindungen nicht mehrt, sondern mindert. Denn sie unterscheidet überhaupt nicht mehr »Gemeine und Edle, Schöne und Unschöne«. Es heißt doch bei der Beschreibung der brahmischen Strahlungen: *»überall mit allem sich als eins empfindend«*. Sich in den Lieben, Sympathischen wieder zu erkennen, wäre kein Kunststück. Das würde noch nicht Eigensinn und Eigenwillen auflösen. Gewiss empfehlen die meisten Meditationslehrer mit Recht, mit dem Wohlwollen bei der Mettāübung bei sich selber – »sich wieder erkennend« – anzufangen. Aber voll entfaltet wird die Allgüte erst, wenn man in seinem Denken und Urteilen – besser: Nicht-Urteilen – Ernst damit macht, sich »in allem wieder zu erkennen« – aber auch wirklich in allem: auch im Gemeinen, im Mörder, im Terroristen, im Fundamentalisten jeder Färbung, im Stasi-Agenten, im Rechts- und Linksradikalen, im Skinhead, im Dumpfen und Stumpfen, bis hin zu dem Einreißen aller Grenzen: »Liebet eure Feinde, tut wohl denen, die euch hassen, segnet, die euch fluchen, bittet für die, so euch beleidigen und verfolgen!«[1] Bei einem vom Erwachten Aufgeklärten kann die so von allen Wahn-Beengungen befreite Strahlung in Liebe, Erbarmen, hoher Freude und erhabenem Gleichmut die Fähigkeit zum klaren Sehen mehren.

Fritz: So ist es, Ruth. Im Pāli ist *mettā* allein die nichtmessende Liebe, die man wie die Sonne »lässt aufgehen über die Bösen und über die Guten und lässt regnen über Gerechte und Ungerechte«.[2] Das Wort *»mettā«* umfasst daher nicht, wie unser Wort »Liebe«, auch die begehrende Zuneigung, die Vorliebe (*pemā*). Deshalb ist es begründet, wenn z. B. Nyāṇaponika mettā mit »Güte« übersetzt. Aber in der heutigen Zeit möchte ich das Wort »Liebe« nicht jenen Menschen allein überlassen, für die es fast nur noch etwas beschreibt, was man »macht«, sondern seine noch lebendige tiefere Bedeutung bewahren helfen als das »Meer der Liebe«, in das man sich versenken will, »anstatt an sich zu denken«, als eine Art des *samādhi*, die genau wie die Entrückungen in erhabenen Gleichmut mündet und das Tor zum Klarwissen öffnet.

Hans: Das ist schön. Aber wenn die Liebe als eine Art des *samādhi* auf dem Weg zur Weisheit eine so große Rolle spielt, warum hat es dann in D 4 nur geheißen: *»Durch Tugend wird die Weisheit rundum klargespült und durch Weisheit die Tugend, durch Tugend ausgewiesene Weisheit ist als das höchste in der Welt anerkannt«*? Da ist doch von Liebe, überhaupt von *samādhi*, gar keine Rede.

1 Matth. 5,44.
2 Matth. 5,45.

Ruth: Aber Hans, gemeint sind doch nur die heilenden Tugenden …

Hans: »… an denen man nicht festhängt, so dass sie zur Einigung führen« – natürlich, wie konnte ich das vergessen: Wer die Tugenden mit diesem Ziel der Einigung übt, ist ja schon dann in sie hineingewachsen, wenn es ihm – bei unverbogenem Maßstab – zuinnerst widerstrebt, einem Mitwesen etwas anzutun, was ihm selber wehtäte, wenn es ihm angetan würde. Wahre Tugend ohne Liebe gibt es gar nicht. In der heilenden Tugend liegt der Keim der nichtmessenden, herzeinigenden Liebe.

Fritz: Dass die heilenden Tugenden zugleich auch der Einstieg in den *samādhi* sind, war dem Brahmanen Soṇadaṇḍo in D 4 so klar, dass es ihm der Buddha nicht eigens zu sagen brauchte. Aber der Erwachte hat es oft genug auch nachdrücklich gesagt: Noch in den letzten Tagen seines Erdenwandels ist er von Ort zu Ort gewandert und hat den Mönchen als letztes Vermächtnis noch einmal die Lehre dargelegt, deren Inbegriff in D 16 im II. und IV. Teil nicht weniger als sechs Mal im immer selben Wortlaut zusammengefasst wird: Bei dem und dem Dorf *»weilte nun der Erhabene und unterrichtete die Mönche ausführlich in Lehrvorträgen: So ist Tugend, so ist Herzenseinigung, so ist Klarwissen; in Tugend gereifte Herzenseinigung bringt große Frucht, großen Segen; in Herzenseinigung gereiftes Klarwissen bringt große Frucht, großen Segen; in Klarwissen ausgereiftes Herz wird vollkommen erlöst von den Beeinflussungen, nämlich von der Beeinflussung durch Wünschen (kām-āsavā), durch Dasein (bhav'-āsavā), durch Ansichten (diṭṭh'āsavā), durch Wahn (avijj'-āsavā).«* Dass und wie nur in tugendgereifter Einigung erlangtes Klarwissen – nicht Kopfwissen – die brennende Wahnbeeinflussung der Existenz kühlt und löscht, hat der Erwachte häuslich lebenden Nachfolgern vielfach gezeigt, und zwar, in welcher Gangart das die Hauslosen erreichen und in welcher Gangart im Haus Lebende. Wie es die Mönche anfangen, hat einmal Ānando dem König Mahānāmo erklärt in der Rede

A III,74.

Im Sakyerland zu Kapilavatthu im Feigenbaumkloster war der Erhabene gerade vom Krankenlager aufgestanden, von seiner Krankheit genesen. Da begab sich der Sakyer Mahānāmo zum Erhabenen und sprach: »Seit langem schon weiß ich, Herr: Die vom Erhabenen dargelegte Lehre ist Kennerschaft (ñāna) des Geeinten (samāhita), nicht des Ungeeinten. Kommt denn nun zuerst die Einigung (samādhi) und danach die Kennerschaft oder zuerst die Kennerschaft und dann die Einigung?« Da dachte der ehrwürdige Ānando: »Kaum ist der Erhabene vom Krankenlager aufgestanden, da stellt dieser Sakyer Mahānāmo dem Erhabenen eine ganz tiefe Frage. Es ist wohl besser, ich nehme den Sakyer Mahānāmo beiseite und lege ihm die Lehre dar.« Er führte den Sakyer Mahānāmo am Arm beiseite und sprach zu ihm: »Die Tugend, Einigung und Weisheit, die noch geübt werden müssen, ist vom Erhabenen gelehrt worden, und die Tugend, Einigung und Weisheit, die ohne Übung zur Verfügung stehen.[3]

Was ist die Tugend, die noch geübt werden muss? Da ist der Mönch tugendhaft, Mahānāmo; durch die Bewahrung der Ordenstugenden gezügelt, verweilt er. Es ist seine Art geworden, im Verhalten auf der Hut zu sein; im kleinsten Fehltritt sieht er die Gefahr; in den Übungsweisen, die er auf sich genommen hat, übt er sich. Das nennt man die Tugend, die noch geübt werden muss. Was ist die Einigung, (samādhi), die noch geübt werden muss?« Hier schildert Ānando das Erringen der vier Entrückungen. *»Was ist die Weisheit (paññā), die noch geübt werden muss? Da durchschaut der Mönch nach der wirklichen Beschaffenheit: ›Das ist das Leiden/ die Leidensentwicklung/ die Leidensaufhebung/ die zur Leidensaufhebung führende Vorgehensweise‹. Das nennt man die Weisheit, die noch geübt werden muss, Mahānāmo. Ein Heilsgänger aber, der so*

3 *sekham sīlam/asekham sīlam* (ebenso bei *samādhi* und *paññā*): Ich lese *sekham/asekham* als Adjektive zu *sīla/samādhi/paññā*, also nicht »die Tugend usw. des *sekho* (der noch üben muss) und des *asekho* (der nie mehr üben muss)«. Andernfalls müsste es *sekhasse/asekhassa* (Genitiv) heißen.

in Tugend, Einigung, Weisheit hineingewachsen ist, macht sich noch zu Lebzeiten durch Versiegung der Beeinflussung die unbeeinflussbare Gemüterlösung und Weisheiterlösung in weltüberlegener Kennerschaft (abhiññā) offenbar, und wenn sie ihm aufgestiegen ist, dann bleibt es dabei. So ist vom Erhabenen gelehrt worden: die Tugend, Einigung und Weisheit, die noch geübt werden müssen, und die Tugend, Einigung und Weisheit, die ohne Übung zur Verfügung stehen.«

HANS: Fehlt da nicht etwas? Ānando erklärt doch nur die Tugend, Einigung und Weisheit, die noch geübt werden müssen. Was eine solche Tugend, Einigung und Weisheit ist, die ohne Übung zur Verfügung stehen, sagt er gar nicht. Er sagt nur, wer Tugend, Einigung und Weisheit übt, wird heil.

FRITZ: Das eben ist es: die Tugend, Weisheit und Herzenseinigung des Geheilten steht unbeeinflussbar bis zum Absterben des Körpers zur Verfügung, und dann ist nur noch der ewige Friede »übrig«.

HANS: Ach so! Aber in dem Absatz über den Geheilten kommt Tugend gar nicht vor, nur die unbeeinflusste Gemüt- und Weisheiterlösung.

FRITZ: Doch, Hans: Ānando sagt, dass beim Geheilten diese unbeeinflusste Gemüt- und Weisheiterlösung *»durch Versiegen der Beeinflussung«* aufgeht. Dass auch sein *Verhalten* von keiner Hinneigung, keiner Abneigung, keiner Blendung mehr beeinflusst wird, von keinen Wünschen, keinem Werden- oder Vernichtenwollen, von keinem Wahn mehr – das ist die vollkommene Tugend.

HANS: Ach so! Ich finde aber die Antwort an den König etwas umständlich. Der hatte doch nur gefragt, ob erst die Herzenseinigung und dann die Kennerschaft kommt oder umgekehrt. Warum sagt Ānando nicht einfach: »Einigung und Weisheit stehen in Wechselwirkung: je einiger das Herz, umso klarer sieht man; je klarer man sieht, desto leichter kommt man zur Einigung.«

FRITZ: Der König hat nicht nach der Reihenfolge von Einigung (*samādhi*) und Weisheit (*paññā*) gefragt, sondern nach der Reihenfolge von Herzenseinigung und Kennerschaft (*ñāna*).

HANS: Ist das nicht dasselbe?

FRITZ: Nein, Hans. Weisheit, Klarwissen (*paññā*) und Kennerschaft (*ñāna*) ist zweierlei: Weisheit (*paññā*) ist der fünfte Heils-Sinn (*indriya*), Kennerschaft (*ñāna*) ist eine der beiden Früchte der Anwendung dieses Heils-Sinns auf dem achtfachen Heilsweg. Beim Geheilten ist die Kennerschaft weltüberlegen, bei einem Vollkommen Erwachten sogar universal. Ein Gleichnis für Kennerschaft, haben wir in M 58 kennen gelernt, wo ein Prinz auf die Erkundigung des Buddha, ob er auf die Frage nach den Einzelteilen seines Wagens sich die Antwort erst ausdenken müsse, antwortet: *»Ich bin ja ein erfahrener Wagenlenker, alle Einzelteile des Wagens sind mir aus Erfahrung gut bekannt; da kann ich aus dem Stegreif antworten.« — »So ist es auch, Königssohn, wenn da Gelehrte oder Asketen eine Frage zusammengestellt haben und kommen zum Vollendeten und fragen. Dann antwortet der Vollendete aus dem Stegreif, und warum? Die Grundgegebenheit ›Wahrheit‹ (dhamma-dhātu), hat der Vollendete in der Erfahrung vollkommen entdeckt (su-‹p›-paṭividdha); deshalb kann der Vollendete aus dem Stegreif antworten.« — Das ist Kennerschaft (ñāna).«*

HANS: Ach, jetzt geht mir erst der Sinn von Ānandos Antwort auf: Um zur Kennerschaft (ñāna), zum Erfahrungswissen zu kommen, muss der Heilskämpfer erst die zur Einigung führende Tugend erkämpfen. In dem Maß, wie sie zur Einigung geführt hat, muss er weiter üben, dass er die innere Ruhe des *samādhi* nun nicht ausschließlich als Heilbad zum Wegwaschen der Sinnensucht benutzt, sondern auch als Werkzeug zum Klarwissen, zur Weisheit (*paññā*). Mit ihr durchschaut er alles, was an Zusammenhäufungen jeweils erscheint, samt den Entstehungsbedingungen, also so, wie es geworden ist (*yathābhūtam*). Dadurch erst erwirbt er Kennerschaft (*ñāna*). Beim Heilskämpfer geht also die Einigung der Weisheit voraus.

Wenn er aber lange genug so vorgegangen ist, dann hat er schließlich eine so gründliche Kennerschaft der vier Heilswahrheiten erworben, dass er von allen Erscheinungen genug hat und in keiner Weise mehr von ihnen beeinflusst werden kann: Sie freuen ihn nicht, sie stören ihn nicht. Er ist wunschlos glücklich – nicht weil die Wünsche befriedigt sind, sondern weil er keine mehr hat. Wenn der Körper stirbt, ist nur etwas Überflüssiges weggefallen – denn wozu braucht Wunschlosigkeit einen Körper? Der reine Friede bleibt übrig – der schon immer war, von Ewigkeit zu Ewigkeit, nur die ganze Zeit her eingehüllt in Wahnnebel, die nun aufgelöst sind.

FRITZ: Ja, Hans. So hat der Buddha auch die höchsten Wegetappen der Mönche zum Erwachen zwischen *samādhi* und *paññā* häuslichen Nachfolgern erklärt. Er hat sie aber auch am Beispiel des Vorgehens von in der Welt Lebenden gezeigt, zum Beispiel in M 54. Dort sagt der Erwachte dem Rentner Potaliyo nach jedem der zur Herzenseinigung hinführenden entlarvenden Gleichnisse über das Elend der Sinnensucht: *»Und indem er es so, wie es ist, mit vollkommen klarem Blick ansieht, da meidet er die unterscheidende Betrachtungsweise, die die Vielfalt pflegt, und die einheitliche Betrachtungsweise, die bei allem das Eine sieht, bei welcher alles Aufgreifen von Weltdingen restlos aufhört, diese Betrachtungsweise entfaltet er bei sich.«* — Die Pflege der einheitlichen Betrachtungsweise gehört zur Weisheit, das Aufhören mit dem Aufgreifen von Weltdingen ist gleichbedeutend mit Einigung; denn das Herz eines Menschen ist umso einiger, je weniger er aufgreift. — Oder denken wir an M 99. Dort zeigt der Erwachte, dass das, was die Brahmanen als »die fünf Urbedingungen nennen, um Heilsames zu gewinnen« – bei der Wahrheit bleiben, inniges Streben, brahmischer Wandel, Wiederholen der Wahrheitsworte und Loslassen – alles nur *»Werkzeuge des Herzens«* sind, *»denn ein von Abwehr und Bedrängen freies Herz, das bringt sie hervor.«* Ein von Abwehr und Bedrängen freies Herz – das ist ja ein einiges Herz.

HANS: Ja, nun, ein einiges Herz hat doch auch ein christlicher oder muslimischer Mystiker. Der meint aber, er hätte darin schon »die selige Ewigkeit 'funden«. Bei ihm kann doch das einige Herz nicht Werkzeug zum erlösenden Klarwissen sein. Das ist doch nur bei einem Heilsgänger möglich, der die Heilswahrheiten kennt?

FRITZ: Ja, Hans. Wenn das Herz eines Heilsgängers im *samādhi* einig geworden ist, dann macht es ihn nicht, wie bei dem nicht belehrten Mystiker, zum Festhalten dieser vermeintlichen »seligen Ewigkeit« geneigt, sondern zum Erlöschen. Vom *samādhi* des Heilsgängers sagt ja der Erwachte in S 55,21-22 ausdrücklich: *»Weil der Heilsgänger zu vier Eigenschaften erwachsen ist, ist er zum Löschen des Daseinsbrandes hin abgesenkt, hat ein Gefälle zum Erlöschen. Zum Erlöschen des Daseinsbrandes trägt es ihn hin.«* Diese vier Eigenschaften sind endgültige Gewissheit beim Erwachten, der Lehre, der Heilsgängergemeinde und Erwachsensein zu den heilenden, zur Einigung führenden Tugenden. Warum das gar nicht anders sein kann, ist genau erklärt in dem für das Verständnis des Wohls der Wahnerlöschung grundlegenden Text

M 59 – DIE REDE VON DEN VIELEN GEFÜHLEN:

Der Baumeister Pañcakango konnte sich bei einem Gespräch in Sāvatthī im Jetahain im Kloster Anāthapiṇḍikos mit dem Mönch Udāyi nicht darüber einigen, ob der Erwachte zwei oder drei Arten von Gefühlen genannt hat. Udāyi meinte, drei – »Wohlgefühl, Wehgefühl, Weder-Weh-noch-Wohlgefühl« –, der Baumeister meinte, *»Aber nein, Herr Udāyi: zwei Arten von Gefühlen: das Wohlgefühl und das Wehgefühl. Was das Weder-Weh-noch-Wohlgefühl angeht: das gehört zum stillen, feinen Wohl, hat der Erhabene gesagt.«* Ānando erfuhr davon und berichtete dem Erhabenen. Da sprach der Erhabene: *»Einen richtigen Standpunkt hat der Baumeister Pañcakango Udāyi bestritten, Ānando; aber auch Udāyi hat dem Baumeister Pañcakango einen richtigen Standpunkt bestritten: Zwei Arten von Gefühlen, aber auch drei, fünf, sechs, 18, 36 und auch 108 Arten von Gefühlen habe ich aufgewiesen, je nach dem Blickwinkel. So habe ich unter den verschiedensten Blickwinkeln die Wahrheit gezeigt, Ānando. Bei denen, Ānando, die über die von* *mir so von den verschiedensten Blickpunkten aus dargelegte Wahrheit nicht zu gemeinsamer Erkenntnis, nicht zu einer übereinstimmenden Meinung, nicht zu freudigem Einklang kommen, ist zu erwarten, dass sie in Streitgespräch geraten und einander immer wieder mit scharfen Worten angreifen. Bei denen, die über die von mir so von den verschiedensten Blickpunkten aus dargelegte Wahrheit zu gemeinsamer Erkenntnis, gemeinsamer Ansicht, gemeinsamer freudiger Zustimmung kommen, ist zu erwarten, dass sie sich ohne Streit mild miteinander vertragen und einander immer mit freundlichen Augen anschauen.*

Fünf Sinnesstränge gibt es, Ānando. Was durch diese fünf Sinnesstränge bedingt an Wohl oder Frohsinn aufsteigt, Ānando, das nennt man Sinnenwohl. Wer da aber behaupten würde, Ānando, das sei das höchste Wohl, welches Wesen erfahren können, dem würde ich nicht zustimmen, und warum nicht? Es gibt außer diesem Wohl ein Wohl, das geht weit darüber hinaus und ist feiner, Ānando. Was ist das für ein Wohl?« Und nun nennt der Erwachte der Reihe nach alle vier weltlosen Entrückungen, sagt aber auch dazu jedes Mal: *»Wer da aber behaupten würde, Ānando, das sei das höchste Wohl, welches Wesen erfahren können, dem würde ich nicht zustimmen, und warum nicht? Es gibt außerhalb dieses Wohls ein Wohl, das geht weit darüber hinaus und ist feiner, Ānando. Was ist das für ein Wohl?«* Und dann nennt der Erwachte der Reihe nach die vier gestaltfreien Erlebnisspannungsfelder. Aber selbst zu der feinsten Art gestaltfreier Wahrnehmung, die Neumann mit Recht als »Grenzscheide möglicher Wahrnehmung« beschreibt, sagt der Erwachte abschließend: *»Wer da aber behaupten würde, das sei das höchste Wohl, welches Wesen erfahren können, dem würde ich nicht zustimmen, und warum nicht? Es gibt außerhalb dieses Wohls ein Wohl, das geht weit darüber hinaus und ist feiner, Ānando. Was ist das für ein Wohl? Da erlangt ein Mönch nach völligem Übersteigen des Erfahrungsbereichs ›Nicht eigentlich Wahrnehmung, aber auch nicht keine Wahrnehmung‹ die Auflösung der Wahrnehmungsempfindung und verweilt so. Das ist ein Wohl, Ānando, das liegt außerhalb jenes Wohls, geht weit darüber hinaus und ist noch feiner.*

Es kann sein, Ānando, dass Pilger anderer Schulen sagen: ›Der Asket Gotamo spricht von 'Auflösung der Wahrnehmungsempfindung', und das bezeichnet er als Wohl. Was soll das denn sein, wie kann denn das sein?‹ Pilgern anderer Schulen, die so fragen, Ānando, wäre zu antworten: ›Der Erhabene spricht von 'Wohl' nicht wegen eines Wohl-Gefühls, Freund, sondern immer da, wo Wohl gefunden wird (upalabbhati), spricht der Vollendete von Wohl.‹« So sprach der Erhabene. Der ehrwürdige Ānando war beglückt über die Worte des Erhabenen.

Ruth: Da sehen wir: Wir sind in der Gefangenschaft der Wahrnehmung. Die ganze Existenz ist wie ein Gefängnisbrand: Dieses Gefängnis brennt in den Feuern von Hinneigung, Abneigung und Verblendung. Solange wir das nicht erkennen, würde uns ohne Heilswissen eine zeitweilige Einigung des Herzens auf die Dauer nicht helfen. Nur wenn wir die Herzenseinigung als Werkzeug zum Gewinnen von erlösendem Klarwissen (*vijjā*, Finden der Wahrheit) benutzen, können wir den Daseinsbrand löschen. Wenn mir jemand vor Beginn unserer Gespräche gesagt hätte, alles, was unerwachte Mystiker für die Ewigkeit halten, seien nur Steigeisen, Kletterseile und Mauerhaken für den Auf- und Ausstieg des Herzens zum Ziel des Erlöschens – ich hätte ihn verständnislos und erschrocken angesehen, obwohl ich doch schon immer die Sehnsucht hatte: »Einfach aufhören!« Heute sehe ich das klarer: Keine noch so hohen meditativen »Erleuchtungen«, kein noch so tiefes Bemühen um »Ganzheit« oder »kosmisches Bewusstsein« oder »Leerheit« – oder wie alle die Namen lauten, nichts außer dem Löschen dieses Brandes der Wahrnehmungsempfindung kann mehr bewirken, als eine kleine Taktverschiebung in dem ohne Erwachen endlosen Leidensgeschiebe. Es ist kaum zu fassen, dass man als ganz einfacher Mensch auf eine solche Wegweisung treffen und sie zu verstehen beginnen kann!

Fritz: Ja, Ruth. Deshalb hat der Erwachte immer wieder auch seine häuslichen Nachfolger zu dieser Blickweise hingeführt. Auch seine Familie, die Sakyer samt König Mahānāmo, hat der

Erwachte bei einem festlichen Anlass durch Ānando anhand des Vorbilds des auf die drei Weisheitsdurchbrüche zugehenden fortgeschrittenen Heilskämpfers (*sekho*) zu dieser Sichtweise stufenweise hinaufführen lassen. Darüber berichtet jene Rede, aus der wir im Zusammenhang mit den behütenden Eigenschaften »Scham und Scheu« schon einen kleinen Absatz zitiert haben:

M 53 – DER KÄMPFER.

Als der Erhabene im Sakyerland in Kapilavatthu im Feigenbaumkloster weilte, hatten gerade die Sakyer von Kapilavatthu eine neue Versammlungshalle erbaut. Sie baten ihn, sie einzuweihen.

Als die Sakyer der Zustimmung des Erhabenen gewiss waren, erhoben sie sich, grüßten den Erhabenen mit gefalteten Händen, gingen zur Versammlungshalle, legten sie ganz mit Teppichen aus, bereiteten Sitze vor, stellten einen Wasserkessel auf und zündeten die Öllampen an. Dann begaben sie sich zum Erhabenen: »Wenn es nun dem Erhabenen Herrn recht wäre.« Da warf der Erhabene das Obergewand über, nahm Mantel und Almosenschale und begab sich mit der Mönchsgemeinde zu der Versammlungshalle. Dort angekommen, spülte er die Füße ab, trat in die Versammlungshalle ein und setzte sich an dem großen Stützpfeiler nieder, nach Osten gewandt. Die Mönchsgemeinde trat in die Versammlungshalle ein und setzte sich an der Westmauer nieder, nach Osten, dem Erhabenen zugewandt, die Sakyer von Kapilavatthu traten in die Versammlungshalle ein und setzten sich an der Ostmauer nieder, dem Erhabene zugewandt.[4] *Nun befriedete, erhob und beglückte der Erhabene die Sakyer von Kapilavatthu durch ein Lehrgespräch. Dann sprach er zu dem ehrwürdigen Ānando: »Besinne dich auf den fortgeschrittenen Kämpfer auf dem Heilspfad*[5]*; mir ist der Rücken müde geworden, ich will ihn ausstrecken.« — »Ja, Herr«, antwortete der Ehrwürdige Ānando. Da faltete der Erhabene sein Obergewand vierfach zusammen und legte sich auf die rechte Seite, Fuß über Fuß nach Löwenart ausgestreckt, wahrheitsgegenwärtig, klar bewusst, im Geist die Wahrnehmung aufrechter Haltung erzeugend. Darauf sprach der ehrwürdige Ānando den Sakyer Mahānāmo an:*

»Da ist ein Heilsgänger zur Tugend erwachsen, hält die Tore der Sinne bewacht, kennt sein Maß beim Essen, ist der Wachsamkeit hingegeben; zu sieben rechten Eigenschaften erwachsen, kann er die vier weltlosen Entrückungen, die über die gewöhnliche Gemütshaltung erhabenen, die schon in diesem Leben in reinem Wohl weilen lassen, nach Wunsch mühelos ungehindert erlangen.«

HANS: Ist denn das alles Voraussetzung, um Heilsgänger zu werden?

FRITZ: Nein, nein. Der Erwachte hat Ānando ja das Thema gestellt, die Schritte des fortgeschrittenen Heilsgängers zu erklären. Am Ende der Rede wirst du sehen, dass damit erst, wie ich schon einleitend sagte, ein Heilsgänger gemeint ist, der zu den drei Weisheitsdurchbrüchen fähig ist, also normalerweise ein Hausloser. Nur dafür sind die aufgezählten Eigenschaften notwendige Bedingung. Ānando beschreibt sie nun einzeln:

— »Wie aber ist ein Heilsgänger zur Tugend erwachsen? Da ist der Heilsgänger tugendhaft, auf dem Gebiet des täglichen Lebenswandels behütet und gelenkt durch das, was zur Befreiung verbindlich ist; in den kleinsten Fehltritten erkennt er die Gefahr; voll Hingabe übt er sich auf den Übungswegen.

— Und wie hält der Heilsgänger die Tore der Sinne bewacht? Hat der Heilsgänger mit dem Augsinn eine Form erblickt, mit dem Ohrsinn einen Ton gehört, mit dem Nasensinn einen Duft gerochen, mit dem Zungensinn einen Geschmack geschmeckt, mit dem Körpersinn eine Tastung getastet, mit dem Geistsinn ein Ding erkannt, so geht er weder der Erscheinung nach noch dem, was

4 Der Erwachte saß also nicht an der Westmauer, sondern vor den Mönchen, mit dem Rücken zu diesen.

5 *sekho* (»Kämpfer«) *pāṭipado* (= *pāṭi* + *pado* = »vorangeschritten auf dem Weg«).

ihm dabei einfällt. Da Gelüste und Missmut, schlechte, heilsuntaugliche Gedanken den überwältigen, der die Sinne nicht bewacht, übt er diese Bewachung, bewacht Augsinn/ Ohrsinn/ Nasensinn/ Zungensinn/ Körpersinn/ Geistsinn, hält sich an die Bewachung der Sinne. So hält der Heilsgänger die Tore der Sinne bewacht.

— Und wie kennt der Heilsgänger sein Maß beim Essen? Da nimmt der Heilsgänger die Nahrung nur als Nahrung ein, nicht zum Vergnügen, nicht um sich daran zu weiden, nicht aus Feinschmeckerei, nicht um schön auszusehen, sondern nur soweit es eben zur Erhaltung dieses Körpers dient, zur Lebenserhaltung, um Schaden zu verhüten, um den den höchsten Wandel führen zu können, in dem Gedanken: ›So werde ich das frühere Empfinden nicht aufkommen lassen; die Lebensvorgänge werde ich in Gang halten und mir Vorwurfsfreiheit und Freiheit von Beschwerden bewahren.‹ So kennt der Heilsgänger sein Maß beim Essen.

— Und wie ist der Heilsgänger der Wachsamkeit hingegeben? Da läutert der Heilsgänger bei Tag und im ersten Drittel der Nacht, auf- und abgehend und sitzend, das Herz von hemmenden Eigenschaften; im mittleren Drittel der Nacht legt er sich auf die rechte Seite, Fuß über Fuß nach Löwenart ausgestreckt, wahrheitsgegenwärtig, klar bewusst, im Geist die Wahrnehmung aufrechter Haltung erzeugend. Im letzten Drittel der Nacht steht er auf und läutert, auf- und abgehend und sitzend, das Herz von hemmenden Eigenschaften. So ist ein Heilsgänger der Wachsamkeit hingegeben.

— Und wie ist ein Heilsgänger zu sieben rechten Eigenschaften erwachsen?

1. – Da ist der Heilsgänger voll Vertrauen, Mahānāmo: Er ahnt die Wachheit des Vollendeten: ›Das ist der Erhabene, Genesene, der Vollkommen Erwachte, der im Wissen und Wandel Vollkommene, der zum Wohl Gekommene, der Allsehende, der unvergleichliche Leiter der anleitungsbedürftigen Menschen, der Meister der Himmelswesen und Menschen, der Erwachte, der Erhabene.‹

2. – Er hat Scham: Eines falschen körperlichen, sprachlichen, geistigen Lebenswandels schämt er sich. Er schämt sich, schlechten, heilsuntauglichen Eigenschaften nachzugeben.

3. – Er hegt Scheu: Er scheut sich, einen falschen körperlichen, sprachlichen, geistigen Lebenswandel zu führen, schlechten, heilsuntauglichen Eigenschaften nachzugeben.

4. – Er hat viel erfahrene Lehrkenntnis (bahussuto). Es ist seine Art, Vernommenes zu bewahren und zu verbinden; jene von Anfang an über die Mittelstufen bis zur Vollendung hilfreichen Lehren, welche sinn- und wortgetreu den zur endgültigen Heilung führenden höchsten Wandel aufzeigen – diese Lehren sind von ihm vielfach vernommen worden, im Geist auswendig bewahrt, in die Sprache gefasst, im Geist gründlich betrachtet, in die Anschauung voll einbezogen.

5. – Ständig setzt er sich kraftvoll ein, heilsuntaugliche Eigenschaften zu tilgen und heilstaugliche Eigenschaften zu erwerben, standhaft, mit großer Energie[6]*, ohne der Verantwortung für die heilstauglichen Eigenschaften auszuweichen.*

6. – Wahrheitsgegenwärtig ist er, zur höchsten Unterscheidungskraft aus Wahrheitsgegenwart erwachsen: Auch was vor langer Zeit getan und gesagt worden ist, darauf besinnt er sich, erinnert sich genau, wie es war.

7. – Er ist weise, erwachsen zu der Weisheit, die das fließende Entstehen-Vergehen durchschaut hat, der heilenden, durchbohrenden, die zur Auflösung allen Leidens führt.

So ist der Heilsgänger zu sieben rechten Eigenschaften erwachsen.

Wie aber kann der Heilsgänger die vier weltlosen Entrückungen, die über die gewöhnliche Gemütshaltung erhabenen, die schon in diesem Leben in reinem Wohl weilen lassen, nach Wunsch mühelos ungehindert erlangen?« Hier beschreibt nun Ānando die vier weltlosen Entrückungen und erklärt abschließend:

6 *āraddha-viriyo*, wörtlich: »voll Aufbruchs-Kraft«.

»Sobald ein Heilsgänger so zur Tugend erwachsen ist, die Tore der Sinne bewacht hält, sein Maß beim Essen kennt, der Wachsamkeit hingegeben ist, zu sieben rechten Eigenschaften erwachsen ist, die vier weltlosen Entrückungen, die über die gewöhnliche Gemütshaltung erhabenen, die schon in diesem Leben in reinem Wohl weilen lassen, nach Wunsch mühelos ungehindert erlangen kann, wird er ein Heilsgänger genannt, der ein fortgeschrittener Kämpfer auf dem Heilspfad geworden ist, erwachsen zu dem Stand, in welchem er nicht nur einem angebrüteten Ei zu vergleichen ist: er ist reif zum letzten Durchbruch, fähig zum Erwachen, fähig, die unvergleichliche ewige Freiheit von allem Mühen zu erreichen. Das ist, wie wenn eine Glucke acht oder zehn oder zwölf Eier bebrütet hätte, richtig ausgebrütet, voll entwickelt; wie sollte da der Glucke nicht der Wunsch aufkommen: ›Ach wenn doch nur meine Küken mit ihren Krallen oder mit dem Schnabel die Eischale durchstoßen und wohlbehalten ausschlüpfen würden‹ – und nun wären tatsächlich die Küken fähig, mit ihren Krallen oder mit dem Schnabel die Eischale durchzustoßen und würden wohlbehalten ausschlüpfen. Genau so wird ein Heilsgänger, sobald er so zur Tugend erwachsen ist, die Tore der Sinnesmächte bewacht hält, sein Maß beim Essen kennt, der Wachsamkeit hingegeben ist, zu sieben rechten Eigenschaften erwachsen ist, die vier weltlosen Entrückungen, die über die gewöhnliche Gemütshaltung erhabenen, die schon in diesem Leben in reinem Wohl weilen lassen, nach Wunsch mühelos ungehindert erlangen kann, ein Heilsgänger genannt, der ein fortgeschrittener Kämpfer auf dem Heilspfad geworden ist, erwachsen zu dem Stand, in welchem er nicht nur einem angebrüteten Ei zu vergleichen ist: Reif zum letzten Durchbruch, fähig zum Erwachen, fähig, die unvergleichliche ewige Freiheit von allem Mühen (anuttara yogakkhema) zu erreichen, ist er nun.

Wenn der Heilsgänger so zu dieser höchsten Reinheit erhaben gleichmütiger Wahrheitsgegenwart gelangt ist, erinnert er sich an manche früheren Daseinswohnungen mit je den eigentümlichen Merkmalen, mit je den besonderen Beziehungen. Das ist für ihn der erste überweltliche Durchbruch des jungen Kükens durch die Eierschale.

Ein Heilsgänger, der so zu dieser höchsten Reinheit erhaben gleichmütiger Wahrheitsgegenwart gelangt ist, sieht mit dem himmlischen Auge, dem geläuterten, über menschliche Grenzen hinausreichenden, die Wesen wegschwinden und wieder erscheinen, er sieht, wie die Wesen je nach dem Wirken wieder erscheinen: Das ist für ihn der zweite überweltliche Durchbruch des jungen Kükens durch die Eierschale.

Ein Heilsgänger, der so zu dieser höchsten Reinheit erhaben gleichmütiger Wahrheitsgegenwart gelangt ist, macht sich nach Aufhebung aller Beeinflussungen noch in diesem Leben die von Beeinflussungen freie Erlösung des Gemüts in eigener weltüberlegener Erfahrung offenbar und verweilt so. Das ist für ihn der dritte überweltliche Durchbruch des jungen Kükens durch die Eierschale. Dass der Heilsgänger zur Tugend erwachsen ist/ die Tore der Sinne bewacht hält/ sein Maß beim Essen kennt/ der Wachsamkeit hingegeben ist/ zu sieben rechten Eigenschaften erwachsen ist/ die vier weltlosen Entrückungen, die über die gewöhnliche Gemütshaltung erhabenen, die schon in diesem Leben in reinem Wohl weilen lassen, nach Wunsch mühelos ungehindert erlangen kann, das gehört für ihn zum täglichen Lebenswandel (caraṇa). Dass aber der Heilsgänger sich verschiedener früherer Daseinswohnungen erinnert mit je den eigentümlichen Merkmalen, je den besonderen Beziehungen, das besitzt er als Wissen (vijjā). Auch dass der Heilsgänger mit dem himmlischen Auge, dem geläuterten, über menschliche Grenzen hinausreichenden, die Wesen wegschwinden und wieder erscheinen sieht, dass er sehen kann, wie die Wesen je nach dem Wirken wieder erscheinen, das besitzt er als Wissen. Und dass der Heilsgänger sich nach Aufhebung aller Beeinflussungen noch in diesem Leben die von Beeinflussungen freie Gemüterlösung in eigener weltüberlegener Erfahrung offenbar macht und darin verweilt, das besitzt er als Wissen. Ein solcher wird ein Heilsgänger genannt, der erwachsen ist zum Wissen und zum Wandel aus Wissen. Von Brahma, dem zeitenüberdauernden Jüngling, stammt der Spruch:

Der Fürst gilt als der höchste da, wo man auf Abstammung bedacht.

Wer Wissen, Wandel ganz vollbracht, ist höchster Herr für Gott und Mensch.

Dieser Spruch, Mahānāmo, ist von Brahma, dem zeitenüberdauernden Jüngling, zu Recht verkündet, nicht zu Unrecht verkündet, er ist richtig gesprochen, nicht falsch gesprochen, ist zum Heil und Segen gesprochen, nicht zu Unheil und Unsegen, und ist vom Erhabenen bestätigt.« Da erhob sich der Erhabene und sprach zum ehrwürdigen Ānando: »Gut, gut, Ānando. Gut hast du den Sakyern von Kapilavatthu den auf dem Heilspfad fortgeschrittenen Kämpfer erklärt.« Wie es vom ehrwürdigen Ānando vorgetragen war, so hat es der Meister bestätigt. Erhobenen Geistes, waren die Sakyer von Kapilavatthu beglückt über die Worte des Erhabenen.

RUTH: Das ist wahrlich der höchste Begriff von Wissen! Wie ärmlich ist demgegenüber das, was unsere Sprache »Wissen« nennt. Lass mich einmal in deinem sechsbändigen Duden nachsehen. O je, da steht als vermeintlich umfassende Aufzählung sämtlicher im heutigen Sprachgebrauch enthaltenen Bedeutungen von »Wissen«:

»1) wissen: – durch eigene Erfahrung oder Mitteilung von außen Kenntnis von etwas, jemandem haben, so dass man zuverlässige Aussagen machen, die betreffende Sache wiedergeben kann – 2) über etwas unterrichtet sein, sich einer Sache in ihrer Bedeutung, Tragweite, Auswirkung bewusst sein – 3) davon Kenntnis haben, dass sich jemand, etwas, in einem bestimmten Zustand, an einem bestimmten Ort befindet, in bestimmter Weise behandelt wird – 4) in der Lage sein, etwas zu tun – 5) (umgangssprachlich) in bestimmten Verbindungen als verstärkende, floskelhafte Einschübe – ›Substantiv‹ Wissen a) die Gesamtheit der Kenntnisse, die jemand (auf einem bestimmten Gebiet) hat – b) Kenntnis, das Wissen (1) von etwas.«

Unter Wissen wird da also nichts verstanden als bloße Informationen über Vielfalt – über »etwas«, »über eine Sache oder Person«, um darüber reden oder etwas damit machen zu können! Aus der universalen Sicht des Erwachten dagegen gehört nicht nur dieser gesamte Vielfaltbereich und Verhaltensbereich, sondern sogar die vollkommene Reine der vierten Entrückung für den fortgeschrittenen Heilskämpfer noch gar nicht zum Wissen, sondern zum »täglichen Leben«, zum »Wandel«! Wahres Wissen fängt also aus der Sicht des Erwachten überhaupt erst da an, wo alle Naturwissenschaft, Philosophie und Religion aufhört, weil sie meint – um mit Goethe zu reden, »dieses Ganze sei nur für einen Gott gemacht«, oder wegen Wittgensteins Ausspruch: »Wovon man nicht reden kann, darüber muss man schweigen«[7], der meist missverstanden wird, so dass man die Frage nach den Grenzen des Erforschlichen gar nicht mehr zu Ende prüft.

FRITZ: Das stimmt. Wittgensteins Ausspruch betrifft überhaupt nicht die Grenzen des Erforschlichen, sondern bezieht sich nur auf ein Spezialgebiet der Logik: die Aussagelogik. Es ist daher unzulässig, ihn auszudehnen auf die Frage nach den Grenzen des Erforschlichen, die außer den Erwachten niemand wirklich zu Ende geprüft hat. Eine solche Analogie ist nur da möglich, wo – um den Ausdruck des Erwachten in Sn 1075[m] zu verwenden – wirklich »der Sprache Bahnen« überschritten würden. Die Auflösung der Wahrnehmungsempfindung ist zwar auf dem achtfachen Erlösungsweg in gesetzmäßig verlaufenden Schritten durch Abbau alles Gewordenen erreichbar – von manchen Geheilten und Nichtwiederkehrern sogar, ehe der Leib abstirbt. Insofern ist das Letzte »erforschlich«. Aber es bleibt unsagbar. Deshalb nennen die alten Inder schon vor dem Buddha den Geheilten »muni«, Schweiger, freilich ohne recht zu wissen, was das sei. Der Erwachte hat diesem Wort seine vergessene tiefste Bedeutung wiedergegeben. Sagen kann man nur, was durch Eigenschaften bezeichenbar ist. Durch »Eigen-schaften« bezeichnen kann man nur Wahrnehmbares. Nirvāna aber ist gerade die Freiheit von der »Gefangenschaft in der Wahrnehmung«. Die Bahnen der Sprache werden aber gewaltig erweitert durch die Anleitung, wie man sich so wandeln kann, dass »leibhaftig« das

7 *Tractatus logico-philosophicus*, Top 7.

große »Aufhören« (*nirodha*), das Erlöschen des Daseinsbrandes (*nibbāna*) erreicht wird, weit mehr, als es der westliche Mensch ahnen kann.

II. SECHS ERINNERUNGEN (*ANUSSATI*) ORDNEN DAS KLARWISSEN HÄUSLICHER NACHFOLGER

HANS: Mir geht immer mehr auf: Nicht die Lehre des Buddha ist kompliziert, sondern ich. Aber um aus meiner Kompliziertheit herauszukommen, muss ich eine Menge wissen. Das fängt als rechte Anschauung im Kopf an und wird allmählich im Zuge der Herzenswandlung zum Klarwissen. Da suche ich nach einer Ordnung mit »Aufhängern«, um die Lehrinhalte besser gliedern und handhaben zu können.

RUTH: Aber wir haben doch schon viele klar gegliederte Kreuz- und Querschnitte durch die Existenz kennen gelernt, die man sich meist gut merken kann, weil der Buddha immer ihre Anzahl nennt: Auf Anhieb fallen mir – ganz unsystematisch, nur nach der Anzahl geordnet – gerade ein: die drei Wurzeln des Leidens: Hinneigung, Abneigung und Blendung; die vier ausgedehnten Gewordenheiten (feste, flüssige, feurige und luftartige); die vier Entrückungen, die vier Strahlungen; die vier zur Läuterung (Tugend-, Herzens- und Ansichtsläuterung, reine Erlösung) aufzubietenden Eigenschaften, die fünf Zusammenhäufungen, die fünf Hemmungen, die fünf Lebenstatsachen, die sechs Erlebnisspannungsfelder, die sechs unübertrefflichen Erinnerungen, die sieben Erwachungsglieder, der Achtpfad mit seinen drei großen Abschnitten Tugend/ Herzenseinigung/ Klarwissen, die zehn Wirkensbahnen (»Karmabahnen«), die elf Tore zum Nirvāna, die 12 Glieder[8] der bedingten Entstehung, die 12 Schritte, um an die Wahrheit zu kommen und manches andere.

HANS: Hör auf, hör auf, Ruth ; das kann ja kein Mensch behalten!

RUTH: Bin ich denn kein Mensch?

HANS: Ach du! Dein Riesengedächtnis möchte ich haben. So könnte ich das nie behalten. Fritz, gibt es nicht für die im Haus Lebenden eine handlichere Ordnung?

FRITZ: Diese Gedächtnishilfe gibt es. Wir kennen sie sogar schon. Gedächtnis heißt ja Erinnerung. Merkt ihr was?

HANS: Ach, meinst du vielleicht die sechs unübertrefflichen Erinnerungen an die Wachheit des Buddha, die offene Einsehbarkeit der Lehre, die Gesichertheit der Heilsgängergemeinde, die heilenden Tugenden, die Eigenschaften der Himmelswesen und das Loslassen?

RUTH: Und du willst über dein Gedächtnis klagen! Diese ganze Reihe hast du ja nur so herausgesprudelt!

HANS: Ja nun, das ist etwas anderes: Wes' das Herz voll ist, des' läuft der Mund über! Das brauchte ich nicht auswendig zu lernen, das hat mir die mehreren Male, als wir darüber sprachen, so eingeleuchtet, dass ich mir darüber nicht mehr den Kopf zerbrechen muss.

RUTH: Das ist ein guter Vorschlag: die sechs Erinnerungen als organische Gliederung der mit Klarwissen gewonnenen und noch zu gewinnenden Einsichten zu nutzen. Je mehr wir darüber sprachen, umso deutlicher ist mir geworden, wie man mit diesen lebendigen und froh machenden Erinnerungen nach und nach die ganzen Schätze der Weisheit handlich und praktisch geordnet mitbekommt. Das sind ja die Betrachtungen, die uns der Buddha sowieso für den Feiertag so oft und so dringend ans Herz gelegt hat,

HANS: Damit können wir auch mitten im Alltag die Löcher füllen, die sich auftun, wenn wir einmal abgelenkt sind von all dem »Käse«, den wir meistens machen. Da käme sonst doch meistens allerlei Quatsch durch.

8 Meist werden zwölf genannt; in manchen Darstellungen auch weniger oder mehr, je nach dem gewählten »Abbildungsmaßstab«.

RUTH: Der Buddha hat diese Erinnerungen für das Leben in der Häuslichkeit zugleich auch als die »sechs höheren Dinge« bezeichnet, mit denen der Nachfolger sich weiter fördern kann, wenn er schon in die fünf Heilssinne hineingewachsen ist.[9] Lasst und doch einmal zusehen, wie sich die Lehre in dieser Gliederung ausnimmt

HANS: O ja, wir können ja gleich mit der ersten dieser Erinnerungen anfangen. Das war

1.) DIE ERINNERUNG AN DIE WACHHEIT DES VOLLENDETEN:

Dabei kann einem das Herz aufgehen. Wenn ich nur denke an seine gewaltige Belehrungskunst in den beiden Gesprächen mit Saccako.[10]

RUTH: Oder an die Antwort in Versen, die er dem Brahmanen Doṇo gab, der seine Fußspur gesehen hatte.

HANS: Oder an die begeisterten Strophen, mit denen Upāli seinem früheren Guru Nāthaputto sagt, warum er jetzt dem Erhabenen nachfolgt!

RUTH: Und vor allem an die Rede, in der der Buddha sagt, der ganze Heilsweg besteht in der Freundschaft mit Guten, Echten, die uns die Glieder des Achtpfades einüben, und der beste Freund ist der Buddha selber.

FRITZ: Ja, Ruth. Es ist ja auch ganz folgerichtig, dass die sechs unübertrefflichen Erinnerungen mit der Erinnerung an den Erwachten beginnen. In ihr finden wir alle Kerninhalte der Lehre, verbunden mit ihrem Entdecker und Verwirklicher, wieder. Solche herzerhebenden Darlegungen, die einem am Vorbild des Erwachten auch die Lehre deutlich machen, gibt es noch mehr.

HANS: Welche?

FRITZ: Nehmen wir etwa die Rede

A V,194[11].

Als der Erhabene einmal wieder bei Vesālī im Großen Walde in der Halle des Giebelhauses weilte, war der Brahmane Kāraṇapāli gerade für die Licchavier in der Mittagshitze unterwegs. Dabei traf er den Brahmanen Pingiyāni und fragte ihn, wo er herkomme. Pingiyāni antwortete: *»Vom Asketen Gotamo, mein Lieber.« — »Welchen Eindruck hat der Herr Pingiyāni von der Wissensklarheit des Asketen Gotamo, hält er ihn für weise?« — »Wer bin ich, mein Verehrter, wie könnte ich die Wissensklarheit des Asketen Gotamo erkennen! Nur jemand, der ihm gleichkäme, könnte seine Wissensklarheit ermessen!« — »Da spricht aber der Herr Pingiyāni dem Asketen Gotamo ein hohes Lob!« — »Wer bin ich, mein Lieber, dass ich den Asketen Gotamo loben könnte? Der Entdecker des Ziels ist wahrlich dieser Herr Gotamo, der Meister der Himmelswesen und Menschen.« — »Welchen Grund hat denn der Herr Pingiyāni gefunden, dass er über den Asketen Gotamo zu einer solchen Gewissheit gekommen ist?« — »Das ist, mein Lieber, wie wenn ein Mann, der mit dem feinsten Wohlgeschmack gesättigt worden ist, nach keinem geringeren Geschmack mehr Verlangen hat: Je mehr man von der Lehre des Asketen Gotamo vernommen hat – Lehrreden oder Verse oder Erklärungen oder Berichte über außergewöhnliche Eigenschaften, umso weniger verlangt einen nach den Darlegungen der gewöhnlichen Asketen und Brahmanen. Es ist, mein Lieber, wie wenn ein Mann, von Hunger und Schwäche überwältigt, einen süßen Bissen erhält und je mehr er ihn genießt, desto mehr empfindet er den süßen Wohlgeschmack in seiner vollen Reinheit, oder wie wenn ein Mann ein Stück grünes oder rotes Sandelholz erhält, und je mehr er daran riecht – unten, in der Mitte oder oben, desto mehr riecht er den süßen Wohlgeschmack in seiner vollen Reinheit, oder wie wenn ein Mann krank ist, leidend, dahinsiecht, da bestellen ihm seine Angehörigen einen Arzt, und der bringt die Krankheit von Grund auf weg, oder wie wenn da ein See ist, randvoll mit reinem, kühlem Wasser, in herrlicher Lage, und da kommt ein Mann, von der Glut versengt, von*

9 A XI,12 + 13 + 14.
10 M 35 und M 36.
11 Nicht zu verwechseln mit der schon zitierten Rede A IV,194.

der Hitze überwältigt, zitternd vor Erschöpfung, durstig; und wenn er angekommen ist, gebadet und getrunken hat, dann kommt alle Mühsal und Erschöpfung, alles Fiebern völlig zur Ruhe: Je mehr man von der Lehre des Asketen Gotamo vernommen hat, umso mehr kommt alle Anstrengung und Erschöpfung, alles Fiebern völlig zur Ruhe.« — Auf diese Worte erhob sich der Brahmane Kāraṇapāli von seinem Sitz, ordnete das Obergewand über einer Schulter, beugte das Knie zur Erde, faltete die Hände nach der Richtung, in welcher der Erhabene weilte und sprach tief aufatmend dreimal: »Verehrung dem Erhabenen, dem Heilen, Vollkommen Erwachten!« Und er nahm Zuflucht zum Erhabenen, zur Lehre und zur Gemeinde.

Hans: Dabei hatte Kāraṇapāli den Erwachten noch nicht einmal gesehen. Wer gar einem solchen Wesen leibhaftig gegenübergestanden hat, der kann sich seiner Größe doch sicher nicht entziehen.

Fritz: O doch, Hans: Ein geblendeter Autofahrer übersieht unter Umständen einen schweren Lastzug. So kann ein geblendeter Mensch die Wachheit eines Vollendeten nicht erkennen. Das zeigt der Text

A III,127:

Der Sakyer Mahānāmo erfuhr, dass der Erhabene auf der Wanderschaft durch das Land Kosalo in die Nähe von Kapilavatthu gekommen war und begab sich zum Erhabenen, der ihn bat, sich dort nach einem Rasthaus umzusehen, wo er übernachten könne. Der Sakyer fand zwar in ganz Kapilavatthu kein geeignetes Rasthaus, konnte aber den Erwachten in der Einsiedelei des Kālāmers Bharaṇḍu, eines früheren Mitasketen des Erhabenen, unterbringen.

Hans: Versteh ich nicht. Warum bringen ihn seine fürstlichen Verwandten nicht im Schloss unter?

Fritz: Weiß ich nicht. Wahrscheinlich wollte der Erwachte gerade in der Hauptstadt des Reiches, auf dessen Krone er um der Askese willen verzichtet hatte, keine Sonderbehandlung gegenüber anderen Pilgern. Mahānāmo geleitete den Erhabenen zu der Einsiedelei, dachte aber: *»Es ist jetzt nicht an der Zeit, dem Erhabenen Gesellschaft zu leisten; der Erhabene ist müde.«* Er verabschiedete sich und ging. Am andern Morgen kam er wieder und begab sich zum Erhabenen. Der Erhabene sprach zu ihm:

»Folgende drei Arten von Meistern sind in der Welt zu finden. Welche drei? Da zeigt der eine Meister, wie man der Sinnensucht entrinnt, aber nicht, wie man den Formen entrinnt und wie man den Gefühlen entrinnt. Ein anderer Meister zeigt, wie man der Sinnensucht und den Formen entrinnt, aber nicht, wie man den Gefühlen entrinnt. Wieder ein anderer Meister zeigt, wie man der Sinnensucht und den Formen und den Gefühlen entrinnt. Das sind die drei Arten von Meistern, die in der Welt zu finden sind. Sind alle diese drei Meister gleich an Vollendung oder verschieden, Mahānāmo?« Auf diese Worte sprach der Kālāmer Bharaṇḍu zum Sakyer Mahānāmo: »Sag: gleich, Mahānāmo!« Darauf sprach der Erhabene zu Mahānāmo: »Sag: verschieden.« Ein zweites und drittes Mal sprach Bharaṇḍu, der Kālāmer zum Sakyer Mahānāmo: »Sag: gleich, Mahānāmo!« und sprach der Erhabene zu Mahānāmo: »Sag: verschieden.« Da dachte der Kālāmer Bharaṇḍu: »Vor dem mächtigen Sakyer Mahānāmo bin ich doch tatsächlich vom Asketen Gotamo drei Mal brüskiert worden. Da bleibt mir nichts übrig, als von Kapilavatthu wegzuziehen.« Er zog aus Kapilavatthu weg und kehrte nie mehr zurück. — Bei diesem Unglücksmenschen, der gar noch ein Einsiedler war, blieb also zunächst von der Begegnung mit dem Erwachten nicht das leiseste Empfinden für seine Erhabenheit – nur Gekränktheit.

Hans: Dabei hat der Buddha hier sogar genau erklärt, was die Erwachten vor allen Nichterwachten voraushaben: Viele Heilslehrer – die meisten Mystiker – lehren nur, über die Sinnensucht wegzukommen. Viel weniger Heilslehrer führen – wie etwa die beiden Lehrer des späteren Buddha – über alle Formwahrnehmung hinaus in eine von allen Formen und Begrenzungen freie »unendliche« Wahrnehmungsweise, in der nur noch grenzenloses reines

Wohlgefühl ohne irgendeine Gestaltwahrnehmung ist. Aber auch diese am wenigsten »dichte« Wahrnehmungsweise vergeht, und dann ist das betreffende Wesen, das vielleicht äonenlang nur an diese zarteste Wahrnehmungsweise gewöhnt war, dem Schmerz darüber wehrlos und ratlos ausgeliefert. Das durchschauen nur die Erwachten, die den Weg zum Entrinnen aus jeglicher Gefangenschaft in der Wahrnehmung zeigen.

Fritz: Wer freilich ein besseres Gespür als der unglückliche Bharaṇḍu hatte, der las die Erhabenheit des Erwachten, wenn nicht schon an seinem Aussehen und Auftreten, so doch an seinen Aussagen ab. Selbst Menschen, die ihn noch nie gesehen hatten, empfanden allein auf Grund der Nachrichten, die im Volk über ihn umliefen, dass es sich hier um ein Wesen von einmaliger Größe handeln musste, und scheuten oft weite Wege nicht, um ihn zu besuchen. Erinnern wir uns etwa an D 4: Sie zeigt eine besonders tröstliche Verbindung zwischen den heilenden Tugenden und dem Herzensfrieden, der bei heilender rechter Anschauung zum erlösenden Klarwissen führt: Da begründet der Brahmane Soṇadaṇḍo seinen Wunsch, gegen den Rat eines ganzen Brahmanenkongresses den Erwachten zu besuchen, unter anderem mit folgenden Worten: *»Er lehrt das Karmagesetz, das eigene Wirken: dass nichts früher gewirktes Böses ein endgültiges Hindernis für einen Menschen ist, der das brahmische Leben führt.«* Es ist also nie zu spät: Wer unermüdlich die heilenden Tugenden übt, gewinnt Herzensfrieden, neben dessen Wohl Sinnenwohl seinen Reiz verliert, so dass er davon zurücktritt. Jedes solche reife Zurücktreten bringt dem brahmischen Leben näher. Einem in diesem oder einem künftigen Leben zum brahmischen Leben Erwachsenen vermag dann früher gewirktes Böses nichts mehr anzuhaben.

Hans: Ist das eine fruchtbare Sicht des Karmagesetzes! Sonst wird bei Karma fast immer die »unerbittliche« Seite herausgestellt. Hier aber hebt der Buddha als das Wesentliche des Gesetzes von Saat und Ernte gerade hervor, dass früher Gewirktes noch so Schlechtes kein endgültiges Hindernis ist. Es gibt keine »ewige Verdammnis«. Es ist nie zu spät. Alles bedingt Entstandene kann nach und nach durch Aufheben der Bedingungen wieder aufgelöst werden! Ob sich Goethe hätte träumen lassen, wie weit seine Verszeile reicht »und das Gesetz nur kann uns Freiheit geben«?

Fritz: Der Brahmane zählt nun seine weiteren Gründe auf, warum es an ihm sei, den Erwachten zu besuchen, und nicht umgekehrt:

»Der Asket Gotamo, ihr Herren, ist aus hohem Haus, aus einem regierenden Herrscherhaus hinausgezogen, aus reichem Haus mit Geld und Gut in Fülle. Zu ihm kommen sie ja über Länder und Reiche her, um Fragen zu stellen. Beim Asketen Gotamo haben ungezählte Himmelswesen zeitlebens Zuflucht genommen. Ihm geht allenthalben der wunderbare Ruf voraus: ›Er ist der Erhabene, Geheilte, vollkommen Erwachte. Er verkündet eine Lehre, die nach Inhalt und Aussageweise schon von Anfang an hilft, auf der mittleren Stufe hilft und zum Ende hilft; das vollkommen hilfreiche, lückenlose, vollkommen lautere brahmische Leben zeigt er auf. Glücklich, wem es vergönnt ist, einen solchen Heilbringer zu erleben!‹ Der Asket Gotamo, ihr Herren, ist mit den 32 Merkmalen des großen Mannes begabt. Er heißt einen willkommen, spricht wie ein Freund, höflich, ohne zu bedrängen, offen und klar, auf das Vorangegangene eingehend. Er wird von den vier Ständen wertgehalten, hoch geschätzt, geachtet, geehrt und ausgezeichnet. Bei ihm haben viele Himmelswesen Frieden gefunden. Solange der Asket Gotamo in einem Dorf oder einer Stadt weilt, können Unholde den Menschen dort nichts anhaben. Der Asket Gotamo ist das Haupt eines Ordens, hat viele Nachfolger, ist der geistige Lehrer einer großen Gemeinde, er wird der höchste unter denen genannt, die dem Volk Glück und Zufriedenheit bringen. Aber so wie etliche Asketen und Brahmanen hie und da berühmt geworden sind – auf solche Art ist der Asket Gotamo nicht zu seinem Ruhm gekommen, sondern weil er in Wissen und Wandel vollkommen ist. Beim Asketen Gotamo haben ja der König von Magadha, Seniyo Bimbisāro, der König Pasenadi von Kosalo, der

Brahmane Pokkharasāti mit Frauen und Kindern zeitlebens Zuflucht genommen. — So viel, ihr Herren, weiß ich vom Rang des Herrn Gotamo. Doch nicht nur darauf beruht der Rang des Herrn Gotamo; denn von unermesslichem Rang ist der Herr Gotamo.«

Ein weiteres Beispiel, wie häuslich lebende Menschen die Art eines Erwachten nachempfinden können, und was sich daraus an lebendigem Wissen auch über die Lehre gewinnen lässt, bietet der Text

M 91 – BRAHMĀYU:

Einstmals war der Erhabene mit etwa 500 Mönchen auf der Wanderschaft durch das Land Videha. Damals lebte in Mithilā der Brahmane Brahmāyu, der war alt, ein ehrwürdiger Greis, in hohen Jahren, dem Tod nahe, 120 Jahre alt, ein Kenner der Drei Veden samt Erklärungen und Ritual, der Lautlehre und der Überlieferung als fünftem, ein Kenner der Verse und der Grammatik, welcher die Kennzeichen des großen Mannes mit Weltweisheit erklärte. Brahmāyu hatte von dem gewaltigen Ruf gehört, der dem Erwachten vorauseilte. Er sprach zu seinem Schüler Uttaro: »Da wandert doch jetzt der berühmte Asket Gotamo, der Sakyerprinz, der der Herrschaft über die Sakyer entsagt hat, mit einer großen Mönchsgemeinde, ungefähr 500 Mönchen, von Ort zu Ort durch das Land Videha. Diesem erhabenen Herrn Gotamo geht allenthalben der wunderbare Ruf voraus: ›Er ist der Erhabene, Geheilte, vollkommen Erwachte – Glücklich, wem es vergönnt ist, einen solchen Heilbringer zu erleben!‹ Lieber Uttaro, geh zum Asketen Gotamo, dem Sakyersohn, und sieh ihn dir an, ob er so ist wie der Ruf, der über ihn verbreitet wird, ob der Herr Gotamo diese Art hat oder nicht. Durch dich möchte ich den Herrn Gotamo kennen lernen.« — »Herr, wie soll denn ich erkennen, ob dieser Asket Gotamo so ist?« — »In den Sprüchen sind 32 Merkmale des großen Mannes überliefert, lieber Uttaro. Dem großen Mann, der sie aufweist, stehen nur zwei Wege offen, kein anderer: Wenn er in der Welt bleibt, wird er König werden, ein Weltkaiser, der als wahrer König der Gerechtigkeit dem Kontinent nach allen vier Grenzen als Sieger den Frieden sichert; sieben Kronjuwelen sind sein eigen: – Über tausend Söhne wird er haben, heldenhaft, Zerschmetterer fremder Heere. Er wird diese Erde bis zu den Grenzen des Ozeans gewaltlos, ohne Waffen durch Gerechtigkeit erobern und beherrschen. — Wenn er aber aus dem Haus in die Hauslosigkeit zieht, wird er als ein Geheilter, Vollkommen Erwachter der Welt den Schleier hinwegnehmen. Ich habe dir doch schon die Weisheitssprüche gesagt, lieber Uttaro, und du hast sie behalten.« — »So ist es, Herr«, sprach Uttaro, stand auf, grüßte den Brahmanen Brahmāyu mit gefalteten Händen und begab sich im Videherland in das Gebiet, wo der Erhabene auf der Wanderschaft war.

Er folgte seinem Zug und holte den Erhabenen ein. Beim Erhabenen angekommen, begrüßte er den Erhabenen ehrerbietig, wechselte höfliche, freundliche Worte mit ihm und setzte sich seitwärts. Seitwärts sitzend, suchte Uttaro am Körper des Erhabenen nach den 32 Merkmalen. Er fand sie bis auf zwei, wegen dieser war er unsicher und im Zweifel, war noch nicht zufrieden und hatte keine Ruhe. Der Erhabene merkte das. Da erzeugte der Erhabene eine solche magische Erscheinung, dass Uttaro diese beiden Merkmale erkennen konnte. Jetzt wusste Uttaro: »Der Herr Gotamo hat die 32 Merkmale des großen Mannes«, und er beschloss: »Da will ich mit dem Asketen Gotamo mitgehen, um sein Verhalten kennen zu lernen.« Sieben Monate lang ging nun Uttaro mit dem Erhabenen mit und wich ihm wie ein Schatten nicht von der Seite. Nach sieben Monaten machte er sich auf den Rückweg aus dem Videherland nach Mithilā. Als er dort beim Brahmanen Brahmāyu angekommen war, sprach Brahmāyu: »Ist der Herr Gotamo wirklich so wie der Ruf, der ihm vorausgeht und nicht anders? Ist der Herr Gotamo wirklich so und nicht anders?«

»Wahrhaftig, Herr: der Asket Gotamo ist so wie sein Ruf. Der Asket Gotamo ist so und nicht anders. Mit den 32 Merkmalen des großen Mannes ausgestattet ist der Asket Gotamo, Herr:« Und nun zählte Uttaro alle 32 körperlichen Merkmale auf. Diese Merkmale hat der Erwachte selber seinen Mönchen in der Rede D 30^{m} samt den karmischen Bedingungen ausführlich erläutert,

und nur mit dieser Erklärung werden sie verständlich.[12] Deshalb lese ich hier aus M 91 nur solche Merkmale vor, die manchen ein deutlicheres Bild von Aussehen und Verhalten des Erwachten vermitteln mögen als ein Foto und die in ihrer plastischen Sachlichkeit den Stempel des Augenzeugenberichts tragen:

»Wohlgebildete, fest auftretende Füße hat der Herr Gotamo, schlanke Fesseln, schmale Zehen, sanfte, zarte Hände und Füße, hochgewölbt wie eine Muschel ist der Fußrücken des Herrn Gotamo, gazellenbeinig ist der Herr Gotamo, wie Gold leuchtet er, dem Gold gleicht seine Hautfarbe; fein und glatt ist seine Haut, so fein und glatt, dass kein Staub oder Schmutz am Körper haften kann, heilig erhaben steht der Herr Gotamo da, strahlend. Löwenartig ist sein Oberkörper: Er ist breitschultrig, harmonisch gebaut wie ein Nigrodhafeigenbaum. Die Schultern des Herrn Gotamo sind ebenmäßig. Äußerst feinnervig ist der Herr Gotamo. Sein Kinn ist mächtig wie das eines Löwen. Die Zähne sind gleichmäßig, ohne Zwischenspalten, schneeweiß. Erhaben klingt seine Stimme; wohltönend spricht er wie der Kuckucksruf. Tiefschwarz sind die Augen des Herrn Gotamo; seine Wimpern sind wie die eines jungen Rindes. Zwischen den Augenbrauen ist dem Herrn Gotamo eine Flocke gewachsen, weiß und zart wie Baumwolle. Des Herrn Gotamo Haupt ist mächtig wie ein Turban. So weist der Herr Gotamo die Merkmale des großen Mannes auf. Mit diesen 32 Merkmalen des großen Mannes ist der Herr Gotamo ausgestattet.

Wenn der Herr Gotamo geht, setzt er den rechten Fuß zuerst voran. Er hebt die Füße nicht zu hoch und lässt sie nicht zu tief schleifen. Er geht nicht zu schnell und nicht zu langsam. Beim Gehen reibt er nicht die Knie aneinander und stößt nicht die Fußknöchel aneinander. Er schlenkert mit den Schenkeln nicht nach oben und nicht nach unten, nicht nach auswärts und nicht nach einwärts. Wenn der Herr Gotamo geht, bewegt sich nur sein Unterkörper. Er wuchtet nicht daher. Wenn der Herr Gotamo sich umblickt, dreht er sich mit dem ganzen Körper um. Wenn er geht, schaut er nicht nach oben, nicht nach unten; er schaut nicht umher, ein kurzes Stück nur schaut er vor sich hin. Demnach besitzt er höchste Wissensklarheit.

Wenn er ein Haus betritt, richtet er weder den Körper hoch auf noch zieht er ihn ein; er beugt ihn nicht und dreht ihn nicht. An den angebotenen Stuhl tritt er nicht zu weit und nicht zu nah heran. Er setzt sich auf den Stuhl, ohne sich mit der Hand daran festzuhalten, und er lässt auch nicht den Körper in den Stuhl fallen. Wenn er in einem Haus sich hingesetzt hat, macht er weder mit den Händen noch mit den Füßen unruhige Bewegungen. Er sitzt nicht mit übereinander geschlagenen Beinen und nicht mit übereinander gelegten Knöcheln, und beim Sitzen stützt er nicht das Kinn in die Hand. Sitzt er in einem Haus, so ist er nicht steif, aber er wackelt oder zittert oder schwankt auch nicht: Unbefangen, fest, unerschütterlich, unerregbar, allem Schrecken entgangen, im Frieden ewiger Abgeschiedenheit sitzt der Herr Gotamo da, wenn er in einem Haus ist.

Wenn er sich Wasser in die Schale eingießen lässt, dann hält er sie nicht zu tief und nicht zu hoch; er hält sie nicht schief und neigt sie nicht nach außen. Wenn er Wasser in die Schale erhält, nimmt er nicht zu wenig und nicht zu viel. Er wäscht die Schale aus, ohne zu plätschern und ohne sie herumzurollen. Er stellt zum Händewaschen die Schale nicht auf den Boden: Beim Händewaschen spült er die Schale aus, beim Ausspülen der Schale wäscht er die Hände. Das Wasser aus der Schale gießt er nicht zu weit weg und nicht zu nah aus und er spritzt dabei nicht. Wenn er Reisbrei erhält, dann hält er die Schale nicht zu tief und nicht zu hoch, hält sie nicht schief und neigt sie nicht nach außen, nimmt nicht zu wenig und nicht zu viel. Die Soße nimmt der Herr Gotamo nur als Soße: er taucht nicht die Bissen zu sehr hinein. Zwei bis drei Mal lässt der Herr Gotamo den Bissen im Mund herumgehen, dann erst schluckt er ihn, so dass kein Reiskorn bei ihm unzerkaut in den Körper gelangt und kein Reiskorn im Mund zurückbleibt; danach nimmt er den nächsten Bissen. Der Herr Gotamo nimmt die Nahrung mit Geschmacksempfindung auf, aber ohne Geschmacksgier. Achtfach

12 Näheres siehe HHMerkmale.

ausgezeichnet nimmt der Herr Gotamo die Nahrung auf: Nur als Nahrung, nicht zum Vergnügen, nicht um sich daran zu weiden, nicht aus Feinschmeckerei, nicht um schön auszusehen, sondern nur soweit es eben zur Erhaltung dieses Körpers dient, zur Lebenserhaltung, um Schaden zu vermeiden, um das brahmische Leben führen zu können, in dem Wissen: ›So werde ich das frühere Empfinden nicht aufkommen lassen; die Lebensvorgänge halte ich in Gang und bewahre mir Untadeligkeit und Freiheit von Beschwerden.‹ Er wäscht die Schale aus, ohne zu plätschern und ohne sie herumzurollen. Nach dem Mahl stellt er sie auf den Boden, nicht zu weit weg und nicht zu nah, und er geht mit ihr weder achtlos noch übervorsichtig um. Nach der Mahlzeit bleibt er kurze Zeit schweigend sitzen, doch widmet er sich nicht der Behaglichkeit. Hat er gegessen, dann ist er zufrieden; er beurteilt nicht das Essen und bittet nicht um mehr. Stets klärt er die Versammelten in einem Lehrgespräch auf, regt sie an, begeistert sie, macht sie ganz glücklich. Hat er sie durch ein Lehrgespräch aufgeklärt, angeregt, begeistert und beglückt, dann erhebt er sich von seinem Sitz und geht.

Er geht nicht zu schnell, nicht zu langsam und nicht als ob er sich unbemerkt entfernen wolle. Und das Gewand hängt dem Herrn Gotamo nicht zu kurz und nicht zu lang hinab; es liegt am Körper nicht zu eng und nicht zu lose an, und es wird auch nicht durch den Wind vom Körper des Herrn Gotamo weggeweht. Kein Staub und kein Schmutz bleibt am Körper des Herrn Gotamo hängen.

Wenn er einen Klostergarten betritt, setzt er sich an einer geeigneten Stelle nieder. Sitzt er, so wäscht er die Füße ab, aber er hält sich mit der Fußpflege nicht um der Schönheit willen auf. Hat er die Füße abgewaschen, dann setzt er sich mit gekreuzten Beinen nieder, den Körper gerade aufgerichtet, in Wahrheitsgegenwart nach innen gewandt. Er sinnt weder zu eigener noch zu anderer noch zu beiderseitiger Bedrängnis. Zum eigenen Segen, zum Segen der andern, zum gemeinsamen Segen, zum Segen der ganzen Welt sinnend sitzt der Herr Gotamo da.

Wenn er die Lehre einer Menschenmenge im Klostergarten darlegt, dann setzt er sie nicht herab und hebt sie nicht in den Himmel, sondern klärt sie in einem Lehrgespräch auf, regt sie an, begeistert sie, macht sie ganz glücklich. Achtfach ausgezeichnet ist die Stimme, die aus dem Mund des Herrn Gotamo tönt: Sie ist deutlich, vernehmlich, wohllautend, hört sich angenehm an, volltönend, nicht gebrochen, tief und von kraftvollem Klang. Soweit die Menschenmenge reicht, so weit lässt der Herr Gotamo seine Stimme dringen, er erhebt die Stimme nicht über die Menge der Menschen hinaus. Vom Herrn Gotamo durch das Lehrgespräch aufgeklärt, angeregt, begeistert, beglückt, stehen sie auf und sehen sich beim Weggehen immer wieder um und können sich kaum trennen.

Nun haben wir den Herrn Gotamo gehen sehen, haben ihn stehen sehen, haben ihn schweigend im Haus sitzen sehen, haben ihn im Haus das Mahl einnehmen sehen, haben ihn nach dem Mahl schweigend sitzen sehen, haben ihn nach dem Mahl in seiner Freundlichkeit gesehen, haben ihn in den Klostergarten gehen sehen, haben ihn schweigend im Klostergarten sitzen sehen, haben ihn der Menschenmenge, die in den Klostergarten gekommen ist, die Lehre darlegen sehen. So ist der Herr Gotamo, so ist der Herr Gotamo – und er ist noch viel mehr.«

Nach diesem Bericht erhob sich der Brahmane Brahmāyu von seinem Sitz, ordnete das Gewand über der einen Schulter, erhob die gefalteten Hände nach der Richtung, in der der Erhabene weilte und sprach drei Mal feierlich: »Verehrung dem Erhabenen, dem Heilen, Vollkommen Erwachten! Könnte ich doch nur ein Mal dorthin gehen, wo der Erhabene weilt! Könnte es doch zu einem Gespräch zwischen uns kommen!«

Nun wanderte der Erhabene vom Land der Videher von Ort zu Ort auf Mithilā zu, traf schließlich dort ein und ließ sich im Makhādevahain nieder. Die Brahmanen von Mithilā hörten das und auch der Brahmane Brahmāyu. Da machte er sich mit einer großen Schar von Schülern zum Makhādevahain auf. Er ließ sich beim Erhabenen durch einen seiner Schüler anmelden. »Wie es dem Brahmanen Brahmāyu beliebt, junger Mann.« Da begab sich der Brahmanenschüler zum

Brahmanen Brahmāyu und meldete ihm: »Herr, der Besuch ist vom Herrn Gotamo angenommen; wie es dir nun beliebt.« Der Brahmane Brahmāyu begab sich zum Erhabenen. Als die Menschenmenge den Brahmanen Brahmāyu von weitem kommen sah, da machte sie unter sich Platz für den hochverehrten, berühmten Mann. Doch der Brahmane Brahmāyu sprach zu der Menge: »Lasst es gut sein; bleibt nur auf euren Plätzen; ich will mich zum Asketen Gotamo setzen.« Nun trat der Brahmane Brahmāyu zum Erhabenen, begrüßte den Erhabenen ehrerbietig, wechselte höfliche, freundliche Worte mit ihm und setzte sich seitwärts. Seitwärts sitzend, suchte der Brahmane Brahmāyu am Körper des Erhabenen nach den 32 Merkmalen. Er fand sie bis auf zwei. Wegen dieser war er unsicher und im Zweifel, war noch nicht zufrieden und hatte keine Ruhe.

Deshalb fragte er den Erhabenen danach. Da erzeugte der Erhabene eine solche magische Erscheinung, dass der Brahmane Brahmāyu diese beiden Merkmale erkennen konnte und sprach den Brahmanen Brahmāyu mit folgender Strophe an:

»Die zweiunddreißig Merkmale des großen Manns, von denen du
gehört hast, weist mein Körper auf, Brahmane. Zweifle nun nicht mehr.
Ich weiß das, was man wissen muss. Was zu entfalten, weckte ich,
was aufzuheben, hob ich auf, Brahmane. Bin dadurch erwacht.
Zum Segen schon in dieser Welt, zum Wohl am andern Ufer auch
hier vorgelassen, frage nur nach allem, dem dein Sehnen gilt.«

Nun fragte sich der Brahmane Brahmāyu: »Ich bin vom Asketen Gotamo empfangen worden. Was soll ich ihn nun fragen: nach einem innerweltlichen Gegenstand oder nach dem andern Ufer? In den Dingen dieser Welt kenne ich mich aus; mögen andere nach Weltverhältnissen fragen. Ich will den Asketen Gotamo über das befragen, was über die Welt hinausgeht.« So sprach der Brahmane Brahmāyu zum Erhabenen folgende Strophe:

»Wie ist man als Brahmane echt? Wie wird man höchster Sehender?
Wie ist man ein Dreiwissender? Und wer wird ›ausgelernt‹ genannt?
Geheilt, Herr, sag, wie wird man das? Wie wird man ein Vollendeter?
Wann ist man ein Gestillter, Herr? Wen nennt man den Erwachten, sag?«

Der Erhabenen antwortete dem Brahmane Brahmāyu mit folgender Strophe:

»Wer seine frühern Leben kennt, die Himmel und die Höllen sieht,
Geburtenlauf beendet hat, allsehend ist, der ist gestillt.
Wer ganz das Herz geläutert weiß, von jeglichem Verlangen frei,
Geburt und Tod bezwungen hat, vollendete den Reinheitsweg.
Er überstieg Erscheinung ganz. ›Den Auferwachten‹ nennt man ihn«.

Auf diese Worte erhob sich der Brahmane Brahmāyu von seinem Sitz, ordnete das Gewand über der einen Schulter, warf sich dem Erhabenen zu Füßen, bedeckte des Erhabenen Füße mit Küssen, umschlang sie mit den Armen und nannte seinen Namen: »Der Brahmane Brahmāyu bin ich, Herr Gotamo, der Brahmane Brahmāyu bin ich, Herr Gotamo.« Da erfasste tiefe Ergriffenheit die Herzen der versammelten Menschen, und ein Raunen ging durch die Menge: »Wunderbar, ihr Lieben, einmalig ist wahrlich des Asketen Macht und Majestät, dass ein so hochangesehener, berühmter Mann wie der Brahmane Brahmāyu ihm solche höchste Ergebenheit bezeigt!«

Und der Erhabene sprach zu dem Brahmanen Brahmāyu: »Es ist gut, Brahmane. Steh auf und nimm deinen Sitz wieder ein, da dein Herz mir so zugetan ist.« Nun führte der Erhabene den Brahmanen Brahmāyu schrittweise in einem Lehrgespräch ein: Er sprach mit ihm über das Geben, über die Tugend, über himmlische Welt; er zeigte das Elend, die Sinnlosigkeit, die Beflecktheit der Sinnendinge und den Segen des Loslassens auf. Als der Erhabene sah, dass der Brahmane Brahmāyu im Herzen bereit, sanft, von Hemmungen frei, zu seinen höchsten Möglichkeiten erhoben, befriedet war, da gab er die Lehrdarlegung, mit welcher die Erwachten über alles hinausgehen: das Leiden, die Entwicklung, die Auflösung, den Weg. Wie ein reines fleckenloses Gewand sofort Farbe annimmt, so *ging dem Brahmanen Brahmāyu, noch während er da auf seinem Sitz saß, das staubfreie, fleckenlose Auge für die Wahrheit auf: »Was immer auch entstanden ist, muss alles wieder untergehen.« Die Wahrheit sehend, bei der Wahrheit angelangt, Wahrheit empfindend, in die Wahrheit eingetaucht, den Daseinszweifeln und -sorgen entronnen, fragenfrei geworden, selbstständig, auf keinen andern gestützt in der Anleitung des Meisters, sprach der Brahmane Brahmāyu zum Erhabenen: »Wunderbar, Herr Gotamo, wunderbar, Herr Gotamo«, nahm Zuflucht und lud den Erwachten samt der Mönchsgemeinde für den anderen Tag zum Mahl ein. »Bald nach dem Aufbruch des Erhabenen starb der Brahmane Brahmāyu. Da begaben sich viele Mönche zum Erhabenen und sprachen: »Herr, der Brahmane Brahmāyu ist gestorben. Welche Bahn ist er weitergegangen?« — »Weise ist der Brahmane Brahmāyu, ihr Mönche! Er hat sich ganz nach der Wahrheit gerichtet. Er hatte keinerlei Widerstreben gegen die Konsequenzen aus dem Lehrgespräch mit mir. Brahmāyu, der Brahmane ist nach Auflösung der fünf untenhaltenden Verstrickungen in geistunmittelbarer Gestalt erschienen, um von dort aus den Daseinsbrand endgültig zu löschen, nie mehr wiederzukehren nach dieser Welt.« So sprach der Erhabene. Die Mönche waren beglückt und erhoben von den Worten des Erhabenen.*

Ruth: Da war also dieser greise Brahmane schon nach seinen beiden ersten Begegnungen mit dem Erwachten Nichtwiederkehrer geworden! Aus diesem lebendigen Bild des Buddha erfährt man mehr über die Art des Erwachens und des Klarwissens des Heilsgängers als aus abstrakten Darstellungen.

Fritz: Das gilt auch von einer Rede, in welcher Sāriputto vor Mönchen die Fähigkeiten nennt, die einen Vollkommen Erwachten auszeichnen. Am Ende fordert der Buddha Sāriputto auf, sie auch immer wieder vor häuslichen Nachfolgern und Nachfolgerinnen vorzutragen; deshalb ist sie hier einzubeziehen. Es ist

DIE KLARHEIT SCHAFFENDE REDE – D 28.

Der ehrwürdige Sāriputto begab sich bei Nālanda im Mangohain von Pāvā zum Erhabenen und sprach: *»Darüber bin ich mir beim Erhabenen klar geworden, Herr: Keinen Asketen oder brahmisch Lebenden hat es gegeben und wird es je geben und gibt es derzeit, der weiter und universaler wissend ist als der Erhabene, und zwar wegen seiner Wachheit.« — »Ein gewaltiges Wort sprichst du da mit aller Bestimmtheit aus, Sāriputto, einen Löwenruf lässest du erschallen. Wie denn, Sāriputto, hast du das Gemüt aller einstigen Genesenen, Vollkommen Erwachten mit dem Gemüt rundum erkennend umfasst: ›So haben sich jene Erhabenen verhalten, so waren ihre Merkmale, so ihr Klarwissen, so ihr Dauerzustand, so ihre Erlösung‹?« — »Das nicht, Herr.« — »Wie denn, Sāriputto, hast du so das Gemüt aller künftigen Genesenen, Vollkommen Erwachten mit dem Gemüt rundum erkennend umfasst: ›So werden sich jene Erhabenen verhalten, so werden ihre Merkmale, ihr Klarwissen, ihr Dauerzustand sein, so ihre Erlösung‹?« — »Das nicht, Herr.« — Wie denn, Sāriputto, hast du bei mir, dem gegenwärtigen Genesenen, Vollkommen Erwachten, das Gemüt mit dem Gemüt rundum erkennend umfasst: ›So verhält sich der Erhabene, so sind seine Merkmale, so ist sein Klarwissen, sein Dauerzustand, seine Erlösung‹?« — »Das nicht, Herr.« — »So hast du also von den einstigen, den künftigen und dem gegenwärtigen Vollkommen Erhabenen keine Kenntnis aus unmittelbarem Umfassen des Gemüts im Gemüt. Wie kannst du da ein so gewaltiges Wort mit solcher Bestimmtheit aussprechen, den Löwenruf erschallen lassen, Sāriputto?«*

»Zwar habe ich von den einstigen, den künftigen und dem gegenwärtigen Vollkommen Erwachten keine Kenntnis aus unmittelbarem Umfassen des Gemüts im Gemüt. Und doch, Herr, ist das von mir durch Wahrheitsnachfolge[13] *gefunden worden: Es ist, Herr, wie wenn ein König eine befestigte Stadt an der äußersten Grenze hat, mit starken Mauern und einer Torbefestigung mit einem einzigen Stadttor; dort steht ein weiser, erfahrener, kluger Torwächter, der weist Unbekannte*

13 *dhamm-anvāya* = »der Wahrheit entlanggehend«.

ab und lässt nur ein, wen er kennt. Der geht den Rundweg um die Stadt ganz herum und kann in dem Wall keine Lücke und nicht einmal einen Durchschlupf für eine Katze finden. Da denkt er: ›Alle Wesen mit einem Fleischleib, die diese Stadt betreten oder verlassen, betreten oder verlassen sie nur durch dieses Tor.‹ In eben dieser Weise, Herr, ist es mir durch Wahrheitsnachfolge zur Gewissheit geworden: Die in vergangenen Zeiten Genesene, Vollkommen Erwachte waren, in künftigen Zeiten Genesene, Vollkommen Erwachte sein werden, alle diese sind durch Aufheben der fünf Hemmungen, durch Durchschauen der Trübungen des Gemüts als Lähmungen, wohlgefestigt in den vier Zuständen der Wahrheitsgegenwart, durch echt gewachsene Entfaltung der sieben Erwachungsglieder in der höchsten, vollkommenen Erwachung im erlösenden Wachheitswissen erwacht oder werden so erwachen. Und auch der Erhabene, Herr, der gegenwärtige Genesene, Vollkommen Erwachte, ist durch Aufhebung der fünf Hemmungen, durch Durchschauen der Trübungen des Gemüts als Lähmungen, wohlgefestigt in den vier Zuständen der Wahrheitsgegenwart, durch echt gewachsene Entfaltung der sieben Erwachungsglieder in der höchsten, vollkommenen Erwachung im erlösenden Wachheitswissen erwacht.

In dieser Wiedergeburt, Herr, bin ich zum Erhabenen gekommen, um die Wahrheit zu hören. Da hat mir der Erhabene die Wahrheit gezeigt, höher und höher, feiner und feiner, mit dem Gegensatz von Dunkel und Licht. In dem Maß, Herr, wie mir der Erhabene die Wahrheit gezeigt hat, höher und höher, feiner und feiner, mit ihrem Gegensatz von Dunkel und Licht und ich in dieser Lehre zu weltüberlegener Kenntnis (abhiññā) gekommen bin und bei den Erscheinungen dem einen Gesetz endgültig auf den Grund gekommen bin, da bin ich mir beim Meister klar geworden: Vollkommen erwacht ist der Erhabene. Bis zum Grund dargelegt[14] *ist vom Erhabenen die Wahrheit; auf dem richtigen Weg geht die Nachfolgergemeinde vor.*

Weiter aber, Herr, ist es unübertrefflich, wie der Erhabene die Lehre von den heilstauglichen Dingen darlegt: ›Das sind die heilstauglichen Dinge, nämlich die vier Zustände der Wahrheitsgegenwart, die vier rechten Kämpfe, die vier Fundamente der Geistesmacht, die fünf Heilssinne, die fünf Heilsstärken, die sieben Erwachungsglieder, der achtfältige Heilsweg.‹ Damit macht sich der Mönch durch Versiegen der Beeinflussungen die von Beeinflussungen freie Gemüterlösung, die Erlösung in Wahrwissen, zu Lebzeiten in weltüberlegener Schau offenbar und erreicht sie endgültig. Das ist das höchste unter den heilstauglichen Dingen. Das durchschaut der Erhabene restlos. Über das hinaus, was der Erhabene restlos durchschaut, gibt es nichts Höheres mehr zu erkennen, was ein anderer Asket oder brahmisch Lebender weiter und universaler erkennen könnte als der Erhabene, und zwar was die heilstauglichen Dinge betrifft.

Weiter aber, Herr, ist es unübertrefflich, wie der Erhabene die Lehre von der Beschreibung der Erlebnisspannungsfelder (āyatana) darlegt: Folgende sechs Innen-Außen-Erlebnisspannungsfelder gibt es, Herr: Augsinn samt Formen, Ohrsinn samt Tönen, Nasensinn samt Düften, Zungensinn samt Schmeckbarem, Körpersinn samt Tastbarem, Geistsinn samt Dingen. Das ist unübertrefflich, was die Beschreibung der Erlebnisspannungsfelder angeht. Das durchschaut der Erhabene restlos. Über das hinaus, was der Erhabene restlos durchschaut, gibt es nichts höheres mehr zu erkennen, was ein anderer Asket oder brahmisch Lebender weiter und universaler erkennen könnte als der Erhabene, und zwar was die Beschreibung der Erlebnisspannungsfelder angeht.

Weiter aber, Herr, ist es unübertrefflich, wie der Erhabene die Lehre von der Ankunft des Lebewesens (gabbhāvakkanti) darlegt.«

RUTH: Ach, diesen Teil der Rede haben wir ja schon bei der Frage des Schwangerschaftsabbruchs besprochen.[15]

FRITZ: Ja, Ruth. Da können wir gleich zum nächsten Punkt gehen. Sāriputto sagt:

14 *svākkhāto = su-akkhāto*; zur Bedeutung der Vorsilbe *su-* vgl. PED, S. 714.

15 Oben im 10. Gespräch.

»Weiter aber, Herr, ist es unübertrefflich, wie der Erhabene die Lehre von den Arten der Vorhersage (ādesana-vidha) darlegt: Vier Arten der Vorhersage gibt es, Herr: – Da beschreibt einer auf Grund von Anzeichen (nimitta): ›So ist dein Geist; in dieser Weise arbeitet dein Geist, so ist bei dir das Herz.‹ Auch wenn er noch so viel beschreibt: so ist es eben und nicht anders. — Weiter, Herr, beschreibt einer nicht auf Grund von Anzeichen, sondern er hört die Lautäußerungen menschlicher, untermenschlicher und übermenschlicher Wesen und gibt, nachdem er das gehört hat, an: ›So ist dein Geist; in dieser Weise arbeitet dein Geist, so ist bei dir das Herz.‹ Weiter, Herr, beschreibt einer nicht auf Grund von Anzeichen, hört auch nicht die Lautäußerungen von Wesen, sondern bei einem, der denkt und sinnt, vernimmt er durch Übertragung das gedachte Wort und gibt auf Grund dieser Erfahrung an: ›So ist dein Geist; in dieser Weise arbeitet dein Geist, so ist bei dir das Herz.‹ – Weiter Herr, beschreibt einer nicht auf Grund von Anzeichen, hört auch nicht Lautäußerungen von Wesen, und vernimmt auch nicht bei einem, der denkt und sinnt, durch Übertragung das gedachte Wort, sondern das Gemüt erkennt nach Eintritt in eine von Denken und Sinnen freie Einigung im Gemüt umfassend: ›Wie bei diesem Lieben die geistigen Wirksamkeiten (mano-sankhāra) gerichtet sind, so wird er, solchen Herzens, nun gleich diesen Gedanken denken.‹ Das ist unübertrefflich, und zwar was die vier Arten der Vorhersage angeht.

Weiter aber, Herr, ist es unübertrefflich, wie der Erhabene die Lehre vom Erreichen des Durchblicks (dassana) darlegt: Folgende vier Arten des Durchblicks gibt es, Herr: – Da hat ein Asket oder brahmisch Lebender in heißem Mühen, kämpfend, durch Üben, mit Unermüdlichkeit durch rechtes Einrichten der Geistestätigkeit (samma-manasikāra) eine solche Einigung des Gemüts errungen, dass er beruhigten Herzens eben diesen Körper von den Fußsohlen aufwärts und vom Scheitel abwärts, den hautüberzogenen, mit verschiedenerlei Unreinem gefüllten, betrachtet: ›Es gibt an diesem Körper Kopfhaare, Körperhaare, Nägel, Zähne, Haut, Fleisch, Sehnen, Knochen, Knochenmark, Nieren, Herz, Leber, Brustfell, Milz, Lunge, Dick- und Dünndarm, Magen, Kot, Galle, Schleim, Eiter, Blut, Schweiß, Fett, Tränen, Gewebeflüssigkeit, Speichel, Nasenschleim, Gelenkschmiere, Urin.‹ Das ist das Erreichen des ersten Durchblicks. — Weiter, Herr: Da hat ein Asket oder brahmisch Lebender eine ebensolche Einigung des Gemüts errungen. Wenn er so weit gekommen ist, geht er über Haut, Fleisch und Blut des menschlichen Körpers hinweg und hat das Skelett vor Augen. Das ist das Erreichen des zweiten Durchblicks. — Weiter, Herr: Da hat ein Asket oder brahmisch Lebender eine ebensolche Einigung des Gemüts errungen. Wenn er so weit gekommen ist und, über Haut, Fleisch und Blut des menschlichen Körpers hinweggehend, nur noch das Skelett vor Augen hat, erkennt er eines Menschen Suchlaufströmung (viññāna-sota), wie sie zwiefältig ununterbrochen ohne Grundlage fixiert ist auf ›diese Welt‹ und fixiert ist auf ›jene Welt‹. Das ist das Erreichen des dritten Durchblicks. — Weiter, Herr: Da hat ein Asket oder brahmisch Lebender eine ebensolche Einigung des Gemüts errungen. Wenn er so weit gekommen ist, dass er, über Haut, Fleisch und Blut des menschlichen Körpers hinweggehend, nur noch das Skelett vor Augen hat, erkennt er eines Menschen Erfahrungsströmung [auch dann noch], wenn sie nach beiden Seiten ununterbrochen weder auf eine Diesseitswelt noch auf eine Jenseitswelt fixiert ist. Das ist das Erreichen des vierten Durchblicks. Das ist unübertrefflich, Herr, was die Arten des Durchblicks angeht.

Weiter aber, Herr, ist es unübertrefflich, wie der Erhabene die Lehre von den Beschreibungen der Persönlichkeiten (puggala-paññatti) darlegt: Folgende sieben Arten von Persönlichkeiten gibt es, Herr: den Beiderseiterlösten, den Weisheiterlösten, den leibhaftigen Zeugen, den durch Anschauung Gereiften (diṭṭhi-p-patto), den durch Vertrauen Herausgelösten (saddhā-vimutto), den aus Anschauung Nachfolgenden (dhamm-anusāri), den aus Vertrauen Nachfolgenden (saddh-anusāri). Das ist unübertrefflich, Herr, was die Lehre von den Persönlichkeiten angeht.«

HANS: Seltsam, dass der Buddha hier als »Persönlichkeiten« nur Heilsgänger nennt!

Fritz: Die hier vom Buddha genannten Grade der endgültig Gesicherten werden wir bei unserem längst fälligen Gespräch über die Sicherheitsgrade genauer besprechen. Dazu hier nur so viel: Alle Nichtbelehrten – von den Höllenwesen bis zu den Geistwesen in den höchsten Wahrnehmungsbereichen – treiben letztlich wie Leichen im Mahlstrom des Durstes, des Werdeseins, des Erfahrungssuchlaufs dahin und können nichts bewegen, sind in der Gewalt des Herzens und in tiefer Ohnmacht des Geistes. Erst die Heilsgänger, vom schlichtesten aus Vertrauen Nachfolgenden an sind auf dem Weg aus dieser Ohnmacht zur wahren Geistesmacht, die gipfelt in der absoluten Freiheit von allen Beeinflussungen. Wenn man mit dem Ausdruck »Persönlichkeit« ein gewisses Maß von Selbstständigkeit, Macht und Freiheit verbindet, dann dürfte man genau genommen von »Persönlichkeit« nur bei Menschen sprechen, die dadurch Souveränität gewonnen haben, dass sie Leidhaftigkeit, Unbestand und Nichtselbstheit durchschaut haben und dabei sind, sich aus der Sklaverei von Hinneigung, Abneigung und Blendung freizuringen. — Sāriputto begründet nun seinen Löwenruf noch mehr:

»Weiter aber, Herr, ist es unübertrefflich, wie der Erhabene die Lehre von den Kämpfen darlegt: Folgende sieben Erwachungsglieder gibt es, Herr: Wahrheitsgegenwart als Erwachungsglied, Lehrergründung als Erwachungsglied, Energie als Erwachungsglied, geistiges Hochgefühl (pīti) als Erwachungsglied, Stillwerden (passaddhi) als Erwachungsglied, Herzenseinigung als Erwachungsglied, erhabener Gleichmut als Erwachungsglied. Das ist unübertrefflich, Herr, was die Kämpfe angeht.

Weiter ist es unübertrefflich, wie der Erhabene die Lehre von den Arten des Vorwärtskommens (paṭipadā) darlegt: Folgende vier Arten des Vorwärtskommens gibt es: die mühselige Art, die sich mit zäher Langsamkeit erschließt, die mühselige Art, die sich schnell erschließt, die wohl tuende Art, die sich mit zäher Langsamkeit erschließt, die wohl tuende Art, die sich schnell erschließt. Von diesen wird die mühselige Art, die sich mit zäher Langsamkeit erschließt, in zweifacher Hinsicht als gering angesehen: wegen ihrer Mühsal und wegen ihrer zähen Langsamkeit. Die mühselige Art, die sich schnell erschließt, wird wegen ihrer Mühsal als gering angesehen. Die wohl tuende Art, die sich mit zäher Langsamkeit erschließt, wird wegen ihrer zähen Langsamkeit als gering angesehen. Die wohl tuende Art, die sich schnell erschließt, wird in zweifacher Hinsicht als vorzüglich angesehen: wegen ihrer wohl tuenden Art und wegen ihrer Schnelligkeit. Das ist unübertrefflich, Herr, was die Arten des Vorwärtskommens angeht.

Weiter aber, Herr, ist es unübertrefflich, wie der Erhabene die Lehre vom rechten Gebrauch der Sprache (bhassa-samācāra) darlegt: Da gebraucht einer die Sprache ohne Verbindung zur Unwahrheit, nicht um zu glänzen, nicht entzweiend, nicht aus Rechthaberei, nicht um sich durchzusetzen: als klarwissender Sprecher zur Wandlung helfender Worte gebraucht er die Sprache, wie wenn er einen Schatz ansammelt, zur rechten Zeit. Das ist unübertrefflich, Herr, was den rechten Gebrauch der Sprache angeht.

Weiter aber, Herr, ist es unübertrefflich, wie der Erhabene die Lehre vom sittlichen menschlichen Verhalten in der Begegnung (purisa-sīla-samācāra) darlegt. Danach, Herr, soll man einzig der Wahrheit ergeben und zuverlässig sein, nicht hinterhältig, kein dröhnender Phrasendrescher, keiner, der orakelt, nicht trickreich und keiner, der einen Vorteil um den anderen herauszuschlagen versucht, sondern an den Toren der Sinne wacht, sein Maß beim Essen kennt, ausgeglichen im Handeln, der Übung der Wachsamkeit ergeben, unermüdlich, kraftvoll zum Aufbruch bereit, ein Kundiger, in Wahrheitsgegenwart, von feinem Ausdrucksvermögen, vorbildlich im Benehmen, entschlossen, empfindungsfähig (mutimā), aber nicht geiergierig, gedächtnisstark und klug. Das ist unübertrefflich, Herr, was das sittliche Verhalten eines Menschen in der Begegnung angeht.

Weiter aber, Herr, ist es unübertrefflich, wie der Erwachte die Wahrheit darlegt, je nachdem, wie einer der Anleitung folgt (anusāsana-vidhā): Vier Arten gibt es, Herr, wie einer der Anleitung folgt.

Der Erhabene erkennt den einzelnen anderen Menschen nach dessen auf den Grund gerichteter Geistestätigkeit: – ›Wenn dieser Mann so vorgeht, wie er angeleitet worden ist, dann wird er nach Aufhebung der drei Verstrickungen in die Heilsströmung eintreten und, nie mehr dem Abweg ausgeliefert, mit gesetzmäßiger Sicherheit dem vollen Erwachen entgegengehen.‹ — ›Wenn jener Mensch so vorgeht, wie er angeleitet worden ist, dann wird er nach Aufhebung der drei Verstrickungen und Verminderung von Hinneigung, Abstoßung und Blendung ein Einmalwiederkehrer: ein Mal nur noch kehrt er zu dieser Welt wieder und macht dem Leiden ein Ende.‹ — ›Wenn jener Mensch so vorgeht, wie er angeleitet worden ist, dann wird er nach Aufhebung der fünf untenhaltenden Verstrickungen unmittelbar in geistgebildeter Gestalt wieder erscheinen, um von dort aus den Daseinsbrand zu löschen, nie mehr der Wiederkehr zu dieser Welt ausgeliefert.‹ — ›Wenn dieser Mensch so vorgeht, wie er angeleitet worden ist, dann wird er sich durch Versiegen der Beeinflussungen die von Beeinflussungen freie Gemüterlösung, die Erlösung in Wahrwissen zu Lebzeiten in weltüberlegener Schau offenbarmachen und endgültig erreichen.‹ Das, Herr, ist unübertrefflich, was die Art und Weise der Darlegung der Wahrheit angeht, je nachdem wie einer der Anleitung folgt.

Weiter aber, Herr, ist es unübertrefflich, wie der Erhabene die Lehre im Wissen über die Erlösung anderer Menschen verkündet: – Der Erhabene erkennt den einzelnen anderen Menschen nach dessen auf den Grund gerichteter Geistestätigkeit: ›Dieser Mensch wird nach Aufhebung der drei Verstrickungen in die Heilsströmung eintreten und, nie mehr dem Abweg ausgeliefert, mit gesetzmäßiger Sicherheit dem vollen Erwachen entgegengehen.‹ — ›Jener Mensch wird nach Aufhebung der drei Verstrickungen und Verminderung von Hinneigung, Abneigung, Blendung ein Einmalwiederkehrer: Ein Mal noch zu dieser Welt wiedergekehrt, macht er dem Leiden ein Ende.‹ — ›Jener Mensch wird nach Aufhebung der fünf untenhaltenden Verstrickungen unmittelbar in geistgebildeter Gestalt wieder erscheinen, um von dort aus den Daseinsbrand zu löschen, nie mehr der Wiederkehr zu dieser Welt ausgeliefert.‹ — ›Jener Mensch wird durch Versiegen der Beeinflussungen die von Beeinflussungen freie Gemüterlösung, die Erlösung in Wahrwissen zu Lebzeiten in weltüberlegener Schau sich offenbarmachen und endgültig erreichen.‹ Das, Herr, ist unübertrefflich, was die Wahrheit vom Wissen über die Erlösung anderer Menschen angeht.«

Hans: Aber was da Sāriputto über das Wissen des Buddha von der Erlösung anderer Menschen sagt, ist doch dasselbe, was er vorher gesagt hat, *»wie der Buddha die Wahrheit darlegt, je nachdem, wie einer der Anleitung folgt«.*

Fritz: Nein. Beim ersten steht jetzt noch nicht fest, ob er auch wirklich der Anleitung folgt. Die inneren Wandlungsprozesse sind noch – in »determiniertem Chaos« – im Gang. Deshalb kann der Erwachte hier nur eine »Wenn-dann«-Prognose stellen. Beim zweiten steht der Ausgang dieser Prozesse schon fest: Deshalb kann hier der Erwachte sagen: er wird mit Sicherheit den und den Sicherheitsgrad erreichen:

»Weiter aber, Herr, ist es unübertrefflich, wie der Erhabene die Wahrheit über die Ewigkeitslehrer darlegt: Folgende drei Arten von Ewigkeitslehrern gibt es: – Da hat ein Asket oder brahmisch Lebender in heißem Mühen, kämpfend, durch Üben, mit Unermüdlichkeit, durch rechtes Einstellen des Geistes eine solche Einigung des Gemüts errungen, dass er stillen Herzens sich an manche verschiedene frühere Daseinsstätten mit allen Einzelheiten erinnert. Da sagt er sich: ›Lange vergangene Zeiten kenne ich. Die Welt hat sich entweder zusammengeballt oder ausgebreitet. Die Zukunft aber kenne ich nicht; da wird sich wohl die Welt entweder zusammenballen oder ausbreiten. Ewig ist das Selbst und ewig ist die Welt, steril, ohne Entwicklung, starr wie ein Pfeiler beharrt sie; die Wesen aber rieseln dahin, fließen um und um, fallen und steigen; es ist ewige Wiederkehr des Gleichen (sassati samam).‹ Das ist der erste Ewigkeitslehrer. — Weiter, Herr: Ein Asket oder brahmisch Lebender erinnert sich an manche verschiedenen früheren Daseinsstätten und sagt sich: ›Lange vergangene Zeiten kenne ich. Die Welt hat sich zusammengeballt und auch wieder

ausgebreitet. Und damit kenne ich doch wahrlich auch, was künftig noch kommen kann: die Welt wird sich entweder zusammenballen oder ausbreiten. Ewig ist Selbst und ewig ist Welt, steril, ohne Entwicklung, starr wie ein Pfeiler beharrt sie; die Wesen aber rieseln dahin, fließen um und um, fallen und steigen; es ist ewige Wiederkehr des Gleichen.‹ Das ist der zweite Ewigkeitslehrer.«

HANS: Ist das nicht gleiche wie beim ersten Ewigkeitslehrer?

RUTH: Ich meine nicht, Hans. Nur der Fehlschluss der beiden ist gleich. Aber in der Begründung ist der erste genauer: Der setzt seine Erinnerung an einen Teil der Vergangenheit nicht schon gleich mit Kenntnis der Zukunft: Er ist sich klar, dass seine Aussage über die Zukunft nicht auf eigener Erfahrung beruht, sondern nur eine Schlussfolgerung von ihm ist, eine Deutung, wie es in M 95 hieß, die zweierlei Ausgang haben kann. Aber er hält sie vorschnell für die einzig mögliche. Der zweite verwechselt Landkarte und Land: Er setzt Schlussfolgerung aus einer Teilbeobachtung mit Erfahrung des Ganzen gleich.

HANS: Ach so, ja natürlich!

FRITZ: Nun beschreibt Sāriputto die dritte Art der Ewigkeitslehrer: Sie unterscheidet sich von den beiden anderen nur dadurch, dass die anderen geschlossen hatten, von nun an werde sich die Welt entweder nur noch weiter zusammenballen oder nur noch weiter ausdehnen, während der dritte auf einen zyklischen Wechsel von Zusammenballen und Wiederausdehnung schließt.

HANS: Das entspricht ja ziemlich genau den Streitpunkten in der heutigen Astronomie und Astrophysik.

FRITZ: Eben. Nur dass die heutigen Naturwissenschaftler ausschließlich auf Schlussfolgerungen aus Beobachtungen des gegenwärtigen Kosmos angewiesen sind, während jene »Ewigkeitslehrer« sich immerhin auf ihre eigene Rückerinnerung an mehrere Weltzusammenballungs- und -wiederausbreitungszyklen stützen können.

Sāriputto führt nun noch mehr Gründe für seine Gewissheit über die Wachheit des Vollendeten an: *»Weiter aber, Herr, ist es unübertrefflich, wie der Erhabene die Lehre im Wissen von der Rückerinnerung an frühere Daseinszustände darlegt.«* Diese beschreibt Sāriputto zunächst mit den gleichen Worten wie bei den Ewigkeitslehrern, und wie wir es auch früher schon oft gehört haben. Aber er fügt noch hinzu: *»Da gibt es Himmelswesen, Herr, deren geballte Menge und deren Lebensdauer nicht berechnet werden kann. Aber in welcher Selbstgestaltung auch immer jemand früher eingewohnt war – gestalthaft oder gestaltlos, mit Wahrnehmung oder ohne Wahrnehmung oder weder mit Wahrnehmung noch ohne Wahrnehmung, an diese früheren Daseinsformen erinnert er sich mit allen Besonderheiten, mit allen Einzelheiten. Das, Herr, ist unübertrefflich, was die Wahrheit von der Rückerinnerung an frühere Daseinszustände angeht.*

Weiter aber, Herr, ist es unübertrefflich, wie der Erhabene das Wissen vom Hinschwinden und Wiedererscheinen der Wesen darlegt.« Die Beschreibung dieses Weisheitsdurchbruchs haben wir ja schon mehrmals gehört.

»Weiter aber, Herr, ist es unübertrefflich, wie der Erhabene die Lehre von den verschiedenen Arten der Geistesmacht darlegt. Zwei Arten der Geistesmacht gibt es, Herr: – Es gibt eine Art von Geistesmacht, die ist verbunden mit Beeinflussungen und mit Angenommenem-Aufgegriffenem (upadhi). Die wird unedel genannt. Es gibt, Herr, eine Art von Geistesmacht, die ist nicht verbunden mit Beeinflussung und mit Angenommenem-Aufgegriffenem. Die wird edel genannt. — Welche Art der Geistesmacht ist mit Beeinflussungen und Angenommenem, Aufgegriffenem verbunden und wird unedel genannt? Da hat ein Asket oder brahmisch Lebender in heißem Mühen und Kämpfen, durch Üben, mit Unermüdlichkeit, durch rechtes Einstellen des Geistes eine solche Einigung des Gemüts errungen, dass er auf Vielfaltweise Geistesmacht entfalten kann: etwa als nur einer vielfach werden und vielfach geworden wieder einer sein, oder unsichtbar werden oder in der Ferne erscheinen, oder durch Mauern, Wälle und Felsen hindurchgleiten wie durch leeren Raum,

auch in die Erde unter- und wieder auftauchen wie bei Wasser, auf dem Wasser zu wandeln, ohne unterzusinken, wie auf der Erde, sitzend durch den Raum zu fahren wie der Vogel mit seinen Fittichen, ja Sonne und Mond, die so mächtigen, so gewaltigen, zu berühren, sogar bis zur Brahmawelt den Körper in der Gewalt haben. Das, Herr, ist die Art von Geistesmacht, die verbunden ist mit Beeinflussung und Angenommenem, Aufgegriffenem und unedel genannt wird. — Welche Art der Geistesmacht ist nicht verbunden mit Beeinflussungen und Angenommenem, Aufgegriffenem und wird edel genannt? Da kann ein Mönch, wenn er sich vornimmt: ›bei Widerlichem will ich in einer von Widerlichkeit freien Wahrnehmung bleiben‹ dabei in einer von Widerlichkeit freien Wahrnehmung bleiben. Wenn er sich vornimmt: ›bei etwas, was mir nicht zuwider ist, will ich die Widerlichkeit wahrnehmen‹, so kann er das. Wenn er sich vornimmt: ›bei dem, was mir widerlich ist und bei dem, was mir nicht widerlich ist, will ich in einer von Widerlichkeit freien Wahrnehmung bleiben‹, so kann er das. Wenn er sich vornimmt: ›bei dem, was mir widerlich ist und bei dem, was mir nicht widerlich ist, will ich die Widerlichkeit wahrnehmen‹, so kann er das. Wenn er die Haltung bewahren will: ›Nichtwiderliches und Widerliches – beides will ich abtun und in erhabenem Gleichmut verweilen, in Wahrheitsgegenwart, mit klarem Bewusstsein‹, dann kann er das. Diese von Beeinflussungen und von Angenommenem-Aufgegriffenem freie Geistesmacht wird edel genannt. Das ist unübertrefflich, was die verschiedenen Arten der Geistesmacht angeht. Das durchschaut der Erhabene restlos. Über das hinaus, was der Erhabene restlos durchschaut, gibt es nichts höheres mehr zu erkennen, was ein anderer Asket oder brahmisch Lebender weiter und universaler erkennen könnte als der Erhabene, und zwar was die verschiedenen Arten der Geistesmacht angeht.

Was da von einem Sohn aus einer Familie durch Heilsvertrauen erreicht werden kann, durch zum Aufbruch bereite Energie, Standhaftigkeit und Mannhaftigkeit, durch Manneskraft, männliche Energie, männliches Ertragen, das ist vom Erhabenen erreicht worden. Und der Erhabene hat sich nicht inmitten der Sinnesgenüsse einem bequemen Leben hingegeben und mit Niederem, Gemeinem, Gewöhnlichem, Unedlem verbunden, und da er auch nicht der Selbstkasteiung verfallen ist, der schmerzhaften, unedlen, sinnlosen, konnte der Erhabene die vier Entrückungen, die über die gewöhnliche Gemütshaltung erhabenen, die schon in dieser Wiedergeburt in reinem Wohl weilen lassen, nach Wunsch mühelos und ungehindert erlangen.

Wenn man mich fragen würde: ›Wie ist es, Freund Sāriputto: Hat es in der Vergangenheit andere Asketen oder brahmisch Lebende gegeben, die weiter und universaler wissend waren als der Erhabene, und zwar in der Wachheit?‹ – so würde ich antworten: ›Nein.‹ Wenn man mich fragen würde: ›Wie ist es, Freund Sāriputto: Wird es in der Zukunft andere Asketen oder brahmisch Lebende geben, die weiter und universaler wissend sind als der Erhabene, und zwar in der Wachheit?‹, so würde ich antworten: ›Nein.‹ Wenn man mich fragen würde: ›Wie ist es, Freund Sāriputto: Gibt es in der Gegenwart andere Asketen oder brahmisch Lebende, die weiter und universaler wissend sind als der Erhabene, und zwar in der Wachheit?‹, so würde ich antworten: ›Nein.‹ Wenn man mich aber fragen würde: ›Wie ist es, Freund Sāriputto: Hat es in der Vergangenheit andere Asketen oder brahmisch Lebende gegeben, die dem Erhabenen in der Erwachung vollkommen gleich waren, wird es in der Zukunft andere Asketen oder brahmisch Lebende geben, die dem Erhabenen in der Erwachung vollkommen gleich sein werden?‹, so würde ich antworten: ›Ja.‹ Wenn man mich fragen würde: ›Wie ist es, Freund Sāriputto: Gibt es in der Gegenwart irgendeinen andern Asketen oder brahmisch Lebenden, der dem Erhabenen in der Erwachung vollkommen gleich ist?‹, so würde ich antworten: ›Nein.‹ Wenn man mich aber fragen würde: ›Freund Sāriputto, Warum sagst du das eine Mal ja und das andere Mal nein?‹, so würde ich antworten: ›Aus dem eigenen Mund des Erhabenen habe ich gehört, aus seinem eigenen Mund vernommen: Es hat in den vergangenen Zeiten Genesene, Vollkommen Erwachte gegeben, und es wird in künftigen Zeiten Genesene, Vollkommen Erwachte geben, die mir in der Erwachung vollkommen gleich waren und gleich sein werden.‹ Aus dem eigenen Mund des Erhabenen habe ich gehört, aus seinem eigenen Mund vernommen: ›Das gibt es nicht, das ist ausgeschlossen, dass in ein und derselben vorgefundenen Erlebniswelt (loka-dhātu) zwei Genesene, Vollkommen Erwachte gleichzeitig erscheinen. Das ist unmöglich.‹«

Hans: Wieso ist das unmöglich?

Fritz: Weiß ich nicht. Darüber hat der Erwachte nichts gesagt. Selbst der große Sāriputto betont, dass er in diesem Punkt nur nach seinem begründeten Vertrauen in das geht, was er vom Erwachten gehört hat. Es dürfte sich hier um ein Strukturgesetz der Wahnbildung handeln, das nur ein Vollkommen Erwachter mit seiner ungeheuren Weisheitskraft sehen kann, die auch die letzten Winkel des Wahnnebels durchdringt und weit über das zum »bloßen« Erwachen Nötige hinausreicht.

Der Buddha hat übrigens nicht gesagt (wie meist viel zu »objektivistisch« übersetzt wird), es könnten »in ein und demselben Weltsystem« nicht gleichzeitig zwei Vollkommen Erwachte erscheinen, sondern in ein und demselben *»loka-dhātu«*. Das heißt ganz einfach, eine Wahrnehmung, in der eine »Welt« als Gegebenheit (*dhātu*) vorgefunden wird, in der gleichzeitig zwei Vollkommen Erwachte vorkommen, ist eine unmögliche Wahrnehmung. Um auszudrücken, dass es hier nicht um »objektive Welten« geht, sondern um Welt-Erleben, um (Wahn-)Wahrnehmung, habe ich daher *loka-dhātu* mit »Erlebniswelt« übersetzt. — Nun fragt Sāriputto abschließend:

»Wenn ich auf eine solche Frage so antworte, Herr, habe ich dann im Sinn des Erhabenen geantwortet, habe ich mich nicht zu Unrecht auf den Erhabenen berufen; habe ich im Einklang mit der Lehre gesprochen, und setzt sich jemand, der das weitersagt, auch keiner Beanstandung aus?« — »Gewiss, Sāriputto, hast du bei einer solchen Antwort auf diese Frage in meinem Sinn gesprochen; du hast dich nicht zu Unrecht auf mich berufen, sondern im Einklang mit der Lehre gesprochen, und wer das weitersagt, setzt sich keiner Beanstandung aus.«

Auf diese Worte sprach der ehrwürdige Udāyi zum Erhabenen: »Wunderbar, Herr, einmalig ist des Vollendeten Bescheidenheit, Zufriedenheit, Gelassenheit, mit welcher der Vollendete mit seiner gewaltigen Geistesmacht, seiner gewaltigen Erhabenheit doch niemals ein ›Selbst‹ zur Schau stellen wird. Wenn Pilger anderer Schulen auch nur eine einzige dieser Eigenschaften bei sich feststellen könnten, dann würden sie sie sofort herumzeigen. Wunderbar, Herr, einmalig ist des Vollendeten Bescheidenheit, Zufriedenheit, Gelassenheit, mit welcher der Vollendete mit seiner gewaltigen Geistesmacht, seiner gewaltigen Erhabenheit doch niemals ein ›Selbst‹ zur Schau stellen wird.« — »Denke darüber nach, Udāyi: über des Vollendeten Bescheidenheit, Zufriedenheit, Gelassenheit, mit welcher der Vollendete mit seiner gewaltigen Geistesmacht, seiner gewaltigen Erhabenheit doch niemals ein ›Selbst‹ zur Schau stellen wird. Wenn Pilger anderer Schulen auch nur eine einzige dieser Eigenschaften bei sich feststellen könnten, Udāyi, dann würden sie sie sofort als ihr besonderes Kennzeichen herumzeigen. Denke darüber nach, Udāyi.«

Hans: Warum legt denn der Buddha solchen Nachdruck darauf, dass Udāyi über die Bescheidenheit des Vollendeten nachdenken soll? Das ist doch keine Eigenschaft, die nur die vollkommen Erwachten auszeichnet.

Ruth: Ich könnte mir denken, er will gerade deshalb Udāyi zum Nachdenken darüber bringen, dass ein Vollendeter nicht nur aus Bescheidenheit kein Selbst zur Schau stellt. Denn das würde bedeuten, dass der Buddha dächte: »Ich habe zwar ein feines Selbst, aber ich stelle es nicht heraus; weil das unbescheiden wäre.« Aber die Wachheit des Vollendeten besteht ja gerade darin, dass er aus dem »Ich-Traum« und »Welt-Traum« aufgewacht ist und sieht: Hinter allen fünf Zusammenhäufungen, die er wie wir alle, anfangslos als vermeintliches Selbst umsorgt und verteidigt hatte, steckt gar kein »Selbst«, das herausgestellt werden könnte oder verteidigt werden müsste.

Hans: Das stimmt, Ruth. Darauf bin ich gar nicht gekommen.

Fritz: Ich bin auch erst kürzlich darauf gekommen. Aber Ruth hat völlig Recht. Der Text schließt: Nun wandte sich der Erhabene an den ehrwürdigen Sāriputto: *»Deshalb, Sāriputto, trage diese Darlegung der Wahrheit immer wieder den Mönchen und Nonnen, den häuslich lebenden Anhängern und Anhängerinnen vor. Denn wenn einmal die einen oder anderen unter ihnen in ihrer Begrenztheit am Vollendeten schwankend oder unsicher werden sollten, dann kann ihnen, wenn sie diese Darlegung der Wahrheit vernehmen, ihr Schwanken und ihre Unsicherheit behoben werden.« So hat der ehrwürdige Sāriputto im Angesicht des Erhabenen seine vollkommene Klarheit geoffenbart. Deshalb heißt diese Darlegung: »Die Klarheit schaffende Rede«.*

Ruth: Es ist wirklich erstaunlich, wie viel Weisheit über das höchste Heils-Ziel allein schon aus diesen verschiedenen Betrachtungen über den Buddha fließt, also aus dem lebendigen Beispiel dessen, der dieses Ziel ohne fremde Hilfe selber entdeckt und verwirklicht hat und von sich sagen konnte: *»Wer mich sieht, der sieht die Lehre, und wer die Lehre sieht, der sieht mich«!*

Hans: Das ist wahr! Da geht ja die Erinnerung an die Wachheit des Vollendeten über in die Erinnerung an die einmalige Qualität seiner Lehre. Was gibt es denn für Texte als Anregung zur Erinnerung an die Lehre?

2.) DIE ERINNERUNG AN DIE LEHRE

Fritz: Denken wir nur an die Rede »frei von Dogmen«, M 60, und an die 12 Stufen, um an die Wahrheit zu kommen in M 95.

Ruth: Mit die schönste Erinnerung an die Lehre scheint mir D 11, die Rede über die drei Arten von Wundern, deren größtes die Belehrung ist. Ich finde es so gut, dass diese Erinnerung nicht auf ihre abstrakten Inhalte bezogen ist, sondern auf ihre Qualitäten, die sie zu dem einzigen wahren Wunder machen: ihre Gewinnbarkeit nicht durch den bloßen Verstand, sondern durch Herzenswandlung und ihre Nachvollziehbarkeit im eigenen Leben. Wenn ich mich daran erinnere, dann lockt es mich, mir auch die Inhalte selber wieder heranzuholen, sie zu betrachten, sie immer mehr in meinem Leben wieder zu erkennen, danach zu leben und mich zu wandeln. Dadurch geht mir mehr und mehr die Lehre auf. Manche langen Begriffsreihen, die ich früher nie behalten konnte, kann ich gut behalten, wenn ich sie in meinem Leben wieder erkenne. Das haben wir ja auch schon deutlich gesehen an der Rede, in der Ānando dem Bürger von Aṭṭhakam die elf Tore zum Nirvāna so gezeigt hat, dass es ihm sofort eingeleuchtet hat.

Fritz: Du meinst M 52. Es gibt noch mehr Reden, in denen die Qualität der Lehre ähnlich beschrieben wird. Vor allem bei zweien kann einem Nachfolger Klarwissen aufgehen. Es sind die Reden M 27 und M 30.

Hans: Lass hören!

Fritz: Beginnen wir mit M 27. Da wird der enge Zusammenhang zwischen der Erinnerung an den Vollendeten und der Erinnerung an die Lehre deutlich:

M 27 – DIE ELEFANTENSPUR I.

Als der Erhabene wieder einmal in Sāvatthī im Jetahain im Kloster Anāthapiṇḍikos weilte, fuhr der Brahmane Jānussoni, der damals den Erwachten noch nicht kannte, in der Morgenfrühe in einem Wagen mit weißem Verdeck aus Sāvatthī hinaus. Da traf er den Pilger Pilotiko, der gerade vom Erhabenen kam, und fragte ihn: *»Sieh da, wo kommt denn der Herr Vacchāyano*[16] *so früh am Morgen her?« — »Von dort komm ich her, Lieber, vom Asketen Gotamo.« — »Was meint der Herr Vacchāyano, hat der Herr Gotamo vollkommenes Klarwissen? Man hält ihn für einen der Weisen.« — »Wer bin ich, Lieber, dass ich die Vollkommenheit des Klarwissens des Asketen Gotamo fassen könnte! Nur einer, der ihm gleicht, könnte sie erfassen!« — »Da spricht der Herr Pilotiko dem Asketen Gotamo aber wahrlich ein gewaltiges Lob!« — »Wer bin ich, Lieber, dass ich den Asketen Gotamo loben dürfte: Von den Gepriesenen gepriesen wird ja der Herr Gotamo. Der Meister der*

16 Name von Pilotokos Stamm, s. Proper Names, Bd. II, S. 211.

Himmelswesen und Menschen ist er.« — »Aus welchem Grund ist denn der Herr Vacchāyano beim Asketen Gotamo zu einem solchen Schluss gelangt?« — »Mir ist es gegangen, Lieber, wie einem kundigen Elefantenfänger, der in den Elefantenwald gegangen ist und in dem Wald eine mächtige Elefantenspur entdeckt, groß und ausgeprägt in Länge und Breite. Da käme er zu dem Schluss: ›Das ist wahrhaftig ein mächtiger Elefant.‹ So bin ich, als ich gleichsam die vier Fußspuren des Asketen Gotamo sah, zu dem Schluss gekommen: ›Das ist ein Vollkommen Erwachter, das ist der Erhabene; wohlverkündet ist vom Erhabenen die Wahrheit; wohlvertraut damit ist die Gemeinde der Nachfolger.‹ Und welche vier Spuren waren das? Ich kenne ja manche gelehrte Adlige, Brahmanen, Bürger, mein Lieber, feine, gewiefte Dialektiker, die mit ihrem Scharfsinn falsche Theorien gleichsam in der Luft zerreißen. Die hören: ›Der Asket Gotamo wird auf seiner Wanderschaft unser Dorf oder unsere Stadt besuchen.‹ Da stellen sie eine Frage zusammen: ›Wenn der Asket Gotamo kommt, dann wollen wir ihm diese Frage vorlegen. Wenn er darauf so antwortet, dann werden wir seine Rede auf diese Weise widerlegen, und wenn er so antwortet, dann werden wir seine Rede auf jene Weise widerlegen.‹ Dann hören sie: ›Der Asket Gotamo ist angekommen.‹ Sie gehen zu ihm. Da klärt sie der Asket Gotamo im Gespräch über die Wahrheit auf, gibt ihnen die entscheidenden Anstöße, begeistert sie und beglückt sie; vom Asketen Gotamo im Gespräch über die Wahrheit aufgeklärt, angeregt, begeistert, beglückt, stellen sie dem Asketen Gotamo nicht einmal ihre Frage, keine Rede von Widerlegen: durchweg bekennen sie sich sogar als Anhänger des Asketen Gotamo. Als ich diese ersten drei Spuren sah, da kam ich beim Asketen Gotamo zu der Gewissheit: ›Das ist ein Vollkommen Erwachter, das ist der Erhabene; wohlverkündet ist vom Erhabenen die Wahrheit; wohlvertraut damit ist die Gemeinde der Nachfolger.‹ – Weiter, mein Lieber: Ich kenne andere gelehrte Pilger, feine, gewiegte Dialektiker; denen geht es genauso, und durchweg bitten sie den Asketen Gotamo, bei ihm das Asketenleben führen zu dürfen. Er nimmt sie auf. In diesen Orden aufgenommen, verweilen sie einsam, abgesondert, unermüdlich, in heißem, innigem Streben, voll Entschlossenheit. Und in dieser asketischen Zucht durchhaltend, verwirklichen sie nach gar nicht langer Zeit noch zu Lebzeiten in universalem Bewusstsein für immer jenes Ziel, um dessentwillen edle Söhne aus dem Haus in die Hauslosigkeit ziehen: die höchste Vollendung des brahmischen Lebens. Die sagen: ›Lieber, wir müssen wahnsinnig, geistesverwirrt gewesen sein, als wir uns früher, als wir keine Asketen waren, für Asketen hielten, als wir keine Reinen waren, für Reine hielten, als wir keine Genesenen waren, für Genesene hielten. Jetzt sind wir Asketen, Reine, Genesene.‹ Sobald ich beim Asketen Gotamo diese vier Spuren erkannt hatte, Lieber, da stand für mich fest: ›Das ist ein Vollkommen Erwachter, das ist der Erhabene; wohlverkündet ist vom Erhabenen die Lehre; wohlvertraut damit ist die Gemeinde der Nachfolger.‹«

Auf diese Worte stieg der Brahmane Jānussoni vom Wagen ab, ordnete das Gewand über der einen Schulter, verneigte sich drei Mal mit gefalteten Händen nach der Richtung, in welcher der Erhabene weilte und rief drei Mal feierlich aus: »Verehrung dem Erhabenen, dem Heilen, Vollkommen Erwachten! – Auf der Stelle will ich zum Erhabenen gehen. Auf der Stelle möchte ich ein Gespräch mit dem Erhabenen.« Er begab sich zum Erhabenen und berichtete das ganze Gespräch mit dem Pilger Pilotiko. Da sprach der Erhabene zum Brahmanen Jānussoni:

»Bis hierher, Brahmane, ist der Vergleich mit der Elefantenspur erst unvollständig ausgeführt. Wie aber der Vergleich mit der Elefantenspur vollständig wird, das höre nun und achte gut auf meine Worte.« — »Ja, Herr«, sprach der Brahmane Jānussoni zum Erhabenen.« Der Erhabene sprach: »Es ist, Brahmane, wie wenn ein kundiger Elefantenfänger in den Elefantenwald gegangen ist und dort eine mächtige Elefantenspur entdeckt hat, groß und ausgeprägt in Länge und Breite. Ein kundiger Elefantenfänger kommt nicht schon deshalb zu dem Schluss: ›Das ist wahrhaftig ein mächtiger Elefant.‹ Und warum nicht? Es gibt ja im Elefantenwald Elefantenweibchen mit großen Füßen, die man ›Zwerginnen‹ nennt, und ihre Spur könnte es sein. — Er verfolgt die Spur weiter, und indem er sie weiterverfolgt, findet er eine mächtige Elefantenspur, groß und ausgeprägt in

Länge, Breite und Höhe. Ein kundiger Elefantenfänger kommt da nicht gleich zu dem Schluss: ›Das ist wahrhaftig ein mächtiger Elefant.‹ Und warum nicht? Es gibt ja Elefantinnen mit hochstehenden Hauern und großen Füßen, die man ›Hochzahnige‹ nennt. Ihre Spur könnte es sein. — Er verfolgt die Spur weiter, und findet im Elefantenwald eine mächtige Elefantenspur, groß und ausgeprägt in Länge und Breite und Höhe mit hoch oben von den Hauern zerkerbten Zweigen. Ein kundiger Elefantenfänger kommt nicht schon deshalb zu dem Schluss: ›Das ist wahrhaftig ein mächtiger Elefant.‹ Und warum nicht? Es gibt ja im Elefantenwald Elefantinnen mit hohem Rumpf und großen Füßen, die man ›Hochrumpfige‹ nennt. Deren Spur könnte es sein. — Er verfolgt die Spur weiter, und findet im Elefantenwald eine mächtige Elefantenspur, groß und ausgeprägt in Länge, Breite und Höhe mit hoch oben von den Hauern zerkerbten Zweigen und mit ganz oben abgerissenen Büscheln von Zweigen, und er erblickt den Elefanten am Fuß eines Baumes oder auf einer Lichtung, wie er da geht oder steht oder sitzt oder liegt. Nun hat er die Gewissheit: ›Das ist wirklich ein großer Elefant.‹ Ebenso erscheint da der Vollendete in der Welt, der Genesene, Vollkommen Erwachte, der durch Wissen und Wandel Angelangte, der zum Wohl Gekommene, der Kenner der Welt, der unvergleichliche Lenker der anleitungsbedürftigen Menschen, der Meister der Himmelswesen und Menschen, der Erwachte, der Erhabene. Der verkündet eine Lehre, die nach Inhalt und Aussageweise am Anfang heilt, in der Mitte heilt und am Ende heilt. Er führt das vollständig abgeschlossene, völlig reine brahmische Leben ein.«

Und nun schildert der Erwachte, wie so oft, den ganzen Tathāgatagang, den Weg seiner asketischen Nachfolger, bis zu allen drei Weisheitsdurchbrüchen. *»War der Heilsgänger aus den bisherigen Gründen noch nicht zu der höchsten Gewissheit gekommen: ›Vollkommen erwacht ist der Erhabene, wohlverkündet ist vom Erhabenen die Wahrheit, wohlvertraut damit ist die Gemeinde der Heilsgänger‹, so kommt er nun zu dieser höchsten Gewissheit. Bei einem, der so erkennt, so sieht, wird das Herz erlöst von allen Beeinflussungen aus Sinneseindrücken, aus Dasein, aus Wahn. Wenn es erlöst ist, dann ist das Wissen: ›es ist erlöst‹; zersprengt ist Geburt, vollendet das brahmische Leben, die Aufgabe gelöst. ›Nicht mehr ist diese Welt‹, – das versteht er nun. Das aber wird die Spur des Vollendeten genannt, die Bahn des Vollendeten, die Furche des Vollendeten. Und hier ist nun ein erfahrener Heilsgänger zu der endgültigen Gewissheit gelangt: ›Vollkommen erwacht ist der Erhabene, wohlverkündet ist vom Erhabenen die Lehre, wohlvertraut damit ist die Gemeinde der Heilsgänger.‹ Damit, Brahmane, ist nun der Vergleich mit der Elefantenspur vollständig ausgeführt.« Da nahm der Brahmane Jānussoni zum Erhabenen Zuflucht.*

Und nun die zweite Rede:

M 30 – DIE KURZE REDE ÜBER DAS GLEICHNIS VOM KERNHOLZ.

Da fragte in Sāvatthī im Jetahain im Kloster Anāthapiṇḍikos der Brahmane Pingalakoccho den Erhabenen: *»Jene Asketen und Brahmanen, Herr Gotamo, die einen großen Anhang von Schülern haben, Lehrer von vielen, bekannte, berühmte geistige Führer wie Makkhali Gosālo, Ajito Kesakambalo, Pakudho Kaccāyano, Sañjayo Belaṭṭhaputto, Nigaṇtho Nāthaputto – haben die alle, wie sie behaupten, die Wahrheit erkannt oder alle nicht, oder haben einige die Wahrheit erkannt und andere nicht?« — »Lass es gut sein, Brahmane, ob sie alle oder alle nicht die Wahrheit erkannt haben oder einige die Wahrheit erkannt haben und andere nicht. Ich werde dir die Wahrheit zeigen, Brahmane. Höre sie, und achte gut auf meine Worte.« — »Ja, Herr«, antwortete der Brahmane Pingalakoccho. — Der Erhabene sprach: »Stelle dir vor, Brahmane, ein Mann braucht Kernholz, geht auf die Suche nach Kernholz, hält Ausschau nach Kernholz. Der würde bei einem mächtigen Baum, der voll Kernholz dasteht, über Kernholz, Grünholz, die Rinde und Geäst hinweggehen, einen belaubten Zweig abschneiden, mitnehmen und fortgehen in der Meinung: ›Das ist Kernholz.‹ Wenn den ein Mann gesehen hätte, der einen Blick dafür hat, würde der sich sagen: ›Dieser gute Mann hat tatsächlich nicht gewusst, was Kernholz, Grünholz, Rinde, Geäst, ein belaubter Zweig ist! Da geht nun dieser gute Mann, der Kernholz braucht, auf die Suche nach Kernholz, hält Ausschau* *nach Kernholz; aber bei dem mächtigen Baum, der voll Kernholz dasteht, da geht er über Kernholz, Grünholz, Rinde, Geäst weg, schneidet einen belaubten Zweig ab, nimmt ihn mit und geht fort in der Meinung, das sei Kernholz! Den kann er zu dem Zweck, zu dem er Kernholz benötigt, nicht brauchen.‹*

Oder stelle dir vor, ein Mann, der Kernholz braucht, auf die Suche nach Kernholz geht, Ausschau nach Kernholz hält, würde bei einem mächtigen Baum, der voll Kernholz dasteht, über Kernholz, Grünholz, Rinde hinweggehen und einen Ast abschneiden, mitnehmen und fortgehen in der Meinung: ›Das ist Kernholz.‹ Wenn den ein Mann gesehen hätte, der einen Blick dafür hat, würde der sich sagen: ›Dieser gute Mann hat tatsächlich nicht gewusst, was Kernholz, Grünholz, Rinde, Geäst ist! Da geht nun dieser gute Mann, der Kernholz braucht, auf die Suche nach Kernholz, hält Ausschau nach Kernholz, aber bei dem mächtigen Baum, der voll Kernholz dasteht, da geht er über Kernholz, Grünholz, Rinde hinweg und schneidet einen Ast ab. — Den kann er zu dem Zweck, zu dem er Kernholz benötigt, nicht brauchen.‹

Oder stelle dir vor, Brahmane, ein Mann, der Kernholz braucht, auf die Suche nach Kernholz geht, Ausschau nach Kernholz hält, würde bei einem mächtigen Baum, der voll Kernholz dasteht, über Kernholz und Grünholz hinweggehen und Rinde abschneiden, mitnehmen und fortgehen in der Meinung: ›Das ist Kernholz.‹ Oder er würde über das Kernholz hinweggehen und Grünholz abschneiden, mitnehmen und fortgehen in der Meinung: ›Das ist Kernholz.‹ Das kann er zu dem Zweck, zu dem er Kernholz benötigt, nicht gebrauchen.

Nun aber stelle dir vor, ein Mann, der Kernholz braucht, auf die Suche nach Kernholz geht, Ausschau nach Kernholz hält, der würde von einem mächtigen Baum, der voll Kernholz dasteht, genau das Kernholz herausschneiden, es mitnehmen und fortgehen in dem Wissen: ›Das ist Kernholz.‹ Wenn den ein Mann gesehen hätte, der einen Blick dafür hat, würde der sich sagen: ›Dieser gute Mann hat gewusst, was Kernholz, Grünholz, Geäst und ein belaubter Zweig ist. Er ist auf die Suche nach Kernholz gegangen, hat nach Kernholz Ausschau gehalten und hat von dem mächtigen Baum, der voll Kernholz dasteht, genau das Kernholz herausgeschnitten, hat es mitgenommen und ist fortgegangen in dem Wissen: ›Das ist Kernholz.‹ Das kann er für den Zweck, zu dem man Kernholz benötigt, gebrauchen.

Genau so ist es, Brahmane, wenn da ein Mann aus Heilsvertrauen aus dem Haus in die Hauslosigkeit gezogen ist in dem Gedanken: ›Versunken bin ich in Geborenwerden, Altern und Sterben, in Kummer, Jammer, körperlichen Schmerz, geistiges Weh und Aufbegehren, in Leiden versunken, von Leiden eingekreist; ach wenn man doch dieser ganzen Leidenshäufung ein Ende machen könnte.‹ So in die Hauslosigkeit gezogen, kommt er zu äußerem Gewinn, Ansehen und Ehre. Davon ist sein Geist eingenommen.[17] *Sein Denken kreist um das, was er schon alles erreicht hat. Vor lauter äußerem Gewinn, Ansehen und Ehre bläst er sich auf und schaut auf die andern herab: ›Ich bin erfolgreich und berühmt; diese andern Mönche aber sind unbekannt und haben wenig Anhänger.‹ Vor lauter äußerem Gewinn, Ansehen und Ehre weckt er nicht den Willen, jene anderen Eigenschaften zu verwirklichen, die höher sind als äußerer Gewinn, Ansehen und Ehre; er kämpft nicht um sie, sondern bleibt im Gewohnten stecken. Dem Mann, Brahmane, der Kernholz benötigt, auf die Suche nach Kernholz geht, nach Kernholz Ausschau hält, aber bei einem mächtigen Baum, der voll Kernholz dasteht, über Kernholz, Grünholz, Rinde und Geäst hinweggeht und einen belaubten Zweig abschneidet, mitnimmt und fortgeht in der Meinung: ›Das ist Kernholz‹, aber für den Zweck, zu dem er Kernholz benötigt, kann er ihn nicht brauchen – diesem Mann gleicht ein solcher Mensch.*

17 *atta-mano hoti: atta* bedeutet hier nicht »Selbst«, sondern ist verkürztes Part. perf. von *ādadāti* = »an sich nehmen«, also: »Der Geist *(mano)* ist davon eingenommen«, vgl. PED unter *atta* – und *attamano*.

Ein anderer Mann aber, Brahmane, aus Heilsvertrauen in die Hauslosigkeit gezogen, kommt ebenfalls zu äußerem Gewinn, Ansehen und Ehre, ist aber davon nicht im Geist eingenommen. Sein Denken kreist nicht um das, was er schon alles erreicht hat; er bläst sich nicht auf vor lauter Gewinn, Ansehen und Ehre, sondern weckt den Willen, jene anderen Eigenschaften zu verwirklichen, die höher sind und herrlicher; und er kämpft um sie, bleibt nicht im Gewohnten stecken. Er erringt Tugendwohl. Sein Geist ist davon eingenommen. Sein Denken kreist um das, was er schon alles erreicht hat. Wegen dieses Tugendwohls bläst er sich auf und sieht auf die andern herab: ›Ich bin tugendhaft, habe vorzügliche Eigenschaften; jene anderen Mönche sind nicht tugendhaft, haben schlechte Eigenschaften.‹ Vor lauter Tugendwohl weckt er nicht den Willen, jene anderen Eigenschaften zu verwirklichen, die höher sind und herrlicher als Tugendwohl, er kämpft nicht um sie und bleibt im Gewohnten stecken. Jenem Mann, der Kernholz benötigt, auf die Suche nach Kernholz geht, nach Kernholz Ausschau hält, aber bei einem mächtigen Baum, der voll Kernholz dasteht, über Kernholz, Grünholz und Rinde hinweggeht, einen Ast abschneidet, mitnimmt und fortgeht in der Meinung: ›Das ist Kernholz‹, aber für den Zweck, zu dem er Kernholz benötigt, kann er ihn nicht brauchen – diesem Mann gleicht ein solcher Mensch.

Wieder ein anderer Mann ist aus Heilsvertrauen aus dem Haus in die Hauslosigkeit gezogen. ›Ach, wenn man doch dieser ganzen Leidenshäufung ein Ende machen könnte.‹ Er kommt zu äußerem Gewinn, Ansehen, Ehre und Tugendwohl, ist aber davon nicht im Geist eingenommen. Sein Denken kreist nicht um das, was er schon alles erreicht hat, er bläst sich nicht auf, sondern er weckt den Willen, jene anderen Eigenschaften zu verwirklichen, die höher sind und herrlicher; und er kämpft um sie, bleibt nicht im Gewohnten stecken. Der erreicht das Wohl der Herzenseinigung (samādhi). Davon ist er im Geist eingenommen. Dauernd denkt er, was er schon alles erreicht hat; wegen des Wohls der Herzenseinigung bläst er sich auf und sieht auf die andern herab: ›Ich bin gesammelt, einigen Herzens, jene anderen Mönche aber sind nicht gesammelt, sondern zerstreuten Herzens.‹ Vor lauter Wohl der Herzenseinigung weckt er nicht den Willen, jene Eigenschaften zu verwirklichen, die noch höher sind und herrlicher als das Wohl der Herzenseinigung, er kämpft nicht um sie: Der bleibt im Gewohnten stecken. Jenem Mann, der Kernholz benötigt, auf die Suche nach Kernholz geht, nach Kernholz Ausschau hält, aber bei einem mächtigen Baum, der voll Kernholz dasteht, über Kernholz und Grünholz hinweggeht und Rinde abschneidet, mitnimmt und fortgeht in der Meinung: ›Das ist Kernholz‹, diese aber zu dem Zweck, zu dem er Kernholz benötigt, nicht brauchen kann – jenem Mann gleicht ein solcher Mensch.

Wieder ein anderer Mann ist aus Heilsvertrauen aus dem Haus in die Hauslosigkeit gezogen, kommt zu äußerem Gewinn, Ansehen und Ehre, Tugendwohl und Herzenseinigung. Darüber ist er froh (attamano), aber sein Denken kreist nicht um das, was er schon alles erreicht hat, er bläst sich nicht auf, sondern weckt den Willen, jene anderen Eigenschaften zu verwirklichen, die höher sind und herrlicher. Der gewinnt den Kennerblick (ñāna-dassana) und ist davon im Geist eingenommen (attamano). Dauernd denkt er, was er schon alles erreicht hat, bläst sich auf wegen des Kennerblicks, sieht auf die andern herab: ›Ich erkenne und sehe ständig unmittelbar, jene andern Mönche aber verharren im Nichtkennen und Nichtsehen.‹ Vor lauter Kennerblick weckt er nicht den Willen, jene andern Eigenschaften zu verwirklichen, die noch höher und noch herrlicher sind als Kennerblick. Der bleibt im Gewohnten stecken. Jenem Mann, der Kernholz benötigt, auf die Suche nach Kernholz geht, nach Kernholz Ausschau hält, aber bei einem mächtigen Baum, der voll Kernholz dasteht, über das Kernholz hinweggeht, Grünholz abschneidet, es mitnimmt und fortgeht in der Meinung: ›Das ist Kernholz‹, aber zu dem Zweck, zu dem er Kernholz benötigt, kann er es nicht brauchen – jenem Mann gleicht ein solcher Mensch.

Ein anderer Mann ist aus Heilsvertrauen aus dem Haus in die Hauslosigkeit gezogen, kommt zu äußerem Gewinn, Ansehen und Ehre, Tugendwohl, Wohl der Herzenseinigung, Kennerblick. Über diesen Kennerblick ist er zwar froh (attamano), aber sein Denken kreist nicht um das, was er schon alles erreicht hat. Er bläst sich nicht auf wegen des Kennerblicks, sieht nicht auf andere herab. Er weckt den Willen, jene anderen Eigenschaften zu verwirklichen, die noch höher und herrlicher sind als Kennerblick; er kämpft um sie, bleibt nicht im Gewohnten stecken. Was aber sind Eigenschaften, die noch höher und herrlicher sind als Kennerblick?« Hier nennt nun der Erwachte die vier weltlosen Entrückungen und die formfreien Erlebnisspannungsfelder und sagt jedes Mal: *»Das, Brahmane, ist eine Eigenschaft, noch höher und herrlicher als Kennerblick.«* Und wenn zum Kennerblick Entrückungen und Formfreiheit hinzukommen, bläst sich der Übende auch nicht mehr auf. Aber selbst hier, wo alle nicht aus dem Wahnfiebertraum erwachten Mystiker oder Denker sich zwar nichts einbilden, aber sich am Ziel wähnen, bleibt der Erwachte nicht stehen:

»Ferner, Brahmane, erlangt ein Mönch nach völligem Übersteigen des Erlebnisspannungsfelds ›Nicht eigentlich Wahrnehmung, aber auch nicht keine Wahrnehmung‹ die Auflösung von Wahrnehmungsempfindung und verweilt so, und nachdem er dies hernach mit klarem Wissen festgestellt hat, sind alle Möglichkeiten der Beeinflussung endgültig aufgehoben. — Das, Brahmane, sind Dinge, die noch höher und herrlicher sind als Kennerblick. Dem Mann, der Kernholz braucht, auf die Suche nach Kernholz geht, nach Kernholz Ausschau hält, und von einem mächtigen, voll Kernholz dastehenden Baum genau das Kernholz herausschneidet, es mitnimmt und fortgeht in dem Wissen: ›Das ist Kernholz‹ – diesem Mann vergleiche ich diesen Menschen, Brahmane.

Das ist der höchste Wandel: Nicht das Erreichen von äußerem Gewinn, Ansehen und Ehre, nicht das Erreichen von Tugendwohl, nicht das Erreichen des Wohls der Herzenseinigung, nicht das Erreichen von Kennerblick. Diese auf ewig unerschütterliche Erlösung des Gemüts (akuppa cetovimutti), Brahmane, die ist das Ziel. Sie ist der Kern des den höchsten Wandels, sie ist seine Vollendung.« Da nahm der Brahmane Zuflucht.

RUTH: Das erinnert an M 99, wo der Erwachte noch die höchsten Stufen der Herzenseinigung als bloße Werkzeuge bezeichnet.

HANS: Und an M 53, wo Ānando alle meditativen Errungenschaften dem Wandel zurechnet, nicht dem Wissen.

RUTH: Überall erkennt man die terrassenförmige Struktur der Lehre, wie sie der Buddha in M 107 dem Rechenmeister bis zu den höchsten Gipfeln der Anleitung erklärt hat.

HANS: Aber der Buddha kann die Lehre auch ganz einfach und »offensichtlich« darlegen wie bei jenen Brahmanen, die ihn danach fragten[18], oder bei den fünf Betrachtungen für jedermann über die Lebenstatsachen in A V,57, bei denen einem »die Lehre aufgeht«.

FRITZ: Ja. Die Lehre ist so klar und sicher, dass der Erwachte, als er das Ende des Körpers nahen fühlte, keinen Nachfolger für die Leitung des Ordens zu bestimmen brauchte. Das sehen wir aus der Rede

M 108 – MOGGALLĀNO, DER MOLKEREIBESITZER.

Kurz nach dem vollkommenen Erlöschen des Erhabenen weilte der ehrwürdige Ānando in Rājagaha im Bambuspark beim Futterplatz der Eichhörnchen. Damals ließ der König von Magadha, Ajātasattu, Rājagaha befestigen, weil er dem König Pajjota nicht traute. Da begab sich der ehrwürdige Ānando in der Morgenfrühe nach Rājagaha auf den Almosengang. Weil es ihm aber zu früh schien, ging er zuerst zur Molkerei des Brahmanen Moggallāno. Der sah den ehrwürdigen Ānando von weitem kommen und rief: *»Kommt nur, Herr Ānando, seid willkommen; schon lange war es Zeit, dass der Herr Ānando einmal diesen Umweg macht und mich besucht. Setzt euch, Herr Ānando, dieser Sitz ist bereit.« Der ehrwürdige Ānando setzte sich auf den angebotenen Sitz. Der Brahmane Moggallāno nahm einen niederen Sitz, setzte sich seitwärts und sprach zum ehrwürdigen Ānando: »Gibt es denn auch nur einen Mönch, der vollkommen alle*

18 Vgl. A III,54 + 55.

Eigenschaften besitzt, auf Grund welcher der Herr Gotamo der Geheilte, Vollkommen Erwachte war?« — »Es gibt keinen einzigen Mönch, der vollkommen alle Eigenschaften besitzt, auf Grund welcher der Erhabene der Geheilte, Vollkommen Erwachte war: Denn der Erhabene hat den unentdeckten Weg entdeckt; er hat den von keinem erfahrenen Weg erfahrbar gemacht; er hat den von keinem erklärten Weg erklärt als Weg-Wissender, als Weg-Sehender, als Wegeskundiger. Auf dem Weg aber folgen heute die Nachfolger nach, als geistige Nachfahren.«

Da wurde das Gespräch unterbrochen: Der Brahmane Vassakāro, der Erste Minister von Magadha, der die Befestigungsarbeiten in Rājagaha überwachte, kam zur Molkerei des Brahmanen Moggallāno, trat auf den ehrwürdigen Ānando zu, begrüßte ihn ehrerbietig, wechselte höfliche, freundliche Worte mit ihm, setzte sich seitwärts und fragte: »Zu welchem Gespräch seid ihr denn heute zusammengekommen, Herr Ānando? Bei welcher Unterredung seid ihr unterbrochen worden?« Der ehrwürdige Ānando berichtete dem Minister das ganze Gespräch: »An dieser Stelle sind wir unterbrochen worden. Dann bist du gekommen.«

»Herr Ānando, ist denn ein bestimmter Mönch vom Herrn Gotamo eingesetzt worden: ›Der ist als mein Nachfolger euer Leiter, an den ihr euch nun halten könnt?‹« — »Es gibt keinen Mönch, Brahmane, der vom Erhabenen eingesetzt worden ist: ›Der ist als mein Nachfolger euer Leiter, an den ihr euch nun halten könnt.‹« — »Gibt es denn einen Mönch, der in einer Ordensversammlung von der Mehrheit der Mönchslehrer dazu gewählt worden ist?« — »Es gibt keinen Mönch, der in einer Ordensversammlung von der Mehrheit der Mönchslehrer gewählt worden ist.« — »Dann seid ihr aber doch führungslos, Herr Ānando! Was hält euch denn dann noch zusammen?« — »Wir sind nicht führungslos, Brahmane, wir haben eine Leitung: Wir werden von der Lehre geleitet.« — »Auf die Frage, ob ein bestimmter Mönch vom Herrn Gotamo als Nachfolger eingesetzt worden sei oder ob ein Mönch in einer Ordensversammlung von der Mehrheit der Mönchslehrer zum Leiter gewählt worden ist, antwortest du mit Nein. Auf die Frage: ›Dann seid ihr aber doch führungslos; Herr Ānando! Was hält euch denn dann noch zusammen?‹ antwortest du: ›Wir sind nicht führungslos, wir haben eine Leitung: Wir werden von der Lehre geleitet.‹ Was hat denn das, zu bedeuten, Herr Ānando?«

»Es gibt eine Übungsweise, die vom Erhabenen, dem Kenner, dem Seher, dem Geheilten, Vollkommen Erwachten als verbindlich (›patimokkha‹) für die Mönche festgesetzt worden ist. Wenn sich drei von uns am Reinigungsfeiertag (uposatha) im gleichen Dorf aufhalten, dann kommen wir zusammen und bitten den, der an der Reihe ist. Wenn auf Grund von dessen Vortrag einem Mönch einfällt, dass er einen Fehltritt begangen, sich vergangen hat, dann behandeln wir ihn nach der Lehre, nach der Erkenntnis. Aber nicht die Ordensbrüder behandeln uns: die Lehre behandelt uns.«

»Gibt es denn einen Mönch, Herr Ānando, den ihr nun besonders ernst nehmt, der bei euch Gewicht hat, von dem ihr hoch denkt, den ihr verehrt und auf den ihr etwas gebt in Verehrung und Hochschätzung?« — »Es gibt schon den einen oder andern solchen Mönch.« — »Wie ist das zu verstehen, Herr Ānando?«

»Es sind vom Erhabenen, dem Kenner, dem Seher, dem Geheilten, Vollkommen Erwachten, zehn Eintracht stiftende Eigenschaften angegeben worden. Bei wem von uns diese Eigenschaften zu finden sind, den nehmen wir besonders ernst, der hat bei uns Gewicht, von dem denken wir hoch, den verehren wir, und auf den geben wir etwas in Verehrung und Hochschätzung. Welche zehn? Da ist ein Mönch tugendhaft, im Schutz der Ordenstugenden behütet auf dem Gebiet des Wandels, in den kleinsten Fehlern sieht er die Gefahr. Er übt sich auf den Übungswegen. Er hat viel erfahrene Lehrkenntnis: es ist seine Art, Vernommenes zu bewahren und zu verbinden; jene von Anfang an über die Mittelstufen bis zur Vollendung gesunden Lehren, welche sinn- und wortgetreu den zur endgültigen Heilung führenden, den höchsten Wandel aufzeigen – diese Lehren sind von ihm vielfach vernommen worden, im Geist auswendig bewahrt, in die Sprache gefasst, im Geist gründlich betrachtet, in die Anschauung voll eingegangen. Er ist zufrieden mit Gewand,

Almosenschale, Lagerstatt und Arznei im Fall einer Krankheit. Die vier weltlosen Entrückungen, die über die gewöhnliche Gemütshaltung erhabenen, die schon in diesem Leben in reinem Wohl weilen lassen, kann er nach Wunsch mühelos ungehindert erlangen. Er kann auf vielfältige Weise Geistesmacht entfalten. (Hier beschreibt Ānando die vielen Arten der Geistesmacht wie in D 11.) *Er erinnert sich an manche früheren Daseinswohnungen, – sieht mit dem himmlischen Auge, – wie die Wesen je nach dem Wirken wieder erscheinen. Er hat sich nach Aufhebung aller Beeinflussungen noch in diesem Leben die von Beeinflussungen freie Erlösung des Gemüts in eigener weltüberlegener Erfahrung auf ewig offenbar gemacht. Das sind die zehn Eintracht stiftenden Eigenschaften, die vom Erhabenen, dem Kenner, dem Seher, dem Geheilten, Vollkommen Erwachten, angegeben worden sind. Bei wem von uns diese Eigenschaften zu finden sind, den nehmen wir besonders ernst, der hat bei uns Gewicht, von dem denken wir hoch, den verehren wir, und auf den geben wir etwas in Verehrung und Hochschätzung.«*

Auf diese Worte sprach Vassakāro, der Erste Minister von Magadha, zu dem Marschall Upanando: »Nun, was meinst du: Ist einer, den diese Herren als ernst zu nehmend ernst nehmen, als gewichtig zu nehmend gewichtig nehmen, als verehrungswürdig verehren, nicht wahrhaftig wert, dass ihn die Herren ernst nehmen, gewichtig nehmen, verehren?« — »Wie sollte der es nicht wert sein!« Nun fragte der Brahmane Vassakāro den ehrwürdigen Ānando: »Wo wohnt der Herr Ānando heute?« — »Im Bambuspark, Brahmane.« — »Ist er nicht wunderbar, Herr Ānando, der Bambuspark, lärmentrückt, in tiefem Schweigen, Abgeschiedenheit atmend, wie geschaffen für Menschen, welche abgeschieden sitzen und einsam sein wollen?« — »Allerdings, Brahmane. Der Bambuspark ist wunderbar, lärmentrückt, in tiefem Schweigen, Abgeschiedenheit atmend, wie geschaffen für Menschen, welche abgeschieden sitzen und einsam sein wollen wie eure Hirten in ihrer Gemütlichkeit.« — »Ach, Herr Ānando: Der Bambuspark ist wunderbar, lärmentrückt, in tiefem Schweigen, Abgeschiedenheit atmend, wie geschaffen für Menschen, welche abgeschieden sitzen und einsam sein wollen wie ihr Herren in der Entrückung, wenn ihr Entrückung übt. Entrückung Pflegende, Entrückung Übende sind ja die Herren. Einstmals, Herr Ānando, weilte der Herr Gotamo in Vesālī im Großen Wald in der Halle des Giebelhauses. Da begab ich mich nach Vesālī in den Großen Wald in die Halle des Giebelhauses zum Herrn Gotamo. Dort sprach der Herr Gotamo in vielfacher Weise über Entrückung. Entrückung hat der Herr Gotamo gepflegt, der Entrückung hat er sich gewidmet; und jede Entrückung hat der Herr Gotamo gepriesen.«

»Nicht jede Entrückung hat der Erhabene gepriesen, Brahmane, aber der Erhabene hat auch nicht alle Entrückung nicht gepriesen. Welcher Art, Brahmane, ist die Entrückung, die der Erhabene nicht gepriesen hat? Da weilt einer, Brahmane, mit sinnensuchtumsponnenem Gemüt, überwältigt von Sinnensucht, oder mit von Übelwollen umsponnenem Gemüt, überwältigt von Übelwollen, oder mit einem Gemüt, umsponnen, überwältigt vom Sichtreibenlassen im Gewohnten oder mit einem Gemüt, umsponnen, überwältigt von Aufgeregtheit und Geistesunruhe oder umsponnen, überwältigt von Daseinszweifel und -sorgen, und er weiß nichts von einem Ausweg aus der Sinnensucht, dem Übelwollen, dem Sichtreibenlassen, den Daseinszweifeln und -sorgen. Wenn der bloß einmal Abstand gewinnt von der aufgestiegenen Sinnensucht, dem aufgestiegenen Übelwollen, dem aufgestiegenen Sichtreibenlassen, der Aufgeregtheit und Geistesunruhe, den Daseinszweifeln und -sorgen, dann sinniert er, verliert sich, grübelt, träumt vor sich hin. Eine solche Art der Entrückung, Brahmane, hat der Erhabene nicht gepriesen.«

HANS: Jetzt verstehe ich erst richtig, was »falsche Entrückung« bedeutet: Früher war mir nie klar, wieso eine Entrückung denn falsch sein kann. Ich habe es mir mit einer falschen Anwendung oder Deutung zu erklären versucht, etwa dass ein Mensch sie nur zum Darin-Baden verwendet, nicht auch als Werkzeug zum Erwachen oder wenn er sie für die Ewigkeit hält. Aber nun scheint es mir viel einfacher: Gemeint scheint zu sein eine so starke Selbstvergessenheit durch einen heilsuntauglichen Gegenstand (falsche Einigung), dass einer darüber »die Welt«

vergisst, die Zeit verpasst, seine Arbeitsaufgabe versäumt, nicht merkt, dass er jetzt etwas essen oder trinken müsste, Rufe oder Klänge und Signale überhört, kurz: dass ihm über seinen Träumereien Hören und Sehen vergeht.

FRITZ: Ja, Hans. Dem stellt Ānando die rechte Entrückung gegenüber:

»Welche Art von Entrückung aber, Brahmane, hat der Erhabene gepriesen? Da verweilt ein Mönch, Brahmane, abgelöst von sinnlichem Begehren, abgelöst von allen heilsuntauglichen Gesinnungen und Gedanken, mit stillem Denken und Sinnen in weltabgelöster jubelnder Seligkeit, im ersten Grad der weltlosen Entrückung. Nach Verebben auch des Denkens und Sinnens weilt er in innerer Gelöstheit, in der Einung des Gemütes, in der von Sinnen und Denken freien, in der Einigung geborenen Seligkeit, in der zweiten Entrückung, dann in der dritten Entrückung und in der vierten Entrückung. Solche Entrückung, Brahmane, hat der Erwachte gepriesen.« — »Als etwas Wichtiges wahrlich, Herr Ānando, hat der Herr Gotamo die Entrückung dargestellt, als etwas des Lobpreises Würdiges hat er sie gepriesen. Nun müssen wir aber gehen, Herr Ānando; wir haben noch viel zu tun und viel zu erledigen.« — »Wie du willst, Brahmane.« Da erhob sich Vassakāro, der Erste Minister von Magadha, beglückt und erhoben von der Rede des ehrwürdigen Ānando, von seinem Sitz und ging. Als er gegangen war, sprach Molkereibesitzer Mogallāno zum ehrwürdigen Ānando: »Was ich den Herrn Ānando gefragt habe, das hat mir der Herr Ānando noch nicht zu Ende erklärt.« — »Wie denn, Brahmane, ich habe dir doch gesagt: ›Es gibt keinen einzigen Mönch, der vollkommen alle Eigenschaften besitzt, auf Grund welcher der Herr Gotamo der Geheilte, Vollkommen Erwachte war: Denn der Erhabene, hat den unentdeckten Weg entdeckt; den von keinem erfahrenen Weg erfahrbar gemacht; er hat den von keinem erklärten Weg erklärt als Weg-Wissender, Weg-Sehender, Wegeskundiger. Auf dem Weg aber folgen heute die Nachfolger nach, als geistige Nachfahren.‹«

RUTH: Das ist ja wahrhaftig das Beste, was von einer Lehre gesagt werden kann: dass sie an die Stelle des Lehrers treten kann. Hier wird der wahrheitsuchende Mensch wirklich mündig gesprochen. Man gewinnt damit einen ganz klaren Vergleichsmaßstab für die heutigen Lehren – auch die östlichen.

HANS: Beeindruckt hat mich auch die Erklärung Ānandos, dass nicht die Mönche einander behandeln, sondern dass in gemeinschaftlicher offener Gewissenserforschung die Lehre sie behandelt und führt. Das betrifft nur die Mönche. Aber in der Erinnerung daran verbindet sich wieder ein Stück Erinnerung an den Erwachten und seine Lehre mit der Erinnerung an die Heilsgängergemeinde.

3.) DIE ERINNERUNG AN DIE HEILSGÄNGERGEMEINDE

FRITZ: Du hast ganz Recht, Hans: So wenig, wie die Erinnerung an die Lehre von der Erinnerung an den Erwachten zu trennen ist, genauso wenig ist die Erinnerung an die Lehre von der Erinnerung an die Heilsgängergemeinde zu trennen. Deshalb sagt ja der Erwachte in S 3,18: *»Das ganze brahmische Leben besteht in der Freundschaft mit Guten, Echten – Von einem Mönch, der ein Freund des Guten, Echten ist, steht zu erwarten, dass er einem Freund des Guten, Echten den achtfältigen Heilsweg erschließen und einüben wird.«* Nur Heilsgänger können das. Deshalb ist die Erinnerung an die guten, echten Freunde zugleich ein Teil der Erinnerung an die Heilsgängergemeinde. Das erkennen wir gut auch aus der Rede

A IV,193:

Bei Vesālī im großen Walde in der Halle des Giebelhauses kam der Licchavier Bhaddiyo zum Erhabenen und fragte: *»Herr, ich habe reden hören: ›Ein Zauberer ist der Asket Gotamo; er kennt einen Lockzauber; mit dem lockt er den Asketen anderer Schulen die Anhänger weg.‹ Die das behaupten, Herr: geben die die Worte des Erhabenen wieder; haben sie den Erhabenen nicht etwa falsch angeführt; sprechen sie im Einklang mit der Lehre, und setzt sich jemand, der das weitersagt, auch keiner Beanstandung aus? Ich möchte wahrlich nicht den Erhabenen falsch zitieren!«* Der

Erwachte geht gar nicht unmittelbar auf das Gerücht vom Lockzauber ein, sondern zeigt, fast gleich lautend mit den Reden an die Kālāmer und die Sālher (A III,66 und 67), dass Lehrnachfolge gerade bedeutet: *»Geht nicht nach Traditionen, nicht danach, was einer dem andern nachspricht, nicht nach Hörensagen, nicht nach der Autorität von Schriften, nicht nach Klügeleien und bloßen Vernunftschlüssen, nicht danach, ob euch eine Meinung gefällt, nicht nach dem Anschein der Wahrscheinlichkeit, nicht nach einem Asketen oder Guru, sondern wovon ihr bei euch selber einsehen könnt: ›Diese Eigenschaften sind heilsuntauglich, tadelhaft, werden von Verständigen missbilligt, führen, ausgeführt und unternommen, zum Unheil, zum Leiden‹ – die gebt auf. Wovon ihr bei euch selber einsehen könnt: ›Diese Eigenschaften sind heilstauglich, untadelhaft, werden von den Verständigen gepriesen, führen, ausgeführt und unternommen, zum Heil, zum Wohl‹ – wenn die aufsteigen, Bhaddiyo, dann bleibt dabei.«*

Und dann sagt der Erwachte: »Die da wahre Menschen sind in der Welt, Bhaddiyo, die regen ihre Nachfolger an: ›Komm, lieber Mann, lass immer wieder sinnliches Begehren (lobha)/ Abneigung (dosa)/ Blendung (moha) beiseite, und verweile so. Solange du sinnliches Begehren/ Abneigung/Blendung beiseitegetan hast, wirst du keine sinnenlustentsprossenen/ abneigungsentsprossenen/ blendungsentsprossenen Wirkungen in Werken, Worten oder im Geist wirken; lass immer wieder die Rechthaberei beiseite und verweile so; solange du die Rechthaberei beiseitegetan hast, wirst du keine aus Rechthaberei entsprossenen Wirkungen in Werken, Worten oder im Geist wirken.‹« — Auf diese Rede sprach der Licchavier Bhaddiyo zum Erhabenen: »Wunderbar, Herr, einmalig, Herr: Wie wenn einer Umgestürztes wieder aufrichtete, Verdecktes enthüllte, einem Verirrten den Weg zeigte, ein Licht in die Finsternis hielte: ›Wer Augen hat, kann die Gestalten sehen‹, so ist vom Herrn Gotamo die Lehre in vielfacher Weise gezeigt worden. Beim Erhabenen nehme ich Zuflucht, Herr, bei der Lehre und bei der Gemeinschaft der Nachfolger. Als seinen Schüler möge mich der Erhabene betrachten, der von heute an danach zu leben begonnen hat.« — »Hab ich dir denn gesagt: ›Komm, Bhaddiyo; sei mein Schüler; ich will dein Meister sein?‹« — »Das nicht, Herr.« — »Der ich so belehre, Bhaddiyo, mich beschuldigen einige Asketen und Brahmanen den Tatsachen zuwider, unwahr, fälschlicherweise: ›Ein Zauberer ist der Asket Gotamo; er kennt einen Lockzauber; mit dem lockt er den Asketen anderer Schulen die Anhänger weg.‹« — »Ein Segen ist dieser verlockende Zauber, Herr, wunderbar ist dieser verlockende Zauber. Wenn sich meine lieben Verwandten doch auch nur von diesem Lockzauber locken ließen, und wenn sich doch auch nur deren Verwandte von diesem Lockzauber locken ließen – das würde ihnen lange zum Segen und zum Wohl gereichen!« — »So ist es, Bhaddiyo, so ist es: Wenn alle Adligen, alle Brahmanen, alle Bürger, alle Diener, von diesem Lockzauber angezogen, die heilsuntauglichen Eigenschaften ablegen und heilstaugliche Eigenschaften annehmen würden – das würde ihnen allen lange zum Segen und Wohl gereichen. Wenn die Welt mit ihren Himmelswesen, mit ihren unreinen und reinen Geistern, mit ihren Scharen von Asketen und brahmisch Lebenden, von diesem Lockzauber angezogen, die heilsuntauglichen Eigenschaften ablegen und die heilstauglichen Eigenschaften annehmen würde – das würde der Welt mit ihren Himmelswesen, ihren unreinen und reinen Geistern, mit ihren Scharen von Asketen und brahmisch Lebenden lange zum Segen, zum Wohl gereichen. Wenn diese großen Salbäume hier, von diesem Lockzauber angezogen, die heilsuntauglichen Eigenschaften ablegen und die heilstauglichen Eigenschaften annehmen würden, Bhaddiyo – das würde ihnen allen lange zum Segen und Wohl gereichen. Wenn man das bedenkt – was soll man da erst von den menschlichen Wesen sagen?«

Hier zeigt sich als Grundzug der Lehre, dass ihre Nachfolger einander durch Vorbild und unaufdringliche Hilfe zum Guten und Wahren im höchsten Sinn anregen.

HANS: Aber ich denke, in der Lehre des Buddha gibt es keine Mission?

FRITZ: Das hat nichts mit »Mission« zu tun. Denk an das Gespräch des Erwachten in A VIII,25. Dort stellt der Erwachte zwar sachlich fest, dass ein Nachfolger, der selber nach der

Lehre lebt, nicht aber andere dazu anregt, zum eigenen Segen, nicht außerdem auch zum Segen anderer lebt; aber er tadelt nicht im Mindesten den, der »nur« zum eigenen Segen lebt; denn wenn er auch »nur« das tut, dann ist er schon durch sein stilles Vorbild eine Wohltat für die Mitwesen. Das rechte Maß des Anregens anderer zum Guten und Wahren liegt doch darin, dass der Erwachte nicht sagt, das ganze spirituelle Leben bestehe in »Kontakten zur großen weiten Welt« oder in Organisationen, sondern in der Freundschaft der Guten, Echten untereinander, also mehr in Tiefenwirkung als in Breitenwirkung. Dabei kann es ganz ohne Bedrängen unter wahren Freunden zu einem edlen Wettstreit ganz anderer Art kommen. Davon berichtet

A V,180:

Auf der Wanderschaft mit einer großen Mönchsgemeinde im Land Kosalo kam der Erhabene an einen Wald von mächtigen Salbäumen. Da bog der Erhabene von der Landstraße ab, ging in den Wald hinein und ließ an einer Stelle ein Lächeln sehen. Der ehrwürdige Ānando fragte sich: »Aus welchem Grund, aus welchem Anlass mag wohl beim Erhabenen ein Lächeln zu sehen gewesen sein? Nicht grundlos lächeln Vollendete.« Und er fragte den Erhabenen. »Vor langen Zeiten, Ānando, stand an dieser Stelle einmal eine blühende, volkreiche Stadt, von Menschen wimmelnd. Bei dieser Stadt aber lebte damals der erhabene Kassapo, der Heile, vollkommen Erwachte. Der erhabene Kassapo, der Heile, Vollkommen Erwachte hatte einen häuslich lebenden Anhänger namens Gavesi; der arbeitete nicht an der Vervollkommnung der Tugend. Durch den Anhänger Gavesi wurden ungefähr 500 Anhänger gewonnen, die arbeiteten auch nicht an der Vervollkommnung in der Tugend. Da kam dem Anhänger Gavesi der Gedanke: ›Ich bin für diese 500 Anhänger in vielerlei Hinsicht das Vorbild und habe sie einst zur Nachfolge veranlasst; aber ich arbeite nicht an meiner Vervollkommnung in Tugend, und diese 500 Anhänger auch nicht. Darin herrscht völlige Gleichheit; keiner hat dem andern etwas voraus. Müsste ich ihnen nicht etwas voraushaben?‹ Da wandte er sich zu seinen 500 Anhängern und sprach zu ihnen: ›Ihr Lieben, seht in mir von heute ab einen, der an seiner Vervollkommnung in der Tugend arbeitet.‹ Da dachten jene 500 Anhänger: ›Der liebe Gavesi ist unser Vorbild; er hat uns zur Nachfolge veranlasst. Wenn der liebe Gavesi an der Vervollkommnung in Tugend arbeitet – warum nicht auch wir?‹ Da begaben sich die 500 Anhänger zum Anhänger Gavesi und sprachen zu ihm: ›Lieber Gavesi, sieh diese 500 Anhänger hier von heute ab als solche an, die an der Vervollkommnung ihrer Tugend arbeiten.‹

Da sagte sich der Anhänger Gavesi: ›Ich bin für diese 500 Anhänger in vieler Hinsicht das Vorbild und habe sie einst zur Nachfolge veranlasst. Nun arbeite ich an meiner Vervollkommnung in Tugend, und diese 500 Anhänger auch. Darin herrscht völlige Gleichheit; keiner hat dem andern etwas voraus. Müsste ich ihnen nicht etwas voraushaben?‹ Er ging zu den 500 Anhängern und sprach zu ihnen: ›Ihr Lieben: Von heute an seht mich als einen Keuschlebenden an, einen Enthaltsamen, der an der Paarung, dem gewöhnlichen Brauch, keinen Reiz mehr findet.‹ Da dachten jene 500 Anhänger: ›Der liebe Gavesi ist unser Vorbild; er hat uns zur Nachfolge veranlasst. Wenn der liebe Gavesi ein Keuschlebender, Enthaltsamer ist, der an der Paarung, dem gewöhnlichen Brauch, keinen Reiz mehr findet – warum dann nicht auch wir?‹ Da begaben sich die 500 Anhänger zum Anhänger Gavesi und sprachen zu ihm: ›Lieber Gavesi, von heute ab betrachte diese 500 Anhänger hier als Keuschlebende, Enthaltsame, die an der Paarung, dem gewöhnlichen Brauch, keinen Reiz mehr finden.‹

Da sagte sich der Anhänger Gavesi: ›Ich bin für diese 500 Anhänger in vieler Hinsicht das Vorbild und habe sie einst zur Nachfolge veranlasst. Nun bin ich ein Keuschlebender, Enthaltsamer, und diese 500 Anhänger auch. Darin herrscht völlige Gleichheit. Müsste ich ihnen nicht etwas voraushaben?‹ Da begab er sich zu den 500 Anhängern und sprach: ›Ihr Lieben: Von heute an seht mich als einen an, der nur noch zu einer Tageszeit isst, über Nacht nüchtern bleibt, am Essen zur Unzeit keinen Reiz mehr findet.‹ Da dachten jene 500 Anhänger: ›Der liebe Gavesi ist unser Vorbild. Wenn er nur noch zu einer Tageszeit isst – warum dann nicht auch wir?‹ Da begaben sie sich zum Anhänger Gavesi und sprachen zu ihm: ›Lieber Gavesi, von heute ab betrachte diese 500 Anhänger hier als solche, die nur noch zu einer Tageszeit essen, über Nacht nüchtern bleiben.‹

Da sagte sich der Anhänger Gavesi: ›Ich bin für diese 500 Anhänger in vieler Hinsicht das Vorbild und habe sie einst zur Nachfolge veranlasst. Nun arbeite ich an meiner Vervollkommnung in Tugend, sie auch. Ich bin ein Keuschlebender, Enthaltsamer, diese auch. Ich esse nur noch zu einer Tageszeit, und sie auch. Müsste ich ihnen nicht etwas voraushaben?‹ Da begab sich der Anhänger Gavesi zum erhabenen Kassapo, dem Heilen, Vollkommen Erwachten, und sprach zu ihm: ›Ich möchte in die Hauslosigkeit ziehen, bei dem erhabenen Herrn sein; möge mir der erhabene Herr Aufnahme gewähren.‹ Und dem Anhänger Gavesi wurde gewährt, in die Hauslosigkeit zu ziehen bei Kassapo, dem Erhabenen, Heilen, Vollkommen Erwachten; es wurde ihm die Aufnahme in den Orden gewährt. Nicht lange, nachdem er hinausgezogen war, verweilte der Mönch Gavesi einsam, abgeschieden, unermüdlich, in glühendem Streben als Überwinder, und bald hatte er vollkommen jenes höchste Ziel des Läuterungswandels, um dessentwillen Edle aus dem Haus in die Hauslosigkeit ziehen, sich selber in weltüberlegenem Erfahrungswissen noch zu Lebzeiten offenbar gemacht, unverlierbar: ›Versiegt ist das Geborenwerden, vollendet der Läuterungswandel, die Aufgabe gelöst; nicht mehr ist diese Welt‹ – das wusste er nun; einer der Geheilten war der Mönch Gavesi geworden. Da dachten jene 500 Anhänger: ›Der liebe Gavesi ist unser Vorbild; er hat uns zur Nachfolge veranlasst. Nun hat der liebe Gavesi Haar und Bart abgeschnitten, fahle Gewänder angelegt und ist aus dem Haus in die Hauslosigkeit gezogen – warum nicht auch wir?‹ Da begaben sich jene 500 Anhänger zum erhabenen Kassapo, dem Erhabenen, Heilen, Vollkommen Erwachten und sprachen zu ihm: ›Wir möchten in die Hauslosigkeit ziehen, bei dem erhabenen Herrn sein; möge uns der erhabene Herr Aufnahme gewähren.‹ Und den 500 Anhängern wurde gewährt, in die Hauslosigkeit zu ziehen bei Kassapo, dem Erhabenen, Heilen, Vollkommen Erwachten; es wurde ihnen die Aufnahme in den Orden erteilt. Da sagte sich der Mönch Gavesi: ›Gewonnen habe ich dieses Wohl der unvergleichlichen Erlösung in seiner Fülle, in seiner Freiheit von aller Mühe, von aller Pein. Möchten doch auch diese 500 Mönche dieses Wohl der unvergleichlichen Erlösung in seiner Fülle, in seiner Freiheit von aller Mühe, von aller Pein gewinnen!‹ Da verweilten jene 500 Mönche abgeschieden, unermüdlich, in glühendem Streben als Überwinder, und nach nicht langer Zeit hatten sie vollkommen jenes höchste Ziel des Läuterungswandels, um dessentwillen Edle aus dem Haus in die Hauslosigkeit ziehen, sich selber in weltüberlegenem Erfahrungswissen noch zu Lebzeiten offenbar gemacht, unverlierbar: ›Versiegt ist das Geborenwerden, vollendet der Läuterungswandel, die Aufgabe bewältigt, nicht mehr ist diese Welt‹ – das wussten sie nun. So machten sich jene 500 Mönche mit Gavesi als Vorbild von Höhe zu Höhe in immer edlerem Wettkampf die höchste Erlösung offenbar. Deshalb gilt es zu streben: ›Von Höhe zu Höhe wollen wir uns in immer edlerem Wettkampf die höchste Erlösung offenbarmachen!‹ Das sei euer Streben, Ānando.«

Ruth: Wunderbar! Aber, Fritz: ich verstehe das doch recht: Das ist keine Aufforderung an uns, schon in der Häuslichkeit so vorzugehen?

Fritz: Richtig. Es ist ein Bericht über einen Vorgang aus alten Zeiten, den selbst der Erwachte für so ungewöhnlich hielt, dass er ihn aus der Fülle seiner Rückerinnerung dem am meisten bei ihm weilenden Mönch mitteilte als Ansporn für die Mönche zum edelsten Wettstreit in der Existenz. Welches Format diese Nachfolger Gavesis hatten, sieht man ja daran, dass sie nicht nur fähig waren, sich zu jener seltenen zweiten Art von häuslichen Nachfolgern zu läutern, die wegen ihres reichen inneren Wohls ohne Geschlechtslust auskommen können, sondern dass sie sogar in die Hauslosigkeit ziehen und noch in diesem

Leben heil werden konnten. Die allermeisten häuslich Lebenden könnten das nicht. Der Bericht zeigt, wie die Erinnerung an die Nachfolgergemeinde hinaufreicht zu großen Vorbildern unter den Hauslosen, durch die man »Asketenfreude an den Asketen, Asketenehrfurcht vor den Asketen« gewinnen kann. Ein Beispiel von »Asketenfreude an den Asketen« bei häuslich lebenden Nachfolgern bietet der Text

S 3,1 – JUGEND:

Als der Erwachte noch jung war, besuchte ihn König Pasenadi von Kosalo in Sāvatthī im Jetahain im Kloster Anāthapiṇḍikos und fragte: »Behauptet auch der Herr Gotamo, in der höchsten Erwachung auferwacht zu sein?« — »Großer König: Wenn jemand zu Recht erklärt, in der höchsten Erwachung auferwacht zu sein, so bin ich es. Ich bin in der höchsten Erwachung auferwacht.« — »Aber Herr Gotamo: berühmte Asketen und Brahmanen mit Nachfolgergemeinden, mit vielen Jüngern, Lehrer von vielen, bekannt und berühmt als Furtbereiter, allgemein als fromme Männer hochangesehen – wie Pūraṇo Kassapo, Makkhali Gosālo, Nigaṇṭho Nāthaputto, Sañjayo Belathaputto, Ajito Kesakambalo, Pakudho Kaccāyano, die haben auf meine Frage nicht behauptet, sie seien in der höchsten Erwachung auferwacht. Wie kann es da der Herr Gotamo, der der Geburt nach noch jung und – nach der Zeit seit dem Gang in die Hauslosigkeit gerechnet – noch ein Neuling ist?«

»Vier Junge dürfen nicht wegen ihrer Jugend unterschätzt und gering geachtet werden, großer König. Welche vier? Ein junger Edelmann, eine junge Schlange, ein junger Feuerbrand, ein junger Mönch.« So sprach der Erhabene, und nachdem der Heilbringer so gesprochen hatte, fügte der Meister hinzu:

»Den hochgebor'nen Edelmann von edler Herkunft, hohem Ruf,
verkenn' man nicht: ›Der ist noch jung‹; ihn unterschätze nicht der Mensch:
Kann sein, dass dieser Edelmann als Herrscher Königsmacht erlangt.
Zürnt er in seiner Herrschermacht, muss man ihm fernebleiben, und
wem da sein eignes Leben lieb, der sei vor ihm gut auf der Hut. -
Wenn man im Dorfe oder Wald die Schlange sieht, dann denkt man nicht
verächtlich: ›Ach, die ist noch jung.‹ Sie unterschätze nicht der Mensch:
Von Farben schillernd zieht dahin die Schlange voller scharfer Glut.
Wer töricht ihr zu nahe tritt, den beißt sie, gleich ob Mann, ob Frau.
Wem da sein eignes Leben lieb, der sei vor ihr gut auf der Hut.
Brennt's erst, so zehrt es alles auf, das Feuer auf versengter Bahn.
Da denk' man nicht: ›Es ist noch klein!‹ Das unterschätze nicht der Mensch:
Wenn es erst weiter um sich greift, dann wird daraus ein großer Brand.
Wer töricht ihm zu nahe kommt, den packt es, gleich ob Mann, ob Frau.
Wem da sein eignes Leben lieb, der sei vor ihm gut auf der Hut.
Ergreift das Feuer einen Wald flammend: auf der verkohlten Bahn,
da sprießen neue Sprossen rings aus der Verwüstung Tag und Nacht.
Doch wer als tugendreifer Mönch im Feuer heißen Ernstes glüht,
der zieht sich keinen Sprössling auf, der sein Vermögen wieder erbt:
Nichts folgt ihm nach, nichts erbt er mehr: Er wird von allen Wurzeln frei.
Wer darum als ein weiser Mensch sein eigen Heil im Auge hat:
Mit Schlange und mit Feuerbrand, mit Adligen von hohem Ruf
und einem tugendreifen Mönch – mit ihnen geh' er richtig um.«

Da nahm der König Zuflucht und bat den Erhabenen, ihn als Schüler anzunehmen. Diese Seite der Erinnerung an die Heilsgängergemeinde hilft uns auch in unserem engeren Freundeskreis, Nachfolger nicht an ihrem Alter zu messen, sondern überhaupt nicht zu messen und von jedem Freund und Weggefährten zum Heilsziel – ob alt oder jung – so viel zu lernen, wie wir nur lernen können. Aber natürlich ist ein intakter Orden ein ganz besonders fruchtbares Vorbild, gerade auch für häusliche Nachfolger. Deshalb war vor allem zur Zeit des Erwachten und in den fünf Jahrhunderten des Fortbestandes eines ungespaltenen, von der Lehre gelenkten Ordens mit Geheilten und Nichtwiederkehrern die Erinnerung an den Mönchs- und Nonnenorden eine besonders fruchtbare Form der Erinnerung an die Heilsgängergemeinde. Zentrale Bedeutung hat hier eine Rede, die ein Gegenstück zu Sāriputtos Löwenruf in D 28 ist, aber aus der Sicht eines wahrheitsergebenen häuslichen Anhängers. Es ist

M 89 – MONUMENTE DER WAHRHEIT:

Einstmals weilte der Erhabene im Land der Sakyer bei einem Marktstädtchen namens Medalumpa. Zu der Zeit war gerade König Pasenadi von Kosalo in Nangaraka angekommen, um etwas zu erledigen. Da befahl der König Pasenadi seinem Kanzler Dīgho: »Lass bequeme hohe[19] *Wagen anspannen, lieber Kanzler. Wir wollen in den Park hinausfahren und die schöne Gegend genießen.« — »Jawohl, Majestät«, sprach Dīgho, der Kanzler, ließ bequeme hohe Wagen anspannen und meldete dem König Pasenadi von Kosalo den Vollzug: Da bestieg König Pasenadi einen der bequemen hohen Wagen und fuhr mit vielen Wagen aus Nangaraka hinaus zum Park. Als er so weit gefahren war, wie es das Gelände zuließ, stieg er ab und schritt zu Fuß in den Park hinein. Auf seinem Gang durch den Park betrachtete König Pasenadi von Kosalo die herrlichen Bäume: Frieden ausströmend, lärmentrückt, in tiefem Schweigen, Abgeschiedenheit atmend, wie geschaffen für Menschen, welche abgeschieden sitzen und allein sein wollen.*

Bei diesem Anblick kam ihm der Erhabene in den Sinn: »Wie herrlich die Bäume sind, Frieden ausströmend, lärmentrückt, in tiefem Schweigen, Abgeschiedenheit atmend, wie geschaffen für Menschen, welche abgeschieden sitzen und allein sein wollen: Hier haben wir den Erhabenen besucht, den Heilen, Vollkommen Erwachten.« Da sprach König Pasenadi zu Dīgho, dem Kanzler: »Lieber Kanzler, wo weilt jetzt wohl der Erhabene, Heile, Vollkommen Erwachte?« — »Im Sakyerland liegt ein Marktstädtchen namens Medalumpa, Majestät. Dort weilt jetzt der Erhabene, Heile, Vollkommen Erwachte« — »Wie weit ist es denn, lieber Kanzler?« — »Nicht weit, Majestät, drei Meilen. Man kann noch bei Tag hinkommen.« — »Auf, lieber Kanzler, lass anspannen, wir wollen den Erhabenen besuchen, den Heilen, Vollkommen Erwachten.« — »Jawohl, Majestät«, antwortete Dīgho, der Kanzler dem König, ließ anspannen und meldete dem König: »Majestät, die Wagen sind angespannt; wie es dir beliebt.« Da bestieg König Pasenadi einen der bequemen Wagen und fuhr mit vielen Wagen von Nangaraka nach dem sakyschen Marktstädtchen Medalumpa.

Gegen Abend kam er dort an und begab sich zum Klostergarten. Als er so weit gefahren war, wie es das Gelände zuließ, stieg er ab und trat zu Fuß in den Klostergarten ein. Zu der Zeit gingen viele Mönche im Freien auf und ab. König Pasenadi trat zu den Mönchen hin und sprach: »Ihr Herren, wo ist jetzt der Erhabene, Heile, Vollkommen Erwachte? Wir möchten den Erhabenen besuchen.« — »Dort ist das Haus, Großer König; die Tür ist geschlossen. Geh leise hinüber, ohne Eile. Wenn du auf die Veranda gekommen bist, dann räuspere dich und klopfe an den Türbalken. Dann wird dir der Erhabene die Tür öffnen.« Da übergab König Pasenadi von Kosalo Schwert und Turban Dīgho, dem Kanzler. Jetzt wusste der Kanzler: Der König will allein sein, und ich soll hier stehen bleiben.« König Pasenadi von Kosalo schritt leise, ohne Eile, zum geschlossenen Haus hinüber, räusperte sich und klopfte an den Türbalken. Es öffnete die Tür der Erhabene. König Pasenadi von Kosalo trat in das Wohnhaus ein und warf sich dem Erhabenen zu Füßen, bedeckte des Erhabenen Füße mit Küssen, umschlang sie mit den Armen und nannte

19 *»bhadrāni bhadrāni«* bedeutet außer »prächtig« auch »gut« und »hoch«. Der achtzigjährige König dürfte in diesem Fall mehr Wert auf Bequemlichkeit und Geländegängigkeit als auf Prunk gelegt haben.

seinen Namen: »König Pasenadi von Kosalo bin ich, Herr, König Pasenadi von Kosalo bin ich, Herr.« — »Aber warum erweisest du denn diesem Fleischleib solche höchste Verehrung, bezeigst so viel Zuneigung, Großer König?« — »Herr, es ist mir danach zumute: Beim Erhabenen ist mir die auf Tatsachen gegründete Überzeugung aufgegangen: Vollkommen erwacht ist der Erhabene, wohlverkündet ist vom Erhabenen die Lehre, richtig geht beim Erhabenen die Gemeinde der Heilsgänger vor.

Da sehe ich manche Brahmanen, Herr, die führen das brahmische Leben auf begrenzte Zeit, zehn, zwanzig, dreißig oder auch vierzig Jahre. Dann aber ergeben sie sich, gebadet und gesalbt, mit wohlfrisiertem Haar und Bart den fünf Sinnengenüssen. Hier aber, Herr, sehe ich Mönche, die führen ihr ganzes Leben lang das vollständige, vollkommen reine brahmische Leben. Und nirgends sehe ich anderswo das vollständige, vollkommen reine brahmische Leben. Auch das gibt mir beim Erhabenen die auf Tatsachen gegründete Überzeugung: Vollkommen erwacht ist der Erhabene, wohlverkündet ist vom Erhabenen die Lehre, richtig geht beim Erhabenen die Gemeinde der Heilsgänger vor.

Weiter, Herr: Da streiten Könige mit Königen, Adlige mit Adligen, Brahmanen mit Brahmanen, Bürger mit Bürgern, die Mutter streitet mit dem Sohn, der Sohn mit der Mutter, der Vater mit dem Sohn, der Sohn mit dem Vater, der Bruder mit dem Bruder, der Bruder mit der Schwester, die Schwester mit dem Bruder, der Gefährte mit dem Gefährten. Hier aber, Herr, sehe ich die Mönche einig, freundschaftlich, streitlos leben und in Harmonie[20] *einander sanften Auges anschauen. Nirgends sonst, Herr, sehe ich eine so einige Gemeinschaft. Auch das, Herr, gibt mir beim Erhabenen die auf Tatsachen gegründete Überzeugung: Vollkommen erwacht ist der Erhabene, wohlverkündet ist vom Erhabenen die Lehre, richtig geht beim Erhabenen die Gemeinde der Heilsgänger vor.*

Weiter, Herr: Als edelgeborener König habe ich die Macht, in meinem eigenen Reich einen zum Tod Verurteilten hinrichten zu lassen oder einen zu Enteignenden enteignen zu lassen oder einen zu Verbannenden verbannen zu lassen. Mir aber, Herr, reden sie dazwischen, wenn ich zu Gericht sitze, und ich bitte vergebens: ›Ihr Herren, redet mir nicht dazwischen, wenn ich zu Gericht sitze, wartet das Ende der Verhandlung ab.‹ Hier aber, Herr, sehe ich die Mönche, wenn der Erhabene einer Schar von einigen Hundert die Lehre darlegt: Da gibt es bei den Jüngern des Erhabenen kein Husten und kein Räuspern. Als vor einiger Zeit der Erhabene einer Schar von einigen Hundert die Lehre darlegte, da räusperte sich einer der Jünger. Gleich berührte ihn ein Mitbruder mit dem Knie und flüsterte: ›Nicht so laut, Lieber, mach keinen Lärm! Der Meister, der Erhabene legt uns die Lehre dar.‹ Da habe ich gedacht: Wunderbar, einmalig, wie ohne Gewalt und Zwang eine Versammlung so geleitet werden kann! Nirgendwo anders wahrlich, Herr, habe ich eine so gut geleitete Versammlung erlebt. Auch das, Herr, begründet für mich beim Erhabenen die auf Tatsachen gegründete Überzeugung: Vollkommen erwacht ist der Erhabene, wohlverkündet ist vom Erhabenen die Lehre, richtig geht beim Erhabenen die Gemeinde der Heilsgänger vor.

Weiter, Herr: Ich kenne ja manche gelehrten Adligen, Brahmanen, Bürger, feine, gewiegte Dialektiker, die mit ihrem Scharfsinn falsche Theorien gleichsam in der Luft zerreißen. Die hören: ›Der Asket Gotamo wird auf seiner Wanderschaft unser Dorf oder unsere Stadt besuchen.‹ Da stellen sie eine Frage zusammen: ›Wenn der Asket Gotamo kommt, wollen wir ihm diese Frage vorlegen. Wenn er auf unsere Frage so antwortet, werden wir seine Rede auf diese Weise widerlegen, wenn er so antwortet, auf jene Weise.‹ Dann hören sie: ›Der Asket Gotamo ist in unserem Dorf oder in unserer Stadt angekommen.‹ Sie gehen zum Asketen Gotamo hin; da klärt sie der Erhabene im Gespräch über die Wahrheit auf, gibt ihnen die entscheidenden Anstöße, begeistert sie und beglückt sie. Vom Erhabenen im Gespräch über die Wahrheit aufgeklärt, angeregt,

20 »*khīr-odaki-bhūta*«, wörtlich: »wie Milch und Wasser geworden« (die sich gut mischen lassen).

begeistert, beglückt, stellen sie dem Erhabenen nicht einmal ihre Frage, keine Rede von Widerlegen: durchweg bekennen sie sich sogar als Schüler des Erhabenen. Mehr noch, Herr: Ich kenne auch manche gelehrten Pilger, feine, gewiegte Dialektiker; denen geht es genauso. Durchweg bitten sie den Erhabenen, bei ihm das Asketenleben führen zu dürfen, und der Erhabene nimmt sie auf. In diesen Orden aufgenommen, verweilen sie einsam, abgesondert, unermüdlich, in heißem, innigem Streben, voll Entschlossenheit. Und in dieser asketischen Zucht verweilend, verwirklichen sie nach gar nicht langer Zeit noch in diesem Leben in weltüberlegenem Bewusstsein für immer jenes Ziel, um dessentwillen edle Söhne aus dem Haus in die Hauslosigkeit ziehen: die höchste Vollendung des brahmischen Lebens. Die sagen: ›Lieber, wir müssen wahnsinnig gewesen sein, geistesverwirrt, als wir uns früher, als wir keine Asketen waren, für Asketen hielten, als wir keine Reinen waren, uns für Reine hielten, als wir keine Heilen waren, uns für Heile hielten. Jetzt sind wir Asketen, Reine, Heile.‹ Auch das gibt mir beim Erhabenen die auf Tatsachen gegründete Überzeugung: Vollkommen erwacht ist der Erhabene, wohlverkündet ist vom Erhabenen die Lehre, richtig geht beim Erhabenen die Gemeinde der Heilsgänger vor.

Weiter, Herr: Da sind meine Kammerherren Īsidatto und Purāṇo.[21] *Die sind meine vertrauten Diener, meine ausführenden Organe.*[22] *Ich bin ihr Ernährer; ich bestimme ihren Rang. Und doch erweisen sie mir nicht die gleiche Ehre wie dem Erhabenen. Einmal, auf einem Feldzug, wollte ich sie auf die Probe stellen und tat, als ob ich wegen Krankheit im Haus bliebe. Da verbrachten meine Kammerherren einen großen Teil der Nacht in einem Lehrgespräch und legten sich dann schlafen, das Haupt dahin gewandt, wo der Erhabene weilte, und mir kehrten sie die Füße zu. Da dachte ich: ›Das ist doch erstaunlich; das ist doch ungewöhnlich: Dieser Īsidatto und dieser Purāṇo sind meine Kammerherren. Ich bin ihr Ernährer; ich bestimme ihren Rang. Und doch erweisen sie mir nicht die gleiche Ehre wie dem Erhabenen. Gewiss erleben diese Verehrten unter der Anleitung des Erhabenen einen hohen, alles Frühere übersteigenden Zustand.‹ Auch das, Herr, gibt mir beim Erhabenen die auf Tatsachen gegründete Überzeugung: Vollkommen erwacht ist der Erhabene, wohlverkündet ist vom Erhabenen die Lehre, richtig geht beim Erhabenen die Gemeinde der Heilsgänger vor.*

Weiter, Herr: Der Erhabene ist von Adel, und ich bin von Adel. Der Erhabene ist ein Kosaler, und ich bin ein Kosaler. Der Erhabene ist achtzig Jahre alt, und ich bin achtzig Jahre alt. Da auch der Erhabene von Adel ist und ich von Adel bin, da auch der Erhabene ein Kosaler ist und ich ein Kosaler bin, da auch der Erhabene achtzig Jahre alt ist und ich achtzig Jahre alt bin – darum ist es eben an mir, dem Erhabenen die höchste Ehre und Liebe zu bezeigen. Nun aber muss ich gehen, Herr, viele Aufgaben warten auf mich.« — »Wie es dir beliebt, Großer König; tu wie du willst.« Da erhob sich König Pasenadi von Kosalo, grüßte den Erhabenen mit gefalteten Händen und ging. Kurz nachdem König Pasenadi von Kosalo gegangen war, sprach der Erhabene zu den Mönchen: »Dieser König Pasenadi von Kosalo hat Monumente der Wahrheit ausgesprochen, hat sich erhoben und ist fortgegangen. Merkt euch diese Monumente der Wahrheit, Mönche, lernt sie auswendig, behaltet sie, Mönche. Voll Segen sind diese Monumente der Wahrheit, Mönche, zu den Fundamenten des brahmischen Lebens gehören diese Monumente der Wahrheit.« So sprach der Erhabene. Die Mönche waren beglückt und erhoben von den Worten des Erhabenen.

Ruth: Da bestätigt sich, welchen hohen Rang die Erinnerungen an den Erwachten, die Lehre und die Heilsgängergemeinde in der Lehre einnehmen: Sie sind nicht nur Hilfskrücken für Gemütsmenschen, denen Verehrung und Andacht Freude machen. »Fundamente des brahmischen Lebens« – ausgesprochen von einem mitten in der Welt höchst aktiv lebenden König. Und wenn ich dann noch denke an die Beispiele von großen Hausvätern und

21 Vgl. A VI,16.
22 Wörtlich: »Werkzeuge«.

Hausmüttern, die in Familie und Beruf Nichtwiederkehrer geworden sind kraft ihrer in Tugend ausgereiften Weisheit! Etwa Haṭṭhako aus Āḷavi.[23]

FRITZ: Dabei war gerade Haṭṭhako aus Āḷavi ein Vorbild an Bescheidenheit, wie uns ein weiterer Text berichtet, nämlich

A VIII,23:

Einstmals weilte der Erhabene bei Āḷavi am Hauptaltar der Āḷaver. Da sprach der Erhabene zu den Mönchen: »Merkt euch, Mönche, dass der Hausvater Haṭṭhako aus Āḷavi zu sieben wunderbaren, ungewöhnlichen Eigenschaften erwachsen ist. Zu welchen sieben? Voll Heilsvertrauen ist der Hausvater Haṭṭhako aus Āḷavi, ihr Mönche, tugendhaft, schambeschützt, scheubeschützt, viel erfahrene Lehrkenntnis hat der Hausvater Haṭṭhako, ist großherzig und weise. Ihr Mönche, merkt euch, dass der Hausvater Haṭṭhako zu diesen sieben wunderbaren, ungewöhnlichen Eigenschaften erwachsen ist.« Als der Erhabene geendet hatte, erhob sich der Heilbringer von seinem Sitz und ging. Einer der Mönche ging am andern Morgen zum Haus des Hausvaters Haṭṭhako aus Āḷavi und setzte sich auf einen bereitstehenden Sitz. Hausvater Haṭṭhako ging zu dem Mönch hin, begrüßte ihn ehrerbietig und setzte sich seitwärts. Der Mönch sprach: »Vom Erhabenen ist verkündet worden, dass du zu sieben wunderbaren, ungewöhnlichen Eigenschaften erwachsen bist.« Und er zählte auf, was der Erhabene gesagt hatte. »Ist denn auch niemand von den weiß gekleideten Hausleuten dabei gewesen, Herr?« — »Nein, Freund, keiner.« — »Das ist gut, Herr, dass niemand von den weiß gekleideten Hausleuten dabei war.« Da nahm jener Mönch im Haus des Hausvater Haṭṭhako aus Āḷavi die Almosenspeise ein, erhob sich und ging. Am Nachmittag nach der Essenszeit begab sich der Mönch zum Erhabenen und berichtete das ganze Gespräch. »Gut, gut, Mönch, bescheiden ist dieser edle Sohn: Obwohl doch so gute Eigenschaften in ihm sind, will er nicht, dass irgendein Hausvater davon erfährt. So merke dir denn, Mönch, dass der Hausvater Haṭṭhako aus Āḷavi zu einer achten wunderbaren, ungewöhnlichen Eigenschaft erwachsen ist: Bescheidenheit.«

HANS: Die rechte Erinnerung an solche Vorbilder aus dem häuslichen Stand kann manchmal mehr bewirken als theoretische Erklärungen: So hätte ich ohne das Beispiel des Hausvaters Citto, der alle vier Entrückungen jederzeit nach Wunsch erreichen konnte, gedacht, in der Häuslichkeit sei es nutzlos, an Entrückungen auch nur zu denken; das sei nur für Mönche. Inzwischen sehe ich, wie gut es tut, im Geist auch solche Möglichkeiten als Fernziel zu betrachten.

FRITZ: Citto war auch ein wahrer Freund und zudem ein großer Förderer mancher Asketen. Einem hat er sogar den entscheidenden Anstoß zur vollkommenen Erlösung gegeben. Das wird berichtet in dem Text

DER NACKTE PILGER – S 41,9.

Der nackte Pilger Kassapo, der Cittos Freund gewesen war, als er noch im Haus gelebt hatte, war in Macchikāsaṇḍa angekommen. Als das der Hausvater Citto erfuhr, begab er sich zum nackten Pilger Kassapo, grüßte ihn achtungsvoll, wechselte freundliche Worte mit ihm, setzte sich zur Seite und fragte: *»Wie lange ist es denn schon her, dass du in die Hauslosigkeit gezogen bist, Herr Kassapo?« — »Dreißig Jahre, Hausvater.« — »Hast du in diesen dreißig Jahren irgendeine übermenschliche Erfahrung gewonnen: den Segen ausreichenden heilenden Erkenntnisblicks, Wohlsein?« — »In diesen dreißig Jahren hat es bei mir keine übermenschliche Erfahrung gegeben, keinen Segen ausreichenden heilenden Erkenntnisblicks, kein Wohlsein, nur dass ich nackt war, kahl geschoren und mir das Lendentuch ausklopfen musste.«*[24] *— Auf diese Antwort sprach der Hausvater*

23 A III,128, A VIII,24.
24 *pāvāḷa-nippoṭana*, vgl. KEN: D, Anm. 748.

Citto zu dem nackten Pilger Kassapo: »Das ist aber erstaunlich, das ist überraschend, was der Herr da erklärt hat: dass es in diesen dreißig Jahren bei dem Herrn keine übermenschliche Erfahrung gegeben hat, keinen Segen des ausreichenden heilenden Erkenntnisblicks, kein Wohlsein, nur dass er nackt war, kahl geschoren und sich das Lendentuch ausklopfen musste.«

»Wie lange übst du denn die Nachfolge aus, Hausvater?« — »Ich bin vor dreißig Jahren Nachfolger der Lehre geworden, Herr.« — »Hast denn du in diesen dreißig Jahren irgendeine übermenschliche Erfahrung gewonnen: den Segen ausreichenden heilenden Erkenntnisblicks, Wohlsein, Hausvater?« — »Wie könnte es anders sein, Herr: Wann ich will, weile ich, abgelöst vom sinnlichen Begehren, abgelöst von heilsuntauglichen Gedanken und Gesinnungen, in stillem Denken und Sinnen in weltabgelöster jubelnder Seligkeit, im ersten Grad der weltlosen Entrückung; nach Verebben auch des Denkens und Sinnens in innerer Gelöstheit, in der Einung des Gemüts, in der von Sinnen und Bedenken freien, in der Einigung geborenen jubelnden Seligkeit, in der zweiten Entrückung; und wenn von dieser Seligkeit der Reiz des Außergewöhnlichen gewichen ist, weile ich in erhabenem Frieden, klarbewusst ein solches den ganzen Körper durchdringendes Wohl empfindend, dass die Heilsgänger sagen: ›Dem in erhabenem Frieden Lebenden ist wohl‹, in der dritten Entrückung. Wann ich will, Herr, weile ich, nachdem ich über Wohl und Weh hinausgestiegen bin, alle frühere geistige Freudigkeit und Traurigkeit gestillt habe, in der von allem Wohl und Weh befreiten vollkommenen Reine gewärtiger Erhabenheit, in der vierten Entrückung. Wenn ich aber vor dem Erhabenen sterben sollte, wäre es nichts Besonderes, wenn der Erhabene von mir sagen würde: ›Es ist keine Verstrickung da, in die verstrickt der Hausvater Citto in diese Welt zurückkehren könnte.‹«

Auf diese Worte sprach der nackte Pilger Kassapo zum Hausvater Citto: »Wunderbar ist das, erstaunlich, wie da ein weiß gekleideter Hausvater solche übermenschliche Erfahrung gewonnen hat: den Segen des ausreichenden heilenden Erkenntnisblicks, Wohlsein. Hausvater, in dieser Lehre und Heilswegweisung möchte ich das hauslose Leben führen, in den Orden aufgenommen werden.« Da nahm der Hausvater Citto den nackten Pilger Kassapo zu den Mönchslehrern mit. Dort sprach er zu den Mönchslehrern: »Das ist der nackte Pilger Kassapo, der mein Freund war, als er noch im Haus gelebt hatte. Möchten doch die Lehrer ihn in den Orden aufnehmen. Ich werde ihn nach besten Kräften mit Nahrung, Kleidung, Lagerstatt und Heilmitteln im Fall der Krankheit versorgen.« Da wurde dem nackten Pilger Kassapo die Aufnahme in diese Lehre und Heilsordnung gewährt. Nicht lange aber war der ehrwürdige Kassapo in den Orden aufgenommen, da hatte er einsam, abgesondert, unermüdlich, mit großer Ausdauer gar bald jenes höchste Ziel des Asketentums, das edle Söhne vom Haus fort in die Hauslosigkeit zieht, noch bei Lebzeiten sich offenbar gemacht, verwirklicht und erobert: »Versiegt ist die Geburt, vollendet das brahmische Leben, die Aufgabe gelöst: nichts weiter mehr über dieses hinaus«, verstand er da. So war nun auch der ehrwürdige Kassapo einer der Genesenen.

Hans: Wie kann denn ein Pilger nach drei Jahrzehnten einer so stumpfsinnigen Askese in kurzer Zeit den Heilsstand erreichen?

Fritz: Dieser Kassapo muss eine ungeheure Duldenskraft gehabt haben, dass er dreißig Jahre lang eine solche Kasteiung durchhielt, ohne irgendein inneres Ergebnis zu merken. Sein Vertrauen, dass es doch einen Weg zur Erlösung geben müsse, muss außerordentlich gewesen sein; denn als er nach dreißig Jahren harter Kasteiung erkennen musste, dass sein Freund aus Hausvätertagen, Citto, in der selben Zeit im Haus in Fülle erreicht hatte, was ihm selber als Pilger versagt geblieben war, da hätte es nahe gelegen, dass er in freundschaftlicher Verbindung mit Citto ins Hausleben zurückgekehrt wäre. Aber er ging geradenwegs in den Orden des Erwachten zu dem »unübertrefflichen Lenker der anleitungsbedürftigen Menschen«, der das »Wunder der Belehrung« vollbringen konnte. Da wundert es mich kaum, dass er so schnell den Hausvater Citto »überholt« und den höchsten Heilsstand erreicht hat – ein Beispiel dafür, wie der Mönchsweg bei entsprechend starken Kräften an Heilswirksamkeit die im Hausleben gegebenen Möglichkeiten weit übertrifft. Aber immerhin war Hausvater Citto Nichtwiederkehrer und von solcher geistiger Klarheit, dass er Kassapo auf den kürzesten Weg zum Heilsstand bringen konnte. Wir sehen: Es hat auch immer wieder solche großen Hausväter und Hausmütter jener zweiten Art – der »Stillen im Lande«, der »Mystiker im Haus« – gegeben, die im unverlierbaren Herankommen an das Heilsziel den meisten Mönchen nicht nachstanden, so dass sie der Erwachte sogar dem Orden als Vorbilder zeigte.

RUTH: Da brauche ich nur an Nakulamātā zu denken, die Nichtwiederkehrerin, die für ihren Mann bei einer lebensbedrohenden Krankheit aus ihrem Klarwissen heraus mit Erfolg zur besten Therapeutin wurde.[25] Und die Hausfrau Nandamātā, gleichfalls Nichtwiederkehrerin, sehe ich in Gedanken fast plastisch vor mir, wie sie in der Morgendämmerung auf dem Hof steht mit ihrem Besen oder mit dem Hühnerfutter und die Strophen »Zum anderen Ufer« vor sich hinsagt, bis der große Geisterkönig Vessavano kommt und ihr das Nahen des Ordens meldet.[26]

FRITZ: Der Hausvater Uggo aus Vesāḷī war auch Nichtwiederkehrer.

HANS: Der mit dem Eingemachten?

FRITZ: Genau der.[27] Über einen weiteren Hausvater, der an Klarwissen vielen Mönchen gleichkam, berichtet

A X,94:

Der Hausvater Vajjiyamāhito war in der Morgenfrühe nach Campā am Ufer des Gaggarāsees gewandert, um den Erhabenen zu besuchen, kam aber zu früh; der Erhabene und die Mönche weilten noch zurückgezogen. Da ging er zum Ashram der Pilger anderer Schulen. Die saßen geräuschvoll bei banalem Gerede zusammen, verstummten aber, als sie den Hausvater Vajjiyamāhito kommen sahen, weil sie wussten, dass die Anhänger des Buddha die Stille lieben. Vajjiyamāhito kam und setzte sich zu ihnen. Die Pilger sprachen zu ihm: *»Ist es denn wahr, Hausvater, dass der Asket Gotamo jede Askese missbilligt und jeden Asketen, der ein streng enthaltsames Leben führt, schlechthin ablehnt?« — »Aber nein, ihr Herren; der Erhabene missbilligt nicht jede Askese und lehnt nicht schlechthin jeden Asketen ab, der ein streng enthaltsames Leben führt. Sondern der Erhabene missbilligt, was zu missbilligen ist und anerkennt, was anerkennenswert ist. Da der Erhabene missbilligt, was zu missbilligen ist und anerkennt, was anerkennenswert ist, ihr Herren, spricht er sich differenziert aus; es ist nicht die Art des Erhabenen, hier pauschal zu urteilen.« Auf diese Worte sprach einer von den Pilgern zum Hausvater Vajjiyamāhito: »Geh, Hausvater, ist denn dieser Asket Gotamo, den du so in den Himmel hebst, nicht ein Nihilist, ein Agnostiker?« — »Verehrte Herren, ich will euch darauf ganz sachlich antworten: ›Dies ist heilstauglich‹, ist vom Erhabenen gezeigt worden; ›jenes ist heilsuntauglich‹, ist vom Erhabenen gezeigt worden. Da der Erhabene aufzeigt, was zum Heil taugt und was nicht, ist er ein Wissender, kein Nihilist und kein Agnostiker.« Auf diese Rede saßen die Pilger verstummt, betroffen, mit hängenden Schultern und hängenden Köpfen, nachdenklich und sprachlos da.*

Als der Hausvater Vajjiyamāhito die Pilger so dasitzen sah, stand er auf, begab sich zum Erhabenen und berichtete das ganze Gespräch. »Gut, gut, Hausvater. So kannst du bei Gelegenheit diesen geblendeten Menschen im Sinn der Lehre eine Richtigstellung geben und ihnen ihre Grenzen aufzeigen. Nicht jede Askese ist auszuüben, sage ich, Hausvater. Ich sage aber nicht, Askese sei überhaupt nicht auszuüben. Nicht jede Sitte ist einzuhalten, sage ich. Ich sage aber nicht, Sitten seien überhaupt nicht einzuhalten. Nicht jede Art von Loslassen ist zu vollziehen, sage ich. Ich sage aber nicht, Loslassen sei überhaupt nicht zu vollziehen. Nicht jeder Kampf ist zu kämpfen, sage ich.

25 Vgl. A VI,16.
26 A VII,50; über sie vgl. auch A VI,37.
27 A V,44 und A VIII,21.

Ich sage aber nicht, überhaupt kein Kampf sei zu kämpfen. Nicht jede Erlösungsart ist zur Erlösung einzusetzen, sage ich. Ich sage aber nicht, Hausvater, keine Erlösungsart sei zur Erlösung einzusetzen: Wenn bei einem, weil er eine Askese ausübt/ eine Sitte befolgt/ eine Art von Loslassen vollzieht/ einen Kampf kämpft/ eine Erlösungsart zur Erlösung einsetzt, die heilsuntauglichen Eigenschaften zunehmen, die heilstauglichen Eigenschaften aber abnehmen, dann ist eine solche Askese nicht auszuüben/ eine solche Sitte nicht zu befolgen/ eine solche Art des Loslassens nicht zu vollziehen/ ein solcher Kampf nicht zu kämpfen/ eine solche Erlösungsart nicht zur Erlösung einzusetzen, sage ich. Wenn aber bei ihm dadurch die heilsuntauglichen Eigenschaften abnehmen und die heilstauglichen Eigenschaften zunehmen, dann ist eine solche Askese auszuüben/ eine solche Sitte zu befolgen/ eine solche Art des Loslassens zu vollziehen/ ein solcher Kampf zu kämpfen/ eine solche Erlösungsart zur Erlösung einzusetzen, sage ich.«

Vom Erhabenen belehrt, erhoben, beglückt durch dieses Lehrgespräch, stand der Hausvater Vajjiyamāhito von seinem Sitz auf, verabschiedete sich vom Erhabenen mit gefalteten Händen und ging. Kurz danach sprach der Erhabene zu den Mönchen: »Auch wenn ein Mönch lange Zeit fleckenlos bei diesem Heilslehrgang gewesen wäre, so würde auch er Pilgern anderer Schulen so im Sinn der Lehre eine Richtigstellung geben und ihnen ihre Grenzen aufzeigen, wie es der Hausvater Vajjiyamāhito getan hat.«

4.) DIE ERINNERUNG AN DIE HEILENDEN TUGENDEN

Ruth: Mit den vielen Berichten, die mir die Erinnerung an die Nachfolgergemeinde wachrufen, verbindet sich von selber auch die Erinnerung an die heilenden Tugenden; denn die meisten Nachfolger sind ja Menschen wie du und ich mit ihren inneren Drängen und gehen mit Mitwesen um. Das ist das Hauptgebiet der Tugend. Über die haben wir schon eine Fülle von Reden betrachtet. Da brauchen wir wohl zu der vierten der sechs unübertrefflichen Erinnerungen, der Erinnerung an die heilenden Tugenden – nicht mehr viel zu sagen.

Hans: Für mich ist und bleibt der Hauptleitfaden die Rede an die Leute von Veludvāra, S 55,7, die mir von allem Anfang an so sehr eingeleuchtet hat, weil sie nicht nur den Verstand, sondern auch das Gemüt anspricht und schon zu den ersten Keimen nichtmessender Liebe überleitet. Und dann schätze ich sehr – sozusagen als »Landkarte« – den ehern-flexiblen Maßstab in M 114: worauf man sich einlassen soll und worauf nicht, und als drittes – sozusagen als den Bildband zur Landkarte – das Gespräch mit Siṅgālako in D 31. Dennoch möchte ich noch näher wissen, wie man die Erinnerung an die heilenden Tugenden wirklich fruchtbar anstellt. Es heißt ja, dass man sich an die heilenden Tugenden in Bezug auf sich selber erinnern soll. Mir und anderen, mit denen ich darüber gesprochen habe, kommt dabei eher Bedrückung auf, weil man sich sagt: »Da gibt es bei mir nicht viel zu erinnern. Was ist schon mein bisschen Tugend! Seit ich die Lehre kennen gelernt habe, finde ich an mir viel mehr Fehler als früher.«

Fritz: Mir helfen da vor allem drei Dinge:

Das erste: Es ist ein Grund zur Freude und nicht zur Sorge, wenn man im Lauf der Nachfolge mehr Fehler an sich merkt: Das ist kein Zeichen, dass man schlechter geworden ist, sondern dass man ein klareres Bild von sich selber gewonnen hat. Ich sehe heute auch viel mehr Fehler an mir als früher, als ich sozusagen »gepflegtes Wellenreiten« auf den Wogen meiner inneren Dränge veranstaltete. Da wuchtete ich durch die Gegend und trat meinen lieben Mitwesen ungewollt auf die Füße, dass es nur so krachte – soweit ich sie und ihre Anliegen überhaupt bemerkte. Und oft tat ich das sogar mit buddhistisch-freundlichem Lächeln, geübt leiser Stimme und in der erhebenden Meinung, ein freundlicher Mensch zu sein – was auch viele meinten, die es nicht ständig näher mit mir zu tun hatten. Viele Jahre danach erst, bis heute, fielen und fallen mir immer mehr solche Fälle ein, die ich überhaupt nicht bemerkt hatte. Dafür hatten sie die Betroffenen bemerkt, und ich bin ihnen immer mehr dankbar, dass sie diesen komischen Fritz mit so viel Nachsicht ertragen haben. Ich bin nicht sicher, ob das mir selber bei meiner notorischen Empfindlichkeit und Reizbarkeit im umgekehrten Fall ebenso gut gelungen wäre.

HANS: Wie gehst du denn damit um, wenn du so was hinterher merkst?

FRITZ: Dann muss ich meist über mich ulkiges Gewächs lachen. Und wenn es noch nicht gar zu lange her ist oder wenn ich nicht sicher sein kann, ob die damals Betroffenen meinen Murx auch wirklich restlos vergessen haben, dann erzähle ich ihnen von meiner »Spätzündung«. Meist lachen wir dann gemeinsam. Es stellt sich oft heraus, dass das liebe Mitwesen sagt: »So ist es mir auch schon gegangen.« Wenn aber die Folgen für die Betroffenen ernster waren, bemühe ich mich um Wiedergutmachung – aber nicht mit der vom Oldenburgischen Kirchengesangbuch empfohlenen Zerknirschung: »Ich bin ein arger Sündenknüppel.« Das wäre keine Hilfe. Auch hier gilt: »Giovanni, nimm dich nicht so wichtig« – auch in dem Sinn, dass mein Lapsus für den betroffenen Mitmenschen oft nicht so wichtig war, wie ich mich nehme. Hie und da kommt Zerknirschung auch weniger aus dem echten Bedauern, dem anderen wehgetan zu haben, als daraus, dass uns der Vorfall – wie man dann so schön sagt – »furchtbar peinlich« ist: Dann kommt das Wehgefühl gar nicht aus dem Mitempfinden, sondern weil es uns nicht passt, dass wir unser ach so »wichtiges« Prestige dummerweise selber angekratzt haben. Solchen Unfug bei sich selber klar sehen und sich der eigenen Lächerlichkeit stellen, hilft zusätzlich, die helle Achtsamkeit von den Fehlern anderer abzuziehen und sie unverkrampft auf die eigenen Fehler einzustellen. Die hatten wir ja schon die ganze Zeit an uns, ohne es zu merken, und so können wir froh sein, dass wir sie endlich entdeckt haben, ebenso froh wie ein Autofahrer, wenn er gerade noch vor Reiseantritt merkt, dass zu wenig Wasser im Kühler ist, so dass er noch rechtzeitig Überhitzung und Kolbenfresser vermeiden kann.

HANS: Und was war das zweite, was du sagen wolltest?

FRITZ: Das zweite ist: Viele westliche Menschen sind unterschwellig noch geprägt durch zwei geistige Strömungen, nach denen es verrückterweise negativ bewertet wird, wenn man sich freut, dass man Gutes tut oder getan hat. Schon Schiller hat dies einmal in dem satirischen Dialog »Die Philosophen« deutlich gemacht. Da sagt ein Philosoph den andern:

»Gerne dien' ich den Freunden, doch tu ich es leider mit Neigung,
und so wurmt es mir oft, dass ich nicht tugendhaft bin.«

Und er erhält die Antwort:

»Da ist kein anderer Rat, du musst suchen, sie zu verachten
und mit Abscheu alsdann tun, wie die Pflicht dir gebeut.«[28]

Diese seltsame Haltung – teils aus der Pflichtenethik Kants, teils aus dem kirchlichen, vor allem protestantischen Dogma, sich Freuen über getanes Gutes sei »hoffärtig«, verstopft in der an Freuden so armen Sinnenwelt eine ruhige Quelle bescheidener innerer Freude. Der Buddha dagegen warnt zwar dringend davor, wegen irgendwelcher Errungenschaften »das Ich aufzublasen«.[29] Aber er rät immer wieder, sich im Blick auf das Heilsziel am eigenen Geben, Schonen, Gutes-Tun und der damit verbundenen Herzenshelligkeit zu freuen bis zum inneren Jubel der *pīti*.

HANS: O, ja. Wir haben ja schöne Texte über die heilende Tugend als Vorstufe des Herzensfriedens und das Geben als Einstieg in die Tugenden besprochen.

RUTH: Beim Besprechen konnte man richtig nachempfinden, wie auch aus der Erinnerung an die eigenen heilenden Tugenden innere Freude aufspringen kann, auch wenn man nur merkt, dass einem jetzt jeder Verstoß wehtut.

28 gebeut = gebietet.
29 Vgl. z. B. M 30.

Fritz: Genau! Denken wir nur an das, was der Erwachte dem viel beschäftigten Sakyer Mahānāmo in A XI,12 und 13 über die Erinnerung an die Tugenden gesagt hat:

»Weiter kannst du dich in Bezug auf dich selber der Tugenden erinnern: ›Unzerstückelt sind sie, unbeschnitten, unbefleckt, ungesprenkelt, sie befreien aus der Sklaverei, werden von Verständigen gepriesen. Wenn man nicht daran festhängt, führen sie zur Einigung.‹ Zu einer Zeit, zu der sich ein Heilsgänger der Tugenden erinnert, hat er kein von Hinneigung, Abneigung, Blendung besessenes Herz: aufrecht und klar ist sein Herz zu einer solchen Zeit. Zur Tugend hingereckt, geraden, klaren Herzens erlangt er ein Empfinden für das Heilsziel, ein Empfinden für die Wahrheit, innere Helle und Freude über die Orientierung. Dem innerlich Hellen und Freudigen kommt innerer Jubel auf. Dem innerlich Jubelnden wird der Körper still; der körperlich Gestillte erfährt Wohl; erfährt er Wohl, ist das Herz einig.«

»Unzerstückelt« bedeutet ja nicht Perfektion im äußeren Erfüllen, sondern Aufrechterhalten des klaren Maßstabs im Geist, auch wo das Vollbringen nicht immer ganz gelingen will. Aber man kann sich dann über Tugendverstöße nicht mehr diebisch freuen, sondern empfindet darüber Schmerz. Dann kann man sich über die Schärfung des eigenen Gewissens freuen, das einem hilft, besser mit den Mitwesen mitzuempfinden. Die Bedrückungen, weil man seine Fehler besser sieht, von denen du berichtest, Hans, sind oft gerade ein Zeichen, dass man in die Tugenden hineingewachsen ist und im Geist einen besseren Maßstab gewonnen hat. Das müssen wir einfach wissen.

Hans: Ja, jetzt hab ich's wieder. Das hatte mir ja damals alles so eingeleuchtet. Da sieht man, wie man sich auf diese einfachen, aber unserer Denkgewöhnung zuwiderlaufenden Zusammenhänge immer wieder neu besinnen muss, damit sie frisch bleiben. Dafür sind die lebendigen Erinnerungen an den Buddha, die Lehre, die Heilsgängergemeinde, die heilenden Tugenden, die guten Eigenschaften übermenschlicher Wesen und an das Loslassen ungemein hilfreich.

Ruth: Diese sechs unübertrefflichen Erinnerungen bieten sich für uns im Haus Lebende als einfache, organische Ordnung der Lehrinhalte eher an als logisch-systematische abstrakte Erwägungen. In meinem Küchenschrank sortiere ich ja Küchengeräte, Geschirr und Besteck auch nicht nach dem Alphabet oder dem Anschaffungsdatum oder dem Preis oder nach sonst irgendeinem abstrakten Prinzip, sondern danach, wie ich sie praktisch zur Hand haben muss für meine Kocherei! So ist es auch mit den Lehrinhalten. Wir brauchen sie hauptsächlich, um das Herz zu mehr Ruhe zu wandeln, damit die Sicht klarer wird. Das Herz wandeln können wir nur nach dem Gesetz: *»Was der Mensch häufig denkt und sinnt, dahin geneigt wird das Herz.«* Mir scheint, in den sechs unübertrefflichen Erinnerungen, so wie wir sie besprochen haben, finden wir die ganze Lehre samt den »Vorbereitungslehren« – vom Geben in der Erinnerung an das Loslassen, von der Tugend in der Erinnerung an die heilenden Tugenden, vom Karma in der Erinnerung an die Eigenschaften der Himmelswesen, die sie in ihre jetzige Existenz gebracht haben, von der realen Möglichkeit unmittelbaren Erscheinens in geistiger Gestalt ebenfalls in der Erinnerung an die Himmelswesen und von den vier Heilswahrheiten in der Erinnerung an die Wachheit des Vollendeten, die Nachvollziehbarkeit der Lehre bei sich selber und die Gemeinde der endgültig gesicherten Heilsgänger.

Hans: Ja, das ist wahr. Ich bin recht erleichtert. Aber nun möchte ich noch gern hören, Fritz, was du mit dem dritten Ding meinst, das helfen kann, wenn jemand denkt, die Betrachtung der heilenden Tugenden könnte ihm nicht viel nützen, weil da bei ihm nicht viel zu betrachten sei.

Fritz: Die dritte Hilfe besteht darin, dass ich meinen Stand in der Tugendentwicklung immer wieder langfristig überblicke und mit dem Stand von vor einem Jahr, vor fünf Jahren, vor zehn, zwanzig, dreißig, vierzig Jahren vorurteilslos vergleiche – weder geschönt noch verdunkelt. Ich habe schon erleben dürfen, wie Freundesgespräche darüber in stillem, bescheidenem, aber solidem Glück endeten, wenn sich langjährige Nachfolger der Lehre einfach einmal den fünf *sīla* entlang fragten: Wann habe ich das letzte Mal absichtlich ein Wesen umgebracht? Wann habe ich das letzte Mal absichtlich Nichtgegebenes genommen? Wann – wenn überhaupt – bin ich das letzte Mal in die Partnerschaft eines Mitmenschen eingebrochen oder habe unter Obhut Stehende verführt? Wann habe ich das letzte Mal absichtlich gelogen? Wann habe ich das letzte Mal Mittel genommen, die das klare Denken und die Selbstkontrolle beeinträchtigen? Und – fast die wichtigste Frage – wenn ja: habe ich das verdrängt, oder habe ich mich dem ohne innere Ausflüchte schließlich gestellt, und hat es mir dann im Innersten ehrlich so wehgetan, dass ich das Wiedertun im Geist ganz negativ bewerte? Da gab es doch viele, die aufatmen konnten, weil sie feststellten: Ich bin im äußeren Verhalten zwar noch sehr unvollkommen, aber ich halte mir den Maßstab im Geist unverbrüchlich und ohne Ausflüchte klar und bin mit dem Herzen in die heilenden Tugenden hineingewachsen; denn das merke ich ja daran, wie weh mir jede Verletzung der fünf Grundtugenden tut. Viele spürten bei dieser Bilanz – wenn sie dabei auch angesichts ihrer Schwächen alles andere als Grund zur Überhebung sahen – ein schlichtes, klares Wachsens zu mehr Verstehen, mehr Schonen, mehr Mitempfinden für die Mitwesen – zu mettā, auf jeden Fall aber zu einer Herzensart, die schon um einiges über dem dunkel-lichten allgemeinen menschlichen Durchschnitt liegt. So verbindet sich ganz organisch mit der Erinnerung an die heilenden Tugenden:

5.) DIE ERINNERUNG AN ÜBERMENSCHLICHE EIGENSCHAFTEN

Wenn man erst nach der dogmenlosen Darlegung in M 60 über die Blockaden hinweg ist, die der Offenheit für solche Möglichkeiten im Weg stehen, und ein Gespür für das feine Übermenschliche der auf dem Heilsweg keimenden Herzenseigenschaften gewinnt, dann kann die Erinnerung an sie das Herz erheben, geradezu begeistern und über die gewohnten Banalitäten hinaustragen.

HANS: Mich hat da besonders das Gleichnis von dem Ölkrug angerührt und der wunderbare Trost des Buddha für Mahānāmo: »Fürchte dich nicht.«[30]

RUTH: Und mich haben die sachlich-exakten Darlegungen in D 6 betroffen gemacht, mit denen der Buddha über jenseitige Erlebnisweisen mit einer Selbstverständlichkeit, fast Alltäglichkeit wie über Vorgänge in einem anderen Stadtviertel berichtet mit dem ganz ausdrücklichen Hinweis, dass er das nicht nur glaubt oder sich ausgedacht hat, sondern leibhaftig erlebt hat. Das spürt man auch an der »heiligen Nüchternheit« dieser Berichte.

HANS: Die muss man aber mehrmals lesen, sonst kann man sich kaum vorstellen, dass eine solche Fülle nahtlos ineinander passender nüchterner Beschreibungen vorliegt, in denen mit einer unfassbaren Genauigkeit über außermenschliche Erlebnisweisen berichtet wird. Dabei hilft es mir neuerdings sehr, wenn ich bedenke, dass Berichte über »jene« Welt« ja nicht »objektive Welten« schildern, sondern einst gewirkte Wahnbilder der zur Wirkenszeit vorliegenden Herzensbeschaffenheit, die nicht irrealer oder realer sind, als die jetzt in diesem Moment erscheinenden Bilder, die ich als »ich mit Fritz und Ruth im Zimmer« deute. Wenn ich bedenke, dass das Herz sich einzig und allein durch (reflektiertes oder unreflektiertes, richtiges oder falsches, triebhöriges oder wahrheitsgegegenwärtiges) bewertendes Denken zum Schlechten oder zum Guten wandelt, dann wird es mir zur Gewissheit, was Angelus Silesius gesagt hat:

»Der Tod bewegt mich nicht.
Ich komme nur durch ihn,
wo ich nach meinem Geist
mit dem Gemüt schon bin.«[31]

30 S 55,21.
31 Cherub, IV,81 und I,36.

FRITZ: Die Erinnerung an die guten und hellen Eigenschaften, die auch der allgemeine Sprachgebrauch als »übermenschlich« bezeichnet, und dank derer ein Wesen als »Himmelswesen« wieder erscheint, macht einen gemeinsamen Grundzug sichtbar, den kaum ein Mensch guten Willens bestreitet und der den Kern der ganzen Lehre bildet. Dieser Grundzug ist Gegenstand der sechsten der unübertrefflichen Erinnerungen:

6.) DIE ERINNERUNG AN DAS LOSLASSEN

HANS: Das ist wahr! All den guten, Bedrängnisse lösenden Eigenschaften – Geben, Schonen, Helfen, Lieben, Läutern – liegt letztlich ein Zurücktreten, ein Loslassen zugrunde, beginnend mit dem Loslassen dessen, was ich selber als Schlechtes ansehe. Wilhelm Busch, der Weise von Wiedensahl, hat diesen Grundzug einmal in die einfachen Worte gefasst:

»Das Gute, dieser Satz steht fest,
ist stets das Böse, das man lässt.«

Mir scheint, dieser Satz sagt mehr, als Busch ahnen konnte. Denn, wie du einmal gesagt hast, Fritz: »Loslassen ist der Kurswagen zum Nirvāna.« Wenn ich mich an den Wortlaut erinnere, mit dem der Buddha dem Sakyer Mahānāmo die Erinnerung an das Loslassen empfohlen hat, dann wird mir leichter und freier. Liest du uns noch einmal die Stelle vor?

FRITZ: Gern, Hans: *»Weiter kannst du dich in Bezug auf dich selber des Loslassens erinnern: ›Getroffen hab ich's, gut getroffen, dass ich unter der von der Trübung des Geizes besessenen Masse mit einem der Trübung des Geizes entgangenen Gemüt im Haus lebe, das Befreiende am Zurücktreten merke, mit offenen Händen, beim Loslassen Glück empfinde, für Bitten anderer offen bin, Freude daran habe, Gaben auszuteilen.‹ Zu einer Zeit, zu der ein Heilsgänger sich des Loslassens erinnert, hat er kein von Hinneigung, Abneigung, Blendung besessenes Herz: aufrecht und klar ist sein Herz zu einer solchen Zeit. Zum Loslassen hingereckt, geraden, klaren Herzens aber erlangt der Heilsgänger ein Empfinden für das Heilsziel, ein Empfinden für die Wahrheit, innere Helle und Freude über die Orientierung. Dem innerlich Hellen und Freudigen kommt innerer Jubel auf. Dem innerlich Jubelnden wird der Körper still; der körperlich Gestillte erfährt Wohl; erfährt er Wohl, ist das Herz einig.«*

RUTH: Da haben wir wirklich die kürzeste Verbindung zwischen der tiefsten Lehre des Buddha und der Praxis des täglichen Lebens. Um die sechs Erinnerungen herum lässt sich die gesamte Weisheit lebendig gruppieren und immer wieder in Erinnerung rufen, die man in der Häuslichkeit durch in Tugend gereifte Wandlung und Beruhigung gewinnen kann.

HANS: Und das alles fern von intellektuellem Schubladen-Denken. Bei dieser organischen Gliederung durch die sechs Erinnerungen bleibt die Lehre immer verbunden mit der permanenten Herzenswandlung. Die Lehre entsteht in jedem Augenblick frisch und neu und wird nicht zur Begriffs-Tiefkühlkost, die manche bei Wiederholungen so leicht »abschalten« lässt in dem Gedanken: »Kenne ich schon; wir wissen doch.« Wenn das Frühstück auf dem Tisch steht, sage ich ja auch nicht: »Weg damit, kenn' ich doch schon.« Ich muss sagen: Ich habe immer mehr Gewinn vom Wiederholen. Gerade die Wiederholung der Wahrheit bringt das Neue, Fruchtbare und Erlösende hervor. Und wenn ich aus unseren Gesprächen eines gelernt habe, dann ist es dies: die wichtigste Nahrung ist die Wahrheit. Wenn ich die Heilsentwicklung in dieser Weise überblicke, kommt mir der Gedanke immer näher, dass es einen Punkt geben muss, von dem an die Heilsentwicklung unumkehrbar wird, zu einer inneren Strömung, die zum Heil hin »trägt«. — Du hast ja einmal gesagt, »*dhamma*« – die Lehre, die Wahrheit – sei »das, was trägt«. Sag Fritz, wäre es jetzt nicht an der Zeit, über diesen Eintritt in die Heilsströmung zu sprechen. Du kündigst das schon lange an. Wann ist es denn so weit?

FRITZ: Jetzt, Hans. Gleich bei unserem nächsten Treffen.

15. Gespräch
Endgültig gesichert: – *anusāri* (Nachfolger) und *sotāpanna* (in den Strom eingetreten)

Hans: Denkst du daran, was du uns versprochen hast, Fritz?

Fritz: Freilich, Hans. Beginnen wir mit zwei einander ergänzenden Lehrredentexten über das selbe Gespräch des Erwachten mit dem Sakyer Mahānāmo.

Hans: Wieso zwei verschiedene Reden über den selben Vorgang?

Fritz: Mahānāmo hat mit dem Erwachten – vielleicht wegen des etwas heiklen Gesprächsgegenstandes – allein gesprochen. Es ist doch ganz natürlich, dass er dem einen dies, dem anderen das aus dem Gespräch berichtet hat. Aber beide Mitteilungen greifen so exakt und lebendig ineinander, dass sich dieses Gespräch besonders gut eignet, um uns einen Begriff vom Eintritt in die Heilsströmung, der *sotāpatti*, und seinen Voraussetzungen zu geben.

Hans: Neumann übersetzt *sotāpatti* mit Hörerschaft. Was ist denn nun richtig?

Fritz: Beides, je nach dem Zusammenhang. Das Pāliwort *sotāpatti* setzt sich zusammen aus *sota* und *āpatti* = »Erreichen, Ankunft, Eintritt«. *Sota* hat zwei verschiedene Ableitungen: einmal aus der vedischen Wurzel *śru* = »hören«, zum anderen aus der vedischen Wurzel *sru* (ohne Akzent über dem »s«) = »strömen«. *Sotāpatti* kann also einmal bedeuten: Eintritt in die Heilsströmung. Der Erwachte hat zum Beispiel in A VI,44^{m} zu Mönchen gesagt, auch einen Menschen, den noch Anflüge von Groll und Dünkel ankommen können, *»trägt der dhamma-sota mit sich«*, wenn er erfahrene Lehrkenntnis (*suta*), große Strebsamkeit, Wahrheitserkenntnis hat und von Zeit zu Zeit Loslösung erfährt. Der weise Pilger und spätere geheilte Mönch Vacchagotto hat nach M 73^{m} in diesem Sinn einmal zum Erwachten gesagt: *»Wie der Ganges zum Ozean geneigt ist, zum Ozean hin sein Gefälle hat, zum Ozean hin geführt ist, ebenso ist die Menschengruppe*[1] *um den Herrn Gotamo – häuslich Lebende wie Hauslose – zur Löschung des Daseinsbrandes hingeneigt, hat zum Nirvāna hin ihr Gefälle, ist zum Nirvāna hin geführt.«* Manchmal kann man aber *sota* nur mit »Ohr« oder »Gehör« übersetzen, etwa als der Erwachte, wie M 26^{m} berichtet, kurz nach seiner Erwachung verkündete: *»Geöffnet sind zur Todfreiheit die Tore für die mit rechten Ohren (sota-vanto) und Vertrauen.«*

Ruth: In der Rede M 95 steht ja auch: Wenn der Wahrheitssucher an die Wahrheit herangekommen ist, dann leiht er »Gehör« und hört die Lehre »offenen Ohres«.

Fritz: Freilich. Aber es gibt wohl im Ganzen mehr Textstellen, in welchen *sota* besser mit »Strom« oder (Heils-)»Strömung« zu übersetzen ist. Man sollte also beide Übersetzungen je nach dem Zusammenhang gebrauchen. Ich übersetze meistens Stromeintritt oder Eintritt in die Heilsströmung.

Hans: Was ist das denn für ein Strom, und wie tritt man in ihn ein?

Fritz: Gut, dass du fragst. Das Heil ist kein »Etwas«, sondern es ist die *Freiheit* von allem »Etwas«, die *Auflösung* von Wahrnehmung und Gefühl. »Eintritt in die Heilsströmung« kann daher nicht heißen, da käme das Heil aus unergründlichen Tiefen angeströmt und nähme den Heilssucher mit. Das Heil besteht gerade darin, dass nichts mehr strömt, dass endlich Ruhe ist, *»kein Kommen und Gehen«*. »Heilsströmung« ist aber noch nicht das Heil, sondern die Strömung dorthin, die unaufhaltsame, unumkehrbare *Vorgehensweise*, die alles bedingt Entstandene und daher Unbeständige *auflöst*.

Ruth: Dann wäre die Heilsströmung der achtfache Heilsweg?

Fritz: Genau das hat der Erwachte in S 55,5^{m} Sāriputto auf dessen Frage bestätigt.

1 *parisā* = »die rundum Sitzenden«.

HANS: »Eintritt in die Heilsströmung« würde dann nur bedeuten, dass man den achtfachen Heilsweg zur Nachfolge betritt?

FRITZ: Ja, Hans. Das ist eben sehr viel mehr, als dass man sich aus einem gewissen Interesse »mit dem Buddhismus befasst«. Wer nicht die heilende rechte Anschauung über die vier Heilswahrheiten gewonnen und seine Gemütseinstellung danach ausbildet, wer auch nicht im Reden, im Handeln und in der Lebensführung danach *»zu leben begonnen hat«*, wie die Anhänger immer sagen, wenn sie Zuflucht nehmen, der hat den achtfachen Heilsweg nicht betreten, auch wenn er dicke Bücher über »den Buddhismus« geschrieben hat. Anderseits gleich vorweg etwas ungemein Tröstliches: Schon wer gerade eben sich wirklich auf den Weg zum Stromeintritt gemacht hat – der *anu-sāri*, der »entlang Gehende«, hat schon vor dem Stromeintritt die endgültige Sicherheit, in die Heilsströmung einzutreten. Schon er ist ein Heils-Gänger, ein wahrer Mensch, kein Weltgänger mehr. Dazu gehört allerhand, aber ein klarblickender, offener und gerader Mensch, der das Heil sucht und sich ernsthaft der Anleitung des Erwachten öffnet, kann das gut erreichen:

I. ALS GESICHERTER NACHFOLGER (*ANUSĀRI*) UNUMKEHRBAR AUF DEM WEG ZUR HEILSSTRÖMUNG

Damit sind wir bei unseren beiden fast gleich lautenden Texten, die ich zu einem zusammengezogen habe:

S 55,24 und 25 – SARAKĀNI.

So hab ich's vernommen: Einstmals weilte der Erhabene im Land der Sakyer bei Kapilavatthu im Feigenbaumkloster. Zu jener Zeit war der Sakyer Sarakāṇi gestorben, und der Erhabene hatte erklärt, er sei in die Heilsströmung eingetreten. Den Daseinsabgründen nicht mehr ausgesetzt, gehe er unumkehrbar der vollen Erwachung entgegen. Da liefen viele Sakyer zusammen, murrten, regten sich auf und waren erbost: »Das ist doch sonderbar; das kann doch nicht wahr sein, Freunde: von heute auf morgen kann man doch nicht in die Heilsströmung eingetreten sein, wie der Erhabene jetzt von dem verstorbenen Sakyer Sarakāṇi gesagt hat. Der Sakyer Sarakāṇi war im Üben nachlässig und dem Trunk ergeben!«

HANS: Das wundert mich auch – ein Säufer und in den Strom eingetreten?

FRITZ: Hans, bitte: Mir tut es weh, alkoholkranke Menschen »Säufer« nennen zu hören. Ich habe Freunde von Format, die lange dieses Leiden durchlitten und erst in schmerzlichen Kämpfen besiegt – oder noch nicht besiegt – haben. Und ihr wisst ja, dass ich selber bis vor etwa 25 Jahren, als ich die Lehre längst kannte, noch Alkohol getrunken habe – wenn auch nicht gerade im Exzess. Ein anderer lieber Freund freilich hat mich, als ich einmal Sarakāṇis Stromeintritt erwähnte, mit dem Schwung zehnjähriger Lehrnachfolge beinahe gefressen: »Das nehme ich dir nicht ab.« Aber gerade wegen dieses verblüffenden Falls eignet sich dieser Vorgang besonders gut, abzugrenzen, worauf es beim Stromeintritt und dem unumkehrbaren Weg dazu ankommt und worauf nicht. Zwar hat der Stromeintritt strenge und hohe Voraussetzungen, aber nicht da, wo viele sie vermuten.

RUTH: Gut, dass wir das einmal klären. Was habe ich darüber schon Widersprechendes gehört: Manche Buddhisten in Asien glauben, der Eintritt in die Heilsströmung sei in unserer Zeit überhaupt nicht mehr zu erreichen; man könne nur zusehen, dass man in einem erträglichen Himmel sozusagen »geparkt« wird, bis der nächste Buddha erscheint, und man unter ihm in den Orden gehen kann.

FRITZ: Schon Neumann berichtet in Tagebuchnotizen von seiner Indienreise über diese allgemeine Resignation im damaligen Orden.[2]

RUTH: Sieh an! Andere nennen als Voraussetzung für den Stromeintritt die »Schau des

2 vgl. HHKEN, S. 19 ff.

Ungeschaffenen« und rätseln nach meditativen Erlebnissen, ob sie das schon war. Was ist denn diese »Schau des Ungeschaffenen«?

Fritz: Den Mönchen hat der Erwachte in der ganzen 43. Gruppe der Gruppierten Sammlung (Samyutta-Nikāya) diese Frage genau beantwortet: Das Ungeschaffene (*a-sankhatam*, wörtlich: »das nicht Zusammengesetzte, nicht Zusammengewirkte«) sei die Versiegung von Hinneigung, Abneigung und Verblendung, und die Wege dazu seien Ruhe (*samatha*) und Klarsicht (*vipassanā*), alle sechs Arten des *samādhi*[3], die vier Zustände der Wahrheitsgegenwart (*satipaṭṭhāna*), die vier Großen Kämpfe, die vier Fundamente der Geistesmacht (*iddhipāda*), die fünf Heilssinne (*indriya*), die fünf Heils-Stärken (*bala*), die sieben Erwachungsglieder (*sambojjhanga*), der achtfache Heilsweg. Im letzten Sinn kann man von »Schau« des Ungeschaffenen nur bei solchen Geheilten oder Nichtwiederkehrern sprechen, die zu Lebzeiten schon die Auflösung von Wahrnehmung und Gefühl gewinnen können. In diesem tiefsten Sinn wäre die »Schau des Ungeschaffenen« als Maßstab für den Eintritt in die Heilsströmung viel zu hoch gegriffen. Aber es gibt eine Betrachtungsweise, die auf anderer Ebene die Verbindung von Eintritt in die Heilsströmung und »Schau des Ungeschaffenen« herstellt. Vielleicht gelingt es uns bald, in unserem Gespräch die Grundlagen zu schaffen, um das genauer zu betrachten.[4] Vorerst mag der Hinweis genügen, dass die »Schau des Ungeschaffenen« eine Frucht des Stromeintritts ist, aber keine Voraussetzung.

Ruth: Das habe ich mir fast gedacht. Von den einen scheint der Eintritt in die Heilsströmung so hoch angesetzt zu werden, dass man sich gar nicht erst traut, darauf hinzuarbeiten. Andere machen es sich gar zu leicht und sehen jeden als Stromeingetretenen an, der nur fest an den Buddha, die Lehre und die Nachfolgergemeinde glaubt und sich um Tugend bemüht. Da herrscht so viel Unklarheit. Dabei gibt es doch gar nichts Wichtigeres in der Existenz als den Stromeintritt: aus dem wahnhaften, anfangslosen Leidenskreislaufs endgültig ausscheren und schon in diesem Leben – lange vor der höchsten Befreiung – unumkehrbar die Bahn betreten, um in absehbarer Zeit von allem Leiden frei zu werden. Das sollten wir wirklich klären!

Fritz: Ja, all der verbreitete Wirrwarr geht an der Fülle eindeutiger Aussagen des Erwachten über den Stromeintritt vorbei. Die ganze 55. Gruppe der Gruppensammlung handelt mit über fünfzig Reden allein davon. Aber freilich: der Gedanke, ein Mensch wie du und ich könne in der Häuslichkeit die endgültige, absolute Sicherheit gewinnen, in einem unumkehrbaren Prozess das Heilsziel zu erreichen, klingt dermaßen unglaublich, dass man verstehen kann, dass sich selbst die Verwandten des Sakyers Sarakāṇi nicht vorstellen konnten, wie er ein so gewaltiges Ziel erreicht haben könnte. Der Sakyer Mahānāmo ging, aufgeschreckt von dem Murren seiner Verwandtschaft, zum Erhabenen und berichtete ihm, um Klarheit zu schaffen. Im Hauptpunkt ihrer Begründung hatten die Sakyer ja nicht einmal Unrecht: So ohne weiteres von heute auf morgen kann tatsächlich niemand in die Heilsströmung eintreten. Der Erwachte entzieht deshalb gleich zu Beginn des nun folgenden Gesprächs mit einem einzigen Satz aller Erregung der Sakyer den Boden: *»Wer lange Zeit als Anhänger zum Erwachten, zur Heilslehre, zur Gemeinde als seiner Zuflucht gegangen ist, Mahānāmo – wie könnte der in Daseinsabgründe geraten! Wenn man von jemandem mit Recht sagen kann, er sei lange Zeit als Anhänger zum Erwachten, zur Heilslehre, zur Gemeinde als seiner Zuflucht gegangen, dann kann man es von dem Sakyer Sarakāṇi sagen: Der Sakyer Sarakāṇi, Mahānāmo, ist seit langer Zeit als Anhänger zum Erwachten, zur Heilslehre, zur Gemeinde als seiner Zuflucht gegangen – wie könnte der in Daseinsabgründe geraten!«* Nun beschreibt der Erwachte alle Sicherheitsgrade vom

3 S 43,12^{m}, Abs. (III)-(VIII), S 43,13^{m}.
4 Siehe unten, S. 827 f.

Geheilten abwärts bis zur Frucht des Stromeintritts samt dessen Vorstufe: dem (gesicherten) »aus Vertrauen oder Einsicht Nachfolgenden« (*dhamm'*- und *saddh'-anusāri*).

HANS: Was heißt denn *anusāri*?

FRITZ: *Anu-* heißt »entlang, nach« und *sārin* kommt von *sarati*. Das hat zwei Bedeutungen. Die eine ist: »Erinnern«.

HANS: Ach, die kennen wir von den sechs unübertrefflichen Erinnerungen.

FRITZ: Ja. Aber diese Bedeutung kann nicht gemeint sein; denn wir werden gleich sehen: Mancher *anusāri* kann sich oft nicht an die Lehre erinnern. Er kann sie sogar vorübergehend vergessen, nur nicht mehr bis zum Lebensende; denn spätestens dann tritt er in die Heilsströmung ein[5]. Es bleibt also die andere Bedeutung von *sarati*: »gehen, fließen, folgen«. Das ist hier gemeint: der *anusāri* ist der gesicherte Nach-folger. Der Buddha verwendet dafür bei ausführlicherer Erklärung, etwa in M 142, auch den Ausdruck *»sotāpatti-phala-sacchikiriyā-yappatipanno«*: *»wer unterwegs ist, auf die Verwirklichung der Frucht des Stromeintritts zuzugehen«*. Dafür, ab wann der Heilsgänger nicht nur auf die Heilsströmung zugeht, sondern in sie eintritt, hat der Buddha ganz klare Merkmale angegeben. Darüber sprechen wir bald. Fürs Erste hilft vielleicht ein Vergleich. Du kennst doch diese Rolltreppen zum Bahnsteig, die stillstehen, solange niemand kommt. Tritt jemand auf die eiserne Plattform vor der ersten Stufe, dann wird die Rolltreppe eingeschaltet und setzt sich in Richtung auf den Bahnsteig in Bewegung. Wer dann auf ihre erste Stufe tritt, wird weitergetragen. Er kann das noch beschleunigen, indem er zusätzlich auf der laufenden Rolltreppe von Stufe zu Stufe geht. Die laufende Rolltreppe kann man mit der Heilsströmung vergleichen: Einen Menschen, der zwar auf die eiserne Schaltplattform vor der Rolltreppe tritt, aber nicht von dort auf die erste Stufe, wenn die Rolltreppe angelaufen ist, könnte man mit jemanden vergleichen, der nur interessehalber einmal spielerisch auf die Schaltplattform tritt, neugierig zuschaut, wie sich die Rolltreppe einschaltet, sie aber nicht betritt, weil er gar nicht zum Zug kommen will, sondern »nur mal schauen«. Ein Mensch aber, der auf den Bahnhof eilt, weil er dringend den gleich abfahrenden »Heilzug« erreichen will, kann beim Betreten der Einschaltplattform nicht im Traum auf den Gedanken kommen, sie wieder zu verlassen, ohne auf die heranrollende erste Stufe zu treten. Er ist dem auf die Heilsströmung zugehenden *anusāri* zu vergleichen, der schon mit bereitem Fuß auf das Nahen der nächsten Stufe wartet. Wer dann auf die erste herankommende Stufe tritt, ist dem Menschen zu vergleichen, der in die Heilsströmung eintritt. Ob er auf dieser Stufe stehen bleibt, bis sie ihn zum Bahnsteig getragen hat oder ob er noch zusätzlich von Stufe zu Stufe weitergeht, ist eine andere Frage. Wer auch noch das tut, ist einem Menschen zu vergleichen, der sich bereits auf den Weg vom Stromeintritt zur Einmalwiederkehr gemacht hat. Wen nur noch eine Stufe vom Bahnsteig trennt, ist dem Einmalwiederkehrer zu vergleichen, wer im fahrenden Heilzug sitzt, gleicht dem Nichtwiederkehrer, und wer am Ziel aussteigt, dem Geheilten.

Anu-sāri bedeutet wortwörtlich: Nach-folger, etwas zugespitzt gesagt: »Mitläufer«. Darin kommt auch zum Ausdruck, dass er noch nicht, wie der Stromeingetretene, selbstgängig ist, sondern Anstöße zum Weitergehen braucht. Aber die erhält er auch durch (früher gewirkte) Situationen, aus denen ein Weltgänger keinen Anstoß zum Zurücktreten vom Weltlichen, zum Loslassen empfinge. Unter allen Heilsgängern ist der *anusāri* noch am weitesten vom Ziel entfernt – und doch schon endgültig gesichert.

Der Buddha erklärt nun die vier Sicherheitsgrade von ihrer Spitze abwärts:

»Da hat sich ein Mensch einzig und allein nach dem Erwachten ausgerichtet und[6] *ist zu*

5 Mexi 2. Aufl. S. 652f. unter Hinweis auf S 25, 1-10[m]. Ausführlich Hecker Stromeintritt S. 57 f. Anders noch die Vorauflage dieses Buches; s. auch unten Fußnote 18.

6 Der Halbsatz bis hierher findet sich nur in S 55,25.

endgültiger befriedender Klarheit (aveccappasāda) erwachsen in dem Wissen: ›Das ist wahrhaftig der Erhabene, genesen, der Vollkommen Erwachte, vollendet in Wissen und Wandel, zum Heil gekommen, der Welt Kenner, der höchste Lenker der Erziehbaren, der Meister der Himmelswesen und Menschen, erwacht, erhaben.‹ – Bei der Lehre ist er zu der endgültigen befriedenden Klarheit erwachsen: ›Wohlverkündet ist vom Erhabenen die Lehre, unmittelbar einleuchtend, zeitlos; sie lädt ein: 'Komm und sieh selbst', sie führt zum Ziel, ist bei sich selber nachvollziehbar für den, der Augen hat, zu sehen.‹ – Bei der Heilsgängergemeinde ist er zu der endgültigen befriedenden Klarheit erwachsen: ›Recht nachgefolgt ist beim Erhabenen die Gemeinde der Heilsgänger, offen und gerade, sie hat ihr Leben nach ihrer Erkenntnis eingerichtet, sie führt das wahre Leben, nämlich als die vier Paare von Menschen nach acht Graden von Menschen; das ist die Heilsgängergemeinde des Erhabenen, wert der Verehrung, wert, zu Gast zu sein, wert des ehrfurchtsvollen Grußes, das beste Feld in der Welt für ein Wirken mit guten Folgen.‹ – Und er ist erwachsen zum Klarwissen lächelnden Darüberstehens (hasāpañño) und er ist zur Erlösung (vimutti) gelangt. — Ein solcher macht sich schon in diesem Leben nach Aufhebung der Beeinflussung die von Beeinflussung freie (an-āsavā) Erlösung im Gemüt (ceto-vimutti) und Erlösung im Klarwissen (paññā-vimutti) in weltüberlegener Kennerschaft (abhiññā) offenbar und bleibt in diesem Stand. Ein solcher Mensch ist wahrlich vollkommen erlöst von Hölle, Tierheit, gespenstischem Dasein, vollkommen e r l ö s t vom Abweg, von schlechter Bahn, von dem Abgrund des ›Daseins‹.

– Ein anderer Mensch hat sich einzig und allein nach dem Erwachten ausgerichtet und[7] *ist beim Erwachten, bei der Lehre und bei der Heilsgängergemeinde zu jener endgültigen befriedenden Klarheit erwachsen und zum Klarwissen lächelnden Darüberstehens. Aber er ist noch nicht zur vollen Erlösung gelangt. Wenn ein solcher die fünf nach unten zuteilenden Verstrickungen aufgelöst hat, dann ist er von solcher Art, dass er unmittelbar in geistgebildeter Gestalt wieder erscheint, um von dort aus den Daseinsbrand zu löschen, nie mehr der Wiederkehr zu dieser Welt ausgeliefert (nach Aufhebung der fünf nach unten zuteilenden Verstrickungen ist er ein inmitten Erlöschender/ ein im Abnehmen Erlöschender/ ein mit weiterem Zutun Erlöschender/ ein ohne weiteres Zutun Erlöschender/ ein stromaufwärts durch die höchsten Daseinsarten Ziehender).*[8] *Auch dieser Mensch ist wahrlich vollkommen erlöst von Hölle, Tierheit, gespenstischem Dasein, vollkommen erlöst vom Abweg, von schlechter Bahn, von dem Abgrund des Daseins.*

- Ein anderer Mensch hat sich einzig und allein nach dem Erwachten ausgerichtet und[9] *ist beim Erwachten, bei der Lehre und bei der Heilsgängergemeinde zu jener endgültigen befriedenden Klarheit erwachsen, aber er ist nicht erwachsen zum Klarwissen lächelnden Darüberstehens und noch nicht zur vollen Erlösung gelangt. Nach völliger Aufhebung der drei Verstrickungen*[10] *und Minderung von Hinneigung, Abneigung und Verblendung ist er ein Einmalwiederkehrer: Nur noch ein Mal wird er zu dieser Welt wiederkehren, um dem Leiden ein Ende zu machen. Auch dieser Mensch, Mahānāmo, ist wahrlich vollkommen erlöst von Hölle, Tierheit, gespenstischem Dasein, vollkommen erlöst vom Abweg, von schlechter Bahn, von dem Abgrund des Daseins.*

Ein anderer Mensch hat sich einzig und allein nach dem Erwachten ausgerichtet und[11] *ist beim Erwachten, bei der Lehre und bei der Heilsgängergemeinde zu jener endgültigen befriedenden*

7 Die letzten zehn Wörter vor dem Fußnotenzeichen stehen nur in S 55,25.

8 Der eingeklammerte Satz über die verschiedenen Arten von Nichtwiederkehrern findet sich nur in S 55,25.

9 Die letzten zehn Wörter vor dem Fußnotenzeichen stehen nur in S 55,25.

10 Gemeint sind die drei ersten der fünf untenhaltenden Verstrickungen: Glaube an Seinsdarstellung, Daseinszweifel und -sorgen, Wirken in Taten (sittliches Verhalten) für das Höchste halten (überbewerten).

11 Die letzten zehn Wörter vor dem Fußnotenzeichen stehen nur in S 55,25.

Klarheit erwachsen – aber er ist nicht erwachsen zum Klarwissen lächelnden Darüberstehens, und er ist noch nicht zur vollen Erlösung gelangt. Nach völliger Aufhebung der drei Verstrickungen[12] *ist er in die Heilsströmung eingetreten. Nie mehr dem Abweg ausgeliefert, geht er unumkehrbar dem vollen Erwachen entgegen. Auch dieser Mensch, Mahānāmo, ist wahrlich vollkommen erlöst von Hölle, Tierheit, gespenstischem Dasein, vollkommen erlöst vom Abweg, von schlechter Bahn, von dem Abgrund des Daseins.*

Ein anderer Mensch hat sich zwar nicht einzig und allein nach dem Erwachten ausgerichtet und[13] *ist beim Erwachten, bei der Lehre und bei der Heilsgängergemeinde nicht zu jener endgültigen befriedenden Klarheit erwachsen, nicht erwachsen zum Klarwissen lächelnden Darüberstehens und zu keiner Erlösung gelangt. Aber die folgenden Eigenschaften besitzt er: Vertrauen als Heilssinn (saddh-indriya), Energie als Heilssinn (viriy-indriya), Gewärtigkeit als Heilssinn (sat'-indriya), Sammlung als Heilssinn (samādh'-indriya), Klarwissen als Heilssinn (paññ'-indriya), und wenn ihm die vom Vollendeten verkündeten Wahrheiten erklärt werden, gewähren sie ihm auf Grund eines gewissen Maßes von Klarwissen Einsicht. Auch das ist ein Mensch, Mahānāmo, der nicht in eine Hölle gerät, nicht zur Tierheit, nicht in gespenstisches Dasein, nicht auf den Abweg, nicht auf schlechte Bahn, in keinen Abgrund des Daseins.*

— Wieder ein anderer Mensch, Mahānāmo, hat sich zwar nicht einzig und allein nach dem Erwachten ausgerichtet[14]*, ist nicht erwachsen zu jener endgültigen befriedenden Klarheit und nicht zum Klarwissen lächelnden Darüberstehens und zu keiner Erlösung gelangt. Aber die fünf Heilssinne (indriya) besitzt er, und zum Vollendeten hat er ein gewisses Maß von Vertrauen und ein gewisses Maß von Zuneigung. Auch das ist ein Mensch, der nicht in eine Hölle gerät, nicht zur Tierheit, nicht in gespenstisches Dasein, nicht auf den Abweg, nicht auf schlechte Bahn, in keinen Abgrund des Daseins.*

Gesetzt, Mahānāmo, da wäre ein schlechtes Feld[15]*, schlechter Boden, die Baumstümpfe nicht ausgehauen, die Samen gebrochen, verrottet, von Wind und Hitze geschädigt, taub, schlecht zum Aussäen, und es würde nicht richtig regnen. Könnten da die Samen zu Wachstum, Gedeihen und Fülle kommen?« — »Nein, Herr.« — »So ist es, Mahānāmo, wenn die Lehre schlecht verkündet, schlecht erklärt wird, nicht so, dass sie hinführt, nicht so, dass sie zur Beruhigung führt, nicht von einem Vollkommen Erwachten dargelegt. Das nenne ich ›auf schlechtem Feld‹. Und wenn ein Nachfolger (sāvako) bei einer solchen Lehre bleibt und solcher Lehre, so wie sie gelehrt worden ist, nachfolgt, auf dem ihm angegebenen Weg so vorgeht, wie es ihn gelehrt worden ist, dann nenne ich das ›mit schlechtem Saatgut‹.*

Gesetzt, Mahānāmo, da wäre ein gutes Feld, guter Boden, die Baumstümpfe gut ausgehauen, und die Samen wären unversehrt, gut erhalten, unbeschädigt von Wind und Hitze, keimfähig, gut zum Aussäen, und es würde reichlich regnen. Könnten da die Samen zu Wachstum, Gedeihen und Fülle kommen?« — »Freilich, Herr.« — »Ebenso ist da die Lehre gut verkündet worden, Mahānāmo, gut erklärt, so, dass sie hinführt, zur Beruhigung führt, von einem Vollkommen Erwachten dargelegt: das nenne ich ›auf gutem Feld‹. Wenn ein Nachfolger bei dieser Lehre bleibt und dieser Lehre so, wie sie gelehrt worden ist, auf dem ihm angegebenen Weg nachfolgt, so vorgeht, dann nenne ich das ›mit gutem Saatgut‹.

Und wenn diese großen Salbäume hier klar unterscheiden könnten, was richtig und was falsch gesagt ist, dann würde ich auch von diesen Salbäumen sagen, dass sie in die Heilsströmung eingetreten sind, nie mehr dem Abweg ausgeliefert, unumkehrbar dem vollen Erwachen

12 Siehe Fußnote 8.
13 Von »hat sich« bis »und« nur in S 55,25.
14 Wie Fußnote 9.
15 Das Gleichnis findet sich nur in S 55,25.

entgegengehen.[16] *Was übrigens den Sakyer Sarakāṇi angeht, Mahānāmo: der Sakyer Sarakāṇi hat im Sterben die Übung vollständig auf sich genommen.«*

RUTH: Jetzt muss ich mir erst einmal einen Überblick über die Struktur der Rede verschaffen. Ich habe mir ein paar Stichwörter notiert: Wenn ich es recht verstanden habe, behandelt die ganze Rede nur solche Menschen, die nicht mehr in irgendwelche Daseinsabgründe unterhalb des Menschentums kommen.

FRITZ: Ja. Der Geringste unter ihnen ist schon ein gesicherter Nachfolger, ein *anusāri*, gerät also nicht mehr in Daseinsabgründe. Alle sind »Heilsgänger« (*ariyasāvaka*), »rechte, wahre Menschen« (*sappurisa*). Mit anderen Worten: Sie haben alle die höchste Möglichkeit der Existenz anerkannt und genutzt oder unumkehrbar zu nutzen begonnen.

HANS: Meinst du mit dieser höchsten Möglichkeit die Sicherheit, nie mehr unter das Menschentum abzusinken?

FRITZ: Viel mehr, Hans: Menschentum ist bei weitem nicht die höchste Möglichkeit in der Existenz – wir erleben ja, wie viel Leiden im Menschentum ist und wissen inzwischen, dass auch den höchsten übermenschlichen Wahrnehmungsweisen das Leiden des Unbestandes eigen ist. Existenz kommt vom lateinischen *existere*: »herausstehen« – herausstehen aus dem Frieden wie spitze Nägel aus einem Bodenbrett. Die höchste Möglichkeit der Existenz ist es daher nicht, die Nägel zu vergolden – auch von goldenen Nägeln bekommt man blutige Füße – sondern sie herauszuziehen, das heißt: diesen ganzen Wahn zu durchschauen und aufzulösen.

RUTH: Klar, Fritz. Aufgefallen ist mir: Unter den rechten Menschen gibt es zwei große Gruppen: Die einen haben sich *»einzig und allein* nach dem Erwachten ausgerichtet«, die anderen nicht.

HANS: Das ist mir auch aufgefallen: Der *anusāri* ist aber der einzige von allen Heilsgängern, der noch nicht *einzig und allein* nach dem Erwachten ausgerichtet« ist.

RUTH: Da kann also ein Mensch, der sich noch nicht einmal »einzig und allein nach dem Erwachten ausgerichtet« hat, doch schon als *anusāri* unumkehrbar auf dem Weg zum Stromeintritt sein! Das hört sich anders an als das biblische *»Du sollst keine anderen Götter neben mir haben!«*

HANS: Ja, ja: die unübertreffliche Toleranz des Buddhismus!

FRITZ: Der eigentliche Grund scheint mir noch tiefer als bei bloßer Toleranz zu liegen: Dass ein Mensch bereits gesichert auf dem Weg zum Stromeintritt sein kann, obwohl er sich noch nicht einmal *einzig und allein* nach dem Erwachten ausgerichtet hat, bedeutet ja beileibe keinen »Pluralismus« im Sinn derer, die behaupten: »Eine absolute Wahrheit gibt es nicht« oder »jedenfalls können wir sie nie finden« oder »alles ist relativ« und was alles diese resignativen Sprüche sind.

HANS: Was bedeutet es denn?

FRITZ: Es bedeutet: Die auch nur blitzartige endgültige Anerkenntnis, dass alles nur irgend Denk- und Erlebbare bedingt und daher unbeständig, leidvoll, ohne festen Kern und damit ohne wahres Sein ist, beginnt den Existenz-Fiebertraum unaufhaltsam aufzulösen, ob es der Träumer gleich merkt oder nicht. Es ist, wie wenn nach schweren nächtlichen Gewitterregen vor Sonnenaufgang einmal einen Augenblick die Wolken einen Spalt aufgehen und einen ersten Schimmer der noch hinter dem Horizont verborgenen Sonne ahnen lassen. Auch wenn sich die Wolkendecke gleich wieder schließt und es wieder düster wird – es ist nichts daran zu ändern, dass es unabänderlich Tag wird. Ähnlich ist es, wenn der Geist eines von der Wahrheit Getroffenen, in den schon aus Vertrauen oder erster Einsicht die rechte Anschauung eingezogen ist, noch von alten falschen Denkgewohnheiten verdunkelt wird und er den neuen

16 Das Salbaumgleichnis findet sich auch am Ende von A IV,193.

Maßstab wieder zeitweilig vergisst: Wolken können die Sonne verdecken, aber nicht vertreiben; so kann auch Blindwissenswahn die einmal anerkannte Wahrheit vorübergehend verhüllen, aber nicht mehr vertreiben. Die Wahrheit setzt sich durch. Je nach der Stärke der fünf Heilssinne erzwingt sie noch in diesem Leben die »Umwertung aller Werte«, bis der Heilsgänger schließlich, einzig und allein auf die vom Erwachten gezeigte Wahrheit ausgerichtet ist wie die Kompassnadel auf den magnetischen Nordpol. Die Kompassnadel auf einem Schiff kann unterwegs noch durch magnetische Felder. magnetische Stürme, starke Erschütterungen oder das Eisen im Schiff zu vorübergehenden »Missweisungen« verleitet werden – und doch ist ihre Grundrichtung nach Norden. Wenn der Heilsgänger das merkt und danach wirkt, dann steuert er damit sein Lebensschiff in die Heilsströmung und wird von ihr erfasst und getragen. Freilich stoßen wir hier an Grenzen des Gleichnisses: Wenn ein Freizeitkapitän beschließt, vom Zickzack-Lustkurs seiner Yacht abzugehen und auf Heimatkurs zu gehen, dann ist nicht gleich eine Strömung da, die sein Schiff heimträgt. Aber wenn ein auf den Stromeintritt zusteuernder Nachfolger sich *»einzig und allein nach dem Erwachten«* ausrichtet, dann ist sofort auch die Heils-Strömung da, die ihn nach der Friedensheimat trägt, mögen da unterwegs auch noch manche Wirbel und Stürme das Vorwärtskommen verzögern.

HANS: Heißt das: in die Heilsströmung eingetreten ist erst, wer nur noch das eine einzige Ziel hat: zum Heil zu kommen – nicht mehr erst für seine Familie ein Häusle zu bauen, es zu etwas zu bringen, das Geschäft Gewinn bringend weiterzuentwickeln, als Künstler oder Wissenschaftler ein Werk zu schaffen, sondern nur noch das eine zu wollen: den Daseinsbrand löschen?

FRITZ: Nein, Hans. Das ist unser abendländischer Entweder/Oder-Radikalismus. Nicht einmal bei dem in die Heilsströmung Eingetretenen bedeutet »Ausrichtung allein auf den Erwachten«, dass er neben dem höchsten Heil keine anderen sekundären Ziele mehr haben kann. Das sehen wir aus der Rede

S 55,53 – DHAMMADINNO.

Der Anhänger Dhammadinno besuchte mit 500 Anhängern den Erhabenen bei Benares am Seherstein im Wildpark und bat: *»Herr, bitte belehre uns, leite uns an, damit es uns lange Zeit zum Wohl und zum Heil gereicht.«* — Wie schon früher erwähnt, riet der Erwachte zunächst, sie könnten *»sich von Zeit zu Zeit jene vom Erhabenen gehaltenen tiefen Lehrreden mit tiefem, über die Welt hinausleitendem, von der Leerheit handelndem Inhalt vornehmen.«* Dhammadinno wendet ein: *»Herr, das ist für uns, die wir im Haus im Gewimmel von Kindern leben und uns an Geld und Gut erfreuen, nicht gut zu machen. Der Erhabene möge uns, die wir auf den fünf Übungspfaden«* (also den fünf *sīla*) *»aufbauen, die Lehre darüber hinaus zeigen.«*

»Dann ist es gut für euch zu üben: ›Beim Erwachten wollen wir zu der endgültigen befriedenden Klarheit erwachsen: 'Das ist wahrhaftig der Erhabene, genesen, der Vollkommen Erwachte.' Bei der Lehre wollen wir zu der endgültigen, befriedenden Klarheit erwachsen: 'Wohlverkündet ist vom Erhabenen die Lehre, unmittelbar einleuchtend, zeitlos, sie lädt ein: Komm und sieh selbst!' Bei der Heilsgängergemeinde wollen wir zu der endgültigen, befriedenden Klarheit erwachsen: 'Richtig nachgefolgt ist beim Erhabenen die Gemeinde der Heilsgänger, offen und gerade, hat ihr Leben nach ihrer Einsicht ausgerichtet, führt das wahre Leben, nämlich als die vier Paare von Menschen nach acht Graden von Menschen.' 'Erwachsen wollen wir zu den Tugenden, wie sie den Heilsgängern wert sind: unzerstückelt, an denen man nicht festhängt, so dass sie zur Einigung führen.'‹ Das könnt ihr üben.«

Da antworten die Hausleute: *»Was da vom Erhabenen als die vier Glieder des Stromeintritts gezeigt worden ist, diese Eigenschaften sind bei uns zu finden, und wir leben aus ihnen.«* Darauf erklärt der Erwachte: *»Dann habt ihr es erreicht. Die Frucht des Stromeintritts ist bestätigt.«* — Das bestätigt er ihnen, obwohl sie zugeben, dass sie nicht einzig und allein die Lehre im Sinn haben, sondern sich auch an Geld und Gut »freuen«. Und in A V,43 hat der Erwachte Anāthapiṇḍiko geraten: *»ein Heilsgänger, der sich Schönheit, Ansehen, wünscht«* – also auch noch Nebenziele hat – müsse eben *»den Weg gehen, der dazu führt«*, nämlich *»Ernsthaftigkeit beim guten Tun«*. In A IV,61 zeigte der Erwachte dem selben Anāthapiṇḍiko, dass selbst ein *»Heilsgänger mit großem Klarwissen, mit ausgedehntem Klarwissen, mit weitreichendem Klarwissen, bewährt in Klarwissen«* die Eigenschaften, die in den Strom eintreten lassen, zugleich auch als Mittel anwenden mag, erwünschte, begehrte, angenehme, in der Welt schwer zu erreichende weltliche Dinge, wie Besitz, Anerkennung, langes gesundes Leben zu erlangen. Beide Texte haben wir schon besprochen. Beim häuslich Lebenden setzt also – anders als bei Mönchen und Nonnen – die Anleitung für das Betreten des Weges zur Heilsströmung und sogar der Eintritt in die Heilsströmung – keine sofortige radikale Einschränkung der bisherigen Lebensziele voraus (soweit sie weder die fünf Grundtugenden verletzen noch zur Berauschung noch zum Vergessen der Entrinnung führen). Die Lehre bringt eine Überhöhung und Erweiterung der – nun nachrangigen – Lebensziele zu einer Größe und einem Glanz mit sich, wovon mangels Vergleichsmöglichkeiten häuslich Lebende ohne Kenntnis der Entrückungsseligkeiten der Hauslosen vorübergehend mit einem gewissen Recht sagen könnten: »Hiersein ist herrlich« – wenn die Grundtatsache der Unbeständigkeit mit allen ihren Konsequenzen nicht wäre. Mit dieser Sicht kann mancher ernsthafte Nachfolger krampflos alle Bedrückung loswerden, die Lehre wieder zu verlieren und in die Abgründe des Samsāra zurückzusinken.

Hans: Ja, aber wenn es doch heißt: *»einzig und allein am Erwachten ausgerichtet«*?

Fritz: Lieber Hans: Das heißt es ja nicht schon von dem auf die Heilsströmung Zugehenden, dem *anusāri*, sondern erst von dem in sie Eingetretenen, und es bedeutet nicht mehr und nicht weniger als: *»einzig und allein ausgerichtet an dem* Maßstab, *den uns der Erwachte gegeben hat«* – auch für den reifen Umgang im Haus mit Besitz und Wunschbefriedigung, für Familie und Beruf, für Wirtschaft und öffentliches Leben.

Hans: Natürlich: der »ehern-flexible Maßstab« aus M 114. Das hat mir ja gleich gefallen, dass der Buddha ganz klar unterscheidet zwischen Dingen, auf die ich mich nicht einlassen soll und solchen auf die ich mich einlassen soll: je nachdem, ob bei mir selber dadurch die heilstauglichen oder heilsuntauglichen Eigenschaften zu- oder abnehmen. Da kann ein Mensch also durchaus schon seine tiefste, bleibende Grundausrichtung einzig und allein beim Buddha haben, aber auf dem Weg von seinem jetzigen Standort zur Erlösung kann es für den einen gut und richtig, ja unter Umständen notwendig sein, sich noch auf etwas einzulassen, was für einen anderen ein Rückschritt oder Umweg wäre.

Ruth: Der Buddha zeigt ja: ein im Haus mit Wunschbefriedigung lebender Anhänger stärkt indirekt seine Heilssinne auch dadurch, dass er zum redlichen Erwerb erwünschter Dinge wie Vermögen, Gesundheit, Schönheit, Ansehen die richtigen Mittel wie Strebsamkeit und Sorgfalt einsetzt, deren Inbegriff, die »Ernsthaftigkeit«, auch das Haupterfordernis für den ganzen Heilsweg ist.

Fritz: Ja. Das war in A V,43 im Gespräch mit Anāthapiṇḍiko:

»Wer unermüdlich ernsthaft bleibt, erringt sich Segen beiderseits:
mit klarem Blick den Segen hier und Segen in der nächsten Welt.
Selbstgängig, dringt er ganz hindurch, und einen Weisen nennt man ihn.«

Ruth: Verstehe ich recht? Bei den grundsätzlichen Maßstäben zum höchsten Ziel ist der in die Heilsströmung Eingetretene bereits dann *»einzig und allein am Erwachten ausgerichtet«*, wenn er daneben zwar noch weltliche Ziele verfolgt, sich aber klar ist, dass sie hinter den Grundzielen zurückstehen müssen und er sich auf nichts einlassen soll, bei dem die heilsuntauglichen Eigenschaften zu- und die heilstauglichen Eigenschaften abnehmen würden.

Dem *anusāri* dagegen fehlt diese geradlinige Ausrichtung noch. Und trotzdem geht er unumkehrbar auf die Heilsströmung zu.

HANS: In meiner Neumann-Übersetzung habe ich einen Vers gelesen:

»Wer irgend auch sich dem Erwachten zuneigt,
er wird nicht mehr durch Höllenreiche wandern.
Den Erdenleib verlassend einst,
in Himmelsreiche kehrt er ein.«

Ist der schon *anusāri*?

FRITZ: Das allein genügt nicht. Der Vers steht in D 20^{m} und heißt wörtlich:

»Die zum Erwachten Zuflucht nehmen,
die werden nicht zur Hölle gehen,
wenn sie den Menschenleib ablegen;
sie werden einen Himmelsleib ausfüllen.«

Hier ist also nur gesagt, dass ein Mensch, der zum Erwachten Zuflucht genommen hat, in der darauf folgenden Wiedergeburt in einer übermenschlichen Daseinsweise wieder erscheinen »wird« (was im Pāli keine Gewissheit bedeuten muss, ähnlich wie wenn man im Deutschen sagt: *»Wird schon werden«*). Es bedeutet also nicht, dass schon die bloße Zufluchtnahme bewirkt, dass der Anhänger nie wieder unterhalb des Menschentums gerät. Das wird erst vom *anusāri* gesagt. Wie lange nach dem jetzigen Leben ein Anhänger, der noch kein *anusāri* ist, in himmlisches Dasein kommt und wie lange er dort bleibt, ob und wohin er wieder absinkt, ob seine Zuflucht nur eine strohfeuerartige Sympathiekundgebung war oder ob er die Merkmale eines Heilsgängers erworben hat, darüber sagt der Vers überhaupt nichts. Das sieht man am Beispiel des Königs Ajātasattu in D 2^{m}. Er hatte manche gute Eigenschaften. In einer Vollmondnacht hatte ihm der Erwachte viele Fragen über den Nutzen der Asketenschaft beantwortet. Davon war er so ergriffen, dass er vor dem ganzen Hofstaat und der Mönchsgemeinde bekannte, dass er seinen Vater ermordet hatte, um auf den Thron zu gelangen. Seine Verständniskraft war derart, dass der Erwachte hinterher zu den Mönchen sagte, ohne den Vatermord wäre ihm bei dieser Rede *»das abgespülte Auge der Weisheit aufgegangen«*, das heißt, er wäre dann in die Heilsströmung eingetreten. Auch hatte er so tiefes Vertrauen zum Erwachten, dass er nach A VII,20 vor einem Kriegszug seinen Rat einholte, und er war dem Erwachten so zugetan, dass er bei der Nachricht von seinem Erlöschen in Ohnmacht fiel. Trotz dieses Vertrauens und dieser Liebe zum Buddha ließ ihn das Gewicht des Vatermords nach dem Tod in höllische Erfahrungsweise absinken.[17]

HANS: Ja, aber gibt es nicht eine Rede mit einem Mönch, der der Sohn eines Geierjägers war und die *anattā*-Lehre nicht verstand, da sagt doch der Buddha, alle, die zum Erwachten Vertrauen und Zuneigung empfinden, steigen himmelwärts.

FRITZ: Du meinst das Ende von M 22^{m}. Da steht nicht, dass sie später nicht wieder absinken können; sie sinken z. B. ab, wenn sie mit einer der extremen Untaten wie Elternmord belastet sind, die unrettbar in die Unterwelt führen.

RUTH: Kann denn auch ein *anusāri* noch in untermenschliche Bereiche geraten?

FRITZ: Nein.[18] Aber Vertrauen und Zuneigung allein machen noch nicht zum *anusāri*; hinzukommen müssen noch die fünf Heilssinne. Dann nennt ihn der Erwachte zwar immer noch nicht *»Vollkommen erlöst vom Abweg ...«*.

17 Vgl. seinen Lebenslauf von Hecker in WW, 15. Jg. (1969), S. 328 ff. und Schäfer-Beyerlein, S. 189-197.

18 Anders die 1. Aufl.; überzeugend jedoch Hellmuth Hecker, Stromeintritt S. 57 f.; siehe auch die folgenden Erläuterungen.

HANS: Also kann er doch noch auf den Abweg geraten?

FRITZ: Langsam, Hans; ich bin ja mit dem Satz noch nicht zu Ende: Zwar nennt der Erwachte den *anusāri* noch nicht *»Vollkommen e r l ö s t vom Abweg«*, aber er sagt von ihm ausdrücklich, dass er nicht mehr auf den Abweg *»gerät«:* Das Maß des *anusāri* an Hinneigung, Abneigung und Verblendung allein würde ein Absinken nicht ausschließen, dazukommen muss, dass er außer den fünf Heilssinnen entweder ein *»gewisses Maß von Einsicht in die vom Erhabenen verkündeten Lehren«* gewinnt oder *»ein gewisses Maß von Vertrauen und Zuneigung zum Erwachten«.* Diese Eigenschaften halten ihn vor einem Wirken zurück, das ihn unterhalb des Menschentums führen könnte.

HANS: Wie groß muss dieses »gewisse Maß« sein?

FRITZ: Das hängt von Stärke und Mischung der Heilssinne des Einzelnen ab.

HANS: Bedeutet hier Einsicht in die vom Erwachten verkündeten Lehren eigentlich, dass einem der Buddha die Lehren selber erklärt haben muss?

FRITZ: Nein, Hans. Für die Zeit nach seinem Erlöschen hat er ja, wie Ānando dem Premierminister in M 108 gesagt hat, seinen Nachfolgern die Lehre »als ihren Meister« hinterlassen. Aber es muss sich um seine Lehre handeln, nicht um eine Verfallsform, die die vier Heilswahrheiten gar nicht oder nur bis zur Unkenntlichkeit verzerrt enthält. Wer nur einer solchen Verfallsform begegnet, kann die fünf Heilssinne nicht erwerben, also nicht *anusāri* werden, wenn er sie noch nicht besitzt.

HANS: Wenn er sie aber besitzt und begegnet einer Verfallsform?

FRITZ: Wenn dann sein Vertrauenssinn und sein Klarwissenssinn stark genug sind, dass er auch durch die Staubschicht der Verfallsform hindurch die Heilswahrheiten herausspürt und anerkennt, dann besitzt er ja jenes gewisse Maß von Einsicht oder wenigstens Vertrauen zum Erwachten, dann ist er ja schon ein *anusāri* gewesen und kann nicht sterben, ehe er nicht in die Heilsströmung eingetreten ist. Als Stromeingetretener ist er selbstgängig und kommt allein zurecht.

RUTH: Da haben wir nun doch schon manches über den *anusāri*, den aus Einsicht oder Vertrauen auf die Heilsströmung zugehenden Nachfolger, gehört. Lasst es mich einmal zu meiner Kontrolle zusammenfassen:

• Er ist auf die vom Buddha gezeigten Maßstäbe noch nicht *einzig und allein* ausgerichtet, sondern mag noch Nebenziele haben und zusätzlich auch bei anderen Religionen, Gurus, Philosophen, oder bei der Kunst und Wissenschaft oder in Arbeit, Besitz, Macht, Ansehen oder mancherlei Sonstigem eine gewisse Erfüllung suchen.

• Denn er ist noch nicht beim Erwachten, der Lehre und der Gemeinde der Heilsgänger zu endgültiger befriedender Klarheit, zu völliger Zweifelsfreiheit gekommen.

• Er hat erst Recht nicht das Klarwissen lächelnden Darüberstehens und

• keine zeitweiligen Erlösungen. Beides wäre aber nicht einmal eine notwendige Bedingung für den Stromeintritt.

Was er aber hat, sind zwei Dinge, die der Weltgänger nicht hat:

• Er besitzt erstens die Heils-Sinne für Vertrauen, Energieeinsatz, Wahrheitsgegenwart, Herzenseinigung und für Klarwissen, stark genug, dass sie ihm zweitens, wenn er die Lehre wieder hört, entweder eine gewisse Einsicht gewähren oder Vertrauen und eine gewisse Zuneigung zum Buddha, dass er sie anerkennt und sich ihrem Einfluss nicht mehr entziehen kann und deshalb *nachfolgt*. Das scheint mir das Wesentliche zu sein. Deshalb kann er nicht sterben, ohne auch die Frucht des Stromeintritts erlangt zu haben.

HANS: Es hätte mich nicht weiter gewundert, wenn der Buddha gesagt hätte, Sarakāṇi sei *anusāri* gewesen. Aber er soll ja schon in die Heilsströmung eingetreten gewesen sein. Das wundert mich denn doch.

RUTH: Ja, nun, was der Buddha über lange Nachfolge gesagt hat, deutet doch darauf hin, dass er schon unerschütterliche, stillmachende Klarheit beim Erwachten, bei der Lehre und der Heilsgängergemeinde gewonnen hatte. Nur noch am Hineinwachsen in die fünfte Tugend hatte es gefehlt – Abstehen von Rauschmitteln –, aber im Sterben hat er auch diese letzte für den Stromeintrit erforderliche Tugend auf sich genommen. Damit war er doch in den Strom eingetreten.

HANS: Kunststück! Ihm waren wohl die Trauben zu sauer! Im Sterben gibts nichts mehr zum Trinken. Könnte da ein advocatus diaboli nicht sagen: »Bis zum Tod kann der Mensch also ruhig untugendhaft leben, wenn er nur schnell im Sterben beschließt, die Untugend zu lassen – weil er nicht mehr anders kann«?

FRITZ: Ich sehe deinem Gesicht an, Hans, dass du jetzt nur dein besseres Wissen bestätigt haben möchtest: Mit einer Gemütseinstellung, wie du sie beschreibst, würde dein advocatus diaboli während seiner Lebenszeit sein Gemüt so mit Sinnensucht laden, dass er im Sterben gar nicht mehr fähig wäre, wie Sarakāṇi noch eben schnell »die Übung vollständig auf sich zu nehmen«.

HANS: Was für eine Übung?

FRITZ: Die Übungspfade des häuslichen Nachfolgers: die fünf Grundtugenden, die »fünf *sīla*«, deren letzte im Abstehen von allen Mitteln besteht, die das klare Denken und die Selbstkontrolle beeinträchtigen. Bei den anderen vier *sīla* – nicht töten, nichts Nichtgegebenes nehmen, keine falschen Geschlechtsbeziehungen pflegen, nicht lügen – da hatten die Sakyer bei Sarakāṇi offenbar nichts zu beanstanden, sonst hätten sie es bestimmt gesagt. Was sie Sarakāṇi vorwerfen, ist allein, dass er in der Übung der fünften Grundtugend »nachgelassen«, nämlich getrunken hatte. Damit ist freilich das Entscheidende gar nicht gesagt.

HANS: Was denn?

FRITZ: Ob Sarakāṇi den Trunk auch noch im Geist positiv bewertet, verharmlost und den Maßstab verbogen hat oder ob er den Maßstab im Geist klar gelassen und deshalb unter der Sucht gelitten hat, weil sie seinem Wesen widerstrebte. Denn zur Tugend erwachsen ist ja nicht schon und nicht erst, wer sie zwar perfekt, aber widerwillig einhält, sondern nur, wem jede Verletzung ernstlich widerstrebt.

HANS: Wenn Sarakāṇi schon so lange Zuflucht genommen hatte und der Lehre nachgefolgt war, dann muss er ganz schön unter dem Frevel gelitten haben, den er mit jedem Schluck an dem beging, was für ihn Schutz und Zuflucht war.

RUTH: Dann hätte er schon vor dem Eintritt in die Heilsströmung in der Sterbestunde mehr aufzuweisen gehabt als das Minimum an *anusāri*-Eigenschaften: Er wäre immerhin schon hineingewachsen gewesen in die ersten vier heilenden Tugenden: Leben, Eigentum, Partnerschaften, die Wahrheit respektieren und bewahren. Nur beim fünften *sīla*: die Lebensnotwendigkeit klaren Denkens nicht nur theoretisch anerkennen, sondern auch in der Praxis durch Abstehen von berauschenden Mitteln verwirklichen, da war noch ein Manko. Aber wie ist das, Fritz: wenn er unter seiner Trunksucht wirklich gelitten hat, dann hat sie ihm doch widerstrebt. Wäre er dann nicht trotz seiner Schwäche im äußeren Vollbringen schon vor seinem Tod innerlich auch in das fünfte *sīla* hineingewachsen gewesen? Dann hätte er doch schon vor dem Sterben auch das vierte Glied des in die Heilsströmung Eingetretenen verwirklicht?

FRITZ: So einfach ist das nicht: Das innere Widerstreben gegen den Verstoß muss für den Stromeintritt zwar nicht schon so stark sein, dass es immer mit Sicherheit auch im Tatbereich über die Triebe siegt. Aber zur Tugend erwachsen ist nur, wer sie im Geist als Maßstab »vollständig auf sich genommen« hat (*pari-pūrikāri*).

HANS: Was heißt das?

FRITZ: »*Pari-pūri-kāri*« heißt zwar *nicht*, wie oft übersetzt wird, »*vollkommen* sein« in der Tugend. Aber es bedeutet: im *Geist* den vollkommenen Maßstab rückhaltlos anerkennen und an der Vervollkommnung (*paripūri*) in der Tugend arbeiten (*kāri*). Das heißt auf jeden Fall: *sie vollständig auf sich nehmen* – nicht nur, wenn es sowieso nichts zu trinken gibt oder die Sucht gerade nicht drängt. Sarakāṇi scheint eben nicht nur von übermächtigen Trieben ganz gegen seinen Willen zum Trinken überwältigt worden zu sein, sondern manchmal im Geist vor oder nach oder beim Trinken den Maßstab leicht verbogen und das Trinken im Geist verharmlost zu haben – wie ich selber bis vor über 25 Jahren, als ich noch gelegentlich Alkohol trank – mit Entschuldigungen wie: »Solange ich keinen Rausch bekomme, ist Alkohol kein berauschendes Getränk« oder: »Was sollen die andern denken« oder: »Ich kann doch den Gastgeber nicht brüskieren« oder: »Bei Magenbeschwerden oder Schlafstörungen ist Alkohol nur ein Medikament.« Erst wer sich im Denken über diesen Maßstab unter keinen Umständen mehr hinwegsetzen kann, sondern sich im Geist endgültig klar darüber bleibt, wie wichtig es angesichts der Dichte des Wahns, der Wucht der Triebe und der Macht des Denkens ist, das klare Denken ohne Wenn und Aber durch Rauschmittel um keinen Hauch zu gefährden – erst ein solcher Mensch ist beim fünften *sīla* wirklich *»erwachsen zu den Tugenden, wie sie den Heilsgängern wert sind.«* Dazu hat Sarakāṇi erst in der Sterbestunde hingefunden. Damit erst ist er in die Heilsströmung eingetreten.

HANS: Bei seiner langen Entwicklung als Nachfolger müssen bei ihm doch durch solches verharmlosendes Denken verbiegende Denkgewöhnungen entstanden sein. Können die sich denn noch geschwind in der Sterbestunde auflösen?

FRITZ: Hans, ein so langjähriger Nachfolger ist im Angesicht des Todes ganz anders orientiert, als wer sich für ein Stäubchen in der Hand eines Schöpfers ansieht. In der Sterbestunde konnte deshalb in Sarakāṇi beim leibhaftigen Erleben des Wegschwindens und der Nichtigkeit all dessen, was bisher so wichtig erschienen war – einschließlich des Trunks – ein besonders starker Impuls zum endgültigen Abschütteln der vielleicht schon vorher im Verborgenen ausgehöhlten Reste von Verharmlosung des Alkohols entstehen. Dadurch konnte er sich im Sterben von der bisherigen unterschwelligen Gewissensbelastung des verbogenen Maßstabs frei machen und dadurch die innere Ruhe für eine noch klarere Sicht gewinnen. Die bewirkte jene letzte »Optimierung« der geistigen Umprogrammierung zum Stromeintritt. In der Rede ist das noch viel genauer gesagt. Lasst sie uns deshalb nun einmal in umgekehrter Reihenfolge miteinander durchgehen, vom *anusāri*, der erst auf den Stromeintritt zugeht, bis zu dem, der die Frucht des Stromeintritts bereits erlangt hat.

HANS: Kann eigentlich *anusāri* nur werden, wer lange der Lehre nachgefolgt ist?

FRITZ: Nein. Der Erwachte sagt nur, wer so lange wie Sarakāṇi der Lehre nachgefolgt ist, »gerät« nicht mehr unterhalb des Menschentums. Das heißt aber nicht, eine kürzere Dauer der Nachfolge könne nicht durch größere Stärke der fünf Heilssinne oder größere Intensität der Nachfolge ausgeglichen werden.

HANS: Das ist wichtig für Ruth und mich! Wir haben ja die Lehre des Buddha erst vor kurzem richtig kennen gelernt, aber durch die Regelmäßigkeit, Intensität und Tiefe unserer Gespräche vielleicht gründlicher, als wenn wir uns viele Jahre lang nur gelegentlich »mit dem Buddhismus befasst und daraus interessante Anregungen erhalten hätten«, wie manche Menschen ihren Umgang mit der Lehre umschreiben. Man kann also *anusāri* werden, auch wenn man noch nicht lange nachgefolgt ist?

FRITZ: Freilich, Hans.

HANS: Ist es dann vielleicht entscheidend, ob man *Zuflucht* zum Buddha, zur Lehre und zur Heilsgängergemeinde nimmt?

FRITZ: Gut, aber nicht entscheidend: Die Absichtsichtserklärung allein macht nach S 55,37 nicht schon zum *anusāri*, sondern erst zum »Anhänger« (Jünger: *upāsaka*). Mit der *Absicht*, den *Weg* zum Stromeintritt zu betreten, hat man ihn noch nicht *betreten*. Andererseits setzt aber das

Betreten des Wegs zum Stromeintritt als *anusāri* noch keine endgültige stillmachende Klarheit beim Erwachten, der Lehre und der Heilsgängergemeinde voraus, ja noch nicht einmal die alleinige Ausrichtung auf den Erwachten; das entwickelt sich erst beim Gehen.

HANS: Lässt sich auf der zwölfsprossigen Leiter zur Wahrheit in M 95 ablesen, auf welcher Sprosse man zum *anusāri* wird?

FRITZ: Nein: Diese Skala ist ein Übungsprogramm zum Einüben der Wahrheitserkenntnis. Am Trainingsprogramm für einen Sportler lässt sich ja auch nicht ablesen, ob und wann er eine Meisterschaft gewinnt.

HANS: Spielt denn die Zuflucht überhaupt keine Rolle?

FRITZ: Natürlich spielt sie eine Rolle.[19] Aber aus den Texten haben wir ja gesehen, dass die meisten Anhänger in spontaner Ergriffenheit oder Begeisterung »Zuflucht genommen»haben. Damit allein hat der Anhänger aber noch nicht unumkehrbar als *anusāri* den Weg zum Eintritt in die Heilsströmung *betreten*. Auch wenn es einmal kurz intellektuell »eingeschlagen hat«, aber bei einem Gemüt voll Abwehr und Widerwillen, kann man ganz und gar wieder von der Lehre abkommen. Das ergibt sich auch aus vier fast übereinstimmenden Reden. Zum einen aus

A VII,27:

»Folgende sieben Eigenschaften, ihr Mönche, führen bei einem in der Häuslichkeit lebenden Anhänger zum Ruin,[20] *welche sieben? Im Aufsuchen von Mönchen ist er nachlässig. Er versäumt es, die Wahrheitslehre zu hören. Er übt nicht hohe Tugend. Er ist vielfach verdrossen über die Mönche, die älteren, die neuen und die mittleren. Widerwillig-kritiksüchtigen Herzens hört er die Lehre, nach Schwachstellen suchend. Würdige Spendenempfänger sucht er zunächst außerhalb; dort gewährt er zuerst Unterstützung. Diese sieben Eigenschaften ihr Mönche, führen bei einem in der Häuslichkeit lebenden Anhänger zum Ruin.*

Sieben Eigenschaften, ihr Mönche, führen bei einem in der Häuslichkeit lebenden Anhänger zur [geistigen] Zeugung (sambhava), welche sieben? Im Aufsuchen der Mönche ist er nicht nachlässig, versäumt nicht, die Wahrheitslehre zu hören, übt hohe Tugend, voll freudiger Zuversicht bei den älteren, den neuen und den mittleren Mönchen. Die Lehre hört er frei von Widerwillen und Kritiksucht im Herzen, sucht nicht nach Schwachstellen. Würdige Spendenempfänger sucht er nicht außerhalb; zuerst gewährt er hier Unterstützung. Diese sieben Eigenschaften ihr Mönche, führen bei einem in der Häuslichkeit lebenden Anhänger zur geistigen Zeugung.«[21]

Die Kritiksucht einzelner »Weltgänger«, wird ja nicht dadurch besser, dass sie sich einmal aus momentaner Strohfeuer-Begeisterung als »Anhänger« (*upāsaka*) bekannt und dem Buddha zugehört haben. Von der Kritiksucht war auch schon in S 55,26 und 27 die Rede. In S 55,27 hieß es: *»Da ist ein unerfahrener Weltgänger voller Widerwillen gegen den Erwachten, die Lehre oder die Heilsgängergemeinde. Weil er aber alles von diesem eigenen Widerwillen aus betrachtet, ist er voll Schrecken, hat lähmendes Entsetzen, hat Angst vor dem, was nach dem Tod kommt.«* Das reicht bis zu jener in S 55,26 genannten *»Art von Beunruhigung und Ablehnung gegenüber dem Erwachten, auf Grund deren ein unerfahrener Weltgänger nach dem Absterben des Körpers, jenseits des Todes auf den Abweg gerät, auf schlechte Bahn, in den Daseinsabgrund, in eine Hölle.«*

HANS: Wenn er aber diesen Widerwillen gegen den Erwachten und die Lehre nicht aus persönlichen Vorlieben, intellektueller Überheblichkeit oder aus der Rebellion seiner sinnlichen Triebe hegt, sondern weil er so fest an einen allgütigen, allwissenden, allmächtigen Gott glaubt, dass er eine Lehre, die keinen ewigen Schöpfergott anerkennt, ehrlich für einen Frevel hält? Das sind doch keine unehrenhaften Gründe?

19 Vgl. Nyānaponika: Die dreifache Zuflucht, BoBl. Nr. 1.

20 *parabhava* = »Zerstörung, Niedergang, Misslingen«.

21 In einem Merkvers wiederholt der Erwachte den Inhalt seiner Aussage.

Fritz: Es geht nicht um »ehrenhaft« oder »unehrenhaft«, »Schuld« oder »Unschuld«, sondern um Wissen oder Unwissen, Blindheit oder Sehen, Beachtung oder Nichtbeachtung des Gesetzes von Ursache und Wirkung.

Ruth: Und, Hans: wir sprechen hier ja nicht von dem Fall, dass jemand die Lehre anerkennt, sich ihren Konsequenzen auch stellt, aber sie machen ihm bange, sondern darum, dass er sich der Lehre aus Widerwillen gegen den Erwachten und die Lehre verschließt – Widerwillen gegen die Wahrheit!

Hans: Das stimmt. Aber ich habe einmal von einem Gleichnis gelesen; da wird ein Mensch, der eben erst die Lehre begriffen hat, mit einem neugeborenen Kälbchen verglichen, das gerade unter Wehgebrüll dem Mutterleib entrissen worden ist. Dieses Wehgebrüll ist doch auch eine Art von Ablehnung. Von dem mit dem Kälbchen verglichenen Menschen hieß es aber, er würde ganz sicher auch den Strom kreuzen. Wie reimt sich das zusammen?

Fritz: Dazu kann man zweierlei sagen:

Das erste ist: Das Gleichnis vom brüllenden Kälbchen gibt der Erwachte in M 34^{m} für einen Menschen, der zwar aus seiner bisherigen Scheinsicherheit herausgerissen ist, sich aber der vollen Wahrheit stellt und sie anerkennt, obwohl sie seinen Trieben vielleicht noch stark zuwiderläuft. Dessen Geist beurteilt nicht den Erwachten und die Lehre negativ. Nicht der Geist brüllt, sondern die Triebe: die brüllen über den neuen Geist, der sie »bedroht«, weil er jene weltüberlegene, heilsmächtige Eigenschaft zu nutzen beginnt, die der Erwachte in M 96 den Menschen als ihr eigentliches Kennzeichen zeigt. Eine solche Erschütterung ist gerade ein Anzeichen für den tiefen, nicht mehr rückgängig zu machenden Einbruch der Wahrheit. Bald nach der Geburt springt ja auch das Kälbchen nach dem ersten Schreck auf der Wiese herum und will und kann nicht mehr in den Mutterleib zurück. Ebenso kann ein Mensch, der aus Vertrauen oder Einsicht auf Grund der fünf Heilssinne die Lehre anerkennt, nicht wieder in die bisherige totale Abhängigkeit zurück, mag es auch den Trieben vor den geahnten langfristigen Konsequenzen noch angst und bang sein: »Hilft nichts: es ist die Wahrheit, und es führt zu Frieden und Wohl in Ewigkeit!«

Hans: Ja, sind denn Menschen, die den Eindruck haben, sie hätten die Lehre verstanden und die ihr Leben danach einrichten, in Wirklichkeit doch nicht in die Heilsströmung eingetreten, wenn sie bei sich kein »Wehgebrüll des Kälbchens« bemerkt haben?

Fritz: So ist es durchaus nicht. Bei Menschen, die durch ihren Drang nach Wahrheit in früheren Geburten stark auf die Begegnung mit der Lehre vorbereitet waren, antwortet der Geist sogar mit einem Glücksgefühl. Aber wie es auch sei: Das »Wehgebrüll des Kälbchens« ist kein Widerwille gegen den Erwachten und die Lehre, sondern der erste ohnmächtige Protest der Triebe gegen die ungewohnte Helligkeit der Wahrheit. Das Brüllen des Kälbchens ist auch etwas ganz anderes als jener Widerwille eines fehlprogrammierten Geistes gegen die vier Heilswahrheiten. Der findet sich heute besonders auch bei westlich »gebildeten« Menschen, die oft gewohnt sind, Vergänglichkeit und Leiden zum »Salz des Lebens« hochzustilisieren. Wenn solche Menschen die wahnauflösende Erkenntnis überhaupt kurz in den Intellekt einlassen, dann schießt blitzartig das mehr oder weniger unterschwellige Empfinden auf: »Wenn das richtig wäre, dann wären ja alle die subtilen, geistvollen, anregenden, interessanten Meinungen falsch, die mein ganzes geistiges Leben lang meine Stütze waren – das darf nicht sein.« Denn die haben sie immer wieder auf mancherlei kunstvolle Arten und unter vollem Einsatz der unheimlichen Verdrängungsmaschinerie gegen unterirdische Beben der Existenz abgestützt. Eine der scheinbar festesten Stützen ist die gewohnte Ansicht, die Existenz habe ein »unergründliches Mysterium« zu bleiben. Für die Befestigung und Verklärung dieses »Mysteriums« sorgen – in unbewusster Notwehr – Dichter und Denker und die angestammten Religionen des jeweiligen Kulturraums, die mit hohem geistigem Anspruch auftreten, vielfach auch getragen von einer Elite von großer Lauterkeit. Diese ins Mysterium gehüllten grundsätzlichen Daseinszweifel und -sorgen (*vicikicchā*) werden nicht als unten haltende Verstrickung erkannt, sondern gelten als positives Kennzeichen des »Gebildeten«. Dies vor allem bringt Widerwillen und Abwehr bis zur Aggression gegen so »bedrohliche« Lehren wie die des Erwachten hervor. Auch der Psychologe weiß: Unsicherheit ist die Hauptwurzel von Aggression.

RUTH: Es klingt paradox, aber in dieser Weise am aggressivsten und leichtgläubigsten sind oft gerade die vermeintlich »Aufgeklärten«, die alles vehement ablehnen, was nicht passt zu ihrer anerzogenen cartesianisch-newtonschen – meist noch poetisch-metaphysisch verrätselten, in Wahrheit aber naiv materialistischen Weltgläubigkeit, und dies meist ohne wirkliche Kenntnis des Standes der Naturwissenschaft, auf die sie sich gern berufen. Oft halten sie der Lehre entgegen, das seien rein subjektive Glaubensangelegenheiten, über die zu reden sinnlos wäre. Alles, was ihre – gerade nach den Maßstäben der heutigen Naturwissenschaft naive – Weltgläubigkeit ins Wanken bringen könnte, wird in verblüffender Weise verdrängt und vergessen. Da mag der Nachfolger Heisenbergs hundert Mal sagen und schreiben, eine materiell-objektive Welt könne es physikalisch gar nicht geben.[22] Dennoch verhalten sie sich gegenüber allem, was nicht mit ihren menschlichen Sinnen erfahrbar ist, wie jene Blinden, die sagen: *»Es gibt nicht Sonne, Mond und Sterne; denn ich habe so etwas nicht erlebt.«* Auch die wenigen Weiterblickenden, Wahrheitsergebenen von oft weiter Bildung verweisen, sowie sie an Grenzen des mit menschlichen Sinnen Erfahrbaren stoßen, auf Wittgensteins schon erwähnten, aus seinem Zusammenhang aus der Aussagelogik herausgerissenen Satz: *»Worüber man nicht sprechen kann, darüber muss man schweigen«*, oder auf Goethe, der gar forderte, man solle das *»Unerforschliche«* (oder vielmehr, was man jeweils für unerforschlich hält) *»still verehren«*. So wird seit eh und je im Abendland der unbemerkte, obwohl erforschliche Blindwissens-Wahn nicht erforscht und durchschaut, geschweige geheilt, sondern »still verehrt«. Vielleicht ist das die subtilste Form von *»Widerwillen gegen den Erwachten und seine Lehre«*.

FRITZ: Ja, Ruth. Schon im alten Indien gab es Nihilisten und naiv Weltgläubige wie den Fürsten Pāyāsi in D 23 oder jene »weltgläubigen Brahmanen« in A IX,38 und S 12,48. Aber alles, worauf solche Menschen ihre (Schein-)Sicherheit bauen, sieht man immer wieder zerrieseln: Es *»wandelt sich rasch auch die Welt wie Wolkengestalten«*, wie Rilke im XIX. Sonett an Orpheus sagt. Dem Heilsgänger schafft das eine unerschütterliche Ruhe, wenn er alles einst so bedrohlich Erscheinende als gewirkte Wolkengebilde und seine Deutung als Wahn erkennt und so allmählich die *»lächelnde Weisheit des Darüberstehens«* gewinnt, von der der Erwachte in S 55,24 zu Mahānāmo gesprochen hat. Dem Weltgänger dagegen macht es eine unergründliche Angst und trägt entscheidend zu jener zweiten Verstrickung und fünften Hemmung bei, den Daseinszweifeln und -sorgen (*vicikicchā*). Sie reicht vom Nihilismus bis zu Eichendorffs Klage: *»Wir sehnen uns nach Hause und wissen nicht, wohin.«* Der Mensch verteidigt dann die Ansichten, die ihm bisher eine gewisse Scheinsicherheit gaben, umso verbissener, je mehr sie in der Tiefe zu wanken beginnen und je stärker er dieses »Tiefseebeben« im Meer der Seele verdrängt. Wer sich dieser Angst nicht stellt und ihr nicht auf den Grund geht, bis er den Wahn durchschaut und ihn aufzulösen beginnt, wird leicht aggressiv. Von dieser Art von Beunruhigung aus Daseinszweifeln und -sorgen macht erst der Eintritt in die Heilsströmung frei, wie das Gespräch des Erwachten mit Mahānāmo zeigt.

Und das ist das zweite, was zu deiner Frage zu sagen wäre, Ruth: Zerstörer der in den Intellekt eingedrungenen Lehrinhalte sind nicht solche seelischen Tiefseebeben, sondern nur

22 Siehe oben, Einleitendes Gespräch, Vorwort.

Widerwille und Aggression gegen den Erwachten und die Lehre, die bewirken, dass man die Wahrheit *nicht hören will*. Nur das schließt es aus, den Weg zum Eintritt in die Heilsströmung als *anusāri* zu betreten.[23] Die »Killerzellen« des Wahns zerstören dann sofort wie ein fehlgeleitetes Autoimmunsystem im Intellekt angekommene Wahrheitsworte, die das gewohnte Fieberdelirium aufzuheben »drohen« und überwuchern den Geist. Dagegen ändern beim *anusāri* die neben der Anerkennung der Lehre eine Zeit lang noch weiterbestehenden Daseinszweifel (*vicikicchā*) mit all den dadurch bedingten Ängsten nichts daran, dass er unumkehrbar auf dem Weg zum Stromeintritt ist, den er spätestens in der Sterbestunde erreicht.

Hans: Ja, das habe ich auch schon gehört, dass erst der in die Heilsströmung Eingetretene frei von allen Ängsten ist.

Fritz: Noch nicht einmal der in die Heilsströmung Eingetretene ist frei von allen Ängsten. Frei ist er nur von solchen Ängsten, die aus Daseinszweifeln und -sorgen herrühren, frei also insbesondere auch von daher kommender Todesfurcht, wie es der Erwachte dem Brahmanen Jānussoni in dem schon besprochenen Gespräch in A IV,184 erklärt hat. Wer dagegen noch manche – auch ungreifbare – Ängste aus anderen Quellen hat, kann dennoch in die Heilsströmung eingetreten sein.

Hans: Aber in A IV,184 war doch nur die Rede von der Todesangst; nicht von den vielen Ängsten, die es sonst noch gibt, vor allem nicht von jener motivlosen Angst, von der Kurt Schneider gesagt hat, sie kann auch eine seelische unmotivierte Angst sein, eine unbestimmte, inhaltlose Unheimlichkeit, die keine Erlebnisreaktion ist. Diese schleichende Angst scheint mir eine der verbreitetsten Ängste.

Fritz: Diese verschiedenen Arten von Ängsten treten – besonders beim Gedanken an den Tod, spätestens aber im Sterben – auf, wenn sie bis dahin noch nicht aufgelöst waren. Was der Buddha über die Todesangst sagt, umfasst zwei Fälle: die Angst, wenn der Tod kommt, aber auch das vorherige Denken an den Tod. Und nun brauchen wir wieder die »feinste Genauigkeit«: Nicht jede Angst vor dem Sterben und im Sterben beruht auf der Verstrickung in Daseinszweifeln und -sorgen: Der Erwachte nennt in A IV,184 vier Angstursachen. Davon hindert nur eine den Eintritt in die Heilsströmung, nämlich einzig und allein die an letzter Stelle genannte: Daseinszweifel und -sorgen. Die ist nicht zu verwechseln mit Sorgen wegen Verständnislücken über Einzelheiten der rückhaltlos anerkannten Lehre, sondern besteht in grundsätzlicher Unsicherheit, ob denn die vier Heilswahrheiten überhaupt richtig seien, ob man sie überhaupt anerkennen könne. Die erste bis dritte Verstrickung – Glaube an Seinsdarstellung, Daseinszweifel und -sorgen, das Verhalten in der Begegnung überbewerten (Weltverbesserungsglaube!) – ist nicht schon beim *anusāri*, sondern erst bei dem in die Heilsströmung Eingetretenen aufgelöst. Die 4. und 5. nach unten zuteilende Verstrickung (Sinnensucht und Mangel an Wohlwollen) dagegen, welche auch Angst und Unruhe erzeugen können, sind erst beim Nichtwiederkehrer aufgelöst: Reizung durch Sinnendinge oder durch den Körper. Nicht nur der *anusāri*, sondern sogar der bereits in die Heilsströmung Eingetretene kann also noch durch Sinnendinge und Mangel an Wohlwollen bedingte Angst haben. Freilich ist er dabei sicher, dass alles, was ihm noch bang »bevorsteht«, gegenüber dem, was im anfangslosen Samsāra nun hinter ihm liegt, allenfalls das Gewicht von »sieben Kieselsteinchen[24] gegenüber dem Himālaya« hat.

Hans: Uff, da bin ich aber erleichtert. Aber auch die drei den Stromeintritt nicht ausschließenden Ängste haben doch ein Motiv. Wie ist es denn mit jener »motivlosen« Angst, von der Kurt Schneider spricht?

23 Vgl. A VII,27.
24 *pāsāna* (= »Steinchen«) + *sakkharā* (= »Korn«), also korngroße Steinchen, vgl. S 56,49^{m} + 50^{m}.

FRITZ: Da gibt es verschiedene Möglichkeiten: Manchmal kann sie ein Leibgefühl sein[25] (Kreislaufsschwankungen, Blutdruckänderungen, atembeengende Verschleimung, Völlegefühl). Es kann auch eine Angst sein, die aus einem der drei in A IV, 184 genannten Gründe stammt, die den Stromeintritt nicht ausschließen, sich aber ihr Motiv nicht eingesteht oder es nicht weiß. Auch »eine Angst vor der Angst« gibt es. Das alles hat nichts zu tun mit jenen existenziellen Daseinszweifeln und -sorgen, ob denn überhaupt stimmt, was der Buddha als seine Entdeckung darlegt. Es wäre also ganz falsch und unnötig deprimierend zu denken, man könne den Stromeintritt nicht erreichen, solange man noch irgendwelche sonstigen Ängste habe.

HANS: Nun bleibt immer noch jene noch tiefere Angst, die Kurt Schneider zuletzt nennt: Gib mir mal bitte das Buch herüber. Ich möchte die Stelle noch einmal lesen. Sie hat mich sehr berührt. — Ja, da steht es: Es gäbe eine Angst als *»ein mit dem Menschsein gegebenes Urgefühl. Bedenkt man das menschliche Dasein, so ist es viel erklärungsbedürftiger, dass der Mensch meist keine Angst hat, als dass er manchmal Angst hat.«* Das sind doch Daseinszweifel und -sorgen!

FRITZ: Nur bei einem nicht durch einen Erwachten aufgeklärten Menschen. Der empfindet Leiden, Unbeständigkeit und Kernlosigkeit als eine »persönliche Bedrohung«. Beim Heilsgänger dagegen ist diese Ur-Angst im Gegenteil ein Ansporn zum Weiterstreben: Das gilt besonders, wenn er sich bis zum Betreten des Wegs zum Stromeintritt bemüht hatte, durch Hingabe an die als heller empfundenen Seiten des »Hierseins« – Religion, Ethik, Philosophie, Ästhetik – sich vor den andrängenden Schrecken der Existenz zu schützen und, »positiv denkend«, darauf gestützt hat, das Hiersein »herrlich« zu finden, wenn's auch manchmal schwer fällt. Dann kann sich nach der Aufklärung durch den Erwachten über die leidbringende Unbeständigkeit, Kernlosigkeit, Wahnhaftigkeit der fünf Zusammenhäufungen unterschwellig ein Empfinden für die Zerbrechlichkeit aller seiner bisherigen Stützen und für die Gefährdung durch all seine gewohnten und bisher positiv bewerteten Dränge, Wünsche und Sehnsüchte als ungreifbare Enge melden – als Angst. Ein solcher Mensch empfindet dann diese Weltenge viel umfassender als jene niederländische Mystikerin, die sprach: *»Der Welt Gedränge ward mir zu enge«*, nämlich nicht nur als Gefangenschaft in der Sinnensucht, sondern als *»Gefangenschaft in der Wahrnehmung«*, und sehnt sich »nach Hause«. Aber nun weiß er endlich, »wohin«: nie mehr »irgendwohin«, sondern »hinaus« in die Freiheit. Dieses realistische Empfinden der Ur-Enge jeglicher Wahrnehmung im Vergleich zur absoluten Freiheit ist das gerade Gegenteil von Daseinszweifeln und -sorgen: Sie ist das erste Empfinden des beginnenden Zusammenbruchs der Wahnillusionen und des Aufgehens der Freiheit.

RUTH: Das »Brüllen des Kälbchens« im ersten Schreck über den kühlenden Hauch der Freiheit?

HANS: Aber wie kann man bei ungreifbaren, auf kein konkretes Erlebnis zurückführbaren Ängsten wissen, ob sie nun ein Zeichen von Daseinsunsicherheit und -sorgen oder das »Brüllen des Kälbchens« sind?

FRITZ: Dafür gibt es eine ganz einfache Probe: Dem *anusāri*, dem gesicherten, auf die Heilsströmung zugehenden Nachfolger, nennt der Erwachte immer wieder vier Merkmale, an denen er prüfen kann, ob er bereits in die Heilsströmung eingetreten oder erst auf dem Weg dazu ist: die »vier Glieder des in die Heilsströmung Eingetretenen«. Die drei ersten davon sind die endgültige, stillmachende Klarheit über die Wachheit des Vollendeten, die Nachvollziehbarkeit der Lehre bei sich selber und die endgültige Gesichertheit der Heilsgängergemeinde. Die kann man nicht nur zur Stromeintrittsprüfung, sondern sozusagen auch als Ängstetest verwenden: Ihnen entlang braucht man sich nur zu prüfen: Könnte ich bei ruhiger Überlegung noch folgende Fragen bejahen: *»Hat sich der Buddha nicht doch geirrt? Vielleicht ist er gar nicht*

25 Schneider, S. 58.

wirklich erwacht? Ist nicht auch er samt seinen großen Gedanken nur das Geschöpf eines allmächtigen Schöpfers oder des Zufalls oder der Evolution? Ist in mir und hinter dem, was ich wahrnehme, nicht doch irgendetwas – ein ewiger Kern? Steht nicht doch hinter Formen, Gefühlen, Wahrnehmungen, Bewegtheiten, eingespielten Suchläufen etwas an sich, unabhängig von der Psyche Bestehendes, Objektives, irgendeine Substanz – Gott, Natur, Kosmos, Urkraft, Urgeist?« Wenn ich sicher bin, dass ich solche Fragen bei ruhiger Besinnung nur noch im Sinne der Lehre eindeutig verneinen kann (gleich, ob ich erklären könnte, warum) – dann können meine ungreifbaren Ängste unmöglich aus »Daseinszweifeln und -sorgen« kommen. Nochmals: Das dumpfe oder deutliche Gefühl, dass man innerhalb des Daseins nicht sicher und geborgen sein kann, ist gerade nicht gleichzusetzen mit Daseinszweifeln und -sorgen. Denn das Dasein ist ja wirklich unsicher, voller Unbestand (*anicca*). Es kann gar keine Geborgenheit bieten. Wer dem Anschein der Geborgenheit innerhalb der fünf Zusammenhäufungen nicht traut, zweifelt mit Recht. Der Buddha hat das jenem Brahmanen in S 42,13 bestätigt, der durch die Meinungsvielfalt der Pilger in seinem Rasthaus in Zweifel geraten war. Daseinszweifel im Sinn der nach unten zuteilenden Verstrickungen sind nur Zweifel, ob es aus dieser ganzen Masse von Finsternis, Unbeständigkeit und Seinsdarstellung einen Ausweg gibt und ob ihn der Erwachte nachvollziehbar gezeigt hat. Eine Übersetzung und Interpretation von *vicikicchā* muss daher jede Verwechslung ausschließen mit dem durchaus berechtigten Gefühl der Ungeborgenheit im Daseinskreislauf, mit der begründeten Unsicherheit, ob das Hiersein denn wirklich so herrlich sei. Sie muss ferner klarstellen, dass nicht jede Unsicherheit über Einzelzusammenhänge der im Grund als Wahrheit anerkannten Lehre *»vicikicchā«* ist, und schon gar nicht das ständige kritische Prüfen und Hinterfragen von Meinungen über noch nicht selbst Erfahrenes.

Hans: Jetzt ist es mir klar: Auch wer unumkehrbar als *anusāri* auf den Stromeintritt zugeht, kann sogar noch in Bezug auf Einzelheiten der von ihm bereits anerkannten vier Heilswahrheiten schwanken und zweifeln. Erst wer bereits in die Heilsströmung eingetreten ist, der *sotāpanna*, kann das nicht mehr, aber auch er kann noch alle übrigen Ängste haben – auch unbestimmte, unbenennbare. Vollkommen hören sie erst beim Nichtwiederkehrer auf.

Fritz: Ja. So ist es.

Hans: Eine gewisse Art von Bangnis kann doch auch gut sein gegen träges Sichtreibenlassen im Gewohnten. Dazu kommen mir zwei Strophen aus einem Gedicht in den Sinn:

Wir leben hinter den Gittern,
und hinter den Gittern ist Nacht.
Ein Luftzug von fernen Gewittern
hat uns um die Ruhe gebracht.
Ach, fiele ein Blitz der Verklärung
in unsere dumpfige Haft
und zwänge zu später Bewährung
der Herzen verschüttete Kraft.[26]

Das ist etwas ganz anderes als Widerwille aus verdrängten Daseinszweifeln und -sorgen.

Fritz: Ja, Hans. Jenen zerstörerischen Widerwillen hat ja der Erwachte in S 55,27 mit den Worten gekennzeichnet: *»Da ist ein unerfahrener Weltgänger voll Widerwillen gegen den Erwachten, die Lehre oder die Heilsgängergemeinde. Weil er aber alles von seinem eigenen Widerwillen gegen den Erwachten oder die Lehre oder die Heilsgängergemeinde aus betrachtet, ist er voll Schrecken, hat lähmendes Entsetzen, hat Angst vor dem, was nach dem Tod kommt.«* Das wiederum führt zu jener Haltung, die nach A VII,27 bis 30 *»zum Niedergang führt«*, nämlich: *»widerwillig-kritiksüchtigen Herzens hört er die Lehre, nach Schwachstellen suchend.«*

26 Peter Berglar-Schroër (1944 mit 25 Jahren verstorben), FAZ, Frankfurt, vom 6.1.1956.

Hans: Das genaue Gegenteil des »Vertrauenssinns«! Dabei können sich die anderen vier Heilssinne nicht entfalten.- Da ist nun doch wesentlich klarer geworden, was im Prinzip ein *anusāri* ist. Aber bin ich nun wirklich schon einer? Woran merke ich das? Das ist mir noch nicht klar. Bisher kann ich nur einige Dinge angeben, die nicht genügen oder es gar ausschließen, *anusāri* zu sein, und einige Dinge, die diesem Status nicht entgegenstehen:

- Zuflucht allein genügt nicht.
- Lange Nachfolge genügt nicht.
- Auf den 12 Stufen der Wahrheitsnachfolge nach M 95 lässt sich der Beginn der gesicherten Nachfolgerschaft nicht lokalisieren.
- Widerwille und Aggression gegen den Erwachten, die Lehre und die Heilsgängergemeinde schließen das Betreten des Wegs als *anusāri* aus.

Dagegen kann ein *anusāri* durchaus noch Daseinszweifel und -sorgen am Buddha, den vier Heilswahrheiten und der Heilsgängergemeinde haben. Die hören erst mit dem Stromeintritt auf. Sonstige Ängste noch nicht einmal dann.

Sicher, das ist schon etwas, diese negativen Abgrenzungen. Aber lassen sich nicht auch – ähnlich wie für den Stromeintritt – positive Anhalte angeben, ab wann man als *anusāri* unumkehrbar auf die Heilsströmung zugeht?

Ruth: Darauf wollte ich hinaus, als ich vorhin von den Strukturunterschieden bei den verschiedenen Gruppen von Menschen sprach, das ist mir inzwischen aus dem Gespräch des Buddha mit Mahānāmo deutlicher geworden: Dort werden zwei Gruppen von gesicherten Menschen unterschieden:

Die Angehörigen der »oberen« Gruppe haben mindestens die Frucht des Stromeintritts erreicht und haben dreierlei gemeinsam: 1. Sie haben sich »*einzig und allein nach dem Erwachten ausgerichtet*«. 2 Sie haben »*endgültige befriedende Klarheit*« beim Erwachten, der Lehre und der Heilsgängergemeinde. 3. Sie sind schon nach ihrer Charakterstruktur »*vollkommen erlöst vom Abweg, von schlechter Bahn, von dem Abgrund des Daseins*«. — Sie unterscheiden sich aber im Grad des Klarwissens und der Loslösung.

Die zweite, »untere« Gruppe von Gesicherten bilden die aus Vertrauen oder Einsicht auf die Heilsströmung Zugehenden, die *anusāri*. Über sie sagt der Buddha dem König ganz exakt, was sie noch nicht haben und was sie schon haben:

Fünferlei haben sie noch nicht, nämlich: 1. Durch Vertrauen mit Zuneigung oder gar schon ein gewisses Maß von Einsicht sind sie zwar durchaus schon auf den Buddha ausgerichtet, aber noch nicht »*einzig und allein*«. Ebenso kann ihnen noch fehlen: 2. »*endgültige befriedende Klarheit beim Erwachten, der Lehre und der Heilsgängergemeinde*«, 3. »*blitzhelles* Klarwissen«, 4. »Erlösung«. 5. Ferner heißt es von einem *anusāri* nie, er sei »*vollkommen erlöst vom Abweg*«, sondern nur, ausgestattet mit einem gewissen Maß von Einsicht oder Liebe und Zuneigung zum Erwachten »*gerät*« er nicht auf den Abweg.

Dagegen haben alle *anusāri* schon fünf in entsprechender Stärke in dieses Leben mitgebrachte Eigenschaften (*dhamma*), nämlich Vertrauen, Energie, Wahrheitsgegenwart, Sammlung, Klarwissen, durch die Begegnung mit der Lehre wie Eisenspäne mit einem Magneten so ausgerichtet, dass sie zu *Heils-Sinnen* (*indriya*) werden, die wie Kompassnadeln nach Norden auf das Eine hinzeigen: auf das Heil – auch wenn der Kompass manchmal noch etwas wackelt. Deshalb kann ein *anusāri* nicht sterben, ohne in die Heilsströmung eingetreten zu sein.

Fritz: Völlig richtig. Wie arm ist doch unsere westliche Psychenkunde: Sie kennt nur die auf die ein-gebildete Außenwelt bezogenen fünf als grobkörperlich empfundenen Sinne: Gesichts-, Gehör-, Geruchs-, Geschmacks- und Tastsinn, und meint, alles, was nicht damit erfahrbar ist, das gäbe es nicht. Der Buddha fügt nicht nur diesen fünf Sinnen den steuernden Zentralsinn, den Geistsinn als sechsten hinzu, sondern nennt hier noch eine ganz andere Gruppe von fünf

Sinnen, die du gerade aufgezählt hast, Ruth: die Sinne für die Erlösung, die Heilssinne, die fünf Sinne für die Ewigkeit, die wir schon zu Beginn unserer Gespräche besprochen haben.[27]

Ruth: Dann gibt es also nicht nur fünf und nicht nur sechs, sondern elf Sinne?

Fritz: Noch mehr. Aber den häuslich Lebenden nennt der Erwachte nur die für sie wichtigen: die sechs Sinne (*indriya*), die den Unaufgeklärten im Daseinskreislauf halten, und die fünf Sinne: die Heilssinne, die aus dem Daseinskreislauf hinausführen. Die anderen Sinne nennt er in der Regel nur den Mönchen, die bei ihrer ständigen Selbstbeobachtung mit diesen Feinheiten besser umgehen können. Für die Nachfolge im Haus ist ihre Kenntnis nicht nötig. Der Erwachte sieht sie alle nur als Spielarten ein und desselben: als Spürsinne und Werkzeuge des Sehnens heraus aus Mangel und Leiden zur jeweils mit Recht oder Unrecht für die bestmögliche gehaltenen Erlösung, von der kurzfristigen sinnlichen Befriedigung bis zur Erlösung auf ewig. Deshalb belegt der Buddha alle diese verschiedenen Spürsinne und Werkzeuge, Lenkkräfte mit dem einen einheitlichen Ausdruck *»indriya«* = Sinne. Die wichtigsten Sinne, die diese Bezeichnung allein verdienen[28], weil sie echte Herrschaft (*indriya*) über das Dasein verleihen und zur endgültigen Erlösung von aller Existenz im totalen Frieden steuern, sind die fünf Heilssinne.

Was wir hier im Westen unter den »fünf Sinnen« verstehen und für die einzigen Sinne halten, nennt der Erwachte in Reihen fast nie ohne den sechsten Sinn, den Geistsinn. Die fünf körperlichen Sinne allein ohne den Geistsinn nennt er zwar in sprachüblichen Wendungen wie z. B. die »Sinne« eines Menschen seien geschwächt oder klar oder gestillt, oder wenn er sich zunächst auf den Sprachgebrauch eines Fragers einlässt, wie in seinem Gespräch mit dem Brahmanen Unnābho, der nach dem Anhalt für die »fünf Sinne« fragte, und wenn er in M 43[m] die Sinne aufzählt, die im Gegensatz zu den Sinnesdrängen mit dem Tod untergehen. Aber auch dort fügte der Buddha im Lauf des Gesprächs den Geistsinn als sechsten hinzu. Eine bloße Fünfheit von Aug-, Ohr-, Nasen-, Zungen- und Körpersinn allein, ohne den Geist, wird vom Erwachten nur im Rahmen der fünf »Sinnes-Stränge« (*kāmaguṇa*) genannt, der »Sehnen«[29], die die fünf Körpersinne und die er-sehnten Formen, also Willen und Vorstellung samt der Spannung zwischen den beiden Strangenden – dem Drang-Ende und dem Bild-Ende – wirklichkeitsgemäß zusammenfassen als die »Wunschfäden«, aus denen die gesamte »Welt-Wahrnehmung« gewoben ist. Diese fünf Sinnesfäden reichen aber nur aus, um das Außenwelterleben und die rein körperliche Seite des Ich-Erlebens zu beschreiben. Soll alles Erleben – die gesamte Gefangenschaft in der Wahrnehmung – umfasst werden, so spricht der Erwachte, wie es Sāriputto in D 28 als unübertrefflich rühmt, von den *»sechs ›Innen-Außen-Erlebnisspannungsfeldern‹ (ajjhattika-bāhirāni āyatanāni): Augsinn samt Formen, Ohrsinn samt Tönen, Nasensinn samt Düften, Zungensinn samt Schmeckbarem, Körpersinn samt Tastbarem, Geistsinn samt Dingen«*. Daraus gewoben ist der sechsfache Erlebnis-Spannteppich der Existenz mit seiner Spannung – die sechs Erlebnisspannungsfelder (*sal-āyatana*). *Āyatana* heißt ja wortwörtlich »Feld«. Hier haben wir also – aber in einem total anderen Sinn – eine »einheitliche Feldtheorie«, die Einstein und Heisenberg für die Physik vergebens erstrebt hatten.[30] Und die trägt (*dhamma* ist ja, »was trägt«). Das durchschaut der wahnbefangene Mensch nicht, sondern er deutet dieses sechsfache Erlebnisspannungsfeld als Begegnung der Psyche mit psychenunabhängigen, »an sich« bestehenden, objektiven oder gar »materiellen«

27 Vgl. den IV. Abschnitt des Einleitenden Gesprächs.
28 In D 33 III werden z. B. noch Unterarten des Klarwissenssinns genannt: die Fähigkeiten »Nichterkanntes werde ich erkennen«, »Erkennen«, »Erkannthaben«.
29 »Sehne« heißt eigentlich »das Verbindende«, vgl. DudenGrW, Bd. 5, S. 2366.
30 Vgl. WeizsZuW, S. 808.

Wirklichkeiten. Der Erwachte hat das durchschaut und hat im Zusammenhang damit das einzige vollständige System aller »Sinne« des Menschen dargestellt. In der Gruppierten Sammlung (Samyutta-Nikāya) handelt davon das ganze 48. Samyutta. Es heißt »Indriya-Samyutta« und umfasst 185 Reden. Davon sind alle außer einer an Mönche gerichtet. Den häuslich Nachfolgenden dagegen erklärt der Erwachte, wie gesagt, nur die für sie in Betracht kommenden Sinne: die fünf eigentlichen Sinne für die Erlösung und die sechs Sinne für den Samsāra, von denen der sechste, der Geistsinn, auf Grund des ersten der fünf Heilssinne, des Vertrauenssinns, zur heilsmächtigen Eigenschaft (M 96) ausgebildet werden kann. Von den 185 Texten des Indriya-Samyutta behandeln 159 als »fünf Sinne« ausschließlich die fünf (Heils-)Sinne, die bereits der *anusāri* hat.[31] Als ich das nachgezählt hatte, ging mir auf: Diese »Statistik« spiegelt wider, was normalerweise die in der Häuslichkeit Lebenden damals unter den »fünf Sinnen« (*indriya*) verstanden haben müssen: nicht wie wir die ersten fünf der sechs Vielfaltsinne, sondern die »fünf Heilssinne«; denn »Weltsinne« waren es ja immer sechs.[32] Beim Buddha sind also normalerweise »die fünf Sinne« immer nur die »Heils-Sinne«.

RUTH: Das ist für den Westen ganz neu und einmalig. Darüber muss ich noch nachdenken! Die Übersetzung mit »Sinne« für alle diese verschiedenen »Steuermoduln« ist mir zwar ungewohnt, aber einleuchtend.

FRITZ: Ich muss auch noch viel darüber nachsinnen, Ruth. Es war gar nicht leicht, eine einheitliche deutsche Übersetzung für *»indriya«* zu finden, die das gesamte System aller dieser wirklichen oder vermeintlichen »Leidminderungssteuerungen« durchsichtig macht, die es ja mit und ohne Dränge gibt.

RUTH: Ach so; deshalb übersetztest du *indriya* nicht mit »Sinnesdränge«.

FRITZ: Ja; ganz ohne Sinnesdränge ist zwar nur der Geheilte; aber auch wir können viele Sinnendinge sehen, hören, riechen,schmecken, tasten, obwohl wir nach ihnen keinen Drang haben. Die betreffenden Programme sind eben zu einer Zeit programmiert worden, als noch ein Drang danach war.

HANS: In der Naturwissenschaft bedeutet das Wort Sinne doch heute meist eine Art empfindungsloser »Messfühler« wie Videokameras, Mikrofone, chemische Analysegeräte oder Tastsensoren, obwohl die Sinne der Wesen im Gegensatz zu Robotern und Computern mit Empfindungen verbunden sind.

FRITZ: Wir haben keinen Anlass, wegen vereinzelter Fehlinterpretationen auf den Ausdruck »Sinne« zu verzichten. Es ist meist besser, den tieferen alten Sinn eines Wortes wieder zu beleben, als es den schnell wechselnden Zeitströmungen zu opfern[33]. Vor allem gehören Sensationsmeldungen von Medien, aus der Zusammenarbeit von Computerwissenschaftlern und Neurologen könnten Roboter mit hirnähnlichen Funktionen oder gar mit »Empfindung« hervorgehen, in den Bereich der Science Fiction. Selbst über das, woran Computer theoretisch noch am ehesten heranreichen könnten: »künstliche Intelligenz«, hat z. B. schon auf der 116. Versammlung der Gesellschaft Deutscher Naturforscher und Ärzte 1990 der auch mit der Praxis vertraute Fachreferent klargestellt, dass *»eine gleichermaßen idealisierte wie anthropomorphe Vorstellung vom Computer ebenso irreführend für seine Technik ist wie für die*

31 Der Großteil dieser 185 Texte ist schon in der Pāliausgabe nur abgekürzt wiedergegeben, indem aufgefordert wird, in analog aufgebauten Reden aus dem 45. Samyutta den Ausdruck »Achtpfad« zu ersetzen durch »fünf Sinne« (*indriya*).

32 Zwar spricht der Erwachte manchmal auch von »anderen fünf Sinnen« (Sinnen für die verschiedensten Gefühle samt dem Drang, Gefühle zu empfinden), aber nur gegenüber Mönchen und nur selten. Die »normalen« fünf Sinne (ohne Zusatz) waren also die Heilssinne.

33 Vgl. Carl Schmitt an Ernst Jünger am 10.8.53: *»Meiner Ansicht nach darf der Autor nicht hinter den wechselnden Bedeutungen der Worte herlaufen. Auch die Entwertung der Worte ist motorisiert.«*

Vorstellung vom Menschen und seiner Denkweise«[34] und: *»Es ist richtig, dass die logische Kombinatorik und Dynamik des Computers Universalität erreicht. — Diese Universalität ist aber ein Produkt des Geistes und nicht der Geist selbst.«*[35] Der weltbekannte Oxford-Mathematiker und Wolf-Preisträger für Physik Roger Penrose spricht als Fazit seines Buches *Computerdenken* von der *»Unhaltbarkeit der Ansicht, dass unser Denken im Grunde dasselbe sei wie die Tätigkeit eines sehr komplizierten Computers.«*[36] Josef Weizenbaum, einer der international führenden Computerwissenschaftler, sagt: *»Was könnte offensichtlicher sein als die Tatsache, dass ein Computer über noch so viel Intelligenz verfügen kann, wie immer er diese erwirbt, sie muss zwangsläufig und immer gegenüber wirklich menschlichen Problemen absolut fremd sein.«*[37] Übrigens ist die naiv materialistische Deutung der Sinne auch innerhalb der Sinnesphysiologie und Psychologie auf dem Rückzug. In den heutigen deutschen Sprachgebrauch ist sie nicht dauerhaft eingegangen. Das dudensche Große Wörterbuch der deutschen Sprache, das den Anspruch erhebt, es stelle *»die deutsche Sprache so dar, wie sie in der zweiten Hälfte des 20. Jahrhunderts ist«*[38], gibt unter »Sinne« an: *»1. a) Fähigkeit der Wahrnehmung und Empfindung – b) (geh*[39]*) Bewusstsein, Wahrnehmungs-, Reaktionsfähigkeit – 2. Gefühl, Verständnis; innere Beziehung zu etw. – 3. a) (geh) jm. Gedanken, Denken: jmds Sinn ist auf etw. gerichtet; er hat seinen Sinn/seine Einstellung geändert – b) (geh) Sinnesart, Denkungsart – 4. Sinngehalt, gedanklicher Gehalt, Bedeutung – 5. Ziel und Zweck, Wert«*. In dem Wort »Sinn« klingt daher auch heute noch deutlich die Bedeutung mit: »Tendenz, Empfindung Richtung, Bewertung Abzielen auf etwas«. Es hat sich auch ein Empfinden dafür erhalten, dass die fünf körperlichen Sinne nicht die einzigen Steuerelemente des Menschen sind: Man spricht auch von »inneren Sinnen« und davon, dass jemand einen »Riecher« oder einen »sechsten Sinn« für Dinge hat, die man mit den Körpersinnen nicht wahrnehmen und auch mit dem Geistsinn nicht »logisch« ableiten kann. Ich werde wegen dieses weiten Bedeutungsbereichs *indriya* durchweg mit »Sinn«, vereinzelt auch mit »Steuersinn« oder »Lenkkraft« übersetzen, und wenn es sich um die fünf eigentlichen Sinne – die Sinne für die Erlösung – handelt, oft mit »Heilssinn«. »Sinn« ist wohl das einzige deutsche Wort, das man unverändert überall einsetzen kann, wo der Erwachte von verschiedenen *»indriya«* des Menschen spricht.

HANS: Hat *»indriya«* eigentlich mit der indischen Gottheit Indra zu tun?

FRITZ: Ja. *»Indriya«* bedeutet, wie gesagt: »herrschendes Prinzip, lenkende Kraft«. *Indriya* sind also beherrschende Lenkprinzipien, Steuerungssysteme. In der Bedeutung als (meist unbewusstes) Steuerungssystem ist auch die bloße Reizempfindlichkeit einbeschlossen. Begriffsnotwendig wohnen ihnen Richtung und Kraft inne. Aber zum Steuern braucht man in der Regel weniger Kraft als zum ungesteuerten groben Bewegen: Es kostet weniger Kraft, ein Auto mit dem Steuerrad um eine Kurve zu lenken, als es bei blockierter Lenkung um die Kurve zu zerren.

HANS: Aber nach dem, was ich bisher gelesen habe, übersetzen die meisten *indriya* mit »Fähigkeiten«.

34 Zemanek: Logische Informationsprozesse. Von der Buchhaltung bis zur Künstlichen Intelligenz. In: Gerok (Hrsg.): *Materie und Prozesse*, Stuttgart (Hirzel) 1991, S. 213. Der Autor ist Professor an der Techn. Universität Wien und Mitglied der österreichischen Akademie der Wissenschaften.

35 Zemanek, *a.a.O.*, S. 210.

36 Roger Penrose: *Computerdenken. Die Debatte um Künstliche Intelligenz, Bewusstsein und die Gesetze der Physik.* Heidelberg (Verlag Spektrum der Wissenschaft) 1991, S. 436 f.

37 Josef Weizenbaum, *Die Macht der Computer und die Ohnmacht der Vernunft.* Frankfurt (Suhrkamp TB Wissenschaft) 1978, S. 199.

38 Vorwort S. 1 zum durchgesehenen Nachdruck 1977.

39 geh = Abkürzung für »gehobener Sprachgebrauch«.

FRITZ: Das ist korrekt. Aber es klingt, als könne man jederzeit nach Belieben von ihnen Gebrauch machen oder es bleiben lassen. Aber für nicht Geheilte sind die allermeisten Fähigkeiten nicht frei in der Weise verfügbar, wie es der Geist für richtig hält, sondern der Geistsinn ist nach einem Gleichnis nur eines von sechs zusammengekoppelten »Tieren«, die alle anderswohin drängen. Da kann sich der sechste, der Geistsinn, obwohl er als einziger auch auf den Weidegründen der fünf anderen Sinne weiden kann, gegen die fünf anderen Sinne weit weniger durchsetzen, als ihm oft lieb ist. Allenfalls wenn die fünf anderen Viecher gerade schlafen oder so auseinander streben, dass sich ihre Einzelkräfte gegenseitig fast aufheben – etwa wenn es im Süden etwas zu sehen, im Norden etwas zu hören, im Osten etwas zu riechen, im Westen etwas zu schmecken und unten etwas zu tasten gibt, – kann »oben« das Denken ohne allzu viel Mühe den Ausschlag geben. Sonst aber *muss* der Mensch, solange er nicht von sinnlichen Drängen frei ist, da hin, wohin die resultierende Kraft der sechs Tiere den Erfahrungsablauf zieht. Bei einem Weltgänger wird da fast in der Regel der Geistsinn von den anderen fünf überwältigt. Paul Debes hat diese Triebhörigkeit des Geistsinns der meisten Menschen deshalb einmal in einem Seminar mit dem Satz beschrieben: *»Unsere ›Fähigkeiten‹ sind unsere Zwänge«*. Deshalb möchte ich für *indriya* nicht so gern »Fähigkeiten« sagen, da wir meist nicht frei entscheiden können, ob und wie wir sie benutzen wollen.

HANS: Hmm: »Unsere Fähigkeiten unsere Zwänge ...« – Dann wären die sechs *indriya* aber doch das gleiche wie die Sinnesdränge?

FRITZ: Nein. Sinnes-*indriya* gibt es mit und ohne Sinnesdränge, wohl aber bestimmen die sinnlichen Triebe maßgeblich darüber, ob und wie die Sinnes-*indriya* eingesetzt werden. So betrachtet, ist der eindrucksvolle, hilfreiche Satz *»unsere Fähigkeiten sind unsere Zwänge«* eher gleichnishaft zu verstehen. Wären die Sinnes-*indriya* das gleiche wie die Sinnes-Dränge, dann könnten wir nur solche Dinge sinnlich wahrnehmen, zu denen wir einen Drang haben. Aber wir nehmen doch auch Dinge sinnlich wahr, zu denen wir keinen Drang haben. Gewiss: es würde bei Wiedergeburt in sinnlicher Welt kein körperliches Sinneswerkzeug ausgebildet, wenn keinerlei Drang und damit keinerlei Erfahrungsprogramm zum Erleben von Formen, Tönen, Düften usw. vorhanden wäre. Die *Triebe* sind also »zuerst da«. — Und sie werden nur durch bewertendes Denken geschaffen, verändert und aufgehoben, nicht durch Alter und Tod. Ist aber erst einmal der Aufbau von Sinnesorganen zur Befriedigung des Verlangens nach Formen, Tönen usw. programmiert, so werden bei jeder Wiedergeburt so lange neue »formempfindliche« körperliche Sinnesorgane aufgebaut, bis aus den Programmen zu ihrer Handhabung jeglicher Triebeinfluss »ausprogrammiert« ist. Deshalb sagt der Erwachte von den »formempfindlichen« körperlichen Sinnen (*indriya*) ausdrücklich, dass sie im Tode zerstieben (M 43^{m}) und auf dem Weg zum Tod durch Altern verändert werden (S $48,41^{m}$). Und deshalb nennt der Erwachte – z. B. in M 43^{m} – als unmittelbare Entstehungsursache der Welt-Sinne nicht – wie bei den Trieben – das bewertende Denken, sondern die körperliche Lebenskraft – *āyu*-. Und die ist – wie M 135 zeigt[40] – nichts anderes als das bei der Wiedergeburt unter Menschen In-Erscheinung-Treten des bisherigen Wirkens beim Umgang mit den Mitwesen – ob es von der Kraft der Liebe oder des Hasses, von Verständniskraft oder von blinden Triebkräften bestimmt war. Die komplexe Ansammlung dieser karmischen Kraft – das ist es, was hernach als Lebenskraft (*āyu*) zur Verfügung steht. Bei den sechs Sinnen sagt also das Wort *indriya* nur etwas über die Empfindlichkeit als »Sensor« für die vom Maler Herz gemalten Bilder aus, nicht aber darüber, aus welchen Motiven der betreffende Sinn benutzt wird – ob unter dem Kommando der Triebe oder des Geistes. Darüber bestimmt der programmierte Erfahrungsablauf (*viññāna*) –, und das *viññāna* gibt es mit und ohne Triebe. Ist es total frei von

40 Besprochen oben im 9. Gespräch.

Trieben, dann ist der Heils-Stand erreicht und kein Hinsteuern zu einer Wiedergeburt mehr möglich. Solange aber bei der Programmierung noch Triebe in das Programm eingehen, ist das *viññāna* die einzige Zusammenhäufung, die den Tod überdauert. Deshalb kann nur das *viññāna* die Triebe beim Sterben nach »drüben« mitnehmen, nicht der zerfallende Körper.

HANS: Da sieht man einmal wieder, wie die Lehre die feinste Genauigkeit erfordert. Die Sinnes-*indriya* gehen also im Tod mit dem Körper unter, die Sinnesdränge überdauern ihn und sind und bleiben Mitglieder des sechsköpfigen Programmiererteams, das über den Einsatz der Sinneswerkzeuge entscheidet und ihn steuert. Aber wenn die Sinnes-*indriya* etwas anderes als die Sinnesdränge sind und selber gar nichts darüber aussagen, ob und wie die Sinnesorgane eingesetzt werden – was hast du denn dann bei den Sinnes-*indriya* gegen die Übersetzung von *indriya* mit Fähigkeiten?

FRITZ: Tatsächlich, Hans, da hast du Recht. Nicht die *indriya* zwingen – die hat ja auch der Geheilte, und der nicht Geheilte verliert mit der Aufhebung eines Dranges nicht die Fähigkeit zu einem Erfahrungsakt, sondern nur den Zwang, ihn vollziehen zu müssen. Nicht die sechs *Sinnesfähigkeiten* sind also unsere Zwänge sondern die Sinnesdränge, die sinnlichen Triebe. Und die sind so wenig in den Sinnesorganen lokalisiert wie die Fernsehwellen im Fernsehempfänger: Die Energien kommen aus dem Sender namens »Herz«, nicht aus dem Fernsehgerät, den Sinnesorganen. Fernsehwellen breiten sich im gesamten Raum aus, auch neben dem Fernseher. Das Fernsehgerät macht sie nur sichtbar und hörbar, und wenn der Fernseher kaputtgeht, dann hört nur seine Fähigkeit auf, die Energie dieser Wellen sichtbar und hörbar zu machen.; für die Wellen ändert sich aber überhaupt nichts. Die müssen nicht erst aus dem kaputten Gerät ausziehen und in ein anderes umziehen – die schwangen ja schon die ganze Zeit im Raum[41]. Unsere Zwänge sind also nicht die Fähigkeiten des Fernsehgeräts, die vom Sender Herz = »Maler Herz« ausgestrahlten Energiefelder als Bilder und Töne nach den Programmen wahrnehmbar zu machen – Gleichnis für die sechs indriya – sondern, sind die Energiefelder selbst – Gleichnis für die Sinnesdränge des Herzens. Dann kann ich tatsächlich die sechs *indriya* auch als Sinnes-*Fähigkeiten* bezeichnen, wie wir ja schon bisher die fünf Heils-Fähigkeiten als Heils-*Sinne* bezeichnet haben, und entsprechend können wir von den Gefühls-Fähigkeiten sprechen.

HANS: Aber ihre Stärke bekommen die Sinnesfähigkeiten doch durch die Triebe?

FRITZ: Ihre Wucht. Von Stärke (*bala*) spricht der Erwachte bei den *indriya* nur in Bezug auf die fünf Heilssinne, nie in Bezug auf die sechs Sinne. Denn die sind für einen Menschen, der von Abhängigkeit frei werden will, keine Stärken, sondern Schwächen. Deshalb sagt man ja z. B. von einem Feinschmecker nicht, er habe eine »Stärke« für feines Essen, sondern er habe eine »Schwäche« dafür. Zweitens sind im Gegenteil die Sinne umso schärfer, je *weniger* sie von Sinnensucht getrübt sind – vom total triebbefreiten Geheilten ganz zu schweigen. Gerade beim Altern zeigt sich das: Da sieht man schlechter und hört man schlechter, und mit je weniger Geduld diese Lebenstatsache ertragen wird, desto mehr denkt ein solcher alternder Mensch sehnsüchtig an das, was er früher so gern gesehen und gehört hat. Durch dieses Denken werden die Sinnesdränge stärker, aber gerade nicht die Sinnesfähigkeiten!

HANS: Da sieht man, dass zumindest die ersten fünf der sechs Sinne die Bezeichnung Sinne als Herrschaft gar nicht verdienen. Dass die fünf Heilssinne die einzig echten, Herrschaft über die Existenz verleihenden Sinne sind, das leuchtet mir ein. Aber es gibt doch auch Menschen, die die Lehre des Buddha gar nicht kennen und trotzdem nicht misstrauisch sind, sondern

41 Über Radio- und Fernsehwellen vgl. Mexi S. 225 oben und Thesaurus S.1055: *»ein Teilchen ist an einer bestimmten Stelle des Raumes lokalisiert, während eine Welle ein ausgedehntes Phänomen darstellt«.*

vertrauensvoll, nicht träge, sondern energische Kämpfer im Guten, geistesgegenwärtige Wahrheitsucher, gesammelt, auf klares Wissen über die Situation aus. Haben die denn keine »Heils-Sinne«?

FRITZ: Natürlich gibt es auch bei nicht von einem Erwachten Aufgeklärten die Eigenschaften (*dhamma*), die du nennst. Aber damit allein sind sie noch nicht zu *Heils*-Sinnen (*indriya*) ausgebildet. Wir haben ja in M 95 gesehen, dass ohne diese Ausbildung schon die erste dieser Eigenschaften, »Vertrauen« (*saddha*), zweierlei Ausgang haben kann. Erst wenn Vertrauen, Energie, Gewärtigkeit, Sammlung und Klarwissen als Steuerungen durch die Begegnung mit der Lehre zur *höchsten* Wahrheit hin, auf das letzte Ziel – die Auflösung von allem Unbeständigen – ausgerichtet werden wie wirre Eisenfeilspäne durch einen Magneten, – nicht nur auf ein ungekanntes, abstraktes »Gutes«, wenn sie sich nicht nur nach Hause sehnen, sondern auch wissen, wohin, erst dann nennt sie der Erwachte »Sinne« (*indriya*). Damit erst hat ein Mensch einen Sinn für die rechten Menschen und für die Wahrheit erworben – eben den Heils-Sinn.

HANS: Dann bedeutet also Heils-Sinn nicht einfach Steuerung zum Guten, zur Tugend oder zur *unio mystica*, sondern allein zur zur *Auflösung* der Gefangenschaft in der Wahrnehmung, zur Löschung des Daseinsbrandes?

FRITZ: Ja. Und dementsprechend bedeutet dabei »*bala*« immer nur die Stärke der fünf Heils-Sinne, nie den Grad irgendeines Triebes, sei er auch noch so sublim.

HANS: Heißt das, dass die fünf Heilssinne nur ein Mensch haben kann, der die Lehre schon kennt?

FRITZ: Zum Kennenlernen gehört (außer bei Vollkommen oder Einzel-Erwachten) die Wechselwirkung zweier Bedingungen: das *Erleben* der Stimme eines anderen und *Wirken* als eigene kontrollierende Geistestätigkeit (*yoniso manasikāra*). Solange die fünf allgemein menschlichen Eigenschaften – Vertrauen, Energie, Gewärtigkeit, Sammlung und Klarwissen auf dem betreffenden Gebiet – noch nicht *von der Stimme des Anderen* sozusagen »magnetisiert« sind, sind sie noch keine Heilssinne.

HANS: Vor einem Jahr hätte ich noch gesagt: Wenn man die fünf Heilssinne nur durch die Lehre eines Erwachten ausbilden kann, die Lehre aber nicht ohne die fünf Heilssinne verstehen kann – da beißt sich doch die Schlange in den Schwanz! Heute denke ich mir: Nur wer der Lehre eines Erwachten begegnet ist – in diesem oder einem früheren Leben –, kann die fünf allgemeinmenschlichen Eigenschaften zu Heilssinnen ausbilden. Bei manchem genügte dazu eine einzige Begegnung mit dem Erwachten selber. Du hast uns ja solche Berichte vorgelesen, Fritz. Bei anderen geht es nur allmählich. Bei Saccako haben noch nicht einmal zwei intensive Gespräche vollständig gereicht. Aber wer die fünf allgemeinmenschlichen Eigenschaften Vertrauen, Kampfkraft, Wahrheitsgegenwart, Sammlung und Klarwissen schon vor ihrer Ausbildung zu Heilssinnen nicht nur für Weltdinge eingesetzt, sondern einen Drang nach Wahrheit entwickelt hat, der versteht bei der Begegnung mit der Lehre zumindest so viel, dass er sich wandeln muss, wie es der Erwachte in M 60 und M 95 von der Weisheitsseite her und den Leuten von Veludvāra von der Tugendseite her zeigt. Wenn er das tut, dann versteht er in richtigem Hinschauen und Leben nach dem Gesehenen die Lehre mehr und mehr und entwickelt mehr und mehr die Heilssinne. Der Buddha sagt ja: *»Durch Tugend wird die Weisheit rundum klargespült und durch Weisheit die Tugend: wo Tugend ist, da ist Weisheit, wo Weisheit ist, da ist Tugend; – durch Tugend ausgewiesene Weisheit ist als das Höchste in der Welt anerkannt.«*

FRITZ: Genau so ist es, Hans. Gut, dass du dir diese Stelle aus D 4 gemerkt hast. Du hast im Grund über das Verhältnis von Verstehen der Lehre und Heilssinnen das ausführlich erklärt, was der Erwachte einmal den Mönchen in Kürze gesagt: hat: *»Wenn die folgenden fünf Sinne (indriya) nicht als entfaltete, viel geübte angeboren sind, dann steigen sie nur durch das Erscheinen eines Vollendeten, Geheilten, vollkommen Erwachten auf«* (*S 48,59*^{m}), *»nur nach der Heils-*

anleitung eines zum Wohl Gekommenen« (S 48,60^{m}). Das ist ungefähr so, wie wenn erst das Hinzutreten eines Magneten zu Eisenfeilspänen die magnetischen Feldlinien erkennen lässt: Ohne Magnet liegen die Späne chaotisch herum; Glassplitter werden vom schönsten Magneten nicht geordnet, magnetisierbare Metallspäne nicht von einem Holzstab magnetisiert. Richtig ist auch, dass die fünf allgemeinmenschlichen Eigenschaften unter dem Einfluss der Lehre eines Erwachten nur dann zu Heilssinnen ausgebildet werden können, wenn sie in den Dienst der Wahrheitssuche gestellt werden, und das werden sie umso eher, wie sie schon zuvor zumindest im Sinne des Wortes von Eichendorff zur Wahrheitssuche eingesetzt worden waren: *»Wir sehnen uns nach Hause und wissen nicht, wohin.«* Wer vor solchem Leidensdruck bereits vor Eintritt in das jetzige Leben offen, ehrlich, gerade nicht flieht oder ausweicht, nicht beschönigt oder verdrängt, sondern sich ihm stellt und immer wieder nach Weisen, Erfahrenen sucht, die eine Antwort auf seine Frage wissen könnten, der merkt auf diesem Wege die fünf Eigenschaften Vertrauen, Energie, Wahrheitsgegenwart, Sammlung und Klarwissen in einem Maß und in einer Art, dass sie bei der Begegnung mit der Lehre zur Auflösung hin ausgerichtet und damit zu Heilssinnen werden. In M 135 hat der Erwachte genauer gesagt, wie diese Vorbereitung geht: *»Da ist eine Frau oder ein Mann einem Asketen oder brahmisch Lebenden begegnet und fragt: ›Was ist heilsam, was ist unheilsam? Was ist zu tadeln und was ist untadelig? Worauf soll man sich einlassen und worauf nicht? Was kann mir, wenn ich es tue, lange zum Unheil und Leiden gereichen, und was kann mir, wenn ich es tue, lange zum Heil und Segen gereichen?‹ Da lässt solches Wirken, derart angewöhnt und zu Eigen gemacht, nach dem Absterben des Körpers, jenseits des Todes auf gute Bahn gelangen, in himmlisches Dasein. Oder aber, wenn man nicht dahin gelangt, sondern wieder Menschentum erreicht, wird man da, wo man wiedergeboren wird, mit großem Klarwissen (mahāpañña) ausgestattet sein.«* Beim energischen, beharrlichen Kampf um die Wahrheit wird vor allem auch die Eigenschaft »Wahrheitsgegenwart, Achtsamkeit« (*sati*) ausgebildet. Dadurch entwächst das Herz immer mehr den Zerstreuungen der Vielfalt und entfaltet einen zunehmenden Drang nach Wahrheit (*dhammarāga*), der es immer mehr ausfüllt und die Eigenschaft Einigung stärkt. So kann ein Mensch – ohne je der Lehre begegnet zu sein –, bei der Wiedergeburt als Mensch schon mit so vorbereiteten fünf Eigenschaften (*dhamma*) ankommen, dass sie bei Begegnung mit der höchsten Lehre eines Erwachten auf die Branderlöschung ausgerichtet, zu Heilssinnen (*indriya*) werden mit der einzigen Richtung der Befreiung von Leiden – nicht der Welterklärung oder -verbesserung.

Halten wir also fest: als »*indriya*« = Sinne schlechthin in des Wortes wahrer Bedeutung bezeichnet der Erwachte nur solche »steuernden Eigenschaften«, die unbeirrbar auf die endgültige Erlösung, die *Auflösung*, ausgerichtet sind. Dennoch musste der Erwachte den allgemeinen Sprachgebrauch übernehmen, um sich verständigen zu können. Deshalb heißen auch die nur vermeintlichen Steuersinne, mit denen man das Ruder auf dem »Meer der Seele« in Wirklichkeit nicht in die Hand bekommen kann, vor allem die sechs »Weltsinne«, ebenfalls »Sinne« (*indriya*). Aber der Erwachte zeigt, dass einzig und allein die fünf Heilssinne den Namen »*indriya*« verdienen. Denn die anderen »*indriya*« für sich allein – besonders die sechs – können allenfalls hinsteuern zu vorübergehender, relativer Herrschaft über unbeständige äußere oder innere Dinge. Nach deren Verwehen erlebt sich das betreffende Wesen wieder blind und ratlos hin und her geworfen auf dem Ozean des Herzens, der manchmal in innerer Meeresstille ruht, manchmal zum Meer der Liebe wird, aber immer wieder auch gepeitscht ist von Affektstürmen. Dann ist von Steuerung des Lebensschiffs nichts zu merken. Dann treibt es wieder steuerlos dahin.

HANS: Dann bedeuten also die bloßen fünf Eigenschaften (*dhamma*) Vertrauen, Energie usw. ohne den Zusatz *indriya* nur die bloße Eigenschaft des gewöhnlichen Menschen, die noch nicht als Heils-Sinn ausgerichtet worden ist?

Fritz: Ja. Nur wo es nach dem Zusammenhang ganz eindeutig ist, dass nur die als Heils-Sinne ausgerichteten fünf Eigenschaften (Vertrauen, Energie, Achtsamkeit, Sammlung, Klarwissen) gemeint sein können, lässt der Erwachte den Zusatz *»indriya«* der Einfachheit halber weg.

Ruth: Die fünf Heilssinne müssen doch vor allem die Herrschaft über das Denken übernehmen. Denn nur häufiges Denken und Sinnen kann Tendenzen ändern, mindern und endlich aufheben.

Fritz: So ist es. Aber auch die Triebe dessen, der schon im Geist die Lehre anerkannt oder gar verstanden hat und auf dem Weg zum Stromeintritt oder schon in die Heilsströmung eingetreten ist, drängen immer noch mit fast unverminderter Wucht. Deshalb kostet diese Machtübernahme durch die fünf Heilssinne mit

1. dem Vertrauensinn (*saddh'indriya*) als Zugpferd Überwindung, Anstrengung, Kampf, Energie. Deshalb braucht man auch

2. einen Sinn für energischen Einsatz und Aufbruch und Standhaftigkeit (*viryindriya*). Im Maß dieser Kampferfahrung gewinnt man immer mehr

3. den Sinn für Wahrheitsgegenwart (*satindriya*).

Hans: Warum sagst du eigentlich nicht »Geistesgegenwart«?

Fritz: Das deutet mir zu eng auf das bloß momentane flinke Reaktionsvermögen hin. Sinn für »Gewärtigkeit«, »Wahrheitsgegenwart« (*sat'indriya*[42]) dagegen umfasst auch das beständige klare Gefasstsein, das Vorbereitetsein über den aktiven Augenblick hinaus, das ständige, ruhige Gewärtighalten der Wahrheit.

Hans: Wie wäre es denn mit »Achtsamkeit«?

Fritz: Ein schöner Ausdruck. Ihn verwendet vor allem Nyāṇaponika. Aber er liegt sehr nahe bei »Aufmerksamkeit«, womit meist der Pāliausdruck *manasikāra* übersetzt wird, der wörtlich: »Wirken mit dem Geist« heißt, also »gezielte, nicht nur spielerische Geistestätigkeit«. Das Pāliwort *sati* dagegen heißt wörtlich »Erinnerung«. Die Erinnerung an die Wahrheit – die Wahrheits-Gegenwart – hält dem Heilsgänger seine einzelnen Erfahrungen im Zusammenhang gewärtig, macht sie ihm zugänglich und verbindet sie zu der Lebenserfahrung: dass er die Ursachen, Folgen und ihre gesetzmäßige Verknüpfung erkennt und weiß, was im Leben sich als echt und wahr erwiesen hat und was Trug war. — Der Sinn für *indriya*, für Wahrheitsgegenwart (*sati*) bewirkt so, dass ihm das, was er im Geist einmal als wahr und recht eingesehen und erfahren hat, auch in den wechselnden Stimmungs- und Lebenslagen einfällt (nicht nur, wenn er gerade Lust zum Nachdenken hat, und nicht erst hinterher, wenn ihn der Gewissensschmerz darauf stößt, dass er absichtlich oder aus Unachtsamkeit andere oder sich selber oder den ganzen Ich-Du-Verbund bedrängt und belastet hat). Für den, der bereits Herzenseinigung gewinnen und schon deren Unbeständigkeit beobachten kann, bedeutet *sati* auch die Erinnerung, *»dass noch mehr zu tun ist«* – wie der Erwachte zu Sāriputto einmal gesagt hatte, als dieser einem todkranken ehemaligen Minister nur den Weg zu *»hinfälliger Brahmawelt«* gezeigt hatte.[43]

Hans: Dann ist der Heilssinn Wahrheitsgegenwart aber doch ein ständiger Mahner! Hemmt das nicht die Spontaneität?

Fritz: Wenn der Heilssinn Wahrheitsgegenwart reif entfaltet ist, dann empfinden wir seine mahnende Stimme bald nicht mehr als Störenfried dumpfer Gemütlichkeit, sondern wie erfrischende reine Luft an einem schwülen Tag. Woran ich gern denke, daran denke ich immer öfter, und *»was der Mensch häufig denkt und sinnt, dahin geneigt wird das Herz.«* So kann die

42 Das Wort *sati* allein wird oft auch für Wahrheitsgegenwart gebraucht.

43 M 97, Teil I, behandelt im 7. Gespräch, Teil II im 10. Gespräch.

Wahrheitsgegenwart zum prägenden Zug des Herzens heranwachsen und große Erleichterung bringen. Schließlich braucht man nicht mehr um Wahrheitsgegenwart zu kämpfen, sondern sie nur noch anzusteuern. Immer öfter meldet sie sich als Ausrichtung auf das Wahre, Rechte, Echte in allen Lebenslagen: auch im täglichen Leben als Scham vor mir selber (*hīri*) und Scheu vor Tadel durch Wissende (*ottappa*), aufs Ganze gesehen als »Drang nach Wahrheit« (*dhammarāga*[44]). Dieser Wahrheitsdrang kann so stark werden, dass man ihn befriedigen *muss*. Dann tut man auch nichts lieber, weil die Befriedigung an der Wahrheit (*dhammanandi*) das wunde, dürstende Herz mit einem Wohl erfüllt, neben dem alle Befriedigungen, welche die Sinne bieten können, verblassen. Dann braucht der Geist nicht mehr ständig das Herz zu korrigieren, sondern schon Herzensneigung und Suchlauf gehen in die Richtung der vierten Wirkensweise – *»bei allem Wirken die Absicht, es aufzugeben«*: Das ist die wahre Spontaneität im Sinn des zugrundliegenden lateinischen Wortes *spontaneus*. Denn das heißt »frei«. Und frei ist gerade nicht, wer seinem augenblicklichen Trieb folgen muss.

RUTH: Fritz, als wir über die nichtmessende Liebe – *mettā* – sprachen, da hast du sinngemäß gesagt, sie fängt mit der Erinnerung an, dass da außer »uns« auch noch »andere« Wesen sind. Liegt darin nicht eine wunderbare Verbindung von der von manchen für etwas kühl gehaltenen Achtsamkeit zur strahlenden Liebe?

FRITZ: Ja, Ruth: Mit zunehmender Wahrheitsgegenwart wächst auch dieses machtvolle Potenzial heran, das gerade in der Begegnung mit den Mitwesen zur wärmenden Sonne entfaltet werden kann: Zu den Wahrheiten, die uns dann durch den Heilssinn Wahrheitsgegenwart im Geist immer klarer und mit immer mehr Unterstützung des Gemüts gegenwärtig bleiben, gehören nicht nur die Grundwahrheiten von Vernünftigkeit und Segen der Tugend und von der Unbeständigkeit alles Gewordenen. Vielmehr gehört dazu gerade auch eine Wahrheit, die uns besonders auch in einer verfahrenen Begegnungssituation erlösend in den Sinn kommen kann, wenn unsere hilflose weltliche Denkgewöhnung kein Rezept mehr zum Reagieren liefert: Es ist die Wahrheit von der allumfassenden Liebe (*mettā*), die nicht re-agiert, sondern alles Bedrängen, gleich woher es kommt, nicht messend, sondern grenzenlos wohl-wollend einfach wegschwemmt. Nichtmessende Liebe erweist sich – gegen alles anfängliche rationale Widerstreben – überall da, wo noch Begegnungsprobleme erlebt werden, – doch immer als die einfachste und geradezu unwiderstehliche Problemlösung. Zu ihr muss man sich erst im achtsamen wahrheitsuchenden Geist das richtige Fundament bauen. Mit dem Hinweis darauf fängt ja das Mettāsutta an.[45] Dieses Fundament besteht darin, dass ich beim täglichen Denken an und über die Mitwesen, über die »schlechte Welt« und über die »schlechten Zeiten« immer mehr sehe (und allmählich auch empfinde), dass alles letztlich »ein Herz und eine Seele« ist – *»überall mit allem sich als Eins erkennend«*. Dann lassen wir immer mehr das Messen und Richten und empfinden nur noch mit unseren Mitwesen mit. Ihnen geht es genauso wie uns: Auf seine Weise sucht jedes Wohl und flieht jedes das Weh. In dieser Entwicklung wird das Herz auf die Dauer immer weniger störbar, immer geduldiger, einiger und friedvoller. So ist die nicht messende Liebe einer der Wege, um den vierten Steuersinn zu entfalten:

4. den Sinn für Herzenseinigung *samādh'indriya*: Mystiker aller Religionen meinen freilich schon dann, wenn sie das selige Wohl der Einung des Herzens gewonnen haben: *»Ich habe die selige Ewigkeit 'funden«* (Ruysbroek). Aber die aus dem Daseinstraum Erwachten durchschauen auch diesen Herzensfrieden als durch innere Arbeit bedingt entstanden und darum unbeständig. Deshalb zeigen sie den *samādhi* ihren Nachfolgern nur als »Werkzeug« zur vollkommenen

44 M 52; M 64^{m}; S 35,70.

45 Näheres im Mettāsutta, Sn 143 ff., besprochen am Ende des 13. Gesprächs. Ausführliche Erklärungen in WW, 23 Jg. (1977), S. 265 ff.

Befreiung (M 99) und als herrlichen Rastplatz auf dem Weg (M 7[m]). Wir haben schon darüber gesprochen, er tritt nicht erst mit seinem Gipfel, der »weltlosen Entrückung« (*jhāna*) ein, sondern schon mit der »angrenzenden Sammlung«. So tief wie die Entrückungen ist nicht jeder *samādhi*. Wenn das sonst zerspaltene, zerrissene, vielverfaltete Herz in sich zusammengefügt ist[46], wenn es also durch keine äußere oder innere Erscheinung in seinem Frieden gestört wird, obwohl Sinne und Geist sie noch still registrieren, dann ist das Herz geeint, aber noch nicht entrückt. Dieses geeinte, gesammelte, stille und klare Herz kann dann auf das gerichtet werden, das zu sehen es sich sehnt. Denn nur bei reinem Herzen schlägt keine Hinneigung, keine Abneigung den Geist mit Blindheit (Verblendung), kein Wahn (*avijjā*) gaukelt ihm Trugbilder vor; der Geist bleibt still, deutelt nicht, so dass – wie Seegrund und Fische im unbewegten Bergsee – alle Tiefen klar vor Augen liegen. Diesen Zusammenhang hat der Erwachte in S 46,55 einem Prinzen erklärt, und in M 99 hat er gesagt, das von Bedrängen freie Herz führe zum Verständnis des Heils. Nur wer aus der Sicht der Wachheit einen Sinn dafür gewonnen hat, dass die nun aufblühenden unaussprechlichen Herrlichkeiten des *samādhi* immer noch unbeständig sind, bleibt davor bewahrt, nicht mehr – wie schon unzählige Male im Daseinskreislauf – in der Wonne der Herzenseinigung wunschlos, sprachlos – und »geistlos« – zu versinken, bis auch diese Wonne sich – wie alles Gewirkte – erschöpft. Nur bei einem Sucher, der dies durchschaut, wächst aus der rechten Einigung des Herzens, aus dem *samādhi*, der fünfte, höchste Heilssinn empor:

5. der Sinn für Klarwissen (*paññ'indriya*): Auch das gilt für Asketen wie für im Haus Lebende genau in dem Maß, wie sie die vier ersten dieser fünf »eigentlichen« Sinne auf dem Achtpfad entfaltet haben. Das heißt

⇨ wieweit sie sie überhaupt – zumindest aus Vertrauen – erkennen (rechte Anschauung: das 1. Glied des achtfältigen Wegs),

⇨ wieweit sie sich immer wieder motivieren, sie zu nutzen (rechte Gemütseinstellung: 2. Glied des achtfältigen Wegs),

⇨ wie weit sie die fünf eigentlichen Heils-Steuer-Sinne nicht unter heilsuntauglicher Rede, Handlungsweise und Lebensführung begraben, sondern so reden, handeln und leben, dass sie ihre Heilssinne immer mehr entdecken, entfalten und nutzen (3., 4. und 5. Glied des Achtpfades),

⇨ dass sie sich um das 1. bis 5. Glied mühen (6. Glied des Achtpfades),

⇨ und zwar achtsam, in rechter Wahrheitsgegenwart (7. Glied des Achtpfades). Dadurch wird allmählich ihr Herz immer mehr von dem einen, stärkenden, sammelnden Zug zum inneren Frieden beherrscht, geht von selber immer mehr nur noch in die eine stillende Richtung (*citt'eka-g-gata*: Gehen des Herzens auf das Eine hin). Es wird still und fest versammelt und ausgerichtet einzig auf das Heil.

⇨ Das ist der Herzensfriede (*samādhi*, 8. Glied des Achtpfades, wie es in M 44 erklärt ist). Deshalb heißt es von der Frucht der rechten Einigung, der ersten Frucht des ganzen Achtpfades, dem Klarwissen (»Weisheit«), dass es in keinem Buch zu lesen und von keinem Guru fertig zu übernehmen, sondern nur *»auf dem Wege zu finden ist«*, im eigenen Wachstum, durch Selber-Gehen auf dem achtfachen Heilsweg – bei Asketen wie bei in der Welt Lebenden.

RUTH: So also ist die Struktur der *»vier Paare nach acht Graden«* der Heilsgänger mit dem achtfältigen Weg verbunden! Danach scheinen die vier Paare von Heilsgängern im Grund nichts anderes zu sein als verschiedene Grade der Ausprägung der »fünf Heilssinne auf dem Heilsweg«: Wer sie in Vollkommenheit ausgebildet hat, ist geheilt. Nichtwiederkehrer, Einmalwiederkehrer und in die Heilsströmung Eingetretene haben sie in zwar verschiedenem,

46 *sam* = »zusammen«, *ā* = »ganz und gar«, *dhi* = »getan, gefügt«.

aber für sie offenbar so selbstverständlichem Maß, dass bei allen Heilsgängern oberhalb des *anusāri* diese fünf Sinne überhaupt nicht mehr eigens erwähnt werden.

FRITZ: Ja, aber schon der *anusāri* hat sie in einem solchen Maß, dass sie schon eine gewisse Ausrichtung auf den Erwachten bewirkt haben, wenn auch nicht gleich so stark, dass es die einzige wäre. Deshalb hat der *anusāri* noch nicht jene *endgültige, stillmachende Klarheit* beim Erwachten, der Lehre und der Heilsgängergemeinde erworben, jene absolute Zweifelsfreiheit, die den in die Heilsströmung eingetretenen Menschen kennzeichnet. Aber er findet den Erwachten auch nicht einfach nur groß oder lieb oder verehrungswürdig, sondern er *folgt ihm bereits nach, anu-sāri*. Das kann er nur, wenn er die Lehre des Erwachten – entweder aus Vertrauen oder auf Grund eines gewissen Maßes von Einsicht – in ihren Grundzügen als Leitseil seiner Nachfolge *anerkennt*, also nicht nur die vier Vorbereitungslehren, die allen Hochreligionen gemeinsam sind, die Gipfellehre aber ignoriert oder gar ablehnt, sonst könnte es ja nicht von ihm heißen, dass er dem *Erwachten* nachfolgt, sondern nur, dass er ein allgemein religiöser Mensch sei. Um den Erwachten nicht nur zu verehren, sondern mit ihm mitzugehen – *anu-sāri – muss er also zuinnerst anerkennen*:

1. Alles ohne Ausnahme ist bedingt entstanden.
2. Es bleibt nicht so;
3. eben das ist das tiefste Leiden, und
4. was nicht so bleibt, kann unmöglich ein gleich bleibendes »Wesen« haben, sei es als »Selbst« oder als »Etwas«, auf das irgendein Verlass wäre. Ein Mensch ohne die Heilssinne würde das schwerlich verstehen, und wenn, dann nur so vage, dass er diese beunruhigende, stromentgegen gehende Botschaft über kurz oder lang verdrängen würde. Der *anusāri* aber hat alle fünf Heilssinne. Dem lässt es auf die Dauer keine Ruhe mehr in diesem Leben, immer wieder einen Anlauf auf die Lehre hin zu nehmen, sonst würde der Erwachte von ihm ja nicht mit solcher Eindeutigkeit sagen: *»Er kann nicht sterben, ohne in die Heilsströmung eingetreten zu sein.«*

HANS: Aber wenn der *anusāri* doch noch bei anderen Meistern herumschnuppern kann, nicht einmal frei von Daseinszweifeln zu sein braucht und auch noch nicht zur endgültigen, stillmachenden Klarheit gekommen ist – wie kann er da schon endgültig gesichert sein? Folgt nicht Sicherheit erst aus geistiger Klarheit? Die Dinge gehen doch vom Geist aus!

FRITZ: Gewiss. Aber bei lehrgemäßer Nachfolge kommen die Dinge nicht durch spekulatives Denken in den Geist, sondern der Erwachte zeigt die Lehre aus der Erlebensmitte: Der Geist bildet die Gemütseinstellung aus der Erfahrung, aus der Wahrnehmung (M 78). Deshalb wird sich der Geist erst völlig klar über die Gesichertheit, wenn er erfährt, dass er gesichert *ist*. Das gilt bis hinauf zum Geheilten. Dass uns das wundert, kommt von unserer verschrobenen Gewohnheit zu meinen, bloßes Denken könne Erleben ersetzen: Wie kann ich mir klar sein über etwas, was ich noch gar nicht erfahren habe?

HANS: Aber beim *anusāri* steht doch die Lehre des Buddha noch in Konkurrenz zu anderen Lehren?

FRITZ: Ja, das ist es eben! Gegen die Konkurrenz zur wahnlosen Lehre können sich wahnhafte Lehren auf die Dauer nicht behaupten: Bei ihnen allen stößt der Sucher, dem von einem Erwachten die Binde des Wahns abgenommen worden ist, auf Widersprüche, auf menschliche Unvollkommenheiten des Lehrers, auf Geheimlehren oder auf die Forderung blinden Glaubens. Die Fülle der Anleitungen aus 45 Wander- und Lehrdarlegungsjahren des Erwachten dagegen kann der Anhänger, sobald er sie vernimmt, bei sich selber nachvollziehen; sie laden ein: *»Komm und sieh selbst!«* Je länger er gründlich nachfolgt und sie prüft, umso deutlicher wird ihre absolute innere Widerspruchsfreiheit und ihre Übereinstimmung mit seiner eigenen Erfahrung – weil sie nichts sind als das Aufzeigen der in der Erfahrung nachprüfbaren Gesetze der Existenz selber. Mit der Konkurrenz zu andern Lehren ist es daher wie in einem

Dorf hier in der Gegend: Da waren zwei Ärzte: ein alteingesessener, der war lieb, war Schularzt, behandelte die Lehrer und ihre Familien umsonst, streichelte den Kindern die Köpfe und kam bereitwillig zu jeder Tages- und Nachtzeit ins Haus, so dass ein jüngerer, neu zugezogener Arzt jahrelang nicht Fuß fassen konnte. Aber nach und nach merkten die Dörfler, dass der nette alte Arzt einen Nachteil hatte: er stellte allzu oft falsche Diagnosen; die Todesfälle mehrten sich. Als sich gar ergab, dass er unfähig war, Diphtherie zu diagnostizieren und schließlich eine Familie fünf ihrer sechs Kinder nacheinander an dieser »rätselhaften Krankheit« verlor, da holte die verzweifelte Mutter den neuen Arzt, der auf Anhieb die richtige Diagnose stellte und das letzte Kind am Leben erhalten konnte. Von nun an konnte der alte Arzt in der Konkurrenz mit dem neuen nie mehr bestehen. So geht es auch einem Menschen, der sich in die Behandlung des erwachten Daseinsarztes begibt und seine Therapieanweisungen befolgt.

HANS: Das leuchtet mir ein. Aber wie ist es zu erklären, dass der *anusāri*, obwohl er nach seiner Herzensart noch nicht *»vollkommen erlöst ist vom Abweg«*, nicht mehr in eine Unterwelt unterhalb des Menschentums »gerät«?

FRITZ: *»Vollkommen erlöst«* vom Abweg heißt, dass es beim Stromeingetretenen das Stärkeverhältnis seines Triebehaushalts zu den fünf Heilssinnen – auch wenn er sonst gar nichts tut – unter allen Umständen unmöglich macht, so zu wirken, dass er nach dem Tod höllisches, gespenstisches oder tierisches Leiden erleben müsste. So zweifelsfrei ist es beim *anusāri* noch nicht. Aber er hat doch schon solche Umwertungen im Geist vorgenommen, dass er das, was noch an Herzenslauterkeit und Verständniskraft fehlt, durch geistgesteuertes Kämpfen und Ringen ausgleicht, besonders wenn er, wie Sarakāṇi, *lange* als *anusāri* der Lehre nachgefolgt ist. Deshalb wirkt auch er nichts mehr, was in die Unterwelt führen könnte, obwohl er dazu kämpfen muss. Aber diesen Kampf kann er nicht mehr verlieren.

Je nach dem Mischungsverhältnis ihrer fünf Heilssinne unterscheidet der Buddha bei den anusāri zwei Typen. Von dem einen sagt er: *»Die vom Vollendeten verkündeten Wahrheiten gewähren ihm auf Grund eines gewissen Maßes von Klarwissen Einsicht.«* Von dem andern sagt er: *»Zum Vollendeten hat er ein gewisses Maß von Vertrauen und Zuneigung.«* Den ersten nennt der Erwachte in anderen Reden *»dhamm'-anusāri«*, »aus Einsicht« Nachfolgenden, den zweiten *»saddh'-anusāri«*: aus Vertrauen Nachfolgenden.[47]

HANS: Schon der *anusāri*, der »gesicherte Nachfolger«, kann also die Lehre auf die Dauer nicht mehr endgültig verlieren, weil sie in seinem inneren Haushalt unumkehrbare Entwicklungen eingeleitet hat – wie ein noch so kleines Feuer nicht mehr zur Asche des bereits Abgebrannten zurückkehrt. Er »gerät« nicht mehr in untere Welt. Und er kann nicht sterben, bevor er in die Heilsströmung eingetreten ist. — Dann ist der Unterschied zwischen ihm und dem bereits in die Heilsströmung Eingetretenen doch gar nicht mehr so groß?

FRITZ: Da der *anusāri* nicht sterben kann, ohne in die Heilsströmung einzutreten, besteht in der Tat ein Unterschied nur während des Rests seines gegenwärtigen Lebens. Von der Sache her scheint der Unterschied daher nicht so groß. *Anusāri* und *sotāpanna* sind ja auf der Skala der Heilsgänger ein »Paar«. Aber ich habe den Eindruck, beim Lebensgefühl kann es noch große Unterschiede geben: Den *anusāri* können Daseinsbangnis und Daseinssorgen umtreiben. Erst der Eintritt in die Heilsströmung bringt jene unerschütterliche, endgültig stillmachende Gewissheit beim Erwachten, der Lehre und der Heilsgängergemeinde mit sich, die aufatmen lässt wie nie zuvor.

HANS: Ja, das stimmt. Und doch haben wir in M 4 gesehen. wie sogar noch der gewaltige Asket Gotamo im Kampf um die Erwachung die Angst erlebte[48] demnach musste selbst der künftige Buddha erst durch das Stadium des *anusāri* hindurch.

47 Vgl. D 28, A VIII,22.
48 Besprochen oben im 13. Gespräch.

Fritz: Nein Hans. *Anu-sāri* heißt ja Nachfolger. Ein Vollkommen Erwachter folgt aber keinem anderen nach, sondern findet den Weg ganz allein: »*Mir hat es keiner vorgemacht* ...«, antwortete der Erwachte dem ersten Pilger, dem er nach der Erwachung begegnete[49]. Aber den *anusāri* treibt es oft tief um: Er hat ja schon die erste Verstrickung gelöst, und er sucht und findet daher keinen Halt mehr in den Vorstellungen von Ich und Welt. Dadurch ist er mitten in einer Umwertung aller Werte; aber außer den Heilssinnen und dem ihn immer wieder nach allen Umwegen hochreißenden Zwang zum »*Entlanggehen*« hat er diesem inneren Aufruhr noch nicht viel entgegenzusetzen: ein »gewisses Maß« von Vertrauen und Zuneigung zum Erwachten oder ein »gewisses Maß« von Einsicht. Mir kommt das Zwischenstadium des *anusāri* wesentlich »ungemütlicher« vor als das des in die Heilsströmung Eingetretenen. Das lässt sich aus dem gewaltigen Aufatmen erspüren, das zwischen den Zeilen berichtet wird, wenn der Erwachte darlegt, wie er einem Anhänger das »*abgespülte Auge der Weisheit*« geöffnet und ihn damit zum Eintritt in die Heilsströmung gebracht hat. Es mag paradox klingen, aber dieses gewaltige Aufatmen, zu dem erst der in die Heilsströmung Eingetretene mit seiner absoluten Klarheit beim Erwachten, der Lehre und der Heilsgängergemeinde imstande ist, macht es begreiflich, dass nirgends im Kanon etwas von einem »*trägen anusāri*« zu finden ist, wohl aber von einem *trägen sotāpanna*.

Von ihm handelt ein Gespräch zwischen dem Erwachten und seinem Vetter Nandiyo in

S 55,40.

Nandiyo fragte den Erwachten: »*Herr, wenn ein* Heilsgänger *von den vier Gliedern des Stromeintritts überhaupt gar nichts, in keiner Weise, besitzt – nennt man den dann einen Heilsgänger, der nachlässig dahinlebt?« — Der Erwachte antwortete: »Wer von den vier Gliedern des Stromeintritts überhaupt gar nichts, in keiner Weise besitzt, den nenne ich einen Abseitigen, der auf dem äußersten Flügel der Weltgänger (puthujjana) stecken geblieben ist. Was aber ein* Heilsgänger *ist, der nachlässig dahinlebt, Nandiyo, und was ein Heilsgänger ist, der ernsthaft strebt, das will ich dir jetzt erklären, höre gut zu.« — »Ja, Herr«, sprach der Sakyer Nandiyo zum Erhabenen. Der Erhabene sprach: »Was ist ein Heilsgänger, der nachlässig dahinlebt? Da ist ein Heilsgänger beim Erwachten, der Lehre, der Heilsgängergemeinde zur endgültigen befriedenden Klarheit erwachsen – Erwachsen ist er zu den Tugenden, wie sie den Heilsgängern wert sind. Mit diesen Eigenschaften begnügt er sich; er kämpft nicht weiter, bei Tag in der Abgeschiedenheit und in der Stille der Nacht. Weil er so nachlässig dahinlebt, gewinnt er keine innere Helle und Freude (pāmujja). Weil innere Helle und Freude fehlt, hat er kein geistiges Hochgefühl (pīti). Weil er kein geistiges Hochgefühl hat, hat er kein Stillwerden der Körpersinne. Weil Stillwerden der Körpersinne fehlt, bleibt er im Schmerzlichen.«*

Hans: Wieso im Schmerzlichen? Bereitet ihm seine Lässigkeit so viele Gewissensbisse, dass er Depressionen oder psychosomatische Krankheiten bekommt – und das bei einem *sotāpanna*?

Fritz: Dass er nicht gleich weiterkämpft, ist zu verstehen: Erstmals in der anfangslosen Existenz hat er die Grenze vom endlosen Kreislauf zur absoluten Sicherheit überschritten. Noch nie hat er ein solches Aufatmen erlebt. Und durch seine Lässigkeit verliert er ja nicht seine *endgültige befriedende Klarheit* bim Erwachten, der Lehre und der Heilsgängergemeinde und seine Gewissensruhe und Sicherheit verleihende klare Ausrichtung auf die *heilenden* Tugenden. Das allein ist eine gewaltige Verbesserung seines Lebensgefühls im Vergleich zu vorher. Das Empfinden dieser gewaltigen Verbesserung ist das gewisse Etwas, was auch der *anusāri* – erst als die Morgenröte des spätestens bis zum Ende des jetzigen Lebens heranreifenden Stromeintritts – schon von den vier Gliedern des Stromeintritts aufzuweisen hat. Schmerzlich ist der Zustand des trägen *sotāpanna* weniger im Vergleich zum Weltgänger als im Vergleich zu der hellen

49 Schäfer-Beyerlein, S. 13.

inneren Verfassung eines solchen Stromeingetretenen, der weiterkämpft und dadurch manchmal das alles Sinnenwohl überragende Wohl der Abgeschiedenheit erlebt. Im Vergleich dazu sind nicht nur die sinnlichen Wehgefühle schmerzlich, sondern auch die sinnlichen »Wohl«-Gefühle. Wir sehen das gleich beim Weiterlesen: *»Einem, der im Schmerzlichen lebt, wird das Herz nicht einig. Bei ungeeintem Herzen treten ihm die Dinge nicht klar vor Augen, wie sie sind. Weil ihm die Dinge nicht klar vor Augen treten, wie sie sind, wird er ein nachlässig Dahinlebender genannt. So steht es mit einem Heilsgänger, der nachlässig dahinlebt, Nandiyo.*

Was aber ist ein Heilsgänger, der ernsthaft strebt? Da ist ein Heilsgänger beim Erwachten, der Lehre, der Heilsgängergemeinde zur endgültigen stillmachenden Klarheit erwachsen. Erwachsen ist er zu den Tugenden, wie sie den Heilsgängern wert sind. Mit diesen Eigenschaften begnügt er sich nicht, sondern er kämpft weiter, bei Tag in der Abgeschiedenheit und in der Stille der Nacht. Wenn er so ernsthaft lebt, gewinnt er innere Helle und Freude. Wenn er von innerer Helle und Freude erfüllt ist, erhebt sich bei ihm geistiges Hochgefühl. Wenn sich in ihm geistiges Hochgefühl erhebt, werden die Körpersinne still. Wenn die Körpersinne still werden, empfindet er Wohl (sukha). Wenn er Wohl empfindet, wird das Herz einig (samādhi). Bei geeintem Herzen treten ihm die Gesetzmäßigkeiten und[50] *Eigenschaften klar vor Augen, wie sie sind. Weil ihm die Gesetzmäßigkeiten und Eigenschaften klar vor Augen treten, wie sie sind, wird er ein Heilsgänger genannt, der ernsthaft lebt. So, Nandiyo, steht es mit einem Heilsgänger, der ernsthaft lebt.«*

Hans: Das hätte ich nicht gedacht: Da kann also ein Mensch schon in die Heilsströmung eingetreten sein und bleibt doch »im Schmerzlichen«, und die Dinge – die ihm ja bereits unverlierbar klar geworden waren, »treten ihm nicht klar vor Augen.« — Nun hätte ich noch Fragen zu den einzelnen Eigenschaften des *anusāri*.

Ruth: Vorher möchte ich aber ein Gleichnis loswerden, das mir zu der Struktur der Aussagen des Buddha in S 55,24 und S 55,25 über die verschiedenen Grade von Heilsgängern eingefallen ist: Mir scheint, der Eintritt in die Heilsströmung, der Gewinn der »Frucht« der *sotāpatti*, geschieht zwar ebenso von jetzt auf nachher wie ein in seinem Wohnsitzstaat verfolgter Flüchtling mit einem einzigen Schritt die Grenze zu einem sicheren neutralen Staat überschreitet, in den ihm seine Feinde nicht folgen können. Aber erst musste er den langen, gefährlichen Weg zur Landesgrenze gehen. Der *anusāri* ist schon mit einem Fuß so weit über die Grenze, dass die Verfolger ihn nicht mehr zu fassen bekommen können, um ihn zurückzuzerren.

Fritz: Ja. Der unbelehrte Weltgänger – ob er es weiß oder nicht – hat nach der Struktur seiner Wahrnehmung hinter sich Anfangslosigkeit und vor sich unabsehbare zyklische Wiederkehr des letztlich Gleichen: substanzloser vergänglicher Gestaltungen, gewirkt aus Hinneigung, Abneigung und Verblendung, pulsierendes, oszillierendes Erleben von »Kommen und Gehen«, – und das heißt: Zeit. Der Geheilte, der dies durchschaut hat, sieht sich aus einem anfangslosen Fieberwahn erwacht und sieht: es ist niemals, niemals irgend»etwas« »hinter« oder »vor« oder »bei« ihm gewesen, und es ist auch kein »ihm« gewesen, – nur das Ablaufen von gewirkten Prozessen als Erleben und dessen nun restlos durchschaute Missdeutung als Repräsentation von »etwas dahinter« — zerstobener Wahn. Mit Auflösung des einstigen Wahns, das einst traumartige Erleben habe ein an sich bestehendes »Sein« dargestellt – Seinsdarstellung – ist auch das Pulsieren und Oszillieren dieses Wahns, das den falschen Eindruck einer objektiven Zeit hervorgerufen hatte, verweht (*vāyā-dhammā*) und damit *»verschwunden die Zeit«* – und das heißt: es ist vollkommene Erlösung, absoluter Friede, ewige Freiheit, ewige, keiner Sprache oder Vorstellung zugängliche Ruhe: das höchste, unzerstörbares, unvergleichliche Wohl: die Löschung des Daseinsbrandes.

50 *dhamma* bedeutet beides.

Der Stromeintritt ist aber bereits das endgültige Ausscheren aus dem Daseinswahnkreislauf in ein relativ kurzes, weiter abkürzbares, nach der Ewigkeit hin offenes »Abwicklungsstadium« – nie mehr unterhalb des Menschentums. Der in die Heilsströmung Eingetretene hat hinter sich nur alten Wahn, hat um sich alte Wahnnebel mit zunehmenden »Aufheiterungen« und die absolute Sicherheit, dass sie sich am Ende vollends auflösen.

Der *anusāri* hat noch keine ausschließliche Ausrichtung am Erwachten, deshalb auch noch keine endgültige, stillmachende Klarheit. Nicht jeder Verstoß gegen die fünf heilenden Grundtugenden tut jedem *anusāri* weh – wie dem zu den heilenden Tugenden erwachsenen Stromeingetretenen. Er ist deshalb auch manchmal noch imstande, den geistigen Tugendmaßstab bei allzu drängenden Anlässen zu verbiegen, was aber seinen bereits vorhandenen fünf Heilssinnen wehtut, so dass es ihm dabei auf die Dauer nicht wohl ist. Um diese Zweifel und Sorgen zeitweilig zu betäuben, mag er sich dann zeitweise in Aktivismus und »Weltverbesserung« flüchten und damit – anders als der in die Heilsströmung Eingetretene – die Rolle der Tat überschätzen, als könnte Aktivität in der Begegnung zum Höchsten führen. So hat er von den drei nach unten zuteilenden Verstrickungen die zweite und die dritte – Daseinszweifel und -Sorgen und Überschätzen von Tugendwerk – noch nicht aufgelöst. Aber die wichtigste – der Glaube, es sei hinter den erlebten Erscheinungen von »Ich« und »Welt« »etwas Wirkens- und Erlebensunabhängiges dahinter«, hat sich auf Grund seiner Nachfolge zumindest für lichte Momente im Geist aufgelöst – hat sozusagen einen Sprung bekommen – und seine fünf Heilssinne halten ihn – wenn auch oft mit vorübergehenden Irrungen und Wirrungen – wie ein »Heilsradar« unumkehrbar auf dem Weg zum Stromeintritt, so dass er die Verblendungsbilder und Identifikationen immer wieder mit dem Geist korrigiert, sonst würde es ihn zu sehr umtreiben. Insofern ist er als endgültig gesicherter Nachfolger ein Heilsgänger (*ariya sāvako*) und wahrer Mensch (*sappuriso*).

Hans: Demnach ist es für einen Menschen, der bei sich noch nicht sicher die vier Merkmale eines Stromeingetretenen feststellen kann, das Beste, jene fünf allgemein menschlichen Eigenschaften immer mehr zu Heilssinnen auszubilden?

Fritz: So ist es. Der Erwachte sagt ja auch vom »Schwächsten« unter den Heilsgängern, dem *dhamm'*- und *saddh'anusāri*, dass er die Eigenschaften Vertrauen, Energie, Wahrheitsgegenwart, Herzenseinigung und Klarwissen als Steuersinne für die Ewigkeit durch Übung zu nutzen beginnt.

Hans: Ob die fünf allgemein menschlichen Eigenschaften Vertrauen, Energie, Gewärtigkeit, Sammlung und Klarwissenwollen zu Heilssinnen ausgebildet werden, darüber entscheidet doch wohl die erste von ihnen: das Vertrauen?

Fritz: Bei der Verschiedenheit der Menschen muss das nicht der einzige Einstieg sein. Einen Fingerzeig kann uns da die Rede M 95 geben, die wir schon zu Anfang unserer Gespräche betrachtet haben. Da hat der Erwachte jenem jungen Brahmanen gesagt:

»Wenn ein Mensch Vertrauen hat/ sich mit etwas aus hingebendem Interesse befasst/ der Tradition folgt/ über das Wesen von etwas rundum nachdenkt/ sich durch Geltenlassen mit Meinungen befreundet, dann soll er sich darüber klar sein und sagen: ›Jetzt habe ich Vertrauen‹/ ›Damit befasse ich mich jetzt aus Faszination‹/ ›Jetzt folge ich der Tradition‹/ ›Jetzt denke ich über das Wesen von etwas nach‹/ ›Jetzt befreunde ich mich durch Geltenlassen mit einer Meinung‹. Damit behält er die Wahrheit im Auge, nicht aber, wenn er gleich den einseitigen Schluss zieht: ›Dies nur ist Wahrheit, alles andere ist Täuschung.‹«

Hans: Als ich zum ersten Mal von dieser Gefahr hörte, dachte ich nur an die Einengung der Offenheit für die Wahrheit durch Dogmen der Theologen. Aber Dogmen gibt es ja auch in der Wissenschaft und überall, wo Menschen, die irgendetwas anderem – der Faszination, Tradition, Spekulation oder den Deutungen von Beobachtungen – so verhaftet sind, dass sie gleich unbesehen alles abschmettern was nicht dazu passt. Aber auch bei allen diesen ambivalenten fünf

Methoden wird ein Gedanke nur dann in Wort und Tat umgesetzt, wenn ein gewisses Vertrauen vorhanden ist, dass das Vorteil bringen könnte. Die Stärke dieses Vertrauens entscheidet auch, wie weit für das Erfolgverheißende Energie eingesetzt wird, wie weit es gewärtig gehalten wird, wie weit man sich darauf sammelt und wie weit man darüber klar Bescheid wissen will. Dann spielt doch auch bei den Heilsfähigkeiten das Vertrauen die führende Rolle?

FRITZ: Letztlich ja, Hans. Denn bei einem Krafttyp oder einem Achtsamkeitstyp spielt es eine Rolle, wie weit er seiner Energie oder seiner Beobachtung traut. — Das Schlimme ist: Mit einer einseitigen Hingabe an Methoden, die zweierlei Ausgang haben können, berauben sich heute oft gebildete und nachdenkliche Menschen der einzigen Möglichkeit, die Wahrheit auch nur im Auge zu behalten, geschweige denn sie zu erkennen oder gar in sie einzumünden. Denn mit einseitigen Schlüssen: »Dies nur ist Wahrheit, alles andere gibt es nicht«, wird schon von der ersten der fünf Eigenschaften, die zu Heilssinnen entwickelt werden könnten – vom Vertrauen – falscher Gebrauch gemacht, nämlich verengt auf den jeweiligen momentanen eigenen Glauben, die eigene Tradition, die eigene Faszination, die eigene Spekulation, die eigenen Deutungen von Beobachtungen, verengt also auf nur einen von zwei möglichen Ausgängen. Damit kann man nicht *anusāri* werden.

HANS: Aber vieles, was der Buddha gesagt hat, ist doch offensichtlich wahr, zum Beispiel dass alles bedingt Entstandene untergehen muss. Wer aus Vertrauen darauf sagt: »Dies nur ist Wahrheit«, der sagt doch die Wahrheit. Wieso soll das ein Hindernis sein, die Wahrheit im Auge zu behalten?

FRITZ: Wenn jemand bestimmten Aussagen des Buddha nur deshalb zustimmt, weil sie zu bestätigen scheinen, was ihn sowieso schon fasziniert hat oder zur Überlieferung oder zu dem passt, was er sich selber spekulativ ausgedacht oder als Hypothese liebgewonnen hat, dann vertraut er in Wirklichkeit gar nicht der Wachheit des Vollendeten, sondern seinen eigenen Meinungen, für die er nur Bestätigungen sucht. Andere Aussagen des Buddha dagegen, die nicht zu seinen Meinungen passen, wird er entweder gar nicht zur Kenntnis nehmen oder ablehnen. Seine Äußerung, dies nur sei Wahrheit, alles andere Täuschung, beruht dann nicht auf Erfahrung und ist deshalb einseitig. Sobald eine Aussage des Erwachten nicht zu dem passt, was er hören möchte, wird er nicht zu der Darlegung des Erwachten, sondern zu seinem eigenen Gedankengang sagen: »Dies nur ist Wahrheit.« Wer dagegen auf dem in M 95 beschriebenen Weg in eigener Erfahrung etwas eingesehen hat, der mag zwar dazu sagen: *»Das ist wahr.«* Er wird aber deshalb nicht gleich zu allem anderen, bei dem er noch keine Erfahrung hat, sagen, es sei Unsinn – und wenn er Erfahrung hat, dann streitet er nicht mehr: Er weiß ja aus Erfahrung, was richtig ist. Was soll ihm da Streiten bringen? Er kann allenfalls durch sein Beispiel Andersdenkende zu mehr Behutsamkeit beim Urteilen und Prüfen anregen. Wie einmal nach A III,73 ein Anhänger einer anderen Schule nach einem Gespräch mit Ānando gesagt hat: *»Es ist also möglich, ohne die eigene Lehre in den Himmel zu heben und die Lehre der anderen herabzusetzen, sachlich auf dem Gebiet der Wahrheit zu bleiben: das Ziel wurde gezeigt, und man wurde selber hingeführt!«*

HANS: Aber was muss denn ein Mensch tun, um die fünf »Eigenschaften« zu Heils-Steuer-Sinnen auszubilden?

FRITZ: Mit dem anfangen, was nach dem »Trainingsprogramm« in M 95 nötig ist, um bei dem Wust von Erscheinungen nicht weltliche Anliegen, sondern *»die Wahrheit im Auge zu behalten«*, unbeeinflusst davon, ob er etwas glauben kann oder nicht, ob es ihn fasziniert oder nicht, ob es zu seiner Tradition oder zu seinen Spekulationen oder zu seinen Hypothesen passt oder nicht. Wer mit dieser Bereitschaft vorgeht, hat die Wahrheit zwar noch nicht erkannt, aber er behält sie im Auge und folgt so der Einladung des Erwachten: *»Komm und sieh selbst!«* Damit beginnt die Ausbildung der fünf Eigenschaften zu Heilssinnen. Das hat eine entscheidende weitere Folge: Spätestens während dieses Vorgehens merkt der Mensch, dass er bei weitem noch nicht alles selber sehen kann, was ihm klärungsbedürftig erscheint. Deshalb sieht er sich nun nach geistigen Lehrern um – aber auch dies wieder unabhängig von Glauben, Meinungen, Interessen, Traditionen, spekulativem Denken oder Deutungen, sondern einzig und allein auf Grund eigener Prüfung der Lauterkeit des Charakters des Lehrers und der Prüfung seiner Lehre, ob jene Lehre nicht unzulässig vereinfacht, sondern, *»nicht leicht zu verstehen, nicht leicht zu erkennen, still, erhaben ist, dem bloßen Denken nicht zugänglich, von feinster Genauigkeit, nur vom Weisen erfahrbar – Hat er ihn nun bei dieser Erforschung geläutert von Eigenschaften der Hinneigung, Abneigung und Verblendung befunden, dann zieht Vertrauen bei ihm ein.«* — Dieses an der Erfahrung *geprüfte* Vertrauen verhält sich zu Leichtgläubigkeit oder blinder Gläubigkeit wie Tag und Nacht.

Hans: Das ist wahr. Wer fragt heute schon nach Lauterkeit und Lebenswandel eines geistigen Lehrers? Man fragt nach Ausstrahlung, »Kreativität« oder »Genialität,« man fragt sich, ob er einem sympathisch ist oder »schön locker« auftritt, wer ihn zu irgendeiner Methode autorisiert hat, fragt nach Ausbildung, Anhängerzahlen, Veröffentlichungen, Ämtern, Auszeichnungen und manchem anderem. Wer legt heute schon an eine Lehre den Maßstab an, ob das *»eine tiefe Lehre«* ist, *»nicht leicht zu verstehen, still, erhaben«*? Im Gegenteil: Heute wird alles abgewimmelt, was sich nicht in zwei, drei Minuten mit »Ja« oder »Nein« auf vorgefertigte Fragen sagen lässt. Den Zusammenhang zwischen Tugend und Weisheit kennt unsere »Moderne« und »Postmoderne« und »Nach-Postmoderne« gar nicht mehr. Eine Lehre gar, die verspricht, *»der Welt den Schleier hinwegzunehmen«*,[51] wird – nach der langen Geschichte abendländischer Irrungen und Wirrungen – unbesehen verworfen: an die volle Wahrheit zu kommen, sei utopisch, mit dieser Möglichkeit zu rechnen, »unseriös«. Viele Menschen schwimmen heute lieber voll Vertrauen auf der Esoterikwelle.

Fritz: Ja. Ein Vertrauen, das auf den vom Erwachten angeratenen Prüfungen von Lehre und Lehrer beruht, ist ganz anders gegründet. Und doch ist selbst dieses Vertrauen erst ein Anfangsvertrauen. Denn es soll nach der Anleitung des Erwachten immer noch kein Anlass sein, die weiteren Aussagen ungeprüft zu glauben oder gar daraus, dass die Lehre tief und nicht leicht zu verstehen scheint, die Konsequenz zu ziehen: »credo quia absurdum« (»ich glaube es, gerade weil es absurd ist«[52]). Sondern dieses Anfangsvertrauen soll nur Anlass sein, die Lehre in einer offenen, kritischen, allein an der Wahrheit orientierten Lebensführung bei ehrlicher Selbstbeobachtung und Beobachtung der Erscheinungen weiter zu erproben. Dafür schildert M 95 genau die Übungs- oder Versuchsetappen. In ihrem Verlauf beginnt der eine Mensch früher, der andere später, auf den Stromeintritt als gesicherter Nachfolger (*anusāri*) zuzugehen. Schon auf diesem Weg ist er endgültig gesichert, auf Grund der so erworbenen Herzens- und Geistesstrukturen spätestens im Sterben die Frucht des Eintritts in die Heilsströmung zu gewinnen – und das heißt, dass er dann die *»höchste Wahrheit leibhaftig erfährt und mit alles durchdringender Klarheit schaut«*. Das wird in der Regel schon geraume Zeit vor dem *»Einmünden in die Wahrheit«* eintreten; denn es geschieht nicht erst durch einen überweltlichen Einbruch in tiefster Meditation, sondern vor allem durch schlichtes wiederholtes beharrliches Arbeiten auf dem selben Weg, auf dem zum ersten Mal die volle Anerkenntnis der höchsten Wahrheit eingetreten war. Dazu helfen die sechs unübertrefflichen Erinnerungen

Hans: Ist denn diese Erkenntnis – dass man die *»höchste Wahrheit leibhaftig erfährt und mit alles durchdringender Klarheit schaut«* – nur eine andere Umschreibung für den Eintritt in die Heilsströmung?

51 Sn 378 und M 91.
52 Tertullian, der früheste lateinische Kirchenschriftsteller, 160 - etwa 220.

Fritz: Ja, – in dem Sinn, dass dem *anusāri* aber noch die Selbstgängigkeit fehlt. Selbst von dem aus Einsicht Nachfolgenden heißt es ja, dass ihm die Lehren nur *dann* Einsicht gewähren, *»wenn sie ihm erklärt werden«*. Der aus Vertrauen Nachfolgende hat nicht einmal das aufzuweisen: er hat außer den fünf Heilssinnen nur *»zum Vollendeten ein gewisses Maß von Vertrauen und Zuneigung«* – das sich allerdings dadurch bewährt, dass er eben auch wirklich *»mitgeht«*, wenn ihm die Lehre erklärt wird. Der in die Heilsströmung Eingetretene dagegen muss der Lehre folgen, ob sie ihm erklärt wird oder nicht. Darin besteht seine Selbstgängigkeit. Dem *anusāri* fehlt sie meist noch.

Hans: Ich habe manche Buddhisten bedauern hören, dass über den *anusāri* so wenig in den Pālitexten gesagt ist. Aber nun scheint sich ja doch daraus einiges mehr entnehmen zu lassen. Eines kann ich allerdings immer noch schwer nachvollziehen: Der *anusāri* ist nicht einmal *»einzig und allein nach dem Erwachten ausgerichtet«*, sondern kann auch noch anderweitig herumsuchen, und er hat keine *»endgültige stillmachende Klarheit«*. Und trotzdem hat er schon die Garantie, bis zum Tod in die Heilsströmung einzutreten?

Fritz: Das heißt ja nicht, dass die Lehre nicht bei seinen Entscheidungen mitwirkt: Er hat ja nicht überhaupt nichts von den vier Gliedern des Stromeintritts. Dann hat aber sein gelegentliches anderweitiges Suchen und Herumprobieren nichts Negatives. Es ist kein Meditations- oder gar Esoterik-Tourismus. Es kann gerade eine Folge seines Heilssinns für Klarwissen sein: Solange er nicht einzig und allein beim Erwachten endgültige Klarheit hat, sagt er eben auch beim Buddha nicht gleich: *»Dies nur ist Wahrheit, alles andere ist Unsinn«*, sondern er hält sich offen für die *Wahrheit*, unter welchem Namen und in welchem Gewand sie auch komme. Mit dieser vorurteilsfreien, offenen, fragenden und prüfenden Haltung – einem Vorboten der künftigen Selbstgängigkeit – folgt er so lange den Spuren des Erwachten nach der Methode von Versuch und Irrtum, bis sich jenes gewisse Maß von Einsicht oder Vertrauen und Zuneigung zum Erwachten, das ihn jetzt nachfolgen lässt, in der Erfahrung der Nachfolge (*anu-sāri*!) zur *endgültigen befriedenden Klarheit* verstärkt hat. Auch dann wird er immer noch gern auch Wahrheitsworte anderer Weisheitslehrer hören, die zu jenem gemeinsamen Teil der Pyramide der Wahrheit gehören, von dem der Buddha erklärt: *»Wovon andere Weise einig sind, das ist, davon sage auch ich, das ist«*. Welchen Segen stiftet vielen Menschen z. B. jeden Morgen der Tages-Spruchkalender des Buddhistischen Seminars mit seinen Leit-Sätzen aus allen Kulturkreisen als Ergänzung betrachtet. Im Übrigen kann auch der schon in die Heilsströmung eingetretene, Sinnenwünsche befriedigende Nachfolger im Haus noch mancherlei untergeordnete Ziele im Leben haben, für die er anderwärts Rat sucht und oft auch findet.

Hans: Welche Ziele?

Fritz: Im Grund keine anderen Ziele, als sie andere Menschen auch haben; denn die Ziele der Menschen werden weitgehend von der Beschaffenheit ihres Herzens bestimmt, und das Herz ist auch bei dem in die Heilsströmung eingetretenen Menschen nur von den drei ersten nach unten zuteilenden Verstrickungen frei: von der Tendenz zum Glauben an Seinsdarstellung, zu Daseinszweifeln und Überschätzen des Wirkens in der Begegnung (Weltverbesserungsdrang!), beim *anusāri* sogar nur von der ersten Verstrickung.

Der Buddha hat einmal eine bis heute gültige Übersicht über alle Ziele der Menschen gegeben. Ihr lag eine bewundernswert differenzierte, mehrdimensionale Fragestellung eines klugen Brahmanen zugrunde, der ein Gespür dafür hatte, dass jeder Mensch verschiedene Lebens- und Strebensebenen mit unterschiedlich gestuften Zielen hat. Da können wir sehen, welche Ziele neben dem Heilsziel auch noch bei Heilsgängern aus den verschiedenen Gruppen von Menschen bestehen können. Es ist die Rede

A VI,52:

Da fragt der Brahmane Jānussoni den Erhabenen: *»Herr Gotamo, welches ist das unmittelbare Verlangen (adhippāya) der Adligen, worauf ist ihr übergreifendes geistiges Sinnen (upa-vicāra) gerichtet, was ist ihr Rückhalt (adhitthāna), wo bleiben sie hängen (abhinivesa), was ist ihr Ideal (pariyosāna)?« — »Das unmittelbare Verlangen der Adligen ist Wunschbefriedigung, Brahmane; ihr übergreifendes geistiges Sinnen ist auf Klarwissen gerichtet; Macht ist ihr Rückhalt; am Landbesitz bleiben sie hängen; ihr Ideal ist die Herrschaft.«*

»Welches aber ist das unmittelbare Verlangen der Brahmanen, Herr Gotamo, worauf ist ihr übergreifendes geistiges Sinnen gerichtet, was ist ihr Rückhalt, wo bleiben sie hängen, was ist ihr Ideal?« — »Das unmittelbare Verlangen der Brahmanen ist Wunschbefriedigung; ihr übergreifendes geistiges Sinnen ist auf Klarwissen gerichtet; die Mantras sind ihr Rückhalt; bei den Opfern bleiben sie hängen; ihr Ideal ist die Brahmawelt.«

»Aber die Bürger, Herr Gotamo: welches ist das unmittelbare Verlangen der Bürger, worauf ist ihr übergreifendes geistiges Sinnen gerichtet, was ist ihr Rückhalt, wo bleiben sie hängen, was ist ihr Ideal?« — »Das unmittelbare Verlangen der Bürger ist Wunschbefriedigung, Brahmane; ihr übergreifendes geistiges Sinnen ist auf Klarwissen gerichtet; ihr berufliches Können ist ihr Rückhalt; an der Arbeit bleiben sie hängen; ihr Ideal ist, ihr Werk zu vollenden.«

»Aber die Frauen, Herr Gotamo: welches ist ihr unmittelbares Verlangen, worauf ist ihr übergreifendes geistiges Sinnen gerichtet, was ist ihr Rückhalt, wo bleiben sie hängen, was ist ihr Ideal?« — »Das unmittelbare Verlangen der Frauen ist der Mann, Brahmane; ihr übergreifendes geistiges Sinnen ist darauf gerichtet, sich schön zu machen; ihre Kinder sind ihr Rückhalt, sie bleiben dabei hängen, keine andere Frau neben sich zu haben; ihr Ideal ist Herrschaft.«

»Aber die Räuber, Herr Gotamo: welches ist ihr unmittelbares Verlangen, worauf ist ihr übergreifendes geistiges Sinnen gerichtet, was ist ihr Rückhalt, wo bleiben sie hängen, was ist ihr Ideal?« — »Das unmittelbare Verlangen der Räuber ist Beute, Brahmane; ihr übergreifendes geistiges Sinnen ist auf Wegnehmen gerichtet; ihre Waffen sind ihr Rückhalt; an der Dunkelheit bleiben sie hängen; ihr Ideal ist, nicht erwischt zu werden.«

»Und die Asketen, Herr Gotamo: welches ist ihr unmittelbares Verlangen, worauf ist ihr übergreifendes geistiges Sinnen gerichtet, was ist ihr Rückhalt, wo bleiben sie hängen, was ist ihr Ideal?« — »Das unmittelbare Verlangen der Asketen ist Geduld und die Milde des Gebändigten, Brahmane; ihr übergreifendes geistiges Sinnen ist auf Klarwissen gerichtet; die Tugend ist ihr Rückhalt; am Nicht-Etwas bleiben sie hängen; ihr Ideal ist das Löschen des Daseinsbrandes (Nirvāna).«

»Wunderbar, Herr Gotamo, einmalig, wie der Herr Gotamo bei Adligen, Brahmanen, Bürgern, Frauen, Räubern und Asketen das unmittelbare Verlangen kennt und weiß, wie er kennt und weiß, worauf sich ihr übergreifendes geistiges Sinnen richtet, was ihr Rückhalt ist, wo sie hängen bleiben und was ihr Ideal ist.« Und er nahm Zuflucht.

HANS: Da kommen die Frauen aber schlecht weg: *»nur auf Männer aus, eitel, herrschsüchtig«!*

RUTH: Das hat der Buddha gar nicht gesagt! Wo steht denn, dass eine Frau *»nur«* auf Männer aus ist? Der Wunsch nach einem Mann wird nur als eines von fünf Zielen der Frau genannt, nämlich als ihr unmittelbares, spontanes Verlangen. Bei Adel, Brahmanen und Bürgern steht beim Spontanverlangen ganz platt: »Wunschbefriedigung«. Männern wird ja oft vorgeworfen, sie begehrten die Frau in erster Linie als Lustobjekt. Die Räuber wollen sich ihren Genuss sogar als Beute verschaffen – das heißt auf dem sexuellen Gebiet Frauenraub und Vergewaltigung. Wo es also bei allen anderen Menschen außer den Asketen heißt, dass ihr Spontanverlangen auf Wunschbefriedigung gerichtet ist, da heißt es bei der Frau, dass sie einen Mann finden möchte. Ginge es ihr dabei in erster Linie um Sinnenlust, dann hätte der Buddha auch bei den Frauen als Ziel ihres Spontanverlangens »Wunschbefriedigung« angegeben. Der

Buddha zeigt aber dadurch, dass er die Spontanabsicht der Frau nicht so nennt, dass es ihr bei ihrem Verlangen nach einem Mann nicht allein um pure Sinnenlust geht, sondern auch um die geistig-seelische Partnerschaft. Sie kann bis hinauf zum gemeinsamen Streben nach Erlösung reichen – denken wir nur an das Ehepaar Nakula! Ich finde, da wird die Frau schon bei der Spontanabsicht nur vom Asketen übertroffen. Und überdies ist das Ziel, einen Mann zu finden, bei der Frau nur bei der sozusagen untersten der fünf Kategorien von Zielen, der Spontanabsicht, genannt. Gehen wir nun auch einmal ihre anderen Ziele durch. Fangen wir mit dem Ideal an: Bei den Asketen ist es das Löschen des Daseinsbrandes – Nirvāna.

HANS: Aber doch nur bei den Asketen im Orden des Buddha?

FRITZ: Den Weg dahin wirklich zeigen kann zwar nur ein Erwachter. Aber es gab auch außerhalb seines Ordens Asketen, die mit dem höchsten Ziel der Brahmanen – Vereinigung mit Brahma – nicht zufrieden waren, weil sie ahnten oder wussten, dass auch die brahmische Erlebensweise unbeständig ist. Die sehnten sich nach endgültiger Befreiung, und die edelsten unter ihnen ließ die in M 30 genannte uralt-überlieferte Sorge nicht ruhen: *»Versunken bin ich in Geborenwerden, Altern und Sterben, in Kummer, Jammer, körperlichen Schmerz, geistiges Weh und Aufbegehren, in Leiden versunken, von Leiden eingekreist. Ach wenn man doch dieser ganzen Leidenshäufung ein Ende machen könnte.«* Sie hatten schon vor dem Erwachten als tiefstes Asketenziel »Nirvāna«, Sie wussten nur nicht, was das ist und ob und wie man es erreichen kann.

Die Herrschaft haben nur zwei Menschengruppen als Ideal: Adlige und Frauen. Bei beiden kann »Herrschaft« viele Gesichter haben. Herrschsucht ist nur das niederste Extrem. Aber das Pāliwort für Herrschaft, *»issariya«* gilt bis hinauf zu dem in M 91 erwähnten, mit den 32 Merkmalen des großen Mannes begabten *»Weltkaiser, der als ein wahrer König der Gerechtigkeit dem Kontinent nach allen vier Grenzen als Sieger den Frieden sichert«.*

RUTH: Genau darauf wollte ich hinaus: Herrschenwollen ist an sich eine königliche Eigenschaft: die Verhältnisse in einem Lebenskreis nicht treiben lassen, sondern umsichtig und mit Kraft und Liebe – mit der Kraft der Liebe – ordnen und gestalten, dafür sorgen, dass alle zu ihrem Recht kommen und Frieden herrscht. Das reicht von der Hausfrau und Mutter über die Bäuerin und manche gerade durch ihre Fraulichkeit erfolgreiche Handwerkerfrau, Politikerin, oder Unternehmerin, Pädagogin, Ärztin bis zurück zu Gestalten der Geschichte wie Kaiserin Maria Theresia oder Königin Luise. Ich finde, da kommt die Frau auch mit ihrem Ideal nicht gerade schlecht weg.

HANS: Das leuchtet mir sehr ein, Ruth. Die anderen Ideale sind ja (mit Ausnahme des Asketen- und des Brahmanenideals) diesem Frauen- und Adels-Ideal – Herrschaft – untergeordnet. Mir scheint auch bemerkenswert, auf welche Mittel zur Verwirklichung der Herrschaft Adlige einerseits und Frauen andererseits sich stützen: die Männer vorwiegend auf Macht, Frauen dagegen auf ihre Kinder. Die sind ja normalerweise gemeinsamer Gegenstand der Liebe und Fürsorge auch des Mannes und der Familienangehörigen. Für sie nimmt man gern gemeinsame Entbehrungen und Mühen auf sich. Eigentlich eine wunderbare und menschliche Strategie, um Herrschaft zu gewinnen und auszuüben! Auch bei dieser Kategorie von Zielen kommt in der Tat die Frau nicht schlechter weg als der Mann.

Jetzt erkenne ich auch meinen Kurzschluss, bei der Frau »sich schön machen« einfach mit »Eitelkeit« gleichzusetzen. Sicher spielt Eitelkeit bei ihr kaum weniger mit, als wenn ich mir ein schickes Hemd kaufe. Aber bei der Frau ist das Sich-Schönmachen-Wollen vor allem auch ein Mittel zu dem Zweck, indirekt über den Mann, den geliebten Mann, gestützt auf die Kinder, die geliebten Kinder, eine gute, menschliche Ordnung zu gestalten und zu erhalten: »Herrschaft auszuüben«. Die meisten Männer lassen sich lieber lenken von einer Frau, die ihnen unter anderem auch wegen ihrer Schönheit gefällt, als von einer, die herumläuft wie eine Vogelscheuche. — Oder idealisiere ich jetzt mit diesem Gedankengang zu sehr?

Fritz: Nein, Hans. Zwar kommen die hier vom Erwachten genannten Menschentypen kaum »chemisch rein« vor. Insofern sind sie alle in einem gewissen Maß »Idealisierungen«. Aber davon abgesehen gibt es eine Bestätigung für deine Sichtweise etwa in den Ratschlägen des Erwachten an den jungen Siṇgālako in D 31, wie ein Ehemann seiner Frau entgegenkommen soll: *»Vom Herrschaftsanspruch soll er zurücktreten und sie so ausstatten, dass sie sich auch schön machen kann.«*

Hans: Hm – vom Herrschaftsanspruch zurücktreten: Soll sich denn der Mann in der Ehe von seiner Frau beherrschen lassen?

Fritz: Das nicht. Aber wir haben ja gerade geklärt, dass die übliche Art des Mannes, Herrschaft auszuüben, eine ganz andere ist: Der Mann will normalerweise Ordnung und Gedeihen in seinem Lebenskreis mit Macht durchsetzen. Diesen Anspruch soll er aufgeben. Die Frau will Ordnung und Gedeihen in ihrem Lebenskreis in der Regel indirekt über ihren Mann durch den ständigen stillen oder ausgesprochenen Appell an die gemeinsame Liebe zu den Kindern durchsetzen. Diesen Willen braucht sie nicht aufzugeben.

Hans: Ja, das ist schön. Ich finde auch Folgendes aufschlussreich: Bei Adel, Brahmanen und Bürgern ist der Unterschied zwischen dem spontanen Verlangen und dem, worauf ihr übergreifendes geistiges Sinnen gerichtet ist, besonders ausgeprägt: Die Spontanabsicht geht auf Lust, die geistige Betrachtung dagegen auf Klarwissen, womit hier offenbar nicht nur die höchste, erlösende Weisheit gemeint ist, sondern eben, dass sie im Geist Bescheid wissen wollen, wie in ihrem Lebenskreis die Dinge wirklich liegen. Bei Frauen ist dieser Unterschied zwischen Theorie und Praxis, Sollen und Sein nicht so scharf ausgeprägt: Ihre Herzensneigung und ihr übergreifendes geistiges Sinnen richten sich auf ein erfrischend praktisches Ideal – nämlich in ihrem Lebenskreis eine gute menschliche Ordnung zu schaffen. Das ist ihre Art von Herrschen: nicht durch Macht, was meist auch Unterdrückung heißt, sondern mehr durch Ausgleich in Liebe und Fürsorge.

Ruth: Hans, du machst mich ja geradezu arbeitslos in der Rolle einer gegen Männerherrschaft kämpfenden Frau. Ich möchte nur noch auf eines hinweisen: Die rasche Empörung und Ablehnung, die ein Text wie der hier besprochene heute vielleicht bei manchen Frauen auslösen mag, kommt weitgehend aus einem Sprachproblem: Ordnung in einem Lebenskreis zu schaffen, wird von der deutschen Sprache mit dem Wort »Herr«-schaft einseitig den Männern zugeordnet. Das drückt mehr die männliche Art des Ordnungschaffens aus, aber nicht die mehr frauliche, indirekte über die Beeinflussung durch Liebe und Fürsorge zu Mann und Kindern.

Fritz: Diese sprachliche Einseitigkeit kennt das Pāli nicht. Wo wir im Deutschen nur das Wort »Herrschaft« haben, da steht im Pāli *»issariya«*, das heißt – ich schlage es einmal im Pāli-Englisch Wörterbuch der PTS nach: »rulership« (von englisch »rule« = »Regel, Ordnung«), »mastership« (»Meisterung«), »supremacy« (»Überlegenheit, Oberhoheit«), »dominion« (»regiertes Gebiet«). Das ist neutral und umfasst sowohl die mehr männliche, direkte Weise zu regeln und zu ordnen – nämlich mit Macht – als auch die mehr weibliche, weniger direkte Weise.

Hans: Nur eines ist mir noch nicht klar: Was hat es denn damit auf sich, dass bei der vielstufigen Aufzählung der Ziele der Menschen noch zusätzlich die Rede davon ist, wo die einzelnen Menschentypen hängen bleiben?

Fritz: Das Pāliwort heißt *»abhi-nivesa«* = »sich stark (bei etwas) niederlassen, irgendwo wohnenbleiben«: Der Weg zu einem Ideal ist weit, oft so weit und mühevoll, dass viele westliche Menschen die Unerreichbarkeit als Begriffsmerkmal des Ideals ansehen und meinen, es sei sinnlos, es anzustreben. Aber auch wer einem Ideal nachstrebt, wird unterwegs leicht müde, und bleibt dann bei einem Etappenziel hängen.

Das ist beim Adligen, der mit Macht nach Herrschaft über seinen Lebenskreis strebt, Land – vom Kaiserreich bis zu einem Landgütchen. Damit wird zwar nicht das Ideal erreicht, aber in einem gewissen Maß das niedrigste Ziel: das Ziel des spontanen Verlangens – nämlich Wunschbefriedigung. *»Wer genießt, der vergisst«* – Er verspielt nicht nur das Ideal, sondern verliert schon das Ziel seines geistigen Sinnens, Klarwissen, aus den Augen.

Bei den Brahmanen, die mit den überlieferten Sprüchen, den Mantras, als Rückhalt die Brahmawelt als Ideal anstreben, sind es die Opfer, an denen sie hängen bleiben. — Sie wissen ja längst nicht mehr, was der Erwachte in Sn 284 ff. berichtet: dass die Sprüche, die das Opfern als heilswichtig anpreisen, von den durch Fürstenmacht und -pracht geblendeten Brahmanen der Vorzeit nur ausgedacht worden waren, um an Macht und Pracht teilzuhaben. Und so beruhigen sie sich bei dem Gedanken, wenn sie nur ihre Opferrituale einhielten, kämen sie zu Brahma. Damit wird aber nicht ihr Ideal, sondern nur allenfalls vorübergehend das Ziel ihres spontanen Verlangens – Wunschbefriedigung – erreicht. Auch für sie gilt dann: *»Wer genießt, der vergisst«.*

Bürger erstreben als Ideal nichts weiter als die Vollendung ihres Werks – in diesem Sinn habe ich z. B. einmal in einem Nachruf für einen Verbandsfunktionär gelesen: »Sein Leben war der deutschen Zigarre gewidmet« – und dazu stützen sie sich auf ihr berufliches Können. So wird die Arbeit immer mehr zum Selbstzweck. Sie werden dann leicht zu »workoholics«, erlangen – oder erlangen nicht – eine vorübergehende Erfüllung ihres Spontanverlangens nach Wunschbefriedigung (Reichtum, Anerkennung, Macht) und vergessen darüber immer mehr das Ziel ihres geistigen Sinnens: Klarwissen. Viele rafft dann die »midlife crisis« am Infarkt dahin.

Bei Frauen, deren Ideal Ordnen und Befrieden des Lebenskreises (»Herrschaft«) durch Einfluss auf den Partner im gemeinsamen Interesse der Kinder ist, kann der Erfolg, keine andere Frau neben sich zu haben, dazu führen, dass sie darüber das Ordnen und Befrieden der Familie vergessen.

Kriminelle, deren Ideal sowieso nicht über das Unentdeckt-Bleiben hinausreicht, geben sich nach oft langer Mühsal, auf ständiger Flucht nicht erwischt zu werden, schließlich zufrieden mit der »Dunkelheit«, werden dadurch dann doch leichtsinnig und werden erwischt.

Ganz anders der wahre Asket: Schon sein spontanes Verlangen ist nicht mehr auf sinnliche Befriedigung gerichtet, sondern auf Geduld und Milde. Das verleiht mit der Zeit seinem geistigen Verlangen nach Klarwissen geradezu Flügel. Klarwissen und Tugend – sein geistiges Verlangen und sein Rückhalt – spülen einander wechselseitig klar. Und so kommt er, wenn er diese Haltung durchhält, irgendwann zu Entrückungen oder gestaltfreien Erlebensweisen. Wenn er aber nicht die Stimme eines Erwachten vernommen hat, dass jegliche Wahrnehmung, auch die stillste, ein unbeständiger Wahntraum im unausdenkbaren Kreislauf des Zeitlichen ist, dann muss er – wenn er nicht das Riesenformat eines Erwachungwesens (*bodhisatta*) hat – spätestens bei der Erlebensweise »Nicht Etwas« meinen, nun habe er »die selige Ewigkeit 'funden«, der Daseinsbrand sei gelöscht, das Ideal erreicht – und dabei bleibt er hängen bis zur nächsten »Götterdämmerung«. Der von einem Erwachten aufgeklärte Heilsgänger dagegen versteht, dass selbst eine Wahrnehmung, die völlig frei ist von jeglichem »Etwas«, immer noch eine im Feuer von Hinneigung, Abneigung und Verblendung abbrennende *Wahrnehmung* ist – eine von fünf Zusammenhäufungen, nur eben eine mit unmessbar größerer Brenndauer. Deshalb kann einen solchen Asketen als Ziel auf die Dauer nicht einmal mehr diese Spitze der Wahrnehmung reizen – auch schon, ehe er sie leibhaftig erfahren hat: Da er ihr Elend im Voraus weiß, verblasst für ihn ihr Reiz – und so wird er aus der Gefangenschaft in der Wahrnehmung eines Tages endgültig frei.

Ruth: Diese ganze dichte Struktur von mehrdimensionalen Zielen kann also mit noch so durchbohrendem Verstehen der Lehre gar nicht mit einem Schlag aufgelöst werden.

Hans: Ja, das ist mir nun klar. So wird auch dieses eigenartige Stadium des *anusāri* besser verständlich.Voraussetzung für den *anusāri* ist nicht, dass er sich in seinem Leben einzig und allein nach dem Erwachten ausrichtet und schon zur endgültigen Klarheit beim

Buddha, der Lehre und der Heilsgängergemeinde gekommen ist. Seine früheren Zielsetzungen sind mit dem Augenblick, in dem er als Nachfolger auf den Stromeintritt zuzugehen beginnt, noch nicht erledigt. Aber hat sich nicht doch etwas in der Struktur seiner Lebensziele verändert?

FRITZ: Klar hat sich etwas verändert. Es ist ein neues Ziel *hinzugekommen*. Und das hat entscheidende Auswirkungen. Es ist überhaupt ein Grundzug der Anleitung des Buddha, besonders für häusliche Nachfolger: Von den Untugenden abgesehen »nimmt er ihnen nichts weg«, sondern er gibt ihnen als Freudenbringer, Tröster und Lösungsmittel Besseres hinzu, neben dem nach und nach ihre bisherigen Freudenbringer an Glanz verlieren und endlich ganz verblassen.

RUTH: Das muss sich aber doch bei Asketen und häuslich lebenden Nachfolgern sehr verschieden auswirken.

FRITZ: Allerdings, Ruth. Bei einem vom Erwachten belehrten Asketen ändert sich durch die Begegnung mit der Lehre im Grunde nur, dass er seine bisherigen Ziele tiefer versteht: Er sieht jetzt, dass das, was er bisher für die Ewigkeit, für das höchste Gut hielt, noch nicht das Höchste war: Worauf schon bisher seine Spontanabsicht abzielte – Geduld und Milde –, behält er weiterhin als Werkzeug zum Loslassen. Aber jetzt geht es ihm nicht nur um Loslassen der Sinnendinge oder der Erscheinungen der Brahmawelt, sondern um Zurücktreten von jeglichem, selbst dem feinsten Wahrnehmen. Worauf schon bisher sein übergreifendes geistiges Sinnen abzielte – Klarwissen - entwickelt sich nun von der rechten Anschauung als erstem Glied des achtfachen Heilswegs bis zum erlösenden Klarwissen als Frucht der Herzenseinigung. Die Asketentugenden, auf die er sich schon bisher als Rückhalt zum Anstreben seines einzigen Ziels – Nirvāna – gestützt hatte, werden aus einem Katalog von sittlichen oder göttlichen Ge- und Verboten zu den heilenden Tugenden, wie sie den Heilsgängern wert sind, an denen er *»nicht festhängt, so dass sie zur Einigung führen«*. Nur dass der Asket im Orden statt der ihm meist unverständlichen Riten und Regeln seiner früheren Asketenschulen nun die 227 Frieden und Eintracht fördernden Mönchstugenden einzuhalten hat, einschließlich der geradezu therapeutischen Ordenspflicht, durch Bekennen von Verfehlungen vor der Gemeinschaft Gleichstrebender »reinen Tisch zu machen«. Aber Mönch und Nonne begreifen alle Zustände der Herzenseinigung, die sich auf dem Weg ergeben, als bloße Werkzeuge zur totalen Befreiung des Herzens vom Fieberwahn aus Hinneigung, Abneigung und Verblendung. Nicht einmal am Erfahrungsbereich »Nicht Etwas« können sie mehr hängen bleiben: Sie wissen, dass auch mit diesem friedvollen Wahrnehmungszustand der Daseinsbrand nur zeitweilig stiller und reiner brennt, aber nicht gelöscht ist. Deshalb wenden sie, wie in A IV,233 gezeigt wurde, bei jeder Art von Wahrnehmung die vierte Art des Wirkens an: *»bei allem Wirken das Bestreben, es aufzugeben.«* Nach dieser Anleitung können Asketen noch in diesem Leben ihr Ideal, Nirvāna, verwirklichen.

HANS: Gut und schön. Aber wie wirkt sich denn dieses Hinzukommen eines neuen Ziels auf die Zielstruktur der Nichtasketen aus?

FRITZ: Gehen wir daraufhin die verschiedenen Ziele der Nichtasketen durch: Klar ist von vornherein, dass alle Räuberziele aufzugeben sind.

HANS: Na ja, ein Räuber kann sowieso nie den Weg zum Stromeintritt betreten.

RUTH: Doch, Hans: Jene jungen Räuber, die durch die Haltung des Heiligen Adhimutto bekehrt wurden, haben das doch geschafft![53]

HANS: Ach so; das hatte ich ganz vergessen! Aber erst haben alle ihre Räuberziele aufgeben müssen. Die schließen doch schon das Betreten des Wegs zum Eintritt in die Heilsströmung aus?

53 Thag 705 ff.

RUTH: Da wäre ich nicht so sicher. Ich könnte mir vorstellen, dass einige der jungen Räuber nach ihrer erschütternden Begegnung mit dem unerschütterlichen Mönch während einer Übergangszeit ihr Ideal beibehalten haben: nicht entdeckt werden, zumal ihnen die Todesstrafe drohte.

FRITZ: Ja, Ruth. Erst von dem in die Heilsströmung Eingetretenen heißt es in Sn 232:

»Was er auch noch an Schlechtem wirken mag in Werken, Worten oder in Gedanken unmöglich ist es ihm, es zu verhehlen – ›Unmöglichkeit des', der den Weg sieht[54]*‹, heißt das.«*

Vom *anusāri* wird das noch nicht gesagt.

RUTH: Das Ideal der Asketen war ja sowieso schon das Nirvāna. Aber ändert sich nicht bei allen anderen Menschengruppen das Ideal schon dann, wenn sie sich auf den Weg zum Stromeintritt machen, also schon beim *anusāri*? Auch als *anusāri* will zwar der Adlige immer noch herrschen, der Brahmane immer noch die Brahmawelt erreichen, der Bürger immer noch sein Werk vollenden, die Frau immer noch ihren Lebenskreis ordnen, der bisherige Räuber immer noch unentdeckt bleiben – aber das ist jetzt nicht mehr das Ideal, sondern nur noch eine Zwischenlösung für die Zeit des restlichen Welterlebens, das überwunden werden soll.

HANS: Ich weiß nicht recht: Ist das Nirvāna wirklich schon ab sofort das Ideal eines in die Heilsströmung Eingetretenen, ganz zu schweigen vom *anusāri*? Jener Hausvater Tapusso hat doch dem Buddha gesagt, ihm käme das Zurücktreten vom Sinnlichen wie ein Abgrund vor – also wollte er doch gar nicht das Nirvāna erreichen! Und der war in die Heilsströmung eingetreten und gehörte zu den Spitzen der Jüngerschaft!

FRITZ: Das Ideal wird meist ein Fernziel sein, für dessen sofortige Verwirklichung sich der Strebende noch lange nicht reif fühlt. Trotzdem sehnt er sich ernsthaft nach der Verwirklichung, ein Schrecken wäre ihm nur die *sofortige* Verwirklichung. In der Kriegsgefangenschaft ist mir ein Beispiel erzählt worden: Ein schwer Beinverletzter lag im Lazarett. Er konnte nur unter Schmerzen an Krücken humpeln. Nach nichts sehnte er sich mehr, als wieder ohne Krücken gehen zu können. Aber als ein Generalarzt erschien, ihn anbrüllte, er sei ein Drückeberger, ihm die Krücken entriss, sie in hohem Bogen durch den Saal warf und ihm befahl, sofort ohne Krücken zu gehen, da war das für den Schwerverwundeten – obwohl Gehen ohne Krücken sein Ideal war – eine Horrorvorstellung. Er brach auch prompt zusammen. Dennoch blieb es sein Ideal, ohne Krücken zu gehen.

HANS: Ach so, natürlich. Aber wie ist es denn mit den Spontanabsichten? Was ändert sich denn da für den *anusāri*?

FRITZ: Zunächst gar nichts; denn die Spontanabsichten kommen ja unmittelbar aus den Trieben des Herzens, und die ändern sich nur sehr allmählich.

HANS: Aber Fritz: Ich kann mir zwar vorstellen, dass ein Räuber noch eine Zeit lang unentdeckt bleiben möchte, wenn er anusāri wird. Aber das Klauen müsste ihm doch jetzt unmöglich sein.

FRITZ: Müsste schon. Diese Änderung in seiner Zielstruktur betrifft aber nicht die triebhafte Spontanabsicht, nach der du fragst, sondern seine Planung – das, worauf sein übergreifendes geistiges Sinnen gerichtet ist. Das ändert sich vom Nehmen zum Geben. Von dieser Änderung an könnte es im Einzelfall aber noch lange dauern, bis es ihn bei einer günstigen Gelegenheit nicht mehr spontan zum Stehlen juckt. Und da vom *anusāri* noch nicht gesagt wird, dass er zu den heilenden Tugenden erwachsen sei, sondern erst von dem in den Strom Eingetretenen, kann ich mir vorstellen, dass ein ehemaliger Dieb, der *anusāri* geworden ist, in einer Übergangszeit bei gar zu günstiger Gelegenheit noch einmal ausrutscht. Freilich wird er dabei nicht mehr so ganz die diebische Freude von früher empfinden können. Ich würde aber sogar zögern,

54 *diṭṭhapada.*

auszuschließen, dass ein aktiver Räuber *anusāri* wird. In ein und denselben Menschen geht vielerlei gleichzeitig hinein. *»Urteilt nicht die Menschen ab«*, hat der Erwachte gewarnt.

HANS: Aber dann kann er doch unmöglich noch Gewalt anwenden!

FRITZ: Wenn ich denke, was ich als von Kind an als jähzorniger, überheblicher und überempfindlicher Mensch manchmal an Aggressionen, körperlicher und physischer Gewalt in mir hatte, dann getraue ich mich selbst hier nicht, »unmöglich« zu sagen. Auch das betrifft aber nicht das Ziel der Spontanabsicht, nach der du fragst, sondern eine andere Zielkategorie: den Entschluss, was man als Mittel einzusetzen bereit ist – hier: Waffen. Nur eines traue ich mich mit einiger Sicherheit zu sagen: auf die Dauer kann ein »Räuber-*anusāri*« unmöglich Räuber bleiben, weil er die fünf Heilssinne besitzt und entweder auf Grund eines gewissen Maßes von Klarwissen Einblick gewinnt oder ein gewisses Maß von Vertrauen und Liebe zum Erwachten hat. Und in der Übergangszeit wird ihm mehr und mehr die Freude am Räuberleben vergehen.

HANS: Komisch: Was reden wir eigentlich darüber, ob ein Dieb den Weg zum Eintritt in die Heilsströmung betreten kann und wie sich das auswirkt? Damit haben wir doch nichts zu tun.

FRITZ: Ach, Hans, denk' an die Steuerhinterzieher oder an die hochangesehenen Politiker, Geschäftsleute und Selbstständigen, die in Korruption hineingeschlittert waren. Die hätten vor ihrem Abrutschen gesagt: »Was redet ihr zu mir von Straftätern. Damit habe ich doch nichts zu tun.« — Alles in allem meine ich, dass sich im Prinzip durch das Betreten des Wegs zum Stromeintritt beim *anusāri* an den Zielen der Spontanabsicht zunächst so gut wie nichts ändert. Die ändern sich erst im Zuge der allmählichen Herzenswandlung beim Gehen auf dem Heilsweg.

RUTH: Kann man vielleicht sagen: Durch die Begegnung mit der Lehre ändert sich normalerweise bei keiner der verschiedenen Menschengruppen an den alten Zielen sofort Grundlegendes, am wenigsten bei der Spontanabsicht. Aber die neuen Ziele aus der Lehre ziehen sich wie ein Sicherheitsnetz unter die alten Ziele, die noch wie schwanke Trapeze unter der Kuppel unseres Lebenszirkus ihr Spiel spielen, und lassen nichts mehr uneingeschränkt abstürzen. Beim einen ist dieses Netz grobmaschig, beim anderen feinmaschig, beim einen wie Spinnweb, beim anderen wie ein Stahlnetz?

FRITZ: Das scheint mir die Sache zu treffen.

HANS: Und wie wirkt sich die Begegnung mit der Lehre auf den Entschluss zur Wahl der Mittel aus?

FRITZ: Auch dafür gilt Ruths schönes Netzgleichnis Ein das Schlechte begrenzendes Netz zieht sich unter die alten Ziele zum Wählen der Mittel, und was dem noch »durch die Maschen geht« und welchen Belastungen und Versuchungen es standhält, hängt von der Stärke und Verteilung der fünf Heilssinne ab.

HANS: Und wie ist es mit den Zwischenzielen, an denen die verschiedenen Menschengruppen leicht hängen bleiben?

FRITZ: Da hat »Hängen bleiben« beim *anusāri* eine andere Bedeutung als beim Weltgänger: Beim *anusāri* kann »Hängen bleiben« nicht mehr das Verlieren der Lehre bedeuten, sondern nur noch kurzfristiges Vergessen und dadurch Umwege und Aufenthalte auf dem dennoch unumkehrbaren Weg zum sicheren Eintritt in die Heilsströmung spätestens bis zur Sterbestunde. Beim Weltgänger dagegen, der der Lehre zwar begegnet ist, sie aber wegen seiner Verblendung in keiner Weise fassen kann oder gar mit Widerwillen als »Störenfried« wieder aus dem Geist abstößt oder verdrängt, bedeutet dieses Hängenbleiben unter Umständen unmessbar langen Verlust der Chance, der Lehre eines Vollkommen Erwachten zu begegnen. Wir haben im Lauf der unergründlichen Dauer des Wahnlaufs immer wieder diese Chance gehabt – und vertan. Der *anusāri* nutzt sie und geht von da ab unumkehrbar den Weg zum Eintritt in die Heilsströmung. Nur weil er das nicht weiß, hindern ihn Zweifel und Sorgen, es zu wissen.

RUTH: Jetzt haben wir doch viel über die Art des *anusāri* erfahren. Dabei ist einiges ehern bestimmt – nämlich die Mindestvoraussetzungen dafür, dass er auf dem Weg zum Stromeintritt von Daseinszweifeln und Todesangst immer freier wird und dass er nicht sterben kann, bevor er in die Heilsströmung eingetreten ist –, aber er fühlt sich ungewiss, weil er ja noch gar keine endgültige Klarheit beim Erwachten, der Lehre und den Heilsgängern hat und noch nicht so *ausschließlich* auf den Erwachten ausgerichtet ist wie der in die Heilsströmung Eingetretene.

HANS: Sag mal, Fritz: Der Buddha lehrt doch, Freundschaft mit rechten Menschen, mit Heilsgängern, sei der ganze Weg zum Heil. Dann müsste doch eigentlich ein *anusāri*, ehe er Freundschaft schließt, prüfen, ob der betreffende Mensch ein *anusāri* ist. Aber kann er das denn erkennen?

FRITZ: Vorab eines: Zu meinen besten Freunden gehören auch solche, die die Lehre gar nicht oder kaum kennen, aber prächtige Menschen sind, ihr Leben selbstverantwortlich führen, an sich arbeiten, großzügig sind, Tugend pflegen, eine Haltung haben, die über die Sinnenwelt und über dieses jetzige Leben hinausstrebt – kurz, all das leben, was der Erwachte in den vier Vorbereitungslehren zeigt. Die Freundschaft mit solchen guten Menschen ist immer eine unschätzbare Förderung und ein kostbares Gut; nur: den – g a n z e n Heilsweg bis zu seiner Spitze, der Auflösung *alles* Unbeständigen, kann natürlich nur eine Freundschaft mit Menschen ausmachen, die im Geist diese Spitze kennen und als Endziel anerkennen. Dann wäre es natürlich schön, zu wissen, ob Freund oder Freundin Heilsgänger sind. Das ist nicht leicht, aber unmöglich ist es nicht. Der Erwachte hat das häuslichen Nachfolgern in mindestens drei Fällen gesagt. Der erste Fall ist die Rede

DER FLECHTENTRÄGER II – S 3,11:

Der Erhabene saß in Sāvatthī vor Mutter Migāros Terrasse am Torweg, als König Pasenadi von Kosalo zu ihm kam, ehrerbietig grüßte und sich zu ihm setzte.

In diesem Augenblick zogen sieben Flechtenträger, sieben Freie Brüder, sieben nackte Büßer, sieben Eingewandträger und sieben Pilger mit langgewachsenen Haaren und Nägeln mit Tragkorb und Tragstange beim Erhabenen vorbei. König Pasenadi stand auf, schlug den Mantel über die eine Schulter, ließ sich mit dem rechten Knie auf die Erde nieder, streckte die zusammengelegten Handflächen nach der Richtung, in der die Siebenergruppen beim Erhabenen vorbeizogen und nannte drei Mal seinen Namen: »Meine Herren, ich bin König Pasenadi von Kosalo.« Gleich nachdem die Siebenergruppen vorbeizogen waren, wandte sich König Pasenadi wieder dem Erhabenen zu, erwies ihm die Ehrenbezeigung, setzte sich seitwärts und sprach zum Erhabenen: »Herr, gehören die zu denen, die in der Welt Geheilte sind oder den Weg zum höchsten Heilsstand betreten haben?« — »Für dich, großer König, der du im Haus lebst, im Genuss reichlicher Sinnendinge, im Gewühl von Kindern, Sandelholz aus Benares verwendest, dich schmückst, parfümierst und salbst, dich an Geld und Gut freust, ist nicht leicht zu erkennen, ob sie Geheilte sind oder den Weg zum Heilsstand betreten haben. Im Zusammenleben ist ihre Tugend zu erkennen, an der Art ihres Auftretens ihre Lauterkeit, in den Wechselfällen des Lebens ihre Standhaftigkeit, im Gespräch ihre Weisheit – aber all das nur nach langer Zeit, auf keine andere Weise, und nur von einem, der genau darauf achtet, nicht von einem oberflächlichen Beobachter, nur von einem Klarsehenden, nicht von einem, der nicht klar sieht.« — »Wunderbar, Herr, unvergleichlich, Herr, wie treffend der Erhabene das gesagt hat.« Eine den Inhalt wiederholende Strophe des Buddha beschließt den Text.

Und in A IV,187 sagt der Erwachte: *»Das gibt es nicht, das ist ausgeschlossen, dass einer, der kein wahrer Mensch ist, einen anderen, der kein wahrer Mensch ist oder einen wahren Menschen als solchen erkennen könnte. Aber möglich ist, dass ein wahrer Mensch einen wahren Menschen und einen, der kein wahrer Mensch ist, als solchen erkennen kann.«* Dass auch häuslich lebende Heilsgänger falsche Asketen durchschauen können, sagt der Erwachte in Sn 89:

»Den kann durchschauen, wer im Hause nachfolgt,
Heilsgänger ist, erfahren und gezügelt.
Wer weiß: ›Nicht alle sind sie so‹, verliert
nicht das Vertrauen, wenn er so etwas erlebt.
Wie könnte er Verderbt mit Unverderbt,
und Reine mit Befleckten gleich erachten!«

Es ist also möglich, bedarf aber umso mehr Sorgfalt, je stärker die Verblendung durch Hinneigung und Abneigung ist.

HANS: Jetzt aber noch zum Schluss eine Frage: Die fünf Heilssinne und die Anerkennung der Lehre auf Grund eines gewissen Maßes von Einsicht oder Vertrauen sind ja die Bedingungen für den *anusāri*. Welche ist da die entscheidende?

FRITZ: Dafür gibt u. a. die Rede A IV, 179 einen Anhalt, wo es heißt:

»Aus Höllenangst kann man sich zwar fern halten von der Schlechtigkeit.
Doch hält der Weise sich zurück, weil er der Wahrheit sich ergab.«

HANS: Was heißt, er ergibt sich der Wahrheit?

FRITZ: Er will die Wahrheit um jeden Preis kennen lernen, fragt nach ihr, will sich ihr stellen, ohne Rücksicht darauf, ob sie zu den fünf Dingen passt, die nach M 95 zweierlei Ausgang haben können. Spontaner Ablehnung aus den Trieben oder gar dem Widerwillen gegen die unerhörte »Andersheit« der Wahrheit gibt er keinen Raum, sondern er lebt nach Matthias Claudius' Maxime: *»Die Wahrheit richtet sich nicht nach uns, wir müssen uns nach ihr richten.«* Ein solcher Mensch wird so vorgehen wie es Erika v. d. Osten in der Einleitung zu ihrer Anthologie[55] von sich berichtete:

»Ich fragte die Weisen der Welt – ich fragte aus Bedürfnis nach Klarheit über das Leben und den Weg zu seiner Meisterung. Ich fragte unumwunden, ohne vorgefasste Meinung, ohne Bindung an eine bestimmte Weltanschauung oder Glaubensform. Ich fragte an vielen Stellen, die mir für Anliegen wie meines zuständig erschienen, in einheimischen Breiten und in fremden Zonen, von ferner Vergangenheit bis zur Gegenwart. — Jeder findet in der Welt, was ihm entspricht, hört aus einer Rede das heraus, was sich seinem Geist einzuprägen vermag, und behält im Gedächtnis, was ihn beeindruckte. So erging es auch mir: der Offenheit und Vorbehaltlosigkeit meiner Fragen wie meiner Einwände kamen Antworten entgegen, die mich nicht schonten, die aber auch den Horizont meines überkommenen Weltbildes mächtig erweiterten. An mein offenes Ohr drangen nicht nur angenehme, einschmeichelnde Klänge, sondern manch ergreifende Mitteilung und Mahnung, aber auch erhebende Aufrufe, begründeter Trost und Zuspruch – und die Kunde von ganz ungeahnten Möglichkeiten«.

Das ist die optimale Vorgehensweise für Menschen, die zwar bis dahin noch nichts von der Lehre des Buddha wissen, aber den Drang nach Wahrheit (*dhamma-rāga*) in sich verspüren und sich bei keiner Befriedigung unterhalb der *»Befriedigung an der Wahrheit«* (*dhamma-nandi*) »beruhigt auf ein Faulbett legen« mögen.

HANS: Aber Wahrheitsdrang kommt bei den fünf Heilssinnen doch gar nicht vor.

FRITZ: Doch, Hans: Einen Drang nach Wahrheit fühlen, bei Wahrheit Befriedigung suchen ist nur ein anderer Ausdruck für die Anwendung des Vertrauens als Heilsinn (*saddh'indriya*). Je stärker der Drang nach Wahrheit und die Befriedigung an der Wahrheit, umso intensiver wird die Suche, umso bälder wird eines Tages dem geistigen Auge die Lehre des Erwachten begegnen. Das haben mir im Lauf der Jahrzehnte viele Lebensläufe von Buddhisten gezeigt. Manche Wahrheitsergebene haben in kompromissloser Wahrheitsuche alles als unzulänglich zurückgewiesen, was im Werdenskreislauf festhält. Dank dieser Vorbereitung war für sie schon

55 *Ich fragte die Weisen der Welt.* Eine Sammlung von Erika v. d. Osten. Konstanz (Christiani) 1970.

die erste Begegnung mit der Lehre gleichbedeutend mit dem Betreten des Wegs zum Eintritt in die Heilsströmung oder gar mit dem Stromeintritt; denn die auf der Suche ausgebildete Wahrheitseigenschaft sagt dann – wie bei Paul Debes, als er mit 21 Jahren zum ersten Mal Reden des Buddha in Neumanns Übersetzung in Händen hielt – : *»Ich habe überhaupt nichts verstanden, aber ich wusste: ›Das ist es.‹«* Je schwächer dagegen der Wahrheitsdrang ausgebildet ist, umso länger kann es dauern, bis die Wahrheit durch die Wahnwirbel durchschimmert, umso diffuser wird längere oder kürzere Zeit noch ihr Bild sein, und von der ersten Begegnung bis zum Betreten des Wegs zum Stromeintritt als *anusāri* wird es entsprechend länger dauern.

Hans: Ein Mensch, der schon der Lehre begegnet ist und ihr nicht durch vorurteilsbedingte Abwehr oder gar Widerwillen das Tor verschlossen hat: was kann der tun, um vom bloßen Interessenten oder Sympathisanten oder Anhänger zum gesicherten Nachfolger zu werden, zum *anusāri*?

Fritz: Den zwölfgliedrigen Wahrheitsweg gehen, wie er in M 95 beschrieben ist: Wenn nach Vorprüfung des Charakters des Lehrers und der Tiefe der Lehre Anfangsvertrauen (1) entstanden ist, muss er zum Lehrer herankommen (2), aber nicht nur unverbindlich, sondern er muss sich ihm anschließen (3), hören (4), offen aufnehmen (5), einprägen (6), prüfen, bis ihm die Lehren aufgehen (7), bis daraus ein neuer Wille wächst (8) und Entschlossenheit entsteht (9), darauf gestützt das Vorgehen abwägen (10), kämpfen (11), bis er schließlich (12) die höchste Wahrheit nicht nur im Geist rein begrifflich-spekulativ verstanden zu haben glaubt, sondern sie im ständigen Vergleich von Lehre und Leben *»leibhaftig« erfährt und »mit durchdringender Klarheit schaut«*. In der Rede S 55,53 finden wir dazu noch eine entscheidende Ergänzung: *»Dann ist es gut für euch, Folgendes zu üben: ›Beim Erwachten, bei der Lehre, bei der Heilsgängergemeinde wollen wir zur endgültigen, befriedenden Klarheit erwachsen. Erwachsen wollen wir zu den Tugenden, wie sie den Heilsgängern wert sind.‹ Das könnt ihr üben.«* Das sind genau die vier Glieder des in den Strom Eingetretenen. Alle vier sind also keine Eigenschaften, die man hat oder nicht hat, sondern man kann sie *üben*. Das gibt den sechs unübertrefflichen Erinnerungen, in denen diese vier Übungen enthalten sind, ihre ganz besondere Bedeutung:

- Sie machen den Feiertag des häuslich lebenden Nachfolgers fruchtbar.
- Man kann sogar *»diese Übungen auch im Gehen, Stehen, Sitzen, Liegen, während der Arbeit und inmitten des Gewimmels von Kindern«* üben.[56]
- Der Heilsgänger hat während dieser Übungen *»kein von Hinneigung, Abneigung, Verblendung besessenes Herz. Zu einer solchen Zeit ist »sein Herz aufrecht und klar zum Erhabenen/ zur Lehre/ zur Heilsgängergemeinde/ zu den heilenden Tugenden/ zum Loslassen/ zu den Himmelswesen hingereckt«*, und der Heilsgänger erlangt *»geraden, klaren Herzens ein Empfinden für das Heilsziel, für die Wahrheit, innere Helle und Freude über die Orientierung«. Daraus geht »dem innerlich Hellen und Freudigen geistiges Hochgefühl«* auf.[57]
- Das Wichtigste aber ist, dass diese Erinnerungen unaufhaltsam spätestens bis zur Sterbestunde zu dem Ergebnis führen, das der Erwachte mit den Worten umschreibt: Er hat *»inmitten der fehlgehenden Masse die Ausgeglichenheit erreicht, verweilt in der drangvollen Masse drangfrei: ergriffen vom Strom der Wahrheit (dhamma-sota-sam-āpanno), entfaltet er die Erinnerung an den Erhabenen«* (die Lehre usw.).

Die sechs unübertrefflichen Erinnerungen üben bedeutet also zugleich: die vier Glieder des in den Strom Eingetretenen einüben. Damit sind die sechs Erinnerungen für die häuslichen Nachfolger ebenso »der gerade Weg zum Stromeintritt«, wie für Mönche und Nonnen

56 A XI,13.
57 A XI,12.

satipaṭṭhāna der »gerade Weg« zum höchsten Heilsstand oder zur Nichtwiederkehr ist – und beides ist »Geistestraining durch Achtsamkeit« (*sati*) und Herzenswandlung dazu. So versteht man auch, warum der Erwachte in mehreren Gesprächen Nachfolgern gesagt hat: wenn sie in den fünf Heilssinnen *»gefestigt«* seien, dann sollten sie *»sechs höhere Dinge entfalten«*, nämlich eben diese sechs Erinnerungen. *»Höhere Dinge«* sind sie vor allem deshalb, weil sie das Einüben der vier Glieder des in die Heilsströmung Eingetretenen umfassen – ob das der Übende weiß oder nicht.

HANS: Ach ja, der Stromeintritt: den sollte man erreicht haben. *Anusāri* – gut und schön, aber das scheint mir gegenüber dem Stromeintritt noch ein recht zartes Pflänzchen zu sein.

FRITZ: Was heißt zartes Pflänzchen: Der anusāri kann nicht sterben, ohne in die Heilsströmung eingetreten zu sein! Für den *anusāri* dauert der Weg zum Stromeintritt also höchstens bis zum Ende seines jetzigen Lebens. Zwischen Start und Ziel eines weltlichen Weges und des Wegs zum Stromeintritt ist ein entscheidender Unterschied: Im Gegensatz zu allen innerweltlichen Wegen ist hier das Erreichen des Ziels schon durch das Betreten absolut gewiss, wie mit dem Beginn eines anhaltenden Anstiegs der Temperatur von Frost auf über null Grad das Abschmelzen selbst meterhoher Schneemassen gewiss ist. Unterschätzen wir also die Möglichkeiten des *anusāri* nicht: Gerade bei ernsthaften westlichen Nachfolgern können Bedrückungen und Ängste entstehen, wenn sie sich irrigerweise nicht nur den Stromeintritt, sondern schon den Sicherheitsgrad des *anusāri* unrealistisch »hoch hängen«. Deshalb habe ich mich in unserem bisherigen Gespräch besonders bemüht, das Minimum an Eigenschaften herauszuarbeiten, von welchem ab ein Mensch kein Weltgänger, kein gewöhnlicher Mensch (*puthujjana*) mehr ist, sondern ein *anusāri*, ein Heilsgänger (*ariyasāvako*), ein wahrer Mensch (*sappuriso*). Dadurch soll aber nicht der Eindruck entstehen, der *anusāri* sei ein Schwächling oder Anfänger. Das ist durchaus nicht so: Wenn er insbesondere den geraden Weg der sechs Erinnerungen längere Zeit oder sehr intensiv geht, dann kann er bereits auf diesem Wegabschnitt zu beachtlichen zeitweisen Erlebnissen an Klarheit und innerer Freude erwachsen, wie es der Erwachte beschreibt. Besonders für Nachfolger im Haus hat der Erwachte dazu auch die durchdringende Betrachtung der fünf Lebenstatsachen in A V,57 angeraten.

HANS: Ach ja, natürlich. Aber noch einmal gefragt, Fritz: Woran merkt man bei sich, ob man *anusāri* ist? Für den Stromeintritt hat der Buddha mit den vier Gliedern des in die Heilsströmung Eingetretenen klare Maßstäbe für die Selbstprüfung gesetzt, aber nicht für den *anusāri*, weil der noch nicht jene endgültige Zweifelsfreiheit hat. Aber gibt es vielleicht irgendwelche Anhalte?

FRITZ: Ein brauchbarer Maßstab könnte es sein, sich zu prüfen, wie oft einem die Lehre von selber einfällt, und ob einem etwas fehlt, wenn man sich längere Zeit nicht auf sie besonnen hat. Fällt sie einem immer wieder von selber ein, und möchte man nicht lange ohne die Erinnerung an ihren Kerngehalt sein, so wird man *anusāri* sein; das alles ist noch nicht einmal Voraussetzung für die Eigenschaft als *anusāri*. Wer dieses »Mehr« gegenüber den Mindestvoraussetzungen für den *anusāri* dennoch bei sich feststellen kann, wird den Schluss vom Mehr auf das Weniger ziehen dürfen. Am besten aber prüft man sich immer wieder durch den Blick in den Spiegel der Lehre, ob man vorangekommen ist in der Entwicklung zu den vier Gliedern des in die Heilsströmung Eingetretenen.[58] Je mehr das der Fall ist, umso sicherer ist man auf dem Weg zu ihnen. Erforderlich ist aber, dass man diese Selbstprüfung nicht nur unverbindlich wie eine Art Quiz anstellt, sondern aus innerer Sorge und Verantwortung. Wer

58 Vgl. Hecker, Das Examen in WW X. Jg. (1964) S. 29 f.

sich bei dieser Selbstprüfung in dem einen oder anderen der vier Merkmale nicht sicher fühlt, der wird üben, um sich darin zu verbessern und immer mehr – betrachtend und betrachtend – hineinzuwachsen in die endgültige, stillmachende Klarheit beim Erwachten, der Lehre und der Heilsgängergemeinde und in die Tugenden, wie sie den Heilsgängern wert sind. Diese ständigen Zwischenprüfungen sind ja nicht nur Prüfungen, sondern Übungen. Wer diese Übungen – die vier ersten der sechs unübertrefflichen Erinnerungen – immer wieder anstellt, der ist damit auf dem Weg zum Eintritt in die Heilsströmung. Der Erwachte sagt ja in A XI,12 ausdrücklich dem König Mahānāmo: *»ergriffen vom Strom der Wahrheit, entfaltet er die Erinnerung ...«*

HANS: Sag mal, Fritz: Kann denn nur ein *anusāri* in die Heilsströmung eintreten, oder geht das auch direkt vom Stande des Weltgängers aus?

RUTH: Das wollte ich auch fragen. Brahmāyu und Upāli ist doch nach einem einzigen Gespräch mit dem Buddha das »Auge der Weisheit aufgegangen«, und ich habe einmal gelesen, Sāriputto habe den Stromeintritt sofort erlangt, als ihm ein neuer, aber schon geheilter Mönch mit einem Vers auf seine Frage antwortete, was der Buddha lehrt.

FRITZ: Die Berichte über Brahmāyu und Upāli kennen wir aus den Reden M 91 und M 56. Der Bericht über Sāriputto steht im Großen Buch (Mahāvagga) des »Korbes der Ordenssatzung« (Vinaya-Piṭaka[59]). Der Vers lautet:

»Die Dinge, die bedingt entstanden. Die Ursachen, die sie entbanden,
und wie ihr Schwinden vor sich geht, lehrt der gewaltige Asket.«

In dem Bericht heißt es, dass Sāriputto beim Hören der ersten Hälfte der Strophe den Weg zum Stromeintritt betreten habe (also *anusāri* geworden sei) und »erst« nach der zweiten Hälfte in die Heilsströmung eingetreten sei. Das ging zwar blitzschnell. Aber selbst der Blitz legt von der Wolke bis zum Einschlag einen Weg zurück. Da Sāriputto an Geisteskraft nur noch vom Erwachten übertroffen wurde, haben wir hier wohl das zeitliche Minimum vom Betreten des Wegs zum Stromeintritt bis zum Stromeintritt. Vom »gewöhnlichen« Menschen (*puthujjano*) zum Eroberer des Stromeintritts ist es also immer ein Weg. Den muss man erst betreten und dann gehen. Auf diesem Weg ist man *anusāri* Dieser Weg ist aber umso kürzer, je stärker die fünf Heilssinne ausgebildet sind, und in den Reden finden wir mehrfach Berichte, in denen der Erwachte einen Sucher in einem einzigen Gespräch zum Betreten des Wegs zum Stromeintritt und zum Eintritt in die Heilsströmung führte.

RUTH: Ich denke, da wäre es gut, wenn wir nun über den Stromeintritt sprechen könnten.

FRITZ: Ja. Jetzt ist es an der Zeit.

II. DER EINTRITT IN DIE HEILSSTRÖMUNG (*SOTĀPATTI*)

HANS: Fritz, heute wollten wir über den Eintritt in die Heilsströmung sprechen. Du hast uns ja wiederholt gesagt, man erkenne ihn bei sich an den vier Gliedern des in den Strom Eingetretenen: endgültige unerschütterliche Gewissheit beim Buddha, der Lehre und der Heilsgängergemeinde, und als viertes die unüberschätzten, ungesprenkelten Tugenden, wie sie den Heilsgängern wert sind, weil sie zur Einigung führen. Aber sind diese vier Glieder nicht zu wenig für ein so gewaltiges Ereignis? Fromme Christen oder Muslime haben doch auch unerschütterliche Zuversicht zu Jesus und Mohammed, zu deren Lehren und zur Jüngerschaft. Nicht wenige haben das durch den Märtyrertod bewiesen, und von der Tugend abzuweichen widerstrebt auch manchen von ihnen.

RUTH: Ja nun, Hans, das mag ja alles sein. Aber entscheidend ist doch, dass es sich auf der einen Seite um die Entdeckung eines aus dem Wahn vollkommen Erwachten handelt, auf der anderen Seite um Lehren, die noch manches bedingt Entstandene, Unbeständige – z. B. Gottheiten oder meditative Ergebnisse – als unvergänglich ansehen.

59 Schäfer-Beyerlein, S. 56 – Die Übersetzung des Verses folgt Wolfgang Bohn.

HANS: Aber in dem Gespräch über den Sakyer Sarakāṇi nennt der Buddha noch andere Kennzeichen als Glieder des Stromeintritts, nämlich die Aufhebung von drei nach unten zuteilenden Verstrickungen. Dazu wenden manche ein, diese rein geistigen Dinge könnten doch nicht ausreichen. Da müssten doch sicher noch viele Meditationsergebnisse und charakterliche Veränderungen hinzukommen: Entrückungen, Schau des Ungeschaffenen, *satipaṭṭhāna*, *vipassanā*, mindestens aber ein Stand in der Tugend, vergleichbar dem eines Kriegerfürsten, der alle Feinde besiegt hat, in voller Kraft gerüstet dasteht, aber es sind keine Feinde mehr da. Andere sagen: Vier Voraussetzungen genügten gar nicht für den Stromeintritt; erforderlich sei das Bestehen von sieben Selbstprüfungen. Dazu gehöre auch, dass es den Nachfolger zur Erfüllung von Gemeinschaftsverpflichtungen so drängt wie die Mutterkuh zu ihrem Kalb und ein innerer Drang, Vergehen unverzüglich zu beichten. Und zum Bestehen der sieben Prüfungen genüge rechte Anschauung nicht schon im Grad einer »Fähigkeit« (*indriya*), sondern sie müsse schon zu einer »*Kraft des Ansichtvertrauten*« (*bala*) geworden sein. Wie steht es damit?

1. VORAUSSETZUNGEN DES STROMEINTRITTS SIEBEN PRÜFUNGEN ODER VIER?

FRITZ: Nach M 48[m], von der du sprichst, muss tatsächlich die rechte Anschauung nicht nur vom »normalen« Klarwissenssinn (*paññ'-indriya*) unterstützt werden, sondern sie muss den Grad einer Stärke (»*balatā*«) haben, um die Prüfung zu bestehen.

HANS: Aber vom trägen *sotāpanna*[60] heißt es doch, die Dinge träten ihm nicht klar vor Augen. Da müsste der ja bei der siebenfachen Prüfung durchfallen und wäre kein *sotāpanna*. Der Buddha nennt ihn aber so. Da kann doch etwas nicht stimmen!

FRITZ: Die Lösung ist ganz einfach: M 48 ist eine Rede zur Bewältigung einer Sondersituation – der drohenden Ordensspaltung – nur an die beteiligten Mönche. Ihr Thema sind nicht die Mindestvoraussetzungen für den Stromeintritt.

HANS: Ja nun, das sagst du so. Ich kenne die Rede M 48 nicht weiter. Aber ich habe mitbekommen, dass unter denen, die mehr davon wissen als ich, gerade besonders Ernsthafte bedrückt sind, weil sie sich von diesen sieben strengen Voraussetzungen des Stromeintritts ebenso himmelweit entfernt sehen wie von dem inneren Status des siegreichen »Kriegerfürsten«; denn sie erleben sich ja noch in täglichem Tugendkampf. Die Pflicht, Ämter und Gemeinschaftsaufgaben zu übernehmen, die sie aus dieser Rede für sich herauslesen, erfüllen manche zwar mit Ach und Krach, sind aber bedrückt, weil sie es nicht mit dem Schwung der Mutterkuh tun, sondern mit heimlichem Seufzen, weil sie doch so schon so viel zu tun haben. Und so ist ihre innere Verfassung manchmal geprägt von Verzagtheit gegenüber »dieser erhabenen Lehre« und der Sorge, sie nach dem Tod wieder zu verlieren und auf lange Zeit in den Mahlstrom der Wahnexistenz hineingesogen zu werden oder gar in Erlebensweisen unterhalb des Menschentums zu geraten. Von der Gesichertheit schon des *anusāri* wissen sie sowieso meist nichts; für sie beginnt der Heilsgänger erst mit dem Stromeintritt. Und wenn sie hören, dass man von der Sinnensucht trotz vollkommen weiser Durchschauung ihres Elends nicht abkommen kann ohne inneren Jubel, dann fragen sie bang: wo soll unter solchen Umständen der innere Jubel herkommen? Das eine (den Jubel) haben wir noch nicht, das andere (Wunschbefriedigung) sollen wir nicht mehr haben.

FRITZ: Gerade diese schweren Missverständnisse sind ein Hauptmotiv, dass ich das Buch schreibe. Solche Bedrückungen wären ganz unnötig; denn der Erwachte hat gerade häuslichen Nachfolgern immer wieder als präzise Kennzeichen für den Stromeintritt die »vier Glieder des Stromeingetretenen« angegeben – keines mehr und keines weniger, und er hat immer wieder dazu gesagt, wer die vier bei sich feststelle, dürfe von sich sagen, er sei in die Heilsströmung

60 Vgl. S 55,40.

eingetreten. Allein in dieser Mappe liegen zwölf Reden an häusliche Nachfolger, in denen die vier Glieder als die sicheren, ausreichenden Kennzeichen für den Stromeintritt genannt sind, gar nicht mitgezählt Reden, in denen sie der Sache nach vorkommen, nur unter anderen Bezeichnungen.

HANS: Ja nun, wenn der Buddha aber selber so verschiedenerlei Voraussetzungen für den Stromeintritt nennt – einmal die Aufhebung von drei nach unten zuteilenden Verstrickungen, ein andermal vier Glieder des Stromeingetretenen, dann wieder sieben viel strengere Prüfungen, dann bei den Tugenden das Gleichnis vom siegreichen Monarchen – das ist ja auch kompliziert.

FRITZ: Nicht so kompliziert, wie du denkst, Hans. Der Kern der meisten Missverständnisse lässt sich vorab in drei Punkten zusammenfassen:

1. — Viele Eigenschaften des in die Heilsströmung Eingetretenen sind keine *Voraussetzungen* für den Stromeintritt, sondern *Begleiterscheinungen* oder Folgen. Musterbeispiel: M 48, wie wir gleich sehen werden.

2. — Die Aufhebung der drei ersten nach unten zuteilenden Verstrickungen (Glaube an Seinsdarstellung, Daseinszweifel und -sorgen und Überschätzen des Wirkens in der Begegnung), über die wir schon oft gesprochen haben, *ist* schon der Eintritt in die Heilsströmung, nicht nur eine seiner Voraussetzungen.

3. — Die zuverlässigen, ausreichenden Mindestanzeichen des Stromeintritts sind die vier Glieder des in die Heilsströmung Eingetretenen – mehr nicht.

HANS: Fritz, das kann ich dir nicht einfach so abnehmen. Das musst du noch näher erklären.

FRITZ: Freilich, Hans. Dazu sitzen wir ja beisammen:

Zum 1. Punkt: Der Erwachte nennt oft Eigenschaften, die den Stromeintritt voraussetzen, aber keine Vorbedingungen für den Stromeintritt sind. Ein Beispiel ist das Gleichnis vom Tugendmonarchen (*»Kriegerfürst«*, sagt Neumann). Der Stromeintritt erfordert nur ein Erwachsensein zu den heilenden Tugenden; der Status des Tugendmonarchen ist die Krone dieser Entwicklung, keine Bedingung.

Zum 2. Punkt: Die Auflösung der drei ersten Verstrickungen *ist*, wie gesagt, schon der Stromeintritt, nicht nur eine Vorbedingung dafür: Verstrickungen sind hier nicht äußere Verwicklungen, in die man sich hat hineinziehen lassen, sondern innere Verstrickungen. Das Pāliwort heißt *sam-yojana* (wörtlich: »Zusammenjochung«). Im altindischen Sprachgebrauch wurde es hauptsächlich verwendet für »Fessel«, besonders für die Fesseln, die an den Wahnkreislauf binden. Deshalb übersetzt Neumann »Fesseln«.

HANS: Warum tust du das nicht auch?

FRITZ: Paul Debes hat einmal darauf hingewiesen, dass man sich unter Fesseln leicht etwas Starres wie Ketten oder Handschellen vorstellt. Die »Verjochungen« sind aber für einen Menschen nur dann starre »Bande« (*bandhana*), wenn er nicht weiß, dass sie in Wirklichkeit elastische Stränge sind, die man *vorübergehend* so weit dehnen kann, dass sie keine »Hemmungen« (*nīvaraṇa*) für zeitweilige Herzenseinigung und Klarwissen sind. Darüber haben wir ja schon gesprochen.[61]

RUTH: Die allumfassende Verstrickung ist doch wohl die Verstrickung in Wahn.

FRITZ: Ja, Ruth. Selbst Heilsgänger hemmt Wahn in jeder Daseinssekunde, in der sie nicht gerade einen von den fünf Hemmungen freien, »lichten Moment« zum Vorgehen auf dem Heilsweg nutzen.

RUTH: Da sieht man die gewaltige Wirkung der sechs unübertrefflichen Erinnerungen: Mit ihrer Hilfe können wir sogar mitten in Beruf oder Familie lichte, wahnfreie Momente haben.

61 Vgl. das 4. Gespräch: Kein Verstehen ohne Wandlung: Fünf Hemmungen überwinden. Vgl. S 22,1, S 41,3.

FRITZ: Ja, Ruth. Das zu wissen, kann einen richtig glücklich machen. Denn für einen Menschen, der von seiner Wahnverstrickung gar nichts weiß, ist sie eine eherne Bande (*avijjā-bandhana*). Das hat schlimme Folgen:

- Er kann keinen Blick für die rechten Menschen gewinnen.[62]
- Also kann er nicht gezielt einen rechten Lehrer und rechte Freunde suchen, prüfen und finden.
- Bis da hin bleibt ihm der Höchste Wandel verschlossen, denn der besteht ja ganz in guter Freundschaft. Dadurch fehlt dem Geist, dem Steuermann (*paṭisaraṇa*) der sechs Sinne[63], die Möglichkeit zur Ausrichtung auf die Dimension der Wachheit. Er bleibt im Geflecht der üblichen, im Daseinskreislauf gefangen haltenden wahnhaften Ziele der Menschen befangen.
- Deshalb könnte ein solcher Mensch die Sinnendinge, auf die ihn seine Spontanabsicht hintreibt, nicht wie ein Heilsgänger unverstrickt zur Befriedigung benutzen, denn er ist nicht beschützt durch die zumindest unterschwellige Erinnerung an ihr Elend und die Möglichkeit des Entrinnens.[64] So wird bei ihm aus bloßer Sinnenbefriedigung, die für sich allein weder ein Tugendverstoß noch eine falsche Wirkensbahn, noch eine der in M 7 genannten Herzenstrübungen wäre, leicht *»übermäßiges Hinstarren«* (*abhijjhā*): eine falsche Wirkensbahn und Herzenstrübung. Daraus entstehen Abneigung, Gewaltsamkeit und Untugenden.
- Selbst wenn ein solcher Mensch mit der Lehre in Berührung kommt, so wird er sie, wie A VII,29 zeigt, leicht *»widerwillig, kritiksüchtigen Herzens, nach Schwachstellen suchend«* zur Kenntnis nehmen und so diese Lebenschance zerstören, bevor sie zu unumkehrbaren Veränderungen hat führen können.

In wessen Geist hingegen der Ruf eines Erwachten gedrungen ist: *»Du träumst! Wach auf!«*, den hemmt der Wahn zwar immer noch beim Gewinnen von Herzenseinigung und Klarwissen (*avijjā-nīvaraṇa*), aber die Wahnverstrickung (*avijjā-saṃyojana*) ist keine starre Bande mehr (*avijjā-bandhana*), sondern kann vorübergehend (durch die sechs unübertrefflichen Erinnerungen sogar mitten bei der Arbeit oder im häuslichen Trubel) aufgehoben werden. In diesen lichten Momenten kann er seinen Geist – die Steuerzentrale aller Sinne – frei vom Wahneinfluss (*avijj'āsavā*) umprogrammieren. So wird die Wahnverstrickung immer mehr aufgelöst.

HANS: Was für *Verstrickungen* gibt es denn überhaupt?

FRITZ: Der Erwachte nennt fünf nach unten und fünf nach oben zuteilende Verstrickungen.

HANS: Was heißt unten und oben? Die untermenschlichen und die übermenschlichen Daseinsbereiche?

FRITZ: Nein, Hans: »Unten« ist der Sinnensuchtbereich, die »Wunscheswelt« (*kāma-loka*), der unterste der drei großen Erlebensbereiche. Zu ihm gehören alle untermenschlichen, menschlichen und der Teil der »himmlischen« Wesen, die im Herzen noch nicht so von innerem Wohl gesättigt sind, dass von »Äußerem« kein Wohl mehr wünschen und erwarten. Mit *»Oben«* sind die beiden Erfahrungsbereiche oberhalb der Sinnenwelt gemeint: zum einen der Existenzbereich der reinen Formen (Brahmawelt, *rūpa-bhava*). Dort beziehen die Wesen ihr Wohl unmittelbar aus dem Herzen. Die Farben seines Leuchtens bilden die reinen Formen, die diesen Erlebensbereich kennzeichnen. Die Wesen der Rūpawelt können, wenn sie wollen, meist auch die früher gewirkten (ein-gebildeten, gestalteten) Formen erleben, soweit nicht ihre Strahlungen in Liebe usw. diese früher gewirkten Formen überstrahlen oder ihr Einigungswohl sie aus ihnen entrückt.

62 Vgl. S 22,1 – ausführlich besprochen in WW 31. Jg. (1985) S. 130 ff., S 41,3.
63 Vgl. S 48,42.
64 Vgl. A X,91 und S 42,12.

»Oben« ist zum zweiten der von jeder Gestalt freie Erlebensbereich der grenzenlosen Wesen (*arūpa-bhava*), die alle, auch die reinen, strahlenden Formen, so klar durchschaut haben, dass sie auf Formen nicht mehr achten, sie nicht mehr unterscheiden und sie deshalb von einem gewissen Punkt dieser Entwicklung ab nach dem Wegsterben des Körpers für die Dauer dieser Wiedergeburt gar nicht mehr wahrnehmen.

Die Verstrickungen, die in der Sinnenwelt festhalten, sind die nach unten zuteilenden Verstrickungen, die in den beiden oberen Erfahrungsbereichen festhaltenden sind die nach oben zuteilenden Verstrickungen.

HANS: Ist das das, was Neumann mit »niederzerrende« und »emporzerrende« Fesseln übersetzt?

FRITZ: Ja. Von »Zerren« ist aber im Pāli keine Rede. Da heißt es nur *uddham-bhāgiya* = »mit unten verbindende«) und *oram-bhāgiya* = »mit oben verbindende« Verstrickungen.

HANS: Wird nicht auch von unten und oben »haltenden« Verstrickungen gesprochen?

FRITZ: Ja. So habe ich selber oft übersetzt. Aber ich merke jetzt, dass das Pāli da genauer ist: sie »halten« ja nicht nur den unten oder oben, der schon unten oder oben ist, sondern je nach dem Wirken teilen sie den Wesen die Bahn zu niederem oder höherem Erleben zu.

HANS: Das stimmt. — Die drei ersten nach unten zuteilenden Verstrickungen kennen wir ja: Glaube an Seinsdarstellung. Daseinszweifel und -sorgen, Überschätzen des Wirkens in Taten bei der Begegnung. Ihre Aufhebung – das ist mir jetzt klar – *ist* bereits der Eintritt in die Heilsströmung, nicht nur eine Voraussetzung dafür. Aber was sind denn die beiden andern nach unten zuteilenden Verstrickungen, die beim Eintritt in die Heilsströmung noch nicht aufgehoben sind?

FRITZ: Das sind Sinnenlustwollen (*kāmacchanda*) und *vyāpāda*, das meist mit »Übelwollen« übersetzt wird. Das ist aber zu eng: es bedeutet nicht unbedingt, dass man einem Mitwesen Leiden wünscht. Wörtlich hängt es zusammen mit *»geh weg!«* »Übel« ist dabei schon das Sträuben, ein Mitwesen so anzunehmen, wie es ist.

HANS: Es will mir immer noch nicht recht hinunter, dass für so etwas Gewaltiges wie den endgültigen Eintritt in die Heilsströmung nur die Aufhebung der drei nach unten zuteilenden Verstrickungen genügen soll, dass aber die Sinnesdränge noch nicht einmal so weit gemildert sein müssen, dass man zu keinem Übelwollen (im weiteren Sinne) mehr fähig ist.

FRITZ: Wir könnten es uns leicht machen und sagen, das sei eine Frage wie die, warum Eis »schon« bei einer Kleinigkeit über 0° Celsius schmilzt und nicht erst bei +5°; der Erwachte habe das Gesetz, dass schon die Auflösung der drei nach unten zuteilenden Verstrickungen der Eintritt in die Heilsströmung ist, nicht erfunden oder geschaffen, sondern entdeckt. Aber zunächst einmal ist die Erkenntnis, dass es Wahngebilde sind, die bisher für Ich und eine objektive Welt gehalten wurden, wahrlich keine Kleinigkeit, sondern die grundstürzendste Erkenntnis, so dass das Erstaunen, dass das schon zum Stromeintritt genügen soll, unberechtigt ist.

Es gibt eine Überlegung, die uns verstehen hilft, dass die Aufhebung oder Abschwächung des Übelwollens (im weiteren Sinne von »nicht Annehmen«) keine notwendige Bedingung für den Eintritt in die Heilsströmung ist: Übelwollen kann ja nur da entstehen, wo Dränge nach Besitz, Befriedigung, Macht oder Anerkennung derart durchkreuzt werden, dass auch das normale Maß von Mitempfinden unterdrückt wird, das zum Menschentum gehört. Dass dies einem Menschen widerfährt, setzt aber voraus, dass er die begehrten Gegenstände, Umstände oder Ideen wichtig nimmt. Nun ist aber die Grundvoraussetzung für den Eintritt in die Heilsströmung, dass die erste Verstrickung, Glaube an Seinsdarstellung – die Meinung, hinter den Erscheinungen, hinter »Welt« und »Ich«, sei »etwas anderes als Wirken und Erleben«, im Geist als Wahn durchschaut und aufgehoben wird. Der zur Vielfaltwelt aufgeblähte

Sinnensuchtballon kann aber nur in dem Maß wichtiggenommen werden, wie er noch mit Wahnluft gefüllt ist. Mit der Aufhebung der Ansicht, es »sei etwas von Wirken und Erleben Unabhängiges, Objektives dahinter«, sind zwar die Dränge und der eingespielte Erfahrungssuchlauf nicht weg. Aber in den Ballon hat die Durchschauung der Seinsdarstellung ein irreparables Loch gebohrt, aus dem ständig und unaufhaltsam Wahnluft entweicht. Damit steht fest, dass die einst begehrten Dinge nach und nach immer weniger wichtiggenommen werden: Der vorher so schön schimmernde farbige Ballon wird runzelig und weicher. Je mehr Luft entweicht, umso weniger reicht die Spannung der sich entleerenden Hülle aus, um noch Fixierung auf Sinnendinge und Übelwollen gegen Mitwesen aufkommen zu lassen. Deshalb genügt bereits die Auflösung der drei ersten, rein geistigen nach unten zuteilenden Verstrickungen – das Loch im Ballon – um auch der vierten und fünften nach unten zuteilenden Verstrickung auf die Dauer die Luft zu entziehen und dem Ballon »Höhenflüge« abzugewöhnen. Doch solange der schrumpfende Ballon noch eine gewisse Spannung hat, kann sich eine Zeit lang auch bei dem in die Heilsströmung Eingetretenen unter gewissen Bedingungen neben Sinnenlustwollen noch »Übelwollen« im weiteren Sinne zeigen. Aber immer mehr entweicht beim Weiterstreben die Spannung der Sinnesdränge, und schließlich bleiben nur noch die fünf nach oben zuteilenden Verstrickungen übrig.

HANS: Welche sind das denn?

FRITZ: Der Buddha hat sie auch häuslich Lebenden bei der Beschreibung des Sicherheitsgrades der Nichtwiederkehrer aufgezählt:

1. Die formhafte Daseinsweise (*rūpa-rāga*) reizt noch wegen des inneren Wohls der Entrückung oder Strahlung in Liebe, Erbarmen, in durch kein Mitwesen auch nur im Leisesten störbare Sanftmut und in Gleichmut.

2. Grenzenlosigkeit der völligen Gestaltfreiheit zieht noch an (*arūpa-rāga*).

3. Vermeinen – »Dünken« (*māno*, abgeleitet von *maññati*, »meinen«, Meinungen bilden) – herrscht noch oft – als Nachhall der anfangslosen Grundneigung des Herzens und der Grundgewöhnung, spontan so wahrzunehmen, als ob irgendetwas außer Wirken und Erleben »hinter« den Erscheinungen wäre. Eine besonders oft in den Reden genannte Erscheinungsform der Neigung, der Seinsdarstellung zu glauben, ist das »Ich-bin-Empfinden« (*asmi-māno*), die Wurzel von Überheblichkeit und Stolz und von Minderwertigkeitskomplexen und Gleichheitswahn. Ich Bin–Dünken ist aber nicht die einzige Erscheinungsform von Dünken (*māno*): Weltgläubigkeit ist ein besonders mächtiges Dünken – nicht zuletzt in der heute vorherrschenden Gestalt der Wissenschaftsgläubigkeit.[65] Bei dem in die Heilsströmung Eingetretenen korrigiert aber der Geist immer wieder jedes Dünken.

4. Eine weitere nach oben zuteilende Verstrickung ist Aufgeregtheit (*uddhacca*).[66]

5. Alle Verstrickungen – nach unten und nach oben zuteilende – beruhen auf der Grundverstrickung Wahn (*avijjā*), der aber beim Heilsgänger unaufhaltsam weicht.

RUTH: Ich möchte wieder einmal gern zu meiner Selbstkontrolle zusammenfassen:

Es ist nicht Bedingung für den Stromeintritt, dass weitere Verstrickungen als die drei ersten auch nur abgeschwächt, geschweige denn aufgehoben sind, nicht einmal die vierte und fünfte: Sinnenlustwollen und Übelwollen. Nicht aufgehoben ist beim Stromeingetretenen z. B. der Hang, sich über irgendetwas aufzuregen oder zu beunruhigen (und sei es nur über das »eigene« Vorwärtskommen). Alle Verstrickungen beruhen auf der fünften nach oben zuteilenden

65 Vgl. dazu Schäfer, »Realität«, in Beyerlein (Hrsg.), *Elf Beiträge*.

66 *Uddhacca* von *ud*= auf + *dharati* = tragen: »Auf-trag«; Gleichnis daher der Sklave, der ständig Aufträge zudiktiert erhält und deshalb nicht zur Ruhe kommt. Stellvertretend für viele Beispiele vgl. Sāriputto zu Ānando in A III, 131.

Verstrickung: Wahn, Blindwissen. Die ist erst beim Geheilten restlos aufgelöst. Aber schon der in die Heilsströmung Eingetretene hat die drei nach unten zuteilenden Verstrickungen, der *anusāri* immerhin die grundlegende erste Verstrickung vollständig aufgelöst. Stimmt das so?

Fritz: Ja, Ruth, das stimmt so. Gerade dein treffender Überblick macht verständlich, dass es der Erwachte nicht seinen häuslich lebenden Nachfolgern überlassen wollte, durch Abgrenzen anhand dieser zwei Mal fünf meist unbewussten Verstrickungen herauszufinden, ob sie nun schon in die Heilsströmung eingetreten sind oder nicht, sondern dass er ihnen die einfache viergliedrige Merkmalsreihe des Stromeintritts als *»Spiegel der Lehre«* gegeben hat. Nie wird dazu eine andere Reihe genannt.

Hans: Aber was hat es denn dann mit jenen sieben Prüfungen auf sich?

Fritz: Sie kommen im ganzen Kanon nur einmal, in M 48^m^, vor, und zwar nur gegenüber Mönchen, die an einer drohenden Ordensspaltung beteiligt waren. Ich hatte diese Rede daher für das Buch gar nicht vorgesehen. Aber deine Frage erinnert mich an manche hinderlichen Missverständnisse, zu denen sie geführt hat. Das sieht man z. B. an einem Briefwechsel, den Paul Debes schon vor vielen Jahren nach einer Besprechung von M 48 geführt hat. Den habe ich mir für heute bereitgelegt. Darin schreibt er einem Leser: *»Zu all den von Ihnen vorgebrachten Gedanken über die mancherlei inneren Beobachtungen und Selbstprüfungen muss gesagt werden, dass diese höchstens für einen weit fortgeschrittenen Einmalwiederkehrer gelten, aber zum Glück nicht nötig sind für diese erste Prüfung dessen, der die Heilswahrheit gerade gepackt hat.«*[67]

Die Rede M 48^{m} hat der Erwachte auf Grund eines sich über Monate hinziehenden Streits im Mönchsorden von Kosambi gehalten. Der gesamte zehnte und letzte Abschnitt im Großen Buch (Mahāvāgga) des Korbs der Ordensregeln (Vinaya-Piṭaka) handelt davon. M 48^{m} und M 128^{m} betreffen Teilausschnitte aus diesem Geschehen. Um die einmalige, von allen 32 Beschreibungen der vier Glieder des Stromeintritts abweichende siebenfache Auffächerung von Eigenschaften zu verstehen, müssen wir uns den ganzen Vorgang kurz vor Augen führen[68]: Ein sonst – so heißt es ausdrücklich – *»weiser (paṇḍito), erfahrener, kluger, gewissenhafter, eher übergenauer (kukuccako), übungseifriger Mönch«* im Ghositakloster in Kosambi, *»ein Kenner und Erklärer der Lehrtexte«*[69], hatte unstreitig eine Ordensregel verletzt.

Hans: Was hat er denn verbrochen?

Fritz: Nach der Überlieferung hat er es versäumt, vor Verlassen des Waschraums seine Waschschüssel auszugießen.[70] Mitmönche machten ihn auf den Regelverstoß aufmerksam. Das ließ er erst ohne Widerspruch gelten. Schüler eines anderen Mönchslehrers hänselten darauf seine Schüler: »Euer Lehrer merkt nicht einmal, wenn er gegen die Regel verstößt.« Als er das hörte, sah er offenbar die Autorität bedroht und überdachte den Vorfall nochmals mit dem Ergebnis, genau genommen sei gar keine Regel verletzt worden. Nun ging der Streit hin und her, und er mobilisierte seine auswärtigen Anhänger. Es bildeten sich Parteien. Eine Ordensversammlung aus Mönchen der Gegenpartei suspendierte ihn von seinen Mönchsrechten – nicht wegen der Waschschüssel, sondern weil er einen Regelverstoß nicht als Regelverstoß anerkannte. Eine auswärts unter Ausnutzung bestimmter Verfahrensregeln aus Anhängern seiner Meinung gebildete andere Ordensversammlung hob die Suspension auf. Verhandlungen zur Sache und zur Rechtswirksamkeit beider Beschlüsse blieben erfolglos. Der Fall wurde dem Erwachten unterbreitet. Der Erwachte sprach mit beiden Parteien, legte die Rechtslage klar, erwähnte als »goldene Brücke« für den suspendierten Mönch auch die Möglichkeit, aus Vertrauen zu einer

67 WW, 23. Jg. (1977), S. 202 ff., vgl. besonders S. 217.
68 Vgl. Vin I, 337-360, besprochen in Schäfer-Beyerlein, S. 167 ff., 483-513; vgl. auch J 371 und 428.
69 So ausdrücklich MV 337 (2).
70 CV VIII, 8

Vielzahl von Mönchen trotz abweichender eigener Meinung eine Regelverletzung gütlich anzuerkennen, wies aber auch auf das Unbefriedigende einer bloß formalen Behandlung des Falles hin und empfahl eine einvernehmliche Beilegung. Schließlich handle es sich um einen sonst bewährten Mönch. Vergebens. Es kam zu schweren Auseinandersetzungen. Daran nahmen die häuslich lebenden Anhänger Anstoß. Versöhnliche Mönche baten den Erwachten erneut um Abhilfe. Dieser mahnte, sich trotz der Meinungsverschiedenheiten freundlich zusammenzusetzen. Sie setzten sich zusammen, verletzten einander aber nun *»mit der Waffe der Zunge«*. Zum dritten Mal wurde der Erwachte benachrichtigt. Er kam und mahnte, vom Streit abzulassen. Da forderte ihn einer der Mönche auf, zu gehen und seliger Gegenwart zu genießen; der Streit sei ihre eigene Sache. Der Erwachte wiederholte seine Mahnung – mit dem gleichen Ergebnis. Da erzählte er ihnen, wie zwei streitende Fürsten in alter Zeit nach grausamen Vorkommnissen einander dennoch gegenseitig das Leben geschenkt hatten und Freunde geworden waren; da müssten sich doch auch seine Mönchen vertragen können. Aber zum dritten Mal schickten sie den Meister fort. — Diesmal ging er. Erst ein Almosenboykott der häuslichen Nachfolger aus Kosambi leitete die Beilegung des Streits ein.

In diese Sondersituation hinein hat der Erwachte den verblendeten Mönchen von Kosambi – und nur ihnen – irgendwann zwischen Ausbruch und Ende des Streits die Rede M 48[m] gehalten.[71] Dabei ging es also nicht darum, in einem normalen Lehrgang die allgemein gültigen Mindest-Merkmale für den Stromeintritt darzulegen, sondern diesen Mönchen aus ihrer speziellen verfahrenen Situation herauszuhelfen. So weit, wie sie sich verrannt hatten, musste eine ungeheuer dichte Wolke von Verblendung über sie gekommen sein, so dass ihnen ihre heilende rechte Anschauung nicht zugänglich war. Früher habe ich gedacht, heilende rechte Anschauung könnten sie gar nicht gehabt haben; es müssten ganz schlechte, zurückgebliebene Mönche – Weltgänger – gewesen sein. Aber einiges hat mich vorsichtig gemacht, ein solches Urteil zu fällen, vor allem der Hinweis auf die Qualitäten des Mönchslehrers, der die Schüssel stehen ließ. Heute vermute ich sogar, dass viele, wenn nicht die meisten Mönche von Kosambi – entgegen dem Anschein – die heilende rechte Anschauung hatten, und dass es dem Erwachten in M 48 darum ging, sie durch hohe Motivation wieder zu ihr zurückzuführen.

HANS: Woher willst du das wissen? Du warst doch nicht dabei!

FRITZ: Stimmt. Nach M 95 kann das, was ich darüber denke, zweierlei Ausgang haben. Da behalte ich es besser für mich.

RUTH: Ach, sag's uns bitte trotzdem. Wir sagen's nicht weiter. In dein Buch musst du es ja nicht schreiben.

FRITZ: Ich möchte es aber darin doch nicht unerwähnt lassen. Ich schließe es aus Folgendem: Der Buddha hält die Mönche zuerst an, sechs *»nicht zu vergessende, lieb und wert zu haltende, zu Eintracht und Streitlosigkeit führende Eigenschaften«* anzuwenden, die er bei ihnen als bekannt voraussetzt; denn er erklärt sie nicht näher: mit den Ordensbrüdern offen und verborgen liebevoll umgehen, Spenden recht teilen, die Ordenstugenden als geistigen Maßstab rein, aber ohne Überschätzung so befolgen, dass sie zum *samādhi* führen. Als sechste der zur Eintracht führenden Eigenschaften, als ihren Gipfel und Inbegriff, nennt der Erwachte *»die heilende, helfende Anschauung, die den, der danach handelt (takkara[72]) zur Leidensauflösung führt«*. Hätten die Mönche sie nicht schon besessen, dann hätte sie ihnen der Erwachte an dieser Stelle erklären müssen, damit sie seine Mahnung verstanden. Das hat er aber nicht getan, sondern er hat gleich die Frage behandelt, »wie« diese Anschauung den danach Handelnden zur Aufhebung *allen* Leidens (also zum *höchsten* Heilsstand, nicht nur zum Stromeintritt) führt.

71 Näheres vgl. HHeckerLebenBu, S. 449 ff.
72 = *tad-kara*.

Einzig und allein zur Beantwortung *dieser* Frage nennt der Erwachte nun sieben Prüfungen, die im ganzen Kanon in dieser Zusammenstellung ebenso einmalig sind wie der Streit von Kosambi zu Lebzeiten des Erwachten einmalig war. Schauen wir sie uns einmal einzeln an:

1.) Bei der ersten Prüfung prüft sich der Mönch in der Abgeschiedenheit, ob in ihm klares Denken hindernde Besessenheiten (*pariyutthāna*, »rundum besessen«) sind. Diesen massiven Ausdruck für die fünf Hemmungen verwendet der Erwachte wohl im Hinblick auf die besonders starken Hemmungen der Mönche beim Streit von Kosambi. Neumanns Übersetzung »Umspinnungen« klingt »spinnwebfein« und drückt nicht die Wucht aus, zu der die Hemmungen beim Streit von Kosambi angewachsen waren. Diese erste Prüfungsfrage schnitt der Erwachte dadurch speziell auf den Fall »Kosambi« zu, dass er mit den fünf Hemmungen noch zwei weitere bei dem Streit besonders zutagegetretene Merkmale verband: *»dieser oder jener Welt nachhängen«* und *»auf Zank und Streit aus sein«*. Den Mönchen sollte ganz deutlich werden – da sie doch wüssten, dass es sogar unheilsam sei, jener Welt nachzuhängen, wie unsinnig es da erst sei, der Handhabung einer Waschschüssel nachzuhängen.

2.) Bei der der zweiten Prüfung sollen sich die Mönche erforschen, ob sie durch die bei der ersten Prüfung gepflegte Sicht in ihrer Anschauung ruhiger und klarer werden. Das könnte der endgültigen stillmachenden Klarheit beim Erwachten, der Lehre und der Heilsgängergemeinde entsprechen.

3.) Bei der dritten Prüfung sollen sich die Mönche fragen, ob sie denn bei irgendeinem anderen Meister als dem Erwachten eine solche Lehre finden. Diese Frage vor sich selbst verneinen können, ist ein Indiz für die endgültige, stillmachende Klarheit beim Erwachten.

Bei den beiden folgenden Prüfungen geht es um die Frage, ob der Mönch bestimmte Tugend-Eigenschaften des *»in die Anschauung Hineingewachsenen«* aufweist, nämlich

4.) Verletzungen der Ordenstugenden unverzüglich zu beichten – daran hatte es ja gerade in Kosambi gefehlt: Jener Mönch, der die Waschschüssel hatte stehen lassen, war nicht deshalb suspendiert worden, sondern weil er einen Regelverstoß auf Vorhalt nicht als Regelverletzung zugab. Und beigelegt wurde der Konflikt, indem er seine Beichte nachholte und wieder in seine Rechte eingesetzt wurde.[73] Für häuslich Lebende passt dieser Punkt überhaupt nicht, weil Nichtbeichten nur für Mönche auf Grund der Ordenssatzung ein Vergehen ist. Bei häuslich Lebenden hat das Hineingewachsensein in die heilenden Tugenden lediglich die Bedeutung, dass sie es nicht mehr über sich bringen, ein Vergehen zu *verheimlichen*.[74] Aber auch diese Eigenschaft wird in Sn 232 für den in der Welt lebenden Nachfolger nicht als Vorbedingung für den Stromeintritt genannt, sondern als eine der typischen Folgen des Stromeintritts.

5.) Die fünfte Prüfung geht dahin, ob es den Mönch zur Übernahme von Obliegenheiten für die Ordensbrüder so drängt wie die Mutterkuh, die den Zaun durchbricht, um zu ihrem Kälbchen zu kommen, und ob er dabei das dringende Bestreben (*tibbāpekhā*) hat, hohe Tugend, hohe Herzenseinigung und hohe Weisheit zu üben.

RUTH: Diese fünfte Prüfung kann doch schon deshalb nicht Mindestvoraussetzungen für den Eintritt in die Heilsströmung betreffen, weil der Buddha auch von dem *trägen sotāpanna* spricht.

FRITZ: Ja, Ruth. In S 55,40 sagt ja der Buddha über ihn, dass er sich mit den vier Gliedern des Stromeintritts begnügt: *»Er kämpft nicht weiter. Weil er so nachlässig dahinlebt, gewinnt er nicht innere Freude, inneren Jubel, Stillwerden der Körpersinne, – bleibt im Schmerzlichen.«* Wenn es schon nicht zu den Mindestvoraussetzungen des Eintritts in die Heilsströmung gehört, großen Eifer im Üben hoher Tugend, Herzenseinigung und Weisheit zu zeigen, dann doch erst recht nicht, dass häuslich Lebende, die ohnehin viel Pflichten haben, vom Eintritt in

73 MV X, besprochen in Schäfer-Beyerlein, *a.a.O.*, S. 181 ff.

74 Vgl. Sn 232.

die Heilsströmung ausgeschlossen sind, wenn sie Obliegenheiten zwar übernehmen, aber nicht gerade mit dem Eifer der Mutterkuh. Bei häuslichen Nachfolgern würde mich diese Forderung an jenen Unteroffizier vor 57 Jahren erinnern, der beim Schleifen uns gequälte Rekruten anbrüllte: »Machen Sie gefälligst ein dienstfreudiges Gesicht!« Bei Mönchen, die Haus, Heim und Familie aufgegeben haben und nun einander als nach dem höchsten Ziel strebende Freunde Vater und Mutter, Bruder und Schwester ersetzen sollen und die viel weniger Pflichten haben als häuslich Lebende, hat dagegen die Gesinnung, wie sie der Erwachte im Gleichnis von der Mutterkuh beschreibt, eine ganz andere Bedeutung. Hier zeigt sich wieder die offensichtliche Ausrichtung der sieben Prüfungen auf den Sonderfall der Mönche von Kosambi: Die Mitmönche hatten sich ja gerade nicht wie die Mutterkuh zum Kalb gedrängt gefühlt, die vergessene Waschschüssel kurzerhand selber auszuleeren, sondern hatten aus dem Vorfall einen Rechtsstreit und fast eine Ordensspaltung gemacht.

6.-7.) Die sechste und siebte Prüfung sind darauf gerichtet, ob der Mönch zwei weitere Eigenschaften des in die heilende Anschauung Hineingewachsenen zu »Stärken« (*bala-tā*[75]) ausgebildet hat: einmal (sechstens) die Stärke, die Lehre *»auf den Sinn gerichtet, aufmerksam, mit ganzem Gemüt hingegeben, offenen Ohres aufzunehmen«* und (siebtens) die Stärke, *»bei Darlegung der Lehre und Heilsanleitung des Vollendeten ein Empfinden für das Ziel (atthaveda), für die Wahrheit (dhammaveda), aus der Wahrheit aufsteigende geistige Freude (pāmujjā) zu gewinnen«.* Diese *»verständnisreife Wahrheitwonne«*, wie Neumann übersetzt, gehört nicht zu den notwendigen Bedingungen des Stromeintritts, sonst könnte es den in S 55,40 beschriebenen trägen *sotāpanna* gar nicht geben, von dem Ruth vorhin gesprochen hat. Die streitenden Mönche von Kosambi hatten gerade in diesen beiden Prüfungspunkten besondere Schwächen gezeigt. Deshalb leitete sie der Erwachte an, diese Schwächen durch besonders kraftvolles Üben in Stärken (*bala*) zu verwandeln. Auch hier also ein merkliches Abstellen auf den Sonderfall der Mönche von Kosambi, keine allgemeine Verschärfung der vier Glieder des Stromeingetretenen für alle! Das sehen wir auch deutlich an der abschließenden Bemerkung des Erwachten zu diesen sieben Prüfungen. Da sagt er nicht etwa: »Wer diese sieben Prüfungen nicht besteht, ist nicht in die Heilsströmung eingetreten«, sondern er sagt: *»Die Art (dhammatā) eines zu diesen sieben Gliedern erwachsenen Heilsgängers ist die vollkommenste (su-samma-niṭṭha), sich den Eintritt in die Heilsströmung vor Augen zu führen. Der zu diesen sieben Gliedern erwachsene Heilsgänger ist zur Frucht des Eintritts in die Heilsströmung erwachsen.«* Die Stelle bedeutet also keineswegs, erst wer alle sieben Merkmale bei sich feststellen könne, habe seine Art *»genug geprüft, um die Hörerschaft zu gewinnen«*, wer noch nicht alle sieben Merkmale aufweise, sei überhaupt noch nicht in die Heilsströmung eingetreten. Der Pāliwortlaut ist eindeutig: *Nitthā* bedeutet schon für sich allein Vollendung, Vollkommenheit, Ende, Erfüllung, Gewissheit und wird hier noch doppelt verstärkt durch die Vorsilben »*su*« = »gut, wohl, schön« und *samma* = »richtig, recht«. In der Bewertungsskala der Eigenschaften des in die Heilsströmung Eingetretenen ist also »*susammanittha*« kein bloßes »*Ausreichend*«, sondern ein »*Hervorragend*«.

Hans: Wenn aber die Mönche von Kosambi solche Schwächen gezeigt hatten – warum zeigt ihnen der Buddha gerade die vollkommenste Art des in die Heilsströmung Eingetretenen, nicht nur die Mindestbedingungen?

Fritz: Deswegen meine ich ja: So sehr ihr Verhalten dagegen zu sprechen scheint – viele dieser Mönche mussten schon *anusāri* und auch *sotāpanna* gewesen sein. Denn das meiste, was ihnen der Buddha sagt, setzt tiefe rechte Anschauung voraus, sonst wären die Mahnungen des

75 *bala* (nicht zu verwechseln mit *bāla* = »der Tor«) ist die Stärke, insbesondere die Stärke eines Heilssinns; die Nachsilbe »*-tā*« entspricht unseren Nachsilben -heit, -keit.

Erwachten für sie leere Worte gewesen. Gerade denen, die – vielleicht ohne es zu wissen – schon in die Heilströmung eingetreten waren, sich aber aus Sympathie oder Antipathie mehr oder weniger widerwillig als Mitläufer in die Parteiungen hatten hineinziehen lassen, mochte das Gewissen schwer geschlagen haben, und sie mochten niedergeschlagen gewesen sein, ob nun nicht ihre gesamte Askese, um deretwillen sie Haus und Familie verlassen hatten, umsonst gewesen sei und sie ungesichert im Daseinskreislauf stünden, von der Heilsströmung, in die sie eintreten wollten, sozusagen ausgespien. Ihnen konnte es aus heilshinderlicher Reue heraushelfen, dass ihnen der Erwachte abschließend sagte: *»Der zu diesen sieben Gliedern erwachsene Heilsgänger ist zur Frucht des Eintritts in die Heilsströmung erwachsen.«* So bestätigt auch der Wortlaut, was schon die Inhaltsprüfung ahnen lässt: Die sieben Prüfungen zeigen, welche Merkmale die vollkommenste (*su-samma-niṭṭha*) Beschaffenheit eines in die Heilsströmung Eingetretenen auszeichnen, um die vorübergehend unter ihr Niveau herabgesackten Mönche von Kosambi umso stärker emporziehend zu motivieren. Manche besonders tief Verstrickte mochten die Chance verspielt haben, das in M 48 angesprochene höchste Ziel – Nirvāna – schon in diesem Leben zu erreichen. — Für sie blieb es wichtig zu sehen, dass ihnen aber immer noch das Ziel erreichbar war, als »Startbasis« für ihre folgende Wiedergeburt wenigstens die Merkmale des in die Heilsströmung Eingetretenen nicht nur im Minimum, sondern in Vollkommenheit zu entfalten. So konnten sie vieles – auf die Dauer alles – wieder gutmachen. Deshalb, so scheint mir, lenkte der Erwachte mit seiner Rede als Sondertherapie gegen die Kosambische Verblendungsepidemie die Aufmerksamkeit der Mönche auf die vollkommenste Art des Stromeintritts. Wir finden deshalb darin keine Herausarbeitung der notwendigen Mindestvoraussetzungen für den Stromeintritt. Die finden wir in den vielfach übereinstimmend dargelegten klaren, einfachen und tiefen *»vier Gliedern des Eintritts in die Heilsströmung«*. Sie nur hat der Erwachte immer wieder als den *»Spiegel der Lehre«* schlechthin bezeichnet. Stellen wir uns immer wieder dieser vierfältigen Prüfung auf die vier Glieder total ehrlich, unbeeinflusst von Optimismus und Pessimismus, um zu sehen, ob wir uns ihnen nähern, um sie zu erwerben, und, soweit erworben, um sie immer mehr zu stärken! Denn diese Glieder sind unvergleichlich wichtiger als die Glieder unseres Körpers.

RUTH: Wie gut, dass Hans nach den sieben Prüfungen gefragt hat. Ich hatte davon noch nichts gehört, und mir war erst heiß und kalt geworden, als ich hörte, was da noch an weiteren Voraussetzungen für den Stromeintritt dazuzukommen schien. Jetzt bin ich beruhigt und sehe wieder klar. Dann lasst uns doch jetzt die vier Glieder des Hörers, des in die Heilsströmung Eingetretenen betrachten!

FRITZ: Ja, Ruth:

2.) DIE VIER GLIEDER DES IN DIE HEILSSTRÖMUNG EINGETRETENEN

Ihren Wortlaut kennen wir längst, weil sie den Gegenstand der ersten vier der sechs unübertrefflichen Erinnerungen bilden, die der Erwachte nennt, damit man sie bis zur Gewissheit einüben kann. Die Erinnerungen selbst sind natürlich noch nicht der Stromeintritt, sondern nur Mittel zum Einüben seiner Merkmale. Würde man auch diese Übungen mitzählen, so käme man auf über 45 Erwähnungen der endgültigen, stillmachenden Klarheit beim Erwachten, der Lehre und der Heilsgängergemeinde und der heilenden Tugenden. Zählt man nur die Stellen, an denen die ersten vier Erinnerungen ausdrücklich als *»vier Glieder des Stromeintritts«* bezeichnet sind, dann kommt man immer noch auf 34 Stellen. An sechs Stellen werden sie häuslich lebenden Anhängern ausdrücklich zur selbstständigen Selbstprüfung auf den Stromeintritt angeraten,[76] 19 weitere Mal (davon fünfzehn Mal zu häuslichen

76 D 16 II; A V,179; S 55,7, S 55,24+25 und S 55,28.

Nachfolgern) wird ausdrücklich gesagt, der mit diesen vier Gliedern ausgestattete Mensch sei in die Heilsströmung eingetreten.[77] In vier weiteren Fällen wird statt von Eintritt in die Heilsströmung von der endgültigen Erlösung vom Abweg gesprochen.[78] In fünf weiteren Texten wird das vierte Glied – der meist durch die heilenden Tugenden umschriebene Gemütszustand des »Hörers« – mit anderen Merkmalen umschrieben, auf die wir gleich kommen.[79] Mangelnde Berücksichtigung dieser vom Erwachten dutzendfach gezeigten vier notwendigen und ausreichenden Merkmale des in die Heilsströmung Eingetretenen scheint schon zu Lebzeiten des Erwachten unter Nachfolgern zu Unklarheiten geführt zu haben. Das zeigt ein Ausschnitt aus *der »Großen Rede über das Vollkommene Erlöschen«*:

D 16 II.

Da fragt Ānando den Erhabenen, wo ein Mönch, eine Nonne und eine ganze Reihe jüngst in dem Ort Nādika verstorbener häuslicher Nachfolgerinnen und Nachfolger wieder erschienen sind. Offenbar hatten ihn deren Angehörige und Freunde danach gefragt. Der Erwachte beantwortete zunächst Ānandos Frage umfassend und teilte darüber hinaus mit, insgesamt seien allein aus diesem einen Ort über 50 verstorbene Anhänger als Nichtwiederkehrer oberhalb der Sinnensuchtwelt erschienen; etwa 90 weitere seien bis zu ihrem Tod Einmalwiederkehrer geworden und *»mehr als 500 verstorbene Anhänger aus Nādika sind nach vollständiger Vernichtung der drei Verstrickungen in die Heilsströmung eingetreten. Vor dem Abweg gesichert, gehen sie unumkehrbar dem vollständigen Erwachen entgegen.«* Dann aber fügte der Erwachte mit einem gewissen Nachdruck hinzu: *»Es ist doch nichts besonderes, Ānando, dass Menschgewordene ihre Zeit hinter sich gebracht haben. Wenn ihr wegen jedes Verstorbenen zum Vollendeten kommen und ihn fragen wolltet, dann wäre das eine Last für den Vollendeten. Deshalb will ich euch eine Lehrdarlegung namens ›Spiegel der Wahrheit‹ geben, mit deren Hilfe ein Heilsgänger, wenn er will, sich bei sich selber Klarheit verschaffen kann: ›Befreit bin ich von der Möglichkeit zur Hölle, befreit von der Möglichkeit zum Tierschoß, befreit von der Möglichkeit zum Gespensterreich, befreit von der Möglichkeit zum Abweg, zu schlechter Bahn: in die Heilsströmung eingetreten bin ich, dem Abweg nicht mehr ausgesetzt; unumkehrbar gehe ich dem vollen Erwachen entgegen.‹ Und welches ist diese Lehrdarlegung namens ›Spiegel der Wahrheit‹?«*

Nun nennt der Erwachte zum wiederholten Male die vier Glieder des in den Strom Eingetretenen – keines mehr und keines weniger:

»Da ist ein Heilsgänger

(1) beim Erwachten *zu der endgültigen stillmachenden Klarheit (aveccappasāda) erwachsen: ›Das ist wahrhaftig der Erhabene, geheilt, der Vollkommen Erwachte, vollendet in Wissen und Wandel, zum Heil gekommen, der Welt Kenner, der höchste Lenker der erziehbaren Menschen, der Meister der Himmelswesen und Menschen, erwacht, erhaben.‹*

(2) Bei der Lehre *ist er zu der endgültigen Klarheit erwachsen: ›Wohlverkündet ist vom Erhabenen die Lehre, unmittelbar einleuchtend, zeitlos, einladend: 'Komm und sieh selbst!', sie führt zum Ziel, ist bei sich selber nachvollziehbar für den, der Augen hat, zu sehen.‹*

(3) Bei der Heilsgängergemeinde *ist er zu der endgültigen Klarheit erwachsen: ›Richtig nachgefolgt ist beim Erhabenen die Gemeinde der Heilsgänger, offen und gerade, hat ihr Leben nach*

77 D 33 IV^{m}; A V,32 (statt »Stromeintritt« wird hier die Gewissheit genannt, zum Gipfel aufzusteigen), A VI,34^{m}; S 55,2-4, S 55,6, S 55,13^{m}, S 55,20^{m}, S 55,22 (statt *»Stromeintritt«* steht hier: *»Gefälle zum Nirvāna«)*, S 55,23-27 (in S 24 und S 25 ist das, was Sarakāni vom vierten Glied des Stromeintritts erst im Sterben verwirklichte, getrennt von den anderen drei Gliedern aufgeführt), S 55,30, S 55,37^{m} (statt Stromeintritt *»anderes Ufer«*), S 55,40, S 55,43.

78 S 55,1, S 55,14^{m}-15^{m}.

79 S 55,31^{m}-33^{m}, S 55,39, S 55,42^{m}.

ihrer Erkenntnis eingerichtet, führt das rechte Leben, nämlich als die vier Paare von Menschen nach acht Graden von Menschen; das ist die Heilsgängergemeinde des Erhabenen, wert der Verehrung, wert, zu Gast zu sein, wert des ehrfurchtsvollen Grußes, das beste Feld in der Welt für ein Wirken mit guten Folgen.‹

(4) Erwachsen ist er zu den Tugenden, wie sie den Heilsgängern wert *sind, den unzerstückelten, unbeschnittenen, unbefleckten, ungesprenkelten, aus der Sklaverei befreienden, von Verständigen gepriesenen, an denen man nicht festhängt, so dass sie zur Einigung führen.*

Das, Ānando, ist die Lehrdarlegung namens ›Spiegel der Wahrheit‹, mit deren Hilfe ein Heilsgänger, wenn er will, sich bei sich selber Klarheit verschaffen kann: ›Befreit bin ich von der Möglichkeit zur Hölle, zum Tierschoß, zum Gespensterreich, befreit von der Möglichkeit zum Abweg, zu schlechter Bahn: in die Heilsströmung eingetreten bin ich, dem Abweg nicht mehr ausgesetzt; unumkehrbar gehe ich der vollen Erwachung entgegen.‹«

Das hätte der Erwachte nicht über 30 Mal gesagt, wenn diese vier Glieder nicht für die Selbstprüfung ausreichen würden. Denn gerade häusliche Nachfolger brauchen für eine unabhängige Selbstprüfung ganz eindeutige Merkmale.

Hans: Das ist mir jetzt klar. Aber nun habe ich noch eine vielleicht primitiv klingende Frage: Hier wird ganz uneingeschränkt über die Gemeinde der Heilsgänger gesagt, sie sei *»das beste Feld in der Welt für ein Wirken mit guten Folgen«*. Aber was das Spenden angeht, steht doch dabei gewiss der Orden im Vordergrund. Gilt dieser Vorzug des Ordens als Ziel der Spenden heute noch, zweitausend Jahre nachdem sein Verfall begonnen hat?

Fritz: Vor 2.500 Jahren – als es unter den häuslichen Nachfolgern des Erwachten Tausende von Heilsgängern bis hinauf zu Nichtwiederkehrern gab und im Orden eine noch größere »Heilsgängerdichte« herrschte bis hinauf zu Geheilten – mögen zwar die Menschen bei der Gabenwürdigkeit praktisch in erster Linie an den Orden gedacht haben. Denn selbst als der Orden groß geworden war und auch Zulauf aus unedlen Motiven wie etwa Versorgungsgründen erhielt, konnte der Erwachte nach D 16 VI und A IV,75^{m} noch auf dem Sterbebett feststellen, dass unter den 500 Mönchen, die herbeigeströmt waren, auch der Geringste in die Heilsströmung eingetreten war. In dieser Rede und in vielen anderen ist aber die Gabenwürdigkeit nicht an die Ordenszugehörigkeit geknüpft. Der Erwachte spricht hier nicht, wie manchmal, von *bhikkhū-* oder *bhikkhūnī-sangha* oder neutral von *»sangha«* (Gemeinde), sondern er sagt ausdrücklich *»sāvaka-sangha«*, also Heilsgängergemeinde. Es geht ja nicht nur um die Frage, wohin ich den Spendenanteil meiner Ausgaben am besten lenke, sondern auch darum, wer wertzuhalten und ernst zu nehmen ist, wen ich mir ins Haus ziehe und mit wem ich am besten näheren Umgang und Freundschaft pflege. Wenn hier der Erwachte als Maßstab ausdrücklich nicht nur vom Orden, sondern allgemein von den Heilsgängern spricht, so kommt dieser Wortwahl gerade in dieser Rede besondere Bedeutung zu; denn sie fällt in die letzte Lebenszeit des achtzigjährigen Erwachten, in der er seinen alten Leib *»wie einen abgeratterten Karren«* durch die Lande schleppte, um den Menschen sein Vermächtnis noch einmal einzuprägen. Hier könnte der Erwachte auch über die kurzen 500 Jahre hinaus gedacht haben, auf die er den ungetrübten Fortbestand eines intakten Ordens schätzte. Aber wo immer es Heilsgänger vom *anusāri* an gibt, im Orden oder in der Häuslichkeit, da gilt diese Aussage zeitlos und uneingeschränkt. Wir brauchen uns heute nur umzuschauen in Freundeskreisen, in denen die ursprüngliche Lehre noch gelebt wird. Was erleben wir da an stiller tätiger gegenseitiger Hilfe und Förderung und vor allem auch an wahrheitsergebener Zuwendung in Liebe und herzlicher Achtung. Sie erstreckt sich auch auf jene immer noch hie und da vorhandenen – fast möchte man sagen: »Inseln der Seligen«, die sich im Orden um einzelne echte Mönche gebildet haben.

Hans: Ach, ist das schön. — Jetzt merke ich es selber: Mit diesem Gedanken »Ist das schön!« habe ich wieder ein Stück Erinnerung an die Heilsgängergemeinde, ein Stück der unübertrefflichen Erinnerungen gepflegt und war dadurch in diesem Augenblick wahnfrei! Darüber kann ich mich freuen. — Jetzt habe ich aber noch eine Frage: Die endgültige Gewissheit des in die Heilsströmung Eingetretenen hat wörtlich den gleichen Gegenstand wie die ersten drei der sechs Erinnerungen – die Wachheit des Vollendeten, die Nachvollziehbarkeit der Lehre im eigenen Leben und die Gesichertheit der Heilsgängergemeinde auf Grund ihres richtigen Vorgehens, nur wird bei den ersten drei Gliedern des Stromeingetretenen nicht nur gesagt, dass die Heilsgänger sich daran erinnern und sich dahin recken, sondern dass ihnen darüber *»endgültige stillmachende Klarheit« aufgegangen ist.* Das klingt nach viel mehr als bloßem Vertrauen, von bloßem Glauben gar nicht zu reden. Habe ich recht verstanden, dass für diese Klarheit auch ein anderer Pāliausdruck steht als der für Vertrauen?

Fritz: Ja, Hans. Da steht nicht wie bei dem ersten der fünf Heils-Sinne *saddhā*, »Vertrauen«, sondern *»aveccappasāda«*. Diesen Ausdruck habe ich bisher nur in diesem und in keinem anderen Zusammenhang gefunden. In dem Wort *pasāda* klingt nach den Wörterbüchern dreierlei an: in erster Linie »Klarheit«, »Glanz«, »Strahlkraft«, »Reinheit«, zweitens: »Freude«, »Genugtuung«, eine »glückliche oder gute Gestimmtheit« (englisch: mind), »Tüchtigkeit, Tauglichkeit«, »Vertrauen« und drittens: »Ruhe«, »Gefasstheit«, »Gemütsruhe«, »Gelassenheit«, »innere Heiterkeit«. Und *avecca* heißt »endgültig«, »vollkommen«, »absolut«. Dass dies alles andere ist als bloßer Glaube, ist klar, aber denken wir daran, dass auch schon zum richtigen Glauben im Sinne der Hochreligionen untrennbar Vertrauen im Sinn von »danach leben« gehört. In diesem tieferen Sinn ist auch die endgültige Klarheit des Heilsgängers eine Folge des Vertrauens (*saddhā*), aber eben ein – über dieses jetzige Leben hinausreichendes – absolut unerschütterliches zum Heilssinn entwickeltes Vertrauen.

Ruth: Hast du uns nicht kürzlich eine dazu passende Äußerung des Buddha über jenen Brahmanen vorgelesen, der nach dem Anhalt für die fünf Körpersinne gefragt hatte?

Fritz: Ganz recht, Ruth. Am Ende des Textes S 48,42 sagt der Erwachte, als der Brahmane Unnābho weggegangen ist, zu den Mönchen: *»Wenn bei einem Giebelhaus oder einer Giebelhalle die Sonne vor dem Ostfenster aufgeht und ein Strahl durchs Fenster fällt – wo findet er einen Halt?« — »An der westlichen Wand, Herr.« — »So hat das Vertrauen des Brahmanen Unnābho am Vollendeten Halt gefunden, Wurzel gefasst, ist stetig geworden, unbezwinglich durch Asketen oder brahmisch Lebende, Gott oder Teufel oder Brahma oder wen auch immer in der Welt.«* Das ist endgültige, stillmachende Klarheit beim Erwachten – *aveccappasāda*.

Hans: Aber nochmals: Mancher fromme Christ oder Moslem – erst recht ein christlicher oder muslimischer Mystiker – wird ehrlich versichern, dass sein Glaube endgültig und unerschütterlich sei – wie viele Märtyrer sind »getreu bis in den Tod« geblieben. Wo ist da ein verlässlicher Anhalt, um die nur subjektive Überzeugung des Schöpfergottgläubigen abzugrenzen von der alle restlichen bevorstehenden Tode überdauernden endgültigen Klarheit des Heilsgängers?

Fritz: Viele Texte berichten, wie ein Mensch bei der Anleitung durch den Erwachten endgültige Klarheit erlangt: In M 35 fasst der Erwachte diesen Vorgang zusammen in den Worten: *»So geht mein Nachfolger nach der Anleitung vor, so kommt er ganz der Unterweisung nach, so entrinnt er dem Zweifel, so wird er frei von Wenn und Aber, so erlangt er bei sich selber Gewissheit, auf keinen andern gestützt in der Lehre des Meisters.«* Ebenso haben wir es von dem 120-jährigen Brahmanen Brahmāyu in M 91 und von dem Hausvater Upāli in M 56, vom Opferpriester Kūtadanto in D 5 und vom General Sīho in A VIII,12 gehört: *»Als der Erhabene sah, dass er im Herzen bereit, sanft, von Hemmungen frei, zu seinen höchsten Möglichkeiten erhoben, befriedet war, da gab er die Darlegung, mit welcher die Erwachten über alles hinausgehen: das Leiden, die Entwicklung, die Auflösung, den Weg. Wie ein reines fleckenloses Gewand sofort*

Farbe annimmt; so ging jenem, noch während er da auf seinem Sitz saß, das staubfreie, fleckenlose Auge für die Wahrheit auf: ›Was immer auch entstanden ist, muss alles wieder untergehen.‹ Die Wahrheit sehend, bei der Wahrheit angelangt, Wahrheit empfindend, in die Wahrheit eingetaucht, den Daseinszweifeln und -sorgen entronnen, fragenfrei geworden, selbstständig, auf keinen andern gestützt in der Anleitung des Meisters, sprach er zum Erhabenen: ›Wunderbar, Herr‹ ...« Vom Eintritt in die Heilsströmung an ist also der Heilsgänger im tiefsten Sinn nicht eigentlich mehr ein »bloßer Nachfolger« wie als *anusāri*, der alles erst von der Stimme eines anderen erklärt bekommen muss: Er ist jetzt in eigener gründlicher Geistestätigkeit (*yoniso manasikāra*) selbstgängig geworden. Anhänger von Glaubensreligionen sind fundamental »auf einen anderen gestützt« – auf Gott, Jesus, den Propheten, ihren Meister. Das ist das Gegenteil von Selbstgängigkeit, die als Frevel gilt. Würde dagegen ein in die Heilsströmung eingetretener Mensch allein und ohne alle Aufzeichnungen für den Rest seines Lebens auf eine leere Insel verschlagen und bliebe auch in allen folgenden Wiedergeburten allein: nach längstens sieben Wiedergeburten im Sinnenbereich würde er dennoch ohne weitere Abhängigkeit von der »Stimme eines Anderen« die Gefangenschaft in der Wahrnehmung endgültig auflösen. In diesem Sinn tröstet in A VI,16 die Hausfrau Nakulamātā ihren sterbenskranken Gatten: *»Wenn es Nachfolgerinnen des Erhabenen gibt, die weiß gekleidet im Hause durch diese Heilswegweisung auf festen Grund, zu festem Stand gelangt, zum Aufatmen gekommen sind, von Daseinszweifeln und -sorgen frei geworden, vom Wenn und Aber frei geworden, gesichert, auf keinen andern gestützt in der Lehre des Meisters, dann bin ich eine von ihnen. Wer darüber in Zweifel oder Unsicherheit ist: der Erhabene weilt jetzt im Land der Bhagger bei Sumsumāragira im Wildpark des Bhesakolawaldes; da kann man hingehen und den Erhabenen fragen.«*

HANS: Ja, aber wir können heute nicht mehr hingehen und den Buddha fragen. Deshalb suche ich doch so nach einem handfesten Grund dafür, dass die Sicherheit der Heilsgänger beim Buddha wirklich endgültig ist. Ich frage nach dem entscheidenden Unterschied zu den vielen ergreifenden Beispielen von Glaubensstärke in Glaubensreligionen. Es leuchtet mir schon ein: Nachfolger und Nachfolgerinnen des Buddha stützen sich auf keinen anderen in der Lehre des Meisters. Außer der in der Lehrnachfolge aufgehenden Erfahrung haben sie keinerlei Stütze, auf der sie verehrend und anbetend alles abladen und aus ihrer eigenen Verantwortung entlassen könnten. Aber dafür sind diese Stützen ehern. Diese Selbstständigkeit des Heilsgängers gibt eine ganz andere Bereitschaft, sich dem eigenen Wahn zu stellen, und das gibt auch eine ganz andere Festigkeit, wenn ihnen dann Erfahrungen aufgehen, die mit allen ihren alten Wahnbildern nichts mehr zu tun haben: ein Blick für die Wahrheit, ein Blick für die rechten Menschen, ein Blick für die Unbeständigkeit alles Gewordenen, ein Blick für den Heilsstand. Das gilt umso mehr, je skeptischer ein Mensch bis dahin war, nicht leicht bereit, Aussagen anderer hinzunehmen. Das sehe ich ja an mir selber. Aber gibt es nicht noch eine tiefere Begründung für die endgültige stillmachende Klarheit als das Indiz der absoluten Selbstständigkeit, die kein Verstecken hinter andern kennt?

FRITZ: Ja, Hans, die gibt es: Sie liegt im tiefsten Grundzug der Lehre, den der Erwachte noch in seinen letzten Worten ausgesprochen hat: *»Die Prozesse sind dem Vergehen unterworfen (vāyadhammā sankhārā)!«* Zwar kann in der Wahrnehmung genau so wie Hölle, Tierheit, Gespensterwelt, Menschentum, sinnliche Himmelswesen auf Grund entsprechenden Wirkens auch das Phänomen einer all-einigen Gottheit vorkommen, die sich aus ehrlicher Überzeugung für den Schöpfer hält. Der Mensch tut auch gut daran, bei der Prüfung, worauf er sich einlassen soll, sich eher auf die von daher kommenden hohen Maßstäbe einzulassen als auf die medienmanipulierten Maßstäbe unbelehrter menschlicher Weltgänger. Aber Heilsgänger sind sich dabei klar, dass auch die verehrungswürdigste Gottheit genau so wie »Ich« und »Welt« *W a h r n e h m u n g ist* – bedingt entstanden und daher dem Vergehen unterworfen –

so dass es falsch wäre, sich auch da noch auf diese Wahrnehmung einzulassen, wo es um die Frage nach dem höchsten Gut, der absoluten Wahrheit, dem Todlosen, Ewigen geht. Die nach Menschenmaß und selbst nach Himmelsmaß erhabene Wahrnehmung »Gott« entwirft für nicht von einem Erwachten belehrte Menschen das Bild, als verkörpere sie ein dahinterstehendes »ewiges Sein«. Für einen Menschen aber, der den Wahn aller »Seins-Darstellung (*sakkāyadiṭṭhi*)« durchschaut hat, ist auch diese höchste, reinste Vorstellung – von der Wachheit her gesehen – Wahn, ein unsäglich hoher, strahlender, wegen seiner großen Eigenschaften verehrungswürdiger Wahn, aber eben Wahn: wie »Ich« Wahn ist, wie »Welt« Wahn ist. Wir verehren ja auch große Menschen, gute Eltern, hervorragende Lehrer – warum sollte ein Heilsgänger nicht auch in Einheit ruhende Wesen verehren, die sich in langem, langem weitem, großem, liebendem hohem Wirken zu göttlichen Eigenschaften emporgeläutert haben, die für uns Vorbild sein können? Der Erwachte empfiehlt die Betrachtung der Eigenschaften der Himmelswesen und hat sie in die sechs unübertrefflichen Erinnerungen aufgenommen. Auch dem Heilsgänger, der einen klarblickenden schwer kranken Freund trösten will, empfiehlt der Erwachte in S 55,54, die Aufmerksamkeit des Leidenden in einer ansteigenden Darlegung auf Brahma zu lenken – aber eben nicht als den Schöpfer des immer wieder in alle Leidensabgründe hinabtauchenden Daseinskreislaufs oder das Höchste Gut, sondern als eine *Stufe* zum Entrinnen aus *jeglichem* Wahn, aus Blindwissen, aus der Gefangenschaft in der Wahrnehmung, innerhalb derer solche strahlende verehrungswürdige Wesenheit zu den höchsten »Mitgefangenen« gehört: Damit verliert jegliche Wahrnehmung ihren zu (edler oder unedler) Re-Aktion reizenden »Reiz«. Loslassen wird zum Grundzug von Lehre und Leben, reifes, allmähliches Loslassen schlechthin von allem Vergänglichen – die vierte Wirkensweise, die zum Versiegen des Wirkens führt.

Was aber von einem Heilsgänger auf dem Heilsweg losgelassen ist, kehrt nie wieder zurück, kann nie mehr bedrängen, muss nie mehr auf Haltbarkeit geprüft, geschützt, verteidigt, bewertet, benannt, gedeutet, gemehrt oder gemindert werden. So führt Loslassen zu frageloser Gewissheit. Und zwar nicht erst das vollendete Loslassen, sondern schon die von allen echten Nachfolgern unweigerlich immer deutlicher erfahrene Erfahrung: »Es bleibt nicht so«. — Mit Loslassen wächst eine immer freiere Ge-lassenheit, die aufatmen lässt und die allem, was da aus früheren Bedingungen noch abläuft, gegenübertreten lässt in immer größerer Freiheit, in immer tieferem Frieden. Und dieser Prozess des Loslassens, der Auflösung, der Erlösung hat kein Ende, bevor alles Zusammengesetzte, bedingt Entstandene, alles Vergängliche gelöst, der Wahnbrand erloschen ist. Das ist der entscheidende Unterschied zu allen Heilslehren, die sich noch auf irgend»etwas« stützen – Schicksal, Natur, Evolution, Kosmos, Universum, Weltgeist, Urkraft, Ideen, Mutter Erde, Gaia, Gott, Gottesgrund, Ātman, Brahman, – und »stützen« heißt ja abhängig sein. Die Lehre macht stützenfrei, wie wir an Sāriputtos Anleitung für den sterbenden Anāthapiṇḍiko in M 143 gesehen haben. So löst sich der Wahn, und aller Brand, der bisher durch Wahngebilde immer wieder genährt wurde, geht allmählich aus. Auch nach dem Stromeintritt führt man dem Wahnbrand zwar immer noch Nahrung zu, aber insgesamt weniger, als die Vergänglichkeit verbrennt. Das ist endgültig. Wer das im Geist begriffen hat, der ist genau so endgültig auf dem Weg zum Löschen des Daseinsbrandes, wie ein Feuer endgültig auf dem Weg des Erlöschens ist, wenn ihm weniger Brennstoff zugeführt wird als es verbrennt. Denn alles Losgelassene scheidet aus dem Nahrungskreislauf des Samsāra endgültig aus. In wessen Wohlsuchlauf diese Löschbarkeit aller Zusammenhäufungen, aller Prozesse als das höchste Wohl aufgenommen ist, dessen Gewissheit ist damit endgültig. Unter dem Hauch der Wahrheit geht schließlich der Brand in Frieden aus, wie es in Sn 1074 heißt:

»Gleichwie ein Feuer durch die Macht des Windes
ausgeht – nicht in Benennbarkeit mehr eingeht,

geht der Gestillte – von der Werte-Häufung[80]
befreit – zum Ziel aus, ist nicht mehr benennbar.«

Das endgültige Unterwegs-Sein zur Löschung des quälenden Brandes kann ein Heilsgänger in stillen Augenblicken ähnlich spüren wie ein Leidender im Fieberdelirium manchmal spüren kann, wenn das Fieber zu weichen beginnt und die Delirienbilder ihn nicht mehr total einhüllen: In lichten Momenten kann er merken, dass er auf dem Weg der Genesung ist. Das merkt der Heilsgänger vor allem auch an jenen ersten drei Gliedern des Stromeintritts: dass er jetzt endgültige Klarheit hat über die Wachheit des Vollendeten, die Nachvollziehbarkeit der Lehre bei sich selber und die endgültige Gesichertheit der Heilsgängergemeinde.

Um sich darüber endgültig klar zu werden und in lichten Momenten dabei wahrlich ein gutes Gefühl zu haben (wenn man es sich nicht durch kurzsichtige Überforderungen und Selbstvorwürfe verdunkelt), muss man nicht erst »alles losgelassen« haben, wie du ganz zu Anfang gemeint hattest, Hans, und man muss längst nicht alle Einzelheiten verstanden haben, sondern es genügt, dass man den totalen Unbestand sieht und Loslassen als befreiend erkennt und empfindet. Wie man dazu kommt, erklärt der Erwachte ausführlich in M 95: Erst bei allen Erscheinungen nicht nur, wie bisher, im Auge behalten, was bei Berührung den Trieben ein vorübergehend angenehmes Gefühl schafft, sondern in erster Linie »die Wahrheit im Auge behalten«, um sie nach und nach zu »erkennen« und in sie »einzumünden«. Wer so vorgeht, dessen erste Wahrheitserkenntnis ist, dass er bisher immer nur auf Wegen an die Wahrheit heranzukommen versucht hatte, die zweierlei Ausgang haben können: Vertrauen, Tradition, Faszination, Spekulation, sein Sich-Befreunden mit Hypothesen durch Geltenlassen. Wenn er das bei sich feststellt und es ihm immer klarer wird, dass es ohne eigene unmittelbare Erfahrung auf jeder dieser fünf Bahnen wegen ihrer Zwiegesichtigkeit einseitig wäre zu werten, zu urteilen und zu benennen: *»Dies nur ist die Wahrheit, alles andere ist Täuschung«*, dann behält er damit schon auf jeden Fall *diese eine* Wahrheit im Auge: dass jede bloße Meinung aus Vertrauen, Tradition, Faszination, Spekulation, sein Sich-Befreunden mit Hypothesen durch Geltenlassen *einseitig* ist. Wenn er immer und immer wieder gegenüber der Flut der andrängenden Gefühle und Wahrnehmungen beständig diese Wahrheit im Auge behält, dann zieht er aus dieser Flut von Datenbrennstoff keine einseitigen Schlüsse mehr. Er gießt also nicht auch noch seine Vor-Urteile, Denkgewohnheiten und erinnerten Gefühle – sein ganzes wahnhaftes »Wertsystem« (*nāma-kāya*) – in diese Treibstofftanks, sondern lässt das alles dahingestellt, gibt all diesen Einflüssen keinen Raum – lässt los. Was dann übrig bleibt als Haltung gegenüber den aus bisherigem Wirken andrängenden Wahrnehmungen, das ist: gelassen zuschauen, vorurteilsfrei, vom alten »Wertsystem« (*nāma-kāya*) her gesehen »wertfrei«, unbeeinflusst von Hinneigung, Abneigung, Verblendung, unbeeinflusst vom Wahn. Ein solcher Heilsgänger sagt weder *»Das gibt es«* noch *»Das gibt es nicht«*. Das ist der Grund, weshalb der Erwachte in M 95 sagt: Wer immer wieder die Wahrheit auf diese Weise im Auge behält, *erkennt* sie – eben damit. Der ist zwar damit noch nicht in die Wahrheit eingemündet. Das ist er erst, wenn diese neue unmittelbare Sicht alles von der jeweils so *gesehenen* Wahrheit Abweichende aus Geist und Gemüt und Herz herausgespült hat. Aber schon lange bevor er so in die Wahrheit einmündet, sagt von ihm der Erwachte : *»Gründlich und beharrlich arbeitend, erfährt er leibhaftig die höchste Wahrheit, und mit alles durchdringender Klarheit* schaut *er sie.«*

80 *nāma-kāya* = *nāma* = (wertendes) Benennen, *kāya* = Gruppe, Struktur, Haufen, »Leib«: Dass uns nicht, wie der Erwachte dem Brahmanen Bāhiyo geraten hat (Ud I,10) Gesehenes einfach nur als Gesehenes, Gehörtes als Gehörtes gilt, sondern dass wir um das mit den sechs Sinnen Erfahrene – also bereits Vergangene – noch weiter herumdenken, ist also ein *Strukturmerkmal* des noch nicht Geheilten, ein Müssen.

HANS: Ja, was schaut er denn dann?

FRITZ: Er schaut eben dies: dass alles je Gesehene, Gehörte, Erfahrene und vom Geist Ausgesuchte und Aufgesuchte (*diṭṭham, sutam, mutam viññātam*) nichts ist, von dem man sagen könnte: »*Dies nur ist Wahrheit, alles andere ist Täuschung*«, überhaupt nichts, von dem man sagen könnte: »es ›i s t«. Damit erfährt er leibhaftig: Alles Gewordene, Weiterwerdende – das Herz und seine Vorgänge (*citta-sankhāra* = Wahrnehmung und Gefühl), ist nicht so, wie es scheint: »*Dies Ganze hier gilt so nicht.*« »*Nicht so*« bedeutet aber nicht, dass hinter dieser Seinsdarstellung, die uns die Wahrnehmung vorspielt, ein a n d e r e s bestimmtes oder bestimmbares vom Erleben unabhängiges, »an sich bestehendes« »Sein« steckt, sondern *überhaupt kein Sein*, nur immer wieder schmerzender Unbestand ohne Kern: fließender Wahn, ungreifbar wie Wolkengestalten. Das ist die »*existenzielle Unbestimmtheitsrelation*«: dass das ganze Erleben, die ganze Existenz, nicht so ist, wie es uns scheint, sondern eben S c h e i n. Auf diese einfache, direkte Weise erfährt der Heilsgänger den wahren Charakter der Existenz. Und *das* ist die *Realität*. Das mag man als »*Schau des Ungeschaffenen*« bezeichnen; und das tut auch die alte, zum Korb der Lehrreden gehörende Erklärung zum Suttanipāta; denn dort heißt es in CNd part II zu *muni* S. 229: »*Was sind die Stillen im Haus (āgāra-munino)? Die im Haus den Stillen Stand geschaut (diṭṭhi-padā) und den Suchlauf auf die Lehre eingestellt haben (viññāta-sāsanā).*« Denn sie sehen und wissen: All dies als vergangen, künftig oder gegenwärtig Erfahrbare ist nicht Wachheit, Gesundheit, Freiheit, Friede, Ewigkeit. Bei all dem ist der Friede nicht zu finden (*a-vijjā*). Dies alles in einem allmählichen Prozess loslassen, das Vergängliche vergehenlassen: diese »Schau« gibt die endgültige Gewissheit – geradezu einen »Sinn« dafür: »*Wo noch keine ›Kennerschaft‹ ist, werde ich Kennerschaft erlangen*«[81] Das ist auch das untrügliche, aller »Subjektivität« enthobene Kennzeichen jener *aveccappasāda* – der endgültigen, stillmachenden Klarheit beim Erwachten, der Lehre und der – gesicherten – Heilsgängergemeinde. Das ist »Schau des Ungeschaffenen« im Großen. Aber daneben gibt es auch eine Art »*Wahrheitsschau im Kleinen*«.

HANS: Was meinst du damit?

FRITZ: Das kann man sich am besten am Beispiel der Leute von Veludvāra (S 55,7) klarmachen. Ihnen rät der Erwachte, sich immer wieder vor Augen zu halten: »*›Mir ist mein Leben lieb, ich will nicht sterben, ich will Wohl und schrecke vor Schmerz zurück. Würde jemand mir, dem sein Leben lieb ist, der ich nicht sterben will, der Wohl will und zurückschreckt vor Schmerz, das Leben rauben, so wäre mir das nicht lieb und nicht recht. Wenn aber nun ich einem andern, dem sein Leben lieb ist, der nicht sterben will, der Wohl will und zurückschreckt vor Schmerz, das Leben rauben würde – das wäre ihm doch nicht lieb und nicht recht. Denn wenn es mir nicht lieb und nicht recht ist – dann ist es doch wahrlich auch dem andern nicht lieb und nicht recht. Was mir nicht lieb und nicht recht ist – wie könnte ich das einem andern antun?‹ Wenn er sich das richtig überlegt, dann widerstrebt das Töten seinem Wesen; er hält auch andere vom Töten ab; er redet dem Abstehen vom Töten das Wort: ›So ist die richtige Lebensführung im Handeln‹ – darüber ist er sich* endgültig und vollkommen klar *(koti parisuddho hoti).*« — Und ebenso für die anderen der dort genannten sieben Tugenden. Hier sagt ihm also nicht nur der Geist auf Grund einer aus Vertrauen, Tradition, Faszination, Spekulation oder Deutung gewonnenen zwiegesichtigen Meinung, von den beiden Möglichkeiten – falsch oder richtig – träfe hier nur die zweite zu, sondern das leibhaftige Erleben im mitempfindenden Nachvollzug, wie weh Getötet- oder Verletztwerden zu empfinden ist, gibt ihm auf jeden Fall schon einmal auf dem Gebiet der Tugend jene endgültige Ein-deutigkeit und Klarheit der unmittelbaren Erfahrung, die einer bloßen Meinung fehlt. Hier hat schon eine Herzenswandlung zum Mitempfinden eingesetzt.

81 KEN: »*Nichterkanntes wird' ich erkennen*«. Vgl. S 48,23^{m}.

Diese Lösung des Herzens aus seiner Erstarrung lässt für die Wahrheitsanleitung des Erwachten einen ganz anderen Blick aufgehen. Als Ergebnis dieses Blicks werden am Ende dieser Rede *»vier über Zweifel erhabene Zustände«* genannt, nämlich *die vier Glieder des in die Heilsströmung Eingetretenen*.

HANS: Das leuchtet mir ein. Das leuchtet mir ein. Das ist klar. Das tut wohl. Das ist wie nach brütend heißen Sommerwochen die frische Abendluft von abgezogenen Gewittern. Ich weiß kaum, wie ich es ausdrücken soll. Jetzt sind mir die drei ersten der vier Glieder des in den Strom Eingetretenen verständlicher geworden.

FRITZ: Aus dieser Geisteshaltung wächst fast von selber auch das *vierte* Glied des Stromeintritts: eine geänderte Gemüts-Einstellung und Gemüts-Haltung. Sie wird in den Reden von drei verschiedenen, aber jedes Mal aufsteigend in der gesetzmäßigen Folge *sīla*, *samādhi*, *paññā* darstellbaren Seiten her umschrieben:

Die *erste*, häufigste und allgemein gültige Erscheinungsweise ist eine veränderte Geistes- und *Gemütshaltung* zur *Tugend*: Wer in die Heilsströmung eingetreten ist, kann bei klarem Denken die im Westen so überschätzte »Tat« die äußere Verhaltensweise, nicht mehr überschätzen, als könne und müsse man gar *damit* die Welt verbessern und das Höchste erreichen. Er sieht vielmehr die Tugend nur noch als Werkzeug zur Annäherung an den *Herzensfrieden* (*samādhi*) als dem einzigen Weg zum erlösenden – wahnauflösenden – Klarwissen. Er ist sich klar: Selbst ein buchstäbliches äußerliches Einhalten der Tugenden kann in keiner Weise genügen, um zur inneren Einigung zu kommen. Aber solche äußerliche Perfektion ist zum Stromeintritt auch gar nicht erforderlich, wenn nur der *Maßstab* im steuernden Geist ehern und unverbiegbar aufrechterhalten wird. Denn damit wird das Herz einheitlich so ausgebildet, dass ihm jeder Verstoß wehtut, so dass Verstoßen keinen *Reiz* (*rāga*) mehr hat, sondern im Gegenteil nur Widerstreben auslöst. In dem Maß, wie jede Verletzung *wehtut*, zwingt dieser Leidensdruck auf die einfachste Weise, die Tugenden auch äußerlich einzuhalten, und das wiederum tut dem Menschen und seinen Mitwesen *wohl*, und je mehr sein Herz ausgefüllt wird von dem *einen Wohl*, umso *einiger* ist es eben damit. So werden die Tugenden als die edlen, die »heilenden« Tugenden entfaltet, die zur *Einigung* führen.

HANS: Wie steht es da nun mit dem Gleichnis von dem siegreichen Fürsten, der alle Feinde besiegt hat, in voller Kraft dasteht – aber es sind keine Feinde mehr da?

FRITZ: Das Erwachsensein zum »Tugendfürsten« ist, wie gesagt, *keine* Vorbedingung des Eintritts in die *Heilsströmung*. Dieses Gleichnis kennen wir schon aus den Reden D 4[82] und D 6[83]; außerdem findet es sich noch in D 2.[84] An allen drei Stellen bezieht es der Erwachte nur auf den *Mönch*. In S 55,37 hat der Erwachte dem König Mahānāmo erklärt, wann ein Anhänger im *Haus* zur Tugend erwachsen ist (*sīlasampanna*) – nämlich wenn ihm jeder Verstoß gegen die fünf sīla widerstrebt. Der Mönch aber wächst nicht nur in die fünf täglichen oder die acht feiertäglichen *sīla* der häuslichen Nachfolger hinein, auch nicht nur in die zehn der Novizen, sondern in sämtliche 227 Ordens-Tugenden, die ihn auch anhalten, völlig fernzubleiben von allen weltlichen Geschäften und Freizeitbeschäftigungen, die noch weitgehend die Atemluft der häuslich lebenden Nachfolger bilden, wie Handel, Gewerbe, Dienstleistungen, weltliche Wissenschaften wie Medizin, Juristerei und Künste aller Art. Davon *muss* er sich nicht nur fern

82 KEN hat die Stelle ohne Hinweis herausgekürzt; der Pālitext verweist zur Abkürzung auf die wörtlich übereinstimmenden Stellen in D 2, Abs. (40) bis (43).

83 Der Pālitext verweist auch hier auf D 2 Abs. (40) bis (43), die auch in den anschließenden Reden D 3-13 vorkommen.

84 Gleichnisregister der PTS (Rhys Davids: Similes in the Nikāyas, *Journal of the PTS London* 1906/07).

halten, sondern er *kann* es auch: Durch sein intensives ständiges Üben auf dem Tathāgatagang mit viel weniger sinnlichen Angehungen und Vielfaltablenkungen und sein daraus erwachsendes zunehmendes Übersteigen des Sinnenbereiches sind ihm ganz andere Freudenquellen zugänglich, und vor sich sieht er das Ziel, schon in diesem Leben die höchste Befreiung oder »wenigstens« Nichtwiederkehr zu erreichen. Nur von einem solchen durch die Ordensregeln vor weltlicher Lebensweise beschützten Asketen heißt es – immer im selben Wortlaut: *»Wie ein nach Unterwerfung aller Gegner gekrönter Monarch von nirgendwo mehr eine Gefahr von einem Gegner sehen kann, ebenso kann ein* Mönch, *der zu solcher Tugend erwachsen ist, von nirgends mehr eine Gefahr sehen, weil er eben von der Tugend beschützt ist. Wenn er diese Entwicklung der heilenden Begegnungsweise* vollendet *hat, dann erwächst bei ihm ein inneres Wohl der Untadeligkeit. So ... ist der Mönch zur Tugend erwachsen.«*

Ruth: Das ist verständlich: Ein Mönch, der es unter den besonders förderlichen Bedingungen des Lebens in einem intakten Orden nicht weiter bringen würde, als nur zum Widerstreben gegen die Verletzung der fünf *sīla*, hätte wohl seine Chance nicht gut genutzt: Wenn einem häuslichen Nachfolger die Verletzung der *fünf sīla* widerstrebt, dann widerstreben ihm damit alle Verletzungen der in seinem Lebensbereich maßgebenden Tugenden. Nicht so beim Mönch. Für ihn machen die fünf *sīla* nur einen Bruchteil der Ordenstugenden aus. Andererseits bietet das Hineinwachsen in die Mönchstugenden die Chance zu einem ganz anderen inneren Status als bei einem im familiären und beruflichen Trubel lebenden Menschen.

Fritz: Ja, Ruth. Dementsprechend heißt es von dem Mönch, der zu den Ordenstugenden erwachsen ist: *»Durch diesen Wegabschnitt der heilenden Tugenden gereift, erwachsen zu der Gesamtheit der heilenden Sinnenzügelung, im Vollbesitz des heilenden Klarbewusstseins, zieht er sich nun an einen abgelegenen Platz zurück.«* Und dort gewinnt er durch Aufhebung der fünf Hemmungen die Entrückungen, an deren Spitze er sodann bis zu den drei Weisheitsdurchbrüchen und zum Erwachen aus dem Wahntraum durchstoßen kann. Das ist eine ganz andere Sache. Ein häuslich Nachfolgender würde sich mit diesem hohen Tugendmaßstab überfordern und hätte immer das lähmende Gefühl, sozusagen hinter dem Stromeintritt herzujapsen. Der Erwachte hat aber den Spiegel der Lehre den häuslichen Nachfolgern gerade zur *Befreiung* von solchen inneren Bedrückungen gegeben und klipp und klar gesagt, dass sie zu den heilenden Tugenden schon dann erwachsen sind, wenn sie den Maßstab der fünf *sīla* im Geist in keiner Weise verbiegen und es ihrem Wesen widerstrebt, wenn sie im Einzelfall bei seiner Anwendung einmal versagen. Die hohe Tugendvollendung nach Art des siegreichen Monarchen ist auf keinen Fall für häuslich Lebende eine Bedingung für den Stromeintritt.

Hans: Drum: der trinkende Sakyer Sarākāni war sicher kein Tugendfürst. Da ist nun die erste der drei Umschreibungen des vierten Glieds des in die Heilsströmung Eingetretenen deutlich herausgekommen. Und was sind nun die alternativen Umschreibungen der Gemütshaltung des Stromeingetretenen?

Fritz: Ihre zweite Gruppe kennen wir schon aus mehreren Reden. Es sind die, über die du dich so gefreut hast, Hans. Sie lauten: *»Das Hausleben lebt er mit einem Gemüt, das frei ist von den Befleckungen durch Engherzigkeit, Kleinlichkeit, Geiz; Loslassen empfindet er als befreiend, ist entgegenkommend mit offenen Händen, gewinnt Freude am Zurücktreten, ist offen für Bitten und glücklich, wenn er teilen kann.«*[85] Und wenn ein Mann eine solche Gefährtin findet, heißt es in A IV,53: *»Mit einem Gemüt, das ganz frei ist von Schäbigkeit und Engherzigkeit, führt sie das häusliche Leben. Asketen und brahmisch Lebende behandelt sie frei von Kleinlichkeit und Schimpf. So lebt ein solcher Glücklicher mit einem Engel zusammen.«* Diese Gemütsart nennt der Erwachte in A IV,61 *»Bewährung im Loslassen«.*

85 Vgl. A IV,61; S 55,23.

HANS: Ist das ein Ersatz für die heilenden Tugenden?

FRITZ: Nein, Hans, kein Ersatz, sondern eine Gemütshaltung, die sich gleichfalls einstellt mit dem vierten Merkmal des in die Heilsströmung eingetretenen Heilsgängers. Das sehen wir aus der Rede S 55,23: Da fragt Mahānāmo den Sakyer Godho, wie viele Eigenschaften zum Stromeingetretenen gehören. Godho meint, nur die ersten drei – also die endgültige Klarheit beim Erwachten, der Lehre und den Heilsgängern. Mahānāmo hält als vierte Eigenschaft die heilenden Tugenden für unerlässlich. Sie legen gemeinsam die Frage dem Erwachten vor, der Mahānāmos Aussage bestätigt. Bei der Gemütsart, wie sie eben als Zug zum Loslassen beschrieben worden ist, kann ja ein Mensch gar nicht anders, als großherziger mit den Mitwesen mitzuempfinden als zuvor und sie so im Sinne der Leute von Veludvāra nicht mit Untugenden zu belasten, die ihm selber auch unangenehm wären, wenn sie ihm angetan würden. Diese Gemütsart ist also kein Ersatz für die heilenden Tugenden, sondern deren Fundament, aber auch ihre Frucht. Nur auf dem Boden eines solchen Gemüts können (und müssen) die heilenden Tugenden wachsen.

Das gleiche gilt für eine dritte Art der Beschreibung der Geisteshaltung des in die Heilsströmung eingetretenen Heilsgängers, die wir aus A X,92 (ähnlich auch in S 55,28) kennen und die mehr beim dritten Absschnitt der Heilsentwicklung – Klarwissen – ansetzt, aber ebenfalls das Gehen auf allen drei Abschnitten der Heilsentwicklung – Tugend, Einigung, Klarwissen – voraussetzt. Dort sagt der Erwachte im Zusammenhang mit dem Stromeintritt zu Anāthapiṇḍiko: *»Sobald er zu den vier Gliedern des Stromeintritts erwachsen ist und die höchste Führung mit Weisheit ganz verstanden und durchdrungen ist, kann er, wenn er will, selber von sich feststellen: ›In die Heilsströmung bin ich eingetreten, nie mehr den Daseinsabgründen ausgesetzt, endgültig selbstgängig auf der Bahn, die zur Erwachung führt. Wie aber ist bei ihm die höchste Führung mit Weisheit ganz verstanden und durchdrungen worden? Da führt sich der Heilsgänger vor Augen: ›Wenn dies hier ist, ist jenes; durch das Aufzeigen von diesem steigt jenes auf; wenn dies nicht ist, dann ist jenes nicht, wenn dieses ausgerodet wird, schwindet jenes.‹«* Und nun stellt der Erwachte den Bedingungszusammenhang vorwärts und rückwärts dar: *»Das ist die Entwicklung dieser ganzen Leidenshäufung. Das ist die Auflösung dieser ganzen Leidenshäufung.«*

HANS: Dann muss man also zum Stromeintritt auch die Nidānareihe vorwärts und rückwärts auswendig können und verstanden haben?

FRITZ: Nein, Hans: Die vier Heilswahrheiten muss man *anerkannt* haben. Da nennt der Erwachte hie und da die zweite und dritte Heilswahrheit von den Bedingungen für Fortentwicklung und Aufhebung des Leidens in der Durchschauungssprache als die Nidānareihe. Öfter aber nennt er sie in der Erlebnissprache als die Auflösung des Durstes durch Anwendung des Karmagesetzes (besonders der vierten Wirkensweise, die zur Wirkensversiegung führt).

HANS: Aber warum hat dann der Buddha bei Anāthapiṇḍiko solchen Wert auf die Nidānareihe gelegt?

FRITZ: Anāthapiṇḍiko scheint mir ein besonderer Fall. Aus mehreren Reden haben wir gesehen, dass er verschiedentlich Krankheiten hatte, die nach Lehrdarlegungen auf der Stelle schwanden, offenbar also psychosomatische Leiden. Zu keinem anderen Hausvater wird so oft über den Segen der Aufhebung der Ängste und der beängstigenden Folgen von Widerwillen und Abneigung gegen den Erwachten, die Lehre und die Heilsgängergemeinde gesprochen wie zu Anāthapiṇḍiko. Obwohl er gleich bei der ersten Begegnung mit dem Erwachten in die Heilsströmung eingetreten war[86], wurde ihm vom Erwachten und großen Mönchen insgesamt in nicht weniger als sieben Reden[87] immer wieder bestätigt, dass er von solchem Widerwillen

86 CV VI, 4. Besprochen in Schäfer-Beyerlein, S. 88.

und solchen Ängsten frei war. Er scheint sich also – obwohl seit dem Stromeintritt frei von Daseinsbangnis und -Sorgen – in Phasen einer gewissen Niedergeschlagenheit Sorgen gemacht zu haben, ob er denn genug für sein Weiterkommen tue und optimal vorgehe. Das war die Hemmung durch Geistesunruhe. Und da werden ihm nun in A X,92 Indizien aufeinander gehäuft, die ihm unwiderleglich zeigen, dass er keinen Grund zu Sorgen hat, sondern ganz bestimmt schon in die Heilsströmung eingetreten ist. So bestätigt ihm der Buddha nicht nur pauschal, dass er die vier Glieder des Hörers der Botschaft, des in den Strom Eingetretenen aufweist, sondern er macht ihn zusätzlich darauf aufmerksam, dass die Gemütshaltung des in den Strom Eingetretenen bei ihm auch noch von einer dritten Seite her ablesbar ist, die, soweit ich sehe, unter den häuslichen Nachfolgern nur ihm genannt wird und sich nur bei solchen Stromeingetretenen zeigen kann, deren Klarwissenssinn so stark ausgeprägt ist wie bei Anāthapiṇḍiko: nämlich dass *»bei ihm die höchste Führung mit Weisheit ganz verstanden und durchdrungen«* ist. Das ist keine weitere Bedingung für den Eintritt in die Heilsströmung, sondern eine dritte Art der Beschreibung des Gemüts des Stromeingetretenen, nämlich nicht, wie meist, von der Tugendseite her und nicht (wie oft) von der Seite des Herzensfriedens her, sondern – um die Betrachtung von allen drei Abschnitte der Heilsentwicklung her abzurunden – von der Weisheitsseite her. Bei Heilsgängern wie Anāthapiṇḍiko ist diese Gemütseinstellung auch an der großen Verständniskraft für die Heilswahrheiten ablesbar, die das Leben aus den heilenden Tugenden »erzwingt«. So können je nach Mischung und Stärke der fünf Heils-Sinne die in die Heilsströmung eingetretenen Heilsgänger den Schwerpunkt ihrer Gemütshaltung in verschiedener Weise, aber in gleicher Richtung haben. Die vier Glieder des in den Strom Eingetretenen sind kein starrer Rahmen, sondern ein organisches Gefüge, von dem der Erwachte einmal einigen großen Mönchen in A III,21^m gesagt hat, man könne schwerlich sagen, die eine Konstellation sei höher zu bewerten als die andere. Doch alle sind sie eingefügt in den gesetzmäßigen dreistufigen Gang der Heilsentwicklung, aus der der Achtpfad zusammengestellt ist, den zu betreten »Stromeintritt« bedeutet.

RUTH: Da sind also *sechs Vielfalt-Sinne* bisher als Wahn-Sinne immer wieder im Suchlauf umhergefahren und haben immer wieder unbeständiges Wohl und unbeständige Leiden in allen Höhen und Tiefen erfahren. Nun geht es darum, ihnen die Aufgabe der Steuerung abzunehmen, sie in den Ruhe-Stand zu versetzen und den *fünf Heils-Sinnen* als kundigem, starkem, liebevollem, einigem Führungsteam die Lenkung auf dem Heilsweg zu übertragen.

HANS: Jetzt verstehe ich erst die beiden Verse, die ich einmal aus den Strophen der Mönche gehört habe. Die enthalten ein Gleichnis von einem Zimmermann, der mit einem feinen Keil einen groben Keil aus dem Holz herausschlägt. Das hatte mir damals nicht gefallen, weil ich es als Aufforderung missverstand, die Körpersinne kaputtzuschlagen. Aber jetzt sehe ich: Darum geht es gar nicht: Der feine Keil ist wohl ein Gleichnis für die fünf Heilssinne. Die sollen nur dem groben Keil – den mit dieser Aufgabe völlig überforderten sechs fieberkranken Vielfaltsinnen – die Navigation abnehmen.

FRITZ: Du meinst die Verse in Thag 744-745^m:
»Wie mit dem einen Keil die Zimmrer
auslösen einen andern kraftvoll,
so löst die einen Sinne aus
mit andern Sinnen, wer da taugt:
Vertrauen, Kampf, Gewärtigkeit
und Einigung, Klarwissenssinn –
hat er mit diesen fünf die fünf

87 Außer in A X,92 auch in A V,174, A IX,27; S 12,41, S 55,26-28.

bezwungen, dann zieht seine Bahn
der Reine unerschüttert hin.«

In der Tat bedeutet hier austreiben nicht vernichten, sondern vom Steuer ablösen. Ein Geschäftsmann, der unterwegs merkt, dass sein Fahrer benommen ist, erschießt ihn ja nicht, sondern verweist ihn auf den Beifahrersitz und fährt selber. Das passt auch besser zu dem Keilgleichnis: Meist wird zwar heute unter »Keil« nur der schräge Klotz verstanden, mit dem man ein Autorad am Zurückrollen hindert. Für den Holzfäller oder Zimmermann aber ist ein Keil ein *»nach hinten breiter werdendes Stück oder Werkzeug aus Holz oder Metall mit einer zugespitzten Kante, das zum Spalten von Holz benutzt wird.«*[88] Mit dem feinen Keil erweitert man ein wenig den Spalt oberhalb des groben Keils, damit man das grobe Werkzeug herausziehen kann – aber nicht, um es gleich wegzuwerfen, sondern um es bei einem anderen Stamm für die erste Grobarbeit zu benutzen – ähnlich wie ein Mensch, der Belehrung sucht, erst einmal den Ohrsinn braucht, um zu hören, ob und wo überhaupt jemand spricht. Aber um herauszufinden, was er spricht, taugt der grobe Keil »Ohrsinn« nicht. Dazu braucht man den von den fünf Heils-Sinnen gesteuerten Geist als feineren Keil. Wer den groben Keil zerstören würde, könnte auch keine weiteren Wahrheitsworte hören.

Hans: Ja, wenn man die vier Glieder des Eintritts in die Heilsströmung so gründlich betrachtet, dann verflüchtigt sich der Eindruck, das könne doch nicht für so etwas Gewaltiges wie den Eintritt in die Heilsströmung ausreichen.

Ruth: Sag, Fritz: Wir haben nun nach und nach über alle Sicherheitsgrade gesprochen, vom *anusāri* bis zum Geheilten, am ausführlichsten über den *anusāri* und den *sotāpanna*, das erste der vier Paare von Heilsgängern. Wie steht es denn bei den anderen Sicherheitsgraden mit den Paaren? Bilden der Einmalwiederkehrer und der zur Einmalwiederkehr aufgebrochene Stromeingetretene das zweite Paar und der Nichtwiederkehrer und der zur Nichtwiederkehr aufgebrochene Einmalwiederkehrer das dritte Paar und der Geheilte und der zum Heilsstand aufgebrochene Nichtwiederkehrer das vierte Paar? Mit diesen vier Paaren hätten wir dann auch die acht Graden von Menschen.

Fritz: Ach, wie schön: Ich hatte mir schon aufgeschrieben, dass wir nach der Besprechung von *anusāri* und *sotāpanna* noch über die anderen vier Paare von Menschen sprechen sollten – und nun lieferst du die Erklärung selber! Da sehen wir wieder einmal, wie die Lehre einlädt: *»Komm und sieh selbst!«* Und wenn wir über diese Feststellung nicht einfach so hinweggehen, sondern sie uns mit Freude vor Augen halten, dann haben wir …

Ruth, Hans: … wieder einmal eine der sechs unübertrefflichen Erinnerungen gepflegt – die Erinnerung an die Heilsgängergemeinde.

Ruth: Nun lasst mich …

Fritz, Hans: … wieder einmal zu meiner Selbstkontrolle mit meinen eigenen Worten eine **ZUSAMMENFASSUNG** versuchen …

Fritz: Das kennen wir nun schon von dir und sind dir so dankbar, dass du immer wieder diese Aufgabe übernimmst. Ich lerne immer wieder von deinen Zusammenfassungen.

Ruth: Am allermeisten lerne ich selber. Über den in die Heilsströmung Eingetretenen und den *anusāri*, der aus Einsicht oder Vertrauen unumkehrbar auf dem Weg dazu ist, habe ich Folgendes behalten:

Jeder Mensch, auch der Weltgänger, braucht für jedes gute oder schlechte Vorhaben fünf Eigenschaften– (*dhamma*): Vertrauen, Energie, Gewärtigkeit, Sammlung und (relativ) klares Wissen auf dem Gebiet seines Vorhabens. Das tiefste und letztlich einzig sinnvolle Vorhaben ist jedoch, »aus diesem Meer des Irrtums aufzutauchen«, dem Leiden ein Ende zu machen. Da ist nun

88 Vgl. DudenGrW unter »Keil«.

1.) *ANUSĀRI*, bei wem

• — diese fünf Eigenschaften nicht wie der grobe Keil im Baumstamm der Vielfalt-Weltdinge stecken geblieben, sondern zu Heils-Sinnen (*indriya*) ausgebildet worden sind. Das geschieht dadurch, dass nun der Geistsinn, der auf die Lehre programmiert worden ist, immer mehr das Steuer aller Sinne übernimmt, um zentral zum Heil hinzusteuern. So kommt in den Geist gegenüber den fünf auseinander strebenden Steuerimpulsen der fünf Körpersinne ein von dem Gezerre unabhängiger, auf das höchste Heil – Ablösung – gerichteter einheitlicher neuer Steuerimpuls. Durch diese Einheitlichkeit erlangt er das Übergewicht über die fünf blind durcheinander und gegeneinander strebenden Körpersinne und den aus früherem Wirken noch im sechsten Sinn gespeicherten wirren alten Denkmustern. Das ist wie der Einbau eines unablenkbaren, vom »Wahrheitsradar« gesteuerten Autopiloten in ein eisernes Schiff, das bisher zur Navigation nur einen gewöhnlichen Magnetkompass hatte, der vom Eisen des Schiffes selber ständig zu Missweisungen abgelenkt wurde.

• — Der Erwerb dieser fünf »eigentlichen Sinne«, der ohne ein gewisses Maß von Vertrauen und Zuneigung zum Erwachten oder von Einsicht gar nicht möglich ist, macht das Betreten des Weges zum Stromeintritt als *anusāri* aus.

• — Hinzukommen muss weiter, dass man keinen Widerwillen gegen die Signale des Autopiloten aufkommen lässt, weil sie aus dem gewohnten Fahrwasser hinausweisen, sondern dass man sich nach seinen Signale richtet, mag einem auch manchmal angst und bange werden vor den ungewohnten Mustern auf seinem Bildschirm.

• — Kommen diese drei Bedingungen zusammen, so reichen die fünf Heilssinne aus, um dem betreffenden Menschen ein »gewisses Maß von Einsicht« oder wenigstens das »Vertrauen« zu verschaffen: »Dieser Asket Gotamo war kein Träumer, sondern inmitten der wirren, wahnsinnigen Welt ein Wacher. Deshalb lohnt es, seiner Anleitung nachzufolgen – auch wenn man sie noch nicht gleich versteht. Man kann ja einfach einmal tun, was er rät, und sehen, was dabei herauskommt. Was er bisher geraten hat, das hat alles gestimmt.«

• — Ein Mensch, der sich darüber zwar noch nicht endgültig gewiss geworden ist, aber so nachfolgt, wie wenn es gewiss wäre, ist dann bereits ein aus Einsicht oder aus Vertrauen Nachfolgender – ein *dhamm'*- oder *saddh'-anusāri*, der unumkehrbar den Weg zur Heilsströmung betreten hat und gar nicht sterben kann, ehe er in sie eingetreten ist.

• — Wegen der Entwicklung der fünf Heilssinne zu einem gewissen Maß von Einsicht oder Vertrauen zur Wachheit des Vollendeten gerät ein solcher Nachfolger nicht mehr unterhalb des Menschentums, auch wenn er noch Triebe haben mag, die ohne diese Heilssinne zu abwärts führendem Wirken hätten hinreißen können.

• — Grund für diese Sicherheit ist also zwar nicht schon die Charakterstruktur, sondern dass ihn seine fünf Heilssinne um alles nach seinen Trieben an sich jetzt noch mögliche Wirken herumsteuern, das einen Weltgänger sogar in die Unterwelt bringen könnte, und dass sie ihn dazu hinsteuern, über früher gewirktes »Salz« so viel »Süßwasser« zu gießen, dass das Wasser »genießbar« wird. Ein sicheres Zeichen dafür ist es, wenn er »*lange Zeit der Lehre nachgefolgt ist.*« Das ist aber keine Bedingung: kürzere Dauer kann durch größere Energie oder die Umsetzung größerer Verständniskraft in die Lebenspraxis ausgeglichen werden. Eine besonders wirksame Art, wenn auch keine Bedingung einer solchen Leidensminderung ist die nichtmessende Liebe (*mettā*): – *»überall mit allem sich als Eins erkennend«*. Aber weit darüber hinaus reicht die Betrachtung der Unbeständigkeit.

• — Weitere Bedingungen für das unumkehrbare Betreten des Wegs zur Heilsströmung für den *anusāri* gibt es nicht: Keine Vorbedingung ist insbesondere, dass der betreffende Mensch

⇨ schon einzig und allein nach dem Erwachten ausgerichtet oder

⇨ beim Erwachten, der Lehre und der Heilsgängergemeinde zu endgültiger, befriedender

Klarheit erwachsen ist. Er kann noch Zweifel am Erwachten, den vier Heilswahrheiten, der Gesichertheit der Heilsgänger haben und noch ergänzend bei anderen Lehrern suchen.

⇨ Keine Vorbedingung ist auch das Klarwissen lächelnden Darüberstehens. Das braucht noch nicht einmal der Stromeingetretene zu haben. Der *anusāri* kann also noch zeitweilig massive Denkblockaden und Panikzustände haben.

⇨ Auch relative zeitliche Erlösungen (*samādhi* oder gar Entrückungen) sind keine Bedingung.

⇨ Es ist auch keine Vorbedingung, dass er seine Aufmerksamkeit, Tätigkeit und Freizeit weitgehend der Arbeit an der Nachfolge widmet,

⇨ nicht einmal, dass der *anusāri* zu den heilenden Tugenden erwachsen ist oder den Feiertag einhält: Nichteinhalten des Uposatha-Tages ist kein Tugendverstoß, sondern ein Versäumnis der optimalen Lebensführung im Haus. Ein Mensch, der in dieses Leben schon stark ausgebildete Heilssinne mitbringt, kann mit ihnen manches Manko auf dem Tugendgebiet ausgleichen, und sich auch immer wieder vor dem Äußersten bewahren.

⇨ Keine Vorbedingung ist es auch, dass ihm der Erwachte oder die Lehre oder die Heilsgängergemeinde – vor allem auch in der Gestalt der sechs unübertrefflichen Erinnerungen – immer wieder von selber einfallen. Aber es ist ein Indiz dafür, dass ein Mensch bereits als *anusāri* den Weg zum Eintritt in die Heilsströmung betreten hat,

Eine spezielle Selbstprüfungsanleitung für den *anusāri* hat der Buddha nicht gegeben; denn da der *anusāri* ja unumkehrbar auf dem Weg zum Stromeintritt ist und mit dem in die Heilsströmung Eingetretenen *ein Paar* bildet, gilt auch für ihn die Prüfung durch den Blick in den Spiegel der Lehre. Wenn er das, was ihm dieser Spiegel zeigt, als Richtmaß dafür nimmt, woran er im Einzelnen bei seinem Gehen auf dem Weg jeweils besonders zu arbeiten hat und danach seine Arbeit einrichtet, dann wird er jene dreifache *»endgültige, befriedende Klarheit«* gewinnen, die ihm im Augenblick noch fehlt. Eine andere Methode gibt es gar nicht.

2.) IN DIE HEILSSTRÖMUNG EINGETRETEN (*SOTĀPANNA*)

ist, wer außer den positiven Merkmalen des *anusāri* noch folgende Eigenschaften hinzuerwirbt:

• — Er hat sich letztlich *»einzig und allein nach dem Erwachten ausgerichtet«*. Er mag noch Zwischenziele anstreben – aber mit der Nachfolge nach der Anleitung des Erwachten gleichrangige Ziele kennt er nicht mehr. Letzte Orientierung sucht er nur bei der Lehre. Denn beim Erwachten, der Lehre und der Heilsgängergemeinde ist er *»erwachsen zur endgültigen, befriedenden Klarheit«*.

• — Wenn auch durch den Stromeintritt die Dränge des Herzens noch kaum verändert sind, so stehen den Trieben doch nicht allein isolierte geistige Einsichten gegenüber, sondern mit dem Stromeintritt ist eine andere Gemütseinstellung verbunden. Das Hauptindiz für sie wird meistens umschrieben mit der Feststellung: Er ist *»erwachsen zu den Tugenden, wie sie den Heilsgängern wert sind«*. Für diese Gemütseinstellung des Stromeingetretenen werden auch zwei andere Indizien genannt: entweder jene im Einzelnen beschriebene Großherzigkeit, aus welcher ein solcher Heilsgänger in der Häuslichkeit »*das Befreiende am Loslassen*« empfindet oder jenes nicht zu den notwendigen Bedingungen des Stromeintritts gehörende Erwachsen zu besonders tiefem Klarwissen wie bei Anāthapiṇḍiko.

• — Wer bei sich die »vier Glieder des in die Heilsströmung Eingetretenen« feststellen kann, von dem sagt der Erwachte ohne Wenn und Aber, dass er die Frucht des Stromeintritts erreicht hat. — Keine Voraussetzung sind zeitliche Erlösungen (*samādhi*) oder Entrückungen (*jhāna*). Ein *sotāpanna*, der lässig ist, bleibt eben so lange *»im Schmerzlichen«* – d. h. ohne überweltliches Wohl – bis ihn der Leidensdruck zum Weiterstreben schiebt, das ihn nach längstens sieben Wiedergeburten den Daseinsbrand löschen lässt. Solange er im Schmerzlichen bleibt, treten ihm auch die bereits endgültig als wahr und echt anerkannten

Dinge nicht immer tiefer vor Augen. So lange ist auch sein vorhandener Weisheitssinn nur »mäßig«, also noch keine Stärke (*bala*), aber seine Anerkenntnis der Lehre, die ihn zur Nachfolge zwingt, ist unverlierbar.

Kann man das so sagen?

Fritz: Freilich, Ruth. Den letztlich wichtigsten Einschnitt in der ganzen Existenz hast du so klar zusammengefasst, dass wir nun unser Gespräch über den Eintritt in die Heilsströmung mit einer Anleitung des Erwachten für eine edle Prinzessin beschließen können. Darin kommt zwar das Wort Stromeintritt nicht vor. Sie zeigt aber dennoch von höchster Warte, welches der tiefere Grund ist für die endgültige Gewissheit des in die Heilsströmung eingetretenen Menschen:

A V,32.

Einstmals weilte der Erhabene in Rājagaha im Bambushain am Futterplatz der Eichhörnchen. Da kam Prinzessin Cundī mit fünfhundert Wagen und einem Gefolge von fünfhundert Mädchen zum Erhabenen, begrüßte den Erhabenen ehrfurchtsvoll und setzte sich seitwärts. Seitwärts sitzend sprach Prinzessin Cundī zum Erhabenen: »Herr, uns hat mein Bruder, Prinz Cundo, gesagt: ›Jeder, ob Frau oder Mann, der zum Erhabenen, zur Lehre, zur Gemeinde der Heilsgänger Zuflucht genommen hat und dessen Wesen es widerstrebt, Lebendiges umzubringen, Nichtgegebenes zu nehmen, unrechte Geschlechtsbeziehungen zu pflegen, zu lügen, berauschende Getränke oder andere die Vernunft und Selbstkontrolle behindernde Mittel zu nehmen, erscheint nach dem Absterben des Körpers, jenseits des Todes, auf guter Bahn wieder, nicht auf dem Abweg.‹ Da frage ich nun den erhabenen Herrn: In welcher Weise muss man des Meisters/ der Lehre/ der Gemeinde der Heilsgänger gewiss geworden sein und an der Vervollkommnung der Tugenden arbeiten, um nach dem Absterben des Körpers, jenseits des Todes auf guter Bahn wiederzuerscheinen, nicht auf dem Abweg«?

»Was es an Wesen gibt, Cundī, Fußlose oder Zweifüßer oder Vierfüßer, Gestalthafte oder Gestaltfreie, Wahrnehmende oder nicht Wahrnehmende oder weder Wahrnehmende noch nicht Wahrnehmende: als deren Gipfel gilt ein Vollendeter, Genesener, Vollkommen Erwachter. Wer beim Erwachten Gewissheit gefunden hat, Cundī, der hat am Gipfel Gewissheit erlangt; wer am Gipfel Gewissheit erlangt hat, dem wird das Reifen zum Gipfel zuteil.

Was es auch an Lehren gibt, Cundī, über Zusammengestelltes oder nicht Zusammengestelltes – als deren Gipfel gilt die Befreiung vom Reiz, das Ausnüchtern des Rausches, das Beseitigen des Lechzens, das Öffnen des verborgenen Nestes, das Aufbrechen des Kreisgangs, das Versiegen des Durstes, das Verblassen des Reizes, die Freirodung, das Erlöschen des Brandes: Wer bei der Reizbefreiungslehre Gewissheit gefunden hat, Cundī, der hat am Gipfel Gewissheit erlangt; wer am Gipfel Gewissheit erlangt hat, dem wird das Reifen zum Gipfel zuteil.

Was es auch an Orden oder Gemeinschaften gibt, Cundī: als ihr Gipfel gilt die Gemeinde der Heilsgänger eines Vollendeten, nämlich die vier Paare von Menschen nach acht Graden von Menschen. Diese Gemeinde der Heilsgänger eines Erhabenen ist wert der Verehrung, wert zu Gast zu sein, wert der Gaben, wert des ehrfurchtsvollen Grußes, der beste Boden in der Welt für ein Wirken mit guten Folgen. Wer bei der Heilsgängergemeinde Gewissheit gefunden hat, Cundī, der hat am Gipfel Gewissheit erlangt; wer am Gipfel Gewissheit erlangt hat, dem wird das Reifen zum Gipfel zuteil.

Was es auch an Tugenden gibt, Cundī: als deren Gipfel gelten die Tugenden, die den Heilsgängern wert sind: die ungebrochenen, unbeschnittenen, ungefleckten, ungesprenkelten, aus der Sklaverei befreienden, von den Verständigen gepriesenen, an denen man nicht hängen bleibt, so dass sie zur Einigung führen. Wer bei diesen Tugenden an der Vervollkommnung arbeitet, Cundī, der arbeitet beim Gipfel an der Vervollkommnung. Wer aber beim Gipfel an der Vervollkommnung arbeitet, dem wird das Reifen zum Gipfel zuteil:

Am Gipfel fand Gewissheit, wer die Gipfellehre recht erfasst:
Gipfelgewiss des wachen Herrn, des höchsten Gabenwürdigen.
Gipfelgewiss der Lehre, in vom Reiz gelöster sel'ger Ruh,
gipfelgewiss der Jüngerschaft, des besten Felds für Wirkensfrucht.
Gipfel an Schönheit, Lebenskraft, an Ansehn, Wohl und Macht – das wächst
dem zu, der klug dem Gipfel gibt. — Wer in der Gipfellehre fest,
steigt – Himmelswesen oder Mensch – in Seligkeit zum Gipfel auf.«

RUTH: Das ist wahrlich der Gipfel der Existenz. Und die Ablösung auf dem Gipfel – das ist die absolute Freiheit.

HANS: Aber noch weit, weit weg für uns.

FRITZ: Und doch fassbar. Vor einiger Zeit stand ich in einem Briefwechsel mit einer langjährigen Nachfolgerin der Lehre, Rentnerin, Hausfrau mit Grundschulausbildung. Es ging um die erste Lehrrede der Mittleren Sammlung, die »Wurzeldarlegung« für Mönche, die als eine der am schwersten zugänglichen überhaupt gilt. Deshalb schrieb ich, sie sei »tief, nicht leicht zu verstehen«. Darauf erhielt ich folgende Antwort:

Lieber Herr Schäfer, Sie schreiben, dass M 1 schwer zu verstehen ist. Ich fasse das Ganze so auf: Es wird ein ›Ich‹ und eine ›Umwelt‹ wahrgenommen. Beides ist Wahn, das träumende Ich und seine geträumte Umgebung. Wo gefühlt wird, wird »Ich« gesagt, und so entsteht der Eindruck »Ich bin«. Was uns an Wahrnehmung begegnet, haben wir selbst gewirkt. Alles ist leidvoll, auch die größten Freuden, denn sie sind vergänglich. Durch gute Werke säen wir Gutes und ernten auch dementsprechend Gutes, aber durch jede Aktivität binden wir uns fester an diese geträumte Welt, in der es wohl manche so empfundene Freude, aber keinen Frieden und keine immer währende Seligkeit gibt. Das gibt es erst im Nirvāna, welches mit unseren Worten nicht zu beschreiben ist. Um Nirvāna zu erreichen, muss man sich frei machen von allem. Man soll sich darin üben, nicht mehr zu ergreifen, was durch die Außengebiete nach innen dringt. Man nimmt es zur Kenntnis, bewertet es aber nicht mehr in Gedanken. Durch bezugnehmendes Denken wird das Daseinsrad weitergedreht, und darum denke man nicht an: Festes, Flüssiges, Feuriges, Luftiges usw.! Wer Nirvāna erreicht, ist von allem frei geworden. Für uns ist das noch ein weiter Weg, besonders für mich, aber verglichen mit der Wanderung, die wir schon hinter uns gebracht haben, ist es nur noch eine kurze Strecke, und in der Ferne erkennt man schon das Ziel! Wir sollen nicht ergreifen, sondern loslassen. Zuerst trennen wir uns von dem, was wir selber als übel empfinden. Danach geben wir alles andere auf; zuletzt die Lehre, weil wir das Floß nicht mehr brauchen, wenn wir das rettende Ufer erreicht haben. — Wir sollen uns nichts verkneifen oder entreißen. Wir meinen, manche Dinge noch nicht entbehren zu können. Da müssen wir darauf achten, dass wir kein sīla verletzen und nicht in die Interessengebiete unserer Mitwesen eindringen. Wir sollten einfach ein wenig zurücktreten, weniger ergreifen und das Ziel nicht aus den Augen verlieren. Wir gehen darauf zu!

Abkürzungen und Literatur

A. Pālikanon

Soweit nichts anderes angegeben, werden Pālitexte nach den eigenen Übersetzungen des Verfassers zitiert. Für andere, gelegentlich zitierte Übersetzungen vgl. Teil B der Abkürzungen. Den Pālitexten liegt die Edition der Pālitext-Society (PTS) zugrunde.

A	Anguttara-Nikāya (Angereihte Sammlung).
CV	Cullavagga (aus dem Vinaya).
D	Dīgha-Nikāya (Längere Sammlung).
Dh	Dhammapada (Wahrheitspfad).
GA	Gesamt-Ausgabe von K.E. Neumanns Übertragungen aus dem Pāli-Kanon (3 Bände) zuletzt 1956-57 bei Artemis, Zürich/Szolnay Wien, *Die Reden Gotamo Buddhos*, vergriffen. Reproduktion in der Reihe *Die Reden des Buddha*: Band 1: Mittlere Sammlung, 1995, Band 2: Längere Sammlung, 1996, bei Beyerlein & Steinschulte, Stammbach
It	Itivuttaka (Aphorismen, aus der Kürzeren Sammlung).
J	Jātaka (Wiedergeburtserzählungen aus der Kürzeren Sammlung).
M	Majjhima-Nikāya (Mittlere Sammlung).
MV	Mahāvagga (aus dem Vinaya).
Nid1	Mahāniddesa (Erläuterungen zu Sn aus dem Korb der Lehrtexte).
Nid2	Cullaniddesa (Erläuterungen zu Sn aus dem Korb der Lehrtexte).
Pāc	Pācittiya (Beichtvergehen, aus dem Vinaya).
Pv	Petavatthu (Gespensterberichte aus der Kürzeren Sammlung).
S	Samyutta-Nikāya (Gruppierte Sammlung) (aus dem Pālikanon übersetzt von Geiger, Nyāṇaponika, Hecker; dritter Band der Reihe Die Reden des Buddha, Stammbach (Beyerlein & Steinschulte) 2002.
Sn	Suttanipāta (aus der Kürzeren Sammlung).
Thag	Theragāthā (Strophen der Mönche, aus der Kürzeren Sammlung).
Thīg	Therīgāthā (Strophen der Nonnen, aus der Kürzeren Sammlung).
Ud	Udāna (aus der Kürzeren Sammlung).

B. Literatur

ANyl	*Die Lehrreden des Buddha aus der Angereihten Sammlung (Anguttara-Nikāya)*. Aus dem Pāli übersetzt von Nyāṇatiloka. Überarbeitet und herausgegeben von Nyāṇaponika. Neue Gesamt-Ausgabe in fünf Bänden, Freiburg (Aurum) ^{4}1984.
Bechert-Gombrich	*Die Welt des Buddhismus*, hrsg. v. Heinz Bechert und R. Gombrich. München (Beck) 1984.
BeyerleinLehre	Raimund Beyerlein (Hrsg.) *Der Buddha und seine Lehre, Elf Beiträge zur rechten Anschauung*, Stammbach (Beyerlein & Steinschulte) 2002.
BoBl	*Bodhi-Blätter*. Eine Schriftenreihe aus dem HdB (s. Abkürzungen C).
BohrAtomphys	Niels Bohr, *Atomphysik und menschliche Erkenntnis*, Braunschweig (Vieweg) 1964/1966.

Boss	Medard Boss *Indienfahrt eines Psychiaters*, Bern, Stuttgart, Wien (Hans Huber), ³1976.
Buddhadāsa	*Zwei Arten der Sprache. Eine Analyse von Begriffen der Wirklichkeit*, Zürich (Theseus) 1979.
BurmesStille	Byles, Marie B., *Reise in burmesische Stille*. Deutsch von Hellmuth und Uta Hecker, Hamburg 1990 (unveröff. Mskr; Orig.-Ausg. London Allen & Unwin).
CapraDenken	Frithjof Capra, *Das Neue Denken*. Sonderausgabe, Bern/München (Scherz) ²1990.
CapraReigen	Frithjof Capra, *Der Kosmische Reigen*. Bern/München (Scherz) ³1980.
Cherub	Angelus Silesius, *Cherubinischer Wandersmann*.
ConzeSchule	Edward Conze, In der Schule der Bindungslosigkeit: Der buddhistische Mönch, in: *Universale Religion* 4/1988, S. 20 ff. (übersetzt aus Conze, *Buddhism, Essence and Development*, Oxford).
DFranke	Franke, *Dīghanikāya*. Göttingen (Vandenhoek & Ruprecht) 1913.
DhNyl	*Dhammapada: Des Buddhas Weg zur Weisheit und Kommentar*. Aus dem Pāli übersetzt vonNyāṇatiloka. Uttenbühl (Jhāna) 1992.
DhRadh	S. Radhakrishnan, *The Dhammapada*. Oxford University Press 1968.
DudenGrW	*Duden. Das Große Wörterbuch der Deutschen Sprache*, Mannheim (Bibliograph. Inst.), zit. nach der 1. Auflage in 6 Bd.; die 2. Aufl. in acht Bänden erschien erst kurz vor Beendigung des Manuskripts der Erstauflage.
FahsGramm	Achim Fahs, *Grammatik des Pali*. Leipzig (VEB Verlag Enzyklopädie) 1985.
Fick	Richard Fick, *Die sociale Gliederung im nordöstlichen Indien zu Buddhas Zeit*, unveränderter Nachdruck der 1897 bei C.F. Haeseler, Kiel, erschienenen Ausgabe, Graz (Akad. Druck- und Verlagsanstalt) 1974.
GerokChaos	Wolfgang Gerok (Hrsg.), *Ordnung und Chaos in der unbelebten und belebten Natur*. Verhdlungen der Ges. Dt. Naturforscher und Ärzte, 115. Vers., 17.-20. Sept., Stuttgart (Wissensch. Verlagsges.) 1988.
GuN	Hans Peter Dürr, Walther Zimmerli (Hrsg.), *Geist und Natur. Über den Widerspruch zwischen naturwissen-schaftlicher Erkenntnis und philosophischer Welterfahrung*. Sonderausgabe, Bern/München (Scherz) ¹1991.
Hakuin	Meister Hakuin, *Authentisches Zen*, hrsg. v. Stephen Waddell, Frankfurt/M. (Fischer TB) 1997.
HHDh	Hecker, *Dhammapada. Ein bibliographischer Führer durch Übersetzungen der buddh. Spruchsammlung*. UniKonstFB 7, 1993.
HHEckehart	Hecker, *Meister Eckehart, der tiefste Mystiker des Abendlandes und die Lehre des Buddha*, Stammbach (Beyerlein & Steinschulte) 2001.
HHFurt	Hecker, *Die Furt zum anderen Ufer im System buddhistischer Praxis*, Stammbach (Beyerlein & Steinschulte) 1999.
HHHumor	Hecker, Buddhismus und Humor, in: *Bodhiblätter* (s. BoBl), Nr. 28.
HHItv	*Itivuttakam. Sammlung der Aphorismen aus dem Pālikanon*, neu übersetzt von Hellmuth Hecker, hrsg. von der Buddhistischen Gesellschaft Hamburg 1994.
HHKEN	Hecker, *Karl Eugen Neumann, Erstübersetzer der Reden des Buddha, Anreger zu abendländischer Spiritualität.* Hamburg 1986 (Wien, Octopus, in Kommission).

HHLebenBu — Hellmuth Hecker, Das *Leben des Buddha. Der innere und äußere Lebensgang des Erwachten, dargestellt nach den ältesten indischen Quellen.* Hamburg 1973 (zugl. WW, 19. Jg., 1973), vergriffen.

HHLebensbilder — Hecker, *Lebensbilder deutscher Buddhisten*, Bd. 1-2. UniKonstFB 1 und 5, Band I: Die Gründer (1990), Band II: Die Nachfolger (1992).

HHM — *Reden Gotama Buddhas aus der Mittleren Sammlung.* Ausgewählt und erläutert v. Hellmuth Hecker. Übertragen von Karl Eugen Neumann München (Piper) 1987 (Sammlung Piper 1988).

HHMerkmale — Hecker, *Merkmale von Saat und Ernte insbesondere nach der 30. Lehrrede der Längeren Sammlung,* Hamburg 1991 (unveröffentl. Privatdruck).

HHPālikanon — Hecker, *Der Pālikanon. Ein Wegweiser zu Aufbau und Übersetzungen.* München 1991, S. 37 f. (Schriften d. Dtsch. Buddh. Union, Gelbe Reihe).

HHpīti — Hecker: Die besondere Bedeutung der *pīti*. *WW*, 36. Jg. (1990), S. 254 ff.

HHStromeintritt — Hecker, *Der Stromeintritt. Voraussetzungen, Vollzug, Vollendung*, Stammbach (Beyerlein & Steinschulte) 2000.

Höke — Holger Höke, *Welt und Sprache. Einführung in eine neue Sprachtheorie auf philosophisch-semantischer Grundlage.* Bambusreihe, Betrachtungen zum asiatischen und europäischen Denken. Verlag Dr. Holger Höke, Nikolausstr. 7, 51564 Kaarst 2, 1987.

KantowskiNyp — Detlef Kantowski, *Nicht derselbe und nicht ein anderer.* Beschreibungen und Gespräche, Texte, Bilder und Dokumente zum 90. Geburtstag des Ehrw. Nyaṇaponika Mahāthera. UniKonstFB 3, Konstanz 1991.

KantowskiSüdas — Kantowski, *Von Südasien lernen. Erfahrungen in Indien und Sri Lanka.* Edition Qumram, Frankfurt (Campus) 1985.

KantowskiWegz — *Wegzeichen. Gespräche über buddhistische Praxis.* Hrsg. v. Detlef Kantowski. UniKonstFB 4, 1991.

LexPsych — *Lexikon der Psychologie*, hrsg. v. W. Arnold, H. J. Eysenck u. R. Meili (3 Bde.), Freiburg (Herder) 1971.

Mayrhofer — Mayrhofer, *Handbuch des Pāli I*. Heidelberg (Winter) 1951.

Meschkowski — Meschkowski, *Was wir wirklich wissen. Die exakten Wissenschaften und ihr Beitrag zur Erkenntnis.* München (Piper) 1984.

Medi — *Meditation nach dem Buddha – warum und was.* Aus den Arbeiten von Paul Debes zusammengestellt von Ingetraut Anders. Bindlach (Buddh. Seminar) 1987 (nur direkt von dort zu beziehen, Anschrift s. Abkürzungen C).

MExi — *Meisterung der Existenz durch die Lehre des Buddha.* Aus den Arbeiten von Paul Debes zusammengestellt v. Ingetraut Anders, Bindlach (Buddh. Seminar), 1. Aufl 1982, 2. Aufl. 1997 (nur direkt von dort zu beziehen, Anschrift s. Abkürzungen C).

MeyerTL — *Meyers Großes Taschenlexikon in 24 Bänden*. Mannheim (BI) 1981.

MyliusLit — K. Mylius, *Geschichte der Literatur im alten Indien*. Leipzig (Reclam) 1983.

MyliusWahrh — Mylius, *Die vier edlen Wahrheiten*. Leipzig (Reclam) 1985.

Nyp/HHJünger — Nyānaponika/Hecker (Hrsg. Bhikkhu Bodhi), *Die Jünger Buddhas, Leben, Werk und Vermächtnis der 24 bedeutendsten Schüler und Schülerinnen des Erwachten*. München (Barth) ^{3}2000.

NypSn — Nyāṇaponika, *Sutta-Nipāta. Frühbuddhistische Lehr-Dichtungen.* Aus dem Pāli-Kanon übersetzt von Nyāṇaponika Mahāthera, Stammbach, (Beyerlein & Steinschulte).

Pātimokkha — *Pātimokkha. Das Hauptgesetz der Bettelmönche.* Übersetzt aus dem Pāli v. Ñāṇadassana und Vivekavihāri. Nur zur freien Verteilung gedruckt, 1993.

PED — *The Pāli Text Society's Pali-English Dictionary.* Ed. by T.W. Rhys Davids and William Stede., Pāli Text Society); London (Routledge & Kegan Paul) 1959.

PhyT — Hans Peter Dürr, *Physik und Transzendenz.* Bern/München (Scherz) ⁴1987.

Proper Names — G.P. Malalasekera, *Dictionary of Pāli Proper Names* (2 Bde.). Pāli Text Society; London (Routledge & Kegan Paul) 1974.

Schatzkiste — *Buddhistische Schatzkiste, voll von Geschichten, Berichten, Diskussionen für Klein und Groß.* Gesammelt und zusammengestellt von Ingetraut Anders. Bindlach (Buddhistisches Seminar) 1990 (nur direkt zu beziehen; Anschrift s. Abkürzungen C).

Schneider — Kurt Schneider, *Klinische Psychopathologie*, Stuttgart (Hirzel) ¹⁴1992.

Spektrum — *Spektrum der Wissenschaft*, deutschsprachige Ausgabe von *Scientific American.*

StevensonKinder — Ian Stevenson, *Children Who Remember Previous Lives.* University Press of Virginia. (deutsch: *Wiedergeburt – Kinder erinnern sich an frühere Erdenleben.* Grafing 1989; darin ein Verzeichnis auch der übrigen Schriften Stevensons).

SympEvol — *Neodarwinistische oder kybernetische Evolution?* Bericht über ein internat. Symposium 15. bis 17. Juli 1987 in Heidelberg, hrsg. von F. Schmidt. Universitätsdruckerei Heidelberg ²1988.

SympSprache — Die Sprache der ältesten Buddhistischen Überlieferung, hrsg. von Heinz Bechert in: *Symposien zur Buddhismusforschung, II*, Abhandlungen der Akad. d. Wissenschaften, Göttingen (Vandenhoeck & Ruprecht) 1980.

TipiṬaka — *Führer durch den Tipiṭaka.* Zusammengestellt von Ko Lay. Rangun (Burma Pitaka Vereinigung) 1986, deutsch v. Helga Meinke, Konstanz 1988 (unveröffentlichtes Manuskript).

UdānaFS — *Udāna.* Aus dem Pāli übersetzt von Fritz Schäfer, Bodhi-Blätter Nr. 20 (s. BoBl.) 1985.

UdānaAufatmen — Fritz Schäfer, *Verse zum Aufatmen, die Sammlung Udāna und andere Strophen des Buddha und seiner erlösten Nachfolger.* Aus dem Pālikanon übersetzt von Fritz Schäfer, Stammbach (Beyerlein & Steinschulte) 1998.

UniKonstFB — Universität Konstanz, Arbeitsbereich Entwicklungsländer, Interkultureller Vergleich, Forschungsprojekt »Buddhistischer Modernismus«, Forschungsberichte.

Universitas — *Universitas*, Zeitschrift für Interdisziplinäre Wissenschaft. Stuttgart (Wissensch. Verlagsgesellschaft).

Vollmert — Bruno Vollmert, *Das Molekül und das Leben.* Reinbek (Rowohlt) 1985.

Warder — A.K. Warder, *Introduction to Pāli.* London (Luzac); 2. Aufl.

WeizsGarten — C.F. v. Weizsäcker, *Der Garten des Menschlichen. Beiträge zur geschichtlichen Anthropologie.* Frankfurt/Main (Fischer TB) 1980.

WeizsTragweite — C.F. v. Weizsäcker, *Die Tragweite der Wissenschaft.* Stuttgart (Hirzel) 1990.

WeizsZuW — C.F. v. Weizsäcker, *Zeit und Wissen.* München (Hanser) 1992.

WW — *Wissen und Wandel. Anschauung und Lebensführung nach Wegweisung des Buddha.* Zurzeit im 48. Jahrgang. Herausgegeben von Ingetraut Anders-Debes, Bindlach (Buddhistisches Seminar; nur direkt dort zu beziehen; Anschrift s. Abkürzungen C).

C. ALLGEMEINE ABKÜRZUNGEN

BuSem	Buddhistisches Seminar, Katzeneichen 6, 95463 Bindlach.
EZW	Evangelische Zentralstelle für Weltanschauungsfragen, Stuttgart.
HdB	Haus der Besinnung, 9115 Dicken, Schweiz. Kontaktstelle: Kurt Onken, Gut Hochstraß, 8280 Kreuzlingen, Schweiz.
KEN	Karl Eugen Neumann.
PTS	Pāli Text Society, London. 1997

Sämtliche Lehrreden für Nichtasketen aus dem Sutta-Piṭaka

(die Ziffern hinter dem Bindestrich sind die Seitenzahlen)

fett = die Rede ist abgedruckt und besprochen;
kursiv= die Rede ist nur zitiert;
Redenbezeichnung normal, keine Seitenzahl = nur zu den Vorbereitungen verwendet

Gesamt-Register

Enthält auch Anfänge von Versen und Kernsätzen in alphabetischer Folge des ersten Worts sowie Abwandlungen und Zusammensetzungen mancher Stichwörter.
Gleichnisse und Beispiele nur *im gesonderten Verzeichnis am Ende (kursiv)*

Gleichnisse und Beispiele